中華大典

醫藥衛生典

四川出版集團·巴蜀書社

中華大典・醫藥衛生典

藥學分典

《藥學分典》總目錄

藥學分典 八

藥物總部

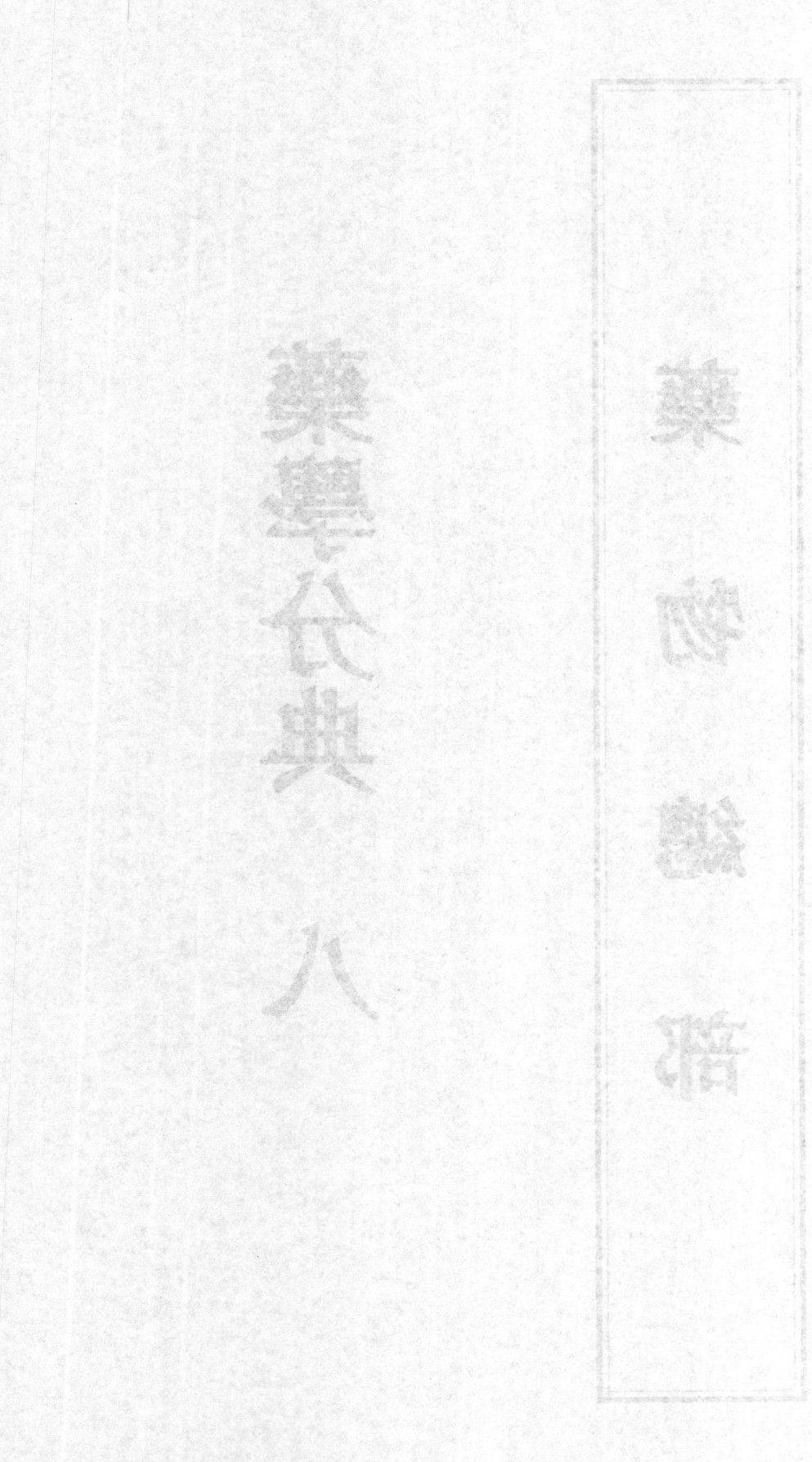

目錄

喬木分部

中藝大典

《藥物總部》提要

《藥物總部》是《藥學分典》中内容最龐大的一個總部，下列『部』與『分部』兩級經目。其中一級經目按藥物自然屬性分二十三個部。鑒於各部藥物内容相對獨立，為方便使用，本分典將本總部分八册，各自獨立成書。這八册在整個分典的位置及所屬各部名稱參見前《藥學分典》總目録。本總部藥物的編排順序與先行出版的《本草圖録總部》基本相同，僅少數藥物的位置有所調整。

本總部收載的動物藥中，不乏當今已列為重點保護的野生動物（如犀牛、虎、麋鹿等）。本分典為保存古代醫藥文獻而收載這些動物的有關史料，但反對將這些珍稀動物用作藥物。

本總部在緯目『綜述』及『雜録』下設專題名，即單味藥的正名。單味藥在本總部中為最小單元，其正名乃從該藥諸多名稱中遴選得來。正名之下諸書所出藥名雖有不同，但據其文字描述或藥圖（須參《本草圖録總部》）所示，均屬同一藥物。本總部共收載藥物四千三百零二種。各藥條下的主要内容有基原鑒別、生長地區與環境、采收時月、炮製、性味良毒、七情、功用主治、相關附方等。

由於本分典的編纂宗旨在於全面客觀地反映中國古代藥物學的豐富内容，因此必須尊重古代某些傳統分類法，以容納古代曾出現過某些特殊藥物。本此原則本總部設置了火、水、土、製釀、器用等部。其他部的設置大體按礦物、植物、動物為序，主要采用傳統分類名稱（如草部、菜部、果部、藤蔓部、木部、蟲部、魚部、獸部、人部等）。但在尊重古代傳統分類的同時，又再細化類別。例如藻菌、地衣苔蘚、蕨部屬於低等植物，今從古代『草部』分出。古代籠統的蟲、魚部，今則細分為蟲、介甲、蛇蜥、魚四個部，以盡量貼近動物進化分類序列。此外各部下的某些分部（如蟲部下的濕生分部、卵生分部、兩棲分部）乃爲兼顧傳統分類與現代分類而設。

本總部體現現代分類進展及中藥鑒別最新成果之處，主要是部或分部下的藥物排列方式。例如動植物類各部及分部下的藥物，一般都按現代分類法，將同科的動植物集中相鄰排列，並將包含常用藥居多的動植物科屬排在前面。例如『草部·山草分部』的緯目『綜述』之下，依次是甘草、黄耆、苦參（豆科）、人參、竹節參、珠兒參、三七、西洋參（五加科）、桔梗、沙參、薺苨、黨參（桔梗科）等。

本總部單味藥的確定，以藥物基原為主。同一基原的動植物，其藥用部分可有多種。例如桑的樹皮（桑白皮）、樹葉（桑葉）、果實（桑椹）等均可入藥。對此情況，按古代本草慣例，取其常用部位歸類。故桑雖列入木部，但不再把各藥用部位拆分，仍在桑條下表述其不同藥物部分的功用。又，鑒於本總部未設花部，因此某些花類藥往往據其植物屬性，分別散入草、木等部，或附在同基原常用藥用部位所屬部類之中，例如『梅花』權且附在『梅』（烏梅、白梅）之後。

本總部藥物基原的確定，主要依據文字描述與藥圖。在充分汲取國内外中藥鑒定的最新成果的基礎上，編纂人員又逐一對以往尚無研究的藥物進行考訂，采用『以形相從』的方法，盡力確定其科屬或近似的分類位置。對缺乏形態描述與圖形的藥物，則多采『以名相從』之法，將其排在名稱近似藥物之後。例如《滇南本草》中基原不明的白雲參、還元參、土人參、黄參等藥，均附列在人參之後。若名稱亦無相似者，則依據古本草『有名未用』舊例，將不明來源的藥物集中起來，排列在相關的部或分部之末，設經目『某部藥存疑』，或在緯目『雜録』中予以表現。

本總部的文字編排及標記體例，除遵從大典總體要求外，針對本分典的特點，有如下需說明之處：《證類本草》一書的《神農本草經》《名醫別錄》《藥對》三書文字雜糅在一起，原書采用『白大字』（大號陰文）表示《神農本草經》，『黑大字』（大號陽文）表示《名醫別錄》文，『黑小字』（小號陽文）表示《藥對》文。對此類條文，本分典將『白大字』用五號黑體，『黑大字』用五號宋體表示，『黑小字』用小五號宋體，並在文獻出處後的六角符號『〔　〕』中，用同體、同號字標出各書名，以提示原本混排之三書文字的區別。又，《證類本草》除采用陰陽文、大小字之外，還用特定文字（如『今定』、『新補』等）及特殊符號（如墨蓋子）來表示文字出處。為適應《中華大典》體例，使讀者一目了然知其明確出處，本總部一律增補該書所引原書之名。另外，對少數本草書采用的特殊標記，本分典在不與大典統一標記衝突的前提下，用其他符號予以替代。例如《本草品彙精要》將藥品分為二十四項，每項名稱用黑魚尾括注。由於此標記與大典省略文字標記相同，故本分典將其改為白魚尾。

《藥物總部》之末，附『藥名索引』。進入索引的藥名僅限於藥物正名。

木部

題解

宋・李昉《太平御覽》卷九五二木部　《書》：又《洪範》曰：五行，三曰木。木曰曲直，曲直作酸。

《淮南子》又曰：食木者多力而惡，熊羆之屬是也。食草者善走不愚。麋鹿之屬是也。

明・李時珍《本草綱目》卷三四木部・香木類　木部　李時珍曰：木乃植物，五行之一。性有土宜，山谷原隰。肇由氣化，爰受形質。喬條苞灌，根葉華實。堅脆美惡，各具太極。色香氣味，區辨品類。食備果蔬，材充藥器。寒温毒良，宜有考彙。多識其名，奚止讀詩？埤以本草，益啓其知。乃肆蒐獵，萃而類之。是爲木部，凡一百八十種，分爲六類：曰香，曰喬，曰灌，曰寓，曰苞，曰雜。舊本木部三品，共二百六十三種。今併入二十五種，移一十四種入草部，二十九種入蔓草，三十一種入果部，三種入菜部，一十六種入器用部，二種入蟲部。自草部移入二種，外類有名未用移入十一種。

清・穆石匏《本草洞詮》卷一一　木部　木乃五行之一，於德為元，於令為春。草木同為植物，根莖枝葉，卓之柔荏，不及木之堅剛，苞灌喬條。草之謝遷，不及木之貞固，歷寒暑而四時之氣俱備，經霜雪而怒生之意復萌。第山谷原隰之產不同，色香氣味之功各異，品類自別，施用宜詳。

香木分部

綜述

松

宋・李昉《太平御覽》卷九五三　松　《玄中記》曰：松脂淪入地中，千歲為茯神，茯苓。《博物志》曰：荒亂不得食，可細切松栢葉，水送令下，隨能否，以不飢為度，粥清送為佳。當用栢葉五合，松葉三合，不可過度。《嵩高山記》曰：嵩高丘有大松樹，或百歲千歲，其精變為青牛，或為伏龜，採食其實，得長生。《漢武内傳》曰：藥，松栢之膏，服之可延年。《本草經》曰：松脂，一名松膏，一名松肪。味苦，温中。久服輕身延年。

宋・唐慎微《證類本草》卷一二木部上品〔《本經・別錄》〕　松脂　味苦、甘，溫，無毒。主疽，惡瘡，頭瘍，白禿，疥瘙風氣，安五藏，除熱，胃中伏熱，咽乾，消渴，及風痹死肌。鍊之令白。其赤者主惡痹。**久服輕身，不老延年，一名松膏，一名松肪。**生太山山谷。六月採。

松實　味苦，溫無毒。主風痹寒氣，虛羸少氣，補不足。九月採，陰乾。

松葉　味苦，溫。主風濕瘡，生毛髮，安五藏，守中，不飢延年。〔宋・掌禹錫《嘉祐本草》〕按：日華子云：松葉，無毒。

松節　溫。主百節久風，風虛，脚痹疼痛。

松根白皮　主辟穀不飢。

〔梁・陶弘景《本草經集注》〕云：採鍊松脂法，並在服食方中，以桑灰汁或酒煮軟，挼内寒水中數十過，白滑則可用。其有自流出者，乃勝於鑿樹及煮用膏也。其實不可多得，惟葉止是斷穀所宜，細切如粟，以水及麵飲服之。亦有陰乾擣爲屑，丸服者。人患惡病，服此無不差。比來苦脚弱人，釀松節酒亦皆愈。松、柏皆有脂潤，又淩冬不凋，理爲佳物，但人多輕忽近易之爾。

〔唐・蘇敬《唐本草》〕注云：松花，名松黄，拂取似蒲黄正爾，酒服身輕，療病云勝皮、葉及脂。其子味甚甘。《經》直云味苦，非也。松取枝燒其上，下承取汁名湍音詣。主牛馬瘡疥佳。樹皮綠衣名艾蒳，合和諸香燒之，其煙團聚，青白可愛也。

〔宋·掌禹錫《嘉祐本草》〕按：《藥性論》：松脂，使，味甘，平。殺蟲用之。主耳聾，牙有蚛孔，少許咬之不落，蟲自死，能貼諸瘡膿血，煎膏生肌止痛，抽風。蕭炳云：又有五葉者，一叢五葉如釵，名五粒松，道家服食絶粒，子如巴豆，新羅往往進之。日華子云：松脂，潤心肺，下氣，除邪，煎膏治瘻爛，排膿。又云：松葉，暖，無毒。炙署凍瘡，風濕瘡佳。又云：松節，無毒。治脚軟，骨節風。又云：松根白皮，味苦，溫，無毒。補五勞，益氣。

〔宋·蘇頌《本草圖經》〕曰：松脂，生泰山山谷，今處處有之。其用以通明如薰陸香顆者爲勝。道人服餌，或合茯苓、松柏實、菊花作丸，皆先鍊治。其法用大釜加水置甑，用白茅藉甑底，又加黄砂於茅上，厚寸許可矣。然後布松脂於上，炊以桑薪，湯減即添熱水，常令滿。候松脂盡入釜中，乃出之，投於冷水，既凝又蒸，如此三過，其白如玉，然後入藥，亦可單服。其實及根白皮，古亦有服食法，但今松實多作果品，余不聞堪入藥。其花上黄粉名松黄，山人及時拂取，作湯點之甚佳，但不堪停久，故鮮用寄遠。燒其枝上，下承取汁液，名松湍音詣。主牛馬瘡。皮上綠衣名艾蒳香，用合諸香燒之，其煙不散。方書言松爲五粒，字當讀爲鬣，音之誤也，言每五鬣爲一葉，或有兩鬣、七鬣者。松歲久則實繁，中原雖有，然不及塞上者佳好也。中品有墨條，不載所出州郡，然亦出於松，故附見於此。

《聖惠方》：絶穀昇仙不食法：取松實擣爲膏，酒調下三錢，日三。則不飢渴飲水，勿食他物，百日身輕，日行五百里。又方：服松葉，令人不老，身生綠毛，輕身益氣，久服不已。絶穀不飢渴，松葉不以多少，細切更研，每日食前以酒調下二錢，亦可粥汁服之。初服稍難，久自便矣。又方：治牙齗歷(蟲)〔蠹〕，齒根暗黑。用松節燒灰揩之，神效。又方：治一切瘻。煉成松脂末填瘡孔令滿，日三四度用之。又方：神仙餌松實，用七月取松實，過時即落難收，去木皮，擣如膏。每服如雞子大，日三服，服及百日，身輕，三百日，日行五百里，絶穀，久服昇仙，渴即飲水，亦可以鍊了松脂同服之。《外臺秘要》：《集驗》療齲齒。取松脂鋭如錐，紝齲孔內，須臾齲蟲緣松脂出。《梅師方》同。又方：治惡風疾。松脂煉，投冷水中，二十徧，蜜丸。服二兩，飢即服之，日三，鼻柱斷離者，二百日差。斷鹽及房室。又方：療歷節諸風，百節酸痛不可忍。松脂三十斤，煉五十徧。不能五十徧，亦可二十徧。用以煉酥三升溫和松脂三升熟，攪令極稠。旦空腹以酒服方寸匕，日三。數食麵粥爲佳，慎血腥、生冷、酢物、果子，一百日差。又方：松節酒：主歷節風，四肢疼痛。如解落。松脂二十斤，酒五斗，漬三七日，服一合，日五六服。《千金方》：治脚氣十二風痹，不能行，服更生散數劑及衆療不得力，服此一劑，更能行遠，不過兩劑。松葉酒：松葉六十斤，細剉㕮咀，以水四石，煮取四斗九升，以釀五斗米如常法，別煮松葉汁以漬米并饙飯泥釀，封頭七日，發，澄，飲之取醉，得此酒力甚衆。又方：治歷節風。松葉擣取一升，以酒三升浸七日，服一合，日三服。又方：治口喎。青松葉一斤，擣令汁出，清酒一升浸二宿，近火一宿，初服半升，漸至一升，頭面汗即止。又方：治三年中風不效者。松葉一斤，細切之，以酒一斗，煮取三升。頓服取汗出，立差。《千金翼》：若齒黑，以松末灰揩之，末雄黄塗齗上百日，神效。《梅師方》：治耳久聾。松脂三兩，煉巴豆一兩，相和熟擣可丸，通過以薄綿裹，內耳孔中塞之，日一度易。孫尚藥：治脚轉筋，疼痛攣急者，松節一兩，細剉如米粒，乳香一錢，右件藥用銀、石器内慢火炒令焦，只留一二分性，出火毒研細。每服一錢至二錢，熱木瓜酒調下。應是筋病，皆治之。《兵部手集》：療刺入肉疼悶，百理不差方：松脂流出如細乳頭香者，傅瘡上，以帛裹三五日，當有根出，不痛不痒，不覺自落。《鬼遺方》：治疥癬。松膠香研細，約酌入少輕粉衮令勻，凡疥癬上先用油塗了，錯末，一日便乾，頑者三兩度。《傷寒類要》：治天行病。辟溫方：切松葉如米，酒服方寸匕，日三，辟五年瘟。《抱朴子》：趙瞿病癩歷年，醫不差，家乃賫糧棄送於山穴中。瞿自怨不幸，悲歎涕泣經月，有仙人經穴，見之哀之，具問其詳，瞿知其異人也。叩頭自陳，乞命。於是仙人取囊中藥賜之。教其服百餘日，瘡愈，顔色悅，肌膚潤。仙人再過視之，瞿謝活命之恩，乞遺其方。仙人曰：此是松脂，彼中極多。汝可鍊服之，長服身轉輕，力百倍，登危涉險，終日不困。年百歲，齒不墮，髮不白。夜卧常見有光。大如鏡。《列仙傳》：偓佺好食松實，能飛行健走及馬，以松子遺堯，堯不能服。松者，檞松也。《野人閑話》：伏虎尊師篇煉松脂法：十斤松脂，五度以水煮過，令苦味盡，取得後，每一斤煉了松脂，入四兩茯苓末。每晨水下一刀圭，即終年不食，而復延齡，身輕清爽。

宋·寇宗奭《本草衍義》卷一三 松黄 一如蒲黄，但其味差淡。治産後壯熱，頭痛頰赤、口乾唇焦、多煩燥渴、昏悶不爽。松花、川芎、當歸、石膏、蒲黄五物等同爲末。每服二錢，水二合，紅花二撚，同煎七分，去滓，粥後溫溫細呷。松子，多海東來，今關右亦有，但細小味薄，與柏子仁同治虛秘。

宋·劉明之《圖經本草藥性總論》卷下 松脂 味苦甘，溫。主疽，惡瘡，頭瘍白禿，疥瘙風氣，安五臟，除熱，胃中伏熱，咽乾消渴，及風痺死肌。實，主風痺寒氣，虛羸少氣，補不足。葉，主風濕瘡，安五臟，不飢。節，主百節久風，風虛脚痺疼痛。根白皮，主辟穀。《藥性論》云：使。殺蟲，主耳聾。日華子云：潤心肺下氣，除邪。煎膏，治瘻排膿。

宋·王介《履巉巖本草》卷中 松脂 味苦、甘，溫，無毒。主疽，惡瘡，頭瘍白禿，疥瘙風氣，安五藏，除熱，胃中伏熱，咽乾消渴，及風痹死肌。鍊之令白。其赤者主惡痹，久服輕身不老延年。壹名松膏，壹名松肪。松實：味苦，溫，無毒。主風痹寒氣。松葉：主風濕瘡。松節：主百節久風。皮上綠衣：用合諸香，燒之，其煙不散。

宋·張杲《醫說》卷八　服松脂　松脂以鎮定者為良，細布袋盛，漬水中，沸湯煮之，浮水面者，罩籬掠取，投新水中，久煮不出者棄不用，入白茯苓末，杵羅為末，每日取三錢匕，著口中，用熟水漱，仍如常法揩齒，更啜少熟水嚥之，仍漱齒，牢牙注顏烏髭也《東坡大全集》。

宋·陳衍《寶慶本草折衷》卷一二　松脂使。實、葉、節、黃、㵪附。　一名膠香，一名松膏，一名松肪。○諸瘡方用白者，名白膠香，赤者名赤膠香。○肪，音方。　生太山山谷，今處處有之。○六月採。○附：實，一名松子，生海東闕右。七、九月採，陰乾。○又附：黃，一名松花。拂取之。○又附：㵪，俗號松澄，以松枝節燒，熏煙，承取汁液。○㵪，音詣。

味苦、甘，平，溫，無毒。○主疽惡瘡，頭瘍白禿，疥瘙風氣。安五藏，除咽乾消渴，風痹死肌，其赤者主惡痹。○《藥性論》云：殺蟲，主耳聾，牙松膏口蟲突才蟲自死。貼諸瘡膿血，煎膏，生肌止痛抽風。○日華子云：潤心肺，下氣除邪。煎膏治瘻爛，排膿。○《圖經》曰：通明如薰陸香，顆者勝。

附：實。○味甘，溫，無毒。主風痹寒氣，虛羸少氣，補不足。肉口子壯同治虛秘。

附：葉。○味苦，溫，無毒。主風濕瘡，生毛髮，炙罨凍瘡。

附：節。○溫，無毒。主百節久風風虛，脚痹疼痛，及脚軟，骨節風，轉筋攣急，亦宜釀酒，主歷節風。

附：黃。○味淡，治產後壯熱，頭痛口乾，煩渴昏悶。松花、川芎、當歸、石膏、蒲黃各等分為末，每服貳錢，水壹盞，紅花貳撚，同煎柒分，去滓，粥後溫溫細呷。

附㵪。○主牛馬瘡，尤治蠶瘡。

新增瀝青　以松脂煎製成。○今諸處皆能之。

味澀，溫，無毒。○散癰疽瘡癬毒。治冷心脾疼，不可忍，研細，先用冷米醋調成膏，却用熱米醋侵下當用貳錢，不以時服。集張松說。

元·尚從善《本草元命苞》卷六　松脂　為使。味苦、甘，溫。安五臟，除熱，止消渴咽乾，潤心肺下氣。除邪，治惡瘡，頭瘍白禿。煎膏生肌止痛，排膿。鍊服辟穀，神仙不老。實補不足，治虛羸少氣。葉生毛髮，安五臟守中。松節療腳軟，骨節諸風，醫歷節四肢疼痛。生泰山山谷，今近道有之。六月採，明如薰陸香。其赤者，專醫惡痺證。

元·吴瑞《日用本草》卷六　松子　有北松、南松。華陰松，形小殼薄，有斑，極香。新羅者如小栗，三角，其中肉甚香美。味甘，溫，無毒。東夷人以代麻腐食。　主骨節風頭眩，去死肌，變白，散水氣，潤皮膚，肥五臟，逐風痹，虛羸少氣，補不足。

元·朱震亨《本草衍義補遺》　松　屬陽金。用其節，炒焦，治筋骨間病，能燥血中之濕也。花，多食能發上焦熱病。○其花上黃粉，名松黃。拂取似蒲黃，酒服，輕身療病。又：樹皮綠衣名艾蒳。合和諸香燒之，其煙團聚，青白可愛。

元·徐彥純《本草發揮》卷三　松節　丹溪云：松屬陽金，用其節，炒焦，治筋骨間病，能燥血中之濕。松花，多食能發上焦熱病。

明·蘭茂撰，清·管暄校補《滇南本草》卷下　松筆頭　性微寒，味苦，微澁。行經絡，止莖中痛。止便濁，治膏淋疼痛不可忍者，磨水酒服之，效。五淋俱可服。

松香一名松脂。　性溫，味苦、甘。搽疥癩瘡。吃安五臟，除胃中濕熱，療赤白（瘕）〔癜〕風，癘風等症。又一人得癘風，皮膚瘙癢，鬚眉脫落，身面俱起紫泡，遇異人傳此方，服之效。白松香不拘多少，於沙鍋內煎九次，每煎一次露一宿，九次，煎如沙者良，方可服。若服此藥，終身不可吃鹽，若犯必發。

明·蘭茂撰，清·管暄校補《滇南本草》卷下　松節　性平，味微酸。行經絡，治痰火筋骨疼痛，濕脾痿軟，強筋骨。

明·蘭茂撰，清·管暄校補《滇南本草》卷上　松筆即松尖是也。　味辛，平。解夷人毒藥。昔一老人，六旬無子，孤身偶入山中遇雨，宿於夷家。夷見老人衣服美麗，至夜半起心不良，尋癲藥，次日暗下於菜內，老人食，辭去，行不數里，人事不知，昏迷倒地。夷人趕至，盜其衣服而還。即有樵者，見老人口吐白沫，知為中毒。乃採松尖，搗爛，以水和而灌之，一時即醒。問其原由，方知中夷毒。老人傳以救世云。

明·蘭茂《滇南本草》〔叢本〕卷中　松節　味酸，性平。行經絡痰火，筋骨疼痛，濕痺痿㽲，強筋舒骨。

明・王綸《本草集要》卷四　松脂使　味苦甘，氣溫，無毒。六月採。通明如乳香者佳。　主疽惡瘡，頭瘍白禿，疥瘙風氣，殺蟲。牙痛，少許咬之，蟲自死。貼諸瘡膿血，生肌止痛，抽風。鍊之令白如玉，安五藏，除熱，胃中伏熱，咽乾，消渴，及風痹死肌，歷節風，惡風癩疾。久服輕身，不老延年。○松實，主虛羸少氣，補不足。○松蘗，苦，溫。主風濕瘡，生毛髮，安五藏，守中，不飢延年。切如粟，酒服方寸匕，日三，辟瘟疫，除惡病。多取青葉，搗爛，用酒浸七日，取酒服，治腳氣風痹不能行及諸歷節風。○松節，溫。主百節久風，(又)〔風〕虛腳痹，軟弱疼痛。燥血中之濕，浸酒服。○松栢白皮，苦，溫。主辟穀不飢，補勞益氣。○松花，拂取，似蒲黃，久服輕身療病。

明・滕弘《神農本經會通》卷二　松脂　使也。六月採。以通明如薰陸香者為勝。一名松膏，一名松昉。

味苦、甘，氣溫，無毒。

《本經》云：主疽惡瘡，頭瘍白禿，疥瘙風氣，安五臟，除熱，胃中伏熱，咽乾，消渴，及風痺死肌。鍊之令白。其赤者，主惡痺。久服輕身，不老延年。陶云：服食方中，以桑灰汁或酒煑軟，挼內寒水中，數十過，白滑則可用。其有自流出者，乃勝於鑿樹及煑用膏也，其實不可多得。《藥性論》云：使。味甘，平。殺蟲用之。主耳聾，牙有蚛蟲，少許咬之不落，蟲自死。能治諸瘡膿血，煎膏，生肌止痛，抽風。日華子云：潤心肺，下氣，除邪。煎膏，治瘻爛，排膿。又云：治脚軟骨節風，又療歷節，諸風惡風癩疾。《圖經》云：道人服餌，或合茯苓、松栢實、菊花作丸，皆先鍊治。其法：用大釜加水置甑，和白茅藉甑底，又加黃砂於茅上，厚寸許，然後布松脂於上，炊以桑薪，湯減即添熱水，常令滿，候松脂盡入釜中，乃出之，投於冷水既凝，又蒸，如此三過，其白如玉，然後入藥。《局》云：松脂除熱除風氣，又主頭瘍惡毒瘡。治渴殺蟲攻疥瘙，風虛脚痛節尤良。松脂，主瘡瘍，殺疥。

松實　九月採，陰乾。　味苦，氣溫，無毒。《本經》云：主風痺寒氣，虛羸少氣，補不足。

松葉　味苦，氣溫。日華子云：無毒。《本經》云：主風濕瘡，生毛髮，安五臟，守中，不飢，延年。陶云：惟葉正是斷穀所宜，細切如粟，以水及麪飲服之。亦有陰乾，搗為屑，丸服者。人患惡病，服此無不差。日華子云：炙，主凍瘡，風濕瘡佳。又切如粟，酒服方寸匕，日三，辟瘟疫，除濕病。多服青葉，搗爛，用酒浸七日，取酒服，治脚氣風痺不能行，及諸歷節風。

松節　《本經》云：氣溫。主百節久風，風虛脚痺疼痛。陶云：苦脚弱人，釀松節酒服之。丹云：松屬陽金，其節炒焦，治筋骨病，能燥血中之濕也。浸酒服。

松根白皮　味苦，氣溫，無毒。《本經》云：主辟穀不飢。日華子云：補五勞，益氣。

松花　《唐本》注云：松花，名松黃。拂取，似蒲黃，酒服輕身，療病。丹云：多食發上焦熱病，其花上黃粉，名松黃。《衍義》云：治產後熱渴煩燥病。更詳之。

松皮　《唐本》注云：樹皮綠衣名艾蒳，合和諸香燒之，其煙團聚，青白可愛也。丹云同。《纂要》云：老松皮燒存性，為末，能住刀口杖瘡，一切痛不止者，亦能止之。

明・劉文泰《本草品彙精要》卷一六　松脂　植生。

松脂出《神農本經》　**主疽惡瘡，頭瘍，白禿，疥瘙，風氣，安五臟，除熱。久服輕身不老，延年。**以上朱字《神農本經》。胃中伏熱，咽乾，消渴，及風痹，死肌，煉令白，服之，其赤者主惡痹。○實，味苦，溫，無毒。主風痹，寒氣，虛羸，少力，補不足。○葉，味苦，溫，主風濕瘡，生毛髮，安五臟，守中，不飢，延年。○節，溫，無毒。主百節久風，風虛，腳痹疼痛。○根白皮，味苦，溫，無毒。主辟穀不飢。以上黑字名醫所錄。

【名】松膏、松肪、松黃。

【苗】謹按：蕭柄云：松有五鬣爲一葉，或有兩鬣、七鬣者，歲久則實繁。其脂蓋由樹枝榮盛時，爲炎熱所灼，津液流出，凝結於外，製服之，勝於鑿樹及煮用膏也。亦有花上黃粉，名松黃，山人及時拂取點湯，甚佳。燒其枝，上下承取汁液，名松湍音諧，能療牛馬瘡疾。皮上綠衣謂之艾蒳，合和諸香用之。夫松淩冬不凋，理爲佳物，但人多輕忽近易之耳。中原雖有，然不及塞上者佳也。

【地】《圖經》曰：生泰山山谷，今處處有之。

【時】生：四時不凋。採：六月取脂，九月取實。

【收】陰乾。

【用】通明如薰陸香，成顆者爲好。

【質】類乳香。

【色】黃。

【味】苦，甘。

【性】溫，泄，緩。

【氣】氣厚味薄，陽中之陰。

【臭】香。

【主】諸瘡腫，除熱疾。

【製】《圖經》曰：用大釜加水置甑，用白茅藉甑底，又加黃沙于茅上厚寸許，然後布松脂於上，炊以桑薪，湯減即添熱水，常令滿。候松脂盡入釜中乃出之，投於冷水，既凝又蒸，如此三過，其白如玉，然後入藥。〖治〗療：《藥性論》云：煎膏，殺蟲，治耳聾。牙有蛀孔，以少許咬之，不落，蟲自死。貼諸瘡膿血。煎膏，生肌止痛，抽風。日華子云：潤心肺，下氣，除邪。煎膏，治瘻爛，排膿。○葉，炙署凍瘡，風濕瘡。○節，主腳軟，骨節風。《別錄》云：節，燒灰，揩牙齦歷蟲，齒根黑暗。補：日華子云：根白皮，補五勞，益氣。〖合治〗煮煉，投冷水中五十遍，合蜜丸服二兩，飢即服之，日三，療惡風疾，鼻柱斷離者，二百日瘥，斷鹽及房室。○以三十斤煉五十遍或二十遍，每三升合煉酥三升，溫和，熟攪極稠，空腹以酒服方寸匕，日三，數食麵粥爲佳，慎血腥、生冷、酢物、果子，療歷節諸風，百節酸痛不可忍。○以三兩煉，合巴豆一兩，勻和熟搗丸，通過以薄綿裹內耳孔中，療耳久聾，日一易之，瘥。○又以三十斤，合酒五斗，漬三七日，服一合，日五六服，療歷節風，四肢疼痛如解。○葉，合水麵飲服之，斷穀，並除患惡病。○節，釀酒，療苦腳弱人。○花，合酒服，輕身。○花合川芎、當歸、石膏、蒲黃爲末，服二錢，水二合，紅花二撚，同煎七分，粥後溫服，療產後壯熱，頭痛，頰赤，口乾唇焦，煩燥渴，昏悶不爽。○實，搗爲膏，合酒調下三錢，日三則不飢，渴飲水，勿食他物，百日身輕，日行五百里。○實，合柏子仁服，療虛秘。

明·俞弁《續醫說》卷四　戒服松脂　顏之推嘗戒兒輩有曰：凡欲餌藥，必須精審，不可輕妄。近有王愛州在鄴曾服松脂不得其法，服之腸塞而死。為藥所誤者甚多，汝曹不可不深戒也。余嘗見東坡《志林》備載服松脂法，稱此方有牢牙、駐顏、烏鬚之功。惜坡翁未深考焉。

明·葉文齡《醫學統旨》卷八　松脂　氣溫，味苦、甘。無毒。通明如乳香者佳。入藥用灰水或白酒煮軟，白滑可用。　治補五臟，除熱，胃中伏熱，咽乾消渴，風痺死肌，歷節風，惡風癩疾，癰疽惡瘡；　殺蟲，牙痛，少許咬之，蟲自死；　貼諸瘡，生肌止痛；　久服延年不老。

明·許希周《藥性粗評》卷二　松節骨傷之有用。

松節松樹硬節也。以紫黑色如鐵硬者佳。凡用剉碎炒焦。松之取用甚多，而其為物，人所共識，茲不具述。　味苦、辛，性溫，無毒。主治手足歷節久風，筋骨傷損，麻痹疼痛，軟弱無力。丹溪云：能燥血中之濕。

單方：筋骨損傷：凡患手足軟弱，及筋骨損傷者，以松節剉炒燋，浸酒服之，日三四次，不間為佳。

明·鄭寧《藥性要略大全》卷六　松香　療金瘡，止血止痛，生肌，及治膿胞疥瘡，辟穀不飢。《經》云：治疽惡瘡，白禿疥瘙，安五臟，除胃中伏熱，咽乾消渴，及風痹死肌。治腳軟骨節風。為丸久服，輕身不老。入敷藥及膏，不入湯。味苦、甘，氣溫，無毒。用白黃色者良，黑色者不用。　松實：甘，溫，無毒。治風痹，補虛羸，安五臟，延年。　松葉：苦，氣溫，無毒。治風濕瘡，生毛髮，安五臟，守中不飢。　松節：治百節久風風虛，腳痹疼痛。漬酒，可治歷節風。　松根白皮：苦，溫，無毒。補五勞，益氣，辟穀不飢。　松蘿：治氣癭項大。味苦、甘，氣溫、平，無毒。非松毬。一云：即松毬。

明·陳嘉謨《本草蒙筌》卷四　松脂　味苦、甘，氣溫。無毒。普天下植養，州土不拘。大木中流來，瀝清松脂別名便是。採取媒利，鑿多竅可遂貪心；鍊餌延年，待自流易奏捷効。擇通明成顆，分向背陰陽。向南日月照者為陽脂，向北日月背者為陰脂。陽脂補陽，陰脂補陰。《僊經》亦云：不見日月者，皆可取服。以人多陰虛，欲其專補陰爾。製鍊有方，依式勿錯。水盛釜內，甑安水傍。白茅藉甑底兩層，黃沙蓋茅上寸許。松脂任布，桑柴緊炊。湯減少旋添，脂流盡方出。新笊籬掠投冷水，沉釜底者勿用。候凝結復炊如前。週畢三回，色白如玉。研和群藥，加白茯苓、栢子仁、甘菊花共劑，亦可單服。為丸酒吞。逐諸風，安五臟。除伏熱胃脘，解消渴咽喉。輕身通神，延年耐老。熬膏貼瘡毒長肉，作散治齒痛殺蟲。實主少氣虛羸，兼敺風痹；花雖輕身益氣，發熱上焦。菩花底菩收曬乾，研末羅細。雞清雞蛋清丸成豆粒，暑痢止澁如神。根白皮主辟穀不飢，補虛損勞乏；節性溫燥血中之濕，卻脚痹軟疼。葉味苦溫，能生毛髮。搗爛敷風濕瘡効，懸掛辟瘟疫氣靈。歷節諸風，漬酒可服。松蘿一名女蘿。《詩》云：蔦與女蘿，施于松上。陶云：蔦是寄生，當用桑上者，女蘿當用松上者。苦甘無毒，煎濃可作吐湯。湧客痰，截溫瘧，利水道，敺頭風。掃頂上瘡痍，去項間瘤癭。虛汗堪止，嗔怒能消。

宋·竇漢卿撰，明·竇夢麟續增《瘡瘍經驗全書》卷九　煉松香法　松香不拘，入淨鍋中煎熬，柳棍攪之，俟其烊化，將稻柴濾淨查，俟冷結成塊，取出任用。其砂石、木屑俱在柴中矣。麟之製法果確也。

明·王文潔《太乙仙製本草藥性大全》卷三《本草精義》　松脂　一名松香，一名松膏，一名松肪，一名白膠香。生泰山山谷。**【略】**

按《抱朴子》云：趙瞿病癩，歷年醫不差，家乃賫糧棄送於山穴中，瞿自怨不幸，悲嘆涕泣。經月有仙人經穴見之，哀之，是問其詳，瞿知其異人也，叩頭自陳乞命，於是仙人取囊中藥賜之，教其服百餘日。瘡愈，顏色悅，肌膚潤。仙人再過視之，瞿謝活命之恩，乞遺其方。仙人曰：此是松脂，彼處極多，汝可求服之，長服身轉輕，力百倍，登危涉險終日不困，年百歲齒不墮，髮不白，夜臥當見有光，大如鏡。

松湽：用松枝燒其上，承取汁液，故名松儲。主牛馬瘡。皮上綠衣名艾蒳香，用合諸香燒之，其煙不散。方書言松爲五粒，字當讀爲鬣，音之誤也。言每五鬣爲一葉，或有兩鬣七鬣者，松歲久則實繁，中原雖有，然不及塞上者佳好也。中品有墨條，不載所出州郡，然亦出於松，故附見於此。

明・王文潔《太乙仙製本草藥性大全》卷三《仙製藥性》

松脂使　味苦、甘，氣溫，無毒。六月採，通明如乳香者佳，黃白色者良，黑色者不用。主治：療癰疽惡瘡頭瘍，治白禿風氣疥瘙。逐諸風，安五臟。除伏熱胃脘，解消渴咽喉。輕身通神，延年耐老。熬膏貼瘡毒，長肉，作散治齒痛殺蟲。久服益氣。補註：治一切瘻，煉成松脂末，填瘡孔令滿，日三四度用之。治疥癬，松膠香研細，約酌入少輕粉，衮令勻，凡疥癬上先用油塗了，錯末，一日便乾，頑者三兩度。治惡風疾，松脂煉，投冷水中二十徧，蜜丸，服二兩，飢即服之，日三。鼻柱斷離者，二百日差，斷鹽及房室。療癧節諸風，百節酸痛不可忍，松脂三十斤，煉五十徧，不能五十徧亦可二十徧，用以煉酥三升，溫和松脂三升，熟攪令極稠，每空腹以酒服方寸匕，日三，數食麫粥爲佳，慎血腥、生冷、酢物果子，一百日差。〇松節酒，主歷節風，四肢疼痛如解落，松脂二十斤，酒五斗，漬三七日，服一合，日五六服。治耳久聾，松脂三兩，煉巴豆一兩，相和熟搗可丸，通過，以薄綿裹，內耳孔中塞之，日一度易。〇療刺入肉疼悶，百理不差方：松脂流出如細乳頭香者，傅瘡上，以綿裹，三五日當有根出，不痛不痒，不覺自落。〇《集驗》療齲齒：收松脂，銳如錐，絍齲孔內，須臾齲蟲緣松脂出。《梅師方》同。《野人閑話》：《伏虎尊師篇》煉松脂法：十斤松脂，五度以水煮過，令苦味盡，取得後，每一斤煉了松脂，入四兩茯苓末，每晨水下一刀圭，即終年不食，而復延齡身輕清爽。　松實：味甘、苦，氣溫，無毒。主少氣虛羸，驅風痹寒氣。能補不足，久服延年。　補註：神仙餌松實，用七月取松實，過時即落難收，去木皮，搗如膏，每服如雞子大，日三服。服及百日身輕，三百日日行五百里，絕穀，久服昇仙。渴即飲水，亦可以鍊了松脂同服之。《列仙傳》云：偓佺好食松實，能飛行健走及馬，以松子遺堯，堯不能服。松者，構松也。　松黃即松花：　主治：雖輕身，益氣，能發上焦，山人及時拂取作湯點之甚佳。　菩花底菩：收曬乾，研末羅細，雞清雞蛋清丸成豆粒，暑痢止澁如神。　補註：《衍義》曰：松黃一如蒲，但其味差淡。產後壯熱，頭痛，頰赤，口乾唇焦，多煩燥渴，昏悶不爽。松花、川芎、當歸、石膏、蒲黃五物等同爲末，每服二錢，水二合，紅花二捻同煎七分，去滓，粥後溫溫細呷。松子多海東來，今關右亦有，但細小味薄，與柏子仁同治虛秘。　松根白皮：味苦，氣溫，無毒。　主治：主辟穀，腹內不飢。補虛損五勞，益氣。　松節　味苦，氣溫，無毒。　主治：燥血中之濕，却脚痹軟疼。主百節久風，治風虛軟痛。　補註：脚轉筋疼痛攣急者，松節一兩，細剉如米粒，乳香一錢，右件藥用銀石器內，慢火炒令焦，存留一二分性，出火毒，研細，每服一錢至二錢，熱木瓜酒調下，應是筋病皆治之。〇治牙齦歷蟲，齒根暗黑，用松節燒灰揩之神效。　松葉：味苦，氣溫，無毒。　主治：能生過毛髮，安五臟守中。搗爛敷風濕瘡效。懸掛辟瘟疫氣靈。歷節諸風，漬酒可服。久服不飢，延年增壽。　補註：服松葉令人不老，身生綠毛，輕身益氣，久服不已，絕穀不飢渴：松葉，不以多少，細剉更研，每日食前以酒調下二錢，亦可粥汁服之，初服稍難，久自便矣。治天行并瘟方：切松葉如末，酒服方匕寸，日三，辟五年瘟。治歷節風，松葉搗取一升，以酒三升，浸七日，服一合，日三服。治口喎，青松葉一斤，搗令汁出，清酒一升，浸二宿，近火一宿，初服半升，漸至一升，頭面汗即出。治三年中風不效者，松葉一斤，調切之，以酒二斗，煮取三升，頓服，汗出方差。治蟲食齒根，齒黑者，以松木灰揩之，末雄黃塗齦上，百日神效。

明・皇甫嵩《本草發明》卷四

松脂味苦、甘，平，溫。　主疽惡瘡，頭瘍白禿，疥瘡風氣，風痺死肌。作膏散用，乃其專功。又云：安五藏，除熱，胃中伏熱，咽乾消渴。鍊之令白色，其鍊法並在服食方中。

松葉味苦，溫。　主風濕瘡，生毛髮，安五藏，守中，不飢延年。陰乾，搗屑丸服。搗汁浸酒飲，治脚氣風痺，歷節風及口喎。松花名松黃。似蒲黃，味差淡。酒服輕身，治產後壯熱，頭痛頰赤，口乾唇焦，多煩燥渴昏悶不爽。用榴花、芎、歸、石膏、蒲黃為末，每服二錢，紅花少煎，細呷下。

松實味苦，溫。　主風

痺寒氣，虛羸少氣，補不足。採，陰乾。此必連皮殼者，八九月採。註云：松子仁味甘，與柏仁同，治虛秘。松根白皮，主辟穀不（肌）〔飢〕。　黃松節　主百節久風虛，脚軟弱痺痛，偏風，口喎，燥血中之濕。浸酒服。　松蘿味苦、甘，平。一名女蘿。生松上。　別說云：主瞋怒邪氣，止虛汗頭風，女子陰寒腫。煎濃汁，可吐客痰熱，截溫瘧，利水道，破血生肌。同琥珀同掃頂上瘡痍，去項間瘻瘤。　松煙味辛，無毒。松煙造成墨者。　摩入藥劑，止血及天行熱毒。鼻衄下血，水摩滴入。產後血暈崩中，卒暴來紅，醋摩服之。游絲入眼中，摩雞血點之。客忤中腹內，摩地漿吞下。又下死胎，逐胎衣。合金瘡，生膚肉。　真松煙細者，纔效。煙粗不靈。其桐油煙、石油煙併粟草灰偽為者，俱不可治病。

明・李時珍《本草綱目》卷三四木部・香木類　松《別録》上品

【釋名】時珍曰：按王安石《字説》云：松柏爲百木之長。松猶公也，柏猶伯也。故松從公，柏從白。

【集解】《别録》曰：松脂生太山山谷。六月采。頌曰：松處處有之。其葉有兩鬣、五鬣、七鬣。歲久則實繁。中原雖有，不及塞上者佳好也。松脂以通明如熏陸香顆者爲勝。宗奭曰：松黄一如蒲黄，但味差淡。松子多海東來，今闕右亦有，但細小味薄也。時珍曰：松樹磥砢修聳多節，其皮粗厚有鱗形，其葉後凋。二三月抽蕤生花，長四五寸，采其花蕊爲松黄。結實狀如猪心，疊成鱗砌，秋老則子長鱗裂。然葉有二針、三針、五針之别。三針者爲栝子松，五針者爲松子松。其子大如柏子，惟遼海及雲南者，子大如巴豆可食，謂之海松子。詳見果部。孫思邈云：松脂以衡山者爲良。衡山東五百里，滿谷所出者，與天下不同。蘇軾云：鎮定松脂亦良。《抱朴子》云：凡老松皮内自然聚脂爲第一，勝于鑿取及煮成者。其根下有傷處，不見日月者爲陰脂，尤佳。老松餘氣結爲茯苓。千年松脂化爲琥珀。《玉策記》云：千年松樹四邊枝起，上杪不長如偃蓋。其精化爲青牛、青羊、青犬、青人、伏龜，其壽皆千歲。

松脂　别名　松膏《本經》　松肪同　松膠《綱目》　松香同　瀝青　【修治】弘景曰：采鍊松脂法，並在服食方中。以桑灰汁或酒煮軟，挼納寒水中數十過，白滑則可用。頌曰：凡用松脂，先須鍊治。用大釜加水置甑，用白茅藉甑底，又加黄砂于茅上，厚寸許。然後布松脂于上，炊以桑薪，湯減頻添熱水。候松脂盡入釜中，乃出之，投于冷水，既凝又蒸，如此二過，其白如玉，然後入用。

【氣味】苦、甘，温，無毒。權曰：甘，平。震亨曰：松脂屬陽金。伏汞。　【主治】癰疽惡瘡，頭瘍白秃，疥瘙風氣，安五臟，除熱。久服，輕身不老延年《本經》。除胃中伏熱，咽乾消渴，風痺死肌。鍊之令白。其赤者，主惡痺《别録》。煎膏，生肌止痛，排膿抽風。貼諸瘡膿血瘻爛。塞牙孔，殺蟲甄權。除邪下氣，潤心肺，治耳聾。古方多用辟穀大明。强筋骨，利耳目，治崩帶時珍。

【發明】弘景曰：松、柏皆有脂潤，凌冬不凋，理爲佳物，服食多用，但人多輕忽之爾。頌曰：道人服餌，或合茯苓、松柏實、菊花作丸，亦可單服。時珍曰：松葉、松實，服餌所須；松節、松心，耐久不朽。松脂則又樹之津液精華也。在土不朽，流脂日久，變爲琥珀，宜其可以辟穀延齡。葛洪《抱朴子》云：上黨趙瞿病癩歷年，垂死，其家棄之，送置山穴中。瞿怨泣經月，有仙人見而哀之，以一囊藥與之。瞿服百餘日，其瘡都愈，顏色豐悦，肌膚玉澤。仙人再過之，瞿謝活命之恩，乞求其方。仙人曰：此是松脂，山中便多。此物汝鍊服之，可以長生不死。瞿乃歸家長服，身體轉輕，氣力百倍，登危涉險，終日不困。年百餘歲，齒不墜，髮不白。夜卧忽見屋間有光，大如鏡，久而一室盡明如晝。又見面上有采女二人，戲于口鼻之間。後入抱犢山成地仙。于時人聞瞿服此脂，皆競服之，車運驢負，積之盈室。不過一月，未覺大益，皆輒止焉。志之不堅如此。張杲《醫説》有服松丹之法。

【附方】舊七，新十七。　服食辟穀：《千金方》用松脂十斤，以桑薪灰汁一石，煮五七沸，漉出，冷水中凝，復煮之，凡十遍乃白，細研爲散。每服一二錢，粥飲調下，日三服。服至十兩以上，不飢，飢再服之。一年以後，夜視目明。久服，延年益壽。〇又法：百鍊松脂治下篩，蜜和納筒中，勿見風日。每服一團，一日三服。服至百日，耐寒暑；二百日，五臟補益；五年，即見西王母。〇伏虎禪師服法：用松脂十斤，鍊之五度，令苦味盡。每一斤，入茯苓四兩。每旦水服一刀圭，能令不食，而復延齡，身輕清爽。　强筋補益：四聖不老丹：用明松脂一斤，以無灰酒沙鍋内桑柴火煮數沸，竹枝攪稠，乃住火，傾入水内結塊，復以酒煮九遍，其脂如玉，不苦不澀乃止，爲細末。用十二兩，入白茯苓末半斤，黄菊花末半斤，柏子仁去油取霜半斤，鍊蜜丸如梧子大。每空心好酒送下七十二丸。須擇吉日修合，勿令婦人、鷄、犬見之。〇松梅丸：用松脂以長流水桑柴煮拔三次，再以桑灰滴汁煮七次扯拔，更以好酒煮二次，仍以長流水煮二次，色白不苦爲度。每一斤，入九蒸地黄末十兩，烏梅末六兩，鍊蜜丸梧子大。每服七十丸，空心鹽、米湯下。健陽補中，强筋潤肌，大能益人。白飛霞《方外奇方》。　揩齒固牙：松脂出鎮定者佳，稀布盛，入沸湯煮，取浮水面者投冷水中，不出者不用，研末，入白茯苓末和匀。日用揩齒漱口，亦可嚥之。固牙駐顏。蘇東坡《仇池筆記》。　歷節諸風：百節酸痛不可忍。松脂三十斤，鍊五十遍。以鍊酥三升，和（松）脂三升，攪令極稠。每旦空心酒服方寸匕，日三服。數食麪粥爲佳，慎血腥、生冷、酢物、果子，一百日瘥。《外臺秘要》。　肝虛目淚：鍊成松脂一斤，釀米二斗，水七斗，麴二斗，造酒，頻飲之。　婦人白帶：松香五兩，酒二升煮乾，木臼杵細，酒糊丸如梧子大。每服百丸，温酒下。《摘玄方》。　小兒秃瘡：《簡便方》用松香五錢，猪油一兩熬，搽，一日數次，數日即愈。〇《衛生寶鑑》用瀝青二兩，黄蠟一兩半，銅緑一錢半，麻油一兩半，文武熬收。每攤貼之，神效。　小兒緊唇：松脂炙化，貼之。《聖惠方》。　風蟲牙痛：刮松上脂，滚水泡化，一漱即止，已試驗。《集簡方》。　齲齒有孔：松脂紝塞，須臾蟲從脂出也。《梅師方》。　久聾不聽：鍊松脂三兩，巴豆一兩，和搗成丸。薄綿裹塞，一日二度。《梅師方》。　一切瘻瘡：鍊成松脂末，填令滿，日三四度。《聖惠方》。　一切腫毒：松香八兩，銅青二錢，蓖麻仁五錢，同搗作膏，攤貼甚妙。《李樓奇方》。　軟癤頻發：翠玉膏：用通明瀝青八兩，銅緑二兩，麻油三錢，雄猪膽汁三個。先溶瀝青，乃下油、膽，傾入水中扯拔，器盛。每用緋帛攤貼，不須再换。　小金絲膏：治一切瘡癤腫毒。瀝青、白膠香各二兩，乳香二錢，没藥一兩，黄蠟三錢，又以香油三錢，同熬至滴下不散，傾入水中，扯千遍收貯。每捻作餅，貼之。　疥癬濕瘡：松膠香研細，少入輕粉。先以油塗瘡，糝末在上，一日便乾。頑者三二度愈。《劉涓子鬼遺方》。　陰囊濕痒：欲潰者。用板兒松香爲末，紙卷作筒。每根入花椒三粒，浸燈盞内三宿，取出點燒，淋下油搽之。先以米泔洗過。《簡便方》。　金瘡出血：瀝青末，少加生銅屑末，糝之，立愈。唐瑶《經驗方》。　猪嚙成瘡：松脂鍊作餅，貼之。《千金》。　刺入肉中：百理不瘥。松脂流出如乳頭香者，傅上以帛裹。三五日當有根出，不痛不痒，不覺自安。《兵部手集》。

松節　【氣味】苦，温，無毒。　【主治】百邪久風，風虚脚痹疼痛《别録》。釀酒，主脚弱，骨節風弘景。炒焦，治筋骨間病，能燥血中之濕震亨。　治風蛀牙痛，煎水含漱，或燒灰日揩，有效時珍。　【發明】時珍曰：松節，松之骨也。質堅氣勁，久亦不朽，故筋骨間風濕諸病宜之。

【附方】舊三，新四。　歷節風痛：四肢如解脱。松節酒：用二十斤，酒五斗，浸三七日。每服一合，日五六服。《外臺》。　轉筋攣急：松節一兩，剉如米大，乳香一錢，銀石器慢火炒焦，存一二分性，出火毒，研末。每服一二錢，熱木瓜酒調下。一應筋病皆治之。孫用和《秘寶方》。　風熱牙病：《聖惠方》用油松節如棗大一塊，碎切，胡椒七顆，入燒酒，須二三盞，乘熱入飛過白礬少許。噙漱三五口，立瘥。○又用松節二兩，槐白皮、地骨皮各一兩，漿水煎湯。熱漱冷吐，瘥乃止。　反胃吐食：松節煎酒，細飲之。《百一方》。　陰毒腹痛：油松木七塊，炒焦，冲酒二鍾，熱服。《集簡方》。　顛撲傷損：松節煎酒服。《談埜翁方》。

松湝音詣。火燒松枝取液也。　【主治】瘡疥及馬牛瘡蘇恭。

松葉　别名：松毛　【氣味】苦，温，無毒。　【主治】風濕瘡，生毛髮，安五臟，守中，不飢延年《别録》。細切，以水及麪飲服之，或擣屑丸服，可斷穀及治惡疾弘景。炙罯凍瘡風〔濕〕瘡，佳大明。　去風痛脚痹，殺米蟲時珍。

【附方】舊六，新三。　服食松葉：松葉細切更研，每日食前，以酒調下二錢，亦可煮汁作粥食。初服稍難，久則自便矣。令人不老，身生緑毛，輕身益氣。久服不已，絶穀不飢不渴。《聖惠方》。　天行温疫：松葉細切，酒服方寸匕，日三服。能辟五年瘟。《傷寒類要》。　中風口喎：青松葉一斤，搗汁，清酒一升，浸二宿，近火一宿。初服半升，漸至一升，頭面汗出即止。《千金方》。　三年中風：松葉一斤，細切，以酒一斗，煮取三升。頓服，汗出立瘥。《千金方》。　歷節風痛：松葉搗汁一升，以酒三升，浸七日。服一合，日三服。《千金方》。　脚氣風痹：松葉酒：治十二風痹不能行，服更生散四劑，及衆療不得力，服此一劑，便能行遠，不過兩劑。松葉六十斤，細剉，以水四石，煮取四斗九升，以米五斗，釀如常法。别煮松葉汁，以漬米并饙飯，泥釀封頭，七日發，澄飲之取醉。得此酒力者甚衆。《千金方》。　風牙腫痛：松葉一握，鹽一合，酒二升煎，漱。《聖惠方》。　大風惡瘡：猪鬃松葉二斤，麻黄去節五兩，剉，以生絹袋盛，清酒二斗浸之，春夏五日，秋冬七日。每温服一小盞，常令醺醺，以效爲度。《聖惠方》。　陰囊濕痒：松毛煎湯，頻洗。《簡便方》。

松花　别名松黄　【氣味】甘，温，無毒。震亨曰：多食，發上焦熱病。【主治】潤心肺，益氣，除風止血。亦可釀酒時珍。　【發明】恭曰：松花即松黄，拂取正似蒲黄，酒服令輕身，療病勝似皮、葉及脂也。頌曰：花上黄粉，山人及時拂取，作湯點之甚佳。但不堪停久，故鮮用寄遠。時珍曰：今人收黄和白沙糖印爲餅膏，充果餅食之，且難久收。恐輕身療病之功，未必勝脂、葉也。

【附方】舊一，新一。　頭旋腦腫：三月收松花并臺五六寸如鼠尾者，蒸切一升，以生絹囊貯，浸三升酒中五日。空心暖飲五合。《普濟方》。　産後壯熱：頭痛頰赤，口乾唇焦，煩渴昏悶。用松花、蒲黄、川芎、當歸、石膏等分，爲末。每服二錢，水二合，紅花二捻，同煎七分，細呷。《本草衍義》。

根白皮　【氣味】苦，温，無毒。　【主治】辟穀不飢《别録》。補五勞，益氣大明。

木皮　别名：赤龍皮　【主治】癰疽瘡口不合，生肌止血，治白秃、杖瘡、湯火瘡時珍。

【附方】新四。　腸風下血：松木皮，去粗皮，取裏白者，切晒焙研爲末。每服一錢，臘茶湯下。《楊氏家藏方》。　三十年痢：赤松上蒼皮一斗，爲末。麪粥和服一升，日三。不過一斗，救人。《聖惠方》。　金瘡杖瘡：赤龍鱗即古松皮，煅存性，研末。搽之，最止痛。《永類鈐方》。　小兒頭瘡：浸濕，名胎風瘡。古松上自有〔赤厚〕皮，入豆豉少許，瓦上炒存性，研末，入輕粉，香油調，塗之。《經驗良方》。

松實見果部。　艾納見草部苔類桑花下。　松蕈見菜部香蕈下。

明・佚名氏《醫方藥性・草藥便覽》　松香　其性澁、苦。散諸風，生肌肉。

明・梅得春《藥性會元》卷中　松脂　味苦，氣溫，無毒。　主補五臟，除熱及胃中伏熱，咽乾消渴，風氣死肌，歷節風，惡風癩疾，癰疽惡瘡，頭瘡白禿，疥瘙，風痹。殺蟲，牙痛少許咬之，蟲自死。貼諸瘡，生肌止痛。久服延年。

松花　多食能發上焦熱病，慎之。　製法：　凡入藥，用河水煮，或白酒煮軟，白滑可用。

明・李中立《本草原始》卷四　松　始生泰山山谷，今處處有之。其葉有兩鬣、五鬣、七鬣。歲久則實繁，淩冬不凋。按王安石《字說》云：　松、柏為百木之長。松猶公也，柏猶伯也，故松從公，柏從伯。

松脂　松之膏脂也。《本經》一名松膏，一名松肪。《本草綱目》名松膠。因氣香而色黄，故俗呼松香。又呼黄香。

茯苓、茯神　生大松下，今以雲貴出者為佳。形塊無定，以似龜、鳥形者為良。有赤白二種。乃假松氣而生者。二月、八月採，陰乾。茯者，附也，伏松之下，有附之義也；苓者，零也，離松之體，有零之義也，故名茯苓。茯神，附結本根，既不離本，故曰茯神。《史記・龜策傳》作伏靈，蓋松之神靈之氣，伏結而成，故謂之伏靈、伏神也。

琥珀　是松脂淪入地中，千年所化生，永昌者佳。今西戎亦有，色差淡而明澈，南方者色深而重濁。入藥以手摩熱，可拾草芥者為上。李時珍曰：虎死則魄入地化為石，此物狀似之，故謂之虎魄，俗文從玉，以其類玉也。

松葉　氣味：　苦，溫，無毒。　主治：　風濕瘡，生毛髮，安五臟，守中，不飢延年。〇細切，以水及麪飲服之，或擣屑丸服，可斷穀，及治惡疾。〇炙署凍瘡，風瘡佳。〇去風痛，脚痹，殺米蟲。

《列仙傳》云：　毛女在華陰山中，山客獵師世世見之，形體生毛，自言始皇宮人，秦亡入山，食松葉遂不飢寒，身輕如飛。

松脂　氣味：　苦，甘，溫，無毒。　主治：　癰疽惡瘡，頭瘍白禿，疥瘙風氣。安五臟，除熱。久服輕身，不老延年。〇除胃中伏熱，咽乾消渴，風痹死肌。煉之令白。其赤者主惡痹。〇煎膏生肌止痛，排膿抽風。貼諸瘡，膿血瘻爛，塞牙孔殺蟲。〇除邪下氣，潤心肺，治耳聾。古方多用辟穀。〇強筋骨，利耳目。治崩中帶下。

松節　氣味：　苦，溫，無毒。　主治：　百邪，久風風虚，脚痹疼痛。〇釀酒主脚弱，骨節風。〇炒焦，治筋骨間病，能燥血中之濕。〇治風蛀牙痛，煎水含漱，或燒灰日揩有效。

明・李中立《本草原始》卷七　松子　出遼東及雲南。其樹與中土松樹同，惟五葉一叢者，毬內結子，大如巴豆，而有三稜一頭尖爾。世當果食，咸呼為海松子。又呼為新羅松子。　仁：　氣味：　甘，小溫，無毒。　主治：骨節風，頭眩，去死肌，變白，散水氣，潤五臟，不飢。〇逐風痹寒氣，虚羸少氣，補不足，潤皮膚，肥五臟。〇主諸風，溫腸胃。久服輕身，延年不老。〇潤肺，治燥結欬嗽。同柏子仁治虚秘。

松子　宋《開寶》。【圖略】類楓子而小。《列仙傳》云：　偓佺，采藥父也，好食松子，體毛數寸，能飛行逐走馬。以松子遺堯，堯不受。時受食者皆三百歲。

明・張懋辰《本草便》卷二　松脂使　味苦、甘，氣溫，無毒。　主疽惡瘡，頭瘍白禿，疥瘙風氣。殺蟲，牙痛少許咬之，蟲自死。貼諸瘡膿血，生肌止痛，抽風。鍊之令白如玉，安五臟，除熱，胃中伏熱，咽乾消渴，及風痹死肌，歷節風，惡風，癩疾。松實主虚羸少氣，補不足。〇松葉苦溫，主風濕瘡，生毛髮，安五藏，辟瘟疫，除患病，青葉擣爛，用酒浸七日，取酒服。治脚氣。〇松節溫，主百節。〇松柏白皮苦溫，主辟穀不飢，補勞益氣。〇松花拂取，製酒極佳，去風濕。

明・李中梓《藥性解》卷五　松香　味苦、甘，性溫，無毒，入脾、肺二經。主安五臟，除伏熱，解消渴，逐諸風，療癰疽惡瘡，及白禿疥瘙，風氣金傷，止血殺蟲定痛。松子，益氣補虚；　松花，清心解煩；　松葉，生毛髮，去風濕，灸署凍瘡；　松節，主骨節久風，脚痹疼痛。久服俱能辟穀延年。　按：　松香甘溫之品，與脾部相宜，而肺者脾之子也，故兩入之。伏熱等症，悉屬二經，烏得不治。子花節葉，主療小異，亦親上親下之道也。

明・鮑山《野菜博錄》卷三　松樹花葉實可食　有三種，一名山松，一名踢牙松，一名雲南五針松。皮粗厚如鱗，花開黃色如金粉，結實如荔枝狀，每瓣內一子。三種花相同，子有大小，山松子如麻子小，牙松子、雲南松子如豆大。　味甘，性溫，無毒。　食法：　採嫩針煑爛，淘去苦味，和麵、油鹽調食。

明・繆希雍《本草經疏》卷一二　松脂　味苦、甘，溫，無毒。　主疽惡瘡，頭瘍白禿，疥瘙風氣，安五藏，除熱，胃中伏熱，咽乾消渴及風痹死肌。煉之令白。其赤者主惡痹。久服輕身，不老延年。

〔疏〕松脂感天之陽氣而得乎地之火土之化者也。故其味苦而兼甘，其氣則溫，其性無毒。得陽氣兼火土，則其性燥，燥則除濕散風寒。苦而燥則能殺蟲。甘能除熱，胃中伏熱散則咽乾消渴自止。痹者，風寒濕合而為病也。地之濕氣，感則害人皮肉筋脈，此死肌之所由來也。濕熱之邪散則血不瘀敗，榮氣通調而無壅滯，故主疽惡瘡。榮和熱散，則頭瘍白禿、疥瘙風氣俱愈矣。熱消則榮血和，風濕去則衛氣安，脾胃健，五臟無病。可知濕去則身輕可必。久服不老延年，固可想見。松實：味甘，氣溫，性和而無毒。《本經》言苦者，誤也。以其屬陽，故亦主風痹寒氣。其主虛羸少氣，補不足者，精不足補之以味，甘能益血是已。形不足溫之以氣，溫能和氣是已。服餌延年輕身不飢，惟此足以當之。然亦久服乃可責效耳。

松葉：味苦，溫而不甘。宜其主風濕瘡，生毛髮也。安五臟，守中，不飢，延年。其旨具松脂條內。服之可治惡疾，即癩病。炙署凍瘡風瘡佳。

松節：味苦，氣溫，性燥。故能主百節久風，風虛腳痹疼痛。〔主治參互〕陶弘景以松節釀酒，主腳弱骨節風。丹溪以松節炒焦用，以治筋骨間病，能燥血中之濕。《外臺秘要》治歷節風痛，四肢如解脫。松節二十斤，酒五斗，浸三七日，每服一合，日五六服。《集簡方》治陰毒腹痛，油松木七塊，炒焦，衝酒二鍾，熱服。《談埜翁方》跌撲損傷，松節煎酒服。

〔簡誤〕松脂、松葉，其性甚燥，味又苦溫，病人血虛有火及病不關風寒濕所傷而成者，咸不宜服。

明・倪朱謨《本草彙言》卷八　松花　味甘，氣溫，無毒。　方氏曰：松花，即松黃。拂取之，似蒲黃。功用勝如脂，仁及葉也。

松花：輕清涼滑，療久痢，解酒毒，吳瑞《本草》清血熱之藥也。王明源稿土人及時拂取，和白米、芡實、白糖調勻，即爲糕餅。作茶饌食之，大能養胃，清鬱熱。越東風俗，以此款賓，曆、啓間所時尚也。

集方：《嬰兒醫鏡》治痘瘡癢塌，破損血出，或皮裂漿流。用松花摻之，即乾。〇《方脉正宗》治久痢不止，延及數月，纏綿不淨。用松花，每服三錢，食前米湯調下。〇韋谷溪手集治好飲之人，酒毒發作，頭痛目眩，或咽喉閉悶，或下利清水，日數十行，形神委頓，庸工誤作陰寒自臀，妄用溫燥熱藥者，多有之。用松花一兩焙，陳皮五錢，川黃連三錢，甘草二錢，俱微炒，磨爲末，與松花和勻。每早晚各服二錢，白湯調服。二日即愈。〇治吐血胸中氣塞，吐出血紫黑色成塊者，是瘀血也。用松花、茜草根、桃仁、大黃、枳殼各一錢。〇治吐血遇勞即作者，是勞傷動血也。用松花、人參、白朮、白芍藥、麥門冬、生地黃各一錢。〇治衄血不止，出於肺也。用松花、茜草根、黑山梔、黃芩、桔梗、甘草、玄參、生地黃、桑皮各一錢，藕一兩。〇治咳血不止，出于肺也。用松花、川貝母、生地黃、桑皮、款冬花、天麥二冬各一錢五分，甘草一錢。〇治咯血不止，出于腎也，咯出血屑。用松花、生熟二地、天麥二冬、阿膠各二錢，紫(苑)〔菀〕、知母、黃柏各一錢。〇治唾血不止，出于胃也，鮮血隨唾而出者。用松花、茜草根、茯苓、川貝母、天麥二冬、杜仲、生地黃、柿餅各二錢，甘草七分，炮薑灰八分。〇治溺血不止，心移熱于小腸也。用松花、生地黃、黃芩、黃柏、黑山梔、知母、木通、甘草、天門冬、川黃連、扁蓄、茯苓、燈心各二錢。〇治便血不止，大腸出血，藏府蘊積濕熱也。用松花、茜草根、側柏葉炒、槐角、地榆、阿膠、當歸、生地各二錢，黃柏、白芍藥、蒼朮、黑山梔、川芎各一錢。此方不問糞前糞後，并腸風下血，并皆治之。

明・倪朱謨《本草彙言》卷八　松脂　味苦、甘，氣溫，無毒。　《別錄》曰：松脂，生太山山谷。中原雖有，不及邊塞與衡山者佳。以通明如薰陸香，成顆粒者爲上。《抱朴子》云：凡松脂，以老松皮內自然流出聚凝，及流結根底，不見風日者爲第一。入地深久，化爲琥珀。鑿取者次之。煮成者亦不堪用。宜六月采。雷氏曰：修治，須熔化，濾去松末及沙石，水內冷定，再用麻布袋盛，入沸湯煮一日，取出布袋，浮水面者用，不出袋者不用。李氏曰：松樹磥砢，修聳多節，其皮粗厚有鱗，其葉二三月抽蕤，有二針、三針、五針之別。生花長三四寸，采其花蕊爲松黃。結實狀如荔枝，纍成鱗甲。秋老則子長甲裂，隨風飛散，着土便生。惟遼海及雲南者，子大如巴豆，可食，謂之海松子。詳見果部。

松脂：拔毒消癰，吸膿，朱丹溪去腐肉之藥也。苗天秀稿其氣溫燥，其質粘泥，于外科作散子敷塗，或和油煉成膏子，貼蓋一切潰爛、敗穢腐肉，能排膿血，爲必用之物。故前古主癰疽惡瘡，白禿瘙疥，蟲牙鼠瘻。不過外應敷貼，功盡之矣。有言煉久色白如玉，服食能潤心肺，輕身延年，此荒唐不稽之說，不可信從。如入瘍科敷貼料中，可去膿拔毒。腐穢初作，或初潰者可用。

如久潰瘍，膿血已盡，氣虛血寒，肉泛而不斂者，用此不惟不能生新肌，反增潰爛，延流皮肉，損人筋脉，不可勝言。用者當細審之。

集方：《外科全書》治癰疽惡毒及背發，一切腫毒，以成膿潰、未破出頭者。用煉過松脂四兩，香油二兩，熔化，用銅綠五錢研細末，和入，用薄油紙攤貼毒上，膿血盡出，俟膿將淨，然後以丹粉膏貼之。○同前治癰疽腫毒潰破，膿水淋漓，膿頭不出。用煉過松脂一兩，滴明乳香、真沒藥，俱放瓦上，焙出油各五錢，樟腦一錢，共爲細末，摻入毒內，拔膿散毒。○《簡便方》治小兒白禿瘡。用煉過松脂、黄丹各五錢，輕粉三錢，共爲細末，菜油調搽。先用米泔湯洗淨，搽藥，一日一次。○《鬼遺方》治瘙癢瘡疥。用煉過松脂五錢，大黄、蓽茇各一兩，樟腦、檳榔各五錢，共爲極細末，用猪脂油一兩，和研爲丸，加水銀八錢，再研，以水銀散，不見點爲度。每遇搔癢疥癬，以藥丸瘡上摩之，一二次愈。○《梅師方》治蟲蛀牙痛。用煉過松脂一兩，菜油三錢，火上熬化，將冷凝，加入真蟾酥末五分，用箸攪勻，取米粒大，內入牙痛隙處，即止。○《聖惠方》治鼠瘻數眼穿破，內潰不收。用煉過松脂一兩，菜油三錢，火熬化，加飛過黄丹五錢，用箸攪勻，取膏子撚成細條子，內入孔中，膿水拔出，漸乾收口。用人參、黄耆、白朮、當歸各三錢，水煎服，日一劑。

續補方：《集簡方》治風蟲牙痛。用松脂一塊，滚湯泡化，一漱即止。○《聖惠方》治一切瘻瘡。用松脂爲末，填孔令滿，日三四度。○徐姐姐傳治小兒頭上軟癤，頻發不愈，俗名軟癀頭。用煉過松脂八兩，銅綠二兩，麻油三兩，猪膽汁三個，先將松脂火上熔化，乃下油并膽汁熬勻，傾入水內，扯拔百遍，貯磁器內。遇此患，每用細布攤貼，不須再換。○《摘玄方》治婦人白帶久不愈。用煉過松脂五兩，酒二升，煮乾，入木臼內杵細，爲丸梧子大。每服百丸，溫酒下。○《李樓奇方》治一切腫毒。用煉過松香八兩，銅青八錢，蓖麻子仁六兩，同搗成膏，攤貼，未成即消，已成即潰，甚妙。○朱氏家傳治一切膿爛臁瘡。用煉過松香四兩，葱頭二兩，入臼內搗爛，加入生猪脂三兩，共搗成膏。用油單紙攤夾紙貼，每日翻換，以米泔溫洗。半月愈。

明·倪朱謨《本草彙言》卷八　松葉　味苦，氣溫，無毒。　方氏曰：松葉，又名松毛。叢聳上指，宛如鬚髮，有二莖、三莖、五莖之異。

松毛　去風濕，朱丹溪療癬癩惡疾之藥也。王嘉士稿大氏方云：　松毛，性燥，質利，炒黑善去風濕，頑癬濕爛，浸漬不乾，并敷冬月凍瘡。生取搗爛作丸，能治大風癩疾，或歷節風痛，或脚氣痿痹，或頭風頭痛等證。以上數病，凡關風濕致患者相宜，倘因血虛風燥致病者，禁用之。

集方：《外科宗印》治風濕頑癬。用松毛炒黑一兩，和輕粉、樟腦各三錢，濕則乾摻，燥則用油調搽。如癢極者，以米醋調敷，并治凍瘡。如濕爛者，乾腫者，作癢者，悉依頑癬同法。○同前治大風癩瘡。用松毛，取生新者搗爛焙燥，每用松毛二兩，枸杞子二兩，浸酒飲，時時服，不得大醉，久服效。并治歷節風痛，脚弱痿痹。○《方脉正宗》治頭風頭痛。用生鮮松毛四兩，搗爛，焙燥，浸酒，時時飲之，其渣取出貼頂門，用布裹頭，三日乃愈。

明·倪朱謨《本草彙言》卷八　松節　味苦，氣溫，無毒。　方氏曰：松節，出大松樹中，劈取，以赤黑如蜂者佳。

松節　陶弘景去骨節中風濕之藥也。陳一齋稿《別錄》方主一切風虛風氣，臂膊疲麻，脚膝疼痛，宜釀酒飲之。此係松樹之骨也，質堅氣勁，久亦不朽，故去筋骨間風濕諸病。但氣溫性燥，如足膝筋骨，有風有濕，作疼作痠，痿弱無力者，用此立痊。倘情欲斫喪之人，陰虛髓乏，血燥有火者，宜斟酌用之。

集方：《千金方》治脚弱骨節風，以松節釀酒飲。○《外臺秘要》治周身筋骨內痛。用松節打碎如豆大，炒焦，釀酒飲。○同前治歷節風痛，四肢如解脫。以松節十斤，酒三斗，浸二七日，每服一合，日五六服。○談氏手集治跌撲損傷，用松節煎酒飲。

明·倪朱謨《本草彙言》卷八　松實　味甘，氣溫，性和，無毒。　方氏曰：松實，出松卵鱗甲中。見前松脂條內。又互見果部中。

松實　李珣補精髓血氣之藥也。伍少山稿陳氏方主風痹寒氣，虛羸少氣，諸不足證。《經》云精不足者，補之以味，甘能益血是已；形不足者，溫之以氣，溫能和氣是已。服餌却疾延年，除五勞七傷，惟此足以當之。然亦久服，乃可責其效耳。

集方：東坡居士方治風痹寒氣，虛羸少氣，及五藏勞傷，咳嗽吐痰，骨蒸盜汗，心神恍惚，飲食不甘，遺精滑泄等證。用松實仁八兩，麥門冬不去心一斤，金櫻子、枸杞子各八兩，熬膏，少加煉蜜收。每早晚白湯調服十餘茶匙。

明·姚可成《食物本草》卷二〇木部·香木類　松處處有之。其葉有兩鬣、五鬣、七鬣。歲久則實繁。中原雖有，不及塞上者佳好也。松黄一如蒲黄，但味差淡。松子多海東來，今闕右亦有，但細小味薄也。〇李時珍曰：松樹磥砢修聳多節，其皮粗厚有鱗形，其葉後凋。二三月抽蕤生花，長四五寸，采其花蕊為松黃。結實狀如豬心，疊成鱗砌，秋老則子長鱗裂，然葉有二針、三針、五針之別。三針者為栝子松，五針者為松子松。其子大如栢子，惟遼海及雲南者，子大如巴豆，可食，謂之海松子，詳見果部。孫思邈云：松脂以衡山者為良。衡山東五百里，滿谷所出者，與天下不同。蘇軾云：鎮定松脂亦良。《抱朴子》云：凡老松皮內自然聚脂為〔第〕一，勝于鑿取及脂成者。其根下有傷處，不見日月者，為陰脂，尤佳。老松餘氣結氣為茯苓。千年松脂化為琥珀。《玉策記》云：千年松樹四邊枝起，上杪不長如偃蓋。其精化為青牛、青羊、青犬、青人、伏龜，其壽皆千歲。

松花一名松黃。味甘，溫，無毒。主潤心肺，益氣，除風止血。亦可釀酒。〇李時珍曰：多食發上焦熱病。〇蘇恭曰：松花即松黃，拂取酒服，令輕身療病，勝似皮、葉及脂也。〇蘇頌曰：花上黃粉，山人及時拂取，作湯點之甚佳。但不堪停久，故鮮用寄遠。〇李時珍曰：今人收黃和白沙糖、米粉，作糕餅食之，尤佳。

松脂　味苦、甘，溫，無毒。治癰疽惡瘡，頭瘍白禿，疥瘙風氣，安五臟，除熱，久服輕身不老延年。除胃中伏熱。咽乾，消渴，風痹死〔肌〕，鍊之令白。其赤者，主惡痹。煎膏止痛，排膿抽風，貼諸瘡膿血瘻爛。塞牙孔，殺蟲，除邪下氣，潤心肺，治耳聾。古方多用辟穀。強筋骨，利耳目，治崩帶。〇李時珍曰：松葉松實，服餌所須；松節松心，耐久不朽；松脂則又樹之津液精華也。在土不朽，流脂日久，變為琥珀，宜其可以辟穀延齡。葛洪《抱朴子》云：上黨趙瞿，病癩歷年。垂死，其家棄之，送置山穴中。瞿怨泣經月，有仙人見而哀之，以一囊藥與之。瞿服百餘日，其瘡都愈，顏色豐悅，肌膚玉澤。仙人再過之，瞿謝活命之恩，乞求其方。仙人曰：此是松脂，山中便多此物，汝鍊服之，可以長生不死。瞿乃歸家長服，身體轉輕，氣力百倍，登危涉險，終日不困，年百餘歲，齒不墜，髮不白。夜臥忽見屋間有光，大如鏡，久而一室盡明如晝。又見面上有采女一人，戲于口鼻之間。後入抱犢山成地仙。于時人聞瞿服此脂，皆競服之，車運驢負，積之盈室。不過一月，未覺〔大益〕，皆輒止焉。志之不堅如此。張杲《醫說》有服松丹之法。〇凡用松脂，先須煉治。用大釜加水置甑，用白茅藉甑底，又加黃砂于茅上，厚寸許。然後布松脂于上，炊以桑薪，湯減頻添熱水。候松脂盡入釜中，乃出之，投于冷水，既凝又蒸，如此二過。其白如玉，然後入用。

松湑音諝，火煉松枝取液也。治瘡疥及馬牛瘡。

松葉　味苦，溫，無毒。治風濕瘡，生毛髮，安五臟，守中，不飢延年。細切，以水及麵飲服之，或擣屑丸服，可斷穀及治惡疾。炙署凍瘡、風瘡佳。去風痛脚痹，殺米蟲。

附方：服食松脂辟穀方：用松脂十斤，以桑柴灰淋汁一石，煮五七沸，漉出。冷水中旋復煮之，凡十遍，乃白。細研為散，每服一二錢，粥飲調下。日三服，久久服之，不飢延年。服食松葉，用松葉細切再研，每日食前以酒調下二錢，亦可煮汁作粥食。初服稍難，久則自便矣。令人不老，身生綠毛，輕身益氣，絕穀不飢。治中風，松葉一斤，細切，以酒一斗，煮三升頓服，汗出立瘥。治滿身骨節疼痛，名歷節風。以松葉擣汁一升，以酒三升和之，七日後每服一合，日三服。治風痹脚氣松葉酒，他方不療者此能治之。用松葉煮汁漬米五斗，松湯炊飯。以松葉六十斤，水四石煮汁一石，入飯在內，如常釀酒。入甕泥封七日，盡醉飲之大效。

明·顧逢柏《分部本草妙用》卷一肝部·溫補　松脂即松香　甘，溫，無毒。主治：癰毒頭瘍，白禿疥瘙，除熱，輕身，風痺死肌。赤者主惡痺，煎膏貼瘡妙。潤心肺，治耳聾，強筋骨，治崩帶。按：松葉、松子服餌所須，松節、松心耐久不老。松脂則又其精華也。流脂日久，變為琥珀，其辟穀延齡，治癩之仙藥也。服治闢穀法：用松脂十斤，以桑薪灰汁一石，煮五七沸，漉出，冷水中旋，復煮之，凡十遍乃白，細研為散，每服二錢，粥飲調下，日三服。服至十兩以上，不飢；服年餘，夜視目明；久服延年益壽。〇松節，治骨節中風，濕痺疼痛如神。所以史國公浸酒方用之。〇松花，可釀酒，潤心肺，益氣除風。

明·李中梓《醫宗必讀·本草徵要下》　松脂味苦、甘，溫，無毒。入肺、胃二經。水煮百沸，白滑方可用。　祛肺金之風，清胃土之熱。除邪下氣，壯骨強筋。排膿、止痛、生肌，煎膏而用；牙疼、惡痹、崩中，研末而嘗。松子甘能益血，潤大便；溫能和氣，主風虛。松葉可生毛髮，宜署凍瘡。松節舒筋止肢節之痛，去濕，搜骨內之風。松脂感太陽之氣而生，燥可去濕，甘能除熱，故外科取用極多也。松子中和，久服有裨；松葉有功於皮毛，松節有功於肢節，各從其類也。按：松脂、松葉，性燥而溫，血虛者勿服。

明·鄭二陽《仁壽堂藥鏡》卷二　松節　丹溪云：松屬陽金。用其節炒焦，治筋骨間病。能燥血中之濕。松花多食，能發上焦熱病。日華子云：松節無毒。治脚軟，骨節風痛。《藥性〔論〕》云：松脂：味甘，平。殺蟲用之。主耳聾，牙有蟲孔，少許用之不落，蟲自死。能貼諸瘡，煎膏生肌止痛，抽風除濕。

明·蔣儀《藥鏡》卷一溫部 松香 除伏熱風濕而痺燥，療癰疽惡而殺蟲。松子益氣補虛，松花心清煩解。松葉生毛髮，去濕風，凍瘡炙罯。松節可釀酒，醫脚痺骨節久風。

明·張景岳《景岳全書》卷四九《本草正》 松香 味苦、辛，溫。治癰疽惡瘡，頭瘍白禿，風濕疥癬。酒煮糊丸，可治歷節風痛，亦治婦人崩帶。煎膏則活血生肌，排膿止痛。塞牙孔殺蟲。傅刺入肉中，自出。加銅末研摻，大治金瘡折傷。

明·盧之頤《本草乘雅半偈》帙二 松脂《本經》上品 氣味：苦、甘，溫，無毒。主治：主癰疽惡瘡，頭瘍白禿，疥瘙風氣，安五藏，除熱。久服輕身，不老延年。

覈曰：出太山山谷，處處亦有。今以塞上、衡山者為良。其樹修聳多節，其皮粗厚有鱗，其葉凌冬不凋。二三月抽蕤，長三五寸，謂之松黃。放花結實，狀如荔枝，疊成鱗砌，秋老則子長鱗裂，隨風飛散，著土便生。其脂通明，宛如熏陸香，以松皮內自然凝聚，及流結根底不見日月者為第一，鑿取者次之，煮成者不堪用，宜六月采。修治：用一大釜，釜中置水，釜上置甑，甑中用白茅藉甑底，更置黃沙于茅上，厚寸許。然後布脂，炊以桑薪，湯減頻加熱水。俟脂盡入釜中，乃出之，投于冷水，既凝又蒸，凡三度，則色白如玉，入鉢徐研，鉢底置水，方易細。陶貞白云：采鍊松脂法，並在服食方中，以桑灰汁，或酒，煮軟，挼納寒水中，數十過，白滑則可用。震亨云：松脂屬陽金，伏汞，制砂，粉銀可作匱也。

条曰：松有脂，如人有血，血餘則髮華不槁，脂餘則葉華不凋。松針上指，宛如鬚髮，心之血分藥也。癰疽惡瘡，頭瘍白禿，疥瘙風氣，此血中眚，因于血液枯涸，致火氣流亢侵淫膚肉耳。松脂陰潤麗澤，澤其枯潤其涸，拾其遺補其闕也。雖入血分，其性情形色，条合五行，色黃可入脾，堅凝可入肺，長生可入肝，不凋可入腎，味苦氣溫可入心，五行周備，故安五藏。若苦能除熱，假陰潤麗澤之質耳。 百木夭，其氣與液，僅自周其急也。松木壽，豈其自周。其氣之餘為苓，其液之餘為脂，為珀，咸成不朽。

明·李中梓《本草通玄》卷下 松香 苦、甘，平。主一切瘡痍，除熱祛風，排膿化毒，生肌止痛，殺蟲療癧。弘景云：松栢皆有脂，凌冬不凋，理為佳物。時珍曰：脂乃英華，在上不朽，流膏日久，變為琥珀，宜其可以辟穀延齡。大釜加水，白茅襯甑，又加黃沙寸許，布松脂于上，炊以桑薪，湯減頻添熱水。候松脂盡入釜中，取出，投于冷水，既凝又蒸，如此三過，乃佳。服之，通神明，去百病。松節：搜風舒筋，燥血中之濕。松子：益肺止嗽，補氣養血，潤腸止渴，溫中搜風，潤皮膚，肥五臟。陰虛多燥者，珍為神丹。

清·顧元交《本草彙箋》卷五 松脂合松節、松黃。 松與柏皆凌霜不凋，而柏屬陰，松屬陽。松脂，則又樹之津液，流注而得乎火土之化。故其味苦而兼甘，氣溫性燥。甘溫與脾部相宜，主除胃中伏熱，咽乾消渴之症。燥則除濕，散風寒，苦而燥，又能殺蟲也。松節質堅氣勁，炒焦治筋骨間病，能燥血中之濕。松黃，即花上黃粉，有除風止血之能，故頭風及下痢每用之。

附松煙墨：凡血症汜溢妄行，須燒松薰煙所作之墨，世所貨賣，爲中下之品者，皆是。若油煙則爲上品，反不宜於入藥也。水研服，能止血。酒研溫服，能行血。童便研，則涼血。婦人白帶，用松香五兩，酒二觔，煮乾，木臼杵細，酒糊丸如梧子大，每服溫酒送下百丸。歷節風痛，四肢如解脫者，松節三十觔，酒五斗，浸三七日，每服一合，日五六服。頭旋腦痛，三月收松花並薹，如鼠尾者，蒸切一升，生絹囊浸酒三升，過五日，每空心暖飲五合。自盜汗，百藥不效者，松香煮過六兩，熟地黃、烏梅肉各四兩，先搗爛，和松香爲丸，滾水送下，屢驗。

清·穆石匏《本草洞詮》卷一一 松松脂、松節、松葉、松黃 松栢，為百木之長，松猶公也，栢猶伯也。松樹磊砢修聳，凌冬不凋。松葉、松實，服餌所須。松節、松心，耐久不朽。松脂則又樹之津液精華也，在土不朽，變為琥珀，辟穀延齡，理宜然也。以老松皮自然聚脂為第一，鑿取及煮成者次之。氣味苦甘，溫，一云平，無毒。強筋骨，利耳目，治崩帶，癰疽惡瘡，風痺，安五臟，除熱，久服輕身延年。《抱朴子》云：上黨趙瞿病癩垂死，其家棄之，置山穴中，瞿怨泣經月，有仙人見而哀之，與一囊藥，瞿服百餘日，瘡都愈，顏色豐悅。仙再過之，瞿乞其方。仙曰：此松脂也，汝鍊服之，可長生。瞿歸家長服，身體轉輕，氣力百倍，年百餘齒不落，髮不白。夜臥忽見屋間有光，大如鏡，久而一室盡明，又見面上有采女一人，戲於口鼻之間。後成地仙。於時聞者競服之，車運驢負，積之盈室，不過一月，未覺大益，皆輒止焉。志之不堅如此，豈松之不靈哉？ 松節苦溫，無毒。治百邪久風，腳痹疼痛。此松之骨也，質堅氣勁，故筋骨間風濕諸病宜之。松葉苦溫，無毒。治風濕瘡，生毛髮，去風痛腳痹，安五臟，不飢。松黃乃松花上黃粉也，甘溫，無毒。潤心肺，益氣，除風止血。然難久收，故鮮寄遠。多食發上焦熱病。

清·劉雲密《本草述》卷二二 松 松脂 氣味：苦，甘，溫，無毒。權曰：甘，平。伏汞。 丹溪曰：松脂，陽金，伏汞制砂。

主治：癰疽惡瘡。頭瘍白禿。疥瘙風氣《本經》。除胃中伏熱，咽乾，消渴《別錄》。除邪下氣，潤心肺。古方多用辟穀日華子。 時珍曰：松葉、松實，服餌所須；松節、松心，耐久不朽。松脂則又樹之津液精華也。在土不朽，流脂日久，變為琥珀，宜其可以辟穀延齡。

愚按：松稟真陽之質，凌冬不凋，故松脂之類，仙家煉真陽者用之也。之頤曰：松有脂，如人有血。《本經》主治首言癰疽惡瘡，頭瘍白禿，疥瘙風氣，此皆血中眚也，故用以療之，此說亦近，然未能明其所以然也。丹溪曰：松脂屬陽金，伏汞制砂。則松脂為真陽中之陰，猶之砂中汞，火中液也。人身肺陰降而入心，乃能生血者，正猶是也，此所以能療血中眚。然唯出於真陽，故《本經》首舉其在上在表者耳。粗工以燥言，而《別錄》云除胃中伏熱，咽乾消渴。日華子又言除邪下氣，潤心肺，可以燥目之乎？其義謂何？蓋如在人之肺陰，能使下降入心，是陽中化陰，則胃中自無伏熱，伏熱除而咽乾消渴自無。陽中陰化，則上焦之邪除，而氣自下，心肺自潤矣。雖然，是乃理之所宜然耳，方書於胃熱等證，未嘗有用之者，豈其不中病耶？然有用之治歷節風者，而松節亦用之，詎知其所用有殊，不可不審。松脂治血中之風，松節則純乎陽，乃治血中之溼，丹溪言之矣。血中之風，陽中之陰不足，血中之溼，陰中之陽不足也。然既燥溼矣，何以又云治風？蓋血中之溼不化，則風生焉，是為陽虛之風也。《別錄》言風虛者，其有確見哉。

附方 歷節諸風，百節酸痛不可忍，松脂三十斤，煉五十遍，以煉酥三升，和脂三升，攪令極稠，每旦空心酒服方寸匕，日三服，數食麪粥為佳，慎血腥、生冷、酢物、果子一百日，瘥。

松節 氣味：苦，溫，無毒。 主治：百節久風，風虛腳痹疼痛《別錄》。炒焦治筋骨間病，能燥血中之濕震亨。治風蛀牙痛，煎水含漱，或燒灰，日揩有效時珍。 附方：歷節風痛，四肢如解脫，松節酒用二十斤，酒五斗，浸三七日，每服一合，日五六服。 轉筋攣急，松節一兩，剉如米大，乳香一錢，銀石器慢火炒焦，存一二分性，出火毒，研末，每服一二錢，熱木瓜酒調下，一應筋病皆治之。

松花別名松黃 氣味：甘，溫，無毒。 主治：潤心肺，益氣，除風止血。亦可釀酒時珍。《準繩》治吐血久不止，有松花散。 恭曰：松花即松黃，拂取正似蒲黃，酒服令輕身，療病勝似皮葉及脂也。 頌曰：不堪停久，故鮮用寄遠。 丹溪曰：多食發上焦熱病。 能曰：松脂味苦甘，氣溫，無毒。方書服食須以桑柴灰淋汁煮十遍，又以酒煮二遍，去苦濇，傾入冷水中，候凝，為末，酒服得仙。然多致腸塞而死，不可輕信也。惟為散，煮膏貼瘡。以松節浸酒，去風有效。

清·郭章宜《本草匯》卷一五 松香 味苦，甘，溫，入手太陰、足陽明經。治惡痺死肌，排膿抽風。療陰囊溼痒，止痛生肌。風牙蟲痛，刮脂化湯，一嗽止。 齲齒有孔，松脂紝塞，即無蟲。蟲即從脂出也。

按：松香，屬陽金而兼火土，其性燥，則可去濕。其味甘，則能除熱。苦燥相兼，則能殺蟲，故外科取用極多也。古方有翠玉膏，用貼軟癤，選通明瀝青八兩，銅綠二兩，麻油三錢，雄猪膽汁三箇，先溶瀝青，乃下油膽，傾入水中扯拔，器盛，攤貼用。又小金絲膏，治一切腫毒，瀝青、白膠香各二兩，乳香二錢，沒藥一兩，黃蠟三錢，又以香油三錢，同煎至滴下不散，傾入水中，扯千遍，收貯貼用。疥瘡濕瘡，用松膠香研細，少入輕粉，先以油塗瘡，糝末在上，一日即乾，頑者二三度。

大釜加水，白茅襯甑，又加黃沙寸許，布松脂于上，炊以桑薪，湯減頻添熱水，候松脂盡入釜中，取出投于冷水，既凝又蒸，如此三過，乃佳，服之通神明，去百病。

松節 苦，溫。搜風舒筋，燥血中之濕。釀酒頻吞，治脚弱骨風。

按：松節，松之骨也。質堅氣勁，有功于肢節，故能舒筋，止骨節之痛。去濕，搜骨內之風。蓋各從其類也。

清·王翃《握靈本草》卷八 松脂生泰山之谷。一名松香，又名瀝青。以桑灰汁或酒煮軟，挼納寒水中數十過，白滑，則可用。　主治：　松脂，苦、甘，溫，無毒。主治瘡瘍風氣，安五臟，除熱，久服延年，煉服治惡痺。

松節松之骨也。堅勁不朽，故筋骨風濕用之。　主治：　松節苦，溫，無毒。主百節久風，風虛脚痺疼痛。

清·汪昂《本草備要》卷三　松節燥濕，去風。　松之骨也，堅勁不凋，故取其苦溫之性，以治骨節間之風濕。丹溪曰：能燥血中之濕。　杵碎浸酒良。史國公藥酒中用之。　松脂：　苦、甘，性燥。祛風去濕，化毒殺蟲，生肌止痛。養生家煉之服食，今熬膏多用之。齲齒有孔，松脂絍塞，蟲即從脂出。　松毛：　釀酒，煮汁代水。　亦治風痹脚氣。

清·吴楚《寶命真詮》卷三　松節　【略】搜風舒筋，燥血中之濕。　子益肺止嗽，補氣養血，潤腸止渴，溫中搜風，潤皮膚，肥五臟。　陰虛多燥者，珍為神品。

清·顧靖遠《顧氏醫鏡》卷八　松節苦，溫。　去風濕而止骨節之痛，能舒筋骨，除攣急之疴。　性燥血虛者，中病即止。

清·李熙和《醫經允中》卷一七　松脂　即松香。　止血甚捷。　甘，溫，無毒。　主治安五臟，除伏熱，祛風去濕，排膿化毒，生肌止痛，殺蟲，療瘡。　脂乃英華，在土不朽，脂流日久變為琥珀，製煉服之，可以通神明，去百病，辟穀延年者也。　松節性溫，燥血中之濕，却脚痺軟疼，治骨節痛如神，浸酒方用之。　花雖益氣，發熱上焦。　葉味苦溫，能生毛髮，燒薰風濕瘡效。

清·馮兆張《馮氏錦囊秘錄·雜症痘疹藥性主治合參》卷四　松脂感天太陽之氣，得地火土之化。故味苦兼甘，氣溫，無毒。甘能解毒，苦能洩熱，溫能祛風除濕，所以外貼瘡毒，長肉殺蟲。內服逐諸風，主惡痹，安五臟，除伏熱。總祛風散濕則有功。血虛有火所切忌。

松脂　陽脂補陽，陰脂補陰。　照方製煉，如五加、茯苓、栢實、甘菊為丸，酒吞，或為單服，逐諸風，安五臟，除伏熱胃脘，解消渴咽喉，輕身延年通神。熬膏貼瘡毒長肉，作散治齒痛殺蟲。　實，味甘，氣溫，性和無毒。　精不足者，補之以味。　形不足者，溫之以氣。　味甘氣溫，故主少氣虛羸，兼敺風痹，久服延年輕身，惟此足以當之。　花雖輕身益氣，發熱上焦。　節，性溫，乃松之骨也。　質堅氣勁，以類相從，故功專於肢節，舒筋止肢節之痛，去濕搜骨內之風，燥血中之濕，卻脚痹軟疼。　歷節諸風，漬酒可服。　葉，味苦，溫。　能生毛髮。搗爛，敷風濕瘡效。　懸掛，辟瘟疫氣。

主治痘疹合參：　松花，善摻諸痘瘡傷損及濕爛不痂。

清·张璐《本經逢原》卷三　松脂《本經》名松膏，俗名松香。　苦，甘，溫，無毒。　《本經》主癰疽惡瘡，頭瘍白禿，疥瘙風氣，安五藏，除熱，久服輕身不老延年。　發明：　松脂得風木堅勁之氣，其津液流行皮幹之中，積歲結成，芳香燥烈，允為方士辟穀延齡之上藥。　然必蒸煉始堪服食。《本經》所主諸病，皆取風燥以祛濕熱之患耳。　今生肌藥中用之者，取其濇以斂之也。　松節　苦，溫，無毒。　發明：　松節質堅氣勁，久亦不朽，故筋骨間風濕諸病宜之，但血燥人忌服。　〇松花潤心肺，益氣除風濕。　今醫治痘瘡濕爛，取其涼燥也。

清·浦士貞《夕庵讀本草快編》卷五　松《別錄》　安石云：　松柏為百木長，松猶公，柏猶伯，故字從之。　松乃堅貞之木，脂為津液所凝，味苦而甘溫，而屬陽，入土不朽，宜乎神仙藥也。　故內而潤心肺，強筋骨，除胃中伏熱，療消渴咽乾，去癩風惡痺，止赤白崩漏；　外而解毒生肌，排膿止痛。　是以葛翁載趙瞿之驗，思邈有煉服之法。其實取其肥五藏而潤肌膚，治咳嗽而溫腸胃。　偓佺長食而不死，文賓久服而延年。　節乃木中之骨，氣勁質剛，得酒則療骨節之風而舒脚弱；　炒則燥血中之濕而治諸疼。　黄為花上之粉，山人及時掃取以供餅食，不但芳香襲脾，亦可除風止血也。　由此推之，則知李鄴侯取松枝以隱，皆名曰養和；　陶貞白愛庭院松風，每聞樂志，豈無意耶？

清·張志聰、高世栻《本草崇原》卷上　松脂　氣味苦、甘，溫，無毒。　主治癰疽惡瘡，頭瘡白禿，疥瘙風氣，安五臟，除熱。　久服輕身，不老延年。

松木之脂，俗名松香，處處山中有之，其木修聳多節，其皮粗厚有鱗，其葉有兩鬣、五鬣、七鬣，其花蕊為松黃，結實狀如豬心，木之餘氣結為茯苓，松脂入土，年深化成琥珀。　其脂以通明如熏陸香顆者為勝，乃服食辟穀之品，神仙不老之妙藥也。　熬化濾過即為瀝青。　松脂生於松木之中，稟木質而有火土金水之用。　氣味苦溫，得火氣也。　得火氣，故治肌肉之癰，經脈之疽，以及陰寒之惡瘡。　入土成珀，堅潔如金，裕金氣也。　裕金氣，故治頭瘍白禿，以及疥瘙之風氣。　色黄臭香，味苦而甘，備土氣也。　備土氣，故安五臟。　木耐歲寒，經冬不凋，具水氣也。　具水氣，故除熱。　久服則五運全精，故輕身，不老延年。

松節附　氣味苦，溫，無毒。　主治百邪，久風，風虛脚痹，疼痛。釀酒，主脚軟骨節風。《別録》附。　松花附　別名松黄，氣味甘、溫，無毒。主潤心肺，益氣，除風，止血，亦可釀酒。《本草綱目》附。

清・劉漢基《藥性通考》卷六　松節　味苦，性溫。治骨節間之風濕作痛，能燥血中之溫。杵碎，酒浸良。　松脂苦甘，性燥。祛風去濕，化毒殺蟲，生肌止痛，故熬膏多用之。

清・姚球《本草經解要》卷三　松花　氣溫，味甘，無毒。主潤心肺，益氣除風，止血，亦可釀酒。　松花氣溫，稟天春和之木氣，入足厥陰肝經。味甘無毒，得地中正之土味，入足太陰脾經。　氣味俱升，陽也。其主潤心肺者，飲食入胃，脾氣散精，輸於心肺。松花味甘益脾，氣溫能行，脾為胃行其津液，輸於心肺，所以潤心肺也。益氣者，氣溫益肝之陽氣，味甘益脾之陰氣也。風氣通肝，氣溫散肝，所以除風。脾統血，味甘和脾，所以止血也。可釀酒者，清香芳烈，宜於酒也。　製方：松花同山藥、白芍、甘草、茯苓，治洩瀉。同紅麯、山藥、北味、肉蓯蓉、白芍、杜仲，治腎洩。專浸酒，治頭旋腦腫。

清・徐大椿《神農本草經百種録》上品　松脂　味苦，溫。主疽惡瘡，頭瘍白禿，疥瘙，除濕火所化之病。風氣，香散風。安五藏，補脂液。除熱。性耐寒暑。久服，輕身，不老延年。松多脂而壽故也。　松之精氣在皮，故其脂皆生于皮。其質黏膩似濕，而性極燥，故凡濕熱之在皮膚者，皆能治之。〇凡癰疽瘡疥之疾，皆皮膚濕火所鬱，必腐肉傷皮，流膿結痂而後愈。松之皮，日易月新，脂從皮出，全無傷損，感其氣者，即成膿脱痂而愈。義取其象之肖也。

清・黄元御《玉楸藥解》卷二　松子仁　味甘、辛，氣平。入手太陰肺、手陽明大腸、手少陰心、足厥陰肝經。潤燥清風，除濕開痹。松子仁與柏子仁相同，收濇不及，而滋潤過之。潤肺止欬，滑腸通秘，開關通痹，澤膚榮毛，亦佳善之品。研揩鬚髮，最生光澤。松子大如豆粒，光頭三角，出雲南、遼東，中原無此。香治癰疽疥痱，禿瘡血瘻，止痛生肌，排膿收口。止崩除帶，強筋固齒，歷節疼痛，陰囊濕癢。松節治腰腿濕痹，筋骨疼痛。松花止血。

清・吳儀洛《本草從新》卷三　松脂（燥濕祛風。）一名松香，一名瀝青。苦，甘，溫燥中。祛風去濕，化毒生肌止痛，熬膏而貼；崩中惡痺牙疼，研末而嘗。齲齒有孔，松脂絍塞，蟲即從齒出。感太陽之氣而生，燥可去濕，甘能除熱，故外科取用極多。性溫而燥，血虛者勿服。水煮百沸，白滑方可用。附：松節（燥濕祛風。）苦溫而燥。治骨節間之風濕。丹溪曰：能燥血中之濕。燥性過於松脂，血虛尤忌。杵碎浸酒良。　附：松毛（祛風，生毛髮。）苦，溫。可生毛髮。宜敷凍瘡及風濕諸瘡。忌同松脂。切細用。　附：松花（潤，益氣祛風。）甘，溫。潤心肺，益氣止血除風。亦可釀酒。須及時取用，不堪久停。今人和白沙糖印為糕餅頗佳。善糝諸痘瘡傷損并濕爛不痂。多食發上焦熱病。

清・嚴潔等《得配本草》卷七　松松節、松花　甘、苦，溫。入手太陰、足陽明經。去風勝濕，除邪下氣。煎膏，生肌止痛、排膿抽風。配生銅屑，摻金瘡出血。炒黑，罨刀傷止血。血虛者禁用。　松節　苦，溫。燥血中之濕，除骨節間之風。得乳香、木瓜，治轉筋攣急。　松花　甘，溫。潤心肺，除風，止血。配石膏、蒲黄，治產後壯熱。人乳拌蒸，潤肺。炙食則上焦發熱。

題清・徐大椿《藥性切用》卷五　松香　一名松脂，又名瀝青。苦甘溫燥，燥濕祛風，生肌化毒，為外科敷治耑藥。松節，苦溫性燥，善祛骨節間風濕，為痺症引經耑藥。酒浸用。松毛，性味苦溫，能生毛髮。血虛均宜禁忌。松蕈，性味溫潤，能養心肺，益氣除風。可以釀酒。

清・黄宮繡《本草求真》卷四　松脂祛風除濕，生肌殺蟲。　松脂專入肝脾。即屬松木津液，流於皮幹之中，經久結成，其液如脂，芳香燥結。內可祛風除濕去痹，外可貼瘡長肉殺蟲。緣人風濕內淫，則氣血受阻，故瘡疥癰腫、身重痹痛等症，靡不因是而生。得此苦以洩熱，溫以祛風除濕，則病悉愈。然必蒸煉得法，始堪服食。至云久服輕身延年，雖出經解，未可盡信，其亦過為稱譽之意也乎！但火實有熱者，忌服。

清・羅國綱《羅氏會約醫鏡》卷一七竹木部　松節味苦，性溫。　主治骨節間風濕作痛。以節入節。浸酒更良。　松脂苦甘性燥，祛風去濕，生肌止痛，熬膏多用之。　塞牙孔殺蟲。

松毛　煮汁釀酒，亦治風痹脚痛，能生毛髮。懸掛辟瘟疫氣。

子　味甘氣溫，性和無毒。補少氣虛弱，兼驅風痹，補精味甘補形氣溫。久服輕身延年，惟此足以當之。

清・趙學敏《本草綱目拾遺》卷六木部　松毬松皮膏　此即山松所結卵毬，初青，久則裂作鱗甲形，片片四開而墜，兒童拾之，盈筐攜入市，貨與茶爐代炭，能益茶味，入藥取青嫩者。《綱目》松下列松實，云見果部，不知果部乃海松子，出關東，與山松異，山松毬內，老亦有子，細如粟米，不中食品。

白點風：《家寶方》先以葱、花椒、甘草三味煎湯洗，再以青嫩松毬，蘸雞子白、硫黃，同磨如粉，搽上，八九次除根。

松皮膏　色如琥珀，出西域伊犁等處。《西域聞見錄》：烏魯木齊乾隆四十年改為迪化州，其土人取松皮為膏，謂之松樹膏藥。

性溫，治血，一切虚怯勞瘵，婦女血枯血閉諸症，服之有效。陳海曙家有此膏，自西域帶來，黑如漆，上蓋松皮一塊，云其松皮厚者二三尺，即此皮所熬。曾以治勞嗽，十日病減，又十日而病痊，又十日而生肌，漸復如舊，每服三錢，空心白水調下，服一月，無不愈者。

《槐西雜志》：田耕野官涼州鎮時，攜回萬年松一片，性溫而活血，煎之色如琥珀，婦女血枯血閉諸症，服之多驗，親串家遞相乞取，久而遂盡。後予至西域，乃見其樹，直古松之皮，非別一種也。土人煮以代茶，亦微有香氣。其最大者，根在千仞深澗底，枝幹直出山脊，尚高二三十丈，皮厚者二尺有餘，奴子吳玉保嘗取其一片為牀，意直盤古時物，萬年之名，殆不虚矣。

清・趙學敏《本草綱目拾遺》卷六木部　松油　其取油法：以有油老松柴截二三寸長，劈如燈心粗，用麻線紮把，如茶杯口大，再用水盆一箇，內盛水半盆，以盌一隻坐於水盆內，用蓆一塊蓋於盌上，中挖一孔如錢大，再以紮好松把，直豎放於蓆孔中間，以火點著，少時，再以爐灰週圍上下蓋緊，勿令走烟，如走烟，其油則無，俟溫養一二時，其油盡滴盌內，去灰蓆，取出聽用，一名瀝油。

治疥瘡久遠不愈，百藥不效，以此油新浴後擦之，或加白礬末少許和擦，更妙。

清・趙學敏《本草綱目拾遺》卷六木部　金松　《物理小識》：出台州，垂條結子如碧珠，三年子乃一熟，每歲生者相續，璀燦其間。

子治腸風。

清・章穆《調疾飲食辯》卷一下　松葉　載籍所傳，皆松、柏並舉。《詩》曰：徂徠之松，新甫之柏。《禮》曰：如松柏之有心也。《論語》曰：歲寒，然後知松柏之後彫也。實則松不敵柏遠甚。柏樹高大，任狂風不能拔折，松則易拔易折。柏雖老無枯枝敗葉，松則常有。柏材鋸板，滑膩如鏡，松則砢礧多節，甚不美觀。柏歷數百年，絕無蟲蠹，松則易生毛蟲，每發則偏山皆是，食葉盡則氣無所洩而樹死。《明史》：崇禎十六年癸未，南京孝陵松樹為毛蟲所食，望之如赭，樹盡枯死。柏材作屋、作棺，白蟻不蛀，松材稍遇濕氣，即為招蟻之媒。是松種不如柏也，獨其葉、其花、其皮、其節、其脂入藥治病，則與柏各有所長，難分軒輊。

葉煎汁代茶，可治風濕、諸瘡，生毛髮出《別錄》，療惡疾，出《藥總訣》，謂大風癩疾。治一切風瘡，出《日華本草》。去風痛脚痺，殺米蟲。人腹中有此蟲，即好食生米，數年必死。出《綱目》。《千金方》治中風口喎：松葉一斤搗爛，酒一斗浸二日，微火溫一夜，初服半升，漸至一升，汗出即愈。又治中風三年。如此其久，宜和以養血之藥如地黃、首烏等。又治歷節風痛、脚氣、風痺、大風、癩瘡，方並同上。其大風、風痺二症，非數十百斤不效，少則無功。其花上黃粉，可摻痘瘡抓破潰爛。其皮節與脂，所主無非風疾，而松脂研細末，火煆過，退火氣則可研。和生銅末可治金瘡血出不止，乾摻之。出《經驗方》。其節，用有油者。凡用皮、葉，俱宜有油者。其無油者，謂之樅，入藥無力。《爾雅》曰：樅，松葉柏身。檜，柏葉松身。酒煎服可治骨節痛風。炒微焦，乘熱沖熱酒服，可治陰毒腹痛。出《集簡方》。其層疊厚皮，可治堆皮瘡，揭去一層又生一層，或痛或癢，總不收口：燒存性，研末，濕則乾摻，乾則陳麻油調搽出《得效方》。若用以代茶，其味苦而澀，初頗難飲，久則稍可相安。凡有風癩諸病，皆係惡疾，非多服、久服不能取效。水煎代茶則效遲，酒煎常服則效速。秦時毛女食松葉成仙之說，雖未必其然，而利骨節，長毛髮，祛風愈病，則確乎有驗，慎毋畏難而輟飲也。

清・章穆《調疾飲食辯》卷四　松花　取花上黃粉點茶，別是一般風味。但不能停久，和白餹作餅，稍可久留。性能潤肺。釀酒服可疏風。取初抽嫩心，狀如鼠尾者，搗碎浸酒服，治風眩頭運，腫痹，皮膚痛急。出《元和紀用經》。

清・張德裕《本草正義》卷下　松香　苦辛，溫。可療歷節風痛，頭瘍白禿，風濕疥癬，癰疽惡瘡。煎膏，能活血生肌，排膿止痛。

清・楊時泰《本草述鉤元》卷二二　松脂　俗名松香。

味苦、甘，氣溫平。主治癰疽惡瘡，頭瘍白禿，疥瘙風氣《本經》。除胃中伏熱，咽乾消渴，除邪下氣，潤心肺，古方多用辟穀。附方：歷節諸風，百節酸痛不可忍，松脂三十斤煉五十遍，以煉酥三升和脂三升，攪令極稠，每旦空心酒服方寸匕，日三服，數食麪粥為佳，慎血腥生冷酢物果子，一百日瘥。服食松脂得仙，須以桑柴灰淋汁煮十遍，又以酒煮二遍，去苦澀，傾入冷水中，候凝為末，酒服。然多致腸塞而死，不可輕信，惟為散熬膏，貼瘡良。

松節　氣味苦溫。主治百節久風風虛，脚痺疼痛，炒焦，治筋骨間病，能燥血中之濕，療風蛀牙痛。煎水含漱，或燒灰日揩，效。歷節風痛，四肢如解脱，松節酒：用節二十，酒五斗，浸三七日，每服一合，日五六服。轉筋攣急，松節一兩，剉如米大，乳香一錢，銀石器慢火炒焦，存一二分性，出火毒，研末，每服一二錢，熱木瓜酒調下，一應筋病皆治之。

合論松脂、松節：松稟真陽之質，淩冬不凋，松之有脂，如人有血，其主治癰疽瘡禿，疥瘙風氣，皆血中之眚也。惟茲味出於真陽，《本經》故舉在表者言之。丹溪曰：松脂屬陽金，伏汞制砂，是則為真陽中之陰，猶之砂中汞火中液，與人身肺陰入心而生血者同。粗工乃以燥言，亦知《別錄》所云除胃中伏熱咽乾消渴，日華子所言除邪下氣潤心肺者，可以燥目之乎。陽中化陰，則胃中自無伏熱，而咽乾消渴自除；陽中陰化，則上焦之邪除，而氣自下，心肺自潤。方書歷節風之治，松脂與松節並施。第松脂治血中之風，松節則純乎陽，能燥血中之濕。夫血中之風，陽中之陰不足；血中之濕，陰中之陽不足也。松節燥濕，何以又云治風，蓋濕不化則風生，是為陽虛之風，《別錄》言療風虛，其有確見哉。

松花　氣味甘溫。潤心肺，益氣，除風止血。治吐血久不止，有松花散《準繩》。松花即松黃，拂取正似蒲黃，酒服令輕身，療病勝似皮葉及脂也。恭不堪停久，故鮮用寄遠頌。多食，發上焦熱病丹溪。

清・葉桂《本草再新》卷四　松脂味苦，性溫，無毒。入脾、肺二經。燥濕祛風，生肌止痛，化毒療瘡。○松節，味甘、苦，性溫，無毒。入心、肺二經。清火燥濕，利骨節，通血脈。

清・吴其濬《植物名實圖考》卷三三　松　松脂　《本經》上品。花為松黃，樹皮綠衣為艾蒳，燒汁為松湍，松節、松心皆入藥。關東松枝幹淩冬翠碧，結實香美，子為珍果，永平亦有之。凡北地松難長，多節質堅，材任棟梁，通呼油松。盛夏節間汁即溢出。南方松僅供樵薪，易生白蟻。惟水中樁年久不腐。

雩婁農曰：《爾雅》：樅，松葉柏身。注：今大廟梁材。《尸子》所謂松柏之鼠，不知堂密之有美樅。樅蓋松類而異質耳。今匠氏攻木者，有灰松、黄松二種，灰松易生，質輕速腐，為藉，為薪，皆是物也；黄松亦曰油松，多脂，木理堅，多生山石間，北地巨室非此不能勝任。余常至盧龍試院，觀所謂古松者皆數百年物，竦身矗幹，碧潤多節，與老松龍鱗，渺不相屬。而長風謖謖，巨浪撼空，審其釵股，則皆七鬣，意謂即美樅也。湘中方言，謂松為叢，惟簡牘中或作樅，則松、樅，果一類歟。結實之松，葉同而木駁，凸凹如刻畫，惟燕、遼及滇有之。《演繁露》以樅為絲杉，松、杉葉迥異。《爾雅》兩載，恐非類也。園庭古寺有麈尾松、栝子松。即剔牙松。金錢松、鵝毛松，皆盆几之玩，非棟梁之用，五大夫之庶孽耳。塞外五臺有落葉松，蒙古取其皮以代茶，高寒落木，異乎後凋，又其木堅有刺，毒能腐人肉，寄生白脂厚五六寸，光潔似玉，微軟而堅，或有用為韝底；又有白松，直幹盤枝，上短下長，望如浮圖，質體獨輕，非木公之別族，則因地而異其形性矣。

清・趙其光《本草求原》卷七香木部　松脂即松香。甘、辛，平，屬陽金。無毒。松有脂如人有血，芳香帶燥，為陽中之陰，能令肺陽化陰入心。故治血中風病，主癰疽惡瘡，頭瘍白禿，疥瘙、風氣，皆血中病。除胃中伏熱，咽乾消渴，去上焦邪，下氣，潤心肺，皆陽中之陰不足，陽中陰化則血生，而諸症自可悉退。諸本草專謂其燥，豈燥亦能治此等症耶？歷節風痛，煉五十遍，和煉酥十分之一，調酒服。生肌、止痛，殺蟲，齲齒有孔，用此塞之，蟲從脂中出。方士辟穀延齡方用之。必蒸煉多次，去苦澀，以桑柴灰淋汁煮十次，又酒煮二三次，方可食。然多致腸寒而死，不可輕信。

松節　堅勁不凋，苦，溫，純陽。專燥血中之濕，陽中之陰不足，則血病於風；陰中之陽不足，則血病於濕。然濕不化亦生風，為陽虛之風。故治筋骨間風濕諸病，浸酒良。轉筋攣急，用一兩，同乳香一錢，去油為末，木瓜酒下。風蛀牙痛。煎水含，或燒灰日揩。血燥人忌之。

花拂取，似蒲黃。甘，溫，潤心肺，益氣。除風濕，勝於脂節。止血，吐血久不止，有松花散。治痘瘡濕爛。但不堪停久，宜鮮用。多食亦發上焦熱病。

毛　釀酒，煮汁代水。亦治風痹、脚氣。

清・葉志詵《神農本草經贊》卷一　松脂　味苦，溫。主疽惡創，頭瘍白禿疥搔風氣，安五藏，除熱，久服輕身，不老延年。一名松膏，一名松肪。生山谷。

當暑淩寒，流英瀝液。飛狀龍形，沉凝虎魄。香泛烟清，燈明光射。苓菊功同，和丸麗澤。

宋高宗贊：淩寒逾茂，當暑陰森。張衡賦：漱飛泉之瀝液，咀石菌之流英。《抱朴子》：松樹之三千歲者，聚脂狀如龍形，名曰飛節芝。《博物志》：松脂淪入地中，千歲化為（虎魄）〔琥珀〕。蘇軾詩：縹緲松香泛蠟烟。戴石屏詩：松明夜當燈。蘇頌曰：道人服餌，或合茯苓、菊花為丸。《易疏》：兩澤相連，潤說之盛，故曰麗澤。

清・文晟《新編六書》卷六《藥性摘錄》 松子 甘，溫。補氣虛，散風寒。多食生痰，發虛熱。

松脂 入肝脾消脹，袪風除濕。外敷生肌，殺蟲，治瘡疥、癰腫、身重、痹痛等症。然必蒸煉得法，始堪服食。〇火實有熱者，忌服。

清・張仁錫《藥性蒙求・木部》 松節三錢、五錢 松節舒筋，去風除濕。骨節痛疼，方中宜入。苦溫而燥。杵碎，浸酒良。血虛者忌用。〇《綱目》云：釀酒，主脚弱骨節風。炒焦，治筋骨間病，能燥血中之濕。

清・王孟英《隨息居飲食譜・調和類》 松花 花上黃粉，及時拂取。和白沙糖作糕餌食之甚美。亦可釀酒，主養血息風。多食亦能助熱。單服治瀉痢，隨證以湯調。

清・劉善述、劉士季《草木便方》卷二木部 老龍鱗 松皮苦溫除風濕，腸風下血久痢吃，癰疽久爛合瘡口，湯火金瘡生肌奇。

松毛松黃即葉花 松葉苦溫罯凍瘡，風濕脚痹安臟方。子甘補神理血氣，尖葉氣痛打痧湯。花甘益氣止風血，能潤心肺釀酒嘗。

清・劉善述、劉士季《草木便方》卷二木部 松脂香 松油甘溫利耳目，風熱崩帶強筋骨，癰疽瘡瘍安五臟，爛瘡湯火生肌速。松香。

清・戴葆元《本草綱目易知錄》卷四 松香松脂 苦、甘，溫。鍊服。潤心肺，利耳目，強筋骨，止崩帶，除邪下氣，辟穀延年，除胃中（服）〔伏〕熱，咽乾消渴，歷節諸風，風痹死肌及癰疽惡瘡，頭瘡白禿，疥瘙風癩。煎膏貼，生肌止痛，排膿抽風，諸瘡毒膿血瘻爛。塞牙孔殺蟲。【略】

松節 苦，溫。松之骨也。質堅氣勁，能燥血中之濕，治百節久風，風虛脚痹疼痛。釀酒飲，主脚弱，骨節風及顛撲損傷。煎水含漱風蛀牙痛，或燒灰日揩。【略】

松花松黃 甘，溫。潤心肺，益氣除風止血，可釀酒飲，亦可和白糖，印糕充菓食，但難久藏，易敗。頌曰：松花上黃粉，山人及時拂取，正似蒲黃。葆按：今市亦從外販來者，名松花粉，防痘瘡破爛者撲之。易結黴，不堪食。〇產後壯熱，頭痛頰赤，口乾唇焦，煩滿昏悶，松花、蒲黃、川芎、當歸、石膏等分，末，每以紅花二捻，煎水服二錢。〇頭旋腦腫，三月收松花如鼠尾者，切一升，浸酒三升，封五日，空心溫服。

清・陳其瑞《本草撮要》卷二 松節 味苦，溫，入手太陰陽明少陰、足厥陰經，功專驅骨中之風，燥血中之濕，化毒殺蟲。釀酒良，血分虛者忌服。松毛浸油塗頭生髮，並敷凍瘡，治陰囊濕痒。松花為末止血，擦豆瘡傷損，並濕爛不痂。松脂止痛生肌，熬膏貼崩中惡痹及牙痛。松子與柏子同功。

明・蘭茂《滇南本草》〔叢本〕卷中 松香頭松樹蕋，行經絡。 味苦，微澀，性微寒。止莖中痛，止便濁。治膏淋疼痛不可忍者，磨水酒服之效。五淋俱可。

松香一名松脂。 味苦、甘，性溫。搽疥癩瘡，吃安五臟，除胃中濕熱。療赤白癜風、癘風。一人得癘風，皮膚瘙痒，鬚眉脫落，面身俱起紫泡核。後一異人傳此以奇方，效。用白敕松香，不拘多少，於砂鍋內煎九次，每煎一次，露一宿，俟九次完方可用。如砂者良。服此藥終身不發。忌鹽，吃鹽即發。

水松

清・何諫《生草藥性備要》卷上 水松鬚 性寒，味苦。與山松鬚同治週身骨痛，擂粉煎餅服之，酒送下。又能止癢殺痃。

清・吳其濬《植物名實圖考》卷三一 水松附 產粵東下關，種植水邊，株多排種，水浸易長，葉碧花小，如柏葉狀，樹高數丈，葉清甜可食，子甚香美。按《南方草木狀》，水松葉如檜而細長，出南海。土產眾香，而此木不大香，故彼人無佩服者。嶺北人極愛之，然其香殊勝在南方時。植物無情者也，不香於彼而香於此者，豈屈於不知己而伸於知己者歟？物理之難窮如此，蓋即此松！ 又《南越筆記》，水松者，㮨也，喜生水旁。其幹也得杉十之六，其枝葉得松十之四，故一名水杉，言其枝葉則曰水松也。東粵之松，以山松為牡，水松為牝，水松性宜水。蓋松喜乾，故生於山，檜喜濕，故生於水。水松，檜之屬也，故宜水。廣中凡平隄曲岸，皆列植以為觀美。歲久蒼皮玉骨，礌砢而多瘿節，高者坒駢，低者蓋漫。其根漬水輒生鬚鬣，裊娜下垂，葉清甜可食，子甚香。

清・趙其光《本草求原》卷八喬木部 水松鬚 苦，溫。去風濕，治周身骨痛，同米粉煎餅酒送。皮洗，殺痃、止癢。

龍鱗草

明・蘭茂原撰，范洪等抄補《滇南本草圖説》卷六　龍鱗草　生松樹上，貼皮上，似鱗甲。味苦，無毒。此草有二種，一有枝苗，此無枝苗。主治：童勞虚瘧，退熱除煩。婦人崩漏血積，煎服最良。

明・佚名氏《醫方藥性・草藥便覽》　龍鱗草　其性温。去痢後住。

山松鬚

清・何諫《生草藥性備要》卷上　山松鬚　味苦，性温，無毒。多服延壽。能殺㾃、乾水、止癢、埋口、洗疳瘡，治㾃疥。治跌打腫痛，擂酒服；其渣，加蛤仔一隻，搥敷患處。其松節浸酒，能祛風。

清・趙其光《本草求原》卷八喬木部　山松鬚　苦，温，無毒。乾水，止癢，生肌，合瘡口，洗疳瘡㾃癩，止多臥，理跌打，腫病。同蛤子擂酒服，並敷。節浸酒，去骨節風。又詳香木。

杄木

清・吴其濬《植物名實圖考》卷三七　杄　杄木，山西山中極多。樹亭亭直上，葉如栝松而肥軟，又似杉木而葉短柔，山西架木皆用之，與南方杉木同。

按杄即櫏字，桾櫏見《吴都賦》注。子如瓠形，今廣東有之。一名羊矢棗，非軟棗也。此木結實，與松實同而小，絶非桾櫏。櫏木，字書不載。考《説文》，樠字下云：松心木。馬融《廣成頌》：陵喬松，履脩樠。《漢書》烏孫國多松樠。松樠並稱，自是一類。小顔注，樠，木名，其心似松。今杄木有赤、白二種。土人亦云松杄；杄、樠音近，或即樠木也。《水經注》武陵有樠溪，俗作朗溪。《廣韻》有樠字，今湘中棚木，應作柄；作志者或作樠。其樹非松類，誤合樠、柄為一字耳。樠溪字亦當作柄，彼處棚木最繁，應即以此名溪也。《左傳正義》木有榆者，俗呼棚榆，蓋為樠也。以樠為棚榆，未見所出。郎榆、姑榆，俗或作棚榆。段氏《説文注》謂認樠為柄；未別其字，而強説其音也。

地盤松球

明・蘭茂原撰，范洪等抄補《滇南本草圖説》卷三　地盤松　形生小枝，似松，上結松球。氣味酸辛平。主治：性走足太陽經，消膀胱腎氣偏腫，服之最奇。能升陽消氣，採子敷瘡亦效。

明・蘭茂撰，清・管暄校補《滇南本草》卷下　地盤松球　性温，味苦。治疝氣偏墜，即覓小青松盤地生者，上結小球，有鈕子大，取綠嫩者，不拘多少，愈多則愈美，水煨，點水酒服，連球更好。

椵樹

明・鮑山《野菜博録》卷三　椵樹　樹甚高大，其木細膩。枝叉對生，葉似木槿葉，長大微薄，色頗淡綠，皆作五花椏叉，邊有鋸齒。開黄花，結子如豆粒大，色青白。葉味苦。食法：採嫩葉煠熟，水浸去苦味，淘洗淨，油鹽調食。

杉

晉・嵇含《南方草木狀》卷中木類　杉　一名披煔。合浦東二百里有杉一樹，漢安帝永初五年春，葉落隨風飄入洛陽城，其葉大常杉數十倍。術士廉盛曰：合浦東杉葉也，此休徵，當出王者。帝遣使驗之，信然。乃以千人伐樹，役夫多死者，其後三百人坐斷株上食，過足相容。至今猶存。

宋・唐慎微《證類本草》卷一四木部下品〔《別録》〕　杉材　微温，無毒。主療漆瘡。

〔梁・陶弘景《本草經集注》〕云：削作柹煮，以洗漆瘡，無不即差。又有鼠查，生去地高尺餘許，煮以洗漆多差。又有漆姑，葉細細，多生石邊。亦療漆瘡。其雞子及蟹，並是舊方。

〔唐・蘇敬《唐本草》〕注云：杉材木，水煮汁，浸捋脚氣腫滿。服之療心腹脹痛，去惡氣。其鼠查、漆姑有別功，列出下品。

〔宋・掌禹錫《嘉祐本草》〕按：日華子云：味辛。治風毒，賁豚，霍亂，止氣。並煎湯服并淋洗，須是油杉及臭者良。

〔宋・蘇頌《本草圖經》〕曰：杉材，舊不載所出州土，今南中深山中多有之。木類松而勁直，葉附枝生，若刺針。《爾雅》云：被音彼，煔與杉同。郭璞注云：煔似松，生江南。可以爲船及棺材，作柱埋之不腐也。又人家常用作桶板，甚耐水。醫師取其節煮汁，浸捋脚氣，殊效。唐柳柳州纂《救三死方》云：元和十二年二月得脚氣，夜半痞絶，脇有塊，大如石，且死，因大寒不知人三日，家人號哭。滎陽鄭洵美傳杉木湯，服半食頃大下，三下氣通塊散。杉木節一大升，橘葉切一大升，北地無葉，可以皮代之，大腹檳榔七枚合子碎之，童子小便三大升，共煮取一大升半，分兩服。若一服得快利，即停後服。已前三死，真死矣。會有教者，皆得不死。恐佗人不幸有類余病，故傳焉。又杉菌，出宜州，生積年杉木上，若菌狀。云：味苦，性微温。主心脾氣疼及暴心痛。採無時。

〔宋・唐慎微《證類本草》〕《斗門方》：治霍亂。用黄杉木劈開作片一握，以水濃煎一盞,服之,差。

宋·寇宗奭《本草衍義》卷一五　杉　其幹端直,大抵如松,冬不凋,但葉闊成枝。廬山有萬杉寺,即此杉也。作屑煮汁,浸洗脚氣腫滿。今處處有。

宋·王繼先《紹興本草》卷一四　杉材　紹興校定:杉材採木為用,其性、主治已載《本經》。但止有間而外用者,其服餌未聞。當云味辛、溫、無毒是也,南地多產之。

宋·鄭樵《通志》卷七六《昆蟲草木略》　杉,曰柀,曰煔。松類也,而材為良。《爾雅》云:柀,煔。

元·朱震亨《本草衍義補遺》　杉材　屬陽金而有火。用節作湯,洗脚氣腫。言用屑者,似乎相近。又云削作柿煮,以洗漆瘡無不差。

元·徐彥純《本草發揮》卷三　杉材　丹溪云:杉屬陽金而有火。用節作湯,浸洗,以治腳氣腫痛。言用屑者,非也。

明·王綸《本草集要》卷四　杉材　味辛,氣溫。屬陽。無毒。須油杉良。　主療漆瘡,取節作屑,水煮汁,浸洗腳氣腫滿殊效。煎木屑服之,療心腹脹痛,去惡氣。

明·滕弘《神農本經會通》卷二　杉材　須是油杉,及臭者良。　氣微溫,無毒。日華子云:味辛。

《本經》云:主療漆瘡。陶云:削作屑,煮以洗漆瘡,無不差。《唐本》注云:杉木,水煮汁浸,將脚氣腫滿服之,療心腹脹痛,去惡氣。日華子云:味辛。治風毒,賁豚,霍亂上氣,並煎湯服,並淋洗。須是油杉及臭者良。《圖經》云:唐柳州方治脚氣痞絕,脇有塊大如石,且死不知人,杉木湯服半食頃,大下三下,氣通塊散,杉木節一大升,橘葉切大升,無葉可以皮之,大腹檳榔七枚,合子碎之,童子小便三大升,共煮取一大升半,分兩服,若一服得快利,即停後服。又杉菌,出宜州,生積年大木上,若菌狀,云:味苦,性微溫。主心脾氣疼,及暴心痛。採無時。

明·劉文泰《本草品彙精要》卷二一　杉材無毒　植生。

杉材　主療漆瘡。名醫所錄。【苗】《圖經》曰:木類松而勁直,葉附枝生,若刺針。《爾雅》云:柀音彼,煔胡甘切,與杉同。郭璞注云:煔似松,生江南,可以爲船及棺材,作柱埋之不腐也。又杉菌,味苦,辛,微溫,生積年杉木上,若菌狀。《衍義》曰:杉,其榦端直,大抵如松,冬不凋,但葉闊成枝。廬山有萬杉寺,即此杉也。【地】《圖經》曰:出宜州、廬山,今南中深山處處有之。【時】生:經冬不凋。採:無時。【收】日乾。【用】木有油者良。【質】類松而勁直。【色】紫。【味】辛。【性】微溫,散。【氣】氣之厚者,陽也。【臭】香。【主】心腹脹痛。【製】剉碎或煮汁用。【治】療:《唐本》注云:除心腹脹痛,去惡氣。水煮,捋腳氣腫滿。日華子云:治風毒,賁豚,霍亂,上氣。煎服並淋洗。

明·許希周《藥性粗評》卷二　杉材脚腫之堪圖。

杉材即油杉樹也。《爾雅》謂之柀煔。其樹勁直,高□□仞,葉扁如刺,附枝而生,隆冬不衰,亦無花實□南山谷處處有之。古人作棺槨與舟楫,棟梁,惟此最重,以其性耐水土,堅遠難壞也。採用以老成者有力。餘說《本草》不載。　味苦,辛,性微溫,無毒。主治脚氣腫滿,心腹脹痛,賁豚霍亂,漆瘡風毒,去惡氣。

單方:脚氣:凡患脚氣腫痛者,取杉木片,煎水浸洗,愈。　漆瘡:亦取杉片煎水洗之。　手足折傷:以杉皮夾之,久當復舊。　心脾卒痛:取杉木菌煎湯服之。

明·鄭寧《藥性要略大全》卷七　杉材即杉白皮　微溫,無毒。療漆瘡,治腹痛,去惡氣。煮汁洗腳,去浮腫。

杉菌　味苦,氣微溫。生大木上。主治心痺氣痛及暴心痛。

明·陳嘉謨《本草蒙筌》卷四　杉材　味辛,氣微溫,屬金,有火,陽也。無毒。江南深山,多有栽植。株類松大而勁直,葉附枝生若刺針。凌冬不凋,隨時收採。煎服,主心腹脹痛及卒暴心痛殊功;淋洗,療風癮癢瘡併延片漆瘡立効。節煮浸,捋脚氣腫痛;菌煎吞,治心肺卒疼。生老杉木上者。

明·王文潔《太乙仙製本草藥性大全》卷三《本草精義》　杉材　舊不載所出州土,今南中深山中多有之。木類松而勁直,葉附枝生若刺針。《爾雅》云:柀音彼煔與杉同。郭璞注云:煔似松,生江南,可以爲船及棺材,作柱埋之不腐也。又人家常用作桶板,甚耐水。醫師取其節,煮汁浸捋腳氣殊效。

明·王文潔《太乙仙製本草藥性大全》卷三《仙製藥性》　杉材　味辛,氣微溫,屬金,有火,陽也,無毒。　主治:主心腹脹滿及卒暴心痛殊功,淋洗瘡風癮癢瘡併延片漆瘡立效。　杉節:作屑煮汁浸捋脚氣腫滿。煎木屑服之，療心腹脹滿。 杉菌： 積年老杉木上生若菌者。味苦，性微溫。煎服治心脾氣疼，并卒暴心痛。 補註： 治霍亂，用黄杉木，劈開作片一握，以水濃煎一盞，服之差。 治風毒，賁豚，霍亂止氣，並煎湯服，並淋洗，須是油杉及臭者良。〇脚氣痞絶，肋有塊大如石，欲死不知人事者，杉木節一升，橘葉切一大升，無葉以皮代之，大腹檳榔七枚，吹咀，童便三升，煮服神效。

明・皇甫嵩《本草發明》卷四 杉木下品，佐使。氣微溫，味辛。屬金有火，陽也。無毒。 杉葉附枝生，若刺針，凌冬不凋，採煎服。 主療漆瘡，又主心腹脹痛及卒暴心痛，去惡氣。淋洗療(凡)[風]疹癢，并治霍亂。〇節，煮浸捋脚氣腫痛瘡。須油杉良。〇杉菌，煎吞，治心肺卒痛。生老杉木上者。

明・李時珍《本草綱目》卷三四木部・香木類 杉《别録》中品

【釋名】煔音杉。 沙木《綱目》 檠木音敬。 【集解】頌曰： 杉材舊不著所出州土，今南中深山多有之。木類松而勁直，葉附枝生，若刺針。郭璞註《爾雅》云： 煔似松，生江南。可以爲船及棺材，作柱埋之不腐。又人家常用作桶板，甚耐水。宗奭曰： 杉幹端直，大抵如松，冬不凋，但葉闊成枝也。今處處有之，入藥須用油杉及臭者良。時珍曰： 杉木葉硬，微扁如刺，結實如楓實。江南人以驚蟄前後取枝插種，出倭國者謂之倭木，並不及蜀、黔諸峒所産者尤良。其木有赤、白二種，赤杉實而多油，白杉虚而乾燥。有斑紋如雉者，謂之野鷄斑，作棺尤貴。其木不生白蟻，燒灰最發火藥。

杉材 【氣味】辛，微温，無毒。 【主治】漆瘡，煮湯洗之，無不瘥《别録》。煮水浸捋脚氣腫滿。服之，治心腹脹痛，去惡氣蘇恭。 治風毒奔豚，霍亂上氣，並煎湯服大明。

【發明】震亨曰： 杉屑屬金有火。其節煮汁浸捋脚氣腫滿，尤效。頌曰： 唐柳柳州纂《救三死方》云： 元和十二年二月得脚氣，夜半痞絶，脇有塊，大如石，且死，困不知人，搐搦上視，三日，家人號哭。滎陽鄭洵美傳杉木湯，服半食頃，大下三行，氣通塊散。方用杉木節一大升，橘葉切一大升，無葉則以皮代之，大腹檳榔七枚，連子碎之，童子小便三大升，共煮一大升半，分爲兩服。若一服得快，即停後服。此乃死病，會有教者，乃得不死。恐人不幸病此，故傳之云。

【附方】新四。 肺壅痰滯： 上焦不利，卒然欬嗽。杉木屑一兩，皂角去皮酥炙三兩，爲末，蜜丸梧子大。每米飲下十丸，一日四服。《聖惠方》。 小兒陰腫： 赤痛，日夜啼叫，數日蛻皮，愈而復作。用老杉木燒灰，入膩粉，清油調傅，效。《危氏得效方》。 肺壅失音： 杉木燒炭入盌中，以小盌覆之，用湯淋下，去盌飲水。不愈再作，音出乃止。《集簡方》。 臁瘡黑爛： 多年老杉木節燒灰，麻油調，隔箬葉貼之，絹帛包定，數貼而愈。《救急方》。

皮 【主治】金瘡血出，及湯火傷灼，取老樹皮燒存性，研傅之。或入鷄子清調傅。一二日愈時珍。

葉 【主治】風、蟲牙痛，同芎藭、細辛煎酒含漱時珍。

子 【主治】疝氣痛，一歲一粒，燒研酒服時珍。

杉菌見菜部。

明・鮑山《野菜博錄》卷三 杉木 一名杉材，一名杉菌。生深谷中。樹頗高大勁直，葉附枝生若刺，葉似刺柏葉，又似榧樹葉。味苦，性溫，無毒。食法： 採嫩苗葉煠熟，水浸去苦味，油鹽調食。

明・繆希雍《本草經疏》卷一四 杉材 微溫，無毒。主療漆瘡。

【疏】杉材得陽氣而兼金化，本經氣微溫，無毒。日華子加辛。氣味芬芳，可升可降，陽也。入足陽明經。本經主療漆瘡，及蘇恭療腳氣腫滿者，皆從外治，取其芬芳能解漆氣之穢惡，辛溫能散濕毒之衝逆也。蘇恭又云： 服之治心腹脹痛，去惡氣。日華子云： 治霍亂上氣。無非假其下氣散邪，辛溫開發之功耳。 木皮： 主金瘡血出及湯火傷灼，取老樹皮燒存性，研傅之。或入雞子清調敷，一二日愈，香油亦可。 【主治參互】同橘皮、木瓜、香薷、砂仁、白藊豆、石斛，治暑月霍亂轉筋。柳柳州纂《救三死方》云： 元和十年二月得腳氣，夜半痞絶，脇有塊，大如石，且死，困不知人三日，家人號哭。滎陽鄭洵美傳杉木湯，服半食頃，大下三行，氣通塊散。方用杉木節一大升，橘葉切一大升，無葉則以皮代之，檳榔七枚，童子小便三大升，共煮一大升半，分為兩服。若一服得快，即停後服。此乃死病，會有教者，乃得不死。恐人不幸病此，故傳之。 危氏《得效方》小兒陰腫赤痛，日夜啼叫，數日退皮，愈而復作。用老杉木燒灰，入膩粉，清油調傅，效。《救急方》臁瘡黑爛多年。老杉木節燒灰，麻油調，隔箬葉攤貼縶定，數易即愈。 除轉筋、腳氣外，他用甚稀，故不著簡誤。

明・倪朱謨《本草彙言》卷八 杉木 味辛、苦，氣溫，無毒。可升，可降，陽也。入足陽明經。 蘇氏曰： 杉木，生江南深山中。木類松而徑直，葉硬扁如刺，附枝生。結實如楓實。江南人以驚蟄前後，分枝插種。出蜀、黔及諸峒所産者更良。其本有赤、白二種，赤杉實而多油，白杉虛而潔燥。有斑紋如雉尾者，作棺尤貴，不生白蟻。 郭氏云： 真杉木可以爲船，爲棺，及作屋柱，埋入土中，不易朽壞。 燒炭拌硝黄作火藥甚速。

杉木 去惡氣，消脹氣，蘇恭下脚氣之藥也。桂谷山稿《別錄》方煮湯外洗，治風濕毒瘡，腫滿脚氣。又大氏方煎汁内服，治奔豚上氣，心腹沖脹等疾。取辛温直達，開發升竄之性。若毒瘡，若脚氣，若脹滿，若奔豚，四者皆屬五氣壅逆，不升不降之故。此藥氣味芬芳，能下逆氣，散毒邪，有開達内出之功。大能發揚火鬱，疏申肝令，獨擅其長者矣。奈世人捨近求遠，深可慨也。

前賢柳氏云： 某得脚氣，夜半痞絶，脅有塊，大如石，困不知人，搐搦上視三日。滎陽一醫，用杉木節、橘樹葉各三兩，大腹子七枚，俱切碎，童子小便三大碗，水一碗，共煮至碗半，徐徐灌之。少頃大下三行，即氣通塊散，人事復甦。

集方： 蘇氏方治平人無故腹脹，卒然成蠱，此時行惡毒之氣也。用真杉木片四兩，和真紫蘇葉三兩，煎湯飲之。○同前治脚氣腫滿。用真杉木片二兩，牛膝、木瓜、檳榔各一兩，煮湯淋洗，三四次愈。○《大氏本草》治遍身風濕毒瘡，或癢或痛，或乾或濕。用真杉木片八兩，煎湯浸洗，自消。○《聖惠方》治奔豚瘕疝沖築，脹悶疼痛。用真杉木片二兩，吳茱萸、青皮、小茴香、橘核各八錢，乾薑五錢，煎汁飲。○《方脉正宗》治轉筋霍亂脚氣。用真杉木片二兩，香薷、木瓜各一兩，煎湯溫飲。○治臁瘡黑爛。用多年老杉木節，燒灰研末，麻油調，隔油單紙攤貼，紮定，數換即愈。○韋氏方治小兒陰腫赤痛，日夜啼哭。用真杉木燒灰三錢，入鉛粉一錢，清油調搽即安。

明・鄭二陽《仁壽堂藥鏡》卷二 杉材 陶隱居云： 杉材微溫，無毒。出南郡，深山中多有之。削作片，煮以洗漆瘡，妙。 丹溪云： 杉材屬陽金而有火。用節作湯浸洗，以治脚氣腫痛。言用屑者，非也。

清・汪昂《本草備要》卷三 杉木宣散腫脹。 辛，溫。去惡氣，散風毒。治脚氣腫痛，心腹脹滿，洗毒瘡。柳子厚纂《救死方》云： 得脚氣，夜半痞絶，脇塊如石，昏困且死。鄭洵美傳杉木湯，食頃大下，塊散氣通。用杉木節一升，橘葉一升，無葉以皮代，大腹檳榔七枚，連子槌碎，童便三升煮，分二服。若一服得快利，即停後服。 有赤白二種，赤油斑如野鷄者，作棺尤貴。性直，燒炭最發火藥。

清・李熙和《醫經允中》卷二一 杉木 辛，溫。治脚氣腫滿，心腹脹痛。取薄皮煎湯，薰洗臁瘡効。

清・馮兆張《馮氏錦囊秘錄・雜症痘疹藥性主治合參》卷四 杉材得陽氣而兼金化，故味辛，氣溫，無毒。辛溫開發之性，故能下氣以除心腹脹滿，脚氣衝逆諸痛，其氣芬芳，能解漆毒之穢惡也。

杉材 煎服，主心腹脹痛及卒暴心痛殊功。淋洗，療風瘙癢瘡，併延片漆瘡立效。節，煮浸，療脚氣腫痛。菌，煎吞，治心肺卒疼。

清・张璐《本經逢原》卷三 杉 辛，微溫，無毒。 發明： 杉氣芬芳，取其薄片煮湯，薰洗臁瘡無不獲效。其性直上，其節堅勁。有杉木湯治脚氣痞絶，脇下有塊如石，方用杉節、橘葉各一升，大腹檳榔七枚，連皮碎搗，童便三升，共煮減半服之，大下三行，氣塊通散，此鄭詢美治柳柳州法也。杉葉治風蟲牙痛，同芎藭、細辛煎酒含漱。杉子治疝氣痛，一歲一粒研酒服。

清・何諫《生草藥性備要》卷下 杉皮 不入服。挾跌傷骨節。治火傷，存性，開油搽患處。其杉節浸酒，祛風止痛。

清・汪紱《醫林纂要探源》卷三 杉 辛，溫。補肝祛風，行水去濕。用皮。杉性直上直下，色赤，得相火上行之氣。然内而不表，其皮固也。寬中利氣，其理疏通也。治心腹脹滿，及脚氣腫痛，洗毒瘡。

清・嚴潔等《得配本草》卷七 杉木 辛，溫。治風毒奔豚，除心腹脹滿，脚氣衝心。

題清・徐大椿《藥性切用》卷五 西杉木 一名杉材。性味辛溫，入肝肺而消心腹脹滿，脚氣腫痛，為疎堅散腫耑藥。挾虛者忌之。杉葉，治風蠹牙痛，同芎藭、細辛，煎酒含漱。杉子，治疝氣痛，一歲一粒，研入酒服。

清・羅國綱《羅氏會約醫鏡》卷一七竹木部 杉木味辛，氣溫。 去惡氣，散風毒。治脚氣腫滿、心腹脹痛。洗漆瘡。

清・趙學敏《本草綱目拾遺》卷六木部 杉木油 《經驗廣集》有取杉木油法： 用紙糊盌面，以杉木屑堆盌上，取炭火放屑頂燒著，少時火將近紙，即用鐵筋抹去，燒數次，開盌看，即有油汁在盌内。

治一切頑癬。先用穿山甲刮破，用羊毛軟筆蘸油塗上，甚加疼痛，停半日再塗，癬自結痂而愈。如已破者，不必刮。癬藥極多，都不及此，真神方也。

清・葉桂《本草再新》卷四 杉木味辛，性溫，無毒。入脾、肺二經。 治心腹脹滿，理脚氣腰疼，敗毒消腫。

清·吴其濬《植物名實圖考》卷三三　杉　《别録》中品。《爾雅》：柀，煔。疏：俗作杉，結實如楓松梂而小，色緑有油。杉可入藥。胡杉性辛，不宜作櫬，又沙木亦其類，有赤心者。《本草拾遺》謂之丹桎木。

雩婁農曰：吾行南贛山阿中，嶇嶔蒙密，如薺如簪，而丁者眾峰皆答，蓋不及合抱而縱尋斧矣。按志皆曰杉，而土語則曰沙。疑俚音之轉也。閲《嶺外代答》知杉與沙為一類而異物。《南城縣志》謂杉有數種，有自麻姑由來者，持山僧所折杉枝，似榧，似松，葉細潤而披拂。余始識杉與沙果有異。然江湘率皆沙也。及莅滇，夾道巨木森森竦擢，絲葉如翼，苔膚無鱗，蓋蔭暍而中禪傍題湊者，皆百餘年物，視彼瘦幹短蹙，亂葉攫挐，如尋人而刺者，真有雞冠佩劍，未遊聖門時氣象。夫物有類，而一類中又有鉅細精粗，孔翠鶤鷄，五采煥矣，見鳳皇而闇然無文也；駃騠騊駼，四蹄輕矣，遇騕褭而瞠乎其後也。史之傳儒林、文學、隱逸、循吏者，一傳十數，其品詣獨無異乎？服虔聞崔烈講《春秋》，知其不踰己；李謐師孔璠，而璠後復就謐請業。同遊培婁，烏覩松柏？荀淑有重名，遇黄憲孺子而以為師表；文中子年十五而王，孝逸白首北面，豫章生七日，而有干霄之勢，天姿之異有獨鍾焉。韓昌黎云：世無孔子，不當在弟子之列。然則昔之結廬教授，開門成市者，設遇聖賢大儒，不猶去社叢而入鄧林，舍樗木而仰拒格哉？

沙木　《嶺外代答》謂與杉同類，尤高大成叢，穗小與杉異。今湖南辰沅猺峒亦多種之，大約牌筏商販皆沙木，其木理稍異者則杉木耳。

清·趙其光《本草求原》卷七香木部　杉　辛、苦，温而香，無毒。熏洗臁瘡。極效。其節，直上而堅。治脚氣痞絕，脇下有塊如石。同橘葉、檳榔、連皮、童便煎服，大下即愈。浸酒，止痛，去骨節風。葉，治風、蟲牙痛。同川芎、細辛酒煎含漱。子，治疝氣。一歲一粒，研酒服。皮，存性，治火傷。開油搽。

清·張仁錫《藥性蒙求·木部》　杉木　杉木辛温，散風消腫。脚氣堪療，虚人忌用。辛温開發，除心腹脹滿。洗毒瘡。○《綱目》云：治風毒，奔豚，霍亂上氣。并煎湯服。

清·劉善述、劉士季《草木便方》卷二木部　杉樹子　杉子治療疝氣痛，一歲一粒煅酒用，葉治風火蟲牙懃，細辛煎酒噙莫動。

杉樹皮　杉皮辛温療漆瘡，金瘡止血湯火傷，根心能治諸氣痛，崩中熱淋血逆方。油名龍腦香，冰片。

清·戴葆元《本草綱目易知録》卷四　杉材杉木　辛，微温。【略】皮　治金瘡血出，湯火灼傷，燒炭，研傅或雞子清調傅。葆驗方，治囊癰潰爛，睪丸欲出流水，老杉木皮，炭，研末，傅，紫蘇葉裹布包。

清·陳其瑞《本草撮要》卷二　杉木　味辛，温，入手太陰經，功專去惡氣，散風毒。治脚氣腫痛，心腹脹滿，洗毒瘡。鄭洵美以柳子厚得脚氣，半夜痞絕，脇塊如石，昏困欲死，傳用杉木節一升，橘葉一升，無葉以皮代，大腹檳榔七枚，連子搥碎，童便三升，煮分二服，服一服，少頃大下，塊散氣通，名杉木湯。

丹桎木皮

宋·唐慎微《證類本草》卷一四木部下品〔唐·陳藏器《本草拾遺》〕　丹桎木皮　主癧瘍風。取一握去上黑，打碎煎如糖，塗風上，桎木似杉木。生江南深山。

明·王文潔《太乙仙製本草藥性大全》卷三《仙製藥性》　丹桎木皮　其木似杉木。生江南深山。　主治：　主癧瘍風大效。取一握，去上黑，打碎煎如糖，塗風上，立愈。

刺柏

清·吴其濬《植物名實圖考》卷三三　刺柏　葉如針刺人，圃人多翦其葉，揉其幹為盆玩，或亦曰刺松。《説文》：樅，細理木也。段氏注：樅見《西山經》《南都賦》。郭曰：樅似松有刺，細理，劉淵林注《蜀都賦》樅似松，有刺。楔，蓋樅之譌。按此木理極堅緻，但葉如刺耳。五臺有落葉松，有刺能毒人肉，今志中失載。

柏

宋·李昉《太平御覽》卷九五四　栢　《列仙傳》曰：赤松子，好食栢實，齒落更生。　《仙經》曰：服栢子，人長年。　嵇康《養生論》曰：麝食栢而香。

宋·唐慎微《證類本草》卷一二木部上品〔《本經·别録·藥對》〕　柏實　**味甘，平，**無毒。**主驚悸，安五藏，益氣，除風濕痹，**療恍惚，虚損吸吸，歷節腰中重痛，益血，止汗。**久服令人潤澤美色，耳目聰明，不飢不老，輕身延年。**生太山山谷。柏葉尤良。

柏葉　味苦，微溫，無毒。主吐血、衄血，痢血，崩中赤白，輕身益氣，令人耐寒暑，去濕痹，止飢。四時各依方面採，陰乾。

柏白皮　主火灼，爛瘡，長毛髮。牡蠣及桂、瓜子爲之使，畏菊花、羊蹄、諸石及麪麴。

〔梁·陶弘景《本草經集注》〕云：柏葉、實，亦爲服餌所重，服餌別有法。柏處處有，當以太山爲佳，並忌取塚墓上者。雖四時俱有，秋夏爲好。其脂亦入用。此云惡麴，人有以釀酒無妨。恐酒米相和，異單用也。

〔唐·蘇敬《唐本草》〕注云：柏枝節煮以釀酒，主風痹，歷節風，燒取湑，療瘑疥及癩瘡良。今子人惟出陝州、宜州爲勝，太山無復採者。

〔宋·掌禹錫《嘉祐本草》〕按：《蜀本圖經》云：此用偏葉者，今所在皆有。八月收子葉，餘採無時。《藥性論》云：柏子人，君，惡菊花，畏羊蹄草，味甘，辛。能治腰腎中冷，膀胱冷，膿宿水，興陽道，益壽，去頭風，治百邪鬼魅，主小兒驚癇。又云：側柏葉，君，與酒相宜，止尿血。味苦、辛，性小澁。能治冷風，歷節疼痛。日華子云：柏子人，治風，潤皮膚，此是側柏子，入藥，微炒用。又云：柏葉炙署凍瘡，燒取汁塗頭，黑潤鬢髮。又云：柏白皮無毒。

〔宋·蘇頌《本草圖經》〕曰：柏實，生泰山山谷，今處處有之，而乾州者最佳。三月開花，九月結子，候成熟收採，蒸暴乾，舂礧取熟人子用。其葉名側柏。密州出者尤佳。雖與他柏相類，而其葉皆側向而生，功效殊別。採無時。張仲景方療吐血不止者，柏葉湯主之。青柏葉一把，乾薑三片，阿膠一挺，炙，三味以水二升，煮一升，去滓，別絞馬通汁一升相和，合煎取一升，綿濾，一服盡之。山東醫工亦多用側柏。然云性寒，止痛。其方採葉入臼中，濕擣，令極爛如泥，冷水調作膏，以治大人及小兒湯湯火燒，塗傅於傷處，用帛子繫定，三兩日瘡當斂，仍滅瘢。又取葉焙乾爲末，與川黃連二味，同煎爲汁，服之，以療男子、婦人、小兒大腹下黑血茶脚色，或膿血如淀色，所謂蠱痢者，治之有殊效。又能殺五臟蟲。道家多作柏葉湯，常點益人。古柏葉尤奇。今益州諸葛孔明廟中，有大柏木，相傳是蜀世所植，故人多採收以作藥，其味甘，香於常柏也。

〔宋·唐慎微《證類本草》〕雷公云：凡使，先以酒浸一宿，至明漉出，曬乾，却用黃精自然汁於日中煎，手不住攪，若天久陰，即於鐺中著水，用瓶器盛柏子人，著火緩緩煮成煎爲度。每煎三兩柏子人，用酒五兩浸乾爲度。又云：凡使，勿用花柏葉并叢柏葉。有子圓葉，其有子圓葉成片，如大片雲母，葉葉皆側，葉上有微赤毛。若花柏葉，其樹濃葉成朵，無子；叢柏葉，其樹綠色，不入藥中用。若修事一斤，先揀去兩畔并心枝了，用糯泔浸七日後漉出，用酒拌蒸一伏時，却用黃精自然汁浸了焙乾，又浸又焙，待黃精汁乾盡，然後用之。如修事一斤，用黃精自然汁十二兩。《聖惠方》：治時氣瘴疫。用社中西南柏樹東南枝，取曝乾，擣羅爲末，以水調下一錢匕。日三四服。《肘後方》同。又方：治大風疾，令眉鬚再生。用側柏葉九蒸九曝，擣羅爲末，煉蜜和丸如梧桐子大。日三服，夜一服，熟水下五丸、十丸，百日即生。又方：治憂恚嘔血，煩滿少氣，胸中疼痛。用柏葉擣羅爲散，不計時候。以粥飲調下二錢匕。又方：小兒軀啼驚癇，腹滿不乳食，大便青白色。用柏子人末，溫水調下二錢。《經驗後方》：治霍亂轉筋。先以暖物裹脚，然後以柏樹木細剉，煮湯淋之。又方：小兒洞下痢，煮柏葉服之。《梅師方》：治中熱油及火燒瘡。以柏白皮、猪脂煎，塗瘡上。《鬼遺方》同。《孫真人食忌》：生髮方：取側柏葉陰乾作末，和油塗之。《孫真人枕中記》：採松柏法：嘗以三月、四月採新生松葉，可長三四寸許，并花蘂，取陰乾，細擣爲末。其柏葉，取深山巖谷中，採當年新生，可長三二寸者，陰乾，細擣爲末，用白蜜丸如小豆大。常以月一十五日，日未出時，燒香東向，手持藥八十一丸，以酒下。服一年，延十年命；服二年，延二十年命。欲得長肌肉，加大麻、巨勝；欲心力壯健者，加茯苓、人參。此藥除百病，益元氣添五藏六腑，清明耳目，强壯不衰老，延年益壽，神驗。用七月七日露水丸之，更佳。服時乃呪曰：神仙真藥，體合自然。服藥入腹，天地同年。呪訖服藥。斷諸雜肉、五辛。最切忌，慎之。《姚氏方》：治鼠瘻腫核痛，未成膿。以柏葉傅著腫上，熬鹽著腫上熨，令熱氣下，即消。《抱朴子》：漢成帝時，獵者於終南山見一人，無衣服，身皆生黑毛。跳坑越澗如飛，乃密伺其所在，合圍取得，乃是一婦人。問之言：我是秦之宮人，關東賊至，秦王出降，驚走入山，飢無所食，泊欲餓死。有一老公，教我喫松柏葉、實，初時苦澁，後稍便喫，遂不復飢。冬不寒，夏不熱，此女是秦人。至成帝時，三百餘載也。《列仙傳》：赤松子，好食柏實，齒落更生。

〔宋·陳承《重廣補注神農本草並圖經》〕別說云：謹按：陶隱居說，柏忌取塚墓上者，今云出乾州者最佳。則乾州柏茂大者，皆是乾陵所出，他處皆無大者，但取其州土所宜，子實氣味豐美可也。乾陵之柏，異於他處，其木未有無文理者，而其文多爲菩薩雲氣、人物鳥獸，狀極分明可觀。有盜得一株徑尺者，可直萬錢，關陝人家，多以爲貴，宜其子實最佳也。又以其枝節燒油膏，傅惡瘡久不差有蟲者。牛馬畜産有瘡疥，名爲重病，以傅之三五次，無不愈也。

宋·寇宗奭《本草衍義》卷一三　柏　取湑以療馬瘑疥，今未見用松湑者。老人虛秘，柏子仁、大麻子仁、松子仁等分，同研，溶白蠟丸桐子大。以少黃丹湯服二三十丸，食前。嘗官陝西，每登高望之，雖千萬株，皆一一西指。蓋此木爲至堅之木，不畏霜雪，得木之正氣，他木不逮也。所以受金之正氣所制，故一一向之。

宋·鄭樵《通志》卷七六《昆蟲草木略》　栢　《爾雅》曰：栢，椈。生於乾陵者，其木之文理，多作菩薩及雲氣、人物、鳥獸之形。

宋・劉明之《圖經本草藥性總論》卷下　栢實　味甘，平，無毒。主驚悸，安五臟，益氣，除風濕痺，恍惚虛損，吸吸歷節，腰中重痛，益血止汗。《藥性論》云：君。治腰腎中冷，膀胱冷膿宿水，興陽道，去頭風，治百邪鬼魅，主小兒驚癇。日華子云：治風瞤皮膚。牡蠣、桂、瓜子為之使。畏菊花、羊蹄、諸石及麪、麴。

宋・陳衍《寶慶本草折衷》卷一二　柏實君。一名柏子人。一作仁。○一名側柏子。生太山山谷，及陝、宜、乾、密、益州。今處處有之。○八、九月採，蒸暴乾。春碾取熟人。○牡蠣及桂、瓜子為使，畏菊花、羊蹄、諸石、麪麴。一云惡菊花。

味甘，辛，平，無毒。○主驚悸，安五藏，益氣，除風濕痹，療恍惚虛損，歷節腰痛，益血止汗。○《藥性論》云：治腰腎冷，膀胱冷膿宿水，興陽道，去頭風，主小兒驚癇。○日華子云：治風潤皮膚，入藥微炒。○治腸澀者，多生使。○《圖經》曰：乾州者最佳。○寇氏云：老人虛秘。柏子人、大麻人、松子人，等分同研，溶蠟丸梧桐子大，以少黃丹湯服貳叁拾丸，食前。

新分柏葉君。汁在內。○白皮、枝、節附。○入四物湯法續附。　一名側柏葉。○所出與柏實同。○四時各隨方面採，春東、夏南、秋西、冬北。亦無時採，陰乾。○與酒相宜。

味苦，辛，澀，微溫，無毒。○主吐血，衄血，痢血，崩中赤白。益氣，去濕痹，止飢。自前條分。○《藥性論》云：止尿血，治冷風歷節疼痛。○日華子云：炙署凍瘡。燒取汁，塗頭，黑鬢髮。○《圖經》曰：密州者尤佳，雖與他柏相類，而葉側向而生。取濕擣極爛，冷水調作膏，以治湯火燒，塗傅，用帛繫定，瘡當斂，仍滅瘢。又焙乾，與黃連同煎汁服，療大腹，下黑血膿血，蟲痢。又殺五藏蟲，古柏葉尤奇。○孫真人：生髮方。取柏葉陰乾作末，和油塗。

附：柏白皮。○無毒。主火灼爛瘡，長毛髮。

附：柏枝節。○煮以釀酒，主風痹，歷節風。又燒之取湍音乂，瀝也。療瘑疥癩，及傳牛馬畜產瘡疥。

續說云：《是齋方》治婦人經候淋瀝不斷，用《局方》四物湯，每服肆錢，入柏葉貳錢，水壹盞半，同煎至捌分，去滓空腹熱服，或以治鼻衄及瀉血，尤捷也。

新增柏枝　所出亦與柏實同。味辛，溫，無毒。○治諸風及痰熱上攻頭面，目眩鼻塞，精神如醉，百節疼痛，口眼蠕音鹵，如蟲行也。動，若中風人。碾細為末，每服貳錢，煎葱白湯調下，不以時服，不為廢人。集張松說。

元・王好古《湯液本草》卷五　栢子仁　氣平，味甘、辛，無毒。《本草》云：主安五臟，除風濕痹，益氣血。能長生，令人潤澤，美顏色，耳目聰明。用之則潤，腎之藥也。《藥性論》云：栢子仁，君。惡菊花，畏羊蹄草。能治腰腎中冷，膀胱冷膿宿水，興陽道，益壽。去頭風，治百邪鬼魅，主小兒驚癇，栢子仁古方十精丸用之。

側栢葉　氣微溫，味苦，無毒。《本草》云：主吐血，衄血及痢血，崩中赤白，輕身益氣，令人耐寒暑。《藥性論》云：側栢葉苦辛，性澀。治冷風歷節疼痛，止尿血，與酒相宜。

栢皮　《本草》黑字，栢白皮。主火灼爛瘡，長毛髮。

元・尚從善《本草元命苞》卷六　柏子仁　為君。味甘，平，無毒。主驚悸，百邪鬼魅。潤皮膚，益壽輕身。安五臟，益氣，興陽道。除風治歷節，腰中重痛。逐膀胱宿水冷膿，療恍惚虛損吸吸。美顏色，耳目聰明。潤老人虛秘，醫小子驚癇。益血止汗，耐暑不飢。惡菊花。畏羊蹄、麪、麴。使牡蠣及瓜子、桂皮。葉味苦澀，微溫，無毒。止吐衄、便尿之血，療赤白不禁之崩。生太山山谷，今在處有之，乾州產者為上。採取蒸，暴乾。

元・朱震亨《本草衍義補遺》　栢　屬陰與金。性善守，故採其葉，隨月建方，以取得月令之氣也。此補陰之要藥，其性多燥，久得之，大益脾土，以澁其肺。其栢子仁，出乾州者佳。

元・徐彥純《本草發揮》卷三　柏子仁　海藏云：潤腎之藥也。

側柏葉　丹溪云：柏屬陰金。性善守，故採其葉，隨月建方，以取其多得月令之氣也。此補陰之要藥。其性多燥，久得之大益脾土，以滋其肺。

明・朱橚《救荒本草》卷下之前　栢樹　《本草》有栢實。生太山山谷及陝州、宜州，其乾州者最佳。密州側栢葉尤佳。今處處有之。味甘，一云味甘，辛，性平，無毒。葉味苦，一云味苦、辛，微溫，無毒。牡蠣及桂瓜子為之使。畏菊花、羊蹄草、諸石及麪麴。救飢：《列仙傳》云：赤松子食栢子，齒落更生。採栢葉新生芽嫩者，換水浸其苦味，初食苦澁，入蜜或棗肉和食尤好，後稍易喫，遂不復飢，冬不寒，夏不熱。　治病：　文具《本草》木部栢實條下。

明・蘭茂撰，清・管暄校補《滇南本草》卷下　石蓮(參)〔生〕又名側柏葉，又名鳴鹿銜。　性微溫，味辛、苦。　主治筋骨痰火疼痛，面寒疼痛，腹痛，婦人血虚癆熱，消浮腫。治筋骨痰火，泡酒服。治寒痛，煎湯，點酒服。治癆熱，煎湯，點小便服。治浮腫，糠瓢檳榔煎服。

明・蘭茂撰，清・管暄校補《滇南本草》卷中　側柏葉俗名扁柏。　性寒，味辛、酸、微苦。　附方：　治止吐血、鼻衄血、嘔血、淋血，婦人暴崩下血。側柏葉搗汁，點水酒服。

明・蘭茂《滇南本草》〔叢本〕卷中　扁栢葉　味辛、微酸、苦。　搗汁，治吐血、鼻衄血、嘔血、小便尿血，婦人暴崩下血，並皆治之。

明・王綸《本草集要》卷四　栢實君　味甘辛，氣平，無毒。牡蠣及桂為之使。畏菊花、羊蹄、諸石及麵。入藥微炒用，用扁葉者名栢。　主驚悸，安五藏，益氣血，除風濕痹。　療恍惚，虛損吸(又)〔吸〕，歷節腰中重痛，腰腎中冷。　潤腎燥之藥，去頭風，興陽道，久服令人潤澤美色，耳目聰明，不飢不老，輕身延年。○栢葉尤良，味苦澀，氣微溫，四時各依方面採，陰乾。　主吐血衄血，痢血崩中，赤白尿血，輕身益氣，令人耐寒暑，去濕痹，此補陰之要藥。　性多燥，久得之大益脾土，以澀其肺。　作末，和油塗之生髮。　灸瘡凍瘡。○栢白皮，主火灼爛瘡，長毛髮。　葉同。　大風疾眉髮脫落，用葉九蒸九暴，搗為末，煉蜜丸如梧桐子大，日三服，夜之服熱水下五丸或十丸，百日再生。　男女及小兒蟲痢大腹，下黑血如茶腳色，或膿血如(波)〔淀〕色者。取葉焙乾，為末，與黃連同煎為汁，服之殊效。

明・滕弘《神農本經會通》卷二　栢實　即柏子仁。　君也。　牡蠣及桂、瓜子為之使。　畏菊花、羊蹄草、諸石、及麪、麯。　入藥微炒。　用須偏葉者，名側栢。　其花葉柏，叢柏葉，有子，負柏葉不入藥中用。八月收子葉，餘採無時。　乾州者最佳。　味甘，氣平，無毒。《湯》云：　氣平，味甘辛，無毒。　東云：　養心神而有益。

《本經》云：　主驚悸，安五臟，益氣，除風濕痺。　療恍惚，虛損吸吸，歷節腰中重痛。　益血，止汗，久服令人潤澤，美顏色，耳目聰明，不飢不老，輕身延年。　柏葉尤良。《藥性論》云：　君。　惡菊花，畏羊蹄草。　味甘、辛。　治腰腎中冷，膀胱冷膿宿水，興陽道，益壽。　去頭風，治百邪鬼魅。　主小兒驚癇。　日華子云：　治風，潤皮膚，此是側柏子。　入藥微炒用。《湯》云：　用之則潤腎之藥，古方十精丸用之。《局》云：　柏實主驚安臟氣，除風濕痺及腰疼。　若人吐衄崩中病，用葉燒來有大功。

栢子　安臟鎮驚。　須去殼。

側栢葉　君也。四時各依方面採，陰乾。　味苦，氣微溫，無毒。《湯》同。　一云：　味苦、辛，性澁。　東云：　治血山崩漏之疾。　《本經》云：　栢葉尤良。　主吐血衄血，痢血，崩中，赤白。　輕身益氣，令人耐寒暑。　去濕痺，止飢。　四時各依方面採，陰乾。《唐本》注云：　栢枝節，燒取末，療㾏及癩瘡良。《藥性論》云：　君。　與酒相宜。　止尿血。　味苦、辛，性澁。　能治冷風歷節疼痛。　日華子云：　灸罯凍瘡。　燒取汁，塗頭黑潤鬢髮。《圖經》云：　仲景方療吐血不止者，柏葉湯主之，青柏葉一把，乾薑三片，阿膠二鋌，炙，三味以水二升，煑一升，綿濾，一服盡之。　山東醫工，亦多用側柏。　然云性寒止痛，其方採葉，入臼中，濕擣，令極爛如泥，冷水調作膏，以治大人及小兒湯盪火燒，塗傅於傷處，用帛子繫定，三兩日瘡當斂，仍滅瘢。　又取葉，焙乾為末，與川黃連二味同煎為汁，服之，以療男子、婦人、小兒大腹，下黑血，茶脚色，或膿血如淀色，所謂蟲痢者，治之有殊効。　又能殺五臟蟲。　道家多用柏葉湯，常點益人。　丹溪云：　屬陰與金，性善守。　故採其葉，隨月建方，以取月令之氣也。　此補陰之要藥。　其性多燥，久得之大益脾土，以澁其肺。　栢葉，止衄血，吐崩。

柏白皮　《本經》云：　主火灼爛瘡，長毛髮。　日華子云：　無毒。

明・劉文泰《本草品彙精要》卷一六　柏實無毒。附葉、皮。　植生。

柏實出《神農本經》　**主驚悸，安五臟，益氣，除風濕痹。久服令人潤澤美色，耳目聰明，不飢不老，輕身延年。**以上朱字《神農本經》。　療恍惚，虛損吸吸，歷節腰中重痛，益血，止汗，柏葉尤良。○柏葉，味苦，辛，微溫，主吐血，衄血，痢血，崩中赤白，輕身益氣，令人耐寒暑，去濕痹，止飢。○柏白皮，主火灼爛瘡，長毛髮。以上黑字名醫所録。　【苗】《圖經》曰：　柏有數種，入藥惟用葉，皆側向，謂之側柏者佳，而他柏所不及。　三月開花，九月結子成熟，是謂之柏實。　其木心赤而香，人多採焚，謂之柏香，乃香之下品也。《別録》云：　是秦時避難實葉採食，尤能益人。　後漢獵者見一人越澗如飛，伺而得之，云是秦時避難山中，採柏充食，遂至不畏飢寒，而《本經》輕身延年之説信矣。　若入藥，以得古柏尤良。嘗見孔明廟柏，蜀時所植，氣味甘香勝常，治病功必倍之。然《圖經》以乾州者爲勝，何也？蓋乾州之柏葉，皆茂盛而木有文理，多肖山水形象，乃靈氣所鍾，宜其實之最佳。《衍義》曰：嘗官陝西，每登高望之，雖千萬株皆一一西指，蓋此木乃至堅之木，不畏霜雪，得木之正氣，而他木不逮也。所以受金之氣所制，故一一向之。陶云忌採塚上所產者，蓋有泥于方士之說，而《別錄》謂乾柏多出於乾陵，殆乾柏俱不可用也。然物各有所宜，豈可以乾陵而癈柏乎？亦豈乾柏盡出於乾陵乎！蓋乾水土厚而產物氣全，是可尚耳。地之所宜，又何拘焉。【地】《圖經》曰：生泰山山谷，陝州、宜州、益州、終南山。【道地】乾州、密州。【時】生：九月結實。採：冬月取實，四時各隨方向取葉。【收】實：暴乾。葉：陰乾。【用】實、葉、白皮。【質】類小麥而圓。【色】殼褐，仁白。【味】甘。【性】平，緩。【氣】氣厚于味，陽中之陰。【臭】香。【主】養氣血，益容顏。【助】牡蠣、桂、瓜子爲之使。【反】畏菊花、羊蹄草，諸石、麪、麴。【製】《別錄》云：採蒸暴乾，舂礧，去殼，取仁用。【治】療：《圖經》曰：葉，濕搗令爛如泥，冷水調作膏，治大人小兒湯燙火燒，塗傷處，用帛繫定，三兩日瘡當歛，仍滅瘢。《藥性論》云：柏子仁，除腰中冷，膀胱冷，膿宿水，去頭風，及百邪鬼魅，並小兒驚癇。○葉，治冷風歷節疼痛。日華子云：柏子仁，祛風，潤皮膚。○葉，炙罯凍瘡，燒取汁，塗頭，黑潤鬚髮。《唐本》注云：柏枝節，煮以釀酒，除風痹，歷節風，燒取湍，療瘑疥及癩瘡，良。《別錄》云：柏子仁，爲末，溫水調服二錢，治小兒軀啼，驚癇，腹滿不乳食，大便青白色。○社中西南柏樹東南枝爲末，水調一錢匕，日三四服，治時氣瘴疫。○柏樹木，細剉，煮湯淋洗，治霍亂轉筋。補：《藥性論》云：興陽道，益壽。【合治】側柏葉合酒，止尿血。○青柏葉一把，合乾薑三片，阿膠一挺，炙三味，以水二升，煮一升，去滓，別絞馬通汁一升，相和合，煎取一升，綿濾一服盡之，療吐血不止者。○又葉，焙乾爲末，合川黃連，二味同煎爲汁服，療男子、婦人、小兒大腹下黑血如茶腳色，或膿血如澱色，所謂蟲痢者，服之有殊效，及殺五臟蟲。○柏子仁合大麻子、松子仁等分同研，溶白蠟丸如桐子大，以少黃丹湯，每以二三十丸，食前服，療老人虛秘。○柏葉，搗爲細末，不計時候合粥飲調下二錢匕，療憂恚，嘔血，煩滿，少氣，胸中疼痛。

明·葉文齡《醫學統旨》卷八　栢子仁　氣平，味甘、辛。無毒。牡蠣及桂為使；畏菊花、羊蹄根、諸石及麪麴。入藥微炒用之。　治驚悸，安五臟，益氣血；除風濕痺，恍惚虛損，歷節腰中重痛，腰腎中冷，潤腎燥之藥；　去頭風，興陽道；　久服令人潤澤美色，耳目聰明，不飢延年。

側栢葉　氣微溫，味苦濇。無毒。凡用取新鮮偏葉者，清水洗淨，搗汁用。　治吐血、衄血、血痢，崩中赤白，尿血，濕痺，益氣，此補陰之要藥。性多燥，久服之大益脾土，以滋其肺；　炙罯凍瘡。

明·許希周《藥性粗評》卷一　陰虛沾柏子之仁。柏葉、柏皮附。

柏子仁柏實也。柏之高者，不下數仞，淩霜愈茂，《衍義》謂其得木之正氣者是也。三月開花，九月結實作殼，熟時殼裂子出，如小麥大。南北原野處處有之，以川陝、乾密等州者為勝。採獲去取，米蒸過，暴乾，春熟簸淨收貯，用時微炒。牡蠣及桂、瓜子為之使，畏菊花、羊蹄、諸石及麴、麪。味甘，性平，無毒。入足少陰腎、太陽膀胱經。主治房癆陰虛火動，腎冷腰疼，驚悸恍惚，風濕寒熱，生津補血，益氣興陽。服食家為仙品，益壽延年。海藏云：柏子仁潤腎之藥也，腎虛者宜之。

柏葉　味苦，性微溫，無毒。主治吐血、衄血、痢血、崩中、赤白帶下，去風濕，耐寒暑，益氣輕身。四時各依方向取之。如春取東，夏取南之類。或謂當年新抽者更佳。　陰乾，可當茶飲。味苦，多食亦能倒胃，煮時入薑少許。

柏白皮　無毒。　主治火灼爛瘡。

單方：　大人脚氣骨風：　柏枝節濃煮水，照常法以釀酒，每日隨量任意，略溫飲之。　小兒驚癇，腹滿：　柏子仁為細末，水調下二錢。凡軀啼不乳食，大便青白色者，皆可服之。

明·許希周《藥性粗評》卷二　滋肺逢柏葉之側。

側柏葉柏葉已見前柏子仁條下。有一種側生者，另有入藥之功，其葉與常柏稍異。生川、陝、乾、密等州山谷，今河北、江東近道亦有之。採法亦依四時方面，但忌取塚墓上者，陰乾。餘說《本草》未詳。　味苦、甘、辛，性溫，無毒。　主治肺熱吐血，利血尿血，冷風歷節，腰脚不利，清上補下。　丹溪云：　此補陰要藥，久服之大益脾土以滋其肺。　採時隨月建方，以多得月令之氣也。

單方：　利血惡色：　不拘男婦小兒，大腹下血，或黑色、淀色、茶脚色者，此謂蟲痢，以側柏葉焙乾，川黃連各一兩，同煎，去滓，服之殺蟲散血。　髮禿不生：　側柏葉陰乾，為末，猪脂油調塗之，自生。

明·鄭寧《藥性要略大全》卷五　栢子仁君　養心脾，安五臟，益氣血，治驚悸，療虚損及風濕痹。《經》云：治歷節腰間腫痛，止汗，清心明目。可以久服，輕身耐飢延年，令人潤澤，美顔色，明耳目，潤腎之藥。殺百邪鬼魅。味甘、辛，氣平，無毒。牡蠣、桂、瓜子為之使。惡菊花，畏羊蹄、諸石及麵麯。入藥微炒用。

明・鄭寧《藥性要略大全》卷七 側栢葉 治血山崩漏之疾，止吐血、衄血、血痢，赤白帶下及尿血。《證類》云：治冷風歷節疼痛，止尿血。與酒相宜。輕身益氣，令人耐寒。其嫩葉亦治杖瘡。味苦、澁，氣寒。又曰微溫、無毒。須用嫩葉良。四時各依方向採，陰乾。凡服食，用酒浸一宿，晒乾，炒用。栢白皮：主火灼爛瘡，長毛髮。

明・陳嘉謨《本草蒙筌》卷四 栢實 味甘、辛，氣平。無毒。近道俱有，乾州屬陝西獨佳。屋邊者為宜，塚上者切忌。霜後採實，去殼取仁。先以醇酒浸曝乾，次取黄精汁和煮。執筋連攪，盡汁纔休。研細成霜，入劑方効。畏羊菊麯麵諸石，羊蹄根、菊花、神麯、白麵、一切石。使牡蠣瓜子桂皮。聰耳目，卻風寒濕痹止疼；益氣血，去恍惚虛損斂汗。治腎冷腰冷併膀胱冷膿宿水，潤腎燥體燥及面顔燥澁不光。興陽道，殺百邪，止驚悸，安五臟。頭風眩痛，亦可煎調。久服不飢，增壽耐老。〇側栢葉苦澁，翠扁者採收。務向月令建方，春採東，夏採南，秋冬倣此。纔得節候生氣。即止吐衄崩痢，重生髮鬢鬚眉。為燥濕僊丹，係補陰要藥。若合黄連煎服，小兒蟲痢立痊。白皮燒灰，敷火灼爛瘡，長毛髮亦驗；枝節釀酒，主歷節風痹，療癘疥尤靈。凡患疥瘡癩瘡及牛馬畜産有疥。並燒敷二三次，無不愈。

明・王文潔《太乙仙製本草藥性大全》卷三《本草精義》 栢實 生太山山谷，今處處有之，而乾州者獨佳。三月開花，九月結實，候成熟時收採，蒸曝乾。春礌取熟仁子用。屋邊者爲宜，塚上者切忌。霜後採實，去殼取仁，先以醇酒浸，曝乾，次取黄精汁和煮，執筋連攪盡汁纔休，研細成霜入劑方效。畏羊、菊、麯、麵、諸石羊蹄根、菊花、神麯、白麵、一切石。使牡蠣、麻子、桂皮。謹按陶隱居說：栢忌取塚墓上者。今云出乾州者最佳。則乾州栢葉茂，大者皆是乾陵所出，他處皆無大者，但取其州土所宜，子實氣味豐美可也。乾陵之栢異於他處，其木未有無文理者，而其大多爲菩薩、雲氣、人物、鳥獸狀，極分明可觀，有盗得一株徑尺者，可直萬錢，關陝人家多以爲貴，宜其子實最佳也。又以其枝節燒油膏，傳惡瘡久不差有蟲者，牛馬畜産有瘡疥，名爲重病，以傳之三五次，無不愈也。

側栢葉 密州出者尤佳，雖與他栢相類，而其葉皆側向而生，功效殊別，收採無時。張仲景方：療吐血不止者，栢葉湯主之，青栢葉一把，乾薑二片，阿膠一挺，炙三味，以水二升，煮一升，去滓，白絞馬通汁一升，相和合煎取一升，綿濾一服盡之。山東醫工亦多用側栢，《經》云性寒止痛，其方採藥入臼中，濕擣令極爛如泥，冷水調作膏，以治大人及小兒被湯火燒，熱傳於傷處，用帛子繫定，三兩日瘡當斂，仍滅瘢。又取葉焙乾爲末，與川黄連二味同煎爲汁服之，以療男子、婦人、小兒大腹下黑血茶腳色，或膿血如靛色，所謂蟲痢者，治之有殊方，又能殺五臟蟲。道家多作栢葉湯，常益人，古栢葉尤奇。今益州諸葛孔明廟中有大栢木，相傳是蜀世所植，故人多採收以作藥，其味甘香於常栢也。

孫真人《枕中記》採松栢法：嘗以三月、四月採新生松葉，可長二四寸許，並花葉，取陰乾，細擣爲末。其栢葉取深出巖谷中，採當年新生，可長二三寸者，陰乾，細擣爲末，用白蜜丸如小豆大，常以月一、十五日日未出時，燒香東向，手持藥八十一丸，以酒下，服一年延十年命，服二年延二十年命。欲得長肌肉，加大麻、巨勝；欲心多壯健者，加茯苓、人參。此藥除百病，益元氣，添五臟六腑，清明耳目，強壯不衰老，延年益壽神驗。用七月七日露水丸之更佳，時乃呪曰：神仙真藥，體合自然，服藥入腹，天地同年。呪訖服藥，斷食雜肉，五辛最切忌，慎之！

明・王文潔《太乙仙製本草藥性大全》卷三《仙製藥性》 栢實君 味甘、辛，氣平，無毒。牡蠣及桂爲之使。主治：聰耳目，却風寒濕痹，吸吸歷節。止腰疼，益氣血，去恍惚，虛損，斂汗。治腎冷腰冷併膀胱冷膿縮水，潤腎燥體燥及面顔燥澁不光。興陽道，殺百邪，止驚悸，安五臟。頭風眩痛亦可煎調。久服不飢不老，增壽輕身。補註：小兒軀啼驚癇，腹滿不乳食，大便青白色，用柏子仁末，溫水調下一錢。〇老人虛秘，栢子仁、大麻子，松子仁等分，同研，溶白蠟丸桐子大，以少黄丹湯服二十或三十丸，食前。太乙曰：凡使先以酒浸一宿至明，漉出晒乾，再用黄精自然汁於日中煎，手不住攪，若天久陰，即於鐺中着水，用瓶器盛栢子仁，着火緩緩煮成煎爲度。每煎藥三兩栢子仁，用酒五兩，浸乾爲度。側柏葉君：味苦澁，氣寒，又曰微溫，無毒。須用嫩葉良，翠扁者收採。務向月令建方，春採東，夏採南，秋採做此。纔得節候生氣。　主治：即止吐衄崩痢，重生髮鬢鬚眉。爲燥濕仙丹，係補陰要藥。若合黃連煎服，小兒蟲痢真痊。久服輕身益氣，耐冷，止飢。與酒相宜，止尿血，又治冷風歷節疼痛。　補註：治大風疾，眉髮脫落，用葉九蒸九曝，搗羅爲末，煉蜜和丸如梧桐子大，日三服，夜一服，熱水下五丸或十丸，百日即生。治憂恚嘔血、煩滿少氣，胸中疼痛，栢葉搗羅爲散，不計時候，以粥飲調下二錢。○小兒洞下痢，煮葉服之。治鼠瘻腫核痛，未成膿，以葉傅腫上，熬鹽着腫上熨，令熱氣下即消。○生髮方：燒取汁塗頭，黑潤鬢髮。療瘡用葉炙罨效。　太乙曰：凡使勿用花栢葉並叢柏葉。有子圓葉，其有子圓葉成片如大片雲母，葉葉皆側，葉上有微赤毛；若花栢葉其樹濃葉成朵，無子；叢柏葉其樹綠色，不入藥中用。若修事一斤，先揀去兩畔并心枝了，用糯泔浸七日，漉出，用酒拌蒸一伏時，却用黃精自然汁浸了，焙乾，又浸又焙，待黃精汁乾盡，然後用之。如修事一斤，用黃精自然汁十二兩。　栢白皮：無毒。燒灰敷火灼爛瘡，長毛髮亦驗。　枝節：釀酒。主歷節風痹，療瘑疥尤靈。凡患疥瘡、癩瘡及牛馬畜産有疥，並燒敷二三次，無不愈。　補註：治中熱油及火燒瘡，以栢白皮、猪脂煎，塗瘡上。《鬼遺方》同治霍亂轉筋，先以暖物裹脚，然後以栢樹木細剉，煎湯淋之。○按《抱朴子》云：漢成帝時，獵者於鍾南山見一人，無衣服身，皆生黑毛，跳坑越澗如飛，乃密伺其所在，合圍取得，乃是一婦人。問之，言：我是秦之宮人，關東賊至，秦王出降，驚走入山，飢無所食，洎欲餓死。有一老公教我喫松栢葉實，初時苦澀，後稍便喫，遂不復飢，冬不寒，夏不熱。此女是秦人，至成帝時已二百餘載也。

明・皇甫嵩《本草發明》卷四

柏子仁上品，君。氣平，味甘、微辛，無毒。

發明曰：柏子仁，潤腎之藥也。《本草》云：安五藏益氣，主驚悸恍惚，虛損吸吸，歷節，除風濕痺，腰中重痛，益血斂汗，久服潤顔色，耳目聰明，不飢輕身。不專于腎經也。《藥性論》治腰腎中冷、膀胱冷膿宿水，興陽道，去頭風。此見潤腎之藥，與《本草》相合，何也？《本草》有益血二字。又云：腰中重痛，乃是潤腎之功也。蓋腎苦燥，藉此甘辛潤之，自能生益精血，則五藏安和，而汗自斂。凡虛損等症亦治，目得血而明，耳得血而聰，心神足，驚悸恍惚自定矣。氣血益，則風濕痺，歷節痛，頭風腰痛等症悉除，顔色肌膚亦潤澤矣。久服增壽耐老，柏仁潤腎之功大矣。牡蠣、桂皮、瓜子為之使。惡菊花。畏羊蹄根、神麯、白麫、一切石。○生大山及屋邊生者為宜，忌生塚上者。去(慤)〔殼〕取仁，先以醇酒浸，曝乾，次取黃精汁和煮，把筯子連攪汁盡方休，研細成霜，入藥劑方妙。

側柏葉上品，君。氣微溫，味苦，澁。又云寒。　發明曰：柏葉，涼血燥濕，補陰之要藥。故《本草》主吐衄血，尿血血痢，崩中赤白，輕身益氣，令人耐寒暑，去濕痺，止飢，生鬚髮眉黑潤，皆涼血補陰之功也。合黃連煎服，小兒蟲痢立止。與酒相宜。牡蠣、桂、瓜子為使。採取向月建方，春採東方，夏南，秋西，(東)〔冬〕北，得節候生氣。

柏白皮　燒灰，敷火灼爛瘡，長毛髮。○枝節，釀酒，主(立)〔歷〕節風痺，更療瘑疥。凡患疥瘡及牛馬産畜有疥，燒灰，敷二三次，無不愈。

明・李時珍《本草綱目》卷三四木部・香木類

柏《本經》上品

【釋名】椈音菊。　側柏　李時珍曰：按魏子才《六書精蘊》云：萬木皆向陽，而柏獨西指，蓋陰木而有貞德者，故字從白。白者，西方也。陸佃《埤雅》云：柏之指西，猶鍼之指南也。柏有數種，入藥惟取葉扁而側生者，故曰側柏。寇宗奭曰：予官陝西，登高望柏，千萬株皆一一西指。蓋此木至堅，不畏霜雪，得木之正氣，他木不及。所以受金之正氣所制，一一西指也。　【集解】《別録》曰：柏實生太山山谷，柏葉尤良。四時各依方面采，陰乾。陶弘景曰：處處有柏，當以太山爲佳爾。並忌取冢墓上者。其葉以秋夏采者良。蘇恭曰：今太山無復采子，惟出陝州、宜州爲勝。八月采之。蘇頌曰：柏實以乾州者爲最。三月開花，九月結子成熟，取采蒸曝，舂礌取仁用。其葉名側柏，密州出者尤佳。雖與他柏相類，而其葉皆側向而生，功效殊别。古柏葉尤奇，益州諸葛孔明廟中有大柏木，相傳是蜀世所植，故人多采以作藥，其味甘香于常柏也。雷斅曰：柏葉有花柏葉、叢柏葉及有子圓葉。其有子圓葉成片，如大片雲母，葉皆側，葉上有微赤毛者，宜入藥用。花柏葉，其樹濃葉成朵，無子。叢柏葉，其樹綠色，並不入藥。陳承曰：陶隱居説柏忌冢墓上者，而今乾州者皆是乾陵所出，他處皆無大者，但取其州土所宜，子實氣味豐美可也。其柏異于他處，木之文理，大者多爲菩薩、雲氣、人物、鳥獸，狀極分明可觀。有盜得一株徑尺者，值萬錢，宜其子實爲貴也。時珍曰：《史記》言：松柏爲百木之長。其樹聳直，其皮薄，其肌膩，其花細瑣，其實成梂，狀如小鈴，霜後四裂，中有數子，大如麥粒，芬香可愛。柏葉松身者，檜也。其葉尖硬，亦謂之栝。今人名圓柏，以別側柏。松葉柏身者，樅也。松檜相半者，檜柏也。峨眉山中一種竹葉柏身者，謂之竹柏。

柏實　【修治】斅曰：凡使先以酒浸一宿，至明漉出，曬乾，用黃精自然汁於日中煎之，緩火煮成煎爲度。每煎柏子仁三兩，用酒五兩浸。時珍曰：此法是服食家用者。尋常用，只蒸熟曝烈，舂簸取仁，炒研入藥。

【氣味】甘，平，無毒。甄權曰：甘、辛。畏菊花、羊蹄草。徐之才曰：見葉下。

【主治】驚悸益氣，除風濕，安五臟。久服，令人潤澤美色，耳目聰明，不飢不老，輕身延年《本經》。療恍惚，虛損吸吸，歷節腰中重痛，益血止汗《别録》。治頭風，腰腎中冷，膀胱冷膿宿水，興陽道，益壽，去百邪鬼魅，小兒驚癇甄權。潤肝好古。養心氣，潤腎燥，安魂定魄，益智寧神。燒瀝，澤頭髮，治疥癬時珍。

【發明】王好古曰：柏子仁，肝經氣分藥也。又潤腎，古方十精丸用之。時珍曰：柏子仁性平而不寒不燥，味甘而補，辛而能潤，其氣清香，能透心腎，益脾胃，蓋仙家上品藥也，宜乎滋養之劑用之。《列仙傳》云：赤松子食柏實，齒落更生，行及奔馬。諒非虛語也。

【附方】舊二，新四。

服柏實法：八月連房取實暴收，去殼研末。每服二錢，温酒下，一日三服。渴即飲水，令人悦澤。一方：加松子仁等分，以松脂和丸。一方：加菊花等分，蜜丸服。〇《奇效方》用柏子仁二斤，爲末，酒浸爲膏，棗肉三斤，白蜜、白术末、地黄末各一斤，擣勻，丸彈子大。每嚼一丸，一日三服，百日，百病愈。久服，延年壯神。

老人虛祕：柏子仁、松子仁、大麻仁等分，同研，溶蜜蠟丸梧子大。以少黄丹湯，食前調服二三十丸，日二服。寇宗奭。

腸風下血：柏子十四個，搥碎，囊貯浸好酒三盞，煎八分服，立止。《普濟方》。

小兒躽啼：驚癇腹滿，大便青白色。用柏子仁末，温水調服一錢。《聖惠方》。

黄水濕瘡：真柏油二兩，香油二兩，熬稠搽之，如神。陸氏《積德堂方》。

柏葉

【修治】斅曰：凡用挼去兩畔并心枝了，用糯泔浸七日，以酒拌蒸一伏時。每一斤，用黄精自然汁十二兩浸焙，又浸又焙，待汁乾用之。時珍曰：此服食治法也。常用或生或炒，各從本方。

【氣味】苦，微温，無毒。權曰：苦、辛、性濇。與酒相宜。頌曰：性寒。之才曰：瓜子、牡蠣、桂爲之使。畏菊花、羊蹄、諸石及麪麴。伏砒、硝。弘景曰：柏之葉、實，服餌所重。此云惡麴，而人以釀酒無妨，恐酒米相和，異單用也。

【主治】吐血衄血，痢血崩中赤白，輕身益氣，令人耐寒暑，去濕痹，止飢《别録》。治冷風歷節疼痛，止尿血甄權。炙署凍瘡。燒取汁塗頭，黑潤鬢髮大明。傅湯火傷，止痛滅瘢。服之，療蠱痢。作湯常服，殺五臟蟲，益人蘇頌。

【發明】震亨曰：柏屬陰與金，善守。故采其葉，隨月建方，取其多得月令之氣。此補陰之要藥，其性多燥，久得之大益脾土，以滋其肺。時珍曰：柏性後凋而耐久，禀堅凝之質，乃多壽之木，所以可入服食。道家以之點湯常飲，元旦以之浸酒辟邪，皆有取於此。麝食之而體香，毛女食之而體輕，亦其證驗矣。毛女者，秦王宫人。關東賊至，驚走入山，飢無所食。有一老公教喫松柏葉，初時苦澀，久乃相宜，遂不復飢，冬不寒，夏不熱。至漢成帝時，獵者於終南山見一人，無衣服，身生黑毛，跳坑越澗如飛，乃密圍獲之，去秦時二百餘載矣。事出葛洪《抱朴子》書中。

【附方】舊十，新九。

服松柏法：孫真人《枕中記》云：嘗以三月、四月采新生松葉，長三四寸許，并花蕊陰乾；又於深山巖谷中，采當年新生柏葉，長二三寸者，陰乾，爲末，白蜜丸如小豆大。常以日未出時，燒香東向，手持八十一丸，以酒下。服一年，延十年命；服二年，延二十年命。欲得長肌肉，加大麻、巨勝；欲心力壯健者，加茯苓、人參。此藥除百病，益元氣，滋五臟六腑，清明耳目，强壯不衰老，延年益壽，神驗。用七月七日露水丸之，更佳。服時仍祝曰：神仙真藥，體合自然。服藥入腹，天地同年。祝畢服藥，斷諸雜肉、五辛。

神仙服餌：五月五日，采五方側柏葉三斤，遠志去心二斤，白茯苓去皮一斤，爲末，煉蜜和丸梧子大。每以仙靈脾酒下三十丸，日再服。並無所忌。勿示非人。

中風不省：涎潮口禁，語言不出，手足嚲曳。得病之日，便進此藥，可使風退氣和，不成廢人。柏葉一握去枝，葱白一握連根研如泥，無灰酒一升，煎一二十沸，温服。如不飲酒，分作四五服，方進他藥。《楊氏家藏方》。

時氣瘴疫：社中西南柏樹東南枝，取暴乾研末。每服一錢，新水調下，日三四服。〇《聖惠方》。

霍亂轉筋：柏葉搗爛，裹脚上，及煎汁淋之。〇《聖惠方》。

吐血不止：張仲景柏葉湯用青柏葉一把，乾薑二片，阿膠一挺炙，三味，以水二升，煮一升，去滓，别絞馬通汁一升合煎，取一升，綿濾，一服盡之。〇《聖惠方》用柏葉，米飲服二錢。或蜜丸、或水煎服，並良。

憂恚嘔血：煩滿少氣，胸中疼痛。柏葉爲散，米飲調服二方寸匕。《聖惠方》。

衄血不止：柏葉、榴花研末，吹之。《普濟方》。

小便尿血：柏葉、黄連焙研，酒服三錢。《濟急方》。

大腸下血：隨四時方向，采側柏葉燒研。每米飲服二錢。王涣之舒州病此，陳宜父大夫傳方，二服愈。《百一選方》。

酒毒下血：或下痢。嫩柏葉九蒸九晒二兩，陳槐花炒焦一兩，爲末，蜜丸梧子大。每空心温酒下四十丸。《普濟方》。

蠱痢下血：男子、婦人、小兒大腹，下黑血茶脚色，或膿血如淀色。柏葉焙乾爲末，與黄連同煎爲汁，服之。《本草圖經》。

小兒洞痢：柏葉煮汁，代茶飲之。《經驗方》。

月水不斷：側柏葉炙、芍藥等分。每用三錢，水、酒各半，煎服。〇室女用側柏葉、木賊炒微焦等分，爲末。每服二錢，米飲下。《聖濟總録》。

湯火燒灼：柏葉生擣塗之，繫定二三日，止痛滅瘢。《本草圖經》。

鼠瘻核痛：未成膿。以柏葉擣塗，熬鹽熨之，氣下即消。姚僧坦《集驗方》。

大風癘疾：眉髮不生。側柏葉九蒸九晒，爲末，煉蜜丸梧子大。每服五丸至十丸，日三、夜一服。百日即生。《聖惠方》。

頭髮不生：側柏葉陰乾，作末，和麻油塗之。《梅師方》。

頭髮黄赤：生柏葉末一升，猪膏一斤，和丸彈子大，每以布裹一丸，納泔汁中化開，沐之。一月，色黑而潤矣。《聖惠方》。

枝節

【主治】煮汁釀酒，去風痹、歷節風。燒取湍油，療瘑疥及蟲癩良蘇恭。

〔附方〕舊二，新一。　霍亂轉筋：　以暖物裹脚，後以柏木片煮湯淋之。《經驗方》。　齒䘌腫痛：　柏枝燒熱，拄孔中。須臾蟲緣枝出。《聖惠》。　惡瘡有蟲：　久不愈者，以柏枝節燒瀝取油傅之。三五次，無不愈。亦治牛馬疥。陳承《本草別説》。

脂　〔主治〕身面疣目，同松脂研勻塗之，數夕自失聖惠。

根白皮　〔氣味〕苦，平，無毒。〔主治〕火灼爛瘡，長毛髮《別録》。

〔附方〕舊一。　熱油灼傷：　柏白皮，以臘猪脂煎油，塗瘡上。《肘後方》。

題明・薛己《本草約言》卷二《藥性本草》　栢子仁　味甘，辛，氣平，無毒。陽也，可升可降，入手少陰心、足太陰脾少陰腎。暖骨髓，潤腎經之燥。安神志，益心氣之虚。　江云：　養心脾而有益。○《發明》云：　潤腎之藥也。蓋腎苦燥，藉此甘辛潤之，自能生益精血，則五臟安和，而凡虚損等症亦治。目得血而能明，耳得血而能聽。心神足，驚悸恍惚自定矣。

側栢葉　味苦，澁，氣微温，無毒。陰中之陽，可升可降，味苦而澁，氣温而快，極有止血之功，而無壅滯之害。　《發明》云：　凉血燥濕，補陰之要藥。故主吐血，衄血及痢血，崩中赤白，輕身益氣，令人耐寒暑等證，皆凉血補陰之功也。○栢屬陰與金，性善守，故採其葉，隨月建方，取其多得月令之氣。此補陰之要藥，其性多燥，久服□大益脾土，以滋其肺，尤能清血分。

明・梅得春《藥性會元》卷中　柏子仁　味辛，氣平，無毒。桂，牡蠣為使。畏菊花，羊蹄根，諸石及麪麴。　主養心脾而有益，定驚悸而安神。　去五臟之風濕，補虚損之要腰疼。　腰中重，腎中冷，燥亦能潤；　頭中風，陰中痿，陽道能興。　益氣兼除恍惚。　久服耳目聰明，不飢延年。　凡使，去殼取仁，微炒用。

側柏葉　味苦，澁，氣微温，無毒。使同柏子仁。　主治吐血、衄血、痢血，及婦人血山崩，療赤白淋，石淋，淋濁，能清除濕痹，益氣輕身，令人可耐寒暑，止飢燥濕，乃補陰之藥也。但性多燥，久服大益脾土，以滋其肺。　炙署凍瘡。　凡使，取新鮮匾柏枝，清水洗淨，搗汁用。

明・杜文燮《藥鑒》卷二　側栢葉　氣微寒，味微苦。主吐血衄血，痢血崩血尿血，久服輕身益氣，令人能耐寒暑。更治冷風歷節疼痛，此補陰之要藥也。其性善守。凡採必須擇月建方，向採之，為其得月令之氣也。但性多燥，須用蜜水浸之，飯上蒸熟，陰乾服之，大益脾土，以滋其肺也。

明・李中立《本草原始》卷四　柏實　始生泰山山谷，今處處有之，而乾州者最佳。三月開花，九月結子，候成熟收採，蒸，暴乾，舂礧，取熟仁子用。其葉名側柏，密州出者尤佳。按魏子才《六書精蘊》云：　萬木皆向陽，而柏獨西指。蓋陰木而有貞德者，故字從白。白者西方也。陸佃《埤雅》云：　柏之指西，猶鍼之指南也。柏有數種，入藥惟取葉扁而側生者，故曰側柏。

柏實：　俗呼柏子仁。氣味：　甘，平，無毒。　主治：　驚悸，益氣，除風濕，安五臟。久服令人潤澤，美色，耳目聰明，不飢不老，輕身延年。○療恍惚虚損，吸吸歷節，腰中重痛，益血止汗。○治頭風，腰腎中冷，膀胱冷，宿水，興陽道，益壽。去百邪鬼魅，小兒驚癇。○潤肝。○養心氣，潤腎燥，安魂定魄，益智寧神。燒瀝，澤頭髮。治癬疥。　修治：　柏實，蒸熟，曝裂，舂簸取仁，炒研入藥。畏菊花，羊蹄草。　《奇效方》：　用柏子仁二斤，為末，酒浸為膏，棗肉二斤，白蜜、白术末、地黄末各一斤，搗勻，丸彈子大，每嚼一丸，一日三服，百日，百病愈。久服延年壯神。

側柏葉：　氣味：　苦，微温，無毒。　主治：　吐血、衄血，痢血，崩中赤白，輕身益氣，令人耐寒暑，去濕痹，止飢。○治冷風歷節疼痛，止尿血。○炙署凍瘡，燒取汁塗頭，黑潤鬢髮。○傅湯火傷，止痛滅瘢，服之療蠱痢。作湯常服，殺五臟蟲，益人。

柏：　《本經》上品。【圖略】側柏，忌塚墓上采者。　柏子仁，新鮮無油者為良。　修治：　柏葉或生或炒，各從本方。

權曰：　苦辛性濇，與酒相宜。頌曰：　性寒。之才曰：　瓜子、牡蠣、桂為之使，畏菊花、羊蹄、諸石及麪麴，伏砒硝。《梅師方》：　治頭髮不生，側柏葉陰乾，作末，和麻油塗之。

明・張懋辰《本草便》卷二　柏子仁君　味甘，辛，氣平，無毒。畏菊花、羊蹄、諸石及麪。　主驚悸，安五臟，益氣血，除風濕痹，療恍惚虚損，腰腎中冷潤腎燥之藥。去頭風，興陽道。久服令人潤澤。　柏葉尤良，味苦澁，氣微温，主吐血、衄血、痢血，崩中赤白，尿血。補陰之要藥。性多燥，久得之大益脾土，以澁其肺。○柏白皮主火灼爛瘡，長毛髮。葉同。

明・盧復《芷園臆草題藥》　萬木皆向陽而栢獨西指，故字從白，西方色也。性不偏物于木，能順受金氣，以之為已用者，歲寒不凋，真德也。俯就制伏，順德也，故能成其堅而可久。　性雖專於堅固，常是生機，天地肅殺所不能移。實葉與枝，用有精粗之别。實則氣全，内含章美，故專入五藏。葉如人身脉絡，則凡脉不堅固而潰，營血不攝，溢而為崩衂，合堅其脉者宜之。枝則氣倍於葉而入肢節，幹則氣烈於枝，而治全身矣。《聖惠》以實治驚癇症、大便青白色者，蓋肝木受制，怒而乘其所勝，故青白之色見於便，驚從藏發，故當用實。有以葉治憂恚嘔血者，憂而恚，政金之情，勝木之情，所致嘔傷血脉，則葉為恰好矣。

明・李中梓《藥性解》卷五　栢子仁　味甘、辛，性平，無毒，入肺、脾、腎三經。主安五臟，定驚悸，補中氣，除風濕，興陽道，暖腰膝，去頭風，辟百邪，潤皮膚，明耳目。側栢葉，味苦濇，性微寒。止吐衂崩痢，除風冷濕痹，烏鬚黑髮，灸罯凍瘡，久服延年。牡蠣、桂、瓜子為使。畏菊花、羊蹄草、諸石及麵麴。按：栢子仁辛歸肺，甘歸脾，濁陰歸腎，故均入之。栢葉之苦濇，屬金而善守，最清血分，為補陰要藥。須用嫩葉，春採東，夏採南，秋採西，冬採北，纔得節候生氣。

明・繆希雍《本草經疏》卷一二　栢實　味甘，平，無毒。主驚悸，安五藏，益氣，除風濕痹，療恍忽虚損吸吸，歷節腰中重痛，益血止汗。久服令人潤澤美色。耳目聰明，不飢不老，輕身延年。

葉　味苦，微溫，無毒。主吐血，衂血，痢血，崩中赤白，輕身益氣。令人耐寒暑，去濕痹，生肌。四時各依方向采，陰乾。

栢白皮　主火灼爛瘡，長毛髮。

【疏】栢感秋令得金氣，其質堅而氣極芬芳，故其實味甘平無毒。甄權加辛，亦應有之。入足厥陰、少陰，亦入手少陰經。其主驚悸者，心藏神，腎藏精與志，心腎兩虚則病驚悸。入心故養神，入腎故定志，神志得所養而寧定，則其證自除矣。芬芳則脾胃所喜，潤澤則肝腎所宜，故能安五臟，五臟皆安則氣自益矣。心主五色，耳為腎竅，目為肝竅，加以久服氣專，其力自倍，豈不令人潤澤美色，耳目聰明，不飢不老，輕身延年哉？惟除風濕痹之功，非潤藥所能，當是葉之能事耳。《别錄》療恍忽，即驚悸之漸也。虚損吸吸，精氣微也，歷節腰中重痛，肝腎不足也。汗乃心液，心主血，益陰血則諸證悉瘥矣。葉：味苦而微溫，義應竝於微寒，故得主諸血，崩中赤白。若夫輕身益氣，令人耐寒暑，則略同於栢實之性矣。惟生肌去濕痹，乃其獨擅之長也。栢白皮：主火灼爛瘡，長毛髮者，涼血之功也。

【主治參互】雷斆云：栢葉，有花栢葉、叢栢葉及有子圓葉。其有子圓葉成片，如大片雲母，葉皆側葉，上有微赤毛者，宜入藥用。栢實，凡使先以酒浸一宿，至明漉出曬乾，用黃精自然汁於日中煎之，緩火煮成煎為度。每煎栢子仁三兩，用酒五兩浸。服栢實法：九月連房取實，曝收去殼，研末。每服二錢，溫酒下，一日三服，渴即飲水，令人悅澤。一方加松子仁等分，以松脂和丸。一方加菊花等分，蜜丸服。寇宗奭：治老人虚閉。栢子仁、松子仁、大麻仁等分，同研，鎔蜜蠟丸梧子大。以少黃丹湯，食前服二三十丸，日二服。《普濟方》治小兒躽啼驚癇，腹滿，大便青苔色。用栢子仁末，溫水調服一錢。陸氏《積德堂方》治黃水濕瘡，真栢油二兩，熬稠搽之，如神。葉，甄權用以治冷風歷節疼痛，止尿血。日華子用以灸罯凍瘡，燒取汁，塗頭黑潤鬢髮。蘇頌用以傅湯火傷，止痛滅瘢，服之療蠱痢，作湯常服，殺五藏蟲，益人。丹溪云：栢屬陰與金，善守，故採其葉，隨月建方，取其多得月令之氣，此補陰之要藥，其性多燥，久得之大益脾土，以滋其肺。神仙服餌方：五月五日採五方側栢葉三斤，遠志去心二斤，白茯苓一斤，為末，煉蜜和丸梧子大。每以仙靈脾酒下三十丸，日再服。竝無所忌。《楊氏家藏方》治中風不省人事。得病之日，便進此藥，可使風退氣和，不成廢人。栢葉一握去枝，葱白一握連根研如泥，無灰酒一升，煎一二十沸，溫服，如不飲酒，分作四五服，方進他藥。《聖惠方》治憂恚吐血，煩滿少氣，脇中疼痛。栢葉為散，米飲調服二方寸匕。《普濟方》治衂血不止，栢葉、榴花，研末吹之。《百一選方》治大腸下血，隨四時方向採栢葉，燒研，每米飲服二錢。王渙之舒州病此，陳宜父大夫傳方，二服愈。又方：以栢葉一斤，搗令極勻，加蜜丸如梧子大。每五錢，白湯空心吞，治腸風效。《普濟方》治酒毒下血，或下痢。嫩栢葉九蒸九曬二兩，陳槐花炒焦一兩，為末，蜜丸梧子大。每空心溫酒下四十丸。《本草圖經》治蠱痢下黑血茶腳色，或膿血如靛色。栢葉焙乾為末，黃連和煎為汁，服之。《經驗方》治小兒洞痢，栢葉煮汁，代茶飲之。《本草圖經》治湯火灼燒，栢葉生搗，塗之，擊定二三日，止痛滅瘢。姚僧坦《集驗方》治鼠瘻核痛未成膿，以栢葉搗塗，熬鹽熨之，氣下即消。《聖惠方》治大風厲疾，眉髮不生。側栢葉九蒸九曬，為末，煉蜜丸梧子大。每服五丸至十丸，日三夜一，服百日即生。《聖惠方》治頭髮黃赤：生側栢葉末一升，豬膏一升，和丸彈子大。每以布裹一丸，納泔汁中化開，沐之，一月色黑而潤矣。〔簡誤〕栢子仁，體性多油，腸滑作瀉者勿服。膈間多痰者勿服。陽道數舉，腎家有熱，暑濕作瀉，法咸忌之。已油者勿用入藥。

明・倪朱謨《本草彙言》卷八　柏子仁　味甘，氣平，無毒。入足厥陰、少陰，又入手少陰經。　陶隱居曰：柏，處處有之。當以太山、陝州、宜州、乾陵者爲最。四時長青，葉皆側生，枝皆西向。有四種，一曰叢柏，枝葉叢叠，今人呼爲千頭柏。一曰渾柏，獨葉叢茂，木心紫赤；一曰刺柏，枝皆有刺，撫之戟手。皆不結實，惟堪作香，不入藥用。一曰扁柏，木心微白，芳香清烈，作花細小，結實有角。角四裂，出子，霜後采取中仁，黄白色，最多脂液。惟乾陵者，木理旋繞，有雲氣、山水、鳥獸狀。　修治：蒸熟，去皮殼，搗作餅子，日乾收用。

柏子仁　潤燥補髓，養心神，李東垣定驚悸之藥也。御醫米振斯此藥氣極芬芳，則脾胃所喜。質極潤澤，則肝腎所宜。故前古謂安養五臟，主驚悸，定心神，悦顔色，聰耳目，爲延年却病之上劑也。但體質多油，腸滑作瀉者勿服，膈間多痰者勿服，腸道妄舉、腎家有熱者勿服。已油者，能令哮肺，勿入藥用。

李瀕湖先生曰：　按《六書精藴》云：萬木皆向陽，而柏獨西指，蓋陰木而有貞德者。不畏霜雪，得木之正氣也。又《埤雅》云：柏之指西，猶針之指南也。

集方：西醫方執中方治心神虚怯，腎髓衰乏，驚悸怔忡，志意恍惚，或睡臥不寧，或虚煩懊憹等證。用柏子仁二兩研，人參、茯苓、當歸、川芎、半夏、遠志、棗仁、白朮俱炒，各一兩二錢，川黄連酒炒五錢，共爲末，煉蜜丸，梧桐子大。每早晚各服三錢，白湯下。○陳氏方治小兒軀啼驚癇，腹滿，大便如青苔色。用柏子仁研末，白湯調服一錢。○《類方》治黄水濕瘡。用真柏油二兩，熬稠搽之立愈。

側柏葉　味苦，澀，氣微寒，無毒。　雷氏曰：柏葉，有花柏葉、叢柏葉，及有子圓葉。其有子圓葉，成片，如大片雲母，葉皆側形，葉上有微赤毛者，宜入藥用。如採葉，須隨四時建方。春採東，夏採南，秋採西，冬採北，取其得月令之氣也。

側柏葉　李時珍止流血，去風濕之藥也。倪九陽稿凡吐血，衄血，崩血，淋血，血熱流溢于外絡者，搗汁服之，立止。凡歷節風痛，周身走注，痛極不能轉動者，煮汁飲之即定。惟熱傷血分，與風濕傷筋脉者，兩病專司其用。但性味苦寒多燥，如血病係熱極妄行者可用，如陰虚肺燥，因咳動血者勿用也。如痹病，係風濕閉滯者可用。如肝腎兩虧，血枯髓敗者勿用也。司業者當熟審之。

盧子繇先生曰：扁柏，芳香高潔，文彩陸離，即參天直上，誰能禁之？乃俯焉西向，以順受金制，可謂至德也已。巨擘喬木，作社稷棟梁，宜哉！殷人以柏，其逆知後世之西向乎？

集方：方氏《本草切要》治吐血、衄血不止，或血崩、血淋諸血熱證。用新鮮側柏葉五錢，白芍藥、懷生地、真阿膠各三錢，甘草八分。水煎服。○同前治歷節風痛，痛如虎咬，走注周身，不能轉動，動即痛極，晝夜不寧。用側柏葉五錢，木通、當歸、紅花、羌活、防風各二錢。水煎服。

續集方：《經驗方》治小兒洞痢。用側柏葉炒黄，煎湯代茶。○《本草圖經》治蠱痢下血，黑色，或茶脚色，或膿血如靛色。用側柏葉、川黄連俱微炒，各等分，共爲末。每服一錢，空心白湯調下。治腸風亦效。○《普濟方》治酒毒下血，或下痢。用嫩側柏葉九蒸九曬二兩，陳槐花炒焦一兩，爲末，煉蜜丸，梧子大。每空心白湯下百丸。○繆氏方治中風不省人事，得病之日，便進此藥，可使風退氣和，不成廢人。用側柏葉一握，去枝，葱白一握，連根研如泥，無灰酒一升，煎一二十沸，服。如不飲酒人，分作四五服，服完方進他藥。

明・姚可成《食物本草》卷二〇木部・香木類　栢蘇頌曰：栢實以乾州者為最。三月開花，九月結子成熟，取采蒸曝，舂礧取仁用。陝州出者尤佳，雖與他栢相類，而其葉皆側向而生，功效殊別。益州諸葛孔明廟中，有大栢木，相傳是蜀世所植，故人多采以作藥，其味甘香，異常栢也。陶隱居說栢忌塚墓上者，而今乾州者皆自乾陵所出，他處皆無大者，但取其州土所宜，子實氣味豐美可也。其栢異於他處，木之文理，大者多為菩薩雲氣、人物鳥獸狀，極分明可觀。有盜得一株徑尺者，值萬錢，宜其子實為貴也。○寇宗奭曰：予官陝西，登高望栢，千萬株皆一一西指。蓋此木至堅，不畏霜雪，得木之正氣，他木不及，所以受金之正氣所制，一一西指也。○李時珍曰：《史記》言松栢為百木之長，其樹聳直，其皮薄，其肌膩，其花細瑣。其實成球，狀如小鈴，霜後四裂，中有數子，大如麥粒，芬香可愛。栢葉松身者，檜也。其葉尖硬，亦謂之栝。今人名圓栢，以別側栢。松葉栢身者，樅也。松檜相半者，檜栢也。峨眉山中一種竹葉栢身者，謂之竹栢。

栢實　味甘，平，無毒。主驚悸，益氣，除風溼，安五臟。久服，令人潤澤美色，耳目聰明，不飢不老，輕身延年。療恍惚虚損，吸吸歷節，腰中重痛，益血止汗。治頭風，腰腎中冷，膀胱冷膿宿水，興陽道，益壽，去百邪鬼魅，小兒驚癇。潤肝，養心氣，潤腎燥，安魂定魄，益智寧神。燒瀝，澤頭髮，治疥癬。〇李時珍曰：栢子仁，性平而不寒不燥，味甘而補，辛而能潤，其氣清香，能透心腎，益脾胃，蓋仙家上品藥也，宜乎滋養之劑用之。《列仙傳》云：赤松子食栢實，齒落更生，行及奔馬。諒非虚語也。

栢葉　味苦，微溫，無毒。治吐血、衄血、痢血，崩中赤白。主輕身益氣，令人耐寒暑，去溼痹，生肌。治冷風歷節疼痛，止尿血。炙罯凍瘡。燒取汁塗頭，黑潤髮鬢。傅湯火傷，止痛滅瘢。服之，療蠱痢。作湯常服，殺五臟蟲，益人。〇朱丹溪曰：栢屬陰與金，善守。故采其葉，隨月建方，取其多得月令之氣。此補陰之妙藥，其性多燥，久得之，大益脾土，以滋其肺。〇李時珍曰：栢性後凋而耐久，禀堅凝之質，乃多壽之木，所以可入服食。道家以之點湯常飲，元旦以之浸酒辟邪，皆有取於此。麝食之而體香，毛女食之而體輕，亦有證驗矣。毛女者，秦王宫人。關東賊至，驚走入山，飢無所食。有一老者教喫松栢葉，初時苦澀，久乃相宜，遂不復飢，冬不寒，夏不熱。至漢成帝時，獵者於終南山見一人，無衣服，身生黑毛，跳坑越澗如飛，乃密圍獲之，去秦時二百餘載矣。事出葛洪《抱朴子》書中。

枝節　煮汁釀酒，去風痹、歷節風，燒取湝油，療瘑疥及蟲癩良。

脂　治身面疣目，同松脂研勻塗之，數夕自失。

根白皮　治火灼爛瘡，長毛髮。

附方：服松栢法：孫真人《枕中記》云：嘗以三月四月采新生松葉，長三四寸許，并花蕊陰乾。又於深山岩谷中，采當年新生栢葉長二三寸者，陰乾為末，白蜜丸如小豆大。常以日未出時焚香東向祝曰：神仙真藥，體合自然，精虔服餌，永保長年。祝畢，酒下八十一丸。忌五辛諸肉，益元氣，滋臟腑，清明耳目，強壯不衰，延年益壽。　治鼻中出血不止。用栢葉、石榴花研末吹之。　治尿血。栢葉、黄連焙研，酒下三錢。　治大腸下血。隨四時方向，春東，夏南，秋西，冬北，采側栢葉燒研，每米飲下二錢。王涣之舒州病此，陳宜父大夫傳方，二服即瘥。　治男女大小蠱痢下血，黑色如茶脚，或如淀色。栢葉焙乾為末，與黄連同煎服。　治湯火灼爛。栢葉搗塗之，縛定，二三日愈。　服栢實法：八月連房取實，暴收去殼，研末。每服二錢，溫酒下，一日三服，渴即飲水，令人悦澤。　治老人虚秘。栢子仁、松子仁、大麻仁等分，同研，溶蜜蠟丸梧桐子大，以少黄丹湯食前調服二三十丸，日二服。　治腸風下血。栢子十四箇，搥碎，囊貯，浸酒三盞，煎八分，服立止。

明・顧逢柏《分部本草妙用》卷一肝部・温補　栢子仁　甘溫，無毒。畏菊花、羊蹄草。蒸熟取仁，炒研入藥。　主治：驚悸，益氣，除風濕，安五臟，悦顔色，耳目聰明，腰痛。益血止汗，興陽益壽。去邪潤肝，益智寧神，養心氣，潤腎燥。　按：栢子仁為肝家氣分藥，性平，不寒不燥，味甘而補，辛而潤，其氣清香，能透心腎，滋益脾家，仙家上品也。《〔列〕仙傳》云：赤松子食栢實，齒落更生，行如奔馬。豈欺我哉？　葉：苦，微溫，無毒。牡蠣、桂為使，畏菊花、羊蹄、諸石、麩，伏砒硝。　主治：吐、衄、痢血，崩中赤白，去濕痺，耐寒暑，治冷風歷節疼痛，止尿血。傅湯火，療蠱痢，殺五臟蟲，消熱毒。　按：栢葉屬陰與金，善守，故采其葉，隨月建方，取其多得月令之氣。此補陰之要藥。其性燥，久得之益脾而滋肺。時珍以堅凝之質，乃多壽之木也。道家所以常服，予嘗以之治諸血症如神。諸腫毒搗汁塗之，甚效。栢脂同松脂研，塗身面疣目。根白皮治火灼爛瘡，長毛髮。

明・李中梓《醫宗必讀・本草徵要下》　栢子仁　味甘、辛，性平，無毒。入心、肝、腎三經。畏菊花、羊蹄草，蒸晒炒。　安神定悸，壯水強陽。潤血而容顔美少，補虚而耳目聰明。心藏神，腎藏精與智，心腎虚則病驚悸。入心養神，入腎定志，悸必愈矣。悦顔聰明，皆心血與腎水互相灌溉耳。按：栢子多油而滑，作瀉者勿服，多痰者亦忌，有油透者勿入藥。側栢葉味苦，微寒，無毒。入肝經。牡蠣為使，忌同栢子仁。　止吐衄來紅，定崩淋下血，歷節風疼可愈，周身濕痹能〔安〕。微寒補陰，故應止血，其治風濕者，益脾之力也。栢有數種，惟根上發枝數莖，蒙茸茂密，名千頭栢，又名佛手栢，是真側栢也。按：栢性挾燥，血家不宜多服。

明・鄭二陽《仁壽堂藥鏡》卷二　柏子仁　《圖經》云：乾州者最佳。三月開花，九月結子。　氣平，味甘、辛，無毒。　入肝、脾、腎三經。　《本草》云：主安五臟，除風濕痹，益氣、血脉，長生，令人潤澤，美顔色，耳目聰明。用之則潤腎之藥也。　《藥性論》云：柏子仁者，惡菊花，畏羊蹄草。能治腰腎中冷，膀胱冷膿宿水，興陽道，益壽。去頭風，治百邪鬼魅，主小兒驚癇。柏子仁，古方十精丸用之。　按：柏子仁性平而不寒不燥，甘而補，辛而潤。其氣芬芳，能透心腎而益脾胃，仙家上品藥也。柏葉止血益人。丹溪稱其屬金，善守，為補陰要藥。春採東，夏採南，秋採西，冬採北，方得節候生氣。　側柏葉：氣微溫，味苦，無毒。　入肺、膀胱、小腸三經。　《本草》云：主吐血衄血，及痢血，崩中赤白。輕身益氣，令人耐寒暑。　日華子云：柏葉取汁，塗鬢髮，永黑不白。《藥性論》云：側柏葉，苦、辛，性澁。治冷風歷節疼痛，止尿血。與酒相宜。　柏皮：《本草》黑字：柏白皮主火灼爛瘡，長毛髮。　日華子云：柏白皮無毒。

明・蔣儀《藥鏡》卷三平部　柏子仁　入心養神，入腎定志。芬芳則脾胃所欣，聰明長益。潤澤則肺肝所悅，滋養枯腸。葉苦澁而帶微寒，主諸血泊夫崩帶。去濕痺，生新肌，尤所擅長。白皮主火灼瘡，涼血長毛修髮。枝則氣倍于葉，而入肢節。幹則氣烈于枝，而治全身。至如肝木受制，怒而乘其所勝，則青白之色見于大便。驚從臟發，法當用實。又若憂恚嘔血，乃金情勝木所致，嘔傷血脉，則葉為恰好矣。

明・蔣儀《藥鏡》卷四寒部　側栢葉　清榮衛，耐寒暑。煅灰可却崩淋之血，釀酒能祛歷節之風。吐衄除蠲有濟，服之又益聰明。

明・李中梓《頤生微論》卷三　栢子仁　味甘、辛，性平，無毒。入心、脾、腎三經。畏菊花、羊蹄草。蒸晒微炒。養心益智，安神定悸，益血興陽，去邪魅，除風濕，美顏色，耳目聰明。

按：栢子仁不寒不燥，甘而補，辛而潤，其氣芬芳，能透心腎而益脾胃，仙家收為上品。或瀉或多痰者勿用。栢葉養陰止血，屬金，善守。春採東，夏採南，秋採西，冬採北，方得節候生氣。

明・張景岳《景岳全書》卷四九《本草正》　柏子仁　味甘、平，性微涼。能潤心肺，養肝脾，滋腎燥，安神魂，益志意。故可定驚悸怔忡。益陰氣，美顏色。療虛損，益血止汗。潤大腸，利虛秘。亦去百邪鬼魅，小兒驚癇。總之，氣味清香，性多潤滑，雖滋陰養血之佳劑，若欲培補根本，乃非清品所長。

側栢　味苦，氣辛，性寒。善清血涼血，止吐血衄血，痢血尿血，崩中赤白，去濕熱濕痹，骨節疼痛。搗爛可傅火丹，散痄腮腫痛熱毒，及湯火傷，止痛滅瘢。炙搗可罯凍瘡。燒汁塗髮，可潤而使黑。

明・賈九如《藥品化義》卷二血藥　側柏葉　屬陰有金，體潤，色青翠，氣清香，味苦澀，性涼，能降，力斂血，性氣輕清而味濃，入肝心脾肺四經。側柏葉味苦滋陰，帶澀斂血，專清上部逆血。凡吐血衄血咳血唾血諸症，功高犀角，取其色長青，淩冬不凋，長生之物。主養肝膽，膽氣清則能上升，餘臟從之宣化。其氣清香味澀，大能斂心，心甯則神安而生血。其體潤性涼，亦能滋肺，肺清則臟和而生氣。又(能)[得]陰氣最厚，如遺精白濁，尿管澀痛，屬陰脫者，同牛膝治之甚效。　柏有數種，取側葉者佳，故名側柏。作丸散，陰乾用。炒燥為末，每服二錢，湯調下，治痔瘡最妙。

明・賈九如《藥品化義》卷四心藥　柏子仁　屬陰中有陽，體潤，色白，氣微香，味微甘云微辛非，性平云溫非，能浮能沉，力滋養心腎，性氣輕而味濃，入心肝腎三經。　柏子仁：柏為百木之長，得陰氣最厚，其子生於樹杪，(舍)[含]蓄精粹，取香氣透心，體潤滋血，同茯神棗仁生地麥冬為濁中清品，主治心神虛怯，驚悸怔忡，顏色憔悴，肌膚燥痒，皆養心血之功也。又取氣味俱濃，濁中歸腎，同熟地龜板枸杞牛膝為封填骨髓，主治腎陰虧損，腰背重痛，足膝軟弱，陰虛盜汗，皆滋腎燥之力也。味甘亦能緩肝，補肝膽之不足，極其穩當。但性平力緩，宜多用之為妙。　揀去殼，用入丸，以溫火隔紙微焙，碾去油為末。若油黑者勿用。

明・盧之頤《本草乘雅半偈》帙一　柏實《本經》上品　氣味：甘，平，無毒。　主治：主驚悸，益氣，除風濕痹，安五藏。久服令人肥澤美色，耳目聰明，不飢不老，輕身延年。

覈曰：處處有之，當以太山、陝州、宜州、乾陵者為勝。四季長青，葉葉側生，枝枝西向，有三種。一名叢柏，枝葉叢叠，今人呼為千頭。一名渾柏，獨葉叢茂，木心紫赤，唯堪作香，皆不結實，不為藥用。一名扁柏，木心微白，芳香清烈，作花細小，結實有角，四裂子出，尖小介殼，霜後采取，中仁黃白，最多脂液。　唯乾陵者，木理旋繞，宛若人物鳥獸狀，陸離可觀。　修治：蒸熟去皮殼，搗作餅子，日乾收用。

先人云：萬木皆向陽，而柏獨西指者，順受金制以為用，乃能成其貞固而可久，故字從白。幹枝葉實，為用有別，實具全體，內含章美，故入五藏。葉如脈絡，故治絡不堅固而潰，脈不攝溢而崩。枝則氣倍于葉，故入肢節。幹則氣烈于枝，故主全身矣。《聖惠方》以實治驚癇，及大便青白色者，蓋肝木受制，怒則乘其所勝，是以青白之色見于便，而驚從藏發，匪實奚宜。

条曰：柏芳香高潔，文彩陸離，即条天直上，誰能禁之。乃俛焉西向，以秉制所天，可謂至德也已。巨擘喬木，作社稷棟樑。宜哉殷人以柏，其逆知後世之西向乎。味甘美，性和平，對待肝木失制，發為驚駭悸忡，質堅固，氣條達，驅除風濕成痹也。德潤于身，安藏樂道，耳目聰明，色澤長生矣。《山書》云：木植三百六十，而松柏為之長。《史記》云：松柏為百木長，而守宮闈。《公羊註》云：松，猶容也，想見其容貌而事之。柏，猶迫也。取親而不遠之義。故壇壝丘墓多植之。《埤雅》云：柏，掬也。性堅緻，有脂而香，故古人破為暢臼，用以搗鬱。《雜記》云：暢臼以掬，杵以梧。《廣志》云：柏有續柏，有汁柏。崔實云：七月收柏實。《列仙傳》云：赤松子好食柏實，齒落更生。王修賦云：既殊群而抗立，亦含真而挺正，豈春日之自芳，必霜下而為盛。烈風不能摧其枝，積雪不能改其性。《詩》云：汎彼柏舟，在彼中流。言柏非不可以為舟，特非柏之所宜。故其姜守義，引以自況也。世以柏之指西，猶磁之指南也。先人云：柏從白，即具秉制為用象，抑木以金為魄歟。

明·盧之頤《本草乘雅半偈》帙一一 柏葉李時珍 氣味：苦，微溫，無毒。

主治：煮汁，洗漆瘡。

覈曰：側栢，側生扁栢葉也。生成見栢實條覈。

条曰：木諧白者栢，向西承制，以全木德，肝藏體用備矣。葉側曰孫，曰絡，曰經，曰脈，克肖乎形。蓋肝藏血，失所藏，血吐不止。守所藏，何吐之有。時珍廣之洗療漆瘡，金形人，膚受其眚，名曰横漆克承制，又何横之有。

明·李中梓《本草通玄》卷下 側栢 苦、辛，微溫。主吐血衄血、痢血腸風，崩帶，濕痺、冷風、歷節痛。炙，罯凍瘡。汁塗黑髮。丹溪〔曰〕：栢屬陰善守。故採其葉者，隨月建方取之，得月令之旺氣，為補陰之要藥。其性溫燥，大益脾土，以滋其肺。　時珍曰：栢性後凋，稟堅凝貞靜之質，乃多壽之木。故道家以之點湯代茶，元旦以之浸酒辟邪。麝食之而體香，毛女食之而身輕，亦其證驗矣。　栢子仁：甘，平，心腎藥也。　益氣養血，清心安神，補腎助陽，去濕潤燥，辟邪益智，久服顔色美澤，耳目聰明。　時珍曰：栢子甘平，不寒不燥，甘而能補，辛而能潤，其氣清香，能透心腎，益脾胃，仙家上品藥也。　《列仙傳》云：赤松子久食栢實，齒落更生，行及奔馬。非虛語也。　炒去衣，研細。

清·顧元交《本草彙箋》卷五 柏子仁合側柏葉。　柏字從白，西方木也。凡木皆東向，而柏獨西指，得陰氣最厚。其子生於樹杪，含蓄精粹，氣香透心。體潤滋腎，同茯神、棗仁、生地、麥冬，主治心神虛怯。同熟地、龜板、枸杞、牛膝，主治腎陰虧損。其味甘，亦能緩肝，故王好古以爲肝經氣分之藥。其葉苦澀，最清血分，故吐衄崩痢者需之。採隨時令，如春採東，夏採南之類。或云當年新抽者更佳，焙乾，點湯，以代茶飲。過飲亦能傷胃。仁，則體性多油，腸滑作瀉，及膈間多痰者，禁用。

清·穆石匏《本草洞詮》卷一一 栢栢子仁、栢葉、栢枝節　萬木皆向陽，而栢獨西指，蓋受金之正氣，不畏霜雪，故字從白。白者，西方也。栢有數種：栢葉松身者，檜也，亦謂之栝。松檜相半者，檜柏也。峨眉山一種，竹葉栢身者，竹栢也。入藥惟取葉扁而側生者，謂之側栢。栢子仁味甘辛，氣平，無毒。入肝經氣分。養心氣，潤腎燥，安魂定魄，益智寧神，除風濕，治驚癇，久服延年。燒瀝澤頭治疥癬。蓋不寒不燥，辛而能潤，能透心腎，益脾胃。《列仙傳》云：（抱朴子）〔赤松子〕食柏實，齒落更生，行及奔馬。仙家上品藥也。栢葉味苦辛，氣微溫，一云寒，無毒。治吐衄崩痢，療曆節風痛，輕身益氣，令人耐寒暑，去濕痺，生肌。凡采其葉，隨月建方，取其多得月令之氣。其性多燥，久得之大益脾土，以滋其肺。《抱朴子》云：毛女者，秦宫人，關東賊至，驚走入山，飢無食，一老公教食松栢葉。至漢成帝時，獵者於終南山見一人，無衣服，身生黑毛，跳坑越澗如飛，乃密圍獲之。去秦時二百餘載矣。栢枝節煮汁釀酒，去風痺歷節風。

清·丁其譽《壽世秘典》卷四 柏油　氣味：甘，涼，無毒。主塗頭變白為黑，塗一切腫毒、瘡疥。服之令人下利，去陰下水氣。

清·劉雲密《本草述》卷二二 柏　陸佃《埤雅》云：入藥唯取葉，扁而側生者，故曰側柏。三月開花，九月結子，霜後采取。

實：氣味：甘，平，無毒。　權曰：甘，辛。　諸本草主治：驚悸，益血潤肝，養心氣，益氣，療恍惚，虛損吸吸，治腰腎中冷，潤腎燥，治老人虛秘。燒瀝澤頭髮，治疥癬。　方書主治：驚悸恐，遺精白濁，痿攣痺，脇痛，消癉盜汗，大便秘，虛勞吐血，顫振癇，關格。即目疾亦類用之。　好古曰：柏子仁，肝經氣分藥也。又潤腎，古方十精丸用之。　復曰：萬木皆向陽，而柏獨西指者，順受金制以為用，故字從白。幹、枝、葉、實為用有別。《聖惠方》以實治驚癇及大便青白色者，蓋肝木受制，怒則乘其所勝，是以青白之色見於便，而驚從臟發，匪實奚宜。　希雍曰：柏感秋令得金氣，味甘平，無毒。甄權加辛，亦應有之。入足厥陰、少陰，亦入手少陰經。

附方　治老人虛秘，柏子仁、松子仁、大麻仁，等分，同研，溶蜜蠟丸梧子大，以少黄丹湯食前調服三十丸，日二服。《醫印》曰：女子經水虛濇，八珍湯倍當歸酒洗，加柏子仁、紅花，神效。

葉　氣味：苦，微溫，無毒。　權曰：苦辛，性濇，與酒相宜。　頌曰：性寒。　主治：吐衂便血，及女子血崩，補陰益人，療大風疾鬢眉脱落，治冷風歷節疼痛。　丹溪曰：柏屬陰，與金善守，故采其葉，隨月建方，取其多得月令之氣，此補陰之要藥。其性多燥，久得之大益脾土，以滋其肺。補陰要藥，及益脾滋脾，唯朱先生言之。然皆本於風木得化，惜乎猶未大暢其義也。　希雍曰：《本經》於柏實能除風溼，恐潤劑未能也。槩是葉之能事。

附方　神仙服餌，五月五日采五方側柏葉三斤，遠志去心二斤，白茯苓去皮一斤，为末，煉蜜和丸梧子大，每以仙靈脾酒下三十丸，日再服，並無所忌。　治內風，柏葉煎取近上東向無雜枝者，置甑中令滿，盆覆蒸三石米飯久，愈久愈善，水淋數過，陰乾，煎服，百病不生。　中風不省，涎潮口禁，語言不出，手足軃曳，得病之日，便進此藥，可使風退氣和，不成廢人。柏葉一握去枝，葱白一握連根，研如泥，無灰酒一升，煎一二十沸，溫服。　吐血不止，張仲景柏葉湯用青柏葉一把，乾薑二片，阿膠一挺炙，三味以水二升，煮一升，去滓別絞，馬通汁一升，合煎，取一升，綿濾，一服盡之。　憂恚嘔血，煩滿少氣，胸中疼痛，柏葉為散，米飲調服二方寸匕。　衂血不止，柏葉、榴花，研末吹之。　小便尿血，柏葉、黄連焙研，酒服三錢。　大腸下血，隨四時方向采側柏葉，燒研，每米飲服二錢。　酒毒下血或下痢，嫩柏葉九蒸九曬二兩，陳槐花炒焦一兩，為末，蜜丸梧子大，每空心溫酒下四十丸。　月水不斷，側柏葉炙，芍藥等分，每用三錢，水酒各半煎服。

愚按：　先哲曰：萬木皆向陽，而柏獨西指，蓋得木之〔正〕也。金，陰也。而肺金為陽中之少陰，以合於離中之坎也。陰中少陽之氣，至天而合於少陰以化，陽得化而陰乃生，血之化原裕矣。則陰降而陽亦隨之，所謂金之降者不窮，即木之升者亦不窮也。陽中少陰之氣至地，而合於少陽以化，陰得化而陽乃舒，氣之化原裕矣。則陽升而陰亦隨之，所謂木之升者不窮，即金之降者亦不窮也。汞為血，離所生，肝所主也。鉛為氣，坎所生，肺所主也。正是斯義。至於升降有窮，皆由於不能相合以為化，不能相合以為化則陰陽分離，而為病甚矣。故合化之玄機，在物亦有然者，徵於柏焉，抑何正氣他木不及？是以受金之正氣所制，一一西指也。後學有云，柏獨西指，故柏從白，唯受金制以為用，抑木以金為魄歟。《經》曰：金木者，生成之終始也。木稟春生，金稟秋成，而人身之肝肺應之。厥陰肝木，本風升之氣，由地以至天，至天則從乎天氣。天氣，肺金所司也。使木不從金之化，則木之升者窮，並金之降者亦窮矣。少陰肺金本燥降之氣，由天而至地，至地則從乎地氣。地氣，肝木所司也。金不從木之化，則金之降者窮，並木之升者亦窮矣。第木，陽也。而肝木為降中之少陽，以合於坎中之離，以徵之方書治內風有柏葉煎，治中風不省方是風木從燥金化也。至於逆順之血，類能治之，皆是陽從陰而化，其功不等於他苦寒之降折。然則，獨非降之功歟？曰：陽合陰而化，陰由化而生，則陰自降，陽自隨矣。雖然，柏實與葉，其主治猶有不同也，謂何？曰：葉之四時不易者，木化於金，獨稟降收之氣，故其味苦濇，如丹溪所云葉性多燥也。至實之華於春，實於秋也，雖其金氣厚，而木氣之升生者與金合和，未嘗盡從金化也，故冲和之氣，其味甘而微辛，時珍所謂潤而不燥也。凡草木結實，實中具有生生不息之意，若使偏於降收，則生機息矣。柏之實，猶稟於木之本氣而孕，得於金之用氣而結，雖不等於葉之從金化者，然五行以勝我者為主，木得金而木之體用乃全。海藏謂為肝經氣分藥者，亦是陽得陰以化，而氣暢也。肝本血臟，氣化則血亦化，故海藏又謂其潤肝。雖曰以其脂潤，然脂潤乃金氣之厚，木得金氣之厚而能化，氣化而血乃和，總歸之肝經氣分藥耳。更以木火金相因之義条之，其氣化而血生者，然後了然。夫木為火之母，得金以為主，則火不僭。火乃金之夫，遂和金以為用，而陰乃宅，此氣化而血生之微，由於金木媾也。夫血原於水，而成於火，火之得以宅水者，藉金為用也。詎知更藉肝氣之得化乎？　如木不得和於金，則金即受火制而不能和於火，所謂肺陰下降，而入心生血者，先絕其化原矣。　唯木和於金，而後金能和於火，俾真水之液，因鼓煽以化血焉。舉益心血諸味無如此者，《本經》首言其治驚悸，正為其益心血也。不由肝木之得和於金，無以致此矣，是即《別錄》所謂益血也。側柏葉乃木之受化於金者，正以對待人身肝氣不受金化之證。須知葉便不能養心氣，以木從金化，無母氣也。抑《本經》於治驚悸，下即繼以益氣者，云何？　曰：心，離也，外陽而內陰。內者是神，外者為用。此之益心血，正所以益心氣也。心氣益，肺乃得貫心脈，以行呼吸，此《本經》所謂益氣也。肝和於肺，而俾心血生，肝即合於肺之陰，紓血以歸血海。肺和於心，而俾心氣暢，肺即合於心之陽，以歸命門。是後天血氣之化原，於兹味若有當焉者矣。是即甄權所謂療恍惚，虛損吸吸者也。抑閱方書驚悸證，謂此味療心血虛者，亦不少矣。至於肝，血臟也，亦槩以益血，療其所患歟。曰：不盡然也。即驚證之真珠母丸，治肝虛受風邪，臥則寬散似驚。又如脇痛之補肝湯，以補肝氣。又薏苡仁丸，因脇下風氣作塊，積在右脇下，乃肝氣不行，而反病於土也。其治化肝氣而補脾。又如痹證之補肝湯，大補肝氣，治脇滿筋急，四逆，搶心腹痛。如是數方，可謂用之益血乎？即如攣證，類以為血不榮筋耳。乃觀木瓜散，酸棗仁丸之治，又不皆專以益血而用，則此味是其主治，類在肝氣矣。至如虛勞之磁石丸，遺精之既濟固真丹，及百補交精丸，濁證之地黃丸，多同於諸陽之隊，而與血劑為羣者殊少也。又豈專為益血地乎？統而糸之，母亦取其肝得合於肺，肺得合於心，以為化血化氣化精，從後天以培先天者，此味適具有化原，故宜補陽之虛者，以此味為育陰之始，宜補陰之虛者，以此味為化陽之資。益血益氣之義，如此洗發乃明。時珍止以安魂定魄，益智寧神為說，其膚淺去此千里。如療虛勞，吐血，痿痹，便秘，盜汗等證，皆當以此義糸之，不得漫然謂其益血，而與血劑槩視也，則庶幾矣。

希雍曰：柏子仁體性多油，腸滑作瀉者勿服。膈間多痰者勿服。陽道數舉，腎家有熱，暑溼作瀉，法咸忌之。

葉味苦，多食亦能倒胃。

修治　實去殼取仁，微炒去油，已油者勿用入藥。　葉或生或炒，各從本方。

清·郭章宜《本草匯》卷一五　栢子仁　味甘、辛，平，陽也，可升可降，入足厥陰、少陰，亦入手少陰經。安神定悸，壯水强陽。潤血而容顏美少，補虛而耳目聰明。《本經》治驚悸者，心藏神，腎藏精與志，心腎兩虛則驚悸，栢子仁入心入腎，故神志得養而寧定矣。又主風濕痺有功，恐非潤藥所能，當是栢葉之獨擅耳。

按：栢子仁，肝經氣分藥也。性滋潤，能降妄動邪火于脉濇之鄉。甘而補，辛而潤，清香能透心腎，益脾胃，涼血補氣，仙家上品藥也。多油而滑，作瀉者、多痰者俱忌。

蒸曝，粗紙印去油。已油者勿用。畏菊花、羊蹄草。

側栢葉　苦澀，性寒，陰中之陽，可升可降，入足厥陰經。止吐衄之來紅，定崩淋之下血。歷節風疼可愈，周身濕痺能痊。

按：栢葉屬陰與金，臨冬不凋，禀堅凝貞幹之質，性善守，能清肅妄行逆血于脉滑數之病，補陰之要藥也。其性多燥，久服大益脾土，以滋其肺，極有止血之功，而無壅滯之害。然多服恐太燥，適中為當。血家不宜多服。採之須得節氣，春採東，夏採南，秋採西，冬採北。生肌去濕，是其獨步。

有數種，葉上有微赤毛者，堪入藥。或生或炒。牡蠣、桂為之使。畏菊花、羊蹄草及麪、麴。伏砒、硝。

清·蔣居祉《本草擇要綱目·平性藥品》　柏子仁凡使先以酒浸一宿，至明漉出，晒乾，用黄精自然汁於日中煎之，緩火煮成膏為度。每煎柏子仁三兩，用酒五兩浸。此法是服食家用者，尋常用只蒸熟曝烈，舂簸取仁，炒研入藥。　氣味：甘，平，無毒。乃肝經氣分藥。　主治：驚悸，益氣。除風濕，安五臟。久服令人潤澤美色，耳目聰明，不飢不老，輕身延年。療恍惚虛損吸吸，歷節腰中重痛，益血止汗。治頭風腰腎中冷，膀胱冷(濃)〔膿〕宿水，興陽道，益壽。去百邪鬼魅，小兒驚癇。潤肝，養心氣，潤腎燥，安魂定魄，益智寧神。燒瀝澤頭髮，治疥癬，又潤腎。古方十精丸用之，其性平而不寒不燥，味甘而補，辛而能潤，其氣清香，能透心腎，益脾胃，蓋仙家上品藥也，宜乎滋養之劑用之。《列仙傳》云：赤松子食柏實，齒落更生，行及奔馬，諒非虛語也。

清·蔣居祉《本草擇要綱目·寒性藥品》　側栢葉凡用揀去兩畔并心枝丫，用糯泔浸七日，以酒拌蒸一伏時，每一斤用黄精自然汁十二兩浸焙，又浸又焙，待汁乾用之。此服食治法也。常用或生或炒，各從本方。　氣味：苦，微溫，無毒。　主治：吐血衄血，痢血，崩中赤白，輕身益氣，令人耐寒暑。去濕痹生肌，治冷風歷節疼痛，止尿血。炙署凍瘡。燒取汁塗頭，黑潤鬢髮。傅湯火傷，止痛滅瘢。服之療蠱痢。作湯常服，殺五臟蟲，益人。栢屬陰與金，善守，故采其葉，隨月建方，取其多得月令之氣，此補陰之要藥。其性多燥，久服之，大益脾土，以滋其肺。栢性後凋而耐久，禀堅凝之質，乃多壽之木，所以可入服食，道家以之點湯常飲。元旦以之浸酒辟邪，皆有取于此也。　畏：羊蹄草、菊花。

清·王翃《握靈本草》卷八　栢子仁出乾州屋邊者佳，塚上者忌用。去殼，以醇酒浸，曝乾研用。或隔紙焙去油。　主治：栢子仁，甘，平，無毒。主驚悸，益氣，除風濕，安五臟，令人潤澤，耳目聰明。養心氣，潤腎燥，安魂定魄，益智寧神。治癬疥。

栢葉處處有之。側者入藥。采其葉，隨月建方，或生或炒，從方法。主治：栢葉，微溫，無毒。主吐血衄血，痢血，崩中，尿血。歷節疼痛，令人耐寒暑。

清·汪昂《本草備要》卷三 柏子仁補心脾，潤肝腎。辛、甘而潤。其氣清香，能透心腎而悅脾。昂按：凡補脾藥多燥，此潤藥而香能舒脾，燥脾藥中兼用最良。養心氣，潤腎燥，助脾滋肝，好古曰：肝經氣分藥。益智寧神，養心。聰耳明目，甘益血，香通竅。益血止汗，心生血，汗爲心液。除風濕，愈驚癇，澤皮膚，辟鬼魅。

炒研去油。油透者勿用。畏菊花。

側柏葉補陰，凉血。苦、濇，微寒。《本草》微溫。養陰滋肺而燥土，最清血分，爲補陰要藥。止吐衄崩淋，腸風尿血痢血，一切血症。去冷風濕痹，歷節風痛，肢節大痛，晝靜夜劇，名白虎歷節風。亦風寒濕所致。塗湯火傷，搗爛水調塗。生肌殺蟲，炙罨凍瘡。汁：烏髭髮。取側者。丹溪曰：多得月令之氣，隨月建方取。或炒或生用。桂、牡蠣爲使，惡菊花。宜酒。萬木皆向陽，柏獨西指，受金之正氣，堅勁不凋，多壽之木，故元旦飲椒柏酒以辟邪。

清·吴楚《寶命真詮》卷三 柏子仁【略】心藏神，腎藏精與志，心腎虛，則病驚悸。入心養神，入腎定志，悸必愈矣。【略】

側柏葉【略】止吐衄，定崩淋，治痢血腸風，歷節風痛，周身痺濕。

清·陳士鐸《本草新編》卷四 柏實柏葉 味甘、辛，氣平，無毒。入心、肝、腎、膀胱四經。聰耳目，却風寒濕痹，止疼，益氣血，去恍惚虛損，斂汗。治腎冷、腰冷、膀胱冷。尤能潤燥，腰腎身體顔面燥澁者，皆治之。興陽道，殺百蟲，止驚怪，安五臟，頭風眩痛。亦可煎調，久服不飢，增壽耐老，此藥最佳，乃延生之妙品也。但必須去油用之，否則過潤，反動大便。尤宜與補心、腎之藥同用，則功用尤神。柏葉苦澁，只能斂肺，遏吐血、衄血，亦生鬚髮。但非補陽要藥，不可與柏子仁同類而並稱也。

或疑柏子仁益心而不益腎，以其必去油而用之也，油去則性燥，心喜燥而腎惡燥，非明驗耶？噫！以此論藥，失之鑿矣。夫柏子仁最多油，去油者，恐過滑以動便，非欲其燥以入心，且柏子仁油去之，亦不能盡，腎得之，未嘗燥也。凡藥皆宜製其中和，何獨于柏子仁疑之耶。

或疑柏子仁補心之藥，何以補腎火之藥反用之耶？夫心腎相通，心虛而命門之火不能久閉，所以躍躍欲走也。用柏子仁以安心君，心君不動，而相火奉令惟謹，何敢輕泄乎。此補心之妙，勝于補腎也。世人但知補腎以興陽，誰知補心以興陽之更神哉。

清·顧靖遠《顧氏醫鏡》卷八 柏子仁甘，平。入心肝腎三經。蒸晒，或炒研。安神定悸，心藏神，腎藏志，入心養神，入腎定志，則神安而驚悸自除。壯水強陽。腎藏精，腎惡燥，潤腎補腎，則精足而陽強。益血而容顔美少，補虛而耳目聰明。悅顔聰明，皆心血與腎水互相灌溉耳。又心主五色，耳為腎竅，目為肝竅，三藏得補之功也。養心氣，潤肝腎。芳能益脾胃，滋養之上品也。多油而滑，作瀉者勿服。多痰者亦忌。有油透者，勿入藥。側柏葉苦，微寒。入肝經。治痺症，歷節疼痛。其性挾燥，故去風濕。止腸風，衄吐崩淋。微寒帶濇，故止諸血。挾燥，血家不宜多服。

清·李熙和《醫經允中》卷一七 栢子仁 畏菊花、羊蹄草。油透變色者不堪用。味甘、辛，氣平，無毒。主治益氣養血，清心安神，補腎助陽，去濕潤燥，久服顔色美澤，耳目聰明。肝經氣分藥，其氣清香，又能透心腎，滋益脾家也。燥脾藥中兼用最良。但痰多洩瀉少服。側栢葉苦澁，性微寒，無毒。治衄血、痢血、崩中尿血，為補陰凉血要藥。敷湯火諸腫毒，搗汁塗之甚效。栢脂同松脂研，塗面目癰腫；根白皮治火灼爛瘡，長毛髮。

清·馮兆張《馮氏錦囊秘錄·雜症痘疹藥性主治合參》卷四 栢實栢感秋令最深，得金氣獨厚，固淩冬不凋。其質堅而氣極芬芳，故其實味甘，平，無毒。入足厥陰、少陰，亦入手少陰經。專治心腎兩虛。且芬芳則脾胃所喜，潤澤則肝腎俱宜。五臟皆安，氣血自益，濕痹除而顔色美，自可輕身延年矣。葉，味苦，微溫，無毒。宜春採東，夏採南，秋採西，冬採北。補益用九蒸九晒，止血用宜炒黑。以苦溫之性，則祛濕痰痹，除熱止血之功，獨擅其長矣。

栢實 入心養神，入肝定志，養氣血，去恍惚虛損，斂汗聰耳，卻風寒濕痹止疼。治腎冷腰冷，并膀胱冷膿宿水。潤腎燥體燥，及面顔燥澀不光，歷節腰中重痛。興陽道，辟百邪，止驚悸，安五臟。頭風眩痛，亦可煎調。久服潤澤肌膚，不飢不老，延年輕身。惟腸胃滑利者勿用。側栢葉，須照令採方，止吐衄崩痢，係補陰要藥，兼燥濕仙丹。若合黃連煎服，小兒蟲痢立痊。枝節釀酒，主歷節風痹，并人畜疥癩。

按：栢葉生而向西，稟兌金之正氣，能制肝木。木主升，金主降，升降相配，夫婦之道和，則血得以歸肝，故仲景治吐血不止。然氣味與血分無情，不過仗金氣以制木，借炒黑以止紅耳。豈可用以調補氣血，長養精神也！

清·张璐《本經逢原》卷三 栢子仁 甘，平，無毒。蒸熟曝乾自裂，入藥炒研用。色黃油透者勿用。 《本經》主驚悸，益氣，除風濕，安五藏。久服令人潤澤美色，耳目聰明，不飢不老，輕身延年。 發明：栢子仁性平而補，味甘而辛。其氣清香，能通心腎，益脾胃，宜乎滋養之劑用之。《本經》言除風濕者，以其性燥也。《別錄》療恍惚及歷節腰中重痛，即《本經》主驚悸、除風濕也。《經疏》以為除風濕痹之功非潤藥所能，當是葉之能事，豈知其質雖潤，而性却燥，未有香藥之性不燥者也。好古以為肝經氣分藥。時珍言，養心氣，潤腎燥，安魂定魄，益智寧神，即《本經》之安五藏也。昔人以其多油而滑，痰多作瀉忌服，蓋不知其性燥而無傷中泥痰之患。久服每致大便燥結，以芳香走氣而無益血之功也。 栢葉節、油。 苦，微寒，無毒。酒浸，焙熟用。 發明：栢葉性寒而燥，大能伐胃。雖有止衄之功，而無陽生之力，故亡血虚家不宜擅服。然配合之力，功過懸殊。如《金匱》栢葉湯，同薑、艾治吐血不止，當無此慮矣。若《濟急方》同黃連治小便血，《聖濟總錄》同芍藥治月水不斷，縱藉酒之辛溫，以行苦寒之勢。但酒力易過，苦寒長留，每致減食作瀉，瘀積不散，是豈栢葉之過歟。○栢節堅勁，用以煮汁、釀酒，去風痹歷節風，燒取湝油療瘑瘡疥癩。栢脂治身面疣，同松脂研勻塗之，數日自落。根白皮以臘豬脂調，塗火灼熱油燙瘡，能涼血生毛髮。

清·浦士貞《夕庵讀本草快編》卷五 柏《本經》、側柏 《史記》言：柏乃眾木之長，雖陰木而有貞德，得木之全氣。受制於金，故一一西指，猶針之指南也。入藥以側者為上，柏字從白，白乃西方之色爾。 柏葉屬陰而善守，味苦而辛，溫而微燥，益脾滋肺之藥也。故能止吐衄便尿而療冷風濕痺，且其耐歲寒而不凋，稟堅貞而多壽，故仙家用以點湯，元旦用以浸酒，皆取其辟惡殺蟲爾。是以毛女服之而身輕，田鸞食之而長壽，麝食之而體香，自可驗矣。若其仁，則性平而不寒，味甘而不燥，辛而能潤，其氣清香。雖云肝經之藥，亦能透心腎而益脾胃。古方十精丸、天王補心丹並皆用之。《列仙傳》云赤松子食柏實，齒落更生，行及奔馬，豈虛言哉？致於枝節，釀酒祛風最良，燒油治癩亦妙。

清·張志聰、高世栻《本草崇原》卷上 柏子仁 氣味甘，平，無毒。主治驚悸，益氣，除風濕，安五臟。久服令人潤澤美色，耳目聰明，不飢不老，輕身延年。 柏木處處有之，其實先以太山者為良，今以陝州、宜州、乾州為勝。柏有數種，葉扁而側生者，名側柏葉，可以入藥。其實皆圓柏所生，若側柏之實，尤為佳妙，但不可多得爾，仁色黃白，其氣芬香，最多脂液。萬木皆向陽，柏獨西顧，故字從白，白者西方也。《埤雅》云：柏之指西，猶針之指南也。寇宗奭曰：予官陝西登高望柏，千萬株皆一一西指。 柏葉經冬不凋，稟太陽之水氣也。仁黃臭香，稟太陰之土氣也。水精上資，故治心腎不交之驚悸。土氣內充，故益氣，除風濕。夫治驚悸，益氣，除風濕，則五臟皆和，故安五臟也。仁多脂液，久服則令人潤澤而美色，且耳目聰明，五臟安和，津液濡灌，故不飢不老，輕身延年。 側柏葉附 氣味苦，微溫，無毒。主治吐血、衄血、痢血、崩中赤白，輕身益氣，令人耐寒暑，去濕痹，生肌。《別錄》附。 凡草木耐歲寒，冬不落葉者，陰中有陽也，冬令主太陽寒水，而水府屬太陽，水臟屬少陰，柏葉稟寒水之氣，而太陽為標，稟少陰之氣而君火為本，故氣味苦，微溫。主治吐血、衄血、痢血、崩中赤白者，得水陰之氣而資養其血液也。輕身益氣，令人耐寒暑，去濕痹，生肌者，得太陽之標，少陰之本，而補益其陽氣也。柏子仁氣味甘平，故稟太陽寒水而兼得太陰之土氣。側柏葉氣味苦微溫，故稟太陽寒水而兼得少陰之君火。葉實之所以不同者如此。

清·何諫《生草藥性備要》卷上 扁栢葉 味劫，性辛。散血，敷瘡，仝片糖搥敷，亦治跌打用。

清·何諫《生草藥性備要》卷下 扁柏子 用葉，仝糖糟搥爛，敷乳癰勝過蒲公英。

益霜柏 味甘，性平。理跌打，消腫；洗小兒爛癢，止癢。浸酒，壯筋骨，生新去瘀。

清·劉漢基《藥性通考》卷六 側栢葉 味苦，濇，氣溫，微寒。養陰滋肺而燥土，最清血分，為補陰要藥。止吐衄崩淋，腸風尿血痢血，一切血症。去冷風濕痺，(癧)〔歷〕節痛。塗湯火傷，生肌，殺蟲，凍瘡。汁，烏髭髮。或炒或生用佳。牡蠣為使，惡菊花，宜酒。萬木皆屬陽，栢獨西，枝受金之正氣，堅莖不凋，多壽之木，故元旦飲椒柏酒以辟邪。

清·姚球《本草經解要》卷三 栢子仁 氣平，味甘，無毒。主驚悸，益氣，除風濕，安五藏。久服令人潤澤美色，耳目聰明，不飢不老，輕身延年。

栢仁　氣平，稟天秋平之金氣，入手太陰肺經。味甘無毒，得地中正之土味，入足太陰脾經。以其仁也，兼入手少陰心經。氣升味和，陽也。心者，神之舍也。心神不寧，則病驚悸。栢仁入心，驚者平之。氣平，平驚悸也。益氣者，氣平益肺氣，味甘益脾氣，滋潤益心氣也。治風先治血，血行風自滅。栢仁味甘益脾血，血行風息而脾健運，濕亦下逐矣。蓋太陰乃濕土之經也。五藏，藏陰者也，脾為陰氣之原，心為生血之藏，肺為津液之府。栢仁平甘益陰，陰足則五藏皆安矣。久服甘平益血，令面光華。心為君主，主明則十二官皆安，耳目聰明矣。味甘益脾，不飢不老。氣平益肺，輕身延年也。

製方：栢仁同松仁、麻仁，治老人虛閉。同白术、生地、棗肉丸，治心脾虛。

清·周垣綜《頤生秘旨》卷八　栢子仁　潤腎之藥也。安五藏，主驚悸，虛損，益血斂汗，久服潤顔色，耳目聰明，增壽，潤腎之功亦大矣。

側栢葉　涼血燥濕，補陰之藥也。故在血分甚得力，養生家藉此服食則輕身。

清·王子接《得宜本草·上品藥》　柏子仁　味甘。入足厥陰經。功專養心，平肝潤腎。得遠志能交通心腎，得松子、麻仁治老人虛秘。

清·徐大椿《神農本草經百種錄》上品　柏實　味甘，平。主驚悸，清火經之遊火。安五藏，滋潤之功。益氣，壯火食氣，火寧則氣益也。除風濕痹。得秋金之令能燥濕平肝也。久服，令人潤澤美色，耳目聰明，滋潤皮膚及諸竅。不飢不老，輕身延年。柏之性不假灌溉而能壽也。

柏得天地堅剛之性以生，不與物變遷，經冬彌翠，故能寧心神斂心氣，而不為邪風遊火所侵尅也。〇人之生理謂之仁，仁藏于心。物之生機在于實，故實亦謂之仁。凡草木之仁，皆能養心氣，以類相應也。

清·黃元御《長沙藥解》卷三　柏葉　味苦辛，濇，入手太陰肺經。清金益氣，斂肺止血。《金匱》柏葉湯，柏葉三兩，乾薑三兩，艾三把，馬通汁一斤。治吐血不止者。以中虛胃逆，肺金失斂，故吐血不止。乾薑補中而降逆，柏、艾、馬通斂血而止吐也。血生於木，而攝於金。庚金不收，則下脫於便尿。辛金不降，則上溢於鼻口。柏葉秉秋金之收氣，最能止血。緣其善收土濕，濕氣收，則金燥而自斂也。其諸主治，止吐衄，斷崩漏，收便血，除尿血，傅燒灼，潤鬚髮，治歷節疼痛。

柏實　味甘，微辛，氣香，入手太陰肺經。潤燥除煩，降逆止喘。《金匱》竹茹大丸方在竹茹治乳婦中虛，煩亂嘔逆，煩喘者。加柏實一分，以其清金降逆，而止煩喘也。柏實清潤降斂，寧神調氣，善去煩躁而止喘逆，緣其香甘入土，能行凝滯。開土鬱，肺胃右行，神氣下達，煩喘自定。其諸主治，安魂魄，止驚悸，潤腸秘，澤髮焦。蒸曬，炒去皮，取仁用。

清·黃元御《玉楸藥解》卷二　柏子仁　味甘、辛，氣平。入足太陰脾、手陽明大腸、手少陰心、足厥陰肝經。潤燥除濕，斂氣寗神。柏子仁辛香甘濇，乘燥金，斂肅之氣，而體質則極滋潤，能收攝神魂，寗安驚悸，滑腸開秘，榮肝起痿，明目聰耳，健膝強腰，澤潤舒筋，斂血止汗。燥可泄濕，潤亦清風，至善之品。蒸曬，舂簸取仁，炒研燒瀝取油，光澤鬚髮。塗抹癬疥，搽黃水瘡濕最效。

清·吳儀洛《本草從新》卷三　柏子仁〔補心脾，滋肝腎。〕　辛甘而平。氣香能透心脾，凡補脾藥多燥，唯此香能舒脾而偏潤，助脾藥中兼用最妙。性潤能滋肝腎，好古曰：肝經氣分藥。益智寧神，聰耳明目，香通竅。養血止汗，心生血，汗為心液。除風濕，愈驚癇，澤皮膚，辟鬼魅。多油而滑，作瀉者禁與，多痰亦忌。蒸曬炒研，去油，油透者勿入藥。畏菊花。　側柏葉〔涼血，清血分濕熱。〕　味苦，微寒，性澀而燥。西向得燥金之氣。最清血分濕熱，止吐衄崩淋，腸風尿血，血痢，一切血證；去風濕諸痺，歷節風痛，肢節大痛，晝靜夜劇，名白虎歷節風，亦風寒濕所致。塗湯火傷，搗爛水調塗。生肌殺蟲，炙罯凍瘡。汁，烏鬚髮。丹溪以為補陰要藥，然終屬苦寒燥澀之品，唯血分有濕熱者以此清之為宜。若真陰虛者，非所宜也。柏有數種，唯根上發枝數莖，蒙茸茂密，名千頭柏，又名佛手柏者為真。或炒或生用，桂、牡蠣為使。惡菊花，宜酒。

清·汪紱《醫林纂要探源》卷三　柏子仁　辛，甘，鹹，溫。柏有數種，惟側柏入藥，俗名扁柏者是。結子作青毬，大如小指，頂毬中含數子，辛氣甚重，色褐，去殼取仁，黃白色，多脂，壓去油淨盡，其味甘鹹，蓋去油則辛減，而甘鹹出矣。補養心神，潤燥益血。心家專藥，此木本屬燥金，仁則潤而補心，燥之極則潤，斂乃復散，而火之神發其光明矣。辛潤而瀉肺，鹹輭以補心，能安神養血，布散光明，止盜汗自汗，定驚癇，明耳目，辟鬼魅。蓋使心能主血，而血足以供心之用，則不瘀不妄，心火亦以安。又兼能醒脾土，澤肌肉，皆辛潤甘緩，鹹輭之功。心火生脾土，脾土生肌肉，血脈安行，肌肉自得所榮也。　葉　苦，濇，微辛，微澀。扁如翣，故側柏葉人言其西指，亦不然。但性喜向陰耳。味苦濇，氣則辛，木色白，葉則蒼翠。泄肺逆，瀉心火，平肝熱，清血分之熱。葉皆上行於肺，氣辛又瀉肺，味苦則泄肺之逆氣。用葉必兼有枝梗，梗則赤，故又入心，入血分，而苦瀉心，濇破血。葉青入肝而濇瀉肝，平妄火，故主一切血滯血妄之證，而順養陰氣，治吐血衄血，血崩血痢，腸風溺血諸證。又搗塗湯火傷，生肌，殺蟲。生用清血熱，炙炒養陰血。炙研，可罨凍瘡，治龜裂。

清·嚴潔等《得配本草》卷七 柏子仁 辛，平、微涼。入手少陰、足厥陰經氣分。安五臟，寧神志，去鬼交，定驚悸，利虛秘，治驚癇。得遠志少許，升腎氣交心。配松子、麻仁，治老人虛秘。去衣炒研，再將末鋪紙上加重紙覆之，以熨斗文火熨之，三易其紙，俟紙無油痕入藥煎。黃精汁煮炒用，亦妙。

痰多、肺氣上浮、大便滑泄、胃虛欲吐，四者禁用。側柏葉 苦、澀，微溫。入手太陰經血分。養陰清肺，止血和陽，生肌殺蟲。瀉嘔逆火，塗湯火傷。

得川連，治尿血。佐槐花，治下血。得榴花，研末吹鼻，治鼻衄不止。得乾薑、阿膠、馬通汁，治吐血不止。配白芍，治月水不斷。生用涼。炙用溫。

題清·徐大椿《藥性切用》卷五 栢子仁 辛甘性平，其氣芳香，入心脾而安神益智，潤燥舒脾。多服反能致燥。炒研，去油，油透勿用。

側栢葉 味苦微寒，性濇氣燥，最清血分濕熱，止血痢腸風。血虛，無濕熱者，忌。

清·黃宮繡《本草求真》卷一 柏子仁養心血。 柏子仁耑入心。 辛甘平潤，考書俱言四臟皆補，究之止屬心藥耳。蓋香雖能補脾，而實可以通竅而入心。潤雖可以補肝而益腎，而實可以寧神而定智。甘雖足以和胃而固中，而實足以益血而神守，是以風濕可除，驚癇可療，邪魅可辟，皮膚可澤，惟見神恬氣適，耳聰目明，而無枯槁燥澁之患矣。然性多潤滑，凡仁皆潤。陰寒泄瀉者切忌。氣多香洩，體虛火盛者亦忌。若云不飢不老，延年輕身，雖出經典，仍當活視，毋為書執，蒸熟曝乾自裂，入藥炒研去油用，畏菊花。

清·黃宮繡《本草求真》卷七 側柏葉涼血止血。 側柏葉耑入肺肝。 苦濇微寒。書言養陰滋肺燥土，然稟受西金，堅勁不凋。魏子才《六書精蘊》云：萬木皆向陽，而柏獨西指，故字從白，白者西方也。陸佃《埤雅》云：柏之指西，猶針之指南也。柏有數種，入藥惟取葉扁而側生者，故曰側柏。寇宗奭曰：予官陝西，登高望柏千萬樹，皆一一西指。蓋此木至堅，不畏霜雪，得木之正氣，他木不及，所以受金之正氣，所制一一西指也。服此大能伐胃，雖有止血涼血之功，而氣味與血分無情，不過仗金氣以制木，借炒黑以止血耳。汪昂曰：肢節大痛，晝靜夜劇，名白虎歷節風，亦風寒濕所致。《別錄》稱為補益，似屬未是，但塗湯火傷損，生肌殺蟲，炙罨凍瘡，汁染鬚髮最佳。酒浸或炒或生用，桂、牡蠣為使。惡菊花。宜酒。元旦飲椒柏酒以辟邪。

清·楊璿《傷寒溫疫條辨》卷六潤劑類 栢子仁鮮者。 味辛甘，性潤。氣香透心腎而悅脾，養心氣，潤腎燥，助脾滋肝。資智寧神，聰耳明耳，益血止汗。除風濕，愈癇驚，通關竅，澤皮膚，潤劑上品也。訒菴曰：補脾藥多燥，此潤而香能舒脾，燥脾藥中兼用最良。栢子仁丸：栢子仁二兩，人參、白朮、半夏、五味子、牡蠣粉、麻黃根一兩，麥麩五錢，為末，棗肉丸，米飲下。此養心寧神，補陽斂汗之要藥也。陰虛多汗，加熟地黃、杜仲。

清·羅國綱《羅氏會約醫鏡》卷一七竹木部 柏子仁味甘，性平無毒，入心、肝、腎三經。畏菊花，炒去油。 芬芳則脾胃所喜，潤澤則肝腎俱宜。養心、滋腎、助脾、舒肝。香能舒脾，又入肝經氣分。益智甯神，平驚辟邪養心，聰耳明目腎足，益血止汗，養心生血，汗為心液。悅顏色，澤皮膚，心腎交灌。潤大腸，利虛秘潤滑。

按：柏子仁雖能滋陰養血，若欲培補根本，乃非所長。若痰多與瀉者勿服。

側柏葉味苦性寒，入肝經血分。 滋陰涼血。凡血熱妄行、吐衄崩淋，服之立止。柏屬金，可以制木。須炒黑用，可以止紅。療歷節疼痛。日輕夜重名白虎歷節風，亦風寒濕所致。取側者，宜酒。木皆向陽，柏向西，堅勁不凋，多壽之木，故元旦飲椒柏酒以增壽辟邪。

清·陳修園《神農本草經讀》卷二 柏實 氣味甘，平。主驚悸平，清心經之游火。安五臟，滋潤之功。益氣，壯火食氣，火寧則氣益也。除風濕痹。得秋金之令，能燥濕平肝也。久服令人潤澤美色，耳目聰明，滋潤皮膚及諸竅。不飢不老，輕身延年。柏之性不假灌溉而能壽也。

徐靈胎曰：柏得天地堅剛之性以生，不與物變遷，經冬彌翠，故能寧心神，斂心氣，而不為邪風遊火所侵克也。人之生理謂之仁，仁藏於心。物之生機在於實，故實亦謂之仁。凡草木之仁，皆能養心氣，以類相應也。

清·趙學敏《本草綱目拾遺》卷六木部 山西柏油松油 其色黑若紫

者，係此油脚也。其氣若松香，竹箸挑之懸絲不斷者真。

殺壁蝨：凡人家牀、凡板壁患此者，以油滴縫內，其蝨盡死。又搽禿瘡。

治癬：《集驗良方》：真柏油四兩，黄蠟一兩，雄豬膽一箇，斑蝥三錢，川椒去目并閉口者三錢。先將斑蝥、川椒二味研末聽用；次將生柏油入砂鍋內熬極熟，似有生烟之狀，然後將蠟入油內鎔化；再將豬膽汁傾入，即離火，將斑蝥、川椒二味末子拌入，用竹節急急攪勻，將藥放在滾水盆上，浸三日，去火毒，然後入瓷罐內，封固聽用。治諸般癬，多年近日癰毒。生柏油一瓶，塗患處，後用年老枯桑柴火熏烤，內有毒蟲即死，待好即止，如一次倘不瘳，再熏即愈。又癬方：《經驗廣集》：真柏油調輕粉塗上，起泡，泡消即愈。治狗癬疹：《同壽錄》用柏油不拘多少，鐵杓內熬，次下鵓鴿糞、雞糞同和，加香油少許擦之。治頭面耳上黄水瘡：《活人書》：真柏油、真香油各二兩，同熬成膏，搽上如神。赤遊丹：《醫林集祕》：蜒蝣十條，土蛛窠五六箇，出草屋老壁內，柏油，舊漆器上刮下漆少許，共搗，以柏油調搽患處，立愈。

清·趙學敏《本草綱目拾遺》卷六木部　柏癭　《百草鏡》：老樹生此，其狀如瘤，柏性西指，乃稟西方兌金之氣，故能平胃土而治胃痛，亦取其氣相攝服耳。

治胃痛。

柏子殼　《綱目》有柏實無子殼，近時奇功散用之。解砒霜如神。《集驗良方》奇功散：用柏子殼三錢，炒紅土三錢，同研為末，用雞子清調服，服後作一寒顫即愈，重者不過兩服。

清·黄凱鈞《藥籠小品》　柏子仁　色赤入心，補心益智。凡健忘多汗驚癇，皆心氣不足，柏子仁湯主之，炒研。

側柏葉　性濇而燥，清血分濕熱，凡治便血炒黑用；吐血衄血，搗汁沖。

清·章穆《調疾飲食辯》卷一下　側柏葉　寇宗奭《本草衍義》曰：予官陝西，登山望柏，見千萬株一一皆西指。《綱目》曰：凡木向陽，柏獨指西，蓋陰木而有貞德者，故其性涼，能入陰分而治吐血、衄血、痢血、崩中赤白、熱痹出《別錄》。治歷節疼痛，止尿血出《藥性本草》。作湯常服，殺五臟尸蟲，益人出《圖經本草》。

按：柏性有三異：凡木向陽而柏向陰，一也；凡氣香者必入氣分，柏香而反入血，二也；凡味辛者性必熱，柏辛而反涼，三也。性極堅貞，故能耐久。吾饒城北，一株大可五六人合抱，高六七丈，團團如蓋，故老言乃元、明以前物。考杜工部《古柏行》，所謂孔明廟前有老柏，柯如青銅根如石；霜皮溜雨四十圍，黛色參天二千尺，則元、明以前之說不誣也。入藥治病，大率皆涼血之效，而氣香味辛得天地之正性，故又能治諸風、諸痹。煎汁代茶，久服必無上文所列諸病。即虛勞吐血、痔漏腸風二症，有父子、祖孫相傳，世世不絕者，服此不輟，必斷其根。且能使筋骨壯健，耳目聰明，令人高登上壽，至老不衰。其木雖難長，有子可種，山場寬廣之家，雖欲植千萬株，可唾手而辦。惜皆為茶葉所誤，舉世無一人用之也。其子之性尤佳。用須自采，肆中難得真者。《本經》曰：治驚悸善補心血故也，益氣，除風濕，安五臟，久服令人潤澤美色有油故也，耳目聰明，不飢不老。《別錄》曰：療恍惚、虛損，歷節，及腰中重痛，益血止汗。此乃止汗第一藥，汗為心液故也。《藥性本草》曰：治頭風，腰腎中冷，膀胱冷濃宿水，清濁不分，溺如米泔及膏淋之類，故曰濃。柏性涼，何以反能治冷，氣香味辛故也。興陽道，益壽，祛百邪鬼魅，小兒驚癇。《綱目》曰：養心血，潤腎燥，安魂定魄，益知寧神。凡心虛、血虛而燥者，用以代茶，比葉尤妙。

清·王龍《本草纂要稿·木部》　柏子仁　氣味甘溫而平。興陽益志，潤肝寧心。養神志，去邪。潤腎燥，生水。入心、腎之經。

清·張德裕《本草正義》卷上　栢子仁　甘而微涼。能潤五臟之燥，益陰氣，美顏色，潤大腸，利虛秘。氣味清香，性多滑利，非培補根本之藥。

清·張德裕《本草正義》卷下　側栢葉　苦辛，寒。善清血涼血，止吐血衄血，痢血尿血，去濕熱濕痺，骨節疼痛。可搗敷火丹痄腮，及湯火傷。燒汁，可塗髮烏。

清·楊時泰《本草述鉤元》卷二二　柏　入藥惟取側柏，乃葉扁而側生者，三月開花，九月結子，霜後采。

柏子仁　氣味甘而微辛，性潤。肝經氣分藥，亦入心腎。主治驚悸，益氣養心氣，益血潤肝，療恍惚虛損吸吸，治腰腎中冷，潤腎燥及老人虛秘。燒瀝，澤頭髮，治疥癬。方書治虛勞吐血，遺精白濁，痿痺攣癇，驚恐顫振，脇痛消癉，盜汗，便秘，關格及目疾。治驚癇及大便青白色者，蓋肝木受制，怒則乘其所勝，是以青白之色見於便，而驚從臟發，匪實奚宜不遠。老人虛秘，柏仁、松仁、大麻仁等分，同研，鎔蜜蠟丸梧子大，以少黃丹湯調，食前服三十丸，日二。女子經水虛濇，八珍湯倍用酒洗當歸，加柏仁、紅花，神效。 繆氏：體性多油，腸滑作瀉及膈間多痰者，勿服，腎有熱，陽道數舉者，亦忌之。 修治：微炒去油，已油者勿用。

側柏葉 宜隨月建方采取，取其多得月令之氣也朱丹溪。 氣味苦濇而平，其性多燥。與酒相宜權。主吐衄便血及女子血崩，補陰益人。本於風木得化。能除風濕，療大風疾鬚眉脫落，治冷風歷節疼痛。久服之，大益脾土以滋肺丹溪。 神仙服餌法：五月五日采五方側柏葉三斤、遠志肉二斤、白茯苓一斤為末，煉蜜丸梧子大，每以僊靈脾酒下三十丸，日再，並無所忌。治內風柏葉煎：取近上東向無雜枝者，置甑中令滿，盆覆蒸三石米飯，愈久愈善，水淋數過，陰乾煎服，則百病不生。中風不省，涎潮口噤，語言不出，手足軃曳，得病便進此藥，可使風退氣和，不成廢人，柏葉一握，去枝，葱白一握，連根研如泥，無灰酒一升，煎一二十沸，溫服。吐血不止，用柏葉一把，乾薑二片，阿膠一挺炙，水二升，煮一升，去渣，別絞馬通汁一升合煎，取一升，綿濾，一服盡之。憂恚嘔血，煩滿少氣，胸中疼痛，柏葉為散，米飲調服二方寸匕。衄血不止，柏葉、榴花研末吹之。小便尿血，柏葉、黃連焙研，酒服三錢。大腸下血，隨四時方向采側柏葉燒研，每米飲服二錢。酒毒下血，或下痢，嫩柏葉九蒸九曬二兩，陳槐花炒黑一兩，為末，蜜丸梧子大，每空心溫酒下四十丸。月水不斷，側柏葉炙芍藥等分，每用三錢，水酒各半煎服。此藥味苦，多食亦能倒胃仲淳。

修事：或生或炒，隨宜。

總論：萬物皆向陽，而柏獨西指，蓋得木之正氣而順受金制者，故於字從白也。《經》言金木者生成之終始，而人身肝肺應之。厥陰肝木，本風升之氣，由地以至天，至天則從乎天氣，天氣肺金所司也，使木不從金之化，則木之升者窮，並金之降者亦窮矣。太陰肺金，本燥降之氣，由天而至地，至地則從乎地氣，地氣肝木所司也，使金不從木之化，則金之降者窮，並木之升者亦窮矣。第木陽也，而肝木為陰中之少陽，以合於坎中之離，金陰也，而肺金為陽中之少陰，以合於離中之坎。陰中少陽之氣，至天而合於少陰以化，陽得化而陰乃生，血之化源裕矣，陰降而陽亦隨之，所謂金之降者不窮，即木之升者亦不窮也。陽中少陰之氣，至地而合於少陽以化，陰得化而陽乃舒，氣之化原裕矣，陽升而陰亦隨之，所謂木之升者不窮，即金之降者亦不窮也。凡人升降有窮，皆由陰陽不能相合以為化，不能合化，則陰陽分離而為病甚矣。柏以風木，從燥金而化，用治內風及逆順之血，其功與苦寒之降折者迥殊。以陽合陰而化，陰由化而生，則陰自降，陽自隨耳。第實與葉，主治不同，葉之四時不易者，木化於金，獨稟降收之氣，故其味苦濇，而性多燥，木化於金，正以對待人身肝氣不受金化之證。至實之華於春，實於秋也，雖其金氣厚，而木氣之升生者與金合和，未嘗盡從金化也。故沖和之氣，味甘而微辛，潤而不燥，大約稟於木之本氣而孕，得於金之用氣而結。木得金而木之體用乃全，海藏謂為肝經氣分藥者，亦緣陽得陰以化而氣暢也，氣化則血亦化，故又謂為潤肝，至其脂潤，乃金氣之厚，木得金氣之厚而能化，氣化而血乃和，總歸之肝經氣分藥耳。更以木火金相因之義参之，而後氣化而血生者，可以了然。夫木為火之母，得金以為主，則火不僭，火乃金之夫，遂和金以為用，而陰乃宅，此氣化而血生之微。由於金木媾也，使木不和於金，則金即受火制，而不能和於火，所謂肺陰下降而入心生血者，先絕其化原矣。惟木和於金，而金始能和於火。俾真水之液，因鼓煽以化血焉，舉凡益心血諸味，無如此者。《本經》首言其治驚悸，正為此也，即《別錄》所以謂為益血也，抑《本經》於治驚悸，下即繼以益氣者，蓋心離也，外陽而內陰，內者是神，外者為用，此之益心血，正所以益氣爾。須知葉便不能養心氣，以木從金化，無母氣也。心氣益，肺乃得貫心脈以行呼吸，又《本經》之所以謂為益氣也。夫自肝和於肺，而俾心血生，肝即合於肺之陰，紓血以歸血海，肺和於心，而俾心氣暢，肺即合於心之陽，以歸命門。然則茲味於後天血氣之化原，若有當焉者矣。所以療恍惚虛損吸吸。統而参之，肝合於肺，肺合於心，以化血化氣化精，從後天以培先天者，柏仁適具有化原，故宜補陽之虛者，以此味為育陰之始，宜補陰之虛者，以此味為化陽之資，如治虛勞吐血，痿痺，便秘、盜汗等證，皆當以此義求之，不得漫然謂其益血，而與血劑概視也。

清・葉桂《本草再新》卷四 柏子仁味甘、酸，性平，無毒。入心、肝、脾三經。養肝養血，益智安神，解汗和脾，聰耳明目。

側柏葉味苦，性寒，無毒。入心、肝二經。 走血分，理濕氣，平肝降火。

清・吴其濬《植物名實圖考》卷三三 柏 《本經》上品。葉、脂、實俱入藥用。有圓柏、側柏。圓柏即栝，有赤心者俗名血柏。

清・趙其光《本草求原》卷七香木部　側柏葉葉扁而側生，故名。木皆向陽，柏獨西指。味苦，入心。澀，入肝。氣微寒，入腎。是木媾於金，使肺陰入心，降火以歸水，故能清金平木，為肝火淩肺以致上下失血之要藥。血原於水，成於火，火上而不下，則金受刑，而肝陽獨升，血乃病。火宅於水者，金收之用也。但性寒而燥，必配熱藥而血乃行。

古方同乾薑、阿膠，或同薑、艾、韭，以治吐血；至合黃連，治尿血；合白芍，治月水不斷。亦必用酒之辛溫以行之，恐血寒而凝也。其有單為末以治嘔血，燒灰以治便血。亦有米飲以和之。至九蒸九曬，合炒槐花，治下血。雖因酒毒，亦用酒下，此可見矣。同榴花末吹之，治衄血。隨月建方取之，去濕痹，歷節風痛，大風，眉毛、鬚脫落，燥去濕，金平木之功。同連根葱酒煎，治中風，涎潮不語。米飯上久蒸，陰乾煎服，治內風。同遠志、茯苓蜜丸，仙靈脾酒下，治風濕歷節痛，晝靜夜劇。皆清血而肝風自熄也。塗湯火傷，搗爛水調塗。生肌殺蟲，炙罨凍瘡。汁，烏髭髮。或生，或炒用。桂、牡蠣為使。惡菊，宜酒。元旦飲椒柏酒以辟邪。

柏子仁　春花秋實。本木氣而孕，得金氣而結。氣平而香，平清胃，香通竅舒脾。味甘而潤，益心脾之血。入肝經氣分，以暢氣而化血。潤本金之厚氣，木得金氣而化，氣化而血乃和也。主驚悸，木和於金，則肺陰入心而和於火，以生心血。安五臟，氣化血生之效。益氣，肺貫心以行呼吸，金和於火則心血生，而心肺之氣亦暢。除風濕痹，秋金之令，能燥濕平肝。潤澤皮膚，聰耳明目，血足竅通之功。潤肝腎，悅脾，補脾藥多燥，此潤而香，能舒脾，燥脾方中加之最妙。益智寧神，療恍惚。止汗，汗為心液。老人虛秘，同松子仁、麻仁溶蜜蠟丸，少加黃丹。經水虛澀，八珍倍歸，加紅花，以此為君。燒瀝，澤髮，治疥癬。按方書治遺濁、瘻攣，脇痛、虛勞、吐血皆用之，關格目疾亦用之。

徐靈胎曰：人之生理謂之仁，仁藏於心；物之生機在於實，故實亦謂之仁，皆能養心。柏仁得金氣堅剛，故能寧心神，斂心氣，而不為邪風遊火所侵。

按：物之多油者，皆滑脾滯痰，此獨芳香走氣，故好古以為肝經氣分藥。同麻仁等滑脾；單食久服，反能燥脾，而無傷中泥痰之患。但陰道易舉，暑濕作瀉者忌之。微炒，去油用；油透者，勿用。畏菊花。

節　去風痹、歷節風，煮汁釀酒。治癘瘡疥癩。燒取油。

脂　治身面疣。同松香研塗。

根白皮　治火灼、湯油傷。用豬油調塗，能涼血生髮。

清・葉志詵《神農本草經贊》卷一　柏實　味甘，平。主驚悸，安五藏，益氣，除濕痹。久服令人悅，澤美色，耳目聰明。不飢不老，輕身延年。生山谷。

秉陰西指，托嚮東尊。毬捎星綴，麥裂霜繁。香霏聞妙，釀熟含溫。赤松習服，後雕同論。

許讚歌：秉陰吸陽。《六書精蘊》：木皆屬陽，而柏向陰指西。名醫曰：生太山尤良。《舊唐書・志》：位當東嚮之尊。張祐詩：捎毬紫袖輕。范成大詩：垂垂萬星毬。李時珍曰：其實成毬，霜後四裂，中有數子，大如麥粒。蕭祇詩：霜繁綠更滋。杜甫詩：心清聞妙香。蘇軾詩：坐對柏子香。雷斅論：凡使柏子，先以酒浸，緩火煎成膏為度。楊侃賦：椒桂含溫。《列仙傳》：赤松子好食柏。《論語》：歲寒，然後知松柏之後雕也。

清・文晟《新編六書》卷六《藥性摘錄》　柏子仁　辛甘，平。潤養心血，和脾，除風濕，定心志，療驚癇。惟陰寒泄瀉，及體虛火盛者忌之。蒸熟，曝乾自裂，去油用。畏菊花。

側柏葉　苦，澁，微寒。入肺、肝。○生用涼血，炒黑止血。搗汁，塗湯火傷損，生肌殺蟲。○炙，罨凍瘡。○汁，可染頭髮。酒浸，或炒或生用。○肉桂、牡蠣為使。○惡菊花。宜酒。

清・張仁錫《藥性蒙求・木部》　柏子仁三錢　柏子仁甘，心脾并補。肝腎能滋，潤腸澤膚。辛甘而平。氣香能透心脾，益智寧神，養血止汗。蘇頌曰：凡補脾藥多燥，惟此潤藥而氣香，清脾藥中兼用最良。蒸晒，炒研，去油。○泄瀉與多痰者皆忌。

側柏葉錢半、三錢　側柏葉苦，性濇微寒。腸風便血，濕熱功專。惟血分有濕熱最宜，陰虛氣弱之人，非所宜也。或生，或炒用之。

清・劉善述、劉士季《草木便方》卷二木部　寸柏香　柏油甘平除風毒，身面疣目磨油塗，癰疽瘡瘍生肌妙，刀斧損傷續筋骨。

柏樹子　柏子辛溫散表寒，通關利竅祛風痰，行氣散鬱止嘔噦，定魄安魂五臟全。

柏樹皮　柏根白皮苦微平，火灼瘡爛長髮靈，枝汁釀酒療風痹，燒汁搽疥蟲癩清。

側柏葉　側柏葉苦寒滋陰，風濕冷痹疼骨筋。腸風崩淋血痢止，吐衄血病尿血清，久嗽風痰能殺蟲，癘風湯火肌肉生。

清・戴葆元《本草綱目易知録》卷四　柏子仁柏實　辛甘而潤，肝經氣分藥。其氣清香，不寒不燥，又能通心腎而益脾胃，養心氣，潤腎燥，定驚悸，除風濕，安魂定魄，益智寧神，潤肝興陽，益血止汗。治頭風腰腎冷，恍惚虛損，膀胱冷膿宿水，歷節風痛，小兒驚癇，老人虛秘。益壽悦顔，聰耳明目，去百邪鬼魅。凡用蒸曝，取仁炒。生燒瀝，澤頭髮，擦疥癬。【略】

側柏葉　苦，濇，微寒。養陰滋肺而躁土，最清血分，為補陰要藥。止吐衄血痢，腸風尿血，崩中赤白，去冷風濕痹，歷節疼痛。殺五臟蟲，療蠱痢。傳湯火傷，止痛滅瘢。炙罨凍瘡。燒汁，塗黑鬢髮。

清・黄光霽《本草衍句》　柏子仁　潤堪益腎，甘善助脾。其氣清香。入心養神，入肝定志。潤腎燥而滋肝，舒脾胃而益氣。風濕可除，驚悸能理。清心經之遊火。耳目聰明，肌膚澤美。得遠志能交通心腎，得松子、麻仁治老人虛秘。

側柏葉：苦，濇，微辛。稟兑金之氣，向西而生。製肝木之威，補陰滋肺。昂謂最清血分，為補陰之要藥也。故止吐衄崩淋，尿血痢血；兼療濕痺冷風，疼痛歷節。搗塗湯火泡傷，炙罨凍瘡皸裂。生用清熱血，炒炙養陰血。得阿膠、乾薑、馬通，仲景柏葉湯，治吐血不止。　吐血不止，柏葉米飲下二錢，或水煎服。　小便尿血，柏葉、黄連焙研，酒服三錢。　月水不斷，柏葉炙、白芍等分三錢，水酒各半煎服。　湯火燒灼，柏葉生搗塗之，繫定，二三日止痛滅瘢。

清・陳其瑞《本草撮要》卷二　側柏葉　味苦濇，微寒，入手足太陰、陽明經。功專養陰滋肺燥土，治吐衄崩淋，腸風尿血血痢，冷風濕痹。或炒或生用。桂、牡蠣為使，惡菊花，宜酒。　柏子仁　味甘，入足厥陰經，功專養心平肝潤腎。得遠志能交通心腎，得松子、麻仁治老人虛秘。炒研去油用。搗塗黄水瘡甚效。畏菊花。

清・李桂庭《藥性詩解》　賦得柏子仁養心神而有益得仁字。田春芳。　潤燥兼舒脾，無如柏子仁。且能滋腎氣，尤可益心神。

前題李春霖　養脾兼滋潤，功推柏子仁。豈能增腎氣，更且益心神。

按：柏子仁味辛而甘，氣香而平。功專滋潤，補養心脾以及肝腎。愈驚寧神，養血止汗。凡補脾藥多燥，惟此香能舒脾而偏潤，助脾最妙。多痰、泄瀉者禁。

賦得側柏葉治血山崩漏之因得崩字。王德潤。　柏葉微寒苦，功能治血崩。衄淋堪有效，漏帶亦相應。　按：側柏葉性味苦辛而濇，最清血分濕熱。治一切血證，主吐血、衄血、痢血，崩淋漏帶，腸風風濕，諸痺歷節風痛。塗湯火傷，為補陰之要藥。萬木向陽，惟柏西向，故字從白，稟金之正氣。柏有數種，惟根上發枝，蒙茸茂密者佳。或炒，或生用。桂枝、牡蠣為使。惡菊花。

清・毛祥麟《對山醫話》卷四　側柏代茗，別有一種清芳之氣。當春末夏初，嫩葉方長時採服之，能除風濕。但其性味苦燥，非壯水之品，而丹溪以為補陰要藥，説恐未然。咸豐癸丑，洞庭陸秋谷販於陜，遇盜迷入山谷，行數里，杳無人跡。忽聞林間人語，周視恰無所見，惟有大柏一株，枝幹修偉，高出雲際。時腹中甚餒，因採葉食之，遂忘飢渴。今年逾周甲，鬚髮未斑，步履飲啖，一如少時，每言食柏之驗。曩閲《涵海續編》，廣成子取雲陽液以療世人疾苦，雖垂死可活。初不知雲陽液為何物，後觀《抱朴子》，山中樹能人語者，非樹語，乃雲陽為之。註：雲陽，樹精也。陸之所食，或即此耳。

清・周巖《本草思辨録》卷三　柏實　柏為百木之長，葉獨西指，是為金木相媾。仁則色黄白，而味辛甘，氣清香，有脂而燥，雖潤不膩。故肝得之而風虛能去，脾得之而濕痹能通，肺得之而大腸虛秘能已。竹皮大丸喘加柏實者，肺病亦肝病也。蓋婦人乳中煩嘔，是肝氣之逆，逆則不下歸腎，而上沖肺。柏實得西指之氣，能降肺以戢肝，喘寧有不止。此與他喘證不同，故用藥亦異也。

檜

清・吴其濬《植物名實圖考》卷三三　檜　即栝。《書疏》：栝，柏葉，松身。與《爾雅》檜同。《爾雅翼》今人謂之圓柏，以別於側柏，其一種刺柏，木理亦相類。《老學庵筆記》謂有海檜、土檜二種。海檜難致，不知其葉有別否。檜柏一枝之間或檜、或柏，庭院多植之為玩。又有三友柏，一株而葉有圓、側、刺三種。

麟尾柏

清・趙其光《本草求原》卷五水石草部　麟尾柏　盤生石上，莖短而赤，葉如麟之尾盤旋，能轉真氣，以解中藥蠱百毒。

羅漢松實

附：琉球·吳繼志《質問本草》外篇卷四 羅漢松 辛丑之冬清舶漂到，採此種問之。羅漢松。段煥章。

清·趙學敏《本草綱目拾遺》卷六木部 羅汗松實 《物理小識》：羅汗松潤瓣厚葉，樹老結實，長四五分，底平上鋭，色紫黑，乾之可入藥，《本草綱目》所未載也。永甯僧云：羅汗松葉長者名長青，能結實，葉短者名短青，不結實，其結實儼如佛，大者如雞子，小者如豆，味甘可食。味甘補腎，其香益肺。治心胃痛，大補元氣。汪連仕《采藥書》：羅汗松一名金錢松，又名徑松，其皮治一切血，殺蟲瘴癬，合蘆薈、香油調搽。

清·吳其濬《植物名實圖考》卷三七 羅漢松 繁葉長潤，如竹而團，多植盆玩，實如羅漢形，故名。或云實可食，又有以為即竹柏者。考《益部方物記》，竹柏葉繁長而籜似竹。如以籜為落葉則甚肖，若以為笋籜則絕不類。存以俟考。滇南羅漢松，實大如拇指，綠首絳跗，形狀端好。跗嫩味甜，飣盤尤雅。俗云：食之能益心氣，蓋與松柏子同功。

鐵樹果

清·吳其濬《植物名實圖考》卷三六 鐵樹果 鐵樹，滇南十二歲一實。樹端叢葉長七八寸，形如長柄勺，四旁細縷，正如俗畫鳳尾；色黄，果生柄傍，扁圓，中凹有核，滇人呼為鳳皇蛋。蓋《本草綱目》所謂波斯棗，然嚼之無味。滇圃但以罕實為異，不入果品也。

桂

晉·嵇含《南方草木狀》卷中木類 桂 出合浦，生必以高山之巔，冬夏常青，其類自為林，間無雜樹。交趾置桂園。桂有三種，葉如柏葉，皮赤者，為丹桂；葉似柿葉者，為菌桂；其葉似枇杷葉者，為牡桂。《三輔黄圖》曰：甘泉宫南有昆明池，池中有靈波殿，以桂為柱，風來自香。

宋·李昉《太平御覽》卷九五七 桂 《抱朴子》曰：桂可以葱涕合蒸作水，亦可以竹瀝合餌之，亦可以先知。君腦和服之七年，能步行水上，長生不死。《神仙傳》曰：雜婁公服竹汁、餌桂得仙。許由巢父，箕山得石丹沙、石桂英，服之。《說文》曰：桂，江南之木，百藥之長。

宋·唐慎微《證類本草》卷一二木部上品〔《本經·別錄》〕 **牡桂** 味辛，溫，無毒。**主上氣欬逆，結氣，喉痹，吐吸，**心痛，脇風脇痛，溫筋通脉，止煩出汗，**利關節，補中益氣。久服通神，輕身不老。**生南海山谷。

〔梁·陶弘景《本草經集注》〕云：南海郡即是廣州。今俗用牡桂，狀似桂而扁廣，殊薄，皮色黄，脂肉甚少，氣如木蘭，味亦類桂，不知當是別樹，爲復猶是桂生，有老宿者爾，亦所未究。

〔唐·蘇敬《唐本草》〕注云：《爾雅》云：梫音寢，木桂。古方亦用木桂，或云牡桂，即今木桂，及單名桂者是也。此桂花、子與菌桂同，惟葉倍長，大、小枝皮俱名牡桂。然大枝皮肉理麁虛如木，肉少味薄，不及小枝皮肉多，半卷。中必皺起，味辛美。一名肉桂，一名桂枝，一名桂心。出融州、桂州、交州，甚良。

〔宋·掌禹錫《嘉祐本草》〕按：《蜀本圖經》云：葉狹長於菌桂葉一二倍。其嫩枝皮半卷，多紫肉中皺起，肌理虛軟，謂之桂枝，又名肉桂。削去上皮，名曰桂心。藥中以此爲善，其厚皮者名曰木桂。二月、八月採皮。日乾之。《爾雅疏》云：梫，一名木桂。郭云：今南人呼桂厚皮者爲木桂。桂樹葉似枇杷而大，白華，華而不著子。叢生巖嶺。枝葉冬夏常青，間無雜木。《本草》謂之牡桂是也。《藥性論》云：牡桂，君，味甘、辛。能去冷風疼痛。

〔宋·唐慎微《證類本草》〕《圖經》：文具桂條下。《經驗後方》：治大人、小兒喫雜果子多。腹脹氣急方：取肉桂碾末，飯丸如菉豆大。小兒熟水下五丸，大人十丸。未痊再服。

宋·唐慎微《證類本草》卷一二木部上品〔《別錄》〕 **桂** 味甘、辛，大熱，有小毒。主溫中，利肝肺氣，心腹寒熱，冷疾，霍亂轉筋，頭痛腰痛，出汗，止煩止唾，欬嗽鼻齆，能墮胎，堅骨節，通血脉，理踈不足，宣導百藥，無所畏。久服神仙不老。生桂陽。二月、八月、十月採皮，陰乾。得人參、麥門冬、甘草、大黄、黄芩，調中益氣。得茈胡、紫石英、乾地黄，療吐逆。

〔梁·陶弘景《本草經集注》〕云：按《本經》惟有菌、牡二桂，而桂用體，大同小異。今俗用便有三種。以半卷多脂者，單名桂，入藥最多。所用悉與前說相應。仙經乃並有三桂。常服食，以葱涕合和雲母，蒸化爲水者，正是此種爾。今出廣州者好，湘州、始興、桂陽縣即是小桂，亦有而不如廣州者。交州、桂州者，形段小，多脂肉，亦好。《經》云：桂，葉如柏葉澤黑，皮黄心赤。齊武帝時，湘州送樹以植芳林苑中。今東山有桂皮，氣粗相類，而葉乖異，亦能淩冬，恐或是牡桂，時人多呼丹桂，正謂皮赤爾。北方今重此，每食輒須之。蓋《禮》所云薑桂以爲芬芳。

〔唐·蘇敬《唐本草》〕注：菌桂，葉似柿葉，中有縱文三道，表裏無毛而光澤。牡桂，葉長尺許，陶云小桂，或言其葉小者。陶引《經》云似柏葉，驗之，殊不相類，不知此言從何所出。今按桂有二種，桂皮稍不同，若菌桂，老皮堅板無肉，全不堪用。其小枝薄卷及二三重者，或名菌桂，或名筒桂。其牡桂，嫩枝皮，名爲肉桂，亦名桂枝。其老者，名木桂，亦名大桂。得人參等良。本是菌桂，剩出單桂條，陶爲深誤也。

〔宋・馬志《開寶本草》〕按：《陳藏器本草》云：菌桂、牡桂、桂心，已上三色並同是一物。按桂林、桂嶺，因桂爲名，今之所生，不離此郡。從嶺以南際海盡有桂樹，惟柳、象州最多。味既辛烈，皮又厚堅，土人所採厚者必嫩，薄者必老。以老薄者爲一色，以厚嫩者爲一色。嫩既辛香，兼又筒卷。老必味淡，自然板薄。板薄者，即牡桂也，以老大而名焉。筒卷者，即菌桂也，以嫩而易卷。古方有筒桂，字似菌字，後人誤而書之，習而成俗，至於書傳，亦復因循。桂心即是削除皮上甲錯，取其近裏辛而有味。

〔宋・掌禹錫《嘉祐本草》〕按：《蜀本》注云：按此有三種：菌桂，葉似柿葉；牡桂，葉似枇杷葉；此乃云葉如柏葉。蘇以桂葉無似柏葉者，乃云陶爲深誤。剩出此條。今據陶注云：菌桂正圓如竹，三重者良。牡桂皮薄，色黃多脂肉，氣如木蘭，味亦辛，此桂則是半卷多脂者。此云仙經有三桂，以葱涕合和雲母，蒸化爲水服之。此則有三種明矣。陶又云：齊武帝時，湘州得樹，以植芳林苑中。陶隱居雖是梁武帝時人，實生自宋孝武建元三年，歷齊爲諸王侍讀，故得見此樹而言也。蘇恭但只知有二種，亦不能細尋事跡，而云陶爲深誤，何臆斷之甚也。《抱朴子》云：桂可以竹瀝合餌之，亦可以龜腦和服之。《藥性論》云：桂心，君。亦名紫桂。殺草木毒，忌生葱。味苦、辛，無毒。主治九種心痛，殺三蟲，主破血，通利月閉，治軟脚，痹不仁，治胞衣不下，除欬逆，結氣擁痹，止腹內冷氣，痛不可忍，主下痢，治鼻息肉。日華子云：桂心，治一切風氣，補五勞七傷，通九竅，利關節，益精明目，暖腰膝，破痃癖癥瘕，消瘀血，治風痹骨節攣縮，續筋骨，生肌肉。

〔宋・蘇頌《本草圖經》〕曰：菌桂，生交趾山谷；牡桂，生南海山谷；桂，生桂陽。舊經載此三種之異，性味、功用亦別，而《爾雅》但言：梫木，桂一種。郭璞云：南人呼桂，厚皮者爲木桂。蘇恭以謂牡桂即木桂，及單名桂者是也。今嶺表所出，則有筒桂、肉桂、桂心、官桂、板桂之名，而醫家用之罕有分別者。舊說菌桂正圓如竹，有二三重者，則今所謂筒桂也。筒、菌字近或傳寫之誤耳，或云即肉桂也。牡桂，皮薄色黃，少脂肉，氣如木蘭，味亦相類，削去皮，名桂心，今所謂官桂，疑是此也。桂是半卷多脂者，今所謂板桂，疑是此也。今觀賓、宜、韶、欽諸州所圖上者，種類亦各不同，然皆題曰桂，無復別名。參考舊注，謂菌桂，葉似柿葉，中有三道文，肌理緊，薄如竹，大枝、小枝皮俱是筒，與今賓州所出者相類。牡桂，葉狹於菌桂而長數倍，其嫩枝皮半卷多紫，與今宜州、韶州者相類。彼土人謂其皮爲木蘭皮，肉爲桂心。此又有黃、紫兩色，益可驗也。桂，葉如柏葉而澤黑，皮黃心赤，今欽州所出者，葉密而細，亦恐是其類，但不作柏葉形爲疑耳。皮厚者名木桂，即板桂是也。蘇恭以牡桂與單名桂爲一物，亦未可據。其木俱高三四丈，多生深山蠻洞中，人家園圃亦有種者。移植於嶺北，則氣味殊少辛辣，固不堪入藥也。三月、四月生花，全類茱萸。九月結實，今人多以裝綴花果作筵具。其葉甚香，可用作飲香尤佳。二月、八月採皮，九月採花，並陰乾，不可近火。中品又有天竺桂，云生西胡國，功用似桂，不過烈，今亦稀有，故但附於此。張仲景治傷寒，用桂枝湯。《甲乙經》治陰受病發痹內熨方：用醇酒二十斗，蜀椒一斗，乾薑一斗，桂一斗，凡四物，㕮咀著清酒中。綿絮一斤，細白布四丈，皆并內酒中，置馬矢熅中，善封塗，勿使泄氣。五日五夜出布、綿絮，暴乾復漬之，以盡其汁。每漬必晬其日，乃出布綿乾之，并用滓與絮複布爲中，其布長六七尺，爲六七巾。即用之，生桑炭炙巾以熨寒痹，所刺之處，令熱入至於病所。寒復炙巾以熨之，三十遍而止。汗出，炙巾以拭身，亦三十徧而止。起步內，無見風。每刺必熨，如此病已矣。此所謂內熨也。又治躄筋急，亦以白酒和桂塗之。《續傳信方》：造桂漿法，夏月飲之，解煩渴，益氣消痰。桂末二大兩，白蜜一升，以水二斗，先煎取一斗。待冷，入新瓷瓶中，後下二物，攪二三百轉令勻。先以油單一重覆上，加紙七重，以繩封之。每日去紙一重，七日開之，藥成，氣香味美，格韻絕高。今人亦多作，故并著其法。

〔宋・唐慎微《證類本草》〕雷公云：凡使，勿薄者，要紫色厚者，去上麁皮，取心中味辛者使。每斤大厚紫桂，只取得五兩，取有味厚處，生用。如末用，即用重密熟絹并紙裹，勿令犯風。其州土只有桂草，元無桂心。用桂草煮丹陽木皮，遂成桂心。凡使，即單擣用之。《聖惠方》：治風頭痛，每欲天陰雨風先發者。用桂心一兩爲末，以酒調如膏，用傅頂上并額角。又方：治九種心痛妨悶。用桂心一分爲末，以酒一大盞，煎至半盞，去滓，稍熱服，立效。又方：治寒疝，心痛，四肢逆冷，全不欲食。用桂心二兩去皮，擣羅爲散。不計時候，熱酒調下一錢匕。又方：治產後惡血衝心痛，氣悶欲絕。用桂心三兩，擣羅爲散，狗膽汁和丸如櫻桃大。不計時候，用熱滴磨，下二丸。《外臺秘要》：療小兒睡中遺尿不自覺。桂末、雄雞肝等分，擣丸服如小豆大。溫水下，日三。《千金方》：治中風，面目相引偏僻，牙車急，舌不可轉。桂心以酒煮取汁，故布蘸搶病上，正即止，左喎搶右，右喎搶左，常用大效。又方：大治失音。末桂著舌下，漸嚥汁。又方：治卒中惡心痛。桂心八分，㕮咀，以水四升，煮取一升，分二服。《肘後方》：治卒心痛。桂心八兩，㕮咀，水四升，煮取一升，分三服。又方：治心腹俱脹痛，短氣欲死，或已絕。桂二兩，切，以水一升二合，煮取八合，去滓，頓服。無桂，用乾薑亦得。又方：治中風，四肢逆冷，吐清水，宛轉啼呼者。取二兩㕮咀，以水三升，煮取二升，去滓適寒溫盡服。又方：治反腰有血痛。擣桂篩三升許，以苦酒和塗痛上，乾復塗。《葛氏方》：治卒吐血。桂屑方寸匕，晝夜含二十許服。亦療下血，大神驗。《千金方》同。又方：治產後腹中瘕痛。末桂，溫酒服方寸匕，日三。《子母秘録》同。《孫真人食忌》：治中風失音方：桂一尺，以水三升，煎取一升服，取汗。又方：治唾血。取桂心擣作末，以水下方寸匕。《梅師方》：蜀椒閉口者有毒。誤食之，便氣欲絶，或下白沫，身體冷急。煎桂汁服之，多飲冷水一二升，忽食飲吐漿，煎濃豉汁服之。又方：治卒外腎偏腫疼痛方：桂心末和水調方寸匕，塗之。又方：治産後血泄不禁止，餘血彌痛兼塊。桂心、乾薑等分，爲末，空心酒調服方寸匕。《斗門方》：治中風失音。用桂心一兩，去其麁皮，近人身體懷之，至兩時辰許，爲末，分爲三服，每服用水二盞，煎取一盞，服之差，大妙。《聖惠方》同。《姚和衆方》：治小兒臍腫。取桂心炙令熱，熨之，日可四五度。《抱朴子》云：桂可以合葱涕蒸作水，亦可以竹瀝合餌之，亦可以龜腦和而服之，七年，能步行水上，長生不死。又云：趙他子服桂二十年，足下毛生，日行五百里，力舉千斤。

宋·寇宗奭《本草衍義》卷一三 桂 大熱。《素問》云：辛甘發散爲陽。故漢張仲景桂枝湯，治傷寒表虚，皆須此藥，是專用辛甘之意也。《本草》第一又云：療寒以熱藥。故知三種之桂，不取菌桂、牡桂者，蓋此二種性止溫而已，不可以治風寒之病。獨有一字桂，《本經》言甘、辛，大熱，此正合《素問》辛甘發散爲陽之說，尤知菌、牡二桂不及也。然《本經》止言桂，仲景又言桂枝者，意亦取其枝上皮，其木身麤厚處，亦不中用。諸家之說，但各執己見，終無證據。今又謂之官桂，不知緣何而立名？慮後世爲别物，故書之。又有桂心，此則諸桂之心，不若一字桂也。

宋·許叔微《傷寒發微論》卷下 論桂枝、肉桂 仲景桂枝湯用桂枝者，蓋取桂之枝梢細薄者爾，非若肉桂之肉厚也。蓋肉桂厚實，治五臟用之者，取其鎮重也。桂枝輕揚，治傷寒用之，取其發散也。今人例用之，是以見功寡。

宋·鄭樵《通志》卷七六《昆蟲草木略》 桂 本草有桂、菌桂、牡桂三條，云：菌桂無骨，正圓如竹。牡桂一名梫，一名木桂。古云丹桂者，謂其皮赤耳。其花實似吳茱萸，藥中之靈物。而薑桂之滋，為食味所重。《呂氏春秋》云：桂枝之下無雜木。雷公云：桂枝為丁入木中，其木即死。江南李後主患清暑閣前草生，徐鍇令以桂屑布階縫中，宿草盡枯。《爾雅》云：梫，木桂。

金·張元素《潔古珍珠囊》（見元·杜思敬《濟生拔粹》卷五） 肉桂甘辛 純陽。太陽經本藥。去衛中風邪，秋冬下部腹痛，非桂不能除。湯液發汗用桂枝，補腎用肉桂。忌生葱。

宋·劉明之《圖經本草藥性總論》卷下 桂皮 味甘、辛，大熱，有小毒。主溫中，利肝肺氣，心腹寒熱冷疾，霍亂轉筋，頭痛腰疼，出汗，止煩止唾，欬嗽，鼻齆，墮胎，堅骨節，通血脈。《藥性論》云：君。主治九種心痛，殺三蟲，主破血，腳痺不仁，胞衣不下。除腹內冷氣痛，主下痢，治鼻息肉。日華子云：治一切風氣，補五勞七傷，通九竅，利關節，益精明目，暖腰膝。破痃癖癥瘕，消瘀血，治風痺，生肌肉。得人參、麥門冬、甘草、大黄、黄芩，調中益氣。得茈胡、紫石英、乾地黄，療吐逆。殺草木毒。忌生葱。

牡桂 味辛，溫，無毒。主上氣欬逆結氣，喉痺吐吸，心痛脅風脅痛，溫筋通脈，止煩出汗，利關節，補中益氣。《藥性論》云：君。能去冷風疼痛。

菌桂 味辛，溫，無毒。主百病，養精神，和顏色，為諸藥先聘通使。

宋·陳衍《寶慶本草折衷》卷一二 桂〇菌桂、牡桂在內。〇桂枝附。〇桂花續附。

一名肉桂。此桂半捲而多脂者也。〇赤者名丹桂，紫者名紫桂。〇去麤皮者名桂心，未去者名桂皮。〇其菌桂，一名筒桂。〇其牡桂，一名枝桂，一名木桂，一名大桂，一名梫。〇菌，巨隕切。梫，子心切。〇生桂陽山即桂州，及始興即韶州。〇及東山、嶺南，廣、交、湘、柳、象、賓、宜、欽、韶州。亦可圃種之。〇附：桂枝，乃枝上細皮，其嫩小枝皮一名柳桂，非謂出於柳州者也。〇并二、八、十月採皮，陰乾。〇並忌生葱，不見火。

味甘、辛、辣、苦，大熱，有小毒。〇主溫中，利肝肺氣，心腹寒冷，霍亂轉筋，頭痛，腰痛，出汗，止煩，止唾欬嗽，鼻齆烏貢切，能墮胎，堅骨節，通血脉，理疏不足，宣導百藥。〇《藥性論》云：殺草木毒，治九種心痛。殺三蟲，破血，通血閉，治軟脚痹、不仁。治胞衣不下，除欬逆，結氣擁痹。主下痢，治鼻息肉。〇日華子云：治風氣，補五勞七傷，通九竅，利關節，益精，明目，暖腰膝，破痃癖癥瘕，消瘀血，治骨節攣縮，續筋骨，生肌肉。〇雷公云：去上麁皮，取心。〇《聖惠方》：治寒疝心痛，四肢逆冷，用桂心擣散，熱酒調下壹錢。〇葛氏云：治卒吐血，桂屑方寸匕，晝夜含服。亦療下血。〇又方：治産後腹中瘕痛。末桂溫酒服方寸匕，日三。〇孫真人方：治中風失音，桂壹尺，以水叁升，煎取壹升服，取汗。〇《梅師方》：治卒外腎偏墜疼痛，桂心末，和水調塗。〇《經驗後方》：治喫雜果多，腹脹氣急。取肉桂碾末，飯丸如緑豆大，小兒熱水下伍丸，大人拾丸。〇《別說》云：厚實，氣味重者，宜入治藏及下焦藥；輕薄者，宜入治頭目發散藥。與桂枝功差近。

〇寇氏曰：　桂，大熱。療寒以熱藥，故不取菌桂、牡桂。蓋此二種，止溫而已，不可以治風寒之病。獨有一字桂，大熱，尤知菌、牡二桂不及也。然《本經》止言桂，今又謂之官桂，不知緣何而立名，不若一字桂也。

附：　桂枝。〇味甘、辛，熱，有小毒。治傷寒表虛，取其輕而能發散。亦宜入治上焦藥。

續說云：　夫衆論名狀之異同而無定者，莫甚於桂也。細觀桂有三等：其捲沓而轉如筒者，名菌桂；其肉少而平如板者，名牡桂。寇氏皆汰之矣。惟半捲而多脂者，單名桂。陶隱居謂其入藥最多，方書所用，當是此等正一字桂也。仲景又用桂枝者，蓋取枝之散張遠揚，由幹氣之所舒發，故能透達腠理而解散風氣也。並須氣□新烈□□□然不可墮胎，而性則畏火，是以《局方》養胎保生元及李知先療妊娠傷寒，有不可闕桂者，遂炒桂以製其性。今更宜炙少甘草，佐而用也。《圖經》謂桂花、桂實可供果，而不為藥，故《局方》桂花湯亦只用桂心爾。坡仙有桂能股肺之論，已續陳於乾薑之後矣。

元・王好古《湯液本草》卷五　桂桂心、肉桂、桂枝附。　氣熱，味甘、辛，有小毒。入手少陰經。桂枝，入足太陽經。《本草》云：　主溫中，利肝肺氣，心腹寒熱冷疾，霍亂轉筋，頭痛腰痛，出汗，止煩，止唾，欬嗽鼻齆。能墮胎，堅骨節，通血脈，理疏不足。宣導百藥，無所畏。久服神仙不老。生桂陽，二月、八月、十月採皮，陰乾。有菌桂、牡桂、木桂、筒桂、肉桂、板桂、桂心、官桂之類。用者罕有分別。《衍義》所言，不知何緣而得官之名。予考《本草》有出觀、賓、宜、韶、欽諸州者佳。世人以筆畫多而懶書之，故只作官也。如寫黃蘗作黃栢，薑作姜同意。菌桂生交趾山谷，牡桂生南海山谷，木桂生桂陽。從嶺至海盡有桂樹，惟柳州、象州最多。《本草》所說菌桂、牡桂、板桂，厚薄不同。大抵細薄者為枝為嫩，厚脂者為肉為老，處其身者為中也。不必色黃為桂心，但不用皮與裏，止用其身中者為桂心。不經水而味薄者，亦名柳桂。易老用此以治虛人，使不生熱也。《衍義》謂桂大熱。《素問》謂辛甘發散為陽，故張仲景桂枝湯治傷寒表虛，皆須此藥，是專用辛甘之意也。又云：　療寒以熱。故知三種之桂，不取菌桂、牡桂者，蓋此二種性止溫而已，不可以治風寒之病。獨有一字桂，《本經》謂甘辛大熱，正合《素問》辛甘發散為陽之說，尤知菌桂、牡桂不及也。然《本經》止言桂，而仲景又言桂枝者，蓋亦取其枝上皮也，其本身粗厚處亦不中用。諸家之說，但各執一己見，終無證據。今又謂之官桂，不知何緣而立名，慮後世以為別物，故於此書之。又有桂心，此則諸桂之心，不若一字桂也。別說交廣商人所販者，及醫家見用，惟陳藏器之說最是。然筒桂厚實，氣味厚重者，宜入治臟及下焦藥。輕薄者，宜入治眼目發散藥。《本經》以菌桂養精神，以牡桂利關節。仲景傷寒發汗用桂枝。桂枝者，桂條也，非身幹也，取其輕薄而能發散。一種柳桂，乃小嫩枝條也，尤宜入上焦藥。仲景湯液用桂枝發表，用肉桂補腎。本乎天者親上，本乎地者親下，理之自然，性分之所不可移也。一有差易，為效彌遠。歲月既久，習以成弊，宜後世之不及古也。桂心通神，不可言之，至於諸桂數等，皆大小老壯之不同。觀，作官也。《本草》所言有小毒，或云久服神仙不老。雖云小毒，亦從類化。與黃芩、黃連為使，小毒何施；與烏、附為使，止是全得熱性；若與有毒者同用，則小毒既去，大毒轉甚；與人參、麥門冬、甘草同用，能調中益氣，則可久服。可知此藥能護榮氣而實衛氣，則在足太陽經也。桂心入心，則在手少陰也。若指榮字立說，止是血藥，故經言通血脈也。若與巴豆、硇砂、乾漆、穿山甲、水蛭、虻蟲如此有毒之類同用，則小毒化為大毒，其類化可知矣。湯液發汗用桂枝，補腎用肉桂，小柴胡止云加桂何也。《藥象》謂肉桂大辛，補下焦熱火不足，治沉寒痼冷，及治表虛自汗。春夏二時為禁藥。《珍》云：　秋冬治下部腹痛，非桂不能止也。《心》云：　桂枝氣味俱輕，故能上行發散於表。內寒，則肉桂；補陽，則柳桂。桂，辛熱散經寒，引導陽氣。若正氣虛者，以辛潤之。散寒邪，治奔豚。

元・忽思慧《飲膳正要》卷三　桂　味甘、辛，大熱，有毒。治心腹寒熱，冷痰，利肝肺氣。

元・李雲陽《用藥十八辨》〔見《秘傳痘疹玉髓》卷二〕　官桂　官桂熱，固能鼎峻。但時令痘疹，不同經道，元氣不一。痘出于秋冬而經于脾肺者，用之不背。若春夏痘犯心肝者，遠之尚恐其不易充灌，況敢投之以濟其梟炎也？游晉夫製三拗湯，加至四五錢者，誠挾刃入室，不至於殺人幾希。評曰：　官桂原來善起陰，須分時令免灾迍。椒皮若把他來服，火上添油勢必焚。

元・尚從善《本草元命苞》卷六　桂　甘、辛，大熱，有小毒。能護榮氣，實衛氣，通順血脈，理踈不足，宣導百藥，無所畏忌。心腹主寒熱之疾，溫中利肺肝之氣。霍亂轉筋，頭痛腰疼，傷寒表虛，止汗止煩，除咳嗽鼻齆，堅骨節，墮胎。久服神僊不老，多餌面生光華。雖云小毒，亦從類化。得麥門冬、甘草，能調中益氣，是與無毒同用，小毒何施。淂硇砂、乾漆，能通經破血，是與有毒同用，化為大毒。其類從化，是以知之。桂有菌桂、牡桂、肉桂、柳桂、木桂、枝桂、桂心、桂枝，用之仔細分別，臨證決然取效。大抵細薄為枝，為嫩；厚脂為肉，為老；處其身中為桂心，不必色黄而作也。氣寔味重，宜治下焦。輕薄味淡，能行眼目。用桂枝發表，使肉桂補腎，本乎天者親上，本乎地者親下，道理之自然，輕分之不易，一有差忒，效為彌遠。

桂心　為君。以通神明，利九竅，筋脈攣縮。治腳膝軟痺不仁，通利月閉。能殺三蟲，補五勞七傷。療心腹冷痛，殺草木毒，續筋骨病。又名紫桂，大忌生葱。

牡桂　為君。其味辛，溫。去冷風疼痛，利關節，補中通脈，止煩出汗，益氣耐老輕身。療欬逆結氣，喉痺，治脇風心痛，溫筋。比別桂肉理麄踈，然大枝味薄肉少，多卷，其皮片必皺起。

菌桂　辛，溫，無毒。諸藥先聘通使。治百病，滋養精神，悅顔色，面生華媚。產桂林山谷巖崖。形無骨，正圓如竹。凡此諸桂，攻療特殊，臨證不審，一概用之，豈惟疾之弗瘳，亦可使之為害。《圖經》云：桂生桂陽，從嶺至海。柳生柳州、象州最多。菌桂出交趾，牡桂產南海。觀賔、宜、韶、欽諸州皆有。二、八、九、十月採之，陰乾。凡入湯丸，不可近火。

元・朱震亨《本草衍義補遺》　桂　虛能補，此大法也。仲景救表用桂枝，非表有虛，以桂補之。衛有風寒，故病自汗，以桂枝發其邪，衛和則表密，汗自止，非桂枝能收汗而治之。今《衍義》乃謂仲景治表虛，誤矣。《本草》止言出汗，正《內經》辛甘發散之義。後人用桂止汗，失《經》旨矣。曰官桂者，桂多品，取其品之高者，可以充用而名之，貴之之辭也。曰桂心者，皮之肉厚，去其麄厚而無味者，止留近其木一層，而味辛甘者，故名之曰心，美之之辭也。何必寘疑著此？〇桂，固知三種之桂，不取菌桂、牡桂者，蓋此二種，性止溫而已，不可以治風寒之病，獨有一字桂，《經》言甘辛大熱，正合《素問》辛甘發散為陽之說。又《別說》云：以菌桂養精神，以牡桂利關節。又有一種柳桂，乃桂之嫩小枝條也，尤宜入治上焦藥用也。

元・佚名氏《珍珠囊・諸品藥性主治指掌》〔見《醫要集覽》〕　桂　味辛，熱，有毒。浮也，陽中之陽也。氣之薄者，桂枝也；氣之厚者，肉桂也。氣薄則發泄，桂枝上行而發表。氣厚則發熱，肉桂下行而補腎。此天地親上親下之道也。

元・徐彥純《本草發揮》卷三　桂　成聊攝云：桂枝能泄奔豚。又云：辛甘發散為陽。桂枝之辛甘，以和肌表。又云：辛以散之，下焦畜血，散以桂枝辛熱之氣也。潔古云：補下焦熱火不足，治沉寒錮冷，及表虛自汗。春夏二時為禁藥也。《主治秘訣》云：滲泄止渴，去榮衛中之風寒。仲景《傷寒論》發汗用桂枝者，乃桂條，非身榦也，取其輕薄，而能發散。今又有一種柳桂，乃桂枝嫩小枝條也，尤宜入治上焦藥用也。《主治秘訣》云：桂枝性熱，味辛、甘，氣味俱薄，體輕而上行，浮而升，陽也。其用有四：去傷寒頭痛，開腠理，解表，去皮膚風濕。東垣云：肉桂，味辛、甘，大熱，純陽。溫中，利肺氣，發散表邪，去榮衛中風寒。秋冬治下部腹痛，非桂不能止之。〇又云：桂枝，味辛，性熱，氣味俱輕，陽也，升也，故能上行發散於表。收內寒則用牡桂，辛熱，散經寒，引導陽氣。若熱以使正氣虛者，以辛潤之。散寒邪，治奔豚。又云：或問《本草》言桂能止煩出汗，仲景或云復發其汗，或云先其時發汗，或云當以得汗解，或云當發汗，更發汗，并發汗，宜桂枝湯，凡數處言之，則是用桂枝發汗也。又云：無汗不得服桂枝。又云：汗家不得重發汗。又云：發汗過多者，用桂枝甘草湯，則是用桂枝閉汗也。一藥二用，如何明得仲景發汗閉汗，與《本草》之義相通為一？荅曰：《本草》言桂味辛、甘，大熱，無毒。能宣導百藥，通血脉，止煩。出汗者，是調其血，而汗自出也。仲景云：藏無他病，發熱自汗者，此是衛氣不和也。又云：自汗者，為榮氣不和，榮氣不和，則內外不諧，蓋衛氣不與榮氣相和諧也。若榮氣和，則愈矣。故用桂枝湯調和榮衛，榮衛即和，則汗自出，風邪由此而解，非桂枝能開腠理，而發出汗也。昧者不解閉汗之意，凡見傷寒病者，便用桂枝湯發汗。若與中風自汗者，其効應如桴鼓，因見其取効而病愈，則曰此桂枝發汗出也，遂不問傷寒無汗者，亦皆與桂枝湯，誤之甚矣。故仲景言無汗不得服桂枝，是閉汗孔也。又云：發汗多，又手自冒心，心下悸，欲得按者，用桂枝甘草湯，此亦是閉汗孔也。又云：汗家不得重發汗，若用桂枝湯，是重發其汗也。凡桂枝湯下言發字，當認作出字，是汗自然出也，非若麻黃能開腠理而發出汗也。《本草》出二字，下文有通血脉一句，此非三焦衛氣皮毛中藥，此乃榮血中藥也。如此則出汗二字，當認作榮衛和，自然汗出耳。非是桂枝開腠理，發出汗也。故後人用桂治虛汗，讀者當逆察其意可也。噫！神農作之於前，仲景述之於後，前聖後聖，其揆一也。海藏云：桂有菌桂、牡桂、筒桂、肉桂、板桂、桂心、官桂之類，用者罕有分別。大抵細薄者為枝為嫩，厚脂者為肉為老，但不用粗皮，止用其心中者，為桂心也。《衍義》云：桂，大熱。《素問》云：辛甘發散為陽。故漢張仲景桂枝湯治傷寒表虛，皆須用此藥，是專用辛甘之意也。《本草》云：療寒以熱。故知獨有一字桂者，《本草》言甘辛大熱，正合《素問》辛甘發散為陽之說也。然《本經》止言桂，而仲景又言桂枝者，蓋只取其枝上皮，其木身麄厚處不中用。今又謂之官桂，不知何緣而立名？或云：官字，即觀字之文，蓋產于觀州者佳，故號觀桂也。深慮後世以為別物，故於此書之。然筒桂厚實，氣味重者，宜入治藏及下焦藥。輕薄者宜入治頭目，發散藥。故《本經》以菌桂養精神，牡桂利關節。仲景傷寒發汗用桂枝。桂枝者，桂條也，非身幹也，取其輕薄而能發散。一種柳桂，乃小嫩枝條也，尤宜入上焦藥。仲景湯液用桂枝發表，用肉桂補腎，本乎天者親上，本乎地者親下，理之自然。此藥能護榮氣而實衛氣。桂枝發表，則在足太陽經。桂心入心，則在手少陰經。丹溪云：桂，虛能補，此大法也。仲景救表用桂枝，非是表有虛，以桂補之也。蓋衛有風邪，故病自汗，以桂枝發其風邪，衛和則表密，汗自止，非桂能收汗而用之也。今《衍義》云：乃謂仲景治表虛，誤矣。《本草》止言出汗，正是《內經》辛甘發散之意。後人用桂止汗，失經旨矣。名曰官桂者，以桂多品，取其品之高者，可以充貢而名之曰官桂，乃貴之之辭也。桂心者，以皮之肉厚，去其粗而無味者，止留近木一層，其味辛甘者，故名之曰桂心，乃美之之辭也。何必致疑若此乎？

明・王綸《本草集要》卷四 桂君 味甘辛，氣大熱，有小毒。入手少陰經。桂枝入足太陽經。忌生葱。生桂陽，採皮陰乾，凡使刮外皮。 主溫中，利肝肺氣，心腹冷痛，霍亂轉筋，風寒頭痛腰痛，出汗止唾，咳嗽鼻齆。能墮胎，通血脈，消瘀血，堅骨節，治風痹骨攣腳軟。宣導百藥，無所畏。殺草木毒。

牡桂君 味辛，氣溫，無毒。生南海山谷。 主上氣咳逆結氣，喉痹吐(及)〔吸〕，利關節，補中益氣。久服通神，輕身不老。

明・滕弘《神農本經會通》卷二 桂 桂心。君也。忌生葱，殺草木毒。生桂陽。二八十月採皮，陰乾。桂心，即是削除皮上甲錯，取其近裏，辛而有味者。凡使，勿薄者，要紫色厚者，去上粗皮，取中心味辛者。《局》云：去粗皮，不見火。

味甘、辛，氣大熱，有小毒。《湯》云：入手少陰經。桂枝，入足太陽經。東云：浮也，陽中之陽也。氣之薄者，桂枝也。氣之厚者，肉桂也。氣薄則發泄，桂枝上行而發表。氣厚則發熱，桂肉下行而補腎。此天地親上親下之道也。行血，療心痛，止汗。珍云：溫中發表，宣利肺氣。秋冬治下部腹痛。《疌》云：能通關節，行血止汗，又舒筋，治冷氣疼，脚痺手麻，兼霍亂。

《本經》云：主溫中，利肝肺氣，心腹寒熱冷疾，治霍亂轉筋，頭痛腰痛，出汗，止煩，止唾，欬嗽，鼻齆，能墮胎，堅骨節，通血脉，理疎不足，宣導百藥，無所畏忌。久服可神仙不老。得人參、麥門冬、甘草、大黃、黃芩，調中益氣。得茈胡、紫石英、乾地黃，療吐逆。《藥性論》：桂心，君。亦名紫桂。殺草木，忌生葱。味苦、辛，無毒。主治九種心痛，殺三蟲，主破血，通利月閉，治軟脚痺不仁，治胞衣不下，除欬逆結氣，擁痺，止腹內冷氣痛不可忍，主下痢，治鼻息肉。日華子云：桂心，治一切風氣，補五勞七傷，通九竅，利關節，益精明目，暖腰膝，破痃癖癥瘕，消瘀血，治風痺，骨節攣縮，續筋骨，生肌肉。《湯》云：有菌桂、牡桂、木桂、筒桂、肉桂、板桂。桂、桂心、官桂之類，用者罕有分別。《衍義》官之名，考《本草》，有出觀、賓諸州者，世人懶書，故只作官也。菌桂，生交趾山谷。牡桂，生南海山谷。木桂，生桂陽。從嶺至海，盡有桂樹，惟柳州、象州最多。《本草》所說菌桂、牡桂、板桂，厚薄不同，大抵細薄者為枝為嫩，厚脂者為肉為老，處其身者為中也，不必色黃為桂心。但不用皮與裏，止用其身中者為桂心。不經水而味薄者，亦名柳桂，易老用此以治虛人，使不生熱也。《衍義》謂桂大熱，《素問》謂辛甘發散為陽，故張仲景桂枝湯治傷寒表虛，皆須此藥，是專用辛甘之意也。又云：療寒以熱，故知三種之桂，不取菌桂、牡桂者，蓋此二種性止溫而已，不可以治風寒之病，獨有一字桂，《本經》謂甘、辛，大熱，正合《素問》甘辛發散為陽之說，尤知菌桂、牡桂不及也。然《本經》止言桂，而仲景又言桂枝者，蓋亦取其枝上皮也，其本身粗厚處亦不中用。又有桂心，此則諸桂之心，不若一字桂也。《別說》：交廣商人所販者，及醫家見用，惟陳藏器之說最是。然筒桂厚實，氣味厚重者，宜入治臟及下焦藥，輕薄者宜入治眼目發散藥。《本經》以菌桂養精神，以牡桂利關節。仲景傷寒發汗用桂枝。桂枝者，桂條也，非身幹也，取其輕薄而能發散。一種柳桂，乃小嫩枝條也，尤宜入上焦藥。仲景湯液用桂枝發表，用肉桂補腎，本乎天者親上，本乎地者親下，理之自然，性分之所不可移也，一有差易，為効彌遠，歲月既久，習以成弊，宜後世之不及古也。桂心通神，不可言之。至於諸桂數等，皆大小老壯之不同。觀作官也。《本草》所言有小毒，或云久服神仙不老，雖云小毒，亦從類化，與黃連、黃芩為使，小毒何施？與烏附為使，止是全得熱性，若與有毒者同用，則小毒既去，大毒轉甚。與人參、麥門冬、甘草同用，能調中益氣，則可久服。可知此藥能護榮氣而實衛氣，則在足太陽經也。桂心入心，則在手少陰經也。若指榮字立說，止是血藥，故《經》言通血脉也。若與巴豆、硇砂、乾漆、川山甲、水蛭、䖟蟲，如此有毒之類同用，則小毒化為大毒，其類化可知矣。《湯液》發汗用桂枝，補腎用肉桂，小柴胡止云加桂，何也？《藥象》謂肉桂太辛，補下焦熱火不足，治沉寒痼冷，及治表虛自汗，春夏二時為禁藥。珍云：秋冬治下部腹痛，非桂不能止也。《心》云：桂枝，氣味俱輕，故能上行發散於表，內寒則肉桂，補陽則柳桂。桂，辛熱，散經寒，引導陽氣。若正氣虛者，以辛潤之，散寒邪，治奔豚。丹云虛能補，此大法也。劊云：官桂味辛熱有毒，墮胎止汗補勞傷。桂枝氣薄能開表，用肉生溫補腎良。《局》云：桂本能為諸藥聘，主除風氣補勞傷。下胞破癖行經脉，有孕須知炒過良。桂肉，主勞傷。桂枝，須歛汗。俱可行經，破癖。炒過，免墮胎兒。薄桂，味淡，能橫行手臂。

桂枝　枝條輕薄者，非身幹也。味甘，辛，氣大熱，有小毒。《湯》云：入足太陽經。珍云：解表風寒，治頭痛，引導陽氣，開腠理，除皮膚風濕，兼治奔豚。丹云：仲景救表用桂枝，非表虛以桂補之，表有風邪，故病自汗，以桂發其邪，微和則表密，汗自止，非桂枝能歛汗而用之。今《衍義》乃謂仲景治表虛，誤矣。《本草》止言出汗，正《內經》辛甘發散之意，後人用桂止汗，失《經》旨矣。曰：官桂者，桂多品，取其品之高者，而名之貴之之辭也。曰：桂心者，桂之肉厚，去其粗皮而無味者，止留近木一層，而味辛甘者，而名之心，美之之辭也。

牡桂　生南海山谷。君也。板薄者，即牡桂。味辛，氣溫，無毒。《本經》云：主上氣欬逆，結氣喉痺，吐吸心痛，脇風脇痛，溫筋通脉，止煩出汗，利關節，補中益氣，久服通神，輕身不老。《藥性論》云：牡桂，君。味甘，辛。能去冷風疼痛。

菌桂　生交阯桂林山谷間，無骨，正員如竹。立秋採。味辛，氣溫，無毒。《本經》云：主百病，養精神，和顏色，為諸藥先聘通使，久服輕身不老，面生光華媚好，常如童子。別說云：按諸家所說，桂之異同，幾不可周考。今交廣南人所販，及醫家見用，唯陳藏器之一說為最近。然筒厚實，氣味重者，宜入治藏及下焦藥。輕薄者，宜入治頭目發散藥，故《本經》以菌桂養精神，以牡桂利關節。仲景《傷寒論》發汗用桂枝，桂枝者，枝條，非身幹也，取其輕薄而能發散。今又有一種柳桂，乃桂之嫩小枝條也，亦宜入治上焦藥也。丹云：桂，固知三種之桂，不取菌桂、牡桂者，蓋此二種，性止溫而已，不可治風寒之病。獨有一字桂，《經》言甘辛大熱，正合《素問》辛甘發散為陽之說。餘同別說。《集》云：按三種之桂，所出各異，為治亦稍別，世俗所用者，單桂也。枝條輕薄者為桂枝，宜入治頭目，發表，散風寒。身幹厚實者為肉，肉宜入治臟，補腎氣，及下焦寒冷，秋冬下部腹痛，非此不除。刮去粗厚，用近裏者為桂心。又有嫩枝、小枝條，為柳桂，味淡，尤宜入治上焦藥，及橫行手臂。

明・劉文泰《本草品彙精要》卷一六　桂有小毒，附桂心、肉桂、桂枝。植生。

桂　主溫中，利肝肺氣，心腹寒熱，冷疾，霍亂轉筋，頭痛，腰痛，出汗，止煩，止唾，欬嗽鼻齆，能墮胎，堅骨節，通血脈，理疏不足，宣導百藥，無所畏。久服神仙不老。名醫所錄。【名】丹桂、薑桂。【苗】謹按：木高三四丈，其葉如柏葉而澤黑，皮黃心赤，淩冬不凋。其傍無雜木，蓋木得桂而枯之謂也。按：《衍義》云：桂，大熱。《素問》謂：辛，甘，發散，爲陽。故仲景治傷寒表虛用桂枝湯，專取辛甘發散之意也。又云：療寒以熱，故知三種之桂，不取菌桂、牡桂者，蓋此二種性止溫而已，不可以治風寒之病，獨有一字桂。《本經》謂甘，辛，大熱，正合《素問》辛、甘、發散之旨。尤知菌桂、牡桂爲不及也。今《爾雅》云：梫爲木桂。郭璞云：南人呼桂厚皮爲木桂。蘇恭以此爲牡桂，即木桂及單名桂者，非也。《湯液本草》云：有菌桂、牡桂、木桂、筒桂、肉桂、板桂、桂心、官桂之類，用者罕有分別。《衍義》言不知何緣而得官之名，考諸本草有出觀、賓諸州者佳，世人以筆劃多而懶書之，故只作官也。如黃檗作黃柏，生薑作姜，同意。本草所說諸桂有厚薄不同，大抵細薄者爲枝，厚脂者爲肉，其身者刮去皮與裏，止用中者爲桂心。故仲景用桂枝發表，用肉桂補腎，亦本乎天者親上，本乎地者親下之義也。【地】陶隱居云：出湘州、桂州、交州。【道地】桂陽、廣州、觀州。【時】生：春生新葉。採：二月、八月、十月取皮。【收】陰乾。【用】皮、心、枝。【質】類厚朴而薄。【色】紫。【味】甘、辛。【性】大熱。【氣】氣之厚者，陽也。【臭】香。【主】伐肝氣，逐寒邪。【行】桂：手少陰經。桂枝：足太陰經。【製】去粗皮。【治】療：《藥性論》云：桂心，止九種心痛，殺三蟲，破血，通利月閉，及腳軟痹不仁，並胞衣不下，除欬逆，結氣，壅痹，止腹內冷氣，痛不可忍，止下痢，治鼻息肉。日華子云：桂心，療一切風氣，通九竅，利關節，暖腰膝，破痃癖，癥瘕，消瘀血，及風痹，骨節攣縮，續筋骨，生肌肉。《湯液本草》云：桂枝，發表及表虛自汗。輕薄者，宜入治眼目發散藥。〇肉桂，治沉寒痼冷，秋冬下部腹痛，並療奔豚。《別錄》云：桂心，療卒中惡，心痛，及小兒臍腫，炙熱熨之。〇桂，療心腹脹悶，及外腎偏腫疼痛，爲末，水調方寸匕，塗之。補：日華子云：益精明目，並五勞七傷。《湯液本草》云：肉桂，補下焦熱火不足及補腎。【合治】合人參、麥門冬、甘草、大黃、黄芩，調中益氣。〇合柴胡、紫石英、乾地黄，止嘔逆。〇桂心爲末二兩，合熱酒調一錢匕，不拘時服，治寒疝，心痛，四肢逆冷，全不欲食。

牡桂無毒。

牡桂出《神農本經》：**主上氣，欬逆，結氣，喉痹，吐吸，利關節，補中益氣。久服通神，輕身不老。**以上朱字《神農本經》。心痛，脇風，脇痛，溫筋，通脈，止煩，出汗。以上黑字名醫所錄。【名】梫音寖、木桂。【苗】《圖經》曰：木高三四丈，皮薄色黃，少脂肉，氣如木蘭，味亦相類，葉狹于菌桂而長數倍，亦似枇杷葉而大。四月生白花，全類茱萸，花不著子，生於巖嶺。枝葉冬夏常青，間無雜木，所謂牡桂是也。其葉用之作飲，甚香。人家園圃亦有種者，移植於嶺北則氣味亦少辛辣，故不甚入藥也。【地】《圖經》曰：生南海山谷。【道地】融州、桂州、交州、宜州甚良。【時】生：三月、四月生花。採：二月、八月、十月取皮。【收】陰乾。【用】皮。【質】類厚朴而光薄。【色】紫。【味】辛。【性】溫，散。【氣】氣之厚者，陽也。【臭】香。【主】溫筋，通脈，冷風疼痛。【行】手少陰經。【製】刮去粗皮，剉碎用。

明・葉文齡《醫學統旨》卷八 桂枝 氣熱，味辛、甘。浮而升，陽也。有小毒。入足太陽經。凡用刮去麄皮。治傷寒頭痛，開腠理，解表，去皮膚風濕，泄奔豚；入上焦，橫行手臂，止痛風，及表虛自汗，以其溫榮衛而發其邪，邪去則表密而汗止，正辛甘發散之義。肉桂：氣大熱，味辛、甘。純陽。有小毒。入手少陰、足少陰經。忌生葱。生桂陽。凡使刮去粗皮。治一切風氣，補五勞七傷；入腎，下焦寒冷，下部腹痛；溫中，卒心痛，利肺氣，通九竅，利關節，暖腰膝；霍亂轉筋，破痃癖癥瘕，消瘀血，通月閉，墮胎；風濕寒痺，骨節攣縮；續筋骨，生肌肉。

明・許希周《藥性粗評》卷一 救表賴桂枝之力。肉桂、柳桂、牡桂、菌桂附。

桂枝桂之枝條皮也。出交廣及桂陽、桂嶺、衡湘諸山。高二三丈，葉似柏，淩冬不凋，與今人家所植。八九月開黃花，可嗅者不同，二、八月採皮，陰乾，不見火可。無所畏。凡用取厚者，刮去粗皮。 味甘、辛，性大熱，有小毒。上行榮衛之間，主治風邪冷疾，霍亂轉筋，咳嗽頭疼，奔豚氣疾。秋冬時疫，溫中利氣，發散風邪，宣通血脉，和解肌表，止虛汗，實毛孔，常與麻黃相為表裏。張仲景藥評云：頭痛發熱，汗出惡風，宜桂枝湯之類，應解表而用桂枝者；頭痛發熱，無汗惡寒，宜麻黃湯之類，應解表而用麻黃者。又云：無汗不得服桂枝，恐表得之而愈實。有汗不得服麻黃。恐表得之而愈虛。此類可見，春夏二季，人氣發舒，不宜用桂，故易老有九味羌活湯之製，所以代桂於春夏之用。妊婦傷寒用者，須炒過，不損胎氣，所謂桂不墮胎，請驗安常之語者是也。

肉桂一名官桂，去皮，桂心也。 性味同上。主治內冷，下部腹痛，溫中養腎，調理血氣。

柳桂桂之小嫩枝條也。 性味輕浮，無毒。宜入上焦藥用。

牡桂皮薄肉少，又一種也。 味辛，性溫，無毒。主補中益氣，溫筋通脉。

菌桂皮卷如筒，又一種也。 味辛，性溫，無毒。主養精神，和顏色，為諸藥先聘通使。海藏云：筒桂厚實，氣味重者，宜入治臟及下焦藥。牡桂輕薄，氣味清者，宜入治頭目及發散藥。故《本經》以菌桂養精神，牡桂利關節。又云：仲景湯液用桂枝發表，用肉桂補腎，本乎天者親上，桂枝輕清，所以治上。本乎地者親下，肉桂厚重，所以治下。理之自然。

單方：失音：桂枝為末，每著少許，置舌下，漸嚥其汁。 唾血：桂心擣末，以方寸匕，水調下。 寒疝心痛：凡中寒疝，四肢逆冷，心口疼痛者，桂心二兩，去皮，剉，搗羅為末，不拘時熱酒調下一錢匕，即效。凡九種心疼，亦依此治之妙。 產後血昏： 惡露未盡，攻心昏暈者，桂心為末，溫酒服方寸匕，日二三，愈。 中風面目偏斜： 不拘輕重，桂心一兩，剉，酒煮取汁，以故布蘸搨不患一邊，正即止，如左喎搨右，右喎搨左，妙。 小兒臍中尿出： 肉桂末，雄雞肝等分，擣為丸如小豆大，溫水送下，日二服。

明・鄭寧《藥性要略大全》卷三 桂 氣之薄者，桂枝也； 氣之厚者，肉桂也。氣薄則發泄，桂枝上行而發表； 氣厚則發熱，肉桂下行而補腎。此天地親上親下之道也。《賦》曰： 療腎冷，止汗如神。 《經》曰： 溫中，和肝肺氣。心腹寒熱冷痛，霍亂轉筋，頭、腰痛，止煩，止咳嗽鼻齆。能墮胎，堅骨節，通血脉，宣通百藥。無所畏。其心半卷、多脂者，單名桂。入藥最良。味辛，性熱，有小毒。浮也。百藥無所畏。殺草木毒。止忌生葱。凡使刮去粗皮。

明・賀岳《醫經大旨》卷一《本草要略》 桂 味辛、甘，性熱。有四等：其在下最厚者曰肉桂，去其麄皮而留其近木之味重而最精者，故有桂心入二三分於補陰藥中，則能行地黄之滯而補腎，由其味辛屬肺，而能生腎水，性溫行血而能通凝滯也，能通血藥之凝滯，其能補腎也必矣。在中次厚者曰官桂，由桂多品而取其品之高也； 主中焦有寒。在上薄者俗曰薄桂，走肩臂而行肢節之凝滯，故肩臂引經多用之。其在嫩枝之最薄者曰桂枝，傷寒傷風之有汗者宜用之，以微解表也，非固表也； 惟有汗者表虛而邪微，故用此氣薄辛甘之劑以輕散之。豈有辛甘之劑能固表哉？ 《衍義補遺》辯之明矣。

明・陳嘉謨《本草蒙筌》卷四 桂 味辛、甘，氣大熱。浮也，陽中之陽也。有小毒。採皮宜冬至，同餌忌生葱。收必陰乾，勿見火日。 用旋咀片。餘剩須密紙重裹，犯風免辛氣泄揚。種類多般，地產各處。菌桂正圓無骨，形類竹。生交趾桂林。 牡桂匾廣薄皮，產南海山谷。官桂品極高而堪充進貢，卻出觀賓； 州名，屬廣東。一說： 世人以觀字筆劃多，懶書之，故只作官，如寫黃蘗作栢，薑作姜，同意亦通。 木桂皮極厚而肉理麄虛，乃發從嶺。 筒桂因皮嫩如筒卷束，板桂謂皮老若板坦平。柳桂係至軟枝梢，肉桂指至厚脂肉。桂枝枝梗小條，非身幹麄厚之處； 桂心近木黄肉，但去外甲錯麄皮。品分既明，欺罔難入。又各主治，亦須詳知。 菌桂筒桂相同，一說： 菌、筒字近似，人誤書之，習以成俗也。 養精神，和顏色耐老； 牡桂板桂一類，堅骨節，通血脉墮胎。 四者性並辛溫，難作風寒正治。柳桂桂枝味淡，能治上焦頭目，兼横行手臂，調榮血，和肌表，止煩出汗，疎邪散風，《經》云氣薄則發泄是也； 肉桂木桂性熱，堪療下焦寒冷，併秋冬腹疼，泄賁豚，利水道，溫筋暖臟，破血通經。經云氣厚則發熱是也。桂心，美之之義，性略守，治多在中； 官桂，貴之之辭，味甚辛，治易解表。如此之異，蓋緣本乎天者親上，本乎地者親下。理之自然，性分所不可移也。然柳桂桂枝，入足太陽之腑； 桂心入心，在手少陰之經。《本經》註云： 桂有小毒，亦從類化。與黄芩、黄連為使，小毒何施； 與烏頭、附子為使，全得熱性。與人參、麥門冬、甘草同用，能調中益氣，實衛護榮； 與柴胡、紫石英、乾地黄同用，却主吐逆。與巴豆、硇砂、乾漆、穿山甲、水蛭、䖟蟲，如此有毒之類同用，則小毒化為大毒矣。春夏禁服，秋冬宜煎。

謨按： 諸桂所治不同，無非各因其材而致用也。【略】

明・方穀《本草纂要》卷三 官桂 味甘、辛，氣大熱，有毒。入足少陰腎經，能補腎溫中，陽中之陽。治小腹腰痛，四肢厥逆，助陽益陰，行血斂汗，破積墮胎，逐冷回陽之神藥也。然而，此劑有三用焉。體薄者謂之官桂，體厚者謂之肉桂，枝幹而體微薄者，謂之桂枝，此三劑所用固不同也。若以官桂言之，旁達四肢，横行宜往，如手膊冷痛，足膝酸疼，非此不能行氣以通血也。又或惡露不行，上攻心嘔，或癰腫已潰未潰，護心托裏，或跌撲損傷，破血去積，非此不能行血以調氣也。至如肉桂一劑，乃溫中之藥，若陰虛不足而亡陽厥逆； 若心腹腰痛，而吐利泄瀉； 若心腎久虛，而痼冷怯寒，無此亦不能溫中以回陽也。至若桂枝一劑，可以實表，可以助汗，且如傷風之症，未表而汗自行，此表虛也。設若再汗，則亡陽必矣。須用甘辛之藥，實表之虛，而托邪之出，使寒去而汗斂也，非謂此劑可以實表而斂汗也。至若自汗、盜汗之症，概而與之，則又取禍。大抵桂爲猛勵之藥，其性最劣，不可多服。古方配二陳用，則行氣之功大； 配四物用，則行血之功速也。

明・王文潔《太乙仙製本草藥性大全》卷三《本草精義》 桂 其心半卷多脂者單名桂。按： 桂林、桂嶺因桂爲名令之，所生不離此郡。從嶺以南際海盡有桂樹，惟柳、象州最多，味既辛烈，皮又厚堅。土人所採，厚者必嫩，薄者必老，以老薄者爲一色，以厚嫩者爲一色，嫩既辛香兼又筒卷，老必味淡自然板薄。板薄者即牡桂也，以老大而名焉； 筒卷者即菌桂也，以嫩而易卷。採皮宜冬至。同餌忌生葱。收必陰乾，用旋咀片，餘剩須密紙重裹，犯風免辛氣泄陽。種類多般，地産各處。

菌桂：正圓無骨，形類竹，生交趾桂林。　牡桂：匾廣薄皮。産南海山谷。　官桂：品極高而堪充進貢，却出觀賓。　木桂：皮極厚而肉理麄虚，乃發從嶺。　筒桂：因皮嫩如筒卷束。　板桂：謂皮老若板坦平。　柳桂：係至軟枝梢。　肉桂：指至厚脂肉。　桂枝：枝梗小條，非身幹麄厚之處。　桂心：近木黄肉，但去外甲錯麄皮。

品分既明，欺罔難入。又各主治亦須詳知。氣之薄者，桂枝也；氣之厚者，肉桂也。氣薄則發泄，桂枝上行而發表；氣厚則發熱，肉桂下行而補腎。此天地親上親下之道也。

牡桂：一名木桂，一名梫桂。生南海山谷，即廣州。今俗用牡桂，狀似桂而扁廣，殊薄，皮色黄，脂肉甚少，氣如木蘭，味亦類桂，不知當是別樹，爲復猶是桂生有老宿者？固《經》云：葉狹長於箘桂，但言梫木桂一種。郭璞云：南人呼桂厚皮者爲木桂，桂樹葉似枇杷而白，華而不着子，叢生巖嶺，枝葉冬夏常青，間無雜木。蘇恭以謂牡桂，即木桂。二月、八月採皮，日乾用之。

菌桂：一名筒桂，一名肉桂。生交趾、桂林山谷巖崖間。無骨正圓如竹。唐註云：菌者，竹名，古方用筒桂者是，故云三重者良。其筒桂亦有二三重卷者，葉似柿葉，中三道文肌理緊薄如竹，大枝、小枝皮俱是菌，然大枝皮不能重卷，味極淡薄，不入藥用。今賓州所出者相類。牡桂葉狹於菌桂而長數倍，其嫩枝皮半卷，多紫，與今宜州、韶州者相類，彼土人謂其皮爲木蘭，皮肉爲桂心，此又有黄紫兩色，益可驗也。桂葉如栢葉而澤黑，皮黄心赤，今欽州所出者，葉密而細，亦恐是其類，但不作栢葉形，爲疑耳。皮厚者名木桂，即板桂是也。蘇恭以牡桂與單名桂爲一物，亦未可據。其木俱高三四丈，多生深山蠻洞中，人家園圃亦有種者，移植於嶺北，則氣味殊少辛辣，固不堪入藥也。三月、四月生花，全類茱萸，九月結實，今人多以裝綴花果作筵，具其葉甚香，可用作飲香尤佳。二月、八月採皮，九月採花，並陰乾，不可近火。中品又有天竺桂，云生西胡國，功用似桂，不過烈，今亦稀有。

柳桂：一名桂枝，又謂之官桂。然《本經》只言桂，仲景又言桂枝者，枝條也，非身幹也，取其輕薄而能發散。一種柳桂乃桂之嫩小枝條也，又宜入治上焦藥用也。蓋亦取其枝上皮，其木身麄厚處，亦不日用。《圖經》云：葉似柿葉而尖狹光浄，花白蕋黄，四月開花，五月結實，樹皮青黄淡薄，卷若筒，亦名菌桂。厚硬味薄者名桂枝，又云不入藥。三七月採皮曝乾。

桂心：一名紫桂，乃諸桂之心，不若一字桂也。出融州、桂州、交州者甚良。《圖經》云：葉狹長於菌桂之二倍，其嫩枝半捲，多紫肉，中皺起，肌理虚軟，謂之桂枝，又名肉桂，削去上皮名曰桂心，藥中以此爲善，其厚皮者名曰木桂。二月、八月採皮曝乾，去皮留心用。按諸桂所治不同，無非各因其材而致用也。然《本經》謂桂止煩、出汗，仲景治傷寒乃云無汗不得服桂枝。又云汗過多者，桂枝甘草湯是，又用其閉汗，何特反其經義耶？抑一藥而二用耶？噫！此正所謂殊途而合轍也。蓋桂善通血脉，《本經》言桂止煩、出汗者，非桂能開腠理而發出汗也，以之調其榮血，則衛氣自和，邪無容地，遂自汗出而解矣。仲景言汗多用桂枝者，亦非桂枝能閉腠理而止住汗也，以之調和榮衛，則邪從汗出，邪去而汗自止矣。昧者不解出汗止汗之意，凡病傷寒，便用桂枝湯，幸遇太陽傷風自汗者，固獲奇效，儻係太陽傷寒無汗者，而亦用之，爲害豈淺淺乎？猶有謂仲景之治表虚，而一概用斂虚汗者，此又失大經之旨矣！

明・王文潔《太乙仙製本草藥性大全》卷三《仙製藥性》　柳桂使　即桂枝。味辛，氣温，無毒。《湯液》云：氣味俱輕，故能上行發散於表。内寒則肉桂，補陽則柳桂。桂辛熱，散經寒，引導陽氣，若正氣虚者，以辛潤之，散寒邪，治奔豚。主治：仲景云：《湯液》用桂枝發表，用肉桂補腎，其氣之清濁，上下一定之理也。此藥可以久服，能護榮氣，能實胃氣，則在足太陽膀胱經也。或問：《湯液》發汗用桂枝，補腎用肉桂，小柴胡止云加桂，何也？答曰：肉桂大辛，春夏禁用，其治表寒，當看時令，故只云加桂而已；秋冬治下部腹痛，非桂不能止也。專治奔豚氣痛。　桂心君：味苦、辛，性温，無毒。桂心入手少陰心經。　主治：殺草木毒，專治九種心痛。殺三蟲，破血通經及胎衣不下。除咳逆結氣壅痹，止腹氣冷痛下痢。鼻中息肉，軟脚痹不仁。　補註：治風頭痛，天陰雨風先發者，用一兩爲末，以酒調膏，用傅頂上，并額角。〇九種心痛煩悶，用一分爲末，以酒一大盞，煎半盞，去滓，熱服效。寒疝心痛，四肢逆冷，不欲食，用二兩，劈去皮，搗羅爲散，熱酒調下一錢。〇産後惡血衝心痛，氣悶欲絶，用三兩，搗末，狗膽汁和丸如櫻桃大，熱酒吞下。〇中風面目相引偏僻，牙頰急，舌不可轉。以酒煮取汁，故布蘸搶病上即止，左喎搶右，右喎搶左效。〇卒中心痛，用八分，以水四升，煮取一升，分二服。〇治唾血，搗作末，以水下方寸〔匕〕。〇卒外腎偏腫疼痛，搗末和水調方寸〔匕〕塗之。〇治小兒臍腫，取炙令熱熨之，日可四五度。〇治中風失音，用一兩，去其麄皮，近人身體懷之，至兩時辰許，爲末，分爲三服，每服用水二盞，煎至一盞，服之差，大妙。〇按：三種之桂所出各異，爲治稍別。世俗所用者，□□□枝條輕薄者爲桂枝，宜入治頭目，發表散風寒，仲景救表用桂枝，并以其能歛汗。蓋表有風邪故，病自汗，以桂枝溫榮衛而發其邪，邪去則表密而汗自止，正辛甘發散之義。後人用桂止汗失經旨矣！身幹厚皮者爲肉，肉宜入治臟，補腎氣及下焦寒冷，秋冬□□腹痛，非此不除。刮去麄厚，用近裏者爲桂心。又有嫩小枝條爲柳桂，味淡，尤宜入治上焦及橫行手臂佳也。

明・王文潔《太乙仙製本草藥性大全》卷三《仙製藥性》　桂君　味辛、甘，氣大熱，浮也，陽中之陽也，有小毒。百藥無所畏。殺草木毒。入手少陰心經。　主治：　箘桂、筒桂相同，養精神，和顏色，耐老。牡桂、板桂一類，堅骨節，通血脉，墮胎。四者性並辛溫，難作風寒正是。柳桂、桂枝味淡，能治上焦頭目，兼橫行手臂，調榮血，和肌表，止煩出汗，踈邪散風，《經》云氣薄則發泄是也。　肉桂、木桂性熱，堪療下焦寒冷，併秋冬腹疼泄、賁豚，利水道，溫筋暖臟，破血通紅，《經》云氣厚則發熱是也。桂心，美之之義，性略守，治多在中；官桂，貴之之辭，味甚辛，治易解表。如此之異，蓋緣本乎天者親上，本乎地者親下，理之自然，性分所不可移也。然柳桂、桂枝入足太陽之腑，桂心、紫桂入心，在手少陰之經。《本經》註云桂有小毒，亦從類化，與黃芩、黃連爲使，小毒何施？與烏頭、附子爲使，全得熱性；與人參、麥門冬、甘草同用，能調中益氣，實衛護榮；與柴胡、紫石英、乾地黃同用，却主吐逆；與巴豆、硇砂、乾漆、穿山甲、水蛭、䖟蟲如此有毒之類同用，則小毒化爲大毒矣。春夏禁服，秋冬宜煎。　補註：　治陰受病發痹內熨方：　用醇酒二十斗，蜀椒一觔，乾薑一觔，桂一觔，右㕮咀，着清酒中，綿絮一斤，細白布四丈，並入酒中，置馬矢熅中，善封塗勿使泄氣，五日五夜出，而綿絮暴乾，復漬之，以盡其汁，每漬必捽，其日乃出布綿乾之，并用滓與絮復布爲中，其布長六七尺，爲六七巾，即用生桑炭火炙巾，以熨寒痹所刺之處。令熱入至病所，寒則復炙巾以熨之三十遍而止。汗出，炙巾以拭身，亦三十徧而止，起步內，無見風，每刺必熨，如此病已矣。〇治躄筋急，亦以白酒和桂塗之。造桂漿法：　夏月飲之，解煩渴，益氣消痰。桂末一兩，白蜜一升，以水二斗，先煎，取一斗未冷入新甆瓶中，後下二物，攪二三百轉，令勻。先以油單一重覆上，加紙七重，以繩封之，每日去紙一重，七日開之藥成，氣香味美，格韻絕高。〇失音，桂末着舌下，漸嚥汁。〇小兒睡中遺尿不自覺，桂末、雄雞肝作等分，搗丸如小豆大，每服溫水下。〇心腹俱脹痛，短氣欲絕，或已絕，桂二兩，切，以水一升二合，煮取八合，去滓頓服。無桂用乾薑亦得。治中風四肢逆冷，吐清水，宛轉啼呼者，取二兩，㕮咀，以水三升，煮取二升，去滓，適寒溫盡服。〇反腰有血痛，桂末三升許，以苦酒和塗痛上，乾復塗。〇卒吐血，桂屑方寸匕，晝夜含二十許服。亦療下血大神驗。〇產後腹中瘕痛，末桂溫酒服寸〔匕〕，日三服。〇蜀椒閉口者有毒，誤食之便氣欲絕，或下白沫，身體冷者，急煎桂汁服之，多飲冷水一二升。忽食，欲吐漿，煎濃豉汁服之。　太乙曰：　凡使勿薄者，要紫色厚者，去上麄皮，取心中味辛者使，每斤大厚紫桂只取得五兩，取有味厚處生用。如未用，即用重蜜熟絹并紙裹勿令犯風。其州土只有桂草，元無桂心，用桂草煮丹陽木皮遂成桂心。凡使即單搗用之。

牡桂君：　即木桂。　味辛，氣溫，無毒。　主治：　治上氣咳逆，結氣喉痹，吐吸心痛，脇風脇痛。溫經通脉，止煩出汗，利關節，補中益氣。此桂味厚於氣，久服通神，輕身不老。《經》云：　治奔遯氣，能通血脉。　補註：　治大人、小兒喫雜果子多，腹脹氣急方：　取肉桂，碾末，飯丸如菉豆大，小兒熟水下五丸，大人十丸，未痊再服。

明・皇甫嵩《本草發明》卷四　桂上品，君。氣大熱，味辛，有小毒。陽中之陽也。入手少陰經。桂枝入足太陽經。　發明曰：　按：　諸桂氣味少差，而種類非一，其主治亦不同也。《本草》云主溫中，利肝肺氣，心腹寒熱冷疾，霍亂轉筋，頭痛腰痛，出汗，止煩止唾咳嗽，鼻齆。能墮胎，堅骨節，通血脉，理踈不足，宣導百藥無所畏，久服不老。此概言之，而無別也。然其名有官桂、肉桂、木桂、桂心、菌桂、牡桂、板〔桂〕、柳桂、桂枝之分，要今時所常用者，惟肉桂、桂心、桂枝三者為最也。

木桂、皮厚，肉理粗。　肉桂至厚如脂肉，其辛辣過于木桂。　二者氣熱味重，堪療下焦寒冷，併秋冬腹內冷瘕，泄賁豚，續筋骨，暖腰膝，破血通經，利水道，墮胎。《經》云味厚則發熱是也。　桂心乃取肉桂之厚，去皮裏上，用身中，性甘溫，帶辛，略守。治多在中，而益元陽，入手少陰心經。又云：治九種心痛，殺三蟲，補勞傷。用二三分于補陰藥中。行地黄之滯，平知柏之寒而補腎。蓋味辛入肺，滋腎水之化源。性溫行血而能通滯，故耳。官桂出觀賓，品類最高，故以官名。亦取其音同也。大略同木桂、肉桂、桂心，而味稍薄。今治沉寒痼冷之候同肉桂、桂心，以其味厚而辛且甘溫也。菌桂、形類竹，正圓無骨。筒桂如筒卷束。二者味辛溫，同養精神，和顏色，為諸藥通使，耐老輕身。牡桂、匾闊，皮薄。板桂皮老，平坦。二者相類，味稍淡。主上氣欬逆結氣，喉痹心痛，脇風痛，溫經，通血脉，出汗，補中益氣，墮胎。以上四者，性並辛溫，不治風寒及痼冷之病。柳桂、皮薄而嫩。桂枝枝條細軟。二者氣薄，味淡。能治上焦頭目，兼行手臂肢節，調榮血，和肌表，止煩出汗，踈邪散風。《經》云氣薄則發泄是也。故入足太陽之府。忌生物。

註云：桂辛熱，小毒。然亦從類化，若與芩、連為使，小毒何施？與烏、附為使，全得熱性。與參、麥、甘草同用，能調中益氣，實衛護榮。與柴胡、紫石英、乾地黄同用，却主吐逆。與巴豆、乾漆、穿山甲、水蛭、䗪蟲毒類用，則小毒化為大毒。春夏禁用，秋末與冬宜服。治寒月下部腹痛，非此不止。

按：桂性一也。《本經》謂桂能止煩出汗，仲景治傷寒乃曰無汗不得用桂枝。又云：汗過多者，桂枝甘草湯。是又用之閉汗，與經義相反，豈一藥二用歟？此正所謂一闔一闢之妙用，而殊途同歸也。蓋桂能通血脉，《經》言桂止煩出汗者，非謂開腠理而發出汗也，以之調其榮血，則衛氣自和，邪無容地，遂自汗出而解矣。仲景言汗多用桂枝者，非謂閉腠理而止住汗也。蓋衛有風邪，故病自汗，以之調和榮衛，則邪從汗出，邪去則表密而汗自斂，非桂枝能收汗而用之也。若不明出汗止汗之意，凡病傷寒便用桂枝湯，幸遇太陽傷風自汗者固效，倘係太陽傷寒無汗及夏月溫熱病亦用之，為害豈小？猶有謂仲景之治表虚，而一概用斂汗者，此又大失《經》旨矣。

明·李時珍《本草綱目》卷三四木部·香木類

桂《別録》上品　牡桂《本經》上品

【釋名】梫音寢。時珍曰：按范成大《桂海志》云：凡木葉心皆一縱理，獨桂有兩道如圭形，故字從圭。陸佃《埤雅》云：桂猶圭也。宣導百藥，爲之先聘通使，如執圭之使也。《爾雅》謂之梫者，能侵害他木也。故《呂氏春秋》云：桂枝之下無雜木。《雷公炮炙論》云桂釘木根，其木即死是也。桂即牡桂之厚而辛烈者，牡桂即桂之薄而味淡者，《別録》不當重出。今併爲一，而分目于下。

【集解】《別録》曰：桂生桂陽，牡桂生南海山谷。二月、八月、十月采皮，陰乾。弘景曰：南海即是廣州。《神農本經》惟有牡桂、菌桂。俗用牡桂，扁廣殊薄，皮黄，脂肉甚少，氣如木蘭，味亦類桂，不知是別樹，是桂之老宿者？菌桂正圓如竹，三重者良，俗中不見，惟以嫩枝破卷成圓者用之，非真菌桂也，並宜研訪。今俗又以半卷多脂者單名爲桂，入藥最多，是桂有三種矣。此桂廣州出者好；交州、桂州者，形段小而多脂肉，亦好；湘州、始興、桂陽縣者，即是小桂，不如廣州者。《經》云：桂，葉如柏葉澤黑，皮黄心赤。齊武帝時，湘州送樹，植芳林苑中。今東山有桂皮，氣粗相類，而葉乖異，亦能淩冬，恐是牡桂。人多呼爲丹桂，正謂皮赤爾。北方重此，每食輒須之，蓋《禮》所云薑桂以爲芬芳也。恭曰：桂惟有二種。陶氏引經云似柏葉，不知此言從何所出。又於《別録》剩出桂條，爲深誤也。單名桂者，即是牡桂，乃《爾雅》所謂梫，木桂也。葉長尺許，花、子皆與菌桂同。大小枝皮俱名牡桂。但大枝皮，肉理粗虛如木而肉少味薄，名曰木桂，亦云大桂。不及小嫩枝皮，肉多而半卷，中必皺起，其味辛美，一名肉桂，亦名桂枝，一名桂心。出融州、桂州、交州甚良。其菌桂，葉似柿葉，中有縱文三道，表裏無毛而光澤。肌理緊薄如竹，大枝、小枝皮俱是筒。其大枝無肉，老皮堅板，不能重卷，味極澹薄，不入藥用；小枝薄而卷及二三重者良。或名筒桂，陶云小桂是也。今惟出韶州。保昇曰：桂有三種，菌桂，葉似柿葉而尖狹光净。花白蕊黄，四月開，五月結實。樹皮青黄，薄卷若筒，亦名筒桂。其厚硬味薄者，名板桂，不入藥用。牡桂，葉似枇杷葉，狹長於菌桂葉一二倍。其嫩枝皮半卷多紫，而肉中皺起，肌理虛軟，謂之桂枝，又名肉桂。削去上皮，名曰桂心。其厚者名曰木桂。藥中以此爲善。陶氏言半卷多脂者爲桂。又引仙經云：葉似柏葉。此則桂有三種明矣。陶雖是梁武帝時人，實生於宋孝武建元三年，歷齊爲諸王侍讀，曾見芳林苑所植之樹。蘇恭只知有二種，指陶爲誤，何臆斷之甚也。藏器曰：菌桂、牡桂、桂心三色，同是一物。桂林桂嶺，因桂得名，今之所生，不離此郡。從嶺以南際海盡有桂樹，惟柳、象州最多。味既多烈，皮又厚堅。厚者必嫩，薄者必老。采者以老薄爲一色，嫩厚爲一色。嫩既辛烈，兼又筒卷。老必味淡，自然版薄。薄者即牡桂，卷者即菌桂也。桂心即是削除皮上甲錯，取其近理而有味者。承曰：諸家所説，幾不可考。今廣、交商人所販，及醫家見用，惟陳藏器一説最近之。頌曰：《爾雅》但言梫，木桂一種，《本草》載桂及牡桂、菌桂三種。今嶺表所出，則有筒桂、肉桂、桂心、官桂、板桂之名，而醫家用之，罕有分別。舊説菌桂正圓如竹，有二三重者，則今之筒桂也。牡桂皮薄色黄少脂肉者，則今之官桂也。桂是半卷多脂者，則今之板桂也。而今觀賓、宜、韶、欽諸州所圖上者，種類亦各不同，然總謂之桂，無復別名。參考舊注，謂菌桂，葉似柿，中有三道文，肌理緊薄如竹，大小皆成筒，與今賓州所出者相類。牡桂，葉狹於菌桂而長數倍，其嫩枝皮半卷多紫，與今宜州、韶州所出者相類。彼土人謂其皮爲木蘭皮，肉爲桂心。此又有黄、紫兩色，益可驗也。桂，葉如柏葉而澤黑，皮黄心赤，與今欽州所出者，葉密而細，恐是其類，但不作柏葉形爲異爾。蘇恭以單桂、牡桂爲一物，亦未可據。其木俱高三四丈，多生深山蠻洞中，人家園圃亦有種者。移植于嶺北，則氣味殊少辛辣，不堪入藥也。三月、四月生花，全類茱萸。九月結實，今人多以裝綴花果作筵具。其葉甚香，可用作飲尤佳。二月、八月采皮，九月采花，並陰乾，不可近火。時珍曰：桂有數種，以今參訪，牡桂，葉長如枇杷葉，堅硬有毛及鋸齒，其花白色，其皮多脂。菌桂，葉如柿葉，而尖狹光浄，有三縱文而無鋸齒，其花有黃有白，其皮薄而卷。今商人所貨，皆此二桂。但以卷者爲菌桂，半卷及板者爲牡桂，即自明白。蘇恭所説，正合醫家見今用者。陳藏器、陳承斷菌、牡爲一物者，非矣。陶弘景復以單字桂爲葉似柏者，亦非也。柏葉之桂，乃服食家所云，非此治病之桂也。蘇頌所説稍明，亦不當以欽州者爲單字之桂也。按《尸子》云：春花秋英曰桂。嵇含《南方草木狀》云：桂生合浦、交趾，生必高山之巔，冬夏常青。其類自爲林，更無雜樹。有三種：皮赤者爲丹桂，葉似柿者爲菌桂，葉似枇杷者爲牡桂。其説甚明，足破諸家之辯矣。又有巖桂，乃菌桂之類，詳菌桂下。韓衆《采藥詩》云：闇河之桂，實大如棗。得而食之，後天而老。此又一種也。闇河不知在何處。

【正誤】好古曰：寇氏《衍義》言：官桂不知緣何立名？予考《圖經》，今觀、賓、宜諸州出者佳。世人以觀字畫多，故寫作官也。時珍曰：此誤矣。《圖經》今觀，乃今視之意。嶺南無觀州。曰官桂者，乃上等供官之桂也。

桂《別録》時珍曰：此即肉桂也。厚而辛烈，去粗皮用。其去内外皮者，即爲桂心。

【氣味】甘，辛，大熱，有小毒。權曰：桂心：苦、辛，無毒。元素曰：肉桂：氣熱，味大辛，純陽也。杲曰：桂：辛，熱，有毒。陽中之陽，浮也。氣之薄者，桂枝也；氣之厚者，桂肉也。氣薄則發泄，桂枝上行而發表；氣厚則發熱，桂肉下行而補腎。此天地親上親下之道也。好古曰：桂枝入足太陽經，桂心入手少陰經血分，桂肉入足少陰、太陰經血分。細薄者爲枝爲嫩，厚脂者爲肉爲老。去其皮與裏，當其中者爲桂心。《別録》言有小毒，又云久服神仙不老。雖有小毒，亦從類化。與黃芩、黃連爲使，小毒何施？與烏頭、附子爲使，全取其熱性而已。與巴豆、硇砂、乾漆、穿山甲、水蛭等同用，則小毒化爲大毒。與人參、麥門冬、甘草同用，則調中益氣，便可久服也。之才曰：桂得人參、甘草、麥門冬、大黃、黃芩，調中益氣。得柴胡、紫石英、乾地黃，療吐逆。忌生葱、石脂。【主治】利肝肺氣，心腹寒熱冷痰，霍亂轉筋，頭痛腰痛出汗，止煩止唾，欬嗽鼻齆，墮胎，温中，堅筋骨，通血脉，理疏不足，宣導百藥，無所畏。久服，神仙不老《別録》。補下焦不足，治沉寒痼冷之病，滲泄止渴，去營衛中風寒，表虚自汗。春夏爲禁藥，秋冬下部腹痛，非此不能止元素。補命門不足，益火消陰好古。治寒痹風瘖，陰盛失血，瀉痢驚癇時珍。

桂心《藥性論》斆曰：用紫色厚者，去上粗皮并内薄皮，取心中味辛者用。中土只有桂草，以煮丹陽木皮，僞充桂心也。時珍曰：按《酉陽雜俎》云：丹陽山中有山桂，葉如麻，開細黃花。此即雷氏所謂丹陽木皮也。【氣味】苦、辛，無毒。詳前桂下。【主治】九種心痛，腹内冷氣痛不可忍，欬逆結氣壅痹，脚痹不仁，止下痢，殺三蟲，治鼻中息肉，破血，通利月閉，胞衣不下甄權。治一切風氣，補五勞七傷，通九竅，利關節，益精明目，暖腰膝，治風痹骨節攣縮，續筋骨，生肌肉，消瘀血，破痃癖癥瘕，殺草木毒大明。治風僻失音喉痹，陽虚失血，内托癰疽痘瘡，能引血化汗化膿，解蛇蝮毒時珍。

牡桂《本經》時珍曰：此即木桂也。薄而味淡，去粗皮用。其最薄者爲桂枝，枝之嫩小者爲柳桂。【氣味】辛，温，無毒。權曰：甘、辛。元素曰：桂枝味辛、甘，氣微熱，氣味俱薄，體輕而上行，浮而升，陽也。餘見前單桂下。【主治】上氣欬逆結氣，喉痹吐吸，利關節，補中益氣。久服通神，輕身不老《本經》。心痛脇痛脇風，温筋通脉，止煩出汗《別録》。去冷風疼痛甄權。去傷風頭痛，開腠理，解表發汗，去皮膚風濕元素。泄奔豚，散下焦畜血，利肺氣成無己。横行手臂，治痛風震亨。

【發明】宗奭曰：桂甘、辛，大熱。《素問》云：辛甘發散爲陽。故漢張仲景桂枝湯治傷寒表虚，皆須此藥，正合辛甘發散之意。《本草》三種之桂，不用牡桂、菌桂者，此二種性止於温，不可以治風寒之病也。然《本經》止言桂，仲景又言桂枝者，取枝上皮也。好古曰：或問：《本草》言桂能止煩出汗，而張仲景治傷寒有當發汗凡數處，皆用桂枝湯。又云：無汗不得服桂枝。汗家不得重發汗。若用桂枝，是重發其汗。汗多者，用桂枝甘草湯，此又用桂枝閉汗也。一藥二用，與《本草》之義相通否乎？曰：《本草》言桂辛甘大熱，能宣導百藥，通血脉，止煩出汗，是調其血而汗自出也。仲景云：太陽中風，陰弱者，汗自出。衛實營虚，故發熱汗出。又云：太陽病，發熱汗出者，此爲營弱衛强，陰虚陽必凑之，故皆用桂枝發其汗。此乃調其營氣，則衛氣自和，風邪無所容，遂自汗而解。非桂枝能開腠理，發出其汗也。汗多用桂枝者，以之調和營衛，則邪從汗出而汗自止，非桂枝能閉汗孔也。昧者不知出汗、閉汗之意，遇傷寒無汗者亦用桂枝，誤之甚矣。桂枝湯下發汗字，當認作出字，汗自然發出。非若麻黃能開腠理，發出其汗也。其治虚汗，亦當逆察其意可也。成無己曰：桂枝本爲解肌。若太陽中風，腠理緻密，營衛邪實，津液禁固，其脉浮緊，發熱汗不出者，不可與此必也。皮膚疎泄，自汗，脉浮緩，風邪干於衛氣者，乃可投之。發散以辛甘爲主，桂枝辛熱，故以爲君。而以芍藥爲臣、甘草爲佐者，風淫所勝，平以辛苦，以甘緩之，以酸收之也。以薑、棗爲使者，辛甘能發散，而又用其行脾胃之津液而和營衛，不專於發散也。故麻黃湯不用薑、棗，專於發汗，不待行其津液也。承曰：凡桂之厚實氣味重者，宜入治水臟及下焦藥；輕薄氣味淡者，宜入治頭目發散藥。故《本經》以菌桂養精神，牡桂利關節。仲景發汗用桂枝，乃枝條，非身幹也，取其輕薄能發散。又有一種柳桂，乃桂之嫩小枝條，尤宜入上焦藥用。時珍曰：麻黄遍徹皮毛，故專於發汗而寒邪散，肺主皮毛，辛走肺也。桂枝透達營衛，故能解肌而風邪去，脾主營，肺主衛，甘走脾，辛走肺也。肉桂下行，益火之原，此東垣所謂腎苦燥，急食辛以潤之，開腠理，致津液，通其氣者也。《聖惠方》言桂心入心，引血化汗化膿。蓋手少陰君火、厥陰相火，與命門同氣者也。《别録》云桂通血脉是矣。曾世榮言：小兒驚風及泄瀉，並宜用五苓散以瀉丙火，滲土濕。内有桂，能抑肝風而扶脾土。又《醫餘録》云：有人患赤眼腫痛，脾虚不能飲食，肝脉盛，脾脉弱。用凉藥治肝則脾愈虚，用暖藥治脾則肝愈盛。但於温平藥中倍加肉桂，殺肝而益脾，故一治兩得之。傳云木得桂而枯是也。此皆與《别録》桂利肝肺氣，牡桂治脇痛脇風之義相符。人所不知者，今爲拈出。又桂性辛散，能通子宫而破血，故《别録》言其墮胎，龐安時乃云炒過則不損胎也。又丁香、官桂治痘瘡灰塌，能温托化膿，詳見丁香下。

【附方】舊二十，新十二。　陰痹熨法：寒痹者，留而不去，時痛而皮不仁。刺布衣者，以火焠之；刺大人者，以藥熨之。熨法：用醇酒二十斤，蜀椒一斤，乾薑一斤，桂心一斤。凡四物㕮咀，漬酒中。用綿絮一斤，細白布四丈，并納酒中，置馬矢煴中，封塗勿使泄氣。五日五夜，出布，絮暴乾，復漬以盡其汁。每漬必晬其日，乃出乾之。并用滓與絮複布爲複巾，長六七尺，爲六七巾。每用一巾，生桑炭火炙巾，以熨寒痹所刺之處，令熱入至病所。寒則復炙巾以熨之，三十遍而止。汗出以巾拭身，亦三十遍而止。起步内中，無見風。每刺必熨，如此病已矣。《靈樞經》。　足躄筋急：桂末，白酒和塗之，一日一上。皇甫謐《甲乙經》。　中風口喎：面無相引，偏僻頰急，舌不可轉。桂心酒煮取汁，故布蘸搨病上，正即止。左喎搨右，右喎搨左。常用大效。《千金方》。　中風逆冷：吐清水，宛轉啼呼。桂一兩，水一升半，煎半升，冷服。《肘後方》。　中風失音：桂着舌下，嚥汁。○又方：桂末三錢，水二盞，煎一盞服，取汗。《千金方》。　喉痹不語：方同上。　偏正頭風：天陰風雨即發。桂心末一兩，酒調[如膏]，塗傅額角及頂上。《聖惠方》。　暑月解毒：桂苓丸：用肉桂去粗皮不見火，茯苓去皮，等分，爲細末，煉蜜丸龍眼大。每新汲水化服一丸。《和劑方》。　桂漿渴水：夏月飲之，解煩渴，益氣消痰。桂末一大兩，白蜜一升，以水二斗，先煎取一斗，入新瓷瓶中，乃下二物，攪二三百轉。先以油帋一重覆上，加二重封之。每日去帋一重，七日開之，氣香味美，格韻絶高，今人多作之。《圖經本草》。　九種心痛：《聖惠方》用桂心二錢半，爲末。酒一盞半，煎半盞飲，立效。《外臺秘要》桂末，酒服方寸匕，須臾六七次。　心腹脹痛：氣短欲絶。桂二兩，水一升二合，煮八合，頓服之。《肘後方》。　中惡心痛：方同上。《千金》。　寒疝心痛：四肢逆冷，全不飲食。桂心研末一錢，熱酒調下取效。《聖惠方》。　産後心痛：惡血冲心，氣悶欲絶。桂心爲末，狗膽汁丸芡子大。每熱酒服一丸。《聖惠》。　産後瘕痛：桂末，酒服方寸匕，取效。《肘後》。　死胎不下：桂末二錢，待痛緊時，童子小便温熱調下。名觀音救生散，亦治産難横生。加麝香少許，酒下，比之水銀等藥，不損人。《何氏方》。　血崩不止：桂心不拘多少，砂鍋内煅存性，爲末。每米飲空腹服一二錢。名神應散。《婦人良方》。　反腰血痛：桂末，和苦酒塗之。乾再上。《肘後方》。　吐血下血：肘後用桂心爲末，水服方寸匕。○王璆曰：此陰乘陽之症也，不可服凉藥。南陽趙宣德暴吐血，服二次而止。其甥亦以二服而安。　小兒久痢：赤白。用桂去皮，以薑汁炙紫，黄連以茱萸炒過，等分，爲末。紫蘇、木瓜煎湯服之。名金鎖散。《全幼心鑒》。　小兒遺尿：桂末、雄鷄肝等分，擣丸小豆大。温水調下，日二服。《外臺》。　嬰兒臍腫：多因傷濕。桂心炙熱熨之，日四五次。姚和衆方。　外腎偏腫：桂末，水調方寸匕，塗之。《梅師方》。　食果腹脹：不拘老小。用桂末，飯和丸緑豆大。吞五六丸，白湯下。未消再服。《經驗方》。　打撲傷損：瘀血溷悶，身體疼痛。辣桂爲末，酒服二錢。《直指方》。　乳癰腫痛：桂心、甘草各二分，烏頭一分，炮，爲末，和苦酒塗之，帋覆住。膿化爲水，神效。《肘後方》。　重舌鵝口：桂末，和薑汁塗之。《湯氏寶書》。　諸蛇傷毒：桂心、栝樓等分，爲末，竹筒密塞。遇毒蛇傷，即傅之。塞不密，即不中用也。　閉口椒毒：氣欲絶，或出白沫，身體冷。急煎桂汁服之，多飲新汲水一二升。《梅師方》。　中鈎吻毒、解芫青毒：並煮桂汁服。

葉　【主治】擣碎浸水，洗髮，去垢除風。時珍。

題明·薛己《本草約言》卷二《藥性本草》　桂　味甘、辛，氣大熱，有小毒。陽也，可升可降。大抵重厚者易於下行，輕薄者長於上升，此天地親上親下之道也。桂入手少陰，枝入足太陽經。入三焦，散寒邪而利氣，莫如肉桂。達身表，散風邪而解肌，還須桂枝。入血脉有通利之妙，佐百藥有宣導之奇。○欲補腎以下行，須用肉桂。如上升而發表，桂枝可通。○桂有四等，在下最厚者，曰肉桂，氣熱味重，堪療下焦寒冷，併秋冬腹内冷痛。泄奔豚，利水道，温筋暖臟，破血通經。《經》云氣厚則發熱是也。去其麄皮，而留其近木之味重而最精者，曰桂心，入二三分於補陰藥中，則能行地黄之滯而補腎。由其味辛屬肺而能生腎水，性温行血而能通凝滯也。在中次厚者，曰官桂，由桂多品，而取其品之高也，主中焦有寒。在上薄者，曰薄桂，走肩臂而行肢節之凝滯，肩臂引經多用之。其在嫩枝之最薄者，曰桂枝，傷寒、傷風之有汗者宜用之，以微解表也，非固表也，惟有汗者，表虚而邪微，故用此氣薄辛甘之劑，以輕散之，豈有辛甘之劑能固表哉？　按：《本經》謂桂止煩出汗。仲景言傷寒無汗，不得服桂枝。　江云：　汗過多者，桂枝甘草湯，是又用其斂汗，何也？　蓋桂善通血脈，《本經》言止煩出汗者，非桂能開腠理而發出汗也，以調其榮血，則衛氣自和，邪無容地，遂自汗出而解矣。○仲景言汗多用桂枝者，亦非〔桂〕枝能閉腠理而止住汗也，蓋衛有風邪，故病自汗，以桂枝調榮衛而發其邪，邪去則表密而汗自斂矣。亦甘辛發散之義也。　桂有小毒，亦從類化，與黄芩、黄連為使，小毒何施？　與烏頭、附子為使，全得熱性。與參、冬、甘草同用，能調中益氣，實衛護榮。　與柴胡、紫石英、乾地黄同用，却去吐逆。與巴豆、硇砂、乾漆、穿山甲、水蛭、虻蟲有毒之類同用，則小毒化為大毒矣。春夏禁服，秋冬宜煎。○壯年命門火旺者忌服。惟老弱幼小，命門火衰，不能生土，完穀不化，腎虚，產後下元不足，榮衛衰微者之要藥也。

明・梅得春《藥性會元》卷中　桂　味甘、辛，性大熱，有小毒。浮也，陽中之陽。得人參、熟地黄、紫石英良，惡生葱。按：　氣之薄者桂枝也，氣之厚者肉桂也。氣薄則發泄，桂枝上行而發表；　氣厚則發熱，肉桂下行而補腎。此天地親上親下之道也。故謂之曰：　勞傷須肉桂，斂汗用桂枝。俱可行經破癖。炒過，不墮胎兒。又云官桂者，桂乃多品，取其品之高者，可以充羾，而名之〔云官〕，貴之之辭也；　曰桂心者，皮之肉厚，去其麁而無味，止留近木一層而味辛甘，名之曰心，美之之辭也。又幾種：　菌桂能養精神，牡桂可利關節，柳桂堪治上焦。所以各分義治者也。柳桂，桂之極嫩條也。

桂枝入足太陽經，治傷寒頭痛，能開腠理，解肌表，去皮膚風濕，洩奔豚。入上焦，能橫行手臂，領諸藥至痛處，止痛及風，並止表虚自汗。　桂虚能補，此大法也。仲景救表用此，非表有虚，以桂補之。　衛有風邪，故病自汗。此以發其邪，衛和則表密，而汗自止。亦非桂枝能收而用之也。　是故《内經》以其辛甘發散之義，凡治傷寒，春分後當忌之。

肉桂入手少陰心、足少陰腎二經，屬陰，與火邪同。　故曰寒因熱用，而與知母、黄柏同用，有補腎之功，故十全湯用之，引歸腎經，且能行血而療心痛，止汗如神。治一切風氣，補五勞七傷。入腎治下焦寒冷腹痛，溫中止卒心痛，利肝肺氣，通九竅，利關節，暖腰膝，療霍亂轉筋，破痃痞癥症瘕，消瘀血，通月經，能墮胎，主風濕冷痹，骨節攣縮，續筋骨，生肌。

明・杜文燮《藥鑒》卷二　桂　味辛，性熱，有毒。氣味俱薄，浮也，陰中之陽也。大都有四等：　其在下最厚者，曰肉桂；　去其粗皮，而留其近木之味厚而最精者，云桂心。入二三分於補陰藥中，則能行地黄之滯而補腎，由其味辛屬肺，而能生腎水，性溫行血，而能通凝滯也，能通血脈凝滯，其能補腎必矣。在中次厚者，曰官桂，主治中焦有寒。在上薄者，走肩臂，而行肢節之凝滯，肩臂引經多用之。其在嫩枝最薄者，曰桂枝，傷寒傷風之有汗者，宜用之以解微表也，非固表也。惟有汗者，表虚邪微，故用此氣薄辛甘之劑以輕散之，則汗自止，豈有辛甘之劑，能固表哉？　痘家於活血藥中，少佐薄桂一二分，則血行而痘自通暢矣。又能治冷氣肚疼，若體熱血妄行者，切宜禁忌。畏石脂。妊婦戒用。

明・王肯堂《傷寒證治準繩》卷八　桂枝　氣熱，味甘辛，有小毒。陽中之陽，浮也。仲景《傷寒論》：　發汗用桂枝。桂枝者，乃桂條也，非身幹也，取其輕薄而能發散。今又有一種柳桂，乃嫩小桂條也，尤宜入治上焦藥用。潔：　氣之薄者，桂枝也。氣之厚者，桂肉也。氣薄則發泄，桂枝上行而發表。氣厚則發熱，桂肉下行而補腎。此天地親上親下之道也。海：　桂枝，入足太陽經。桂心，入手少陰經血分。桂肉，入足少陰、太陰經血分。細薄者為枝為嫩，厚脂者為肉為老。去其皮與裏，當其中者為桂心。寇：《素問》云辛甘發散為陽。故仲景桂枝湯治傷寒表虚，皆須此藥，正合辛甘發散之意。本草三種之桂，不用牡桂、菌桂者，此二種性止於溫，不可以治風寒之病也。然《本經》止言桂，仲景又言桂枝者，取枝上皮也。海：　或問本草言桂能止煩出汗，而張仲景治傷寒有當發汗，凡數處皆用桂枝湯。又云無汗不得服桂枝，汗家不得重發汗，若用桂枝，是重發其汗。汗多者用桂枝甘草湯，此又用桂枝閉汗也。一藥二用，與本草之義相通否乎？曰：　本草言桂辛甘大熱，能宣導百藥，通血脈，止煩出汗，是調其血而汗自出也。仲景云太陽中風，陰弱者汗自出，衛實榮虚，故發熱汗出。又云：　太陽病發熱汗出者，此為榮弱衛強，陰虚陽必湊之，故皆用桂枝發其汗，此乃調其榮氣，則衛氣自和，風邪無所容，遂自汗而解，非桂枝能開腠理，發出其汗也。汗多用桂枝者，以其調和榮衛，則邪從汗出，而汗自止，非桂枝能閉汗孔也。昧者不知出汗、閉汗之意，遇傷寒無汗者，亦用桂枝，誤之甚矣。桂枝湯下發汗字，當認作出字，汗自然發出，非若麻黄能開腠理，發出其汗也。其治虚汗，亦當逆察其意可也。成：　桂枝本為解肌，若太陽中風，腠理緻密，榮衛邪實，津液禁固，其脉浮緊，發熱汗不出者，不可與此必也。皮膚疏泄，自汗，脈浮緩，風邪干於衛氣者，乃可投之，發散以辛甘為主，桂枝辛熱，故以為君，而以芍藥為臣，甘草為佐者，風淫所勝，平以辛苦，又以甘緩之，以酸收之也。以薑、棗為使者，辛甘能發散，而又用其行脾胃之津液，而和榮衛，不專於發散也。故麻黃湯不用薑、棗，專於發汗，不待行其津液也。心：　桂枝氣味俱輕，故能上行發散於表。內寒則肉桂，補陽則柳桂。桂辛熱，散經寒，引導陽氣，若正氣虛者，以辛潤之。散寒邪，治奔豚。按《經》云桂枝入咽，陽盛則斃。春夏發者，為禁藥也。桂能動血，血熱者為禁藥也。木得桂而死，肝不足者為禁藥也。修治：　桂之毒在皮，故方中皆去皮用。

明·穆世錫《食物輯要》卷八　官桂　皮，味辛，性溫，無毒。溫中伐肝，補命門火，暖腰膝，治寒疝及氣血冷痛。有實火人忌食。

明·李中立《本草原始》卷四　桂　生桂陽。葉如柏葉，冬夏常青。二八十月采皮，陰乾。半卷、多脂，其味辛烈，所謂官桂是已。名官桂者，乃上等供官之桂也。一云出觀、賓、宜、韶、欽諸州，因名觀桂。世人以觀字畫多，故寫作官也。俗呼桂皮，因皮赤又呼為丹桂。按范成大《桂海志》云：凡木葉心皆一縱理，獨桂有兩道如圭形，故字從圭。陸佃《埤雅》云：桂，猶圭也。宣導百藥，為之先聘通使，如執圭之使也。《爾雅》謂之梫者，能侵害他木也。故《呂氏春秋》云：桂枝之下無雜木。《雷公炮炙論》云桂釘木根，其木即死是也。其肉厚辛烈者，為肉桂；去其皮與裏，當其中者為桂心；其枝之細小者，為桂枝。

桂即官桂。桂之厚者名肉桂。　氣味：　甘，辛，大熱，有小毒。　主治：　利肝肺氣，心腹寒熱冷疾，霍亂轉筋，頭痛腰痛出汗，止煩止唾，欬嗽鼻齆，墮胎，溫中，堅筋骨，通血脉，理疏不足，宣導百藥，無所畏。久服神仙不老。〇補下焦不足，治沉寒痼冷之病，滲泄止渴，去營衛中風寒，表虛自汗。春夏為禁藥，秋冬下部腹痛，非此不能止。〇補命門不足，益火消陰。〇治寒痹風瘖，陰盛失血，瀉痢驚癇。

桂心：　氣味：　苦，辛，無毒。　主治：　九種心痛，腹內冷氣痛不可忍，欬逆結氣，壅痹，腳痹不仁，止下痢，殺三蟲，治鼻中息肉。破血，通利月閉，胞衣不下。〇治一切風氣，補五勞七傷，通九竅，利關節，益精明目，暖腰膝。治風痹，骨節攣縮，續筋骨，生肌肉，消瘀血，破痃癖癥瘕，殺草木毒。〇治風僻失音喉痹，陽虛失血，內托癰疽痘瘡，能引血化汗、化膿。解蛇蝮毒。

桂：　《別錄》上品。【圖略】桂心、桂肉之中心，非桂枝之中心也。以（桂）枝代之，非也。　官桂：　皮卷，色紫赤，味辛辣。市者每遇缺時，即以西桂、柳桂充之。西桂皮薄不卷而味頗辣；柳桂皮厚不卷，而味不辣，宜辨之。　修治：　桂，去粗皮用。

杲曰：　桂，辛，熱，有毒。陽中之陽，浮也。氣之薄者，桂枝也；氣之厚者，桂肉也。氣薄則發泄，桂枝上行而發表；氣厚則發熱，桂肉下行而補腎。此天地親上親下之道也。　好古曰：　桂枝入足太陽經，桂心入手少陰經，桂肉入足少陰、太陰經血分。雖有小毒，亦從類化。與黃芩、黃連為使，小毒何施？與烏頭、附子為使，全取其熱性而已。與巴豆、硇砂、乾漆、川山甲、水蛭等同用，則小毒化為大毒。與人參、麥門冬、甘草同用，則調中益氣，便可久服也。　之才曰：　桂得人參、甘草、麥門冬、大黃、黃芩，調中益氣；得柴胡、紫石英、乾地黃，療吐逆。忌生蔥、石脂。　《甲乙經》：　治足躄筋急，桂末、白酒和塗之，一日一上。　《千金方》：　治中風口喎，面目相引，偏僻頰急，舌不可轉，桂心酒煮，取汁，故布蘸搨病上，正即止。左喎搨右，右喎搨左。常用大效。　《素問》曰：　辛、甘發散為陽。故漢張仲景桂枝湯治傷寒表虛，皆須此藥，是專用辛甘之意也。　桂心：　君。

牡桂　生南海。葉似枇杷，皮薄色黃，味淡少脂肉。　氣如木蘭。　一名木桂。

牡桂　氣味：　辛，溫，無毒。〇桂枝：　味辛、甘，氣微熱。　主治同牡桂。　主治：　上氣欬逆，結氣喉痹吐吸，利關節，補中益氣。久服通神，輕身不老。〇心痛脇痛脇風，溫筋通脉，止煩出汗。〇去冷風疼痛。〇去傷風頭痛，開腠理，解表發汗，去皮膚風濕。〇泄奔豚，散下焦畜血，利肺氣。〇橫行手臂，治痛風。

牡桂：　《本經》上品。【圖略】　修治：　牡桂，去粗皮用。

《經驗後方》：　治大人小兒喫雜果子多，腹脹氣急，取牡桂碾末，飯丸如菉豆大，小兒熟水下五丸，大人十丸，未痊再服。　牡桂：　君。

明·張懋辰《本草便》卷二　牡桂君　味辛，氣溫，無毒。　主上氣欬逆結氣，喉痹吐吸，利關節，補中益氣。

桂君　味甘，辛，氣大熱，有小毒。忌生蔥。凡使刮外皮。　主溫中，利肝肺氣，心腹冷痛，霍亂轉筋，風寒頭痛，腰痛，出汗，止唾欬嗽，鼻齆，能墮胎，通血脈，消瘀血，堅骨節，治風痹，骨攣脚軟，宣導百藥無所畏，殺草木毒。

明・盧復《芷園臆草題藥》 桂樹 翹出眾木，辛溫如火，字從圭。圭者，將天子命以通諸侯執之，故桂為諸藥之先聘通使，及宣導百藥，無所畏，如汗從八萬四千毛孔中流出，則一身無不到之處。而液入心為汗，則汗為心物，桂能使之出，其種種之法可想矣。

明・李中梓《藥性解》卷五 桂 味辛、甘，性大熱，有毒，其在下最厚者，曰肉桂。去其麄皮，為桂心，入心、脾、肺、腎四經。主九種心疼，補勞傷，通九竅，暖水臟，續筋骨，殺三蟲。散結氣，破瘀血，下胎衣，除欬逆，療腹痛，止瀉痢，善發汗。其在中次厚者，曰官桂，入肝、脾二經。主上焦有寒，走肩臂而行肢節。其在嫩枝四發者，曰桂枝，專入肺經，主解肌發表，理有汗之傷寒。四者皆殺草木毒，百藥無畏，性忌生葱。按：肉桂在下，有入腎之理，屬火，有入心之義。而辛散之性，與肺部相投。甘溫之性，與脾家相悅，故均入焉。官桂在中，而肝脾皆在中之臟也。且《經》曰：肝欲散，急食辛以散之，以辛補之。又曰：脾欲緩，急食甘以緩之，以甘補之。桂味辛甘，二經之所由入也。薄桂在上，而肺胃亦居上，故宜入之。桂枝四發，有發散之義，且氣味俱輕，宜入太陰而主表。丹溪曰：仲景救表用桂枝，非表有虛而用以補也，衛有風寒，故病自汗，以此發其邪，則衛和而表密，汗自止爾。《衍義》乃謂仲景治表虛，誤也！本草言桂發汗，正合《素問》辛甘發散之義。後人用桂止汗，失經旨矣。大抵桂為陽中之陽，壯年火旺者忌食，惟命門火衰不能生土，完穀不化，及產後虛弱者，宜之。細考桂有數種，論之者無慮數十家，或言種異，或言地殊，各不相侔，咸無所據，詢之交廣商人所販，惟陳藏器所謂雖分數等，同是一物，此說最當。別說亦稱之矣，今採其意以詳別如右。

明・繆希雍《本草經疏》卷一二 桂 味辛、甘，大熱，有小毒。主溫中，利肝肺氣，心腹寒熱冷疾，霍亂轉筋，頭痛，腰痛，出汗，止煩，止唾，咳嗽，鼻齆。能墮胎，堅骨節，通血脈，理疎不足，宣導百藥，無所畏。久服神仙不老。

元素：補下焦不足。治沉寒痼冷之病。滲泄，止渴，去榮衛中風寒，表虛自汗。春夏為禁藥，秋冬下部腹痛，非此不能止。好古：補命門不足，益火消陰。日華子：桂心治一切風氣，補五勞七傷，通九竅，利關節，益精明目，暖腰膝，破痃癖癥瘕，消瘀血，治風痹骨節攣縮，續筋骨，生肌肉。甄權：主九種心痛，腹內冷氣痛不可忍，咳逆結氣壅痹，脚痹不仁，止下利，殺三蟲，治鼻中息肉，破血，通利月閉，胞衣不下。

〔疏〕桂稟天地之陽，而兼得乎土金之氣，故其味甘辛，其氣大熱，亦有小毒。木之純陽者也。潔古謂其氣熱，味大辛，純陽。東垣謂其辛熱有毒。浮也，氣之薄者，桂枝也。氣之厚者，肉桂也。氣薄則發泄，故桂枝上行而發表。氣厚則發熱，故肉桂下行而補腎。此天地親上親下之道也。桂枝入足太陽經；桂心入手少陰、厥陰經血分；桂肉入足少陰、厥陰經血分。夫五味，辛、甘發散為陽；四氣，熱亦屬陽。氣味純陽，故能散風寒。自內充外，故能實表。辛以散之，熱以行之，甘以和之，故能入血行血，潤腎燥。其主利肝肺氣，頭痛出汗，止煩止唾，咳嗽，鼻齆，理疎不足，表虛自汗，風痹骨節攣痛者，桂枝之所治也。以其病皆得之表虛不任風寒，寒邪客之所致，故悉主之，以其能實表祛邪也。其主心腹寒熱冷疾，霍亂轉筋，腰痛墮胎，溫中，堅筋骨，通血脈，宣導百藥，無所畏。又補下焦不足，治沉寒痼冷，滲泄，止渴，去榮衛中風寒，秋冬下部腹痛因於寒，補命門，益火消陰者，肉桂之所治也。氣薄輕揚，上浮達表，故桂枝治邪客表分之為病。味厚，甘辛大熱而下行走裏，故肉桂、桂心，治命門真火不足，陽虛寒動於中，及一切裏虛陰寒，寒邪客裏之為病。蓋以肉桂、桂心，甘辛而大熱，所以益陽。甘入血分，辛能橫走，熱則通行，合斯三者，故善行血。命門者，心包絡也，道家所謂兩腎中間一點明。又曰：先天祖氣是也。先天真陽之氣，即醫家所謂命門相火，乃真火也。天非此火不能生物，人非此火不能有生。若無此真陽之火，則無以蒸糟粕而化精微，脾胃之氣立盡而亡矣。心腹寒熱，寒邪在裏也。冷疾，霍亂轉筋者，脾與肝同受寒邪也。行二臟之氣則前證自止矣。腰者，腎之府，動搖不能，腎將憊矣！補命門之真陽，則腰痛自除。血熱則行，故墮胎也。益陽則溫中。筋者肝之餘也，骨者，腎之餘也。入肝入腎，故堅筋骨也。通血脈，宣導百藥，無所畏者，熱則通行，辛則善散也。陽長則陰消，氣之自然者也，能益陽則消陰必矣。寒邪觸心則心痛，陽虛氣不歸元，因而為寒所中，則腹內冷氣痛不可忍。咳逆者亦氣不歸元所致也。結氣壅痹，脚痹不仁者，皆寒濕邪客下焦，榮衛不和之所生也。血凝滯而不行，則月經不通，血瘀不走，則胞衣不下。九竅不通，關節不利者，榮衛不調，血分之病也。消瘀血，破痃癖癥瘕，疎導肝氣，通行瘀血之力也。補五勞七傷者，蓋指陽氣虛羸下陷，無實熱之候也。其曰久服神仙不老，甄權又謂殺三蟲、治鼻中息肉，大明又謂益精明目，皆非其性之所宜也。何者？獨陽偏熱之質，行血破血乃其能事，陰精不長則陽無所附，安所從得神仙不老哉？味既帶甘，焉能殺蟲？鼻中息肉，由於肺有積熱，瞳子神光屬腎，肉桂辛而大熱，其不利於肺熱、腎陰不足亦明矣！益精明目，徒虛語耳。盡信書則不如無書，斯之謂也。

【主治參互】得芍藥、炙甘草、飴糖、黄耆則建中，兼止榮弱自汗。得石膏、知母、人參、竹葉、麥門冬，治陽明瘧，渴欲引飲，汗多，寒熱俱甚。得白芷、當歸、川芎、黄耆、生地黄、赤芍藥、白殭蠶，治金瘡為風寒所擊，俗名破傷風。得朴硝、當歸，下死胎。得蒲黄、黑豆、澤蘭、益母草、紅花、牛膝、生地黄、當歸，治産後少腹兒枕作痛。甚則加乳香、沒藥各七分。得吴茱萸、乾薑、附子，治元氣虛人，中寒腹痛不可忍，虛極則加人參。佐參、耆、五味、當歸、麥冬，療瘡瘍潰後熱毒已盡。內塞長肉良。入桂苓甘露飲，治中暑霍亂吐瀉，殊驗。得薑黄、鬱金，治怒氣傷肝脇痛。得當歸、牛膝，治冬月難産，産門交骨不開。得當歸、牛膝、生地黄、乳香、沒藥、桃仁，治跌撲損傷，瘀血凝滯腹中作痛，或惱怒勞傷以致蓄血發寒熱，熱極令人不得眠。腹不痛，大便不秘，亦不甚渴，脈不洪數，不思食，食亦無味，熱至天明，得汗暫止，少頃復熱，小便赤，此其候也。和童子小便服之立除。

【簡誤】桂辛甘，其氣大熱，獨熱偏陽，表裏俱達，和榮氣，散表邪，出汗，實腠理，則桂枝為長，故仲景專用以治冬月傷風寒，即病邪在表者，寇宗奭、成無己論之詳矣，一覽可盡，因附之於後。肉桂、桂心實一物也，祇去皮耳。此則走裏行血，除寒破血，平肝，入右腎命門，補相火不足，其功能也。然大忌於血崩，血淋，尿血，陰虛吐血，咯血，鼻衄，齒衄，汗血，小便因熱不利，大便因熱燥結，肺熱咳嗽，産後去血過多，及産後血虛發熱，小産後血虛寒熱，陰虛五心煩熱，似中風口眼歪斜、失音不語、語言蹇澀，手足偏枯，中暑昏暈，中熱腹痛，婦人陰虛少腹痛，一切溫病，熱病，頭疼口渴，陽證發斑發狂，小兒痧疹，腹疼作瀉，痘瘡血熱乾枯黑陷，婦人血熱經行先期，婦人陰虛內熱經閉，婦人陰虛寒熱往來、口苦舌乾，婦人血熱經行作痛，男婦陰虛，內熱外寒，中暑瀉利，暴注如火熱，一切滯下純血，由於心經伏熱，腸風下血，臟毒便血，陽厥似陰，夢遺精滑，虛陽數舉，脫陰、目盲等三十餘證，法並忌之。誤投則禍不旋踵。謹察病因，用舍在斷。行其所明，無行所疑。其難其慎，毋嘗試也！【略】

明・倪朱謨《本草彙言》卷八 桂 味甘、辛，氣熱，臭香，有毒。陽中之陽，浮也。入手太陽、太陰，足太陽、太陰、少陰經。

李瀕湖曰：桂有四等，曰牡桂、菌桂、桂心、桂枝之分。同是一種牡桂，出合浦、交趾、廣州、象州、湘州、桂嶺諸處。生必高山之巔，旁無雜樹，自爲林類。葉色四時常青，凌冬不凋，如枇杷葉，邊有鋸齒，中心有縱文兩道，宛如圭形。四月放花，無實。木皮紫赤堅厚，臭香，氣烈味重者爲最。枝皮爲桂枝，幹皮之薄者爲桂皮，厚者爲肉桂、爲桂心。〇又菌桂出交趾、桂林山谷，生必臨巖。正圓如竹，小于牡桂，亦自爲林，凌冬不凋。葉如柿葉，尖狹光澤，邊無鋸齒，中心有縱文三道。三月結蕊，黄色，四月放花，五月結子，如闇河之實。木皮青黄，骨軟而嫩，易于環卷如筒。亦以皮之厚薄，分桂心、桂枝之差等也。

《桂海志》云：凡諸木類，葉中心皆一道縱理，獨桂葉有兩道、三道，如圭形，故字從圭。又《埤雅》云：桂，猶圭也。宣道百藥，爲之先聘通使，如執圭之使也。古名梫，言能侵害他木。故《炮炙論》云：以桂木削釘，釘樹根，其樹即死是也。

蘇氏曰：《本草》載桂，只有牡桂，菌桂兩種。今嶺表所出，則有筒桂、肉桂、桂心、官桂、板桂之名。而醫家用之，罕有分別。筒桂正圓如竹，有二三重者，則今之菌桂是也。官桂皮薄色黄，肉薄脂少，即今之牡桂是也。若平卷多脂，即今之板桂是也。若肉桂、桂心，皆從筒桂中分其肉厚、其臭香、其味辛甘、其色紫者，即肉桂也。若肉桂又去外層，留其中心一層者，即桂心也。如此分別，則桂之名義，可得而知矣。又丹陽山有一種山桂，葉如麻，四月開細黄花，木色亦紫，氣微香，只是味苦辛，與肉桂之香、甘、辛，迥不同也。市中僞充肉桂，不可不辨。

桂枝：散風寒，逐表邪，發邪汗，張元素止咳嗽，朱丹溪去肢節間風痛之藥也。御醫門吉生稿《字韵》云：枝，指也。從本幹而分支，致四末也。氣味雖不離乎辛熱，但體屬枝條，僅可發散皮毛肌腠之間，遊行臂膝肢節之處，故能散風寒，逐表邪，自內出外。辛以散之，甘以和之，熱以行之。又能入血分，利肝肺氣，止煩止咳，兼除風痹，肢節攣痛，專取其氣薄輕揚，上浮達表，出汗而通腠理也。仲景書用以治冬月傷風寒，即病邪在表者。寇、成兩氏論之詳矣。

牡桂：《別錄》治癰疽，排潰瘍，化膿血，止疼痛，馬志利筋骨血脉之藥也。趙天民稿《說韻》云：牡，陽象也。有花無子，較枝稍强也。故能行皮腠血肉之内，治癰疽已潰未潰，護心托裏，或筋骨疼痛，肌肉頑麻，或惡露不行，上攻心嘔，或跌撲損傷，瘀血積滯，藉此辛甘溫熱之用，善行血脉以通筋骨，去陳以致新也。

肉桂：去陰寒，止腹痛，通經脉，化冷痰，散奔豚，定寒疝，固泄瀉，斂虛汗，暖腰膝，蕭炳、李時珍合論安蛔逆，治陳寒痼冷之藥也。御醫米振斯、繆仲淳合稿此獨得純陽精粹之力，以行辛散甘和熱火之勢，乃大溫中之劑。凡元虛不足而亡陽厥逆，或心腹腰痛而吐嘔泄瀉，或心腎久虛而痼冷怯寒，或奔豚寒疝而攻沖欲死，或胃寒蛔出而心膈滿脹，或血氣冷凝而經脉阻遏，假此味厚甘辛大熱下行走裏之物，壯命門之陽，植心腎之氣，宣導百藥，無所畏避，使陽長則陰自消，而前諸證自退矣。如大氏方又謂：消瘀血、破痃癖者，亦取其辛烈陽健之氣，横行直往，瘀血得熱則行，而痃癖僻居腸胃膜絡之間，自不容于不行矣。【略】

前賢寇氏曰：桂，辛甘大熱。《素問》云：辛甘發散爲陽。故仲景氏用桂枝湯治傷寒表虛，皆需此藥，正合辛甘發散之意。《本草》三種之桂，不用菌桂、牡桂者，此二種性止于溫，不可以治風寒之病也。然農皇氏止言桂，仲景氏又分桂枝者，特取枝上皮也。王氏曰：或問《本草》言桂，能止煩出汗，而張仲景治傷寒有當發汗凡數處，皆用桂枝湯。又云：無汗不得用桂枝，汗家不得重發汗。若用桂枝，是重發其汗。汗多者，用桂枝甘草湯，此又用桂枝閉汗也。一藥二用，與《本草》之義相通否乎？曰：《本草》言桂，辛甘大熱，能宣導百藥，通血脉，止煩出汗，是調其血而汗自出也。仲景云：太陽中風，陰弱者，汗自出，衛實營虛，故發熱汗出。又云：太陽病，發熱汗出者，此爲營弱衛强，陰虛陽必湊之。故皆用桂枝發其汗，此乃調其營氣，則衛氣自和，風邪無所容，遂自汗出而解，非桂枝真能開腠理，發出其汗也。汗多用桂枝者，以之調和營衛，則邪從汗出而汗自止，非桂枝能閉汗孔也。昧者不知出汗、閉汗之意，一遇傷寒無汗者，即用桂枝，誤之甚矣。言桂枝發汗，發字當認作出字，風散營衛和，則汗自然出，非若麻黄大開腠理，發泄其汗也。其治虛汗，亦當逆察其意可也。

成氏曰：桂枝，本爲解肌者。太陽中風，腠理緻密，營衛邪實，津液禁固，其脉浮緊，發熱汗不出者，不可與此，必也。皮膚疏泄，自汗出，脉浮緩，風邪干于衛氣者，乃可投之。發散以辛甘爲主，桂枝辛熱，故以爲君，而以白芍藥爲臣，甘草爲佐者，風淫所勝，平以辛苦，以甘緩之，以酸收之也。以薑、棗爲使者，辛甘能發散，而又用其行脾胃之津液，而和營衛，不專于發散也。故麻黄湯不用薑、棗，專于發汗，不待行其津液而後汗也。

集方：仲景方治傷寒太陽病，頭痛發熱，汗出惡風者。用桂枝、白芍藥、生薑各二兩，甘草一兩，大棗十二枚。水五升，微火煎至二升。徐徐服。○《方脉正宗》治傷風冷咳嗽。用桂枝五錢，防風、半夏各三錢，乾薑一錢，北五味子、北細辛各五分，水煎服。○《外科正宗》治四肢骨節間風痛。用桂枝、當歸、白朮、防風、羌活各二錢，薑黄、秦艽、紅花、川芎、黄柏、甘草各一錢。水煎服。

集方：《外科精義》治癰疽發背，膿水清稀，膿毒不化，疼痛不止。用牡桂五錢，白芷、黄耆、當歸、皂角刺、穿山甲、人參各三錢，羌活、乳香、沒藥、金銀花各二錢，水酒各半，煎服。○楊氏《産寶》治産後惡露不行，上攻心嘔。用牡桂五錢，玄胡索醋炒、五靈脂、當歸、紅花、陳皮各二錢，水煎服。○林氏集方治跌撲損傷，瘀血積滯，脹悶疼痛。用牡桂三錢，當歸、川芎、紅花、蘇木、桃仁、乳香、沒藥、牛膝各二錢，水煎服。

集方：仲景方治三陰直中寒證，頭不疼，身不熱，口不渴，或有微熱，微渴，自汗，腹痛，泄瀉，吐冷涎，吐蛔蟲，四肢厥冷，躁煩不寐，或語言錯雜，時昏時省。用肉桂、附子童便製、人參各三錢，乾薑、白朮炒、黄耆、吴茱萸各五錢，北細辛一錢五分，水煎服。○《方脉正宗》治三陰寒疝，攻沖欲死，亦有厥逆自汗者。用肉桂、附子童便製、小茴香、青皮、橘核、厚朴、陳皮、吴茱萸各三錢，水煎服。○同前治奔豚疝瘕沖築。用肉桂、乾薑、小茴香各五錢，牡丹皮、木香、檳榔各二錢，甘草五分，水煎服。○楊氏《産寶》治婦人經脉冷凝，阻遏不通，腹痛脹悶。用肉桂、木香各三錢，陳皮、玄胡索、香附俱醋炒，當歸、川芎俱酒炒，牡丹皮、桃仁、烏藥各二錢，水煎服。○《直指方》治積年痃癖不消，時發時止。用肉桂、木香、白朮各一兩五錢，當歸梢、川芎、香附、小茴香俱酒炒，佛手柑、茯苓各三兩，澤瀉、山藥各二兩，俱炒過，研爲末，煉蜜丸梧子大。每早服五錢，白湯下。○何啓山方治胎死不下。用肉桂心研細末二錢，芒硝一錢，熱酒調服，立下。如難産及橫生者，本方去芒硝，加麝香二分，溫酒調下。○《葵心集》治大人小兒及老邁人，食水果、乾果等物，傷脾腹脹。用肉桂心研末，米糊丸綠豆大，每服五十丸，酒下。○湯盤石方治重舌蛾口。用肉桂末，薑汁調塗患處。

明·顧逢柏《分部本草妙用》卷六兼經部·溫瀉　桂　辛、甘，熱，有小毒。忌火、生葱、石脂。中半以下最厚者，名肉桂，即官桂，入腎肝二經，主下焦。其在正中者，名桂心，入心脾二經，主中焦。其在中半以上薄者，名桂枝，即牡桂，入肺膀胱二經，主上焦。主治：肉桂利關節，補中氣，冷痰腰痛，止煩，墮胎，通血脈，宣百藥，理下焦不足，沉寒痼冷，陰盛失血，瀉痢伐肝。○桂心治九種心痛，腹痛壅痺，殺三蟲，補勞通竅，生肌，利關節，破癥癖，托癰疽痘瘡，能引血化汗化膿。○桂枝治上氣欬逆，結氣喉痺，通脈出汗，冷風疼痛，傷風頭痛，皮膚風濕，橫行手臂，治遍風，利肺氣。好古曰：或問《本草》言桂發汗，仲景治傷寒當發汗處，每用桂枝。又云無汗不得服桂枝，汗多用桂枝甘草湯以閉汗。彼此議何背也？曰：《本草》言桂辛甘，能通脈出汗者，是調其血而汗自出也。仲景曰：太陽中風，陰弱者汗自出，衛實榮虛，故發熱汗出。又云：太陽病發熱汗出者，此為榮衛雖強，陰虛陽必湊之，故皆用桂枝發汗，乃調榮則衛自和，風邪無所容，遂自汗而解矣，非桂枝能開腠發汗也。汗多用桂枝者，調和榮衛，則邪從汗解，而汗自止，非桂枝能閉汗也。東垣曰：肉桂發熱下行而補腎，桂枝發泄上行而發表，五苓散治驚風有桂，所以瀉丙火而滲土燥，抑肝風而扶脾土也。眼痛脾虛不食，肝脈盛脾脈弱，用涼藥治肝則脾愈虛，暖藥治脾則肝愈盛，平藥中倍加肉桂，殺肝益脾，一用兩得。傳云木得桂而枯，是也。官桂者，李蘄州為上等，辛香供官之桂也。

明·黃承昊《折肱漫録》卷七　予甥孫爛溪周祥侯，年四旬，患痰火上衝，吐痰甚多，喘嗽不能眠，醫者以清火降痰治之，愈甚幾危。祥侯自謂宜服人參，告諸醫者，請以數分試之。醫者曰：若用則須多，不可少，更宜加桂。遂治藥服之，安平無事，乃放膽連服數劑竟愈。引火歸源，先哲已言之，而醫者不識耳。猶幸此醫能虛心商量，得免於危痰火。

明·李中梓《醫宗必讀·本草徵要下》　桂味辛、甘，大熱，有小毒。入腎、肝二經。畏石脂，忌生葱。去皮用，見火無功。　益火消陰，救元陽之痼冷；溫中降氣，扶脾胃之虛寒。堅筋骨，強陽道，乃助火之勳；定驚癇，通血脈，屬平肝之績。下焦腹痛，非此不除；奔豚疝瘕，用之即效。宣通百藥，善墮胞胎。桂心入心、脾二經。理心腹之恙，三蟲九痛皆瘥；補氣脈之虛，五勞七傷多驗。宣氣血而無壅，利關節而有靈；托癰疽痘毒，能引血成膿。桂枝入肺、膀胱二經。無汗能發，有汗能止。理心腹之痛，散皮膚之風。橫行而為手臂之引經，直行而為奔豚之嚮導。肉桂乃近根之最厚者，桂心即在中之次厚者，桂枝即頂上細枝，以其皮薄，又名薄桂。肉桂在下，主治下焦；桂心在中，主治中焦；桂枝在上，主治上焦。此本乎天者親上，本乎地者親下之道也。王好古云：仲景治傷寒，有當汗者，皆用桂枝。又云：汗多者禁用。兩說何相反哉？本草言桂辛甘，出汗者，調其血而汗自出也。仲景云：太陽中風，陰弱者汗自出，衛實營虛，故發熱汗出。又云：太陽病，發熱汗出者，為營弱衛強，陰虛陽必湊之。故皆用桂枝發汗，乃調其營則衛自和，風邪無所容，遂自汗而解，非桂枝能發汗也。汗多用桂枝者，調和營衛，則邪從汗解而汗自止，非桂枝能閉汗也。不知者，遇傷寒無汗亦用桂枝，誤矣。桂枝發汗，發字當作出字，汗自然出，非若麻黃之開腠發汗也。按：桂性偏陽，不可誤投，如陰虛之人，一切血證及無虛寒者，均當忌之。

明·鄭二陽《仁壽堂藥鏡》卷二　桂桂心、肉桂、桂枝附。　陶隱居云：今出廣州者佳，桂陽縣者次之。　氣熱，味甘、辛，有小毒。　入手少陰經。桂枝入足太陽經。　《本草》云：主溫中，利肝肺氣，心腹寒熱冷疾，霍亂轉筋，頭、腰痛，出汗，止煩，止唾，咳嗽鼻齆。能墮胎，堅骨節，通血脈，理踈不足，宣導百藥，無所畏。久服神仙。　潔古云：補下焦熱火不足，治沉寒痼冷及表虛自汗。春夏二時為禁藥也。《主治秘訣》云：滲泄止渴，去榮衛中之風寒。仲景《傷寒論》發汗用桂枝者，乃桂條，非身榦也。取其輕薄而能發散。今又有一種柳桂，乃桂枝嫩小枝條也，尤宜入治上焦藥用也。《主治秘訣》云：桂枝性熱，味辛、甘，氣味俱薄，體輕而上行，浮而升，陽也。其用有四：去傷寒頭痛，開腠理，解表，去皮膚風熱。　東垣云：肉桂味辛、甘，大熱，純陽。溫中利肺氣，發散表邪，去榮衛中風寒。秋冬治下部腹痛，非桂不能止之。○又云：桂枝味辛，性熱，氣味俱輕，陽也，升也，故能上行，發散於表。收內寒則用牡桂，辛熱，散經寒，引導陽氣。若熱以使正氣虛者，以辛潤之，散寒邪，治奔豚。又云：或問《本草》云：桂能止煩、出汗。仲景或云復發其汗，或云先其時發汗，或云當以得汗解，或云當發汗，更發汗，并發汗宜桂枝湯。凡數處言之，則是用桂枝發汗也。又云：無汗不得服桂枝。又云：汗家不得重發汗。又云：發汗過多者，用桂枝甘草湯。則是用桂枝閉汗也。一藥二用，如何明得？仲景發汗、閉汗，與本草之義，相通為一。答曰：本草言桂味辛，甘，大熱，無毒。能宣導百藥，通血脉，止煩，出汗者，是調其血而汗自出也。仲景云：藏無他病，發熱自汗者，此是衛氣不和也。又云：自汗者為榮氣不和，榮氣不和則內外不諧。蓋衛氣不與榮氣相和諧也。若榮氣和則愈矣。故用桂枝湯調和榮衛。榮衛既和，則汗自出，風邪繇此而解，非桂枝能開腠理而發出汗也。昧者不解閉汗之意，凡見傷寒病者，便用桂枝湯發汗。若與中風自汗者，其效應如桴鼓。因見其取效而病癒，則曰此桂枝發汗出也。遂不問傷寒無汗者，亦皆與桂枝湯，誤之甚矣！故仲景言無汗不得服桂枝，是閉汗孔也。又云：發汗多，叉手自冒心，心下悸，欲得按者，用桂枝甘草湯。此亦是閉汗孔也。又云：汗家不得重發汗，若用桂枝湯，是重發其汗也。凡桂枝湯下言發字，當認自出字，是汗自然出也，非若麻黄能開腠理而發出汗也。本草出汗二字，下文有通血脉一句，此非三焦、衛氣、皮毛中藥，此乃榮血中藥也。如此則出汗二字，當認作當逆察其意可也。噫！神農作之於前，仲景述之於後。前聖、後聖，其揆一也。海藏云：桂有菌桂、牡桂、筒桂、肉桂、板桂、桂心、官桂之類，用者罕有分别。大抵細薄者為枝，為嫩，厚脂者為肉，為老。但不用粗皮，止用其心中者，為桂心也。《衍義》云桂大熱，《素問》云辛甘發散為陽。故漢張仲景桂枝湯治傷寒表虛，皆須用此藥，是專用辛甘之意也。《本草》云療寒以熱，故知獨有一字桂者，《本草》言甘辛、大熱，正合《素問》辛甘發散為陽之說也。然《本經》止言桂，而仲景又言桂枝者，蓋只取其枝上皮，其木身粗厚處不中用。今又謂之官桂，不知何緣而立名。或云官字即觀字之文，蓋產於觀州者佳，故號觀桂也。深慮後世以為别物，故於此書之。然筒桂厚實，氣味重者，宜入治藏及下焦藥；輕薄者，宜入治頭目發散藥。故《本經》以菌桂養精神，牡桂利關節。仲景傷寒發汗用桂枝。桂枝者，桂條也，非身幹也。取其輕薄而能發散。一種柳桂，乃小嫩枝條也，尤宜入上焦藥。仲景湯液用桂枝發表，用肉桂補腎。本乎天者親上，本乎地者親下，理之自然。此藥能護榮氣，而實衛氣。桂枝發表，則在足太陽經；桂心入心，則在手少陰經。丹溪云：桂，虛能補，此大法也。仲景救表用桂枝，非是表有虛，以桂補之也。蓋衛有風邪，故病自汗。以桂枝發其風邪，衛和則表密，汗自止，非桂能收汗而用之也。今《衍義》云乃謂仲景治表虛，誤矣！《本草》止言出汗，正是《内經》辛甘發散之意。後人用桂止汗，失《經》旨矣！名曰官桂者，以桂多品，取其品之高者，可以充貢，而名之曰官桂，乃貴之之辭也。桂心者，以其皮肉厚，去其粗而無味者，止留近木一層，其味辛甘者，故名之曰桂心，乃美之之辭也。何必致疑若此乎？曾世榮曰：小兒驚風及瀉，宜用五苓散，以瀉丙火，滲土燥。內有桂，能抑肝風而扶脾土也。《醫餘錄》云：有人患眼痛，脾虛不能食，肝脉盛，脾脉弱，用涼藥治肝，則脾愈虛；用暖藥治脾，則肝愈盛。但於平藥中，倍加肉桂，殺肝而益脾，一治兩得之。傳云木得桂而枯是也。按：桂之說，紛紛不齊。愚細考研訪，種類原有四樣，惟以辛香者為勝。至於肉桂、桂心、桂枝，此非異種，乃一種而非三用也。中半以下為肉桂，主下焦；正中者為桂心，主中焦；中半以上為桂枝，主上焦。此親上、親下之道也。桂心之說，從來未明，皆以去皮者為是。不知凡用桂，必去皮，豈皆名桂心耶？故特表明之。今人又誤以薄者名官桂。不知官桂者，桂之總名。李蘄州所謂上等供官之桂也。忌火、生葱、石脂。其在下最厚者名肉桂，入腎、肝二經。《經》曰利關節，補中氣。隱居曰：冷痰，腰痛，止煩，墮胎，堅筋骨，通血脉，理不足，宣百藥。潔古曰：補下焦不足，沉寒痼冷，秋冬下部腹痛。時珍曰：陰盛失血，瀉痢，伐肝。其在中次厚者，名桂心，入心、脾二經。甄權曰：九種心痛，腹痛，壅痹，殺三蟲。大明曰：補勞傷，通九竅，生肌肉，利關節，破癥癖，殺草木毒。時珍曰：托癰疽痘瘡，能引血化汗化膿。其在上薄者名薄桂，即桂枝，入肺、膀胱二經。《經》曰：上氣咳逆，結氣喉痹。隱居曰：通脉出汗。甄權曰：冷風疼痛。潔古曰：傷風頭疼，皮膚風濕。成無己曰：利肺氣。丹溪曰：橫行手臂，治痛風。

明・蔣儀《藥鏡》卷二熱部　肉桂　入腎經以驅下焦之寒濕，行肝氣以解一切之筋攣。破癥瘕，可消瘀血。通月水，可墮鬼胎。治心腹痛之谿犯寒，主腰膝災之因冒冷。得朴硝、歸、地，捷下腹中之死胎。得牛膝、當歸，用開冬月之交骨。蓋肉桂、桂心治寒邪客裏諸症也。

桂枝　辛散投肺，甘溫悅脾。暖榮衛，發傷寒之風邪，邪祛表密，而汗自止。開腠理，散皮膚之風濕，濕去頭清，而痛自除。輕浮上焦，以泄奔豚。橫行手臂，以止麻木。又追痛風于肩背，更逐疝氣于膀胱。痘家活血藥中，少加薄桂一二分，則血行而痘自通暢，蓋桂枝治邪客表分之藥也。氣薄者，桂枝上行而能發表。氣厚者，肉桂下逮而補腎虚。總之桂為陽中之陽，壯年火旺，并體熱、妊娠忌服。惟命門之火衰，不能生土，完穀不化及產後虚弱，是聖藥也。

明・李中梓《頤生微論》卷三　肉桂　味辛、甘，性熱，有小毒。入腎、肝二經。忌火、生葱、石脂。去皮用。主元陽痼冷，脾胃虚寒，溫中降氣，堅筋骨，強陽道，定驚，通血脉，制肝邪；下焦腹痛，奔豚疝瘕，宣通百藥，善墮胞胎。

桂心入心、脾二經。理心腹痛，五勞七傷，殺三蟲，宣氣血，利關節，托癰疽痘毒，能引血成膿。

桂枝入肺、膀胱二經。無汗能發，有汗能止。主心腹痛，皮膚風。橫行為手臂之引經，直行為奔豚之向導。

按：肉桂乃近根之最厚者，故治下焦。桂心即在中之次厚者，故治中焦。桂枝即頂上細枝，又名薄桂，故治上焦。此本乎天者親上，本乎地者親下之道也。王好古云《本草》言桂發汗，而仲景治傷寒有當汗凡數條皆用桂枝；又云無汗不得服桂枝，汗多者用桂枝甘草湯，此又用桂閉汗，一藥二用，何也？《本草》言桂辛甘，能通脉出汗者，是調其血而汗自出也。仲景云太陽中風，陰弱者汗自出，衛實營虚，故發熱汗出。又云太陽病發熱汗出者，此為營弱衛強，陰虚陽必湊之，故皆用桂枝發汗，乃調其營則衛自和，風邪無所客，遂自汗而解，非桂枝能開腠發汗也。汗多用桂枝者，以之調和營衛，則邪從汗出，而汗自止，非桂枝能閉汗也。昧者不知其意，遇傷寒無汗者，亦用桂枝，誤甚矣！曾世榮曰：小兒驚風及瀉宣五苓散瀉丙火，滲土濕，內有桂能抑肝風而扶脾土也。《醫餘録》云：有人患眼痛，脾虚不能食，肝脉盛，脾脉弱，用涼藥治肝則脾愈虚，用暖藥治脾則肝愈盛，但於平藥中，倍加肉桂，殺肝益脾，一治兩得之，傳云木得桂而枯是也。若血症非挾寒，目疾非脾虚者禁用。

明・張景岳《景岳全書》卷四九《本草正》　官桂　味辛、甘，氣大熱。陽中之陽也。有小毒。必取其味甘者乃可用。桂性熱，善於助陽，而尤入血分，四肢有寒疾者，非此不能達。桂枝氣輕，故能走表，以其善調營衛，故能治傷寒，發邪汗，療傷風，止陰汗。肉桂味重，故能溫補命門，堅筋骨，通血脉，治心腹寒氣，頭疼欬嗽鼻齆，霍亂轉筋，腰足臍腹疼痛，一切沉寒痼冷之病。且桂為木中之王，故善平肝木之陰邪，而不知善助肝膽之陽氣。惟其味甘，故最補脾土，凡肝邪尅土而無火者，用此極妙。與參、附、地黄同用，最降虚火，及治下焦元陽虧乏。與當歸、川芎同用，最治婦人產後血瘀，兒枕腹痛，及小兒痘疹虚寒，作癢不起。雖善墮胎動血，用須防此二證。若下焦虚寒，法當引火歸元者，則此為要藥，不可誤執。

明・賈九如《藥品化義》卷一三寒藥　桂　屬純陽，體乾肉桂厚桂枝薄，色紫，氣香竄，味肉桂大辛桂枝甘辛，性熱，能浮能沉，力走散，性氣與味俱厚，入肝腎膀胱三經。桂止一種，取中半以下最厚者為肉桂，氣味俱厚，厚能沉下，專主下焦。因味大辛，辛能散結，善通經逐瘀，其性大熱，熱可去寒，療沉寒陰冷。若寒濕氣滯，腿腰痛疼，入五積散溫經散寒。若腎中無陽，脈脫欲絕，佐地黄丸溫助腎經。若陰濕腹疼，水瀉不止，合五苓散通利水道。取中半以上枝幹間最薄者為桂枝，味辛甘，辛能解肌，甘能實表。《經》曰：辛甘發散為陽。用治風傷衛氣，自汗發熱，此仲景桂枝湯意也。其氣味俱薄，又專行上部肩臂，能領藥至痛處，以除肢節間痰凝血滯，確有神效，但孕婦忌用。

明・盧之頤《本草乘雅半偈》帙二　牡桂《本經》上品　氣味：辛，溫，無毒。主治：主上氣欬逆，結氣，喉痹，吐吸，利關節，補中益氣。久服通神，輕身不老。闕有匹為十二原之所出入，節之交三百六十五會，為神氣之所游行出入也。

箘桂《本經》上品　氣味：辛，溫，無毒。主治：主百病，養精神，和顔色，為諸藥先聘通使。久服輕身不老，面生光華，媚好嘗如童子。

覈曰：牡桂，出合浦交趾、廣州象州、湘州桂嶺諸處。生必高山之巔，旁無雜樹自為林類，葉色嘗青，淩冬不凋，如枇杷葉，邊有鋸齒，表裏俱有白毛，中心有縱文兩道，宛如圭形，四月有花無實，木皮紫赤，堅厚臭香，氣烈味重者為最。枝皮為桂枝。幹皮之薄者為桂皮，厚者為桂，為桂心，為肉桂，為官桂。以皮作釘，釘他木根，旬日即死。箘桂，出交趾桂林山谷，生必臨崖，正圓如竹，小于牡桂，亦自為林。淩冬不凋，葉如柿葉，尖狹光澤，無鋸齒，中心有縱文三道，四月蕊黃花白，五月結子如闇河之實，木皮青黃，環卷如筒，亦以一皮之厚薄，分桂枝、桂心之差等。

糸曰：牡桂淩嶺，箘桂臨崑，旁無雜木，自為林類。此非落落難合，故為高險，乃刹帝利種，凡木不得與其班列故爾。桂從圭，執圭如也。圭者陰陽之始，自然之形，故葉文如之。光澤色相，不假雕琢，牡色紫赤，有花無子，得陽之始；箘色青黃，有花有子，得陰之始。牡為牡，箘為牝也。蓋圭之妙用，宣揚宣攝，靡不合和。牡主氣結喉痹，神明不通，關節不利，此病之欲宣揚者也。牡則先宣攝中氣，而後為宣揚者也。亦主上氣欬逆，不能吸入，反吐其吸，此病之欲宣攝者也。牡則先宣揚中氣，而後為宣攝者也。箘主和顔色，使光華外溢，媚好嘗如童子，及為諸藥之先聘通使，此藏陰之氣欲宣揚者也。箘則先宣攝精神，而後為宣揚者也。設宣揚而不先宣攝，宣攝而不先宣揚，斯不和，斯不合矣。箘則宣揚宣攝藏陰神藏之五，牡則宣揚宣攝中氣關節竅脈形藏之四。功力之有異同者，牝牡有別故也。不唯有別，且各分身以為族類，故各從其類以為上下內外，輕重厚薄之殊。氣味辛溫，功齊火大，對治以寒為本，以陰為標，以寒水為化；或本之本氣似隱，而標之寒化反顯；或陰氣承陽，而血妄行；或水寒亢害，而厥逆洞注；或火不歸源，而外焰內寒；或火失炎上，而盲聾瘖啞；或真火息，而邪火熾；或壯火盛，而少火滅，此皆宣揚宣攝火大之體，宣揚宣攝燎原之用。灰心冷志人，內無暖氣，外顯寒酸，更當餌服。乃若驅風，捷如影響，以刹帝利種。凡木望風自靡，故一名梫，言能侵害他木，木得桂而即死。圭之義大矣哉。梵語刹帝利，此云王種，故圭有四，鎮桓信躬，王公侯伯執之，從重土者，以封諸侯也。又土圭，測土深正日景，以求地中。又圭田，田之所入，以奉祭祀，為言潔也。又六十四黍為圭。又刀圭作匕，正方一寸，抄散，取不落為度。

明・李中梓《本草通玄》卷下　肉桂　甘、辛，性熱，入脾、腎二經。益火消陰，溫中健胃，定吐止瀉，破關墮胎，堅骨強筋。桂心主風寒痛痺，心腹冷疼，破血結，痃癖癥瘕，膈噎脹滿，內托癰疽，引血化膿。桂枝，主傷風頭痛，調營散邪，去皮膚風濕，手臂痛。在下近根者為厚桂，亦名肉桂。在中者為桂心。在上枝條為桂枝，亦名薄桂，亦名柳桂。好古云：或問仲景治傷寒當汗者，皆用桂枝湯。又云：無汗不得用桂枝。汗多者用桂枝甘草湯。一藥二用，其義何也？曰：仲景云：太陽中風，陰弱者，汗自出，衛實營虛，故發熱汗出。又云：太陽病發熱汗出者，此為營弱衛強，陰虛陽必湊之，故皆用桂枝發汗。此調其營氣，則衛氣自和，風邪無所容，遂從汗解，非桂枝能開腠發汗也。汗多用桂枝者，以之調和營衛，則邪從汗去而汗自止，非桂枝能止汗也。味者不知其意，遇傷寒無汗者亦用桂枝，誤之甚矣。桂枝湯下發汗，發字當作出字，汗自然出。非若麻黃能開腠，出其汗也。《醫餘錄》云：有人患赤眼腫痛，脾虛不能食，用涼藥治肝則脾愈虛，用暖藥治脾則目愈痛。但於溫平藥中倍加肉桂，制目而益脾，一治兩得之。故曰：木得桂而枯是也。用三種桂，並忌見火，刮去粗皮。

清・顧元交《本草彙箋》卷五　肉桂合桂心、桂枝。　色紫而厚，行下焦，補命門之不足，益火消陰。雖云春夏之禁藥，而真陽虛者勿論也。蓋凡木葉心皆一縱理，獨桂有兩道，如圭形，此亦奇中有偶，陽中有陰，故能行兩腎之間，宣通滯氣。脈弦用建中湯者，又取其有殺肝之義。昔人有患眼赤腫痛，而脾虛不能飲食者，肝脈盛，脾脈弱，用涼肝則脾愈虛，用暖脾則肝益旺，但于溫平藥中，倍加肉桂，殺肝而益脾，一治兩得之。傳云木得桂而枯是也。正與《別録》桂利肝肺氣，牡桂治脇痛脇風之意相符。又桂性辛散破血，能通子宮，故力能墮胎，而炒用則無妨。至如一切血症之因於熱，或大便熱結，或肺熱咳嗽，及產後血虛發熱，或經行血熱，先期或即後期而因于陰虛內熱，經閉，或血熱經行作痛，或小兒痘瘡因血熱乾枯黑陷，此等誤投，禍不旋踵。

桂心　即肉桂去外粗皮及內薄皮，取心中味最辛者。主治中焦心疼腹冷諸疾。

桂枝　取枝上皮，薄而味淡，輕浮上行，故能止煩出汗。而張仲景治傷寒，有當發汗，凡數處皆用桂枝湯。然又云：無汗不得服桂枝，汗家不得重發汗。又汗多者用桂枝甘草湯，是又用桂枝止汗也。此等淆訛之說，不可不辨。蓋桂枝辛甘大熱，能宣導百藥，通血脈。太陽中風，營弱衛強，強者風邪中于衛氣而強也。桂枝調其營氣，則衛氣亦和，邪無所容，故自汗而解，解則汗止。出汗、止汗，無二義也。無汗不得服桂枝，蓋麻黃症也。汗家不得重發汗，不得再用麻黃湯也。大抵辛專主散，肉桂大辛，辛能散結，故有通經逐瘀之能。桂枝辛甘，辛能解肌，甘能實表，故治風傷衛氣。又辛則橫行，桂枝味薄，專行上部肩臂，治痛風能領藥至痛處，以除肢節間痰凝血滯。

十全大補湯兼補氣血兩虛，伊尹古方用四君補氣，加木香不使上焦氣滯，四物補血，加沉香不使下焦血滯。上古氣血皆厚，故用二香補而兼之以疏通。若近世之人，氣血單薄，故東垣以黃芪代木香，更益上焦之氣，以肉桂代沉香，溫暖陰血，而使之發生也。

中風口喎，以桂心酒煮，取汁布蘸，左喎塗右，右喎塗左。

死胎不下，肉桂、朴硝、當歸，酒煎服。又方：以桂末二錢，待痛緊時，以童便溫熱調下。亦治産難。又肉桂同當歸、牛膝，治冬月難産，産門交骨不開。又同蒲黃、黑豆、澤蘭、益母草、紅花、牛膝、生地、當歸，治産後少腹兒枕作痛，甚則加乳香、沒藥。

清・穆石匏《本草洞詮》卷一一 桂 凡木葉心皆一縱理，獨桂有兩道，如圭形，故字從圭。陸佃云：桂，猶圭也。宣導百藥，為之先聘通使，如執圭之使也。《爾雅》謂之梫者，能侵害他木也。故《呂氏春秋》云：桂枝之下無雜木。雷公云桂釘木根，其木即死是也。《本草》有牡桂、菌桂之分。菌桂筒卷，其味辛烈，牡桂版薄，其味稍淡。今入藥分桂枝、桂肉二種。桂枝味辛，氣溫，無毒。桂肉味甘辛，氣熱，有小毒。桂心即肉桂之去內外皮者。肉桂利肝肺氣，溫中，堅筋骨，通血脈，補下焦不足，治沉寒痼冷之病，去營衛中風寒，表虛自汗，治寒痺風瘖，陰盛失血，瀉痢驚癇。桂心治九種心痛，腹內冷氣，補五勞七傷，益精明目。桂枝治上氣咳逆，喉痺，利關節，溫筋通脈，解肌發汗，去皮膚風濕，横行手臂，治痛風。蓋其主療相近，而桂枝氣薄，肉桂氣厚。氣薄則發泄，故上行而發表；氣厚則發熱，故下行而補腎。凡桂之厚實，氣味重者，宜入治水臟下焦藥。輕薄，氣味淡者，宜入治頭目發散藥。故《本經》以菌桂養精神，牡桂利關節也。第《本草》言桂能止煩出汗，而仲景治傷寒當發汗，凡數處皆用桂枝湯，是用桂枝發汗也。又曰：無汗不得服桂枝。汗多者用桂枝甘草湯，又似用桂枝閉汗也，一藥二用，何也？曰：《本草》言桂能通血脈，是調其血而汗自出也。仲景云太陽病發熱汗出者，營弱衛強，陰虛陽必湊之，用桂枝發其汗，此乃調其營氣，則衛氣自和，風邪無所容，遂自汗而解，非桂枝能開湊理，發出其汗也。汗多用桂枝者，以之調和營衛，則邪從汗出，而汗自止，非桂枝能閉汗孔也。然則桂枝非發汗，亦非止汗，祇是調其營衛，以逐風寒之邪，亦惟有汗者宜之。若傷寒無汗，則當以發汗為主，而不獨調其營衛矣，故曰無汗不得服桂枝也。蓋麻黃、桂枝皆是辛甘發散之劑，麻黃遍徹皮毛，故專於發汗而寒邪散，肺主皮毛，辛主肺也。桂枝透達營衛，故能解肌而風邪去，脾主營，肺主衛，甘走脾，辛走肺也。肉桂下行益火之源，所謂腎苦燥，急食辛以潤之，開腠理致津液通氣也。又赤眼腫痛，脾虛不能飲食，肝脈盛，脾脈弱，用涼藥治肝則脾愈虛，用暖藥治脾則肝愈盛，但於溫平藥中，倍加肉桂，殺肝而益脾，故一治兩得之。傳曰木得桂而枯是也。《別錄》所云桂利肝肺氣，治脇痛，脇風，即此義也。其墮胎者，以桂性辛散，能通子宮而破血也。

清・丁其譽《壽世秘典》卷三 桂葉如巵子而光潔，叢生巖嶺間，一名木犀，其花有白者名銀桂，黄者名金桂，紅者名丹桂。有秋花者，春花者，四季花者，逐月花者。其皮薄而不辣，不堪入藥。

花 氣味：辛，溫，無毒。收茗浸酒，同百藥、孩兒茶作膏餅，噙生津，辟臭，化痰，治風蟲牙痛，同麻油蒸熟，潤髮及作面脂。

清・劉雲密《本草述》卷二二 桂收之不可見火，日用則旋切，有餘以紙重裹，使不泄其辛氣。《尸子》云：春花秋英為桂春花秋英，九月結實，知桂純陽，而兼金之用。 稽含《南方草木狀》云：桂生必高山之巔，冬夏常青，其類自為林，更無雜樹。藏器曰：桂林、桂嶺，因桂得名。今之所生，不離此郡，從嶺以南際海，盡有桂樹。頌曰：桂移植於嶺北，則氣味殊少辛辣，不堪入藥也。三月四月生花，全類茱萸，九月結實，二月八月采皮，九月采花，並陰乾，不可近火。丹溪曰：桂固知有三種，不取菌桂、牡桂者，蓋此二種性止溫而已，不可以治風寒之病。獨有一字桂，《經》言甘辛大熱，正合《素問》辛甘發散為陽之說。又《別說》云：以菌桂養精神，以牡桂利關節。又有一種柳桂，乃桂之嫩小枝條也，尤宜入治上焦藥用也。

愚按：《本經》止有牡桂、菌桂，《別錄》又重出單字桂。時珍曰：桂即牡桂之厚而辛烈者。牡桂，即桂之薄而味淡者。《別錄》重出未當，是以桂與牡桂為一種，特分厚薄耳。其説本之蘇恭，恭曰：單名桂者，即是牡桂，但大小枝之殊者，雖俱名牡桂，然大枝皮肉理粗，虛如木而肉少味薄，名曰木桂，亦云大桂。不及小嫩枝，皮肉多而半卷，中必皺起，其味辛美，一名肉桂，亦名桂枝，一名桂心，出融州、桂州、交(桂)〔州〕甚良。又據蘇頌曰：牡桂皮薄色黄少脂，肉桂是半卷多脂者。然頌謂桂又是一種也。愚以意揣，一種之説似亦未然，頌所謂牡桂皮薄肉少者，與時珍之言合耶，則牡桂即桂之嫩枝也。夫嫩者辛烈而肉多，老者味淡而脂少，其肉理粗虛者有之，其潤平而不能卷者有之，然未必反薄於嫩枝也。果以皮薄肉少為牡桂，是則牡桂原非桂之嫩枝也。然則一字桂之所不取者，是木桂、大桂，屬脂少而味薄者也。時珍所說亦未之細察矣。況海藏、丹溪，豈其承誤，俱言桂有三種，而以肉桂、桂心、桂枝，其用皆歸之一字桂乎？今唯取其適用，如肉多而半卷，且味極辛烈為肉桂；就肉桂去其皮之甲錯者，取其近木而辛美之皮為桂心；至桂枝乃肉桂之細條，非幹枝也；就其嫩細而極薄者為薄桂，俱以味辛甘氣熱求之，但分味之厚薄耳。至時珍謂桂枝為牡桂之最薄者，更誤。夫牡桂已為味薄矣，而最薄之枝，足當辛甘發散之用乎？近代所用唯肉桂、桂心、桂枝，是則皆不取之牡桂也。雖然，牡桂扁潤平薄，其味淡，其氣不辛烈，以之溫上焦虛寒，亦能和其氣血壅逆，方書有治中氣虛寒，咳逆結氣，喉痹，並脇風痛之證，故此種亦不槩置，不若菌桂，僅為昔人服食之用也。

桂皮　氣味：甘，辛，大熱，有小毒。

按：肉桂、桂心、桂枝，皆屬桂皮。桂之用，統取其甘辛大熱，特其氣有厚薄之分，而投之於適用者也。

東垣曰：桂辛熱有毒，陽中之陽，浮也。氣之薄者，桂枝也。氣之厚者，桂肉也。氣薄則發泄，桂枝上行而發表。氣厚則發熱，桂肉下行而補腎。此天地親上親下之道也。好古曰：桂枝入足太陽經，桂心入手少陰經血分，桂肉入足少陰、太陰經血分。中梓曰：肉桂入腎、肝二經，桂心入心、脾二經，桂枝入肺、膀胱經。

肉桂至厚如脂肉，其味極其辛辣。又有木桂，即牡桂。其皮亦厚，但肉理粗虛，其辛辣不及肉桂。潔古曰：肉桂氣熱，味大辛。純陽也。主治：補命門不足，益火消陰，治沉寒痼冷之病，溫脾胃虛寒，火衰不能生土，完穀不化，散經中寒，引導陽氣。療一切裏虛陰寒，利肺氣，使下行，通血脈，紓筋利肝氣，除風凝冷痹，筋骨攣縮。秋冬下部腹痛，非此不除。治寒邪奔豚疝瘕，並寒溼腰痛。宣導百藥無所畏。春夏為禁藥。《類明》曰：桂辛熱補陽，陽從地底出，故下焦虛寒，陽火不足，以此補之。又曰：桂導引陽氣，調和營衛之氣，只是辛熱助氣上行陽道。血為營，氣為衛，營衛不相合諧，桂能導引陽氣，宣通血脈，使氣血同行。《局方》十全大補湯用四君子與黃芪補氣，四物湯補血，內加桂者，是要其調和營衛之氣，使四君子、四物皆得以成補之之功也。又曰：桂治奔豚，此證得之虛寒，腎之積也，發滿小腹，上至心下，如豚之狀，或上或下，桂辛熱而潤腎，故能治之。

桂心擇皮之厚者，去其外皮之粗厚而無味者，止留其近木一層，而味辛甘者，故名之曰心。主治：九種心痛，中焦虛寒，結聚作痛，通脈，利關竅，治一切風氣，療風癖，失音喉痹，並壅痹手麻，脚痹，消瘀血，破痃癖癥瘕，內托癰疽痘瘡，能引血化汗化膿，通利月閉，胞衣不下，并產後惡血冲心，氣悶欲絕。

愚按：心為火主，氣者火之靈也。心主血，脈者血之府也。桂補陽以和血，取其精者入手少陰，主血之臟，能疏理不足之陽，而通其為壅為結之疾，此所以首療心痛。大抵心痛雖有九種，療之者必不能外於氣不暢而血不和也。既通脈，則關竅自利，故周身百節皆能去其壅痹，至於治內風固其首及者，義詳總論。

丹溪曰：桂心入二三分於補陰藥中，則能行血藥凝滯而補腎，由味辛屬肺，而能生水行血。外腎偏腫痛者，亦驗。能曰：桂心性最烈，不可多服。配二陳則行氣之效大，配四物則行血之功速。東垣云：桂心入心，引血化汗排膿，調和營衛，通利血脈，此其所以為排膿之聖藥。又云：結積陰證，瘡瘍，當少用桂心，以寒因熱用，又為寒氣覆其瘡上，故以大辛熱消其浮凍之氣。

桂枝乃細嫩枝條。薄桂又細嫩枝條之皮極薄者。主治：能行上焦頭目，能通手臂肢節，調營血，和肌表，除傷風頭痛，肢節痛風，散下焦蓄血，去皮膚風溼，直行為奔豚之先導，橫行為手臂之引經。

愚按：桂枝與薄桂雖皆屬細枝條，但薄桂尤其皮之薄者，故和營之力似不及枝也。又肉桂治奔豚，而桂枝亦用之者，以奔豚屬腎氣，腎氣出之膀胱，桂枝入足太陽故也。

好古曰：或問《本草》言桂能止煩出汗，而張仲景治傷寒有當發汗，凡數處皆用桂枝湯。有云汗家不得重發汗，若用桂枝，是重發其汗也。又云：無汗不得服桂枝。無汗而脈浮緊者，不得用桂枝湯。蓋以湯中有芍藥收陰也。除却湯字，單言桂枝，不知麻黃湯所以發汗也，何為以桂枝佐之乎？更云汗多者用桂枝甘草湯，此又用桂枝閉汗也。一藥二用，與《本草》之義何居？曰：《本草》言桂辛甘大熱，能宣導百藥，通血脈，止煩出汗，是調其血而汗自出也。仲景云太陽中風，陰弱者汗自出，衛實營虛，故發熱汗出。又云太陽病發熱汗出者，此為營弱衛强，陰虛陽必凑之，故皆用桂枝發其汗。此乃調其營氣，則衛氣自和，風邪無所容，遂自汗而解，非桂枝能開腠理，發出其汗也。汗多用桂枝者，以之調和營衛，則邪從汗出，而汗自止，非桂枝能閉汗孔也。昧者不知出汗閉法之意，一遇傷寒，遂致混投。愚謂桂枝湯下發汗字，當認作出字，汗自然發出，非若麻黃能開腠理，發出其汗也。其治虛汗，亦當逆察其意可也。

愚按：世醫不悟桂枝實表之精義，似以此味能補衛而密腠理。若然，何以不用參、芪耶？蓋四時之風，因於四時之氣，冬月寒風傷衛，衛為寒風所併，則不為營氣之固而與之和，故汗出也。唯桂枝辛甘能散肌表寒風，又通血脈，故合於白芍，由衛之固以達營，使其相和，而肌解汗止也。芍藥酸收，即首出地之風木，風木為陰中之陽，引陰而出地，然陽欲達而未暢，故曰曲直作酸也。真陽藏於地，桂能導引真陽而通血脈，故合於芍藥以和營衛，先生精詣至此。

《類明》曰：桂能去下焦蓄血，大抵上焦蓄血多因熱氣上逆，血不循經而為蓄者。若下焦蓄血，則是寒氣水凝，血不流行而為蓄者也。故成無已言下焦蓄血，散以桂枝辛熱之氣。仲景桃仁承氣湯中用之，以攻蓄血是也。又曰：薄桂治痛風。薄桂無味，是桂梢上之薄皮也。輕薄飄揚，橫行手臂，故能引領南星、蒼朮等，以治痛風也。

牡桂扁潤皮薄，當另是一種《本經》所載者。　氣味：辛，溫。　主治：上氣咳逆結氣，喉痹吐吸，療脇風痛，利關節，補中益氣。不治風寒痼冷之證。

之頤曰：桂從圭。圭者，陰陽之始，自然之形，故葉文如之。桂之妙用，宣揚宣攝，靡不合和。牡主氣結喉痹，神明不通，關節不利，此病之欲宣揚者也。牡則先宣攝中氣，而後為宣揚者也。亦主上氣咳逆，不能吸入，反吐其吸，此病之欲宣攝者也。牡則先宣揚中氣，而後為宣攝者也。

愚按：溫者氣之始，絕與熱不同，故定其與一字桂非一種也。唯得其氣之溫而兼以辛，所以為中氣虛寒之用。之頤宣揚宣攝二義，於調氣之道盡矣。此所以謂其補中益氣也，至治脇風痛者，氣溫而和，則木上承金氣而下行，故風病於脇者，自首及之。

一字桂總論

時珍曰：麻黃徧徹皮毛，故專於發汗而寒邪散。肺主皮毛，辛走肺也。桂枝透達營衛，故能解肌而風邪去。脾主營，肺主衛。甘走脾，辛走肺也。肉桂下行導火之原，此東垣所謂腎苦燥，急食辛以润之。開腠理，致津液通其氣者也。《聖惠方》言桂心入心，引血化汗化膿。蓋手少陰君火，厥陰相火，與命門同氣者也，《別錄》云桂通血脈是矣。曾世榮言小兒驚風及泄瀉，並宜用五苓散以瀉丙火，滲土溼，內有桂，能抑肝風而扶脾土。又《醫餘錄》云：有人患赤眼腫痛，脾虛不能飲食，肝脈盛，脾脈弱，用涼藥治肝則脾愈虛，用暖藥治脾則肝愈盛，但於溫平藥中倍加肉桂，殺肝而益脾，故一治兩得之。桂溫脾虛而化肝風，故云兩得之。傳云木得桂而枯是也，此皆與《別錄》桂利肝肺氣，牡桂治脇痛脇風之義相符。人所不知者，今為拈出。又桂性辛散，能通子宮而破血，故《別錄》言其墮胎，龐安時乃云炒過則不損胎也。

之頤曰：桂以刹帝利種，梵語刹帝利種，所謂王種，謂桂為樹之王也。功齊火大，對治以寒為本，以陰為標，以寒水為化，或木之本氣似隱，而標之寒化反顯，或陰氣承陽而血妄行，或水寒亢害而厥逆洞注，或火不歸源而外啖內寒，或火失炎上而盲聾喑啞，或真火息而邪火熾，或壯火盛而少火滅，此皆宣揚宣攝火大之體，宣揚宣攝燎原之用。灰心冷志人內無暖氣，外顯寒酸，更當餌服，乃若驅風，捷如影(響)〔嚮〕，所謂木得桂而枯也。

好古曰：《別錄》言有小毒，又云久服神仙不老。雖有小毒，亦從類化，與黃芩、黃連為使，小毒何施？與烏頭、附子為使，全取其熱性而已。與巴豆、硇砂、乾漆、穿山甲、水蛭等同用，則小毒化為大毒。與人參、麥門冬、甘草同用，則調中益氣，便可久服也。

之頤曰：桂得人參、甘草、麥門冬、大黃、黃芩，調中益氣。得柴胡、紫石英、乾地黃，療吐逆。忌生葱、石脂。

希雍曰：桂稟天地之陽，而兼得乎土金之氣，故其味甘辛，其氣大熱，亦有小毒，木之純陽者也。桂枝入足太陽經，桂心入手少陰、厥陰經血分，桂肉入足少陰、厥陰經血分。氣薄者輕揚上浮達表，故桂枝治邪客表分之爲病。味厚者甘辛大熱，而下行走裏，故肉桂、桂心治命門真火不足，陽虛寒動於中，及一切裏虛陰寒寒邪客裏之為病。

得芍藥、炙甘草、飴糖、黃耆，則建中兼止營弱自汗。得石膏、知母、人參、竹葉、麥門冬，治陽明癉渴欲引飲，汗多，寒熱俱甚。得白芷、當歸、川芎、黃芪、生地黃、赤芍藥、白殭蠶，治金瘡為風寒所擊，俗名破傷風。得朴硝、當歸，下死胎。得蒲黃、黑豆、澤蘭、益母草、紅花、牛膝、生地黃、當歸，治產後少腹兒枕作痛，甚則加乳香、沒藥各七分。得吳茱萸、乾薑、附子，治元氣虛人，中寒腹痛不可忍，虛極則加人參。　佐參、耆、五味、當歸、麥冬，療瘡瘍潰後，熱毒已盡，內塞長肉良。　入桂苓甘露飲治中暑，霍亂吐瀉殊驗。　得薑黃、鬱金，治怒氣傷肝脇痛。　得當歸、牛膝，治冬月難產，產門交骨不開。　得當歸、牛膝、生地黃、乳香、沒藥、桃仁，治跌撲損傷，瘀血凝滯，腹中作痛，或惱怒勞傷，以致蓄血發寒熱，熱極令人不得眠，腹不痛，大便不秘，亦不甚渴，脈不洪數，不思食，食亦無味，熱至天明，得汗暫止，少頃復熱，小便赤，此其候也。和童子小便服之，立除。

愚按：　桂稟真陽之天氣，而又全於純陽之地氣。繆希雍云稟天地之陽者，良然。此潔古謂曰純陽，東垣謂曰陽中之陽，浮也。唯為純陽而浮，故取其用於氣之浮，而精專在皮也。然就一種而取用有不同者，東垣親上親下之義盡之矣。抑豈一物而性行殊歟？曰：非也。陽火出於地，真陽之氣自歸於地，第就一物而賦氣有厚薄，即是以分親下親上之用，猶所謂理一而分殊者也。抑海藏謂桂心入手少陰血分，桂肉入足少陰、太陰血分，夫既謂之純陽矣，何以又入血分乎？詎知朱丹溪先生云味辛屬肺，此語可糸。蓋純陽而更稟氣之厚，則直趨於三焦命门之真火，又心包絡者，乃小心相火之原也。三焦主氣，包絡主血，血固随氣以應，況上合於肺金之辛，以為水源，故直歸之至陰之陽。血者，真陰之化醇也。特取其味厚而趨陰者，入足少陰血分，固陰中之陽也。取其味精而趨陽者入手少陰血分，固陽中之陰也。蘇頌所云不可近火，亦恐傷其化原耳。雖然，即如桂枝之氣薄上行，又豈能離乎血？先哲用之以諧營衛而治中風者，其義著矣。抑親上親下之用，更當精求。親下者趨陰也，是消陰翳以發陽光。親上者歸陽也，是達陽壅而行陰化。按好古謂麻黃、桂枝治傷寒傷風，雖皆入太陽經，其實營衛藥也。麻黃為手太陰肺之劑，桂枝為手少陰心之劑。即此糸之，則桂枝之用，本於血分以親上者也。知斯二義，則桂之或厚或薄，舉投之或上或下，皆能調衛和營。雖曰純陽，唯如是而後純陽之用，乃不可勝窮也。然何以平肝風最捷，蓋命門元陽，固與足厥陰相火相通，而手厥陰包絡又與足厥陰同其生化。《經》曰一陰為獨使，謂肝秉陰中之陽以升，承陽中之陰以降者也。下之營衛和，則風不鬱於地藏。上之營衛和，則風不飈於天表。肝司風木，此所謂木得桂而枯者，是平其不平之戾氣也。風臟原是血臟，故和營衛，則陽得宅於陰而風靜。故非屬真陰虧損，以致肝陽鼓風者，桂固為平肝要劑，先哲豈無稽之言哉？

愚按：　寇氏所云牡桂、菌桂，性止於温，不可以治風寒之疾，故仲景治傷寒表虛，皆用桂枝湯，正合辛甘發散之義。愚謂肉桂、桂心、桂枝，既為一種，皆取其辛甘者，豈盡為風寒之用乎？就此為散風寒一節，乃取其氣薄，能由內而出之表耳。蓋桂雖純陽，就益氣而即和血，即就和血而還調氣者也。是乃營衛之劑，本非風寒之藥。是乃補元陽虛寒，即可祛外受凝寒之劑，亦非專司外寒之藥也。但就氣之厚者，親下即走裏而入陰分，凡在裏之陰滯而陽不足者，皆可治也。氣之薄者親上，即走表而入陽分，凡在表之陽壅而陰不和者，皆可治也。故所謂入經散寒，出表祛風，用者當以意逆而得之矣。

希雍曰：　桂辛甘，其氣大熱，獨熱偏陽，表裏俱達，和榮氣，散表邪，出汗，實腠理，則桂枝為長，故仲景專用以治冬月傷風寒，即病邪在表者。肉桂、桂心則走裏行血，除寒破血，平肝，入右腎命門，補相火不足，其功能也。然二味大忌於血崩、血淋、尿血、陰虛吐血、咯血、鼻衄、齒衄、汗血，小便因熱不利，大便因熱燥結，肺熱咳嗽，產後去血過多，及產後血虛發熱，小產後血虛寒熱，陰虛五心煩熱，似中風口眼歪斜，失音不語，語言蹇濇，手足偏枯，中暑昏暈，中熱腹痛，婦人陰虛少腹痛，一切温病熱病，頭疼口渴，陽證發斑發狂，小兒痧疹腹疼作瀉，痘瘡血熱乾枯黑陷，婦人血熱經行先期，婦人陰虛內熱經閉，婦人陰虛寒熱往來，口苦舌乾，婦人血熱經行作痛，男婦陰虛內熱外寒，中暑瀉痢暴注，如火熱一切滯下純血，由於心經伏熱，腸風下血，臟毒便血，陽厥似陰，夢遺精滑，虛陽數舉，脫陰目盲，等三十餘證，法並忌之。誤投則禍不旋踵，謹察病因，用舍在斷行其所明，萬無行所疑也。慎之！慎之！

修治　肉桂，肉理厚而如脂，其色紫者，去粗皮用。　桂心，就肉桂去外粗皮，止留近木，其味最辛美者，是也。　桂枝、薄桂，略去粗皮用。

忌生蔥，忌火。　桂最辛辣，故墮胎，妊婦所忌。　然有胎前傷寒不得已而用之者，火焙過方可。

清・郭章宜《本草匯》卷一五　肉桂　甘、辛，大熱，小毒。與黃芩、黃連為使，小毒何施？　陽中之陽，浮也，入足少陰、太陰、厥陰血分。益火消陰，救元陽之痼冷。溫經暖臟，扶脾胃之虛寒。堅筋骨，壯陽道，乃助火之勳。定驚癇，通血脈，屬平肝之績。下焦寒冷，非此不除。奔豚疝瘕，用之即効。宣通百藥，善墮胞胎。炒過便不損胎。《別錄》治腰痛者，腰為腎之府，動搖不能，腎將憊矣，補命門之真陽，而腰痛自除。冷疾霍亂轉筋者，脾與肝同受寒邪也，行二臟之氣，則前症止矣。

按：肉桂，乃近根之最厚者，辛烈，肉厚，木之純陽者也。《經》云氣厚則發熱是也。入三焦，散寒邪而利氣，下行而補腎，能導火歸原以通其氣，達子宮而破血墮胎。氣之薄者，桂枝也。氣之厚者，肉桂也。氣薄則發泄，桂枝上行而發表。氣厚則發熱，肉桂下行而補腎。其性慓悍，能走能守之劑也。若客寒犯腎經，亦能沖達而和血氣，脉遲在所必用。其逐瘀治疝消癥有功者，蓋血雖陰類，用之者必藉此陽和耳。然其氣濁，能泛浮溜之火，不能益真陽之火，故五火伏匿者，不可用也。蓋壯火散氣，故耳。曾世榮言，小兒驚風及泄瀉，並宜用五苓散，以瀉丙火，滲土濕。內有桂，能抑肝風而扶脾土也。又《醫餘錄》云：有人患赤眼腫痛，脾虛不能飲食，肝脉盛，脾脉弱，用涼藥治肝，則脾愈虛，用暖藥治脾，則肝愈盛，但于溫平藥中，倍加肉桂，殺肝而益脾，一治兩得矣。傳云木得桂而枯，是也。腎虛命門火衰，不能生土，完穀不化，產後下元不足，榮衛衰微者，可用。若陰虛之人，及一切血症非挾寒，目疾非脾虛者，不可誤投。

紫色而厚者佳。忌見火，及生葱、石脂。春夏禁服，秋冬宜煎。得人參、甘草、麥冬、大黃、黃芩、柴胡、地黃良。

桂心　甘、苦、辛，熱，入手少陰、厥陰、足太陰血分。理心腹之疾，骨攣九痛九種心痛皆除。補氣脉之虛，五勞七傷多驗。宣血氣而無壅，利關節而有靈。托癰疽痘毒，能引血成膿。甄權止心痛者，寒邪觸之而然也。腹內冷痛不可忍者，陽虛氣不歸元，因而為寒所中也。補五勞七傷者，蓋指陽氣虛羸下陷，無實熱之謂也。

按：桂心，即用紫色厚者，去上粗皮，併內薄皮，而取其心中近裏之味辛而最精者。性略守，治多在中，故能止心痛，入心引血，化汗化膿。蓋手少陰君火、厥陰相火，與命門同氣者也。《別錄》云桂通血脉是矣。入二三分于補陰藥中，則能行地黃之滯而補腎，由其味辛屬肺，而能生腎水，性溫行血，而能通凝滯也。行血破血，乃其能事。而甄權謂殺三蟲，治鼻中息肉，大明謂益精明目，此皆非其性之所宜也。何者？味既帶甘，焉能殺蟲，息肉由于肺有積熱，瞳子神光屬腎，桂辛而大熱，其不利于肺熱腎陰不足，亦明矣。益精明目，徒虛語耳。況獨陽偏熱之質，安可行之是症也？又官桂，即在中之次厚者，味稍淡于肉桂，皮薄少脂。因桂多品，而取其品之最高，乃上等供官之桂也。入足厥陰、太陰經。主中焦有寒，結聚作痛。

有桂草，似桂心，以丹陽木皮煑充者，須辨之。忌使同肉桂。

桂枝　甘、辛，微熱，氣味俱薄，輕清而上行，浮而升，陽也，入手太陰、足太陽經。主傷風頭痛，調營散邪。無汗能發，有汗能止。散皮膚之風，理心脇之痛。橫行為手臂之引經，直行為奔豚之向導。

按：桂有四等，在下最厚者，曰肉桂，主治下焦。去內外皮者，即為桂心。在中次厚者，曰官桂，主治中焦。此桂枝，即頂上細枝條，去粗皮，用其最薄者，味淡體輕，主上行頭目，透達營衛，散風邪而解肌。又有一種柳桂，乃桂之嫩小枝條，尤宜入上焦藥用。《經》云氣薄則發泄，是矣。惟傷風有汗者，用以微解表耳。未有辛甘之劑而能固表者也。丹溪曰：仲景救表用桂枝，非表有虛而用以輔也。衛有風寒，故病自汗，以此發其邪，則衛和而表密，汗自止耳。《衍義》乃謂仲景治表虛，誤也。王好古云《本草》言桂能止煩出汗，而仲景治傷寒當汗者，皆用桂枝。又云：無汗不得用桂枝。汗多者，用桂枝甘草湯，此又用桂枝閉汗也。一藥二用，其義何居？曰：《本草》言桂辛甘，能通脉出汗，是調其血而汗自出也。仲景云：太陽中風陰弱者，汗自出，衛實營虛，故發熱汗出。又云：太陽病發熱汗出者，此為營弱衛強，陰虛陽必湊之，故皆用桂枝發汗，乃調其營，則衛自和，風邪無所客，遂自汗而解，非桂枝能開湊發汗也。汗多用桂枝者，衛有風邪，則病自汗，以之調和榮衛，則邪從汗出，而汗自止，非桂枝能閉汗孔也。昧者不知出汗閉汗之意，遇傷寒無汗者，亦用桂枝，誤之甚矣。桂枝湯下，發汗發字，當作出字，汗自然發出，非若麻黃能開湊發汗也。亦有表虛裏虛之辨，醫者須宜詳辨。麻黃遍徹皮毛，故專于發汗而寒邪散。桂枝透達營衛，故能解肌而風邪去。夫熱病自汗，風傷衛氣，腠理疎泄，其脉浮緩，而病尚淺，必用為君，佐以芍藥、甘草，助陽斂表，不致風邪淩犯營血之分，不汗而解，表虛法也。陽脉濇，陰脉弦，法當腹中急痛，必以芍藥為君，佐以桂枝、甘草補中救裏，不致寒毒擾亂中氣，裏虛法也。故桂枝湯、小建中湯，二藥各主其用。成無己曰：桂枝本為解肌，若太陽中風，腠理緻密，營衛邪實，脉浮緊，發熱汗不出者，不可與也。必皮膚疎泄，自汗，脉浮緩，風邪干衛，乃可投耳。然發散藥中，又以薑、棗為使者，辛甘能發散，而又用其行脾胃之津液而和營衛，不專于發散也。故麻黃湯不用薑、棗，專于發散，不待行其津液耳。

清・朱本中《飲食須知・味類》 桂皮　味辛，性溫。有實火者少食。忌生葱、石脂。

清・蔣居祉《本草擇要綱目・熱性藥品》 桂心用紫色厚桂，去其內外之皮，取中間味辛者用之是也。　氣味：苦、辛，無毒。陽中之陽，浮也。入手少陰經血分。　主治：一切風氣，補五癆七傷，通九竅，利關節。益精明目，暖腰膝。治風痹骨節攣縮，續筋骨，生肌肉，消瘀血，破痃癖癥瘕。內托癰疽痘瘡，能引血化汗化膿，解蛇蝮毒。

桂枝即取木桂之最薄者，去其粗皮是也。　氣味：辛，溫，無毒。體輕而上行，浮而升陽也。入足太陽經。　主治：傷風頭痛，開腠理，解表止煩，發汗，去皮膚風濕，泄奔豚，散下焦蓄血，利肺氣。療痛風，橫行手臂。或曰：《本草》言桂枝能止煩出汗，故張仲景治傷寒有當發汗之症，凡數處皆用桂枝湯，此與《本草》之義甚相符合。又云：無汗不得用桂枝，汗家不得重發汗，則桂枝又所禁用。而仲景傷寒有汗多之症，凡數處每用桂枝甘草湯，此又似用桂枝以閉汗也，其說何以辨之？蓋太陽中風，陰弱而汗自出，此為衛實榮虛，故發熱汗出也。又太陽病非中風，而發熱汗出者，此為榮弱衛強，而陰虛陽必湊之也。皆用桂枝湯以發其汗，乃調其榮氣，則衛氣自和，風邪無所容，遂自汗而解，非桂枝能開腠理，發出其汗也。然則桂枝湯下發汗之發字，當認作出字。汗自然發出，非若麻黃症，必以麻黃開發腠理而出其汗也。則凡仲景之用桂枝湯以發汗者，其症必皮膚疎泄，自汗，脈浮緩，風邪干於衛氣者，為對症之劑。其汗多而用桂枝甘草湯者，蓋腠理不密，則津液外泄，而肺氣自虛，虛則當補其母，用桂枝同甘草，外散風邪以救表，內伐肝木以防脾，佐以芍藥，泄土中之木而固脾，使以薑、棗以通行脾之津液，如是而榮衛無不調和矣。榮衛既和，則邪從汗出，而汗自止，非桂枝能閉汗孔也。明乎此，而仲景之治傷寒有汗，用桂枝不令重發其汗者，是解肌之妙用也。若太陽中風，腠理緻密，榮衛邪實，津液禁固，其脈浮緊，發熱而汗不出者，則屬麻黃症，不可以桂枝為能發散解肌利關節，而誤用之也。　肉桂　氣味：甘、辛，大熱，有小毒。陽中之陽，浮也。去其外之粗皮，是為肉桂。入足少陰、太陰經血分。　主治：補下焦不足，治沉寒痼冷之病，滲泄止渴，去榮衛中風寒，表虛自汗。春夏為禁藥，秋冬下部腹痛，非此不能止。補命門不足，益火消陰。治寒痹風瘖，陰盛失血，瀉痢驚癇，故凡小兒驚風及泄瀉，並用五苓散以泄丙火，滲土濕。內用肉桂者，抑肝風而扶脾土也。《醫錄》云：有人患赤眼壅痛，脾虛不能飲食，肝脈盛，用涼藥治肝則脾愈虛，用暖藥治脾則肝愈盛，但於溫平藥中倍加肉桂，殺肝而益脾也。

清・閔鉞《本草詳節》卷五 肉桂　【略】按：肉桂、桂心，甘入血分，辛能橫走，大熱則通行，尤益命門真火。蓋天非此火不能生物，人非此火不能蒸糟粕而化精微，脾胃之氣立盡，不能有生矣。所以一切陰寒之症，資消陰翳。而病屬火熱者，毫不可用也。又能疎導肝氣，以破血瘀。大熱行血，故墮胎產。直入肝腎，故利筋骨。補陰藥中用二三分，可行瘀滯。至于喉痺，欬逆，則從治而引火歸元也。內托癰痘，引血化膿，亦必癰痘陰寒，血脈凝滯，用其熱以通迅而已。曾世榮言小兒驚風及泄瀉，並宜用五苓散瀉丙火，滲土濕，內有桂，能抑肝風而扶脾土。《醫餘錄》云：有人患赤眼腫痛，脾虛不能食，肝脈盛，脾脈弱，用涼藥治肝則脾愈虛，用暖藥治脾則目愈痛，但於溫平藥中，倍加肉桂，制肝而益脾，一治兩得之。故曰木得桂而枯是也。有孕者炒用，乃不墮胎。

清・王翃《握靈本草》卷八 桂生交趾、桂林。有筒桂、卷桂、板桂之分。厚而辛烈者佳。去外粗皮，即桂心。最裏者，為桂肉。小條為桂枝。凡用桂，不得近火，惟胎前則用火炒，不傷胎。　主治：桂，甘、辛，大熱，有小毒。主利肝肺氣，心腹寒熱冷痰，霍亂轉筋，頭痛腰痛，溫中，堅筋骨，通血脉，疏理不足，宣導百藥。無所畏，補下焦，止渴，表虛自汗。

清・汪昂《本草備要》卷三 肉桂大燥，補腎命火。　辛、甘，大熱，氣厚純陽。入肝腎血分，平肝補腎。補命門相火之不足，兩腎中間，先天祖氣，乃真火也。人非此火，不能有生，無此真陽之火，則無以蒸糟粕而化精微，脾胃衰敗，氣盡而亡矣。益陽消陰。治痼冷沉寒，能發汗疏通血脉，宣導百藥，辛則善散，熱則通行。去營衛風寒，表虛自汗陽虛，腹中冷痛，咳逆結氣。咳逆亦由氣不歸元，桂能引火歸宿丹田。木得桂而枯。削桂釘木根，其木即死。又能抑肝風而扶脾土。肝木盛則剋土，辛散肝風，甘益脾土。從治目赤腫痛，以熱攻熱，名曰從治。及脾虛惡食，命火不足。濕盛泄瀉，土爲木剋，不能防水。古行水方中，亦多用桂，如五苓散、滋腎丸之類。補勞明目，通經墮胎。辛熱能動血故也。　出嶺南桂州者良。州因桂名。色紫肉厚，味辛甘者，爲肉桂。入肝、腎、命門。去粗皮用。其毒在皮。去裏外皮，當中心者，爲桂心。入心。枝上嫩皮，爲桂枝。入肺、膀胱及手足。得人參、甘草、麥冬良，忌生葱、石脂。《本草》有菌桂、筒桂、牡桂、板桂之殊。今用者亦罕分別，惟以肉厚氣香者良。

桂心燥，補陽，活血。苦入心，辛走血。能引血化汗、化膿，內托癰疽、痘瘡。同丁香，治痘瘡灰塌。益精明目，消瘀生肌，補勞傷，暖腰膝，續筋骨。治風痹癥瘕，噎膈腹滿，腹內冷痛，九種心痛。一蟲、二疰、三風、四悸、五食、六飲、七冷、八熱、九去來痛，皆邪乘于手少陰之絡，邪正相激，故令心痛。

桂枝輕，解肌，調營衛。辛、甘而溫，氣薄升浮。入太陰肺、太陽膀胱經。溫經通脉，發汗解肌。能利肺氣。《經》曰：辛甘發散爲陽。治傷風頭痛，無汗能發。中風自汗，有汗能止。中，猶傷也，古文通用。自汗屬陽虛。桂枝爲君，芍藥、甘草爲佐，加薑、棗，名桂枝湯，能和營實表。調和營衛，使邪從汗出，而汗自止。亦治手足痛風、脇風。痛風有風痰、風濕、濕痰、瘀血、氣虛、血虛之異。桂枝用作引經。脇風屬肝，桂能平肝。東垣曰：桂枝橫行手臂，以其爲枝也。又曰：氣薄則發泄，桂枝上行而解表；氣厚則發熱，肉桂下行而補腎。王好古曰：或問桂枝止煩出汗，仲景治傷寒發汗，數處皆用桂枝湯。又曰無汗不得用桂枝，汗多者桂枝甘草湯，此又能閉汗也。二義相通否乎？曰：仲景云太陽病發熱汗出者，此爲營弱衛强。陰虛，陽必湊之，故以桂枝發其汗，此乃調其營氣，則衛氣自和，風邪無所容，遂自汗而解。非若麻黄能開腠理，發出其汗也。汗多用桂枝者，以之調和營衛，則邪從汗出，而汗自止，非桂枝能閉汗孔也。亦惟有汗者宜之。若傷寒無汗，則當以發汗爲主，而不獨調其營衛矣！故曰無汗不得服桂枝，有汗不得服麻黄也。《傷寒例》曰：桂枝下咽，陽盛則斃；承氣入胃，陰盛則亡。

清・吳楚《寶命真詮》卷三　肉桂　【略】益火消陰，救元陽之痼冷。溫中降氣，扶脾胃之虛寒。堅筋骨，強陽道，乃助火之功。定驚癇，通血脈，屬平肝之積。宣通百藥，破閼墮胎，下焦腹痛頓除，奔豚疝瘕立效。〇桂心主風寒痛痺，心腹冷疼，破血結癥瘕，膈噎脹滿。宣氣血，利關節。內托癰痘，引血成膿。〇桂枝，入肺、膀胱。主傷風頭痛，調營散邪，調其營而衛自和，風邪無所容。去皮膚風濕，橫行為手臂之引經，直行為奔豚之向導。無汗能發，有汗能止。

清・陳士鐸《本草新編》卷四　肉桂　味辛、甘、香、辣，氣大熱，沉也，陽中之陰也，有小毒。肉桂數種，卷筒者第一，平坦者次之，俱可用也。入腎、脾、膀胱、心包、肝經。養精神，和顏色，興陽耐老，堅骨節，通血脉，療下焦虛寒，治秋冬腹痛、泄奔豚，利水道，溫筋暖臟，破血通經，調中益氣，實衛護榮，安吐逆疼痛。此肉桂之功用也，近人亦知用之，然而肉桂之妙，不止如斯。其妙全在引龍雷之火，下安于腎臟。夫人身原有二火，一君火，一相火。君火者，心火也；相火者，腎火也。君火旺，而相火下安于腎；君火衰，而相火上居于心。欲居于心者，仍下安于腎，似乎宜補君火矣。然而君火之衰，非心之故，仍腎之故也。腎氣交于心，而君火旺。腎氣離于心，而君火衰，故欲補心火者，仍須補腎火也。夫腎中之火既旺，而後龍雷之火沸騰，不補水以制火，反補火以助火，無乃不可乎。不知腎水非相火不能生，而腎火非相火不能引。蓋實火可瀉，而虛火不可瀉也。故龍雷之火沸騰，舍肉桂，又何以引之于至陰之下乎。譬如春夏之間，地下寒，而龍雷出于天；秋冬之間，地下熱，而龍雷藏于地，人身何獨不然。下焦熱，而上焦自寒；下焦寒，而上焦自熱，此必然之理也。我欲使上焦之熱，變為清涼，必當使下焦之寒，重為溫暖。用肉桂以大熱其命門，則腎內之陰寒自散，以火拈火，而龍雷收藏于頃刻，有不知其然而然之神。于是，心宮寧靜，火宅倏化為涼風之天矣。然而肉桂之妙，又不止如斯，其妙更在引龍雷之火，上交于心宮。夫心腎，兩不可離之物也，腎氣交于心則晝安，心氣交于腎則夜適。苟腎離于心，則曉欲美寢而甚難；心離于腎，則晚欲酣眠而不得。蓋心中有液，未嘗不欲交于腎，腎內有精，未嘗不欲交于心也，乃時欲交接，而終不能交接者，其故何也？一由于君火之上炎，一由于相火之下伏耳。試看盛夏之時，天不與地交，而天乃熱；隆冬之時，地不與天交，而天乃寒。人身何獨不然？君火熱而能寒，則心自濟于腎；相火寒而能熱，則腎自濟于心，亦必然之理也。我欲使心氣下交于腎，致夢魂之寧貼，必先使腎氣上交于心，致寤寐之恬愉。用肉桂于黄連之中，則炎者不炎，而伏者不伏，腎內之精自上通于心宮，心內之液自下通于腎臟，以火濟水，而龍雷交接于頃刻，亦有不知其然而然之神。于是，心君快樂，燥室忽化為華胥之國矣。肉桂之妙如此，其他功用，亦可因斯二者而旁通之矣。

或問：肉桂墮胎，有之乎？曰有。曰有則古人產前間用之，而胎不墮者，何也？曰：肉桂墮胎，乃單用之為君，而又佐之以墮胎行血之藥，所以墮胎甚速，若以肉桂為佐使，入于補氣補血之中，何能墮胎乎？胎前忌用者，恐其助胎氣之熱，未免兒生之日，有火症之多，非因其墮胎而切忌之也。

或問：肉桂溫補命門，乃腎經之藥，而吾子謂上通于心，得毋亦心經藥乎？肉桂非心經藥也。非心經，何以交接于心宮？不知心之表，膻中也，膻中乃心君之相臣，心乃君火，而膻中乃相火也。相火非〔君〕火不生。肉桂，補相火之藥。相代君以出治，肉桂至膻中以益相火，而膻中即代肉桂以交接于心。此肉桂所以能通于心，而非肉桂之竟至于心也。

或疑肉桂用之于六味湯中，名為七味湯，此後世減去附子而名之也，可為訓乎？曰：肉桂用之于六味湯中，暫用則可，而久用則不可也。蓋肉桂溫命門之火，而又引龍雷之火而下伏也。暫用之以引雷火，則火下歸于腎臟。倘久用之丸中，則力微而不足以溫補命門之火，則火仍有奔騰之患。故必與附子同用于丸中，而日久吞嚥，則火生而水愈生，水生則火自安，而龍雷永藏，斷無一朝飛越之失也。

或疑肉桂用之于六味丸，補火之不足，然則加麥冬、五味子于其中，以補其肺氣，勢必至補水之有餘，似不可以為訓也。嗟乎！六味丸加此三味，則又甚神，名為九味地黃丸。唯六味地黃丸增肉桂、五味子，名為都氣丸，此則仲景夫子之原方也。其去附子，而加北五味子，實有妙義，我今更暢發之。夫都氣丸之用肉桂、北五味子也，因五味之酸收，以佐肉桂之斂虛火也。肉桂在六味丸中，僅可以引火之歸元，而不能生火之益腎，得北五味子之助，則龍雷之火有所制伏，而不敢飛騰于霄漢，且五味子又自能益精，水足而火自無不足。肉桂既不必引火之歸元，又不必制火之升上，則肉桂入于腎中，欲不生火而不可得矣。此則都氣丸之所以神也。至于九味地黃丸，又因都氣丸而加者也，麥冬補肺金之氣，與五味子同用于七味地黃丸中，則五味子又可往來于肺、腎之中，既可以助麥冬而生水，又可以助肉桂而伏火，上下相資，彼此俱益。此又善用地黃丸，愈變而愈神者也。又未可疑非仲景夫子之原方，而輕議之也。

或疑肉桂何以必與附子同用于六味地黃丸之中，易之以他藥如破故紙、沉香之類，何不可者？曰：肉桂可離附子以成功，而附子斷不能離肉桂以奏效。蓋附子之性走而不守，肉桂之性守而不走也。雖附子迅烈，入于群陰之內，柔緩亦足以濟剛，然而時時飛越，無同類之朋相親相愛，眷戀有情，未必不上騰于上焦矣。有肉桂之堅守于命門而不去，則附子亦安土重遷，不能飛越。此六味丸中仲景夫子用附子，而不得不用肉桂者，又有此妙義耳。至于破故、沉香之類，雖與附子同性，或慮過于沉淪，或少嫌于浮動，皆不如肉桂不沉不浮之妙。

或疑肉桂用之于八味丸中，經先生之闡揚，真無微不悉矣。但肉桂用之于金匱腎氣丸，尚未說破，豈即八味丸之義耶？夫八味丸用肉桂者，補火以健脾也。腎氣丸用肉桂者，補火以通膀胱也。雖腎氣丸用茯苓至六兩，未嘗不利水以通于膀胱，然而膀胱之氣，必得肉桂而易通，茯苓得肉桂而氣溫，而水化矣。雖丸中用附子，則腎火亦可通于膀胱，然而附子之性走而不守，無肉桂之引經，未必不遍走一身，而不能專入膀胱，以行其利水之功也。肉桂用于腎氣丸，其義又如此。

或疑肉桂于都氣丸中，未必非利小便，何以治水者不用都氣，而用腎氣丸乎？夫肉桂雖能入膀胱而利水，不能出膀胱而瀉水也。都氣丸中以熟地為君，而以茯苓為佐使，是補多于利也；腎氣丸中以茯苓為君，而以熟地為佐使，是利多于補也。補多于利，則肉桂佐熟地而補水，補先于利，而利不見其損；利多于補，則肉桂佐茯苓而利水，利先于補，而利實見其益。故治水者，必用腎氣丸，而不用都氣丸也。

或問：肉桂用之于黃柏、知母之中，東垣治膀胱不通者神效，則黃柏、知母前人用之矣，未可專咎丹溪也。曰：膀胱熱結而小水不通，用黃柏、知母而加之肉桂者，此救一時之意也，用之正見東垣之妙。若毋論有熱、無熱，而概用黃柏、知母，兼減去肉桂，即膀胱之水且不能通，又何以補腎哉？夫人生于火而死于寒，命門無火，則膀胱水凍，而水不能化矣。若用黃柏、知母，更加寒涼，則膀胱之中愈添其冰堅之勢，欲其滴水之出而不可得，安得不腹痛而死哉？治法用肉桂五錢、茯苓一兩，乘熱飲之，下喉而腹痛除，少頃而便出，此其故何也？蓋膀胱寒極，得肉桂之熱，不啻如大寒之得陽和，溪澗溝渠無非和氣，而雪消冰泮矣。

或問：肉桂性熱，守而不走，當火可引以歸于命門之中，但已歸之後，不識可長用之否？曰：肉桂性雖不走，補火則火之焰不升。然過于補火，則火過旺，未免有燃燒之禍矣。大約火衰則益薪，而火盛宜抽薪也。又不可因肉桂之守而不走，但知補火，而不知損火也。

桂枝　味甘、辛，氣大熱，浮也，陽中之陽，有小毒。乃肉桂之梢也，其條如柳，故又曰柳桂。能治上焦頭目，兼橫行于臂，調榮血，和肌表，止煩出汗，疎邪散風。入足太陽之腑，乃治傷寒之要藥，但其中有宜用不宜用之分，辨之不明，必至殺人矣。夫桂枝乃太陽經之藥，邪入太陽，則頭痛發熱矣。凡遇頭痛身熱之症，桂枝即當速用以發汗，汗出則肌表和矣。夫人身有營衛之分，風入人身，必先中于衛，由衛而入營，由營衛而入腑，由腑而入臟，原有次第，而不可紊也。太陽病，頭痛而身熱，此邪入于衛，而未入于營，桂枝雖是太陽經之藥，但能祛入衛之邪，不能祛入營之邪也。凡身熱而無頭疼之症，即非太陽之症，不可妄用桂枝。即初起身熱頭疼，久則頭不疼，而身尚熱，此又已離太陽，不可妄用桂枝矣。且桂枝乃發汗之藥也，有汗宜止，無汗宜發，此必然之理也。然而有有汗之時，仍可發汗；無汗之時，不可發汗者，又不可不辨。傷寒汗過多者，乃用他藥以發汗，以至汗出過多，而太陽頭痛尚未解，故不可不仍用桂枝以和解，非惡桂枝能閉汗也。傷寒無汗，正宜發汗，乃發汗而竟至無汗，此外邪盡解，不止太陽之邪亦解也，故不可輕用桂枝，以再疎其腠理，非防桂枝能出汗也。知其宜汗、不宜汗之故，辨其可汗、不可汗之殊，用桂枝祛邪，自無舛錯，又何至動即殺人耶。

或謂桂枝發汗，亦能亡陽，何故仲景張公全然不顧。凡有表症未散者，俱用桂枝湯，吾甚懼之，而不敢多用也。嗟乎！桂枝解表之藥，非亡陽之藥也，用桂枝湯而亡陽者，乃不宜解表，而妄用桂枝以表散，遂至變症蜂起，于桂枝何咎哉？

或謂桂枝治寒傷衛之聖藥，凡身熱而有頭痛項強之症，用桂枝湯仍然未除，反加沉重者，又何說也？此必多用桂枝以致此也。夫太陽之經，陽經也。桂枝，熱藥也。寒氣初入于太陽，寒猶未甚，少用桂枝以祛邪，則太陽之火自安，而寒邪畏熱而易解；若多用桂枝，則味過于熱，轉動太陽之火，熱以生熱，反助胃火之炎，而寒邪乘機亦入于胃，寒且亦變為熱，而不可解，而太陽之本症仍在也。故用桂枝者，斷不可用多以生變，惟宜少用以祛邪也。

或疑桂枝湯之治傷寒，以熱散寒也。以熱散寒，祛寒出外，非祛汗出外也，何以有亡陽之慮？想非傷寒而悞用桂枝也。夫用桂枝湯，必須冬日之正傷寒，而又兼頭痛項強者，纔是寒傷衛之正傷寒。若不是冬天發熱，即發熱而不頭痛項強，皆非傷寒入衛之症，安得不變為亡陽之禍，非桂枝之故也。

或疑桂枝湯宜用而不用，以致傳入于各經，而頭項強痛如故，不識桂枝湯仍可用否？夫寒傷衛，而不速用桂枝以散表，致邪入于裏，自應急攻其裏矣。但頭痛項強如故，此邪猶留于衛也，雖其病勢似乎變遷之不定，然正喜其邪留于太陽之經，在衛而不盡入于裏，仍用桂枝湯，而少輕其分兩，多加其邪犯何經之藥，則隨手奏功也。不可因日數之多，拘拘而專攻其入裏之一經耳。

或疑桂枝性熱，麻黄性寒，性同冰炭，何以各解太陽之邪，而仲景張公且有合用之出奇乎？曰：識得陰陽之顛倒，寒熱之異同，始可用藥立方，以名神醫也。夫人身營、衛之不同也，邪入衛則寒，邪入營則熱，正不可謂營、衛俱屬太陽，混看而不分別也。桂枝祛衛中之寒，麻黄祛營中之熱。桂枝、麻黄合用，祛營、衛寒熱之半，又何疑乎。惟邪將入于營，未離于衛，或寒多而熱少，或寒少而熱多之間，倘分晰之未清，治療之未當，恐不能速于解邪，轉生他變耳。然在仲景夫子，桂枝、麻黄合用，立方固未嘗不奇而且神也。

或疑桂枝散寒邪，散衛中之邪也，一用桂枝，宜衛中之寒邪盡散矣，何以又使其入于營中也。似乎桂枝不能盡散衛中之邪也，不知可別有他藥佐桂枝之不足乎？曰：桂枝散衛中之寒，吾慮其有餘，而君慮其不足乎。用桂枝湯，而邪入于營者，非桂枝之不足以散衛中之邪，乃遲用桂枝，而邪已先入于營中，桂枝將奈之何哉。此傷寒之病，所以貴療之早也。

或疑桂枝湯，傷寒症祛邪之先鋒也，用之當，則邪易退，用之不當，則邪難解。首先用桂枝湯，何以使之無不當耶。夫治傷寒而不知症，用藥未有不悞者也。故古人有看症不看脉之論，然而脉亦未可不講也。仲景夫子論症，未嘗不論脉，而無如世人之昧昧也。讀仲景夫子傷寒之書，亦何至首先用桂枝湯而有悞者乎。南昌喻嘉言尚論仲景夫子傷寒之書，卓識明眼，超絕前人，近今未有其亞。但其中少有異同，鐸不揣再為辨論，庶可免舛錯之譏，則自今以後，讀傷寒之書，亦何至于昏昧哉！

清·顧靖遠《顧氏醫鏡》卷八 桂近根之厚者，名肉桂。辛、甘，大熱，有小毒。入肝腎二經。去皮用。見火無功。補命門之真火，益火消陰，是其本功。扶脾胃之虛寒。以其有溫中之能。堅筋骨，乃助火之勳。通血脉。熱則流通也。下部腹痛，非此不除。肉桂治下焦，桂心治中焦，桂枝治上焦，此本天亲上，本地亲下之道也。奔豚疝氣，用之即效，奔豚屬腎火虛衰，陰氣凝結上攻所致；疝氣因腎虛，而寒濕邪氣乘虛客之者，最效。宣通百藥，辛散熱行也。善墮胞胎。能通子宮而破血故也。桂心即在中之次厚者。味苦、辛，熱。入心脾二經。止心疼腹痛，因寒痛者可用。破癥瘕痃癖。

通行瘀血之力。宣氣血而無壅，利關節而有靈。　桂枝即頂上細枝薄皮也。辛、甘，微熱。入肺膀胱二經。主冬令之風寒，仲景治冬月發熱汗出，為太陽傷風，用以解肌表之風；治發熱無汗，為太陽傷寒，麻黄湯中用以驅營分之寒。散下焦之蓄血。故桃仁承氣湯中用之。橫行手臂，而為治痛風之引經。風化為火，忌用。直達小腹，而為洩奔豚之向導。桂性偏陽，不可輕試。溫熱中暑，燥病及陰虛内熱之人，併一切失血之症，均為大忌，悮投則禍不旋踵，慎之！慎之！

清·李熙和《醫經允中》卷二〇　桂　忌火、生葱、石脂。中半以下最厚者名肉桂，入肝腎二經，主下焦；正中者名桂心，入心脾二經，主中焦；中半以下名桂枝，入肺、膀胱二經，主上焦也。辛、甘，熱，有小毒。肉桂，陽中之陽。主治宣通血脉，溫經暖臟，救元陽，扶脾胃，補命門相火不足，下焦寒冷，非此不除；奔豚疝瘕用之立効；善療陰盛失血瀉痢。然伐肝墮胎，惟尺脉沉細遲微，完穀不化者宜之，陰虛之人及一切血症不宜用。在中近木而味厚重者曰桂心，治九種心疼，腹痛，關脉沉細者宜之。在中次厚者曰官桂，治中焦有寒。其在上薄者曰薄桂，走肩臂而行肢節之凝滯。在嫩枝之最薄者曰桂枝，通脉出汗，散風疎邪，調榮血，和肌表，兼横行手臂，治痛風。成無己曰：桂枝本為解肌，若太陽中風，腠理緻密，榮衛邪實，脉浮緊，發熱汗不出者，不可與也。必皮膚疎泄自汗，脉浮緩，風邪干衛，乃可投耳。

清·馮兆張《馮氏錦囊秘録·雜症痘疹藥性主治合參》卷四　肉桂稟天地之陽，兼得乎土金之氣，故味甘辛，其氣大熱，有小毒。木之純陽者也。氣之薄者，桂枝也，氣薄則發泄，故桂枝上行而發表。氣之厚者，肉桂也，氣厚則發熱，故肉桂下行而補腎。此天地親上親下之道也。甘辛大熱，所以益陽。甘入血分，辛能横走，熱則通行，所以暢血脉，補命門，理心腹之疾，受寒霍亂轉筋，補氣脉之虛，勞倦内傷不足，暖腰膝，強筋，破癥瘕，止痛，祛風痹骨節攣疼，陰腹内沉寒痼疾，逐榮衛風寒，療九種心痛。通月閉經瘀作楚，催難産胞衣不下。但陽盛陰虛者忌之。〇宜擇形捲如筒，肉色紫潤，其味甜極而兼辛者佳。臨用去皮切碎，否則氣味走失，功效便差。并忌火焙，蓋諸香見火，則無功耳。産於觀濱，故名觀桂。名桂心者，美之之詞，取去盡粗皮，近裏之極紫極甜者是也。如入補藥，藉其鼓舞藥性者，則入藥同煎。如全仗其行血走竄者，則群藥煎好，方入煎一二沸用。

肉桂能墮胎，通血脉，下焦寒冷，秋冬腹疼泄奔豚，利水道。溫經暖臟，破血通經。救元陽之痼冷，扶脾胃之虛寒。堅筋骨壯陽道，溫行百藥。腰疼脇痛必需，和血逐瘀，疝氣消癰並捷。宣氣血而無壅，利關節而有靈。托癰疽痘毒，能引血成膿。辛能散風，甘能和血，溫能行氣，香能走竄百脉。言乎肝者，以木得桂而枯之義也。氣厚則發熱，入肝走腎，專補命門真火不足，而導火歸元也。故曰：桂者，圭也，引導陽氣，如執圭以使。至於臨産用以催生，須臾如手推下者，亦補火入肝走腎之力也。其春夏禁服，秋冬宜煎者，言其常也。舍時從症者，處其變也。至於瘧疾人發寒熱不已，用上好甜肉桂，去盡粗皮錢餘，瘧將發時，預口中噙之，則寒退熱減，神爽思食而愈，可見其補真火，散陰寒之神功矣。桂枝味薄體輕，上行頭目，横行手臂，調榮衛和肌表，止煩出汗，疎邪散風，内理心腹之痛，外解皮膚之寒，直行而為奔豚之向導，以經走膀胱也。有汗能止，無汗能發者，以其能調和榮衛，邪不容而開闔得也。麻黄、桂枝本皆辛甘發散，但麻黄遍徹皮毛，專於發汗而寒邪散，桂枝調和榮衛，善於解肌而風邪散，所謂氣薄則發泄是也。

主治痘疹合參：能和榮衛，能固肌表，却風邪而實腠理，氣虛之痘，賴以鼓舞，藥性上行，通調百脉，引參耆以達肌表，托痘毒癰疽，能引血成膿，制肝補脾，調和氣血，凡泄瀉寒戰，痘白虛寒者，并宜如實熱痘症，并痘後作癢，皆不可用也。桂枝氣薄上行而發表，又能横行手臂。凡初起重感風寒，并在秋冬之時及手足瘡不起發者宜用。若痰多咳嗽，咽疼音啞，血燥血熱及血崩孕婦，并宜禁之。

張按：桂、附二味，雖俱辛熱補陽，然古哲立方，有二味并用者。有用桂不用附者，有用附不用桂者，確有成見，針線相對，毫難互借混投。今人勿究其微，但以其性辛溫，或桂或附，任意取用，殊不知肉桂味甘而辛，氣香而竄，可上可下，可横可直，可表可裏，可補可瀉，善通百脉，和暢諸經，鼓舞氣血，故健行流走之效雖捷，但性專走洩，而溫中救裏之力難長，未免進亦鋭，退亦速也。至於附子氣味大辛，微兼甘苦，氣厚味薄，降多升少，從下直上，走而不守，其救裏回陽之功，及引火藏源之力，溫經達絡之能，是其所長，非若肉桂辛甘，輕揚之性，復能横行達表，走竄百脉也。一則味辛而兼微苦，所以功專達下，走裏以救陰中之陽，為先天真陰真陽之藥也。一則味甘而兼辛，所以既補命門，復能竄上達表，以救陽中之陽，更為後天氣血榮衛分之需也。故純以大溫峻補中氣真陰真陽，救裏為事者，或二位并投，或君以參、术，佐以附子為用，如八味丸桂、附并需，參附湯、术附湯、理中湯之類，勿用肉桂是也。如欲溫中兼以調和氣血，走竄外達，顧表為事者，則以培補氣血之藥為君，而單以肉桂一味為佐使，如參耆飲、十全大補湯、人參養榮湯之類，勿用附子是也。如是則表裏陰陽輕重之義昭然矣，豈容混投假借乎！

清・张璐《本經逢原》卷三　肉桂　辛、甘，大溫，無毒。去麤皮用。凡桂皆忌葱，勿見火，以辛香得火轉烈，恐動陰血也。色深紫，而甘勝於辛，其形狹長半卷而鬆厚者良。若堅厚味淡者曰板桂，今名西桂，不入湯藥。近世舶上人每以丁皮混充，不可不辨。　發明：肉桂辛熱下行，入足太陰、少陰，通陰蹻、督脈。氣味俱厚，益火消陰，大補陽氣，下焦火不足者宜之。其性下行，導火之源，所謂腎苦燥，急食辛以潤之。利肝腎，止腰腹寒痛，冷痰霍亂轉筋，堅筋骨，通血脈。元素言補下焦不足，沉寒痼冷之病，下部腹痛，非此不能止。時珍治寒痹風濕，陰盛失血，瀉痢驚癇，皆取辛溫散結之力也。古方治小兒驚癇及泄瀉病，宜五苓散，以瀉丙火，滲土濕。內有桂抑肝風而扶脾土，引利水藥入膀胱也。赤眼腫痛，脾虛不能飲食，肝脈盛，脾脈弱，用涼藥治肝則脾愈虛，用暖藥助脾則肝愈盛。但於溫脾藥中倍加肉桂，殺肝益脾，一治而兩得之。同丁香治痘瘡灰塌，以其能溫托化膿也。又桂辛散能通子宮而破血調經，消癥瘕，破瘀墮胎，內脫陰疽，潰癰久不斂，及虛陽上乘，面赤戴陽，吐血衄血，而脈瞥瞥虛大無力者，皆不可缺。有胎息虛寒下墜，服黃芩、白术輩安之不應。小腹愈痛愈墜，脈來弦細或浮革者，非參、耆、桂、附、十全大補溫之不效。昔人又以亡血虛家不可用桂，時珍以之治陰盛失血，非妙達陰陽之理不能知此。惟陰虛失血而脈弦細數者切忌。今人以之同石灰等分為末，摻黑膏上貼癖塊效，亦取辛溫散結之力。然惟藜藿之人皮膚粗厚者宜之。　桂心　辛、甘，大溫，無毒。即肉桂之去外色淡，但存中心深紫，切之油潤者是。　發明：桂心既去外層苦燥之性，獨取中心甘潤之味，專溫營分之裏藥。故治九種心痛，腹內冷痛。破痃癖等病，與經絡軀殼之病無預，非若肉桂之兼通經脈，和營衛，堅筋骨，有寒濕風痹等治也。　牡桂一名大桂　辛、甘、微苦，溫，無毒，甜厚而闊者是。《本經》主上氣欬逆，結氣喉痹吐吸，利關節，補中益氣，久服通神，輕身不老。　發明：牡桂辛勝於甘，而微帶苦，性偏溫散，而能上行。故《本經》治上氣欬逆，成無己利肺氣，皆取辛散上行之力。時珍不察，乃與桂枝同列，非智者一失歟。蓋桂枝是最上枝條，亦名柳桂，言如柳條之嫩小也。蓋牡者陽也，牡桂是稟離火純陽之氣，故味帶苦，且大且厚，與桂枝絕不相類，何可混言。《本經》言治上氣欬逆，導下焦之陰火逆上也。治結氣，辛溫開結也。喉痹吐吸，同氣相招，以引浮游之火下泄也，然必兼苦寒降泄之味用之。利關節，從內而達於表也。補中益氣，久服通神，輕身不老，補助真元，陽生陰長也。然須詳素稟豐腴，濕勝火衰者為宜。若瘦人精血不充，火氣用事，非可例以為然也。其治心腹冷痛，癥瘕血痹，筋脈拘攣，冷痰霍亂，其功不減肉桂。但治相火不歸，下元虛冷，力不能直達下焦，為稍遜耳。　筒桂俗名官桂　辛、甘，溫，無毒。《本經》主百病，養精神，和顏色，為諸藥先聘通使。久服面生光華，媚好常如童子。　發明：筒桂辛而不熱，薄而能宣，為諸藥通使，故百病宜之。《本經》言其養精神，和顏色，有辛溫之功，無壯火之患也，為諸藥先聘通使。凡開提之藥，補益之藥，無不宜之。久服面生光華，媚好常如童子，以其質薄、性輕，無桂心、肉桂、牡桂等雄烈之氣，力勝真陰之比。《別錄》治心痛、脇痛、脇風，溫經通血脈，止煩出汗，皆薄則宣通之義。《綱目》乃以《別錄》、元素二家之言，皆混列牡桂之下。蓋牡桂是桂之大者，功用與肉桂相類，專行氣中血滯。筒桂則專行胸脇，為脹滿之要藥。凡中焦寒邪拒閉，胃氣不通，嘔吐酸水，寒痰水癖，奔豚死血，風寒痛痹，三焦結滯並宜薄桂，蓋味厚則泄，薄則通也。　桂枝　辛、甘，微溫，無毒。　發明：麻黃外發而祛寒，遍徹皮毛，故專於發汗。桂枝上行而散表，透達營衛，故能解肌。元素云，傷風頭痛，開腠理，解肌發汗，去皮膚風濕，此皆桂枝所治。時珍乃以列之牡桂之下，誤矣。按：仲景治中風解表，皆用桂枝湯，又云，無汗不得用桂枝，其義云何。夫太陽中風，陽浮陰弱，陽浮者熱自發，陰弱者汗自出，衛實營虛，故發熱汗出，桂枝湯為專藥。又太陽病發熱汗出者，此為營弱衛強，陰虛陽必湊之，皆用桂枝發汗。此調其營，則衛氣自和，風邪無所容，遂從汗解，非桂枝能發汗也。汗多用桂枝湯者，以之與芍藥調和營衛，則邪從汗去，而汗自止，非桂枝能止汗也。世俗以傷寒無汗不得用桂枝者，非也。桂枝辛甘發散為陽，寒傷營血，亦不可少之藥。麻黃湯、葛根湯未嘗缺此，但不可用桂枝湯，以中有芍藥酸寒收斂表腠為禁耳。若夫傷寒尺脈不至，是中焦營氣之虛，不能下通於衛，故需膠飴加入桂枝湯，方取稼穡之甘，引入胃中，遂名之曰建中。更加黃耆，則為黃耆建中。借表藥為裏藥，以治男子虛勞不足。《千金》又以黃耆建中換入當歸，為內補建中，以治婦人產後虛羸不足，不特無餘邪內伏之虞，并可杜陽邪內陷之患，非洞達長沙妙用，難以體此。詳桂枝本手少陰血分藥，以其兼走陽維，凡傷〔寒〕之邪，無不由陽維傳次，故此方為太陽首劑。昔人以桂枝湯為太陽經風傷衛之耑藥，他經皆非所宜，而仲景三陰例中，陰盡復陽靡不用之，即厥陰當歸四逆，未嘗不本桂枝湯也。○桂，附各具五體，各有攸宜。肉桂雖主下元，而總理中外血氣。桂心專溫藏府營血，不行經絡氣分。牡桂性兼上行，統治表裏虛寒。薄桂善走胸脇，不能直達下焦。桂枝調和營衛，解散風邪而無過汗傷表之厄，真藥中之良品，允為湯液之祖也。《本經》之言牡桂兼肉桂、桂心而言，言箘桂兼桂枝而言也。其他板桂、木桂僅供香料、食料，不入湯藥。

清・浦士貞《夕庵讀本草快編》卷五　桂《別錄》、梫　附：木犀花　陸佃云：桂猶圭也，宣導百藥，為之先聘，如執圭之使也。《爾雅》曰梫，言其侵害諸木，故桂下無雜樹。雷公所謂桂釘樹根，其木即死。桂本陽中之陽，用則有輕重之別，乃親上親下之義也。其枝者氣薄辛甘，體輕上行，故入足太陽，而為透達榮衛解肌去風之藥。蓋脾主榮，肺主衛，甘走脾，辛走肺也。故仲景治太陽中風發熱汗出者，用為的劑。又云汗多者用桂枝芍藥湯，是言其閉汗也。而本艸以為能止煩出汗，即仲景亦有數處用其發汗，得無一藥二說，眩惑人目？殊不知用以出汗者，蓋取其調榮氣則衛自和，風邪無所容，遂自汗而解，非桂枝能開腠理，發出其汗也。發字作出字，便無疑矣！汗多用之者，亦以其調和榮衛則邪從汗出，而汗自止，非桂枝能閉汗孔也。且其橫行為手臂之引經，直下為奔豚之向導，功莫大焉。其肉者脂老氣厚，大熱，下降入足太陰、少陰血分，而為通達下焦，益火消陰之劑。善能溫中而除痼冷，療腰痛而止煩渴，陰盛、失血、瀉利、腹痛者，宜之。東垣所謂腎苦急，急食辛以潤之，開腠理，致津液，通其氣者也。若厚者去內外之皮，取心。走心而為手少陰，化液成膿，行經破瘀，益精明目，補勞續傷之要味。《別錄》所謂桂通血脉是也。十全大補湯、八味丸並皆用之，以導火歸源而充益氣血，所謂從其性而伏之也。五苓散用之以抑肝風而扶濕土，又治脇痛脇風者，所謂木得桂而枯，伐肝而利肺也。但其性俱有毒，為胎產之忌藥。溫托化膿，又為痘疹之良劑。若與巴豆、乾漆、水蛭同行，則化小毒而為大毒。若與乾薑、附子同用，則化溫暖而為大熱。得石英、地黃則療吐逆，得麥冬、黃芩則調中益氣。佐輔之間不可不慎耳。箘桂之花名曰木犀，白黃二種，馨香悅人，可以點茗，可以浸酒，同麻油則能潤髮，作面脂更可悅顏。自以陸羽採青桂花以寄袁高，仙翁盛丹桂露以贈吳猛，實重之也。

清・張志聰、高世栻《本草崇原》卷上　桂　氣味辛，溫，無毒。主上氣咳逆，結氣，喉痹，吐吸，利關節，補中益氣。久服通神，輕身不老。《本經》有牡桂、箘桂之別，今但以桂攝之。桂木臭香，性溫，其味辛甘。始出桂陽山谷及合浦、交趾、廣州、象州、湘州諸處。色紫黯，味辛甘者為真。若皮色黃白，味不辛甘，香不觸鼻，名為柳桂，又名西桂。今藥肆中此桂居多。真廣者，百無一二。西桂只供發散，不能助心主之神，壯木火之氣，用者不可不擇。上體枝幹質薄，則為牡桂。牡，陽也。枝幹治陽本乎上者，親上也。下體根荄質厚，則為箘桂。箘，根也。根荄治陰本乎下者，親下也。仲祖《傷寒論》有桂枝加桂湯，是牡桂、箘桂並用也。又云：桂枝去皮，去皮者，只取稍尖嫩枝，外皮內骨皆去之不用。是枝與幹又各有別也，今以枝為桂枝，幹為桂皮，為官桂，即《本經》之牡桂也。根為肉桂，去粗皮為桂心，即《本經》之箘桂也。生發之機在於幹枝，故錄《本經》牡桂主治，但題以桂而總攝焉。桂木淩冬不凋，氣味辛溫，其色紫赤，水中所生之木火也。上氣咳逆者，肺腎不交，則上氣而為咳逆之證。桂啟水中之生陽，上交於肺，則上氣平而咳逆除矣。結氣喉痹者，三焦之氣，不行於肌腠，則結氣而為喉痹之證。桂秉少陽之木氣，通利三焦，則結氣通而喉痹可治矣。吐吸者，吸不歸根，即吐出也。桂能引下氣與上氣相接，則吸入之氣，直至丹田而後出，故治吐吸也。關節者，兩肘兩腋、兩髀兩膕，皆機關之室。周身三百六十五節，皆神氣之所游行。桂助君火之氣，使心主之神，而出入於機關，游行於骨節，故利關節也。補中益氣者，補中焦而益上下之氣也。久服則陽氣盛而光明，故通神。三焦通會元真於肌腠，故輕身不老。

清・姚球《本草經解要》卷三　肉桂　氣大熱，味甘、辛，有小毒。利肝肺氣，心腹寒熱冷疾，霍亂轉筋，頭痛腰痛，出汗，止煩止唾，欬嗽，鼻齆，墮胎，溫中，堅筋骨，通血脈，理疏不足。宣導百藥無所畏，久服神仙不老。

肉桂氣大熱，稟天真陽之火氣，入足少陰腎經，補益真陽。味甘辛，得地中西土金之味，入足太陰脾經、手太陰肺經。有小毒，則有燥烈之性，入足陽明燥金胃、手陽明燥金大腸。氣味俱升，陽也。肉桂味辛，得金味，金則能制肝木。氣大熱，稟火氣，火能制肺金，制則生化，故利肝肺氣。心腹，太陰經行之地。寒熱冷疾者，有心腹冷疾而發寒熱也。氣熱能消太陰之冷，所以愈寒熱也。霍亂轉筋，太陰脾經寒濕症也。熱可祛寒，辛可散濕，所以主之。《經》云：頭痛巔疾，過在足少陰腎經。腰者，腎之府。腎虛則火升於頭，故頭痛腰痛也。肉桂入腎，能導火歸原，所以主之。辛熱則發散，故能汗出。虛火上炎則煩，肉桂導火，所以主止煩也。腎主五液，寒則上泛。肉桂溫腎，所以止唾。辛甘發散，疏理肺氣，故主欬嗽鼻齆。血熱則行，所以墮胎。肉桂助火，火能生土，所以溫中。中者，脾胃也。筋者，肝之合也。骨者，腎之合也。甘辛之味，補益脾肺，制則生化，所以充肝腎而堅筋骨也。其通血脈，理疏不足者，熱則陽氣流行，所以血脈通而理疏密也。宣導百藥無所畏者，藉其通行流走之性也。久服神仙不老者，辛熱助陽，陽明故神，純陽則仙而不老也。　製方：肉桂同人參、炮薑、附子，治中寒腹痛。同薑黄、枳殼、甘草、大棗，治左脇痛脹。同當歸、牛膝，治冬月產難，產門不開。同黄柏、知母丸，名滋腎丸，治小便不通。

桂枝　氣溫，味辛，無毒。主上氣欬逆，結氣喉痹吐吸，利關節，補中益氣。久服通神，輕身不老。　桂枝氣溫，禀天春和之木氣，入足厥陰肝經。味辛無毒，得地西方潤澤之金味，入手太陰肺經。氣味俱升，陽也。肺為金藏，形寒飲冷則傷肺，肺傷則氣不下降，而病上氣欬逆矣。桂枝性溫溫肺，肺溫則氣下降，而欬逆止矣。結氣喉痹吐吸者，痹者，閉也。氣結於喉，閉而不通，但吐而不能吸也。桂枝辛溫，散結行氣，則結者散而閉者通，不吐而能吸也。辛則能潤，則筋脈和而關節利矣。中者，脾也。辛溫則暢達肝氣，而脾經受益，所以補中。益氣者，肺主氣，肺溫則真氣流通而受益也。久服通神，輕身不老者，久服則辛溫助陽，陽氣常伸而靈明，陽盛而身輕不老也。　製方：桂枝同白芍、甘草、生薑、大棗，名桂枝湯，治中風。同白芍、甘草、飴糖、生薑、大棗、黄耆，名黄耆建中湯，治陰血不足。

清·周垣綜《頤生秘旨》卷八　桂　溫中宣導之藥也。熱者，陽散于外，附子回陽。寒者，腎水泛上，薑、桂退寒水。血凝氣滯，以此調和榮衛耳。

清·王子接《得宜本草·上品藥》　肉桂　味甘、辛。入足厥陰經。主治沉寒痼冷，益火消陰。得人參、麥冬、甘草能益中氣，得紫石英療吐逆。

桂枝　味辛，溫。入足太陽經。功專溫經通脈，去風止汗。得芍藥、甘草能和營衛，得雄雞肝治小兒遺尿。

清·徐大椿《神農本草經百種錄》上品　菌桂　味辛，溫。主百病，言百病用之得宜皆有益也。養精神，通達藏府，益在內也。和顏色，調暢血脈，益在外也。為諸藥先聘通使。辛香四達，引藥以通經絡。久服，輕身不老，血脈通利之效。面生光華，媚好常如童子。血和則潤澤也。　寒氣之鬱結不舒者，惟辛溫可以散之。桂性溫補陽，而香氣最烈，則不專于補，而又能驅逐陰邪，凡陰氣所結，能與藥相拒，非此不能入也。〇人身有氣中之陽，有血中之陽。氣中之陽，走而不守；血中之陽，守而不走。凡藥之氣勝者，往往補氣中之陽；質勝者，往往補血中之陽。如附子暖血，肉桂暖氣，一定之理也。然氣之陽勝則能動血，血之陽勝則能益氣，又相因之理也。桂氣分藥也，而其驗則見于血，其義不曉然乎？

清·黄元御《長沙藥解》卷二　桂枝　味甘辛，氣香，性溫。入足厥陰肝、足太陽膀胱經。入肝家而行血分，走經絡而達營鬱。善解風邪，最調木氣。升清陽脫陷，降濁陰衝逆。舒筋脈之急攣，利關節之壅阻。入肝膽而散遏抑，極止痛楚；通經絡而開痺澀，甚去濕寒。能止奔豚，更安驚悸。　傷寒桂枝湯，桂枝三兩，芍藥三兩，甘草二兩，大棗十二枚，生薑三兩。治太陽中風，頭痛發熱，汗出惡風。以營性發揚，衛性斂閉，風傷衛氣，泄其皮毛，是以汗出。風愈泄而衛愈斂，鬱遏營血不得外達，是以發熱。甘草、大棗補脾精以滋肝血，芍藥清營中之熱，桂枝達營氣之鬱也。　桂枝人參湯，桂枝四兩，人參、白术、炙甘草、乾薑各三兩。治太陽傷寒，表證未解，而數下之，利下不止，心下痞鞕。以誤下傷其中氣，己土陷下而為泄，戊土逆上而為痞，而表證猶存。人參湯理中氣之紛亂，桂枝解表邪之怫鬱也。　桂枝甘草湯，桂枝四兩，甘草二兩。治太陽傷寒，發汗過多，叉手自冒其心，心下悸動，欲得手按者。以陽亡土敗，木氣鬱勃，欲得手按，以定撼搖。甘草、桂枝培土以達木也。　桂枝加桂湯，桂枝五兩，芍藥三兩，甘草二兩，大棗十二枚，生薑三兩。治太陽傷寒，燒鍼發汗，鍼處被寒，核起而赤，必發奔豚氣，從小腹上衝心胸者。以汗後陽虛脾陷，木氣不達，一被外寒閉其鍼孔，木氣鬱動，必發奔豚。若氣從小腹上衝心胸，便是奔豚發矣。先灸其鍼孔，以散其外寒，乃以桂枝加桂，疏乙木而降奔衝也。　凡氣衝心悸之證，皆緣水旺土虛，風木鬱動之故。苓桂术甘湯方在茯苓治太陽傷寒，吐下之後，心下逆滿。氣上衝胸，又發汗動經，身為振振搖者。《金匱》桂枝五味甘草湯，桂枝四兩，茯苓四兩，五味半斤，甘草三兩。治痰飲咳逆，服小青龍湯後方在麻黄飲去咳止。氣從少腹上衝胸咽者，與桂苓五味甘草治其衡氣。防己黃芪湯方在防己治風濕脈浮，身重氣上衝者，加桂枝三分。傷寒太陽病下後，其氣上衝者，與桂枝加桂湯。苓桂甘草湯方在茯苓治太陽傷寒，汗後臍下悸動，欲作奔豘者。《金匱》理中丸方在人參治霍亂吐利。若臍上築者，腎氣動也，去朮加桂四兩。《傷寒》四逆散方在甘草治少陰病，四逆，悸者，加桂五分。以足之三陰，自足走胸。乙木生於癸水，而長於己土。水寒土濕，脾氣鬱陷，乙木抑遏，經氣不暢，是以動搖。其始心下振悸，枝葉之不甯也。及其根本搖撼，臍下悸作，則木氣奔突，勢如驚豘，直衝於胸膈咽喉之間。桂枝疏肝脾之鬱抑，使其經氣暢達，則悸安而衝退矣。烏梅丸方在烏梅治厥陰病，氣上衝心，心中疼熱，食則吐蚘。以木鬱則蟲化，怒氣勃升，故衝擊而作痛。桂枝疏木達鬱，下衝氣而止心痛也。《金匱》桂薑枳實湯，桂枝三兩，生薑三兩，枳實五兩。治心中懸疼，氣逆痞塞。以膽胃不降，心下痞塞，硋乙木上行之路，衝擊而生疼痛。枳、薑降濁而泄痞，桂枝通經而達木也。《外臺》柴胡桂枝湯，柴胡四兩，黃芩二兩半，半夏二合半，甘草一兩，芍藥兩半，大棗六枚，生薑、桂枝各一兩半。治心腹卒痛。以甲木鬱，則上克戊土而為心疼；乙木鬱，則下克己土而為腹疼。小柴胡補土而疏甲木，芍藥、桂枝清風而疏乙木也。此本太陽少陽合病之方，少陽傷寒，肢節煩疼，微嘔，心下支結，是少陽之經證也。而外見發熱惡寒，是太陽之經證也。故以柴胡而加桂枝，雙解大小之經。然心腹疼痛之理，亦不外是也。《金匱》桂枝薑棗麻附細辛湯，桂枝三兩，甘草二兩，大棗十二枚，麻黃二兩，附子一枚，細辛三兩。治氣分心下堅，大如盤，邊如旋盃。氣分，清陽之位。陰邪上而濁氣痞塞，心下堅，大如盤，邊如旋盃，此下焦陰邪逆填於陽位也。陰邪上逆，原於水旺而土虛。甘、棗補其土虛，附子溫其水寒，薑、桂、細辛降其濁陰，麻黃泄其滯氣也。桂枝茯苓丸，桂枝、芍藥、丹皮、桃仁、茯苓等分。治妊娠宿有癥病，胎動漏血。以土虛濕旺，中氣不健，胎妊漸長，與癥病相硋，中焦脹滿，脾無旋運之路，陷遏乙木，鬱而生風。疏泄失藏，以致血漏。木氣鬱衝，以致胎搖。茯苓泄濕，丹皮、桃仁破癥而消瘀，芍藥、桂枝清風而疏木也。桂枝芍藥知母湯，桂枝、白朮、知母、防風各四兩，芍藥三兩，生薑五兩，麻黃、甘草、附子各二兩。治肢節疼痛，腳腫身羸，頭眩欲吐。以四肢稟氣於脾胃，中脘陽虛，四肢失養，濕傷關節，而生腫痛。濁陰阻格，陽不下濟，鬱升而生眩暈，逆行而作嘔吐。朮、甘培土以障陰邪，附子溫下而驅濕寒，知母清上而甯神氣，桂、芍、薑、麻通經而開痺塞也。八味腎氣丸方在地黃治婦人轉胞，不得小便，男子虛勞腰痛，少腹拘急，小便不利，男子消渴，小便反多。以木主疏泄，職司水道，水寒土濕，木氣抑鬱，疏泄不遂而愈欲疏泄。泄而弗暢，則小便不利；泄而失約，則小便反多。桂枝疏木，以行疏泄也。其短氣，有微飲者，宜從小便去之。苓桂朮甘湯主之，腎氣丸亦主之。桂枝善行小便，是以並泄水飲也。桂枝附子湯方在附子治風濕相搏，骨節疼痛，小便不利，大便堅，小便利者。去桂加朮，便利而去。桂者，木達而疏泄之令行也。桂枝辛溫發散，入肝脾而行營血。風傷衛氣，衛閉而遏營血。桂枝通達經絡，泄營鬱而發皮毛，故善表風邪。肝應春而主生，而人之生氣充足者，十不得一。即其有之，亦壯盛而不病。病者，皆生氣之不足者也。蓋木生於水，而長於土。水溫土燥，陽氣升達，而後生氣暢茂。水寒土濕，生氣失政，於是滯塞而克己土，以其生意不遂，故抑鬱而作賊也。肝病則燥澀湮瘀，經脈亦病。木中孕火，其氣本溫，溫氣存則鬱遏而生風熱。溫氣少，則風熱不作，純是濕寒。其濕寒者，生氣之衰。其風熱者，亦非生氣之旺。此肝病之大凡也。桂枝溫散發舒，性與肝合，得之藏氣條達，經血流暢，是以善達脾鬱，經藏榮舒，而條風扇布，土氣鬆和，土木雙調矣。土治於中，則樞軸旋轉，而木氣榮和，是以既能降逆，亦可升陷，善安驚悸，又止奔豘。至於調經開閉，疏木止痛，通關逐痺，活絡舒筋，噎塞痞痛之類，遺濁淋澀之倫，泄穢、吞酸、便血之屬，胎墜、脫肛、崩中、帶下之條，皆其所優為之能事也。大抵雜證百出，非緣肺胃之逆，則因肝脾之陷。桂枝既宜於逆，又宜於陷，左之右之，無不宜之，良功莫悉，殊效難詳。凡潤肝養血之藥，一得桂枝化陰滯而為陽和，滋培生氣，暢遂榮華，非群藥所能及也。去皮用。

清・黃元御《玉楸藥解》卷二　肉桂　味甘、辛，氣香，性溫。入足厥陰肝經。溫肝暖血，破瘀消癥。逐腰腿濕寒，驅腹脇疼痛。肝屬木而藏血，血秉木氣。其性溫暖，溫氣上升，陽和舒布，積而成熱，則化心火。木之溫者，陽之半升；火之熱者，陽之全浮也。人知氣之為陽，而不知其實含陰精；知血之為陰，而不知其實抱陽氣。血中之溫化火，為熱之原也。溫氣充足，則陽旺而人康，溫氣衰弱，則陰盛而人病。陽復則生，陰勝則死。生之與死，美惡不同。陽之與陰，貴賤自殊。蠢飛蠕動，尚知死生之美惡，下士庸工不解陰陽之貴賤，千古禍源，積成於貴陰賤陽之家矣。欲求長生，必扶陽氣。扶陽之法，當於氣血之中，培其根本。陽根微弱，方胎水木之中，止有不足，萬無有餘，世無溫氣太旺而生病者。其肝家痛熱，緣生意不足，溫氣抑鬱而生風燥，非陽旺而陰虛也。肉桂溫暖條暢，大補血中溫氣，香甘入土，辛甘入木，辛香之氣，善行滯結，是以最解肝脾之鬱。金之味辛，木之味酸。辛酸者，金木之鬱，肺肝之病也。蓋金之性收，木之性散。金曰從革，從則收，而革不收，於是作辛；木曰曲直，直則散，而曲不散，於是作酸。辛則肺病，酸則肝病，以其鬱也。故肺宜酸收，而肝宜辛散。肺得酸收，則革者從降，而辛味收；肝得辛散，則曲者宜升，而酸味散矣。事有相反而相成者，此類是也。肝脾發舒，溫氣升達，而化陽神，陽神司令，陰邪無權，却病延年之道，不外乎此。凡經絡堙瘀，藏府癥結，關節閉塞，心腹疼痛等證，無非溫氣微弱，血分寒沍之故。以至上下脫泄，九竅不守，紫黑成塊，腐敗不鮮者，皆其證也。女子月期產後種種諸病，總不出此，悉宜肉桂，餘藥不能。肉桂木係樹皮，亦主走表。但重厚內行，所走者，表中之裏。究其力量所至，直達藏府，與桂枝專走經絡者不同。

清·吳儀洛《本草從新》卷三 肉桂〔大燥，補命門火，平肝通血脈，引火歸元。〕辛，甘，大熱，有小毒。氣厚純陽，入肝腎血分。補命門相火之不足，兩腎中間，先天祖氣，乃真火也。人若無此真陽之火，則無以蒸糟粕而化精微，脾胃衰敗，氣盡而亡矣。益陽消陰，治痼冷沉寒。疏通血脈，宣導百藥，熱則通行。能發汗，去營衛風寒，辛則善散。下焦腹痛，奔豚疝瘕。木得桂而枯，削桂釘木根，其木即死。又能抑肝風而扶脾土。肝木盛則剋土，辛散肝風，甘益脾土。療脇痛驚癇，寒熱久瘧，用淨肉桂錢餘，將發時口中噙之。虛寒惡食，濕盛泄瀉。土為木剋，不能防水，古行水方中多用之，如五苓散之類。引無根之火降而歸元，從治咳逆結氣，目赤腫痛，格陽喉痺等證。以熱攻熱，名曰從治。通經催生墮胎。辛熱能動血故也。出交趾者最佳，今甚難得，潯州者庶幾。必肉厚氣香，色紫有油，味辛甘，嚐之舌上極清楚者方可用。若嚐之舌上不清，及切開有白點者是洋桂，大害人。去粗皮，其毒在皮。不見火。須臨用切碎，羣藥煎好方入，煎一二沸即服。得人參、甘草、麥冬良。忌生葱、石脂。　桂心〔大燥，主陽活血。〕入心脾血分。能引血化汗化膿，內托癰疽痘瘡，同丁香治痘瘡灰塌。消瘀生肌，補虛寒，宣氣血，利關節。治風痺癥瘕，噎膈腹滿，心腹諸痛。　桂枝〔輕，解肌，調營衛。〕辛甘而溫。氣薄升浮，入太陰肺、太陽膀胱經。溫經通脈，發汗解肌。能利肺氣。《經》曰：辛甘發散為陽。治傷風頭痛，無汗能發。傷寒自汗，有汗能止。桂枝為君，芍藥、甘草為佐，加薑、棗，名桂枝湯，能和營實表。調和營衛，使邪從汗出而汗自止。王好古曰：或問桂枝止煩出汗，仲景治傷寒發汗，數處皆用桂枝湯。又曰：無汗不得用桂枝，汗多者，桂枝甘草湯，此又能閉汗也，二義相通否乎？曰：仲景云：太陽病發熱汗出者，此為營弱衛強，陰虛陽必湊之，故以桂枝發其汗。此乃調其營氣則衛氣自和，風邪無所容，遂自汗而解，非若麻黃能開腠理，發出其汗也。汗多用桂枝者，以之調和營衛，則邪從汗解而汗自止，非桂枝能開汗孔也。亦唯有汗者宜之。若傷寒無汗，則當以發汗為主，而不獨調其營衛矣。故曰：無汗不得服桂枝，有汗不得服麻黃，以桂枝湯中有芍藥故也。亦治手足痛風，脇風。痛風有風痰、風濕、濕痰、瘀血、氣虛、血虛之異，桂枝用作引經。脇風屬肝，桂枝能平肝。東垣曰：桂枝橫行手臂，以其為枝也。又曰：氣薄則發泄，桂枝上行而解表；氣厚則發熱，肉桂下行而補腎。李士材曰：肉桂乃近根之最厚者，桂心即在中之次厚者，桂枝即頂上細枝。肉桂在下，主治下焦；桂心在中，主治中焦；桂枝在上，主治上焦。此本乎天者親上，本乎地者親下之道也。桂性偏陽，陰虛之人，一切血證，最能動血。不可誤投。〔桂子辛溫入腎，助陽消陰。〕木犀花，辛，溫。同百藥煎、孩兒茶作膏餅噙，生津辟臭化痰；治風蟲牙痛。同麻油蒸熟，潤髮及作面脂。桂葉，搗碎浸水洗髮，去垢除風。

清·汪紱《醫林纂要探源》卷三 肉桂　辛，甘，熱。木有菌桂、茼桂、板桂、牡桂之殊，葉有似枇杷，似冬青，似柿之異。今不能細分，但以厚而色紫氣香者為良。古惟貴廣西桂林紫金山所出，今則廣桂鮮佳，所用多出雲南、交趾。補肝潤腎，助命門火，行少陽之令，實肝臟主藥。色紫入肝，味辛補肝，決痼冷沉寒而宣達氣血，袪風去濕，皆陽春之令。膽火，肝木之行，轉冬為春也。兼和脾土。甘則補土，且肝木之陽氣舒，則土膏動，而土遂其生物之功矣。故能開胃進食，治濕瀉寒瀉。〇辛雖主散，而甘則能緩，故雖熱而和，不過於走散。　桂心：苦，辛，熱。去皮肉，獨用其中紫赤有油者。專入血分，行血消瘀，除寒去濕，舒筋活血。能托癰疽，攻癥去痺。瀉心之邪障。心者，神明所居，有外邪障之則病。而膻中不舒，膈俞血涸，噎膈心痛之病皆是也。辛以行之，苦以泄之，則心安矣。故桂心能統治九種心痛。　桂枝：甘，辛，溫。小枝上嫩皮也。補肝瀉肺，行陽氣於四表，燮調榮衛，化汗液，去邪閉，外徹腠理。以其能升達陽氣於四表，且色紫入榮分，而去其寒邪，故太陽傷寒，仲景麻黃、桂枝二湯中皆用之。且陽升則津液隨之而汗作矣。是故人以此為太陽藥，其實此何嘗是膀胱藥也。又言寒傷榮用麻黃，風傷衛用桂枝，傷寒惡寒，傷風惡風，皆非通論也。冬月之風即是寒，未有不惡寒而專惡風者。且此色赤，主入榮分，而麻黃湯中亦用此以去榮分之寒，非麻黃湯獨治榮之寒，桂枝湯獨治衛之風也。但無汗用麻黃湯者，所以疏通其腠理之外閉，而使汗得出，邪從以散也。有汗用桂枝湯者，以寒既侵榮分，則腠理反自開而汗出，故大去其榮分之寒，使邪從汗出，及邪去則榮衛和，腠理密，汗自止矣，非此能止汗也。夫豈有辛散而反能止汗者。祛四肢及脇下風濕。

清・嚴潔等《得配本草》卷七　肉桂桂枝　畏生葱、石脂。　甘、辛，熱，有小毒。入足少陰經，兼足厥陰經血分。補命門之相火，通上下之陰結，升陽氣以交中焦，開諸竅而出陰濁，從少陽納氣歸肝，平肝邪扶益脾土，一切虛寒致病，并宜治之。㟁溫營分之裏，與軀殼經絡之病無涉。得柴胡、紫石英、乾地黃，療吐逆。得人參、甘草、麥門冬、大黃、黃芩，調中益氣。蘸雄雞肝，治遺尿。入陽藥，即汗散。入血藥，即溫行。入泄藥，即滲利。入氣藥，即透表。去皮，勿見火，研末吞。若入藥煎服，必待諸藥煎好投入，煎五六沸，即傾出取服。痰嗽咽痛、血虛內燥、孕婦、產後血熱，四者禁用。附子救陰中之陽，肉桂救陽中之陽，以桂性輕揚，能橫行達表，走竄百脈也。

桂枝　辛、甘，微熱。入足太陽，兼手太陰經氣分。通血脈，達營衛，去風寒，發邪汗，為內熱外寒之聖劑，治肩臂諸藥之導引。得茯苓，禦水氣之上犯以保心。得龍骨，使腎邪由經脈以出表。配黃芩，轉少陽之樞。佐人參，發陰經之陽。佐乾薑，開陽明之結。使石膏，和表邪之鬱。勿經鐵器，甘草汁浸焙乾用。陰血虛乏，素有血症，外無寒邪，陽氣內盛，四者禁用。《傷寒論》曰：桂枝下嚥，陽盛則斃。

題清・徐大椿《藥性切用》卷五　甜肉桂　辛甘大熱，入肝腎命門血分。溫經補火，引熱下行，為血分虛冷之㟁藥。去粗皮，藥汁摩冲。亦可煎服。

桂心　性近肉桂，厚去外皮，入心脾血分，而祛寒止痛，內托排膿，為治內不治外之㟁藥。

牡桂　即大桂。禀離火純陽之氣，辛勝於甘，而微帶苦，性偏溫散，而能上行，治心腹冷痛，筋脉拘攣，不減肉桂。若相火不歸，下元虛冷，其力不能直達下焦，為稍遜耳。

上官桂　一名筒桂。辛甘性溫，入經髓而宣通百脉，導引諸藥，有辛溫行散之功。無壯火食氣之患，經絡寒痺最宜之。

川桂枝　辛甘微溫，入手少陰而溫營散表，發汗祛寒，為傷寒中風營分散寒㟁藥。按：肉桂雖主下元，總理中外氣血。心，㟁溫藏府營血，不行經絡氣分。牡桂，性兼上行，統治表裏虛寒。官桂，善走脇〔肋〕，不能直達下焦。桂枝調和營衛，解散風寒為異。

清・沈金鰲《要藥分劑》卷一〇　桂　【略】鰲按　本草有菌筒桂、牡桂、板桂、天竺桂之殊，今所用者，亦罕分別，惟以肉厚味辛甘氣香者為主可耳。至于肉桂、桂心，不過一去粗皮，一并內外皮都去為異。故繆氏但分別肉桂、桂枝二種主治，不另出桂心，明以肉桂、桂心為一物也。海藏則分肉桂、桂心、桂枝為三項，明其各有歸經，故汪訒菴宗之，著《備要》竟三項平列，此非謬之略，而王與汪之詳也。不覩于繆，不知肉桂、桂心為一物，恐為本草繁稱。菌、筒、牡、板、天竺等名者之所淆，不覩王與汪不知肉桂、桂心雖一物，而主治經絡畢竟有異。余故分列三味如王說，并録繆分隸兩項之說于前，更特表之，以明其故，庶用桂者，知所以也。但按《東醫寶鑑》詳列桂心、肉桂、桂枝之下，復有柳桂一條，其註云：枝者，枝條，非身幹也，蓋取其枝上皮，取其輕薄而能發散，正合《內經》辛甘發散為陽之義。又云：柳者，乃桂之嫩小枝條，極細薄者。據此，則桂枝、柳桂，又是一物，而有大小之異。蓋桂枝者，是桂樹之枝，別乎身幹之最大最厚而言，不必盡小。柳桂乃枝條上紛出之細枝。曰柳者，言如柳條之細也。但今時所用桂枝，皆是柳桂，何則所云桂枝，不過較身幹上之肉桂為嫩為薄，不盡是細條。今所用桂枝，皆極細條，是柳桂也。且古人于桂枝，又有薄桂之名，今并以此偽充肉桂矣。其得偽充肉桂者，以所用桂枝，既皆是柳桂，人但泥枝之一字，只指柳桂為桂枝，不復知桂枝雖嫩薄，不盡細小，并不知桂枝之外，更有柳桂之名。故市肆得以混之，而人亦不覺也。不知肉桂補，桂枝散，欲補而以散劑，用之未有不為害者。因愈咎肉桂之不可用，竟不知屬市人之罪，可慨也已。《寶鑑》又曰：筒桂厚者，宜入胎臟及下焦藥。輕薄者，宜入治頭目發散藥。如柳桂，嫩小枝，宜入治上焦藥。則其言厚者，固統肉桂、桂心在內，言輕薄者，乃專指桂枝，言嫩小者，則柳桂也。余故并列柳桂于桂、桂心、桂枝三者之後，而特申其說如此。

官桂：【略】鰲按：蘇氏既晰桂及菌牡之殊，復即他州所出之相類者，一一辨之，可云精矣，此可據以為依者也。乃海藏不攷官桂之由，繆據《圖經》之語，《圖經》云：今觀賔宜諸州出者佳。妄斷為官桂，本是觀桂，世人以觀字畫多，故寫作官，此已覺鄙俚可笑矣。而時珍駁之，復云：今觀乃今視之意曰官桂者，乃上等供官之桂，不更覺鄙俚更覺可笑乎？蓋官字之稱，誠不知何據，然只因其名，以別其物可耳，何必紛議其名之所由乎？如必議其名之由，將所謂牡桂者，牡與牝對，是凡物雄者之稱，以此名桂，豈此為雄桂，而復有雌桂乎？且即李氏上等供官之說，夫供官固須上等，但牡桂皮薄色黃，少脂肉，固非上等也。如以官桂非牡桂，別有其上等者，又何以今時所用官桂，竟是皮薄色黃少脂肉者乎？余故序列諸桂後，而以官桂次之，復為辨論如此。

清·楊璿《傷寒溫疫條辨》卷六熱劑類 肉桂 味辛甘，性大熱，陽中之陽。氣味沉重，專補命火，引火歸原。桂為木中王，故平肝，味甘故補脾生血。凡木勝克土而無大熱者，用之極良。與參、附、地、萸同用，最降虛火，治元陽虧乏，陰虛發熱。黃耆湯加肉桂為虛勞聖藥，二味加人參、甘草是也。但善於動血墜胎，觀仲景治畜血證，桃仁承氣湯用肉桂可知矣。

桂枝 味辛甘。氣輕故能走表，調和榮衛故能發汗，又能止汗，四肢有寒疾非此不能達。仲景桂枝湯，治冬月中風，頭疼發熱汗出脈緩者，此千古良方也，治病多多矣。

清·許豫和《許氏幼科七種》卷下《怡堂散記》 肉桂 《別録》云：桂生桂陽南海。陶弘景云：南海即是廣州。陳藏器云：桂林、桂嶺，因桂得名。今之所生，不離此郡。從嶺以南際海，盡有桂樹。嵇含《南方草木狀》云：桂生合浦、交趾，生必高山之巔。則桂為炎方之木，稟純陽之氣而生。今則嶺廣以南所產之地甚多，只州因桂名一語，則今之所用者，非假用之不差，其功自在。但取新而肉厚者，不必定求交趾。

附：琉球·吴繼志《質問本草》內篇卷四 桂 木高數丈，四時有葉，三四月開花結實。 菌桂。桂有三種，一曰桂，產桂陽；又牡桂，出南海山谷中；又有菌桂，產廣州平陽最佳。交州、桂州者，形短小而多脂，肉亦佳。今參所繪葉，似柹葉，中有縱文三道，表裏無毛而光澤，味亦甘美，與廣州所產無二。採藏之法，宜詳慎參考。甲辰，陸澍。

清·羅國綱《羅氏會約醫鏡》卷一七竹木部 肉桂味辛甘，性大熱，有小毒，入肝、腎、命門三經。 益陽消陰，補相火。兩腎中間乃真火也，人有此火，則糟粕化而脾腎旺矣。治沉寒痼冷、臍腹腰足冷痛，通血脉，導百藥，辛能散，熱能行。抑肝扶脾，木盛剋土，辛散肝風，甘益脾土。脾虛惡食，命火不足，不能生土。濕盛泄瀉。土為木剋，不能防水。降虛火，補下焦元陽，同參、附、地黃用。化產後瘀血腹痛，及痘疹虛寒不起。同當歸、川芎用。利關節，托癰疽，能引血成膿。截瘧疾，將發時用錢餘噙口中。通經墮胎。辛熱能動血也。出交趾者為上，次出嶺南桂州。以肉厚氣香、色紫、甘多辛少者佳。去粗皮用。其毒在皮。忌生葱。臨用方銼，見火無功。

桂心入心脾二經，用桂重去外皮，取肉用。 苦入心，辛走血。治腹內冷痛辛熱、九種心疼。邪正相激，故令心疼。托癰疽痘瘡，灰塌凶證同丁香用。補旁傷，健腰膝，肝腎兩足。療風痹養肝，化噎膈補火。功用與桂相同，惟入心脾為多。

桂枝味辛甘，氣溫，入膀胱肺二經。 味薄體輕，升浮樹巔，故上行頭目，橫行手臂。治傷寒寒熱無汗、調和榮衛，邪無所容，遂自汗而解，亦惟有汗者宜之。若無汗，當以發汗為主。故曰無汗不得服桂枝，有汗不得服麻黃也。中風自汗。此屬陽虛，用之為君，佐以白芍甘草，加薑棗為桂枝湯，能和榮實表，非桂枝能閉汗孔也。療手足痛風、痛風有風痰、風濕、濕痰、濕熱、瘀血、氣虛、血虛之異，隨證立方，加桂枝作引經。胸脇疼痛。脇屬肝，桂能平肝。

按：桂性偏陽，不可誤投。如陰虛及一切血證無表寒者，均當忌之。

清·黃宮繡《本草求真》卷一 肉桂補命火，除血分寒滯。 肉桂耑入命門、肝。 氣味純陽，辛甘大熱，直透肝腎血分，大補命門相火。相火即兩腎中之真火，先天之脾氣也。人非此火不能有生，故水穀入胃，全在此為蒸腐。益陽治陰，趙養葵云：益火之原，以消陰翳，八味地黃丸是也。凡沉寒痼冷，營衛風寒，陽虛自汗，腹中冷痛，欬逆結氣，脾虛惡食，濕盛泄瀉。時珍治寒痹風濕，陰盛失血，瀉痢驚癇，皆取辛溫散結之力也。古方治小兒驚癇及泄痢病，宜五苓散以瀉丙火，滲土濕，內有桂，抑肝風而扶脾土，引利水藥入膀胱也。血脉不通，死胎不下。肉桂辛散，能通子宮而破血調經。目赤腫痛，因寒因滯而得者，用此治無不效。蓋因氣味甘辛，其色紫赤，有鼓舞血氣之能，性體純陽，有招導引誘之力，昔人云此體氣輕揚，既能峻補命門，復能竄上達表以通營衛的解。非若附子氣味雖辛，復兼微苦，自上達下，止固真陽，而不兼入後天之用耳。故凡病患寒逆，既宜溫中，及因氣血不和，欲其鼓舞。痘瘡不起必用。則不必用附子。惟以峻補血氣之內，加以肉桂，以為佐使，如十全大補、人參養營之類用此，即是此意，今人勿細體會。徒以附、桂均屬辛溫，任意妄投，不細明別，豈衛生救本辨藥者所應爾爾歟？但精虧血少，肝盛火起者切忌。桂出嶺南，色紫肉厚，體鬆皮嫩，辛甘者佳，得人參良。忌生葱、石脂。剉入藥，勿見火。

清·黃宮繡《本草求真》卷三 桂枝入衛表以除風邪。 桂枝耑入肌表，兼入心肝。 係肉桂枝梢，其體輕，其味辛，其色赤。故入心。有升無降，故能入肺而利氣，入膀胱化氣而利水，且能橫行於臂，調和營衛，治痛風、脇風。痛風其在《靈樞》謂之賊風，《素問》謂之痹症，《金匱》謂之歷節，後世又更其名曰白虎歷節，且有別名曰箭風、箭袋。然總謂之行痹，其症則有因風、因濕、因寒、因痰、因瘀、因虛之異，須用桂枝以為嚮導。脇風本屬於肝，凡治脇風之症，當用桂枝入肝以平。止煩出汗，驅風散邪，為解肌第一要藥。時珍曰：麻黃遍徹皮毛，桂枝透達營衛。故書皆言無汗能發，有汗能收。然其汗之能發，止是因其衛實營虛，陰被陽湊，故用桂枝以調其營，營調則衛氣自和，而風邪莫容，遂自汗而解，非若麻黃能開腠理以發其汗也。其汗之能收，止因衛受風傷，不能內護於營，營氣虛弱，津液不固，故有汗發熱而惡風，其用桂枝湯為治，取其內有芍藥入營以收陰，外有桂枝入衛以除邪，則汗自克見止。非云桂枝能閉其汗孔，昧者不察桂枝發汗止汗是何意義，徒以順口虛喝，其失遠矣！《經》曰：脉浮緊發熱無汗者，不可與。脉緊為傷寒，與之則表益實，而汗愈難出矣。《傷寒例》曰：桂枝下咽，陽盛則斃，承氣入胃，陰盛以亡。周揚俊曰：風既傷衛，則衛氣踈，不能內護於營而汗自出矣。汗者血之液也，苟非用血藥以桂枝和營散邪，以芍藥護營固裏，則不但外邪不出，且入而為裏患矣！然後知和營則外邪出，外邪出則衛自密，更不必用固表之藥而汗自止矣。王好古曰：或問桂枝止煩出汗，仲景治傷寒發汗，數處皆用桂枝湯。又曰：無汗不得用桂枝，汗多者桂枝甘草湯，此又能閉汗也，二義相通否乎？曰：仲景云：太陽病發熱汗出者，此為營弱衛強，陰虛陽必湊之，故用桂枝發其汗，此則調其營氣，則衛氣自和，風邪無所容，遂自汗而解。非若麻黃能開腠理，發出其汗也。汗多用桂枝者，以之調和營衛，則邪從汗出而汗自止，非桂枝能閉汗孔也。

清·黃宮繡《本草求真》卷七　桂心　溫血分寒，除冷止痛。桂心耑入心。本於肉桂，去外粗皮，取當中心者，為桂心。味甘辛熱，耑溫營分之裏藥。凡九種心痛，九種：一蟲、二疰、三風、四悸、五食、六飲、七冷、八熱、九去來痛，後人又祖其義而亦別之有九：曰飲、曰食、曰氣、曰血、曰冷、曰熱、曰悸、曰蟲、曰疰，皆明邪乘手少陰之絡而成。腹內冷痛痃癖等症，皆能奏效。以其所治在心，故治亦在於裏，而不在於軀殼之外耳。非若肉桂，未去外層皮肉，其治在於通經達絡，以除風寒濕痹，而不專入心腹之內也。

清·吳瑭《醫醫病書》　桂枝論　桂生於廣南，氣味辛溫，無毒。枝有暢茂條達之義，行陽氣，利關節，補中益氣之要藥，用處最多。何東垣謂其橫行手背，禁人之用？試問：槐枝、桑枝，不能橫行手背乎？何獨單禁桂枝？其說有二：或者當日以桂枝醫溫熱，必不合拍，以溫病最忌辛溫補中益氣也。或者東垣欲立補中益氣湯，獨創一門，必沒殺仲景之建中法，故力砭桂枝也。若識見不到，學術不精，其錯猶輕。若為門戶起見，上滅先師，下蒙後學，其心尚堪問哉？再按桂生廣南日出之地，色赤，得日之魄者也。附子生於彰明赤水，日光對照之地，色白兼黑，得日之魂者也。故有走氣走血之分。

清·陳修園《神農本草經讀》卷二　牡桂　氣味辛，溫，無毒。主上氣咳逆，結氣喉痹，吐吸，利關節，補中益氣。久服通神，輕身不老。

牡，陽也。牡桂者，即今之桂枝、桂皮也，菌根也。菌桂即今之肉桂、厚桂也。然生發之機在枝幹，故仲景方中所用俱是桂枝，即牡桂也。時醫以桂枝發表，禁不敢用，而所用肉桂，又必刻意求備，皆是為施治不愈，卸罪巧法。

張隱庵曰：桂本凌冬不凋，氣味辛溫，其色紫赤，水中所生之木火也。肺腎不交，則為上氣咳逆之證。桂啟水中之生陽，上交於肺，則上氣平而咳逆除矣。結氣喉痹者，三焦之氣不行於肌腠，則結氣而為喉痹。桂稟少陽之木氣，通利三焦，則結氣通而喉痹可治矣。吐吸者，吸不歸根即吐出也。桂能引下氣與上氣相接，則吸入之氣直至丹田而後出，故治吐吸也。關節者，兩肘、兩腋、兩髀、兩膕機關之室，周身三百六十五節，皆神氣之周行。桂助君火之氣，使心主之神而出入於機關，游行於骨節，故利關節也。補中益氣者，補中焦而益上下之氣也。久服則陽氣盛而光明，故通神明。三焦通會元真於肌腠，故輕身不老。

徐忠可曰：近來腎氣丸、十全大補湯俱用肉桂，蓋雜溫暖於滋陰藥中，故無礙。至桂枝湯，因作傷寒首方，又因有春夏禁用桂枝之說，後人除有汗發熱惡寒一證，他證即不用，甚至春夏則更守禁藥不敢用矣。不知古人用桂枝，取其宣通血氣，為諸藥嚮導，即腎氣丸古亦用桂枝，其意不止於溫下也。他如《金匱》論虛損十方，而七方用桂枝。孕妊用桂枝湯安胎，又桂苓丸去癥，產後中風面赤，桂枝、附子、竹葉並用。產後乳子煩亂、嘔逆，用竹皮大丸，內加桂枝治熱煩。又附方，於建中加當歸內補。然則，桂枝豈非通用之藥？若肉桂則性熱下達，非下焦虛寒者不可用，而人反以為通用，宜其用之而多誤矣。余自究心《金匱》以後，其用桂枝取效，變幻出奇，不可方物，聊一拈出以破時人之惑。

陳修園曰：《金匱》謂氣短有微飲，宜從小便去之，桂苓甘术湯主之，腎氣丸亦主之。喻嘉言注：呼氣短，宜用桂苓甘术湯以化太陽之氣；吸氣短，宜用腎氣丸以納少陰之氣；二方俱借桂枝之力，市醫不曉也。第桂枝為上品之藥，此時却蹇於遇，而善用桂枝之人亦與之同病。癸亥歲，司馬某公之媳，孀居數載，性好靜，長日閉戶獨坐，得咳嗽病，服生地、麥冬、百合之類，一年餘不效。延余診之，脈細小而弦緊，純是陰霾四布，水氣滔天之象，斷為水飲咳嗽，此時若不急治，半月後水腫一作，盧扁莫何！言之未免過激，診一次後，即不復與商。嗣腫病大作，醫者用檳榔、牽牛、葶藶子、厚朴、大腹皮、蘿蔔子為主，加焦白朮、熟地炭、肉桂、附子、茯苓、車前子、牛膝、當歸、芍藥、海金沙、澤瀉、木通、赤小豆、商陸、豬苓、枳殼之類，出入加減。計服二個月，其腫全消，人瘦如柴，下午氣陷脚腫，次早亦消，見食則嘔，冷汗時出，子午二時煩躁不寧，咳嗽輒暈。醫家以腫退為效，而病人時覺氣散不能自支。又數日，大汗、嘔逆、氣喘欲絕。又延余診之，脈如吹毛，指甲黯，四肢厥冷。余惊問其少君曰：前此直言獲咎，以致今日病不可為，余實不能辭其責也。但尊大人於庚申夏間將入都，沾恙一月，余進藥三劑全愈，迄今三載，尚守服舊方，精神逾健，豈遂忘耶？茲兩次遵命而來，未准一見，此證已束手無策，未知有何面諭？渠少君云：但求氣喘略平。所以然者，非人力也。余不得已，以《金匱》苓桂朮甘湯小劑應之。茯苓二錢，白朮、桂枝、炙甘草各一錢。次日又延，余知術拙不能為力，固辭之，別延醫治。後一日歿。旋聞醫輩私議，苓桂朮甘湯為發表之劑，於前證不宜。夫苓桂朮甘湯豈發表劑哉！只緣湯中之桂枝一味，由來被謗。余用桂枝，宜其招謗也。噫！桂枝之屈於不知己，將何時得以大申其用哉？

桂枝性用，自唐宋以後，罕有明其旨〔者〕。叔父引張隱庵之注，字字精確。又引徐忠可之論，透發無遺。附錄近日治案，幾於痛哭垂涕而道之。其活人無己之心，溢於筆墨之外。吾知桂枝之功用，從此大彰矣！

又按：仲景書桂枝條下，有去皮二字，葉天士《醫林指月》方中每用桂木，甚覺可笑。蓋仲景所用之桂枝，只取梢尖嫩枝，內外如一，若有皮骨者去之，非去枝上之皮也。諸書多未言及，特補之。受業侄鳳騰、鳴岐注。

菌桂　氣味辛，溫，無毒。主百病，養精神，和顏色，為諸藥先聘通使。久服輕身不老，面生光華，媚好常如童子。

陳修園曰：性用同牡桂。養精神者，內能通達臟腑也。和顏色者，外能通利血脈也。為諸藥先聘通使者，辛香能分達於經絡，故主百病也。與牡桂有輕重之分，上下之別，凡陰邪盛與藥相拒者，非此不能入。

清・趙學敏《本草綱目拾遺》卷六木部　肉桂油　《百草鏡》：粵澳洋舶帶來，色紫香烈，如肉桂氣。或云肉桂脂也，或云桂子所榨，未知孰是。性熱氣猛，入心脾，功同肉桂。

《傳信方》：治各種瘧，用燈草一莖，約長三四寸，以水稍潤，再以肉桂油塗之，貼背脊風府穴，下至肺俞止，外以綿紙條封之，須臨發前一二時為之，或先一日更妙，貼後，次日發瘧更重，嗣後漸減，蓋風寒暑溼，盡為提挈而然也。

桂子桂丁、桂耳、桂根。　《學圃餘蔬》：有一種四季開花而結實者，此真桂也，閩中最多，常以春中盛開。凡桂四季者有子，此真桂也。江南桂八九月盛開，無子，此木樨也。

《臨海志》：唐垂拱四年三月，月桂子降臨海，芳香有桂氣味，食之和暢。宋紹定間，舒某於天台山得月桂子二升，大如樟子，無皮，色似白玉，紋如雀卵，中有仁，嚼之作芝麻氣，以之雜菊入囊為枕，有散佚石縫中者，旬日輒出樹，葉柔長，經冬猶在，種入盆中，久之亦失所在。

性溫，味辛，平肝暖胃，胃脘寒痛甚宜。〇《藥性考》：甘辛溫中，暖胃平肝益腎，散寒止噦。

桂丁　《百草鏡》云：形如吳茱萸，出廣西交趾，乃肉桂子也。治心痛，辟寒邪胃痛。《百草鏡》：桂丁研細，酒下三錢。

桂耳　出開化山中，乃多年老樹蒸出蕈也，面紅色，土人採得，以治血疾。

治一切血症及吐血。

按：《綱目》分桂為五種：曰桂，即今所謂交桂；曰牡桂，今廣桂；曰箘桂，俗呼木犀；曰天竺桂，浙中山桂也，有子如蓮；曰月桂，四季有花者，此桂子乃天竺桂子也。《綱目》失載主治，若月桂，則固載其子矣。曰桂丁，乃廣桂子，《綱目》亦不言其主治。至於桂耳，則各桂皆有之，性亦略同，《綱目》皆不載，悉為補之。

《和壽園夜談隨錄》：呂司馬季弟琪，從司馬官嶺南，署中有小院，頗幽靜，舊有古井在軒右，井畔有二老桂，大合抱，值夏夜，月光甚皎，琪納涼軒下，聞井中有聲不絕，憑欄窺之，見井水白如銀，中有紅丸，大如彈子，約數十百點，光明如火，向上競相跳躍，漸躍漸高，去欄僅尺餘，琪驚白司馬。次日，命夫縋下，探之無他異，得桂子數十粒，鮮赤如新，琪即戲以井水服之，日七枚，七日而盡，蓋適取得四十九枚也，後琪壽至九十九歲，無疾而逝，平原董太史曲江與琪善，親見而誌之。

敏按：今月桂子如蓮菂，鮮者色青，乾之淡黑色。呂琪所見，大如彈丸，鮮赤如新，當別是一種。考《天地運度經》云：太山北有桂樹七十株，天神青要玉女三千守之，其實赤如橘，人食之一年，可以上昇，或是此種，惜琪公所服只四十九枚耳，故得壽。

桂根 陳年入土最深者，入藥用。 貼牙痛可斷根，即取桂樹根上皮用。

《學齋呫嗶》：花中惟巖桂四出，予謂土之生物，其數皆五，故草木花皆五，惟桂乃月中之木，居西方地，四乃西方金之成數，故花四出而金色，且開於秋云。

清・黃凱鈞《藥籠小品》 肉桂 辛甘，大熱，氣厚純陽，入肝腎血分，補命門相火不足，痼冷沉寒之症，疏通血脈，小腹痛，奔豚疝瘕，抑肝扶土，療寒熱久瘧，引火歸原，出交趾最貴，猺產其厚者亦可用。去皮及油而止。

桂枝 辛甘，溫，氣薄升浮，入肺膀胱，溫經通脈，發汗解肌。治傷風頭痛，傷寒自汗，同芍藥、甘草、薑、棗名桂枝湯，能和營實表。陽盛之人，或挾暑熱，下咽生災。

清・趙翼《簷曝雜記》卷三 肉桂 以安南出者為上，安南又以清化鎮出者為上。粵西潯州之桂，皆民間所種，非山中自生者，故不及也。然清化桂今已不可得。聞其國有禁，欲入山採桂者，必先納銀五百兩，然後給票聽入。既入，惟恐不得償所費，遇桂雖如指大者，亦砍伐不遺，故無復遺種矣。安南入貢之年，內地人多向買。安南人先向潯州買歸，炙而曲之，使作交桂狀，不知者輒為所愚。其實潯桂亦自可用，但須年久而大合抱者，視其附皮之肉鬆若有沙便佳。然必新砍者乃潤而有油，枯則無用也。

清・王龍《本草纂要稿・木部》 桂枝 味淡。治上焦頭目，調榮血而和表。能橫行肩臂，疏邪氣而散風。止煩發汗，蓋氣薄則發泄也。 肉桂 味厚。療下焦之沉寒，却秋冬之腹痛。泄奔豚，溫經暖臟。利水道，破水破經。下行補腎，蓋氣厚則發熱也。 桂心 性守。治多在中。

清・吳鋼《類經證治本草・手少陰心臟藥類》 桂心 【略】誠齋曰：治心寒，行營衛氣血為長。若膈間有熱，熱結腹痛，俱不宜用。

清・張德裕《本草正義》卷上 桂枝 辛甘而熱。氣輕而揚。散寒邪，調營衛，治傷寒傷風瘧疾，發邪汗，助陽。又能止陰汗，為扶陽調營，發表之藥。枝之細者為桂枝，粗者為桂木。蓋其輕揚之性在枝，用木者，遠其散之義也。

清・張德裕《本草正義》卷下 肉桂 辛甘，味重，大熱。補命火，溫通血脉。肺寒欬嗽，霍亂轉筋，臍腹疼痛，痘瘡虛寒作癢不起，一切沉寒痼冷，尤為引火歸元之要藥。孕婦酌用。桂，附甘而帶辛，故能補命門之火。其餘辛熱、苦熱，止能祛寒，不能益火，悮用散陽耗陰。

官桂 辛而大熱，陽中之陽。取其帶甘者佳，善能助陽，尤入血分。四肢有寒疾者，非此不達。

清・楊時泰《本草述鉤元》卷二二 桂 桂林、桂嶺，因桂得名，從嶺以南際海，盡有桂枝藏器。移植嶺北，則氣味殊少辛辣，不堪入藥。三四月生花，九月結實，二八月采皮，九月采花，並陰乾不可近火頌。桂有三種，菌桂、牡桂性止溫，不可以治風寒之病，獨有一字桂，《本經》止有菌桂、牡桂，《別錄》又重出單字桂。甘辛大熱，正合於《素問》辛甘發散為陽之說。是以海藏、丹溪俱言桂有三種，而以肉桂、桂心、桂枝皆歸之一字桂，其一字桂之所不取者，乃大枝皮肉理粗虛如木，脂少味薄，名曰木桂，亦云大桂。別說以菌桂養精神，以牡桂利關節，又有一種柳桂，乃桂之嫩小支條也，尤宜入上焦藥用。

皮 按肉桂、桂心、桂枝、薄桂皆屬桂皮。如肉多而半卷，味極辛烈，為肉桂；就肉桂去其皮之甲錯者，取其近木而辛美之皮，為桂心；至桂枝乃肉桂之細條，非幹枝也，就其嫩細而極薄者，為薄桂。俱以味辛甘氣熱求之，特其氣有厚薄，而投之各適於用耳。

氣味甘、辛，大熱，有小毒。氣之薄者，桂枝也。氣之厚者，桂肉也。氣薄則發泄，桂枝上行而發表，氣厚則發熱，桂肉下行而補腎，此親上親下之道東垣。桂枝入肺膀胱二經，肉桂入腎肝二經，桂心入心脾二經士材。桂心入手少陰經血分，桂肉入足少陰太陰經血分好古。桂枝入足太陽經，治邪客表分之為病，桂心入手少陰厥陰經血分，桂肉入足少陰厥陰經血分，治命門真火不足陽虛，寒動於中及一切裏虛陰寒，寒邪客裏之為病仲淳。麻黃偏徹皮毛，故專於發汗而寒邪散。辛走肺，肺主皮毛。桂枝透達營衛，故能解肌而風邪去。甘走脾，脾主營，辛走肺，肺主衛。肉桂下行，導火之原，東垣所謂腎苦燥，急食辛以潤之，開腠理，致津液，通其氣者也，桂心入心引血，化汗化膿，蓋少陰君火厥陰相火與命門同氣，《別錄》云桂通血脈是矣瀕湖。桂以刹帝利梵言王也。種功齊火大對治，以寒為本，以陰為標，以寒水為化，或水寒亢害而厥逆洞注，或陰火乘陽而血逆妄行，或火不歸元而外發內寒，或火失炎上而盲聾喑啞，此皆宣揚宣攝火大之體，宣揚宣攝燎原之用，灰心冷志人，內無暖氣，外顯寒酸，更當餌服，乃若驅風，捷如影響，所謂木得桂而枯也之頤。《別錄》言有小毒，又云久服神仙不老，雖有小毒，亦從類化好古。與苓、連為使，小毒何施。與烏、附為使，熱性全取。與巴豆、硇砂、乾漆、穿山甲、水蛭等同用，則化為大毒。與人參、麥冬、甘草同用，則調中益氣，便可久服又。得參、甘、苓、麥、大黃，調中益氣。得柴胡、紫石英、乾地黃，療吐逆。忌生葱、石脂之才。得芍藥、炙草、飴糖、黃芪則建中，兼止營弱自汗。得石膏、知母、人參、麥冬、竹葉，治陽明瘧，渴欲引飲，汗多，寒熱俱甚。得白芷、當歸、川芎、黃芪、生地、赤芍、僵蠶，治金瘡為風寒所擊，名破傷風。得朴硝、當歸，下死胎。得蒲黃、黑豆、澤蘭、益母草、紅花、牛膝、生地、當歸，治產後少腹兒枕作痛，甚則加乳香、沒藥各七分。得吳茱、乾薑、附子，治元氣虛人，中寒腹痛不可忍，虛極加人參。佐參、芪、五味、當歸、麥冬，治瘡瘍潰後，熱毒已盡，內塞長肉良。得薑黃、鬱金，治怒氣傷肝脇痛。得當歸、牛膝，治冬月難產，交骨不開。得當歸、牛膝、生地、乳香、沒藥、桃仁，治跌撲損傷，瘀凝作痛，或惱怒勞傷，以致蓄血發寒熱，熱極令人不得眠，腹不痛，大便不秘，小便赤，亦不甚渴，脈不洪數，不思食，食亦無味，熱至天明，得汗暫止，少頃復熱，此其候也。和童便服之，立除。曾世榮言，小兒驚風及泄瀉，並宜用五苓散，以瀉丙火，滲土濕，內有桂，能抑肝風而扶脾土也。《醫餘錄》，有人患赤眼腫痛，脾虛不能飲食，肝脈盛，脾脈弱，用涼藥治肝，則脾愈虛，用暖藥治脾，則肝愈盛，但於溫平藥中，倍加肉桂殺肝而益脾，即一治兩得之。桂溫脾虛而化肝風，故云兩得。木得桂而枯，《別錄》故云利肝肺氣，且與牡桂治脇痛、脇風之義相符也。桂性辛散，能通子宮而破血，故《別錄》言其墮胎，龐安時云：炒過則不損胎。

肉桂　至厚如脂，肉質鬆，色紫，味極辛辣，而甘又過之。

氣熱，味大辛，純陽也。補命門不足，益火消陰，溫脾胃虛寒，愈完穀不化，利肺氣使下行，通血脈，導引陽氣，散經中寒，紓筋利肝氣，除風凝冷痺，筋骨攣縮，奔豚，疝瘕，辛熱而潤腎，治腎積發滿小腹上至心下如豚之狀，或上或下。寒濕腰痛，下部腹痛。秋冬病此，非桂不除。療一切裏虛陰寒沉痼之病，宣導百藥無所畏。春夏為禁藥。桂辛熱補陽，陽從地底出，故下焦虛寒，陽火不足，以此補之。

桂心　去外皮之粗厚無味者，止留近木一層，味極甘辛者，故名曰心。治九種心痛，九者俱係氣不鬯而血不和。中焦虛寒，結聚作痛，通脈利關竅，治一切內風壅痺，手麻脚痺，療風癖，失音喉痺，消瘀血，破痃癖癥瘕，內託癰疽痘瘡。寒氣外覆者，并能消其浮凍之氣。能引血化汗化膿，通利月閉，胞衣不下，並產後惡血沖心，氣悶欲絕。入桂心三二分於補陰藥中，能行血藥凝滯而補腎，由味辛屬肺而能生水行血故也丹溪。外腎偏腫痛者，亦驗。性最烈，不可多服。配二陳，則行氣之效大；配四物，則行血之功速能。按心為火主，氣者火之靈也，心主血脈者，血之府也。桂補陽以和血，取其精者，入手少陰主血之臟，能疏理不足之陽，而通其為壅為結之疾，故主療如上。

桂枝　即桂樹之嫩細枝條。薄桂：又細嫩枝條之極薄皮。其性輕揚，能行上焦頭目，通手臂肢節，調營血，和肌表，除傷風頭痛，脚節痛風，去皮膚風濕，散下焦蓄血。直行為奔豚之先導。奔豚為腎氣，腎氣出膀胱。橫行為手臂之引經。世醫不悟桂枝實表之義，幾以此味為能補衛而密腠理，若然，何以不用參、芪耶？夫四時之風，因於四時之氣，冬月寒風，衛為所併，不能為營氣之固而與之和，故汗出。惟桂枝辛甘，能散肌表寒風，又通血脈，故合於白芍，由衛之固以達營，使其相和而肌解汗止也。芍藥酸收，即出地之風木，風木為陰中之陽，引陰出地。真陽藏於地，桂能導引真陽而通血脈，故合於芍以和營衛。能去下焦蓄血，大抵上焦蓄血，多因熱氣上逆，血不循經而致，然若下焦蓄血，則是寒氣冰凝，血不流行而蓄也，故散以桂枝辛熱之氣，仲景桃仁承氣湯中用之《類明》。薄桂和營之力，似不及枝。薄桂輕薄飄揚，橫行手臂，能引南星、蒼术等以治痛風《類明》。

牡桂　扁闊平薄，另是一種。其味淡，其氣不辛烈，以之溫上焦虛寒，能和氣血壅逆，故此種亦不槩置，不若菌桂，僅為昔人食料之用。

氣味辛溫。主治上氣咳逆，吐吸結氣，喉痺，利關節，療脇風痛，補中益氣。不治沉寒痼冷之證。桂字從圭，葉文如之，圭者陰陽之始，自然之形也。桂之妙用，宣揚宣攝，靡不合和。牡桂主氣結、喉痺，神明不通，關節不利，此病之欲宣揚者也。牡則先宣揚中氣而後宣攝焉。調氣之道，盡於二義，故能補中益氣也之頤。按溫者氣之始，絕與熱不同，牡桂惟得其氣之溫，而兼以辛，與一字桂定非一種。所以為中氣虛寒之用，至其治脇風痛者，氣溫而和，則木承金氣以下行，故風病於脇者，自當首及也。

論：桂稟天地之陽，潔古謂為純陽，東垣目為陽中之陽，故取其用於氣之浮，而精專在皮，其就一種而用有不同者，原非性之殊也。陽火出於地，真陽之氣，自歸於地，第賦氣有厚薄，即是以分親上親下之用耳。夫桂心入心血分，桂肉入腎與脾血分，何以純陽性品，反能入血？蓋純陽而稟氣之厚，則直趨三焦命門之真火，而歸乎至陰之陽。血者真陰之化醇，特其味厚而趨陰者，入足少陰血分，消陰翳以發陽光。是為陰中之陽。其味精而趨陽者，入手少陰血分，達陽壅而行陰化。是為陽中之陰，蘇頌云：不可近火，亦恐傷其化原耳。即桂枝之氣薄上行，用以諧營衛而治中風者，又豈能離乎血哉？好古以桂枝為手少陰心之劑，則桂枝之用本於血分以親上者也。知此則桂分厚薄，以行上下，皆能調衛和營，雖曰純陽，卻必如是而後純陽之用乃不可勝窮耳。顧何以平肝風最捷，蓋人身命門元陽，與足厥陰相火相通，而手厥陰包絡，又與足厥陰同其生化。惟足厥陰司風木而為獨使，秉陰中之陽以升，復承陽中之陰以降，故下之營衛和，則風不鬱於地藏，上之營衛和，則風不飆於天表，所謂木得桂而枯者，是平其不平之戾氣也。風臟即血臟，故和營衛，則陽得宅於陰而風靜。然則非真陰虧損以致肝陽鼓風者，桂固為平肝要劑矣。桂稟純陽，就益氣而即和血，即就和血而還調氣，乃營衛之劑，非風寒之藥，又補元陽虛寒，即可祛外受凝寒，亦非專司外寒之藥也。但就氣之厚者，走裏而入陰分，則凡在裏之陰滯而陽不足者，皆可治。氣之薄者，走表而入陽分，即凡在表之陽壅而陰不和者，皆可治。審乎此旨，將所謂入經散寒、出表祛風用者，當以意逆之矣。

桂性獨熱偏陽，表裏俱達。和榮氣，散表邪，出汗實腠理，則桂枝為長。肉桂、桂心走裏行血，除寒破血，平肝入右腎命門，補相火不足，其功能也。然用桂大忌於陰虛暑熱溫病及一切內熱、伏熱、陽厥、脫陰等證，若誤投之，禍不旋踵，謹察病因，萬無行所疑也，慎之慎之仲淳。忌生葱，忌火。

修事：收之不可見火日，用時刮去粗皮，旋切，有餘以紙重裹，使不泄其辛氣。妊娠不得已而用之，須火焙過。

清・王世鍾《家藏蒙筌》卷一五《本草》 桂枝 辛甘而溫，氣薄而升，浮也。入太陰肺、太陽膀胱。溫經通脈，發汗解肌。治傷風頭痛，中風自汗，調和營衛，使邪從汗出而汗自止，非若麻黃能開腠理，發出其汗也。

按：官桂味薄，宜用以溫散內寒，肉桂味厚，宜用以溫補真火，桂枝性輕，宜用以表散外邪。

清・葉桂《本草再新》卷四 肉桂味甘、辛，性熱，無毒。入心、脾、腎三經。除三焦之積寒，補先天之元氣，健脾燥濕，通經活血，利骨節，行脈絡。○桂心，性味同。入心、脾二經。治心寒血滯，燥濕，排膿托瘡疽痧疹。

桂枝味甘辛，性溫，無毒。入心、脾二經。溫中行血，健脾，燥胃，消腫利濕，治手足發冷、作麻、筋抽、疼痛並外感寒涼等症。

清・吴其濬《植物名實圖考》卷三三 桂 菌桂，《本經》上品。牡桂，《本經》上品。《別錄》又出桂一條，牡桂即肉桂，菌桂即筩桂，因字形而誤。今以交趾產為上。湖南猺峒亦多，不堪服食。桂子如蓮實，生青老黑。

蒙自桂樹 桂之產曰安邊、曰清化，皆交阯境，其產中華者獨蒙自桂耳。亦產逢春里土司地。余求得一本，高六七尺，枝幹與木樨全不相類。皮肌潤澤，對發枝條，綠葉光勁，僅三直勒道，面凹背凸，無細紋，尖方如圭。始知古人桂以圭名之說，的實有據，而後來辨別者，皆就論其皮肉之腊，而並未目覩桂為何樹也。其未成肉桂時，微有辛氣，沉檀之香，歲久而結，桂老逾辣，亦俟其時，故桂林數千里，而肉桂之成如麟角焉。江南山中如此樹者，殆未必乏，惜無識其為桂者。爨下榾柮，馨氣滿坳，安知非留人餘叢，同泣萁豆間耶？玉蘭著而木蓮微，木犀詠而山桂歇，古之賞者其性，後之賞者其華，草木名實之淆，亦世變風移之一端也。雖然人不至滇，亦烏知桂之為桂哉？

清・趙其光《本草求原》卷七香木部 玉桂 辛、甘，而熱下行，入肝、肺、腎血分，補命門相火，導火歸源，所謂腎苦燥，辛以潤之也。一名菌桂，菌者根也。本乎下者親下，故能引肺氣歸宿於腎，內則通達臟腑陰蹻督脈。散能養精神，君火之氣流行。消陰寒，止腰腹冷痛，治奔豚疝瘕，皆腎積寒病。冷痰，利肺氣使下行。外則通利血脈以和營衛，衛氣弱則營血不運，桂助氣上行陽道，使氣血同行，故十全大補於八珍加之。故治寒痹，筋骨攣縮，舒筋，利肝氣。和顏色，除風濕，陽虛自汗，為諸藥之先導。主百病，辛香能分達於經絡也。凡陰盛與藥相拒者，非此不能入。溫脾胃，消食，補火以生土。咳逆結氣，氣不歸元，須桂引火歸宿丹田。

陰盛失血。木得桂而枯，削桂釘木根，其木即死。又能抑肝扶脾。肝脈盛，脾脈弱，不能飲食，若涼肝，則脾愈虛；暖脾，則肝愈盛。但於溫脾藥中加芍、倍、桂，辛以平肝，甘以益脾。從治目赤腫痛，以熱攻熱，名曰從治。驚癇濕瀉，土為木克不能防水，古行水方中亦多用桂，如五苓散、滋腎丸之類。痘瘡灰塌，同丁香、北芪溫托化膿。補虛勞，明目，通經，辛散能通子宮而破瘀調經。內托陰疽，潰瘍久不斂，動血墮胎。然胎下墜，非此不安。脈弦細，或浮革，茯苓、朮而腹愈痛，非桂附十全不應。又昔人以亡血不可用桂，然虛陽上乘，面赤戴陽，吐血、衄血，脈來虛大無力，或大而緊，吾每用桂、附而效；惟陰虛失血，脈弦細數者忌之，不得概以其動血而置之也。同石灰摻膏藥上，貼癖塊效，亦取辛溫散結之力也。然必皮膚粗厚者宜之。

出嶺南桂州者良，色紫、肉厚、味甘甜而微辛者勝。又名菌桂，其形狹長，半卷而松厚者良；若堅厚太辛者為西桂，又名板桂，不堪用。近有以丁皮混充，不可不辨。去粗皮用，忌生葱、石脂，勿見火。炒用則不犯胎，其說謬。

桂心　去外皮，存中心深紫油潤者。苦通心陽，辛入肺生水以行血，能引血化汗、化膿，內托癰疽痘瘡，同丁香治痘灰塌。消瘀，通經、通脈，利關竅，治風痹瘕癥、喉痹，解見桂枝、玉桂。生肌。張石頑曰為九種心痛、腹內冷痛及破痃癖之要藥，皆陽氣不足，而血壅痰結之疾。非若玉桂兼通經脈、和營衛，以治經絡、軀殼之病。然辛皆橫行，皆走絡，不得謂心而專溫營分之裏也。

桂枝即牡桂。　淩冬不凋，氣溫，味辛，無毒。色紫，赤水中所生之木火也。桂枝治陽而助心主之神，本乎上者親上也。主上氣咳逆，肺腎不交也，桂啟水中之生陽上交於肺。結氣喉痹，三焦之氣不行於肌腠所致，桂得少陽之木氣通利三焦，則結通而痹自解。吐吸，吸不歸根，即吐出也。桂引下氣與上氣相接，則吸氣直歸丹田。利關節，兩肘、兩腋、兩髀、兩膕，皆機關之室；周身三百六十五節，皆神氣之周行。桂之主發在枝，能助君火之氣，使心主之神出入於機關，遊行於骨節。補中益氣，上下之陽不通，則寒氣鬱結於中；三焦通，則陰邪散，而中焦與上下之氣皆益。久服通神，陽氣盛而光明。輕身不老，三焦通會元真於肌腠所致。又達膀胱之陽氣，從皮毛上合於肺，故能和營實表，衛陽虛而風邪犯之，則衛與營離，而汗自出。桂枝實衛陽，使衛與營和合而汗自止，非桂能發汗也。以利水，膀胱之氣化則水行，肺之注節調則水利。橫行手臂肢節，治痛風、脇風，痛風有風痰、風濕、濕痰、瘀血、氣虛、血虛之異，皆用桂枝引經，以其為枝走四肢也。脇風屬肝，桂能平肝。傷風頭痛，散下焦蓄血，去皮膚風濕。皆風寒凝結於肌腠，血不循經，而血化為濕也。

徐忠可曰：後世因桂枝湯為傷寒首方，又因有春夏禁用桂枝之說，遂認桂枝為發汗之品，除有汗發熱惡寒一症，他症概不敢用。不知古人用桂枝取其宣通氣血，為諸藥嚮導，即腎氣丸，古亦用枝，其意不止於溫下也。他如《金匱》論虛損十方，七方用桂枝；孕妊用桂枝湯安胎；又桂苓丸去癥、產後中風面赤，桂枝、附子、竹葉並用；建中湯用桂枝為內補，是桂枝為通用之藥。若玉桂，則性熱下達，非下焦虛寒不可用。今人腎氣丸、十全大補俱用玉桂，雖溫暖於滋陰藥中尚屬無礙，而概用於通劑則多誤矣。余自究心《金匱》以後，用桂枝取效，變幻出奇，不可方物，聊一拈出，以破時人之惑。陳修園曰：《金匱》謂氣短有微飲，當從小便去之。喻嘉言注：呼氣短，宜用桂苓朮甘湯以化太陽之氣；吸氣短，宜腎氣丸以納少陰之氣。二方俱藉桂枝之力，市醫不知也。王好古曰：有汗，用桂枝以調和營衛，使邪從汗出，而汗自止，非桂枝能開腠理，亦非桂枝能閉汗也。後人強為之解，謂桂枝湯止汗在白芍收營陰。果爾，何以發汗過多，其人叉手冒心，心下悸，欲得按，反用桂枝甘草湯，竟去白芍乎？蓋白芍苦平微酸，乃出地之風木，為陰中之陽，引陰出地，而陽猶未暢。故曰：曲直作酸。真陽藏地下，桂枝導引真陽而通血脈，故合白芍以和營衛，其發汗在於歠熱粥，使穀充胃氣以達於肺；肺主皮毛，汗所從出，桂枝本非發汗藥也。至發汗過多，以傷心液，致心氣虛，則用桂枝扶陽，甘草補中，乃陽虛之輕者，甚而振振欲僻地，則用真武湯矣。仲景桂枝條下有去皮二字，言取梢尖嫩枝，內外如一，若有皮骨者去之，非去枝上之皮，而用桂枝木也。玉桂氣厚，走裏而治寒滯；桂枝氣薄，走表而治陽壅，乃心血分藥，兼走陽維，凡表邪必由陽維入。故仲景於太陽症及三陰症陰盡復陽皆用之，即厥陰當歸四逆亦用之。

宜用尖，有厚皮者不取。

清·梁章鉅《浪跡叢談》卷八　近日不但真參難得，真桂尤未之聞，吾鄉名醫陳卓為常言肉桂之上品，其油飽滿，其皮不及分，稍觸之，油即溢出，所以稱為肉桂。有一客僅得二寸許真肉桂一塊，包以油紙，藏於荷包中，滿座皆聞其香。適與一人對坐，聞噎嗝之聲不絕，詢其患此已兩年餘，乃出荷包中所藏，自以小刀削下約四分許，以開水沖半杯令服之，須臾噎聲頓止。因復削四分令再服，復以兩四分之渣合沖半杯令三服，未及燈時，而舊疴頓失矣。並云試此桂時，曾削幾分投開水壺中，其沸立止，其泡亦頓下，因此知真桂能引火歸源，其下咽之效，殆亦如是矣。余官粵西五年餘，聞越南國入貢之桂，皆在粵西各郡中轉購以充數。嘉慶中，潘紅樑廉訪冊封越南，其國王以一枝相贈，云此係鎮庫之物，今庫中亦僅留一枝，紅樑即以轉贈李芸圃水部，其實亦不過中土之常品也。余每年例辦土貢，精選好桂，實未得有愜心之品，大抵寬厚壯觀者，皆不可恃，惟潯州之瑤桂，條狹而皮粗、肉薄而油足者較佳。紅油、紫油者，雖厚亦不佳，惟以黑油者為上品，蓋黑油能滋陰入腎，以收引火歸源之功，紫油尚可，紅油則反助火上升。紅油、紫油者，其味必辣，惟黑油則甜潤，此可立試而辨也。

清・葉志詵《神農本草經贊》卷一　牡桂　味辛，溫。主上氣欬逆結氣，喉痹吐吸，利關節，補中益氣。久服通神，輕身不老。生山谷。

山啟招搖，百藥備使。豐肉結心，茸毛細齒。棗實孰傳，主形差擬。辛螫中存，成林卓峙。

《山海經》：招搖之山多桂。《說文》：桂，百藥之長。《左傳》：寡君使蓋備使。郭璞曰：一名肉桂。一名桂心。李時珍曰：葉堅硬有毛如鋸齒。《拾遺記》：闇河紫桂，實大如棗。《桂海虞衡志》：凡木葉心皆一縱理，獨桂有兩文形如圭。《呂氏春秋》：桂枝之下無雜木，味辛故也。曹植文：殊略卓峙。

清・文晟《新編六書》卷六《藥性摘錄》　肉桂　氣味純陽，辛甘，大熱。補命門相火。凡沉寒痼冷，營衛風寒，陽虛自汗，腹中冷痛，欬逆結氣，脾虛惡食，濕盛泄瀉，血脈不通，死胎不下，因寒因滯而得者，用此皆効。但精虧血少，肝盛火起者，切勿用之。忌生蔥、石脂。刮去粗皮，剉，入藥勿見火。○交阯邊桂難得，雲南蒙桂便佳，下此則有油者便可用。

桂心　味甘，性辛熱。入心。溫血分之寒，除冷止痛。○治九種心痛，腹內冷痛，痃癖等症。○本肉桂去外層皮，取當中心。○一云另有一種，非肉桂，去外層者也。

桂枝　味辛，體輕色赤，有升無降。入肺和氣，入膀胱化氣利水，且能橫行于背，調和營衛，治痛風脇風，止煩出汗，驅風散邪，為解肌要藥。○惟陽盛者禁用。

清・劉東孟傳《本草明覽》卷三　官桂　【略】按：《本經》謂：桂止煩出汗。而仲景治傷寒乃云：無汗不得服桂枝。又云：汗過多者，服桂枝甘草湯。是又用其閉汗，何與經義相反耶？蓋桂枝性善通血脉，《本經》言止煩出汗者，非謂能開腠理而發汗也，以之調其榮血，則衛氣自和，邪無容地，遂自汗出而解矣。仲景言汗多用桂枝者，亦非謂桂枝能開腠理而止汗也，以之調和榮衛，則邪去而汗自止耳。醫者不解出汗、止汗之意，凡遇傷寒，惟桂枝湯是用。幸遇太陽傷風自汗者，固可獲效。倘係太陰傷寒無汗而服之，為害豈淺哉。猶有謂仲景之治表虛，而概用以斂汗者，此又大失《經》旨矣。

清・莫枚士《研經言》卷三　仲景用桂枝例解　仲景之用桂枝，不獨太陽病為然，即已見裏症而表猶未罷者亦用之。故建中、復脈雖於滋膩中，尚藉一味桂枝以達餘邪；而桃仁承氣湯、黃連湯、桂枝人參湯、柴胡薑桂湯、當歸四逆湯、烏梅丸諸方之用桂枝準此矣。其尤著者，陽明、太陰二篇，皆有浮脈者宜桂枝湯之論，可見無表症而有表脈者，猶當用桂枝。所以然者，有表脈則氣連於表，與未罷之表症同；無表症則不得不隨其所見之病以為隸。近人泥桂枝為太陽經藥，究未明其例也。夫仲景之用意雖深，能善讀之，則義隨文見，自有迹之可尋，此所以為醫學中百世之師也。

清・張仁錫《藥性蒙求・木部》　肉桂桂心三分、五分　肉桂辛熱，善通血脈。腹痛虛寒，溫補可得。辛，甘，大熱，有小毒。氣厚純陽，入肝、腎血分。補命門相火之不足，治痼冷沉寒，疏通百脈，抑肝風而扶脾土，引無根之火降而歸元，治上熱下寒等症。又能通陰蹻、督脈。○張路玉云：去粗皮用。凡桂皆忌葱，勿見火，以辛香得火轉烈，恐動陰血也。色深紫，而甘勝於辛，其形狹長，半卷而鬆厚者良。若堅而味淡者，曰板桂，今名西桂，不入湯藥。近人以丁皮混充，不可不辨。○去粗皮，為肉桂。去裏外皮，為桂心。但存中心深紫，切之油潤者，是桂心也。既去外層苦燥之性，獨取中心甘潤之味，入心脾血分，專溫營分之裏藥，故治九種心痛，腹內冷疼，破痃癖等症。與經絡軀殼之病無預，非若肉桂之堅筋骨，通血脈，有寒濕風痺等治也。其桂心又能治五勞七傷，補陽活血。○群藥將煎好，方入煎一二沸，即服。或研末，飯丸藥送亦可。　桂枝三分、六分　桂枝辛溫，橫行手臂。發汗舒筋，傷風要藥。辛，溫。升浮，入肺、膀胱二經。無汗能發，有汗能止，調和營衛，使邪從汗出而汗自止。亦治手足痛風。《集解》云：橫行為手臂之引經，直行為奔豚之(响)〔嚮〕導。桂枝性偏陽，陰虛及血症忌用之。○士材曰：肉桂乃近根之最厚者，桂心在中之次厚者，(枝)〔桂〕枝即頂上細枝。肉桂在下，主治下焦。桂心在中，主治中焦。桂枝在上，主治上焦。　官桂五分、一錢：　官桂辛溫，專行脇腹。脹滿痛疼，因寒宜服。即筒桂。《從新》謂即牡桂。〇辛而不熱，薄而能宣，有辛溫之功，無壯火之患也。專行脇腹，為脹滿之要藥。凡中焦寒邪，拒閉胃氣不通，嘔吐酸水，奔豚死血，風寒痛痺等症。

清・王孟英《隨息居飲食譜・調和類》　桂皮　辛，溫。暖胃，下氣和營，燥濕去風，殺蟲止痛，制鳥獸、鱗介、瓜果諸毒。血虛內熱、溫暑時邪諸病均忌。

桂花　辛，溫。辟臭，醒胃，化痰。蒸露、浸酒、鹽漬、糖收、造點作餡，味皆香美悅口。亦可蒸茶油澤髮。

清・屠道和《本草匯纂》卷一補火　肉桂　耑入命門、肝。氣味純陽，辛甘大熱，有小毒。直透肝腎血分，大補命門相火，除血分寒滯。惟味辛甘，故能散肝風而補脾土。凡肝邪剋土而無火者，用此最妙。益陽消陰，治沉寒痼冷，去營衛風寒，陽虛自汗，陰盛失血，目赤腫痛，喉痺格陽，鼻䶊頭痛，欬逆結氣，脾虛惡食，腹中冷痛，濕盛瀉洩。疏通血脈，宣導百藥，脇痛驚癇，寒熱久瘧，奔豚疝瘕。通經催生，墮胎，秋冬下部腹痛。養精神，和顏色，為諸藥先聘通使。久服輕身不老，面生光華，常如童子。凡木見桂而枯，然能引無根之火降而歸元，既峻補命門，尤能竄上達表，以通營衛。凡病患寒逆，既宜溫中及因血氣不和欲其鼓舞，則不必用附子，惟於峻補血氣之內，加肉桂以為佐使。精虧血少，肝盛火起者忌。出交趾者最佳，今甚難得，出潯州者庶幾。必肉厚氣香，色紫有油味，辛甘嘗之舌上極清楚者，方可用。若嘗之舌上不清及切開有白點者，是洋桂，大害人。去粗皮，剉入藥，勿見火。得人葠、甘草、麥冬良。忌生葱、石脂。

清・田綿淮《本草省常・氣味類》　桂皮　性溫。暖胃進食，除濕止瀉，散風寒。

清・戴葆元《本草綱目易知錄》卷四　肉桂　辛、甘，大熱。純陽，入足少陰、太陰血分。補三焦命門不足，去痼冷沉寒，利肝肺氣，益火消陰，溫中止渴，堅筋骨，通血脉，理疏不足，宣導百藥，無所畏。去營衛中風寒，表虛自汗，頭痛腰痛，腹中冷痛，寒熱冷痰，霍亂轉筋，春夏慎用。秋冬下部腹痛，非此莫止。木得桂而枯，能抑肝風而扶脾土。從治目赤腫痛，陰盛失血，脾虛惡食，瀉痢驚癇，寒痹風瘖，止煩止唾咳嗽，通經墜胎，開喉痹鼻䶊。忌生葱、石脂。去粗皮用。【略】

桂心　苦、辛，入手少陰經血分。暖腰膝，續筋骨，通九竅，利關節，止下痢，殺三蟲。益精明目，消瘀生肌。治風痹骨節攣縮，破痃癖癥瘕，通利月閉，胞衣不下。療一切風氣，補五勞七傷。治九種心痛，腹內冷氣，痛不可忍。欬逆結氣，脚痹不仁，鼻中息肉，失音喉痹。陽虛失血，內托癰疽痘瘡，能引血化汗化膿。殺草木毒，解蛇蝮毒。【略】

桂枝牡桂　辛，溫。氣薄，體輕上浮，入足太陽經。利肺氣，開腠理，通血脉，宣導百藥。佐以辛苦，治傷風頭痛，解表發汗，調和營衛，溫筋通脉而利關節。佐以酸甘，治傷風表虛，止煩出汗。去皮膚風濕，冷風疼痛，咳逆上氣，結氣喉痹，心疼痰飲，脇疼脇風，泄奔豚，散下焦畜血。又能橫行手臂，治痛風。

清・黃光霽《本草衍句》　肉桂　辛甘大熱，有鼓舞氣血之能。氣厚純陽，具先聘導引之力。疎血通脈，宣導百藥。利肺平肝，直入肝腎血分。益陽消陰，大補命門真火。抑肝風而扶脾土，通月閉而墮胞胎。除腰膝之沉冷，暖臟溫中。去營衛之風寒，表虛自汗。治風脾骨節攣縮，消惡血痃癖癥瘕。下部腹痛，非此不除。九種心痛必需。疝氣奔豚，失音喉痺並治。得紫石英、柴胡、乾地黃療吐逆。　九種心痛，用桂心二錢半，為末，酒一盞半，煎服立效。　心腹脹痛，中惡心痛，氣短欲絶，桂二兩，水煎服。　寒疝心痛，四肢逆冷，全不飲食，桂心研末一錢，熟酒調下，取效。　產後心痛，惡血冲心，氣悶欲絶，桂心為末，狗膽汁丸芡子大，每熟服一丸。　產後瘕痛，桂末，酒服方寸(二)〔匕〕，取效。死胎不下，桂末二錢，待痛緊時，童子小便溫熱調下，名觀音救生散。亦治產難橫生，加麝香少許，酒下。　桂枝：　辛甘發散，味薄體輕。利肺氣，入膀胱。開腠理，和營衛。通脈溫經，解肌發汗。故治頭痛傷風，中風自汗。無汗能發，有汗能使邪從汗出，而汗自止。內理心腹之痛，心痛脇痛。外解皮膚之寒。冷風冷痛，風濕之症。直行而泄奔豚，散下焦畜血；橫行而達指臂，療四肢通風。得芍藥、甘草能和營衛。　小兒遺尿，桂末、雄鷄肝等分，擣丸小豆大，溫水調下，日二服。

清・陳其瑞《本草撮要》卷二　肉桂　味甘辛，入足厥陰經，功專療沉寒痼冷，益火消陰，通經催生。得人參、麥冬、甘草能益中氣，得紫石英治吐逆，得二苓、澤瀉、白术行水。去粗皮用。得人參、甘草、麥冬良，忌生葱、石脂。足躄筋急，桂末和白酒塗。外腎偏腫，水調塗均效。產交趾者良。

桂心　味苦，入手少陰、足太陰經，功專引血化汗。內託癰疽，同丁香治痘瘡灰塌。消瘀生肌，補虛寒，宣氣血，利關節，治風痹癥瘕，噎膈腹滿，心腹諸痛。桂枝去皮為桂心。

桂枝　味辛，溫，入足太陽經，功專溫經通脈，去風止汗。得芍藥、甘草能利營衛，得雄雞肝治小兒遺尿。陰虛者忌服。

清・周學海《讀醫隨筆》卷五　桂枝正治吐血　桂枝是溫通血脈之為寒閉者。吐血病中，有一種腎寒而元陽虛者，胃寒而中氣怯者，皆令血脈不能通暢，遂旁溢而妄行。《內經》所謂血泄者，是脈急血無所行也。其證得節即動，遲速有定期。如婦人月信者，脈既不暢，血盈即傾之而出也。每以桂枝為君治之，應手輒效，章虛谷亦盛稱桂枝能通血脈之寒閉也。若咳嗽見血不因吐出者，尤屬寒閉無疑。而世人每謂桂能動血，一見血證，輒循例概禁用桂。誤哉！

清・唐宗海《本草問答》卷上　問曰：肉桂生於南方，秉地二之火，以入血分固矣。乃仲景腎氣丸用之，取其化氣而非取其化血，此又何說？答曰：血無氣不行，氣無血不附，氣血二字，原非判然兩端，且其化氣乃仲景之妙用，非肉桂之本性也。人身之氣，生於腎中一陽，實則借鼻孔吸入之天陽，歷心系，引心火下交於腎，然後蒸動腎水，化氣上騰，出於口鼻。仲景腎氣丸多用地黃、山藥、丹皮、茱萸以生水，用苓、澤以利水，然後用桂導心火以下交於水，用附子振腎陽以蒸動其氣，肉桂之能化氣者如此，乃仲景善用肉桂之妙，非肉桂自能化氣也。若單用肉桂及合血分藥用，則多走血分，不是氣分之藥矣。又如桂枝色赤味辛，亦是入心、肝血分之藥，而五苓散、桂苓甘草五味湯均取其入膀胱化氣，非桂枝自能化氣，實因苓澤利水，引桂枝入於水中以化水為氣，與腎氣之用肉桂，其義相近，不得單言桂枝，便謂其能化氣也。至如黃芪五物湯治血痺，當歸四逆湯治身痛，皆取桂枝溫通血脈，可知心火和血而秉火氣者，入於血分，乃是一定之理。

清・李桂庭《藥性詩解》　賦得肉桂行血而療心痛止汗如神得行字。湯克家。

肉桂辛甘熱，陽回汗即平。心疼能散漫，血暖自流行。按：肉桂性大熱，味甘辛，有小毒。主溫中，通血脈，治霍亂轉筋，九種心疼。殺三蟲，通百脉，去榮衛風寒。利關節，暖腰膝，治下焦腹疼。除風冷痺，破癥瘕積。生肌肉，下胞衣，補命門相火之不足，消陰回陽。止汗墮胎，又能抑肝氣，扶脾土。《本經》載其木得桂而枯也。

清・仲昴庭《本草崇原集說》卷一　桂　【略】仲氏曰：經方不論有桂無桂，總與病情絲絲入扣，所以藥到病除。市醫疑桂枝過溫，絕不試用，間或試用，而所配君、臣、佐、使，又甚離奇，反以敗事。經論不熟，藥不為之用也。然市醫利在行道，何暇知道，不知道則醫者如瞎馬，就醫者，亦如盲人騎瞎馬而已矣。

清・鄭奮揚著，曹炳章注《增訂偽藥條辨》卷三　肉桂　真桂出桂陽山谷及廣州交趾者最佳。必肉厚氣香，色紫黯，有油，味甘。嘗之舌上極清甜者，方可用。若嘗之舌上不清，及切開有白點者是洋桂，大害人。洋桂尚不可用，近日有偽造肉桂者，聞用楊梅樹皮，其形似桂，晒乾，以薄桂熬取濃汁，浸潤透心，再晒再浸，以香油潤過，致色香既無以辨，屢以此等假桂，遠販外府縣及窮鄉僻壤各小肆混售，害人無算，安得有心人，為之嚴行禁絕乎？

炳章按：肉桂為樟科樟屬植物，常綠喬木，種類甚多。產越南、廣西熱帶，當分數種，曰清化，曰猛羅，曰安邊產鎮安關外，曰窑桂產窑川，曰欽靈，曰潯桂，此總名也。又有猛山桂即大油桂，曰大石山，曰黃摩山，曰社山，曰桂平即玉桂，產雲南曰蒙自桂，產廣東曰羅定桂，曰信宜桂，曰六安桂。最盛產外國者，為錫蘭加西耶，皆名洋桂。大抵桂之鑒別，一辨皮色，二辨氣味。辨皮之法，皆以形狀比喻，相似名之，曰荔枝皮，曰龍眼皮，曰桐油皮，曰龍鱗皮，曰鐵皮，曰五彩皮，曰硃砂皮，曰縐紗皮。皮以二色，惟野生無定形，總不外結實、滑潤、淨潔六字為要。桂性直上，身如桄榔，直豎數丈，中無枝節，皮紋直實，肉如織錦，紋細而明者為上品。然野生者，間有橫紋，其形狀必蒼老堅實，橫直交錯，斑點叢生，皮色光潤，紋細而滑，亦為野生佳品。若橫紋多而色紅，皮粗紋粗，如荊棘滯手，皆為下品。此辨皮色之大要也。辨氣，觀其土產皮色，既知其外，又須嗅其氣，嘗其味，以知其內。辨氣亦有六法：如醇、厚、馨、燥、辣、木虱臭是也。凡試桂聞氣，以手摸桂肉數轉，聞之即知。如清化桂則氣醇而馨，猛羅桂則氣厚而馨，安邊桂則氣馨而不燥，潯桂或燥或辣，或氣如木虱臭者，亦有氣醇而微帶木虱臭者。若收藏年久，燥辣之氣消，惟木虱臭卒不能革除。或有馨香，得人工所製，亦帶木虱氣，皆屬偽種。要以馨而純，如花之清香不雜。若似花椒，丁香氣而燥，如山奈、皂角氣而辣，皆下品也。辨味嗅氣之外，當試以味。試味之法，以百沸湯沖水少許，涼而嘗之，當分醇、厚、燥、辣為四味，且湯汁入口，分辨較鼻嗅更易明，必須味醇厚不燥辣者為最佳。不辣之中，先以水辨其味，曰清，曰濁，曰淡茶色，曰米汁，曰乳汁，曰綠汁，曰白水。凡白水，淡茶色，清者味必醇，惟米汁、乳汁、綠水，皆有清濁之分，清者味醇，濁者味燥。然紅水間，有清濁難分，必嘗其味厚而醇者，為野生猛羅之類。味燥者，為欽靈、潯桂之類。綠水亦不一類，如猛羅種，油黑者，水必綠，味多苦。亦有油薄者，水亦不綠。如潯桂之油濃者，則水亦綠，其味必兼燥。清化安邊，其得氣清，其油必薄。神桂之油，雖亦厚薄不一，惟五味俱全，有甜辣苦酸，亦有甜馨，而馨總以微帶苦酸為正。總之，不得以油之厚薄為定，見水綠紅為貴賤，須要別其水之清濁，味之醇燥辛辣，斯可為分辨的確耳。再辨口刀：一、清化桂，荔枝皮，硃砂肉刀口整齊，皮肉不起泡點，不見花紋，皮縮肉不凸，實而不浮，皮肉分明，或皮肉之界有線分之，曰銀線，最為清品。二、猛羅桂，龍眼皮，或五彩皮，或硃砂皮，縐紗皮，固有肉縮肉凸，肉不起，泡點不現，花紋正而不浮，亦為正品。三、欽靈桂、潯桂即猺桂。二種，皆粗皮横紋，刀口邊口起泡，凸皮縮肉，凸紅色，泡點花斑皆燥烈，此為下品。四、神桂，桐油皮，龍鱗鐵甲，縐紗肉，氣厚而馨，味厚而醇，為野生神桂之正品。玉板桂，今之蒙自桂也。片平而厚，邊捲而淺，肉色黯黄，皮粗而厚，油脂不多，亦稱上品。他如皮色青黄，層捲如筒，亦名筒桂，即今安桂是也。又有官桂一種，桂枝即其枝也。出羅定，形如安桂，味淡性薄，捲作二三層者皆次。此辨桂之種類優劣，參考前哲名言，徵以實驗，約略從形態氣味言之，惟效用不及再詳。據鄭君所辨之種，皆非上品，如下品已賤，何必再作偽品，此我浙尚無之。

清・周巖《本草思辨錄》卷三　桂枝　《素問》：辛甘發散為陽。此固不易之至理，然亦看用法何如。桂枝甘草湯純乎辛甘，反能止汗，以甘過於辛也。辛若兼苦，發汗斯峻。桂枝辛而不苦，且與甘埒，色赤氣溫，有條理如脈絡，質復輕揚，故只能於營衛之間，調和其氣血，俾風寒之邪，無所容而自解。《本經》如麻黄、羌活、防風、葱白、川芎等，皆主發表出汗，而桂枝無之。桂枝所優，為在溫經通脈，内外證咸宜，不得認桂枝為汗藥也。麻黄、桂枝兩湯，一治無汗，一治有汗，分別甚明。且云桂枝本為解肌，若其人脈浮緊、發熱汗不出者，不可與也。申儆何等嚴切。果證與方合，如法服之，未有不汗出而愈者，否則謬欲取汗，害乃大矣。

桂枝湯一方，論者紛紛，就愚所見，惟成無已、尤在涇、劉潛江三家，最為允當。三家之中又以劉為勝。特方用芍藥為臣，其所以然之故，皆未盡發出。芍藥分數不減於桂枝，自來佐芍藥以解表者，古方有之乎？無有也。然則芍藥誠是方之關鍵矣。劉説載《本經疏證》麻黄下。鄒氏疏麻黄第二條，自昔人泥於《傷寒・脈法篇》至不為虚設矣，真洞見兩方精奧。惟潛江云：桂枝發於陽入於陰，且助以芍藥之通營，乃能遂其由陽和陰之用。不知桂枝兼入營衛，氣惟外揚而不内向，仲聖用桂枝解表之方頗多，非概佐以芍藥。此所以加芍藥者，太陽中風，風傷其衛，衛曳營氣以外泄，故陽脈浮而發熱，陰脈弱而出汗；衛由是而强，營由是而弱；是衛不與營和，非營不與衛和。桂枝能和兩弱之營衛，而不能和衛不就營之營衛；能由陰達陽，而不能由陽返陰。芍藥正與相反。斂之以芍藥，則衛不外泄而入裏以就營，又歠粥以充其胃，溫復以遏其表。桂、芍並用，為一散一斂；粥復並行，為一充一遏。法如是之密者何也？非此而營衛不和，則邪汗不去，正汗不生也。潛江惟看芍藥尚不甚真，故核之方證，皆微有隔閡，餘則矢穿七札矣。

天地間凡名陰名陽之物，皆陰中有陽，陽中有陰，非判然各出。始名之為陰為陽者，風與衛皆陽也，風自傷衛，寒與營皆陰也，寒自傷營。但中風豈是有風無寒，傷寒豈是有寒無風。仲聖文多前後詳略互見，與夫言外之旨，要在人潛思而得之。昔人泥於仲聖風則傷衛、寒則傷營之言，柯氏以下多非之。今唐氏容川，又謂太陽寒水之氣，發於至陰而充於皮毛，皮毛為衛所居，故寒當傷衛。厥陰風木屬肝，肝主營血，故風當傷營。無汗用麻黄，明是治衛氣之藥。有汗用桂枝，明是治營血之藥。桂枝證嗇嗇惡寒者，是言皮毛一層，自汗皮毛開，故遇寒則欲閉而作嗇嗇之狀，因皮毛開衛氣無守，故惡寒也。淅淅惡風者，是言肌肉一層，汗既漏出如淅米之狀，故曰淅淅。風來乘之，直入肌肉，則營血受傷，故惡風也。噫！容川既謂西法，與仲景書字字符合，何以論仲聖之方，絕不顧仲聖之論，斯亦可異之甚矣。桂枝湯方義，愚已列前，兹再就容川之言明辨之：麻黄、桂枝兩方，只受邪淺深之分，無風寒各病之别，故麻黄治傷寒亦曰惡風，桂枝治中風亦曰惡寒。乃容川視兩證若風馬牛不相及。又以桂枝之中風，為風中厥陰，直入肌肉。此《金匱要略》之中風，非《傷寒論》之所謂中風，出入甚巨，烏得不審？汗自出者，不藥而汗自出之謂，正風傷衛之證據。容川謂自汗皮毛開，是無故插入雜證之自汗矣。否則風不傷衛，何以皮毛自開汗自出，衛分毫不作主，一任風邪飛渡，內汗漏出。豈有表間藩籬盡撤，而仲聖尚思以桂枝湯治之之理。況傷衛者為寒為麻黄證，而麻黄湯內之桂枝，容川則謂從血分外達筋節。寒不傷營，何以加此無干之血藥。凡此揆之仲聖本論，悉多枘鑿，實不能為容川解也。

容川之論桂枝湯全方也，曰邪在營分，用甘、棗補脾，從脾之膏油外達，以托肌肉之邪。用白芍行肝血，從肝膈透連網，外達肌肉，以行營血之滯。用生薑宣三焦少陽之氣，從連網達腠理，以散外邪。尤重在桂枝一味能宣心陽，從小腸連網，以達於外，使營血充於肌肉間，而邪不得留。然則此方正是和肌肉，治營血之方，正是小腸血分之方，若不知水火合化之理，則此方之根源不明也。按仲聖桂、芍並用之義，愚已具前。薑、棗為和營衛，亦詳大棗。蓋桂、芍和營衛為解表，薑、棗和營衛為補表，炙甘草則安內攘外，司調人之職者。以仲聖書統考之，自知鄙說之非妄。容川以甘、棗為托邪，則薑、棗之義亡，而桂、芍為無功矣。芍藥何能外達，營弱何嘗營滯。論經絡，則三焦、小腸與膀胱原屬貫通。論病證，則六經各有界址，未便牽混。且五物非合以散邪之藥。縱如其言，豈不取汗甚捷，而何以汗不出者反不可與。吾恐容川所謂根源者，非此方之根源矣。

容川之於《內經》、仲聖書，宜活看者，偏板看之；宜合看分看者，偏分看合看之。自相齟齬處，亦往往有之。《傷寒》六經，沿張令韶、陳修園之誤，不分手足。夫六經配六氣，主足不主手，有確不可易之理，不能意為合併。試問小腸丙火，可以膀胱寒水之方桂枝、麻黄治之乎？容川以風屬厥陰，便謂太陽中風即中厥陰。不知寒水乃風木之母，風從皮毛而入，母先受之，病自在太陽不在厥陰。又誤以心主營血，為肝主營血，桂枝證為風傷營，非風傷衛，展轉淆混，胡可為後世訓者。厥陰為陰之盡，多純寒之證；其有寒熱錯雜者，以內包少陽相火也。故風有寒有熱，亦當兼少陽言之。震為東方之卦，東為生風之方，少陽甲木，正符易之震卦。震不言木而言雷者，明陽動之時，甲木之所由生也。一陽在下，陽之所以稺也。巽為木為風，易則明示之矣，風木自屬厥陰。厥陰陰已盡，故一陰居下。巽以厥陰而位東南，非東不生風木，亦足見風之為陽邪也。由是觀之，風之寒者厥陰之本氣，熱者少陽之兼氣。其在《內經》，所謂厥陰不從標本從乎中也。容川又泥之至矣，謂中氣為化，是指沖和之陽而言，不指火熱而言。不知厥陰總不離乎少陽，有化時亦有不化時。譬之夫婦，倡隨時是夫婦，反目時非夫婦乎？且容川第以陽言沖和，則少陽一經，宜無時不沖和，何以竟有火熱之證，此理不易曉乎。容川又於厥陰病分肝與包絡為二，言寒則舍包絡，謂肝挾腎水而生寒。言熱則舍肝，謂包絡挾心火而生熱。夫肝至挾腎，包絡至挾心，旗鼓各建，必有非常之寒熱病，孰是說以治寒熱兼有之肝病，庸有當乎。西醫考究形質，至細至精，原非欺人；特人身陰陽消息，與病氣出入之機，有未可以形質印定者。若太陽病以厥陰擬方，厥陰病以包絡與腎擬方，漫謂於古法有合，則於談中西醫也，何容易焉。容川於修園書謂非攻修園欲襄其不逮，愚於容川亦云。

醫不講《內經》，不講形質則已，講《內經》講形質，而於仲聖方仍枘鑿而不入，何裨於醫。張令韶、唐容川其彰彰者矣。姑舉太陽一經言之：太陽病下之後，其氣上沖者，可與桂枝湯方。誤下無不邪陷，邪陷而氣沖，是下藥激動其太陽之腑氣，《經》所謂是動則病沖也。表病仍在，故可與桂枝湯。或疑氣沖何竟不治，不知膀胱受寒下之累，惟辛溫能止其沖，桂枝乃下沖妙藥，仲聖屢用之，既下沖而復能解表，孰有善於桂枝湯者。不曰宜桂枝湯，而曰可與桂枝湯方，是用其方，而猶有斟酌之意在。或桂枝加重，或外加茯苓，固可揣而知者。用前法三字，洄溪謂指誤治，極是。否則服湯後自應不上沖，而又云不可與何耶？愚之解是方如是。修園則否，而又引張令韶云，太陽之氣，由至陰而上於胸膈，由胸膈而出於肌腠，由肌腠而達於皮毛。愚不知其所指，殆為氣沖而發。夫太陽之脈動則病沖，不能不涉及衝脈。然其所以然，亦只得付之蓋闕，而令韶不知何以云然。太陽為一身之外衛，脈皆行身之背，有《靈樞·經脈篇》可稽。如令韶言，則是行身之前矣。令韶論傷寒不分手足經，豈因手太陽脈有循咽下膈一語耶？若然，則以《經》文計之，當由小腸至胃，由胃至膈，由膈至咽，亦不從皮毛而出。於足太陽之治，實去而千里。雖然，其所言手太陽也，其所用之藥，則不知非手太陽也。石勒所謂賴有是者也。胸脇為少陽厥陰兩經經脈之所至，故胸滿脇痛為傷寒少陽病，若脇中痞硬，則加牡蠣厥陰藥。何經見何經之病，與《靈樞·經脈篇》毫髮不爽。而容川論太陽病十日已去，脈浮細而嗜臥一節，謂脈浮為外已解，脈細嗜臥，則是病及少陰，元陽不得外出，當用附子細辛湯治之。考《少陰篇》無此方，必是謂麻黄附子細辛湯，而佚去麻黄二字。乃其於《少陰篇》解麻黄附子細辛湯，則云邪從表入，合於太陽經，仍當從表以汗解之，且於發熱上加惡寒字。茲擬移治脈浮細嗜臥之太陽病。以脈浮為外已解，豈用於彼為解外，用於此則否耶？又有奇者，於胸滿脇痛之下小柴胡湯之上，添入脈細嗜臥，豈脈細嗜臥無兼證，則應用麻黄附子細辛湯？有兼證，則脈細嗜臥可全然不顧耶。於脈但浮之下麻黄湯之上，添入嗜臥。嗜臥非少陽證，乃謂解表以達少陽之樞，則少陰之氣自出，而其所治之方，則非少陰非少陽，仍仲聖之麻黄湯也，豈麻黄湯不妨治少陽病耶？至謂胸滿脇痛，是因三焦之膈膜不暢，致腎氣不得外出，則視手足少陽全無區別，而不知有大不可者在。容川既尊《內經》尊仲聖矣，試問《靈樞》足少陽口苦胸脇痛等證，手少陽有之乎？小柴胡湯之為治足少陽，尚何疑乎？容川所謂中西匯通者，大率類是，其全書《傷寒淺注補正》《金匱淺注補正》。豈勝指摘。偶有所觸，附志於此，願以質世之深於長沙學者。

《傷寒》六經不分手足，已屬大謬。而容川更於形質可通之處，悉力推演其說，勢不至茫無畔域，盡失古聖分經之旨不止，而容川不自知也，此其弊蓋自其治《本草》始矣。於桂枝湯論桂枝，曰桂枝宣心陽，從小腸連網以達於外。於麻黄湯論桂枝，曰桂枝從肝之血分外達筋節，宣之使出。於五苓散論桂枝，曰導心火下交於水以化氣。於桂枝去桂加茯苓白术湯論五苓散，曰用桂枝以宣太陽之氣，氣外達則水自下行而小便利。於《本草問答》論桂枝，曰桂枝色赤味辛，亦是入心肝血分之藥，而五苓散、桂苓五味甘草湯，均取其入膀胱化氣，非桂枝自能化氣，實因苓、澤利水，引桂枝入於水中以化水為氣。按其說紛然淆亂，茫無真見。既以桂枝為心藥肝藥矣，又云亦是入心肝血分之藥，不知究是何藥。既云宣太陽之氣，氣外達則水自下行矣，自應不入膀胱，又云取其入膀胱化氣。既云入膀胱化氣矣，又云非桂枝自能化氣，得苓、澤而後化水為氣，水既化而為氣，其尚有不化之水走小便否耶？以其說還叩之容川，當亦有啞然笑者。夫桂枝非不入心入肝也，知其入心入肝，而不知其為中風自汗之太陽藥不可也。惟知其為太陽藥而不達皮毛以泄汗，則桂枝湯不止治自汗之邪。桂枝亦不止為太陽之藥，此其法備見於仲聖方，今具論如下：

桂枝用一分之方，曰竹皮大丸。乳子之婦，煩亂嘔逆，此陽明熱熾，中氣大虛之候。鎮中宮而寧天君，惟甘草為補虛之選，故非多其數不為功。然補虛不先之以拯亂，必無益而有害。石膏、白薇皆陽明藥，所以平嘔逆而召浮陽。陽明之熱，由膽而來，竹茹所以清膽火。以寒藥於病為宜，而扶生氣非宜。甘藥於虛為宜，而有胃熱非宜，故甘草生用則不致過守，略加桂枝，則與甘草辛甘相合以化氣。如是而拯亂之藥，皆得有補虛之益，故名之曰安中益氣竹皮大丸。

桂枝用二分之方，曰蜘蛛散。桂止二分，勢不能入下焦，妙在以蜘蛛十四枚炒焦引之，故蜘蛛得桂而升，桂得蜘蛛而降。狐疝時上時下，蜘蛛協桂，亦時上時下，所以能泄肝邪而治狐疝也。曰五苓散。汗出而津虧胃燥則消渴，膀胱之氣不化，則水蓄而小便不利，脈浮微熱，則表邪猶在。二苓、澤瀉所以導水利小便，白术所以補脾生津，桂枝少用所以解表，且與四物共以散服，多飲暖水，則太陽經府之氣俱化，此蓋表裏分治而又欲其和衷共濟也。

桂枝用三分之方，曰土瓜根散。四物皆止三分，杵為散而酒服，取其清疏通降，能行瘀而澤枯。其中又有分有合，桂與酒橫行脈絡，䗪與芍下入少腹，土瓜根則合上下以聯貫之，所以為治經水似通非通之良劑也。

桂枝與他藥各等分之方，曰桂枝茯苓丸。桂枝無下癥之能，下癥而用桂枝，似非多不濟矣。然妊娠之時，宜漸磨不宜急攻。逐瘀止丹皮、桃仁，而以桂、苓化氣，為血藥之前驅；芍藥行陰，為氣藥之管束。五味各等分蜜丸，原非溫經湯下瘀血湯之比，桂枝奚嫌其少。少用而無虞其不下趨者，則又藉苓、芍之力也。曰半夏散及湯，此必少陰寒邪，挾痰涎壅於咽中作痛。不然三物辛甘溫燥，而甘草且以炙用，於熱痛決非所宜，不得以從治為解。可見桂枝少而服散，并能上治咽痛。君以半夏，協以炙草，皆所以化氣而和解之也。

桂枝用一兩之方，曰桂枝甘草龍骨牡蠣湯。煩躁由於燒針，是心腎胥為之震懾矣。龍、牡所以鎮腎陽，桂、甘所以安心陽，因無他證，故亦不加他藥。桂枝特少者，不使隨龍、牡以下趨。甘草倍桂枝者，並益中氣而和三物也。曰枳實薤白桂枝湯。胸痹是病名，下乃詳言其證，以胸痹有不同也。氣至於結，胸至於滿，薤、栝力有不逮矣。故更以桂枝佐薤白散結，厚朴佐栝蔞泄滿。枳實用為君者，所以平脇逆也。曰竹葉湯，此中風由寒化熱，將由太陽入陽明，而真陽適虛之證。桂枝解表化氣，以鏟寒邪之根。止用一兩者，以病本無汗，多則侵葛、防發散之權也。

桂枝用二兩之方，曰麻黄湯。桂枝所到之處，皆麻黄所到之處。既用麻黄又加桂枝，愚於麻黄已略著其說。試更申之：傷寒之邪，錮閉營衛，至於頭痛身痛，腰痛，骨節痛，發之既暴而所及復廣，非得横厲無前之麻黄，不足以戡定禍亂。非得從容不迫之桂枝，不足以搜捕餘孽。且麻黄性剛，桂枝性柔，以剛遇柔，並能少節其性，不致直前不顧。桂枝止二兩者，以倚重在麻黄也。曰桂枝加黄芪湯，此段敘黄汗之證甚雜，注家亦頗顢頇。大抵營衛之間，水與熱交蒸而滯其行度，非挾寒挾虚不爾。欲溫經化氣以泄黄汗而取正汗，自惟桂枝湯為當。第桂枝湯所治為衛強，此則衛弱，故加黄芪益衛氣而疏之。更減桂、芍以節其內向，而外交於衛，斯邪不能容而正乃復矣。桂、芍、黄芪三味，為黄汗必需之藥。彼芪芍桂酒湯，多其數而又重加苦酒者，以脈沉非此不能泄邪也。曰厚朴七物湯，桂止二兩，加生薑用至五兩，則散寒之力優，不致因桂留邪矣。表裏兼治，故以大棗安中，甘草和之。草不炙者，以有小承氣攻裏，不宜過守也。薑多棗少者，病非自汗，不以補表也。曰茯苓甘草湯。傷寒汗出而渴者，五苓散主之。汗出屬表邪未盡，渴則太陽之邪已由標傳本，以五苓散表裏兩解之，其小便不利可知。此與脈浮，小便不利，微熱消渴，與五苓散者，正復無異。下云不渴者，茯苓甘草湯主之，是明指尚有表邪而言。不渴則胃不熱而水停於上，又與真武湯及茯苓桂枝白朮甘草湯之汗出液虚，腎水上救相似，不過有微甚之分耳。彼甚此微，故但以茯苓一味消心下之水，桂、甘、生薑解其表邪，即無他慮。桂、甘少用者，並輔其扶心陽治悸也。無芍藥者，邪已傳本，若再斂之，則表不解也。無大棗者，茯苓少則腎不傷，不必滋液也。曰茯苓澤瀉湯。胃反由胃中虚冷，桂枝協生薑散寒，協甘草溫中，以治在上焦，故止用二兩。餘詳茯苓。曰桃核承氣湯。此於外解後用之，桂枝豈為解表而。設太陽傳本，熱與血結而為少腹急結，桃仁、黄、消，皆所以攻之。氣為血帥，氣行而血乃行，故以桂枝入膀胱化氣。甘草則甘以緩急也。桂止二兩，何以能入膀胱？以大黄輩得之則與俱下，且多則助膀胱之熱也。曰桂枝加葛根湯。葛根治項背強几几，義詳葛根。葛根湯與此只麻黄一味有無之分，以彼為無汗惡風，此為汗出惡風也。太陽病汗出惡風，桂枝湯正其所宜。惟加葛根以治項背強几几，則以解肌起陰氣為重，和營衛次之，故桂芍減桂枝湯各一兩。曰溫經湯。桂枝少則疏通經脈，約以芍藥，則能入下焦化氣。用薑不用棗者，不以補表也，餘詳吴茱萸。曰木防己湯，膈屬肺胃腎三焦之脈所歷。支飲横於膈間，滯其肺胃之氣，則喘，則滿，則心下痞堅；下與腎相感召，則腎氣上乘，而面色黧黑；脈得沉緊，病固不獨在上也。防己外白內黄，有黑紋如車輻，氣味辛平，能行膈間之水，由三焦以下輸於腎，腎得之則氣平。佐以桂枝，一苦一辛以散結，則心下之痞堅去。然停飲至數十日之久，肺胃已鬱而成熱，非泄熱則喘滿不止，故又佐以石膏。吐下之後，中氣與津液大虧，故又佐以人參。又云虚者即愈，實者三日復發，虚與實皆指腎氣而言。腎虚則肺降而腎安，實則非鹹寒以利之，淡滲以伐之，氣必復上。注家不知其證之關腎，好為影響之談，那得於藥證有合。

桂枝用二兩半之方，曰薯蕷丸。風氣百疾，蓋即風虚之證，久踞於肌肉筋節間，而非初感之可以汗解者也。虚勞諸不足，乃其病根所在。方以補虚為主，驅風次之。薯蕷、人參、白朮、甘草、地黄、麥冬、阿膠、大棗，填補者也。餘十三味，疏瘀鬱、調陰陽，以補虚而驅風者也。其真正風藥，只防風一味耳。填補中兼能驅風者，以薯蕷為最，故君之。

桂枝用三兩之方，曰桂枝生薑枳實湯。心中痞懸痛，與胸痹痛有別，故不用栝蔞、薤白。懸痛由下有逆上之氣，使痛不得下，如物之空懸，其為心陽不布，陰邪得以竊據無疑。故用薑桂各三兩，以伸陽而散邪。諸逆不離乎肝，枳實酸入肝而苦降逆，逆降則痛除而心陽得復矣。曰防己茯苓湯，桂枝得防己、黄芪，則能行皮膚之水。重加茯苓者，引三物下降，使由小便去也。水在皮膚，下之速則有遺邪，故加甘草以緩之。曰苓桂朮甘湯。痰飲者寒飲也，心陽不足，痰飲得以竊據膈間，故胸滿。木得水而風動，土不能為之防，故脇滿而目亦眩。滿曰支者，明滿之由肝來也。以桂甘益心陽而化氣，白朮崇脾土而燥濕，茯苓則自心下導飲而泄之，此治寒飲之主方也。曰桂枝去芍藥加蜀漆龍骨牡蠣救逆湯。此與桂枝龍骨牡蠣湯治無大異。惟驚狂起臥不安，較煩躁尤重，故桂甘龍牡皆倍增之。彼無表邪，而此則脈浮，故加蜀漆協桂枝以散邪。既解其表，必補其表，故加薑棗以和營衛。用桂枝湯而必去芍藥者，以不汗出也。曰栝蔞桂枝湯。仲聖於桂枝加葛根湯，云反汗出惡風，此云脈反沉遲，反字自宜著眼。蓋太陽證備，必身熱頭痛汗出，脈不應沉遲而沉遲，故云反。柔痓原有沉遲之脈，故又以此為痓而申明之。證皆桂枝湯所有，故用桂枝湯全方，身體強几几然，則非痓不爾。加栝蔞不加葛根者，即體強與項強之別。其濡養筋脈以治強直，則二物一也。曰烏頭桂枝湯。寒疝、腹中痛、逆冷、手足不仁，若身疼痛，若者及也，非或然之詞，以身疼痛為表證，故加一若字以別之。此表裏傷於寒邪之重者，烏頭驅表裏之寒，桂枝湯化表裏之氣，互相為用。烏頭以蜜煎，則毒解而性和。桂枝湯用治腹痛亦散表邪，故芍藥不再加。桂枝湯與烏頭均濃煎，而得蜜之甘潤，則補中緩急，處處皆彌綸無間。故其知也如醉狀，而邪則吐之，豈灸刺諸藥所能及歟。曰黄芪桂枝五物湯。血痹陰陽俱微，桂枝湯調陰陽有餘而通痹不足。故加黄芪以疏衛，增生薑以宣陽。義主理虛，而守補太過，則非血痹所宜，故甘草去之。無表邪，故不取汗不溫復。與桂枝加黄芪湯，似同而實異者此也。曰澤漆湯。此與厚朴麻黄湯，皆外寒與內飲相搏而咳者。脈浮者表邪方盛，故重與解表。此咳而脈沉，非無表邪，但輕微耳。彼用麻杏，此用桂薑，猶麻黄湯、桂枝湯之分傷寒中風也。飲亦彼重此輕，故彼用半夏六升，此用半升。彼熱邪在肺，故加石膏，此熱邪較下，故加黄芩。彼治咳用薑辛五味，即小青龍成法。水停在上，此水不上乘，故但以澤漆、紫參、白前降逆導飲而咳亦止。鄒氏釋澤漆至精，謂能使水氣還歸於腎，是用澤漆亦與用五味有微似之處。然則彼無人參何為？彼所治皆一氣外散。人參乃止咳善後之策，於散寒蠲飲無與也。此則表裏分投，上下背馳，安得不以人參調和之。曰白虎加桂枝湯。尤氏釋此方極當。惟以桂枝為因而達之，頗涉顢頇，不如趙氏療骨節痹痛之說。然不發明伏氣，亦猶之泛也。蓋寒邪伏於腎藏，至春夏發出，雖已無寒但熱，而骨節煩疼，則仍是根株未拔。肝主筋，諸筋皆屬於節，桂枝亦肝藥，故加桂枝以搜骨節煩疼之伏邪。否則但以白虎治熱，瘧終不服也。曰侯氏黑散。大風有菊花、防風輩任之，桂枝是與川芎、當歸治心中惡寒。曰當歸四逆湯。厥陰病血虛而寒中之，故手足厥寒脈細欲絶。當歸爲君，補其血虛。桂枝通草，所以散寒而通脈。大棗、甘草，所以益中而培脉。脉細欲絶，邪已及腎，故加細辛以驅腎寒，猶少陰病之兼肝藥也。用桂枝湯而無薑者，惡其發散以傷陰也。曰炙甘草湯。脈結代，是營血虛衰。心主營而生脈，故動悸。地、麥、膠、麻，所以養營陰。桂枝、甘草，所以扶心陽。人參所以生脈。薑、棗所以和營衛。然甘草協參、棗，則又能補中。生薑協桂、草，則又能宣壅。棗、草皆多於薑者，不使過散以傷神也。清酒煮者，欲引諸藥以通絡也。曰桂枝加附子湯。此與桂枝去芍藥加附子湯，只爭芍藥一味之出入。彼去芍藥，為下後脈促胸滿。加附子為微惡寒。此四肢微急，難以屈伸，亦陽虛之象，不可無附子。汗漏不止，小便難，則表邪未盡而津液又虧矣。桂枝湯正治自汗和營衛之方，芍藥極要，何可去之。曰桂枝加厚朴杏仁湯。説詳杏仁。曰防己地黄湯。説詳防己。曰桂枝加芍藥湯。此條注家泥於太陽病醫反下之句，又但以桂枝湯為太陽病解表之方。或云非脾臟之寒，或云和太陰之經，或云發太陽之邪，或云越外入之邪，或云舉誤陷之邪，皆於是證是方，不關痛癢。太陽病誤下之後，至於腹滿時痛，是已入太陰之臟矣。太陰為陰之至，決無升理。就證論證，焉得不先救其藥誤。夫桂枝湯之為用甚多，或以本方略為增減，或止選二三味，或止用桂枝，以及桂枝湯再加他藥之或多或少，即證治懸殊，不得執太陽表邪為例。況以桂枝解表，遇無汗者，概不用芍藥。今以芍藥為少而再加一倍，豈尚存解表之見耶。大痛實者於此湯再加大黄一兩，寧非太陽病之陷入者，而得謂舉邪使出耶。然則桂枝加芍藥湯，斷不必於解表致思。更有可比例以明之者，小建中湯比桂枝加芍藥湯，只多飴餹一味耳。《千金》再加當歸，名內補當歸建中湯，其芍藥亦仍是此數。前聖後賢，心心相印，未聞此兩方亦發其表邪。夫太陰者陰臟也，統血者也。為下藥所苦，致陰氣結而不舒，腹滿時痛，芍藥雖寒，而能破脾家血中之氣結，善治腹痛。然結固破矣，非有桂枝，則黍穀之春，終不得回。以桂枝有外心無內心，重加芍藥以斂之，則能入脾而不走表。且桂枝得生薑則散寒，得甘草、大棗則補中，皆賴芍藥為之前導，故非用加一倍不可。結破中補而陽亦復，腹滿時痛，惡能不愈，此滿痛之治法。急痛非小建中不可，以飴能緩急亦能助滿，方劑自各有當也。徐忠可謂自究心《金匱》，用桂枝取效，變幻出奇，不可方物。旨哉言乎？曰桂枝加龍骨牡蠣湯，愚以此為專治脈得諸芤動微緊，男子失精、女子夢交之方，已於解天雄略及之。按用桂枝湯原方，必於桂枝湯所治有吻合之處。脈芤動微緊，有陰陽乖迕之象。桂枝湯正所以和陰陽，陰陽乖迕，則精不守，神不藏。龍、牡能召陽斂陰，澀精安神，故加之也。

桂枝用四兩之方，曰桂苓五味甘草湯。此支飲漬肺而咳，引動腎氣，從下上沖，復從上下流陰股，其多唾口燥及小便難時復冒諸端，皆因是而致。治以茯苓消飲，桂枝下沖，甘草培中土以杜腎水之上乘，五味攝腎陰以召肺氣之下降，證甚繁而藥甚簡，所謂握要以圖也。凡仲聖治寒飲之咳，無不以薑、辛、五味並用。茲有五味無薑、辛，以薑、辛助面熱故去之，五味補尺微故取之也。桂枝為下沖專藥，雖助陽不得而避也。迨服之而沖氣果低，反更咳胸滿，正當以桂枝治胸滿矣。而轉去桂加薑、辛曷故，蓋薑、辛與五味本不能偏廢，咳而胸滿，咳治則胸滿亦治。加薑、辛為與五味治咳也，面熱本不宜桂枝，沖氣低則去之便也。若茯苓蠲肺飲伐腎邪，則斷無可去之理矣。曰桂枝附子湯。傷寒至八九日，風寒之邪未盡，適遇陽虛之體，裹濕與外風相搏，遂致身體疼煩不能自轉側。脈浮為風，濇與虛為陽虛挾濕，陽虛而無別因，故不嘔不渴，此桂枝湯為解表必需之劑。陽虛則非附子扶陽不可，協桂枝又足以並驅風濕，故加之。脈浮無汗則不宜斂，故去芍藥。桂枝加桂枝湯一兩者，重則能達下利小便也。曰甘草附子湯。桂枝與附子，皆風寒風濕並治，惟附子尤能扶陽。此風濕相搏，陽虛之甚，非附子不勝其任，故方名隱桂枝而標附子。以甘草冠首者，濕不宜人參，身腫又不宜薑、棗，甘草補中緩外，功不可沒也。附子化濕而不能禦濕，加白朮者，崇土以禦濕也。小便不利，並以桂枝利小便，故多其數也。曰桂枝人參湯。此理中湯加桂枝也。理中為治霍亂寒多之方。此數下致虛，雖挾熱而利，脈必微弱，說本《金鑒》。當以寒多論治。乾薑甘朮，溫中補虛，即理中之成法。彼兼嘔吐，故甘草生用以和胃；此利下虛甚，宜於守補，故甘草炙之而又多其數。桂枝後煎而必用四兩者，欲其解表而並散心下痞硬也。霍亂為上下不和，此為表裏不和，故均用人參以和之。曰桂枝甘草湯。發汗過多，傷其心氣，致叉手冒心心悸欲按，與真武湯汗後腎水上乘，有他證者不同，只須補其心氣，桂枝湯桂甘二味即屬妙法。桂枝不以利小便而亦用四兩者，心氣虛甚，非多不濟，且輕揚之性，上虛則即歸上，勢固然也。曰茯苓桂枝甘草大棗湯。桂枝甘草湯為汗後心悸欲按，此為汗後臍下悸，因同而證不同。彼必心氣素虧，此必腎氣易動也。腎病治腎，桂枝自應四兩，而亦用炙草二兩者何哉？桂甘無他藥，則辛甘合化，心受其益；此以茯苓半斤先煮，大瀉腎水，桂枝亦多，自隨茯苓以入腎，伐腎邪而化氣。棗、草皆中宮物，此際必協以禦腎，無待言者。有甘草而又加大棗者，扶陽之後，宜以甘潤益陰，且不助腎也。曰桂枝芍藥知母湯。是條尤氏誤於知母一味，只知其能除熱，遂謂溫溫欲吐，《金鑒》云：溫溫當是嗢嗢。是濕熱從下上沖。生薑多用，是止嘔降逆。唐容川則以是條與下條合看，全歸之於虛，其解方亦全屬理虛。又云凡仲聖所稱欲吐，多是火逆。不知寒逆更多。溫溫欲吐四字，此見之少陰病，何以忘之。又以知母為清血中鬱熱，知母豈是血藥，似此武斷杜撰，令人駭絕。就愚所見之書，惟趙氏以德風寒濕痹其營衛，與知母治腳腫之說，實勝諸家，惜未發其所以然耳。夫風寒濕三氣合而成痹，非各占一所，今約略指之：頭眩者風淫於上，短氣者濕阻於中，欲吐者寒逆其胃，濕易下流，故腳腫如脫。三氣固結不解，致三焦失其統御。水穀不能化精微而充肌肉，故諸肢節疼痛身體尪羸，其為虛甚不待言矣。然風則陽受，痹則陰受，痹病未有能一汗而愈者；補則助邪，補亦未可以易言者。按桂枝等九味，皆仲聖屢用之藥。麻黃、附子，有不以除寒者乎，白朮有不以除濕者乎，防風有不以除風者乎，桂枝湯有不以調陰陽和營衛者乎？附子除寒即屬補陽，白朮除濕即屬補土，不專為補計亦可見矣。凡桂枝湯所主之證，必有自汗；無汗用之，必非解表。麻黃湯有桂枝，麻多於桂也；此桂多於麻，且約之以芍藥，蓋欲使諸治邪之藥，以桂、芍引之，甘草和之，留連於營衛經絡肢節，以成潛移默化之功，夫復何疑。去大棗者，潤液則羈濕也。生薑加多者，以能助朮、附升陽，為桂、芍促駕，且性味與四物相得也。然則桂、苓之功固不在小，知母何為而亦與之同標方名也？夫知母者，趙氏所謂治腳腫，即《本經》所謂除邪氣肢體浮腫下水者也。功豈出桂、芍下哉。

桂枝用五兩之方，曰桂枝加桂湯。此與茯苓桂枝甘草大棗湯，皆所以制奔豚。而桂枝有四兩、五兩之分者，彼為臍下悸而尚未上沖，且已多用茯苓伐腎邪，故四兩不為少。此則重傷於寒，腎氣從少腹上沖至心，桂枝散寒而更下其沖，故於桂枝湯再加桂枝二兩。仲聖用桂只是桂枝，蓋即一物而加之減之，便各有功效不同，以諸方參考之自見，不必疑此之加桂為肉桂也。

桂枝用六兩之方，曰天雄散。桂枝用至六兩，僅見是方。蓋以天雄益腎精，更以桂枝化腎氣；以龍骨召自下上越之陽，更以桂枝扶自上下濟之陽；以白朮培土而守之，更以桂枝溫土而發之；是桂枝足以輔三物之不逮，非用之至多，則輕易之性，治上不能治中下也。

仲聖用桂枝之廣大精微，愚已備陳其法。試更以桂枝湯推類言之：夫桂枝湯不獨治太陽病也，治陽明病亦有之。如陽明病、脈遲、汗出多、微惡寒者，表未解也，可發汗，宜桂枝湯。是桂枝湯用之於陽經外證，總以汗出為斷。太陽表實者不汗出，汗出必表虛，故可以桂枝湯調營衛。陽明病本自汗出，而汗出之證則有不同。汗出而惡熱不惡寒，與得之一日不發熱而惡寒，二日寒自罷而發熱者，陽明熱病也。此汗出且多，脈復遲，則非熱蒸之汗出，而為表虛有寒邪之汗出。微惡寒而非背微惡寒，又無燥渴心煩之裏證，則非解後之餘邪，而為表邪之未解。雖陽明之邪，較深於太陽，而宜以桂枝湯生正汗而發邪汗，則理實無二也。謹按《金鑒》云：汗出多之下，當有發熱二字。若無此二字，脈遲汗出多微惡寒，乃是表陽虛，桂枝附子湯證也，豈有用桂枝湯發汗之理乎？竊思仲聖此條，確切桂枝湯證，似無佚脱之字。至桂枝附子湯以芍藥易附子，正是汗出與不汗出分別緊要之處。風濕相搏之宜以附子扶陽，與陽明中風之表虛只須用桂枝者，似亦有異。然歟非歟，姑謹志之。

用桂枝湯而非自汗出者亦有之。如太陰病脈浮者，可發汗宜桂枝湯。按太陰之為病一條，是太陰臟病提綱。此脈浮是經病，斷無腹滿而吐等證。然則太陰病三字從何着落。竊謂他條太陰中風四肢煩疼，即屬太陰經病之提綱。邪中陰經，詎能汗解，桂枝湯是和劑亦非汗劑。注家不究桂枝湯發汗之所以然，而第執可發汗三字，模糊以辛甘發散釋之。柯氏更誤認脈浮為風熱。不思桂枝湯之發汗，是何等發汗，必其先表虛汗出，服湯後再粥溫復，然後邪汗去而正汗以生。今太陰中風本不能有汗，陰經之表證，本不能以麻黃、葛根等發汗，舍桂枝湯解肌調營衛，尚有宜於是者乎。王宇泰云：陰不得有汗，故不言無汗，三陰兼表病，俱不當大發汗。非深明於仲聖法者，不能為此言。

用桂枝湯而但身體疼痛者亦有之。下利腹脹滿身體疼痛者，先溫其裏，乃攻其表，溫裏宜四逆湯。功表宜桂枝湯一條，《金匱》亦載入。竊疑本係雜證而復出於《傷寒論》者。下利之下，《金匱》多一後字，蓋太陰所受寒濕下利之後，脾陽式微，腹故脹滿。外則經氣亦虛，風邪乘之，與裏濕相搏，體為之痛。然經臟並治非法，以四逆湯先溫其裏，則寒濕去而表邪亦孤。後以桂枝湯解肌散風而和營衛，自易如反掌。不云發汗者，即《金匱》所謂但微微似欲汗出者，風濕俱去也。

更有用桂枝湯於婦人妊娠者，《金匱·婦人妊娠篇》第一條，妊娠至六十日不能食，自屬阻病。阻病用桂枝湯，似有未合。徐氏謂桂枝湯內證得之為化氣調陰陽，差勝諸家，而終未親切。竊思仲聖於病證但標數字，而即云宜某方者多有之，此或尚有的對之證，欲人就其方思之而自得耳。按太陰中風四肢煩疼，太陰病脈浮者宜桂枝湯。而《千金》半夏茯苓湯治妊娠阻病，為後世所宗，卻有四肢煩疼惡寒汗出等證。方中橘、薑、辛、夏，與桂枝湯亦頗有似處。就是測之，妊娠阻病，必得有太陰外證者，以桂枝湯治之，方不致誤。雖然，不知強解，儒者所戒，宜《金鑒》謂有脱簡而不加注也。絕之是絕其醫藥。婁全善治一婦，即遵此法而愈。又《女科輯要》載一老婦勸人停藥，後如其言。然則以絕之為絕其病根，或泥於安胎，治之而逆，是絕其妊娠者，當爽然失矣。

清·方仁淵《倚雲軒醫案醫話醫論》 肉桂治痞痛無伐木之説 方書每謂桂能伐木，木得桂而枯。以余驗之，殊為不然。考肉桂性味辛甘大熱，為陰中之陽，得春令溫和之氣。若肝木橫逆脹痛，克侮脾土者，非肝木之有餘，乃土不溫和，致木失暢茂條達之性，故抑塞橫逆，痞脹作痛耳。得肉桂辛香以散肝鬱，甘溫以暖脾寒，則塞者通，寒者溫，其痛自失。誰謂得春令之陽和，不云生木，而反云伐木哉？質之高明，然乎？否乎？

辨肉桂真僞 余向聞肉桂以交趾為上，搖桂次之，安南又次。不知安南國之清化鎮出者，即是交桂。蓋安南又名越南，即古交趾地也。藥客入山採桂，例先納稅銀五百兩，然後給票聽入。既入，惟恐不能償所費，凡遇桂之至小，亦砍伐無遺。故至今交桂絕無。安南入貢，內地人多向買。貢使先向潯州買歸，炙而曲之，使作交桂狀，不知者輒為所遇。其實潯桂亦是可用，但其樹大，皮厚肉鬆，略有沙狀便佳。尤必新砍者，潤而有油，枯則氣味失矣。閱趙雲崧《簷曝雜記》，其述如此。雲崧官廣西鎮安知府，與安南接壤，見聞必確。乾、嘉時已難得如此。

菌桂

宋·唐慎微《證類本草》卷一二木部上品〔《本經》·《別錄》〕 菌桂 味辛，溫，無毒。**主百病，養精神，和顏色，爲諸藥先聘通使。久服輕身不老，面生光華，媚好常如童子。**生交阯、桂林山谷巖崖間，無骨，正圓如竹。立秋採。

〔梁·陶弘景《本草經集注》〕云：交阯屬交州，桂林屬廣州，而《蜀都賦》云：菌桂臨崖。俗中不見正圓如竹者，惟嫩枝破卷成圓，猶依桂用，非真菌桂也。仙經乃有用菌桂，云三重者良，則明非今桂矣，必當別是一物，應更研訪。

〔唐・蘇敬《唐本草》〕注云：菌者，竹名。古方用筒桂者是，故云三重者良。其筒桂亦有二三重卷者，葉似柿葉，中三道文，肌理緊薄如竹。大枝、小枝皮俱是菌。然大枝皮不能重卷，味極淡薄，不入藥用。今惟出韶州。

〔宋・掌禹錫《嘉祐本草》〕按：《蜀本圖經》云：葉似柿葉而尖狹光淨，花白蘂黄，四月開，五月結實。樹皮青黄，薄卷若筒，亦名筒桂。厚硬味薄者名板桂。又不入藥用。三月、七月採皮，日乾。

〔宋・唐慎微《證類本草》〕《圖經》：文具桂條下。《列仙傳》：范蠡好食桂，飲水討藥，人世世見之。又曰：桂父，象林人，常服桂皮、葉，以龜腦和服之。韓終《採藥詩》：暗河之桂，實大如栗，得而食之，後天而老。

〔宋・陳承《重廣補注神農本草並圖經》〕別說云：謹按：諸家所説桂之異同，幾不可用考。今交、廣商人所販，及醫家見用，唯陳藏器一説最近。然筒厚實，氣味重者，宜入治藏及下焦藥；輕薄者，宜入治頭目發散藥。故《本經》以菌桂養精神，以牡桂利關節，仲景《傷寒論》發汗用桂枝，桂枝者枝條，非身幹也。取其輕薄而能發散。今又有一種柳桂，乃桂之嫩小枝條也。尤宜入治上焦藥用也。

明・王綸《本草集要》卷四　菌桂　味辛，氣溫，無毒。生交趾、桂林山谷。立秋採，無骨，正圓如竹。　主百病，養精神，和顏色，為諸藥先聘通使，久服輕身不老，面生光華，媚好常如童子。　按：三種之桂，所出各異，為治亦稍別，世俗所用者，單桂也。枝條輕薄者為桂枝，宜入治頭目，發表散風寒。仲景救表用桂枝，非以其能斂汗，蓋表有風邪，故病自汗，以桂枝溫榮衛而發其邪，(又)〔邪〕去則表密而汗自止，正辛甘發散之義。後人用桂止汗，失《經》旨矣。身幹厚實者為肉，(又)〔肉〕宜入治麄，補腎氣及下焦寒冷，秋冬下部腹痛，非此不除。刮去麄厚，用近(裹)〔裏〕者為桂心。又有嫩小枝條，為柳桂，味淡，尤宜入治上焦藥及橫行手臂。　桂雖有小毒，亦從類化，與芩、連為小毒，何施與烏、附同用，全得熱性。冬月與人參、麥門冬、甘草同用，能調中益氣，護榮實衛。〇風頭痛，遇天將陰風雨先發者，桂心一兩，為末，酒調如膏，傅頂上并額角，效。　唾血吐血，桂心搗末，水調下方寸匕。　中風失音，四肢逆冷。　取二兩，以水三升，煮取一升，服盡取汗。

明・劉文泰《本草品彙精要》卷一六　菌桂無毒。

菌桂　主百病，養精神，和顏色，爲諸藥先聘通使。久服輕身不老，面生光華，媚好，常如童子。《神農本經》。　〔苗〕《圖經》曰：葉似柿葉而尖狹光淨，中有三道文，花白蕊黄。四月開花，五月結實，樹皮青黄，肌理緊薄，無骨正圓如竹，大枝、小枝皮俱是筒，有二三重者，因其似筒而謂之筒桂也。然筒桂即菌桂爾，筒、菌字相近，其亦傳寫之誤乎？大枝皮不能重卷者，味極淡薄，不入藥用。　〔地〕陶隱居云：出交州、桂林及蜀都山谷巖崖間。　〔道地〕韶州、賓州。　〔時〕生：春生新葉。採：三月、七月取皮。　〔收〕日乾。　〔用〕皮。　〔質〕類厚朴而卷薄作筒。　〔色〕紫。　〔味〕辛。　〔性〕溫，散。　〔氣〕氣之厚者，陽也。　〔臭〕香。　〔主〕養神，悦色。　〔行〕手少陰經。　〔製〕刮去粗皮，剉碎用。

明・鄭寧《藥性要略大全》卷三　筒桂使。一名菌桂。　治百病，養精神，和顏色。為諸藥先聘通使。　味辛，性溫，熱，無毒。出交趾國。此桂無骨，正圓如筒，故名筒桂。

肉桂一名牡丹。　治上氣咳逆，結氣喉痹吐吸，心痛，脇風脇痛，溫經通脉，止煩，出汗，利關節，補中益氣。此桂味厚於氣。《經》云：治奔豚氣，能通脉。　味辛，氣溫，無毒。《本草》言桂有小毒，亦從類化。若與芩、連為使，小毒何施？與烏、附為使，只是得全熱性。與人參、麥冬、甘草同用，能調中益氣。若與巴豆、硇砂、乾漆、川山甲、水蛭、虻蟲有毒之類同用，則小毒化為大毒。其類化可知矣。　仲景云：湯液用桂枝發表，用肉桂補腎。其氣之清濁上下，一定之理也。此藥可以久服，能護榮氣，能實胃氣，則在足太陽膀胱經也。　桂心：入手少陰，是血藥也。故《經》言通脉。七潭云：氣行則血行。但導其氣，以血藥佐之，其血自行矣。　或問：湯液發汗用桂枝，補腎用肉桂，小柴胡止云加桂，何也？答曰：肉桂大辛，春夏禁用。其治表寒，當看時令。故只云加桂而已。秋冬治下部腹痛，非桂不能止也。專治奔豚氣痛。

桂心君。一名紫桂。　殺草木毒。專治九種心痛，殺三蟲，破血通經。及胎衣不下，除咳逆，結氣壅痹，止腹氣冷痛下痢，鼻中息肉，軟腳痹不仁。　味苦，辛，性溫，無毒。桂心入手少陰心經，桂枝入足太陽膀胱。桂心即桂枝也。

桂花　味薄。三等桂皆有花，大小枝皆名桂枝，即桂心也。

明・王文潔《太乙仙製本草藥性大全》卷三《仙製藥性》　箘桂使　即筒桂。味辛，氣溫，無毒。此桂正圓如筒，故名筒桂。　主治：主百病，養精神，和顏色，爲諸藥先聘通使。久服輕身不老，面生光華，媚好常如童子。

補註：《抱朴子》云：桂可以合葱涕蒸作水，亦可以竹瀝合餌之，亦可以龜腦和而服之，七年能步行水上，長生不死。趙佗子服桂二十年，足下毛生，日行五百里，力舉千斤。《列仙傳》云：范蠡好食桂，飲水討藥，人世世見之。又曰：桂父，象林人，常服桂皮葉，以龜腦和服之。〇韓衆《采藥詩》云：闇河之桂實大如栗，得而食之，後天而老。

明·李時珍《本草綱目》卷三四木部·香木類 箘桂音窘。《本經》上品。

【釋名】筒桂《唐本》 小桂 恭曰：箘者竹名。此桂嫩而易卷如筒，即古所用筒桂也。筒似箘字，後人誤書爲箘，習而成俗，亦復因循也。時珍曰：今《本草》又作從草之菌，愈誤矣。牡桂爲大桂，故此稱小桂。【集解】《别録》曰：箘桂生交趾、桂林山谷巖崖間。無骨，正圓如竹。立秋采之。弘景曰：交趾屬交州，桂林屬廣州。《蜀都賦》云箘桂臨巖是矣。俗中不見正圓如竹者，惟嫩枝破卷成圓，猶依桂用，非真箘桂也。仙經用箘桂，云三重者良，則明非今桂矣。别是一物，應更研訪。時珍曰：箘桂，葉似柿葉者是。詳前桂下。《别録》所謂正圓如竹者，謂皮卷如竹筒。陶氏誤疑是木形如竹，反謂卷成圓者非真也。今人所栽巖桂，亦是箘桂之類而稍異。其葉不似柿葉，亦有鋸齒如枇杷葉而粗澀者，有無鋸齒如巵子葉而光潔者。叢生巖嶺間，謂之巖桂，俗呼爲木犀。其花有白者名銀桂，黄者名金桂，紅者名丹桂。有秋花者，春花者，四季花者，逐月花者。其皮薄而不辣，不堪入藥。惟花可收茗，浸酒，鹽漬，及作香搽、髮澤之類耳。

皮三月、七月采。【氣味】辛，温，無毒。【主治】百病，養精神，和顏色，爲諸藥先聘通使。久服，輕身不老，面生光華，媚好常如童子《本經》。【發明】見前桂下。時珍曰：箘桂主治，與桂心、牡桂迥然不同。昔人所服食者，蓋此類耳。【正誤】弘景曰：仙經服食桂，以葱涕合和雲母蒸化爲水服之。慎微曰：《抱朴子》云：桂可合竹瀝餌之，亦可以龜腦和服之。七年能步行水上，長生不死。趙佗子服桂二十年，足下生毛，日行五百里，力舉千斤。《列仙傳》云：范蠡好食桂，飲水賣藥，世人見之。又桂父，象林人，常服桂皮葉，以龜腦和之。時珍曰：方士謬言，類多如此。唐氏收入《本草》，恐誤後人，故詳記。

木犀花 【氣味】辛，温，無毒。【主治】同百藥煎、孩兒茶作膏餅噙，生津辟臭化痰，治風蟲牙痛。同麻油蒸熟，潤髮，及作面脂時珍。

明·李中立《本草原始》卷四 箘桂 生交阯、桂林山谷巖崖間。葉似柿葉而尖狹光淨，花白蘂黄，四月開。五月結實。樹皮青黄，三月、七月採皮，日乾，三重者良。箘者，竹名，此桂正圓如竹，故名箘桂。嫩而易卷如筒，即古人所用筒桂也，故一名筒桂。筒、箘字近，後人誤書為箘，今《本經》又作從草之菌，愈誤矣！ 箘桂：氣味：辛，溫，無毒。主治：百病，養精神，和顏色，為諸藥先聘通使。久服輕身不老，面生光華，媚好，常如童子。

箘桂，《本經》上品。【圖略】主治與桂心、牡桂迥然不同。昔人所服食者，蓋此類耳。

《列仙傳》云：范蠡好食桂，飲水討藥，人世世見之。又桂父，象林人，常服桂皮、葉，以龜腦和服之。諸本草論桂，紛紛不一，幾不可考。按《尸子》云：春花、秋英曰桂。嵇含《南方草木狀》云：桂生合浦、交趾，生必高山之顛，冬夏常青。其類自為林，更無雜樹。有三種：皮赤者為丹桂，葉似柿者為箘桂，葉似枇杷者為牡桂。其說甚明，足破諸家之辯矣。

明·張懋辰《本草便》卷二 菌桂 味辛，氣溫，無毒。主百病，養精神，和顏色，爲諸藥先聘通使。久服面生光華，媚好常如童子。枝條輕薄者爲桂枝，宜入治頭目，發表散風寒；身幹厚實者爲肉，宜入治臟，補腎氣及下焦寒冷，秋冬下部腹痛，非此不除，刮去麄皮用；近裏者爲桂心。又有嫩小枝條，爲柳桂，味淡，尤宜入治上焦藥及横行手臂。

明·趙南星《上醫本草》卷一 箘桂音窘 筒桂，又名小桂。恭曰：箘者，竹名。此桂嫩而易卷如筒，即古所用筒徍也。筒似箘字，後人誤書為箘，習而成俗，亦復因循也。時珍曰：今《本草》又作從草之菌，愈誤矣。牡桂為大桂，故此稱小桂。

皮：三月、七月采。辛，溫，無毒。主治百病，養精神，和顏色，為諸藥先聘通使。久服輕身不老，面生光華，媚好常如童子。以上十六味俱是豆豉藥料。

清·葉志詵《神農本草經贊》卷一 菌桂 味辛，溫。主百病，養精神，和顏色，為諸藥先聘通使。久服輕身不老，面生光華，媚好常如童子。生山谷。

聘通特達，品著南交。筒規圓竹，香雜申椒。呼父稱祖，易髦還髻。炊薪喻貴，生柿莫淆。

徐陵書：圭璋特達，通聘河陽。名醫曰：生交趾，正圓如竹。蘇恭曰：大小枝皮，俱是筒。《離騷》：雜申椒與菌桂兮。《水經注》：桂父象人也，服桂得道。《搜神記》：彭祖七百歲，常食芝桂。周伯琦詩：擊壤喧髦髻。《戰國策》：楚國薪貴於桂。李時珍曰：葉如柿葉而尖。楊萬里詩：滿山柿葉正堪書。

天竺桂

宋·唐慎微《證類本草》卷一三木部中品〔宋·馬志《開寶本草》〕 天竺桂 味辛，溫，無毒。主腹内諸冷，血氣脹，功用似桂。皮薄不過烈。生西胡國今附。

〔宋·唐慎微《證類本草》〕《圖經》：文具桂條下。《海藥》：謹按《廣州記》云：生南海山谷。補暖腰脚，破産後惡血，治血痢腸風，功力與桂心同，方家少用。

宋·寇宗奭《本草衍義》卷一四 天竺桂 與牡、菌桂同。但薄而已。

明·劉文泰《本草品彙精要》卷一九 天竺桂無毒 植生。

天竺桂 主腹内諸冷血，氣脹，功用似桂，皮薄，不過烈。名醫所錄。

〔苗〕《衍義》曰：天竺桂與牡菌桂同，但薄而已，方家少用之。〔地〕《圖經》曰：出西胡國。《海藥》云：生南海山谷。〔時〕生：春開花。採：秋取。〔用〕皮。〔色〕紫。〔味〕辛。〔性〕溫，散。〔氣〕氣之厚者，陽也。〔臭〕香。〔製〕去粗皮，剉碎用。〔治〕療：《海藥》云：破産後惡血，治血痢，腸風。補：《海藥》云：暖腰脚。

明·王文潔《太乙仙製本草藥性大全》卷三《本草精義》 天竺桂 生西胡國及海南山谷。其木似桂，莖葉相類，與園桂同但薄。功用似桂皮薄不過烈。今方家少用，似桂皮薄不敗者用。

明·王文潔《太乙仙製本草藥性大全》卷三《仙製藥性》 天竺桂 味辛，氣溫，無毒。主治：主腹内諸冷，破産後惡血。暖腰脚，血氣脹如神。止血痢腸風大效。

明·李時珍《本草綱目》卷三四木部·香木類 天竺桂《海藥》

〔集解〕珣曰：天竺桂生南海山谷，功用似桂。其皮薄，不甚辛烈。宗奭曰：皮與牡桂相同，但薄耳。時珍曰：此即今閩、粵、浙中山桂也，而台州天竺最多，故名。大樹繁花，結實如蓮子狀。天竺僧人稱爲月桂是矣。詳月桂下。

皮 〔氣味〕辛，温，無毒。〔主治〕腹内諸冷，血氣脹痛藏器。破産後惡血，治血痢腸風，補暖腰脚，功與桂心同，方家少用珣。

月桂

明·王文潔《太乙仙製本草藥性大全》卷三《本草精義》 月桂子 今江東諸處每至四月、五月後晦，多於衢路間得之。大如狸豆，破之辛香。古老相傳是月中下也。山桂猶堪爲藥，況月桂乎？正應不的識其功耳。今江東處處有，不知北地何意獨無。爲當非月路耶，月感之矣！餘杭靈隱寺僧云種得一株，近代詩人多所論述。《漢武洞宜記》云：有遠飛鷄朝往夕還，常啣桂實歸於南土，所以北方無，南方月路，所以有也。

明·王文潔《太乙仙製本草藥性大全》卷三《仙製藥性》 月桂子 傅耳後月蝕瘡，療月割瘡亦效。

明·李時珍《本草綱目》卷三四木部·香木類 月桂《拾遺》

〔集解〕藏器曰：今江東諸處，每至四五月後晦，多于衢路間得月桂子，大于狸豆，破之辛香，古者相傳是月中下也。餘杭靈隱寺僧種得一株，近代詩人多所論述。《洞冥記》云：有遠飛鷄，朝往夕還，常銜桂實歸于南土。南土月路也，故北方無之。山桂猶堪爲藥，況月桂乎？時珍曰：吴剛伐月桂之説，起于隋唐小説。月桂落子之説，起于武后之時。相傳有梵僧自天竺鷲嶺飛來，故八月常有桂子落于天竺。《唐書》亦云垂拱四年三月，有月桂子降于台州，十餘日乃止。宋仁宗天聖丁卯八月十五（日）夜，月明天净。杭州靈隱寺月桂子降，其繁如雨，其大如豆，其圓如珠，其色有白者、黄者、黑者，殻如芡實，味辛。拾以進呈。寺僧種之，得二十五株。慈雲式公有序記之。張君房宿錢塘月輪寺，亦見桂子紛如烟霧，回旋成穗，墜如牽牛子，黄白相間，咀之無味。據此，則月中真若有樹矣。竊謂月乃陰魄，其中婆娑者，山河之影爾。月既無桂，則空中所墜者何物耶？泛觀群史，有雨塵沙土石，雨金鉛錢汞，雨絮帛穀粟，雨草木花藥，雨毛血魚肉之類甚衆。則桂子之雨，亦妖怪所致，非月中有桂也。桂生南方，故惟南方有之。《宋史》云元豐三年六月，饒州雨木子數畝，狀類山芋子，味辛而香，即此類也。道經月桂謂之不時花，不可供獻。

子 〔氣味〕辛，温，無毒。〔主治〕小兒耳後月蝕瘡，研碎傅之藏器。

明·佚名氏《醫方藥性·草藥便覽》 月桂皮 其性溫。止胎前産後血崩。

楠

宋·唐慎微《證類本草》卷一三木部中品〔唐·陳藏器《本草拾遺》〕

柟木枝葉 味苦，溫，無毒。主霍亂。煎汁服之。木高大，葉如桑。出南方山中。郭注《爾雅》云：柟汝占切，大木，葉如桑也。

宋·唐慎微《證類本草》卷一四木部下品〔《別錄》〕 楠材 微溫。主霍亂吐下不止。

〔梁·陶弘景《本草經集注》〕云：削作柿煮服之。窮無他藥用此。

〔宋·掌禹錫《嘉祐本草》〕按：日華子云：味辛，熱，微毒。治轉筋。

宋・寇宗奭《本草衍義》卷一五　楠材　今江南等路造船場，皆此木也。緣木性堅而善居水。久則多中空，爲白蟻所穴。

宋・劉明之《圖經本草藥性總論》卷下　楠材　微溫。主霍亂，吐下不止。日華子云：味辛，熱，微毒。治轉筋。

明・滕弘《神農本經會通》卷二　楠材　微溫。一云：味辛，熱，微毒。治轉筋。

《本經》云：主霍亂吐下不止。陶云：削作柹服之。窮無他藥用此。

明・劉文泰《本草品彙精要》卷二一　楠材微毒　植生。

楠材　主霍亂，吐下不止。名醫所錄。【苗】《圖經》曰：其木頗似石南而更高大，葉差小，其材堪中梁柱，今醫方亦稀用也。《衍義》曰：楠材，今江南等路造船場皆此木也，緣木性堅而善居水。久則多中空，爲白蟻所穴。【地】《圖經》曰：出江南山谷間有之。【時】生：春生葉。採：無時。【用】木。【質】類杉木而堅大。【色】赤褐。【味】辛。【性】溫，熱，散。【氣】氣之厚者，陽也。【臭】香。【主】霍亂轉筋。【製】剉碎用。

明・王文潔《太乙仙製本草藥性大全》卷三《本草精義》　楠材　舊不著所出州郡，今在處有之。其木如株，皮光無枝，葉似桑葉更厚。今江南等路造船場皆此木也，緣木性堅而善居水，久則多中空，爲白蟻所穴。削作柹煮食之，窮無他藥用此，桑更小而圓厚些。

明・王文潔《太乙仙製本草藥性大全》卷三《仙製藥性》　楠材　味辛，氣微溫，有毒。主治：治霍亂吐瀉不止。療轉筋腹痛難當。

明・李時珍《本草綱目》卷三四木部・香木類　楠《別録》下品。校正：併入《海藥》柟木皮，《拾遺》柟木枝葉。

【釋名】柟與楠字同。時珍曰：南方之木，故字從南。《海藥本草》柟木皮，即柟字之誤，今正之。

【集解】藏器曰：柟木高大，葉如桑，出南方山中。宗奭曰：楠材，今江南造船皆用之，其木性堅而善居水。久則當中空，爲白蟻所穴。時珍曰：楠木生南方，而黔、蜀諸山尤多。其樹直上，童童若幢蓋之狀，枝葉不相礙。葉似豫章，而大如牛耳，一頭尖，經歲不凋，新陳相換。其花赤黃色。實似丁香，色青，不可食。幹甚端偉，高者十餘丈，巨者數十圍，氣甚芬芳，爲梁棟器物皆佳，蓋良材也。色赤者堅，白者脆。其近根年深向陽者，結成草木山水之狀，俗呼爲骰柏楠，宜作器。

楠材　【氣味】辛，微温，無毒。藏器曰：苦，温，無毒。大明曰：熱，微毒。

【主治】霍亂吐下不止，煮汁服《別録》。煎湯洗轉筋及足腫。枝葉同功大明。

【附方】新三。水腫自足起：削楠木、桐木煮汁漬足，并飲少許，日日爲之。《肘後方》。心脹腹痛：未得吐下。取楠木削三四兩，水三升，煮三沸，飲之。《肘後方》。聤耳出膿：楠木燒研，以綿杖繳入。《聖惠方》。

皮　【氣味】苦，温，無毒。【主治】霍亂吐瀉，小兒吐乳，暖胃正氣，並宜煎服李珣。

明・佚名氏《醫方藥性・草藥便覽》　楠樹皮　其性苦。止吐瀉，腹痛，去嘔。

明・倪朱謨《本草彙言》卷八　楠木　味辛，氣溫，無毒。李氏曰：楠木，生南方，而黔、滇、蜀、廣諸山尤多。其樹直上，枝葉叠叠，若幢蓋之狀。茂似樟，而大如牛耳，經歲不凋，新陳相換。其花赤黃色，實似丁香，色青。幹甚端偉，高者十餘丈，巨者數十圍，氣甚芬芳。爲船，爲梁棟，爲器具，皆佳。色赤者堅，白者稍脆，居水久則中空，爲蟻所穴。其近根年深向陽者，結成花草山水之狀，俗呼爲骰柏楠，可作器。

楠木　利水下氣之藥也。《別録》方治時行暑濕所傷，霍亂吐下，煮汁服之。又轉筋脚氣，腫痛不寧，煎湯淋洗。凡取木及枝、葉、根，四件主治同功。

清・劉善述、劉士季《草木便方》卷二　楠木樹　楠木皮苦性微溫，霍亂吐瀉足轉筋，小兒吐乳和胃氣，足腫煎服洗要蒸。

樟

宋・鄭樵《通志》卷七六《昆蟲草木略》　豫章　其木甚大，南都之郡因此得名。今人謂之樟木。

明・李時珍《本草綱目》卷三四木部・香木類　樟《拾遺》

【釋名】時珍曰：其木理多文章，故謂之樟。【集解】藏器曰：江東舸船多用樟木。縣名豫章，因木得名。時珍曰：西南處處山谷有之。木高丈餘。小葉似楠而尖長，背有黃赤茸毛，四時不凋。夏開細花，結小子。木大者數抱，肌理細而錯縱有文，宜於雕刻，氣甚芬烈。豫、章乃二木名，一類二種也。豫即釣樟，見下條。

樟材　【氣味】辛，溫，無毒。【主治】惡氣中惡，心腹痛鬼疰，霍亂腹脹，宿食不消，常吐酸臭水，酒煮服，無藥處用之。煎湯，浴脚氣疥癬風癢。作履，除脚氣藏器。【發明】時珍曰：霍亂及乾霍亂須吐者，以樟木屑煎濃汁吐之，甚良。又中惡、鬼氣卒死者，以樟木燒煙熏之，待甦乃用藥。此物辛烈香竄，能去濕氣、辟邪惡故也。

『附方』新一。　手足痛風：冷痛如虎咬者。用樟木屑一斗，急流水一石，煎極滾泡之，乘熱安足于桶上熏之。以草薦圍住，勿令湯氣入目。其功甚捷，此家傳經驗方也。虞搏《醫學正傳》。

瘻節　『主治』風疰鬼邪時珍。

『附方』新一。　三木節散：治風勞，面色青白，肢節沉重，膂間痛，或寒或熱，或躁或嗔，思食不能食，被蟲侵蝕，證狀多端。天靈蓋酥炙研二兩，牛黃、人中白焙各半兩，麝香二錢，爲末。別以樟木瘤節、皂莢木瘤節、槐木瘤節各爲末五兩，每以三錢，水一盞，煎半盞，去滓，調前末一錢，五更頓服，取下蟲物爲妙。《聖惠方》。

明·佚名氏《醫方藥性·草藥便覽》　樟樹皮　其性苦、熱。去風散血，消腳氣腫。

明·倪朱謨《本草彙言》卷八　樟木　味辛，氣溫，無毒。　李氏曰：樟木，西南處處山谷有之。其木理細而錯縱有紋，故名樟木。高丈餘，葉小似楠而尖長，背有黃赤茸毛，四時不凋。夏開細花，結小子。木大者數抱，宜于雕刻器皿。〇樟有大小二種，紫淡二色。外有釣樟，即樟之小者。二樟一類二種，生植七年，乃可分別。

樟木　避邪氣，解中惡，陳藏器定霍亂之藥也。費五星稿此物辛香竄烈，能發胃中停痰宿食，吞吐酸水，伏飲積滯等證。又煎湯浴脚氣，洗疥癬，能祛風逐濕，湧而善升，能達木鬱之病。如胃中虛、中氣弱者，禁用。

集方：陳氏方治霍亂及乾霍亂頻吐者。以樟木屑三五合，煎濃汁飲之即吐，甚良。又中惡鬼氣卒死者，以樟木屑燒烟熏之即甦。〇《醫學正傳》治手足痛風如虎咬。用樟木屑數升，煎湯，乘熱用布蘸湯熨洗，安手足于湯上熏之。或坐湯桶上，以草薦圍住蒸之，其效甚速。

清·趙學敏《本草綱目拾遺》卷六木部　樟皮樟梨　此香樟樹皮也。《綱目》有樟材、樟腦、樟節，而皮與子皆不及焉。今山人率以皮子治病有效，因急補之。

樹皮以年久老樟者為佳。　治天行溫疫，溼毒流注，浴疥癬，洗脚氣。

心疼：《玉局方》：香樟樹皮，取時去面上黑色者，用內第二層皮，擣碎煎湯服，即止，永不再發。　刑杖傷：《神錦方》：樟樹皮用老酒燉出味，調老公雞冠血食，止痛散血立效。　霍亂上吐下瀉：《傳信方》：樟樹皮一把，水煎溫服，立止。　脚上生瘡：《家寶方》：此瘡個個如小筆管，大者用樟樹葉牙咬熟，略摻拔毒丹，外貼樟樹葉，連換即愈。

敏按：樟木，《綱目》言辛溫香竄，性能除溼，故山居人患病多宜之。《象山縣志》：萬曆中邑大疫，有一道人，教人取千年老樟樹皮煎飲可愈，并言樹老久飲霜雪，其性轉清涼，可消疫氣，此即藏器所云樟木能治惡氣、中惡、鬼疰之意。

樟梨　即樟樹子也。出處州府遂昌縣福羅塢仙人壩周公園，大者為貴，小者次之。予友黃慶春與一遂昌人相善，其人饋以樟梨，云可治心胃脘疼，服之立效，即香樟子也，較他產者略大，蓋千年樟樹所結，故效如神。葉南郊自處州回，詢以樟梨，據云，此非子，乃千年樟樹所結於枝椏間者，如瘤然，土人以形似梨，故名之，然則此乃樟瘤也。然與予所見又不類，姑並存其說，以俟再考焉。

磨塗腫毒，治中酒心胃疼，皆效。

清·葉桂《本草再新》卷四　樟木味苦，性溫，無毒。入肝、脾、肺三經。　暖血道，利關節，治跌打折骨，氣逆血滯，兼能墮胎。

清·吴其濬《植物名實圖考》卷三三　樟附樟寄生。　釣樟，《別錄》下品。《本草拾遺》有樟材。江西極多，豫章以木得名。南過吉安則不植。李時珍以豫為釣樟，即樟之小者。又有赤、白二種，作器不蠹。滇南樟尤香，而木質堅緻。

雩婁農曰：豫章以木名郡，今江西寺觀、叢祠及衙署婆娑垂蔭者，皆豫章也。《明興雜記》謂神木廠有樟扁頭者，圍二丈，長臥四丈餘，騎而過其下，高可以隱，雖不易覯，而合抱參天，萬牛迴首則村墟道塗間皆遇之，不足異也。顧南至章貢，北抵彭蠡湯沐之邑方千里，踰境則淮與濟、汶矣，其質有赤白，不知何者為豫？何者為樟？師古謂豫即枕木，今亦無是名也。為器、為舟，為鼓顙，為几面，煎汁為腦，熬子為油，江右賴之。祠其巨者為神，無敢烹彭侯者。見《搜神記》。樟公之壽，幾閱大椿。見《花木考》。社而稷之，洵其宜也。其寄生曰占斯，別入藥。顧桑柳諸蔦，皆葉瘁而獨榮。豫章之木，冬不改柯，鬱鬱蔥蔥，惟見骨碎補一物，長葉赭荄，浸淫其上，不及尋其皮，如厚朴而色似桂者，良足惜已。

清・劉善述、劉士季《草木便方》卷二木部　香樟樹　樟皮辛溫能止血，霍亂脚氣痛風滅，金瘡疥癬風瘙塗，奔豚水腫洗服悅。油名樟腦香。

樟腦

明・劉文泰《本草品彙精要》卷一七　樟腦有小毒　煎鍊成。

樟腦　主殺蟲，除疥癬，療湯火瘡，敵穢氣，辟邪惡新增。　【名】韶腦、潮腦。　【苗】謹按：　木高四五丈，徑大丈許，皮如柳而堅實。葉似梨，厚大，而面青碧，背丹如楓，枝榦婆娑蔭地。夏開白花，五出若梅，秋結子，至冬成實如榛，褐色，而不堪啖，惟可作油然燈而已。凡造樟腦，先砌土竈一座，上置鐵鍋數口，伐其木極大者，截剝去枝皮，以鷹嘴槽斧砍斫粗塊，每鍋下木粗五斤，入水浸過三指許，以瓷盆覆之，濕布密塞縫處，勿令氣泄，各用文武火熬兩時方止，候冷，其腦升凝於盆底，以翎掃裝瓷器內，仍封之，謂之青腦。複出焙於別竈，其竈長六尺，闊減其半，高亦似之。以木五六楞，竹笆藉可竈，方篩於上，內佈如芡實大砂子厚寸許，竈面四旁用泥圍，高四五寸，將青腦分置瓷盤，各以碗覆之，下用柴火慢燒，從晨至暮，其腦升凝碗底而成餅，色白瑩潔。火不宜緊，緊則色黃。焙竈橫開，圭竇內榦，坑深尺餘，不然楞木必燎，腦亦廢矣。　【地】生福建福州府羅源深山谷及漳州府，或道傍郊野中亦有之。　【時】生：　無時。採：　無時。　【收】瓷器密貯。　【用】明淨者佳。　【質】類焰硝而潤。　【色】白。　【味】苦，辛。　【性】溫。　【氣】氣之厚者，陽中之陰。　【臭】香。　【製】碎用。　【治】療：　《普濟方》云：作膏，治諸惡瘡及打撲傷損，風濕脚氣等疾。○入薰香內用之，收毛絨衣服則不蛀。　【合治】合香油研，傅湯火瘡，定痛。如瘡濕乾，摻上，其痛立止，火毒不入內也。　【禁】不入湯藥中用。

明・鄭寧《藥性要略大全》卷六　樟腦一名潮腦　療齒痛，殺蟲，治疥瘡，辟汗氣。　味苦、辛，氣溫，有小毒。

明・王文潔《太乙仙製本草藥性大全》卷三《本草精義》　樟腦　一名潮腦。生閩、廣各郡州土。樟樹擇細葉者，用刀劃皮，手拭預知有腦，用斧細細斫倒細碎，木甑蒸之，大火逼油入鍋，浮水面如白蠟色者佳。

明・王文潔《太乙仙製本草藥性大全》卷三《仙製藥性》　樟腦　味苦、辛，氣溫，有小毒。　主治：　療齒痛，殺三蟲。治痒瘡，辟汗氣。

明・李時珍《本草綱目》卷三四木部・香木類　樟腦《綱目》

【釋名】韶腦　【集解】時珍曰：　樟腦出韶州、漳州。狀似龍腦，白色如雪，樟樹脂膏也。胡演《升鍊方》云：　煎樟腦法：　用樟木新者切片，以井水浸三日三夜，入鍋煎之，柳木頻攪。待汁減半，柳上有白霜，即濾去滓，傾汁入瓦盆內。經宿，自然結成塊也。他處雖有樟木，不解取腦。又鍊樟腦法：　用銅盆，以陳壁土爲粉糁之，却糁樟腦一重，又糁壁土，如此四五重。以薄荷安土上，再用一盆覆之，黄泥封固，於火上款款炙之。須以意度之，不可太過、不及。勿令走氣。候冷取出，則腦皆升于上盆。如此升兩三次，可充片腦也。

【修治】時珍曰：　凡用，每一兩以二盌合住，濕帋糊口，文武火熁之。半時許取出，冷定用。又法：　每一兩，用黄連、薄荷六錢，白芷、細辛四錢，荆芥、密蒙花二錢，當歸、槐花一錢。以新土盌鋪杉木片於底，安藥在上，入水半盞，洒腦于上，再以一盌合住，糊口，安火煨之。待水乾取開，其腦自升于上。以翎掃下，形似松脂，可入風熱眼藥。人亦多以亂片腦，不可不辨。

【氣味】辛，熱，無毒。　【主治】通關竅，利滯氣，治中惡邪氣，霍亂心腹痛，寒濕脚氣，疥癬風瘙，齲齒，殺蟲辟蠹。着鞋中，去脚氣時珍。

【發明】時珍曰：　樟腦純陽，與焰硝同性，水中生火，其焰益熾，今丹爐及烟火家多用之。辛熱香竄，禀龍火之氣，去濕殺蟲，此其所長。故燒烟熏衣筐席簟，能辟壁虱、蟲蛀。李石《續博物志》云：　脚弱病人，用杉木爲桶濯足，排樟腦于兩股間，用帛綳定，月餘甚妙。王璽《醫林集要方》治脚氣腫痛。用樟腦二兩，烏頭三兩，爲末，醋糊丸彈子大。每置一丸于足心踏之，下以微火烘之，衣被圍覆，汗出如涎爲效。

【附方】新二。　小兒禿瘡：　韶腦一錢，花椒二錢，脂麻二兩，爲末。以退猪湯洗後，搽之。《簡便方》。　牙齒蟲痛：　《普濟方》用韶腦、朱砂等分，擦之神效。○余居士《選奇方》用樟腦、黄丹、肥皂去皮核等分，研匀蜜丸。塞孔中。

明・李中立《本草原始》卷四　樟腦　樹高丈餘。小葉似楠而尖長，背有黄赤茸毛，四時不凋。夏開細花，結小子。木大者數抱，肌理細而錯縱有文，故謂之樟。豫章縣因木得名。腦係樟樹脂也，狀如龍腦，白色如雪，故謂之腦。又出韶州，故一名韶腦，俗訛為朝腦。　氣味：　辛，熱，無毒。　主治：　通關竅，利滯氣，治中惡邪氣，霍亂，心腹痛，寒濕脚氣，疥癬風瘙，齦齒，殺蟲辟蠹。着鞵中去脚氣。　朝腦、朱砂等分，擦蟲牙疼效。

樟腦，新增。【圖略】煎樟腦法：　用樟木新者，切片，以井水浸三日三夜，入鍋煎之，柳木頻攪。待汁減半，柳上有白霜，即濾去滓，傾汁瓦盆內，經宿自然結成塊也。煉升之法不一。升一次者色皂，升兩三次者色白。人多以此亂片腦，不可不辨。

明・繆希雍《本草經疏》卷三〇 樟腦 得純陽之氣，其味辛，其氣熱。初時以水煎成，後得火則燄熾不息，其稟龍火之性者乎？ 氣亦香竄，能通利關竅，逐中惡邪氣，復能去濕殺蟲。凡一切疥癬風瘙，濕毒瘡瘍等證，皆所須用。

明・倪朱謨《本草彙言》卷八 樟腦 味辛，氣熱，無毒。

李氏曰：樟腦，出漳州、韶州，狀如龍腦。白色如粉團，乃樟樹脂膏也。又胡氏鍊樟腦方云：用樟木新鮮者，切片，以井水浸三日，入鍋煎之。柳木頻攪，待汁減半，柳木上有白霜起，即濾去滓，傾汁入瓦盆內，經宿，自然結成塊也。他處雖有樟木，不能取腦。又陳氏方昇鍊樟腦法：用銅盆一口，以陳壁土爲極細末，糝盆底，却糝樟腦一重，又糝壁土一重，如此四五重，以薄荷葉放土面上，再用銅盆一口覆之，用細黄土，鹽滷插水和如膏，封固，勿令走氣。于文火上，款款炙之，須以意度，不可太過，不可不及。候冷取出，則腦皆昇于上盆。如此昇兩三次，潔白如雪，可僞充片腦也。

樟腦 通竅殺蟲，日華子除疥癬禿瘡之藥也。梅青子稿李氏方云：此藥辛熱香竄，禀龍火之氣，去濕殺蟲，此其所長。故燒烟熏衣，滅虱逐蚤，熏房室，幷床帳枕簟，善辟臭蟲，及一切蟻蜉蠅螫等類。又《集要方》治脚氣，止牙疼。總之去濕殺蟲，盡在是矣。止堪敷塗，不堪服食。故外科方每需用耳。

集方：姚氏《玉函》治一切瘙癢蟲疥，及一切頑癬有蟲者。用樟腦一兩，大楓子肉二兩搗膏，大黄、硫黄、胡椒各五錢，三味俱微炒，爲細末，和入大楓膏內，再入樟腦同搗匀，再入水銀五錢，再研匀，再搗三百下，爲丸，彈子大。每臨臥時，被內以藥，周身摸之，不過二三次，愈。如治頑癬，本方再加斑猫末五分，信石末一分。如藥乾燥，諒加香油些須亦可。○同前治小兒禿瘡。用樟腦三錢，花椒末、瀝青末各二錢，生芝麻一兩，先以退猪湯洗淨患上，以香油少許調搽。○《普濟方》治蟲牙疼痛。用樟腦、黄丹各一錢，胡椒五分，共研細，煉蜜丸，如黍米大，塞患孔中。○治脚氣腫痛。用樟腦三錢，草烏頭二錢，爲極細末，醋糊丸，彈子大。每置一丸于足心，踏之，下微火烘之，衣被圍覆，汗出如涎，即效。

明・顧逢柏《分部本草妙用》卷八雜藥部 樟腦 辛，熱，無毒。 主治：通關竅，利滯氣，治中惡邪氣，霍亂心腹痛，寒濕脚氣，殺蟲。 按：樟腦純陽，與焰硝同性。水中生火，丹爐煙火家多用之。燥可去濕殺蟲，故脚氣寒濕，疥癬之類，乃其所長耳。

明・張景岳《景岳全書》卷四九《本草正》 樟腦 味辛、微苦，性熱。善通關竅，破滯氣。辟中惡邪氣，治疥癬，殺蟲除蠹。著鞋中，去脚氣。燒煙薰衣筐席簟，除蚤虱壁虱。北方新生小猫極多跳蚤，用此拌麪研匀摻擦之，則盡落無遺，亦妙方也。

明・李中梓《本草通玄》卷下 樟腦 辛，熱。 純陽，故長于去濕，殺蟲，宣通關竅。

清・顧元交《本草彙箋》卷五 樟腦 純陽，與焰硝同性。水中生火，其焰益熾。其辛熱香竄，獨長於去濕殺蟲。

其升煉法具《綱目》。市人以之亂冰腦。

清・穆石匏《本草洞詮》卷一一 樟腦 白色如雪，樟樹脂膏也。係樟木新者，煎汁結成。亦可升煉兩三次，充龍腦也。味辛，氣熱，無毒。主通關竅，利滯氣，治中惡邪氣，殺蟲辟蠹。蓋樟腦純陽，與焰硝同性，水中生火，其焰益盛。今丹爐及烟火家多用之。去濕殺蟲，此其所長，故治疥癬齲齒，燒烟薰衣，筐席，簟，能去壁蝨蟲蛀也。王璽云：脚氣腫痛，用樟腦、烏頭為末，醋糊丸彈子大，每置一丸于足心踏之，下以微火烘之，衣被圍覆，汗出如涎為效。

清・郭章宜《本草匯》卷一五 樟腦即韶腦 辛，熱，純陽。通關利滯，除濕殺蟲。着鞋中去脚氣，合硃砂治蟲齒。

按：樟腦，出韶州、樟州，故又名韶腦。狀似龍腦，白色如雪，樟樹脂膠也。禀龍火之氣，去濕殺蟲，乃其所長。故燒烟熏衣筐席簟，能辟壁虱蛀蟲。《醫林集要》治脚氣腫痛者，用樟腦二兩，烏頭三兩，為末，醋糊丸彈子大，每置一丸于足心踏之，下以微火烘之，衣被圍覆，汗出如涎，為効。

煉腦法：用銅盆，以陳壁土為粉糝之，却糝樟腦一重，又糝壁土，如此四五重，以薄荷安土上，再用一盆覆之，黄泥封固，于火上款款炙之，勿令走氣，候冷取出，則腦皆升于上盆。如此升兩三次，可充亂片腦矣。故用片腦，須要細辨。

清・蔣居祉《本草擇要綱目・溫性藥品》 樟腦釋名韶腦。 氣味：辛，熱，無毒。 主治：通關竅，利滯氣，治中惡邪氣，霍亂心腹痛，寒濕脚氣。疥癬風瘙，齲齒，殺蟲辟毒。着鞵中去脚氣。蓋樟腦純陽，與焰硝同性，水中生火，其焰益熾。今丹爐及烟火家多用之。辛熱香竄，稟龍火之氣，去濕殺蟲，此其所長，故燒烟熏衣筐席簟，能辟壁虱蟲蛀。

清・汪昂《本草備要》卷三　樟腦宣，通竅，除濕。　辛熱香竄，能于水中發火。置水中，焰益熾。通關利滯，除濕殺蟲。置鞋中去脚氣。《集要》云：和烏頭爲末，醋丸彈子大，置足心，微火烘之，汗出爲效。熏衣篋，辟蛀蟲。以樟木切片，浸水煎成。升打得法，能亂冰片。

清・李熙和《醫經允中》卷二一　樟腦　辛，熱，無毒。主治寒濕疥癬，殺蟲，着鞋中去脚氣。

清・馮兆張《馮氏錦囊秘錄・雜症痘疹藥性主治合參》卷三　樟腦　得純陽之氣，其味辛，其氣熱，初時以水煎成，後得火則焰熾不息，其稟龍火之性者乎！氣亦香竄，能通利關竅，逐中惡邪氣。復能去濕殺蟲，燒烟熏衣席，辟壁虱蛀蟲。為末踏足心，療寒濕脚氣。凡一切疥癬膿窠，風瘙濕毒，瘡瘍外用之藥，所必需者也。

清・张璐《本經逢原》卷三　樟腦一名腦子，又名韶腦。　辛，熱，有毒。忌見火。　發明：　樟木性稟龍火，辛溫香竄，能去濕辟惡氣。故治乾霍亂，以樟木屑煎濃汁吐之。中惡卒死者，以樟木燒烟薰之，待甦用藥。韶郡諸山樟木最多，土人以之蒸汁，煎煉結成樟腦，與焰硝無異，水中然火，其焰益熾。今丹爐家及烟火方皆用之。去濕殺蟲，此物所長。燒烟薰衣能辟蟲蝨。治脚氣腫痛，或以樟腦置兩股，用杉木作桶盛湯濯之，或樟腦、烏頭等分，醋丸彈子大，每置一丸於足心踏之，下以微火烘之，衣被圍覆，汗出如涎為效。

清・浦士貞《夕庵讀本草快編》卷五　樟腦《綱目》、韶腦　鍊法：　取樟木水煎濃汁結成，出韶州、漳州者佳。　樟腦辛熱而香，秉龍火之氣，與焰硝同性，能於水中發火，其焰益熾。如人命門之火相同，故能透關竅而利脚氣，除寒濕而辟邪惡。燒之可以殺蟲虱，熏齲齒，皆取其香而能竄也。王璽《醫林集要》云：脚氣腫痛，同烏頭醋丸，踏於足心，微火烘之，得汗自愈。乃窺益少火，以消陰翳之旨爾。

清・劉漢基《藥性通考》卷六　樟腦　味辛，熱。香竄，能於水中發火，置水中焰亦熾。通關利滯，除濕殺蟲。置鞋中，去脚氣。薰衣篋，辟蛀蟲。以樟木切片，浸水中，煎成，昇打得法，能亂冰片。

清・黄元御《玉楸藥解》卷二　韶腦　味辛，性熱。入手太陰肺、足厥陰肝經。通經開滯，去濕殺蟲。韶腦辛烈之性，通關透節，去濕逐風寒，治心疼腹痛，脚氣牙蟲，疥癬禿瘡。箱籠席簟，殺蠹辟蝨。

清・吴儀洛《本草從新》卷三　樟腦〔宣，通竅除濕。〕　辛，熱，香竄。能於水中發火。置水中，焰益熾。通關利滯，除濕殺蟲。置鞋中去脚氣。《集要》云：和烏頭為末，醋丸彈子大，置足心，微火烘之，汗出為效。熏衣篋，辟蛀蟲。以樟木切片，井水煎成。

清・汪紱《醫林纂要探源》卷三　樟腦　辛，寒。以木切片，浸水煎成霜，取霜置罐中，上覆盌鹽泥封固，文武火煉之，其精汁飛升，凝於覆盌之內，成片瑩結，可混冰片。○木色赤，老樟有血，能生陰火成妖魅，是亦陰類。且經火升煉，火化之極，則反而寒。如輕粉、朴硝之類，皆辛寒也。樟腦能於水中發火，以布濡樟腦炙火，火燃而布不焚，其屬陰火可知。功用略同冰片。置鞋中，能去脚氣。熏衣篋，可辟蠹蟲。

清・嚴潔等《得配本草》卷七　樟腦即樟樹脂。　辛，熱。通關利滯，除濕殺蟲。稟龍火之氣，能於水中發火。配朱砂，擦牙疼。

題清・徐大椿《藥性切用》卷五　樟腦　辛熱香竄，能於水中發火，通關利滯，除濕殺蟲。置鞋中能去脚氣。

清・黄宫繡《本草求真》卷四　樟腦通竅辟惡。

樟腦耑入關竅。　性稟龍火，辛熱香竄，能於水中發火，其焰益熾。治能通關利竅，凡中惡卒死者，可用樟木燒煙薰之，并能除濕殺蟲，置鞋中去脚氣。方書每和烏頭為末，醋丸彈子大，置於足心，火烘汗出為效。且能薰衣篋，辟蛀蟲，出韶郡諸山。以樟木蒸汁，煎煉結成樟腦，升打得法，能亂冰片。

清・羅國綱《羅氏會約醫鏡》卷一七竹木部　樟腦味辛，微苦。　善通關竅，破滯氣性熱。除濕，辟中惡邪氣芳香。治疥癬，殺蟲除蠹書蟲，燒烟熏衣筐、席簟，斷蛀蟲、蚤虱，療腋臭。同枯礬研勻擦之妙。以樟木切片，浸水煎成，升打得法，可亂冰片。

清・張德裕《本草正義》卷下　樟腦　辛苦，熱。善通關竅，破滯氣，辟惡氣，殺蟲除蠹，治癬疥。小猫多蚤，可拌麪，研擦之，盡落。

清・翁藻《醫鈔類編》卷二四《本草》　樟腦　性稟龍火，辛熱香竄。能於水中發火，其燄益熾。能通關列竅，中惡卒死，可用樟木燒烟薰之。并能除濕殺蟲。置鞋中去脚氣。方書每和烏頭為末，醋丸彈子大，置於足心，火烘汗出為效。且能薰衣篋，辟蛀蟲。出韶郡諸山，以樟木蒸汁煎煉結成樟腦。升打得法，能亂冰片。

清・楊時泰《本草述鉤元》卷二二　樟腦　即韶腦，乃樟樹屑液造成。治疥癬，敷癩瘡。

清・葉桂《本草再新》卷四　樟腦味辛，性熱，無毒。入心、脾二經。　治肺氣，除濕熱，利水通關。

清・趙其光《本草求原》卷七香木部　樟腦　即樟香腦子，又名韶腦。　辛熱，香竄，能於水中發火通關，利滯去濕，殺蟲虱，止痛，治中惡卒死，燒煙熏之。辟衣箱蛀蟲，熏之。治乾霍亂，以樟木屑濃煎汁，吐之。腳氣腫痛，同烏頭，醋丸彈子大，置足心微火烘之，衣覆之，汗出如涎效。疥癬癩瘡。樟木片浸水煎成，忌見火。

清・文晟《新編六書》卷六《藥性摘錄》　樟腦　辛，熱。香竄。通竅辟惡，利關竅。凡中惡卒死者，燒煙熏。並能除濕殺蟲，置鞋中，去腳氣。○薰衣篋，辟蠹蟲。○出韶州。升打得法，能亂冰片。

清・戴葆元《本草綱目易知錄》卷四　樟腦　辛，熱。香竄，純陽，與焰硝同性。能於水中發火，通關竅，利滯氣。治中惡邪氣，霍亂腹疼，寒濕腳氣，疥癬風瘙，齲齒蟲痛，殺蟲辟蠹。置鞋中，去腳氣。熏衣篋，辟疰蟲。安被席，辟壁蝨。

清・陳其瑞《本草撮要》卷二　樟腦　味辛，熱，能於水中發火，入足厥陰經，功專通關利滯，除濕殺蟲。置鞋底去腳氣。得花椒、脂麻為末，先以退豬水洗過小兒禿瘡，然後以末塗之效。

過天藤

清・何諫《生草藥性備要》卷下　過天藤　治一切[illegible]癩，煎水洗；或為末，開油搽。一名無根草。

清・趙其光《本草求原》卷四蔓草部　過天藤即無根草，懸樹上生。　解胎毒，治痃疥癩癬、飛瘍熱毒，或煎洗，或研末入藥搽。

坎香草

清・何諫《生草藥性備要》卷上　坎香草　能發散。其皮即香膠。葉，婦人煎水洗頭，去穢風。又名陰香。

烏藥

宋・唐慎微《證類本草》卷十三木部中品〔宋・馬志《開寶本草》〕　烏藥　味辛，溫，無毒。主中惡心腹痛，蠱毒疰忤鬼氣，宿食不消，天行疫瘴，膀胱腎間冷氣攻衝背膂，婦人血氣，小兒腹中諸蟲。其葉及根，嫩時採作茶片，炙碾煎服，能補中益氣，偏止小便滑數。生嶺南邕、容州及江南。樹生似茶，高丈餘。一葉三椏，葉青陰白。根色黑褐，作車轂形，狀似山芍藥根，又似烏樟根。自餘直根者不堪。一名旁其，八月採根。今附。

〔宋・掌禹錫《嘉祐本草》〕按：日華子云：治一切氣，除一切冷，霍亂及反胃吐食瀉痢，癰癤疥癩，并解冷熱，其功不可悉載。猫、犬百病，並可摩服。

〔宋・蘇頌《本草圖經》〕曰：烏藥，生嶺南邕、容州及江南，今台州、雷州、衡州亦有之，以天台者爲勝。木似茶檟，高五七尺。葉微圓而尖，作三椏，面青背白。五月開細花，黃白色。六月結實如山芍藥。而有極麁大者，又似釣樟根。然根有二種：嶺南者，黑褐色而堅硬；天台者，白而虛軟，並八月採。根以作車轂形如連珠狀者佳。或云天台出者香白可愛，而不及海南者力大。

〔宋・唐慎微《證類本草》〕《斗門方》：治陰毒傷寒。烏藥子一合，炒令黑煙起，投於水中，煎取三五沸，服一大盞，候汗出回陽立差。

〔宋・陳承《重廣補注神農本草並圖經》〕別說云：謹按：《本草圖經》及世稱以天台者爲勝。今比之衡州、洪州者，其香味唯天台者爲劣，入藥功效亦不及。但肉色頗赤，而差細小爾。用者宜廣求而比試之。

宋・寇宗奭《本草衍義》卷一四　烏藥　和來氣少，走洩多，但不甚剛猛。與沉香同磨作湯點，治胸腹冷氣，甚穩當。

宋・劉明之《圖經本草藥性總論》卷下　烏藥　味辛，溫，無毒。主中惡心腹痛，蠱毒疰忤鬼氣，宿食不消，天行疫瘴，膀胱腎間冷氣攻衝背膂，婦人血氣，小兒腹中諸蟲。其葉及根，嫩時採作茶片，炙碾煎服，能補中益氣，止小便滑數。日華子云：治一切氣，除一切冷，霍亂及反胃吐食，瀉痢，癰癤疥癩。並解寒冷熱，及猫犬病。並可摩服。《斗門方》：治陰毒傷寒，烏藥子一合，炒令黑，煙起，投水中，煎叁伍沸，服一大盞，候汗出回陽，立差。

宋・陳衍《寶慶本草折衷》卷一三　烏藥○葉及嫩根附。　一名烏藥子，一名旁其。生嶺南及天台即台州。○及江南、邕、容、雷、衡、洪、□、信州。○八月採根。○與沉香相宜。

味辛，溫，無毒。○主中惡心腹痛，蠱毒，疰忤，鬼氣，宿食不消，天行疫瘴，膀胱腎間冷氣攻衝背膂，婦人血氣，小兒腹中諸蟲。其直根者不堪。○日華子云：治氣，除冷，霍亂、反胃，瀉痢，癰癤、疥癩，解冷熱。猫犬百病，並可摩服。○《圖經》曰：根有二種，嶺南者黑褐而堅硬，天台者白而虛軟。

以形如連珠者佳。〇《斗門方》：治陰毒傷寒，烏藥子壹合，炒令黑煙起，投於水中，煎取三五沸，服壹大盞，汗出立差。〇寇氏曰：和來氣，少走泄多，與沉香同磨，治胸腹冷氣。

附：葉及嫩根。〇補中益氣，止小便滑數，作茶片，炙碾，煎服。其葉微圓尖，作三椏，面青背白。

元·王好古《湯液本草》卷五　烏藥　氣溫，味辛，無毒。入足陽明經、少陰經。《本草》云：主中惡心腹痛，蠱毒，疰忤鬼氣，宿食不消，天行疫瘴，膀胱、腎間冷氣，攻衝背膂。婦人血氣，小兒腹中諸蟲。又云：去貓涎極妙。烏藥葉及根，嫩時採，作茶片炙碾煎服，能補中益氣，偏止小便滑數。

元·尚從善《本草元命苞》卷六　烏藥　味辛，性溫，無毒。主中惡心腹絞痛，療蠱毒疰忤鬼邪。散滯氣宿食不消，逐冷氣攻衝背膂。治小兒諸蟲，調婦人血氣。生嶺南諸州，今天台歲貢。木似茶檟，高數尺，葉微圓尖作三椏，面青背白，根色褐黑，狀似山芍藥，又若鈞樟根，一云烏樟根。一名旁其。八月採根。天台產香白可愛，嶺南生力大而堅。

元·徐彥純《本草發揮》卷三　烏藥　海藏云：氣厚於味，陽也。入足陽明、少陰經。

明·蘭茂撰，清·管暄校補《滇南本草》卷下　烏藥一名臭牡丹。　性溫，味苦、辛。治消胸膈膨脹，下氣，利小便，消水腫，止氣逆腹痛。烏藥花，治婦人紅崩，水煎，點水酒服。

明·王綸《本草集要》卷四　烏藥　味辛，氣溫，無毒。八月採根。主中惡心腹痛，蠱毒疰忤鬼氣，宿食不消，天行疫瘴，膀胱腎間冷氣，攻衝背膂，婦人血氣，小兒腹中諸蟲。治一切氣，除一切冷，癰癤疥癩，猫犬百病，並可摩服。

明·滕弘《神農本經會通》卷二　烏藥　八月採根。以天台者為勝。作車轂形，如連珠狀者佳。　味辛，氣溫，無毒。《湯》云：入足陽明經、少陰經。東云：治冷氣。《疌》云：醫黃，并治蠱，治氣，又補中，主婦人血氣，瘴疫，療霍亂吐瀉，瘡癬。

《本經》云：主中惡心腹痛，蠱毒疰忤鬼氣，宿食不消，天行疫瘴，膀胱腎間冷氣攻衝背膂，婦人血氣，小兒腹中諸蟲。其葉及根嫩時採作茶片，炙碾煎服，補中益氣，偏止小便滑數。日華子云：治一切氣，除一切冷，霍亂及反胃吐食，瀉痢，癰癤疥癩。并解冷熱，其功不可悉載。猫犬百病，並可摩服。《斗門方》云：治陰毒傷寒，烏藥炒令黑，煙起，投水中，煎三五沸，服，候汗出，回陽立差。《衍》云：和來氣少走泄多，但不甚剛猛，與沉香同磨，作湯，治胸腹冷氣。《局》云：烏藥主除心腹痛，補中益氣最為先。更攻血氣并翻胃，逐冷寬膨利小便。烏藥，主寬膨順氣，血氣相攻及諸疼。

明·劉文泰《本草品彙精要》卷一九　烏藥無毒　植生。

烏藥　主中惡，心腹痛，蠱毒，疰忤，鬼氣，宿食不消，天行疫瘴，膀胱、腎間冷氣攻衝背膂，婦人血氣，小兒腹中諸蟲。〇葉及根，嫩時採作茶片，炙碾煎服，能補中益氣，偏止小便滑數。名醫所錄。

【名】旁其。【苗】《圖經》曰：其木似茶檟，高丈餘，葉微圓而尖，一葉作三椏，面青背白，五月開細花，黃白色，六月結實。根色黑褐，狀如山芍藥根，而有極粗大者，斷之作車轂文。又似烏樟根，其本根直者不堪用。然有二種，嶺南者黑褐色而堅硬，天台者白而虛軟，形似連珠者佳。或云：天台者香白可愛，而不及海南者力大也。【地】《圖經》曰：生嶺南邕容州，及江南雷州、衡州、信州、潮州、洪州。【道地】天台者勝。【時】生：春生葉。採：八月取。【收】暴乾。【用】根。【質】類山芍藥而輕虛。【色】黃黑。【味】辛。【性】溫，散。【氣】氣之厚者，陽也。【臭】香。【主】調一切氣。【行】足陽明經，少陰經。【製】去木剉碎用。【治】療：日華子云：治一切氣，除一切冷，霍亂及反胃吐食，瀉痢，癰癤，疥癩，並解冷熱，及療貓犬百病，並可磨服。

【合治】合沉香同磨作湯點，療胸腹冷氣，甚穩當。

明·葉文齡《醫學統旨》卷八　烏藥　氣溫，味辛。無毒。入足陽明、少陰經。治中惡心腹痛，蠱毒疰忤鬼氣，宿食不消，天行疫瘴；膀胱腎間冷氣，攻衝背膂；婦人血氣，小兒腹中諸蟲；止小便滑數；治一切風，除一切冷，癰癤疥癩，猫犬百病，並可摩服。

明·許希周《藥性粗評》卷二　氣冷就溫於烏藥。

烏藥一名旁其。木似茶檟，高丈餘，葉微圓而尖，作三椏，面青背白，五月開細花，黃白色，六月結實如山芍藥，根作車轂，形如連珠狀。荊湘、江浙、嶺東山谷處處有之，出嶺南者黑褐色而堅硬，出天台者白色而虛軟，或云天台者香白可愛，而不及嶺南者力大。八月採根，陰乾。餘說《本草》不載。　味辛，性溫，無毒。入足陽明胃、少陰腎經。主治中惡鬼氣，疰忤疫癘，心腹冷痛，腰腎冷氣，翻胃吐食，瀉痢膨悶，陰毒傷寒，血氣不和，宿食不消，補中益氣，和筋骨。

單方：陰毒傷寒：烏藥子一合，炒令煙起，放水一大碗，煎一二十沸，去渣，服之汗出陽回而差。胸腹冷氣：烏藥同沉香少許，煎湯服之。

明・鄭寧《藥性要略大全》卷二 烏藥 理男婦一切冷氣刺痛，主中惡腹痛，蠱毒疰忤鬼氣，宿食不消，天行疫瘴，膀胱冷氣，攻沖背膂，女人血氣，小兒腹中諸蟲。《十書》云：補中益氣，專止小便滑數。治霍亂反胃吐食，瀉痢，癥瘕疥癩。又治猫犬百病。味辛，氣溫，無毒。入足陽明胃、太陽膀胱、少陰腎三經。去土、去皮用。

明・賀岳《醫經大旨》卷一《本草要略》 烏藥 味辛而薄，性輕熱而散，氣勝於味也。佐香附治婦人諸般氣證。用於風藥則能踈風，用於脹滿則能降氣，用於氣沮則能發疽，且疏寒氣。又治腹疼，乃疏氣散寒之劑，止以其熱而辛散也。此藥味薄，無滋益人，但取辛散凝滯而已，不可多用。香附治內，內和而外自釋也；烏藥疏散宣通，尤暢於香附也。

明・陳嘉謨《本草蒙筌》卷四 烏藥 一名旁其。 味辛，氣溫。氣厚於味，陽也。無毒。此藥甚賤，各處俱生。雖稱天台者，香白固優；不及海南者，功力尤大。根採旁附，直根不堪用。有二種，天台者白而虛軟，海南者黑褐堅硬。狀取連珠。如鐲珠連者佳。入足少陰腎經，及足陽明胃腑。因多走泄，不甚剛強。諸冷能除，凡氣堪順。止翻胃消食積作脹，縮小便逐氣衝致疼。辟疫瘴時行，解蠱毒卒中。攻女人滯凝血氣，去小兒積聚蛔蚘。猫犬病生，磨水灌効。葉採入劑，下氣亦靈，但力緩遲，須醋浸炙。

明・方穀《本草纂要》卷三 烏藥 味苦、辛，氣大溫，無毒。氣中血藥也。主風氣，周身頑麻搔痒，痿痓痹厥；或風寒濕熱各氣所侵，身重體疼，寒熱交作；或癥瘕積聚，血閉不行；或鬱結脹滿，表裏壅塞；或胎前產後而血氣不和；或風濕流注而腫毒未潰，用此大溫之劑，必能行氣中之血也。吾嘗以之而治風，使順氣踈風，則風自除；以之而治寒，使溫中清寒，則寒自解；以之而治濕，使驅風燥濕，則濕自清；以之而治氣，使散氣開鬱，則氣自和；以之而治血，使氣順血行，則血自平。此爲治風寒濕氣血之要藥也。大抵此劑治一切氣，除一切寒，攻一切冷，調一切血。婦人溫經，非此不行；小兒諸蟲，非此不去；大人諸痛，非此不除。如摩水用之，又治猫犬百病。

明・王文潔《太乙仙製本草藥性大全》卷三《本草精義》 烏藥 一名旁其。生嶺南邕、容州及江南，今台州、雷州、衡州亦有之，以天台者爲勝。木似茶櫄，高五七尺，葉微圓而尖，作三椏，面青背白，五月開細花，黃白色，六月結實，如山芍藥。而有極麄大者，又似釣樟根。然根有二種，嶺南者黑褐色而堅硬，天台者白而虛軟。並八月採根，以作車轂形，如連珠狀者佳。或云天台出者香白可愛，而不及海南者力大。

謹按：《本草圖經》及世稱以天台者爲勝，今北之衡州、洪州者，其香味唯天台者爲劣，入藥功效亦不及，但肉色頗赤而差細小爾。用者宜廣求而比試之。

明・王文潔《太乙仙製本草藥性大全》卷三《仙製藥性》 烏藥 味辛，氣溫，氣厚於味，陽也，無毒。主治：主心腹痛，疰忤鬼氣。治癥瘕疥癩，腎膂攻衝。因多走泄，不甚剛強。諸冷能除，凡氣堪順。止翻胃，消食積作脹。縮小便，逐氣衝致疼。辟疫瘴時行，解蠱毒卒中。攻女人滯凝血氣，去小兒積聚蛔蟲。猫犬病，生摩灌效。葉：採入劑，下氣亦靈，但力緩遲，須醋浸炙。 補註：治陰毒，傷寒，烏藥子一合，炒令黑烟起，投於水中煎取三五沸，服一大盞，候汗出回陽立差。

明・皇甫嵩《本草發明》卷四 烏藥中品，臣。氣溫，味辛，無毒。氣厚于味，陽也。入足少陰、足陽明經。 發明曰：烏藥，疏氣散寒之劑。味薄，無滋于人，但取其辛散凝滯而已，專治婦人一切諸氣。用于風藥則疏風，用于脹滿則降氣，用於氣阻則能發散且疏寒氣冷痛。故《本草》主中惡心腹痛，蠱毒疰忤鬼氣，天行疫瘴，宿食不消，膀胱腎間冷氣攻衝背膂，婦人血氣凝滯，去小兒積聚蚘蟲。其疏氣散寒之用見矣。○葉，採作茶片，能補中益氣，偏止小便滑數。烏藥善去猫涎。

明・李時珍《本草綱目》卷三四木部・香木類 烏藥宋《開寶》

【釋名】旁其《拾遺》 鰟魮《綱目》 矮樟時珍曰：烏以色名。其葉狀似鰟魮鯽魚，故俗呼爲鰟魮樹。《拾遺》作旁其，方音訛也。南人亦呼爲矮樟，其氣似樟也。【集解】藏器曰：烏藥生嶺南邕州、容州及江南。樹生似茶，高丈餘。一葉三椏，葉青陰白。根狀似山芍藥及烏樟，根色黑褐，作車轂紋，橫生。八月采根。其直根者不堪用。頌曰：今台州、雷州、衡州皆有之，以天台者爲勝。木似茶櫄，高五七尺。葉微圓而尖，面青背白，有紋。

四五月開細花，黄白色。六月結實。根有極大者，又似釣樟根。然根有二種：嶺南者黑褐色而堅硬，天台者白而虚軟，並以八月采。根如車轂紋、形如連珠者佳。或云：天台者香白可愛，而不及海南者力大。承曰：世稱天台者爲勝。今比之洪州、衡州者，天台香味爲劣，入藥功效亦不及。但肉色頗赤，而差細小爾。時珍曰：吴、楚山中極多，人以爲薪。根、葉皆有香氣，但根不甚大，纔如芍藥爾。嫩者肉白，老者肉褐色。其子如冬青子，生青熟紫，核殼極薄。其仁亦香而苦。

根　【氣味】辛，温，無毒。好古曰：氣厚於味，陽也。入足陽明、少陰經。

【主治】中惡心腹痛，蠱毒疰忤鬼氣，宿食不消，天行疫瘴，膀胱腎間冷氣攻衝背膂，婦人血氣，小兒腹中諸蟲藏器。除一切冷，霍亂，反胃吐食瀉痢，癰癤疥癘，并解冷熱，其功不可悉載。猫、犬百病，並可磨服大明。理元氣好古。中氣脚氣疝氣，氣厥頭痛，腫脹喘急，止小便頻數及白濁時珍。

【發明】宗奭曰：烏藥性和，來氣少，走泄多，但不甚剛猛。與沉香同磨作湯點服，治胸腹冷氣甚穩當。時珍曰：烏藥辛温香竄，能散諸氣。故《惠民和劑局方》治中風中氣諸證，用烏藥順氣散者，先踈其氣，氣順則風散也。嚴用和《濟生方》治七情鬱結，上氣喘急，用四磨湯者，降中兼升，瀉中帶補也。其方以人參、烏藥、沉香、檳榔各磨濃汁七分，合煎，細細嚥之。《朱氏集驗方》治虚寒小便頻數，縮泉丸，用同益智子等分爲丸服者，取其通陽明、少陰經也。方見草部益智子下。

【附方】新十一。

烏沉湯：治一切氣，一切冷，補五臟，調中壯陽，暖腰膝，去邪氣，冷風麻痹，膀胱、腎間冷氣，攻冲衝膂，俛仰不利，風水毒腫，吐瀉轉筋，癥癖刺痛，中惡心腹痛，鬼氣疰忤，天行瘴疫，婦人血氣痛。用天台烏藥一百兩，沉香五十兩，人參三兩，甘草爁四兩，爲末。每服半錢，薑鹽湯空心點服。《和劑局方》。

一切氣痛：不拘男女，冷氣、血氣、肥氣、息賁氣、伏梁氣、奔豚氣，搶心切痛，冷汗，喘息欲絶。天台烏藥小者酒浸一夜炒、茴香炒、青橘皮去白炒、良薑炒等分，爲末。温酒、童便調下。《衛生家寶方》。

男婦諸病：香烏散：用香附、烏藥等分，爲末。每服一二錢。飲食不進，薑、棗湯下；瘧疾，乾薑、白鹽湯下；腹中有蟲，檳榔湯下；頭風虚腫，茶湯下；婦人冷氣，米飲下；産後血攻心脾痛，童便下；婦人血海痛，男子疝氣，茴香湯下。《乾坤秘韞》。

小腸疝氣：烏藥一兩，升麻八錢，水二鍾，煎一鍾，露一宿，空心熱服。孫天仁《集效方》。

脚氣掣痛：鄉村無藥。初發時即取土烏藥，不犯鐵器，布揩去土，瓷瓦刮屑，好酒浸一宿。次早空心温服，溏泄即愈。入麝少許尤佳。痛入腹者，以烏藥同鷄子瓦罐中水煮一日，取鷄子，切片蘸食，以湯送下，甚效。《永類鈐方》。

血痢瀉血：烏藥燒存性研，陳米飯丸梧子大。每米飲下三十丸。《普濟方》。

小兒慢驚：昏沉或搐。烏藥磨水，灌之。《濟急方》。

氣厥頭痛：不拘多少，及産後頭痛。天台烏藥、川芎藭等分，爲末。每服二錢，臘茶清調下。産後，鐵錘燒紅淬酒調下。《濟生方》。

咽喉閉痛：生烏藥即矮樟根，以酸醋二盞，煎一盞，先噙後嚥，吐出痰涎爲愈。《經驗方》。

孕中有癰：洪州烏藥軟白香辣者五錢，水一盞，牛皮膠一片，同煎至七分，温服。乃龔彦德方也。《婦人良方》。

心腹氣痛：烏藥水磨濃汁一盞，入橘皮一片，蘇一葉，煎服。《集簡方》。

嫩葉　【主治】炙碾煎飲代茗，補中益氣，止小便滑數藏器。　【發明】時珍曰：烏藥，下通少陰腎經，上理脾胃元氣。故丹溪朱氏補陰丸藥中，往往加烏藥葉也。

子　【主治】陰毒傷寒，腹痛欲死。取一合炒起黑烟，投水中，煎三五沸，服一大盞，汗出陽回即瘥。《斗門方》。

題明・薛己《本草約言》卷二《藥性本草》　烏藥　味辛，氣溫，無毒。陽也，可升可降，入足陽明、少陰經。行中焦滯氣之抑遏，散下焦冷氣之攻衝。○味辛而薄，性輕，熱而散，氣勝于味也。佐香附專治婦人諸般氣證。用于風藥，則能疏風。用于脹滿，則能降氣。用于氣阻，則能發散。且疏風寒，又治腹疼。乃疏風散寒之劑，正以其熱而辛散也。此藥味薄，無滋益人，但取辛散凝滯而已，不可多用。香附治內，內和而外自釋也；烏藥疏散宣通，其尤暢于香附也。又去小兒積聚蚘蟲，亦以疏氣散寒故也。

明・梅得春《藥性會元》卷中　烏藥　味辛，氣溫，無毒。産天台者佳。入足陽明胃、足少陰腎經藥。主寬中順氣，補中益氣，婦人血氣，一切冷氣攻、翻胃，利小便，治中惡心腹痛，蠱毒鬼忤，宿食不消，天行疫瘴，膀胱腎冷氣攻衝背膂，小兒腹中諸蟲。除一切風，並一切癰瘡疥癩及猫犬百病，皆可磨服，大調諸氣。

明・杜文燮《藥鑒》卷二　烏藥　氣溫，味辛。氣厚味輕，入足陽明、少陰經藥也。諸冷能除，凡氣堪順。止翻胃，縮小便。辟疫瘴時行，解蠱毒卒中。佐香附能治婦人諸般氣疝，君平胃能消男婦諸般食積。用於風藥能踈風，用於脹滿能降氣，用於氣阻能發阻，用於腹痛能止痛。又主腎間冷氣攻衝，此又為足少陰藥也。然此劑無滋益人，不可多服，但取其辛散凝滯而已。煎汁同豆腐煮硫黃，治手足風疾。

明・李中立《本草原始》卷四　烏藥　始生嶺南邕、容州及江南，今台州、雷州、衡州亦有之，以天台者為勝。木似茶檟，高五七尺。葉微圓而尖，作三椏，面青背白。五月開細花，黄白色，六月結實。根色黑褐，似山芍藥根，又似烏樟根。八月采根，以作車轂形，如連珠狀者佳。烏以色名，其葉狀似鰟魮、鯽魚，故俗呼為鰟魮樹。《拾遺》作旁其，方音訛也。其氣似樟，故南人呼為矮樟。　氣味：辛，溫，無毒。　主治：中惡心腹痛，蠱毒，疰忤鬼氣，宿食不消，天行疫瘴，膀胱腎間冷氣攻衝背膂，婦人血氣，小兒腹中諸蟲。○除一切冷，霍亂，反胃吐食，瀉痢，癰癤疥癘，并解冷熱。其功不可悉載。猫、犬百病，並可磨服。○理元氣。○中氣、腳氣、疝氣、氣厥頭痛，腹脹喘急，止小便頻數及白濁。

烏藥，宋《開寶》。【圖略】色黑褐。天台者佳。　修治：烏藥極硬難切，須水漬一二日，漉出，晾片時，切片入劑。亦有以童便浸煮者，各隨方法。

好古曰：氣厚於味，陽也，入足陽明、少陰經。《濟急方》：治小兒慢驚，昏沉或搐，烏藥磨水，灌之。

明・張懋辰《本草便》卷二　烏藥　味辛，氣溫，無毒。　主中惡心腹痛，蠱毒，疰忤鬼氣，宿食不消，天行疫瘴，膀胱腎間冷氣攻衝背膂，婦人血氣，小兒腹中諸蟲，治一切氣，除一切冷，癰癤疥癩。

明・李中梓《藥性解》卷五　烏藥　味苦、辛，性溫，無毒，入肺、肝二經。主一切氣症，及中惡心腹痛，蠱毒鬼疰，天行疫瘴，咳逆脹滿，霍亂吐瀉，癰癤疥癩。　按：烏藥辛，宜於肺，溫宜于脾，故主中惡等症。癰癤疥癩，成於血逆，始於氣逆。烏藥長於理氣，故並療之。然辛溫發散，不宜久用，恐損真元。

明・鮑山《野菜博錄》卷三　旁其　一名烏藥。生山谷中。其樹高大，枝葉三椏，葉似恭葉。開黃白細花。結實如山藥實，其味辛，性溫，無毒。食法：採花葉煠熟，油鹽調食。子熟摘食。

明・繆希雍《本草經疏》卷一三　烏藥　味辛，溫，無毒。主中惡心腹痛，蠱毒疰忤鬼氣，宿食不消，天行疫瘴，膀胱腎間冷氣攻衝背膂，婦人血氣，小兒腹中諸蟲。

【疏】烏藥稟地之二氣以生，故味辛氣溫無毒。然嘗其味，亦帶微苦，氣亦微香。氣厚於味，陽也。入足陽明、少陰經。其主中惡心腹痛，疰忤鬼氣，天行疫瘴者，皆足陽明受病。陽明開竅於口鼻。凡邪惡鬼忤，與夫疫瘴之氣侵人，悉從口鼻而入。此藥辛溫暖胃，辟惡散邪，故能主諸證也。胃暖則宿食自消，辛散則蠱毒亦解。又腎與膀胱為表裏，虛則寒客之而冷氣攻衝背膂，辛溫能散寒邪，其性又善下走，則冷氣攻衝自止也。性溫走泄，故復能散婦人血凝氣滯，微苦而辛，故又能療小兒腹中諸蟲也。　【主治參互】同沉香、木香、白豆蔻、香附、橘皮、檳榔，治婦人氣實，暴氣壅脹。《濟生方》治七情鬱結，上氣喘急。用四磨湯降中兼升，瀉中帶補。其方以人參、烏藥、沉香、檳榔，各磨濃汁七分，煎，細細嚥之。《和劑局方》烏沉湯，治一切氣，一切冷，補五臟，調中壯陽，暖腰膝，去邪氣，冷風麻痹，膀胱、腎間冷氣攻衝背膂，俛仰不利，風水毒腫，吐瀉轉筋，癥癖刺痛，中惡心腹痛，鬼氣疰忤，天行疫瘴，婦人血氣痛。用天台烏藥一百兩，沉香五十兩，人參三兩，炙甘草四兩，為末。每服半錢，薑鹽湯空心點服。【簡誤】烏藥辛溫散氣，病屬氣虛者忌之。世人多以香附同用，治女人一切氣病，不知氣有虛有實，有寒有熱。冷氣暴氣用之固宜，氣虛氣熱用之能無貽害耶？以故婦人月事先期，小便短赤及咳嗽內熱，口渴口乾舌苦，不得眠，一切陰虛內熱之病，皆不宜服。

明・倪朱謨《本草彙言》卷八　烏藥　味辛、苦，氣溫，無毒。可升可降，氣厚于味，陽也。入足陽明、少陰經。

陳氏曰：烏藥，生嶺南、邕州、容州及江南。

蘇氏曰：今台州、衡州、雷州亦有之。俗以天台者爲勝，又不及海南者，堅實而力大。其木似樟而矮，根葉亦似樟氣，高八九尺，吳楚山中極多，土人以爲薪。一葉三椏，葉尖而微圓，面青背白，狀類鰟魮。四五月開花，細碎，淡黃灰白色。六七月結子，似冬青子，生青熟紫，核殼浮薄，仁苦而微香。根不甚大，形如芍藥，嫩者肉白，老者色黑褐，中心有車轂紋，形如連珠者佳。八月采根用。

烏藥　李、陳氏調氣和血之藥也。方吉人稿辛溫香竄，能散諸氣。故方氏方主風氣周身，頑麻搔癢，或風寒濕熱，四氣所侵，或身重體疼，寒熱交作，或風濕流注，腫毒破潰，或鬱結脹滿，表裏壅塞，或胎前產後，血氣不和，或血閉不行，癥瘕積聚。用此大溫之劑，自能行氣中之血，則諸證自除也。《局方》治中風中氣，用烏藥順氣散，以此則氣順而風散也。《濟生方》治七情鬱結，上氣喘急，用四磨湯，以此降中兼升，瀉中兼補也。補陰丸，以此下通少陰腎經，上通脾胃元氣，故丹溪方中往往用之。又凌氏方謂此藥治一切氣，除一切寒，消一切食，調一切血，婦人溫經，非此不行；小兒諸蟲，非此不去；大人諸痛，謂痛癖、心胃之痛。非此不除。宜白湯磨汁服之，更勝于水煎服也。

但辛香溫燥，散氣頗捷，凡屬氣虛内熱者，忌之。

繆仲淳先生曰：世人多以烏藥、香附同用，治女人一切氣病。不知氣有虛有實，有寒有熱。冷氣暴氣，用之固宜。如氣虛氣熱，用之能無貽誤耶？以故婦人月事先期，小便短赤，及咳嗽内熱，口乾舌苦，不得眠，一切陰虛内熱之病，皆不宜服。

集方：已下九方出方龍潭《本草切要》治風痰風氣，不拘周身上下，頭面四肢等處，頑痹麻木。用烏藥二兩，木香五錢，防風、白朮、秦艽、天麻、當歸、川芎、枸杞、黄柏、黄耆、白芥子各二兩。俱用酒洗炒，研爲末，煉蜜丸，梧子大。每早晚各服三錢，白湯下。〇治中風中濕，遍身作疼，時發寒熱。用烏藥、防風、葳蕤、羌活各三錢，水煎服。〇治風濕流注，遍身生毒，上下腫潰。用烏藥二兩，香附、白朮、川芎、木瓜、牛膝、當歸、黄耆各三錢，水煎服。如陽衰胃弱，血氣虛冷者，本方可加人參、附子童便製，各一錢。〇治七情鬱結，胸膈脹滿，表裏壅塞。用烏藥、川芎、香附俱酒炒，各三錢，枳殼、厚朴、半夏、陳皮、茯苓各二錢，水煎服。〇治胎前産後，血氣不和，腹脹腹痛。用烏藥、香附、當歸、川芎，俱酒炒，各三錢，水煎服。〇治婦人女子，無故血閉不行，肚腹脹悶，或成癥瘕血塊。用烏藥、香附、三稜、莪朮、玄胡索、炙甘草、廣陳皮各五錢，俱酒洗炒，研爲末。每早服三錢，白湯調下。〇治中風中氣。用烏藥一兩，白朮八錢，白芷、陳皮、川芎、麻黄、乾薑、桔梗、枳殼、殭蠶、甘草各一錢，俱炒燥，研爲末。每服一錢，白湯調下。名烏藥順氣散。〇治七情鬱結，上氣喘急。用烏藥、沉香、檳榔、人參，各磨濃汁，共七分。徐徐嚥之。名四磨湯。〇治陰虛氣滯，脾胃不調，此藥上達胃脾，下通腎經。用烏藥、北五味子各一兩，枸杞子、杜仲、牛膝、當歸、白芍藥、懷熟地、黄柏、知母、山茱萸肉，各二兩，俱用鹽酒拌炒，研爲末，煉蜜丸，梧桐子大。每早服五錢，白湯下。名補陰丸。

續補集方：《衛生家寶》治一切氣痛，不拘男婦，冷氣，血氣，肥氣，痞氣，息賁氣，伏梁氣，奔豚氣，胃痛氣，及脚氣，疝氣，一切搶心刺痛，冷汗，喘急欲絶。用天台烏藥、小茴香、青皮、良薑各四兩，俱酒拌炒，研爲末。每遇此急，用白湯調服一錢。〇《萬病回春》治婦人經水將來作痛者，或乍作乍止，血滯氣滯也。用烏藥、當歸、川芎、白芍藥、川黄連、香附、桃仁去皮各一錢五分，紅花、玄胡索、牡丹皮、莪朮各一錢。俱用酒拌炒過，水二碗，煎一碗。食前服，十帖全愈。〇同前治婦人經水多，行久不止者，將成血崩也。用烏藥、當歸、川芎、白芍藥、生地黄、白朮、黄芩、黑山梔、地榆、黑荆芥、香附、人參、白茯苓各一錢五分，甘草五分，俱用醋拌炒過，水二碗，煎八分。食前服，十劑愈。〇同前治婦人經水久不行，發腫者，血瘀滲入脾經。用烏藥、當歸、川芎、白芍藥、桃仁去皮、紅花、牡丹皮、乾薑、肉桂、乾漆、枳殼、白朮、香附、牛膝、玄胡索各一錢五分，俱用酒拌炒過，水二碗，煎八分。食前服，五劑愈。

烏藥子《斗門方》治陰毒傷寒，腹痛欲死。取一合，炒至黑烟起，投水中煎十餘沸。服一大盞，汗出止。陽回即瘥。

明・顧逢柏《分部本草妙用》卷六兼經部・溫瀉 烏藥 辛，溫，無毒。入足陽明、少陰二經。 主治：中風中惡中氣，婦人血氣，兒腹諸蟲，除冷霍亂，反胃，脚氣疝氣，厥頭痛，腫脹，喘急，止小便頻數白濁。 烏藥能散諸氣，故治中風諸氣。用烏藥順氣散者，先疎其氣，氣順則風散也。治七情鬱結，上氣喘急，用四磨湯，湯中帶補也。治虛寒小便頻數，同益智為丸，取其通陽明、少陰二經也。婦人多氣多鬱，故以之下氣開鬱，與香附為女中聖藥。辛溫芳馥，為下氣溫中要藥。按：氣虛及血虛内熱者勿用。

明・李中梓《醫宗必讀・本草徵要下》 烏藥味辛，溫，無毒。入胃、膀胱二經。 主膀胱冷氣攻衝，療胸腹積停為痛。天行疫瘴宜投，鬼犯蟲傷莫廢。

明・鄭二陽《仁壽堂藥鏡》卷二 烏藥 《圖經》云：今出台州、衡州。似茶檟，白而軟，形如連珠者佳。 氣溫，味辛，無毒。 入足陽明經、少陰經。 《本草》云：主中惡心腹痛，蠱毒疰忤鬼氣，宿食不消，天行疫瘴，膀胱、腎間冷氣攻衝背膂。婦人血氣，小兒腹中諸蟲。又云：去猫涎極妙。 烏藥葉及根，嫩時採作茶片，炙碾，煎服，能補中益氣，偏止小便滑數。

明・蔣儀《藥鏡》卷一溫部 烏藥 辛能快氣，氣順則風自散，血自調，故主腹内脹膨疼痛。溫能散寒，寒去則濕自除，鬱自開，故主腎間冷氣攻衝。止翻胃而縮小便，辟疫瘴而解蠱毒。平胃同能消嬰孺積蟲，磨水服亦療猪犬百病。 陰虛内熱，服之反令真氣虧損。

明・張景岳《景岳全書》卷四九《本草正》 氣味辛溫。善行諸氣，入脾、胃、肝、腎、三焦、膀胱諸經。療中惡鬼氣蠱毒，開胸膈，除一切冷氣，止心腹疼痛，喘急霍亂，反胃脹滿。溫腸胃，行宿食，止瀉痢。除天行疫瘴，氣厥頭痛，膀胱腎氣攻衝心腹，疝氣脚氣，癰疽疥癩，及婦人血氣，小兒蟲積。亦止小便頻數，氣淋帶濁。并猫犬百病，俱可磨汁灌治之。

明·賈九如《藥品化義》卷一氣藥 烏藥 屬陽中有微陰，體堅實而大，色肉蒼皮黑，氣雄，味辛帶微苦，性溫，能降，力行氣，性氣厚而味薄，入脾胃二經。烏藥氣雄性溫，故快氣宣通，疏散凝滯，甚於香附。外解表而理肌，內寬中而順氣。以之散寒氣，則客寒冷痛自除。驅邪氣，則天行疫瘴即卻。開鬱氣中惡，腹痛胸膈脹滿頓然可減，疏經氣中風，四肢不遂，初產血氣凝滯，漸次能通，皆藉其氣雄之功也。 米泔水浸三四日令透方好，切片用。

明·盧之頤《本草乘雅半偈》帙〇 烏藥宋《開寶》 氣味：辛，溫，無毒。 主治：主中惡，心腹（痛）蠱毒，疰忤鬼氣，宿食不消，天行疫瘴，膀胱腎間冷氣，攻衝背膂，婦人血氣，小兒腹中諸蟲。

覈曰：生嶺南邕州、容州，今台州、雷州、衡州皆有，以天台者為勝。本似茶而高，又似樟而矮，皮木亦作樟氣，葉微圓而尖，面青背白，狀類鰟鮍。四五月開花細碎，淡黃灰白。六七月結實似冬青子，生青熟紫，核殼極薄，仁香微苦。根似山芍藥，及烏蹄根，色黑褐。中心作車轂紋，形如連珠者佳。

条曰：烏藥氣秉陽暄，中紋似轂，而日魄為烏，堪天行，輿地道，誠扶輪佳氣也。故主根身之中，或氣或血，或內所因，或外所因，或罄飪之邪，或死厲之屬，陰凝留礙，有妨生氣者，仗此陽暄，以之救藥。

明·李中梓《本草通玄》卷下 烏藥 辛，溫。 理七情鬱結，氣血凝停，霍亂吐瀉，痰食稽留，腫脹喘急，腳氣疝氣，止小便頻，去腹中蟲。大抵辛溫香竄，為散氣神藥，故百病咸宜。雖猫犬之疴，無不治療，但專泄之品，與藜藿者相宜，錦衣玉食之人，鮮不蒙其害者。惟與參、术同行，庶幾無弊。酒浸一宿，炒。

清·顧元交《本草彙箋》卷五 烏藥 味辛而薄，性熱而散，氣勝於味。佐香附，治婦人諸般氣證。用於風藥，以氣順而風自疏。用於脹滿及氣阻，或腹疼等證，總取其疏氣散寒。倘若陰虛內熱之病，豈宜輕用？

烏沉散治一切氣，一切冷，調中壯陽，暖腰膝，去冷風麻痺，膀胱間冷氣，攻衝背膂，俛仰不利。風水毒腫，吐瀉轉筋，癥癖刺痛，婦人血氣痛，用天台烏藥十兩，沉香五兩，人參三錢，炙甘草四錢，爲末，每服五分，薑、鹽湯空心煎服。

小腸疝氣，烏藥一兩，升麻八錢，水二鍾，煎一鍾，露一宿，空心熱服。昔慎柔治疝氣撐上者，烏藥一兩，升麻五錢；墜下者，升麻一兩，烏藥五錢。孕中有癰，烏藥嫩白香辣者五錢，水一盞，牛皮膠一片，同煎七分，溫服。

清·穆石匏《本草洞詮》卷一一 烏藥 烏以色名，根葉皆有香氣。味辛，氣溫，無毒。入足陽明、少陰經。治中氣腳氣疝氣，頭痛腫脹，喘急，止小便頻數及白濁。猫犬百病，竝可磨服。蓋烏藥性和，來氣少，走泄多，但不甚剛猛。《和劑局方》治中風中氣諸證，用烏藥順氣散，氣順則風散也。《濟生方》治七情鬱結，上氣喘急，用四磨湯降中兼升，瀉中兼補也。其方以人參、烏藥、沉香、檳榔，各磨濃汁七分，合煎，細細嚥之。蓋烏藥下通少陰腎經，上理脾胃元氣，故丹溪補陰丸中往往用之。

清·劉雲密《本草述》卷二二 烏藥 采根用。嶺南者色黑褐而堅硬，天台者色白而香軟。或云：天台者雖香白可愛，不及海南者力大。時珍曰：吳楚山中極多，人以為薪。根葉皆有香氣，但根不甚大，纔如芍藥爾。嫩者肉白，老者肉褐色。

四五月開細花，黃白色，六月結實。各產並以八月采根。

根 氣味：辛，溫，無毒。 好古曰：氣厚於味，陽也，入足陽明、少陰經。

主治：除諸冷，疏寒疫，腎間冷氣，攻衝背膂，胃冷霍亂，反胃吐食，瀉痢，消食寬膨脹，散癥癖刺痛，中惡心腹痛，中氣脚氣，疝氣，氣厥頭痛，腫脹喘急，止血痢瀉血，止小便頻數及白濁，調婦人血氣，小兒積聚蚘蟲，及慢驚昏沉或驚。 宗奭曰：烏藥性和，來氣少，走泄多，但不甚剛猛。同沉香同磨，作湯點服，治胸腹冷氣甚穩當。 好古曰：理元氣。 時珍曰：烏藥辛溫香竄，能散諸氣，故《惠民和劑局方》治中風中氣諸證用烏藥順氣散者，先疎其氣，氣順則風散也。嚴用和《濟生方》治七情鬱結，上氣喘急，用四磨湯者，降中兼升，瀉中帶補也。其方以人參、烏藥、沉香、檳榔，各磨濃汁七分，合煎，細細咽之。朱氏《集驗方》治虛寒小便頻數縮泉丸用同益智子等分為丸服者，取其通陽明、少陰經也。 門曰：得香附治諸般氣證，入風藥疏一切風，入瘡藥治諸癰疥癩。 中梓曰：癰癤疥癩，成於血逆，始於氣逆。烏藥長於理氣，故並療之。 希雍曰：烏藥稟地二之氣以生，故味辛，氣溫，無毒。然嘗其味亦帶微苦，氣亦微香，氣厚於味，陽也，入足陽明、少陰經。其所主治，總之辛溫散氣耳。

附方 烏沉陽治一切氣，一切冷，補五臟，調中壯陽，暖腰膝，去邪氣，冷風麻痹，膀胱，腎間冷氣，攻衝背膂，俛仰不利，風水毒腫，吐瀉轉筋，癥癖刺痛，中惡心腹痛，鬼氣疰忤，天行瘴疫，婦人血氣痛，用天台烏藥一百兩，沉香五十兩，人參三兩，甘草爁四兩，為末，每服半錢，薑、鹽湯空心點服。

愚按：烏藥之用耳，食者本於寇氏走泄多一語，以為專於辛散而已。如海藏謂其理元氣，何以忽而不一繹也？如止於辛散，安得宿食能化，血痢能止，便數能節，癥癖能消，頭風虛腫之可除，腹中有蟲之可盡，婦人產後血逆及血海作痛之可療，小兒積聚蚘蟲及慢驚昏沉之可安？即日華子亦謂其功不能盡述者，是豈徒以辛散為功乎？蓋不等於補氣之劑，亦不同於耗氣之味，實有理其氣之元，致其氣之用者。氣之元固在腎與胃，如前種種奏功，乃為致其用也。致其用，是氣就理也。使止以疏散為能，而不能於密理致用，可謂能理氣乎？丹溪每於補陰劑內入烏藥葉，豈非灼見此味於達陽之中而有和陰之妙乎？達陽而能和陰，則不等於耗劑矣。香附血中行氣，烏藥氣中和血。離血而行氣，是謂之耗，不謂之理。蓋氣本出於陰中之陽，達於陽中之陰也。如謂其辛溫，槩以辛散盡之，豈謂其盡屬陽乎？在《經》曰陽者，其精奉於上，是陽召陰以俱升也。又曰陰者，其精降於下，是陰召陽以俱降也。玩陽與陰並有精字，則可以知陰陽之氣，定不孤行矣。不孤行，乃得氣之就理，謂其能理元氣者，正有得於陰陽合化之妙，雖氣溫而湊於味辛，似皆發育為用，然却不專以散為功也。如諸香味之辛溫者類皆主氣，但此味用根，義似親下，且采以八月，則陽中有陰可知，豈得與諸辛溫例論乎？第審求所因，其於祛寒冷最為中的，若以辛溫之氣味施於溼熱氣滯、陰虛火盛氣滯者，則不宜也。陰者能自得之。

附方　男婦諸病，香烏散用香附、烏藥等分，為末，每服一二錢，飲食不進，薑棗湯下；瘧疾，乾薑、白鹽湯下；腹中有蟲，檳榔湯下；頭風虛腫，茶湯下；婦人冷氣，米飲下；產後血攻心脾痛，童便下；婦人血海痛，男子疝痛，茴香湯下。小腸疝氣，烏藥一兩，升麻八錢，水二鍾，煎一鍾，露一宿，空心熱服。脚氣掣痛，鄉村無藥，初發時即取土烏藥，不犯鐵器，布揩去土，瓷瓦刮屑，好酒浸一宿，次早空心溫服，溏泄即愈。入麝少許尤佳。痛入腹者，以烏藥同雞子瓦罐中水煮一日，去雞子，切片，蘸食，以湯送下。氣厥頭痛，不拘多少，及產後頭痛，天台烏藥、川芎藭等分，為末，每服二錢，臘茶清調下；產後鐵錘燒紅，淬酒調下。血痢瀉血，烏藥燒存性，研，陳米飯丸梧子大，每米飲下三十丸。小兒慢驚，昏沉或搐，烏藥磨水灌之。

嫩葉　主治：炙碾，煎飲代茗，補中益氣，止小便滑數藏器。時珍曰：烏藥下通少陰腎經，上理脾胃元氣，故丹溪朱氏補陰丸藥中往往加烏藥葉也。希雍曰：烏藥辛溫散氣，病屬氣虛者忌之。世人多以香附同用，治女子一切氣病，不知氣有虛有實，有寒有熱，冷氣暴氣用之固宜，氣虛氣熱用之能無貽害耶？以故婦人月事先期，小便短赤，及咳嗽內熱，口渴口乾，舌苦不得眠，一切陰虛內熱之病，皆不宜服。

修治　根采旁附直根不堪用也，狀如鐲珠連者佳。去皮心，略炒。

清·郭章宜《本草匯》卷一五　烏藥　味辛，氣溫，氣厚于味，陽也，可升可降，入足陽明、少陰經。主膀胱冷氣攻衝，療胸腹積停為痛。七情鬱結，氣血停凝。用于風藥則疏風，用于脹滿則降氣。調婦人血氣，除小兒腹疼。

按：烏藥辛溫芳竄，性善走瀉，故為下氣溫中之要藥。能散結滯氣滯，調經溫血。佐香附于結濇，乃氣方標藥平劑。且能疏風寒，治腹疼，正以其熱而辛散耳。然味薄，無滋益人，不過疏散宣通，暢于香附而已，不必多用也。第專泄之品，與藜藿者相宜。錦衣玉食之人，鮮有不蒙其害者。惟與參、术同行，庶無弊耳。故嚴用和《濟生方》治七情鬱結，以人參、烏藥、沉香、檳榔為四磨湯者，降中兼升，瀉中帶補也。氣血俱虛，及內熱者，勿用。

酒浸一宿，炒用。

清·蔣居祉《本草擇要綱目·熱性藥品》　烏藥　氣味：辛，溫，無毒。氣厚于味，陽也。入足陽明、少陰經。主治：中惡心腹痛，蠱毒，主忤鬼氣，宿食不消，天行疫瘴。膀胱腎間冷氣攻衝背膂。婦人血氣，小兒腹中諸蟲。除一切冷霍亂，反胃吐食瀉痢。癰癤疥癘，并解冷熱。其功不可悉載。貓鼠百病，並可磨服。理元氣，中氣，脚氣，疝氣，氣厥頭痛，腫脹喘息，止小便頻數及白濁。但烏藥辛溫香竄，能散諸氣，故《惠民和劑局方》治中風中氣諸症，用烏藥順氣散者，先疎其氣，氣順則風散也。嚴用和《濟生方》治七情鬱結，上氣喘急，用四磨湯者，降中兼升，瀉中帶補也。其方以人參、烏藥、沉香、檳榔，各磨濃汁七分，合煎，細細嚥之。

清·閔鉞《本草詳節》卷五　烏藥　【略】按：烏藥入足陽明，其中惡鬼氣、疫瘴等症，皆陽明受病。蓋陽明開竅於鼻，而諸氣俱從鼻入也。入足少陰，故又暖膀胱冷氣，性善走下，而攻衝自止，腎與膀胱為表裏也。癰癤疥癩，成於血逆，始於氣逆，烏藥長於理三焦之氣，故并治之。《惠民局方》治中風中氣諸症，用烏藥順氣散，先踈其氣，氣順則風散也。《濟生方》治七情鬱結，上氣喘急，用四磨湯者，降中兼升，瀉中帶補也。但專泄之品，惟與藜藿相宜，一切陰虛內熱之病，勿服。

清·王翃《握靈本草》卷八 烏藥出天台者白而虛，海南者黑而堅。狀取連珠者佳，力緩，須醋浸，炙。 主治：烏藥，辛，溫，無毒。 主中惡中氣，脚氣膀胱氣攻背膂，霍亂反胃，腫脹喘急。縮小便，止白濁。

清·汪昂《本草備要》卷三 烏藥宣，順氣。 辛溫香竄，上入脾肺，下通腎經，能疏胸腹邪逆之氣。一切病之屬氣者皆可治。氣順則風散，故用以治中氣、中風，厥逆、痰壅、口噤、脉伏，身溫爲中風，身冷爲中氣。又有痰爲中風，無痰爲中氣。《局方》治此，亦用烏藥順氣散。許學士曰：暴怒傷陰，暴喜傷陽。憂愁不已，氣多厥逆，往往得中氣之症，不可作中風治。及膀胱冷氣，小便頻數，反胃吐食，宿食不消，瀉痢霍亂。女人血凝氣滯，小兒蚘蛔，外如瘡癤疥癘，皆成于血逆，理氣亦可治之。療猫、犬百病。氣虛、氣熱者禁用。時珍曰：四磨湯治七情鬱結上氣喘急者，降中兼收，瀉中兼補也。方用人參、烏藥、沉香、檳榔，各濃磨汁七分合煎。縮泉丸，用同益智，等分爲丸，治虛寒便數者，取其通陽明、少陰也。 根有車轂紋、形如連珠者良。酒浸一宿用。亦有煅研用者。

清·陳士鐸《本草新編》卷四 烏藥 味辛，氣溫，陽也，無毒，入足少陰腎經及陽明胃腑。性多走泄，不甚剛強，諸冷能除。凡氣堪順，止翻胃，消積食作脹，縮小便，逐氣衝致疼，辟疫瘴時行，解蠱毒卒中，攻女人滯凝血氣，去小兒積聚蛔蚘。此品功多而效少，蓋佐使之至微者也。力微似可多用，然而多用反不見佳。不若少用之，以佐君臣之用耳。

烏藥無關重輕，其實過多功少，近人未知耳。產婦虛而胎氣不順者，切不可用，用則胎立墮。人以為順氣用之，誰知烏藥能順胎氣之實，而不能順胎氣之虛乎。不獨胎氣，凡氣虛者，俱不能順。惟血虛而帶鬱滯者宜之耳。

清·顧靖遠《顧氏醫鏡》卷八 烏藥辛，溫。入胃膀胱二經。 主膀胱冷氣攻冲，辛溫能散寒邪，性又下氣故也。療婦人血氣作痛。性溫香竄走洩，故能散血凝氣滯。芳香能辟邪，故中惡心腹痛用之。氣虛及血虛內熱者，勿用。

清·李熙和《醫經允中》卷二〇 烏藥 入足陽明、少陰二經。 辛，溫，無毒。 主治中風中氣，風寒厥頭痛，脹悶喘急，七情鬱結，氣血凝滯。同香附為女科聖藥。 烏藥長于開鬱理氣，疏風散寒之劑，右寸口脉盛者宜之。多用恐損真元。

清·馮兆張《馮氏錦囊秘錄·雜症痘疹藥性主治合參》卷四 烏藥稟地二之氣以生，故味辛、微苦，氣溫，無毒。入足陽明、少陰經。所以上治陽明所受，下治腎與膀胱所生之病也。

烏藥 走腎胃，諸冷諸氣作疼，翻胃食積作脹，膀胱腎間冷氣。小兒腹中諸蟲，女人血氣凝滯。一切中惡心腹絞痛，蠱毒疰忤鬼氣。宿食不消，七情鬱結。猫犬有病，磨水灌效。氣血虛而內熱者，勿服。

主治痘疹合參： 發表中可用，匀氣內亦加，只可治有餘，不可治不足。

清·张璐《本經逢原》卷三 烏藥 辛，溫，無毒。酒浸晒乾用。不可見火。

發明： 烏藥香竄，能散諸氣，故治中風中氣諸證。用烏藥順氣散者，先踈其氣，氣順則風散也。辛溫能理七情鬱結，上氣喘急，用四磨、六磨。婦人血氣諸痛，男子腰膝麻痹，用烏沉湯，並借參之力，寓補於瀉也。大抵能治氣血凝滯，霍亂吐瀉，痰食稽留，但專泄之品，施於藜藿相宜。若膏粱之輩，血虛內熱者服之，鮮不蒙其害也。

清·浦士貞《夕庵讀本草快編》卷五 烏藥宋《開寶》 烏以色名，產天台者為勝。 烏藥味辛，氣厚於味，入足陽明、少陰。故上可療心腹之痛，而除霍亂、吐食及氣厥頭疼；下可以清白濁而止小便頻數，攻脚氣疝氣以及婦人血氣，蓋取其香竄而和，通調上下也。《和劑》治中風中氣有順氣散，謂先疏其氣，氣順則風自散也。《濟生》又治七情欝結，上氣喘急，用四磨湯調，降中兼升，瀉中帶補也。若與益智同行，功能縮泉。與麝香並投，立除脚氣。雖云來氣少而走泄多，不甚剛猛，故可任用爾。

清·劉漢基《藥性通考》卷六 烏藥 味辛，氣溫，香。入脾肺，通腎經。能疏胸腹邪逆之氣，一切病之屬氣者，皆可治。 氣順則風散，故用以治中氣中風及腎、膀胱冷氣，小便頻數，反胃吐食，宿食不消，瀉痢霍亂，女人血凝氣滯，小兒蚘蛔。外如瘡癤疥癘，皆成於血逆理氣，亦可治之。療猫、犬百病。氣虛氣熱者禁用。根有車轂紋，形如連珠者良。酒浸一宿用。時珍曰：四磨湯治七情欝結、上氣喘急者，降中兼收，瀉中兼補也。方用人參、烏藥、沉香、檳榔，各濃磨汁七分，合煎。縮泉丸用同益智等分為丸，治虛寒便數者，取其通陽明少陰也。

清・姚球《本草經解要》卷三　烏藥　氣溫，味辛，無毒。主中惡，心腹痛，蠱毒，疰忤鬼氣，宿食不消，天行疫瘴，膀胱腎間冷氣攻衝背膂，婦人血氣，小兒腹中諸蟲。　烏藥氣溫，稟天春暖之木氣，入足厥陰肝經。味辛無毒，得地西方之金味，入手太陰肺經。氣味俱升，陽也。肺者，手太陰經，主氣，合皮毛，而為外固者也。肺氣不虛，則外邪無從而入。正氣不傷，則外邪不能為害。心腹，太陰經行之地，中惡而心腹痛，太陰正氣不能祛邪也。烏藥味辛而溫，溫能行，辛能散，所以主之。辛溫為陽，陽能破陰，故主蠱毒，疰忤鬼氣也。飲食入胃，散精於肝，肝之能散，全賴辛溫之陽以行之也。烏藥辛溫助肝，所以消食。疫瘴之邪，皆因濕熱釀成，辛溫條達，可消濕熱抑塞之氣，所以主之。膀胱腎間冷氣，寒水之氣也。攻衝背膂，從陰位來，而犯陽也。烏藥辛溫助陽，陽之所至，陰寒自退。且背膂，太陰肺所主也。氣溫入肝，肝藏血。味辛入肺，肺主氣。辛溫走洩，所以主婦人血氣凝滯也。小兒腹中諸蟲，皆濕熱所化，辛溫則具上達下洩之性，所以能去諸蟲也。　製方：烏藥同人參、沉香、檳榔，各磨汁，名四磨湯，治七情鬱結，上氣喘急。同沉香、人參、甘草末，名烏沉散，治一切氣，一切冷，一切痛，及中惡吐瀉轉筋，疰忤鬼氣疫瘴。

清・周垣綜《頤生秘旨》卷八　烏藥　疏氣散寒之藥也。味薄，無滋於人。但取其辛散凝滯而已。施於風藥則疏風，施於脹滿則降氣，施於寒氣則發散，施於婦人則快滯。

清・王子接《得宜本草・下品藥》　烏藥　味辛，溫。功專消風順氣。得沉香治胸腹冷氣，得益智仁治小便頻數，得蘹香、青皮、良薑治五積切痛。

清・黃元御《玉楸藥解》卷二　烏藥　味辛，氣溫。入足陽明胃、足太陰脾，手太陰肺經。破瘀泄滿，止痛消脹。烏藥辛散走泄，治痛滿吐利、脹腫喘息、寒疝衝突、脚氣升逆之證。但不宜虛家，庸工以之治虛滿之病，非良法也。

清・吳儀洛《本草從新》卷三　烏藥（宣，順氣。）　辛，溫，香竄。上入脾肺，下通膀胱與腎，能疏胸腹邪逆之氣，一切病之屬氣者，皆可治。四磨湯治七情鬱結，上氣喘急者，降中兼收，瀉中兼補也。方用人參、烏藥、沉香、檳榔，各磨濃汁七分，合煎服。氣順則風散，故用以治中氣中風，厥逆痰壅，口噤脈伏，身溫為中風，身冷為中氣；又有痰為中風，無痰為中氣。《局方》治此亦用烏藥順氣散。許學士云：暴怒傷陰，暴喜傷陽，憂愁不已，氣多厥逆，往往得中氣之證，不可作中風治。老人卒倒，大抵氣血頹敗，陰陽脫離而然，景岳所謂非風是也。若無痰氣阻滯者，當大補以固其脫。　膀胱冷氣，小便頻數，白濁，反胃吐食，宿食不消，瀉痢霍亂，女人血凝氣滯，小兒蚘蛔。外如瘡癤疥癘，皆成於血逆，理氣亦可治之。療猫犬百病。氣血虛而內熱者勿服。根有車轂紋，形如連珠者良。酒浸一宿，炒。亦有煅研用者。

清・汪紱《醫林纂要探源》卷三　烏藥　苦，辛，溫。樹小，葉有三經紋而茂，子黑，根多粉，切之有車輪轂文，形如連珠。出天台者良。泄肺逆，燥脾濕，潤命火，堅腎水，去內寒。降一切逆氣，調衝任二脈，溫（皮）〔脾〕胃，消宿食，腹痛，治寒而反胃吐食，及瀉痢霍亂，去膀胱寒氣，小便頻數。亦能殺蛔，治血凝血滯。　葉　苦，溫。一名旁箕茶，嫩者茸茸，色黃白，炒乾收貯，陳久愈佳。溫中燥脾。能消食，殺蛔，治腹中寒痛，小兒尤宜。

清・嚴潔等《得配本草》卷七　烏藥　苦、辛、溫。入手太陰，兼足少陰經氣分。治膀胱衝背之冷氣，消風濕侵胃之寒痹。療瀉痢，止腹痛。磨水灌下，能治猫犬百病。　得木香，治腹冷氣痛。得川芎，治氣厥頭痛。配小青皮，去五積切痛。佐益智仁，治小便頻數。　酒浸一宿，去心用。炒研用亦可。　氣虛及內熱者禁用。

題清・徐大椿《藥性切用》卷五　台烏藥　辛溫香竄，入脾肺而下及腎膀。善疏邪逆之氣，以致其平，為降氣疏逆耑藥。血虛火炎者並忌。

清・黃宮繡《本草求真》卷四　烏藥治氣逆胸腹不快。

烏藥耑入胃、腎，兼入脾、肺、膀胱。　辛溫香竄，書載上入脾肺，下通腎經。如中風中氣，膀胱冷結，小便頻數，反胃吐食，泄瀉霍亂，女人血氣凝滯，小兒蚘蛔，外而瘡癤疥癘，并凡一切病之屬於氣逆而見胸腹不快者，皆宜用此。許學士云：暴怒傷陽，暴喜傷陰，憂愁不已，氣多厥逆，往往得中氣之症，不可作中風治。時珍曰：《局方》治中風中氣諸症，同烏藥順氣散者，先疏其氣，氣順則風散也。嚴用和《濟生方》治七情鬱結，上氣喘急，用四磨湯者，降中兼升，瀉中兼補也。其方以人參、烏藥、沉香、檳榔各磨濃汁七分，合煎，細細咽之。《朱氏集驗方》治虛寒小便頻數，縮泉丸用炒益智子等分，為丸服者，取其通陽明少陰經也。　功與木香、香附同為一類，但木香苦溫，入脾爽滯，每於食積則宜。香附辛苦，入肝膽二經開鬱散結，每於憂鬱則妙，此則逆邪橫胸，無處不達，故用以為胸腹逆邪要藥耳！　氣行則風自散，故不須治風。若氣虛內熱而見胸膈不快者，非其所宜。烏藥止可以除冷氣。　根有車轂紋形而連珠者良。酒浸一宿，或煅研用。

清・楊璿《傷寒溫疫條辨》卷六消劑類　烏藥　味苦辛，性溫。入胃、腎。諸冷能除，凡氣堪順，止翻胃，消食積作脹，縮小便，逐氣衝致疼，辟瘴癘時作，解蠱毒卒中，攻婦人凝滯血氣，去小兒積聚蚘蟲，又療癰癤疥癩。猫犬病，磨汁灌效。嚴氏四磨湯：烏藥、沉香、枳殼、檳榔等分，磨汁煎服，治七情氣逆。虚加人參磨，若暴怒氣厥，加枳實、木香，白酒磨服。

清・羅國綱《羅氏會約醫鏡》卷一七竹木部　烏藥味辛溫，入胃膀胱二經。辛溫香竄，善行諸氣。能疏胸腹邪逆脹痛，喘急，霍亂，反胃宿食。氣逆之患。治中風、中氣，氣順則風散。膀胱冷氣攻衝，女人血氣凝結辛溫。凡七情鬱結，氣不流暢悉效。亦止小便頻數，能溫膀胱。并療猪犬百病。磨汁嚾之。

按：氣血虛而內熱者勿用。

清・陳修園《神農本草經讀》附録　烏藥　氣味辛，溫，無毒。主中惡，心腹痛，蠱毒，疰忤鬼氣，宿食不消，天行疫瘴，膀胱腎間冷氣攻衝背膂，婦人血氣，小兒腹中諸蟲。《拾遺》

清・黄凱鈞《藥籠小品》　烏藥　辛，溫。上入肺脾，下通膀胱與腎，疏胸腹氣逆，兼能止痛。氣虛血熱勿服。

清・王龍《本草纂要稿・木部》　烏藥　氣味辛溫。諸冷堪除，凡氣亦順。止翻胃，消食積作脹。縮小便，逐風冲致疼。同風藥能治風，配氣藥則順氣。因多走泄，不甚剛強。

清・張德裕《本草正義》卷上　烏藥　苦，溫。入脾、胃、肝、腎。善行諸氣，療中惡鬼氣蠱毒，止心腹痛，溫腸胃，止瀉痢，除一切冷氣，猫、犬百病。

清・楊時泰《本草述鉤元》卷二二　烏藥　嶺南者色黑褐而堅硬，天台者色白而香軟。或云：天台不及海南者力大。吳楚山中極多，根葉皆香，但根不甚大，纔如芍藥，嫩者肉白，老者褐色，並以八月采根。

辛溫，微苦。微香，氣厚於味，陽也。入足陽明、少陰經。除諸冷，疎寒疫，理元氣，腎間冷氣攻衝背膂，胃冷，霍亂吐瀉，消宿食，寬膨脹，治氣厥頭痛，腫脹喘急，散癥癖刺痛，中惡心腹痛，中氣脚氣，疝氣，止血痢及小便頻數，白濁，調婦人血氣，小兒積聚，蚘蟲，慢驚昏沉或搐。同沉香磨作湯點服，治胸腹冷氣甚穩。得香附，治諸般氣。香附血中行氣，烏藥氣中和血。入風藥，疎一切風。入瘡藥，治諸癰疥癩。癰癤疥癩，始於氣逆，而成於血逆，烏藥長於理氣，故並療。烏沉湯治一切氣，一切冷。補五臟調中，壯陽暖腰膝，去邪氣冷風麻痺，膀胱腎間冷氣，攻衝背膂，俛仰不利，風水毒腫，吐瀉轉筋，癥癖刺痛，中惡心腹痛，鬼氣疰忤，天行瘴疫，婦人血氣痛。用台烏藥百兩、沉香五十兩、人參三兩、甘草炙四兩，為末，每服半錢，薑鹽湯空心點服。香烏散：治男婦諸病，香附、烏藥等分為末，每服一二錢。飲食不進，薑棗湯下。瘧疾，乾薑白鹽湯下。腹中有蟲，檳榔湯下。頭風虛腫，茶湯下。婦人冷氣，米飲下。産後血攻心脾痛，童便下。婦人血海痛，男子疝痛，茴香湯下。小腸疝氣，烏藥一兩，升麻八錢，水二鍾，煎一鍾，露一宿，空心熱服。脚氣掣痛，鄉村無藥，初發時，即取土烏藥，布揩去土，不犯鐵。瓷鋒刮屑，好酒浸一宿，次早空心溫服，溏瀉即愈。入麝少許尤佳。痛入腹者，以烏藥同雞子，瓦罐中水煮一日，取雞子切片蘸食，以湯送下。氣厥頭痛及産後頭痛，台烏藥、川芎等分，為末，每服二錢，臘茶清下。産後，鐵錘燒紅，淬酒下。血痢瀉血，烏藥燒存性，研，陳米飯丸梧子大，每米飲下三十丸。小兒慢驚，昏沉或搐，烏藥磨水灌之。

論：烏藥之用，粗者謂其專於辛散而已，如止於辛散，何遽能化宿食，止血痢，節便數，消癥癖，頭風虛腫之可除，腹中有蟲之可盡，婦人産後血逆及血海作痛之可療，小兒積聚，蚘蟲及慢驚昏沉之可安乎？蓋此味固非補氣，亦不耗氣，實有理其氣之元，致其氣之用者。氣之元在腎與胃，如前種種奏治，乃為致其用也。致其用，是氣就理也，氣本出於陰中之陽，達於陽中之陰，此正達於陽之中，妙有和陰之用，初非離血以行氣者。《經》曰：陽者其精奉於上，是陽召陰以俱升也；陰者其精降於下，是陰召陽以俱降也。玩陽與陰，並有精字，則可以知其氣定不孤行矣。烏藥之理元氣，正有得於陰陽合化之妙，雖氣溫湊於辛味，卻不專以辛散為功也。且其用在根，義似親下，又采以八月，則陽中有陰可知。惟於祛除寒冷，最為中的。若施之濕熱氣滯及陰虛火盛氣滯者，則不宜耳。

繆氏云：冷氣暴氣宜用，氣虛氣熱者忌之，凡婦人月事先期，小水短赤及欬嗽內熱，口乾舌苦，不得眠，皆不宜服。

修治：根采旁附直根不堪用。狀如鐲珠連者佳，去皮心，略炒。

烏藥嫩葉　炙研，煎湯代茗，補中益氣，止小便滑數藏器。烏藥下通腎經，上理脾胃元氣，故丹溪補陰丸藥中往往加烏藥葉。

清·鄒澍《本經續疏》卷五　烏藥　【略】治宿食宜消，治溲滑宜固。消之與固，顯相背馳，決非一物所堪兼有。而本草著録，方家循用，實能並擅其長，何也？夫腎為陰藏，而中有陽，膀胱寒水之府，而號太陽，是其實皆體陰而用陽者。烏藥色黑，乃氣味辛溫，且開花結實，均以夏月，不正體陰用陽者乎？《金匱·真言論》曰：北方黑色，入通於腎，開竅於二陰。即本草云主膀胱、腎間冷氣，皆推本之論。蓋惟此陰中之陽，德協地下之暖，他日生發之氣於是而化，盛長之氣於是而始。中惡心腹痛，蠱毒，疰忤鬼氣，盛長之氣所擊散也。宿食不消，天行疫瘴，生發之氣所化導也。夫然則膀胱、腎間冷氣，既攻衝背膂，而親乎上者，不猶烏藥之從黑根而生樹，卻已轉冷氣為發育條達之氣耶。特宜知溫而辛，非溫而甘苦酸鹹者比，僅能使陰中有陽而不條鬯者發，不能使陰中無陽者生。此則大有逕庭，不得混合。至其偏止小便滑數，則巢氏曰：小便利多者，由膀胱虛寒胞滑。又曰：小便數者，膀胱與腎俱虛，而有客熱乘之故也。是可知滑是滑，數是數，滑數兼稱，自係水藏水府虛寒、客熱乘之之故，不得但作虛觀。是透發其固有之陽，以拒夫外來之熱，化導而使之散耳。特本草明言用葉，而後人所製縮泉丸，卻仍用根。或者猝不得葉，而根則肆中所常備。究以其出於一本，氣味不甚相遠，亦可借用歟。

清·葉桂《本草再新》卷四　烏藥味辛，性溫，無毒。入脾、肺二經。　主膀胱冷氣攻沖，療胸腹積停為痛。

清·吳其濬《植物名實圖考》卷三五　烏藥　《嘉祐本草》始著錄。山中極多，俗以根形如連珠、有車轂紋者為佳。開花如桂。

清·趙其光《本草求原》卷七香木部　烏藥　采藥親下。於八月。陽中有陰。　辛溫而不耗散，能達陽和陰；　順氣以和血，故治氣血凝滯、痰食稽留、中風中氣諸症，用烏藥順氣散氣，順則風散也。　七情鬱結，上氣喘急，同人參、檳榔、沉香，降瀉兼補也。　婦人血凝氣滯，男子腰膝麻痹，一切冷氣、腎冷氣沖背，風水腫，吐瀉轉筋，痃癖，中惡，腹痛，鬼氣瘴疫，俱同參、甘、沉香為末，薑、鹽湯下，名烏沉湯，亦借參以行藥力。　虛寒尿數。同益智為丸。觀上所治斷不得以散氣目之。　得香附，治百病。食少，薑棗湯下；　瘧疾，乾薑、鹽湯下；有蟲，檳榔湯下；　疝痛，茴香湯下；　頭風虛腫，茶湯下；　婦人冷氣，米湯下；　產後血攻痛，童便下。　同風藥疏風，同瘡藥治癰癤疥癩，亦因氣逆而致血逆。　小腸疝氣，同升麻煎。　脚氣，同麝酒浸，溫服；痛入腹，以雞蛋同煮一日，去蛋食。　氣厥頭痛，同川芎，茶清下。　產後頭痛，同川芎，以鐵錘燒紅，淬酒下。　血痢、瀉血，燒研，米糊丸，米飲下。　慢驚。磨水灌。　是上理脾胃元氣，下通腎經，除胸腹逆氣之要藥，故丹溪補陰方中往往加之。　治蠱毒、貓犬百病。　氣虛氣熱者勿用。

采旁根，有車轂紋、形如連珠者良。　去皮，酒浸，略炒。　忌鐵。

清·文晟《新編六書》卷六《藥性摘錄》　烏藥　辛，溫。香竄，上入脾肺，下達腎與膀胱。　治氣逆胸腹不快。〇惟氣虛內熱，而見胸腹不快者，勿用。〇酒浸一宿，或煅研用。

清·張仁錫《藥性蒙求·木部》　烏藥五分、一錢　烏藥辛溫，香能理氣。心服痕疼，方中可擬。上入脾肺，下通膀胱與腎。疏胸腹邪逆之氣，一切病之屬氣者，皆可治。〇炒用。氣血虛而內熱者，勿服。

清·戴葆元《本草綱目易知錄》卷四　烏藥　根，辛，溫。香竄，入足陽明、少陰經。能疏胸腹邪逆之氣，一切病之屬氣者，皆可治。氣能順則風散，故用以治中氣中風及七情鬱逆，氣厥頭痛，腫脹喘急，天行疫瘴，膀胱腎間冷氣，攻衝背膂，小便頻數，白濁氣淋。反胃吐食，中惡心腹痛。蠱毒鬼疰，宿食不消，霍亂瀉痢，脚氣疝氣。女人血氣，小兒腹中諸蟲及癰癤疥癘，并解冷熱。功難盡悉。猪犬百病，並可磨服。【略】

嫩葉【略】《纂要》云：葉名蒡箕茶。溫中燥脾，消食殺蛔，治腹中寒痛，小兒尤宜。嫩者茸茸，色黃，炒乾收藏，陳者良。

子：【略】葆按：烏藥又名婑樟，近醫用之治女科，理氣鬱，名樟榕子即此也。

清·黃光霽《本草衍句》　烏藥　辛入脾肺，溫通腎經。能疎胸腹邪逆諸氣，治中氣、脚氣、疝氣、氣厥，降一切逆氣，調衝任二脈。　順氣消風。故治中風中氣，用烏藥順氣散氣，順則風消。　并理膀胱腎間冷氣，攻冲背膂。用烏沉丸。　小便頻數，宿食不消。　女人血氣凝滯，小兒腹中諸蚘。　中惡心腹絞痛，反胃瀉痢兼療。得益智治小便頻數，得升麻治小腸疝氣，得牛皮膠、軟白香治妊中有癰。　一切氣痛，不拘男女，冷氣血氣肥氣，息賁氣，伏梁氣，奔豚氣搶心，一切冷汗，喘息欲絕，烏藥酒炒，茴香炒，骨皮炒，良薑炒，等分為末，溫酒、童便調服。　烏沉湯：一切氣，一切冷氣，烏藥一兩，沉香五錢，人參三錢，甘草四錢，共為末，每服半錢，薑、鹽湯下。

清·陳其瑞《本草撮要》卷二　烏藥　味辛，溫，入足陽明、少陰經。功專消風順氣。得沉香治胸腹冷氣，得益智仁治小便頻數，得茴香、青皮、良薑治五積切痛，得人参、沉香、檳榔各磨濃汁合煎，治諸喘。氣血虚而有内熱者勿單服。酒浸一宿，炒或煅研用。並療貓狗百病。

清・周巖《本草思辨録》卷四　烏藥　烏藥色黑味辛，氣溫而香，其主膀胱腎間冷氣，攻冲背膂宜矣。而寇宗奭謂與沉香同磨作湯點服，治胸腹冷氣甚穩當者，何故？蓋其根如車轂紋横生，非降亦非升，故凡病之屬氣而涉寒者皆可治。所謂空通者轉氣機也。

縮泉丸治小便頻數，溫腎固氣，惟恃益智、山藥，佐烏藥則以散冷氣耳。

研藥

宋・唐愼微《證類本草》卷一三木部中品〔唐・陳藏器本草拾遺〕　研藥　味苦，溫，無毒。主霍亂，下痢，中惡，腹内不調者，服之。出南海諸州。根如烏藥圓小。樹生也。

〔宋・唐愼微《證類本草》〕《海藥》：葉如椒。主赤白痢，蠱毒，中惡，並剉煎服之。

明・王文潔《太乙仙製本草藥性大全》卷三《仙製藥性》　研藥　味苦，氣溫，無毒。出南海諸州。根如烏藥，圓小，樹生葉如椒葉也。主治：主霍亂下痢赤白如神，下蠱毒中惡鬼疰捷效。補註：赤白痢疾，蠱毒中惡，並用剉散，水煎服效。

懷香

明・李時珍《本草綱目》卷三四木部・香木類　懷香音懷。《綱目》。

〔釋名〕兜婁婆香　〔集解〕時珍曰：懷香，江淮、湖嶺山中有之。木大者近丈許，小者多被樵采。葉青而長，有鋸齒，狀如小薊葉而香，對節生。其根狀如枸杞根而大，煨之甚香。《楞嚴經》云壇前安一小爐，以兜婁婆香煎水沐浴，即此香也。

根　〔氣味〕苦，濇，平，無毒。　〔主治〕頭癤腫毒。碾末，麻脂調塗，七日腐落時珍。

清・王道純《本草品彙精要續集》卷一〇　懷香無毒

懷香　主頭癤腫毒，碾末，麻脂調塗，七日腐落《本草綱目》。　〔名〕兜婁婆香。　〔地〕李時珍曰：懷香，江淮湖嶺山中有之。　〔苗〕木大者近丈許，小者多被樵採，葉青而長，有鋸齒。　〔質〕狀如小薊葉而香，對節生，其根狀如枸杞根而大，煨之甚香。　〔用〕《楞嚴經》云壇前具列小爐，以兜婁婆香煎水沐浴，即此香也。　〔味〕苦，澀。　〔性〕平。

清・吴其濬《植物名實圖考》卷三五　懷香　《救荒本草》謂之兜櫨樹，葉可煠食。《本草綱目》始收入香木。

見風消

清・吴其濬《植物名實圖考》卷三八　見風消　生長沙山阜。長葉排生，極似櫸柳，高僅一二三尺，叢條葱茂；葉面青背白，似野胡椒而窄。俚醫以為消風敗毒之藥，故名。

釣樟

宋・唐愼微《證類本草》卷一三木部中品〔唐・陳藏器《本草拾遺》〕　枕材　味辛，小溫，無毒。主欬嗽，痰飲積聚脹滿，鬼氣注忤。煮汁服之。亦可作浴湯，浸脚氣及小兒瘡疥。生南海山谷。作舸舡次於樟木，無藥處用之也。

宋・唐愼微《證類本草》卷一四木部下品〔《别錄》〕　釣樟音章根皮　主金瘡止血。

〔梁・陶弘景《本草經集注》〕云：出桂陽、邵陵諸處，亦呼作烏樟，方家少用，而俗人多識此。刮根皮屑以療金瘡，斷血易合，甚驗。又有一草似狼牙，氣辛臭，名地菘，人呼爲劉儘音獲草。五月五日採，乾作屑。亦主療金瘡。言劉儘昔採用之爾。

〔唐・蘇敬《唐本草》〕注云：釣樟，生郴州山谷。樹高丈餘。葉似柟音南葉而尖長，背有赤毛，若枇杷葉。八月、九月採根皮，日乾也。

〔宋・掌禹錫《嘉祐本草》〕按：蕭炳云：俗人取莖葉置門上，辟天行時疾。《别録》云：似烏藥，取根摩服，治霍亂。日華子云：溫，無毒。治賁纯脚氣水腫，煎服并將皮煎湯洗瘡痍風瘙疥癬。

陳藏器云：樟材，味辛，溫，無毒。主惡氣，中惡心腹痛，鬼注，霍亂，腹脹，宿食不消，常吐酸臭水。酒煮服之。無藥處用之。江東舸船，多是樟木，斫取剉用之。彌辛烈者佳。亦作浴湯，治脚氣，除疥癬風痒，作履除脚氣，縣名豫章，因木爲名也。

宋・鄭樵《通志》卷七六《昆蟲草木略》　釣樟　曰棆，亦樟之類也。《爾雅》云：棆，無疵。又名無疵。

宋・陳衍《寶慶本草折衷》卷一四　釣樟根皮　其木一名烏樟。出桂陽山谷即彬州，及邵陵諸處。〇八、九、月採根皮，日乾。

味辛用樟材云，溫，無毒。〇主金瘡止血。〇蕭炳云：似烏藥。摩服，治霍亂。〇日華子云：治賁纯脚氣水腫，煎服。并皮煎湯，洗瘡痍風瘙疥癬。

明·王綸《本草集要》卷四 釣樟根皮俗呼烏樟。 主金瘡止血，治賁豚腳氣水腫，煎服。并煎湯洗瘡痍疥癬。中惡心腹痛，鬼疰，霍亂腹脹，酒煮服之。

明·劉文泰《本草品彙精要》卷二〇 釣樟根皮無毒。附樟材。 植生。

釣樟音章根皮 主金瘡，止血。名醫所錄。 【名】烏樟。 【苗】《唐本》注云：樹高丈餘，葉似柟音南葉而尖長，背有赤毛若枇杷葉。縣名豫章，因木而爲名也。 【地】《唐本》注云：生彬州山谷及出桂陽、邵陵諸處皆有之。 【時】生：春生葉。採：八九月取根皮。 【收】日乾。 【用】根、皮。 【質】根似烏藥。 【色】青褐。 【味】辛。 【性】溫，散。 【氣】氣厚于味，陽也。 【臭】微香。 【主】金瘡。 【製】細剉或爲末用。 【治】療：陶隱居云：能合金瘡，斷血。日華子云：治賁豚，腳氣水腫，及洗諸瘡痍，風瘙疥癬。 【合治】樟材煮酒，療惡氣，中惡，心腹痛，鬼疰，霍亂，腹脹，宿食不消，常吐酸臭水。

明·王文潔《太乙仙製本草藥性大全》卷三《本草精義》 釣樟根皮 出桂陽、邵陵諸處。亦呼作烏樟。釣樟生郴州山谷，樹高丈餘，葉似楠音南葉而尖長，有赤毛，若枇杷葉。江東舸船多是樟木斫取作用之，彌辛烈者最佳。縣名豫章，因木爲名。八月、九月採根皮，日曝乾用。

明·王文潔《太乙仙製本草藥性大全》卷三《仙製藥性》 釣樟樹皮 味辛，氣溫，無毒。 主治：主金瘡止血住痛。治膹豘脚氣水腫。諸瘡疥癬，煎湯洗之尤良。中惡鬼疰，酒煮服之最效。驅霍亂腹脹，止心腹疼痛。補註：金瘡刮根皮屑以斷血易合，五月五日採乾作屑尤靈。〇辟天行時氣，取莖葉置門上效。治豶豘脚氣，水腫，煎服。并將皮煎湯洗瘡痍風瘙疥癬。〇惡氣中惡，心腹痛，鬼疰，霍亂腹脹，宿食不消，常吐酸臭水，酒煮服之。無藥處用之。

明·皇甫嵩《本草發明》卷四 釣樟根皮下品。辛，溫，無毒。 俗呼烏樟。主金瘡。刮根木屑，斷血易合。又止血。又云：樟材辛溫，主惡氣，中惡心腹痛鬼疰，霍亂腹脹。宿食不消，常吐酸臭水，酒煮服之，無藥處用之。

明·李時珍《本草綱目》卷三四木部·香木類 釣樟《別録》下品。校正：併入《拾遺》枕材。

【釋名】烏樟弘景 棆音綸。 枕音沈。 豫《綱目》。 時珍曰：樟有大、小二種，紫、淡二色。此即樟之小者。按鄭樵《通志》云：釣樟亦樟之類，即《爾雅》所謂棆無疵是也。又相如賦云：楩、楠、豫、章。顔師古注云：豫即枕木，章即樟木。二木生至七年，乃可分別。觀此，則豫即《別録》所謂釣樟者也。根似烏藥香，故又名烏樟。 【集解】弘景曰：釣樟出桂陽、邵陵諸處，亦呼作烏樟，方家少用，而俗人多識。恭曰：生郴州山谷。樹高丈餘，葉似楠葉而尖長，背有赤毛，若枇杷葉上毛。八月、九月采根皮，日乾。炳曰：根似烏藥香。藏器曰：枕生南海山谷。作舸船，次于樟木。

根皮 【氣味】辛，温，無毒。 【主治】金瘡止血，刮屑傅之，甚驗《別録》。磨服，治霍亂蕭炳。治奔豚脚氣水腫，煎湯服。亦可浴瘡痍疥癬風瘙，併研末傅之大明。

莖葉 【主治】置門上，辟天行時氣蕭炳。

明·倪朱謨《本草彙言》卷八 釣樟 又名烏樟，即樟木之小者。氣味功用，與樟木主治同。惟治金瘡出血不止，刮末敷之，甚驗，又特異于樟木也。

野樟樹

清·吴其濬《植物名實圖考》卷三八 野樟樹 生長沙嶽麓。叢生，小木高尺餘，葉極似樟，面綠背淡，夏結紅實，纍纍可翫，惟移植即枯，圃盎弗録，僅供樵薪。

詹糖香

宋·唐慎微《證類本草》卷一二木部上品〔《別錄》，《嘉祐本草》新分條〕 詹糖香 微溫。療風水毒腫，去惡氣伏尸。

〔梁·陶弘景《本草經集注》〕云：此香皆合香家要用，不正入藥。惟療惡核毒腫。詹糖出晉安、岑州。上真淳者難得，多以其皮及蠹蟲屎雜之，惟軟者爲佳。餘香無真僞，而有精麁爾。

〔唐·蘇敬《唐本草》〕注云：詹糖樹似橘。煎枝爲香，似沙糖而黑。出交、廣以南。云詹糖香治惡瘡，去惡氣。生晉安。

〔宋·唐慎微《證類本草》〕《圖經》：文具沉香條下。

宋·劉明之《圖經本草藥性總論》卷下 詹糖香 微溫。療風水毒腫，去惡氣伏尸。陶隱居云：惟療惡核毒腫。

明·劉文泰《本草品彙精要》卷一七 詹糖香無毒 植生。

詹糖香 療風水毒腫，去惡氣，伏屍。名醫所錄。 【苗】《圖經》曰：木似橘，煎枝葉以爲香，往往以其皮及蠹屑和之，難得純好者，唐方多用，今亦稀見。出晉安岑州上，真純者難得，多以其皮及蠹蟲屎雜之，爲軟者爲佳，餘香無真僞而有精粗爾。《唐本》注云：詹糖樹似橘，煎枝爲香，似沙糖而黑，出交廣以南，云詹糖香也。【地】《圖經》曰：出交廣以南、晉安、岑州。【時】生：春生葉。採：無時。【收】暴乾。【色】黑。【味】辛。【性】微溫。【氣】氣之厚者，陽也。【臭】香。【主】水毒腫。【治】療：陶隱居云：除惡核毒。《唐本》注云：消惡瘡。

明・王文潔《太乙仙製本草藥性大全》卷三《本草精義》 詹糖香 出晉安、岑州郡土。唐云：詹糖樹似橘，煎枝爲香似沙糖而黑，出交趾、廣州。真淳者難得，多以其皮及殼蟲屎雜之，惟軟者獨佳。餘香無臭，僞而有精粗爾。

明・王文潔《太乙仙製本草藥性大全》卷三《仙製藥性》 詹糖香 氣微溫，無毒。此香合香家要用，不入藥。主治：療惡核毒腫，去惡氣伏尸。又治惡瘡。

明・李時珍《本草綱目》卷三四木部・香木類 詹糖香《别録》上品

【釋名】時珍曰：詹言其粘，糖言其狀也。【集解】弘景曰：出晉安、岑州。上真淳者難得，多以其皮及蠹蟲屎雜之，惟軟者爲佳。皆合香家要用，不正入藥。恭曰：詹糖樹似橘。煎枝葉爲香，似沙糖而黑。出交廣以南，生晉安。近方多用之。時珍曰：其花亦香，如末利花香氣。

【氣味】苦，微溫，無毒。【主治】風水毒腫，去惡氣伏尸《别録》。治惡核惡瘡弘景。和胡桃、青皮搗，塗髮令黑如漆時珍。

清・吴其濬《植物名實圖考》卷三三 詹糖香 《别録》上品。《唐本草》云：出晉安。葉似橘，煎枝為香，似沙糖而黑。今寧都州香樹形狀正同，俗亦採枝葉為香料，開花如桂，結紅實如天竹子而長圓，圖以備考。湖南有一種野樟，葉極香，甚相類，夏時結子，稍異。

結殺

宋・唐慎微《證類本草》卷一四木部下品（唐・陳藏器《本草拾遺》） 結殺 味香。主頭風，去白屑，生髮，入膏藥用之。生西國，樹花，胡人將香油傳頭也。

杜蘭

明・鮑山《野菜博錄》卷三 杜蘭 一名林蘭。生深山中。樹高數仞，葉似菌桂葉，有三道縱文。其味苦，性寒，無毒。食法：採嫩葉煠熟，油鹽調食。

烏棱樹

明・朱橚《救荒本草》卷下之前 烏棱樹 生密縣梁家衝山谷中。樹高丈餘，葉似省沽油樹葉而背白，又似老婆布黏葉，微小而艄，開白花，結子如梧桐子大，生青，熟則烏黑。其葉味苦。救飢：採葉煠熟，換水浸去苦味，作過，淘洗淨，油鹽調食。

樟梨仔

明・佚名氏《醫方藥性・草藥便覽》 樟梨仔 其性辣。治腹痛，寬氣。

桂花

明・佚名氏《醫方藥性・草藥便覽》 木穉皮 其性熱。洗風，去蝨，去痒腫。

明・倪朱謨《本草彙言》卷七 木犀花 味辛、甘、苦，氣溫，無毒。寇氏曰：木犀花，生閩、粵、江、浙山谷中。亦是筒桂之類，而性大異。其葉不似柿葉，亦有鋸齒，如枇杷葉而粗澀者，有無鋸齒如梔子葉而光潔者。叢生巖嶺間，謂之巖桂，土人又呼爲木犀。有三種之分，其花白者名銀桂，黄者名金桂，紅者名丹桂。有秋花者，有春花者，有四季花者，有逐月花者。其皮薄而不辣，白而不赤，陰淡而不香，不堪入藥。惟花香馥馨蘊，可收，曬乾作茗，或浸酒，或鹽漬，可作香茶、香墜之類。

木犀花 散冷氣，消瘀血，李時珍止腸風血痢之藥也。釋醫冷庵稿其味苦，能下氣；其氣溫，能散寒；其臭香，能破結。凡患陰寒冷氣，瘕疝奔豚，腹內一切諸冷病。蒸熱，布裹熨之，諸疾皆愈。

明・姚可成《食物本草》卷一五味部・芬香類 桂花一名木樨，處處有之。葉似橘葉而硬，八九月開花。其花有白者，名銀桂；黄者，名金桂；紅者，名丹桂。有秋花者，春花者，四季花者，逐月花者。其花可收為茗，浸酒，鹽漬，及作香茶，澤髮之類。

木樨花 味辛，溫，無毒。同百藥煎、孩兒茶作膏餅噙，生津，辟臭，化痰，治風蟲牙痛。同麻油蒸熟，潤髮及作面脂。

皮 味辛，溫，無毒。治百病，養精神，和顏色，為諸藥先聘通使。久服輕身不老，面生光華媚好，常如童子。

葉　盛暑中，泡作茶飲之，汗出沾衣，衣不腐爛。

清·何諫《生草藥性備要》卷下　桂花枝　味辛，性溫。祛風、發散、除熱。一名土桂枝。

清·章穆《調疾飲食辯》卷四　桂花　可餹藏，亦可鹽醃，或點茶，或浸酒，或入果餌。性近熱，又近耗，虛而有熱者忌之。

清·吳其濬《植物名實圖考》卷三三　巖桂　即木犀。《墨莊漫錄》謂古人殊無題咏，不知舊何名。李時珍謂即菌桂之類而稍異，皮薄不辣，不堪入藥。

清·陳其瑞《本草撮要》卷二　木犀花　辛溫，同百藥煎、孩兒茶作膏餅噙咽，生津辟臭化痰。治風蟲牙痛。同麻油蒸熟潤髮，及作面脂，以葉煎湯洗髮去垢除風。嫩枝爲桂枝。

龍頭木樨

清·吳其濬《植物名實圖考》卷二六　龍頭木樨　長沙園圃有之。獨莖長葉，附莖攢生，似初生百合葉而柔，秋開黃花如豆花，有柄橫翹，香如木樨，故名。

水木樨

清·吳其濬《植物名實圖考》卷二七　水木樨　《花鏡》：水木樨一名指甲。枝軟葉細，五六月開細黃花，頗類木樨，中多細鬚，香亦微似。其本叢生，仲春分種。

山桂花

清·吳其濬《植物名實圖考》卷三八　山桂花　長沙嶽麓極多。春時開小黃花如桂，故名。叢生小木，高二尺餘，褐莖勁細，葉微似榆而踈齒，面綠潤背淡白。土人以治氣脹。

按《宋氏雜部》，水槿樹可放蠟，春開黃花，形頗相類。

清·吳其濬《植物名實圖考》卷三六　山桂花　生雲南山坡。樹高丈餘，新柯似桃，膩葉如橘，春作小苞，迸開五出，長柄裊絲，繁蕊聚縷，色侔金粟，香越木犀，每當散萼幽崖，擔花春市，翠綠摩肩，鵝黃壓髻，通衢溢馥，比戶收香。甚至碎葉斷條，亦且椒芬蘭臭，固非留馨於一山，或亦分宗於八桂，但以錦囊缺詠，藥裹失收，聽攀折于他人，任點污於廁溷，姑為膽瓶之玩，聊代心字之香。

清·戴葆元《本草綱目易知錄》卷四　山桂皮　辛，溫。香竄。食料用之，不入藥。葆按：桂皮，處處有之，其樹雖去皮，木亦不死。

臺七里

清·趙學敏《本草綱目拾遺》卷四草部中　臺七里　《臺灣志》：即七里香，出臺地者。能辟烟瘴，所種之地，蚊蚋不生。辟瘴，焚其烟，化蚊蚋為水。

小榕葉

清·何諫《生草藥性備要》卷下　小榕葉　味劫，性溫。消骨內陰瘡，敷跌打止痛，撞酒飲。其樹蕊，治赤眼，煲粥沖食。其吊鬚浸酒，治跌傷散瘀。驗真假麻瘋，作茶飲。〔一〕名半天吊。

清·趙其光《本草求原》卷八喬木部　小榕葉　澀，平。止痛，消骨內瘡，散瘀，理跌打，取汁和酒。取黃落葉，名落地金錢。浸酒尤良。其蕊，治暴赤眼。其吊鬚，治跌打，浸酒。並夾陰傷寒、日久舌黑。同露兜簕蘋、老鼠簕蘋、圓柏葉。

五爪龍

清·何諫《生草藥性備要》卷下　五爪龍　味甜辛，性平。消毒瘡，洗疳痔，去皮膚腫痛。根，治熱咳痰火、理跌打、刀傷。浸酒，祛風，壯筋骨。一名五龍根。其葉五指為真的。世人多以山檳榔亂取之，但爪龍乃清香，山檳榔無味，可以別之。

清·莫樹蕃《草藥圖經》　五爪風　即五爪龍，葉名五爪風。春發藤葉，有鬚。楊梅瘡要藥。根葉搗爛，敷陰陽二毒。根無毒，葉有小毒。

清·趙其光《本草求原》卷二芳草部　五爪龍即九龍根。　葉有五指，甘辛，氣平而甚香。山檳榔亦五爪，而爪不香，宜辨。消毒瘡，洗疳痔，去皮膚腫痛。根，治熱嗽，痰火內傷。又祛風，壯筋骨，理跌打。浸酒妙。又詳蔓草部。

榕

晉·嵇含《南方草木狀》卷中木類　榕　榕樹，南海桂林多植之。葉如木麻，實如冬青，樹幹拳曲，是不可以為器也。其本棱理而深，是不可以材也。燒之無焰，是為不可以為薪也。以其不材，故能久而無傷，其陰十畝，故人以為息焉。而又枝條既繁，葉又茂細，軟條如藤垂下，漸漸及地，藤梢入地，便生根節。或一大株有根四五處，而横枝及鄰樹即連理，南人以為常，不謂之瑞木。

清・趙學敏《本草綱目拾遺》卷六木部　榕鬚　《藥性考》：榕葉似大麻，子如冬青，枝幹拳曲，木本棱凹，不成材器，而結奇香，其脂與漆相似，可以貼金，膠物勝於楮脂。

《嶺南雜記》：榕樹閩廣最多，他省則無，故紅梅驛以北無榕。大者蔭十餘畝，離奇古怪，備木之異，然體曲不中梁柱，理斜不中材用，質虚不中薪爨，莊子所謂以不材而壽者也。漳浦黄石齋先生有《榕頌》。其木年久者常結伽南香，焚之致鶴，植於水際，其子可以肥魚，細枝曝乾，束為炬，風雨不滅，其脂乳可以貼金接物，與漆同，其鬚可入藥用。

《説文》以帘為古松字，《六書故》以古松字為帣，而帘為南方之榕。《通雅》云，榕當別出，狀木始於稽含，分字始於戴侗。柳宗元詩：榕葉滿庭鶯亂啼。《後山叢談》言：蔡州壺公觀有大木，四垂傍出，人莫能識，張戣，閩人，嘗至蔡，為余言，乃榕木，此木無用，惟枝上垂根，曝之可作火繩以發炮，又可染黑。《贊甯志》所云：倒生木，不死樹，横枝生根，下地如柱，即榕無疑。《粵志》：榕之怪在根，自上生下，語曰：榕木倒生根。

《粵志》：榕葉甚茂盛，柯條節節如藤垂，其幹及三人圍抱，則枝上生根，連綿拂地，得土石之力，根又生枝，如此數四，枝幹互相連屬，無上下皆成連理。其樹可以倒插，以枝為根，復以根為枝，故一名倒生樹。幹多中空不堅，無所用。離之木也，其象如離之大腹，其中空處常產香木，炎精所結，往往有伽南焉，粵人以其香可來鶴，子可肥魚，多植於水際。其樹脂可以貼金接物，與漆相似。性畏寒，踰梅嶺則不生，故紅梅嶺有數榕，為炎塞之界。有紅、白、大葉、小葉數種。

按《泉州府志》：榕有二種，一種矮而盤桓，其鬚著地，復生為樹。一種名赤榕，上聳廣大，二種蔭最寬廣，入藥用有鬚者。

固齒羲復方，止牙痛：取榕根鬚摘斷，入竹管內，將鹽塞滿，以泥封固，火煅存性為末，擦牙搖動者亦堅，竹管不用。

清・吴其濬《植物名實圖考》卷三七　榕　榕樹，兩廣極多，不材之木。然其葉可蔭行人，可肥田畝木，歲久則成伽南香，根大如屋。江西南贛皆有之，稍北遇寒即枯，故有榕不過吉之諺。或以為即蜀之榿木。但蘇子（美）〔瞻〕蜀人，在惠在瓊，無一語及之。李調元《南越筆記》敘榕木甚詳，亦不謂即榿，李亦蜀人也。

黄葛

清・趙學敏《本草綱目拾遺》卷六木部　黄葛樹川槿皮。《邊州聞見錄》：蜀多黄葛，宜賓學宫前騎牆樹而生，根未至地，已合抱。此樹以某月種，每歲必某月始芽。入藥用根皮，藥肆中多取其皮以代川槿。《峨嵋山志》：嘉樹在羅目縣東南三十里陽山江濆，兩樹對植，圍各二三尺，上引横枝，亘二丈，相援連理，陰庇百夫，其名曰黄葛，號嘉樹。蘇子由詩予生雖江陽，未省到嘉樹，即此。《益部談資》：黄葛樹葉似桂稍大，團欒蔭數畝，冬春不彫，幹則擁腫，根皆蟠露土上，至於石崖之側，則全欲不藉土生者，夔之梁方最多，惜無材用。

按：王阮亭《居易錄》：雲南多黄果，似海棠稍大者，香如佛手，甘脆如梨，多津液，蜀產者樹而不結實，其皮類川槿，亦能愈癬，今曰黄葛，或音之譌耳。

治疥癬，取其根皮煎湯浴之。

過江龍

清・劉善述、劉士季《草木便方》卷一草部　過江龍　地瓜根苦性微寒，利水消熱黄疸餐。月閉帶下通乳汁，牙痛消腫跌傷安。九子連環草，土瓜。

大榕

清・何諫《生草藥性備要》卷下　大榕葉　味劫，性平。除骨內風，又能續骨。葉似柚葉。名萬年陰。佛山南泉廟前有一株，俗稱為婆羅樹，凡遠年骨痛，求神許食，取葉蒸醋，送飯常食，屢驗。

清・趙其光《本草求原》卷八喬木部　大榕葉即萬年蔭葉，大如柑葉。澀，平。續筋骨，止痛，消瘀，去骨內風、夾陰傷寒初起。取落地仰面者，同米及椰衣炒，洱水汗之。

清・劉善述、劉士季《草木便方》卷二木部　榕樹　黄桷根皮苦酸澀，四肢頑痹麻不仁。祛風除濕消腫滿，半身不遂熨洗蒸。漿瘰疥癩血風癬，葉貼爛瘡臁脛清。

木蘭

宋・李昉《太平御覽》卷九五八　木蘭　《神仙傳》曰：北海于君病癩，

見市賣藥公往自問之，公云：明日木蘭樹下當見卿。明日往，授素書二卷，以消災救病，無不愈者。　郭子橫《洞冥記》曰：元封三年，大秦國獻花蹄牛，飴以木蘭之葉，使方園貢此葉，此牛不甚食，食一葉，則累月不飢。

宋·唐慎微《證類本草》卷一二木部上品〔《本經·別錄》〕　**木蘭**　**味苦，寒，**無毒。**主身大熱在皮膚中，去面熱赤皰酒皶，惡風癲疾，陰下痒濕，明耳目，**療中風傷寒，及癰疽水腫，去臭氣。**一名林蘭，**一名杜蘭。皮似桂而香。生零陵山谷及太山。十二月採皮，陰乾。

〔梁·陶弘景《本草經集注》〕云：零陵諸處皆有。狀如楠樹，皮甚薄而味辛香。今益州有皮厚，狀如厚朴，而氣味爲勝。今東人皆以山桂皮當之，亦相類。道家用合香亦好。

〔唐·蘇敬《唐本草》〕注云：木蘭似菌桂葉，其葉氣味辛香不及桂也。

〔宋·掌禹錫《嘉祐本草》〕按：《蜀本圖經》云：樹高數仞，葉似菌桂葉，有三道縱文，皮如板桂，有縱橫文。今所在有。三月、四月採皮，陰乾。

〔宋·蘇頌《本草圖經》〕曰：木蘭，生零陵山谷及泰山，今湖、嶺、蜀、川諸州皆有之。木高數丈，葉似菌桂葉，亦有三道縱文，皮如板桂，有縱橫文，香味劣於桂。此與桂枝全別，而韶州所生，乃云與桂同是一種。取外皮爲木蘭，中肉爲桂心。蓋是桂中之一種耳。十一月、十二月採，陰乾用。任昉《述異記》云：木蘭川，在潯陽江中，多木蘭。又七里洲中有魯班刻木蘭舟，至今在洲中。今詩家云木蘭舟，出於此。

〔宋·唐慎微《證類本草》〕《外臺秘要》：療面上皶皰皯黷方：木蘭皮一斤，細切，以三年酢漿漬之百日，出，於日中曬擣末。漿水服方寸匕，日三。《子母秘録》：療小兒重舌。木蘭皮一尺，廣四寸，削去麁皮，用醋一升漬取汁，注重舌上。

宋·鄭樵《通志》卷七六《昆蟲草木略》　木蘭　曰林蘭，曰杜蘭。皮似桂而香。世言魯班刻木蘭舟，在七里洲中，至今尚存。凡詩詠所言木蘭舟，即此也。

宋·陳衍《寶慶本草折衷》卷一二　木蘭　一名木蘭皮，一名林蘭，一名杜蘭。生零陵山谷，及太山、湖、嶺、蜀川、益、春、韶州。今所在有之。○三、四、十一、十二月採皮，陰乾。

味苦、辛，寒，無毒。○主身大熱在皮膚中，去面熱赤皰，酒皶，惡風癲疾，陰下痒濕，明耳目，療中風傷寒及癰疽，水腫。去臭氣。○陶隱居云：零陵諸處有，如楠樹。皮甚薄而味辛香。益州有，皮狀如厚朴而氣味勝。○《圖經》曰：皮如板桂，有縱橫文。香味劣於桂。

明·王綸《本草集要》卷四　木蘭　味苦，氣寒，無毒。十二月採皮，陰乾。主身大熱在皮膚中，去面熱，赤皰酒皶，惡風癲疾，陰下癢濕，明耳目。

明·劉文泰《本草品彙精要》卷一七　木蘭無毒　植生。

木蘭出《神農本經》　**主身大熱在皮膚中，去面熱，赤皰，酒皶，惡風，癲疾，陰下癢濕，明耳目。**以上朱字《神農本經》。療中風，傷寒，及癰疽，水腫，去臭氣。以上黑字名醫所錄。

〔名〕林蘭、杜蘭。　〔苗〕《圖經》曰：木高數丈，葉似菌桂，葉亦有三道縱文，皮如板桂，縱橫有文，香味劣于桂，此與桂枝全別。而韶州所生者，乃云與桂同是一種，取外皮爲木蘭，中肉爲桂心，蓋是桂中之一種爾。昔人嘗刻其木以爲舟，詩家所謂木蘭舟者，是此木也。陶隱居云：零陵諸處皆有，狀如楠樹，皮甚薄而味辛香。今益州有皮厚、狀如厚朴而氣味爲勝。今東人以山桂皮當之，亦相類。　〔地〕《圖經》曰：生零陵山谷及泰山，今湖嶺、韶春、蜀州皆有之。〔道地〕益州。　〔時〕生：春生葉。採：三月、四月、十一月、十二月取皮。　〔收〕陰乾。　〔用〕皮。　〔質〕類厚朴而薄。　〔色〕紫。　〔味〕苦。　〔性〕寒，泄。　〔氣〕氣薄味厚，陰也。〔臭〕香。　〔主〕惡風，癲疾。　〔合治〕皮細切一斤，合三年酢漿漬之，百日出，于日中曬，搗末，漿水服方寸匕，日三，療面上渣皶皰皯黯。○皮一尺，廣四寸，削去粗皮，合醋一升，漬取汁，療小兒重舌，以汁注舌上，瘥。

明·鄭寧《藥性要略大全》卷六　木蘭　治皮膚中大熱，去面部酒皶赤皰，療惡風癲疾，陰下濕痒。　易老云：明耳目，及中風傷寒，癰疽水腫，去臭氣。　味苦，氣寒，無毒。其氣香美。即造舟之木蘭也。

明·王文潔《太乙仙製本草藥性大全》卷三《本草精義》　木蘭　一名林蘭，一名牡蘭。生零陵山谷及泰山，今湖、嶺、蜀、川諸州皆有之。木高數丈，葉似菌桂，亦有三道縱文，皮如板桂，有縱橫文，香味劣於桂，此與桂枝全別。而韶州所生，乃云與桂同是一種。取外皮爲木蘭，中肉爲桂心，蓋是桂中之一種耳。十一月、十二月採，陰乾用。任昉《述異記》云：木蘭洲，在潯陽江中，多木蘭。又七里洲中有魯班刻木蘭舟，至今在洲中。今詩家云木蘭舟，出於此。

明·王文潔《太乙仙製本草藥性大全》卷三《仙製藥性》　木蘭　味苦，氣寒，無毒。　主治：治身中皮膚大熱，去面部酒皶赤皰。療惡風顛疾，理陰下濕瘡。　明耳目及中風傷寒，破癰疽，祛水腫臭氣。　補註：療面上皶破䵟黯。蘭皮一斤，細切，以三年酢醋以漬之，百日出，於日中晒，擣末，漿水服方寸〔匕〕。治小兒重舌，皮一尺，廣四寸，削去麄皮，用醋一升漬，取汁注重舌上。

明·李時珍《本草綱目》卷三四木部·香木類　木蘭《本經》上品

〔釋名〕杜蘭《別録》　林蘭《本經》　木蓮《綱目》　黃心時珍曰：其香如蘭，其花如蓮，故名。其木心黃，故曰黃心。

〔集解〕《別録》曰：木蘭生零陵山谷及太山。皮似桂而香。十二月采皮，陰乾。弘景曰：零陵諸處皆有之。狀如楠樹，皮甚薄而味辛香。今益州者皮厚，狀如厚朴，而氣味爲勝。今東人皆以山桂皮當之，亦相類。道家用合香亦好。保昇曰：所在皆有。樹高數仞。葉似箘桂葉，有三道縱文，其葉辛香不及桂也。皮如板桂，有縱橫文。三月、四月采皮，陰乾。頌曰：今湖、嶺、蜀川諸州皆有之。此與桂全別，而韶州所上，乃云與桂同是一種。取外皮爲木蘭，中肉爲桂心。蓋是桂中之一種爾。十一月、十二月采，陰乾。任昉《述異記》云：木蘭洲，在潯陽江中，多木蘭。又七里洲中有魯班刻木蘭舟，至今在洲中。今詩家云木蘭舟，出于此。時珍曰：木蘭枝葉俱疎。其花內白外紫，亦有四季開者。深山生者尤大，可以爲舟。按《白樂天集》云：木蓮生巴峽山谷間，民呼爲黃心樹。大者高五六丈，涉冬不凋。身如青楊，有白紋。葉如桂而厚大，無脊。花如蓮花，香色艷膩皆同，獨房蕊有異。四月初始開，二十日即謝，不結實。此說乃真木蘭也。其花有紅、黃、白數色。其木肌細而心黃，梓人所重。蘇頌所言韶州者，是牡桂，非木蘭也。或云木蘭樹雖去皮，亦不死。羅願言其冬花，實如小柿甘美者，恐不然也。

皮〔氣味〕苦，寒，無毒。〔主治〕身大熱在皮膚中，去面熱赤皰酒皶，惡風癲疾，陰下癢濕，明耳目《本經》。療中風傷寒，及癰疽水腫，去臭氣《別録》。治酒疸，利小便，療重舌時珍。

〔附方〕舊二，新一。小兒重舌：木蘭皮一尺，廣四寸，削去粗皮，入醋一升，漬汁噙之。《子母秘録》。　面上皶皰：䵟黯。用木蘭皮一斤，細切，以三年酢漿漬之百日，晒乾擣末。每漿水服方寸匕，日三服。肘後用酒漬之。巵子仁一斤。《古今録驗方》。　酒疸發斑：赤黑黃色，心下燠痛，足脛腫滿，小便黃，由大醉當風，入水所致。用木蘭皮一兩，黃芪二兩，爲末。酒服方寸匕，日三服。《肘後方》。

花〔主治〕魚骾骨骾，化鐵丹用之時珍。

清·吳其濬《植物名實圖考》卷三三　木蘭《本經》上品。李時珍以為即白香山所謂木蓮，生巴峽山谷間，俗呼黃心樹者。《疏證》甚核。余尋藥至廬山，一寺門有大樹合抱，葉似玉蘭而大於掌。僧云此厚朴樹也。掐其皮香而辛，考陶隱居木蘭注謂：皮厚，狀如厚朴，而氣味為勝。宋《圖經》謂：韶州取外皮為木蘭，肉為桂心。李華賦序亦云：似桂而香。則廬山僧以為厚朴，與韶州以為桂，皆以臭味形似名之，而轉失其嘉名。張山人石樵僑居於黔，語余曰：彼處多木蘭，樹極大，開花如玉蘭而小。土人斷之以接玉蘭，則易茂。木質似柏而微疎。俗呼泡柏木。川中柏木船皆此木耳。因為作圖，余繹其說，始信廬山所見者即木蘭。而李時珍之解亦未的。輒憶天隨子詩曰：幾度木蘭船上望，不知原是此花身。蓋實録，非綺詞也。然是木也，功列桐君之書，形載騷人之詞，刳舟送遠，假名泛彼；而擷華者又復以李代桃，用其身而易其謚，遂使注書者泛引而失真，求材者炫名而遺實。宜乎！李華有感而賦，謂自昔淪芳於朝市，墜實於林邱，徒鬱咽而無聲，可勝言而計籌也。

木蓮花見《黃海山花圖》，全似蓮花，不類辛夷。

清·葉志詵《神農本草經贊》卷一　木蘭　味苦，寒。主身大熱在皮膚中，去面熱赤皰、酒皶，惡風瘨疾，陰下痒濕，明耳目。一名林蘭。生山谷。

利通舟楫，分劑刀圭。蘭如同臭，蓮不汙泥。冰堅雪白，鶴唳猿啼。花身依舊，慚愧闍黎。

《述異記》：潯陽七里洲，有魯班刻木蘭舟。庾信詩：量藥用刀圭。李時珍曰：其香如蘭，其花如蓮。《易》：同心之言，其臭如蘭。周敦頤說：出汙泥而不染。成公綏賦：峨峨堅冰，霏霏白雪。李華賦：鶴既唳兮猿復啼。陸龜蒙詩：幾度木蘭舟上望，不知原是此花身。王播詩：慚愧闍黎飯後鐘。

玉蘭

明·蘭茂撰，清·管暄校補《滇南本草》卷下　玉蘭花一名辛夷。性溫，味辛、微苦。治腦漏鼻淵，祛風。新瓦焙，為末，治面寒。

明·蘭茂《滇南本草》〔叢本〕卷中　玉蘭花　味辛、微苦，性溫。治腦漏鼻淵，去風。新瓦焙，為末，治面寒疼，胃氣疼，引點熱燒酒服。

明·周履靖《茹草編》卷二　玉蘭　玉蘭花名，可誇藍田，種出九畹涯。枝枝擎出仙人掌，朵朵開成白玉華。春風晝檻飄香雪，夜月冰盤凝玉液。厨人和糝作餅供，香甘不與崖蜜同。東皙當年曾作賦，豈知此品擅江東。　摘花去蒂，加椒、鹽、白糖，拖麪，香油中煎熟，黃脆可食。

清·趙學敏《本草綱目拾遺》卷七花部　玉蘭花　瀕湖《綱目》辛夷集解

下，惟云有花白者，人呼為玉蘭，並不另立主治，即辛夷亦用苞蕊，不及其花之用也。今采龍柏《藥性考》補之。　性溫，香滑，消痰，益肺和氣，蜜漬尤良。

　痛經不孕：《良方集要》：玉蘭花將開未足，每歲一朵，每日清晨空心，水煎服。

辛夷

附：日・丹波康賴《醫心方》卷三〇　辛夷《本草》云：味辛，無毒。主五藏身體寒風，風頭腦痛，利九竅，生髮鬢，去白蟲，增年。崔禹〔錫〕云：食之利九竅。味辛香，溫，無毒。其子可噉之。

宋・李昉《太平御覽》卷九六〇　辛夷　《本草經》曰：辛夷，一名辛引，一名侯桃，一名房木。《神農本草》曰：辛夷，生漢中、魏興、涼州川谷中。其樹似杜仲樹，高一丈餘，子似冬桃而小。

宋・唐慎微《證類本草》卷一二木部上品〔《本經・別錄・藥對》〕　辛夷　味辛，溫，無毒。**主五藏身體寒熱，風頭腦痛，面䵟，**溫中解肌，利九竅，通鼻塞涕出，治面腫引齒痛，眩冒身兀兀如在車船之上者，生鬚髮，去白蟲。**久服下氣，輕身明目，增年耐老。**可作膏藥用之，去心及外毛。毛射人肺，令人欬。**一名辛矧，一名侯桃，一名房木。**生漢中川谷。九月採實，暴乾。芎藭爲之使。惡五石脂，畏菖蒲、蒲黃、黃連、石膏、黃環。

〔梁・陶弘景《本草經集注》〕云：今出丹陽近道。形如桃子，小時氣辛香。即《離騷》所呼辛夷者。

〔唐・蘇敬《唐本草》〕注云：此是樹花未開時收之。正月、二月好採。今見用者是。其九月採實者，恐誤。其樹大，連合抱，高數仞。葉大於柿葉。所在皆有。實臭不任藥也。方云：去毛用其心，然難得而滋人面，此用花開者易得，而且香也。

〔宋・馬志《開寶本草》〕按：《陳藏器本草》云：辛夷，今時所用者，是未發花時如小桃子，有毛，未折時取之。所云用花開者，及在二月，此殊誤爾。此花，江南地暖正月開；北地寒二月開。初發如筆，北人呼爲木筆。其花最早，南人呼爲迎春。

〔宋・掌禹錫《嘉祐本草》〕按：《蜀本圖經》云：樹高數仞。葉似柿葉而狹長。正月、二月，花似著毛小桃，色白而帶紫。花落而無子。夏杪復著花，如小筆。又有一種，三月花開，四月花落，子赤似相思子。花、葉與無子者同。取花欲開者勝，所在山谷皆有。此二種，今苑中有樹，高三四丈，花、葉一如《圖經》所說，但樹身徑二尺許，去根三尺已來便有枝柯，繁茂可愛。正月、二月花開，紫白色。花落復生葉，至夏初還生花如小筆。經秋歷冬，葉、花漸大，如有毛小桃，至來年正月、二月始開。初是興元府進來，其樹纔可三四尺，有花無子，謂之木筆花。樹種經二十餘載方結實。以此推之。即是年歲淺者無子，非有二種也。其花開早晚，應各隨其土風爾。《藥性論》云：辛夷，臣。能治面生䵟皰，面脂用，主光華。日華子云：通關脉，明目，治頭痛憎寒，體噤瘙痒。入藥微炙，已開者劣，謝者不佳。

〔宋・蘇頌《本草圖經》〕曰：辛夷，生漢中川谷。今處處有之，人家園庭亦多種植。木高數丈，葉似柿而長。正月、二月生花似著毛小桃子，色白帶紫。花落無子。至夏復開花，初出如筆，故北人呼爲木筆花。又有一種，枝、葉並相類，但歲一開花，四月花落時，有子如相思子。或云都是一種。經一二十年老者，方結實耳。其花開早晚，亦隨南北節氣寒溫。九月採實，暴乾用。或云：用花蘂縮者良。已開者劣，謝者不佳。

〔宋・唐慎微《證類本草》〕雷公云：凡用之，去麄皮，拭上赤肉毛了，即以芭蕉水浸一宿漉出，用漿水煮，從巳至未，出，焙乾用。若治眼目中患，即一時去皮用向裏實者。

屈平《九歌》：乘赤豹兮從文貍，辛夷車兮結桂旗。注：辛夷，香草也。言山鬼出入乘赤豹從神貍，結桂與辛夷以爲車旗。言有香潔也。

宋・寇宗奭《本草衍義》卷一三　辛夷　先花後葉，即木筆花也。最先春以具花，未開時，其花苞有毛，光長如筆，故取象曰木筆。有紅、紫二本：一本如桃花色者，一本紫者。今入藥當用紫色者，仍須未開時收取。入藥〔當〕去毛苞。

宋・鄭樵《通志》卷七六《昆蟲草木略》　辛夷　曰辛矧，曰侯桃，曰房木。北人曰木筆，南人曰迎香。人家園庭亦多種植。《離騷》云：辛夷車兮結桂旗。

宋・劉明之《圖經本草藥性總論》卷下　辛夷　味辛，溫，無毒。主五臟身體寒熱，風頭腦痛，面䵟溫中解肌，利九竅，通鼻塞涕出，治面腫引齒痛，眩冒，身兀兀如在車舩，去白蟲，下氣明目。《藥性論》云：臣。能治面生䵟皰，面脂用。日華子云：通關脈，明目，治頭痛增寒體噤，瘙痒。芎藭為之使。惡五石脂。畏菖蒲、蒲黃、黃連、石膏、黃環。

宋・陳衍《寶慶本草折衷》卷一二　辛夷　一名辛矧，一名侯桃，一名房木，一名迎春，一名木筆。其狀如筆頭也。生漢中川谷，及丹陽、江南、北地。今處處園庭種有之。○正、二月生，及夏復生。其花未開時採蕊，暴乾。○芎藭為使，惡五石脂，畏菖蒲、蒲黃、黃連、黃環、石膏。

　味辛，溫，無毒。○主五藏身體寒熱，頭風腦痛，溫中解肌，利九竅，通鼻塞涕出。治面腫引齒痛，眩冒，生鬚髮，去白蟲，下氣，明目。可作膏藥用之。去心皮及外毛，毛射人肺，令欬。○《藥性論》云：治面䵟皰，面脂用，生光華。○日華子云：通關脉，治憎寒體噤，瘙痒。入藥微炙。○《楊氏方》：不炙。○《圖經》曰：花似著毛小桃子，色紫。花落無子。復開花，初出如筆。又有一種，但歲一開花，花落有子。○其子無用。用花蕊縮者良，已開者劣。謝者不佳。○寇氏曰：花有二本，一本如桃花者，一本紫者。入藥用紫色者。

元・尚從善《本草元命苞》卷六　辛夷　為臣。辛，溫，無毒。主五臟身體寒熱，通九竅，鼻塞涕流。治風頭腦痛，除面生䵟皰，溫中下氣，明目解肌。療面腫引齒而痛，治眩冒如在車舩。主鬚髮輕身，去白蟲，耐老。生漢中川谷，今園庭多種。樹高數仞，葉似柹狹長，春首開花，如著毛小桃，色白帶紫，花落無實，至夏復開花，初出如小筆。九月採實，暴乾。又云：已開者妙，用之去心毛，不爾射人肺。南謂迎春，北呼木筆。

明・王綸《本草集要》卷四　辛夷臣　味辛，氣溫，無毒。芎藭為之使。惡五石脂，畏菖蒲、蒲黃、黃連、石膏。採實，暴乾用之。去心及外毛，毛射人肺，令咳。　主五臟、身體寒熱，風頭腦痛，面䵟溫中解肌，利九竅，通鼻塞涕出。治面腫，引齒痛，眩(冒)〔冒〕，生鬚髮，去白蟲，久服下氣輕身，明目增年耐老。

明・滕弘《神農本經會通》卷二　辛夷　臣也。芎藭為之使。惡五石脂，畏菖蒲、蒲黃、黃連、石膏、黃環。用之去心及外毛，毛射人肺，令人欬。九月採實，暴乾。陳云：今時所用者，是未發花時，如小桃子，有毛，未折時取之。所云用花開者，及在二月，殊誤爾。初發如木筆，北人呼為木筆。取花欲開者勝。入藥微炙。已開者劣，謝者不佳。《衍義》云：有紅、紫二本，入藥當用紫色者，仍須未開時收取，入藥去毛苞。味辛，氣溫，無毒。《本經》云：主五臟身體寒熱，風頭腦痛，面䵟，溫中，解肌，利九竅，通鼻塞涕出，治面腫引齒痛，眩冒，身兀兀如在車船之上者。生鬚髮，去白蟲，久服下氣，輕身明目。《藥性論》云：臣。治面生䵟皰，面脂用，生光澤。日華子云：通關脉，明目，治頭痛，憎寒，骨噤，瘙痒。入藥微炙。已開者劣，謝者不佳。《局》云：辛夷南北號迎春，久服輕身奈老容。木筆花開同一種，頭眩鼻塞善能通。木筆花，主頭眩，鼻塞。

明・劉文泰《本草品彙精要》卷一七　辛夷無毒　植生。

辛夷出《神農本經》：**主五臟，身體寒熱，風頭腦痛，面䵟。久服下氣，輕身，明目，增年，耐老。**以上朱字《神農本經》。溫中解肌利九竅，通鼻塞涕出，治面腫引齒痛，眩冒，身兀兀如在車船之上者，生鬚髮，去白蟲，可作膏藥。以上黑字名醫所錄。　〔名〕辛矧、侯桃、房木、迎春、木筆。〔苗〕《圖經》曰：木離根一二三尺時，枝柯繁茂可愛，高至丈餘。葉似柹葉而狹長。正月、二月生花，其苞似著毛小桃子。其蕊初發如筆，故以木筆名之。花白帶紫，落時無實，至夏其杪複著花。又有一種枝葉並相類，但歲一開花，四月落時有子，如相思子。或云別是一種，經一二十年老者方結實，其開花先後亦隨南北風土節氣爾。《衍義》曰：辛夷先花後葉，即木筆花也，最先春。以其花未開時，花苞有毛，蕊光，長如筆，故取象曰木筆。有紅、紫二本，一本如桃紅色者，一本紫者。今入藥當用紫色者，仍須未開時收之，入藥當去毛苞。〔地〕《圖經》曰：生漢中川谷，今處處皆有而人家園庭亦多植之。陶隱居云：出丹陽近道。〔時〕生：春生苗。採：正月，二月取花，九月取實。〔收〕暴乾。〔用〕花蕊縮者良，已開者劣，謝者不佳。〔色〕紫。〔味〕辛。〔性〕溫，散。〔氣〕氣之厚者，陽也。〔臭〕香。〔主〕利竅通鼻。〔助〕芎藭爲之使。〔反〕畏菖蒲、蒲黃、黃連、石膏、黃環，惡五石脂。〔製〕《雷公》云：凡用之，去粗皮，拭上赤肉毛了，即以芭蕉水浸一宿，漉出，用漿水煮，從巳至未，出，焙乾用。若治眼目，即一時去皮，用向裏實者，或炙用。〔治〕療：《藥性論》云：去面生䵟皰。面脂用，主光澤。日華子云：通關脈，明目及頭痛，憎寒，體禁，瘙癢。〔禁〕毛射人肺，令人欬。

明・葉文齡《醫學統旨》卷八　辛夷　氣溫，味辛。無毒。芎藭為之使，惡五靈脂，畏菖蒲、蒲黃、黃連、石膏。去心及外毛，毛射人肺，令欬。　治腦漏面腫，引齒痛風頭腦痛，面䵟；溫中解肌，利九竅，通鼻塞，涕出眩冒；生鬚髮，去白蟲；久服下氣明目。

明・許希周《藥性粗評》卷二　頭上潛不見之風，辛夷抱暖。

辛夷，木筆花也。一名迎春木，一名侯桃。木高數丈，先花後葉，正二月生花似着毛小桃，紫白色，未開時其苞有毛光長如筆，故名。葉似柿葉而狹長，花開經十二年後方結實。南北川谷處處有之，人家園庭亦多種者，正二月採未開者入藥，去心及外毛，微炙，暴乾。芎藭為之使，惡五石脂，畏昌蒲、蒲黃、黃連、石膏、黃環。　味辛，香，性溫，無毒。主治頭風眩暈，鼻塞流涕，腦痛面腫，身痒，明目，去䵟，溫中解肌，利九竅，開關脉，久服下氣輕身，增年耐老。

明・鄭寧《藥性要略大全》卷六　辛夷臣。一名木筆，一名迎春花。即今朝天木蓮花也。《經》云：主五臟身體寒熱，風頭腦痛，面䵟皰。作面脂，生光華。《湯液》云：溫中解肌，利九竅，通鼻塞涕出，治面腫引齒痛。眩運，其身兀兀然如坐舟中者。陳藏器云：治憎寒體噤，瘙癢。能生鬚髮，下氣，通經，明目。《要略》云：可作膏藥。味辛，氣溫，無毒。凡用去心及粗皮，拭去外毛，其毛射人肺，令咳。即朝天蓮也。取其蕊未開者佳。又云：用花亦可，但功力劣於蕊爾。微炒入藥。又云：其子用赤瓣肉似芭蕉，水浸一宿取出，用漿水煮，從巳至未，取出烘乾用。又云微炙。若治眼中患，即一時去皮，用向裏實者。

明・陳嘉謨《本草蒙筌》卷四　辛（莫）〔夷〕　味辛，氣溫。無毒。原產漢中川谷，今則處處有之。人家園庭，亦每種植。木高數丈，花開兩番。臘結苞似着毛小桃，春開花於未葉禿樹。北人呼為木筆，南人喚作迎春。花謝纔生葉綴枝，葉盛復開花作朵。有紅紫二種，多香氣熏人。凡收採入藥同煎，宜未開花紫苞蕊。刷去毛免射人肺，摘去心不致人煩。畏惟菖蒲、蒲黃、黃連、石膏四藥。惡石脂，使芎藭。止頭腦風疼，面腫引齒痛眩冒；除身體寒熱，鼻塞有香臭不聞。生鬚髮殺蟲，禁清涕通竅。久服明目，下氣輕身。

明・王文潔《太乙仙製本草藥性大全》卷三《本草精義》　辛夷　一名辛雉，一名侯桃，一名房木。原產漢中川谷，今則處處有之，人家園庭亦每種植。木高數丈，葉似柿而長，花開兩番，色白而帶紫臘，結苞似着毛小桃。春開花於未葉禿樹，北人呼爲木筆，南人喚作迎春，花謝纔生葉綴枝，葉盛復開花作孕，有紅紫二種，多香氣熏人。凡收採入藥同煎，宜未開花紫苞蕋，刷去毛，免射人肺，摘去心，不致人煩。畏惟菖蒲、蒲黃、黃連、石膏四藥，惡石脂。

明・王文潔《太乙仙製本草藥性大全》卷三《仙製藥性》　辛夷臣　味辛，氣溫，無毒。芎藭爲之使。　主治：主五臟，溫中，利九竅，解肌。止頭痛風疼，面腫引齒痛，眩冒。除身體寒熱，鼻塞有香臭不聞。生鬚髮，殺蟲，禁清涕，通竅。久服明目，下氣，輕身，耐老增年。　太乙曰：凡用之去麄皮，拭上赤肉毛了，即以芭蕉水浸一宿，漉出，用漿水煮，從巳至未出，焙乾用。若治眼目中患，即一時去皮，用向裏實者。

明・皇甫嵩《本草發明》卷四　辛夷上品，君。氣溫，味辛，無毒。一名木筆，又名（近）〔迎〕春花。　發明曰：辛夷辛溫，入肺，能散風邪，故《本草》主五藏身體寒熱，風邪腦痛，面腫引齒痛，眩冒身兀兀如在車舡之上，去面䵟，溫中，解肌，利九竅，通塞涕出。要之，利肺部之藥也。又兼殺蟲，生鬚髮，久服明目，下氣輕身。芎藭為使。惡五石脂。畏菖蒲、黃連、蒲黃、石膏。用宜未開花紫苞蕋，去心，不致人煩。去外毛，恐射人脉。〇雷公云：毛心以芭蕉水浸去，一宿漉出，用漿水煮二箇時，焙乾用。治眼目病，即一時，去皮，用向裏實者。

明・李時珍《本草綱目》卷三四木部・香木類　辛夷《本經》上品

【釋名】辛雉《本經》　侯桃同　房木同　木筆《拾遺》　迎春　時珍曰：夷者荑也。其苞初生如荑而味辛也。揚雄《甘泉賦》云：列辛雉于林薄。服虔注云：即辛夷。雉、夷聲相近也。今本草作辛矧，傳寫之誤矣。藏器曰：辛夷花未發時，苞如小桃子，有毛，故名侯桃。初發如筆頭，北人呼爲木筆。其花最早，南人呼爲迎春。

【集解】《別録》曰：辛夷生漢中、魏興、梁州川谷。其樹似杜仲，高丈餘。子似冬桃而小。九月采實，暴乾，去心及外毛。毛射人肺，令人欬。弘景曰：今出丹陽近道，形如桃子，小時氣味辛香。恭曰：此是樹花未開時收之。正月、二月好采。云九月采實者，恐誤也。保昇曰：其樹大連合抱，高數仞。葉似柿葉而狹長。正月、二月花，似有毛小桃，色白而帶紫。花落而無子。夏杪復着花，如小筆。又有一種，花、葉皆同，但三月花開，四月花落，子赤似相思子。二種所在山谷皆有。禹錫曰：今苑中有樹，高三四丈，其枝繁茂。正二月花開，紫白色。花落乃生葉，夏初復生花。經伏歷冬，葉花漸大，如有毛小桃，至來年正二月始開。初是興元府進來，樹纔三四尺，有花無子，經二十餘年方結實。蓋年淺者無子，非有二種也。宗奭曰：辛夷處處有之，人家園亭亦多種植，先花後葉，即木筆花也。其花未開時，苞上有毛，尖長如筆，故取象而名。花有桃紅、紫色二種，入藥當用紫者，須未開時收之，已開者不佳。時珍曰：辛夷花初出枝頭，苞長半寸，而尖鋭儼如筆頭，重重有青黃茸毛順鋪，長半分許。及開則似蓮花而小如盞，紫苞紅焰，作蓮及蘭花香。亦有白色者，人呼爲玉蘭。又有千葉者。諸家言苞似小桃者，比類欠當。

苞【修治】斅曰：凡用辛夷，拭去赤肉毛了，以芭蕉水浸一宿，用漿水煮之，從巳至未，取出焙乾用。若治眼目中患，即一時去皮，用向裏實者。大明曰：入藥微炙。

【氣味】辛，温，無毒。時珍曰：氣味俱薄，浮而散，陽也，入手太陰、足陽明經。之才曰：芎藭爲之使。惡五石脂，畏昌蒲、蒲黃、黃連、石膏、黃環。

【主治】五臟身體寒熱，風頭腦痛面䵟。久服下氣，輕身明目，增年耐老《本經》。温中解肌，利九竅，通鼻塞涕出，治面腫引齒痛，眩冒身兀兀如在車船之上者，生鬚髮，去白蟲《別録》。通關脉，治頭痛憎寒，體噤瘙癢。入面脂，生光澤大明。鼻淵鼻鼽，鼻窒鼻瘡，及痘後鼻瘡，並用研末，入麝香少許，葱白蘸入數次，甚良時珍。

【發明】時珍曰：鼻氣通於天。天者頭也，肺也。肺開竅于鼻，而陽明胃脉環鼻而上行。腦爲元神之府，而鼻爲命門之竅，人之中氣不足，清陽不升，則頭爲之傾，九竅爲之不利。辛夷之辛溫走氣而入肺，其體輕浮，能助胃中清陽上行通於天，所以能溫中，治頭面目鼻九竅之病。軒岐之後，能達此理者，東垣李杲一人而已。

題明・薛己《本草約言》卷二《藥性本草》 辛夷 辛溫，入肺。能散風邪，通鼻塞，治肺氣之不清者。

明・梅得春《藥性會元》卷中 辛(荑)〔夷〕 味辛，氣溫，無毒。川芎為使。惡五石脂。畏菖蒲、蒲黃、黃連、石膏。不去心毛，射人肺，令人嗽不止。主治腦漏，面腫引齒，祛頭風，腦痛，面䵟，溫中解肌，利竅，通鼻塞涕出，頭眩如立舟舡之上。生鬚髮，去白蟲，除五臟及身體寒熱。久服下氣明目，亦可作膏。

明・李中立《本草原始》卷四 辛夷 始生漢中川谷，今處處有之。木高數丈，葉似柿而長。正月、二月生花，似著毛小桃子，故《本經》名侯桃。色白帶紫，花落無子，至夏復開花。入藥用花蘂，縮者良，已開者劣，謝者不佳。初出如筆，北人呼為木筆。其花最早，南人呼為迎春。李時珍曰：夷者，荑也，其苞初生，如荑而味辛也。

辛夷 氣味：辛，溫，無毒。 主治：五臟身體寒熱，風頭腦痛，面䵟。久服下氣，輕身明目，增年耐老。○溫中解肌，利九竅，通鼻塞涕出。治面腫引齒痛，眩冒，身兀兀如在車船之上者。生鬚髮，去白蟲。○通關脉，治頭痛憎寒，體噤瘙癢。入面脂生光澤。○鼻淵、鼻衄、鼻窒、鼻瘡及痘後鼻瘡，並用研末，入麝香少許，葱白蘸入數次，甚良。

辛夷，《本經》上品。【圖略】花有紅紫二種。入藥當用紫者，須未開時收之。

修治： 辛夷去外毛皮，用向裏實者，微炙。○時珍曰：氣味俱薄浮而散，陽也。入手太陰、足陽明經。○之才曰：芎藭為之使，惡五石脂，畏菖蒲、蒲黃、黃連、石膏、黃環。

明・張懋辰《本草便》卷一 辛夷臣 味辛，氣溫，無毒。惡五石脂，畏菖蒲、蒲黃、黃連、石膏。 主五臟，身體寒熱，風頭腦痛，面䵟，溫中，解肌，利九竅，通鼻塞寒涕出。治面腫，引齒痛，生鬚髮，去蟲。

明・李中梓《藥性解》卷五 辛夷 味辛，性溫，無毒，入肺、胃二經。主身體寒熱，頭風腦痛，面腫齒痛，眩冒如在車船，溫中氣，利九竅，解肌表，通鼻塞，除濁涕，生鬚髮，殺白蟲，去面䵟。去毛及心用，芎藭為使，惡五靈脂，畏菖蒲、蒲黃、黃連、石膏、黃環。 按：辛夷辛溫發散，太陰陽明之入，固其宜也。若肺胃虛熱不受風邪者，勿得漫用。

明・鮑山《野菜博錄》卷三 房木 一名辛矧，一名辛夷，一名候木。生山中。樹高數仞，葉似柿葉而狹，花似著毛花，結實似小桃，色白。其味辛，溫，無毒。 食法：採花、嫩葉煠熟，水浸去邪味，油鹽調食。

明・繆希雍《本草經疏》卷一二 辛夷 味辛，溫，無毒。主五藏身體寒熱，風頭腦痛，面䵟，溫中解肌，利九竅，通鼻塞涕出，治面腫引齒痛，眩冒，身兀兀如在車船之上者。生鬚髮，去白蟲。久服下氣，輕身明目，增年耐老。可作膏藥。用之去心及外毛，毛射人肺令人欬。

【疏】辛夷稟春陽之氣以生，故其味辛氣溫，性無毒。氣清而香，味薄而散，浮而升，陽也。入手太陰、足陽明經。其主五臟身體寒熱，風頭腦痛，面䵟，解肌，通鼻塞涕出，面腫引齒痛者，皆二經受風邪所致，足陽明主肌肉，手太陰主皮毛，風邪之中人，必自皮毛肌肉以達於五臟而變為寒熱。又鼻為肺之竅，頭為諸陽之首，三陽之脈會於頭面，風客陽分則為頭痛，面䵟，鼻塞涕出，面腫引齒痛。辛溫能解肌散表，芳香能上竄頭目，逐陽分之風邪，則諸證自愈矣。眩冒及身兀兀如在車船之上者，風主搖動之象故也。風邪散，中氣溫，則九竅通矣。大風之中人，則毛髮脫落，風濕之浸淫則腸胃生蟲，散風行濕則鬚髮生而蟲自去矣。久服下氣，輕身明目，增年耐老，悉非風藥所能。雖出自《神農本經》，然而易世相傳，得無謬訛，存而不論可也。

【主治參互】同甘菊花、蒼耳子、薄荷、細辛、甘草、羌活、藁本、防風、川芎，治風寒入腦頭痛，或鼻塞流涕，或鼻淵涕下不止腥臭。 【簡誤】辛香走竄之性，氣虛人不宜服。雖偶感風寒，鼻竅不通，亦不得用。頭腦痛屬血虛火熾者，不宜用。齒痛屬胃火者，不宜用。

明・倪朱謨《本草彙言》卷八 辛夷 味辛，氣溫，無毒。氣味俱薄，浮而散，陽也。入手太陰、足陽明經。

《別錄》曰：辛夷，生漢中、魏興、梁州山谷。今江浙處處有之。人家園圃中多種植。樹高二三丈，枝條繁茂，極剛又脆。二三月開花，花出枝頭，有紫白二色，花落方生葉，葉間隨含花苞。經夏秋，歷冬，其苞漸大，長半寸而尖銳。苞外有苞重重，有青黄茸毛順鋪。苞形如小毛桃。開花時脱苞。花似蓮花，大如茶盞，如蘭花香。白者呼爲玉蘭，紫者呼爲紫蘭。更有千瓣者。以紫花之萼爲貴。年淺者，有花無子。經三十年方結實也。修治：用粗布拭淨萼上毛，以淨水浸半日，焙乾用。

辛夷　溫肺氣，《別録》通鼻竅之藥也。詹聞寰稿故善走三陽，除風寒風濕于頭面、耳鼻、齒牙諸分。若頭眩昏冒，兀兀如欲嘔；若面腫面癢，隱隱如蟲行；若耳閉耳鳴，或癢或痛；若鼻淵鼻塞，或脹或瘡；若齒痛齒腫，或牙齦浮爛等證，咸宜用之。此藥辛溫上達，能解肌散表；芳香清潔，能上竄頭目，逐陽分之風邪，疏內竅之寒鬱，則諸證自愈矣。前古謂通九竅、利五臟，通關脉，退寒熱，意在斯乎！但辛香浮竄，氣虛之人，雖偶感風寒，致諸竅不通者，不宜用。頭腦痛屬血虛火熾者，不宜用。齒牙痛與耳病，屬肝火胃火者，不宜用。

李士材先生曰：肺開竅于鼻，而胃脉環鼻上行。凡中氣不足，清陽不升，則頭痛而九竅不利。辛夷禀春陽之氣，味薄而散，能助胃中清氣，上達高巔，故頭面九竅，皆歸于治平也。

集方：《別録》方治頭眩昏冒欲嘔，此屬寒痰也。用辛夷一兩，製半夏、膽星、天麻、乾薑、川芎各八錢，爲末，水發爲丸，每晚服三錢，白湯下。〇《古今醫準》治頭面腫癢如蟲行，此屬風痰也。用辛夷一兩，白附子、半夏、天花粉、白芷、殭蠶、玄參、赤芍各五錢，薄荷八錢，分作十劑服。〇《方脉正宗》治耳閉不通，或虛鳴如雨響，或耳內作癢作痛。用辛夷、黄芩、柴胡、川芎、半夏、甘草各五錢，爲末，每晚服三錢，白湯調下。如腎虛，亦有耳閉耳鳴，作癢作痛者。用辛夷二兩，配入六味地黄丸料中，每服五錢，臨睡白湯送下。〇李氏方治鼻淵鼻塞，用辛夷、甘草各一兩，蒼耳子八兩，甘菊花二兩俱炒，江魚齒一兩五錢，膠泥裹，火內燒紅，去泥，俱爲細末，每晚服三錢，白湯調下。〇繆氏方選治鼻內作脹，或生瘡。此係酒毒者多。用辛夷一兩，川黄連五錢，連翹二兩，俱微炒，研爲末，每飯後服三錢，白湯下。〇藏田真方治齒牙作痛，或腫，或牙齦浮爛。用辛夷一兩，蛇床子二兩，青鹽五錢，共爲末摻之。

明・顧逢柏《分部本草妙用》卷六兼經部・溫瀉　辛夷　辛，溫，無毒。入手太陰、足陽明二經。芎藭為使，惡五石脂，畏菖蒲、黄連、石膏、黄環。

主治：風頭腦痛，利九竅，通鼻塞涕出，明目，面腫齒痛，眩冒。時珍曰：肺開竅于鼻，而陽明胃脉環鼻而上行，腦為元神之府，而鼻為命門之竅。令中氣不足，清陽不升，則頭為之傾，九竅不和。辛夷走氣入肺，能助胃中清陽上通于天，所以能溫中，治頭面目鼻九竅之病。軒岐之後，達此理者，其東垣乎。

明・李中梓《醫宗必讀・本草徵要下》　辛夷味辛，溫，無毒。入肺、胃二經。芎藭為使，惡五石脂，畏菖蒲、蒲黄、黄連、石膏、黄環。去心及毛，毛射肺中，令人發欬。辛溫開竅，鼻塞與昏冒咸宜；清陽解肌，壯熱與憎寒並選。肺開竅於鼻，而胃脉環鼻上行。凡中氣不足，清陽不升，則頭痛而九竅不利。辛夷禀春陽之氣，味薄而散，能助胃中清氣，上達高巔，頭面九竅皆歸治平也。按：辛香走竄，虛人禁之。雖偶感風寒，而鼻塞亦禁之。頭痛屬血虛火熾者，服之轉甚。

明・蔣儀《藥鏡》卷一溫部　辛夷　能通鼻塞，以辛溫外解肌表之風濕也。能定頭眩，以芳香上逐陽分之風邪也。

明・張景岳《景岳全書》卷四九《本草正》　辛夷一名木筆，一名迎春。　氣味辛溫。乃手太陰、足陽明之藥。能解寒熱憎寒體噤，散風熱，利九竅，除頭風腦痛，眩冒瘙癢。療面腫引齒疼痛。若治鼻塞涕出，鼻淵鼻鼽鼻瘡，及痘後鼻瘡，並宜為末，入麝香少許，以葱白蘸藥，點入數次，甚良。

明・盧之頤《本草乘雅半偈》帙二　辛夷《本經》上品　氣味：辛，溫，無毒。主治：主五藏身體寒熱，風頭腦痛，面䵟。久服下氣，輕身，明目，增年耐老。

覈曰：所在有之。樹高三四丈，枝條繁茂。正二月開花，花出枝頭，有紫白二色。花落乃生葉，葉間隨含花苞，經夏歷冬，其苞漸大，長半寸而尖銳，苞外有苞，重重有青黄茸毛順鋪，長半分許，如有毛小桃，開時脱苞，花似蓮花，大如小盞，作蓮蘭花香。白花者呼為玉蘭，更有千瓣者。以紫花之萼為貴。年淺者有花無子，經三四十年者，方結實也。修事：拭淨萼上赤毛，用芭蕉水浸一宿，更以漿水煮之，從巳至未，取出焙乾。若治眼目中患，即一時去皮，用向裏實者。芎藭為之使。惡五色石脂。畏菖蒲、蒲黄、黄連、石膏、黄環。

先人云：植樹四十年方實，孕萼歷三季始開，結子閲九月可采，醞藉濡遲，不似辛散之物，大有和平之象。又云：辛夷合宜用實，第人心不能待其成耳。苞萼雖可用，恐力不及實之全體專精也。又云：偏歷四時之氣，故形藏咸宜。舉寒與熱，四氣在其中矣。有春氣在頭象，風木主色象，顧增耐兩字則得之矣。

粲曰：草木花葉，俱有外苞，萼拆解孚，各有同異。唯辛夷萼苞，顯著特甚。蓋偏四氣，故曰辛。辛，新也。五行均等，故曰夷。夷，平也。是以藏形咸輔，而辛平木用，故主風頭腦痛，面䵟氣上也。久服輕身明目，增年耐老者，奠安形藏，澄徹竅穴之功耳。生人有胞，凡胎生俱有胞，濕生化生，或胞，或㲉，或合感，或離應。卵生唯㲉，主于草木果實有孚。人或習聞，若草木孕萼作葉，亦具外苞，從來未曾話破。孟夫子所謂明足以察秋毫，不足以見輿薪者，皆如此類。

明・李中梓《本草通玄》卷下　辛（荑）〔夷〕　辛，溫。溫中解肌，通關利竅。凡鼻淵鼻衄、鼻塞鼻瘡，並研末，入麝，葱白蘸入，甚良。　時珍曰：鼻通於天。天者，頭也，肺也。肺開竅於鼻，而胃脉環鼻而上行。腦為元神之府，而鼻為命門之竅。中氣不足，清陽不升，則頭為之傾，九竅為之不利。辛（荑）〔夷〕辛溫走氣而入肺，其體輕浮，能助胃中清陽，上通於天，故能溫中治頭面目鼻之病。　軒岐之後，達此理者，東垣一人而已。　刷去毛，微焙。

清・顧元交《本草彙箋》卷五　辛夷　辛溫，走氣而入肺。其體輕浮，能助胃中清陽上行，所以能溫中，治頭面目鼻九竅之症。然其辛香走竄，凡鼻塞屬於虛人，頭面屬血虛，火熾者不宜服。用宜去心及外毛，毛射人肺，令人欬。

清・劉雲密《本草述》卷二二　辛夷之才曰：芎藭為之使。花未開時收之，正二月好采。

苞　氣味：辛，溫，無毒。　時珍曰：氣味俱薄，浮而散，陽也，入手太陰、足陽明經。

主治：風頭腦痛，面䵟《本經》。引齒痛，通鼻塞涕出《別錄》。鼻淵、鼻衄、鼻窒、鼻瘡，及痘後鼻瘡，並用研末，入麝香少許，葱白蘸入數次，甚良時珍。

時珍曰：鼻氣通於天。天者，頭也，肺也。肺開竅於鼻。而陽明胃脉環鼻而上行腦，為元神之府。而鼻為命門之竅，人之中氣不足，清陽不升，則頭為之傾，九竅為之不利。辛夷之辛溫走氣而入肺，其體輕浮，能助胃中清陽上行通於天，所以能溫中，治頭面、目、鼻、九竅之病也。　希雍曰：辛夷其味辛，氣溫，性無毒。氣清而香，味薄而散，浮而升，陽也。唯主達陽，故主治諸證，不越頭與鼻。頭為諸陽之首，鼻為肺之竅，三陽之脈，會於頭面故也。

愚按：辛夷之所用者，苞也。《本經》主治風頭腦痛，而《別錄》云通鼻塞涕出。暨方書所用之以療鼻塞、鼻衄、鼻淵等證，一似有專功者。第謂其辛温能達陽於極上而已，詎知其花開於正月二月，花落乃生葉，葉間隨含花苞，夏杪苞如小筆頭，經伏歷冬，苞花漸大，苞外有苞，至來年正二月始開，開時脫苞，收之者於其未開時為良也。是則茲物之治腦與鼻，前哲用之煞有妙理，不止如他辛温之味通氣達陽，療一表證而已。何以明之？曰：茲物時珍以為入手太陰、足陽明經，是謂治在鼻矣。第《本經》首言治風頭腦痛，則腦與鼻之氣，固有相因以為病者，未審為手太陰、足陽明之先，當屬何經也。曰足陽明循眼系入絡腦，然足太陽直者入絡腦，是在足陽明之先者也。即就鼻論，足陽明其脈起於鼻，交頞中，乃傍納太陽之脈，以太陽起於目內眥，上額交巔上，入絡腦也，是足陽明之最切於鼻者，亦同足太陽以行矣。所以鼻淵證固病於腦，而必出於鼻，即鼻塞、鼻衄，雖未嘗病於腦，而不能盡舍絡腦之足太陽，以衛氣固出下焦也。試觀茲物根六陽之氣，入於六陰進氣之候，以至於陰極，而陽之畜於陰中者，漸以滋長，猶陽之畜於地也。至於三陽交泰之候，而陽之出於陰中者，頓以宣發，亦猶陽之達於天也。畜於地而達於天，猶人身之真陽，首於足太陽，麗於足陽明，乃至於手太陰也。故治鼻塞、鼻衄、鼻淵，乃有專功，不槩於諸辛温之味也。其病於腦而及於鼻者，必責之腦，即不病於腦而責於鼻者，亦不能外於腦，以足太陽為胃與肺之根蒂，而足太陽之絡腦者，固陽中根陰，陰中達陽也。乃茲物由陽而畜於陰，由陰而達於陽，適於主治之宜相合也。所以鼻之寒熱無不用，並腦之虛實亦無不用，雖各有攸宜之劑，而必以此味為關捩子者，職此之由也。第腦有虛實者云何？曰：實者，如膽移熱於腦之類。虛者，如方書所謂腦冷之類。更如戴氏所云腎虛，及方書所云腦漏，皆屬虛者也。是茲物不得徒以辛温通氣，謂其專療風冷。即止云入肺與胃者，猶是察之未精矣。抑《本經》治頭腦痛，但就風言，謂何？曰：陽出於陰中以極於上者，非風不能也。風升與元氣無二，《本經》大都指風虛。雖止以風病為言，而達陽之義已包舉盡矣。方書中有治偏頭痛方，偏左偏右，皆用辛夷，於斯可徵。

或曰：足太陽為巨陽，何以入絡腦而合陰以言也？曰：《內經》云：諸髓者，皆屬於腦。又曰：腦者，陰也。《經》曰：至陰虛，天氣絕。不有至陰，何以育陽而達於上，不有陽之上達，何以髓能充於腦，而陰亦達於上也？《經》義固已明矣。

希雍曰：辛香走竄之性，氣虛人不宜。雖感風寒鼻塞，亦宜慎之。頭痛屬血虛火熾，及齒痛屬胃火者，皆禁用。

修治　去毛，免射人肺；去心，不致人煩。水洗，微炒。

清・郭章宜《本草匯》卷一五　辛夷　辛，溫，氣味俱薄，浮而散，陽也，入手太陰、足陽明經。通關利竅，鼻塞與腦痛咸宜。清陽解肌，體噤與增寒並選。

按：辛夷，即今之木筆也。清氣芳香，能上竄頭目，逐陽分之風邪，故鼻塞涕出，此能通之。鼻氣通于天，天者，頭也，肺也，肺開竅于鼻。而陽明胃脉，環鼻而上行，腦為元神之府，而鼻為命門之竅，人之中氣不足，清陽不升，則頭為之傾，九竅為之不利。辛夷之辛溫，走氣而入肺，其體輕浮，能助胃中清陽上通于天，所以能溫中，治頭面、目鼻、九竅之病。寒風入腦，同甘菊、蒼耳、薄荷、細辛、甘草、羌活、藁本、防風、川芎治之。其性走竄，氣虛人禁服。雖感風寒鼻塞，亦不得用。頭腦痛，屬血虛火熾者，亦不可用。齒病屬胃火者，禁之。

產漢中。刷去毛，微焙。芎藭為之使。惡赤石脂。畏菖蒲、蒲黃、黃連、石膏。

清・王翃《握靈本草》卷八　辛夷包出漢中，今處處有之。凡用拭去毛，微炙。

主治：辛夷包，辛，溫，無毒。主五臟身體寒熱，風頭腦痛，諸鼻病。

清・汪昂《本草備要》卷三　辛夷即木筆花。宣，散上焦風熱。　辛溫輕浮。入肺胃氣分。能助胃中清陽上行，通于頭腦。溫中解肌，通九竅，利關節。主治鼻淵鼻塞，肺主鼻。膽移熱于腦，則鼻多濁涕而淵，風寒客于腦則鼻塞。《經》曰：腦滲爲涕。王冰曰：膽液不澄，則爲濁涕。如泉不已，故曰鼻淵。及頭痛面䵟，音旱，黑斑。可作面脂。目眩齒痛，九竅風熱之病。然性走竄，氣虛火盛者忌服。時珍曰：肺開竅于鼻，陽明胃脉環鼻上行。腦爲元神之府，鼻爲命門之竅。人之中氣不足，清陽不升，則頭爲之傾，九竅爲之不利。吾鄉金正希先生嘗語余曰：人之記性，皆在腦中。小兒善忘者，腦未滿也；老人健忘者，腦漸空也。凡人外見一物，必有一形影留于腦中。昂按：今人每記憶往事，必閉目上瞪而思索之，此即凝神于腦之意也。不經先生道破，人皆習焉而不察矣。李時珍云：腦爲元神之府，其于此義，殆有暗符歟？　去外皮毛，毛射肺，令人咳。微炒用。芎藭爲使，惡石脂，畏黃耆、菖蒲、石膏。

清・吳楚《寶命真詮》卷三　辛夷　【略】溫中解肌，開竅通鼻塞，助胃中清氣，上達高巔，故頭面九竅之病皆治。

清・陳士鐸《本草新編》卷四　辛（彝）〔夷〕　味辛，氣溫，無毒。入肺、膽二經。止腦內風疼、面腫引齒痛眩目，除身體寒熱，通鼻塞，止鼻淵清涕，生鬚髮。此物通竅，而上走于腦，舍鼻塞、鼻淵之症，無他用，存之以備用可耳。且辛散之物，多用則真氣有傷，亦可暫用而不可久用也。總之，去病即已，不可因其效甚而縱用之，非獨辛（彝）〔夷〕之為然。

清・顧靖遠《顧氏醫鏡》卷八　辛夷辛，溫。入肺胃二經。去心及毛，毛射肺中，令人發咳。　治頭痛齒疼，除鼻塞涕流。芳香上竄諸竅，逐陽分風邪之功。鼻淵涕下腥臭，亦用之。　辛香走竄，虛人禁之。雖偶感風寒而鼻塞，亦禁之。頭痛屬血虛火炎，齒痛因胃火者，均忌。

清・李熙和《醫經允中》卷二〇　辛夷　入手太陰、足陽明二經。川芎為使。惡石脂。畏菖蒲、黃連、石膏。　辛，溫，無毒。主治頭風腦痛，利九竅，通鼻塞涕出，鼻淵面腫，鼻厥。肺開竅于鼻，而陽明之脉環鼻而上行腦，為元神之府；而鼻為命門之竅，中氣不足，清陽不升，九竅不和，則頭為之傾，鼻為之塞。辛夷走氣入肺，能助胃中清氣，上通于天，所以能溫中，治頭面目鼻九竅之病。然性走竄，氣虛火盛者忌服。

清・馮兆張《馮氏錦囊秘錄・雜症痘疹藥性主治合參》卷四　辛夷稟春陽之氣以生。味辛，氣溫，無毒。氣清而香，味薄而散，浮而升，陽也。入手太陰、足陽明經。辛溫升浮之性，能除頭面肌肉皮毛之風邪，風去濕除，外則鬚髮生，內則蟲自去矣。

辛夷　用宜去心去毛。止頭腦風疼面腫，引齒痛眩冒，除身體寒熱。鼻塞有香臭不聞。生鬚髮，殺蟲，禁清涕，通竅。辛溫輕浮，能助清陽之氣，上通於天，故治頭面齒鼻之病也。

清・张璐《本經逢原》卷三　辛夷即木筆花。　辛，溫，無毒。剝去毛瓣，取仁用，忌火焙。《本經》主五藏身體寒熱，頭風腦痛、面䵟。　發明：鼻氣通於天，肺開竅於鼻，辛夷之辛溫走氣，而入肺利竅。其體輕浮，能開胃中清陽，上行通於天。故《本經》治陽氣鬱遏，身體寒熱，頭風腦痛，面䵟。辛溫能解肌表，芳香上竄頭目，逐陽分之風邪，則諸證自愈。軒岐之後，能達此理者，東垣一人而已。凡鼻衄、鼻淵、鼻塞及痘後鼻瘡，並研末，入麝香少許，以葱白蘸入甚良。腦鼻中有濕氣久窒不通者宜之。但辛香走竄，虛人血虛火熾而鼻塞，及偶感風寒，鼻塞不聞香臭者禁用。

清·浦士貞《夕庵讀本草快編》卷五 辛夷《本經》木筆 夷者，荑也，其苞初生如荑，有毛似筆，故名。 辛夷味辛而溫，入手太陰、足陽明，為溫中之劑。雖治腦鼻諸症，非上焦藥也。夫鼻氣通於天肺，開竅於鼻，陽明之脉又環鼻而上行。腦為元神之府，鼻為命門之竅，凡人中氣不足，清陽不升，則頭為之傾，九竅為之不利。辛夷之辛溫走氣而入肺，其體輕浮，能助胃中清陽上行通於天，所以能溫中而清上竅，故頭風腦痛，鼻淵衄寒，無不宜之。軒岐之後達此理者，惟東垣一人而已。

清·張志聰、高世栻《本草崇原》卷上 辛夷 氣味辛，溫，無毒。主治五臟身體寒熱，風頭腦痛，面䵟。久服下氣，輕身，明目，增年耐老。 辛夷始出漢中、魏興、梁州川谷，今近道處處有之。人家園亭亦多種植。樹高丈餘，花先葉後，葉苞有茸毛。花開白色者，名玉蘭，謂花色如玉，花香如蘭也。紅紫色者，名木筆，謂花苞尖長，儼然如筆也。入藥紅白皆用，取含苞未開者收之。 辛夷味辛臭香，苞毛花白，稟陽明土金之氣化也。陽明者土也，五臟之所歸也。故主治五臟不和而為身體之寒熱。陽明者金也，金能制風，故主治風淫頭腦之痛。陽明之氣有餘，則面生光，故治面䵟。䵟，黑色也。《經》云：陽明者，胃脉也，其氣下行，故久服下氣，土氣和平，故輕身。金水相生，故明目。下氣輕身明目，則增年耐老。

清·王子接《得宜本草·上品藥》 辛夷 味辛。入手太陰、足陽明經。主治頭風鼻病。得川芎、薄荷、細辛、石膏治鼻塞流涕，不聞香臭；得南星、半夏、黃柏、牡蠣，治鼻淵，下如白膿。

清·徐大椿《神農本草經百種錄》上品 辛夷 味辛，溫。主五藏，身體寒熱，清氣下陷之疾。 風頭腦痛，升散風邪。 面䵟。去皮毛之風滯。 久服下氣輕身，明目，增年耐老。清氣上升則濁氣下降，而百體清寧，可永年矣。 辛夷與眾木同植，必高于眾木而後已，其性專于向上，故能升達清氣。又得春氣之最先，故能疎達肝氣。又芳香清烈，能驅逐邪風頭目之病。藥不能盡達者，此為之引也。

清·黃元御《玉楸藥解》卷二 辛夷 味辛，微溫。入手太陰肺、足陽明胃經。泄肺降逆，利氣破壅。辛夷降泄肺胃，治頭痛，口齒疼；鼻塞收涕，去鼾，散寒止癢。塗面潤膚，吹鼻療瘡。亦名木筆花。

清·吳儀洛《本草從新》卷三 辛夷（宣散上焦風熱。）一名木筆花，一名迎春花。 辛溫輕浮。入肺胃氣分。能助胃中清陽上行，通於頭腦，溫中解肌，通九竅，利關節。主治鼻淵鼻塞，肺主鼻，膽移熱於腦則鼻多濁涕而淵，風寒客於腦則鼻寒。《經》曰：腦滲為涕。王冰曰：膽液不澄，則為濁涕，如泉不已，故曰鼻淵。 及頭痛面䵟，黑斑。可作面脂。 目眩齒痛，九竅風熱之病。辛香走竄，虛人偶感風寒而鼻塞者禁之。頭痛屬血虛火熾者服之轉甚。李時珍曰：肺開竅於鼻，陽明胃脉環鼻上行，腦為元神之府，鼻為命門之竅，人之中氣不足，清陽不升則頭為之傾，九竅為之不利。人之記性皆在腦中，小兒善忘者，腦未滿也；老人健忘者，腦漸空也。凡人外見一形，必有一形留於腦中，今人每記憶往事，必閉目上瞪而思索之，此即凝神於腦之意也。 去外皮毛，毛射肺，令人咳。 微焙。芎藭為使。惡石脂。畏菖蒲、石膏、蒲黃、黃連。

清·汪紱《醫林纂要探源》卷三 辛夷 辛，溫。紫木筆也。取花包，剝去外旁皮毛，微炒用。 宣行肝氣，直達於上，上徹巔頂，快胃氣，瀉肺邪，通關利竅，去熱祛風。治鼻淵塞及目眩，牙痛。亦能發汗解肌。以傅面，去黑斑瘡鼻。

清·嚴潔等《得配本草》卷七 辛夷 芎藭為之使。畏菖蒲、黃連、蒲黃、石膏、黃環。惡五石脂。 辛，溫。入手太陰、足陽明經氣分。通九竅，利關節，行頭腦，而散上焦之風熱。佐薄荷、石膏，治鼻流清涕。佐川柏、牡蠣，治鼻淵如膿。 去心及皮毛，甘草湯浸炒，或芭蕉水浸，焙乾用。 氣虛，火盛，二者禁用。

題清·徐大椿《藥性切用》卷五 辛夷 一名迎春花，即木筆花。性味辛寒，輕浮入肺，兼入胃經。能引胃中清氣上行，通於頭腦，為腦熱鼻淵之耑藥。

清·黃宮繡《本草求真》卷三 辛夷散肺中風熱。

辛夷耑入肺。 辛溫氣浮，功專入肺，解散風熱，緣人鼻氣通天，肺竅開鼻，鼻主肺，風熱移於腦，則鼻多濁涕而淵，風寒客於腦則鼻塞。經曰：腦滲為涕，膽液不澄，則為濁涕如泉不已，故曰鼻淵。鼻淵不盡外感，在長洲張璐指為陽明伏火，會稽景岳指為督火發，海鹽楚瞻指為腎經虧損，要在相症施治。並頭痛面（點）〔䵟〕，目眩齒痛，九竅不利，皆是風熱上攻，是宜用此芳香上竄頭目，兼逐陽分風邪，則諸症自愈。但辛香走竄，血虛火熾，及偶感風寒不聞香臭者，其並禁焉。時珍曰：鼻氣通於天，天者頭也，肺也。肺開竅於鼻，而陽明胃脉，環鼻而上行腦，為元神之府。而鼻為命門之竅，人之中氣不足，清陽不升，則頭為之傾，九竅為之不利，辛夷之辛溫走氣而入肺，其體輕浮，能助胃中清陽上行通於天，所以能溫中，治頭面目鼻九竅之病。汪昂曰：吾鄉金正希先生嘗語余曰：人之記性皆在腦中。小兒善忘者，腦未滿也。老人健忘者，腦漸空也。凡人外見一物，必有一形留影留於腦中，昂思今人每記憶往事，必閉目上瞪而思索之，此即凝神於腦之意也。不經先生道破，人皆習焉而不察矣。

清・楊璿《傷寒溫疫條辨》卷六散劑類　辛夷花　辛溫，入肺、胃。助胃中清陽上升，通於頭腦，主九竅風熱之證。

附：琉球・吴繼志《質問本草》内篇卷四　辛夷　生山中，木高數丈，去外皮毛，微炒，惡石脂，畏黄耆、菖蒲、蒲黄、黄連、石膏。　即木筆花，春開花，生葉結實。　覩其莖花根，係中國之莘夷也。　隨地皆有，其性用要知尊酌。壬寅，許永枝、吴太茂、王隆盛。　此一種係中國之辛夷也。處處皆有，其名不一，第有桃花，紫色、白色二類，其苞氣味性用，可照方書變用不悮。壬寅，陳文錦、李興成、盧亨春。

清・羅國綱《羅氏會約醫鏡》卷一七竹木部　辛夷味辛溫，入肺胃二經。去外皮毛，微炒用。　肺竅在鼻，胃脉環鼻上行，凡中氣不足，清陽不升，則頭痛鼻塞，九竅不利，辛夷能助胃中清氣，上達高巔，故諸證悉愈。除頭風、腦痛、眩冒、面腫、鼻塞、鼻淵、目昏、齒痛。皆風熱之患。療鼻瘡，及痘後鼻爛。為末，加麝少許，以葱白蘸藥頻點良。

按：辛香走竄，體虛者、鼻塞屬外感者、頭痛屬血虛火熾者悉忌之。

清・王龍《本草纂要稿・木部》　辛夷　味辛，性溫，無毒。止頭腦風疼齒痛，除身骵寒熱鼻塞。生鬚髮，殺蟲。禁清涕，通竅。久服明目，下氣輕身。

清・張德裕《本草正義》卷上　辛夷一名春花，一名木筆。　辛，溫。入肺、胃。散風寒，利九竅，除頭風腦痛，鼻塞涕出，鼻淵鼻齆鼻瘡，俱可為末，入麝香，以葱白汁蘸點。

清・楊時泰《本草述鉤元》卷二二　辛夷　宜於花未開時收之，正二月采。

苞　氣味辛溫。氣清而香，味薄而散，浮而升，陽也。入手太陰、足陽明經。芎藭為之使。　主治風頭腦痛，面腫引齒痛，通鼻塞涕出，療鼻淵、鼻齆、鼻瘡、鼻窒及痘後鼻瘡。並研末，入麝少許，葱白蘸入數次。　鼻為命門之竅，人之中氣不足，清陽不升，則頭為之傾，九竅為之不利。辛夷走氣入肺，其體輕浮，能助胃中清陽上通於天，所以治頭面目鼻九竅之病瀕湖。

論：辛夷之所用者，苞也，其花開於正二月，花落乃生葉，葉間隨含花苗，經伏歷冬，苗漸大，而外有苞，開時苞脱，必於未脱時收之。其治腦與鼻，入手太陰足陽明二經。第足陽明循眼系入絡腦，而足太陽直者入絡腦，在足陽明之先。即就鼻論，足陽脈起於鼻交頞中，乃旁納太陽之脈，以太陽起於目内眥，上頞交巔，上入絡腦也。是足陽明之最切於鼻者，亦同足太陽以行矣。所以鼻淵固病於腦，而必出於鼻。即鼻塞、鼻齆，雖未嘗病於腦，而不能盡舍絡腦之足太陽，以衛氣固出下焦也。茲物根六陽之氣，入於六陰進氣之候，以至於陰極，而陽之畜於陰中者漸以滋長，猶陽之蓄於地也。至三陽交泰之候，而陽之出於陰中者，頓以宣發，猶陽之達於天也。畜於地而達於天，猶人身之真陽首於足太陽，麗於足陽明，乃至於手太陰也。故治鼻塞、鼻齆、鼻淵有專功。大約鼻之（塞）〔寒〕熱，並腦之虛實，實如膽移熱於腦之類，虛如腦冷以及腎虛腦漏之類。雖各有攸宜之劑，而必以此味為關捩子，不得徒以辛溫通氣盡之。抑《本經》治頭腦痛，何以但主風言？　蓋陽出陰中以極於上者，非風不能也。風壅而痛，大都專指風虛，《經》雖止以風病為言，而達陽之義已包舉盡矣。治頭痛偏左偏右，皆用辛夷，於此可見。或曰：足太陽為巨陽，何以入絡腦而合陰以言？　曰：《内經》謂諸髓皆屬於腦，腦者陰也。又曰：至陰虛，天氣絶，不有至陰，何以育陽而達於上，不有陽之上達，何以能充髓於腦，而陰亦達於上乎？

其性辛香走竄，氣虛人不宜，頭痛屬血虛火熾及齒痛屬胃火者，皆禁用。仲淳

修事：去毛，免射人肺。去心，不致人煩。水洗，微炒。

清・鄒澍《本經續疏》卷二　辛夷　【略】無五臟而身體寒熱，而風頭腦痛者，是陽淫極上不得陰交而化風，非辛夷所可治也。五臟身體寒熱，而不風頭腦者，是邪連中外，不隨陽氣而透達，亦非辛夷所可治也。惟風頭腦痛

之屬五臟身體寒熱者，乃可以辛夷治。蓋辛溫本主開發，且其樹雜植衆木間，必高於衆木然後止，而其花不開於枝，不附於葉，而獨出於木杪，況不待葉發，而花先開，不待葉彫，而花先茁。自今夏及來歲之春，雖日生日長，皆甲而不坼，必至四序竝經，乃刳苞以出，而所用者即其方開未坼之花，以是知所謂五臟身體寒熱，風頭腦痛者，必腦本有宿風，營為巢窟。凡表間感寒感熱，五內任疚任勞，均不外發，不下洩，而獨出於上，引動宿風，為頭腦痛，則取其歷久不開，今始開之氣，以發越之，而覆其巢不使易種，於兹即所謂面皯，亦於此取義。大抵病之所營，即正氣之所注，而神亦於是乎萃。曰眩冒身兀兀如在車船之上，正疏其病根及病未發時情狀也。由是推之，則小小有勞，小小感冒，隨即鼻塞涕出，面腫引齒痛發而即愈，不久復作，經年積歲，無有已時者，正與此相符。曰溫中解肌，利九竅，則其巢之所由覆，邪之所由去，固已瞭如指掌矣。

清・葉桂《本草再新》卷四　辛夷味辛，性溫，無毒。入脾、肺二經。　理氣溫中，開胃化痰，通九竅，利關節，止頭齒疼。

清・吴其濬《植物名實圖考》卷三三　辛夷　《本經》上品。即木筆花。又有玉蘭花，可食，分紫瓣、白瓣二種。

雩婁農曰：王世懋《花疏》據《茗溪漁隱》謂：玉蘭為宋之迎春花。今廣中尚仍此名。又云玉蘭花古不經見。余謂木蘭、玉蘭一類二種。唐宋以前但賞木蘭，自玉蘭以花色香勝，而騷客詞人競以玉雪霓裳(摸)(描)寫姑射，而緘舌不與木蘭一字矣。余由豫章泝湘，經黔抵滇，所見茶花多矣。譜滇茶花者幾及百種。庭廡間位置，爭以深紅軟枝、分心卷瓣為上品。舊時圖畫冊子，濃鬚闊瓣，濡染綺麗者，已棄擲山阿、付與樵豎。而白花黑果，填溢於湘、黔、章、貢山谷中，落實而焚膏者，滇中固無此利，即江湘間士大夫，相燕賞於玉茗寶珠間者，亦不盡知其為族類也。玉蘭雅潔，芳樹名園，非是不稱，正如芝蘭玉樹，欲生階前。彼山鬼朝搴，子規夜上，托根亂石間者，非澤畔羈人，澗阿孤寺，烏能見而憐之。《離騷》而降，遷客淹留，雲埋水隔，愁落恨生，祗是故矣。宋景文贊曰：木蓮生峨眉山中，不為園圃所莳，曰涉者尚不得一逢，況不窺園者耶？雖然，日食五穀，不辨黍稷亦多矣。又何論深山古木？

清・趙其光《本草求原》卷七香木部　辛夷即木筆花。　辛，溫，輕浮，入肺胃氣分，肺胃脈皆交於鼻，入絡於腦。升達膀胱陰中之陽，足太陽脈自內眦上額交巔，入絡腦。上行巔頂，通關利竅，主五臟身體寒熱，陽氣鬱遏，清氣下陷。頭風腦痛引齒痛，鼻淵、鼻塞及痘後鼻瘡，並為末，入麝少許，葱白蘸敷次。面皯，作面脂，可去皮毛之風滯。久服下氣，輕身明目耐老。清氣升則濁氣降，而百體清寧。肺主鼻膽，移熱於腦則鼻多濁滯，風寒客於腦則鼻塞。《經》曰：腦滲為涕。王冰曰：膽液不澄則為濁涕，如泉不已，故曰鼻淵。胃脈環鼻入腦，為元神之府。人之中氣不足，清陽不升，則頭傾而九竅不利。

辛夷與衆木同植，必高於衆木，其性直上，故能升達清氣。且夏即含苞如筆頭，經冬至春，苞外有苞，人即采之，是陰極而生，陽蓄陰中而長，至陽出陰中而成，得春氣之最先，故能達肝以升陰中之陽，上出於天。蓋太陽膀胱為陰中之陽，入絡於腦，為肺胃之根；頭為諸陽之會，而腦為至陰之髓海，必得由陰出陽者治之乃切，非僅以辛溫達陽已也。但性走竄，氣虚火盛者忌服。

去皮毛，微炒用。毛射肺，令人咳。

清・葉志詵《神農本草經贊》卷一　辛夷　味辛，溫。主五藏身體，寒風頭腦痛，面皯。久服下氣，輕身明目，增年耐老。一名辛矧，一名侯桃，一名房木。生川谷。

潛苞蓄鋭，攢紫團紅。夭桃斂實，健筆書空。吐高灼日，送謝搖風。迎春玉蕊，功豈從同。

韓愈詩：潛苞絳實坼。李翰論：含光蓄鋭。謝朓詩：發萼初攢紫。李賀詩：細綠及團紅。名醫曰：似東桃而小。潘尼賦：收華斂實。陳藏器曰：北人呼為木筆。方千詩：春物誘材歸健筆。歐陽炯詩：勢欲書空映早霞。韓琦詩：辛夷吐高花。徐鉉詩：晴後日高偏照灼。韓愈書：迎繁送謝別有意。江淹賦：搖風忽起。《茗溪漁隱叢話》：木筆色紫，二月方開，迎春白色，立春已開，自是二種。《公羊傳》：其餘從同。

清・文晟《新編六書》卷六《藥性摘錄》　辛夷　辛，溫。氣浮。散肺中風熱，治鼻淵濁涕，鼻塞日久。〇但血虚火熾，及偶感風寒不聞香臭者，忌用。〇惡石脂。

清・張仁錫《藥性蒙求・木部》　辛夷五分　辛夷辛溫，九竅能通。上焦風熱，頗有奇功。入肺、胃二經。上行通於頭腦，主治鼻淵鼻塞。〇去外皮毛，微焙服。

清・戴葆元《本草綱目易知錄》卷四　辛（荑）〔夷〕　辛，溫。輕浮，入肺胃氣分。能助胃中清陽上行，通於頭腦，溫中解肌，明目下氣，通關節，利九竅，通鼻塞涕出，治頭痛寒熱。體噤瘙癢，面腫引齒痛，眩冒身兀兀如坐車船上。去白蟲，生毛髮。療面鼾，入面脂，生光澤。治鼻淵鼻衄，鼻窒鼻瘡，及痘後鼻瘡，並用研末，入（射）〔麝〕香少許，葱白蘸入，數次良。其性香竄，氣虛火盛者忌。

清・黃光霽《本草衍句》　辛夷　辛溫旹散肺經風熱移熱於腦，《經》云：膽移熱於腦，則為辛頞鼻淵。輕浮能助胃中清陽上通於天。用治鼻淵鼻塞鼻瘡，九竅通利。能理頭風頭眩頭痛，面腫齒疼。徐云：芳香清烈，能驅逐邪風，頭目之病，藥不能盡達者，此為之引也。得川芎、薄荷、細辛、石（羔）〔膏〕，治鼻塞流清涕，不聞香臭。辛夷丸治頭風鼻涕，下如白帶者，南星、半夏、蒼朮、黃芩、辛（荑）〔夷〕、川芎、黃柏、滑石、牡蠣，為末糊丸，薄荷湯下。

清・陳其瑞《本草撮要》卷二　辛夷　味辛，入手太陰、足陽明經，功專去頭風鼻病。得川芎、薄荷、細辛、石膏治鼻塞流涕，不聞香臭。得南星、半夏、黃柏、牡蠣治鼻淵下如白膿。偶感風寒鼻塞及血虛火熾者均忌。去皮毛焙用。川芎為使。惡石脂，畏菖蒲、石膏、蒲黃、黃連。一名木筆花，一名迎春花。

夜合花

明・鄭寧《藥性要略大全》卷七　夜合花　主安五臟，利心志，令人歡樂無憂。久服輕身明目，得所欲。　潔古云：殺蟲，治肺癰。煎膏，消癰腫。

味甘，平，無毒。此木似梧桐，枝甚柔弱，葉似皂莢、槐等，極細而繁。其葉兩兩相向，至暮而合，故名合昏。五月發紅白色花，花瓣如絲，茸茸然。至秋而實作莢子，極薄細爾。採皮及葉用。〇一名合歡，一名合昏。俗呼為瞎梅也。

清・吳其濬《植物名實圖考》卷三〇　夜合花　產廣東，木本長葉，花青白色，曉開夜合。

銜咲花

明・佚名氏《醫方藥性・草藥便覽》　啣咲花　其性熱。洗風痒。

十大功勞

清・劉善述、劉士季《草木便方》卷一草部　小鼠茨　山黃連苦寒除熱，清利二便邪火滅。頭目牙疼風熱退，崩中熱淋殺蟲絕。

清・葉桂《本草再新》卷二　十大功勞葉 味辛、苦，性溫，無毒。入肺經。治虛勞欬嗽。

清・吳其濬《植物名實圖考》卷三八　十大功勞　生廣信。叢生，硬莖直黑，對葉排比，光澤而勁，鋸齒如刺。梢端生鬚數莖，結小實似魚子蘭。土醫以治吐血，擣根取漿，含口中治牙痛。

十大功勞又一種，葉細長，齒短無刺，開花成簇，亦如魚子蘭。

南天竹

清・劉善述、劉士季《草木便方》卷二木部　木黃連　老鼠茨根皮苦涼，通利二便邪火亡。清利頭目除風熱，風狗咬傷殺蟲良。

宋・王介《履巉巖本草》卷下　南天燭　味苦，平，無毒。止泄，除睡，強筋益氣力，久服輕身長年，令人不飢，變白去老。取莖葉擣碎，漬汁浸粳米，九浸九蒸九暴，米粒緊小，正黑如瑿珠。袋盛之，可適遠方。日進一合，不飢，益顏色，堅筋骨，能行。取汁炊飯，名烏飯，亦名烏草，一名牛筋。如中河魨毒者，煎湯服之。

明・佚名氏《醫方藥性・草藥便覽》　山黃（苓）〔芩〕　其性溫。散頭風，眼中熱血。

明・鮑山《野菜博錄》卷三　南燭　一名猴藥，一名男續，一名後卓，一名惟那木，一名染菽。生山谷中。樹頗高大，葉似苦楝樹葉。其味苦，性平，無毒。　食法：採嫩葉煠熟，油鹽調食。子熟摘食。

清・趙學敏《本草綱目拾遺》卷六木部　南天竹　即楊桐，令人多植庭除，云可辟火災。

《綱目》木部南燭條，載其枝葉功用云：苦平無毒，止泄除睡，強筋益氣，久服長生不飢，變白却老。并引《上元寶經》言，服草木之王，氣與神通，食青燭之精，命不復殞，皆謂指此。而於其尋常日用功用，概不著錄。至其所引附方，亦僅取《聖惠方》中之治風疾及誤吞銅錢而已。餘亦未之及焉，故悉補之。

王聖俞云：烏飯草乃南燭，今山人寒食挑入市，賣與人家染烏飯者是也。南天竹乃楊桐，今人植之庭除，冬結紅子，以為玩者，非南燭也。古方用烏飯草與天燭，乃山中另有一種，不可以南天竹牽混，此說理確，可從之。明目烏鬚，解肌熱，清肝火，活血散滯。

《食物宜忌》云：南燭葉味苦性平。《從新》云：苦酸濇平。

子，名紅杷子。治八角蝨，同水銀搗爛，擦之即除。亦可浸酒去風痹。《從新》云：南燭子酸甘平，強筋骨，益氣力，固精駐顏。子白色者，名玉珊瑚。小兒天哮：《三奇方》：用經霜天燭子、臘梅花各三錢，水蜒蚰一條，俱預收，臨用，水煎服，一劑即愈。下疳久而潰爛，名蠟燭疳。《不藥良方》：紅杷子燒灰存性一錢，梅花冰片五釐，麻油調搽即愈。陰莖泄：《慈航活人書》：紅杷子燒灰存性一錢，加冰片五釐，麻油調搽。三陰瘧：《文堂集驗》：南天竹隔年陳子，取來蒸熟，每歲一粒，每早晨白湯下。解砒毒：劉霞裳云：凡人食砒垂死者，用南天竹子四兩，擂水服之立活。此方劉在松江府署親試驗者。如無鮮者，即用乾子一二兩煎湯服，亦可。

葉 洗眼，去風火熱腫，眵淚赤痛，及小兒疳病，取其葉煎湯代茶服。却疫仙方：《行篋檢秘》：凡人稍覺頭疼，身體酸困，便即感冒寒邪，急宜服此藥發散，毋使傳經，變成時疫。此方經驗多人，神效異常。用烏梅、紅棗各三枚，燈心三十根，南天竹葉三十片，芫荽梗三段，無芫荽，以葱白三節代之，亦可。甘草、麥冬各三錢，小柴胡二錢，水二鍾，煎一鍾，不拘時溫服，微汗即愈。瘰癧初起：《百草鏡》：南竹葉、威靈仙、夏枯草、金銀花各四兩，陳酒四壺，隔水煮透，一日三服，半月除根，每服藥酒，須吞丸藥。丸藥方：殭蠶一斤，炒研，砂糖和丸，桐子大，每次吞一錢。

梗今人畫眉籠中置之，可去鳥風。〇作筯，可治膈食、膈氣。

清·王學權《重慶堂隨筆》卷下 南天燭 人但知其有補益之功，而三奇湯治小兒天哮甚效。方用經霜天燭子、臘梅花各三錢，水蜒蚰一條。俱預收，臨用水煎服。一劑可痊。又治三陰瘧，用天燭隔年陳子蒸熟，每歲一粒，早晨白湯下。其葉洗眼，去風火熱腫，眵淚赤障。

清·吴其濬《植物名實圖考》卷二六 南天竹 《夢溪筆談》：南燭。《草木記傳》《本草》所說多端，今少有識者。為其作青精飯，色黑，乃誤用烏臼為之，全非也。此木類也，又似草類，故謂之南草木。今人謂之南天竹是也。南人多植於庭檻之間，莖如朔藋，有節，高三四尺，廬山有盈丈者。葉微似楝而小，至秋則實赤如丹，南方至多。按所述乃天竹，非南燭。

李衎《竹譜》：藍田竹，在處有之，人家喜栽花圃中。木身上生小枝，葉葉相對，而頗類竹。春花穗生，色白微紅，結子如豌豆，正碧色，至冬色漸變如紅豆，顆圓正可愛，臘後始凋。世傳以為子碧如玉，取藍田種玉之義，故名。或云此本是南天竺國來，自為南天竺，人訛為藍天竺。人取此木置鳥籠中作架，最宜禽鳥。

《甕牖閑評》：或云人家種南天竹則婦人多妒。余聞之舊矣，未知其果然否。向在江陰時，有一曹檢法者，其妻悍甚，蓋非止妒也。曹曾建一新第，求所謂南天竺者，將植於堂之東偏。余是時偶到彼，姑以所聞告之。曹憮然應曰：其果然耶！余家今無，是尚不能安帖，況復植此感動之物乎？余曰：事未可知，聊為耳目之玩，亦自不惡也。曹曰：耳目未必得玩，而先潰我心腹矣，則不如其已。遽命撤去，坐客無不笑之。南天竹以其有節似竹，故亦謂之竹，而沈存中《筆談》乃用此燭字，不知何謂。

梁程督《天竹賦》序曰：中大同二年秋，河東柳惲為祕書監，督以散騎為之貳，讐校之暇，情甚相狎，監署西廡，有異草數本，綠莖疎節，葉青如翦，朱實離離，炳如渥丹，惲為督言：《西真書》號此為東天竺。其說曰：軒轅帝鑄鼎南湖，百神受職，東海少君以是為獻，且白帝云：女媧用以鍊石補天，試以拂水，水為中斷；試以御風，風為之息；金石水火，洞達無閡。帝異焉，命植於蓬壺之圃，此其遺狀也。然不如向時之驗矣。督怪斯言誕而不經，因竊歎曰：物故有弱而剛，微而彰，當其時也，雷轟而騎翔；非其時也，穴蟠而泥藏，豈特斯草也！感而作賦。

萬壽子

清·吴其濬《植物名實圖考》卷二六 萬壽子 湖北園圃中種之。葉聚枝梢，子垂葉下，宛似天竹子。為冬月盆玩。

沉香

晉·嵇含《南方草木狀》卷中 蜜香、沉香、雞骨香、黃熟香、棧香、青桂香、馬蹄香、雞舌香。按此八物，同出於一樹也。交趾有蜜，香樹幹似柜柳，其花白而繁，其葉如橘，欲取香，伐之。經年，其根幹枝節各有別色也。木心與節堅黑，沉水者為沉香。與水面平者，為雞骨香。其根為黃熟香。其幹為棧香。細枝緊實未爛者，為青桂香。其根節輕而大者，為馬蹄香。其花不香，成實乃香，為雞舌香。珍異之木也。

宋・李昉《太平御覽》卷九八二　沉香　《金樓子》曰：扶南國，衆香共是一木，根便是旃檀，節便是沉香，花是雞舌，葉是霍香，膠是薰陸。《南州異物志》曰：沉水香，出日南。欲取，當先斫壞樹着地，積久外皮朽爛，其心至堅者，置水則沉，名沉香。其次在心白之間，不甚堅精，置之水中，不沉不浮，與水面平者，名曰棧香。其最小麄白者，名曰繫香。愈益期《牋》曰：衆香共是一木，木心為沉香。

宋・李昉《太平御覽》卷九八二　棧香音踐　《嶺表録異》曰：廣、管、羅州多棧香樹，身似柳，其花白而繁，其葉如橘，皮堪作紙，名為香皮紙，灰白色，有紋如魚子牋，其紙慢而弱，沾水即爛，遠不及楮皮者，又無香氣。或云：沉香、鷄骨、黄熟、棧香，同是一樹，而根幹枝節，各有分別者也。《南越志》曰：交州有密香樹，欲取先斷其根，經年後外皮朽爛，木心與節堅黑，沉水者為沉香，與水面平為鷄骨，最麄者為棧香。

宋・唐慎微《證類本草》卷一二木部上品〔《别録》〕　沉香　微溫。療風水毒腫，去惡氣。

〔梁・陶弘景《本草經集注》〕云：此香合香家要用，不正入藥。惟療惡核毒腫，道方頗有用處。

〔唐・蘇敬《唐本草》〕注云：沉香、青桂、雞骨、馬蹄、煎香等，同是一樹，葉似橘葉，花白。子似檳榔，大如桑椹，紫色而味辛。樹皮青色，木似櫸柳。

〔宋・掌禹錫《嘉祐本草》〕按：陳藏器云：沉香，枝、葉並似椿。蘇云如橘，恐未是也。其枝節不朽，最緊實者爲沉香，浮者爲煎香。以次形如雞骨者爲雞骨香。如馬蹄者爲馬蹄香。細枝未爛緊實者爲青桂香。其馬蹄、雞骨只是煎香，蘇乃重云：深覺煩長，並堪薰衣去臭，餘無别功。又杜蘅葉一名馬蹄香，即非此者，與前香别也。《南越志》云：交州有蜜香樹，欲取先斷其根，經年後，外皮朽爛，木心與節堅黑沉水者爲沉香。浮水面平者爲雞骨。最麄者爲棧香。日華子云：沉香，味辛，熱，無毒。調中，補五藏，益精壯陽，暖腰膝，去邪氣，止轉筋，吐瀉，冷氣，破癥癖，冷風麻痹，骨節不任，濕風皮膚痒，心腹痛，氣痢。

〔宋・蘇頌《本草圖經》〕曰：沉香、青桂香、雞骨香、馬蹄香、棧香同是一本。舊不著所出州土，今惟海南諸國及交、廣、崖州有之。其木類椿、櫸，多節，葉似橘，花白。子似檳榔，大如桑椹，紫色而味辛。交州人謂之蜜香。欲取之，先斷其積年老木根，經年其外皮幹俱朽爛，其木心與枝節不壞者即〔是〕香也。細枝緊實未爛者，爲青桂。堅黑而沈水，爲沉香。半浮半沈與水面平者，爲雞骨。最麄者，爲棧香。又云：棧香中形如雞骨者，爲雞骨香。形如馬蹄者，爲馬蹄香。然今人有得沉香奇好者，往往亦作雞骨形，不必獨是棧香也。其又麄不堪藥用者爲生結黄熟香。其實一種，有精麄之異耳。並採無時。《嶺南録異》云：廣、管、羅州多棧香，如柜柳，其花白而繁，皮堪作紙，名爲香皮紙，灰白色，有文如魚子牋，其理慢而弱，沾水即爛，不及楮紙，亦無香氣。又云：與沉香、雞骨、黄熟雖同是一木，而根、幹、枝、節，各有分别者是也。然此香奇異，最多品，故相丁謂在海南作《天香傳》言之盡矣。云四香凡四十二狀，皆出於一本。木體如白楊，葉如冬青而小。又敘所出之地云：竇、化、高、雷，中國出香之地也，比海南者優劣不侔甚矣。既所稟不同，復售者多而取者速，是以黄熟不待其稍成，棧沈不待似是，蓋趨利戕賊之深也。非同瓊管黎人，非時不妄翦伐，故木無夭札之患，得必異香，皆其事也。又薰陸香，形似白膠，出天竺、單于二國。《南方草木狀》如薰陸出大秦國，其木生於海邊沙上，盛夏木膠出沙上，夷人取得，賣與賈客，乳香亦其類也。《廣志》云：南波斯國松木脂，有紫赤如櫻桃者名乳香，蓋薰陸之類也。今人無復别薰陸者，通謂乳香爲薰陸耳。治腎氣，補腰膝，霍亂吐下，衝惡中邪氣，五疰，治血，止痛等藥及膏煎多用之。然至粘難研，用時以繒袋掛於牕隙間，良久取研之乃不粘。又雞舌香，出崑崙及交愛以南。枝、葉及皮並似栗，花如梅花，子似棗核，此雌者也。雄者著花不實，採花釀之以成香。按諸書傳，或云是沉香木花，或云草花，蔓生，實熟貫之，其説無定。今醫家又一説云：按三省故事，尚書郎口含雞舌香，以其奏事答對，欲使氣芬芳也。而方家用雞舌香療口臭者，亦緣此義耳。今人皆於乳香中，時時得木實似棗核者，以爲雞舌香，堅頑枯燥，絶無氣味，燒亦無香，不知緣何香名，無復有芬芳也。又葛稚川《百一方》有治暴氣刺心切痛者，研雞舌香酒服，當差。今治氣藥借雞舌香名方者至多，亦以雞舌香善療氣也。或取以療氣及口臭，則甚乖踈又何謂也。其言有採花釀成香者，今不復見，果有此香，海商亦當見之，不應都絶。京下老醫或有謂雞舌香與丁香同種，花實叢生，其中心最大者爲雞舌香，擊破有解理如雞舌，此乃是母丁香，療口臭最良，治氣亦效。蓋出陳氏《拾遺》，亦未知的否。《千金》：療瘡癰連翹五香湯方用丁香，一方用雞舌香，以此似近之。《抱朴子》云：以雞舌、黄連、乳汁煎，注之諸有百疹之在目，愈而更加精明倍常。又有詹糖香，出交廣以南，木似橘。煎枝葉以爲香，往往以其皮及蠹屑和之，難得淳好者，唐方多用，今亦稀見。又下蘇合香條云：生中臺川谷。蘇恭云：此香從西域及崑崙來，紫色，與真紫檀相似，而堅實，極芬香。其香如石，燒之灰白者好，今不復見。此等廣南雖有此而類蘇木，無香氣，藥中但用如膏油者，極芬烈耳。陶隱居以爲是師子矢，亦是指此膏油者言之耳。然師子矢，今内帑亦有之。其臭極甚，燒之可以辟邪惡，固知非此也。《梁書》云：天竺出蘇合香，是諸香汁煎之，非自然一物也。又云：大秦國採得蘇合香，先煎其汁，以爲香膏，乃賣其滓與諸人，是以展轉來達中國者，不大香也。然則廣南貨者，其經煎鍊之餘乎？今用膏油，乃其合治成者耳。或云師子矢，亦是西國草木皮汁所爲，胡人欲貴重之，故飾其名耳。又有檀香，木如檀，生南海。消風熱腫毒，主心腹痛，霍亂，中惡鬼氣，殺蟲。有數種，黄、白、紫之異。今人盛用之。真紫檀，舊在下品。亦主風毒。蘇恭云：出崑崙盤盤國，雖不生中華，人間偏有之。檀木生江、淮及河朔山中。其木作斧柯者，亦檀香類，但不香耳。至夏有不生者，忽然葉開，當有大水，農人候之，以測水旱，號爲水檀。又有一種，葉亦相類，高五六尺，生高原地。四月開花正紫，亦名檀根。如葛，極主瘡疥，殺蟲，有小毒也。

〔宋·唐慎微《證類本草》〕《海藥》：沉香，按正經生南海山谷。味苦，溫，無毒。主心腹痛。霍亂，中惡邪鬼疰，清人神，並宜酒煮服之。諸瘡腫宜入膏用，當以水試乃知。子細沒者爲沉香，浮者爲檀，似雞骨爲雞骨香，似馬蹄者爲馬蹄香，似牛頭者爲牛頭香，枝條細實者爲青桂，麄重者爲牋香。已上七件並同一樹。梵云波律，亦此香也。雷公云：沉香，凡使須要不枯者，如觜角硬重沈於水下爲上也，半沈者次也。夫入丸散中用，須候衆藥出即入拌和用之。《通典》：海南林邑國秦象郡林邑縣出沉香、沉木，土人斵之，積以歲年朽爛，而心節獨在，置水中則沈，故名曰沉香。次不沈者曰棧香。海南北嵩國出好棧香，藿香及硫黃。其藿香樹，生千歲，根本甚大，伐之四五年，木皆朽散，唯中節堅貞芬香獨存，取以爲香。《楊文公談苑》：嶺南雷州及海外瓊崖山中多香樹，山中夷民斫採賣與人。其一樹出香三等，曰沉香、棧香、黃熟香。沈、棧皆二品。曰熟結、生結。熟結者，樹自枯爛而得之。生結者，伐仆之久爛脫而剔取。黃熟，其破者爲黃散香，夷民以香樹爲槽，以飼雞狗。

〔宋·陳承《重廣補注神農本草並圖經》〕別說云：謹按：沉香種類極多，除掌氏補注及《圖經》所載多件外，又有如龍鱗、麻葉、竹葉之類，不啻一二十品。要之可入藥者唯沈，而其中無空心者可用。若雖沈水而有空心，則是雞骨也。謂中空而有朽路，若雞骨中血眼而軟嫩也。

宋·寇宗奭《本草衍義》卷一三　沉香木　嶺南諸郡悉有之，旁海諸州尤多。交榦連枝，崗嶺相接，千里不絕。葉如冬青，大者合數人抱。木性虛柔，山民或以構茅廬，或爲橋梁，或爲飯甑尤佳。有香者百無一二。蓋木得水方結，多在折枝枯榦中，或爲沉，或爲煎，或爲黃熟。自枯死者，謂之水盤香。今南恩、高、竇等州，惟産生結香。蓋山民入山，見香木之曲榦斜枝，必以刀斫成坎，經年得雨水所漬，遂結香。復以鋸取之，刮去白木，其香結爲斑點，遂名鷓鴣斑，燔之極清烈。沉之良者，惟在瓊、崖等州。俗謂之角沉。黃沉乃枯木中得者，宜入藥用。依木皮而結者，謂之青桂，氣尤清。在土中歲久，不待刓剔而成者，謂之龍鱗。亦有削之自卷，咀之柔韌者，謂之黃蠟沉，尤難得也。然《經》中止言療風水毒腫，去惡氣，餘更無治療。今醫家用以保和衛氣，爲上品藥，須極細爲佳。今人故多與烏藥磨服，走散滯氣，獨行則勢弱，與他藥相佐，當緩取效，有益無損，餘藥不可方也。薰陸香：木葉類棠梨。南印度界阿吒釐國出，今謂之西香。南番者更佳，此即今人謂之乳香，爲其垂滴如乳。熔塌在地者，謂之塌香，皆一也。

金·張元素《潔古珍珠囊》〔見元·杜思敬《濟生拔粹》卷五〕　沉香甘純陽。補腎，又能去惡氣，調中。東垣曰：能養諸氣，上而至天，下而及泉。與藥為使。

宋·劉明之《圖經本草藥性總論》卷下　沉香　微溫。療風水毒腫，去惡氣。日華子云：味辛，熱，無毒。調中，補五臟，益精壯陽，暖腰膝，去邪氣，止轉筋吐瀉冷氣，破癥癖，冷風麻痺，骨節不任，濕風皮膚痒，心腹痛，氣痢。《海藥》云：味苦，溫，無毒。主心腹痛，霍亂，中惡邪鬼疰，清人神，並宜酒煮服之。諸瘡腫，宜入膏用。

宋·陳衍《寶慶本草折衷》卷一二　沉香諸沉香在內，仍續附。一名沉水香，一名波律，乃蜜香本之心節也。生海南諸國山谷及南海即廣地及羅州即化州。○及嶺南交、崖、管、竇、高、雷、秦、象、瓊、南恩州。○先斵香木老根或曲幹斜枝，經年雨水所漬，遂結香。採無時。○不見火。○與烏藥相宜。

味辛、苦，溫，無毒。○療風水毒腫，去惡氣。○日華子云：調中，補五臟，益精壯陽，暖腰膝，去邪氣，止轉筋吐瀉，冷氣，破癥癖，冷風麻痹，骨節不任，濕風皮痒，心腹痛，氣痢。○《圖經》曰：蜜香斵其根，經年，其心與節不壞，堅黑而沉水者為沉香，半浮半沉者為雞骨，最麤者為棧香，為馬蹄香，為黃熟香，其實一種，有精麤之異耳。○雷公云：須不枯如觜角，硬重沉於水為上，半沉者次也。○楊文公云：沉香曰熟結、生結。熟結者樹自枯，爛而得之。生結者伐仆之，久爛脫而剔取。○寇氏曰：沉香木自枯者，謂之水盤香；刮去白木，其香結為斑點，名鷓鴣斑。良者謂之角沉、黃沉，依木皮而結者，謂之青桂。在土中歲久，不待刓剔而成者，謂之龍鱗。亦有削之自卷，咀之柔韌者，謂之黃蠟沉，尤難得也。然保和衛氣為上品藥，極細為佳。與烏藥磨服，走散滯氣。獨行則勢弱，與他藥相佐，有益無損。

續說云：沉香得水方結，而艾原甫謂其全一木心節之精，經歲月風霜之久，木性常存，水性更重，得相生之體。故張松亦取其能升降水火，宜於清上實下也。葉庭珪《香錄》以生結者為上，熟結者次之。堅黑者為上，黃色者次之。其間有犀角沉、燕口沉、附子沉、梭沉，各以形模而命名。又有文横而堅緻者，為横隔沉；及氣礦古猛切烈者為蕃沉，亦號藥沉。凡此等皆可適用也。今澆俗多以棧又作煎，作箋香之稍佳者，修飾亂真，固宜諦驗。外有一種海柏根，體堅而褐，文細而横，放擲水中，沉下尤徑。嚼之熱之，氣味酸惡，誤服則心膈脹滿。

元・王好古《湯液本草》卷五　沉香　氣微温，陽也。《本草》云：治風水毒腫，去惡氣，能調中壯陽，暖腰膝，破癥癖，冷風麻痹，骨節不任，濕風皮膚癢，心腹痛，氣痢，止轉筋吐瀉。東垣云：能養諸氣，上而至天，下而至泉。用為使，最相宜。

元・尚從善《本草元命苞》卷六　沉香　微溫，最宜為使。獨行則勢力弱，相佐則緩取功。清人神，上而心胸散滯氣，下而臍腹療風水毒腫，去惡氣伏尸。主心腹痛，轉筋霍亂。暖腰膝冷，壯陽益精。破癥瘕，冷風麻痺。除風濕骨節不任。出海南諸國，及交、廣、崖州。木類椿櫸音舉，多節，葉似菊花，色白，子若檳榔大，色如桑椹紫，樹皮青味辛。交州呼蜜香。取堅黑沉水為上，其麄重枯朽不堪同。一樹凡有六種，用之者仔細推詳。沒者為沉，浮者為檀。似雞骨為雞骨香，如馬蹄為馬蹄香，枝條細實為青桂，最麄重者為殘香。又有一種，乃是蠟沉，咀之柔韌，削之自卷。

元・徐彥純《本草發揮》卷三　沉香　潔古云：辛熱，純陽。補右有命門。東垣云：能養諸氣，上而至天，下而及泉，與藥為使，最相宜也。又云：沉香調中，補五藏，益精壯陽，補腎暖腰膝。去風水毒腫，去惡氣邪氣。又云：重可去怯。以沉香辛溫，體重清氣，去怯安神。

明・王綸《本草集要》卷四　沉香　味辛，氣溫，陽也。無毒。入水沉而中實不空者佳。　療風水腫毒，去惡氣。補右尺命門，壯元陽，暖腰膝，散滯氣，保和衛氣。用為使，上而至天，下而至泉，無所不之。又止轉筋吐瀉，冷氣麻痹，骨節不任，濕風皮膚癢，心腹痛，氣痢。

明・滕弘《神農本經會通》卷二　沉香　堅黑緊實，不枯者，如觜角硬重，沉於水下，為上也。凡入丸散中，用須候眾藥出，即入拌和用之。雖沉水，而中空有朽路者，則是鷄骨香也，不佳。《局》云：有青桂香，鷄骨香，馬蹄香，棧香，生結香，黃熟香之名。氣微溫。味辛，熱，無毒。《湯》云：氣微溫，陽也。東云：下氣補腎，治霍亂心疼。《衍》云：降氣調中，去濕風，癥癖，及白痢，追邪，暖胃，治風麻，吐瀉及轉筋。珍云：調中補腎，兼補五臟，暖腰膝，益精壯陽。治風水毒腫邪惡氣。

《本經》云：療風水毒腫，去惡氣。陶云：療惡核毒腫。日華子云：味辛，熱，無毒。調中，補五臟，益精壯陽，暖腰膝，去邪氣，止轉筋吐瀉，冷氣，破癥癖，冷風麻痺，骨節不任，濕風皮膚痒，心腹痛，氣痢。《海藥》云：味苦，溫，無毒。主心腹痛霍亂，中惡邪鬼疰，清人神，並宜酒煮服之。諸瘡腫，宜入膏用。東垣云：能養諸氣，上而至天，下而至泉，用為使，最相宜。珍云：補右命門。《集》云：散滯氣，保和衛氣。劍云：沉香療除風水腫，順氣調中用最良。又止轉筋心腹痛，去除惡氣壯元陽。即《局方》沉香，順氣調中，心腹絞痛。

明・劉文泰《本草品彙精要》卷一七　沉香無毒　植生。

沉香　療風水毒腫，去惡氣。名醫所錄。【苗】《圖經》曰：其木類椿、櫸，但多節而青，花白，子似檳榔，大如桑椹，紫色。夷人採時先斷老根，俟其雨水漬久，其不朽爛者，擇而取之，必得堅黑沉水，中心不空者最佳，乃沉香之上品，宜入藥用。其次細枝緊實者爲青桂香，半沉半浮者爲雞骨香，粗者爲棧香，樹自枯爛者爲生結香，伐仆爛脱者爲黃熟香，淡黃者爲散黃香。又有麻葉、竹葉、馬蹄、牛頭等香，不啻二十餘品。其實一種，但有精粗之異耳，俱不堪入藥用。《衍義》曰：嶺南旁海諸州所産最多，山民或以構屋架橋，而有香者百無一二。蓋木得水則香方結，所以多在折枝枯榦中，或有自枯而死者，爲水盤香，又謂之角沉、黃沉，俱堪藥用。及有南恩、高、竇等州山民，見香木必以刀斫成坎，經久得雨水所漬，遂結香爲斑點，故名鷓鴣斑，燔之極清烈。又瓊崖等州有依木皮而結者，謂之青桂，氣尤清馥。在土中歲久，不待刓剔而成者，謂之龍鱗。亦有削之自卷，咀之柔韌，謂之黃蠟沉，尤難得也。如竇、化、高、雷，中國出香之地也，比諸海南優劣不侔，何也？蓋所稟既殊，複售者多而取者速，是以黃熟不俟，少成棧沉不待。似是，蓋趨利戕賊之深也。非若瓊管黎人，非時不妄剪伐，故木無夭札之患，而香亦得以全其用也。【地】《圖經》曰：出海南諸國，及嶺南交廣諸郡有之。【道地】瓊崖等州。【時】生：無時。採：無時。【用】堅實沉水者良。【色】黑黃。【味】辛。【性】微溫，散。【氣】氣之厚者，陽也。【臭】香。【主】升降諸氣。【製】《雷公》云：凡使，須要不枯者，如觜角硬沉，重于水下爲上。若丸散中用，須候衆藥出，即入拌和之，不宜見火。【治】療：陶隱居云：消惡核腫毒。日華子云：調中，去邪氣，止轉筋，吐瀉，冷氣，破癥癖，冷風麻痹，骨節不任，濕風皮膚癢，心腹痛，氣痢。補：日華子云：補五藏，益精，壯陽，暖腰膝。《衍義》曰：保和衛氣爲上品藥。東垣云：能養諸氣，上而至天，下而至泉，用爲使，最相宜。《湯液本草》云：補右腎命門。【合治】合酒煮服，主心腹痛，霍亂，中惡邪，鬼疰，清人神。〇合烏藥磨服，走散滯氣。

明・葉文齡《醫學統旨》卷八　沉香　氣溫，味辛。無毒。沉而降，陽也。入水沉而中實不空者佳。治風水腫毒，去惡氣；補右尺命門，壯元陽，暖腰膝；散滯氣，保和衛氣，調中補五藏，益精補腎，止轉筋，吐瀉心腹痛，氣痢，冷氣麻痺，骨節不任濕風，皮膚痒；用為使，上而至天，下而至泉，無所不至。

明・許希周《藥性粗評》卷二　香列沉檀，沉下滋而檀上引。

沉香樹所生也。其形類椿，多節，葉似橘，花白，子似檳榔，大如桑椹，紫色。出海南諸國及交廣崖州，土人欲取其香，先將積年老樹伐倒在外，待日久皮幹朽爛，所遺未朽者，乃其香也。內有四品不同，其細枝堅實者為青桂香，堅黑而沉水者為沉香，半沉半浮而內虛者為雞骨香，最麄者為棧香。一云棧香中如雞骨形者為雞骨香，如馬蹄形者為馬蹄香，其實一種所出。並採無時，所使並所畏惡，《本草》不載。　味辛、甘，性溫，無毒。其氣下行。主治冷氣冷風，癥瘕麻痹，癱瘓痿弱，皮膚瘙癢，心腹絞痛，轉筋霍亂，手足濕腫，調中順氣，益精壯陽，暖腰膝，補五臟，去邪氣。潔古云：補右腎命門。男子以右腎為命門。東垣云：補五臟，暖腰膝，去風水毒腫，祛惡氣邪氣，定祛安神，能養諸氣，上而至天，下而至泉，與藥為使最相宜也。

檀香有黃白紫□種，以花辨之。海南州郡處處有之。採無時，入藥以紫白為貴。其詳《本草》不載。　味辛、苦，性熱，無毒。其氣上行。主治心腹霍亂，嘔吐，中惡鬼氣，腎腫熱毒，調中開胃，引胃氣上升，進飲食。東垣云：能調氣，引芬香之物上行至極高之分，最宜橙橘之屬，佐以薑棗，將以葛根，豆蔻，縮砂，益智，通行陽明之經。手陽明大腸、足陽明胃經。在胸膈之上處，咽喉之中，同為理氣之藥，入手太陰、足少陰。手太陰肺、足少陰腎。

明・鄭寧《藥性要略大全》卷六　沉香　降氣，定霍亂心痛，療風水毒腫，去惡氣。《經》云：調中，補五臟，益精壯陽，暖腰膝，去邪氣，止轉筋，吐瀉冷氣，破癥癖，冷氣麻痹，骨節不仁，濕風皮膚瘙痒，心腹氣痛。　味甘、辛，氣溫、熱，無毒。入水沉而中堅實黑色者佳。

明・陳嘉謨《本草蒙筌》卷四　沉香　味辛，氣微溫。陽也。無毒。出南海諸國，及交廣崖州。大類椿櫸節多，擇老者砍仆。漬以雨水，歲久木得水方結香。使皮木朽殘，心節獨存。堅黑沉水，燔極清烈，故名沉香。但種猶有精麄，凡買須當選擇。黄沉結鷓鴣斑者方是，角沉似牛角黑者為然。二種雖精，尚未盡善。儻資主治，亦可取功。若咀韌音軟柔，或削自卷，此又名黃蠟沉也。品極精美，得者罕稀。應病如神，入藥甚捷。堪為丸作散，忌日曝火烘。補相火抑陰助陽，養諸氣通天(撤)〔徹〕地。轉筋吐瀉能止，噤口痢痛可毆。〇又浮而不沉水者，名棧香，此品最麄；半浮半沉與水面平者，名煎香，此品略次。煎香中形如鷄骨者，名鷄骨香。凡入藥劑惟沉而不空心者為上。若雖沉水而有空心，則是鷄骨，謂中空而有朽路，若鷄骨中血眼而軟嫩也。形如馬蹄者，名馬蹄香；形如牛頭者，名牛頭香。並與沉香種同，亦皆品之麄者。難咀入劑，惟爇熏衣。

謨按：《衍義》云：沉香保和衛氣，為上品藥。今人多與烏藥摩服，走散滯氣。獨行則勢弱，與他藥相佐，當緩取効，有益無損。餘藥不可方也。

明・王文潔《太乙仙製本草藥性大全》卷三《本草精義》　沉香　青桂香，雞骨香，馬蹄香，牛頭香，棧香同是一本。舊不著所出州土，今惟海南諸國及交、廣、崖州有之。其木類椿、櫸，多節，葉似橘，花白，子似檳榔，大如桑椹，紫色而味辛，交州人謂之蜜香。欲取之，先斷其積年老木根，經年其外皮幹俱朽爛，其木心與枝節不壞者即香也。細枝緊實未爛者爲青桂香。堅黑沉水，燔極清烈，故名沉香。但種猶有精粗，凡買須當選擇黃沉，結鷓鴣班者方是。角沉似牛角，黑者爲然。二種雖精，尚未盡善，儻資主治，亦可取功。若咀軟柔，或削自卷，此又名黃臘沉也，品極精美，得者罕稀，應病如神，入藥甚捷，堪爲丸作散。忌日曝火烘。又有半浮半沉，與水面平者，爲雞骨，最麄者爲棧香。又爲棧香中形如雞骨者，爲雞骨香。形如馬蹄者，爲馬蹄香。然今人有得沉香奇好者，往往亦作雞骨形，不必獨是棧香也。其又麄不堪藥用者，爲生結黃熟香，其實一種有精麄之異耳。並採無時。《嶺表録異》云：廣管羅州多棧香，如柜柳，其花白而繁，皮堪作紙，名爲香皮紙，灰白色，有文如魚子箋，其理慢而弱，沾水即爛，不及諸紙，亦無香氣。又云：與沉香、雞〔骨〕、黃熟雖同是一木，而根幹枝節各有分別者是也。然此香之奇異，最多品。故相丁謂在海南作《天香傳》，言之盡矣！云四香凡四十二狀，皆出於一本，木體如白楊，葉如冬青而小。又敘所出之地，云竇、化、高、雷中國出香之地也，北海南者優劣不侔甚矣。既所稟不同，復售者多而取者速，是以黃熟不待其稍成，是蓋趨利伐賊深也！

明・皇甫嵩《本草發明》卷四

發明曰：沉香，溫養諸氣，保和衛氣，助陽消陰之要藥。沉香上品，君。氣微溫，味辛。陽也。無毒。凡諸陰寒濕滯，能散之逐之。故《本草》主風水毒腫，去惡風。註云：除風濕皮膚痒癥癖及心腹痛氣痢，皆能消散之。冷氣麻痺，骨節不任，能溫散之。又云：主壯陽，暖腰膝，調吐瀉轉筋，止噤口痢痛。上而通天，下而徹地，用之為使，無所不宜。○若與烏藥摩服，走散滯氣。獨行則勢弱，與他藥相佐取效緩。又云降真氣。出海南交廣。擇樹之老者，砍仆，雨水漬之，使皮木朽殘，獨存心節，堅黑沉水，故名沉香。結鷓鴣斑者名黃沉，似牛角黑者名角沉，二者雖精，惟黃蠟沉咀之柔軟，削之自卷，尤精美，唯得應病如神。作丸散。忌日與火。又浮而不沉水，名棧香，最粗。半浮半沉水，與水面平者，名煎香，略次。形如雞骨者，名雞骨香，雖沉水而空心；形如馬蹄，名馬蹄香；如牛頭，名牛頭。品類皆粗，不堪入藥。

明・李時珍《本草綱目》卷三四木部・香木類　沉香《別録》上品

【釋名】沉水香《綱目》　蜜香時珍曰：木之心節置水則沉，故名沉水，亦曰水沉。半沉者爲棧香，不沈者爲黃熟香。《南越志》言交州人稱爲蜜香，謂其氣如蜜脾也。梵書名阿迦嚧香。

【集解】恭曰：沉香、青桂、鷄骨、馬蹄、煎香，同是一樹，出天竺諸國。木似欅柳，樹皮青色。葉似橘葉，經冬不凋。夏生花，白而圓。秋結實似檳榔，大如桑椹，紫而味辛。藏器曰：沉香枝、葉並似椿。云似橘者，恐未是也。其枝節不朽，沉水者爲沉香；其肌理有黑脉，浮者爲煎香。鷄骨、馬蹄皆是煎香，並無別功，止可熏衣去臭。頌曰：沉香、青桂等香，出海南諸國及交、廣、崖州。沈懷遠《南越志》云：交趾蜜香樹，彼人取之，先斷其積年老木根，經年其外皮幹俱朽爛，木心與枝節不壞，堅黑沉水者，即沉香也。半浮半沉與水面平者，爲鷄骨香。細枝緊實未爛者，爲青桂香。其幹爲棧香。其根爲黃熟香。其根節輕而大者，爲馬蹄香。此六物同出一樹，有精粗之異爾，並采無時。劉恂《嶺表録異》云：廣管羅州多棧香樹，身似柜柳，其花白而繁，其葉如橘。其皮堪作紙，名香皮紙，灰白色，有紋如魚子，沾水即爛，不及楮紙，亦無香氣。沉香、鷄骨、黃熟、棧香雖是一樹，而根、幹、枝、節，各有分別也。又丁謂《天香傳》云：此香奇品最多。四香凡四名十二狀，出于一本。木體如白楊，葉如冬青而小。海北竇、化、高、雷皆出香之地，比海南者優劣不侔。既所稟不同，復售者多而取者速，其香不待稍成，乃趨利戕賊之深也。非同瓊管黎人，非時不妄剪伐，故木無夭札之患，得必異香焉。宗奭曰：嶺南諸郡悉有，傍海處尤多。交幹連枝，岡嶺相接，千里不絕。葉如冬青，大者數抱，木性虛柔。山民以構茅廬，或爲橋梁，爲飯甑，爲狗槽，有香者百無一二。蓋木得水方結，多在折枝枯幹中，或爲沉，或爲煎，或爲黃熟。自枯死者，謂之水盤香。南息、高、竇等州，惟産生結香。蓋山民入山，以刀斫曲幹斜枝成坎，經年得雨水浸漬，遂結成香。乃鋸取之，刮去白木，其香結爲斑點，名鷓鴣斑，燔之極清烈。香之良者，惟在瓊、崖等州，俗謂之角沉、黃沉，乃枯木得者，宜入藥用。依木皮而結者，謂之青桂，氣尤清。在土中歲久，不待刓剔而成薄片者，謂之龍鱗。削之自卷，咀之柔韌者，謂之黃蠟沉，尤難得也。承曰：諸品之外，又有龍鱗、麻葉、竹葉之類，不止一二十品。要之入藥惟取中實沉水者。或沉水而有中心空者，則是鷄骨。謂中有朽路，如鷄骨中血眼也。時珍曰：沉香品類，諸説頗詳。今攷楊億《談苑》、蔡絛《叢話》、范成大《桂海志》、張師正《倦游録》、洪駒父《香譜》、葉廷珪《香録》諸書，撮其未盡者補之云。香之等凡三，曰沉、曰棧、曰黃熟是也。沉香入水即沉，其品凡四，曰熟結，乃膏脉凝結自朽出者；曰生結，乃刀斧伐仆，膏脉結聚者；曰脱落，乃因水朽而結者；曰蟲漏，乃因蠹隙而結者。生結爲上，熟脱次之。堅黑爲上，黃色次之。角沉黑潤，黃沉黃潤，蠟沉柔韌，革沉紋横，皆上品也。海島所出，有如石杵，如肘如拳，如鳳雀龜蛇，雲氣人物。及海南馬蹄、牛頭、燕口、繭栗、竹葉、芝菌、梭子、附子等香，皆因形命名爾。其棧香入水半浮半沉，即沉香之半結連木者，或作煎香，番名婆木香，亦曰弄水香。其類有蝟刺香、鷄骨香、葉子香，皆因形而名。有大如笠者，爲蓬萊香。有如山石枯槎者，爲光香。入藥皆次於沉香。其黃熟香，即香之輕虛者，俗訛爲速香是矣。有生速，斫伐而取者。有熟速，腐朽而取者。其大而可雕刻者，謂之水盤頭。並不堪入藥，但可焚爇。葉廷珪云：出渤泥、占城、真臘者，謂之番沉，亦曰舶沉，曰藥沉，醫家多用之，以真臘爲上。蔡絛云：占城不若真臘，真臘不若海南黎峒。黎峒又以萬安黎母山東峒者，冠絕天下，謂之海南沉，一片萬錢。海北高、化諸州者，皆棧香爾。范成大云：黎峒出者名土沉香，或曰崖香。雖薄如紙者，入水亦沉。萬安在島東，鍾朝陽之氣，故香尤醖藉，土人亦自難得。舶沉香多腥烈，尾煙必焦。交趾海北之香，聚於欽州，謂之欽香，氣尤酷烈。南人不甚重之，惟以入藥。

【正誤】時珍曰：按李珣《海藥本草》謂沉者爲沉香，浮者爲檀香。梁元帝《金樓子》謂一木五香，根爲檀，節爲沉，花爲鷄舌，膠爲熏陸，葉爲藿香。並誤也。五香各是一種。所謂五香一本者，即前蘇恭所言，沉、棧、青桂、馬蹄、鷄骨者是矣。

【修治】斅曰：凡使沉香，須要不枯，如嘴角硬重沉于水下者爲上，半沉者次之。不可見火。時珍曰：欲入丸散，以紙裹置懷中，待燥研之。或入乳鉢以水磨粉，晒乾亦可。若入煎劑，惟磨汁臨時入之。

【氣味】辛，微温，無毒。珣曰：苦，温。大明曰：辛，熱。元素曰：陽也。有升有降。時珍曰：咀嚼香甜者性平，辛辣者性熱。

【主治】風水毒腫，去惡氣《別録》。

主心腹痛，霍亂中惡，邪鬼疰氣，清人神，並宜酒煮服之。諸瘡腫，宜入膏中李珣。調中，補五臟，益精壯陽，暖腰膝，止轉筋吐瀉冷氣，破癥癖，冷風麻痹，骨節不任，風濕皮膚瘙癢，氣痢大明。補右腎命門元素。補脾胃，及痰涎、血出於脾李杲。益氣和神劉完素。治上熱下寒，氣逆喘急，大腸虛閉，小便氣淋，男子精冷時珍。

【附方】新七。　諸虛寒熱：　冷痰虛熱。冷香湯：用沉香、附子炮等分，水一盞，煎七分，露一夜，空心温服。王好古《醫壘元戎》。　胃冷久呃：　沉香、紫蘇、白豆蔻仁各一錢，爲末。每柿蒂湯服五七分。吳球《活人心統》。　心神不足：　火不降，水不升，健忘驚悸。朱雀丸：用沉香五錢，茯神二兩，爲末，煉蜜和丸小豆大。每食後人參湯服三十丸，日二服。王璆《百一選方》。　腎虛目黑：　暖水臟。用沉香一兩，蜀椒去目炒出汗四兩，爲末，酒糊丸梧子大。每服三十丸，空心鹽湯下。《普濟方》。　胞轉不通：　非小腸、膀胱、厥陰受病，及强忍房事，或過忍小便所致，當治其氣則愈，非利藥可通也。沉香、木香各二錢，爲末。白湯空腹服之，以通爲度。《醫壘元戎》。　大腸虛閉：　因汗多，津液耗涸者。沉香一兩，肉蓯蓉酒浸焙二兩，各研末，以麻仁研汁作糊，丸梧子大。每服一百丸，蜜湯下。嚴子禮《濟生方》。　痘瘡黑陷：　沉香、檀香、乳香等分，爇於盆內。抱兒於上熏之，即起。鮮于樞《鉤玄》。

題明・薛己《本草約言》卷二《藥性本草》　沉香　味辛，氣溫，無毒。陽也，可升可降。上而至天，下而至泉之藥也。行滯氣有細密之功，調諸氣無耗散之失，暖腰膝有壯陽之徵，療風水有消毒之義。入足少陰、手厥陰經。最能降痰。不見火用更妙。

江云：　墜氣補腎，有降無升。

明・梅得春《藥性會元》卷中　沉香　味辛，氣溫。沉而降，陽也。無毒。

主補腎益精，定霍亂之心痛；　調中順氣，止絞痛之心疼。壯元陽而祛惡氣，退風腫而治轉筋。逐水可安吐瀉，散滯風濕難侵。暖腰膝，保和衛氣；　補五臟，又助命門。療麻痹骨節不仁，治風濕皮膚痒痛。用之于上，可以至天；　使之於下，可以至泉。隨使而無所不至也。　凡使，黑色入水沉而中實不空者佳。

明・李中立《本草原始》卷四　沉香　出海南諸國，及交、廣、崖州。其木類椿、櫸，多節；　葉似橘，花白；　子似檳榔，大如桑椹，紫色而味辛。欲取之，先斷其積年老木根，經年，其外皮幹俱朽爛，其木心與枝節不壞者，即香也。細枝緊實未爛者，為青桂；　黑堅沉水者為沉香，俗謂之角沉；　半沉者為棧香。棧香中形象雞骨者，為雞骨香，象馬蹄者為馬蹄香，在土中不待刓剔而成薄片者，謂之龍鱗，俗呼鯽魚片。不沉者為黃熟香，俗訛為速香。蘇香是已削之成卷，咀之柔韌者，謂之黃蠟沉。入藥沉水者上，半沉者次之，不沉者但可薰衣及焚燒而已。《南越志》言交州人稱為蜜香，謂其氣如蜜脾也。梵書名阿迦嚧香。　沉香：　氣味：　辛，微溫，無毒。　主治：　風水毒腫，去惡氣。○主心腹痛，霍亂，中惡邪鬼疰氣。清人神，並宜酒煮服之，諸瘡腫宜入膏中。○調中，補五臟，益精壯陽，暖腰膝，止轉筋吐瀉，冷氣，破癥癖，冷風麻痹，骨節不任，風濕皮膚瘙癢，氣痢。○補右腎命門。○補脾胃，及痰涎、血出於脾。○益氣和神。○治上熱下寒，氣逆喘急，大腸虛閉，小便氣淋，男子精冷。

沉香，《別錄》上品。【圖略】

修治：　沉香，須要不枯如觜角硬重，沉于水下者為上，半沉者次之。不可見火。入丸散剉為末，或以水磨粉，晒乾。亦可入煎劑，惟磨汁臨時入之。○今市家多以夾板沉香充角沉香，雖亦沉水，但劈無正文，內夾穢污如黑土，焚之且不香為異。

大明曰：　辛，熱。元素曰：　有升有降。　吳球《活人心統》：　治胃冷久呃，沉香、紫蘇、白豆蔻仁各一錢，為末，每柿蒂湯服五七分。

明・張懋辰《本草便》卷二　沉香　味辛，氣溫，陽也，無毒。　療風水腫毒，去惡氣，補右尺命門，壯元陽，暖腰膝，散滯氣。保和衛氣，用爲使，上而至天，下而至泉，無所不之。又止轉筋吐瀉，令氣麻痹，骨節不任風，皮膚痒，心腹痛，氣痢。

明・李中梓《藥性解》卷五　沉香　味辛、苦，性溫，無毒，入腎、命門二經。主祛惡氣，定霍亂，補五臟，益精氣，壯元陽，除冷氣，破癥癖，皮膚瘙癢，骨節不仁。忌見火，生磨用。　按：　沉香屬陽而性沉，多功于下部，命腎之所由入也。然香劑多燥，未免傷血，必下焦虛寒者宜之。若水臟衰微，相火盛炎者誤用，則水益枯而火益烈，禍無極矣。今多以為平和之劑，無損於人，輒用以化氣，其不禍人者幾希。

明・繆希雍《本草經疏》卷一二　沉香　微溫。療風水毒腫，去惡氣。

【疏】沉香稟陽氣以生，兼得雨露之精氣而結，故其氣芬芳，其味辛而無毒。氣厚味薄，可升可降，陽也。入足陽明、太陰、少陰，兼入手少陰、足厥陰經。本經療風水毒腫者，即風毒水腫也。風為陽邪，鬱於經絡，遇火相煽，則發出諸毒，沉香得雨露之精氣，故能解風火之毒。水腫者，脾濕也，脾惡濕而喜燥，辛香入脾而燥濕，則水腫自消。凡邪惡氣之中人必從口鼻而入，口鼻為陽明之竅，陽明虛則惡氣易入，得芬芳清陽之氣則惡氣除而脾胃安矣。附錄：李珣：味苦溫，無毒。主心腹痛霍亂，中惡邪鬼疰，清人神，竝宜酒煮服之。諸瘡腫宜入膏用。日華子：味辛熱，無毒，主調中，補五藏，益精壯陽，暖腰膝，去邪氣，止轉筋吐瀉冷氣，破痃癖，冷風麻痹，骨節不任，風濕皮膚癢，心腹痛，氣痢。元素：補右腎命門相火。

【主治參互】同人參、菖蒲、遠志、茯神、酸棗仁、生地黄、麥門冬，治思慮傷心，心氣鬱結不舒者。得木香、藿香、砂仁，治中惡腹中疞痛，辟一切惡氣。同蘇子、橘紅、枇杷葉、白豆蔻、人參、麥門冬，治胸中氣結，或氣逆不快。《醫壘元戎》治胞轉不通，非小腸、膀胱、厥陰受病，乃強忍房事，或過忍小便所致，當治其氣則愈，非利藥可通也。沉香、木香各二錢，為末，白湯空腹服之，以通為度。【簡誤】沉香治冷氣、逆氣、氣鬱、氣結，殊為要藥。然而中氣虛，氣不歸元者忌之。心經有實邪者忌之。非命門真火衰者，不宜入下焦藥用。

明·倪朱謨《本草彙言》卷八　沉香　味辛，氣溫，臭香，無毒。氣厚味薄，可升可降，陽也。入足陽明、太陰、少陰，兼入手少陰、足厥陰經。咀嚼味香甜者性平，辛辣者性熱。

蘇氏曰：沉香，生天竺諸國及海南、海北、占城、真臘、黎峒等處。

寇氏曰：嶺南諸處悉有。傍海處尤多。奇幹連枝，崗嶺相接。木理虛柔，凌冬不凋。小者拱抱，大者數圍。體如白楊，葉如橘柚。花如蕤穗，實如小檳。皮膜可作紙。未經斧斤者，雖百歲之木，亦不孕香。若半老之木，其斜枝曲幹，斫鑿成坎，雨露浸漬，斯膏脉凝聚，漸積成香。

李氏曰：凡三等，其一，即斫鑿之坎，氣聚色變，木端棕透，切而取之，入水輕浮者爲黄熟。其二，津沫營注，木理堅實，剩而取之，入水或浮，或半浮者，爲棧香。棧香，速香也。其三，脂液所鍾，蘊結成塊。或自脫，或解取。入水沉底者，爲沉香。品亦凡四：曰熟結，曰生結，曰脫落，曰蟲漏。蟲漏者，因蠹隙而結也。脫落者，因木朽而結也。生結者，因斫鑿而結也。熟結者，因自腐而結也，故熟結一名死結，死結則全體膏脉凝聚成香。此等之至上，品之至貴者也。顧四結總屬一木，奇狀甚多，凡四十有二。如角沉、革沉、黄沉、烏沉、水碗、承露、青桂、黄蠟、雷栗、蕈菌、靈芝、金絡、葉子、麻葉、竹筅、機梭、附子、馬蹄、牛頭、燕口、蝟刺、龍鱗、烏刺、虎脛、雞骨、蓬萊、虎斑、弄水、鷓鴣斑、仙人杖，及爲杵、爲臼、爲肘、爲拳、爲山石、爲槎枿、爲鳳雀、龜蛇、雲氣、人物，種種肖象。既所禀不侔，亦復優劣有異，各俟其形全氣足而後采取，功力始備。今嶺南人不耐其成，每多趨利伐賊之害。惟璚管黎人，非時不妄剪鑿，故屢獲異香。雖纖薄如紙，入水亦沉。萬安黎母山東峒者，更冠絕天下，一片嘗值萬錢。以東峒日鍾朝陽之氣，其香更幽醞于他産耳。若舶上來者，臭多辛烈，尾烟必焦，交趾、海北者更甚。故南人不甚重之。此皆沉香等品奇狀也。

盧氏曰：又奇南香，原屬沉香同類。因樹分牝牡，則陰陽、形質、臭味、情性，各各差別。其成沉之本爲牝爲陰，故味苦厚，性通利，臭含藏，燃之臭轉勝，陰體而陽用，藏精而起亟也。成奇南之本爲牡爲陽，故味辛辣，臭顯發，性禁止，繫之閉二便，陽體而陰用，衛外而爲固也。至若等分黄棧，品成四結，狀肖四十有二，則一矣。第牝多牡少，獨奇南世稱至貴，即黄棧二等，亦得因之以論高下。沉本黄熟，固坎端棕透，淺而材白，臭亦易散。奇本黄熟，不惟棕透，而黄質邃理，猶如熟色，遠勝生香。爇炙經旬，尚襲襲難過也。棧，即奇南液重者，曰金絲。其熟結、生結、蟲漏、脫落四品，雖統稱奇南結，而四品之中，又各分别油結、糖結、蜜結、綠結、金絲結，爲熟，爲生，爲漏，爲落，井然成秩耳。大都沉香所重在質，故通體作香，入水便沉。奇南雖結同四品，不惟味極辛辣，着舌便木。顧四結之中，每必抱木，曰油，曰糖，曰蜜，曰綠，曰金絲，色相生成，亦迥別也。

雷氏曰：凡使沉香，須要不枯，如觜角硬重，沉沒水下者爲上。用紙裹懷中，候暖，乳研易于成粉。

沉香　陳承氏降氣溫中之藥也。湯濟菴稿此劑得雨露清陽之氣最久。其味辛，其氣溫，其性堅結，木體而金質者也。善治一切衝逆不順之氣。上而至天肺，下而及泉腎。故上氣壅者，可降。下氣逆者，可和。與諸藥爲配，最相宜也。滑氏本草：治上熱下寒，上盛下虛，或濁氣不降，清氣不升，爲病逆氣喘急，或大腸虛閉，小便不通，或男子精寒，婦人血冷。大能調中，利五臟，壯元陽，補腎命，方書屢用有效。然氣味辛溫香竄，治諸冷氣、逆氣、氣鬱、氣結，殊爲專功。如中氣虛勞，氣不歸元者；心鬱不舒，由于火邪者；

命門真火衰，由于精耗血竭者，俱忌用之。前古謂能殺鬼邪，解中惡，清人神，消風水毒腫，并宜酒煮服之。此不過因其辛陽香散，辟此陰凝不正之氣故也。如病陰虚氣逆上者，切忌。

集方：《方脉正宗》治壅氣衝逆，不能下降，爲脹滿，爲喘促，爲心胃不通，或痛或痞者。用沉香磨汁數分，以杏仁、大腹皮、茯苓、廣陳皮、川貝母各一錢五分，製半夏一錢，甘草五分，水煎，和沉香汁服。内熱者，加川黄連、枯黄芩各一錢；内寒者，加乾薑、木香、砂仁各一錢；中氣虚而上逆者，加人參、白朮各一錢五分。○方氏《切要》治肺氣壅逆不下。用沉香磨汁數分，以杏仁、桔梗、桑白皮、廣陳皮、白前、茯苓各一錢，水煎，和沉香汁服。○《頤生微論》治陰虚，腎氣不歸原。用沉香磨汁數分，以麥門冬、懷熟地各三錢，茯苓、山藥、山茱萸肉各二錢，牡丹皮、澤瀉、廣陳皮各一錢，水煎，和沉香汁服。○《方脉正宗》治上熱下寒有二法。一法，用沉香磨汁一錢，以半夏薑製一錢五分，附子童便製三錢，白朮炒、肉桂各二錢，水煎，和沉香汁，頓冷服。此引陽下降，則寒自去。一法，用沉香磨汁一錢，以半夏薑製一錢五分，川黄連、枯黄芩、天花粉、連翹、石膏各三錢，水煎，和沉香汁，頓熱服。此瀉陽下泄，使陰氣上升，陰陽和而上不熱，下不寒矣。○姜平之手抄治上盛下虚亦有二法。一法，用沉香磨汁一錢，以蘇子、杏仁、廣陳皮、桑白皮、厚朴、枳殼、車前、木通、茯苓各二錢，水煎，和沉香汁服。降其上盛之氣，則下虚自愈。一法，用沉香磨末一兩，以人參、鹿茸、補骨脂、懷熟地、枸杞子、山茱萸、虎脛骨、川萆薢、川石斛、牛膝、山藥、肉桂、當歸、小茴香，俱鹽酒洗炒，各二兩。研爲末，煉蜜丸，梧桐子大。每早服五錢，白湯下。峻補其下，則上盛自平，下虚自愈。○《方脉正宗》治濁氣不降，清氣不升。用沉香磨汁一錢，木香、茯苓、車前子、厚朴、防風、升麻、真蘇子、杏仁、廣陳皮、白前、白芥子各一錢五分，水煎，和沉香汁服。○同前治大腸氣滯，虚閉不行。用沉香磨汁八分，以當歸、枳殼、杏仁泥、肉蓯蓉各三錢，紫(苑)〔菀〕一兩，水煎，和沉香汁服。○林太和手集治膀胱氣滯虚澀，小水不通。用沉香磨汁一錢，以茯苓、車前子、牛膝、燈心、甘草、瞿麥、麥門冬、地骨皮各二錢，木香八分，水煎，和沉香汁服。○華志庵手集治男子精寒不嗣，并婦人血冷不育。用沉香磨末一兩，鹿茸一對，黄耆、白朮、枸杞子、懷熟地、山茱萸、覆盆子、補骨脂、北五味子、九製何首烏、當歸、川芎，俱酒洗炒，各四兩，磨爲末，以黑豆濃汁煮紫河車二具，搗爛成膏，爲丸如黍米大。每早服五錢，酒下。○王璆《百一選方》治心神不足，火不降，水不升，健忘驚悸。用沉香、人參各五錢，茯神二兩，共爲末，煉蜜丸，如梧桐子大。每早晚各服百丸，白湯下。○《醫壘元戎》治轉胞不通，非小腸膀胱厥陰受病，乃强忍房事，或過忍小便所致，當治其氣則愈，非利藥可通也。用沉香、木香各二錢，爲末，空心用白湯調服。○王仲開家抄治腎家虚冷，目暗不明，宜暖水臟。用沉香一兩，真川椒去子炒出汗四兩，共爲末，酒糊丸，梧子大。每服六十丸，空心淡鹽湯下。○《活人心統》治胃冷作呃。用沉香、真紫蘇葉、白豆蔻仁各一錢，共爲末。每服七分，柿蒂湯調服。

奇南香　味辛辣，氣溫，無毒。其生成出處，主治功用，與沉香同。但性氣較沉香稍潤緩耳。氣惟含攝，能縮二便。今講官入值經筵，常佩此香，以免泄氣。

明·顧逢柏《分部本草妙用》卷六兼經部·溫瀉　沉香　辛，微溫，無毒。因蠹隙而結者，名生結。體堅色黑為上。　主治：心腹痛，霍亂中惡清神調中，補臟益精，壯陽，轉筋吐瀉，破癥癖，去麻痺風濕，補腎氣，逆喘急大腸虚閉，小便氣淋。　沉香雖辛而不燥，為氣分要藥。凡氣逆，心氣腹痛及喘急壅格等症，予每用之屢驗，妙在虚人不傷其神也。

明·李中梓《醫宗必讀·本草徵要下》　沉香味辛，溫，無毒。入脾、胃、肝、腎四經。　調和中氣，破結滯而胃開；溫補下焦，壯元陽而腎暖。療脾家痰涎之血，去肌膚水腫之邪。太陽虚閉宜投，小便氣淋須用。芬芳之氣，與脾胃相投，溫而下沉，與命門相契。怒則氣上，肝之過也，辛溫下降，故平肝有功。

按：沉香降氣之要藥，然非命門火衰，不宜多用。氣虚下陷者，切勿沾唇。

明·鄭二陽《仁壽堂藥鏡》卷二　沉香　《通典》云：海南林邑國秦象郡林邑縣出沉香，置水中則沉，故名曰沉香。不沉者曰棧香。　氣微溫，陽也。《本草》云：治風水毒腫，去惡氣，能調中壯陽，暖腰膝，破癥癖，冷風麻痹，骨節不任，濕風皮膚痒，心腹痛，氣痢，止轉筋吐瀉。　東垣云：能養諸氣，上而至天，下而至泉。用為使，最相宜。《珍》云：補右命門。

按：《元戎》謂强忍房事，致胞轉不通，非沉香不治。蓋以性沉下達，故下部多功。溫中而不助火，但多偽者，須焚而辨之。

明·蔣儀《藥鏡》卷一溫部　沉香　補腎暖腰，散腫導滯。治中惡悶絕而調中氣，定轉筋吐瀉而止腹疼。開豁食氣于膈胸，功猶破竹。導決痰水于腸胃，紗擬通津。下焦虛寒用宜，相火炎盛忌用。

明·李中梓《頤生微論》卷三 沉香 味辛，性微溫，無毒。入腎、肝二經。外黃內黑，紋直而無夾木者佳。主鬼疰惡氣，脹滿心腹諸痛，鬱結癥癖，補脾益氣，壯陽，大腸虛閉，小便氣淋。

按：沉香色黑下墜，故達腎。諸木皆浮，此獨沉水，故入肝木而治逆上之氣，行氣而不傷氣，溫中而不助火，誠良劑也。氣虛下陷者忌入。

明·張景岳《景岳全書》卷四九《本草正》 沉香 味辛，氣微溫。陽也，可升可降。其性暖，故能抑陰助陽，扶補相火。其氣辛，故能通天徹地，條達諸氣。除轉筋霍亂和噤口瀉痢，調嘔逆胃翻喘急，止心腹脹滿疼痛，破癥瘕，療寒痰，和脾胃，逐鬼疰惡氣，及風濕骨節麻痹，皮膚瘙癢結氣。

明·賈九如《藥品化義》卷一氣藥 沉香 屬純陽，體重實而堅，色黃而帶黑，氣香竄，味苦辛帶微甘，性溫，能升能降，力和諸氣，性氣厚而味薄，入肺腎二經。 沉香純陽而升，體重而沉，味辛走散，氣雄橫行，故有通天徹地之功，治胸背四肢諸痛及皮膚作癢。且香能溫養臟腑，保和衛氣。若寒濕滯於下部，以此佐舒經藥，善驅逐邪氣。若跌撲損傷，以此佐和血藥，能散瘀定痛。若怪異諸病，以此佐攻痰藥，獨降氣安神。總之流通經絡，血隨氣行，痰隨氣轉，凡屬痛癢，無不悉愈。 沉香堅重沉水，產廣東，色黑帶黃者佳，色純黑帶酸不堪入藥，合丸散，忌火日。

明·盧之頤《本草乘雅半偈》帙八 沉香《別錄》上品 氣味：辛，微溫，無毒。 主治：主風水毒腫，去惡氣。

覈曰：出天竺，及海南諸國，今嶺南州郡悉有，傍海處尤多。奇幹連枝，崗嶺相接。材理虛柔，淩冬不凋。皮膜作紙，沾水易爛。小者拱抱，大者數圍。體如白楊，葉如橘柚，花如蕤穗，實如小檳。未經斧斤者，雖百歲之本，亦不孕香。若半老之木，其斜枝曲幹，斫鑿成坎，雨露浸漬，斯膏脈凝聚，漸積成香。凡三等：其一，即斫鑿之坎，氣聚色變，木端棕透，切而取之，入水輕浮者為黃熟。其二，津沫營注，木理堅實，剝而取之，入水或浮，或半浮者為棧香，棧香，速香也。其三，脂液所鍾，醞結成魄，或自脫，或解取，入水沉底者為沉香。品亦凡四：曰熟結，曰生結，曰脫落，曰蟲漏。蟲漏者，因蠹噬而結也；脫落者，因水朽而結也；生結者，因斫鑿而結也；熟結者，因自腐而結也，故熟結一名死結。死結，則全體膏脈，凝聚成香，此等之至上，品之至貴者也。顧四結總屬一木，奇狀甚多，凡四十有二。如角沉、革沉、黃沉、烏沉、水盌、承露、青桂、黃蠟、蜜栗、菌芝、金絡、葉子、麻葉、竹篨、機梭、附子、馬蹄、牛頭、燕口、蝟刺、龍鱗、烏刺、虎脛、鷄骨、蓬萊、虎斑、弄水、鷓鴣斑、仙人杖，及為杵，為臼，為肘，為拳，為山石，為槎枿，為鳳雀龜蛇，雲氣人物，種種肖象，既所禀不侔，亦復優劣有異。各俟其形全氣足而後采取，功力始備。今嶺南人不耐其成，每多趨利伐賊之害，唯璚管黎人，非時不妄剪鑿，故屢獲異香。雖纖薄如紙，入水亦沉，萬安黎母山東峒者，更冠絕天下，一片嘗值萬錢，以東峒日鍾朝陽之氣，其香更幽醞于他產耳。若舶上來者，臭多腥烈，尾烟必焦，交趾海北者更甚。故南人不甚重之，此皆沉香等品奇狀也。而奇南一香，原屬同類，因樹分牝牡，則陰陽形質，臭味情性，各各差別。其成沉之本，為牝，為陰，故味苦厚，性通利，臭含藏，燃之臭轉勝，陰體而陽用，藏精而起亟也。成南之本，為牡，為陽，故味辛辣，臭顯發，性禁止，繫之閉二便，陽體而陰用，衛外而為固也。至若等分黃棧，品成四結，狀肖四十有二則一矣。第牝多牡少，獨奇南世稱至貴。即黃棧二等，亦得因之以論高下，沉本黃熟，固坎端棕透，淺而材白，臭亦易散；奇本黃熟，不唯棕透，而黃質邃理，猶如熟色，遠勝生香，爇炙經旬，尚襲襲難過也。棧即奇南，液重者曰金絲。其熟結、生結、蟲漏、脫落四品，雖統稱奇南結，而四品之中，又各分別油結、糖結、蜜結、綠結、金絲結，為熟、為生、為漏、為落，井然成秩耳。大都沉香所重在質，故通體作香，入水便沉，奇南雖結同四品，不唯味極辛辣，着舌便木。顧四結之中，每必抱木，曰油、曰糖、曰蜜、曰綠、曰金絲，色相生成，亦迥別也。凡使沉香，須要不枯，如觜角硬重，沉沒水下者為上。用紙裹懷中，候暖，乳研易于成粉。

条曰：沉，質，香，臭也，蓋土爰稼穡，稼穡作甘，黍甘而香，故香從甘黍，宜入脾。脾味甘，脾臭香，脾穀黍故也。設土失黃中體，通理用者，咸可奪之，誠脾土之陽分藥，方劑之對待法也。上列證名，不待詮釋，當判然矣。主清人喉，益人心，即子令母實，若上實下虛，下寒上熱，又當顧名思義。如骨節不任，便淋腸閉，亦屬具體亡用，第加一轉語耳。其奇南一品，《本草》失載，後人僅施房術，及佩圍繫握之供。取其氣臭，尚爾希奇，用其形味，其想更特異。沉以力行止為用，奇以力行止行為體。體中設用，用中具體，牝牡陰陽，互呈先後，可默會矣。

明・李中梓《本草通玄》卷下　沉香　辛而微溫，脾腎之劑也。調和中氣，溫暖命門。凡脹悶霍亂，癥癖積聚，中惡鬼邪，大腸虚閉，小便氣淋，男子精冷，女人陰寒及痰涎血出於脾者，並為要藥。按：沉香溫而不燥，行而不泄，扶脾而運行不倦，達腎而導火歸元，有降氣之功，無破氣之害，洵為良品。磨細澄粉，忌見炎。

清・顧元交《本草彙箋》卷五　沉香　純陽而升，體重而沉，味辛走散，氣雄横行。故治胸背四肢諸痛，及皮膚作癢。且香能溫養臟腑，保和衛氣。若寒濕滯於下部，以此佐舒經藥驅逐邪氣。若跌撲損傷，以此佐活血藥，定痛散瘀。蓋雖云氣分之藥，而血隨氣行，以之疏通經絡，則血滯亦從之而去。至其性沉，專補右腎命門相火，用以納氣歸元，固爲聖劑。又云：血虚不用沉香，爲其香劑多燥，未免傷血，必下焦虚寒者宜之。若水臟衰微，相火炎盛者，故不宜用。

時珍云：咀嚼香甜者性平，辛辣者性熱。

清・穆石匏《本草洞詮》卷一一　沉香　交阯蜜香樹，彼人取之，先斷其老木根，經年其外皮幹俱朽爛，木心與枝節不壞，堅黑沉水者，即沉香也。半浮半沉，與水面平者，為雞骨香。細枝緊實未爛者，為青桂香。其幹為棧香。其根為黄熟香，根節輕而大者為馬蹄香。此六物同出一樹，有精麤之異爾。蓋木得水則結，或在折枝枯幹中，山民以刀斫曲幹斜枝成坎，經年雨水浸漬，亦結成香，乃鋸取之，其香結為斑點，名鷓鴣斑。在土中久，不待創剔而成薄片者，謂之龍鱗。削之自卷，咀之柔韌者，謂黄蠟沉，尤難得也。其品凡四，一曰熟結，乃膏脈凝結，自朽出者。一曰生結，乃刀斧伐仆，膏脈結聚者。一曰脱落，乃因水朽而結者。一曰蟲漏，乃因蠹隙而結者。生結為上，熟脱次之。堅黑為上，黄色次之。丁謂云：海北海南皆出香，然售者多，而取者速，不待稍成，皆趨利競伐之，非同璚管黎人，非時不妄採伐，故木無夭札之患，而產異香也。蔡絛云：占城不若真臘，真臘不若海南黎峒，黎峒又以萬安黎母山東峒者，冠絶天下，一片萬錢，雖薄如紙者，入水亦沉。萬安在島東，鍾朝陽之氣，故香尤醖藉，土人亦自難得。沉香味辛苦，氣微溫，一云香甜者氣平辛，煉者氣熱，無毒。治上熱下寒，氣逆喘急，大腸虚閉，小便氣淋，男子精冷。脩治不可見火，入丸散以紙裹，置懷中待燥，研之，或水磨粉，晒乾。亦可入煎劑，惟磨汁，臨時入之。

清・劉雲密《本草述》卷二二　沉香　氣味：辛，微溫，無毒。珣曰：苦，溫。日華子曰：辛，熱。潔古曰：陽也，有升有降。時珍曰：咀嚼香甜者性平，辛辣者性熱。

主治：調中，養諸氣，去惡氣，止冷氣，開結氣，破癥癖，降真氣。治上熱下寒，氣逆喘急。補右腎命門，補脾胃及痰涎血出。於脾益氣，能治大腸虚閉，小便氣淋。東垣曰：能養諸氣，上而至天，下而及泉，與藥為使，最相宜也。又曰：重可去怯，以沉香辛溫體重，清氣去怯安神。宗奭曰：沉香保和衛氣，為上品藥。今人多與烏藥摩服，走散滯氣，獨行則勢弱，與他藥相佐，當緩取效，有益無損，餘藥不可方也。中梓曰：沉香行氣而不傷氣，溫中而不助火，誠良劑也。氣虚下陷者忌入。希雍曰：沉香稟陽氣以生，兼得雨露之精氣而結。故其氣芬芳，其味辛而無毒。氣厚味薄，可升可降，陽也。入足陽明、太陰、少陰，兼入手少陰、足厥陰經。

同人參、菖蒲、遠志、茯神、酸棗仁、生地黄、麥門冬，治思慮傷心，心氣鬱結不舒者。得木香、藿香、砂仁，治中惡，腹中疞痛，辟一切惡氣。同蘇子、橘紅、枇杷葉、白豆蔻、人參、麥門冬，治胸中氣結，或氣逆不快。

附方　心神不足，火不降，水不升，健忘驚悸，朱雀丸用沉香五錢，茯神二兩，為末，煉蜜和丸小豆大，每食後人參湯服三十丸，日二服。胞轉不通，非小腸、膀胱厥陰受病，乃强忍房事，或過忍小便所致，當治其氣則愈，非利藥可通也。沉香、木香各二錢，為末，白湯空腹服之，以通為度。大腸虚閉，因汗多津液耗涸者，沉香一兩，肉蓯蓉酒浸，焙，二兩，各研末，以麻仁研汁作糊，丸梧子大，每服一百丸，蜜湯下。

愚按：諸香，如木香，草類也。丁香、檀香、沉香俱木類。然皆產於南土，故類言其辛溫、辛熱也。第如木香之專調滯氣，丁香之專療寒氣，檀香之升理上焦氣，皆不得如沉香之功能，言其養諸氣，保和衛氣，降真氣也。蓋諸香得南土之氣厚者，其所效功能，皆稟於各草木之氣味，唯沉香之木，稟受乎地之陽，而蘊釀乎天之陰，如諸書所云，木得水方結，多在折枝枯幹中，因雨露之所浸漬，又得於朝陽之久照，或膏脈凝聚，或枝幹因水朽而結。若然，是稟於陽而釀於陰，更釀諸陰而發諸陽，蓋氣化所成，不同於諸香，獨稟各草木之氣味者也。故木香能疏導滯氣，而沉之宜於氣鬱氣結者，則有不同。木香能升降滯氣，而沉之能升降真氣者，則有不同。丁香能祛寒開胃，而沉之调中止冷者，則有不同。檀香能升發清陽，而沉之升降水火者，則有不同。故先哲謂其獨行則勢弱，又言其上而至天，下而至泉，與藥為使最相宜也。誠有見於為陰陽氣化所成，不比於稟草木之專氣者也，是在用之者得所主耳。即此義，則所云養諸氣，保和衛氣，降真氣者，抑亦思過半矣。

希雍曰：沉香治冷氣、逆氣、氣鬱、氣結，殊為要藥。然而中氣虚者忌之，心經有實邪者忌之。非命門真火衰者，不宜入下焦藥用。

修治　凡使沉香，須要不枯，如觜角硬重，沉於水下者為上，半沉者次之。不可見火。欲入丸散，以紙裹置懷中待燥，研之，或入乳鉢以水磨粉，曬乾亦可。若入煎劑，磨汁臨時入之。

清・郭章宜《本草匯》卷一五　沉香　味辛、苦，溫，陽也，可升可降，入足太陰、少陰，兼入手少陰、足厥陰經。調和中氣，破結滯而胃開。溫補下焦，壯元陽而腎暖。療脾家痰涎之血，去冷風濕痹之邪。轉筋吐瀉能止，噤口痢痛可毆。補相火，養諸氣。治胃呃精冷，益右腎命門。《本經》治風水毒腫者，即風毒水腫也。風為陽邪鬱于經絡，遇火相煽，則發出諸毒。沉香得雨露之精氣，故能解風火之毒。水腫者，脾濕也，脾惡溼而喜燥，辛香入脾而燥溼，則水腫自除。

按：沉香色黑下墜，溫而不燥，故達腎而導火歸元，有降氣之功，無降氣之害，抑陰助陽，通天徹地，保和衛氣，為上品藥也。諸木皆浮，此獨沉水，故入肝木，而治逆上之氣。行氣而不傷氣，溫中而不助火，誠良劑也。合于冷氣、氣逆、氣鬱、氣結。如中氣虚而氣不歸元，及氣虚下陷者，心經有實邪者，均不可投。設施火症，反罹禍矣。若非命門真火衰者，亦不宜入下焦藥也。同人參、菖蒲、遠志、茯神、棗仁、生地、門冬，治思慮傷心，心氣鬱結。胃冷久呃，用沉香、紫蘇、白蔻各一錢，為末，柿蒂湯服五六分。轉胞不通，非小腸膀胱受病也，乃强忍房事，或過忍小便所致，當治其氣則愈，非利藥可通也。沉香、木香各二錢，為末，空服。

出南海及交、廣、崖州，品類甚多，惟黃蠟沉為第一。若角沉，及黃沉，結鷓鴣斑者，次之。其餘不堪入藥。取沉水不空心者，磨細沉粉用。忌日曝、火烘。咀嚼香甜者，性平。辛辣者，性熱。又一種，雖沉水，而中空有朽路者，謂雞骨香，俱不堪用。

清・蔣居祉《本草擇要綱目・熱性藥品》　沉香木之心節，置水則沉，故名沉水，亦曰水沉。半沉者為棧香，不沉者為黃熟香。凡使沉香，須要不枯，如觜角硬重沉于水下為上。半沉者次之。不可見火。欲入丸散，以紙裹置懷中，待燥研之。或入乳鉢，以水磨粉，晒乾亦可。若入煎劑，惟磨汁臨時入之。　氣味：辛，微溫，無毒。陽也，有升有降。咀嚼香甜者性平，辛辣者性熱。　主治：風水毒腫，去惡氣。主心腹痛霍亂，中惡邪鬼疰氣。清人神，並宜酒煮服之。諸瘡腫，宜入膏中。調中，補五臟，益精壯陽，暖腰膝，止轉筋吐瀉冷氣，破癥癖冷風麻痹，骨節不任風濕，皮膚瘙癢，氣痢。補右腎命門，補脾胃及痰涎血出於脾，益氣和神。治上熱下寒，氣逆喘急，大腸虚閉，小便氣淋，男子精冷。

清・閔鉞《本草詳節》卷六　沉香　【略】按：沉香溫而不燥，行而不滯，扶脾而運行不倦，達腎而引火歸元，有降氣之功，無破氣之害。惟下焦虚寒者相宜，若真水衰、相火炎者，禁用。

清・王翃《握靈本草》卷八　沉香出天竺諸國。黃沉如鷓鴣班，黑沉如黑牛角。若咀之柔韌，削之自卷，名蠟沉，品極精美，入藥更妙。入丸散，紙包裹懷中，待燥研之，或磨粉。入煎劑，臨時磨汁入之。　主治：沉香，辛，微溫，無毒。調中，補五臟，益精壯陽，暖腰膝，補命門，溫脾胃，及痰涎、血出於脾。又治上熱下寒，氣逆喘急，癥瘕，氣痢，大腸虚閟，小便氣淋，男子精冷。

清・汪昂《本草備要》卷三　沉香重，宣，調氣，補陽。　辛、苦，性溫。諸木皆浮，而沉香獨沉，故能下氣而墜痰涎。怒則氣上，能平肝下氣。能降亦能升，氣香入脾，故能理諸氣而調中。東垣曰：上至天，下至泉。用爲使，最相宜。色黑、體陽，故入右腎命門，暖精助陽。行氣不傷氣，溫中不助火。治心腹疼痛，噤口毒痢，癥癖邪惡，冷風麻痹，氣痢氣淋。　色黑沉水者良。香甜者性平，辛辣者熱。入湯劑，磨汁用；入丸散，紙裹置懷中，待燥碾之。忌火。鷓鴣斑者名黃沉，如牛角黑者名角沉，咀之軟、削之卷者名黃臘沉，難得。浮者名棧香，半沉者名煎香。鷄骨香雖沉而心空，并不堪用。

清・王逊《藥性纂要》卷三　沉香《別錄》上品　滋潤堅重，沉水者為上。入丸散用，不可火烘。入煎劑，水磨，臨服時加入。

味甜者氣平，味辛辣者氣熱。東圃曰：木性條達，入水則浮。惟沉香色黑沉水，故能入腎經，降氣治喘。與附子相佐，稟芳香之氣，可以和脾醒胃，而治心腹之痛，為肝、脾、腎三經之藥。

清·陳士鐸《本草新編》卷四　沉香　味辛，氣微溫，陽也，無毒。入命門。補相火，抑陰助陽，養諸氣，通天徹地，治吐瀉，引龍雷之火，下藏于腎宮，安嘔逆之氣，上通于心藏，乃心腎交接之妙品。又溫而不熱，可常用以益陽者也。

沉香溫腎而又通心。用黃連、肉桂以交心腎者，不若用沉香更為省事，一藥而兩用之也。但用之以交心腎，須用之一錢為妙。不必水磨，切片為末，調入于心腎補藥中，同服可也。

清·顧靖遠《顧氏醫鏡》卷八　沉香辛，溫。入脾、胃、肝、腎四經。入丸散，剉末。入煎，磨汁。忌見火。黑潤不枯、硬重、沉於水下者佳。香甜者性平，辛辣者熱。下逆氣而調中氣，其性下沉，故最降逆氣。其氣芬芳，故能調中氣。開鬱氣而散結氣。辛香能開鬱散結。止心腹疼痛，調中開鬱散結之功，因中惡者尤宜，香能辟邪之故也。消水氣腫脹。氣鬱腫脹者固宜，消水腫者，辛香醒脾燥濕之功。益脾胃而止吐瀉，脾胃喜香，喜溫，喜通。暖腰膝而治精寒。溫而下沉，能益命門之火。大腸虛閉宜投，古方同肉蓯蓉、麻仁治之。小便氣淋須用。氣化則自然順利。非命門火衰，不宜入下焦藥用。

清·李熙和《醫經允中》卷二〇　沉香　入足太陰、少陰二經。辛，微溫，無毒。主治心腹痛，腎氣逆滿，調中清神，破滯降氣，壯陽暖腎；療霍亂中惡，大腸虛閉，胃呃精冷。沉香辛而不燥，行氣而不傷氣，溫中而不助火，為氣分要藥。下焦虛寒者宜之，水衰火旺者弗服。

清·馮兆張《馮氏錦囊秘錄·雜症痘疹藥性主治合參》卷四　沉香稟陽氣以生，兼得雨露之清氣而結。故氣芬芳，味辛而無毒。氣厚味薄，可升可降，陽也。入足陽明、太陰、少陰，兼入手少陰、足厥陰經。療風水毒腫者，即風毒水腫也。風為陽邪，鬱於經絡，遇火相煽，則發出諸毒。沉香得雨露之精氣，故能解風火之毒。水腫者，脾濕也，脾惡濕而喜燥，辛香入脾，而燥濕則水腫自消。凡邪惡氣之中，必從口鼻而入，口鼻為陽明之竅，陽明虛則惡氣易入，得芳芬清陽之氣，則惡氣除而脾胃安矣。其主心腹痛，霍亂痃癖諸症，皆調氣之力也。

沉香　補腎順氣，抑陰助陽，治痢尤妙。吐瀉兼療邪惡氣，風水腫毒，心腹痛，霍亂中惡。五臟能調，鬼疰堪辟。暖腰膝，壯元陽。破痃癖，散鬱結。凡冷氣、逆氣、鬱氣總調，乃保和衛氣上品藥也。香而沖和，可調脾胃。溫而下沉，可暖命門。但未免香燥走洩，凡中氣虛而氣不歸元及陰虧火旺，氣虛下降，竝非所宜。

清·张璐《本經逢原》卷三　沉香　辛、甘、苦，微溫，無毒。咀嚼香甜者性平，辛辣者性熱。修製忌火，香藥皆然，不獨沉香也。產海南者色黃，鋸處色黑，俗謂銅筋鐵骨者良。產大宜白粽紋者次之。近有新山產者，色黑而堅，質不鬆，味不甘苦，入藥無效。番舶來者，氣味帶酸，此為下品。其浮水者曰速香，不入藥。　發明：沉水香性溫，秉南方純陽之性，專於化氣，諸氣鬱結不伸者宜之。溫而不燥，行而不泄，扶脾達腎，攝火歸源。主大腸虛秘，小便氣淋及痰涎，血出於脾者，為之要藥。凡心腹卒痛、霍亂中惡、氣逆喘急者並宜。酒磨服之，補命門三焦，男子精冷，宜入丸劑。同廣藿香、香附治諸虛寒熱。同丁香、肉桂治胃虛呃逆。同紫蘇、白豆蔻治胃冷嘔吐。同茯苓、人參治心神不足。同川椒、肉桂治命門火衰。同廣木香、香附治婦人強忍入房，或過忍尿以致轉胞不通。同肉蓯蓉、麻仁治大腸虛秘。昔人四磨飲、沉香化氣丸、滚痰丸用之，取其降泄也。沉香降氣散用之，取其散結導氣也。黑錫丹用之，取其納氣歸元也。但多降少升，氣虛下陷人不可多服，久服每致失氣無度，面黃少食，虛證百出矣。○一種曰蜜香，與沉香大抵相類，故《綱目》釋名沉水香、蜜香，二者並稱，但其性直者，毋論大小皆是沉水。若形如木耳者，俗名將軍帽，即是蜜香，其力稍遜，僅能辟惡去邪氣尸疰、一切不正之氣，而溫脾暖胃，納氣歸元之力，不如沉香也。

清·浦士貞《夕庵讀本草快編》卷五　沉香《別錄》、沉水　此香品類頗多，諸家譜說各異，略其要，有三種：置水即沉者為沉香，半沉半浮者為棧香，不沉者為黃熟，海南者為最。切忌見火，欲入丸散，以紙包，置懷中研之，或以水磨，晒乾方妙。沉香辛苦而溫，沉降屬陰，宜乎走命門、達三焦之藥也。益精壯陽，暖腰強膝，喘急氣逆，腸閉尿淋，皆本藏之症，治無疑矣！而《別錄》言其治風水毒腫，日華美其化癥瘕，止霍亂，調中去痺。東垣亦言補脾胃及涎中帶血。李珣又言，清人神，而止心腹痛。數說各異，遂致人惑。細而釋之，始知先哲之不我欺也，夫命門者生生之本也，人非此火不能熟腐飲食，調和榮衛。譬之釜中無薪，安能煮物。沉香既補命門，益其少火，火能生土，則中氣自充。癥瘕、霍亂、痰涎、脾血俱可除矣。土旺則可勝水，故諸腫濕痺，亦皆療矣。脾自能攝，不盜母氣，則心神亦安矣。昧者但知沉香降氣，豈可與之言醫哉！

清・王士禛《香祖筆記》卷八 香樹生海南黎峒，葉如冬青。凡葉黃則香結，香或在根株，或在枝榦。最上者為黃沉，亦曰鐵骨沉，從土中取出，帶泥而黑，堅而沉水，其價三倍。或在樹腹，如松脂液，有白木間之，曰生沉，投之水亦沉。投之水半沉半浮，曰飛沉。皆為上品。有曰速香者，不俟凝結而速取之也，不沉而香特異。曰花剷者，香與木雜，剷木而存香也。有曰土伽楠，與沉香並生，沉香性堅，伽楠性軟，其氣上升，故老人佩之，少便溺。產占城者佳，樹為大蟻所穴，蟻食石蜜，遺漬香中，歲久凝而堅潤，其色若鴨頭綠，上之上也。又有虎豹斑、金絲結，其色黃，貴與鴨頭綠等。

清・姚球《本草經解要》卷三 沉香 氣微溫，味辛，無毒。療風水毒腫，去惡氣。 沉香氣微溫，稟天初春之木氣，入足少陽膽經、足厥陰肝經。味辛無毒，得地西方之金味，入手太陰肺經。氣味俱升，陽也。沉香辛溫而香燥，入肝散風，入肺行水，所以療風水毒腫也。風水毒腫，即風毒水腫也。肺主氣，味辛入肺，而氣溫芳香，所以去惡氣也。 製方：沉香同人參、菖蒲、遠志、茯神、棗仁、生地、麥冬，治思慮傷心。同木香、藿香、砂仁，治中惡腹痛，辟惡氣。同蘇子、橘紅、枇杷葉、白蔻、人參、麥冬，治胸中氣逆。

清・周垣綜《頤生秘旨》卷八 沉香 保和衛氣，助陽消陰之藥也。溫養諸氣，及陰寒濕滯，皆能散逐之。

清・王子接《得宜本草・上品藥》 沉香 味辛。主治氣淋精寒。得木香治胞轉不通，得肉蓯蓉治大腸虛閉。

清・吳儀洛《本草從新》卷三 沉香〔宣，調氣；重，暖胃。〕 辛，苦，性溫。諸木皆浮而沉香獨沉，故能下氣而墜痰涎。怒則氣上，能平肝下氣。能降亦能升，故能理諸氣而調中。東垣曰：上至天，下至泉，用與使，最相宜。其色黑體陽，故入右腎命門，暖精助陽，行氣溫中。治心腹疼痛，噤口毒痢，癥癖邪惡，冷風麻痺，氣痢氣淋，肌膚水腫，大腸虛閉。氣虛下陷，陰虧火旺者切勿沾唇。色黑沉水、油熟者良。香甜者性平，辛辣者性熱。鷓鴣斑者名黃沉，如牛角黑者名角沉，咀之軟，削之卷者名黃蠟沉，甚難得；半沉者為煎香，棧香，勿用；鷄骨香雖沉而心空，并不堪用；不沉者為黃熟香。入湯劑，磨汁冲服。入丸散，紙裹置懷中，待燥碾之。忌火。

清・汪紱《醫林纂要探源》卷三 沉香 辛，苦，溫。狀不可知。有白斑者，曰黃熟香。輭而削之則卷者曰黃蠟香。投水中浮者曰棧香。半沉者曰煎香。沉水而心空者曰雞骨香。以沉水底而黑如犀角者，乃入藥。升於至高，氣香辛，升。沉於至下。體重苦降。堅腎，潤命門。暖精助陽。溫中，燥脾濕。平肝怒，和胃氣，消痰，和上下。瀉心，降逆氣。治心氣痛。凡一切不調之氣，皆能調之。氣之本在命門，周行上下，而腎復納之。沉香色黑，沉歸腎命，故通徹上下如此。并治噤口毒痢，及凡邪惡冷風寒痺。忌火。宜磨用。

清・嚴潔等《得配本草》卷七 沉香 切要忌火。 辛、苦，溫。入腎與命門。療下寒上熱，消風水腫毒。辟鬼疰，散鬱結，下痰氣，治吐瀉，通經絡，祛寒濕。得木香，治胞轉不通。佐蓯蓉，治大腸虛秘。佐熟地，能納氣歸腎。或入湯，或磨汁用。中氣虛、陰血衰、水虛火炎者，禁用。氣虛、火盛，二者禁用。

題清・徐大椿《藥性切用》卷五 上沉香 辛苦性溫，諸木皆浮，而沉香獨沉，入右腎命門。力能墮痰下氣，為宣導下行耑藥。藥汁摩冲用。陰虛血燥，氣陷火炎，均忌。

清・黃宮繡《本草求真》卷一 沉香補火降氣歸腎。 沉香耑入命門，兼入脾。 辛苦性溫，體重色黑，落水不浮，故書載能下氣墜痰。氣香能散，故書載能入脾調中。色黑體陽，故書載能補火暖精壯陽。是以心腹疼痛，禁口毒痢，癥癖邪惡，冷風麻痹，氣痢氣淋，冷字氣字宜審。審其病因屬虛屬寒，俱可用此調治。蓋此溫而不燥，行而不泄，同藿香、香附，則治諸虛寒熱，並婦人強忍入房，或過忍尿以致胞轉不通。同丁香、肉桂則治胃虛呃逆。同紫蘇、白豆蔻則治胃冷嘔吐。同茯苓、人參則治心神不足。同川椒、肉桂則治命門火衰。同肉蓯蓉、麻仁則治大腸虛秘。古方四磨飲、沉香化氣丸、滚痰丸用之，取其降泄也。沉香降氣散用之，取其散結導氣也。黑錫丸用之，取其納氣歸元也。但降多升少，氣虛下陷者，切忌。色黑中實沉水者良，斆曰：沉於水下者為上，半沉者次之，不可見火。香甜者性平，辛辣者熱，入湯劑磨汁用，入丸散紙裹置懷中，待燥碾之，忌火。

清・楊璿《傷寒溫疫條辨》卷六消劑類 沉香忌火。 味苦辛，氣溫，可升可降，有陽有陰。其性緩，故抑陰扶陽，補助相火；其氣香，故通天徹地，條達諸氣。談埜翁《試驗方》：沉香五錢，芫花三錢，月季花頭二錢，剉碎，入大鯽魚腹中，就以魚腸封固，水酒各半煮熟，食之即愈。所用之魚，須安糞水內游死者方效。原文曰：此家傳方，治瘰癧未破者，活人多矣。行氣不傷氣，溫中不助火，除心腹疼痛，治禁口毒痢，墜痰涎平怒，調翻胃嘔逆。古方攝生飲，治中風、中痰、中氣、中食，上壅垂危。沉香五分磨汁，入木香、半夏、南星錢半，枳實、細辛、石菖蒲一錢。痰盛加全蝎二枚，生薑水煎。一方有蒼术。

清・羅國綱《羅氏會約醫鏡》卷一七竹木部 沉香味辛溫，入脾、胃、肝、腎四經。諸木皆浮，而沉香獨沉，故能下氣，亦能上升。而諸氣悉調辛也。抑陰助陽，補益相火溫火。治轉筋霍亂，喘急脹滿，氣淋癥癖。調氣之力。療嘔逆、翻胃，噤口瀉痢，冷痰寒涎。芳香氣溫，能補脾胃，諸症自痊。消水腫，除麻痹，脾旺燥濕。毆惡氣，香以隔之，則脾胃安。平怒氣。怒則氣上，辛溫下降。

按：沉香行氣而不傷氣，溫中而不助火，但非命門火衰，不宜多用，氣虚下陷者，一概禁止。色黑沉水者佳，香甜者性純，辛辣者性熱。入湯劑磨汁用，入丸散咀片，紙包置懷中，待燥，碾之，忌火。鷓舌斑者名黃沉，牛角黑者名角沉，咀之軟、削之卷者名黃蠟沉，難得。浮者名棧香，半沉者名煎香，雞骨香〔雖沉〕，心空，俱不堪用。

清・陳修園《神農本草經讀》附録 沉香 氣味辛，微溫，無毒。療風水毒腫，去惡風《別錄》。

清・趙學敏《本草綱目拾遺》卷六木部 伽𠋆香 今俗作奇楠，《乘雅》作奇南棧、香棧、木速香名，而廣人亦呼奇南為棧，名同而香異也。《粵海香語》：伽𠋆雜出海上諸山，凡香木之枝柯竅露者，木立死而本存者，氣性皆溫，故為大蟻所穴，大蟻所食石蜜遺漬其中，歲久漸浸，木受石蜜氣多，凝而堅潤，則成伽𠋆。其香木未死，蜜氣未老者，謂之生結，上也；木死本存，蜜氣膏於枯根，潤若餳片者，謂之糖結，次也；歲月既淺，木蜜之氣未融，木性多而香味少，謂之虎斑金絲結，又次也；其色如鴨頭綠者，名綠結，掐之痕生，釋之痕合，按之可圓，放之仍方，鋸則細屑成團，又名油結，上之上也。伽𠋆本與沉香同類，而分陰陽：或謂沈，牝也，味苦而性利，其香含藏，燒乃芳烈，陰體陽用也；伽𠋆，牡也，味辛而氣甜，甘香勃發，而性能閉二便，陽體陰用也。然以洋伽𠋆為上，產占城者，剖之香甚輕微，然久而不減；產瓊者，名土伽𠋆，狀如油速，剖之香特酷烈，然手汗沾濡，數月即減，必須濯以清泉，膏以蘇合油，或以甘蔗心藏之，以白萼葉苴之，瘞土數月，日中稍暴之，而後香魂乃復也。占城者靜而常存，瓊者動而易散，靜者香以神行，動者香以氣使也。藏者以錫為匣，中為一槅而多竅，蜜其下，伽𠋆其上，使熏炙以為滋潤，又以伽𠋆末養之，他香末則不香，以其本香返其魂，雖微塵許，而其元可復，其精多而氣厚故也。尋常時勿使見水，勿使見燥，風黴溼土，則藏之，否則香氣耗散。

《本草乘雅》云：奇南與沈同類，因樹分牝牡，則陰陽形質，臭味情性各各差別。其成沈之本為牝為陰，故味苦厚，性通利，臭含藏，燃之臭轉勝，陰體而陽用，藏精而起亟也；成南之本為牡為陽，故味辛辣，臭顯發，性禁止，能閉二便，陽體而陰用，衛外而為固也。至若等分黃棧品成四結狀肖四十有二，則一矣。沉香有四十二品。第牝多而牡少，獨奇南世稱至貴，即黃棧二等，亦得因之以論高下，沈本黃熟，固坎端欆透，淺而材白，臭亦易散，奇本黃熟，不唯欆透，而黃質邃理，猶加熟色，遠勝生香，爇炙經旬，尚襲襲難過也。棧即奇南，渡重者曰金絲，其熟結、生結、蟲漏、脫落四品，雖統稱奇南結，而四品之中，又有分別，油結、糖結、蜜結、綠結、金絲結，為生為熟，為漏為落，井然成秩耳。大都沉香所重在質，故通體作香，入水便沈。奇南雖結同四品，不唯味極辛辣，著舌便木，顧四結之中，每必抱木，曰油曰糖曰蜜曰綠曰金絲，色相生成，跡迥別也。

奇南一品，本草失載，後人僅施房術，及佩圍繫握之供，取氣臭尚爾希奇，用其形味，想更特異，沈以力行止為用，奇以力行止行為體，體中設用，用中具體，牝牡陰陽互呈先後，可默會矣。

《宦遊筆記》：伽𠋆一作琪璃，出粵東海上諸山，即沉香木之佳者。黃蠟沉也，香木枝柯竅露，大蟻穴其竅，蟻食石蜜，歸而遺香其中，歲久漸漬，木受蜜氣，結而堅潤，則香成矣。香成則木漸壞，其旁草樹咸枯，有生結者，紅而堅；糖結者，黑而軟，瓊草亦有土伽𠋆，白質黑點。今南海人取沈速伽𠋆於深山中，見有蟻封高二三尺，隨挖之，則其下必有異香。南中香品不下數百種，然諸香賦性多燥烈，薰燒日久，能令人髮白血枯，唯伽𠋆香氣溫細，性甚益人，而范石湖《桂海香志》獨不載及，詎不使寶鴨金猊之間，少一韻事乎！但佳者近亦難得。

陳讓《海外逸說》：伽𠋆與沉香並生，沉香質堅，彫剔之如刀刮竹；伽𠋆質軟，指刻之如錐畫沙，味辣有脂，嚼之黏牙，其氣上昇，故老人佩之，少便溺焉。上者曰鶯歌綠，色如鶯毛，最為難得；次曰蘭花結，色微綠而黑；又次曰金絲結，色微黃；再次曰糖結，黃色者是也；下曰鐵結，色黑而微堅，皆各有膏膩，匠人以雞刺木、雞骨香及速香、雲頭香之類，澤以伽𠋆之液屑偽充之。

《物理小識》云：奇南與沈同類，自分陰陽：沈，牝也，味苦性利，其香含藏，燒更芳烈，陰體陽用也；奇南，牡也，味辣沾舌麻木，其香忽發，而性能閉二便，陽體陰用也。其品有綠結、油糖、蜜結、金絲虎斑等，鋸之其屑成團，舶來者佳。

《東西洋考》：交趾產奇南，以手爪刺之能入，爪既出，香痕復合。又有奇楠香油，真者難得。今人以奇楠香碎片漬油中，蠟熬之而成，微有香氣，此偽品也。

黎媿曾《仁恕堂筆記》：柬埔寨，日本支國也。夜中不睹奎宿，國人多騎象，產奇楠。其取奇楠之法：國人先期割牲，密禱卜有無，走密林中，聽樹頭有如小兒語者，便急斲斧而返，遲則有鬼搏人，隔年始一往，取先上王及三儍，讀如馬，彼國專政之將軍也。重加洗剔，視上者留之，厚酬其值，次者下者，乃聽別售也。

《查浦輯聞》：榕樹千年者，其上產伽𠌯香。

金立夫言：盛侯為粵海監督時，須上號伽𠌯入貢，命十三洋行於外洋各處購求，歲餘竟無佳者。據云，惟舊器物中，還有所謂油結，色綠，掐之痕生，釋之漸合者，今海外諸山，皆難得矣。即占城所產，香氣輕微，久而不減，冬寒香藏，春暖香發，靜而常存者，是蜜結，嗅之香甜，其味辛辣，入手柔嫩而體輕，為上上品，今時亦罕有。其熟結、生結、蟲漏、脫落四結之中，每必拘木，曰油，曰糖，曰蜜，曰綠，曰金絲，其生結者紅而堅，糖結者黑而軟，或黃或黑，或黃黑相兼，或黑質白點，花色相生，成蹟逈別也。現在粵中所產者，與東莞縣產之女兒香相似，色淡黃，木嫩而無滋膩，質粗鬆者，氣味薄，久藏不香，非香液屑養不可，不足寶貴，其入藥功力亦薄，識者辨之，味辛性斂，佩之縮二便，固脾保腎，入湯劑能閉精固氣，故房術多用之，不知氣脫必陷之症，可以留魂駐魄也。瀕湖《綱目》香木類三十五種，質汗返魂，尚搜奇必備，而獨遺此，何歟？

《藥性考》：伽𠌯味辛，下氣辟惡，風痰閉塞，精鬼蠱着，通竅醒神，邪風追却，十香返魂丹中配藥以香，中帶辛辣，紅堅者佳，其次黑軟，至虎斑金絲，皆雜木性下品也。

藏奇南香，以錫匣貯蜜蘇合，鑿竅為隔則潤。若枯者用白蓴葉苴之，瘗土數月即復，日中少暴，尤香。

忍溺法：《物理小識》：伽𠌯糖結末，作膏貼會陰穴，則溺不出。

清·趙學敏《本草綱目拾遺》卷六木部 氣結 出交趾、真臘、占城、瓊海等處。

單斗南云：此乃伽𠌯香樹中空腹內所結，藉伽𠌯芬烈之氣，得日月雨露之精凝結而成，故名氣結。形亦同香塊，而酥潤鬆膩，不甚堅大，約伽𠌯得其質，此得其魂，亦如天生黃出湯泉，為硫氣熏結而成者，然頗難得，世不多見。

治噎隔用一二釐，酒磨服下，嚥即開。

飛沉香 《查浦輯聞》：海南人採香，夜宿香林下，望某樹有光，即以斧斫之，記其處，曉乃伐取，必得美香。又見光從某樹飛交某樹，乃雌雄相感，亦斧痕記取之，得飛沉香，功用更大。

此香能和陰陽二氣，可升可降。外達皮毛，內入骨髓，益血明目，活絡舒筋。

《方輿志》：生黎居五指山，山在瓊州山中，所產有沉香、青桂香、雞骨香、馬蹄棧香，同是一本，其本頗類椿及櫸柳，葉似橘，花白，子若檳榔，大如桑椹，交州人謂之蜜香。欲取者先斷其積年老根，經歲皮幹朽爛，而木心與枝節不壞者，即香也。堅黑沉水者為沉香，細枝堅實不爛者為青桂，半沈半浮者為雞骨，形如馬蹄者為馬蹄，粗者為棧香。

清·黃凱鈞《藥籠小品》 沉香 辛甘，溫，能下氣，理痰調中，治心腹痛，噤口毒痢。氣虛下陷，切勿沾唇。入湯劑磨汁，入丸散，鎊曝燥磨，忌火。

清·王龍《本草纂要稿·木部》 沉香 氣味辛溫。補相火，抑陰助陽。養諸氣，通天徹地。止吐瀉轉筋，驅痢痛噤口。

清·吳鋼《類經證治本草·足少陰腎臟藥類》 沉香 【略】誠齋曰：治多怒肝火上升而不降，腎氣逆上，上熱下寒，噎膈反胃，大腸氣秘，用之必效。

清·張德裕《本草正義》卷上 沉香 辛，溫。能抑陰扶陽，助相火，通天徹地，條達諸氣，除霍亂轉筋，噤口瀉痢，嘔逆反胃，心腹脹疼，鬼疰惡氣，風濕麻痹。

清·楊時泰《本草述鉤元》卷二二 沉香 辛苦微溫。體重，氣厚味薄，可升可降。入胃脾腎，兼入心肝。咀嚼香甜者性平，辛辣者性熱。主治調中去怯，安神養諸氣，去惡氣，止冷氣，降真氣，開結氣，破癥癖，治上熱下寒，氣逆喘急，補右腎命門，補脾胃及痰涎，血出於脾，能治大腸虛閉，小便氣淋。稟陽氣以生，兼得雨露之精氣而結，故其氣芬芳，治冷氣、逆氣、氣鬱、氣結為要藥仲淳。上而至天，下而及泉，與藥為使，最相宜也東垣。行氣而不傷氣，溫中而不助火，惟氣虛下陷者，忌入士材。保和衛氣，為上品藥，獨行則勢弱，與他藥相佐，當緩取效，有益無損，餘藥不及宗奭。與烏藥磨服，走散滯氣。得木香、藿香、砂仁治中惡腹中疞痛，辟一切惡氣。同蘇子、橘紅、枇杷葉、人參、麥冬、白蔻，治胸中氣結，或氣逆不快。同人參、菖蒲、遠志、茯神、棗仁、生地、麥冬，治思慮傷心，心氣鬱結不舒者。心神不足，火不降，水不升，健忘、驚悸，朱雀丸，用沉香五錢、茯神二兩為末，煉蜜和丸小豆大，每食後，人參湯服三十丸，日二服。胞轉不通，非小腸膀胱厥陰受病，乃強忍房事，或過忍小便所致，當治其氣則愈，非利藥可通也，沉香、木香各二錢，為末，白湯空腹服之，以通為度。大腸虛閉，因汗多津液耗涸者，沉香一兩，肉蓯蓉酒浸二兩，各研末，以麻仁研汁糊丸梧子大，每服百丸，蜜湯下。

論：沉香木得水方結，多在折枝枯幹中，或枝幹因水朽而結。因雨露之所浸漬，又得朝陽之久照，而膏脈凝聚。大抵稟於地之陽，而釀於天之陰，且釀諸陰而仍發諸陽者，故他香疎道滯氣，而沉之宜於氣鬱氣結者不同。木香升降滯氣，而沉之能降真氣者不同。丁香祛寒開胃，而沉之調中止冷保和衛氣者不同。檀香升發清陽，而沉之升降水火能養諸氣者不同。雖云獨行則勢弱，然其為陰陽氣化所結，究非稟草木之專氣者可比也。

中氣虛者，忌之。心經有實邪者，忌之。非命門真火衰者，不宜入下焦藥用仲淳。

辨治：須要不枯，如觜角硬重，沉於水下者，半沉者次之，不可見火。入煎劑，磨汁用，入丸散，以紙裹置懷中，待燥研之，或以水磨粉，曬乾亦可。

清·鄒澍《本經續疏》卷三 沉香 【略】木能沉水，必堅緻而不易敗，若易敗則粗疎而不沉水矣。沉香為物，豈特堅緻沉水，且筋節之剛勁，肌理之韌密，詎易敗壞。乃曰斷其木根，經年即皮幹俱朽爛，何如是之速哉。然則朽爛者，其粗疎之皮幹。堅緻者，皆朽爛所不及，而存然剛勁韌密於內，似可恃中保外，以緩朽爛。朽爛敗壞於外容，或由外累中以損堅緻，乃朽爛自朽爛，堅韌自堅韌，兩不相及，亦兩不相顧，何其界畫清析。因是知嶺表天地氣候，有異於中夏。夜必寒，是海氣之彌漫也；晝必熱，是日道之密邇也。濕以日迫而不得散，日以濕蒙而不得熯，故液樠之木，惟此地為多。液樠倘緣傷蠹，若得泄者，則流而為脂膏，其不得泄則秘而為潰腐，原其未傷蠹時，則皆木中之生氣也。流而不潰腐，則精氣在脂膏；如乳沒、血竭、蘇合之類。秘而遂潰腐，則精氣自在不可潰腐者。即沉香是。理勢然矣。然則脂膏者治在外血脈之病，不可潰腐者治在內氣道之病，又何疑焉？療風水毒腫者，取其精內凝，不隨外病而沸溢也。去惡氣者，取其氣內守，不受外病之侵擾也。精內凝，氣內守，而復芳香流動，既不遲滯，又不破削，自能使當上者上，當下者下，非特為氣之領隊，抑能為精與神之領隊，而運轉於中，不致偏留於一處。凡用必取其堅而黑者，殆以是夫。

清·葉桂《本草再新》卷四 沉香味辛、苦，性溫，無毒。入肝、脾二經。治肝鬱，降肝氣，和脾胃，消濕氣，利水開竅。按：沉香性燥而降，不宜多用。

清·趙其光《本草求原》卷七香木部 沉香 稟受南方純陽之氣以生，兼得雨露之陰液，醞釀於朽木以結，故辛甘而苦，微溫而不燥，行而不泄，體重沉木，故能降真氣，墜痰涎；怒則氣上，能平肝氣。氣香扶脾，故理諸氣，調中氣，開鬱氣，大腸虛秘氣、痢氣、淋冷氣、惡氣皆治。上至天，下至泉，用為使，最相宜。色黑達腎，故攝火歸命門，暖精壯陽，凡心腹卒痛、上熱下寒、氣逆喘急，並酒磨服。及痰血出於脾皆宜。去怯安神，重可去怯。止霍亂，邪惡氣。除癥癖、噤口毒痢。

咀之軟，削之卷，色黃，鋸處色黑，名黃蠟沉，俗名銅筋鐵骨伽南；又雜以綠紋者，名孔雀伽，最良，難得。鷓鴣斑者，名黃沉，次之。如牛角，黑而松者，又次之。若黑而堅實不松，味不甘而苦，或帶酸，或浮水，或半沉，則下品矣。得甜者性平，辛辣者熱。入湯劑，磨汁用；入丸散，紙包置懷中，待燥碾之。忌火。木香，升降滯氣；丁香，祛寒氣；降香，升理上焦清氣。其辛溫皆本於草木之氣味，而沉香之辛溫獨本於雨露之精華，所以升降真氣，養諸氣，和衛氣，升降水火，諸香莫及。

同木香、藿香、砂仁，治中惡腹痛。同茯神、人參，治心神不足，水不升，火不降。同木香、香附，治婦人強忍入房，或過忍尿以致胞轉不通，非利藥可愈，宜治其氣。同蓯蓉、麻仁，治大腸液涸而秘。同藿香、香附，治諸虛寒熱。

同丁香、玉桂，治胃寒呃逆。同紫蘇、白蔻，治胃冷嘔吐。同椒桂，治命門火衰。昔人四磨飲、沉香化氣丸、滾痰丸用之，取其降泄也；沉香降氣散用之，取其散結導氣也；黑錫丹用之，取其納氣歸元氣。但多降少升，氣虛下陷人忌之。

一種形如木耳，名蜜香，俗名將軍帽，僅能辟惡去疫，不能溫脾胃，納氣歸元。

清・文晟《新編六書》卷六《藥性摘錄》 沉香 辛甘，性溫。體重色黑，落水不浮，補火降氣，歸腎，治心腹疼痛，禁口毒痢，癥癖邪惡，冷風麻痺，氣痢氣淋。○病屬虛寒者，皆可用。○惟氣虛下陷者，勿投。○紙裹，置懷中待燥，碾之。忌火。

清・劉東孟傳《本草明覽》卷三 沉香 【略】按：《衍義》云：沉香保和衛氣，為上品藥。今人多與烏藥同磨，走散滯氣，獨行則勢弱，與他藥相佐，緩以取效，有益無損，他藥不可及也。

清・張仁錫《藥性蒙求・木部》 伽偝香四分 伽偝香溫，其氣上升。固精閉氣，辟惡凝神。味辛，性斂。佩之縮二便，固脾保腎。入湯劑，能閉精固氣。○今俗作奇偝，《乘雅》作奇南，雜出海上諸山。伽偝與沉香同類，而分陰陽，或謂偝牡也。味辛而氣甜，其香秘發。而性能閉二便，陽體陰用也。沉，牝也。味苦而性利，其香含藏，燒乃芳烈，陰體陽用也。沉香入水即沉，伽偝着舌便木，陳讓《海外逸記》：伽偝與沉香并生。沉香質堅，彫劖之如刀刮竹；伽偝質軟，指刻之如錐畫沙，味辣有脂，嚼之粘牙，其氣上升，故老人佩之少便溺也。○藏奇偝香以錫匣，貯蜜蘇合，鑿竅為隔則潤，若枯者，用白萼葉直之瘞土，數月即復，日中少暴，尤香。

清・張仁錫《藥性蒙求・木部》 沉香二分、六分 沉香辛苦，溫暖命門。肝升痰滯，氣逆皆平。溫而不燥，行而不泄。扶脾而運行不倦，達腎而導火歸元。有降氣之功，無破氣之害。○諸木皆浮，惟沉香獨沉。色黑沉水下者為上，半沉者次之。忌見火。磨汁冲服，或鎊屑冲。

清・戴葆元《本草綱目易知錄》卷四 沉香 辛、苦，微溫。俱木皆浮而沉香獨沉，故能下逆氣而墜痰涎，能降亦能升，故統理諸氣而調中，補五臟，去惡氣。治上熱下寒，氣逆喘急，大腸虛閉，小便氣淋，男子精冷，痰涎血出，霍亂中惡，邪鬼疰氣。補右腎命門，助精壯陽，益氣和神，補脾胃，暖腰膝，止轉筋，破癥瘕。行氣不傷氣，溫中不助火。治噤口毒痢，吐瀉冷氣，冷風麻痹，骨節不任，皮膚瘙痒，氣痢瘡腫。以沉水味香甜、海南者良。磨汁用。忌火。

清・黃光霽《本草衍句》 沉香辛苦，溫。升於至高，可調脾胃。沉於至下，入腎命門。行氣不傷氣，故能調中下氣而墜痰涎。溫中不助火，故能益精壯陽而暖腰膝。風水毒種，心腹疼痛堪除。噤口毒痢，吐瀉轉筋並效。大腸虛閉，小便氣淋。為理氣之要藥，冷氣逆氣鬱氣，邪惡鬼氣，乃保和衛氣上品之藥也。隨升降而歸真。用之為使，上可至天，下可至泉。得紫蘇、白蔻仁、柿蒂，〔治〕胃冷久呃，得肉蓯蓉治大腸虛閉。心神不足，火不降，水不升，健忘驚悸，朱雀丸用沉香五錢，茯神二兩，蜜丸小豆大，每食後人參湯服三十丸。胞轉不通，非小腸膀胱厥陰病，乃強忍房事，或過忍小便所致。調其氣則愈，非利藥可通也。沉香、木香為末，白湯空腹服之，以通為度。

清・陳其瑞《本草撮要》卷二 沉香 味辛苦，性溫，入手足太陰、足陽明少陰經，功專治氣淋精寒。得木香治胞轉不通，得肉蓯蓉治大腸虛閉。得紫蘇、白蔻仁為末，以柿蒂湯服，治胃冷久呃。色黑沉水者良。入湯劑磨汁，入丸散紙裹置懷中，待燥碾之。忌火。

清・鄭奮揚著，曹炳章注《增訂偽藥條辨》卷三 沉水香 真黑沉香以海南黎峒所出者為勝，最不易得。次則真臘，次則交廣崖州等處。入藥須取色純黑，質不枯，硬重能沉於水者，為上。半沉者次之。近有以老束香有紫油者偽充，性燥烈，質重不能沉水，誤人匪淺。炳章按：《南方草木狀》云：交趾有密香樹，幹如柜柳，其花白而繁，其葉如橘，欲取香伐之，經年其根幹枝節，各有別色也，木心與節堅黑沉水者為沉香，與水面平者為雞骨香，其根為黃熟香，其幹為棧香，細枝緊實未爛者為青桂香，其根節輕大者為馬蹄香，其花不香，成實乃香為雞舌香。同出一樹，皆珍異之物也。《香譜》云：沉水香出天竺、單于二國，與棧香、雞骨同出一樹。其葉似橘，經冬不凋，夏生花白而圓細，秋結實如檳榔色紫，似椹而味辛，樹皮青色，木如欅柳，重實黑色沉水者即沉香。今復有色黃而沉水者，謂之蠟沉丁。《香傳》云：香之類有四，曰沉，曰箋，曰生結，曰黃熟。其為類也，有二，沉香得其八焉，曰烏文格，曰黃蠟，曰牛眼，曰牛角，曰牛蹄，曰雞頭，曰雞腿，曰雞骨，皆為沉香也。雞骨香以其枯燥清浮故名。青桂香即沉香黑斑者也。《倦游雜錄》云：沉香木，嶺南諸郡悉有之，瀕海州尤多。交幹連枝，岡嶺相接，數千里不絕。葉如冬青，大者合數人抱，木性虛柔，山民或以構茅屋，或以為橋梁，為飯甑尤善。有香者百無一二。蓋木得水方結香，多在折枝枯幹中，或為沉，或為煎，或為黃熟，自枯死者，謂之水槃香。今南恩、高、竇等州，惟產生結香。復山民入山見香木之曲幹斜枝，必以刀斫之成坎，經年得雨水所漬遂結香，復以鋸取之，刮去白木，其香結為斑點，亦名鷓鴣斑，燔之甚佳。沉香之良者，惟在瓊崖等州。俗謂角沉，乃生木中，取者宜用熏裛，黃熟乃枯木中得之，宜入藥用。其依木皮而結者，謂之青桂香，氣尤清。在土中藏久不待刓剔而精者，謂之龍鱗。亦有削之自卷，咀之柔韌者，謂之黃蠟沉香，尤難得，此即伽楠香也。《鐵圍山叢談》云：香木初一種也，膏脉貫溢，則其結沉實，此為沉水香也。其類有四，謂之氣結，自然其間凝實者也；謂之脫落，因木朽而自解者也；謂之生結，先以刀斧傷之，而後膏脉凝聚其間也；謂之蟲漏，因傷蠹而後膏脉亦聚也。四者以自然、脫落為上，而其氣和。生結、蟲漏，則其氣烈，為下焉。其外則有半結半不結，為弄水沉。因其半結則實而色黑，半不結則不實而色褐，有謂之鷓鴣斑是也。復有名水盤頭，其結實厚者，亦近乎沉水香。但香木被伐，其根盤必有膏脉湧溢，故亦結，但數為雨淫，其氣頗腥烈，雖有香氣，不大凝實，謂之箋香。三者其產占城國，不若真臘國，真臘不若海南黎峒，又皆不若萬安、吉陽兩軍之間黎母山，至是為冠絕天下之香，無能及之矣。范成大曰：沉水香上品出海南黎峒，亦名土沉香。少大塊，其次如繭栗角，如附子，如芝菌，如茅竹葉者皆佳，至輕薄如紙者，入水亦沉。香之節因久蟄土中，滋液下向，結而為香，採時而香悉在下。其背帶木性者乃出土上，環島四郡果皆有之，悉冠諸蕃所出，尤以出萬安者為最勝。蓋萬安山，在島之正東，鍾朝陽之氣，香尤醞藉豐美。大抵海南香，氣皆清淑，焚一博許，氛翳滿室，四面悉香，至烟盡氣亦不焦，此南海香之辨也。舶香往往腥烈，意味又短帶木性，尾烟必焦。丁流眉來者，予試之，乃不及海南中下品。海北生交趾者，蕃舶皆聚欽州，謂之欽香，質重實，多大塊，氣尤酷烈，難可入藥，南人賤之。蓬萊香者，亦出海南，即沉水香結未成者，多成片如小笠及大菌之狀，有徑一二尺者，極堅實，色狀如沉香，惟入水則浮，刳其背帶木處，亦多沉。鷓鴣斑香，亦得之於海南。沉水蓬萊及絕好箋香中，槎牙輕鬆，色褐黑而有白斑點點如鷓鴣臆上毛，氣又清婉如蓮花。箋香出海南，香如蝟皮栗蓬及漁蓑狀，蓋修治時雕鏤費工，去木留香，棘刺森然，香之精鍾於刺端，芳氣與他處箋香迥別。《黎岐紀聞》云：沉水香，俗人以為海南寶，牛角沉為最上，細花次之，粗花又次之。其有成片者，渾沌形類帽者為帽頭沉，蟲蝕而有蟲空者為蟲口沉，象形取義，各不同也。又有一種曰飛香，如牛筋飛、大練飛、苦瓜飛、麻雀飛等，其形各殊，命名亦異。然飛香內，亦有牛角沉，細花粗花之分，未可概論。大概各香以沉水不沉水分貴賤耳。然香之出也有神，黎中人往往於山內偶遇香，用草縛其樹以作記，急取斧斤砍之，及再至其處，則草移別樹，而原香亦不可復得耳。綜觀諸賢辨香之產地，結香之原因，香類之鑒別，已闡發無遺，毋庸炳章再辨矣。茲據前賢所名牛角沉，即今之墨沉，最上品是也。所謂鷓鴣斑、蓬萊香、帽頭沉、蟲口沉，即今之將軍帽、魚片沉之類是也。今之所謂毛沉者，實為前賢所謂香外削去之木也，爲最次，不入藥用，不可不知也。

清·周巖《本草思辨錄》卷四 沉香 腎中陽虛之人，水上泛而為痰涎，火上升而為喘逆。沉香質堅色黑而沉，故能舉在上之水與火，悉攝而返之於腎。其氣香性溫，則能溫腎以理氣，即小便氣淋，大腸虛閉，亦得以通之，而要非以宣泄為通也。

沉香之用以氣，雖功在降攝，而凡氣分中之病，仍能運轉於中而不留滯。若滚痰丸以沉香佐礞石、大黃、黃芩，治實熱老痰，則其知沉香也深矣。

特迦香

清·趙學敏《本草綱目拾遺》卷六木部 特迦香 《五雜俎》：出弱水西，形如雀卵，色頗淡白，焚之辟邪去穢，鬼魅避之。

《博物志》載漢武帝焚西使香，宮中病者盡起。徐審得鷹嘴香，焚之，一家獨不疫疾，即此類歟。

辟邪去疫，安魂魄，定驚悸。

蜜香

宋·唐慎微《證類本草》卷一二木部上品〔唐·陳藏器《本草拾遺》〕 蜜香 味辛，溫，無毒。主臭，除鬼氣。生交州大樹，節如沉香。《異物志》云：蜜香，蟲名。又云：樹生千歲斫仆之，四五歲乃往看，已腐敗，惟中節堅貞是也。樹如椿。按《法華經》注云：木蜜香，蜜也。樹形似槐而香，伐之五六年，乃取其香。

〔宋·唐慎微《證類本草》〕《圖經》：文具沉香條下。

《海藥》云：謹按《內典》云：狀若槐樹。《異物志》云：其葉如椿。《交州記》云：樹似沉香無異。主辟惡，去邪鬼，尸注，心氣。生南海諸山中。種之五六年，便有香也。

宋·李昉《太平御覽》卷九八二 木蜜 《異物志》曰：木蜜，名曰香樹。生千歲，根本甚大，先伐僵之，四五歲乃往看，歲月久，樹材惡者腐敗，唯中節堅直芬香者獨在耳。

《本草經》曰：木蜜，一名蜜香。味辛，温。

明·王文潔《太乙仙製本草藥性大全》卷三《本草精義》 蜜香 《博物志》云：蜜香，蟲名。又云：樹生千歲，斫仆之，四五歲乃往看，已腐敗，惟中節堅貞是。其木狀若槐、欅多節，其葉如椿。或云：如橘，開花白，子似檳榔，大如桑椹，紫色，而味辛，取之先斷其積年老枝，砍倒樹，皮幹朽爛，五六年便有香也。

明·王文潔《太乙仙製本草藥性大全》卷三《仙製藥性》 蜜香 味辛，氣溫，無毒。 主治：主辟惡去邪神靈，除鬼疰心氣秘法。

明·李時珍《本草綱目》卷三四木部·香木類 蜜香《拾遺》

〖釋名〗木蜜内典 没香《綱目》 多香木同 阿𫛬音矬。 〖集解〗藏器曰：蜜香生交州。大樹，節如沉香。《法華經注》云：木蜜，香蜜也。樹形似槐而香，伐之五六年，乃取其香。《異物志》云：其葉如椿。樹生千歲，斫仆之，四五歲乃往看，已腐敗，惟中節堅貞者是香。珣曰：生南海諸山中。種之五六年便有香。《交州記》云：樹似沉香無異也。時珍曰：按《魏王花木志》云：木蜜號千歲樹，根本甚大，伐之四五歲，取不腐者爲香。觀此，則陳藏器所謂生千歲乃斫者，蓋誤訛也。段成式《酉陽雜俎》云：没樹出波斯國，拂林國人呼爲阿𫛬。樹長丈餘，皮青白色，葉似槐而長，花似橘花而大。子黑色，大如山茱萸，酸甜可食。《廣州志》云：肇慶新興縣出多香木，俗名蜜香。辟惡氣，殺鬼精。《晉書》云：太康五年，大秦國獻蜜香樹皮紙，微褐色，有紋如魚子，極香而堅韌。觀此數説，則蜜香亦沉香之類，故形狀功用兩相仿佛。《南越志》謂交人稱沉香爲蜜香。《交州志》謂蜜香似沉香。《嶺表異録》言棧香皮紙似魚子。尤可互證。楊慎《丹鉛録》言蜜樹是蜜蒙花樹者，謬也。又枳椇木亦名木蜜，不知亦同類否。詳見果部。

〖氣味〗辛，温，無毒。 〖主治〗去臭，除鬼氣藏器。辟惡，去邪鬼尸注心氣李珣。

明·姚可成《食物本草》卷一六味部·雜類 蜜香出波斯國，拂林國人呼為阿𫛬。樹長丈餘，皮青白色，葉似槐而長，花似橘花而大。子黑色，其大如山茱萸，酸甜可食。又《廣州志》云：肇慶新興縣出多香木，俗名蜜香，能辟惡氣。

蜜香 味辛，温，無毒。主去臭，除鬼氣。辟惡，去邪鬼尸注。

滇瑞香

清·吴其濬《植物名實圖考》卷二三 滇瑞香 瑞香，《本草綱目》始著録。蓋即圃中所植所謂麝囊花、紫風流者，不聞入藥。滇南山中有一種白花者，的的枝頭，殊無態度，而葉極光潤。《南越筆記》：白瑞香多生乳源山中，冬月盛開如雪，名雪花。刈以為薪，雜山蘭、芎藭之屬燒之，比屋皆香。其種以攣枝為上，有紫色者香尤烈，雜眾花中，眾花往往無香，皆為所奪。一名奪香花。乾者可以稀痘。當亦用白花者耳。

瑞香

明·李時珍《本草綱目》卷一四草部·芳草類 瑞香《綱目》

〖集解〗時珍曰：南土處處山中有之。枝幹婆娑，柔條厚葉，四時不凋。冬春之交，開花成簇，長三四分，如丁香狀，有黄、白、紫三色。《格古論》云：瑞香高者三四尺，有數種：有枇杷葉者，楊梅葉者，柯葉者，毬子者，攣枝者。惟攣枝者花紫香烈，枇杷葉者結子。其始出於廬山，宋時人家栽之，始著名，攣枝者其節攣曲，如斷折之狀也。其根綿軟而香。

根 〖氣味〗甘、鹹，無毒。 〖主治〗急喉風，用白花者研水灌之。時珍。出《醫學集成》。

明·佚名氏《醫方藥性·草藥便覽》 瑞香花 其性溫。能調血。其根有毒。

清·穆石䴏《本草洞詮》卷八 瑞香 瑞香根，味甘鹹，無毒。急喉風用白花者，研水灌之。

清·王道純《本草品彙精要續集》卷二 瑞香無毒

瑞香根《本草綱目》 主急喉風，用白花香研水灌之出《醫學集成》。 〖地〗李時珍曰：南陵諸處山中有之。 〖苗〗枝幹婆娑，柔條厚葉。 〖時〗四時不凋，冬春之交開花成簇。 〖色〗微紫。○花長三四分，如丁香狀，有黄、白、紫三色。《格古論》云：瑞香，高者三四尺，有數種，有枇杷葉者，楊梅葉者，柯葉者，毬子者，攣枝者。惟攣枝者花紫香烈，枇杷葉者結子，攣枝者其節攣曲如斷折之狀也，其根綿軟而香。 〖收〗其始出廬山，宋時人家栽之始著名。 〖味〗根：甘，鹹。 〖臭〗香。 〖氣〗香烈。

清·趙學敏《本草綱目拾遺》卷七花部 瑞香花 《粵語》：乳源多白瑞香，冬月盛開如雪，名雪花。刈以為薪，雜山蘭、芎藭之屬燒之，比屋皆香。其種以攣枝為上，有紫色者香尤烈，雜眾花中，眾花往往無香，皆為所奪，一名奪香花。乾者入藥用。《綱目》芳草內瑞香條止載其根，治急喉風，用白花者研水灌之，亦不言其花之功用，故補之。

稀痘，治乳岩初起。

《藥性考》：瑞香花馥，糖餞芳甘，清利頭目，齒痛宜含。

清・張仁錫《藥性蒙求・草部》 瑞香花　瑞香花馥，糖餞芳甘。清理頭目，齒痛宜含。

夢花

清・劉善述、劉士季《草木便方》卷一草部　夢花　茂花根寒平安神，夢洩遺精驚悸靈。魂不守舍能定志，手足筋骨洗軟形。

丁香

宋・唐慎微《證類本草》卷一二木部上品〔宋・馬志《開寶本草》〕　丁香味辛，溫，無毒。主溫脾胃，止霍亂擁脹，風毒諸腫，齒疳䘌。能發諸香。其根療風熱毒腫。生交、廣、南番。二月、八月採。

〔宋・馬志《開寶本草》〕注：按廣州送丁香圖，樹高丈餘，葉似櫟葉。花圓細，黃色，淩冬不凋。醫家所用，惟用根子如釘，長三四分，紫色。中有麤大如山茱萸者，俗呼爲母丁香。可入心腹之藥爾。以舊本丁香根注中，有不入心腹之用六字，恐其根必是有毒，故云不入心腹也。又按《陳藏器本草》云：丁香於其母丁香，主變白，以生薑汁研，拔去白鬚塗孔中，即異常黑也。今附。

〔宋・掌禹錫《嘉祐本草》〕按：《蜀本》注云：母丁香，擊之則順理而折兩向，療嘔逆甚驗。《藥性論》云：丁香，臣。能主冷氣腹痛。日華子云：治口氣反胃，鬼疰蠱毒，及療腎氣，賁豘氣，陰痛，壯陽暖腰膝，治冷氣，殺酒毒。消痃癖，除冷勞。

〔宋・蘇頌《本草圖經》〕曰：丁香，出交、廣、南番，今惟廣州有之。木類桂，高丈餘，葉似櫟，淩冬不凋。花圓細，黃色。其子出枝，蘂上如釘子，長三四分，紫色。其中有麤大如山茱萸者，謂之母丁香。二、八月採子及根。又云：盛冬生花，子，至次年春採之。

〔宋・唐慎微《證類本草》〕《海藥》：按《山海經》云：生東海及崑崙國。二月、三月花開，紫白色，至七月方始成實，大者如巴豆，爲之母丁香。小者實，爲之丁香。主風疳䘌，骨槽勞臭，治氣，烏髭髮，殺蟲，療五痔，辟惡去邪，治奶頭花，止五色毒痢，正氣，止心腹痛。樹皮亦能治齒痛。

〔宋・唐慎微《證類本草》〕雷公云：凡使，有雄雌。雄顆小，雌顆大，似欓棗核。方中多使雌，力大。膏煎中用雄，若欲使雄，須去丁蓋乳子，發人背癰也。《聖惠方》：治桑蠍螫人。用丁香末，蜜調塗之。《千金方》：治乾霍亂，不吐不下方：丁香十四枚末，以沸湯一升和之。頓服，不差更作服。《梅師方》：治乳頭裂破，擣丁香末傅之。又方：治妬乳，乳癰。取丁香擣末，水調方寸匕服。又方：治崩中晝夜不止。取丁香二兩，以酒二升，取半分服。《外臺秘要》方同。《簡要濟衆》：治傷寒咳噫不止及噦逆不定。丁香一兩，乾柿蒂一兩，焙乾，擣羅爲散。每服一錢，煎人參湯下，無時服。

宋・李昉《太平御覽》卷九八一　鷄舌　應劭《漢官儀》曰：桓帝侍中迺存年老，口臭。上出鷄舌香與含之。鷄舌，頗小辛，螫，不敢咀咽，嫌有過，賜毒藥，歸舍，辭決就便宜，家人哀泣，不知其故。僚友求眡其藥，出口香，咸嗤笑之。《抱朴子》曰：或以鷄舌、黃連、乳汁煎之，注之，治諸有百疹在目，愈而更加精明倍常。愈益期《牋》曰：外國老胡説，衆香共是一木，木花為鷄舌香。

宋・沈括《夢溪筆談》卷二六《藥議》　余集《靈苑方》，論雞舌香以為丁香母，蓋出陳氏《拾遺》。今細考之，尚未然。按《齊民要術》云：雞舌香，世以其似丁子，故一名丁子香，即今丁香是也。日華子云：雞舌香治口氣，所以三省故事郎官日含雞舌香，欲其奏事對答其氣芬芳，此正謂丁香治口氣，至今方書為然。又古方五香連翹湯用雞舌香，千金五香連翹湯無雞舌香，却有丁香，此最為明驗。《新補本草》又出丁香一條，蓋不曾深考也。今世所用雞舌香，乳香中得之大如山茱萸，剉開中如柿核，略無氣味，以治疾，殊極乖謬。

宋・唐慎微《證類本草》卷一二木部上品〔《別錄》，《嘉祐本草》新分條〕

雞舌香　微溫。療風水毒腫，去惡氣，療霍亂，心痛。

〔梁・陶弘景《本草經集注》〕云：此皆合香家要用，不正入藥。

〔唐・蘇敬《唐本草》〕注云：雞舌樹，葉及皮並似栗，花如梅花，子似棗核。此雌樹也。不入香用。其雄樹雖花不實，採花釀之以成香。出崑崙及交愛以南。

〔宋・掌禹錫《嘉祐本草》〕按：《藥性論》云：雞舌香，使，味辛，無毒。入吹鼻散子中用，殺腦疳。人諸香中，令人身香。《齊民要術》云：俗人以其似丁子，故爲丁子香。

〔宋・唐慎微《證類本草》〕《圖經》：文具沉香條下。《外臺秘要》：療齲齒方：煮雞舌香汁，含之差。又方：療脣舌忽生瘡。雞舌香末，以綿裹含之，差。《抱朴子》：雞舌香、黃連、乳汁煎，治目中之病。應邵漢官侍中，年老口臭，帝賜雞舌香含之。沈存中《筆談》：子集《靈苑方》論雞舌香，以爲丁香母，蓋出陳氏《拾遺》。今細考之，尚未然。按，《齊民要術》云：雞舌香，世以其似丁子，故一名丁子香，即今丁香是也。日華子云：雞舌香治口氣。所以《三省故事》郎官口含雞舌香，欲其奏事對答，其氣芬芳，此正謂丁香治口氣，至今方書爲然。又古方五香連翹湯用雞舌香。千金五香連翹湯無雞舌香，却有丁香，此最爲明驗。《新補本草》：又出丁香一條，蓋不曾深考也。今世所用雞舌香，乃乳香中得之，大如山茱萸，剉開中如柿核，略無氣味，用以治疾殊乖謬。

宋・寇宗奭《本草衍義》卷一三 丁香 日華子云：治口氣。此正是御史所含之香。治胃寒及脾胃冷氣不和。有大者名母丁香，氣味尤佳。爲末，縫紗囊如小指實末內陰中，主陰冷病，中病便已。

宋・鄭樵《通志》卷七六《昆蟲草木略》 雞舌香 即丁香。陳藏器以雞舌香為丁香母。今按沈括考究諸義，直是丁香無疑。《齊民要術》云：雞舌香，世以其似丁子故，一名丁子香。應劭為漢侍中，年老口臭。帝賜雞舌香含之。後來三省故事，郎官日含雞舌香，欲其奏事對答芬芳。日華子曰：丁香治口氣，正以此也。

金・張元素《潔古珍珠囊》〔見元・杜思敬《濟生拔粹》卷五〕 丁香辛 純陽。去胃中之實，又治腎氣奔豚痛。

宋・劉明之《圖經本草藥性總論》卷下 丁香 味辛，溫，無毒。主溫脾胃，止霍亂，擁脹風毒，諸腫齒疳䘌。能發諸香。其根療風熱毒腫。《蜀本》注：母丁香療嘔逆甚驗。《藥性論》云：臣。能主冷氣腹痛。日華子云：治口氣反胃，鬼疰蠱毒，及療腎氣賁㹠氣，陰痛，壯陽，暖腰膝，治冷氣，殺酒毒，消痃癖，除冷勞。

宋・劉明之《圖經本草藥性總論》卷下 雞舌香 微溫。療風水毒腫，去惡氣，療霍亂心痛。《藥性論》云：使。殺腦疳。入諸香，令人身香。

宋・陳衍《寶慶本草折衷》卷一二 丁香臣。枝杖續附。 一名釘子香。生交廣即廣州。○及南蕃、東海、崑崙國。○二、七、八月採子。○續附：枝杖乃丁香蒂下細枝。○並不見火。 味辛，溫，無毒。○主溫脾胃，止霍亂擁脹，風毒諸腫，齒疳䘌。○《藥性論》云：主冷氣腹痛。○日華子云：治口氣，反胃，鬼疰蠱毒，腎賁㹠，陰痛，壯陽暖腰膝，殺酒毒，消痃癖，除冷勞。○《圖經》曰：其子如釘子，長三四分，紫色。○《海藥》云：烏髭髮，療五痔，止五色毒痢。○《梅師方》：治乳頭裂破，擣丁香末傅之。○《簡要濟衆》：治傷寒咳噫噦噎。丁香壹兩，乾柿蒂壹兩，擣為散，每服壹錢，煎人參湯下。○噫噦者，胃寒而生也。○噫，烏界切；噦，乙劣切。○寇氏曰：治胃寒脾冷，氣不和。

續說云：丁香以顆粒肥壯，色紫而油澤者為勝。今治嘔逆多用。惟胃脘寒積凝滯，食入即嘔，服之無不的中。儻或熱嘔，此性既熱，必致膈截上焦，反為僭燥，尤須審寒熱之宜。更有丁香枝杖，氣勢雖弱，亦可下氣，故《局方》用之，以合豆蔻湯也。

新增丁香皮 一名丁皮。○所出與丁香同。 味辛，溫，無毒。○治積滯不消，心腹脹滿，脇肋刺痛，痰逆嘔噦，飲食不下。集張松說。○《海藥》云：治齒痛。分丁香條。

續說云：丁香皮，《局方》安息香元及大小七香元皆用焉，以色赤理細與丁香之氣味相似者為真也。

宋・陳衍《寶慶本草折衷》卷一二 雞舌香使。蕃棗核續附。 一名丁香母。○又云：一名母丁香，乃丁香中之大者。出崑崙及交、廣以南。○又云：二、七、八月採子。○不見火。○廣，一作愛。 味辛，微溫，無毒。○療風水毒腫，去惡氣霍亂、心痛。○陶隱居云：療惡核。○今註：麤大如山茱萸，可入心腹之藥。分丁香條，下同。○《蜀本》註云：療嘔逆甚驗。○《藥性論》云：吹鼻用，殺腦疳。○《圖經》曰：療口臭分沉香條。○沈存中云：古方五香連翹湯用雞舌香。《千金》五香連翹湯無雞舌香，却有丁香。○吳珽《名方》雞舌香散亦無雞舌香。

續說云：此香一以為母丁香，一以為番棗核，而閻孝忠則謂母丁香即丁香之老者。擊之則順理而折。今治氣疾多用之，其番棗核即於乳香中得之者，堅枯而絶無氣味。今治傷折多用之。《圖經》乃為乳香木實也，細玩本條，皆述母丁香之性治，蓋二物稍如雞舌之狀，故其名適同耳。

元・王好古《湯液本草》卷五 丁香 氣溫，味辛，純陽，無毒。入手太陰經、足陽明經少陰經。《象》云：溫脾胃，止霍亂，消痃癖，氣脹反胃，腹內冷痛，壯陽，暖腰膝，殺酒毒。《珍》云：去胃中之寒。《本草》云：主溫脾胃，止霍亂，壅脹，風毒諸腫，牙齒疳䘌。能發諸香。能療反胃，腎氣奔豚氣，陰痛。壯陽，暖腰膝，消痃癖，除冷勞。《液》云：與五味子、廣茂同用，亦治奔豚之氣，能泄肺，能補胃，大能療腎。

元・尚從善《本草元命苞》卷六 丁香 為臣。辛，溫，無毒。泄肺寒，入太陰之經。療腎氣，為少陰之劑。氣盛勿服，乃能滯氣。溫脾膚，止霍亂擁脹。治反胃，消痰癖冷勞。壯陽暖腰膝，止嘔去酒毒。治冷氣腹痛奔豚，療牙齒疳䘌，鬼疰。能發諸香，專醫咳噫。生交廣、南番，今廣州有之。木類桂樹，高丈餘，葉似櫟，凌冬不凋，花圓細，色黃，實如萸，為母。實如山茱萸者，乃母丁香也。若釘狀，乃是丁香。二、八月採根及子。

元・朱震亨《本草衍義補遺》 丁香　屬火而有金。補瀉能走。口居上，地氣出焉。肺行清令，與脾氣相和，惟有(閏)〔潤〕而甘芳自適焉。有所謂口氣病者，令口氣有而已，自嫌之。以其脾有欝火，溢入肺中，失其清和甘美之意，而濁氣上干，此口氣病也。以丁香含之，揚湯止沸耳。惟香薷治之甚捷，故錄之。○如釘，長三四分，紫色，中有麄大如茱萸者，俗呼為母丁香，可入心腹之藥爾。以舊本丁香根註中有不入心腹之用六字，恐其根必是有毒，故云不入心腹也。

元・徐彥純《本草發揮》卷三　丁香　東垣云：丁香味辛，溫，純陽。去脾胃中寒，止霍亂。又云：氣血勝者不可服，丁香益其氣也。　海藏云：治翻胃，腎氣，奔豚氣，陰痛，壯陽，暖腰膝，消痃癖，除冷勞。與五味子、廣茂同用，亦治奔豚氣，泄肺寒，補胃，大治腎氣。入手太陰、足陽明、少陰。　丹溪云：屬火而有金。補瀉能走。夫人口居上，而地氣出焉。肺行清令，與脾氣相和，惟有潤而甘芳自適焉。有所謂口氣病者，令口有氣而已，自嫌之，以其脾有鬱火，溢入肺中，失其清和甘美之意，而濁氣上干，此所謂為口氣病也。若以丁香合之，揚湯止沸爾。惟以香薷煑汁飲之，其効甚捷。

明・蘭茂撰，清・管暄校補《滇南本草》卷中　丁香葉即家中盆內栽者是。性微溫，味苦、辛。芳香入肺。止肺寒咳嗽，或咳血，或痰上帶血。單劑，蜜炙，煎服。

明・蘭茂《滇南本草》〔叢本〕卷中　丁香葉　味辛、苦，性溫。芳香入肺。肺寒咳嗽，或咳血，或咳痰帶血。單劑蜜炙，煎服。

明・王綸《本草集要》卷四　丁香臣　味辛，氣溫。純陽。無毒。入手太陰、足陽明、少陰經。　主溫脾胃，止霍亂嘔逆，冷氣腸痛，風毒諸腫，治口氣齒疳䘌，腎氣賁豚，壯陽，暖腰膝。有大如棗核者，名母丁香，為末，實紗囊如小指，納陰中，主陰冷病。能變白，以生薑汁和，拔去白鬚，塗孔中，即異常黑。

明・滕弘《神農本經會通》卷二　丁香　臣也。二八月採。大者為母丁香，小者為丁香。用須去丁香蓋。　味辛，氣溫，無毒。《湯》云：氣溫，味辛，純陽，無毒。入手太陰經、足陽明少陰經。東云：快脾胃，止吐逆。《圭》云：除寒嘔番胃，及霍亂奔豚，治腰疼，溫胃，及興陽去冷，兼療蠱氣。《珍》云：純陽。治胃寒，霍亂。

《本經》云：主溫脾胃，止霍亂擁脹，風毒諸腫，齒疳䘌，能發諸香。其根療風熱毒。《蜀本》注云：療嘔逆。《藥性論》云：丁香，臣。主冷氣腹痛。日華子云：治口氣，反胃，鬼疰蠱毒，及療腎氣、賁㹠氣，陰痛，壯陽，暖腰膝，治冷氣，殺酒毒，消痃癖，除冷勞。陳藏器云：丁香於其母丁香，主變白，以生薑汁研，拔去白鬚，塗孔中，即異常黑也。《海藥》云：主風疳䘌，骨槽勞臭，治氣，烏髭髮，殺蟲，療五痔，辟惡去邪，治奶頭花，止五色毒痢，正氣，止心腹痛。樹皮亦能治齒痛。《象》云：溫脾胃，止霍亂，消痃癖氣脹，反胃，腹內冷痛，壯陽，暖腰膝，殺酒毒。《液》云：與五味子、廣茂同用，亦治奔豚之氣。能泄肺，能補胃，大能療腎。丹溪云：屬火而有金，補瀉能走，口居上，地氣出焉。肺行清令，與脾氣相火和，惟有潤而甘芳自適焉。有所謂口氣病者，令口氣有而已自嫌之，以其脾有鬱火，溢入肺中，失其清和甘美之意，而濁氣上干，此口氣病也。以丁香含之，滌蕩正沸耳。惟香薷治之甚(揵)〔捷〕，故録之。又今注云：子如釘，長三四分，紫色，中有粗大如山茱萸者，浴呼為母丁香，可入腹心之藥耳。以舊本丁香註中有不入心腹之用六字，恐其根必是有毒，故云不入心腹也。《衍義》云：有大如棗核者，名母丁香，實紗囊，如小指，納陰中，主陰冷病。劊云：丁香除腫消風毒，治氣溫中用最堪。非物益脾能止嘔，更攻齒痛病風疳。即《局方》丁香，下氣溫中，益脾止吐。

明・滕弘《神農本經會通》卷二　雞舌香　合香家要用。不正入藥。樹有雌雄。

《本經》云：微溫。療風水毒腫，去惡氣，療霍亂心痛。《圖經》云：老醫或有謂與丁香同種，此乃是母丁香。療口鼻最良，治氣亦可。蓋出陳氏《拾遺》，亦未知的否。《千金》療瘡癰，連翹五香湯方，用丁香。一方用雞舌香，以此似近之。《藥性論》云：使。味辛，無毒。入吹鼻散子中用殺腦疳。入諸香，令人身香。

明·劉文泰《本草品彙精要》卷一七 丁香無毒。附母丁香。 植生。

丁香：主溫脾胃，止霍亂，壅脹，風毒，諸腫，齒疳䘌，能發諸香。○根，療風熱毒腫。名醫所錄。 【苗】《圖經》曰：木類桂，高丈餘，葉似櫟，淩冬不凋，盛冬生花，圓細黃色。其子出枝蕊上，如釘子，長三四分而紫色，其中有粗大如山茱萸者，謂之母丁香也。《海藥》云：二月、三月花開紫白色，至七月始成實，其小者爲丁香，大者如巴豆，即母丁香也。 謹按：以上二說，花實先後不同。考之《本經》云：出於交廣、南蕃、廣州者，冬月生花，次年春採子；出於東海及崑崙國者，二三月開花，八月採子。蓋地土有寒暖不同然爾。 【地】《圖經》曰：生交廣、南蕃，今惟廣州有之。《海藥》云：生東海及崑崙國。 【時】生：春生新葉。採：二月、八月取實。 【收】曬乾。 【用】花蕊及根實。 【色】紫。 【味】辛。 【性】溫，散。 【氣】氣之厚者，陽也。 【臭】香。 【主】冷氣，腹痛，霍亂，嘔吐。 【行】手太陰經，足陽明經、少陰經。 【製】《雷公》云：凡使，有雄雌，雄顆小，雌顆大，似欓棗核，方中多使雌，力大；膏煎中用雄，若欲使，須去丁蓋。 【治】療：《藥性論》云：除冷氣，腹痛。日華子云：治口氣，反胃，鬼疰，蠱毒，及腎氣，賁豚氣，陰痛，祛冷氣，殺酒毒，消痃癖，除冷勞。《衍義》曰：治口中穢氣，及脾胃冷氣不和。○母丁香，縫絳紗囊如小指，實末內陰中，主陰冷病，瘥即已。《海藥》云：去風疳䘌，骨槽勞臭諸氣，殺蟲及五痔，辟惡去邪，並奶頭花，止五色毒痢，正氣，止心腹痛。○皮，治齒痛。《別錄》云：以十四枚爲末，沸湯一升，調服，治乾霍亂不吐不下。又水調方寸匕，療妒乳，乳癰。 補：日華子云：壯陽，暖腰膝。《海藥》云：烏髭髮。 【合治】末合蜜調塗，治桑蠍螫人。○以二兩合酒二升，取半分服，療崩中，晝夜不止。○合乾柿蒂各一兩，搗羅爲散，每服一錢，煎人參湯，不拘時調下，療傷寒，欬噫不止，及噦逆不定。○母丁香，主鬚髮變白，以生薑汁研，拔去白鬚，塗孔中即異常黑也。○合五味子、廣茂，療奔豚之氣，能泄肺補胃，大能療腎。

明·劉文泰《本草品彙精要》卷一七 雞舌香無毒。 植生。

雞舌香：主風水毒腫，去惡氣，療霍亂，心痛。名醫所錄。 【名】丁子香。 【苗】《圖經》曰：枝葉及皮並似栗，其花如梅花，子似棗核，此雌者也。雄者着花不實，或云：採花釀之以成香者，今不復見。《埤雅》云：是沉香木花。又云：草花蔓生，實熟貫之，其說無定。蓋雞舌香與丁香同種，花實叢生，其中心最大者爲雞舌香，擊破有解理，如雞舌者，此乃是母丁香也。俗又以其似丁子，故謂之丁子香。如古方五香連翹湯用雞舌香，《千金》五香連翹湯無雞舌香卻有丁香，況舊本原無丁香一條，則知丁香與雞舌香爲一種，此最爲驗明矣。《別錄》云：《三省故事》尚書郎口含此奏事，欲使對答，其氣芬香。《千金方》皆謂是母丁香，《抱朴子》入眼方用之，其說自相矛盾。若《藥性論》謂入香中，令人身香及爲丁子香，則可謂之母丁香。若《抱朴子》爲可入眼，則丁香恐非所宜。若云含之奏事，口中熱臭不可近，以乳香中所揀者含之，雖無香味，口得不臭，亦有淡利九竅之理也，用當量之。 【地】《圖經》曰：出崑崙及交愛以南。 【時】生：二月、三月開花。採：七月、八月取實。 【收】暴乾。 【用】花。 【色】紫赤。 【味】辛。 【性】微溫。 【氣】氣之厚者，陽也。 【臭】香。 【主】去惡氣，止心痛。 【治】療：《圖經》曰：除口臭，破諸氣。《別錄》云：煮汁含之，療齲齒；以綿裹其末含之，療唇舌忽生瘡。 【合治】合酒研服，療暴氣刺心切痛者。○合黃連、乳汁煎，治目中之病。○末入吹鼻散中用，殺腦疳。

明·葉文齡《醫學統旨》卷八 丁香 氣溫，味辛。無毒。純陽。入手太陰、足陽明少陰經。 治反胃心腹冷痛，呃噦欬逆，奔豚氣，霍亂氣脹，諸腫陰痛；溫脾胃，消痃癖，暖腰膝，壯陽風毒，除冷勞；殺酒毒，療口氣齒疳䘌，泄肺補胃。

明·許希周《藥性粗評》卷二 齒痛胃寒，喚丁香而捫按。

丁香，木類桂，高丈餘，葉似櫟，凌冬不凋，二三月開花圓細，紫白色，結子在枝葉上，似棗核，長三四分，紫色，至七月始成，其內有獨仁，大者謂之母丁香，入藥最為有力。出交廣南蕃山谷，八月採實，陰乾。凡使須去皮殼，餘說《本草》不載。 味辛、香，性溫，無毒。其氣善走，入手太陰肺、足陽明胃、少陰腎經。主治冷氣腹痛，霍亂翻胃，腎氣奔豚，膨脹，風毒諸腫，疳蝕齒痛，中毒鬼疰，壯陽暖腰膝，除口氣，消痃癖，殺酒毒，烏髭髮。丹溪云：口氣病若以丁香含之，揚湯止沸耳。惟以香薷煮汁飲之，其功甚捷。東垣云：氣血盛者不可服丁香，益其氣也。

單方：血山崩：凡崩中晝夜不止者，丁香二兩，酒二升，煎取一升，任意溫服，差。

乾霍亂：凡霍亂不吐不下，乾絞不寧者，丁香十四枚，為細末，沸湯一升和之，頓服必差，不差再作。

乳頭腫破：此名妬乳，擣丁香末傅之。一方以水調方寸匕服之。

桑蝎螫人：擣丁香末，蜜調傅之。

明・鄭寧《藥性要略大全》卷六　丁香臣。一名雞舌香。《經》云：主霍亂擁脹，風毒諸腫，牙齒疳䘌，快脾溫胃，止吐。東垣云：能發諸香，能止冷氣腹痛，及反胃蠱毒，腎氣奔豚氣墜痛，壯陽，暖腰膝。有雌雄，雄者小，力少；雌者大，為之母丁香，力大。《湯液》云：消痰癖，除冷勞。與五味子、廣茂同用，治奔豚氣，瀉肺氣，補胃，大能療腎。味辛，氣溫、熱，純陽，無毒。入手太陰肺、足陽明胃、少陰腎三經。

丁香花　止五色毒痢，止氣，止心腹痛，及治乳頭破裂。

丁皮　能治齒痛。

丁香根　療風熱腫毒，不入心腹藥。

《錢氏方》論雞舌香，或以為番棗核，或以為母丁香，議論紛紜，互相排抵，竟無定說。惟閻孝忠云：古人命藥，多以其形似名之。如烏頭、狗脊、鶴虱之類是也。番棗核、母丁香，本二種物也，皆似雞舌，故名。適同而用實異。蓋番棗核得於乳香中，今治折傷藥中多用之。母丁香即今丁香之老者，極芳烈。古人含雞舌香者，此也。今治氣及溫中藥多用之。最為易辨。《經史證類本草》亦言丁香即雞舌香也。

明・賀岳《醫經大旨》卷一《本草要略》　丁香　性熱而浮，胃上口藥也。則凡胃上有寒者宜用之。故傷寒發噎，或胃口有寒而嘔吐者，皆不可缺也。

明・陳嘉謨《本草蒙筌》卷四　丁香　味辛，氣溫。屬火，有金，純陽。無毒。生交趾廣州，收春前秋後。形有大小，名列雌雄。雄丁香如釘子長，雌丁香似棗核大。凡資主治，母者用多。專入腎胃二經，又走太陰肺臟。諸香能發，凡氣善敺。口舌氣，獖㹠氣殊功，且止吃忒氣逆；翻胃嘔，霍亂嘔立効。兼除心腹冷疼，暖腰膝壯陽，殺疳䘌，堅齒。治奶頭綻裂，消蠱毒脹膨。細末研成，猶有兩治。婦人陰戶常冷，紗囊盛納陰內，旋使轉溫；老人拔去白鬚，薑汁和塗孔中，重生即黑。丁皮止齒痛亦驗，根搗敷風腫尤奇。

明・方穀《本草纂要》卷四　丁香　味甘、辛，氣大溫，陽也，無毒。入手太陰經，足陽明經，少陰經之藥也。主溫脾胃，止霍亂，除嘔逆，攻冷氣，理腹痛，散風毒，療諸腫，去呃噎，截瘧痢，治奔豚，止吐瀉，壯元陽，暖腰膝，乃溫中之聖藥也。吾嘗以此論之，且如吳萸溫中，非若丁香之辛溫也，蓋辛則甘而且美，故入心脾之經。如乾薑溫中，非若丁香之大溫也，蓋大溫則存而且守，故入脾胃之藥。雖然甘辛之味與桂心之味同，但桂心之性散而不守，丁香之味守而且存；大溫之氣與附子之氣同，但附子之氣烈而遍行，丁香之氣溫而存守，此爲純陽之劑，雖合中和之藥也。大率性燥，苟非脾胃真寒之症，決不可輕用。

明・王文潔《太乙仙製本草藥性大全》卷三《本草精義》　丁香　出交廣南番，今惟廣州有之。木類桂，高丈餘，葉似櫟，凌冬不凋。花圓細黃色，其子出枝葉上，如釘子，長三四分，紫色，其中有麄大如山茱萸者，形有大小，名列雌雄。雄丁香如釘子長，雌丁香如棗核大。二八月採子及根。又云：盛冬生花子，至次年春採之。凡資主治母者多用，專入腎、胃二經。又走太陰肺臟。

雞舌香　出崑崙及交趾以南。枝葉及皮並似栗，子似棗核，此雄者也。雄者着花不實，採釀之以成香。按諸書傳或云是沉香木花，或云草花，蔓生，實熟貫之，其說無定。今人皆以乳香中時時得木實似棗核者，以爲雞舌香。堅頑枯燥，絕無氣味，燒亦無香，緣何得香名？無復有芬芳也。

明・王文潔《太乙仙製本草藥性大全》卷三《仙製藥性》　丁香　味辛，氣溫，屬火，有金，純陽，無毒。主治：諸香能發，凡氣〔善〕敺。口舌氣，奔豚氣殊功，且止吃忒氣逆。翻胃、嘔吐、霍亂祛立效，兼除心腹冷疼。暖腰膝，壯陽，殺疳䘌，堅齒。治奶頭綻裂，消蠱毒脹膨。細末研成，猶有兩治：婦人陰戶常冷，紗囊盛納陰內，旋使轉溫；老人拔去白鬚，薑汁和同塗孔中，重生即黑。丁皮：止齒痛亦驗。根：搗敷風腫尤奇。花：止五色毒痢，心腹氣痛及乳頭綻裂。補註：治妬乳、乳癰，搗末，水調方寸〔匕〕服。或乳頭裂破，以末傅之。治崩中晝夜不止，取二兩，以酒二升，取半分服。治桑蠍螫人，用末蜜調塗之。治乾霍亂，不吐不下，以十四枚爲末，以沸湯一升和之，頓服，不差更服。治傷寒咳噫不止，嘔逆不定，用一兩，乾柿蒂一兩，焙乾搗末，每服一錢，煎人參湯下。母丁香爲末，以紗囊如小指實末內陰中，止陰冷。丁香於其母丁香，主變白，以生薑汁研，拔去白鬚，塗孔中，即異常黑也。太乙曰：凡使有雌雄，雄顆小，雌顆大似樏棗核。方中多使雌，力大。膏煎中用雄。若欲使雄，須去丁蓋乳子，發人背癰也。

雞舌香使　味辛，氣微溫，無毒。主治：療風水毒腫，去惡氣口臭。善治霍亂，又止心疼。補註：齲痛，煮汁含之瘥。〇舌生瘡，用末，綿裹含之效。〇目病，同黃連、乳汁煎，點妙。〇口臭用末含之良。《筆談・靈苑方》論：雞舌香，以爲丁香母，蓋出陳氏《拾遺》，今細考之，尚未然。按《齊民要術》云：雞舌香，世以其似丁子，故名丁子香。日華子云雞舌香治口氣，所以《三省故事》郎官日含雞舌香，欲其奏事對答，其氣芬芳，此正謂丁香治口氣。至今方書爲然。又古方五香連翹湯，用雞舌香，《千金》五香連翹湯無雞舌香，却有丁香，此最爲明驗。《新補本草》又出丁香一條，蓋不曾深考也。今世所用雞舌香，乃乳香中得之，大者如山茱萸，剉開中如柿核，略無氣味，用以治疾，殊乖謬也。

明・皇甫嵩《本草發明》卷四

丁香上品，君。氣溫，味辛。純陽。無毒。走手太陰，入足陽明、少陰經。長如針者名雄，大如棗核名雌。主母者用多。　發明曰：丁香辛以發泄肺氣，溫能補胃暖腎。《本草》主壅脹風毒，除諸腫，能發諸香。註云：殺酒毒蠱毒脹氣，口舌氣，止吃忒氣屬寒者，以能泄氣也。又主溫脾胃，嘔吐霍亂，除心腹冷痛，消痃癖，腎氣奔豚，陰痛，壯陽，暖腰膝，除冷勞，殺疳䘌，堅齒，其溫補脾胃暖腎之功多矣。婦人陰戸常冷，用母丁香為末，實紗囊如指大，納戸中，能溫。又療奶頭綻裂。〇老人拔去白髮，薑汁和塗孔中，重發黑。丁皮，齒痛，堪合香料。〇根，搗敷風熱腫毒。

明・李時珍《本草綱目》卷三四木部・香木類

丁香宋《開寶》。校正併入《別録》鷄舌香。

【釋名】丁子香《嘉祐》　鷄舌香藏器曰：鷄舌香與丁香同種，花實叢生，其中心最大者爲鷄舌。擊破有順理而解爲兩向，如鷄舌，故名，乃是母丁香也。禹錫曰：按《齊民要術》云：鷄舌香俗人以其似丁子，故呼爲丁子香。時珍曰：宋《嘉祐本草》重出鷄舌，今併爲一。

【集解】恭曰：鷄舌香樹葉及皮並似栗，花如梅花，子似棗核，此雌樹也，不入香用。其雄樹雖花不實，采花釀之以成香。出崑崙及交州、愛州以南。珣曰：丁香生東海及崑崙國。二月、三月花開，紫白色。至七月方始成實，小者爲丁香，大者如巴豆，爲母丁香。志曰：丁香生交、廣、南番。按廣州圖上丁香，樹高丈餘，木類桂，葉似櫟葉。花圓細，黄色，淩冬不凋。其子枝蕊上如釘，長三四分，紫色。其中有粗大如山茱萸者，俗呼爲母丁香。二月、八月采子及根。一云：盛冬生花、子，至次年春采之。頌曰：鷄舌香，《唐本草》言其木似栗。《南越志》言是沉香花。《廣志》言是草花蔓生，實熟貫之，可以香口。其説不定。今人皆以乳香中揀出木實似棗核者爲之，堅頑枯燥，絶無氣味，燒亦無香，用療氣與口臭則甚乖踈，不知緣何以爲鷄舌也？京下老醫言：鷄舌與丁香同種，其中最大者爲鷄舌，即母丁香，療口臭最良，治氣亦效。葛稚川《百一方》，治暴氣刺心痛，用鷄舌香酒服。又《抱朴子》書以鷄舌、黄連，乳汁煎之，注目，治百疹之在目者皆愈，更加精明。古方治瘡癰五香連翹湯用鷄舌香，而孫真人《千金方》無鷄舌，用丁香，似爲一物也。其采花釀成香之説，絶無知者。慎微曰：沈存中《筆談》云：予集《靈苑方》，據陳藏器《拾遺》，以鷄舌爲丁香母。今考之尚不然，鷄舌即丁香也。《齊民要術》言鷄舌俗名丁子香。日華子言丁香治口氣，與《三省故事》載漢時郎官日含鷄舌香，欲其奏事芬芳之説相合。及《千金方》五香湯用丁香無鷄舌，最爲明驗。《開寶本草》重出丁香，謬矣。今世以乳香中大如山茱萸者爲鷄舌，略無氣味，治疾殊乖。承曰：《嘉祐補注》及蘇頌《圖經》引諸書，以鷄舌爲丁香。《抱朴子》言可注眼。但丁香恐不宜入眼，含之口中熱臭不可近。乳香中所揀者，雖無氣味，却無臭氣，有淡利九竅之理。諸方用治小兒驚癎，亦欲其達九竅也。斆曰：丁香有雌、雄。雄者顆小；雌者大如山茰，更名母丁香，入藥最勝。時珍曰：雄爲丁香，雌爲鷄舌，諸説甚明。獨陳承所言甚爲謬妄。不知乳香中所揀者，乃番棗核也，即無漏子之核，見果部。前人不知丁香即鷄舌，誤以此物充之爾。乾薑、焰硝尚可點眼，草果、阿魏番人以作食料，則丁香之點眼、噙口，又何害哉？

鷄舌香《別録》　【氣味】辛，微温，無毒。時珍曰：辛，温。　【主治】風水毒腫，霍亂心痛，去惡氣《別録》。吹鼻，殺腦疳。入諸香中，令人身香甄權。同薑汁，塗拔去白鬚孔中，即生黑者異常藏器。

丁香《開寶》　【氣味】辛，温，無毒。時珍曰：辛，熱。好古曰：純陽。入手太陰、足少陰陽明經。斆曰：方中多用雌者，力大。膏煎中若用雄，須去丁，蓋乳子發人背癰也。不可見火。畏鬱金。　【主治】温脾胃，止霍亂擁脹，風毒諸腫，齒疳䘌。能發諸香《開寶》。風〔疳〕䘌，骨槽勞臭，殺蟲辟惡去邪，治奶頭花，止五色毒痢，五痔李珣。治口氣冷氣，冷勞反胃，鬼疰蠱毒，殺酒毒，消痃癖，療腎氣奔豚氣，陰痛腹痛，壯陽，暖腰膝大明。療嘔逆，甚驗保昇。去胃寒，理元氣。氣血盛者勿服元素。治虛噦，小兒吐瀉，痘瘡胃虛，灰白不發時珍。

【發明】好古曰：丁香與五味子、廣茂同用，治奔豚之氣。亦能泄肺，能補胃，大能療腎。宗奭曰：日華子言丁香治口氣，此正是御史所含之香也。治脾胃冷氣不和，甚良。母丁香氣味尤佳。震亨曰：口居上，地氣出焉。脾有鬱火，溢入肺中，失其清和之意，而濁氣上行，發爲口氣。若以丁香治之，是揚湯止沸爾。惟香薷治之甚捷。時珍曰：宋末太醫陳文中，治小兒痘瘡不光澤，不起發，或脹或瀉，或渴或氣促，表裏俱虛之證，並用木香散、異攻散，倍加丁香、官桂。甚者丁香三五十枚，官桂一二錢。亦有服之而愈者。此丹溪朱氏所謂立方之時，必運氣在寒水司天之際，又值嚴冬鬱遏陽氣，故用大辛熱之劑發之者也。若不分氣血虛實寒熱經絡，一概驟用，其殺人也必矣。葛洪《抱朴子》云：凡百病在目者，以鷄舌香、黄連、乳汁煎注之，皆愈。此得辛散苦降養陰之妙。陳承言不可點眼者，蓋不知此理也。

【附方】舊八，新十八。　暴心氣痛：鷄舌香末，酒服一錢。《肘後方》。　乾霍亂痛：不吐不下。丁香十四枚，研末，以沸湯一升和之，頓服。不瘥更作。孫思邈《千金方》。　小兒吐瀉：丁香、橘紅等分，煉蜜丸黄豆大。米湯化下。劉氏《小兒方》。　小兒嘔吐：不止。丁香、生半夏各一錢，薑汁浸一夜，晒乾爲末，薑汁打麪糊丸黍米大。量大小，用薑湯下。《全幼心鑒》。　嬰兒吐乳：小兒百日晬内吐乳，或糞青色。用年少婦人乳汁一盞，入丁香十枚，陳皮去白一錢，石器煎一二十沸，細細與服。陳文中《小兒方》。小兒冷疳：面黄腹大，食即吐者。母丁香七枚，爲末，乳汁和蒸三次，薑湯服之。《衛生易簡方》。　胃冷嘔逆：氣厥不通。母丁香三個，陳橘皮一塊，去白，焙，水煎，熱服。《十便良方》。　反胃吐食：《袖珍方》用母丁香一兩爲末，以鹽梅入擣和丸芡子大。每噙一丸。○《聖惠方》用母丁香、神麴炒等分，爲末。米飲服一錢。　朝食暮吐：丁香十五個研末，甘蔗汁、薑汁和丸蓮子大。噙嚥之。《摘玄方》。　反胃關格：氣噎不通。丁香、木香各一兩。每服四錢，水一盞半，煎一盞。先以黄泥做成盌，濾藥汁于内，食前服。此方乃掾史吴安之傳于都事蓋耘夫有效，試之果然。土盌取其助脾也。《德生堂經驗方》。　傷寒呃逆：及噦逆不定。丁香一兩，乾柿蒂焙一兩，爲末。每服一錢，煎人參湯下。《簡要濟衆方》。　毒腫入腹：鷄舌香、青木香、薰陸香、麝香各一兩，水四升，煮二升，分二服。《肘後方》。　食蟹致傷：丁香末，薑湯服五分。《證治要訣》。　婦人崩中：晝夜不止。丁香二兩，酒二升，煎一升，分服。《梅師方》。　婦人産難：母丁香三十六粒，滴乳香三錢六分，爲末，同活兔膽和杵千下，丸作三十六丸。每服一丸，好酒化下，立驗。名如意丹。《頤真堂經驗方》。　婦人陰冷：母丁香末，紗囊盛如指大，納入陰中，病即已。《本草衍義》。　鼻中瘜肉：丁香綿裹納之。《聖惠方》。　風牙宣露：發歇口氣。鷄舌香、射干一兩，麝香一分，爲末，日揩。《聖濟總録》。　齲齒黑臭：鷄舌香煮汁，含之。《外臺秘要》。　唇舌生瘡：鷄舌香末，綿裹含之。《外臺》。　乳頭裂破：丁香末，傅之。《梅師方》。　妬乳乳癰：丁香末，水服方寸匕。《梅師方》。　癰疽惡肉：丁香末傅之，外以膏藥護之。《怪證奇方》。　桑蝎螫人：丁香末，蜜調塗。《聖惠方》。

　香衣辟汗：丁香一兩爲末，川椒六十粒和之。絹袋盛佩，絶無汗氣。《多能鄙事》。

丁皮時珍曰：即樹皮也。似桂皮而厚。　【氣味】同香。　【主治】齒痛李珣。心腹冷氣諸病。方家用代丁香時珍。

枝　【主治】一切冷氣，心腹脹滿，惡心，泄瀉虚滑，水穀不消。用枝杖七斤，肉豆蔻麪煨八斤，白麪炒六斤，甘草炒十一斤，炒鹽中三斤，爲末。日日點服。出《御藥院方》。

根　【氣味】辛，熱，有毒。　【主治】風熱毒腫。不入心腹之用《開寶》。

題明·薛己《本草約言》卷二《藥性本草》　丁香　味辛，氣溫，無毒。陽也，可升可降。溫胃寒之嘔逆，散腎氣之奔豚。○入手足太陰、足陽明少陰經。人知其能快脾止嘔，不知能消冷痰痃癖。人知其能調氣定痛，不知能除冷勞奔豚。若胃中有熱，肺中有火者，勿輕用。　《發明》云：辛以發泄肺氣，溫能補胃暖腎。以生薑汁和，拔去白髮，塗孔中，即異常黑。

明·梅得春《藥性會元》卷中　丁香　味辛，氣溫。純陽。無毒。入手太陰肺經、足陽明胃經、足少陰腎經藥。　主快脾胃而止吐逆，散風腫而定牙疼，治反胃心腹之冷痛，除呃噦咳逆與奔豚，定霍亂，且消氣脹，破痃癖，更治陰疼，暖腰膝，壯元陽，兼消風毒，逐冷癆，殺酒毒，亦掃疳䘌，補胃瀉肺，大療口氣病。丹溪云：屬火而有金，補瀉能走口居上，地氣出焉。肺行清令，與脾氣相和。惟有潤而甘芳自適焉。以其脾有鬱火，溢於肺中，失其清和甘美之意，而濁氣上干，此口氣病也。以丁香含之，揚湯止沸耳！惟香薷治之甚捷。　丁香長三四分，紫色，中有大如山茱萸者，俗呼為母丁香。顆小為雌，大為雄，方中多用雌者。若用須去丁，蓋以丁能發癰，其根必有毒。舊本云：不入心腹之藥，用者慎審之。

明·杜文燮《藥鑒》卷二　丁香　氣溫味辛，純陽無毒，入手太陰、足陽明、少陰三經。溫脾胃，止霍亂，消痃癖。氣脹翻胃，腹内冷痛，壯陽暖腰。去胃寒，定嘔噦，殺酒毒。與五味子同用，亦治奔豚之氣。能泄肺，能補胃，大能療腎，極能止泄。痘家内熱禁忌。畏鬱金。

明·李中立《本草原始》卷四　丁香　始生交、廣、南番，今惟廣州有之。木類桂，高丈餘。葉似櫟，淩冬不凋。花圓細，黄色。其子出枝蘂上，紫色，長三四分，形如釘子，故名丁香。有雄雌，雄顆小，俗呼公丁香；雌顆大，俗呼母丁香。

　雄丁香　氣味：辛，溫，無毒。　主治：溫脾胃，止霍亂擁脹，風毒諸腫，齒疳䘌。能發諸香。○風䘌，骨槽勞臭。殺蟲，辟惡去邪。治奶頭花，止五色毒痢，五痔。○治口氣，冷氣冷勞，反胃，鬼疰蠱毒，殺酒毒，消痃癖。療腎氣，奔豚氣，陰痛腹痛，壯陽，暖腰膝。○療嘔逆甚驗。○去胃寒，理元氣。氣血盛者勿服。○治虚噦，小兒吐瀉，痘瘡，胃虚灰白不發。

　雌丁香　氣味：辛，微溫，無毒。　主治：風水毒腫，霍亂心痛，去惡熱。○吹鼻，殺腦疳。入諸香中，令人身香。○同薑汁塗，拔去白鬚孔中，即生黑者異常。

丁香樹皮名丁皮，氣味同香。主治齒痛。　心腹冷氣，諸病家用代丁香。皮似桂皮而厚。

宋《開寶》。【圖略】公丁香形瘦小，頭有四瓣花。母丁香形肥大，似山茱萸。修治：方中多用雌者，力大。膏煎中若用雄，須去丁，蓋乳子發人背癰也。不可見火。

好古曰：純陽。入手太陰、足少陰、陽明經，畏鬱金。

《德生堂經驗方》：治反胃關格，氣噎不通，丁香、木香各一兩，每服四錢，水一盞半，煎一盞，先以黃泥做成盌，濾藥汁于內，食前服。此方乃瑑史吳安之傳于都事蓋耘夫有效，試之果然。土盌，取其助脾也。

明·張懋辰《本草便》卷二　丁香臣　味辛，氣溫，純陽，無毒。入手太陰、足陽明、少陰經。主溫脾胃，止霍亂嘔逆，冷氣腹痛，風毒諸腫；治口氣齒疳䘌，壯陽，暖腰膝。

明·李中梓《藥性解》卷五　丁香　味甘、辛，性溫，無毒，入肺、脾、胃、腎四經。主口氣腹痛，霍亂反胃，鬼疰蠱毒，及腎氣奔㹠氣，壯陽暖腰膝，療冷氣，殺酒毒，消痃癖，除冷勞。有大如山茱萸者，名母丁香，氣味尤佳。按：丁香辛溫走肺部，甘溫走脾胃。腎者，土所制而金所生也，宜咸入之。果犯寒疴，投之輒應，倘因火症，爲禍匪輕。陳藏器云：拔去白鬚，薑汁調塗孔中，重生即黑。

明·繆希雍《本草經疏》卷一二　丁香　味辛，溫，無毒。主溫脾胃，止霍亂擁脹，風毒諸腫，齒疳䘌。能發諸香。

【疏】丁香稟純陽之氣以生，故其味辛，氣溫，性無毒。氣厚味薄，升也，陽也。入足太陰、足陽明經。其主溫脾胃，止霍亂擁脹者，蓋脾胃為倉廩之官，飲食生冷傷於脾胃，留而不去則為壅塞脹滿，上湧下泄則為揮霍撩亂，辛溫暖脾胃而行滯氣，則霍亂止而擁脹消矣。齒疳䘌者，亦陽明濕熱上攻也，散陽明之邪則疳䘌自除。療風毒諸腫者，辛溫散結，而香氣又能走竅除穢濁也。【主治參互】同白豆蔻、藿香、陳皮、厚朴、砂仁，治霍亂因於寒。加生薑、半夏，治吐嘔因於寒冷傷胃，或寒月飽食受寒腹痛甚。同砂仁、厚朴、乾薑、橘皮、草果、蒼朮、木香、麥蘖，治小兒傷生冷腹痛。劉氏《小兒方》治小兒虛寒吐瀉，丁香、橘皮等分，薑汁糊丸菉豆大。米湯化下。《全幼心鑒》治小兒脾胃虛寒，嘔吐不止。丁香、半夏末各一錢，薑汁浸一夜，曬乾為末，薑汁打麪為丸黍米大。量大小，用薑湯下。《和劑局方》治婦人產難，母丁香、乳香、麝香三件，用十分之三，各為末，臘月兔腦和杵為丸，如芡實大。每服一丸，酒下。《梅師方》治乳頭破裂，丁香末，傅之。《證治要訣》食蟹致傷，丁香末，薑湯服五分。入陳氏異功散，治痘瘡虛寒之極，又值冬月寒氣薄之發不出者。【簡誤】丁香氣味辛溫，一切有火熱證者忌之。非屬虛寒，概勿施用。

明·倪朱謨《本草彙言》卷八　丁香　味辛、甘、苦，氣熱，無毒。純陽，氣厚味薄。入手太陰，足少陰、陽明經。蘇氏曰：按《廣志》云：丁香，出東海及崑崙國。今交廣南番亦有。其樹高丈餘，凌冬不凋。木類桂，又似栗，葉似櫟，花似梅。花色黃，結實如山茱萸，色紫黑，形兩合可分，剖開如雞舌，故又名雞舌香。八月采，又云：盛冬生花，至次年方采實。又一說是草類蔓生。今乳香中揀出一種，如棗核，堅硬，嚼之無味，燒亦不香，乃番棗核也。

丁香：《開寶》暖胃溫脾，回陽逐冷之藥也。王大生稿故方氏方主除嘔吐，止泄瀉，理腹痛，去呃忒，散奔豚，逐疝氣，辟鬼疰，截瘧痢，暖腰膝，壯元陽，乃溫中建陽之品。凡諸陰寒水冷之邪爲患，咸需用之。又按《開寶》方治齒疳蟲䘌、口臭、胡氣及痘瘡寒陷、灰白不發諸證。亦取此辛溫純陽，健烈之力。而香竄又能走毒竅，除穢濁，發新陽故也。如以上諸證，須真虛寒者，方可投入。如兼內熱有火證者，概勿服用。若陳氏方治痘瘡濕爛不起發，或腹脹泄瀉，四肢冷逆，表裏俱虛寒之象。并用木香散、異攻散，倍加丁香、肉桂，亦有愈者。即有此證，然必運氣在寒水司天之際，又值嚴冬極冷之時，用此大辛熱之藥發之，可也。若不識時辨證，一概用此，不惟不能生全，反遭流謗，慎之！慎之！

集方：已下九方俱出方龍潭《本草切要》治胃寒嘔吐。用母丁香三錢，白朮、製半夏、廣陳皮、白茯苓各二錢，俱炒黃，研末。每服二錢，白湯下。○治脾胃虛寒，作泄瀉。用母丁香五錢，廣陳皮、白茯苓、藿香梗、紫厚朴、訶子肉各三錢，俱炒過，研爲末。每早服二錢，米湯下。○治陰寒腹痛兼四肢厥逆，自汗自利者。用母丁香三錢，人參、黃耆、白朮、肉桂、木香各二錢，甘草一錢。俱微炒，研爲末，作散服，白湯調下數錢，或水煎服亦可。○治陰寒呃忒。用母丁香二錢，爲末，柿蒂十個，煎湯調服。○治奔豚，或疝氣疼痛。用母丁香一錢五分，吳茰、乾薑、炙甘草各一錢，青皮七分，花椒一錢二分，水煎服。〇治鬼疰，身似痛非痛，似癢非癢，似寒非寒，似熱非熱，似睡非睡，似醒非醒，形神默默，語言懶出，病名鬼疰。此心胃有伏痰所致。用母丁香一錢，膽星、製半夏、白茯苓各二錢，共爲末。每早晚各服一錢，燈心湯下。〇治虛瘧久不止，寒多不渴者。用母丁香一錢，爲末，於白朮炒，當歸身、柴胡、牛膝、乾薑各二錢，水煎服。〇治久痢胃寒脾冷，虛滑不止。用母丁香、茯苓，於白朮、訶子肉、白扁豆，俱炒燥爲末。每早服一錢，米湯調下。〇治腰膝寒冷，幷痿弱無力者。用母丁香五錢，金毛狗脊，於白朮、黄耆、當歸身、牛膝、枸杞子，川萆薢、木瓜、大茴香，各二兩，俱酒洗，炒研爲末，懷熟地四兩，酒浸蒸，搗膏，共爲丸，梧桐子大。每早晚各服三錢，白湯下。

續集方：《十便良方》治胃冷嘔逆，氣厥不通。用母丁香三枚，陳皮二錢，水煎熱服。〇《方脉正宗》治齒牙疳臭，或黑蛀。用母丁香煮汁含之。〇《衛生易簡方》治小兒冷疳，面黄腹大，食即吐者。用母丁香七枚爲末，乳汁和，飯鍋上蒸三次。每用薑湯調服五分。〇《證治要訣》治食蟹傷脾腹痛，或作瀉。用母丁香一錢，爲末，薑湯調服。〇同前治食魚腥、生冷瓜果致傷。用母丁香三錢，陳皮二錢，共爲末。每服八分，薑湯調服。〇《本草衍義》治婦人陰冷。用母丁香三顆爲末，紗囊盛，納入陰中即暖。〇《聖惠方》治鼻生瘜肉。用母丁香，綿裹納之。〇《外科方略》治腋下胡臭。用母丁香末，不時擦之，久用漸除。

丁香枝皮：味氣與香同。攻一切冷氣爲病，如心腹脹滿，惡心嘔吐，泄瀉虛滑，水穀不消諸證。幷宜水煮服之。

治疝氣一切諸證，多因熱鬱于中，寒束于外而成。用丁香五分，木香、砂仁、茴香、香附、玄胡索、當歸、蒼朮、黑山梔、川烏各一錢，水煎冷服。如挾外邪，發熱惡寒，頭痛者，本方加紫蘇、前胡；如大便久閉結不通者，加酒製大黄；脹閉者，加枳實、厚朴；有瘀血者，加桃仁、紅花；腎氣注上，氣閉如絕者，加沉香、枳實；四肢厥逆，自汗脉沉者，加製附子、人參、當歸。〇大凡疝氣一病，有六種：腸中走氣作聲，或痛者，是盤腸氣也，加青皮；陰囊手按作響聲、痛者，是膀胱氣也，加澤瀉；臍旁一梗升上釣痛者，是小腸氣也，加藁本；小腹下注、上奔，心腹急痛者，是腎氣逆也，加吳茱萸；陰子偏大者，是偏墜也，加荔枝核，火燒，酒淬；陰子雖硬大而不痛者，是木腎氣也，服前方，加灸；一切疝氣，發于暑月者，多兼暑氣入膀胱也，加香薷、滑石；一切疝氣，年久不愈者，前方再加耆、朮、歸、地。治陰囊皮漏出水。外用丁香、川楝子各等分，爲極細末，摻之。

明・顧逢柏《分部本草妙用》卷六兼經部・溫瀉　丁香　辛，溫，無毒。入肺胃腎三經。畏鬱金，忌見火。小者名雞舌，大者名母丁香。乃番棗核也。母丁香有力。　主治：溫脾胃，殺蟲辟惡，止痢，五痔反胃，腎氣奔豚，腹痛，壯陽暖腎。小兒吐瀉。點眼辟惡，治三日瘧如神。　按：丁香理元氣而驅寒，開胃虛人嘔噦，非此不除。苐氣血盛者禁服，恐其助火耳。予嘗以之治三日瘧，同知母、茯苓、檳榔、常山各一錢二分，丁香七粒，白酒浸一宿，次日清晨溫服，投之即效。傳世以濟疾苦云。

明・李中梓《醫宗必讀・本草徵要下》　丁香味辛，溫，無毒。入肺、胃、腎三經。忌見火，畏鬱金。去丁蓋。溫脾胃而嘔呃可瘳，理壅滯而脹滿宜療。齒除疳䘌，痘發白灰。脾為倉廩之官，傷於飲食生冷，留而不去，則為壅脹，或為嘔呃。暖脾胃而行滯氣，則脹嘔俱瘳也。按：丁香辛熱而燥，非屬虛寒，概勿施用。雞舌香是其別名，母丁香乃其大者。

明・鄭二陽《仁壽堂藥鏡》卷二　丁香　《圖經》云：丁香，出廣州者佳。　氣溫，味辛。純陽，無毒。入手太陰經、足陽明經少陰經。《象》云：溫脾胃，止霍亂，消痃癖，氣脹反胃，腹内冷痛；壯陽，暖腰膝。殺酒毒。《珍》云：去胃中之寒。《本草》云：主溫脾胃，止霍亂擁脹，風毒諸腫，牙齒疳䘌。能發諸香。能療反胃，腎氣奔豚氣，陰痛，壯陽，暖腰膝，消痃癖，除冷勞。《液》云：與五味子、廣茂同用，亦治奔豚之氣，能泄肺，能補胃，大能療腎。　丹溪云：屬火而有金。補瀉能走。夫人口居上而地氣出焉。肺行清令，與肺氣相和，惟有潤而甘芳自適，焉有所謂口氣病者乎？口有氣而已自嫌之，以其脾有鬱火，溢入肺中，失其清和甘美之意，而濁氣上干，此所謂為口氣病也。若以丁香含之，揚湯止沸爾。惟以香薷煮汁飲之，其效甚捷。　時珍曰：治小兒吐瀉，痘瘡灰白。大者名母丁香。同薑汁塗白鬚孔中，即生黑者。《抱朴子》云：凡目病，以母丁香、黄連、乳汁，煎注之，皆愈。此得辛散苦降養陰之妙。陳承言不可點眼，不知此理也。按：丁香，理元氣而驅寒開胃。虛人嘔噦，非此不能除。苐氣血盛者禁服，恐其助火僭上耳。　雷公云：丁香有雌雄，顆大為雌，顆小為雄，大如棗核。方中多使雌者。膏煎中用雄者。

明・蔣儀《藥鏡》卷一温部　丁香　攻胃口之寒痰，止心下之冷痛。噎膈翻胃用為劫劑，奔豚疝氣藉此引經。同白蔻、藿香、厚朴治霍亂之因寒。加陳皮、半夏、生薑治嘔吐噦傷冷。冬月痘瘡寒阻，則入異攻散。子，溫其寒以起發，拔去白鬚留孔，則與薑汁調塗，重生長而再黑。罩末傅乳裂，薑服療蟹傷。果犯寒科，投醫固應。倘因火症，召禍匪輕。

明・李中梓《頤生微論》卷三　丁香　味辛，性溫，無毒。入肺、胃、腎三經。畏鬱金，忌見火。去丁蓋用。主脾胃虛寒，反胃呃逆，胸腹痛，痃癖，奔豚鬼疰，蠱毒，壯陽暖腰膝，小兒吐瀉，慢驚，痘瘡灰白。大者名母丁香，拔白鬚，塗孔中，即生黑。

按：丁香，祛寒開胃之劑，同柿蒂止呃，同黃連乳汁點目，此得辛散苦降之妙。有火者忌服。

明・張景岳《景岳全書》卷四九《本草正》　丁香　味大辛，氣溫。純陽。入腎、胃、肺藏。能發諸香，辟惡去邪，溫中快氣。治上焦呃逆翻胃，霍亂嘔吐，解酒毒，消痃癖奔豚陰寒，心腹脹滿冷痛，暖下焦腰膝寒疼，壯陽道，抑陰邪。除胃寒瀉痢，殺鬼疰蠱毒疳蝕諸蟲。辟口氣，堅齒牙，及婦人七情五鬱，小兒吐瀉，痘瘡胃寒，灰白不發。

明・盧之頤《本草乘雅半偈》帙八　雞舌香《別錄》上品　氣味：辛，溫，無毒。主治：主風水毒腫，霍亂，心痛，去惡熱。

丁香宋《開寶》　氣味：辛，溫，無毒。主治：主溫脾胃，止霍亂擁脹，風毒諸腫，齒疳䘌。能發諸香。

覈曰：出東海，及崑崙國，交、廣、南番亦有。其樹并高丈餘，淩冬不凋，似栗似桂，葉似櫟。花似梅，實似山茱萸者雞舌也，一名母丁。其實出枝，實蓋如丁，長三四分者丁香也，一名子丁。並紫色，既實稱母子，當遵《別錄》《開寶》為正，安可妄別雌雄。不知另有雄樹，開花不實，花釀成粉，香馥之臭，經久不散，出崑崙交愛以南。修事：唯母丁力大，入藥最勝。用子丁，須去實蓋乳子，否則發人癰背。忌火，畏鬱金。

先人云：雞舌雖象形，然舌乃心苗，內藏丁火，暗相合也。又云：辛溫即心火氣味，主臭亦心所攝持。香即脾之臭也，有火土相襲之機，丁幹就戊之道。

条曰：雞羽禽，徵之音，丙幹也。丁位丙次，舌者心苗，心亦火藏也。故丁香曰丁，雞舌曰母。蓋丙為辛之剛，丁為壬之柔，是知丙合辛而水潤下，丁合壬而木曲直也。設木忘水源者，應病風水毒腫，為悖逆陰陽而霍亂作。自反而縮而心卒痛，皆惡熱所釀，非朝夕之故，繇之不早辨也。要知辛當歸丙，壬當歸丁，丙丁植而火炎上，火炎上而稼穡甘，陰凝至而至堅冰者，泮然釋矣。《開寶》主溫脾胃，正所謂虛則補其母而土體充，宣五穀味而土用足也。

明・李中梓《本草通玄》卷下　丁香　辛，溫。溫胃進食，止嘔定瀉，理腎氣奔豚，救痘瘡灰白。按：丁香溫中健補，大有神功。須於丸劑中同潤藥用乃佳。獨用、多用易於僭上損肺傷目。去丁蓋乳子，勿令見火。

清・顧元交《本草彙箋》卷五　丁香　暖胃，治嘔呃脹滿之因於寒者。若係火呃，召禍匪輕。陶節菴云丁香得柿蒂、乾薑則止呃，蓋指胃寒之呃耳。此有二種，雄者顆小，雌者大如山茱萸，又名雞舌，入藥最勝。大明以丁香能治口氣，而朱震亨乃云口居上，地氣出焉，脾有鬱火，溢入肺中，失其清和之意，而濁氣上行，發爲口氣。若以丁香治之，是揚湯止沸耳。惟香薷治之甚捷。

烏鬚方以雞舌香同薑汁塗，拔去白鬚，孔中即生黑，大有奇驗。

清・穆石匏《本草洞詮》卷一一　丁香　雄為丁香，雌為雞舌，即母丁香也。雌者力大，味辛，氣溫，一云熱，無毒。溫脾胃，止霍亂虛噦，療小兒吐瀉，痘瘡灰白不發。與五味子、廣茂同用，治奔豚。日華子言：丁香治口氣，與漢郎官含雞舌香，欲奏事芬芳之説相符。然地氣通於口，脾有鬱火，溢入肺中，失其清和之意，而濁氣上行，發為口氣，惟香薷能除之，若以丁香治之，是揚湯止沸矣。陳文中治痘瘡不起，發不光澤，或脹或瀉，或渴或氣促，表裏俱虛之證，竝用木香散、異攻散，倍加丁香、肉桂，亦有愈者。然必運氣在寒，水司天之際，又值嚴冬鬱遏陽氣，故用大辛熱之劑發之可也。若不分氣血經絡，寒熱虛實，一概驟用，殺人必矣。葛洪云：凡百病在目，以雞舌香、黃連，乳汁煎，注之皆愈。此得辛散苦降養陰之妙者也。

清・劉雲密《本草述》卷二二　丁香　志云　丁香生交廣、南番，按廣州圖上丁香樹高丈餘，木類桂，葉似櫟葉，花圓細，黃色，淩冬不凋，其子出枝蕊上，如釘長三四分，紫色，其中有粗大如山茱萸者，俗呼為母丁香。二月八月采子及根。一云盛冬生花，子至次年春采之。　時珍曰：雄為丁香，雌為雞舌。諸説甚明。　氣味：辛，温，無毒。　時珍曰：辛，熱。　好古曰：純陽，入手太陰、足陽明、少陰經。

主治：温脾胃，虛寒嘔逆，及霍亂壅脹，消冷勞痃癖，療陰痛腹痛，腎氣，奔豚氣，能去胃寒，益元氣，治朝食暮吐殊效。並小兒痘瘡，胃虛灰白不發。又風腫諸毒，風䘌，骨槽勞臭。能發諸香。

宗奭曰：治脾胃冷氣甚良。　復曰：辛温，即心火氣，味主臭，亦心所攝持。香即脾之臭也，有火土相襲之機，丁幹就戊之道。好古曰：丁香與五味子、廣茂同用，治奔豚之氣。亦能泄肺，能補胃，大能療腎。《類明》曰：奔豚得之虛寒，丁香辛溫純陽，入足少陰，故能治之。　時珍曰：《抱朴子》書以雞舌、黄連、乳汁煎之注目，治百疹之在目者皆愈，更加精明。乃陳承慮其辛熱，言恐不可注目，不知此乃辛散苦降養陰之妙，承固不知此理也。　希雍曰：丁香禀純陽之氣以生，故其味辛，氣温，性無毒。氣厚味薄，升也，陽也，入足太陰、足陽明經。

同白豆蔻、藿香、陳皮、厚朴、砂仁，治霍亂因於寒。加生薑、半夏，治吐嘔因於寒，治傷胃或寒月飽食，受寒腹痛甚。同砂仁、厚朴、乾薑、橘皮、草果、蒼朮、木香、麥蘖，治小兒傷生冷腹痛。治小兒虛寒吐瀉，丁香、橘皮等分，薑汁糊丸綠豆大，米湯化下。入陳氏異攻散，治痘瘡虛寒之極，又值冬月寒氣薄之，發不出者。

愚按：辛熱之味不少，乃丁香之辛為甚。辛而烈者亦不久，乃丁香以辛味能發香之臭，即就香臭轉致辛之用，所以於脾胃冷氣諸證，治有殊功。夫香固入脾胃者也，但由氣熱之專者，鍾為辛味，由味辛之烈者，歸於香臭，是雖入胃而實先肺，肺氣歸於胃，則元氣無有壅閼之處，而自下行入腎，《經》曰陽明亦下行是也。如是則所治諸證，皆為的劑矣，然不獨外寒之能治。《經》曰：氣虛者，寒也。予在閩中，一女子朝食暮吐，審為中氣虛寒，用丁香同參、朮治之，其效甚捷。此潔古所謂益元氣者也。抑與風腫毒何與？蓋風為熱化，風木之臟即血臟也，故風勝即病血，熱已病乎衛，而風更傷其營，此營衛不宣，蘊積而成腫也。他味之散風腫者有之，未有若此味極辛而臭極香，更以熱而從治之，大能開腠理宣榮衛也。有患血風疙瘩者，投以散風熱之劑不應，易麻黄散而愈，其中有雞舌香故也。方見後。

附方　朝食暮吐，丁香十五個，研末，甘蔗汁、薑汁和丸蓮子大，噙咽之。　鼻中息肉，丁香綿裹納之。　風牙宣露，發歇口氣，雞舌香、射干一兩，麝香一分，為末，日揩。　麻黄散，麻黄上黄，升麻上中，葛根上中，射干中，雞舌香中，甘草炙中，石膏上，水煎服。

希雍曰：丁香，氣味辛溫，一切有火熱證者忌之。非屬虛寒，槩勿施用。

修治　雄者顆小，煎膏中用之。去丁蓋、乳子，免發背癰。雌者顆大如棗核，為母丁香，力大。不可見火。畏鬱金。

丁皮：即樹皮也。似桂皮而厚。氣味同香。　主治：齒痛李珣。心腹冷氣諸病，方家用代丁香時珍。

清・郭章宜《本草匯》卷一五　丁香　辛，熱，氣厚味薄，升也，陽也，入手太陰、足少陰、陽明經。溫胃寒之嘔逆，散腎氣之奔豚。消痃癖壅脹，救痘瘡灰白。治虛噦冷氣冷勞，療胸痺陰痛腹痛。治呃忒，暖陰戶。

按：丁香辛熱而燥，為祛寒開胃之劑。香氣走竄，能行滯氣而除穢濁。溫中健脾，大有神功。須于丸劑中同潤藥用，乃佳。獨用多用，易于僭上，損肺傷目，非屬虛寒，豈可概施？日華云：丁香治口氣，此正是御史所含之香也。口居上，地氣出焉。脾有鬱火，溢入肺中，失其清和之意，而濁氣上行，發為口氣。治脾胃冷氣不和，甚良也。宋醫陳文中治小兒痘瘡不起，用異功散，倍加丁香、官桂服之，亦有愈者，此丹溪所謂立方之時，必運氣在寒水司天之際，又值嚴冬，鬱遏陽氣，故用大辛熱之劑發之。若不分氣血虛實，寒熱經絡，一概用之，殺人必矣。以生薑汁和，拔去白髮，塗孔中，即異常黑。一切火熱證，切忌。

產交趾、廣州。取紫色，去丁蓋、乳子，發人背癰也。勿見火。畏鬱金。有雌雄二種，雄者顆小，為丁香。雌者大如山茱，為雞舌香，即母丁香也，入藥最勝。

清・蔣居祉《本草擇要綱目・熱性藥品》丁香雞舌香與丁香同種，花實叢生。其中心最大者為雞舌，擊破有順理而解為兩向如雞舌，故名，乃是母丁香也。　氣味：辛，溫，無毒。純陽。入手太陰、足少陰陽明經。方中多用雌者，力大。膏煎中若用雄，須去丁，蓋乳子，發人背癰也。不可見火。　主治：溫脾胃，止霍亂壅脹，風毒諸腫，齒疳䘌。能發諸香，風䘌，骨槽勞臭，殺蟲，辟惡去邪。治奶頭花，止五色毒痢，五痔。治冷氣冷勞，反胃，鬼疰蠱毒。殺酒毒，消痃癖。療腎氣奔豚氣，陰痛腹痛，壯陽，暖腰膝。療嘔逆甚驗。去胃寒，理元氣。氣血盛者勿服。治虛噦，小兒吐瀉，痘瘡胃虛灰白不發等症。必運氣在寒水司天之際，又值嚴冬鬱遏陽氣，故用大辛熱之劑發之者也。若不分氣血虛實，寒熱經絡，一概驟用，其殺人也必矣。　雞舌香：氣味：辛，微溫，無毒。主治：風水毒腫，霍亂心痛，去惡熱。吹鼻殺腦疳。入諸香中，令人身香。同薑汁，塗拔去白鬚孔中，即生黑者異常。畏：鬱金。

清·閔鉞《本草詳節》卷六　丁香　【略】按：丁香純陽，主脾胃虛寒滯氣及濕熱上攻之疾。日華言治口瘡，不知口居上，地氣出焉，脾有鬱火，溢入肺中，失其清和，而濁氣上行，發為口臭。若治以丁香，是揚湯止沸爾，惟香薷治之甚捷。

清·王翃《握靈本草》卷八　丁香出交廣。小者如丁子，為丁香。大者如棗核，名母丁香。擊破兩開，名雞舌香，即丁香也。　主治：丁香，辛，溫，無毒。主溫脾胃，止嘔逆，霍亂，腎氣奔豚，陰痛腹痛，虛噦口氣。氣血盛者勿服，小兒吐瀉，痘瘡胃虛灰白不發。

清·汪昂《本草備要》卷三　丁香燥，暖胃，補腎。　辛，溫，純陽。泄肺溫胃，大能療腎，壯陽事，暖陰戶。治胃冷壅脹，嘔噦呃忒，按：方書無呃字，或作欬逆，或作噦氣。丹溪曰：人之陰氣，依胃爲養。土傷則木挾相火，直衝清道而上作咳逆。古人以爲胃寒，用丁香、柿蒂，不能清痰利氣，惟助火而已。按：呃逆有痰阻、氣滯、食塞，不得升降者；有火鬱下焦者；有傷寒汗吐下後，中氣大虛者；有陽明內熱失下者；有痢疾大下，胃虛而陰火上衝者。時珍曰：當視虛實陰陽，或泄熱，或降氣，或溫或補，或吐或下可也。古方單用柿蒂，取其苦溫降氣。《濟生》加丁香、生薑，取其開鬱散痰。蓋從治之法，亦嘗有收效者矣。朱氏但執以寒治熱，矯枉之過矣。痃癖奔豚，腹痛口臭，丹溪曰：脾有鬱火，溢入肺中，濁氣上行，發爲口氣。治以丁香，是揚湯止沸耳。惟香薷甚捷。腦疳齒䘌，痘瘡胃虛，灰白不發。熱症忌用。　有雌雄二種。雌即雞舌香，力大。若用雄，去丁蓋乳子。畏鬱金、火。

清·陳士鐸《本草新編》卷四　丁香　有雌、雄之分，其實治病無分彼此。味辛，氣溫，純陽，無毒。入腎、胃二經，又走太陰肺臟。善祛口舌氣、獖豘氣殊功。止噫忒氣逆、翻胃嘔吐、霍亂，除心腹冷疼，暖腰膝，壯陽。殺疳䘌，堅齒。治奶頭綻裂，消蟲毒膨脹。亦有旋轉天地之功，直中陰經之病，最宜用之，但不可用之于傳經之傷寒也。

世人重母丁香，而輕公丁香，不知何故？謂母丁香能興陽道也。夫丁香而曰母，其屬陰，可知陰不能助陽，亦明矣。丁香公者易得，而母者難求，此世所以重母丁香也。舍易而求難，世人類如是夫。

清·顧靖遠《顧氏醫鏡》卷八　丁香辛，熱。入脾胃二經。去丁蓋，忌火。溫中散滯，除嘔止呃。屬寒者方可用。一切因火熱症者，大忌。

清·李熙和《醫經允中》卷二〇　丁香　入肺胃二經。畏鬱金。忌見火。乃番棗核也。母丁香有力。　辛，溫，無毒。主溫脾胃，止嘔逆，散腎氣奔豚腹痛。治三日瘧有効，扶元氣，驅寒開胃大有神功。虛人嘔噦要藥。血氣盛者禁服。

清·馮兆張《馮氏錦囊秘錄·雜症痘疹藥性主治合參》卷四　丁香稟純陽之氣以生，故味辛，氣溫，無毒。氣厚味薄，升也，陽也。入足太陰、足陽明經。辛溫而升，所以溫脾胃而散中宮之結滯也。若嘔吐由於火熱者，切禁勿用。

丁香治亡陽諸症，一切氣逆，翻胃賁豘，霍亂嘔噦，心腹冷疼，暖腰膝壯陽。治乳頭綻裂，納陰戶作冷能溫。祛寒開胃，善治呃逆。寒中陰經，痘瘡灰白。雄者顆小為丁香，雌者顆大為母丁香，入藥最勝。

主治痘疹合參：脾胃受寒吐瀉，腹脹不食，厥冷，痘白者宜之。丁香溫能救裏，官桂溫能發表，故并用以治表裏沉寒之症。

按：丁香，祛寒開胃之劑，同柿蒂止呃，同黃連、乳汁點目，此得辛散苦降之妙，有火者忌服。

清·张璐《本經逢原》卷三　丁香一名雞舌香　辛，溫，無毒。有子而大者，曰母丁香。去蒂及子用。忌見火。　發明：丁香辛溫，入手太陰、足少陰、陽明經。溫胃進食，止嘔定瀉，虛冷下痢白沫之要藥。乾霍亂不吐不下，及嘔逆不止，厥冷脈沉者，並宜服之。胃寒肝虛，呃逆嘔噦，在所必用。但渴欲飲水，熱噦呃逆，不可誤投。小兒痘疹不光澤，不起發，氣虛灰白，或脹或瀉，或渴或氣促，表裏俱虛之證，並宜加用。凡胃逆嘔吐者，健胃消痰藥中加三五粒甚效。不宜多用，但其性易於僭上，過用則損肺傷目，非屬虛寒者概不可施。〇丁皮即丁香樹皮，似筒桂皮而堅厚，色深紫，較之肉桂味稍枯，氣稍滯，專治一切心腹冷氣，腹脹惡心，泄瀉虛滑，水穀不消及齒痛諸證。方家用代丁香，今舶上人每以偽充肉桂，不可不辨。

清·浦士貞《夕庵讀本草快編》卷五 丁香《開寶》、雞舌香　其形似丁，故名。漢時郎官口含雞舌香奏事。丁香辛熱，雌者力大，雄者少差，皆入手太陰、足少陰、陽明三經。故能溫中氣而壯元陽，治虛噦而止嘔逆，口臭冷勞，反胃腹痛，並皆宜之。王好古又言：與五味、廣茂同用，能治奔豚之氣。陳文中加入異攻散內，大能升發痘疹，一取其暖腎，一取其培元也。而丹溪獨闢治口氣無益，旨哉！謂口雖居上，地氣出焉，脾有鬱火，溢入肺中，失其清和之意，而濁氣上行，故發為口臭。若用丁香，是揚湯止沸，不若以香薷治之尤捷。

清·姚球《本草經解要》卷三 丁香　氣溫，味辛，無毒。主溫脾胃，止霍亂壅脹，風毒諸腫，齒疳䘌。能發諸香。　丁香氣溫，稟天春和之木氣，入足厥陰肝經。味辛無毒，得地西方之金味，入手太陰肺經。氣味俱升，陽也。丁香味辛入肺，芳香而溫。肺太陰也，脾亦太陰。肺暖則太陰暖，而脾亦溫。肺與大腸為表裏，大腸屬胃，所以主溫脾胃也。霍亂，太陰寒濕症也。氣壅而脹，肝邪乘土也。丁香辛溫，能散太陰寒濕，平厥陰脹氣，所以主之也。風氣通肝，風毒諸腫，風兼濕，濕勝而腫也。丁香氣溫，可以散肝風；味辛，可以消濕腫也。齒疳䘌，陽明濕熱生蟲也。太陰與陽明為一合，丁香辛溫太陰，則太陰為陽明行濕熱，而齒疳䘌愈也。能發諸香者，丁香氣味辛溫，而有起發之力也。　製方：丁香同白蔻、藿香、陳皮、厚朴、砂仁，治寒霍亂。同陳皮、薑汁糊丸，治小兒虛寒吐瀉。同半夏、薑汁丸，治小兒寒濕吐瀉不止。

清·周垣綜《頤生秘旨》卷八 丁香　發泄肺氣，溫胃暖腎之藥也。溫補脾胃，止嘔吐霍亂，除心腹冷痛，扶陰壯陽。

清·王子接《得宜本草·上品藥》 丁香　味辛。入足陽明經。功專去胃寒。得甘蔗、生薑治朝〔食〕暮吐，得柿蒂治呃逆，得五味子治奔豚。

清·黃元御《玉楸藥解》卷二 丁香　味辛，氣溫。入足太陰脾、足陽明胃經。溫燥脾胃，驅逐脹滿。治心腹疼痛，除腰腿濕寒。最止嘔噦，善回滑溏。殺蟲解蠱，化塊磨堅。起丈夫陽弱，愈女子陰冷。丁香辛烈溫燥，驅寒泄濕，暖中扶土，降逆升陷。善治反胃腸滑、寒結腹痛之證。用母丁香。雄者為雞舌香。

清·吳儀洛《本草從新》卷三 丁香〔燥，暖胃溫腎。〕　辛溫純陽。泄肺溫胃，大能療腎，壯陽事，暖陰戶。治胃冷壅脹，嘔噦呃逆，呃逆，有痰阻氣滯，食塞不得升降者，有火鬱下焦者，有傷寒汗、吐、下後中氣大虛者，有陽明內熱失下者，有痢疾大下，胃虛而陰火上衝者。丹溪曰：人之陰氣，依胃為養，土傷則木挾相火直衝清道而上，古人以為胃寒，用丁香、柿蒂，不能清痰利氣，唯助火而已。時珍曰：當視虛實陰陽，或泄熱，或降氣，或溫或補，或吐或下可也。古方單用柿蒂，取其苦溫降氣。《濟生》加丁香、生薑，以取其開鬱散痰，亦嘗收效。朱氏但執以寒治熱，矯枉之過矣。　痃癖奔豚，腹痛口臭，丹溪曰：脾有鬱火，溢入肺中，濁氣上行，發為口氣，治以丁香，是揚湯止沸耳，唯香薷最捷。　腦疳齒䘌，痘瘡灰白不發。辛熱而燥，非屬虛寒，概勿施用。雄者顆小，為丁香；雌者顆大，為母丁香，即雞舌香。畏鬱金。忌火。

清·汪紱《醫林纂要探源》卷三 丁香　辛，溫。母丁香大而肥，雞舌香小而瘦，小者良。忌火，宜磨用。　補肝潤命門。壯陽，暖陰戶，治下部寒氣，痃癖奔豚，衝寒逆，氣厥上衝胸膈。　暖胃，去中寒。治胃寒壅脹，呃忒嘔噦。　瀉肺，散風濕。辛能祛風行水。

清·嚴潔等《得配本草》卷七 丁香　畏鬱金。忌火。　辛，熱。入足陽明經氣分。泄肺邪，溫胃氣，殺酒毒，除冷瀉。　得五味子，治奔豚。配甘蔗、薑汁，治乾嘔。　氣血盛、火盛嘔、口氣盛，三者禁用。脾有鬱火，溢入肺中，失其清和之氣，而穢濁之氣上行，則發為口氣。　肉桂溫能發表，丁香溫能和胃。

題清·徐大椿《藥性切用》卷五 母丁香　辛溫純陽，入肺胃而溫中散滯，為胃虛冷呃耑藥。　小者名公丁香，可供食料，不入湯劑。

清·黃宮繡《本草求真》卷四 丁香耑入肺胃腎。　丁香泄肺溫胃，暖腎止呃。　辛溫純陽，細嚼力直下達，故書載能泄肺溫胃暖腎。非若縮砂密功耑溫肺和中。木香功耑溫脾行滯，沉香功耑入腎補火，而於他臟則止兼而及之也，是以亡陽諸症。一切嘔噦呃逆反胃，并霍亂嘔噦，心腹冷疼，並痘瘡灰白，諸症皆就胃寒論。　服此逐步開闢，直入丹田，逐步開闢四字形容殆盡。　而使寒去陽復，胃開氣縮，不致上達而為病矣。張璐曰：呃逆宜辨寒熱，若寒熱不辨，用藥立斃。凡聲之有力而連續者，雖有手足厥逆，大便必堅，定屬大熱，下之則愈，萬舉萬全。若胃中無實火，何以激搏其聲逆上而衝乎？其聲低怯而不能上達於咽喉，或時鄭聲，雖無厥逆，定屬虛寒，苟非丁附，必無生理。若胃中稍有陽氣，何至聲音低怯不前也？蓋胃中有火則有聲，無火則聲怯，誤以柿蒂、蘆根輩治之，倉扁不能復生矣。　此為暖胃補命要劑，故逆得溫而逐，而呃自可以止。若止用此逐滯，則木香較此更利，但此熱症忌用。　有雌雄二種，雌即雞舌香，力大。若用雄，去丁蓋乳子。畏鬱金，火。

清·沈金鰲《要藥分劑》卷一〇　丁香　【略】鰲按：呃逆多由于火，容有因寒而致者，亦止呃逆症中一欵。故以丁香、柿蒂治之而敗者十有五六。但必以寒藥治之，矯枉太過，又未的當。總在察其寒熱虛寔，因時制宜，斯可耳。

清·楊璿《傷寒溫疫條辨》卷六熱劑類　丁香　純陽，泄肺溫胃，療腎虛，壯陽暖陰，去胃冷脹嘔呃忒。

清·羅國綱《羅氏會約醫鏡》卷一七竹木部　丁香味辛溫，入肺、胃、腎三經。溫中快氣，辟惡除邪。治胃冷壅脹，呃逆，霍亂，嘔吐，泄瀉，心腹冷痛，腰膝寒疼，諸證皆屬陰寒。療齒疳䘌，痘瘡灰白。按：丁香暖胃，辛熱而燥，非虛寒者勿用。有二種，小者力小，大者名母丁香，力最大也。忌見火。

清·陳修園《神農本草經讀》附録　丁香　氣味辛，溫，無毒。主溫脾胃，止霍亂，壅脹，風毒，諸種齒疳䘌，能發諸香《開寶》。

清·趙學敏《本草綱目拾遺》卷六木部　丁香油　《百草鏡》：丁香油出南番，乃用母丁香榨取其油，色紫，芳香辛烈。番人貯以琉璃器，蓋偶不密，即香達於外。粵澳門多有之。《藥性考》：丁香油出西番。〇氣味甘辛，性大熱，透關竅驅寒，力更速於丁香，治胃寒痛，或滴少許入煎藥，或以油塗臍上痛處。〇暖丹田，除水瀉，塗暖臍膏貼。解蟹毒，以一滴同薑湯服。揩牙，治口臭。《藥性考》云：壯陽暖腎，疝痛陰寒。

按《齊民要術》：雞舌香即母丁香，時珍所謂雄為丁香，雌為雞舌香也。丁香中雌者獨大，而可取油。雄者細小，不中榨取。予內兄朱放鵬曾宦於粵，據云丁香油亦近時始有，其性熱而淫，凡衣飾器物經染其氣，數日不滅，近日豪貴家多珍之，為房帷用。以色紫同玫瑰，滴水中攪之，散而復聚者為真。偽者曰樟木油，色稍淡，紫中帶黃黑色，氣辛烈，觸鼻作樟腦氣，滴沐器洗衣，或入香佩，可以辟汗，不入藥用。《綱目》於丁香下附丁皮及根枝，不及油，或其時尚未有，即有亦未行入中土也。

塗臍，散臟痞。受寒胃痛，好酒和服。　金御乘云：胃寒呃逆嘔吐甚者，用丁香油擦透中脘。痛痹擦痛處，皆立效，試過極驗。　祝穆《試效方》：治瘰癧，化核膏用之，取其香烈直透經絡，辛以散結滯耳。

清·趙學敏《本草綱目拾遺》卷七花部　丁香花　未詳形狀《藥性考》。味辛微溫，窨茶弔露，清利頭目。

清·王學權《重慶堂隨筆》卷下　丁香油　出南番，乃用母丁香榨取。其油色紫，芳香辛烈。番人以琉璃器盛之，蓋偶不密，即香達於外。性大熱，透關竅，祛寒濕，力更敏於丁香。凡胸腹痛脹，嘔呃泄瀉，痞聚疝瘕諸證之屬於寒者，用塗患處及臍中，皆效。若紫中帶黃黑色，辛烈觸鼻作樟腦氣者，乃樟木油也，不可不辨。更有肉桂油、檀香油，主治可以類推。

清·黃凱鈞《藥籠小品》　丁香　辛，溫，純陽，溫胃暖腎，治心腹冷痛，挾寒白痢痛經，同柿蒂、生薑，治嘔噦呃逆。痘瘡灰白不起，須同人參、當歸。非虛寒勿用。

清·王龍《本草纂要稿·木部》　丁香　氣味辛溫。凡氣善驅，口舌氣、豶豘氣殊功。止呃忒氣逆，翻胃嘔，霍亂嘔立效。除心腹冷痛，暖腰膝壯陽。殺疳䘌，堅齒，治乳頭綻裂。消蠱毒膨脹，益脾暖胃。定攻冲止吐，順氣調中。

清·張德裕《本草正義》卷上　丁香　大辛，溫，香。純陽，入肺、胃、腎。發諸香，辟邪惡，快氣溫中，善治呃逆反胃，心腹脹疼，胃寒嘔吐，痘瘡灰白。

清·楊時泰《本草述鉤元》卷二二　丁香　生交廣南番。木類桂，淩冬不凋。其子出枝蕊上，如釘，長三四分，紫色。其中有粗大如山茱萸者，俗呼母丁香。二八月采，一云盛冬生花，至次年春采子。雄為丁香，雌為雞舌。

辛溫。純陽。氣厚味薄。入手太陰、足陽明、少陰經。畏鬱金。主溫脾胃，去胃寒，益元氣，治朝食暮吐，虛寒嘔逆，霍亂壅脹，消冷勞痃癖，療陰痛、腹痛，腎氣奔豚，治痘瘡胃虛灰白不發及血風腫毒，風䘌骨槽勞臭，能發諸香。辛溫即心火氣，味主臭，亦心所攝持，香即脾之臭也，有火土相襲之機，丁幹就戊之道不遠。與五味子、廣茂同用，治奔豚氣。奔豚得之虛寒，故以辛溫純陽入腎者治之。　雞舌、黃連，乳汁合煎，注目，治百疹之在目者皆愈，更加精明，此辛散苦降，養陰之妙理也。同白蔻、藿香、陳皮、厚朴、砂仁治霍亂因於寒，加生薑、半夏，治嘔吐因於寒，或寒月飽食傷胃，受寒腹痛甚。同厚朴、乾薑、砂仁、橘皮、蒼朮、草果、木香、麥芽，治小兒傷生冷腹痛。小兒虛寒吐瀉，丁香、橘皮等分，薑汁糊丸綠豆大，米湯化下。入異功散，治痘瘡虛寒，又值冬月，寒氣薄之發不出者。朝食暮吐，丁香十五個研末，甘蔗汁、薑汁和丸蓮子大，噙咽之。鼻中瘜肉，丁香綿裹納之。風牙宣露，發歇口氣，雞舌香、射干一兩、麝香一分為末，日揩。有患血風疙瘩者，散風熱不應，易麻黃散而愈，麻黃上、石膏上、甘草中、升麻上中、葛根上中、射干中、雞舌香中，水煎服。

論：丁香以辛味能發香之臭，即就香氣轉致辛之用，故於脾胃冷氣諸證，治有殊功。夫由氣熱之專鍾為辛味，由味辛之烈歸於香臭，是入胃實先入肺，肺氣歸於胃，則元氣無壅閼之處，而自下行入腎。潔古故云益元氣。其所以治血風腫毒者，以風為熱化，風勝即病血，熱已病乎營，而風更傷其衛，故營衛不宣，蘊積而成腫也，他味之散風腫者，未若此味極辛極香，更以熱而從治之，大能開腠理，宣榮衛耳。

非虛寒弗用，火熱證忌之仲淳。

辨治：雄者煎膏中用之去丁，蓋乳子免發背癰，雌者顆大如棗核，力大，不可見火。

丁皮：即樹皮也，似桂皮而厚。氣味同香。治齒痛心腹冷氣諸病，方家用代丁香。

清・鄒澍《本經續疏》卷三 雞舌香 【略】丁香花於春，其色紫白，是於生發中成和水火，紫為水火相間之色。而致其用於收也。白為金色，金主收斂。實於秋，其色紫而味辛氣溫，是于收斂中成和水火，而致其用於發也。辛溫為發。夫非發不腫，非斂則風水毒不結，而惡氣不留，霍亂不心痛矣。是故發中有收，所以使邪去而正不傷。收中有發，所以使正旺而邪難駐。然用其實，而不用其花，究似斂多而發少。殊不知生長收藏機會，是物之先天，而氣味乃物之見在，味辛氣溫，豈有過斂之理？特其中機括自有非純發可能該者，纔得識其於風水毒腫，惡氣心痛，能行邪氣之結，而充正氣之威矣。雖然，據《別録》宋本參附而論，則所謂霍亂心痛者，壅脹也。所謂風水毒腫者，諸瘡也。齒疳，䘌也。壅腫用辛溫，固其宜矣。諸瘡及齒疳䘌，可以辛溫治之歟。不知宋本固有溫脾胃句冠其首矣。夫中宮輪運遲鈍，蓄水成痰，因痰生熱，其變見於外者，自有熱而無寒。然徒清其熱，則根柢濕痰，必復層疊外透，若得標遂知其本，何如直剿其本之為愈耶。故知痰濕阻中有礙氣道者，縱有熱徵，亦不妨恃此為求本之治矣。

清・葉桂《本草再新》卷四 丁香味辛，性溫，無毒。入肝、腎二經。開九竅，舒鬱氣，去風行水。

清・趙其光《本草求原》卷七香木部 丁香即雞舌香。辛達肺。溫達肝。而香，入肺胃。無毒。能使肺氣歸胃，而元氣無壅，自然下行入腎。故主溫脾胃，治嘔瀉、冷痢白沫、乾霍亂壅脹、冷勞、痃癖、呃噦，呃，有痰阻氣滯、食塞不得升降者，有火鬱下焦者，有病後胃虛陰火上沖者，有陽明內熱失下者，當分症施治。古方但用柿蒂苦溫降氣，加丁香、生薑開鬱散痰，為從治之法，亦常取效，然熱呃究不可恃。諸寒痛奔豚，同五味、莪术。朝食暮吐。為末，蔗汁、薑汁為丸。痘瘡氣虛、灰白不起，入陳氏異功散內。風腫諸毒，風熱傷肝血，營衛不宣，鬱結而腫，以此開發營衛，為從治之法，古有患血風疙瘩者，用散風熱藥不應，後以麻黃、升葛、射干、甘草、石膏合丁香治之而愈。鼻瘜，綿包納鼻中。風牙宣露，同麝香、射干揩之。壯陽事，暖陰戶，益元氣，治腦疳，能發諸香。

凡胃逆嘔吐，於健胃、消痰藥中少加之甚效。同陳、朴、砂、藿、白蔻，治寒霍亂；寒食嘔吐腹痛，加薑、夏。同陳、朴、砂、薑、麥芽、草果、蒼术，治傷生冷腹痛。同橘、薑為丸，治虛寒吐瀉。熱症忌用。

有子大如棗核者名母丁香，去蒂及子用，其力大。忌見火，畏鬱金。

丁香皮：似桂皮而厚，枯而滯。治齒痛，心腹冷痛，瀉脹諸症。

清・文晟《新編六書》卷六《藥性摘錄》 丁香 辛，溫。純陽。入肺腎胃。細嚼，力直下達，泄肺溫胃，止嘔暖腎，止呃。○惟熱症最忌。○畏欝金及火。

清・張仁錫《藥性蒙求・木部》 丁香公、母二種三分、五分 丁香辛熱，暖胃扶陽。溫中定痛，寒嘔皆良。治胃壅脹，嘔噦呃逆，奔豚痃癖，腕腹疼痛。雄者顆小，為公丁香，其形長，有柄，更有抱子，每分有四五只，治溫脾胃，逐冷氣，脘腹疼痛。雌者顆大，為母丁香，其形圓大而長，每只四五分，一名雞舌香。治霍亂心痛，忌火。

清・王孟英《隨息居飲食譜・調和類》 丁香 辛，溫。暖胃，去濕散寒，辟惡殺蟲，消痞解穢，已冷利，止冷痛，療虛噦，補虛陽，制酒肉魚蟹瓜果諸毒。古人噙之奏事，治口臭也。陰虛內熱人忌之。辟穢，丁香一兩，為末，川椒六十粒，和之，絹囊盛佩。過食蟹蚌、瓜果致病，丁香末五分，薑湯下。乳頭裂破，丁香末傅。併治癰疽惡肉，外以膏藥護之。陰冷，母丁香一兩，為末。紗裹如指大納入。反胃，母丁香一兩爲末，鹽梅肉擣丸芡子大，每噙一丸。胃寒吐瀉，母丁香、橘紅等分，研，蜜丸豆大，米湯下一丸。

清・屠道和《本草匯纂》卷一溫散 丁香 耑入肺、胃、腎。辛溫，純陽。

細嚼力能下達，逐步開關，直入丹田，泄肺溫胃暖腎，止呃。溫脾胃，止霍亂，擁脹風毒，諸腫齒疳䘌，能發諸香。治口中冷氣，腹痛陰痛，暖腰膝，療腎氣奔豚，壯陽。消痃癖，骨槽勞臭，反胃，解惡去邪，殺蟲鬼疰，蠱毒酒毒。治奶頭花，止五色毒痢及五痢。療虛噦嘔逆甚驗。治小兒吐瀉，痘瘡胃虛灰白不發。非若縮砂密功專溫肺和中，木香功專溫脾行滯，沉香功耑入腎補火而於他臟則止兼及。此為暖胃補命要劑，故能治逆。若止逐滯，則木香較此更利。但辛熱而燥，非屬虛寒者忌用。有雌雄二種，雌即鷄舌香，力大。若用雄，去丁蓋、乳子。畏鬱金，忌火。張璐曰：呃逆宜辨寒熱，倘有未明，用藥立斃。凡聲之有力而連續者，雖見手足厥逆，大便必堅，定屬大熱，下之則愈，萬舉萬全。若非胃中有實火，何以激搏，其聲逆上而衝乎？若其聲低怯而不能上達於咽喉，或時鄭聲，雖無厥逆，定屬虛寒，苟非丁、附，必無生理。假令胃中稍有陽氣，何至聲音低怯不達也？蓋胃中有火則聲洪，無火則聲怯，誤以柿蒂、蘆根輩治之，雖倉扁復出，不能挽回元陽，悔其何及。

清・戴葆元《本草綱目易知錄》卷四　公丁香丁子香。　辛，溫。純陽。入肺、腎、胃三經。溫脾暖胃，辟穀殺蟲。壯陽事，暖陰戶，消痃癖，暖腰膝，去胃寒。治霍亂擁脹，嘔噦呃逆，胃氣奔豚，腹疼陰痛，風毒諸腫，齒䘌口氣，骨槽勞臭，五色毒痢，五痔妬乳，小兒吐瀉，及痘瘡灰白，胃虛不食。殺酒毒鬼疰蠱毒。凡氣血盛及胃熱火熾者忌。勿見火。【略】

母丁香雞舌香：　辛，溫。治風水毒腫，霍亂心痛，去惡熱。吹鼻殺腦疳。薑汁調塗，拔白鬚，孔中即生黑者。

清・黃光霽《本草衍句》　丁香　辛理元氣而泄肺，溫助脾胃而袪寒。大能療腎壯陽，耑治胃冷呃忒。霍亂擁脹，嘔噦腹疼，腎氣奔豚，口臭齒䘌。得甘蔗汁、生薑治朝食暮吐，得柿蒂治傷寒呃逆，得五味子、廣(茂)〔莪〕治奔豚氣。　嬰兒吐乳，小兒百日晬內吐乳，或糞青色，乳汁一杯，入丁香、陳皮煎服。　小兒冷疳，面黃腹大，食即吐者，丁香為末，和乳汁、薑湯服。　乳頭裂破，丁香末敷之。　癰疽惡肉，丁香末傳之，外以膏藥護之。

清・陳其瑞《本草撮要》卷二　丁香　味辛，溫，入足陽明經，功專去胃寒。得甘蔗、生薑治朝暮吐，得柿蒂治呃逆，得五味子治奔豚，得生薑治食蟹致傷。性熱而燥，症非虛寒者忌用。雌者為母丁香，即雞舌香也。畏欝金，忌火。

牛金子

清・吳其濬《植物名實圖考》卷九　牛金子　江西處處有之。叢生，小科，硬莖褐色，葉如榆葉而小，無齒，亦微團，附莖甚密，秋開小紫花，繁鬧如穗，多鬚，結實似龍眼，核灰黑色，頂上有小暈。或云能散血。

檀香

宋・唐慎微《證類本草》卷一二木部上品〔梁・陶弘景《本草經集注》注，《嘉祐本草》新分條〕　檀香　陶隱居云：白檀消熱腫。〔宋・掌禹錫《嘉祐本草》〕按：陳藏器云：主心腹霍亂，中惡，鬼氣，殺蟲。白檀樹如檀，出海南。日華子云：檀香，熱，無毒。治〔心〕痛霍亂，腎氣腹痛。濃煎服，水磨傳外腎并腰腎痛處。〔宋・唐慎微《證類本草》〕《圖經》：文具沉香條下。

宋・唐慎微《證類本草》卷一四木部下品〔《別錄》〕　紫真檀　味鹹，微寒。主惡毒，風毒。〔梁・陶弘景《本草經集注》〕云：俗人摩以塗風毒諸腫，亦效。然不及青木香。又主金瘡止血，亦療淋用之。〔唐・蘇敬《唐本草》〕注云：此物出崑崙盤盤國也。雖不生中華，人間遍有之也。〔宋・掌禹錫《嘉祐本草》〕按：日華子云：紫真檀無毒。〔宋・唐慎微《證類本草》〕陳藏器云：檀樹如檀。出海南。本功外，心腹痛，霍亂，中惡，鬼氣，殺蟲。《外臺秘要》：止血止痛至妙。凡裹縛瘡，用故布帛，不寬不急，如繫衣帶即好。《千金方》：治一切腫。以紫檀細碎，大醋和傅腫上。《梅師方》：治金瘡止血。急刮真紫檀末，傅之。

金・張元素《潔古珍珠囊》〔見元・杜思敬《濟生拔粹》卷五〕　檀香甘苦陽中微陰。主心腹霍亂，中惡，引胃氣上升，進食。

宋・劉明之《圖經本草藥性總論》卷下　檀香　陶隱居云：白檀，消風熱腫。陳藏器云：主心腹霍亂，中惡鬼氣，殺蟲。日華子云：熱，無毒。治心痛，霍亂，腎氣腹痛，濃煎服。水磨，傅外腎，并腰腎痛處。

宋・陳衍《寶慶本草折衷》卷一二　檀香諸檀香續附。　黃者名黃檀，白者名白檀。出海南，又云生南海。○常以紙糊封兩頭，以防氣味走泄。熱，無毒。○消風腫述本條隱居說。○陳藏器云：主心腹霍亂，中惡鬼氣，殺蟲。○日華子云：治腎氣腹痛，濃煎服，水磨傅外腎并腰腎痛處。

續説云：檀香有數種，以《圖經》《香録》《蕃志》參諸方論，當以黄檀、白檀為正。其有輕而鬆脆，謂之沙檀。與老而皮薄香滿者，皆奇材也。更有紫檀、七八香、點星香、破漏香者，乃凡材耳。

元·王好古《湯液本草》卷五　檀香　氣温，味辛，熱，無毒。入手太陰經，足少陰經，通行陽明經藥。《本草》云：主心腹痛，霍亂，中惡，鬼氣，殺蟲。又云：治腎氣諸痛，腹痛，消熱腫。《東垣》云：能調氣而清香，引芳香之物，上行至極高之分，最宜橙橘之屬，佐以薑、棗，將以葛根、豆蔻、縮砂、益智，通行陽明之經，在胸膈之上，處咽嗌之中，同為理氣之藥。《珍》云：主心腹霍亂中惡，引胃氣上升，進食。

元·尚從善《本草元命苞》卷六　檀香　辛溫，無毒。清香乃能調氣，引芳香行極高之分。寬胸膈，走太陰之路。主霍亂中惡，療鬼氣殺蟲。補腎氣，腹痛，消風熱腫毒。生南海。其木如檀，黄、紫、白色各不同。

元·徐彦純《本草發揮》卷三　檀香　潔古云：陽中微陰。主心腹霍亂中惡，引胃氣上升，進飲食。東垣云：能調氣，而清香引芳香之物上行，至極高之分，最宜橙、橘之屬，佐以薑、棗，將以葛根、豆蔻、縮砂、益智，通行陽明之經，在胸膈之上，處咽嗌之中。同為理氣之藥，入手太陰、足少陰。

明·王綸《本草集要》卷四　紫真檀　味鹹辛，氣溫，無毒。入手太陰、足少陰經，通行陽明經。主惡毒風毒，醋和，塗傅之。末傅金瘡，止血止痛妙。又治心腹痛，霍亂中惡鬼氣。能調氣而清香，引芳香之物上行，最宜橙橘之屬，佐以薑、棗，將以葛根、豆蔻、縮砂、益智，通行陽明之經，在胸膈之上，處咽嗌之中，同為理氣之劑。

明·滕弘《神農本經會通》卷二　檀香　有數種，青、黄、白、紫之異。日華子云：氣熱，無毒。《湯》云：氣溫，味辛，熱，無毒。入手太陰經、足少陰經，通行陽明經藥。東云：定霍亂，治心氣疼。《疌》云：主霍亂，治腎氣，心痛，腰疼，消風熱，殺鬼追蟲。《珍》云：療霍亂中惡。陽中之微陰。開胃進食，導引胃氣之上升。陶云：白檀，消風熱腫。陳藏器云：主心腹痛，霍亂，中惡鬼氣，殺蟲。白檀樹，如檀。日華子云：檀香，熱，無毒。治心痛，霍亂，腎氣，腹痛，濃煎服。水磨，傅外腎，并腰腎痛處。東垣云：能調氣，而清香引芳香之物，上行至極高之分，最宜橙橘之屬，佐以薑、棗，將以葛根、豆蔻、縮砂、益智，通行陽明之經，在胸膈之上，處咽嗌之中，同為理氣之藥。《珍》云：主心腹霍亂，中惡，引胃氣上升，進食。劍云：檀香不特清風腫，抑且能收霍亂功。腎氣上攻心氣痛，濃煎服餌即能通。即《局方》檀香，止霍亂吐嘔，痛連心腹。

紫真檀　味鹹，氣微寒。一云：無毒。

《本經》云：主惡毒，風毒。陶云：摩，以塗風毒諸腫，亦效。然不及青木香。又主金瘡止血，亦療淋用之。陳藏器云：治心腹痛，霍亂，中惡鬼氣，殺蟲。又止血止痛至妙。又治一切腫，以紫檀細碎，大醋和傅腫上。又治金瘡止血，急刮真紫檀末，傅之。

明·劉文泰《本草品彙精要》卷一七　檀香無毒。植生。

檀香：主心腹痛，霍亂，中惡，鬼氣，殺蟲。名醫所録。【地】《圖經》曰：其木如檀，故名檀香，生南海，有數種，黄、白、紫之異，今人盛用之。蘇恭云：出崑崙盤盤國。雖不生於中華，人間遍有之。一種生江淮及河朔山中，其木作斧柯者，亦檀香類，但不香耳。其葉至夏有不生者，忽然葉開，當有大水，農人以測水旱，號爲水檀。又有一種葉亦相類，高五六尺，生高原地，四月開花正紫，亦名檀，根如葛，有小毒也。謹按：此有黄、白、紫之異，其氣味亦優劣也。黄者極清芬，白者次之，紫者又次之，入藥不可不別。【時】生：春生葉。採：無時。【收】暴乾。【用】木。【質】類檀木。【色】黄白。【味】辛。【性】熱。【氣】氣味俱厚，陽也。【臭】香。【主】心腹痛，霍亂。【行】手太陰經，足少陰經，通行陽明經。【製】剉碎用，不見火。【治】療：《圖經》曰：消風熱腫毒。○檀根，主瘡疥，殺蟲。日華子云：檀香，濃煎服，治腎氣腹痛，霍亂。水磨，傅外腎並腰腎痛處。

明·葉文齡《醫學統旨》卷八　檀香　氣溫，味鹹、辛。無毒。陽中微陰。入手太陰、足少陰，通行陽明經藥。治心腹痛，霍亂中惡鬼氣，引胃氣上升，進食，殺蟲。又治腎氣諸痛，消熱腫，能調氣而清香，引芳香之物上行至極高之分最宜。

明·鄭寧《藥性要略大全》卷六　檀香　定霍亂，治心氣痛，消風熱腫毒，中惡鬼氣，殺蟲。《經》云：引胃氣上升，進食，能調氣而引清香之氣上行至高之分。最宜橙、橘之屬，佐以薑、棗，助以葛根、豆蔻、砂仁、益志，通行陽明之經。在胸膈之上，處咽嗌之中，同為理氣之藥。《湯液》云：治腎氣諸痛，腹痛，股痛，熱腫，主霍亂中惡。　味辛、鹹，氣溫，無毒。入手太陰肺、少陰心，通行陽明胃、大腸諸經之藥。

明・陳嘉謨《本草蒙筌》卷四　檀香　味辛，氣溫。陽中微陰。無毒。產南海崑崙，及江淮河朔。專入肺腎臟，通行陽明經。醋摩敷惡毒止疼，水煎升胃氣進食。腹痛霍亂可卻，中惡鬼氣能敺。○又紫真檀香，主惡毒風毒。○降真香爇，煙直上天；召鶴成群，盤旋于上。主天行時疫狂熱，敺宅舍怪異響聲。小兒帶之，辟惡邪氣。

謨按：東垣云：檀能調氣而清香，引芳香之物上行至於極高之分。最宜橙橘之屬，佐以薑棗，併葛根、豆蔻、縮砂、益智，通行陽明之經，在胸膈之上，處咽嗌之中，同為理氣之劑也。

明・王文潔《太乙仙製本草藥性大全》卷三《本草精義》　檀香　木如檀，有數種，黃白紫之異。蘇云出崑崙盤盤國，雖不生中華，人間偏有之。檀木生江淮及河朔山中。其木作斧柯者，亦檀香類，但不香耳。至夏有不生者，忽然葉開，當有大水，農人候之，以測水旱，號爲水檀。又有一種，葉亦相類，高五六尺，〔生〕高原地，四月開花正紫，亦名檀，根如葛。

明・王文潔《太乙仙製本草藥性大全》卷三《仙製藥性》　檀香　味辛，氣溫，陽中微陰，無毒。主治：專入肺腎臟，通行陽明經。醋摩敷惡毒止疼，水煎升胃氣進食。腹痛霍亂可却，中惡鬼氣能祛。治腎氣諸痛腹痛，消風熱腫毒，殺蟲。補註：諸痛霍亂，腎氣腹痛，濃煎汁服。○外腎腰痛，水磨傅效。紫真檀香：味鹹，氣微寒，無毒。主治：主諸腫惡毒風毒，醋磨塗效。療金瘡止血止痛，爲末傅奇。治淋心腹痛，霍亂，祛中惡鬼氣，殺蟲。白檀：消熱腫。補註：止血止痛至妙。凡裹縛瘡，用故布帛，不寬不急，如繫衣帶即好。一切腫，以末及米醋和傅腫上。治金瘡止血，急刮末傅之。按：東垣云：檀能調氣而清香，引芳香之物上行至於極高之分。最宜橙橘之屬，佐以薑棗併葛根、豆蔻、縮砂、益志通行陽明之經。在胸膈之上，處咽嗌之中，同爲理氣之劑也。

明・皇甫嵩《本草發明》卷四　檀香上品，君。氣溫，味辛熱。陽中微陰。無毒。入手太陰肺、足少陰腎，通行陽明經。　發明曰：檀香辛熱，能溫中氣，而調氣上行。故《本草》主心腹痛，霍亂，中惡鬼氣，殺蟲，以辛能散寒而溫中氣也。又治腎氣腹痛，消熱腫，是辛以潤腎，溫而能散也。東垣云：清香調氣，引芳香之物，上行至高之分最宜。橙橘之屬，佐以薑、棗，併葛根、豆蔻、縮砂、益智，通行陽明之經，在胸膈上，咽嗌之間，為理氣藥。故云能引胃氣上升，而進食也。愚謂若寒氣犯胃口及胃氣下陷不食者，固宜用此，以疏快一時可也。胃熱肺熱者，又不可用。

紫真檀香，主惡毒風毒。

明・李時珍《本草綱目》卷三四木部・香木類　檀香《別録》下品

【釋名】旃檀《綱目》　真檀時珍曰：檀，善木也，故字從亶。亶，善也。釋氏呼爲旃檀，以爲湯沐，猶言離垢也。番人訛爲真檀。雲南人呼紫檀爲勝沉香，即赤檀也。　【集解】藏器曰：白檀出海南。樹如檀。恭曰：紫真檀出崑崙盤盤國。雖不生中華，人間遍有之。頌曰：檀香有數種，黃、白、紫之異，今人盛用之。江淮、河朔所生檀木，即其類，但不香爾。時珍曰：按《大明一統志》云：檀香出廣東、雲南，及占城、真臘、爪哇、渤泥、暹羅、三佛齊、回回等國，今嶺南諸地亦皆有之。樹、葉皆似荔枝，皮青色而滑澤。葉廷珪《香譜》云：皮實而色黃者爲黃檀，皮潔而色白者爲白檀，皮腐而色紫者爲紫檀。其木並堅重清香，而白檀尤良。宜以紙封收，則不洩氣。王佐《格古論》云：紫檀諸溪峒出之。性堅。新者色紅，舊者色紫，有蟹爪文。新者以水浸之，可染物。真者揩壁上色紫，故有紫檀色，黃檀最香，俱可作帶銙、扇骨等物。

白旃檀　【氣味】辛，温，無毒。大明曰：熱。元素曰：陽中微陰。入手太陰、足少陰，通行陽明經。　【主治】消風熱腫毒弘景。治中惡鬼氣，殺蟲藏器。煎服，止心腹痛，霍亂腎氣痛。水磨，塗外腎并腰腎痛處大明。散冷氣，引胃氣上升，進飲食元素。噎膈吐食。又面生黑子，每夜以漿水洗拭令赤，磨汁塗之，甚良時珍。　【發明】杲曰：白檀調氣，引芳香之物，上至極高之分。最宜橙、橘之屬，佐以薑、棗，輔以葛根、縮砂、益智、豆蔻，通行陽明之經，在胸膈之上，處咽嗌之間，爲理氣要藥。時珍曰：《楞嚴經》云：白旃檀塗身，能除一切熱惱。今西南諸番酋，皆用諸香塗身，取此義也。杜寶《大業録》云：隋有壽禪師妙醫術，作五香飲濟人。沉香飲、檀香飲、丁香飲、澤蘭飲、甘松飲，皆以香爲主，更加別藥，有味而止渴，兼補益人也。道書檀香謂之浴香，不可燒供上真。

紫檀　【氣味】鹹，微寒，無毒。　【主治】摩塗惡毒風毒《別録》。刮末傅金瘡，止血止痛。療淋弘景。醋磨，傅一切卒腫大明。　【發明】時珍曰：白檀辛温，氣分之藥也。故能理衛氣而調脾肺，利胸膈。紫檀鹹寒，血分之藥也。故能和營氣而消腫毒，治金瘡。

明・佚名氏《醫方藥性・草藥便覽》　檀香皮　其性溫。止吐瀉，消食。

明・梅得春《藥性會元》卷中　檀香　味辛，氣熱。陽中微陰。無毒。入手太陰肺經、足少陰腎經、足陽明胃經藥。　主定霍亂兼心氣之疼，止嘔吐連心腹之痛。消風腫、腎氣攻心，治中惡、鬼忤邪氣。使胃氣上升，進食調氣，殺諸蟲，能引清香之氣上行。

明・李中立《本草原始》卷四　檀香　按《大明一統志》云：出廣東、雲南及古城、真臘、爪哇、渤泥、暹羅、三佛齊、回回等國，今嶺南諸地亦有之。樹葉皆似荔枝，皮青色而滑澤，葉廷珪《香譜》云：皮實而色黃者為黃檀，皮潔而色白者為白檀，皮腐而色紫者為紫檀。其木並堅重清香，而白檀尤良。宜以紙封收，則不洩氣。李時珍曰：檀，善木也。故字從亶。亶，善也。番人呼為真檀。　白檀：氣味：辛，溫，無毒。主治：消風熱腫毒。〇治中惡鬼氣，殺蟲。〇煎服止心腹痛，霍亂。腎氣痛，水磨塗外腎，并腰腎痛處。〇散冷氣，引胃氣上升，進飲食。〇噎膈吐食。又面生黑子，每夜以漿水洗，拭令赤，磨汁塗之甚良。

黃檀最香，可作帶銙、扇骨等物。　檀香，《別錄》下品。【圖略】白者良。

大明曰：熱。元素曰：陽中微陰，入手太陰、足少陰，通行陽明經。

明・繆希雍《本草經疏》卷一二　檀香　本經無正文。弘景云：白檀，消熱腫。　藏器：主心腹霍亂，中惡鬼氣，殺蟲。日華子云：檀香，熱，無毒。治心痛，霍亂，腎氣腹痛，濃煎服。水磨傅外腎，并腰腎痛處。詳其所主諸證，亦是芬芳開發，辟惡散結除冷之藥也。今人多供燃爇。非上乘沉水者不入藥。

明・倪朱謨《本草彙言》卷八　白檀香　辟惡氣，散結氣，除冷氣。陳藏器伏妖邪鬼氣之藥也。梅高士稿辛香開發，能升胃氣。元素方通噎隔，進飲食，除心腹冷痛，散陰寒霍亂諸證。入調氣藥中，引芳香之物上至極高之分，胸膈之上，咽嗌之間，爲理氣之妙劑也。但辛香芳烈而竄，如陰虚火盛，有動血致嗽者，勿用之。

集方：《方脉正宗》共四首治噎隔飲食不入。用白檀香一錢五分，茯苓、橘紅各二錢，俱爲極細末，人參湯調下。〇治心腹冷痛。用白檀香三錢，爲極細末，乾薑五錢，泡湯調下。〇治陰寒霍亂。用白檀香、藿香梗、木香、肉桂各一錢五分，爲極細末。每用一錢，炒薑五錢，泡湯調下。〇治男婦爲妖鬼所憑，如癡如醉，人事昏迷。以檀香末，臥床前燒熏，則邪魅自退。

檀香　味辛、苦，氣溫，無毒。陽中微陰，入手太陰，足少陰，陽明經。

李氏曰：按《大明一統志》云：檀香，出占城、真臘、爪哇、渤泥、暹羅、三佛齊、回回等國。今廣東、雲南及嶺南諸地亦有之。葉如荔枝，皮青色滑澤。又《香譜》云：皮實而色黃者，爲黃檀；皮潔而色白者，爲白檀；皮腐而色紫黑者，爲紫檀。其木俱堅重清香，而白檀更良。藏者以綿紙封固不洩氣。又《格古論》云：紫檀，諸溪峒出，性堅，新者色紅，舊者色紫，有蟹爪紋，俱可作帶圍扇骨等物。白檀多供然爇，非上品沉水者，不得入藥。

明・姚可成《食物本草》卷一五味部・芬香類　白檀香出海南及崑崙盤盤國。雖不生中華，人間遍有之。〇蘇頌曰：檀香有數種，黃、白、紫之異，今人盛用之。江淮、河朔所生檀木，即其類，但不香爾。　李時珍曰：按《大明一統志》云：檀香出廣東、雲南及占城、真臘、爪哇、渤泥、暹羅、三佛齊、回回等國，今嶺南諸地亦皆有之。樹、葉皆似荔枝，皮青色而滑澤。葉廷珪《香譜》云：皮實而色黃者為黃檀，皮潔而色白者為白檀，皮腐而色紫者為紫檀。其木竝堅重清香，而白檀尤良。宜以紙封收，則不洩氣。今時剉碎，羅粉作糕，或入糖、蜜等物，印成花鳥，以供賓筵，為珍貴之品。

白旃檀，味辛、溫，無毒。主消風熱腫毒，治中惡鬼氣，殺蟲。煎服止心腹痛，霍亂，腎氣痛，水磨塗外腎，并腰腎痛處。散冷氣，引胃氣上升，進飲食。噎膈吐食。又面生黑子，每夜以漿水洗拭令赤，磨汁塗之，甚良。〇李時珍曰：《楞嚴經》云：白旃檀塗身，能除一切熱惱。今西南諸番酋皆用諸香塗身，取此義也。杜寶《大業錄》云：隋有壽禪師妙醫術，作五香飲濟人：沉香飲，檀香飲，丁香飲，澤蘭飲，甘松飲，皆以香為主，更加別藥，有味而止渴，兼補益人也。道書檀香謂之浴香，不可燒供上真。

紫檀　味鹹，微寒，無毒。摩塗惡毒、風毒，刮末傅金瘡，止血，止痛。療淋。醋磨傅一切卒腫。

明・顧逢柏《分部本草妙用》卷六兼經部・溫瀉　檀香　白檀辛，溫，無毒。入手太陰、足少陰，通行陽明經。　主治：止心腹痛，霍亂，腎氣痛，散冷氣，引胃氣上升，噎膈吐食。白檀同陳皮、薑、棗，佐以葛根、縮砂、益智、豆蔻，通行陽明經，在胸膈之上處，咽喉之間，為上焦理氣要藥。　紫檀鹹寒，血分之藥。能理榮氣，消腫毒，治金瘡。

明・李中梓《醫宗必讀・本草徵要下》　檀香味辛，溫，無毒。入肺、胃二經。辟鬼殺蟲，開胃進食。療噎膈之吐，止心腹之痛。調上焦氣在胸膈咽噎之間，有奇功也。按：癰疽潰後及諸瘡膿多者不宜服。

明・鄭二陽《仁壽堂藥鏡》卷二　檀香　陳藏器云：檀香，出海南。蜜白色者佳。　氣溫，味辛，熱，無毒。　入手太陰經、足少陰經，通行陽明經藥。《本草》云：　主心腹痛，霍亂，中惡鬼氣，殺蟲。又云：　治腎氣諸痛，腹痛，消熱腫。　東垣云：　能調氣而清香，引芳香之物，上行至極高之分。最宜橙、橘之屬，佐以薑、棗，將以葛根、豆蔻、縮砂、益智，通行陽明之經，在胸膈之上，處咽嗌之中，同為理氣之藥。　《珍》云：　主心腹霍亂中惡。引胃氣上升進食。

明・張景岳《景岳全書》卷四九《本草正》　白檀香　味辛，氣溫。能散風熱，辟穢惡邪氣，消腫毒，逐鬼魅。煎服之可散冷氣，止心腹疼痛，定霍亂，和胃氣，開噎膈，止嘔吐，進飲食。又治面生黑子，每晚以熱水洗拭，磨汁塗之甚良。

明・李中梓《本草通玄》卷下　檀香　辛，溫，脾肺藥也。　溫中下氣，理噎膈吐食，消風熱腫毒，引胃氣上升，以進飲食。　東垣云：　白檀香調氣，引芳香之物，上至極高之分。最宜橙、橘之屬，佐以薑、棗、葛根、縮砂、豆蔻，通行陽明經，在胸膈之上，咽嗌之間，為理氣要藥。〔入湯泡，勿煎，入丸刮磨用。〕

清・顧元交《本草彙箋》卷五　檀香　理上焦氣，主胸膈咽嗌之間。時珍云：　白旃檀辛溫，氣分之藥。理衛氣而調脾肺，利胸膈。紫檀鹹寒，血分之藥。和營氣，而消腫毒，治金瘡。

清・穆石匏《本草洞詮》卷一一　檀香　檀從亶，善也。釋氏呼為旃檀，以為湯沐，猶言離垢也。《道書》謂之浴香，不可燒供上真。白檀味辛，氣溫。紫檀味鹹，氣微寒。並無毒。白檀氣分之藥，故能理衛氣，而調脾肺，利胸膈。紫檀血分之藥，故能和營氣，而消腫毒，治金瘡。《楞嚴經》云：　白旃檀塗身，能除一切熱惱。今西南諸番酋，皆用諸香塗身，取此意也。隋有壽禪師，作五香飲，沉香飲、檀香飲、丁香飲、澤蘭飲、甘松飲，皆以香為主，佐以別藥，有味而止渴，兼補益人也。

清・劉雲密《本草述》卷二二　檀香　時珍曰：　按《大明一統志》云：檀香出廣東、雲南，及占城、真臘、爪哇、渤泥、暹邏、三佛齊、回回等國，今嶺南諸地亦皆有之。葉廷珪《香譜》云：　皮實而色黃者為黃檀，皮潔而色白者為白檀，皮腐而色紫者為紫檀。其木並堅重清香，而白檀尤良。宜以紙封收，則不泄氣。

白旃檀：　氣味：　辛，溫，無毒。　日華子曰：　熱。　潔古曰：　陽中微陰，入手太陰、足少陰，通行陽明經。

主治：　散冷氣，引胃氣上升潔古。治噎膈，吐食時珍。煎服，止心腹痛，霍亂。腎氣痛，水磨塗外腎，并腰腎痛處日華子。并消風熱腫毒陶貞白。東垣曰：　白檀調氣，引芳香之物上至極高之分，最宜橙、橘之屬，佐以薑、棗，輔以葛根、縮砂、益智、豆蔻，通行陽明之經，在胸膈之上處，咽嗌之間，為理氣要藥。　海藏曰：　白檀香亦補脾胃，理元氣之藥。

愚按：　白檀之用，在潔古云引胃氣上升，進飲食，而時珍所謂治噎膈吐食，不幾能升者，又能降乎。東垣所說白檀調氣，在胸膈之上，處咽嗌之間，而日華子更言煎服止心腹痛，霍亂，腎氣痛。是則其調氣不止在上焦而已也。總之，元氣根於腎，暢於脾胃，統於肺，由下而升，即得從上而降。蓋原其所自始，義固如是，而胸膈之上，咽喉之間，乃主氣之肺，其所治在斯耳。第白檀功用盡於東垣散冷氣一語，如弘景消風熱腫毒，亦即陽氣之不能達於陰者，所鬱聚為熱風，是熱之所化耳。無二義也。非謂其治冷又治熱也。

清・郭章宜《本草匯》卷一五　白旃檀即檀香　辛，溫，陽中微陰，入手太陰、足少陰，通行陽明經。開胃進食，療膈噎之吐。溫中散冷，引胃氣上升。按：　檀有紫、白二種。白者辛溫，氣分之藥也，故能理衛氣，而調脾肺，利胸膈，馨香芳馥，引清氣近處咽膈之上，遠行胸腹之中，最宜橙、橘之屬，佐以薑、棗、葛根、縮砂、豆蔻、益智，通行陽明之經。紫者鹹寒，血分之藥也，能和營氣，而消腫毒，治金瘡。然究竟諸香動火耗氣，非冷氣不舒者，不可輕服。古人夏月囊香以避汗氣，猶謂能散發真氣，而開毛孔，況服之不當者乎？　非上乘沉水者，不入藥。癰疽潰後，及諸瘡膿多者，忌之。

清・蔣居祉《本草擇要綱目・熱性藥品》　檀香　白旃檀氣味：　辛，溫，無毒。陽中微陰。入手太陰、足少陰，通行陽明之經也。　主治：　消風熱腫毒，治中惡鬼氣，殺蟲。煎服，止心腹痛霍亂，腎氣痛。水磨，塗外腎，并腰腎痛處，散冷氣。引胃氣上升，進飲食，噎膈吐食。又面生黑子，每夜以漿水洗拭令赤，磨汁塗之甚良。白旃檀調氣，引芳香之物上至極高之分。最宜橙、橘之屬，佐以薑、棗，輔以葛根、縮砂、益智、豆蔻，通行陽明之經，在胸膈之上處，咽嗌之間，為理氣之要藥也。《楞嚴經》云：白旃檀塗身，能除一切熱惱，故西南諸番，皆用諸香塗身，取此義也。隋有壽禪師妙醫術，作五香飲濟人，沉香飲、檀香飲、丁香飲、澤蘭飲、甘松飲，皆以香為主，更加別藥。有味而止渴，兼補益人。道書檀香謂之浴香，不可燒供上真。紫檀氣味：鹹，寒，無毒。主治：摩塗惡毒風毒。刮末，傅金鎗止血止痛，療淋。醋磨，傅一切卒腫。其白檀辛溫，氣分之藥也，故能理衛氣而調脾肺，利胸膈。紫檀鹹寒，血分之藥也，故能和營氣，而消腫毒，治金瘡。

清·汪昂《本草備要》卷三　檀香宣，理氣　辛，溫。調脾肺，利胸膈，去邪惡，能引胃氣上升，進飲食，爲理氣要藥。內典曰：旃檀塗身，能除熱惱。昂按：內典慾念亦稱熱惱。蓋諸香多助淫火，惟檀香不然，故釋氏焚之。道書又以檀爲浴香，不可以供上真。

清·李熙和《醫經允中》卷二〇　白檀香　入手太陰、足太陰，通行陽明經。辛，溫，無毒。主治止心腹痛，散冷氣，療噎膈吐食，通行陽明經，引胃氣上升，在胸膈之上處，咽喉之間，為上焦理氣要藥。附：紫檀，鹹，寒，主止血定痛。降香，辛，溫，主行血祛邪。

清·馮兆張《馮氏錦囊秘錄·雜症痘疹藥性主治合參》卷四　檀香味辛而熱，無毒。亦以其辛熱芬芳，為開發辟惡、散結除冷之藥也。

檀香，入肺、腎、胃經。調氣開胃，進食止疼。鎮心辟邪，中惡鬼氣，心痛霍亂，腎氣腹痛。惡毒腫疼，醋磨敷愈。然諸香動火耗氣，夏月囊香辟臭，尚謂散真氣，而開毛孔，況服之乎？癰疽潰後，諸瘡膿多及陰虛火盛者忌之。

清·张璐《本經逢原》卷三　旃檀　辛，溫，無毒。禁用火焙。發明：白檀香善調膈上諸氣，散冷氣，引胃氣上升，進飲食，兼通陽明之經。鬱抑不舒，嘔逆吐食者宜之。癰疽潰後膿多禁用。　紫檀　鹹，平，無毒。　發明：白檀辛溫，氣分藥也，故能理衛氣而調脾肺，利胸膈。紫檀鹹平，血分藥也，力能和營氣而消腫毒。療金瘡各有攸宜。

清·浦士貞《夕庵讀本草快編》卷五　檀香《別錄》、旃檀　亶，善也。檀為善木。釋氏以旃檀作湯沐浴，言離垢也。　檀有紫白二種，陽中微陰，白者味辛而熱，入手太陰、足少陰，通行陽明，故理衛氣而調脾肺，能引芳香之物上至極高之分，且性喜與橙、橘並行，若佐以薑、棗，輔以葛根、縮砂、益智、豆蔻之屬，則通行陽明。凡胸膈之上，咽喉之間，無不宜之。真理氣之要藥也。紫者味兼鹹寒，則入血分，和營氣，消腫毒，治金瘡，止痛淋而已。功豈能與白並馳哉！

清·劉漢基《藥性通考》卷六　檀香　味辛，溫。調脾肺，利胸膈，去邪惡，能引胃氣上昇，進飲食，為理氣要藥。蓋諸香多助淫火，惟檀香不然，故人用焚之以為浴香。

清·黃元御《玉楸藥解》卷二　白檀香　味辛，微溫。入足陽明胃、足太陰脾、手太陰肺經。治心腹疼痛，消瘕疝凝結。白檀香辛溫疏利，破鬱消滿，亦治吐脹嘔泄之證，磨塗面上黑痣。紫檀香破瘀消腫，止金瘡血漏，煎飲磨塗最良。

清·吳儀洛《本草從新》卷三　白檀香〔宣，理氣〕　辛，溫。調脾肺，利胸膈，療噎膈之吐，止心腹之疼，辟鬼殺蟲，開胃進食。能引胃氣上升。　紫檀香〔重，和血〕　鹹，平。血分之藥。和營氣，消腫毒，敷金瘡，止血定痛。諸香動火耗氣，夏月囊香辟臭，尚謂其散真氣而開毛孔，況服之乎？癰疽潰後，諸瘡膿多，及陰虛火盛，俱不宜服。

清·汪紱《醫林纂要探源》卷三　檀香　辛，溫。狀不可知。或亦檀樹之類。補肝瀉肺，和胃，利膻中氣，進飲食。　紫檀：辛，鹹，平。補心和血。可傅腫毒金瘡，止血定痛消腫。

清·嚴潔等《得配本草》卷七　檀香　忌火。　辛，溫。入手太陰經氣分。辟邪去惡。除心痛，止霍亂，散冷積，解結氣。夏月囊香，可辟臭氣。癰潰、陰虛俱禁用。　白旃檀，調衛利膈。紫檀，和營消腫。

題清·徐大椿《藥性切用》卷五　白檀香　性味辛溫，入脾肺氣分，而兼入肝胃。能引胃氣上行，調中解鬱，為(始)〔治〕膈止吐耑藥。

清·黃宮繡《本草求真》卷四　白檀香逐冷除鬱，以引胃氣上行。　白檀香耑入肺、胃、脾，兼入腎。氣味辛溫，薰之清爽可愛。形容殆盡。凡因冷氣上結，飲食不進，氣逆上吐，抑鬱不舒，服之能引胃氣上升。力升上行。且能散風辟邪，消腫住痛，力主外散。功耑入脾與肺，不似沉香力耑主降而能引氣下行也。時珍曰：《楞嚴經》云：白旃檀塗身，能除一切熱惱，今西南諸番酋，皆用諸香塗身，取此義也。杜寶《大業錄》云：隋有壽禪師妙醫術，作五香飲濟人。沉香飲、檀香飲、丁香飲、澤蘭飲、甘松飲，皆以香為主，更加別藥有味而止渴，兼補益人也。道書謂之浴香，不可燒供上真。

但此動火耗氣，陰虛火盛者切忌。取白潔色白者佳，色紫為紫檀。氣寒味鹹，專入血分。

清・沈金鰲《要藥分劑》卷八 紫檀 【略】鰲按：紫檀能散產後惡露未盡凝結為病，本草未曾載及。己丑七月，余曾治一婦人，年二十三，于三月間產子，二日少腹痛，六七日發熱，至七月晝夜熱更甚，臥床不起，每日強進粥湯一二鍾，小腹左痛處并腫硬，延內外醫至二十五人，紛論不一，服藥至百餘劑，病勢日劇。七月十二日，始延余治。初診脉，兩手俱伏，適值極痛時也。停半時再診，左手現如蜘絲，右手仍伏，終不得病之所在，又停半時再診，左關弦緊極，右關遲細而滑，兩寸洪數，兩尺細數，已知病在兩關矣。然雖三番診視，尚未可定，因謂其家，且停藥一日，俟明日辰刻再診定局。次早脉與隔晚第三次同。遂批案作方云：左關弦緊極長，弦長主積結，緊主因寒，見于肝脈，肝主血，又痛在少腹左，其地亦屬肝部分，明係產下後，寒入產戶，歸于營氣，惡露適與寒值遂凝結，故作痛，久漸腫硬也。服破血消積藥已久而無效者，緣惡露雖屬血分，畢竟為穢惡之物，非若血為一身營氣所主，故愈破而血愈虧，愈虧而病愈增也。肝病增，肝木益強尅土，故脾胃受傷，其脉遲細滑，飲食不得進也。兩尺細數，產後本象，兩寸洪數，宜其發熱無休，且口渴咽痛，然其病只在兩關，病之名曰惡結。惡結者，惡露穢結也。病人又云：自得病後，頭頂忽欲疼痛，幾如數鐵鎚敲打破裂一般，忽即解散，初猶數日一作，今漸近并日四五作，此更難忍。余曰：此正惡結所患之症。蓋由穢惡氣積，久而甚，上衝頭腦，故發痛，穢散即止。惟惡結症遂如此，若他症頭痛不爾也。用方必以除惡解結為主，因用牛角腮、查肉各三錢，茺蔚子二錢酒炒，歸身、阿膠珠各錢半，紅花七分，醋蓬朮六分，上午服一帖，頭痛即止，下午進粥二碗，夜得安睡，熱亦減半。詎知是夜，其夫求請乩仙，降壇者係白香山先生，批示醫案亦云：惡露凝結。而語意竟與余略同，所開方亦無大異，止多牛角腮一錢，山查半生半炒各二錢，餘俱同方，後加紫檀末五分。次日病家告余以故，竟以仙醫目我，請再作方。余曰：昨日方本須服五六劑，且一劑已大見效，而仙方又大略相同，所加紫檀末，本是血分中藥，能去惡毒，消腫痛，竟加之，再服五劑，而服至三劑，即起床進飯，熱退。至六劑，而霍然矣。後又服調理丸藥一料，精神更倍平時。其婦姓陸氏，其夫姓秙，字楚玉。

清・羅國綱《羅氏會約醫鏡》卷一七竹木部 檀香味辛溫，入肺胃二經。調上焦滯氣在胸膈咽嗌之間，大有奇功。引胃氣上升，進飲食，止腹痛，療噎膈，除毒腫，醋磨汁塗。以上皆辛溫之效。辟穢氣，逐鬼魅。諸香多助淫火，檀香不然，故釋氏焚之。又治面生黑子，每晚以熱水洗拭，磨汁塗之甚良。但香能調氣，亦能散氣，若氣虛及陰虛火盛者，瘡毒潰後膿多者，俱忌之。

清・趙學敏《本草綱目拾遺》卷二土部 檀香泥 乃檀香心中所含脂垢，不易得，色如塵土，故以泥名。爇之亦作檀香氣。

治胃氣滯痛，肝鬱不舒。

清・趙學敏《本草綱目拾遺》卷六木部 檀香油 《藥性考》：出粵中舶上帶來。味苦，除惡，開胃，止吐逆。

清・黃凱鈞《藥籠小品》 檀香 辛，溫，調脾利膈，降真香辛溫，辟惡止金瘡出血。

清・王龍《本草纂要稿・木部》 檀香 味辛性溫。敷惡瘡止疼，升胃氣進食。腹痛霍亂可却，中惡鬼氣能驅。

清・張德裕《本草正義》卷上 白檀香 辛，溫。散風熱，辟穢惡，消腫毒，逐鬼疰。煎服散冷氣，止痛疼，定霍亂，和胃氣，開噎膈，止嘔吐，進飲食。磨汁，可塗黑痣。

清・楊時泰《本草述鉤元》卷二二 檀香 本出外國，今嶺南諸地亦有之。皮實而色黃者黃檀，皮潔而色白為白檀，皮腐而色紫者紫檀，並堅重清香，白檀尤良。

白旃檀：氣味辛溫。入手太陰、足少陰，通行陽明經。散冷氣，引胃氣上升，治噎膈吐食，調氣在胸膈之上，處咽嗌之間，止霍亂心腹痛，塗腎氣痛。水磨塗外腎并腰腎痛處。並消風熱腫毒。亦能補脾胃，理元氣海藏。引芳香之物，上至極高之分，最宜橙橘之屬。輔以葛根、縮砂、益智、豆蔻，佐以薑、棗，通行陽明經。

論：潔古以白檀引胃氣，進飲食，而瀕湖治噎膈吐食，是能升者，又能降也。東垣言白檀調氣在胸膈之上，處咽嗌之間，而日華子更止霍亂心腹諸痛，是其調氣不止上焦而已也。總之元氣根於腎，暢於脾胃，統於肺，由下而升，即從上而降，原其所自始，義固如是，而胸膈咽喉，乃主氣之肺所治在斯耳。第其功用，盡於散冷氣一語，至於消風熱腫毒，乃即陽氣之不能達於陰者，鬱聚為熱風，是熱之所化耳，非謂治冷又治熱也。

修事：用過，宜以紙封收，不令洩氣。

清・葉桂《本草再新》卷四　白檀香味辛，性溫，無毒。入肝、脾、肺三經。散邪發表，行濕，暖腸胃，止嘔吐。

清・吴其濬《植物名實圖考》卷三三　檀香　《別録》下品。《廣西通志》考據明晰，嶺南有之。

清・趙其光《本草求原》卷七香木部　白檀香　辛，溫，無毒。調膈上諸氣，散冷氣，引胃氣上升，進飲食，通陽明經鬱結，治噎膈嘔吐，止心腹痛，霍亂，俱煎服。元氣根於腎，暢於脾胃，統於肺，能升即能降，故所治不止在上焦也。消風熱腫，風寒鬱而成熱。治腎氣痛。水磨塗外腎並腰腎痛處。

紫檀：鹹，平，入血分，和營氣，消腫毒，敷金瘡，止血，定痛。

清・文晟《新編六書》卷六《藥性摘録》　白檀香　辛，溫。入肺胃，兼入肺腎。逐冷除鬱，引胃氣上行。○熏之，清爽可愛。○作湯洗浴，為末，合藥敷瘡腫俱可。○陰虚火盛者，忌服。○紫檀，味鹹，氣寒。專入血分。

清・劉東孟傳《本草明覽》卷三　檀香【略】按：東垣云：檀香能調氣而清香，引芳香之物上行，至于極高之分，最宜橙橘之屬。佐以薑、棗，并葛根、豆蔻、縮砂、益智，通行陽明經，在胸膈之上，處咽嗌之中，同為利氣之劑。

清・張仁錫《藥性蒙求・木部》　白檀香紫檀香　白檀香溫，善開胸膈。理氣除疼，調中進食。療噎膈之吐，止心腹之疼。引胃氣上升，開胃進食。兼通陽明之經，調肺脾之氣鬱抑不舒，嘔逆吐食者宜之。○紫檀香，味鹹，平，血分藥也，力能和營氣而消腫毒，療金瘡。而白檀香專理氣分，各有攸宜。

清・戴葆元《本草綱目易知録》卷四　白檀香旃檀　辛，溫。色白，調氣殺蟲，入手太陰、足少陰經。引芳香之物上至極高之分，佐以橘、橙、砂、蔻、葛根、益智、薑、棗等，通行陽明，能處胸膈咽嗌之間，為理氣要藥。止心腹痛，霍亂，腎氣中惡鬼疰，去邪惡，散冷氣，消風熱腫毒。能引胃氣上升，進飲食，治噎膈吐食。外腎及腰痛者，水磨塗之。面生黑子，每夜漿水洗拭，令赤，磨汁塗之。

清・陳其瑞《本草撮要》卷二　檀香　味辛，溫，入手太陰、足少陰、手足陽明經，功專調脾肺，利胸膈，去邪惡，能引胃氣上升，進飲食。得丹參、砂仁治婦女心腹諸痛。

山蘇木

明・佚名氏《醫方藥性・草藥便覽》　山蘇木　其性熱。生新去瘀，壯顏色。名割鼻草。

降真香

宋・唐慎微《證類本草》卷一二木部上品　降真香　出黔南。伴和諸雜香，燒煙直上天，召鶴得盤旋於上。

《海藥》云：徐表《南州記》云：生南海山。又云：生大秦國。味溫，平，無毒。主天行時氣，宅舍怪異，並燒悉驗。又按：《仙傳》云：燒之，或引鶴降。醮星辰，燒此香甚爲第一，度籙燒之，功力極驗。小兒帶之，能辟邪惡之氣也。

宋・鄭樵《通志》卷七六《昆蟲草木略》　降真香　曰紫藤香。主天行時氣，家舍怪異，和諸香燒，煙直上天，召鶴盤旋於其上。

宋・劉明之《圖經本草藥性總論》卷下　降真香　出黔南。《海藥》云：味溫，平，無毒。主天行時氣，宅舍怪異。

宋・陳衍《寶慶本草折衷》卷一二　降真香　艾氏云：一名紫藤香。○中品元有紫藤，非此香也，刪訖。出黔南山及南海大秦國。

平，溫，無毒。○主天行時氣，宅舍怪異，並燒悉驗。述本條《海藥》說。○《仙傳》云：小兒帶之，辟邪惡氣。

續說云：降真香鎊碎研末，佐藥以傅金瘡癰癤，最止血定疼，故瘍醫以草血竭名之。此香有脂，或取脂為草血竭者，亦可用也。別有一種花梨木，頗似降真香，但氣味香酸，主療不同。

明・滕弘《神農本經會通》卷二　降真香　出黔南，并大秦國。

《本經》云：伴和諸雜香燒，煙直上天，召鶴得盤旋於上。《海藥》云：味溫，平，無毒。主天行時氣，宅舍怪異，並燒悉驗。《仙傳》云：燒之，或引鶴降，醮星辰，燒此香甚為第一。度籙燒之，功力極驗。小兒帶之，能辟邪惡之氣。

明・劉文泰《本草品彙精要》卷一七　降真香無毒　植生。

降真香：拌和諸雜香，燒煙直上天，召鶴得盤旋於上。名醫所録。

【地】《別録》云：生南海山及大秦國。　謹按：此有二種，枝葉未詳。出於番中者，紫色堅實而香，爲上；出於廣南者，淡紫不堅而少香，爲次。其番中來者，燒之能引鶴降，功力極驗，故名降真。宅舍怪異，燒之辟邪。【用】紫色堅實者爲好。【質】類蘇方木。【色】紫。【味】甘。【性】溫，平。【氣】氣之厚者，陽也。【臭】香。【主】天行時氣。【治】療：《海藥》云：小兒帶之能辟邪惡之氣。

明·王文潔《太乙仙製本草藥性大全》卷三《本草精義》 降真香 出黔南，生南海山谷。又云生大秦國。採無時，拌和諸雜香燒煙，直上天，召鶴自然盤旋於其上。醮星辰，燒此香甚爲第一，度籙燒之，功力極驗。

明·王文潔《太乙仙製本草藥性大全》卷三《仙製藥性》 降真香 味甘，辛，氣溫，平，無毒。爇烟直上天，召鶴成群盤旋於上。主治：主天行時疫狂熱，敺宅舍怪異響應。小兒帶之辟惡邪氣。

明·皇甫嵩《本草發明》卷四 降真香氣溫，平。主天行時疫狂熱，小兒帶之辟邪氣，辟宅舍怪異響聲。伴和諸香，燒烟直上天，召鶴成群，盤旋于上。但難得真正者，市多以海梅老者指為降真，非真也。

明·李時珍《本草綱目》卷三四木部·香木類 降真香《證類》

【釋名】紫藤香《綱目》 鷄骨香珣曰：《仙傳》：拌和諸香，燒煙直上，感引鶴降。醮星辰，燒此香甚爲第一，度籙功力極驗。降真之名以此。時珍曰：俗呼舶上來者爲番降，亦名鷄骨，與沉香同名。【集解】慎微曰：降真香出黔南。珣曰：生南海山中及大秦國。其香似蘇方木，燒之初不甚香，得諸香和之則特美。入藥以番降紫而潤者爲良。時珍曰：今廣東、廣西、雲南、漢中、施州、永順、保靖，及占城、〔安南〕、暹羅、渤泥、琉球諸地皆有之。朱輔《山溪蠻叢話》云：鷄骨香即降香，本出海南。今溪峒僻處所出者，似是而非，勁瘦不甚香。周達觀《真臘記》云：降香生叢林中，番人頗費砍斫之功，乃樹心也。其外白皮，厚八九寸，或五六寸。焚之氣勁而遠。又嵇含《草木狀》云：紫藤香，長莖細葉，根極堅實，重重有皮，花白子黑。其莖截置烟炱中，經久成紫香，可降神。按嵇氏所説，與前説稍異，豈即朱氏所謂似是而非者乎？抑中國者與番降不同乎？

【氣味】辛，温，無毒。【主治】燒之，辟天行時氣，宅舍怪異。小兒帶之，辟邪惡氣李珣。療折傷金瘡，止血定痛，消腫生肌時珍。

【發明】時珍曰：降香，唐宋《本草》失收。唐慎微始增入之，而不著其功用。今折傷金瘡家多用其節，云可代没藥、血竭。按《名醫録》云：周密被海寇刃傷，血出不止，筋如斷，骨如折，用花蕊石散不效。軍士李高用紫金散掩之，血止痛定。明日結痂如鐵，遂愈，且無瘢痕。叩其方，則用紫藤香瓷瓦刮下研末爾。云即降之最佳者，曾救萬人。羅天益《衛生寶鑒》亦取此方，云甚效也。

【附方】新二。金瘡出血：降真香、五倍子、銅花等分爲末，傅之。《醫林集要》。癰疽惡毒：番降末、楓、乳香，等分爲丸，熏之，去惡氣甚妙。《集簡方》。

明·梅得春《藥性會元》卷中 降真香 味苦，平，無毒。出黔南。伴和諸香燒煙直上天，召鶴得盤旋於上。又云：小兒帶能辟邪惡之氣，故附之。

明·李中立《本草原始》卷四 降真香 出黔南。並南海山中及大秦國。其香似蘇方木，燒之初不甚香，得諸香和之則特美。入藥以番降、紫而潤者為良。按《仙傳》云：燒之感引鶴降。醮星辰燒此香，甚為第一。度籙燒之，功力極驗。降真之名以此，俗呼降香。氣味：辛，溫，無毒。主治：燒之辟天行時氣、宅舍怪異。小兒帶之辟邪惡氣。〇療折傷金瘡，止血定痛，消腫生肌。

降真香，《證類》。【圖略】色紫而多節。

《醫林集要》：治金瘡出血，降香炒，五倍子等分，為細末傅之。

明·繆希雍《本草經疏》卷一二 降真香李珣云：味辛，溫，無毒。燒之辟天行時氣，宅舍怪異。小兒帶之，辟邪惡氣。

【疏】降真香，香中之清烈者也，故能辟一切惡氣不祥。入藥以番舶來者，色較紅，香氣甜而不辣，用之入藥殊勝，色深紫者不良。上部傷，瘀血停積胸膈骨，按之痛，或并脇肋痛，此吐血候也，急以此藥刮末，入藥煎服之良。治内傷，或怒氣傷肝吐血，用此以代鬱金，神效。《名醫錄》云：周崇被海寇刃傷，血出不止，筋骨如斷，用花蕊石散不效。軍士李高用紫金散掩之，血止痛定，明日結痂如鐵，遂愈，且無瘢痕。叩其方，則用紫藤香，甆瓦刮下研末爾。云即降真之最佳者，曾救萬人。

明·倪朱謨《本草彙言》卷八 降真香 味辛、甘，氣溫，無毒。李氏珣曰：降真香，出黔南山海中及大秦國。似蘇方木，燒之不甚香，得諸香和之則特美。入藥以番降紫而潤者爲良。李瀕湖曰：今廣東、廣西、雲南、安南、漢中、施州、永順、保靖及占城、暹羅、渤泥、琉球諸番皆有之。又《溪蠻志》云：降真香，本出海南，今溪峒僻處所出者，似是而非，勁瘦如雞骨，不甚香。又《真臘志》云：降真香，生深林，番人頗費砍伐之力，乃樹心也。其外有白皮，厚五六寸，焚之氣勁而遠。又《草木狀》云：降真香，長莖細葉，根極堅實，重重有皮，花白子黑。其莖鋸截置烟焰中，經火成紫香，可降神。按此數説，前後似同而稍異，或中國者與番外來者有不同乎？

降真香： 辟邪氣，《別錄》活瘀血之藥也。周志含稿李氏方療折傷，活血止痛； 治金瘡，止血生肌。內服外敷，俱有驗也。又治天時疫癘，瘟瘴災疾，并一切妖神怪異。宅舍中焚燒，盡皆屏迹。

集方：《醫林集要》治折跌，并金瘡血出不止，或潰爛不收。用真降香，以鋒刀刮下細末，敷之，縛定。內服數錢，乳香湯調服。甚效。○《聖惠方》治上部有傷，瘀血停積，按之胸膈作痛，此吐血候也。急以降真香，鋒刀刮末，白湯調服，立時消散。凡怒氣傷肝，致吐血不止，用此功過鬱金。

明・李中梓《醫宗必讀・本草徵要下》 降真香味辛，溫，無毒。色紅者良。行瘀滯之血如神，止金瘡之血至驗。理肝傷吐血，勝似鬱金； 理刀傷出血，過於花蕊。降香色鮮紅者，行血下氣有功，若紫黑色者，不堪用也。兼可辟邪殺鬼，燒之辟天行時氣，宅舍怪異。

明・盧之頤《本草乘雅半偈》帙一一 降真香《證類》 氣味： 辛，溫，無毒。

主治： 燒之，闢天行時氣，宅舍怪異。小兒帶之，闢邪惡氣。

覈曰： 降真，原名新絳。出黔南、南海山中，及大秦國。似蘇方木，燒之不甚香，得諸香和之，則特美。入藥以番降，紫而潤者良。今廣東、廣西、安南、漢中、施州、永順、保靖，及占城、暹羅、渤泥、琉球諸番皆有。朱輔《溪蠻叢話》云： 雞骨香，即降香，本出海南。今溪峒僻處所出者，似是而非，勁瘦不甚香。周達觀《真臘記》云： 降香生叢林中，番人頗費砍斫之功，乃樹心也。其外白皮厚八九寸，或五六寸，焚之氣勁而遠。又嵇含《草木狀》云： 紫藤香，長莖細葉，根極堅實，重重有皮，花白子黑。其莖截置烟焰中，經久成紫香，可降神也。

条曰： 降真，新絳也，新致陈推。降者大赤，《易》曰： 乾為赤，坎為大赤，貫流先天一炁者歟。主利率類以從陽，遠于絕類以從陰也。燒之真降，詮名降真。蓋真者，僊變通乎天，提挈天地，把握陰陽，獨立守神，命曰真神。故主天行時氣，宅舍怪異，闢邪惡氣。遠于生陽，顯諸死陰之屬者，斂曰消滅，顧赤心在中，重皮鞏固，宛若衛外為固之為陽，藏精起亟之為陰也。中景先生祖劑，主利脈革之半產漏下，佐以葱莖前通乎陽隧。君以旋覆，誠營血之師帥。旋者周旋，旌旃之指麾，覆者伏兵，奉旌旃之指麾者。而後新降起亟乎陰，衛外乎陽則行者留，留者行矣。《本草》失列品類，時珍補入《綱目》，療金瘡折跌出血不止者，此遵祖劑之行留而推廣之。副名降真，良有以也。頤更推廣之，不但係小子婦人吉，猶可係丈人之失與亡。協旋覆葱株斯藏精而起亟，衛外而爲固者也。

明・李中梓《本草通玄》卷下 降真香 內服能行血破滯，外塗可止血定痛。焚之祛邪，佩之辟鬼。按： 沉香色黑，故走北方而理腎； 檀香色黃，故走中央而扶脾； 降香色赤，故走南方而理血。此物理之確然昭著者。

清・顧元交《本草彙箋》卷五 降真香 香中之清烈者也。故能辟一切惡氣不祥。以番舶來者色鮮紅，香氣甜而不辣，入藥殊勝。色深紫者不良。上部傷瘀停積胸膈，按之痛，或并脇肋痛，此吐血候也。急以真降香刮末入藥，煎服之。

紫金散治金瘡，即紫藤香之最佳者，瓷鋒刮下，研末用。昔周琮被海寇刃傷，血出不止，筋如斷，骨如折，用花蕋石散不效。軍士進前散掩之，血止痛定，明日結痂遂愈，且無瘢痕。

清・穆石匏《本草洞詮》卷一一 降真香 燒烟直上，感引鶴降，醮星辰為第一度籙，降真之名以此。味辛，氣溫，無毒。療折傷金瘡，止血定痛，消腫生肌。燒之辟天行時氣，宅舍怪異。小兒帶之辟邪惡氣。《名醫錄》云： 一人被刃傷，血出不止，筋如斷，骨如折，用花蕋石散不效，以紫金散掩之，血止痛定，明日結痂如鐵，遂愈，且無瘢痕。其方乃紫藤香，瓷瓦刮下，研末。即降之最佳者，曾救萬人。

清・劉雲密《本草述》卷二二 降真香一名紫藤香 珣曰： 生南海山中，及大秦國。其香似蘇方木，燒之初不甚香，得諸香和之則特美。入藥以番降紫而潤者為良。

氣味： 辛，温，無毒。燒之辟天行時氣，宅舍怪異李珣。

主治： 消瘀血，療折傷，金瘡止血，定痛，消腫，生肌時珍。

今折傷金瘡家多用其節，云可代沒藥、血竭。希雍曰： 降真香，香中之清烈者也，故能辟一切恶氣不祥。入藥以番舶來者，色較紅，香氣甜而不辣，用之入藥殊勝。色深紫者不良。上部傷瘀血，停積胸膈骨，按之痛，或并脇肋痛，此吐血候也，急以此藥刮末，入藥煎服之良。治內傷或怒氣傷肝吐血，用此以代鬱金，神效。《名醫錄》云： 周崇被海寇刃傷，血出不止，筋骨如斷，用花蕊石散不效。軍士李高用紫金散掩之，血止痛定，明日結痂如鐵，遂愈，且無瘢痕。叩其方，則用紫藤香甆瓦刮下研末爾。云即降真之最佳者，曾救萬人。　羅天益《衛生寶鑒》亦取此方，云甚效也。

愚按：　辛溫類主治氣分，而此以治血證居多。蓋其色紅者，固用其辛溫之氣以入血分而奏功也。即白檀、紫檀，有氣分血分之異，用可以類推矣。據希雍又云：　甜而不辣。甘者活血生血，是則未可以辛温例論也。按李珣謂入藥以番降，取其紫而润者，而《溪蠻叢（志）〔笑〕》謂降香本出海南，今溪洞僻處所出者勁瘦，不甚良，是或如時珍所說，今廣東、廣西、雲南、漢中、施州、永順、保靖等處，其溪洞僻處之所產，迥異於海以南者也。然亦不能遽辨其為何地之所產，唯紫潤勁瘦之是別而已。

附方　金瘡出血，降真香、五倍子、銅花等分，為末，傅之。　癰疽惡毒，番降末，楓乳香等分，為丸，熏之，去惡氣甚妙。

清・郭章宜《本草匯》卷一五　降真香　辛，溫，行瘀滯之血如神，止金瘡之血最驗。理肝傷吐血，勝似鬱金。塗刀傷出血，過于花蕊。焚之祛邪，佩之辟鬼。

按：　沉香色黑，故走北方而理腎。檀香色黃，故走中央而理脾。降香色赤，故走南方而理血。其氣清烈鮮紅者，行血下氣有功。用以同五倍子、銅花等分，傅金瘡出血甚驗。若紫黑色者，不堪用也。

清・蔣居祉《本草擇要綱目・溫性藥品》　降真香　氣味：　辛，溫，無毒。　主治：　燒之辟天行時氣，宅舍怪異。小兒帶之，辟邪惡氣。療折傷金瘡，止血定痛，消腫生肌。

清・汪昂《本草備要》卷三　降真香焚之能降諸真，故名。宣，辟惡、止血、生肌。　辛，溫。辟惡氣怪異，療傷折金瘡，止血定痛，消腫生肌。周崇逐寇被傷，血出不止，敷花蕊石散不效。軍士李高，用紫金藤散敷之，血止痛定，明日結痂無瘢。曾救萬人。紫金藤，即降真香之最佳者也。

清・王逊《藥性纂要》卷三　降真香　【略】東圃曰：　折傷出血者，形損而血漏也。降香節不但外治，磨汁配入群隊藥，作煎飲之，以止吐血便血頗效。蓋諸木質浮而性上行，在人肝氣應之，肝主疎泄也。惟降真香質堅而重，故能降逆氣，入血分，而芳香辛溫，又於降中能運，且色紫有油，故入血分。而節則文理旋轉，堅結不鬆，故節制於外，使氣往來交通，惟歸經內，不致外泄，此所以止血定痛也。

清・顧靖遠《顧氏醫鏡》卷八　降真香辛，溫。甜而不辣，色紅者最佳。　降氣最效，行鬱如神。肝傷吐血宜求，怒氣傷肝，或內傷吐血，用代鬱金神效。刀傷出血必用。敷之即止血定痛生肌，功勝花蕋。燒之辟天行時氣，宅舍怪異。小兒佩之，辟邪惡氣。

清・馮兆張《馮氏錦囊秘錄・雜症痘疹藥性主治合參》卷四　降真香味辛，氣溫，無毒。沉香色黑，故走北方而理腎。檀香色黃，故走中央而理脾。降香色赤，故走南方而理血。若紫黑色者不用。

降真香，乃香中之清烈者也。故能辟一切惡氣不祥，燒之辟天行時氣，宅舍怪異。小兒帶之，辟邪惡氣。入藥以番舶來者，色較紅，香氣甜而不辣，用之入藥殊勝。若色深紫者不佳。上部傷瘀血停積，胸膈骨按之痛，或并脇肋痛，此吐血候也。急以降香刮末，入藥煎服最良。治內傷或怒氣傷肝吐血，用此以代鬱金神效。

清・张璐《本經逢原》卷三　降真香　辛，溫，無毒。禁用火焙。　發明：　降真香色赤，入血分而下降。故內服能行血破滯，外塗可止血定痛。刃傷用紫金散，即降真香用磁瓦刮下，和血竭研末是也。又虛損吐紅，色瘀昧不鮮者，宜加用之，其功與花蘂石散不殊。血熱妄行，色紫濃厚，脈實便秘者禁用。

清・浦士貞《夕庵讀本草快編》卷五　降真香《證類》、紫藤香　李珣云：仙傳伴和諸香，燒煙直上，感引鶴降。道家醮壇，此香第一。降真之名，因此而得。　降香辛溫，色紫屬血。香而達氣，故焚之可以辟天行時氣。宅舍怪異，佩之可以辟邪惡。小兒尤宜。敷之可以療金瘡，止血出，消腫生新。服之可以導肝脾之逆氣，而利胸膈痞結。內外合用，無不驗也。自宋以前竟未收錄，至唐慎微始增入之，而不著其功。淪隱既久，可不惜歟！

清・姚球《本草經解要》卷三　降真香　氣溫，味辛，無毒。燒之辟天行時氣，宅舍怪異。小兒帶之，辟邪惡氣。　降香氣溫，稟天春和之木氣，入足厥陰肝經。味辛無毒，得地西方之金味，入手太陰肺經。氣味俱升，陽也。燒之能降天真氣，所以辟天行時氣，宅舍怪異也。小兒帶之，能辟惡氣者，氣溫味辛，辛溫為陽，陽能辟惡也。色紅味甜者佳。　製方：　降香同白芍、甘草、北味、丹皮、白茯、生地，治怒氣傷肝吐血。多燒能祛狐媚。為末治刀傷血出不止。

清・王子接《得宜本草・中品藥》　降香　味辛，溫。功專療折傷金瘡，止血定痛。得牛膝、生地治吐瘀血。

清・黄元御《玉楸藥解》卷二 降香 味苦，微溫。入足太陰脾、手少陰心經。療梃刃傷損，治癰疽腫痛。降香芳烈辛溫，燒之辟疫癘之邪，癰疽之病。與夫跌打金瘡，皮破血漏，筋斷骨傷皆療。

清・吴儀洛《本草從新》卷三 降真香〔宣，辟惡，止血生肌。〕辛，溫。辟惡氣怪異，療傷折金瘡，止血定痛，消腫生肌。周崇被海寇刃傷，血出不止，敷花蕊石散不效，軍士李高用紫金藤散敷之，血止痛定，明日結痂無瘢，曾救萬人。紫金藤即降真香之最佳者也。忌同檀香。燒之能降諸真，故名。

清・汪紱《醫林纂要探源》卷三 降真香 辛，溫。狀不可知。色赤。功用同紫檀。

清・嚴潔等《得配本草》卷七 降真香 辛，溫。入足厥陰經。入血分而降氣，治怒氣而止血。殺鬼辟邪，療金瘡，生肌肉，消腫毒，治肋痛。取紅者研用。

題清・徐大椿《藥性切用》卷五 降真香 一名紫金藤。性味辛溫，入肝脾血分，而活血止痛，辟穢。降真禁忌同紫白二檀。

清・羅國綱《羅氏會約醫鏡》卷一七竹木部 降真香 味辛溫，入血分。色紅者良。和榮氣，辟一切惡氣不祥，焚之能降諸真。辟天行時氣、宅舍怪異，小兒佩之，可避諸邪。療肝傷吐血折傷金瘡，止血定痛，生肌滅瘢。凡血出不止，為末掩之，即愈。自番舶來者色紅，甜而不辣為良，若色深紫者不佳。沉香色黑，故走北方而理腎；檀香色黄，故走中央而理脾；降真香色紅，故走南方而理血，用宜分別，妄用無益，且有害也。

清・王龍《本草纂要稿・木部》 降真香 燒烟直上，召鶴成群。主天行時疫狂熱，驅宅舍怪異響聲。

清・楊時泰《本草述鉤元》卷二二 降真香 一名紫藤香。紫而潤者良，瘦勁者劣，深紫色不美，番舶來者色較紅，氣甜而不辣，入藥殊勝。氣味辛溫。香中之清烈者也。燒之辟天行時氣，宅舍怪異李珣。主消瘀血，療折傷金瘡止血定痛，消腫生肌。折傷金瘡家用其節，可代沒藥、血竭瀕湖。怒氣傷肝吐血，用代鬱金神效仲淳。上部瘀血，停積胸膈，骨按之痛，或并脇肋痛，此吐血候也，急以降香刮末入藥，煎服之良又。刃傷血出不止，筋骨如斷，用紫藤香降香極佳者甆鋒刮下，研末掩之，血止痛定，明日結痂如鐵，愈，且無瘢痕。金瘡出血，降香、五倍子、銅花等分，為末傅之。癰疽惡毒，番降末、楓乳香等分，為丸熏之，去惡氣甚妙。

論：辛溫藥類治氣分，此以質潤色紅為良，固假其氣以入血分而奏功也。即白檀、紫檀分氣血用，可以類推。繆氏又取其味甜而不辣者，夫甘味主治活血生血，益未可以辛溫例論矣。

清・葉桂《本草再新》卷四 降香味辛，性溫，無毒。入肝、脾二經。治一切表邪，宣五臟鬱氣，利三焦之血熱，止吐，和脾胃。

清・趙其光《本草求原》卷七香木部 降真香即紫藤香。辛，溫，無毒。入血分下行，破瘀，上部瘀積胸膈，按之痛。或怒傷肝、吐血色暗者宜。為末，加入藥服，功與花蕊散同。外敷，治傷折、金瘡、止血、定痛，消腫、生肌。同血竭為末，治血流不止。明目，即結痂無瘢，勝於花蕊石。熏癰疽惡毒，同乳香用，去惡氣。辟邪。甘則活血，而不辣。

紫而潤者良。血熱者忌。忌火焙。

清・張仁錫《藥性蒙求・木部》 降香五分、八分 降香辛溫，和營定痛。辟惡療傷，生肌退腫。士材曰：行瘀滯之血如神，止金瘡之血至驗。燒之能降諸真，故名降真香。色鮮紅者，行血下氣有功。紫黑不宜。

清・戴葆元《本草綱目易知錄》卷四 降真香 辛，溫。室內燒之，辟天行時氣，宅舍怪異。小兒帶之，辟邪惡氣。為末，傅折傷金瘡，止血定痛，消腫生肌。治吐咯諸血，能化瘀安新，靖歸血絡。失血初起者最宜，虛者審用。葆元。〇金瘡出血，降香、五倍子、銅花等分，末傅之。〇癰疽惡毒，降香、楓樹膠等分，末熏之。

清・黄光霽《本草衍句》 降真香 味辛氣溫，色赤和血。能辟天行惡氣不祥，可除胸膈停積惡血。治金瘡血出不止而生肌，療內傷怒氣傷肝而吐血。用此以代鬱金神效，得牛膝、生地治吐瘀血。

清・陳其瑞《本草撮要》卷二 降香 味辛，溫，入手太陰經，功專療折傷金瘡，止血定痛。得牛膝、生地治吐瘀血。為末敷金瘡，結痂無瘢。怒氣傷肝，用代鬱金神效。一名紫藤香。

清・鄭奮揚著，曹炳章注《增訂偽藥條辨》卷三 降真香 以舶上來者為番降，色紫而潤，最為真品。近市肆竟以蘇木煨半透偽充。蘇木雖似降真，但降真氣味辛溫，能止血；蘇木氣味甘平，能破血。性既相反，功又懸殊，用者宜細辨之。　炳章按：　朱輔山云：　真降本出南海山中。今溪峒僻處所出者，似是而非，勁瘦不甚香。《真臘記》云：　降香生叢林中，番人頗費砍斫之功。乃樹心也，其外白皮厚八九寸，或五六寸，焚之氣勁而遠。嵇含《草木狀》云：　紫藤長莖細葉，梗極堅實，重重有皮，花白子黑，其截置烟燄中，經久成紫香，可降神，故名降香。按嵇氏所說，與前說稍異，豈即朱氏所謂似是而非者乎？　抑中國出乎，與番降不同乎？　鄭君所云或南降乎？惟蘇木混充，恐非事實。蓋降香色紫黑堅緻，氣香有辛辣氣。蘇木色黃微紅，質脆鬆，氣微香如柏樹氣。　形色氣味，皆有不同。且降香出貨亦多，價值低廉，恐不易混充耳。

紫檀

明・劉文泰《本草品彙精要》卷二一　紫真檀無毒　植生。

紫真檀：　主惡毒，風毒。名醫所錄。　【苗】《唐本》注云：　樹如檀。此物出崑崙盤盤國，雖不生中華，人間徧有之。【地】陳藏器云：　出南海。【時】生：　春生葉。採：　無時。【收】陰乾。【用】木。【質】類降真香。【色】紫赤。【味】鹹。【性】微寒，軟。【氣】氣薄味厚，陰中之陽。【臭】香。【主】心腹痛。【製】剉碎用。【治】療：　陶隱居云：　治金瘡，止血淋，及摩塗風毒諸腫。陳藏器云：　治霍亂，中惡，鬼氣，殺蟲。

明・張懋辰《本草便》卷二　紫真檀　味鹹、辛，氣溫，無毒。入手太陰、足少陰經，通行陽明經。　主惡毒風毒，醋和塗之；　末傅金瘡止血止痛；又治心腹痛，霍亂，中惡鬼氣。

明・繆希雍《本草經疏》卷一四　紫真檀　味鹹，微寒。主惡毒、風毒。

【疏】紫真檀稟水氣以生，故其味鹹，氣微寒，性應無毒。氣味俱厚，陽中陰也。入足厥陰經。其主惡毒、風毒者，凡毒必因熱而發，熱甚則生風，而榮血受傷，毒乃生焉。此藥鹹能入血，寒能除熱，則毒自消矣。弘景以之傅金瘡，止血、止痛者，亦取此意耳。宜與番降真香同為極細末，傅金瘡良。

明・倪朱謨《本草彙言》卷八　紫檀　味苦、鹹，氣寒，無毒。

紫檀，散風毒，活瘀血之藥也。陶氏方刮末傅金瘡，止血定痛。又醋磨汁，傅一切卒腫，因血滯所傷者，立驗。

李瀕湖先生曰：　白檀辛溫，氣分之藥也。故能理衛氣而調脾肺，利胸膈，却陰寒霍亂；　紫檀鹹寒，血分之藥也，故能和營氣而消腫毒，治金瘡，止血定痛。

清・汪昂《本草備要》卷三　紫檀重，和血。　鹹，寒。血分之藥。和榮氣，消腫毒，敷金瘡，止血定痛。

題清・徐大椿《藥性切用》卷五　紫檀香　性味溫平，入肝脾血分。力能調營，消腫止血定痛。然香耗動火，陰虛者二香並忌。

蘇合香

宋・李昉《太平御覽》卷九八二　蘇合　《續漢書》曰：　大秦國合諸香，煎其汁，謂之蘇合。《梁書》曰：　中天竺國出蘇合，是諸香汁煎之，非自然一物也。　又云：　大秦人採蘇合，先笮其汁，以為香膏，乃賣其滓與諸國賈人。是以展轉來達中國，不大香也。《傅子》曰：　西國胡人言蘇合香獸便也。中國皆以為怪。

宋・沈括《夢溪筆談》卷二六《藥議》　今之蘇合香如堅木，赤色，又有蘇合油，如糯膠，今多用此為蘇合香。按劉夢得《傳信方》用蘇合香云：　皮薄，子如金色，按之即少，放之即起，良久不定如蟲動，烈者佳也。如此則全非。今所用者，更當精考之。

宋・唐慎微《證類本草》卷一二木部上品〔《別錄》〕　蘇合香　味甘，溫，無毒。主辟惡，殺鬼精物，溫瘧蠱毒，癇痓，去三蟲，除邪，令人無夢魘。久服通神明，輕身長年。生中臺川谷。

〔梁・陶弘景《本草經集注》〕云：　俗傳云是師子屎，外國說不爾。今皆從西域來，真者雖別，亦不復入藥，惟供合好香爾。

〔唐・蘇敬《唐本草》〕注云：　此香從西域及崑崙來。紫赤色，與紫、真檀相似，堅實極芬香，惟重如石，燒之灰白者好。云是師子屎，此是胡人誑言，陶不悟之，猶以爲疑也。

〔宋・掌禹錫《嘉祐本草》〕按：　《梁書》云：　中天竺國出蘇合，蘇合是諸香汁煎之，非自然一物也。又云：　大秦人採蘇合，先煎其汁以爲香膏，乃賣其滓與諸人。是以輾轉來達中國，不大香也。陳藏器云：　按師子屎，赤黑色，燒之去鬼氣，服之破宿血，殺蟲。蘇合香，色黃白，二物相似而不同。人云：　師子屎是西國草木皮汁所爲，胡人將來，欲人貴之，飾其名爾。

〔宋・唐慎微《證類本草》〕《圖經》：　文具沉香條下。

《唐本餘》：　除鬼魅。

宋・劉明之《圖經本草藥性總論》卷下　蘇合香　味甘，溫，無毒。主辟惡，殺鬼精物，溫瘧蠱毒癇痓，去三蟲，除邪，令人無夢魘，久服通神明輕身。生中臺川谷。

宋・陳衍《寶慶本草折衷》卷一二　蘇合香油惟性用而參衆方，故綴以油字。

生中臺川谷及西域、崑崙、天竺、大秦國。○又云：生廣南。○採蘇合木，煎取汁油。

味甘、辛張松，溫，無毒。○主辟惡，殺鬼精物，溫瘧，蠱毒，癇痓，去三蟲，除邪，令人無夢魘。○《梁書》云：先煎其汁為香膏，乃賣滓與人，是以來中國不大香也。

續說云：本條所述及諸方所用，實此油也。張松言治中風驚癇，心痛霍亂，傳尸骨蒸，喘嗽肺痿，月經不通，攧撲傷損，消散瘀血。《香錄》又謂閩人用以塗大風，然其油如摛膠，色褐而亮，氣鬱而清，抹小滴於掌心，熟揩令熱，嗅之氣轉烈而益芬者，真也。

元・王好古《湯液本草》卷五　蘇合香　味甘，溫，無毒。《本草》云：主辟惡，殺鬼精物，溫瘧，蠱毒，癇痓，去三蟲，除邪，令人無夢魘。久服通神明，輕身長年。生中臺川谷。禹錫云：按《梁書》云：中天竺國出蘇合香，是諸香汁煎之，非自然一物也。

元・尚從善《本草元命苞》卷六　蘇合香　味甘，溫。除鬼魅辟惡，去蠱毒殺蟲。治溫瘧癇痓，祛怪物鬼精。久服通神明，令人無夢魘。生中臺川谷，及西域崑崙。乃諸香煎汁為之，非蘇合自然一物。《唐本》注云：似紫檀，堅實芬香，重如石，燒之灰白。胡人誑為獅子屎，賈之欲貴，飾其名。

明・王綸《本草集要》卷四　蘇合香　味甘，氣溫，無毒。此香來從西域，云是諸香汁煎之，色赤黃。　主辟惡，殺鬼精物，溫瘧，蠱毒癇痓，去三蟲，除邪，令人無夢魘。

明・滕弘《神農本經會通》卷二　蘇合香　此香從西域及崑崙來。紫赤色，與紫真檀相似，堅實，極芬香，惟重如石，燒之灰白者好。

味甘，氣溫，無毒。《湯》同。《衷》云：除溫瘧，辟惡，消蠱毒，殺鬼。又去蟲。令人無夢魘，久服達神明。

《本經》云：主辟惡，殺鬼精物，溫瘧，蠱毒，癇痓，去三蟲，除邪，令人無夢魘。久服通神明，輕身長年。生中臺川谷。禹錫云：中天竺國出蘇合香，是諸香汁煎之，非自然一物也。劊云：蘇合香油能辟惡，去蟲殺鬼達神明。更消蠱毒除溫瘧，久服令人夢不生。即《局方》蘇合香，辟惡去蟲，殺鬼，蠱毒消除。

明・劉文泰《本草品彙精要》卷一七　蘇合香無毒　煎煉成。

蘇合香：主辟惡，殺鬼精物，溫瘧，蠱毒，癇痓，去三蟲，除邪，令人無夢魘。久服通神明，輕身，長年。名醫所錄。　【苗】《圖經》曰：蘇恭云：此香從西域及崑崙來，紫色，與真紫檀相似而堅實，極芬香，其香如石，燒之灰白者好，今不復見。廣南雖有而類蘇木，無香氣。藥中但用如膏油者，極芬烈也。《梁書》云：天竺出蘇合香，是諸香汁煎之，非自然一物也。又云：大秦國採得蘇合香，先煎其汁以爲香膏，乃賣其滓與諸人。是以輾轉來達中國者，不甚香也。然則廣南貨者已經煎煉之餘，今用膏油乃其合治成者。陶隱居以爲是獅子屎，亦是指此膏油爲言。然獅子屎今内帑亦有之，其臭極甚，燒之雖可辟邪惡，固知非此也。其胡人將〔香〕來誑言獅子屎者，亦是西國草木皮汁所爲，即今之膏香也。蓋胡人欲貴重之，故妄飾其名而誑之耳。

【地】《圖經》曰：生中臺川谷及崑崙中、天竺國。【時】生：無時。採：無時。【收】瓷器盛貯。【用】膏。【質】類蜂蜜而香。【色】黃白。【味】甘。【性】溫。【氣】氣之厚者，陽也。【臭】香。【主】辟邪惡，愈癇痓。【製】濾去滓入藥。【治】療：唐本餘：除鬼魅。

明・葉文齡《醫學統旨》卷八　蘇合香　氣溫，味甘。無毒。此香從西域，是諸香汁煎之，色赤黃。　治中風中氣，痰厥口噤，不省人事，溫瘧蠱毒，心腹疼痛，霍亂吐瀉癇痓；　辟惡殺鬼精物，去三蟲，除邪，令人無夢魘。

明・許希周《藥性粗評》卷三　香生蘇合，天行不染於瘟邪。

蘇合香，出西域。乃諸香汁煎膏相合而成者。胡人謂為獅子屎，特誑語以起人之貴重耳。紫赤色，與紫真檀相似，堅實芬烈，惟重如石，燒之灰白者佳。餘說《本草》不載。　味甘，性溫，無毒。主治邪氣蠱毒，天行瘟疫，鬼精癇痓，清氣養血，殺三蟲，令人無夢魘，久服通神明，輕身長年。

明・鄭寧《藥性要略大全》卷六　蘇合香　辟惡，除溫瘧，殺鬼蠱毒，殺蟲。久服不生夢寐。　味甘，氣溫，無毒。天竺出此香。是諸香汁煎成，非自然一物也。惟堅實、極芬芳、重如石、燒之灰白者佳。　陳藏器《本草》云：蘇合香是獅子屎。獅子屎是西方草木皮汁所為。胡人欲人貴之，故飾其名為蘇合，未詳其義。按獅屎赤黑色，燒之去鬼，服之破宿血，殺蟲。蘇合香色黃白，二物相似而不同。　藿香舊註附五香條下，皆扶南國人言，衆香俱是一本。根是旃檀香，節是沉水香，花是雞舌香，葉是藿香。其膠滴出未沾泥沙如乳頭者，名乳香；滴在沙石上，年久重疊者，為薰陸香。《證類本草》載與沉香共條，蓋此義也。今世人所用藿香，乃土中所種，草生者也，非木者也，非一物明矣。

明・陳嘉謨《本草蒙筌》卷四　蘇合香　味甘，氣溫。無毒。來從西域，賣自廣東。氣極芬香，色乃紫赤。或云：係諸香汁，煎合成就。一說：是獅子屎，故飾其名。諸論紛紜，難指孰是。今市賣者，多如膏油。辟諸惡，殺鬼物精邪；去三蟲，除蠱毒癇痓。仍禁夢魘，尤通神明。

明・王文潔《太乙仙製本草藥性大全》卷三《本草精義》　蘇合香　陶云是獅子屎，亦是指此膏油者言之耳。然獅子屎極臭，燒之可辟邪，固知非此也。蘇云從西域及崑崙來，紫赤色，與紫真檀相似，堅實，極芬香，惟重如石，燒之灰白者好。云是獅子屎，此是胡人〔誑言〕，誰言陶不悟之，猶以爲疑也。

明・王文潔《太乙仙製本草藥性大全》卷三《仙製藥性》　蘇合香　味甘，氣溫，無毒。此香是諸香汁煎成，非自然一物也。主治：辟諸惡溫瘧，殺鬼物精邪。去三蟲諸邪，除蠱毒癇痓。仍禁夢魘，尤通神明。久服輕身，長年不老。　補註：按《梁書》云，中天竺國出蘇合香，香是諸香汁煎之，非自然一物也。又云：大秦人採蘇合，先煎其汁，以爲香膏，乃私賣其滓與諸人，是以展轉來達中國，不大香也。陳藏器云：按獅子屎，赤黑色，燒之去鬼氣，服之破宿血，殺蟲。蘇合香色黃白，二物相似而不同。人云：獅子屎是西國草木皮汁所爲，胡人將來，欲人貴之，飾其名爾。

明・皇甫嵩《本草發明》卷四　蘇合香上品，君。氣溫，味甘，無毒。　發明曰：蘇合香甘溫，而性走竄，故《本草》主辟諸惡，殺鬼精邪，除溫瘧、蠱毒、癇痓，去三蟲，令人無夢魔，久服通神明。若和藥為丸，能開閼透竅，逐寒中冷風，此為專攻。然走竄之性槩見矣，肺胃風熱盛者，忌之。出西域。氣極芬香，色紫。係諸香汁煎合成者。一說是獅子屎，非也。今市賣者，多是膏油，難得真正者。

明・李時珍《本草綱目》卷三四木部・香木類　蘇合香《别録》上品

【釋名】時珍曰：按郭義恭《廣志》云：此香出蘇合國，因以名之。梵書謂之咄魯瑟劍。

【集解】《别録》曰：蘇合香出中臺川谷。恭曰：今從西域及崑崙來。紫赤色，與紫真檀相似，堅實極芳香，性重如石，燒之灰白者好。頌曰：今廣州雖有蘇合香，但類蘇木，無香氣。藥中只用如膏油者，極芬烈。陶隱居以爲獅子矢者，亦是指此膏油者言之爾。《梁書》云：中天竺國出蘇合者，是諸香汁煎成，非自然一物也。又云：大秦國人采得蘇合香，先煎其汁以爲香膏，乃賣其滓與諸國賈人。是以展轉來達中國者，不大香也。然則廣南貨者，其經煎煮之餘乎？今用如膏油者，乃合治成者爾。時珍曰：按《寰宇志》云：蘇合油出安南、三佛齊諸番國。樹生膏，可爲藥，以濃而無滓者爲上。葉廷珪《香譜》云：蘇合香油出大食國。氣味皆類篤耨香。沈括《筆談》云：今之蘇合香赤色如堅木，又有蘇合油如黐膠，人多用之。而劉夢得《傳信方》言蘇合香多薄葉，子如金色，按之即少，放之即起，良久不定，如蟲動，氣烈者佳。如此則全非今所用者，宜精攷之。竊按沈氏所說，亦是油也。不必致疑。

【正誤】弘景曰：蘇合香俗傳是獅子屎，外國説不爾。今皆從西域來，亦不復入藥，惟供合好香爾。恭曰：此是胡人誑言，陶不悟也。藏器曰：蘇合香色黃白，獅子屎色赤黑，二物相似而不同。獅子屎極臭。或云：獅子屎是西國草木皮汁所爲，胡人將來，欲貴重之，故飾其名爾。

【氣味】甘，温，無毒。　【主治】辟惡，殺鬼精物，温瘧蠱毒癇痓，去三蟲，除邪，令人無夢魘。久服，通神明，輕身長年《别録》。

【發明】時珍曰：蘇合香氣竄，能通諸竅臟腑，故其功能辟一切不正之氣。按沈括《筆談》云：太尉王文正公氣羸多病。宋真宗面賜藥酒一缾，令空腹飲之，可以和氣血，辟外邪。公飲之，大覺安健。次日稱謝。上曰：此蘇合香酒也。每酒一斗，入蘇合香丸一兩同煮。極能調和五臟，却腹中諸疾。每冒寒夙興，則宜飲一盃。自此臣庶之家皆倣爲之，此方盛行於時。其方本出唐玄宗開元《廣濟方》，謂之白术丸。後人亦編入《千金》《外臺》，治疾有殊效。

【附方】新二。　蘇合香丸：治傳尸骨蒸，殗殜肺痿，疰忤鬼氣，卒心痛，霍亂吐利，時氣鬼魅瘴瘧，赤白暴痢，瘀血月閉，痃癖丁腫，小兒驚癇客忤，大人中風、中氣、狐狸等病。用蘇合油一兩，安息香末二兩，以無灰酒熬成膏，入蘇合油內。白术、香附子、青木香、白檀香、沉香、丁香、麝香、畢撥、訶梨勒煨去核、朱砂、烏犀角鎊各二兩，龍腦、薰陸香各一兩，爲末，以香膏加煉蜜和成劑，蠟紙包收。每服旋丸梧子大，早朝取井華水，溫冷任意，化服四丸。老人、小兒一丸。《惠民和劑局方》。　水氣浮腫：蘇合香、白粉、水銀等分，擣勻，蜜丸小豆大。每服二丸，白水下。當下水出。《肘後方》。

題明・薛己《本草約言》卷二《藥性本草》　蘇合香　甘溫而性走竄，若和藥為丸，能開關通竅，逐寒中冷風，此為專功。然肺胃風熱盛者忌之。

明・梅得春《藥性會元》卷中　蘇合香　味甘，氣温，無毒。從西域而來，乃煎煮諸香之汁也。其色赤黃。　主辟惡氣，殺鬼精，中風中氣，治溫瘧，消蠱毒，療心疼痛。去三蟲，止霍亂吐瀉，治癇痓，令人不為夢魘，又治痰厥，口噤不省人事。

明·張懋辰《本草便》卷二　蘇合香　味甘，氣溫，無毒。　主辟惡，殺鬼精物，溫瘧蠱毒，癇痓，去三蟲，除邪，令人無夢魘。

明·繆希雍《本草經疏》卷一二　蘇合香　味甘，溫，無毒。主辟惡，殺鬼精物，溫瘧、蠱毒、癇痓，痓作痙。去三蟲，除邪，令人無夢魘。久服通神明，輕身長年。

【疏】蘇合香，聚諸香之氣而成，故其味甘氣溫無毒。凡香氣皆能辟邪惡，況合眾香之氣而成一物者乎？其走竅逐邪，通神明，殺精鬼，除魘夢、溫瘧、蠱毒，宜然矣。亦能開鬱。

明·倪朱謨《本草彙言》卷八　蘇合香　味甘，氣溫，無毒。　蘇氏曰：蘇合香，出西域及崑崙。紫赤色，與紫檀相似，堅實，體重如石。極芳香。燒之灰白者佳。又一説云：廣州亦有蘇合香，但類似蘇木，無香氣。煎汁如膏油者，極芳烈而香，色黑狀如獅子矢也。又《梁書》云：中天竺國出蘇合香，是諸香汁煎成，非自然一物也。又一説云：蘇合香出安南、三佛齊諸番國。樹生膏脂，以濃而無滓者爲佳。又一説云：蘇合香多葉子，如金色，按之即沒，放之即起，良久不定，如蟲動。氣烈者佳。又一説：此香出蘇合國，因以名之。然諸説聚訟不一，朱不敢孰是孰非，俱采集以俟後之博物君子鑒定云。

蘇合香：通五藏六府，一切氣竅。去風行痰，除癇定悸，李時珍鎮驚安神之藥也。門國士稿香烈氣竄，能溫散留滯。故《局方》主辟惡鬼精邪，蠱毒瘴氣，中風中寒，及溫瘧寒熱，夢魘魂迷，尸蟲尸疰，并心腹卒痛，吐利，時氣，一切暴疾，或牙關緊急，人事不清。服此使閉悶者疏通，昏亂者省覺，故命名曰蘇合云。

集方：已下八方出《和劑局方》治五藏六府氣竅不通。用蘇合香一錢，石菖蒲焙三錢，薑製半夏焙二錢，共爲末，以蘇合香、酒，溶化爲丸，如龍眼核大。每服一二丸，淡薑湯化下。○治五種癇證。用蘇合香一錢五分，薑製半夏焙、膽製南星焙、天竺黃各三錢，共爲末，以蘇合香、酒和化爲丸，龍眼核大。每早晚各食前服二錢，淡薑湯下。○治驚悸，神志不寧。用蘇合香一錢二分，羚羊角、犀角俱鎊末，各三錢，茯神、天竺黃、膽星俱微炒，各五錢，共爲末，以蘇合香，酒溶化爲丸，龍眼核大。每早晚各服一丸，燈心湯化下。○治惡鬼精邪作祟。用蘇合香，于臥床前煨之，或用分許，薑湯調服。○治溫瘧寒熱，從山林草野，瘴癘之間，或從囹圄瘟瘴之氣而成者。用蘇合香一錢，紫蘇葉五錢，川芎三錢，廣陳皮二錢，共爲末，每服五分，淡薑湯調下。○治心膽之氣虛乏，多患夢魘魂迷之證。用蘇合香二分，人參五分，生薑一錢，每臨臥時泡湯飲之。○治尸蟲傳染，并尸疰異疾。用蘇合香、安息香、乳香、沉香各五分，泡湯一碗，空腹飲之。此藥可泡十餘次，以藥盡爲度。○治心腹卒痛，吐利時氣。用蘇合香五分，藿香梗一錢，五靈脂二錢，共爲末。每服五分，生薑泡湯調下。

倪朱謨曰：《局方》諸風痰藥中，往往用此。以祛風行痰，順氣活血，於卒中痰風，鬱閉不通者，極靈。

明·顧逢柏《分部本草妙用》卷八雜藥部　蘇合香　甘，溫，無毒。　主治：辟惡，殺鬼精物，瘧蠱癇痓，去三蟲，除邪，令人無夢魘，久服通神明。

按：蘇合香氣竄，能通諸竅臟腑，其功能辟一切不正之氣。

明·黃承昊《折肱漫録》卷三　蘇合香　甘溫而性走竄，能散氣，故蠟丸不宜輕服。

明·李中梓《醫宗必讀·本草徵要下》　蘇合香味甘，溫，無毒。　甘暖和脾，鬱結凝留咸霧釋；芬芳徹體，奸邪夢魘盡水消。產中天竺國，諸香汁合成，故名合香。凡香氣皆能辟邪通竅，況合眾香而成者乎？沈括云：蘇合油如黐膠，以筋挑起，懸絲不斷者真也。

明·鄭二陽《仁壽堂藥鏡》卷二　蘇合香　味甘，溫。無毒。《本草》云：主辟惡，殺鬼精物，溫瘧，蠱毒，癇痓，去三蟲，除邪，令人無夢魘。久服通神明，輕身延年。生中臺川谷。禹錫云：按《梁書》云：中天竺國出蘇合香，是諸香汁煎之，非自然一物也。

明·張景岳《景岳全書》卷四九《本草正》　蘇合油　味甘、辛，性溫。能辟邪惡諸氣，殺鬼魅蠱毒蟲毒。療癲癇溫瘧，止氣逆疼痛。亦通神明，可除夢魘。

明·李中梓《本草通玄》卷下　蘇合香　甘，溫。　芳香氣竄，通達諸竅，流行百骸，故其主治，辟邪殺鬼，止魘截瘧。

清·顧元交《本草彙箋》卷五　蘇合香　出中天竺國。諸香汁合成。凡香氣，皆能辟邪通竅，況合衆香而成者乎？

蘇合油，如黐膠，以筋挑起，懸絲不斷者真也。俗傳爲獅子矢，蓋胡人欲貴重之，故妄飾其名耳。

蘇合丸，治傳尸骨蒸，殗殜肺痿，疰忤鬼氣，卒心痛，霍亂吐利，時氣鬼魅瘴瘧，赤白暴痢，瘀血月閉，痃癖丁腫，小兒驚癇，大人中風中氣等症。每蘇合油一兩，以無灰酒熬成膏，入蘇合油內，白朮、香附、青木香、白檀香、沉香、丁香、麝香、畢撥、訶黎勒煨去核，硃砂，烏犀角鎊，各二兩，龍腦、安息各一兩，爲末，以香膏加辣蜜和成劑，蠟紙包收，每服旋丸梧子大，早辰取井花水，溫冷任意，化服四丸，老人、小兒一丸。

清・穆石匏《本草洞詮》卷一　蘇合香　《梁書》云：中天竺國出蘇合香，是諸香汁煎成，非自然一物也。又云：大秦國采得諸香，先煎其汁以為香膏，乃賣其滓與諸國賈人，是以輾轉來達中國者，不大香也。一云香出蘇合國，故名。味甘，氣溫，無毒。辟惡，殺鬼精物，溫瘧，蠱毒，癇痓，去三蟲，除邪，令人無夢魘。蓋蘇合香氣竄，能通諸竅，故其功能辟一切不正之氣。宋王文正氣羸多病，真宗面賜藥酒一瓶，公飲之，大覺安健。上曰：此蘇合香酒也。能調和五臟，却腹中諸疾，每冒寒夙興，則宜飲一盃。自此臣庶之家，皆倣為之，此方盛行於時。

清・劉雲密《本草述》卷二二　蘇合香　恭曰：今從西域及崑崙來，紫赤色，與紫真檀相似，堅實，極芳香，性重如石，燒之灰白者好。沈括《筆談》云：今之蘇合香赤色，如堅木，又有蘇合油如黐膠，人多用之。頌曰：今廣州蘇合香，但類蘇木，無香氣，藥中只用如膏油者，極芬烈。《梁書》云：大秦國人采得蘇合香，先煎其汁以為香膏，乃賣其滓與諸國賈人，是以展轉來達中國者，不大香也。然則廣南貨者，其經煎煮之餘乎？

氣味：甘，溫，無毒。主治：辟惡，去三蟲，瘟瘧蟲毒，癇痓《別錄》。

蘇合香丸除邪氣，破宿血，止心腹痛，霍亂吐泄，中風中氣，痰厥，口噤不省。時珍曰：蘇合香氣竄，能通諸竅臟腑，其功能辟一切不正之氣。按沈括《筆談》云：太尉王文正公氣羸多病，真宗面賜藥酒一瓶，令空腹飲之，可以和氣血，辟外邪。公飲之，大覺安健。次日稱謝。上曰：此蘇合香酒也。每酒一斗，入蘇香丸一兩，同煮，極能調和五臟，却腹中諸疾，每冒寒夙興，則宜飲一盃。自此臣庶之家，皆倣為之，此方盛行於時。

附方　蘇合香丸治傳尸骨蒸，殗殜肺痿，疰忤鬼氣，卒心痛，霍亂吐利，時氣鬼魅，瘴瘧，赤白暴痢，瘀血月閉，痃癖疔腫，小兒驚癇客忤，大人中風中氣，狐狸等病，用蘇合油一兩，安息香末二兩，以無灰酒熬成膏，入蘇合油內。白朮、香附子、青木香、白檀香、沉香、丁香、麝香、蓽撥、訶黎勒，煨，去核，硃砂、烏犀角鎊，各二兩，龍腦、薰陸香各一兩，為末，以香膏加煉蜜和成劑，蠟紙包收，每服旋丸梧子大，早朝取井華水，溫冷任意，化服四丸，老人小兒一丸。

愚按：今之用蘇合丸以療病者固不少，然丸中亦止取其油耳，未嘗用其香。或亦為煎熬之餘用者，遂止取其油，而棄其木乎？第蘇合香丸，丸中多辛熱芬香者以相濟，其治病原未專籍此油也。皇甫嵩曰：蘇合香合藥為丸，能開關透竅，逐寒中冷風，此為專功。然香竄之性槩見矣。肺胃風熱盛者，忌之。愚謂凡陰虛有熱者，尤為禁藥。

又按：蘇合香及油之單用者，則止有甘溫，不同於安息香之辛苦平也，故方書治悸證，用為補精氣之助，即蘇合丸之集眾香以成，固亦以甘溫為之主，第名之為蘇合丸者此耳。若槩謂之辛竄，則失之遠矣。

清・郭章宜《本草匯》卷一五　蘇合香　甘，溫。走竅逐邪，鬱結凝留咸霧釋。通神殺鬼，妖邪夢魘盡冰消。

按：蘇合香產天竺國，乃是諸香汁煎成，故名合香。芬烈氣竄，能通諸竅，藏府，開鬱和氣。凡香皆可通竅辟邪，況合眾香而成者乎？藥中只用蘇合油，如黐音痴，粘鳥者。膠，以筋挑起，懸絲不斷者真也。亦番國樹生之膏，必濃而無滓者為上。

附蘇合香丸：用蘇合油一兩，安息香末二兩，以無灰酒熬成膏，入蘇合油內，白朮、香附、青木香、白檀香、沉香、丁香、麝香、蓽撥、訶藜勒，煨，去核，硃砂、烏犀角鎊音滂，削屑。各二兩，龍腦、熏陸各一兩，為末，以香膏加煉蜜丸如梧子大，蠟紙包收。早取井花水，溫冷任意化服，治傳屍骨蒸，鬼氣時氣，卒心痛，吐痢，月閉，小兒驚癇客忤，大人中風中氣，狐狸等病。

清・汪昂《本草備要》卷三　蘇合香宣，通竅，辟惡。　甘，溫，走竄。通竅開鬱，辟一切不正之氣，殺精鬼。　出諸番。合衆香之汁煎成。以筋挑起，懸絲不斷者真。

清・吳楚《寶命真詮》卷三　蘇合香　【略】甘暖和脾，氛芳徹髓，通達諸竅，流行百骸，辟邪殺鬼，止魘截瘧。

清・李熙和《醫經允中》卷二一　蘇合香　甘，溫，無毒。主治通竅，辟邪殺鬼精，除蠱毒。性甚走竄，肺胃風熱甚者忌之。

清・馮兆張《馮氏錦囊秘錄・雜症痘疹藥性主治合參》卷四　蘇合香聚諸香之氣而成，故其味甘，氣溫，無毒。凡香氣皆能辟邪惡，況合眾香之氣，而成一物者乎！其走竅逐邪，通神明，殺精鬼，除魘夢，溫瘧蠱毒，宜然矣。亦能開鬱。

蘇合香，係諸香汁煎就，故名合香。產中天竺國。辟諸惡，殺鬼物精邪。去三蟲，除蠱毒癇痓。仍禁夢魘，尤通神明。沈括云：蘇合油如黐膠，以筋挑起，懸絲不斷者，真也。

清・张璐《本經逢原》卷三　蘇合香　甘，溫，無毒。出天竺崑崙諸國，安南三佛齊亦皆有之。其質如黐膠者為蘇合油。色微綠如雉斑者良，微黃者次之，紫赤者又次之。以簪挑起，徑尺不斷如絲，漸漸屈起如鉤者為上，以少許擦手心，香透手背者真。忌經火。　發明：蘇合香聚諸香之氣而成，能辟惡殺鬼精物，治溫瘧蠱毒，癇痓，去三蟲，除邪，能透諸竅藏，辟一切不正之氣。凡痰積氣厥，必先以此開導，治痰以理氣為本也。凡山嵐瘴濕之氣，襲於經絡，拘急弛緩不均者，非此不能除，但性燥氣竄，陰虛多火人禁用。

清・浦士貞《夕庵讀本草快編》卷五　蘇合香《別錄》　此香出蘇合國，故名。陶隱居誤信俗傳，以為獅子糞，謬矣。今人有以獅子油誑世覓利，豈陶氏開之者耶？　蘇合香煎汁合成，如膠如油，香而能竄，甘而無毒，故可通諸竅，透藏府，為辟惡輔正之藥也。惡氣除則鬼魅精邪、蠱瘧癇痓無所容矣。正氣旺則神明自通，魂夢無魘，信可長年矣！　故宋真宗賜王文正蘇合酒。《和劑局方》載蘇合丸，良有以也。

清・劉漢基《藥性通考》卷六　蘇合香　味甘，溫。走竄，通竅開鬱，辟一切不正之氣，殺精鬼。出諸番，合眾香之汁煎成。以筋挑起，懸絲不斷者真。

清・王子接《得宜本草・上品藥》　蘇合香　味甘，溫。功專通神辟惡。得安息、青白木香、沉、檀、丁、麝、龍腦、薰陸諸香，蓽撥、訶子、硃砂、犀角，治傳尸鬼疰。

清・黃元御《玉楸藥解》卷二　蘇合香　味辛，性溫。入手太陰肺、足厥陰肝經。辟鬼驅邪，利水消腫。　蘇合香走散開通，能殺蟲，辟惡除邪。　治腫脹疹痱，氣積血癥，調和藏府，却一切不正之氣。

清・吳儀洛《本草從新》卷三　蘇合香〔宣，通竅辟惡。〕　甘，溫，走竄。通竅開鬱，辟一切不正之氣，殺精鬼。今人濫用蘇合丸，不知諸香走散真氣，每見服之，輕病致重，重病即死。唯氣體壯實者，庶可暫服一二丸，否則當深戒也。《別録》謂其可以久服，《筆談》甚言飲蘇合酒之效。嗚呼！立言失當，貽害無窮，此類是也。出諸番。合眾香之汁煎成，故又名蘇合油。形如黐膠，以筋挑起，懸絲不斷者真。

清・汪紱《醫林纂要探源》卷三　蘇合油　甘，溫。出南番。云是合眾香之汁煎成。然氣實不甚香，却能固冰、麝諸香之氣，使不走散，行而能守者也。色黃白如乳，以筋挑起，懸絲不斷。補脾，開胃氣。通竅開鬱，殺精鬼，辟不祥。專主氣分。

清・嚴潔等《得配本草》卷七　蘇合香　甘，溫。入足太陰經。性暖氣竄，通經達竅。和氣血，通神明，殺鬼物，去三蟲，禁夢魘，消蠱毒。

題清・徐大椿《藥性切用》卷五　蘇合香　甘溫辛竄，通竅開鬱，辟一切不正之氣，殺精逐鬼。虛人忌用。

清・黃宮繡《本草求真》卷四　蘇合香通竅逐邪，殺鬼除瘧。　蘇合香耑入諸竅。味甘氣溫，出於天竺崑崙諸國。安南三佛齊亦皆有之。治能辟惡殺鬼。凡溫瘧蠱毒癇痓，並痰積氣厥，山嵐瘴濕，襲於經絡，塞於諸竅者，非此不除。昔文正公氣羸多病，宋真宗面賜藥酒一缾，令空腹飲之，可以和氣血，辟外邪。公飲之大覺安健，次日稱謝。上曰：此蘇合香酒也，每酒一斗，入蘇合香丸一兩同煮，極能調和五臟，却腹中諸疾，每冒寒夙興，則飲一盃而安。　按香皆能辟惡除邪，此合諸香之氣煎就而成一物。其通竅逐邪，殺鬼通神，除魘絕瘧祛蠱，宜其然矣。以筋挑起，懸絲不斷者真。但血燥氣弱，勿用。

清・羅國綱《羅氏會約醫鏡》卷一七竹木部　蘇合香油味甘，性溫。　捷於走竄，通竅，開鬱，辟一切邪惡不正之氣。殺鬼魅，亦通神明，可除夢魘。出天竺國，合眾香之汁煎成，以筋挑絲不斷者真。

清・黃凱鈞《藥籠小品》　蘇合香　通竅開鬱解邪，出諸番，合眾香之汁煎成，故又名蘇合油。以筋挑起，懸絲不斷者真。走竄真氣，挾虛勿服。

清・張德裕《本草正義》卷下　蘇合油　辛甘而香。辟邪惡諸氣，鬼魅蠱毒，療癲癇，止氣逆痛疼，除夢魘。

清・楊時泰《本草述鉤元》卷二二　蘇合香　從西域及崑崙來。色紫赤如堅檀，極香，性重。燒之灰白，煎其汁為油，如黐膠。今概用油，氣甚芬烈。

氣味甘溫。主治辟惡，去三蟲，治瘟瘧，蠱毒，癇痓。通諸竅及臟腑，能辟一切不正之氣。蘇合香丸治傳尸骨蒸，殗殜肺痿，疰忤鬼氣，猝心痛，霍亂吐利，時氣鬼魅，瘴瘧，赤白暴痢，瘀血月閉，痃癖疔腫，小兒驚癇，客忤，大人中風中氣狐狸等病。用蘇合油一兩，安息香末二兩，以無灰酒熬成膏，入蘇合油內，白朮、香附、青木香、白檀香、沉香、丁香、麝香、蓽撥、訶子去核煨、朱砂、犀角鎊各二兩，龍腦、乳香各一兩，為末，以香膏加煉蜜和成，蠟紙包收，每服旋丸梧子大，早取井華水，溫冷任意，化服四丸，老人小兒一丸。蘇合香酒，每酒一斗，入蘇合丸一兩同煮，極能調五臟，卻腹中諸疾，每冒寒夙興，宜飲一盃。

論：蘇合丸開關透竅，為專逐寒中冷風之劑，若肺胃風熱盛者，忌之，陰虛有熱者，尤為禁藥。又蘇合香油氣味止有甘溫，不同安息之辛苦而平，故方書治悸，用為補精氣之助，即蘇合丸集眾香以成，亦必標甘溫品味以為之主而名之也。

清・葉桂《本草再新》卷四　蘇合香味甘，性溫，無毒。入脾、胃二經。通九竅，達三焦，舒鬱破悶，辟邪。

清・趙其光《本草求原》卷七香木部　蘇合香油　集諸香汁煎成。甘，溫，無毒。辟惡，殺鬼精物。治溫瘧，蠱毒，癇痓，去蟲，除邪，透竅，開鬱，辟一切不正之氣。凡痰積氣厥，用為先導；治痰先理氣。凡山嵐瘴濕，襲於經絡，拘急馳緩，非此不除。但性燥，逐寒中冷風。陰虛、氣熱忌之。以簪挑起，徑尺不斷，如絲漸漸起鉤，香透手背者真。忌見火。

蘇合香丸：蘇合油一兩，安息油二兩，酒熬，溶入白朮、香附、青木香、檀香、沉香、丁香、麝香、蓽茇、訶子肉、朱砂、犀角各二兩，冰片、乳香各一兩，加蜜為丸。除邪氣破血，止心腹痛，霍亂吐瀉，中氣、中風，痰厥，口噤不語，傳尸，骨蒸，肺萎，疰忤，鬼氣，時氣，瘴瘧，赤白暴痢，月閉痃癖，疔腫，驚癇。又每酒一斗，入丸一兩同煮，極和氣血，辟邪，去腹中諸疾，解風興冒寒。

清・文晟《新編六書》卷六《藥性摘錄》　蘇合香　味甘，氣溫。通竅逐邪，殺鬼除瘧，消蠱毒癇痓，並痰積氣欝，山嵐瘴濕。〇以筋挑起絲，絲不斷者真。但血燥氣弱，勿用。

清・戴葆元《本草綱目易知錄》卷四　蘇合香　甘，溫。香竄。辟惡除邪，通諸竅臟腑，辟一切不正之氣。通神明，去三蟲，殺鬼精物，令人無夢魘，治溫瘧蠱毒癇痓。

清・陳其瑞《本草撮要》卷二　蘇合香　味辛甘，溫，入手太陰、足厥陰經，功專通神辟惡。得安息諸香、蓽茇、訶子、硃砂、犀角，治傳尸鬼疰。

楓香脂

晉・嵇含《南方草木狀》卷中木類　楓人　五嶺之間多楓木，歲久則生瘤癭，一夕遇暴雷驟雨，其樹贅暗長三五尺，謂之楓人。越巫取之作術，有通神之驗。取之不以法，則能化去。

楓香：樹似白楊，葉圓而歧分，有脂而香，其子大如鴨卵。二月華發，乃著實，八九月熟，曝乾可燒。惟九真郡有之。

宋・唐慎微《證類本草》卷一二木部上品〔唐・蘇敬《唐本草》〕　楓香脂　味辛、苦，平，無毒。主癮疹風痒，浮腫齒痛。一名白膠香。其樹皮，味辛，平，有小毒。主水腫，下水氣，煮汁用之。所在大山皆有。

〔唐・蘇敬《唐本草》〕注云：樹高大，葉三角。商洛之間多有。五月斫樹爲坎，十一月採脂。《唐本》先附。

〔宋・掌禹錫《嘉祐本草》〕按：《蜀本》：楓香、脂、皮共三條，主治稍異。注云：按王瓘《廣軒轅本紀》云：黄帝殺蚩尤於黎山之丘，擲其械於大荒之中，米山之上，其械化爲楓木之林。《爾雅》：楓，欇欇。似白楊而有歧。其脂入地千年爲琥珀。《圖經》云：樹高大，木肌理硬，葉三角而香。《爾雅》疏云：《說文》云：楓木厚葉弱枝，善搖。一名欇欇。郭云：葉圓而歧有香，今之楓香是也。《南方草木狀》曰：楓香樹子大如鴨卵。二月花發乃連著實，八九月熟，暴乾可燒。惟九真郡有之。陳藏器云：楓皮本功外，性澀，止水痢。蘇云下水腫，水腫非澀藥所療，蘇爲誤爾。又云：有毒，轉其謬。水煎止下痢爲最。日華子云：楓皮，止霍亂，刺風，冷風。煎湯浴之。

〔宋・蘇頌《本草圖經》〕曰：楓香脂，舊不載所出州郡，云所在大山皆有，今南方及關陝多有之。似白楊，甚高大。葉圓而作歧，有三角而香。二月有花，白色。乃連著實，大如鴨卵。八月、九月熟，暴乾可燒。《南方草木狀》曰：楓實惟九真有之。用之有神，乃難得之物。其脂爲白膠香，五月斫爲坎，十一月採之。其皮性澀，止水痢。水煎飲之。《爾雅》謂楓爲欇欇，言天風則鳴欇欇也。《說文解字》云：楓木，厚葉弱枝善搖。漢宮殿中多植之。至霜後，葉丹可愛，故騷人多稱之。任昉《述異記》曰：南中有楓子鬼。楓木之老者爲人形，亦呼爲靈楓，蓋瘤癭也。至今越巫有得之者，以雕刻鬼神，可致靈異。下沉香條有楓香，云療風癮癬痒毒。與此相類，即一物也。

〔宋・唐慎微《證類本草》〕《簡要濟衆》：治吐血不止。白膠香不以多少，細研爲散。每服二錢，新汲水調下。陶隱居云：楓樹上菌，食之令人笑不止，以地漿解之。《通典・南蠻記》：楓脂爲之琥珀，在地上傍不生草木，深忽八九尺，大如斛，削去皮成焉。初如桃膠，成乃堅。宋齊丘《化書》云：老楓化爲羽人。

宋・寇宗奭《本草衍義》卷一三 楓香 與松脂皆可亂乳香，尤宜區別。楓香微黃白色，燒之尤見真僞。兼能治風癮瘮癢毒。水煎熱渫洗。

宋・劉明之《圖經本草藥性總論》卷下 楓香脂 味辛、苦，平，無毒。主癮瘮風痒，浮腫齒痛。陳藏器云：楓皮本功外性澀，止水痢，水煎，下痢爲最。日華子云：楓皮，止霍亂，刺風冷風，煎湯浴之。《簡要濟衆》：治吐血不止。陶隱居云：楓樹上菌食之，令人笑不止，以地漿解之。《本經》云：樹皮，味辛，平，有小毒。主水腫，下水氣，煮汁用之。

宋・陳衍《寶慶本草折衷》卷一二 楓香脂 一名白膠香，一名楓香。○其木一名欇欇，老木名靈楓。○欇，音棘。生商洛大山，及南方、關陝。今所在有之。○五月斫木為坎，十一月採脂。

味辛、苦，平，無毒。○主癮瘮風痒，浮腫齒痛。○《簡要濟衆》：治吐血，白膠香細研，每服叁錢，新汲水調下。○寇氏曰：楓香與松脂皆可亂乳香，尤宜區別。楓香黃白色，燒之尤見真偽。

元・朱震亨《本草衍義補遺》 楓香 屬金而有水與火。性疎通，故木易有蟲穴。其液名曰白膠香，為外科家要藥。近世不知，誤以松脂之清瑩者，甚失《本經》初意也。○楓樹上菌，食之令人笑不止，以地漿解之。

元・徐彦純《本草發揮》卷三 楓香脂 丹溪云：楓香屬金而有水與火。性疎通，故木易有蟲(亢)〔穴〕。其液名白膠香，為外科家要藥。近世不知，誤以為松脂之明瑩者，甚失《本經》之意。

明・王綸《本草集要》卷四 楓香脂 一名白膠香。味辛苦，氣平。性疏通。無毒。主癮疹風癢，浮腫齒痛，外科家要藥。○大楓子，主風瘡疥癬，殺蟲。

明・滕弘《神農本經會通》卷一 楓香脂 味辛、苦，氣平，無毒。一云：皮，辛，平。又云：性澁。丹云：性疎通。

《本經》云：主癮瘮風痒浮腫，齒痛。一名白膠香。其樹皮味辛，平，有小毒。主水腫，下水氣，煑汁用之。陳藏器云：楓皮本攻外，性澁，止水痢。蘇云：下水腫。水腫非澁藥所療，誤矣。又云：有毒。轉明其謬。水煎，止下痢為最。日華子云：楓皮，止霍亂，刺風冷風，煎湯浴之。《圖經》云：其皮性澁，止水痢，水煎飲之。《簡要》云：治吐血不止，白膠香不以多少，細研為散，每服二錢，新汲水調下。丹溪云：楓香屬金而有水與火，性疎通，故木易有蟲(亢)〔穴〕，其液名曰白膠香，為外科家要藥。近世不知，誤以松精之清瑩者，甚失《本經》初意也。又陶云：楓樹菌食之令人笑不止，以地漿解之。大楓子，主風瘡疥癬，殺蟲。《局》云：楓香本即白膠香，癮瘮風搔齒痛良。皮味辛平微有毒，虛浮水氣煑湯嘗。楓香，消風止痛，瘡毒流離。

明・劉文泰《本草品彙精要》卷一七 楓香脂無毒。附皮。 植生。

楓香脂：主癮瘮，風癢，浮腫，齒痛。○樹皮，味辛，平，有小毒，主水腫，下水氣，煮汁用之。名醫所錄。

【名】白膠香。【苗】《圖經》曰：木似白楊，甚高大，葉圓作歧，有三角而香。二月有花白色，乃連著實，大如鴨卵。八月、九月熟，暴乾可燒。《南方草木狀》曰：楓實惟九真有之，用之有神，乃難得之物。五月斫樹爲坎，脂流於內，十一月採之爲白膠香。《爾雅》謂楓爲欇欇，言天風則鳴欇欇也。《說文解字》云：楓木，厚葉弱枝，善搖，漢宮中多植之，至霜後葉丹可愛，故騷人多稱之。任昉《述異記》曰：南中有楓子鬼，楓木之老者，爲人形，亦呼爲靈楓，蓋瘤癭也。至今越巫有得之者，以雕刻鬼神可致靈異。《衍義》曰：楓香、松脂，皆可亂乳香，尤宜區別，楓香微黃，白色，燒之尤見真偽。【地】《圖經》曰：舊本不載所出州郡，所在大山皆有，今南方及關陝多有之。《唐本》注云：生商洛之間。【時】生：春生葉。採：十一月取脂。【收】陰乾。【用】脂皮。【質】類乳香。【色】黃黑。【味】辛，苦。【性】平，散。【氣】氣之薄者，陽中之陰。【臭】香。【主】浮腫，齒痛。【治】療：《別錄》云：白膠香研爲末，新吸水調服，治吐血不止。日華子云：皮止霍亂，刺風冷風，煎湯浴之。陳藏器云：皮水煎，止下痢。【解】楓樹菌食之，令人笑不止，以地漿解之。

明・許希周《藥性粗評》卷二 外科曾缺於楓脂。

楓脂，楓木脂也，一名白膠香。《本草》謂之楓香樹，大者合抱，高七八丈，葉如掌大，三角，霜後變丹色，可愛，至冬盡落，春初復生新葉，枝弱善搖，二月開白花如梨，結實成毬如鴨卵大，八月熟，暴乾可燒，五月間斫樹為坎，流液至冬成塊，採之如琉璃明瑩，又似乳香，微黃白色，其脂入地下千年，化為琥珀。江南大山中處處有之。漢武帝宮後多植之，以其高可作蔽，因謂之楓宸。譚子《化書》云：老楓化為羽人，《南方草木狀》云楓實。惟九真郡有之，用之有神。《述異記》曰：南方有楓子鬼，楓木之老者為人形，亦呼為靈楓，凡此可見楓之為木，不可忽矣，因并附之。所使并所畏惡，《本草》不載。味辛、苦，性平，無毒。主治瘡疥癮瘮，風痒浮腫，齒痛，消風散血。丹溪云：外科家要藥也。

皮味辛，性平，有小毒。主治水腫，止霍亂。

單方：吐血不止：楓脂不拘多少，細研為末，每服二錢，新汲水調下。水氣虛浮：每日以楓木皮煎湯作浴。

明・鄭寧《藥性要略大全》卷六 楓香一名白膠香，一名楓乳，一名雲香。味甘、辛，無毒。即楓脂也。辟惡氣，焚烟可除痘疹之邪，消風止痛，治癮瘮風瘙，齒痛及水腫瘡毒。

明・陳嘉謨《本草蒙筌》卷四 楓香脂一名白膠香。味辛、苦，氣平。無毒。性甚疎通，木多蚛穴。山谷俱產，江南獨多。此烈日灼流白脂，為外科敷貼要藥。主風瘙癮瘮最捷，退虛浮水氣尤靈。搽齒齦，止齒痛。近世不知，誤為松脂明瑩者，甚失《本經》意矣。樹皮性澁，久痢堪毆。○大楓子取仁，殺蟲瘡疥癬。○楓菌誤食，令笑不休。惟飲地漿，其毒即解。謨按：楓木連抱，大者甚多，並結毬而不結子。《本經》以大楓子內附，但載主治，餘無一言，誠可怪也。今詢市家所得，咸云海舶貿來。疑必外番楓木，別有一種生者，不然何獨指此為名，而不言他木耶？姑述之，以俟識者再教。

明・王文潔《太乙仙製本草藥性大全》卷三《本草精義》 楓香脂 一名白膠香，一名楓乳，一名雲香。舊不載所出州郡，今南方及關陝是處皆有之。似白楊，甚高大，葉圓作岐，有三角而香。二月有花白色，乃連著實，大如鴨卵，乃難得之物，其脂爲白香。五月斫爲坎，十一月採之曝乾。

明・王文潔《太乙仙製本草藥性大全》卷三《仙製藥性》 楓香脂 味辛、苦，氣平，無毒。主治：辟惡氣，燒烟可除痘疹之邪。治瘡毒，爲末亦可消風齒痛。主風瘙癮疹最捷，退虛浮水氣尤靈。搽齒齦止齒痛。近世不知，誤爲松脂明瑩者，甚失《本經》意矣！

明・皇甫嵩《本草發明》卷四 楓香脂上品上。一名白膠香。氣平，味辛、苦，無毒。發明曰：楓香脂性甚疏通，外科之要藥。主風瘙癮疹，退浮水氣。搽齒齦止齒痛。楓木連抱者甚多，并結球不結子。本註以大楓子內附，但載主治，餘無一言。今市家皆言海舶貿來，別外番楓木，別有一種，存備參考。○楓樹皮性澁。止痢久。大楓子，取仁，殺蟲瘡疥癬。《本草》註云：楓香子大如鴨卵。此大楓子，恐另是一種。

楓菌，誤食之，令人笑不休，惟飲地漿可解。

明・李時珍《本草綱目》卷三四木部・香木類 楓香脂《唐本草》

【釋名】白膠香時珍曰：楓樹枝弱善摇，故字從風。俗呼香楓。《金光明經》謂其香爲須薩折羅婆香。頌曰：《爾雅》謂楓爲欇欇，言風至則欇欇而鳴也。梵書謂之薩闍羅婆香。

【集解】恭曰：楓香脂，所在大山中皆有之。頌曰：今南方及關陝甚多。樹甚高大，似白楊。葉圓而作歧，有三角而香。二月有花，白色。乃連着實，大如鴨卵。八月、九月熟時，暴乾可燒。《南方草木狀》云：楓實惟九真有之。用之有神，乃難得之物。其脂爲白膠香，五月斫爲坎，十一月采之。《說文解字》云：楓木，厚葉弱枝善摇。漢宫殿中多植之，至霜後葉丹可愛，故稱楓宸。任昉《述異記》云：南中有楓子鬼。木之老者爲人形，亦呼爲靈楓，蓋瘤癭也。至今越巫有得之者，以雕刻鬼神，可致靈異。保昇曰：王瓘《軒轅本紀》云：黄帝殺蚩尤於黎山之丘，擲其械於大荒之中，化爲楓木之林。《爾雅注》云：其脂入地，千年爲琥珀。時珍曰：楓木枝幹修聳，大者連數圍。其木甚堅，有赤有白，白者細膩。其實成毬，有柔刺。嵇含言楓實惟出九真者，不知即此楓否。孫炎《爾雅正義》云：楓子鬼乃欇木上寄生枝，高三四尺，天旱以泥塗之，即雨也。荀伯子《臨川記》云：嶺南楓木，歲久生瘤如人形，遇暴雷驟雨則暗長三五尺，謂之楓人。宋齊丘《化書》云：老楓化爲羽人。數說不同，大抵癭瘤之說，猶有理也。

香脂【修治】時珍曰：凡用以虀水煮二十沸，入冷水中，揉扯數十次，晒乾用。

【氣味】辛、苦，平，無毒。【主治】癮瘮風痒浮腫，煮水浴之。又主齒痛《唐本》。一切癰疽瘡疥，金瘡吐衄咯血，活血生肌，止痛解毒。燒過揩牙，永無牙疾時珍。

【發明】震亨曰：楓香屬金，有水與火。其性疏通，故木易有蟲穴，爲外科要藥。近世不知，誤以松脂之清瑩者爲之，甚謬。宗奭曰：楓香、松脂皆可亂乳香。但楓香微白黄色，燒之可見真僞。時珍曰：楓香、松脂皆可亂乳香，其功雖次于乳香，而亦仿佛不遠。

【附方】舊一，新十五。吐血不止：白膠香爲散。每服二錢，新汲水調下。《簡要濟衆》。吐血衄血：白膠香、蛤粉等分，爲末。薑汁調服。王璆《百一選方》。吐血咯血：《澹寮方》：用白膠香、銅青各一錢，爲末。入乾柿內，紙包煨熟，食之。○《聖惠方》用白膠香切片炙黄一兩，新綿一兩燒灰，爲末。每服一錢，米飲下。金瘡斷筋：楓香末傅之。《危氏方》。便癰膿血：白膠香一兩，爲末。入麝香、輕粉少許，摻之。《袖珍方》。小兒奶疽：生面上。用楓香爲膏，攤貼之。《活幼全書》。瘰癧軟癤：白膠香一兩化開，以蓖麻子六十四粒研入，待成膏，攤貼。《儒門事親》。諸瘡不合：白膠香、輕粉各二錢，猪脂和塗。《直指方》。一切惡瘡：水沉金絲膏：用白膠香、瀝青各一兩，以麻油、黃蠟各二錢半，同熔化，入冷水中扯千遍，攤貼之。《儒門事親》。惡瘡疼痛：楓香、膩粉等分，爲末。漿水洗淨，貼之。《壽親養老書》。久近脛瘡：白膠香爲末，以酒瓶上箬葉夾末，貼之。《袖珍方》。小兒疥癬：白膠香、黃蘖、輕粉等分，爲末。羊骨髓和，傅之。《儒門事親》。大便不通：白膠香半棗大，鼠糞二枚，研勻，水和作挺。納入肛內，良久自通。《普濟方》。年久牙疼：楓香脂爲末，以香爐內灰和勻。每旦指擦。《危氏得效方》。魚骨哽咽：白膠香細細吞之。《聖惠方》。

木皮【氣味】辛，平，有小毒蘇恭。【主治】水腫，下水氣，煮汁用之蘇恭。煎飲，止水痢爲最藏器。止霍亂刺風冷風，煎湯浴之大明。【正誤】藏器曰：楓皮性澀，能止水痢。蘇云下水腫，水腫非澀藥所療；又云有毒，明見其謬。

【附方】新一。大風瘡：楓子木燒存性研，輕粉等分，麻油調搽，極妙。章貢有鼓角匠病此，一道人傳方，遂愈。《經驗良方》。

根葉【主治】癰疽已成，擂酒飲，以滓貼之時珍。

菌【氣味】有毒，食之令人笑不止，地漿解之弘景。

明・佚名氏《醫方藥性・草藥便覽》 楓樹皮 其性涼。去風散血。葉洗臭爛瘡。

明・梅得春《藥性會元》卷中 楓香脂 味辛、苦，平，無毒。一名白膠香。其菌食之，令人笑不休，以地漿解之。主治癮疹風痒，浮腫齒痛。其皮味辛平，有小毒。主治水腫下氣，煮汁用之。所在大山皆有，五月斫樹，十月採脂。

明・李中立《本草原始》卷四 楓香脂 所在大山皆有之，今南方及關、陝甚多。樹甚高大，似白楊，葉圓而作歧，有三角而香。二月有花，其實作毬，有柔刺，大如鴨卵。其脂爲白膠香。《爾雅》謂楓爲攝攝，言天風則鳴攝攝也。《說文解字》曰：楓，木厚葉弱，枝善搖，故字從風。漢宮中多植之。至霜後，葉丹可愛，故稱楓宸。梵書謂之薩闍羅婆香，俗呼芸香。楓香脂即白膠香。氣味：辛、苦，平，無毒。主治：癮癢風痒，浮腫，煮水浴之。又主齒痛。〇一切癰疽瘡疥，金瘡，吐衄咯血，活血生肌，止痛解毒。燒過揩牙，永無牙疾。

白膠香，《唐本草》。【圖略】係楓木津液，形類乳香，色白而香，堪焚。

修治：楓香脂，以虀水煮二十沸，入冷水中扯數十次，晒乾用。

《簡要濟衆》：治吐血不止，白膠香為散，每服二錢，新汲水調下。

明・李中梓《藥性解》卷五 楓香 味辛、苦，性平，無毒，入脾、肝二經。主辟惡氣，治瘍毒，止齒痛，消風氣，除下痢。止霍亂，退癮疹最捷。一名白膠，一名芸香。按：楓香辛宜走肺，苦宜燥脾，治節得宜，倉廩得令，則惡氣等症，何患其不瘳？

明・繆希雍《本草經疏》卷一二 楓香脂 味辛、苦，平，無毒。主癮疹風癢，浮腫，齒痛。一名白膠香。附：李時珍治一切癰疽，瘡疥，金瘡，吐血，咯血，活血生肌，止痛解毒，燒過揩牙，永無牙疾。

【疏】楓香脂屬金有火，故其味辛苦，氣平，無毒。氣薄味厚，陽中之陰也。入足厥陰，為活血涼血之藥。凡熱則生風，又血熱則壅而發癮疹。風為木化，風火相搏則為浮腫。苦平能涼血熱，兼辛又能散風，故主血熱生風之證。風火既散，則肌肉和而浮腫自消。齒痛亦因風熱上攻，風勢既散則痛自止矣。【主治參互】《袖珍方》治便癰膿血，白膠香一兩為末，入麝香、輕粉少許，摻之。《直指方》諸瘡不合。白膠香、輕粉各二錢，豬脂和塗。《儒門事親》一切惡瘡，水沉金絲膏。用白膠香、瀝青各一兩，以麻油、黃蠟各二錢，同溶化，入冷水中扯千遍，攤貼之。《危氏得效方》年久牙疼，楓香脂為末，以香爐內灰和勻，每旦指擦。楓香，近世為外科要藥，除外科無別用，故不著簡誤。

明・倪朱謨《本草彙言》卷八 楓香脂 又名白膠香。味辛、苦，氣平，無毒。氣薄味厚，陽中之陰也。入足厥陰經。蘇氏曰：楓樹，西南方及閩、陝甚多。樹高大，枝幹修聳，大者連抱數圍，其木甚堅，有赤有白。葉圓而作岐，有三角。三月開花，白色，乃連着實，大如鴨卵，有柔刺。八九月熟時曝乾，其取脂爲楓香脂。五月斫爲坎，烈日灼之，流聚而成。十一月采。又《解字》云：楓木葉厚枝高，善搖，漢宮殿中多植之。至霜後葉紅可愛，故稱楓宸。又《臨川記》云：嶺南楓樹，歲久生瘤，遇雷雨漸長至三五尺，謂之楓人。雕刻鬼神，可極靈異。修治：凡用香脂，入滾水內煮百沸，再入冷水中，揉扯數十次，曝乾用。近世人不識此，誤以松脂明瑩者，甚謬。

楓香脂：摻一切癰毒，排膿止痛，李時珍活血生肌之藥也。楊月江稿 其性疏通，故木易爲蚛穴。入外科方，爲癰疽要藥。又治吐血、衄血不止；又治齒腫、齒痛、齒脹不消。究其味苦，能涼血熱；辛平，能完毒瘡；粘膩，能去風燥。爲散、爲膏、爲丸，外敷內服，隨證制宜可也。

集方：《直指方》治一切惡毒潰瘍，幷破爛不收諸瘡。先以米泔溫水洗淨，用楓香脂、真鉛粉各等分，爲細末摻之。○治便癰膿血不乾。用楓香脂一兩，配輕粉二錢，麝香一分，共研細末，摻之。○《儒門事親》治瘰癧軟癤。用楓香脂一兩，溶化，以蓖麻子肉六十四粒，研入，待成膏攤貼。○《直指方》治諸瘡不合口。用楓香脂、真輕粉各二錢，用猪脂和塗。○韋氏方治金瘡斷筋。用楓香脂爲末敷之。○王璆《百一選方》治吐血、衄血不止。用楓香脂、蛤粉各等分，爲細末，共和勻。每服一錢，柿餅煎湯調下。○韋氏方共三首治齒痛，或腫痛，或脹，或蛀，年久不愈。用楓香脂六錢，香爐內細灰四錢，共研細末。每早晚以指頭蘸藥指擦。○治大風癩瘡。用楓香木皮，燒存性，和輕粉各等分，爲細末，麻油調搽，效。○治水瀉、水痢。用楓香木皮，煎飲立止。

明·鄭二陽《仁壽堂藥鏡》卷二 楓香脂 丹溪云：楓香屬金而有水與火，性疏通，故木易有蟲穴。其液名白膠香，為外科家要藥。近世不知，誤以為楓脂之明瑩者，甚失《本經》之意。《本草》云：味辛、苦，平，無毒。《爾雅》疏云：楓木厚葉柔枝，善搖，一名欇欇，言天風則鳴欇欇也。

明·蔣儀《藥鏡》卷三平部 楓香脂 走肺燥脾而惡氣辟，活血涼血而癮疹平。稍入輕粉、麝香，摻便癰之膿血。量與香灰勻和，擦年久之牙疼。

清·穆石匏《本草洞詮》卷一 楓香脂 楓樹枝弱，善搖，故字從風。木之老者為人形，故為靈楓，越巫有得之者，以雕刻鬼神，能致靈異。味辛苦，氣平，無毒。主活血生肌，止痛解毒，癮疹風痒，浮腫，煮水浴之。蓋其性疏通，為外科要藥。楓香、松脂皆可亂乳香，其功雖次於乳香，而亦彷佛不遠也。

清·劉雲密《本草述》卷二二 白膠香一名楓香脂 樹葉霜後色丹，所謂丹楓是也。漢朝宮殿中多植之，故稱楓宸。頌曰：今南方及關、陝甚多。樹甚高大，似白楊，葉圓而作岐，有三角而香，二月有花，白色，乃連着實，大如鴨卵。八月九月熟時，曝乾可燒。其脂為白膠香，五月斫為坎，十一月采之。

香脂：氣味：辛、苦，平，無毒。主治：吐衄咯血，活血生肌止痛，及一切癰疽瘡疥金瘡。燒過揩牙，永無牙疾時珍。氣方書主治：中風腰痛，行痹痿厥，脚氣泄瀉。

丹溪曰：楓香屬金，有水與火，其性疏通，故木易有蟲穴，為外科要藥。

愚按：楓香脂之味辛，金也。苦，火也。而氣之平者，則亦金也。霜後葉丹者，金為火用也。是則夫火而孕水，故其精氣所凝之脂，必以十一月采之也。丹溪不獨就其味之辛苦，以為屬金與火，且因香脂所采之時，而更以屬水為說也。朱先生其善察物哉。第且以為外科要藥耳，至時珍根於《百一選方》及澹寮諸方而表其功，謂能療吐衄咯血也，似不僅以外治見長，適合於金火水具足之義，以對待血證而不爽者，蓋其實熟於八九月，固其歸於金之氣專，而葉丹於霜後，更金之致火於水，以為精微之化也。致火於水，此仲冬所采之香脂真，為人身化血之神機，並活血之善物也。雖方書以治血證者少，然如《百一選方》及澹寮諸方，實實有精義存焉者矣。且如中風之輕脚丸、伏虎丹，非取其化血乎？蓋風類傷血也。張家飛步丹之治腰痛，諸論治筋脈骨節及諸處疼痛，攣縮不伸之患，是非化血乎？如行同痹之虎骨丹、骨碎補丸、八神丹、一粒金丹，皆治走注疼痛。夫走且注者，風淫而血滯也，故斯證用之為多耳。又痿厥左經丸，治筋骨諸疾，手足不隨，行動不得者，皆是物也。又脚氣抱龍丸，治肝腎臟虛，風淫寒邪流注腿膝，行步艱難，漸成風溼脚氣，足心如火，上氣喘急，小腹不仁，全不進食者，此方中或補虛，或除邪，或導陽，或化陰，而用此味於中，要皆化血以為用，非徒以活血為功也。即斯一方推之，則前諸方之用此者，其義固不遠矣。雖然，更治脾胃虛寒，滑腸久瀉，臍腹疼痛無休止者，有南白膠香散，用御米殼為君，龍骨與膠香為臣，而甘草炮乾薑佐之，然則此中之用，亦以活血而行之乎？是固有藉陰之化，以為陽之守者矣。更因此方而推之前證諸方，又豈得定此味為止於活血乎哉？夫精微之化，条之《內經》所云血者神氣也，非如是得金專氣，復載火致水以為生化之神機乎哉？試即後四方之条之，其不止以活血為功者，更可尋繹也矣。

附方 吐血、衄血，白膠香、蛤粉等分，為末，薑汁調服王璆《百選方》。吐血、咯血，《澹寮方》用白膠香、銅青各一錢，為末，入乾柿內，紙包煨熟，食之。《聖惠方》用白膠香切片，炙黃，一兩，新綿一兩，燒灰，為末，每服一錢，米飲下。金瘡斷筋，楓香末傅之危氏方。諸瘡不合，白膠香、輕粉各二錢，豬脂和塗《直指方》。

修治　宗奭曰：楓香、松脂，皆可亂乳香。但楓香微白黃色，燒之可見真偽。丹溪曰：近時不知，誤以松脂之清瑩者為之，甚謬。　時珍曰：凡用，以虀水煮二十沸，入冷水中揉扯數十次，曬乾用。

清・汪昂《本草備要》卷三　楓脂香即白膠香。宣，調氣血。苦，平。活血解毒，止痛生肌。治血衄咯血，齒痛風疹，癰疽金瘡。外科要藥。色白微黃，能亂乳香，功頗相近。

清・馮兆張《馮氏錦囊秘錄・雜症痘疹藥性主治合參》卷四　楓香脂屬金有火，故味辛、苦，氣平，無毒。入足厥陰。為活血涼血之藥。故主風火相搏，癮疹浮腫，齒痛，諸惡瘡之要藥也。

楓香脂，外科敷貼要藥。主風瘙癮疹最捷，退虛浮水氣尤靈。搽齒齦，止齒痛。大楓子去殼，取仁，其味辛苦，辛能散風，苦能殺蟲，燥濕溫熱，能通行經絡，世人用以治大風癘疾及風癬疥癩諸瘡，悉此意耳。然性熱而燥，傷血損陰，不宜多服。用之外治，其殺蟲疥癬之功，不可備述也。

清・張璐《本經逢原》卷三　楓香脂一名白膠香。　辛、苦，平，無毒。

發明：楓性疏通，故木易蛀，為外科透毒要藥。金瘡筋斷，一味為末傅之。《千金》治欬唾膿血，取其開發肺氣也。血熱生風，齒頰腫痛，為末擦之，燒過揩牙，永無牙疾。

清・王子接《得宜本草・上品藥》　楓香脂　味苦。　主治癮疹瘋癢。得蛤粉、薑汁治吐血衄血。

清・吳儀洛《本草從新》卷三　楓香脂（宣，調氣血。）即白膠香。　辛，平。活血解毒，止痛生肌。治吐衄咯血，齒痛風疹，癰疽金瘡，外科取用甚多。色白微黃，能亂乳香，功亦相近。

清・汪紱《醫林纂要探源》卷三　楓香　苦，鹹，辛，平。楓脂也。亦名白膠香。功用略同乳香。葉經霜則紅。《山海經》謂爲蚩尤桎梏所化。故性亦行血分，去血中之風，兼治吐衄咯血，風疹齒痛。

清・嚴潔等《得配本草》卷七　楓香脂一名白膠香，俗名雲香。　辛、苦，平。入脾肺二經。主風熱之疹，勝肉裏之濕。　搽齒齦，止吐痢，活血生肌，排膿止痛。　配蛤粉、薑汁，治吐衄。　內服多不宜。

題清・徐大椿《藥性切用》卷五　楓脂香　即白膠香。　性味辛平，活血解毒，止痛生肌。能亂乳香，功亦相近。

清・黃宮繡《本草求真》卷八　楓香透毒外出。　楓香耑入肝脾。係楓膏脂所成，結而為香，故曰楓香，又曰白膠香。按楓性最疏通。故木易蛀，外科用以透毒，金瘡末敷即效，筋斷即續。齒頰腫痛，燒灰揩牙甚工。咳唾膿血同藥服之即止，皆取透發病氣之意。時珍曰：楓香、松脂，皆可亂乳香，其功雖次於乳香，而亦髣髴不遠。故能見其皆治也。以虀水煮二十沸，入冷水中，揉扯數十次，晒乾用。

附：琉球・吳繼志《質問本草》外篇卷四　楓樹　癸卯清舶漂到，採此種問之。楓樹。崔華年。楓樹。蔣嵩三。　其冬又漂到，亦問之。楓樹，又名紅葉。徐瞻泰。　甲辰漂到，亦問之。楓樹，又名紅葉。盛煥文。　此種敝邑稱之楓樹，多大木，經霜葉盡皆赤，人種之以賞其秋色，小者為盆玩。其葉數尖，亦有三尖者，先生定為楓樹，則《楚辭》、唐詩所謂江楓、青楓、丹楓之類，皆與此種同乎。唯疑按《本草綱目》《秘傳花鏡》諸書，楓實大如鴨卵，或曰圓如龍眼，是似與此種異。附此種之實，以質如為非楓樹，則係何名，願賜明喻。乙巳，問陸澍。　細閱此種，是為楓樹，實之大小，地之厚薄耳。乙巳，陳倬為代陸澍查。

清・羅國綱《羅氏會約醫鏡》卷一七竹木部　楓脂香　即白膠香。味辛苦，入肝經。活血解毒，外科敷貼要藥。治一切癰疽惡瘡，癮疹風瘙，齒痛，金瘡。或煎洗，或末摻，俱效。色白微黃，能亂乳香，功頗相近。

清・莫樹蕃《草藥圖經》　四角風　四角風即楓樹。能治筋骨瘋症要藥。多用有毒。

清・楊時泰《本草述鉤元》卷二二　白膠香　一名楓香脂。其樹霜後葉丹，南方及關陝甚多。二月花實如卵，至八九月熟時，曝乾可燒。其脂為白膠香，五月斫為坎，十一月采之。

氣味辛苦平。主治吐衄咯血，活血生肌止痛，其性疏通，治一切癰疽，瘡疥金瘡，燒過揩牙，永無牙疾。方書治中風，如輕脚丸、伏虛丹，皆取其化血。腰痛，如張家飛步丹，治筋脈骨節疼痛攣縮不伸，亦取其化血。行痺，如虎骨丹、骨碎補丸、八神丹、一粒金丹，皆治走注疼痛，風淫血滯。痿厥，如左經丸治筋骨手足不隨，行動不得。脚氣，如抱龍丸治肝腎臟虛，風寒流注腿膝，行步艱難，漸成脚氣，足心如火，喘急不仁，全不進食，皆為化血而用，化血義系後論自明。久瀉。楓香屬金有水與火，其性疏通，故木易有蟲穴，為外科要藥。吐血衄血，白膠香、蛤粉等分，為末，薑汁調服。

吐血咯血，白膠香、銅青各一錢為末，入乾柿內，紙包煨熟食之。《聖惠》用白膠香切片炙黃一兩、新棉一兩，燒灰為末，每服一錢，米飲下。金瘡斷筋，楓香末傅之。諸瘡不合，白膠香、輕粉各二錢，猪脂和塗。

論：楓脂味辛，金也；又苦，火也；而氣之平者，亦金也；其葉霜後色丹，金為火用也。夫火而孕水，故精氣所凝之脂，必以十一月采之。丹溪就其味之辛苦以屬金與火，且因所采之時，而更以屬水為説，其善察物哉。大約此品適合於金火水具足之義，以對待血證之上逆者。蓋其實熟於八九月，歸於金之氣專，而葉丹於霜後，更乃金之致火於水以為精微之化也，致火於水，則仲冬所采之香脂，真為人身化血之神機，並活血之善物矣。觀治虛寒久瀉，腹痛無休，有南白膠香散，用御米殼為君，龍骨、膠香為臣，而甘草、炮薑佐之，此非藉陰之化以為陽之守者乎，而豈止以活血為功乎？

辨治：與松脂皆可亂乳香，但楓香微白黃色，燒之可見真僞。以虀水煮二十沸，入冷水中揉扯數十次，曬乾用。

清・吴其濬《植物名實圖考》卷三五 楓 《爾雅》：楓，欇欇。楓香脂，《唐本草》始著錄。楓子如球。《南方草木狀》謂楓實有神，乃難得之物。恐涉附會。江南凡樹葉有叉歧者，多呼為楓，不盡同類。

清・趙其光《本草求原》卷七香木部 楓香脂 又名白膠香。其葉霜後即丹，其脂采於冬。辛苦而平，是金得火以生水，為活血、化血之妙品。故治吐咯衄血，一切癰疽瘡疥，止痛，生肌，解毒，同輕粉、豬膏塗諸瘡不合。金瘡，為末敷之，能續筋。中風腰痛，行痹痿厥，脚氣，皆風淫血滯之病。脾虛久瀉，同粟殼、龍骨、炙草、乾薑，化陰血以為陽之守也。

同綿灰，米飲下；或同蛤粉，以薑汁下；或同銅青為末，入乾柿內煨食，皆止吐衄咯血。又血熱生風，齒頰腫痛，為末擦之；燒過指牙，永無牙疾。

色白微黃，可亂滴乳。今人以松香之清瑩者充之。齏汁煮廿沸，入冷水中，揉扯數十次，曬乾用。

清・文晟《新編六書》卷六《藥性摘錄》 楓香 入肝脾，透毒外出。敷金瘡，止血，續斷筋。○燒灰，指牙，治齒頰腫痛。

清・劉善述、劉士季《草木便方》卷二木部 楓木樹〔油〕 楓油苦平外科宗，癰疽瘡瘍解毒工，金瘡止血生肌妙，牙痛吐血除瘺風。白膠香。

清・戴葆元《本草綱目易知錄》卷四 楓香脂白膠香 辛、苦。煮鍊服，止吐咯衄血。外用活血解毒，生肌止痛。一切癰疽疥癬，金瘡。治癮疹風痒浮腫，煎水浴之。燒過指牙，永無牙疾。

清・陳其瑞《本草撮要》卷二 楓脂香 味苦，入手太陰經，功專療癮疹瘋痒。得蛤粉、薑汁治吐血衄血，外科要品。一名白膠。

路路通

清・趙學敏《本草綱目拾遺》卷六木部 楓果即路路通。 即楓實。一名欇子，乃楓樹所結子也。外有刺毬如栗殼，內有核，多孔穴，俗名路路通。以金箔貼之，村嫗簪於髮，云可明目宜老。出浙臨安縣署後安樂山者，名錢墳楓果，最佳。焚之香鬱，可燻衣辟瘴疫。《綱目》楓脂香，載其木皮不及其實之用，今補之。宜於焚燒，未有入湯液之用。其果冬月即孕楓蠶子於中，交春內生蠶，每果中有一箇，立夏後乃化蛾飛去，入藥取無蟲、陳久者用。《槐西雜志》：楓香果出雲南者，焚之殺鬼去邪，辟瘴瘟。辟瘴却瘟，明目除溼，舒經絡拘攣。周身痹痛，手脚及腰痛，焚之嗅其烟氣，皆愈。熏衣被，可除蚤。敏按：楓果去外刺，皮肉圓如蜂窠，即路路通。其性大能通十二經穴，故《救生苦海》治水腫脹用之，以其能搜逐伏水也。治癬：《德勝堂傳方》：楓木上毬十箇燒灰存性，白砒五釐，共末，香油搽上即愈。臟毒：《古今良方》：路路通一箇，煅存性，研末，酒煎服。

檵花

清・吴其濬《植物名實圖考》卷三八 檵花 一名紙末花，江西、湖南山岡多有之。叢生細莖，葉似榆而小，厚澀無齒，春開細白花，長寸餘，如翦素紙，一朵數十條，紛披下垂，凡有映山紅處即有之。紅白齊炫，如火如荼。其葉嚼爛，敷刀刺傷，能止血。《鄱陽縣志》作檵，未知所本。土音則作雞寄紙末，則因形而名。

篤耨香

明・李時珍《本草綱目》卷三四木部・香木類 篤耨香《綱目》

【釋名】【集解】時珍曰：篤耨香出真臘國，樹之脂也。樹如松形。其香老則溢出，色白而透明者名白篤耨，盛夏不融，香氣清遠。土人取後，夏月以火炙樹，令脂液再溢，至冬乃凝，復收之。其香夏融冬結。以瓠瓢盛，置陰涼處，乃得不融。雜以樹皮者則色黑，名黑篤耨，爲下品。

〔氣味〕缺。〔主治〕面黧䵟黯。同白附子、冬瓜子、白及、石榴皮等分爲末，酒浸三日，洗面後傅之。久則面瑩如玉時珍。

清·王道純《本草品彙精要續集》卷一〇　篤耨香無毒

篤耨香：　主面黧䵟黯，同白附子、冬瓜子、白及、石榴皮等分爲末，酒浸三日，洗面後傅之，久則面瑩如玉《本草綱目》。　〔地〕李時珍曰：　篤耨香，出真臘國樹之脂也。〔苗〕樹如松形，其香老則溢出，色白而透明者名曰篤耨。盛夏不融，香氣清遠。　土人取後，夏月以火炙樹，令脂液再溢，至冬乃凝，復收之，以瓠瓢盛置陰涼處，乃得不融。　雜以樹皮者則色黑，名黑篤耨，爲下品。〔時〕夏融冬結。

膽八香

明·李時珍《本草綱目》卷三四木部·香木類　膽八香時珍曰：　膽八樹生交阯、南番諸國。樹如稚木犀。葉鮮紅，色類霜楓。其實壓油和諸香爇之，辟惡氣。

清·王道純《本草品彙精要續集》卷一〇　膽八香

李時珍曰：　膽八樹，生交阯、南番諸國，樹如稚木，犀葉，鮮紅色，類霜楓。其實壓油和諸香爇之，辟惡氣。

熏陸香

晉·嵇含《南方草木狀》卷中　熏陸香　出大秦。在海邊有大樹，枝葉正如古松，生於沙中，盛夏樹膠流出沙上，方採之。

宋·李昉《太平御覽》卷九八二　薰陸　《抱朴子》曰：　俘焚洲在海中，薰陸香之所出。　薰陸香，木膠也。樹有傷，穿膠因墮，夷人採之，以待估客，所以買不多得者。　所患猛居一切掘獸噉之，此獸斫刺不死，投火中薪盡不燋，以杖打之，皮不傷而骨碎，然後乃死。《廣志》曰：　寄六出交州。　又大秦海邊人，採與賈人易穀，若無賈人，取食之。

宋·龐元英《文昌雜錄》卷一　乳香最難研，先置壁罅中日許，入鉢乃不粘。祠部趙郎中亦云：　研乳香，取指甲三兩片置鉢中，尤易末爾。

宋·沈括《夢溪筆談》卷二六《藥議》　薰陸即乳香也。本名薰陸，以其滴下如乳頭者，謂之乳頭香。　鎔塌在地上者，謂之塌香。　如臘茶之有滴乳、白乳之品，豈可各是一物？

宋·唐慎微《證類本草》卷一二木部上品〔宋·掌禹錫《嘉祐本草》〕　乳香　微溫。　療風水毒腫，去惡氣，療風癮瘮痒毒。　日華子云：　味辛，熱，微毒。下氣，益精，補腰膝，治腎氣，止霍亂，衝惡中邪氣，心腹痛，疰氣。煎膏止痛長肉，人丸散微炒殺毒，得不粘。陳藏器云：　蓋薰陸之類也。其性溫。療耳聾，中風口噤，婦人血氣，能發酒，理風冷，止大腸洩澼，療諸瘡令內消。

〔宋·唐慎微《證類本草》〕《圖經》：　文具沉香條下。《海藥》云：　乳頭香，謹按《廣志》云：　生南海。是波斯松樹脂也。紫赤如櫻桃者爲上，仙方多用辟穀，兼療耳聾中風，口噤不語，善治婦人血氣，能發粉酒，紅透明者爲上。《簡要濟衆》：　催生方：乳香一分黃明者，細研爲末，取母猪血和令勻，丸梧桐子大，每服五丸，酒下。《博濟方》：　治子死腹中。黃明乳香，以端午日午時或歲除夜收猪心血相和，研爲丸如雞頭大，以紅絹袋盛，掛於門上。　如患者，令酒磨下一丸。　又方：　治急慢驚風。乳香半兩，甘遂半兩同研細。每服半錢，用乳香湯調下，或小便調，妙。《靈苑方》：　治甲疽，胬肉裹甲膿血，疼痛不差，凡此疾，須剔去肉中甲，不治亦愈。或已成瘡不差用此法，乳香末，膽礬燒研，等分傅之，肉消愈。　沈存中：　乳香即薰陸香也。如乳頭者爲乳香，榻地者爲榻香。《丹房鏡源》：　乳香啞銅。

宋·唐慎微《證類本草》卷一二木部上品〔《別錄》〕、《嘉祐本草》新分條〕

薰陸香　微溫。療風水毒腫，去惡氣伏尸。

〔梁·陶弘景《本草經集注》〕云：　此合香家要用，不正入藥。

〔唐·蘇敬《唐本草》〕注云：　形似白膠。出天竺、單于國。

〔宋·掌禹錫《嘉祐本草》〕按：　《南方草木狀》云：　出大秦。在海邊，自有大樹生於沙中，盛夏樹膠流出沙上。夷人採取之，賣與賈人。注：《南方異物志》同。其異者，惟云狀如桃膠。

〔宋·唐慎微《證類本草》〕《圖經》：　文具沉香條下。《唐本》：　薰陸香，微溫。去惡氣，惡瘡。出天竺國及邯鄲。似松脂，黃白色，天竺者多白，邯鄲者夾綠色，香不甚。《梅師方》：　治齒蟲痛不可忍。嚼薰陸香咽其汁立差。

宋·鄭樵《通志》卷七六《昆蟲草木略》　薰陸香　即乳香。《南方草木狀》云：　薰陸出大秦國，其木生於海邊沙上，盛夏木膠流出沙中，夷人取之，賣與賈客。沈括云：　乳香即薰陸。如乳頭者為乳香，塌地者為塌香。

金·張元素《潔古珍珠囊》〔見元·杜思敬《濟生拔粹》卷五〕　乳香甘純陰。定經之痛。

宋·劉明之《圖經本草藥性總論》卷下　乳香　微溫。療風水毒腫，去惡氣，療惡核毒腫。日華子云：　味辛，熱，微毒。下氣益精，補腰膝，治腎氣，止霍亂，衝惡中邪氣，心腹痛疰氣，煎膏。止痛長肉，入丸散，微炒殺毒，得不黏。陳藏器云：性溫。療耳聾，中風口噤，婦人血氣，能發酒，理風冷，止大腸洩澼，療諸瘡癤，令內消。《博濟方》治子死腹中。

宋·劉明之《圖經本草藥性總論》卷下　熏陸香　微溫。療風水毒腫，去惡氣伏尸。陶隱居云：惟療惡核毒腫。

宋·陳衍《寶慶本草折衷》卷一二　乳香諸乳香續附。一名乳頭香。○衆方用者，名滴乳香，乃薰陸香之成粒者。生南海及波斯國。○葉庭珪云：斫其木，有脂溢於外，則結聚成者。

味辛，微溫，微毒。○療風水毒腫，去惡氣，療惡核，癮疹痒毒。○日華子云：益精，補腰膝，治腎氣，止霍亂，衝惡中邪氣，心腹痛疰，煎膏止痛長肉。入丸散，微炒殺毒，不粘。○又以竹籜攤乳香，更以籜蓋之，熨斗貯烈火，熨上，籜或焦，則換籜，再蓋再熨，候乳香洋透，去上籜，置風勁處令冷，刮取乳香，或單用，或和衆藥同研，皆易於成細末矣。○陳藏器及《廣註》云：療耳聾，中風口噤，婦人血氣，能發酒，理風冷，止大腸洩澼，療諸瘡癤，令內消。○《圖經》曰：乳香亦南波斯國松木脂，紫赤如櫻桃。分沉香條。○《海藥》云：透明者上。○《簡要濟衆》：催生，乳香細研末，取母豬血和丸梧桐子大，每服五丸，溫酒下。○《博濟方》：治急慢驚風。乳香、甘遂各半兩同研細，每服半錢，用乳香湯調下，或小便調妙。○《靈苑方》：治甲疽努肉，膿血疼痛，用乳香末、膽礬燒研等分傅之，消愈。○寇氏曰：乳香為其垂滴如乳，鎔塌在地者，謂之塌香，皆一也。分沉香條。

續說云：張松謂乳香治心神恍惚、精滑夢遺者，蓋取其柔粘，能佐他藥，以收斂心緒也。惟其柔粘，服之或不中度，必致胸臆填滿，肢體重弱，故《局方》震靈丹以乳香輩和諸剛石，使剛柔相濟，共成其效爾。抑又按《圖經》以參輿論，乃知乳香、薰陸香，均出一木。其木津迸溢，墮於地上，凝塊如白膠者，名薰陸香。其迸溢不墮，垂滴如人乳頭者，名乳香。亦各由土宜而為精麤也。葉庭珪言：乳香之品凡十有三：上等為揀香，形塊如指頭，色淺紅如枇杷，表裏通明，肌體膩澤，燒之芳鬱而灰凝如白艾，入藥最良。次曰瓶乳，形色亞於揀香。又次曰瓶香。瓶香復有上中下三等。又次曰袋香，袋香亦有三等。又次曰乳塌，蓋雜砂石者也。又次曰黑塌，蓋色之黑者也。又次曰水濕黑塌，蓋舟中為水浸漬，氣變而色敗者也。其雜而碎者曰斫削，其簸揚為塵者曰纏末。此乳香之別也。罔世者多糅以松脂、楓脂之屬，□□像真，只肌燥不澤，燒之則松楓脂氣終不能斷，而灰散且黑。○《瑣碎錄》謂乳香同茯苓嚼之俱化成水者為真。亦宜以此說參註焉。

宋·陳衍《寶慶本草折衷》卷一二　薰陸香　又云：一名西香。出天竺國及單于、大秦、邯鄲。○又云：出南印度界阿吒釐國及南蕃。○盛夏木膠流墮沙上。

味辛，微溫，微毒用乳香去。○療風水毒腫，去惡氣伏尸。○《唐本》註云：形似白膠。○又云：去惡氣惡瘡。天竺者多白，邯鄲者夾綠色，香不甚。○《梅師方》：治齒蟲痛，嚼薰陸香，咽其汁，差。○寇氏曰：南蕃者更佳。分沉香條。○製法與製乳香同。

元·王好古《湯液本草》卷五　乳香　苦，陽。《珍》云：定諸經之痛。

元·忽思慧《飲膳正要》卷三　馬思荅吉　味苦，香，無毒。去邪惡氣，溫中利膈，順氣止痛，生津解渴，令人口香。生回回地面，云是極香種類。

元·尚從善《本草元命苞》卷六　薰陸香　形似白膠，出天竺、單于二國。波斯松木脂，紫赤如櫻桃，其名為乳香。薰陸即此類，今人無復別，互為一名耳。益精氣，補腰膝，止霍亂，去邪惡。療風水毒腫，止大腸洩澼。治耳聾，中風口噤。醫婦人血氣攻衝。作膏煎長肌肉止痛，入丸散療癮疹風毒。催生難產，猪血和丸如桐子，酒服七粒。急慢驚風，甘遂為散，同研細，溺調半錢。天竺者多白，單于者夾綠。

元·徐彥純《本草發揮》卷三　乳香　潔古云：辛熱，純陽。補腎，及定諸經之痛。東垣云：乳香，味苦、辛，熱，純陽。療風水腫毒，去惡風心腹痛。丸散用之，微炒殺毒，得不粘。

明·王綸《本草集要》卷四　乳香　味辛苦，氣溫。陽也。入丸散微炒。療風水腫毒，去惡氣，療諸瘡，調血氣，定諸經之痛。治心腹痛，耳聾，中風口噤。又催生。煎膏，止痛長肉。

明·滕弘《神農本經會通》卷二　乳香　乳頭香，即薰陸香。是波斯松樹脂也。紫赤如櫻桃者為上。入丸散微炒，不粘。氣微溫。《湯》云：苦。陽。日華子云：味辛，熱，微毒。東云：療癰止痛。《疌》云：和氣止痛，除霍亂，醫癰，益精暖腎，主中風口噤。珍云：治諸經疼，除惡氣，療風水腫毒，心腹痛。

《本經》云：療風水毒腫，去惡氣，療惡核毒腫。日華子云：味辛，熱，微毒。下氣益精，補腰膝，治腎氣，吐霍亂衝惡，中邪氣，心腹痛，疰氣。煎膏，止痛長肉。入丸散微炒，殺毒，得不粘。《廣誌》云：蓋薰陸之類也。其性溫。療耳聾，中風口噤，婦人血氣。能發酒，理風冷，止大腸洩澼，療諸瘡癤冷，內冷。《海藥》治療與《誌》同。以紅透明者為上。《珍》云：定諸經之痛。劊云：乳香止痛消風腫，邪氣能除補益精。主療諸瘡收洩澼，又調血氣又催生。即《局方》乳香，消風止痛，瘡毒流離。

明・滕弘《神農本經會通》卷二　薰陸香　合香家要。不正入藥。盛夏樹膠流出沙上，形似白膠。出天竺單于國。

《本經》云：微溫。療風水毒腥，去惡氣伏尸。《圖經》云：薰陸、乳香，今人無復別，通謂乳香為薰陸耳。《唐本》云：微溫。去惡氣惡瘡，似松脂黃白色，治齒蟲痛不可忍，嚼陸香，咽其汁，立差。

明・劉文泰《本草品彙精要》卷一七　薰陸香無毒　植生。

薰陸香：主風水毒腫，去惡氣伏屍。名醫所錄。【苗】《圖經》曰：其木生於海邊沙上，盛夏木膠流出沙上，形似白膠，夷人取得賣與賈客，乳香亦其類也。《唐本》注云：出天竺及邯鄲，似松脂，黃白色，天竺者多白，邯鄲者夾綠色，香不甚。《衍義》曰：薰陸香木葉類棠梨，南印度界阿吒釐國出，今謂之西香，南番者更佳。此即今人謂之乳香，因其垂滴如乳，故以名之。熔塌在地者，謂之塌香，皆一類也。【地】《圖經》曰：出天竺、單于二國及大秦國。《衍義》曰：出南印度阿吒釐國。【道地】南番者佳。【時】生：無時。採：無時。【收】陰乾。【用】脂。【質】類白膠香。【色】黃白。邯鄲者夾綠色。【味】辛。【性】微溫，散。【氣】氣之厚者，陽也。【臭】香。【主】去惡氣，除腫毒。【製】用時以繒袋掛於牕隙間，良久取研之，乃不黏也。【治】療：《唐本》注云：去惡氣，消惡瘡。《別錄》云：嚼薰陸香咽其汁，治齒蟲痛不可忍。

乳香：日華子云微毒。植生。乳香，主風水毒腫，去惡氣，療風癮疹癢毒。名醫所錄。【苗】《衍義》曰：木葉類棠梨，南印度界阿吒釐國出，今謂之西香，南番者更佳。此即今謂之乳香，由其垂滴如乳故也。其鎔塌在地者，謂之塌香，其實一也。謹按：木高一二丈，其體大小拱把不一，葉如榆而極大，對生枝間。又有似葉而小者，兩傍附枝如箭翎。然其香即木液流出凝積而成者也。銳氣如皮上錐之，白汁隨出，經久累累，色亦紫赤。蓋薰陸總名也，乳香是薰陸之乳頭也。新出未雜沙土者，謂之乳香，重疊不成乳頭及雜沙土者，謂之薰陸也。舊說出海外，今京都西山及近道多有之。【地】《圖經》曰：出南海波斯國。《別錄》云：出天竺、單于二國。【時】生：無時。採：無時。【收】陰乾。【用】脂明潔者佳。【色】赤黃。【味】辛。【性】微溫。【氣】氣味俱厚，陽也。【臭】香。【主】下氣，止痛。【製】凡使，置蒻上，以灰火烘焙鎔化，候冷，研細用。【治】療：日華子云：下氣，止霍亂，衝惡，中邪氣，心腹痛疰氣。煎膏止痛，長肉。陳藏器云：療耳聾，中風，口噤不語，善治婦人血氣，能發酒，理風冷，止大腸泄澼，療諸瘡，令內消。補：日華子云：益精，補腰膝，治腎氣。【合治】黃明乳香一分，細研爲末，合母豬血和勻，丸如梧桐子大，每服酒下五丸，能催生。○端午日午時或歲除夜，用乳香爲末，收豬心血相和爲丸，如雞頭大，以紅絹袋盛掛於門上，如患子死腹中者，令酒磨下一丸，效。○合甘遂各半兩，同研細末，每服半錢，用乳香湯調下，治急慢驚風，或小便調服亦妙。○爲末，合膽礬燒研等分，治甲疽，胬肉，裹甲膿血，疼痛不瘥，傅之，以肉消爲愈。凡此疾須剔去肉中甲，雖不治亦愈。

明・葉文齡《醫學統旨》卷八　乳香　氣溫，味辛、苦。無毒。純陽。入丸散用之，微炒。　治心腹痛，風水腫毒，補腎；　療諸瘡，調血氣；　定諸經之痛，去惡氣耳聾，中風口噤；　婦人血氣撲跌損傷；　催生煎膏，止痛長肉。

明・許希周《藥性粗評》卷三　乳香定痛於諸經。

乳香，木脂也。《廣志》以為波斯國松脂。沈存中以為即薰陸香也，如乳頭者為乳香，榻地者為榻香。凡以紅透明者為上。入丸散微炒，大略《本草》不載。　味辛，性熱，微毒。主治風水毒腫，疥癩癮疹，中風口噤，霍亂吐瀉，邪氣內疰，惡瘡腫毒，婦人血氣，胎前產後，催生定暈，男子癆傷，下氣生精，補腰膝，壯元陽，內消腫毒，定諸經之痛，凡外科與婦人科所不能闕。

單方：　驚風：　凡患驚風，不拘急慢，乳香、甘遂二味等分，研為細末，每服五分，乳香湯調下，或童子小便調下亦可，俱妙。　腫毒：　凡患甲疽胬肉，無名腫毒，痛不可忍者，乳香并燒過膽礬，二味等分，研末傅之，痛止肉消而愈。

明・鄭寧《藥性要略大全》卷六　乳香　《經》云：下氣益精，補腰膝，治腎氣，吐嘔，霍亂，沖惡中邪氣，心腹痛疰氣。療耳聾，中風口噤，風冷。理婦人血氣，止瀉，消瘡癧，療癰止痛，治瘡攻血。《珍》云：極定諸經之痛，辟邪惡，補精益腎。味辛、苦，氣溫，無毒。陽也。雷公云：用箬葉微炒出油入藥。《宣城本草》云：乳、薰陸香，俱是波斯國松木脂也。

薰陸香　即乳香之同類者。治腎氣，補腰膝，去邪氣，止血痛，療風濕毒腫，伏尸五疰等症。氣微溫。盛夏樹膠也。

明・陳嘉謨《本草蒙筌》卷四　乳香　味辛、苦，氣溫。陽也。無毒。亦出波斯國土，赤松木脂所成。垂滴成珠，綴木未落者，名珠香；滴下如乳，鎔榻地面者，名榻香。珠香圓小光明，榻香大塊枯黯。珠香効速，榻香効遲。凡欲用之，不可不擇。箬盛烘燥，燈草同擂。若合散丸，羅細和入。倘煎湯液，臨熟加調。療諸般惡瘡及風水腫毒，定諸經卒痛併心腹急疼。亦入敷膏，止痛長肉。更催生產，且理風邪。

明・方穀《本草纂要》卷四　乳香　味辛、苦，氣溫，無毒。主療諸瘡，調血氣，止疼痛，解諸毒，長肌肉，軟筋骨，散水氣，療風腫之要藥也。大抵乳香之劑，與諸香用能驅邪辟惡，與歸芎用能調血摧生，與二陳用能補精益氣，與四物用能托裏生肌。此瘡家之聖藥也。如入散藥，須以箬上火炙去油另研。

明・王文潔《太乙仙製本草藥性大全》卷三《本草精義》　乳香　出波斯國土。赤松木脂所成，垂滴成珠，綴木未落者名珠香，滴下如乳鎔榻地面者名榻香。珠香圓小光明，榻香大塊枯黯。珠香效速，榻香效遲。凡用之不可不擇。箬盛烘燥，燈草同擂，若合散丸，羅細和入，倘煎湯液，臨熟加調療。

薰陸香：出天竺、邯鄲。《南方草木狀》：如薰陸，出大秦國。其木生於海邊沙上，形似白膠，類如松脂，黃白色。天竺者色白。邯鄲者夾綠色，香不甚。夷人取得賣與賈客，乳香亦其類也。

明・王文潔《太乙仙製本草藥性大全》卷三《仙製藥性》　乳香　味辛、苦，氣溫，陽也，無毒。主治：補腰膝，益精下氣，止霍亂，邪惡諸疼。療癮瘮惡毒風痒，除中風耳聾口噤。理風冷諸般惡瘡及風水腫毒。定諸經卒痛併心腹急疼。亦入敷膏，止痛長肉；更催生產，且理風邪。補註：催生，用一分黃明者，細研爲末，取母猪血和令勻，丸如梧桐仁大，每服五丸，酒下。治子死腹中，黃明者，端午日午時或歲除夜收猪心血，和丸雞頭大，以紅絹袋盛掛於門上，如患者令酒磨一丸。治急慢驚風，用半兩，甘遂半兩，同研細，每服五分，用乳香湯調下，或小便調更妙。治甲疽，胬肉裹甲，膿血疼痛不差，凡此疾，須剔去肉中甲，不治亦愈。或已成瘡不差，用乳香末，膽礬燒研，等分傅之，肉消愈。太乙曰：用箬葉微炒，出油入藥。薰陸香：氣微溫。主治：療風水腫毒，去惡氣伏尸。補腰膝，霍亂吐瀉。治腎氣邪氣五疰。能治血止痛，理惡氣惡瘡。補註：齒蟲痛不可忍，嚼之，嗾其汁立差。治腎氣，補腰膝，霍亂吐下，衝惡中邪氣，五疰，止痛，治血等藥及膏煎多用之。然至粘難研，用時以繒袋掛於窗隙間良久，取研之，乃不粘。

按：《廣志》云：南波斯國松木脂，自紫赤如櫻桃者，名乳香。蓋薰陸之類也。今人無復別薰陸者，通謂乳香爲薰陸耳。

明・皇甫嵩《本草發明》卷四　乳香上品，君。氣溫，味辛、苦。陽也。無毒。

發明曰：乳香溫經散氣，定諸經之痛，療諸惡瘡而調血氣。故《本草》去惡氣癮疹痒毒及風水腫毒。又云：止心腹痛疰氣，霍亂。熬膏能止痛長肉。又療耳聾，中風口噤。善療女人血氣，更催生。若多服久服，令人骨軟成癱患。出波斯國。赤松木脂，垂滴綴木，香赤如桃膠，名滴乳，效速。蓋薰陸之類。鎔榻[地]面者，揭香。○今市家多以松脂偽造，不可不辨。○凡用，箬葉上烘燥，同燈草擂細，羅，合散丸。入湯藥臨熟加調。如入油熬膏，酒鎔化研爛。

薰陸香上品，微溫。療風水毒腫，去惡氣伏尸。出天竺者多白，出邯鄲者夾綠色。形如白膠者良。如桃膠者尤異。乳香亦其類也，今人無復辨之。

明・李時珍《本草綱目》卷二六菜部・菫菜類　馬思荅吉時珍曰：味苦，溫，無毒。去邪惡氣，溫中利膈，順氣止痛，生津解渴，令人口香。元時飲膳用之，云極香料也，不知何狀。故附之。

明・李時珍《本草綱目》卷三四木部・香木類　薰陸香　乳香《別録》上品

【釋名】馬尾香《海藥》　天澤香内典　摩勒香《綱目》　多伽羅香宗奭曰：薰陸即乳香，爲其垂滴如乳頭也。鎔塌在地者爲塌香，皆一也。時珍曰：佛書謂之天澤香，言其潤澤也。又謂之多伽羅香，又曰杜嚕香。李珣言薰陸是樹皮，乳是樹脂。陳藏器言乳是薰陸之類。寇宗奭言是一物。陳承言薰陸是總名，乳是薰陸之乳頭也。今考《香譜》言乳有十餘品，則乳乃薰陸中似乳頭之一品爾。陳承之説爲近理。二物原附沉香下，宋《嘉祐本草》分出二條，今據諸説，合併爲一。【集解】恭曰：薰陸香形似白膠香，出天竺者色白，出單于者夾綠色，香亦不甚。珣曰：按《廣志》云：薰陸香是樹皮鱗甲，采之復生。乳頭香生南海，是波斯松樹脂也，紫赤如櫻桃，透明者爲上。藏器曰：乳香即薰陸之類也。禹錫曰：按《南方異物志》云：薰陸出大秦國。在海邊有大樹，枝葉正如古松，生于沙中。盛夏木膠流出沙上，狀如桃膠。夷人采取賣與商賈，無賈則自食之。宗奭曰：薰陸木葉類棠梨，南印度界阿吒釐國出之，謂之西香，南番者更佳，即乳香也。承曰：西出天竺，南出波斯等國。西者色黄白，南者色紫赤。日久重疊者，不成乳頭，雜以沙石。其成乳者，乃新出未雜沙石者也。薰陸是總名，乳是薰陸之乳頭也。今松脂、楓脂中，亦有此狀者甚多。時珍曰：乳香今人多以楓香雜之，惟燒之可辨。南番諸國皆有。《宋史》言乳香有一十三等。按葉廷珪《香録》云：乳香一名薰陸香，出大食國南，其樹類松。以斤斫樹，脂溢於外，結而成香，聚而成塊。上品爲揀香，圓大如乳頭，透明，俗呼滴乳。又曰明乳。〔其色亞於揀香。又〕次爲瓶香，以瓶收者。〔又次曰袋香，言收時只置袋中。〕次爲乳塌，雜沙石者。次爲黑塌，色黑。次爲水濕塌，水漬色敗氣變者。次爲斫削，雜碎不堪。次爲纏末，播揚爲塵者。觀此則乳有自流出者，有斫樹溢出者。諸説皆言其樹類松。寇氏言類棠梨，恐亦傳聞，當從前説。道書乳香、檀香謂之浴香，不可燒祀上真。

〔修治〕頌曰：乳性至粘難碾。用時以繒袋掛於窗隙間，良久取研，乃不粘也。大明曰：入丸散，微炒殺毒，則不粘。時珍曰：或言乳香入丸藥，以少酒研如泥，以水飛過，晒乾用。或言以燈心同研則易細。或言以糯米數粒同研，或言以人指甲二三片同研，或言以乳鉢坐熱水中乳之，皆易細。《外丹本草》云：乳香以韭實、葱、蒜煅伏成汁，最柔五金。《丹房鏡源》云：乳香啞銅。

〔氣味〕微温，無毒。大明曰：乳香，辛，熱，微毒。元素曰：苦、辛，純陽。震亨曰：善竄，入手少陰經。〔主治〕薰陸主風水毒腫，去惡氣伏尸，癮瘮癢毒。乳香同功《别録》。乳香治耳聾，中風口噤不語，婦人血氣，止大腸洩澼，療諸瘡，令内消，能發酒，理風冷藏器。下氣益精，補腰膝，治腎氣，止霍亂，衝惡中邪氣，心腹痛疰氣。煎膏，止痛長肉大明。治不眠之才。補腎，定諸經之痛元素。仙方用以辟穀李珣。消癰疽諸毒，托裹護心，活血定痛伸筋，治婦人産難折傷時珍。

〔發明〕時珍曰：乳香香竄，能入心經，活血定痛，故爲癰疽瘡瘍、心腹痛要藥。《素問》云：諸痛癢瘡瘍，皆屬心火是矣。産科諸方多用之，亦取其活血之功爾。陳自明《婦人良方》云：知蘄州施少卿，得神寢丸方于蘄州徐太丞，云婦人臨産月服之，令胎滑易生，極有效驗。用通明乳香半兩，枳殼一兩，爲末，煉蜜丸梧子大，每空心酒服三十丸。李嗣立治癰疽初起，内托護心散，云：香徹瘡孔中，能使毒氣外出，不致内攻也。方見穀部緑豆下。按葛洪《抱朴子》云：浮炎洲在南海中，出薰陸香，乃樹有傷穿，木膠流墮。夷人采之，恒患狤猵獸啖之。此獸斫刺不死，以杖打之皮不傷，而骨碎乃死。觀此，則乳香之治折傷，雖能活血止痛，亦其性然也。楊清叟云：凡人筋不伸者，敷藥宜加乳香，其性能伸筋。

〔附方〕舊五，新二十六。　口目喎斜：乳香燒煙熏之，以順其血脉。《證治要訣》。　祛風益顔：真乳香二斤，白蜜三斤，瓷器合煎如餳。每旦服二匙。《奇效方》。　急慢驚風：乳香半兩，甘遂半兩，同研末。每服半錢，用乳香湯下，小便亦可。《王氏博濟方》。　小兒内釣：腹痛。用乳香、没藥、木香等分，水煎服之。《阮氏小兒方》。　小兒夜啼：乳香一錢，燈花七枚，爲末。每服半字，乳汁下。《聖惠方》。　心氣疼痛：不可忍。用乳香三兩，真茶四兩，爲末，以臘月鹿血和丸彈子大。每温醋化一丸，服之。《瑞竹堂經驗方》。　冷心氣痛：乳香一粒，胡椒四十九粒，研，入薑汁，熱酒調服。《潘氏經驗方》。　陰證呃逆：乳香同硫黄燒烟，嗅之。《傷寒藴要》。　辟禳瘟疫：每臘月二十四日五更，取第一汲井水浸乳香。至元旦五更温熱，從小至大，每人以乳一塊，飲水三呷，則一年無時灾。孔平仲云：此乃宣聖之方，孔氏七十餘代用之也。　夢寐遺精：乳香一塊，拇指大，卧時細嚼，含至三更嚥下，三五服即效。《醫林集要》。　淋癃溺血：取乳香中夾石者，研細，米飲服一錢。《危氏得效方》。　難産催生：《簡要濟衆方》用黄明乳香五錢。爲末，母猪血和丸梧子大。每酒服五丸。○《經驗方》用乳香，以五月五日午時，令一人在壁内奉乳鉢，一童子在壁外，以筆管自壁縫中逐粒遞過，放鉢内研細，水丸芡子大。每服一丸，無灰酒下。○《聖惠方》用明乳香一豆大，爲末，新汲水一盞，入醋少許。令産婦兩手捉石燕，念慮藥三遍乃飲之。略行數步即下。○《海上方》用乳香、朱砂等分，爲末。麝香酒服一錢，良久自下。　咽喉骨哽：乳香一錢，水研服之。《衛生易簡方》。　香口辟臭：滴乳噙之。《摘玄方》。　風蟲牙痛：不可忍者。《梅師方》用薰陸香嚼，嚥其汁，立瘥。○《朱氏集驗方》用乳香豆許安孔中，燒烟筯烙化立止。○又方：乳香、川椒末各一錢，爲末，化蠟和作丸，塞孔中。○《直指方》用乳香、巴豆等分，研和蠟丸，塞之。○《聖惠方》用乳香、枯礬等分，蠟丸，塞之。　大風癘疾：摩勒香一斤，即乳頭内光明者，細研，入牛乳五升，甘草末四兩，瓷盒盛之，安桌子上，置中庭，安劍一口。夜於北極下祝禱，去盒子蓋，露一夜。次日入甑中蒸，炊三斗米熟即止。夜間依前祝露又蒸，如此三次乃止。每服一茶匙，空心及晚食前温酒調服。服後當有惡物出，至三日三夜乃愈也。《聖惠方》。　漏瘡膿血：白乳香二錢，牡蠣粉一錢，爲末，雪糕丸麻子大。每薑湯服三十丸。《直指方》。　斑豆不快：乳香研細，猪心血和丸芡子大。每温水化服一丸。聞人規《痘疹論》。　癰疽寒顫：乳香半兩，熟水研服。顫發于脾，乳香能入脾故也。《仁齋直指方》。　甲疽胬肉：膿血疼痛不愈。用乳香爲末、膽礬燒研等分，傅之，内消即愈。《靈苑方》。　玉莖作腫：乳香、葱白等分，搗傅。《山居四要》。　野火丹毒：自兩足起。乳香末，羊脂調塗。《幼幼新書》。　癧瘍風駁：薰陸香、白斂同研，日日揩之。并作末，水服。《千金方》。　杖瘡潰爛：乳香煎油，搽瘡口。《永類鈐方》。

題明・薛己《本草約言》卷二《藥性本草》　乳香　味辛、苦，氣溫，無毒。陽中之陰，可升可降。行結腫，消瘡毒之用；　利血氣，止諸痛之需。　乳香溫經散氣，故能定諸痛，療惡瘡而調血氣也。○定手足十二經之痛，隨上下部引經藥用之，而尤益腎，補精束胎，然多服胎亦有損。

明・梅得春《藥性會元》卷中　乳香　味辛、苦，氣溫。純陽。無毒。入丸散，微炒用。　主治：　煎膏而生肌止痛，入藥而散腫驅風。去惡氣而治心腹之疼，活血氣而定經絡之痛。癮疹瘍毒能消，中風口噤可療。補腎且能通耳，調氣又可催生。諸瘡及跌撲傷損，非此而痛不能止。

明・李中立《本草原始》卷四　乳香　西出天竺，南出波斯等國。其樹類松，生于沙中，盛夏木膠流出沙上，狀如桃膠。其氣香，其形如乳頭，故名乳香。西者色黃白，南者色紫赤如乳頭。透明者俗呼滴乳，又曰明乳。鎔塌在地，雜沙石者，為塌香，俗呼塌乳。　氣味：　微溫，無毒。主治：　耳聾，中風口噤不語。婦人血氣。止大腸洩澼。療諸瘡，令內消。能發酒，理風冷。○下氣益精，補腰膝，治腎氣，止霍亂，衝惡中邪氣，心腹痛，疰氣。煎膏止痛長肉。○治不眠。○補腎，定諸經之痛。○仙方用以辟穀。○消癰疽諸毒，托裏護心，活血定痛，伸筋。治婦人產難，折傷。

《別錄》上品。【圖略】滴乳。松香可亂乳香，焚之乃辨真偽。　修治：　頌曰：　乳性至粘，難碾。用時以繒袋掛於窗隙處，良久取研，乃不粘也。○大明曰：　入丸散，微炒，殺毒，則不粘。○或言入丸藥，以少酒研如泥，以水飛過，晒乾用。或言以燈草同研易細。或以竹葉上炙之，研易細。

元素曰：　苦、辛，純陽。震亨曰：　善竄，入手少陰經。

明・羅周彥《醫宗粹言》卷四　製乳香、沒藥法　先將乳、沒為粗末，以箬炙之，去油，冷定，用紙包，內壁縫中良久，研如粉。一法以燈心同研。一法研時口念玄胡索即成末。

明・張懋辰《本草便》卷二　乳香　味辛、苦，氣溫，陽也。入丸散微炒。療風水腫毒，去惡氣，療諸瘡，調血氣，定諸經之痛，治心腹痛，耳聾，中風口噤；　又催生，煎膏，止痛長肉。

明・李中梓《藥性解》卷五　乳香　味辛、苦，性溫，無毒，入十二經。主祛邪下氣，補腎益精，治霍亂，催產難，定心腹急疼，療癮瘮風癢，諸般惡瘡，風水腫毒，中風聾噤，亦入敷膏，止痛生肌。瓦上微炒出油，燈草同研用。

按：　乳香辛香發散，于十二經絡無所不入。生南海波斯國赤松脂也，垂滴成珠。綴木未落者，名珠香，圓小光明，效速，滴下如乳。鎔塌地面者，名塌香，大塊枯黯，效遲，用者不可不審。

明・繆希雍《本草經疏》卷一二　乳香　微溫。療風水毒腫。去惡氣，療風癮瘮癢毒。

【疏】乳香得木氣而兼火化。本經微溫，大明辛熱微毒，元素苦辛。氣厚味薄，陽也。入足太陰、手少陰，兼入足厥陰經。風水毒腫，邪干心脾，惡氣內侵，亦由二經虛而邪易犯。癮瘮癢毒，總因心脾為風濕熱邪所干致之。脾主肌肉，而痛癢瘡瘍皆屬心火。此藥正入二經，辛香能散一切留結，則諸證自瘳矣。日華子云：　煎膏止痛長肉。陳藏器云：　治婦人血氣，療諸瘡令內消。則今人用以治內傷諸痛及腫毒，內服外敷之藥，有自來矣。

【主治參互】同紫花地丁、白及、白斂、金銀花、夏枯草、白芷、連翹、貝母、甘菊、甘草、穿山甲、沒藥，治一切癰疽疔腫。　同續斷、牛膝、當歸、紅麯、牡丹皮、沒藥、地黃、川芎，治內傷胸脇作痛。　同沒藥、牛膝、澤蘭、黑豆、蒲黃、五靈脂、延胡索、牡丹皮、山查，治產後兒枕作痛。　入一切膏藥，能消毒止痛。《靈苑方》治甲疽努肉，膿血疼痛不愈。用乳香為末，膽礬燒研，等分傅之，內消即愈。《山居四要》治玉莖作腫，乳香、葱白等分，搗敷。《簡要濟眾方》難產催生，用明乳香為末，取母豬血和丸梧子大。每服五丸，酒下。　【簡誤】癰疽已潰不宜服。諸瘡膿多時未宜遽用。

明・倪朱謨《本草彙言》卷八　熏陸、乳香　味辛、苦，氣溫，無毒。氣厚味薄，陽也。入足太陰、手少陰，兼入足厥陰經。　陳承氏曰：　熏陸香，西出天竺國，色黃白；　南出波斯國，色紫赤。生沙磧中，樹類古松，葉似棠梨。盛夏脂溢皮外，併皮甲剝取，爲熏陸；　脂流之處，垂滴成乳頭者，爲乳香；　斫鑿脂溢成塊者，爲揀香；　流溢自上而下，用瓶接取者，爲瓶香；　淋漓根底，雜砂石者，爲砂塌；　色黑者，爲土塌；　受水浸、色敗氣變者，爲水濕塌；　斫削雜屑者，爲雜末；　播揚如塵者，爲粉纏末。總是熏陸一種分析也。得原采垂滴乳頭，圓明潤澤者爲貴。如脂溢重疊，纍纍然，不成乳頭者，亦即揀香也。修治：　用酒浸，研如泥，如作末，用糯米數粒，或燈心草數莖，或人指甲二三片，共研之，即細如粉。

乳香：活血去風，李時珍舒筋止痛之藥也。金山臺抄陳氏《發明》云：香烈走竄，故入瘍科方，用極多。又跌撲鬥打，折傷筋骨；又產後血氣攻刺，心腹疼痛，恒用此，咸取其香辛走散，散血排膿，通氣化滯，爲專功也。故癰瘍可理，折傷可續，產後瘀血留滯可行，癥塊痞積，伏血冷瘕可去矣。但性燥氣烈，去風活血，追毒定痛，除癰瘍產後及折傷筋骨之外，皆不須用。劉默齋《集要方》云：內托護心散，以乳香徹瘡孔中，能使毒氣外出，不內攻也。又凡病筋不伸者，敷藥嘗加乳香，極能伸筋。又婦人難產，服湯丸散中，嘗用乳香，使胎滑易產。又治諸經卒痛，及心腹久疼，用乳香酒煎服，立時安定。又與諸香同用，能驅邪辟惡。與歸、芎同用，能調血催生。并羌、獨、秦、防，散風濕于血滯；并芎、朮、芷、草，排膿潰以生肌。凡屬血風寒濕痹痛諸疾，不可缺此。

集方：嵇聖水方共二首治跌撲，或鬥打，折傷筋骨。用真乳香、真沒藥各一錢五分，當歸尾、紅花、桃仁各三錢，水煎服。○治跌打潰爛疼痛。用乳香三錢，麻油熬化，冷凝。早晚搽瘡上。○《簡要方》治難產催生。用乳香、沒藥各三錢，俱瓦上焙出油，冬葵子三錢，共爲末，白湯調服，即產。○李念先手集治產後瘀滯不清，攻刺心腹作痛。用乳香、沒藥，俱瓦上焙出油，各三錢；五靈脂、延胡索、牡丹皮、桂枝各五錢，俱炒黃；黑豆一兩，炒成烟炭，共爲末，每服三錢，生薑泡湯調下。○《外科全書》治癰疽腫毒，未成可消，已成排膿定痛。用乳香、沒藥、白芷、連翹、赤芍藥、當歸尾、皂角刺，俱炒；穿山甲，火燒焦，各一錢二分，金銀花二錢，酒水各一碗，煎八分服。○荀完美傳治一切癥塊痞積，伏血冷瘕。用乳香、沒藥，俱瓦上焙出油，各五錢，草烏一錢酒洗炒黃，三稜、莪朮各一兩，酒炒，於白朮一兩五錢炒，共爲末。阿魏五錢，酒頓化，和爲細丸，如黍米大。每早服二錢，酒下。○《方脉正宗》治心胃痛。用乳香、沒藥各一兩，俱瓦上焙出油，拌水研爲細末；玄胡索、木香、白牽牛各五錢，俱焙燥，共爲細末，與乳、沒和勻。每服二錢，白湯調下。○《證治要訣》治中風口眼喎斜。用乳香燒烟熏之，以順其血脉。○王氏《博濟方》治小兒急慢驚風。用乳香瓦上焙出油，甘遂微炒，各五錢，共爲極細末。每用五分，薄荷湯調服。○阮氏方治小兒內釣腹痛。用乳香、沒藥，俱瓦上焙出油，木香各八分，爲細末。用五分，白湯調服。○《梅師方》共三首治風蟲牙痛。用乳香安孔中，燒銀簪頭烙化即止。○治諸般漏瘡，膿血不止。用乳香、沒藥各五錢，瓦上焙出油，牡蠣燒炭三錢共爲末，黃蠟五錢，香油五錢，共熬勻，和丸如黍米大。每服一錢，白湯下。

明·顧逢柏《分部本草妙用》卷二心部·温補 乳香 辛，溫，微毒。明潤者曰滴乳，爲佳。主治：消毒腫，定諸經之痛，護心，活血伸筋。婦人產難，折傷長肌。補腎，療心腹痛。乳香入心經，活血定痛，故爲癰腫、心腹痛及產科多用之。今人多用于外症，以其護心托毒，而不知心氣痛，及將產已產前後，爲緊要之藥。取其潤澤，活血止痛，更不傷神也。何可少廢，有痛症者無痛，內外急需之。

明·李中梓《醫宗必讀·本草徵要下》 乳香味辛，溫，無毒。入心經。箬上烘去油，同燈心研之則細。定諸經之痛，解諸瘡之毒。活血舒筋，和中治痢。諸瘡痛癢，皆屬心火。乳香入心，內托護心，外宣毒氣，有奇功也。但瘡疽已潰勿服，膿多者勿敷。

明·鄭二陽《仁壽堂藥鏡》卷二 乳香 《廣志》云：乳香生南海。色黃透明如乳頭者佳。潔古云：辛熱，純陽。補腎及定諸經之痛。東垣云：乳香味苦、辛，熱，純陽。療風水腫毒，去惡風、心腹痛。入丸散用之。微炒殺毒，得不粘。《博濟方》：治急慢驚風，乳香半兩，甘遂、半夏各半兩，同研細，每服五分，用乳香湯調下，或小便調。箬葉烘燥，燈草同擂。若合丸散，羅細和入。倘煎湯液，臨熟和調。療諸毒惡瘡，定諸經卒痛。亦入敷膏，止痛長肉。定痛，走氣分。

明·張景岳《景岳全書》卷四九《本草正》 乳香 味苦、辛，性溫，微熱。辟邪惡諸氣，治霍亂，通血脉，止大腸血痢疼痛，及婦人氣逆血滯，心腹作痛，消癰疽諸毒，托裏護心，活血定痛，舒筋脉，療折傷。煎膏止痛長肉。

明·盧之頤《本草乘雅半偈》帙八 熏陸香《別錄》上品 氣味：苦、辛，微溫，無毒。主治：主風水毒腫，去惡氣伏尸，癮瘮癢毒。乳香同功。

覈曰：熏陸香，西出天竺，南出波斯等國。生沙磧中，樹類古松，葉類棠梨。盛夏脂溢皮表，并皮鱗甲剝之為熏陸；溢脂之處垂滴乳頭為乳香；斫鑿其樹，脂流成塊為揀香；用缾接貯為缾香；淋瀝根底，雜砂石為乳塌；色黑為黑塌；水浸色敗氣變為水濕塌；斫削雜屑為雜末；播揚成塵為纏末。熏陸一種，近不易得，得原采垂滴乳頭，圓明潤澤者為貴。故內典謂之天澤香，言其溫潤麗澤也。天竺國者色黃白，波斯國者色紫赤。日久者溢脂重疊，纍纍然，不成乳頭者，即揀香也。修事：　置繒囊內，掛窻隙良久，取研則不粘易碾；　或同酒研如泥，水飛晒乾；　或糯米數粒，或燈心草數莖，或人指爪甲二三片，並研之亦易細。

条曰：　火煙上出曰熏，四時日月經行之地曰陸。合生成功用，命名熏陸。顧盛夏脂溢皮表，効機衡之夏日在膚，泛泛乎若萬物之有餘，所愛在外也。故主逆機衡之自下而上，從內而外，致交通不表，惡氣不發，風雨不節，菀槁不榮者。仍使與萬物順浮沉于生長之門，功用頗捷。

明・李中梓《本草通玄》卷下　乳香　辛而微溫。　以活血和氣為功，故能定諸經之痛。內消腫毒，托裏護心，生肌止痛，去風舒筋，止痢催生。一名薰陸香。以酒研如泥，水飛晒乾。或同燈心研，則易細。

清・顧元交《本草彙箋》卷五　乳香　香竄，入手少陰經，活血定痛。《經》云諸痛癢瘡，皆屬心火，是也。產科諸方，亦多用以活血。《抱朴子》云：　浮炎洲在南海中，出薰陸香。乃樹有傷穿，木膠流墮。夷人采之，恒患猾猸獸啖之。此獸斫刺不死，以杖撲之皮不傷，而骨碎乃死。觀此，則乳香之治折傷，不但活血止痛，亦其性然也。楊清叟云凡人筋曲不伸，敷藥宜加乳香，其性能伸筋。

內托護心丹，用菉豆粉淨末一兩，加硃砂二錢半，乳香一錢半，每服三錢，新汲水濃調，食後服。蓋乳香香徹瘡孔中，能使毒氣外出，不致內攻。漏瘡膿血，以白乳香三錢，牡蠣粉一錢，爲末，雪糕丸麻子大，每薑湯服三十丸。

清・穆石鉋《本草洞詮》卷一一　乳香　垂滴如乳頭，故名。佛家謂之天澤香，出西天竺，南出波斯等國。西者色黃白，南者色紫赤。《宋史》言乳香有一十三等也。味辛苦，氣溫，無毒。一云微毒。入手少陰經。消癰疽諸毒，托裏護心，活血定痛，伸筋，治婦人產難，折傷。蓋乳香香竄，能入心經，故為癰疽瘡瘍、心腹痛要藥。《素問》云諸痛癢瘡瘍，皆屬心火是矣。李嗣立有內托護心散，云香徹瘡孔中，能使毒氣外出，不內攻也。楊清叟謂凡筋不伸者，敷藥宜加乳香，極能伸筋。婦人臨產月服之，胎滑易生，極驗。乳香一名薰陸香。《抱朴子》云：　浮炎洲出薰陸香，乃樹有傷穿，木膠流墮，夷人采之，怕患猾猸獸食之，此獸斫刺不死，以杖打之，皮不傷而骨碎，乃死，觀此則乳香之治折傷，亦其性然也。至粘難碾，以繒袋掛窗隙間良久，取研不粘，或少酒研如泥，水飛過，晒乾用。

清・劉雲密《本草述》卷二二　乳香　承曰：　西出天竺，南出波斯等國。西者色黃白，南者色紫赤。日久重疊者，不成乳頭，雜以沙石。其成乳者，乃新出未雜沙石者也。薰陸是總名，乳是薰陸之乳頭也。今松脂、楓脂中，亦有此狀者甚多。　葉廷珪《香錄》云：　乳香，一名薰陸香。出大食國南，其樹類松，以斤斫樹，脂溢於外，結而成香，聚而成塊。上品為揀香，圓大如乳頭，透明，俗呼滴乳，又曰明乳。次為瓶香，以瓶收者。次為乳塌，雜沙石者。次為黑塌，色黑。次為水溼塌，水漬色敗氣變者。次為斫削，雜碎不堪。次為纏末，播揚為塵者。　時珍曰：　乳香今人多以楓香雜之，惟燒之可辨。　氣味：　微溫，無毒。　日華子曰：　乳香，辛熱，無毒。　潔古曰：　苦辛。純陽。乳香嘗之無味，但最後有微辛耳。猶恐其所市者不真，第《本經》止言氣微溫，而不言味，則其無味也，是或然矣。潔古謂苦辛者，須再審之。　丹溪曰：　善竄入手少陰經。

主治：　活血伸筋，定諸經之痛，療風水毒腫，中風口噤不語，止霍亂，衝惡中邪氣，心腹痛，止大腸洩澼，下氣益精，補腰膝，治腎氣，療癰疽諸毒，內消托裏護心。煎膏止痛長肉，治女子血氣並產難。　易老曰：　補腎。　時珍曰：　乳香入心經，活血定痛，宜為癰疽瘡瘍心腹痛要藥。《素問》固云：諸痛癢瘡瘍，皆屬心也。產科諸方多用之，亦取其活血之功爾。按《抱朴子》云：　浮炎洲在南海中，出薰陸香。乃樹有傷穿，木膠流墮。夷人采之，恒患猾猸獸啖之，此獸斫刺不死，以杖打之，皮不傷，而骨碎乃死。觀此，則乳香之治折傷，雖能活血止痛，亦其性然也。楊清叟云：　凡人筋不伸者，敷藥宜加乳香，其性能伸筋。　能曰：　此藥與諸香並用能驅邪辟惡。與歸、芎同用能調血催生，合二陳能補中益氣，和四物能托裏生肌。　希雍曰：　乳香得木氣而兼火化，氣厚味薄，陽也，入足太陰、手少陰，兼入足厥陰經。

同紫花地丁、白及、白斂、金銀花、夏枯草、白芷、連翹、貝母、甘菊、甘草、穿山甲、沒藥，治一切癰疽疔腫。　同續斷、牛膝、當歸、紅麴、牡丹皮、沒藥、地黃、川芎，治內傷胸脇作痛。　同沒藥、牛膝、澤蘭、黑豆、蒲黃、五靈脂、延胡索、牡丹皮、山查，治產後兒枕作痛。　入一切膏藥，能消毒止痛。

愚按：　乳香係南番樹脂。　在《本經》言其氣微溫，而日華子謂為辛熱，潔古且云苦辛純陽。　夫脂液皆水，所稟之氣以化也。　人身之血液，何嘗不本於氣乎？弟血本於陰，而化於陽，詎此味乃為純陽而無陰？以入人身之血分，是專行化化之機以活血，即以致血分無窮之用者也。其主風水毒腫，中風口噤不語，此固風臟即血臟，其治療易知也。至於止霍亂，衝惡中邪氣，心腹痛，止大腸洩澼等證，是從血而達氣，反由陰而化陽也，至又謂其下氣益精，補腰脊，治腎氣，即易老亦云補腎也，則又達陽歸陰矣。然其義若何？曰：此味入手少陰心，心主血脈，能通十二經，心與腎呼吸相應，能活血則血以化而生，血生化而經脈和調，即能入腎之血海，而腎氣由之以生化，氣盛則化精，精盈則益氣，此所謂治腎氣益精諸證，易老所謂補腎者也。夫心屬火，然生血以達氣。腎屬水，然生氣以化血，此入手少陰，由血而達氣者，乃謂能致其無窮之用者也。然心腎生化之交，原有神機。《經》曰：血者，神氣也。不可以互条乎？如泛謂其活血，於物理亦屬不察，如以癰疽瘡瘍，指此為要藥，而不悉其更有所用也，則粗甚矣。

附方　心氣疼痛不可忍，用乳香三兩，真茶四兩，為末，以臘月鹿血和丸彈子大，每溫醋化一丸，服之。　滑胎易產，乳香五錢，枳殼一兩，為末，蜜丸梧子大，空心酒下三十丸。　難產催生，用乳香、硃砂等分，為末，麝香酒服一錢，良久自下。　希雍曰：癰疽已潰不宜服。諸瘡膿多時，未宜遽用。

修治　有謂波斯國赤松木脂垂滴成珠，綴木未落者，名珠香。滴下如乳，鎔塌地面者，名塌香。珠香圓小光明，塌香大塊枯燥，以珠香取效。紫赤色為良，恐不可得。黃色而明瑩如滴乳者，箬盛烘燥，燈草同擂，若合散丸，羅細和入。倘煎湯液，臨熟加調。

清·郭章宜《本草匯》卷一五　乳香即熏陸香　味辛、苦，溫，微毒。純陽，可升可降，入足太陰、手少陰，兼入足厥陰經。行結腫，消瘡毒之用。活血氣，止諸痛之需。舒筋散氣，托裏護心。

按：乳香辛熱善竄，入心經，定十二經之痛，隨血氣上下部引經，故為外科要藥。《素問》云：諸痛癢瘡，皆屬心火。乳香內消腫毒，外宣毒氣，活血甚有奇功。乳香活血，沒藥散血，故外科方中，每相兼用。但瘡疽已潰者，勿服。膿多者，勿敷。性能伸筋，故凡人筋不伸者，敷藥必用也。入一切膏藥，能消毒止痛。同續斷、牛膝、當歸、紅麯、丹皮、沒藥、地黃、川芎，治內傷胸脇作痛。同紫花地丁、白及、白歛、金銀花、夏枯草、白芷、連翹、貝母、甘菊、甘草、穿山甲、沒藥，治一切癰疽疔腫。

產波斯，乃赤松木脂所成。色白，箬上烘去油，同燈心研則易細，或以酒研如泥，水飛晒乾。

清·蔣居祉《本草擇要綱目·熱性藥品》　乳香　氣味：微溫，無毒。純陽，入手少陰心經。主治：活血定痛，療風水毒腫，癮疹癢毒，止霍亂中惡，中邪氣，托(理)〔裏〕護心，活血伸筋，治婦人產難折傷。蓋乳香香竄能入心經，故內托護心散用之，透徹瘡孔中，使毒氣外出，不致內攻也。

清·褚人獲《堅瓠集》卷二　乳香辟瘟　孔平仲云：天行瘟氣，人多遘疾，宣聖軫念世人，遺有良方，孔氏今經七十餘代而不患時疾，用此方也。其方于每年臘月二十四日五更取井花水，平旦第一汲者，盛淨器中，計家中人口多少浸乳香，至元旦五更，暖令溫，從幼小起，至長老，每人以乳香一小塊，飲水三口嚥下，則不染時症矣。

清·王翃《握靈本草》卷八　乳香出波斯國。即薰陸香。假者用白膠香及松脂亂之，燒之可辨真偽。其功用亦相似，惟圓大如乳頭透明者佳。入丸散微炒則不粘。　主治：乳香，微溫，無毒。消癰疽，托裏護心，活血定痛，伸筋。治婦人產難。煎膏，止痛長肉。治不眠。

清·汪昂《本草備要》卷三　乳香一名薰陸香。宣，活血，伸筋。　香竄入心，苦溫補腎，辛溫通十二經。能去風伸筋，筋不伸者，敷藥加用。活血調氣，托裏護心，香徹瘡孔，能使毒氣外出，不致內攻。生肌止痛。治心腹諸痛，口噤耳聾，癰疽瘡腫，產難折傷。皆取其活血止痛。亦治癲狂。以能去風散瘀。《靈苑》辰砂散：辰砂一兩，乳香、棗仁各五錢，酒下，恣飲沉醉，聽睡一二日勿動，驚醒則不可治。《本事》加人參一兩，名寧志膏。　出諸番。如乳頭明透者良。市人多以楓香僞之。性粘難研，水飛過，用鉢坐熱水中研之，或用燈心同研則易細。

清·李世藻《元素集錦·本草發揮》　乳香　性能伸筋，凡手足大筋拘攣，與萆薢、薏苡仁同用，大有功效。何湯藥方中不見加用？

清·陳士鐸《本草新編》卷四　乳香　味辛、苦，氣溫，陽也，無毒。入脾、肺、心、肝、腎五臟。療諸般惡瘡及風水腫毒，定諸經卒痛併心腹急疼。亦入敷膏，止痛長肉。更催生產。且理風邪，內外科皆可用。大約內治止痛，實為聖藥，研末調服最神。

或問：諸痛皆屬于火，而乳香性溫，宜與痛病不相合，何以定諸經之卒痛耶？蓋乳香氣雖溫，而味實苦，溫為熱，而苦為寒。氣溫則先入于火之中，相合而不相礙；味苦則後居于痛之內，相制而不相違。此所以能定諸痛，而無不宜也。

清·顧靖遠《顧氏醫鏡》卷八 乳香辛，溫。入心脾肝三經。箬上烘去油，同燈心研之則細。活血止諸痛，故心腹腰脇，四肢經絡諸痛，皆用以活血止痛。托毒消諸腫。內托護心，外宣毒氣，能消癰疽，腫毒諸瘡，乳沒煎膏，消毒止痛長肉。產後折傷共宜，舒筋治痢均求。皆取其活血之功。癰疽已潰不宜服，膿多者勿敷。

清·李熙和《醫經允中》卷一七 乳香 明潤者曰滴乳，為佳。辛，溫，微毒。主治消腫毒，定諸經之痛。又護心活血，長肌。今人多用于外科，而不知治心氣痛及胎產前後之要藥，取其活血止痛，更不傷神也。癰疽已潰及膿多者弗用。

清·馮兆張《馮氏錦囊秘錄·雜症痘疹藥性主治合參》卷四 乳香得木氣而兼火化。苦、辛，微溫，無毒。入足太陰、手少陰，兼入厥陰經。故其所治，皆三經之病也。○箬上烘去油，同燈心研則細。

乳香，諸經卒痛，心腹急疼，諸般惡瘡，一切腫毒，一切疼痛，惡痢殊痛，刮腸，痛風異常楚毒，護心活血，解毒生肌，產科亦用。然乳香功專生血而主心，沒藥功專散血而主肝。

主治痘疹合參：去惡氣，調血氣，定諸經之痛，內消腫毒，外宣毒氣。性能伸筋，故筋不伸者，敷藥必用也。凡痘後餘毒，諸瘡潰癰，生肌止痛皆用。然瘡癰已潰者勿服，膿血過多者勿敷。以其辛香，走竄氣血，更有利水淡滲之功耳。

清·张璐《本經逢原》卷三 薰陸香即乳香 苦、辛，微溫，無毒。以酒研如泥，水飛晒乾，或箬上焙去油，同燈心研易碎。 發明：乳香香竄，能入心經，活血定痛，故為癰疽瘡瘍要藥。諸痛癢瘡，皆屬心火也。產科諸方多用之，亦取其活血調血之功耳。凡人筋不伸者，薰洗敷藥，宜加乳香，其性能伸筋也。瘡疽潰後勿服，膿多勿敷，胃弱勿用。

清·浦士貞《夕庵讀本草快編》卷五 薰陸香、乳香《別錄》 薰陸即乳香，為其垂滴如乳頭也。《嘉祐》分為二物，不察甚矣。 乳香苦辛，純陽善竄，入手少陰藥也。而為活血定痛，消癰催產之劑。又治中風口噤不語，伏尸惡氣，及不得眠者。蓋取其開心竅則神自寧，諸痛癢瘡亦屬心也。而日華言其補腎益精，舒筋接骨，大腸泄澼，風水毒腫者，謂命門與心主同為火化，心液下交，腎水得濟，故兼轄矣。丹溪有云乳香啞銅，得非火尅金之證耶？

清·周垣綜《頤生秘旨》卷八 乳香 溫經散氣，調血定痛之藥也。服之止心腹諸痛，摻之生瘡瘍肌肉。

清·王子接《得宜本草·中品藥》 乳香 味苦、辛。入手少陰經。功專活血伸筋。得枳殼令胎滑易產，得真茶、鹿血治心氣疼痛。

清·黄元御《玉楸藥解》卷二 乳香 味辛，微溫。入足厥陰肝經。活血舒筋，消腫止痛。乳香活血行瘀，治心腹疼痛，消癰疽結腫，散風癩瘙癢，平跌打潰爛，止口眼喎斜，舒筋脈攣縮。炒乾研用。

清·吴儀洛《本草從新》卷三 乳香〔宣，活血舒筋。〕一名熏陸香。苦，溫，辛香善竄。入心。通行十二經，能去風伸筋，筋不伸者，敷藥加用。調氣活血，托裏護心，香徹瘡孔，能使毒氣外出，不致內攻。生肌止痛。治心腹諸痛，口噤耳聾，癰疽瘡腫，產難折傷，皆取其活血止痛。亦治癲狂，能祛風散瘀，《靈苑》〔沈存中《靈苑方》。〕辰砂散，辰砂一兩，乳香、棗仁各五錢，酒下，恣飲沉醉，聽睡一二日，勿動，驚醒則不可治。《本事方》加人參一兩，名寧志膏。止泄痢。瘡疽已潰勿服，膿多勿敷。出諸番。圓大如乳頭，明透者良。今松脂、楓脂中亦有此狀者，市人或以偽之。性粘難研，水飛過，用鉢坐熱水中，以燈芯同研則易細。

清·汪紱《醫林纂要探源》卷三 乳香 ○苦，鹹，辛，溫。木汁也。木形不可知。出南番。似楓香，凝如乳頭，色明透者佳。以燈心同炒則易研細。補肝祛風，去血中之風，伸筋行血，治口噤耳聾，癰疽瘡腫，折傷。補心寧神，能護心，使毒氣不犯。調心氣，散瘀血，通神明，解鬱熱。治心腹諸痛，癲狂失心。生肌止痛。能生肌者，氣安和也。外科尤多用之。

清·嚴潔等《得配本草》卷七 乳香 辛、苦，溫。入手少陰經氣分。去風伸筋，活血除痢，并療痘後餘毒，并治跌打損傷。 得膽礬，燒研，敷甲疽努肉。得鹿血、真茶，治心腹氣痛。配綠豆、朱砂，研調水服，托裏護心。毒氣外出，不致內侵。佐棗仁，治膽虛不眠。佐枳殼，令胎滑易產。 箬上烘去油，同燈心研則細。

題清·徐大椿《藥性切用》卷五 滴乳香 一名薰陸香。苦溫辛香，入心而通行十二經。活血舒筋，祛風止痛，為(始)〔治〕痺活絡耑藥。生研用。

清·黄宮繡《本草求真》卷七 乳香入心行氣，活血止痛。 乳香耑入心，兼入脾、胃、腎。即書所云薰陸香者是也。香竄性溫不潤，諸書曷言於血有補。詎知血因氣逆，則血凝而不通，以致心腹絞痛，毒因氣滯，則血聚而不散，以致痛楚異常。乳香香竄入心，既能使血宣通而筋不伸，楊瘦清云：凡人筋不伸者，敷藥宜加乳香，其性能伸筋。復能入腎溫補，使氣與血互相通活，俾氣不令血阻，血亦不被氣礙，故云功能生血，究皆行氣活血之品耳。非如沒藥氣味苦平，功專破血散瘀，止有推陳之力，而無致新之妙。是以書載乳香功能活血調氣，托裏護心，用入瘡孔，能使毒氣外出，不致內攻也。生肌止痛，治心腹諸痛，口噤耳聾，口噤，燒烟以薰。癰腫折傷癲狂。治癲狂，用靈仙、辰砂、乳香、棗仁酒下。恣飲沉醉，聽睡，或加人參內人，名寧志膏。但遇癰疽已潰，及膿血過多者，不可妄投，恐其復開走洩之路，其意已可見矣。豈若當歸辛潤，而為補血第一要藥也。出諸番，如乳頭，明透者良。惟粘難研，水飛過，用缽坐熱水研之。或用燈心同研，則易細，市人多以楓香偽售，勿用。

清·沈金鰲《要藥分劑》卷二　乳香　【略】鰲按：赤白痢腹痛不止者，加入乳香，無不效。

清·羅國綱《羅氏會約醫鏡》卷一七竹木部　乳香　味辛溫，入心經。箬上烘油用。去惡氣，調氣血，辛溫通十二經絡。能去風舒筋，筋不伸者，敷藥加用。解諸瘡之毒，活血調氣，托裏護心，香徹瘡孔，能使毒氣外出，不致內攻。惡痢腹痛活血。亦治癲狂。方載本門。諸瘡痛癢皆屬心火，乳香生血主心，托毒外宣，大有奇功。但辛香走竄氣血，瘡已潰者勿服，膿血多者勿敷。出諸番，明亮者良。市人多以楓香偽之。性粘難研，用缽坐熱水中研之，或用燈芯同研。

清·趙學敏《本草綱目拾遺》卷六木部　馬思荅吉《五雜俎》：出西域，似椒而香酷烈，彼土以當椒用，主開胃消食，破積除邪。

清·黃凱鈞《藥籠小品》　乳香　苦辛，溫，入心通十二經，去風伸筋，調氣活血，托裏護心，生肌止痛。癰疽瘡腫，瘡疽已潰勿服。

清·王龍《本草纂要稿·木部》　乳香　氣味辛苦而溫。定諸經卒痛，併心腹急疼。療諸般惡瘡及風腫水毒，更催生產。且理風邪，亦入敷膏止痛長肉。

清·張德裕《本草正義》卷上　乳香　苦辛，溫。通血脈，止大腸血痢疼痛，婦人氣逆血滯，心腹作痛，消癰疽，托裡護心，活血止痛。煎膏，止痛長肉。

清·楊時泰《本草述鉤元》卷二二　乳香　西出天竺者色黃白，南出波斯等國者色紫赤，其樹類松，以斤斫樹，脂溢於外，結而成香，聚而成塊。薰陸是總名，乳是薰陸之乳頭。透明者滴乳，新出未雜沙石者。次為乳塌，日久重疊不成乳頭者。雜沙石者黑塌。今人多以楓脂雜之，但乳色紫赤，楓脂微白而黃，燒之亦可辨。又水濕塌，乃水漬色敗氣變者，不堪用。

氣微溫，嘗之無味。純陽，善竄。入手少陰，兼入足厥陰、足太陰經。主治活血伸筋定痛，療風水毒腫，中風口噤不語，止霍亂，衝惡中邪氣，心腹痛，止大腸洩澼，下氣益精，補腎補腰膝，治腎氣，療折傷。南海中浮炎洲出薰陸香，夷人采之，恒患猪猸獸啖之，此獸斫刺不死，以杖打之皮不傷，而骨碎乃死，觀此則乳香之治折傷，由能活血止痛，亦其性然也。凡癰疽諸毒，內消托裏護心，煎膏止痛長肉，治女子血氣並產難。得木氣而兼火化，陽也仲淳。同諸香用，驅邪辟惡。同歸、芎用，調血催生。合二陳能補中益氣，和四物能托裏生肌。同紫地丁、白及、白斂、金銀花、夏枯草、白芷、連翹、貝母、甘菊、甘草、穿山甲、沒藥，治一切癰疽、疔腫。同續斷、牛膝、當歸、紅麴、地黃、丹皮、川芎、沒藥，治內傷胸脇作痛。同沒藥、澤蘭、牛膝、黑豆、蒲黃、五靈脂、延胡、丹皮、山查，治產後兒枕作痛。心氣痛不可忍，乳香三兩、真茶四兩為末，以臘月鹿血和丸彈子大，每溫醋化一丸，服之。滑胎易產，乳香五錢、枳殼一兩，為末，蜜丸梧子大，空心酒下三十丸。難產催生，乳香、朱砂等分，為末，麝香少許，酒服一錢，良久自下。

論：乳香係南番樹脂，得木氣而兼火化，其氣微溫，而日華子謂為辛熱，潔古且云純陽。夫脂液皆稟水氣以化，此味乃純陽而無陰，以入人身血分，是專行化化之機以活血，即以致血分無窮之用者也。其主風水毒腫，中風口噤，固因風臟即血臟。而止霍亂，中惡心腹痛，大腸洩澼等證，則是從血而達氣，反由陰而化陽矣。至謂其下氣益精，補腰脊，治腎氣，則又達陽而歸陰矣。蓋此味入心，心主血脈，通十二經，與腎呼吸相應，能活血，則血以化而生，血生化而經脈和調，即能入腎之血海，而腎氣由之以生化，氣盛則化精，精盈則益氣，此所謂治腎氣益精而補腎者也。夫心屬火，生血乃以達氣，腎屬水，生氣乃以化血，此入手少陰由血而達氣所由，能致其無窮之用乎。

癰疽已潰，不宜服，諸瘡膿多時，未宜遽用仲淳。

辨治：紫赤色者良，恐不可得，取黃色明瑩者。箬盛烘燥，燈草同擂，若合丸散，羅細和入，倘煎湯液，臨熟加調。

清・葉桂《本草再新》卷四　乳香味辛，性溫，無毒。入心經。　善竄入心，通十二經，去風伸筋，調氣活血止痛。

清・趙其光《本草求原》卷七香木部　乳香即熏陸香。南番脂，本於陰水。苦，溫，達心肝氣。無毒。能由血達氣。即達陽歸陰，故活血調氣，血本於陰而化於陽。主風水毒，中風，口噤不語，皆肝血之病。止霍亂邪惡腹痛，腸澼，從血達氣之功。通十二經。心主血，血生化，經脈自調。下氣益精，補腰脊，治腎氣，心屬火，生血以達氣；腎屬水，生氣以化血。二者相應，能入腎之血海以化氣，氣盛則化精，精盈則氣益。故《經》曰：血者，神氣也。伸筋，筋不伸者，敷藥加之。療癰疽毒腫，生肌止痛，諸痛癢瘡皆屬於心，血活氣行之效。托裏護心。香徹瘡孔，使毒氣外出不致內攻。女子血氣並產難，折傷，猪猸獸食之，杖打而皮不傷，故功專折傷。治耳聾、癲狂。靈苑辰砂散去風散瘀。辰砂一兩，乳香、棗仁各五錢，酒下。肆飲極醉，聽睡勿驚，驚醒則不治。或加參，名寧志膏。

同諸香，驅邪辟惡。同歸、芍，調血催生。合二陳，補中益氣。同四物，托理生肌。同真茶，以鹿血為丸，醋下，止心氣痛。同枳殼或辰砂、麝末酒下，催生。瘡潰及膿多忌用。

如乳頭紫赤者良，明黃者次之。酒研水飛，曬乾；或者盛焙去油，以鉢坐熱之中，燈心同研。

清・文晟《新編六書》卷六《藥性摘錄》　乳香　香竄，性溫。入心，兼入脾、肺、腎。行氣活血，止痛。○治心腹諸痛，耳聾，癰疽，折傷。○若口噤，則燒煙以熏之。○但癰疽已潰，及膿血過多者，不可妄投。○以燈心同研，則易碎。

清・張仁錫《藥性蒙求・木部》　乳香錢半、二錢　乳香辛溫，活血舒筋。通行經脈，止痛尤神。苦，溫。辛香善竄，入心，通行十二經。能祛風伸筋，調氣活血，托裏護心，生肌止痛，治心腹諸痛，產難折傷。沈氏曰：赤白痢腹痛不止者，加乳香無不效。○圓大如乳頭，明透者良。瘡疽已潰勿服，膿多勿敷。○去油，研。

清・屠道和《本草匯纂》卷二溫血　乳香　耑入心，兼入脾、胃、腎。一名薰陸香。苦，溫，辛香，無毒。活血，舒筋行氣。治耳聾中風，口噤不語，止霍亂，衝惡中邪氣，心腹痛疰氣，生肌止痛，不眠。補腎，定諸經之痛。止大腸洩澼。療折傷，治諸瘡，令內消癰疽諸毒，託裏護心。且用入瘡口，能使毒氣外出，不致內攻。亦治癲狂。癰疽已潰勿服，膿多勿敷。【略】凡血因氣逆則血凝而不通，以致心腹絞痛；毒因氣滯則血聚而不散，以致痛楚異常。乳香入心，復能入腎，溫補使氣與血互相通活，俾血不令氣阻，氣亦不令血碍，實為行氣活血之品。非如沒藥氣味苦平，功耑破血散瘀，止有推陳之力而無致新之妙。凡人筋不伸者，敷藥宜加乳香，以其性能伸也。治口瘡燒煙以薰。治癲狂用靈仙、辰砂、乳香、棗仁，酒下恣飲，沉醉聽睡。或加人參內入，名寧志膏。

清・戴葆元《本草綱目易知錄》卷四　乳香熏陸香　辛，溫。香竄，下氣益精，入心補腎，通十二經，定諸經之痛。能去風伸筋，活血調氣，消癰疽諸毒，托裏護心。主風水毒腫，使諸瘡令內消，能發酒，理風冷，治心腹諸痛，中風口噤不語，止大腸瀉澼。治腎氣，通耳聾，補腰膝，療不眠。止霍亂衝惡，去惡氣伏尸，癮疹癢毒，中邪氣疰氣，心腹痛。亦治癲狂，婦人血氣產難折傷。煎膏止痛長肉，入丸散，微炒，則不粘。時珍曰：製乳香入丸藥，以酒研如泥，水飛用。或研以燈心同研則易細，或以糯米研，或入指甲數片研，或以乳鉢坐熱水中研，皆易細。葆按：今藥肆中製者，和沒藥入鐵鍋，熬焦枯去油，名乳沒子。製法以笱籜作箕形，盛乳香，安文火上，焙其油盡，入笱籜，最易研細而性味不失。沒藥製法同。

清・陳其瑞《本草撮要》卷二　乳香　味苦辛，入足厥陰經，功專活血伸筋。得枳殼令胎滑易產。得辰砂一兩，棗仁、乳香各五錢，酒下治顛狂，須恣飲沉醉，聽睡一二日勿驚動，其疾方愈，否則難治。加人參名寧志膏。得葱白等分搗敷玉莖痛。性黏難研，用鉢坐熱水中，以燈心同研易細，水飛過用。一名薰陸香。

清・李桂庭《藥性詩解》　乳香　賦得療癰止痛於乳香得癰字。李慶霖。　乳香本香竄之品，能止痛，且又療瘡癰。消腫調榮滯，舒筋理氣壅。　按：通行十二經，去風伸筋，止痛消癰，調氣活血。瘡潰血虛者勿用。

前題田春芳　乳香辛而苦，止痛更療癰。能使瘡痍散，兼調血氣壅。乳香本通行血分之藥，性溫味辛而苦，《本經》謂其調氣活血，止痛消癰，乃皆活血之力也。

清・鄭奮揚著，曹炳章注《增訂偽藥條辨》卷三　乳香　一名薰陸香。苦，溫。辛香，善竄入心。活血舒筋，生肌止痛，能通行十二經。西出天竺，南出波斯等國。圓大如乳頭，明透者良。為瘍科要藥。今市肆多以楓脂、松脂混充，誤人不少。　炳章按：乳香出暹邏等處，為薰陸樹之脂。以透明黃亮，形如乳頭者，為滴乳香，最佳。去油，以水煎烊，去底脚皮滓，投入冷水內，乳香則凝結成顆粒如黃豆，沉於水底。油得如脂，則浮於水面，去之。以此製法，為最道地。炒之則油仍不淨，且增火氣。又一種名包乳，色黃如粉屑，砂石攙和甚多，價雖較廉，然貨次，不堪藥用耳。

沒藥

宋·唐慎微《證類本草》卷一三木部中品〔宋·馬志《開寶本草》〕 沒藥 味苦，平，無毒。主破血止痛，療金瘡杖瘡，諸惡瘡痔漏，卒下血，目中瞖暈痛，膚赤。生波斯國。似安息香，其塊大小不定，黑色。今附。

〔宋·掌禹錫《嘉祐本草》〕按：《藥性論》云：沒藥單用亦得。味苦、辛。能主打搕損，心腹血瘀，傷折踒跌，筋骨瘀痛，金刃所損，痛不可忍。皆以酒投飲之。良。日華子云：破癥結，宿血，消腫毒。

〔宋·蘇頌《本草圖經》〕曰：沒藥，生波斯國，今海南諸國及廣州或有之。木之根之株皆如橄欖，葉青而密。歲久者，則有膏液流滴在地下，凝結成塊，或大或小，亦類安息香。採無時。今方多用治婦人內傷痛楚，又治血暈及臍腹㽲刺者。沒藥一物，研細，溫酒調一錢，便止。又治歷節諸風，骨節疼痛，晝夜不可忍者。沒藥半兩，研。虎脛骨三兩塗酥炙黃色，先搗羅爲散，與沒藥同研令細。溫酒調二錢，日三服，大佳。

〔宋·唐慎微《證類本草》〕《海藥》：謹按徐表《南州記》：生波斯國，是彼處松脂也。狀如神香，赤黑色。味苦、辛，溫，無毒。主折傷馬墜，推陳置新，能生好血。凡服皆須研爛，以熱酒調服，近效。墮胎心腹俱痛及野雞漏痔、產後血氣痛，並宜丸散中服爾。

宋·寇宗奭《本草衍義》卷一四 沒藥 大概通滯血打撲損疼痛，皆以酒化服。血滯則氣壅淤，氣壅淤則經絡滿急，經絡滿急故痛且腫。凡打撲着肌肉須腫脹者，經絡傷，氣血不行壅淤，故如是。

宋·劉明之《圖經本草藥性總論》卷下 沒藥 味苦，平，無毒。主破血止痛，療金瘡杖瘡，諸惡瘡痔漏，卒下血，目中翳暈痛，膚赤。《藥性論》云：單用亦得。味苦、辛。能主打榼損，心腹血瘀，傷折踒跌，筋骨瘀痛，金刃所損，痛不可忍，皆以酒投飲之良。日華子云：破癥結宿血，消腫毒。

宋·陳衍《寶慶本草折衷》卷一三 沒藥 生波斯國及海南諸國及廣州。○其木之膏液滴在地，凝結成。○採無時。

味苦、辛，平，溫，無毒。○主止痛，療諸惡瘡痔瘻下血，目瞖暈痛，膚赤。○《藥性論》云：主打搕損，心腹血瘀，傷折踒跌，筋骨痛，金刃所損，皆以酒投飲之。○日華子云：破癖結宿血，消腫毒。○《圖經》曰：沒藥塊亦類安息香，治婦人內傷痛楚血暈，臍腹㽲古巧切刺，歷節諸風，骨節疼痛。沒藥半兩研，虎骨叁兩酥炙黃，先擣羅為散，與沒藥同研細，溫酒調貳錢服，佳。○《南州記》云：波斯國松脂也，赤黑色。主推陳致元作置新，生好血，墮胎，心腹痛及產後血氣痛。○寇氏曰：通滯血。血滯則氣壅淤一作瘀，氣壅淤則經絡滿急，經絡滿急故痛且腫，如欲單為末，則依製乳香之法。詳註乳香條內。

續說云：沒藥以滋澤透明而芬馥者為真也。艾原甫謂有以五靈脂加紅豆、益智，滴水擣製，偽為沒藥罔人者，雖無甚難，見亦當致辨爾。

元·王好古《湯液本草》卷五 沒藥 味苦，平，無毒。《本草》云：主破血止痛，療金瘡杖瘡，諸惡瘡，痔漏卒下血，目中翳，暈痛，膚赤。生波斯國，似安息香，其塊大小不定，黑色。

元·尚從善《本草元命苞》卷六 沒藥 味苦，性平，無毒。能通滯血，善療諸瘡。治金刃所損痛不可忍，療打榼傷折瘀血不消。主痔漏卒然下血，治諸風歷節煩疼。產後血暈宜服，臍腹刺痛能止。生波斯、海南諸國。木根株皆如橄欖，葉青而密，歲久有膏脂液流滴在地，遂乃凝結而成，色赤黑通透，入丸散另研。

明·王綸《本草集要》卷四 沒藥 味苦辛，氣平，無毒。生波斯國。似安息香，色黑。主破血止痛，療金瘡杖瘡，諸惡瘡，痔漏卒下血，目中翳暈痛，膚赤，婦人產後血氣痛。治打撲損折，血滯腫痛不可忍，皆以酒投飲之良。

明·滕弘《神農本經會通》卷二 沒藥 生波斯國。似安息香，其塊大小不定，黑色。木膏液流滴在地結成。一云：味苦、辛。又云：味苦辛，溫。採無時。

味苦，氣平，無毒。《湯》云同。東云：治瘡散血。《衷》云：治癰瘡癥結，破血止痛，主腹心上痛，金刃傷。

《本經》云：主破血，止痛，療金瘡杖瘡，諸惡瘡，痔漏，卒下血，目中瞖暈痛，膚赤。《藥性論》云：沒藥，單用亦得。味苦、辛。主打搕損，心腹血瘀，傷折踒跌瘀痛，金刃所損，痛不可忍，皆以酒投飲之良。日華子云：破癥結宿血，消腫毒。《圖經》云：治婦人內傷痛楚，治血暈，及臍腹㽲刺者，沒藥一物，研細，温酒調一錢，便止。又治歷節諸風，骨節疼痛，晝夜不可忍者，沒藥半兩，研，虎腦骨三兩，塗酥炙黃色，先搗羅為散，與沒藥同研，令細，溫酒調二錢，日二服之。《海藥》云：味苦辛，溫，無毒。主折傷馬墜，推陳致新，能生好血。凡服皆須研爛，以熱酒調服。墮胎，心腹俱痛，及野鷄漏痔，産後血氣痛，並宜丸散中服。剞云：沒藥止痛仍破血，主除折跌治金瘡。更宜産後諸餘疾，推致新陳理內傷。即《局方》沒藥，主折跌金瘡，血氣相攻及諸疼。

明·劉文泰《本草品彙精要》卷一九 沒藥無毒 植生。

沒藥：主破血，止痛，療金瘡，杖瘡，諸惡瘡，痔漏，卒下血，目中翳，暈痛，膚赤。名醫所錄。【苗】《圖經》曰：木之根株皆如橄欖，葉青而密，歲久者則有膏液流滴在地，凝結成塊，或大或小，亦類安息香。《海藥》云：按：徐表《南州記》云：狀如神香赤黑色，是彼處松脂也。【地】《圖經》曰：生波斯國，今海南諸國及廣州或有之。【時】生：無時。採：無時。【收】陰乾。【用】脂。【質】類安息香。【色】紫黑。【味】苦。【性】平，泄。【氣】氣薄味厚，陰中之陽。【臭】香。【主】通滯血，定諸痛。【治】療：日華子云：破癥結宿血，消腫毒。《別錄》云：主墮胎，心腹俱痛，及野雞漏痔，産後血氣痛。【合治】合酒飲之，療打搕損，心腹血瘀，傷折踒跌，筋骨瘀痛，金刃所傷，痛不可忍者。亦治婦人內傷痛楚並血暈，及臍腹疞刺者。〇以半兩合酥塗炙黃虎骨二兩，爲末匀和，溫酒調二錢，療歷風骨節疼痛，晝夜不可忍者。〇合熱酒調服，療折傷馬墜，推陳致新，能生好血。【禁】妊娠不可服。

明·葉文齡《醫學統旨》卷八 沒藥 氣平，味苦、辛。無毒。生波斯國，似安息香，色黑。治金瘡杖瘡，諸惡瘡痔漏，打撲損折，血滯腫痛不可忍，卒下血，目中翳暈痛，膚赤；破血止痛，婦人産後血氣痛；破癥結宿血，消腫毒。

明·許希周《藥性粗評》卷三 沒藥保傷於眾血。

沒藥，木脂也。亦出波斯國。根葉皆似橄欖，歲久脂液流入地中凝結成塊，似安息香，其塊大小不定，黑色，採無時。凡用多與乳香相輔。餘說《本草》不載。味苦、辛，性平、溫，無毒。主治歷節諸風，骨節疼痛，打撲踒跌，筋骨損傷，血瘀癰腫，心腹疞痛，金瘡痔漏，癥結目翳，産後血氣，通經散血，定痛消腫，推陳置新，破有奇功，常與沒藥相輔。

罩方：損傷腫痛：凡如本文所載諸瘍，沒藥一二錢，研末，熱酒一盞調服妙。

明·鄭寧《藥性要略大全》卷六 沒藥 治瘡，散血止痛。療金瘡、杖瘡，諸惡瘡痔漏下血。《十書》云：破癥結宿血，消腫毒，去目中翳暈痛。

味苦、辛，氣溫，平，無毒。生波斯國。似安息香，色黑，炒出油用。

明·陳嘉謨《本草蒙筌》卷四 沒藥 味苦、辛，氣平。無毒。黃黑類安息香，出産自波斯國。亦木脂液，逐日結凝成塊；大小不侔，斷碎光瑩可愛。擂細入藥，製同乳香。主墜墮跌打損傷，療癰疽瘡瘻潰腐。破血立効，止痛如神。

明·方穀《本草纂要》卷四 沒藥 味苦、辛，氣平，陰中陽也，無毒。善走血分，主破血止痛。凡跌撲傷損，産後惡血，或金瘡、杖瘡、腫毒諸瘡，或腸癰內疽，腹內疼痛，或閃肭瘀積，或無名腫毒，皆以酒投飲之。若夫破血行血之劑，用治尤妙。吾嘗效法：沒藥同乳香可以止痛生肌，沒藥同紅花可以止痛和血，沒藥同靈脂可以和血破氣，沒藥同輕粉可以收斂瘡毒，沒藥同香附可以和血止痛，沒藥同冰片可以清肌解熱。又若散藥之中，沒難離乳；膏藥之內，乳難離沒。

明·王文潔《太乙仙製本草藥性大全》卷三《本草精義》 沒藥 生波斯國，今海南諸國及廣州或有之。木之根之株皆如橄欖，葉青而密。歲久者則有脂液流滴在地下，凝結成塊，或大或小，亦類安息香。採無時。今方多用治婦人內傷痛。按：《南州記》云：生波斯國，是彼處松脂也。狀如神香，赤黑色，斷碎光瑩可愛。擂細入藥，製同乳香。

明·王文潔《太乙仙製本草藥性大全》卷三《仙製藥性》 沒藥 味苦、辛，氣平，無毒。又云氣溫。主治：通滯血，打撲損傷，跌墮墜馬，研爛熱酒調服。療産後墮胎，血氣腹痛，野雞漏痔，并宜丸散酒吞。破癰疽瘡毒潰腐如神，理金瘡破血止痛立效。破癥結宿血，消腫毒氣壅。補註：婦人內傷，痛楚血暈及臍腹疞刺，以一枚，研細，溫酒調一錢便止。又治歷節諸風骨節疼痛，晝夜不可忍者，以半兩研，虎脛骨三兩，塗酥炙黃色，先擣羅爲末，與沒藥同研令細，溫酒調二錢，日二服。按：《衍義》云：沒藥大概通滯血，打撲損疼痛，皆以酒化服。血滯則氣壅瘀，氣壅瘀則經絡滿急，經絡滿急故痛且腫。凡打撲着肌肉須腫脹者，經絡傷氣血不行，壅於故如是。

明·皇甫嵩《本草發明》卷四 沒藥中品，臣。味苦，平，無毒。又云苦、辛，溫。

發明曰：沒藥，疏經絡、行氣血之藥。故《本草》主破血止痛，療金瘡杖瘡，諸惡瘡痔漏，卒下血，目中瞖暈痛，膚赤，大槩通滯血。蓋血滯則氣壅，瘀壅瘀故也，皆用。研爛，熱酒調服，單用亦得。主打搕損，心腹血瘀，傷折踒跌，筋骨瘀痛，金刃傷痛難忍，血暈及臍腹癘刺痛，皆用，研細，酒調服。又破癥結宿血，消腫毒。又治歷節諸風，骨節痛不可忍，以虎骨三兩，酥炙，末之，沒藥五錢，研細，酒調二錢，日三服效。〇《海藥》云：能推陳致新，生好血，墮胎，心腹痛，產後血氣痛，並宜丸散中服之。

明·李時珍《本草綱目》卷三四木部·香木類 沒藥宋《開寶》

【釋名】末藥時珍曰：沒、末皆梵言。【集解】志曰：沒藥生波斯國。其塊大小不定，黑色，似安息香。頌曰：今海南諸國及廣州或有之。木之根株皆如橄欖，葉青而密。歲久者，則有脂液流滴在地下，凝結成塊，或大或小，亦類安息香。采無時。珣曰：按徐表《南州記》云：是波斯松脂也。狀如神香，赤黑色。時珍曰：按《一統志》云：沒藥樹高大如松，皮厚一二寸。采時掘樹下爲坎，用斧伐其皮，脂流於坎，旬餘方取之。李珣言乳香是波斯松脂，此又言沒藥亦是松脂，蓋出傳聞之誤爾。所謂神香者，不知何物也。

【修治】：同乳香。

【氣味】苦，平，無毒。【主治】破血止痛，療金瘡杖瘡，諸惡瘡痔漏，卒下血，目中翳暈痛膚赤《開寶》。破癥瘕宿血，損傷瘀血，消腫痛大明。心膽虛，肝血不足好古。墮胎，及產後心腹血氣痛，並入丸散服李珣。散血消腫，定痛生肌時珍。

【發明】權曰：凡金刃所傷，打損踠跌墜馬，筋骨疼痛，心腹血瘀者，並宜研爛熱酒調服。推陳致新，能生好血。宗奭曰：沒藥大概通滯血。血滯則氣壅瘀，氣壅瘀則經絡滿急，經絡滿急故痛且腫。凡打撲踠跌，皆傷經絡，氣血不行，瘀壅作腫痛也。時珍曰：乳香活血，沒藥散血，皆能止痛消腫生肌。故二藥每每相兼而用。

【附方】舊二，新七。歷節諸風：骨節疼痛，晝夜不止。沒藥末半兩，虎脛骨酥炙爲末三兩。每服二錢，溫酒調下。《圖經本草》。筋骨損傷：米粉四兩炒黃，入沒藥、乳香末各半兩，酒調成膏，攤貼之。《御藥院方》。金刃所傷：未透膜者。乳香、沒藥各一錢，以童子小便半盞，酒半盞，溫化服之。爲末亦可。《奇效良方》。小兒盤腸：氣痛。沒藥、乳香等分，爲末。以木香磨水煎沸，調一錢服，立效。湯氏《嬰孩寶鑒》。婦人腹痛：內傷疞刺，沒藥末一錢，酒服便止。《圖經本草》。婦人血運：方同上。血氣心痛：沒藥末二錢，水一盞，酒一盞，煎服。《醫林集要》。產後惡血：沒藥、血竭末各一錢，童子小便、溫酒各半盞，煎沸服，良久再服。惡血自下，更不生痛。《婦人良方》。女人異疾：女人月事退出，皆作禽獸之形，欲來傷人。先將綿塞陰户，乃頓服沒藥末一兩，白湯調下，即愈。《危氏方》。

題明·薛己《本草約言》卷二《藥性本草》 沒藥 味苦、辛，氣平，無毒。陰中之陽，可升可降。內可治于臟腑，外可治于諸經，利諸血之壅滯，治諸血而難禁。江云：乳香、沒藥而定痛，服多損骨。〇《本草》云：亦療婦人產後血氣痛，入足陽明胃，與乳香同為定痛之藥。能通宣氣血，故與乳香同用，能止壅滯之痛。《發明》云：疏經絡，行氣血之藥。

明·梅得春《藥性會元》卷中 沒藥 味苦，氣平，無毒。生波斯國，是彼處之松脂也。其塊大小不一，色黑者佳。主療諸惡瘡、金瘡杖瘡，痔漏，跌打損傷，血滯腫痛，疼不可忍。卒下血，目中翳痛及暈，肌膚痛，破血止痛，婦人產後血氣痛，破癥結宿血，消腫。能推陳致新，理內傷良，乃瘡科散血定痛之良藥也。

明·李中立《本草原始》卷四 沒藥 始生波斯國，今海南諸國及廣州或有之。木之根株，皆如橄欖，葉青而密。歲久者則有脂液流滴在地下，凝結成塊，或大或小，亦類安息香。采無時。一名末藥。沒、末，皆梵言。或云：沒，淪沒也。木之膏液，沒入地中，故名沒藥。沒藥：氣味：苦，平，無毒。主治：破血止痛，療金瘡杖瘡，諸惡瘡痔漏，卒下血，目中翳暈痛，膚赤。〇破癥瘕宿血，損傷瘀血，消腫痛。〇心膽虛，肝血不足。〇墮胎及產後心腹血氣痛，並入丸散服。〇散血消腫，定痛生肌。製同乳香。

沒藥，宋《開寶》。【圖略】沒藥如琥珀色者佳。

戲術：酒滿過盞，空盞，先以沒藥抹其弦，斟酒高一二分，流不出。

明·張懋辰《本草便》卷二 沒藥 味苦、辛，氣平，無毒。主破血止痛，療金瘡杖瘡，痔漏卒下血，目中瞖暈痛。

明·李中梓《藥性解》卷五 沒藥 味苦辛，性平無毒，入十二經。主破癥結宿血，止(痛)，療金瘡杖瘡痔瘡，諸惡腫毒，跌打損傷，目中翳暈，歷節諸風，骨節疼痛，製同乳香。按：沒藥與乳香同功，大抵血滯則氣壅淤，氣壅淤則經絡滿急，故痛且腫，得沒藥以宣通氣血，宜其治矣。

明·鮑山《野菜博錄》卷三 沒藥樹 生深山谷中。其樹甚頗高大。葉似楓樹葉。味苦，性平，無毒。食法：採嫩葉煠熟，水浸去苦味，油鹽調食。

明・繆希雍《本草經疏》卷一三　沒藥　味苦，平，無毒。主破血止痛，療金瘡，杖瘡，諸惡瘡，痔漏，卒下血，目中翳暈痛，膚赤。

〔疏〕沒藥稟金水之氣以生，故味苦，平，無毒。然平應作辛，氣應微寒。氣薄味厚，陰也，降也。入足厥陰經。凡惡瘡痔漏，皆因血熱瘀滯而成。外受金刃及杖傷作瘡，亦皆血肉受病，血肉傷則瘀而發熱作痛。此藥苦能泄，辛能散，寒能除熱。水屬陰，血亦屬陰，以類相從，故能入血分，散瘀血，治血熱諸瘡及卒然下血證也。肝開竅於目，目得血而能視，肝經血熱則目為赤痛膚翳，散肝經之血熱則目病除矣。〔主治參互〕同延胡索、乳香、乾漆、鼈甲、琥珀為末，治產後血暈，有神效。　加人參、澤蘭、生地、益母草、蘇木，作湯送前藥。治兒枕痛，及惡露未盡，腹痛寒熱等證，立效。　同乳香、白及、白斂、紫花地丁、半枝蓮、夏枯草、忍冬藤、連翹、甘菊、貝母，治一切癰疽疔腫。　同乳香、當歸、牡丹皮、牛膝、續斷、川芎、番降香、穿山甲，治內傷胸脇骨痛。　入一切膏藥，能消毒止痛長肉。　《御藥院方》筋骨損傷，米粉四兩炒黃，入沒藥、乳香末各半兩，酒調成膏，攤貼之。《奇效良方》金刃所傷未透膜者：　乳香、沒藥各一錢，以童子小便半盞，酒半盞，溫化服之。《圖經本草》婦人腹痛內傷疞刺，沒藥末一錢，酒服立止。又治婦人血暈，方同。《婦人良方》產後惡血，沒藥、血竭末各一錢，童便、溫酒各半盞，煎沸服，良。《危氏得效方》女人異疾，月事退出，皆作禽獸之形，欲來傷人。先將綿塞陰户，乃頓服沒藥末一兩，白湯調下，即愈。〔簡誤〕孕婦不宜服。凡骨節痛，與夫胸腹脇肋痛，非瘀血停留而因於血虛者不宜用。產後惡露去多，腹中虛痛者不宜用。癰疽已潰不宜用。目赤膚翳，非血熱甚者不宜用。大概其功長於通滯血，血滯則氣亦壅，氣血壅滯則經絡滿急，經絡滿急故發腫作痛，打撲踠跌亦傷經絡血分，血氣不行故壅滯作腫痛也。沒藥善通壅滯之血，血行則氣亦行，氣血流通則腫痛自止矣。故為諸瘡癰，及金瘡、杖瘡、跌撲傷損，腹中血結作痛之要藥，而不主諸虛也。

明・倪朱謨《本草彙言》卷八　沒藥　味苦、辛，氣溫，無毒。氣薄味厚，陰也，降也。入足厥陰經。　馬氏曰：沒藥，生波斯國。　蘇氏曰：今海南諸國及廣州亦有之。其木之根株酷似橄欖，葉青茂密，歲久者，則有脂液，流滴下地，凝結成塊，色黑微香，狀似安息，或大或小，斷碎光瑩可愛。采無時。〇或云：采時掘樹下爲坎，用斧伐其皮，脂流于坎，一月方取。如入藥，修治製同乳香。

沒藥：破血行瘀，化積聚，李時珍止腹痛之藥也。江魯陶稿凡金刃木石，或跌撲鬥打，墮壓等傷，瘀血內冰，筋骨疼痛。并宜研細，熱酒調服數錢，能推陳致新，活死血，和新血也。如產後惡血，宿垢不行，變態諸患，咸宜服之。此藥大概其功長于通滯血，血滯則氣亦壅，血滯氣壅，則經絡滿急，經絡滿急故發腫作痛也。如金刃傷，木石傷，鬥打墮壓傷，產後血結傷，癰瘍腫痛傷，咸需之耳。然乳香行血活血，沒藥行血散血，皆能止痛消腫，故二藥每相兼用。　繆仲淳先生曰：沒藥，善通壅滯之血，治一切傷損。腹中血結作痛要藥，而不主諸虛也。凡骨節間，與夫胸腹、脅肋、背胛、腰脊之痛，非屬瘀血停留，而因于血虛者；胎前血虛血熱，腹中痛者；產後惡露去多，腹中虛痛者；癰疽潰久，膿水清稀者，皆不宜用。

集方：主治諸證，與乳香同。

明・顧逢柏《分部本草妙用》卷二心部・性平　沒藥　苦，平，無毒。主治：破血止痛，金杖，諸惡瘡痔漏，破癥瘕宿血，損傷瘀血，水腫毒。心膽受虛，肝血不足。墮胎及產後心腹血氣痛，生肌。　沒藥，大槩通滯血，血滯則氣壅，氣壅則經絡滿急，經絡滿急故痛且腫。凡打撲等傷，氣血瘀滯作腫痛者，竝宜。沒藥研爛，酒服。推陳致新，除惡血，生好血。夫乳香生血，沒藥散血，皆能止痛消腫，生肌，故二藥每兼用有功。

明・李中梓《醫宗必讀・本草徵要下》　沒藥味苦，平，無毒。製法同乳香。宣血氣之滯，醫瘡腐之疼。可攻目翳，堪墮胎兒。血滯則氣壅，故經絡滿急，發腫作痛。沒藥善通壅滯，則血行而氣暢痛止也。按：骨節痛與胸腹筋痛，不由血瘀而因於血虛，產後惡露去多，腹中虛痛，癰疽已潰，法咸禁之。

明・鄭二陽《仁壽堂藥鏡》卷二　沒藥　日華子云：破癥瘕。是波斯國彼處松脂也。　味苦，平，無毒。《本草》云：主破血止痛，療金瘡杖瘡，諸惡瘡，痔漏卒下血，目中瞖，暈痛，膚赤。生波斯國。似安息香，其塊大小不定，黑色。

明・張景岳《景岳全書》卷四九《本草正》　沒藥　味苦，氣平。能破血散血，消腫止痛。療金瘡杖瘡，諸惡瘡，痔漏癰腫。破宿血癥瘕，及墮胎產後血氣作痛。凡治金刃跌墜，損傷筋骨，心腹血瘀作痛者，並宜研爛熱酒調服，則推陳致新，無不可愈。

明・盧之頤《本草乘雅半偈》帙一〇　沒藥宋《開寶》　氣味：苦，平，無毒。主治：主破血，止痛，療金瘡，杖瘡，諸惡瘡，痔漏，卒下血，目中翳暈膚赤痛。久服舒筋膜，通血脈，固齒牙，長鬚髮。

覈曰：出波斯，及海南，今廣州亦有之。其木根株，俱似橄欖。葉青茂密。歲久者，脂溢下地，凝結成塊，色黑而香，狀似安息。市肆多用松脂、瀝清偽造入藥，殊為患也。

參曰：沒藥，諧聲也。水中有所取，曰沒。屈伸俯仰，綴兆舒疾之文，出于中，散于外，曰樂。蓋人身精血膏液，涕唾汗溺之屬，皆歸于水，如水中有眚，則灌溉之用不行，致筋不轉，脈不搖，齒不生，髮不長矣。亦即屈伸俯仰，綴兆舒疾之文，不出于中，不散于外矣。沒藥功力，能入水有取，若眚翳除，而筋轉，而脈搖，而齒生髮長，成合自蹊。豈復有罔發于中，失散于外，為癥瘕，為瘡瘍，為痔漏，為惡血，為翳膜膚赤之患。

明・李中梓《本草通玄》卷下　沒藥　苦，平。　破血攻瘀，止痛消腫，生肌明目。　乳香活血，沒藥散血，故止痛生肌約略相同。外科往往相兼而用。　修治與乳香同。

清・顧元交《本草彙箋》卷五　沒藥　善通壅滯，與乳香相需而用。乳香活血，而沒藥散血也。又乳香氣厚味薄，陽也，入氣分。沒藥氣薄味厚，陰也，入血分。　乳香微溫，沒藥微寒，寒能除熱。水屬陰，血亦屬陰，以類相從，故能入血分，散瘀治熱。

今廣州亦有之。木類橄欖，歲久脂溢下地成塊，色黑而香，狀似安息。市肆多以松脂、瀝青僞作之。

清・穆石飽《本草洞詮》卷一一　沒藥　沒藥出波斯國，其樹高大，如松脂液流滴地下，凝結成塊者。沒，梵言也。味苦，氣平，無毒。　主散血消腫，定痛生肌。凡金刃所傷，損跌墜馬，筋骨疼痛，心腹血瘀者，竝宜研爛，熱酒調服，其功能通滯血，血滯則氣壅瘀，氣壅瘀則經絡滿急，經絡滿急故痛且腫也。　乳香活血，沒藥散血，皆能止痛消腫，故二藥每相兼而行。

清・劉雲密《本草述》卷二二　沒藥　出波斯及海南，今廣州亦有之。其木根株俱似橄欖，葉青茂密，歲久者脂溢下地，凝結成塊，大小不等，亦狀似安息。　色赤黑而香。　氣味：苦平，無毒。　主治：療金瘡杖瘡，諸惡瘡，痔漏卒下血《開寶》。及撲損瘀血日華子。散血消腫，定痛生肌時珍。女子墮胎，及產後惡露，心腹血氣痛李珣。心膽虛，肝血不足好古。久服舒筋膜，通血脈，固齒牙，長鬚髮方書。　權曰：凡金刃所傷，打損踠跌墜馬，筋骨疼痛，心腹血瘀者，並宜研爛，熱酒調服，推陳致新，能生好血。　宗奭曰：沒藥大槩通滯血，血滯則氣壅瘀，氣壅瘀則經絡滿急，經絡滿急故痛且腫。凡打撲踠跌，皆傷經絡，氣血不行，瘀壅作腫痛也。　時珍曰：乳香活血，沒藥散血，二藥每每相兼而用。　能曰：和乳香止痛生肌，同紅花止痛和血。靈脂而和血破氣，輕粉而收斂瘡毒。香附可以和血止痛，冰片可以清肌解熱。　散藥、膏藥，乳沒同行。用以投酒亦良。　希雍曰：沒藥稟金水之氣以生，故味苦平無毒，然平應作辛，氣應微寒，氣薄味厚，陰也，降也，入足厥陰經。

同延胡索、乳香、乾漆、鼈甲、琥珀為末，治產後血暈有神效。　加人參、澤蘭、生地、益母草、蘇木作湯，送前藥，治兒枕痛及惡露未盡，腹痛，寒熱等證，立效。　同乳香、白及、白斂、紫花地丁、半枝蓮、夏枯草、忍冬藤、連翹、甘菊、貝母，治一切癰疽疔腫。　同乳香、當歸、牡丹皮、牛膝、續斷、川芎、番降香、穿山甲，治內傷胸脇骨痛。　入一切膏藥，能消毒止痛長肉。

愚按：乳香、沒藥，醫家類同用之。未能明其所以然，即李瀕湖亦止言其一活血，一散血而已，猶之無當也。近繆希雍則謂乳香稟於木火，沒藥稟於金水，此義似為突出。然觀其一取紫赤者，一取赤黑者，赤火黑水，又豈得滾同而論乎？　則木火、金水之分，又似乎不妄也。《本草》有云：沒藥久服能固齒牙，長鬚髮。夫齒牙能固，鬚髮能長者，此衝任之陰能達於在天之陽，而致之於極上也。如乳香之所謂下氣益精，補腰膝，治腎氣，非在天化陰之陽能歸於在地之陰，以達之極下乎？　從陽化者歸陰，從陰化者際陽，是乃可謂之相濟以奏功，而或不可以相離也。　至病得乎陰陽之偏者，則又當分任而治之矣。抑乳香類言其消癰疽瘡毒，沒藥亦言其治諸惡瘡及痔漏卒下血，是其功用或不遠。第沒藥又療金瘡杖瘡，損傷瘀血，並女子墮胎，產後心腹血氣痛，而乳香並未之及者，得勿二味之所主治猶有不可以槩者耶？　須參之。《眼科論》曰：乳、沒二味，總為定痛之藥，須審其痛之由源而佐之以乳、沒，則其效速也。　如有風而痛者，用消風藥中加乳、沒，則痛可止。　如血滯而痛者，則用行血藥中加之，其痛即止。如鬱熱而痛者，則用清熱藥中加之，而痛立止。今人不工於此，而惟恃乳、沒為止痛，服之而痛不止者，不能治痛之所由也。服者乃訝其藥之不效，弗思甚耳。

附方　歷節諸風，骨節疼痛，晝夜不止，沒藥末半兩，虎脛骨酥炙為末三兩，每服二錢，温酒調下。　筋骨損傷，米粉四兩炒黄，入沒藥、乳香末各半兩，酒調成膏，攤貼之。　金刃所傷，未透膜者，乳香、沒藥各一錢，以童子小便半盞，酒半盞，溫化服之。為末亦可。

希雍曰：孕婦不宜服。凡骨節痛與夫胸腹脇肋痛，非瘀血停留，而因於血虚者，不宜用。産後惡露去多，腹中虚痛者，不宜用。癰疽已潰不宜用。目赤膚瞖，非血熱甚者，不宜用。

修治　與乳香同，透明者良。

清·郭章宜《本草匯》卷一五　沒藥即末藥　苦，平，味厚氣薄，陰也，降也，入足厥陰經。散血止痛，消腫生肌。内可治于藏府，外可治于諸經。氣痛得之舒，血泣見之泮。

按：沒藥，禀金水之氣，血肉受病，經絡壅滯者，分散有功。血行氣暢，瘀腫自消，堪與乳香功用聯璧也。止痛，消腫，生肌，二藥相兼。凡骨節痛，與夫胸腹脇肋，非瘀血停滯者，不宜用。若血虚虚痛，孕婦産後惡露去多，及癰疽已潰者，咸忌。

産波斯，亦木液凝結而成。色黄黑，修治與乳香同。

清·蔣居祉《本草擇要綱目·平性藥品》　沒藥　氣味：苦，平，無毒。主治：破血止痛，療金瘡杖瘡，諸惡瘡痔漏，卒下血，破癥瘕宿血，損傷瘀血，消腫定痛生肌。大概乳香活血，沒藥散舊而生新，皆能止痛消腫，故方藥中每相兼而用之也。

清·王翃《握靈本草》卷八　沒藥出波斯國。亦木脂凝成，斷碎光瑩可愛。擂細入藥。

主治：沒藥，苦，平，無毒。主散瘀血，消腫痛。

清·汪昂《本草備要》卷三　沒藥宣，散瘀，定痛。　苦平。《經疏》云：應兼辛。入十二經。散結氣，通滯血，消腫定痛生肌，寇宗奭曰：血滯則氣壅，氣壅則經絡滿急，故腫且痛。補心膽虚，肝血不足。推陳致新，能生好血。治金瘡杖瘡，血肉受傷，故瘀而發熱作痛。惡瘡痔漏，翳暈目赤，肝經血熱。産後血氣痛，破癥墮胎。乳香活血，沒藥散血，皆能消腫止痛生肌，故每兼用。瘡疽已潰者忌用，膿多者勿敷。

出諸南番。色赤類於琥珀者良。治同乳香。

清·陳士鐸《本草新編》卷四　沒藥　味苦、辛，氣平，無毒。入脾、腎二經。消腫突惡瘡，癰疽潰腐，破血止痛如神，療墜墮跌打損傷最效。亦内、外可用之藥，而外治更奇。沒藥亦有贋者，最難辨。辨法亦投之水中，立時色黯者為真，否則假物，無益于用，不如勿用。

清·顧靖遠《顧氏醫鏡》卷八　沒藥辛、苦，平。入肝經。治同乳香。　散血止諸痛，凡胸腹脇肋骨節筋痛，不由血瘀而因於血虚者，忌之。通滯消諸腫。熱瘀血滯則氣壅，故經絡滿急，發腫作痛，善通壅滯，則血行而氣暢，腫自消，痛自止，故為外科及折傷之聖藥。去惡露，止血暈。善入血分而行瘀。可攻目翳，散肝經之血熱，則赤痛除而翳退矣。堪除血痢。乳香活血，沒藥散血，皆能止痛消腫，故每相兼用之。産後惡露去多，癰疽已潰，法宜禁之。孕婦勿服，以其墮胎也。

清·李熙和《醫經允中》卷一七　沒藥　苦，平，無毒。主治破血止痛，消腫生肌，痔漏、金杖諸瘡，跌打損傷瘀血，及産後心腹血氣痛。夫氣血瘀滯作腫痛者，服之則推陳致新。以乳香生血，沒藥散血故也。瘡疽已潰膿多，及孕婦弗服。

清·馮兆張《馮氏錦囊秘録·雜症痘疹藥性主治合參》卷四　沒藥禀金水之氣以生。故味苦、辛，微寒，無毒。陰也。入足厥陰經。夫惡瘡痔漏，皆因血熱瘀滯而成，金刃杖瘡，亦皆血肉受傷而致。此藥苦能泄，辛能散，寒能除熱。水屬陰，血以類相從，故能入陰分，而散瘀血及治血熱諸瘡也。孕婦忌服，血虚腹痛，癰疽已潰，竝宜忌之。製法同乳香。

沒藥，散血止痛，一切金瘡杖瘡，惡瘡痔瘻，損傷瘀血腫痛，及産後心腹血氣刺痛。然乳香能活血，去風伸筋，沒藥能散瘀去腐，皆能止痛生肌者，令血勿凝泣也。産後惡露去多及癰疽已潰者，並忌之。

主治痘疹合參：治痘餘毒成癰，破血理氣，止痛而不主虚也。

清·张璐《本經逢原》卷三　沒藥　苦，平，無毒。修治與乳香同。發明：乳香活血，沒藥散血，皆能止痛消腫生肌，故二藥每每相兼為用。凡刃傷打損墜馬，並宜熱酒調服。若妊婦胎氣不安勿用，産後惡露去多，腹中虚痛，癰疽已潰而痛，及筋骨胸腹諸痛，若不因瘀血者，皆不可服。

清·浦士貞《夕庵讀本草快編》卷五　沒藥《開寶》、末藥　樹産波斯國，高木如松，皮厚一二寸，采時掘土成坎，斧伐其皮，流脂凝結而成。沒、末皆梵音也。　沒藥苦平，入手少陰，兼入肝膽血分。《經》云：心生血，肝藏血，血壅氣滯則為腫，為痛，故金刃所傷，跌仆墮馬，凡有瘀積者，用之以破其堅，氣行而痛自愈矣。又治癥瘕宿血，膚赤目翳，墮胎產疾，亦用此意。蓋乳香活血，沒藥散血，相須而行，易於成功也。

清·周垣綜《頤生秘旨》卷八　沒藥　疏經絡，行血氣之藥也。能推陳致新，生好肉。金刃血暈，心腹痛，墮胎，產後血氣痛，並宜丸散中服之。

清·王子接《得宜本草·下品藥》　沒藥　味苦。功專破血止痛。得乳香治打撲踠跌，經絡受傷腫痛；得虎脛骨治歷節風痛。

清·黃元御《玉楸藥解》卷二　沒藥　味苦，氣平。入足厥陰肝經。破血止痛，消腫生肌。沒藥破血行瘀，化老血宿癥。治癰疽痔漏，金瘡杖瘡，跌撲損傷，一切血瘀腫痛。療經期產後心腹疼痛諸證。製同乳香。

清·吳儀洛《本草從新》卷三　沒藥〔宣，散瘀定痛。〕一名末藥。苦，平。入十二經。通滯血，消腫定痛，血滯則氣壅，氣壅則經絡滿急，故腫且痛。生肌。推陳致新，能生好血。治金瘡杖瘡，惡瘡痔漏，翳暈目赤，肝經瘀熱。產後血氣痛。破癥墮胎。乳香活血，沒藥散瘀，皆能消腫止痛生肌，故每兼用。諸痛不由血瘀而由血虛，產後惡露去多，腹中虛痛，癰疽已潰，法當咸禁。出諸南番。色赤類琥珀者良。製法同上。

清·汪紱《醫林纂要探源》卷三　沒藥　苦，辛，鹹，平。木汁也。木狀不可知。色赤，透明者良。功效略同乳香，而補心功多。以色赤也。布散血脈，通十二經，以行血中之氣，通滯去瘀，定痛消腫，破癥瘕。療痔瘻，治陰瘡折傷，生肌活血，補心膽驚悸，安定神明。兼治目赤翳暈。

清·嚴潔等《得配本草》卷七　沒藥　苦，平，微寒。入十二經血分。乳香功專活血而定痛，沒藥功專散血而消腫。得虎脛骨，治歷節風痛。配血竭、童便，去產後惡血。箬上烘去油，同燈心研則細。　癰疽已潰、血虛腹痛，孕婦，三者禁用。　氣血疼痛，瘡毒壅腫，皆用乳、沒治之。蓋血滯則氣瘀，氣瘀則經絡滿，故痛而且腫，得乳、沒以通其氣血，腫痛自除。然氣血之瘀滯，亦有氣虛不行、血虛不動者。有邪氣入於肌肉，致氣血凝滯者。宜審其虛實，或補或散，以乳、沒為佐，勿專恃散血活血之劑以為功也。

題清·徐大椿《藥性切用》卷五　明沒藥　性味苦平，入十二經。散瘀破結，消腫定痛，為血痺消滯耑藥。微焙用。

清·黃宮繡《本草求真》卷八　沒藥入心破血，宣瘀止痛。　沒藥耑入心，兼入肝。苦平兼辛，諸書亦載能補心膽與肝。蓋謂瘀血不除，則新血安生。乳香氣味辛溫，既能行氣活血，又有沒藥之苦以破其瘀，則推陳致新，自有補益之妙。宗奭曰：沒藥大概通滯血，血滯則氣壅瘀，氣壅瘀則經絡滿急，經絡滿急故痛且腫。凡打撲踠跌，皆傷經絡，氣血不行，瘀壅作腫痛也。是以古方，乳香必同沒藥兼施。生肌散每每相兼而用。謂其可止疼痛，義由此也。今人不明藥品氣味，動以書載補益，豈不誤甚？出南番，色赤類琥珀者良，治同乳香。

清·羅國綱《羅氏會約醫鏡》卷一七竹木部　沒藥味辛苦，微寒，入肝經。製法同乳香。　苦能泄，辛能散，寒除熱。散血平肝。破結氣，通滯血，消腫解毒，定痛生肌。治一切惡瘡、金傷跌折、血滯則氣壅，發為腫痛，金跌亦有瘀血，沒藥能行血，則氣暢而痛自止。目赤暈翳，肝經血熱。破癥墮胎。

按：乳香活血，沒藥散血，故二者相須為用。凡身痛不由血瘀而因血虛，產後惡露去多，腹內虛痛，瘡毒已潰，皆禁用之。出南番，色赤類琥珀者良。治同乳香。

清·黃凱鈞《藥籠小品》　沒藥　苦，平，入十二經，散結通血，消腫定痛。出南番，色赤如琥珀者良。

清·王龍《本草纂要稿·木部》　沒藥　氣味苦辛而平。主墜墮跌撲損傷，療癰疽瘡瘻潰腐。敗血立效，止痛如神。

清·張德裕《本草正義》卷上　沒藥　苦，平。破血散血，消腫止痛，產後血氣作痛，及金刃跌墮，損傷筋骨，心腹血瘀作痛，俱可研末酒服，有推陳至新之功。

清·楊時泰《本草述鉤元》卷二二　沒藥　出波斯及海南，今廣州亦有之。其木歲久脂溢，下地凝塊，大小不等，色赤黑而香。透明者良。　味苦，氣平。氣薄味厚，陰也，降也。入足厥陰經。通滯血，散瘀壅，滯血不去，其氣壅瘀，則經絡滿急而痛且腫。療金瘡杖瘡，跌撲墜馬及諸惡瘡痔漏，卒下血，定痛生肌，女子墮胎，產後惡露心腹血氣痛，心膽虛，肝血不足，久服舒筋膜，通血脈，固齒牙，長鬚髮。稟金水之氣以生，故味苦平，平應作辛，氣當微寒仲淳。凡金傷打損，踠跌墜馬，筋骨疼痛，心腹血瘀者，並宜研爛，熱酒調服，推陳致新，能生好血權。同冰片用，能清肌解熱。同延胡、乳香、乾漆、鱉甲、琥珀為末，治產後血暈，神效。加人參、澤蘭、生地、益母草、蘇木作湯，送前藥，治兒枕痛及惡露未盡，腹痛寒熱等證，立效。同乳香、白及、白斂、紫地丁、半枝蓮、夏枯草、忍冬藤、連翹、甘菊、貝母，治一切癰疽疔腫。同乳香、當歸、丹皮、牛膝、續斷、川芎、番降香、穿山甲，治內傷胸脇骨痛。入一切膏藥，能消毒止痛長肉。歷節諸風，骨節疼痛，晝夜不止，沒藥末半兩，虎脛骨酥炙末三兩，每服二錢，溫酒調下。筋骨損傷，米粉四兩炒黃，入乳香、沒藥末各半兩，酒調成膏，攤貼之。金刃所傷，未透膜者，乳、沒各一錢以童便和酒各半盞，溫化服之。乳、沒定痛，須審病由，有風者消風，血滯者行血，鬱熱者清熱，而以乳、沒佐之，其效方速。粗工遇痛，但恃乳、沒以止之，烏能應手愈耶。

論：仲淳謂乳香稟於木火，沒藥稟於金水，觀乎乳取紫赤，沒取赤黑，赤火黑水，則木火金水之分，似乎不妄。《本草》有云：沒藥久服能固齒牙，長鬚髮，此衝任之陰達於在天之陽而致於極上也。如乳香之下氣益精，補腰膝，治腎氣，非在天化陰之陽，歸於在地之陰，以達之極下乎。從陽化者歸陰，從陰化者際陽，乃能相濟以奏功，而不可相離，至病得乎陰陽之偏者，又當分任而治之矣。且沒藥又療金瘡，杖瘡，損傷瘀血，並女子墮胎，產後心腹血氣痛，而乳香並未之及，得無乳、沒固猶有不可概施者耶。

孕婦不宜服。凡痛因血虛而非瘀血停留者，不宜；　癰疽已潰者，不宜；　目赤膚翳非血熱甚者，不宜用仲淳。

修治：　與乳香同。

清·葉桂《本草再新》卷四　沒藥味苦，性平，無毒。入心經。　散結氣，通滯血，消腫定痛。

清·趙其光《本草求原》卷七香木部　沒藥　色黑，苦，平，微寒，無毒。本金水之氣以生，入衝任之陰，上達心肺之陽以散血。乳香色赤，本心肺化陰之陽以歸於下，有相濟之功。　亦消腫、止痛、生肌，故每與乳香同用，血滯則氣壅，氣壅則經絡滿急，故腫且痛。　治跌撲、杖瘡、金瘡，傷經絡，血肉則瘀壅而痛腫。　產後氣血痛，舒筋膜，俱熱酒調下。　補心膽虛，肝血不足，推陳即能致新。　治惡瘡，痔瘻，卒下血，翳暈，目赤，肝血熱。　固齒，長鬚髮，陰化而際於陽之功。　墮胎，破癥。　虛痛，癰疽已潰及諸痛不因血瘀者，勿用。　痛各有因，風痛以消風為主，虛痛以補血為主。鬱熱以清熱為主。　加乳、沒以行之，不得專恃乳、沒也。

同虎骨炙為末，酒下，治歷節痛。　同乳香、米粉炒黃酒調，貼筋骨損傷。同乳香，童便酒下，治刃傷未透膜者。　同胡索、乳香、乾漆、鱉甲、血珀，治產後血暈。　同乳香、芎、歸、丹皮、牛膝、續斷，治內傷胸脇骨痛。

亦樹脂入地所結而成，色黑帶赤、明透者良。　修治同乳香。

清·文晟《新編六書》卷六《藥性摘錄》　沒藥　苦，平，兼辛。　入心，兼入肝。　○破血宣瘀，止痛。　○治同乳香。　○生肌散每相兼而用。

清·張仁錫《藥性蒙求·木部》　沒藥錢半，二錢　沒藥苦辛，治瘡止痛。跌打損傷，散瘀通行。入肝經。　一云入十二經。　散結氣，通滯血，消腫定痛。　時珍曰：乳香活血，沒藥散血，皆能止痛，生肌消腫，故二藥每相兼而用。　無瘀滯及瘡疽已潰，勿服。○色赤類琥珀者良。　製法如乳香，去油。

清·屠道和《本草匯纂》卷三下血　沒藥　耑入心，兼入肝。　苦平兼辛，無毒。　入十二經，宣血破瘀，散結止痛。　治目赤翳暈膚赤，心腹虛，肝血不足，墮胎及產後心腹血氣痛，破癥瘕宿血，損傷瘀血，金瘡杖瘡，諸惡瘡，痔漏，消腫定痛生肌。　若諸痛不由血瘀，而由血虛，產後惡露去多，腹中虛痛，癰疽已潰，法當咸禁。

清·戴葆元《本草綱目易知錄》卷四　沒藥　苦，平。　通血滯，行氣壅，散血消腫，定痛生肌，補心膽虛，肝血不足。　治金瘡杖瘡諸惡瘡，痔漏下血，目翳膚赤。　墜胎妊，破癥瘕宿血，損傷瘀血，產後心腹血氣痛。　凡損傷踠跌，墜馬，傷筋骨，心腹血瘀，並宜研，熱酒服。　製同乳香。

清·陳其瑞《本草撮要》卷二　沒藥　味苦，入足厥陰經，功專破血止痛。　得乳香治跌撲損傷腫痛。　得虎脛骨治歷節風痛。　孕婦忌。

拔爾撒摩

清·趙學敏《本草綱目拾遺》卷六木部　拔爾撒摩

《坤輿圖說》：　木名，出白露國，此樹生脂膏極香烈，可入藥。　敷金刃傷，一晝夜肌肉復合如故，塗痘不瘢，塗屍千年不腐。

騏驎竭

宋·劉明之《圖經本草藥性總論》卷下　騏驎竭　紫鉚、騏驎竭，味甘、鹹，平，有小毒。主五臟邪氣，帶下止痛，破積血，金瘡生肉。與(驎)(騏)驎竭貳物，大同小異。日華子云：　紫鉚，無毒。治驢馬蹄漏，可鎔補。又云：騏驎竭，暖，無毒。得蜜陀僧良。治一切惡瘡疥癬久不合者，傅。此藥性急，亦不可多使，却引膿。

宋・陳衍《寶慶本草折衷》卷一三 新分騏驎竭 一名血竭，一名驎竭，一名赤膠。○其木一名渴留。生南蕃諸國山谷，及西胡、廣州。採無時，或作木坎，其脂溢出堅凝為竭者。○得蜜陀僧良。

味甘、微鹹，平，溫，無毒。○主心腹卒痛，止金瘡血，生肌肉，除邪氣分前條。○日華子云：治惡瘡疥癬不合者，傅此藥。性急，不可多使，却引膿。○《圖經》曰：騏驎竭，脂液如膠飴狀，久凝成竭。赤，作血色。其味鹹氣腥者是海母血，不可用。真竭作梔子氣。○《南越志》云：主打傷折損疼痛，補虛及血氣攪刺，內傷血聚，並宜酒服。但嚼之不爛如蠟者上也。○雷公云：凡用先研作粉，臨使安於丸、散、膏中。勿與衆藥同擣，化作飛塵也。○《聖惠方》：產後血暈狂語，驎竭細研末，非時溫酒調二錢匕。

續說云：《唐本》註謂紫鉚出於渴廪木，騏驎竭出於渴留木，判然二物，不當混其條，故分以言之也。觀紫鉚形如桑椹中銜木枝，其色暗紫，研之則淺紅。《楊氏方》用為末，沸湯調服以止血崩。及觀騏驎竭，塊如沒藥，亮如鏡面，其色明紫，研之則深紅，置屑粒於紙上炙洋，流如鮮血。《秘要方》用佐暖劑以滋血涸，今薄夫以紫草茸團以膠物，貫以木枝，偽以為鉚。又煎松淚、樫敕丁切乳與降真香脂，偽而為竭。一失認辨，功效敻邈，可不擇歟。

元・尚從善《本草元命苞》卷六 騏驎竭 有小毒，味甘、鹹，平。出自西胡，稟於熒惑之氣，生於陽石之陰，結而成質，赤而氣腥。止帶下、金瘡之血，定心腹卒暴之疼。治打損傷折，傅惡瘡疥癬。主五臟邪氣，補內傷虛勞。出南蕃諸國，今廣州有之。木高數丈，婆娑可愛，葉似櫻桃形，有三角，其脂液木中流出如膠飴，久乃堅凝，亦如血，謂之血竭。醎而甘，梔子氣味，醫者若欲驗真，嚼之不爛如蠟。有一種母血真似，惟咀之味醎氣腥。

明・王綸《本草集要》卷四 麒麟竭 味甘鹹，氣平，有小毒。勿悞用海母血，最相似。但血竭鹹而甘，似梔子氣，嚼之不爛如臘者上。主五臟邪氣，帶下，止痛，破積血，金瘡生肉。傅一切惡瘡疥癬久不合者。亦不可多使，卻引膿。主打傷損折，內傷血聚，並宜酒服。

明・滕弘《神農本經會通》卷二 騏驎竭 一名血竭。凡使勿用海母血，真相似，只是味鹹而氣腥。其血竭鹹而甘，似梔子氣，嚼之不爛，如蠟者上也。得蜜陀僧良。勿與衆藥同擣，化作飛塵。 味甘、鹹，氣平，有小毒。

東云：止血出，療金瘡傷折。

《本經》云：主五臟邪氣，帶下，止痛，破積血。金瘡生肉。紫鉚與騏驎二物，大同小異。別本注云：紫鉚、騏驎竭二物同條，功効全別。紫鉚色赤而黑，其葉大如盤，鉚從葉上出。騏驎色黃而赤，味鹹，平，無毒。主心腹卒痛，止金瘡血，生肌肉，除邪氣。葉如櫻桃，三角，(成)〔血〕竭從木中出，如松脂。日華子云：紫鉚，無毒。治驢馬蹄漏，可鎔補。又云：騏驎竭暖，無毒。得蜜陀僧良。治一切惡瘡疥癬久不合者，傅。此藥性急，亦不可多使，却引膿。《圖經》云：木液流下成竭，赤作血色，故謂之血竭。採無時。其味鹹而氣腥者，是海母血，不可用。真竭微鹹而甘，作梔子氣味。舊說與紫鉚大都相類，而別是一物，功力亦殊。《海藥》《南越志》云：是紫鑛樹之脂也。其味甘，溫，無毒。主打傷折損，一切疼痛，補虛，及血氣攪刺，內傷血聚，並宜酒服。欲驗真偽，但嚼之不爛，如蠟者上也。《局》云：麒麟竭本出南番，血竭元來只一般。止痛生肌除血暈，勿將紫鉚誤同看。麒麟竭，止痛，生肌。

明・劉文泰《本草品彙精要》卷一八 麒麟竭無毒。

麒麟竭：主心腹卒痛，止金瘡血，生肌肉，除邪氣。名醫所錄。

〔名〕血竭。樹：渴留。

〔苗〕《圖經》曰：木高數丈，葉似櫻桃而有三角，婆娑可愛。其脂液從木中流出滴下，狀如膠飴，久則堅凝而成。赤如血色，故謂之血竭。若味鹹而氣腥者，是海母血，不可入藥。欲驗真偽，嚼之不爛如蠟，作梔子氣者是也。蓋稟熒惑之氣，生於湯石之陰，結而成質。舊說紫鉚大都相類，而別是一物，況所出不同，功力亦別，故各立其條耳。〔地〕《圖經》曰：出南番諸國及廣州、西胡。〔時〕生：無時。採：無時。〔收〕陰乾。〔用〕堅凝如蠟者佳。〔色〕黃赤。〔味〕甘，鹹。〔性〕平。〔氣〕氣厚于味，陽中之陰。〔臭〕朽。〔主〕破血，生肌。〔助〕得密陀僧良。〔製〕《雷公》云：欲使，先研作粉，重篩過，臨使入於丸散或膏中，切勿與衆藥同，搗化作飛塵也。〔治〕療：日華子云：一切瘡疥癬不合者，傅之，此藥性急，亦不可多使，卻引膿。《別錄》云：金瘡血不止，疼痛，爲末，傅之立止。〔合治〕合酒服，治打傷折損，一切疼痛，補虛及血氣攪刺，內傷，血聚。爲末合酒調服二錢匕，治產後血暈，不知人及狂語。〔贗〕味鹹，有腥氣者，是海母血，爲偽。

明·葉文齡《醫學統旨》卷八　血竭　氣平，味甘、鹹。有小毒。勿誤用海母血，最相似，但血竭鹹而甘，似梔子氣，嚼之不爛如蠟為上。治五臟邪氣，帶下，止痛，破積血，金瘡生肉，傅一切惡瘡久不合口者。不可多用。却引膿，主打傷損折，內傷血聚，並宜酒服；刀箭傷血出不止，敷上即止。

明·許希周《藥性粗評》卷四　血竭騏驎，產後免暈傷之患。騏驎竭，木名也。出南番諸國，脂液流出，堅凝作血紅色，故一名血竭。此當在木部，誤配在此。或謂蟻於海畔樹藤皮中，為之如蜂造蜜而成，則又當屬此。大抵前說為是。凡入丸散，先研作粉，篩過，然後入之，勿與眾藥同搗，化作飛塵。得蜜陀僧良。味甘、鹹、腥，性溫，有小毒。主治血氣諸病，產後血暈，并打傷折損，止痛破血。俱研末，酒調服。

明·鄭寧《藥性要略大全》卷六　血竭一名麒麟竭。止血出，療金瘡傷折。主五臟邪氣，帶下，止痛，破積散血，生肌肉。味甘、鹹，氣平、溫，有小毒。勿悮用海母血，最相似。但真血竭甘鹹，似梔子氣，嚼不爛、如蠟者佳。

明·陳嘉謨《本草蒙筌》卷四　麒麟竭一名血竭。味辛、鹹，氣平。有小毒。出自南番諸國，麒麟樹脂結成。其樹高長，婆娑可愛。脂從中滴，狀類膠飴。久久凝塊成形，紅赤與血同色。故今番賈，收採貨賣，特名曰血竭，又名曰麒麟竭也。敲斷而有鏡臉，光彩似能射人。取摩指甲弦間，紅透甲者方妙。但與紫鉚音礦相類，勿誤認假成真。書載叮嚀，用須仔細。治跌撲傷損，療惡毒瘡癰。專破積血引膿，竟敺邪氣止痛。憑作膏貼，任調酒吞。

明·王文潔《太乙仙製本草藥性大全》卷三《本草精義》　麒麟竭　舊不載所生州土，今出南番諸國及廣州。木高數丈，婆娑可愛，樹名渴留，喻如蜂造蜜。葉似櫻桃而有三角。其脂液從木中流出，滴下如膠飴狀，久而堅凝，乃成竭，赤作血色，故名曰血竭，又名曰麒麟竭也。敲斷而有鏡臉，光彩似能射人，取摩指甲弦間，紅透甲者方妙。但與紫鉚音礦相類，勿誤認假成真，書載叮嚀，用須仔細。

明·王文潔《太乙仙製本草藥性大全》卷三《仙製藥性》　麒麟竭　味辛、鹹，氣平，有小毒。得密陀僧良。　主治：　主五臟邪氣，帶下。療疥癬金瘡，生肉。治跌撲傷損，療惡毒瘡癰。專破積血引膿，竟敺邪氣止痛。憑作膏貼，任調酒吞。　補註：　產後血暈，不知人及狂語，麟竭一兩，細研爲末，非時溫酒調二錢。○治金瘡血不止兼痛，麟竭末傅之立止。　太乙曰：麒麟竭凡使勿用海母血，真似麒麟竭，只是味鹹并腥氣，其麒麟竭味微鹹甘，似梔子氣是也。欲使，先研作粉，重篩過，臨使安於丸散或膏中，任使用。勿與衆藥同搗，化作飛塵也。

明·皇甫嵩《本草發明》卷四　麒麟竭中品，臣。一名血竭。氣平，味辛、鹹。一云甘、鹹，有小毒。　發明曰：血竭，能散毒邪，逐惡血，益新血，外科要藥。《本草》主五藏邪氣，帶下，止痛，破積血，治金瘡。一云治撲損跌傷損，療惡毒瘡癰，引膿生肌。若毒邪在內，酒調服為宜。毒邪外發者，作膏劑為當。產南番。麒麟樹脂結成塊，赤同血色，因名之。搞斷光彩，摩之紅透指甲，似梔子氣，嚼之不爛如蠟為上。一種海母血似之，但鹹而腥氣。凡用，另研入藥。

明·李時珍《本草綱目》卷三四木部·香木類　騏驎竭《唐本草》

【釋名】血竭時珍曰：騏驎亦馬名也。此物如乾血，故謂之血竭。曰騏驎者，隱之也。舊與紫鉚同條，紫鉚乃此樹上蟲所造成，今分入蟲部。　【集解】恭曰：騏驎竭樹名渴留，紫鉚樹名渴禀，二物大同小異。志曰：二物同條，功效亦別。紫鉚色赤而黑，其葉大如盤，鉚從葉上出。騏驎竭色黃而赤，從木中出，如松脂。珣曰：按《南越志》云：騏驎竭，是紫鉚樹之脂也。欲驗真僞，但嚼之不爛如蠟者爲上。頌曰：今南番諸國及廣州皆出之。木高數丈，婆娑可愛。葉似櫻桃而有三角。其脂液從木中流出，滴下如膠飴狀，久而堅凝，乃成竭，赤作血色。采無時。舊說與紫鉚大都相類，而別是一物，功力亦殊。斆曰：凡使勿用海母血，真相似，只是味鹹并腥氣。騏驎竭味微鹹甘，似巵子氣也。時珍曰：騏驎竭是樹脂，紫鉚是蟲造。按《一統志》云：血竭樹略如没藥樹，其肌赤色。采法亦於樹下掘坎，斧伐其樹，脂流於坎，旬日取之。多出大食諸國。今人試之，以透指甲者爲真。獨孤滔《丹房鏡源》云：此物出於西胡，禀熒惑之氣而結。以火燒之，有赤汁涌出，久而灰不變本色者，爲真也。

【修治】斆曰：凡使先研作粉，篩過入丸散中用。若同衆藥擣，則化作塵飛也。

【氣味】甘、鹹，平，無毒。大明曰：得蜜陀僧良。　【主治】心腹卒痛，金瘡血出，破積血，止痛生肉，去五臟邪氣《唐本》。打傷折損，一切疼痛，血氣攪刺，內傷血聚，補虛，並宜酒服李珣。補心包絡、肝血不足好古。益陽精，消陰滯氣《太清修鍊法》。傅一切惡瘡疥癬，久不合。性急，不可多使，却引膿大明。散滯血諸痛，婦人血氣，小兒瘈瘲時珍。

【發明】時珍曰：騏驎竭，木之脂液，如人之膏血，其味甘鹹而走血，蓋手、足厥陰藥也。肝與心包皆主血故爾。河間劉氏云血竭除血痛，爲和血之聖藥是矣。乳香、没藥雖主血病，而兼入氣分，此則專於血分者也。

［附方］舊一，新十一。 白虎風痛： 走注，兩膝熱腫。用騏麟竭、硫黄末各一兩，每温酒服一錢。《聖惠方》。 新久脚氣： 血竭、乳香等分同研，以木瓜一個，剜孔入藥在内，以麪厚裹，砂鍋煮爛，連麪搗，丸梧子大。每温酒服三十丸。忌生冷。《奇效方》。 慢驚瘈瘲： 定魄安魂，益氣。用血竭半兩，乳香二錢半，同搗成劑，火炙溶丸梧子大。每服一丸，薄荷煎湯化下。夏月用人參湯。《御藥院方》。 鼻出衄血： 血竭、蒲黄等分爲末，吹之。《醫林集要》。 血痔腸風： 血竭末，傅之。《直指方》。 金瘡出血： 騏麟竭末，傅之立止。《廣利方》。 産後血衝： 心胸滿喘，命在須臾。用血竭、没藥各一錢，研細，童便和酒調服。《醫林集要》。 産後血運： 不知人及狂語。用騏麟竭一兩，研末。每服二錢，温酒調下。《太平聖惠方》。 收斂瘡口： 血竭末一字，麝香少許，大棗燒灰半錢，同研。津調塗之。《究原方》。 臁瘡不合： 血竭末傅之，以乾爲度。《濟急仙方》。 嵌甲疼痛： 血竭末，傅之。《醫林集要》。 腹中血塊： 血竭、没藥各一兩，滑石牡丹皮同煮過一兩，爲末，醋糊丸梧子大，服之。《摘玄方》。

明·梅得春《藥性會元》卷中 麒麟竭 味甘、鹹，有小毒。即血竭。勿誤用海母血，其形相似，味酸辛氣。其血竭味微甘鹹，如梔子氣者是也。嚼之不爛如蠟者佳。凡用另研，重羅極細，再乳無聲，方入丸散膏藥。若與群藥同研，化作飛塵，去半也。 主止血出，療金瘡之折傷，定痛生肌；蠲除血暈，治五臟之邪氣，帶下尤良。破積血。傅一切惡瘡久不合口。亦不可多用，卻引膿，長肉。 主跌打損傷，内傷血聚，並宜酒服。刀箭傷血出不止，摻之即凝。

明·李中立《本草原始》卷四 騏驎竭 今南番諸國及廣州皆出之。木高數丈，婆娑可愛。葉似櫻桃而有三角。其脂液從木中流出，滴下如膠飴狀，久而堅凝乃成竭。赤作血色，故亦謂之血竭。採無時。《本草綱目》云：騏驎，赤馬名也。曰騏驎者，隱之也。 氣味： 甘、鹹，平，無毒。 主治：心腹卒痛，金瘡血出，破積血，止痛生肉，去五臟邪氣。○傷折打損，一切疼痛，血氣攪刺，内傷血聚，補虚，並宜酒服。○補心包絡、肝血不足。○益陽精，消陰滯氣。○傅一切惡瘡疥癬久不合。 性急，不可多使。 却引膿。○散滯血諸痛，婦人血氣，小兒瘈瘲。

騏驎竭，《唐本草》。【圖略】《南越志》云： 騏驎竭，紫鉚樹之脂也。欲驗真偽，但嚼之，不爛如蠟者為上。今人試之，以透指甲者為真。或云：燒之赤汁出，灰不變色。 修治： 雷公云： 凡使勿用海母血，真似騏驎竭。只是味鹹，并腥氣。騏驎竭味微鹹、甘，似梔子氣也。欲使先研作粉，篩過，入丸散中用。若同衆藥擣，則化作塵飛也。 得蜜陀僧，良。

明·張懋辰《本草便》卷二 騏麟竭一名血竭。 味甘、鹹，氣平，有小毒。 主五臟邪氣，帶下，止痛，破積血金瘡，生肉，傅一切惡瘡疥癬久不合者。亦不可多使，却引膿。 主打傷損折，内傷血聚，竝宜酒服。

明·李中梓《藥性解》卷五 血竭 味甘、微鹹，性平，有小毒，入諸陰經。 主五臟邪氣，心腹卒痛，除帶下，破積血，療疥癬惡瘡及金瘡，生肌止痛，得蜜陀僧良。有假者是海母血，頗相似，然味大醎有腥氣為辨爾。敲斷有光彩，磨指甲紅透者佳，另研用。若與别藥同搗，化作飛塵。 按： 血竭專主血分，故入諸陰之經。 日華子云： 諸瘡久不合者，宜敷此藥。 然不可多使，却能引膿。

明·謝肇淛《五雜俎》卷一〇 血竭 一名騏驎竭，出南番中，廣州亦有之。樹高數丈，葉似櫻桃，而有三稜脂液，滴下如膠飴狀，久而堅凝，色如乾血，又能破積血，止金瘡血，故以血竭名也。

明·繆希雍《本草經疏》卷一三 麒麟竭 味甘、鹹，平，有小毒。 主五臟邪氣，帶下，止痛，破積血，金瘡生肉。舊與紫鉚同條，今分出。

［疏］麒麟竭稟土氣而兼水化，故味甘、鹹，氣平，無毒。《丹房鑒源》云： 氣薄味厚，陰也，降也。入足厥陰、手少陰經。甘主補，鹹主消，散瘀血，生新血之要藥。故主破積血，金瘡止痛生肉。主五臟邪氣者，即邪熱氣也。帶下者，濕熱傷血分所致也。甘鹹能涼血除熱，故悉主之。蘇恭： 主心腹卒痛；李珣以之治傷折打損，一切疼痛，血氣攪刺，内傷血聚者，誠為此耳。此藥産外國，極難得真者。理傷折有奪命之功。

［主治參互］同乳香、没藥、自然銅、麻皮灰、狗脛骨煆存性、䗪蟲、黄荊子、骨碎補，治一切打撲損傷。同髮灰、乳香、沒藥、片腦、輕粉、象牙末、紅粉霜，為細末，摻一切金瘡及腫毒，生肌止痛。《廣利方》金瘡出血，麒麟竭末，傅之立愈。《醫林集要》産後血衝，心胸喘滿，命在須臾： 用血竭、沒藥各一錢，研，童便和酒調服。《究原方》收斂瘡口，血竭末一字，龍腦少許，大棗燒灰半錢，同研。津調塗之。《摘玄方》胸中血塊，血竭、沒藥各一兩，滑石、牡丹皮各

一兩，同煮過，為末，醋糊丸梧子大，空心服之。《醫林集要》嵌甲疼痛，血竭末傅之。〔簡誤〕凡使，勿用海母血，真相似，只是味鹹并腥氣。麒麟竭味微鹹、甘，似梔子氣也。又云：嚼之不爛，如蠟者為上。凡血病無瘀積者，不必用。日華子云：此藥性急，不可多使，卻引膿。用時勿與眾藥同研，化作飛塵也。

明·倪朱謨《本草彙言》卷八 麒麟竭 味鹹、甘，氣平，無毒。氣薄味厚，陰也，降也。入足厥陰、手少陰經。 蘇氏曰：麒麟竭，生西胡、大食諸國。今廣州亦有之。樹名渴留，高數丈，似沒藥樹，婆娑可愛。葉似櫻桃葉，有三角，色黃赤。樹中有脂液流出如膠飴狀，久而堅凝成塊，色赤如血者，故名。以火燒之，赤汁湧出成灰，不變本色者爲真。一說敲斷而有鏡面，光彩能映人影，或取磨指甲弦間，紅透甲者方妙。外有一種海母血，真相似，只是味鹹氣腥。麒麟竭，味鹹微甘，臭似梔子氣爲別也。 雷氏曰：修治：另研作粉，篩過，入丸散中。若同衆藥搗，則化作塵飛散也。

麒麟竭：活血瘀，散血聚，破血結，李時珍行血死之藥也。須四可稿凡跌撲鬥打，及墮壓損傷，傷之輕者，曰血瘀，曰血聚；傷之重者，曰血結，曰血死，皆血脉留滯于腹中，及經絡骨節之處，與肌肉俱腐敗者。非活血行血之藥，不能治。然欲保其生全，舍乳、沒、麒麟竭之類，誰能起其危困乎？倘有斷骨損筋，或傷及臟腑，血瘀血脹垂死者，此三種之外，更加山羊血，或猴經二三錢，酒調灌之，下咽即有生理，真活命之良方也。又療癰疽惡毒，引膿生肌。 前賢劉河間曰：血竭除血痛，爲和血之聖藥。乳香、沒藥雖主血病而兼入氣分，此藥專于血分者也。

集方：治一切打撲損傷。用麒麟竭、乳香、沒藥二味，瓦上焙出油，自然銅，火煅酒淬，狗頭骨火煅酒淬，麻皮灰、黃荊子、骨碎補各等分，俱酒炒，共爲末。每服三錢，白湯下。〇治產後血暈，不知人事及狂言者。用麒麟竭一兩研末，每服二錢，溫酒下。〇治產後血衝心膈，喘滿，命在須臾。用麒麟竭、沒藥各一錢五分，研細末，童便和酒調服。〇治一切金瘡及腫毒潰爛，不生肌肉。用麒麟竭、淨髮灰、乳香、沒藥、輕粉、象牙末各等分，冰片些少，共爲末，摻之。〇治金瘡出血不止。用麒麟竭爲末，敷之。右五方出《醫林集要》并《廣利方》中。

明·顧逢柏《分部本草妙用》卷一肝部·性平 血竭 甘、鹹，平，無毒。得蜜陀僧良。先研粉，入丸散用。如同眾藥搗，則化為塵飛去。嚼不爛，如蠟，燒有赤汁，久不變色者真。 主治：心腹卒痛，金瘡止痛生肉，去五臟邪氣。破積血，傷折打損，一切疼痛，肉傷血聚，補虛，竝宜酒服。婦人血氣，小兒瘛瘲。 按：麒麟竭，木之脂液，如人之膏血也。其味甘鹹，走血。肝藏血，故入肝，兼理心包血症。河間云：能消結血，除血痛，為和血之聖藥。而乳香、沒藥雖主血病，而兼入氣分，此則專走血分藥也，用者明之。

明·李中梓《醫宗必讀·本草徵要下》 麒麟竭味甘、鹹，平，有小毒。入心、肝二經。凡用另研，若同他藥擣，則化為飛塵。產於外國，難得真者，磨之透甲，燒之不變色者佳。 走南方兼達東方，遂作陰經之主；和新血且推陳血，真為止痛之君。乳香、沒藥，兼主氣血，此則專於血分者也。善收瘡口，然性急不可多使，却能引膿。

明·蔣儀《藥鏡》卷三平部 血竭 久瘡不合，敷此即收。蜜陀僧與同謀，止痛生肌更捷。光彩透紅，方為道地。引膿不住，幸勿多加。

明·張景岳《景岳全書》卷四九《本草正》 血竭 味甘、鹹，微濇，性平。善破積血，止痛生肌。療金瘡折傷打損，血瘀疼痛，內傷血逆，婦人血氣凝滯，亦能生血補虛，俱可為末酒服，并治一切惡瘡癬疥久不合口。然性能引膿，不宜多用。

明·盧之頤《本草乘雅半偈》帙九 騏驎竭《唐本草》 氣味：鹹，平，無毒。 主治：主心腹卒痛，金瘡血出，破積血，止痛，生肉，去五藏邪氣。

覈曰：生西胡、大(倉)〔食〕諸國，今廣州亦有。樹名渴留，高數丈，略似沒藥樹，婆娑可愛。皮木俱赤而堅，葉亦略似櫻桃葉而黃赤。木中有液，流出如松脂，久則堅凝成竭，色赤如血。一名紅竭，以火燒之，赤汁湧出，灰不色變者為真。一種海母血，形真相似，只是味鹹腥臭，騏驎味鹹微甘，臭似梔子為別也。 修事：另研如塵，篩過用，若同別藥搗，化作塵飛矣。

先人云：血乃精專之物，竭為迭運之稱，有起亟義，有堅固義，有更始不窮義。河間稱為血中之聖，真不虛矣。

条曰：畜生午，稟火氣而生者馬，其舉負捷驅，運迭不竭者，騏也。故良馬之貞，比之麒麟，麒麟行不越規，上不踰矩，騏驎之行止肖焉。有指白馬而脊黑者曰騏驎，是色取而行止失矣。此轉釋假喻以詮名表功力耳。當入心，為心之體藥用藥。心乃火藏也，《經》云：藏真通于心，心藏血脈之氣，如環無端，終而復始。則凡血脈之氣，失于捷驅，竭于運迭，行越規，止踰矩者，仍使之行循規，止蹈矩，猶夫騏驎之舉負捷驅，運迭不竭也。木之有脂，如人之有血，渴留專精惟脂，厥色惟赤，燒之灰色尤赤，可為至死不變矣。乃得奉心化赤，獨行經隧，莫貴乎此。

明・李中梓《本草通玄》卷下 血竭 甘、鹹，厥陰藥也。 行血止痛，能收合瘡口。性急，不可多使，却引膿。 味鹹走血，色赤象血，厥陰為藏血之臟，故獨入焉。 乳香、沒藥雖主血分，而兼入氣分，此則專於血分者也。研細，待眾藥磨完，然後入之。若同眾藥擣，則化作塵飛也。

清・顧元交《本草彙箋》卷五 血竭 乃騏驎木之脂，産外國，難得真者。其味甘鹹，走血除痛。 日華子云：諸瘡久不合，宜血竭主之。然此藥性急，不宜多使，多則引膿。

清・穆石匏《本草洞詮》卷一一 騏驎竭 騏驎，馬名。此物如乾血，故謂之血竭。曰騏驎者，隱之也。《南越志》云：騏驎竭是紫鉚樹之脂也。嚼之不爛，如蠟者，為真。《一統志》云：血竭樹略如沒藥樹，試之，以透指甲者為真。 獨孤滔云：此物稟熒惑之氣而結，燒之有赤汁流出，久而灰不變色者為真。味甘鹹，氣平，無毒。入手足厥陰經。治心腹卒痛，金瘡血出，破積血，補心包絡，肝血不足，益陽精，消陰滯。蓋騏驎竭木之脂液，如人之膏血。其味甘鹹而走血，為和血之聖藥。乳香、沒藥雖主血病，而兼入氣分，此則專於血分也，且行而兼補，故日華子云：不可多使，却引膿。

清・劉雲密《本草述》卷二二 騏驎竭是物如乾血，因曰血竭。謂為血藥之聖，故美名曰騏驎。騏驎，馬類，馬屬午，心主血，固午火也。 頌曰：南番諸國及廣州皆出之。木高數丈，婆娑可愛，葉似櫻桃而有三角，其脂液從木中流出，滴下如膠飴狀，久而堅凝乃成。竭赤作血色，采無時。

氣味：甘、鹹，平，無毒。 主治：散滯血諸痛，金瘡惡瘡，傷折打損，止痛生肌，並內傷血聚，血氣攪刺，俱宜酒服。婦人血氣，小兒瘈瘲。 好古曰：補心包絡，肝血不足。 時珍曰：騏驎竭，木之脂液，如人之膏血。其味甘鹹而走血，蓋手足厥陰藥也。肝與心包皆主血，故爾河間劉氏云血結除血痛，為和血之聖藥是矣。乳香、沒藥雖主血病，而兼入氣分，此則專於血分者也。 希雍曰：騏驎竭稟土氣而兼水化，故味甘鹹，氣平，無毒。《丹書》云稟於熒惑之氣，生於湯石之氣，其色赤，象火，而味鹹，則得陰氣也。氣薄味厚，陰也，降也，入足厥陰、手少陰經。甘主補，鹹主消。散瘀血，生新血之要藥。

同乳香、沒藥、自然銅、麻皮灰、狗頭骨煆存性，䗪蟲，黃荊子、骨碎補，治一切打撲損傷。 同髮灰、乳香、沒藥、片腦、輕粉、象牙末、紅粉霜，為細末，摻一切金瘡及腫毒，生肌止痛。

愚按：《丹房鑑源》云：茲物出於西番，稟熒惑之氣而結。以火燒之，有赤汁涌出，久而灰不變本色者為真。若然，是此味結於至陽之精，則味宜苦，氣宜熱，何以氣反平，而味反甘鹹？夫甘鹹能和血涼血平氣，復得中和，勿亦陽極陰生之精氣結為此味，故因陽之極者得化，陰之生者得生乎？海藏謂其補心包絡，肝血不足，豈臆説也？ 希雍曰：茲物理傷折，有奪命之功，然出外國，極難購。如此，即乳香、沒藥輩，亦不得與之等夷矣，漫言其以散血為功也，可乎哉？

附方 白虎風痛，走注兩膝，熱腫，用騏驎竭、硫黃末各一兩，每溫酒服一錢。 慢驚瘈瘲，定魄安魂，益氣，用血竭半兩，乳香二錢半，同擣成劑，火炙鎔丸梧子大，每服一丸，薄荷煎湯化下。夏月用人參湯。 收斂瘡口，血竭末一字，麝香少許，大棗燒灰半錢，同研，津調塗之。 臁瘡不合，血竭末傅之，以乾為度。 希雍曰：凡血病無瘀積者不必用。 日華子云此藥性急，不可多，使却引膿。

修治 嘉謨曰：敲斷而有鏡臉，光彩似能射人，取摩指甲弦間，紅透甲者方妙。 斅曰：凡使，先研作粉，篩過，入丸散中用。若同眾藥搗，則化作塵飛也。又有云如蠟者用，散者不用，非真也。

清・郭章宜《本草匯》卷一五 血竭即騏驎竭 味甘、鹹，平，氣薄味厚，陰也，降也，入手足厥陰、手少陰經。止痛行血，能收瘡口。折傷疼痛，傅之即合。

按：血竭，稟熒惑之氣而結，色赤象火，味鹹，得陰氣而走血，散瘀生新之聖藥也。乳香、沒藥氣血兼理，而此則專于血分。凡血病無瘀積者，不必用。其性急，不可多使。却能引膿。

産自南番，乃騏驎樹脂結成，狀若膠飴，凝塊紅赤，與血同色，敲斷而有鏡臉，光彩似能射人。取磨指甲弦間，紅透甲者方真。以火燒之，有赤汁涌出，久而灰不變本色者，有奪命之功。研入藥，勿與眾藥同研，恐化作塵飛也。有海母血，極相似，只味鹹腥氣，此則鹹甘，似梔子氣也。得蜜佗僧良。

清・蔣居祉《本草擇要綱目・熱性藥品》 騏驎竭即血竭。凡使，先研作粉，篩過，入丸散中用。若同眾藥擣，則化作塵飛矣。 氣味：甘、鹹，平，無毒。 主治：心腹卒痛，金瘡血出，破積血，止痛生肉。去五臟邪氣，傷折打損，一切疼痛，血氣攪刺，內傷血聚，補虛，並宜酒服。補心包絡、肝血不足，益陽精，消陰滯氣。傅一切惡瘡疥癬久不合。性急，不可多使。却引膿，散滯血諸痛。婦人血氣，小兒瘛瘲。時珍曰：騏驎竭乃木之脂液也，如人之膏血。其味甘鹹而走血，蓋手足厥陰藥也。肝與心包，皆主血故爾。河間劉氏云：血竭除血痛，為和血之聖藥是矣。乳香、沒藥雖主血病，而兼入氣分，此則專於血分者也。

清・王翃《握靈本草》卷八 騏驎竭即血竭。出南番廣州。以火燒之有赤汁出，久而灰不變色者真。凡使先研作粉，篩過，入丸散中。若同眾藥，則化作塵飛也。 主治：騏驎竭，甘、鹹，平，無毒。主心腹卒痛，金瘡血出，破積血，止痛生肉。補心胞絡，肝血不足。

清・汪昂《本草備要》卷三 血竭補，和血，斂瘡。 甘、鹹。色赤入血分。補心包、肝血不足，專除血痛，散瘀生新，爲和血之聖藥。治內傷血聚，金瘡折跌，瘡口不合，止痛生肌。性急，不可多使。引膿。血竭單入血分，乳香、沒藥兼入氣分，皆木脂也。 出南番。色赤，以染透指甲者爲真。假者是海母血，味大鹹，有腥氣。 單碾用。同衆藥擣，則作塵飛。

清・吳楚《寶命真詮》卷三 血竭味甘鹹，有小毒。入心、肝二經。磨之透甲，燒灰不變色者佳。 行血止痛，收合瘡口，推陳血，和新血，為止痛之君。性急勿多使，能引膿。

清・陳士鐸《本草新編》卷四 血竭 味辛、鹹，氣平，有小毒。入腎。治跌打損傷，消惡毒瘡癰，專破積血，引膿，敺邪氣止痛，外科多用之。然治諸痛，內治實神。故存之以備採用。 血竭內科可用，而近人不敢用之。不知血竭得補氣補血之藥，其功更神。惜人未諳，故再表之也。

清・李熙和《醫經允中》卷一七 血竭 得蜜陀僧良。 甘、鹹，平，無毒。主治行血止痛，生肌斂瘡。療金瘡惡毒，跌打損傷，一切疼痛。麒麟竭，木之脂液，如人之膏血也。味甘、鹹，走血，肝藏血，故入肝兼理心包血症，為和血聖藥。乳香、沒藥雖主血病，而兼入氣分，此則耑走血分藥也，多用却能引膿。

清・馮兆張《馮氏錦囊秘錄・雜症痘疹藥性主治合參》卷四 麒麟竭稟土氣而兼水化，稟於熒惑之氣，而結生於湯石之陰，色赤象火，而味甘鹹，則得陰氣而走血也。產於外國，難得真者。磨之透甲，燒灰，不變色者佳。入足厥陰、手少陰經血分。甘主補，鹹主消，故為散瘀血、生新血、止痛之要藥。 麒麟竭，一名血竭。治跌撲傷損，療惡毒瘡癰，破積血引膿，敺邪氣止痛。帶下金瘡，生肌長肉。憑作膏貼，任調酒吞。 主治痘疹合參：五臟邪氣，一切惡瘡，止痛生肌。治痘用之活血。 按：乳香、沒藥，氣血兼主，此則專於血分者也，善收瘡口，却能引膿。然性急不可多使。凡血病無瘀積者，不必用之。

清・张璐《本經逢原》卷三 麒麟竭即血竭 甘、鹹，平，無毒。試之透指甲為真，嚼之不爛如蠟者為上。草血竭色紫，亞於瓜竭。 發明：血竭木之脂液，如人之膏血，為止痛和血，收斂瘡口，散瘀生新之要藥。治傷折打損一切疼痛，血氣攪刺，內傷血聚，並宜酒服。乳香、沒藥雖主血病而兼入氣分，此則專於肝經血分也。但性最急，卻能引膿。不宜多服。其助陽藥中，同乳香、沒藥用之者，取以調和血氣，而無留滯壅毒之患。

清・浦士貞《夕庵讀本草快編》卷五 騏驎竭《唐本草》、血竭 色如乾血，曰騏驎者，隱之也。騏驎，馬名。舊與紫鉚同條，誤矣。 血竭稟熒惑之氣，而成樹之脂液也。其味甘鹹，色赤似血，故專入手足厥陰，非乳沒入血而兼行氣分之可比也。凡婦人血滯，小兒瘛瘲，傷損瘀積，心腹攪痛者宜之。取其鹹能軟堅，為和血之聖藥。但其性急，不可多使。若曰斂金瘡，長肌肉，不幾重末而輕本歟！

清・黃元御《玉楸藥解》卷二 血竭 味鹹，氣平。入足厥陰肝經。破瘀行血，止痛續傷。血竭破瘀血，癥瘕積塊，跌撲停瘀皆良。亦止鼻衄、便血，並治惡瘡疥癬。

清・吳儀洛《本草從新》卷三 血竭（和血斂瘡。）一名麒麟竭。 甘，鹹，平。有小毒。色赤入血分心、肝。散瘀生新，專除血痛。治金瘡折跌，瘡口不合，止痛生肌。乳香、沒藥兼主氣血，此則專入血分，皆木脂。善收瘡口，却能引膿，性急不可多用，無瘀積者忌之。出南番。磨之透甲，燒之有赤汁湧出，久而灰不變本色者真。嚼之不爛，如蠟為上。假者是海母血，味大鹹，有腥氣。須另研作粉，篩過。若同眾藥搗則化作塵飛。

清・汪紱《醫林纂要探源》卷三 血竭 甘，鹹，平。一名麒麟竭。木汁也。木狀不可知。出南番。色赤，染透指甲者真。補心行肝，專行血分，去瘀生新。治內傷積血及外傷失血，癥瘕，癰毒，金瘡折傷，止痛生肌。以色赤味鹹，故入心入血分也。性亦走而不守。須另研，若同眾藥研，則化作塵飛。假者是海母血，味大鹹而腥。

清・嚴潔等《得配本草》卷七 血竭 甘、鹹，平。入諸陰經血分。止痛生肌，為和血之聖藥。配乳香，治慢驚瘛瘲。配沒藥，消腹中血塊。麒麟木之脂。敲斷有光彩，磨指甲紅透者佳。須另研，若同眾藥研，則作塵飛。瘡家多用，引膿不止。

題清・徐大椿《藥性切用》卷五 血竭 一名麒麟竭。甘鹹性平，入心肝血分。散瘀降濁逆，止血定急痛，為血逆血痛昏危耑藥。無瘀勿用。

清・黃宮繡《本草求真》卷八 血竭入肝血分破瘀。血竭耑入肝。係南番樹木之液，猶人之膏脂者是，味甘而鹹，性平色赤。按五味惟甘主補，鹹主消，血竭味甘。雖能和血收口，止痛生肌，然味鹹則消，却能引膿，性耑入肝經血分破瘀。故凡跌仆損傷，氣血攪刺，內傷血聚，並宜同酒調服通氣。乳香、沒藥雖主血病，而亦兼入氣分，此則耑入血分，而不兼及氣分者也，但性最急迫，引膿甚利，不可多服的解。凡血病無積瘀者，不必用之，以染透指甲燒灰不變色者佳，藥肆偽造甚多。有用松香同藥染成，有以海母亂真。真者絕少，同眾藥搗用。則作飛塵。得蜜陀僧良。

清・羅國綱《羅氏會約醫鏡》卷一七竹木部 血竭一名麒麟竭。味甘鹹，平，有小毒，入心肝二經血分。甘主補，鹹主消，去瘀生新，為和血之妙品。治內傷血積、跌撲金傷，皆有瘀血。止痛生肌，善結瘡口。婦人血氣凝滯作痛。俱可為末酒服。然性急，能引膿，不可多用。凡血病無瘀積者不必用。血竭單入血分，乳香、沒藥兼入氣分，皆木脂也。出南番，磨之透指甲，燒灰不變色者佳，用之須另研，若同他藥研，化為飛塵。

清・黃凱鈞《藥籠小品》 血竭 甘鹹，散瘀生新，止痛生肌，善收瘡口。出南番，嚼之如蠟者佳。

清・張德裕《本草正義》卷上 血竭 鹹，澁，性平。破瘀血，止痛生肌。療損傷，血瘀疼痛。氣血凝滯，可為末，酒服。及一切惡瘡，久不合口。性能引膿，不宜多用。

清・楊時泰《本草述鉤元》卷二二 血竭 一名騏驎竭。出南番諸國及廣州。其木脂液從中流出，滴下如膠飴狀，久而堅凝，形如乾血，敲斷有光，磨指甲紅透，故名。

味甘、鹹，氣平。氣薄味厚，陰也，降也。入手足厥陰經。主治散滯血諸痛，金瘡、惡瘡，折傷打損，止痛生肌，並內傷血聚，血氣攪刺，俱宜酒服。婦人血氣，小兒瘛瘲，補心包絡肝血不足好古。木之脂液，如人之膏血，第乳、沒主血病，兼入氣分，此則專於血分，其味甘鹹故也瀕湖。稟土氣而兼水化，色赤象火而味鹹，則得陰氣也。甘主補，鹹主消，為散瘀生新要藥仲淳。同乳香、沒藥、自然銅、麻皮灰、䗪蟲、黃荊子、骨碎補、狗頭骨煅存性，治一切打撲損傷。同髮灰、乳香、沒藥、片腦、輕粉、象牙末、紅粉霜為細末，摻一切金瘡及腫毒，生肌止痛。白虎風痛走注，兩膝熱腫，用血竭、硫黃末各一兩，每溫酒服一錢，慢驚瘛瘲，定魄安魂，益氣，用血竭半兩、乳香二錢半同搗和，火炙鎔丸梧子大，每服一丸，薄荷煎湯化下，夏月用人參湯。收斂瘡口，血竭末一字，麝香少許，大棗燒灰半錢，同研，津調塗之。臁瘡不合，血竭末傅之，以乾為度。

論：血竭乃南番木脂，稟熒惑之氣而結，以火燒之，有赤汁涌出，久而灰不變本色。夫此味結於至陽之精，則味宜苦，氣宜熱，何以氣反平，而味反甘鹹？毋亦陽極陰生之精氣結為此味，故因陽之極者得化，陰之生者得生乎？海藏謂其補心包絡肝血不足，非臆說也。

無瘀積者不必用仲淳。此藥性急，不可多使，卻引膿日華子。

辨治：茲物理折傷，有奪命之功，然出外國，極難購。又有云：如蠟者用，散者不用，非真也。凡使，須另研，若同眾藥搗，則化作塵飛斅。

清・葉桂《本草再新》卷四 血竭味甘、鹹，性平，有小毒。入心、肝二經。治血分去瘀生新，除陰中之血痛，治金瘡跌折，骨髓生肌完口。

清・吴其濬《植物名實圖考》卷三五 騏驎竭 《唐本草》始著錄。生南越、廣州。主治血痛，為和血聖藥。《南越志》以為紫鉚樹脂。《唐本》以為與紫鉚大同小異。舊《雲南志》：樹高數丈，葉類櫻桃，脂流樹中，凝紅如血，為木血竭；又有白竭。今俱無。余訪求之，得如磨姑者數枚，色白質輕，蓋未必真。

清・趙其光《本草求原》卷七香木部 血竭即麒麟竭。 南番木脂，色赤如血。甘、鹹，平，得水土之涼氣。無毒。入血分補心包肝血不足，為涼血、和血、止痛、散瘀、生新要藥。治內傷血聚，金瘡折跌，一切刺痛，並宜酒服。生肌、斂瘡口，同麝香、大棗灰研津塗調。主慢驚瘈瘲，乳香半之，為丸，人參薄荷湯下，安魂、定魄、益氣。白虎風痛、膝熱腫。同硫黃溫酒下。性急不可多用，卻引膿無瘀勿用。乳、沒兼入氣分，同用，乃無壅滯。磨指甲，弦紅透甲。

同乳、沒、自然銅、麻皮灰、狗頭骨煅、䗪蟲、碎補，治一切跌打。同乳、沒、髮灰、輕粉、冰片、象牙末、紅粉霜，摻一切金瘡及腫毒，生肌、止痛。

燒之赤汗湧出，久而灰不變本色者真；嚼之不爛，如醋者良；草竭，色紫，次之。假者是海母血，味大鹹，氣腥。單研用。同眾藥研，則作塵飛。

清・文晟《新編六書》卷六《藥性摘錄》 血竭 甘鹹，性平。色赤，入肝血分。破瘀。○凡跌撲損傷，氣血攪刺，內傷血聚，並宜同酒調服。○外敷，收口止痛，生肌。○但其性最急，引膿甚速，不可多服。○凡血病無積瘀者，不必用之。○以染透指甲，燒灰不變色者真。○得蜜陀僧良。

清・張仁錫《藥性蒙求・木部》 血竭五分、三錢 血竭甘平，和血散瘀。金瘡折跌，血痛堪除。一名麒麟竭。甘、鹹，平，有小毒。色赤入血分。善收瘡口，卻能引膿。性急，不可多用。無瘀積者忌之。○出南番。磨之透甲，嚼之不爛，如蠟者為上。另研作粉，篩過用。假者，是海母血，味大鹹，有腥氣。○乳香、沒藥、血竭，皆木脂。

清・屠道和《本草匯纂》卷三下血 血竭 耑入肝。味甘而鹹，性平，有小毒。色赤入心肝血分，散瘀生新，耑除血痛。治心腹卒痛，折跌金瘡血出，瘡口不合，止痛生肌。療婦人血氣痛，小兒瘛瘲，破積血，去五臟邪氣。攪刺內傷血聚，並宜同酒調服。乳香、沒藥，雖主血病，而亦兼入氣分。此則專入血分，但性急迫，引膿甚利，不可多服。凡血病無積瘀者，忌之。

清・戴葆元《本草綱目易知錄》卷四 血竭騏麟竭 甘、鹹。色赤。係木之脂液流結，如人之膏血，蓋手足厥陰經血分藥。補心包絡，肝血不足，益陽精，消陰滯氣，破積血，止痛生肉，耑散滯血諸痛，為和血之聖藥。治心腹卒痛，金瘡出血，婦人血氣，小兒瘛瘲，傷折打損，一切疼痛，血氣攪刺及內傷血聚，並宜酒服。為末，傅一切惡瘡疥癬久不合。性急不可多使，卻引膿。

清・陳其瑞《本草撮要》卷二 血竭 味甘鹹，平，有小毒，色赤入血分，入足厥陰經，功專散瘀生新，專除血痛。治金瘡折跌，瘡口不合，止痛生肌。卻能引膿，不可多用，無瘀積者忌之。嵌脚痛及血痔，俱以末敷之。鼻衄以末吹之均效。一名麒麟竭。

清・鄭奮揚著，曹炳章注《增訂偽藥條辨》卷三 血竭 一名麒麟竭。甘鹹，平。色赤，專入血分。散瘀生新，止痛生肌，善收瘡口。《南越志》云：麒麟竭是紫鉚樹之脂也，出南番。欲驗真偽，但嚼之不爛如蠟者為上，磨之色透指甲者方真。今有以海姆血偽充者，味大鹹，有腥氣，不堪入藥，須明辨之，毋為所誤。炳章按：蘇恭曰：麒麟竭樹名渴留，紫鉚樹名渴稟，二物大同小異。馬志曰：二物同條，功效亦別。紫鉚色赤而黑，其葉大如盤，鉚從葉上出。炳章按：紫鉚，俗名紫草茸，乃此樹上蟲所造成，故《綱目》列入蟲部。麒麟竭色黃而赤，從木中出如松脂。頌曰：今南番諸國及廣州皆出。木高數丈，婆娑可愛，葉似櫻桃而有三角，其樹脂從木中流下，滴下似膠飴狀，久而堅凝乃成竭，色作赤色。採無時。舊說與紫鉚相類，而別是一物，功力亦殊。《一統志》云：血竭樹略似沒藥樹，其肌赤色。採法亦於樹下掘坎，斧伐其樹，脂流於坎，旬日取之。多出大食國。考諸家辨正，血竭確別有一物。惟《南越志》言是紫鉚之脂，或亦傳訛之辭。總之，血竭色要鮮紅有光，質體要鬆，試之以透指甲者為真。以火燒之，有赤汁涌出，入紙無跡暈。久而灰不變本色者爲麒麟竭，最佳。色紫黑質堅，外竹箬包裹者爲鞭竭，略次。僞者以松香、火漆做成，入火滴紙有跡暈。宜辨之。

安息香

宋・唐慎微《證類本草》卷一三木部中品〔唐・蘇敬《唐本草》〕 安息香 味辛、苦，平，無毒。主心腹惡氣，鬼疰。出西戎。似松脂。黃黑色，爲塊。新者亦柔韌音刃。《唐本》先附。

〔宋・掌禹錫《嘉祐本草》〕按：蕭炳云：燒之去鬼來神。段成式《酉陽雜俎》云：安息香樹，出波斯國，波斯呼爲辟邪樹。長三丈，皮色黃黑。葉有四角，經寒不凋。二月開花，黃色，花心微碧，不結實。刻其樹皮，其膠如飴，名安息香。六七月堅凝乃取之。燒之通神，辟衆惡。日華子云：治邪氣魍魎，鬼胎血邪，辟蠱毒，腎氣，霍亂，風痛，治婦人血噤并產後血運。

〔宋・唐慎微《證類本草》〕《海藥》：謹按《廣州記》云：生南海波斯國，樹中脂也，狀若桃膠，以秋月採之。又方云：婦人夜夢鬼交，以臭黃合爲丸，燒薰丹穴，永斷。又主男子遺精，暖腎，辟惡氣。

唐・段成式《酉陽雜俎・前集》卷一八　安息香樹出波斯國，波斯呼為辟邪樹。長三丈，皮色黃黑，葉有四角，經寒不凋。二月開花，黄色，花心微碧，不結實。刻其樹皮，其膠如飴，名安息香。六七月堅凝，乃取之，燒之通神明，辟衆惡。

宋・劉明之《圖經本草藥性總論》卷下　安息香　味苦、辛，平，無毒。主心腹惡氣，鬼疰。日華子云：治邪氣魍魎，鬼胎血禁，辟蠱毒，腎氣，霍亂風痛，治婦人血禁，并產後血暈。

宋・陳衍《寶慶本草折衷》卷一三　安息香　俗號安悉香，息、悉聲相近也。○其木一名辟邪樹。出西戎及南海、波斯國。○刻其木皮，俟脂膠六、七月堅凝，乃取為香。

味辛、苦，平，無毒。○主心腹惡氣鬼疰。似松脂，黃黑色，為塊。新者亦柔韌音刃。○蕭炳云：燒之去鬼來神。○日華子云：治邪氣魍魎，鬼胎血邪。辟蠱毒，腎氣，霍亂風痛。治婦人血噤，并產後血運。○《廣州記》云：婦人夜夢鬼交，以臭黃合燒熏丹穴，永斷。○臭黃即雄黃臭者也。丹穴，丹田也。又主男子遺精，暖腎，辟惡氣。

續說云：安息香正條所喻形色最明，而其體較輕也。以瓦盞淺淺貯灰，取此香小塊於灰上，烈火焚灼，以厚紙覆之，其煙直衝紙而透出者真也。

元・尚從善《本草元命苞》卷六　安息香　味辛、苦，性平，無毒。燒之去鬼，療惡氣蠱毒，祛鬼魅魍魎。主婦人產後血運，醫男子鬼交遺精。出西戎、波斯。樹呼為辟邪木，高三丈，皮色黃黑，葉有四角，經寒不凋，二月開花，色黃心碧，香乃樹中膠飴。宜於秋月採之，似松脂黃黑，若堅凝取之。

明・王綸《本草集要》卷四　安息香　味辛苦，氣平，無毒。　主心腹惡氣鬼疰，治邪氣魍魎，鬼胎蠱毒，燒之，去鬼來神，辟衆惡。

明・滕弘《神農本經會通》卷二　安息香　出西戎。似松脂，黃黑色，為塊，新者亦柔韌。刻其樹皮，其膠如飴，堅凝取之。　味辛苦，氣平，無毒。東云：辟惡，止心腹之痛。

《本經》云：主心腹惡氣鬼疰。蕭炳云：燒之，去鬼來神。《雜俎》云：燒之，通神，辟衆惡。日華子云：治邪氣魍魎鬼胎，血邪，辟蠱毒，腎氣霍亂，風痛，治婦人血噤，并產後血暈。《海藥》云：婦人夜夢鬼交，以臭黃合為丸，燒熏丹穴，永斷。又主男子遺精，暖腎，辟惡氣。《局》云：安息香能除惡氣，燒之去鬼更來神。辟邪暖胃攻遺泄，血噤仍堪治婦人。安息香，辟惡，去蟲，殺鬼，蠱毒消除。

明・劉文泰《本草品彙精要》卷一七　安息香無毒　植生。

安息香：主心腹惡氣，鬼疰。名醫所錄。【苗】段成式《酉陽雜俎》云：樹高三丈許，皮色黃黑，葉有四角，經冬不凋，二月開花黃色，花心微碧，不結實，刻其木皮則枝如飴，亦若松脂、桃膠，黃黑色爲塊，新者亦柔韌音刃。六七月堅凝，乃取之燒，則通神，辟衆惡，故波斯呼其木爲辟邪樹。【地】《圖經》曰：出西戎。《海藥》云：生南海波斯國。【時】生：春生新葉。採：六月、七月取脂。【收】陰乾。【用】脂。【質】類松脂。【色】黃黑。【味】辛，苦。【性】平，散。【氣】氣之薄者，陽中之陰。【臭】香。【主】通神，辟惡。【治】療：日華子云：除邪氣，魍魎，鬼胎，血邪，辟蠱毒，腎氣，霍亂，風痛，及婦人血噤並產後血暈。《海藥》云：主男子遺精，暖腎，辟惡氣。【合治】合臭黃爲丸，療婦人夜夢鬼交，燒薰丹穴，永斷。

明・許希周《藥性粗評》卷二　蟲兼鬼魅，尋香安息以無虞。

安息香，辟邪，樹脂也。樹高二三丈，皮黃黑色，葉有四角，經寒不凋，二月開花，黃色，花心微碧，不結實，刻其樹皮，流液如飴，待其堅凝，取之名安息香。出南海波斯國，彼云燒之去鬼來神，名辟邪樹。餘說《本草》不載。味辛、苦，性平，無毒。主治心腹惡氣，鬼疰蠱毒，妖邪鬼魅，腎氣風痛，男子遺精，婦人血暈，暖腰腎，肅清臟腑。

明・鄭寧《藥性要略大全》卷六　安息香　辟惡氣鬼疰，止心腹痛，益腎，止遺精。　伊訓云：治婦人血禁及產後血運。止霍亂風痛。　味辛、苦，氣平，無毒。似松脂，黃黑色。　安息香油，可燒薰痘疹不起不乾者，極良。

明・陳嘉謨《本草蒙筌》卷四　安息香　味辛、苦，氣平。無毒。惟生海外，亦係木脂。因香辟邪，土人呼為辟邪樹也。七月七日，裂其樹皮，膠脂如飴，隨即湧出。堅凝成塊，其色黑黃。燒煙鬼懼神歡，研服邪毆惡逐。鬼胎能下，蠱毒可消。

明・王文潔《太乙仙製本草藥性大全》卷三《本草精義》　安息香　出波斯國，波斯呼爲辟邪樹。長三丈，皮色黃黑，葉有四角，經寒不凋。二月開花，黃色，花心微碧，不結實。刻其樹皮，其膠如飴，名安息香。六七月堅凝，乃取之，燒之通神，辟衆惡。

明・王文潔《太乙仙製本草藥性大全》卷三《仙製藥性》 安息香 味辛、苦，氣平，無毒。 主治： 主心腹惡氣鬼疰，治邪氣魍魎鬼胎。燒煙鬼懼神歡，研服邪毆惡逐。 辟蠱毒血邪，腎氣霍亂。療婦人血禁，産後血暈。油可燒薰痘疹不起，不乾者極良。 補註： 按《廣州記》云： 生南海波斯國，樹中脂也。狀若桃膠，以秋月採之。 又方云： 婦人夜夢鬼交，以臭黃合爲丸，燒薰丹穴，永斷。又主男子遺精，暖腎辟惡氣。

明・皇甫嵩《本草發明》卷四 安息香中品，臣。 氣平，味辛、苦，無毒。 發明曰： 安息主心腹惡，止邪氣鬼疰，鬼胎蠱毒。入牛黃丸，療中風驚癇等候為最。生海外，係木脂，因香能辟邪，土人名之辟邪樹。倒其樹，膠如飴出，凝結成黑塊，燒煙鬼懼神懽。但今市中難得真正者。

明・李時珍《本草綱目》卷三四木部・香木類 安息香《唐本草》

〔釋名〕時珍曰： 此香辟惡，安息諸邪，故名。云： 安息，國名也。梵書謂之拙貝羅香。

〔集解〕恭曰： 安息香出西戎。狀如松脂，黃黑色，爲塊。新者亦柔韌。 珣曰： 生南海波斯國，樹中脂也，狀若桃膠，秋月采之。 禹錫曰： 按段成式《酉陽雜俎》云： 安息香樹出波斯國，呼爲辟邪樹。長二三丈，皮色黃黑。葉有四角，經寒不凋。二月開花黃色，花心微碧。不結實。 刻其樹皮，其膠如飴，名安息香，六七月堅凝乃取之。燒之，通神〔明〕，辟衆惡。 時珍曰： 今安南、三佛齊諸番皆有之。《一統志》云： 樹如苦楝，大而且直。 葉似羊桃而長。木心有脂作香。 葉廷珪《香録》云： 此乃樹脂，形色類胡桃穰。不宜於燒，而能發衆香，故人取以和香。 今人和香有如餳者，謂之安息油。 機曰： 或言燒之能集鼠者爲真。

〔氣味〕辛、苦，平，無毒。 〔主治〕心腹惡氣，鬼疰《唐本》。 邪氣魍魎，鬼胎血邪，辟蠱毒，霍亂風痛，男子遺精，暖腎氣，婦人血禁，并産後血運大明。 婦人夜夢鬼交，同臭黃合爲丸，燒熏丹穴，永斷李珣。 燒之，去鬼來神蕭炳。 治中惡魘寐，勞瘵傳尸時珍。

〔附方〕新四。 卒然心痛： 或經年頻發。安息香研末，沸湯服半錢。《危氏得效方》。 小兒肚痛： 曲脚而啼。安息香丸： 用安息香酒蒸成膏。沉香、木香、丁香、藿香、八角、茴香各三錢，香附子、縮砂仁、炙甘草各五錢，爲末。以膏和，煉蜜丸芡子大。每服一丸，紫蘇湯化下。《全幼心鑒》。 小兒驚邪： 安息香一豆許，燒之自除。《奇效良方》。 歷節風痛： 用精猪肉四兩切片，裹安息香二兩，以瓶盛灰，大火上着一銅版片隔之，安香于上燒之，以瓶口對痛處熏之，勿令透氣。《聖惠方》。

明・梅得春《藥性會元》卷中 安息香 味苦，氣平，無毒。出西戎，形似松脂，黃黑色，為塊，新者亦柔韌。 主辟惡氣，止心腹之疼，殺鬼怪及蠱毒之患，祛邪出蟲，除膠腎，療遺精。

明・張懋辰《本草便》卷二 安息香 味辛、苦，氣平，無毒。 主心腹惡氣鬼疰，治邪氣魍魎，鬼胎蠱毒，燒之去鬼來神，辟衆惡。

明・繆希雍《本草經疏》卷一三 安息香 味辛、苦，平，無毒。 主心腹惡氣，鬼疰。

〔疏〕安息香稟火金之氣而有水，故味辛苦，氣平而芳香，性無毒。氣厚味薄，陽也。入手少陰經。少陰主藏神，神昏則邪惡鬼氣易侵，芳香通神明而辟諸邪，故能主鬼疰惡氣也。 〔主治參互〕同鬼臼、犀角、牛黃、丹砂、乳香、蘇合香、龍齒、雄黃、麝香，治鬼疰尸疰，殺癆蟲，寐魘暴亡及大人小兒卒中邪惡氣。 《奇效良方》小兒驚邪，安息香一豆許，燒之自除。

〔簡誤〕病非關邪惡氣侵犯者，不宜服。

明・倪朱謨《本草彙言》卷八 安息香 味辛、苦，氣平，無毒。 氣厚味薄，陽也。入手少陰經。 蘇氏曰： 安息香，生西戎及南海、波斯國。 今安南、三佛齊諸番亦有之。樹如苦楝，長二三丈，大而且直。 皮色黃黑，葉似羊桃而長，有四角，經寒不凋。三月開花，黃色，花心微碧，不結實。刻其木皮，其脂如飴，又如松脂，黃黑色，能發衆香，故人取以和香絕佳，然不宜于燒也。

安息香： 通心竅，辟鬼邪，李珣除中惡魘寐之藥也。韋心庵稿大氏方祛一切神鬼魍魎，妖魅精邪，及人身寒濕冷氣，霍亂陰病。 又治婦人産後血暈，血脹，口噤異疾，并老人氣閉，痰厥失音等疾。 繆仲淳蓋此藥入手少陰心經，心藏神，病由氣閉痰厥，則神昏矣。 神昏則邪惡鬼氣，易于侵犯。 藉此芳香清烈之氣，通神明而開心竅，辟諸邪則前證自除也。但辛香行散之品，亦能走散真氣，如中氣不足，陽神自虛，非關惡氣鬼邪侵犯者，宜斟酌用。

集方： 已下四方出《方脉正宗》治鬼疰尸疰，寐魘暴亡，及大人小兒卒中惡氣，一切神鬼精邪侵犯者。用安息香一錢，鬼臼二錢，犀角八分，牛黃五分，丹砂、乳香、雄黃各一錢二分，俱研極細末； 石菖蒲、生薑各一錢，泡湯調服五分。〇治寒濕冷氣，中霍亂陰證者。 用安息香一錢爲末，人參、製附子各二錢，煎湯調服。 〇治婦人産後血暈、血脹，口噤垂死者。 用安息香一錢，五靈脂水飛淨末五錢，共和勻。每服一錢，炒薑湯調下。 〇治老人氣閉痰厥，失音垂死。 用蘇合香丸，薑湯調服，立甦。此方推安息香爲首用也。

明・李中梓《醫宗必讀・本草徵要下》 安息香味辛、苦，性平，無毒。入心經。服之而行血下氣，燒之而去鬼來神。手少陰主藏神，神昏則鬼邪侵之，心主血，血滯則氣不宣快，安神行血，故主治如上。按：病非關惡氣侵犯者勿用。

明・李中梓《本草通玄》卷下 安息香 辛、苦，性平。主心腹惡氣結聚，蠱毒，霍亂，鬼邪傳尸。從安息國來，不宜於焚而能發眾香，故人取以和香，乃辟邪去惡之聖藥。 酒煮研。

清・顧元交《本草彙箋》卷五 安息香 功主辟邪，故主治惡氣鬼疰。出安息國之樹脂也。或言燒之，能集鼠者真。

清・穆石匏《本草洞詮》卷一 安息香 此香辟惡，安息諸邪，故名。或云安息，國名也。形色類胡桃穰，不宜於燒，而能發眾香。或言燒之能集鼠者為真。氣味辛苦平，無毒。治邪氣，辟蠱毒，治中惡魘魅，勞瘵傳尸，婦人夜夢鬼交，燒之去鬼來神。

清・劉雲密《本草述》卷二二 安息香 禹錫曰：按段成式《酉陽雜俎》云：安息香樹出波斯國，呼為辟邪樹。長二三尺，皮色黃黑，葉有四角，經寒不凋，二月開花，黃色，花心微碧，不結實。刻其樹皮，其膠如飴，名安息香。六七月堅凝乃取之。燒之，通神辟眾惡。 時珍曰：今安南、三佛齊諸番皆有之。 葉廷珪《香錄》云：此乃樹脂，形色類胡桃穰。不宜於燒，而能發眾香，故人取以和香。今人和香有如餳者，謂之安息油。

氣味：辛，苦，平，無毒。 主治：心腹惡氣，鬼疰《唐本草》。邪氣魍魎，鬼胎血邪，辟蠱毒，霍乱風痛，男子遺精，暖腎氣，婦人血噤，并產後血暈日華子。 治中風風痹，風癇，鶴膝風，腰痛耳聾方書。用治傳尸勞時珍。 蕭炳曰：燒之去鬼來神。

希雍曰：安息香稟火金之氣而有水，故味辛苦，氣平而芬香，性無毒。氣厚味薄，陽也，入手少陰經。

同鬼臼、犀角、牛黃、丹砂、乳香、蘇合香、龍腦、雄黃、麝香，治鬼疰尸疰，殺癆蟲，寐魘暴亡，及大人小兒卒中邪惡氣。

愚按：安息香，乃樹脂名為辟邪樹。在《唐本草》云：治心腹惡氣，即繼以鬼疰。在日華子云：除血邪，又先之鬼胎。合於蕭炳所謂燒之去鬼來神，則此味之功能可糸也。蓋鬼陰而神陽，安息香能發眾香，則能暢陽明之氣，而祛陰濁之邪者也。此即能治惡氣，惡氣之所聚，乃有血邪，又即此並化之矣。故方書於中風用之，而風痹、風癇、鶴膝風皆用之，雖風臟即血臟，然亦不離於氣也。如傳尸勞證用之，正惡氣血邪，所謂六極者也。即腰痛耳聾，一何不由於氣之惡，血之邪？但有甚有不甚耳。蓋此味云燒之能通神辟眾惡，以此對治人身氣血之邪惡，自應不爽者也。

清・郭章宜《本草匯》卷一五 安息香 味辛、苦，平，氣厚味薄，陽也，入手少陰經。治心腹惡氣結聚，療中惡勞瘵傳屍。服之行血下氣，燒之去鬼來神。

按：安息香，辟邪去惡之聖藥也。南海波斯國樹中之脂，禀火金之氣而有水，芬香辟惡，安息諸邪，故名安息。心藏神，昏則鬼邪侵犯，此通神明，而袪諸邪，故為去惡之上藥。病非關邪氣者，勿服。今人取以和香者，亦辟惡之意也。

狀如松脂，桃膠，黃黑色，酒煮研。

清・蔣居祉《本草擇要綱目・平性藥品》 安息香或言燒之能集鼠者為真。

氣味：辛，苦，無毒。 主治：心腹惡氣鬼疰，邪氣魍魎，鬼胎血邪，辟蠱毒，霍亂風痛。男子遺精，暖腎氣。婦人血噤，并產後血運，婦人夜夢鬼交。同臭黃燒熏丹穴，永斷。燒之去鬼來神，治中惡魘寐，勞瘵傳尸。

清・王翃《握靈本草》卷八 安息香出西戎。俗名西香，即安叭香。狀如松脂，黃黑色，為塊。主治：安息香，苦，平，無毒。主心腹邪氣，鬼蠱毒，男婦夜夢鬼交，遺精，血運，勞瘵傳尸体。

清・李熙和《醫經允中》卷二一 安息香 入心經。 辛、苦，微甘，無毒。主治通心腹諸邪氣，辟惡蠱毒，令人神清懽暢。

清・馮兆張《馮氏錦囊秘錄・雜症痘疹藥性主治合參》卷四 安息香稟火金之氣而有水，故味辛苦，氣平而芬香，性無毒。氣厚味薄，陽也。入手少陰經。少陰主藏神，神昏則邪惡鬼氣易侵，芳香通神明，而諸邪辟矣。

安息香乃辟邪樹皮之脂，堅凝成塊。其色黑黃，燒烟鬼懼神歡，敺邪逐惡。研服，行血下氣，扶正安神，鬼胎能下，蠱毒可消。

清・张璐《本經逢原》卷三 安息香 辛、苦、微甘，平，無毒。出西戎及南海波斯國。樹中脂也，如膠如飴，今安南三佛齊諸番皆有之。 如飴者曰安息香，紫黑黃相和如瑪瑙，研之色白者為上。粗黑中夾砂石樹皮者為次，乃渣滓結成也。有屑末不成塊者為下，恐有他香夾雜也。燒之集鼠者為真。修製最忌經火。　發明：安息香乃外番入貢之物，香而不燥，竄而不烈。燒之去鬼來神，令人神清。服之辟邪除惡，令人條暢，能通心腹諸邪氣，辟惡蠱毒，理霍亂，止卒然心痛嘔逆，治婦人為邪祟所憑，夜與鬼交，燒烟薰丹田穴，永斷。故傳尸勞瘵咸用之。其蘇合香丸、紫雪丹用之，各有轉日回天之功，洵非尋常方藥可比也。凡氣虛少食，陰虛多火者禁用，為其能耗氣也。

清·王子接《得宜本草·下品藥》　安息香：味辛、苦。主治心腹惡氣，夜夢鬼交。得諸品香藥，能通神明。

清·黃元御《玉楸藥解》卷二　安息香　味辛、苦，氣溫。入手太陰肺、足厥陰肝經。除邪殺鬼，固精壯陽。安息香溫燥竄走，治鬼支邪附、陽痿精遺、歷節疼痛及心腹疼痛之病，薰服皆效。燒之神降鬼逃。

清·吳儀洛《本草從新》卷三　安息香〔宣，行氣血，辟邪惡。〕　辛，香，苦，平。入心經。研服行血下氣，安神去祟，手少陰主藏神，神昏則鬼邪侵之；心主血，血滯則氣不宣快；安神行血，故治之。鬼胎能下，蠱毒可消。燒烟辟邪逐惡。病非關惡氣侵犯者勿用，辟邪，安息諸邪，故名。或云安息國名也。

清·汪紱《醫林纂要探源》卷三　安息香　苦，辛，鹹，平。出安息國。色黃黑結塊，氣亦不甚香，而能和眾香。亦木汁熬成，或云獅子屎，殆不然。通達布散，徹於上下，去積攻堅，辟惡去穢。齅之則氣下泄，坐之則香氣達鼻，其通徹上下可知。鮮有真者。

清·嚴潔等《得配本草》卷七　安息香　辛、苦，平。入手少陰經。驅邪逐惡。下鬼胎，消蠱毒，禁夢魘，療傳尸。

題清·徐大椿《藥性切用》卷五　安息香　辛香苦平，入心經而祛邪辟惡，晰理血氣，為去祟安神耑藥。研細用。

清·黃宮繡《本草求真》卷四　安息香通心氣，活肝血。　安息香耑入心肝。係西戎及南海波斯國樹中之脂，其香如膠如飴，其氣馨，其味苦而兼甘，其性平。按凡香物皆燥，惟此香而不燥，香物皆烈，惟此竄而不烈，洵佳品也。以此祀神，則異香滿室而神若依。以之常薰，則惡氣悉絕而心肺皆沁，神氣通暢。故凡傳屍癆瘵，霍亂嘔逆，蠱毒惡侵。夢魘鬼交等症，無不用此調治，俾其邪辟正復，所以蘇合香丸、紫雪丹、七香丸。同沉香、木香、丁香、藿香、八角茴香，各三錢。香附子、縮砂密、炙甘草各五錢，為末蜜丸，以治小兒肚痛。　亦皆用此，以其獨得香氣之正也。但元氣虛損，陰火旺者，其切忌焉。書言燒之能集鼠者真。

清·趙學敏《本草綱目拾遺》卷六木部　水安息　出廣中，洋舶帶來，波斯交趾皆有之。形如荔枝而大，外有殼包裹，皮色亦如鮮荔枝，開之中有香如膠漆，黃褐色，氣甚馥鬱。此物如開用不盡者，須連外殼置盌中，方不走溢，否則遇五月黃梅時，其汁自滿，溢出殼外，雖殼內所存不過少許，也會溢出，亦一異也。《綱目》安息香本條所言皆乾者，云是樹脂。《集解》下引葉廷珪《香錄》云：有如餳者，謂之安息油，即是此種。瀕湖又未詳其功用。今時頗行，故采補以備用。其殼有絲毫裂縫，油即走溢，須以瀝青熬化滴之。《百草鏡》云：安息香有水、旱二種，水安息難得，焚其香，旁置水盂試之，其香烟投水中，還結為香，惟分兩稍減耳。《五雜俎》云：安息香能聚鼠，其烟白色如縷，直上不散。

辛平無毒，通心神，除邪魅，辟蠱毒，止心痛，下鬼胎，入心經，通腎氣，尤益房箔，故龜靈劑用之以興陽，反魂丹用之以救急。然大耗真氣，凡氣虛挾火者不可服。忌見火。《藥性考》：水安息香辛苦性溫，除風寒霍亂，暖腎興陽，治心腹蠱氣，血淋遺精，鬼交鬼孕，薰勞瘵。

辟瘟丹：陳杰《回生集》用紅棗二斤，茵陳切碎八兩，大黃切片八兩，水安息五錢，合為錠，每晨焚之。　種子二方：《周氏家寶》：潮腦飛升白霜一兩，麝香二錢，枯礬三錢，龍骨三錢，良薑三錢，五倍子二錢，明雄二錢，水安息、母丁香、酥合油各五錢，官桂三錢，輕粉二錢，紫梢花二錢，大山茨菰三錢，共為細末，煉蜜為丸，桐子大，蠟丸封固。月信後納一丸，次日再納一丸，種子如神。并治血淋、白帶、陰瘡、陰蝕、楊梅瘡毒等症。　又方：真川附子一箇，重一兩二三錢者。山茨菰四錢，此二味要童便浸透，焙乾研末；　川烏八錢，五倍子三錢，此二味同研末；　水安息五錢，生蟾酥八錢，此二味同研；　不麻草烏五錢，明雄五錢，此二味同研末；　官桂五錢，母丁香八錢，同研末；　酥合油五錢，真鴉片三錢，同研末；　紫梢花三錢，蛇牀子一兩，倭硫黃五錢，輕粉五錢，右藥為末，同白及五錢煎水，合前藥打成錠。每行時用津磨少許搽莖首，能治精滑并久不生子，且能解毒，遇瘡不染。若早午晚各搽一次，久不斷，更有神效。與前方男婦同用更佳，或再加人參五錢尤妙。　許氏方：用水安息搽之，管化毒愈。

清·黃凱鈞《藥籠小品》　安息香　出安息國，樹脂熬成，外用瀝青為殼。能辟邪氣，安五藏，至寶丹所以用之。

清・王龍《本草纂要稿・木部》 安息香　氣味辛苦而平。燒烟鬼懼神歡，研末邪驅惡逐。鬼胎能下，蠱毒可消。

清・楊時泰《本草述鉤元》卷二二 安息香　樹出波斯國，呼為辟邪。長二三尺，刻其樹皮，膠出如飴，名安息香，取以和香，亦名安息油。六七月堅凝，乃取之。今安南、三佛齊諸番皆有，形色類胡桃穰。

辛苦而平。氣厚味薄，陽也。入手少陰經。主治心腹惡氣鬼疰，傳尸癆，邪氣魍魎，鬼胎血邪，辟蠱毒，霍亂，男子遺精，暖腎氣，婦人血噤，產後血暈。方書治中風，風痺風癇，鶴膝風，腰痛，耳聾。燒之去鬼來神。稟火金之氣而有水，故味辛苦而氣平。同鬼臼、犀角、牛黃、丹砂、乳香、蘇合、龍腦、麝香、雄黃，治鬼疰，尸疰，殺癆蟲，寐魘，暴亡及大人小兒卒中邪惡氣。

論：　安息名為辟邪樹，其脂不宜於燒，而能發眾香，即蕭氏去鬼來神之說，乃知鬼陰而神陽，此味固暢陽明之氣，而祛陰濁之邪者也，用以對治人身氣血之邪惡，自無不宜。

清・葉桂《本草再新》卷四 安息香味辛、苦，性平，無毒。入心經。　行血下氣，安神益智。

清・趙其光《本草求原》卷七香木部 安息香　外番辟邪樹脂。苦、辛，平，無毒。能暢陽明之氣而祛陰濁，燒之去鬼屬陰。來神，屬陽。服之治心腹惡氣，血邪，惡氣聚，乃有血邪。鬼疰，鬼胎，蠱毒，霍亂，風痛，卒然心痛，嘔逆，遺精，腎冷，產後血暈，中風，風痹，風癇，鶴膝，腰痛，耳聾，皆氣之惡血之邪。傳尸勞瘵，夢與鬼交。燒煙熏丹田穴。但耗氣，氣虛，陰虛忌用。忌經火。

如瑪瑙，研之白者上；粗黑，夾沙石，樹皮者次；有屑不成塊者下。燒之集鼠者真。如錫者為安息香油，能發眾香。故取以合香。

同鬼臼、犀角、牛黃、丹砂、乳香、蘇合香、冰片、雄黃、麝，治鬼疰、尸疰，殺勞蟲，寐魘暴亡，卒中邪惡。

清・文晟《新編六書》卷六《藥性摘錄》 安息香　氣馨，味苦而兼甘，性平。通心氣，活肝血，治傳屍癆瘵，霍亂嘔逆，蠱毒惡侵，夢魘鬼交等症。○元氣虛，陰火旺者，切忌。燒之集鼠者真。

清・戴葆元《本草綱目易知錄》卷四 安息香　辛、苦，平。逐穢惡，辟蠱毒。治心腹鬼疰惡氣，霍亂風癇。男子遺精，暖腎氣，婦人血噤，產後血運。中惡魘寐，勞瘵傳尸，邪氣魍魎，鬼胎血邪。婦人夜夢鬼交。同臭硫黃燒熏丹穴永斷。又燒之，去鬼來神。

徐珂《清稗類鈔・工藝類》 製安息香　安息香樹之脂，堅凝成黃黑色塊者可為香，並可製藥。今通用之安息香則多以他種香料合木屑作線香狀，但襲安息香之名，實無安息香料也。

龍腦香

宋・唐慎微《證類本草》卷一三木部中品〔唐・蘇敬《唐本草》〕 龍腦香及膏香　味辛、苦，微寒一云溫，平，無毒。主心腹邪氣，風濕積聚，耳聾，明目，去目赤膚翳。出婆律國。形似白松脂，作杉木氣，明淨者善。久經風日或如雀屎者不佳。云合糯一作粳米炭、相思子貯之則不耗。膏主耳聾。

〔唐・蘇敬《唐本草》〕注云：　樹形似杉木。言婆律膏，是樹根下清脂。龍腦，是根中乾脂。子似豆蔻，皮有錯甲，香似龍腦。味辛。尤下惡氣，消食散脹滿，香人口。舊云：出婆律國。藥以國爲名，即杉脂也。江南有杉木，未經試。或方土無脂，猶甘蕉無實。《唐本》先附。

〔宋・掌禹錫《嘉祐本草》〕按：　段成式《酉陽雜俎》云：　龍腦香樹，出婆利國，呼爲個不婆律，亦出波斯國。樹高八丈，大可六七圍，葉圓而背白，無花實。其樹有肥有瘦，瘦者出龍腦香，肥者出婆律膏。香在木心中。波斯斷其樹剪取之，其膏於樹端流出，斫樹作坎而承之。入藥用有別法。《南海藥譜》云：　龍腦油，性溫，味苦。本出佛誓國。此油從樹所取，摩一切風。陳藏器云：　相思子，平，有小毒。通九竅，治心腹氣，令人香，止熱悶，頭痛，風痰，殺腹藏及皮膚內一切蟲。又主蠱毒，取二七枚末服，當吐出。生嶺南。樹高丈餘，子赤黑間者佳。

〔宋・蘇頌《本草圖經》〕曰：　龍腦香，出婆律國，今惟南海番舶賈客貨之。相傳云：　其木高七八丈，大可六七圍，如積年杉木狀，傍生枝，葉正圓而背白，結實如豆蔻，皮有甲錯，香即木中脂。似白松脂，作杉木氣。膏乃根下清液耳，亦謂之婆律膏。段成式《酉陽雜俎》說：　此木有肥瘦，瘦者出龍腦香，其香在木心。波斯斷其木翦取之。肥者出婆律膏，其膏於木端流出，斫木作坎而承之。兩說大同而小異。亦云：　南海山中亦有此木，唐天寶中交趾貢龍腦，皆如蟬、蠶之形。彼人云：　老根節方有之，然極難得。時禁中呼爲瑞龍腦，帶之衣衿，香聞十餘步外，是後不聞有此。今海南龍腦，多用火煏成片，其中亦容雜僞。入藥惟貴生者，狀若梅花瓣，甚佳也。

〔宋・唐慎微《證類本草》〕《海藥》：　謹按陶弘景云：　生西海律國，是波律樹中脂也。如白膠香狀。味苦、辛，微溫，無毒。主內外障眼，三蟲，治五痔，明目，鎮心，秘精。又有蒼龍腦，主風瘡皯黯，入膏煎良。用點眼則有傷。《名醫别録》云：婦人難産，取龍腦研末少許，以新汲水調服，立差。又唐太宗時，西海律國貢龍腦香，是知彼處出耳。《經驗方》：治急中風，目瞑牙噤，無門下藥者。以中指點散子揩齒三二十，揩大牙左右，其口自開。始得下藥，龍腦、天南星等分爲末，乳鉢内研，自五月五日午時合出者，只用一字至半錢，名開關散。《經驗後方》：治時疾，發豌豆瘡及赤瘡子未透，心煩狂躁，氣喘妄語，或見鬼神，龍腦一錢，細研，旋滴猪心血，和丸如雞頭肉大。每服一丸，紫草湯下，少時心神便定得睡，瘡復發透，依常將息取安。

唐・段成式《酉陽雜俎・前集》卷一八　龍腦香樹，出婆利國，婆利呼為固不婆律。亦出波斯國。樹高八九丈，大可六七圍，葉圓而背白，無花實，其樹有肥有瘦，瘦者有婆律膏香。一曰瘦者出龍腦香，肥者出婆律膏也。在木心中，斷其樹劈取之，膏於樹端流出，斫樹作坎而承之。入藥用，别有法。

宋・李昉《太平御覽》卷九八一　龍腦　《本草》曰：龍腦香，味苦，微寒。主心腹邪氣，風濕積聚。出婆律國。形似白松脂，作杉木氣。明浄者善。云合粳米灰、相思子，貯之則不耗。樹似杉。言婆律膏是樹根下清脂，龍腦是樹中乾脂。子似豆蔻。

宋・寇宗奭《本草衍義》卷一四　龍腦條中，與《圖經》所説各未盡。此物大通利關鬲熱塞，其清香爲百藥之先，大人、小兒風涎閉壅及暴得驚熱，甚濟用。然非常服之藥，獨行則勢弱，佐使則有功，于茶亦相宜，多則掩茶氣味，萬物中香無出其右者。西方抹羅短吒國，在南印度境，有羯布羅香。幹如松株，葉異，濕時無香。採乾之後，折之，中有香，狀類雲母，色如冰雪，此龍腦香也。蓋西方亦有。

宋・洪邁《夷堅志・丁志》卷一三　臨安民因病傷寒而舌出過寸，無能治者。但以筆管通粥飲入口，每日坐於門。某道人見之，咨嗟曰：吾能療此，頃刻間事耳，奈藥材不可得何？民家人聞而請曰：苟有錢可得，當竭力訪之。不肯告而去。明日，又言之，會中貴人罷直歸，下馬觀病者，道人適至，其言如初。中貴固問所須，乃梅花片腦也。笑曰：此不難致。即遣僕馳取以付之。道人屑為末，摻舌上，隨手而縮。凡用二錢，病立愈。

宋・劉明之《圖經本草藥性總論》卷下　龍腦香　味辛、苦，微寒。一云平，無毒。主心腹邪氣，風濕積聚，耳聾，明目，去目赤膚翳。一云治急中風，目瞑牙噤，及時疾發豌豆瘡。陶弘景云：主内外障眼，三蟲，治五痔，明目，鎮心，秘精。又有蒼龍腦，主風瘡皯黯，入膏煎，良。用點眼，則有傷。出婆律國。

宋・陳衍《寶慶本草折衷》卷一三　龍腦香相思子附。○諸腦及樟腦續附。

一名腦子。一名白龍腦香並見衆方。○一名龍腦。○其木一名波律樹。出婆律國山中及南海即廣地，及婆利、波斯、佛誓、交趾、西海、海南及抹羅短吒國在南印度境。今蕃舶亦有來。○擇木之瘦者，有香〔在木心。斷其樹，〕剪取脂。又葉庭珪云：擇木枝幹不損者，解作板，隨板傍横裂皮縫，積久有腦自縫出，劈而取之，以相思子及燈心、糯米炭拌和，緘於杉木合中，則不走耗。○與茶相宜。○附：相思子生嶺南。○續附：樟腦。《蘇沈方》用者名樟木龍腦，乃南蕃樟木中所出也。

味辛、苦，平，寒，無毒。○主心腹邪氣，風濕一作溼積聚，耳聾，明目，去目赤膚瞖。○《圖經》曰：其木如積年杉木狀香即木中脂，似白松脂，作杉木氣。唐天寶中交趾貢龍腦，皆如蟬蠶之形，呼為瑞龍腦，帶之香聞十餘步外，是後不聞有此。今海南多用火煏成片而雜僞。入藥惟貴生者，若梅花瓣，甚佳也。○《海藥》云：主内外障眼，治五痔，鎮心秘精。詳見蘗木續説。又有蒼龍腦，主風瘡皯黯，入膏煎良，點眼則有傷。婦人難産，取龍腦研末少許，以新汲水調服，立差。○《經驗方》：治急中風，目瞑牙噤，以中指點散子揩齒三二十，揩大牙左右，其口自開，始得下藥。龍腦、天南星等分為末，只用壹字至半錢。○《經驗後方》：治豌豆瘡及赤瘡未透，心煩狂躁，氣喘妄語。龍腦細研，旋滴猪心血，和丸如雞頭肉大，每服壹丸，紫草湯下，瘡發透。○寇氏曰：龍腦，大通利關鬲熱塞，大人小兒風涎閉壅及暴驚熱。然萬物中香，無出其右。西方有羯布羅香，幹如松株，濕時無香，採乾，折之，中有香，狀類雲母，色如冰雪，此龍腦香也。蓋西方亦有。

附：相思子。○平，有小毒。通九竅，治心腹氣，止熱悶頭痛，風痰。殺腹臟及皮膚蟲，又主蠱毒。取貳柒枚，末服，當吐出。子赤黑間者佳。

續説云：葉庭珪《香録》論腦子：出於渤泥、三佛齊深山谷木中。其香大而成片者，謂之梅花腦。《圖經》謂其甚佳也。其次謂之速腦。速腦中次者謂之金脚腦，其碎者謂之米腦。其鋸下杉屑與碎腦相雜者，謂之蒼腦。《海藥》論辨蒼腦之用詳矣。至於取腦已淨之木片，謂之腦木札。椿碎為鋸屑相和，置瓷盆中，以椀覆，封固其縫，用熱灰煨，則氣飛上，凝結成塊，謂之熟腦，不可為藥。又《蘇沈方》薊薊散，治鼻衄，相思子半兩，大薊根剉壹兩，每服貳錢，水壹盞，煎至柒分，去滓冷服。外有樟腦，味癒而性熱，氣烈而色暗，僅能去蚤蝨，別無功用。

元・尚從善《本草元命苞》卷六　龍腦　辛、苦，微寒，又曰溫、平，無毒。清香，為百藥之先，出類於萬物之右，獨行則勢弱，佐使則有功。通關膈熱塞，利閉壅風涎。點內外瘴，視物不覩。退目赤痛，膚翳侵睛。能鎮驚明目，善安神秘精。治心腹邪氣，去風濕耳聾。出波律國。形似白松脂，作杉木氣，狀若梅花瓣，色明淨如冰雪最妙。經風日似雀屎，不堪。

元・朱震亨《本草衍義補遺》　龍腦　屬火。世知其寒而通（義）〔利〕，然未達其暖而輕浮飛揚。《局方》但喜其香而貴其細，動輒與麝同用，為桂、附之助。人身陽易於動，陰易於虧，思之。

元・徐彥純《本草發揮》卷三　龍腦　東垣云：龍腦入腎，治骨病。丹溪云：龍腦屬火。世知其寒而通利，然未達其暖，而輕浮飛揚。《局方》但喜其香而貴細，故動輒與（射）〔麝〕香同用，而為桂、附之佐，殊不知人身之陽易於動，陰易於虧，幸試思之。

明・王綸《本草集要》卷四　龍腦香及膏香　味辛苦，氣溫，屬陽。無毒。出波律國。形似白松樹，作杉木氣，明淨狀若梅花瓣者，甚佳。膏乃根下清液，砍木作坎而承之者，清香，為百藥先，萬物中香無出其右者。　主心腹邪氣，風濕積聚，耳聾明目，去目赤膚翳，通利關膈熱塞，大人小兒風涎閉壅及暴驚熱。丹溪云：屬火，世知其寒而通利，然未達其暖，而輕浮飛揚。《局方》但喜其香而貴細，動輒與麝同用為桂附之助。然人身陽易動，陰易虧，幸思之。愚按：龍腦性大辛，善走，故能散熱，通利結氣。古今方目痛喉痹下疳多用之者，取辛散也。人欲死者，吞之氣散盡也。世人誤以為寒，不知辛散性甚，似乎涼耳。諸香皆屬陽，豈有香之至者而反寒乎？〇治時疾，發豌豆瘡，及赤瘡心煩狂躁，氣喘妄語。取一錢，細研，旋滴猪心血和丸如雞頭大，每服一丸，紫草湯下，少時心神便定，瘡收散。

明・滕弘《神農本經會通》卷二　龍腦香及膏香　出婆律國。形似白松脂，作杉木氣，明淨者善。久經風日，或如雀屎者不佳。云合糯米炭、相思子貯之，則不耗。龍腦，是根中乾脂，似豆蔻皮，有甲錯，香似龍腦，狀若梅花瓣者，甚佳。膏是樹下清脂。又云：樹瘦者出龍腦香，在木心，肥者出膏香，在木端，砍樹作坎而承之。清香，為百藥先，萬物中香無出其右者。　味辛、苦，氣微寒。一云：溫，平，無毒。《集》云：氣溫。屬陽。

《本經》云：主心腹邪氣，風濕積聚，耳聾明目，去目赤膚瞖。膏，主耳聾。《唐本》注云：下惡氣，消食，散脹滿。香人口。《藥譜》云：龍腦油，性溫，味苦。陳藏器云：相思子，平，有小毒。通九竅，治心腹氣，令人香。止熱悶頭痛，風疾，殺腹藏及皮膚內一切蟲。又主蠱毒，取二七枚，末服，當吐出。生嶺南，子赤黑間者佳。《圖經》云：今海南龍腦，多用火煏成片，其中亦容雜偽。入藥惟貴生者，狀若梅花瓣，甚佳也。丹溪云：龍腦，屬火。世知其寒而通利，然未達其暖而輕浮飛揚。《局方》但喜其香而貴細，動輒與麝同用，為桂、附之助。然人身陽一動，陰易虧，幸思之。《集》云：龍腦，性大辛。善走，故能散熱，通利結氣。古今方目痛喉痹，下疳，多用之者，取辛散也。人欲死者，吞之，氣散盡也。世人誤以為寒，不知辛散性甚，似乎涼耳。諸香皆屬陽，豈有香之至者而反寒乎？又云：通利關膈熱塞，大人小兒風涎閉壅，及暴驚熱。《局》云：龍腦能令九竅通，大除惡氣滯心胸。其香透頂攻頭痛，明目消風治耳聾。龍腦，清頭明目，涼驚搐小兒。

明・劉文泰《本草品彙精要》卷一七　腦香無毒。附相思子。　植生。

龍腦香及膏香：主心腹邪氣，風濕積聚，耳聾，明目，去目赤膚瞖。名醫所錄。

〔苗〕《圖經》曰：木高七八丈，大可六七圍，如積年杉木狀，傍生枝葉，正圓而背白，結實如豆蔻，皮有甲錯。香即木中脂，似白松脂，作杉木氣。段成式《酉陽雜俎》說：此木有肥瘦，瘦者出龍腦香，其香在木心，波斯斷其木翦取之；肥者出婆律膏，其膏如木端流出，斫木作坎而承之。兩說大同而小異。或云：南海山中亦有此木，唐天寶中，交趾貢龍腦，皆如蟬蠶之形。彼人云老根節方有之，然極難得，時禁中呼爲瑞龍腦。帶之衣衿，香聞十餘步外，自後不聞有此。今海南龍腦多用火煏成片，其中亦容雜偽，入藥惟貴生者，狀若梅花瓣，甚佳也。《衍義》曰：龍腦條中與《圖經》所說各未盡，此物大通利關膈熱塞，其清氣爲百藥之先，大人小兒風涎閉壅及暴得驚熱甚濟用。然非常服之藥，獨行則勢弱，佐使則有功。于茶亦相宜，多則掩茶氣味，萬物中香無出其右者。西方抹羅短吒國在南印度境，有羯布羅香，幹如松株，葉異，濕時無香，採乾之後折之，中有香，狀類雲母，色如冰雪，此龍腦香也。陳藏器云：相思子，平，有小毒，通九竅，治心腹氣，令人香，止熱悶，頭痛風痰，殺腹臟及皮膚內一切蟲。又主蠱毒，取二七枚，末服，當吐出。生嶺南，樹高丈餘，子赤黑間者佳。舊本原附於此，今仍錄之。【地】《圖經》曰：出婆律國，今惟南海番舶貨之，西方亦有。【時】生：無時。採：無時。【收】陰乾，合糯米炭、黑豆、相思子同貯之，則不耗。【用】脂明淨者爲好。【質】類樟腦而碎小作片。【色】白。【味】辛，苦。【性】微寒，散。一云：溫，平。【氣】氣之薄者，陽中之陰。【臭】香。【主】明目退翳。【治】療：《唐本》注云：下惡氣，消食，散脹滿，香人口。《衍義》曰：通利關膈熱塞，大人、小兒風涎閉壅及暴得驚熱。《海藥》云：主內外障眼，殺三蟲，除五痔，明目，鎮心秘精。又以少許研，新汲水調服，治婦人難產，立生。〇蒼龍腦，主風瘡，皯䵳，入膏煎良。《南海藥譜》云：龍腦油，摩一切風。【合治】龍腦合天南星等分爲末，乳鉢內研，自五月五日午時合出者，名開關散，治急中風，目瞑，牙禁。無門下藥者，以中指點散子揩齒三二十，揩大牙左右，其口自開。〇龍腦一錢細研，旋滴豬心血，和丸如雞頭肉大，每服一丸合紫草湯下，治時疾發豌豆瘡，及赤瘡子未透，心煩狂躁，氣喘妄語。或見鬼神者，服此少時，心神便定得睡，瘡復發透，依常將息取安。【禁】蒼龍腦點眼則有傷。

明・葉文齡《醫學統旨》卷八　龍腦香及膏香　氣溫，味辛、苦。無毒。陽也。出波律國。形似白松樹，作杉木氣，明淨狀若梅花瓣者甚佳。膏乃根下清液，砍木作坎而承之者，清香，為百藥先，萬物中香無出其右者。其樹肥者出膏香，瘦者出龍腦香，人欲死者吞之，氣散盡也。以其辛散，性甚似乎涼耳。　治心腹邪氣，風濕積聚，耳聾明目，去目赤膚翳，通利關膈熱塞，喉痺時疾，心煩狂躁；發豌豆瘡，下疳瘡；入腎治骨病，大人小兒風涎閉壅及暴驚熱。

明・許希周《藥性粗評》卷二　頭目推龍腦之清明。

龍腦香，波律樹中脂也。樹高七八丈，大可六七圍，似老杉形，葉圓而背白，無花實，斷其枝，其膏自枝端流出，為龍腦香，作杉木氣。本出波律國，今南海番舶往往貨之。採無時，以明淨者善。或久經風日如雀屎者不良。採獲用糯米炭并相思子，相合貯之則不耗。餘說《本草》不載。味辛、苦，性溫、微寒，無毒。主治心腹邪氣，中風頭痛，內熱濕氣，癥瘕積聚，三蟲五痔，蠱毒瘡疹，耳聾內滯，明目去翳，消痰化氣，通九竅。東垣云：入腎治骨病。丹溪云：世知其寒而通利，然未達其暖而輕浮飛揚，《局方》但喜其香而貴細，動與麝香同用，為桂附之佐，殊不知人身之陽易於動，陰易於虧，幸試思之。

單方：中風牙禁：凡中風目瞑，牙禁無門下藥者，以龍腦香末，用手指遍擦牙根，須臾便開。　發痘熱狂：凡天行種痘赤未透頂，心煩狂躁，氣喘妄語者，以龍腦一錢，細研，旋滴指心血，和丸如皂夾子大，每服一丸，紫草湯下，須臾神定瘡美。

明・鄭寧《藥性要略大全》卷六　冰片一名梅花腦。　清頭明目，拔目中熱，通九竅，消風止驚搐，散血散腫。其香透頂，攻耳聾。　味辛、苦，氣涼，性熱，無毒。以其辛熱，故點眼能散其血而拔出其熱毒也。人但見其能去目中熱，便以為涼劑，而不知其氣涼性熱也。蓋血得熱則行，得涼則止。若是寒劑，奚能散血耶？其性之熱明矣！　粗壯瑩白，大片如梅花瓣者，名梅花片，良。　此藥不宜多服。若服餌過多之人，則身冷如醉，氣絕而死。蓋此藥氣厚於味，故服之過多者氣窒不通而死，非中其毒也。《經史證類》云：廣州龍腦香及膏香，味辛、苦，微寒。《圖經》云：苦、辛，溫平，無毒。主治心腹邪氣，風濕積聚。治耳聾，明目，去目中赤膚翳。出婆律國。形似白松脂，作杉木氣。明淨者善。久經風日，或如雀屎者不佳。云合糯一作粳米灰、相思子貯之，則不耗。〇膏：主治耳聾。《唐本》註云：樹形如杉木，言婆律膏是樹根下清脂，龍腦是根中乾脂。其樹生子似豆蔻，皮有錯甲，香似龍腦。其味辛，尤下惡氣，散脹滿，消食，香人口。《圖經》云：龍腦香出婆律國，今惟南海番客貨之。相傳云其木高七八丈，大可六七圍，如積年杉木狀。傍生枝，葉正圓而皆白。結實如豆蔻，皮有甲錯。香即木中脂也。作杉木氣。膏乃根下清液耳。亦謂之婆律膏。段成式《西陽雜俎》云：龍腦香樹出婆律國，亦出波斯國。木高七八丈，大六七圍，葉圓而背白，無花實。其樹有瘦有肥，瘦者出龍腦香，肥者出婆利膏。香在木心中。波斯斷其樹，剪取之，其膏於樹端流出，斫樹作坎而承之。其入藥用，自有別法。《金櫃》云：龍腦油：性溫，味苦，無毒。出佛誓國。此油從樹頭所取，磨一切風。二說大同而小異。又云：南海山中亦有此木。唐天寶中交趾貢龍腦香，皆如蟬蠶之形。時禁中喚為瑞龍腦。帶之衣襟，香聞十餘步。今海南龍腦多用火煏成片，其中亦容雜偽。入藥惟貴生者，狀若梅花冰片，甚佳。《海藥》云：龍腦香：味苦、辛，性微溫，無毒。主治內外障眼，殺三蟲，治五痔，明目，鎮心。西海律國昔年亦貢龍腦香。是知其國亦有之。　此物大能通利關膈熱塞。其清香為百藥之先。治大人小兒風涎閉壅，及暴得驚熱，甚濟事。然非常服之藥，獨行則勢弱，佐使則有功。

明・陳嘉謨《本草蒙筌》卷四　龍腦香即冰片。　味辛、苦，氣溫、微寒。無毒。來從海舶，出自波斯。木直長類杉，皮有甲錯；枝傍生發葉，背白正圓。香即木脂結成，狀若梅花細瓣。片片潔淨，氣甚薰人。市家多用番硝混攙，不可不細擇也。番硝質重色蒼，如砂細碎。龍腦輕浮潔白，片片相倂。細認自別。磁罐藏貯，燈草務加。不致耗蝕。目熱赤疼，調膏點上即止；喉痹腫塞，擂末吹入立消。疳毒生管中，連敷漸歿。和眼藥敷。舌脹出口外，多摻自收。病重者，用五錢方愈。仍治小兒痘瘡，心煩狂燥妄語。取擂細末，猪心血丸。濃煎紫草茸湯，送下芡實大粒。竟能發透，更定心神。○龍腦油出佛誓國中，鑽樹取，摩一切風氣。○根下清液，又名膏香。堪逐風涎，可通關竅。

謨按：丹溪云：龍腦屬火，世知其寒而通利，然未達其熱而輕浮飛越。《局方》但喜香而貴細，動輒與麝同，為桂附之助。然人身之陽易動，陰易虧，幸思之。節齋又云：龍腦大辛善走，故能散熱，通利結氣。醫方目痛，喉痹，下疳多用之者，取辛散也。人欲死者吞之，氣散盡也。世人誤以為寒，不知辛散性甚，似乎涼耳。諸香皆屬陽，豈有香之至者，而反寒乎？

明・方穀《本草纂要》卷四　龍腦膏香：即冰片也。味大辛，氣溫，陽也，無毒。主關格壅塞，熱閉不通，痰涎壅盛，驚癇風熱，目赤腫脹，翳膜昏澁，乳蛾喉閉，舌腫破爛，此皆積熱之症，惟膏香可以散之。吾觀諸香之劑，皆屬於熱，而龍腦膏香有屬於寒。世概以爲寒涼，而治下疳、喉閉、目疾等症，殊不知氣閉生熱而有此疾。今用辛散之劑，因其從治之法，否則人身陽易動，陰易虧，烏可驟與大辛香之藥乎？

明・王文潔《太乙仙製本草藥性大全》卷三《本草精義》　龍腦香　一名片腦，一名冰片，一名梅花片腦。出婆律國，今惟南海番舶賈客貨之。相傳云其木高七八丈，大可六七圍，如積年杉木狀，傍生枝，葉正圓而背白，結實如豆蔻，皮有甲錯，香即木中脂，似白松脂，作杉木氣，膏乃根下清液耳。亦謂之婆律膏，即木脂結成，狀若梅花細瓣，片片潔淨，氣甚熏人。市家多用番硝。番硝質重色蒼，如砂細碎。龍腦輕浮，潔白，片片相倂，細認自別。磁缸藏貯，燈草務加不致耗蝕。《酉陽雜俎》說此木有肥瘦，瘦者出龍腦香，其香在木心，波斯斷其木，剪取之；肥者出婆律膏，其膏於木端流出，斫木作坎而承之。兩說大同而小異。亦云南海山中亦有此木。唐天寶中交趾貢龍腦皆如蟬蠶之形，彼人云老根節方有之，然極難得，時禁中呼爲瑞龍腦，帶之衣襟，香聞十餘步外，是後不聞有此。今海南龍腦多用火逼成片，其中亦容雜僞。入藥惟貴生者，狀若梅花瓣甚佳也。

明・王文潔《太乙仙製本草藥性大全》卷三《仙製藥性》　龍腦香即冰片。　味辛、苦，氣溫、微寒，無毒。一云溫平，無毒。　粗壯瑩白大片如梅花瓣者名梅花片，良。　主治：主心腹邪氣，風濕積聚。治耳聾明目，去瞖赤膚。目熱赤疼，調膏點上即止。喉痹腫塞，擂末吹入立消。疳毒生管中，連敷漸歿。和眼藥服。舌脹出口外，多摻自收。病重者用五錢方愈。仍治小兒痘瘡，心煩狂燥妄語，取擂細末，猪心血丸，濃煎紫草茸湯，送下芡實大粒。竟能發透，更定心神。治內外障眼，殺三蟲，治五痔，明目鎮心，通利關膈熱塞。其清香爲百藥之先，治大人小兒風涎閉壅，及暴得驚熱甚濟事。然非常服之藥，獨行則勢弱，佐使則有功。　補註：五痔，明目鎮心，秘精，風瘡，皯䵳，入膏煎良，用點眼則有傷。○婦人難産，取龍腦研末少許，以新汲水調服立差。治急中風，目瞑牙噤，無門下藥者，同天南星等分爲末，五月五日合，只用一字以中指蘸散，揩齒二三十次，其口自開。治時疾，發豌豆瘡及赤瘡，心煩狂躁，氣喘妄語，或見鬼神。用一錢，細研，旋滴猪心血和丸如雞頭大，每服一丸，用紫草湯下。　龍腦油：味苦，性溫，無毒。本出佛誓國。此油從樹頭所取磨。　主治：治一切風氣。根下清液又名膏香，堪逐風涎，可通關竅。　按：丹溪云：龍腦屬火，世知其寒而通利，然未達其熱而輕浮飛越。《局方》但喜香而貴細，動輒與麝同，爲桂附之助。然人身之陽易動，陰易虧，幸思之。節齋又云：龍腦大辛，善走，故能散熱，通利結氣，醫方目痛，喉痹，下疳多用之者，取辛散也。人欲死者吞之氣散盡也。世人誤以爲寒，不知辛散性甚，似乎涼耳。諸香皆屬〔陽〕，豈有香之至者而反寒乎？

明・皇甫嵩《本草發明》卷四　龍腦香中品，臣。即冰片，又名片腦。氣溫，平，味辛、苦。一云微寒，無毒。　發明曰：龍腦屬火，味辛，性輕浮飛揚，能發熱，通利結氣。故《本草》主明目，赤膚翳痛，用之點眼。又主心腹邪氣，風濕積聚，耳聾，用吹喉痺腫脹立消。摻舌脹出口，自收。療下疳熱瘡，消風氣，通九竅，皆辛散通利之用也。東垣云：入腎治骨病，得非香氣能透骨竅歟。《衍義》云：此物能大通利関膈熱塞，清香，為百藥之先。大人小兒風涎閉塞及暴得風驚熱甚，以南星等分，為末，研細，用一字至半錢，名開関散。○小兒痘瘡，心煩狂躁妄語，末之，猪心血丸榛子大，紫草湯下一丸，心神安定，瘡毒透徹。○人欲死者，吞之，氣散盡。世人誤以為寒，不知辛散性竄，似乎涼耳。凡諸香屬陽，安有香之至者反寒乎？出波斯。木類杉，皮有甲錯，香即木脂結成，如梅花細瓣，片片明淨，輕浮者真妙。一種香硝，質重色蒼，如細砂，不明淨，市家多用此混攙，不可不細擇也。加燈心，磁礶藏貯，不耗蝕。

明・李時珍《本草綱目》卷三四木部・香木類

龍腦香《唐本草》

【釋名】片腦《綱目》　羯婆羅香《衍義》　膏名婆律香時珍曰：龍腦者，因其狀加貴重之稱也。以白瑩如冰，及作梅花片者爲良，故俗呼爲冰片腦，或云梅花腦。番中又有米腦、速腦、金脚腦、蒼龍腦等稱，皆因形色命名，不及冰片、梅花者也。清者名腦油，《金光明經》謂之羯婆羅香。恭曰：龍腦是樹根中乾脂。婆律香是根下清脂。舊出婆律國，因以爲名也。

【集解】恭曰：龍腦香及膏香出婆律國。樹形似杉木。腦形似白松脂，作杉木氣，明凈者善。久經風日或如雀屎者不佳。或云：子似豆蔻，皮有錯甲，即杉脂也。今江南有杉木，未經試。或方土無脂，猶甘蕉之無實也，頌曰：今惟南海番舶賈客貨之。南海山中亦有之。相傳云：其木高七八丈，大可六七圍，如積年杉木狀，旁生枝，其葉正圓而背白，結實如豆蔻，皮有甲錯，香即木中脂也。膏即根下清液，謂之婆律膏。按段成式《酉陽雜俎》云：龍腦香樹名固不婆律，無花實。其樹有肥有瘦，瘦者出龍腦，肥者出婆律膏，香在木心中。波斯國亦出之。斷其樹剪取之，其膏於樹端流出，斫樹作坎而承之。兩説大同小異。唐天寶中交趾貢龍腦，皆如蟬、蠶之形。彼人云：老樹根節方有之，然極難得。禁中呼爲瑞龍腦，帶之衣衿，香聞十餘步外，後不復有此。今海南龍腦，多用火煏成片，其中亦容雜僞。入藥惟貴生者，狀若梅花片，甚佳也。珣曰：是西海波律國波律樹中脂也，狀如白膠香。其龍腦油本出佛誓國，從樹取之。宗奭曰：《西域記》云：西方抹羅短吒國，在南印度境。有羯布羅香，幹如松株而葉異，花果亦異，濕時無香。木乾之後，循理析之，中有香，狀類雲母，色如冰雪，即龍腦香也。時珍曰：龍腦香，南番諸國皆有之。葉廷珪《香録》云：乃深山窮谷中千年老杉樹，其枝幹不曾損動者，則有香。若損動，則氣洩無腦矣。土人解作板，板縫有腦出，乃劈取之。大者成片如花瓣，清者名腦油。《江南異聞録》云：南唐保大中貢龍腦漿，云以縑囊貯龍腦，懸於琉璃缾中，少頃滴瀝成水，香氣馥烈，大補益元氣。按此漿與腦油稍異，蓋亦其類爾。宋史熙寧九年，英州雷震，一山梓樹盡枯，中皆化爲龍腦。此雖怪異，可見龍腦亦有變成者也。

【修治】恭曰：龍腦香合糯米炭、相思子貯之，則不耗。時珍曰：或言以鷄毛、相思子同入小瓷罐密收之佳。《相感志》言以杉木炭養之更良，不耗也。今人多以樟腦升打亂之，不可不辨也。相思子見本條。

【氣味】辛、苦，微寒，無毒。珣曰：苦，辛，温，無毒。元素曰：熱。陽中之陽。

【主治】婦人難産，研末少許，新汲水服，立下《别録》。心腹邪氣，風濕積聚，耳聾，明目，去目赤膚翳《唐本》。内外障眼，鎮心秘精，治三蟲五痔李珣。散心盛有熱好古。入骨，治骨痛李杲。治大腸脱元素。療喉痹腦痛，鼻瘜齒痛，傷寒舌出，小兒痘陷，通諸竅，散鬱火時珍。

蒼龍腦　【主治】風瘡䵟黯，入膏煎良。不可點眼，傷人李珣。

婆律香膏　【主治】耳聾，摩一切風蘇恭。

【發明】宗奭曰：此物大通利關隔熱塞，大人、小兒風涎閉塞，及暴得驚熱，甚爲濟用。然非常服之藥，獨行則勢弱，佐使則有功。於茶亦相宜，多則掩茶氣。味甚清香，爲百藥之先，萬物中香無出其右者。震亨曰：龍腦屬火。世知其寒而通利，然未達其熱而輕浮飛越，喜其香而貴細，動輒與麝同爲桂附之助。然人之陽易動，陰易虧，不可不思，杲曰：龍腦入骨，風病在骨髓者宜用之。若風在血脉肌肉，輒用腦、麝，反引風入骨髓，如油入麪，莫之能出也。王綸曰：龍腦大辛善走，故能散熱，通利結氣。目痛、喉痹、下疳諸方多用之者，取其辛散也。人欲死者吞之，爲氣散盡也。世人誤以爲寒，不知其辛散之性似乎涼爾。諸香皆屬陽，豈有香之至者而性反寒乎。時珍曰：古方眼科、小兒科皆言龍腦辛涼，能入心經，故治目病、驚風方多用之。痘瘡心熱血瘀倒黶者，用引猪血直入心竅，使毒氣宣散於外，則血活痘發。其説皆似是而實未當也。目病、驚病、痘病，皆火病也。火鬱則發之，從治之法，辛主發散故爾。其氣先入肺，傳於心脾，能走能散，使壅塞通利，則經絡條達，而驚熱自平，瘡毒能出。用猪心血能引龍腦入心經，非龍腦能入心也。沈存中《良方》云：痘瘡稠密，盛則變黑者。用生豮猪血一橡斗，龍腦半分，温酒和服。潘氏云：一女病發熱腹痛，手足厥逆，日加昏悶，形證極惡，疑是痘候。時暑月，急取屠家敗血，倍用龍腦和服。得睡，須臾一身瘡出而安。若非此方，則横夭矣。又宋文天祥、賈似道皆服腦子求死不得，惟廖瑩中以熱酒服數握，九竅流血而死。此非腦子有毒，乃熱酒引其辛香，散溢經絡，氣血沸亂而然爾。

【附方】舊二，新十二。　目生膚翳：龍腦末一兩，日點三五度。《聖濟總録》。

目赤目膜：龍腦、雄雀屎各八分，爲末，以人乳汁一合調成膏。日日點之，無有不驗。《聖惠方》。　頭目風熱：上攻。用龍腦末半兩，南蓬砂末一兩，頻嗃兩鼻。《御藥院方》。　頭腦疼痛：片腦一錢，紙卷作撚，燒烟熏鼻，吐出痰涎即愈。《壽域方》。　風熱喉痹：燈心一錢，黄蘗五分，並燒存性，白礬七分煅過，冰片腦三分，爲末。每以一二分吹患處。此陸一峰家傳絶妙方也。《瀕湖集簡方》。　鼻中息肉：垂下者。用片腦點之，自入。《集簡方》。　傷寒舌出：過寸者。梅花片腦半分，爲末。摻之，隨手即愈。　中風牙噤：無門下藥者，開關散揩之。五月五日午時，用龍腦、天南星等分，爲末。每以一字揩齒二三十遍，其口自開。　牙齒疼痛：　梅花腦、朱砂末各少許，揩之立止。《集簡方》。　痘瘡狂躁：　心煩氣喘，妄語或見鬼神，瘡色赤未透者。《經驗方》用龍腦一錢細研，旋以猪心血丸芡子大。每服一丸，紫草湯下。少時心神便定，得睡瘡發。〇《總微論》用豶猪第二番血清半盃，酒半盃，和勻，入龍腦一分，温服。良久利下瘀血一二行，瘡即紅活。此治痘瘡黑靨候惡，醫所不治者，百發百中。　內外痔瘡：　片腦一二分，葱汁化，搽之。《簡便方》。　酒皶鼻赤：　腦子、真酥，頻搽。《普濟方》。　夢漏口瘡：　經絡中火邪，夢漏恍惚，口瘡咽燥。龍腦三錢，黃蘗三兩，爲末，蜜丸梧子大。每麥門冬湯下十丸。《摘玄方》。

子　【氣味】辛，温。氣似龍腦。　【主治】下惡氣，硝食，散脹滿，香人口蘇恭。

明·佚名氏《醫方藥性·草藥便覽》　龍腦　其性涼。治五心之煩熱，治惡風邪。

明·梅得春《藥性會元》卷中　龍腦香　味辛、苦，氣微寒。一曰溫平。陽也。無毒。出波律國。形似白松脂，梅花瓣者佳。如雀屎者不美。合糯米、燈心收，不散香，即冰片也。有真有假，試取一粒放炭火上，即如水殺火者佳。　主治心腹邪氣，風濕積聚，耳聾，明目，去目中翳，通利關膈，熱塞喉痹，時疾心煩狂燥，發豌痘疹，下疳瘡，入腎治骨病。大人小兒風涎壅閉及暴驚熱，治諸瘡，生肌收口止痛。

明·李中立《本草原始》卷四　龍腦香　出婆律國，今惟南海番舶賈客貨之。相傳云其木高七八尺，大可六七圍，如積年杉木狀，傍生枝。葉正圓而背白，結實如草豆蔻，皮有甲錯。香即木中脂也。曰龍腦者，因其狀而貴重之稱也。以白瑩如冰，及作梅花片者為良，故俗呼片腦。又呼冰片，或云梅花片。　氣味：　辛、苦，微寒，無毒。　主治：　婦人難產，研末少許，新汲水服，立下。〇心腹邪氣，風濕積聚，耳聾，明目，去目赤翳。〇內外障眼，鎮心祕精。治三蟲五痔。〇散心盛熱。〇入骨治骨痛。〇治大腸脫。〇療喉痹，腦痛，鼻瘜，齒痛，傷寒舌出，小兒痘陷。

龍腦香，【圖略】婆律樹中脂膏也。　修治：　龍腦香，合糯米炭、相思子貯之則不耗。或以燈草、杉木炭養之更良。

元素曰：　熱，陽中之陽。大片明亮者良。　龍腦，香色如冰，清香，臭之有杉木氣。今人多以樟腦升打亂之，不可不辨。

明·張懋辰《本草便》卷二　龍腦香　味辛、苦，氣溫，屬陽，無毒。出波律國。　主心腹邪氣，風濕積聚，耳聾目明，去目赤膚瞖，通利關膈熱塞，大人小兒風涎閉壅，及暴驚熱。　根下之清爲膏香，其味亦然。

明·傅懋光《醫學疑問》　問：　龍腦，《本草》云杉木之液，而曾將上品冰片，撨視泯泯，入口雖小許，入口爽氣即透膈通腸。而今之所貿黃濁，只口內微辛硬澁，此是樟腦？　切願真假詳知。　答曰：　龍腦香出自波斯國，木直長，類杉，皮有甲錯，枝傍發葉，背白正圓，香即木脂結成，狀若梅花，細瓣片片潔淨，未嘗為杉木之液，因龍腦木肖杉形耳。即用之少有微功，殊失本義。所問貿之者，黃色辛味，果是樟腦壓扁，用此不可不細擇，毋為人所愚焉。

明·焦竑《焦氏筆乘》　段成式云：　龍腦香出波律國，樹高八九丈，可六七尺圍。乾脂為香，清脂為膏，子主內外障眼。又有蒼龍腦，不可點眼，經火為熟龍腦。

明·李中梓《藥性解》卷五　冰片　味辛、苦，性溫，無毒，入肺、肝二經。主心腹邪氣積聚，喉閉乳蛾，舌腫，痔瘡，通九竅，消風氣，明耳目，殺諸蟲，解蠱毒。又主小兒驚癇，大人痰迷。　按：　冰片之辛，本入肺家，而肝則受尅者也，故兼入焉。　主治諸症，俱是氣閉生熱。而冰片則辛散之極，開氣如反掌，故多用之，然亦從治之法也。世俗因其主用，遂疑其性寒，輒與麝香同用，以為桂附之助，獨不計人身陽易於動，陰易於虧。丹溪之訓，詎可忽諸。

明·繆希雍《本草經疏》卷一三　龍腦香　味辛、苦，微寒，一云溫平，無毒。主心腹邪氣，風濕積聚，耳聾，明目，去目赤膚翳。

【疏】龍腦香禀火金之氣以生。本經味辛苦，氣微寒，無毒。其香為百藥之冠。凡香氣之甚者，其性必溫熱。李珣言溫，元素言熱，是矣！　氣芳烈，味大辛，陽中之陽，升也，散也。性善走竄開竅，無往不達。芳香之氣，能辟一切邪惡，辛熱之性，能散一切風濕。故主心腹邪氣及風濕積聚也。耳聾者，竅閉也，開竅則耳自聰。目赤膚翳者，火熱甚也，辛溫主散，能引火熱之氣自外而出，則目自明，赤痛膚翳自去，此從治之法也。《別錄》又主婦人難產者，取其善走、開通關竅之力耳。　【主治參互】同乳香、沒藥、雄黃、紅藥子、烏雞骨、白及、白斂、桑、磠堿、牛黃，傅一切疔腫癰疽，神效。　《聖濟總錄》目生膚翳，龍腦為末，日點三五度。　《御藥院方》頭目風熱上攻，用龍腦末半兩，南蓬砂末一兩，頻嗃兩鼻。　瀕湖《集簡方》風熱喉痹，燈心一錢、黄蘗五分，竝燒存性，白礬七分煅過，片腦三分，為末。每以一二分吹患處。此陸一峰家傳絶妙方也。　又方：　鼻中息肉垂下者，用片腦點之自入。　《夷堅志》傷寒舌出過寸者，梅花片腦半分，為末摻之，隨手而愈。　又方：　中風牙噤，無門下藥者，開關散揩之。五月五日午時，用龍腦、天南星，等分為末，每以一字揩齒二三十遍，其口自開。　《經驗方》痘瘡狂躁，心煩氣喘，妄語，或見鬼神，瘡色赤未透者。用龍腦一錢，細研，旋以猪心血丸芡子大。每服一丸，紫草湯下。少時心神便定，得睡發瘡。　《總微論》用獖猪第二番血清半杯，紫草汁半杯，和勻，入龍腦一分，溫服。良久下瘀血一二行，瘡即紅活。此治痘瘡黑靨惡候，醫所不治者，百發百中。　【簡誤】宗奭云：　此物大通利關膈熱塞，大人小兒風涎閉塞及暴得驚熱，甚為濟用，然非常服之藥。　震亨云：　龍腦屬火，世知其寒而通利，未達其熱而輕浮飛越。　喜其香而貴重，動輒與麝同為桂、附之助。然人之陽易動，陰易虧，不可不思。　杲曰：　龍腦入骨，風病在骨髓者，宜用之為引經。若風在血脈肌肉，輒用腦、麝，反引風入骨髓，如油入麪，莫之能出也。觀三公之言，則龍腦之為害可知。凡中風，非外來之風邪，乃因氣血虛而病者忌之。小兒吐瀉後成驚者，為慢脾風，切不可服。急驚屬實熱可用，慢驚屬虛寒不可用。眼目昏暗，屬肝腎虛者不宜入點藥，設誤點之，必致昏暗難療。

明·倪朱謨《本草彙言》卷八

龍腦香　味辛、苦，氣寒，性熱，無毒。陽中之陽，升也，散也。　李氏曰：　龍腦香，俗呼爲冰片，又名梅花腦。因其白瑩如冰及梅花片狀，故名。出婆律、抹羅、短叱諸國。今南海深山窮谷亦有之。其液爲膏，其脂爲香。　蘇氏曰：　其樹高六七丈，大四五圍，形如老杉木狀。其臭亦如杉木氣。旁生勁枝，葉圓，面青背白，作花、結實如豆蔻仁。皮有甲錯。　葉氏曰：　其木肥者，根下有清液，爲婆律膏。斷其樹，液流根下；截其上，液溢木端。其枝幹未經損動則有，否則氣洩無之矣。無花實者，其木瘦。瘦者生香，爲龍腦香。多歷年歲者，風清月朗時，噴香氣，明若霏雪，繽紛木上。先其時，布帛纏樹底，驚之令墮，形如蜂蝶翅，此屬上品。頃則仍吸香入木理，不易得也。　又寇氏曰：　斷其樹，濕時無香，乾之循理而析，狀類雲母，瑩若冰雪。或解木作板，香溢縫間，劈而取之，大者成片如花瓣，小者成粒爲米腦，爲瑞腦，爲金脚腦，爲蒼龍腦，因其形色爲名。總不及如蜂巢成片者，氣全力精也。濕者爲腦油，清者爲腦漿。《異聞錄》云：　南唐保大中，貢龍腦漿，貯之縑囊，懸琉璃瓶內，少頃滴瀝成水，香氣清烈，爲世所珍也。　盧氏曰：　近時多用火熘成片，更以樟腦昇打僞造，不可不辨。收貯，燒杉木炭合養之，或糯米炭共貯之，則不耗。修治：　入舊瓷缽，輕展徐研，務令塵細。急展則捶缽生熱，便隨香竄耗。欲藉透肌走竅，用平底小鐺，以青布剪如底式，一面噴潤淨水，拈貼鐺底，置龍腦于布上，覆以碗，碗沿外餘布數分，水攪麥麵，固濟碗布周沿，勿使氣洩。隔鐺底寸許，燃燒文火，候麥麵色熟，略覺焦黄，即便住火，候冷開視。火法合宜。龍腦盡升碗上，輕瑩潔白，香馥百倍于昔。　李氏曰：　又按《宋史》，熙寧九年，英州雷震深山中，一〔山〕梓樹，木盡枯，中皆化爲龍腦香。此雖怪異，可見龍腦亦有變化而成者也。

龍腦香：日華子開竅辟邪之藥也。皮正東稿性善走竄，啓發壅閉，開達諸竅，無往不通。然芳香之氣，能辟一切邪惡；辛烈之性，能散一切風熱。故《唐本草》主暴赤時眼，腫痛羞明；或喉痹癰脹，水漿不通；或腦風頭痛，鼻瘜鼻淵；或外痔腫痛，血水淋漓；或交骨不分，胎產難下；或風毒入骨，麻痛拘攣；或痘毒內閉，煩悶不出。此藥辛香芳烈，善散善通，爲效極捷。一切卒暴氣閉，痰結神昏之病，非此不能治也。然非常服之藥，如大人小兒風涎閉塞，及暴得驚熱者可用。如久病元虛，而成中風風痹之證；吐瀉後成慢驚者，不可用也。眼目係暴熱成翳障者可用。如肝腎精血不足成昏暗者，不可用也。風痛在骨髓者可用，在血脉肌肉者不可用也。世但知其涼而通利，未達其熱而輕浮飛越；喜其香而貴重，動輒與麝香同爲桂附之助，然人身之陽易動，陰易虧，不可不慎也。　潘壽軒先生曰：　一女子年十歲，病發熱腰痛，手足厥逆，語言譫妄，神氣昏迷，形證極惡。一醫云陽毒傷寒，一醫云陰證傷寒。予診其脉，沉緊而數。詢其家人云：　尚未出痘。予疑是痘候。時暑月，急取屠家猪心血半盞，用冰片二分，研細和服，得睡。須臾，一身痘出而安。若非此方，則橫夭矣。又昔廖瑩中，以熱酒服一握，九竅流血而死。此非冰片有毒，乃熱酒引其辛香，散溢經絡，氣血沸亂而然爾。

集方：《壽世明言》治暴赤時眼。用冰片五分，硼砂一錢，薄荷二錢，共爲極細末。頻嗃兩鼻。○李氏方治喉痹癰脹。用冰片二分，燈心三錢，黄柏二錢，二味燒存性，白礬七分煅，共爲極細末。每以一二分吹患處，絕妙。○《聖惠方》治頭風頭痛。用冰片五分，天南星五錢，共爲極細末，薑汁調敷痛處。○《集簡方》治鼻生瘜肉垂出，脹塞不通。用冰片一味，點之自消。病頭風腦漏之人多患此。○《簡便方》治外痔脹疼。用冰片三分，嫩滑石三錢，共爲極細末，不時搽之。○治産難催生。用冰片三釐，溫湯調服，立産。○方氏方治風毒入骨，將成廢人。用冰片一錢，天南星、生半夏各五錢，鳳仙花子三錢，共研極細末，葱汁調塗痛處。如乾落，再以葱汁調濕塗之。○《啓微論》治痘毒內閉不出，狂躁心煩，氣喘妄語，或見鬼神，瘡色赤，未透者。用冰片一錢細研，旋以猪心血，丸芡實子大。每服一丸，紫草煎湯調下。少頃心神便定，得睡發瘡。○《永類方》治中風牙噤，無門下藥。用冰片三分，天南星二錢，共爲極細末。每以三分，揩齒二三十遍，其口自開。○《千金方》治下疳臭爛。用冰片五分，嫩爐甘石四錢，共研極細末，不時摻之。○求死不得。用冰片二錢，熱湯吞下，氣散立殂。《太醫禁方抄》：神宗太后患目疾，腫痛赤瘴，晝夜不寐，不肯服藥，不肯點藥。一醫奏取大冰片一兩，鋪盤內，請太后細細觀之，少頃，腫痛潛消，赤瘴頓退。蓋取冰片之氣逼眼，清香，涼而散之，故目之腫痛赤瘴自退矣。亦巧法也。《萬病回春》牛黄膏：治婦人熱入血室，發狂不認人者。用冰片二分，牛黄三分，甘草一錢，硃砂、薑黄、牡丹皮各三錢，共爲極細末，煉蜜丸，如皂角大。每服一丸，燈心湯化下。此方兼可治男婦癲狂、風癇諸證。

明・顧逢柏《分部本草妙用》卷六兼經部・溫瀉　龍腦香　辛、苦，溫，無毒。冰片梅花者佳。　主治：風濕積聚，耳聾，明目鎮心。入骨治骨風痛，大腸脫。療喉痺，腦痛，鼻瘜齒痛。傷寒舌出，小兒痘陷。通諸竅，散鬱火。　按：龍腦屬火，世知其寒而通利，未達其熱而性走，散氣之物，不可不思。風病入骨髓者宜之，若風在血脉肌肉用之，反引入骨髓矣。○古方治目疾，驚風，痘疹，皆火症也，火鬱宜發，辛主發散，故用龍腦以通壅滯，經絡條達，而驚熱自平，瘡毒自出矣。用猪心血，溫酒和服者，賴心血引入心經，非龍腦之能入心經也。○文天祥求死，服龍腦不驗，以熱酒灌下，九竅流血而死。酒引其氣，流溢經絡，氣血沸亂爾，性豈非熱者乎？

明・李中梓《醫宗必讀・本草徵要下》　龍腦香味辛、苦，微溫，無毒。　開通關竅，驅逐鬼邪。善消風而化濕，使耳聰而目明。芳香為百藥之冠，香甚者性必溫熱，善於走竄，入骨搜風，能引火熱之氣自外而出。新汲水調，催生甚捷。按：龍腦入骨，風病在骨髓者宜也。若風在血脉肌肉，輒用腦、麝，反引風入骨，如油入麵，莫之能出。目不明屬虛者，不宜入點。

明・鄭二陽《仁壽堂藥鏡》卷二　龍腦　陶弘景云：生西波律國，是波律樹中脂也。　味甘、辛，微溫，無毒。　東垣云：龍腦入腎，治骨病。丹溪云：龍腦屬火。世知其寒而通利，然未達其暖而輕浮飛揚。《局方》但喜其香而貴細，故動輒與麝香同用，而為桂、附之佐。殊不知人身之陽易於動，陰易於虧，幸試思之。　明淨，狀若梅花瓣者佳。磁礶盛貯，務加燈草，或合糯米炭，不耗散氣味。　主治內外障眼，鎮心秘精。《別錄》云：婦人難産，取龍腦末少許，新汲水服。　世人多用番硝混攙。但番硝質重、色蒼，如砂細，不可不擇。

明・蔣儀《藥鏡》卷一溫部　龍腦香　芳香走心腹之實邪，而積聚驚癇，狂躁痰氣可解。辛熱接骨髓之風濕，而目翳耳聾，喉痺鼻瘜俱除。若肉分風熱勿施，瀉後慢脾最忌。凡熱壅氣閉諸症，皆火鬱也，火鬱則發之，從治之法，惟辛溫能發散耳。

明・張景岳《景岳全書》卷四九《本草正》　龍腦即冰片。　味微甘，大辛。敷用者，其涼如冰，而氣雄力鋭，性本非熱，陽中有陰也。善散氣散血，散火散滯，通竅辟惡，逐心腹邪氣。療喉痹腦痛，鼻瘜齒痛，傷寒舌出，小兒風痰，邪熱急驚，痘疔黑陷。凡氣壅不能開達者，咸宜佐使用之。亦通耳竅，散目熱，去目中赤膚翳障，逐三蟲，消五痔。療一切惡瘡聚毒，下疳痔漏疼痛。亦治婦人氣逆難産，研末少許，新汲水服之則下。以熱酒服之則能殺人。凡用此者，宜少而暫，多則走散真氣，大能損人。

明・盧之頤《本草乘雅半偈》帙八　龍腦香《別錄》上品　氣味：苦，微寒，無毒。　主治：主婦人産難，研末少許，新汲水服立下。　覈曰：龍腦香，即俗稱冰片、梅花腦。出婆律、抹羅短叱諸國，南海深山窮谷亦有之。樹名波律，又名固不婆律。高七八丈，大六七圍，如積年杉木狀，但旁挺勁枝，葉正圓，面青背白，作花結實，外皮甲錯，仁粒如縮砂蔤者其木肥。肥者生脂為婆律膏，斷其樹，脂流根下，截其上，脂溢木端，其枝幹未經損動則有，否則氣洩無之矣。無花實者其木瘦，瘦者生香為龍腦香。多歷年歲者，風清月朗，或噴香若霏雪，繽紛木上，先其時，布帛樹底，驚之令墮，形如蜂蝶，此屬無上乘。頃則仍吸香入木理，不易得也。斷其樹，濕時無香，乾之循理而析，狀類雲母，瑩若冰霜，或解木作板，香溢縫間。劈而取之，大者成片如花瓣，小者成粒，為米腦，為速腦，為金脚腦，為蒼龍腦。因其形色以名，總不及成片者氣全力備也。濕者為腦油，清者為腦漿。南唐保大中，貢龍腦漿，貯之緋囊，懸琉璃缾內，少頃滴瀝成水，香氣馥烈，大有益也。近時多用火熘成片，更以樟腦、昇打亂之，不可不辨。收貯，燒杉木炭合養之，或糯米炭、相思子，並貯之則不耗。修事：入舊瓷鉢，輕展徐研，務令塵細。展急則捶鉢生熱，便隨香竄耗，欲藉透肌走竅，用平底小鐺，以青布剪如底式，一面噴潤淨水，拈貼鐺底，置龍腦于布上，覆以盌，盌沿外餘布數分，水攪麥麵，固濟盌布周沿，毋使氣洩，隔鐺底寸許，燃燒文火，候麥麵色熟，略覺焦黃，即便住火，候冷開視。火法合宜，龍腦盡昇盌上，輕盈潔白，香馥百倍于昔。

先人云：《宋史》熙寧九年，英州雷震，一山梓木盡枯，中皆化為龍腦，樹王震絕，尚有遺馨。

条曰：時乘御天曰龍，首出庶物曰腦。故資胚胎之首出，迅速立下，《唐本》諸家，陳列證形，亦屬失于飛潛惕躍之宜，安望黃中通理，應地無疆者哉。多服立殂者，盈不可久也。知進而不知退，知存而不知亡，知得而不知喪矣。

明・李中梓《本草通玄》卷下　冰片　辛、苦，微溫。　通諸竅，散鬱火，利耳目。主喉痺腦痛，鼻瘜齒痛，傷寒舌出，小兒痘陷。　東垣曰：龍腦入骨，凡風病在骨髓者宜之。若風在血脉肌肉，輒用腦、麝，反引風入骨，如油入麵，莫之能出。　時珍曰：古方皆言龍齒辛涼，入心，故目疾、驚風及痘瘡心熱血瘀倒靨者，引猪血入心，使毒散於外，則痘發。此似是而非也。目與驚與痘，皆火病也。火鬱則發之，從治之法，辛主發散故也。使壅塞通利，經絡條達，而驚熱自平，瘡毒能出。用猪心血引龍腦入心，非龍腦能入心也。

廖瑩中熱酒服龍腦，九竅流血而死。非龍腦有毒，乃熱酒引其辛香，氣血沸亂而然也。

清・顧元交《本草彙箋》卷五　龍腦香　以白瑩如冰，及作梅花片者爲最大。能通利關膈熱塞。大人、小兒風涎壅閉，不因於氣血虛，而得於外來之風邪者，用之甚奏速效。王綸云：冰片大辛，善走，故能散熱利結，目痛喉痺，下疳諸方多用之者，取其辛而散也。世人誤以爲寒，不知其辛極似寒涼耳。諸香皆屬陽，豈有香之至者，而性反寒乎？又龍腦香能入骨，風病在骨髓者，或宜用之。若在血脈肌肉，輒用腦、麝，反引風入骨矣。慎之！今南海深山窮谷亦有之，樹名波律，又名固不婆律，高七八丈，大六七圍，多歷年歲者，風清月朗或噴香若霏雪，繽紛木上，先其時佈帛樹底，驚之令墮，形如蝴蝶，此爲上乘。斷其樹，濕時無香，乾之循理而析，狀類雲母，或解木作板，香溢縫間，劈而取之，大者成片如花瓣，小者成粒爲米腦，米腦不及成片者氣力全備。

清・穆石匏《本草洞詮》卷一　龍腦香　貴重之稱，以白瑩如冰及梅花片者為真。出南番諸國波律樹中脂也。其枝葉不曾損動者俱有香，若損動則氣洩無腦矣。宋熙寧九年，英州雷震，一山梓樹盡枯，中皆化為龍腦，則龍腦亦有變成者也。味辛苦，氣微寒，一云熱，無毒。療喉痺腦痛，鼻瘜齒痛，傷寒舌出，小兒痘陷，婦人難產，通諸竅，散鬱火。蓋萬物中香無出其右者，大辛善走，能使壅塞通利，則經絡條達，而熱毒宣散。古方目痛喉痺，驚風，痘瘡倒靨者用之，皆言龍腦辛涼，能解心熱，似而非也。目病、驚病、痘病，皆火病也。火鬱則發之，從治之法，辛主發散故也。人欲死者，吞之，為其氣散盡也。辛散之性，似乎氣涼，然諸香皆屬陽，豈有香之至者，而性反寒乎？世以為寒而通利，不知其熱而飛越，動輒與麝同為桂附之助。然人之陽易動，陰易虧，飛越之性，損人真陰，其害可勝道哉？且龍腦入骨，風病在骨髓者宜用之。若風在血脈肌肉，輒用腦麝，反引風入骨髓矣。昔宋文天祥服腦子求死不得，廖瑩中以熱酒服數握，九竅流血而死，此非腦子有毒，乃熱酒引其辛香，散溢經絡，氣血沸亂而然爾。

清・劉雲密《本草述》卷二二　龍腦香即俗所呼冰片也。　覈曰：龍腦香即俗稱冰片梅花腦。出婆律、抹羅短叱諸國，南海深山窮谷亦有之。樹名波律，又名固不婆津，高七八丈，大六七圍，如積年杉木狀，但旁挺勁枝，葉正圓，面青背白，作花結實，外皮甲錯，仁粒如縮砂蔤者。其木肥，肥者生脂，為婆律膏，斷其樹，脂流根下，截其上，脂溢木端，其枝幹未經損動則有，否則氣洩無之矣。無花實者，其木瘦，瘦者生香，為龍腦香。多歷年歲者，風清月朗，或噴香若霏雪，繽紛木上，先其時布帛樹底，驚之令墮，形如蜂蝶，此屬無上乘，頃則仍吸香入木理，不易得也。斷其樹，溼時無香，乾之循理而析，狀類雲母，瑩若冰霜。或解木作板，香溢縫間，劈而取之，大者成片如花瓣，小者成粒為米腦、為速腦、為瑞腦、為金脚腦、為蒼龍腦，因其形色以名，總不及成片者氣全力備也。滓者為腦油，清者為腦漿。近時多用火熘成片，更以樟腦昇打亂之，不可不辨。愚按：龍腦香，方書治所患證，多稱腦子。據所說有謂子似豆蔻者，有謂花果更異者，有謂其無花實者，如此固不一說。第諸說所取用者，乃木中脂液，有謂香在木心中，有謂其老樹根節乃有之，又云木溼無香，木乾之後，循理析之中有香。統如諸說，則龍腦香取其脂於木，不在實也，固不必以腦子二字致疑矣。

氣味：辛、苦，微寒，無毒。珣曰：苦、辛，溫，無毒。潔古曰：熱，陽中之陽。

主治：入肺肝散心盛有熱，入腎治骨痛，療喉痺腫塞，大人小兒風涎閉塞，目赤，內外膚瞖。敷疳毒生管中，并內外痔瘡。治傷寒舌出，仍小兒驚熱及痘陷證。宗奭曰：茲物大能通利關隔熱塞，大人小兒風涎閉塞，及暴得驚熱，甚為濟用。然非常服之藥，獨行則勢弱，佐使則有功。節齋曰：龍腦大辛善走，故能散熱，通利結氣，目痛喉痺，下疳諸方多用之者，取其辛散也。世人誤以為寒，不知其辛散之性似乎涼爾。諸香皆屬陽，豈有香之至者而性反寒乎？中梓曰：冰片辛，本入肺，乃肝以肺為用，故並入之主治諸證，俱是氣閉生熱。而冰片則辛散之極，開氣如反掌，故多用之。然亦從治之法也。門曰：龍腦氣味清香，為百藥先。純陽無毒，善散而竄，通利九竅，下則入腎入骨，上透耳目頂巔，人欲死者吞之，氣即散盡。蓋芳之甚，而散之速也。時珍曰：皆言龍腦辛涼，能入心經，故治目病，驚風，痘瘡，心熱血瘀，倒靨者皆用之，詎知此味辛散，故其氣先入肺，傳於心脾以致其用，使壅塞通利，經絡條達，而驚熱自平，瘡毒能出也。然瘡毒必用豬心血引，此味入心經，豈龍腦能入心耶？希雍曰：龍腦香稟火金之氣以生，其香冠於諸香，氣芳烈辛，味苦，陽中之陽，升也，散也，性善走竄，開竅無往不達，其所主治皆為從治，故用者宜審之。

同乳香、沒藥、雄黃、紅藥子、烏雞骨、白及、白斂、桑磠城同鹼、牛黃，傅一切疔腫癰疽，神效。

愚按：龍腦香，在《別錄》云微寒，而李珣以為溫，至潔古則更謂熱，以此種為群香之冠，故其味辛而苦者，氣當不啻溫而且熱也。雖然，茲物乃千年老樹之精氣，且稟南方火土之生化，醞釀既久，迸溢而出。老木之精氣，火土之生化，誠為確義。蓋木原具勾萌畢達之生機，其氣久於醞釀，則其精歸於吐泄，即此吐泄之精英，故療壅塞諸熱證，乃為從治對待之法，非徒以其熱之故也。似從李珣說溫者為是。故其所療諸證，如宗奭所謂通利關隔熱塞，節齋所謂散熱通利結氣，中梓所謂氣閉生熱諸證，舉能開之，是其散壅，利結，開閉，對待不爽。更諸說皆以為從治之法者，良不謬也。故如喉痺腫塞，大人小兒風涎閉塞，舍此何以拯其危急乎？又如鼻瘜舌腫，目赤，內外膚瞖，下疳痔瘡，小兒痘陷等患，何莫非熱之結於血者，實本於熱之傷氣乎？如對證而施，誰謂不宜？至東垣致慎於治風者，固以中血脈、肌肉之淺證，此味全不相涉也，投之何為？又如類中屬虛，繆氏亦切戒之。不知痰涎隨風上潮，非此散壅開閉之味，他藥何處着手乎？羅謙甫云：中風人初覺，不宜服腦、麝，恐引風入骨髓，如油入麪，不能得出，如潮痰盛，不省人事，煩熱者，宜用下痰，神效。即謂痰涎宜下，然先散而後可下，且不如從治者之易於奏效也。至於妄投貽害，稍有隙明者，豈其蹈之？雖然此味槩謂辛散是矣，第非從裏而達表之為散，乃無內無外。凡壅者，結者，閉者，隨其所患之處而能散也。東璧氏辨晰此義，尚未明透，而更謂其散鬱火，尤屬隔靴搔癢之語，故置不錄。

附方　風熱喉痺，燈心一錢，黃檗五分，並燒存性，白礬七分，煅過，冰片腦三分，為末，每以一二分，吹患處。中風牙噤，無門下藥者，開關散揩之，五月五日午時，用龍腦、天南星等分，為末，每以一字揩齒二三十遍，其口自開。痘瘡狂躁，心煩氣喘，妄語，或見鬼神，瘡色赤未透者，《經驗方》用龍腦一錢，細研，旋以豬心血丸芡子大，每服一丸，紫草湯下，少時心神便定，得睡瘡發。又方：用豶豬第二番血清半盞，酒半盞，和勻，入龍腦一分，溫服，良久利下瘀血一二行，瘡即紅活。此治痘瘡黑靨候惡，醫所不治者，百發百中。

東垣曰：龍腦入骨，風病在骨髓者，宜用之。若風在血脈肌肉，輒用腦、麝，反引風入骨髓，如油入麪，莫之能出也。希雍曰：凡中風，非外來之風邪，乃因氣血虛而病者，忌之。小兒吐瀉後成驚者，為慢脾風，切不可服。急驚屬實熱可用，慢驚屬虛寒不可用。眼目昏暗，屬肝腎虛者，不宜入點藥，設誤點之，必致昏暗難療。

修治　以白瑩如冰及作梅花瓣者佳。市肆多用番硝混攙，須細擇。番硝質重色蒼，如砂細碎。龍腦輕浮潔白，片片相侔。細認自別。佳者以杉木炭養之則不耗，入藥另研，入舊瓷鉢輕碾徐研，務令塵細，碾急則捶鉢生熱，便隨香竄耗也。　又樟腦即詔腦，乃樟樹屑液造成，治疥癬癩瘡，作熱傳之。

清・郭章宜《本草匯》卷一五　龍腦香即冰片。　大辛、苦、溫，陽中之陽，升也，散也，入手太陰、足太陰經。　開通關竅，散熱喉痺，除目翳赤疼，宣鬱火諸竅。　敷疳毒生于管中，摻舌脹出之口外。

按：龍腦，是西海波律國波律樹中乾脂也。屬火，善走，大能散熱，通利結氣。世知其寒而通利，而未達其熱而輕浮飛越，特其辛散之性，似乎涼耳。況諸香皆屬陽，豈有香之至者，而性反寒也？風病入骨髓者，用為引經。若在血脉肌肉，輒用麝、腦，便引風入骨，如油入麪矣。時珍曰：古方皆言龍腦辛涼，能入心經，故目疾驚風，及痘瘡心熱血瘀倒靨者，用引猪血，直入心竅，使毒氣外散，則活血痘發，此似是而未當也。目與驚與痘，皆火病也。火鬱則發之，龍腦能引火熱之氣自外出，從治之法也。蓋辛主發散故耳。其氣先入肺，傳于心，能走能散，使壅塞通利，則經絡條達，而驚熱自平，瘡毒能出，用猪心血，引龍腦入心，非龍腦能入心也。沈存中云：痘瘡周密，盛則變黑者，用生猪血一橡斗，龍腦半分，溫酒和服。故凡大人小兒，風涎塞閉，及暴得驚熱，甚為濟用。然非常服之物也。獨行則勢弱，佐使則有功。故廖瑩中熱酒服龍腦，九竅流血而死。非龍腦有毒，乃熱酒引其辛香，散溢經絡，氣血沸亂而然也。凡病氣血俱虛，及小兒慢驚，屬虛寒者，切不可用。眼目昏暗，屬肝腎虛者，不可入點藥。切戒！

市家多以番硝混攙，然其質重色蒼，如砂細碎。龍腦輕浮潔白，片片相侔。須細辨之。入磁罐，同燈草藏貯，不致耗蝕。《相感志》言：以杉木炭養之，更良。今人多以樟腦升打亂之，不可不辨也。

清・閔鉞《本草詳節》卷六　龍腦香　【略】按：龍腦芳烈之性，走竄開竅，入腎治骨，風病在骨髓者宜之。若風在血脈肌肉，反引風入骨髓，如油入麪，莫能出也。舌出、目病、驚病、痘病，皆火病也，龍腦氣先入肺，傳於心脾，使壅塞通利，經絡條達，乃火鬱則發之，從治之法也。用猪心血引入心經，非龍腦能入心也。

清・王翃《握靈本草》卷八　龍腦香出波斯國。即冰片。今人多以樟腦打亂之。狀若梅花片者佳。　主治：龍腦香，辛、苦，微寒，無毒。一云：辛，溫。治婦人產難，心腹邪氣，通耳明目。療喉痺，腦痛，鼻瘜，齒痛，傷寒舌出，小兒痘陷。通諸竅，散鬱火。

清・汪昂《本草備要》卷三　冰片一名龍腦香。宣，通竅，散火。　辛，溫，香竄，善走能散。先入肺，傳于心脾而透骨，通諸竅，散鬱火。治驚癇痰迷，東垣曰：風病在骨髓者宜之。若在血脉肌肉，反能引風入骨，如油入麪。目赤膚翳，乳調，日點數次。王節齋曰：冰片大辛熱，用之點眼，取其拔出火邪。蓋火鬱發之，從治法也。世人誤以爲寒，而常用之，遂致積熱害目，故云眼不點不瞎者，此也。耳聾鼻瘜，鼻中瘜肉，點之自入，皆通竅之功。喉痹舌出，散火。骨痛齒痛，治骨。痘陷，猪心血作引，酒或紫草湯服，引入心經能發之。產難，三蟲五痔。王綸曰：世人誤以爲寒，不知辛散性甚，似乎涼耳。諸香皆屬陽，豈有香之至者而反寒乎？昂幼時曾問家叔建侯公曰：薑性何如？叔曰：體熱而用涼。蓋味辛者多熱，然辛熱必藉辛以散之，風熱散則涼矣。此即本草所云冰片性寒之義，向未有發明之者，附記于此。　出南番，云是老杉脂。以白如冰、作梅花片者良。以杉木炭養之則不耗。今人多以樟腦升打亂之。

清・李熙和《醫經允中》卷二〇　龍腦香　即冰片，梅花者佳。入心脾二經。　辛、苦，溫，無毒。陽中之陽，升也。主治明目鎮心，入骨，治風通諸竅，散鬱火，敷疳毒，摻舌脹。世言其寒而通利未達，其熱而性走散氣之物，風病入骨髓者宜之，風在血脉肌肉，用之反引風入骨矣。眼科用以拔目中之火毒，然久點反積熱入目，以致昏瞎者有之矣，慎之！

清・馮兆張《馮氏錦囊秘錄・雜症痘疹藥性主治合參》卷四　龍腦香稟火金之氣以生，故味辛苦，溫熱，無毒。性善走竄，開竅無往不達，芳香之氣，能辟一切邪惡。辛熱之性，能散一切風濕。辛溫主散，能引火熱之氣自外而出，耳聰目明也。

龍腦香，調膏，點目熱赤疼。研末，吹喉痹腫塞。若舌脹出口外者，多摻自收。疳毒生管中者，頻敷自愈。仍治小兒血熱，痘瘡黑陷，心煩狂躁妄語者，研細，猪心血丸，濃煎紫草茸湯化下，竟能發透，更定心神。然辛熱輕浮飛越，既可走洩元陽，復令陰氣耗散。且龍腦入骨，如風病在骨髓者宜之。若風在血脉肌肉，輒用腦、麝，反引風入骨，如油入麪，莫之能出。至於脾虛慢驚，肝腎兩虛目疾，尤宜痛絕。

主治痘疹合參：　辛苦，氣溫。屬陽。　凡痘熱甚狂言，昏迷不省，或見鬼神，痰壅痘不起發者，宜用一二釐，以猪尾血和丸，紫草湯下，少時心神便定得睡，瘡復發透。

清・张璐《本經逢原》卷三　龍腦香即冰片　辛、苦，溫，有毒。忌見火。

發明：　龍腦香竄入骨，風病在骨髓者宜之。若風在血脈肌肉，用之反引風入骨髓也。其味大辛善走，故能散熱，通利關格結氣，張雲岐人參散、栢子仁湯等方多用之。其治目痛喉痹下疳，取其辛溫而散火鬱也。時珍曰，古方皆言龍腦辛涼入心，故目疾驚風及痘瘡心熱、血瘀倒靨者，用豬心血為引，使毒散於外則瘡發，此似是而非也。目痛驚風及痘皆火病，火鬱則發之，從治之法，辛溫發散故也。使壅塞通利，經絡條達，而驚熱自平，瘡毒能出。然不可多用，多用則真氣立耗矣。人有急難欲自盡者，頓吞兩許立斃，為其辛烈立能散盡真氣也。世人誤以為寒，不知辛散之性，似乎涼耳。治火證，舌出寸許，用冰片摻上即縮，引火歸元也。目病屬陰虛者不宜入點。

清·浦士貞《夕庵讀本草快編》卷五　龍腦香《唐本草》　此香乃西域千年老杉樹之液凝結，瑩白如冰、如梅花，稱以龍腦者，貴重之也。按《宋史》熙寧九年英州雷震，一山梓樹盡枯，中皆化為龍腦，此不從杉而出，亦有變成者矣！　龍腦大辛而熱，陽中之陽也，故能輕浮飛越，透達通利。世人見其入口似涼，誤以為寒，謬矣！　且其味清香，為百藥之先。諸香無出其右，是以透體腦，下胞胎，去目翳，發痘疹，收傷寒舌出，消喉痹瘜肉，甚為濟用。然不宜常服者也。東垣云：　中風在骨髓者，宜用腦、麝；　若中血脉肌肉而誤投之，如油入麪，莫之能出。又古方謂龍腦為心經之藥，治目治驚，並皆用之。至如痘瘡心熱，血瘀倒靨，與猪心血同服，使其走心竅而透出。言雖似而實未當也，夫前三症皆火病耳。《經》云：　火欝則發之。且辛先入肺，次及心脾，能走能散，則壅遏者通，驚熱自平，痘出亦快。用猪心血者，取其引入少陰，非龍腦之入心，可悟爾。

清·楊陳允《眼科指掌》　用片〔腦〕得效後宜少用勿用論　今考諸家所論片腦，有稱為寒，有稱為熱，有稱為常，有稱為劫，皆不知眼科之法也。蓋片腦寒熱兼有，陰中之陽，味涼而性熱，實眼科之劫藥也。夫味有形，而性〔而〕無形。血有形，而氣無形也。今片腦味涼性熱，水不能退無形之火，性不能行有形之血，是以血雖淂熱而欲行，則為寒又為之絆。火雖淂寒而欲退，則熱又為之助。故寒反傷其血，熱反傷其精。所以古人有言曰：　寒非純寒，熱非純熱，寒熱夾攻，反傷精血，暫用其劫而不可嘗也。今人以片腦涼快，只知初覺涼快，不知少頃煩熱悶燥，甚至點片腦而目愈昏者有之，點而障愈厚者有存之，病愈篤者亦有之。然片腦所治之病，如凝脂赤腫，天行暴風，蠏睛赤虬，風爛澁痛等症，其他俱不可用。如若火息，不赤痛澁爛之症，皆宜減去片腦，第恐其耗散陽光，而昏眇不明，凝結膏汁而為白障難除。醫者仍須服補養調治之藥，庶不致損於瞳神耳。

清·劉漢基《藥性通考》卷六　冰片　味辛，溫。香竄，善能散能走，先入肺，傳入心脾而透骨，通諸竅，散欝火，治驚癇痰迷，目赤膚翳，耳聾鼻瘜，喉閉舌出，痘陷，產難，三蟲五痔。出南番，云是老杉脂，作梅花片者良。

清·周垣綜《頤生秘旨》卷八　龍腦香　通利結氣之藥也。屬火，味辛，性輕浮飛揚。吹喉痺，摻舌脹，消風氣，通九竅，能大通利關膈熱塞。清香，為百藥之先。用以點睛，取其辛散風熱。世人誤以為寒，不知性竄似乎涼耳。

清·王子接《得宜本草·下品藥》　龍腦香　一名冰片。味辛、苦。主治骨節間風。得猪血令心經痘毒宣發於表。

清·黃元御《玉楸藥解》卷二　冰片　味辛，性涼。入手太陰肺、足厥陰肝經。去瞖明目，開痹通喉。冰片辛涼開散，治赤目白瞖，頭痛牙疼，鼻瘜舌出，腸脫，殺蟲消痔，開竅散火。

清·吳儀洛《本草從新》卷三　龍腦香〔宣，通竅散火。〕一名冰片。　辛，溫，《綱目》云：　微寒，蓋體溫而用涼也。　香竄，善走能散。先入肺，傳於心脾而透骨。通諸竅，散鬱火，逐鬼邪，聰耳明目，消風化濕。治驚癇痰迷，目赤膚翳，乳調點之。耳聾鼻瘜，鼻中瘜肉，點之自出，皆通竅之功。　喉痺舌出，末點。　骨痛齒痛，治骨。　痘陷，猪心血作引，酒服或紫草湯服，引入心經，能發之。　產難，新汲水調。　三蟲五痔。風病在骨髓者宜之，若在血脈肌肉，輒用腦麝，反引風入骨，如油入麪，莫之能出。目不明屬虛者不宜入點。節齋曰：　冰片大辛熱，用之點眼，取其拔出火邪，蓋火鬱發之，從治法也。世人誤以為寒而常用之，遂致積熱害目，故云眼不點不瞎者此也。　芳香為百藥之冠，香甚者性必溫熱。　出南番。云是老杉脂。以白如冰，作梅花片者良。今人有以樟腦升打亂之，以杉木炭養之則不耗。

清·汪紱《醫林纂要探源》卷三　冰片　辛，寒。木狀不可知。出南番。或曰老杉脂也，殆未必然。以瑩白如冰作梅花片者佳。　補肝瀉肺，散鬱通竅，內宣骨髓，外徹腠理。辛香之氣，固無不達，且足以感鬼神。或疑辛味補肝，則不當寒。香氣屬陽，亦不當寒。豈知陰陽之中，又各分陰陽，肝木不屬陰乎？　涼風吹人，則煩鬱頓解。木氣鬱熱，則枝葉枯縮，涼風解鬱而枝葉舒矣。鬱金亦辛而寒，梅花獨作寒香，勿謂辛香遂不寒也。但寒而香者，陰中之陽耳。猶鬼神之焄蒿然也。冰片主散鬱火，能透骨除熱，治驚癇痰迷，喉痺舌脹，牙痛耳聾，鼻瘜，目赤浮翳，痘毒內陷，殺蟲瘡痔，催生，性走而不守，亦能生肌止痛。然散而易竭，是終歸陰寒也。

清・嚴潔等《得配本草》卷七　龍腦香　辛、苦，微熱。入手太陰經氣分。開氣閉，使風邪內散，通關格，引熱氣外宣。殺諸蟲，療驚癇，退乳蛾，治舌腫，皆其辛散之力。得麝香，內入骨髓，外走經絡。配川柏、麥冬，治夢漏口瘡。經絡中火邪一去，夢漏恍惚等症自除。配豶豬血，宣發痘毒。梅花片者為最。氣虛者禁用。怪症：舌出五六寸，藥不能療，用冰片末摻舌上即收。蓋此症因陽盛極而然也。

題清・徐大椿《藥性切用》卷五　梅花冰片　一名龍腦香。性味辛溫，香竄善散，入肺而傳於心脾，透骨通竅，散火逐邪。細研用。風在骨髓者宜之，若在血脉肌肉，反致引風入骨，忌之。

清・黃宮繡《本草求真》卷三　冰片除骨髓內伏風邪，自內出外。冰片耑入骨髓。辛香氣竄，無往不達。汪昂曰：余幼時曾(聞)(問)家叔建侯云，薑性如何？叔曰：體熱而用涼，蓋味辛者多熱，然風熱者必藉辛以散之，風熱散則涼矣。此即本草所云冰片性寒之義同，未有發明之者。能治一切風濕不留內，有引火熱之氣自外而出。然必風病在骨髓者宜之，若風在血脉肌肉間，用之反能引風直入骨髓，如油入麵。故凡外入風邪變而為熱，仍自外解得宜，若使火自內生而用此為攻逐，其失遠矣。昔王綸云：世人誤以冰片為寒，不知辛散性甚似涼耳。諸香氣皆屬陽，豈有香之至極而尚可云寒者乎？是以驚癇痰迷，癇有挾熱、挾痰、挾火、挾驚、挾風、挾氣，及精衰血耗氣薄之異。風果入骨，病應是治火鬱不散，九竅不通，如耳聾、鼻瘜、喉痹、舌出、骨痛、齒痛之類。治應是行目赤膚翳，冰片外點，正屬劫藥，如薑末燒酒洗眼之意。若誤認為寒而朝夕常點，遂致積熱入目，而增昏障之害，故曰眼不點不瞎者此也。審屬風寒，病應外解。用乳調點以拔火邪，從治法也。他如瘡瘍癰腫，熱鬱不散，亦當用此發達。或令入油煎膏，或研末吹摻，然瘡毒能出，不可多用，則真氣立耗，而有亡陽之弊矣。更有目病陰虛，不宜入點。出南番老杉脂。白如冰，作梅花片者良。但市人每以樟腦代充。

清・羅國綱《羅氏會約醫鏡》卷一七竹木部　冰片又名龍腦香。味辛苦，微溫，先入肺，傳於心脾二經。氣雄力銳，善走能散，通諸竅，散鬱火。治風在骨髓，若風在血脉肌肉，妄用之，反引入骨，不得出也。肢節疼痛、驚癇痰迷，消風化濕。驅逐鬼邪芳香，目赤膚翳、乳調頻點，取其拔出火邪，火鬱發之，從治法也。世人不知大辛大熱，誤以為涼，而常用之，遂致積熱害目，故云眼不點不瞎者此也。喉痹舌出、為末治之，善於散火。小兒風熱急驚、痘瘡黑陷，用一二釐，以猪心血或猪尾血作引，紫草湯調服。化鼻瘜點之，除惡瘡、下疳痔漏疼痛、末藥中用之。婦人氣逆產難。研末，新汲水調服，立下。至於脾虛慢驚、肝腎兩虛之目疾，俱屬忌用。出南番，云是老杉脂，白而作梅花片者良。以杉木炭收之，則不耗。今人以樟腦升打亂之。

清・黃凱鈞《藥籠小品》　龍腦香即冰片。　出南番，杉脂所化。辛溫香竄善走，治用雖多，不外通竅引經。同火酒服殺人。

清・王龍《本草纂要稿・木部》　龍腦香　氣味辛溫。止目熱赤疼，消喉痺腫塞。舌脹出口，多擦自收。疳毒生管，連敷漸沒。即冰片。

清・張德裕《本草正義》卷下　冰片　大辛香，涼。氣雄力銳，善散氣散血，散火散滯，辟邪通竅。療喉痺鼻瘜齒痛，傷寒舌出，風痰邪熱急驚，痘疔黑陷。凡氣壅不能開達者，咸宜佐用之。通耳竅，散目熱，去障翳，一切惡瘡聚毒。酒服亦能殺人。

清・楊時泰《本草述鉤元》卷二二　龍腦香　俗呼冰片，又名梅花腦。方書多稱腦子。出婆律諸國，南海深谷中亦有之。樹名波律。又名固不婆律。其肥者作花結實，斷之脂溢為婆律膏，但枝幹未經損動則有，氣泄則無。其無花實而瘦者，生香為龍腦香，歷年多則風月清朗時，或噴香若霏雪，繽紛木上。先時布帛樹底，驚之令墮，形如蜂蝶，頃則仍吸香入木理，(洵)(此)屬無上乘，不易得也。此樹斷之，濕時無香，乾之循理而析，狀類雲母，瑩若冰霜。或解木作板，香溢縫間，劈而取之，大者成片如花瓣，氣全力備，小者成粒，為米腦，為速腦，為瑞腦，為金脚腦，為蒼龍腦，因其形色以名，濕者為腦油，清者為腦漿。近時多用火煏成片，更以樟腦昇打亂之，不可不辨。

味辛而苦，氣溫。性善走竄，無往不達，陽中之陽，升也，散也。諸香皆屬陽，此更香之至者。入肺肝。辛本入肺，肺以肝為用，故並入之。散心盛有熱，治傷寒舌出，入腎治骨痛，療喉痺腫塞，風涎閉塞，目赤內外膚瞖，敷疳毒生管中，并內外痔瘡，治小兒驚熱暴得及痘陷證。暫用通利關隔熱塞，非常服之藥，獨行則勢弱，佐使則有功宗奭。氣閉生熱，冰片辛散之極，開氣如反掌，亦從治之法也士材。清香為百藥先，純陽無毒，散竄通利，下則入腎入骨，上透耳目頂巔，人欲死者，吞之氣即散盡，蓋芳之甚而散之速也門。痘瘡心熱血瘀倒靨者，必用豬心血引此味入心經瀕湖。同乳香、沒藥、雄黃、紅藥子、白及、白斂、烏雞骨、桑鹵鹹、牛黃，傅一切疔腫癰疽，神效。風熱喉痺，燈心一錢，黃蘗五分，並燒存性，白礬七分煅過，冰片三分，為末，每以一二分吹患處。中風牙噤，無門下藥者，開關散揩之，端午日午時，用龍腦、南星等分，為末，每以一字揩齒二三十遍，其口自開。痘症狂躁，煩喘妄語，或見鬼神，瘡色赤未透者，龍腦一錢細研，旋以猪心血丸芡子大，每服一丸，紫草湯下，少時心神便定，得睡瘡發。又方：用豮豬第二番血清半盞，酒半盞，和勻，入龍腦一分，溫服良久，利下瘀血一二行，瘡即紅活。此治痘瘡黑靨候惡者，百發百中。

論：龍腦為群香之冠，火金合德，大辛兼苦而溫竄，乃千年老樹之精氣，稟南方火土之生化，醞釀既久，迸溢而出，故其所療如關隔、結塞、氣閉生熱諸證舉能開之。蓋木具勾萌畢達之生機，其氣久於醞釀，則其精歸於吐泄，即此吐泄之精英，以療壅塞諸熱證，乃從治、對治之法。凡痰涎隨風上潮，非此散壅開閉，他藥何處着手。即謂痰涎宜下，謙甫治中風法。然必先散而後可下，且不如從治者之易於奏效也。第非從裏而達表之辛散，乃無內無外，凡壅者閉者，隨其所患之結熱而無不散之之治耳。

風病在骨髓者宜用，若在血脈肌肉，輒用腦、麝，反引風入骨，莫之能出東垣。凡中風因氣血虛而病者，忌之。小兒吐瀉後成驚者，為慢脾風，切不可服。急驚屬實熱原可用。眼目昏暗屬肝腎虛者，不宜入點藥，誤用必致昏暗難療仲淳。

辨治：瑩白如冰及作梅花瓣者佳，市肆多用番硝攙混，須知番硝質重色蒼，如砂細碎，龍腦輕浮潔白，片片相侔，細認自別。佳者以杉木炭養之則不耗。入藥別研，用舊瓷鉢輕輕捶研，急則鉢熱，便隨香竄耗也。

清·葉桂《本草再新》卷四　龍腦香味辛，性溫，無毒。入脾、肺二經。　散肺氣，透心脾，開九竅，解驚邪。聽耳明目，去濕退風。

清·趙其光《本草求原》卷七香木部　冰片即龍腦香。　南番波律樹之脂。辛、苦，溫，入肺、心、肝。無毒。香竄開氣、利竅透骨，治熱傷氣閉，以致熱結於血者。為從治法。主喉痹、驚痫、痰迷、目赤、膚翳、舌出。不論內外熱結皆能開之。痘陷狂煩，豬心血為引，酒或紫草湯下，此入心經，去心熱血瘀以發之。耳聾，鼻瘜，點之自落。風入骨髓，下入腎、入骨，上透耳、目、巔頂，隨所結之處而皆通，但不能從裏達表。若風初中肌肉血脈，用之反引風入骨難出。骨痛、齒痛，骨屬。中風牙噤，同南星揩之。敷下疳、痔瘡。經絡通達，熱毒自出。但耗氣，忌多用。人欲死，吞兩許，氣即散而死。目病、風病屬陰虛者，忌之。又主產難、三蟲。舌出寸許，用此摻之即縮，引火歸元也。同黃柏炭、燈心炭、枯礬，祛風熱喉痹。　白如冰，作梅花片者良。以杉木炭養之，則不耗。舊瓷鉢輕碾，急研則耗。人多以樟腦升打亂之。忌見火。

清·文晟《新編六書》卷六《藥性摘錄》　冰片　辛香氣竄，除骨髓內伏風邪，自內出外。不可多用。○點目，及癰腫瘡瘍，間或少用之効。

清·張仁錫《藥性蒙求·木部》　冰片　冰片辛香，搜風入骨。諸竅能通，更療火鬱。一名龍腦香。味辛，氣溫。《綱目》曰：微寒。蓋體溫而用涼也。香竄善走，能散風，病在骨髓者宜之。若在血脈肌肉，輒用腦、麝，反引風入骨而不出矣。○白如冰，作梅花片者良。百藥之香，無有出其右者。

清·戴葆元《本草綱目易知錄》卷四　龍腦香片腦、冰片。　辛，溫。香竄，善走能散，先入肺，傳於心脾而透骨。通諸竅，散鬱火，治驚癇痰迷，目赤膚翳，內外障眼，耳聾鼻塞，齒痛喉痹，頭痛腦痛，心腹邪氣，風濕積聚，傷寒舌出。療三蟲五痔，散心盛有熱入骨，治骨痛，小兒痘陷。婦人難產，研末，新汲水服少許，立下。鎮心秘精，治大腸脫。

清·陳其瑞《本草撮要》卷二　龍腦香　味辛苦，入手太陰、足厥陰經，功專治骨節間風。得猪血令心經痘毒宣發於表，得硃砂治牙痛，得葱汁治內外痔。一名冰片。

清·鄭奮揚著，曹炳章注《增訂偽藥條辨》卷三　梅冰片附假黃三仙、熟老片。　偽名樟片，即樟腦，用西法提出偽充。按冰片，《唐本草》名龍腦香。以白瑩如冰，及作梅花片者為上品。氣味辛苦，微寒，無毒。故喉症目疾、痔瘡外科多用之。且功能通諸竅，散鬱火。若樟腦之性辛溫，判若天淵。更有一種熟老片，係將洋樟片攙用，以偽亂真，害人匪淺。近日黃三仙，且有陶黃研末攙入者，此又不可不知矣。　炳章按：梅冰，一名龍腦，產大泥者，色白光亮片薄最佳。文來出者，色亦白，光略呆，略次。阿剌伯出，色呆片厚，有木屑攙雜，次。麻城丁家路、呂宋、龍門泊等處出，皆次。廣西百色縣蒸熬大楓葉，以煉液結晶成粉，為製冰片之原料，曰艾片，亦偽作冰片，惟治疥瘡，能殺蟲辟臭穢，亦佳，只可作外治藥用，凡合丸散內服藥及眼藥內，切不可充用，有毒，用之害人匪淺。又一種樟冰，用樟腦同薄荷升煉，亦只用於殺蟲瘡藥，重要丸散，亦不可用。此皆僞貨也。《化學易知》云：龍腦亦樹液也。樹上鑽空，其汁流出而自結，取而蒸之即得。但其性與樟腦不同，更能飛散香氣；顆粒皆不同，此為長方形，樟冰為八面形。龍腦原質，比樟冰多氫氣二分。大抵真者，別頭梅、二梅、三梅，以片之粗細分貴賤耳。惟四梅片細質不純，為最次，不宜合藥用。再冰片忌與酒同服，若與酒同服錢許，即正氣散亂，血脉沸騰，必致七竅流血，須臾而死。凡中其毒者，宜即飲新涼水，毒自解。

元慈勒

宋・唐慎微《證類本草》卷一三木部中品〔唐・陳藏器《本草拾遺》〕 元慈勒 味甘，無毒。主心病，流血，合金瘡，去腹内惡血，血痢下血，婦人帶下，明目，去障瞖、風淚、努肉。生波斯國。似龍腦香。

〔宋・唐慎微《證類本草》〕《海藥》：慈勒樹中脂也。味甘，平。消瞖，破血，止痢，腹中惡血。今少有。

阿魏

宋・唐慎微《證類本草》卷九草部中品〔唐・蘇敬《唐本草》〕 阿魏 味辛，平，無毒。主殺諸小蟲，去臭氣，破癥積，下惡氣，除邪鬼蠱毒。生西蕃及崑崙。

〔唐・蘇敬《唐本草》〕注云：苗、葉、根、莖酷似白芷。擣根汁，日煎作餅者爲上，截根穿暴乾者爲次。體性極臭而能止臭，亦爲奇物也。《唐本》先附。

〔宋・掌禹錫《嘉祐本草》〕按：蕭炳云：今人日煎蒜白爲假者，真者極臭，而去臭爲奇物。今下細蟲極效。段成式《酉陽雜俎》云：阿魏，出伽闍那國，即北天竺也。伽闍那呼爲形虞。亦出波斯國，波斯呼爲阿虞。截樹長八九尺，皮色青黄。三月生葉，葉形似鼠耳。無花實。斷其枝，汁出如飴，久乃堅凝，名阿魏。拂林國僧彎所說同。摩伽陀僧提婆言：取其汁和米、豆屑，合成阿魏。日華子云：阿魏，熱。治傳屍，破癥癖冷氣，辟温，治瘧，兼主霍亂，心腹痛，腎氣，温瘴，禦一切蕈菜毒。

〔宋・蘇頌《本草圖經》〕曰：阿魏，出西蕃及崑崙，今惟廣州有之。舊說苗、葉、根極似白芷，擣根汁，日煎作餅者爲上，截根穿暴乾者爲次。今廣州出者，云是木膏液滴釀結成，二說不同。謹按段成式《酉陽雜俎》云：阿魏木，生波斯國，呼爲阿虞。木長八九尺，皮色青黄。三月生葉，似鼠耳，無花實。斷其枝，汁出如飴，久乃堅凝，名阿魏。或云取其汁和米、豆屑，合釀而成，乃與今廣州所上相近耳。

〔宋・唐慎微《證類本草》〕《海藥》云：謹按《廣志》云：生石崑崙國。是木津液，如桃膠狀。其色黑者不堪，其狀黄散者爲上。其味辛，溫。善主於風邪鬼注，并心腹中冷，服餌。又雲南長河中亦有阿魏，與舶上來者滋味相似一般，只無黄色。雷公云：凡使，多有訛僞。其有三驗：第一驗，將半銖安於熟銅器中一宿，至明，霑阿魏處白如銀，永無赤色；第二驗，將一銖置於五斗草自然汁中一夜，至明如鮮血色；第三驗，將一銖安於柚樹上，樹立乾便是真。凡使，先於靜鉢中研如粉了，於熱酒器上裛過，任入藥用。《千金翼》：尸疰惡氣，阿魏治之，神效。

〔宋・陳承《重廣補注神農本草並圖經》〕別說云：謹按：阿魏，《補注圖經》所說，合在木部，今二浙人家亦種，枝葉香氣皆同而差，淡薄，但無汁膏爾。

唐・段成式《酉陽雜俎・前集》卷一八 阿魏 出伽闍那國，即北天竺也。伽闍那呼為形虞，亦出波斯國，波斯國呼為阿虞截。樹長八九丈，皮色青黄，三月生葉，葉似鼠耳，無花實。斷其枝，汁出如飴，久乃堅凝，名阿魏。拂林國僧彎所說同。摩伽陀國僧提婆言，取其汁和米豆屑，合成阿魏。

宋・劉明之《圖經本草藥性總論》卷上 阿魏 味辛，平，無毒。主殺諸小蟲，去臭氣，破癥積，下惡氣，除邪鬼蠱毒。蕭炳云：今人日煎蒜白為假者，真者極臭，而去臭為奇物，令下細蟲極効。日華子云：熱治傳尸，破癥癖冷氣，辟溫治瘧，兼主霍亂心腹痛，腎氣濕瘴，禦一切蕈菜毒。生西番。

元・忽思慧《飲膳正要》卷三 哈昔泥 味辛，溫，無毒。主殺諸蟲，去臭氣，破癥瘕，下惡除邪，解蠱毒。即阿魏。穩展：味辛，溫苦，無毒。主殺蟲去臭。其味與阿魏同。又云即阿魏樹根。淹羊肉香味甚美。

明・王綸《本草集要》卷三 阿魏 味辛，氣平，熱，無毒。性極臭而能止臭，亦奇物也。凡使，先於淨鉢中研如粉了，於熱酒器上裛過，任用。主殺諸小蟲，去臭氣，破癥積，下惡氣。治心腹痛，辟瘟治瘧，治傳屍邪鬼蠱毒。

明・滕弘《神農本經會通》卷一 阿魏 擣根汁，日煎作餅者為上；截根穿暴乾者為次。體性極臭，而能止臭，亦奇物也。又云：斷其樹枝，汁出如飴，久乃凝結，名阿魏。又云：取其汁，和米豆屑合成。《海藥》云：是木津液，如桃膠狀，其色黑者不堪，黄散者為上。雷公云：凡使多有訛偽，有三驗：一將半銖安於熟銅器中一宿，至明沾阿魏處白如銀，永無赤色；一將半銖置於五㪷草自然汁中一夜，至明如鮮血色；一將一銖安於柚樹上，樹立乾，便是真。凡使先於淨鉢中研如粉了，於熱酒器上裛過，任入藥用。一云氣熱。 味辛，氣平，無毒。東云：除邪氣，破積。《疌》云：臭能止臭，破癥瘕，并下氣，殺蟲，除邪，治傳屍及辟瘟。

《本經》云：　主殺諸小蟲，去臭氣，破癥積，下惡氣，除邪鬼蠱毒。日華子云：　阿魏，熱。治傳屍，破癥癖冷氣，辟溫，治瘧，兼主霍亂，心腹痛，腎氣溫瘴，禦一切蕈菜毒。《海藥》云：　主風邪鬼注，并心腹冷。劊云：　阿魏無真却有真，臭而止臭乃為珎。殺蟲下氣除癥積，及治傳屍更辟瘟。即《局》阿魏有真有假，殺蟲破積，傳屍，亦可保天年。

明・劉文泰《本草品彙精要》卷一九　阿魏無毒　植生。

阿魏：　主殺諸小蟲，去臭氣，破癥積，下惡氣，除邪鬼，蠱毒。名醫所錄。

〔名〕形虞，阿虞。　〔苗〕《圖經》曰：　苗、葉、根極似白芷，搗根汁，日煎作餅者爲上，截根穿，暴乾者爲次。體性極臭而能止臭，亦爲奇物也。今廣州出者，云是木膏液滴釀結成，二說不同。按：　段成式《西陽雜俎》云：　生波斯國，呼爲阿虞。木長八九尺，皮色青黄。三月生，葉似鼠耳，無花實，斷其枝，汁出如飴，久乃堅凝。或云：　取其汁和米豆屑合釀而成，與廣州所產者相近。《別錄》云：　是木津液，如桃膠狀，其色黑者不堪，其狀黄散者爲上。又雲南長河中亦有舶上來者，滋味相似，只無黄色耳。　〔地〕《圖經》曰：　出西蕃及崑崙。《別錄》云：　伽闍那國。〔道地〕波斯國及廣州。　〔時〕生：　春生葉。採：　無時。　〔收〕暴乾。　〔用〕液黄赤者爲佳。雷公云：　其有三驗。第一驗，將半銖安於熟銅器中一宿，至明，霑阿魏處白如銀，永無赤色。第二驗，將一銖置於五斗草自然汁中一夜，至明，如鮮血色。第三驗將一銖安於柚樹上，立乾便是真。　〔質〕類沒藥而軟。　〔色〕黄、黑、白，亦有瑪瑙斑者。　〔味〕辛。　〔性〕平，散。　〔氣〕氣味俱厚，陽也。　〔臭〕臭。　〔主〕去臭，辟邪。　〔製〕《雷公》云：　凡使，先於淨鉢中研如粉了，於熱酒器上裛過，任入藥用。　〔治〕療：　日華子云：　治傳屍，破癥癖冷氣，辟溫，除瘧，及霍亂，心腹痛，腎氣，溫瘴。《海藥》云：　主風邪，鬼注，心腹中冷。　〔解〕一切蕈菜毒。　〔贋〕日煎蒜餅爲僞。

明・葉文齡《醫學統旨》卷八　阿魏　氣平、熱，味辛。無毒。性極臭而能止臭，亦奇物也。凡使，先於淨鉢中研如粉子，於熱酒氣上裛過任用。　治心腹痛，化宿食，破癥塊，消肉積，下惡氣，去臭氣，殺諸蟲，辟瘟祛瘧，傳尸邪鬼蠱毒，小兒疳積。

明・鄭寧《藥性要略大全》卷五　阿魏　《珠囊》云：　除邪氣，破積殺蟲。治傳屍。〇俗云消肉積。　《本經》云：　味辛，平，無毒。殺小蟲，去臭氣，破癥積，療霍亂心腹痛，腎氣〔溫瘴〕。殺一切蕈毒。　味鹹，氣臭，平，無毒。此物體性極臭而能止臭。因為奇物，乃波斯國樹脂也。又云：　走馬射阿魏。凡用去枯者。《雷公炮炙》云：　先於淨鉢中研極細，於熱酒器上，滾過任用。假多，難得真者。　驗阿魏有三法：　第一驗，將半銖安於熟銅器中一宿，至曉，霑阿魏處白如銀，永無赤色。　第二驗，將一銖置於五斗草自然汁中，一夜至明如鮮血色。　第三驗，將一銖安於柚樹上，樹立乾，便是真的。

明・陳嘉謨《本草蒙筌》卷四　阿魏　味辛，氣平，微熱。無毒。出波斯國中，生阿虞木內。其木長八九尺，皮色青黄；　四季花實俱無，葉如鼠耳。斷其枝梗，汁滴如飴。久乃堅凝，遂名阿魏。《唐本》註云：　體性極臭而能止臭，亦為奇物也。色黑者力微，黄散者為上。但今市家，多煎蒜白假充，不可不細辯爾。凡使，研作粉霜，熱酒器上裛過。置地待冷，入藥隨宜。去臭氣殺諸小蟲，下惡氣破凡癥積。辟瘟禁瘧，卻鬼敺邪。蠱毒能消。傳尸可滅。

明・王文潔《太乙仙製本草藥性大全》卷三《本草精義》　阿魏　出西番及崑崙，今惟廣州有之。舊說苗葉根極似白芷，擣根汁日煎作餅者爲上，截根穿暴乾者爲次。今廣州出者云是木膏液滴釀結成，二說不同。按：　《西陽雜俎》云出伽闍那國，即北天竺也。伽闍那呼爲形虞。亦出波斯國，波斯呼爲阿虞。汁號阿魏，出波斯國中，生阿虞木內，其木長八九尺，皮色青黄，四季花實俱無，葉如鼠耳，斷其枝梗，汁滴如飴，久乃堅凝，遂名阿魏。《唐本》注云：　體性極臭，而能止臭，亦爲奇物也。名黑者力微，黄散者爲上。但今市家多煎蒜白假充，不可不細辨爾。

明・王文潔《太乙仙製本草藥性大全》卷三《仙製藥性》　阿魏　味辛，氣微熱，無毒。　主治：　治霍亂堅氣，治肉積腹疼。去臭氣，殺諸小蟲，下惡氣，破凡癥積。辟瘟禁瘧，却鬼敺邪。蠱毒能消，傳尸可滅。　補註：　尸疰惡氣，用爲末，治之神效。〇肚腹疼痛，單用爲丸如麻仁大，每五七丸，冷痛薑湯送下，熱痛米湯送下。　太乙曰：　凡使，先於净鉢中研極細，於熱酒器上裛過，置地待冷入藥任用。　假多難得真者，驗阿魏有三法：　第一驗，捋半銖安於熱銅器中一宿至明，霑阿魏處白如銀，永無赤色；　第二驗，將一銖置於五斗草自然汁一夜至明，如鮮紅色；第三驗，將一銖安於柚樹上，樹立乾便是真的。

明・皇甫嵩《本草發明》卷四 阿魏辛，平，氣溫，無毒。鉢中研細，熱酒器上裛過用。

發明曰：阿魏，散邪，消堅積，故《本草》主殺諸小蟲，去臭氣，(氣)除邪鬼蠱毒，破癥積，下惡氣。日華子又云：治傳屍，破癥癖冷氣，辟溫治癰，兼主霍亂心腹痛，腎氣，溫瘴，禦一切蕈菜毒。註云：體性極臭，而能止臭，亦奇物也。出西番及崑崙。是木膏液滴結成。舊說其苗葉根莖似白芷，搗汁煎作餅者。今從木本色黃者上，黑者不堪。今人煎蒜白為假者，但真者最臭，將半銖子熟銅器中一宿，至明霑阿魏處白如銀色，永不赤。又將置柚樹上，樹立乾，即真也。

明・李時珍《本草綱目》卷三四木部・香木類 阿魏《唐本草》。校正：自草部移入此。

【釋名】阿虞《綱目》 薰渠《唐本》 哈昔泥時珍曰：夷人自稱曰阿，此物極臭，阿之所畏也。波斯國呼爲阿虞，天竺國呼爲形虞，《涅槃經》謂之央匱。蒙古人謂之哈昔泥，元時食用以和料。其根名穩展，云淹羊肉甚香美，功同阿魏。見《飲膳正要》。【集解】恭曰：阿魏生西番及崑崙。苗葉根莖酷似白芷。擣根汁，日煎作餅者爲上。截根穿暴乾者爲次。體性極臭而能止臭，亦爲奇物也。又婆羅門云：薰渠即是阿魏，取根汁暴之如膠，或截根日乾，並極臭。西國持呪人禁食之。常食用之，云去臭氣。戎人重此，猶俗中貴胡椒，巴人重負蠻也。珣曰：按《廣志》云：生崑崙國。是木津液，如桃膠狀。其色黑者不堪，其狀黃散者爲上。雲南長河中亦有，與舶上來者，滋味相似一般，只無黃色。頌曰：今惟廣州有之，云是木膏液滴釀結成，與蘇恭所說不同。按段成式《西陽雜俎》云：阿魏木，生波斯國及伽闍那國，即北天竺也。木長八九尺，皮色青黃。三月生葉，似鼠耳。無花實。(斷)其枝，汁出如飴，久乃堅凝，名阿魏。摩伽陀僧言：取其汁和米、豆屑合釀而成。其說與廣州所生者相近。承曰：阿魏合在木部。今二浙人家亦種之，枝葉香氣皆同而差淡薄，但無汁膏爾。時珍曰：阿魏有草、木二種。草者出西域，可晒可煎，蘇恭所說是也。木者出南番，取其脂汁，李珣、蘇頌、陳承所說是也。按《一統志》所載有此二種。云出火州及沙鹿、海牙國者，草高尺許，根株獨立，枝葉如蓋，臭氣逼人，生取其汁熬作膏，名阿魏。出三佛齊及暹邏國者，樹不甚高，土人納竹筒于樹内，脂滿其中，冬月破筒取之。云其脂最毒，人不敢近。每采時，以羊繫于樹下，自遠射之。脂之毒着羊，羊斃即爲阿魏。觀此，則其有二種明矣。蓋其樹底小如枸杞、牡荆之類，西南風土不同，故或如草如木也。繫羊射脂之説，俗亦相傳，但無實據。諺云：黃芩無假，阿魏無真。以其多僞也。劉純詩云：阿魏無真却有真，臭而止臭乃爲珍。炳曰：人多言煎蒜白爲假者。斅曰：驗法有三：第一，以半銖安熟銅器中一宿，至明沾阿魏處白如銀，永無赤色；第二，將一銖置於五斗草自然汁中一夜，至明如鮮血色；第三，將一銖安於柚樹上，樹立乾，便是真者。凡用，乳鉢研細，熱酒器上裛過，入藥。

【氣味】辛，平，無毒。【主治】殺諸小蟲，去臭氣，破癥積，下惡氣，除邪鬼蠱毒《唐本》。治風邪鬼疰，心腹中冷李珣。傳尸冷氣，辟瘟治瘧，主霍亂心腹痛，腎氣溫瘴，禦一切蕈、菜毒大明。解自死牛、羊、馬肉諸毒汪機。消肉積震亨。

【發明】炳曰：阿魏下細蟲，極效。時珍曰：阿魏消肉積，殺小蟲，故能解毒辟邪，治瘧、痢、疳、勞、尸注、冷痛諸證。按王璆《百一選方》云：夔州譚逵病瘧半年。故人竇藏叟授方：用真阿魏、好丹砂各一兩，研勻，米糊和丸皂子大。每空心人參湯化服一丸，即愈。世人治瘧，惟用常山、砒霜毒物，多有所損。此方平易，人所不知。草窗周密云：此方治瘧以無根水下，治痢以黃連、木香湯下，瘧、痢亦多起於積滯故爾。

【附方】新十。辟鬼除邪：阿魏棗許爲末，以牛乳或肉汁煎五六沸服之。至暮，以乳服安息香棗許，久者不過十日。忌一切菜。孫侍郎用之有效。唐崔行功《纂要》。惡疰腹痛：不可忍者。阿魏末，熱酒服一二錢，立止。《永類鈐方》。尸疰中惡：近死尸，惡氣入腹，終身不愈。用阿魏三兩。每用二錢，拌麪裹作餛飩十餘枚，煮熟食之，日三。服至三七日，永除。忌五辛、油物。《聖惠方》。㿗疝疼痛：敗精惡血，結在陰囊所致。用阿魏二兩，醋和蕎麥麪作餅裹之煨熟，大檳榔二枚鑽孔，溶乳香填滿，亦以蕎麪裹之煨熟，入硇砂末一錢，赤芍藥末一兩，糊丸梧子大。每食前，酒下三十丸。《危氏得效方》。小兒盤腸：内弔，腹痛不止。用阿魏爲末，大蒜半瓣炮熟研爛和丸麻子大。每艾湯服五丸。《總微論》。脾積結塊：鷄子五個，阿魏五分，黃蠟一兩，同煎化，分作十服。每空心細嚼，溫水送下。諸物不忌，腹痛無妨。十日後大便下血，乃積化也。《保壽堂經驗方》。痞塊有積：阿魏五錢，五靈脂炒烟盡五錢，爲末，以黃雄狗膽汁和，丸黍米大。空心唾津送下三十丸。忌羊肉、醋、麪。《扶壽精方》。五噎膈氣：方同上。痎瘧寒熱：阿魏、臙脂各一豆大，研勻，以蒜膏和，覆虎口上，男左女右。《聖濟總録》。牙齒蟲痛：阿魏、臭黃等分，爲末，糊丸綠豆大。每綿裹一丸，隨左右插入耳中，立效。《聖惠方》。

題明・薛己《本草約言》卷一《藥性本草》 阿魏 主傳屍而破蟲積。銀屑安五臟而可鎮驚。阿魏散邪氣，消堅積。入手足陽明經。體性極臭，而能止臭，亦奇物也。

明・梅得春《藥性會元》卷上 阿魏 味辛，氣平，無毒。多有偽假。試驗有三法：將半銖安于熟銅器中一宿，次早黏阿魏處白如銀者，一也；將一銖置于五斗草自然汁中，浸一宿，次早如鮮血狀，二也；將一銖安在樹上，其樹立乾便是真，三也。主除脾氣而辟臭氣，有真有假。破癥積及傳屍，殺蠱、殺蟲。其氣極臭而能去臭氣，能治食積、肉積，下惡氣，除邪鬼蠱。入調和以辟辛臭。　製法：　置磁鉢中，乳極細成粉用。

明・李中立《本草原始》卷四　阿魏　木生波斯國，及伽闍那國。木長八九尺，皮色青黃。三月生葉似鼠耳，無花實。其枝汁出如飴，久乃堅凝，名阿魏。阿曰呃，魏曰噠，西番語也。一云：　阿，我也；　魏，畏也。此物極臭，阿之所畏也。《唐本草》謂之薰渠，古人謂之哈昔泥。　氣味：　辛，平，無毒。　主治：　殺諸小蟲，去臭氣，破癥積，下惡氣，除邪鬼蠱毒。○治風邪鬼疰，心腹中冷。○傳尸冷氣，辟瘟治瘧。主霍亂心腹痛，腎氣瘟瘴。禦一切蕈菜毒。○解自死牛、羊、馬肉諸毒。○消肉積。

阿魏，阿虞樹脂也。狀如桃膠，其色黃如栗瓣者為上，色黑者不堪用。繫羊射脂之說，俗亦相傳，但無實據。諺云：　黃金無假，阿魏無真。以其多僞也。劉純詩云：　阿魏無真却有真，臭而止臭乃為珍。《唐本草》。【圖略】

波斯國呼阿虞，天竺國呼形虞。阿魏，此木津液。自草部移入此。　炳曰：　人多言煎蒜白為假者。　斆曰：　驗法有三：　第一，以半銖安熟銅器中，一宿至明，沾阿魏處白如銀，永無赤色；　第二，將一銖置於五㪷草自然汁中，一夜至明，如鮮血色；　第三，將一銖安於柚樹上，樹立乾，便是真者。　凡用，乳鉢研細，熱酒器上裛過入藥。

惡疰腹痛不可忍者，阿魏末，熱酒服一二錢，立止。

明・張懋辰《本草便》卷一　阿魏　味辛，氣平，熱，無毒。性極臭，而能止臭，亦奇物也。　主殺蟲，去臭氣，破癥積，下惡氣，治心腹痛。

明・李中梓《藥性解》卷五　阿魏　味辛，性微熱，無毒，入胃經。　主破癥積，下惡氣，治霍亂，止腹疼，辟瘟禁瘧，辟鬼祛邪，能消蠱毒，可滅傳屍。

按：　阿魏辛熱之性，與胃腑相宜，故獨入之。　產波斯國阿虞木內之脂也。《唐本》註云：　體性極臭，而能止臭，亦奇物也。今市家多煎蒜白假充，不可不辨。　真者置熱銅器中一日夜，其沾阿魏處，白如銀。

明・繆希雍《本草經疏》卷九　阿魏　味辛，平，無毒。　主殺諸小蟲，去臭氣，破癥積，下惡氣，除邪鬼蠱毒。

【疏】阿魏稟火金之氣，而兼得乎天之陽氣，故其味辛平溫而無毒。　氣味俱厚，陽也。　入足太陰、陽明經。　其氣臭烈殊常，故善殺諸蟲，專辟惡氣。　辛則走而不守，溫則通而能行，故能消積利諸竅，除穢惡、邪鬼蠱毒也。　蘇恭曰：　體性極臭而能止臭，亦奇物也。　【主治參互】同人參、橘紅、京三稜、蓬莪茂、砂仁，治一切肉食堅積。　入膏藥，同麝香、硫黃、蘇合油，貼一切痞塊。　同安息香、百部、青黛、丹砂，治尸疰惡氣。　【簡誤】阿魏之氣臭烈，人之血氣聞香則順，聞臭則逆，故凡脾胃虛弱之人，雖有痞塊堅積，不可輕用。　當先補養胃氣，胃氣強則堅積可漸磨而消矣。　故古人治大積大聚，消其大半而止，正此謂也。

明・倪朱謨《本草彙言》卷八　阿魏　味辛，氣平，無毒。　蘇氏曰：　阿魏，生西番及昆崙。　苗、葉、根、莖，酷似白芷。　搗根汁煎成爲上，截根曝乾爲次。　嵇氏又言：　阿魏生崑崙國。　是木津液，如桃膠狀。　其色黃者爲上，色黑者次之。　陳氏又言：　阿魏，雲南長河中亦有，今廣州亦有。　是木膏液，鑽之汁出，漸滴凝結，與蘇氏所說不同。　又《酉陽雜俎》云：　阿魏出波斯國及北天竺。　其樹長八九尺，其色青黃。　三月生葉似鼠耳，無花實。　其枝汁出如水，久乃堅凝。　又言取其汁和米豆粉合釀而成。　諸說雖不同，而氣體極臭，而又能止臭，亦爲奇物也。　戎人則常啖，謂能止臭，猶閩、廣嗜檳榔，中州貴胡椒，巴人重負蠜也。　又《元紀》云：　阿魏，元人用充食料。　根名穩展，又名薰渠。　用淹牛羊肉，轉更香美，盛暑亦不色變。　李瀕湖曰：　阿魏有草木二種。　草者出西域，可煎可曬，蘇氏所說是也；　木者出南番，取其脂汁凝結，嵇氏、陳氏所說是也。　又按《一統志》所載，有此二種。　云出火州及沙鹿、海牙諸國。　草高尺許，根株獨立。　枝葉如蓋，臭氣逼人。　生取其汁熬膏，名阿魏。　又言出三佛齊及暹羅國。　樹不甚高，土人納竹筒于樹內，脂滿其中，冬月破筒取之。　又云：　其樹最高，其脂最毒，其氣逼人，最臭，不敢近。　每采時，以羊繫于樹下，自遠射之，脂液着羊，羊斃，即爲阿魏。　觀此則其有二種明矣。　然繫羊射脂之說，俗語相傳，但無實據。　修治：　以熱酒溶化，和入藥用。　俗云阿魏無真，言多僞也。　今市家搗蒜肉，雜以他物僞充，不可不辨。　雷氏曰：　驗阿魏真假有三法。　一法，以半銖安熟銅器中，一晝夜，着處色白如銀，永不變色。　二法，以一銖置五斗草自然汁內，次早盡變鮮紅色。　三法，以一銖置橘柚樹上，其樹立乾。　驗此三法，真僞判然矣。

阿魏：　化積，墮胎，《唐本草》殺蟲療蠱之藥也。趙天生稿其氣辛烈而臭，元人入食料中，能辟一切禽獸、魚鱉、腥葷諸毒。　凡水果、蔬菜、米麥、穀豆之類，停留成積者，服此立消。　故汪氏方治瘴癘瘟疫、霍亂、瘧痢、尸蟲、痞結等候，咸取其氣息極辛極臭之物，以除此不正之氣以致疾耳。氣味雖有穢惡，然不大損胃氣，故方脉科每需用而不棄也。繆仲淳先生曰：按人血氣，聞香則順，聞臭則逆，雖有病積，不可輕用。當先養胃氣，胃强則堅積漸消矣。書曰：大積大聚，其可犯也，衰其半而止。蓋兢兢于根本者乎？

集方：何日中手集治一切痞塊癥瘕，食飲血氣成積者。用阿魏五錢，白芥子四兩，白朮三兩，三稜、莪朮各二兩，四味俱炒燥，研爲細末，以阿魏熱酒溶化，和入爲丸，黍米大。每早晚各服二錢，白湯下。婦人病此，本方加當歸，川芎，乾漆，俱酒炒，各一兩。〇又貼痞膏：用阿魏、乳香、沒藥、芒硝各二兩，俱研細聽用。外用大黄二兩，白芥子三兩，木鱉子二十一個去殼，穿山甲，肉桂，川獨活各一兩五錢，亂髮二兩，用香油四十兩，煎黑，去渣，待油冷凝，入鍋内，乘油冷時，加水飛淨、細炒燥黄丹二十兩，將油煎滚，用鐵箸不住手攪，以黄丹黑熟，軟硬得所，提起將凝，加入阿魏、乳、沒、硝四味細末在内，攪勻即成膏矣。凡貼膏藥時，先用芒硝研細，隨患處鋪半指厚，以紙蓋定，用熱熨斗熨良久。如硝耗再加，熨之二時許，方貼膏藥。〇《聖惠方》治尸疰中惡，近死尸，惡氣入腹，終年常發者。用阿魏二分，侵晨熱酒吞下。并治瘟疫瘴癘，霍亂痎瘧諸病。〇《總微論》治小兒盤腸内吊，腹痛不止。用真阿魏一錢爲末，大蒜一瓣，煨熟研爛，和丸，如麻子大。每服五丸，艾湯化下。〇《經驗方》治脾積結塊。用阿魏五分，雞子五個，去殼，湯内同阿魏煮，以湯乾，雞子黄白俱老，入石臼内同搗勻細，黄蠟一兩溶化，入阿魏、雞子膏，同熬數十沸，入香油五六茶匙，攪勻，再入石臼内搗百下。爲丸如黍米大。每服一錢，白湯下。

明・顧逢柏《分部本草妙用》卷七兼經部・性平　阿魏　辛，平，無毒。安熟銅器中一宿，看銅白如銀不赤者真。主治：殺蟲，破癥積，除邪鬼蠱毒，治瘧，心腹痛，解諸樣死肉毒，消肉積，辟瘟去冷。按：阿魏消肉積，殺小蟲，解毒辟邪，消癖，治瘧痢等症如神。夫消癖之藥，復能治瘧痢者，何也？瘧痢皆起于積滯，消積而病去矣，何瘧痢之不可治乎？治瘧，以無根水下；治痢，以香連湯下。

明・李中梓《醫宗必讀・本草徵要上》　阿魏味辛，溫，無毒。入脾、胃二經。殺諸蟲，破癥積，除邪氣，化蠱毒。臭烈殊常，故殺蟲辟惡。辛則能散，溫則能行，故消積化蠱。按：人之血氣，聞香則順，聞臭則逆，故凡虚人雖有痞積，亦不可輕用，當先養胃氣，胃强則堅積漸磨而消矣。《經》曰：大積大聚，其可犯也，衰其半而止。蓋兢兢於根本者乎？

明・蔣儀《藥鏡》卷一温部　阿魏　破癥積而辟惡氣，却鬼殺蟲傳尸可滅。

明・張景岳《景岳全書》卷四九《本草正・竹木部》　阿魏　味苦、辛，性熱，有毒。其氣辛臭，乃能辟奪臭氣，逐瘟疫瘴瘧，傳尸鬼氣惡氣。療霍亂隔噎頹疝，心腹疼痛，殺諸小蟲牙蟲。破癥積，消癖塊，除蠱毒，及一切蕈菜、牛、羊、魚、肉諸毒。或散或丸，隨意可服。

明・徐樹丕《識小録》卷三　阿魏　【略】本草只言其殺蟲，破癥積，去臭氣，下惡辟瘟，治瘧治痢，辟鬼除邪，去敗精惡血及癖塊噎膈。汪道人云：此物久服強陽壯陰，消食強脾，三年之後，鬼神退避。其治法：用磁碗將醋煮一時，醋乾退火取出，至半冷溫為丸，每服五釐，久之神氣異常。但忌醋與諸菜。西洋人每日服此與阿芙蓉二物，一日不服，便欲失精，猶西番不能一日去茶也。

明・盧之頤《本草乘雅半偈》帙九　阿魏《唐本草》　氣味：辛，平，無毒。主治：主殺諸小蟲，去臭氣，破癥積，下惡氣，除邪鬼蠱毒。

覈曰：出西番，及崑崙，今雲南長河中亦有。與舶上者氣味雖相似，只無黄色耳。苗葉根莖，酷似白芷，或如草，或如木，此風土不同，禀質則異。咸屬草類，非有草木兩種也。同根搗汁，暴令乾者次之。體氣極臭，婆羅門謂之薰渠，又謂之哈昔泥。故西國持咒人則禁食。戎人則嘗啖，謂能止臭，猶巴人之重負蠜也。元時用充食料。根名穩展，用淹羊肉，轉更香美，盛暑亦不色變。修事：乳研極細，熱酒器上裛過用。

条曰：諺云阿魏無真，言多偽也。雷公驗法有三：一以半銖置熟銅器中，經宿着處永如銀色；一以一銖入五斗草自然汁內，次早盡作鮮血色；以一銖致柚子樹上，其樹立乾。驗此三法，不唯真偽判然，功能亦昭然顯著矣。謚法稱克威健行曰魏，亦巍然獨立貌也。阿，倚也，衡也。上倚下以取平，權輕重，度長短，故主諸疾，倚之各取其平，偏于幽獨拚味者，功能捷如影響。第臭惡特甚，巍然獨立而世無偶，故君子必慎其獨。極臭之物，當與極香同旨，故得以臭止臭，如入五濁惡世，轉作香積國土。

明・李中梓《本草通玄》卷下　阿魏　辛，溫。　破結塊，殺細蟲，消肉積，辟鬼截瘧，止痢，解毒止臭。　譚遠久瘧，用阿魏、硃砂各一兩，研勻，米糊，丸皂子大。空心人參湯化服一丸，即愈。如痢疾以黄連木香湯下。蓋瘧痢多起於積滯故耳。

清・顧元交《本草彙箋》卷五　阿魏　阿魏，乃阿虞木之脂，體性極臭，而能止臭，亦奇物也。其辛熱之性，與胃腑相宜，故主用破癥瘕，下惡氣，殺諸細蟲。兼治霍亂腹疼，瘧痢。蓋諸症亦多起於積滯也。

阿魏無真，言多僞也。試法，或以半銖置熟銅器中經宿，着處永如銀色。或以一銖入五斗草自然汁內，次早盡變鮮血色。或以一銖致柚子樹上，其樹立乾。

治痞積，以阿魏五錢，五靈脂五錢，炒煙盡，爲末，以黄雄狗膽汁和丸黍米大，空心津嚥三十丸。忌羊肉、醋、麵，其積即從大便出。

痞積膏，歸尾、紅花、桃仁、山稜、蓬术、枳實、山查、檳榔、草菓、蘇木、南星、半夏、川烏、草烏、厚朴、軍薑、青皮、赤芍、烏藥、牙皂、防風、荊芥、獨活、防己、肉桂、白芥子、玄胡索、山慈姑、五靈脂、鴿糞，各等分，惟歸尾倍之，配准一觔，麻油三觔，入鍋浸六七日，熬至藥枯黑，濾查，每淨油一觔，加炒過黄丹八兩，再熬，看老嫩成膏。用時先將阿魏一兩切片，酒漿浸一宿，隔湯頓烊，和膏一觔，用狗皮攤二文錢厚，貼患上，漸消。

清・穆石匏《本草洞詮》卷一一　阿魏　夷人自稱曰阿。此物極臭，阿之所畏也。諺云：黄芩無假，阿魏無真。劉純云：阿魏無真却有真，臭而止臭實爲珍。戎人重此，猶漢人重胡椒也。味辛，氣平，無毒。殺諸小蟲，去臭氣，破癥癖，下惡氣，除瘧疾、疳勞、蠱毒、尸注，消肉積，解自死牛羊馬肉諸毒。王璆云：一人病瘧半年，竇藏叟用真阿魏、丹砂各一兩，研勻，糊丸皂子大，人參湯化服一丸即愈。世人治瘧用常山、砒霜毒物，多有所損，此方平易，人所不知。周密云：此方治瘧，以無根水下。治痢以黄連、木香湯下，瘧痢多起於積滯故爾。

清・劉雲密《本草述》卷二二　阿魏　時珍曰：阿魏有草木二種。草者出西域，可曬可煎。木者出南番，取其脂汁。《一統志》所載，有此二種，云出火州及沙鹿、海牙國者，草高尺許，根株獨立，枝葉如蓋，臭氣逼人。生取其汁，熬作膏，名阿魏。出三佛齊及暹羅國者，樹不甚高，土人納竹筒於樹內，脂滿其中，冬月破筒取之。或云其脂最毒，人不敢近。每采時以羊繫於樹下，自遠射之，脂之毒着羊，羊斃即為阿魏。觀此，則其有二種明矣。但西南風土不同，故或如草如木也。繫羊射脂之說，俗亦相傳，但無實據。諺云：黄芩無假，阿魏無真。以其多偽也。劉統詩云：阿魏無真却有真，臭而止臭乃為珍。是與蘇恭之説合矣。

氣味：辛，平，無毒。主治：破癥積，消肉積，下惡氣，殺諸細蟲，辟瘟瘴，主霍亂心腹痛，治傳尸及蠱毒，治瘧痢有積者。恭曰：體性極臭而能止臭，亦奇物也。希雍曰：阿魏稟火金之氣，而兼得乎天之陽氣，故其味辛平溫而無毒，氣味俱厚，陽也，入足太陰、陽明經。

同人參、橘紅、京三稜、蓬莪茂、砂仁，治一切肉食堅積。入膏藥，同麝香、硫黄、蘇合油，貼一切痞塊。同安息香、百部、青黛、丹砂，治尸疰惡氣。

附方　癲疝疼痛，敗精惡血結在陰囊所致，用阿魏二兩，醋和蕎麥麪作餅，裹之煨熟，大檳榔二枚，鑽孔，溶乳香填滿，亦以蕎麪裹之，煨熟，入硇砂末一錢，赤芍藥末一兩，糊丸梧子大，每食前酒下三十丸。　小兒盤腸，內弔腹痛不止，用阿魏為末，大蒜半瓣，炮熟研爛，和丸麻子大，每艾湯服五丸。痞塊有積，阿魏五錢，五靈脂炒烟盡五錢，為末，以黄雄狗膽汁和丸黍米大，空心唾津送下三十丸。忌羊肉、醋、麪。　五噎膈氣方同上。

愚按：阿魏以極臭之性質，反能止臭，如《本草》止言其消癥積，下惡氣，殺細蟲，而以臭止臭之微義，後來莫能究之。詎知其有能使氣化者，氣化則形化，所以消癥積也。不下正氣而下惡氣，此尤其異處。蓋蟲亦惡氣之所化也。愚閲方書，治傷飲食者用之，療積聚者用之，是皆氣化而形化，所謂消癥積之類也。其治蠱脹者用之，治傳尸勞及治癘風者用之，是皆下惡氣為之先導，所謂殺諸蟲之類也。即《本草》所謂辟瘟瘴，主霍亂心腹痛，何莫不可以下惡氣推之？總之，能化氣而逐惡，為是物之所獨稟，誠如先哲謂爲奇物也。試觀耳聾外治亦用，豈非藉其氣化，而漫責其功於有形者哉？

附方　治血鱉流走無定，一發痛不可忍，將鱉所到之處緊緊捏住，不使得走，隨將真阿魏抹於所捏處，即以厚綿紙糊其上，不使藥氣走泄，令之直入患所，其手捏仍不可放，令鱉受藥氣，主攻不得走避，如是攻之三個時候，其鱉雖放手亦不走動，是即死矣，久之自化，而病愈也。此在皮裏膜外，湯丸所不及，奏效者乃然。此方亦外治可參。

希雍曰：阿魏之氣臭烈，人之血氣聞香則順，聞臭則逆，故凡脾胃虛弱之人，雖有痞塊堅積，不宜輕用，當先補養胃氣，胃氣强則堅積可漸磨而消矣。

愚按：阿魏從來云多偽者，如雷公三驗法，恐亦未必盡然。第就其以臭止臭，是以奇珍，劉統之詩不妄也。體性極臭，故婆羅門謂之薫渠，乃戎人常食之，云去臭氣，而元時食用以和料，然則極臭而能止臭者，豈不信然哉？用者即以是驗真偽可也。且是物在蘇頌云近惟廣州有之，是木膏液滴釀而成。又有云其汁毒甚，以羊繫樹下，自遠射樹，流脂着羊，羊斃即成阿魏者。此説時珍以為無據，然余戚兩在粵東，謂曾取是物，悉如前用羊之説也。第思木汁既毒，何以汁盡於羊乃成此味，而人用之不毒，必於羊有相劑以為用者矣？《飲膳正要》云：其根名穩展，用醃羊肉，轉更香美，盛暑亦不變色。即斯驗之，則此味之功可系矣。

修治　狀如桃膠，色黑者力微，黄散者為上。又曰：潤軟者佳。其堅硬枯結者偽。凡使，先於淨鉢中研粉了，於熱酒器上裛過用。

清·郭章宜《本草匯》卷一五　阿魏　辛，溫，氣味俱厚，陽也，入足太陰、陽明經。消肉積，破結聚，利膈氣，敵臭穢。殺小蟲，禦瘟瘴。

按：阿魏，臭烈殊常，極臭而又能止臭，辛則走而不守，溫則通而能行，善殺諸蟲，化積塊。下細蟲極効。人之血氣，聞香則順，聞臭則逆。故凡脾胃虛弱之人，雖有堅積痞塊，不可輕用。當先補養胃氣，而堅積自消。《經》曰：大積大聚，其可犯也，消其半而止。蓋兢兢乎，根本者歟。同麝香、硫黄、蘇合油煎膏，貼一切痞塊。

產波斯國，黑色者不堪，黄散者為上。最難真者，試法，以半銖安熟銅器中一宿，沾阿魏處，白如雪者；又法，以一銖安柚樹上，樹立乾，便是真者。研細，用熱酒器上裛同搗過，置地，冷，入藥。

清·蔣居祉《本草擇要綱目·平性藥品》　阿魏臭而止臭者，乃為真。驗法有三：一以半銖安熟銅器中一宿，至明沾阿魏處白如銀汞，無赤色。一以一銖置五斛草自然汁中一夜，至明如鮮血色。一以一銖安於柚樹上，樹立乾。便是真者。　氣味：辛，平，無毒。　主治：殺諸小蟲，去臭氣，破癥積。除邪鬼蠱毒，解自死牛、羊、馬肉諸毒。消肉積。祛傳尸冷氣，辟溫治瘧。

清·王翃《握靈本草》卷八　阿魏出廣州。諺云阿魏無真，却有臭而能止臭者，為珍。　主治：阿魏，辛，平，無毒。主殺諸蟲，去臭氣，破癥積，瘧痢疳勞。解自死牛、羊、馬肉毒，消肉積。

清·汪昂《本草備要》卷三　阿魏瀉，消積，殺蟲。　辛，平。一云溫。入脾胃。消肉積，殺細蟲，去臭氣。諺云：黄芩無假，阿魏無真。劉純云：阿魏無真却有真，臭而止臭是爲珍。解蕈菜、自死牛馬肉毒。治心腹冷痛、瘧痢，瘧痢多由積滯而起。傳尸疳勞疰蠱。　出西番。木脂熬成，極臭。試取少許，安銅器一宿，沾處白如銀、汞者真。人多以胡蒜白贋之。用鉢研細，熱酒器上熇過入藥。

清·吴楚《寶命真詮》卷三　阿魏　【略】殺諸蟲，破癥瘕，消肉積，辟邪截瘧，化蠱毒，止利止臭。虛人勿輕用。

清·陳士鐸《本草新編》卷四　阿魏　味辛，氣平、熱，無毒。入脾、胃、大腸。殺諸蟲下惡氣，破癥積，辟瘟禁瘧，却鬼祛邪，蠱毒能消，傳尸可滅，乃消毒攻邪之物，宜于外治，而不宜於內治者也。

阿魏以臭者為佳，無臭氣者皆假。然亦有臭者不可用，乃取蒜搗為汁而亂人者也，然我有辨真假之法，臭阿魏投之水中，半沉半浮者上也，浮者次之，沉者假物，不堪入藥。

清·王士禛《池北偶談》卷二三　〔陳誠《西域錄》〕載沙鹿海牙在撒馬兒罕之東五百餘里，有草春生秋死，臭氣逼人，取其汁熬以成膏，即阿魏也。

清·李熙和《醫經允中》卷二〇　阿魏　安銅器中一宿，看銅白如銀者真。入足太陰、陽明經。　辛，平，無毒。主治諸蟲，破癥積，消痞塊肉積。凡脾胃虛弱者，雖有堅積痞塊，不可輕用。

清·馮兆張《馮氏錦囊秘錄·雜症痘疹藥性主治合參》卷四　阿魏稟火金之氣，兼得乎天之陽氣，故其味辛，平，溫而無毒。氣味俱厚，陽也。入足太陰、陽明經。其氣臭烈，故善殺蟲辟惡，兼辛則走而不守，溫則通而能行。為消痞除穢之要藥。但脾胃虛弱之人，雖有痞積，當養胃氣，胃強則堅積可磨而消矣，勿輕用此。

阿魏，波斯國中阿虞木枝梗汁，性臭而能去臭氣。　殺小蟲，下惡氣，破痞積，辟溫瘧。　却鬼毆邪，蠱毒能消，傳屍可滅。

按：人之血氣，聞香則順，遇臭則逆，故胃虛氣弱之人，雖有痞積，勿宜用此臭烈，更傷胃氣。

清·张璐《本經逢原》卷三　阿魏　辛，溫，有毒。驗真偽法，置熟銅器中一宿，沾處白如銀色者為真。　發明：阿魏消肉積、殺蟲、治癖積為主藥。故能解毒辟邪，治瘧痢、疳勞諸病。久瘧用阿魏、硃砂等分為末，米糊丸皂子大，空心人參湯服一丸即愈。如痢用黃連木香湯下，蓋瘧亦多起於積滯耳，同麝香、硫黃、蘇合貼一切塊有效。然人脾胃喜芳香而惡臭烈，凡脾胃虛人雖有積滯，不可輕投。

清·浦士貞《夕庵讀本草快編》卷五 阿魏《唐本草》 西域人自稱曰阿。此物極臭，阿之所畏也。有草木二種，草者取汁煎成，木者納竹筒以受其脂，皆有毒，人不宜近。故有繫羊遠射之說，亦未必然也。 阿魏味辛而氣惡，消肉積、殺小蟲之勝藥也。有毒而能解毒，氣烈而能辟邪，故瘧痢疳勞、尸疰冷痛，牛馬、蕈毒，氣結癥瘕，凡病之起於積滯者，無不宜之。以其能磨能滌也。但偽者頗多，劉純有云：阿魏無真却有真，臭而止臭乃為珍。信矣。

清·王子接《得宜本草·下品藥》 阿魏 味辛。功專殺蟲，破癥辟瘟，消瘴。得丹砂為丸能截瘧，得靈脂、黃狗(疸)〔膽〕治噎(鬲)〔膈〕痞積。

清·黃元御《玉楸藥解》卷二 阿魏 味辛，氣臭。入足太陰脾、足厥陰肝經。辟溫禦瘴，破積消癥。阿魏辛烈臭惡，化血積、血癥，固瘕、癀疝。殺小蟲，消瘧母，辟溫疫瘴癘之災，解蘑菇、牛馬之毒。阿魏生西番崑崙地，是木汁堅凝成冰，松脂潰膠，臭惡異常。炒研入碗，磁面崩損成片，而下其剋伐剝蝕之力，無堅不破，化癖磨癥，此為第一。但可入膏藥敷貼，不宜湯丸服餌也。 炒焦研細。

清·吳儀洛《本草從新》卷三 阿魏(瀉，消積殺蟲。) 辛，平。入脾、胃。消肉積，殺細蟲，去臭氣，諺云：黃芩無假，阿魏無真。劉純(劉純《玉機微義》)云：阿魏無真却有真，臭而止臭是為珍。 解蕈菜、自死牛馬肉毒。治心腹冷痛，瘧痢，瘧痢多由積滯而成。傳尸疳勞疰蟲。人之血氣，聞香則順，聞臭則逆，虛人雖有痞積，當先養胃氣，胃強則堅積漸磨而消矣，不宜用此臭烈更傷胃氣。出西番。木脂熬成，極臭。試取少許，安銅器一宿，沾處白如銀汞者真。人多以胡蒜白偽之。 用鉢研細，熱酒器上熩過入藥。

清·汪紱《醫林纂要探源》卷三 阿魏 辛，溫。木汁熬成。木狀不可知。出西戎諸國。氣味極葷臭，而能解臭穢，佩此入廁，不覺穢氣。色紫黑，取少許，安銅器一宿，粘處白如銀錫。釋家列於五葷。蓋羌戎人食之也。今以大蒜合搗羊脂偽之。 補肝和胃，開鬱解毒。消食積，去穢惡，解菌蕈及諸自死牛馬肉毒。溫中，治心腹寒痛，殺尸蟲，疳䘌。亦治瘴瘧痢。多服耗氣昏目。

清·嚴潔等《得配本草》卷七 阿魏 辛，溫。入足太陰、陽明經。辟臭氣，破痞塊，殺小蟲，消蠱毒，逐鬼邪，滅傳尸，消肉積，下惡氣。 得朱砂為丸，截鬼瘧。配蔞仁，治痢疾。配五靈脂、狗膽汁，治噎膈痞積。 阿虞木內之汁。 置銅器一宿，沾處白如銀汞者真。研細，熱酒器上熩過入藥用。 虛氣作痞者禁用。

題清·徐大椿《藥性切用》卷五 阿魏 辛平氣臭，入脾胃而善消肉積，殺諸般惡蟲，去臭氣。 細研用。

清·黃宮繡《本草求真》卷八 阿魏入脾胃消痞，除穢殺蟲。 阿魏耑入脾胃。出西番波斯國中。阿虞木枝梗汁，味辛，氣平而溫，且極臭烈。故書載能殺蟲辟惡。又其味既兼辛與溫，則氣更活不滯，故書載治痞辟穢，是以溫瘧鬼魅，蠱毒傳屍，惡氣痞積等症，服之最為得宜。王璆《百一選方》治久瘧，用真阿魏、丹砂糊丸，人參湯下。 但人血氣，聞香則順，遇臭則逆，故胃虛氣弱之人，雖有痞積，但當溫胃和氣，俾痞自消。切勿用此臭烈以傷胃氣。 至辨真偽，則但取少許，安置銅器一宿，沾處白如銀色者真，以真最屬難得。古人已有黃芩無假，阿魏無真之說矣。 用鉢細研，熱酒器裹上過入藥。

清·羅國綱《羅氏會約醫鏡》卷一七竹木部 阿魏味辛溫，入脾胃二經。 殺諸蟲，除邪氣，臭味殊常。破癥積，化蠱毒。辛則能散，溫則能行。

按：人之血氣聞香則順，臭則逆。人有痞積，不可輕用。當養胃氣，胃氣強，則積自消矣。阿魏之真，以臭能止臭，置於銅器，其銅白如銀。

清·趙學敏《本草綱目拾遺》卷四草部中 青烟白鶴草 汪連仕云：草生海島，其性最行氣，味甚猛烈，色綠如翠，能入氣分血分，消積氣，散鬱血，續筋骨，土人以煎膏療病，治內外一切症。其汁即阿魏。近日方士於後營打枝巷葉家園取樹脂偽充射利。又有以秦皮代充者，真者亦稀見矣。

清·王龍《本草纂要稿·木部》 阿魏 氣味辛熱。 去臭氣，下惡氣，殺諸小蟲。 却鬼氣，驅邪氣，傳尸可滅。 辟瘟禁瘧，消蠱破癥。

清·張德裕《本草正義》卷下 阿魏 苦辛，熱，有毒。辛臭能辟臭逐穢，鬼氣惡氣，殺牙蟲，尤消癥積癖塊。 或丸或散，可服。

清·楊時泰《本草述鉤元》卷二二 阿魏 有草木二種，草者出西域，可曬可煎，木者出南番，取其脂汁，熬作膏，名阿魏。出三佛齊及暹羅國者，樹不甚高，土人納筒於樹，脂滿其中，冬月破筒取之。近惟廣州有之，是木膏液滴釀而成，又有云樹汁毒甚，繫羊於下，自遠射樹，流脂着羊，羊斃即成阿魏。夫木汁既毒，何以汁盡於羊，變成此味，而人用之不毒？ 然則此汁於羊，必有相劑以為用者，其根名穩展，用醃羊肉，轉更香美，盛暑亦不變色，可以並粲。體性極臭，故婆羅門謂之薰渠，乃戎人常食之，云去臭氣，而元時食用以和料。然則極臭而能止臭，豈不信然，用者即以是驗真偽可也。

辛平而溫。氣味俱厚，陽也。入足太陰陽明經。破癥積，消肉積，下惡氣，殺諸細蟲，辟瘟瘴，主霍亂心腹痛，治傳尸及蠱毒，並瘧痢有積者。稟火金之氣，而兼得乎天之陽氣，故辛平而溫。同人參、橘紅、三稜、莪茂、砂仁，治一切肉食堅積。入膏藥，同麝香、硫黄、蘇合油，貼一切痞塊。同安息香、百部、青黛、丹砂，治尸疰、惡氣。癩疝疼痛，敗精惡血結在陰囊所致，用阿魏二兩醋和，蕎麥麪作餅裹之，煨熟，大檳榔二枚鑽孔，溶乳香填滿，亦以蕎麥麪包之，煨熟，入硇砂末一錢、赤芍末一兩，糊丸梧子大，每食前，酒下三十丸。小兒盤腸內吊，腹痛不止，用阿魏為末，大蒜半瓣，炮熟，研爛和丸麻子大，每艾湯服五丸。痞塊有積，阿魏五錢、五靈脂炒煙盡五錢，為末，以黄雄狗膽汁和丸黍米大，空心唾津送下三十丸，忌羊肉醋麪，此方治五噎膈氣同。血鱉流走無定，一發痛不可忍，將鱉所到處緊捏住，抹真阿魏於其上，厚綿紙糊，不使氣洩，捏仍不放，令鱉受藥氣之攻，如是三個時放手，鱉亦不動，久之自化而病癒也。此在皮裏膜外，湯丸所不及奏效者乃然。

論：阿魏以極臭之性質，反能止臭，是其妙用之微，必有使氣轉化者，氣化則形化，故癥積，食積蠱脹，癘風，癩疝及諸細蟲胥治之。至於不下正氣而下惡氣，尤其異處。總之，化氣逐惡，為是物之所獨稟，誠奇物也。即觀於耳聾及血鱉外治之法，夫豈漫責其功於有形者哉？

脾胃虛弱人，雖有痞塊、堅積，不宜輕用仲淳。

辨治：狀如桃膠，色黑者力微，黄散而軟潤者佳，堅硬枯結者偽。凡使此，先研粉了，再於熱酒器上裹過用。

清・葉桂《本草再新》卷四　阿魏味辛，性平，無毒。入脾、胃二經。　治心腹冷痛，瘧痢疳癆，殺蟲，化鬱。

清・吴其濬《植物名實圖考》卷三五　阿魏　《唐本草》始著録。《酉陽雜俎》作阿虞，波斯樹汁凝成。《觚賸》云：滇中蜂形甚巨，結窩多在絕壁，垂如雨蓋。人於其下，掘一深坎，置肥羊於內，令善射者飛騎發矢，落其窩，急覆其坎，二物合化，是名阿魏。按巖蜂在九龍外，螫人至斃，則此物亦非內地所產。

清・趙其光《本草求原》卷七香木部　阿魏　西戎南番木脂。辛，溫，有毒。臭能止臭，是能使氣化，故能使形化。化積肉食堅積，同參、橘、莪、砂仁煎服，或同硫黄、蘇合、麝入膏藥，貼一切痞塊。又皮裏膜外有血鱉流走，痛欲死。以手捏其到處，用阿魏塗之，即以厚紙糊蓋其上，不令藥氣泄，俟三個時辰，放手不見走動，鱉即死，久之自化。殺細蟲，解蕈菜、自死牛、馬肉毒，辟邪，治積瘧，同朱砂糊丸，人參湯下。積痢，亦以上方黄連木香湯下。疳癆、尸疰、惡氣，同安息、百部、朱砂、青黛。癩疝痛，此敗精惡血結在陰囊，用二兩，以醋和蕎麥麪，包煨熟，又檳二枚，鑽孔，溶乳香填滿，亦蕎麥麪包煨熟，入白丁香一錢，赤芍一兩，糊丸，酒下三十丸。小兒盤腸內吊腹痛，同熟蒜搗丸，艾湯下。噎膈，靈脂炒煙盡，等分，以雄黄、狗膽汁為丸，唾津送下，亦治痞塊。忌羊肉、醋、麪。心腹冷痛，辟瘟瘴、霍亂，蠱毒。皆化惡氣之功。但脾胃喜香惡臭，此物臭烈，脾胃虛人雖有積塊，慎用。

軟潤、黄散者上；堅硬、枯黑者下。安銅器一宿，沾處白如銀，能止臭者真。用鉢研細，熱酒器上，裹過用。

清・文晟《新編六書》卷六《藥性摘録》　阿魏　辛臭而溫。入脾胃。消痞辟穢，殺蟲。○治溫瘧鬼魅，蠱毒傳屍，惡氣痞積等症。○胃虛氣弱者，禁服。○取少許，安置銅器一宿，沾處白如銀者真。

清・張仁錫《藥性蒙求・木部》　阿魏五分　阿魏辛平，能消肉積。心腹痛疼，殺蟲功捷。入脾、胃二經。去臭氣。○出西番木脂。極臭。試取少許，安銅器內一宿，沾處白如銀色者真。

清・陸以湉《冷盧醫話》卷五　藥品　許辛木云：阿魏最難得真，諸書皆言極臭，恐防作吐，蓋肆中皆以胡蒜白偽造也。余有友人貽以塔爾巴哈台阿魏精，其色黑中帶黄，並不甚臭，舐之氣味極清，不作惡心，乃知真品，因自不同，江浙去西番萬里，而肆中所售阿魏甚賤，其偽可知，且極臭傷胃，有損無益，勿用可也。余謂藥之無真，如桑寄生、川鬱金、化州陳皮之類，求之肆中，悉皆他物，以之治病，必不見效，均當勿用。

清・戴葆元《本草綱目易知録》卷四　阿魏　辛，平。入脾胃。消肉積，殺諸小蟲，去臭氣，破癥積，下惡氣，辟瘟治瘧，除邪鬼蠱毒，治風邪鬼疰。心腹中冷，霍亂心腹痛，腎氣瘟瘴。禦一切蕈菜毒，解自死牛馬肉諸毒。

清・陳其瑞《本草撮要》卷二　阿魏　味辛，入足太陰、厥陰經，功專殺蟲破癥，辟瘟消瘴。得丹砂為丸能截瘧，得靈脂、黄狗膽治噎膈痞積。惟臭烈恐傷胃氣，虚者須忌用。鉢研細，熱酒器上濾過入藥。解蕈菜及自死牛馬毒。

清・李桂庭《藥性詩解》　賦得阿魏除邪氣而破積得除字。田春芳。　阿魏辛平臭，傳尸邪氣除。殺蟲功最厚，破積力堪餘。　按：阿魏辛平，極臭。入脾胃，消積殺蟲，治心腹冷痛，傳尸疳勞，疰蠱邪氣，瘧痢積滯。出西番，木脂熬成。諺云：黄芩無假，阿魏無真。則純云：阿魏無真却有真，臭而止臭是為真。凡用研細，熱酒器上(熄)〔裛〕過入藥。

清・鄭奮揚著，曹炳章注《增訂偽藥條辨》卷三　阿魏　辛，平。入脾胃，消肉積，殺細蟲，去臭氣。出西番。木脂熬成，氣味極臭。試取少許，安銅器一宿，沾處白如銀汞者真。今人多以胡蒜白偽造之，用者不可不慎。炳章按：《新疆雜記》云：阿魏，繖形科之多年生草本也。高三四尺，莖徑寸許，葉淡紅色，五六月間，花叢生於頂如茴香，氣非常之臭，偶一沾之，數日不能去。其液名阿魏精，人取之販賣，每斤價錢八錢。根莖如蘿蔔，徑三四寸，長尺餘，人取之以熬膏，每斤價錢三四錢，此即真阿魏也。《五雜俎》云：黄金無假，阿魏無真。《本草綱目》則云：黄芩無假，阿魏無真。皆狀其得之之難。而不知新疆塔城、伊犁鎮西，以及烏魯木齊之孚遠、奇臺等處，徧野漫山，直有用之不竭之勢，牽羊、毒羊之説，尤為謬妄矣。且産於伊犁者，其味特香，尤為奇品。《觚賸》云：諾皋載波斯國出阿虞，長八九尺，皮色青黄，三月生葉似鼠耳，斷其枝汁如飴，久而堅凝名阿魏。本草亦從之。近有客自滇中來，言彼處蜂形甚巨，結窩多在絶壁，垂如雨蓋，滇人於其下掘一坎，置肥羊於內，令善射者飛騎發矢，落其窩，急以物覆坎，則蜂與羊共相刺撲，二者合併，取出杵用，是名阿魏。所聞特異，此説謬妄，不能取信，附錄以待考正。據諸家本草亦多從植物類而生，並無此議。考近今市用色黄溏者曰溏魏，佳。黑者名砂魏，次。按阿魏有三試法：以半銖阿魏安於銅器中一宿，有魏沾處如銀者真；以一銖入五斗草自然汁中一宿，至明日如鮮血者亦佳；一銖安柚樹上，樹立乾者亦佳。

胡桐淚

宋・唐慎微《證類本草》卷一三木部中品〔唐・蘇敬《唐本草》〕　胡桐淚　味鹹、苦，大寒，無毒。主大毒熱，心腹煩滿，水和服之，取吐。又主牛馬急黄黑汗，水研三二兩灌之，立差。又爲金銀銲藥。出肅州以西平澤及山谷中。形似黄礬而堅實。有夾爛木者，云是胡桐樹滋淪入土石鹼音減鹵地作之。其樹高大，皮、葉似白楊、青桐、桑輩，故名胡桐木，堪器用。又名胡桐律。律、淚聲訛也。《西域傳》云：胡桐似桑而曲。《唐本》先附。草部今移。〔宋・掌禹錫《嘉祐本草》〕按：《蜀本圖經》云：涼州以西有之。初生似柳，大則似桑桐之間。津下入地，與土石相染，狀如薑石，極鹹苦，得水便消，若礬石、消石類也。冬採之。日華子云：治風蚛牙齒痛。有二般。木律不中入藥用，石律形如小石片子，黄土色者爲上。即中入齒藥用，兼殺火毒并麪毒。〔宋・蘇頌《本草圖經》〕曰：胡桐淚，出肅州以西平澤及山谷中，今西蕃亦有商人貨之者。相傳其木甚高大，皮似白楊、青桐輩。其藥初生似柳，漸大則似桑桐輩。其津液淪入地中，與大石相著，冬月採得之，狀如黄礬、薑石，味極鹹苦，得水便消，如消石也。古方稀用，今治口齒家爲最要之物。一名胡桐律。律、淚聲近也。然有一種木律極相類，不堪用也。〔宋・唐慎微《證類本草》〕《海藥》：謹按《嶺表記》云：出波斯國。是胡桐樹脂也，名胡桐淚。又有石淚，在石上採也。主風疳䘌齒牙疼痛，骨槽風勞，能軟一切物。多服令人吐也。作律字非也。《通典》：西戎樓國，多出檉柳、胡桐、白草。白草，牛馬所嗜也。胡桐亦似蟲食其樹而津下流出者，俗名爲胡桐淚，可以銲金銀，俗訛呼淚爲律。

金・張元素《潔古珍珠囊》〔見元・杜思敬《濟生拔粹》卷五〕　梧桐淚鹹治瘰癧非此不能除。

宋・劉明之《圖經本草藥性總論》卷下　胡桐淚　味鹹苦，大寒，無毒。主大毒熱，心腹煩滿，水和服之，取吐。又主牛馬急黄，黑汗，水研三二兩，灌之立差。日華子云：治風蚛牙齒痛，殺火毒並麪毒。《海藥》云：主風疳䘌齒牙疼痛，骨槽風勞，能軟一切物。多服令人吐也。可以銲金銀。

宋・陳衍《寶慶本草折衷》卷一三　胡桐淚　一名石淚。○又呼為胡桐律及石律者，皆訛也。○律，木淚字，以律、淚聲相近，故衆方訛稱爾。出肅州以西平澤及西域，即西蕃、西戎。○及波斯、樓蘭國，及涼州山谷。○其木津液淪入地中，與大石相著。○冬月採。

味鹹、苦，大寒，無毒。○主大毒熱，心腹煩滿，水和服取吐。又主牛馬急黄、黑汗，水研灌。○日華子云：治風蚛牙齒痛，殺火毒、麪毒。○《圖經》曰：狀如黄礬，得水便消也。然有一種木律，極相類，不堪用。

元・王好古《湯液本草》卷五　梧桐淚　味鹹。《珍》云：瘰癧，非此不能除。《本草》云：味鹹、苦，大寒，無毒。主大毒熱，心腹煩滿，水和服之取吐。又主牛馬急黄，黑汗，水研三二兩，灌之，立瘥。日華子云：治風蚛牙齒痛，殺火毒並麪毒。《海藥》云：主風疳䘌，齒牙疼痛，骨槽風勞。能軟一切物。多服，令人吐也。又為金銀焊藥。

元・尚從善《本草元命苞》卷六　胡桐淚　味鹹、苦，大寒，無毒。齒家要藥，解大毒熱，心腹煩滿。醫骨槽風疳䘌齒痛。可銲金銀，能殺火毒。生肅州以西平澤，及波斯、樓蘭二國。形似黄礬，堅實，得水化如朴硝。樹高大，皮若白楊，葉初生似柳，漸大又若桐桑輩，津液入地中，與大石相著，冬月採得之。多服令人吐。軟物甚有功。又一種木律，極相類，不堪。

元・徐彦純《本草發揮》卷三　胡(梧)(桐)淚　潔古云：味鹹。治瘰癧，非此不能除。東垣云：胡(梧)(桐)淚，味酸、苦，大寒。主大毒熱，心腹煩滿。水和服之即吐。

明・滕弘《神農本經會通》卷二　胡桐淚　又名胡桐律。出肅州以西。形似黄礬而堅實，有夾爛木者，云胡桐樹滋淪入土石，鹹鹵地作之。又為金銀(旱)(焊)藥。得水便消，如消石也。古方稀用，今治口齒為最要物。　味鹹，苦，氣大寒，無毒。《湯》同。《珍》云：主毒熱充心腹，兼治瘰癧。

《本經》云：主大毒熱，心腹煩滿，水和服之，取吐。又主牛馬急黄黑汗，水研三二兩，灌之立差。日華子云：治風蚛牙齒痛。有二般，木律不中，入藥用石律，形如小石子，黄土色者為上。即中入齒藥用，兼殺火毒，并麪毒。《圖經》方云：古今稀用，合治口齒家為最要之物。《海藥》云：出波斯國。主風疳䘌齒，牙疼痛，骨(槽)(槽)風勞。能軟一切物，多服令人吐。珍云：瘰癧非此不能除。《局》云：胡桐無毒淚鹹寒，心腹膨脝取吐寬。風蚛牙疼為最要，形須夾石似黄礬。胡桐淚殺風牙蛀，膨脝脹滿吐堪施。

明・劉文泰《本草品彙精要》卷一八　胡桐淚無毒。

胡桐淚：主大毒熱，心腹煩滿，水和服之，取吐。又主牛馬急黄，黑汗，水研三二兩，灌之，立瘥。又爲金銀銲藥。名醫所録。【名】胡桐律。【苗】《圖經》曰：其木甚高大，皮似白楊、青桐輩。其葉初生似柳，漸大則似桑、桐輩。其津液淪入地中，與大石相著，狀如黄礬，薑石而堅實，得水便消如硝石也。今口齒家爲最要之藥，又名胡桐律。律、淚，聲訛也。有夾爛木者，云是胡桐樹，滋淪入土石鹼音減鹵地作之。又有一種木律，極相類，不堪入藥。【地】《圖經》曰：出肅州以西平澤及山谷中，今西番亦有。《蜀本圖經》曰：凉州以西有之。《海藥》云：出波斯國。【時】生：無時。採：冬月取。【收】瓷器收貯。【用】石淚。【質】類黄礬而堅實。【色】土黄。【味】鹹，苦。【性】大寒，軟。【氣】氣薄味厚，陰也。【臭】腥。【主】疳蝕齒痛。【製】碾末用。【治】療：日華子云：止風蚛，牙齒痛。《海藥》云：除風疳，䘌齒，牙疼痛，骨槽風勞。【解】殺火毒並麪毒。能軟一切物。【禁】多服令人吐。

明・許希周《藥性粗評》卷一　鼠癧揮胡桐之淚

胡桐淚，胡地桐脂也。其樹高大，初生似柳，漸大則如白楊、青桐之類，其津液淪入土石鹼鹵之地，凝而成塊狀，似黄礬，得水便消，如硝石，然世多以為金銀銲藥。自肅州以西入胡番之地皆有之。冬則凝實可採。味鹹、苦、酸，性大寒，無毒。主治熱毒，心腹煩滿，骨槽風癆，牙疳齒痛瘰癧結核，軟堅消腫為最要之藥。大要研末，以水調服，又可以灌牛馬急黄。

明・鄭寧《藥性要略大全》卷七　胡桐淚　治風牙，殺蛀牙蟲，吐膨脹腹滿，去大毒熱。味苦、鹹，性寒，無毒。其形黄色，得水便化，如硝石也。去大毒熱，心腹煩滿。水和服之，取吐良。又治牛馬急黄黑汗。

明・陳嘉謨《本草蒙筌》卷四　胡桐淚一名木律。味鹹、苦，氣大寒。無毒。出甘肅州以西，作鹼音減鹵地之上。樹甚高大，皮似白楊。津液淪入地中，乃與土石相着。冬月收採，狀如黄礬。重實而堅，多夾爛木。又若硝石，得水便消。磁罐貯封，勿令熔化。口齒門聖藥，瘰癧毒仙丹。毒熱腹滿心煩，水和服之取吐。牛馬急黄黑汗，水研灌之即差。火毒麪毒並毆，金銲銀銲可用。切勿多服，令吐無休。

明・王文潔《太乙仙製本草藥性大全》卷三《本草精義》　胡桐淚　一名木律，一名胡桐律。出肅州以西平澤及山谷中。形似黄礬而堅實，有夾爛木者，有云是胡桐樹脂淪入土石鹼音減鹵地作之。其樹高大，皮葉似白楊、青桐、桑輩，故名胡桐。木堪器用。津液淪入地中，乃與土石相着。冬月採收，狀如黄礬，重實而堅，多夾爛木。又若硝石，得水便消，磁罐貯封，勿令熔化。

明・王文潔《太乙仙製本草藥性大全》卷三《仙製藥性》　胡桐淚　味鹹、苦，氣大寒，無毒。主治：主風疳䘌蟲齒痛，治牙疼骨槽風癆。口齒門聖藥，瘰癧毒仙丹。毒熱腹滿心煩，水和服之取吐。牛馬急黃黑汗，水研灌之即差。火毒麪毒並毆，金銲銀銲可用。勿多服，令吐無休。

明·皇甫嵩《本草發明》卷四 梧桐淚中品，臣。氣大寒，味鹹、苦，無毒。一名木律。

發明曰：(梧)〔胡〕桐淚苦鹹寒，能消熱毒。故《本草》主大毒熱，心腹煩滿，水和(腹)〔服〕取吐。又主馬牛急黃黑汗，水研嚾之。古方治風疳䘌齒，牙疼要藥。又消火毒麪毒及骨槽風勞。又療瘰癧，能軟一切物，為金銀銲藥。多服令人吐不休。出甘肅鹹鹵地上。樹甚高大，皮似白楊，津入地中與土石相着，狀如黃礬，堅重，多夾爛木，如硝石，(蜜)〔密〕封，勿令化。

明·李時珍《本草綱目》卷三四木部·香木類 胡桐淚《唐本草》。校正：自草部移入此。

【釋名】胡桐鹼《綱目》 胡桐律。珣曰：胡桐淚，是胡桐樹脂也，故名淚。作律字者非也，律、淚聲訛爾。時珍曰：《西域傳》云：車師國多胡桐。顔師古注云：胡桐似桐，不似桑，故名胡桐。蟲食其樹而汁出下流者，俗名胡桐淚，言似眼淚也。其入土石成塊如鹵鹼者，爲胡桐鹼，音減。或云：律當作瀝，非訛也，猶松脂名瀝青之義。亦通。【集解】恭曰：胡桐淚，出肅州以西平澤及山谷中。形似黃礬而堅實。有夾爛木者，云是胡桐樹脂淪入土石鹼鹵地者。其樹高大，皮葉似白楊、青桐、桑葦，故名胡桐木，堪器用。保昇曰：凉州以西有之。初生似柳，大則似桑、桐。其津下入地，與土石相染，狀如薑石，極鹹苦，得水便消，若礬石、消石之類。冬月采之。大明曰：此有二般：木律不中入藥；惟用石律，石上采之，形如小石片子，黃土色者爲上。頌曰：今西番亦有商人貨之。時珍曰：木淚乃樹脂流出者，其狀如膏油。石淚乃脂入土石間者，其狀成塊，以其得鹵斥之氣，故入藥爲勝。

【氣味】鹹、苦，大寒，無毒。恭曰：伏砒石。可爲金銀銲藥。【主治】大毒熱，心腹煩滿，水和服之，取吐。牛馬急黃黑汗，水研三二兩灌之，立瘥《唐本》。主風蟲牙齒痛，殺火毒、麪毒大明。風疳䘌齒，骨槽風勞。能軟一切物。多服令人吐李珣。瘰癧非此不能除元素。咽喉熱痛，水磨掃之，取涎時珍。

【發明】頌曰：古方稀用。今治口齒家多用，爲最要之物。時珍曰：石淚入地受鹵氣，故其性寒能除熱，其味鹹能入骨軟堅。

【附方】新六。濕熱牙疼：喜吸風。胡桐淚，入麝香摻之。牙疼出血：胡桐淚半兩研末，夜夜貼之。或入麝香少許。《聖惠方》。走馬牙疳：胡桐鹼、黃丹等分爲末，摻之。《醫林集要》。牙疳宣露：膿血臭氣者。胡桐淚一兩，枸杞根一升。每用五錢，煎水熱漱。〇又方：胡桐淚、葶藶等分，研摻。《聖惠方》。牙齒蠹黑：乃腎虛也。胡桐淚一兩，丹砂半兩，麝香一分，爲末，摻之。《聖濟總録》。

明·梅得春《藥性會元》卷中 胡桐淚 味鹹、苦，大寒，無毒。形似黃礬而堅實，得水便消如消石。主治：心腹煩滿大毒熱，水和服之取吐。殺風牙蟲，膨(停)〔脝〕脹滿。又治牛馬急黃黑汗，水研二三兩，灌之即起走。又為金銀銲藥。

明·繆希雍《本草經疏》卷一三 胡桐淚 味鹹、苦，大寒，無毒。主大毒熱，心腹煩滿，水和服之取吐。又主牛馬急黃黑汗，水研三二兩灌之，立瘥。

【疏】胡桐淚稟地中至陰之氣，而兼水化，故味鹹苦，氣大寒，無毒。氣味俱厚，陰中之陰也。入足陽明經。《經》曰：熱淫於內，治以鹹寒。又曰：在高者，因而越之。苦以湧吐，寒以勝熱，故主大毒熱，心腹煩滿，取吐而効也。牛馬性熱而又犯熱病，所以急黃黑汗也，鹹寒能除大熱，故亦主之。日華子以之治風蟲牙齒痛。李珣謂其能治骨槽風，齒䘌。元素言瘰癧非此不能除。皆資其苦能殺蟲，鹹能入骨軟堅，大寒能除極熱之用耳。

【主治參互】《聖惠方》牙疼出血，胡桐淚半兩，研，入麝香少許，夜夜貼之。

又方，牙疳宣露，膿血臭氣者。胡桐淚一兩，枸杞根一升。每用五錢，煎水熱漱。《聖濟總録》牙齒蠹黑，乃腎虛也。胡桐淚一兩，丹砂半兩，麝香一分，為末摻之。除口齒藥外，他用甚稀，故不著簡誤。

明·倪朱謨《本草彙言》卷八 胡桐淚 味鹹、苦，氣大寒，無毒。氣味俱厚，陰中之陰也。入足陽明經。蘇氏曰：胡桐淚，出肅州以西平澤，或山谷中。今凉州亦有之。其樹高大，皮葉似白楊、桐、桑葦，故名。木堪作器用。其脂液下地，與土石間木相雜，狀如黃礬而堅實。得水即消，儼若礬石、消石之類。冬月采之。

胡桐淚：《唐本草》降火熱，清痰結之藥也。金自恒抄《經》曰：熱淫于內，治以鹹寒。如急患大熱火毒，咽喉口齒，腫脹不通，或心腹煩滿而脹者，用此鹹能潤下，苦能涌上，或下而愈，或吐而痊，取效甚捷。滑氏方又治熱極急黃，黑汗、黃汗諸證，皆資其鹹苦而寒，能除極熱之病耳。然性善涌泄，如胃家虛寒不食者，勿用。

集方：滕都督方治咽喉急脹，腫結不通。用胡桐淚三錢，硼砂二錢，生礬一錢，膽星一錢五分，共爲末。用一二茶匙，薑湯調嚥，漸消而通。〇《千金方》治人患急黃，或黑汗、黃汗。用胡桐淚三錢，白湯調服。〇《聖惠方》治牛馬病急黃，黑汗、黃汗。用胡桐淚一二兩，研細末，水調灌之，立愈。

明・顧逢柏《分部本草妙用》卷八雜藥部　胡桐淚　鹹，苦，大寒，無毒。伏砒石。可為金銀銲藥。　主治：　毒熱，風(蟲)〔蝕〕牙痛疳䘌瘰癧。咽喉熱痛，水磨掃之。取涎，多服令人吐。　此古方稀用，為口齒家最要之藥。

明・鄭二陽《仁壽堂藥鏡》卷二　梧桐淚：　日華子云：　出肅州，狀如黃礬，得水便消，似消石也。冬月採之。今西番亦有商人貨之者。　味鹹，氣寒，無毒。　《珍》云：　瘰癧非此不能除。　《本草》云：　味鹹，苦，大寒，無毒。主大毒熱，心腹煩滿，水和服之取吐。又主牛馬急黃、黑汗，水研三二兩灌之，立瘥。　日華子云：　治風蟲牙齒痛，殺火毒并麪毒。　海藏云：主風疳䘌，齒牙疼痛，骨槽風勞。能軟一切物。多服令人吐。又為金銀焊藥。

明・李中梓《本草通玄》卷下　胡桐淚　鹹苦而寒。　車師國胡桐樹脂也。除瘰癧，清咽喉，固齒牙。　味鹹入骨，性寒滌熱，故主治如前。

清・劉雲密《本草述》卷二二　胡桐淚一名胡桐律。律即瀝，猶松脂，謂瀝青之義。有木律、石律二種。　出肅州以西平澤及川谷中，又涼州以西亦有之。是胡桐樹脂，淪入土石鹼音減。地者，土石相染，狀如薑石，極鹹苦，得水便消，若礬石、消石之類。冬月采之。　時珍曰：　此有二種，木淚乃樹脂流出者，其狀如膏油。石淚乃脂入土石間者，其狀成塊，以其得鹵斥之氣，故入藥為勝。　木淚即木律，石淚即石律。　日華子曰：　入藥唯用石律。

氣味：　鹹，苦，大寒，無毒。　主治：　溼熱齒痛，風蟲牙齒痛，風疳䘌齒，骨槽風勞。能軟一切堅瘰癧，非此不除。咽喉熱痛，水磨，掃之取涎。頌曰：　古方稀用，今治口齒家多用，為最要之物。　《類明》曰：　瘰癧堅硬，胡桐淚味鹹，能㪅瘰癧；　有鬱火，胡桐淚大寒，能消大毒之熱。　希雍曰：　胡桐淚稟地中至陰之氣，而兼水化，故味鹹苦，氣大寒，無毒。　氣味俱厚，陰中之陰也，入足陽明經。

附方　走馬牙疳，胡桐鹼、黃丹等分，為末摻也。　牙疳宣露，膿血臭氣者，胡桐淚一兩，枸杞根一斤，每用五錢，煎水熱漱。　牙齒蠹黑，乃腎虛也，胡桐淚一兩，丹砂半兩，麝香一分，為末摻之。

愚按：　胡桐淚，先哲謂治口齒為要藥。如東垣治一女子齒痛，須騎馬外行，口吸涼風則痛止者，云為溼熱之邪。其方中用胡桐淚，輔以風藥。蓋凡木稟風升之性，乃是木極西所產，本風升而受氣於清涼者也。其汁入土，更釀鹹苦，是其展轉受氣，由風木而仍歸寒水，故陽明溼熱，東垣以此對待之。夫齒為骨餘，屬腎。兩陽明之支者入齒間，其散陽明溼熱，即所以療齒痛也。又豈惟溼熱，亦可以療風熱之齒痛。如日華子所云，風蟲牙齒痛，如李珣所云風疳䘌齒，骨槽風勞之能療，皆因風木受寒水之化，故熱行而風靜耳。若徒以苦寒除大熱為其功，則與他味之苦寒者，其何以別哉？

又按：　方書治齒病有牢牙散中用胡桐淚，以取其木所流溢之脂也，是謂木律。而時珍所云梧桐鹼乃其脂流入土石中，結而成塊者也，是謂石律。先哲謂木律不中入藥，然則用之治齒者，止宜梧桐鹼。時珍所云用其得鹵斥之氣，洵然哉？　唯如是，而乃可以除陽明之溼熱乎？　如方書漫云梧桐淚也，或亦未之精察乎？　又據牙齒蠹黑，謂屬腎虛，而亦以此味為君者，則此味非得真陰寒水之化，而能除溼熱乎？　蓋有真陰而後有真陽，溼熱之患，本於真陰不足，致真陽亦不足，故由溼而化熱以為病也。　如由真陰而毓真陽，即風邪亦無矣，蓋風邪亦由陽，不盡出於陰也。

修治　形如小石片子，黃土色者為上。

清・郭章宜《本草匯》卷一五　胡桐淚　鹹、苦，大寒，氣味俱厚，陰中之陰也，入足陽明經。咽喉熱痛磨掃取涎，瘰癧火毒非此不愈。牙疳宣露膿臭者，桐淚杞根煎水漱。牛馬急黃黑汗者，水研三兩灌之瘳。牛馬性熱，而又犯熱病，所以急黃黑汗，鹹寒能除大熱也。

按：　胡桐淚，是車師國中胡桐樹脂也。稟地中至陰之氣，而兼水化，古方稀用，今治口齒家多用為最要。性寒滌熱，味鹹入骨，故大熱毒症能主治之。《內經》所謂熱淫于內，治以鹹寒，是也。

有木、石二種，木淚乃樹脂流出者，其狀如膏油。石淚乃脂入土石間者，其狀成塊，形如小石片子，黃土色，重實而堅者為上。又若硝石，得水便消，以其得鹵斥之氣，故入藥此為勝。

清・王翃《握靈本草》卷八　梧桐淚梧桐樹脂。出肅州。形似黃礬而堅實。主治：　梧桐淚，大寒，無毒。主熱毒，風蟲牙痛。能軟一切物。咽喉熱痛，掃之取涎。

清・汪昂《本草備要》卷三　胡桐淚瀉熱，殺蟲。　苦能殺蟲，鹹能入胃軟堅，大寒能除熱。治咽喉熱痛，磨掃取涎。齒䘌風疳，瘰癧結核。蘇頌曰：古方稀用，今口齒家多用爲要藥。出涼、肅。乃胡桐脂入土，得斥鹵之氣結成，如小石片。木淚狀如膏油。

清·李熙和《醫經允中》卷二一　胡桐淚　伏砒石，可為金銀銲藥。入胃經。　鹹、苦，大寒，無毒。主治牙痛，疳䘌，咽喉熱痛，為口齒家最要藥。

清·馮兆張《馮氏錦囊秘錄·雜症痘疹藥性主治合參》卷四　胡桐淚稟地中至陰之氣，而兼水化。故味鹹苦，氣大寒，無毒。氣味俱厚，陰中之陰也。入足陽明經。《經》曰：熱淫於內，治以鹹寒。又曰：在高者因而越之。故大毒熱心腹煩滿，取吐而效，風蟲齒痛，痰熱瘰癧，非此不除。

胡桐淚，一名木律。口齒門聖藥，瘰癧毒仙丹。毒熱腹滿心煩，水和服之取吐，火毒麵毒竝毆。切勿多服，令吐無休。

清·吳儀洛《本草從新》卷三　胡桐淚（瀉熱殺蟲。）苦能殺蟲，鹹能入骨軟堅，大寒能除熱。治咽喉熱痛，磨掃取涎。齒䘌，風疳，骨槽，今口齒家多用為要藥。結核瘰癧。切勿多服，令吐無休。出涼肅。乃胡桐脂入土，得斥鹵之氣結成。如小石片名石淚，入藥最勝。木淚乃樹脂流出者，其狀如膏油，不堪用。牙疳宣露膿血臭氣者，胡桐淚一兩，枸杞根一升，每用五錢，煎湯熱漱。

清·汪紱《醫林纂要探源》卷三　胡桐淚　苦，鹹，寒。出甘肅西涼。蓋胡地另一種桐樹。生斥鹵處，其汁入土結成者，形如小石片，而體粘滑如膏油。按梧桐花汁，亦粘滑，成淚眵，豈即此類歟。補心血，瀉心火，散結熱，殺蟲䘌。磨汁，掃喉中取涎，能治咽痛。煮汁漱口，治齒䘌風疳。外傅，散瘰癧結核。

清·嚴潔等《得配本草》卷七　胡桐淚　鹹、苦，大寒。瀉熱殺風蚛，療齒䘌，消瘰癧，除結核，清咽喉，止熱痛。配黃丹，摻走馬疳。佐地骨皮，漱牙宣露。

治喉，磨水掃之，取涎而愈。多服令人吐。

題清·徐大椿《藥性切用》卷五　胡桐淚　苦鹹大寒，能入骨軟堅，瀉熱殺蟲，為口齒諸病耑藥。

清·黃宮繡《本草求真》卷三　胡桐淚引吐熱痰上攻。胡桐淚耑入胃，兼入腎。苦鹹大寒，耑治咽喉熱痛，齒䘌風疳，瘰癧結核，緣此熱盛於內，上攻口齒，發為諸病。非不用此味苦，則蟲莫制；用此味鹹，則堅莫除；用此大寒，則熱莫解。《經》曰：熱淫於內，治以鹹寒。又曰：在高者，因而越之，可知大熱大毒，必用大苦大寒以為引吐，方能以除。頌曰：古方稀用，今治口齒家，為最要之物。正俗所云有病病當之者是耳。但此不宜多服，恐其引吐不休，結如小石片者佳。時珍曰：石淚入地受鹵氣，故其性寒能除熱，其味鹹，能入骨軟堅。木淚狀如膏油。係樹脂流出者。

清·楊時泰《本草述鉤元》卷二二　胡桐淚　是胡桐樹脂。一名胡桐律。律即瀝，猶松脂謂瀝青之義。出肅州以西平澤川谷中，涼州以西亦有之。脂淪入土，若礬石、消石之類。冬月采之。有二種，木淚即木律，狀如膏油，乃樹脂流出者。石淚即石律，乃脂入土石間成塊如片者，以其得斥鹵之氣，故入藥惟用石律。

鹹、苦，大寒。氣味俱厚，陰中之陰。入足陽明經。主治濕熱齒痛，風蟲牙痛，疳䘌，骨槽風勞，能軟一切堅，瘰癧非此不除。大寒能消大毒之熱。咽喉熱痛，水磨掃之取涎。東垣治一女子齒痛，須騎馬外行，口吸涼風則痛止，此濕熱之邪，治用胡桐淚，輔以風藥。走馬牙疳，胡桐律、黃丹等分，為末摻之。牙疳宣露，膿血臭氣者，胡桐淚一兩、枸杞根一斤，每用五錢，煎水熱漱。牙齒蠹黑，乃腎虛也，胡桐淚一兩、丹砂半兩、麝香一分為末，摻之。

論：胡桐淚極西所產，其木本風升，而受氣於清涼，其汁入土，更釀鹹苦，是展轉受氣，由風木而仍歸寒水，故陽明濕熱齒痛用此對待之。夫齒為骨餘，屬腎，兩陽明之支者，入齒間，其散陽明濕熱，即其所以專療齒痛也。豈惟濕熱，亦可療風熱，如風蟲，疳䘌骨槽之類。大抵風木受寒水至陰之化，則熱行而風靜耳。又牙齒蠹黑屬腎虛，乃亦以此味為君者，以此味得真陰寒水之化，而濕熱之患，本於真陰不足，致真陽亦不足，故由濕而化熱以為病也，如由真陰而毓真陽，即風邪亦去矣。風邪亦由陽不盡出於陰之故。

辨治：形如小石片子，黃土色者為上。

清·吳其濬《植物名實圖考》卷三五　胡桐淚　見《漢書·西域傳》。《唐本草》始著錄。為口齒要藥。今阿克蘇之西地名樹窩子，行數日程尚在林內，皆胡桐也。葉微似桐，樹本流膏如膠。

清·趙其光《本草求原》卷七香木部　胡桐淚　西土胡桐脂入土，得斥鹵氣結成。苦、鹹，寒，無毒。木火受西方金氣，入土而歸於寒水，專治陽明濕熱，齒痛，風蟲牙痛，風疳，䘌齒，合黃丹摻之，或合枸杞根煎嗽齒。齒䘌牙黑，腎虛也，合丹砂、麝香摻之。風水受寒水之化，熱行風自靜。骨槽風勞，齒為骨餘，屬腎，兩陽明之支入齒間。咽喉熱痛。磨掃取涎。瘰癧結核。鹹軟堅。

形如小石片、黃土色者良。梧桐脂流入土石，得鹵斥氣結成，亦可代之。

清・文晟《新編六書》卷六《藥性摘錄》 胡桐淚 苦鹹，大寒。耑治咽喉熱痛，齒䘌風疳，瘰癧結核，用此引吐。勿多服。

清・戴葆元《本草綱目易知錄》卷四 胡桐淚 苦能殺蟲，寒能清熱，味鹹又能入骨軟堅。治大毒熱，心腹煩滿，風蟲牙痛，風疳䘌齒，骨槽風勞。療咽喉熱痛，水磨掃之，取涎。瘰癧病，非此莫除。治口齒家為要藥。殺火毒、麪毒，能軟一切物。多服令人吐。

清・陳其瑞《本草撮要》卷二 胡桐淚 味苦鹹，大寒，入足陽明經，功專殺蟲，軟堅除熱。得地骨皮煎湯漱口，治牙疳宣露，膿血臭氣。

紫藤

晉・嵇含《南方草木狀》卷中木類 紫藤 葉細長，莖如竹根，極堅實，重重有皮，花白子黑，置酒中，歷二三十年亦不腐敗。其莖截置煙炱中，經時成紫香，可以降神。

黃檗

宋・李昉《太平御覽》卷九五九 黃蘗 《說文》曰：蘗，黃木也。《永嘉郡記》曰：青田出枯楊，所經山路左側，木則黃蘗為林，草則黃連覆地。土人往伐黃蘗者，皆有酒食禱祀，若有違失山神意，二藥輒化為異物，不可復得。《淮南萬畢術》曰：蘗令面悅。取蘗葉三寸，土瓜三枚，大棗七枚，膏和塗面，不過四五日，立悅矣。先以湯洗面，乃傅藥。《抱朴子》曰：黃蘗、芝草者，千歲黃蘗根下，有如三斛器，去本株三丈，細根相連，大如縷，末服之，盡一丈，則地仙。

宋・唐慎微《證類本草》卷一二木部上品〔《本經・別錄・藥對》〕 **蘗木** 黃蘗也 **味苦，寒，**無毒。**主五藏腸胃中結熱，黃疸，腸痔，止洩痢，女子漏下赤白，陰傷蝕瘡，**療驚氣在皮間，肌膚熱赤起，目熱赤痛，口瘡。久服通神。根：**一名檀桓。**主心腹百病，安魂魄，不飢渴。久服輕身延年，通神。生漢中山谷及永昌。惡乾漆。

〔梁・陶弘景《本草經集注》〕云：今出邵陵者，輕薄色深爲勝。出東山者，厚而色淺，其根於道家入木芝品，今人不知取服之。又有一種小樹，狀如石榴，其皮黃而苦，俗呼爲子蘗，亦主口瘡。又一種小樹，多刺，皮亦黃，亦主口瘡。

〔唐・蘇敬《唐本草》〕注云：子蘗，一名山石榴，子似女貞，皮白不黃，亦名小蘗，所在有。今云皮黃，恐謬矣。按今俗用子蘗，皆多刺小樹，名刺蘗，非小蘗也。

〔宋・馬志《開寶本草》〕按：《陳藏器本草》云：蘗皮，主熱瘡皰起，蟲瘡，痢下血，殺蛀蟲，煎服主消渴。

〔宋・掌禹錫《嘉祐本草》〕按：《蜀本圖經》云：黃蘗，樹高數丈，葉似吳茱萸，亦如紫椿，皮黃，其根如松下茯苓，今所在有。本出房、商、合等州山谷，皮緊，厚二三分，鮮黃者上。二月、五月採皮，日乾。《藥性論》云：黃蘗，使，平。主男子陰痿，治下血如雞鴨肝片，及男子莖上瘡。屑末傅之。日華子云：安心除勞，治骨蒸，洗肝明目，多淚，口乾，心熱，殺疳蟲，治蚘心痛，疥癬，蜜炙治鼻洪，腸風瀉血，後分急熱腫痛，身皮力微次於根。

〔宋・蘇頌《本草圖經》〕曰：蘗木，黃蘗也。生漢中山谷及永昌，今處處有之，以蜀中者爲佳。木高數丈，葉類茱萸及椿、楸葉，經冬不凋。皮外白，裏深黃色。根如松下茯苓作結塊。五月、六月採皮，去皺麄，暴乾用。其根名檀桓。《淮南萬畢術》曰：蘗令面悅。取蘗三寸，土瓜三枚，大棗七枚，和膏湯洗面，乃塗藥，四五日光澤矣。唐韋宙《獨行方》：主卒消渴，小便多。黃蘗一斤，水一升，煮三五沸，渴即飲之，恣意飲，數日便止。別有一種多刺而小，細葉者，名刺蘗，不入藥用。又下品有小蘗條，木如石榴，皮黃，子赤如枸杞，兩頭尖，人剉以染黃，今醫家亦稀用。

〔宋・唐慎微《證類本草》〕雷公曰：凡使，用刀削上麄皮了，用生蜜水浸半日，漉出曬乾，用蜜塗，文武火炙令蜜盡爲度。凡修事五兩，用蜜三兩。《外臺秘要》：口中及舌生瘡爛，剉黃蘗含之。《千金方》：治小兒重舌。以黃蘗，苦竹瀝浸瀝點舌上。《肘後方》：咽喉卒腫，食飲不通。黃蘗擣傅腫上，冷復易之，用苦酒和末佳。又方：傷寒時氣溫病，毒攻手足腫，疼痛欲斷，亦治毒攻陰腫。細剉黃蘗五斤，以水三升煮漬之。《傷寒類要》同。《葛氏方》：男子陰瘡損爛，水煮黃蘗洗，白蜜塗之。又方：卒喉痺。取黃蘗片切含之。又黃蘗一斤㕮咀，酒一斗，煮三沸去滓，恣飲便愈。又方：食自死六畜肉中毒。黃蘗末服方寸匕，未解再服之。《經驗方》：治嘔血。黃蘗好者以蜜塗之。乾杵爲末，用麥門冬熟水調下二錢匕，立差。梅師方：治癰疽發背或發乳房，初起微赤，不急治之，即煞人。擣黃蘗末，和雞子白塗之。《簡要濟衆》：治吐血熱極方：黃蘗二兩塗蜜，於慢火上炙燋擣末。每服二錢，溫糯米飲調下。《十全博救》：治小兒熱瀉。用黃蘗削皮後，焙杵爲末，用薄米飲爲丸如粟大。每服十丸，米飲下。《深師方》：療傷寒熱病口瘡。黃蘗皮削去上麄皮，取裏好處薄削，以崖蜜漬之一宿，唯欲令濃，含其汁良久吐，更含。若胸中熱，有瘡時，飲三五合尤佳。《聖惠方》同。《子母秘錄》：小兒臍瘡不合，黃蘗末塗之。

宋·寇宗奭《本草衍義》卷一三　蘗木　今用皮，以蜜勻炙，與青黛各一分，同爲末，入生龍膽壹字，研勻，治心脾熱。舌頰生瘡，當摻瘡上，有涎即吐。又張仲景蘗皮湯，無不驗。《傷寒論》中已著。

金·張元素《潔古珍珠囊》〔見元·杜思敬《濟生拔粹》卷五〕　黃蘗苦辛陰中之陽。治腎水膀胱不足，諸痿厥，腰膝無力。

宋·劉明之《圖經本草藥性總論》卷下　黃蘗木　味苦、甘，無毒。主五臟腸胃中結熱，黃疸，腸痔，止洩痢，女子漏下赤白，陰傷蝕瘡，療驚氣在皮間肌膚熱赤起，目熱赤痛，口瘡。《藥性論》云：使。主男子陰痿，治下血如雞鴨肝片，及男子莖上瘡，屑末傅之。日華子云：安心除勞，治骨蒸，洗肝明目，多淚口乾心熱，殺疳蟲，治蚘心痛疥癬。蜜炙，治鼻洪，腸風瀉血，後分急熱腫痛。身皮力微，次於根。惡乾漆。

宋·陳衍《寶慶本草折衷》卷一二　蘗博厄切木使。子蘗附。　一名黃蘗，一名蘗皮，一名黃柏皮張松。　生漢中山谷及永昌、邵陵、東山，蜀、房、商、合州。今處處有之。○二、五、六月採皮，去皺麄，暴乾。○□□□○附：子蘗，一名小蘗，一名黃蘗，一名山石榴。所在有之。○其蘗木之根名檀桓。○□，七旬切。

味苦，平，寒，無毒。○主五藏腸胃中結熱黃疸，腸痔，止洩痢。女子漏下赤白，陰傷蝕瘡，肌膚熱赤，目赤痛，口瘡。○陳藏器云：主熱瘡皰起，蠶瘡。煎服，主消渴。○《蜀本》云：皮緊厚，鮮黃者上。○《藥性論》云：主下血片及男子莖瘡，屑末傅之。○日華子云：安心除勞，治骨蒸，洗肝明目，多淚，口乾，心熱。殺疳蟲，治蚘心痛，疥癬。蜜炙，治鼻洪，腸風瀉血，後分急熱腫痛。○《圖經》曰：蜀中者佳，皮外白，裏深黃。○《梅師方》：治癰疽發背，或發乳初起，微赤，擣黃蘗末和鷄子白塗之。○《子母秘要錄》：小兒臍瘡不合，黃蘗末塗。○寇氏曰：蘗木用皮，以蜜炙，與青黛各壹分，同為末，入生龍腦壹字研，治心脾熱，舌頰生瘡，摻瘡上，有涎即吐。

附：子蘗。○味苦。主口瘡，其皮黃多刺。此子蘗一名小蘗。下品又□有小蘗條，今刪之。

續說云：夫夢泄之疾，難例作心腎及虛冷論也。然亦有經絡壅滯，或因酒積熱而致者。故宥師《必效方》僧文宥著治以清心元，用黃蘗壹兩為末，入生腦子壹錢同研，煉蜜元如梧桐子大。而張松則以甘草與黃蘗等分，去腦子，其法一同。每服拾元，增至拾伍元，煎麥門冬湯下。《本事方》亦紀之，仍作論以推病，皆最詳。

元·王好古《湯液本草》卷五　黃蘗　氣寒，味苦。苦厚微辛，陰中之陽，降也。無毒。　足太陽經引經藥，足少陰經之劑。《象》云：治腎水膀胱不足，諸痿厥，脚膝無力，於黃芪湯中少加用之，使兩膝中氣力湧出，痿即去矣。蜜炒此一味，為細末，治口瘡如神。癱瘓必用之藥。《珍》云：瀉膀胱之熱，利下竅。《心》云：太陽經引經藥，瀉膀胱經火，補本經及腎不足。苦寒安蛔，療下焦虛，堅腎。《經》曰：苦以堅之。《本草》云：主五臟，腸胃中結熱，黃疸，腸痔，止泄痢，女子漏下赤白，陰傷蝕瘡，療驚氣，在皮間肌膚熱，赤起，目熱赤痛，口瘡。久服通神。《液》云：足少陰劑，腎苦燥，故腎停濕也，梔子、黃芩入肺，黃連入心，黃蘗入腎，燥濕所歸，各從其類也。《活人書》解毒湯，上下內外通治之。惡乾漆。

元·尚從善《本草元命苞》卷六　黃蘗　為使。苦，寒，無毒。惡乾漆。入少陰之經。行下焦，泄隱伏之火，臍下痛。單製能除腎不足，生用能補治五臟，腸胃結熱，安上焦虛噦蚘蟲，除骨蒸勞熱口乾，療女子赤白漏下，去黃疸，腸痔，止瀉血腸風，治痢疾。多用歛口瘡如神，殺疳蟲尤妙，傅陰蝕至靈。生漢中、永昌山谷，以蜀中商合為真。皮緊厚二三分，體輕薄，鮮黃色，五六月採皮，去麄皺，暴乾。

元·朱震亨《本草衍義補遺》　蘗皮　屬金而有水與火。走手厥陰而有瀉火為補陰之功。配細辛，治口病有奇功。

元·佚名氏《珍珠囊·諸品藥性主治指掌》〔見《醫要集覽》〕　黃蘗　味苦，氣寒，無毒。沉也，陰也。其用有五：瀉下焦隱伏之龍火；安上焦虛噦之蚘蟲；臍下痛單製而能除；腎不足生用而能補；痿厥除濕藥中不可闕。

元·徐彥純《本草發揮》卷三　蘗皮　成聊攝云：蚘得甘則動，得苦則安，黃連、黃蘗之苦安蚘。　潔古云：治腎水膀胱不足，諸痿厥腰脚無力，於黃芪湯中少加用之，使兩足膝氣力湧出，痿軟即時去矣。蜜炙，此一味為細末，治口瘡如神。癱瘓必用之藥也。《主治秘訣》云：性寒，味苦。氣味俱厚，沉而降，陰也。其用有六：瀉膀胱龍火，一也；利小便熱結，二也；除下焦濕腫，三也；治痢疾先見血，四也；去臍下痛，五也；補腎氣不足，壯骨髓，六也。二製則治上焦，單製則治中焦，不製則治下焦也。既能泄瀉膀胱火，亦能利竅，小便黄用蘗皮，澀者加澤瀉。　東垣云：黄蘗味辛、苦，苦厚辛微，陰中之陽，降也，太陽經引經之藥。瀉膀胱經火，補本經及腎不足。苦寒安蚘，補下焦虚，堅腎。《經》曰：苦以堅之。凡（瘻）〔痿〕厥，除濕藥中不可缺也。　海藏云：足少陰之劑。腎苦燥，故骨停濕也。梔子、黄芩入肺，黄連入心，黄蘗入腎燥濕，所歸各隨其類也。活人解毒湯，上下内外通治之。　丹溪云：蘗皮屬金而有水與火。走手厥陰經，而有瀉火補陰之助。舌頰瘡多生於鬱，用之以配細辛，治口瘡有奇効。

明・蘭茂撰，清・管暄校補《滇南本草》卷中　五行湯治一切用黄柏。暴發患目紅腫疼痛等症，用黄柏刮去粗皮，切細，入石臼内杵為極細末，次以紙包定，放于水中浸濕令透，然後以泥包紙外成團，置灰火中煨熟，取起打開，去泥紙，將黄柏末晒乾聽用。凡遇患目，以末放鍾内，注水八分，置飯甑上蒸熟，乘熱薰洗數次，大效。

明・王綸《本草集要》卷四　蘗木使：黄蘗也。味苦，微辛，氣寒。陰中之陽，降也。無毒。足少陰經藥，足太陽引經藥。惡乾漆。二月五月採，絮厚鮮黄者上。凡使用生蜜水浸，晒乾再用。蜜塗，慢火炙，令蜜盡佳。　主五藏，腸胃中結熱，黄（丹）〔疸〕腸痔，止洩痢，女子漏下赤白，陰傷蝕瘡。男子莖上瘡，煮汁洗，屑末傅之。蜜炒為末，治口舌瘡。又云：配細辛治口瘡有神功。補腎水、膀胱不足，諸痿厥，脚膝無力癱瘓必用之藥。堅腎，瀉膀胱熱，清小便，降相火，治骨蒸勞，陰痿，洗肝明目，鼻洪吐血，下血，治蚘心痛虚噦，蚘出小虚痛，久服通神。〇根名檀桓，作結塊如茯苓，主心腹百病，〔安〕魂魄，不飢渴，久服輕身延年，通神。　心脾熱，舌頰生瘡。蜜炙，與青黛一分，同為末，入龍腦一字，研匀，摻瘡上，有涎即吐。

明・滕弘《神農本經會通》卷二　黄蘗　使也。惡乾漆。二五月採皮，日乾。緊厚二三分，鮮黄者上。凡使，用刀削去上粗皮子，用生蜜水浸半日，漉出晒乾，再用蜜塗，文武火炙，令蜜盡為度。　味苦，氣寒，無毒。《湯》云：苦厚微辛，陰中之陽，降也。足太陽經引經藥，足少陰經之劑。東云：沉也，陰也。瀉下焦隱伏之龍火，安上出虚噦之蚘蟲，臍下痛。單製而能除腎不足，生用而能補痿厥，除濕藥中不可缺。又云療瘡。《珍》云：瀉膀胱火，解小便熱，下焦濕腫，痢先見血，補益骨髓，腎氣或索，治臍下痛，又去蚘蟲。用在三焦，製否須別。《疌》云：退疸，殺蟲，并治衂，胃中結熱又能踈。兼醫瘡癬，及熱在膚。

《本經》云：主五臟腸胃中結熱，黄疸腸痔，止洩痢，女子漏下赤白，陰陽蝕瘡。療驚氣在皮間，肌膚熱赤起，目熱赤痛，口瘡，久服通神。陳藏器云：主熱瘡皰起，蟲瘡，酒下血，殺蛀蟲。煎服，主消渴。《藥性論》云：使。平。主男子陰痿，治下血如鷄鴨肝片。及男子莖上瘡，屑末傅之。日華子云：安心除勞，治骨蒸，洗肝明目，多淚，口乾心熱，殺疳蟲，治蚘心痛，疥癬。蜜炙，治鼻洪，腸風瀉血，後分急熱腫痛。身皮力微，次於根。《圖經》云：《獨行方》主卒消渴，小便多，黄蘗水煑三五沸，渴即飲之，恣意飲數日，便止。《象》云：治腎水膀胱不足，諸痿厥，脚膝無力，於黄芪湯中少加用之，使兩膝中氣力湧出，痿即去矣。癱瘓必用之藥。蜜炒此一味，為細末，治口瘡如神。珍云：瀉膀胱之熱，利下竅。《心》云：太陽經引藥，瀉膀胱經火，補本經及腎不足。苦寒，安蚘，療下焦虚，堅腎。《經》曰：苦以堅之。《液》云：足少陰劑，腎苦燥，故腎停濕也。梔子、黄芩入肺，黄連入心，蘗入腎燥濕，所歸各從其類也。《活人書》解毒湯，上下内外通治之。《集》云：清小便，降相火，主吐血下血，虚噦，蚘出，小腸虚痛。丹溪云：本屬金而有水與火，走乎（險）〔至〕陰，而有瀉火補陰之功。配細辛，治口瘡有奇功。劊云：黄栢苦寒調痿厥，下焦伏火大能攻。上安虚噦蚘蟲出，下腹消疼補腎虚。《局》云：黄栢能降腸胃熱，涼肝明目治癰瘡。更除血痢并黄疸，女子崩中用亦良。

檀栢，即黄蘗根。

《本經》云：主心腹百病，安魂魄，不飢渴，久服輕身延年通神。

明・劉文泰《本草品彙精要》卷一六　黄蘗無毒　植生。

蘗木：黄蘗也。出《神農本經》。**主五臟腸胃中結熱，黄疸，腸痔，止洩痢，女子漏下赤白，陰傷蝕瘡。**以上朱字《神農本經》。療驚氣在皮間，肌膚熱赤起，目熱赤痛，口瘡。久服通神。〇根，主心腹百病，安魂魄，不飢渴。久服輕身延年，通神。以上黑字名醫所録。【名】根：檀桓。【苗】《圖經》曰：蘗木，黄蘗也。木高數丈，葉類吳茱萸，亦如紫椿，經冬不凋，皮外白裏深黄色，根如松下茯苓作結塊。別有一種多刺而小細葉者，名刺蘗，不入藥用。又有一種木如石榴，皮黄子赤，如枸杞，兩頭尖，人剉以染黄，今醫家亦稀用。

〔地〕《圖經》曰：生漢中山谷及永昌，今處處有之。《蜀本圖經》云：出房商合等州山谷。〔道地〕蜀州者爲佳。〔時〕生：春生新葉。採：五月、六月取皮。〔收〕暴乾。〔用〕皮、根。〔質〕類厚朴而層層作片。

〔色〕黃。〔味〕苦。〔性〕寒，泄。〔氣〕氣薄味厚，陰也。〔臭〕腥。

〔主〕除下部濕熱，及男子陰瘡。〔行〕足太陽經。〔反〕惡乾漆。〔製〕《雷公》曰：凡使，用刀削上粗皮了，用生蜜水浸半日，漉出，曬乾，用蜜塗，文武火炙，令蜜盡爲度，凡修事五兩，用蜜三兩。或鹽炒用。〔治〕療：《圖經》曰：止卒消渴，小便多，以一斤水一升，煮三五沸，渴即飲之，恣意飲，數日便止。《藥性論》云：主男子陰痿，治下血如雞鴨肝片，及男子莖上瘡，屑末傅之。日華子云：安心，除勞及骨蒸，洗肝明目，多淚，口乾，心熱，殺疳蟲，治蚘心痛，疥癬。陳藏器云：主熱瘡皰起，蟲瘡，利下血，殺蛀蟲。煎服主消渴。《湯液本草》云：瀉膀胱之熱，利下竅及補腎不足。《別錄》云：以五斤，用水三升，煮漬，療傷寒時氣，溫病毒攻，手足腫疼痛欲斷。亦治毒攻陰腫。又切片含之，療卒喉痹。爲末塗，傅小兒臍瘡不合。〔合治〕合蜜炙，療鼻洪，腸風瀉血，後分急熱腫痛。身皮力微，次於根。〇以三寸合土瓜三枚，大棗七枚，和膏，先用湯洗面，乃塗藥，不過四五日，令面悅光澤。〇合苦竹瀝浸之，點治小兒重舌。〇末，合苦酒調傅咽喉卒腫，食飲不通，乾服易之，瘥。〇末合雞子白調塗，治癰疽發背，或發乳房初起微赤，不急治之，即殺人。〇合蜜於慢火上炙焦，搗爲細末，每服二錢，溫糯米飲調下，療吐血，熱極。〇以少許合黃耆湯中用之，治腎水膀胱不足，諸痿厥，脚膝無力。〇合蜜炒爲細末，療口瘡如神。〇合蜜炙，同青黛各一分，爲細末，入龍腦一字，研勻，療心脾熱，舌頰生瘡，當摻瘡上，有涎即吐。〔解〕食自死六畜肉中毒。

明·葉文齡《醫學統旨》卷八　黃蘗　氣寒，味苦。無毒。沉而降，陰也。足少陰經藥，足太陽引經藥。惡乾漆。緊厚鮮黃者上。凡用，生蜜水浸，晒乾，再用蜜塗，慢火炙令蜜盡佳；下部用鹽、酒炒褐色，火盛者鹽水炒；俱用刀削上麄皮。治五臟、腸胃中結熱，黃疸，腸痔，止洩痢，補腎水、膀胱不足；諸痿厥，脚膝無力，癱疾必用之藥。堅腎瀉膀胱熱，清小便，降相火，療骨蒸勞，陰痿；洗肝明目，鼻洪吐血；下安蚘心痛，虛噦蚘出；小腸虛痛，除下焦濕腫，女子漏下赤白，陰傷蝕瘡，男子莖上瘡，煮汁洗，屑末敷之；蜜炒為末，治口舌瘡；又云配細辛治口瘡有神功；久服通神。

明·許希周《藥性粗評》卷二　苦如黃蘗，常養腎以滋陰。

黃蘗，樹高數丈，葉類茱萸及椿，經冬不凋，皮外白裏深黃色，根如松下茯苓，作結塊。江南山谷處處有之，以蜀中皮厚二三分者為佳。五六月採皮，刮去面上麄皮一層，晒乾。凡用，以蜜水浸半日，火邊炙乾，仍用蜜塗之，再炙，以透為度。亦有剉碎，用酒炒焦者。隨意為之，然不如蜜炙更佳。蓋製過，欲其不壞脾胃故也。惡乾漆。餘說《本草》不載。味苦，性寒，無毒。其氣沉而降，入足太陽膀胱、少陰腎經。主治腹中結熱，黃疸，腸風下血，痔漏紅痢，男子陰痿，女子赤白帶下，目痛鼻洪，口瘡，癰癤疥癬，殺疳蟲，除下焦濕腫，利小便，瀉膀胱龍火，補腎水真陰不足，常與知母相輔，為滋陰要藥。潔古云：諸痿厥腰脚無力，於黃芪湯中少加用之，使兩足膝氣力湧出，癱瘓必用之藥也。《主治秘訣》云：二製，米泔浸之，薑汁炒之。則治上焦；單製，以蜜炙之。則治中焦；不製，則治下焦也。丹溪云：蘗皮走手厥陰經，而有瀉火補陰之助。凡欲上行外行，以酒炒之。

單方：口舌生瘡：蜜炙，搗碎含之，如瘡在唇，則以細末滲之。咽哽卒腫：飲食不通者，搗末，以醋調塗外面腫上，佳。癰癤發背：凡惡瘡初起，未成禍者，以蘗搗末，雞子清調塗，佳。陰蝕爛瘡：男子陰瘡損爛者，黃蘗煎湯洗之，又以白蜜塗之。

明·鄭寧《藥性要略大全》卷二　黃柏　瀉下焦隱伏之龍火，安上出虛噦之蚘蟲。臍下痛，單製而能除；腎不足，生用而能補。治痿厥，除濕，除五臟結熱。治諸瘡，補腎水，降陰火，清小便，止瀉痢，及治女人漏下赤白。《經》云：治腎水膀胱不足，諸痿厥脚膝無力。瀉膀胱經火，補膀胱及腎不足，去五臟腸胃中結熱，黃疸，腸澼、痔，泄，女子漏下赤白，陰中傷蝕瘡。止驚，去肌膚熱暴起，目熱赤痛，口瘡。治淋瀝。《湯液》云：足少陰之劑。腎苦燥，故腎停濕也。梔子、黃芩入肺，黃連入心，黃栢入腎。燥濕所歸，各從其類也。味苦、微辛，氣寒，無毒。入足少陰腎經之劑，又為足太陽膀胱引經之藥。惡乾漆。肉厚鮮黃，出川地者佳。生蜜水浸日乾，再用蜜水塗，漫火炙令蜜盡。若用之於上，則用酒拌炒，恐其過於涼也。其川栢皮有千層如紙，剉時細碎不成片者佳。

明·賀岳《醫經大旨》卷一《本草要略》　黃蘗　味辛性寒，走少陰而瀉火。今人謂其補腎，非也。特以腎家火旺，兩尺脉盛而為身熱，為眼疼，為喉痺諸疾者，用其瀉火，則腎亦堅固，而無狂蕩之患矣。豈誠有補腎之功哉？故腎家無火，而兩尺脉微弱，或左尺獨旺者皆不宜用此劑。《內經》所謂强腎之陰熱之猶可，此又不可不知。

明・陳嘉謨《本草蒙筌》卷四　黃蘗皮　味苦、微辛，氣寒。陰中之陽，降也。無毒。樹尚蜀産，皮宜夏收。擇內黃緊厚為優，去外褐麁糙纔製。先漬蜜水，日際曝乾。次塗蜜糖，火邊炙燥。惡乾漆，治三焦。二製則治上焦，單製則治中焦，不製則治下焦也。乃足少陰本藥，又足太陽引經。加黃耆湯中，使足膝氣力湧出，痿躄即差；和蒼朮散內，即二妙散。俾下焦濕熱散行，腫脹易退。佐澤瀉利小便赤澁，配細辛擦舌頰紅瘡。一方同青黛研細，入冰片少許，擦之亦効。安虛噦蚘蟲，瀉隱伏龍火。解消渴，除骨蒸。補腎强陰，洗肝明目。腸風連下血者立効，熱痢先見血者殊功。去臍腹內虛疼，逐膀胱中結熱。女人帶漏，亦可治之。〇根名檀桓，如苓結塊。療心腹百病，主長生神僊。不渴不飢，安魂定魄。

謨按：《內經》云：腎苦燥，故腎停濕也。活人解毒湯，用黃蘗、黃連、黃芩、梔子，蓋梔子、黃芩入肺，黃連入心，黃蘗入腎，燥濕所歸，各隨其類而然也。上下內外，並可治之。積熱門中，誠為要藥。至今醫家，氣虛用四君子，血虛用四物，有痰用二陳，有熱用解毒，故常宗述而不易焉。

明・方穀《本草纂要》卷三　黃柏　味苦、微辛，氣寒，陰中之陽，降也，無毒。入足少陰腎經，瀉陰中之火復入太陽膀胱，清下焦之濕，須用鹽酒炒之，凡濕熱不清，或腿足沉重，步履艱難，脛膝疼痛，用此能清濕熱也。凡陰火攻沖，或骨蒸劳熱，小腹作疼，用此能滋陰火也。若夫諸瘡收斂，黃柏有長肌之功；諸瘡疼痛，黃柏有止痛之驗。皆因瀉陰中之火，以調血中之氣也。是以陰虛不足，痿痹不行，非此不能濟陰以健步；龍雷之火妄動於中，非此不能降火以益陰。又如下焦之火攻沖胃脘，噦因蛔出，是皆濕熱之所致也，吾見黃柏可以清之；小便黃赤，大便乾燥，亦皆內熱之蘊蓄也，吾見黃柏可以除之；夫惟家秘之法。因其味苦，以之而利下焦之濕；因其氣寒，以之而降下焦之火。設或血分之疼，用之酒炒固妙，骨間之痛，用之鹽製若神；至於濕熱不清而周身攻痛，癱瘓痿痓而動難(挽)〔俛〕仰，以此劑微炒可也；小腹急疾而癃閉淋瀝，下焦蘊濕而小便帶濁，以此劑生用可也；脚氣攻沖而嘔逆惡心，陰虛血弱而火起於足，以此劑鹽酒炒令褐色，亦莫可加者也。治者識諸。

明・王文潔《太乙仙製本草藥性大全》卷三《本草精義》　黃蘗皮　一名黃栢，一名蘗木，一名黃蘗皮。生漢中山谷及永昌，今處處有之，以蜀中者爲佳。木高數丈，葉類茱萸及椿根，葉經冬不凋，皮外白裏深黃色，根如松，下茯苓作結塊。五月、六月採皮，去皺麁，曝乾用。擇內黃紫厚爲優，去外褐麁糙纔製，漬蜜水日際，曝乾，次塗蜜糖，火邊炙燥。惡乾漆。治三焦。二製則治上焦，單製則治中焦，不製則治下焦也。乃足少陰本藥，只定太陽引經。其根名檀桓。《淮南萬畢術》曰：蘗令面悅，取蘗三寸，土瓜三枚，大棗七枚，和膏湯洗面，(乃塗)四五日，光澤矣。唐韋宙《獨行方》：治卒消渴小便多，黃蘗一斤，水一升，煮三、五沸，渴即飲之，恣意飲數日便止。別有一種多刺而小細葉者，名刺蘗，不入藥用。又下品有小蘗條，木如石榴，皮黃子赤如枸杞，兩頭尖，人剉以染黃，今醫家亦稀用。【略】

根名檀桓，如苓結塊。療心腹百病，主長生神仙，不渴不飢，安魂安魄，能輕身通神。

明・王文潔《太乙仙製本草藥性大全》卷三《仙製藥性》　黃蘗皮使。即黃柏。　味苦、微辛，氣寒，陰中之陽，降也，無毒。足少陰經藥，足太陽引經藥。　主治：主二臟腸胃中結熱，主瀉痢，治黃疸、腸痔。加黃耆湯中，使足膝氣力湧出，痿蹶即差；和蒼朮散內，即二妙散。俾下焦濕熱散行，腫脹易退。佐澤瀉利小便赤澁，配細辛擦舌頰紅瘡。一方同青黛研細，入冰片少許，擦之亦效。安虛噦蚘蟲，瀉隱伏龍火。解消渴，除骨蒸，補腎强陰，洗汗明目。腸風連下血者立效，熱痢先見血者殊功。去臍腹內虛疼，逐膀胱中結熱。女人帶漏亦可治之。　補註：卒喉痹，取黃蘗片切含之。又一斤㕮咀，酒一斗，煮二沸，去滓，恣飲便愈。〇口中及舌生瘡爛，剉黃蘗含之。〇食自死六畜肉中毒，黃蘗末服方寸匕，未解再服之。治小兒重舌，以黃蘗、苦竹瀝浸，瀝點舌上。〇咽喉卒腫，食飲不通，黃蘗搗傅腫上，冷復易之，用苦酒和末佳。〇男子陰瘡損爛，水煮黃蘗，洗，白蜜塗之。〇傷寒時氣溫病，毒攻手足腫疼痛欲斷，亦治痛攻陰腫。細剉黃蘗五斤，以水三升，煮漬之。《傷寒類要》同。治嘔血，黃蘗好者，以蜜塗之，乾杵爲末，用麥門冬、熟湯調下一錢匕立差。治癰疽發背或發乳房，初起微赤，不急治之即煞人。搗黃蘗末、雞子白塗之。治吐血熱，及以黃蘗二兩，塗蜜於慢火上炙燋，搗末，每服一錢，溫糯米飲調下。治小兒熱瀉，用黄蘗削皮後焙，杵爲末，用薄米飲爲丸如粟大，每服十丸，米飲調下。太乙曰：凡使，用刀削上麁皮了，用生蜜水浸半日，漉出，熬乾，用蜜塗，文武火炙，令蜜盡爲度，凡修事五兩，用蜜三兩。

明・皇甫嵩《本草發明》卷四

黄柏上品，君。氣寒，味苦、微辛，無毒。陰中之陽，降也。足太陽引經藥，足少陰經之劑。　發明曰：黄柏苦寒，瀉腎膀之火，瀉中有補意，非真補腎也。以腎家火旺，兩尺脉盛，陰虚火動者。《經》云：腎苦燥，急食辛以潤之。腎欲堅，急食苦以堅之耳。《本草》所謂主五藏腸胃中結熱，諸註云身熱而為骨蒸，為消渴驚氣，在皮膚間熱赤，目熱赤痛，目瞀口瘡，陰痿，陰陽蝕瘡，喉痺，鼻洪吐血下血，腸泄痢，漏下赤白，遺濁，黄疸，為膀胱痔結熱，臍腹内痛，屬相火等候者，用以瀉之，則腎亦堅固，而無狂蕩之患矣。豈真有補腎之説哉？故腎家無火，兩尺脉弱，皆不宜用。《經》云：强腎之陰，熱之猶可，此之謂歟。又能安蚘者，苦以降之也。治痿蹷者，苦以除濕也。故諸痿蹷，脚膝無力者，于黄芪湯中少加用之，使兩膝中氣力如湧出，痿即去矣。癱瘓必用之藥也。男子莖瘡，煎汁洗，屑末傅之。蜜炙，為末，治口瘡。又云：配細辛治口瘡甚妙。○惡乾漆。

蘗根，名檀桓，如苓結塊。療心腹百病，主長生不飢不渴，安魂魄。

明・李時珍《本草綱目》卷三五木部・喬木類

蘗木《本經》上品

【釋名】黄蘗《别録》　根名檀桓時珍曰：蘗木名義未詳。《本經》言蘗木及根，不言蘗皮，豈古時木與皮通用乎？俗作黄柏者，省寫之謬也。

【集解】《别録》曰：蘗木生漢中山谷及永昌。弘景曰：今出邵陵者，輕薄色深爲勝。出東山者，厚而色淺。其根於道家入木芝品，今人不知取服。又有一種小樹，狀如石榴，其皮黄而苦，俗呼爲子蘗，亦主口瘡。又一種小樹，多刺，皮亦黄色，亦主口瘡。恭曰：子蘗亦名山石榴，子似女貞，皮白不黄，亦名小蘗，所在有之。今云皮黄，謬矣。按今俗用子蘗皆多刺小樹，名刺蘗，非小蘗也。禹錫曰：按蜀本《圖經》云：黄蘗樹高數丈。葉似吴茱萸，亦如紫椿，經冬不凋。皮外白，裏深黄色。其根結塊，如松下茯苓。今所在有，本出房、商、合等州山谷中。皮緊厚二三分、鮮黄者上。二月、五月采皮，日乾。機曰：房、商者，治裏、治下用之；邵陵者，治表、治上用之。各適其宜爾。頌曰：處處有之，以蜀中出者肉厚色深爲佳。

【修治】斆曰：凡使蘗皮，削去粗皮，用生蜜水浸半日，漉出晒乾，用蜜塗，文武火炙，令蜜盡爲度。每五兩，用蜜三兩。元素曰：二制治上焦，單制治中焦，不制治下焦也。時珍曰：黄蘗性寒而沉，生用則降實火，熟用則不傷胃，酒制則治上，鹽制則治下，蜜制則治中。

【氣味】苦，寒，無毒。元素曰：性寒味苦，氣味俱厚，沉而降，陰也。又云：苦厚微辛，陰中之陽。入足少陰經，爲足太陽引經藥。好古曰：黄芩、梔子入肺，黄連入心，黄蘗入腎，燥濕所歸，各從其類也。故《活人書》四味解毒湯，乃上下内外通治之藥。之才曰：惡乾漆，伏硫黄。

【主治】五臓腸胃中結熱，黄疸腸痔，止泄痢，女子漏下赤白，陰傷蝕瘡《本經》。療驚氣在皮間，肌膚熱赤起，目熱赤痛，口瘡。久服通神《别録》。熱瘡皰起，蟲瘡血痢，止消渴，殺蛀蟲藏器。男子陰痿，及傅莖上瘡，治下血如鷄鴨肝片甄權。安心除勞，治骨蒸，洗肝明目，多淚，口乾心熱，殺疳蟲，治蚘心痛，鼻衄，腸風下血，後分急熱腫痛大明。瀉膀胱相火，補腎水不足，堅腎壯骨髓，療下焦虚，諸痿癱瘓，利下竅，除熱元素。瀉伏火，救腎水，治衝脉氣逆，不渴而小便不通，諸瘡痛不可忍李杲。得知母，滋陰降火。得蒼术，除濕清熱，爲治痿要藥。得細辛，瀉膀胱火，治口舌生瘡震亨。傅小兒頭瘡時珍。

【發明】元素曰：黄蘗之用有六：瀉膀胱龍火，一也；利小便結，二也；除下焦濕腫，三也；痢疾先見血，四也；臍中痛，五也；補腎不足，壯骨髓，六也。凡腎水膀胱不足，諸痿厥腰無力，於黄芪湯中加用，使兩足膝中氣力涌出，痿軟即便去也，乃癱瘓必用之藥。蜜炒研末，治口瘡如神。故《雷公炮炙論》云：口瘡舌折立愈。黄酥謂以酥炙根黄，含之也。杲曰：黄蘗、蒼术，乃治痿要藥。凡去下焦濕熱作腫及痛，并膀胱有火邪，并小便不利及黄澀者，並用酒洗黄蘗、知母爲君，茯苓、澤瀉爲佐。凡小便不通而口渴者，邪熱在氣分，肺中伏熱不能生水，是絶小便之源也。法當用氣味俱薄、淡滲之藥，猪苓、澤瀉之類，瀉肺火而清肺金，滋水之化源。若邪熱在下焦血分，不渴而小便不通者，乃《素問》所謂無陰則陽無以生，無陽則陰無以化。膀胱者州都之官，津液藏焉，氣化則能出矣。法當用氣味俱厚、陰中之陰藥治之，黄蘗、知母是也。長安王善夫病小便不通，漸成中滿，腹堅如石，脚腿裂破出水，雙睛凸出，飲食不下，痛苦不可名狀。治滿、利小便、滲泄之藥服遍矣。予診之曰：此乃奉養太過，膏粱積熱，損傷腎水，致膀胱久而乾涸，小便不化，火又逆上，而爲嘔噦，《難經》所謂關則不得小便，格則吐逆者。潔古老人言：熱在下焦，但治下焦，其病必愈。遂處以北方寒水所化大苦寒之藥，黄蘗、知母各一兩，酒洗焙碾，入桂一錢爲引，熟水丸如芡子大。每服二百丸，沸湯下。少時如刀刺前陰火燒之狀，溺如瀑泉涌出，床下成流，顧盼之間，腫脹消散。《内經》云：熱者寒之。腎惡燥，急食辛以潤之。以黄蘗之苦寒瀉熱、補水潤燥爲君，知母之苦寒瀉腎火爲佐，肉桂辛熱爲使，寒因熱用也。震亨曰：黄蘗走至陰，有瀉火補陰之功，非陰中之火，不可用也。火有二：君火者，人火也，心火也，可以濕伏，可以水滅，可以直折，黄連之屬可以制之；相火者，天火也，龍雷之火也，陰火也，不可以水濕折之，當從其性而伏之，惟黄檗之屬可以降之。時珍曰：古書言知母佐黄蘗，滋陰降火，有金水相生之義。黄蘗無知母，猶水母之無蝦也。蓋黄蘗能制膀胱、命門陰中之火，知母能清肺金，滋腎水之化源。故潔古、東垣、丹溪皆以爲滋陰降火要藥，上古所未言也。蓋氣爲陽，血爲陰。邪火煎熬，則陰血漸涸，故陰虛火動之病須之。然必少壯氣盛能食者，用之相宜。若中氣不足而邪火熾甚者，久服則有寒中之變。近時虛損，及縱慾求嗣之人，用補陰藥，往往以此二味爲君，日日服餌。降令太過，脾胃受傷，真陽暗損，精氣不暖，致生他病。蓋不知此物苦寒而滑滲，且苦味久服，有反從火化之害。故葉氏《醫學統旨》有四物加知母、黃蘗，久服傷胃，不能生陰之戒。

【附方】舊十二，新三十一。　陰火爲病：　大補丸：　用黃蘗去皮，鹽、酒炒褐爲末，水丸梧子大。血虛，四物湯下；　氣虛，四君子湯下。《丹溪方》。　男女諸虛：　孫氏《集效方》坎離丸：　治男子、婦人諸虛百損，小便淋濁，遺精白濁等證。黃蘗去皮切二斤，熟糯米一升，童子小便浸之，九浸九晒，蒸過晒研爲末，酒煮麪糊丸梧子大。每服一百丸，溫酒送下。　上盛下虛：　水火偏盛，消中等證。黃蘗一斤，分作四分，用醇酒、蜜湯、鹽水、童尿浸洗，晒炒爲末，以知母一斤，去毛切搗熬膏和丸梧子大。每服七十丸，白湯下。《活人心統》。　四治坎離諸丸：　方見草部蒼朮下。　臟毒痔漏：　下血不止。孫探玄《集效方》蘗皮丸：　用川黃蘗皮刮浄一斤，分作四分，三分用酒、醋、童尿各浸七日，洗晒焙，一分生炒黑色，爲末，煉蜜丸梧子大。每空心溫酒下五十丸。久服除根。○楊誠《經驗方》：　百補丸：　專治諸虛赤白濁。用川蘗皮刮浄一斤，分作四分，用酒、蜜、人乳、糯米泔各浸透，炙乾切研，廩米飯丸。如上法服。○又陸一峰蘗皮丸：　黃蘗一斤，分作四分，三分用醇酒、鹽湯、童尿各浸二日，焙研，一分用酥炙研末，以猪臟一條去膜，入藥在内紮，煮熟搗丸。如上法服之。　下血數升：　黃蘗一兩去皮，鷄子白塗炙爲末，水丸緑豆大。每服七丸，溫水下。名金虎丸。《普濟方》。　小兒下血：　或血痢。黃蘗半兩，赤芍藥四錢，爲末，飯丸麻子大。每服一二十丸，食前米飲下。閻孝忠《集效方》。　妊娠下痢：　白色，晝夜三五十行。根黃厚者蜜炒令焦爲末，大蒜煨熟，去皮搗爛，和丸梧子大。每空心，米飲下三五十丸，日三服。神妙不可述。《婦人良方》。　小兒熱瀉：　黃蘗削皮，焙爲末，用米湯和，丸粟米大。每服一二十丸，米湯下。《十全博救方》。　赤白濁淫：　及夢洩精滑。真珠粉丸：　黃蘗炒、真蛤粉各一斤，爲末，每服一百丸，空心溫酒下。黃蘗苦而降火，蛤粉鹹而補腎也。又方：　加知母炒、牡蠣粉煅、山藥炒，等分爲末，糊丸梧子大。每服八十丸，鹽湯下。《潔古家珍》。　積熱夢遺：　心忪恍惚，膈中有熱，宜清心丸主之。黃蘗末一兩，片腦一錢，煉蜜丸梧子大。每服十五丸，麥門冬湯下。此大智禪師方也。許學士《本事方》。　消渴尿多：　能食。黃蘗一斤，水一升，煮三五沸，渴即飲之，恣飲，數日即止。韋宙《獨行方》。　嘔血熱極：　黃蘗蜜塗，炙乾爲末。麥門冬湯調服二錢，立瘥。《經驗方》。　時行赤目：　黃蘗去粗皮爲末，濕紙包裹，黃泥固，煨乾。每用一彈子大，紗帕包之，浸水一盞，飯上蒸熟，乘熱熏洗，極效。此方有金木水火土，故名五行湯。一丸可用三二次。《龍木論》。　嬰兒赤目：　在蓐内者。人乳浸黃蘗汁點之。《小品方》。　眼目昏暗：　每旦含黃蘗一片，吐津洗之。終身行之，永無目疾。《普濟方》。　卒喉痹痛：　黃蘗片含之。又以一斤，酒一斗，煮二沸，恣飲便愈。《肘後方》。　咽喉卒腫：　食飲不通。苦酒和黃蘗末傅之，冷即易。《肘後方》。　小兒重舌：　黃蘗浸苦竹瀝點之。《千金方》。　口舌生瘡：　《外臺》用黃蘗含之良。○《深師》用蜜漬取汁，含之吐涎。○寇氏《衍義》治心脾有熱，舌頰生瘡。蜜炙黃蘗、青黛各一分，爲末，入生龍腦一字。摻之吐涎。○赴筵散：　用黃蘗、細辛等分爲末，摻。或用黃蘗、乾薑等分，亦良。　口疳臭爛：　緑雲散：　用黃蘗五錢，銅緑二錢，爲末。摻之，漱去涎。《三因方》。　鼻疳有蟲：　黃蘗二兩，冷水浸一宿，絞汁溫服。《聖惠方》。　鼻中生瘡：　黃蘗、檳榔末，猪脂和傅。《普濟方》。　唇瘡痛痒：　黃蘗末，以薔薇根汁調塗，立效。《聖濟録》。　鬈毛毒瘡：　生頭中，初生如蒲桃，痛甚。黃蘗一兩，乳香二錢半，爲末，槐花煎水調作餅，貼于瘡口。《普濟方》。　小兒顖腫：　生下即腫者。黃蘗末水調，貼足心。《普濟方》。　傷寒遺毒：　手足腫痛欲斷。黃蘗五斤，水三升煮，漬之。《肘後方》。　癰疽乳發：　初起者。黃蘗末和鷄子白塗之，乾即易。《梅師方》。　癰疽腫毒：　黃蘗皮炒、川烏頭炮等分，爲末。唾調塗之，留頭，頻以米泔水潤濕。《集簡方》。　小兒臍瘡：　不合者。黃蘗末塗之。《子母秘録》。　小兒膿瘡：　遍身不乾。用黃蘗末，入枯礬少許，摻之即愈。楊起《簡便方》。　男子陰瘡：　有二種：　一者陰蝕作臼，膿出；　一者只生熱瘡。熱瘡用黃蘗、黃芩等分煎湯，洗之。仍以黃蘗、黃連作末，傅之。○又法：　黃蘗煎湯洗之，塗以白蜜。《肘後方》。　臁瘡熱瘡：　黃蘗末一兩，輕粉三錢，猪膽汁調，搽之。或只用蜜炙黃蘗一味。　火毒生瘡：　凡人冬月向火，火氣入内，兩股生瘡，其汁淋漓。用黃蘗末摻之，立愈。一婦病此，人無識者，有用此而愈。張杲《醫說》。　凍瘡裂痛：　乳汁調黃蘗末，塗之。《儒門事親》。　自死肉毒：　自死六畜有毒。以黃蘗末，水服方寸匕。《肘後方》。　斂瘡生肌：　黃蘗末，麪糊調塗，效。《宣明方》。

題明・薛己《本草約言》卷二《藥性本草》　黃柏　味苦、微辛，氣寒，無毒。陰也，降也，足少陰、太陽藥也。瀉下焦隱伏之龍火，安上出虛噦之蛔蟲。臍下痛單製而能除，腎不足生用而能補。痿厥除濕藥不可缺。○味辛性寒，走少陰而瀉火。今人謂其補腎，非也。特以腎家火旺，兩尺脉盛，而為身熱、為眼痛、為喉痹諸疾者，用其瀉火，則腎亦堅固，而無狂蕩之患矣，豈誠有補腎之功哉？故腎家無火，而兩尺脉微弱，或左尺獨旺者，皆不宜用。《内經》所謂強腎之陰，熱之猶可。此又不可不知。○加黃芪湯中，使足膝氣力湧出，痿蹶即差。和蒼朮散内即二妙散。襌下焦濕熱，散行腫脹易退。佐澤瀉，利小便赤澁。配細辛，擦舌頰紅瘡。解消渴，除骨蒸，腸風連下血者立效，熱痢先見血者殊功。去臍腹內虛疼，逐膀胱中結熱，女子帶漏亦可治之。○蚘得甘則動，得苦則安，又能安蚘者，苦以降之也。治痿蹶者，苦以降濕也。

明·梅得春《藥性會元》卷中　黃蘗　味苦，平，氣寒。沉而降，陰也。無毒。惡乾漆。入足少陰腎經、足太陽膀胱經藥。　主瀉下焦隱伏之龍火，安上焦虛噦之蚘蟲，臍下痛。單製而能除腎不足，生用而能補療諸瘡。涼肝明目，解熱毒毋遺；　治痞厥血痢癰疽，利濕熱不可缺。療黃疸并五臟腸胃中結熱，女子崩屬熱者，瀉膀胱熱，小便赤澀，腸痔，諸痿脚膝無力，癱疾必用之藥。降相火，療骨蒸勞熱，陰痿鼻紅，吐血心痛，小腸虛痛及腫，下焦濕腫；　女子漏下赤白，陰傷蝕瘡；　男子腎莖痛，瘡痛，煮汁洗，研末敷之效。救腎水而瀉陰中之伏火，加細辛瀉膀胱之火，消莖中之腫；　炒而加澤瀉，治小便赤澁；　與知母、肉桂用，俱陰，同滋腎氣而瀉下焦之火；　以酒洗用，治冬天少火在泉發燥也。此藥能降其力上之氣，大瀉陰火，正謂補陰則火自降。須炒褐色，與蒼朮同用治痿、治濕，以其有降火收濕之功。佐乾薑炮黑以治濕熱，配細辛為末，治口瘡神效。又治禿瘡。　製法：　取緊厚鮮黃者為上。凡用刮去粗皮，蜜水浸，晒乾，再加蜜塗，炭火上炙焦用。若行下部，用鹽水炒。火盛者亦然，俱先去粗皮而後製。

明·杜文燮《藥鑒》卷二　黃栢　氣寒，味苦，氣味俱厚，無毒。沉也，陰也。鹽水炒之，走少陰而瀉腎火也。後人以為補腎者，誤矣。蓋腎家火旺，及兩尺脉盛，而為身熱目疼，喉痹諸疾者，用之瀉火，則腎亦堅固，而無狂蕩之患也，豈誠有補益之功哉？故腎家無火，及兩尺脉微弱者，皆不宜用。若佐四物湯，入鹿角膠用之，一則以生水，一則以瀉火，是補其不足，而去其有餘，此天一生水之妙劑也。乳製為佳。佐黃芪入牛膝，使足膝氣力湧出，痿蹶即瘥。同蒼朮、獨活，又能除腰膝以下，至足分之風濕腫痛癰疽也。佐澤瀉、茯苓，又能利小便之赤滯。解毒湯用之，取其引熱毒下從膀胱經出也。與破故帋同用，治血崩大有奇功。與生蜂蜜同用，敷口瘡極有神效。又治上焦實熱，多製為良，取其緩也。中焦實熱，單製為良，取其緩在中也。下焦實熱，不製為良，取其速下也。或佐以三焦之藥，亦無不可。

明·王肯堂《傷寒證治準繩》卷八　黃蘗：　氣寒，味苦，無毒。氣味俱厚，沉而降，陰也。苦厚微辛，陰中之陽。入足少陰經，為足太陽引經藥。垣：　治腎水膀胱不足，諸痿厥，脚膝無力，於黃芪湯中少加用之，使兩膝中氣力湧出，痿即去矣。蜜炒此一味，為細末，治口瘡如神。癱瘓必用之藥。瀉膀胱之熱，利下竅，瀉膀胱經火，補本經及腎不足。苦寒安蚘，療下焦虛，堅腎。《經》曰：　苦以堅之。足少陰劑，腎苦燥，故腎停濕也。梔子、黃芩入肺，黃連入心，黃蘗入腎，燥濕所歸，各從其類也。《活人書》解毒湯，上下內外通治之。去皮，鍘碎，生用則降實火，熟用酒製則治上，鹽製則治下，蜜製則治中而不傷胃。

明·李中立《本草原始》卷四　蘗木　即黃蘗也。始生漢中山谷及永昌，今處處有之，以蜀中者為勝。木高數丈，葉類茱萸及紫椿，經冬不凋，皮外白，裏深黃色，根如松下茯苓。二月、五月采皮，日乾。《別錄》名黃蘗，俗作黃柏者，省寫之謬也。　黃蘗：　氣味：　苦，寒，無毒。　主治：　五臟腸胃中結熱，黃疸，腸痔。止洩痢，女子漏下赤白，陰傷蝕瘡。○療驚氣在皮間，肌膚熱赤起，目熱赤痛，口瘡。久服通神。○熱瘡皰起，蟲瘡，血痢。止消渴，殺蛀蟲。○男子陰痿及傅莖上瘡。治下血如雞鴨肝片。○安心除勞，治骨蒸，洗肝明目，多淚，口乾心熱，殺疳蟲，治蚘心痛，鼻衄，腸風下血後急，熱腫痛。○瀉膀胱相火，補腎水不足，堅腎，壯骨髓。療下焦虛，諸痿癱瘓，利下竅，除熱。○瀉伏火，救腎水，治衝脉氣逆，不渴而小便不通，諸瘡痛不可忍。○得知母滋陰降火，得蒼朮除濕清熱，為治痿要藥。得細辛瀉膀胱火，治口舌生瘡。○傅兒頭瘡。

黃蘗，《本經》上品。【圖略】　修治：　擇皮緊厚二三分，鮮黃者，削去粗皮，用生蜜水浸半日，漉出晒乾，用蜜塗，文武火炙，令蜜盡為度。

一云：　氣味俱厚，沉而降，陰也。又云：　苦厚微辛，陰中之陽。入足少陰經，為足太陽引經藥。好古曰：　黃芩、梔子入肺，黃連入心，黃蘗入腎，燥濕所歸，各從其類也。故《活人書》四味解毒湯，乃上下內外通治之藥。

惡乾漆，伏硫黃。《外臺秘要》：　治口中及舌生瘡爛，剉黃蘗含之。

黃蘗，使。

明·張懋辰《本草便》卷二　黃蘗使　味苦，微辛，氣寒，陰中之陽，降也，無毒。足少陰經藥，足太陽經引經藥。惡乾漆。　主五臟腸胃中結熱，黃(丹)[疸]腸痔，止洩痢。女子漏下赤白，陰傷蝕瘡，男子莖上瘡。補腎水、膀胱不足，諸痿厥，脚膝無力，癱瘓必用之藥。堅腎，瀉膀胱熱，清小便，降相火，治骨蒸勞，陰痿，洗肝明目，鼻洪，吐血下血。

明・盧復《芷園臆草題藥》 黄檗　木高數丈，其葉經冬不凋，皮之味極苦而性寒，根結實如茯苓狀。凡木之幹，必以根為命本。黄檗之根結，可深思矣。據氣味與象，乃太陽寒水氣化所生。太陽之氣最高，而檗根堅結，木氣專走皮，苦味專走骨，故黄檗能自頂至踵，淪膚徹髓，因熱之結聚而發生種種病者，象形對待而治之。如熱結于骨而為骨蒸，結于肝而目病，結于脾而口瘡，結于膀胱而小水不通，結于陽明之上而衄，結于陽明之下而痿，結于血脉而瘡生于外，結于胃而疽，結于藏而消，結于腸而痔而痢，結于胞而漏而崩而陰蝕，莫不以結，莫不以熱為根本也。此皆前人已發之旨，若外此而想見其結之之義，真不可思議也。

明・李中梓《藥性解》卷五 黄栢　味苦，性寒，無毒，入腎、膀胱二經。主瀉下焦隱伏之火，安上焦虛噦之蟲，除臍下痛，補腎水衰，止血痢，治癰瘡，明眼目，利小便，除濕熱，療女子熱崩。鹽酒多炒，免致寒入于腎。惡乾漆。肉厚鮮黄者佳。按：黄栢沉而屬陰，故主腎與膀胱諸症。其性苦寒，能泄亢盛之陽，以堅腎部。則水主既盛，陽光自遏，而陰血無火爍之患矣，豈實有滋補之功哉！若腎家無火，兩尺微弱，或左尺獨旺者，均不宜用。

明・鮑山《野菜博錄》卷三 黄蘗　一名蘗木，一名子蘗。生山谷中。樹高數丈，葉似茱萸葉，經冬不凋，皮外白色，裏黄色。其味苦，性寒，無毒。

食法：採嫩葉煠熟，浸去苦味，油鹽調食。

明・繆希雍《本草經疏》卷一二 蘗木黄蘗也。　味苦，寒，無毒。主五藏腸胃中結熱，黄癉，腸痔，止泄痢，女子漏下赤白，陰傷蝕瘡，療驚氣在皮間，肌膚熱赤起，目熱赤痛，口瘡。久服通神。

【疏】黄蘗稟至陰之氣而得清寒之性者也，其味苦，其氣寒，其性無毒，故應主五臟腸胃中結熱。蓋陰不足則熱始結於腸胃。黄癉雖由濕熱，然必發於真陰不足之人。腸澼痔漏，亦皆濕熱傷血所致。泄痢者，滯下也，亦濕熱干犯腸胃之病。女子漏下赤白，陰傷蝕瘡，皆濕熱乘陰虛流客下部而成。膚熱赤起，目熱赤痛，口瘡，皆陰虛血熱所生病也。以至陰之氣，補至陰之不足，虛則補之，以類相從，故陰回熱解濕燥而諸證自除矣。乃足少陰腎經之要藥，專治陰虛生內熱諸證，功烈甚偉，非常藥可比也。潔古用以瀉膀胱相火，補腎水不足，堅腎壯骨髓，療下焦虛，諸痿癱瘓，利下竅除熱。東垣用以瀉伏火，救腎水，治衝脈氣逆，不渴而小便不通，諸瘡痛不可忍。丹溪謂：得知母滋陰降火，得蒼术除濕清熱，為治痿要藥。得細辛瀉膀胱火，治口舌生瘡。【主治參互】黄蘗，為足少陰腎經藥，然以柴胡引之則入膽。以黄連、葛根、升麻引之則入腸胃及太陰脾經，治濕熱滯下。佐牛膝、枸杞、地黄、五味子、鼈甲、青蒿，則益陰除熱。佐甘菊、枸杞、地黄、蒺藜、女貞實，則益精明目。得豬膽汁、水銀粉，則主諸熱瘡有蟲，久不合口。得鉛丹，則生肌止痛。得木瓜、茯苓、二术、石斛、地黄，則除濕健步。佐白芍藥、甘草，則主火熱腹痛。《外臺秘要》治口中及舌上生瘡，剉黄蘗，苦竹瀝浸，點舌上。

《肘後方》治咽喉卒腫，食飲不通。黄蘗擣末，苦酒和敷腫上，佳。又方，治傷寒時氣溫病，毒攻手足，腫痛欲斷，亦治毒攻陰腫。細剉黄蘗五斤，以水三斗煮漬之。《傷寒類要》同。葛氏方治食自死六畜肉中毒，黄蘗末服方寸匕，未解再服之。《經驗方》治嘔血，黄蘗蜜塗炙乾，杵為末，用麥冬湯調下二錢匕，立瘥。《梅師方》治癰疽發背，或發乳房，初起微赤，不急治之即殺人。擣黄蘗末，和雞子白塗之。《簡要濟眾方》治吐血熱極，黄蘗二兩，蜜炙擣末。每服二錢，溫糯米飲調下。《十全博救方》治小兒熱瀉，黄蘗削皮焙為末，用薄米飲丸如粟大。每服十丸，米飲下。《深師方》治傷寒熱病口瘡，黄蘗削去麤皮，蜜漬一宿，唯欲令濃，含其汁，良久吐，更含。若胸中熱有瘡時，飲三五合尤佳。《衍義》云：蘗木，今用皮以蜜炙，與青黛各一分，同為末，入生龍腦一字，研勻。治心脾熱，舌頰生瘡，當摻瘡上，有涎即吐。又張仲景蘗皮湯，無不驗。《傷寒論》中已著。《婦人良方》治妊娠下痢白色，晝夜三五十行：根黄厚者蜜炒令焦，為末，大蒜煨熟，去皮擣爛如泥，和丸梧子大。每空心米飲下三五十丸，日三服。神妙不可述。《潔古家珍》治赤白濁淫及夢泄精滑，真珠粉丸：黄蘗炒、真蛤粉各一斤，為末，煉蜜丸菉豆大。每服一百丸，空心溫酒下。黄蘗苦而降火，蛤粉鹹而補腎也。又方：加知母炒，牡蠣煅，山藥炒，等分為末，糊丸梧子大。每服八十丸，鹽湯下。許學士《本事方》治積熱夢遺，心忪恍忽，膈中有熱，宜清心丸主之。黄蘗末一兩，片腦一錢，煉蜜丸梧子大。每服十五丸，麥冬湯下，此大智禪師方也。《三因方》治口疳臭爛，綠雲散：黃蘗五錢，銅綠二錢，為末摻之，漱去涎。《聖惠方》治鼻疳有蟲，黃蘗二兩，冷水浸一宿，絞汁溫服。《普濟方》治鬢毛毒瘡生頭中，初生如蒲桃，痛甚。黃蘗一兩，乳香二錢半，為末，槐花煎水，調作餅，貼於瘡上。《子母秘錄》治小兒臍瘡不合者，黃蘗末塗之。又方，治臁瘡、熱瘡。黃蘗末一兩，輕粉三錢，豬膽汁調搽之。或只用蜜炙黃蘗末一味。張杲《醫說》治火毒生瘡，凡人冬月向火，火氣入內，兩股生瘡，其汁淋漓，用黃蘗末摻之，立愈。一婦生此，人無識者，用此而愈。《宣明方》斂瘡生肌，黃蘗末，麪糊調塗，效。【簡誤】黃蘗固能除熱益陰，然陰陽兩虛之人，病兼脾胃薄弱，飲食少進，及食不消，或兼泄瀉，或惡冷物，及好熱食，腎虛天明作泄，上熱下寒，小便不禁，少腹冷痛，子宮寒，血虛不孕，陽虛發熱，瘀血停滯，產後血虛發熱，金瘡發熱，癰疽潰後發熱，傷食發熱，陰虛小水不利，痘後脾虛，小水不利，血虛不得眠，血虛煩躁，脾陰不足作泄等證，法咸忌之。

明・倪朱謨《本草彙言》卷九　黃蘗　味苦，氣寒，無毒。氣味俱厚，沉而降，陰也。入足太陰，爲足太陽引經藥。《別錄》曰：黃蘗，出漢中山谷及永昌、邵陵、山東諸處。蘇氏曰：今取蜀中皮緊厚、色深黃者爲上。如永昌、邵陵、山東者，薄而色淺黃者稍次。樹高數丈，葉似吳茱萸，又似紫椿，經冬不凋。外皮淺黃，其裏深黃。其根名檀桓，結塊如松下茯苓。雷氏曰：凡使削去粗皮，用生蜜水浸半日，曬乾用。

黃蘗：皇甫氏濟坎降離之藥也。方龍潭稿稟至陰之氣，而得清寒之性，益陰清熱，仗此專功。凡陰火攻沖，骨蒸鬱熱，小腹急疾，用此能抑陰中之火。濕熱不清，膝脛疼痛，步履艱難，用此能清濕中之熱。若夫上焦之火，攻發口舌，以致舌腫口破，或齒牙浮動，咽喉腫疼，是皆虛火之上浮也。下焦之火，蓄積大腸，以致下痢赤白，後重迫痛；或小便黃赤，淋瀝渾濁；或癃閉不通，脹滿阻塞；或腳氣攻沖，嘔逆惡心；或五疸壅塞，遍身發黃，是皆濕熱之下侵也，俱用黃蘗可以治之。設或陰分之疼，酒炒方效；骨間之痛，鹽製乃神；至于濕熱不清，酒炒可也；內火燔灼，生用可也；血弱陰虛，童便拌炒可也。此隨證製度，又不可不詳慎也。此藥固能除熱益陰，然陰陽兩虛之人，病兼脾胃薄弱，飲食減少，或宿食不消，傷食泄瀉；或腎虛天明溏泄，小腹時痛；或陽虛發熱，津竭口乾；或子宮虛冷，血寒不孕；或陽道衰微，精寒不嗣；或血虛發熱，肌膚枯燥；或產後瘀血停滯，或金瘡將潰發熱，或癰疽潰後發熱，或血虛不眠，陰虛煩躁等證，法咸忌用。

集方：陳月坡方治陰火攻沖，骨蒸鬱熱。用黃柏、知母、懷熟地、地骨皮、麥門冬、北沙參、白芍藥各二兩，茯苓、北五味、白朮各一兩，分作十劑，清水煎服。○東垣方治濕熱下流，膝脛疼痛，步履艱難。用黃柏、蒼朮、石斛、茯苓、木瓜、牛膝、烏藥、當歸各一兩，俱用鹽水拌炒，防風、白朮各八錢，分作十劑，清水煎服。○方龍潭方治火攻上焦，舌腫口破，或齒牙浮動，咽喉腫疼幷治。用黃柏、薄荷、荆芥、連翹、半夏、陳皮、防風、桔梗、玄參、山豆根各一兩，甘草四錢，分作十劑，清水煎服。○《小品》治口疳臭爛。用黃柏五錢，銅綠三錢，共爲末，摻之。去涎愈。○《丹溪心法》治下痢赤白，後重急痛，晝夜無度。用黃柏、黃連、枳殼、厚朴各一錢五分，木通、茯苓、白芍各一錢，甘草、大黃各八分，清水煎服。○馬瑞雲方治小便淋澀不通，或成白濁。用黃柏、車前子、白芍藥各二錢，甘草、澤瀉各一錢，瞿麥、木通各三錢。水二大碗，煎七分，加白果肉三十個，取汁，沖入和服。○霍氏《晚香集》治腳氣攻沖，嘔逆寒熱。用黃柏、蒼朮、厚朴、川獨活、青皮、牛膝、木瓜、柴胡、茯苓各一錢，清水煎服。○《肘後方》治五疸遍體發黃。用黃柏、秦艽各二錢，茵陳五錢，生薑五片，水煎服。

明・顧逢柏《分部本草妙用》卷五腎部・寒瀉　黃蘗　性，寒，無毒。入腎、膀胱經。惡乾漆。肉厚深黃者佳。鹽酒炒褐色用。主治：結熱黃疸，腸痔帶漏赤白，目赤口瘡，骨蒸，明目，心熱，殺蟲，衄血下血，熱腫。瀉龍火，除下焦濕腫，衝脉氣逆，利溺，諸瘡。丹溪曰：黃蘗走至陰，有瀉火之功，非陰火不可用。何者？氣陽而血陰也。陽火熾，則陰血涸，黃蘗苦寒，故治陰虛火動。壯盛者宜之。若中氣虛而多火者，久服則傷胃。近世皆恣用之，豈不知專泄而不補乎？何苦陰受其害而不覺也。

明・李中梓《醫宗必讀・本草徵要下》　黃蘗味苦，寒，無毒。入腎經。惡乾漆。鹽、酒炒。肥厚鮮黃者佳。瀉龍火而救水，利膀胱以燥濕。佐以蒼朮，理足膝之痹痛；漬以蜜水，漱口舌之生瘡。黃蘗瀉陰火，除濕熱，故治療如上。昔人謂其補陰者，非其性補，蓋熱去則陰不受傷，雖謂之補亦宜。按：苦寒之性，利於實熱，不利於虛熱。凡脾虛食少，或瀉或嘔，或好熱，或惡冷，或腎虛五更泄瀉，小便不禁，少腹冷痛，陽虛發熱，瘀血停止，產後血虛發熱，金瘡發熱，癰疽潰後發熱，傷食發熱，陰虛小水不利，痘後脾虛小水不利，血虛煩躁不眠等症，法咸忌之。

明・鄭二陽《仁壽堂藥鏡》卷二　黃蘗　《本草》云：生漢中山谷及永昌。惡乾漆。　氣寒，味苦。苦厚，微辛，陰中之陽，降也。無毒。足太陽經引經藥。足少陰經之劑。《象》云：治腎水膀胱不足，諸痿厥，脚膝無力，於黃芪湯中少加用之，使兩膝中氣力湧出，痿即去矣。蜜炒此一味，為細末，治口瘡如神。癱瘓必用之藥。《本草》云：主五臟，腸胃中結熱，黃疸，腸痔。止泄痢，女子漏下赤白，陰傷蝕瘡。療驚氣在皮間，肌膚熱赤起，目熱赤痛，口瘡，久服通神。《主治秘訣》云：性寒，味苦，氣味俱厚，沉而降，陰也。其用有六：瀉膀胱龍火，一也；利小便熱結，二也；除下焦濕腫，三也；治痢疾先見血，四也；去臍下痛，五也；補腎氣不足，壯骨髓，六也。二製則治上焦，單製則治中焦，不製則治下焦也。既能泄瀉膀胱火，亦能利竅。小便黃，用蘗皮，澁者加澤瀉。東垣云：黃蘗，味辛、苦。苦厚，辛微，陰中之陽，降也。太陽經引經之藥，瀉膀胱經火，補本經及腎不足。苦寒安蚘，補下焦虛，堅腎。《經》曰苦以堅之。凡痿厥、除濕藥中不可缺也。海藏云：足少陰之劑。腎苦燥，故腎停濕也，梔子、黃芩入肺，黃連入心，黃蘗入腎，燥濕所歸，各隨其類也。《活人書》解毒湯，上下內外通治之。丹溪云：蘗皮屬金而有水與火，走手厥陰經，而有瀉火補陰之功。舌頰瘡多生於鬱，用之以配細辛，治口瘡有奇效。　丹溪曰：黃柏走至陰，有瀉火之功，非陰火不可用也。　按：氣為陽，血為陰。陽火熾，則陰血涸。黃柏苦寒，故治陰虛火動。然必少壯氣盛者相宜。若中氣虛而多火者，久服則有寒中之變。葉氏《醫家統旨》有四物湯加黃柏、知母，久服傷胃，不能生陰之戒。近世皆恣用之，往往難救。豈不聞苦者直行而泄，既大虛矣，可再泄乎？胡不反而思之？

明・蔣儀《藥鏡》卷四寒部　黃蘗　氣耑走皮，味耑走骨。自頂至踵，淪膚徹髓。瀉腎水之狂蕩，降相火之有餘。去濕熱于膀胱，起癱疲于脚膝。吐衄黃疸何有也，淋漓白濁豈難哉。安上焦虛噦之蚘，而目熱者紅消楚解。鬆臍下熱結之痛，而腸澼者痔療痢先見血者醫。猪膽同研，以和鉛粉，則熱瘡之有蟲者，久不合口而頓收。使偕龍腦，并拌黛青，則心脾之鬱熱者，頰舌生瘡而可摻。蜜炒為末，煨蒜搗丸，米飲為湯，則治妊娠之白痢。蛤粉等研，煅加牡蠣，蜜丸酒服，則醫赤白之濁淫。

明・李中梓《頤生微論》卷三　黃檗　味苦，性寒，無毒。入腎經。惡乾漆。肉厚深黃者佳。去粗皮，鹽酒炒至焦褐色用。瀉腎火有餘，利小便，去下焦濕熱腫痛，口瘡，女人漏下赤白。

按：黃檗性寒，行隆冬肅殺之令，故獨入少陰，瀉有餘之相火。昔人稱其補陰者，非其性補，蓋熱去則陰不受傷，雖謂之補，亦宜也。若腎虛脾薄之人，畏之甚于刀錐。今天下極其崇尚，以為去熱治勞之妙藥，而不知陰寒之性，能奪人食，損人氣。命門真元之火，一見而消亡；脾胃運行之臟，一見而阻喪。獨不聞實火可瀉，虛火可補之說乎？元氣既虛，又用苦寒，直行而泄，奚啻雪上加霜，遏絕生機，莫此為甚，受其害而斃者，十人而九。冤哉！生命何辜而遭此慘伐哉？必尺中洪大，按之有力，可炒黑暫用，不然，便當痛絕。

明・張景岳《景岳全書》卷四九《本草正》　黃檗　味苦、微辛，氣寒。陰中微陽，降也。善降三焦之火。制各以類，但其性多沉，尤專肝腎，故曰足少陰本經，足太陽、厥陰之引經也。清胃火嘔噦蚘蟲，除伏火骨蒸煩熱，去腸風熱痢下血，逐二便邪火結淋。上可解熱渴口瘡，喉痹癰瘍。下可去足膝濕熱，疼痛痿蹶。此其性寒潤降，去火最速。丹溪言其制伏龍火，補腎強陰。然龍火豈沉寒可除？水枯豈苦劣可補？陰虛水竭，得降愈亡，撲滅元陽，莫此為甚。水未枯而火盛者，用以抽薪則可。水既竭而枯熱者，用以補陰實難。當局者慎勿認為補劑。〇予嘗聞之丹溪曰火有二：君火者，人火也，心火也，可以濕伏，可以水滅，可以直折，黃連之屬可以制之。相火者，天火也，龍雷之火也，陰火也，不可以水濕折之，當從其性而伏之，惟黃檗之屬可以降之。按此議論，若有高見，而實矯強之甚，大是誤人。夫所謂從其性者，即《內經》從治之說也。《經》曰：正者正治，從者反治。正治者，謂以水制火，以寒治熱也。從治者，謂以火濟火，以熱治熱也。亦所謂甘溫除大熱也。豈以黃連便是正治，黃檗便是從治乎？即曰黃連主心火，黃檗主腎火，然以便血溺血者，俱宜黃連，又豈非膀胱、大腸下部藥乎？治舌瘡口瘡者，俱宜黃檗，又豈非心脾上部藥乎？總之，黃連、黃檗均以大苦大寒之性，而曰黃連為水，黃檗非水，黃連為瀉，黃檗為補，豈理也哉？若執此說，誤人多矣。

明·賈九如《藥品化義》卷九火藥　黃柏　屬陰中有微陽，體毛乾，氣和，味大苦，性寒，能降，力清腎火，性氣與味俱厚而燥，入腎膀胱二經。　黃柏樹高數丈，其皮從上直下，味苦入骨，是以降火能自頂至踵，淪膚徹髓，無不周到，專瀉腎與膀胱之火。　蓋腎屬寒水，水多則漸消，涸渴則變熱。　若氣從（劑）〔臍〕下起者，陰火也。《內經》曰：腎欲堅，以苦堅之。堅即為補，丹溪以此一味，名大補丸，用鹽水製，使鹽以入腎，主降陰火以救腎水，用蜜湯拌炒，取其戀膈而不驟下，治五心煩熱，目痛口瘡諸症。　單炒褐色，治腸紅痔漏，遺精白濁，濕熱黃疸，又膀胱熱，臍腹內痛，凡屬相火，用此折之，腎自堅固，而無旁蕩之患。　因味苦能走骨，能沉下，用酒拌炒，四物湯調服，領入血分，治四肢骨節走痛，足膝酸痛無力，遍身惡瘡，及脚氣攻沖，嘔逆惡心，陰虛血熱，火起於足者。　蓋此一味名潛行散，能散陰中之火，亦能安蛔蟲，以苦降之之義也。　取川產肉厚深黃色者佳，去粗皮用。

明·盧之頤《本草乘雅半偈》帙五　蘗木《本經》中品　氣味：　苦，寒，無毒。　主治：　主五藏腸胃中積熱，黃疸腸痔，止洩痢，女子漏下赤白，陰傷蝕瘡。

覈曰：　出漢中山谷，及永昌、邵陵、山東諸處，今唯蜀中者皮厚色深為佳。樹高數丈，葉似吳茱萸，又似紫椿，經冬不凋。　皮外黃白，其裏正黃，其根結塊如松下茯苓，故根名桓檀。　修治：　削去粗皮，生蜜浸半日，取出晒乾，再以蜜塗，文武火炙令蜜盡為度。　每蘗皮五兩，用蜜三兩。　惡乾漆，伏硫黃。

先人云：　黃本土色，可及五臟腸胃之科。　苦寒相結，能解熱結致疾之本。故《本經》主治熱結兩字為因，疸痔諸疾为證，五藏腸胃，皆部署也。

条曰：　樹高根結，經冬不凋，味大苦，氣大寒，禀太陽高廣之象，得太陽寒水之化，待極險中見之熱，此秉土制爲用，所以防水也。　如是則氣專力備，解五藏腸胃中緣熱爲因，以致疸痔洩漏，陰傷蝕瘡，種種證形，熱解則清而愈矣。　設散漫流注之火熱，所當避忌，如火實類結，亦可假用火空則發之義耳。

蘗木高，蘗根結，而專精者皮，則皮具全木之體與用矣。

明·李中梓《本草通玄》卷下　黃蘗　苦，寒，沉而下降，為足少陰、足太陽引經之劑。　肅清龍雷之火，滋濡腎水之枯，疏小便癃結，祛下焦濕腫。　凡目赤耳鳴，口瘡消渴，血痢吐衄，腸風，腰膝痿軟者，咸資其用。　東垣云：　小便不通而渴者，熱在上焦氣分，肺熱則不能生水，法當淡滲，猪苓、澤瀉之類。　小便不通而不渴者，熱在下焦血分，無陰則陽無以化，法當滋陰，黃蘗、知母是也。　愚謂黃蘗制下焦命門陰中之火，知母滋上焦肺金生水之源。蓋邪火焰明則真陰消涸，真陰消涸則邪火益烈，取知蘗之苦寒以抑南扶北，誠如久旱甘霖，然惟火旺胃強者當之，乃稱合劑。　倘中氣已殘，則邪火雖亢，命曰虛炎。　從事弗衰，將有寒中之變，非與甘溫則大熱不除。　近世殊昧斯旨，而夭枉者不可勝數矣。

清·顧元交《本草彙箋》卷五　黃蘗　樹高數丈，其皮自上直下。　味苦入骨，是以降火，能自頂至踵，淪膚徹髓，無不週到。　其專瀉腎與膀胱之火者，以陰入陰，故能清以下泛上之陰火，火清而水自堅也。　宜鹽水製，令入腎。　若用蜜湯拌炒，則能戀膈而不速下，以治五心煩熱，目痛口瘡諸症。　單炒褐色，則治腸紅痔漏，遺精白濁，濕熱黃疸，及膀胱熱，臍內痛等症。　酒炒，合四物，領入血分，則能治骨節走痛，足膝酸軟無力，遍身惡瘡，及脚氣攻沖，嘔逆噁心，陰虛血熱，火起於足者。　然大抵陰寒之品，有妨脾胃，若脾虛作泄諸症，縱外顯虛火，法宜忌之。

清·穆石匏《本草洞詮》卷一一　黃蘗　味苦，氣寒，無毒。　入足少陰、太陽經。　其用有六：　瀉膀胱龍火，一也；　利小便結，二也；　除下部濕腫，三也；　痢疾先見血，四也；　臍中痛，五也；　補腎不足，壯骨髓，六也。　凡腎水膀胱不足，諸痿厥腰無力，於黃耆湯中加用，使兩足膝中氣力涌出，乃癱瘓必用之藥。　蜜炙研末，治口瘡如神。　故《炮炙論》云口瘡舌折立愈，黃酥是也。　凡小便不通而口渴者，邪熱在氣分，肺中伏熱，不能生水，是絕小便之源也。　法當用氣味俱薄，淡滲之藥。　豬苓、澤瀉之類，瀉肺火而清肺金，滋水之化源。　若不渴而小便不通者，邪熱在血分，乃《素問》所謂無陰則陽無以化。　膀胱者，州都之官，津液藏焉，氣化則能出矣。　法當用氣薄味厚，陰中之陰藥治之，黃蘗、知母是也。　一人病小便不通，腹堅如石，脚腿裂破出水，治滿利小便之藥服遍矣。　東垣診之曰：　此乃奉養太過，膏粱積熱，損傷腎水，致膀胱久而乾涸，火逆上而為嘔噦，熱在下焦，但治下焦，其病必愈。　遂處以北方寒水所化大苦寒之藥，黃蘗、知母各一兩，入桂一錢為引，熟水丸芡子大，每服二百丸，少時前陰如刀刺火燒之狀，溺如瀑泉湧出，床下成流，顧盼之間，腫脹消散。《經》云：　熱者寒之，腎惡燥，急食辛以潤之，以黃蘗瀉熱，補水潤燥為君，知母瀉腎火為佐，肉桂辛熱為使，寒因熱引是也。蓋知母佐黄蘗，有金水相生之義，故陰虚火動之病須之。然必少壯氣盛者，用之相宜。若中氣不足，而邪火熾甚者，久服則有寒中之變。近時用補陰藥，以此二味為君，日日服餌，降令太過，脾胃受傷，精氣不暖，致生他病。戒之！ 製法：酒製則治上，鹽製則治下，蜜製則治中，生用則降實火，熟用則不傷胃。

清·劉雲密《本草述》卷二三　黄蘗　氣味：苦，寒，無毒。 潔古曰：性寒味苦，氣味俱厚，沉而降，陰也。又云：苦厚微辛，陰中之陽，入足少陰經，為足太陽引經藥。 丹溪曰：蘗皮屬金而有水與火，走手厥陰經。 海藏曰：黄芩、梔子入肺，黄連入心，黄蘗入腎，燥溼所歸，各從其類也。愚按：黄連、黄蘗，海藏所云流溼就燥之義，誠然。苐水火不離土以為用，是所謂體物不遺者也。故連、蘗、芩皆黄色。義見連條。如先哲鳳髓丹，為瀉相火益腎水之妙劑。其説果不謬也。黄蘗二兩，砂仁一兩，甘草五錢。

主治：瀉膀胱相火，補腎水不足，壯腎堅骨髓，治男子陰痿，及下焦諸痿癱瘓。並遺精失血，骨蒸，衝脈氣逆，治五臟腸胃結熱，黄疸，腸痔，止血痢，女子赤白漏下，男子濁淫，利下竅熱，不渴而小便不利，上能洗肝明目，及口舌生瘡。 丹溪曰：蘗皮走至陰，有瀉火補陰之助，非陰中之火不可用也。火有二：君火者，人火也，心火也，可以溼伏，可以水滅，可以直折。黄連之屬，可以制之。相火者，天火也，龍雷之火也，陰火也，不可以水溼折之，當從其性而伏之。惟黄蘗之屬，可以降之。 龍火出水中，故名。 東垣曰：黄蘗瀉膀胱經火，補本經及腎水不足，補下焦虚，堅腎。《經》曰：苦以堅之。凡痿厥，除溼藥中不可缺也。 盧復曰：黄蘗木高數丈，其葉經冬不凋，皮之味極苦而性寒，根結實如茯苓狀。據氣味與象，乃太陽寒水氣化所生，太陽之氣最高，而蘗根堅結，木氣專走皮，苦味專走骨，故黄蘗能自頂至踵，淪膚徹髓，因熱之結聚而發生種種病者，象形對待而治之。 潔古曰：黄蘗除下焦溼腫，又治痢疾先見血及臍中痛。《類明》曰：痢疾是溼熱，先見血是腎傳脾之證。東垣云痢疾見血先後，以三焦熱論之，先見血是下焦熱也。黄蘗能去下焦之溼熱。 又曰：臍下痛是腎經虚火，鬱而為痛也。黄蘗有補陰之功，降火之妙。 東垣曰：黄蘗、蒼术乃治痿要藥。凡去下焦溼熱，作腫及痛，并膀胱有火邪，并小便不利及黄濇者，並用酒洗黄蘗、知母為君，茯苓、澤瀉為佐。凡小便不通而口渴者，邪熱在氣分，肺中伏熱，不能生水，是絶小便之源也。法當用氣味俱薄，淡滲之藥，豬苓、澤瀉之類，瀉肺火而清肺金，滋水之化源。若邪熱在下焦血分，不渴而小便不通者，乃《素問》所謂無陰則陽無以生，無陽則陰無以化。膀胱者，州都之官，津液藏焉，氣化則能出矣。法當用氣味俱厚陰中之陰藥治之，黄蘗、知母是也。 嘉謨曰：加黄耆湯中，使足膝氣力涌出，痿厥即瘥。和蒼朮散內，俾下焦溼熱散行，腫痛易退。佐澤瀉利小便赤濇，配細辛擦舌頰紅瘡。 希雍曰：黄蘗稟至陰之氣，而得清寒之性者也。其味苦，其氣寒，其性無毒。如所主五臟腸胃中結熱，蓋陰不足則熱始結於腸胃。黄疸雖由溼熱，然必發於真陰不足之人。腸澼痔漏，亦皆溼熱傷血所致。洩痢者滯下也，亦溼熱干犯腸胃之病。女子漏下赤白諸證，皆溼熱乘陰虚流客下部而成。以至陰之氣，補至陰之不足，虚則補之，以類相從，故陰回熱解溼燥，而諸證自除矣。乃足少陰腎經之要藥，專治陰虚生內熱諸證，功烈甚偉，非常藥可比也。

黄蘗為足少陰腎經藥，然以柴胡引之則入膽；以黄連、葛根、升麻引之，則入腸胃及太陰脾經，治溼熱滯下。 佐牛膝、枸杞、地黄、五味子、鱉甲、青蒿，則益陰除熱。 佐甘菊、枸杞、地黄、蒺藜、女貞實，則益精明目。 得豬膽汁、水銀粉，則主諸熱蟲久不合口。 得鉛丹則生肌止痛。 得木瓜、茯苓、二术、石斛、地黄，則除溼健步。 佐白芍藥、甘草，則主火熱腹痛。

愚按：丹溪曰黄蘗有補陰瀉火之功，然非陰中之火不可用也。夫陰火，即水中之火，即人身元氣之根蒂，宜溫養，不宜寒瀉者也。如先天元陰虚而相火熾者，不獨恃此味以獲濟。唯是後天之氣血，或六淫或七情以傷之，致累及元陰，元陰受傷，則水不配火，元陽不得元陰以宅之，則少火化為壯火，舉三焦之元氣盡為之病矣。《經》曰陰虚則無氣是也。唯北方寒水所化，如黄蘗者，藉其同氣相求以助陰，即以伏陽，是丹溪所謂從其性而伏之者也。 助陰以育陽，則氣食少火，元氣回而腎陽自壯，且骨髓自堅，所云療下焦痿厥者也。 抑寧惟是陰傷而陽亢，亢陽即還以蝕陰，如骨蒸，遺精，失血等證，胥藉此為要藥矣。亢陽還以蝕陰，而裕陰即以伏陽，故骨蒸，遺精，失血等證，亦不獨恃此。 又寧啻利下竅、除熱、止臍腹虚火之痛乎，雖然，溼熱之義何居？曰：觀《本經》首言五臟腸胃中結熱，便可叅悟。蓋水土原合德以立地，而胃之三脘，皆根於任脈者也。腎之陰氣不足，則熱自結於胃，胃壅結熱，則溼土之陰氣無從施化，而還病於溼，是陰氣不足，則由腎而及於脾，腎與脾合病，則五臟腸胃病於溼熱之證多矣。如《本經》所云黃疸、腸痔洩痢、女子漏下赤白，固為病於溼熱，即下焦痿厥癱瘓諸證，亦未有不合於中土之溼以為患者。丹溪治痿獨取責於足陽明，正為此也。故味丹溪就其性而伏之一語，則知用黃蘗，非以水勝火，乃以水養火，味丹溪治痿獨取陽明之微義，則知用黃蘗，非止以腎陰得達於胃，更欲使胃陽得化於腎也。蓋熱之結者，胃陽不得化腎陰達於胃，而胃陽化矣。必如是而後可以用黃蘗，不負朱先生補陰二字矣。

按：由腎合脾，何以取責於胃？蓋以蘗皮達腎陰於脾，脾乃能為胃行三陽三陰之氣，而腸胃之結熱乃清，但三陽三陰之氣，脾固為胃行之，而能行三陽三陰之氣者，則屬之胃，故取責於胃耳。

按：元陰乃後天榮血之母氣，故丹溪酒炒末，為潛行散入血分，最妙。上焦血熱用酒炒黃連，下焦血熱則酒炒黃柏。

又按：羅周彥曰：有先天元氣之陰，即腎水母氣所稟元精之氣是也。其真陰本體，則深藏於左腎之中，而真陰妙用，則默運於精神之內，是謂無形者也。後天元氣之陰，即身中所化有形榮血之母氣，先天有形元氣之陰也。此亦天賦自然之真，其體附藏於脾胃中，化見於人迎，故其脈在心部，而其用則見於血也。又曰：元陰不甚損，其有形腎水之陰暴傷，致相火動而乘於有形陰精之分為患者，則知、柏與滋陰降火之法，任以用之。至於腎水中母氣，先天元陰之精受傷，以致無根虛火為病，若妄投之，必反損其元而絕其生機矣。合二論觀之，則所謂損其元陰，由傷其生身之精，損其腎水之母氣也。腎水之陰暴傷，由病於後天之氣血而暴傷其有形榮血之母氣也。蓋腎水之陰，即榮血之母，此處分晰極確，而後知黃柏之可用與不可用，庶乎無誤，不止於久用而寒中。如世醫所云：亦不至於當投而輒為斂手，以致劑不中病也。

附方　臟毒痔漏，下血不止，用川蘗皮刮淨一斤，分作四分，用酒、蜜、人乳、糯米泔，各浸透炙乾，切研，廩米飯丸，每空心溫酒下五十丸。　妊娠下痢白色，晝夜三五十行，根黃厚者，蜜炒令焦，為末，大蒜煨熟，去皮搗爛，和丸梧子大，每空心米飲下三五十丸，日三服。　積熱夢遺，心忪恍惚，膈中有熱，宜清心丸主之，黃蘗末一兩，片腦一錢，煉蜜丸梧子大，每服十五丸，麥門冬湯下。此大智禪師方也。　臁瘡熱瘡，黃蘗末一兩，輕粉三錢，豬膽汁調，搽之。　希雍曰：黃蘗固能除熱益陰，然陰陽兩虛之人，病兼脾胃薄弱，飲食少進，及食不消，或兼泄瀉，或惡冷物，及好熱食，腎虛天明作泄，上熱下寒，小便不禁，少腹冷痛，子宮寒，血虛不孕，陽虛發熱，瘀血停滯，產後血虛發熱，金瘡發熱，癰疽潰後發熱，傷食發熱，陰虛小水不利，痘後脾虛，小水不利，血虛不得眠，血虛煩躁，脾陰不足作泄等證，法咸忌之。

修治　以蜀中所產，其皮緊厚二三分，其色鮮黃者為良。　時珍曰：黃蘗性寒而沉，生用則降實火，熟用則不傷胃，酒制則治上，鹽制則治下，蜜制則治中。　能曰：滋腎水，瀉膀胱，必資乎鹽炒。療瘡癰，消結熱，悉聽乎引經，酒炒以治血分之痛，鹽製以去骨間之疼。

清·郭章宜《本草匯》卷一五　黃蘗　苦，寒，氣味俱厚，沉而降，陰也，陰中之陽，入足少陰經，為足太陽引經藥。肅清龍雷之火，滋濡腎水之枯。疏小便癃閉，療痿厥無力。黃蘗、蒼朮乃治痿要藥。　腸風連下血者立效，熱痢先見紅者殊功。加黃耆湯中，使腰膝氣力湧出。和蒼朮散內即二妙散，俾下焦溼熱散行。佐澤瀉利小便赤濇，配細辛治口舌生瘡。酥炙含之。　腸胃熱結，陰不足也，黃疸之病，雖由溼熱，然必發于真陰不足之人。　以至腸澼痔漏，溼熱傷血。　洩痢，濕熱干犯腸胃。　漏下赤白，膚熱目痛，口瘡等症，一皆陰虛血熱所致，以至陰之氣，補至陰之不足，補陰其火自降，火降其陰自寧，自然陰回熱解，溼燥而諸症痊矣。《本經》之所主治者，蓋以此也。

按：黃蘗，性寒，走至陰，有瀉火補陰之功，非陰中有餘之火，不可用也。昔人稱其補陰，非其性補，蓋熱去則陰不受傷，即謂之補，亦宜也。若兩尺微弱，或左尺獨旺，皆不宜用。《內經》所謂強腎之陰，熱之猶可，是矣。夫火有二：君火者，人火也，心火也，可以濕伏，可以水滅，可以直折；相火者，天火也，龍雷之火也，陰火也，不可以水濕折之，當從其性而伏之。黃蘗雖云能去下焦溼熱之火邪，然須辨其氣血虛實，故東垣云小便不通而渴者，熱在上焦氣分，肺熱則不能生水，法當滲淡之藥，猪苓、澤瀉之類，瀉肺火而清肺金，滋水之化源。若邪熱在下焦血分，不渴而小便不通，乃《素問》所謂無陰則陽無以生，無陽則陰無以化，膀胱為津液之藏，氣化則出，法當用陰中之陰藥，黃蘗、知母是矣。相火燔灼，飛走狂越，從性而伏，不該直折。酒炒褐色，轉苦為辛，水中火起，辨論天人，補陰其火自降，火降其陰自寧。火熱，脉理洪數堪憑。生用酒製，辨證斯文。　然黃蘗、知母，均有金水相生之義。究之黃蘗，專制膀胱命門陰中之火。知母能清肺金，滋腎水之化源。黄芩、梔子入肺，黄連入心，黄蘗入腎，燥濕所歸，各從其類也。夫氣為陽，血為陰，邪火煎熬，則真陰消涸，真陰消涸，則邪火益烈，而陰虚火動之病隨之矣。取知、蘗之苦寒，以抑南扶北，誠如久旱甘霖。然惟火旺胃强者，為能當之。倘中氣已殘，則邪火雖亢，命曰虚炎，從事弗衰，將有寒中之變。且味苦久服，有反從火化之害矣。今天下極其崇尚，以為去熱治勞之妙藥，而不知真元之火與健運之職已消亡而阻喪矣。獨不聞虚火可補，實火可瀉之説乎？苟非甘溫，則大熱焉除也？必尺中洪大，按之有力，可炒黑暫用，不然便當痛絕。

産蜀中。選肉厚色黄者，炒褐色。生用則降實火，熟用則不傷胃。酒制則治上，鹽制則治下，蜜制則治中。惡乾漆。伏硫黄。

清・蔣居祉《本草擇要綱目・寒性藥品》 黄蘗 氣味：苦，寒，無毒。沉而降，陰也。入足少陰經，為足太陽引經之藥。 主治：五臟腸胃中結熱，利下竅，瀉伏火，救腎水。治衝脈氣逆不渴，而小便不通。得知母滋陰降火，得蒼术除濕清熱，得細辛瀉膀胱火，治口舌生瘡。凡奉養太過，膏粱積熱，損傷腎水，致膀胱久而乾涸，小便不化，火逆上而為嘔噦者，《難經》所謂關則不得小便，格則吐逆者也，此宜以黄蘗之苦寒，瀉燥以補水也。又熱邪蓄于下焦血分，不渴而小便不通者，乃《素問》所謂無陰則陽無以生，無陽則陰無以化。膀胱為州都之官，津液之臟，火客于水，則陽氣不升，此宜以黄蘗之苦寒，抑火而升陽，而令陰陽互相生化也。故火有二，君火者，人火也，心火也，可以濕伏，可以水滅，可以直折，故謂知母、黄蘗之屬，為滋陰降火之對劑。若相火者，天火也，龍雷之火也，陰火也，不可以水濕折之何也？龍雷之火，五六月而起發，九十月而歸藏，蓋冬時陽氣在水土之下，龍雷就其火氣而居于下，夏時陰氣在下，龍雷不能安其身而出于上，若以黄蘗之屬降之，是欲括龍雷之勢于濃陰驟雨之時也，可乎？不可乎？唯太陽一照，火自消滅。此則得水而熾，得火而滅之明驗也。近時虚損及縱慾之人，用補陰藥往往以知母、黄蘗二味為君，日日服餌，降令太過，脾胃受傷，真陽暗損，精氣不暖，致生他病。豈知黄蘗、知母苦寒滑滲，久服有反從火犯之害。可不慎歟！明乎此而黄蘗、知母謂之降母以滋陰可也，若竟曰滋陰降火，則矛盾之甚矣。

清・閔鉞《本草詳節》卷五 黄蘗 【略】按：黄蘗之用有六：瀉膀胱龍火，一也；利小便結，二也；除下焦濕腫，三也；痢疾先見血，四也；臍中痛，五也；補腎壯骨髓，六也。凡腎水膀胱不足，諸痿厥，腰膝無力，此壬癸水涸，獨火用事，如諸物火烘則軟，於黄芪湯中加用，益水瀉火，使兩足膝中氣力涌出，痿軟便去。古方治陰虚火動，用知母、黄蘗，以黄蘗能制膀胱命門之陰火，知母能清肺金，滋腎水之化源也。但宜於少壯氣盛能食之人，若中氣不足，邪火雖熾，久服有寒中之變。後人用之往往不效，悉由于此。蜜炒研末，治口瘡如神，亦瀉陰火有功也。

清・王翃《握靈本草》卷八 黄檗 蜀産，肉厚色深者佳。蜜炙透用。亦有應用酒、鹽諸法。 主治：黄檗，苦，寒，無毒。主五臟腸胃中結熱，黄疸，腸痔，洩痢，女子漏下赤白。瀉膀胱相火，補腎水，療下焦虚痿。治衝脈氣逆，不渴而小便不通。諸瘡痛，陰陽蝕瘡。

清・汪昂《本草備要》卷三 黄蘗 黄柏。瀉相火，補腎水。 苦，寒，微辛，沉陰下降。瀉膀胱相火，足太陽引經藥。補腎水不足。堅腎潤燥。《發明》曰：非真能補也。腎苦燥，急食辛以潤之；腎欲堅，急食苦以堅之也。相火退而腎固，則無狂蕩之患矣。按：腎本屬水，虚則熱矣；心本屬火，虚則寒矣。除濕清熱。療下焦虚，骨蒸勞熱，陰虚生内熱。諸痿癱瘓，熱勝則傷血。血不榮筋，則耎短而爲拘；濕勝則傷筋，筋不束骨，則弛長而爲痿。合蒼朮名二妙散，清熱利濕，爲治痿要藥。或兼氣虚、血虚、脾虚、腎虚、濕痰、死血之不一，當隨症加治。目赤耳鳴，腎火。消渴便閉，黄疸水腫，王善夫病便閉，腹堅如石，腿裂出水，飲食不下。治滿、利小便藥，遍服不效。東垣曰：此奉養太過，膏粱積熱，損傷腎水，致膀胱乾涸，小便不化，火又逆上，而爲嘔噦。《難經》所謂關則不得小便，格則吐逆者。《内經》所謂無陰則陽無以化也。遂處以北方大苦寒之劑，黄蘗、知母各一兩，酒洗焙研，桂一錢爲引，名滋腎丸，每服二百丸。少焉，前陰如刀刺火燒，溺出床下成流，腫脹遂消。水瀉熱痢，痔血腸風，漏下赤白，皆濕熱爲病。諸瘡痛癢，頭瘡研末傅之。口瘡。蜜炒，研，含。凡口瘡用凉藥不效者，乃中氣不足，虚火上炎。宜用反治之法。參、朮、甘草補上之虚，乾薑散火之標，甚者加附子，或噙官桂，引火歸元。殺蟲安蛔。久服傷胃，尺脉弱者禁用。若虚火上炎，服此苦寒之劑，有寒中之變。時珍曰：知母佐黄蘗，滋陰降火，有金水相生之義。古云黄蘗無知母，猶水母之無蝦也。水母以蝦爲目。蓋黄蘗能制命門、膀胱陰中之火，知母能清肺金，滋腎水之化源。丹溪曰：君火者，人火也，心火也，可以水滅，可以直折，黄連之屬，可以制之。相火者，天火也，龍雷之火也，陰火也，不可以水濕折之，當從其性而伏之，惟黄蘗之屬，可以降之。按：火有虚火、實火、燥火、濕火、鬱火、相火之異。虛火宜補，實火宜瀉，燥火宜滋潤，鬱火宜升發。濕火由濕鬱爲熱，多病胕腫，《經》所謂諸腹脹大，皆屬于熱；諸病胕腫，皆屬于火是也。宜利濕清熱而兼補脾。相火寄于肝腎，乃龍雷之火，非苦寒所能勝，宜滋陰養血，壯水之主，以制陽光。又按：諸病之中，火症爲多。有本經自病者，如忿怒生肝火，焦思生心火之類是也；有子母相剋者，如心火剋肺金，肺火剋肝木，肝火剋脾土之類是也。有藏府相移者，如肺火咳嗽，久則移熱于大腸而泄瀉；心火煩焦，久則移熱于小腸，而爲淋閟之類是也。又有別經相移者，有數經合病者，當從其重者而治之。川産、肉厚、色深者良。生用降實火，蜜炙則不傷胃。炒黑能止崩帶。酒製治上，蜜製治中，鹽製治下。炙末乳調，能塗凍瘡。

清・吴楚《寶命真詮》卷三　黄檗　【略】瀉龍火而救水，利膀胱以燥濕。目赤耳鳴皆療，血痢吐衄兼資。佐蒼朮理足膝之痺痛，漬蜜水（嗽）〔漱〕舌之生瘡。惟黄栢瀉陰火，除濕熱。昔人謂其補陰者，非其性補，蓋熱去則陰不受傷也。

清・李世藻《元素集錦・本草發揮》　黄栢　峻下，引諸藥下行。時人用入腎亦以鹽炒，蓋不知黄栢之性也。然則以鹽入腎，將用何炒？呵呵！

清・陳士鐸《本草新編》卷四　黄柏　味苦，微辛，氣寒，陰中之陰，降也。無毒。乃足少陰妙藥，又入足太陽。專能退火解熱，消渴最效，去腸風，止血痢，逐膀胱結熱，治赤帶，瀉腎中相火，亦能平肝明目，其餘《本草》所載功效，俱不可盡信也。蓋黄柏乃至陰之物，其性寒冷，止可暫用以降火，而不可長用以退熱。試思陰寒之地，不生草木，豈陰寒之藥，反生精髓。黄柏有瀉而無補，此可必信者也。如遇陰虛火動之人，用黄柏以瀉火，不若用元參以降火也。萬不得已而用黄柏，亦宜與肉桂同用，一寒一熱，水火有相濟之妙，庶不致為陰寒之氣所逼，至于損胃而傷脾也。

或疑丹溪朱公，專以陰虛火動立論，其補陰，丹原以黄柏、肉桂同用，未嘗教人盡用黄柏、知母也。而吾子譏其太過，毋乃已甚乎？嗟乎！人生于火，原宜培火，不宜損火也。火之有餘，實水之不足。因水之不足，乃現火之有餘。火盛者，補水而火自息，不必去瀉火也。自丹溪創陰虛火動之說，其立論為千古之不磨，而其立方不能無弊，用黄柏、知母于肉桂之中，不用熟地、山茱為君，烏可為訓乎。或疑黄柏苦寒瀉火，是瀉火有餘，而補水不足，入之於大補陰之內，少用之，以退陰虛之火，不識亦可乎？曰：不可也。黄柏瀉火而不補水也。惟是陰虛火大動，用黄柏于大補真陰之藥，如熟地、山茱萸、北五味之類，可暫用以退火。倘陰虛而火微動者，亦斷不可用。蓋陰火之大盛者，退火而火少息；陰火之微動者，退火而火愈起。總之，虛火旺宜瀉，而虛火衰宜補也。

或問：知母、黄柏，同是苦寒之藥，用一味以瀉虛火，未必無功，必要加用二味，與仲景張公並駕齊驅，反致悮事，使後人譏之，是則丹溪之失也。嗟乎！虛火之沸騰，乃真水之虧損，用六味以生水制火，尚恐水不能以遽生，而火不可以遽制。況用苦寒之黄柏、知母，使水之不生，又何以制火哉。在丹溪欲制火以生水，誰知制火而水愈不生耶。用知母、黄柏之一味，似乎輕于二味並用，然而，水一遇寒涼即不生，正不必二味之兼用也。

清・顧靖遠《顧氏醫鏡》卷八　黄柏苦，寒。入腎經。生用則降寔火，熟用則不傷胃。治上酒炒，治中蜜炒，治下鹽炒。肥厚鮮黄者佳。瀉龍火而救腎水，伏火煎熬，則腎水漸涸。丹溪謂其滋陰降火者，以其瀉陰中之火，而陰不受傷也。止夢遺而治下消。利水竅澁痛，皆腎陰虛而相火旺之所致。除目赤腫痛。陰虛血熱之故。治陰瘡而理帶下，皆濕熱乘陰虛流客下部而成。陰瘡有二種，一者陰蝕，作血膿出。一者只生熱瘡，煎湯洗之，仍同芩、連為末塗敷。男女俱患之，凡熱病遺毒，手足腫疼欲斷，取五斤煎湯洗之。又冬月向火，火毒入內，兩股生瘡，其汁淋漓，撒之立愈。諸瘡大痛，亦用之。止便血而殺疳蟲。止便血，清腸之力，味苦故殺蟲。疝疼腳氣皆堪療，善治下焦濕熱，作腫及痛，故腳氣最效。疝痛因腎虛濕熱邪乘者，宜之。痢疾疸家盡可醫。亦皆除濕熱之功。口舌生瘡至效，蜜水浸之，時時噙嗽，兼飲之甚良。足膝痿軟如神。元素謂諸痿癱瘓必用之藥。瀉陰火，除濕熱，是其本功。苦寒之性，利於實熱，不利於虛熱。凡胃虛食少，脾虛瀉多，忌之。腎虛，五更溏瀉，勿用。

清・李熙和《醫經允中》卷一九　黄柏　入膀胱經。鹽酒炒褐色用。苦，寒，無毒。氣味俱厚，沉而降，陰也。主治目赤口瘡，衄血，熱腫，瀉龍火，利小便，除下焦濕腫，衝脉氣逆，腸風下血。同蒼朮療痿厥要藥。走至陰而瀉陰中有餘之火。性寒而燥，惟濕熱壯盛者宜之。若兩尺微弱，及左尺獨旺者，不可用也。必邪熱在下焦血分，兩尺洪大而有力者，可暫施耳。倘中氣衰而虛火炎者服之，寒則傷胃，燥則傷血，崩泄而不補也，慎用之。王損齋曰：補精之藥，固忌溫熱。然以天道論之，時非溫熱，則地氣不能升而為雲，天氣不能降而為雨，人身之道何莫不然？然則腎雖寒水，實資溫助，故昔人以蓯蓉、故紙、茴香之類，發揚腎氣，使陰陽交蒸而生精，知此理也。自丹溪出而以黃栢、知母為補腎之藥，誤人多矣。夫黃栢、知母，禀北方寒水之氣，其性降而不升，殺而不生，暫用其寒可以益水，久服其苦反能助火，《經》不云乎：久而增氣，物化之常也，氣增而久，夭之由也。可不慎乎？

清・馮兆張《馮氏錦囊秘錄・雜症痘疹藥性主治合參》卷四　黃栢禀至陰之氣，得清寒之性。味苦，性寒，無毒。入足少陰腎經，陰虛內熱之要藥。以至陰之氣，補至陰之不足也。然實熱陽強之症則有功，虛熱陽虛之症所切忌。〇入劑宜蜜浸一宿，炙黃。若入腎經藥，宜鹽酒浸透，炒褐色。若入口疳敷藥，晒燥，不見火。

黃栢，使下焦濕熱散行，瀉陰伏龍火，除骨蒸，補腎強陰。洗肝明目，五臟腸胃中結熱，黃疸腸痔洩痢。瀉相火有餘，救腎水不足。得知母滋陰降火，為治癆之需；得蒼术除濕清熱，為治痿之要。口瘡蟲疥，并堪敷治。腸風連下血者殊功，熱痢先見血者神效。膀胱中結熱，女人帶漏，陰傷蝕瘡。然云補陰者，以火退而陰長，非有補功也。況實火可治，虛火宜補。人非此火，不能有生。用此以瀉火者，是傷其生氣也。惟濕熱實熱暫用之。若腎虛脾薄之人，所當痛絕也。

主治痘疹合參：宜酒製炒用。主五臟腸胃中結熱，目痛口瘡，瀉膀胱熱。清小便，降相火。入腎定燥，解諸毒。然痘瘡中非常用也，脾虛泄瀉者切忌。

按：黃栢性寒，行隆冬肅殺之令，故獨入少陰，瀉有餘之相火。必尺中洪大，按之有力，可炒黑暫用。昔人稱其補陰者，非其性也，蓋熱去則陰不受傷耳，利於實熱而不利於虛熱耳。奈今天下不問虛實，竟以為去熱治勞之妙藥，而不知陰寒之性，能傷人氣，減人食，命門真元之火一見而消亡。脾胃運行之職，一見而阻喪。元氣既虛，又用苦寒，遏絕生機，莫此為甚。

清・张璐《本經逢原》卷三　黃栢根名檀桓　苦，寒，無毒。生用降實火。酒製治陰火上炎。鹽製治下焦之火。薑製治中焦痰火，薑汁炒黑治濕熱。鹽酒炒黑治虛火。陰虛火盛，面赤戴陽，附子汁製。《本經》主五藏腸胃中結熱，黃癉腸痔，止泄痢，女子漏下赤白，陰傷蝕瘡。〇檀桓主心腹百病，安魂魄，不飢渴，久服輕身延年通神。發明：黃栢苦燥，為治三陰濕熱之專藥。詳《本經》主治皆濕熱傷陰之候，即漏下赤白，亦必因熱邪傷陰，火氣有餘之患，非崩中久漏之比。其根治心腹百病，魂魄不安，皆火內亢之候。仲景梔子栢皮湯治身黃發熱，得其旨矣。按：黃栢味厚而降，入腎經血分。凡腎水膀胱不足，諸痿厥無力，於黃耆湯中加用，使兩足膝中氣力湧出，痿弱即愈。黃栢、蒼术乃治痿要藥。凡下焦濕熱腫痛，并膀胱火邪，小便不利及黃濇者并宜黃栢、知母為君，茯苓、澤瀉為佐。凡小便不通而渴者，邪熱在氣分，主治在肺不能生水。不渴者，邪熱在血分，主治在膀胱不能化氣，亦宜黃栢、知母。昔人病小便不通，腹堅如石，脚腿裂水，雙睛凸出，遍服治滿利小便藥不效，此膏粱積熱損傷腎水，致膀胱不化，火氣上逆而為嘔噦，遂以滋腎丸主之。方用黃栢、知母，入桂為引導，服少時，前陰如火燒，溺即湧出，顧盼腫消。《金匱》治誤食自死六畜肉中毒，用黃栢屑擣服方寸匕解之，不特治膏粱積熱。蓋苦以解毒，寒以泄熱也。大抵苦寒之性利於實熱，不利於虛熱。凡脾虛少食，或嘔或瀉，或好熱惡寒，或腎虛五更泄瀉，小便不禁，少腹冷痛，陽虛發熱，瘀血停止，產後血虛發熱，癰疽腫後發熱，陰虛小便不利，痘後脾虛小便不利，血虛煩躁不眠等證，法皆忌之。一種小而實如酸石榴者，名曰小栢，性亦不甚相遠，《千金翼》阿伽佗丸用之。

清・浦士貞《夕庵讀本草快編》卷五　蘗木〔黃柏〕《本經》、黃蘗　《本經》言蘗木及根不言皮者，古時皮與根通用也。俗作黃柏，謬耳！黃蘗苦寒，氣味俱厚，沉而且降，乃是少陰主藥，兼為足太陽引經，真壬癸燥濕之劑也。《本經》言其治腸胃結熱，洩痢崩漏，陰傷蝕瘡。潔古謂其瀉膀胱相火，補腎水不足，利下竅除熱。東垣謂其瀉伏火，救腎水，小便不通，諸瘡作痛。三者文雖異，而理則同也。惟丹溪不悟元陰元陽，以臆釋之，曰：夫火有二，君火者，人火也，心火也，可以溫伏，可以水滅，可以直折，黃連之屬以制之。相火者，天火也，龍雷之火也，陰火也，不可以水濕折之，當從其性而伏之，惟黃蘗之屬以降之。蓋理雖通而義自悖爾。夫少陰寒水之藏，雖子午為對化，惡寒涼而喜溫暖，其本性也。黃蘗既苦而寒，豈火之同性乎？非直折之者乎？故前三註注其瀉火補陰者，非謂其性補。蓋取其瀉陰中之邪火，不致煎熬，則腎自寧矣。然苟非少壯氣旺，能食脉洪者，不可輕用也。自丹溪之說行，而大補陰丸崇尚于天下，以為治勞祛熱之良劑。殊不知陰寒之性能奪人食，損人氣，命門真元之火，一見而消亡；脾胃運行之職，久服而沮喪。上吐痰涎，下為泄瀉，遏絕生理，慘可言哉！致趙養葵有丹溪之書不熄，軒岐之道不著，戒深切矣。時有客詰予曰：以君之論，知、蘗幾為廢棄之物，而古人諄諄重之，抑有說乎？予應之曰：獨不思潔古治腎水不足，腰膝無力之痿厥，于黃芪湯中加之；東垣治膏粱積熱，損傷腎水，致膀胱乾涸，小便不通，用火府丹以肉桂佐之，皆慮其寒滑，為嚴冬之令，必以陽藥輔之，始易成功。可謂用知蘗之繩墨爾。學者當於是而參入，思過半矣。

清・張志聰、高世栻《本草崇原》卷中　黃蘗　氣味苦，寒，無毒。主治五臟腸胃結熱，黃疸，腸痔，止泄痢，女子漏下赤白，陰傷蝕瘡。蘗，音百，俗作黃柏，省筆之訛。　黃蘗木出漢中山谷及永昌、邵陵、房商、山東諸處皆有。今以蜀中出者，皮厚色深為佳，樹高數丈，葉似紫椿，經冬不凋，皮外白裏深黃色，入藥用其根結塊，如松下茯苓。　黃蘗氣味苦寒，冬不落葉，稟太陽寒水之精。皮厚色黃，質潤稠粘，得太陰中土之化。蓋水在地之下，水由地中行，故主治五臟腸胃中之結熱，黃疸，腸痔。治結熱者，寒能清熱也。治黃疸、腸痔者，苦能勝濕也。止泄痢者，先熱泄而後下痢，黃蘗苦寒，能止之也。女子漏下赤白，陰傷蝕瘡，皆濕熱下注之病。苦勝濕而寒清熱，故黃蘗皆能治之也。以上主治，皆正氣無虧，熱毒內盛，所謂下者舉之，結者散之，熱者寒之，強者瀉之，各安其氣，必清必靜，則病氣衰氣，歸其所宗，此黃蘗之治皆有餘之病也。如正氣稍虛，飲食不強，便當禁用。　愚按：黃蘗稟寒水之精，得中土之化，有交濟陰陽，調和水火之功，所治至廣。而《真珠囊藥性》云：黃栢瘡用，一言蔽之。後人徒事歌括者，信為瘡藥而已。其曰真珠，殆以魚目欺世爾。

清・劉漢基《藥性通考》卷六　黃蘗　味苦、辛，氣寒。沉陰下降，瀉膀胱相火，補腎水不足，堅腎潤燥，除濕清熱，療上焦虛，骨蒸勞熱，諸痿癱瘓，目赤耳鳴，消渴便閉，黃疸水腫，水瀉熱痢，痔血腸風，漏下赤白。諸瘡痛癢，頭瘡，研末敷之口上。蜜炒，研含。〇凡口瘡，用涼藥不效者，乃中氣不足，虛火上炎，宜用反治之法，參、朮、甘草補土之虛，乾薑散火之標，甚者加附子，或噙官桂，引火歸元。〇川產肉厚色深者良。生用降實火，蜜炙則不傷胃。炒黑能止崩帶，酒製治上，蜜製治中，鹽製治下，炙末，乳調能塗凍瘡。又能殺蟲安蚘。久服傷胃，尺脉弱者禁用。〇或問：黃蘗既是大寒之藥，何以言補腎堅腎乎？〇曰：非真能補也。腎苦燥，急食辛以潤之。腎欲堅，急食苦以堅之也。相火退而腎固，則無狂蕩之患矣。腎本屬水，虛則熱矣。心本屬火，虛則寒矣。

清・姚球《本草經解要》卷三　黃柏　氣寒，味苦，無毒。主五藏腸胃中結熱，黃疸，腸痔，止洩利，女子漏下赤白，陰傷蝕瘡。鹽水炒。　黃柏氣寒，稟天冬寒之水氣，入足少陰腎經。味苦無毒，得地南方之火味，入手少陰心經。氣味俱降，陰也。五藏六府，心為君主，心屬火。結熱，火氣結也。味苦洩熱，所以主之。黃疸，胃經濕熱之症。腸痔，大腸火結之病。洩利，大腸濕熱之症。其主之者，黃柏入腎。腎者，胃之關。大腸腎所主也。氣寒能清，味苦能燥，故治以上諸症也。漏下赤白，胎漏下血及赤白帶也，一因血熱妄行，一因濕熱下注。黃柏入腎，寒能清熱，苦可燥濕，所以主之。陰傷蝕瘡，陰戶傷蝕成瘡也。諸瘡皆屬心火，其主之者，苦寒瀉火也。　製方：黃柏同知母，滋陰降火。同茅朮，除濕清熱，治痿要藥。同細辛，瀉膀胱火。用蜜炙成末，煨大蒜丸，治妊娠下痢白色。同木瓜、白茯、二朮、石斛、生地，治痿。同白芍、甘草，治火熱腹痛。

清・王子接《得宜本草・上品藥》　黃蘗　味苦。入腎經。主治濕熱。得肉桂治咽痛，得蒼朮治濕痿，得細辛瀉膀胱火，得蛤粉治赤濁白淫。

清・徐大椿《神農本草經百種錄》上品　蘗木　味苦，寒。主五藏、腸胃中結熱，黃疸，腸痔，止洩痢，女子漏下赤白，陰陽蝕瘡。皆陽明表裏上下所生濕熱之疾。　黃蘗極黃，得金之色，故能清熱。其味極苦，若屬火，則又能燥濕。凡燥者未有不熱，而寒者未有不濕，惟黃柏于清熱之中而兼燥濕之效。蓋黃色屬金，陽明為燥金，故其治皆除陽明濕熱之疾，氣類相感也。

清・黃元御《長沙藥解》卷二　黃柏　味苦，氣寒。入足厥陰肝、足太陰脾經。泄己土之濕熱，清乙木之鬱蒸。調熱利下重，理黃疸腹滿。《傷寒》烏梅丸方在烏梅用之治厥陰傷寒，氣上撞心，心中疼熱，食即吐蚘。以木鬱則蟲化，鬱衝而生上熱。黃柏泄鬱升之上熱而殺蚘蟲也。　白頭翁湯方在白頭翁用之治厥陰病，熱利下重者，以木鬱則利作，鬱陷而生下熱。黃柏泄鬱陷之下熱，而舉重墜也。《金匱》梔子柏皮湯方在梔子用之治太陰病，身黃發熱者。大黃硝石湯方在大黃用之治黃疸，腹滿，小便不利者，以乙木濕陷，不能疏泄，鬱生下熱，傳於膀胱，水竅不開，溢於經絡，則身黃腹滿而發熱。黃柏泄濕熱而清膀胱也。　陽衰土濕，乙木不達，抑遏而生濕熱。衝於胃口，則心中疼熱，陷於大腸，則熱利下重，鬱於膀胱，濕於肌膚，則腹滿身黃。黃柏苦寒迅利，疏肝脾而泄濕熱，清膀胱而排瘀濁，殊有捷效。最瀉肝腎脾胃之陽。後世庸工，以此為滋陰補水之劑，著書立說，傳流不息，誤人多矣。　黄柏清臟腑之濕熱，柏皮清經絡之濕熱，故發熱身黄用柏皮。

清・尤氏《尤氏喉科秘書》　製黄柏法　先揀好者切片，用荊芥穗為君，甘草為臣，浸煎濃湯，浸至片子柔軟，取起攤瓦上，慢火炙至金色，如焦者去之，再入白蜜湯煎過一次，晒乾聽用。

清・吴儀洛《本草從新》卷三　黄檗瀉相火，燥濕清熱。　苦，寒，微辛。沉陰下降。瀉膀胱相火，足太陽引經藥。陰濕清熱，療下焦虛，非真能補也，腎苦燥，急食辛以潤之；腎欲堅，急食苦以堅之，相火退而腎固，則無狂蕩之患。按：腎本屬水，虛則熱矣；心本屬火，虛則寒矣。骨蒸勞熱，諸痿癱瘓，熱甚則傷血，血不榮筋則耎短而為拘。濕勝則傷筋，筋不束骨則弛張而為痿。合蒼朮名二妙散，清熱利濕，為治痿要藥。或兼氣虛血虛、脾虛痛虛、濕痰死血之不一，宜隨證施當。目赤耳鳴，腎火。消渴黄疸，水腫便閉，王善夫病便閉，腹堅如石，腿裂出水，治滿、利小便藥遍服不效。東垣曰：此奉養太過，膏粱積熱損傷腎水，致膀胱乾涸，小便不化，火又逆上而為嘔噦，《難經》所謂關則不得小便，格則吐逆。《内經》所謂無陰則陽無以化也。遂處以北方大苦寒之劑：黄檗、知母各一兩，酒洗焙研，桂一錢為引，名滋腎丸。服二百丸，未幾，前陰如刀刺火燒，溺出如泉，腫脹遂消。水瀉熱痢，痔血腸風，漏下赤白，皆濕熱為病。諸瘡痛癢，凍瘡，乳調敷。頭瘡，末敷。口瘡。蜜炒研含。凡口瘡涼藥不效者，乃中氣不足，虛火上炎，宜用反治之法，參、朮、甘草補土之虛，乾薑散火之標，甚者加附子，或噙官桂，引火歸元。殺蟲安蚘。必尺脈洪大，按之有力方可用，若虛火誤服有寒中變。川産肉厚色深者良。生用降實火，蜜炙則庶不甚傷胃，炒黑能止崩帶，酒製治上，蜜製治中，鹽製治下。惡乾漆。得知母良。時珍曰：知母佐黄檗滋陰降火，有金水相生之義。古云：黄檗無知母，猶水母之無鰕也，蓋黄檗能制命門膀胱腎中之火，知母能清肺金，滋腎之化源。

清・汪紱《醫林纂要探源》卷三　黄檗　苦，微辛，大寒。葉圓小而厚，出川蜀者，樹大而皮肉厚，色深黄而黑。補腎清金，抑相火，行冬藏之令，為堅腎主藥。入腎，苦堅辛潤，行膀胱之濁水，而斂二腎之真精，治陰虛之骨蒸勞熱，療血竭之痺痿癱瘓，止妄熱之瀉痢，崩漏，痔瘻，行旁溢之疸黄，濕腫淋閉，肅清塵穢，能使耳目聰明，反源歸根，以俾真陽不泄，是歸藏之令，自秋而閉塞成冬，以保合太和，然後更生也。兼瀉心火，治諸瘡痛癢，療口瘡，殺蛔去蟲䘌，此猶冬雪之殺蝗蝻也。中寒者忌。尺脈弱甚者忌。○生用降火，炒黑止崩帶，酒炒則上清耳目、口齒，清金蜜炙，治肝胃火鹽水炒，能安腎水，靖膀胱火。

清・嚴潔等《得配本草》卷七　川黄柏　伏硫黄，惡乾漆。　苦，寒。入足少陰經血分。瀉下焦隱伏之火，除臟腑至陰之濕。溲便癃秘，水瀉血痢，由濕熱致者，宜此治之。得肉桂，治咽痛。桂乃命門之匙，賴以開之。配知母，降肺火。佐蒼朮，治濕痿。柏可直入。使細辛，瀉脬火。辛用二、三分。　治上，酒製。治中，蜜炙。治下，鹽水製。止崩帶，炒炭。塗瘡，乳調。　脾胃虛瀉、尺脈細弱，二者禁用。　川柏補水，以其能清自下泛上之陰火，火清則水得堅凝，不補而補也。蓋陰中邪火，本非命門之真火，不妨用苦寒者除之。若腎中之真水不足，水中之真火虛浮於上，宜用二地以滋之，水足火自歸藏也。如誤投知、柏，水愈燥而火愈炎，反成孤陽飛越，莫可救矣。又曰：命門之火，安其位為生生之少火，出其位即為爍陰食氣之壯火，是畏火也。非急除之不可，川柏、丹皮，在所必需。然少火出位，失水之源，用川柏之苦燥，不若丹皮之辛潤，為無傷於真陰也。

題清・徐大椿《藥性切用》卷五　川黄蘗　苦寒微辛，入膀胱而瀉相火，除濕熱而滋腎水，為堅腎退熱耑藥。鹽水炒，或酒炒用。胃虛無濕熱者忌。

清・黄宫繡《本草求真》卷六　黄蘗大瀉腎火，及除膀胱濕邪。　黄蘗耑入腎，兼入膀胱。昔人同知母用於六味丸中，名為知蘗八味丸。又同知蘗各一兩，酒洗焙研，入桂，名為滋腎丸。時珍曰：知佐黄蘗，滋陰降火，有金水相生之義。古云黄蘗無知母，猶水母之無鰕也。蓋黄蘗能制命門膀胱陰中之火，知母能清肺金，滋腎水之化源。謂其可滋真陰，此說一出，而天下翕然宗之。以至於今，牢不可破。詎知黄蘗性稟至陰，味苦性寒，行隆冬肅殺之令，故獨入少陰瀉火，入膀胱瀉熱。好古曰：黄芩、梔子入肺，黄連入心，黄蘗入腎燥濕，所歸各從其類也。震亨曰：火有二，君火者人火也，心火也，可以濕伏，可以水滅，可以直折，黄連之屬可以制之。相火者天火也，龍雷之火也，陰火也，不可以水濕折之，當從其性而伏之，惟黄蘗之屬可以降之。凡人病因火亢而見骨蒸勞熱，目赤耳鳴，消渴便閉，及濕熱為病而見諸痿癱瘓。癱瘓本有氣虛、血虛、脾虛、腎虛、濕痰、死血之別，但因熱傷血，血不養筋，而致耎短而拘，濕則傷筋，筋不束骨而致弛長而痿，宜用蒼朮、黄蘗，名二妙散以治。水瀉熱利，黄疸水腫。杲曰：長安王善夫病小便不通，漸成中滿，腹堅如石，脚腿裂破出水，雙睛凸出，飲食不下，痛苦莫可名狀。治通利小便滲洩之藥，服遍矣。予診之曰：此乃奉養太過，膏粱積熱，損傷腎水，致膀胱久而乾枯涸，小便不化，火又逆上而為嘔噦。《難經》所謂關則不得小便，格則吐逆者，遂處以北方大苦寒之劑，黄蘗、知母各一兩，酒洗焙研，入桂一錢為引，為丸。每服二百丸，少焉前陰如刀刺火燒，湧如瀑泉湧出，床下成流，顧盼之間，腫脹消散矣！痔血瘍風，漏下赤白。皆濕熱為病。與夫諸痛瘡癢，蚘蟲內攻。《外臺》治口舌生瘡，用黃蘗含之良。《深師》用蜜漬取汁含之，吐蚘。寇氏《衍義》治心脾有熱，舌頰生瘡，用蜜炙黃蘗、青黛各一分為末，入生龍腦一字摻之吐涎。赴筵散用黃蘗、細辛等分為末摻，或用黃蘗、乾薑等分亦良，但用涼藥不效者，須察脉症。或因中氣不足，虛火上炎，宜用參、术、甘草、乾薑、附子之類，或噙官桂引火歸元。診其尺果洪大，按之有力，可炒黑暫用，使其濕熱順流而下，陰火因爾潛伏，則陰不受煎熬，而陰乃得長矣。非謂真陰虛損，服此即有滋潤之力也。《發明》曰：非真能補也。腎苦燥，急食辛以潤之。腎欲堅，急食苦以堅之也。相火退而腎固，則無狂蕩之患矣。按腎本屬水，虛則熱，心本屬火，虛則寒。故於實熱、實火則宜。時珍曰：東垣、丹溪皆以黃蘗為滋腎降火要藥，上古所未言也。蓋氣為陽，血為陰，邪火煎熬，則陰血漸涸，故陰虛火動之病須之。然必少壯氣盛能食者，用之相宜。若中氣不足，而邪火熾盛者，久服則有寒中之變。近時虛損及縱慾求嗣之人，用補陰藥，往往以此二味為君，日日服餌，降令太過。脾胃受傷，真陽暗損，精氣不暖，致生他病。蓋不知此苦寒而滑泄，且苦味久服，有反從火化之害。故葉氏《醫學統旨》有四物加知母、黃蘗，久服傷胃不能生陰之戒。汪昂曰：按火有虛火、實火、燥火、濕火、相火、鬱火之異，虛火宜補，實火宜瀉，燥火宜滋潤，鬱火宜升發，濕火由濕鬱為熱，多病胕腫，《經》所謂諸腹脹大，皆屬於熱。諸病胕腫，皆屬於火是也，宜利濕清熱而兼補脾。相火寄於肝腎，乃龍雷之火。非苦寒所能勝，宜滋腎養血，壯水之主，以制陽光。又按諸病之中，火症為多。有本經自病者，如忿怒生肝火，焦思生心火之類是也。有子母相尅者，如心火尅肺金，肝火克脾土之類是也。有臟腑相移者，如肺火咳嗽，久則移熱於大腸而泄瀉，心火煩焦，久則移熱於小腸而為淋閉之類是也。又有別經相移者，有數經合病者，當從其重者而治之。奈今天下人，不問虛實，竟有為去熱治勞之妙藥，而不知陰寒之性，能損人氣，減人食，命門真元之火，一見而消亡。脾胃運行之職，一見而阻喪，元氣既虛，又用苦寒，遏絕生機，莫此為甚。川產肉厚色深者良。生用降實火，蜜炙則不傷胃，炒黑能止崩帶，酒製治上，蜜製治中，鹽製治下。

清·楊璿《傷寒溫疫條辨》卷六寒劑類　黃栢　味苦、微辛，大寒。陰中微陽，善降三焦之火。但其性多沉，專入足少陰本經，為足太陽、厥陰之引經也。清胃火嘔噦蚘蟲，除伏火骨蒸煩渴，去腸風熱痢下血，逐二便邪火結淋，上可解熱渴口瘡，喉痹癰瘍，下可去足膝濕熱，疼痛痿躄。黃栢、蒼术名二妙散，治下焦濕熱。總之，寒潤降火最速。《本草》言其制伏龍火，補腎強陰。然吾謂龍火豈沉寒可制，水枯豈苦劣可補？陰虛水涸，得降愈亡，撲滅元陽，莫此為甚。水未枯而火盛者，用以抽薪則可；水既枯而發熱者，用以補陰實難。當局者勿泥陳言，認為補劑。瀉膀胱邪火，利小便熱結，降下焦濕腫，治痢疾便血。但脾虛胃弱者，宜慎用之。脉滑大有力，鹽水炒用。

清·羅國綱《羅氏會約醫鏡》卷一七竹木部　黃柏味苦，大寒，入腎經。沉陰下降，瀉膀胱有餘之相火。尺脉洪大有力，可炒黑暫用。除濕清熱，治諸痿癱瘓、遍體疼痛，合蒼术，名二妙散，為治痿妙藥。若病在腰膝以下，加川牛膝，名三妙散。水腫、黃疸濕熱、便閉，用利水藥不效者，所謂無陰則陽無以化也。東垣製滋腎丸，黃柏、知母各一兩，酒洗焙研，加肉桂一錢二分為丸，妙方。療熱痢、痔血、腸風、皆屬濕熱，宜炒黑用。諸瘡痛癢、頭瘡、研末敷之。口瘡，蜜炒研含，不效，宜用反治之法，參、术、甘草加乾薑，甚者加附子或噙桂、附，引火歸元。殺蟲安蛔苦也。

按：黃柏苦寒，昔人稱其補陰者，以熱去則陰不受傷耳。乃不問火之虛實，見龍雷之相火一發，以知柏為滋陰，而不知天陰則雷火愈發，得太陽一照，火皆潛藏，當從其性而伏之，正所謂甘溫能除大熱也。或上焦有熱證以拒之，宜用桂附冷服，下咽之後，熱性發，可引火以自歸也。若元陽既虛，而又用此苦寒，則脾胃壞，飲食減，泄瀉作，生機遏絕，可悲也乎！

清·陳修園《神農本草經讀》卷三中品　黃蘗音百，俗作黃柏，省筆之訛。氣味苦，寒，無毒。主五臟腸胃中結熱，黃疸，腸痔，止泄痢，女子漏下赤白，陰傷蝕瘡。

陳修園曰：黃蘗氣寒，稟天冬寒之水氣。味苦無毒，得地南方之火味。皮厚色黃，得太陰中土之化。五臟為陰，凡經言〔主〕五臟者，皆主陰之藥也。治腸胃中熱結者，寒能清熱也。治黃疸、腸澼痔者，苦能勝濕也。止泄利者，濕熱泄痢，唯苦寒能除之，而且能堅之也。女子胎漏下血，因血熱妄行，赤白帶下，及陰戶傷蝕成瘡，皆因濕熱下注。黃蘗寒能清熱，苦可燥濕，所以主之。然皆正氣未傷，熱毒內盛，有餘之病，可以暫用，否則不可姑試也。

凡藥之燥者，未有不熱，而寒者，未有不濕。黃柏於清熱之中而兼燥濕之效。

清·王學權《重慶堂隨筆》卷下　黃柏之功，昔人已詳之矣。或竟視為毒藥，痛戒勿用，毋乃議藥不議病之陋習耶？《經》言：腎欲堅，急食苦以堅之。凡下部不堅之病多矣，如莖痿、遺濁、帶漏、痿躄、便血、瀉痢諸證，今人不察病情，但從虛寒治之，而不知大半屬於虛熱也。蓋下焦多濕，始因陰虛火盛而濕漸化熱，繼則濕熱阻夫氣化，反耗精液，遂成不堅之病。皆黃柏之專司也。去其蝕陰之病，正是保全生氣，誰謂苦寒無益於生氣哉！蓋黃柏治下焦濕熱諸證，正與蛇床子治下焦寒濕諸證為對待。

清・黃凱鈞《藥籠小品》 黃蘗 滋腎瀉火，炒用燥濕，凡下焦有濕熱者，必用之品。同熟地、龜板、知母，為大補陰丸，治火有餘。而形不足者，無火忌之。

清・王龍《本草纂要稿・木部》 黃柏 氣味苦辛而寒。解消渴，洗肝明目。除骨蒸，補腎強陰。逐膀胱結氣，去臍腹虛疼。安蛔治痿，退隱伏之龍火。散濕止痢，湧脚膝之氣力。治陰虛尤消腫脹，止崩漏更療腸風。

清・吳鋼《類經證治本草・足太陽膀胱腑藥類》 黃柏 【略】誠齋曰：黃柏得細辛瀉膀胱火，治口舌生瘡極效。治下血數升，黃柏一兩，蛋白一個，取炙黃柏，盡為末，水丸菉豆大，每服七丸，溫水下，日三服，名金虎丸。小兒顖腫，黃柏末不可敷腦頂，貼足心引火下行，妙。以川產肉厚色深者良。肉薄色黃者出邵陵。治裏治下用川產，治表治上用邵產，俱佳。生用降實火，蜜炙治中，鹽製治下，酒浸上行，炒黑止崩帶，乳調敷凍瘡。惡乾漆，伏硫黃。解自死肉毒。

清・張德裕《本草正義》卷下 黃柏 苦，寒。入肝、腎，降三焦之火。治腸風熱痢下血，上可療邪熱口瘡，下可除足膝濕熱疼痛痿躄，乃苦燥清火之品。

清・楊時泰《本草述鉤元》卷二三 黃蘗 性寒，味苦。氣味俱厚，沉而降，陰也。入足少陰經，為足太陽引經藥。屬金而有水與火，並走手厥陰經丹溪。主瀉膀胱相火，補腎水不足，壯腎堅骨髓，治男子陽痿，下焦諸痿癱瘓濕腫，並遺精失血骨蒸，衝脈氣逆。去五臟腸胃結熱，陰不足則熱結。黃疸，雖由濕熱，然必發於真陰不足之人。腸痔，皆濕熱傷血所致。濁淫。利下竅熱不渴而小便不利，治痢疾先見血濕熱干犯腸胃。及臍中痛，先見血，下焦熱也，臍中痛，腎經虛火鬱也，黃蘗去下焦濕熱，有補陰之功，降火之妙。女子赤白漏下。濕熱乘陰虛流客下部而成。上能洗肝明目及口舌生瘡。梔、芩入肺，連入心，蘗入腎，燥濕所歸，各從其類也。第水火不離土以為用，故連、蘗、芩皆黃色。上焦血熱，用酒炒黃連，下焦血熱，用酒炒黃蘗。此木高數丈，其葉經冬不凋，皮味極苦，根結實如茯苓狀，據氣味與象，乃太陽寒水氣化所生。太陽之氣最高，而蘗根堅結，木氣專走皮，苦味專走骨，故能自頂至踵，淪膚徹髓。因熱之結聚而發生諸病者，象形對待治之盧不遠。蘗皮以至陰之氣，補至陰之不足，專治陰虛生內熱諸證仲淳。蘗皮走至陰，非陰中有火不可用。火有二，君火者，人火也，心火也，可以濕伏，可以水滅，用黃連之屬直折之。相火者，天火也，龍雷之火也，火出水中，故名。陰火也，不可以水濕折，當從其性而伏之，惟其黃蘗之屬丹溪。苦以堅腎，凡痿厥、除濕藥中不可缺東垣。黃蘗、蒼术，乃治痿要藥，去下焦濕熱作腫及痛，并小便不利及黃濇者又。凡邪熱在氣分，小便不通而口渴者，用猪苓、澤瀉氣味俱薄淡滲之藥。若邪熱在下焦血分，不渴而小便不通者，當用知、蘗，氣味俱厚，陰中之陰藥治之又。加黃芪，使足膝氣力涌出。和蒼术，俾下焦濕熱散行。佐澤瀉，利小便赤濇。配細辛，擦舌頰紅瘡嘉謨。黃蘗固為腎藥，然以柴胡引之，則入膽，以黃連、升、葛引之，則入腸胃及脾經，治濕熱滯下。佐牛膝、枸杞、地黃、五味子、青蒿、鱉甲，益陰除熱。佐甘菊、枸杞、地黃、蒺藜、女貞子，益精明目。得猪膽汁、水銀粉，主諸熱蟲瘡久不合口。得鉛丹，生肌止痛。得木瓜、茯苓、二术、石斛、地黃，除濕健步。佐白芍、甘草，主火熱腹痛。臟毒痔漏，下血不止，川蘗皮刮淨一斤，分四分，用酒、蜜、人乳、糯米泔各浸透，炙乾，切研，廩米飯丸，每空心溫酒下五十丸。妊娠下利白色，晝夜三五十行，用蘗根黃厚者，蜜炒令焦，為末大蒜煨熟，去皮，搗爛和丸梧子大，每空心米飲下三五十丸，日三服。清心丸：主積日夢遺，心忪恍惚，膈中有熱，黃蘗末一兩，片腦一錢，煉蜜丸梧子大，每服十五丸，麥冬湯下。大智師。風髓丹：黃蘗二兩，砂仁一兩，甘草五錢，為瀉相火益腎水之妙劑。臁瘡、熱瘡，黃蘗末一兩，輕粉三錢，猪膽汁調搽之。

論：丹溪謂黃蘗有補陰瀉火之功，然非陰中之火，不可用。夫陰火即水中之火，乃人身元氣之根蒂，宜溫養，不宜寒瀉者也。如先天元陰虛而相火熾，不獨恃此味以獲濟，惟是後天氣血，或六淫七情以傷之，致累及元陰，元陰受傷，則水不配火，元陽不得元陰以宅之，於是少火化為壯火，舉三焦元氣，盡為之病矣，所謂陰虛則無氣是也。此味本北方寒水所化，藉其同氣相求，以助陰，而即以伏陽，丹溪所謂從其性而伏之。助陰以育陽，則氣食少火，元氣回而腎陽自壯，骨髓自堅，所以能療下焦痿厥也。不寧惟是，凡陰傷而陽亢，亢陽即還以蝕陰，如骨蒸、遺精、失血等證，胥藉此為要藥矣。至於濕熱之治，觀《本經》首言五臟腸胃中結熱，此便可參。蓋水土合德以立地，而胃之三脘，皆根於任脉，腎之陰氣不足，則熱自結於胃，胃壅結熱，則濕土之陰氣無從施化，而還病於濕，是陰氣不足，由腎及脾，腎與脾合病，斯五臟腸胃病於濕熱之證多矣。《本經》所列黄疸、腸痔、洩痢及漏下赤白，固為病於濕熱，即下焦痿厥、癱瘓諸證，亦未有不合於中土之濕以為患者。丹溪治痿獨取陽明，正為此也。故味丹溪就其性而伏之一語，則知用黄檗非以水勝火，乃以水養火。味丹溪治痿獨取陽明之義，則知用黄檗非止以腎陰得達於胃，更欲使胃陽得化於腎也。蓋熱之結者，胃陽不得化，腎陰達於胃，而胃陽化矣。由腎合脾，何以取責於胃？蓋檗皮達腎陰於脾，脾得為胃行三陽三陰之氣，而腸胃之結熱乃清，但三陽三陰之氣，脾固為胃行之，而能行三陽三陰之氣者，則屬之胃，故取責於胃耳。又元陰乃後天榮血之母氣，故丹溪酒炒末為潛行散入血分，最妙。羅周彦曰：有先天元氣之陰，即腎水母氣所稟，元精之氣是也，其真陰本體，則深藏於左腎之中，而真陰妙用，則默運於精神之內，是謂無形者也。後天元氣之陰，即身中所化營血之母氣，先天有形元氣之陰也，此亦天賦自然之真，其體附藏於脾胃中，化見於人迎，故其脉在心部，而其用則見於血也。又曰：元陰不甚損，其有形腎水之陰暴傷，致相火動而乘於陰精之分為患者，知、檗滋陰降火之法，可任用之。至於腎水中母氣，先天元陰之精受傷，以致無根虚火為病，若妄投之，必反損其元而絶其生機矣。合二論觀之，所謂損其元陰者，由傷其生身之精，損其腎水之母氣也。腎水之陰暴傷，由病於後天之氣血，而暴傷有形營血之母氣也，蓋腎水之陰，即營血之母。此處分晰極確，而後黄檗之可用不可用，庶乎無誤，不至久用而寒中，亦不至當投而斂手，以致劑不中病也。

繆氏云：陰陽兩虚之人，病兼脾胃薄弱，或泄瀉惡冷，上熱下寒，小便不禁者，咸忌。

辨治：蜀産皮厚二三分，色鮮黄者良。生用降實火，熟用不傷胃，酒制治上，鹽制治下，蜜制治中瀕湖。酒炒治血分之痛，鹽製去骨間之疼能。

清·葉桂《本草再新》卷四　黄檗味苦，性寒，無毒。入腎經。沉陰下降，瀉膀胱相火，除濕清熱，骨蒸勞熱。

清·吴其濬《植物名實圖考》卷三七　檗木　《本經》上品。根名檀桓。《别錄》謂生漢中永昌山谷。今山西、湖南山中至多，俗以染黄。《説文》檗，黄木也。俗加草作蘗，誤。

雩婁農曰：小説家有謂投黄檗水中能毒蛟龍者。溫嶠然犀，鬼神惡之，但深山中忽遭沸流，俗曰蛟水，當其衝者，山裂木拔，豈無一檗木隨流而泛者哉？夫洚水離析，害難言矣，近世有栞伐蛟説者，其意甚壯，然不聞有試之者。《周禮》：壺涿氏掌除水蟲，若欲殺其神，則以牡橭午貫象齒沉之，其神死，淵為陵，與後世禁祝何異？然則捍大患、禦大災，而有益於民，雖巫覡小術，亦聖人之所作也。檗木殺蛟，其説若信，則依澗負崖之氓，家置戶蓄；或遇一綫逆湍，爭相迎擲，獨非臨時救恤之一法乎？

清·吴其濬《植物名實圖考》卷三三　檗木　《本經》上品。即黄檗。根名檀桓。湖南辰沅山中所產極多，染肆用之。

清·趙其光《本草求原》卷八喬木部　黄蘗即黄柏。苦，能勝濕，堅腎；寒，能清熱，瀉膀胱相火。為足太陽引經藥。主五臟，屬陰，熱邪傷陰，宜退火以益陰。腸胃中結熱，胃之三脘根於任脈，腎陰不足，不能上達以化胃陽，則熱結而病於濕。黄疸，腸痔，止泄痢，女子漏下赤白，皆熱濕傷陰，陰濁與血妄行。陰傷蝕瘡。陰戶傷蝕成瘡，亦因濕熱下注。壯水堅骨，治陰痿及諸痿癱瘓，熱勝則傷血，血不榮筋則軟短而拘；濕勝則傷筋，筋不束骨則弛長而為痿。黄柏入腎經血分，於黄芪湯中加之，助陰以育陽，不致壯火食氣，則氣力湧出。合蒼术清熱燥濕，為治痿要藥。故曰：痿病獨取陽明，或兼氣虛、血虛、脾虛、腎虛，濕痰死血，又當加治。下焦濕熱腫痛，尿黄不利，合苓、澤、知母。凡尿秘渴者，熱在氣分，宜苓、澤治肺；不渴者，熱在血分，宜知、柏治膀胱，無陰則陽無以化也。昔人病尿秘，腹堅如石，腿裂睛凸，遍服治漏利水藥不效，此膏粱積熱損傷腎水，致膀胱不化，火氣上逆，而為嘔吐噦。遂以滋腎丸，方用酒柏、酒知母末，玉桂為引導，服百丸，少時，前陰如火燒，尿湧出，腫脹消。骨蒸勞熱，遺精失血，陰傷則陽亢，還以蝕明，而益陰即以伏陽。合冰片蜜丸，麥冬湯下，治心膈熱夢遺。以酒、蜜、人乳、米泔四製酒下，治痔瘻下血。痢疾先見血，衝任氣逆，白濁臍中痛，先見血，下焦熱也；臍下痛，腎火鬱也。酒炒黄連折上焦血熱，酒炒黄柏伏下焦血熱。諸瘡痛癢，臁瘡、頭瘡，佐輕粉、豬膽汁調搽之。口舌瘡，蜜炒，研合。若中虛而生，又宜四君補虛，加乾薑散火；或加桂、附引火。洗肝明目，殺蟲安蛔。

得柴胡，入膽；得升、葛、黄連，入腸、胃、脾。佐杞、地、牛膝、五味、鱉甲、青蒿，益陰除熱。佐杞、地、沙苑、女貞、甘菊，益精明目。得豬膽、水銀粉，去熱蟲，收瘡口；得鉛丹，生肌止痛；得苓、术、川瓜、石斛、生地，除濕健步；得芍、甘，主腹熱痛；得知母，上清肺金，此下制陰火，則金水相生。

蜜炙焦，煨熟蒜為丸，米飲下，治妊娠白痢。

川產肉厚鮮黃者良。生用，降實火；　蜜炙，治中，不傷胃；　炒黑，止崩帶；　酒製治上，入血止痛；　鹽製治下，入骨。

附陰虛及諸火論：　羅周彥曰：　先天無形之元陰，藏於左腎中，默運於精神之內，為腎水之母氣。後天有形之腎水陰精，附於脾胃，化於人迎，寄於心脈，為營血之母氣，所謂血本於水而成於火也。惟先天未損，而七情、六淫暴傷其營血，致累於腎水，使相火動而水不能制，少火化為壯火，而元陽無陰以宅之，則三焦之元氣皆病，是謂陰虛則無氣也，自宜知、柏滋陰降火以伏之。若先天之元陰受傷，脈弦數無力，為腎水之母氣病，無根虛火遊行，而妄用之，則反損其元，而絕其生身之機矣。故實熱宜用；　尺弱虛熱，及陰陽兩虛忌之；　即血虛、血停、發熱亦忌。俗人止謂久服寒中傷胃，猶皮相也。丹溪曰：　心君之火，人火也，可以水滅，可以直折，宜黃連入心制之。相火者，天火也，龍雷之陰火也，不可以水折，宜黃柏入腎陰，從其類而伏之。如鳳髓丹合砂仁、甘草，是瀉相火法。汪昂曰：　虛火宜補，實火宜瀉；　燥火宜滋潤，鬱火宜升發；　濕火宜清熱、利濕兼補脾；　相火寄於肝腎，宜滋陰養血，壯水之主，以制陽光。又曰：　火症最多，有本經自病者，如怒動肝火，焦思生心之類是也。有子母相克者，如心火克肺，肝火克脾之類是也。有藏府相移者，如肺火咳嗽，久則移熱於大腸而泄瀉；　心火煩焦，久則移熱於小腸而為淋閉是也。又有別經相移者，有數經合病者，當從其重者而治之。又按：黃柏瀉膀胱熱結之火，是實火伏於陰中也，若陰水中之真火，則宜溫養，不宜寒瀉。丹溪但謂其瀉陰火，語未分曉。

清·葉志詵《神農本草經贊》卷一　蘗木　味苦，寒。主五藏腸胃中結熱黃疸，腸痔，止洩利，女子漏下赤白，陰陽蝕創。一名檀桓。生山谷。

葉侔椿紫，色亞梔黃。生金麗水，負陰抱陽。通中染卷，元吉垂裳。木芝著品，冬茂房商。

韓保昇曰：　黃蘗葉如紫椿。元稹詩：　散亂梔黃萼。李時珍曰：　知母佐黃柏，有金水相生之義。張元素曰：　苦厚微辛，陰中之陽。《晉書·志》：　萬物負陰而抱陽。《易》：　君子黃中通理。《牕間記》：　闢寫書紙以蘗染之辟蠹，曰黃卷。《易》：　黃裳元吉。李質賦：　融至道以垂裳。陶弘景曰：　道家入木芝品。掌禹錫曰：　經冬不凋。出房商等州。

清·文晟《新編六書》卷六《藥性摘錄》　黃柏　苦，寒。大瀉腎火，除膀胱濕邪。○凡病因火亢，而見骨蒸勞熱，目赤耳鳴，消渴便閉，及濕熱為病，而見諸痿癱瘓，水瀉熱痢，黃疸水腫，痔血腸風，漏下赤白，與諸瘡痛癢，蚘蟲內攻，（胗）〔診〕其尺脈洪大，按之有力，可炒黑暫用，以瀉實火實熱。○若虛熱虛火，則有損無益。○生用降實火，蜜炙不傷胃，炒黑止崩帶，酒制治上，蜜炙治中，鹽制治下。

清·劉東孟傳《本草明覽》卷三　黃栢皮　【略】按：　《經》云腎苦燥，故腎停濕也。活人解毒湯中用黃栢、黃連、黃芩、梔子。蓋梔子、黃芩入肺，黃連入心，黃栢入腎，燥濕所歸，各從其類，上下內外，並皆治之，積熱門中，誠為要藥。

清·張仁錫《藥性蒙求·木部》　黃柏五分、二錢　黃柏苦寒，滋陰瀉火。濕熱煩蒸，用之均妥。苦，寒，微辛。沉陰下降。瀉膀胱相火，除濕清熱，療下焦虛骨蒸勞熱，諸瘡痛癢。○川產肉厚色深者良。生用降實火，蜜炙則庶不傷胃，炒黑能止崩帶。酒製治上，蜜製治中，鹽製治下。得知母良。

清·屠道和《本草匯纂》卷二瀉火　黃蘗　耑入腎，兼入膀胱。味苦，性寒，微辛。沉陰下降，瀉膀胱相火，除濕清熱，補下焦虛。治心痛，鼻衄，頭瘡口瘡，骨蒸勞熱，目赤耳鳴，消渴便閉，諸痿癱瘓。水瀉熱痢，黃疸水腫，痔血腸風。諸瘡痛癢，殺蟲安蚘。男子陰痿，及傅莖上瘡。治下血如雞鴨肝片，女子漏下赤白，陰陽蝕瘡。傅小兒頭瘡。診其尺果洪大，按之有力，可炒黑暫用，使其濕熱順流，陰火潛消，則陰不受熬煎，乃能得長，非黃柏真能滋陰也。得知母滋陰降火，得蒼术除濕清熱，為治痿要藥。得細辛瀉膀胱火，治口舌生瘡。【略】必屬實火方宜，若虛火誤服，則恐有寒中之變。奈今人不問虛實，竟以為去熱治癆之妙藥，而不知陰寒之性，損人氣，減人食，消亡命門真元之火，阻喪脾胃運行之職。元氣既虛，又用苦寒遏絕生機，為患莫測。自古人同知母用於六味丸中，名知柏地黃丸。又知柏各一兩，酒洗焙乾，入桂名滋腎丸，謂其可滋真陰。此說一出，天下翕然宗之，至今牢不可破。詎知黃柏性稟至陰，味苦性寒，只入腎瀉火，入膀胱瀉熱，且行嚴冬肅殺之令，安能補陰？不可不知。時珍曰：　東垣、丹溪皆以黃柏為滋陰降火要藥，上古所未言也。蓋氣為陽，血為陰，邪火煎熬，則陰血漸涸，故陰虛火動之病須之。然必少壯氣盛能食者，用之方宜。癱瘓本有氣虛血虛，脾虛腎虛，濕痰死血之别，但因熱傷血，血不養筋，而致耎短而拘，因濕則傷筋，筋不束骨而致弛長而痿，宜用蒼朮、黃柏，名二妙散以治。震亨曰：火有二，君火者，人火也，心火也，可以濕伏，可以水滅，可以直折，黃連之屬可以制之。相火者，天火也，龍雷之火也，陰火也，不可以水濕折之，當從其性而伏之，惟黃柏之屬可以降之。汪昂曰：按火有虚火、實火、燥火、濕火、相火、鬱火之異，虚火宜補，實火宜瀉，燥火宜滋潤，鬱火宜升發，濕火由濕鬱，為熱多病胕腫，《經》所謂諸腹脹大，皆屬於熱，諸病胕腫皆屬於火是也，宜利濕清熱，而兼補脾。相火寄於肝腎，乃龍雷之火，非苦寒所能勝，宜滋腎養血，壯水之主，以制陽光。又按：諸病之中，火症為多，有本經自病者，如忿怒生肝火，焦思生心火之類是也。有子母相尅者，如心火尅肺金，肝火尅脾土之類是也。有臟腑相移者，如肺火咳嗽，久則移熱於大腸而泄瀉。心火煩焦，久則移熱於小腸，而為淋閉之類是也。又有别經相移者，有數經合病者，當從其重者而治之。

清·戴葆元《本草綱目易知錄》卷四木部　黃蘗　苦，寒，微辛。沉陰下降，入腎經，為足太陽引經藥。故能瀉膀胱相火，而補腎水不足，療下焦虚，堅腎（肚）〔壯〕骨髓，瀉伏火，救腎水。止瀉痢，消渴。殺蛀蟲，疳蟲。治諸痿癱瘓，骨蒸勞熱，五臟腸胃中熱結，黃疸，驚氣在皮間，肌膚熱赤，目熱赤痛多淚，耳鳴鼻衄，蚘蟲心痛，熱瘡泡起，蟲瘡血痢，腸風痔血，下血如雞鴨肝片。衝脉氣逆，小便不通，及諸瘡痛癢，傅小兒頭瘡。得知母，滋陰降火。得蒼朮，除濕清熱，為治痿要藥。得細辛，瀉膀胱火，治口舌生瘡。女子漏下赤白，陰陽蝕瘡。男子陰痿，傅莖上生瘡。久服寒胃，尺脉弱者禁用。

清·黃光霽《本草衍句》　黃柏　苦寒微辛，沉陰下降。除濕清熱，瀉相火之有餘。堅腎潤燥，救腎水之不足。洗肝明目，勞熱骨蒸。除熱結腸胃，熱痢下血，腸風清火。伏陰中火熾，二便淋結。上可解消渴，耳鳴目赤喉痺口瘡。兼瀉心火。下可去痿蹶，腸痔瞻黃下漏赤白。皆陽明表裏上下所生濕熱之病。衝脈氣逆，衝脈為病，氣逆急裏。不渴而小便不通。渴而小便不利者，病在上焦氣分，宜猪苓、澤瀉淡滲之藥，瀉肝火而清肺金。不渴而小便不利者，是無陰則陽無以化，宜黃柏、知母，少加肉桂則氣化而出。蚘蟲内攻，諸瘡之痛痒皆妙。實火實熱相宜，胃虚尺弱被害。得知母滋陰降火，得蒼朮除濕清熱，為治痿之要藥。得細辛瀉膀胱火，治口舌生瘡。得肉桂治咽痛。赤白濁淫，及夢洩精滑，真珠粉丸，黃柏炒，真蛤粉各一斤，為末，每服一百丸，空心酒服，黃柏苦而降火，蛤粉鹹而補腎也。積熱夢遺，心忪恍惚，膈中有熱，宜清心丸主之。黃柏末一兩，片腦一錢，蜜丸梧子大，每服十五丸，麥冬湯下。小兒重舌，浸苦竹瀝點之。口舌生瘡，用黃柏含之良。

清·陳其瑞《本草撮要》卷二　黃蘗　味苦，入足少陰經，功專去濕熱。得肉桂治咽痛，得蒼朮治濕痿，得牛膝治濕熱上行，得細辛瀉膀胱火，得蛤粉治赤濁白淫。得參、朮、草、薑、附、桂治中氣不足，虚火上炎，致生口瘡，引火歸元。得知母滋陰降火，得竹瀝浸塗小兒重舌。尺脈弱者忌服。生用降實火，蜜炙則不傷胃。炒黑止崩帶，酒製治上，蜜製治中，鹽製治下。惡乾漆，得知母良。

清·仲昴庭《本草崇原集說》卷中　黃蘗　【略】仲氏曰：《傷寒論》梔子蘗皮湯在陽明篇，白頭翁湯在厥陰篇，二方藥味無多，皆用黃蘗，《俗解》云：黃蘗瀉膀胱相火，為足太陽引經，然而太陽方中，並無此味，經論猶在，曷為舍其舊而新是謀，如吴儀洛之《本草從新》豈非弄巧反拙。

清·鄭奮揚著，曹炳章注《增訂偽藥條辨》卷三　黃柏　黃柏本出漢中山谷，今以蜀中産者，皮厚色深黃為佳。樹高數丈，葉似紫椿，經冬不凋，皮外白裏深黃色。入藥用其根，結塊如松下茯苓，氣味苦寒，無毒。近有一種偽品，色黃而黑，味竟不苦，不知何物假充，用之得無害乎？炳章按：黃柏，四川順慶府南充縣出者為川柏，色老黃，内外皮黃黑，塊片小者佳。可用染料用。湖南及關東出者，為關柏，塊片甚大而薄，色淡黃者次。東洋出者，為洋柏，色亦淡黃，質鬆，更不入藥。

清·周巖《本草思辨錄》卷四　黃蘗　為五臟腸胃清濕熱之藥，表裏上下俱到。表有熱可治，表不熱而裏熱亦可治。色黃入腸胃，皮入肺，微辛亦入肺，氣味俱厚，性寒而沉入肝腎，入胃則亦入脾，入腎則亦入心。《本經》所以主五臟腸胃中結熱也。性寒已熱，燥則除濕，故《本經》所列黃疸、腸痔、泄痢、女子漏下赤白、陰傷蝕瘡，皆屬濕熱之痾。《别錄》又補出驚氣在皮間、肌膚熱赤起、目熱赤痛、口瘡，則所謂五臟腸胃者悉備矣。大抵濕下溜而火上出，《别錄》所主雖不屬濕，而其因未始非濕。觀仲聖梔子蘗皮湯、大黃消石湯治黃疸，為陽明病。白頭翁湯治熱痢，烏梅丸治嘔吐久痢，為陽明兼厥陰病。《外臺》大黃湯，更治天行壯熱，黃蘗一味，實賅五臟腸胃，故其用頗廣。

若以治少陰與萸、地、知母為伍，則腎中不必有濕，否則如其分以施之，必得如二妙散為當。蓋苦燥之物，無不劫陰，以黃蘗為滋陰之劑者，非也。

檀桓

宋・唐慎微《證類本草》卷一二木部上品〔唐・陳藏器《本草拾遺》〕 檀桓 味苦，寒，無毒。主長生神仙，去萬病。末爲散，飲服方寸匕，盡一枚有驗。此百歲蘗之根，如天門冬，長三四尺，別在一旁以小根綴之。一名檀桓芝。《靈寶方》亦云。

明・李時珍《本草綱目》卷三五木部・喬木類 檀桓《拾遺》

〔集解〕藏器曰：檀桓乃百歲蘗之根，如天門冬，長三四尺，別在一旁，小根綴之。一名檀桓芝。出《靈寶方》。時珍曰：《本經》但言黃蘗根名檀桓。陳氏所説乃蘗旁所生檀桓芝也，與陶弘景所説同。

〔氣味〕苦，寒，無毒。〔主治〕心腹百病，安魂魄，不飢渴。久服，輕身延年通神《本經》。長生神仙，去萬病。爲散，飲服方寸匕，盡一枚有驗藏器。

土黃蘗

清・劉善述、劉士季《草木便方》卷二木部 土黃蘗 狗胆木皮味苦寒，清熱殺蟲疥癩痊，頭面口瘡諸蟲瘡，腸風痔漏洗塗安。黃柏。

滿山香

清・何諫《生草藥性備要》卷上 千里香 味辛，性温。止痛，消腫毒，通竅。能止瘡癢，去皮風，殺瘀疥。葉圓，如指頭大；其藤，生真香異味。又名滿山香。

清・吴其濬《植物名實圖考》卷九 滿山香 生南安。黑莖屈盤，葉如椿葉有赭紋，根亦糾曲。俚醫以治跌打損傷、風氣，煎水洗之。

清・趙其光《本草求原》卷二芳草部 千里香即滿山香。 蔓生，葉如指頭，辛溫而香，止痛消腫，通關利竅，殺蟲瘀，止皮膚風癢。煎洗。浸酒，散脾經風濕。

回回醋

明・朱橚《救荒本草》卷下 回回醋 一名淋樸樕。生密縣韶華山山野中。樹高丈餘，葉似兜櫨樹葉而厚大，邊有大鋸齒，又似厚椿葉，而亦大，或三葉、或五葉排生一莖。開白花，結子大如豌豆，熟則紅紫色。味酸。葉味微酸。 救飢：採葉煠熟，水浸去酸味，淘淨，油鹽調食。其子調和湯，味如醋。

明・鮑山《野菜博錄》卷三 回回醋 一名淋樸樕。生山野中。樹高丈餘，葉似椿葉厚大，邊有鋸齒，或三葉，或五葉排生一莖。開白花，結子大如豌豆，熟紅紫色，味酸。葉味微酸。 食法：採葉煠熟，水浸去酸味，油鹽調食。用子調和百味如醋。

半邊風

清・吴其濬《植物名實圖考》卷三八 半邊風 半邊風一名鵝掌風，撫建山坡有之。硬莖長葉，中寬本末尖瘦，裊裊下垂。秋結小實如蓮子之半，外褐黃内白，中吐一鬚。土醫以治風損，散血。煎酒服。

雜錄

必栗香

宋・唐慎微《證類本草》卷一三木部中品〔唐・陳藏器《本草拾遺》〕 必栗香 味辛，溫，無毒。主鬼氣。煮服之。并燒爲香，殺蟲魚。葉搗碎置上流，魚悉暴鰓。一名化木香，詹香也。葉如椿。生高山。堪爲書軸，白魚不損書也。

〔宋・唐慎微《證類本草》〕《海藥》： 主鬼疰心氣，斷一切惡氣。葉落水中，魚當暴死。

明・王文潔《太乙仙製本草藥性大全》卷三《本草精義》 必栗香： 一名花木香，又名詹香。生高山山谷。樹高丈餘，其葉似椿，搥碎入水中，魚當暴死。其木堪爲書軸，白魚、衣魚永不損書也。

明・王文潔《太乙仙製本草藥性大全》卷三《仙製藥性》 必栗香： 味辛，氣溫，無毒。 主治： 主鬼疰心氣甚驗，殺惡氣蟲魚尤靈。 補註： 主鬼氣，煮服之，并燒爲香。殺蟲魚，葉搗碎置上流，魚悉暴鰓。

明・李時珍《本草綱目》卷三四木部・香木類 必栗香《拾遺》

〔釋名〕花木香 詹香 〔集解〕藏器曰： 必栗香生高山中。葉如老椿，擣置上流，魚悉暴腮而死。木爲書軸，白魚不損書也。

〔氣味〕辛，温，無毒。〔主治〕鬼疰心氣，斷一切惡氣，煮汁服之。燒爲香，殺蟲、魚藏器。

返魂香

宋·唐慎微《證類本草》卷一二木部上品〔前蜀·李珣《海藥本草》〕 返魂香 謹按《漢書》云：漢武帝時，西國進返魂香。武王內傳云：聚窟洲中，上有返魂樹，採其根，於釜中以水煮，候成汁，方去滓，重火煉之如漆，候凝則香成也。西國使云：其香名有六。帝曰：六名何？一名返魂，一名驚精，一名迴生，一名震壇，一名人馬精，一名節死香。燒之一豆許，凡有疫死者，聞香再活，故曰返魂香也。

明·王文潔《太乙仙製本草藥性大全》卷三《仙製藥性》 返魂香 主疫死、卒死諸般死者如神。

明·李時珍《本草綱目》卷三四木部·香木類 返魂香《海藥》

【集解】珣曰：按《漢書》云：武帝時，西國進返魂香。《內傳》云：西海聚窟州有返魂樹，狀如楓、柏，花、葉香聞百里。采其根於釜中水煮取汁，鍊之如漆，乃香成也。其名有六：曰返魂、驚精、回生、振靈、馬精、却死。凡有疫死者，燒豆許熏之再活，故曰返魂。 時珍曰：張華《博物志》云：武帝時，西域月氏國，度弱水貢此香三枚，大如燕卵，黑如桑椹，值長安大疫，西使請燒一枚辟之，宮中病者聞之即起，香聞百里，數日不歇。疫死未三日者，熏之皆活，乃返生神藥也。此説雖涉詭怪，然理外之事，容或有之，未可便指爲謬也。

兜木香

宋·唐慎微《證類本草》卷六草部上品〔唐·陳藏器《本草拾遺》〕 兜木香 燒去惡氣，除病疫。《漢武帝故事》：西王母降，上燒兜木香末。兜木香，兜渠國所獻，如大豆，塗宮門，香聞百里。關中大疾疫，死者相枕，燒此香疫則止。《內傳》云：死者皆起。此則靈香，非中國所致，標其功用，爲衆草之首焉。

通香木

清·趙學敏《本草綱目拾遺》卷六木部 通香木 《邊志》：木長數尺，出塞外，以沸湯沃之，取其汁洗衣服，及灌一切花卉，灑屋宇壁，經年香氣不滅。燒之能降天神，香氣達數百里，契丹珍之。

治奇疾，人不知名者，服之即愈。焚之，辟瘟疫、穢氣、邪祟。

地蠟香

清·趙學敏《本草綱目拾遺》卷六木部 地蠟香 黃蓼《珠輪絕句》云：石火平分地蠟香。註云：地蠟香出哈密，可辟蚤蝨。

辟蚤蝨。

喬木分部

綜述

黃櫨

宋·唐慎微《證類本草》卷一四木部下品〔宋·掌禹錫《嘉祐本草》〕 黃櫨 味苦，寒，無毒。除煩熱，解酒疸目黃，煮服之。亦洗湯火、漆瘡及赤眼。堪染黃。生商洛山谷，葉圓木黃，川界甚有之。新補。見陳藏器、日華子。

〔宋·唐慎微《證類本草》〕楊氏產乳：治漆瘡，煎黃櫨木汁洗之。最良。

明·朱橚《救荒本草》卷下 黃櫨 生商洛山谷。今鈞州、新鄭山野中亦有之。葉圓木黃，枝莖色紫赤，葉似杏葉而圓大。味苦，性寒，無毒。木可染黃。救飢：採嫩芽煠熟，水淘去苦味，油鹽調食。治病：文具《本草》木部條下。

明·劉文泰《本草品彙精要》卷二一 黃櫨無毒 植生。

黃櫨：主除煩熱，解酒疸目黃，煮服之，亦洗湯火漆瘡及赤眼。名醫所錄。

【苗】謹按：木高丈餘，皮褐木黃，春生葉似榆葉而圓，夏開黃花不結實。今染黃色者是也。【地】《圖經》曰：生商洛山谷及川界甚有之。【時】生：春生葉。採：無時。【收】陰乾。【用】木。【質】類桑木。【色】黃。【味】苦。【性】寒，泄。【氣】味厚于氣，陰也。【臭】朽。【主】洗漆瘡。【製】剉碎用。

明·王文潔《太乙仙製本草藥性大全》卷三《仙製藥性》 黃櫨木 味苦，氣寒，無毒。生商洛山谷。其木葉圓，木黃，亦可染黃。主治：除煩熱，解酒疸目黃。洗漆瘡。治赤眼澁痛。補註：治漆瘡，煎黃櫨木汁洗之最良。

明·皇甫嵩《本草發明》卷四 黃櫨下品。味苦，寒。除煩熱，解酒疸目黃，煮服之。亦洗湯火漆瘡及赤眼。堪染黃。葉圓，木黃。川界多有之。

明・李時珍《本草綱目》卷三五木部・喬木類　黃櫨宋《嘉祐》

【集解】藏器曰：黃櫨生商洛山谷，四川界甚有之。葉圓木黃，可染黃色。

木【氣味】苦，寒，無毒。【主治】除煩熱，解酒疸目黃，水煮服之。藏器。洗赤眼及湯火漆瘡時珍。

【附方】新一。大風癩疾：黃櫨木五兩，剉，用新汲水一斗浸二七日，焙研，蘇方木五兩，烏麻子一斗九蒸九暴，天麻二兩，丁香、乳香各一兩，爲末。以赤黍米一升淘净，用浸黃櫨水煮米粥搗和丸梧子大。每服二三十丸，食後漿水下，日二、夜一。《聖濟總録》。

明・倪朱謨《本草彙言》卷九　黃櫨木　味苦，氣寒，無毒。陳氏曰：黃櫨，生商洛山谷，及蜀、黔地界亦有之。葉圓木黃，可作染黃色。

黃櫨木：解酒疸，陳藏器除煩熱之藥也。費五星稿苦寒凉血，故瀕湖方煮汁，治大風癩疾，及湯火漆瘡。如入療疸除熱方劑，又當作飲服之更便也。

清・吴其濬《植物名實圖考》卷三五　黃櫨　《嘉祐本草》始著録。陳藏器云：葉圓，木黃，可染黃色。《救荒本草》：葉味苦，嫩芽可煠食。

漆

宋・唐慎微《證類本草》卷一二木部上品〔《本經・別録・藥對》〕　**乾漆　味辛，溫，無毒、有毒。主絶傷，補中，續筋骨，填髓腦，安五藏，五緩六急，風寒濕痹，**療欬嗽，消瘀血，痞結，腰痛，女子疝瘕，利小腸，去蚘蟲。**生漆：去長蟲。久服輕身耐老。**生漢中川谷。夏至後採，乾之。半夏爲之使，畏雞子，今又忌油脂。

〔梁・陶弘景《本草經集注》〕云：今梁州漆最勝，益州亦有，廣州漆性急易燥。其諸處漆桶上蓋裏，自然有乾者，狀如蜂房，孔孔隔者爲佳。生漆毒烈，人以雞子和服之去蟲，猶有齧腸胃者。畏漆人乃致死。外氣亦能使身肉瘡腫，自別有療法。仙方用蟹消之，爲水鍊服，長生。

〔宋・掌禹錫《嘉祐本草》〕按：《蜀本》注云：按漆性並急。凡取時須荏油解破，淳者難得，可重重別制試之，上等清漆，色黑如瑿，若鐵石者好，黃嫩若蜂窠者不佳。《圖經》云：樹高二丈餘，皮白，葉似椿樗，皮似槐，花、子若牛李，木心黃。六月、七月刻取滋汁。出金州者最善也。《藥性論》云：乾漆，臣，味辛、鹹。能殺三蟲，主女人經脉不通。日華子云：治傳屍勞，除風。入藥須擣碎炒熟，不爾損人腸胃，若是濕漆，煎乾更好，或毒發，飲鐵漿并黃櫨汁及甘豆湯，喫蟹并可制。

〔宋・蘇頌《本草圖經》〕曰：乾漆、生漆，生漢中川谷，今蜀、漢、金、峽、襄、歙州皆有之。木高三二丈，皮白，葉似椿，花似槐子，若牛李，木心黃。六月、七月以竹筒釘入木中取之。崔豹《古今注》曰：以剛斧斫其皮開，以竹管承之，汁滴則成漆是也。乾漆，舊云用漆桶中自然乾者，狀如蜂房，孔孔隔者。今多用筒子內乾者，以黑如瑿，堅若鐵石爲佳。漆葉中藥，見《華佗傳》。彭城樊阿，少師事佗，求服食法。佗授以漆葉青黏散方，云服之去三蟲，利五藏，輕身益氣，使人頭不白。阿從其言，年五百餘歲。漆葉所在有之。青黏生豐沛、彭城及朝歌。一名地節，一名黃芝。主理五藏，益精氣。本出於迷人入山者，見仙人服之，以告佗，佗以爲佳，語阿，阿秘之。近者人見阿之壽而氣力强盛，怪之，以問所服食，阿因醉亂誤說，人服多驗。其後無復有人識青黏。或云即黃精之正葉者。神仙方乃有單服淳漆法，傳於世云。

〔宋・唐慎微《證類本草》〕《外臺秘要》：療蛔蟲，心痛，惡心吐水。乾漆熬擣蜜和丸，服十五丸，日再服。《經驗方》：治婦人不曾生長，血氣，藏腑疼痛不可忍，及治丈夫元氣、小腸氣撮痛者。並宜服二聖丸：乾漆一兩爲末，濕漆一兩，先將濕漆入銚子內，熬如一食飯間已來住火，與乾漆末一處拌和丸如半皂子大。每服一丸，溫酒吞下，無時。如元氣、小腸、膀胱氣痛，牙關緊急，但斡開牙關，溫酒化一丸灌下必安。怕漆人不可服。《簡要濟衆》：治九種心痛及腹脇積聚滯氣。筒子乾漆二兩，擣碎炒煙出，細研，醋煮麪糊和丸如梧桐子大。每服五丸至七丸，熱酒下，醋湯亦得，無時服。杜壬：治小兒胃寒，蟲上諸證，危惡與癎相似。乾漆擣炒煙盡，白蕪荑等分，爲細末。米飲調下一字至一錢。席延賞：治女人經血不行及諸癥瘕等病。室女萬瘕丸：乾漆一兩爲麁末，炒令煙盡，牛膝末一兩，以生地黃汁一升入銀器中熬，俟可丸，丸如梧子大。每服一丸，加至三五丸，酒飲下，以通利爲度。《抱朴子內篇》：淳漆不枯者，服之通神長生法。或以大蟹投其中，或以雲母水，或以玉水合之服，九蟲悉下，惡血從鼻出。一年六甲，行廚至也。《淮南子》：漆見蟹而不乾。

宋・寇宗奭《本草衍義》卷一三　乾漆　苦。濕漆藥中未見用，凡用者皆乾漆耳。其濕者，在燥熱及霜冷時則難乾。得陰濕，雖寒月亦易乾。亦物之性也。苦露漬人，以油治之。凡驗漆，惟稀者以物蘸起，細而不斷，斷而急收起。又塗於乾竹上，蔭之速乾者，并佳。餘如《經》。

宋・劉明之《圖經本草藥性總論》卷下　乾漆　味辛，溫，無毒、有毒。主絶傷，補中，續筋骨，填髓腦，安五臟，五緩六急，風寒濕痺，療欬嗽，消瘀血痞結，腰痛，女子疝瘕，利小腸，去蚘蟲。生漆去長蟲。《藥性論》云：臣。殺三蟲，主女人月水不通。日華子云：治傳尸勞，除風。半夏為之使。畏雞子。今又忌油脂。生漢中川谷。

宋・陳衍《寶慶本草折衷》卷一二　乾漆臣。三百六十九。生漆附。〇舊漆器續附。其葉一名青黏，一名地節，一名黄芝。生漢中川谷，及豐沛、彭城、朝歌，梁，益，廣，蜀，金，峽，襄，歙州。今所在有之。〇夏至後六、七月，用竹筒釘入木中取之。其漆有在桶中，久而自乾者，有在筒內乾者，亦有用濕漆煎令乾者。〇半夏為使，畏雞子、鐵漿、黄櫨汁、甘豆湯及蟹。忌油脂。〇附：生漆畏麻油。

味辛、鹹，溫，有毒。〇主續筋骨，五緩六急，風寒濕痹，療欬嗽，消瘀血痞結腹痛，女子疝瘕，利小腸，去蚘蟲。〇《藥性論》云：殺三蟲，主經脉不通。〇日華子云：治傳屍勞，除風。入藥擣碎炒熟，不爾損人腸胃。〇《圖經》曰：桶中自然乾者，狀如蜂房。今筒子內乾黑堅若鐵石為佳。

附：生漆〇味辛，鹹，烈，溫，有毒。去長蟲，以雞子和服。猶有齧腸胃者，畏漆人乃致死。外氣亦能使身瘡腫，以油治之。凡生漆，惟稀者以物蘸起，細而不斷，斷而急收起。又塗於乾竹上蔭之，速乾者甚佳。

續說云：治產後血上搶心，神昏目暗，以真漆舊器，如朱黑盞楪之類，燒煙熏口鼻中，仍緩緩吸之，甚效也。

元·王好古《湯液本草》卷五　乾漆　氣溫、平，味辛，無毒。有毒。

《本草》云：主絕傷，補中，續筋骨，填髓腦，安五臟。治五緩六急，風寒濕痹。療欬嗽，消瘀血痞結腰痛，女子疝瘕，利小腸，去蛔蟲。生漆，去長蟲。半夏為之使。畏雞子。忌油脂。

元·尚從善《本草元命苞》卷六　乾漆　為臣。辛，溫，無毒。畏雞子。半夏為使。忌油脂。能殺三蟲，入藥擣碎，炒熟。不爾損人腸胃。毒發，可飲鐵漿。漆瘡，宜服石蟹。主大夫絕傷，治女人月閉。續筋骨，填骨髓。消瘀血，利小腸。療風寒濕痺，破癥瘕堅疾。散滯氣，止痰嗽。生漢中川谷，今襄，峽有之。產廣、益、梁、歙，惟金州者佳。木高三二丈，皮白，子若牛李，木心黄，葉類椿樗，花如槐子。六七月刻取滋汁，竹管盛，自然乾硬。黄嫩如蜂窠者不堪，黑堅若鐵石者，最妙。

元·朱震亨《本草衍義補遺》　漆　屬金而有水與火。性急能飛補。用為去積滯之藥，若(有)〔用〕之中病，積去後，補性內行，人不知也。〇生漆去長蟲。又，漆葉，見《華陀傳》，同青粘服之，去三尸蟲，利五臟，輕身益氣，使人頭不白。彭城樊阿服之，年五百餘歲。

元·佚名氏《珍珠囊·諸品藥性主治指掌》〔見《醫要集覽》〕　乾漆　味辛，平，性溫，有毒。降也，陽中陰也。其用有二：削年深堅結之沉積，破日久閉結之瘀血。

元·徐彥純《本草發揮》卷三　乾漆　丹溪云：漆屬金而有水與火。性急，能飛補。近用為去積滯之藥。若用之中節，積去後補性內行，人不知也。

明·王綸《本草集要》卷四　乾漆臣　味辛鹹，氣溫，有毒。半夏為之使。畏雞子。又忌油脂，又畏蟹，見蟹則不乾。入藥擣碎，炒用。　主絕傷，補中，續筋骨，填髓腦，安五臟，五緩六急，風寒濕痹，消瘀血痞結腰痛，女子疝瘕癥堅，經脈不通，削年深積，治血氣心痛。去蚘，殺三蟲。生漆去長蟲，久服輕身耐老。

明·滕弘《神農本經會通》卷二　乾漆　臣也。用漆桶內自然乾者，及竹筒內乾者。半夏為之使。畏雞子，又忌油脂，又畏蟹，見之則不乾。入藥擣碎，炒熟。夏至手採，乾之。　味辛，氣溫，無毒，有毒。《湯》云：氣溫平，味辛，無毒，有毒。東云：降也，陽中陰也。削年深堅結之沉積，破日久秘結之瘀血。又云：消血，殺蟲。《珍》云：生漆去長蟲。《疌》云：消年深積，破堅癥，除停留血，血氣攻心。

《本經》云：主絕傷，補中，續筋骨，填髓腦，安五臟，五緩六急，風寒濕痹，療欬嗽，消瘀血，痞結腰痛，女子疝瘕，利小腸，去蚘蟲。生漆去長蟲，久服輕身耐老。陶云：生漆毒烈，人以雞子和服之，猶有齧腸胃者，畏漆人乃致死，外氣亦能使身肉瘡腫，自別有療法。《藥性論》云：乾漆，臣，味辛、鹹，殺三蟲，主女人經脉不通。日華子云：治傳屍勞，除積，入藥須擣碎炒熟，不爾損人腸胃。若是溫漆煎乾更好。或毒發，飲鐵漿並黄蘆汁及甘豆湯，喫蟹，並可制。《湯》同《本草》。丹溪云：屬金而水與火，性急能飛補，用為去積滯之藥。若中病積去後，補性內行，人不知也。剬云：乾漆味辛溫有毒，削年深積破癥堅。更除秘結停留血，血氣攻心亦可蠲。《局》云：乾漆損腸宜熟炒，去癥續骨殺三蟲。並除血氣攻心痛，經脉愆期亦可通。乾漆，有生熟兩般。生則損人腸胃。炒熟，通月水愆期。

明·劉文泰《本草品彙精要》卷一六　乾漆無毒，名醫云有毒。　植生。

乾漆出《神農本經》：**主絕傷，補中，續筋骨，填髓腦，安五臟，五緩六急，風寒濕痹。**〇**生漆，去長蟲。久服輕身耐老。**以上朱字《神農本經》。療欬嗽，消瘀血，痞結，腰痛，女子疝瘕，利小腸，去蛔蟲。以上黑字名醫所錄。〔苗〕

《圖經》曰：木高二三丈，皮白，葉似椿，花似槐，子若牛李，木心黃，六月、七月以竹筒釘入木中取之。崔豹《古今注》曰：以剛斧斫其皮開，以竹管承之，汁滴則成漆。《詩傳》曰：木有液黏黑，可飾器物者是也。乾漆，舊云用漆桶中自然乾者，狀如蜂房，孔孔相隔，今多用筒子內乾者，以黑如瑿，瑿若鐵石者爲佳。【地】《圖經》曰：出漢中川谷，荊襄、歙州皆有之。陶隱居云：梁州、益州、廣州。【道地】峽州、嚴州。【時】生：春生葉。採：六月、七月取滋汁。【收】陰乾。【用】桶篗中自然乾硬者佳。【質】狀如蜂房，孔孔相隔。【色】黃黑。【味】辛。【性】溫，散。【氣】氣之厚者，陽也。【臭】臭。【主】消瘀血，破疝瘕。【助】半夏爲之使。【反】畏雞子。【製】搗碎炒令煙盡，或濕漆煎乾亦好。【治】療：《藥性論》云：殺三蟲，治女人經脈不通。日華子云：除傳屍勞及除風。【合治】乾漆一兩爲末，濕漆一兩，先入銚子內熬如一食飯頃，住火，與乾漆末一處拌和丸如半皂子大，每服一丸，合溫酒吞下，無時，治婦人不曾生長血氣，臟腑疼痛不可忍，及療丈夫元氣，小腸氣撮痛者，如元氣小腸膀胱氣痛，牙關緊急，但斡開牙關，溫酒化一丸，灌下必安，怕漆人不可服。〇筒子乾漆二兩，搗碎炒煙出，細研合醋糊和爲丸，如桐子大，每服五丸至十丸，熱酒下，醋湯亦得，治九種心痛，及腹脇積聚，滯氣。〇合白蕪荑等分爲末，米飲調一字至一錢，治小兒胃寒，蟲上諸證，危惡與癇相似。〇一兩爲粗末，炒令煙盡，合生漆末一兩，以生地黃汁一升，入銀器中熬，似可丸，丸如桐子大，每服一丸加至三五丸，酒飲下，治女人經血不行及諸癥瘕等病，室女萬瘕丸，以通利爲度。漆葉合青粘爲散，服之，去三蟲，利五臟，輕身益氣，使人頭不白。【禁】生服損人腸胃，妊娠不可服。【忌】油脂。【解】中此毒發，飲鐵漿並黃櫨汁及甘豆湯，吃蟹並可治之。

明・葉文齡《醫學統旨》卷八 乾漆 氣溫、平，味辛、鹹。有毒。半夏為之使；畏鷄子；又忌油膩；又畏蠏，見蠏則不乾。入藥搗碎炒用。 治五緩六急風寒濕痺，療咳嗽，消瘀血痞結，腰痛； 女子疝瘕癥堅，通經脉，消年深血積，利小腸，去蚘蟲； 絕傷補中，續筋骨，填髓腦，血氣心痛。生漆去長蟲。

明・許希周《藥性粗評》卷一 乾漆木液也。即今以漆物者，桶中自乾者，如蜂房孔孔相隔，以黑如瑿，瑿如鐵者為佳。其樹高二三丈餘，皮白，葉似椿，花似塊而子若牛李，木心堅實。生蜀漢、交廣川谷。六七月以斧斫其皮開，液自流出，以竹筒裝收，是為漆，以之漆物，須得陰濕之地蔭之乃乾。凡驗其美惡，將生者以物蘸起，細而不斷，斷而急收者有力；如沾漬人，以清油解之。生漆中置以大蠏，則化而為水，《淮南子》所謂漆見蠏而不乾是也。故中漆毒人生瘡及腫者，煎蠏湯洗之則消。凡用乾漆，擣碎，炒令煙出，以殺其毒。半夏為之使，畏雞子，忌油脂。 味辛，性熱，生有毒，損人腸胃，熟無毒。 主治風寒濕痹，疝瘕痞塊，絕傷瘀血，磨堅破積，續骨填髓，通經脉，利小腸，殺三蟲。丹溪云：性急能飛補，近用為去積滯之藥。若用之中節積去後，補性內行，人不知也。陶隱居云仙方用蠏消之為水，鍊服長生此以生漆而言入藥，素怕漆人不可服。

單方：小腸疝氣：乾漆一兩，擣碎，炒過，研為細末，又以生漆一兩，熬熟，入細末和丸如半皂莢子大，每服一丸，溫酒吞下，如牙關緊急，斡開化爛，同酒灌下。 九種心疼：乾漆二兩，擣碎，炒熟，研為細末，醋煮麵糊和丸如梧桐子，每服五七丸，熱酒送下，醋湯亦可。 小兒胃寒蟲攻諸症：但危惡，與癇相似者，乾漆一兩，擣炒煙出，同白蕪荑等分，為細末，米飲調下一字至一錢。 室女血癖經脉不行：乾漆一兩，擣炒煙盡，研為細末，同牛膝細末一兩，以生地黃一升，磁鉢內慢火熬，桐丸如梧桐子大，每服一丸，加至五丸，溫酒送下，日三四次，以通為度。

明・鄭寧《藥性要略大全》卷五 乾漆臣 去癥，續筋骨，殺三蟲，除九種心痛。生則損人腸胃，炒熟能通月經。〇治風痹咳嗽，痞結腰痛，女人疝瘕，續筋骨，填髓腦，安五臟，利小腸，去長蟲、蚘蟲。 東垣云：削年深堅積，破日久瘀血。 味辛、鹹，氣溫，有毒。凡用須炒令烟盡入藥。半夏為之使。畏雞子及蟹。見蟹則化水不乾。忌油脂。

明・陳嘉謨《本草蒙筌》卷四 乾漆 味辛、鹹，氣溫。屬金，有水與火。降也，陰中陽也。無毒。漢蜀多生，歙州屬南直隸。亦產。待季夏方取，得陰濕纔乾。在燥熱晴日反難乾，得陰濕雨天却易乾，亦物之性也。凡欲買求，須驗好歹。濕者以物蘸起，細而不斷，斷而急收，塗諸乾竹，蔭地速乾者纔佳； 乾者着目視之，如瑿音醫瑩黑，若鐵堅剛，狀類蜂房，孔孔相隔者方美。濕堪飾器皿，乾僅入醫方。搗作碎砂，炒以文火。畏雞蛋，忌油脂。又畏蟹黃，見則化水。漆瘡塗即愈。資半夏為使，合湯散隨宜。追積殺三蟲，補中安五臟。療男子風寒濕痹，時作癢疼； 治女人疝瘕癥堅，不通經脉。續筋骨及填髓腦，消瘀血專主絕傷。痞結腰痛可驅，血氣心痛能止。丹溪云：性急而能飛補，近用為去積滯之藥。若用之中節，積去後，補性內行，人不知也。〇生漆向樹吸之，小竹筒插樹皮內，口含吸之，溫酒下。立下長蟲住痛。葉合青粘作散，華佗曾載方中。利五臟殺蟲，黑髭髮益氣。擠汁塗癬，瘡暈漸收。葉摘斷，汁自滴出也。

明·王文潔《太乙仙製本草精義》 乾漆 出漢中川谷，今蜀漢、金、峽、襄、歙州皆有之。木高二三丈，皮白，葉似椿，花似槐，子若牛李，木心黃。六月、七月以竹筒釘入木中取之。崔豹《古今注》曰：以剛斧斫其皮開，以竹管承之，汁滴則成漆是也。乾漆舊云用漆桶中自然乾者，狀如蜂房，孔孔隔者。今多用筒子內乾者，以黑如瑿堅者。凡欲買求，須驗好歹。濕者以物蘸起，細而不斷，斷而急收，塗諸乾竹，蔭地速乾者纔佳。乾者，着目視之如瑿瑩黑，若鐵堅剛，狀類蜂房，孔孔相隔者方美。濕堪飾器皿，乾僅入醫方。搗作碎砂，炒以文火。畏雞蛋，忌油脂。又畏蠏，蠏見則化水。漆瘡塗即愈。資半夏爲使，合湯使隨宜。

明·王文潔《太乙仙製本草藥性大全》卷三《仙製藥性》 乾漆臣 味辛、鹹，氣溫，屬金，有水與火，降也，陰中陽也，無毒。半夏爲之使。 主治：追積，殺三蟲，補中，安五臟。療男子風寒濕痹，時作癢疼。治女人疝瘕癥堅，不通經脉。續筋骨及填髓腦，消瘀血，專主絕傷。痞結腰痛可驅，血氣心痛能止。丹溪云：性急而能飛補，近用爲去積滯之藥。若用之中節，積去後，補性內行，人不知也。 生漆：向樹吸之，小竹筒插樹皮內，口含吸之，溫酒下，立下長蟲住痛。 葉：合青粘作散，華佗曾載方中。利五臟，殺蟲，黑髭髮，益氣。擠汁塗癬瘡，暈漸收。 補註：療蛔蟲心痛，惡心吐水，用乾漆熬搗，蜜和丸，服十五丸。治婦人不曾生長，血氣臟腑疼痛不可忍，及丈夫疝氣、小腸氣撮痛者，並服。用乾漆一兩爲末，濕漆一兩，先將濕漆入銚，熬如食飯間已來住火，與乾漆末一處拌，和丸如半皂子大，每服一丸，溫酒吞下。治九種心痛及腹脇積聚滯氣，筒子乾漆一兩，搗碎，炒過出，細研，醋煮麪糊，和丸如梧仁大，每服五丸，熱酒下。醋湯亦得，無時服。治小兒胃寒，蟲上，諸證危惡與癇相似，搗炒煙盡，白蕪荑等分爲細末，米飲調下。治女人經血不行及癥瘕等病，以乾漆一兩爲麄末，炒令煙盡，牛膝末一兩，生地黃汁一升，入銀器中熬，俟膏爲丸如梧子大，每服一丸，加至三五丸，酒飲下，以利爲度。

明·皇甫嵩《本草發明》卷四 乾漆上品，君。氣溫，味辛、鹹。屬金有火與水，降也，陰中陽也。無毒。一云有毒。 發明曰：乾漆雖用為去積滯之藥，然其性急而能飛補，蓋積滯去後，而補性內行，用之當中節耳。故《本草》主消痞結，腰痛，女人疝瘕癥堅，月閉不通，利小腸，去蚘蟲，血氣心痛，消瘀血，主五緩六急，風寒濕痺，時作痛痒，以其消利積滯故也。主絕傷，補中，續筋骨，填髓腦，安五藏，此又能補也。而不知消導後，即有補意，非直謂之補劑也，當意得之。凡使，炒去煙。半夏為之使。畏雞血。忌油脂。

生漆，酒調下，去長蟲，住痛。性烈人以雞子和服之，去蟲。若畏漆人，不可服。畏蟹黃，見之化為水。服漆毒發，飲鐵漿水并蟹黃及甘豆湯，並可制。

明·李時珍《本草綱目》卷三五木部·喬木類 漆《本經》上品

【釋名】桼時珍曰：許慎《說文》云：漆本作桼，木汁可以鬃物，其字象水滴而下之形也。

【集解】《別録》曰：乾漆生漢中山谷。夏至後采，乾之。弘景曰：今梁州漆最甚，益州亦有。廣州漆性急易燥。其諸處漆桶中自然乾者，狀如蜂房孔孔隔者爲佳。保昇曰：漆樹高二三丈餘，皮白，葉似椿，花似槐，其子似牛李子，木心黃。六月、七月刻取滋汁。金州者最善。漆性並急，凡取時須荏油解破，故淳者難得，可重重別制拭之。上等清漆，色黑如瑿，若鐵石者好。黃嫩若蜂窠者不佳。頌曰：今蜀、漢、金、峽、襄、歙州皆有之。以竹筒釘入木中，取汁。崔豹《古今注》云：以剛斧斫其皮開，以竹管承之，滴汁則成漆也。宗奭曰：濕漆藥中未見，用者皆乾漆爾。其濕者，在燥熱及木冷時則難乾；得陰濕，雖寒月亦易乾，亦物之性也。若霑漬人，以油治之。凡驗漆，惟稀者以物蘸起，細而不斷，斷而急收，更又塗于乾竹上，蔭之速乾者，並佳。時珍曰：漆樹人多種之，春分前移栽易成，有利。其身如柿，其葉如椿。以金州者爲佳，故世稱金漆。人多以物亂之。試訣有云：微扇光如鏡，懸絲急似鈎。撼成琥珀色，打着有浮漚。今廣浙中出一種漆樹，似小榎而大。六月取汁漆物，黃澤如金，即《唐書》所謂黃漆者也。入藥仍當用黑漆。廣南漆作飴糖氣，沾沾無力。

乾漆 【修治】大明曰：乾漆入藥，須搗碎炒熟。不爾，損人腸胃。若是濕漆，煎乾更好。亦有燒存性者。

【氣味】辛，溫，無毒。權曰：辛、鹹。宗奭曰：苦。元素曰：辛，平，有毒。降也，陽中陰也。之才曰：半夏爲之使。畏鷄子，忌油脂。弘景曰：生漆毒烈，人以鷄子和服之去蟲，猶自嚙腸胃也。畏漆人乃致死者。外氣亦能使身肉瘡腫，自有療法。大明曰：毒發，飲鐵漿并黃櫨汁、甘豆湯，喫蟹，並可制之。時珍曰：今人貨漆多雜桐油，故多毒。《淮南子》云：蟹見漆而不乾。《相感志》云：漆得蟹而成水。蓋物性相制也。凡人畏漆者，嚼蜀椒塗口鼻則可免。生漆瘡者，杉木湯、紫蘇湯、漆姑草湯、蟹湯浴之，皆良。

【主治】絕傷，補中，續筋骨，填髓腦，安五臟，五緩六急，風寒濕痹。生漆：去長蟲。久服，輕身耐老《本經》。乾漆：療欬嗽，消瘀血痞結腰痛，女人疝瘕，利小腸，去蚘蟲《別録》。殺三蟲，主女人經脉不通甄權。治傳尸勞，除風大明。削年深堅結之積滯，破日久凝結之瘀血元素。

【發明】弘景曰：仙方用蟹消漆爲水，鍊服長生。《抱朴子》云：淳漆不粘者，服之通神長生。或以大蟹投其中，或以雲母水，或以玉水合之服，九蟲悉下，惡血從鼻出。服至一年，六甲、行厨至也。震亨曰：漆屬金，有水與火，性急而飛補。用爲去積滯之藥，中節則積滯去後，補性内行，人不知也。時珍曰：漆性毒而殺蟲，降而行血。所主諸證雖繁，其功只在二者而已。

【附方】舊四，新七。小兒蟲病：胃寒危惡證，與癎相似者。乾漆擣燒烟盡、白蕪荑等分，爲末。米飲服一字至一錢。《杜仁方》。九種心痛：及腹脇積聚滯氣。筒内乾漆一兩，擣炒烟盡，研末，醋煮麪糊丸梧子大。每服五丸至九丸，熱酒下。《簡要濟衆》。女人血氣：婦人不曾生長，血氣疼痛不可忍，及治丈夫疝氣、小腸氣撮痛者，並宜服二聖丸。濕漆一兩，熬一食頃，入乾漆末一兩，和丸梧子大。每服三四丸，温酒下。怕漆人不可服。《經驗方》。女人經閉：《指南方》萬應丸：治女人月經瘀閉不來，繞臍寒疝痛徹，及産後血氣不調，諸癥瘕等病。用乾漆一兩，打碎，炒烟盡，牛膝末一兩，以生地黄汁一升，入銀、石器中慢熬，俟可丸，丸如梧子大。每服一丸，加至三五丸，酒、飲任下，以通爲度。○《産寶方》治女人月經不利，血氣上攻，欲嘔，不得睡。用當歸四錢，乾漆三錢，炒烟盡，爲末，煉蜜丸梧子大。每服十五丸，空心温酒下。○《千金》治女人月水不通，臍下堅如盃，時發熱往來，下痢羸瘦，此爲血瘕。若生肉癥，不可治也。乾漆一斤燒研，生地黄二十斤取汁和，煎至可丸，丸梧子大。每服三丸，空心酒下。産後青腫：疼痛，及血氣水疾。乾漆、大麥芽等分，爲末，新瓦甑相間鋪滿，鹽泥固濟，煅赤，放冷研散。每服一二錢，熱酒下。但是産後諸疾皆可服。《婦人經驗方》。五勞七傷：《補益方》用乾漆、柏子仁、山茱萸、酸棗仁各等分，爲末，蜜丸梧子大。每服二七丸，温酒下，日二服。《千金方》。喉痹欲絶：不可針藥者。乾漆燒烟，以筒吸之。《聖濟總録》。解中蠱毒：平胃散末，以生漆和丸梧子大。每空心温酒下七十丸至百丸。《直指方》。下部生瘡：生漆塗之良。《肘後方》。

漆葉【氣味】缺。【主治】五尸勞疾，殺蟲。暴乾研末，日用酒服一錢匕時珍。

【發明】頌曰：《華佗傳》載：彭城樊阿，少師事佗。佗授以漆葉青黏散方，云服之去三蟲，利五臟，輕身益氣，使人頭不白。阿從其言，年五百餘歲。漆葉所在有之。青黏生豐沛，彭城及朝歌。一名地節，一名黄芝。主理五臟，益精氣。本出於迷人入山，見仙人服之，以告佗。佗以爲佳，語阿。阿秘之。近者人見阿之壽而氣力强盛，問之。因醉誤説，人服多驗。後無復有人識青黏，或云即黄精之正葉者也。時珍曰：按葛洪《抱朴子》云：漆葉、青黏，凡藪之草也。樊阿服之，得壽二百歲，而耳目聰明，猶能持鍼治病。此近代之實事，良史所記注者也。洪説猶近於理，前言阿年五百歲者，誤也。或云青黏即葳蕤。

漆子【主治】下血時珍。

漆花【主治】小兒解顱、腹脹、交脛不行方中用之時珍。

題明・薛己《本草約言》卷二《藥性本草》

乾漆　味辛、鹹，氣溫，有毒。陽中之陰，降也。削年深堅結之沉積，破日久秘結之瘀血。入手足陽明、手太陽經。去腸胃瘀血癥瘕，功烈于蘇木，特除九種心疼，殺三蟲。炒令烟盡入藥，半夏為之使，畏雞子及蟹，忌油膩。○乾漆雖用為去積滯之藥，然其性急而能飛補。蓋積滯去後，而補性內行，用之當中節耳。故《本經》稱其消痞結癥瘕云云。而又稱其主絕傷補中，續筋骨，填髓腦，安五臟。意可知矣。要之，消導後即有補意，非真謂之補劑也。

明・梅得春《藥性會元》卷中

乾漆　味辛、酸、平，性溫。降也，陽中之陰。無毒。半夏為使。畏雞子。忌油膩，見蟹則不乾。主削連年深堅之沉積，破日久秘結之瘀血。生則損人腸胃，熟則通月水愆期，去癥，續筋骨，填骨腦髓，殺蟲，除心氣血痛，治五緩六急，風寒，療咳嗽，溫脾，血痞，通經脉，利小腸，止腰痛，補絕傷，殺蚘蟲，血氣心痛。製法：入藥擣碎炒用，熟則無毒，生則損胃。

明・李中立《本草原始》卷四

乾漆　始生漢中川谷，今蜀、漢、金、峽、襄、歙州皆有之。木高三二丈餘，皮白，葉似椿，花似槐，子若牛李。木心黃，夏至後以竹筒釘入木中取之。舊云用漆桶中自然乾者，狀如蜂房，孔孔隔者。今多用筒子內乾者，以黑如毉，堅如鐵石者為佳。許慎《說文》曰：漆本作桼，木汁可以鬃物，其字象水滴而下之形也。乾漆：氣味：辛，溫，無毒。主治：絕傷，補中，續筋骨，填髓腦，安五臟，五緩六急，風寒濕痹。生漆去長蟲。久服輕身耐老。○乾漆療欬嗽，消瘀血痞結，腰痛，女子疝瘕，利小腸，去蚘蟲。○殺三蟲，通經脉。○治傳尸勞，除風。○削年深堅結之積滯，破日久凝結之瘀血。

【圖略】修治：乾漆，擣碎炒熟，不爾損人腸胃。若是濕漆，煎乾更好。亦有燒存性者。

元素曰：辛，平，有毒。降也，陽中陰也。之才曰：半夏為之使，畏雞子，忌油脂。《淮南子》云：漆見蟹而不乾。《相感志》云：漆得蟹而成水。蓋物性相制也。宗奭曰：濕漆，藥中未見用。凡用者，皆乾漆耳。其濕者在燥熱及霜冷時則難乾，得陰濕雖寒月亦易乾。亦物之性也。若霑漬人，以油治之。凡驗漆，惟稀者以物蘸起，細而不斷，斷而急收，更又塗于乾竹上，蔭之速乾者並佳。凡人畏漆者，嚼蜀椒塗口鼻，則可免。生漆瘡者，杉木湯、紫蘇湯、漆姑草湯、蟹湯浴之，皆良。毒發，飲鐵漿并黄櫨汁，甘豆湯，喫蟹，並可制之。婦人產後血運，多用乾漆，火燒烟薰鼻。乾漆，臣。

明·張懋辰《本草便》卷二　乾漆臣　味辛，鹹，氣溫，有毒。畏雞子，又忌油脂，又畏蟹黄，見則化水不乾。入藥搗碎炒用。　主絕傷，補中續筋骨，安五臟，消瘀血痞結，腰痛，女子疝瘕癥堅，經脉不通，削積，治血氣心痛，殺蟲。

明·李中梓《藥性解》卷五　乾漆　味辛，性溫，有毒，入胃、大小腸三經。主年深堅結之沉積，日久秘結之瘀血，殺三蟲，絕傳屍，損咳嗽，止崩漏，除九種心疼，療風寒濕痹，炒令煙盡用。半夏為使。畏雞子、油脂、鐵漿、黄櫨汁、蟹。按：乾漆耑主行化，胃與二腸宜其入已。然攻堅消積之劑，終損元神，不宜過用。中其毒者，以所畏之物解之。

明·鮑山《野菜博錄》卷三　乾漆　一名地節，一名黄芝。生山中。樹高二丈餘，皮白色。葉似椿樗葉，花似槐花，結子如(中旁)(牛李)子。其味辛溫，無毒。食法：採嫩葉煠熟，油鹽調食。

明·繆希雍《本草經疏》卷一二　乾漆　味辛，溫，無毒，有毒。主絕傷，補中，續筋骨，填髓腦，安五藏，五緩六急，風寒濕痹，療欬嗽，消瘀血，痞結腰痛，女子疝瘕，利小腸，去蚘蟲。

【疏】乾漆稟火金之氣以生，故其味辛氣溫，火金相搏則未免有毒，《別錄》言之為當矣。甄權加鹹，宗奭加苦。氣味俱厚，通行腸胃，入肝行血之藥也。凡風寒濕邪之中人，留而不去則腸胃鬱而生蟲，久則五臟六腑皆受病，或為癱瘓，或為拘攣，所自來矣。此藥能殺蟲消散，逐腸胃一切有形之積滯，腸胃既清，則五臟自安，痿緩痹急自調矣。又損傷一證，專從血論，蓋血者，有形者也。形質受病，惟辛溫散結而兼鹹味者，可入血分而消之，瘀血消則絕傷自和，筋骨自續，而髓腦自足矣。其主痞結腰痛，女子疝瘕者，亦指下焦血分受寒血凝所致。利小腸者，取其通行經脈之功耳。至於療咳嗽，雖非正治，然亦有瘀血停積，發為骨蒸勞瘵以致咳嗽者，得其消散瘀血之力，則骨蒸退而咳嗽亦除也。誤中漆毒者，多食蟹及甘豆湯解之。

【主治參互】同䗪蟲、桃仁、當歸、紅花、蘇木、牡丹皮、五靈脂、延胡索、牛膝，治腹中瘀血作痛。或產後感寒，惡露未盡，結成痞塊作痛者，加入乾薑、澤蘭。同楝根、鶴虱、檳榔、錫灰、薏苡根、烏梅、龍膽草，能殺腸胃一切諸蟲。同牛膝、牡丹皮、續斷、赤芍藥、桃仁、乳香、沒藥、紅花、延胡索、鼈甲，治女子月閉因於瘀血。臍腹作痛畏寒及不發熱，不口渴者，可加桂。同豨薟葉、生地黄、半枝蓮、胡麻、荊芥、何首烏、天門冬、苦參，可療紫雲風。入仲景大黄䗪蟲丸中，治五勞虛極羸瘦，腹滿不能飲食，內有乾血，肌膚甲錯。【簡誤】乾漆，味辛有毒，瘀血得之即化成水，其消散之功可知。凡經閉由於血虛，而非有瘀血結塊阻塞者，切勿輕餌。○漆葉：味辛，無毒。《圖經》曰：彭城樊阿，少師事華佗，佗授以漆葉青黏散，云：服之去三蟲，利五臟，輕身益氣，使人頭不白。

明·倪朱謨《本草彙言》卷九　乾漆　味辛，氣溫，有微毒。氣味俱厚，降也，陽中陰也。通行腸胃，入厥陰肝經。　李氏曰：乾漆，出漢中、金州、梁州者，最善。益州、廣州、浙江亦有，次之。木高數丈，榦如柿。葉如椿，花如槐，實如牛李子，木心色黄。夏至後，刻取坎限，以竹管承之，滴汁即成漆也。漢中、金州者，色極黑，廣、浙者，色稍黄，入藥以色黑自然乾者，狀如蜂房，孔孔間隔。但性急易燥，熱則難乾，天寒陰雨亦易燥。濕者不堪入藥。修治：取乾者，搗碎，微炒熟，不爾損人腸胃。若沾人肉及衣，以油塗之，再以肥皂擦之，熱湯洗，即去跡。凡驗以稀者爲好，市家以桐油攙入亂真。試訣云：微扇光如鏡，懸高急似絲。撼成琥珀色，打着有浮漚。《相感志》云：漆得蟹而化成水，蓋物性相制然也。如誤中其毒，以鐵漿或黄櫨木湯，或豆湯，或蟹湯并可。

乾漆：化瘀血，消蟲積，日華子斷尸勞之藥也。趙天民稿《別錄》方主婦人經脉不通，疝瘕癥結，心痛胃疼；或小腹奔豚，腸胃蟲積；或傳尸風勞蟲勞，并大風癩疾，目爛鼻崩，手足拳攣，指節開裂，形容惡變，宜製熟服之。然性燥有毒，瘀血得之即化成水，其消鑠之力可知。凡經閉不通等證，由于血虛而非瘀血結塊阻塞者，切勿輕餌。　李瀕湖先生曰：漆之爲物，性毒而殺蟲，氣烈而行血，質堅而攻癖積。所主諸病雖多，總不外此三者而已。

王太和先生曰：漆，性燥爍而烈，急而有毒，治竹木、皮革、什用之物，能堅固不壞。續金石，補漏孔，絕無罅隙，因質沾凝而體堅也。着生物血肉皮毛之處，受之無不腐爛。入腸胃筋骨之間，潰敗生靈，不可救藥，因氣悍劣而性有毒也。何前古本草主補中，續筋骨，填腦髓，久服輕身，耐老成仙之說？此荒謬不稽之言！愚者信而服餌，死不旋踵。後世好事之徒，妄爲附會其說，云：血者，有形之物也。形質受病，惟辛溫散結者，可入血分而消之，乾漆是也。瘀血消則中藏自補，筋骨自續，而腦髓自充矣。瘀血消則骨蒸自退，蟲勞自除，咳嗽自止矣。噫！斯言一出，明者相機而用，奏效于萬中之一，庸或有之。倘粗工鹵莽，信手投用，貽害生靈，夭枉之禍，寧有量哉？不仁之端，莫大于此。朱特采而錄之，以昭後世云。

集方：《經驗方》治婦人血氣不和，不曾生長，將行經，腹中耕痛不可忍，及丈夫疝氣、奔豚，或小腸弦急攝痛者。用濕漆一兩，熬一食頃，入乾漆末一兩，和丸梧桐子大。每服六七丸，溫酒下。〇《指南方》治婦人經閉不來，繞膝攢痛，寒熱往來，或諸癥瘕等病，此藥削年深堅急之積滯，破日久凝結之瘀血。用乾漆一兩，打碎，炒烟盡，川牛膝二兩炒，共爲末，以生地黃熬稠膏，和爲丸，如梧桐子大。每服十丸，空心溫酒送下。藥完漸消，當以六君子湯加薑棗，日服一劑。〇《簡要方》治心胃疼不止。用乾漆炒烟盡，玄胡索酒洗炒，各二錢，研爲末。每服五分，醋湯送下。〇《家抄》治腸胃諸蟲攻痛，時有蟲下者。用乾漆炒烟盡，爲末。每服三分，烏梅三個，花椒二錢，泡湯調服。〇大氏方治傳尸風勞蟲勞。用乾漆一兩，醋洗，炒烟盡爲末。每空心服三分，麥門冬湯調服。〇《千金方》治大風癩疾，毫毛脫盡，或甚至目爛鼻崩，手足拳攣，指節開裂，形容惡變。用乾漆爲末一兩，和活蟹二兩，同搗成膏，皂角刺四兩，胡麻子去殼六兩，俱炒燥爲末，總和勻，紅麯打糊爲丸，如黍米大。每服三錢，白湯侵晨送下。

續補方：《聖濟總錄》治喉痹欲絕，不可針藥者。用乾漆燒烟，以筆管吸之。〇杜氏方治小兒蟲病危惡，與癇相似者。用乾漆搗、炒烟盡，白蕪荑各等分，爲末，米湯調服一字。〇嵇氏家抄治紫雲風。用乾漆一兩，炒烟盡，生地黃、半枝蓮、胡麻、荆芥各五錢，何首烏、天門冬、苦參各六錢，分作十劑，清水煎服。〇仲景方治五勞虛極，羸瘦腹滿不能飲食，內有乾血，肌膚甲錯者。用乾漆一兩，炒烟盡，䗪蟲十個去足，焙燥，共爲細末，大黃一兩，酒煮半日，搗膏爲丸，如黍米大。每服十丸，白湯送下。

明·李中梓《醫宗必讀·本草徵要下》 乾漆味辛，溫，有毒。入肝經。畏鐵漿、黃櫨汁、甘豆湯、螃蟹、蜀椒。炒至煙盡為度。 辛能散結，行瘀血之神方；毒可祛除，殺諸蟲之上劑。行血殺蟲，皆辛溫毒烈之性，中其毒者，或生漆瘡者，多食蟹及甘豆湯解之。按：血見乾漆即化為水，則能損新血可知，虛者及慣生漆瘡者，切勿輕用。

明·鄭二陽《仁壽堂藥鏡》卷二 乾漆 《本草》云：生漢中川谷。崔豹《古今注》曰：乾漆乃漆桶中自然乾者，狀如蜂房孔。 氣溫，平；味辛。有毒。《本草》云：主絕傷，補中，續筋骨，填髓腦，安五臟，治五緩六急，風寒濕痹。療欬嗽，消瘀血痞結腰痛，女子疝瘕。利小腸，去蚘蟲。生漆，去長蟲。半夏為之使。畏雞子，忌油脂。《簡要方》治九種心痛，用乾漆一兩，炒烟淨，細研，醋煮，麪糊為丸如梧桐子大。每服五丸至七丸，熱酒送下。 凡用須搗碎、炒烟盡，不損人腸胃。

明·蔣儀《藥鏡》卷一温部 乾漆 消年深之堅積，而殺三蟲。散鬱血之久瘀，而清濕痹。

明·張景岳《景岳全書》卷四九《本草正》 乾漆 味辛，性溫，有毒。能療絕傷，續筋骨，殺三蟲，去蚘蟲，削年深堅結之積滯，破日久凝聚之瘀血。用須炒熟入藥，不爾損人腸胃。若外著其毒而生漆瘡者，惟杉木湯、紫蘇湯、蟹湯浴之可解，或用香油調鐵銹塗之。

明·盧之頤《本草乘雅半偈》帙三 乾漆《本經》上品 氣味：辛，溫，無毒。

主治：主絕傷，補中，續筋骨，填髓腦，安五藏，五緩六急，風寒濕痹。生漆去長蟲。久服輕身耐老。

覈曰：出漢中、金州、梁州者最善，益州、廣州、浙中者次之。木高數丈，乾如柿，葉如椿，花如槐，實如牛李子。五六月刻取汁液，乾之即曰乾漆，狀如蜂房，孔孔間隔，但性急易燥，熱則難乾，無風陰潤，雖嚴寒亦易燥，否則不堪入藥。修治：搗碎，炒熟，不爾損人腸胃。半夏為之使。畏雞卵，忌油脂。得蟹則化而成水。

条曰：夏三月，漆液始足，當入心，以色矣明而性燥急，半夏為使可知矣。乾之當入腎，以色玄英而喜陰潤，蟹化成水可知矣。入腎為腎之心藥，入心為心之腎藥。補中者，補中焦血液，血液皆繇中焦變化所成也。心主血，腎主液故爾。則凡血液燥涸，致筋脈緩急斷傷，及髓腦不滿，五藏不安，痹閉不通，罔不有功。而接續填滿，奠安周痹，皆克成血液之濡潤流通者。生漆去長蟲，以其入心，則得心君火大之令。如大火聚，長蟲自無噍類矣。水瀉欲流之謂漆，即具水之體，火之用矣。

明・李中梓《本草通玄》卷下 乾漆 辛，溫。降而行血，毒而殺蟲，二者已罄其力能。若祛風止痛，除嗽理傳屍，正行血殺蟲之效也。性急多毒，弗得過用。凡畏漆者，嚼椒塗口鼻，免生漆瘡，如杉木、如紫蘇、如蟹、患漆瘡者，皆可煎湯浴之。煎乾炒令煙盡，存性。

清・顧元交《本草彙箋》卷五 乾漆 乾漆，削年深堅結之積滯，破日久凝固之瘀血。蓋辛溫能散結，而兼鹹味能入血分，又性能殺蟲。蟲者，腸胃鬱熱所成。久則五臟六腑皆受病，而癱瘓拘攣等症所自來也。用乾漆以殺蟲逐滯，令腸胃清，而五臟自安，痿緩痹急之症調矣。

入藥宜搗碎炒熟，若濕漆炒乾更好，或炒盡煙。仲景大黃䗪蟲丸，治五勞虛極，羸瘦腹滿，不能飲食，內有乾血，肌膚甲錯。紫雲風用乾漆同稀薟葉、生地、半枝蓮、胡麻、荊芥、何首烏、天冬、苦參，作丸療之。大麻風，用生漆一觔，鮮蟹八隻，益母草一觔，苦參二兩，白蒺藜八兩，紅棗一觔，好酒十八觔，熟煮待冷，去查，另貯磁瓶服。

清・穆石磵《本草洞詮》卷一一 漆 木汁可以髹物，漆字象水滴而下之形也。濕漆燥熱時則難乾，得陰濕則易乾，亦物性之異也。味辛鹹苦，氣溫，無毒，一云有毒。補中，續筋骨，治風寒濕痺，殺三蟲，治傳尸勞，削年深堅結之積滯，破日久凝結之瘀血。仙方用蟹消漆為水，鍊服長生。《抱朴子》云：或以雲母水，或以玉水合服，九蟲悉下，六甲、行廚至也。夫漆屬金，有水與火，其性毒而殺蟲，降而行血，所主諸證，惟在二者而已。用之中節，則積滯去後，補性內行，人不知也。若欲以致長生，則漆之外氣，尚能使人身肉瘡腫，況服餌乎？陶貞白云：是自嚙腸胃也。慎之！

清・劉雲密《本草述》卷二三 乾漆 覈曰：出漢中、金州、梁州者最善，益州、廣州、浙中者次之。木高數丈，幹如柿，葉如椿，花如槐，實如牛李子。五六月刻取汁液，乾之，即曰乾漆。狀如蜂房，孔孔間隔。但性急易燥，熱則難乾，無風陰潤，雖嚴寒亦易燥，否則不堪入藥。

氣味：辛，温，無毒。權曰：辛、鹹。宗奭曰：苦。潔古曰：辛平有毒，降也，陽中陰也。主治：絕傷，續筋骨，填髓腦，安五藏，五緩六急，風寒溼痹《本經》。諸本草主治消瘀血痞結，腰痛，治女子疝瘕《別錄》。並經脈不通甄權。利小腸《別録》。殺三蟲甄權。潔古曰：削年深堅結之積滯，破日久凝結之瘀血。諸方書於虛勞，傳尸勞，反胃畜血，心痛，胃脘痛脹滿，積聚，着痹攣，盜汗，痔等證用之。丹溪曰：漆屬金，有水與火，性急而飛補，用為去積滯之藥，中節則積滯去後，補性內行，人不知也。希雍曰：乾漆禀火金之氣以生，故其味辛，氣温，火金相搏，則未免有毒，《別錄》言之為當矣。甄權加鹹，宗奭加苦，氣味俱厚，通行腸胃，入肝行血之藥也。大抵損傷一證，專從血論，血屬有形形質，受病為痞結，為絕傷，惟茲味捷於入血分而消之，則絕傷自和，絕傷則筋骨自續，而髓腦自足矣。凡風寒溼之痹，亦多病於血滯，此痿緩痹急之所由成也，亦唯此味能治之。其為腰痛，又如女子疝瘕，何非此通行經脈者以為治療乎哉？同䗪蟲、桃仁、當歸、紅花、蘇木、牡丹皮、五靈脂、延胡索、牛膝，治腹中瘀血作痛，或產後感寒，惡露未盡，結成痞塊作痛者，加入乾薑、澤蘭。同楝根、鶴蝨、檳榔、錫灰、薏苡根、烏梅、龍膽草，能殺腸胃一切諸蟲。同牛膝、牡丹皮、續斷、赤芍藥、桃仁、乳香、没藥、紅花、延胡索、鼈甲，治女子月閉，因於瘀血，臍腹作痛，畏寒，及不發熱，不口渴者，可加桂。同豨薟葉、生地黃、半枝蓮、胡麻、荊芥、何首烏、天門冬、苦參，可療紫雲風。入仲景大黃䗪蟲丸中，治五勞虛極羸瘦，腹滿不能飲食，內有乾血，肌膚甲錯。

愚按：漆之味甚辛，丹溪謂其屬金者，良然。第溼者在燥，熱則難乾，得陰溼則易乾，似兼乎水火之用，而有得於水為火用，火為水用，以成其氣化者。丹溪所謂有水與火，亦不謬也。蓋此味治瘀血而破堅積，大抵積之堅者皆屬陰，亦不外於血之屬也。夫血原於水而成於火，乃金為水母，又為火妻，水火合於金，然後水為火用，而血之生機在此，火為水用，而血之化機亦在此。茲物取其活血，衹取其化機之流暢者也。茲物屬金，而有水火，火乃金之夫，水之用，液之所以化血，固在是矣，故遇燥熱則難乾。火金之化氣俱勝也，如金水而又值水斯化機為之息，此其所以易乾也。故漆遇蟹則化水，不足徵其化機之息乎？蓋蟹固全得其氣於金水者也。唯茲物得乎化機之全，所以活瘀血而破堅積，即為補益，如丹溪所云，不然，何以異於破血諸味，而《本經》謂其治絕傷續筋骨乎？蓋能化即能生者也。

抑用之必須炒熟,其義又謂何? 蓋稟乎火金之兼氣以達水,不能無毒,炒用所以去毒耳,更有疑焉,《淮南子》曰蟹見漆則不乾,物理當作何解? 曰: 固謂蟹專稟金水之勝,而足以制漆也。蟹外剛内柔,而内黄應月盈虧,故《本經》謂其鹹寒,是則物類以氣相制。有同然者,寧獨二物為然歟?

附方 小兒蟲病,胃寒危惡證,與癇相似者,乾漆搗,燒烟盡,白蕪荑等分,為末,米飲服一字至一錢。女人經閉,《千金》治女人月水不通,臍下堅如杯,時發熱往來,下痢羸瘦,此為血瘕,若生肉癥,不可治也。乾漆一斤,燒研,生地黄二十斤,取汁,和煎至可丸,丸梧子大,每服三丸,空心酒下。希雍曰: 乾漆味辛,有毒。瘀血得之,即化成水,其消散之功可知。凡經閉由於血虚,而非有瘀血結塊阻塞者,切勿輕餌。

修治 乾漆入藥,須搗碎炒熟,不爾,損人腸胃。若是溼漆,煎乾更好,亦有燒存性者。

清・郭章宜《本草匯》卷一五 乾漆 辛、鹹、苦,溫,有毒。氣味俱厚,降也,陽中陰也,入手足陽明、手太陽、足厥陰經。削年深堅固之積滯,破日久秘結之瘀血。去腸胃蚘蟲癥瘕,功烈於蘇木。除九種心疼聚結,藉使于半夏。

按: 乾漆,屬金有水與火,火金相搏,則未免有毒,毒而殺蟲,降而行血,二者已罄其功能矣。然性急烈,不可過用。血見乾漆即化為水,其損新血可知。凡血虚者,不可輕餌。同豨薟、生地、半枝連、胡麻、荊芥、何首、天冬、苦參,可治紫雲風。

入藥,宜黑漆搗碎,炒令烟盡,不爾損人腸胃。若是濕漆煎乾更好。中其毒者,多食蟹及甘豆甘草、黑豆湯解之。生漆瘡者,杉木湯、紫蘇湯、蟹湯浴之。若入漆室,先以蜀椒塗口鼻,可免瘡矣。《淮南子》曰: 蟹見漆而不乾。《相感志》云: 漆得蟹而成水。蓋物性相別也。半夏為之使。畏雞子。忌油脂。

清・王翃《握靈本草》卷八 乾漆入藥須搗碎炒熟,不爾損人腸胃。若是濕漆,煎乾更好。亦有燒存性者。漆毒發,用鐵漿,并喫蟹。畏漆者,嚼蜀椒,塗口鼻。主治: 乾漆,辛,溫,無毒。一云: 有毒。主絕傷,補中,續筋骨,填髓腦,去長蟲,削積滯,消瘀血。

清・汪昂《本草備要》卷三 漆瀉,破血,消積,殺蟲。辛,溫,有毒。功耑行血殺蟲,削年深堅結之積滯,丹溪曰: 漆性急而飛補,用之中節,積滯去後,補性内行,人不知也。破日久凝結之瘀血,能化瘀血爲水。續筋骨絕傷,損傷必有瘀血停滯。治傳尸勞瘵,瘕疝蛔蟲。炒令烟盡入藥,或燒存性用。半夏爲使,畏川椒、紫蘇、鷄子、蟹。漆得蟹而成水。

清・王逊《藥性纂要》卷三 漆 【略】東圃曰: 木形人畏漆,聞其氣即面腫,發瘡如痱子,焮痒怕熱,畏日光火氣。不可用熱湯洗,若手弄漆粘肌肉上,則偏處皆生。予少時患此,苦不知用湯泡,甚至腫爛。後知漆瘡,用蟹塗遂愈。每發只以杉木煎湯,冷洗隨消。乾漆入藥,須搗碎炒熟,不爾損人腸胃。若是濕漆,煎乾更好。亦有燒存性用者。

清・顧靖遠《顧氏醫鏡》卷八 乾漆辛,溫,有毒。入肝經。炒至烟盡為度。中其毒者,多食蟹及甘草湯解之。行瘀血之神丹,瘀血見之,即化為水。殺諸蟲之上品。虚者及慣生漆瘡者,大忌。孕婦戒投。

清・李熙和《醫經允中》卷二一 乾漆 辛、苦,溫,有毒。主治削年深堅結之積滯,破日久凝結之瘀血。但大傷營血,損胃氣,胃虚人禁用。嚼椒塗口鼻,免生漆瘡。中其毒以生蟹搗汁,或紫蘇解之。附: 漆器主治產後血暈,燒烟熏之即甦; 又殺諸蟲。

清・馮兆張《馮氏錦囊秘錄・雜症痘疹藥性主治合參》卷四 乾漆稟火金之氣以生,故味辛,氣溫。火金相搏,故有毒。通行腸胃,入肝行血之藥也。凡風寒濕邪之中人,留而不去,則腸胃鬱而生蟲,久則臟腑皆病,癱瘓濕痹,所自來矣。此藥能殺蟲消散,逐腸胃一切有形之積滯,腸胃即清,則五臟安而痿痹愈矣。又損傷一證,專從血論,蓋血者,有形者也,形質受病,惟辛溫散結,而兼鹹味者,可入血分而消之,瘀血消,則絕傷自和,筋骨自續,髓腦自足矣。主痞結腰痛,女子疝瘕者,亦入血消瘀之驗也。誤中漆毒者,食蟹及甘豆湯解之。○凡用,炒至烟盡為度。

乾漆,追積,殺三蟲,補中,安五臟。男子風寒濕痹,時作癢疼。女人疝瘕癥堅,不通經脉。續筋骨及填腦髓。消瘀血,專主絕傷。痞結腰痛可敺,血氣心痛能止。丹溪云: 性急而能飛補,近用為去積滯之藥。若用中節,積滯去後,補性内行也。生漆用竹筒插樹皮内,口含吸之,溫酒送下,立下長蟲治痛。葉,利五臟,殺蟲。擠汁,塗癬瘡效。

按: 血見乾漆,即化為水。其追積殺蟲,皆辛溫毒烈之性,虚者勿輕用之。若以飛補之說，專仗為補益，則誤矣。

清·张璐《本經逢原》卷三　乾漆漆葉、漆子　辛、苦、鹹，溫，有毒。炒令烟盡，否則損人腸胃。今人多用漆渣偽充，必凝結如磚者佳。《本經》主絕傷，補中續筋骨，填髓腦，安五藏，五緩六急，風寒濕痹。生漆去長蟲。久服輕身耐老。　發明：乾漆灰辛溫，性善下降而破血，故消腫殺蟲，通月閉，皆取去惡血之用。而《本經》治絕傷補中，是取其破宿生新之力也。蓋胃中有瘀積留滯，則陽氣竭絕，不能敷布中外，故藏府筋骨髓腦皆失營養，乃致健運失常，肢體緩縱。用此以鏟除瘀積，中氣得復，絕傷皆續，而緩急和矣。生漆去長蟲，故《千金》去三蟲方以之為君，三蟲去，輕身長年所不待言，但恒人艱於久服耳。元素云，削年深堅結之積滯，破日久凝結之瘀血，斯言盡乾漆之用矣。無積血者切忌，以大傷營血。損胃氣，故胃虛人服之往往作嘔，此與《本經》之義似乎相背，而實不相違。產後血暈，以舊漆器燒烟薰之即醒，蓋亦取下血之義。而破經絡中血滯，用真漆塗鯪鯉甲煅入藥，破血最捷。婦人血虛、經閉，為之切禁。凡畏漆者，嚼椒塗口鼻免生漆瘡。誤中其毒，以生蟹搗汁或紫蘇解之。〇漆葉塗紫雲瘋，面生紫腫，取其散瘀之功也。〇漆子專主下血，《千金方》用之。審無瘀滯，慎勿漫投。

清·浦士貞《夕庵讀本草快編》卷五　漆《本經》桼　許慎《說文》云：漆本作桼，象木汁滴下之形。產金州者為佳，故世稱金漆。人多以他物偽之。試訣有云：微扇光如鏡，懸絲急似鉤。撼成琥珀色，打着有浮漚。是也。漆性辛溫，氣烈齧人，宜乎有毒者入藥以濕漆煎乾者為佳，或燒存性用。也。而《本經》言其安五藏，去長虫，輕身耐老。弘景謂共蟹消為水，煉服長生。抱朴亦云：淳漆不粘者，服之通神。合而觀之，漆果為服食之藥乎？非也。夫道家修養，以去三尸為首務。漆本屬金，有毒，為殺虫行血之要劑，故有諸譽。今乾漆入藥亦不逾此，如傳尸咳嗽，血痞疝瘕，積滯堅塊，虫蠱諸毒，得非同一轍耶？丹溪又云：破積藥內用之中節，則積滯去後，補性內行，人所不知。蓋謂其消蕩宿垢，正氣自立，稱之曰補亦可。然終非性能補人也。其葉功用相同，華元化有漆葉青黏散，授之樊阿，服而長壽，載之史乘，與前說相符。青黏即葳蕤也。

清·張志聰、高世栻《本草崇原》卷上　乾漆　氣味辛，溫，無毒。主治絕傷，補中，續筋骨，填髓腦，安五臟，五緩六急，風寒濕痹。生漆去長蟲。久服輕身耐老。　漆樹始出漢中山谷，今梁州、益州、廣東、金州、歙州、陸州皆有。樹高二三丈，幹如柿，葉如椿，花如槐，實如牛李子，木心色黃，六七月刻取滋汁，或以斧鑿取乾漆，不假日曝，乃自然乾者，狀如蜂房孔，孔間隔者為佳。　漆木生於西北，鑿取滋汁而為漆，日曝則反潤，陰濕則易乾，如人胃府水穀所化之津液，奉心則化赤為血，即日曝反潤之義也。入腎臟則凝結為精，即陰濕易乾之義也。乾漆氣味辛溫，先白後赤，生乾則黑，稟陽明金精之質，而上奉於心，以資經脈，下交於腎，以凝精髓之藥也。主治絕傷，資經脈也。補中，陽明居中土也。續筋骨者，治絕傷，則筋骨亦可續也。填髓腦者，凝精髓也。陽明水穀之精，滋灌五臟，故安五臟。馳縱曰緩，拘掣曰急，皆不和之意，五臟不和而馳縱，是為五緩，六腑不和而拘掣，是為六急。五緩六急，乃風寒濕之痹證，故曰風寒濕痹也。《素問·痹論》云：五臟皆有外合，六腑亦各有俞。皮肌脈筋骨之痹，各以其時，重感於風寒濕之氣，則內舍五臟。五臟之痹，猶五緩也。風寒濕氣中其俞，而食飲應之，循俞而入，各舍其腑。六腑之痹，猶六急也。是五緩六急，乃風寒濕痹也。生漆色白屬金，金能制風，故生漆去長蟲。久服則中土之精，四布運行，故輕身耐老。

清·劉漢基《藥性通考》卷六　漆　味辛，溫，有毒。功耑行血殺蟲，削年深堅結之積滯，破日久凝結之瘀血，能化瘀血為水，續筋骨，絕傷損，傷必有瘀血停滯也。又治傳尸勞瘵，瘕疝蚘蟲，炒令烟盡入藥，或燒存性用。半夏為使，畏川椒、紫蘇、鷄子、蟹，何也？漆得蟹而成水也。

清·王子接《得宜本草·上品藥》　乾漆　味辛，溫。功專消瘀破積。得白蕪荑治小兒蟲病，得牛膝、生地治婦女經閉，得大麥蘖治產後血氣青腫水疾，得柏子、山萸、棗仁治七傷證。

清·徐大椿《神農本草經百種錄》上品　乾漆　味辛，溫。主絕傷，補中，續筋骨，填髓腦，補續筋骨中之脂膏。安五藏，實藏中之脂膏。五緩六急，調和筋骨。風寒濕痹，漆得寒反堅，得濕反燥，故能除寒熱也。生漆去長蟲。生漆著人肌膚即腐爛，故亦能腐蟲。久服，輕身耐老。漆入地不朽，其質耐久，故有此效。　此以質為治。漆，樹脂也。凡草木之脂最韌而不朽者，莫如漆。人身中非氣非血而能充養筋骨者，皆脂膏也。氣血皆有補法，而脂膏獨無補法，則以樹之脂膏力最厚者補之。而脂膏之中，凡風寒濕熱之邪，留而不去者，得其氣以相助，亦并能驅而滌之也。

清・黃元御《長沙藥解》卷二　乾漆　味辛，入足厥陰肝經。專通經脈，善破瘕癥。《金匱》大黃䗪蟲丸方在大黃用之治虛勞，腹滿內有乾血，以其化堅癥而破乾血也。乾漆辛烈之性，善破瘀血，其力甚捷。而尤殺諸蟲。肝氣遏抑，血瘀蟲化者宜之。炒枯存性，研細用。

清・吳儀洛《本草從新》卷三　乾漆〔瀉，破血消積殺蟲。〕　辛，溫，毒烈。損傷必有瘀血停滯。血功專行血殺蟲，破年深凝結之積滯瘀血，續筋骨絕傷。見乾漆即化為水，其能損新血可知。虛人及慣生大瘡者戒之，勿為丹溪飛補之說所誤。中其毒者，杉木湯、紫蘇湯、蟹湯俱可解之，生漆瘡者浴之。炒令烟盡為度，或燒存性。半夏為使。畏川椒、紫蘇、鷄子、蟹。漆得蟹而成水。

清・汪紱《醫林纂要探源》卷三　漆　辛，鹹，溫。樹葉俱似椿，取漆者，審其理脈，斜斧向上斲之，傷口向下，以蚌殼或竹筒嵌斲口，盛汁收之，如乳色黃白，久則黝黑如飴。用陳乾者。補肝行血，補心散瘀，力勁攻堅，性粘續絕。凡木汁多入血分。漆之辛鹹，能行血中之氣，而輭堅破積，消久瘀積滯，一切血塊癥瘕。殺傳尸勞瘵蟲䘌。清明心主，使用血通脈，無所凝滯。且膠粘之性，又能凝固器物，使寒暑不變，蟲蠹不傷，而發其潤澤光明。故入藥實能續筋堅骨，補正之功，人人於不覺耳。但氣重而力峻急，自不利於皮毛肌肉，驟中其氣，即發瘡腫裂，或磨鐵鏽水搽之即愈。又用蟹殼水洗之亦妙，以漆見蟹，則成水耳。入藥須燒灰存性，總宜少用。

清・嚴潔等《得配本草》卷七　乾漆　半夏為之使。畏雞子、紫蘇、杉木、漆姑草、蟹。忌豬脂。　辛，溫，有毒。性急飛竄，能破關節凝結之瘀血。得牛膝，治婦女經閉。加生地更好。得蕪荑，治小兒蟲病。　炒煙盡，不宜存性。用鐵漿甘豆湯可解其毒。　血枯經閉者，投之立斃。

題清・徐大椿《藥性切用》卷五　乾漆　辛溫毒烈，功專破血殺蟲。血見乾漆即化為水。炒令烟盡，血非陳年久積，勿用。漆得蟹汁亦化為水，其蟹(荒)〔黃〕尤勝。

清・黃宮繡《本草求真》卷八　乾漆劀除老血久積伏蟲。　乾漆耑入肝脾。味辛氣溫，有毒。弘景曰：生漆毒烈，人以雞子和服之去蟲，猶自嚙腸胃也。有降無升，耑破日久凝結之血，及削年深堅結之積，緣人感受風寒暑濕，鬱而為病，則中外不舒，胃中有物，留滯不消，久而生蟲。血積不化，結而為瘀，由是陽氣竭澤，津液枯槁，癱瘓風痹，因之不免用此辛溫毒烈之性，鏟除瘀積。中氣得復，絕傷皆續，而緩急和矣。按血見漆化水，故能化蟲破血。《千金》三蟲方皆賴以之為君。震亨曰：漆性急而飛，用之中節，積滯去後，補性內行，人不知也。《本經》言能輕身者，以其蟲去而身自輕之謂也。所謂中氣可復，絕傷可續者，亦因瘀去而中自復，與傷自續之謂也，但無積血者切忌。以其大傷營血，着損胃氣耳。炒令烟盡為度。試漆訣云：微扇光如鏡，懸絲急似鉤，撼成琥珀色，打着有浮漚。若患漆瘡，以生蟹汁、紫蘇解之。《相感志》云：漆得蟹而成水，蓋物性相制也。凡人畏漆者，嚼蜀椒塗口鼻則可免。

清・楊璿《傷寒溫疫條辨》卷六攻劑類　乾漆炒令烟盡。　味辛鹹，氣溫。入胃、大小腸。追積殺三蟲，補中安五藏。療男子風寒濕痹，時作痒疼；治婦人癥瘕堅結，和脉通經。痞積腰疼可驅，血風心疼能除。丹溪曰：漆性急而飛補，用之中節，瘀去新生，人所不知也。《指南》萬應丸：治月經瘀閉，繞臍疝氣疼徹，及產後血氣不調，痞積癥瘕。乾漆炒透、牛膝酒浸等分，為末，生地黃取汁熬膏，入藥和丸如桐子大。初服三丸，漸加五、七、九丸，溫酒或米飲下。

清・羅國綱《羅氏會約醫鏡》卷一七竹木部　乾漆味辛溫，有毒，入肝經。炒至烟盡為度。　功耑行血殺蟲，削堅結積滯，化腸胃一切有形之物，辛溫散結。破凝結瘀血，味兼鹹，可入血分，瘀血化為水。殺傳尸勞蟲，毒以攻毒。續筋骨絕傷。損傷必有瘀血停滯。外中其毒而生漆瘡者，惟杉木湯、紫蘇湯、蟹湯浴之可解。或用香油調鉄銹塗之。

清・趙學敏《本草綱目拾遺》卷六木部　土漆　《玉環志》：皮如桃樹皮，黏著人手即發腫，若刀瘡見血，擣此皮敷之，即止。

止金瘡出血。

清・黃凱鈞《藥籠小品》　乾漆即漆渣。　辛溫有毒，功專行血殺蟲，血見乾漆，即化為水，其能損血可見。炒用。

清・張德裕《本草正義》卷上　乾漆　辛，溫，有毒。削堅結之積聚，破凝聚之瘀血。續筋骨，療絕傷。炒熟入藥，不然損人腸胃。外中其毒生瘡者，杉木、紫蘇、蟹湯俱可洗解。

清・楊時泰《本草述鉤元》卷二三　乾漆　出漢中、金州、梁州者最善，益州、廣州浙中者次之。五六月，刻木取汁液乾之，即曰乾漆。狀如蜂房，但性急易燥，熱則難乾，無風陰潤，雖嚴寒亦易燥也。

味辛、苦、鹹，氣溫，有毒。氣味俱厚。通行腸胃，入肝行血。降也，陽中陰也。《本經》主絕傷，續筋骨，填髓腦，安五臟，丹溪言其性急而飛補，用之中節則積滯去後補性內行。療五緩六急，風寒濕痺。諸本草消瘀血痞結，削年深堅積，破日久凝瘀。治腰痛，女子疝瘕，經脉不通，利小腸，殺三蟲。方書於虚勞傳尸，反胃畜血，心痛胃脘痛，脹滿着痺，拘攣盗汗等證用之。凡瘀血得之，即化成水仲淳。大抵損傷一證，專從血論，血屬有形，形質受病，為痞結，為絕傷。惟茲味捷入血分而消之，則絕傷自和，絕傷和則筋骨自續，而髓腦自足矣。凡風寒濕痺，多病於血滯，此痿緩痺急所由成也，至於腰痛，疝瘕，何一非此味通行經脉之治乎仲淳。同䗪蟲、桃仁、當歸、紅花、蘇木、丹皮、靈脂、延胡、牛膝，治腹中瘀血作痛，或産後感寒，惡露未盡。結成痞塊作痛者，加入乾薑、澤蘭。同楝根、鶴蝨、檳榔、錫灰、薏苡根、烏梅、龍膽草，能殺腸胃諸蟲。同牛膝、丹皮、續斷、赤芍、桃仁、紅花、乳香、沒藥、延胡、鱉甲，治女子月閉因於瘀血，臍腹作痛，其畏寒而不發熱口渴者，可加桂。同豨薟葉、半枝蓮、生地、胡麻、荊芥、首烏、天冬、苦參，療紫雲風。入大黄䗪蟲丸，治五勞虚極羸瘦，腹滿不能飲食，肌膚甲錯，內有乾血。小兒蟲病，胃寒危惡證，與癇相似者，乾漆搗燒烟盡，白蕪荑等分，為末，米飲服一字至一錢。女人月水不通，臍下堅如杯，時發熱往來，下痢羸瘦，此為血瘕。若是肉癥不可治也。《千金方》用乾漆一斤燒研，生地黄二十斤取汁，和煎，至可丸丸梧子大，每服三丸，空心酒下。

論：漆之味甚辛而屬金，第其濕者在燥熱則難乾，得陰濕則易乾，似兼乎水火之用，而有得於水為火用，火為水用，以成其氣化者，丹溪謂屬金而有水與火，良不謬也。其治瘀血而破堅積，由積之堅者皆屬陰，不外於血之屬也。夫血原於水而成於火，恃有金為水母，又為火妻，水火合於金，然後水為火用，而血之生機在此；火為水用，而血之化機亦在此。茲物取其活血，祗取其化機之流暢爾，以屬金之物而有水火，火為之夫，水為之用，液之所以化血者在是，故遇燥熱則難乾，火金之化氣俱勝也。如以金水值水，斯化機為之息而易乾矣。漆遇蟹則化水，可以徵其化機之息，蓋蟹固全得其氣於金水者。要惟茲物得乎化機之全，能化即能生，所以活瘀血，破堅積，而便為補益，不然何以異於破血諸味，而《本經》且謂其治絕傷續筋骨乎？至於用之必須炒熟者，以其稟火金之兼氣以達水，不能無毒，火金相搏，則未免有毒。炒用所以去毒耳。

繆氏云：瘀血得乾漆即化水，其消散之功可知。凡經閉非有瘀血結塊陰塞者，切勿輕餌。

修治：須搗碎炒熟入藥，不爾損人腸胃。若是濕漆煎乾更好，亦有燒存性者。

清・葉桂《本草再新》卷四 乾漆味辛，性溫，有毒。入肝、脾二經。行血破滯，束筋骨，殺蟲傷。

清・吳其濬《植物名實圖考》卷三三 漆 《本經》上品。山中多種之。斧其木以蛤盛之，經夜則汁出。

清・趙其光《本草求原》卷一山草部 生漆葉 凡中漆毒，忌洗暖水及飲酒，宜此取汁搽，或煎水候冷洗，或樟香煎水洗亦可。

清・趙其光《本草求原》卷八喬木部 乾漆 辛、苦、鹹，溫，有毒。水、火、金、木之氣全備，血本於水，成於火，運達於金木。故能化瘀血為水。《本經》言其治絕傷，續筋骨，填腦髓，皆去瘀滯以生新耳。丹溪云積滯去後，補性內行是也。削年深堅結痞積，治傳尸勞瘵，腰痛痹攣，心胃脘痛，殺蟲。皆血滯之病，辛溫通行腸胃之功。炒令煙盡，或燒存性用。畏紫蘇、雞子、蟹。漆得蟹，則成水。

合生地汁，煎膏為丸，治經閉成血瘕，臍下堅如杯，寒熱往來下痢。同蕪荑末，米飲下，治蟲病胃寒，似癇危惡。生漆塗山甲煅，破經絡血滯最捷。血虛經閉及胃虛人忌之。嚼川椒，塗口鼻，免生漆瘡。

漆葉，塗紫雲瘋，面上紫腫，亦散瘀之功。漆子，專下血，《千金方》用之。無瘀勿用，濕漆煎乾更佳。

清・葉志詵《神農本草經贊》卷一 乾漆 味辛，溫，無毒。主絕傷，補中續筋骨，填髓腦，安五藏，五緩六急，風寒濕痹。生漆去長蟲。久服輕身耐老。生川谷。

數樹婆娑，迎刃殊快。滴瀝方稠，晶華增累。性共膠堅，質妨蟹敗。散授青黏，樊阿攝餌。

王維詩：婆娑數株樹。《晉書傳》：迎刃而解。《水經注》：鍾乳穴滴瀝不斷。蕭文山詩：天以晶華累爾形。《後漢書・傳》：膠漆自謂堅。《淮南子》：蟹之敗漆。《魏志・傳》：樊阿從華佗求服食益人者，佗授以漆葉青黏散。《抱朴子》：青黏即葳蕤。許敬宗表：微如攝餌。

清・文晟《新編六書》卷六《藥性摘錄》 乾漆 辛，溫，有毒。入肝脾。剷除老血，久積伏蟲。〇無積血者，切忌，恐傷營血，損胃氣。〇炒令煙盡為度。〇若患漆瘡，以生蟹汁、紫蘇解之。

清·張仁錫《藥性蒙求·木部》 乾漆五分、一錢 乾漆辛溫，通經破積。行血殺蟲，性稱毒烈。功專行血殺蟲，破年深凝結之積滯瘀血。血見乾漆即化為水，其能損新血可知。〇炒令烟盡，或燒存性。

清·陸以湉《冷廬醫話》卷五 藥品 楊希洛《本草經解要考證》謂萎蕤、漆葉治陰虛，兼令人有子，即華陀漆葉青黏散，青黏世無能識，或云黃精之正葉，或云即萎蕤也，然吾鄉有兩老儒，先後服此方皆致殞。或云漆葉乃五加皮葉，《本經》名豺漆也，里有兵子臂痛不能挽弓，或教用萎蕤一斤，五加皮浸酒飲盡，自健旺勝常，豈古方正爾，《綱目》殆誤附漆樹耶？ 漆本有毒，《本經》久服輕身，及《抱朴子》通神長生，皆難信。有割漆人誤覆漆，徧體瘡，至莫救，向在中山親見，況服食乎？ 陶弘景云生漆毒烈是也。古無用葉者，故氣味缺，《綱目》殆因古方臆立主治耳。余按：以五加皮葉為漆葉，前此所未聞，然二物氣類迥別，是以應驗亦殊，明理之士，自當舍漆葉而取五加皮。究之古方藥品，最宜詳審，不可過信前人之說，為所誤也。

清·戴葆元《本草綱目易知錄》卷四 乾漆 辛，溫。功耑殺蟲行血，削年深堅結之積滯，破日久凝結之瘀血。療咳嗽，利小腸，去(犹)[蛔]蟲，殺三蟲。續筋骨絕傷，消瘀血痞結，腰痛風寒濕痹，傳尸勞瘵，女人疝瘕，經脉不通。生漆有毒，性烈，須用乾者，燒炭用。

清·陳其瑞《本草撮要》卷二 漆 味辛，溫，有毒，入足厥陰經，功專消瘀破積。得白蕪荑治小兒蟲病，得牛膝、生地治婦女經閉，得大麥蘖治產後血氣凝腫水疾，得柏子、山萸、棗仁治七傷證。血見漆即化為水，虛人及慣生大瘡者忌服。炒令烟盡為度，或燒存性。半夏為使，畏川椒、紫蘇、雞子蟹。漆得蟹而成水。中漆毒者，服杉木湯、紫蘇湯、蟹湯俱可解，生漆瘡者煎湯洗之，立愈。

清·李桂庭《藥性詩解》 賦得消血殺蟲於乾漆得消字。田春芳。 乾漆辛溫烈，誅蟲力不凋。瘀榮尤可化，堅積更能消。

前題李慶霖 漆本辛溫烈，其功力最饒。殺蟲攻積驗，化水令榮消。

按：乾漆本辛溫毒烈之品，功專行血殺蟲，破年深之積，消日久之瘀，血見乾漆即化為水，足徵非庸常之藥也。用時燒存性，炒令烟盡為度。有(仲)[中]其毒者，紫蘇湯及蟹湯俱可解之。

清·仲昴庭《本草崇原集說》卷一 乾漆 【略】仲氏曰：經方大黃蟅蟲丸有乾漆一兩。朱丹溪以為性急飛補，用之中節，積滯去後，補性內存。王晉三以為性急內竄，破脾胃關節之瘀血。二說從經方設想出來，尚非定解。學者欲識經方，須求《本經》，欲通《本經》，須讀《崇原》。如乾漆日曝陰濕一段明文，讀之便得真際。不然，藥性幽隱，皆乾漆類也。某書道長，某書道短，各創臆說，將何以適從乎？

野漆樹

清·吳其濬《植物名實圖考》卷三八 野漆樹 山中多有之。枝幹俱如漆，霜後葉紅如烏臼葉，俗亦謂之染山紅。結黑實，亦如漆子。按《爾雅》注：櫄、樗、栲漆，相似如一，或即櫄樹耶？ 字亦作杶，作櫄。野人樵採之。

槭樹

明·朱橚《救荒本草》卷下 槭樹芽槭音色 生鈞州風谷頂山谷間。木高一二丈，其葉狀類野葡萄葉，五花尖叉，亦似綿花葉而薄小，又似絲瓜葉，却甚小而淡黃綠色。開白花。葉味甜。救飢：採葉煠熟，以水浸作成黃色，換水淘淨，油鹽調食。

黃楝樹

明·朱橚《救荒本草》卷下之前 黃楝樹 生鄭州南山野中。葉似初生椿樹葉而極小，又似楝葉，色微帶黃，開花紫赤色，結子如豌豆大，生青熟亦紫赤色。葉味苦。 救飢：採嫩芽葉煠熟，換水浸去苦味，油鹽調食。蒸芽曝乾，亦可作茶煮飲。

清·吳其濬《植物名實圖考》卷三七 黃連木 江西、湖廣多有之。大合抱，高數丈，葉似椿而小。春時新芽微紅黃色，人競採取醃食，曝以為飲，味苦回甘如橄欖。暑月可清熱生津。杭人以甘草、青梅同煮，啖之則五味備矣。故《救荒本草》黃楝樹生鄭州南山野中，葉如初生椿葉而極小，又似楝葉色微黃；開花紫赤色，結子如豌豆大，生青熟紅，亦紫色。葉味苦，採嫩芽葉煠熟，水浸去苦味，油鹽調食；蒸芽曝乾，亦可作茶煮飲。形狀功用正同，唯南方未見其花實為異。其木理堅實。《廣西通志》：黃連木各州縣出，最能經久，即《嶠南瑣記》所謂勝鐵力木者。唯《湘潭縣志》以為即楷木，未知所本。楚人呼連與栗同音，字或作槤，或作鸝，春時鄉人有摘芽售於城市者，呼為黃鸝芽。《五雜俎》：曲阜孔林有楷木，相傳子貢手植者，其樹十餘圍，今已枯死。其遺種延生甚蕃，其芽香苦，可烹以代茶，亦可乾而茹之；其木可為笏枕及棋枰。云敲之聲甚響而不裂，故宜棋也；枕之無惡夢，故宜枕也。此木聖賢之遺跡，而守土之官，日逐採伐製器，以充饋遺，今其所存寥寥，反不及商邱之木，以不才終天年，不亦可恨之甚哉。

按所述芽味香苦，似即黃連木。或作《湘潭志》者為魯人，故識之。

黃練頭

明·周履靖《茹草編》卷一　黃練頭　二月鳴春鳩，嫩生黃練頭。入口何嫌澁，廻涎甘且柔。山僧欣作茗，吟客愛傾甌。時值河豚美，纖芽早可收。二三月摘嫩葉，火焙如茶，收貯，烹點甚佳。

小檗

宋·唐慎微《證類本草》卷一四木部下品〔唐·蘇敬《唐本草》〕　小蘗味苦，大寒，無毒。主口瘡疳䘌，殺諸蟲，去心腹中熱氣。一名山石榴。〔唐·蘇敬《唐本草》〕注云：其樹枝、葉與石榴無別，但花異，子細黑圓如牛李子爾。生山石間，所在皆有，襄陽峴山東者爲良。陶於蘗木附見二種，其一是此。陶云皮黃，其樹乃皮白。今太常所貯乃葉多刺者，名白刺蘗，非小蘗也。〔宋·馬志《開寶本草》〕注：陳藏器《本草》云：凡是蘗木皆皮黃。今既不黃，而自然非蘗。小蘗如石榴，皮黃，子赤如枸杞子，兩頭尖，人剉枝以染黃。若云子黑而圓，恐是別物，非小蘗也。《唐本》先附。〔宋·唐慎微《證類本草》〕《圖經》：文具蘗木條下。

明·劉文泰《本草品彙精要》卷二〇　小檗無毒　植生。

小檗：主口瘡疳䘌，殺諸蟲，去心腹中熱氣。名醫所錄。【名】山石榴。【苗】《唐本》注云：其樹枝葉與石榴無別，但花異，子細黑，圓如牛李子。一種皮白、葉多刺者，乃太常所貯，名曰刺檗，非小檗也。陳藏器云：凡檗，皆皮黃，今既不黃，而自然非檗矣。其小檗如石榴皮黃，子赤如枸杞子，兩頭尖，人剉枝以染黃是也。【地】《圖經》曰：生山石間，所在皆有之。【道地】襄陽峴山東者良。【時】生：春生葉。採：無時。【收】日乾。【用】皮、枝。【質】類槐皮而薄。【色】黃。【味】苦。【性】大寒，泄。【氣】味厚于氣，陰也。【臭】朽。【主】口瘡。【製】剉碎用。

明·王文潔《太乙仙製本草藥性大全》卷三《本草精義》　小蘗　一名小石榴。舊不載所出州土。生山石間，所在皆有之，惟襄陽峴山東者爲良。其樹枝葉與石榴無別，但花異，子細，皮黃，子赤如枸杞，子兩頭尖，人剉枝以染黃。今醫方亦稀用。

明·王文潔《太乙仙製本草藥性大全》卷三《仙製藥性》　小蘗　味苦，氣大寒，無毒。主治：療口瘡，祛疳䘌有效。殺諸蟲，去心腹熱氣殊功。

明·李時珍《本草綱目》卷三五木部·喬木類　小蘗《唐本草》

【釋名】子蘗弘景　山石榴時珍曰：此與金櫻子、杜鵑花並名山石榴，非一物也。

【集解】弘景曰：子蘗樹小，狀如石榴，其皮黃而苦。又一種多刺，皮亦黃。並主口瘡。恭曰：小蘗生山石間，所在皆有，襄陽峴山東者爲良。一名山石榴，其樹枝葉與石榴無別，但花異，子細黑圓如牛李子及女貞子爾。其樹皮白，陶云皮黃，恐謬矣。今太常所貯，乃小樹多刺而葉細者，名刺蘗，非小蘗也。藏器曰：凡是蘗木皆皮黃。今既不黃，非蘗也。小蘗如石榴，皮黃，子赤如枸杞子，兩頭尖，人剉枝以染黃。若云子黑而圓，恐是別物，非小蘗也。時珍曰：小蘗山間時有之，小樹也。其皮外白裏黃，狀如蘗皮而薄小。

【氣味】苦，大寒，無毒。　【主治】口瘡疳䘌，殺諸蟲，去心腹中熱氣《唐本》。治血崩。時珍。○《婦人良方》治血崩，阿茄陀丸方中用之。

附：琉球·吳繼志《質問本草》外篇卷四　石即小檗　木高二三尺，春生葉，開花結實，至秋熟。俗名石即。甲辰，潘貞蔚、石家辰。　俗名石即，又名野米酥。甲辰，孫景山。　敝地名作野米酥。甲辰，戴道光、戴昌蘭。　俗名野米酥。甲辰，陳文錦。　檗木，俗名寫柏木，又稱黃柏。木皮同用。蘗木有二種，有皮黃木黃者，有皮白木黃者，此是小蘗。木黃皮白功用相倣，氣味苦寒，無毒。主治療腑臟諸火，及諸瘡火。甲辰，邵元世。　名小樹蘗木，寡入藥餌，不過治口瘡而已。甲辰，徐子靈。　稽《本草綱目》喬木類可知。徐子靈再校定。

黃蘆木

清·吳其濬《植物名實圖考》卷三七　黃蘆木　生山西五臺山。木皮灰褐色，肌理皆黃，多刺三角如蒺藜；四五葉附枝攢生，長柄有細齒；俗以染黃，訛曰黃姑。按《說文》杍字下云，杍，木也。出橐山。《段氏注》引《廣韻》黃杍木可染黃，疑為《周禮》注之橐盧。又櫨字下云，一曰宅櫨木，出宏農山。段氏注：亦疑為橐盧。考杍、櫨二篆，《說文》分厠，異物無疑。《嘉祐本草》有黃櫨，云生商洛。《救荒本草》圖圓葉如杏，與此木迥別。而商洛接近宏農，則《說文》宅櫨木，其即《救荒本草》之黃櫨矣。此木亦染黃，西音姑、桴、蘆，驟聽無別。《癸辛雜志》謂長城傍得古木，謂名黄蘆，蓋昔築城以為幹者，字正作蘆。五台在長城內，木名黄蘆，其來舊矣。蘆為葦草，不可通木。盧上加草，俗書之誤。此木殆即橐盧，而《說文》所說桴木歟？又《圖經》謂有一種刺蘗，多刺可染，不入藥用，或即此木。蓋不知其名，姑以色黄而名曰蘗。

大黄連

明・蘭茂撰，清・管暄校補《滇南本草》卷下　土黄連一名石妹刺。性大寒，味苦。瀉小腸經實火，胃中實火，利小便，止熱淋疼痛，牙根腫疼，咽喉痛，小兒乳蛾乍腮。

附方：　土黄連為末，泡人乳中，點暴赤火眼急效。

明・蘭茂《滇南本草》〔叢本〕卷中　土黄連石妹刺，味苦，性大寒。瀉小腸實火，胃中寔熱，利小便，止熱淋痛，牙根腫痛，咽喉疼痛，小兒乳蛾乍腮。

單方：　土黄連泡人乳，點暴赤火眼，腫脹疼痛效。

清・何諫《生草藥性備要》卷下　土黄連　味苦，性寒。消毒，解腫，治癰瘡，解牛病天行熱氣，同菉豆擂爛煲水，攤凍沖之；但牛病不可飲煲水。亦治眼熱發赤更妙。葉似蒲公英，其味不同。

清・吴其濬《植物名實圖考》卷三六　大黄連　生雲南。大樹，枝多長刺，刺必三以為族；小葉如指甲，亦攢生；結青白實，木心黄如黄柏。味苦。土人云可以代黄連，故名。

厚朴

宋・唐慎微《證類本草》卷三〇有名未用・草木〔《別錄》〕　逐折　殺鼠，益氣明目。一名百合。厚實，生木間，莖黄，七月實黑如大豆。

〔梁・陶弘景《本草經集注》〕云：　又杜仲子，亦名逐折。

宋・李昉《太平御覽》卷第九八九　厚朴　《廣雅》曰：　重皮，厚朴也。《范子計然》曰：　厚朴，出弘農。《本草經》曰：　厚朴，味苦，温。生山谷。治中風傷寒〔寒〕熱，血痺死肌，去蟲。生文山。《吴氏本草》曰：　厚朴，一名厚皮。神農、岐伯、雷公：　苦，無毒。李氏：　小温。生交阯。

宋・唐慎微《證類本草》卷一三木部中品〔《本經・別錄・藥對》〕　**厚朴**　**味苦，溫**、大溫，無毒。**主中風傷寒，頭痛，寒熱，驚悸，氣血痹，死肌，去三蟲**，溫中益氣，消痰下氣，療霍亂及腹痛脹滿，胃中冷逆，胸中嘔不止，洩痢淋露，除驚，去留熱，心煩滿，厚腸胃。一名厚皮，一名赤朴。其樹名榛，其子名逐折。療鼠瘻，明目，益氣。生交阯、冤句。三、九、十月採皮，陰乾。乾薑爲之使，惡澤瀉、寒水石、消石。

〔梁・陶弘景《本草經集注》〕云：　今出建平、宜都。極厚、肉紫色爲好，殼薄而白者不如。用之削去上甲錯皮，俗方多用，道家不須也。　今注：　出梓州、龍州者最佳。

〔宋・掌禹錫《嘉祐本草》〕按：　吴氏云：　厚朴，神農、歧伯、雷公：　苦，無毒。季氏：　小溫。范子：　厚朴，出淇農。《藥性論》云：　厚朴，臣，忌豆。食之者動氣。味苦、辛，大熱。能主療積年冷氣，腹内雷鳴虚吼，宿食不消，除痰飲，去結水，破宿血，消化水穀，止痛，大溫胃氣，嘔吐酸水，主心腹滿，病人虚而尿白。日華子云：　健脾，主反胃，霍亂轉筋，冷熱氣，瀉膀胱、泄五藏一切氣，婦人產前、產後腹藏不安，調關節殺腹藏蟲，除驚，去煩悶，明耳目。入藥去麄皮，薑汁炙，或薑汁炒用。又名烈朴。

〔宋・蘇頌《圖經本草》〕曰：　厚朴，出交阯、冤句，今京西、陜西、江淮、湖南、蜀川山谷中往往有之，而以梓州、龍州者爲上。木高三四丈，徑一二尺。春生葉如槲葉，四季不凋。紅花而青實。皮極鱗皺而厚，紫色多潤者佳，薄而白者不堪。三月、九月、十月採皮，陰乾。《廣雅》謂之重皮。方書或作厚皮。張仲景治雜病。厚朴三物湯主腹脹，脉數。厚朴半斤，枳實五枚，以水一斗二升，煎二物，取五升，内大黄四兩，再煎取三升。溫服一升，腹中轉動更服，不動勿服。又厚朴七物湯主腹痛脹滿。厚朴半斤，甘草、大黄各三兩，棗十枚，大枳實五枚，桂二兩，生薑五兩，以水一斗，煎取四升，去滓。溫服八合，日三。嘔者，加半夏五合；下利者去大黄；寒多者加生薑至半斤。陶隱居治霍亂厚朴湯：　厚朴四兩，炙，桂心二兩，枳實五枚，生薑三兩，四物切，以水六升，煎取二升，分三服。唐石泉公王方慶《廣南方》云：　此方不惟霍亂可醫，至於諸病皆療。並須預排比也。此方與治中湯等並行，其方見人參條中。

〔宋・唐慎微《證類本草》〕雷公曰：　凡使，要用紫色味辛爲好，或丸散，便去麄皮。用酥炙過。每脩一斤用酥四兩，炙了細剉用。若湯飲中使用，自然薑汁八兩炙，一升爲度。《聖惠方》：　治霍亂。製之以薑汁，火上炙，令香，爲末。非時新水調下二錢匕，佳。又方：　治痰壅嘔逆，心胸滿悶，不下飲食。用一兩塗生薑汁，炙令黄，爲末。非時粥飲調下二錢匕。《梅師方》：　治水穀痢久不差。厚朴三兩，黄連三兩，剉，水三升，煎取一升。空心服。《斗門方》：　治男子、女人久患氣脹心悶，飲食不得，因食不調，冷熱相擊，致令心腹脹滿。厚朴火上炙，令乾，又蘸薑汁炙，直待焦黑爲度，擣篩如麪。以陳米飲調下二錢匕，日三服，良。亦治反胃止瀉，甚妙。《子母秘録》：　治月水不通。厚朴三兩炙，水三升，煎取一升，爲三服，空心。不過三四劑，差。

宋・寇宗奭《本草衍義》卷一四　厚朴　今西京伊陽縣及商州亦有。但薄而色淡，不如梓州者厚而紫色。有油，味苦，不以薑製，則棘人喉舌。平胃散中用，最調中。至今此藥盛行，既能溫脾胃氣，又能走冷氣，爲世所須也。

宋・鄭樵《通志》卷七六《昆蟲草木略》 厚朴 曰厚皮，曰赤朴，曰烈朴，曰重皮。其植曰榛，其子曰逐折。

金・張元素《潔古珍珠囊》〔見元・杜思敬《濟生拔粹》卷五〕 厚朴苦陰中之陽。去腹脹，厚腸胃。

宋・劉明之《圖經本草藥性總論》卷下 厚朴 味苦，溫，大溫，無毒。主中風傷寒頭痛寒熱，驚悸，氣血痺死肌，去三蟲，溫中益氣，消痰下氣。療霍亂及腹痛脹滿，胃中冷逆，胸中嘔不止，洩痢淋露，除驚，去留熱，心煩滿，厚腸胃。《藥性論》云：臣。主療積年冷氣，腹內雷鳴虛吼，宿食不消。除痰飲，去結水，破宿血，消化水穀，止痛，大溫胃氣，嘔吐酸水。主心腹滿，病人虛而尿白。日華子云：健脾，主反胃，霍亂轉筋，冷熱氣，瀉膀胱，泄五臟一切氣。婦人産後腹藏不安，調關節。殺臟腹蟲，除驚，去煩悶，明耳目。乾薑為之使。惡澤瀉、寒水石、消石。生交趾。

宋・陳衍《寶慶本草折衷》卷一三 厚朴臣。瀝續附。 一名厚皮，一名赤朴，一名烈朴，一名重皮。生交阯一作趾山谷及冤句、建平、宜都、洪農、京西、西京、陝西、江淮、湖南、蜀川、梓、龍、歸、商州。○三、九、十月採皮，陰乾。○乾薑為使，惡澤瀉、寒水石、消石，忌豆。○續附： 瀝，用朴片碎破薰瀝。法註淡竹葉條首。

味苦、辛，大溫，無毒。○主中風、傷寒頭痛，寒熱，驚悸，氣血痹，去三蟲，溫中益氣，消痰，療霍亂腹痛脹滿，胃中冷逆，洩痢淋露，厚腸胃。○《藥性論》云： 主積年冷氣虛吼，宿食不消，去結水，破宿血，化水穀，溫胃氣，嘔吐酸水，虛而尿白。○日華子云： 建脾，主反胃，冷熱瀉，膀胱氣，產前後腹藏不安，調關節，明耳目。入藥去麄皮，薑汁炙或炒。○有油，不以薑製則棘喉舌。○《圖經》曰： 梓州、龍州者為上，皮極鱗皴七旬切而厚，紫色潤者佳，薄而白者不堪。○《子母秘錄》： 治月水不通。厚朴叁兩炙，水叁升，煎取壹升，為叁服，空心。○寇氏曰： 平胃散中用，調中溫脾，走冷氣。

續說云： 厚朴工於實脾，體性溫澀。艾原甫又推其兼溫宣之效也。按《三因》引《千金》曰： 心勞甚者，補脾氣以益之，脾盛則感於心。又曰： 意外致思則脾勞，凡思慮過當，致便濁遺精者，劉信父方秘真丹用厚朴去麄皮，取貳兩薑製碾末及羊脛炭即白炭細瘦堅勁者壹兩，再煅紅，窨過，各研如粉。虛冷甚者，入鍊熟朱砂半兩，水煮麪糊，元如梧桐子大，每服百元至貳百元，空心米飲下，當知便濁遺精，須明所自，不可全論心腎矣。然脾劑非不多也，惟厚朴既溫澀，故能留濁； 又溫宣，故能去清，所以他劑莫強焉。更以厚朴燒熏為瀝，苦辛瘯虛嚴切烈，傳諸瘡痍，無不效也。

元・王好古《湯液本草》卷五 厚朴 氣溫，味辛，陽中之陰。苦而辛，無毒。《象》云： 能治腹脹，若虛弱，雖腹脹宜斟酌用之。寒脹，是大熱藥中兼用。結者散之，神藥。誤用脫人元氣，切禁之。紫色者佳。去皮，薑汁製，微炒。《珍》云： 去腹脹，厚腸胃。《心》云： 味厚，陰也。專去腹脹滿，去邪氣。《本草》云： 主中風，傷寒頭痛寒熱，驚悸，氣血痹，死肌。去三蟲，溫中益氣，消痰下氣，療霍亂及腹痛脹滿，胃中冷逆，胸中嘔不止，泄痢，淋露； 除驚，去留熱，心煩滿，厚腸胃。《本經》云： 治中風傷寒頭痛，溫中益氣，消痰下氣，厚腸胃，去腹脹滿。果泄氣乎？果益氣乎？若與枳實、大黃同用則能泄實滿，《本經》謂消痰下氣者是也。若與橘皮、蒼朮同用，則能除濕滿，《本經》謂溫中益氣者是也； 與解利藥同用，則治傷寒頭痛； 與痢藥同用，則厚腸胃。大抵苦溫，用苦則泄，用溫則補。《衍義》云： 平胃散中用之，最調中，至今盛行。既能溫脾胃，又能走冷氣。 海藏云： 加減隨證，如五積散治療同。《本草》又云： 乾薑為使。惡澤瀉、寒水石、硝石。

元・尚從善《本草元命苞》卷六 厚朴 為臣。味苦，大溫。用苦以泄，去腹脇脹滿。用溫則補養脾胃虛寒。主中風傷寒頭痛，療反胃霍亂轉筋。治宿食不消，嘔吐酸水。散積年冷氣，腹中雷鳴。止寒熱驚悸，殺三蟲下氣。療血痺死肌，去結水消痰。生交趾冤句山谷，惟梓州、龍州者佳。木高三四丈，徑圍一二尺，葉如槲，四季不凋，結青實，花開紅色，取皮厚紫色多潤，用薑汁塗炙火熻，不爾刺人喉。又能走冷氣。惡消石、澤瀉、寒水石。忌食豆。乾薑為之使。三月、九月採皮，陰乾。

元・朱震亨《本草衍義補遺》 厚朴 屬土而有火。氣藥之溫而能散瀉胃中之實也。而平胃散用之，佐以蒼朮，正為上焦之濕，平胃土，不使之大過而復其平，以致於和而已，非謂溫補脾胃。習以成俗，皆為之補。哀哉！又云： 厚朴能治腹脹，因其味辛，以提其氣。

元・佚名氏《珍珠囊・諸品藥性主治指掌》〔見《醫要集覽》〕　厚朴　味苦、辛，性溫，無毒。可升可降，陰中陽也。其用有二：苦能下氣，去實滿而泄腹脹；溫能益氣，除濕滿〔而〕散結調中。

元・徐彥純《本草發揮》卷三　厚朴　成聊攝云：厚朴之苦，以泄腹滿。又云：燥淫於內，治以苦溫。厚朴之苦，以下結燥。潔古云：能除腹脹。若元氣虛弱，雖腹脹宜斟酌用之，寒脹是也。大熱藥中兼用。結者散之，乃神藥也。誤服脫人元氣，切禁之。《主治秘訣》云：性溫，味苦，氣味俱厚，體重濁而微降，陰中陽也。平胃氣，去腹脹。孕婦忌之。東垣云：厚朴味苦而辛，大溫，陽中之陰。專去腹脹滿，去邪氣。又云：腹脹，用薑製厚朴。海藏云：《經》言治中風傷寒頭痛，溫中益氣，消痰下氣，厚腸胃，去腹脹滿。果泄氣乎？益氣乎？若與枳實、大黃同用，則能泄實滿，《經》云消痰下氣者是也。若與陳皮、蒼朮同用，則能泄濕滿，《經》云溫中益氣者是也。若與解利藥同用，則治傷寒頭痛。與治痢藥同用，則厚腸胃。大抵苦溫用苦則泄，用溫則補。《衍義》云：平胃散中用之，最調中，至今此藥盛行，既能溫脾胃氣，又能走冷氣，為世所須也。加減隨證，如五積散，治疫同功。丹溪云：屬土而有火，氣藥也。溫而能散，瀉胃中之實也。而平胃散用之，佐以蒼朮，正為瀉上焦之濕，平胃土，不使之太過，而復其平，以致於和而已，非謂溫補脾胃也。習以成俗，皆謂之補。哀哉！又云：厚朴能治腹脹，因其味辛，以提其氣。

明・王綸《本草集要》卷四　厚朴臣　味苦辛，氣溫。陽中之陰。無毒。乾薑為之使。惡澤瀉、寒水石、消石。陰乾。肉厚紫色者佳。入藥去麄皮，生薑汁炒用。主中風傷寒，頭痛寒熱，驚悸，氣血痹死肌。去三蟲，溫中益氣，消痰下氣，厚腸胃，走冷氣，療霍亂，胃中冷逆，嘔吐酸水，洩痢淋露，消宿食，破宿血。治腹痛脹滿，散結之神藥。若虛弱人，雖腹脹，宜斟酌用之。誤服脫人元氣。與枳實、大黃同用，能泄實滿，是消痰下氣也。與橘皮、蒼朮同用，能除濕滿，是溫中益氣也。與解利藥同用，則治傷寒頭痛。與泄利藥同用，則厚腸胃。蓋用苦則泄，用溫則補也。

明・滕弘《神農本經會通》卷一　厚朴　臣也。乾薑為之使。惡澤瀉、寒水石、消石。三九月採皮，陰乾。肉紫色，味辛，多潤者佳。薄而白者，不堪入藥。去粗皮，生薑汁炒用。忌豆，食之動氣。　味辛，氣溫，大溫，無毒。《湯》云：氣溫，味辛。陽中之陰，苦而辛。東云：可升可降，陰中陽也。苦能下氣，去實滿而泄腹脹，溫能益氣，除濕滿，散結，調中。又云：溫胃，去嘔脹，消痰。《珍》云：治腹滿腫脹，能厚腸胃，平胃氣，除邪氣。孕婦最忌。《疌》云：消痰益氣又消瘀，逐水寬腸又寬腹，止嘔寬脾胃，霍亂亦能除。

《本經》云：主中風，傷寒頭痛寒熱，驚悸，血痹，死肌，去三蟲，溫中益氣，消痰下氣，療霍亂及腹痛脹滿，胃中冷逆，胸中嘔不止，洩痢淋露，除驚，去留熱，心煩滿，厚腸胃。其子名逐折，療鼠瘻，明目，益氣。《藥性論》云：臣。忌豆，食之者動氣。味苦、辛，大熱。療積年冷氣，腹內雷鳴虛吼，宿食不消，除痰飲，去結水，破宿血，消化水穀，止痛，大溫胃氣，嘔吐酸水。主心腹滿，病人虛而尿白。日華子云：健脾，主反胃，霍亂轉筋，冷熱氣，瀉膀胱，泄五臟一切氣。婦人產前後，腹臟不安。調關節，殺腹臟蟲。除驚，去煩悶，明耳目。入藥去粗皮，薑汁炙，或薑汁炒用。《圖經》云：仲景治雜病，厚朴三物湯，主腹脹脈數，厚朴半斤，枳實五枚，以水一斗二升煎二物，取五升，內大黃四兩，再煎，取三升，溫服一升，腹中轉動，更服，不動勿服。又厚朴七物湯，主腹痛脹滿，厚朴半斤，甘草、大黃各三兩，棗十枚，大枳實五枚，桂二兩，生薑五兩，以水一斗，煎取四升，去滓，溫服八合，日三。嘔者加半夏五合，下利者去大黃，寒多者加生薑至半斤。陶隱居治霍亂，厚朴湯，厚朴四兩，炙，桂心二兩，枳實五枚，生薑三兩，切，以水六升，煎取二升，分三服。《象》云：能治腹脹。若虛弱人雖腹脹，宜斟酌用之。寒脹是大熱藥中(結)〔兼〕用，結者散之，神藥。誤用，脫人元氣，切禁之。紫色者佳。去皮，薑汁製，微炒。《珍》云：去腹脹，厚腸胃。《心》云：味厚，陰也。去腹脹滿，去邪氣。《本經》云：治中風，傷寒頭痛，溫中益氣，消痰下氣，厚腸胃，去腹脹滿。果為泄氣乎？果為益氣乎？若與枳實、大黃同用，則能泄實滿，《本經》謂消痰下氣者是也。若與橘皮、蒼朮同用，則能除濕滿，《本經》謂溫中益氣者是也。與解利藥同用，則治傷寒頭痛。與泄利藥同用，則厚腸胃。大抵苦溫，用苦則泄，用溫則補。《衍義》云：平胃散中用之，最調中，至今盛行，既能溫脾胃，又能走冷氣。海藏云：加減隨證，如五積散治療同。丹溪云：屬土而有火，氣藥之溫，而能散，瀉胃中之實也。平胃散用之，佐以蒼朮，正謂瀉上焦之濕，平胃土不使之太過而復其平，以致於和而已，非謂溫補脾胃，習以成俗，皆謂之補。哀哉！人云能治腹脹，因其味辛，以提其氣。《集》：散結之神藥。劊云：厚朴用之隨氣味，苦除濕滿脹而膨。性溫益氣能攻濕，散結調中可濟生。《局》云：厚朴能令腸胃厚，通經下氣更溫中。又除霍亂寬膨脹，消穀仍安腹臟蟲。厚朴，主溫中，除霍亂，兼療脹滿。

明・劉文泰《本草品彙精要》卷一八 厚朴無毒 植生。

厚朴出《神農本經》。**主中風，傷寒，頭痛，寒熱，驚悸，氣血痹，死肌，去三蟲。**以上朱字《神農本經》。溫中，益氣，消痰，下氣，療霍亂，及腹痛脹滿，胃中冷逆，胸中嘔不止，洩痢，淋露，除驚，去留熱，心煩滿，厚腸胃。○子，療鼠瘻，明目，益氣。以上黑字名醫所錄。【名】厚皮、赤朴、榛、逐折。【苗】《圖經》曰：木高三四丈，徑一二尺，春生葉如槲葉，四季不凋，紅花而青實，皮極鱗皴而厚。紫色多潤者佳，薄而白者不堪入藥。【地】《圖經》曰：出交趾，冤句，今京西、陝西、江淮、湖南山谷中皆有之。【道地】蜀川、商州、歸州、梓州、龍州最佳。【時】生：春生葉。採：三月九月、十月取皮。【收】陰乾。【用】皮紫厚者佳。【質】類桂皮而粗厚。【色】紫。【味】苦、辛。【性】大溫，散。【氣】氣厚味薄，陽中之陰。【臭】香。【主】溫胃氣，除腹脹。【助】乾薑爲之使。【反】惡澤瀉、寒水石、硝石。【製】《雷公》云：去粗皮，薑汁炙，或薑汁炒用，用酥炙。【治】療：《藥性論》云：治積冷氣，腹內雷鳴虛吼，宿食不消，除痰飲，去結水，破宿血，消化水穀，止痛，大溫胃氣，嘔吐酸水，及心腹滿，病人虛而尿白。日華子云：健脾，主反胃，霍亂轉筋，冷熱氣，瀉膀胱，泄五臟一切氣，婦人產前產後腹臟不安，調關節，殺腹臟蟲，除驚，去煩悶，明耳目。【合治】合枳實、大黃，治腹脹。○合桂心、枳實、生薑，治霍亂。【禁】妊娠不可服。【忌】與豆同食動氣。

明・葉文齡《醫學統旨》卷八 厚朴　氣溫，味苦、辛。無毒。沉而降，陰中陽也。乾薑為之使；惡澤瀉、寒水石、消石。肉厚紫色者佳。入藥去皮，薑汁炒用。治中風傷寒頭痛寒熱，霍亂嘔吐酸水，心腹疼，脹滿洩利，消宿食，破宿血；溫中下氣，消痰厚腸胃；走冷氣，去三蟲，平胃氣，泄實滿，散結之神藥。虛人腹脹斟酌用之，誤服脫人元氣。

明・許希周《藥性粗評》卷一 厚朴平土。

厚朴，一名厚皮，一名重皮。其樹名榛，其子名逐。浙、闗陝、川蜀、荊湘、兩廣處處有之，以樟州、歸州、龍州、商州者為上。然但皮厚而色紫者皆可用，不必拘道地也。樹高三四丈，葉似槲，淩冬不凋，紅花青實，三、九、十月採皮，陰乾。凡用削去麄皮，以薑汁塗搽，火邊炙之，再塗再炙，以透為度，庶不戟喉。乾薑為之使，惡澤瀉、寒水石、硝石。忌豆。味苦、辛，性大溫，無毒。其氣下行，入足陽明胃、太陰脾經。主治胃寒腹痛，飲食不消，霍亂嘔逆，瀉痢淋露，脹滿停塞，溫中益氣，消痰下塊，驅痹冷，厚腸胃；疏通滲道，如大禹之平水土中，國以之治安焉，故平胃散中以之為君者此也。然元氣弱者，不宜服之，恐脫元氣。須托以他藥可焉。海藏云：厚朴與枳實、大黃同用，則能瀉實滿，觀承氣湯中用之可見。《經》曰消痰下氣是也。與陳皮、蒼朮同用，則能瀉濕滿，觀五積湯中用之可見。《經》曰溫中益氣是也。若與解利藥同用，則治傷寒頭痛。如正氣散之類。與治痢藥同用，則厚腸胃。如當歸丸之類。

單方：霍亂：厚朴，薑汁製過者，剉，搗為細末，不拘時新汲水調下二錢匕。痰壅：凡患心胸滿悶，痰壅嘔逆，飲食不下者，以製過厚朴一兩，為細末，不拘時粥飲調下二錢匕。月經不通：不拘婦女，以製過厚朴三兩，剉，水三升，煎取一升，分為二服，空心溫服，不過三四劑差。水穀久痢：厚朴三兩，製過，黃連三兩，俱剉，水三升，煎取一升，空心頓服。

明・鄭寧《藥性要略大全》卷三 厚朴　其用有二：苦能下氣，去實滿而泄腹脹；溫能益氣，除濕滿散結調中。《賦》曰：溫脾胃，去嘔脹，清痰之劑。《經》曰：治腹脹，厚腸胃，主中風傷寒，頭痛寒熱，驚悸，氣血痹，死肌。去三蟲，治霍亂腹痛脹滿，胃中冷〔逆〕，胸中嘔不〔止〕，瀉痢，淋露。《十書》云：溫中益氣，又能消痰下氣。果瀉氣乎？果益氣乎？與枳實同用，能瀉實滿，是消痰下氣也。與陳皮、蒼朮同用，能除濕滿，是溫中益氣也。與解利藥同用，則治傷寒頭痛。與痢藥同用，則厚腸胃。各隨佐使。大抵苦溫之藥，用苦則瀉，用溫則補。味苦、辛，性溫，無毒。可升可降，陰中陽也。乾薑為之使。惡澤瀉、寒水石、硝石。肉厚紫色者佳。去粗皮，薑汁炒用。

明・賀岳《醫經大旨》卷一《本草要略》 厚朴　《衍義補遺》曰：厚朴屬土而有火氣之溫，而能散瀉胃中之實也。而平胃散用之，佐以蒼朮，正為瀉上焦之濕，平中焦胃土，不使之太過而復其平，以致於和而已，非謂溫補脾胃。習以成俗，皆謂之補。哀哉！又云：厚朴能治腹脹，因其味辛以平其氣。此言當矣！大抵胃氣盛而人壯實者宜服，胃氣弱而人虛乏者不可服。

明・陳嘉謨《本草蒙筌》卷四　厚朴　味苦、辛，氣大溫。屬土，有火。陰中之陽，可升可降。無毒。樹甚高大，榛乃別名。陝西川蜀多生，梓州屬四川。出者獨勝。凡資治病，秋盡採皮。擇厚脂顏色紫瑩佳，去麄皮薑汁炒褐用。惡寒水硝澤，寒水石、硝石、澤瀉。使炮熟乾薑。諸豆忌之，食則動氣。主中風寒熱，治霍亂轉筋。止嘔逆吐酸，禁瀉痢淋露。消痰下氣。與枳實大黃同用，實滿能泄；溫中益氣，與陳皮蒼朮同用，濕滿能除。與解利藥同用，則治傷寒頭疼；與洩痢藥同用，則厚腸胃〔止泄〕。大抵味苦氣溫，故用苦則泄，用溫則補。《衍義》云：平胃散中，用之最當。既溫脾胃，又走冷氣。再隨證加減，妙不可勝言。潔古亦曰：治腹痛脹滿，散結之神藥也。儻患者虛弱，須斟酌少加。對證不真，誤服太過，則反脫人元氣，豈不慎哉！若氣實人服多參耆，致成喘悶者，正此泄除，不在禁也。孕婦忌用，女科當知。〇子入醫方，又名逐折。散結瘰鼠瘻，益氣明眼睛。

謨按：丹溪云：厚朴氣藥，溫而能散，故泄胃中實也。平胃散用佐蒼朮，正乃泄去上焦之濕，不使胃土太過，得復其平致於和而已，非謂溫補脾胃焉。習以成俗，皆謂之補。哀哉！然治腹脹者，因味辛能提其氣故爾。

明・方穀《本草纂要》卷三　厚朴　味苦，氣辛，性溫。入太陰脾經，健脾理氣；入陽明胃經，通腸行胃。乃中州之要藥也。是以氣滯於中，鬱結不散，食積於胃，羈而不行，非厚朴之辛溫不能〔條〕達以舒暢也。或濕積而不燥，或痰聚而不清，又見厚朴辛可以燥濕，苦可以清痰也。氣之弗能上者，辛則益氣而上，氣之不能下者，苦則泄氣而下，此其所謂中州之藥乎。吾嘗秘用之法：蒼朴同用，以之而健脾寬中；夏朴同用，以之而燥濕清痰；草朴同用，以之而和脾健胃；枳朴同用，以之而下氣寬腸；蘇朴同用，以之而發散邪氣；桂朴同用，以之而驅寒溫中；查朴同用，以之而清氣消食；萸朴同用，以之而行濕燥陰。蓋非粗用之雜藥，亦非猛烈有傷於氣者也。而每用每效，實有理氣行氣之功。但氣之盛者，用無不驗；氣之弱者，宜少用之。《本草》云：朴樹最高，多爲鸛宿，糞毒狼藉，宜去麄皮，薑炒備用。

明・王文潔《太乙仙製本草藥性大全》卷三《本草精義》　厚朴　一名厚皮，一名赤朴。其樹名榛，其子名逐折。出交趾、寃句，今京西、陝西、江淮、湖南、蜀川山谷中往往有之，而以梓州、隴州者爲上。木高三四丈，徑一二尺。春生葉如槲葉，四季不凋，紅花而青實，皮極鱗皺而厚，紫色多潤者佳，薄而白者不堪。三月、九月、十月採皮陰乾。《廣雅》謂之重皮。方書或作厚皮。凡資治病，秋盡採皮，擇厚脂，顏色紫瑩佳。去麄皮，薑汁炒褐用。惡寒水、硝、澤。寒水石、硝石、澤瀉。使炮熟乾薑。諸豆忌之，食則動氣。

按：丹溪云：厚朴氣藥，溫而能散，故泄胃中實也。平胃散用佐蒼朮，正乃泄去上焦之濕，不使胃土太過，得復其平，致于和而已，非謂溫補脾胃焉。習以成俗，皆謂之補。哀哉！然治腹脹者，因味辛能提其氣故爾。

明・王文潔《太乙仙製本草藥性大全》卷三《仙製藥性》　厚朴　味苦、辛，氣大溫，屬土，有火，陰中之陽，可升可降，無毒。乾薑爲之使。主治：主中風寒熱，治霍亂轉筋，止嘔逆吐酸，禁瀉痢淋露。消痰下氣，與枳實、大黃同用，實滿則泄。溫中益氣，與陳皮、蒼朮同用，濕滿能除。與解利藥同用，則治傷寒頭疼。與洩痢藥同用，則厚腸胃。大抵味苦氣溫，故用苦則泄，用溫則補。《衍義》云：平胃散中用之最當，既溫脾胃，又走冷氣，再隨證加減，妙不可勝言。潔古亦曰：治腹痛脹滿散結之神藥也。儻患者虛弱，須斟酌少加，對證不真，誤服太過，則反脫人元氣，豈不慎哉！若氣實人服多參、耆，致成喘悶者，正此泄除，不在禁也。孕婦忌用，女科當知。〇子入醫方，又名逐折，散結，瘰鼠瘻，益氣明眼睛。　補註：治霍亂，製之以薑汁，火上炙令香，爲末，非時新水調下二錢匕佳。治痰壅嘔逆，心胸滿悶，不下飲食，用一兩，塗生薑汁，炙令黃，爲末，非時粥飲調下二錢匕。治水穀痢，久不差，厚朴三兩，黄連三兩，剉，水三升，煎取一升，空心服。治男子、女人久患氣脹心悶，飲食不得，因食不調，冷熱相擊，致令心脹滿，厚朴火上炙令乾，又蘸薑汁炙，直待焦黑爲度，搗篩如麪，以陳米飲調下二錢匕，日三服良。亦治反胃止瀉甚妙。治月水不通，厚朴三兩，炙，水三升，煎取一升，爲二服，空心服，不過三四劑差。　太乙曰：凡使要用紫色，味辛爲好。或丸散便去麄皮，用醋炙過。每條一斤用酥四兩，炙了細剉用。若湯飲下，使用自然薑汁八兩，炙盡爲度。

明・皇甫嵩《本草發明》卷四　厚朴中品，臣。氣溫，味苦、辛，無毒。屬土而有火，可升可降，陰中之陽也。　發明曰：厚朴，氣分中藥，辛溫能散，苦而能泄，故瀉胃中之實，兼散寒濕之邪，是以《本草》主消痰下氣，腹痛脹滿。又云：去結水，破宿血，消化水穀，嘔吐酸水，除驚悸煩悶等候。由其苦能泄胃實也。又主中風傷寒頭痛，寒邪霍亂轉筋，胃中冷逆嘔不止，洩痢淋露，血氣痺死肌，療積年冷氣，腹內雷鳴等候，以其兼散寒濕也。云溫中下氣，厚腸胃者，非真能溫補脾胃也，以能走冷氣故耳。佐以陳皮、蒼朮去濕滿，不使胃〔土〕太過，而復其平，以致于和而已。與枳實、大黃同用，能泄實滿。與解利藥同用，則傷寒發汗。與洩痢藥同用，則去穢而腸胃厚矣。大抵專治腹脹結氣者，以辛溫散苦泄耳。氣虛弱人，與胃中無實邪脹氣者不宜。孕婦忌之。乾薑為之使。惡澤瀉、寒水石、硝石。又云：忌豆，食之動氣。

子名逐折，散結，療鼠瘻，益氣明目。

明·李時珍《本草綱目》卷三五木部·喬木類

厚朴《本經》中品。校正：併入有名未用逐折。

【釋名】烈朴日華　赤朴《別録》　厚皮同　重皮《廣雅》　樹名榛《別録》　子名逐折《別録》　時珍曰：其木質朴而皮厚，味辛烈而色紫赤，故有厚朴、烈、赤諸名。頌曰：《廣雅》謂之重皮，方書或作厚皮也。

【集解】《別録》曰：厚朴生交趾、冤句。三月、九月、十月采皮，陰乾。弘景曰：今出建平、宜都。極厚、肉紫色爲好，殼薄而白者不佳。俗方多用，道家不須也。頌曰：今洛陽、陝西、江淮、湖南、蜀川山谷往往有之，而以梓州、龍州者爲上。木高三四丈，徑一二尺。春生葉如〔槲葉〕，四季不凋。紅花而青實。皮極鱗皺而厚，紫色多潤者佳，薄而白者不堪。宗奭曰：今伊陽縣及商州亦有，但薄而色淡，不如梓州者厚而紫色有油。時珍曰：朴樹膚白肉紫，葉如〔檗葉〕。五六月開細花，結實如冬青子，生青熟赤，有核。七八月采之，味甘美。

皮【修治】斅曰：凡使要紫色味辛者爲好，刮去粗皮。入丸散，每一斤用酥四兩炙熟用。若入湯飲，用自然薑汁八兩炙盡爲度。大明曰：凡入藥去粗皮，用薑汁炙，或浸炒用。宗奭曰：味苦。不以薑制，則棘人喉舌。

【氣味】苦，溫，無毒。《別録》曰：大溫。吳普曰：神農、岐伯、雷公：苦，無毒。李當之：小溫。權曰：苦、辛，大熱。元素曰：氣溫，味苦、辛。氣味俱厚，體重濁而微降，陰中陽也。杲曰：可升可降。之才曰：乾薑爲之使。惡澤瀉、消石、寒水石。忌豆，食之動氣。

【主治】中風傷寒，頭痛寒熱驚悸，氣血痺，死肌，去三蟲《本經》。溫中益氣，消痰下氣，療霍亂及腹痛脹滿，胃中冷逆，胸中嘔不止，洩痢淋露，除驚，去留熱心煩滿，厚腸胃《別録》。健脾，治反胃，霍亂轉筋，冷熱氣，瀉膀胱及五臟一切氣，婦人產前產後腹臟不安，殺腸中蟲，明耳目，調關節大明。治積年冷氣，腹內雷鳴虛吼，宿食不消，去結水，破宿血，化水穀，止吐酸水，大溫胃氣，治冷痛，主病人虛而尿白甄權。主肺氣脹滿，膨而喘欬好古。

【發明】宗奭曰：厚朴，平胃散中用，最調中，至今此藥盛行，既能溫脾胃，又能走冷氣，爲世所須也。元素曰：厚朴之用有三：平胃，一也；去腹脹，二也；孕婦忌之，三也。雖除腹脹，若虛弱人，宜斟酌用之，誤服脫人元氣。惟寒脹大熱藥中兼用，乃結者散之之神藥也。震亨曰：厚朴屬土，有火。其氣溫，能瀉胃中之實也，平胃散用之。佐以蒼朮，正爲瀉胃中之濕，平胃土之太過，以致於中和而已，非謂溫補脾胃也。習以成俗，皆謂之補，哀哉！其治腹脹者，因其味辛以提其滯氣，滯行則宜去之。若氣實人，誤服參、芪藥多補氣，脹悶或作喘，宜此瀉之。好古曰：《本草》言厚朴治中風傷寒頭痛，溫中益氣，消痰下氣，厚腸胃，去腹滿，果泄氣乎？果益氣乎？蓋與枳實、大黃同用，則能泄實滿，所謂消痰下氣是也。若與橘皮、蒼朮同用，則能除濕滿，所謂溫中益氣是也。與解利藥同用，則治傷寒頭痛；與瀉痢藥同用，則厚腸胃。大抵其性味苦溫，用苦則泄，用溫則補也。故成無己云：厚朴之苦，以泄腹滿。杲曰：苦能下氣，故泄實滿；溫能益氣，故散濕滿。

【附方】舊七，新七。

厚朴煎丸：孫兆云：補腎不如補脾。脾胃氣壯，則能飲食。飲食既進，則益營衛，養精血，滋骨髓。是以《素問》云：精不足者補之以味，形不足者補之以氣。此藥大補脾胃虛損，溫中降氣，化痰進食，去冷飲、嘔吐、泄瀉等證。用厚朴去皮剉片，用生薑二斤連皮切片，以水五升同煮乾，去薑，焙朴。以乾薑四兩，甘草二兩，再同厚朴以水五升煮乾，去草，焙薑、朴爲末。用棗肉、生薑同煮熟，去薑，搗棗和丸梧子大。每服五十丸，米飲下。一方加熟附子。王璆《百一選方》。

痰壅嘔逆：心胸滿悶，不下飲食。厚朴一兩，薑汁炙黃爲末。非時米飲調下二錢匕。〇《聖惠方》。

腹脹脉數：厚朴三物湯：用厚朴半斤，枳實五枚，以水一斗二升，煎取五升，入大黃四兩，再煎三升。溫服一升。轉動更服，不動勿服。張仲景《金匱要略》。

腹痛脹滿：厚朴七物湯：用厚朴半斤製，甘草、大黃各三兩，棗十枚，大枳實五枚，桂二兩，生薑五兩，以水一斗，煎取四升。溫服八合，日三。嘔者，加半夏五合。《金匱要略》。

男女氣脹：心悶，飲食不下，冷熱相攻，久患不愈。厚朴薑汁炙焦黑，爲末。以陳米飲調服二錢匕，日三服。《斗門方》。

反胃止瀉：方同上。

中滿洞瀉：厚朴、乾薑等分爲末，蜜丸梧子大。每服五十丸，米飲下。《鮑氏方》。

小兒吐瀉：胃虛及有痰驚。梓朴散：用梓州厚朴一兩，半夏湯泡七次，薑汁浸半日，晒乾，一錢，以米泔三升同浸一百刻，水盡爲度。如未盡，少加火熬乾。去厚朴，只研半夏。每服半錢或一字，薄荷湯調下。錢乙《小兒直訣》。

霍亂腹痛：厚朴湯：用厚朴炙四兩，桂心二兩，枳實五枚，生薑二兩，水六升，煎取二升，分三服。此陶隱居方也。唐石泉公王方慶《廣南方》云：此方不惟治霍亂，凡諸病皆治。《聖惠方》用厚朴薑汁炙，研末。新汲水服二錢，如神。

下痢水穀：久不瘥者。厚朴三兩，黃連三兩，水三升，煎一升，空心細服。《梅師方》。

大腸乾結：厚朴生研，猪臟煮搗和丸梧子大。每薑水下三十丸。《十便良方》。

尿渾白濁：心脾不調，腎氣渾濁。用厚朴薑汁炙一兩，白茯苓一錢，水、酒各一椀，煎一椀，温服。《經驗良方》。　月水不通：　厚朴三兩炙切，水三升，煎一升，分二服，空心飲。不過三四劑，神驗。一加桃仁、紅花。《梅師方》。

逐折　【氣味】甘，温，無毒。　【主治】療鼠瘻，明目益氣《別録》。　【正誤】《別録》有名未用曰：　逐折殺鼠，益氣明目。一名百合，一名厚實，生木間，莖黄，七月實，黑如大豆。弘景曰：　杜仲子，亦名逐折。○《別録》厚朴條下，已言子名逐折；　而有名未用中復出逐折，主治相同，惟鼠瘻、殺鼠字誤，未知孰是爾？所云厚實，乃厚朴實也，故皮謂之厚皮。陶氏不知，援引杜仲爲註，皆誤矣。今正之。

題明·薛己《本草約言》卷二《藥性本草》　厚朴　味苦、辛，氣溫，無毒。陰中之陽，可升可降。散結氣而調中，溫脾胃而燥濕，泄有餘之脹滿，治內傷之吐痢，極有消散之功，誤服奪人元氣。○厚朴屬土而有火，氣藥之溫，而能散胃中之實，故主腹脹也。平胃散用之，以佐蒼朮，正為瀉上焦之濕，平胃土不使太過，以至于和而已。若以為溫補而泛用之，非矣。○氣分中藥，入足陽明、太陰經，能降胸中之氣。止嘔清痰之要藥。大抵專治腹脹結氣，以辛溫能散、苦能泄耳。春夏秋常用，冬間及氣虛人，與胃中無實邪脹氣者不宜服。孕婦忌之。與枳實、大黄同用，則能泄實滿，是消痰下氣也。與陳皮、蒼朮同用則能除濕滿，是溫中益氣也。與解利藥同用，則治傷寒頭痛。與治痢同用，則厚腸胃。蓋用苦則泄，用溫則補也。乾薑為之使，惡澤瀉、寒水石、硝石。薑汁炒用。

明·梅得春《藥性會元》卷中　厚朴　味苦、辛，氣溫。沉而降，陰中陽也。無毒。乾薑為使。惡澤瀉、寒水石、硝石。　主苦能下氣，去實滿而洩除腹脹；　溫能益氣，散濕滿而散結調中。溫脾胃，去嘔膨、清痰亦驗；　通經水，消穀食，止痢安蟲。治初痢者，以瀉凝滯之氣，不宜久服。治腹脹者，因味辛以泄氣聚於下焦也。又厚腸胃，安腹中長蟲。孕娠忌用。　製法：削去粗皮，薑汁炒。用川中厚紫有油佳。

明·杜文燮《藥鑒》卷二　厚朴　氣溫，味苦，無毒。氣味俱薄，可升可降，陰中陽也。治霍亂轉筋，止嘔逆吐酸。與枳實、大黄同用，則泄實滿。與陳皮、蒼朮同用，則除濕滿。同解利藥兼理頭疼，同洩痢藥能厚腸胃。厚朴之味苦也，惟其苦，故能下氣，去實滿而消腹脹。厚朴之氣溫也，惟其溫，故能益氣，除濕滿而散結滯。何者？蓋厚朴屬土而有火，氣之溫所以能散能瀉胃中之實也。平胃散佐以蒼朮，正謂瀉上焦之濕，平中焦之土，不使太過，而復其平，以至於和而已，非謂溫補脾胃言也。後人執之以為補劑，誤矣。氣實者宜用，氣虛者少用，恐生脹滿。畏硫黄。

明·王肯堂《傷寒證治準繩》卷八　厚朴　氣溫，味苦辛，無毒。氣味俱厚，體重濁而微降，陰中陽也。垣：可升可降，能除腹脹。若虛弱人，雖腹脹，宜斟酌用之寒脹是也。大熱藥中兼用，結者散之，神藥也。誤服，脫人元氣，須禁之。海：本草言厚朴治中風，傷寒頭痛，溫中益氣，消痰下氣，厚腸胃，去腹滿。果泄氣乎？果益氣乎？蓋與枳實、大黄同用則能泄實滿，所謂消痰下氣是也。若與橘皮、蒼朮同用，則能除濕滿，所謂溫中益氣是也。與解利藥同用，則治傷寒頭痛；與瀉利藥同用，則厚腸胃。大抵其性味苦溫，用苦則泄，用溫則補也。故成氏云：厚朴之苦，以泄腹滿。苦能下氣，故泄實滿。溫能益氣，故散濕滿。去皮，鍘碎，薑汁浸透，微炒，竹篩齊用。

明·李中立《本草原始》卷四　厚朴　始出交趾、冤句，今京西、陝西、江淮、湖南、蜀川山谷中往往有之，而以梓州、龍州者為上。木高三四丈，徑一二尺。春生葉如槲葉，四季不凋。紅花而青實。其木質朴而皮厚，故名厚朴。其味辛烈而色紫赤，故日華子名烈朴。《別錄》名赤朴。　氣味：苦，溫，無毒。主治：中風傷寒，頭痛寒熱，驚悸，氣血痹，死肌，去三蟲。○溫中益氣，消痰下氣，療霍亂及腹痛脹滿，胃中冷逆，胸中嘔不止，泄痢淋露，除驚，去留熱心煩滿，厚腸胃。○健脾，治反胃，霍亂轉筋，冷熱氣，瀉膀胱及五臟一切氣，婦人產前產後腹臟不安，殺腸中蟲，明耳目，調關節。○治積年冷氣，腹內雷鳴虛吼，宿食不消，去結水，破宿血，化水穀，止吐酸水，大溫胃氣，治冷痛，主病人虛而尿白。○主肺氣脹滿，膨而喘欬。

皮鱗皺而厚，紫色油潤者，俗呼紫油厚朴，入劑最佳。薄而白者，俗呼山厚朴，不堪用。三月、九月、十月采皮。【圖略】　厚朴，《本經》中品。　修治：　刮去粗皮，入丸散，酥油炙；　入湯飲，薑汁炒。○元素曰：　氣溫味苦、辛，氣味俱厚，體重濁而微降，陰中陽也。杲曰：　可升可降。之才曰：　乾薑為之使，惡澤瀉、消石、寒水石，忌豆，食之動氣。

治霍亂，厚朴以薑汁火炙令香，為末，新汲水調下二錢匕，甚妙。

明·張懋辰《本草便》卷二　厚朴臣　味苦、辛，氣溫，陽中之陰，無毒。惡澤瀉、寒水石、消石。入藥去麄皮，生薑汁炒用。　主中風，傷寒頭痛寒熱，驚悸，氣血痹死肌，去三蟲，溫中益氣，消痰下氣，厚腸胃，走冷氣，療霍亂，胃中冷逆，嘔吐酸水，洩利淋閉，消宿食，破宿血，治腹痛脹滿，散結之神藥。凡虛弱人，雖腹脹，宜斟酌用之，誤服脫人元氣。與解利藥同用，則治傷寒頭痛；與泄利藥同用，則厚腸胃。蓋用苦則泄，用溫則補也。

明・盧復《芷園臆草題藥》 厚朴　苦，溫。色紫，得心之氣化。從胃走皮毛者，所謂上焦開發，宣五穀味，薰膚充身，澤毛者之謂歟。故治風寒，一日在皮，二日在膚，三日在肌，半不表裏證，及氣血痹而肌肉死，風火鬱而三蟲生。此物皷吾身生氣，假赤烈從外之氣以出，則外入者莫不外出，鬱痹者當自內通矣。厚如地，指胃氣也。朴在外，謂走皮也。是脾胃之心藥也明矣。則凡為脹滿，為嘔惡，為痰涎，為煩，為痛，為酸水，為腸鳴虛吼，為膨膨喘咳，屬此路不通者宜之。倘另有所同，還須別選。陳藏器云：浮爛羅(勤)〔勒〕生康國，皮似厚朴，主一切風氣，開胃補心，此真厚朴也。開胃補心之語，實《本經》旨，未可以異物視之。以胃氣開處，政是心氣，補其不逮，乃從胃始，故云。

明・李中梓《藥性解》卷五 厚朴　味苦、辛，性溫，無毒，入脾、胃二經。去實滿而治腹脹，除濕結而和胃氣，止嘔清痰，溫中消食。乾薑為使，惡澤瀉、寒水石、硝石，忌食豆。按：厚朴辛則能發，溫則能行，脾胃之所喜也，故入之以理諸症。丹溪曰：厚朴屬土而有火，平胃散用之以佐蒼朮，正謂瀉上焦之濕，平胃土不使太過，以致於和而已。若以為溫補而泛用之，非也。體重濁而微降，最能耗氣，春夏秋宜用，冬間忌之。氣虛之人及孕婦，亦不可服。

明・繆希雍《本草經疏》卷一三 厚朴　味苦，溫、大溫，無毒。主中風傷寒，頭痛寒熱驚悸，氣血痹，死肌，去三蟲，溫中益氣，消痰下氣，療霍亂，及腹痛脹滿，胃中冷逆，胸中嘔不止，洩痢，淋露，除驚，去留熱，心煩滿，厚腸胃。

〔疏〕厚朴稟地二之氣以生，兼得乎春陽之氣而成，故其味苦，其氣溫。甄權苦辛大熱。應是辛熱苦溫之藥。辛熱太過，則其性宜有毒，以其得陽氣之正，故無毒耳。氣味俱厚，陽中之陰，降也。入足太陰、手足陽明經。其主中風傷寒，頭痛寒熱，氣血痹，死肌者，蓋以風寒外邪傷於陽分，則為寒熱頭痛。風寒濕入腠理，則氣血凝澀而成痹，甚則肌肉不仁。此藥辛能散結，苦能燥濕，溫熱能祛風寒，故悉主之也。《別錄》又主溫中，消痰，下氣，療霍亂及腹痛脹滿，胃中冷逆，胸中嘔不止，洩痢，心煩滿者何？莫非腸胃氣逆壅滯，及痰飲留結，飲食生冷所致。得此下洩開通，溫熱暖胃，則諸證不求其止而止矣。至於淋露，雖屬下焦為病，然多因胃家濕熱下流，三蟲亦腸胃濕熱所生，苦能燥濕殺蟲，故亦主之也。《本經》又主驚悸及《別錄》除驚去留熱者，皆非其所宜。驚悸屬心虛，於脾胃絕無相干。氣味大溫之藥，又豈能去留熱哉？至益氣，厚腸胃，蓋亦指邪氣去，正氣自益之謂，積滯消，腸胃自厚之意耳。非消散之外，復有補益之功也。用者詳之。

〔主治參互〕同陳皮、枳殼、麥蘖、草果、山查、砂仁、礬紅，治傷食腹脹。同橘皮、黃連、甘草、蒼白朮、葛根，治濕熱作瀉。同檳榔、木香、黃連、滑石、橘皮、甘草、白芍藥，治滯下初起。同白朮、人參、白芍藥、茯苓，消腹脹。佐生薑、橘皮、藿香、砂仁、半夏，止胃寒嘔吐。同三稜、蓬莪、檳榔、人參、青皮，治積年冷癖堅塊。同蒼朮、橘皮、甘草，為平胃散，治胸中敦厚之氣，使飲食倍增。《聖惠方》治痰壅嘔逆，心胸滿悶，不下飲食。用厚朴一兩，薑汁炙黃為末。米飲調下二錢匕。張仲景《金匱》方治腹脹脈數，厚朴三物湯，用厚朴半斤，枳實五枚，以水一斗二升，煎取五升，入大黃四兩，再煎取三升，溫服一升。轉動更服，不動勿服。又，七物厚朴湯，治腹痛脹滿。用厚朴半斤，甘草、大黃各三兩，棗十枚，枳實五枚，桂二兩，生薑五兩，以水一斗，煎取四升，溫服八合，日三。嘔者加半夏五合。〔簡誤〕厚朴氣味辛溫，性復大熱，其功長於泄結散滿，溫暖脾胃。一切飲食停積，氣壅暴脹，與夫冷氣逆氣，積年冷氣入腹，腸鳴虛吼，痰飲吐沫，胃冷嘔逆，腹痛泄瀉，及脾胃壯實之人偶感風寒，氣實人誤服參耆致成喘脹，誠為要藥。然而性專消導，散而不收，略無補益之功。故凡嘔吐不因寒痰冷積，而由於胃虛火氣炎上；腹痛因於血虛脾陰不足，而非停滯所致；洩瀉因於火熱暴注，而非積寒傷冷；腹滿因於中氣不足，氣不歸元，而非氣實壅滯；中風由於陰虛火炎，猝致僵仆，而非西北真中寒邪；傷寒發熱頭疼而無痞塞脹滿之候；小兒吐瀉乳食，將成慢驚；大人氣虛血槁見發膈證；老人脾虛不能運化，偶有停積；娠婦惡阻，水穀不入；娠婦胎升眩暈，娠婦傷食停冷，娠婦腹痛瀉利，娠婦傷寒傷風，產後血虛腹痛，產後中滿作喘，產後洩瀉反胃，已上諸證，法所咸忌。若誤投之，輕病變重，重病必危。世人不究其原，一概濫用，雖或一時未見其害，而清純中和之氣，默為之耗矣。可不慎哉！

明・倪朱謨《本草彙言》卷九 厚朴 味苦、辛，氣溫，性燥。氣味俱厚，陽中之陰，降也。入足太陰、手足陽明經。 陶隱居曰：厚朴，出交趾、冤句，及陝西、洛陽、江淮、湖南、蜀川山谷中。今滑氏抄以建平、宜都及梓州、龍州者爲最。木高三四丈，徑一二尺，木皮鱗皺，葉似槲葉，四季不凋。 李氏曰：五六月開細花，紅色，結實如冬青子，生青熟赤，有細核，嚼之味甘美。 寇氏曰：采朴以肉厚色紫、多潤者，入藥最良。今伊陽縣及商州亦有，肉薄而枯，色淡白不紫者不堪用。 雷氏曰：修治：刮去粗皮，每一斤，用生薑四兩，搗爛，拌，微炒，方可入藥。如不製，則棘人喉舌。

厚朴：寬中化滯，李時珍平胃氣之藥也。伍少山稿凡氣滯于中，鬱而不散，食積于胃，羈而不行； 或濕鬱積而不去，濕痰聚而不清，用厚朴之溫，可以燥濕，辛可以清痰，苦可以下氣也。故前古主中風傷寒，頭痛寒熱，嘔逆瀉利，蟲積痞積； 或肺氣脹滿，痰涎喘嗽； 或胃氣壅滯，水穀不行，用此消食化痰，去濕散脹，平土金二藏，以致于中和也。時人有云：厚朴益氣厚腸胃者，蓋亦指邪氣去，正氣自益之謂。積滯消，腸胃自厚之意耳。非消導之外，復有補益之功也。用者詳之。

繆仲淳先生曰：厚朴氣味辛溫，性復大燥，其功長于泄結散滿，去濕逐飲，溫暖脾胃。凡一切飲食停積，氣壅暴脹，與夫冷氣逆氣，腸鳴虛吼，痰飲吐沫，胃冷嘔逆，腹痛泄瀉，及元氣壯實之人，偶感風寒，寒熱飽脹； 氣實之人悞服參、耆，致成喘滿，以上諸證，誠爲要藥。然而性專消導，散而不收，略無補益之功，實有消導之勢。故凡嘔吐不因寒痰冷積，而由于胃虛火氣炎上者； 腹痛因于血虛脾陰不足，而非停滯所致者； 泄瀉因于火熱暴注，而非積寒傷冷者； 腹滿因于中氣不足，氣不歸元，而非氣實壅滯者； 中風由于陰虛火炎，猝致僵仆，而非西北真中寒邪者； 傷寒發熱頭疼，而無痞塞脹滿之候者； 小兒吐瀉乳食，發熱神昏，將成慢驚者； 大人氣虛血槁，見發膈證者； 老人脾虛，不能運化，偶有停積者； 產後血虛腹痛，產後氣虛作喘，產後吐逆泄瀉者，以上諸證，法所咸忌。世人不究其原，一概濫用，雖或一時未見其害，而清純之氣，默爲之傷耗矣，可不慎哉！

沈孔庭先生曰：厚朴，辛苦溫燥，入脾胃二經，散滯調中，推爲首劑。然配他藥，無往不可： 與枳實、大黃同用，則泄實滿，故大柴胡湯用之； 與陳皮、蒼朮同用，則除濕滿，故平胃散用之； 與人參、白朮、麥蘗同用，則治虛滿，故調中湯用之； 又同半夏、膽星，能燥濕清痰； 同甘草、白朮，能和中健胃； 同枳殼、萊菔子，能下氣寬腸； 同紫蘇、前胡，能發散風寒； 同山查、枳實，能疏氣消食； 同吳萸、肉桂，能行濕燥陰。實有理氣行氣之功，但氣之盛者，用無不驗。氣之弱者，宜少與之。

集方：治氣滯中焦，鬱而不散，或成脹滿痞痛。用厚朴一錢五分，木香一錢，陳皮、白朮各二錢，製半夏、茯苓各一錢二分，甘草七分。水煎服。○治食積胃脘，羈而不行，致成脹悶痞結。用厚朴一錢五分，草果仁、砂仁各三錢，紅麯、枳實、白朮各二錢，山查肉、茯苓各一錢二分，甘草五分，加生薑三片，大棗四枚，水煎服。○汪石山方治濕鬱成脹。用厚朴一錢五分，蒼朮、陳皮各二錢，甘草五分，防風、澤瀉各一錢，加生薑五片，水煎服。○汪石山方治濕痰成飽，或嘔吐。用厚朴一錢五分，蒼朮、製半夏各二錢，陳皮、茯苓、白芥子各一錢，加生薑三片，黑棗二個，水煎服。○汪石山方治中風心膈飽脹，飲食不入。用厚朴一錢五分，製半夏、秦艽、防風、膽星、白朮、茯苓各一錢二分，水煎服。○《劉草窗醫案》治傷寒頭痛，寒熱不清。用厚朴、柴胡、黃芩、製半夏各一錢，甘草五分，加生薑三片，水煎服。有食加枳實，山查各二錢； 嘔逆瀉利加藿香、木香、黃連薑水炒，各八分。○《保赤全書》治蟲積，用厚朴、檳榔各二錢，烏梅二個，水煎服。或蟲積甚，加使君子肉二十個，去殼，研成末，配前藥共爲細末，錫糖丸彈子大。每早晚各服一丸，燈心湯下。○《全幼心鑒》治痞積年久不愈。用厚朴薑水炒、曬乾，於白朮土拌炒、枳實麩拌炒、三稜、莪朮、紅麯俱酒拌炒，各一兩。作丸。每食前服三錢，米湯下。○《小品》治風濕寒邪，肺氣脹滿，痰涎喘嗽。用厚朴一錢五分，陳皮、製半夏、杏仁、桔梗、枳殼、桑皮各一錢二分，蘇子、白芥子、茯苓各一錢，甘草七分，生薑三片，水煎服。○《小品》治胃氣壅滯，水穀不行。用厚朴一錢五分，紅麯、猪苓、麥芽、穀芽，俱酒炒，各三錢，甘草七分，生薑三片，水煎服。

明・姚可成《食物本草》卷二〇木部・喬木類 厚朴實生梓州，木高三四丈，徑一二尺，春生葉如槲葉，四季不凋。紅花細碎，五六月盛開。結實如冬青子，生青熟赤，有核。七八月采之，味甘美。

厚朴實，味甘，平，無毒。主消食寬中利氣。

皮 治傷寒中風頭痛，消痰下氣，療霍亂腹痛脹滿。

明・顧逢柏《分部本草妙用》卷三脾部・温瀉　厚朴　苦，温，無毒。乾薑為使，惡澤瀉、硝石、寒水石。忌豆。　主治：　温中，消痰下氣，霍亂腹痛嘔逆，泄痢，消食結水，破血，平胃去脹。孕婦忌之。　厚朴苦而下氣，走而不守，于熱藥中兼用，乃結者散之也。能瀉胃實，故平胃散用之。瀉土太過耳，若胃氣虚者悮服，脱元氣而成水腫，非參术莫救矣。即欲速寛脹悶者，宜量虚實用之也。

明・黄承昊《折肱漫録》卷三　厚朴性亦猛厲，虚弱之人宜審用。《本草》言悮服脱人元氣。予中氣素弱，每因腹痛悮用少許，即覺中氣衰憊，無不立見，有時加於六君子湯中，亦覺大傷中氣，要知此藥非純善之物，即參术同用，亦不能勝也。

明・李中梓《醫宗必讀・本草徵要下》　厚朴味苦、辛，大温，無毒。入脾、胃二經。乾薑為使，惡澤瀉、硝石、寒水石，忌豆。色紫味辛者良。刮去粗皮，切片薑汁炒。　辛能散風邪，温可解寒氣。下氣消痰，去實滿而寛膨；　温胃和中，調胸腹而止痛。吐利交資，驚煩共主。温熱之性，長於散結去滿，温胃暖脾，故主食停、痰滯、脹痛、吐利等證。然但可施於元氣未虚，邪氣方盛，或客寒犯胃，濕氣侵脾。若脾虚之人，雖有如上諸證，切勿沾脣。或一時未見其害，而清純冲和之氣，潛傷默耗矣。可不謹諸？

明・鄭二陽《仁壽堂藥鏡》卷二　厚朴　陶隱居云：　今出建平山谷中。忌諸豆，乾薑為之使。惡澤瀉、寒水石，硝石。　氣温，味辛。陽中之陰。　苦而辛，無毒。　《本草》云：　主中風，傷寒頭痛寒熱，驚悸，氣血痹，死肌，去三蟲，温中益氣，消痰下氣，療霍亂及腹痛脹滿，胃中冷逆，胸中嘔不止，泄痢，淋露，除驚，去留熱，心煩滿，厚腸胃。　潔古云：　能除腹脹。　若元氣虚弱，雖腹脹宜斟酌用之。寒脹是也。　大熱藥中兼用，結者散之，乃神藥也。誤服脱人元氣。　切禁之。　《主治秘決》云：　性温，味苦，氣味俱厚，體重濁而微降，陰中陽也。平胃氣，去腹脹。　孕婦忌之。　又云：　腹脹用薑製厚朴。海藏云：　《經》言治中風傷寒頭痛，温中益氣，消痰下氣，厚腸胃，去腹脹滿，果洩氣乎？益氣乎？　若與枳實、大黄同用，則能泄實滿，《經》云消痰下氣者是也。　若與陳皮、蒼术同用，則能除濕滿，《經》曰温中益氣者是也。　若與解利藥同用，則治傷寒頭痛；　與治痢藥同用，則厚腸胃。大抵苦温，用苦則泄，用温則補。《衍義》云：　平胃散中用之，最調中，至今此藥盛行。　既能温脾胃氣，又能走冷氣，為世所須也。　加減隨證，如五積散治疫同功。　丹溪云：　屬土而有火，氣藥也。温而能散，瀉胃中之實也。　而平胃散用之，佐以蒼术，正為瀉上焦之濕，平胃土，不使之太過，而復其平，以致於和而已。非謂温補脾胃言也。後人執之以為補劑，悮矣！

明・蔣儀《藥鏡》卷一温部　厚朴　苦能下氣，實滿去，腹脹消。　温能平氣，濕滿清，結滯散。　和胃而山嵐之瘴癘以平，温中而甘肥之積聚以鑠。　定痛嘔于暑穢，止吐瀉于濕痰。療水土不服之時災，瀉老弱三焦之元氣。　逐陽分之風邪而除寒退熱。　驅腠理之寒濕，而氣順血和。　若夫氣血痺而肌肉死，最能開發。風火鬱而三蟲生，更能宣散。

明・李中梓《頤生微論》卷三　厚朴　味苦、辛，性温，無毒。　入胃經。乾薑為使。惡澤瀉、寒水石、硝石，忌豆。厚而色紫有油者佳。　去粗皮，薑汁浸透，焙用。　温中平胃，消痰下氣，除脹消食，去水破血，腹痛嘔逆。

按：　厚朴苦能下氣，走而不守，大損真氣，虚人及孕婦不可輕用也。

明・張景岳《景岳全書》卷四九《本草正》　厚朴　味苦、辛，氣大温。　氣味俱厚，陽中之陰，可升可降。　有小毒。　用此者，用其温降散滯。　製用薑汁炒。治霍亂轉筋，消痰下氣，止欬嗽嘔逆吐酸，殺腸藏諸蟲，宿食不消，去結水，破宿血，除寒濕瀉痢，能暖脾胃，善走冷氣。　總之，逐實邪，瀉膨脹，散結聚，治胸腹疼痛之要藥。倘本元虚弱，誤服脱人真氣。　孕婦忌用，墮胎須知。

明・賈九如《藥品化義》卷一氣藥　厚朴　屬陽中有陰有土與火，體乾，色紫，氣微香，味微辛略苦，性微温，能升能降，力泄實滿，性氣與味俱厚，入胃經。　厚朴性味辛温，能散去寒濕之邪，帶苦能降泄腸胃之實，因脾胃惡濕，以此燥之，專平胃氣，主瀉中焦壅滯。　若胸腹脹滿，鬱而不散，食積於胃，羈而不行，非此不能條達舒暢，故用治痞悶噯氣，吞酸嘈雜嘔吐。　同解散肌表之藥，卻衛氣有餘。　助分理陰陽之劑，清大腸多阻，但瀉而腹痛有積滯者用之為宜，若暴瀉如水，滑瀉無度者，腸胃已虚，忌此辛散。　厚而色紫者佳，去粗皮用，忌豆同食，食之動氣。

明・盧之頤《本草乘雅半偈》帙五　厚朴《本經》中品　氣味：　苦，温，無毒。　主治：　主中風，傷寒，頭痛，寒熱，驚悸，氣血痹，死肌，去三蟲。

覈曰：　出交趾、冤句，及雒陽、陝西、江淮、湖南、川蜀山谷亦有之。近以建平、宜都，及梓州、龍州者為上。木高三四丈，徑一二尺，葉似槲葉，四季不凋。五六月開花紅色，結實如冬青子，生青熟紅，實中有核，味頗甘美。木皮鱗皺，以肉厚色紫多液者，入藥最良。修治：刮去粗皮，每觔用生薑汁八兩，炙盡為度，若入丸散，用乳酥四兩炙之。乾薑為之使，惡澤瀉、消石、寒水石。忌豆，食之動氣。

先人云：厚為坤土之德，赤有離明之象，名之曰朴，猶未離乎木也。又云：苦是心火之味，溫是心火之性，紫是心火之色，使之以薑，通神明也。

条曰：朴，皮也。以皮表木者，謂專精在皮，若所愛在外，敦厚以從朴也。氣味苦溫，色性赤烈，備火木之體與用者，蓋火自木襲，從內而外，以司夏出橫偏之令。故主寒風勁歛向內，而為頭痛寒熱，若驚則風揚，致令氣上，悸則寒抑，致令氣衝，或寒風合痹氣血，外現死肌，內伏三蟲者，俾之使通，即從內而外，以行夏出橫偏之令耳。

明・李中梓《本草通玄》卷下　厚朴　苦，溫，體重而降，脾胃藥也。溫中下氣，是其本功，凡健脾寬脹，消痰止吐，消食止痛，厚腸利水，皆溫中之力也。能瀉胃實，故平胃散收之，寒脹必需，乃結者散之之義。然行氣峻猛，虛者勿多與也。東垣云：苦能下氣，故泄實滿；溫能益氣，故散濕滿。質厚色紫者佳，去粗皮，薑汁浸炒。

清・顧元交《本草彙箋》卷五　厚朴　辛溫，能散去寒濕之邪。帶苦，能降泄腸胃之實。若胸腹脹滿，鬱而不散，食積於胃，羈而不行，非此不能條達舒暢。故用治痞悶噯氣，吞酸嘈雜，嘔吐，同解散肌表之藥，却衛氣之有餘，助分理陰陽之劑，清大腸之多阻。但瀉而腹痛有積滯者，用之爲宜。若暴瀉如水，滑瀉無度者，腸胃已虛，忌此辛散。故東垣論平胃散云：平者，廼蕩平，削平之平，非平和之平也。其曰厚腸胃者，亦積滯消，而腸胃自厚，豈真有補益之功歟？

腸風宜用厚朴煎，厚朴五兩，同生薑五兩，搗爛，拌炒黃色，白朮、麥芽、神麯各一兩，同炒黃，研末，水糊丸梧子大，每米飲下百丸。按此症，腸胃本無血緣，氣虛而腸薄，自榮衛滲入，服藥令邪氣去，則正氣自益，而腸胃自厚，故云厚朴厚腸胃耳。

清・穆石匏《本草洞詮》卷一一　厚朴　木質朴而皮極厚，故名。味苦辛，氣溫，無毒。治肺氣脹滿，喘咳，溫胃氣，化水穀，止吐酸水，破宿血。平胃散用之，佐以蒼朮，為瀉胃中之濕，平胃土之大過，以致於中和而已，非謂溫補脾胃也。其治腹脹者，因其味辛，以開滯氣耳，滯行則宜去之。《本草》言：厚朴治傷寒頭痛，溫中益氣，消痰下氣，厚腸，去腹滿。果泄氣乎？益氣乎？蓋與枳實、大黃同用，則泄實滿，故消痰下氣。與橘皮、蒼朮同用，則除濕滿。故溫中益氣與解利藥同用，則治傷寒頭痛。與補益藥同用，則厚腸胃。由其性味苦溫，用苦則瀉，用溫則補也。不以薑製，刺人喉舌。

清・劉雲密《本草述》卷二三　厚朴　以建平、宜都，及梓州、龍州者為上。木高三四丈，徑一二尺，葉似槲葉，四季不凋，五六月開花紅色，結實如冬青子，生青熟紅，實中有核，味頗甘美。木皮鱗皺，以肉厚色紫多液者入藥最良。

皮：氣味：苦，溫，無毒。《別録》曰：大溫。普曰：神農、岐伯、雷公：苦，無毒。李當之：小溫。權曰：苦辛，大熱。潔古曰：氣溫味苦辛，氣味俱厚，體重濁而微降，陰中陽也。杲曰：可升可降。

主治：溫中，散結氣，除脹滿，疏胃溼滯，治胃中冷逆嘔吐，及腹疼洩利，療寒溼霍亂，化水穀，止吐酸水，除冷積。更同他藥治溼熱諸證，霍亂，并腹痛脹滿及下痢。潔古曰：厚朴平胃，能除腹脹。若元氣虛弱，雖脹，宜斟酌用之，誤服脫人元氣。惟寒脹，大熱藥中兼用，乃結者散之之神藥也。丹溪曰：厚朴屬土有火，其氣溫，能瀉胃中之實也。平胃散用之，佐以蒼朮，正為瀉胃中之溼，平胃土之太過，以致於中和而已，非謂溫補脾胃也。習以成俗，皆謂之補，哀哉！其治腹脹者，因其味辛，以提其滯氣，滯行則宜去之。若氣實人誤服參、芪藥，多補氣脹悶，或作喘，宜此瀉之。海藏曰：厚朴與枳實、大黃同用，則能瀉實滿，承氣湯中用之。與陳皮、蒼朮同用，則能除溼滿，五積湯中用之。若與解利藥同用，則治傷寒頭痛，如正氣散之類。與治痢藥同用，則厚腸胃，如當歸丸之類。大抵其性味苦溫，用苦則泄，用溫則補也。故成無已云：厚朴之苦，以泄腹滿。東垣曰：苦能下氣，故泄實滿。溫能益氣，故散溼滿。希雍曰：厚朴稟地二之氣以生，兼得乎春陽之氣而成，故其味苦，其氣溫。甄權苦辛大熱，應是辛熱苦溫之藥。辛熱太過，則其性宜有毒，以其得陽氣之正，故無毒耳。氣味俱厚，陽中之陰，降也，入足太陰、手足陽明經。此藥辛能散結，苦能燥溼，溫熱能祛風寒，其所主治諸證，何莫非腸胃氣逆壅滯，及痰飲留結，飲食生冷所致，得此下洩開通，溫溼暖胃，則諸證不求其止而止矣。至益氣厚腸胃，蓋亦指邪氣去正氣自益之謂，積滯消腸胃自厚之意耳，非消散之外，復有補益之功也。用者詳之。

同陳皮、枳殼、麥蘗、草果、山查、砂仁、礬紅，治傷食腹脹。同橘皮、黄連、甘草、蒼白朮、葛根，治溼熱作泄。同檳榔、木香、黄連、滑石、橘皮、甘草、白芍藥，治滯下初起。同白朮、人參、白芍藥、茯苓，消腹脹。佐生薑、橘皮、藿香、砂仁、半夏，止胃寒嘔吐。同三稜、蓬茂、檳榔、人參、青皮，治積年冷癖堅塊。同蒼朮、橘皮、甘草，為平胃散，治胸中敦阜之氣，使飲食倍增。

愚按：草木之四時不凋者，或得於純陰，或得於純陽。如厚朴所謂純陽者也，取木皮為用，而氣味苦溫，色性赤烈，不可想見歟。其味之苦者，應於花赤而皮紫，是味歸於形也。形色赤紫者，應於氣之溫，是形歸氣也。在木亦有然者，又不可想其純陽而能散結之用歟。夫苦能下泄，然苦從乎溫，則不下泄而為溫散，此盧氏所云從內而外，以司夏出横偏之令者也。若苦合於寒，則直下泄，如枳殼輩是矣。夫氣之生化在中土，此味苦，而苦中即覺有微甘，所以直歸中土而散結氣。虚者不宜，為其無邪也。若實者，要有邪入於正氣中，或蓄於正氣外而不能散，故曰實耳。氣乃火之靈苦溫若茲味，故即能就氣分而散之，病乎寒溼之邪者，此其的治。即病乎溼熱者，有苦寒以清熱燥溼，而假此苦溫以散其結，亦罔不奏功矣。曰：先哲於茲味首以除脹滿為言，夫脹滿之虚而無邪者，不宜此也。若寒溼之為脹滿，此實也，固須此。即溼熱之為脹滿，如厚味積熱，及外感鬱熱，此亦實也，苦寒除之而亦假此也。唯中氣虚而患溼熱者，乃虚中之實，則審中氣之虚，與邪氣之實孰多孰少，以為攻補之多少。更審久暫之時，以定攻補之多少。如此味又何可少也？如苦寒除邪之味多，而健脾者少，用此散溼熱之結，恐苦寒直攻，不能徑散也。如苦甘健脾之味多，而除熱者少，用此化補益之驟，恐苦甘徑補，不能直受也。溼熱不宜純甘，虚而有溼熱者，宜於苦甘。即此推之他證，凡厚朴可投者，悉如斯矣。曰：脹滿之所因，不盡由脾胃，何以如此味溫中而必須之？蓋胃行氣於三陰三陽，而脾為胃行之，故一切治脹，不能離脾胃，即不能置此溫中散結者。蓋氣溫則升而行，涼則降而滯耳。曰：苦溫之味多矣，何獨用此？蓋天地之氣至夏而陽盛陰衰，在氣化至此應然，原非偏至之戾氣也。此味所稟純陽，即稟乎此氣，其能散元氣者，亦如夏時之宣泄已極，非謂其辛熱太甚也。俱在明者用之如何耳。

按：厚朴始嘗之味苦，苦中微微有甘，最後有辛意，非辛也，乃苦溫之餘烈，俗所云麻味也。故以薑製之，猶製半夏之義耳。然則厚朴從苦溫以散結者，不若枳殼從苦寒以泄滯也。夫氣以溫熱為升為補，而苦甚者乃從升補中以散之。以涼寒為降為泄，而苦甚者乃從降泄中以導之。故厚朴之治，宜於寒，或宜於溼。而枳殼之治，宜於熱，或宜於燥。皆各從其所對治者以投之。如反是，厚朴施於燥熱之結者，猶可借從治以奏功。若枳殼誤施於寒溼，是氣本下而復降之，即導之泄之，不惟無益，而有害矣。

有患腸風下血，大便則鮮血四射，淋漓不止，年久面色痿黄，腰痛腿酸，四肢無力，陽事痿弱。緣患下血，投苦寒劑經年，故無益而更致病劇也。一醫制煎方服之，仍如數味，每一錢倍加為兩，作丸服，獲效。薑朴五錢，神麴一錢，白术土炒一錢，麥芽炒一錢，北五味微研焙碎一錢，加陳黄米四十九粒，水二碗，煎八分，空心服。凡腸風下血者，多係脾胃虚寒，不能攝血，服之皆效。雖酒客溼熱下注放血者，服之亦效。厚朴佐參、术諸補劑用，化補中之滯以消脹，其義固然。未有若茲方為君，白术止助其健運，五味稍斂其耗散，又有消導之味也。且以治下血，其效若此，可以思厚朴之用矣。

希雍曰：厚朴性純陽，氣味苦温，其功在散結滿，温脾胃，一切飲食停積，氣壅暴脹，與患冷逆氣，積年冷氣入腹，腸鳴，痰飲吐沫，胃冷嘔逆，腹痛泄瀉，及脾胃壯實者偶感風寒，氣實人誤服參、耆喘脹，誠為要藥。然而性味散而不收，畧無補益，故凡嘔吐不因寒痰冷積，而出於胃虚火炎；腹痛因於血虚脾陰不足，而非停滯所致；泄瀉因於火熱暴注，而非積寒傷冷腹滿；因於中氣虚不能歸元，而非邪實壅滯；傷寒發熱頭疼而無痞塞脹滿之候；小兒吐瀉乳食，將成慢驚；大人氣虚血槁，見發膈證；老人脾虚不運，偶有停積；娠婦惡阻，水穀不入；娠婦胎升眩暈；娠婦傷食停冷；娠婦腹痛泄利；娠婦傷寒傷風，產後血虚腹痛，產後中滿作喘，產後洩瀉反胃，已上諸證，咸忌。若誤投之，輕變重，重致危，雖或暫幸無害，而冲和元氣默耗矣。可不慎哉！

修治　去粗皮，用薑汁拌浸，仍用薑渣同炒，以薑渣黑色為度。

清·郭章宜《本草匯》卷一五　厚朴　苦，溫，氣味俱厚，體重濁而微降，陰中陽也，入足太陰、手足陽明經。治積冷，散腹鳴。下氣消痰，去實滿而寬脹。溫中和胃，調胸腹而止疼。《本經》主中風傷寒，頭痛熱氣，血痺死肌者，蓋以風寒外邪傷于陽分，則為寒熱頭痛，風寒濕入腠理，則氣血凝澀而成痺，甚則肌肉不仁。此藥辛能發結，苦能燥濕，溫熱能祛風寒，故悉主之也。

按：厚朴，屬土有火，氣藥之溫者也。能散胃中之實，除胸中之氣，善除寒脹痰食，乃結者散之之神藥也。散衛泄氣，除痞消膨，雖取苦洩之功而佐枳實。然中氣虛弱不能運化精微，及飲食痰積不能施化而得之者，必須佐以人參、甘草之甘，茯苓、澤瀉之淡，生薑、半夏之辛同用，其餘止嘔消痰，逼障除瘧，皆不發之發，為裏之表藥也。故平胃散中，用以佐蒼朮，正為瀉胃中之濕，平胃土不使太過，以至于中和而已。若謂溫補，而泛用之，誤矣。因其味辛，故腹脹者，用以提其滯氣耳。若氣實者，誤服參、耆脹悶，宜此瀉之。與橘皮、蒼朮同用，則能除濕滿，所謂溫中益氣是也。與枳實、大黄同用，則能泄實滿，所謂消痰下氣是也。蓋用苦則泄，用溫則補耳。然行氣峻猛，但可施于元氣未虛，邪氣方盛，或客寒犯胃，濕氣侵脾。若脾虛之人，雖有如上證，亦不可投也。同檳榔、木香、黄連、滑石、橘皮、甘草、白芍，治滯下初起。同白朮、人參、白芍、茯苓，消腹脹。佐生薑、橘皮、藿香、砂仁、半夏，止胃寒吐嘔。《本經》主驚悸，及《別錄》除驚去留熱者，皆非其所宜也。驚悸屬心虛，于脾胃絕無相干。氣味大溫之藥，又豈能去留熱哉？孕婦切不可用。

産陜、蜀梓州者獨勝。質厚色紫者，去粗皮，薑汁浸透，酥炙用。乾薑為之使。惡澤瀉、消石、寒水石。忌豆，食之動氣。

清·蔣居祉《本草擇要綱目·熱性藥品》 厚朴　氣味：苦，溫，無毒。可升可降，陰中陽也。　主治：消痰下氣，療霍亂及腹痛脹滿，胃中冷逆嘔不止，洩痢淋露。蓋厚朴氣溫，能瀉胃中之實，故平胃散用之。佐以蒼朮，所以平胃土之太過，以致於中和也。然虛弱之人，胃氣不實，誤服脫人元氣，又不可不斟酌為用也。

清·閔鉞《本草詳節》卷五 厚朴　【略】按：厚朴，屬土有火，其氣溫，能瀉胃中之實。平胃散佐以蒼朮，平胃土之太過，以致中和，非溫補也。治腹脹者，必是寒脹，於大熱藥中，用其溫暖脾胃，氣得開通，而滯氣自行，滯行則去之。若氣實人誤服參、芪，以致脹悶，或作喘，宜此瀉之。然同枳實、大黄則泄實滿，所謂消痰下氣是也。同陳皮、蒼朮則除濕滿，所謂溫中益氣是也。同解利藥則治傷寒頭痛，同瀉痢藥則厚腸胃。大抵性味苦溫，用苦則泄，用溫則補也。若胃氣虛弱及不因寒痰冷積致病者，俱禁用。

清·王翃《握靈本草》卷八 厚朴出梓州。紫色味辛者為佳。入丸散酥炙，入湯薑汁炙。　主治：厚朴，苦，溫，無毒。主中風傷寒頭痛寒熱，氣血痺，死肌，溫中，消痰下氣。療霍亂及腹痛脹滿，嘔逆洩痢，去煩熱，厚腸胃，去肺氣脹滿，喘欬。

清·汪昂《本草備要》卷三 厚朴瀉，下氣，散滿。　苦降能瀉實滿，辛溫能散濕滿。王好古曰：《別錄》言厚朴溫中益氣，消痰下氣。果泄氣乎？益氣乎？蓋與枳實、大黄同用，則瀉實滿，所謂消痰下氣是也；與橘皮、蒼朮同用，則除濕滿，所謂溫中益氣是也。與解利藥同用，則治傷寒頭痛；與瀉利藥同用，則厚腸胃。大抵味苦性溫，用苦則瀉，用溫則補也。同大黄、枳實，即承氣湯。同橘皮、蒼朮，即平胃散。按：脹滿症多不同，消、補貴得其宜。氣虛宜補氣，血虛宜補血，食積宜消導，瘀滯宜行痰，挾熱宜清熱，濕盛宜利濕，寒鬱者散寒，怒鬱者行氣，蓄血者消瘀，不宜專用行散藥。亦有服參、耆而脹反甚者，以挾食、挾血、挾熱、挾寒，不可概作脾虛氣弱治也。入足太陰、陽明脾、胃。平胃調中，佐蒼朮為平胃散，平濕土之太過，以致于中和。消痰化食，厚腸胃，行結水，破宿血，殺藏蟲。治反胃嘔逆，喘咳瀉痢，冷痛霍亂。誤服脫人元氣，孕婦忌之。榛樹皮也。肉厚、紫潤者良。去粗皮，薑汁炙，或醋炒用。乾薑爲使，惡澤瀉、硝石。忌豆，犯之動氣。

清·吴楚《寶命真詮》卷三 厚朴　【略】辛能散風邪，溫可解寒氣。消痰止吐，消食止痛，寬腸健脾，厚腸利水。【略】溫胃暖脾，故主食停。痰滯脾虛者，雖見諸證，亦勿沾唇。

清·陳士鐸《本草新編》卷四 厚朴　味甘、辛，氣大溫，陰中之陽，可升可降，無毒。入脾、胃、大腸。主中風寒熱，治霍亂轉筋，止嘔逆吐酸，禁瀉痢淋露，消痰下氣。乃佐使之藥，不可為君臣。蓋攻而不補，有損無益之味也，然而善用之，收功正多，未可棄而不用。大約宜與諸藥同用，同大黄、枳實，則瀉實滿矣；同人參、蒼朮、陳皮，則瀉濕滿矣；同桂枝，則傷寒之頭疼可除；同檳榔、枳殼，則痢疾之穢物可去。同苦藥則瀉，同溫藥則補，同和藥則止痛，同攻藥則除痞，亦在人善用之。倘錯認為補益，虛人用之，脫元氣。

或問：厚朴收功甚多，不補而能之乎？夫疑厚朴為補，固不可。然而，厚朴實攻藥，能于攻處見補，此厚朴之奇也。若論其性，實非補劑。或問：厚朴能升清降濁，有之乎？曰：厚朴可升可降，非自能升清而降濁也。用于補氣之中，則清氣能升。用于補血之中，則濁氣能降。升降全恃乎氣血之藥，與厚朴何與哉。或問：厚朴佐大黃以攻堅，仲景張公入于承氣湯中，有奇義乎？曰：承氣湯中用大黃者，以邪結于大腸也。大黃迅掃之速，何藉于厚朴。不知大黃走而不守，而厚朴降中有升，留大黃而不驟降，則消導祛除，合而成功，自然根株務絕，無有少留。此厚朴入之于承氣湯，佐大黃之義也。或問：厚朴入于平胃散中，以平胃氣，似厚朴乃益胃之品，而非損胃之藥。然平胃散，非益胃之品也。彼其命名之意，謂胃之不平者而平之也，是瀉胃氣之有餘，非補胃氣之不足。胃氣既無所補，又何所益乎？平胃散之用厚朴，瀉胃實而不補胃虛，人奈何錯認為益胃之品哉。

清・顧靖遠《顧氏醫鏡》卷八　厚朴辛、甘，大溫。入脾胃二經。色紫味辛者良。刮去粗皮，薑汁炒。　暖脾胃而止腹痛，溫能暖中，辛能散結，苦能泄滿，是其性之長。故因寒痛寔痛者宜之。若脾陰不足，血虛腹痛者忌之。消食積而去痰飲。其性消導，下氣消痰，能瀉胃中之寔，故承氣湯用之。又佐蒼朮，以除胃中之濕，故平胃散用之，以平胃土之過。療氣實胸滿腹脹，結者散之，此為神藥。若非氣寔壅滯，胸滿因氣不歸元，腹脹因脾虛者，忌之。治胃寒嘔吐洩瀉。若胃虛火炎致吐，火熱暴注，皆非所宜。元氣虛弱者，切禁服之。孕婦亦忌。

清・李熙和《醫經允中》卷一八　厚朴　乾薑為使。忌澤瀉、硝、寒水石。　苦，溫，無毒。主治去實滿而寬腹脹，除濕腫而止洩痢，溫中消食，止嘔清痰。孕婦忌服。苦而下氣，走而不守，熱藥中兼用之，結者散之也。能瀉胃實，故平胃散用之。若氣實者誤服參芪脹悶，宜此解之。腹中無實邪脹氣者，不宜用。胃虛人悮服，恐脫元氣，而成水腫耳。量虛實用之。

清・馮兆張《馮氏錦囊秘錄・雜症痘疹藥性主治合參》卷四　厚朴稟地二之氣以生，兼得乎春陽之氣而成。故味苦辛，氣溫，無毒。入足太陰、手足陽明經。辛能散結，苦能洩熱，溫能散寒。色紫味辛者良。

厚朴，消痰下氣寬中、腹痛脹滿散結之要藥。主中風寒熱，霍亂轉筋，溫中平胃，消痰化食，去水破血，胃疼腹痛，嘔逆吐酸，瀉痢淋露，去三蟲，散濕除熱。同解利藥用，則治傷寒頭疼。同洩利藥用，則厚腸胃。孕婦少服，以其苦溫辛熱，恐損胎元耳。惟客寒犯胃，濕氣侵脾者宜之。

主治痘疹合參：溫中益氣，厚腸胃，走冷氣，消宿食。健胃寬中，嘔逆泄瀉，飲食不進，腹痛脹滿，散結之神藥。凡痘瘡傷胃，腹脹等症可用。若脾陰不足，脾氣有虛者忌之。

按：厚朴，苦能下氣，走而不守，大損真氣，故虛人孕婦服之，雖一時未見其害，而清純沖和之氣，潛傷默耗也，竝所忌耳。

清・张璐《本經逢原》卷三　厚朴　苦、辛，溫，小毒。紫厚者佳，薑汁炒用。忌黑豆，宜用滾水泡數次，切之，不可久浸，氣㵅有傷脾氣。《本經》主中風傷寒，頭痛寒熱，驚悸逆氣，血痹死肌，去三蟲。　發明：厚朴苦溫，先升後降，為陰中之陽藥，故能破血中氣滯。《本經》中風傷寒頭痛寒熱者，風寒外傷於陽分也。其治驚悸逆氣、血痹死肌者，寒濕入傷於腠理也。濕熱內著於腸胃而生三蟲，此藥辛能散結，苦能燥濕，溫能祛蟲，故悉主之，消風散〔結〕用之，深得《本經》之義。今世但知厚朴為溫中散滯之藥。而治腸胃濕滿寒脹，溫中下氣，消痰止吐，平胃散用以治腹脹者，味辛能散滯氣也。若氣實人誤服參、耆脹悶作喘，宜此瀉之。與枳實、大黃同用能瀉實滿，所謂消痰下氣也。與蒼朮、橘皮同用能瀉濕滿，所謂溫中益氣也。然行氣峻猛，虛者勿服。氣溫即止，不可久服。

清・浦士貞《夕庵讀本草快編》卷五　厚朴《本經》　其木質朴而皮厚，故名。

厚朴苦辛而氣溫，味厚體重，陰中之陽也。專瀉胃中之實，非補胃藥也。如中風傷寒，頭痛寒熱，氣血肌痺，痰飲氣逆，霍亂腹痛，膨脹喘嘔，冷氣宿食，瘀血積水，洩痢淋露用之者，取其辛能散，苦能泄爾。成無己曰：厚朴之苦，以泄腹滿，大小承氣湯用之是也。又云：其健脾而厚腸胃，溫中而益氣，何歟？蓋性雖屬土而有火，能瀉胃中之濕，濕去則土自平，不致有墩阜之患，故合陳、甘、蒼朮有平胃之名，所謂用溫則補之義也。但其性能脫人元氣，惟寒脹大熱藥中加之為當，是以孕婦宜忌，虛弱之輩亦須斟酌用爾。

清・張志聰、高世栻《本草崇原》卷中　厚朴　氣味苦，溫，無毒。主治中風，傷寒，頭痛寒熱，驚悸，氣血痹，死肌，去三蟲。　厚朴取其木質朴而皮厚以命名，一名烈朴，又名赤朴，謂其性辛烈而色紫赤也。洛陽、陝西、江淮、河南、川蜀山谷中，往往有之，近以建平、宜都及梓州、龍州者為上。木高三四丈，徑一二尺，肉皮極厚，以色紫油濕潤者為佳，春生葉如槲葉，四季不凋，五六月開紅花，結實如冬青子，生青熟赤，實中有核，其味甘美。厚朴之實，別名逐折。《別錄》云：主療鼠瘻，明目，益氣。

厚朴氣味苦溫，色赤性烈，花實咸紅，冬不落葉，肉厚色紫，蓋稟少陽木火之精，而通會於肌腠者也。主治中風傷寒頭痛寒熱者，謂能解肌而發散也。助木火之精氣，故能定肝心之驚悸也。氣血痹者，津液隨三焦出氣以溫肌肉，肝主衝任之血，充膚熱肉，痹則氣血不和於肌腠。厚朴氣溫色紫，能解氣血之痹而活死肌也。去三蟲者，三焦火氣内虚則生蟲。厚朴得少陽之火化，而三蟲自去矣。

愚按：厚朴色赤性烈，生用則解肌而達表，稟木火之氣也。炙香則運土而助脾，木生火而火生土也。《金匱》方中厚朴大黄湯，用厚朴一尺，取象乎脾也。

清·姚球《本草經解要》卷三　厚朴　氣溫，味苦，無毒。主中風傷寒，頭痛寒熱，驚悸，氣血痹，死肌，去三蟲。薑汁炒。　厚朴氣溫，稟天春升之木氣，入足厥陰肝經。味苦無毒，得地南方之火味，入手少陰心經。氣味升多於降，陽也。《難經》云：傷寒有五，中風、傷寒、濕溫、熱病、溫病是也。中風傷寒者，中風症也。風氣通肝，肝脈與督脈會於巔，風為陽邪而傷上，所以頭痛。其主之者，厚朴入肝溫散也。寒熱驚悸者，病寒熱而驚悸也。心虚則悸，肝虚則驚。厚朴氣溫，可以達肝，味苦可以清心也。肝藏血，心主血，血凝泣則成痹。苦可以洩，溫可以行，故主血痹。死肌者，亦血泣而皮毛不仁麻木也。苦洩溫行，故亦主之。三蟲，濕所化也，味苦燥濕，可以殺蟲，所以去蟲也。　製方：厚朴同檳榔、木香、川連、滑石、陳皮、甘草，治痢初起。同白术、人參、白茯、白芍，治腹脹。同生薑、陳皮、藿香、砂仁、半夏，治胃寒嘔逆。

清·周垣綜《頤生秘旨》卷八　厚朴　瀉胃實之藥也。觀其能於腹脹結氣為力，以辛溫散，苦泄耳。氣虚人與胃無實邪脹者，禁用。

清·王子接《得宜本草·中品藥》　厚朴　味苦。入足太陰、陽明經。得蒼朮治濕滿，得黄連治滯下，得杏仁能下氣定喘。

清·黄元御《長沙藥解》卷一　厚朴　味苦、辛，微溫，入足陽明胃經。降衝逆而止嗽，破壅阻而定喘，善止疼痛，最消脹滿。《傷寒》桂枝加厚朴杏仁湯，桂枝、芍藥、生薑各三兩，甘草、厚朴各二兩，大棗十二枚，杏仁五十枚。治太陽傷寒，下後微喘者。下後中虚胃逆，肺金莫降，是以發喘。薑、甘、大棗，和中而補土，桂枝、芍藥，疏木而泄熱，厚朴、杏仁，降逆而止喘也。《傷寒》：喘家，作桂枝湯加厚朴杏子仁。　朴薑甘夏人參湯，厚朴一斤、生薑半斤、甘草二兩、半夏半(斤)〔升〕、人參一兩。治傷寒汗後，腹脹滿者。汗後中虚胃逆，濁陰衝塞，是以脹滿。人參、甘草，補中而培土，朴、半、生薑，泄滿而消脹也。　《金匱》厚朴大黄湯，厚朴一尺，枳實四枚，大黄六兩。此即小承氣湯，而分兩不同。治支飲胸滿者。以飲居心下，肺胃鬱阻，是以胸滿。大黄破結而逐飲，枳、朴泄滿而降逆也。　厚朴三物湯，厚朴八兩，枳實五枚，大黄四兩。此亦小承氣湯，而分兩不同。二方皆君厚朴。治腹滿而便閉者。以滯氣搏結，閉塞不通。枳、朴行滯而止痛，大黄破結而開塞閉也。　厚朴七物湯，厚朴半斤，枳實五枚，大黄三兩，桂枝二兩，甘草三兩，生薑五兩，大棗十枚。治腹滿痛，發熱，脈浮而數，飲食如故者。以外感風邪，經府皆鬱，經氣不泄，故發熱脈數。府氣不通，故腹滿而痛。甘、棗、桂、薑，達鬱而解外，枳、朴、大黄，泄滿而攻裏也。　厚朴麻黄湯，厚朴五兩，小麥一升，麻黄四兩，石膏如雞子大，杏仁半升，乾薑二兩，半夏半升，細辛二兩，五味半升。治咳而脈浮者。以中脘不運，皮毛外合肺胃，鬱阻濁氣莫泄。麻黄發表而散寒，小麥、石膏，清肺而潤燥，朴、杏、半夏、薑、辛、五味，降逆而止咳也。　大小承氣湯方在大黄，半夏厚朴湯方在半夏，枳實薤白桂枝湯方在枳實，王不留行(湯)〔散〕方在王不留行。皆用之，以其降濁而行滯也。　厚朴辛苦下氣，善破壅塞而脹滿，下衝逆而定喘嗽，疏通鬱迫，和解疼痛，除反胃嘔吐，療腸滑泄利，消宿食停水，調泄穢吞酸，止腸胃雷鳴，平霍亂轉筋，下衝消滯之物也。　去皮，薑汁炒。

清·吳儀洛《本草從新》卷三　厚朴〔瀉，下氣散滿。〕　苦降能瀉實滿，辛溫能散濕滿。脹滿證不同，消補貴得其宜。氣虚宜補氣，血虚宜補血，食積宜消導，痰滯宜行痰，挾熱宜清熱，濕盛宜利濕，寒鬱者散寒，怒鬱者行氣，蓄血者消瘀，不宜專用行散藥。入足太陰、陽明脾、胃。平胃調中，佐蒼朮為平胃散，平濕土之太過，以致於中和。消痰化食，行結水，破宿血，散風寒，殺臟蟲。治反胃嘔逆，喘咳瀉痢，冷痛霍亂，一切客寒犯胃，濕氣侵脾之證，但可施於元氣未虚，邪氣方盛，若脾胃虚者切勿沾唇。雖一時未見其害，而清純冲和之氣潛傷默耗矣。孕婦服之，大損胎元。榛樹皮也。肉厚紫潤，味辛者良。刮去粗皮，切片，薑汁炒。乾薑為使。惡澤瀉、硝石。忌豆。犯之動氣。

清·汪紱《醫林纂要探源》卷三　厚朴　苦，辛，溫。樹聳直，葉似樟而長，子亦如樟而色青黑。味甘鹹可食，核形圓而扁，如盒子。生川中者，皮厚而紫潤，故曰厚朴。或以為榛樹皮，誤矣。○去粗皮，薑汁炙，或醋炒。　燥脾瀉心，行積濕，和太陰、陽明之治，為脾家主藥。體厚多肉，入脾，苦以瀉脾燥濕，辛以和胃行氣，降已上之逆氣，破未行之宿血，消食化痰，行水破瘀，和中州，厚腸胃，治反胃嘔逆，及腹中冷痛瀉痢。亦治霍亂，除滿悶，皆承溽暑之後，而和其濕潤之氣，使脾土不失之過緩也。孕婦忌。孕欲潤欲緩，不欲燥。

清・嚴潔等《得配本草》卷七　厚朴　乾薑為之使。惡澤瀉、硝石、寒水石。忌豆。　苦、辛，溫。入足太陰、陽明經氣分。除腸胃之濁邪，滌膜原之穢積。破鬱血，去結水，消宿食，散沉寒。　得炒薑，治腸風下血。邪去血自歸經。配黃連，治帶下。濕熱消也。配杏仁，治氣逆急喘。寒邪去也。佐白茯苓，治尿渾。邪氣消也。佐解表藥，卻衛氣之有餘。寒邪乘之則有餘。佐分理藥，清大腸之多阻。　去粗皮，薑汁炒，或醋炒用。　暴瀉如水、腸胃虛，忌辛散。胃虛嘔惡、脾陰不足、孕婦，服之損胎元。四者禁用。

題清・徐大椿《藥性切用》卷五　川厚朴　苦辛溫降，入脾胃而散滿除濕，消脹寬中。虛者忌之。

清・黃宮繡《本草求真》卷三　厚朴散脾胃濕滿。　厚朴耑入脾胃。辛苦，書言同枳實、大黃，即承氣湯，則於實滿能瀉。同蒼朮、橘皮，即平胃散，則於濕滿能除。同解利藥，則於傷寒頭痛可治。同瀉痢藥，則於腸胃能厚。大抵氣辛則散，故於濕滿則宜，味苦則降，故於實滿則下。《經》曰：太陰所至為中滿。又曰：諸濕腫滿，皆屬於脾。諸脹腹大，皆屬於熱。又曰：清氣在下，則生飧泄，濁氣在上，則生䐜脹，治宜察其腹滿而痛者屬實，腹滿不痛者屬虛。腹滿不減，按之愈痛者，屬實；腹滿時減，按之不痛者，屬虛。腹滿而見散漫不實，兼有倦怠噯氣飽悶等症，則為胃氣有虧。腹滿而見光亮不暗，按則汩汩有聲，及無燥渴等症，則為水邪內結。腹滿而見大便不堅，時結時溏，溏則稍減，結則漸加，小便清利，甚則渾白如泔，其脉緩大而滯氣日益甚，則為氣虛不攝。但腹滿屬熱者少，而屬寒者多。今人治脹，非屬牽牛、商陸利水通道，即屬厚朴、枳實破氣通結，殊為可惜。今人不解，悞以書載厚朴溫中益氣，及厚腸胃數語，不論虛實輒投，詎知實則於氣有益，虛則於氣無損乎？實則腸胃可厚，虛則腸胃不薄乎？震亨曰：習以成俗，皆謂之補，哀哉！至云破血殺蟲，亦是氣行而血自通，味苦而蟲則殺之意。凡書表藥功能，總是由藥氣味勘出，非是別藥著治以自逞其意見也。朴即榛樹皮，以肉厚紫色者良。去粗皮，薑汁炒用。即乾薑為使意。惡澤瀉、硝石、寒水石。忌豆，犯之動氣。

清・楊璿《傷寒溫疫條辨》卷六消劑類　厚朴薑炒。　味苦辛，氣溫，氣味俱厚，可升可降，有陽有陰，有小毒。治霍亂轉筋，消膨脹下氣，止嘔逆吐酸，除腹疼瀉痢，能緩脾，善走氣。與蒼、陳、甘草同用，謂之平胃，能除濕滿；與枳實、大黃同用，謂之承氣，能瀉實滿。孕婦忌之。按：脹滿證，治各不同，氣虛血虛宜補，濕熱宜清利，痰食宜消導，寒鬱散寒，怒鬱行氣，畜血消瘀，清補，貴得其宜，不可專用行散藥，亦不可概作脾虛腎虛治也，臨病宜致詳焉。

清・許豫和《許氏幼科七種・怡堂散記》卷下　厚朴

予每炒厚朴，而畏其氣之辛烈，一室之中，逾時乃散，謂子弟曰：此非良藥也。本草苦溫，能散實滿，胃中擁閉不行，可稍稍用之。胃無擁閉而輕用，則元氣受之矣。爾輩宜知之。平胃散用之者，佐蒼朮而為消。承氣湯用之者，佐大黃而為下。承氣湯，仲景之利劑也，大黃、芒硝之猛，厚朴佐之，從胃中推蕩而下。將軍之功，尚賴其助，則厚朴亦將軍也。不逢大敵，將軍可輕動乎？

附：琉球・吳繼志《質問本草》內篇卷四　厚朴　生山中，木高數丈，春開花，生葉結實。　厚朴，釋名烈朴。　產跤趾者為最，建平、宜都及洛陽、山、陝、河南、川蜀、浙、閩皆有之。南產者，功勝於北，以厚而紫色者為佳。雷斅云：若非薑製，則棘人喉舌。味苦、辛，溫。消脹除滿，痰氣瘧痢，其功勿緩，辛通破堅，積食可消，傷寒時疫，服之不纏。結實名逐折，甘溫無毒，明目益氣，解鼠涎毒。壬寅，陸澍。

清・羅國綱《羅氏會約醫鏡》卷一七竹木部　厚朴味辛苦，氣大溫，入脾胃二經。薑汁炒。　辛散結，苦瀉熱，溫散寒。瀉實滿，同枳實、大黃用，消痰下氣，苦以降也。散濕滿，同蒼朮、橘紅用，平濕土之太過，辛而溫也。治反胃、嘔逆、瀉痢、冷痛霍亂，俱胃經寒濕之患。溫胃暖脾，化宿食，去結水，破瘀血。辛溫散滯之功。然但可施於元氣未虛、邪氣方熾之時，若虛人、孕婦，並所忌耳。

清・陳修園《神農本草經讀》卷三中品　厚朴　氣味苦，溫，無毒。主中風，傷寒，頭痛，寒熱，驚悸，氣血痹，死肌，去三蟲。生用則解肌而達表，炙香則運土而助脾。

陳修園曰：厚朴氣溫，稟木氣而入肝。味苦無毒，得火味而入心。然氣味厚而主降，降則溫而專於散，苦而專於泄，故所主皆為實症。中風有便溺阻隔症，傷寒有下之微喘症，有發汗後腹脹滿症、大便硬症，頭痛有濁氣上沖症，俱宜主以厚朴也。至於溫能散寒，苦能泄熱，能散能泄，則可以解氣逆之驚悸。能散則氣行，能泄則血行，故可以治氣血痹及死肌也。三蟲本濕氣所化，厚朴能散而泄之，則三蟲可去也。寬脹下氣，《經》無明文，仲景因其氣味苦溫而取用之，得《本經》言外之旨也。

清·黃凱鈞《藥籠小品》 厚朴 苦降，瀉實滿；辛溫，瀉濕滿，消痰化食治嘔，瀉痢亂霍，一切客寒犯胃，濕氣侵脾之症，邪氣未解宜之。已虛者勿用，損胎元。榛樹皮也，前因兩川教匪擾亂，砍樹為薪，紫厚者價至數換。薑汁炒。

清·王龍《本草纂要稿·木部》 厚朴 氣味苦辛而溫。主中風寒熱，霍亂轉筋。治嘔逆吐酸，瀉痢淋瀝。且苦能下氣，去實滿而消腹脹。溫能益氣，除濕滿而兼調中。同枳實、大黃有滌痰下氣之功，配蒼朮、陳皮有補中益氣之妙。

清·張德裕《本草正義》卷上 厚朴 苦辛，大溫。氣味俱厚。用其溫中散滯，下氣消痰，除寒濕瀉痢，逐實邪膨脹，霍亂轉筋，胸疼腹痛。善走散，虛者酌之。

清·楊時泰《本草述鉤元》卷二三 厚朴 以建平、宜都及梓州、龍州者為上。木皮鱗皺，肉厚色紫多液者，入藥最良。

皮：味苦、辛、微甘，氣大溫。氣味俱厚，其體重濁，陽中之陰，降也。入足太陰、手足陽明經。主治溫中散結氣，除脹滿，因其辛以提滯氣。疎胃濕滯，治胃中冷逆嘔吐及腹疼洩利，療寒濕霍亂，化水穀，止吐酸水，除冷積，更同他藥治濕熱諸證及下痢。性宜有毒，以其得陽氣之正，故無毒仲淳。厚朴平胃除腹脹。若元氣虛弱，雖脹，宜斟酌用之。誤服脫人元氣。惟寒脹大熱藥中兼用，乃結者散之之神藥也潔古。氣實人誤服參、耆，脹悶作喘，宜此瀉之丹溪。與枳實、大黃同用，則瀉實滿，苦能下氣也。與陳皮、蒼朮同用，則除濕滿，溫能益氣也。與解利藥同用則治傷寒頭痛，與治痢藥同用則厚腸胃海藏。厚朴辛熱苦溫之藥，辛能散結，苦能燥濕，溫熱能祛風寒。所主諸證，何莫非腸胃氣逆壅滯及痰飲留結、飲食生冷所致。至於益氣厚腸胃，蓋指邪氣去正氣自益、積滯消腸胃自厚之意，非消散之外復有補益之功也仲淳。同陳皮、枳殼、麥芽、山楂、草果、砂仁、礬紅，治傷食腹脹。同蒼朮、黃連、橘皮、甘草、葛根、白朮，治濕熱作瀉。同檳榔、木香、黃連、滑石、橘皮、白芍、甘草，治滯下初起。同白朮、人參、白芍、茯苓，消腹脹。佐生薑、陳皮、藿香、砂仁、半夏，止胃寒嘔吐。同三稜、蓬茂、檳榔、人參、青皮，治積年冷癖堅塊。有患腸風下血，大便時鮮血四射，淋漓不止，年久面色痿黃，腰痛腿痠，四肢無力，陽事痿弱。緣下血投苦寒劑經年，故致病劇也。先製煎方服之，後照方倍加為兩，作丸服效。薑、朴五錢，神麴一錢，土炒白朮一錢，炒麥芽一錢，北五味一錢焙研，加陳黃米四十九粒，水二盌，煎八分，空心服。凡腸風下血者，多係脾胃虛寒，不能攝血，服之皆效。雖酒客濕熱下注放血者，服之亦效。按厚朴佐參、朮諸補劑，化補中之滯以消脹，其義固然，茲方乃用以為君，白朮止助其健運，五味稍斂其耗散，又有消導之味，而取效於下血，可以思其用矣。

論：草木之四時不凋者，或得於純陰，或得於純陽，厚朴氣味苦溫，色性赤烈，純陽之木也。其苦味應於花赤而皮紫，是味歸於形，其形色紫赤應於氣之溫，是形歸乎氣，不可想其純陽而能散結之用歟。天地之氣，至夏而陽盛陰衰，在氣化應然，原非偏至之戾氣也，厚朴所謂純陽，即稟乎此氣，其能散元氣者，亦如夏時之宣泄已極，非謂其辛熱太甚也。夫苦能下泄，苦從乎溫，則不下泄而溫散，盧氏所云從內而外，以司夏出橫偏之令者。若苦合於寒，則直下泄，如枳殼輩是已。夫氣之生化在中土，此味苦中覺有微甘，所以直歸中土而散結氣，苦味從溫，所以能就氣分而散之，凡病乎寒濕之邪者，實為的對。其病乎濕熱者，有苦寒以清熱燥濕，而假此苦溫以散其結，亦罔不奏功。至先哲首以除脹滿為言，惟虛而無邪之脹滿，不宜混用。若寒濕實邪，固其正治，即濕熱為病，如厚味積熱及外感鬱熱者，亦實脹也，苦寒藥中，可假厚朴以除之。或中氣虛而患濕熱，則必審虛與實，孰多孰少，更審乎時之久暫，以定攻補之多少，此味又未可去也。如苦寒除邪之味多，而健脾者少，用此散濕熱之結，恐苦寒直攻，不能徑散也。又如苦甘健脾之味多，而除熱者少，用此化補益之驟，恐苦甘徑補，不能直受也。濕熱不宜純甘，虛而有濕熱者，宜於苦甘。即此推之他證，凡可投厚朴者，悉如斯矣。厚朴始嘗味苦，苦中微甘，最後有辛，意非辛也，乃苦溫之餘烈，俗所云麻味也，故以薑製之，猶製半夏之義耳。然則厚朴從苦溫以散結，不若枳殼從苦寒以泄滯矣。夫氣以溫熱為升為補，而苦甚者，乃從升補中以散之，以寒涼為降為泄，而苦甚者，乃從降泄中以道之，故厚朴之治，宜於寒，或宜於濕，而枳殼之治，宜於熱，或宜於燥，當各從其所對以投之。如施厚朴於燥熱之結，猶可借從治以奏功，若施枳殼於寒濕，是氣本下而復降之，不惟無益而有害矣。

繆氏云：性味散而不收，略無補益。凡病氣虛不能歸元，血槁不能潤降，膈證等。老人、娠婦及產後，咸忌。

修治：去粗皮，用薑汁拌浸，仍用薑渣同炒，以薑渣黑色為度。

清・葉桂《本草再新》卷四 厚朴味苦、辛，性溫，無毒。入肝、脾二經。 溫中和胃，散風消濕，破血生血，消食化痰，治反胃噎膈，治瀉痢，嘔吐霍亂，發狂。

清・吳其濬《植物名實圖考》卷三八 土厚朴 生建昌。亦大樹也。葉對生，粗柄，長幾盈尺，面綠背白，頗脆，枝頭嫩葉，卷如木筆。味辛氣香，土人以代厚朴，亦效。

清・吳其濬《植物名實圖考》卷三三 厚朴 《本經》中品。《唐書》：龍州土貢厚朴。《本草綱目》謂葉如槲葉，開細花，結實如冬青子，生青熟赤，有核，味甘美。滇南生者葉如楮葉，亂紋深齒，實大如豌豆。謂之雲朴，亦以冒川產。川中人云：凡得朴樹，輒掘窖以火煨逼，名曰出汗。必以黃葛樹同納窖中，及出汗後，則二物氣味糅雜，不能辨矣。《說文》：朴，木皮也。段氏注《洞簫賦》：秋蜩不食。抱朴以長吟。顏注《急就篇》《上林賦》厚朴，曰朴木皮也。此樹以皮厚得名。《廣雅》重皮，厚朴也。今朴皮重卷如筒，厚者難致。滇南呼朴為婆。桂馥《札璞》以為駁樹，殊欠考詢。

清・吳其濬《植物名實圖考》卷三六 滇厚朴 生雲南山中。大樹粗葉，結實如豆。蓋即川厚朴樹，而特以地道異。滇醫皆用之。

清・趙其光《本草求原》卷八喬木部 厚朴 氣溫，入肝。能祛風寒，散結； 味苦，能下氣泄滿，燥濕； 泄散主降，所治皆實症。無毒。主中風，有便溺阻隔症。傷寒，有下之微喘症，有發汗後腹脹滿症，大便鞕症。頭痛，有濁氣上沖症，俱主以厚朴。寒熱，濕散寒，苦泄熱。驚悸，氣逆之驚悸宜泄散。氣血痹，死肌，寒濕傷肌理氣血則閉而死，散則氣行，泄則血行。去三蟲，蟲皆濕所化。除脹滿，同參、朮、苓、芍。疏胃消食，同楂、芽、枳、麯、陳、砂、草果。止滯下，同連、甘、芍、橘皮、檳榔、木香、滑石。胃冷嘔吐，同薑、橘、藿、砂、夏。冷癖堅塊，同參、檳、稜、莪、青皮。腸風下血，薑、朴五錢為君，白朮土炒一錢，助其健運； 芽、麯各一錢，佐其消導； 北味一錢，斂其耗散； 陳米四十九粒和之。此症多屬脾胃虛寒不能攝血，此方神效，即酒客濕熱下注便血亦效。

按：厚朴入血中氣分，專治寒濕。然佐大黃、枳實，又瀉熱實滿； 佐陳、蒼，除濕滿； 佐解利藥，治傷寒頭痛，如正氣散是； 同治痢藥，消腸胃積滯； 佐參、朮諸補藥，則化補中之滯以消虛脹； 同清熱燥濕藥，則散濕熱之結，而寒藥不致停留，所謂濕熱不宜純甘，虛而有濕熱者，宜於苦以佐甘也。枳殼以苦寒泄滯，此以苦溫散結，施於燥熱之結，尚可從治，而枳殼則不得施於寒濕； 蓋寒主降，降而復下之，為害甚矣。脹滿有氣虛、血虛、食積、痰滯、挾熱、挾濕、寒鬱、怒鬱、死血之不同，各宜隨症以為主治，不得專用行散也。脾胃行氣於三陰三陽，脹滿悉屬脾胃。此味夏天開花結子，得夏宣泄之氣，故溫中散結。平胃調中，佐蒼、朮、陳、甘，名平胃散，平濕土之太過以致於中和。消痰，行結水，破宿血，止冷痛霍亂，飲食生冷，莫非腸胃氣逆壅滯之病，結散則愈。氣實人誤服參、芪，脹悶作喘，宜此瀉之； 虛人不受驟補，宜此佐之。若虛人無滯及孕婦切忌。

榛樹皮也，川產肉厚、紫潤，味微甘者良，甘主補。解肌達表，生用； 運土健脾，宜去粗皮，薑汁炒香，或醋炒用。宜用滾水泡數次切之，不可久浸，氣淪傷脾。薑汁浸，以薑渣同炒，至薑黑妙。忌黑豆、澤瀉。

清・葉志詵《神農本草經贊》卷二 厚朴 味苦，溫。主中風傷寒頭痛，寒熱驚悸，氣血痹死肌，去三蟲。

不殘純樸，龍梓儲珍。半出黃槲，層蔽蒼榛。白凝膚厚，紫透鱗皴。從容典職，佐助薑辛。

《莊子》：純樸不殘。蘇頌曰：厚朴以龍州、梓州為上。葉如槲葉，鱗皴而厚。張衡文：遠國儲珍。郝經詩：半出黃槲峴。名醫曰：一名榛。李白詩：蒼榛蔽層邱。李時珍曰：膚白肉紫。釋無可詩：枝幹怪鱗皴。《紀異錄》：盧端制既懷厚朴之才，宜典從容之職。日華子曰：凡入藥須用薑汁炙浸。

清・文晟《新編六書》卷六《藥性摘錄》 厚朴 辛苦，入脾胃。散濕滿，行滯氣。以肉厚紫色者良。去粗皮，薑汁炒用。〇惡澤(泄)〔瀉〕、硝石。〇忌豆，犯之動氣。

清・張仁錫《藥性蒙求・木部》 厚朴五分、錢半、二錢 厚朴苦辛，調中泄滿。化食消痰，其功不緩。苦、辛，溫。入脾、胃二經。苦降能瀉實滿，辛溫能散濕滿。平胃調中，治嘔逆反胃，霍亂冷痛，一切客寒犯胃，濕氣侵脾之症。得蒼朮治濕滿，得黃連治濕熱，得杏仁治喘。〇榛樹皮也。肉厚紫潤，味辛者良。去粗皮，薑汁炒。

清・屠道和《本草匯纂》卷一散濕 厚朴 耑入脾、胃。氣味辛苦而溫，無毒。散脾胃濕滿，治積年冷氣，腹內雷鳴虛吼，宿食不消，去結水，破宿血，化水穀，止吐酸水。治冷痛，溫胃氣，主病人虛而尿白。治中風傷寒，頭痛寒熱，驚氣，血痺死肌，去三(蠱)〔蟲〕。消痰下氣，療霍亂及腹痛脹滿。胃冷胸中，嘔不止，洩痢淋露，去留熱心煩滿，厚腸胃，殺腸中蟲。明耳目，調關節。同解同枳實、大黃即承氣湯，則瀉實滿。同蒼朮、橘皮即平胃散，則除濕滿。大抵氣辛則散，故於濕滿則宜。味苦則降，故於實滿則下。但可施於元氣未虛，邪氣方盛之時。若脾利藥則於傷寒頭痛可治，同瀉痢藥則於腸胃能厚。胃虛者，切勿沾脣。雖一時未見其害，而清純中和之氣潛傷默耗矣。孕婦服之，大損胎元。今人不論虛實輒投，不知實則於氣有益，虛則有損；實則腸胃可厚，虛則益薄。朴即榛樹皮，以肉厚紫色者良。

清・戴葆元《本草綱目易知錄》卷四　厚朴　苦降能瀉實滿，辛溫能散濕滿，入足太陰、陽明經。平胃調中，消痰化食，明耳目，調關節，去結水，破宿血，化水穀。除三蟲，殺腸中蟲。治傷寒頭痛，寒熱驚悸，肺氣脹滿，膨而喘咳，反胃嘔逆，霍亂轉筋，血痹死肌，腹痛脹滿，積年冷氣，腹內雷鳴，宿食不消，止吐酸水，大溫胃氣，能導滯寬腸，為瀉痢後重要藥。瀉膀胱及五臟一切氣，婦人胎前產後，腹臟不安。忌豆，犯之動氣。凡用，去外皮，薑汁炒。

清・黃光霽《本草衍句》　厚朴　苦降瀉實滿，平胃調中。本脾胃藥。辛溫散濕滿，消痰化食。止反胃嘔逆吐酸，除霍亂轉筋瀉痢。濕氣侵脾，能和中州。客寒犯胃，善走冷氣。治冷痛，主病人虛而尿白。肺脹喘嗽，結水能消。腹中雷鳴，破宿血。妊婦則忌。得蒼朮治濕滿，得黃連治滯下，得杏仁能下氣定喘。腹脹脈數，厚朴三物湯，厚朴、枳實、大黃。腹脹痛，厚朴七物湯，厚朴、甘草、大黃、枳殼、肉桂、薑、棗。尿渾白濁，心脾不調，腎氣渾濁，厚朴、茯苓、水、酒各半煎服。

清・陳其瑞《本草撮要》卷二　厚朴　味苦，入足太陰、陽明經，功專寬胸導濕。得蒼朮治濕滿，得黃連治滯下，得杏仁能下氣定喘。孕婦及脾胃虛者忌服。薑汁炒用。乾薑為使。惡澤瀉、硝石，忌豆。

清・李桂庭《藥性詩解》　賦得厚朴溫胃而去嘔脹消痰亦驗得消字。湯克家。　厚朴辛溫苦，功專使胃調。濕除痰嘔去，氣下脹疼消。　按：厚朴性溫味苦，主積年冷氣，腹中脹滿，宿食不消。大溫胃氣，去嘔逆，止霍亂吐瀉，治反胃，下氣調中，消痰除濕，破結行滯。胃以疎通為補，故能使胃調也。若脾胃虛，元氣弱者，勿用。

清・仲昴庭《本草崇原集說》卷中　厚朴　【略】〔批〕《本經》不為仲景《論》《略》經方而設，《經讀》以《論》《略》經方解。《本經》主治反似《論》《略》為《本經》而設者妙甚。惟于厚朴形性並不考求。猥云：寬脹下氣，經無明文，殊嫌孟浪矣！

清・周巖《本草思辨錄》卷四　厚朴　苦溫散濕滿，其氣向表；枳實苦寒泄堅滿，其氣向下。二物皆胃家氣藥。陽明病胃中燥結在血分，自宜以滌熱逐實之大黃血藥為君。然非氣藥為之前驅，則不能銳師直入，此三物並用之故。大承氣又加芒消者，芒消亦血藥而微兼治上，猶厚朴氣藥而微兼治表，餘邪不至少留，而鹹寒尤能速下，不止如小承氣之和胃已也。

枳、朴主治多在中焦，故為承氣要藥。然枳實薤白桂枝湯枳、朴並用，其證為胸痹與脇下逆搶心，則又何說？蓋二物雖有溫散寒泄之不同，而皆苦中有辛，苦多辛少。惟其為氣藥而兼辛，故心肺之部亦其所到。苦多則不能久停心肺，而可倚以散逆下氣。枳實又為脇痛要藥，與厚朴先煮多煮，所以平胸脇之逆滿；內薤白等數沸，所以開心胸之陽痹。分之各盡厥職，合之則同建奇勳。方名出枳實不出厚朴者，以脇逆非厚朴所主也。

夫厚朴非所云氣向表者歟，雖非表藥而表證亦兼有可資，如厚朴麻黃湯治咳而脈浮，以厚朴能隨麻黃輩外散寒邪，偕薑、夏輩消寒飲，方名以是冠首，固無愧爾。

然則半夏厚朴湯，治婦人咽中如有炙臠，非胸滿非腹滿亦無表邪，又何以用厚朴哉？夫咽中者心肺之部，《千金》此證，又點出胸滿心下堅五字，非心胸間有濕痰凝阻，不至如是。半夏、苓、薑，有蠲飲之能，擅瀉心之用，佐以蘇葉之宣氣理血，心胸間可由是曠然矣。不知《千金》謂咽中帖帖，吐之不出，吞之不下，其竊據之勢，豈易遽拔。夫厚朴者，消痰下氣，力厚氣雄，於四物外別樹一幟。蓋四物以功勝而厚朴以力勝，合以成劑，奏效乃神，此厚朴所以匹半夏而並標之歟。

浮爛羅勒

宋・唐慎微《證類本草》卷一二木部上品〔唐・陳藏器《本草拾遺》〕　浮爛囉勒　味酸，平，無毒。主一切風氣，開胃補心，除冷痹，和調藏腑。生康國，似厚朴也。

杜仲

宋・李昉《太平御覽》卷第九九一 杜仲 《吳氏本草》曰：杜仲，一名木綿，一名思仲。

宋・唐慎微《證類本草》卷一二木部上品〔《本經・別錄・藥對》〕 **杜仲味辛、甘，平、溫，無毒。主腰脊痛，補中益精氣，堅筋骨，强志，除陰下痒濕，小便餘瀝，脚中酸疼不欲踐地。久服輕身耐老。一名思仙，**一名思仲，一名木綿。生上虞山谷及上黨、漢中。二月、五月、六月、九月採皮。惡蛇蛻皮、玄參。

〔梁・陶弘景《本草經集注》〕云：上虞在豫州，虞、虢之虞，非會稽上虞縣也。今用出建平、宜都者。狀如厚朴，折之多白絲爲佳。用之，薄削去上皮，橫理切令絲斷也。

〔宋・掌禹錫《嘉祐本草》〕按：《蜀本圖經》云：生深山大谷。樹高數丈，葉似辛夷。析其皮多白綿者好。今所在大山皆有。《藥性論》云：杜仲，味苦。能治腎冷腎公對切腰痛也。腰病人虛而身强直，風也。腰不利，加而用之。日華子云：暖。治腎勞腰脊攣。入藥炙用。

〔宋・蘇頌《本草圖經》〕曰：杜仲，生上虞山谷及上黨、漢中，今出商州、成州、峽州近處大山中亦有之。木高數丈，葉如辛夷，亦類柘，其皮類厚朴，折之內有白絲相連。二月、五月、六月、九月採皮用。江南人謂之櫋。初生葉嫩時採食。主風毒脚氣及久積風冷，腸痔下血亦宜。乾末作湯。謂之櫋芽。花、實苦澁，亦堪入藥。木作屐。亦主益脚。《篋中方》主腰痛補腎湯：杜仲一大斤，五味子半大升，二物切，分十四劑，每夜取一劑，以水一大升，浸至五更，煎三分減一，濾取汁，以羊腎三四枚切下之，再煮三五沸，如作羹法。空腹頓服，用鹽、酢和之亦得。此亦見崔元亮《海上方》，但崔方不用五味子耳。

〔宋・唐慎微《證類本草》〕雷公云：凡使，先須削去麁皮，用酥蜜和作一兩炙之盡爲度，炙乾了細剉用。凡修事一斤，酥二兩，蜜三兩，二味相和，令一處用也。《聖惠方》：治卒患腰脚疼痛，補腎。杜仲一兩去麁皮，炙微黃剉，以水二大盞，煎至一盞去滓，用羊腎二對，細切去脂膜，入藥中煮，次入薤白七莖，鹽、花椒、薑、醋等如作羹喫。空腹食之。《肘後方》：腰背痛。杜仲一斤，切，酒二升，漬十日。服三合。《勝金方》：治婦人胎藏不安，并産後諸疾，宜服杜仲丸。瓦上乾，於木臼中擣爲末，煮棗爲丸，如彈子大。每服一丸。爛嚼以糯米飲下。

宋・張世南《游宦紀聞》卷五 饒之城中，有宗子善平，病腎虛腰痛。沙隨先生以其尊人所傳宋誼叔方，用杜仲，酒浸透，炙乾，擣羅為末，無灰酒調下。趙如方製之，三服而愈。

宋・鄭樵《通志》卷七六《昆蟲草木略》 杜仲，曰思仙，曰思仲，曰木綿。其葉似辛夷，嫩時可食。江南人謂之綿芽。

宋・劉明之《圖經本草藥性總論》卷下 杜仲 味辛、甘，平、溫，無毒。主腰脊痛，補中，益精氣，堅筋骨，强志，除陰下痒濕，小便餘瀝，脚中酸疼，不欲踐地。《藥性論》云：能治腎冷腎腰。病人虛而身強直，風也。腰不利，加用之。日華子云：暖。治腎勞腰脊攣傴。入藥炙用。惡蛇蛻皮、玄參。

宋・陳衍《寶慶本草折衷》卷一二 杜仲 一名思仲，一名思仙，一名木綿，一名櫋。○其嫩葉一名櫋芽。生上虞山谷虞虢之虞。又生上黨、漢中、建平、宜都、江南，商、成、峽州。今所在大山有之。○二、五、六、九月採皮。○味辛、甘、苦，平，溫，無毒。○主腰脊痛，補中益精，堅筋骨，強志，除陰下痒濕，小便餘瀝，脚中酸疼。○《藥性論》云：治腎冷腎公對切腰病虛風。○日華子云：治腎勞腰脊攣傴。○《圖經》曰：皮類厚朴，析之內有白絲相連，橫剉細，用薑汁浸，炒絲盡。○《勝金方》：治胎藏不安，并産後諸疾。杜仲擣末，煮棗為丸如彈子大。每服壹丸，爛嚼，以糯米飲下。

元・王好古《湯液本草》卷五 杜仲 味辛、甘，平、温，無毒。陽也，降也。《本草》云：主腰脊痛。補中益精氣，堅筋骨，強志，除陰下濕癢，小便餘瀝，脚中酸疼，不欲踐地。久服輕身耐老。惡蛇蛻皮、玄參。日華子云：暖，治腎勞，腰脊攣，入藥炙用。

元・尚從善《本草元命苞》卷六 杜仲 味辛、甘，溫平性，無毒。惡蛇蛻皮、玄參。腰不利加用，腎勞冷腎公對切，腰痛也。服之。能除骨弱精傷，餌之多效。治陰下濕痒，小便後多有餘瀝。療脚中痠疼，行步艱，足難履地。益精氣，補中，堅筋骨，強志。腰背疼痛，酒漬常服。胎臟不安，棗丸嚼嚥。若彈子大，細嚼，米飲湯下。生上虞、漢中山谷，上虞在豫州，虞、虢之虞，非會稽上虞縣也。今商、陝、成州皆有。如厚朴，折之內有白絲。春夏間採皮，入藥炒用。

元・朱震亨《本草衍義補遺》 杜仲 潔古云：性溫，味辛甘，氣味俱薄，沉而降，陽也。其用壯筋骨及〔足〕弱無力以行。東垣云：杜仲能使筋骨強。○石思仙治腎冷腎腰痛，患腰病人虛而身強直，風也。腰不利，加而用之。

元・佚名氏《珍珠囊・諸品藥性主治指掌》〔見《醫要集覽》〕 杜仲 味

辛、甘，平，性溫，無毒。降也，陽也。其用有二：強志壯筋骨，滋腎止腰疼。酥炙去其絲，功效如神應。

明・王綸《本草集要》卷四　杜仲　味辛甘，氣平，溫。氣味俱薄，陽也。無毒。惡蛇蛻、玄參。凡使，炒去絲。　主腰脊痛，補中〔益〕精氣，堅筋骨，強志。除陰下濕癢，小便遺瀝，〔脚〕中酸疼，不欲踐地。久服輕身耐老。

明・滕弘《神農本經會通》卷二　杜仲　狀如厚朴，折之多白絲為佳。用之薄削，去上橫理粗皮，切令絲斷，炒去絲。二五六九月採皮。惡蛇蛻皮、玄參。《局》云：薑汁炒，無絲為度。　味辛、甘，氣平，溫，無毒。《湯》云：味辛、甘，平，溫，無毒。降也，陽也。東云：降也，陽也。強志，壯筋骨，滋腎，止腰疼。酥炙去絲。又云：益腎添精，去腰膝重。珍云：壯筋骨，治足弱無力。《疌》云：壯筋骨，補虛益氣，脚痠軟，治陰痒，小便淋瀝及腰疼。《本經》云：主腰脊痛，補中，益精氣，堅筋骨，強志，除陰下痒濕，小便餘瀝，脚中酸疼，不欲踐地。久服輕身耐老。《藥性論》云：味苦。治腎冷腎腰。病人虛而身強直，風也，腰不利加而用之。日華子云：暖，治腎勞腰脊攣傴，入藥炙用。《湯》同《本草》、日華。丹溪云：潔古云性溫，味辛、甘，氣味沖薄，沉而降，陽也。壯筋骨，及弱無力以行。東垣云：杜仲使骨強，一名思仙。治腎冷腎疼痛。患腰病人，虛而身強直，風也，腰不利，加而用之。劍云：杜仲甘辛其性溫，壯筋骨脉強精神。止腰疼痛滋陰腎，酥炙除絲用自靈。《局》云：銀絲杜仲除風冷，強志堅筋補益傷。主治腎勞腰脊痛，更除脚痛不能行。杜仲，堅筋，補損傷，兼主腎虛腰脊痛。

明・劉文泰《本草品彙精要》卷一七　杜仲無毒　植生。

杜仲出《神農本經》：**主腰脊痛，補中益精氣，堅筋骨，強志，除陰下癢濕，小便餘瀝。久服輕身耐老。**以上朱字《神農本經》。脚中酸疼，不欲踐地。以上黑字名醫所錄。　【名】思仲、木綿、思仙、櫋芽。【苗】《圖經》曰：木高數丈，葉頗似辛夷，圓而有尖，亦似柘葉。其皮全類厚朴，但折之其中有絲，光亮如綿，相連不斷。雖剉碎，其絲上存，須經火炒方盡，故入藥必以炒斷絲爲度。南人謂之櫋者，此也。初生嫩時採之可食，其實亦入藥用，但苦澀不堪食。木可作屐，其性亦能益脚也。【地】《圖經》曰：生上虞山谷及上黨漢中，今出商州、成州、峽州，近處大山中亦有之。【道地】建平、宜都者佳。【時】生：春生葉。採：二月、五月、六月、九月取皮。【收】曬乾。【用】皮。【質】類厚朴內有白絲。【色】紫。【味】辛，甘。【性】平，溫。【氣】氣之厚者，陽也。【臭】朽。【主】益精氣，堅筋骨。【反】惡蛇蛻皮、玄參。【製】《雷公》云：凡使，先須削去粗皮，橫理切，令絲斷，用酥蜜炙之，細剉用。凡修事，杜仲一斤，酥二兩，蜜三兩，二味相和，令一處用也。或鹽炒、酒炒入藥。【治】療：《圖經》曰：初生嫩葉食，去風毒脚氣，及久積風冷，腸痔下血，亦宜乾末作湯。《藥性論》云：除腎冷臂公對切腰痛也。腰病人虛而身強直，風也。腰不利，加而用之。日華子云：能治腎勞，腰脊攣，入藥炙用。潔古云：壯筋骨，脚弱無力以行。【合治】一兩去粗皮，炙微黃，剉碎，以水二盞，煎至一盞，去滓，合羊腎二對，細切去脂膜，入藥中煮，次入薤白七莖，鹽、花椒、薑、醋等作羹，空腹食之，療卒患腰脚疼痛，補腎氣。〇一斤〔頭藕〕，合酒二斤，漬十日，服三合，治腰背痛。〇以杜仲瓦上焙乾，於木臼中搗爲末，煮棗爲丸，如彈子大，每服一丸，爛嚼，以糯米飲下，治婦人胎臟不安，並產後諸疾。

明・葉文齡《醫學統旨》卷八　杜仲　氣溫，味辛、甘。無毒。沉而降，陽也。惡蛇蛻皮、玄參。凡使去皮，薑汁炒去絲用。　治腰脊痛，補腎益精氣，堅筋骨，強志，除陰下濕痒，小便遺瀝，脚中痠疼不欲踐地，能使筋骨相着。

明・許希周《藥性粗評》卷一　足筋痹弱，杜仲堪扶。

杜仲，一名思仲，一名木綿。樹高數丈，葉似辛夷，亦似柘，其皮類厚朴，折之內有白絲相連如綿。生蜀漢大山深谷中，江南大山亦間有之，今以商州、成州及綿多如銀絲者勝。二月、五月、六月、九月採皮，暴乾。凡用削去麁皮，以酥或蜜、或薑汁塗炙，以絲盡為度，橫理切之。惡蛇蛻、玄參，其餘《本草》不載。　味辛、甘，性溫，無毒。主治腰脊不利，兩足酸疼，痹弱無力，除風冷，壯筋骨，補中益氣，添精強陰，久服輕身耐老。東垣云：杜仲能使筋骨相着。

單方：腰背卒疼：杜仲一斤，製過，剉，新酒三升浸十日，每日取酒溫服三合。

胎產諸疾：杜仲製過，不拘多少，搗為細末，煮棗肉為丸如彈子大，每服一丸，爛嚼，以糯米飲送下。

明・鄭寧《藥性要略大全》卷三　杜仲　益腎填精，去腰脊重痛，堅筋骨，強志，除陰下濕痒，小便淋瀝，脚中痠疼。　味辛、甘，性平、溫，無毒。惡蛇蛻、玄參。薑汁炒去絲用。　雷公云：杜仲去皮一斤，用酥二兩，蜜三兩，炙盡為度。單用蜜亦可。

明·賀岳《醫經大旨》卷一《本草要略》　杜仲　潔古云性溫，味辛、甘，氣味俱薄，沉而降，陽也。東垣云能壯筋骨，治腰痛。宜炒去絲，倍用之。

明·陳嘉謨《本草蒙筌》卷四　杜仲　味辛、甘，氣平、溫。氣味俱薄，降也，陽也。無毒。漢中郡名，屬四川產者第一，脂厚潤者為良。刮淨麄皮，咀成薄片，薑汁潤透，連炒去絲。凡為丸散煎湯，最惡玄參蛇蛻。補中強志，益腎添精。腰痛不能屈者神功，足疼不欲踐者立効。除陰囊濕癢，止小水夢遺。

明·方穀《本草纂要》卷三　杜仲　味辛、甘，氣平溫，氣味俱薄，陽也，無毒。主下焦之藥。通腰腎，止遺溺，強筋骨，堅脚弱，壯陰虛，益精髓，滋化元，補陰腎，除痿痹，燥陰濕。故凡下焦之虛，無此不補；下焦之濕，無此不利；腰膝之疼，無此不除；酸痛之足，非此不去。吾嘗用法，欲其去濕，以薑水拌炒；欲其補腎，以鹽水拌炒；欲其益精壯陰，以鹽酒拌炒；欲其堅強骨髓，以酥炙去絲。若夫如法修製，俱以去絲爲度。

明·王文潔《太乙仙製本草藥性大全》卷三《本草精義》　杜仲　一名思仙，一名思仲，一名木綿。生上虞山谷及上黨，今出商州、成州、峽州近處大山中亦有之。木高數丈，葉如辛夷，亦類柘，其皮類厚朴，折之內有白絲相連。二月、五月、六月、九月採皮用。漢中產者第一，脂厚潤者爲良。刮净麄皮，咀成薄片，薑汁潤透，連炒去絲。凡爲丸散、煎湯，最惡玄參、蛇蛻。江南人謂之綿，初生葉，嫩時採食。主風毒，脚氣及久積風冷腸痔下血，亦宜乾末作湯。謂之綿芽花，實苦澁，亦堪入藥。木作屐亦主益脚。

明·王文潔《太乙仙製本草藥性大全》卷三《仙製藥性》　杜仲　味辛、甘，氣平、溫，氣味俱薄，降也，陽也，無毒。　主治：　補中強志，益腎添精。腰痛不能屈者神功，足疼不欲踐者立效。除陰囊濕痒，止小水夢遺。能使堅筋健骨，久服不老輕身。　補註：　腰痛補腎湯：　杜仲一大斤，五味子半大升，二物切分十四劑，每夜取一劑，以水一大升浸至五更，煎三分減一，濾取汁，以羊腎三四枚，切下之，再煮三五沸，如作羹法，空腹頓服，用鹽、酢和之亦得。此亦見崔元亮《海上方》，但崔方不用五味子耳。〇卒患腰脚疼痛，補腎，杜仲三兩，去麄皮，炙微黃，剉，以水二大盞，煎至一盞，去滓，用羊腎二對，細切去脂膜，入藥中煮久，入薤白七莖，鹽、花椒、薑、醋等，如作羹喫，空腹食之。〇腰背痛，用一斤，切，酒二升，漬十日，服二合。　治婦人胎臟不安，并產後諸疾，用杜仲爲丸，瓦上乾，於木臼中搗爲末，煮棗爲丸如彈子大，每服一丸，爛嚼，以糯米飲下。　太乙曰：　凡使先須削去麄皮，用酥、蜜和作一兩，炙之，盡爲度，炙乾了細剉用。凡修事一斤，酥一兩，蜜三兩，二味相和，令一處用也。

明·皇甫嵩《本草發明》卷四　杜仲上品，君。氣平、溫，味辛、甘。氣味俱薄，降也，陽也。無毒。《藥性》云：　味苦。　發明曰：　杜仲，益腎氣，助下焦之要藥也。故《本草》主腰脊痛，補中，益精氣，堅骨強志，久服輕身耐老，皆益腎之(筋)功。又除陰下濕痒，小便餘瀝，脚中痠疼，不欲踐地，皆助下之力也。要皆益腎，以助下焦居多矣。惡玄參、蛇蛻。凡用厚潤者，刮淨粗皮，咀片，薑汁潤透，慢火炒斷絲為度。

明·李時珍《本草綱目》卷三五木部·喬木類　杜仲《本經》上品

【釋名】思仲《別録》　思仙《本經》　木綿《吳普》　櫋時珍曰：　昔有杜仲服此得道，因以名之。思仲、思仙，皆由此義，其皮中有銀絲如綿，故曰木綿。其子名逐折，與厚朴子同名。

【集解】《別録》曰：　杜仲生上虞山谷及上黨、漢中。二月、五月、六月、九月采皮。弘景曰：　上虞在豫州，虞、虢之虞，非會稽上虞縣也。今用出建平、宜都者。狀如厚朴，折之多白絲者爲佳。保昇曰：　生深山大谷，所在有之。樹高數丈，葉似辛夷。頌曰：　今出商州、成州、峽州近處大山中。葉亦類柘，其皮折之白絲相連。江南謂之櫋。初生嫩葉可食，謂之櫋芽。花、實苦澀，亦堪入藥。木可作屐，益脚。

皮　【修治】斅曰：　凡使削去粗皮。每一斤，用酥一兩，蜜三兩，和塗火炙，以盡爲度。細剉用。

【氣味】辛，平，無毒。《別録》曰：　甘，溫。權曰：　苦，暖。元素曰：　性温，味辛、甘。氣味俱薄，沈而降，陰也。杲曰：　陽也，降也。好古曰：　肝經氣分藥也。之才曰：　惡玄參、蛇蛻皮。

【主治】腰膝痛，補中益精氣，堅筋骨，强志，除陰下癢濕，小便餘瀝。久服，輕身耐老《本經》。脚中酸疼，不欲踐地《別録》。治腎勞，腰脊攣大明。腎冷腎腰痛。人虛而身强直，風也。腰不利，加而用之甄權。能使筋骨相着李杲。潤肝燥，補肝經風虛好古。

【發明】時珍曰：　杜仲古方只知滋腎，惟王好古言是肝經氣分藥，潤肝燥，補肝虛，發昔人所未發也。蓋肝主筋，腎主骨。腎充則骨强，肝充則筋健。屈伸利用，皆屬于筋。杜仲色紫而潤，味甘微辛，其氣温平。甘温能補，微辛能潤。故能入肝而補腎，子能令母實也。按龐元英《談藪》云一少年新娶，後得脚軟病，且疼甚。醫作脚氣治不效。路鈐孫琳診之。用杜仲一味，寸斷片拆，每以一兩，用半酒、半水一大盞煎服。三日能行，又三日全愈。琳曰：　此乃腎虛，非脚氣也。杜仲能治腰膝痛，以酒行之，則爲效容易矣。

【附方】舊三，新三。　青娥丸：　方見補骨脂下。　腎虛腰痛：　崔元亮《海上集驗方》用杜仲去皮炙黃一大斤，分作十劑。每夜取一劑，以水一大升，浸至五更，煎三分減一，取汁，以羊腎三四枚切下，再煮三五沸，如作羹法，和以椒、鹽，空腹頓服。○《聖惠方》入薤白七莖。○《篋中方》加五味子半斤。　風冷傷腎：　腰背虛痛。杜仲一斤切炒，酒二升，漬十日，日服三合。此陶隱居得效方也。○《三因方》：　爲末，每旦以溫酒服二錢。病後虛汗：　及目中流汁。杜仲、牡蠣等分，爲末。卧時水服五匕，不止更服。《肘後方》。　頻慣墮胎：　或三四月即墮者。於兩月前，以杜仲八兩，糯米煎湯浸透，炒去絲，續斷二兩酒浸，焙乾爲末，以山藥五六兩，爲末作糊，丸梧子大。每服五十丸，空心米飲下。《肘後方》用杜仲焙研，棗肉爲丸。糯米飲下。楊起《簡便方》。　產後諸疾：　及胎臟不安。杜仲去皮，瓦上焙乾，木臼搗末，煮棗肉和丸彈子大。每服一丸，糯米飲下，日二服。《勝金方》。

棉芽　【氣味】缺。　【主治】作蔬，去風毒脚氣，久積風冷，腸痔下血。亦可煎湯蘇頌。

題明·薛己《本草約言》卷二《藥性本草》　杜仲　味辛、甘，氣溫，平，無毒。陽也，可升可降，入足少陰腎。止腎虛之腰痛，除足弱之脚疼。《發明》云：　杜仲益腎氣、助下焦之要藥也。故《本草》主腰脊痛，補中益氣，堅筋骨強志，皆益腎之功。又除陰下濕痒，小便餘瀝，脚中痠疼，皆助下之力也。薑汁炒去絲用。與牛膝交相為功。

明·梅得春《藥性會元》卷中　杜仲　味辛、甘，氣溫。沉而降，陽也。無毒。惡蛇脫、玄參。入足少陰腎經藥。　主強志，壯筋骨，滋腎，止腰痛，酥炙去其絲，功效如神應。壯骨添精，治腰膝之腫痛；　堅筋補損，療足弱之難行。風冷遺瀝，能除脊強直；　風可豁陰中濕，痒即潛消。久病之人加氣力。　製法：　削去粗皮，剉斷。或酥炙，或薑汁，或鹽水，或糯米湯，炙去絲用。

明·杜文燮《藥鑒》卷二　杜仲　氣平，溫，味辛、甘。氣味俱薄，降也，陰也，無毒。補中強志，益腎添精。腰痛不能屈者，同芡實、棗肉丸之神方。足疼不能踐者，入黃芪、蒼术煎之靈丹。除陰囊濕痒，止失精夢遺。故大造丸、補陰丸皆用之也。

明·李中立《本草原始》卷四　杜仲　始生上虞山谷及上黨、漢中，今深山大谷所在有之。樹高數丈，葉似辛夷，亦類柘。其皮類榆、柳，折之內有白絲如綿相連，故一名木綿。昔杜姓仲名者，服此得道，因名杜仲。　杜仲：氣味：　辛，平，無毒。主治：　腰膝痛，補中益精氣，堅筋骨，強志，除陰下癢濕，小便餘瀝。久服輕身耐老。○脚中酸疼，不欲踐地。○治腎勞，腰脊攣。○腎冷腎腰痛。人虛而身強直，風也。腰不利，加而用之。○能使筋骨相着。○潤肝燥，補肝經風虛。其木可作履，益脚。

杜仲，《本經》上品。**【圖略】**

元素曰：　性溫，味辛、甘，氣味俱薄，沉而降，陰也。好古曰：　肝經氣分藥也。惡玄參，蛇蛻皮。　修治：　凡使，削去粗皮，每一斤用酥一兩、蜜三兩和塗，火炙以盡為度，細剉用。今有以薑汁拌炒去絲者。　按龐元英《談藪》云：　一少年新娶，後得脚軟病，且疼甚，醫作脚氣治不效。路鈐孫琳診之，用杜仲一味，寸斷片折，每一兩，半酒半水，一大盞，煎服，三日能行，又三日全愈。琳曰：　此乃腎虛，非脚氣也。杜仲能治腰膝痛，以酒行之，則為效容易矣。

明·張懋辰《本草便》卷二　杜仲　味辛、甘，氣溫、平，氣味俱薄，陽也，無毒。惡蛇蛻、玄參。凡使炒去絲。　主腰脊痛，補中益精氣，堅筋骨，強志，除陰下濕痒，小便遺瀝，脚中酸疼，不欲踐地。

明·盧復《芷園臆草題藥》　杜仲　從土、從中，其色褐，為土克水象，當為腎之用藥。腰本腎之府，濕土之為害，必侵腎水，而脾先受之。據名據色可以治之。若象形能使筋骨相着，又一義也。

明·焦竑《焦氏筆乘·續集》卷六　一少年子，娶妻後得軟脚病，痛特甚，醫以為脚氣。孫聞之曰：　此不必診視，但買杜仲一味，寸斷片析，每一兩用半酒半水合一大盞，煮六分，頻服之。三日能行，又三日，如未嘗病者。孫曰：　府苐寢處高明，衣履燥潔，無受濕之理，但新娶色欲過度致然。杜仲專治腰膝，以酒行之，為效易矣。

明·李中梓《藥性解》卷五　杜仲　味辛、甘，性溫，無毒，入腎經。主陰下濕癢，小便餘瀝，強志，壯筋骨，滋腎止腰疼。去粗皮，酥蜜炙去絲用，惡蛇蛻、玄參。按：　杜仲降而屬陽，宜職腎家之症。然精血燥者，不宜多用。

明·繆希雍《本草經疏》卷一二　杜仲　味辛、甘，平，無毒。主腰脊痛，補中益精氣，堅筋骨，強志，除陰下癢濕，小便餘瀝，腳中酸痛不欲踐地，久服輕身耐老。

【疏】杜仲稟陽氣之微，得金氣之厚，故其味辛，氣平，無毒。《別錄》加甘溫。甄權言苦暖。應是辛甘勝而苦次之，溫暖多而平為劣也。氣薄味厚，陽中陰也。入足少陰，兼入足厥陰經。按《本經》所主腰脊痛，益精氣，堅筋骨，脚中酸痛不欲踐地者，蓋腰為腎之府。《經》曰：動搖不能，腎將憊矣。又腎藏精而主骨，肝藏血而主筋，二經虛則腰脊痛而精氣乏，筋骨軟而脚不能踐地也。五臟苦欲補瀉云：腎苦燥，急食辛以潤之，肝苦急，急食甘以緩之。杜仲辛甘具足，正能解肝腎之所苦，而補其不足者也。強志者，腎藏志，益腎故也。除陰下癢濕，小便餘瀝者，袪腎家之濕熱也。益腎補肝，則精血自足，故久服能輕身耐老。其主補中者，肝腎在下，臟中之陰也，陰足則中亦補矣。【主治參互】同牛膝、枸杞子、續斷、白膠、地黄、五味子、菟絲子、黄檗、山藥，治腎虛腰痛及下部軟弱無力。崔元亮《海上方》治腎虛腰痛：用杜仲去皮酥炙黄，一斤分作十劑，每夜取一劑，以水一升浸至五更，煎三分減一，取汁去滓，以羊腎三四枚切片放下，再煎三五沸，如作羹法，和以椒鹽，空腹頓服。《得效方》治風冷傷腎，腰背虛痛。杜仲一斤切炒，酒二升，漬十日，日服三合。《肘後方》治病後虛汗，及目中流淚。杜仲、牡蠣等分，為末。臥時水服五匕，不止更服。《簡便方》治頻慣墮胎，或三四月即墮者。於兩月前，以杜仲八兩，糯米煎湯浸透炒，去絲，續斷二兩，酒浸焙乾為末，以山藥五六兩為末作糊，丸梧子大。每服五十丸，空心米飲下。青娥丸。見補骨脂條下。【簡誤】腎虛火熾者不宜用，即用當與黄檗、知母同入。

明・倪朱謨《本草彙言》卷九 杜仲 味辛、甘，氣平，無毒。氣味俱薄，沉而降，陽中陰也。入足少陰，兼入足厥陰經，乃肝經氣分之藥。《別錄》曰：杜仲，生上虞山谷，及上黨、漢中。上虞在豫州，虞虢之虞，非會稽之上虞也。今出建平、宜都，而韓氏、蘇氏又言出商州、成州、峽州諸山大谷中。樹高數丈，葉似辛夷，又類柘葉。嫩葉初生可食，謂之棉芽花。木皮狀似厚朴，折之白絲相連。江南亦呼曰棉花。實皆苦濇，亦堪入藥。木又可作履，以益脚也。雷氏曰：修治：削去粗皮，每一斤，用蜜四兩和塗，火炙黄，以透為度。

杜仲：達下焦，王好古補肝腎，《本經》壯腰膝之藥也。倪九陽稿蓋肝主筋，腎主骨，肝充則筋强，腎充則骨健，屈伸利用。故前古主堅筋骨，除痿痹，定腰膝痛，并肝藏風濕成虛，脊背强直，俯仰不利，屈伸不便，及小便餘瀝，陰汗濕癢者，宜加用之。故方氏《直指》云：凡下焦之虛，非杜仲不補；下焦之濕，非杜仲不利；腰膝之疼，非杜仲不除；足脛之痠，非杜仲不去。然色紫而燥，質綿而韌，氣溫而補，補肝益腎，誠為要劑。如肝腎陽虛，而有風濕病者，以鹽酒浸炙，為效甚捷。如肝腎陰虛而無風濕病，乃因精乏髓枯，血燥液乾而成痿痹，成傴僂，以致俯仰屈伸不用者，又忌用之。盧不遠先生曰：杜仲，從土從中，其色褐，為土克水象，腎之用藥也。腰本腎府，濕土為害，必侵腎水，而腰先受之。據名據色，可以療也。若象形，如絡如綿，能使筋骨相着，又一義矣。

集方：治肝腎兩虛，筋骨不相榮養，以致腰脊痠疼，足膝無力，將成痿躄者。用川杜仲八兩，切片，鹽酒浸一日，曬乾炒焦，以牛膝、枸杞子、川續斷、山萸肉、菟絲子、玉竹、黄柏、當歸身，俱酒洗炒，各四兩，懷熟地酒煮爛搗膏，為丸梧桐子大。每早服五錢，白湯下。○包氏方治小便餘瀝，陰下濕癢。用川杜仲四兩，小茴香二兩，俱鹽酒浸炒，車前子一兩五錢，山茱萸肉三兩，俱炒，共為末，煉蜜丸梧桐子大。每早服五錢，白湯下。○楊氏《簡便方》治頻年墮胎。用川杜仲、川續斷各五兩，切片，鹽酒浸一宿，炒燥為末，煉蜜丸梧桐子大。每早服五錢，人參湯下。○《勝金方》治產後諸疾及胎藏不安。用川杜仲四兩，鹽、酒、醋總和浸一日，炒，磨為末，紅棗煮爛，去皮核，取肉為丸，搗勻。丸如梧桐子大。每早服五錢，人參湯下。

明・姚可成《食物本草》卷二〇木部・喬木類 杜仲出商州、成州、峽州近處大山中。樹高數丈，葉似辛夷，其皮折之，白絲相連。初生嫩芽可食。

杜仲芽 味甘，平，無毒。治口渴，補虛損。

皮 治腰膝痛，益精氣，堅筋骨，強志，除陰下癢溼，小便餘瀝。久服輕身耐老。脚中酸疼，不欲踐地。

明・顧逢伯《分部本草妙用》卷五腎部・溫補 杜仲 辛，溫，無毒。惡玄參，蛇蛻皮。去皮，酥炙，或鹽炒斷絲用。 主治：腰膝痛，益精，堅筋骨。陰濕癢，小便餘瀝，潤肝燥，補風虛。 按：古方只用杜仲補腎，好古言肝經氣分藥，入肝補腎，子能令母實也。

明・李中梓《醫宗必讀・本草徵要下》 杜仲味辛、甘，溫，無毒。入肝、腎二經。惡玄參、蛇蛻。去皮酥炙。 強筋壯骨，益腎添精。腰膝之疼痛皆痊，遍體之機關總利。腎苦燥，急食辛以潤之；肝苦急，急食甘以緩之。杜仲辛甘，故主用如上。亦治陰下濕癢，小便餘瀝。按：腎虚火熾者勿用。

明・鄭二陽《仁壽堂藥鏡》卷二 杜仲 陶隱居云：杜仲出豫州上虞縣者佳。味辛、甘，平、溫，無毒。陽也，降也。《本草》云：主腰脊痛，補中益精氣，堅筋骨，強志，除陰下濕痒，小便餘瀝，脚中酸疼，不欲踐地。久服輕身耐老。惡蛇蜕皮、玄參。日華子云：暖。治腎勞，腰脊攣。入藥炙用。好古云：潤肝燥，補風虚。按：古方只用杜仲滋腎，好古始言肝經藥。然入肝補腎，子能令母實也。

明・蔣儀《藥鏡》卷一温部 杜仲 聯絡筋骨之離，復生精髓之竭。脚膝痠疼，不能踐地，煎入黄耆、蒼朮而見功。腰腎虚弱，難下床闌，丸用棗肉、芡實而更紗。與牡蠣等分，湯調臥下，治病後虚汗，及目中流淚。炒一味去絲，酒漬朝服，治風冷傷腎，致腰背虚疼。

明・李中梓《頤生微論》卷三 杜仲 味辛、甘，性溫，無毒。入肝、腎二經。惡玄參、蛇蜕。去皮，鹽酒炒，去絲。益精，堅筋骨，止腰膝痛。主肝燥風虚，陰濕痒，小便餘瀝。

按：腎苦燥，急食辛以潤之；肝苦急，急食甘以緩之。杜仲所以多功于腎肝也。溫而不助火，可以久服。

明・張景岳《景岳全書》卷四九《本草正》 杜仲 味甘、辛、淡，氣溫、平。氣味俱薄，陽中有陰。其功入腎。用薑汁或鹽水潤透，炒去絲。補中強志，壯腎添精，腰痛殊功，足疼立效。除陰囊寒濕，止小水夢遺。因其氣溫，故暖子宮。因其性固，故安胎氣。内熱火盛者，亦當緩用。

明・賈九如《藥品化義》卷七腎藥 杜仲 屬陰中有微陽，體乾，色紫，氣和，味苦云辛云甘皆非，性涼云溫非，能降，力補腰膝，性氣薄而味厚，入腎肝二經。杜仲味苦，沉下入腎，蓋腎欲堅，以苦堅之，用此堅腎氣，強壯筋骨，主治腰脊酸疼，脚膝行痛，陰下濕癢，小便餘瀝。東垣云功效如神應，良不爽也。又因其體質折之内如絲綿，連續不斷，能補肝虚，使筋骨相著，治產後交骨不合，及胎產調理，跌撲損傷，所謂合筋骨之離，莫如杜仲是也。蓋牛膝主下部血分，杜仲主下部氣分，相須而用。取厚而潤者佳，刮去粗皮，切片，拌入鹽水，慢火炒斷絲為度。

明・盧之頤《本草乘雅半偈》帙三 杜仲《本經》上品 氣味：辛，平，無毒。主治：主腰膝痛，補中，益精氣，堅筋骨，強志，除陰下癢濕，小便餘瀝。久服輕身，耐老。

覈曰：出上虞山谷，及上黨、漢中。上虞在豫州，虞、虢之虞，非會稽上虞縣也。今出建平、宜都，及商州、成州、峽州，諸山大谷中亦有之。樹高數丈，葉似辛夷，又類柘葉。初生嫩葉可食，謂之棉芽。木皮狀似厚朴，拆之白絲相連，江南單呼曰棉。花、實皆苦濇，亦堪入藥。木可作履，以益脚也。修治：削去粗皮。每十六兩，用酥一兩，蜜三兩，和塗火炙，以盡為度。剉細用。

先人云：杜仲，從土從中，其色褐，為土尅水象，腎之用藥也。腰本腎府，濕土為害，必侵腎水，而腰先受之，據名據色，可以療也。若象形，能使筋骨相着，又一義矣。

条曰：杜，牝。仲，次，合陰，合耦，合象太陰之始生。自上而下，從外而内者也。皮絡如緜，皮理如革，合至陽淪膚始盡，至陰容平始平也。平則轉出為降，降則中實。中實，遂成入令矣。入則精志益，筋骨強，藏精而起亟矣。何患老之將至，餘瀝之有。又何患藏陰之形未充，致奉生者少，轉為痿厥，及木用不及之有。既容且平，又何患長夏之土化未攘，與秋金驟斂，中含潤濕之有。至陽淪膚始盡，所謂夏三月，此謂蕃莠，至陰容平始平。所謂秋三月，此謂容平。至陽，即太陽。至陰，即太陰。

明・李中梓《本草通玄》卷下 杜仲 辛，溫，入腎、肝氣分之劑。補腎，則精充而骨髓堅強；益肝，則筋壯而屈伸利用，故腰膝痠疼，脊中攣痛者需之。又主陰下濕癢，小便餘瀝，皆補力之馴致者也。酥炙，或鹽酒炒，去粗皮。

清・顧元交《本草彙箋》卷五 杜仲 味苦能堅腎氣，故主治腰脊脚膝諸症。又折之有絲，其象爲筋，故又能補肝虚，使筋骨相縛。凡產後交骨不合，及胎產調理，跌撲損傷者多用之，所謂合筋骨之離，莫如杜仲。杜仲主下部氣分，牛膝主下部血分，用每相須。

腎虚腰痛，用杜仲去皮，酥炙黄一觔，分十劑，每夜取一劑，水浸一宿，煎取汁，以羊腎三四枚，切片，同煮三四沸，和椒、鹽空腹頓服。如風冷傷腎，腰背虚痛者，亦用杜仲一觔，切炒，漬酒三升，過數日，日服三合。又方：爲末，每旦以溫酒服二錢。蓋杜仲治腰膝痛，以酒行之，則爲效神速。頻慣墮胎，或三四月即墮者，於兩月前以杜仲八兩，糯米煎湯，浸透，炒去絲，續斷二兩，酒浸焙乾，共爲末，以山藥五六兩，爲末，作糊丸如梧子大，每服五十丸，空心米飲下。蓋姙婦包繫于腎，故胎氣不安心需杜仲。

清・穆石匏《本草洞詮》卷一　杜仲　昔有杜仲，服此得道，因以名之。皮上有絲如綿，亦名木綿。味辛苦甘，氣平，一云溫，無毒。入足厥陰經。益精氣，堅筋骨，補肝經。風虛人病強直，腰不利者，加而用之。古方只知滋腎，惟王海藏言是肝經氣分之藥，潤肝燥，補肝虛，發昔人所未發也。蓋肝主筋，腎主骨，腎充則骨強，肝充則筋健，屈伸利，用皆屬於筋。杜仲色紫而潤，味甘微辛，其氣溫平，甘溫能補，微辛能潤，故能入肝而補腎，子能令母實也。龐元英云：一少年新娶後，得脚弱病，且疼甚。醫作脚氣治，不効。孫琳用杜仲一味，寸斷片折，每以一兩，用半酒半水一大盞，煎服，三日能行，又三日全愈。此乃腎虛，非脚氣也。杜仲治腰膝痛，以酒行之，則為效甚捷矣。

清・劉雲密《本草述》卷二三　杜仲

氣味：辛，平，無毒。《別錄》曰：甘，溫。　權曰：苦暖。　潔古曰：性溫，味辛甘，氣味俱薄，沉而降，陰也。　杲曰：陽也，降也。　好古曰：肝經氣分藥也。

主治：腰膝痛，補中，益精氣，堅筋骨，強志，除陰下癢溼，小便餘瀝《本經》。治腎勞，腰脊攣日華子。脚中酸疼，不欲踐地《別錄》。除腎冷甄權。潤肝燥，補肝經風虛好古。　權曰：腎冷腎音貴，腰忽痛也。腰痛。人虛而身強直，風也。腰不利，加而用之。　東垣曰：能使筋骨相着。　時珍曰：杜仲，古方只知滋腎，惟王海藏言是肝經氣分藥，潤肝燥，補肝虛，較有完義。《經》曰：堅筋骨。筋骨固肝腎分主之，然實相須以為利用者也，杜仲色紫而潤，氣溫平而和陽，味甘辛而裕陰，故能由腎而致肝之功用若此。　中梓曰：雖溫而不助火。　希雍曰：杜仲禀陽氣之微，得金氣之厚，故其味辛氣平，無毒。《別錄》加甘溫，甄權言苦暖，應是辛甘勝而苦次之，溫暖多而平為劣也。氣薄味厚，陽中陰也，入足少陰，兼入足厥陰經。　按《本經》所主腰脊痛，益精氣，堅筋骨，脚中酸痛，不欲踐地者，蓋腰為腎之府，《經》曰動摇不能，腎將憊矣。又腎藏精而主骨，肝藏血而主筋，二經虛則腰脊痛而精氣乏，筋骨軟而脚不能踐地也。五臟苦欲補瀉，云腎苦燥，急食辛以潤之；肝苦急，急食甘以緩之。杜仲辛甘具足，正能解肝腎之所苦，而補其不足者也。

同牛膝、枸杞子、續斷、白膠、地黃、五味子、菟絲子、黃檗、山藥，治腎虛腰痛，及下部軟弱無力。　治胎或三四月慣墮者，於兩月前以杜仲八兩，糯米煎湯浸透，炒去絲，續斷二兩，酒浸焙乾，為末，以山藥五六兩為末，糊丸梧子大，空心米飲下。

愚按：杜仲，諸本草不悉其性質，但據《本經》所言氣味，云味辛氣平，又有云甘，更云苦者，皆不如潔古所謂辛甘而溫也。　試味之，則先辛次甘，又次苦，乃甘不敵辛，而苦則微甚矣。　雖苦甚微，但以辛始，而以苦終，是苦乃辛甘歸宿之地，而引辛甘致其用者，固在苦也。　蓋苦屬火，而苦所就下之火，即元氣也。夫水中有火，乃腎中元氣，而三焦布之，唯茲味之由辛而甘，由甘而苦者，是其歸於中五之冲氣，皆降而厚育乎陰中之陽也。　即其色紫，非下就相火之一證乎。抑三焦元氣上下際蟠，何以此味獨致其用於下？曰：即《本經》首言其治腰膝痛，而弘景、甄權亦言之，不一而足，則其專功於下焦之腎肝可知。第中土之甘，化歸於腎，而天氣之辛化，又因中土而歸之，則所謂益元陽致津液者，是物兼而有之。　即其色紫而潤，折之有白絲相絡，非其精氣不匱而密理相湊哉？或曰：此味以元氣為言義何關切？曰：毋論身半以下，如腰也，膝與脚也，皆藉此陰中元陽以為張弛之主，試即療墮胎者，亦以此為主，則女子繫胞胎，男子固精室者，豈徒恃形器之相維哉？固將以元氣為本，而此味功用大槩可知矣。《本經》所謂益精氣，強志，皆不離元氣而言，但於陰中生陽，即於陽中含陰，非偏於陽者。非偏於補陽氣，故《本經》曰益精氣，所以茲味取其益精氣為主，而堅筋骨猶其次也。精氣益，則筋骨自堅。　《本經》謂其氣平，中梓所云溫而不助火者，是也。抑三焦元氣即腎氣，乃又言其為肝經氣分藥者，何居？曰：肝本腎為化原，而肝還為腎暢其化育之用者也。試以東垣能使筋骨相着一語參之，按人身三百六十五節，其節之分而聯處，四邊皆筋脈鎖定，可見肝之化原在腎，而腎之資益在肝，此味由腎益肝，即由肝資腎，故得筋骨相着。　肝之藉以致其氣化者此耳，非謂其更入肝也。更以好古補肝經風虛潤肝燥之說合之，其義益明。元氣即腎氣，肝以腎為化原，此味能補腎中元氣，即是肝經氣分藥，即是能補風虛，潤肝燥。　蓋陰虛則風實，陽虛則風虛。　風虛者，元陽之虛也。又何以曰肝燥？　蓋元陽虛，風木之真氣不達，故燥急也。真氣即元氣。此非本於三焦之元氣，陰中生陽，陽中含陰，而能使風虛肝燥胥受其益乎？至如除陰下癢濕，小便餘瀝，如此等證，皆陽氣之不周於陰也。雖貴其脂潤，而取用在皮，是亦可以思矣。雖然，能熟審其性味，則凡陰虛以為腰痛諸患者，豈得不酌而槩施乎哉？

又按：甄權云療腎冷臂腰痛，是言冷也。而日華子又云治腎勞腰脊攣，是言勞也。似若有不同者，然皆屬腎氣之虛也。腎中之氣即元陽也，腎屬陰中之至陰，而陰中之元陽虛，即有腎臂腰痛，亦即有腰脊攣之證，亦即有陽虛而病於風之證。蓋陽虛而并不能達陰，故病於風。前所云風木之真氣，於此發揮極明。海藏所謂風虛者，即病於風之證也。又所謂肝燥者，即陽不得致於肝，而陰亦不得隨之以至肝也。《別錄》所謂脚中酸疼不欲踐地者，自腰以下，皆足三陰所主，由陰不得陽以運，故脚酸疼不欲踐地也。蓋陰陽合一之義，於茲味主治稍見一班如此。抑茲味由益腎以致肝，比於石棗之先溫肝以助腎者有異。東璧氏言子令母實者，誤也。

龐元英《談藪》云：一少年新娶後，得脚軟病，且疼甚，作脚氣治，不效。用杜仲一味，每兩用半酒半水煎服，六日全愈。杜仲能治腰膝痛，以酒行之，則效更捷矣。即此之治，固治腎氣虛而疼者也。然朱丹溪先生言諸痛皆屬火，如腰痛必用溫散之藥，不可峻用寒涼。緣腎氣虛而鬱熱，故杜仲補之可愈，其性味正溫散也。至腎陰虛極而熱湊者，其治則不侔矣。希雍曰：腎虛火熾者不宜用，即用當與知、柏同入。

修治　產漢中者第一，脂厚潤者良。削去粗皮，每一斤用酥一兩，蜜三兩，和塗火炙，以盡為度。一法用酒炒斷絲，以漸取屑，方不焦。《龜齡集》曰：杜仲厚而實者能強筋骨，用麫炒去絲，童便浸七日，新瓦焙乾，為末。

清・郭章宜《本草匯》卷一五　杜仲　苦、辛、甘，溫，氣味俱薄，沉而降，陰也，入足少陰腎之經，兼入肝經氣分。治腎勞之腰痛，除足弱之酸疼。脊中攣痛者必需，屈伸不利者加用。《本經》所主腰脊痛，益精氣，堅筋骨，脚中酸痛不能踐地者，蓋腰為腎之府。《經》曰：動搖不能，腎將憊矣。又腎藏精而主骨，肝藏血而主筋，二經虛，則腰脊痛而精氣乏，筋骨軟而脚不能踐地也。《經》曰：腎苦燥，急食辛以潤之。肝苦急，急食甘以緩之。杜仲辛甘俱足，正能解肝腎之所苦，而補其不足者也。

按：杜仲，禀陽氣之微，得金氣之厚，溫而不助火，補下焦有功。古方只知滋腎，惟王好古云是肝經氣分之藥，潤肝燥，補肝虛，發昔人所未發也。蓋肝主筋，肝充，則筋健而屈伸利用。腎主骨，腎充則精足而骨髓堅强。杜仲甘溫能補，微辛能潤，故能入肝補腎，子能令母實也。杜仲從上從中，其色褐，為土克水象，當為腎之用藥。腰本腎之府，濕土之為害，必侵腎水，而腰先受之，據名據色，可以治之。若象形能使筋骨相着，又一義也。而《本草》主陰下濕癢，小便餘瀝者，皆補腎之馴致者與？腎虛火熾者勿用。即用，當與黃蘗、知母同入。偕牛膝、枸杞、續斷、地黃、五味、菟絲子、白膠、黃蘗、山藥，治腎虛腰痛，及脚軟無力。若風冷傷腎，腰脊虛痛，一味杜仲，炒黃酒漬，日服。頻慣墮胎者，于兩月前以杜仲八兩，糯米煎湯浸透，炒去絲，續斷二兩，酒浸，焙乾為末，以山藥五六兩為丸，空心米飲下；或棗肉為丸，糯米湯下。

漢中產者良。屬四川。脂厚潤者，去粗皮，鹽、酒炒，或酥蜜同拌炙。惡玄參，蛇蛻。腰痛必以酒行，為効容易。

清・蔣居祉《本草擇要綱目・溫性藥品》　杜仲凡用削去粗皮，用酥油和蜜塗炙，細剉用。　氣味：辛，平，無毒。沉而降，陰也。　主治：腰膝痛，益精氣，堅筋骨。除陰下癢濕，小便餘瀝，脚心酸痛，不欲踐地。潤肝燥，補肝經風虛。蓋肝主筋，腎主骨，腎充則骨強，肝充則筋健，屈伸利用，皆屬於筋。杜仲色紫而潤，味甘微辛，甘溫則能補，微辛則能潤，故能入肝而補腎，子能令母實也。　惡：玄參。

清・王翃《握靈本草》卷八　杜仲產漢中者良。用酒炙，或用薑汁炒，或用酥蜜炙。　主治：杜仲，辛，平，無毒。主腰膝痛，補中，益精氣，堅筋骨強志。除陰下濕癢，小便餘瀝，腰脊不能屈伸，脚中酸疼。

清・汪昂《本草備要》卷三　杜仲補腰膝。　甘，溫能補，微辛能潤。色紫入肝經氣分。潤肝燥，補肝虛。子能令母實，故兼補腎。肝充則筋健，腎充則骨强，能使筋骨相著。皮中有絲，有筋骨相著之象。治腰膝酸痛，《經》曰：腰者腎之府，轉移不能，腎將憊矣；膝者筋之府，屈伸不能，筋將憊矣。一少年新娶，得脚軟病，且痛甚，作脚氣治，不效。孫琳曰：此腎虛也。用杜仲一兩，半酒半水煎服，六日全愈。按：腰痛不已者，屬腎虛；痛有定處，屬死血；往來走痛，屬痰；腰冷身重，遇寒即發，屬寒濕；或痛或止，屬濕熱，而其原多本于腎虛，以腰者腎之府也。陰下濕癢，小便餘瀝，胎漏懷孕瀝血。胎墜。慣墜胎者，受孕一兩月，用杜仲八兩，糯米煎湯浸透，炒斷絲，續斷二兩酒浸，山藥六兩，爲糊丸，或棗肉爲丸，米飲下。二藥大補腎氣，托住胎元，則胎不墜。

出漢中。厚潤者良。去粗皮剉，或酥炙、酒炙、蜜炙、鹽酒炒、薑汁炒，斷絲用。惡黑參。

清・吴楚《寶命真詮》卷三 杜仲 【略】強筋壯骨，益腎添精，腰膝痠疼，脊中攣痛，陰下濕癢，小便餘瀝皆療。 腎苦燥急，食辛以潤之。 肝苦急，急食甘以緩之。 杜仲辛甘，故主治如上。〇腎虚火熾者勿用。

清・陳士鐸《本草新編》卷四 杜仲 味辛、甘，氣平、溫，降也，陽也，無毒。入腎經，補中強志，益腎添精，最治腰痛不能屈伸者神效，亦能治足、除陰囊濕癢，止小水夢遺。此物可以為君，而又善為臣使，但嫌過燥，與熟地同用，則燥濕相宜，自然無火動之憂。

或問：腎惡燥，而杜仲性燥，何以入腎以健腰？ 吾子加熟地最宜，然亦似熟地之滋腎，終非杜仲之益腎矣。曰：補腎原不必熟地，予用熟地者，不過取其相得益彰也。夫腎雖惡燥，而濕氣侵之，腰即重着而不可俛仰，是腎又未嘗不惡濕也。杜仲性燥，爍腎中之邪水，而非爍腎中之真水也。去熟地而腎中之燥不相妨，用熟地而腎中之濕亦無礙，蓋杜仲自能補腎，而非借重于熟地之助也。

或問：杜仲非燥藥也，而吾子謂是燥藥，何據而云然乎？ 曰：論杜仲之有絲，其非燥藥也。然而杜仲之燥，正在有絲之不肯斷。夫太剛則折，大柔則不肯折矣。杜仲之絲，經火炒則斷，其中之柔軟為何如，而予獨謂其性燥者，别有義也。杜仲不經火則濕，經火則燥。不斷之絲，非火炒至無絲，則不可為末，非受火氣迫急而為燥乎。腎惡燥。而以燥投燥，遽入往往動火，我所以教人與熟地同用也。至于腎經中濕，不特宜同熟地並施，且宜生用為妙，並不可火炒。蓋腎既有濕，得熟地則增潤，反牽制杜仲。一加火炒，則失其本性，但補而不攻，而濕邪反不得遽散。夫杜仲不炒則濕，何反宜于治濕。蓋杜仲燥中有濕，濕非水氣之謂也。邪濕得真水而化，生用，正存其真氣耳。

或問：杜仲補腎，仲景公何故不採入八味丸中？ 不知杜仲補腎中之火，而有動腎氣，動則桂、附不安于腎宫，恐有飛越之虞，故用桂、附，而不用杜仲。然則固不可用乎，腎中有濕氣，正宜加用于八味丸中，取其動而能散濕也，又不可拘執不用而盡棄之耳。

或問：杜仲補腎，世人竟以破故紙佐之，毋乃太燥乎？ 杜仲得破故紙，而其功始大，古人嫌其太燥，益胡桃仁潤之，有魚水之喻。其實，杜仲得破故紙，正不必胡桃仁之潤也。蓋破故紙溫補命門之火，而杜仲則滋益腎中之水，水火有既濟之美，又何必胡桃仁之潤哉。雖杜仲得胡桃仁之相助，亦無礙其益腎之功。然而，杜仲實無借于胡桃仁也。或云胡桃仁滋破故紙之燥也。夫破故紙用之于他藥之中，未見用胡桃仁之助，何獨入于杜仲之中而加胡桃仁也。謂非因杜仲而入之，吾不信也。

清・顧靖遠《顧氏醫鏡》卷八 杜仲辛、甘，溫。入肝腎二經。去皮酥炙，或鹽水炒。 補肝益腎，強筋壯骨。肝充則精健，腎充則骨強。 腰膝之痠痛皆痊，腰脊不利，及脚膝痠痛無力以行，加而用之。 遍體之機關盡利。東垣謂其能使筋骨相着。 腎虚火熾者勿用。

清・李熙和《醫經允中》卷一九 杜仲 惡玄參、蛇蜕。去皮，鹽水拌炒斷絲用。 辛，溫，無毒。 主益精氣，堅筋骨，潤肝燥，補風虚。 療陰下濕癢，小便餘瀝，止胎漏胎墮，腰膝酸疼。 能入肝補腎，子能令母實也。

清・馮兆張《馮氏錦囊秘錄・雜症痘疹藥性主治合參》卷四 杜仲 稟陽氣之肥，得金氣之厚。故味辛、甘，氣平，微溫，無毒。入足少陰，兼入足厥陰經。功專肝腎，故所主治皆筋骨之病。〇專用補腎，淡鹽酒拌炒。若同調補筋骨藥用，則生用，或酒炒；若同祛濕除痹藥用，以薑酒拌炒。同滋補藥則益筋骨之氣血，同祛風藥則去筋骨之風濕。總所主不離筋骨也。

杜仲，益腎添精，治腰脊疼痛難伸。補中強志，止夢遺，小便餘瀝，助肝腎，堅筋骨，除陰癢，去囊濕。痿痹癱軟必需，脚痛不能踐地立效。補腎氣，潤肝燥。牛膝主下部血分，杜仲主下部氣分，故每相須為用。東垣云：杜仲能使筋骨相着。

按：杜仲性溫而不助火，可以久服。功專腎肝二經，直走下部筋骨氣分，牛膝直走下部經絡血分，熟地滋補腎肝筋骨精髓之內，續斷調補筋骨曲節氣血之間，故數味每相須為用，以為筋骨氣血之需，互相佐使成功也。

清・张璐《本經逢原》卷三 杜仲 辛、甘，溫，無毒。鹽酒炒斷絲用。

《本經》主腰脊痛，補中益精氣，堅筋骨強志，除陰下癢濕、小有餘瀝。

發明：杜仲，古方但知補腎，而《本經》主腰脊痛，補中益精氣等病，是補火以生土也。王好古言是肝經氣分藥。蓋肝主筋，腎主骨，腎充則骨強，肝充則筋健。屈伸利用皆屬於筋，故入肝而補腎，子能令母實也。但腎虚火熾，夢泄遺精而痛者勿用，以其辛溫引領虚陽下走也。

清・浦士貞《夕庵讀本草快編》卷五　杜仲《本經》、思仙　昔有姓杜名仲者，服此得道，因以為名。思仙之號，蓋由此也。　杜仲色紫而潤，味甘微辛，其氣溫平，沉降而陰也。《本經》云：治腰膝作痛，堅骨強志，除陰下濕痒，小便餘瀝。《別錄》云：脚下酸疼，不欲踐地。日華云：腎勞，腰脊拘攣。甄權云：腎冷而腰不利。雖皆取其滋腎之功為多。至東垣云：能使筋骨相着。然亦未明言其入肝也。惟王好古云：潤肝燥，補肝虛。理微而當，豈非發前賢之所未發乎？夫肝主筋，腎主骨，腎足則骨強，肝充則筋健，況骨賴筋而後利，且杜仲甘溫能補，微辛能潤，入足厥陰氣分無疑矣。先哲謂其能補腎者，蓋子能令母實耳！按楊起《簡便方》載，婦人頻慣墮胎，用與續斷對配，丸服自安。又《勝金方》云：產後臟腑不寧，製杜棗丸無不立效。非緩肝益血之左驗乎？　米三岳問曰：杜仲倘非姓氏，別有義乎？予曰：有其字，從土從中，其色褐，乃土剋水之象，腎之用藥也。腰為腎府，濕土為害，必先侵腎而腰受之。其皮絡如綿，皮理如革，宛似膲膜裹腎之形，用以保護土邪不敢侵侮，自然精志益，筋骨強矣。

清・張志聰、高世栻《本草崇原》卷上　杜仲　氣味辛，平，無毒。主腰膝痛，補中，益精氣，堅筋骨，強志，除陰下癢濕，小便餘瀝。久服輕身耐老。杜仲木皮，狀如厚朴，折之有白綿相連，故一名木綿。杜字從土，仲者中也，此木始出豫州山谷，得中土之精，《本經》所以名杜仲也。李時珍曰：昔有杜仲，服此得道，因以名之，謬矣。在唐宋本草或有之矣，《神農本經》未必然也。　杜仲皮色黑而味辛平，稟陽明、少陰金水之精氣。腰膝痛者，腰乃腎府，少陰主之。膝屬大筋，陽明主之。杜仲稟少陰、陽明之氣，故腰膝之痛可治也。補中者，補陽明之中土也。益精氣者，益少陰腎精之氣也。堅筋骨者，堅陽明所屬之筋，少陰所主之骨也。強志者，所以補腎也。陽明燥氣下行，故除陰下癢濕，小便餘瀝。久服則金水相生，精氣充足，故輕身耐老。

愚按：桑皮、桑葉有絲，蠶食桑而結繭，其色潔白，其質堅牢，稟金氣也。藕與蓮梗有絲，生於水中，得水精也。杜仲色黑味辛而多絲，故兼稟金水之氣化。

清・姚球《本草經解要》卷三　杜仲　氣平，味辛，無毒。主腰膝痛，補中，益精氣，堅筋骨，強志，除陰下癢濕，小便餘瀝。久服輕身耐老。鹽水炒。

杜仲氣平，稟天秋降之金氣。味辛無毒，得地潤澤之金味。耑入手太陰肺經。氣味升多於降，陽也。腰者，腎之府。膝者，腎所主也。杜仲辛平益肺，肺金生腎水，所以腰膝痛自止也。中者，陰之守也。辛平益肺，肺乃津液之化源，所以陰足而補中也。初生之水謂之精，天一之水也。杜仲入肺，肺主氣而生水，所以益精氣，精氣益，則肝有血以養筋，腎有髓以填骨，所以筋骨堅也。肺主氣，辛平益肺，則氣剛大，所以志強。陰下者，即篡間任脈別絡也。癢濕者，濕也。杜仲辛平潤肺，則水道通而濕行也。小便氣化乃出，有餘瀝，氣不收攝也。杜仲益肺氣，氣固則能攝精也。久服辛平益氣，氣充則身輕，辛潤滋血，血旺則耐老也。鹽水炒則入腎，醋炒則入肝，以類從也。

製方：杜仲同續斷、砂仁，治胎前雜症。同續斷、山藥糊丸，治頻墮胎。專一味酒炒，丸，治腰背痛。

清・周垣綜《頤生秘旨》卷八　杜仲　益腎，助下焦之藥也。補脾陰之不足，且能走腎，協牛膝而成諸藥之功。又能平肝家血分之濕。

清・王子接《得宜本草・上品藥》　杜仲　味苦、辛。入足厥陰經。主治肝虛。得羊腎治腎虛腰痛，得牡蠣治虛汗，得糯米、山藥、棗肉治頻慣墮胎，得補骨脂、青鹽、枸杞能壯腎陽。

清・徐大椿《神農本草經百種錄》上品　杜仲　味辛，平。主腰脊痛，補中，益精氣，堅筋骨，強志，其質堅韌者，其精氣必足，故亦能堅定人身之筋骨氣血也。除陰下癢濕，補皮利濕。小便餘瀝。堅溺管之氣。久服輕身耐老。強健肢體。杜仲木之皮，木皮之韌且厚者此為最，故能補人之皮。又其中有絲連屬不斷，有筋之象焉，故又能續筋骨。因形以求理，則其效可知矣。

清・黃元御《玉楸藥解》卷二　杜仲　味辛，氣平。入足厥陰肝經。榮筋壯骨，健膝強腰。杜仲去關節濕淫。治腰膝酸痛，腿足拘攣，益肝腎，養筋骨。

清・吳儀洛《本草從新》卷三　杜仲〔補腰膝。〕　甘溫能補，微辛能潤，色紫入肝經氣分。潤肝燥，補肝虛，子能令母實，故兼補腎。肝充則筋健，腎充則骨強，能使筋骨相著。皮中有絲，有筋骨相著之象。治腰膝痠痛，《經》曰：腰者腎之府，轉移不能，腎將憊矣。膝者筋之府，屈伸不能，筋將憊矣。一少年新娶，得脚軟病，且痛甚，作脚氣治不效。孫琳曰：此腎虛也，用杜仲一兩，半酒半水煎服，六日痊愈。按：腰痛不已者屬腎虛，痛有定處屬死血，往來走痛屬痰積，腰冷身重，遇寒即發屬寒濕，或痛或止屬濕熱，而其原無不有關於腎，以腰者腎之府也。陰下濕癢，小便餘瀝，胎漏懷孕瀝血。

胎墮。慣墮胎者，受孕一兩月以杜仲八兩，糯米煎湯浸透，炒斷絲，續斷二兩酒浸，山藥六兩糊丸，或棗肉丸，米飲下。二藥大補腎氣，托住胎元則胎不墮。腎雖虛而火熾者勿用。產湖廣湖南者佳。色黃皮薄肉厚。去粗皮剉，或酥炙、蜜炙、鹽酒炒、薑汁炒斷絲用。惡玄參。川杜仲色黑皮厚肉薄，不堪用。

清·汪紱《醫林纂要探源》卷三 杜仲 甘，微辛，溫。葉有三經紋而輭薄，根皮厚而色紫黑，中有密絲如綿，切之不斷。出漢中者良。補肝行氣而能緩，守於中下，非若他辛味之升散。潤腎益精而不泄。從容滋養，非若他辛味之強陽。和筋束骨，續絕除傷。皮中絲不斷，故能和筋束骨。色紫黑，入肝腎，肝主筋，腎主骨，而甘又能補能緩，故治腰膝痛，又能安胎，除陰下濕癢，止小便餘瀝。不必去絲。留絲乃有舒筋之用。或酥炙、蜜炙、酒炙、酒炒、薑汁炒。

清·嚴潔等《得配本草》卷七 杜仲 惡玄參、蛇蛻皮。辛、甘、淡，氣溫。入足少陰經氣分。除陰下之濕，合筋骨之離，補肝氣而利於用，助腎氣而胎自安。凡因濕而腰膝酸疼，內寒而便多餘瀝，須此治之。得羊腎，治腰痛。配牡蠣，治虛汗。配菟絲、五味，治腎虛泄瀉。配糯米、山藥，治胎動不安。佐當歸，補肝火。入滋補藥，益筋骨之氣血。入祛邪藥，除筋骨之風寒。去粗皮用。治瀉痢，酥炙。除寒濕，酒炙。潤肝腎，蜜炙。補腰腎，鹽水炒。治酸疼，薑汁炒。內熱，精血燥者，禁用。腎中之氣不足，因之寒濕交侵，而腰足疼痛，用杜仲溫其氣，燥其濕，而痛自止。故合破故、胡桃為蟠桃果，治腰膝酸疼之勝藥。若精水不足，內多虛熱者，用此治之，水益燥，火益盛，其痛更甚。如略用錢許，為熟地之使，則又能理氣而使之不滯。

題清·徐大椿《藥性切用》卷五 厚杜仲 甘溫微辛，入肝腎而補虛，止痛安胎，續筋，為腰膝諸痛耑藥。鹽水炒，或酒炒用。

清·黃宮繡《本草求真》卷二 杜仲溫補肝氣，達於下部筋骨氣血。 杜仲耑入肝。辛甘微溫，諸書皆言能補腰脊，為筋骨氣血之需，以其色紫入肝，為肝經氣藥。蓋肝主筋，腎主骨，腎充則骨強，肝充則筋健，屈伸利，用皆屬於筋，故入肝而補腎。子能令母實也，且性辛溫，能除陰痒，去囊濕，痿痹癱軟必需，脚氣疼痛必用，按龐元英《談藪》，一少年新娶後得脚軟病，且疼甚，醫作脚氣治不效。路鈐孫琳診之，用杜仲一味，寸斷片拆，每以一兩，用半酒半水一大盞煎服，三日〔能行〕。又三日全愈。琳曰：此乃腎虛，非脚氣也。杜仲能治腰膝痛，以酒行之，則為效容易矣！胎滑夢遺切要。若使遺精有痛，用此益見精脫不已。以其氣味辛溫，能助肝腎旺氣也。胎因氣虛而血不固，用此益見血脫不止。以其氣不上升反引下降也。功與牛膝、地黃、續斷相佐而成，但杜仲性補肝腎，能直達下部筋骨氣血，不似牛膝達下，走於經絡血分之中。熟地滋補肝腎，竟入筋骨精髓之內，續斷調補筋骨，在於曲節氣血之間之為異耳。獨怪今世安胎，不審氣有虛實，輒以杜仲、牛膝、續斷等藥引血下行，在腎經虛寒者，固可用此溫補以固胎元。如古方之治三四月即墜者，於兩月前以杜仲八兩，糯米煎湯浸透，炒斷絲續斷二兩，酒浸山藥六兩，為末糊丸，或棗肉為丸，米飲下，固腎托胎之類。繡見今時醫士，不審虛實，用此安胎甚多，殊為可惜。若氣陷不升，血隨氣脫，而胎不固者，用此則氣益陷不升，其血必致愈脫無已，故凡用藥治病，須察脉症虛實，及於上下之處，有宜不宜，以為審用。若徒守其一曲，胎動症類甚多，若不細心揣摩，安得不守一曲？以應無窮之變，非惟無益，且以增害。不通醫士，多犯是弊，可惜，可惜！出漢中厚潤者良，去粗皮剉，或酥、或酒、或蜜以炙，或薑、或鹽、或酒以炒，在人隨症活變耳。惡黑參。今醫止守《備要》以求藥性，若《備要》論有遺漏，便不他求，可惜。

清·楊璿《傷寒溫疫條辨》卷六補劑類 杜仲鹽水拌，炒斷絲。 味甘氣溫，色紫入肝，潤燥補虛。子能令母實，故又滋腎，肝充則筋健，腎足則骨強，益精秘氣。除陰囊濕痒，止小水夢遺。暖子宮，固胎氣，堅筋骨，壯腰膝及足弱難行。孫琳曰：一少年新娶，得脚軟病且疼甚，作脚氣治不效。予思此腎虛也，用杜仲一兩，水酒各半煎服，六日全愈。

清·羅國綱《羅氏會約醫鏡》卷一七竹木部 杜仲味辛甘，入肝腎二經。惡元參。製法詳下。 甘溫能補，微辛能潤，色紫入肝經氣分，潤肝燥，補肝虛。子能令母實，故兼補腎健筋肝充壯骨胃足。治腰膝酸痛，腰者腎之府，膝者筋之府，二者軟痛屬腎虛。每日用杜仲一兩，半酒半水煎服，待痊方止，永不復發。暖子宮，止夢遺，療小便餘瀝、胎漏、胎墮，方載保胎門。皆氣溫性固之效。欲補腎，鹽水炒。欲補筋骨，酒炒。欲祛濕痹，薑汁炒。

按：杜仲性溫而不助火，可以久服。功專補腎肝，直走二經氣分，牛膝直走二經血分，熟地補二經精髓之內，續斷補二經曲節之間，故數味相須，為筋、骨、氣、血佐使以成功也。若腎經火熾者勿用。

清·陳修園《神農本草經讀》卷二上品 杜仲 氣味辛，平，無毒。主腰膝痛，補中益精氣，堅筋骨，強志，除陰下癢濕，小便餘瀝。久服輕身耐老。

參張隱庵：杜仲氣味辛平，得金之氣味，而其皮黑色而屬水，是稟陽明，少陰金水之精氣而為用也。腰為腎府，少陰主之；膝屬大筋，陽明主之。杜仲稟少陰、陽明之氣，故腰膝之痛可治也。補中者，補陽明之中土也；益陰者，益少陰之精氣也；堅筋骨者，堅陽明所屬之筋，少陰所主之骨也；強志者，腎藏志，腎氣得補而壯，氣壯而志自強也。陽明燥氣下行，故除陰下癢濕，小便餘瀝也。久服則金水相生，精氣充足，故輕身耐老也。

清・黃凱鈞《藥籠小品》 杜仲 續絕補傷，強筋健腰，鹽水炒斷絲，青娥丸同補骨脂、核桃肉，治虛寒腰痛，凡腰膝不足者宜之，並能固胎。

清・王龍《本草纂要稿・木部》 杜仲 氣味甘溫。強志，壯筋骨。滋腎，止腰疼。足痛難踐者殊功，陰囊濕痒者立效。尤能益精，止夢遺，補中，節小便。

清・張德裕《本草正義》卷上 杜仲 微甘辛，溫。氣味俱薄，入腎。能壯腎益精，止腰疼足痛，固胎元，暖子宮，夢遺小便。薑汁炒更溫，鹽水炒次之。用須炒盡絲。

清・楊時泰《本草述鉤元》卷二三 杜仲 味辛、甘，微苦，氣平而溫。氣薄味厚，降也。入足少陰、厥陰經，肝經氣分藥。主治腰膝痛，補中益精氣，堅筋骨強志，除陰下癢濕，小便餘瀝，治腎勞腰脊攣，脚中酸疼，不欲踐地，此陰不得陽以運者。除腎冷腎，潤肝燥，補肝經風虛。能使筋骨相着東垣。雖溫而不助火士材。色紫而潤，氣溫平而和陽，味辛甘而裕陰，故能由腎而致肝之功用若此瀕湖。腎苦燥，急食辛以潤之，肝苦急，急食甘以緩之。杜仲辛甘具足，正能解肝腎之所苦，而補其不足者。同牛膝、枸杞子、續斷、白膠、地黃、山藥、五味子、菟絲子、黃蘗，治腎虛腰痛及下部軟弱無力。胎孕三四月慣墮者，於兩月前，以杜仲八兩，糯米煎湯浸透，炒去絲，續斷二兩酒浸焙乾，為末，以山藥末五六兩糊丸梧子大，空心米飲下。少年新娶，得脚軟病疼甚，作脚氣治不效，用杜仲一兩，每半酒半水煎服，取愈。

論：杜仲味先辛，次甘，又次苦，甘不敵辛，而苦則微甚，以辛始而以苦終，是苦乃辛甘歸宿之地，而引辛甘致其用者，固在苦也。苦屬火，苦所就下之火，即元氣。兹味由辛甘而苦，是其歸於中五之沖氣者，皆降而厚育乎陰中之陽也。即其色紫，非下就相火之一證乎。夫三焦元氣，上下際蟠，水中有火，乃腎中元氣，而三焦布之。兹何以獨致其用於下？蓋中土之甘，化歸於腎，而天氣之辛化，又因中土而歸之，則所謂益元陽致津液者，其功乃專於下焦之腎肝矣。觀於色紫而潤，折之有白絲相絡，非即其精氣不匱而密理相湊哉。總之，此味功用，全以元氣為本，身半以下，腰膝與脚，皆藉此陰中元陽以為張弛之主，至於療墮胎，尤以化為主，不徒恃形器之相維也。《本經》所謂益精氣強志，皆不離元氣而言，但於陰中生陽，即於陽中含陰，非偏於陽者。非偏於補陽，故兹味以益精氣為主，精氣益則筋骨自堅。《經》故謂其氣平，李氏亦云溫而不助火也，抑三焦元氣即腎氣。乃又言其為肝經氣分藥者，以肝本腎為化原，而還為腎暢其化育之用。試參東垣能使筋骨相着一語，則可見肝之化原在腎，而腎之資益在肝，此味由腎益肝，即由肝資腎，故得筋骨相着，肝之藉以致其氣化者此耳，非謂其更入肝也。能補腎中元氣，即是肝經氣分藥，即是能補風虛潤肝燥藥，肝燥者何，元陽虛而風木之真氣不達，故燥急也。藉非本於三焦之元氣，陰中生陽，陽中含陰，其能使風虛、肝燥胥以受益乎？至如陰下癢濕，小便餘瀝，皆陽氣之不周於陰也，雖貴其脂潤，而取用在皮，亦可以思矣。審此則凡陰虛以為腰痛者，猶當酌而施之矣。甄權療腎冷腎腰痛，日華子治腎勞腰脊攣。夫冷與勞，皆屬腎氣之虛，腎中元陽虛，即有腰痛脊攣之證，亦即有陽虛而病於風之證。蓋陽虛而并不能達陰，故病於風，即海藏所謂風虛也。又所謂肝燥者，即陽不得致於肝，而陰亦不得隨之以至肝也，陰陽合一之義，可於兹味見一班，惟由益腎以致肝，比於石棗即山萸肉之先溫肝以助腎者有異耳。

腎虛火熾者，不宜用，即用當與知、蘗同入仲淳。

修治：削去粗皮，每一斤，用酥一兩，蜜三兩，和塗火炙，以盡為度。一法：用酒炒斷絲，以漸取屑，方不焦。厚而實者，能強筋骨，用麪炒去絲，童便浸七日，新瓦焙乾為末。

清・鄒澍《本經續疏》卷三 杜仲 【略】杜仲之治，曰主腰脊痛，別於因風寒濕痹而為腰脊痛也。曰補中，益精氣，堅筋骨，強志，以能主腰脊痛而究極言之也。蓋木皮之厚，無過於杜仲，猶人身骨肉之厚，無過於腰脊。木皮皆燥，獨杜仲中含津潤，猶腰脊之中實藏腎水。腎者，藏精而主作強。此所以得其敦厚津潤，以補其中之精，並益其精中之氣，而痛自可已。然敦厚津潤，氣象沖容，魄力和緩，何筋骨之能堅，志之能強？殊不知味之辛，即能於沖容和緩中發作強之機，而於敦厚津潤中行堅強之勢，且其皮內白絲纏聯，緊相牽引，隨處折之，隨處密布，是其能使筋骨相著，皮肉相帖，為獨有之概，非他物所能希也。雖然，堅筋骨、強志皆腰脊以內事，謂之補中益精氣可矣，陰下癢濕，小便餘瀝，腰脊以外事，何又能除？夫腎固主收攝一身水氣，分布四藏，以為泣、為涎、為汗、為涕、為唾，而伸其變化云，為是之謂作強，是之為技巧。假使所居之境，所治之地，而滲漏不已，關鍵無節，又安得筋骨之能堅，志之能強？故惟能除陰下癢濕，小便餘瀝，而後筋骨可堅，志可強，實皆腰脊以內事，不得云在腰脊外也。即《別録》所注，脚中酸疼，不欲踐地，尚是腰脊以內事，蓋惟下一欲字，已可見其能而不欲，非欲而不能也。夫脚之用力，皆出於腰，設使欲而不能，是脚不遵腰令，今曰不欲，則猶腰之令不行於脚，故曰尚是腰脊以內事。

清·葉桂《本草再新》卷四 杜仲味甘，性溫，無毒。入肝、腎二經。 治血分經絡，益腎養肝，充筋力，強陽道，治腰膝酸痛。

清·吳其濬《植物名實圖考》卷三三 杜仲 《本經》上品。一名木棉。樹皮中有白絲如膠，芽葉可食，花實苦澀，亦入藥。《湘陰志》：杜仲皮粗，如川産而肌理極細膩，有黃白斑文。

清·趙其光《本草求原》卷八喬木部 杜仲 氣平，好古曰溫。味辛，色黑。得陽明少陰金水之精氣。溫而平，即沖和之氣也，無毒。主腰膝痛，腰為腎府，膝之大筋屬陽明，金水之氣充，則痛止。補中，亦陽明胃土。益精氣，堅筋骨，色紫黑而潤，故能益腎精中之氣，以致津液入肝胃。人身骨節皆筋脈鎖定，是肝胃之化元在腎，杜仲折之，又白絲相絡，故能使腎所主之骨，肝胃所主之筋，彼此相着。強志，腎氣壯，則腎所藏之志自強。陰下濕癢，小便餘瀝，陽明燥氣下行，腎之元陽又能達陰故也。久服輕身耐老，精氣充足之效。治腰脊攣、脚酸疼，身半以下，皆藉元陽為張弛。療墮胎。糯米煎湯，浸炒八兩，合酒炒，續斷二兩，淮山糊為丸，胎藉元氣主持也。

按：《本經》主治，皆為腎胃主藥，好古專謂其氣溫入肝，潤肝燥，補肝經風虛而身強直。不知陰虛則風實，陽虛則風虛；元陽虛，不能運陰以滋肝，則肝燥急。此物辛能潤腎燥，兼有微甘，亦能緩肝急，是補腎以裕肝陰，非溫肝助腎之品，謂子令母實者，誤也。

同杞、地、淮、續、北味、菟絲、熟地、牛膝、鹿膠、黃柏，治腎虛腰痛脚軟。一少年新娶後，得腳軟病，用杜仲一兩半、酒半，水煎服，六日全愈。腰痛不已，屬腎虛；痛有定處，屬死血；往來走痛，屬痰；腰冷身重，遇寒便發，屬寒濕；或痛或止，屬濕熱。而其原多本腎虛，痛雖屬火，不得峻用寒涼，因腎氣虛而鬱熱，必須溫補。杜仲溫而平，不致助火，即陰虛極而熱賸者，亦宜與知、柏同用。

出漢中，厚潤者良。去粗皮，蜜炙，或酥炙，酒炙，鹽酒炙；薑，酒炒，麵炒，去絲用。再以童便浸七日焙，更妙。惡黑參。

清·葉志詵《神農本草經贊》卷一 杜仲 味辛，平。主腰脊痛，補中益精氣，堅筋骨，強志，除陰下痒濕，小便餘瀝。久服輕身耐老。一名思仙。生山谷。

杜父仙去，嘉蔭翹思。紫封巨植，白折輕絲。足知為履，牙效烹葵。形兼榆柘，酥蜜相宜。

李時珍曰：昔有杜仲，服此得道，因以名之。《晉書·傳》：杜預眾庶賴之，號曰杜父。蘇軾詩：幽人得嘉蔭。曹植詩：翹思遠退人。令狐楚詩：猶識紫泥封。蘇軾詩：不盡長林與巨植。《群芳譜》：皮色紫而潤。陶弘景曰：折之多白絲者佳。《孟子》：不知足而為屨。蘇頌曰：木可為履，益脚。初生嫩葉，可食，謂之櫋牙，葉亦類柘。《詩》七月烹葵及菽。《爾雅》：杜仲，曼榆也。雷斆論：凡使用酥蜜和塗。

清·文晟《新編六書》卷六《藥性摘錄》 杜仲 辛甘，微溫。入肝。溫補肝氣，達於下部筋骨氣血，補腰脊，除陰癢，去囊濕，痿痹癱瘓，脚氣疼痛，胎滑夢遺，皆所必用。○若使遺精有痛，胎因氣虛而血不固，用此反有害。○出漢中。厚潤者良。去粗皮，剉，或酒、或蜜、或酥炙、或羌酒、或鹽炒，隨症用之。○惡黑參。

清·張仁錫《藥性蒙求·木部》 杜仲二錢、三錢 杜仲甘溫，補肝益腎。腰膝痠疼，安胎必應。甘，溫，微辛。色紫，入肝經氣分。潤肝燥，補肝虛。子能令母實，故葉補腎，所以能健筋骨。○炒斷絲用，或薑汁炒。

清·戴葆元《本草綱目易知錄》卷四 杜仲 甘溫能補，微辛能潤，色紫入肝經氣分。潤肝躁，補肝虛，子能令母實，故亦補腎，益精氣，堅筋骨。肝充則筋健，腎充則骨強，能使筋骨相着。治腎冷腎勞，腰脊攣痛，脚中酸疼，不欲踐地。陰下濕痒，小便餘瀝。妊娠體弱，胎漏胎墜。【略】腎虛腰痛，杜仲一斤分作十劑，每夜取一劑，水二升，浸至五更，煎三分，取汁以羊腎三四枚，切片，再煮五六沸，如作羹法，和川椒、鹽空腹服。葆驗方：杜仲、故(芷)〔紙〕各二錢，川椒、青鹽各五分，共研粗末，韭菜腦九箇，搗勻，用牯猪腰子一對，劈半開，去內白膜，將藥裝入內，縛定，酒水各半，煮二時，取起，去藥食腰子，以汁送。屢驗神效。

清・黃光霽《本草衍句》 杜仲 色紫入肝，潤肝燥，補肝虛。甘溫補腎，益精氣，堅筋骨。用治腰膝酸疼，及脚痛不能踐地。能使筋骨相着。止小便餘瀝，堅溺管之氣。陰囊濕痒。補脾利濕。療頻慣墮胎，懷妊下漏。得補骨脂、青鹽、枸杞，能壯腎陽。得羊腎治腎虛腰痛。腎虛脚軟且痛，杜仲一味，水、酒各半煎服。 病後虛汗及目中流汁，杜仲、牡蠣煎服。 頻慣墮胎，或三四月即下者，杜仲、糯米、山藥、棗肉丸服。

清・陳其瑞《本草撮要》卷二 杜仲 味苦辛，入足厥陰經，功專治肝虛。得羊腎治腎虛腰痛，得牡蠣治虛汗，得糯米、山藥、棗肉治胎漏胎墜，得補骨脂、青鹽、枸杞能壯腎陽。或酥酒炙，蜜炙鹽酒炒，薑汁炒，炒斷絲用。惡元參。

清・李桂庭《藥性詩解》 賦得杜仲益腎而添精得添字。田春芳。 助腎強髓骨，功惟杜仲兼。腰疼能補益，精損更增添。 按： 杜仲味本甘平，微辛，入肝經氣分，腎經陰分藥。 補腰膝，醫胎漏。 腎為肝母，子能令母實，故以補腎。 腎主骨而藏精，腎足則骨強精固，故謂杜仲益腎而添精也。 色黃皮厚肉薄者佳，色黑者劣。 產湖廣、湖南者佳，川產者劣。

清・鄭奮揚著，曹炳章注《增訂偽藥條辨》卷三 杜仲 偽名洋杜仲，又名土杜仲，皮紅而厚，少絲。 按杜仲之木，始出豫州山谷，得中土之精，皮色黑而味辛平，摺之有白絲相連不斷，兼稟陽明少陰金水之精氣，故《本經》主治腰膝痛，補中益精氣，堅筋骨，強志，除陰下癢濕，小便餘瀝。 若此種洋杜仲，皮色既紅，則性味自別，又安可用乎？ 炳章按： 杜仲乃樹之膜皮也。其樹之葉，作倒矗之卵形，端尖，但能剝杜仲之樹幹，非高數丈，大可一二人抱者不可，考其年齡，在數十年者。 割剖之時間，自五月至九月，過此則不易分剖矣。 其皮在根間者，厚鬆而次。 在中段者，皮厚細糯為佳。 枝杈以上，皮雖細極薄，效力亦弱矣。 產四川綏定洛陽者，體質堅重，外皮細結，內此光黑，中層絲厚，扯之韌長如絲者，最佳。 巴河產者亦佳。 貴州及鄂之施南、湘之寶慶等處產者，皮粗質輕，皆次。 浙之溫台與閩省，雖皆有產，質鬆皮粗，內層絲皮甚薄，皆不道地。

清・周巖《本草思辨錄》卷四 杜仲 《本經》杜仲主腰脊痛，脊有誤作膝者，注家即以腰膝釋之。 不知杜仲辛甘色黑，皮內有白絲纏聯，為肝腎氣藥，非血藥。 其溫補肝腎之功，實在腰脊。 性溫化濕而甘能守中，不特腰脊痛可止，即陰下癢濕，小便餘瀝何不可已？《別錄》謂腳中酸疼不欲踐地。不欲之故，自在腰脊，與不能有異。總當以主腰脊痛為用，是物之主腦。即後世治頻慣墮胎，亦豈為脚膝事哉？

梓

宋・唐慎微《證類本草》卷一四木部下品〔《本經》・《別錄》〕 **梓白皮** 味苦，寒，無毒。主熱，去三蟲，療目中疾。生河內山谷。

葉： **擣傅猪瘡，飼猪，肥大三倍。** 生河內山谷。

〔梁・陶弘景《本草經集注》〕云： 此即梓樹之皮。梓亦有三種，當用拌素不腐者。葉療手脚火爛瘡。 桐葉及此以肥猪之法未見，應在商丘子《養猪經》中。

〔唐・蘇敬《唐本草》〕注云： 此二樹花、葉，取以飼猪，並能肥大且易養。今見《李氏本草》《博物志》。但云飼猪使肥，今云傅猪瘡，並訛矣。《別録》云： 皮主吐逆胃反，去三蟲，小兒熱瘡，身頭熱煩蝕瘡，湯浴之。 并封傅嫩葉，主爛瘡。

〔宋・掌禹錫《嘉祐本草》〕按： 《爾雅》云： 椅，梓。 釋曰： 別二名也。 郭云即楸。《詩・鄘風》云： 椅、桐、梓、漆。 陸璣云： 梓者，楸之疏理，白色而生子者爲梓，梓實桐皮曰椅，則大同而小別也。 蕭炳云： 樹似桐而葉小，花紫。 日華子云： 煎湯洗小兒壯熱，一切瘡疥，皮膚瘙痒。 梓樹皮有數般，惟楸梓佳，餘即不堪。

〔宋・蘇頌《本草圖經》〕曰： 梓白皮，生河內山谷，今近道皆有之。 木似桐而葉小，花紫。《爾雅》云： 椅，梓。 郭璞注云： 即楸也。《詩・鄘風》云： 椅、桐、梓、漆。 陸璣云： 梓者，楸之疏理，白色而生子者爲梓，梓實桐皮曰椅，大同而小別也。 又一種鼠梓，一名楰，亦楸之屬也。 江東人謂之虎梓。《詩・小雅》云： 北山有楰。 陸璣云： 其枝、葉、木理如楸，山楸之異者。 今人謂之苦楸是也。 鼠李，一名鼠梓，或云即此也。 然鼠〔李〕花之實都不相類，恐別一物而名同也。 梓之入藥，當用有子者爲使。 楸、梓，宮、寺及人家園亭多植之。 崔元亮《集驗方》療毒腫不問硬軟。 取楸葉十重薄腫上，即以舊帛裹之，日三易，當重重有毒氣爲水流在葉中，如冬月取乾葉，鹽水浸良久用之。 或取根皮，剉爛擣，傅之，皆效。 又療上氣欬嗽，腹滿羸頓者。 楸葉三斗，以水三斗，煮三十沸，去滓，煎堪丸如棗大。 以竹筒内下部中，立愈。《篋中方》楸葉一味爲煎，療瘰癧瘻瘡神方： 秋分前後平旦，令人持囊袋，枝上旋摘葉，内袋中。 秤取十五斤，水一石，淨釜中煎取三斗，又別換鍋煎取七八升，又換鍋煎取二升，即成煎，内不津器中。 凡患者，先取麻油半合，蠟一分，酥一栗子許，同消如面脂。 又取杏人七粒，生薑少許，同研令細，米粉二錢，同入膏中攪令勻。 先塗瘡上，經二日來乃拭却，即以篦子勻塗楸煎滿瘡上，仍用軟帛裹却。 二日一度，拭却，更上新藥。 不過五六上，已作頭便生肌平復，未穴者即內消。 差後須將慎半年已來。 採葉及煎合時，禁孝子、婦女、僧人、雞犬見之。

宋・鄭樵《通志》卷七六《昆蟲草木略》　梓　與楸相似。《爾雅》云以為一物，誤矣。按《雜五行書》曰：舍西種楸、梓各五根，令子孫孝順。所以人家多種於園亭。陸璣謂：楸之疏理白色，而生子者為梓。《齊民要術》云：白色有角者為梓，無子為楸。是皆不辨楸、梓也。梓與楸自異，生子不生角。

宋・陳衍《寶慶本草折衷》卷一四　梓白皮葉、根附。一名楸梓，乃楸屬也。生河內山谷。今近道官、寺及園亭多植有之。○附：葉或冬月則取乾者，鹽水浸用。

味苦，寒，無毒。○主熱，去三蟲，療目中疾。○《唐本》註云：主吐逆胃反。○日華子云：煎湯洗小兒壯熱，瘡疥瘙痒。梓有數般，惟楸梓佳。○《圖經》曰：梓者，理白色而生子者也。

附：葉。○療手脚火爛瘡及毒腫，不問硬軟，十重傅腫上，以舊帛裹之，日三易，毒氣為水，流在重重葉中。或取根皮剉，爛擣，傅皆效。木似桐而葉小。

元・王好古《湯液本草》卷五　梓白皮　氣寒，味苦，無毒。《本草》云：主熱，去三蟲，治目中疾。生河內山谷，今近道皆有之。木似梧桐。

明・蘭茂《滇南本草》（叢本）卷中　（秋未）〔楸木〕皮　味苦、辛，甘，性溫。治筋骨疼痛，痰脚耎。

明・王綸《本草集要》卷四　梓白皮　味苦，氣寒，無毒。主熱，去三蟲，療目中疾。煎湯洗小兒壯熱，一切瘡疥，皮膚搔癢。○葉，擣傅猪瘡，飼猪肥大三倍。

明・滕弘《神農本經會通》卷二　梓白皮　梓之入藥，當用有子者為使。木似桐，而葉小花紫。

味苦，氣寒，無毒。《湯》同。

《本經》云：主熱，去三蟲，療目疾。葉，擣傅猪瘡，飼猪肥大三倍。陶云：葉，療手脚火爛瘡。日華子云：煎湯，洗小兒壯熱，一切瘡疥，皮膚瘙痒。梓樹皮有數般，惟楸梓佳，餘即不堪。

明・劉文泰《本草品彙精要》卷二〇　梓白皮無毒。附葉。　植生。

梓白皮出《神農本經》：**主熱，去三蟲。○葉，擣傅猪瘡。飼猪肥大三倍。**以上朱字《神農本經》。皮，療目中疾。以上黑字名醫所錄。【名】椅梓、鼠梓、虎梓、椃、楸。【苗】《圖經》曰：木似桐而葉小，花紫。《爾雅》云：椅梓，郭璞注云：即楸也。《詩・鄘風》云：椅桐梓漆。陸璣云：梓者，楸之疏理白色而生子者爲梓，梓實桐皮曰椅，大同而小別也。又一種鼠梓，一名椃，亦楸之屬也。江東人謂之虎梓。《詩・小雅》云：北山有椃。陸璣云：其枝葉木理如楸，而山楸之異者，今人謂之苦楸是也。鼠李，名鼠梓，或云即此也。然鼠花之實都不相類，恐別一物，而名同耳。梓之入藥，當用有子者。日華子云：梓樹皮有數般，惟楸梓佳，餘不堪用。【地】《圖經》曰：生河內山谷，今近道皆有之。【時】生：春生葉。採：無時。【收】日乾。【用】皮、葉。【色】青綠。【味】苦。【性】寒。【氣】味厚于氣，陰也。【臭】朽。【主】洗瘡疥，去三蟲。【製】剉碎或擣用。【治】療：《圖經》曰：療毒腫。《唐本》注云：止吐逆胃反，小兒熱瘡，身頭熱煩，蝕瘡。○葉，主火爛瘡。蕭炳云：洗小兒壯熱，一切瘡疥，皮膚瘙癢。

明・王文潔《太乙仙製本草藥性大全》卷三《本草精義》　梓白皮　生河內山谷，今近道皆有之。木似桐而葉小，花紫。郭云：即楸也。陸云：梓者，楸之疏理，白色而生子者爲梓，梓實、桐皮曰椅，大同而小別也。又一種鼠梓，一名梗，亦楸之屬也，江東人謂之虎梓，今人謂之苦楸是也。鼠李一名鼠梓，或云即此也。（然）然鼠（李）花之實，都不相類，恐別一物而名同也。

明・王文潔《太乙仙製本草藥性大全》卷三《仙製藥性》　梓白皮　味苦，氣寒，無毒。梓之入藥，當用有子者爲使。　主治：去熱毒三蟲，療目中諸疾。煎湯洗小兒壯熱，瘡疥。煮汁治皮膚瘙痒殊功。葉擣爛傅猪瘡，餵養猪肥大倍。　補註：毒腫不問硬軟，取梓葉十重傅腫處，即以舊布裹之，日三易，當重重有毒氣爲水流在葉中。如冬月取乾葉，鹽水浸良久用之，或取根皮剉爛擣傅之。上氣欬嗽，腹滿羸瘦者，取楸葉三斗，以水三斗，煮三十沸，去滓，煎堪丸如棗大，以竹筒內下部中立愈。療鼠瘻瘰癧，於秋分前後平旦，令人持囊袋，枝上旋摘葉貯袋中，秤取十五斤，水一石，淨釜中，煎取三斗，又別換鍋煎取七八升即成，煎納不津器中。凡患者先取麻油半合，蠟一分，酥一栗子許，同消如面脂，又取杏仁七粒，生薑少許，同研令細，米粉二錢，同入膏中，攪令勻，先塗瘡上，經三日來乃拭却，即以篦子勻塗楸煎滿瘡上，仍用軟帛裹。二日一度，拭却更上新藥，不過五六上，已作頭，便生肌平差。採葉及煎合時禁孝子、婦女、僧人、雞犬見之。

明・皇甫嵩《本草發明》卷四　梓白皮下品。氣寒，味苦，無毒。　主熱，去三蟲，療目中疾。煎湯，洗小兒壯熱，一切疥瘡，皮膚搔痒。○葉，煮，傅猪瘡，飼極肥大猪。

明・李時珍《本草綱目》卷三五木部・喬木類　梓《本經》下品

【釋名】木王時珍曰：梓或作杍，其義未詳。按陸佃《埤雅》云：梓爲百木長，故呼梓爲木王。蓋木莫良于梓，故《書》以梓材名篇，《禮》以梓人名匠，朝廷以梓宫名棺也。羅願云：屋室有此木，則餘材皆不震。其爲木王可知。　【集解】《别録》曰：梓白皮生河内山谷。弘景曰：此即梓樹之皮。梓有三種，當用朴素不腐者。頌曰：今近道皆有之，宫、寺，人家園亭亦多植之。木似桐而葉小，花紫。《爾雅》云：椅，梓。郭璞注云：即楸也。《詩・鄘風》云：椅桐梓漆，爰伐琴瑟。陸璣注云：楸之疏理白色而生子者爲梓，梓實桐皮爲椅，大同而小異也。入藥當用有子者。又一種鼠梓，一名楰，亦楸屬也。枝葉木理皆如楸。今人謂之苦楸，江東人謂之虎梓。《詩・小雅》云北山有楰是也。鼠李一名鼠梓，云即此。然花實都不相類，恐别一物而名同爾。藏器曰：楸生山谷間，與梓樹本同末異，或以爲一物者誤矣。大明曰：梓有數般，惟楸梓皮入藥佳，餘皆不堪。機曰：按《爾雅翼》云：《説文》言：椅，梓也。梓，楸也。檟亦楸也。然則椅、梓、檟、楸，一物四名。而陸璣《詩疏》以楸之白理生子者爲梓，梓實桐皮者爲椅。賈思勰《齊民要術》又以白色有角者爲梓，即角楸也，又名子楸。黄色無子者爲椅楸，又名荆黄楸。但以子之有無爲别，其角細長如箸，其長近尺，冬後葉落而角猶在樹。其實亦名豫章。時珍曰：梓木處處有之。有三種：木理白者爲梓，赤者爲楸，梓之美文者爲椅，楸之小者爲榎。諸家疏注，殊欠分明。桐亦名椅，與此不同。此椅即《尸子》所謂荆有長松、文梓者也。

梓白皮　【氣味】苦，寒，無毒。　【主治】熱毒，去三蟲《本經》。療目中疾，主吐逆胃反。小兒熱瘡，身頭熱煩，蝕瘡，煎湯浴之，并擣傅《别録》。煎湯洗小兒壯熱，一切瘡疥，皮膚瘙癢大明。治温病復感寒邪，變爲胃啘，煮汁飲之時珍。

【附方】新一。　時氣温病：頭痛壯熱，初得一日。用生杍木削去黑皮，取裏白者切一升，水二升五合煎汁。每服八合，取瘥。《肘後方》。

葉　【主治】擣傅猪瘡。飼猪，肥大三倍《别録》。療手脚火爛瘡。弘景曰：桐葉、梓葉肥猪之法未見，應在商丘子《養猪經》中。恭曰：二樹花葉飼豬，並能肥大且易養，見李當之《本草》及《博物志》，然不云傅豬瘡也。

【附方】新一。　風癬疙瘩：梓葉、木綿子、羯羊屎、鼠屎等分，入瓶中合定，燒取汁塗之。《試效録驗方》。

明・王肯堂《傷寒證治準繩》卷八　梓白皮　氣寒，味苦，無毒。主熱毒，去三蟲。時氣溫病，頭痛壯熱，初得一日，用生梓木，削去黑皮，取裏白者，切一升，水二升五合，煎汁，每服八合，取瘥。折熱之劑，必以苦為主。又曰大熱之氣，寒以取之是也。

明・盧復《芷園臆草題藥》　梓、楸同種。利，利姓也，得金之堅，故從辛從秋，有用之良材也。如作琴，桐天梓地，則音皆朝底，聲發有根。倘欲木氣有歸，魂神不弛，血有所藏，施此必詣其妙。即凡庸木為災，肝邪作横，真主一見，恐必潛消，歸向此屋，有梓餘材不震義也。○辛為五味之一，秋為四氣之一，味屬陰而氣陽也，白屬陰而赤陽也，藏腑屬陰而形骸陽也。梓理白而楸赤，當牝梓而牡楸，内治用梓，而外治當楸明矣。

明・倪朱謨《本草彙言》卷九　梓　味苦，氣寒，無毒。葉主治同。　蘇氏曰：按《埤雅》云：梓爲百木長，故呼梓爲木王。蓋木類莫良于梓，故《書》以梓材名篇，《禮》以梓人名匠，朝廷以梓宫名棺也。　李氏曰：梓有三種，當用樸素不腐者。今處處皆有之，宫寺、人家園亭，亦多植之。木似桐而葉小，花紫。雖有三種之分，實非一類也。木理白者爲梓，赤者爲楸，梓之美文者爲椅，楸之小者爲榎。

梓白皮：去熱毒，《本經》殺三蟲之藥也。方吉時抄大氏方治小兒一切瘡疥瘙癢，取此煎湯洗之。瀕湖方治溫熱時氣，頭痛壯熱，取此煮湯飲之。又《别録》方擣梓樹葉，和猪食中，飼養肥大三倍，且無瘟死之虞。

明・鄭二陽《仁壽堂藥鏡》卷二　梓白皮　氣寒，味苦，無毒。《本草》云：主熱，去三蟲，治目中疾。生河内山谷。今近道皆有之。木似梧桐。《博物志》云：止吐逆反胃。

明・盧之頤《本草乘雅半偈》帙一一　梓白皮《本經》下品　氣味：苦，寒，無毒。　主治：主熱（氣）〔毒〕，去三蟲。

覈曰：梓，一名木王。生河内山谷，近道亦有，宫寺園亭，頗多植此。舊説椅即是梓，梓即是楸，楸即是檟。蓋楸之疏理而白色者為梓，梓實桐皮者為椅，其實兩木，大類同，而小別異也。《齊民要術》稱白皮有角者曰梓，或名角楸，又名子楸；黄色無子者曰柳楸，世呼荊黄楸云。然則是數者，又以有子為別耳，顧梓之子，莢細如箸，其長僅尺，冬後葉落，莢猶在樹，總總然，莢中之子，名曰豫章。崔豹《古今注》云：棘子曰棗，梓子曰豫章，桑子曰椹，柘子曰佳，魯季孫植六檟于蒲圃東門之外。子胥曰：植吾墓。任昉云：山中有楸戶，掌楸木者，可為什器也。蓋梓有三：木理白者梓，赤者楸，梓之美文者椅，楸之小者櫝。桐亦名椅，與此不同。入藥則宜白色有子者，用皮則生者良。

条曰：梓為百木長，室屋之間有此，餘材不復震矣。亦有子道焉，昔者伯禽、康叔見周公，三見而三笞，遂見商子，商子使觀于南山之陽，見喬木而仰；又使觀于北山之陰，見梓焉，晉然實而俯。商子曰：喬者，父道也；梓者，子道也。于是二子再見乎周公，入門而趨，登堂而跪，周公拂其首，勞而食之，則以能子道焉耳。《雜五行書》云舍西種梓，令子孫順者，蓋亦取此。《詩》云：維桑與梓，必恭敬止，靡瞻匪父，靡依匪母。故古者見喬木，必下而趨，所以廣孝也。桑者，母之所事，以供蠶繅；梓者，父之所植，以伐琴瑟，故見之而恭敬之心惕然生焉，不必待于口澤手澤之所漸也。神農氏云梓皮苦寒，入藥最良，蓋苦性趨下，寒平熱毒，順之也，敬止也。《本經》主去三蟲。《別錄》療小兒身頭熱煩，瘡瘍蝕者，顧置室屋之間餘材且不復震。風蟲之屬，寧不降心而退舍焉。梓之益利于人道者大矣。

清・穆石匏《本草洞詮》卷一一　梓　為百木之長。書以梓材名篇，禮以梓人名匠。屋有此木，則餘材皆不震，故名木王。梓有三種，木理白者為梓，赤者為楸，梓之文者為椅，楸之小者為榎。梓皮苦寒，無毒。治熱毒，殺三蟲，煎湯洗小兒壯熱，一切瘡疥，皮膚瘙癢。梓葉飼豬，肥大三倍，桐葉亦然。

清・张璐《本經逢原》卷三　梓白皮　苦，寒，無毒。取根去外黑皮用。《本經》治熱毒，去三蟲。　發明：梓皮苦寒，能利太陽、陽明經濕熱，仲景麻黃連軺赤小豆湯用之。其治溫病復傷寒飲變為胃啘者，煮汁飲之。取其引寒飲濕邪下泄也。

清・張志聰、高世栻《本草崇原》卷下　梓白皮　氣味苦，寒，無毒。主治熱毒，去三蟲。　梓為木中之王，其花色紫，其莢如箸，長近尺，冬後葉落而莢猶在樹。李時珍曰：梓木處處有之，有三種，木理白者為梓，赤者為楸，梓之美紋者為椅，楸之小者為榎。　梓楸同類，梓，從辛，楸，從秋，稟金氣也。氣味苦寒，稟水氣也。稟水氣，故主治熱毒。稟金氣，故主殺三蟲。《陽明篇》云：傷寒瘀熱在裏，身必發黃，麻黃連軺赤小豆湯主之，內用梓白皮，義可知矣。

清・王子接《得宜本草・下品藥》　梓白皮　味苦，寒。主治時行熱毒。得連翹、赤小豆治溫熱發黃。

清・黃元御《長沙藥解》卷二　生梓白皮　味苦，性寒。入足少陽膽、足陽明胃經。泄戊土之濕熱，清甲木之鬱火。《傷寒》麻黃連翹赤小豆湯方在連翹用之治太陰病，瘀熱在裏而發黃者，以其清胃膽上逆之瘀熱也。太陰土濕，胃氣逆行，脹滿不運，壅礙甲木下行之路，甲木內侵，束逼戊土，相火鬱遏，濕化為熱，則發黃色。以木主五色，入土化黃故也。梓白皮苦寒清利，入膽胃而泄濕熱，濕熱消則黃自退。膽胃上逆，濁氣熏衝，則生惡心嘔噦之證。濕熱鬱遏，不得汗泄，則生疥痤癬痹之病。其諸主治，清煩熱，止嘔吐，洗疥癬，除瘙癢。

清・嚴潔等《得配本草》卷七　梓白皮　苦，寒。解熱毒，去三蟲，能引邪下泄。溫病復感寒邪，變為胃啘者，煮汁飲之。　配連翹、赤小豆，治溫熱發黃。

清・吳其濬《植物名實圖考》卷三三　梓　《本經》下品。有角長尺餘，如箸而黏，餘皆如楸。

清・葉志詵《神農本草經贊》卷三　梓白皮　味苦，寒。主熱去三蟲。葉，擣傅猪創，飼猪肥大三倍。生山谷。

楸茂赤章，梓疏白理。內拱尊王，長生著美。牧豢猪肥，伐奇牛徙。順孝孫曾，敬恭鄉里。

《詩疏》：楸之疏理，白色而生子者為梓。李時珍曰：赤者為楸，木理白者為梓。《爾雅翼》：植於林，諸木皆內拱。《埤雅》：梓木為木王。《禮斗威儀》：君乘火而王，其政和平，梓為長生。王績詩：閒田且牧猪。《元中記》：終南山有梓樹，秦文公伐之。中有青牛，逐之入澧水。《雜五行書》：舍西種梓楸各五根，子孫順孝。黃庭堅贊：以福孫曾。《詩》：維桑與梓，必恭敬止。

梓榆

清・吳其濬《植物名實圖考》卷三五　梓榆　即駁馬，又名六駮。皮色青白，多癬駁，詳《詩疏》。

楸

宋・唐慎微《證類本草》卷一四木部下品〔唐・陳藏器《本草拾遺》〕　楸木皮　味苦，小寒，無毒。主吐逆，殺三蟲及皮膚蟲。煎膏，粘傅惡瘡，疽瘻癰腫疳，野雞病。除膿血，生肌膚，長筋骨。葉，擣傅瘡腫。亦煮湯，洗膿血。冬取乾葉湯揉用之。《范汪方》諸腫癰潰，及内有刺不出者。取楸葉十重貼之。生山谷間。亦植園林，以爲材用，與梓樹本同末異，若柏葉之有松身，蘇敬以二木爲一誤也。其分析在解紛條中矣。

〔宋・唐慎微《證類本草》〕《圖經》：文具梓白皮條下。《海藥》云：微溫，主消食，澁腸，下氣及上氣咳嗽，並宜入面藥。《聖惠方》：治頭極痒，不痛，出瘡。用楸葉不限多少，少擣絞汁塗之。又方：治炙瘡多時不差，痒痛，出黄水。用楸葉或根皮，擣羅爲末，傅瘡上，即差。《外臺秘要》：療癰腫煩困。生楸葉十重貼之，布帛裹，緩急得所，日三易。止痛消腫，食膿血，良無比，勝於衆藥。冬以先收乾者，臨時鹽湯沃潤用之。又主患癰破，下膿訖，著瓮藥塞瘡孔。瘡痛煩悶困極方：楸葉十重去瓮藥下怗之，以布帛裹，緩急得所，日再，三易之。痛悶即止。此法大良無比，勝於衆法。主癰疽潰後及凍瘡，有刺不出，甚良。冬無楸葉，當早收之，臨時以鹽湯沃之，令擇日亦佳，薄削楸白皮用之亦得。又方：療口吻瘡。楸枝皮白，濕貼上，數易。《千金翼》：治小兒頭髮不生。取楸葉中心，擣絞塗之。《肘後方》：治瘻。煎楸枝作煎，淨洗瘡子孔中，大效。《子母秘録》：治小兒頭上瘡，髮不生。楸葉擣汁，塗瘡上，髮即生，兼白秃。

明・朱橚《救荒本草》卷下之前　楸樹　所在有之，今密縣梁家衝山谷中多有。樹甚高大，其木可作琴瑟，葉類梧桐葉而薄小，葉梢作三角尖叉，開白花。味甘。救飢：採花煠熟，油鹽調食；及將花晒乾，或煠，或炒皆可食。

明・王文潔《太乙仙製本草藥性大全》卷三《本草精義》　楸木葉　舊本不著所出州土，今山林谿谷間有之，亦植園林，以爲材用。其木與梓樹本同末異，若柏葉之有松身。蘇敬以二木爲一，誤矣！其分析在解紛之條中也。

明・王文潔《太乙仙製本草藥性大全》卷三《仙製藥性》　楸木皮　味苦，氣小寒，又云微溫，無毒。主治：主吐逆，殺三蟲及皮膚蟲。傳惡瘡，貼疽瘻并癰腫疳。除膿血野鷄病有效，生肌肉長筋骨尤良。能消食澁腸，下氣喘急咳嗽煎膏。補註：主消食澁腸下氣，及上氣咳嗽，並宜入面藥。〇治頭極痒不痛，出瘡，用楸葉不限多少，少擣絞汁塗之。〇炙瘡多時不差，痒痛出黄水，用楸葉或根皮，擣羅爲末，傅瘡上即差。〇療癰腫煩困，生楸葉十重貼之，布帛裹緩急得所，日三易，止痛消腫，食膿血良無比，勝於衆藥。冬以先收乾者，臨時鹽湯沃潤用之。又主患癰破下膿訖，著甕藥塞瘡孔。瘡痛煩悶困極方：楸葉十重，去甕，藥下塗之，以布帛裹，緩急得所，日再三易之，痛悶即止。此法大良，勝於衆法。主癰疽潰後及凍瘡有刺不出，甚良。冬無楸葉，當早收之，臨時以鹽湯沃之，令擇日亦佳，薄削楸白皮用之亦得。〇療口吻瘡，楸枝皮白溫貼上，數易。〇治小兒頭髮不生，取楸葉中心擣絞塗之。〇治瘻，煎楸枝作煎，净洗瘡子孔中，大效。〇治小兒頭上瘡，髮不生，楸葉擣汁塗瘡上，髮即生，兼白秃。

明・李時珍《本草綱目》卷三五木部・喬木類　楸《拾遺》

〔釋名〕榎時珍曰：楸葉大而早脱，故謂之楸；榎葉小而早秀，故謂之榎。唐時立秋日，京師賣楸葉，婦女、兒童剪花戴之，取秋意也。《爾雅》云：葉小而皵，榎；葉大而皵，楸。皵音鵲，皮粗也。〔集解〕：見梓下。周定王曰：楸有二種。一種刺楸，其樹高大，皮色蒼白，上有黄白斑點，枝梗間多大刺。葉似楸而薄，味甘，嫩時煠熟，水淘過拌食。時珍曰：楸有行列，莖幹直聳可愛。至秋垂條如線，謂之楸線，其木濕時脆，燥則堅，故謂之良材，宜作棋枰，即梓之赤者也。

木白皮　〔氣味〕苦，小寒，無毒。珣曰：微温。〔主治〕吐逆，殺三蟲及皮膚蟲。煎膏，粘傅惡瘡疽瘻，癰腫疳痔。除膿血，生肌膚，長筋骨藏器。消食澀腸下氣，治上氣欬嗽。亦入面藥李珣。口吻生瘡，貼之，頻易取效時珍。

〔附方〕舊一，新一。瘻瘡：楸枝作煎，頻洗取效。《肘後方》。白癜風瘡：楸白皮五斤，水五斗，煎五升，去滓，煎如稠膏。日三摩之。《聖濟總録》。

葉　〔氣味〕同皮。〔主治〕擣傅瘡腫。煮湯，洗膿血。冬取乾葉用之。諸癰腫潰及内有刺不出者，取葉十重貼之。藏器。出《范汪方》。

〔發明〕時珍曰：楸乃外科要藥，而近人少知。葛常之《韻語陽秋》云：有人患發背潰壞，腸胃可窺，百方不瘥。一醫用立秋日太陽未升時，采楸樹葉，熬之爲膏，傅其外，内以雲母膏作小丸服，盡四兩，不累日而愈也。東晋范汪，名醫也，亦稱楸葉治瘡腫之功。則楸有拔毒排膿之力可知。

〔附方〕舊一，新七。上氣欬嗽：腹滿羸瘦者。楸葉三斗，水三斗，煮三十沸，去滓，煎至可丸如棗大。以筒納入下部中，立愈。崔元亮《海上集驗方》。一切毒腫：不問硬軟。取楸葉十重傅腫上，舊帛裹之，日三易之。當重重有毒氣爲水，流在葉上。冬月取乾葉，鹽水浸軟，或取根皮擣爛，傅之皆效。止痛消腫，食膿血，勝于衆藥。范汪《東陽方》。瘰癧瘻瘡：楸煎神方：秋分前後早晚令人持袋摘楸葉，納袋中。秤取十五斤，以水一石，净釜中煎取三斗，又换鍋煎取七八升，又换鍋煎取二升，乃納不津器中，用時先取麻油半合，蠟一分，酥一栗子許，同消化。又取杏仁七粒，生薑少許，同研。米粉二錢，同入膏中攪勻。先塗瘡上，經二日來乃拭却，即以篦子勻塗楸煎滿瘡上，仍以軟帛裹之。旦日一拭，更上新藥。不過五六上，已破者即便生肌，未破者即內消。瘥後須將慎半年。采藥及煎時，并禁孝子、婦人、僧道、鷄犬見之。《篋中方》。 灸瘡不瘥： 痒痛不瘥。楸葉及根皮爲末，傅之。《聖惠方》。 頭癢生瘡： 楸葉擣汁，頻塗。《聖惠方》。 兒髮不生： 楸葉中心，擣汁頻塗。《千金方》。 小兒目翳： 嫩楸葉三兩爛擣，紙包泥裹，燒乾去泥，入水少許，絞汁，銅器慢熬如稀餳，瓷合收之。每旦點之。《普濟方》。 小兒禿瘡： 楸葉擣汁，塗之。《聖惠方》。

明·李詡《戒庵老人漫筆》卷八 楸葉膏法 汝州楸樹極多。【略】采其葉熬為膏，敷瘡瘍立愈，謂之楸葉膏。

明·倪朱謨《本草彙言》卷九 楸 味苦，氣寒，無毒。葉主治同。 李氏曰： 楸葉大而早落，故謂之楸。榎葉小而早秀，故謂之榎。唐時立秋日，京師人取楸葉，剪花戴之，取秋意也。又曰： 楸有行列，莖幹直聳可愛，至秋垂條如綫。其木濕時脆，燥則堅，宜作棋盤，即梓之赤者也。

楸白皮： 殺諸蟲，陳藏器解諸毒瘡之藥也。米振元稿 陳氏方煎膏，塗敷一切惡毒諸瘡，及瘰癧疽瘻，疳瘡痔瘡，能除膿血，生肌肉。 李瀕湖曰： 楸乃外科要藥，而時人少知。按古醫葛常之云： 有人患發背潰壞，腸胃可窺，百方不瘥。一醫用太陽未升時，采楸樹葉數十斤，熬膏，敷其外，內以雲母膏作小丸，服盡四兩，不累日而愈也。東晉《范氏方》亦稱楸葉治瘡腫，有拔毒排膿，止痛生肌之力。

集方： 范汪東陽方治一切毒腫，不問硬軟。取楸葉十重，敷腫上，用舊帛裹之，三日易。冬月取乾葉，鹽水浸軟貼之。或取根皮擣爛敷之，皆效。○《篋中方》治瘰癧瘻瘡。秋分前後，摘楸葉十五斤，以水一石，淨釜中煎取三斗，又換鍋煎取七八升，又換鍋煎取二升，乃納不津器中，用時塗瘡上，以軟帛裹之，日一拭，更上新藥。不過五六上，已破者即便生肌，未破者即內消瘥。○《聖惠方》治灸瘡不瘥，癢痛不止。用楸葉頭及根皮爲末，敷之。○《聖惠方》治小兒禿瘡。用楸葉擣汁塗之。

附： 琉球·吳繼志《質問本草》外篇卷四 杜敦根楸 木高數丈，春生葉，夏開花結子。 俗名杜敦根，不堪入藥。甲辰，孫景山、戴道光、戴昌蘭。

臭竹樹

明·朱橚《救荒本草》卷下之前 臭竹樹 生輝縣太行山山野中。樹甚高大，葉似楸葉而厚，頗艄音哨，却少花叉，又似拐棗葉，亦大，其葉面青背白，味甜。 救飢： 採葉煠熟，水浸去邪臭氣味，油鹽調食。

木蝴蝶

宋·唐慎微《證類本草》卷一〇草部下品〔前蜀·李珣《海藥本草》〕 宜南草 謹按《廣州記》云： 生廣南山谷。有莢長二尺許，內有薄片似帋，大小如蟬翼，主邪。小男女以緋絹袋盛一片，佩之臂上，辟惡止驚。此草生南方，故作南北字。今人多以男女字，非也。宜男草者，即萱草是。

宋·鄭樵《通志》卷七五《昆蟲草木略》 宜男草 《廣州記》云： 小男女佩之臂上，辟惡止驚。生廣南，朝(至)〔生〕暮落花，生糞穢處，頭如筆，紫色，朝生暮謝。小兒呼為狗溺臺，又名鬼筆。菌類也，非槿。

清·趙學敏《本草綱目拾遺》卷六木部 千張紙木蝴蝶。 木實也，出雲南廣南府，形似稨豆，其中片片如蟬翼，焚灰用。

治心氣痛。

按： 千張紙，《滇志》以為木實，據程豹文言，千張紙乃仙人掌草，曬乾，其中心層層作羅紋捲心，折之如通草狀，故名。此物用七張燒灰酒服，可治胃脘痛。 楊桐崗云： 蘇州有之，狀如通草，約手掌大，曾用入丸中，可治浸淫惡瘡，今並存其說，以俟考。《本草綱目》雜草內有宜南草，即此，形狀亦同，云主邪，小兒女以緋絹袋盛佩臂上，辟惡止驚，而不知其可服食也。

木蝴蝶 出廣中，乃樹實也，片片輕如蘆中衣膜，色白似蝴蝶形，故名。四邊薄而明，中心微厚，不甚明透，似有子壁錢白膜狀。

治肝氣痛： 用二三十張。銅銚上焙燥研細，好酒調服。 貼癰疽： 項秋子云： 木蝴蝶出廣西，儼如蝴蝶，中心如竹節，色更白，凡癰毒不收口，以此貼之，即斂。 治下部溼熱。

清·吳其濬《植物名實圖考》卷三六 千張紙 生廣西，雲南景東、廣南皆有之。大樹，對葉如枇杷葉，亦有毛，面綠背微紫； 結角長二尺許，挺直有脊如劍，色紫黑，老則迸裂； 子薄如榆莢而大，色白，形如豬腰，層疊甚厚，與風飄蕩，無慮萬千。《雲南志》云： 形如扁豆，其中片片如蟬翼，焚為灰，可治心氣痛。《滇本草》： 此木實似扁豆而大； 中實如積紙，薄似蟬翼，片片滿中，故有兜鈴、千張紙之名。入肺經，定喘消痰； 入脾胃經，破蠱積； 通行十二經氣血，除血蠱、氣蠱之毒。又能補虛、寬中、進食，夷人呼為三百兩銀藥者，蓋其治蟲得效也。按此木實與蔓生之土青木香，同有馬兜鈴之名。醫家以三百兩銀藥屬之土青木香下，皆緣未見此品而誤併也。

清・張仁錫《藥性蒙求・木部》　木蝴蝶卅張　木蝴蝶平，色白體輕。痛因肝氣，焙用尤靈。出廣中。乃樹實也。片片輕如蘆中衣膜，四邊薄而中間微厚，不甚明透，色白，如蝴蝶形，故名。每用二三十張，銅器上焙燥研末，好酒調服。○凡癰毒不收口，以此貼之，無不效。

桐

宋・唐慎微《證類本草》卷一四木部下品〔《本經・別録》〕　桐葉　味苦，寒，無毒。**主惡蝕瘡著陰。皮，主五痔，殺三蟲，**療賁豚氣病。**花：主傅猪瘡。飼猪，肥大三倍。**生桐柏山谷。

〔唐・蘇敬《唐本草》〕注云：　古本草，桐花飼猪，肥大三倍，今云傅瘡。恐誤矣。豈有故破傷猪傳桐花者。

〔梁・陶弘景《本草經集注》〕云：　桐樹有四種，青桐，葉、皮青，似梧而無子。梧桐，色白，葉似青桐而有子，子肥亦可食。白桐，與崗桐無異，惟有花、子爾，花二月舒，黄紫色，《禮》云：桐，始華者也。崗桐無子，是作琴瑟者。今此云花，便應是白桐，白桐堪作琴瑟，一名椅桐，人家多植之。

〔宋・掌禹錫《嘉祐本草》〕按：《爾雅》疏云：櫬，一名梧。郭云：今梧桐。《詩・大雅》云梧桐生矣，于彼朝陽是也。又曰：桐木，一名榮。郭云：即梧桐與櫬梧一也。《藥性論》云：白桐皮，能治五淋。沐髮去頭風，生髮滋潤。日華子云：桐油，冷，微毒。傅惡瘡疥及宣水腫，塗鼠咬處，能辟鼠。

〔宋・蘇頌《本草圖經》〕曰：桐，生桐柏山谷，今處處有之。其類有四種。舊注云：青桐，枝、葉俱青而無子；梧桐，皮白，葉青而有子，子肥美可食；白桐，有華與子，其華二月舒，黄紫色，一名椅桐，又名黄桐，則藥中所用華、葉者是也；崗桐，似白桐，惟無子，即是作琴瑟者。陸璣《草木疏》云：白桐宜爲琴瑟。雲南牂牁人，績以爲布，似毛布。是作琴瑟宜崗桐，白桐二種也。又曰：梓實桐皮曰椅，今人云梧桐也。《爾雅》謂之櫬，又謂之榮。是白桐、梧桐二種，俱有椅名也。或曰：梧桐以知日月正閏。生十二葉，一邊有六葉，從下數一葉爲一月，至上十二葉。有閏十三葉，小餘者。視之，則知閏何月也。故曰梧桐不生則九州異。或云今南人作油者，乃崗桐也，此桐亦有子，頗大於梧子耳。江南有頳桐，秋開紅花，無實。有紫桐，花如百合，實堪糖煮以噉。嶺南有刺桐，葉如梧桐，花側敷如掌，枝幹有刺，花色深紅。主金瘡止血，殊效。又梧桐白皮，亦主痔。《删繁方》療腸中生痔，肛門邊有核者，猪懸蹄青龍五生膏中用之，其膏傅瘡，并酒服之。

〔宋・唐慎微《證類本草》〕《子母秘録》：治癰瘡疽痔瘻惡瘡，小兒丹。用皮、水煎，傅。

宋・寇宗奭《本草衍義》卷一五　桐葉　《經》注不指定是何桐，致難執用。今具四種桐，各有治療條，其狀列於後：一種白桐，可斵琴者，葉三杈，開白花，亦不結子。《藥性論》云：皮能治五淋，沐髮，去頭風，生髮。一種荏桐，早春先開淡紅花，狀如鼓子花成筒子，子或作桐油。日華子云：桐油，冷，微毒。一種梧桐，四月開淡黄小花，一如棗花。枝頭出絲，墮地成油，沾漬衣履。五六月結桐子。今人收炒作果，動風氣。此是《月令》清明之日，桐始華者。一種崗桐，無華，不中作琴，體重。

宋・王繼先《紹興本草》卷一五　桐花　紹興校定：桐葉，性味《本經》已載。雖有主治，但外用，間入于方，在服餌罕見為用。又花亦外用之。其結實取油誤食之，喜作吐利，此非梧桐一種爾。處處産之。當作味苦、寒、有毒是矣，其皮未聞驗據。

宋・鄭樵《通志》卷七六《昆蟲草木略》　桐之類亦多。陶隱居云有四種：青桐，葉皮青，似梧而無子。梧桐，色白，葉似青桐，有子，其子亦可食。白桐，與岡桐無異，惟有花子耳，花二月舒，黄紫色，《禮》云桐始華者也。一名椅桐，人家多植之。岡桐無子，今此云花，便應是白桐也。白桐、岡桐俱堪作琴瑟。據此説，則白桐者，梧桐也，其材可作琴瑟，諸桐惟此最大，可為棺槨。《左傳》云：桐棺三寸。《爾雅》云所謂櫬，梧。又謂榮，桐木者，此也。《詩》云：椅桐梓漆，爰伐琴瑟。注疏家不能別椅是岡桐，桐是梧桐，梓似楸，別是一物，《爾雅》謂之椅，梓，誤矣。又有一種頳桐，夏月繁花，其紅如火。又有紫桐，花如百合。又有刺桐，其花側敷如掌，枝幹有刺，花色深紅。又有一種實如罌子粟，可作油，陳藏器所謂罌子桐也。

明・王綸《本草集要》卷四　桐葉　味苦，氣寒，無毒。桐有四種，未詳孰是此用者。　主惡蝕瘡著陰。皮，主五痔，殺三蟲。○花，生傅猪瘡，飼猪肥大三倍。

明・滕弘《神農本經會通》卷二　桐葉　桐有四種，未詳孰是此用者。

青桐，梧桐，白桐，崗桐。

味苦，氣寒，無毒。

《本經》云：主惡蝕瘡著陰。皮，主五痔，殺三蟲，療賁豚氣病。花，主傅猪瘡，飼猪肥大三倍。《藥性論》云：白桐皮，治五淋。沐髮去頭風，生髮滋潤。日華子云：桐油，冷，微毒。傅惡瘡疥，及宣水腫。塗鼠咬處，能辟鼠。《圖經》云：南人作油者，乃崗桐也。嶺南者，刺桐。主金瘡，止血，殊妙。又桐白皮，亦主痔。《衍義》曰：《經注》不指定是何桐，致難執用。一種白桐，可斲琴者，葉三杈，開白花，亦不結子，《藥性論》云是也。一種茌桐，早春先開淡紅花，狀如鼓子花，成筒子，子或作桐油。日華子云是也。一種梧桐，四月淡開黃小花，一如棗花，枝頭出絲，墮地成油，沾漬衣履，五六月結桐子，今人收炒作果，動風氣，《月令》云桐始華是也。一種崗梧，無花，不中作琴，體重。

明·劉文泰《本草品彙精要》卷二〇 桐葉無毒。附花、皮、油。 植生。

桐葉出《神農本經》：**主惡蝕瘡著陰。○皮，主五痔，殺三蟲。○花，主傅豬瘡，飼豬肥大三倍。**以上朱字《神農本經》。皮，療賁豚氣病。以上黑字名醫所錄。

【名】白桐、青桐、岡桐、花桐、榮桐、椅桐、桐木、黃桐、梧桐、櫬、油桐。【苗】《圖經》曰：桐有三種，白桐二月開黃紫花，不結實，冬生似子者乃是明年之花房也。其木無子，材堪琴瑟，藥中所用花、葉者此也。《爾雅》云：榮桐，因其花而不實之謂，亦謂之花桐。一種皮青，枝上橐鄂有五，其子綴于橐鄂之傍者，曰梧桐，亦謂之青桐。炒其實啖之，味似菱芡。復有岡桐生於高岡，故曰岡桐。蓋桐性便濕，不生於岡，此種故有岡桐之號，其子大而油多，亦曰油桐也。或曰：梧桐以知日月正閏，生十二葉，一邊有六葉，從下傅一葉爲一月，有閏則生十三葉，視葉小者則知閏何月也。故曰：梧桐不生則九州異，故名之曰桐。亦猶蓂莢十五以知朔望之義也。【地】《圖經》曰：生桐柏山谷，今處處有之。【時】生：春舒葉。採：秋前取。【收】陰乾。【用】葉、皮、花。【質】類梓樹葉而大。【色】青。【味】苦。【性】寒，泄。【氣】味厚于氣，陰也。【臭】朽。【主】惡蝕瘡。【製】凡使，剉碎用。【治】療：《圖經》曰：刺桐，止金瘡血。梧桐白皮，主痔。《藥性論》云：白桐皮，治五淋。沐髮，去頭風及生髮滋潤。日華子云：桐油，傅惡瘡疥及宣水腫。塗鼠咬患處。

明·王文潔《太乙仙製本草藥性大全》卷三《本草精義》 桐葉：生桐柏山谷，今處處有之。其類有四種，舊注云：青桐枝葉俱青而無子；梧桐皮白葉青而有子，子肥美可食；白桐有華與子，其華二月舒，黃紫色，一名椅桐又名黃桐，則藥中所用華葉者是也；崗桐似白桐，惟無子，即是作琴瑟者。崗桐、白桐二種也。又曰：梓實桐皮曰椅，今人云梧桐也。或曰：梧桐以知日月正閏。生十二葉，一邊有六葉，從下數一葉爲一月，至上十二葉，有閏十三葉，小餘者，視之則知閏何月也。今南人作油者，乃崗桐也，此桐亦有子，頗大於梧子耳。

明·王文潔《太乙仙製本草藥性大全》卷三《仙製藥性》 桐葉 味苦，氣寒，無毒。 主治：葉主惡蝕瘡而著陰。皮治五痔而殺三蟲，獖豘氣病服有神功。花主傅猪瘡，飼猪肥大三倍。 補註：治癰瘡疽、痔瘻、惡瘡、小兒丹，用皮，水煎，傅。○嶺南有刺桐，葉如梧樹，花側敷如掌，枝幹有刺，花色深紅，主金瘡止血殊效。又梧桐白皮亦主痔，《刪繁方》療腸中生痔，肛門邊有核者，猪懸蹄青龍五生膏中用之，其膏傅瘡並酒服之。 按：《衍義》云：桐葉《經》注不指定是何桐，致難執用。今具四種桐，各有治療，其狀列於後：一種白桐，可斲琴者，葉三杈，開白花，亦不結子。《藥性論》云：皮能治五淋，沐髮，去頭風，生髮。一種茌桐，早春先開淡紅花，狀如鼓子花，成筒子，子或作桐油。日華子云：桐油，冷，微毒。一種梧桐，四月開嫩黃小花，一如棗花，枝頭出絲墮地成油，霑漬衣履，五六月結桐子，今人收炒作果，動風氣。此是《月令》清明之日桐始華者。一種崗桐，無花，不中作琴，體重。

明·李時珍《本草綱目》卷三五木部·喬木類 桐《本經》下品

【釋名】白桐弘景 黃桐《圖經》 泡桐《綱目》 椅桐弘景 榮桐時珍曰：《本經》桐葉，即白桐也。桐華成筒，故謂之桐。其材輕虛，色白而有綺文，故俗謂之白桐、泡桐，古謂之椅桐也。先花後葉，故《爾雅》謂之榮桐。或言其花而不實者，未之察也。陸璣以椅爲梧桐，郭璞以榮爲梧桐，並誤矣。

【集解】《別録》曰：桐葉生桐柏山谷。弘景曰：桐樹有四種：青桐，葉、皮青，似梧而無子；梧桐，皮白，葉似青桐而有子，子肥可食；白桐，一名椅桐，人家多植之，與崗桐無異，但有花、子，二月開花，黃紫色，《禮》云三月桐始華者也，堪作琴瑟；崗桐無子，是作琴瑟者。《本草》用桐華，應是白桐。頌曰：桐處處有之。陸璣《草木疏》言白桐宜爲琴瑟。雲南牂牁人，取花中白毳淹漬，績以爲布，似毛服，謂之華布。椅，即梧桐也。今江南人作油者，即岡桐也，有子大于梧子。江南有赬桐，秋開紅花，無實。有紫桐，花如百合，實堪糖煮以啖。嶺南有刺桐，花色深紅。宗奭曰：《本經》桐葉不指定是何桐，致難執用。但四種各有治療。白桐，葉三杈，開白花，不結子。無花者爲岡桐，不中作琴，體重。茌桐，子可作桐油。梧桐，結子可食。時珍曰：陶注桐有四種，以無子者爲青桐、岡桐，有子者爲梧桐、白桐。寇注言白桐、岡桐皆無子。蘇注以岡桐爲油桐。而賈思勰《齊民要術》言：實而皮青者爲梧桐，華而不實者爲白桐。白桐冬結似子者，乃是明年之華房，非子也。岡桐即油桐也，子大有油。其説與陶氏相反。以今咨訪，互有是否。蓋白桐即泡桐也。葉大徑尺，最易生長。皮色粗白，其木輕虚，不生蟲蛀，作器物、屋柱甚良。二月開花，如牽牛花而白色。結實大如巨棗，長寸餘，殼内有子片，輕虚如榆莢、葵實之狀，老則殼裂，隨風飄揚。其花紫色者名岡桐。荏桐即油桐也。青桐即梧桐之無實者。按陳翥《桐譜》，分别白桐、岡桐甚明。云：白花桐，文理粗而體性慢，喜生朝陽之地。因子而出者，一年可起三四尺；由根而出者，可五七尺。其葉圓大而尖長有角，光滑而毳。先花後葉。花白色，花心微紅。其實大二三寸，内爲兩房，房内有肉，肉上有薄片，即其子也。紫花桐，文理細而體性堅，亦生朝陽之地，不如白桐易長。其葉三角而圓，大如白桐，色青多毛而不光，且硬，微赤，亦先花後葉，花色紫。其實亦同白桐而微尖，狀如訶子而粘，房中肉黄色。二桐皮色皆一，但花、葉小異，體性堅、慢不同爾。亦有冬月復花者。時珍。

桐葉　【氣味】苦，寒，無毒。　【主治】惡蝕瘡着陰《本經》。消腫毒，生髮時珍。

【附方】新四。　手足腫浮：桐葉煮汁漬之，并飲少許。或加小豆，尤妙。《聖惠方》。　癰疽發背：大如盤，臭腐不可近。桐葉醋蒸貼上。退熱止痛，漸漸生肉收口，極驗祕方也。《醫林正宗》。　髮落不生：桐葉一把，麻子仁三升，米泔煮五六沸，去滓。日日洗之則長。《肘後方》。　髮白染黑：經霜桐葉及子，多收搗碎，以甑蒸之，生布絞汁，沐頭。《普濟方》。

木皮　【主治】五痔，殺三蟲《本經》。療奔豚氣病《别録》。五淋。沐髮，去頭風，生髮滋潤甄權。治惡瘡，小兒丹毒，煎汁塗之時珍。

【附方】新三。　腫從脚起：削桐木煮汁，漬之，并飲少許。《肘後方》。　傷寒發狂：六七日熱極狂言，見鬼欲走。取桐皮，削去黑，擘斷四寸，一束，以酒五合，水一升，煮半升，去滓頓服。當吐下青黄汁數升，即瘥。《肘後方》。　跌撲傷損：水桐樹皮，去青留白，醋炒搗傅。《集簡方》。

花　【主治】傅猪瘡。飼猪，肥大三倍《本經》。

【附方】新一。　眼見諸物：禽蟲飛走，乃肝膽之疾。青桐子花、酸棗仁、玄明粉、羌活各一兩，爲末。每服二錢，水煎和滓，日三服。《經驗良方》。

明・盧復《芷園臆草題藥》　桐葉知時，望夏生，夏去落，當為心藥。《靈樞》云時間時甚者，病在心，心主時，于義頗相合。生彼朝陽，爰伐琴瑟，聲音自木而出，若人角徵之音不條達者合以之。蛟龍畏楝，物牲之相制，真不可知。其治蚘蟲、消渴蟲、腹中長蟲、諸瘡之蟲，及蜈蚣與蜂之傷，并碎蚤虱，蓋蛟龍蟲之長也。

明・倪朱謨《本草彙言》卷九　青桐　味甘、微苦，氣寒，無毒。葉主治同。

李氏曰：桐有青白二種，與罌子桐、梧桐各别。罌子桐，子能作油，有毒。青桐、白桐同一種，無毒。梧桐子可作果食，亦無毒。三桐各自一種，實非同類。又一説云：白桐即泡桐也。葉大徑尺，最易生長。皮色粗白，其木輕虚，不生蟲，可作器物屋柱。二月開花，如牽牛花而白色，結實如巨棗，長寸餘，殼内有子，輕虚如榆莢、葵實之狀。老則殼裂，隨風飄揚。青桐即梧桐之無實者。又按陳翥《桐譜》，分别白桐、岡桐甚明。白花桐，文理粗而體性慢，喜生朝陽之地。因子而出者，一年可起二三尺；由根而出者，可四五尺。其葉圓大而尖長，有角，光滑而毳，先花後葉。花白色，心微紅。其實大二三寸，内爲兩房，房内有肉，肉上有薄片，即其子也。又紫花桐，文理細而體性堅。亦生朝陽之地，不如白桐易長。其葉三角而圓，大如白桐，色青，多毛而不光，且硬，微赤，亦先花後葉。花色紫，其實亦如白桐而稍尖，狀如訶子，房中肉黄色。二桐皮色皆一，但花葉小異、體性堅慢不同爾。亦有冬月復花者。　寇氏曰：桐類有數種，《農皇經》不定指是何桐，是難執用。但數桐各有治療，應病不同耳。

青桐木皮：《本經》化五痔，甄權淨五淋，療奔豚，《别錄》散脚氣，《本經》殺三蟲之藥也。湯濟時抄治此數證，并宜煮汁飲之。出《别錄》《甄氏》《肘後》三方書中。又《醫林正宗》云：治癰疽發背大如盤，腐臭不可近者。用青桐葉醋浸半日，蒸，貼之。退熱出膿，定痛生肉，此極驗秘方也。究其青桐之性，清虚芳潔，散濁澄清，故淋、痔、奔豚、脚氣、𧏾蟲之疾，咸得奏其用焉。

清・穆石匏《本草洞詮》卷一一　桐桐葉、桐皮、桐花、梧桐子、桐油、海桐皮

桐有數種，諸家之辨不一。葉皮青而無子者，青桐也。色白而有綺文者，白桐也，亦名綺桐。陶云：白桐有子。冠云：白桐無子。《齊民要術》言：白桐冬結似子，乃來年之華房，非子也。其木輕虚，堪作琴瑟，不生蟲蛀，作器皿、屋柱甚良。雲南牂柯人取花中白毳淹漬，績以為布，此也。皮似白桐，葉似青桐，而子肥可食者，梧桐也。陸璣謂梓實桐皮為椅，即梧桐也。《爾雅》謂之櫬。《左傳》所謂桐棺三寸，此也。《遁甲書》云：梧桐生十二葉，從下至上十二月，有閏十三葉，小餘者視之，則知閏何月也，故曰梧桐不生則九

州異，鳳凰非梧桐不棲，食其實也。白桐紫花而有子，大於梧子者，岡桐也。江南人以作油，一名罌子桐，實似罌也。一名虎子桐，言其毒也。一名荏桐，油似荏也。生南海山谷中，而有巨刺者，海桐也。江南有頳桐，秋開紅花，無實，有紫桐，花如百合，實堪糖煮以啖。諸種之分，約略盡此。桐葉苦寒，無毒，消腫毒，生髮。桐皮治五痔，殺三蟲，煎汁塗丹毒，淋髮去頭風。桐花飼豬肥大。梧桐皮燒研，和乳汁塗鬚髮變黃。梧桐子甘平，無毒。擣汁，塗拔去白髮根下，必生黑者。桐油甘微辛，寒，有大毒。傅惡瘡，摩疥癬、蟲瘡，吐風痰，喉痺，毒鼠至死。海桐皮苦，平，無毒。去風殺蟲，治霍亂中惡，赤白久痢，腰脚不遂，頑痺疼痛。煎湯洗赤目。

清·张璐《本經逢原》卷三　桐實　辛，寒，有毒。　發明：　桐子不入食品，專供作油。其狀如罌，摩塗疥癬毒腫。吐風痰喉痺，以桐油和水掃入喉中則吐。誤食吐者，得酒即解。

清·何諫《生草藥性備要》卷上　青桐葉　皮洗痔瘡。一名長生葉。

清·莫樹蕃《草藥圖經》　泡通株根　泡通株根，大葉，花紫色，似玉簪花，樹空心。無毒。能治跌打損傷，長年皆有之。

清·吴其濬《植物名實圖考》卷三三　桐　《本經》下品。即俗呼泡桐。開花如牽牛花，色白，結實如皂莢子，輕如榆錢，其木輕虚，作器不裂，作琴瑟者即此。其花紫者為岡桐。

清·葉志詵《神農本草經贊》卷三　桐葉　味苦，寒。主惡蝕創著陰皮，主五痔，殺三蟲。華，主傅豬瘡，飼豬肥大三倍。生山谷。

土宜五沃，拱把嘉桐。朝陽合抱，參極空中。涼瓊夏蔭，濡毳冬融。令儀君子，瑞應廂東。

《管子》：　五沃之土，其木宜桐。《孟子》：　拱把之桐梓。夏侯湛賦：　植嘉桐乎庭前。《詩》：　于彼朝陽。陳翥詩：　合抱由滋此。嵇康賦：　參辰極而高驤。《易緯》：　桐枝空中。高啟詩：　涼瓊夏葉舒。徐茂詩：　濡毳桐枝別作葩。《廣州志》：　白桐華有白毳，淹漬緝織為布。《詩》：　其桐其椅，其實離離。豈弟君子，莫不令儀。《瑞應圖》：　王者任用賢良，梧桐生於東廂。

泡木樹

清·劉善述、劉士季《草木便方》卷二木部　泡木樹　泡木樹根味辛症，五種瘧疾消腫瘍。祛風解毒治利熱，蛇犬咬傷塗毒良。

梧桐

宋·王介《履巉巖本草》卷下　梧桐　葉：　味苦，寒，有毒。主惡蝕瘡著陰皮，主五痔，殺三蟲。花：　主傅猪瘡。子：　炒熟，小兒多食之，微熱。

明·盧和、汪穎《食物本草》卷二果類　梧桐子　四月開淡黄小花如棗花，枝頭出絲墮地或油沾衣履，五六月結子，人收炒作果。多食亦動風氣。《月令》所謂清明之日桐始華者，即此。

明·李時珍《本草綱目》卷三五木部·喬木類　梧桐《綱目》

【釋名】櫬時珍曰：　梧桐名義未詳。《爾雅》謂之櫬，因其可爲棺。《左傳》所謂桐棺三寸是矣。舊附桐下，今別出條。　【集解】弘景曰：　梧桐皮白，葉似青桐，而子肥可食。頌曰：　陶氏謂白桐一名椅桐。陸璣謂梓實桐皮爲椅，即今梧桐。是二種俱有椅名也。《遁甲書》云：　梧桐可知日月正閏。生十二葉，一邊有六葉，從下數一葉爲一月，至上十二葉，有閏十三葉，小餘者。視之，則知閏何月也。故曰梧桐不生則九州異。宗奭曰：　梧桐四月開嫩黄小花，一如棗花枝頭出絲，墮地成油，沾漬衣履。五六月結子，人收炒食，味如菱、芡。此是《月令》清明桐始華者。　時珍曰：　梧桐處處有之。樹似桐而皮青不皵，其本無節直生，理細而性緊。葉似桐而稍小，光滑有尖。其花細蕊，墜下如醭。其莢長三寸許，五片合成，老則裂開如箕，謂之橐鄂。其子綴於橐鄂上，多者五六，少或二三。子大如胡椒，其皮皺。羅願《爾雅翼》云：　梧桐多陰，青皮白骨，似青桐而多子。其木易生，鳥銜子墮輒生。但晚春生葉，早秋即凋。古稱鳳凰非梧桐不棲，豈亦食其實乎？《詩》云：　梧桐生矣，于彼朝陽。《齊民要術》云：　梧桐生山石間者，爲樂器更鳴響也。

木白皮　【氣味】缺。　【主治】燒研，和乳汁塗鬚髮，變黄赤時珍。　治腸痔。蘇頌。○《删繁方》治痔，青龍五生膏中用之。

葉　【主治】發背，炙焦研末，蜜調傅，乾即易《肘後》。

子　【氣味】甘，平，無毒。　【主治】擣汁塗，拔去白髮，根下必生黑者。又治小兒口瘡，和雞子燒存性，研摻時珍。

明·周履靖《茹草編》卷二　梧桐子　颯颯金風，鳳鳴梧桐。纍纍其子，玉粒珠叢。採之盛之，可薦王公。顧人之懷，恝如可充。　八九月摘其子，炒熟，去皮生食。

明·佚名氏《醫方藥性·草藥便覽》　梧桐根　其性溫。治腦底飛瘍。

明·穆世錫《食物輯要》卷六　梧桐子　味甘，平，無毒。　生食無益，熟食開胃醒脾。多食，生痰涎，動風氣。

明・吳文炳《藥性全備食物本草》卷二一　梧桐子　味甘，平，無毒。生食無益，熟食開胃醒脾。多食生痰涎動風氣。

明・倪朱謨《本草彙言》卷九　梧桐　味苦，氣溫，無毒。　李氏曰：梧桐處處有之。樹似桐而皮青，不皵。其木無節直生，理細而性緊。葉似桐而稍小，光滑有尖。四月開嫩黃小花，如棗花，枝頭出絲，結莢長二三寸，五片合成，老則裂開如箕，謂之橐鄂。其子綴于橐鄂上，多者五六，少則二三，形如胡椒。其皮皺。又《爾雅翼》云：梧桐多陰，青皮白骨，似青桐而多子。其木易生，晚春生葉，早秋即凋。古稱鳳凰非梧桐不棲，豈亦食其實乎？《詩》云：梧桐生矣，于彼朝陽。又《齊民要術》云：梧桐生山石間，作爲樂器，更鳴響也。

梧桐子：搗汁，拔去白髮根，塗之必生黑者。又煎湯汩口，治小兒口瘡李瀕湖方。

梧桐葉：曬乾爲末，蜜調敷發背諸毒，能煞其勢《肘後方》。

梧桐木青皮：浸水抿婦人髮鬢，黑潤，不燥不蓬而光蘇氏方。

明・應廖《食治廣要》卷四　梧桐子　氣味：甘，平，無毒。主治：擣汁，塗拔白髮根下，必生黑者。又治小兒口瘡，和雞子，燒存性，研摻。

明・姚可成《食物本草》卷二〇木部・喬木類　〔梧桐梧桐皮白，葉似青桐〕，而子肥可食。《遁甲書》云：梧桐可知日月正〔閏〕。生十二葉，一邊有六葉。從下數二葉為一月，至上十二月，有閏十三葉，小餘者視之，則知閏何月也。故曰：梧桐不生，則九州異。〇寇宗奭曰：梧桐四月開嫩黃小花，一如棗花。枝頭出絲，墮地成油，沾漬衣履。五六月結子，人收炒食，味如菱、芡。此是《月令》清明桐始華者。〇李時珍曰：梧桐處處有之，樹似桐而皮青不散，其木無節直生，理細而性緊。葉似桐而光滑有尖。其花細蕊，墜下如醭。其莢長三寸許，五片合成，老則裂開如箕，謂之橐鄂。其子綴於橐鄂上，多者五六，少或二三。子大如胡椒，其皮皺。羅願《爾雅翼》云：梧桐多陰，青皮白骨，似青桐而多子。其木易生，鳥銜子墮輒生。但晚春生葉，早秋即凋。古稱鳳凰非梧桐而不棲，豈亦食其實乎？《詩》云：梧桐生矣，于彼朝陽。《齊民要術》云：梧桐生山石間者，為樂器更鳴響也。

梧子　味甘，平，無毒。主擣汁塗，拔去白髮根，下必生黑者。又治小兒口瘡，和雞子燒存性，研摻。

木白皮　燒研和乳汁，塗鬚髮變黃赤。

葉　治發背，炙焦研末蜜調傅，乾即易。

清・李熙和《醫經允中》卷二一　梧葉　苦，寒，無毒。主消腫毒癰疽，發背大如盤，臭腐不可近，用梧葉醋蒸，貼上，熱退痛止，漸漸生肉收口。煎湯薰腸痔脫肛。

清・张璐《本經逢原》卷三　梧葉皮　苦，寒，無毒。《本經》主惡蝕陰瘡五痔，殺三蟲。　發明：梧之與桐本是二種。梧子狀如胡椒，性熱助火，欬嗽多痰者勿食。梧葉消腫毒，生毛髮。《本經》治惡蝕陰瘡。《肘後》治髮落不生。《醫林正宗》治癰疽發背，大如盤，臭腐不可近，用梧葉醋蒸貼上，熱退痛止，漸漸生肉收口。梧皮煎汁療小兒丹毒、惡瘡。《本經》治五痔、殺三蟲，今人煎湯薰洗腸痔脫肛，即《本經》治五痔之應。浸水塗鬚髮黑潤，過用則髮黃赤，助火之驗也。

清・何諫《生草藥性備要》卷上　梧桐皮　生肌，止痛，散血，涼脾，敷跌打。一名刺桐，一名亞娘鞋。其子，梧桐子。

清・汪紱《醫林纂要探源》卷二　梧桐子　甘，鹹，平。此椅桐也。作莢如豆莢，子熟則莢裂如船，其子著於弦上，如胡椒子狀。補心潤肺。

清・趙學敏《本草綱目拾遺》卷七花部　梧桐花　《山海草函》：治杖丹、癩頭、湯火傷。

清・章穆《調疾飲食辯》卷四　梧桐子　《圖經》曰：《詩・小雅》：其桐其椅，其實離離。《國風》：椅桐梓漆。《陸疏》謂梓實桐皮為椅，即梧桐。陶隱居謂白桐為椅，蓋二桐俱有子，俱可為琴瑟。《爾雅》曰：櫬，梧。郭注云：即梧桐。又曰榮桐木。邢疏曰：與櫬桐一也。《遁甲書》云：梧桐可知月閏，無閏則十二葉對生，一邊六葉；有閏則十三葉。視其小者，則知閏在何月，故曰梧桐不生則九州異。《綱目》曰：梧桐直而無節，肌理細緊。葉似白桐略小。花細下垂。莢長三寸，五片合成，老則裂開如箕，名橐鄂。子綴於兩傍，或五、六、三、四枚，大如胡椒，皮皺。性喜向陽，故《詩》曰：梧桐生矣，于彼朝陽。其生也晚，春始葉，早秋即凋，故諺云：梧桐一葉落，天下盡知秋。材中琴瑟，《齊民要術》云：生山石間者，音更清響。

按：梧桐材則極美，子充食甚不佳。古方雖用治口瘡，方不驗。多食令人耳聾，素有耳病人，不宜入口也。

清・葉桂《本草再新》卷五　梧桐子味苦、辛，性溫，無毒。入心、肺、腎三經。溫中補氣，保肺固腎，滋水。

清・吳其濬《植物名實圖考》卷三五　梧桐　《爾雅》：櫬，梧。春開細花，結實曰橐鄂，以為果。《本草綱目》始收入喬木。俗亦取其初落葉，煎飲催生；又煮葉薰，治白帶。

清・趙其光《本草求原》卷一二果部　梧桐子　甘，平，無毒。生食無益，熟食開胃醒脾，多食生痰動風。

清・趙其光《本草求原》卷八喬木部　梧桐　桐子，狀如胡椒，性熱助火，痰嗽者忌之。梧葉苦寒，消脾熱腫毒，生毛髮，治惡蝕陰瘡，五痔，癰疽發背臭腐，醋蒸貼上，即退熱痛止，生肌收口。殺蟲。其皮煎汁，治丹毒惡瘡，蟲痔脫肛，熏洗。浸水塗鬚髮黑潤。過用則髮黃赤，助火之功。　桐子，如罌，不可食；專作油塗疥癬毒腫。桐油掃入喉中，則吐風痰喉痹。誤食而吐，得酒即解。

清・王孟英《隨息居飲食譜・果食類》　梧桐子　甘，平。潤肺清熱。治疝，諸病無忌。鮮更清香。

清・劉善述、劉士季《草木便方》卷二木部　梧桐樹　梧桐白皮味甘平，腸風下血五痔靈。酒色勞傷解臟毒，煆塗鬚髮色如生。

清・劉善述、劉士季《草木便方》卷二木部　瓢羹樹　桐麻根皮甘和血，袪風除濕通經脉。婦人吐血經水亂，崩帶腰膝痹痛捷。美人膠，海桐皮。

清・吴汝紀《每日食物却病考》卷下　梧桐子　味甘，平，無毒。多食，亦動風氣。

水梧桐

清・莫樹蕃《草藥圖經》　鑽地風　葉清香，樹空心，即水梧桐根。筋骨風症要藥。

假芙蓉

清・何諫《生草藥性備要》卷上　假芙蓉　味辛，性溫，無毒。治新內傷，煲肉食。又消惡毒大瘡，用根皮搗爛，和蜜糖敷之，另用此煲酒飲。葉如芙蓉而薄，花如狗牙。

飛松子

清・趙學敏《本草綱目拾遺》卷七果部上　飛松子　雲南《土司志》：邊境各土司深山中產一種飛松子，結實熟時，人欲取之，子輒飛去，夜則仍歸根下，土人記其處，俟夜過子，掘其根而取之，饋遺以為珍品，味絕香美。

《徐霞客遊記》：飛松一名狐實，亦作梧實，正如梧桐子，而大倍之，色味亦如梧桐子，而殼薄易剝。坐密樹中，一見輒伐樹，乃可得，遲則樹即存，而子俱飛去成空株矣，故曰飛松。惟巔堂關外野人境有之，其葉如柳，味絕類土豆。

《滇略》：梧實大如豆，殼脆易剝，不與他處類，俗謂之山松子，亦曰飛松。　朱排山《柑園小識》：飛松出滇南，似梧桐子，稍大而微長，內外色味俱肖，而香美過之，蔓生松樹上，土人甚珍之。

下氣消痰，通和血脈，能返魂。凡有人魂神不安，及驚越失魂，神不守舍一切等症，此為要藥，故靈璧趙氏天王補心丹治怔忡用之。張綠漪言，十香返魂丹加飛松子殼，更效。

胖大海

清・趙學敏《本草綱目拾遺》卷七果部上　胖大海　出安南大洞山，產至陰之地，其性純陰，故能治六經之火。土人名曰安南子，又名大洞菓。形似乾青菓，皮色黑黄，起皺紋，以水泡之，層層脹大，如浮藻然，中有軟殼，核殼內有仁二瓣。

味甘淡，治火閉痘，服之立起。並治一切熱症勞傷，吐衄下血，消毒去暑，時行赤眼，風火牙痛，蟲積下食，痔瘡漏管，乾欬無痰，骨蒸內熱，三焦火症，諸瘡皆效，功難盡述。

清・張仁錫《藥性蒙求・果部》　胖大海　甘，能清邪熱。解毒涼營，目牙熱疾。味甘，淡。治六經、三焦之火牙疼，時行赤眼，一切熱症。止吐衄下血、諸瘡皆效。○出安南，故又名安南子。

罌子桐

宋・唐慎微《證類本草》卷一四木部下品〔唐・陳藏器《本草拾遺》〕　罌子桐　有大毒。壓爲油，毒鼠主死，摩疥癬蟲瘡毒腫。一名虎子桐，似梧桐，生山中。

宋・陳衍《寶慶本草折衷》卷一四　新分桐油梧桐子附。○蕃油續附。　用荏桐子榨取油也。○荏，而錦切。生桐柏山谷，今處處有之。○附：梧桐子，五六月收。○續附：蕃油，衆方用者名大風油，俗號犀牛脂。或云蕃中有一種木子，榨之取油。忌水。

冷，微毒。○傅惡瘡疥，宣水腫，塗鼠咬。分桐葉條日華說。○寇氏曰：同是四種，其一種荏桐，子作桐油。

附：梧桐子。○炒作果，動風氣。狀似胡椒而更大，其肉甘白，方書謂丸藥如梧桐子者是此也。

續說云：桐油之入藥鮮矣，而蓄油之用為博也。夫大風惡患也，服之塗之則可安。瘡痍瘍疾也，傅之擦之則可除。至於驅治頭蝨，效更捷焉。其色凝白，其氣癥烈，夏稀冬稠，抹於掌中，消散不滯者上也。

明·李時珍《本草綱目》卷三五木部·喬木類 罌子桐《拾遺》

〔釋名〕虎子桐《拾遺》 荏桐《衍義》 油桐 時珍曰：罌子，因實狀似罌也。虎子，以其毒也。荏者，言其油似荏油也。

〔集解〕藏器曰：罌子桐生山中，樹似梧桐。頌曰：南人作油者，乃岡桐也。有子大于梧子。宗奭曰：荏桐，早春先開淡紅花，狀如鼓子花，成筒子。子可作桐油。時珍曰：岡桐即白桐之紫花者。油桐枝、幹、花、葉並類岡桐而小，樹長亦遲，花亦微紅。但其實大而圓，每實中有二子或四子，大如大風子。其肉白色，味甘而吐人。亦或謂之紫花桐。人多種蒔收子，貨之爲油，入漆家及艌船用，爲時所須。人多僞之。惟以篾圈蘸起如鼓面者爲真。

桐子油 〔氣味〕甘、微辛，寒，有大毒。大明曰：冷，微毒。時珍曰：桐油吐人，得酒即解。

〔主治〕摩疥癬蟲瘡毒腫。毒鼠至死藏器。傅惡瘡，及宣水腫，塗鼠咬處。能辟鼠大明。塗脛瘡、湯火傷瘡。吐風痰喉痹，及一切諸疾，以水和油，掃入喉中探吐；或以子研末，吹入喉中取吐。又點燈燒銅箸頭，烙風熱爛眼，亦妙時珍。

〔附方〕新七。

癰腫初起：桐油點燈，入竹筒内熏之，得出黃水即消。《醫林正宗》。

血風臁瘡：胡粉煅過研，桐油調作隔紙膏，貼之。○又方：用船上陳桐油石灰煅過，又以人髮拌桐油炙乾爲末，仍以桐油調作膏，塗紙上，刺孔貼〔傅〕之。○楊起《簡便方》。

脚肚風瘡：如癩。桐油、人乳等分，掃之。數次即愈。《集簡方》。

酒皶赤鼻：桐油入黃丹、雄黃，傅之。《摘玄方》。

凍瘡皸裂：桐油一盌，髮一握，熬化瓶收。每以溫水洗令軟，傅之即安。《救急方》。

解砒石毒：桐油二升，灌之。吐即毒解。華陀《危病方》。

明·倪朱謨《本草彙言》卷九 罌子桐 味甘、微辛，有毒。即油桐也，因其實狀如罌，故名。陳氏曰：罌子桐，生江南北大山中，兩浙尤多。樹如梧桐，早春開淡紅色花，狀如鼓子花，成筒子。子打造油，即桐油也。李氏曰：岡桐，即白桐之紫花者。油桐，枝幹花葉，酷類岡桐，而樹長稍小。但其實大而圓，每一實中有二子，或四子，如大楓子。其肉白色，味甘，食之能發吐。吐不止，飲熱酒即解也。人多種蒔，收子打油，及造船諸器皿中用。爲時所須，人多僞之。試以竹篾作圈，蘸起如鼓面者爲真。

桐子油：吐風痰，李時珍解喉痹，去蟲瘡，陳藏器摩疥癬之藥也。周志仁大氏方治風痰壅塞，喉脹不通。以油半和水，用鵝羽蘸掃喉中探吐。或以水研末，吹入喉中取吐亦可。但中病即止，不可多用頻用，如多用，損耗中氣，痰涎轉多，爲病變重者有之。

集方：《集簡方》治腿足風瘡如癩，有蟲者。用桐子油，和人乳各等分，掃數次即愈。○《摘玄方》治酒皶赤鼻。用桐子油，調黃丹、雄黃末敷之。○楊氏方治女人血風臁瘡，潰爛如掌大。用桐子油調真鉛粉，作隔紙膏貼之。○《華陀方》治誤食砒石。即刻用桐子油半升灌之，得吐，毒即解。

清·丁其譽《壽世秘典》卷四 桐油 桐樹有四種。青桐，葉皮青似梧桐而無子。白桐，一名椅桐，堪作琴瑟，其葉圓大而尖長有角，光澤而毳，先花後葉，花白色，花心微紅，其實大如巨棗，長寸餘，殼內有子片輕虛如榆莢、葵實之狀，老則殼裂隨風飄揚。梧桐，似桐而皮青不皺，其木無節直生，理細而性緊，葉似桐稍小，光滑有尖，其花細蕊，墜下如醭。其莢長三寸許，五片合成，老則裂開如箕，謂之橐鄂，子綴于上，多者五六，少或二三，大如胡椒，其皮皺，炒食味如菱芡，晚春生華，早秋即凋，此即《月令》清明桐始華者。油桐，一名罌子桐，又名荏桐、崗桐，枝幹花葉並類桐而小，樹長亦遲，其花紫色，其實大而圓，每實中有二子或四子，大如大風子，其肉白色，味甘而吐人，人多種蒔，收子為油，入漆家及艌船用，人多偽之，惟以篾圈蘸起如鼓面者為真。

氣味：甘、微辛，寒，有大毒。主摩疥癬蟲瘡，傅惡瘡，塗脛瘡，湯火傷。吐風痰喉痹及一切諸疾，以水和油掃入喉中探吐，或以子研末吹入喉中取吐。又點燈燒銅筯頭烙風熱爛眼效。燃燈能損目光。李時珍曰：桐油吐人，得酒即解。

清·吴其濬《植物名實圖考》卷三五 罌子桐 《本草拾遺》始著錄。即油桐，一名荏桐。湖南、江西山中種之取油，其利甚饒。俗呼木油。

清·劉善述、劉士季《草木便方》卷二木部 桐子樹 桐油辛寒療蟲瘡，風火疥癬臁脛傷。喉痹水嚾吐痰涎，根皮下氣痞滿方。嫩葉洗塗止黃水，脚膝臁脛久濫湯。

⿰木郢桐

宋·唐慎微《證類本草》卷一四木部下品〔唐·陳藏器《本草拾遺》〕 ⿰木郢桐皮而郢切 味甘，溫，無毒。主爛絲，葉擣封蛇蟲，蜘蛛咬。皮爲末服之，亦主蠶咬毒入肉者。雞、犬食欲死。煮汁灌之，絲爛即差。樹似青桐，葉有椏。

生山谷。人取皮以漚絲也。

苦楝

金・張元素《潔古珍珠囊》〔見元・杜思敬《濟生拔粹》卷五〕 川楝子甘純陽。入心，主上下部腹痛。

金・張元素《潔古珍珠囊》〔見元・杜思敬《濟生拔粹》卷五〕 金鈴子酸苦陰中之陽。心暴痛非此不能除。

明・蘭茂撰，清・管暄校補《滇南本草》卷下 苦(煉)〔楝〕子一名金鈴子。性寒，味苦。治膀胱疝氣。根皮殺小兒寸白蟲。云生者味苦，辣，有小毒。忌鍋烟子，犯之則殺人。

明・蘭茂《滇南本草》〔叢本〕卷中 苦(錬)〔楝〕子 味苦，性寒。利膀胱疝氣。根皮殺小兒寸白蟲。云生者味辣，有毒。

明・許希周《藥性粗評》卷一 蚘厥遇楝根，赤帝子斬蛇當道蚘作蛔。楝實另有本條。

苦楝根，苦楝木根皮也。木高丈餘，葉似槐而長，三四月開花紅紫色，芬香襲人，實如彈大，生青熟黃。其木有雌雄二種，根赤無子者為雄，有毒。根白有子者為雌，微毒。今以雌者入藥。荆、湘、川蜀山野處處有之，以川蜀者為勝。採無時。味苦，性微寒，有小毒。主治遊風熱毒，風疹疥癩，殺蚘蟲，利大腸。因以赤帝子斬蛇之事喻之。

單方：長蟲咬心：即蛔蟲，其症心下賴痛，口吐清水者是也，取楝根皮刮上一層，剉，水煮濃汁，去渣作粥，隔夜勿食，來旦食一匙為始，少時復食一匙半，其蟲自下。或水煎服之，或焙乾為末，米飲調下一二錢亦可。五種之蟲，皆可以此治之。風癩作癢：不拘疥癩瘾疹，取皮剉，煎湯浸洗，日二三次，自愈。禿瘡日久：取皮燒為灰，調猪膏塗之，數次當愈。諸惡瘡亦可。瘻口難收：取東行根皮，煎汁含而漱之良久，吐訖再含。

清・顧元交《本草彙箋》卷五 苦(練)〔楝〕子合根。即金鈴子。川産者佳。熱厥暴痛，非此不除。能導小腸、膀胱之熱，引心包相火下行，故心腹痛，及疝氣爲要藥。《歲時記》言，蛟龍畏楝，故端午日祭屈原，以其葉裹粽，投江中，亦殺蟲之一驗也。其根氣味相同，故亦主殺蟲，利大腸。

清・王翃《握靈本草》卷八 苦楝子川産者良。白者入藥，實名金鈴子。形如彈丸，酒拌蒸，待皮軟，去皮取肉，去核。主治：苦楝子，苦，寒，有小毒。主溫疾，傷寒大熱煩狂，利水道。治諸疝，蟲痔。

清・汪昂《本草備要》卷三 苦楝子一名金鈴子。瀉濕熱，治疝，殺蟲。苦，寒，有小毒。能入肝舒筋，能導小腸、膀胱之熱，因引心包相火下行，通利小便。爲疝氣要藥。亦治傷寒熱狂、熱厥，腹痛心痛。殺三蟲，療瘍疥。《夷堅志》：消渴症有蟲耗其津液者，取根皮濃煎，加少麝服，下其蟲而渴自止。脾胃虛寒忌之。川産良。酒蒸，寒因熱用。去皮取肉、去核用。用核則槌碎，漿水煮一伏時，去肉用。茴香爲使。

清・何諫《生草藥性備要》卷下 苦(練)〔楝〕根 味苦、劫，性寒。治蟲積肚痛，消熱毒，煲肉食。退熱，用二皮同片糖煲水飲。亦治疴痢蟲出。洗瘋癩，取根向東方生者為妙。

清・劉漢基《藥性通考》卷六 苦楝子 味苦，寒，有小毒。能入肝舒筋，能導小腸膀胱之熱，因引心包相火下行，通利小便，為疝氣要藥。亦治傷寒熱狂，熱厥腹痛，心痛，殺三蟲，療瘍疥。脾胃虛寒者忌之。川産者良。酒蒸，寒因熱用，去皮，取肉，去核不用，核則槌碎，漿水煮一伏時，去肉用。茴香為引。

清・吳儀洛《本草從新》卷三 苦楝子〔瀉濕熱，治疝殺蟲。〕一名金鈴子。苦，寒，有小毒。能導小腸膀胱之熱，因引心包相火下行，通利小便，為疝氣要藥。亦治傷寒熱狂，熱厥腹痛，療瘡疥，殺三蟲。《夷堅志》云：消渴證，有蟲耗其津液者，取根皮濃煎，少加麝服，下其蟲而渴自止。苦寒止宜於殺蟲，脾胃虛寒者大忌。川産良。酒蒸，待皮軟，寒因熱用。刮去皮，取肉去核。凡使肉不使核，使核不使肉，如使核，搥碎。茴香為使。

清・汪紱《醫林纂要探源》卷三 苦楝子 苦，寒。木略似槐，季春乃花，結實垂如金鈴，一名金鈴子。殼中含子，取子去皮核用肉。酒蒸。川産良。瀉心火，堅腎水，清肺金，靖肝火。形垂如鈴，氣味厚而下行，故入膀胱及陰囊，主利小水，治諸疝，以形用也。然疝多積寒，宜治以溫熱，此不過引導之使至耳。又治傷寒狂熱，熱攻心腹作痛。又殺蟲治蛔及癬疥，皆瀉火之功也。核：苦，辛，寒。去肉，槌碎，漿水煮。治疝，去痼冷。須合溫藥，如茴香等類。皮：大苦，大寒。用根皮。殺疳，治疸。力甚峻，勿輕用。

清・羅國綱《羅氏會約醫鏡》卷一七竹木部 苦楝子味苦寒，有毒，入脾肺二經。性苦寒，能入肝舒筋，引心包相火，從小腸而下，為疝氣要藥。去濕熱也。殺三蟲疥癩，亦治瘟疫狂躁苦寒。脾胃虛寒者大忌。根味更苦，殺諸蟲，尤善逐蚘。若酒和塗疥癬甚良。川產者良，酒蒸。寒因熱用。

清·張德裕《本草正義》卷下　苦楝根　大苦，大寒。善殺諸蟲，尤能逐蚘。利大腸，治游風熱毒。可塗癬疥。葉殺蟲蚘，同於其根，力稍緩耳。欲避其寒，酒煎為服。

清·文晟《新編六書》卷六《藥性摘錄》　苦楝子　結子者為雌樹。無毒。取東行根皮，煎湯，月初空心服，殺蟲。○不結子者有毒，食冷粥可解。

清·陸以湉《冷廬醫話》卷五　藥品　楝根皮出土者殺人，《續名醫類案·中毒門》謂楝樹根出土者殺人。朱氏子腹痛，取楝子東南根煎湯服之，少頃而絕。余按：本草謂楝樹雄者根赤有毒殺人，雌者色白入藥用，是楝根之有毒，不得僅以出土者概之矣。

清·戴葆元《本草綱目易知錄》卷四　苦楝子金鈴子　苦，寒，有小毒。入肝舒筋，能導小腸，瀉膀胱之熱，因引心包相火下行，通利小便水道，為治熱厥心痛、腹痛、疝氣要藥。治瘟疾傷寒，大熱煩狂，失心躁悶，止上下部腹痛。殺三蟲，療瘡疥蟲痔。凡用，酒煮，去皮核，杵碎。

清·陳其瑞《本草撮要》卷二　苦楝子　味苦，入手少陰、足厥陰少陰經，功專治諸疝。得延胡索治熱厥心痛，得吳茱萸治氣痛囊腫，得補骨脂、小茴香、食鹽治偏墜痛不可忍。有蟲耗其津液者，取根皮濃煎，少加麝服之，下其蟲而渴自止。脾胃虛寒者宜忌。酒蒸去皮，核肉不並用。用核搥碎。茴香為使。一名金鈴子。

棹

晉·嵇含《南方草木狀》卷中木類　棹　樹幹、葉俱似椿，以其葉鬻汁漬果，呼為棹汁。若以棹汁雜彘肉食者，即時為雷震死。棹出高涼郡。

赤濁葉

清·何諫《生草藥性備要》卷上　赤濁葉　其葉，散血，散風毒。一名赤薈葉。骨圓，(如)〔與〕苦楝相似，治赤嶺疔甚好。

茶肭子

清·趙學敏《本草綱目拾遺》卷七果部上　茶肭子　《邊輿考》：其樹出遼東塞外，高有三尺許，葉如南方楝樹，背有黃白點，花四出，形如手，碧色，或有八出者，結子大如拳，熟便可食，其甘如飴。其樹浸水可為油燃燈，入藥用子。治一切病。遼塞無藥，土人有病者，取茶肭子啖之即愈。

川楝

宋·唐慎微《證類本草》卷一四木部下品〔《本經·別錄》〕　楝實　味**苦，寒，有小毒。主溫疾傷寒，大熱煩狂，殺三蟲，疥瘍，利小便水道。**

根：微寒。療蚘蟲，利大腸。生荊山山谷。

〔梁·陶弘景《本草經集注》〕云：處處有。俗人五月五日皆取葉佩之，云辟惡。其根以苦酒摩塗疥，甚良。煮汁作糜食之，去蚘蟲。

〔唐·蘇敬《唐本草》〕注云：此有兩種：有雄有雌，雄者根赤，無子，有毒。服之多使人吐，不能止，時有至死者；雌者根白，有子，微毒。用當取雌者。

〔宋·掌禹錫《嘉祐本草》〕按：《藥性論》云：楝實，亦可單用。主人中大熱狂，失心躁悶，作湯浴，不入湯服。日華子云：楝皮，苦，微毒。治遊風熱毒，風瘮惡瘡疥癩，小兒壯熱，並煎湯浸洗。服食須是生子者。雌樹皮一兩，可入五十粒糯米煎煮，殺毒，瀉多以冷粥止，不瀉者以熱葱粥發。無子雄樹，能吐瀉殺人，不可悮服。

〔宋·蘇頌《本草圖經》〕曰：楝實，即金鈴子也。生荊山山谷，今處處有之，以蜀川者爲佳。木高丈餘，葉密如槐而長。三四月開花，紅紫色，芬香滿庭間。實如彈丸，生青熟黄，十二月採實。其根採無時。此種有雌雄。雄者根赤，無子，有大毒；雌者根白，有子，微毒。當用雌者，俗間謂之苦楝子。韋宙《獨行方》主蟯蟲攻心如刺，口吐清水。取根剉，水煮令濃赤黑色。以汁合米煮作糜，隔宿勿食，來旦從一匕爲始，少時復食一匕半糜，便下蟯，驗。

〔宋·唐慎微《證類本草》〕雷公云：凡採得後曬乾，酒拌浸令濕，蒸，待上皮軟，剝去皮，取肉去核。勿單用。其核碎搥，用漿水煮一伏時了用。如使肉，即不使核，使核即不使肉。又花落子，謂之石茱萸。《外臺秘要方》：治長蟲。楝實，淳苦酒中漬宿，以綿裹，塞穀道中三寸許，日易之。《千金方》：治小兒蚘蟲。楝木皮削上蒼皮，以水煮汁飲，量大小進。又方：蠼螋瘡。楝樹枝皮燒灰，和猪膏傅之。又方：治小兒禿瘡及諸惡瘡。《肘後方》：治瘻若著口。裹東行楝根細剉，水煮濃汁含之數口，吐勿嚥。《經驗方》：小兒殺蟲，定疼痛。抵聖散：以苦楝二兩，白蕪荑半兩，爲末，水一盞，末一錢，煎取二分，放冷，待發時服之。又方：治臟毒小血。以苦楝子炒令黄，爲末蜜丸。米飲下十丸至二十丸，甚妙。又方：治丈夫本臟氣傷，膀胱連小腸等氣。金鈴子一百個，湯溫浸過去皮，巴豆二百個搥微破，麸二升，同於銅鐺内炒，金鈴子赤熟爲度，放冷取出，去核爲末。每服三錢，非時熱酒、醋湯調並得，其麸、巴豆不用也。《斗門方》：治蛔蟲咬心，用苦楝皮煎一大盞服下。又方：治五種蟲。以楝皮去其蒼者，焙乾爲末。米飲下二錢匕。又方：治𤸇瘮，楝皮濃煎浴。《荆楚歲時記》云：《風俗通》獬豸食楝。又云：蛟龍裹楝。

宋·王繼先《紹興本草》卷一五 楝實 紹興校定：楝實即川楝子是也。性味、主治具於《本經》。但近世方家治疝瘕、除痛氣殊驗，大抵利氣之性多矣。若以專除熱者，即未聞驗據。今當作味苦、微寒、有小毒為定。產蜀川大者佳。又根皮殺蟲，治瘡諸方頗見用之。若根色赤者，不堪入藥。

宋·劉明之《圖經本草藥性總論》卷下 楝實 味苦，寒，有小毒。主溫疾傷寒，大熱煩狂，殺三蟲疥瘍，利小便水道。根，微寒。療蚘蟲，利大腸。《藥性論》云：主人中大熱狂，失心躁悶。日華子云：治遊風熱毒風瘮，惡瘡疥癩，小兒壯熱。《經驗方》治藏毒下血，丈夫本藏氣傷，膀胱連小腸等氣。《唐本》注：有兩種，雄者根赤無子，有毒，服之多使人吐瀉，殺人。雌者，根白有子，微毒。用當取雌者。生荆山。

宋·陳衍《寶慶本草折衷》卷一四 楝實根及皮附。〇核續附。一名金鈴子，一名苦楝子，一名石茱萸。生荆山山谷，今處處有之。生蜀中即梓、簡州者，名川楝子。見衆方。〇《炮炙論》云：一名草銀零。〇並十二月採實。〇附：根，採無時。

味苦，平張松，寒，無毒同上。〇主傷寒熱煩，殺三蟲疥瘍，利水道。〇《圖經》曰：蜀川者佳，實如彈丸。生青，熟黃。〇《經驗方》：治藏毒下血，以炒黃為末，蜜丸，米飲下貳拾丸。〇又方：治丈夫本臟氣傷，膀胱連小腸等氣。金鈴子壹百箇，湯浸去皮。巴豆貳百箇，搥微破，麸貳升，同於銅鍋內炒。金鈴子赤熟，去核為末。每服叁錢，非時，熱酒醋湯調並得。其麸、巴豆不用。

附：雌楝根。〇微寒，微毒。療蚘蟲，利大腸。塗疥甚良，苦酒摩塗。雌者根白有子，其雄楝根有毒，赤而無子。服之吐，有至死。

附：雌楝皮。〇味苦，微毒。治蚘蟲咬心，煎以服之。治遊風、熱毒風瘮，惡瘡疥癩，小兒壯熱，並煎湯浸洗。其雄楝無子，不可服，能吐瀉殺人。

續說云：楝實功用，惟經驗又方治膀胱等言為至當，故許洪摭之以註《局方》，而張松廣其旨，兼療疝痛，漏精，下部諸證也。雷公及衆方悉去核以取肉，而《集驗方》乃以肉并核剉炒，合威靈仙元。蓋亦有核肉同用者矣。

元·王好古《湯液本草》卷五 川楝子 氣寒，味苦、平，有小毒。《本草》云：治傷寒大熱煩躁，殺三蟲疥瘍，利小便。杵細用。《珍》云：入心，主上下部腹痛。

金鈴子 酸、苦，陰中之陽。《珍》云：心暴痛，非此不能除。即川楝子也。

元·尚從善《本草元命苞》卷七 楝實 謂金鈴子。苦，寒，有小毒。主傷寒大熱煩狂，治游風熱毒𤸇瘮。利小便，通大腸，殺三蟲，醫疥癩。生荆山山谷，以蜀川為佳。木高丈餘，葉密如槐而長，花開紅紫，實丸如彈而黃，臘月採實，無時取根。樹有雌雄，根分兩種，雄者根赤，無子，服之吐瀉，殺人。用根惟取色白，能治蛔蟲咬心。

元·徐彥純《本草發揮》卷三 楝實 潔古云：楝實，入心經。止下部腹痛。又云：味酸、苦，陰中之陽。心暴痛者，非此不能除。

明·王綸《本草集要》卷四 楝實 味苦，氣寒，陰中之陽。有小毒。有雄、雌二種，根白生子者為雌，服食用此。無子雄者，誤服吐瀉殺人。 主溫疾傷寒，大熱煩狂，殺三蟲疥瘍，利小便水道。入心，主上下部腹痛，心暴痛。〇根東行者，煮汁服，療蚘蟲甚效。〇皮，治遊風熱毒，風瘮惡瘡，疥癩禿瘡，并煎湯浸洗。

明·滕弘《神農本經會通》卷二 楝實 俗謂苦(練)[楝]子，又名川(練)[楝]子，又名金鈴子，又名石茱萸。以蜀者為佳。十二月採實，採根無時。有雌、雄二種，根白有子為雌，微毒，服食用之。根赤無子為雄，有毒，誤服吐瀉，殺人。用須去核。 味苦，氣寒，有小毒。《湯》云：氣寒，味苦，平，有小毒。東云：金鈴子，味酸、苦，無毒。《湯》云：金鈴子，酸、苦，陰中之陽。東云：治疝氣而補精血。珍云：主下部腹痛，心暴疼。

《本經》云：主溫疾，傷寒大熱，煩狂，殺三蟲疥瘍，利小便水道。根，微寒，療蚘蟲，利大腸。《藥性論》云：楝實，亦可單用。主人中大熱狂，失心躁悶，作湯浴，不入湯服。日華子云：楝皮，苦，微毒。治遊風熱毒風瘮，惡瘡疥癩，小兒壯熱，並煎湯，浸洗，服食須是生子者，雌樹皮一兩，可入五十粒糯米，煎煮殺毒。瀉多，以冷粥止；不瀉者，以熱葱粥發。無子雄樹，能吐瀉殺人，不可誤服。陶云：其根以苦酒摩塗疥甚良。煮汁，作糜食之，去蚘蟲。珍云：入心，主上下部腹疼。又云：心暴痛，非此不能除。即川楝子也。《局》云：楝實金鈴子一同，膀胱冷氣大能通。又除臟毒并寒熱，若用根皮最殺蟲。川楝子，主膀胱冷氣。

明・劉文泰《本草品彙精要》卷二〇　楝實有小毒。附根皮。植生。

楝實出《神農本經》。**主溫疾傷寒，大熱煩狂，殺三蟲，疥瘍，利小便水道。**以上朱字《神農本經》。根，微寒，療蛔蟲，利大腸。以上黑字名醫所錄。【名】金鈴子、苦楝子。【苗】《圖經》曰：楝實，即金鈴子也。木高丈餘，葉密如槐而長，三四月開花，紅紫色，芬香滿庭。實如彈丸，生青熟黃，俗間謂之苦楝子。此有兩種，有雄有雌。雄者根赤無子，有大毒，服之使人吐不能止，時有至死者。雌者根白有子，微毒，用之當取雌者爲佳。陶隱居云：俗人以五月五日皆取葉佩之，以辟惡。【地】《圖經》曰：生荊山山谷，今處處有之。【道地】蜀川簡州、梓州。【時】生：春生葉。採：十二月取實，根取無時。【收】曬乾。【用】實、根。【質】類彈丸，乾而皮皺。【色】生青熟黃。【味】苦。【性】寒，泄。【氣】味厚于氣，陰也。【臭】微香。【主】殺三蟲，利水道。【製】凡採得後曬乾，酒拌浸令濕，蒸待上皮軟，剝去皮，取肉去核，勿單用。其核碎搥，用漿水煮一伏時了用，如使肉即不使核，使核即不使肉。【治】療：《藥性論》云：中大熱狂，失心躁悶，作湯浴。日華子云：皮，治遊風熱毒，風疹惡瘡，疥癩，小兒壯熱，並煎湯浸洗。《別錄》云：蛔蟲咬心，苦楝皮煎湯服之。【合治】根煎汁合米煮粥，作糜食之，去蛔蟲。〇根合苦酒摩，塗疥。【禁】雄楝不結子者不可服，服之令人吐瀉，殺人。

明・葉文齡《醫學統旨》卷八　川楝子　氣寒，味酸、苦。陰中之陽。有小毒。入心經。去核用。治溫疾傷寒，大熱煩狂；殺三蟲疥瘍，利小便，止下部腹痛，心暴痛，消疝，并膀胱連小腸等氣。

明・許希周《藥性粗評》卷二　腰冷見鬧於金鈴。金鈴子，即苦楝子也。以川蜀出勝，故名川楝子。花落子謂石茱萸，大略見前苦楝根條下。十二月採實，晒乾。凡用以溫湯浸，令皮皺，去皮取肉，去核不用，亦有取核不用肉者。餘說《本草》不載。味苦，性寒，有小毒。主治傷寒溫疾，大熱煩燥，膀胱冷氣，陰症臟毒下血，殺三蟲，通水道，利小便。

單方：臟毒下血：取金鈴子肉炒黃，為末，蜜丸如梧桐大，每服十丸或二十丸，米飲送下，日二三，妙。長蟲攻疼：以金鈴子入苦酒中浸一宿，綿裹塞穀道中三寸許，日易之，自出。

明・鄭寧《藥性要略大全》卷六　川楝子一名金鈴子，一名石茱萸。治傷寒大熱，煩燥發狂。治暴心痛，利小便，殺三蟲、疥瘍。味苦，氣寒，有小毒。今處處有，但川蜀者良。有川楝，有苦楝。木高二三丈，葉似槐而長。三四月開花，紅紫色，芬芳。實如彈丸，生青熟黃。冬月採實晒乾，酒拌浸，蒸熟，剝去皮，取肉去核，只單用其核，搥，用漿水煮一伏時用。凡使肉不使核，使核不使肉。

楝根白皮　治蚘蟲，利大腸。〇一云：最殺蚘蟲。味苦，性微寒。有雌雄二種。雄者根赤、無子，有毒，服之令人吐瀉不止，有至死者。雌者根白、有子，微毒。凡用當擇雌者用之，煮汁服。

明・陳嘉謨《本草蒙筌》卷四　楝音練實即金鈴子。味苦，氣寒。有小毒。蛟龍極畏，堤岸多栽。在處有之，川蜀獨勝。木高丈餘略大，葉密如槐稍長。花紅紫甚香，實青黃類彈。待冬收採，向日曝乾。取肉堪煎，去皮去核。一說將核搗碎，漿水煮一伏時。漉曬收藏，亦堪入藥。大抵用核莫用肉，用肉莫用核，此常理也。主中濕傷寒大熱煩狂，理膀胱小腸疝氣吊痛。利小便水道，殺三蟲疥瘍。根性微寒，雌雄兩種。雄根赤無子，大毒忌煎；雌根白子多，微毒宜採。擇向東者，纔入藥靈。略刮外青，只留裏白。單味煎酒，大能追蟲。宜月前，忌月後。月半前蟲頭向上，月半後蟲頭向下。先啖鷄蛋餅，引蟲口開；頓飲濃藥湯，過晝即利。多則成團追下，少則逐條推來。積聚行，疼痛止。亦堪研細末，敷作癢蟲瘡。〇又石茱萸，即花落子。外科亦用，醫者當知。

明・王文潔《太乙仙製本草藥性大全》卷三《本草精義》　楝實　一名金鈴子。【略】俗謂之川楝子，根性微寒，雌雄兩種，雄根赤，無子，大毒，忌煎；雌根白，子多，微毒，宜採擇向東者纔入藥。

石茱萸：即花落子，外科亦用。醫者當知。

明・王文潔《太乙仙製本草藥性大全》卷三《仙製藥性》　楝實　味苦，氣寒，陰中之陽，有小毒。主治：主傷寒溫疾，理大熱顛狂。殺三蟲而疥瘡大效，利小便而水道潛通。善療心疼，能驅煩燥。補註：小兒殺蟲定疼痛抵聖散：以苦楝二兩，白蕪荑半兩，爲末，水一盞，末一錢，煎取二分，放冷待發服效。治長蟲，用楝實，淳苦酒中漬宿，以綿裹塞穀道中三寸許，日易之。治臟毒下血，以苦楝子炒令黃，爲末，蜜丸，米飲下十丸至二十丸甚妙。治丈夫臟氣傷，膀胱連小腸等氣，金鈴子一百個，湯溫浸過，去皮，巴豆二百個，搥微破，麪二升，同於銅鐺內炒，金鈴子赤熟爲度，放冷取出，去核爲末，每服三錢，非時熱酒、醋湯調並得，其麪、巴豆不用也。　太乙曰：　凡採得後熬乾，酒拌浸令甑蒸，待上皮軟，剝去皮，取肉去核，勿單用其核，碎搥用漿水煮一伏時了用。如使肉，即不使核，使核即不使肉。又花落子謂之石茱萸。　楝根白皮：　味苦，氣微寒，無毒。　主治：　略刮外青，只留裏白。單味煎酒，大能追蟲，宜月前，忌月後。月半前蟲頭向上，月半後蟲頭向下。先啖鷄蛋餅，引蟲口開，頓飲濃藥，過晝即利，多則成團追下，少則逐條推來。積聚行，疼痛止。亦堪研細末敷作癢蟲瘡。　補註：　治瘻瘡著口中，東行楝根細剉，水煮濃汁含之漱口，吐，勿嚥。治蛔蟲咬心，用苦楝皮煎一大盞服下。治小兒蛔蟲，楝木皮削上蒼皮，以水煮汁飲，量大小進。治五種蟲，以楝皮去其蒼者，焙乾爲末，米飲下二錢匕。治小兒禿瘡及諸惡瘡，蠼螋瘡，楝樹枝皮燒灰，和猪膏傅之。治癮疹，楝皮濃煎浴之。○蟯蟲攻心如刺，口吐清水，取根剉，水煮令濃赤黃色，以汁合米煮作糜，隔宿勿食。來旦從一匙爲始，少時復食一匙半糜，便下蟯，驗。

明・皇甫嵩《本草發明》卷四

楝實下品，佐使。氣寒，味苦，有小毒。即金鈴子。　發明曰：　楝實苦寒，解熱散結之藥。故主溫疾，傷寒大熱煩狂，利小便水道，殺三蟲疥瘍。珍云：　入心，主上下部腹痛心痛，心暴痛非此不除。舊方治小腸疝氣弔痛。蜀產者佳。取肉去皮核用。一說將核搗碎，水煮一伏時，漉晒乾漿，入藥。大抵用核莫用肉，用肉莫用核，此常理也。根，利大小腸。微寒，味苦，有小毒。有二種，根白生子者為雌，宜用。若雄者，無子，其根赤，有毒，殺人。

明・李時珍《本草綱目》卷三五木部・喬木類

楝《本經》下品

【釋名】苦楝《圖經》　實名金鈴子時珍曰：　按羅願《爾雅翼》云：　楝葉可以練物，故謂之楝。其子如小鈴，熟則黃色。名金鈴，象形也。

【集解】《別録》曰：　楝實生荊山山谷。弘景曰：　處處有之。俗人五月五日取葉佩之，云辟惡也。恭曰：　此有雌雄兩種：　雄者無子，根赤有毒，服之使人吐不能止，時有至死者；　雌者有子，根白微毒。入藥當用雌者。頌曰：　楝實以蜀川者爲佳。木高丈餘，葉密如槐而長。三四月開花，紅紫色，芬香滿庭。實如彈丸，生青熟黃，十二月采之。根采無時。時珍曰：　楝長甚速，三五年即可作椽。其子正如圓棗，以川中者爲良。王禎《農書》言鵷鶵食其實。應劭《風俗通》言獬豸食其葉。宗懍《歲時記》言蛟龍畏楝。故端午以葉包粽，投江中祭屈原。

實【修治】斅曰：　凡采得熬乾，酒拌令透，蒸待皮軟，刮去皮，取肉去核用。凡使肉不使核，使核不使肉。如使核，搥碎，用漿水煮一伏時，晒乾。其花落子，謂之石茱萸，不入藥用。嘉謨曰：　石茱萸亦入外科用。

【氣味】苦，寒，有小毒。元素曰：　酸、苦，平。陰中之陽。時珍曰：　得酒煮，乃寒因熱用也。茴香爲之使。

【主治】溫疾傷寒，大熱煩狂，殺三蟲，疥瘍，利小便水道《本經》。主中大熱狂，失心躁悶，作湯浴，不入湯使甄權。入心及小腸，止上下部腹痛李杲。瀉膀胱好古。治諸疝蟲痔時珍。

【發明】元素曰：　熱厥暴痛，非此不能除。時珍曰：　楝實導小腸、膀胱之熱，因引心包相火下行，故心腹痛及疝氣爲要藥。甄權乃言不入湯使，則《本經》何以有治熱狂、利小便之文耶？　近方治疝，有四治、五治、七治諸法，蓋亦配合之巧耳。

【附方】舊三，新八。　熱厥心痛：　或發或止，身熱足寒，久不愈者。先灸太溪、崑崙，引熱下行。內服金鈴散：　用金鈴子、玄胡索各一兩，爲末。每服三錢，溫酒調下。潔古《活法機要》。　小兒冷疝：　氣痛，膚囊浮腫。金鈴子去核五錢，吳茱萸二錢半，爲末。酒糊丸黍米大。每鹽湯下二三十丸。《全幼心鑒》。　丈夫疝氣：　本臟氣傷，膀胱連小腸等氣。金鈴子一百個，溫湯浸過去皮，巴豆二百個，微打破，以麪二升，同於銅鐺內炒至金鈴子赤爲度。放冷取出，去核爲末，巴、麪不用。每服三錢，熱酒或醋湯調服。一方入鹽炒茴香半兩。《經驗方》。　癩疝腫痛：　《澹寮方》楝實丸治釣腎偏墜，痛不可忍。用川楝子肉五兩，分作五分。一兩用破故紙二錢炒黃，一兩用小茴香三錢、食鹽半錢同炒，一兩用萊菔子一錢同炒，一兩用牽牛子三錢同炒，一兩用斑蝥七枚，去頭足，同炒。揀去食鹽、萊菔、牽牛、斑蝥，只留故紙、茴香，同研爲末，以酒打麪糊丸梧子大。每空心酒下五十丸。○《得效方》楝實丸：　治一切疝氣腫痛，大有神效。用川楝子酒潤取肉一斤，分作四分。四兩用小麥一合，斑蝥四十九個，同炒熟，去蝥；　四兩用小麥一合，巴豆四十九枚，同炒熟，去豆；　四兩用小麥一合，巴戟肉一兩，同炒熟，去戟。四兩用小茴香一合，食鹽一兩，同炒熟，去鹽。加破故紙酒炒一兩，廣木香不見火一兩，爲末，酒煮麪糊丸梧子大。每服五十丸，鹽湯空心下，日三服。○《直指方》楝實丸：　治外腎脹大，麻木痛破，及奔豚疝氣。用川楝子四十九個，分七處切取肉。七個用小茴香五錢同炒，七個用破故紙二錢半同炒，七個用黑牽牛二錢半同炒，七個用食鹽二錢同炒，七個用蘿蔔子二錢半同炒，七個用巴豆十四個同炒，七個用斑蝥十四個去頭足同炒。揀去蘿蔔子、巴豆、斑蝥三味不用。入青木香五錢，南木香、官桂各二錢半，爲末，酒煮麪糊丸梧子大。每服三十丸，食前用鹽湯下，一日三服。　臟毒下血：　苦楝子炒黃爲末，蜜丸梧子大。米飲每吞十丸至二十丸。《經驗方》。　耳卒熱腫：　楝實五合搗爛，綿裹塞之，頻換。《聖惠方》。　腎消膏淋：　病在下焦。苦楝子、茴香等分，炒爲末。每温酒服一錢。《聖惠方》。　小兒五疳：川楝子肉、川芎藭等分，爲末。猪膽汁丸。米飲下。《摘玄方》。

根及木皮　〖氣味〗苦，微寒，微毒。大明曰：雄者根赤有毒，吐瀉殺人，不可誤服。雌者入服食，每一兩可入糯米五十粒同煎，殺毒。若瀉者，以冷粥止之。不瀉者，以熱葱粥發之。〖主治〗蚘蟲，利大腸《別録》。苦酒和，塗疥癬甚良弘景。治遊風熱毒，風瘮惡瘡疥癩，小兒壯熱，並煎湯浸洗大明。

〖附方〗舊二，新八。　消渴有蟲：苦楝根白皮一握切焙，入麝香少許，水二椀，煎至一椀，空心飲之，雖困頓不妨。下蟲如蚘而紅色，其渴自止。消渴有蟲。人所不知。洪邁《夷堅志》。　小兒蚘蟲：楝木皮削去蒼皮，水煮汁，量大小飲之。〇《斗門方》用爲末，米飲服二錢。〇《集簡方》用根皮同鷄卵煮熟，空心食之。次日蟲下。〇《經驗方》抵聖散用苦楝皮二兩，白蕪荑半兩，爲末。每以一二錢，水煎服之。〇《簡便方》用楝根白皮去粗二斤切，水一斗，煮取汁三升，沙鍋成膏。五更初，温酒服一匙，以蟲下爲度。　小兒諸瘡：惡瘡、禿瘡、蠼螋瘡，浸淫瘡，並宜楝樹皮或枝燒灰傅之。乾者，猪脂調。《千金方》。　口中瘻瘡：東行楝根細剉，水煮濃汁，日日含漱，吐去勿嚥。《肘後方》。　蜈蚣蜂傷：楝樹枝、葉汁，塗之良。楊起《簡便方》。　疥瘡風蟲：楝根皮、皂角去皮子等分，爲末。猪脂調塗。《奇效方》。

花　〖主治〗熱痱，焙末摻之。鋪席下，殺蚤、虱時珍。

葉　〖主治〗疝入囊痛，臨發時煎酒飲時珍。

明・佚名氏《醫方藥性・草藥便覽》　(練)〔楝〕仔皮　其性熱。治痔瀉，去風，殺蟲。

明・梅得春《藥性會元》卷中　川楝子　味酸、苦，氣寒。陰中之陽也。有小毒。入手少陰心經。　凡使，取肉去核用。　主治傷寒大熱煩狂，殺三蟲疥瘍，利小便，止下部腹痛及心暴痛，消疝氣并膀胱、小腸氣。與車前子、大茴香同用，治偏墜。

明・李中立《本草原始》卷四　楝實　始生荊山山谷，今處處有之。以蜀川者為勝，故俗呼川楝子。木高丈餘，葉密如槐而長。三四月開花，紅紫色，芬香滿庭。實如彈丸，生青熟黃。十二月采實，根采無時。種有雌雄。雄者根赤，無子，有大毒，服之使人吐，不能止。雌者根白，有子，微毒，入藥當用。《圖經》謂之苦楝，因味苦也。按羅願《爾雅翼》云：楝葉可以練物，故謂之楝。其子如小鈴，熟則黃色，故一名金鈴子，象形也。　實：氣味：苦，寒，有小毒。主治：溫疾傷寒，大熱煩狂，殺三蟲，疥瘍，利小便水道。〇主中大熱狂，失心躁悶。作湯浴，不入湯使。〇入心及小腸，主上下部腹痛。〇瀉膀胱。〇治諸疝蟲痔。

《本經》下品。【圖略】　葉，五月五日取佩之辟惡。　花，熱痱，焙末摻之，鋪席下，殺蚤虱。　味苦，微寒，微毒。　主治：蚘蟲，利大腸。〇苦酒和塗疥癬甚良。〇治遊風熱毒，風瘮，惡瘡疥癩，小兒壯熱，煎湯浸洗。　修治：楝實，酒拌令透，蒸，待皮軟，刮去皮，取肉，去核用。　凡使肉不使核，搥核不使肉。如使核，槌碎，用漿水煮一伏時，晒乾用。

《經驗方》：治臟毒下血，以苦楝子炒黃為末，蜜丸梧桐子大，米飲空心下十丸至二十丸，甚妙。　《集簡方》：治小兒蚘蟲，用楝根皮同雞卵煮熟，空心食之。次日蟲即下。

明・張懋辰《本草便》卷二　楝實　味苦，氣寒，陰中之陽，有小毒。主顛狂，殺三蟲，利小便水道，上下部心腹痛。

明・李中梓《藥性解》卷五　金鈴子　味苦，性寒，有小毒，入心、小腸二經。主溫疾傷寒，理大熱顛狂，利小便，通水道，殺三蟲，愈瘡瘍，善除心痛，宜作浴湯。晒乾酒蒸，去皮核用，川蜀者佳。　按：金鈴子苦寒，宜入心家，而小腸即其腑也，故並入之。瘡瘍諸症，何非心火所致，得金鈴以瀉之，洵可愈矣。

明・繆希雍《本草經疏》卷一四　楝實　味苦，寒，有小毒。主溫疾、傷寒大熱煩狂，殺三蟲，疥瘍，利小便水道。根：微寒，療蚘蟲，利大腸。即金鈴子。

〖疏〗楝實稟天之陰氣，得地之苦味，故其味苦氣寒，極苦而寒，故其性有小毒。氣薄味厚，陰也，降也。入足陽明、手足太陰經。《經》曰：冬傷於寒，春必病溫。其主溫疾、傷寒大熱煩狂者，總因寒邪鬱久，至春變為溫病，邪在陽明也。苦寒能散陽明之邪熱，則諸證自除。膀胱為州都之官，小腸為受盛之官，二經熱結，則小便不利。此藥味苦氣寒，走二經而導熱結，則水道利矣。濕熱鬱積則內生諸蟲，濕熱浸淫則外為疥瘍，得大寒極苦之物，則濕熱散，故能療諸蟲及疥瘍也。根：氣味相同，故亦主殺蟲，利大腸耳。　〖主治參互〗同牛膝、木瓜、橘核、荔枝核、杜仲、巴戟天、烏穪樹子、蘹香，治腎虛疝氣。　《瀸寮方》楝實丸，治癩疝腫痛，或釣腎偏墜，痛不可忍，用川楝子肉五兩，分作五分，一分用破故紙二錢炒黃；一分用小茴香三錢，食鹽半錢同炒；一分用班蝥七枚，去頭足同炒；一分用萊菔子一錢同炒；一分用牽牛子三錢同炒。炒完，揀去食鹽、萊菔子、牽牛、班蝥，只留故紙、茴香，同研為末，以酒打麪糊丸梧子大。每五十丸，空心酒下。根，同白蕪荑、檳榔、鶴蝨、黃連、牽牛、雷丸、使君子、錫灰、烏梅、蘆薈，殺腸胃一切蟲。《集簡方》治小兒蚘蟲，楝根皮，同雞卵煮熟，空心服之。次日蟲下。【簡誤】腸胃虚寒者不宜用。

明・倪朱謨《本草彙言》卷九 楝實 味苦，氣寒，有小毒。氣薄味厚，陰也，降也。入足陽明、手足太陰經。《別録》曰：楝實，生荆山山谷及蜀。今所在亦有之，惟蜀者勝，故時人稱爲川楝子。李氏曰：木高數丈，生長甚速，三五年即可作椽。葉密如槐而稍長，三四月開花，紅紫色，芬芳滿庭。實如彈丸，生青熟黃。葉性滑利，可浣衣練白。蛟龍畏之，故時俗以糯米用楝葉裹粽投江中，祭屈原，蛟龍不敢食也。蘇氏曰：楝樹有雌雄兩種。雄者不結子，根赤有毒，服之令吐不止，時有一吐竟欲死者。雌者結子，根白，微有毒。入藥用根，用實當用雌者。雷氏曰：凡采得曬乾，用時以酒拌蒸熟，待皮軟，刮去皮，取肉并核槌碎用。

楝實：散熱結，王好古導小腸膀胱之氣之藥也。詹潤寰稿 故前古主傷寒瘟疫，大熱煩狂，疝瘕攻心脹痛，及小腸水道不通，小腹急疾諸證。《經》曰：冬傷于寒，春必病溫。其主傷寒大熱，瘟疫煩狂者，總因寒邪鬱久，至春變爲溫病，邪在陽明也。苦寒能散陽明之邪熱，則瘟疫煩狂自除矣。又膀胱爲州都之官，小腸爲受盛之官，二經順氣化之令而使之出。今瘕疝攻築，則氣閉而小便不利，苦寒能散其邪熱，熱散氣通則水道利矣。此劑但苦寒行散之物，以上諸證，非内熱氣結者勿用。如脾胃虚寒之人，亦勿用。

集方：《活法機要》治熱厥心痛，乍痛乍止，身熱足寒。用川楝實去皮，玄胡索各一兩，俱醋炒爲末，每服三錢，白湯下。○《澹寮方》治一切偏墜疝氣，痛不可忍，或釣腎等疝。用川楝子肉五兩，分作五分。一分用補骨脂五錢同炒；一分用小茴香三錢，食鹽二錢同炒；一分用斑蝥七枚去頭足同炒；一分用吳茱萸二錢同炒；一分用牽牛子三錢同炒。炒完，揀去食鹽、吳茱萸、斑蝥，只留補骨脂、茴香，同研爲末，以紅麯打糊爲丸，如梧桐子大。每服百丸，空心白湯下。○《全幼心鑒》治嬰兒冷疝氣痛，腎囊浮腫。用川楝子去皮核五錢，吳茱萸二錢五分，俱微炒，共爲末。每服五分，白湯調下。

楝根皮：味苦，氣寒，微毒。色赤者，有大毒，勿用。色白者，無毒，可用。陶隱居去蟲殺疥之藥也。王寧宇抄洪氏方治小兒消渴有蟲。用楝根白皮一握切碎，水二碗，煎一碗，空心飲之，雖困頓不妨。下蟲如蛔而紅色，其渴自止。小兒消渴病，係有蟲，人所不識也。

集方：治小兒腹中有蟲。用楝根白皮一兩切碎，白蕪荑五錢，俱微炒，共爲末。每以一二錢，量兒大小增減，白湯調服。次日蟲下。○治小兒乾疥濕癬，及禿瘡、蠼螋瘡、浸淫瘡，并一切諸瘡。用楝根白皮搗爛，和猪脂少許，搽之即愈。治大人疥癬亦可用。《萬病回春》治婦人諸病，因氣滯血不調者。用川楝實一兩，香附便煮，烏藥、砂仁、當歸、川芎、白芍藥各二兩，熟地黃四兩，酒煮，共搗細爲丸。每早服三錢，晚服二錢，白湯下。氣痛加吳茱萸五錢；身盛有熱加半夏、茯苓、陳皮各一兩；脾胃不和，時作泄瀉，加白朮、補骨脂各二兩。○《廣筆記》治乳癧潰爛，經年將穿膜者。用土楝實一兩，經霜者佳，雄鼠糞七錢，露蜂房五錢，俱炒微焦，研細末。每用三錢，食後酒調服，間日一服，服藥完，痛即止。不數日，膿血收斂。外貼長肉膏而愈。

明・李中梓《醫宗必讀・本草徵要下》 楝實味苦，寒，有毒。入脾、肺二經。殺三蟲，利小便。根微寒，殺諸蟲，通大腸。大寒極苦，止宜於殺蟲，若脾胃虚寒者大忌。

明・鄭二陽《仁壽堂藥鏡》卷二 川楝子 氣寒，味苦，平。有小毒。《本草》云：治傷寒大熱煩躁，殺三蟲疥瘍，利小便。杵細用。潔古云：楝實入心經，止下部腹痛。又云：味酸、苦，陰中之陽。心暴痛者，非此不能除。雷公云：凡采得，曝乾。酒拌令濕，蒸皮軟，剝去其皮，取肉留核。其核搥碎，用漿水煮一伏時。核、肉不並用。

明・蔣儀《藥鏡》卷四寒部 楝實 祛鬱積之濕熱，諸蟲自消。散浸淫之邪蒸，疥癢自愈。子治腎虚疝氣而利水，根殺腸胃諸蟲而止痛。用根之法，須辨二端，色白向陰，方云可食，紅根立斃，切宜忌之。

明・張景岳《景岳全書》卷四九《本草正》 川楝子 味苦，性寒，有小毒。陰也。能治傷寒瘟疫，煩熱狂躁。利小水，瀉肝火，小腸膀胱濕熱，諸疝氣疼痛。殺三蟲疥癩，亦消陰痔。丸散湯藥任意可用。甄權言其不入湯使，則失之矣。

苦楝根：味大苦。殺諸蟲，尤善逐蚘。利大腸，治遊風熱毒惡瘡。苦酒和塗疥癬甚良。

明・盧之頤《本草乘雅半偈》帙七 楝實《本經》下品 氣味：苦，寒，有小毒。主治：主溫病，傷寒大熱煩狂，殺三蟲疥瘍，利小便水道。

覈曰：出荊山山谷，及蜀中所在有之，蜀中者勝。木高數丈，向長甚速，葉密如槐而長。三四月開花紅紫色，芬芳滿境。實如金丸，生青熟黃。葉可浣衣，蛟龍畏之，獬豸食之。修治：熬乾，酒拌令透，蒸之，俟實皮軟，去皮取肉。凡使核不使肉，使肉不使核。如使核，搥碎，漿水煮一伏時，晒乾用。

条曰：楝可浣衣，具清肅之金用。氣寒味苦，具澄湛之水體。獬豸食之，火獸也，喜其潔。蛟龍畏之，木蟲也，激其怒。怒則飛雲弄雨，以消溽暑，此其功力。如三蟲疝瘕，從蟄伏中，激之殺之，反其性耳。

明・李中梓《本草通玄》卷下 金鈴子 即楝實。味苦，性寒。導小腸膀胱之氣，因引心胞絡相火下行，故療心及下部疝氣腹痛，殺蟲利水也。川產者佳，酒潤去核焙。 楝根白皮，有殺蟲治瘡之功。

清・穆石匏《本草洞詮》卷一一 楝 葉可以練物，故謂之楝。楝實味苦酸，氣寒，有小毒。治溫疾，傷寒大熱煩狂，利水道。蓋楝實導小腸、膀胱之熱，引心包相火下行，故心腹痛及疝氣為要藥也。

清・劉雲密《本草述》卷二三 楝實名金鈴子。其子如小鈴，熟則黃色，名金鈴。象形也。 弘景曰：處處有之。 頌曰：楝滿實以蜀川者為佳。木高丈餘，葉密如槐而长，三四月開花，紅紫色，芬香。滿庭實如彈丸，生青熟黃，十二月采之。

實：氣味：苦，寒，有小毒。 潔古曰：酸、苦，平，陰中之陽。

諸本草主治：熱厥心痛，止上下部腹痛，並丈夫疝氣，利小便水道，療蟲痔。 方書主治多疝證，次遺精，喘，腹痛，小便數淋證，積聚，諸逆衝上，溲血下血，頭痛，心痛，胃脘痛，脇痛，腰痛，前陰諸疾，齒病。 潔古曰：熱厥心痛，非此不能除。 東垣曰：入心及小腸。 愚按：楝實誠為陰中之陽，然用之乃從陽入陰，故得致其陽於陰也。潔古酸苦平，東垣自言入心，可謂明於化原者矣。 好古曰：瀉膀胱。 時珍曰：楝實導小腸膀胱之熱，因引心包相火下行，故心腹痛及疝氣為要藥。 嵩曰：解熱散結之劑。 閬風曰：楝實為下焦氣分之藥。《類明》曰：上下部腹痛，言臍之上下痛也。與心暴痛者，均是氣滯與火，楝實酸苦能涌泄之。 按：方書曰臍腹痛者，少陰也。 希雍曰：實稟天之陰氣，得地之苦味，氣寒而味極苦，故其性有小毒。 氣薄味厚，陰也，降也，入足陽明、手足太陰經。

同牛膝、木瓜、橘紅、荔枝核、杜仲、巴戟天、烏穢樹子、蘹香，治腎虛疝氣。 癩疝腫痛，方書有五製、四製、七製，用者俱見李瀕湖氏《綱目》。

愚按：楝實稟天之陰氣，得地之苦味。苦味均應入心，然腎為心火對化，又味從乎氣，故凡苦寒之屬，類入於腎也。而楝實獨入心，如李東垣先生所云者，何哉？ 緣其味初嘗之有酸，後乃純苦，其苦寒之性，以逐熱下行，兼木火之原以導氣達陽，故謂其解熱散結者不謬。 蓋與諸苦寒之直降折及獨勝熱者，殊有不同爾。 是則易老云治熱厥心痛，固是此義乎？ 曰：然。《內經》云陰氣衰於下則為熱厥，如謂此味但以清熱為功，則苦寒之歸下者，謂能補陰氣之衰乎？ 蓋本木火以致於苦寒，為能引陽而歸之，故曰非此不除也。 至有云為下焦氣分之藥，而治疝率多用者，亦是此義耳。 楝實治陰虛陽厥，如心痛、胃脘痛證。又治陰勝陽陷，如疝證。其義細詳於後，但治疝證為專且多。 疝之為患，多在肝腎部分，而其受病之因，大都寒鬱熱也。 寒固腎與膀胱之氣，熱則厥陰相火之氣也。 此味根君火之對化，自應入腎，兼木火之氣化，自應徹肝，此所謂導氣達陽，兼解熱散結者也。 自應徹肝，固即本木火以致於苦寒者也。其義似創，但張潔古先生治莖中痛，用生甘草梢，更云加酒煮玄胡索、苦楝子尤妙，則信木火之論不為創矣。 蓋《內經》云足厥陰循陰器而絡於肝，又云足厥陰之別者，循脛上睪，結於莖，是則苦楝實固入肝之的劑，所以治疝不能舍也。 又治淋病莖痛引脇者，有參苓琥珀湯，以苦楝子為君，則其徹肝之義益明矣。 即如諸方用此味為主，同萊菔、牽牛、斑蝥炒，藉其破堅潰鬱之氣，以助此味散結之功，而又以故紙、茴香引直入寒中之熱，寒因熱用，以竟此味逐熱之功，則其主治可槩覩矣。 或曰楝實之用，在疝證處劑者十用七八，然就中即曰小腸氣，間曰膀胱氣，是以小腸膀胱之氣病者便是疝也。 亦有分為三者，但其治法猶與治疝無異也。 無異，何以別乎？ 雖然，離小腸膀胱以治疝，固無是理，蓋人身唯是水火二氣，心腎者水火之匡廓，而小腸膀胱即心腎氣化之府也。 謂病於疝者，能不如東垣所云足太陽膀胱之氣逆，上迎手太陽小腸之脈下行，致足厥陰之脈不得伸其任脈，並厥陰之脈逆，如巨川之水，使陽氣下墜，致兩睾腫大，謂之曰疝，大甚則為㿗也。李先生之言如此，不似子和輩獨以肝爲病言，並抹除腎及小腸膀胱，不思厥陰之所以由陰而能達陽於天，復由陽而能蟠陰於地者，如不藉此木火之氣化，動而不詘，如小腸膀胱之為用也，則一陰何以能爲獨使乎？故曰：離此二腑以治疝，無是理也。然止病於小腸膀胱，而未及病於厥陰肝者，則其治法固區以別也。蓋病於厥陰肝者，唯是寒水之臟腑，鬱其水中真陽，而肝欲升之，陽鬱即以病，同處於下之脾，故寒溼合化，厥陰益不得達，而病於任者愈甚，誠如東垣所云也。至於小腸膀胱之自為病，或火淫而水虛，或水汎而火虛，治之更宜適事為故，是固非疝證也，豈得漫同於治疝之法以貽害乎？抑楝實之用，治疝乎，治小腸膀胱乎？曰：所治者疝也，而奏功之地在膀胱也。其能奏功於膀胱者，始於小腸也。即此種之於三四月已華，乃歷夏秋，至冬而後采其實，固因其本木火之氣，以致於寒水而功乃成耳。寒水之氣大鬱，不根木火之元氣以達之開之，而謂疝可療乎？然外痼之積冷，不從以苦寒，而能使木火之氣，得浸入於凝寒中以導氣乎？猶恐其不開，或借巴豆氣以和苦寒而徹陽也。或曰：其義固悉矣，第東垣不僅曰入小腸，且先之入心，抑又何也？曰：《內經》有云：少陰之治，從本從標。夫諸痛瘡癢，皆少陰本也，心主之。諸寒收引，標也，腎主之。未有治標而遺其本者，是所謂奏功膀胱，始於小腸，何得不先心也。夫人身之火，原出水中。楝實本木火之氣，以致於寒水而功乃成者。以心為火之主，水為火之元也。故下之陰虛而陽厥者，用火之主以歸之，如熱厥心痛是也。蓋陽歸於陰，則陰自為陽守也。下之陰翳而陽陷者，用火之主以徹之，如積寒痼陽為疝是也。蓋陽徹於陰，則陰自不痼陽矣，其功皆奏於下，而所以歸之徹之者乃在上，以其上下原出於一耳。即此二證推之，則當究其同隊者何所宜，更究其修治者何所宜。故閱諸證所用，去核皆同，有酒煮者、鹽煮者、麩炒者、巴豆炒者，有單炒者，有不用製者，不以一法盡也。東垣曰心及小腸，海藏曰瀉膀胱，時珍亦竊小腸膀胱之說，而未能精詣，謬以一熱槩之，且云引包絡之火下行，是何等語？又如希雍謂其入足陽明、手足太陰者，其誤更甚矣。

又按：方書用苦楝實唯疝最多而且專，次之遺精，遺精證有數方，乃屬補陽之虛者也，何以不能舍此味，豈取其苦寒以濟溫補之燥乎？蓋本木火以致苦寒，則木火入手，不與溫補之味相逆，漸入而致苦寒，則與虛寒之氣驟得溫補者，因有同氣之先導，而溫補乃可以奏功也。大抵用之有三：如下之陰虛而陽厥為心痛者，有金鈴子散是也；如下之陽虛而陰泄為遺精者，有固陽丸、鹿茸益精丸、既濟固真丹是也；如斯陰虛陽虛以病於他證者，可以類推而治矣。唯是陰覆乎陽，陽病於陰，以為疝病者，斯物乃得對待之，即治方種種不一，而其所治必用斯味之義，固確確不能易也。

附方　丈夫疝氣，本臟氣傷膀胱，連小腸等氣，金鈴子一百箇，溫湯浸過，去皮，巴豆二百箇，微打破，以麪二升，同於銅鐺內，炒至金鈴子赤為度，放冷取出，去核，為末，巴、麪不用，每服三錢，熱酒或醋湯調服。一方入鹽炒茴香半兩。腎消膏，淋病在下焦，苦楝子、茴香等分，炒，為末，每溫酒服一錢。

希雍曰：脾胃虛寒者不宜用。

修治　酒浸溼，蒸軟，去皮核，取肉曬乾。得酒煮，乃寒因熱用也。修治隨證之所宜，不盡一法，其義見前。

根及木皮：氣味：苦，微寒，微毒。主治：遊風熱毒，風疹惡瘡疥癩，小兒壯熱，並煎湯浸洗日華子。

附方　消渴有蟲，苦楝根取新白皮一握，切焙，入麝香少許，水二椀，煎至一椀，空心飲之。雖困頓不妨，自後下蟲三四條，類蚘蟲而色紅，其渴頓止，乃知消渴一證，有蟲耗其津液。日華子曰：雄者根赤有毒，吐瀉殺人，不可誤服。雌者入服食，每一兩可入糯米五十粒，同煎殺毒。若瀉者，以冷粥止之，不瀉者以熱葱粥發之。

雄者根赤，不可用，唯取雌者，所以治消渴有蟲云取新白皮也。

清·郭章宜《本草匯》卷一五　金鈴子即楝實　味苦、酸，寒，小毒。氣薄味厚，陰中陽也，入足陽明、手足太陰經，亦入手足太陽經。主中濕傷寒大熱煩狂，理膀胱小腸疝氣吊痛。利小便水道，殺三蟲疥瘡。《本經》主溫疾傷寒大熱煩狂者，總因寒邪鬱久，至春變為溫病，邪在陽明也。苦寒之物，則能散陽明之邪熱矣。膀胱為州都之官，小腸為受盛之官，二經熱結，則小便不利。此藥味苦氣寒，走二經而導熱結，故水道自利。

按：金鈴子，大寒極苦，能導小腸膀胱之熱，因引心包絡相火下行，故療熱厥暴痛，心腹痛，及疝氣痛為要藥。甄權乃言不入湯使，則《本經》何以有治熱狂利小便之文耶？若脾胃虛寒者，大忌。

川產者良。酒拌透蒸，待皮軟刮去皮，取肉用。核、肉不可同使，若用核，搥碎，以漿水煮一伏時，晒乾用。其根及皮微寒，苦酒和塗疥癬甚良。

雄，根赤無子，大毒殺人。雌，根白子多，取向東者，略刮外皮，每兩可入糯米五十粒同煎，殺毒追蟲。宜月前蟲頭向上，忌月後蟲頭向下也。先啖鷄餅少可，頓飲濃藥湯。若多瀉，以冷粥止之。不瀉，以熱葱湯粥發之。又石茱萸，即花落子，入外科用。茴香為之使。

清・顧靖遠《顧氏醫鏡》卷八　楝實即金鈴子。苦，寒，有小毒。入心、肺、脾、胃、小腸五經。去核。　止心疼腹痛而療諸疝，導小腸膀胱之熱，因引心包相火下行，故心腹熱痛及疝氣為要藥。善殺蟲治疥而利小腸。濕熱蘊積，則內生諸蟲，濕熱浸淫，則外為疥瘍。小腸熱結，則水道不通。此藥大苦大寒故也。　根苦，寒，有毒。勿用赤者，悮服吐瀉殺人。殺諸蟲，塗洗疥癬甚良。利大腸。入糯米同煎殺毒，若瀉，以冷粥止之。脾胃虛者，大忌。

清・李熙和《醫經允中》卷二一　楝實　即金鈴子。甘，寒，有小毒。主治傷寒大熱煩狂，殺蟲利便。根赤者大毒，忌用。白者酒煎，治蠱毒，追蟲最捷。脾胃虛寒忌之。

清・馮兆張《馮氏錦囊秘錄・雜症痘疹藥性主治合參》卷四　楝實稟天之陰氣，得地之苦味。故味極苦，氣寒，有小毒。入足陽明、手足太陰經。以苦寒之性，故能除溫疾狂熱，利水殺蟲之用。如脾胃虛寒者忌之。

楝實，即金鈴子。去皮核，取肉。主溫疾傷寒，大熱煩狂，理膀胱小腸疝氣吊痛，利小便水道，殺三蟲疥瘍。根有雌雄，雄根赤，無子，大毒，忌煎。雌根白，子多，微毒，可採東行者佳，去青留白。單味煎酒，上半月服，大能殺蟲，多則成團追下，少當逐箇推來，積聚行，疼痛止。研敷，作癢蟲瘡。

按：　苦寒之性，宜於殺蟲。若脾胃虛寒者，禁之。

清・张璐《本經逢原》卷三　川楝實即金鈴子，苦楝根附。　苦，寒，小毒。酒浸，蒸，去皮核，取淨肉捻作餅，焙乾用。《本經》主溫病傷寒大熱煩狂，殺三蟲疥瘡，利小便水道。　發明：　川楝苦寒性降，能導濕熱下走滲道。人但知其有治疝之功，而不知其蕩熱止痛之用。《本經》主溫病煩狂，取以引火毒下泄，而煩亂自除。其溫病之下，又續出傷寒二字，以溫病原從冬時伏邪，至春隨陽氣而發，故宜苦寒以降泄之。其殺三蟲、利水道，總取以苦化熱之義。古方金鈴子散治心包火鬱作痛，即婦人產後血結心疼亦宜用之，以金鈴子能降火逆，延胡索能散結血，功勝失笑散，而無腥穢傷中之患。昔人以川楝為疝氣腹痛、殺蟲利水專藥，然多有用之不效者，不知川楝所主乃囊腫莖強木痛濕熱之疝，非痛引入腹厥逆嘔涎之寒疝所宜。此言雖迥出前輩，然猶未達至治之奥。夫疝瘕皆由寒束熱邪每多掣引作痛，必需川楝之苦寒兼茴香之辛熱，以解錯綜之邪。更須察其痛之從下而上引者，隨手輒應。設痛之從上而下注者，法當辛溫散結，苦寒良非所宜。諸痛皆爾，不獨疝瘕為然。近有一人牙宣出血不止，諸治罔效，或令以楝實研細，綿裹塞齒齦即止。詳血從內出，外治何能即應？因以少許置舌上，其苦直透諸齦，況有罅漏，安得不滲入於經也。〇苦楝根治蠱毒，煎湯服之即時吐出。又能殺蟲治瘧。〇其花燒煙辟蚊蟲，亦《本經》殺蟲之驗。

清・浦士貞《夕庵讀本草快編》卷五　楝《本經》　實名金鈴子。　羅願《爾雅翼》云：　楝葉可以練物，故謂之楝。其子如小鈴，熟則黄色如金。又王禎言：　鵷鶵喜食其實。應邵《風俗通》言獬豸食其葉。宗懍《歲時記》言：　蛟龍畏楝，故端午以葉包糉投江中，以祭屈原。世人五日採葉佩之，云可辟邪。　楝實苦寒，陰中之陽也。世俗因其治疝，悮以為熱，謬矣。獨不考《本經》之主治乎！　曰溫疾傷寒，大熱煩狂，利小便水道，則知乃苦寒抑火之藥，非溫熱明矣。甄權之敏尚云不入湯使，無怪乎他人之聾聵也。潔古有云：　熱厥暴痛，非此不除。旨哉言爾！夫楝實本入手少陰心經，故導小腸、膀胱之熱，兼能引胞絡之火下行，是以心腹諸痛、小腸癩疝咸皆用之，非取其溫下焦也。況治疝方中或四製、或七製，非骨脂、茴香，則巴戟、萊菔方見効捷，益可明其本性非熱，不過借其引導辛熱之品直達睾丸，利濕鬱之邪從小便而出，功易成爾。更有誤為肝藥者，曷足與道此哉！

清・王子接《得宜本草・下品藥》　川楝子　味苦。主治諸疝。得延胡索治熱厥心痛，得吳茱萸治氣痛囊腫，得補骨脂、小茴香、食鹽治偏墜痛不可忍。

清・黄元御《玉楸藥解》卷二　楝子　味苦，性寒。入足厥陰肝經。泄火除狂，利水止痛。苦楝子清肝泄熱，利水殺蟲。治瘟疫傷寒，煩燥狂亂，止腹痛溺癃，癲病痔瘻，大便下血。亦名金鈴子。

清・嚴潔等《得配本草》卷七　川楝子即金鈴子。　苦，寒，有小毒。入足厥陰經。導小腸膀胱濕熱，引心胞相火下行。除傷寒大熱發狂，止上下熱厥暴痛。　得吳萸，療氣痛囊腫。得破故、茴香，除偏墜。配延胡，止熱厥心痛。合芎藭，豬膽，治五痔。　清火，生用。治疝，煨用。氣痛，酒蒸用。用肉，去皮核。用核，槌碎，漿水浸，煮熟去肉用。脾胃虛寒者禁用。土楝子根白皮 微苦，寒。泄陽明、厥陰之邪熱。專主中焦乳病。配猳鼠糞、露蜂房，治已潰之乳岩。配紅棗，煮汁常飲，治未潰之乳岩。根白皮 苦，寒，微毒。主殺蟲，利大便。

題清・徐大椿《藥性切用》卷五 川楝子 一名金鈴子。性味苦寒，入小腸、膀胱，而兼入心包。導引濕熱下行，為治疝耑藥。炒研用。楝根皮，耑主殺蟲。

清・黃宮繡《本草求真》卷六 川楝子解鬱熱狂，燥疝瘕蠱毒。川楝子耑入心包、小腸、膀胱。即苦楝子。因出於川，故以川名。又名金鈴子，楝實者是也。味苦氣寒微毒，凡人冬時感冒寒邪，至春而發則為溫，以致症見狂燥，並疝瘕，熱被寒束，症見囊腫莖強，掣引作痛，與夫寒熱積聚，積由五臟所生，聚由六腑所成。三蟲內蝕者，俱宜用此調治。有蟲耗其津液而渴，須用此根葉加麝以投。以苦主有泄熱之功，寒有勝熱之義，故能使熱悉除，而毒蠱瘕疝，亦得因其自心下降，由於小便而乃泄矣。但人止知此為除疝之味。《內經》七疝：曰衝、曰𤸣、曰㿗、曰狐、曰癩、曰瘕、曰厥。而不知有逐熱解狂之力，以至廢而不治，即其治疝，亦不分其是寒是熱，是偏是平，與夫偏有錯雜多寡之異，其痛亦不分其所痛之處，是否自下而上，從上而下。治病要在辨症。惟計古方茴香、川楝歷為治疝千古俎豆。詎知疝屬於熱則痛，必見囊腫莖強，其痛亦必從下而上，用以川楝內入以為嚮導，則熱可除。熱疝必用。如其疝並非熱，其痛自上而下，痛引入腹，且有厥逆吐涎，非用辛溫不能見效。若以川楝同入，則於理不免歧而二矣。寒疝不宜用。然古人立方治疝，偏以川楝同投，其意奚似。蓋緣邪有錯雜，則治不得不爾。若以錯雜之邪而概用以辛燥，不更使病相左乎？繡嘗語諸同人，凡人用藥治病，須當明其偏平，偏症偏治，平症平治，錯雜多寡不一之症，則即當以錯雜不一以治。括盡治病種類。昔繡治一族叔字次周陰疝，其症是偏不平，毫無一症混雜，乃有附城一醫，必執古方，用以川楝。繡謂病症不雜，何須用是。然終謂其古方所用川楝。稽書何無一語活動，間有指屬反佐，亦無一語申明，以致蒙混不解。書不盡言。繡只據理投服，隨手輒應，而不為方所執，及閱張璐《本經逢原》，其辨川楝功用，分為陰陽二疝，及有錯雜之邪必用川楝之說，始歎理道本同。而古人則先於我而獲。繡益信己所治族叔之病，而不敢用川楝者，未始不有理存，而竟所揆而如一也。理終不易。否則幾為古方所誤矣。故凡疝因熱邪，及因蠱蟲內蝕，宜於川楝。若使脾胃虛寒，症屬陰疝，則川楝其切忌焉。楝以川產為正，去皮取肉，去核用根，有雌雄二種，雄根色赤，無子。大毒忌火。雌根白子多微毒，可採。去青留白，單味酒煎投服。殺蟲治瘡，煎湯洗之。可治中蠱，即時吐出，茴香為使。

清・楊璿《傷寒溫疫條辨》卷六寒劑類 川楝子漿水煮，去核。 味苦，氣寒，有小毒。入肝。舒筋，治藏毒下血。炒末，蜜丸，大米飲下。療腎消膏淋。同茴香炒，等分為末，溫酒調下。尤導小腸、膀胱之熱，引心包相火下行，通利小便，為疝氣主藥。按：疝氣初起，未有不因內虛外襲，留而不行，其病則實。然必先疏泄其氣，所謂通則不滯不疼矣。若驟加補益，入腹攻心，變成危證。古人用五苓散加楝子、橘核、茴香，少加木通、檳榔，立方之工穩極矣。兼治傷寒、溫病熱厥熱狂，心疼腹疼，療瘍疥，殺三蟲。《夷堅志》曰：楝根白皮濃煎，入麝少許，治消渴有蟲耗其津液者，下其蟲而渴自止。合烏梅、生薑、使君子，或煎或丸服，諸蟲皆下。

附：琉球・吳繼志《質問本草》內篇卷四 楝 木高數丈，夏開花，結實，秋熟。楝有雌雄二種，雄者無子，根赤有毒，使人吐不能止。雌者有子，根白微毒，入藥用之。三四月開花，紅紫色，芬香滿室，實如彈丸，生青熟黃。癸卯，潘貞蔚、石家辰。楝子，釋名金鈴子。處處有之，惟川產者大而佳，功耑疝瘕，肝胃逼疼。甲辰，陸澍。觀此種，顆名為苦楝子，其性辛熱，能治散寒通氣，俱此。根名為苦楝根，其性熱，能治散風去寒，是可用也。癸卯，陳太枝、高萬年。係是苦楝子，但皮用楝皮，根用楝根，各宜變通佐使任用為要。癸卯，陳文錦。

清・黃凱鈞《藥籠小品》 金鈴子 苦，寒，能導小腸膀胱之熱下行，通利小便，為疝氣要藥。同延胡索名金鈴子散，治肝火胃痛。川產良，用肉去核。

清・王龍《本草纂要稿・木部》 （練）〔楝〕實 味苦，性寒，有小毒。主中濕傷寒，大熱發狂。理膀胱小腸，疝氣吊痛。理小便水道，殺三蟲疥瘍。即金鈴子。石茱萸：外科亦用，醫者當知。即花落子。

清・張德裕《本草正義》卷上 川楝子 苦，寒。瀉肝、小腸、膀胱濕熱，諸疝疼痛，殺三蟲，利小便。亦有與巴豆同炒，去豆，以治疝者。

清・楊時泰《本草述鉤元》卷二三 楝實 名金鈴子。產蜀川者佳。三四月開花紅紫，結實如彈，生青熟黃，十二月采之。

酸而純苦，氣寒。氣薄味厚，降也。入心、肝、腎、小腸、膀胱經。楝實為陰中之陽。然用之乃從陽入陰，故得致其陽於陰也。主治熱厥心痛，上下部腹痛，疝氣，利水道，療蟲痔。方書多主疝證，次遺精喘，諸逆衝上，頭痛，心脇胃脘腰痛，積聚小便數淋，溲血、下血，前陰諸疾，齒病。楝實為下焦氣分藥《闓風》。解熱散結之劑嵩。臍之上下痛與心暴痛者，均是氣滯與火，楝實酸苦，能涌泄之《類明》。楝實治陰虛陽厥，如心痛，胃脘痛證，又治陰勝陽陷，如疝證。同牛膝、木瓜、橘紅、荔枝核、杜仲、巴戟、烏穭樹子、蘹香，治腎虛疝氣。癩疝腫痛，有五製、四製、七製用者，俱見瀕湖《綱目》。丈夫疝氣，本臟氣傷，膀胱連小腸等氣，楝實百枚溫湯浸過，去皮，巴豆二百枚微打破，以麪二升，同置銅鐺內，炒至楝實赤色為度，放冷取出，去核為末，巴麪不用，每服三錢，熱酒或醋湯調服。一方：入鹽炒茴香半兩。腎消、膏淋，病在下焦，苦楝子、茴香等分，炒為末，每溫酒服一錢。

論：楝實稟天之陰氣，得地之苦味，苦應入心，然腎為心火對化，又味從乎氣，故凡苦寒之屬，類入於腎，而楝實獨入心，如東垣所說。東垣云：入心與小腸。何哉？緣其味初嘗有酸，後乃純苦，稟苦寒之性，以下行逐熱，實兼木火之原，以導氣達陽，故解熱散結，與諸苦寒之直折降熱者，殊有不同。蓋本木火以致於苦寒，則能引陽而歸之，是以陰氣衰於下，而為熱厥心痛者，非此不除。如但以為清熱，則苦寒之歸下者，安能補陰氣之衰耶。至其為下焦氣分藥，而治疝率多用之，亦此義耳。疝之為患，多在腎肝部分，而受病則惟寒鬱熱之因，寒固腎與膀胱之氣，熱則厥陰相火之氣也。此味根君火之對化，自應入腎，兼木火之氣化，自應徹肝，所謂導氣達陽，而兼解熱散結者也。徹肝之義，即本木火以致於苦寒之義也。潔古治莖中痛，用生甘草梢，却加延胡、苦楝子，尤妙。又治淋證莖痛引脇者，有參苓琥珀湯，以苦楝為君。《內經》云：足厥陰循陰器而絡於肝。又足厥陰之別者，循脛上睾，結於莖，信乎此味為入肝的劑矣。諸方有同萊菔、牽牛、斑蝥炒，藉其破堅潰鬱之氣，以助此味散結之功者。有引以故紙、茴香，寒因熱用，直入寒中之熱，以竟此味逐熱之功者，則其主治，槩可覩矣。第疝證或即曰小腸氣，間曰膀胱氣，是以小腸膀胱之氣病，便是疝也，不知離小腸膀胱以治疝，固無是理，即小腸膀胱以為疝，究有未宜。蓋人身惟是水火二氣，心腎者水火之匡廓，而小腸膀胱則心腎氣化之府也，使病於疝者，抹却腎及小腸膀胱，而獨以肝為言，則試思肝之所以能由陰而達陽於天，復由陽而蟠陰於地者，如不藉水火之氣化，動而不詘，若小腸膀胱之用，手太陽丙火上行，足太陽壬水下行。將一陰何以為獨使乎？故曰：離小腸膀胱以治疝，無是理也，若止病於小腸膀胱，而未及病於肝，則治法固別。蓋病於肝者，乃寒水之臟腑，鬱其水中真陽，而肝升之陽鬱，即以病同處於下之脾，卒之寒濕合化，厥陰益不得達，而病於任者愈甚，如東垣所云也。東垣云：足太陽膀胱之氣逆上迎，手太陽小腸之脉下行，致足厥陰之脉不得伸，其任脉並厥陰之脉逆，如巨川之水，使陽氣下墜，致兩睾腫大，謂之曰疝，大甚則為癩也。至於小腸膀胱之自為病，或火淫而水虛，或水泛而火虛，治此更宜適事為故，豈得漫同於治疝之法耶？總之，楝實之用，所治者疝，而奏功之地在膀胱，其能奏功於膀胱者，又始於小腸。即其三四月已華，歷夏至冬而後采實，是固本木火之氣，以致於寒水而功乃成耳。夫寒水之氣大鬱，不根木火之元氣以達之開之，而謂疝可療乎；矧外痼之積冷，不從以苦寒，能使木火之氣，寖入於凝寒中以導氣乎，猶恐其不開，或借巴豆氣以和苦寒而徹陽矣。至東垣謂其入小腸，且先之入心，何也？人身之火，原出水中，水為火之元，心為火之主，楝實本木火之氣以致於寒水。故下之陰虛而陽厥者，用火之主以歸之，如熱厥心痛是，蓋陽歸於陰，則陰自為陽守也。下之陰翳而陽陷者，用火之主以徹之，如寒鬱熱為疝是，蓋陽徹於陰，則陰自不痼陽矣。其功皆奏於下，而所以歸之徹之者，乃在上，故首言入心。又按：本木火以致苦寒，則木火入手，不與溫補之味相逆，漸入而致苦寒，則與虛寒之氣驟得溫補者，因有同氣之先導，而溫補乃可以奏功。如治陽虛於下而遺泄者，用以佐補陽虛，正是此義。知此則陰虛陽虛病於他證者，可以類推而治矣。

脾胃虛寒者，不宜仲淳。

修事：酒浸蒸軟，去皮核，取淨肉曬乾。或酒煮，或鹽煮，或麩炒，或巴豆炒，或單炒，或不製，隨證所宜。

苦楝根及木皮：味苦，氣微寒，有小毒。主治遊風熱毒，風疹，惡瘡疥癩，小兒壯熱。並煎湯浸洗。消渴有蟲，苦楝根取新白皮日華子言雄者根赤，有毒，吐瀉殺人。一握，切焙，入麝香少許，水二盌，煎至一盌，空心飲之，雖困頓不妨，自後下蟲三四條，類蚘而色紅，其渴頓止。乃知消渴一證，有蟲耗其津液。

辨治：　雄者根赤，不可用，雌者色白，入藥。每一兩，可入糯米五十粒，同煎殺毒。若瀉者，以冷粥止之，不瀉者，以熱葱粥發之。

清・鄒澍《本經續疏》卷六　楝實　【略】凡物耐寒者必畏熱，耐熱者必畏寒。惟楝實屈夏已生，迄冬在樹。故世俗之訕不甚長進不易傾覆者，曰楝樹子。整年如此，是則其遇暑而不浥爛，逢寒而不拆裂，凝定守正，遂可謂堅持元氣之補劑歟。殆非也！　夫楝實在夏則核嫩裹津，充滿於殼；　在冬則津消核斂，表裏相懸。裹津待暑，是布陰以使陽和，即其主溫疾傷寒大熱煩狂也。斂核禦寒，是戢陰以讓陽通，即其利小便水道也。濕不混於熱，熱已化於水，水逞陽通而下行，曾何蟲之不除，疥瘍之不瘳耶？　即後世專以之治疝，疝獨非陰縛其陽，陽困於陰乎？　陰既戢而陽得伸，陽垂和而陰已布，亦無非賴小便之利，水道之通，與前義不相悖，即其止上下部腹痛義，亦豈能外哉？

清・葉桂《本草再新》卷四　川楝子味苦，性寒，有小毒。入心、脾、腎三經。可瀉心包之火，可清膀胱之熱，利小便，行經血，治疝氣，療瘡疥。

清・吴其濬《植物名實圖考》卷三三　楝　《本經》下品。處處有之，四月開花，紅紫可愛，故花信有楝花風。《湘陰志》苦楝掘溝埋之，可成楝城；植當風處，可辟白蟻。

清・趙其光《本草求原》卷八喬木部　川楝子即金鈴子。　酸、入肝。苦，入心、小腸。寒，入膀胱。小毒。得木火之化，以歸於寒水，故能導氣達陽，引陽下歸，以解熱散結止痛，為熱厥心腹痛、疝痛要藥。下之陰虛陽厥，為心痛、胃脘痛，宜苦寒以歸之；下之陰勝而陽鬱，為疝，宜酸苦以徹之。蓋寒水之陽氣上蟠，小腸之氣必得陽氣達陰以上行，而後水火氣化，動而不詘。若小腸之脈下陷，被膀胱之寒水鬱之，則肝欲升之陽亦鬱，不能伸其任脈，致陽氣下墜，兩睾腫大，則為疝，大甚則為㿗，是疝始於小腸，病在膀胱，尤不離於肝。蓋足厥陰循陰器而絡於肝，其別者循脛上睾結於莖，治疝不得舍肝以治也，然非得木火之氣化不能達寒水之鬱。不知者乃謂其瀉膀胱，為苦寒折火之味，誤矣。行經血，利小便，治淋病、莖痛引脇，參苓琥珀湯以之為君。遺精，積聚，諸逆沖上，溲下血，頭痛，牙宣出血，研細，綿包塞之，即若透諸齦而達經。殺蟲。

張石頑曰：　疝痛從下而上引者，宜川楝；　痛從上而下注者，法當辛溫散結，苦寒非所宜，是不知川楝之能散結也。且陽虛遺精諸方，如固陽丸、鹿茸益精丸、固真丹及治下虛上實之黑錫丹皆用之，非僅以苦寒濟溫補之燥也。蓋虛寒而驟補之，必從木火入手，乃有同氣之先導也；　有小腸、膀胱自病，或火淫而水虛、或水汛而火虛，非疝也，病未及於肝也，又不得以治疝法治之，脾胃虛寒者忌之。又治冬伏邪至春溫病，大熱煩狂。

川產者良，酒浸蒸，去皮核，取肉用，或麵炒，或巴豆微打破同炒至楝赤；　或單炒。當究其同隊者何所宜，修治者何所宜，若止謂宜於囊腫莖強之熱疝，不宜於痛引入腹、厥逆嘔涎之寒疝，猶淺也。茴香為使。寒因熱用，借辛熱以解鬱遏之邪也。

同牛膝、川瓜、橘紅、荔枝、杜仲、巴戟、茴香，治腎虛疝氣。巴豆、麵同炒，合鹽炒，茴香為末，酒或醋下，治疝氣，小腸、膀胱等氣。同小茴炒，為末，酒下，治腎消膏淋。同牽牛、斑蝥、萊菔炒，破堅潰鬱。

苦楝根皮：　苦，寒，吐蠱毒，治遊風熱毒、俱煎肉服。風疹瘡疥、煎洗諸痛瘡癢，皆屬心火。殺蟲，治蟲耗津液而成消渴，根皮濃煎，加片糖、麝少許服下，其蟲即出。先食炙雞蛋一隻，冷食苦楝根湯，又以炙蛋壓之，則蟲積瀉盡自止。根赤者毒，殺人。取白者二青皮，以糯米同煮，殺其毒。若瀉，以冷粥止之；　不瀉，以熱葱粥發之。其皮，洗疥疳疔痔妙。遠，拔鐵刺。其花，燒煙辟蚊。

寄生：　治陰虛失血最捷。

清・葉志詵《神農本草經贊》卷三　楝實　味苦，寒。主溫疾傷寒，大熱煩狂，殺三蟲疥瘍，利小便水道。生山谷。

低昂紅紫，花信風周。金鈴搖曳，珠彈輕柔。資供雛食，善種雌求。區分肉核，性不相謀。

韓愈詩：　紅紫相低昂。《歲時記》：　花信風，始梅花，終楝花。李時珍曰：　實名金鈴子。孟浩然詩：　王孫挾珠彈。蘇頌曰：　三四月開花紅紫色，實如彈丸。《南史・傳》：　凡所資供，一無所受。《農書》：　雛食其實，淨住子能生善種。《詩》：　尚求其雌。蘇恭曰：　雌雄二種，雌者有子。雷斅論：　凡使肉不使核，使核不使肉。《論語》：　道不同，不相為謀。

清・文晟《新編六書》卷六《藥性摘錄》　川（練）〔楝〕子　即苦（練）〔楝〕子，又名金鈴子。苦，寒，微毒。入心包、小腸、膀胱。〇治春溫症狂燥。〇並熱被寒束，而見疝瘕囊腫，莖強製引作痛，與夫寒熱積聚，三（蟲）〔蟲〕內蝕，皆宜用此調治。〇若脾胃虛寒，症屬陰疝者，切忌。〇川產良。去皮去核，取肉用。〇根有雌雄，雄根色赤，無子，大毒。雌根色白，子多，微毒。採取去皮，留白，酒洗煎服，殺蟲。

清・張仁錫《藥性蒙求・木部》 川楝錢半、三錢 川楝苦寒，疝中要藥。上下腹疼，殺蟲治疥。一名金鈴子。能導小腸、膀胱之熱，因引心包相火下行，止上下部腹痛，通利小便。川產良。刮去皮，取肉去核。

清・劉善述、劉士季《草木便方》卷二木部 金鈴樹 楝皮苦寒殺蚘蟲，疥癬瘢癩洗遊風。花鋪席下逐蚤蝨，葉療疝痛酒服功。小兒壯熱消惡毒，毒殺猪豚速死空。

清・黃光霽《本草衍句》 川楝子 苦寒小毒，陰中之陽。能導小腸膀胱之熱，因引心包相火下行。熱從小便而出。用治熱厥心腹諸痛，入心及小腸，止上下部腹痛，熱厥暴痛，非此不除。傷寒溫疫，大熱煩狂。療疝氣之要藥，瀉濕熱而為良。通利小腸水道，可殺三蟲疥瘡。 熱厥心痛，忽發忽止，身熱足冷，久不愈者，金鈴子散，金鈴子、延胡索，溫酒下。 小兒冷疝，氣痛囊腫，金鈴子去核五錢，吳萸二錢半，糊丸，鹽湯下。 癩疝腫者，偏墜痛不可忍，川楝子、破故紙、小茴香、萊菔子、牽牛子，食鹽炒，煎服。

清・李桂庭《藥性詩解》 賦得金鈴子治疝氣而補精血得精字。湯克家。

惟有金鈴子，甘寒味苦平。殺蟲能補血，破疝更醫精。 按：金鈴子苦寒，味平，有小毒。能導小腸膀胱之熱，引心胞相火下行。通利小便，為治疝要藥。亦治熱厥腹疼，療三疥，殺三蟲，有蟲耗其津液者，取根皮濃煎，小加麝香服下，蟲安而渴自止矣。苦寒正宜殺蟲。脾胃虛寒者，大忌。一名苦子。川產者良。

清・周巖《本草思辨錄》卷四 楝實 苦入心，酸入肝，寒入腎，為心肝腎三經之藥。苦寒清熱下行而酸復迫之，故導上中之熱，由小便水道而出，其勢甚捷。《本經》主溫疾傷寒大熱煩狂。溫疾傷寒即溫病，大熱而至煩狂，是熱無所泄，緩則生變，故以此亟泄其熱，非謂溫病可全恃楝實也。 心痛腹痛之為熱痛者，用之靡不奏效。 即牙宣出血不止，以楝實末裹塞齒齦即止。 其導熱下行之速，真有可立待者矣。 疝有熱有寒。《史記》太倉公治疝用火齊湯，熱疝也。《金匱》治疝用大烏頭煎，寒疝也。 楝實為治疝要藥，則於寒鬱熱者為宜。 蓋肝腎內寓真陽，陰錮之而陽不得達，則寒亦釀熱。 楝實酸苦，能入而湧泄之，即劉氏所謂導氣達陽也。 病本屬寒，不能舍巴豆、故紙等藥而獨建其功，用楝實治疝者，須識此義。 昔人治遺精如固陽丸、鹿茸益精丸、既濟固真丹，治真陽上越氣喘痰鳴如黑錫丹，皆其中有楝實，皆用楝實為從治。然其證陰中有陽，溫其陰不得不退其陽，雖從治亦正治也。

椿

宋・唐慎微《證類本草》卷一四木部下品〔唐・蘇敬《唐本草》〕 椿木葉 味苦，有毒。主洗瘡疥，風疽。水煮葉汁用之。皮主甘䘌。

樗木根、葉，尤良。

〔唐・蘇敬《唐本草》〕注云：二樹形相似，樗木踈、椿木實爲別也。

〔宋・馬志《開寶本草》〕按：陳藏器《本草》云：樗木，味苦，有小毒。皮主赤白久痢，口鼻中疳蟲，去疥䘌，主鬼疰，傳尸，蠱毒下血。根皮去鬼氣，取一握細切，以童兒小便二升，豉一合，宿浸，絞取汁，煎一沸。三五日一度服。葉似椿，北人呼爲山椿，江東人呼爲虎目。葉脫處有痕，如白樗，散木也。《唐本》先附。

〔宋・掌禹錫《嘉祐本草》〕按：《藥性論》云：樗白皮，使，味苦，微熱，無毒。能治赤白痢，腸滑，痔疾，瀉血不住。蕭炳云：樗皮，主疳痢，得地榆同療之，根皮尤良，俗呼爲虎眼樹。《本經》椿木，殊不相似。孟詵云：椿，溫。動風熏十二經脉，五藏六腑，多食令人神昏，血氣微。又，女子血崩及產後血不止，月信來多。可取東引細根一大握，洗之，以水一大升煮，分再服，便斷。亦止赤帶下。又椿，俗名猪椿，療小兒疳痢，可多煮汁後灌之。又取白皮一握，倉粳米五十粒，葱白一握，甘草三寸，炙豉兩合，以水一升，煮取半升，頓服之，小兒以意服之。枝、葉與皮，功用皆同。日華子云：樗皮，溫，無毒。止瀉及腸風，能縮小便。入藥蜜炙用。

〔宋・蘇頌《本草圖經》〕曰：椿木、樗木，舊並不載所出州土，今南北皆有之。二木形榦大抵相類，但椿木實而葉香可噉，樗木踈而氣臭，膳夫亦能熬去其氣。北人呼樗爲山椿，江東人呼爲鬼目，葉脫處有痕，如樗蒲子又如眼目，故得此名。其木最爲無用，《莊子》所謂吾有大木，人謂之樗，其本擁腫，不中繩墨，小枝曲拳，不中規矩。立於途，匠者不顧是也。並採無時。《爾雅》云：栲，山樗。郭璞注云：栲似樗，色小白，生山中，因名，亦類漆也。俗語云：櫄、樗、栲、漆，相似如一。《詩・唐風》云：山有栲。陸璣疏云：山樗與田樗無異，葉似差狹耳。吳人以其葉爲茗。許慎以栲讀爲糗。今人言栲，失其聲耳，然則樗類之別種也。樗根煮汁，主下血及小兒疳痢。亦取白皮和倉秔米，葱白、甘草、豉同煎飲服，血痢便斷。唐劉禹錫著樗根餛飩法云：每至立秋前後即患痢，或是水穀痢兼腰疼等。取樗根一大兩擣篩，以好麪捻作餛飩子，如皂莢子大，清水煮。每日空腹服十枚。並無禁忌，神良。

〔宋・唐慎微《證類本草》〕《食療》云：主疳痢，殺蛔蟲。又名臭椿。若和猪肉、熱麪頻食，則中滿，蓋壅經脉也。雷公云：椿木根，凡使根，不近西頭者上。及不用莖、葉，只用根，採出拌生葱蒸半日，出生葱，細剉，用袋盛掛屋南畔，陰乾用。偏利溺澁也。

《肘後方》： 治小兒頭生白禿，髮不生出。椿、楸、桃葉心取汁，傅之，大效。《經驗方》： 治藏毒亦白痢。香椿淨洗刷，剝取皮，日乾，爲末。飲下一錢，立效。《子母秘録》： 治小兒疳。椿白皮日乾，二兩爲末，淘粟米去泔，研濃汁糊和丸，如梧子大。十歲三四丸，量數加減。一丸内竹筒中，吹入鼻中，三度差。服丸以飲下。《楊氏産乳》： 療疳痢困重。樗白皮擣麫拌作小顆子。日曬少時，又拌，凡三過，水煮至熟，加鹽、醋，酒亦得，頻服，多少量兒大小。 又方： 近效療久痢及疳痢。揀樗根白皮，不限多少，常取土際不用見狗及風，細切，擣如泥，取麫捻作餛飩子，如小棗大，勿令破，熟煮吞七枚。重者不過七服。 皆空肚。 忌油膩、熱麫、毒物。 又方： 疳痢曉夜無度者。 取樗根濃汁一雞子殼許，和粟米泔一雞子許，灌下部，再度即差，其驗如神。小孩減用之，甚妙。

宋・唐慎微《證類本草》卷一四木部下品〔宋・掌禹錫《嘉祐本草》〕 椿莢 主大便下血。今近道處處有之。夏中生莢，樗之有花者無莢，有莢者無花，常生臭樗上，未見椿上有莢者。 然世俗不辨椿、樗之異，故俗中名此爲椿莢，其實樗莢耳新定。

宋・寇宗奭《本草衍義》卷一五 椿木葉 椿、樗皆臭。 但一種有花結子，一種無花不實。世以無花不實，木身大，其幹端直者爲椿。 椿用木葉。其有花而莢，木身小，幹多迂矮者爲樗。 樗用根、葉、莢。 故曰未見椿上有莢者，惟樗木上有。 又有樗雞，故知古人命名曰不言椿雞，而言樗雞者，以顯有雞者爲樗，無雞者爲椿，其義甚明。 用椿木葉、樗木根、葉、莢者，宜依此推窮。 洛陽一女子，年四十六七，耽飲無度，多食魚蟹，攝理之方蔑如也。 後以飲啖過常，蓄毒在藏，日夜二三十謁，大便與膿血雜下，大腸連肛門痛不堪任。 醫以止血痢藥不效，又以腸風藥則益甚。 蓋腸風則有血而無膿。 凡如此已半年餘，氣血漸弱，食漸減，肌肉漸瘦。 稍服熱藥，則腹愈痛，血愈下。服稍涼藥，即泄注氣羸，粥〔食〕愈減。 服溫平藥，則病不知。 如此將期歲，醫告術窮，垂命待盡。 或有人教服人參散，病家亦不敢主，當謾與服之，纔一服，知。 二服，減。 三服，膿血皆定。 自此不十服，其疾遂愈。 後問其方，云： 治大腸風虚，飲酒過度，挾熱下痢膿血，疼痛，多日不差。 樗根白皮一兩，人參一兩，爲末。 每用二錢匕，空心以溫酒調服。 如不飲酒，以溫米飲代。 忌油膩、濕麪、青菜、果子、甜物、雞、猪、魚、腥等。

宋・王繼先《紹興本草》卷一五 椿木 紹興校定： 椿木與樗木〔然〕〔雖〕分二種，其性一矣。 但以香臭有異，其主治亦不相遠。《經》注用枝葉根皮，雖各分主治，諸方時亦用之。《本經》但具葉苦及有毒而不載性寒溫，俱當作味苦、溫，有小毒者是矣。 處處産之。

宋・鄭樵《通志》卷七六《昆蟲草木略》 樗 似椿，北人呼為山椿，江東人呼為虎目，葉脱處有痕，如樗蒲子，又如眼目，故有其名。 其材易大，而不中器用。 又有一種山樗極似此，《詩・唐風》所謂山有栲是也，故《爾雅》云：栲，山樗。 注謂栲似樗，色小白，生山中，亦類漆。 俗云櫄樗栲漆，相似如一。櫄，即椿也。

宋・陳衍《寶慶本草折衷》卷一四 椿莢 一名樗莢。 生近道臭樗木上。 今處處有之。 ○夏中採。

味苦，溫，有小毒用樗皮云。 ○主大便下血。 其實樗莢耳。

續說云： 樗莢未開者狀如連翹。《泊宅編》載，朝士姚祐母病□，諸藥不效，□詔賜散子藥敷服，仍□喻，只炒椿子熟，末之飲下而愈。 以樗一名臭椿，故互稱爾。 其後《是齋方》援《本草》，言樗有莢而椿無莢，辨之尤明也。

明・朱橚《救荒本草》卷下之前 椿樹芽 《本草》有椿木、樗木。 舊不載所出州土，今處處有之。 二木形幹大抵相類。 椿木實而葉香，可啖。 樗木疏而氣臭，膳夫熬去其氣亦可啖。 北人呼樗為山椿，江東人呼為虎目。 葉脱處有痕如樗蒲子，又如眼目，故得此名。 夏中生莢，樗之有花者無莢，有莢者無花，莢常生臭樗上，未見椿上有莢者。 然世俗不辨椿、樗之異，故俗名為椿莢，其實樗莢耳。 其無花不實，木大端直為椿，有花而莢，木小幹多迂矮者為樗。 椿味苦，有毒。 樗味苦，有小毒，性溫。 一云性熱，無毒。 救飢： 採嫩芽煠熟，水浸淘淨，油鹽調食。 治病： 文具《本草》木部椿木、樗木及椿莢條下。

明・王綸《本草集要》卷四 椿木葉 味苦，澀，氣寒，有毒。無花不實者為椿，有花有莢者為樗。 主洗瘡疥風疽，水煮葉汁用之。 ○皮，主疳䘌。 ○樗木，根葉尤良。 樗白皮使，主赤白久痢，及小兒疳痢。 殺口鼻中疳蟲及蛔蟲，腸滑痔疾，瀉血不住，女子血崩，月信來多，赤白帶下，取東引細根皮，水煮服之。 又能縮小便。 入藥蜜炙用。

明・滕弘《神農本經會通》卷二 椿木葉 無花不實者為椿，有花而莢者為樗。 味苦，有毒。

《本經》云： 主洗瘡疥風疽，水煮葉汁用之。 孟詵云： 椿，溫。 動風，熏十二經脉，五臟六腑。多食令人神不清，血氣微。又女子血崩，及產後血不止，月信來多，可取東引細根一握洗之，以水一大升，煑，分再服，便斷。亦止赤帶下。療小兒疳痢，可多煑汁灌之。又取白皮一握，倉粳五十粒，葱白一握，甘草三寸，炙，豉兩合，以水一升，煑取半升，頓服之。小兒以意服之。枝葉與皮功用皆同。《圖經》云：椿木實而葉香，可噉。樗木疎而氣臭。丹溪云：樗木皮臭，椿根其性涼而能澁血，樗木臭踈，椿木香實，其樗用根葉莢。故曰：未見椿上有莢，惟樗木上有莢，以此為異。

椿皮：東云：椿根白皮，味苦，有毒。主瀉血。《本經》云：主甘䘌。

樗木　一名臭椿。味苦，有小毒。《藥性論》云：樗白皮，使。味苦，微熱，無毒。一云：溫。

《本經》云：根葉尤良。陳藏器云：主赤白久痢，口鼻中疳蟲，去疥䘌，主鬼疰傳戶，蠱毒下血。根皮，去鬼氣。《藥性論》云：樗白皮，治赤白痢，腸滑痔疾，瀉血不住。蕭炳云：樗皮，主疳痢，得地榆同療之根皮尤良。日華子云：樗皮，溫，無毒。止瀉腸風，縮小便。入藥蜜炙用。《圖經》云：樗根，煑汁，主下血，及小兒疳痢。亦取白皮，和倉秔米、葱白、甘草、豉同煎飲服，血痢便斷。唐劉禹錫著樗根餫飩法云：每至立秋前後即患痢，或是水穀痢，兼腰疼等，取樗一大兩，搗篩，以好麪捻作餫飩子，如皂莢子大，清水煑，每日空腹服十枚，並無禁忌，神良。《局》云：椿樗兩木性同良，樗臭難為椿樹香。葉汁洗瘡除疥蝨，白皮主痢止兒疳。樗白皮，止痢斷疳。葉汁，洗瘡，除疥蝨。《衍義》曰：治大腸風虛，飲酒過度，挾熱下痢，膿血疼痛，多日不差。樗根白皮一兩，人參一兩，為末，每用二錢匕，空心，以溫酒調服，如不酒，以溫米飲代。忌油膩、濕麪、青菜、果子甜物、雞、猪、魚腥等。

明·劉文泰《本草品彙精要》卷二〇　椿木葉有毒　植生。

椿木葉：主洗瘡疥，風疽，水煑葉汁用之。○皮，主疳䘌。名醫所錄。【名】豬椿、鳳眼草。【苗】謹按：木高四五丈，形榦類樗，但樗木疏而氣臭，其椿木結實，葉香可啖。葉似桃葉，一枝數葉，兩兩相對。其莖自脫，莖端似馬蹄，初春生芽，人採煮以入茶，甚美。春末開淡黃花，至夏作莢成，穗似鳳眼，故名鳳眼草。隨風飄落，著處便生。此木耐久，莊子所謂椿壽八千是也。【地】《圖經》云：舊不載所出州土，今南北皆有之。【時】生：初春生芽。採：冬取根皮。【收】陰乾。【用】葉、根、皮。【質】類樗木。【色】葉青，根皮白。【味】苦。【性】溫，泄。【氣】氣厚于味，陽中之陰。【臭】香。【主】女子血崩，小兒疳痢。【製】《雷公》曰：椿木根及莖、葉，凡使不以向西者用。根採出，拌生葱蒸半日，去生葱，細剉，用袋盛，掛屋南畔陰乾用。【治】療：孟詵云：東引根水煮服，止女子血崩，及產後血不止，月信來多，亦止赤帶下。《別錄》云：皮為末，米飲下，療臟毒，赤白痢。【合治】葉合楸桃葉心取汁，傅小兒白禿瘡，髮不生。【禁】動風，熏十二經脈，五臟六腑，多食令人神昏，血氣衰。

樗木有小毒：植生。樗木皮，主赤白久痢，口鼻中疳蟲，去疥䘌，鬼注，傳屍，蠱毒下血。○根皮，去鬼氣。名醫所錄。【名】山椿、鬼目、虎眼。【苗】《圖經》曰：形榦類椿，但椿木結實，葉香可啖，其樗木疏而氣臭。北人呼樗爲山椿，江東人呼爲鬼目，因葉脫處有痕如樗蒱子，又如眼目，故名之。其木最爲無用。莊子所謂吾有大木，人謂之樗。其本臃腫，不中繩墨。小枝曲拳，不中規矩。立於道途，匠者不顧。根葉入藥尤良。【地】《圖經》曰：舊不載所出州土，今南北皆有之。【時】生：春生葉。採：夏取葉，冬取根。【收】陰乾。【用】皮、葉、根皮。【質】類椿木。【色】木青白，根皮白。【味】苦。【性】微熱。【氣】氣厚于味，陽中之陰。【臭】臭。【主】赤白痢。【製】剉碎，蜜炙用。【治】療：《藥性論》云：白皮，治腸滑，痔疾，瀉血不住。日華子云：止瀉及腸風，能縮小便。【合治】合地榆，療疳痢。○根煮汁合倉秔米、葱、豉、甘草煎服，療下血及小兒疳痢。○根搗篩，合麵捻如皂莢子大，水煮，空心服十枚，治秋後痢或水穀痢兼腰痛。

明·劉文泰《本草品彙精要》卷二一　椿莢無毒　植生。

椿莢：主大便下血。名醫所錄。【苗】《衍義》曰：世以無花不實，木身大，其榦端直爲椿。○有花而莢，木身小，榦多迂矮者爲樗。故曰：未見椿上有莢者，惟樗木上有。又有樗雞，故知古人命名不言椿雞而言樗雞者，以顯有雞者爲樗，無雞者爲椿，其義甚明也。然世俗不辨椿、樗之異，故僞名爲椿莢，其實樗莢耳。【地】《圖經》曰：舊本不載所出州土，今南北皆有之。【色】綠。【味】微苦。【性】泄。【氣】氣薄味厚，陰中之陽。【臭】腥。

明・鄭寧《藥性要略大全》卷六　椿白皮　止痢，斷疳、瀉血、疳䘌，血崩赤帶。可洗疥瘡。　味苦，氣溫、香，有毒。無花不實者為椿，有花而莢者為樗。又云：氣寒。椿木實，樗木中虛，其葉相類。

樗白皮使　止赤白久痢腸滑，痔病瀉血不止，女子血崩，月信來多，赤白帶下。成無己云：止瀉及腸風，疳疥䘌，主鬼疰傳尸，蠱毒下血。　味苦，性寒，無毒。又云微溫，有小毒。蜜炙入藥。取東引細根皮水煮服。

樗葉：搗汁，可洗瘡，除疥及虱。

明・李時珍《本草綱目》卷三五木部・喬木類　椿樗《唐本草》。校正：併入《嘉祐》椿莢。

【釋名】香者名椿《集韻》作櫄，《夏書》作杶，《左傳》作橁。　臭者名樗音丑居切。亦作櫄。山樗名栲音考。　虎目樹《拾遺》　大眼桐時珍曰：椿樗易長而多壽考，故有椿、栲之稱。《莊子》言大椿以八千歲爲春秋是矣。椿香而樗臭，故椿字又作櫄，其氣熏也。樗字從虖，其氣臭，人呵嘑之也。樗亦椿音之轉爾。藏器曰：俗呼椿爲猪椿，北人呼樗爲山椿，江東呼爲虎目樹，亦名虎眼。謂葉脱處有痕，如虎之眼目。又如樗蒲子，故得此名。

【集解】恭曰：椿、樗二樹形相似，但樗木疎、椿木實爲別也。頌曰：二木南北皆有之。形幹大抵相類，但椿木實則葉香可噉，樗木疎而氣臭，膳夫亦能熬去氣，並采無時。樗木最爲無用，《莊子》所謂吾有大木，人謂之樗，其本擁腫不中繩墨，小枝曲拳不中規矩者。《爾雅》云：栲，山樗。郭璞注云：栲似樗，色小白，生山中，因名。亦類漆樹。俗語云：櫄、樗、栲、漆，相似如一。陸璣《詩疏》云：山栲與田樗無異，葉差狹爾。吳人以葉爲茗。宗奭曰：椿、樗皆臭，但一種有花結子，一種無花不實。世以無花而木身大，其幹端直者爲椿，椿木用葉。其有花、莢而木身小，幹多迂矮者爲樗，樗用根及莢、葉。又蟲部有樗鷄，不言椿鷄，以顯有鷄者爲樗，無鷄者爲椿。古人命名其義甚明。禹錫曰：樗之有花者無莢，有莢者無花。其莢夏月常生臭樗上，未見椿上有莢者。然世俗不辨椿、樗之異，故呼樗莢爲椿莢爾。時珍曰：椿、樗、栲，乃一木三種也。椿木皮細肌實而赤，嫩葉香甘可茹。樗木皮粗肌虛而白，其葉臭惡，歉年人或采食。栲木即樗之生山中者，木亦虛大，梓人亦或用之。然爪之如腐朽，故古人以爲不材之木。不似椿木堅實，可入棟梁也。

葉　【氣味】苦，温，有小毒。詵曰：椿芽多食動風，熏十二經脉、五藏六腑，令人神昏血氣微。若和猪肉、熱麪頻食則中滿，蓋擁經絡也。時珍曰：椿葉無毒，樗葉有小毒。

【主治】煮水，洗瘡疥風疽。樗木根、葉尤良《唐本》。白秃不生髮，取椿、桃、楸葉心擣汁，頻塗之時珍。嫩芽瀹食，消風祛毒《生生編》。

白皮及根皮　【修治】斅曰：凡使椿根，不近西頭者爲上。采出拌生葱蒸半日，剉細，以袋盛掛屋南畔，陰乾用。時珍曰：椿、樗木皮、根皮，並刮去粗皮，陰乾，臨時切焙入用。

【氣味】苦，温，無毒。權曰：微熱。震亨曰：凉而燥。藏器曰：樗根有小毒。時珍曰：樗根制硫黄、砒石、黄金。　【主治】疳䘌。樗根尤良《唐本》。去口鼻疳蟲，殺蚘蟲疥䘌，鬼注傳尸，蠱毒下血，及赤白久痢藏器。得地榆，止疳痢蕭炳。止女子血崩，産後血不止，赤帶，腸風瀉血不住，腸滑瀉，縮小便。蜜炙用大明。利溺澀雷斅。治赤白濁，赤白帶，濕氣下痢，精滑夢遺，燥下濕，去肺胃陳積之痰震亨。

【發明】詵曰：女子血崩，及産後血不止，月信來多，并赤帶下。宜取東引細椿根一大握洗净，以水一大升煮汁，分服便斷。小兒疳痢，亦宜多服。仍取白皮一握，粳米五十粒，葱白一握，炙甘草三寸，豉兩合，水一升，煮半升，以意服之。枝葉功用皆同。震亨曰：椿根白皮，性凉而能澀血。凡濕熱爲病，瀉痢濁帶，精滑夢遺諸證，無不用之，有燥下濕及去肺胃陳痰之功。治泄瀉，有除濕實腸之力。但痢疾滯氣未盡者，不可遽用。宜入丸散，亦可煎服，不見有害。予每用炒研糊丸，看病作湯使，名固腸丸也。時珍曰：椿皮色赤而香，樗皮色白而臭，多服微利人。蓋椿皮入血分而性濇，樗皮入氣分而性利，不可不辨。其主治之功雖同，而濇利之效則異，正如茯苓、芍藥，赤、白頗殊也。凡血分受病不足者，宜用椿皮；氣分受病有鬱者，宜用樗皮，此心得之微也。《乾坤生意》治瘡腫下藥，用樗皮以無根水研汁，服二三椀，取利數行，是其驗矣。故陳藏器言樗皮有小毒，蓋有所試也。宗奭曰：洛陽一女子，年四十六七，耽飲無度，多食魚蟹，畜毒在臟，日夜二三十瀉，大便與膿血雜下，大腸連肛門痛不堪任。醫以止血痢藥不效，又以腸風藥則益甚，蓋腸風則有血無膿。如此半年餘，氣血漸弱，食減肌瘦。服熱藥則腹愈痛，血愈下；服冷藥即注泄食減，服温平藥則病不知。如此期年，垂命待盡。或人教服人參散，一服知，二服減，三服膿血皆定，遂常服之而愈。其方治大腸風虛，飲酒過度，挾熱下痢膿血痛甚，多日不瘥。用樗根白皮一兩，人參一兩，爲末。每服二錢，空心温酒調服，米飲亦可。忌油膩、濕麪、青菜、果子、甜物、鷄、猪、魚、羊、蒜、薤等。

【附方】舊六，新十。　去鬼氣：樗根一握細切，以童兒小便二升，豉一合，浸一宿，絞汁煎一沸。三五日一度，服之。陳藏器《本草》。　小兒疳疾：椿白皮日乾二兩爲末，以粟米淘净研濃汁和丸梧子大。十歲三四丸，米飲下，量人加減。仍以一丸納竹筒中，吹入鼻内，三度良。《子母秘録》。　小兒疳痢：困重者。用樗白皮擣粉，以水和棗作大餛飩子。日晒少時，又擣，如此三遍，以水煮熟，空肚吞七枚。重者不過七服。忌油膩、熱麪、毒物。〇又方：用樗根濃汁一蜆殼，和粟米泔等分，灌下部。再度即瘥，其驗如神。大人亦宜。《外臺秘要》。　休息痢疾：日夜無度，腥臭不可近，臍腹撮痛。東垣《脾胃論》用椿根白皮、訶黎勒各半兩，母丁香三十個，爲末，醋糊丸梧子大。每服五十丸，米飲下。〇唐瑤

《經驗方》用椿根白皮東南行者，長流水内漂三日，去黃皮，焙爲末。每一兩加木香二錢，粳米飯爲丸。每服一錢二分，空腹米飲下。　水穀下利：及每至立秋前後即患痢，兼腰痛。取樗根一大兩擣篩，以好麪捻作餛飩如皂子大，水煮熟。每日空心服十枚。並無禁忌，神良。劉禹錫《傳信方》。　下利清血：腹中刺前。椿根白皮洗刮晒研，醋糊丸梧子大。每空心米飲下三四十丸。一加蒼术、枳殼減半。《經驗方》。　臟毒下痢：赤白。用香椿洗刮取皮，日乾爲末。飲下一錢，立效。《經驗方》。　臟毒下血：温白丸：用椿根白皮去粗皮，酒浸晒研，棗肉和丸梧子大。每淡酒服五十丸。或酒糊丸亦可。《儒門事親》。　下血經年：樗根三錢，水一盞，煎七分，入酒半盞服。或作丸服。虚者，加人參等分。即虎眼樹。《仁存方》。　血痢下血：臘月，日未出時，取背陰地北引樗根皮，東流水洗净，掛風處陰乾爲末。每二兩入寒食麵一兩，新汲水丸梧子大，陰乾。每服三十丸，水煮滚，傾出，温水送下。忌見日，則無效。名如神丸。《普濟方》。　脾毒腸風：因營衛虚弱，風氣襲之，熱氣乘之，血滲腸間，故大便下血。用臭椿根刮去粗皮焙乾四兩，蒼术米泔浸焙、枳殼麸炒各一兩，爲末，醋糊丸如梧子大。每服五十丸，米飲下，日三服。《本事方》。　産後腸脱：不能收拾者。樗枝取皮焙乾一握，水五升，連根葱五莖，漢椒一撮，同煎至三升，去滓傾盆内。乘熱熏洗，冷則再熱，一服可作五次用，洗後睡少時。忌鹽酢、醬麪、發風毒物，及用心勞力等事。年深者亦治之。《婦人良方》。　女人白帶：椿根白皮、滑石等分，爲末，粥丸梧子大。每空腹白湯下一百丸。〇又方：椿根白皮一兩半，乾薑炒黑、白芍藥炒黑、黃蘗炒黑各二錢，爲末。如上法丸服。《丹溪方》。　男子白濁：方同上。

莢【釋名】鳳眼草象形。

【主治】大便下血《嘉祐》。

【附方】新三。　腸風瀉血：椿莢半生半燒，爲末。每服二錢，米飲下。《普濟方》。　誤吞魚刺：《生生編》用椿樹子燒研，酒服二錢。〇《保壽堂方》用香椿樹子陰乾半盌，擂碎，熱酒衝服，良久連骨吐出。　洗頭明目：用鳳眼草，即椿樹上叢生莢也，燒灰淋水洗頭，經一年，眼如童子。加椿皮灰，尤佳。正月七日、二月八日、三月四日、四月五日、五月二日、六月四日、七月七日、八月三日、九月二十日、十月二十三日、十一月二十九日、十二月十四日洗之。《衛生易簡方》。

明・周履靖《茹草編》卷一　香椿頭　靈椿古壽木，涉世千春秋。秀色映五岳，密蔭籠三洲。我人息其下，旦夕如蜉蝣。達哉蒙莊叟，委化常無憂。香椿亦其族，芳辛可供羞。日長飽無事，熟讀《逍遙遊》。　二三月採嫩頭，同荳腐煎食。

明・穆世錫《食物輯要》卷三　香椿苗　味甘，平，無毒。和胃消風。多食，昏神，薰十二經脉。同猪肉、熱麪食多，令人中滿。

明・李中立《本草原始》卷四　椿木、樗木　舊並不載所出州土，今南北皆有之。二木形幹大抵相類，但椿木實而葉香可啖，樗木踈而氣臭，膳夫亦能熬去其氣。北人呼樗為山椿，江東人呼為虎目。葉脱處有痕，如虎之目，又如樗蒲子，故得此名。　葉：　氣味：苦，温，有小毒。主治：煮水洗瘡疥風疽，樗木根葉尤良。〇白秃不生髮，取椿、桃、楸葉心，擣汁頻塗之。〇嫩芽消風祛毒。　白皮及根皮：　氣味：苦，温，無毒。主治：疳䘌，樗根尤良。〇去口鼻疳蟲疥䘌，鬼注傳尸，蠱毒下血，及赤白久痢。〇得地榆止疳痢。〇止女子血崩，産後血不止，赤帶，腸風瀉血不住，腸瀉，縮小便，蜜炙用。〇利溺澀。〇治赤白濁，赤白帶，濕氣下痢，精滑夢遺，燥下濕，去肺胃陳積之痰。　椿皮色赤性澁，入血分；樗皮色白性利，入氣分。

《唐本草》。【圖略】椿、樗二樹大同小異。

明・盧復《芷園臆草題藥》　椿類有樗，椿香而樗臭。　椿端直而上，木心赤色；　樗質散而莊生所云不亢壽者也。二物同種，皆重在臭性，能上能散，肝心藥也，有春雩之義，更新而陳去，故治傳尸鬼注蠱䘌，内有陳積，疼而為痢濁帶遺。下脱者，人知其能止，而不知其所以止。其在用臭之能上能散，如火之氣象也。多食其牙則熏藏，昏神如醉，可例以見。

明・趙南星《上醫本草》卷三　香椿　《集韻》作櫄，《夏書》作杶，《左傳》作楢。《莊子》言大椿以八千歲為春秋是矣。其樹皮細肌實，色赤而香，其嫩葉香甘可茹，或晒、或醃，俱堪食用。

椿芽：多食動風，熏十二經脉、五臟六腑，令人神昏，血氣微。若和猪肉熱麪頻食則中滿，蓋壅經絡也。

附方　臟毒下痢赤白：用香椿洗刮，取皮，日晒，為末，飲下一錢，立効。

明・鮑山《野菜博錄》卷三　椿樹芽　一名樗樹芽。係二種，椿芽紫色，葉香。樗芽疏而臭氣，不可食。椿芽微苦，回味。性熱，無毒。　食法：採芽葉煠熟，水浸淘淨，油鹽調食。

明・繆希雍《本草經疏》卷一四　椿木葉　味苦，有毒。主洗瘡疥，風疽。　皮：主疳䘌。樗木根、葉尤良。雷公云：凡使椿根，不近西頭者為上。採出拌生葱蒸半日，剉細，以袋盛，掛屋南陰乾用。

［疏］椿稟地中之陰氣以生，本經味苦有毒。甄權言微熱。震亨言涼而燥。然考其用，必是微寒苦燥之藥。入手、足陽明經。本經主疳䘌及洗疥瘡風疽，藏器去口鼻疳蟲疥䘌者，因腸胃有濕熱，故現是證。苦涼而燥，所以外治皆得也。藏器又主殺蚘蟲，蠱毒，下血及赤白久痢。日華子主腸風瀉血。蕭炳云：得地榆主疳痢。孟詵云：止女子血崩及產後血不止，赤帶。皆取其苦能燥濕，寒能除熱，濇能收斂之功耳。採得去粗皮，蜜炙用。樗功用相同。

［主治參互］《仁存方》下血經年，樗根白皮三錢，水一盞，煎七分，入酒半盞服。《外臺秘要》小兒疳痢困重者：用樗根白皮搗粉，以水和棗作大餺飥子，日曬少時，又搗，如此三遍，以水煮熟，空腹吞七枚，重者不過七服愈。《子母秘錄》小兒疳疾，椿根白皮，日乾二兩為末，以粟米淘淨研濃汁，和丸梧子大。十歲兒三四丸，米飲下。量大小加減，仍以一丸納竹筩中，吹入鼻內，三度良。《經驗方》下利清血，腹中刺痛。椿根白皮，洗刮曬研，醋糊丸梧子大。空心米飲下三四十丸。《婦人良方》產後腸脫，不能收拾者。樗根取皮焙乾一握，水五升，連根葱五莖，漢椒一撮，同煎至三升，去渣，傾盆內。乘熱熏洗，冷則再熱，一服可作五次用。洗後睡少時。忌鹽、酢、醬、麪、發風毒物及用心勞力等事。丹溪方女人白帶，椿根白皮、滑石等分，為末，粥丸梧子大。空腹白湯下一百丸。

寇宗奭云：洛陽一女子，年四十六七，耽飲無度，多食魚蟹，畜毒在臟，日夜二三十瀉，大便與膿血雜下，大腸連肛門痛不堪忍。醫以止血痢藥不效，又以腸風藥則益甚，蓋腸風則有血無膿。如此半年，氣血漸弱，食減肌瘦，服熱藥則腹愈痛，血愈下；服冷藥則注泄食減；服溫平藥則病不知。如此期年，垂命待盡。或人教服人參散，一服知，二服減，三服膿血皆定，遂常服之而愈。其方治大腸風虛，飲酒過度，挾熱下痢膿血痛甚，多日不瘥。用樗根白皮一兩，人參一兩，為末。每服二錢，空心米飲調服。忌油膩、濕麪、青菜、菓子、甜物、雞、猪、魚、羊、蒜、薤等。

［簡誤］脾胃虛寒者不可用。崩帶屬腎家真陰虛者，亦忌之，以其徒燥故也。凡滯下積氣未盡者，亦不宜遽用。不入湯煎。

明·倪朱謨《本草彙言》卷九 椿樗氣味詳後。

李氏曰：椿、樗二木，南北皆有。形幹枝葉，大抵相類，實二種也。今據蘇、寇兩氏之說，細辨之，各有異焉。椿木，體幹大而修長，皮赤葉香，味甘，氣溫，質實，無花子，性澀，有毒，升發之用也。樗木，體幹小而迂矮，皮白，葉臭，味苦，氣寒，質疏，有花子，性利，無毒，沉降之用也。以朱觀之，二物其不同者如此。本草諸書，分析尚未明確，今辨別二種之異，以俟博物君子再行查驗何如耳。

香椿：殺蛔蟲，解蠱毒，陳藏器止疳痢之藥也。金自恒陳氏方云：此藥甘香溫澀而燥。甘香能驟發新邪。謂發瘡疥風痍，及疝氣、脚氣之類。澀燥能收斂陳氣。謂除蛔蟲、蠱毒、疳痢、胃噎、奔豚之類。故孟氏方治婦人血崩，或產後血行不止，并平常月信來多及赤白帶下，取椿根煎汁服即止，則知性之止澀可知矣。

前賢孟氏曰：椿芽甘香而美，膳夫入諸蔬菜肉食中，大能省胃氣。然多食亦動風發熱，出瘡疥，昏神氣，發痼疾。

樗木根葉：主治相同。惟止痢疾，其功與罌粟殼、訶子肉相等。較其止澀治痢之功，更有倍于椿木根葉之力也。

前賢寇氏曰：洛陽一人，年四十餘，素縱酒無度，更嗜煿炙，魚蟹雞鵝肥味，日久忽患瀉痢，日夜二三十次，稀糞挾膿血而下，大便連肛門，疼極不堪忍。一醫用止痢藥，不效。一醫以腸風藥，勢益甚。蓋腸風則有血無膿。如此半載，氣血漸虧，食減肌瘦，服熱藥則腹愈痛，膿血愈下；服寒藥則注瀉，飲食不進。如此期年，臥床待盡。一人教服樗皮散。其方治大腸風虛酒食過度，挾熱下痢膿血，痛甚，多日不瘥。用樗根白皮一兩，川黃連五錢，俱炒黃，共爲末。每服二錢，人參湯調下，半月愈。

明·應麐《食治廣要》卷三 香椿葉　氣味：苦，溫，有小毒。《生生編》云：嫩芽瀹食，消風祛毒。孟詵曰：椿芽多動風，熏十二經脉，五藏六腑，令人神昏。和猪肉、麪頻食，則中滿，蓋擁經絡故也。

明·姚可成《食物本草·救荒野譜補遺·木類》 椿樗食葉。嫩葉香甘可茹，歉年人采食之。采椿樗，強咀茹，甖無薪兮瓶無儲。潦年民物皆成魚，昔時臺榭今郊墟。

明·姚可成《食物本草》卷二〇木部·喬木類 椿樗蘇頌曰：椿樗二木，南北皆有之。形幹大抵相類，但椿木實而葉香可噉，樗木疎而氣臭，膳夫亦能熬去其氣用之，其材最為無用。《莊子》所謂吾有大木，人謂之樗，其木擁腫不中繩墨，小枝曲拳不中規矩者。《爾雅》云：栲，山樗。似樗，亦類漆樹。俗語云：櫄、樗、栲、漆，相似如一。陸（機）〔璣〕

《詩疏》云：山栲與田樗無異，葉差狹爾。吳人采以為茗。〇李時珍曰：椿、樗、栲，乃一木三種也。椿木皮細肌實而赤，嫩葉香甘可茹。樗木皮粗肌虛而白，其葉臭惡，歉年人或采食。栲木即樗之生山中者，木亦虛大，梓人亦或用之。然爪之如腐朽，不可為棟梁之材也。〇椿葉，今人於二三月間摘取嫩芽作葅，香美可愛，但微帶葱氣，然實不似葱之臭濁也。

椿葉　味苦，溫，無毒。煮水洗瘡疥風疽。樗木根、葉尤良。白禿，不生髮，取椿、桃、楸葉心擣汁頻塗之。嫩芽瀹食，消風祛毒。椿芽多食動風，熏十二經脉，五臟六腑，令人神昏，血氣微。若和猪肉、熱麵頻食則中滿，蓋擁經絡也。

白皮及根皮　味苦，溫，無毒。治疳䘌樗根尤良。去口鼻疳蟲，殺蚘蟲疥䘌，鬼注傳尸，蠱毒下血及赤白久痢。得地榆，止疳痢。止女子血崩，產後血不止，赤帶。腸風瀉血不住，腸滑瀉，縮小便，蜜炙用。利溺澀，治赤白濁，赤白帶，濕氣下痢，精滑夢遺，燥下濕，去肺胃陳積之痰。

莢　治大便下血。

附方：治產後腸脫，不能〔收拾〕者。樗枝取皮焙乾一握，水五升，連根葱五莖，漢椒一撮，同煎至三升，去滓，傾盆內，乘熱熏洗。冷則再熱，一服可作五次用，洗後睡少時。忌鹽、鮮醬、麪、發風毒物及用心勞力等事。年深者亦治之。　治女人白帶。椿根白皮、滑石等分為末，粥丸梧子大，每空腹，白湯下一百丸。

明·顧逢柏《分部本草妙用》卷八雜藥部　椿樗白皮及根皮　苦，溫，無毒。

主治：赤白痢，得地榆止疳痢、血崩，產後血不止。赤白腸風瀉血，赤白濁帶，夢遺。燥濕，去肺胃陳積痰。椿皮乃澀滯燥濕之藥，故濕痢，精滑夢遺，為對症之劑。若痢疾滯氣未盡者，未可劇用也。樗皮反微痢人，入氣分而性利，不若椿之可用，不可不辨。

明·蔣儀《藥鏡》卷四寒部　椿根白皮　治下血經年，并瀉痢腹痛。療小兒疳痢，并腸脫產餘。同滑石而粥為丸，醫女人白帶。偕人參而米飲下，療腸內血膿。痢疾積氣未盡者，不可驟用之而澁滯也。

明·盧之頤《本草乘雅半偈》帙九　椿樗《唐本草》　氣味：苦溫，無毒。

主治：主瘡疥，風疽，疳䘌，煮汁飲之，樗木根葉尤良。

覈曰：椿、樗二樹，南北皆有，形並相似。但椿木皮細，肌實而赤，嫩葉香甘可茹；樗木皮粗，肌疏而白，莖葉臭惡不可茹。二三月木端作葉，嫩紅，老綠。有花無莢者椿，有莢無花者樗。幹枝端直者椿，迂矮者樗。莊周所謂其(木)〔本〕擁腫，不中繩墨，其枝拳曲，不中規矩者樗也。秋深落葉，脫處有痕如虎眼。樗有小毒，椿葉無之。修事椿根，以不近西頭者為上。採出，拌生葱蒸半日，剉細，盛桂屋角南畔，陰乾用。

參曰：椿樗同種，材臭異形者，牝牡有別耳。樗孕莢者牝，椿無莢者牡，故椿體木性之直，樗體木性之曲，曲直仆偃，木體之全性現矣。故始區芽蘖，直拆者萌，曲生者句，枝幹已成，曲直仆偃，四體始備，直無仆偃，曲則兼有，是以椿木體直，精專枝葉，樗木體曲，精專根皮，誠肝木之體用藥也。椿益皮膚毛髮，正肝以能生為體，榮華為用；樗益血氣陰竅，正肝以藏血為體，疎洩為用。內而腸風已，崩帶除，滯痢行，癃閉利，遺濁清，神安志悅；外而瘡瘍淨，斑疹消，丁毒解，好顏媚色，以及四體百骸，不言而喻。至若疳蟲毒，傳尸鬼注，而與物為春，殺厲之氣，暖然齊春仁之潔，椿樗之為用溥矣。

清·顧元交《本草彙箋》卷五　椿根白皮合樗根皮。　椿香樗臭，一物二種。椿皮入血分而性濇，樗皮入氣分而性利。其用則殊，故樗皮利溺澀，椿皮得地榆止疳痢也。二根俱須東行者，並刮去麄皮，陰乾，切焙用。

椿葉初發新嫩者，連枝可食。木亦堅實，可任棟梁。樗則虛木，爪之腐朽。《莊子》所云其(木)〔本〕擁腫，不中繩墨；小枝曲拳，不中規矩是也。

清·穆石匏《本草洞詮》卷一一　椿樗　香者名椿，臭者名樗。《莊子》言大椿以八千歲為春秋，樗以不材全其天年是也。氣味苦溫，無毒。一云樗有小毒。治濕痢，白濁帶下，精滑夢遺，燥下濕，去積痰，煮水洗瘡疥風疽。樗木根葉尤良。椿皮色赤，入血分，而性濇。樗皮色白，入氣分，而性利。其主治之功雖同，而濇利之效則異。凡血分受病不足者，宜用椿皮。氣分受病有鬱者，宜用樗皮。一婦人躭飲無度，多食魚蟹，畜毒在臟，日夜二三十瀉，大便與膿血雜下，大腸連肛門痛甚，用止血痢藥不效，用腸風藥則益甚。蓋腸風則有血無膿也，久至氣血漸弱，食減肌瘦，服熱藥則腹愈痛，血愈下，服冷藥即注泄食減，服溫平藥則病不知。或教服人參飲，一服知，二服減，三服膿血皆定，遂常服之而愈。其方治大腸風虛，飲酒過度，挾熱下痢，用樗根白皮一兩，人參一兩，為末，每服二錢，空心溫酒調服。第椿芽多食動風，熏十二經脈，令人神昏，以擁經絡故也。

清·丁其譽《壽世秘典》卷三　椿樗香者名椿，臭者名樗，二樹形幹大抵相類，但椿木皮細肌實而赤，嫩葉香甘可茹。樗木皮粗肌虛而白，其葉臭惡。歉年，人或采食。樗木最為無用，擁腫不中繩墨，小枝曲拳不中規矩。又有栲似樗，生山中，木亦虛大，然爪之如腐朽，故古人以為不材之木，不似椿木堅實可入棟梁。椿、樗、栲乃一木三種，椿、樗易長而多壽考，故有椿栲之稱，莊子言大椿以八千歲為春秋是也。

椿葉：氣味：甘，溫，無毒。嫩芽瀹食，消風祛毒。

樗葉：氣味：苦，溫，有小毒。煮水洗瘡疥風疽。

發明孟詵曰：椿芽多食動風，熏十二經脈、五臟六腑，令人神昏。若和猪肉、熱麪頻食則中滿，蓋擁經絡也。

清·劉雲密《本草述》卷二三　椿樗　椿樗二樹，南北皆有。椿木皮細，肌實而赤，嫩葉香甘可茹。樗木皮粗，肌疎而白，莖葉臭惡，不可茹。

白皮及根皮：氣味：苦，温，無毒。權曰：微熱。震亨曰：凉而燥。

主治：赤白濁，精滑夢泄，溼氣下痢，女子赤白帶，腸風瀉血不止，腸滑瀉，並女子血崩，治小兒疳蝨蛔蟲，得地榆止疳痢。丹溪曰：椿根白皮性凉而能濇血，凡溼熱為病，瀉痢、濁帶、精滑、夢遺諸證，無不用之，有燥下溼及去肺胃陳痰之功，治泄瀉有除溼實腸之力，但痢疾滯氣未盡者，不可遽用。宜入丸散，亦可煎服，不見有害。予每用炒研糊丸，看病作湯，使名固腸丸也。時珍曰：椿皮色赤，而香樗皮色白而臭，多服微利人。蓋椿皮入血分而性濇，樗皮入氣分而性利，不可不辨。其主治之功雖同，而濇利之效則異，正如茯苓、芍藥，赤白頗殊也。凡血分受病不足者，宜用椿皮。氣分受病有鬱者，宜用樗皮。此心得之微也。《乾坤生意》治瘡腫下藥用樗皮，以無根水研汁服二三椀，取利微行，是其驗矣。故陳藏器言樗皮有小毒，蓋有所試也。宗奭曰：洛陽一女子年四十六七，耽飲無度，多食魚蟹，蓄毒在臟，日夜二三十瀉，大便與膿血雜下，大腸連肛門痛不堪忍。醫以止血痢藥不效，又以腸風藥則益甚。蓋腸風則有血無膿，如此半年，氣血漸弱，食減肌瘦。服熱藥則腹愈痛，血愈下，服冷藥則注泄食減，服温平藥則病不知。如此期年，垂命待盡。或人教服人參散，一服知，二服減，三服膿血皆定，遂常服之而愈。其方治大腸風虛，飲酒過度，挾熱下痢膿血痛甚，多日不瘥。用樗根白皮一兩，人參一兩，為末，每服二錢，空心米飲調服，忌油膩、溼麪、青菜、果子、甜物、雞、豬、魚、羊、蒜、薤等。詵曰：小兒疳痢，用樗白皮一握，粳米五十粒，葱白一握，炙甘草三寸，豉兩合，水一升，煮半升，以意服之。枝葉功用皆同。希雍曰：椿禀地中之陰氣以生，《本經》味苦有毒，甄權言微熱，震亨言凉而燥。然考其用，必是微寒苦燥之藥，入手足陽明經。其所主治諸證皆取其苦能燥溼，寒能除熱，濇能收斂之功耳。

愚按：椿樗主治，其義丹溪為確，而以時珍所說条之。蓋一類二種，味俱濇苦，但椿之濇苦不如樗之甚耳。夫椿樗止用根皮，而濇苦即在根皮，則其所禀固地中寒水之氣，然苦繼於濇後，則又本燥金以達其寒水之化者也。夫禀寒水以為化者，皆能治血中之溼熱，但因熱而溼并者，用之清其熱，熱清而正氣復，則溼亦隨熱清矣。所謂正氣者，陽中有陰也。若槩以清熱諸味投之，因溼并熱者，則愈滋其濕而正氣愈困，熱更鬱於溼中以為痛。欲温燥，則反助其熱，亦莫能療其流溼順下之苦。惟茲味本燥金以達其寒化，燥乃溼之對待也。夫金味有濇者，乃陽中之陰欲紓而不得紓，故曰燥，以對待陰中之陽欲暢而不得暢者，如病本於溼并熱，乃陽蓄於陰中。其所謂正氣者，乃陰中陽也，如是而後寒化所及，可以使熱亦清矣。蓋能使陽不陷於陰中，則濁自愈，精自固，痢自止。如此類者，胥能治之。朱丹溪先生於此味但以除溼為主言之，則亦知其所先耳。然則時珍所別椿根入血分，樗根入氣分者，然歟？曰：《本草》固言樗根皮勝於椿矣，總是以達陽氣為主，而達陽本於收陰，況凡患溼熱，皆是病於血分，但投之各有攸宜者，如他治以風劑燥陰，而此味之治，又以燥劑收陰。凡溼熱病，風劑可以燥之者，土之邪氣實，水亦從之以鬱，故以風木勝之。若茲味所治，乃土之正氣虛，木亦乘其所勝，故以燥金收之。如仍以風木燥之，則土益困，故曰所治各有攸宜也。所以茲味《本草》首言治疳蟲，蟲固土中之風木所化。唯樗之收陰者倍於椿，即其達陽者倍於椿也。時珍所揣其語意亦有近似，然不因其功力之差等，而妄以氣血分屬。詎知其能療諸證，固脫之功全在達陽，而達陽之功先在收陰，是寧得分屬氣血乎？但因其微甚，以用椿樗則可耳。雖然，此亦治病必責其本之意也。如雖本於溼而熱甚者，則清熱之味倍之，如鬱滯甚者，則順利之藥亦倍之。又因證而或與他藥等分者，或以他藥為佐者，又或以湯使轉移者，豈得執一說而不思所以盡變乎哉？

附方　樗柏丸，樗白皮一兩，黃柏三兩，青黛三錢，乾薑三錢，滑石五錢，蛤粉五錢，神麴五錢，痰甚加南星、半夏，為末，神麴糊丸，空心白湯下，治溼熱痰火濁證，兼治便毒。一方去滑石、乾薑，加知母、牡蠣，治遺精。　即此一方，則因熱之微甚以加減者，可叅也。　脾毒腸風，因營衛虛弱，風氣襲之，熱氣乘之，血滲腸間，故大便下血，用臭椿根刮去粗皮焙乾四兩，蒼术米泔浸焙，枳殼麩炒，各一兩，為末，醋糊丸如梧子大，每服五十丸，米飲下，日三服。　又：　結陰丹治腸風下血，臟毒下血，諸大便血疾，枳殼麩炒、威靈仙、黄芪、陳皮去白、椿根白皮、何首烏、荊芥穗，各半兩，為末，酒糊丸如梧子大，每服五七十丸，陳米飲入醋少許，煎過，放温送下。　即此二方則因溼滯之微甚以加味者，可叅也。　休息痢，日夜無度，腥臭不可近，臍腹撮痛，一方用椿根白皮、訶黎勒各半兩，母丁香三十個，為末，醋糊丸梧子大，每服五十丸，米飲下。　又方：　椿根白皮東南行者，長流水內漂三日，去黄皮，焙為末，每一兩加木香二錢，粳米飯為丸，每服一錢二分，空心米飲下。　即此一證，而或加味收塞，或加味以升降氣，其不同如此，可叅也。　女子白帶，一方椿根白皮、滑石等分，為末，粥丸梧子大，每空腹白湯下一百丸。　又方：　椿根白皮一兩半，乾薑炒黑，白芍藥炒黑，黄檗炒黑，各二錢，為末，如上法丸服。　即此一證，或加味利溼和中，或加味和血清熱，其臨證審處，可叅也。　希雍曰：　脾胃虛寒者不可用，崩帶屬腎家真陰虛者亦忌之，以其徒燥故也。凡滯下積氣未盡者，亦不用。遽用不入湯煎。　門曰：　樗根白皮合豬肉熱麪，頻食則中滿，蓋經絡壅也。

修治　椿樗木皮、根皮，並刮去粗皮，陰乾，臨時切焙入用。

清・朱本中《飲食須知・菜類》　香椿苗　味甘、辛，性平。多食昏神，薰十二經脈。同猪肉、熱麵食，多令人中滿。

清・蔣居祉《本草擇要綱目・平性藥品》　椿樗皮香者名椿，臭者名樗。椿樗二樹形相似，樗木疎，椿木實。凡使椿根，不近西頭者為上。采出拌生葱，蒸半日，剉細，以袋盛掛屋南畔，陰乾用。　氣味：　苦，澀，無毒。樗根有小毒。　主治：　椿根白皮，性涼而能澀血，凡濕熱為病，瀉痢濁帶精滑，夢遺諸證，無不用之。有燥下濕及去肺胃陳痰之功。治泄瀉，有除濕實腸之力。但痢疾滯氣未盡者，不可遽用。宜入丸散，亦可煎服，不見有害。椿皮色赤而香，樗皮色白而臭。椿皮入血分而性濇，樗皮入氣分而性利。不可不辨。其主治之功雖同，而濇利之效則異。凡血分受病不足者宜用椿皮，氣分受病有鬱者宜用樗皮。此心得之微也。

清・王翃《握靈本草》卷八　椿樗椿樗二種，椿香樗臭，功用見論中。　主治：　椿樗根皮，苦，澀，無毒。去口鼻疳蝕，下血，赤白久痢，女子崩帶，腸風瀉血。　選方：【略】

清・汪昂《本草備要》卷三　椿樗白皮濇腸，燥濕。　苦燥濕，寒勝熱，濇收斂。入血分而濇血，去肺胃之陳痰。治濕熱爲病，泄瀉久痢，崩帶腸風，夢遺便數，有斷下之功。痢疾滯氣未盡者勿遽用。勉强固濇，必變他症。　去疳𧏾，樗皮尤良。　時珍曰：　椿皮入血分而性濇，樗皮入氣分而性利。　凡血分受病不足者宜椿皮；氣分受病有鬱者宜樗皮。《乾坤生意》治瘡腫下藥，用樗皮水研，服汁取利，是其驗矣。　昂按：　樗皮止瀉痢，終是濇劑。　寇氏曰：　一婦年四十餘，耽飲無度，多食魚蟹，積毒在藏，日夜二三十瀉，便與膿血雜下，大腸連肛門甚痛。用止血痢藥不效，用腸風藥益甚，蓋腸風有血無膿也。服熱藥，腹愈痛，血愈下；　服冷藥，注瀉食減；　服溫平藥，則若不知，年餘待斃。或教服人參散，樗皮、人參各一兩爲末，空心溫酒或米飲下二錢，遂愈。　昂按：　此方仍是作痢疾治。　香者爲椿，肌實而赤嫩，其苗可茹；　臭者爲樗，肌虛而白，主治略同。　根東引者良。去粗皮，或醋炙、蜜炙用。　忌肉、麵。

清・李熙和《醫經允中》卷二一　椿樗　白皮及根。椿木實而氣香。　樗木疎而氣臭。　苦，澀，無毒。　主治赤白痢。　得地榆止疳痢血崩，去肺胃陳積痰。　椿皮乃澁滯燥濕之藥，故濕痢精滑，夢遺，為對症之劑。　若痢滯氣未盡，未可遽用也。　樗皮反微利人，入氣分，而性不若椿皮，入血分而性濇為可用耳。　樗皮莢收採曝晒乾，大便去血尤効。

清・张璐《本經逢原》卷三　椿樗根皮鳳眼草　香者名椿，甘，平，無毒。臭者名樗，苦，澀，有毒。　樗樹有蟲，謂之樗雞。　樗樹有莢，莢中有實狀如目珠，名鳳眼草，子嗣門中練真丸用之，專治髓臟中濕熱，高年素享豐厚者宜之。　發明：　椿根白皮性寒而能濇血，治濕熱為病，瀉利濁帶、精滑夢遺諸證，有燥痰之功。　但痢疾滯氣未盡者不可遽用，崩帶屬陰虛者亦不可服。　蓋椿皮色赤而入血分，久痢血傷者宜之。　樗皮色白而入氣分，暴痢氣滯者宜之，不可不辨而混用也。

清・浦士貞《夕庵讀本草快編》卷五　椿樗《唐本草》　椿樗易長而多壽考，故有椿栲之稱。《莊子》言大椿以八千歲為春秋是矣。　椿皮色赤而香，樗皮色白而臭；　椿性良而濇血，樗性滑而下利，不可不辨也。凡濕熱為病，以致泄瀉久痢，精滑夢遺，赤白濁帶者，用之以燥下焦之濕而固脱實腸，兼可祛肺胃陳痰，故稱妙也。若樗皮，雖嫌其利，倘氣分邪鬱，反宜投此以開導之，兩不失矣。其葉近充素饌，不宜多食，令人神昏中滿，謂其能薰臟府而壅經絡爾。

清・王子接《得宜本草・下品藥》　椿樗　味苦，溫。功專殺蟲止利。得訶黎勒、母丁香醋糊，治休息利；　得蒼朮、枳殼治脾毒腸風，得乾薑、白芍、黃柏治濕熱白帶。

清・修竹吾廬主人《得宜本草分類・痢疾門》　椿、樗　味苦，溫。功專殺蟲止利。得訶梨勒、母丁香，醋和丸，治休息痢〔疾〕。下痢膿血，用樗根白皮一兩，人參一兩，為末，每服宜空心米飲下。椿樹莢主濕，大便下血。

清・汪紱《醫林纂要探源》卷三　椿白皮　苦，甘，濇，寒。東引根皮良。或蜜炙、醋炙。泄肺逆，燥脾濕，去血中濕熱。木色赤，皮白，亦微赤，故入血分。而苦能燥，濇能止，治泄瀉，久痢腸風崩帶，小便赤數，去蟲䘌。　苗葉：甘，苦，辛，平。新苗可茹，氣甚薰而美。然能昏人神。同豬肉食閉氣。　樗白皮：苦，甘，寒。一名臭椿，氣甚惡，木疏散，無用。泄肺逆，燥脾濕，行氣分濕熱。木白理疏，故治久瀉白痢，去陳痰，止小便數。〇必瀉痢久者乃可用。

清・嚴潔等《得配本草》卷七　椿白皮莢　苦、澀，微溫。入手足陽明經血分。治血崩赤帶，利肺胃積痰，縮小便，止遺精，去疳䘌，療久痢。得訶子、丁香，治休息痢。配蒼朮、枳殼，治脾毒腸風。配乾薑、川柏，治濕熱帶下。　去粗皮，醋炙或蜜炙，隨症製之。　滯氣未盡、脾氣虛寒、真陰不足者，禁用。　香者為椿，臭者為樗。椿皮入血而澀，樗皮入氣而利。俱宜丸散，不入煎藥。　莢名鳳眼草。　清血內髓中之濕熱。　樗白皮　洗疥瘡風疽，去疳蟲蛔痛。　配參末米飲下，治挾熱痢。

清・沈金鰲《要藥分劑》卷九　椿樗白皮　【略】鰲按：　時珍以樗皮為性利，但樗皮亦能止瀉，畢意是澁藥。　禁忌：《經疏》曰：　凡脾胃虛寒者，崩帶屬腎家真陰虛者，忌以其徒燥也。滯下積氣未盡者，亦忌。不入湯煎。

清・李文培《食物小錄》卷上　椿芽　甘、辛，微苦，䶢藏甘、平，有小毒。爽味口，能令人食。鮮者，多食損目。

清・楊璿《傷寒溫疫條辨》卷六濇劑類　椿樗白皮去粗，蜜炙。　苦燥濕，寒勝熱，濇收斂。椿入血分，樗入氣分。去肺胃陳痰，主濕熱為病，久痢滑瀉，遺精便數，腸風崩帶。合滑石為末，粥丸，米飲下，治白帶效。　大有斷下之功。時珍曰：　一婦久痢年餘，素躭飲，好食魚蟹，積毒在藏，便與膿血雜下，肛門疼甚，諸藥不效，用人參、樗皮等分為末，溫酒或米飲調下二錢，數服尋愈。樗根白皮半觔搗汁，入水少許，用小棗四兩，煮三炷香，去棗，量調蜜數匙，露一宿，早服，治大便下血年久者。

清・章穆《調疾飲食辯》卷三　椿芽　《綱目》曰：《禹貢》作杶，《左傳》作椿，《集韻》作櫄，為材之最美，又多壽。其嫩芽，瀹食、醃食味並佳。《食療本草》曰：　多食動風壅氣，令人神昏血氣微。《生生編》曰：　瀹食消風祛毒。揆諸理，氣味熏辛之物，昏神耗氣，助火發瘡，皆所必至，當以《食療》之說為是。

清・王龍《本草纂要稿・木部》　樗根白皮　味苦澁而寒，有小毒。止女人月信過度，久痢帶漏崩中。禁男子夜夢精遺滑泄，腸風痔瘻。縮小便，驅蛔蟲。　椿根白皮：　止血同功，女科任用。

清・楊時泰《本草述鉤元》卷二三　椿樗　二樹南北皆有，椿木皮細，肌實而赤，嫩葉香甘可茹。樗木皮粗，肌踈而白莖，其葉臭惡。　根白皮：　味濇苦，氣涼燥。入手足陽明經。治赤白濁，精滑夢遺，濕氣泄痢腸滑及腸風瀉血不止，女子血崩、赤白帶，小兒疳蟲、蛔蟲。得地榆，止疳痢。　椿根白皮，性涼而能濇血。凡濕熱下痢，濁帶滑遺，用之有燥下濕，及去肺胃陳痰之功，治泄瀉有除濕實腸之力。但滯氣未盡，不可遽用。　炒研糊丸，看病作湯使，名固腸丸丹溪。凡風血分受病不足者宜用椿皮，氣分受病有鬱者宜用樗皮瀕湖。　治瘡腫下藥用樗皮，以無根水研汁，服二三碗，取利微行為驗。　藏器言樗皮有小毒，蓋有所試也《乾坤生意》。　一女子耽飲，多食魚蟹，蓄毒在臟，日夜二三十瀉，大便與膿血雜下，大腸連肛門痛不堪忍，服熱藥則腹愈痛，血愈下，服冷藥則注泄食減，服溫平藥則病不知，如此期年，垂命待盡。或教服人參散，三劑膿血皆定，常服之遂愈。其方治大腸風虛，飲酒過度，挾熱下痢膿血痛甚，多日不瘥，用樗根白皮一兩、人參一兩為末，每服二錢，空心米飲調服。忌油膩濕麪青菜果子甜物雞猪魚羊蒜薤等宗奭。　小兒疳痢，用樗白皮一握，粳米五十粒，葱白一握，炙甘草三寸，豉兩合，水一升，煮半升，以意服之，枝葉功用皆同。

論：　椿樗一類二種，味俱濇苦，但椿不如樗之甚耳。夫椿樗稟地中寒水之氣，其用止在根皮，而濇苦即在根皮，苦繼於濇後，則本燥金以達寒水之化者也。凡稟寒水以為化者，皆能治血中濕熱，病有因熱而濕并者，用椿樗清其熱，熱清而正氣陽中有陰復，濕亦隨之以清矣。若概投清熱諸味，則恐愈滋其濕，而正氣愈困，陰中陽也。熱更鬱於濕中以為痛，而因濕并熱矣。此時欲溫燥，則反助其熱，亦莫能流其濕。惟茲味本燥金以達寒化者，燥乃濕之對待，而寒化所及，可以使熱亦清矣。蓋金味有濇者，乃陽中之陰欲紓而不得紓，以對待陰中之陽欲暢而不得暢者，能使陽不陷於陰中，則濁自愈，精自固，痢自止。固脫之功，全在達陽，而達陽之功，先在收陰。丹溪於此味，但以除濕為主言之，則亦知其所先耳。時珍強分椿入血分，樗入氣分，不知濕熱為患，皆是病於血分，椿皮、樗皮，總以達陽氣為主，而達陽本於收陰，惟樗之收陰者倍於椿，即其達陽者亦倍於椿，用者因其微甚以別椿樗可耳。凡濕熱證可以風劑燥之者，土之邪氣實，水亦從之以鬱，故以風木勝之。若椿樗所治，乃土之正氣虛，木亦乘其所勝，故以燥金收之，如仍以風木燥之，則土益困矣。然此亦治病必責其本之意也。如雖本於濕而熱甚者，則清熱之味倍之，鬱滯甚者，則順利之藥亦倍之，或更以他藥為佐，抑以湯使轉移，豈得執一說而不思所以盡變乎？附法：　樗檗丸：　治濕熱痰火濁證，兼治便毒，樗白皮一兩、黃柏三兩、青黛三錢、乾薑三錢、滑石五錢、蛤粉五錢、神麴五錢，痰甚，加南星、半夏，為末，神麴糊丸，空心白湯下。去滑石、乾薑，加知母、牡蠣，治遺精，此即因熱之微甚以加減者。脾毒腸風，因營衛虛弱，風氣襲之，熱氣乘之，血滲腸間，故大便下血。用臭椿根刮去粗皮焙乾四兩，蒼朮米泔浸焙，枳殼麩炒各一兩，為末，醋糊丸梧子大，每服五十丸，米飲下，日三服。又結陰丹治腸風臟毒，諸大便血疾，枳殼、黃芪、陳皮去白、威靈仙、荊芥穗、何首烏、椿根白皮各五錢為末，酒糊丸梧子大，每服五七十丸，陳米飲入醋少許煎過，放溫送下。此二方即因濕滯之微甚以加味者。休息痢日夜無度，腥臭不可近，臍腹撮痛，用椿根白皮、訶黎勒各半兩，母丁香三十個，為末，醋糊丸梧子大，每服五十丸，米飲下。又方：　椿根白皮東南行者，長流水內漂三日，去黃皮，焙為末，每一兩，加木香二錢，粳米飯為丸，每服一錢二分，空心米飲下。即此一證，而或加味以收塞，或加味以升降諸氣，其不同處可參。女子白帶，椿根白皮、滑石等分，為末，粥丸梧子大，每空腹白湯下百丸。又方：　椿根白皮一兩半，乾薑炒黑，白芍炒黑，黃檗炒黑各二錢，為末，如上法丸服。此即一證，而或加味以利濕和中，或加味以和血清熱，其臨證審處又可參。

脾胃虛寒者，不可用；崩帶屬腎家真陰虛者，忌之。以其燥故。滯下積氣未盡者，亦不可遽用仲淳。樗根白皮合猪肉、熱麪頻食，則中滿，蓋經絡壅也門。多服微利人。

修事：　宜入丸散，不入湯煎。丹溪言亦可煎服，不見有害。並刮去粗皮，陰乾，臨時切焙用。

清·吳其濬《植物名實圖考》卷三五　椿　《唐本草》始著錄。即香椿。葉甘可茹，木理紅實，俗名紅椿。

清·趙其光《本草求原》卷八喬木部　椿樗根皮　椿根，氣平，色赤入血。而香。樗根，氣寒，色白入氣。而臭。二者皆苦能燥濕瀉熱，澀能收陰實腸，治濕熱為病，瀉利濁帶，精滑夢遺，便數諸症，凡土實水鬱而致濕熱，宜風劑疏土以散濕；土虛而實留，宜燥金收陰平木以去濕。燥痰濕，去疳蟲。蟲亦風濕所生。但椿澀勝，久痢血傷者宜之；功專澀血。樗苦勝，性利。暴痢氣滯者宜之。《子嗣門》練真丸用之。治髓藏中濕熱，素享豐厚者宜之。

按：　古方治帶濁下痢、血痢，都是用椿皮者多，而樗皮者少用。此物一物二種，其功專在於燥以達陽，澀以收陰，使陽不陷於陰中，而諸症自除。凡患濕熱，必病於血，正不以入氣、入血區分也。故腸風下血，有用臭椿皮同蒼朮、枳殼治者，此可見矣。

根東引者良，去粗皮，醋炙、蜜炙用。忌肉麵。

一女子大腸風虛，飲酒無度，多食魚、蟹蓄毒，下痢、膿血，作腸風及血痢治不應，蓋腸風則有血而無膿也；服熱藥、寒熱亦不效。用樗皮、人參等分，米飲調服而愈，是樗皮亦澀久傷之血也。故劉潛江謂樗之收陰達陽倍於椿。

清·張仁錫《藥性蒙求·木部》　椿樗根皮葉　三錢　椿樗苦溫，濇收血分。燥濕除痰，痢崩可定。《從新》曰：　苦燥濕，寒勝熱。治濕熱為病，有斷下之功。○張路玉云：　香者名椿，甘，平，無毒。臭者為樗，苦，溫，微毒。椿根白皮性寒而能濇血，治濕熱為病，瀉痢濁帶，精滑夢遺諸症，有燥痰之功。但痢疾滯者宜之，不可不辨而混用也。○《從新》《綱目》皆云主用相倣，椿根白皮力稍遜之，樗根白皮尤良。○去粗皮，醋炙，或蜜炙。止入丸散，不入湯煎。○葉：　苦，溫。煮水洗疥瘡，白禿不生髮，取椿、桃、楸葉心，搗汁，頻塗之。

清・王孟英《隨息居飲食譜・調和類》 椿芽 香椿嫩葉也。甘、辛，溫。祛風解毒。入饌甚香，亦可瀹熟醃焙，為脯耐久藏。多食壅氣動風，有宿疾者勿食。

清・劉善述、劉士季《草木便方》卷二木部 香椿 椿皮辛溫下蠱毒，赤白瀉痢殺蟲出。崩帶滑精血即止，濇腸縮便胃熱除。

清・田綿淮《本草省常・菜性類》 椿芽 性溫。醒脾開胃，消風敗毒，動風發瘡。多食令人神昏。同豬肉食，令人擁經絡。

清・戴葆元《本草綱目易知錄》卷四 椿、樗： 椿香，樗臭。 皮及根白皮，苦溫能燥下濕，去肺胃陳積之痰，治大腸滑瀉，久痢腸紅，濕氣下痢，精滑夢遺，女子血崩，赤白濁帶，產後血不止，赤帶腸風，瀉血不住，利溺澁，縮小便，去口臭，疳蟲疥䘌，鬼疰傳尸，蠱毒，殺蚘蟲，治疳䘌，樗皮尤良。痢初起者，慎用。【略】

葉： 苦，溫，有小毒。嫩芽瀹食，消風祛毒。多食，熏經脈臟腑，令人神昏。治白禿不生髮，和桃、楸葉心，搗汁頻塗。煎洗瘡疥風疽，樗木根葉尤良。

清・陳其瑞《本草撮要》卷二 椿樗 味苦，溫。入足陽明經，功專殺蟲止利。得訶子、母丁香、醋治休息利，得蒼朮、枳殼治臟毒腸風，得乾薑、白芍、黃柏治濕熱白帶。得參為末。每日空心溫酒或米飲下二錢，治年久臟毒血痢神效。性似寒，虛寒陰虛以及痢疾積滯未盡者勿服。去粗皮，醋炙或蜜炙。忌豬肉、熱麵。

清・李桂庭《藥性詩解》 賦得椿根白皮主瀉血得皮字。田春芳。 椿根雖止血，務要用其皮。暴瀉初崩忌，陳痰久痢宜。 按： 椿皮本苦寒濇腸之藥，入血分而濇血，治濕熱泄瀉、久痢、崩帶、腸風、精滑，並去肺胃陳痰，有斷下之功，乃皆苦濇之力。暴瀉、初崩，是以深忌。有香椿白皮、臭椿根皮，主用相彷，香椿力稍遜之。臭椿即樗根白皮也，香椿乃椿根白皮也。

前題李慶霖 便血椿根主，其功獨在皮。帶崩皆可治，瀉痢總能醫。

椿根白皮本濇腸燥濕，苦寒收斂之品，雖治諸患，皆當用之於日久，不可施之於初起也。如諸患久之，積滯未盡者幸勿遽用。

樗

宋・陳衍《寶慶本草折衷》卷一四 新分樗木皮根附。○樗花續附。 一名臭椿。謂其葉臭也。○一名樗皮，一名山椿，一名虎眼，一名虎目，一名鬼目。○又云： 一名武目。○《易簡方》用者名苦木瘡，謂其痕如瘡也。 生南北，皆有之。○採無時。○並根皮，並忌油膩、濕麪、青菜、果子、甜物、雞、猪、魚、蒜等。○與烏梅相宜。○續附： 樗花，一名臭椿花。

味苦，溫，有小毒。○主赤白久痢，口鼻疳蟲，去疥䘌，鬼疰傳尸，蠱毒下血。分椿木葉條藏器說。○日華子云： 止瀉及腸風，縮小便。入藥蜜炙用。○《圖經》曰： 樗木臭，葉脫處有痕如眼目。○《食療》云： 殺蛔蟲。 若和猪肉、熱麪頻食，中滿，蓋壅經脉也。○中，去聲。○寇氏曰： 樗有花而莢，木身小，迂矮一作短。○若椿則無花不實。木身大而端直，不入藥。

附： 樗根白皮。使。○味苦，微熱，無毒。治赤白痢，腸滑痔疾，瀉血，及小兒疳痢。有女子躭飲無度，多食魚蟹，蓄毒在臟，大便與膿血雜下，大腸連肛門痛，氣血漸弱，食減肌瘦。稍服熱藥則腹愈痛，血愈下。服稍涼藥即泄注氣羸，粥食愈減。服溫平藥則病不知。有人教以樗根白皮、人參各壹兩為末，每用貳錢匕，空心溫酒或米飲調服。纔一服知，二服減，三服膿血皆定。服之不輟，其疾遂愈。

續說云： 《本事方》治腸澼椿皮元，用臭椿花，然椿無花，以樗一名臭椿，故云臭椿花，的樗花耳。凡用樗木皮及樗根白皮者，並宜為末，取烏梅肉搜和得所，元如梧桐子大，每服伍陸拾元，更量酌增減。空腹米飲下，最便於服餌也。

元・朱震亨《本草衍義補遺》 樗木皮、臭椿根 甚性涼而能澁血。○樗木臭疎，椿木香實。其樗用根、葉、莢，故曰未見椿上有莢，惟樗木上有莢，以此為異。又有樗鷄，故知命名不言椿鷄，而言樗鷄者，以顯有鷄者為樗，無鷄者為椿，其義明矣。

元・徐彥純《本草發揮》卷三 樗木皮 丹溪云： 臭椿根皮，性涼，而能澀血。

明・蘭茂撰，清・管暄校補《滇南本草》卷中 臭椿皮 性微溫，味苦、微辛。止婦人白帶，止血，止大腸下血。治赤白便濁，各種氣痛寒痛。

附方： 治心氣疼，面寒背寒，胃氣疼。椿皮，用新瓦焙黃色，為末，每服一錢五分，熱燒酒服。

明・蘭茂《滇南本草》(叢本)卷中　臭椿皮　味苦、辛，性溫。止婦人白帶，大腸下血紅白，便濁。單方：治心氣疼，面背寒，胃氣疼。臭椿皮，新瓦焙，為末，每服一錢五分。

明・許希周《藥性粗評》卷二　樗木皮可收衄痢。樗木皮，俗名臭椿是也。《唐風》之詩謂之栲。此與真椿不同，真椿脉理堅實，而葉香可啖，樗則輕虚無用。《莊子》所謂吾有大木，人謂之樗，其本擁腫不中繩墨云云者是也。其樹高可數丈，圍至合抱，其葉與椿相似，春生秋落。江南山谷處處有之。根葉皆可入藥，俱採無時，凡用根皮，須刮去麄皮，取裏白一層，剉炒過用。餘説《本草》不載。味苦，性微溫，無毒，一云有小毒。主治鬼疰傳尸，蠱毒下血，赤白久痢，小兒疳痢，婦女赤白帶下，血崩與月候不止，鼻衄，疳蟲蝕牙，縮小便，去腸胃陳積之垢，先賢用此為固腸丸，燥濕有效。丹溪云：固腸丸有去濕實腸之功，若滯氣未盡者，不可遽用。

單方：疳痢不止：樗根白皮不拘多少，搗爛，和麵捻作餛飩，如小棗大，煮熟，任意空腹點鹽醋吞之，重者不過二服而愈。

明・陳嘉謨《本草蒙筌》卷四　樗根白皮　味苦澁，氣寒。有小毒。南北俱各有生，其木最為無用。本多癰腫，難定墨繩。枝乃曲拳，不中規矩。無花不實，木身大，其幹端直者為椿；有花而莢，木身小，幹多迂矮者為樗。又曰：椿木實而葉香，樗木踈而氣臭。今人不識樗名，故多呼為臭椿樹也。入劑挖東引細根，刮外取白皮蜜炙。止女人月信過度，久痢帶漏崩中。禁男子夜夢遺精滑洩，腸風痔瘻。縮小水，敺蛔蟲。其莢收採曝乾，大便去血尤効。○椿白皮主疳䘌，亦惟白者為良。止血功同，女科任用。

謨按：汪石山曰：椿、樗二木各有兩種，一種皮赤，一種皮白。白者先花後葉，其樹身皮麄糙如粟粒；赤者先葉後花，其樹身皮細膩而不麄。葉皆相同，香臭無別。醫之所取，皆在白皮。故入藥無間椿、樗，但擇皮白者採收，不必以香臭為泥也。

明・王文潔《太乙仙製本草藥性大全》卷三《本草精義》　樗根白皮　南北俱各有生。其木最爲無用，本多壅腫難定墨纏，枝乃曲拳不中規矩。與椿木相類，須辨認分明。無花不實，木身大，其幹端直者爲椿。有花而莢，木身小，幹多迂矮者爲樗。又曰椿木實而葉香，樗木踈而氣臭，今人不識樗名，故多呼爲臭椿樹也。入劑挖東引細根，刮外取白皮，蜜炙。

明・王文潔《太乙仙製本草藥性大全》卷三《仙製藥性》　樗根白皮　味苦澁，氣寒，有小毒。主治：止女人月信過度，久痢，帶漏崩中。禁男子夜夢遺精滑洩，腸風痔瘻。縮小水，祛瘡疥，主鬼疰，殺傳尸、蠱毒、蛔蟲。其莢收採曝乾，大便去血尤效。補註：療疳痢困重，皮搗麵拌作小顆子，日晒又拌，凡三遍，水煮至熟，加鹽醋酒，頓服，量兒大小。○久痢及疳痢，揀皮去土，不用見狗及風，細切，搗如泥，取麵捻作餫飩子如小棗大，勿令破，熱煮吞七枚，重者不過七服，皆忌油膩熱麵毒物。○疳痢曉夜無度者，取根煮濃汁一雞子殼許，和粟米泔一雞子許灌下部，再度即差。治大腸風虚，飲酒過度，挾熱下痢膿血疼痛，多日不差，樗根白皮一兩，人參一兩，爲末，每用二錢匕，空心以溫酒調服，如下飲食，以溫米飲代，忌青菜、果子甜物、雞、猪、魚、蒜等。

椿白皮：味苦，氣溫香，有毒。無花不實者爲椿，有花而莢者爲樗。主治：主瀉痢斷疳䘌，亦爲白者爲良。止血崩，治赤帶功同，女科任用。能醫瀉血，可洗疥瘡。補註：治小兒頭生白秃，髮不生出，椿、楸、桃葉心取汁傅之大效。治臟毒赤白痢，香椿净洗刷，剝取皮，日乾爲末，飲下一錢立效。治小兒疳，以皮日乾，二兩爲末，淘粟米去泔，研濃汁糊和丸如梧子大，十歲三四丸，量數加減。一丸內竹筒中，吹入鼻中，三度差，服丸以飲下。又方治疳痢，可多煮汁後灌之。又取白皮一握，食粳米五十粒，葱白一握，甘草二寸炙，豉兩合，以水一升，煮取半升，頓服之，小兒以意服之。枝葉與皮功用皆同。太乙曰：椿木根，凡使根不近西頭者上，及不用莖葉，只用根，採出拌生葱，蒸半日，出生(葱)〔用袋盛持屋南〕畔陰乾用，偏利溺澁也。

明・皇甫嵩《本草發明》卷四　樗根白皮下品，佐使。氣寒，味澁，有小毒。俗呼臭椿樹。

發明曰：樗白皮，亦滋陰藏之用。故《本草》主止女人月信過度，帶漏崩中，此專功也。又禁男子遺精，腸風痔漏，久痢，縮小便，敺蚘蟲，得地榆療疳痢。○莢，曝乾，止大便血。○椿白皮，主疳䘌，止血，女科任用。白者為良。椿木實而葉香，無莢。樗木踈而氣臭，有莢。但椿木端直無花，不實。樗木幹多矮小，有花。(悾)〔宜〕東引細根，刮外皮，取白皮，以蜜炙用。

題明・薛己《本草約言》卷二《藥性本草》　樗皮　味苦、澁，氣寒，有小毒。味厚，陰也，降也。治虚滑血液皆止，澁兩竅前後同功。○即臭椿根皮，其性涼而能澁血。樗木臭疏而有莢，椿木香實而無莢，以此為辨。樗白皮亦滋陰藏之用，故專主女人月信過度，帶漏崩中，又主赤白久痢及腸滑痔疾，瀉血不住。○樗皮澁精而止瀉。

明・梅得春《藥性會元》卷中　樗木皮　即臭椿根。其性涼而能澁血。樗木臭踈，椿木臭實。其樗用根、葉、莢，故曰未見椿上有莢，惟樗木上有莢，以此為異。　又有樗雞，名鳳眼草。故知命名不言椿雞而言樗雞者，以見有雞者為樗，無雞者為椿，其義明矣。

明・李中梓《藥性解》卷五　樗白皮　味苦、澀，性寒，無毒，入心、肝、脾三經。主月經過度，帶漏崩中，夢洩遺精，腸風痔漏，久痢脫肛。縮小便，除瘡疥，祛鬼疰，殺傳屍，解蠱毒，逐蛔蟲。蜜炙用。有一種椿皮，功用相同，性斂微澀。　按：樗白皮血中之藥也，心主血，肝藏血，脾裹血，宜均入之。孟詵云：　多食令人神昏血氣微。

明・李中梓《醫宗必讀・本草徵要下》　樗白皮味苦，澁，寒，有小毒。東引者良，醋炙之。　濇血止瀉痢，殺蟲收產腸。苦寒之性，虛寒者禁用，腎家真陰虛者亦忌之，以其徒燥耳。止入丸用，不入湯煎。椿白皮主用相倣，力稍遜之。

明・鄭二陽《仁壽堂藥鏡》卷二　樗木皮　丹溪云：臭椿根皮，性涼而能澁血。　日華子云：樗皮，溫，無毒。主疳痢，地榆同療，止瀉，縮小便，治腸風。入藥蜜炙用。　無花而不實，氣香者，為椿；有花而莢，氣臭者，為樗。

明・李中梓《本草通玄》卷下　樗白皮　苦而微澀。　專以固攝為用，故瀉痢腸風，遺濁崩帶者，並主之。然必病久而滑，始為相宜，若新病蚤服，強勉固澁，必變他症而成痼疾矣。　時珍曰：血分受病不足者，宜用椿皮；氣分受病有鬱者，宜用樗皮。　凡用刮去粗皮，生用則能通利，醋炙即能固澁。

清・郭章宜《本草匯》卷一五　樗音樞白皮即臭椿　味苦濇，涼，小毒。味厚，陰也，降也，入手、足陽明經。濇血止瀉利，燥濕治滑遺。腸風臟毒皆主，殺蟲帶濁俱良。

按：樗根白皮，禀地中陰氣以生，專以固攝為用。苦燥涼澀，多建功于溼熱。有實腸之力，亦有益于外治。但痢疾滯氣未盡者，不可遽用。一種香椿，其性頗同。凡瘡疥疳，煎洗甚得。時珍云：椿皮入血分而性澁，樗皮入氣分而性利。故血分受病不足者，宜用椿皮。氣分受病有鬱者，宜用樗皮。此心得之微也。然必病久而滑，乃為相宜。若脾胃虛寒及崩帶屬腎家真虛者，切不可用徒燥之物也。宜入丸散，不入煎湯。

凡使椿根，須取東引者，洗淨，刮去粗皮，拌生葱蒸過，掛乾。生用通利，醋炙固澁。香者名椿皮，色赤無毒。臭者名樗皮，色白。椿芽多食，動風神昏。

清・馮兆張《馮氏錦囊秘錄・雜症痘疹藥性主治合參》卷四　樗根白皮

椿根白皮，禀地中之陰氣以生。故味苦，濇，微寒，有毒。入手足陽明經。以苦寒之性，故外洗瘡疥風疽，去口鼻疳蟲疥䘌。且苦能燥濕，寒能除熱，濇能收斂，故去腸胃一切濕熱蚘蟲、崩痢，與樗樹皮功用相同。但樗樹根葉更良。凡採不用西行者。採得後布袋盛眝，陰乾，去粗皮，蜜炙用。

樗根白皮，即臭椿樹皮。主洗瘡疥風疽，去口鼻疳蟲疥䘌。止女人月信過度，久痢帶漏崩中。男子夜夢遺精，滑洩腸風痔漏。縮小水，毆蛔蟲。椿白皮，即香椿樹皮，取白者佳。主疳䘌。止血功同，女科任用。止堪丸散，不入湯煎。但泄瀉由脾胃虛寒，崩帶由真陰不足及滯下積氣未盡者，兩種皆不可用。

清・吳儀洛《本草從新》卷三　樗根白皮〔澀腸燥濕〕即臭椿根皮。苦燥濕，寒勝熱，澀收斂。入血分而澀血，去肺胃之陳痰。治濕熱為病，泄瀉久痢，崩帶腸風，夢遺滑精，有斷下之功。【略】去疳䘌。苦寒之性，虛寒者禁之。腎家真陰虛者亦忌，以其徒燥耳。痢疾積滯未盡者勿遽用，勉強固澀，必變他證。　附：椿根白皮即香椿根皮。主用相仿，力稍遜之。根，東引者良。去粗皮，醋炙或蜜炙。忌猪肉、熱麵。止入丸、散，不入湯煎。

題清・徐大椿《藥性切用》卷五　樗根白皮　即臭椿根皮。苦寒性濇，燥濕收斂，入肺腸血分，而止血痢，為濕熱傷陰，腸滑洩痢之耑藥。醋炒用。臭椿葉，功用相倣，而力不及耳。椿根白皮，即香椿根皮，功用相近，而力稍遜之。

清・羅國綱《羅氏會約醫鏡》卷一七竹木部　樗根白皮：即臭椿樹根皮。去粗皮。味苦濇，微寒，入血分。　治濕熱為病，久痢，滯氣未盡者，勿得固濇。帶漏崩中，腸風精滑，便數虛泄，有斷下之功。

椿白皮：即香椿樹根皮。去粗，取白者為佳。治痔止血，與樗皮功同。止堪丸散，不入湯煎。但泄瀉由脾虛、崩帶由陰虧及滯下積氣未盡者，兩種皆不可用。

清·黄凱鈞《藥籠小品》 樗根皮即臭椿根皮。苦寒濇，故能燥濕清熱收斂，入血分，血痢腸風，久而不愈，有斷下之功。積滯未盡，勉強固濇，必變他症。

清·葉桂《本草再新》卷四 樗根白皮味苦，性寒，無毒。入肺、胃二經。去肺胃之痰火，治濕熱泄瀉久痢，清心肺之火，則邪可平；去濕熱，則瀉痢止。崩帶腸風，夢遺滑精。

清·吴其濬《植物名實圖考》卷三五 樗 《唐本草》始著錄。即椿之氣臭者。根莢皆入藥。木理虛白，生山中者名栲。《爾雅》：栲，山樗。陸璣《詩疏》：山栲與下田樗無異。其木稍堅，可作器。

清·劉善述、劉士季《草木便方》卷二木部 樗樹 臭椿根苦寒勝熱，濕熱痢疾風疽捷。痔䘌蚘蟲殺之妙，疥癩白秃洗塗滅。

兜櫨樹

明·朱橚《救荒本草》卷下之前 兜櫨樹 生密縣梁家衝山谷中。樹甚高大，其木枯朽極透，可作香焚，俗名壞香。葉似回回醋樹葉而薄窄，又似花楸樹葉，却少花叉，葉皆對生，味苦。救飢：採嫩芽葉煠熟，水浸去苦味，淘洗淨，油鹽調食。

清·吴其濬《植物名實圖考》卷三四 兜櫨樹即櫰 《救荒本草》。按《本草綱目》：櫰香，江淮湖嶺山中有之。木大者近丈許，小者多被樵采。葉青而長，有鋸齒，狀如小蘇葉而香，對節生。其根狀如枸杞根而大，煨之甚香。《楞嚴經》云：壇前安一小罏，以兜婁婆香煎水沐浴，即此香也。根氣味苦濇，平，無毒。主治頭癤腫毒。碾末麻脂調塗，七日腐落。

秦皮

宋·唐慎微《證類本草》卷一四木部下品〔唐·陳藏器《本草拾遺》〕 樳木皮 葉：煮洗蛇咬，亦可作屑傅之。樳，大木也。出江南也。

宋·李昉《太平御覽》卷第九九二 秦皮 《本草經》曰：秦皮，味苦，微寒。生川谷。治風濕痺寒氣，除熱，目中青翳，久服頭不白，輕身。生廬江。《建康記》曰：建康出秦皮。《吴氏本草》曰：岑皮，一名秦皮。神農、雷公、黄帝、岐伯：酸，無毒。李氏：小寒。或生冤句水邊。二月、八月採。《淮南萬畢術》曰：岑皮致水。

宋·唐慎微《證類本草》卷一三木部中品〔《本經》·《別錄》·《藥對》〕 秦皮 **味苦，微寒**、大寒，無毒。**主風寒濕痺，洗洗寒氣，除熱，目中青瞖白膜**，療男子少精，婦人帶下，小兒癇，身熱。可作洗目湯。**久服頭不白，輕身**，皮膚光澤，肥大有子。一名岑皮，一名石檀。生廬江川谷及冤句。二月、八月採皮，陰乾。大戟爲之使，惡吴茱萸。

〔梁·陶弘景《本草經集注》〕云：俗云是樊槻音規皮，而水漬以和墨書，色不脱，微青。且亦殊薄，恐不必爾。俗方惟以療目，道家亦有用處。

〔唐·蘇敬《唐本草》〕注云：此樹似檀，葉細，皮有白點而不麁錯，取皮水漬便碧色，書紙看皆青色者是。俗見味苦，名爲苦樹。亦用皮療眼，有效。以葉似檀，故名石檀也。

〔宋·掌禹錫《嘉祐本草》〕按：《藥性論》云：秦白皮，平。惡苦瓠、防葵。主明目，去肝中久熱，兩目赤腫疼痛，風淚不止。治小兒身熱，作湯浴差。皮一升，水煎澄清，冷洗赤眼極效。日華子云：洗肝益精明目，小兒熱驚，皮膚風痺，退熱。一名盆桂。

〔宋·蘇頌《本草圖經》〕曰：秦皮，生廬江川谷及冤句，今陝西州郡及河陽亦有之。其木大都似檀，枝幹皆青綠色。葉如匙頭許大而不光。並無花實，根似槐根。二月、八月採皮，陰乾。其皮有白點而不麁錯，俗呼爲白樳木。取皮漬水便碧色，書紙看之青色，此爲真也。

〔宋·唐慎微《證類本草》〕《外臺秘要》：治赤眼及睛上瘡。秦皮一兩，清水一升，於白椀中浸，春夏一食時以上，看碧色出，即以筯頭纏綿，仰卧點所患眼，仍先從大眥中滿眼着，微痛不畏，良久，三五飦間，即側卧瀝却熱汁。每日十度已上着，不過兩日差。又方：治眼因赤差後瞖暈。秦皮一兩，切，水一升五合，煮取七合，澄清。用漬目中。《淮南子》：梣木色青，翳而羸痛蝸睆，此皆治目之藥也。注：梣，苦歷木。水浸皮青用洗眼，效。沈存中：秦皮，治天蛇毒，似癩而非癩也。天蛇，即草間黄花蜘蛛是也。人被其螫，仍爲露水所濡，乃成此疾。遂煮汁一斗，飲之差。

宋·鄭樵《通志》卷七六《昆蟲草木略》 秦皮 曰石檀，曰盆桂。其用在皮，故曰秦皮，亦曰岑皮。其木似檀，俗呼為白樳木。取其皮漬水，染筆而書之，作青色，故墨家用之。

宋·劉明之《圖經本草藥性總論》卷下 秦皮 味苦，微寒、大寒，無毒。主風寒濕痺，洗洗寒氣，除熱，目中青翳白膜。療男子少精，婦人帶下，小兒癎身熱。《藥性論》云：主明目，去肝中久熱，兩目赤腫疼痛，風淚不止。治小兒身熱。日華子云：洗肝益精明目，止小兒熱驚，皮膚風痺，退熱。一云：治天蛇毒。大戟為之使。惡吳茱萸、苦瓠、防葵。生蘆(汢)〔江〕川谷及冤句。

宋・王介《履巉巖本草》卷上　秦皮　味苦，微寒，無毒。主風寒(溫)〔濕〕痹，洗洗寒氣，除熱，目中青翳白膜。療男子少精，婦人帶下，小兒癎身熱。可作洗目湯。久服頭不白，輕身，皮膚光澤。取漬水，便碧色，書紙看青色者是。治天蛇毒，似癩非癩。人被草間黃花蜘蛛螫，爲露水所濡，乃成此疾。煮汁飲之即差。一名盆桂，一名石檀。

宋・陳衍《寶慶本草折衷》卷一三　秦皮　一名秦白皮，一名岑皮，一名梣木，一名白梣皮，一名樊槻皮，一名苦樹，一名石檀，一名盆桂。〇白，一作自；槻，音規。生廬江川谷及冤句、陝西、河陽、成州、河中府。〇縉雲云：今所在有之。〇二、八月採皮，陰乾。〇大戟為使，惡吳茱萸、苦瓠、防葵。味苦，平，寒，無毒。〇主風寒濕痹，除熱，目中青瞖白膜，男子少精，婦人帶下，小兒癎。〇《藥性論》云：主明目，去肝中久熱，兩目赤腫疼痛，風淚。小兒身熱，作湯浴。〇日華子云：洗肝，小兒熱驚，皮膚風痹。〇《圖經》曰：其皮有白點，不麤錯。漬水碧色，書紙青色為真。〇沈存中云：治天蛇毒，似癩而非癩也。天蛇即草間黃花蜘蛛，人被其螫，仍為露水所濡，乃成此疾。煮汁壹升，飲之差。

元・王好古《湯液本草》卷五　秦皮　氣寒，味苦，無毒。《液》云：主熱利下重，下焦虛。《經》云以苦堅之，故用白頭翁、黃蘗、秦皮，苦之劑也。治風寒濕痹，目中青翳白膜，男子少精，婦人帶下，小兒驚癎，宜作湯洗目，俗呼為白桪木。取皮漬水，浸出青藍色，與紫草同用，以增光暈尤佳。大戟為之使。惡吳茱萸。

元・尚從善《本草元命苞》卷六　秦皮　味苦，微寒，無毒。惡吳茱萸。大戟為使。令頭不白，肌體光澤。主風寒濕痺，療身熱驚癎。去肝中久熱，兩眼赤腫。治目中青瞖，白膜侵睛。男子少精宜餌，婦人帶下堪服。漬水和墨寫字，畫紙上不脫。煎湯澄清，收貯點睛上生瘡。產廬江川谷、冤句，今陝西州郡尤多。木大如檀，皮有白點，枝榦青綠，花實全無，葉如匙大而不光。二八月採皮，乾陰。

元・佚名氏《珍珠囊・諸品藥性主治指掌》〔見《醫要集覽》〕　秦皮　味苦，性寒，無毒。沉也，陰也。其用有四：風寒邪合濕成痺，青白色幻翳遮睛，女子崩中帶下，小兒風熱驚癎。

元・徐彥純《本草發揮》卷三　秦皮　東垣云：苦，寒。主熱利下重，下焦虛。《經》云：腎欲堅，急食苦以堅之。故用白頭翁、黃連、黃蘗、秦皮之苦劑也。

明・蘭茂撰，清・管暄校補《滇南本草》卷下　梣子　性微溫，味辛、微苦，陰也。入厥陰肝經。行厥陰滯寒之氣，止肝氣左脇疼痛，下氣，消膨脹。行陽明，乳汁不通。

附單方：治婦人乳結不通，紅腫結硬疼痛，惡寒發熱，乾梣子細末二錢，有新鮮搗汁，點水酒服。

明・王綸《本草集要》卷四　秦皮　味苦，氣寒，無毒。大戟為之使。惡吳茱萸。陰乾。　主風寒濕痹，洗洗寒氣，除熱，目中青翳白膜，肝中久熱，兩目赤腫疼痛，風淚不止。療男子少精，婦人帶下。小兒癎身熱，作湯浴，差。水煎，澄清，點洗赤眼極效。久服，頭不白，輕身。

明・滕弘《神農本經會通》卷二　秦皮　大戟為之使。惡吳茱萸、苦瓠、防葵。二八月採皮，陰乾。取皮漬水便碧色，書紙着之青色，此為真也。味苦，氣寒、大寒，無毒。《湯》云：氣寒，味苦。東云：沉也，陰也。風寒邪合濕成痺，青白色幻翳遮睛，女子崩中帶下，小兒風熱癎驚。珍云：主熱痢下重，下焦虛，此為苦堅之劑。《疌》云：治小兒驚癎，青白遮睛幻翳，除風寒濕痺，女子帶下崩中。

《本經》云：主風寒濕痺，洗洗寒氣，除熱目中青翳白膜。療男子少精，婦人帶下，小兒癎身熱。可作湯洗目。湯久服，頭不白，皮膚光澤，肥大有子。《藥性論》云：秦白皮，平。主明目，去肝中久熱，兩目赤腫疼痛，風淚不止。治小兒身熱，作湯浴差。皮一升，水煎，澄清，冷洗赤眼極効。日華子云：洗肝益精，明目，小兒熱驚，皮膚風痺，退熱。創云：秦皮寒苦治驚癎，女子崩中帶下難。青白遮睛睛細翳，風寒濕痺治居安。《局》云：秦皮洗眼除昏熱，大治風寒濕痺踪。男子少精宜補益，婦人帶下却收功。《液》云：主熱痢下重，下焦虛。《經》云：以苦堅之，故用白頭翁、黃栢、秦皮，苦之劑也。治風寒濕痺，目中青翳白膜，男子少精，婦人帶下，小兒驚癎。宜作湯洗目，呼為白樳木。取皮漬水，浸出青藍色，與紫草同用，以增光暈尤佳。秦皮洗眼磨昏，男子添精，女人收帶下。

明·劉文泰《本草品彙精要》卷一八　秦皮無毒　特生。

秦皮出《神農本經》：**主風寒濕痹，洗洗寒氣，除熱，目中青瞖白膜。久服頭不白，輕身。**以上朱字《神農本經》。療男子少精，婦人帶下，小兒癇，身熱，可作洗目湯，皮膚光澤，肥大有子。以上黑字名醫所錄。【名】岑皮、石檀、盆桂、苦樹。【苗】《圖經》曰：其木大都似檀，枝榦皆有青綠色，葉如匙頭許大而不光，並無花實，根似槐根，其皮有白點而不粗錯，俗呼爲白樳木，取皮漬之，水則碧色，和墨書之於紙，青瑩而不脫也。【地】《圖經》曰：生廬江川谷及冤句，今陝西州郡、河陽亦有之。【道地】河中府、成州。【時】生：春生葉。採：二月、八月取皮。【收】陰乾。【用】皮。【質】類槐皮而碧薄。【色】碧。【味】苦。【性】大寒，泄。【氣】氣薄味厚，陰也。【臭】腥。【主】明目，去肝經熱。【助】大戟爲之使。【反】惡吳茱萸、苦瓠、防葵。【製】細剉用。【治】療：《藥性論》云：去肝中久熱，兩目赤腫疼痛，風淚不止，及洗赤目，小兒身熱，作湯浴。日華子云：洗肝明目，小兒熱驚，皮膚風痹，退熱。《別錄》云：治赤眼，及睛上瘡，眼中瞖暈。【解】煮汁飲之，解天蛇螫毒。天蛇，即草間黃花蜘蛛。

明·許希周《藥性粗評》卷三　眼膜可撥於秦皮。

秦皮，一名岑皮，一名石檀，俗名白樳木。其樹似檀，大小不同，枝幹青綠色，葉如匙大而不光，並無花實，皮有白點而不麄錯，取皮漬水便碧色，可以染紙。一月、八月採皮，陰乾。大戟為之使，惡吳茱萸。　味苦，性寒，無毒。主治風寒濕痹，男子敗精，婦人帶下，小兒癇熱，明目去赤消膜，久服頭不白，皮膚光澤。東垣云：主（染）〔熱〕痢下重，下焦虛。《經》曰：腎欲堅，急食苦以堅之。故用白頭翁、黃連、黃檗、秦皮之苦劑也。

單方：目病：凡眼赤痛風淚，瞖膜及赤差後，昏瞖不明，以秦皮一兩，剉，水一升五合，煎取一半，放冷澄清，仰臥點之，去其熱淚甚妙。或以秦皮一兩，清水一升，於白碗中浸之，待水碧色，以筯頭纏綿，仰臥點之，先從大眥起，令其滿眼皆着，雖微痛勿畏，良久間即側臥，瀝去其熱汁，每日數度，踰日而差。　蛛瘡：凡被蜘蛛并諸毒蟲所螫成瘡者，以秦皮一二兩，煮汁飲之，并洗患處，便愈。

明·鄭寧《藥性要略大全》卷五　秦皮一名岑皮，一名石檀，一名盆桂。　治風寒濕痹，添精髓。洗眼摩昏，止女人崩漏帶下。《湯液》云：去肝熱目赤腫痛，風淚，除目中青翳白膜，除熱，散目中雲翳。久服皮膚光澤，肥大有子。又治熱痢下重，下焦虛，及小兒風熱驚癇。又治天蛇毒。即草間黃蜘蛛螫人也。　味苦，性寒，無毒。沉也，陰也。其葉似檀。大戟為之使。惡苦瓠、防葵、吳茱萸。

明·陳嘉謨《本草蒙筌》卷四　秦皮　味苦，氣寒。沉也，陰也。無毒。

產陝西郡州，及廬江川谷。木類檀木，根同槐根。葉如匙頭少光，皮多白點不糙。不麄糙也。俗因呼為白樳木，又呼石檀樹、苦樹，咸取像焉。秋末採皮，陰乾待用。漬水水色侵碧，書紙紙面略青。此驗纔真，凡求勿悞。使大戟，惡吳茱瓠葵；苦瓠、防葵。專眼科，去肝中久熱。煎汁澄淨，點洗無時。白膜遮明，視物不見者旋効；赤腫作痛，流淚無休者殊功。益男子精衰，止婦人帶下。小兒發熱癇搐，亦可作湯浴身。風寒濕痹兼毆，熱痢後重且卻。《經》云以苦堅之，故用白頭翁、黃蘗、秦皮之苦劑也。久服髮黑，亦使身輕。

〇樳木皮，多出產江南；作湯末，可洗敷蛇咬。

明·王文潔《太乙仙製本草藥性大全》卷三《本草精義》　秦皮　一名岑皮，一名石檀，一名盆桂。生蘆江川谷及冤句，今陝西州郡及河陽亦有之。木類檀木，根同槐根，葉如匙頭少光，皮多白點，不糙，俗因呼爲白樳木，又呼石檀樹、苦樹，咸取像焉。秋末採皮，陰乾待用。漬水色侵碧，書紙，紙面略青，此驗纔真，凡求勿誤。使大戟，惡吳茱萸、苦瓠、防葵。

明·王文潔《太乙仙製本草藥性大全》卷三《仙製藥性》　秦皮　味苦，氣寒，沉也，陰也，無毒。大戟爲之使。　主治：【略】　樳木皮：多出產江南。作湯末，可洗敷蛇咬。　補註：治眼因赤差後瞖暈，秦皮一兩，切，水一升五合，煮取七合，澄清用，漬目中。〇梣木色青，翳而羸痛蝸脘，此皆治目之藥也。注：梣，苦（歷）〔櫪〕木，水浸皮清，用洗眼效。〇秦皮治天蛇毒，似癩而非癩也。天蛇即草間黃花蜘蛛是也。人被其螫，仍爲露水所濡，乃成此疾，遂煮汁一斗飲之差。治赤眼及睛上瘡，秦皮一兩，漬水一升，於白碗中浸，春夏一食頃以上，看碧色出，即以筯頭纏綿，仰臥點所患眼，仍先從大眦中滿眼著，微痛不畏，良久，三五飯間，即側卧，瀝却熱汁，每日十度已上著，不過（兩日瘥也）。

明·皇甫嵩《本草發明》卷四　秦皮中品，臣。氣寒，味苦。沈也，陰也。無毒。

發明曰：　秦皮，清熱滋陰藏之藥，而清肝益腎之功多。故《本草》主目中青翳白膜，赤腫痛，痛澁淚，肝中久熱也，煎汁點洗之。小兒癇搐身熱，肝經熱也，可作湯浴身。療男子少精，婦人帶下，腎氣虚也，此以苦堅之。又主風寒濕痺者，蓋能清肝滋腎，則陰血滋生，而痺痛自蠲矣。久服皮膚光澤肥大有子者，良有以哉。《液》云熱痢下重，下焦虚，用白頭翁、黄柏、秦皮之苦以泄之，亦以堅腎氣滋陰可知矣。脾胃虚寒者，宜少服。大戟為之使。惡吴茱萸、瓠、〔防葵〕。俗呼為白樳木之名。石檀樹以類檀木，葉如匙頭，皮多白點，取皮漬水，浸出青藍色者方真。

明・李時珍《本草綱目》卷三五木部・喬木類　秦皮《本經》中品。校正：併入《拾遺》樳木。

【釋名】梣皮音岑。　樳木音尋。　石檀《別録》　樊槻弘景　盆桂日華　苦樹蘇恭　苦櫪時珍曰：　秦皮，本作梣皮。其木小而岑高，故以爲名。人訛爲樳（木），又訛爲秦。或云本出秦地，故得秦名也。高誘注《淮南子》云：　梣，苦櫪木也。恭曰：　樹葉似檀，故名石檀。俗因味苦，呼爲苦樹。

【集解】《別録》曰：　秦皮生廬江川谷及冤句水邊。二月、八月采皮，陰乾。弘景曰：　俗云是樊槻皮，而水漬以和墨書，色不脱，微青。恭曰：　此樹似檀，葉細，皮有白點而不粗錯，取皮漬水便碧色，書紙看之皆青色者，是真。頌曰：　今陝西州郡及河陽亦有之。其木大都似檀，枝幹皆青緑色。葉如匙頭虚大而不光。並無花實，根似槐根。俗呼爲白樳木。

皮　【氣味】苦，微寒，無毒。《別録》曰：　大寒。普曰：　神農、雷公、黄帝、岐伯：　酸，無毒。李當之：　小寒。權曰：　平。惡苦瓠、防葵。之才曰：　惡吴茱萸。大戟爲之使。

【主治】風寒濕痺洗洗寒氣，除熱，目中青瞖白膜。久服，頭不白，輕身《本經》。療男子少精，婦人帶下，小兒癇，身熱。可作洗目湯。久服，皮膚光澤，肥大有子《別録》。明目，去目中久熱，兩目赤腫疼痛，風淚不止。作湯，浴小兒身熱。煎水澄清，洗赤目極效甄權。主熱痢下重，下焦虚好古。同葉煮湯洗蛇咬，并研末傅之藏器。

【發明】弘景曰：　秦皮俗方惟以療目，道家亦有用處。大明曰：　秦皮之功，洗肝益精，明目退熱。元素曰：　秦皮沉也，陰也。其用有四：　治風寒濕邪成痺，青白幻翳遮睛，女子崩中帶下，小兒風熱驚癇。好古曰：　痢則下焦虚，故張仲景白頭翁湯，以黄蘗、黄連、秦皮同用，皆苦以堅之也。秦皮浸水青藍色，與紫草同用，治目病以增光暈，尤佳。時珍曰：　梣皮，色青氣寒，味苦性濇，乃是厥陰肝、少陽膽經藥也。故治目病、驚癇，取其平木也。治下痢、崩帶，取其收濇也。又能治男子少精，益精有子，皆取其濇而補也。故《老子》云：　天道貴濇。此藥乃服食及驚癇崩痢所宜，而人止知其治目一節，幾於廢棄，良爲可惋。《淮南子》云：　梣皮色青，治目之要藥也。又《萬畢術》云梣皮止水，謂其能收淚也。高誘解作致水，言能使水沸者，謬也。

【附方】舊三，新三。　赤眼生瞖：　秦皮一兩，水一升半，煮七合，澄清。日日温洗。一方加滑石、黄連等分。《外臺秘要》。　眼暴腫痛：　秦皮、黄連各一兩，苦竹葉半升，水二升半，煮取八合，食後温服。此乃謝道人方也。《外臺秘要》。　赤眼睛瘡：　秦皮一兩，清水一升，白盌中浸，春夏一食頃以上，看碧色出，即以筯頭纏綿，仰卧點令滿眼，微痛勿畏，良久瀝去熱汁。日點十度以上，不過兩日瘥也。《外臺秘要》。　眼弦挑鍼：　乃肝脾積熱。剉秦皮，夾沙糖，水煎，調大黄末一錢，微利佳。《仁齋直指方》。　血痢連年：　秦皮、鼠尾草、薔薇根等分，以水煎取汁，銅器重釜煎成，丸如梧子大。每服五六丸，日二服。稍增，以知爲度。亦可煎飲。《千金方》。　天蛇毒瘡：　似癩非癩。天蛇，乃草間花蜘蛛也。人被其螫，爲露水所濡，乃成此疾。以秦皮煮汁一斗，飲之即瘥。寇宗奭《本草》。

明・梅得春《藥性會元》卷中　秦皮　味苦，性寒。沉也，陰也。無毒。大戟為使，惡吴茱萸。　主治風寒邪合濕成痺，青白色，洗洗寒氣，除熱，目中幻翳，白膜遮睛，男子少精，婦人崩中帶下，小兒風熱，驚癇身熱。可作湯，洗眼磨昏。久服皮膚光澤，肥大有子。

明・王肯堂《傷寒證治準繩》卷八　秦皮　氣寒，味苦，無毒。沉也，降也。海：　主熱利下重，下焦虚。《經》云以苦堅之，故用白頭翁、黄蘗、秦皮苦之劑也。治風寒濕痹，目中青翳白膜，男子少精，婦人帶下，小兒驚癇。宜作湯洗目。俗呼為白樳木，取皮漬水，浸出青藍色。與紫草同用，以增光暈尤佳。大戟為之使。惡吴茱萸。珍：　梣皮，色青，氣寒，味苦，性濇，乃是厥陰肝、少陽膽經藥也。故治目病，驚癇，取其平木也。治下利崩帶，取其收濇也。又能治男子少精，益精有子，皆取其濇而補也。故老子云：　天道貴濇。此藥乃服食及驚癇崩利所宜，而人止知其治目一節，幾於廢棄，良為可惋。

明・張懋辰《本草便》卷二　秦皮　味苦，氣寒，無毒。惡吴茱萸。　主風寒濕痹，洗寒氣除熱，目中青瞖白膜，肝中久熱，兩目赤腫疼痛，風淚不止；療男子少精，婦人帶下。

明・盧復《芷園臆草題藥》　秦皮　水浸即青碧，當取色用。青能入肝，風邪為病，則先見于色。當為肝之風藥，治目乃其一端也。

明・李中梓《藥性解》卷五　秦皮　味苦，性寒，無毒，入肝、腎二經。主散風寒濕痹，去肝中久熱，兩目赤腫，青白翳暈，流泪不止，及丈夫精衰，女子崩帶，小兒風熱驚癇。大戟為使，惡吴茱萸、防葵。　按：秦皮青碧之色，宜入厥陰，沉陰之品，宜入少陰。脾胃虚寒者，不宜多用。

明・倪朱謨《本草彙言》卷九　秦皮　味苦，氣寒，性濇，無毒。沉也，降也。乃足厥陰、少陽經藥。　蘇氏曰：秦皮，出陝西州郡，今河陽亦有之。其木似檀，枝幹皆青緑，葉細如匙，虚大不光，不作花實，皮上有白點，取皮漬水，色便青碧。作字色亦青碧者方真。

秦皮：斂精，《別録》收淚，王好古息崩，止痢之藥也。苗天秀稿此藥味苦性濇而堅，能收斂走散之精氣。故仲景用白頭翁湯，以此治下焦虚熱而利者，取苦以濇之之意也。《別録》方止男子精虚，婦人崩帶。甄氏方又治小兒驚癇身熱，及肝熱目暗，翳膜赤腫，風淚不止等疾。皆緣肝膽火鬱，氣散以致疾。以此澄寒清碧下降之物，使濁氣分清，散氣收斂，故治眼科，退翳膜，收淚出；治婦人科，定血崩，止白帶；治大方科，止虚痢，斂遺精；治小兒科，安驚癇，退變蒸發熱。奈時人僅知治目一節，幾于廢棄，良爲可惋。朱采前賢曾存有之說，特表而録之，以俟後之君子，聽其取用云。倘脾虚胃寒人，又宜少之。

集方：仲景方治傷寒熱痢下重。用秦皮、白頭翁、川黄連、黄蘗各五錢。水煎服。〇嵇氏家抄治男子精虚自遺。用秦皮、山茱萸各一兩。水煎服。〇周星垣口説治婦人赤白帶下，及血崩不止。用秦皮三兩，丹參二兩，當歸身一兩，俱酒洗炒，研爲末，煉蜜丸，梧桐子大。每早服五錢，白湯下。〇《兒科撮要》治小兒驚癇發熱，及變蒸發熱。用秦皮、茯苓各一錢，甘草五分，燈心廿根，水煎服。〇《外臺秘要》治肝熱目赤腫痛，翳膜眵障，或風淚不止。用秦皮一兩，川黄連三錢，水一升，煮七合，澄清，日日溫洗。〇《千金方》治血痢連年不愈。用秦皮、薔薇根各等分，水煎服。〇寇氏《本草》治遍身無故生癩瘡。用秦皮一兩，煮汁飲之，服七日漸消。〇《農皇本草》治風寒濕痹，寒熱洗洗。用秦皮一味水煎飲。

明・顧逢柏《分部本草妙用》卷一肝部・寒補　秦皮　苦，微寒，無毒。惡吴茱萸，大戟為使。　主治：風寒濕痺，除身熱目瞖，少精帶下，熱痢下重，下焦虚。　按：秦皮性澀而補，能治男子少精、帶、痢等症。專入肝膽，為明目之要藥也。其用有四：風寒濕邪成痺，青白幻瞖遮睛，女子崩中帶下，小兒風熱驚癇。

明・鄭二陽《仁壽堂藥鏡》卷二　秦皮　《圖經》云：生廬江川谷。二月、八月採[根]皮，陰乾。其皮有白點而不粗錯，俗呼為白樳木。不開花實。取皮漬水碧色，書紙看之青色，此為真也。其木大都似檀，葉如匙頭許，大而不光。　氣寒，味苦，無毒。　《液》云：主熱利下重，下焦虚。《經》云：以苦堅之。故用白頭翁、黄蘗、秦皮，苦之劑也。治風寒濕痹，目中青翳白膜，男子少精，婦人帶下，小兒驚癇。宜作湯洗目。俗呼為白樳木。取皮漬水，浸出青藍色。與紫草同用，以增光暈尤佳。大戟為之使。惡吴茱萸。

明・盧之頤《本草乘雅半偈》帙五　秦皮《本經》中品　氣味：苦，微寒，無毒。　主治：主風寒濕痹洗洗寒氣，除熱，目中青瞖白膜。久服頭不白，輕身。

覈曰：出陝西州郡，及河陽。其木似檀，枝幹皆青緑，葉細如匙許大不光。並無花實，皮上有白點，取皮漬水，色便青碧，作字亦青碧可觀，不易落也。大戟為之使。惡吴茱萸。

叅曰：木小岑高，木皮翠碧，甲木少陽膽，乙木厥陰肝藥也。主俾通痹閉，寒熱洗洗，此少陽之樞象。目中青瞖白膜，此厥陰之闔象。緣肝開竅于目，其華在髮，其榮在筋，故久服輕身，頭不白耳。亦可作少陽之用藥，厥陰之體藥也。具體及用，府藏之全德耳。

清・顧元交《本草彙箋》卷五　秦皮　色青，氣寒，味苦，性濇，入肝膽二經。故治目病、驚癇者，取其平木。治下痢、崩帶者，取其收濇。又《萬畢術》云：梣皮止水，謂其能收淚也。

清・穆石鉋《本草洞詮》卷一一　秦皮　本作梣皮。木小而岑高，故名。樹葉似檀，亦名石檀。秦皮苦酸寒，無毒。入足厥陰、少陽經。治風寒濕痺，除熱，目中青翳白膜，療男子少精，婦人帶下，小兒驚癇，主熱痢。蓋痢則下焦虚，故仲景白頭翁湯以黄蘗、黄連、秦皮同用，皆苦以堅之也。治目病，驚癇，取其平木也。治下痢崩帶，取其收濇也。益精有子，取其濇而補也。《老子》云天道貴嗇，此藥乃服食所宜，而人止知其治目一節耳。

清・劉雲密《本草述》卷二三　秦皮　覈曰：出陝西州郡及河陽。其木似檀，枝幹皆青緑，葉細如匙，虚大不光，並無花實。皮上有白點，取皮漬水，色便青碧，作字亦青碧，可觀不易落也。大戟為之使，惡吴茱萸。

氣味：　苦，微寒，無毒。《別録》曰：　大寒。　普曰：　神農、雷公、黃帝、岐伯：　酸，無毒。李當之：　小寒。　權曰：　平。

主治：　風寒溼痹，洗洗音選，洗洗猶俗言如冷水澆也。　寒氣，除熱，療目中青瞖白膜《本經》。去目中久熱，兩目赤腫疼痛，風淚不止甄權。　治熱痢下重，下焦虛好古。　療婦人帶下，男子少精。　作湯浴小兒風癇身熱《別録》。　潔古曰：　秦皮，沉也，降也。　其用有四：　治風寒溼邪成痹，青白幻瞖遮睛，女子崩中帶下，小兒風熱驚癇。　日華子曰：　秦皮之功，洗肝益精，明目退熱。　時珍曰：　秦皮色青，氣寒味苦，性濇，乃是厥陰肝、少陽膽經藥也。　故治目病，驚癇，取其平木也。　治下痢崩帶，取其收濇也。　而人止知其治目一節，幾於廢棄，惜哉！　盧復曰：　秦皮水浸即青碧，當取色用，青能入肝，風邪為病則先見於色，當為肝之風藥，治目乃其一端也。

愚按：　秦皮之用，在《本經》首云主治風寒溼痹，洗洗寒氣，除熱，在潔古亦云治風寒溼成痹，即此合而味之，是《本經》所謂除熱，即其散風寒溼之痹，不致寒氣鬱而為熱者也。《本經》續云目中青瞖白膜，又以東垣論青白瞖者曰，陰盛陽虛，則九竅不通，令青白瞖見於大眥，乃足太陽、少陰經中鬱遏，足厥陰肝經氣，不得上通於目，故青白瞖內阻也。　再提此以相證，則秦皮之所謂退熱者，其功不專在散肝之風寒溼痹哉。　故日華子首定其用曰洗肝，蓋能祛寒水之陰以達陽，不致鬱而為熱，得還其敷和之平氣，是即謂之洗肝也。故傷寒傳經至厥陰，張仲景用此為主藥，可謂得先聖之精詣矣。傷寒傳經之熱，正因寒鬱熱也。　抑《別録》更云療男子少精婦人帶下者，何以明之？　張子和曰：　衝、任、督三脈，同起而異行，一源而三岐，皆絡帶脈，因諸經上下往來，遺熱於帶脈之間，客熱鬱抑，遂致白物淫溢，男子因溲而下，女子綿綿而下也。　抑何以受病於肝？《經》曰：　帶脈者，起於季肋足厥陰之章門穴，同足少陽循帶脈穴，圍身一周，如束帶然。　若是，則女子帶下之病，焉得不取責於肝乎？　夫衝、任、督皆本於腎，皆以肝行其化。如秦皮固所謂達其陰之鬱陽者，即能祛其陽之傷陰者，如女子帶下，而秦皮之所療，固在溼熱，即《本經》達風寒溼痹之氣，而便以除熱之治也。　粗工漫言其退熱，似同他味之苦寒除熱者，豈謂能察物理乎？　試繹《本經》止言其氣微寒，而甄權又言其氣平，不依然敷和之春氣哉？　至於男子益精者，當思衝、任、督俱起於腎，俱行化於肝也，亦可默識其功矣。《經》曰：　兩神相搏，謂之精。兩神者，陰陽二氣也。肝以一陰為獨使，下合於任，上會於督，陰陽之相搏挄也，豈其微哉？　肝得行其化，則陰中之陽，所謂元氣者自盛，氣盛則精盈，修真家亦是此理。　時珍收濇為補之說，殊為鹵莽。

修治　去骨，漬水，水色侵碧，書紙，紙面畧青，此驗纔真。

清·郭章宜《本草匯》卷一五　秦皮　苦，寒，性濇，沉也，陰也，入足厥陰、少陽經。　治風寒濕邪成痺，除青白幻翳遮睛。　却肝熱，止崩帶。　主熱痢下重，療驚癇毒瘡。

按：　秦皮，產于秦地，為肝膽二經之要藥。　治目赤風淚驚癇者，取其平木也。治下痢崩帶者，取其收濇也。　又能治男子少精，益精有子，皆取其濇而補也。　故老子曰：　天道貴濇。　此藥乃崩痢驚癇所宜，而世止知其治目一節，幾于廢棄，良可惋也。

取皮漬水便碧色，書紙青色者，真。　大戟為之使。　惡吳茱萸、苦瓠。

清·王翃《握靈本草》卷八　秦皮出秦地。　主治：　秦皮，苦，微寒，無毒。主風寒濕痺，除目中青白翳，腫赤風淚，熱痢下重。

清·汪昂《本草備要》卷三　秦皮濇而補，明目。　苦，寒。　色青，性濇。補肝膽而益腎。　以能平木，能除肝熱。　故治目疾、洗目赤，退翳膜。　驚癇。　以其收濇而寒，故治崩帶下痢。　仲景白頭翁湯用之。　以其濇而補下焦，故能益精有子。　時珍曰：　天道貴嗇，惟收濇故能補。　今人只知治目一節，幾于廢棄，良爲可惋。　出西土。　皮有白點、漬水碧色、書紙不脫者真。　大戟爲使，惡吳茱萸。

清·李熙和《醫經允中》卷一七　秦皮　惡吳茱萸；　大戟為使。　苦，寒，無毒。　主治肝中久熱，煎汁點洗白膜遮睛，赤腫作痛，兼去風寒濕痺，併熱痢後重；　作湯末亦可洗敷蛇咬。　脾胃虛寒者弗用。

清·馮兆張《馮氏錦囊秘錄·雜症痘疹藥性主治合參》卷四　秦皮　功專眼科，去肝中久熱。　煎汁澄淨，點洗無時，白膜遮睛，視物不見者，旋效。赤腫作痛，流淚無休者殊功。　益男子精衰，止婦人帶下。　風寒濕痹兼敺，熱痢後重且卻。

清·张璐《本經逢原》卷三　秦皮　苦，微寒，無毒。　《本經》治風寒濕痹，洗洗寒氣，除熱，目中青翳白膜，久服頭不白輕身。　發明：　秦皮浸水色青，氣寒，性濇，肝膽藥也。《本經》治風寒濕痹，取其苦燥也。　又主青白翳障，取其苦降也。　小兒驚癇，取其平木也。　崩中帶下，熱痢下重，取其濇收也。老子云：天道貴嗇。此服食之品，故《本經》有久服頭不白、輕身之說。而仲景白頭翁湯治熱痢下重，以黄栢、黄連、秦皮同用，皆苦以堅之也。秦皮、黄連等分，治赤眼腫痛。又一味煎湯洗赤目甚效。其味最苦，胃虚少食者禁用。

清·浦士貞《夕庵讀本草快編》卷五 秦皮《本經》、梣皮 梣皮小而岑高，生于秦地，故名。秦皮苦寒性濇，浸水青碧，乃足少陽厥陰藥也。收目泣而定驚癇取其平木；治其崩帶而療久痢，取其收濇也。風寒濕痺，洒洒寒熱，乃肝胆之疾，用其緩以舒之；精寒少子，下焦虚熱，用其濇以補之。老子曰：天道貴嗇。此藥久服，肝腎調而筋骨強，髮不白而身自輕矣。《淮南子》謂治目之要藥，取末忘本，可不惜哉？

清·張志聰、高世栻《本草崇原》卷中 秦皮 氣味苦，微寒，無毒。主治風寒濕痺，洗洗寒氣，除熱，目中青翳白膜。久服頭不白，輕身。秦皮本名梣皮，出陝西州郡，河陽亦有之，其木似檀，枝幹皆青緑色，葉細，無花實，皮上有白點而不粗錯，取皮漬水，色便青碧，書紙上視之亦青色者為真。秦木生於水旁，其皮氣味苦寒，其色青碧，受水澤之精，具青碧之色，乃稟水木相生之氣化。稟木氣而春生，則風寒濕邪之痺證，及膚皮洗洗然之寒氣，皆可治也。稟水氣而清熱，故主除熱。目者肝之竅，木氣盛，則肝氣益，故治目中青翳白膜。髮者，血之餘，水精足則血亦充，故久服頭不白而輕身。

清·劉漢基《藥性通考》卷六 秦皮 味苦，寒。色青，性濇。補肝胆而益腎，以能平木，能除肝熱，故治目疾，洗目赤，退翳膜。治驚癇。以其收濇而寒，故治崩帶下痢。以其濇而補下焦，故能益精有子。出西土，皮有白點。大戟為使，惡吳茱萸。今人只知治目疾，不知用於補藥之中，大有益於人也。

清·王子接《得宜本草·中品藥》 秦皮 味苦，濇。入足厥陰、少陽經。得黄連、阿膠、白頭翁治産後下利。

清·黄元御《長沙藥解》卷二 秦皮 味苦，性寒。入足厥陰肝經。清厥陰之鬱熱，止風木之疏泄。傷寒白頭翁湯方在白頭翁用之治熱利下重者，以其清熱而止利也。秦皮苦寒酸澀，專入厥陰，清鬱蒸而收陷泄。其諸主治，通經脈，開痺塞，洗目赤，收眼淚，去障翳，除驚癇，收崩帶，止泄痢。

清·吳儀洛《本草從新》卷三 秦皮〔瀉熱，治目疾；澀，止痢。〕苦，寒。色青性澀。以其除肝熱而平木，故治目疾，洗、服皆效。驚癇風濕諸痺；以其收澀，故治崩帶下痢。苦寒沮熱，是其所長。《綱目》謂其久服輕身，益精有子，未必然也。出西土，皮有白點，漬水碧色，書紙不脱者真。今藥客俱以此皮縛北細辛。大戟為使。惡吳茱萸。

清·汪紱《醫林纂要探源》卷三 秦皮 苦，濇，寒。木似槐，其根皮有白點，性直而韌，色黑駁，漬水則青碧，書紙不脱，或以為榛皮，亦非也。堅腎，益精澀精，令人有子，明目。煎洗，去翳膜，退赤腫。瀉肝。濇與酸同用，平相火，止驚癇，又治崩帶下痢。

清·嚴潔等《得配本草》卷七 秦皮 苦瓠、防葵、大戟為之使。惡吳茱萸。苦，寒，澀。入足厥陰、少陰經。治下痢崩帶，療風寒濕痺，祛肝熱，點白膜。煎汁澄清，頻點自效。秦皮能達木鬱，木不鬱則諸症悉除。配滑石、川連，洗赤眼生翳。配川連、竹葉，治眼暴赤。怪症：田夫忽然發癲，遍身潰爛，號呼欲絶，此天蛇毒也。用秦皮煮汁一斗，二三次服之。

題清·徐大椿《藥性切用》卷五 秦皮 性味苦寒，色青入肝。性濇治痢，為除熱平肝耑藥。

清·黄宮繡《本草求真》卷六 秦皮除肝熱，瀉腎氣。 秦皮耑入肝、膽、腎。味苦氣寒，色青性濇，功耑入肝以除熱，入腎以濇氣，是以因風而見濕痺、驚癇、目障之症者，則當用此苦燥苦降之味以除。因脱而見崩帶腸澼下痢之症者，則當用此收濇寒氣以固。如仲景白頭翁之用秦皮苦濇之類。白頭翁、黄蘗、黄連、秦皮等分。老子云：天道貴濇，惟濇故補，服此不惟泄熱止脱，而且益腎有子矣。至治赤眼腫痛，則合黄連等分頻點，並秦皮一味，煎湯以洗甚効。或加滑石、黄連等分，出《外臺秘要》。但此氣寒傷胃，總不宜於胃虚少食之人耳。出西土，皮有白點，漬水碧色，書紙不脱者真。大戟為使，惡吳茱萸。

清·羅國綱《羅氏會約醫鏡》卷一七竹木部 秦皮味苦，入肝、膽、腎三經。色青性濇，補肝臟而益腎。治目赤腫翳膜，煎汁頻洗。平肝除熱。療崩帶下痢，性寒而濇，痢初起者忌用。能益精有子。濇而補腎，若祇知治目，幾失其良也。出西土，皮有白點，漬水碧色者真。

清·黄凱鈞《藥籠小品》 秦皮 苦寒性濇，清肝平木，久痢可用，治目疾，洗服皆效。

清·張德裕《本草正義》卷下 秦皮 苦，寒，澁。治濕熱瀉痢，濕熱帶濁，亦能清肝明目。

清·楊時泰《本草述鉤元》卷二三 秦皮 出陝西州郡及河陽。其木似檀，枝幹皆青綠，葉細如匙，虛大不光，並無花實，皮上有白點。

味苦，氣微寒。沉也，降也。入足厥陰少陽經。大戟為之使，惡吳茱萸。主治風寒濕痺，洗洗寒氣。如冷水澆。洗肝益精，除熱，療目中青瞖白膜，去兩目赤腫疼痛，久熱風淚不止。治熱痢下重，下焦虛。療婦人崩帶。作湯浴小兒驚癇風熱，秦皮水浸，即青碧，青入肝，風邪為病，先見於色，當為肝之風藥。

論：《本經》秦皮首主風寒濕痺，洗洗寒氣除熱，是所謂除熱者，即其散風寒濕之痺，不致鬱而為熱也。繼云療目中青瞖白膜。夫東垣論青白瞖有曰：陰盛陽虛，則九竅不通，令青白瞖見於大眥，乃足太陽少陰經中鬱遏，厥陰肝氣，不得上通於目，故青白內阻也。以此相證，則秦皮退熱之功，不專散肝經之風寒濕痺哉。日華子定其用曰洗肝，為能祛寒水之陰以達陽，不致鬱而為熱，得還其敷和之平氣也，故傷寒傳經至厥陰，仲景用此為主藥，可謂得先聖之精詣矣。傳經之熱，正因寒鬱。《別錄》療男子少精，婦人帶下，何以明之？張子和曰：衝任督三脉，同起而異行，一源而三歧，皆屬帶脉，因諸經上下往來，遺熱於帶脉之間，客熱鬱抑，遂致白物淫溢，男子因溲而下，女子綿綿而下也。《經》曰：帶脉起於季肋足厥陰之章門穴，同足少陽循帶脉穴，圍周一身，如束帶然。若是，則帶下之病，焉得不取責於肝乎？夫衝任督皆本於腎，皆以肝行其化。秦皮達其陰之鬱陽者，即能祛其陽之傷者，如帶下之療，在除濕熱，即《本經》達風寒濕痺之氣，而便以除熱之治也。粗工漫同苦寒之味言其退熱，豈知《本經》止言其氣微寒，而甄權又言氣平，不依然敷和之春氣哉。至於男子益精，當思衝任督俱起於腎，俱行化於肝，以默識此味之功矣。《經》曰：兩神相搏謂之精。兩神者，陰陽二氣也，肝以一陰為獨使，下合於任，上會於督，陰陽之相搏搲也，豈其微哉。肝得行其化，則陰中之陽，所謂元氣者自盛，氣盛則精盈，修真家亦是此理。

辨治：去骨取皮，漬水，水色侵碧，書紙紙面略青者真。

清・葉桂《本草再新》卷四 秦皮味苦，性寒，無毒。入肺經。治肝熱，治目疾，驚癇，風濕諸痺，亦能治崩帶。

清・吳其濬《植物名實圖考》卷三三 秦皮 《本經》中品。樹似檀，取皮漬水便碧色，書紙看之皆青。湖南呼為秤星樹，以其皮有白點如秤星，故名。

清・趙其光《本草求原》卷八喬木部 秦皮 苦，燥濕。微寒，清熱。浸水色青，專入肝膽，除風寒濕鬱之熱以益腎，治風寒濕痹洗洗音選。如冷水澆狀。寒氣，除熱，散風寒濕氣，不令鬱而為熱，苦燥之功。目中青翳白膜，寒水鬱遏肝氣，不能上通於目，故內阻。目赤腫痛，風淚，驚癇，平肝。精少帶濁，衝任督皆起於腎，絡於帶。帶脈又起於肝之章門穴，故衝任督帶皆藉肝以行其化，諸經遺熱於帶，則肝膽亦鬱，不能下合於衝任、上合於督，致男子溲濁，女子帶下。濕熱去，則肝火行，元氣達，自搏陰而成精，故能益精。時珍以其收濇，故益精，謬甚。陰陽二氣相搏而精成，除陰之鬱陽，即使陽不致於傷陰。熱痢下重，仲景白頭翁湯同連、柏用，苦以堅之。傷寒傳經熱痢，亦寒鬱熱也，種子，黑髮。氣達則精生。

出西土，皮有白點，浸水書紙，青色不脫者真。大戟為使。惡吳萸。煎洗赤目及風癇身熱。又同黃連治目赤腫。胃虛少食忌之。

清・葉志詵《神農本草經贊》卷二 秦皮 味苦，微寒。主風寒濕痹，洗洗寒氣，除熱，目中青翳白膜。久服頭不白，輕身。生川谷。

小木岑高，溯源秦產。釵股黍苗，贏瘉蝸睆。兩鬢春新，雙眸月滿。試泛碧流，詳披青簡。

李時珍曰：木小而岑高，故又名梣皮。或云本出秦地。白居易詩：根稀比黍，苗稍剛同釵股。自注祝蒼華髮神也。《淮南子》：梣木色青翳，而贏瘉蝸睆。此皆治目之藥。王建詩：春來黑髮新。蘇軾詩：觀書眼如月。蘇恭曰：取皮漬水成碧色，著紙皆青色者真。庾肩吾詩：羽陵青簡出。

清・文晟《新編六書》卷六《藥性摘錄》 秦皮 苦，寒。色青，除肝熱，瀉腎氣。〇胃虛少食者，忌用。〇煎水，洗赤眼腫痛，甚効。〇惡吳茱萸。

清・張仁錫《藥性蒙求・木部》 秦皮錢半 秦皮苦寒，能清肝熱。澁止痢崩，又療目疾。苦寒清熱，是其所長。味苦又能燥濕，故治痢之白頭翁方用之。以其性濇，故治崩帶下痢，赤眼生翳，洗服皆效。

清・戴葆元《本草綱目易知錄》卷四 秦皮 色青，氣寒，味苦，性濇。入厥陰肝、少陽膽經而益腎水。性能平木退熱，故治目痛諸疾。小兒驚癇，熱痢下重，風寒濕痹，洗洗寒熱，目中久熱，兩目赤腫，風淚不止，白膜青翳，男子少精，女人帶下，小兒身熱，理下焦虛。久服肥健有子。煎汁澄清，洗赤眼。同葉煎湯，洗蛇咬，并研末傅。

清・黃光霽《本草衍句》 秦皮 味苦氣寒，色青性濇。入肝以除熱，入腎以澀氣。洗肝明目，益精有子，取其澀而能補也。故治青白翳膜遮睛。亦止目泣，煎水澄清，洗赤目極效。風寒濕邪成痺，風熱驚癇，取其平木也。帶下熱痢。取其收濇也。得黃連、阿膠、白頭翁，治產後下痢；得黃柏、黃連、白頭翁治脇熱下痢。赤眼生翳，秦皮、滑石、黃連等分，澄清洗。眼弦挑鍼，乃肝脾積熱，剉秦皮，夾沙糖水煎，調大黃末一錢，微利佳。

清・陳其瑞《本草撮要》卷二　秦皮　味苦濇，入足厥陰、少陽經，功專治風寒濕痺。得黃連、阿膠、白頭翁治產後下痢。以秦皮煎湯，日日温洗，治赤眼生翳效。細辛、大戟為使，惡吳茱萸。

清・仲昴庭《本草崇原集説》卷中　秦皮　【略】仲氏曰：秦皮用者甚鮮，經方惟白頭翁湯治熱利，臣以秦皮。隱庵曰：秦皮亦得水陰之氣，上行下泄，熱利下重，乃氣陷於血分，二味主清涼養血，故皆用之。令韶曰：秦皮稟厥陰風木之氣，故能引諸藥入厥陰而清熱利也，二語與《崇原》合參，能令學者開悟。

白槿樹

明・朱橚《救荒本草》卷下之前　白槿樹　生密縣梁家衝山谷中。樹高五七尺，葉似茶葉而甚闊大光潤，又似初生青岡葉而無花叉，又似山格刺樹葉，亦大。開白花。其葉味苦。救飢：採嫩葉煠熟，換水浸去苦味，油鹽調食。

海桐

晉・嵇含《南方草木狀》卷中木類　刺桐　其木為材。三月三時，布葉繁密，後有花赤色，間生葉間，旁照他物，皆朱殷。然三五房凋，則三五復發，如是者竟歲。九真有之。

宋・唐慎微《證類本草》卷一三木部中品〔宋・馬志《開寶本草》〕海桐皮　味苦，平，無毒。主霍亂中惡，赤白久痢，除甘䘌疥癬，牙齒蟲痛，並煮服及含之。水浸洗目，除膚赤。堪作繩索，入水不爛。出南海已南山谷。似梓一作桐。白皮今附。

〔宋・掌禹錫《嘉祐本草》〕按：　日華子云：　溫。治血脉麻痹疼痛，及目赤。煎洗。

〔宋・蘇頌《本草圖經》〕曰：　海桐皮，出南海已南山谷，今雷州及近海州郡亦有之。葉如手大，作三花尖。皮若梓白皮而堅韌，可作繩，入水不爛。不拘時月採之。古方多用浸酒治風蹶。南唐筠州刺史王紹顏撰《續傳信方》著其法云：頃年予在姑熟之日，得腰膝痛不可忍。醫以腎藏風毒攻刺，諸藥莫療。因覽《傳信方》備有此驗。立修製一劑，便減五分。步履便輕，故録之耳。海桐皮二兩，牛膝、芎藭、羌活、地骨皮、五加皮各一兩，甘草半兩，薏苡人二兩，生地黃十兩，八物淨洗焙乾細剉，生地黃以蘆刀子切，用綿一兩都包裹，入無灰酒二斗浸，冬二七日，夏一七日，候熟。空心食後，日午晚卧時時一盃，長令醺醺。合時不用添減，禁毒食。

〔宋・唐慎微《證類本草》〕《海藥》：　謹按《廣志》云：　生南海山谷中。似桐皮，黃白色，故以名之。味苦，溫，無毒。主腰脚不遂頑痹，腿膝疼痛，霍亂，赤白瀉痢，血痢，疥癬。

宋・劉明之《圖經本草藥性總論》卷下　海桐皮　味苦，平，無毒。主霍亂中惡，赤白久痢，除疳䘌疥癬，牙齒蟲痛，並煮服及含之。水浸洗目，除膚赤。堪作繩索，入水不爛。日華子云：溫。治血脈麻痺疼痛，及目赤，煎洗。《海藥》云：主腰腳不遂，頑痺腿膝疼痛，霍亂，赤白瀉痢血痢，疥癬。

宋・陳衍《寶慶本草折衷》卷一三　海桐皮　出南海已南山谷及近海州郡，及雷州。〇不拘時月採。

味苦，平，溫，無毒。〇主霍亂中惡，赤白久痢。除甘䘌疥癬，牙齒蟲痛。水浸洗目，除膚赤。〇日華子云：治血脉麻痹疼痛。〇《圖經》曰：海桐皮若梓白皮而堅韌，浸酒治風蹶。〇《廣志》云：皮黃白色，主腰脚不遂，頑痹，腿膝疼痛。

元・尚從善《本草元命苞》卷六　海桐皮　味苦，平。主霍亂中惡，止久痢赤白。除疳䘌疥癬之瘡，醫腎臟風毒攻刺。《傳信方》療腎臟風毒攻刺，腰膝痛不可忍，用海桐皮二兩，牛膝、川芎、羌活、地骨皮、五加皮各一兩，甘草半兩，薏苡仁二兩，生地黃十兩，右八物剉細，以綿裹，入無灰酒二斗浸，冬二七日，夏十日，候熟，空心食，後日、午、晚臥，時時一盃，長令醺。今時不用添減，禁毒食。牙齒蟲痛，煮服。目赤煎湯，頻洗。出南海已南山谷，今雷州近海有之。葉如手，皮似桐皮，色黃白，故以名之。又若梓白皮堅韌，可作繩，入水不爛。古方多浸酒服，不拘時月採取。

明・滕弘《神農本經會通》卷二　海桐皮　堪作繩索，入水不爛。味苦，氣平，無毒。

《本經》云：　主霍亂中惡，赤白久痢，除甘䘌，疥癬，牙齒蟲痛，并煑服及含之。水浸洗目，除膚赤。日華子云：　溫。治血脉麻痺疼痛及目赤，煎水。

《局》云：　海桐主痢仍除疥，更療渾身痺痛風。洗眼能消風眼赤，漱牙可治蛀牙疼。海桐皮，漱牙，洗目。

明·劉文泰《本草品彙精要》卷一九 海桐皮無毒 植生。

海桐皮：主霍亂，中惡，赤白久痢，除甘䘌，疥癬，牙齒蟲痛，並煮服及含之，水浸洗目，除膚赤。名醫所錄。【苗】《圖經》曰：葉如手大，作三花尖。皮若梓白皮，堅韌可作繩索，入水不爛。《廣志》云：似桐皮，黄白色，故以名之。【地】《圖經》曰：出南海以南山谷，及近海州郡亦有之。【道地】雷州。【時】生：春生葉。採：不拘時取。【收】暴乾。【用】皮。【質】類梓白皮而有釘蓋，擘之可脱。【色】黄白。【味】苦。【性】平，泄。【氣】味厚于氣，陰中之陽。【臭】朽。【主】利腰膝，祛濕痹。【治】療：日華子云：治血脈麻痹，疼痛。《海藥》云：腰腳不遂，頑痹，腿膝疼痛，霍亂，赤白瀉痢，血痢，疥癬。【合治】以二兩，合牛膝、芎藭、羌活、地骨皮、五加皮各一兩，甘草半兩，薏苡仁二兩，生地黄十兩，八物淨洗，焙乾，細剉，生地黄以竹刀切，通用綿一兩包裹，入無灰酒二斗，浸，冬二七日，夏一七日，候熟，日三四次，時時一盞，長令醺醺，治風蹶腰膝痛不可忍，及腎臟風毒攻刺。

明·許希周《藥性粗評》卷三 海桐皮赤消眼目。

海桐皮，桐生海邊，故名。海南諸郡山谷處處有之。其皮可作繩，入水不爛，採無時。味苦，性平，無毒。主治赤眼暴痛，霍亂中惡，赤白久痢，甘䘌疥癬，牙齒蟲痛，腰脚不利。

單方：赤眼：以海桐皮浸水，洗目。

明·鄭寧《藥性要略大全》卷五 海桐皮 止痢，除疥虱，治痛風濕痹。治霍亂中惡。蟲牙，並煮服及含之。

明·陳嘉謨《本草蒙筌》卷四 海桐皮 味苦、氣平。無毒。出雷州屬廣東。及近海州郡，似桐皮而堅韌白黄。收採無時，任煎湯液。主霍亂赤白久痢，除疳䘌疥癬牙蟲。漬酒治風蹶殊効，漬水洗赤眼神効。堪作繩索，入水常存。浸不爛也。

明·王文潔《太乙仙製本草藥性大全》卷三《本草精義》 海桐皮：出南海已南山谷，今雷州及近海州郡亦有之。葉如手大，作三花尖，皮若梓白皮而堅韌，可作繩，入水不爛。不拘時月採收，任煎湯液。

明·王文潔《太乙仙製本草藥性大全》卷三《仙製藥性》 海桐皮 味苦，氣平，無毒。主治：主腰脚頑痹，療腿膝疼痛。治霍亂，赤白久痢。除疳䘌，疥癬，牙蟲。漬酒治風蹶殊功，漬水洗赤眼神效。堪作繩索，入水常存浸水不爛。補註：膝痛不可忍，醫以腎臟風毒攻刺，諸藥莫療。以海桐皮二兩，牛膝、芎藭、羌活、地骨皮、五加皮各一兩，甘草半兩，薏苡仁二兩，生地黄十兩，八物净洗焙乾細剉，生地黄以蘆刀子切，用綿一兩，都包裹入無灰酒二㪷浸，冬二七，夏一七，候熟，空心食後、日朝晚臥時服一盞，長令醺醺。

明·皇甫嵩《本草發明》卷四 海桐皮中品，臣。氣平，味苦，無毒。發明曰：海桐皮，風濕之用，《本草》主霍亂中惡，赤白痢，除疳䘌疥，牙蟲。漬水，洗目除膚赤。註云：漬酒，治風蹶癬。又云治血脉麻痺疼痛。《海藥》云：主腰脚不遂，頑痺，腿膝之痛。大率專治風濕。似桐皮而堅韌，皮白，堪作繩索，入水不爛。

明·李時珍《本草綱目》卷三五木部·喬木類 海桐宋《開寶》

【釋名】刺桐珣曰：生南海山谷中，樹似桐而皮黄白色，有刺，故以名之。【集解】頌曰：海桐生南海及雷州，近海州郡亦有之。葉大如手，作三花尖。皮若梓白皮，而堅韌可作繩，入水不爛。不拘時月采之。又云：嶺南有刺桐，葉如梧桐。其花附幹而生，側敷如掌，形若金鳳，枝幹有刺，花色深紅。江南有赬桐，紅花無實。時珍曰：海桐皮有巨刺，如黿甲之刺，或云即刺桐皮也。按嵇含《南方草木狀》云：九真有刺桐，布葉繁密。三月開花，赤色照映，三五房凋，則三五復發。陳翥《桐譜》云：刺桐生山谷中。文理細緊，而性喜拆裂。體有巨刺，如欓樹，其實如楓。赬桐身青，葉圓大而長。高三四尺，便有花成朵而繁，紅色如火，爲夏秋榮觀。

木皮【氣味】苦，平，無毒。大明曰：温。【主治】霍亂中惡，赤白久痢，除疳䘌疥癬，牙齒蟲痛，並煮服及含之。水浸洗目，除膚赤《開寶》。主腰脚不遂，血脉頑痹，腿膝疼痛，赤白瀉痢李珣。去風殺蟲。煎湯，洗赤目時珍。

【發明】頌曰：古方多用浸酒治風蹶。南唐筠州刺史王紹顔撰《續傳信方》云：頃年予在姑孰，得腰膝痛不可忍。醫以腎臟風毒攻刺諸藥莫療。因覽劉禹錫《傳信方》，備有此驗。修服一劑，便減五分。其方用海桐皮二兩，牛膝、芎藭、羌活、地骨皮、五加皮各一兩，甘草半錢，薏苡仁二兩，生地黄十兩，並净洗焙乾剉，以綿包裹，入無灰酒二斗浸之，冬二七，夏一七。空心飲一盞，每日早、午、晚各一次，長令醺醺。此方不得添減，禁毒食。時珍曰：海桐皮能行經絡，達病所。又入血分，及去風殺蟲。

【附方】新三。風癬有蟲：海桐皮、蛇牀子等分，爲末，以臘猪脂調，搽之。艾元英《如宜方》。風蟲牙痛：海桐皮煎水，漱之。《聖惠方》。中惡霍亂：海桐皮

煮汁，服之。《聖濟總録》

刺桐花　【主治】止金瘡血，殊效蘇頌。

明・梅得春《藥性會元》卷中　海桐皮　味苦，氣平，無毒。出南海以南山谷，似梓桐白皮。　主治霍亂中惡，赤白久痢，除疳䘌疥癬蟲風，祛痹痛風，齒痛蟲牙，並含服效。水浸洗目，除膚赤。作繩索，入水不爛。

明・李中立《本草原始》卷四　海桐皮　始出南海已南山谷，今雷州及近海州郡亦有之。葉如手大，作三花尖。皮多刺，似桐皮，黃白色，故名海桐皮。　氣味：　苦，平，無毒。　主治：　霍亂中惡，赤白久痢，除疳䘌疥癬，牙齒蟲痛，並煮服及含之。水浸洗目，除膚赤。○主腰腳不遂，血脉頑痹，腿膝疼痛，霍亂泄瀉。○古方多用浸酒，治風蹶。

海桐，宋《開寶》。【圖略】皮有刺。入藥用皮。

明・鮑山《野菜博錄》卷三　海桐皮　生山谷中。樹高二三丈，葉如手大。　味苦，性平，無毒。　食法：　採嫩葉煠熟，水淘淨，油鹽調食。

明・繆希雍《本草經疏》卷一三　海桐皮　味苦，平，無毒。　主霍亂、中惡，赤白久痢。除疳䘌疥癬，牙齒蟲痛，並煮服及含之。水浸洗目除膚赤。

【疏】海桐皮稟木中之陰氣以生，本經味苦，氣平，無毒。然詳其用，味應帶辛。氣薄味厚，陰中陽也。入足太陰、陽明經。二經虛則外邪易入，為霍亂中惡，辛以散之。濕熱內侵為疳䘌，久痢，苦以泄之。又脾胃主肌肉，濕熱浸淫則生蟲而為疥癬，苦能殺蟲，平即微寒，濕熱去而疥癬除矣。其主漱齒洗目者，亦取其苦寒殺蟲，辛平散風熱之意耳。李珣以之治腰腳不遂，血脉頑痹，腿膝疼痛之證，其為辛苦之劑無疑矣。　【主治參互】《續傳信方》治腰膝痛不可忍：　用海桐皮二兩，牛膝、芎藭、羌活、地骨皮、五加皮各一兩，甘草半兩，薏苡仁二兩，生地黃十兩，浸洗焙乾剉細，以綿包裹，入無灰酒二斗浸之，冬二七日，夏一七日，空心飲一盞，每日早、午、晚各飲一盞，長令醺醺。合時不得添減，禁毒食。此藥治因風濕，濕熱流注下焦腰膝為病，若因陰虛血少火熾而得者勿服。　同真川槿皮、輕粉、蛇牀子、山大黃，為末，傅癬瘡。　【簡誤】腰痛，非風濕者不宜用。

明・倪朱謨《本草彙言》卷九　海桐皮　味苦、辛，氣平，無毒。氣薄味厚，陰中陽也。入足太陰、陽明經。　蘇氏曰：　海桐皮，生南海及雷州。凡近海州郡多有之。葉大如手掌，有三尖。皮若梓皮，白而堅韌，可作繩，入水不爛。又一種刺桐，生山谷中，文理細緊，而性喜拆裂。體有巨刺，如欓樹，其實如楓。又一種頳桐皮，青葉圓大而長，高三四丈，開花紅色，成朵而繁，爲夏秋奇觀。

海桐皮：　行經絡，《別錄》去血分風濕之藥也。桂谷山稿《開寶》方主赤白痢疾，延綿日久；或風眼腫赤，暴發流行。又主血脉頑痹，臂膊痠疼，腰腳攻痛，動履不遂。凡風蹷痿痹之疾，特需用之。如痢疾、赤眼、痹蹷諸證，非關風濕者，不宜用。

集方：　《內府禁方》治久痢赤白，止作不休。用海桐皮一兩切碎，酒洗微炒，水煎服。○童玉峰方治時行赤毒眼疾，合家傳染者。用海桐皮一兩切碎，鹽水洗，微炒，用滾湯泡，待溫洗眼，去赤止痛消腫。○王氏《孤兒手識》治風毒攻走筋脉，臂膊痠疼，腿足麻痛，將成痿蹷者。用海桐皮二兩切碎，川芎、羌活、五加皮、枸杞子各二兩，牛膝、木瓜各三兩，懷生地六兩，俱入鍋內，炒去水氣，以麻布袋盛，入無灰酒三斗，磁瓶內浸之。春二、夏一、秋三、冬四日，將藥酒瓶入鍋內，隔湯煮二時許，取出渣，每早午晚，隨量飲，常令醺醺。忌燒酒、雞鵝羊狗肉，并海味、糟物。

明・顧逢柏《分部本草妙用》卷八雜藥部　海桐皮　苦，平，無毒。　主治：　霍亂，赤白痢，疳䘌疥癬牙蟲，除目赤，腰腳不遂，血脉頸痺，腿膝疼痛，祛風殺蟲。　按：　古方浸酒，治風蹷，腎臟風毒，攻刺如神。其方用桐皮二兩，牛膝、芎藭、羌活、地骨皮、五加皮各一兩，甘草半兩，米仁二兩，生地十兩，並焙乾，以綿包，入酒二斗浸之，一日飲二次。時珍以其行經絡，達病所，入血分，去風殺蟲。

明・李中梓《醫宗必讀・本草徵要下・木部》　海桐皮味苦，平，無毒。入脾、胃二經。　除風濕之害，理腰膝之疼。可塗疥癬，亦治牙蟲。按：　腰膝痛非風濕者不宜用。治癬治牙，須與他藥同行。

清・顧元交《本草彙箋》卷五　海桐皮　能行經絡，達病所，又入血分，主去風殺蟲。古方多用以浸酒，治風蹷。

腎臟風毒攻刺，腰膝痛不可忍者，海桐皮、苡仁各二兩，牛膝、芎藭、羌活、地骨皮、五加皮各一兩，甘草半兩，生地黃十兩，並浸洗，焙乾，剉細，綿裹入無灰酒二斗浸，冬二七，夏一七日，每早午晚各飲一盞，長令醺然。禁毒食。此治風濕熱流注，下焦腰膝爲病之聖藥也。若因陰虛，血少火熾而得者，勿服。

清・劉雲密《本草述》卷二三 海桐皮 海桐生南海及雷州，近海州郡亦有之。葉如梧桐，其花附幹而生，側敷如掌，形若金鳳，枝幹有刺。或云即嶺南所云刺桐是也。陳翥《桐譜》云：刺桐生山谷中，紋理細緊，而性喜拆裂，開花繁盛，色如火，為夏秋榮觀。

木皮：氣味：苦，平，無毒。日華子曰：溫。諸本草主治腰脚不遂，血脈頑痹，腿膝疼痛，赤白瀉痢李珣。並去風，殺疳䘌疥癬，諸蟲。煎湯洗赤目時珍。方書主治：中風腰痛臂痛痹行痹，脚氣攣淋。

頌曰：古方多用浸酒，治風蹶。南唐筠州刺史王紹顔撰《續傳信方》云：頃年予在姑熟，得腰膝痛難忍。醫以腎臟風毒攻刺，諸藥莫療。因覽劉禹錫《傳信方》，備有此驗。修服一劑，便減五分。其方用海桐皮二兩，牛膝、芎藭、羌活、地骨皮、五加皮各一兩，甘草半錢，薏苡仁二兩，生地黄十兩，並淨洗焙乾，剉，以綿包裹，入無灰酒二斗浸之，冬二七，夏一七，空心飲一盞，每日早午晚各一次，長令醺醺。此方不得添減，禁毒食。時珍曰：海桐皮能行經絡，達病所，又入血分，及去風殺蟲。希雍曰：海桐皮稟木中之陰氣以生，《本經》味苦氣平，無毒。然詳其用，味應帶辛，氣薄味厚，陰中陽也，入足太陰、陽明經。

同真川槿皮、輕粉、蛇床子、山大黄，為末，傅癬瘡。

愚按：海桐皮味苦而氣平。夫苦乃火之味也，平即辛，乃金之氣也，火金合則氣乃化，氣得化則血乃行，故時珍謂其入血分而透經絡也。其花色如火，非其入血分之明徵乎？其性喜拆裂，非希雍所云陰中之陽，能行經絡以善其血之達於周身者乎？第如李珣所云其所主治，似類屬之下焦，如腰脚腿膝，豈其動而欲出，如多刺及喜拆裂之性，反在極陰極沉之所以奏功乎？更閲方書，有臂痛之治，如紓經湯用之，與白朮、當歸、赤芍同等分，以治氣血之凝滯經絡不行者，則知既能透經絡，自於病所無不至，〔無〕不舉上下內外而胥治乎？蓋經絡者，固內外上下之所合也。又方書治攣用之，如防風散中用之，云治風虛勞，筋脈拘攣，腰膝疼痛，是不可與氣化血行之義適相符乎？更如淋證中有羚羊角散，用之治女子妊娠血風身體疼痛手足無力者，又寧能外斯義乎？至於去風殺蟲，尤為親切。在方書躅風引子云，治中風癱瘓，口眼喎斜，及一切手足走注疼痛，肢節攣急，麻痹不仁，乃此味固逐隊於諸味中矣。蓋風臟即血臟，血臟無損，則風自靜，又何有於風所化之蟲哉？第此味在《開寶本草》云治赤白久痢，至閲方書滯下證絕未見用者，何歟？得勿投之滯下證，猶不甚切當歟？臨病之工，宜審處之。

希雍曰：此藥治因風溼溼熱流注下焦腰膝為病。若因陰虛血少，火熾而得者，勿服。

修治 酒浸用。

清・郭章宜《本草匯》卷一五 海桐皮 味苦，溫，平，氣薄味厚，陰中陽也，入足太陰、陽明經。除腰脚不遂，血脉顽痺。療疳䘌疥癬，牙蟲風靨。

按：海桐皮，稟木中之陰气以生，能行經絡，達病所，入血分，散風熱及殺蟲，除濕熱浸淫為患。《續傳信方》治腰膝因風濕痛不可忍者，用海桐皮二兩，牛膝、芎藭、羌活、地骨皮、五加皮各一兩，甘草半兩，薏仁二兩，生地十兩，並洗淨，焙乾，剉，以綿包，入無灰酒二斗浸之，冬二七，夏一七日，空心飲一盞，午晚再服，不得添減。此只治因風濕、濕熱流注為病。若陰虛血少火熾而得者，勿服。同真川槿皮、輕粉、蛇牀子、山大黄為末，傅瘡妙。

產雷州。屬廣東。似桐皮而堅韌音仞白黄，入水久而不爛者也。

清・汪昂《本草備要》卷三 海桐皮宣，祛風濕。 苦，溫。《經疏》云：應兼辛。入血分。祛風，去濕，殺蟲，能行經絡達病所。治風蹶頑痹，腰膝疼痛，《傳信方》：海桐、薏苡各二兩，牛膝、芎藭、羌活、地骨皮、五加皮各一兩，甘草五錢，生地十兩，酒二斗浸。此方不得增減，早、中、晚飲，常令醺醺。疳䘌疥癬，目赤煎洗牙蟲。煎服，或含漱。出廣南。皮白堅韌，作索不爛。

清・李熙和《醫經允中》卷二一 海桐皮 苦，平，無毒。主治腰脚不遂，腿膝疼痛，祛風去濕，殺蟲。清水洗赤眼神効。

清・馮兆張《馮氏錦囊秘錄・雜症痘疹藥性主治合參》卷四 海桐皮稟木中之陰氣以生，味苦、辛，氣平，無毒。入足太陰、陽明經。專治濕熱內侵，陽明外淫肌肉。 海桐皮，止霍亂，赤白久痢。除疳䘌，疥癬牙蟲。漬酒，治風蹶殊功。漬水，洗赤眼神效。除風濕之害，理脚膝之疼。

清・张璐《本經逢原》卷三 海桐皮一名刺桐。 苦，平，無毒。發明：海桐皮能行經絡達病所。治風濕腰腳不遂，血脈頑痹，腿膝疼痛，赤白瀉痢及去風殺蟲。蟲牙風痛，煎湯漱之。疳蝕疥癬，磨汁塗之。目赤膚瞖，浸水洗之。此藥專去風濕，隨證入藥服之。無風濕者勿用。

清・吴儀洛《本草從新》卷三 海桐皮〔宣，袪風濕。〕苦，平。入血分。袪風去濕殺蟲，能行經絡，達病所，治風躄頑痺，腰膝疼痛，《傳信方》海桐、薏苡各二兩，牛膝、芎藭、羌活、地骨皮、五加皮各一兩，生地十兩，酒二斗浸飲。疳䘌牙蟲，煎服或含漱。疥癬目赤。煎洗。腰膝痛非風濕者不宜。出廣南。皮白堅韌，作索不爛。

清・汪紱《醫林纂要探源》卷三 海桐皮 苦，辛，溫。如桐而多刺，花紅如盞，大如錢，皮白色堅韌，作索不斷。出廣南。去血分之風濕。木色微赤，故入血分，能行經絡，直達病所。其多刺，固皆血脈所行也。治風魘頑痺，腰膝攣痛，殺疳䘌疥癬，洗目赤，去牙䘌，塗蟲螫。

清・嚴潔等《得配本草》卷七 海桐皮 苦，平。入血分，行經絡，達病所。去風濕，殺諸蟲。得蛇床子，擦癬蟲。血少火熾者禁用。

題清・徐大椿《藥性切用》卷五 海桐皮 性味甘平，入血分而袪風理濕，殺蟲行經，為頑痺風瘡耑藥。血虛忌之。

清・黃宫繡《本草求真》卷三 海桐皮散肝中風濕。海桐皮耑入肝。辛苦而溫，能入肝經血分，袪風除濕及行經絡，以達病所，是以腰膝腳痛能療。腰者腎之府，轉搖不能，腎將憊矣。膝者筋之府，屈伸不能，行則僂俯，筋將憊矣。腳氣不腫者為乾腳氣，腫者為濕腳氣。赤白瀉痢能止，(蠱)〔蟲〕牙風痛，煎湯漱之能愈。疳蝕疥瘡，磨汁塗之能消。目赤膚翳，浸水洗之能退。一皆風袪濕散之力，用者須審病自外至則可。若風自內成，未可妄用，須隨症酌治可耳。

附：琉球・吴繼志《質問本草》附錄 梯沽琉球土名 本土及諸島多產之，樹極高大，前花後葉，而每葉作品字形，四月始花，每枝直抽長尺許，攢花數十朵，朵長三四寸，狀似赭桐花而有鬚，開於下而至於末，山谷殊多，望之殷紅如燒空。今用之，按嵇含《南方草木狀》云：九真有刺桐布，葉繁密，三月開花赤色，照映三五房，凋則三五復發，又屈大均《廣東新語》云：刺桐花，形如木筆，開時爛若紅霞，風吹色愈鮮紅，絕無一葉間之者，即是也。梯沽，蓋取方音也。今用之，按嵇含 …

清・羅國綱《羅氏會約醫鏡》卷一七竹木部 海桐皮味苦平，入脾胃二經。袪風去濕，能行經絡。治風蹶頑痹、腰膝疼痛、風濕者可用。疥癬牙蟲。苦雖殺蟲，須與他藥同用。亦治目赤煎洗。出廣南，皮白堅韌，作索不爛者真。

按：上諸證，不由風濕者不用。

清・黃凱鈞《藥籠小品》 海桐皮 入血分，袪風去濕，行經絡達病所，凡病屬風濕者宜之。出廣南，皮白堅韌，作索不爛。

清・王龍《本草纂要稿・木部》 海桐皮 氣味苦平。主赤白久痢，除疳䘌疥癬。止霍亂，殺牙蟲。浸酒治風蹶殊功，漬水洗赤眼神效。

清・楊時泰《本草述鉤元》卷二三 海桐皮 生南海及雷州、近海州郡。葉如桐，其花附幹而生，側敷如掌，形若金鳳，枝幹有刺。刺桐生山谷中，紋理細緊，而性喜拆裂，花繁如火，為夏秋榮觀《桐譜》。

味苦，氣平。氣薄味厚，陰中之陽。入足太陰、陽明經。能行經絡，達病所，治腰脚不遂，血脉頑痺，腿膝疼痛，赤白瀉痢，去血風，殺疳䘌、疥癬諸蟲，浸酒治風蹶，煎湯洗赤目。方書治中風，腰痛臂痛，行痺，脚氣攣淋。海桐皮稟木中之陰氣以生，入血分去風殺蟲仲淳、瀕湖。腰膝痛難忍，醫以腎臟風毒攻刺，諸藥莫療。《傳信方》：用海桐皮二兩，牛膝、芎藭、羌活、五加皮、地骨皮各一兩，甘草五分、薏苡仁二兩、生地黃十兩，並淨洗，焙乾，剉以綿包裹，入無灰酒二斗浸之，冬二七，夏一七，每早午晚空心各飲一盞，長令醺醺，效。此方不得添減，禁毒食。紓經湯：治氣血凝滯，經絡不行而臂痛，同白朮、當歸、赤芍等分服。同真川槿皮、輕粉、蛇床子、山大黃為末，敷癬瘡。

論：海桐皮味苦氣平，苦乃火味，平即金氣，火金合而氣乃化，氣得化則血乃行，故入血分而透經絡也。其花色如火，乃入血之明徵。其性喜拆裂，正繆氏所云陰中之陽，能行經絡，以善其血之達於周身者。能透經絡，自於病所無不至，舉上下內外而胥治之。第所主治，類屬下焦腰脚腿膝，豈其動而欲出，如多刺及喜拆裂之性，反在極陰極沉之所以奏功乎？

繆氏云：凡因風濕濕熱流注下焦，腰膝為病，此藥治之，若因陰虛血少火熾而得者，勿服。

修治：酒浸用。

清・葉桂《本草再新》卷四 海桐皮味苦，性平，無毒。入肝、脾二經。袪風利濕，通經絡，止腰膝疼，殺蟲療癬。

清・趙其光《本草求原》卷八喬木部 海桐皮 苦，平，火金合則氣化血行。無毒。性喜拆裂，故能行經絡，達血於周身，去風，風臟即血臟，血行風自滅。治風濕頑痹，腰膝攣痛，同苡米二兩，牛膝、芎、甘、羌活、地骨、五加一兩，生地十兩，浸酒二斗飲。赤白痢，生肌殺蟲，蟲牙風痛，煎服或含漱。疳蝕疥癬，磨汁塗，或同輕粉、床子、大黄敷。目赤。煎洗。無風濕勿服。

出廣南，皮白，堅韌，酒浸用。

清・文晟《新編六書》卷六《藥性摘錄》 海桐皮 辛甘而溫，散肝中風濕風痛，煎湯漱之。疳蝕瘡，磨汁塗之。目赤膚翳，浸水洗之。

清・張仁錫《藥性蒙求・木部》 海桐皮錢半 海桐皮苦，去濕祛風。宣行經絡，頑痹能通。苦，平。入血分。腰痠膝痛而非風濕者，不宜。○疥癬，目赤，煎湯洗浴極效。

清・戴葆元《本草綱目易知錄》卷四 海桐皮刺桐 苦，平。去風殺蟲，入血分，能行經絡，達病所。治霍亂中惡，赤白久痢，腰脚不遂，血脉頑痹，腿膝疼痛。除疳䘌疥癬，牙齒蟲痛，煎服及含之。煎湯洗赤目，除膚赤。

清・黄光霽《本草衍句》 海桐皮 濕可祛風，苦堪去濕。行經絡達病所，入血分治風痺。治風蹶腰膝不遂，血脈頑痹。除疳䘌疥癬牙蟲，止霍亂赤白久痢。 腰膝痛不可忍，海桐皮二兩，牛膝、川芎、羌活、地骨皮、五加皮各一兩，甘草五錢，苡仁二兩，生地十兩，共焙乾，以綿包裹，用酒二斗浸之，日三服，令（醮醮）〔醺醺〕，此方不添減。

清・陳其瑞《本草撮要》卷二 海桐皮 味苦辛，入足太陰、陽明經，功專祛風去濕殺蟲。得苡仁、牛膝、川芎、羌活、地骨皮、五加皮、生地酒浸飲，治風躄頑痹，腰膝疼痛。以蛇牀子合為末，用臘猪脂調搽風癬良。

雞桐

明・李時珍《本草綱目》卷三五木部・喬木類 鷄桐時珍曰：生嶺南山間，其葉如楝。用葉煮湯，洗渫足膝風濕痹氣。

槐

宋・李昉《太平御覽》卷九五四 槐 《抱朴子》曰：槐子，新瓷合泥封之，二十餘日，其表皮皆爛，乃洗之，如大豆，日服之。此物最補腦，早服之，令人髮不白而長生。

宋・唐慎微《證類本草》卷一二木部上品〔宋・掌禹錫《嘉祐本草》〕 槐花 味苦，平，無毒。治五痔，心痛，眼赤，殺腹藏蟲及熱，治皮膚風并腸風瀉血，赤白痢，并炒服。葉，平，無毒。煎湯治小兒驚癇，壯熱，疥癬及疔腫。皮、莖同用。新補。見日華子。

〔宋・唐慎微《證類本草》〕《圖經》：文具槐實條下。《簡要濟衆》：治婦人漏下血不絕。槐花鵝不以多少燒作灰，細研。食前溫酒服二錢匕。

宋・唐慎微《證類本草》卷一二木部上品〔宋・掌禹錫《嘉祐本草》〕 槐膠 主一切風，化涎，治肝藏風，筋脉抽掣，及急風口噤，或四肢不收，頑痹或毒風，周身如蟲行，或破傷風，口眼偏斜，腰脊强硬。任作湯散丸煎，雜諸藥用之，亦可水煮和諸藥爲丸及作湯下藥。新定。

宋・方勺《泊宅編》卷八 又一士人，無故舌出血，仍有小穴，醫者不曉何疾。〔耿〕隅曰：此名舌衄。炒槐花為末，糝之而愈。

宋・唐慎微《證類本草》卷一二木部上品〔《本經・別錄・藥對》〕 槐實 **味苦、**酸、鹹，**寒，**無毒。**主五内邪氣熱，止涎唾，補絶傷，五痔，火瘡，婦人乳瘕，子藏急痛。**以七月七日取之，擣取汁，銅器盛之，日煎令可作丸，大如鼠屎，内竅中，三易乃愈。又墮胎。久服明目，益氣，頭不白，延年。

枝：主洗瘡，及陰囊下濕痒。

皮：主爛瘡。

根：主喉痹，寒熱。生河南平澤。可作神燭。景天爲之使。

〔梁・陶弘景《本草經集注》〕云：槐子，以相連多者爲好，十月巳日採之。新盆盛，合泥百日，皮爛爲水，核如大豆。服之令腦滿，髮不白而長生。今處處有。此云七月取其子，未堅，故擣絞取汁。

〔唐・蘇敬《唐本草》〕注云：《別録》云：八月斷槐大枝，使生嫩孽，煮汁釀酒，療大風痿痹，甚效。槐耳，味苦、辛，平，無毒。主五痔，心痛，婦人陰中瘡痛。槐樹菌也，當取堅如桑耳者。枝，炮熨止蝎毒。

〔宋・掌禹錫《嘉祐本草》〕按：《爾雅》云：櫰，槐大葉而黑。守宮槐，葉晝聶，宵炕。釋曰：櫰，槐一也。大葉而黑名櫰，不爾即名槐。又曰：槐葉晝合夜開者，別名守宮槐。聶，合也。炕，張也。《藥性論》云：槐子，臣，主治大熱，難産。皮煮汁，淋陰囊墜腫氣痛。又云：槐白皮，味苦，無毒。能主治口齒風疳䘌血。以煎漿水煮含之。又煎淋浴男子陰疝卵腫。陳藏器云：槐實本功外，殺蟲去風。合房折取陰乾煮服，味一如茶，明目，除熱淚，頭腦、心胸間熱風煩悶，風眩欲倒，心頭吐涎如醉，瀁瀁如船車上者。花堪染黄，子上房七月收之，染皂木爲灰，長毛髮。日華子云：槐子，治丈夫、女人陰瘡濕痒，催生。吞七粒。又云：槐皮草，治中風皮膚不仁，喉痹，浸洗五痔并一切惡瘡，女人産門痒痛及湯火瘡。煎膏，止痛長肉，消癰腫。

〔宋・蘇頌《本草圖經》〕曰：槐實，生河南平澤，今處處有之。其木有極高大者。

謹按《爾雅》槐有數種，葉大而黑者名櫰，槐晝合夜開者名守宫槐，葉細而青緑者，但謂之槐，其功用不言有别。四月、五月開花，六月、七月結實，七月七日採嫩實，擣取汁作煎，十月採老實入藥。皮、根採無時。今醫家用槐者最多。春採嫩枝，煅爲黑灰以揩齒去蚛。燒青枝取瀝以塗癬。取花之陳久者，篩末飲服以治下血。折取嫩房角作湯以當茗。主頭風，明目，補腦。煮白皮汁以治口齒及下血，水吞黑子以變白髮。木上耳，取末服方寸匕，治大便血及五痔，脱肛等。皆常用有殊效者。葛洪著扁鵲明目使髮不落方：十月上巳日，取槐子去皮，内新甖中，封口三七日。初服一枚，再二枚，至十日十枚，還從一枚始，大良。劉禹錫《傳信方》著硤州王及郎中槐湯灸痔法：以槐枝濃煎湯，先洗痔，便以艾灸其上七壯，以知爲度。及早充西川安撫使判官，乘騾入駱谷，及宿有痔疾，因此大作，其狀如胡瓜，貫於腸頭熱如煻灰火，至驛僵仆。主郵吏云：此病某曾患來，須灸即差。及命所使作槐湯洗熱瓜上，令用艾灸至三五壯，忽覺一道熱氣入腸中，因大轉瀉，先血後穢，一時至痛楚，瀉後遂失胡瓜所在，登騾而馳。

〔宋・唐慎微《證類本草》〕雷公云：凡採得後，去單子并五子者，只取兩子、三子者。凡使，用銅鎚搥之令破，用烏牛乳浸一宿，蒸過用。《食療》：主邪氣，産難，絶傷。春初嫩葉亦可食。主癮疹，牙齒，諸風疼。《外臺秘要》：療蛔蟲心痛。取槐樹上木耳，燒灰末如棗許，正發和水服，若不止，飲熱水一升，蛔蟲出。《千金方》：療胎赤眼。取槐木枝如馬鞭大，長二尺，作二段，齊頭麻油一匙置銅鉢中，旦使童子一人以其木研之至暝止，令仰卧，以塗向眼眥，日三度，差。又方：療痔。七月七日採槐子，熟擣絞取汁，内銅器中盛，宅中高門上曝之二十日已上，煎成取鼠糞大，内穀道中，日三。亦主瘻，百種瘡。又方：古方，明目，黑髮。槐子於牛膽中漬，陰乾百日，食後吞一枚，十日身輕，三十日白髮黑，百日内通神。又方：治九種心痛。當太歲上，取新生槐枝一握，去兩頭，水三大升，煮取一升，頓服。又方：治鼻氣窒塞。以水五升煮槐葉，取三升，下葱、豉調和再煎飲。《千金翼》：治蠼螋瘡。槐白皮醋浸半日，洗之，及諸惡瘡。《肘後方》：治内瘻。用槐白皮擣丸，綿裹内下部中，得效。又方：療腸痔，每大便常下血。槐樹上木耳取末，飲服方寸匕，日三服。《百一方》：治中風，身直不得屈伸反覆者。取槐皮黄白者切之，以酒或水六升，煮取二升。去滓，適寒溫，稍稍服之。《經驗方》：治野雞痔。用槐、柳枝煎湯洗痔上，便以艾灸之七壯。又方：治下血。槐花、荆芥穗等分爲末，酒調下一錢匕。《梅師方》：治崩中或赤白，不問年月遠近。取槐枝燒灰，食前酒下方寸匕。又方：治痔有蟲咬穀道痒，或下膿血多。取槐白皮濃煮汁，安盆坐湯之虛其穀道，令更暖，良久欲大便，當蟲出，不過三度即愈。如用末，綿裹内下部。《食醫心鏡》：治野雞痔下血、腸風。明目方：嫩槐葉一斤，蒸如造炙法，取葉碾作末，如茶法煎呷之。《廣利方》：治姙娠難産令易方：水吞槐子七枚，即出。《廣濟方》：療牙齒疼痛。取槐樹白皮一握，切以酪一升煮，去滓，用鹽少許，適寒溫含之，日三易之。《必效方》：療陰瘡及濕痒。槐樹北面不見日處一大握，水二升，煮取一升洗之三五徧，冷復暖，若涉遠恐衝風，即以米粉粉之，即效。張文仲療腸痔方：槐樹上耳擣末，米飲服方寸匕，日三。又槐白皮一擔，剉，以水煮令濃，脱衣入水中坐，冷更易，不過三用，蟲出止。《傷寒類要》：大熱心悶者。槐子燒末，酒服方寸匕。《子母秘録》：日月未足而欲産者。槐樹東枝，令孕婦手把，即易産。《産寶》：療崩中不止，不問年月遠近方：槐耳燒作灰爲末，以酒服方寸匕。《太清草木方》：槐者，虛星之精，以十月上巳日採子服之。去百病，長生通神。

宋・寇宗奭《本草衍義》卷一三 槐實 止言實，今當分爲二。實本出莢中子，若擣莢作煎者，當言莢也。莢中子，大如豆，堅而紫色者，實也。今本條不析出莢子與莢中子，蓋其用各别，皆疏導風熱。

槐花：今染家亦用。收時折其未開花，煮一沸出之，釜中有所澄下稠黄滓，滲漉爲餅，染色更鮮明。治腸風熱瀉血甚佳，不可過劑。

宋・鄭樵《通志》卷七六《昆蟲草木略》 槐 有二種。《爾雅》云：櫰槐，大葉而黑。謂大葉而黑者，櫰也。又云：守宫槐，葉晝聶宵炕。謂晝聶合而夜炕布者，守宫槐也。又云：槐小葉曰榎。大而皵，楸。小而皵，榎。然楸，梓類也，檟、桐類也，不可謂之槐。

金・張元素《潔古珍珠囊》〔見元・杜思敬《濟生拔粹》卷五〕 槐花苦純陽。涼大腸之熱。

槐實苦：同上。

宋・劉明之《圖經本草藥性總論》卷下 槐實 味苦、酸、鹹，寒，無毒。主五内邪氣熱，止涎唾，補絶傷，五痔火瘡，婦人乳瘕，子臟急痛，又墮胎。《藥性論》云：臣。治大熱難産。生煮汁，淋陰囊墜腫氣痛。又槐白皮，治口齒風疳。日華子云：子，治丈夫女人陰瘡濕痒，催生，吞柒粒。皮，治中風皮膚不仁，喉痺。洗五痔、産門癢痛，及湯火瘡。煎膏，止痛長肉，消癰腫。《别録》：八月斷槐大枝，使生嫩蘖，煮汁釀酒，療大風痿痺甚効。槐耳，主肝臟風，筋脈抽掣，急風口噤，四肢不收，頑痺或毒風周身如蟲行，或破傷風口眼偏斜，腰脊強硬。槐花，味苦，平，無毒。治五痔心痛，眼赤，殺腹臟蟲及熱，治皮膚風，瀉血，赤白痢。葉，平，無毒。煎湯，治小兒驚癇壯熱，疥癬及丁腫。皮莖同用之良。

宋・陳衍《寶慶本草折衷》卷一二　槐實臣。枝、耳及白皮附。　一名槐子。和莢者名槐角見衆方。〇一名槐莢。生河南平澤及高郵軍。今處處有之。〇七月採嫩實，十月採老實。〇景天為使。〇附：枝等採無時。

味苦、酸、鹹，寒，無毒。〇主五內邪氣熱，止涎唾，補絕傷五痔，火瘡，婦人乳瘕，子藏急痛，又墮胎。〇陶隱居云：以相連多者為好。〇《藥性論》云：治大熱，難產。〇陳藏器云：殺蟲，去風，明目。除熱淚，頭腦心胸間熱風煩悶，風眩吐涎。〇日華子云：治陰瘡濕，催生，吞柒粒。〇寇氏曰：槐實本出莢中，若擣莢作煎者，當言莢也。莢中子大如豆，堅而紫色者，實也。皆踈導風熱。

附：槐枝灰瀝在內。〇主洗瘡及陰下濕痒。炮熨止蠍毒。又，煅嫩枝為黑灰，揩齒去蚛。及燒青枝，取瀝塗癬。

附：槐耳。〇味苦、辛，平，無毒。主五痔心痛，婦人陰瘡痛。

附：槐白皮。〇味苦，平，無毒。主爛瘡，口齒風疳，䘌血。以煎漿水煮含，治中風皮膚不仁，喉痹。又，男子陰疝腫墜，氣痛，并五痔惡瘡，婦人產門癢痛，及湯火瘡，並煎淋，或浸洗。煎膏，止痛，長肉，消癰腫。《本事方》乃用根白皮。

槐膠　出槐木上，脂液迸溢而凝者也。〇所出與槐實同。

主風，化涎。治肝藏風，筋脉抽掣及急風口噤，四肢不收，頑痹，或毒風，身如蟲行，或破傷風，口眼偏斜，腰脊強硬。亦可水煮，和諸藥為丸，及作湯下藥。

槐花餅在內。　又云：其葉大而黑者，名櫰槐。其晝合夜開者，名守宮槐。其葉細而青綠者，但名槐。〇所出亦與槐實同。〇又云：四、五月採花。〇櫰，乎乖切。

味苦，平，無毒。〇治五痔，心痛，眼赤，殺腹藏蟲及熱。治皮膚風并腸風瀉血，赤白痢，並炒服。〇《圖經》曰：取花之陳久者，篩所宜切口口末，飲服，以治下血。分槐實條。〇寇氏曰：折未開花煮一沸，出之，有澄下稠黃滓，滲漉為餅，治腸風熱瀉血。不可過劑。

續說云：張松謂治咯血，槐花為末，酒調貳錢服便定。《泊宅編》治舌無故血出，仍有小穴，名舌衄，炒槐花末摻之即住。《是齋方》治血溅，以槐花半生半炒為末，傅之立止。又治中河豘毒，炒末水調下，尤效也。

元・王好古《湯液本草》卷五　槐實　味苦、酸、鹹，寒，無毒。《珍》云：與桃仁治證同。《藥性論》云：臣。治大熱難產。皮煮汁，淋陰囊墜腫，氣瘤。又，槐白皮，治口齒風疳。日華子云：槐子，治丈夫、女人陰瘡濕癢，催生，吞七粒。皮，治中風皮膚不仁，喉痹，洗五痔，產門癢痛，及湯火瘡。煎膏，止痛，長肉，消癰腫。《別録》云：八月斷槐大枝使生嫩蘖，煮汁釀酒，療大風痿痹甚妙。槐耳，主五痔心痛，女人陰中瘡痛，景天為之使。槐花，味苦，無毒。治五痔心痛眼赤，殺腹臟蟲及熱。治皮膚風，腸風瀉血，赤白痢。槐膠，主一切風，化痰。治肝臟風，筋脈抽掣，急風口噤，四肢不收，頑痺或毒風，周身如蟲行，或破傷風口眼偏斜，腰膝強硬。槐葉，平，無毒，煎湯，洗小兒驚癇壯熱，疥癬丁瘡，皮莖同用良。

槐花　苦薄，陰也。《珍》云：涼大腸熱。

元・尚從善《本草元命苞》卷六　槐實　味苦、酸、醎，性寒，無毒，為臣。《太清草木方》論槐乃虛星之精。十月上巳採子，服之去病通神。主五內邪氣之熱，治五痔火瘡之毒。止涎唾，補絕傷。除熱淚，祛風眩。療婦人乳瘕，子臟急痛。治丈夫陰瘡濕痒，疳䘌。本功外，復能殺蟲，墮胎孕，亦催生產。皮治中風，皮膚不仁。花療腸風，赤白瀉痢。枝洗爛瘡，根消喉痺。生河南平澤，今在處有之。木高極大，葉細青綠，四五月開花，六七月結實。《別錄》云：八月斷槐。《圖經》曰：採取無時。葉大而黑名櫰槐，晝合夜開云守宮。

元・徐彥純《本草發揮》卷三　槐實　潔古云：愧實，苦、酸。涼大腸熱。槐花亦同。　東垣云：槐實，味苦、酸、鹹，寒。治口齒風，五內邪氣熱，止涎唾。治大腸熱，婦人乳瘕。〇槐花味苦，平，純陰。涼大腸熱，去皮膚風，腸風瀉血。

明・朱橚《救荒本草》卷下之前　槐樹芽　《本草》有槐實。生河南平澤，今處處有之。其木有極高大者。《爾雅》云：槐有數種，葉大而黑者名櫰公回切槐，晝合夜開者名守宮槐，葉細而青綠者但謂之槐。其功用不言有別。開黃花，結實似豆角狀。味苦、酸、鹹，性寒，無毒。景天為之使。救飢：採嫩芽煠熟，換水浸淘，洗去苦味，油鹽調食。或採槐花炒熟食之。治病：文具《本草》木部槐實條下。

明・蘭茂撰，清・管暄校補《滇南本草》卷下　槐角、槐花　性寒。角，味苦、酸。花，味苦澁。功多大腸經，治五痔腸風下血，赤白熱瀉，痢疾。枝，洗皮膚之疥癩，袪皮膚瘙癢之風。

明・蘭茂撰，清・管暄校補《滇南本草》卷上 槐 七月採葉，陰乾為末，治一切大小便下血，或痔瘡疼痛，膿血不止，燈草煎湯服。採子，服之止血散疽。但性寒，不可多食。

明・蘭茂《滇南本草》〔叢本〕卷中 槐角、槐花 味苦，性寒。功多大腸經。治五痔腸風近血，赤白熱利。枝洗疥癩，袪皮膚瘙痒之風。

明・王綸《本草集要》卷四 槐實臣 味苦酸鹹，氣寒，無毒。景天為之使。月上巳日採。 主五內邪氣熱，止涎唾，補絕傷，五痔大瘡。婦人乳瘕，子藏急痛。又墮胎催生，吞七粒。治丈夫、婦人陰瘡濕癢，產門癢痛。久服明目，補腦益氣，頭不白，延年。〇槐枝，洗瘡及陰囊下濕癢。春採嫩枝，煅為黑灰，以揩齒去蟲。〇槐白皮，味苦，主中風皮膚不仁，酒煮服之。煎湯洗五痔，男子陰疝卵腫，婦人產門癢痛，小兒驚癇壯熱。莖葉同。又治一切惡瘡，爛瘡癬疥，煎膏，止痛長肉，消癰腫。煮汁含之，治口齒風疳。〇槐花，味苦，涼大腸熱，治五痔心痛，眼赤，殺腹藏蟲及熱，治皮膚風，并腸風瀉血，赤白痢，並炒用。〇槐膠，主一切風，化涎急風口噤，或四肢不收，頑痹或毒風，周身如蟲行，或破傷風，任作湯、散、丸、煎，雜諸藥用之亦可，水煮和諸藥為丸。

明・滕弘《神農本經會通》卷二 槐實 臣也。景天為之使。七月七日採嫩實。十月上巳日採老實入藥。皮根採無時。陶云：以子相連多者為好。雷云：去單子并五子者，只取兩子、三子者。

味苦、酸、鹹，氣寒，無毒。《湯》同。珍云：除五內邪熱，大腸熱，治婦人乳瘕，口齒風，兼療涎唾。

《本經》云：主五內邪氣熱，止涎唾，補絕傷，五痔火瘡，婦人乳瘕，子藏急痛，以七月七日取之，銅器盛之，日煎，令可作丸，大如鼠屎，內竅中，三易乃愈。又墮胎。久服明目，益氣，頭不白，延年。《藥性論》云：槐子，臣。主治大熱，難產。陳藏器云：槐實，本功外殺蟲，去風，合房折，取陰乾，煑服，一如茶，明目，除熱淚，頭腦、心胸間熱風煩悶，風眩欲倒，心頭吐涎如醉，瀁瀁如船車上者。子，生房，七月收之，染皂。木，為灰，長毛髮。日華子云：槐子，治丈夫、女人陰瘡濕痒。催生，吞七粒。《圖經》云：七月七日採嫩實，搗取汁作煎。十月採老實入藥。今醫家用槐者最多。珍云：與桃仁治訂同。《圖經》云：折取嫩房角，作湯以當茗，主頭風，明目補腦。《局》云：槐實主除邪熱氣，更攻五痔火燒瘡。用皮灌嗽風疳齒，若治陰癩作浴湯。槐角，主五痔腸風。

槐枝 《本經》云：主洗瘡，及陰囊下濕痒。《別録》云：八月斷槐大枝，使生嫩孽，煑汁釀酒，療大風痿痹甚効。又枝炮熨，止（歇）〔蝎〕毒。《圖經》云：春採嫩枝，煅為黑灰，以揩齒，去蚛。燒青枝，取瀝，以塗癬。

槐白皮 《本經》云：主爛瘡。《藥性論》云：槐白皮，味苦，無毒。主治口齒風疳䘌，以煎漿水煑，含。又煎淋浴男子陰疝卵腫。又皮煮汁，淋陰囊墜腫，氣痛。日華子云：槐皮，平。治中風皮膚不仁，喉痺。浸洗五痔，并一切惡瘡，婦人產門痒痛，及湯火瘡。煎膏，止痛，長肌肉，消癰腫。《圖經》云：煑白皮汁，以治口齒及下血。

槐根 《本經》云：主喉痺，寒熱。

槐耳 《別録》云：味苦、辛，平，無毒。主五痔，心痛，婦人陰中瘡痛。槐樹菌也。當取堅如桑耳者。《圖經》云：木上耳，取末，服方寸匕，治大便血及五痔脫肛等，皆常用有殊効者。

槐膠 《本經》云：主一切風，化涎，治肝臟風，筋脈抽掣，及急風口噤，或四肢不收，頑痺，或毒風周身如蟲行，或破傷風，口眼偏斜，脊強硬。任作湯散丸，煎雜諸藥用之。亦可水煑，和諸藥為丸，及作湯下藥。

槐花 味苦，氣平，無毒。《湯》云：苦，薄，陰也。東云：治腸風，亦療痔痢。珍云：涼大腸皮風，治腸風瀉血。《本經》云：治五痔，心痛，眼赤，殺腹藏蟲及熱，治皮膚風，并腸風瀉血，赤白痢，並炒服。

槐葉 氣平，無毒。《本經》云：煎湯，治小兒驚癇壯熱，疥癬及丁腫。皮莖同用。珍云：療大腸熱。

明・劉文泰《本草品彙精要》卷一六 槐實無毒 植生。

槐實出《神農本經》：**主五內邪氣熱，止涎唾，補絕傷，五痔，火瘡，婦人乳瘕。**以上朱字《神農本經》。子臟急痛，以七月七日取之，搗取汁，銅器盛之，日煎，令可作丸，大如鼠屎，內竅中，三易乃愈。又墮胎。久服明目，益氣，頭不白，延年。〇枝，主洗瘡，及陰囊下濕癢。〇皮，主爛瘡。〇根，主喉痹寒熱，可作神燭。以上黑字名醫所錄。【苗】《圖經》曰：其木有極高大者。《爾雅》云：槐有數種，葉大而黑者名櫰古回切槐，晝合夜開者名守宮槐，葉細而青綠色者但謂之槐。五月、六月開花，七月、八月結實，其功用不言有別。【地】《圖經》曰：處處有之。【道地】河南平澤。【時】生：春生葉。採：六月取花，七月七日取嫩實，搗汁作煎，十月取老實入藥，根皮取無時。【收】日乾。【用】實及皮、枝、根。【色】青黃。【味】苦，酸，鹹。【性】寒，泄。【氣】氣薄味厚，陰也。【臭】腥。【主】五痔，心痛。【助】景天爲之使。【製】《雷公》云：凡使，去單子並五子者，只取兩三子者，以銅錘搗令破，用烏牛乳浸一宿，蒸過用。【治】療：陶隱居云：十月巳日採之，新盆盛，合泥百日，皮爛爲水，核如大豆，服之令腦滿，髮不白而長生。《藥性論》云：大熱，難產。○皮，煮汁，淋陰囊墜腫氣。○白皮，治口齒風疳䘌血，以煎漿水含之，及煎淋浴男子陰疝卵腫。日華子云：療丈夫、女人陰瘡濕癢及催生，吞七粒，效。○皮，主中風，皮膚不仁，喉痹，浸洗五痔並一切惡瘡，婦人產門癢痛及湯火瘡，煎膏止痛，長肉生肌。陳藏器云：殺蟲去風，連莢折取，陰乾，煮服，味一如茶，明目，除熱淚，頭腦心胸間熱風煩悶，風眩欲倒，心頭吐涎如醉，瀁瀁如船車上者。○木，爲灰，擦之，長毛髮。《圖經》曰：春採嫩枝，煅爲黑灰，揩齒去䘌。○燒青枝，取瀝塗癬。○白皮，主汁療口齒及下血。○水吞黑子，變白髮。《食療》云：春初嫩葉，食之除邪氣，產難，絶傷，及主癮疹，牙齒諸風疼。【合治】斷槐大枝，使生嫩蘖，煮汁釀酒，療大風痿痹。

槐花：（附葉，無毒。）植生。槐花，主五痔，心痛，眼赤，殺腹臟蟲及熱，治皮膚風並腸風，瀉血，赤白痢。○葉，平，無毒。煎湯治小兒驚癇，壯熱，疥癬及疔腫。皮莖同用。（名醫所錄。）【苗】《衍義》曰：即今染家所用者，收時折其未開花，煮一沸出之，釜中有所澄下稠黃滓，滲漉爲餅，染色更鮮明也。【地】《圖經》曰：生河南平澤，今所在有之。【時】生：四月、五月生葉。採：七月取花。【收】日乾。【用】花未開者佳。【色】青黃。【味】苦。【性】平，泄。【氣】味厚于氣，陰也。【臭】腥。【主】涼血。【製】去枝梗炒用。【治】療：《圖經》曰：陳久者爲末服，止下血。《衍義》曰：止腸風熱，瀉血。【合治】槐花燒灰細研，合酒調，食前服二錢匕，療婦人漏下血不絶。

槐膠　槐膠，主一切風，化涎，治肝臟風，筋脈抽掣，及急風口噤。或四肢不收，頑痹。或毒風，周身如蟲行。或破傷風，口眼偏斜，腰脊強硬，任作湯散丸煎，雜諸藥用之，亦可水煮和諸藥爲丸，及作湯下藥。（名醫所錄。）謹按：槐膠，乃槐之液也。其木因夏日酷烈，肢液灼出，凝結於外，稠粘如膠，故曰槐膠。【地】《圖經》曰：處處有之。【時】生：無時。採：五月、六月取膠。【收】瓷器貯之。【用】脂。【色】蒼褐。【製】水煮過，研細用。

明・薛己《外科心法》卷六　槐花酒治驗　滁州于侍御，髀髀患毒痛甚，服消毒藥，其勢未減。即以槐花酒二服，勢隨大退，再以托裏消毒之藥而愈。

王通府，患發背十餘日，勢危脈大。先以槐花酒二服，殺其勢退。更以敗毒散二劑，再以托裏藥數劑，漸潰。又用桑柴燃灸患處，每日灸良久，仍以膏藥貼之。灸至數次，膿潰腐脱，以托裏藥加白术、陳皮，月餘而愈。

劉太尹，發背六七日，滿背腫痛，勢甚危。與隔蒜灸百壯，飲槐花酒二碗，即睡覺。以托裏消毒藥，十去五六。令將桑枝灸患處而潰，數日而愈。大抵腫毒，非用蒜灸、槐花酒先去其勢，雖用托裏諸藥，其效未必甚速。

一男子，患腦疽已十餘日，面目腫閉，頭焮如斗，脈洪數，煩躁飲冷。此膀胱濕熱所致。以黃連消毒飲二劑，次以槐花酒二碗，頓退。以指按下，腫即復起，此膿已成。於頸額肩頰，各刺一孔，膿並湧出，口目始開。更以托裏藥，加金銀花、連翹，三十餘劑而愈。

一上舍，肩患疽，脈數。以槐花酒，一服勢頓退。再與金銀花、黃芪、甘草，十餘服而平。槐花治濕熱之功，最為神速。若胃寒之人，不可過劑。

明・葉文齡《醫學統旨》卷八　槐角　氣寒，味苦、酸、鹹。無毒。（景天為之使。十月上巳日採。）治五內邪氣熱，止涎唾；補絶傷，五痔腸風便血，火瘡；婦人乳瘕，子藏急痛；又墮胎催生，吞七粒；治丈夫、婦人陰瘡濕痒，產門痒痛；久服明目，補腦益氣，頭不白。

槐花：氣寒，味苦。無毒。純陽。（炒用。）治五痔便血，腸癖血痢，腸風，心痛眼赤；殺腹臟蟲；涼大腸熱，皮膚風熱。

明・許希周《藥性粗評》卷二　角生槐樹，觸五痔以清腸。槐花附。

槐角子，槐實也。（槐有數種，今以葉細而青綠者為真。槐極高大者至七八丈，春初抽葉如藍，六月開黃花，其苞如米，土人採以染黃，七八月結角如豆，十月而成。南北處處有之，十月上巳日採角，蒸熟，剝取其子，陰乾，以連多者為佳。凡使用銅鎚搥破入藥。景天為之使，餘說《本草》不載。）味苦、酸、鹹，性寒，無毒。主治五內邪熱，腸風痔漏，傷寒熱悶，火瘡癰腫，婦人產難，乳瘕，子藏急痛，化涎唾，補絕傷，止痛長肉，明目益氣，烏髭髮，久服延年。

槐花，即未開如米大者，六月間採之。 味苦，性微寒，無毒。 主治皮膚風癢，惡瘡腫毒，腸風下血。外科家多用之。大抵枝葉根皮亦皆入藥。

單方： 明目黑髮： 十月上巳日採槐子，去角，置牛膽中漬之百日，陰乾，每日食後吞一粒，十日後便覺身輕，一月後白髮變黑。《太清草木方》曰： 槐者，虛星之精，採子服之，去百病，長生通神。 固齒驅風： 取嫩槐枝青綠者一把，搥爛，入水一鍋煎之，待味濃水半消後，撈去渣，或青鹽、或白鹽，以一二斤內煎之，以乾為度，取出研末，磁器盛之，每日取出少許，擦牙，以水啣漱，良久吐之，其齒自固，永無風蟲之患。 或以所吐之水，即以洗眼，亦能明目。 九種心疼： 當太歲上取新生槐枝一握，截去兩頭，以水三升，煎取一升，頓服之妙。 大風癭痹： 八月間斷槐大枝，使生新蘖，取之，煎水釀酒，服之。 如事急，不必八月，但取青綠嫩枝為之亦可。 痔漏： 凡腸風下血，不拘五痔，取槐子或花，搗爛，浸酒溫服之，日二三次，便效。 產難： 取槐子，水吞七枚便下，或取槐樹東枝，如刀柄大者一尺許，令妊婦以手把之，亦下。

明·鄭寧《藥性要略大全》卷七 槐花 涼大腸熱。 治皮膚風及腸風下血，赤白痢，痔漏。 味苦，氣涼，無毒。 去梗炒用。

槐實臣 主五內邪熱，止涎唾，補絕傷，五痔火瘡。 治女人乳瘕，子臟急痛，下胎催生。 治男婦陰瘡濕痒，產門痒痛，久服明目補腦，益氣黑髮，延年。 ○又云： 治大熱難產。 味苦，性寒，無毒。 景天為之使。 十月巳日採。 凡用以銅鎚打破，入烏牛乳汁內浸一宿，蒸過用。 《珍》云： 與桃仁治症同。

槐膠 治一切風，化涎，治肝臟風，筋脉抽掣，急風口噤，四肢不收，頑痹毒風，周身如蟲行。 口眼歪邪，腰脊強硬，或破傷風。 作湯散丸，雜諸藥用。 或作湯吞藥。

槐枝 可洗瘡及陰囊濕痒。 治崩中，赤白帶下。 味苦，氣寒。 春採嫩枝，燒存性為末，揩齒去蟲。

槐葉 味苦，平，無毒。 煎湯浴兒，去疥癬疔腫。 ○皮、莖同。

槐白皮 主中風皮膚不仁，酒煮服之。 煎湯洗五痔，及男子陰疝卵腫，女人產門痒痛，小兒驚癇壯熱。 ○莖葉同用。 ○又治一切惡爛諸瘡疥癬，煎膏止痛長肉，消癰腫。 煮汁含之，治口齒疳風等瘡。 味苦，無毒。 ○槐根白皮同功，治喉痹寒熱。

槐菌 味苦、辛，平，無毒。 治五痔心痛，女陰中瘡。 ○一名槐耳。 又云堅硬者是。

明·陳嘉謨《本草蒙筌》卷四 槐實 味苦、辛、鹹，氣寒。 無毒。 折枝插地即活，人家多植門庭。 實生莢中，十月收採。 粒大如豆，色紫而堅。 一莢兩粒三粒者為良，若係單粒五粒者勿用。 小銅鎚擊碎，烏牛乳浸宵。 蒸過纔煎，景天為使。 主五內邪熱，去五痔腫疼。 七月七日取，搗絞汁，貯銅器內，置高處曝二十日以上，煎稠硬，圓如鼠屎大，納穀道內，三易之乃愈。 止涎唾，補絕傷，涼大腸，消乳瘕。 除男子陰瘡濕癢不歇，卻女子產戶痛癢難當。 仍理火瘡，且墮胎孕。 酒吞七粒，催產尤良。 嫩房莢收煎代茶，去頭風明目補腦。 老莢蹝導風熱，亦可取搗煎嘗。 白皮煮酒治風，皮膚不仁服効。 消陰疝卵腫，卻壯熱驚癇。 莖葉功同，總治瘡毒。 熬膏貼癰疽潰爛，煮汁漱口齒風疳。 根作神燭可燒，仍主喉痹寒熱。 枝洗瘡住癢，煅揩齒殺蟲。 花味甚苦，炒黃，亦涼大腸去熱。 理腸風瀉血及皮膚風，止痔瘻來紅併赤白痢。 去胃脘卒痛，殺腹臟蛔蚘。 膠主諸風化涎，任作湯散丸服。 卻風痹肢難舉動，散風毒身如蟲行。 噤口急風殊功，破腦傷風立効。 槐耳係菌，亦樹所生。 堅如桑耳者良，用作細末酒服。 去婦人陰中瘡痛，治痔瘻穀道血流。

明·王文潔《太乙仙製本草藥性大全》卷三《本草精義》 槐實 一名槐實。 生河南平澤，今處處有之，其木有極高大者。 謹按《爾雅》： 槐有數種，葉大而黑者，名懷槐； 晝合夜開者名守宮槐； 葉細而青綠者，但謂之槐，其功用不言有別。 四月、五月開花，六月、七月結實，七月七日採嫩實，搗取汁作煎，十月採老實入藥。 今醫家用槐者最多，春採嫩枝，煅爲黑灰，以摻齒去蚛； 燒青枝取瀝，以塗癬； 取花之陳久者，篩末飲服以治下血； 折取嫩房角作湯以當茗，主頭風，明目補腦； 煮白皮汁，以治口齒及下血； 水吞黑子以變白髮； 木上耳取末服方寸，亦治大便血及五痔、脫肛等，皆常用有殊效者。 葛洪著扁鵲明目使髮不落方： 十月上巳日取槐子，去皮，內新瓶中，封口二七日，初服一枚，再二枚，至十日十枚，還復一丸始大良。 劉禹錫《傳信方》著硤州王及郎中槐湯灸痔法： 以槐枝濃煎湯，先洗痔，便以艾灸其上七壯，以知爲度。 及早充西川安撫使判官，乘騾入駱谷，及宿有痔疾，因此大作，其狀如胡瓜，貫於腸頭，熱如煻灰火，至驛僵仆。 主郵吏云此病某曾患來，須灸即差。及命所使作槐湯洗熱瓜上，令用艾灸至三五壯，忽覺一道熱氣入腸中，因大轉瀉，先血後穢，一時至痛楚，瀉後遂失胡瓜所在，登騾而馳。

按：《衍義》云：槐實止言實，今當分爲二實。本出夾中，若搗夾作煎者，當言夾也；夾中子大如豆，堅而紫色者，實。今下條不析出夾與夾中子，蓋其用各別，皆疎導風熱。又云：槐花今染家亦用，收時折其未開花，煮一沸出之，穀中有所澄下稠黃滓，滲漉爲餅，染色更鮮明。治腸風熱瀉血甚佳，不可過劑用。

明・王文潔《太乙仙製本草藥性大全》卷三《仙製藥性》

槐實臣 味苦、酸、鹹，氣寒，無毒。景天爲之使。主治：主五內邪熱，去五痔腫疼。七月七日取搗絞汁，貯銅器內，置高處曝二十日以上，煎稠硬圓如鼠屎大，納穀道內，三易之乃愈。止涎唾，補絕傷，凉大腸，消乳瘕。除男子陰瘡濕癢不歇，歛女人產戶痛癢難當。仍理火瘡，且墮胎孕。酒吞七粒催產尤良，專理女人乳瘕急痛。久服明目補腦，黑髮延年。補註：古方明目黑髮，用槐子於牛膽中漬，陰乾百日，食後吞一枚，十日身輕，三十日白髮變黑，百日內通神。槐者，虛星之精，以十月上巳日採子服之，去百病，長生通神。或大熱心悶，以子燒末，酒服方寸效。治妊娠難產令易方：以水吞槐子，七日即出。槐嫩房莢：收煎代茶，去頭風，明目，補腦。老莢：疎導風熱，亦可取搗煎嘗。太乙曰：凡採得後，去單子并五子者，又取兩子、三子者，凡使用銅鎚搗之令破，用烏牛乳浸一宿，蒸過用。槐白皮：味苦。煮酒治中風，皮膚不仁服效。煎湯洗五痔、產門痒痛尤奇。消陰疝卵腫，却壯熱驚癇。理一切惡爛諸瘡疥癬，消癰腫止痛，長肉生肌。補註：治蠼螋瘡，用白皮醋浸半日，洗之，及諸惡瘡。治內瘻用白皮搗丸，綿裹內下部中得效。治中風，身直不得屈申反覆者，取槐皮黃白者，切之，以酒或水六升，煮取二升，去滓，適寒溫稍服。治痔有蟲咬，穀道痒或下膿血，多取槐白皮，煮濃汁，安盆中坐之，虛其穀道，令更暖，良久欲大便，當蟲出，不過三度即愈。如用末，綿裹內下部。○療風蟲牙疼痛，取槐樹白皮，切，以酪一升，煮，去滓，入鹽少許，適寒溫含之，日二易之。槐莖葉：味苦平，無毒。功用總治諸瘡毒。浴兒去疥癬疔腫，熬膏貼癰疽潰爛，煮汁漱口齒風疳。治喉痺寒熱，理壯熱驚風。補註：治鼻氣窒塞，以水五升煮槐葉，取三升，下葱豉調和，再煎飲。野雞痔，下血腸風，明目方：嫩葉一斤，蒸如造炙法，取葉碾作末，如茶法煎呷之。療陰瘡及濕痒，用槐樹北面莖葉不見日處一大握，水二升，煮取一升，洗之三五遍，令傷暖，若涉遠，恐衝風，即以米粉粉之即效。○主邪氣產難絕傷，春初嫩葉亦可食。又主癮疹、牙齒諸風疼。槐根：味苦，氣寒。作神燭可燒。仍主喉痺寒熱。枝：洗瘡住痒，煅揩齒殺蟲。春採枝，燒存性爲末，揩齒去蟲。補註：療胎赤眼，取槐枝如馬鞭大，長二尺，作二段齊頭，麻油一匙，置銅鉢中，旦使童子一人，以其木研之至瞑止，令仰臥以塗向眼眦，日三度差。治野雞痔，用槐柳枝煎湯洗痔上，便以艾灸之七壯。治九種心痛，當太歲上，取新生槐枝一握，去兩頭，水三大升，煎取一升頓服。治崩中或赤白，不問年月遠近，取槐枝燒灰，食前酒下方寸〔匕〕效。槐花：味苦平，無毒。炒黃赤，凉大腸，去熱眼赤，心痛。理腸風瀉血及皮膚風，止痔瘻來紅併赤白痢。去胃脘卒痛，殺腹臟蛔（蛔）。補註：治下血，槐花、荊芥穗等分爲末，酒調下一錢。○治婦人漏下血不絕，槐花鵝不以多少，燒作灰，細研，食前溫酒服二錢（錢）〔匕〕。槐膠：主諸風化涎，筋脉抽掣并口噤。雜諸藥亦可和諸藥任作湯散丸煎服，治口眼喎斜，腰背強硬，急風，破傷風。水煮作湯，却風痹，肢難舉動，散風毒，身如蟲行。噤口急風殊功，破腦傷風立效。槐菌：即槐樹上木耳，又名槐菌苗。亦樹所生，堅如桑耳者良。用作細末酒服，去婦人陰中瘡痛，治痔瘻穀道血流。補註：療蛔蟲心痛，取槐樹上木耳燒灰末如棗許，正發和水服，若不止，飲熱水一升，蛔蟲出。療腸痔方：槐樹上耳，擣末，米飲服方寸匕，日三服。○治日月未足而欲產者，取槐樹東枝，令孕婦手把即易產。療崩中不止，不問年月遠近方：以槐耳燒灰爲末，以酒服效。

明・皇甫嵩《本草發明》卷四

槐實上品，君。氣寒，味苦酸。一云味苦、辛、鹹，無毒。發明曰：槐實苦鹹寒，退五內邪熱，益陰藏之藥也。故《本草》主五內邪氣熱，五痔腫痛，腸風瀉血，婦人子臟急痛。兼療火瘡，止涎唾，補絕傷，墮胎。久服明目，益氣，頭不白。又云：治男女陰瘡濕痒，消乳瘕癰腫。○《衍義》曰：槐實乃莢中子也，若搗莢作煎，當云莢也。莢與子其用各別，皆疎風熱之用。十月收，粒大如豆，紫色而堅者，一莢兩粒三粒者良，單粒五粒勿用。景天為之使。

槐膠，主一切風，化痰，治肝藏風，筋脉抽掣及急風口噤，四肢不收，頑痹毒風，周身如蟲行，破傷風，口眼偏斜，腰背強硬，任作湯散丸，煎雜諸藥用之。亦可水煮，和諸藥為丸，入作湯下藥。○嫩莢，煎代茶，去頭風，明目補腦。○老莢，疎風熱，煎服。○槐白皮，煮酒，治風皮膚不仁。煮汁，淋陰囊墜腫。○根，主喉痺寒熱。○枝，洗痒瘡。煅，揩齒殺蟲。○莖葉，搗治瘡毒，熬膏貼癰疽潰爛，煎湯洗小兒驚疳壯熱，疥癬丁瘡，漱口齒。八月斷槐，大槐便生嫩蘖，煮汁釀酒，療大風痿痺，甚效。　槐花，炒黃用，涼大腸去熱，理腸風瀉血，止痔血，併赤白痢，胃脘痛，亦殺蟲及皮膚風。○槐耳，係菌樹上生者，堅如桑耳者良。作細末，酒服，去婦人陰中瘡痛，治痔瘻便血。

按：槐乃虛星之精，十月上巳日採，于新盆盛合泥百日，爛為水，取核服之，腦滿髮不白，長生，去百病。恐未必然。

明・李時珍《本草綱目》卷三五木部・喬木類

槐《本經》上品。校正：併入《嘉祐》槐花、槐膠。

【釋名】櫰音懷。時珍曰：按《周禮》外朝之法，面三槐，三公位焉。吳澄注云：槐之言懷也，懷來人於此也。王安石釋云：槐（華）黃，中懷其美，故三公位之。《春秋元命包》云：槐之言歸也。古者樹槐，聽訟其下，使情歸實也。

【集解】《別録》曰：槐實生河南平澤。可作神燭。頌曰：今處處有之。其木有極高大者。按《爾雅》槐有數種：葉大而黑者名櫰槐，晝合夜開者名守宫槐，葉細而青緑者但謂之槐，其功用不言有別。四月、五月開黃花，六月、七月結實。七月七日采嫩實，搗汁作煎。十月采老實入藥。皮、根采無時。醫家用之最多。時珍曰：槐之生也，季春五日而兔目，十日而鼠耳，更旬而始規，二旬而葉成。初生嫩芽可煠熟，水淘過食，亦可作飲代茶。或采槐子種畦中，采苗食之亦良。其木材堅重，有青黃白黑色。其花未開時，狀如米粒，炒過煎水染黃甚鮮。其實作莢連珠，中有黑子，以子連多者爲好。《周禮》秋取槐、檀之火。《淮南子》老槐生火。《天玄主物簿》云：老槐生丹。槐之神異如此。藏器曰：子上房，七月收之。堪染皂。

槐實　【修治】斅曰：凡采得，去單子并五子者，只取兩子、三子者，以銅鎚搥破，用烏牛乳浸一宿，蒸過用。　【氣味】苦，寒，無毒。《別録》曰：酸、鹹。之才曰：景天爲之使。

【主治】五内邪氣熱，止涎唾，補絶傷，火瘡，婦人乳瘕，子藏急痛《本經》。久服，明目益氣，頭不白，延年。治五痔瘡瘻，以七月七日取之，擣汁銅器盛之，日煎令可，丸如鼠屎，納竅中，日三易乃愈。又墮胎《別録》。治大熱難産甄權。殺蟲去風。合房陰乾煮飲，明目，除熱淚，頭腦心胸間熱風煩悶，風眩欲倒，心頭吐涎如醉，瀁瀁如舡車上者藏器。治丈夫、女人陰瘡濕痒。催生，吞七粒大明。疏導風熱宗奭。治口齒風，涼大腸，潤肝燥李杲。

【發明】好古曰：槐實純陰，肝經氣分藥也。治證與桃仁同。弘景曰：槐子以十月巳日采相連多者，新盆盛，合泥百日，皮爛爲水，核如大豆。服之令腦滿，髮不白而長生。頌曰：折嫩房角作湯代茗，主頭風，明目補腦。水吞黑子，以變白髮。扁鵲明目使髮不落法：十月上巳日，取槐子去皮，納新瓶中，封口二七日。初服一枚，再服二枚，日加一枚。至十日，又從一枚起，終而復始。令人可夜讀書，延年益氣力，大良。時珍曰：按《太清草木方》云：槐者虛星之精。十月上巳日采子服之，去百病，長生通神。《梁書》言庾肩吾常服槐實，年七十餘，髮鬢皆黑，目看細字，亦其驗也。古方以子入冬月牛膽中漬之，陰乾百日，每食後吞一枚。云久服明目通神，白髮還黑。有痔及下血者，尤宜服之。

【附方】舊一，新四。　槐角丸：治五種腸風瀉血。糞前有血名外痔，糞後有血名内痔，大腸不收名脱肛，穀道四面弩肉如奶名舉痔，頭上有孔名瘻瘡，内有蟲名蟲痔，並皆治之。槐角去梗炒一兩，地榆、當歸酒焙、防風、黃芩、枳殼麩炒各半兩，爲末，酒糊丸梧子大。每服五十丸，米飲下。《和劑局方》。　大腸脱肛：槐角、槐花各等分，炒爲末，用羊血蘸藥，炙熟食之，以酒送下。猪腰子去皮，蘸炙亦可。《百一選方》。　内痔外痔：《許仁則方》用槐角子一斗，搗汁晒稠，取地膽爲末，同煎，丸梧子大。每飲服十丸。兼作挺子，納下部。或以苦參末代地膽亦可。《外臺秘要》。　目熱昏暗：槐子、黃連二兩，爲末，蜜丸梧子大。每漿水下二十丸，日二服。《聖濟總録》。　大熱心悶：槐子燒末，酒服方寸匕。《千金方》。

槐花　【修治】宗奭曰：未開時采收，陳久者良，入藥炒用。染家以水煮一沸出之，其稠滓爲餅，染色更鮮也。　【氣味】苦，平，無毒。元素曰：味厚氣薄，純陰也。

【主治】五痔，心痛眼赤，殺腹臟蟲，及皮膚風熱，腸風瀉血，赤白痢，並炒研服大明。涼大腸元素。炒香頻嚼，治失音及喉痹，又療吐血衄（血），崩中漏下時珍。　【發明】時珍曰：槐花味苦，色黃，氣涼，陽明、厥陰血分藥也。故所主之病，多屬二經。

【附方】舊一，新二十。　衄血不止：槐花、烏賊魚骨等分，半生半炒爲末，吹之。《普濟方》。　舌衄出血：槐花末，傅之即止。《朱氏集驗》。　吐血不止：槐花燒存性，入麝香少許研勻，糯米飲下三錢。《普濟方》。　咯血唾血：槐花炒研。每服三錢，糯米飲下。仰卧一時取效。《朱氏（方）》。　小便尿血：槐花炒、鬱金煨各一兩，爲末。每服二錢，淡豉湯下，立效。《篋中秘寶方》。　大腸下血：《經驗方》用槐花、荆芥穗等分，爲末。酒服一錢匕。○《集簡方》用柏葉三錢，槐花六錢，煎湯日服。○《袖珍》用槐花、枳殼等分，炒存性爲末。新汲水服二錢。　暴熱下血：生猪臟一條，洗净控乾，以炒槐花末填滿扎定，米醋砂鍋内煮爛，擂丸彈子大，日乾。每服一丸，空心當歸煎酒化下。《永類鈐方》。　酒毒下血：槐花半生半炒一兩，山卮子焙五錢，爲末。新汲水服二錢。《經驗良方》。　臟毒下血：新槐花炒研，酒服三錢，日三服。或用槐白皮煎湯服。《普濟方》。　婦人漏血：不止。槐花燒存性，研。每服二三錢，食前温酒下。《聖惠方》。　血崩不止：槐花三兩，黄芩二兩，爲末。每服半兩，酒一盌，銅秤錘一枚，桑柴火燒紅，浸入酒内，調服。忌口。《乾坤秘韞》。　中風失音：炒槐花，三更後仰卧嚼咽。危氏《得效方》。　癰疽發背：凡人中熱毒，眼花頭運，口乾舌苦，心驚背熱，四肢麻木，覺有紅暈在背後者。即取槐花子一大抄，鐵杓炒褐色，以好酒一盌汗之。乘熱飲酒，一汗即愈。如未退，再炒一服，極效。縱成膿者，亦無不愈。彭幸菴云：此方三十年屢效者。劉松石《保壽堂方》。　楊梅毒瘡：乃陽明積熱所生。槐花四兩略炒，入酒二盞，煎十餘沸，熱服。胃虚寒者勿用。《集簡方》。　外痔長寸：用槐花煎湯，頻洗并服之。數日自縮。《集簡方》。　疔瘡腫毒：一切癰疽發背，不問已成未成，但焮痛者皆治。槐花微炒、核桃仁二兩，無灰酒一鍾，煎十餘沸，熱服。未成者二三服，已成者一二服見效。《醫方摘要》。　發背散血：槐花、緑豆粉各一升，同炒象牙色，研末。用細茶一兩，煎一盌，露一夜，調末三錢傅之，留頭。勿犯婦女手。《攝生妙用方》。　下血血崩：槐花一兩，棕灰五錢，鹽一錢，水三鍾，煎減半服。《摘玄方》。　白帶不止：槐花炒、牡蠣煅等分，爲末。每酒服三錢，取效。同上。

葉　【氣味】苦，平，無毒。　【主治】煎湯，治小兒驚癇壯熱，疥癬及丁腫。皮、莖同用大明。　邪氣産難絶傷，及癮疹牙齒諸風，采嫩葉食孟詵。

【附方】舊二，新一。　霍亂煩悶：槐葉、桑葉各一錢，炙甘草三分，水煎服之。《聖惠方》。　腸風痔疾：用槐葉一斤，蒸熟晒乾研末，煎飲代茶。久服明目。《食醫心鏡》。　鼻氣窒塞：以水五升煮槐葉，取三升，下葱、豉調和再煎，飲。《千金方》。

枝　【氣味】同葉。　【主治】洗瘡及陰囊下濕痒。八月斷大枝，候生嫩蘖，煮汁釀酒，療大風痿痹甚效《别録》。　炮熱，熨蠍毒恭。　青枝燒瀝，塗癬。煅黑，揩牙去蟲。煎湯，洗痔核頌。　燒灰，沐頭長髮藏器。　治赤目、崩漏時珍。

【發明】頌曰：劉禹錫《傳信方》，著硤州王及郎中槐湯灸痔法甚詳。以槐枝濃煎湯先洗痔，便以艾灸其上七壯，以知爲度。王及素有痔疾，充西川安撫使判官，乘騾入駱谷，其痔大作，狀如胡瓜，熱氣如火，至驛僵仆。郵吏用此法灸至三五壯，忽覺熱氣一道入腸中，因大轉瀉，先血後穢，其痛甚楚。瀉後遂失胡瓜所在，登騾而馳矣。

【附方】舊五，新一。　風熱牙痛：槐枝燒熱烙之。《聖惠方》。　胎赤風眼：槐木枝如馬鞭大，長二尺，作二段齊頭。麻油一匙，置銅鉢中。晨使童子一人，以其木研之，至暝乃止。令仰卧，以塗目，日三度瘥。　九種心痛：當太歲上取新生槐枝一握，去兩頭，用水三大升，煎服一升，頓服。《千金》。　崩中赤白：不問遠近。取槐樹燒灰，食前酒下方寸匕，日二服。《深師方》。　胎動欲産：日月未足者。取槐樹東引枝，令孕婦手把之，即易生。《子母秘録》。　陰瘡濕痒：槐樹北面不見日枝，煎水洗三五徧。冷再暖之。孟詵《必效方》。

木皮根白皮　【氣味】苦，平，無毒。　【主治】爛瘡，喉痹寒熱《别録》。　煮汁，淋陰囊墜腫氣痛，煮漿水，漱口齒風疳䘌血甄權。　治中風皮膚不仁，浴男子陰疝卵腫，浸洗五痔，一切惡瘡，婦人産門痒痛，及湯火瘡。煎膏，止痛長肉，消癰腫大明。　煮汁服，治下血蘇頌。

【附方】舊四，新二。　中風身直：不得屈申反復者。取槐皮黄白者切之，以酒或水六升，煮取二升，稍稍服之。《肘後方》。　破傷中風：避陰槐枝上皮，旋刻一片，安傷處，用艾灸皮上百壯。不痛者灸至痛，痛者灸至不痛，用火摩之。《普濟》。　風蟲牙痛：槐樹白皮一握切，以酪一升煮，去滓，入鹽少許，含漱。《廣濟方》。　陰下濕痒：槐白皮炒，煎水日洗。《生生方》。　痔瘡有蟲：作痒，或下膿血。多取槐白皮濃煮汁，先熏後洗。良久欲大便，當有蟲出，不過三度即愈。仍以皮爲末，綿裹納下部中。《梅師方》。　蠼螋惡瘡：槐白皮醋浸半日，洗之。孫真人《千金翼》。

槐膠　【氣味】苦，寒，無毒。　【主治】一切風，化涎，肝臟風，筋脉抽掣，及急風口噤，或四肢不收頑痹，或毒風周身如蟲行，或破傷風，口眼偏斜，腰背强硬。任作湯、散、丸、煎，雜諸藥用之。亦可水煮和藥爲丸《嘉祐》。　煨熱，綿裹塞耳，治風熱聾閉時珍。

槐耳見菜部木耳。

題明·薛己《本草約言》卷二《藥性本草》　槐花　味苦，氣平，寒，無毒。陰也，降也。濕鬱熱而生蟲，大腸癖而為痔，風内搏而下血，熱内擾而成痢。亦治婦人崩血不止。炒黄用，能凉大腸熱，理腸風瀉血，止痔血，併赤白痢，胃脘痛，亦殺蟲及皮膚風。初起腫毒，用淨槐花四五兩炒，用頭生酒一二碗煎，熱服，得汗即效。

明·佚名氏《醫方藥性·草藥便覽》　槐角花　其性涼。止嗽，去瘡風，解毒。

明·梅得春《藥性會元》卷中　槐花　味苦，無毒。　治五痔心痛，眼赤，殺五臟蟲及熱，去皮膚風，並腸風瀉血，赤白痢疾，俱炒用。　葉：煎湯，治小兒驚癇壯熱，疥癬及疔腫。皮、莖同槐花。染家作色。採時收其未開含蘤，煮一沸出之。　製法：　槐實，銅搥碎之，用烏牛乳拌一宿，在十月以上採。

明・梅得春《藥性會元》卷中　槐角實　味苦、酸、鹹，無毒。景天為使。主治五內邪氣之熱，止口流痰唾之涎；補絕傷而醫五痔，催生產而療火瘡。婦人乳瘕可治，子臟急痛能痊。男婦陰瘡濕痒，產門痒痛堪瘳。久服明目，補腦益氣，鬚髮不白，亦且延年。若用催生墮胎，只吞七粒即下。　枝：　煎湯洗諸瘡，陰囊下濕痒。　皮：　治爛瘡。　根：　治寒熱。　膠：　主治一切風，化涎，肝臟風，筋脉抽掣，及小兒急驚風、口噤，或四肢不收，頑痹，並毒風周行如蟲行，及破傷風，口眼喎斜，腰背強硬。任作湯、丸煎服。　凡使，採揀去單子及五子者，只用兩三子者佳。

明・李中立《本草原始》卷四　槐　始生河南平澤，今處處有之。其木有極高大者。按《爾雅》槐有數種，葉大而黑者名櫰槐，晝合夜開者名守宮槐，葉細而青綠者但謂之槐。其功用不言有別。四月、五月開黃花，六月、七月結實。七月七日采嫩實搗汁作煎，十月采老實入藥。皮、根采無時。按《周禮》外朝之法，面三槐，三公位焉。王安石釋云：　槐黃，中懷其美，故三公位之。吳澄注云：　槐，懷也，可以懷來遠人。《春秋元命包》云：　槐之為言歸也。古者樹槐，聽訟其下，使情歸實也。一云：　槐，虛星之精，葉密而黑，晝合夜開，故從鬼。

槐實：　氣味：　苦，寒，無毒。俗呼槐角子。又呼槐豆。景天為之使。主治：　五內邪氣熱，止涎唾，補絕傷，火瘡，婦人乳瘕，子臟急痛。○久服明目益氣，頭不白，延年。治五痔瘡瘻，以七月七日取之，擣汁，銅器盛之，日煎，令可丸如鼠屎，納竅中，日三易，乃愈。又墮胎。○治大熱難產。○殺蟲去風，合房陰乾煮飲。明目，除熱淚，頭腦心胸間熱風煩悶，風眩欲倒，心頭吐涎如醉，瀁瀁如舡車上者。○治丈夫女人陰瘡濕痒。催生，吞七粒。○疏導風熱。○治口齒風，涼大腸，潤肝燥。

槐花：　氣味：　苦，平，無毒。主治：　五痔，心痛，眼赤，殺腹臟蟲，及皮膚風熱，腸風瀉血，赤白痢，並炒研服。○涼大腸。○炒香頻嚼，治失音喉痹。又療吐血衄血，崩中漏下。

葉：　氣味：　苦，平，無毒。主治：　煎湯，治小兒驚癇壯熱，疥癬及丁腫。皮、莖同用。邪氣產難絕傷，及癮疹，牙齒諸風，采嫩葉食。

枝：　主治：　洗瘡及陰囊下濕痒。八月斷大枝，候嫩蘖，煮汁釀酒，療大風痿痹甚效。○炮熱熨蠍毒。○青枝燒瀝塗癬。煅黑揩牙去蟲。煎湯，洗痔核。○燒灰沐頭，長髮。○治赤目，崩漏。

槐，《本經》上品。【圖略】　槐實凡采得，只取兩子、三子者，待乾，以銅鎚鎚破，用烏牛乳浸一宿，蒸用。　槐花未大開采收，陳者良。入藥炒用。花未開者為槐子，染家水煮染色。

《和劑局方》槐角丸：　治五種痔漏，腸風下血，脫肛，槐角去梗炒一兩，地榆、當歸酒焙，防風、黃芩、枳殼麸炒各半兩，為末，酒糊丸梧子大，每服五十丸，米飲下。　《別錄》曰：　槐實，酸、鹹。　好古曰：　純陰，肝經氣分藥也。元素曰：　槐花味厚氣薄，純陰也。時珍曰：　味苦，色黃，氣涼，陽明、厥陰血分藥也。　《朱氏集驗方》：　治舌衄出血，槐花末，傅之即止。　槐子：　臣。

明・張懋辰《本草便》卷二　槐實臣　味苦、酸、鹹，氣寒，無毒。　主五內邪氣熱，止涎唾，補絕傷，五痔火瘡，婦人乳瘕，子藏急痛，又墮胎催生，陰瘡濕痒，產門痒痛，補腦益氣，頭不白，延年。　槐枝洗瘡及陰囊下濕癢。○槐白皮味苦，主中風，皮膚不仁，男子陰疝卵腫，婦人產門痒痛，小兒驚癇壯熱。莖葉同。又治一切惡瘡，爛瘡癬疥，煎膏止痛長肉，消癰腫。○槐花味苦，涼大腸熱，治五痔，心痛眼赤，殺腹藏蟲及熱，治皮膚風，并腸風瀉血，赤白痢，竝炒用。○槐膠主一切風，化涎，急風口噤，或四肢不收，頑痹，或毒風，周身如蟲行，或破傷風，任作湯散丸煎，雜諸藥用之，亦可水煮，和諸藥爲丸。

明・盧復《芷園臆草題藥》　槐葉　有名守宮，晝合夜開，是得氣于陰。槐字從鬼，鬼為陰之靈。冬鑽其火，冬亦時之陰，故入五內，入血分，入隱辟之地。有取北面不見日枝，及三更仰臥，咀嚼藥者，真得其竅也。若凡氣得出而不得入，陰能闔而不能開者，舍此無繇矣。

明・李中梓《藥性解》卷五　槐實　味苦、酸、鹹，性寒，無毒，入心、肝、大腸三經。主五內邪熱，腸風五痔，湯火傷瘡，男子囊墜腫痛，陰瘡濕癢，婦人陰中痛癢，崩中漏下，明目補腦，殺蟲去風，黑髮延年。酒服能催生墮胎。枝，耑主洗濕熱諸瘡，治九種心疼。皮，主中風拘攣，齒痛疳䘌，消癰解毒，止痛長肉。膠，主肝臟風，筋脉抽掣，及急風口噤，四肢不收，或毒風周身如蟲行，破傷危急。花與實同功，又主心痛及疔腫熱毒，赤白下痢，小兒驚癇，景天為使。　按：槐實之苦，能泄心火，酸寒之性，能伐肝經。《經》曰：酸苦湧泄為陰，其功主降，故又入大腸，以理下焦諸症，且催產難，夫蟲之生也因於濕，風之生也因於熱，濕熱既去，又奚庸虞。花枝皮葉，主治大同小異，久為痔瘡要藥。

明·繆希雍《本草經疏》卷一二　槐實　味苦、酸、鹹，寒，無毒。主五內邪氣熱，止涎唾，補絕傷，五痔，火瘡，婦人乳瘕，子藏急痛。以七月七日取之，擣取汁，銅器盛之，日煎令可作丸，大如鼠屎，內竅中，三易乃愈。又墮胎。久服明目益氣，頭不白，延年。枝：主洗瘡及陰囊下濕癢。皮：主爛瘡。根：主喉痹寒熱。花：苦平，無毒。主五痔，心痛，眼赤，殺腹藏蟲及熱，治皮膚風，併腸風瀉血，赤白痢，竝炒服。葉：平，無毒。煎湯治小兒驚癇壯熱，疥癬及疔腫。

【疏】槐實感天地陰寒之氣，而兼木與水之化，故其味苦氣寒而無毒。《別錄》益以酸鹹，宜矣。入手、足陽明，兼入足厥陰經。其主五內邪氣熱者，乃熱邪實也。涎唾多者，脾胃有熱也。傷絕之病，其血必熱。五痔由於大腸火熱。火瘡乃血為火傷。婦人乳瘕，肝家氣結血熱所成。子藏急痛，由於血熱燥火。槐為苦寒純陰之藥，為涼血要品，故能除一切熱，散一切結，清一切火。如上諸病莫不由斯三者而成，故悉主之。久服明目益氣，頭不白，延年者，血分無熱，則目自明矣。熱能傷氣，除火熱則氣自益矣。涼血則髮不白，熱去則陰精不損，故引年也。其花味以苦勝，故除手足陽明、足厥陰諸熱證尤長耳。　【主治參互】《外臺秘要》療蚘蟲心痛，取槐樹上木耳燒灰，末如棗許，正發和水服。若不止，飲熱水一升，蚘蟲出。《千金方》療胎赤眼，取槐枝如馬鞭大，長二尺，作二段，齊頭，麻油一匙置銅缽內，晨使童子一人，以其木研之，至暝乃止，令仰臥以塗兩眼眦，日三度差。古方：以子入冬月牛膽中漬之，陰乾百日，每日吞一粒。久服明目通神，白髮還黑。有痔及下血者，尤宜服之。《千金方》治九種心痛：當太歲上取新生槐枝一握，去兩頭，水三大升，煎取一升，頓服。《千金翼》治蠼螋瘡，槐白皮醋浸半日，洗之。及諸惡瘡。《肘後方》療腸痔，大便常下血：槐樹上木耳，取末，飲方寸匕，日三服。《經驗方》治野雞痔，用槐柳枝煎湯洗痔上，便以艾灸之，七壯。又方，治下血，槐花、荊芥穗等分，為末。酒調下一錢匕。《梅師方》治痔有蟲作癢，或下膿血：多取槐白皮，濃煎汁，安盆內，先熏後洗，良久，欲大便當有蟲出，不過三度即愈。仍以其皮為末，綿裹內下部。孟詵《必效方》療陰瘡濕癢，槐樹北面不見日枝，煎水洗三五遍，冷再暖之。《太清草木方》云：槐者，虛星之精。以十月上巳日採子服之，去百病，長生通神。又《梁書》言：庾肩吾常服槐實，年七十餘，髮鬢皆黑，目看細字，亦其驗也。《外臺秘要》療內外痔：用槐角子一斗，擣汁曬稠，取地膽為末，同擣丸梧子大。每服十丸，兼作挺子內下部。或以苦參末代地膽亦可。《聖濟總錄》治目熱昏暗：槐子、黃連各二兩，為末，蜜丸梧子大。每漿水下二十丸，日二服。楊梅毒瘡乃陽明積熱所生。《集簡方》用槐花四兩略炒，入酒二盞，煎十餘沸，熱服。胃虛寒者勿服。《醫方摘要》療疔瘡腫毒，一切癰疽，不問已成未成，但焮痛者，皆用槐花微炒，核桃仁二兩，無灰酒一鍾，煎十餘沸熱服。未成者二三服，已成者一二服見效。《摘玄方》治白帶，槐花炒、牡蠣煅等分，為末，酒服三錢。《聖惠方》治風熱牙痛，槐枝燒熱烙之。《普濟方》療破傷風，用避陰槐枝上皮，旋刻一片，安傷處，用艾灸皮上百壯。不痛灸至痛，痛者灸至不痛，用火摩之。《生生方》治陰下濕癢，槐白皮炒，煎水日洗。【簡誤】槐性苦寒而屬純陰，病人虛寒，脾胃作泄及陰虛血熱而非實熱者，外證似同，內因實異，即不宜服。

明·倪朱謨《本草彙言》卷九　槐花　味苦，氣寒，無毒。入手陽明、足厥陰經。

寇氏曰：未開時采收，貯陳久者良。入藥宜微炒用。染家以水煮一沸，出之，其稠滓爲餅，曬乾，染色更鮮也。

槐花：涼大腸，李時珍清血熱之藥也。方吉人稿張元素方治腸風瀉血，濕熱便紅，氣痔、酒痔、蟲痔、脉痔，總因濕熱下干大腸血分，必須用之。如瀕湖方稱治赤白痢疾，往往用此取效，亦其意耳。然苦寒下降，如脾弱胃寒之人，宜斟酌行之。

集方：普濟方治腸風瀉血。用槐花炒、研細末，每服三錢，早晚食前白湯調服。或用槐白皮煎湯亦可。○月坡《醫集》治酒毒下血。用槐花炒微焦一兩，黑山梔五錢，共爲末。每早食前服二錢，白湯調服。○杜氏家抄治諸痔出血。用槐花二兩，地榆、蒼朮各一兩五錢，甘草一兩，俱微炒，研爲細末。每早晚各食前服二錢。氣痔，因勞損中氣而出血者。人參湯調服。酒痔，因酒積毒過多而出血者。陳皮乾葛湯調服。蟲痔，因痒而內有蟲動出血者。烏梅湯調服。脉痔，因勞動有傷痔竅，血出遠射如綫者。阿膠湯調服。〇治赤白痢疾。用槐花微炒三錢，白芍藥炒二錢，枳殼麸炒一錢，甘草五分，水煎服。

槐葉：味苦，氣平，無毒。孟氏方煎湯浴小兒疥癬。漱大人齒牙風痛。又濃煎汁飲，治産難氣隔不下。

槐枝：味苦，氣平，無毒。《別錄》方療大風痿痹，釀酒飲之；蘇氏方治陰囊濕癢，痔瘡膿血，煎湯洗之；《聖惠方》治崩漏暴下血，炒熱腹上熨之；陳氏方治疥癬，定癢止痛，燒瀝塗之；三丰方治齒牙，去風殺蟲，止痛，煅灰揩之。

槐木皮、根白皮：俱味苦，氣平，無毒。《別錄》方煎湯洗一切爛瘡，陰囊濕癢，陰疝核腫，諸般痔瘻及婦人産門痛癢。又煎汁飲，治中風身强不能屈伸，四肢痿痹，腰膝疼痛諸疾。

王太和先生曰：槐之一物，分類有六，而治病凡二十，總不外清火、散結、去風、收濕、活血，五事而已。其花色黄五瓣，意在斯乎？

明・倪朱謨《本草彙言》卷九 槐實 味苦，氣寒，無毒。沉也，降也。入手足陽明，兼入足厥陰經。《別錄》曰：槐，生河南平澤。蘇氏曰：今南北處處有之。陳氏曰：小枝攢攢，垂布如蓋。其木不甚高，其葉青緑而細。有葉大而黑者，名櫰槐。葉晝合夜開者，名守宫槐。李氏曰：槐之初生，季春五日而兔目，浹旬而鼠耳，更旬而始規，再旬而葉成。四五月開頳黄花，六七月結實，黑褐，作莢如連珠，奇數者爲勝。花未開時，狀如粟粒，采取煎汁染黄色，甚鮮明而美。初生嫩芽，摘之曬乾，可代茶。如煠熟水淘過，拌油醬可充蔬食，謂之槐羹，西人好食之。折之插園圃，亦可生活。《禮》《書》以世胄之家，門庭多植之。雷氏曰：入藥用實，取莢中奇數者，以銅錘搥碎，微炒用。

槐實：凉大腸，李東垣潤肝燥之藥也。門吉氏稿故陳氏方主五痔下血，腸風瀉血，赤痢毒血，小便尿血，崩淋下血，及吐血咯血、嘔血唾血，或鼻衄齒衄、耳衄舌衄。又肝熱風燥，赤眼腫痛。凡諸燥火動血爲患，悉宜用之。此劑但苦寒純陰，如脾胃虚寒之人，時有泄瀉之證，或陰虚血熱，而見以上諸證，而非實熱者；或外象似同，内因實異者，切宜忌服。

吴梅坡先生曰：槐感天地陰寒之氣，而兼木水之化，况晝合夜開，是得氣于陰。槐字從鬼，鬼爲陰之精。冬取其火，冬亦時之陰，故前古主五内邪熱，氣入血分，入隱僻之地，爲凉血要品。血不熱則陰自足，目疾與痔證交相愈矣。

集方：《外臺秘要》治内外痔瘡。用槐角子一斗，搗汁，曬稠，或慢火熬稠，以苦參數兩切碎，微炒研爲末，和爲丸，梧子大。每服五十丸，白湯下。兼作挺子納下部。〇《和劑局方》治五種腸風瀉血：糞前有血名外痔，糞後有血名内痔，大腸不收名脱肛，穀道四面努肉如碎奶頭，名鼠奶痔，大者名牛奶痔，頭上有孔名瘻瘡，内有蟲名蟲痔。并皆治之。用槐角子去梗四兩炒，地榆、當歸酒洗炒，枳殼麸拌炒，防風、黄芩炒，各一兩，爲末，酒糊丸，梧子大。每服百五十丸，米湯下。〇家抄治赤痢毒血。用槐角子四兩酒洗炒，白芍藥二兩醋炒，木香五錢焙，共爲末。每早服三錢，白湯調下。〇楊氏《簡易方》治小便尿血。用槐角子三錢，車前、茯苓、木通各二錢，甘草七分，水煎服。〇陳氏《産寶》治婦人崩淋下血。用槐角子八兩，酒洗炒，丹參四兩，醋拌炒，香附二兩，童便浸炒，共爲末，飴糖爲丸，梧子大。每早服五錢，米湯下。〇柳氏集治吐血、咯血、嘔血、唾血，或鼻衄、齒衄、舌衄、耳衄。用槐角子八兩，麥門冬去心五兩，用淨水五十大碗，煎汁十五碗，慢火熬膏。每早午晚各服三大匙，白湯過下。〇《聖濟錄》治赤眼腫痛昏暗。用槐角子二兩，川黄連五錢，白芍藥一兩，俱酒洗炒。研爲末，蜜丸梧子大。每晚服百丸，白湯下。〇《外科摘要》治惡瘡腫毒，一切癰疽，不問已成未成，但焮痛者。用槐花微炒，胡桃肉湯泡去皮、各一兩，無灰酒二碗，煎十餘沸。隨量熱服。未成者，一二服；已成者，二三服，即效。〇劉氏《傳信方》治痔瘡如桃，或行役過勞，或乘驢馬，有傷其痔，大作腫脹、突出，寒熱，僵卧不能行動。以槐枝濃煎湯，洗淨痔上，以艾壯如痔頭大，炙二七，或二七壯，漸消。

明・姚可成《食物本草・救荒野譜補遺・木類》 槐樹葉食葉。處處有之。二三月生芽，可食救荒。或以槐子種畦中，采苗食之。

槐陰庭院膏粱足，窮檐餉午炊無粥。窺得豪門槐葉青，摘來母子充枵腹。

明・姚可成《食物本草》卷二〇木部・喬木類 槐處處有之。四五月開黄花，六七月結實，七月七日采嫩實搗汁作煎，十月采老實入藥。○李時珍曰：槐之生也，季春五日而兔目，十日而鼠耳，更旬而始規，二旬而葉成。初生嫩葉可煠熟，水淘過食，亦可作飲代茶。或采槐子種畦中，采苗食之亦良。其花未開時，狀如米粒，炒過煎水染黃甚鮮。其實作莢連珠，中有黑子。《周禮》：秋取槐、檀之火。《淮南子》：老槐生火。《天玄主物簿》云：老槐生丹。槐之神異如此。

槐葉　味苦，平，無毒。采嫩芽食之。治邪氣產難絕傷及癮疹，牙齒諸風。煎湯治小兒驚癇，壯熱，疥癬及丁腫。

枝　洗瘡及陰囊下溼痒，八月斷大枝，候生嫩蘖，煮汁釀酒，療〔大〕風痿痹甚效。蘇頌曰：劉禹錫《傳信方》著硤州王及郎中槐湯灸痔法甚詳。以槐枝濃煎湯先洗痔，便以艾灸其上七壯，以知為度。王及素有痔疾，充西川安撫使判官，乘騾入駱谷，其〔痔〕大作，狀如胡瓜，熱氣如火，至驛僵仆。郵吏用此法灸至三五壯，忽覺熱氣一道入腸中，因大瀉，先血後便，其痛甚楚。瀉後遂失胡瓜所在，登騾而馳矣。

槐實　味苦，寒，無毒。主五臟邪熱，久服明目益氣，頭不白，延年。治五痔瘡瘻，以七月七日取之，搗汁銅器盛。日煎令可丸如鼠屎，納竅中，日三易乃愈。又能墮胎及催生。陶弘景曰：槐子以十月巳日采相連多者，新盆盛，合泥百日，皮爛為水，核如大豆。〔服〕之令腦滿，髮不白而長生。蘇頌曰：折嫩槐角作湯代茗，主頭風，明目補腦。水吞黑子以變白髮。扁鵲明目返老還童法：十月上巳日，取槐子去皮，納新甕中，封固二七日。初服一枚，再服二枚，日加一枚。至十日，又從一枚起，終而復始。令人可夜讀書，延年益氣力。○李時珍曰：按《太清艸木方》云：槐者虛星之精。十月上巳日采子服之，去百病，長生通神。《梁書》言庾肩吾常服槐實，年七十餘，髮鬢皆黑，目看細字，亦其驗也。

花　味苦，平，無毒。治五痔，心痛目赤，涼大腸，殺腹臟蟲及皮膚風熱，腸風瀉血，赤白痢，竝炒研服。又炒香頻嚼，治失音及喉痹。又療吐血、衄血、血崩。

木皮、根白皮　治中風、皮膚不仁。浴男子陰疝卵腫，浸洗五痔，一切惡瘡，婦人產門痒痛。煮汁漱口齒風疳䘌血。

槐膠　治一切風，筋脈抽掣及急風口噤，或四肢不收，頑痹，或周身如蟲行。

附方：槐角丸，治五種腸風瀉血。糞前有血名外痔，糞後有血名內痔，大腸不收名脫肛，穀道四面弩肉突出名舉痔，頭上有孔名瘻瘡，內有蟲名蟲痔，竝皆治之。槐角去梗炒一兩，地榆、當歸酒焙，防風、黃芩、枳殼、麩炒各半兩，為末，酒糊丸梧子大。每服五十丸，米飲下。治脫肛。槐角、槐花各等分，炒為末，用羊血蘸藥炙熟食之，以酒送下。猪腰子去皮蘸炙亦可。

明・顧逢柏《分部本草妙用》卷一肝部・寒補　槐實　苦寒，無毒。景天為使。取兩子、三子者，搥破，牛乳浸蒸用。主治：明目益氣，黑髮延年。治五痔瘡瘻，大熱難產，殺蟲去風，頭腦心胸間熱風煩悶。治男女陰瘡濕癢，涼大腸，潤肝燥。按：槐實，純陰，肝經氣分藥也。為虛星之精。十月上巳日采子，服之去百病，長生通神。有痔病、腸風毒下血者，尤宜服之。花，治五痔，心痛，殺腹蟲，皮膚風熱，腸風瀉血，赤白痢。竝炒研服。更治吐衄血，崩漏。

明・李中梓《醫宗必讀・本草徵要下》　槐花味苦、酸，寒，無毒。入肝、大腸二經。含蕊而陳久者佳。微炒。　止便紅，除血痢，咸藉清腸之力；療五痔，明眼目，皆資滌熱之功。子名槐角，用頗相同。兼行血而降氣，亦催生而墮胎。枝主陰囊濕癢，葉醫疥癬疔疽。感天地陰寒之氣，而兼木與水之化，故為涼血要品。血不熱則陰自足，目疾與痔證交愈矣。按：槐性純陰，虛寒者禁用，即虛熱而非實火者亦禁之。

明・鄭二陽《仁壽堂藥鏡》卷二　槐實　味甘、酸、鹹，寒，無毒。《珍》云：與桃仁治證同。《藥性論》云：臣。治大熱難產。皮煮汁，淋陰囊墜腫、氣瘤。又，槐白皮治口齒風疳。日華子云：槐子，治丈夫、女人陰瘡濕痒。催生，吞七粒。皮，治中風皮膚不仁。喉痹，洗五痔，產門痒痛，及湯火瘡。煎膏，止痛，長肉，消癰腫。《別錄》云：八月斷槐大枝，使生嫩蘖，煮汁釀酒，療大風痿痹甚效。槐耳：主五痔，心痛，女人陰中瘡痛。景天為之使。槐花：味苦，無毒。治五痔，心痛，眼赤。殺腹臟蟲及熱，治皮膚風，腸風瀉血，赤白痢。槐膠：主一切風，化痰，治肝臟風，筋脈抽掣，急風口噤，四肢不收，頑痹。或毒風，周身如蟲行，或破傷風，口眼偏斜，腰膝強硬。槐葉：平，無毒。煎湯，洗小兒驚疳壯熱，疥癬丁瘡。皮、莖同用良。《產寶》云：療崩中不止，槐實燒灰存性為末，以酒服二錢。槐花：苦薄，陰也。《珍》云：涼大腸熱。《本草》云：殺腹藏蟲，并腸風瀉血，赤白痢。

明・蔣儀《藥鏡》卷四寒部　槐實　清血受火傷，而崩中痔漏，腸風便血皆治。除內熱邪實，而婦人乳瘕，子藏急痛咸痊。枝洗濕癢之陰囊，膠藥肝風之筋掣。瘡爛皮治，喉痹根醫。花主熱痢殺蟲，葉主驚癇癖瘇。

明・張景岳《景岳全書》卷四九《本草正》　槐蕋　味苦，性寒。清心、肺、脾、肝、大腸之火，除五內煩熱，心腹熱疼。療眼目赤痛熱淚。炒香嚼嚥，治失音喉痹。止吐血衄血，腸風下血，婦人崩中漏下，及皮膚風熱。涼大腸，殺疳蟲。治癰疽瘡毒，陰瘡濕癢，痔漏。解楊梅惡瘡，下疳伏毒，大有神效。

明・賈九如《藥品化義》卷二血藥　槐花　屬陰，體輕，色淡黃，氣和，味苦，性寒，能沉，力涼血，性氣薄而味厚，入肺大腸二經。　槐花二三月萌蕊，四五月開放，從木令生，而成於火月。火性味苦，苦能直下，且味厚能沉，主清腸紅下血，痔瘡腫痛，臟毒淋瀝，此涼血之功，獨在大腸也。大腸與肺為表裏，能疏皮膚風熱，是泄肺金之氣也。　揀淨花子，略炒黑用。

明・盧之頤《本草乘雅半偈》帙二　槐實《本經》上品　氣味：苦平，無毒。　主治：主五內邪氣熱，止涎唾，補絕傷，五痔火瘡，婦人乳瘕，子藏急痛。

覈曰：生河南平澤，近道亦有。小枝攢箸，垂布如蓋。垂布有如鈎之象。其葉青綠而細，葉大而黑者，名櫰槐；葉晝合夜開者，名守宮槐。葉之初生，季春五日而兔目，浹旬而鼠耳，更旬而始規，再旬而葉成。四五月開赭黃花，六七月結黑褐實，作莢如連珠奇數者為貴。花未開時，狀如粟粒，采取煎汁染黃，色甚鮮美。修事：用銅鎚搥破，烏牛乳浸一宿，蒸一伏時，晒乾收用。

先人云：槐實，一名守宮。晝合夜開，是得氣于陰。槐字從鬼，鬼為陰之靈。冬鑽其火，冬亦時之陰。故入五藏，入血分，入隱僻之地。有取北面不見日枝，及三更仰臥咀嚼者，真得其竅。若氣得出而不得入，陰能闔不能開，舍此無繇矣。

条曰：冬取槐檀之火，槐當入腎，宜乎偏向于右，右為命門火藏故也。右腎命門火也，當用老槐之實矣。然則槐之火若龍之火歟。《淮南子》云：老槐生火，誠極陰生陽之象爾。亦可入肝，槐性暢茂，葉尤可玩，嘗有香氣，宛爇松風，是得木體之柔，誠腎肝之用。莊周云：水中有火，乃焚大槐。故從治壯火之侵淫膚肉，五內之真火息而邪火熾。《釋木》云：槐葉晝聶夜炕。晝炕而聶，夜聶而炕，互呈開闔之樞鍵也。故從治太陰開折之不能從闔，而涎唾妄泄，厥陰闔折之不能轉開，而乳瘕急痛，及風鬱于中，而蟲蝕成痔也。則凡能開不能闔，能闔不能開者，莫不迎刃而解。設或差池，未有不反實其實，虛其虛者矣。

明・李中梓《本草通玄》卷下　槐子　苦，寒，純陰，肝經氣分藥也。主清熱去濕，故可療痔殺蟲，明目固齒，腸風陰瘡，吐衄崩帶。

清・顧元交《本草彙箋》卷五　槐花合槐實。　槐花，二三月萌蕋，四五月開放。生於木，而成於火。火性味苦，苦能直下，且味厚能沉，主清腸紅下血，痔瘡腫痛，臟毒淋漓，此涼血之功，獨在大腸。其能疏皮膚風熱者，大腸與肺爲表裏，是泄肺金之氣也。

槐實純陰，肝經氣分之藥。治證與桃仁同。其止涎唾，補絕傷者，脾胃有熱則涎唾多，傷絕之病，其血必熱。至若婦人乳瘕之由於肝家氣結血熱，子藏急痛之由於血熱火燥，宜皆用槐實，爲除熱散結，清火之品。然則槐實亦血分藥，不獨氣分矣。

按：槐爲虛星之精，以十月上巳日採子，服之去百病，長生通神。又《梁書》言庾肩吾常服槐實，年七十餘，髮鬢皆黑，目能細書。大抵血涼則髮不白，熱去則陰精不損，故目亦明。況原肝經藥也。但如病人虛寒，脾胃作泄，及陰虛血熱，而非實熱者，便宜禁之。

有痔及下血，用槐角子，入冬月牛膽中漬之，陰乾百日，每日吞一粒。予近得驗方，用黑牛膽五枚，俱實以槐子，陰乾，連膽搗丸，日服一二錢，鹽湯送下，得愈。按糞前有血名外痔，糞後有血名內痔，大腸不收名脫肛，穀道四面胬肉如奶名舉痔，頭上有孔名瘻瘡，內有蟲名蟲痔，前方並治之。　又方：槐樹木耳，取末，飲方寸匕，日三服。予又有秘方，治痔漏歷驗。內用木耳，從肆中市來者，若專用槐耳和入，當更奇驗。　楊梅毒瘡乃陽明積熱，用槐花四兩，略炒，入酒二盞，煎十餘沸，熱服。　疔瘡腫毒，但焮痛者，用槐花微炒，桃仁二兩，無灰酒一鍾，煎十餘沸，熱服。未成者二三服，已成者一二服見效。　白帶，槐花炒，牡蠣煅，等分爲末，酒服三錢。

清・穆石匏《本草洞詮》卷一一　槐槐實、槐花、槐枝　《太清草木方》云：槐者，虛星之精也。槐實苦酸鹹，寒，無毒。入肝經氣分。治五內邪熱，止涎唾，補絕傷，婦人乳瘕，子臟急痛，殺蟲去風，涼大腸，潤肝燥。扁鵲明目方：十月上巳日，取槐子去皮，納新瓶中，封口二七日，初服一枚，再服二枚，日加一枚，至十日又從一枚起，終而復始，令人可夜讀書，延年，益氣力，長生通神。《梁書》言：庾肩吾常服槐實，年七十餘，鬚髮皆黑，夜看細字。古方以子入冬日牛膽中漬之，陰乾百日，每食後吞一枚，明目通神，白髮還黑，有痔及下血者尤宜服之。槐花苦，平，無毒。入陽明、厥陰血分。治五痔，心痛，眼赤，殺腹臟蟲，及皮膚風熱，腸風瀉痢。炒香頻嚼，治失音及喉痹，療吐衄崩漏。槐枝洗瘡，及陰囊下濕癢；煮汁釀酒，療大風痿痺。青枝燒瀝塗癬，煅黑揩牙去蟲；煎湯洗痔，燒灰沐頭長風。劉禹錫載：槐湯灸痔法，以槐枝濃煎湯，先洗痔，便以艾灸其上，七壯，以知為度。一人有痔疾，乘騾入駱谷，其痔大作，狀如胡瓜，熱氣如火，至驛僵仆。郵吏用此法灸至三五壯，忽覺熱氣一道入腸中，因大轉瀉，先血後穢，其痛甚楚，瀉後遂失胡瓜所在，登騾而馳矣。

清・劉雲密《本草述》卷二三　槐　處處有之。四五月開赭黃花，六七月結黑褐實，作莢如連珠，奇數者為貴。花未開時狀如粟粒，采取煎汁，染黃色甚鮮美。

槐實即俗所呼槐角。《衍義》云：槐實止言實。今當分為二，實本出莢中，若搗莢作煎者，當言莢也。莢中子大如豆，堅而紫色者，實。今不析出莢與子，何以分別用之？然要皆疎導風熱。

氣味：苦，寒，無毒。《別録》曰：酸，鹹。

主治：潤肝燥，疎導風熱，久服益氣。合房陰乾煮飲，明目除熱淚，頭腦心胸間熱風煩悶，風眩欲倒，心頭吐涎如醉，瀁瀁如船車上者。并治口齒風，涼大腸，治五痔瘡瘻。好古曰：槐實純陰，肝經氣分藥也。治證與桃仁同。頌曰：折嫩房角作湯代茗，主頭風，明目，補腦。時珍曰：古方以子入冬月牛膽中漬之，陰乾百日，每食後吞一枚，云久服明目通神，白髮還黑，有痔及下血者尤宜服之。希雍曰：槐實感天地陰寒之氣，而兼木與水之化，故其味苦氣寒而無毒。《別録》益以酸鹹，宜矣。入手、足陽明，兼入足厥陰經，為苦寒純陰之藥，為涼血要品。

槐花：氣味：苦，平，無毒。潔古曰：味厚氣薄，純陰也。

主治：涼大腸，治腸風瀉血，五痔便血，血痢，並崩中漏下，並治胃脘卒痛，殺腹臟蛔蟲。時珍曰：槐花味苦色黃氣涼，陽明、厥陰血分藥也。故所主之病，多屬二經。希雍曰：花味以苦勝，故除手足陽明、足厥陰諸熱尤良。

附方　大腸下血，用槐花、荊芥穗等分，為末，酒服一錢匕。又方：用柏葉三錢，槐花六錢，煎湯，日服。又方：用槐花、枳殼等分，炒存性，為末，新汲水服二錢。血崩不止，槐花三兩，黃芩二兩，為末，每服半兩，酒一盌，銅秤錘一枚，桑柴火燒紅，浸入酒內，調服。忌口。下血血崩，槐花一兩，椶灰五錢，鹽一錢，水三鍾，煎減半服。

愚按：疎風之劑多燥血，涼血之味未必能疎風，何以涼血疎風，槐之花實兼有哉？蓋其氣寒味苦，兼有酸鹹。夫苦鹹應入血分。藏血者，肝也。況酸以導之，更合於寒，固是入肝涼血之劑。而好古乃以為肝經氣分藥，其義大可參也。《周禮》四時取火，冬取槐檀。《淮南子》云：老槐生火。《天玄主物簿》云：老槐生丹。然則花與實皆曰純陰者，固純乎陰之為用，以成其陽之能化也，所以涼血熱，即以疎導風熱。風木出地，原乘陰以出而達乎陽者也。不然，即如槐實之用，何以上而至於極頂，能補腦去頭風更明目乎？是《別録》所謂益氣，良不謬也。若然，是乃足厥陰正劑，何能涼大腸如腸風諸患皆療也？曰：乙與庚合，是足厥陰之所首及者，雖然，試取涼血諸味相較，則此味不獨乙庚相合，蓋先有金木相媾之義焉。曰：諸陰不至於首，唯厥陰與督脈會於巔，以其陰中有陽也。督為陽氣之元，肺為陽氣之主，風淫為邪，乃陽之戾氣也。如血涼而風靜，是陰中真陽與天氣合和，所以補腦去頭風更明目也。茲味能由木而上媾於金矣，肺大腸固為表裏，此乙庚相合之用，更為親切，不同於他涼血者也。有因風鬱於胃以為大腸病者，其(病)謂何？曰：肝，乙木也，屬風升，風升之氣鬱於胃而不得達，則應歸於大腸以為病。蓋乙庚原相合，故病及之，況足陽明與手陽明更相上下乎？風病則血病，風之鬱者其本，至血燥以為病者其標也。此亦不宜純用寒劑，蓋風升之氣即元氣故耳。夫肝血熱甚，則風迸入腸胃，以此對待而思其功，其益歸於二陽明，況於乙庚之合者乎？抑功歸二陽明，其義若何？曰：陽明燥金也。燥者，陰欲達而不即達也。風歸腸胃，則益其燥，在大腸之主津者尤病。凡風木不得上達，則不得媾於金者，定反而刑土，以其無所歸也。風病則血燥，血燥亦隨風而入胃(腸)以為病矣。在血熱而化風者，亦然。甚而燥熱合淫，致陰陽之絡或傷以病血溢，乃茲味由純陰以涼血，則能達其陰而燥平，能達陰而平燥，則陽乃得合陰以為用，而收令行矣。此腸風瀉血之所以奏功歟。故花之功在涼諸血為勝，而下血尤有專功。實結於秋，似得金氣，而疎導風熱為勝用以涼血，而却為氣分藥者，陽出於陰中也。肝為從陰達陽，乃陰氣首出之藏，而司風木之化者也。此種結實於六七月，時值土金遞旺，能令肝臟血涼，且俾肝氣得所養，此所謂久服而目明益氣者也。若實之苦遜於花，而鹹亦少遜之矣。故疎風熱與涼血，二者並有其功，然有不能不稍為差等者矣，如不少異，何以治臟毒下血有腸風黑散，而花與實並用乎？抑花開於夏，何以涼血較勝？蓋當至陽之化育，而得鍾純陰之性味，正與血之原於水而成於火者合也。且氣味苦平，平亦辛也，統悉斯義，則可以知其能矣。

希雍曰：槐性苦寒，病人虛寒，脾胃作泄，及陰虛血熱，而非實熱者，外證似同，內因實異，即不宜服。

修治　槐實，微炒用。　花未開時采收，陳久者良。入藥揀淨，酒浸微炒，若止血，炒黑。

槐枝：　氣味：　苦，平，無毒。

主治：　洗瘡及陰囊下溼癢，八月斷大枝，候生嫩葉，煮汁釀酒，療大風痿痹甚效《別録》。青枝燒瀝，塗癬。煆黑，揩牙去蟲。煎湯洗痔核《頌》。劉禹錫《傳信方》著硤州王及郎中槐湯灸痔法甚詳。以槐枝濃煎湯，先洗痔，便以艾灸其上七壯，以知為度。王及素有痔疾，充西川安撫使判官，乘騾入駱谷，其痔大作，狀如胡瓜，熱氣如火，至驛僵仆。郵吏用此法灸至三五壯，忽覺熱氣一道入腸中，因大轉瀉，先血後穢，其痛甚楚。瀉後遂失胡瓜所在，登騾而馳矣。

槐膠：　氣味：　苦，寒，無毒。

主治：　一切風化涎，肝臟風。筋脈抽掣，急風口噤，四肢不收，頑痹，或毒風周身如蟲行，或破傷風，口眼偏斜，腰痛強硬。任作湯散丸，煎雜諸藥用之。亦可水煮，和藥為丸《嘉祐》。

清・郭章宜《本草匯》卷一五　槐實　苦，寒，酸，鹹，純陰，入手、足陽明經，兼入足厥陰氣分。主疎導風熱，治陰下濕癢，五痔瘡瘻為要。糞前有血，名外痔。糞後有血，名內痔。穀道四面努肉，名舉痔。頭上有孔，名痔瘻。瘡內有蟲，名蟲痔。槐角為君，地榆、當歸、防風、枳殼為佐，酒糊丸梧子大，米飲下。清目熱淚有功，涼大腸潤肝燥。

按：　槐實，感天地陰寒之氣，葉尖而黑，晝合夜開。即莢中子，大如豆，堅而色紫，俗名為槐角是也。肝經氣分之藥，為苦寒純陰之劑。能除一切熱，散一切結，清一切火，涼血之要品也。枝葉苦平，煎湯治疥癬及陰瘡濕癢，燒瀝塗癬亦効。或取北面不見日枝，煎湯洗之。其根白皮主痔瘡有蟲，及婦人產門癢痛，濃煎汁，先薰後洗，大便當有蟲出，不過三五度即愈。去單子、五子，只取兩子、三子者，以銅物擊破，用烏牛乳浸一宿，蒸用。

槐花　苦，平，味厚氣薄，純陰也，入手足陽明、厥陰血分。治臟毒，涼大腸。殺腹蟲，療膚熱。酒毒下血，半生半炒，同梔服。癰疽發背，炒熱酒飲，汗之痊。

按：　槐花，味以苦勝，故能除陽明、厥陰二經積熱證有功。然不可過用。若虛寒人脾胃作泄，及陰虛血熱者，即不宜服。

陳久者良。入藥妙用。

清・蔣居祉《本草擇要綱目・寒性藥品》　槐　槐實　氣味：　苦，寒，無毒。乃純陰，入肝經氣分藥也。　主治：　五內邪氣熱，止涎唾，補絕傷，火瘡，婦人乳瘕，子臟急痛。久服明目益氣，頭不白，延年。治五痔瘡瘻。以七月七日取之，搗汁，銅器盛之，日煎令可丸如鼠屎，納竅中，日三易，乃愈。又墮胎，治大熱難產，殺蟲去風。陰乾煮飲，明目，除熱淚，頭腦心胸間熱，治丈夫女人陰瘡濕痒。催生吞七粒。治口齒風，涼大腸，潤肝燥。　槐花：　氣味：　苦，平，無毒。又曰：　味苦，色黃，氣涼。入陽明、厥陰血分藥也。　主治：　五痔，心痛，眼赤，殺腹臟蟲及皮膚風熱，腸風瀉血，赤白痢，並炒研服，涼大腸。炒香頻嚼，治失音及喉痹。又療吐血衄，崩中漏下。

清・王翃《握靈本草》卷八　槐花陳久者良，炒用。　主治：　槐花，苦，平，無毒。主五痔，腸風瀉血，赤白痢，吐血衄血，崩中帶下。

槐實只取兩子、三子者，銅錘錘破，牛乳蒸用。　主治：　槐實，苦，寒，無毒。主五內邪熱，治五痔。

清・王翃《握靈本草》補遺　槐枝　洗瘡，及陰囊下濕癢。

清・汪昂《本草備要》卷三　槐實即槐角。瀉風熱，涼大腸。　苦，寒，純陰。入肝經氣分。疏風熱，潤肝燥，涼大腸。治煩悶風眩，痔血腸風，糞前有血名外痔，糞後有血名內痔，穀道竅肉名舉痔，頭上有孔名痔瘻，瘡內有蟲名蟲痔。大法用槐角、地榆、生地以凉血，芩、連、梔、柏以清熱，防風、秦艽以祛風濕，芎、歸、人參以和血生血，枳殼寬腸，升麻升提。治腸風略同，不宜專用寒凉，須兼補劑收功。陰瘡濕癢。明目止淚，清肝，淚爲肝熱。固齒烏髭，十月上巳採，漬牛膽中，陰乾百日。食後吞一枚，明目補腦，髮白還黑，腸風痔血，尤宜服之。殺蟲根、皮皆能洗痔。墮胎。去單子及五子者，銅槌槌碎，牛乳拌蒸。槐乃虚星之精。槐花：苦，凉。入肝、大腸血分而凉血。血凉則陰自足。治風熱目赤，赤白泄痢，五痔腸風，吐崩諸血。舌上無故出血如綫者，名血衄，炒研摻之。陳者良。

清・吴楚《寶命真詮》卷三 槐花 【略】止便紅，除血痢，療五痔，明眼目，莫非清腸滌熱之功。子名槐角，用亦相同，兼行血降氣，催生墮胎。枝主陰囊濕癢。葉治疥癬疔疽。感天地陰寒之氣，而兼木與水之化，故為凉血要品。○虚寒與非實火者均忌。

清・陳士鐸《本草新編》卷四 槐實槐米、槐花 槐實：味苦、辛、鹹，氣寒，無毒。入大腸。止涎唾，補絕傷，凉大腸之火，消乳瘕，除男子陰瘡濕癢，却女人產戶痛癢，仍理火瘡，且墮胎孕，酒吞七粒，催產尤良。大約槐樹枝、葉、花、根，俱同治療而子尤佳。然止可暫用為佐使，而不可久服，久服則大腸過寒，轉添泄利之苦矣。

或問：槐實與槐米之功效何如？夫槐米，即花未開之蕊也，其氣味與槐子正同，但子味太重，槐米輕清，入湯劑似勝于槐實，若用入丸藥之中，槐蕊不若槐實也。

或問：《太清草木方》中載槐應虚星之精，以十月上巳日採子服之，去百病，長生通神。而《梁書》亦言，庾肩吾常服槐實，年七旬餘，髮鬚皆黑，目看細字，非通神之驗耶？嗟乎！槐實非長生之藥，其性苦寒而屬陰，久服則傷脾胃。庾肩吾服之而有效者，必陽旺而非陰虚，實熱而非虚熱也。

清・顧靖遠《顧氏醫鏡》卷八 槐花苦、酸，寒。入肝胃大腸三經。含蕊而陳久者良。微炒。 止便紅，除血痢。皆凉血之力。療五痔，治赤目。皆滌熱之功。子名槐角，苦寒。用頗相同。兼黑髮明目而除熱淚，凉血則髮不白，血分無熱，則目自明，肝經不熱，則淚自止。治火熱難產而止涎唾。凉血除熱，而胎產自易。涎唾多者，脾胃有熱之故。枝洗陰囊濕癢，葉醫疥癬疔腫。苦寒純陰，脾胃弱者禁用。即虚熱而非實火者，亦禁之。槐實能墮胎，孕婦勿服。

清・李熙和《醫經允中》卷一七 槐實 景天為使。取兩子三子者，搥破，牛乳浸蒸。 苦，寒，無毒。主治凉大腸，潤肝燥，肝經氣分藥也。療痔血腸風，陰瘡濕癢，明目，殺蟲，仍理火瘡，且墮胎孕，酒吞七枚催生亦良。花味甚苦，炒黃亦凉大腸，治臟毒腸風瀉血，痔瘻，併赤白痢，癰疽發背，炒熱酒飲，汗之愈。但純陰之藥，脾胃虚寒作洩者弗服。其根白皮治婦人產戶癢痛，煎濃汁，先薰後洗。枝煅揩齒殺蟲。

清・馮兆張《馮氏錦囊秘錄・雜症痘疹藥性主治合參》卷四 槐實感天地陰寒之氣，兼木與水之化。故味苦、酸、鹹，氣寒，無毒。入手足陽明，兼入足厥陰經。總苦寒純陰之藥，為凉血要品。能除一切熱，散一切結，清一切火也。其花味以苦獨勝，故除手足陽明、足厥陰諸熱尤效耳。

槐實，去五内邪熱，五痔腫疼。凉大腸，消乳瘕。男子陰濕燥癢不止，女人產戶痛癢難當。理火瘡，墮胎孕。酒吞七粒，催產猶奇。花味甚苦，炒黃，凉大腸，去熱，理腸風瀉血，及皮膚風熱，止痔瘻來紅，并白赤痢疾。去胃脘卒痛，殺腹臟蛔蟲。但病人虚寒，脾胃作瀉及陰虚内熱者忌服。枝，主洗瘡及陰囊濕癢。皮，主浴爛瘡。根，主喉痹寒熱。葉，煎湯，治小兒驚癇壯熱，癬疥及疔腫。外樹上木耳，燒灰為末，水服，善治蟲咬心痛，并腸痔及便血，俱神效。

清・张璐《本經逢原》卷三 槐實俗名槐角 苦、酸、鹹，寒，無毒。取子入牛膽中，陰乾，日服七枚，久服有明目通神，白髮還黑之功。有痔及便血者尤宜服之。

《本經》主五内邪氣熱，止涎唾，補絕傷，五痔火瘡，婦人乳瘕，子藏急痛。

發明：槐者虚星之精，益腎清火，與黃蘗同類異治。蓋黃蘗專滋腎經血燥，此則專滋腎家津枯。觀《本經》主治，皆脾胃有熱陰津不足之病，止涎唾，腎司閉藏之職也，下焦痔瘻腸風，風熱便血，年久不止者，用此一味熬膏煉蜜收服。婦人乳瘕、子藏急痛，皆肝家血熱之患，用以清熱滋燥，諸證自安。上皆指槐角而言。其角中核子專主明目，久服鬚髮不白，益腎之功可知。惟胃虚少食及孕婦勿服。槐枝燒灰塗妬精瘡，有清火潤燥之功，《千金方》也。

槐花 苦，寒，無毒。溫水滌去灰，焙香用。 發明：槐花苦凉，陽明、厥陰血分藥也。故大小便血及目赤腫痛皆用之。目得血而能視，赤腫乃血熱之病也。腸血痔血同栢葉微炒為末，烏梅湯服。腸風藏毒，淘淨炒香為末。腸風荊芥湯服，藏毒蘸豬藏日日服之。但性純陰，陰寒無實火禁用。

清・浦士貞《夕庵讀本草快編》卷五　槐《本經》、懷　《周禮》三公位槐。吴澄註云：槐之言懷也，懷來人于此也。王安石釋云：槐黄，中懷其美。故三公位之。《春秋元命苞》云：槐之言歸也。古者樹槐，聽訟其下，使情歸實也。槐為虚星之精，實乃苦寒無毒，足厥陰氣分藥也。故能治五内邪熱，而止涎吐，祛風熱眩暈而涼大腸。目為肝之外竅，鬚髮得血則不白，是以陶隱居言能令腦滿而髮轉黑。秦越人謂延年明目，可讀夜書。梁庾肩吾遵而服之，果有奇驗。蓋取其疎肝風，潤肝燥，血行風自息也。若其花，性味原與實同，但其色黄法土，兼走陽明，如皮膚風熱，失音喉痺，赤目血痢，吐衄崩中，酒毒臟毒，症屬肝胃者，無不宜之。又喜其味厚氣薄，涼而兼收也，若脂皮及枝，皆可療風涎，強筋骨，周身頑痺，口眼喎斜，或服，或熨，或釀入酒，功俱神爾。

清・張志聰、高世栻《本草崇原》卷上　槐實　氣味苦，寒，無毒。主治五内邪氣熱，止涎唾，補絶傷，火瘡，婦人乳瘕，子臟急痛。　槐始出河南平澤，今處處有之。有數種，葉大而黑者，名櫰槐。晝合夜開者，名守宫。槐葉細而青緑者，但謂之槐。槐之生也，季春五日而兔目，十日而鼠耳，更旬日而始規，再旬日而葉成，四五月間開黄花，六七月間結實作莢，連珠中有黑子，以子連多者為妙，其木材堅重，有青黄白黑色。《周禮》冬取槐檀之火。《淮南子》云：老槐生火。《天元主物薄》云：老槐生丹，槐之神異如此，其花未開時，炒過煎水，染黄甚鮮。陳藏器曰：子上房，七月收之，可染皂，近時用槐花染緑。　槐生中原平澤，花黄子黑，氣味苦寒，木質有青、黄、白、黑色，老則生火生丹，備五運之全精，故主治五内邪氣之熱，五臟在内，故曰五内。邪氣熱，因邪氣而病熱也。肺氣不能四布其水精，則涎唾上湧，槐實能止之。肝血不能滲灌於經脈，則經脈絶傷，槐實能補之。心火内盛，則為火瘡。脾土不和則為乳瘕。腎氣内逆，則子臟急痛。槐稟五運之氣，故治肺病之涎唾，肝病之絶傷，心病之火瘡，脾病之乳瘕，腎病之急痛，而為五内邪氣之熱者如此。　槐花附　氣味苦，平，無毒。主治五痔，心痛，眼赤，殺腹臟蟲，及皮膚風熱，腸風瀉血，赤白痢。《日華本草》附。　槐枝附　氣味苦，平，無毒。主治洗瘡，及陰囊下濕癢。八月斷大枝，候生嫩蘖煮汁釀酒，療大風痿痹，甚效《别録》附。　槐葉附　氣味苦，平，無毒。主治煎湯，治小兒驚癇壯熱，疥癬及疔腫。皮莖同用《日華本草》附。　槐膠附　氣味苦，寒，無毒。主治一切風化涎痰，清肝臟風，筋脈抽掣，及急風口噤。《嘉祐本草》附。

清・何諫《生草藥性備要》卷上　槐花葉　性苦，寒。疎風熱，涼大腸血，洗疔痔，浸疳瘡。花，入肝而涼血，治風熱目赤、泄痢、血崩。

清・姚球《本草經解要》卷三　槐花　氣平，味（甘）〔苦〕，無毒。主五痔，心痛，眼赤，殺腹藏蟲，及皮膚風熱，腸風瀉血，赤白痢。並炒研服。　槐花氣平，稟天秋涼之金氣，入手太陰肺經。味苦無毒，得地南方之火味，入手少陰心經。氣味俱降，陰也。肺與大腸為表裏，五痔，大腸之火症也。槐花味苦清心，所以主之。火鬱於心則痛，氣平能清，味苦能洩，所以主之也。眼赤，肝有實火也，實則瀉其子。味苦清心，心乃肝之子也。腹，太陰經行之地；藏，即大腸、肺之合也。味苦可以殺蟲，所以主之也。皮膚，肺之合也，平能清風，苦能洩熱，所以主之。腸風下血，大腸火也。赤白痢，大腸濕熱也，味苦者能清，所以並炒研服也。　製方：槐花同荊芥，治下血。同牡蠣末，治白帶。

清・周垣綜《頤生秘旨》卷八　槐實　退五内邪熱，益陰藏之藥也。治五痔腫痛，腸風瀉血，婦人子藏急痛，瘡癰諸證，花不如實。涼大腸，去熱，止痔血，赤白痢，胃脘痛，殺蟲，及皮膚間風，實不如花。

清・王子接《得宜本草・上品藥》　槐角子　味苦，寒。入足厥陰經。功專殺蟲。得牛膽明目通神，得地榆、當歸、防風、黄芩、枳殼治五種腸風瀉血，得苦參治内外痔。

槐花：味苦。主治腸熱。得鬱金治小便血，得荊芥穗治大便血，得山梔治酒毒下血，得條芩治血崩，得牡蠣治白帶。

清・徐大椿《神農本草經百種録》上品　槐實　味苦，寒。主五内邪氣熱，清浮遊不歸根之火。止涎唾，清肺經濕火。補絶傷，陽明主機關，此能滋養陽明也。五痔火瘡，婦人乳瘕，皆陽明燥金之疾。子藏急痛。亦陽明經脈之病。槐當秋而實，得金之令。色黄，得金之色，故其性體清肅，乃手太陰、手陽明之要藥也。金衰則為火所侮，凡有餘之火，不能歸藏其宅，必犯肺與大腸，得此清肅之氣以助之，則火不能傷而自歸其宅，不治火而火自退。此從本之治，醫之良法也。

清・黄元御《玉楸藥解》卷二　槐實　味苦，性寒。入足厥陰肝經。涼血清風，潤腸消痔。槐實苦寒，清肝家風熱，治痔瘻腫痛，陰瘡濕癢，明目止淚，清心除煩，墜胎催生，烏鬚黑髮，口齒熱痛，頭目暈眩，寒泄大腸，潤燥開結。

清·吳儀洛《本草從新》卷三　槐實（瀉風熱，清肝，涼大腸。）即槐角。　苦，寒。清肝膽，涼大腸，疏風熱。治煩悶風眩，痔血腸風，糞前有血名外痔，糞後有血名內痔，穀道有肉名舉痔，頭上有孔名痔瘻，瘡內有蟲名蟲痔。大法，用槐角、地榆、生地、人參涼血生血，防風、秦艽祛風濕，歸、芎和血，黃芩、枳殼寬腸，升麻升提。治腸風略不同，不宜專用寒涼，須兼補劑收功。陰瘡濕癢。明目去淚，清肝。淚為肝熱。固齒烏髭，槐乃虛星之精，十月上巳採，漬牛膽中陰乾百日，食後吞一枚，髮白還黑，腸風痔血尤宜服之。殺蟲墮胎。槐性純陰，虛寒者宜戒，即虛熱而非實火亦勿妄投。去單子及五子者，銅槌捶碎，牛乳拌蒸。　附：槐花（瀉熱涼血。）　苦，涼。功同槐實，涼血。治內熱目赤，赤白泄痢，五痔腸風，吐崩便衄諸血。舌上出血如綫者名舌衄，炒研摻之。忌同槐實。含蕊而陳久者佳。微炒。

清·汪紱《醫林纂要探源》卷三　槐角　苦，寒。莢如豇豆。獨子、五子者勿用。○忌鐵器。用牛乳拌蒸。　瀉心火，堅腎水，功專固腎，兼清肺金，靖肝火。古稱為虛星之精，則屬水可知。且木色黑，烏花卵實，類諸豆，是以瀉心火，兼清肺金，火降則金不受灼。堅腎水，兼靖肝火，腎水固，則相火不妄炎。二腸為心肺之表，心肺遺熱於大小腸，乃有腸風痔瘻。此味苦降，下達二腸，故為治腸風痔瘻之主藥。且瀉心，故治煩悶，靖肝，故治陰瘡濕癢，而明目止淚。堅腎，故能固齒烏鬚，又能殺蟲，墮胎。　槐花：　苦，寒。色青黃，能染綠。形如飛鳥。　泄肺逆，瀉心火，靖肝火，堅腎水。體輕入肺，色綠入肝，兼入血分，治風熱目赤，赤白瀉痢，痔瘻腸風，吐衄崩漏。氣較緩於角耳。　根皮：　洗痔，殺蟲。

清·嚴潔等《得配本草》卷七　槐蕊皮、子、葉、膠、栭　景天為之使。　苦，涼。入手陽明、足厥陰經血分。除五內之邪火，祛皮膚之風熱，除痢殺蟲。　得鬱金，解熱結溲血。配桃仁，治疔瘡腫痛。配梔子，治酒毒下血。佐荊穗，除風熱便血。　治喉痹，炒嚼。治舌血，炒研摻。入湯藥，微炒。催生，酒服。　皮　治中風拘攣，齒痛疳䘌，消癰解毒，止痛長肉。　子　苦，寒。入足厥陰經氣分。　脾胃濕熱生痰，內蟲隱見莫測，子臟血熱致痛，肝氣結乳為瘕，非此不能消散。　配枳殼、當歸，治腸風。入牛膽陰乾，明眼目。　牛乳拌蒸。　脾氣不足者禁用。　葉　苦，平。入足厥陰、陽明經。除牙齒諸風，及疥癬疔毒。凡小兒驚癇壯熱，入藥煎服，無不見效。　配桑葉、甘草，治霍亂煩悶。　膠　苦，寒。入足厥陰經。治毒風筋急，療四肢頑痹，兼除身若蟲行，腰背強硬。破傷風多此症。　煨熟綿裹塞耳，治風熱聾閉。湯、散、丸，煎俱可。　血虛、氣滯，二者禁用。　栭即木耳。　苦、辛，平。祛風破血。燒研水服，除蟲心痛，止腸痔血，療婦人陰瘡。　配赤石脂，治月水不斷。　酒可拌炒。　久服有衰精冷腎之害。

題清·徐大椿《藥性切用》卷五　槐實　即槐角。性味苦寒，入大腸而兼入肝膽。涼血寬腸，為腸風血痔耑藥。人乳拌蒸用。　槐花蕊，即槐米。性稍輕揚，功近槐角，兼能治上。　槐花，性發揚，尤能涼血除風，為風熱目赤，下痢諸血耑藥。炒，研用。

清·黃宮繡《本草求真》卷七　槐角除熱散結清火。　槐角耑入胃、大腸，兼入肝。即槐實。味苦酸鹹，氣寒無毒。入手足陽明大腸胃，及入足厥陰肝。凡因肝經熱鬱而致風眩煩悶，痔血腸風，並陰瘡濕癢，目淚不止者，服此治無不效。肛邊發露肉珠，狀如鼠乳，時出膿血，曰牡痔。肛邊腫痛，生瘡突出，腫至五六日，自潰出膿血者，曰牝痔。肛邊生瘡，顆顆發癟，痒而復痛，更衣出清血者，曰脉痔。腸內結核，痛而有血，寒熱往來，登廁脫肛者，曰腸痔。因便而清血隨下者，曰血痔。又因糞前有血，名外痔。糞後有血，名內痔。穀道胬肉，名舉痔。頭上有孔，名痔漏。瘡內有蟲，名蟲痔。大法用槐角、地榆、生地涼血，芩、連、梔、柏清熱，防風、秦艽祛風濕，當歸、人參和血生血，枳殼寬腸，升麻升提，治腸風略同。不宜專用涼，須當兼補劑收功。　以其氣皆純陰，為涼血要藥。故能除一切熱，散一切結，清一切火也。至書所云能疏肝經風熱者，非是具有表性，得此則疏實，因熱除而風自息之意。凡書所著治功，多有如此立說，不可不細體會而詳究耳！　去單子及五子者，銅槌搥碎，牛乳拌蒸。十月上巳採，漬牛膽中，乾百日，食後吞一枚，明目補腦，髮白還黑，腸風痔血，尤宜服之。　槐花味苦獨勝，其涼大腸血分更甚。凡大小便血，及目赤腫痛舌衄，並皆用之。舌衄炒研滲之。　若虛寒無火切忌，陳者良。

清·楊璿《傷寒溫疫條辨》卷六濇劑類　秦皮漬水碧色，書紙不脫。　味苦，氣寒，色青，性濇。補肝、膽而益腎。以其平木，故治目疾驚癇；以其收濇而寒，故治崩帶血痢。仲景白頭翁湯用之。加阿膠三錢，炙甘草三錢，治產後痢虛極者。　以其濇而秘氣，故益精有子。時珍曰：天道貴嗇，惟收濇故能補。

清·羅國綱《羅氏會約醫鏡》卷一七竹木部　槐角味苦酸，寒，入肝大腸二經。微炒用。　苦寒純陰，兼清心、肺、脾、肝、大腸之火。治心腹熱痛、目赤熱淚，清肺止淚。止吐衄，舌出血，為舌衄，炒研摻之。腸風、崩漏、痔瘡下血、赤痢。涼血之效。療疳蟲、陰瘡、濕癢一切楊梅癰疽惡毒。血熱生風之患。墮胎而善催生。酒吞七粒。花味更苦，功用與槐角同，而清熱尤效。枝主洗瘡。皮主浴爛瘡。根主喉痹。葉煎湯，治小兒驚癇、壯熱、疥癬、疔腫。

按：槐性陰寒，脾胃虛寒作瀉、陰虛內熱者忌服。

清・陳修園《神農本草經讀》卷二上品 槐實 氣味苦，寒。主五內邪氣熱，止涎唾，補絕傷，五痔，火瘡。婦人乳瘕，子臟急痛。

清・趙學敏《本草綱目拾遺》卷六木部 響豆 《池北偶譚》：樂安有孫公者，年九十，強健如四五十歲人。自言生平惟服響豆，每歲槐子將熟時，輒令人守之，不令鳥雀啄落，既成，即收，作二枕，夜聽其有聲者，即響豆也。因棄其餘，如是數月，而得響豆所在。每樹不過一枚，每歲不過服一粒，如是者數十年，無他術也。《顏氏家訓》：庾肩吾常服槐實，年七十餘，目看細字，鬚髮猶黑。《抱朴子》云：槐子服之令人補腦，髮不白而長生，殆即此歟。明目，悅顏色，開心志，強筋骨，補血髓。紀曉嵐先生《姑妄聽之》云：響豆者，槐實之夜中爆響者也，一樹祇一顆，不可辨識。其法，槐始花時，即以絲網罥樹上，防鳥鵲啄食，結子熟後，多縫布囊貯之，夜以為枕，聽無聲者即棄去，如是遞枕，必有一囊作爆聲者，取此一囊，又多分小囊貯之，枕聽如初，得一響者，則又分二枕，如是漸分至僅存二顆再分枕之，則響豆得矣。

清・王學權《重慶堂隨筆》卷下 槐實 味苦色黃，清肝膽而涼血。清肝涼血之品類可安胎，獨槐實既不能安胎而反墮胎者，何也？則《本經》主子臟急痛一言已括其義矣。子臟即胎宮，屬任脈，為受精之所。急痛者，因交合不節所致。槐實專通任脈，直達子宮，能滌射入之精，而瀉淫欲之火，故孕婦用之，其胎即墮。推之霉瘡便毒，利西泰謂發於外腎橫骨上，亦穢毒入于任脈之病。《景岳全書》有一味槐蕊之方，不知傳自何人，余服其妙。

清・黃凱鈞《藥籠小品》 槐花子 清大腸風熱，治腸風便血，血痔。虛寒者忌。炒用。

清・章穆《調疾飲食辯》卷一下 槐枝葉花實 俱可入藥，俱可代茶，性相去不遠。《綱目》曰：古作櫰。《周禮》：外朝之法，左九棘，孤、卿、大夫位焉，群士在其後；右九棘，公、侯、伯、子、男位焉，群吏在其後。面三槐，三公位焉，州長、眾庶在其後。吳澄注曰：槐，懷也，懷來遠人也。《春秋元命苞》曰：槐，歸也。古者樹槐聽訟其下，使情歸實也。《爾雅》曰：槐葉晝聶合也宵炕開也，曰守宮。《神農本經》曰：槐子主五內邪熱，止涎唾，中州有熱，則胃緩不能約束津液，故多涎唾，槐子治之。若無熱病而多涎唾，乃脾虛不能收攝，食牛肉則愈，勿誤用此。療婦人子臟急痛。臍下痛連陰戶者是，若不連陰戶，乃小腹痛，非子宮也，當溫藥理其氣，勿誤用此。《別錄》曰：久服明目益氣血，頭不白，治五痔瘡瘻。其枝煎湯加鹽少許，可洗陰囊濕癢。煎酒療大風，痿痹宜久服。根白皮煎湯頻呷，治爛瘡，喉痹寒熱。《藥性本草》曰：治口齒風疳䘌血，多服取效。根皮不能多得，葉、子俱可。《本草拾遺》曰：殺蟲去風，明目除熱淚冷淚勿用。頭腦心胸間熱風煩悶，風眩欲倒，吐涎如醉，瀁瀁如在車船之上。《日華本草》曰：花治五痔腸風，皮膚風熱，赤白久痢。葉治小兒驚癇壯熱。非壯熱者勿用。根皮煎湯浸洗五痔，一切惡瘡，婦人牝門痛癢。濃煎膏塗消癰腫，生肌止痛。《本草衍義》曰：疏導風熱。《綱目》曰：花炒香頻嚼，治肺熱失音及喉痹。《圖經本草》曰：青枝燒熱揩牙，止風熱及蟲痛。《保壽堂方》曰：凡大癰大毒將發，覺有頭運眼花、口乾舌苦、心驚背熱、四肢麻木，即是其候。說症詳確，習醫者宜謹記。急用槐子一大合，炒褐色，熱酒一盌沃之，略煎，乘熱飲，一汗即愈，未愈速速再作。神方也，但須及早，遲至二三日則不能散矣。《集驗方》曰：咯血、吐血，槐花炒研，每服三錢，糯米飲下。舌衄，出血如線不止，槐花研末摻之。齒衄亦可。《篋中秘密方》曰：小便尿血，槐花炒，鬱金煨，各一兩研末，每服二三錢，豆豉湯下。

按：槐治病之功如此，總不外乎退熱疏風，涼血解毒，而上而熱在喉舌，下而熱在大腸，尤為專用。凡有諸病人，代茶多飲，功效如神。惟性能墮胎，故催生方中亦用之，妊婦不宜飲也。

清・王龍《本草纂要稿・木部》 槐實 氣味苦辛而寒。主五內邪熱，去五痔腫痛。止涎唾，補絕傷。除男子陰瘡濕痒，涼大腸，消乳瘕。治女人產戶痒疼，理火瘡，墮胎孕。酒吞七粒，催產尤良。 花：味苦。涼大腸去熱，止痔瘻來紅。理腸風瀉血，並赤白痢疾。去胃脘卒疼，殺腹臟蛔蟲。

清・張德裕《本草正義》卷下 槐蕋 苦，寒。清心、肺、脾、大腸之火，療赤眼腫痛熱淚，止吐血衄血，腸風下血，癰疽惡瘡，尤解楊梅瘡毒，下疳伏毒。

清・楊時泰《本草述鉤元》卷二三　槐　處處有之。四五月開赭黃花，六七月結黑褐實，作莢如連珠，奇數者為貴。

實：俗呼槐角。槐實當分為二：實本出莢中，若搗莢作煎者，當言莢；莢中子大如豆，堅而紫色者，為實，其用要皆疎導風熱而已《衍義》。

苦、酸、鹹，寒，氣薄味厚，純陰也。入足厥陰氣分，兼入手足陽明經。主治潤肝燥，疎導風熱，久服益氣明目，除熱淚，頭腦心胸間熱風煩悶，風眩欲倒，心頭吐涎如醉，瀁瀁如車船上者。并治口齒風，涼大腸，治五痔、瘡瘻。苦寒純陰，為涼血要品。折嫩房角，作湯代茗，主頭風明目補腦。以子入冬月牛膽中漬之，陰乾百日，每食後吞一枚，久之明目通神，白髮返黑，有痔及下血者，尤宜服之。

槐花：味苦，色黃，氣涼。手足陽明、足厥陰血分藥。主涼大腸，治腸風瀉血，五痔便血血痢，並崩中漏下，又治胃脘卒痛，殺腹臟蛔蟲。大腸下血，槐花、荊芥穗等分，為末，酒服一錢匕。又方：柏葉三錢，槐花六錢，煎湯，日服。又方：槐花、枳殼等分，炒存性，為末，新汲水服二錢。血崩不止，槐花三兩、黃芩二兩為末，每服五錢，酒一盌，銅秤錘一枚桑柴火燒紅，浸入酒內，調服，忌口。下血、血崩，槐花一兩、椶灰五錢、鹽一錢，水三鍾，煎減半服。

論：疎風之劑多燥血，涼血之味未必能疎風，何以涼血疎風，槐花實兼擅其用？蓋因氣寒味苦，復有酸鹹，苦鹹應入血分，況導之以酸，而更合於寒，固是入肝涼血之劑，而好古乃以為肝經氣分藥，其義大可參也。《周禮》四時取火，冬取槐、檀。《淮南子》云：老槐生火。《天元主物簿》云：老槐生丹。然則花與實皆曰純陰者，固純乎陰之為用，以成其陽之能化也，所以涼血熱。即以疎導風熱，風木出地，原乘陰以出而達乎陽者也。不然，槐實之用，何以上至極頂，而能補腦去頭風明目乎？《別錄》所言益氣，良不謬。第此乃足厥陰正劑，何以涼大腸？曰：乙與庚合，是足厥陰之所首及者，試取涼血諸味相較，則此味不獨乙庚相合，蓋先有金木相媾之義焉。何則？諸陰不至於首，唯厥陰與督脉會於巔，以其陰中有陽也。督為陽氣之元，肺為陽氣之主，風淫為邪，乃陽之戾氣也。如血涼而風靜，是陰中真陽與天氣合和，所以補腦去頭風明目也，既由木而上媾於金矣。肺大腸固為表裏，其乙庚相合之用，不更為親切乎？有因風鬱於胃以為大腸病者，以風升屬乙木，其氣鬱於胃而不得達，則應歸於大腸以為病。蓋乙庚原相合，而足陽明胃與大腸更相上下也。風病則血病，風之鬱者其本，至血燥以為病者其標，此不宜純用寒劑，以風升之氣，即元氣故耳。夫肝血熱甚則風生，迸入腸胃，以此藥對待之，可見其益統歸陽明，而於乙庚之合尤切。蓋陽明燥金也，燥者陰欲達而不即達也，風歸腸胃，則益其燥，在大腸之主津者尤病，凡風木不得上達，則其不能媾於金者，定反而刑土，以其無所歸也。風病則血燥，血燥則隨風而入腸胃以為病矣，在血熱而化風者亦然。甚而燥熱合濕，致傷陰陽之絡以病血溢。惟茲味由純陰以涼血，乃能達其陰而燥平，燥平則陽得合陰以為用，而收令行矣，此腸風瀉血所以奏功歟。故花之用在涼諸血，而下血尤有專功，實結於秋，似得金氣而疎導風熱為勝，以實之苦遜於花，而鹹亦少遜，不能不稍為差等也。如不少異，何以腸風黑散，花實並用。抑花開於夏，何以涼血較勝？蓋當至陽之化育，而得鍾純陰之性味，正與血之原於水而成於火者合也，且氣苦平，平亦辛也。統悉斯義，可以知其能矣。又用以涼血而却為氣分藥者，陽出於陰中也，肝為從陰達陽，乃陰氣首出之臟，而司風木之化者。此樹結實於六七月，時值土金遞旺，能令肝臟血涼，且俾肝氣得所養，所以久服而目明且益氣也。

槐性苦寒，凡虛寒脾胃作瀉及陰虛血熱而非實熱者，外證雖同，却不宜服仲淳。

修治：槐實微炒用。槐花未開者采收，陳久者良。揀淨，酒浸微炒，若以止血，須炒黑。

槐枝：氣味苦平。洗瘡及痔核並陰囊下濕癢。青枝燒瀝，塗癬；煅黑，揩牙去蟲。八月斷大枝，候生嫩葉，煮汁釀酒，療大風痿痺甚效。灸痔法：以槐枝濃煎湯，先洗痔，便以艾灸其上，七壯，以知為度。昔有患痔乘騾，其痔大劇，狀如胡瓜，熱氣如火，至驛，僵撲，用此法灸至三五壯，忽覺熱氣一道入腸中，因大轉瀉，先血後穢，其痛甚楚，瀉後，遂失胡瓜所在。

槐膠：氣味苦寒。治一切風，化涎，肝臟風筋脉抽掣，急風口噤，四肢不收頑痺，或毒風周身如蟲行。或破傷風口眼偏斜，腰背強硬。湯散丸煎，或雜諸藥，任用。

清・鄒澍《本經續疏》卷二　槐實　【略】陽淫於上，不與陰浹，則津自不攝。陽實於下，不與陰浹，則血自不藏。而陽則咸化為風，特在上為風虛，在下為風燥，斯其異耳。風虛且津不攝，則五內邪氣熱而目暗，風燥且血不藏，則五痔火瘡而絕傷。然欲求其本，皆當責之於肝，所謂木熱則津溢，肝熱則血漏是也。肝木之熱，何以取治於槐？《周禮》四時改火，冬取槐檀，非以其能生木耶。且開花於陽之極盛，結角於陽之未衰，而得味為苦，得氣且寒，可不謂當至陽之化育，得鍾純陰之性味乎？血者，源於水而成於火，正與是相肖，故為入肝涼血之劑無惑也。然其花與實之別何在？蓋花者，開散之告終。實者，生發之能始。故婦人乳瘕，子藏急痛，病之在內者，則於子有專功。治皮膚風，腸風瀉血，赤白利，病之連外者，則於花為獨效。同為涼血，而用有內外之殊，是其別矣。

清·吴其濬《植物名實圖考》卷三三 槐 《本經》上品。《救荒本草》：芽可煠食，花炒熟亦可食。

清·趙其光《本草求原》卷八喬木部 槐實即槐角。 酸，入肝。苦，入心涼血。鹹，寒，入腎，滋津潤燥。色黄如金，入肺、胃、大腸，清肅下行。無毒。主五内邪氣熱，清浮游不歸根之火。止涎唾，肺經濕火下行，腎又司閉藏也。補絕傷，陽明主機關，此能滋養陽明也。五痔、疳疔、火瘡，糞前有血名外痔，糞後有血名内痔，努肉有孔名痔瘻，瘡内有蟲名蟲痔。大法合地榆、生地涼血，芩、連、梔、柏清熱，防風、秦艽祛風濕，芎、歸、參和血、生血，枳殼寬腸，升麻升提，使火歸宅，自不犯肺、胃、大腸。腸風下血，肝因風鬱，不能上媾於肺以承其清肅，則血燥隨風而入於胃、大腸，是乙庚同病，或血熱化風亦然。蓋風歸大腸，則大腸之主津者尤燥而病也。血痢、崩血，子藏急痛，皆肝、胃、大腸血燥。婦人乳瘕，血熱兼陽明經燥痰。疏風熱，《周禮》：冬取火於槐。《淮南子》云：老槐生火。是純陰之物能使陽化，故涼血即以疏風。若他物之涼血者，未必能疏風矣。其角中核子，主頭風明目，補腦，通神，黑髮，肝與督會於巔，血涼風靜，則戾氣消，而真陰之元氣自與天氣合和，而腎津上奉。作湯代茶，或入牛膽中陰乾，每日吞一枚，有痔及下血尤宜食。除熱淚風眩，心腦間熱煩悶，齒風痛，殺蟲，根皮皆能洗痔。墮胎，益氣。火歸其宅，不犯肺金，則火不食氣。胃虚少食忌之。微炒，或牛乳拌，蒸用。煲肉，滑腸、瀉結、止便血。槐角，潤肝養血，治子臟急痛。汪昂謂其墮胎，恐未必然。但虚人食之，則清肅太過，或致墮耳。

槐花：苦、鹹，勝於角。寒，入心、大腸血分。角結於秋，得金氣，故疏風熱勝。花開於夏而純陰，與血原於水、成於火者合。故涼血，而治下血尤勝；同中微異，故腸風黑散合用之，以治下血。為涼血要藥。治腸風，五痔，吐崩諸血，舌衄，炒研摻之。胃脘卒痛，殺蛔蟲，目赤腫痛，風熱血燥也，目得血能視。臟毒。腸血、痔血，同柏葉微炒為末，烏梅湯下。單炒香為末，腸風以荊芥湯下，臟毒以枳殼湯下，或蘸豬腸久服。同黄芩為末，溫酒下，或用棕灰鹽湯下，俱止崩血、下血。脾胃虚寒及陰虚非實熱者，勿用。治腸風亦宜兼補以收功，不得專用寒涼。

陳者良，酒浸，微炒；若止血，炒黑。

槐枝：苦，平，治瘡及陰囊濕癢，煎洗。大風痿痹，嫩葉煮汁釀酒。塗妒精瘡及癬，取青枝燒瀝。去牙蟲，燒黑揩之。洗痔核。洗後以艾（炙）〔灸〕之，腫立消，皆清火潤燥之功。

清·葉志詵《神農本草經贊》卷一 槐實 味苦，寒。主五内邪氣熱，止涎唾，補絕傷，五痔火創，婦人乳瘕，子藏急痛。生平澤。

律移寒火，精散虚星。莢連珠綴，花嫋金零。孟冬舉燭，上巳推蓂。參三取二，顯證長齡。

《周禮注》：冬取槐檀之火。李嶠詩：暮律移寒火。《春秋説題辭》：槐虚星之精。李時珍曰：其實作莢，如連珠。白居易詩：嫋嫋黄花枝。麻九疇詩：槐花滿地黄金冷。《梁書·傳》：庾肩吾食槐實，以十月上巳日采。名醫曰：可作神燭。王泠然判對：既失推蓂之典。雷斅論：凡采實，只取三子及兩子者。《莊子》：勿參以三。《左傳》：子犯曰，臣取二。梁武帝詩：顯證表長齡。

清·文晟《新編六書》卷六《藥性摘録》 槐角 即槐實。味苦酸鹹，氣寒。入胃大腸，兼入肝。除熱散結，清火。○因肝經熱鬱，而致風眩煩悶，痔血腸風，並陰瘡濕癢，目淚不止者，服此皆効。○去單子及五子者，銅鎚搥碎，牛乳拌蒸。○槐花，味苦獨勝，其涼大腸血分更甚。○治大小便血，及目中腫痛。並可研搽舌衄。○若虚寒無火者，切忌。陳者佳。○患楊梅結毒，煮代茶、酒良。

清·張仁錫《藥性蒙求·木部》 槐角錢半 槐角苦寒，專清風熱。痔血腸風，最為得力。入肝、胆、大腸經。得地榆、當歸、防風、黄芩、枳殼，治五種腸風瀉血。得苦參治内外痔。○虚寒宜戒，即虚熱亦忌。 槐花錢半： 槐花味苦，瀉熱涼營。腸紅便血，與角同功。得鬱金治小便血，得荊芥穗治大便血，得山梔治酒毒下血，得條芩治血崩。○含蕊而陳久者佳，微炒。

清·劉善述、劉士季《草木便方》卷二木部 槐樹 槐樹白皮味苦平，陰疝卵腫五痔靈。產門癢痛湯火洗，祛風止痛下血神。男子陰疳楊梅毒，消腫長肉靨蝕行。

清·戴葆元《本草綱目易知錄》卷四　槐角槐實　苦，寒。入肝經氣分。明目益氣，疏導風熱，去風殺蟲，催生墜胎，潤肝躁，涼大腸，止涎唾，除熱淚，治頭腦身胸間熱風煩悶，風眩欲倒，吐涎如醉，瀁瀁如坐車船上及腸風痔瘻。男子女人陰瘡陰痒，婦人乳瘕，子臟急痛，大熱難産。治口齒風。療五痔瘡瘻，以七月七日取之搗汁，入銅器內煎，可丸如鼠屎，納竅中，日三易乃愈。冬月，入牛膽中陰乾百日取出，飯後吞一枚，明目通神，有痔病及下血者，尤宜服。

槐花：　味苦，色黄，氣涼。入肝及大腸經血分而涼血。去皮膚風熱，涼大腸，殺腹臟蟲，治腸風瀉血，赤白下痢，五痔心痛，血衄眼赤，吐血衄血，崩中漏下，並炒研服。炒香頻嚼，治失音及喉痹。入藥炒用。【略】暴熱下血，猪臟一条，洗淨，控乾，以槐花末填滿，扎定，米醋炒，鍋內煮爛，搗丸彈子大，每空心當歸酒下二丸。葆驗方，加黄連二兩。【略】

槐膠：　【略】葆按：　此槐脂疑結如膠，故名槐膠。服者需水煮，扯拔如錬松脂法。

清·黄光霽《本草衍句》　槐實即槐角。　苦寒純陰，入肝經之氣分。　除熱散結。下通二府。　潤肝燥，涼大腸。上清肺心。　止涎吐，疎風熱。　煩悶風眩，腸風痔血，陰瘡濕痒，難産墮胎。吞七粒，可以摧生。　黑髮殺蟲，目泣不絕。得牛膽明目通神，得苦參治內外痔病。　瀉心火而兼清肺金，堅腎水而兼靜肝火。　槐角丸治五種腸風瀉血。　糞前有血名外痔，糞後有血名內痔，大腸不收名脫肛，穀道四面弩肉如奶名舉痔，頭上有孔名瘻痔，內有蟲名蟲痔，並皆治之。　槐角去梗，炒，一兩，地榆、防風、當歸、黄芩、枳殼麸炒各半兩，為末，酒糊丸，米飲下。　槐花：　入陽明、厥陰血分，涼血要藥。　涼大腸五痔心痛，治目赤皮膚風熱。喉痺失音，炒香嚼嚥。　吐衄舌血。舌血謂之舌衄，槐花末敷之即止。　赤白瀉痢皆宜，崩中漏下不歇。得鬱金治小便尿血，得荊芥穗、柏葉、枳殼治大腸下血，得山梔治酒毒下血，得條芩治血崩不止，得牡蠣治白帶不止。　癰疽發背，凡人中熱毒，眼花頭暈，口乾舌苦，心驚背熱，四肢麻木，覺有紅暈在背後者，即取槐花子一大撮，鐵杓炒褐色，以好酒一盌汁之，乘熱飲酒，汗即愈。　如未退，再炒一服，極效。縱成膿者，亦無不愈。

清·陳其瑞《本草撮要》卷二　槐角　味苦，寒，入足厥陰經，功專殺蟲。得牛膽明目通神，得地榆、當歸、防風、黄芩、枳殼治五種腸風瀉血，得苦參治內外痔。十月上巳，採槐角納牛膽中，陰乾百日，食後吞一枚，能白髮還黑，腸風血痔尤宜。　惟性純陰，虚寒虚熱而非實火及孕婦均忌。　去單子及五子者，銅槌搥碎，牛乳拌蒸。　槐花：　味苦，涼，入手足陽明、足厥陰經，功專治腸風腸熱。得鬱金治小便血，得荊芥穗治大便血，得山梔治酒毒下血，得條芩治血崩，得牡蠣治赤白帶。舌上無故出血，名舌衄，炒槐花為末摻之效。含蕊而陳者良。　微炒用。　忌同槐實。　槐枝洗瘡痔核並陰囊濕痒良。　燒灰揩牙去蟲。

清·李桂庭《藥性詩解》　賦得槐花治腸風亦醫痔痢得風字。　李慶霖。

不識槐花性，寒涼理瀉紅。　療崩醫血痔，除痢治腸風。　按：　槐花苦涼，功同槐實。　治五痔腸風瀉血，清風熱目赤，赤白泄痢，吐崩便衄，一切血熱者宜之。　忌同槐實。　含蕋而陳久者佳，微炒。

檀

宋·唐慎微《證類本草》卷一四木部下品〔唐·陳藏器《本草拾遺》〕　檀秦皮注，蘇云：　檀似秦皮。　按檀樹，取其皮和榆皮食之，可斷穀。《爾雅》云：　檀，苦茶。　其葉堪爲飲。　樹體細，堪作斧柯，至夏有不生者，忽然葉開，當有大水，農人候之，以則水旱，號爲水檀。　又有一種，葉如檀，高五六尺。生高原，花四月開，色正紫，亦名檀，根如葛，極主瘡疥，殺蟲，有小毒也。《爾雅》無檀，苦茶，唯言檟，苦茶，郭注：　樹小似梔子，冬生葉，可煮作羹。今早採者爲茶，晚採者爲茗。　一名荈。　蜀人呼名之苦茶，前面已有茗、苦茶。　又引《爾雅》，疑此誤矣。

明·朱橚《救荒本草》卷下　檀樹芽　生密縣山野中，樹高一二丈，葉似槐葉而長大，開淡粉紫花。　葉味苦。　救飢：　採嫩芽葉煠熟，換水浸去苦味，淘洗淨，油鹽調食。

明·李時珍《本草綱目》卷三五木部·乔木喬　檀《拾遺》

【釋名】時珍曰：　朱子云：　檀，善木也。其字從亶以此。亶者善也。　【集解】藏器曰：　按蘇恭言：　檀似秦皮。其葉堪爲飲。樹體細，堪作斧柯。至夏有不生者，忽然葉開，當有大水。農人候之以占水旱，號爲水檀。又有一種葉如檀，高五六尺，生高原，四月開花正紫，亦名檀樹，其根如葛。　頌曰：　江淮、河朔山中皆有之。亦檀香類，但不香爾。　時珍曰：　檀有黄、白二種，葉皆如槐，皮青而澤，肌細而膩，體重而堅，狀與梓榆、莢蒾相似。故俚語云：　斫檀不諦得莢蒾，莢蒾尚可得駁馬。駁馬，梓榆也。又名六駁，皮色青白，多癬駁也。

檀木宜杵、楤、鎚器之用。

皮及根皮 〔氣味〕辛，平，有小毒。 〔主治〕皮和榆皮爲粉食，可斷穀救荒。 根皮：塗瘡疥，殺蟲藏器。

明·姚可成《食物本草·救荒野譜補遺·木類》卷首 檀食根。處處有之。其根如葛，可作粉濟荒。

白檀樹，根堪粉。充飢腸，摶作餅。摶餅充腸腸未充，那堪性命如朝菌。

明·姚可成《食物本草》卷二〇木部·喬木類 檀處處有之，有黃白二種。葉皆如槐，堪為湯飲。木理細膩，堪作斧柯，質重而堅，狀與梓榆、莢〔蒾〕相似。陳藏器曰：檀葉有至夏不生者，忽然葉開，當有大水，農人候之以占水旱，號為水檀。又有一種，葉如檀，高五六尺，生高原，四月開花正紫，亦名檀樹，其根如葛，可作粉食之。

檀皮及根皮 味辛，平，有小毒。和榆皮為粉食，可斷穀救〔荒〕。

清·穆石匏《本草洞詮》卷一一 檀 檀者，善也。檀乃善木，故從亶，檀樹至夏有不生者，忽然葉開，當有大水，農人候之，以占水旱，號為水檀。檀皮辛平，有小毒。和榆皮為粉食，可斷穀救荒。

清·吳其濬《植物名實圖考》卷三七 野檀 生袁州。大樹亭亭，與檀無異。土人云：秋時結實如梨，不可食。色黃可染。檀類多種，其黃檀耶？

清·吳其濬《植物名實圖考》卷三五 檀 《本草拾遺》始著錄。皮和榆皮為粉食，可斷穀。《救荒本草》：葉味苦，芽可煠食。

望水檀

清·吳其濬《植物名實圖考》卷三八 望水檀 生廬山。莖直勁，色赤褐，嫩枝赤潤，對發條葉，葉似檀而尖，皆仰翕，不平展。枝梢開小黃花，如粟米攢密。

按《唐本草》注謂檀葉有不生者，忽然葉開，當大水；農人候之，號為水檀。語殊未了徹，或即此樹葉皆翕皺，忽然開展主水候耶？凡喜陰濕之草木，亢久則葉卷合，遇雨則舒，木根入土深，泉脈動而先知，亦物理之常。

清·劉善述、劉士季《草木便方》卷二木部 柪檀樹 （⿰木玄）〔檀〕木根皮辛平性，疥癩殺蟲搗塗應。皮同榆皮為粉食，可斷穀米救饑命。

合歡

宋·李昉《太平御覽》卷九六〇 合歡 《古今注》曰：欲蠲人之憂，則贈以丹棘。丹棘，一名忘憂。欲蠲人之忿，則贈以青棠。青棠，一名合歡，能忘忿，枝葉繁弱，互相交結，每一風來，輒自相解，不相牽綴。嵇康種之舍前。《本草經》曰：合歡，味甘，平。生川谷。安五臟，和心氣，令人歡樂無憂。久服之輕身，明目。出益州。《神農本草》曰：合歡生豫州河內川谷，其樹似狗骨樹。嵇康《養生論》曰：萱草忘憂，合歡蠲忿。

宋·唐慎微《證類本草》卷一三木部中品〔《本經·別錄》〕 合歡 味**甘、平，無毒。主安五藏，利心志，令人歡樂無憂。久服輕身明目，得所欲。**生益州山谷。

〔梁·陶弘景《本草經集注》〕云：按嵇康《養生論》云：合歡蠲忿，萱草忘憂也。詩人又有萱草，皆即今鹿葱。而不入藥用。至於合歡，俗間少識之者，當以其非療病之功，稍見輕略，遂致永謝，猶如長生之法，人罕敦尚，亦爲遺棄。

〔唐·蘇敬《唐本草》〕注云：此樹生葉似皂莢、槐等，極細。五月花發，紅白色。所在山澗中有之，今東、西京第宅山池間亦有種者，名曰合歡，或曰合昏。秋實作莢，子極薄細爾。

〔宋·馬志《開寶本草》〕按：陳藏器《本草》云：合歡皮殺蟲，擣爲末，和鐺下墨，生油調塗蜘蛛咬瘡。及葉並去垢，葉至暮即合，故云合昏也。

〔宋·掌禹錫《嘉祐本草》〕按：《蜀本音義》云：樹似梧桐，枝弱葉繁，互相交結。每一風來，輒似相解，了不相牽綴。樹下階庭，使人不忿。日華子云：夜合皮，殺蟲，煎膏消癰痛，并續筋骨。葉可洗衣垢，又名合歡樹。

〔宋·蘇頌《本草圖經》〕曰：合歡，夜合也。生益州山谷，今近京雍、洛間皆有之，人家多植於庭除間，木似梧桐，枝甚柔弱。葉似皂莢、槐等，極細而繁密，互相交結。每一風來，輒似相解，了不相牽綴。其葉至暮而合，故一名合昏。五月花發，紅白色，瓣上若絲茸，然至秋而實作莢，子極薄細。採皮及葉用，不拘時月。崔豹《古今注》曰：欲蠲人之憂，則贈以丹棘。丹棘一名忘憂。欲蠲人之忿，則贈以青裳。青裳，合歡也。故嵇康種之舍前是也。韋宙《獨行方》：胸心甲錯，是爲肺癰，黃昏湯治。取夜合皮掌大一枚，水三升，煮取半分，再服。

〔宋·唐慎微《證類本草》〕《子母秘録》：小兒撮口病。夜合花枝濃煮汁，拭口并洗。又方：打搕損疼痛。夜合花末酒調，服二錢匕，妙。

宋·寇宗奭《本草衍義》卷一四 合歡花 其色如今之醮暈線，上半白，下半肉紅，散垂如絲，爲花之異。其綠葉至夜則合，又謂之夜合花。陳藏器、日華子皆曰皮殺蟲，又曰續筋骨。《經》中不言。

宋・張世南《游宦紀聞》卷九　後山贈二蘇公詩，末云：如大醫王治膏肓，外證已解中尚彊。探囊一試黃昏湯，一洗十年新學腸。任子淵注云：按《圖經本草》曰，合歡，夜合也，一名合昏。韋宙《獨行方》，胸中甲錯，是為肺癰，黃昏湯治之。取夜合皮掌大一枚，水煮服之。

宋・鄭樵《通志》卷七六《昆蟲草木略》　合歡　曰合昏，曰青裳，曰夜合。其木似梧桐，枝弱葉繁，互相交結，每一風來，輒似相解，了不相牽綴。植之庭階，使人不忿。其葉至暮而合，故曰合昏。今人皆謂之夜合花。嵇康云：合歡蠲忿，萱草忘憂。

宋・陳衍《寶慶本草折衷》卷一三　合歡　一名夜合皮，一名合歡皮，一名夜合，一名合昏，一名黃昏，一名蠲忿，一名青裳。○《是齋方》云：俗號苗葛，一名烏顆。生益州山谷及東西京、雍洛間。今所在山澗中或庭院植有之。○不拘時月採皮。

味甘，平，無毒。○主安五藏，利心志，明目。○陳藏器云：殺蟲，擣末和鐺墨，生油調，塗蜘蛛咬瘡。○日華子云：煎膏消癰腫，續筋骨。○《圖經》曰：合歡，其葉至暮而合。若胸心甲錯，是為肺癰，取夜合皮掌大，水叁分，煮取半分再服。

續說云：《局方》諸書治瘡腫癰癤，有雲母膏，其中皆用夜合皮，惟《博濟》及《蘇沈方》之雲母膏，不用皮而用花。然花止堪酒服，療打搕而已。今日華子論夜合皮之治效若此，況許洪亦援日華子為《局方》之註，灼知用皮者為正焉。

元・朱震亨《本草衍義補遺》　合歡　屬土而有水與金，補陰之有捷功也。長肌肉，續筋骨，概可見矣，而外科家未曾錄用，何也？○又名夜合。人家多植庭除間，蠲人之忿。

明・朱橚《救荒本草》卷下之前　夜合樹　《本草》名合歡，一名合昏。生益州及雍洛山谷，今鈞州、鄭州山野中亦有之。木似梧桐，其枝甚柔弱，葉似皂莢葉，又似槐葉，極細而密，互相交結，每一風來，輒似相解，了不相牽綴，其葉至暮而合，故名合昏。花發紅白色，瓣上若絲茸，然散垂，結實作莢子，極薄細。味甘，性平，無毒。　救飢：採嫩葉煠熟，水浸淘淨，油鹽調食。晒乾煠食尤好。　治病：文具《本草》木部合歡條下。

明・王綸《本草集要》卷四　合歡即夜合樹。　味甘，氣平，無毒。採皮及葉，用不拘時。　主安五臟，利心志，令人歡樂無憂。補陰有捷功，久服輕身明目得所欲。又皮煎膏，消癰腫，續筋骨。葉，可洗衣垢。

明・滕弘《神農本經會通》卷二　合歡　採皮及葉用，不拘時。即夜合樹。　味甘，氣平，無毒。

《本經》云：主安五臟，利心志，令人歡樂無憂，久服輕身，明目，得所欲。陳藏器云：合歡皮，殺蟲，擣為末，和鐺下墨、生油調塗蜘蛛咬瘡。及葉，並去垢。葉至暮即合。故云合昏也。日華子云：夜合，殺蟲。煎膏，消癰腫，并續筋骨。葉，可洗衣垢。《圖經》云：韋宙《獨行方》胸心甲錯，是為肺癰，黃昏湯主之，取夜合皮，水煎服。丹云：屬土而有水與金，補陰之有捷功也。長肌肉，續筋骨，槩可見矣，而外科家未曾録用，何也？又名夜合。人家多植庭除間，蠲人之忿。

明・劉文泰《本草品彙精要》卷一九　合歡無毒　植生。

合歡：主安五臟，利心志，令人歡樂無憂。久服輕身明目，得所欲。《神農本經》。　【名】合歡樹。葉：合昏。花：夜合花。【苗】《圖經》曰：合歡，即夜合花也。木似梧桐，枝甚柔弱，葉似皂莢槐等，極細而繁密，互相交結，每一風來，輒似相解，了不相牽綴，其葉至暮而合，故名合昏。五月花發，紅白色，瓣上若絲茸，然至秋而實作莢，子極薄細。崔豹《古今注》曰：欲蠲人之憂，則贈以丹棘；欲蠲人之忿，則贈以青裳。青裳，合歡也。故嵇康種之舍前是也。《衍義》曰：合歡花，其色如今之醮暈線，上半白，下半肉紅，散垂如絲，爲花之異。其綠葉至夜則合，是謂之夜合花也。【地】《圖經》曰：生益州山谷，今近京雍洛及人家庭除間各植之。【時】生：春初生葉。採：秋取實，不拘時取皮葉。【收】曬乾。【用】皮葉花。【質】枝葉類槐而柔弱。【色】青綠。【味】甘。【性】平。【氣】氣之薄者，陽中之陰。【臭】香。【主】消癰腫，續筋骨。【治】療：《圖經》曰：皮，治肺癰，以掌大一片，水三升，煎半服之。陳藏器云：皮，殺蟲。【合治】皮爲末，合鐺墨、生油調，塗蜘蛛咬瘡。○花爲末，酒調二錢服，治打搕損痛。

明・許希周《藥性粗評》卷二　補陰聞至捷之音，合歡一咲。

合歡，夜合木也，一名合昏。高五六尺，幹似梧桐，枝甚柔弱，葉似皂莢、槐等，細而繁密，互相交結，每一風來輒自解散，不相牽綴，至夜而復合，故名。五月開花紅白色，散垂若絲，至秋結實，作莢子極薄細。荊湘、川蜀山谷處處有之，好事者取植庭前，謂其能令人合歡。嵇康《養生論》曰：合歡蠲忿，萱草忘憂。而崔豹《古今注》亦曰：欲蠲人之憂，則贈以丹棘。丹棘者，忘憂草也。欲蠲人之忿，則贈以青裳。青裳者，合歡子也。則其木見重於古久矣，不拘時採枝葉與皮入藥，所使并所畏惡，《本草》不載。味甘，性平，無毒。主安五臟，利心志，令人歡樂忘憂，久服輕身明目。丹溪云：合歡補陰之有捷功者，長肌肉，續筋骨，概可見矣。

單方：肺癰：心胸甲錯，知為肺癰者，夜合皮一塊，水三升，煎取一升，再服而愈。撲損：夜合花為末，酒調下二錢妙。

明・陳嘉謨《本草蒙筌》卷四　合歡即交枝樹。味甘，氣平。無毒。多產雍洛，並屬河南。每植庭除。葉如槐葉甚密繁，木似梧桐但枝軟。其枝互相交合，風來輒自解開，故因名曰合歡，俗又呼為交枝樹也。採皮及葉，不拘月時。利心志補陰，安五臟明目。令人事事遂欲，時常安樂無憂。皮採煎稠膏，散腫癰，續斷筋骨；葉搗絞濃汁，浣衣服去黑垢黴。

明・王文潔《太乙仙製本草藥性大全》卷三《本草精義》　合歡　夜合也。生益州山谷，今近京、雍、洛間皆有之，人家多植於庭除間。木似梧桐，枝甚柔弱，葉似皂莢槐等，極細而繁密，互相交結，每一風來，輒似相解，了不相牽綴。其葉至暮而合，故一名合昏。五月花發紅白色，瓣上若絲茸然。至秋而實，作莢子極薄細。採皮及葉用，不拘時月。崔豹《古今注》曰：欲蠲人之憂，則贈以丹棘，丹棘一名忘憂；欲蠲人之忿，則贈以青裳，青裳合歡也。

明・王文潔《太乙仙製本草藥性大全》卷三《仙製藥性》　合歡即交枝樹。味甘，氣平，無毒。主治：利心志，補陰，安五臟，明目。令人事事遂欲，時常安樂無憂。皮：採煎稠膏，散腫癰，續斷筋骨。葉：搗絞濃汁，浣衣服，去黑炲黴。補註：胸心甲錯，是爲肺癰，黃昏湯治，取夜合皮掌大一枚，水三升，煮取半分再服。治小兒撮口病，搕損疼痛，夜合花枝濃煮汁，拭口并洗。酒調服二錢匕，妙。

明・皇甫嵩《本草發明》卷四　合歡中品，臣。氣平，味甘，無毒。一名夜合。即交枝樹，其枝互相交合，風來自解開。主安五藏，利心志，明目，長肌肉，續筋骨，補陰有捷功。又云：合歡樂無憂，事事遂欲，如萱草使人忘憂。恐未必然也。多產雍洛，每植庭除，葉如槐，極細密繁，木似梧桐，但葉軟。皮煎膏，散腫癰，續斷筋骨。○葉，搗汁，浣衣除黑垢。

明・李時珍《本草綱目》卷三五木部・喬木類　合歡《本經》中品

【釋名】合昏《唐本》　夜合日華　青裳《圖經》　萌葛《綱目》　烏賴樹頌曰：崔豹《古今注》云：欲蠲人之忿，則贈以青裳。青裳，合歡也。植之庭除，使人不忿。故嵇康《養生論》云：合歡蠲忿，萱草忘憂。藏器曰：其葉至暮即合，故云合昏。時珍曰：按王璆《百一選方》云：夜合俗名萌葛，越人謂之烏賴樹。又《金光明經》謂之尸利灑樹。

【集解】《本經》曰：合歡生豫州山谷。樹如狗骨樹。《別録》曰：生益州山谷。弘景曰：俗間少識，當以其非療病之功也。恭曰：此樹葉似皂莢及槐，極細。五月花發，紅白色，上有絲茸。秋實作莢，子極薄細。所在山谷有之，今東西京第宅山池間亦有種者，名曰合昏。頌曰：今汴洛間皆有之，人家多植於庭除間。木似梧桐，枝甚柔弱。葉似皂角，極細而繁密，互相交結。每一風來，輒自相解，了不相牽綴。采皮及葉用，不拘時月。宗奭曰：合歡花，其色如今之醮暈(緑)〔線〕，上半白，下半肉紅，散垂如絲，爲花之異。其緑葉至夜則合也。嫩時煠熟水淘，亦可食。

木皮去粗皮炒用。【氣味】甘，平，無毒。【主治】安五臟，和心志，令人歡樂無憂。久服，輕身明目，得所欲《本經》。煎膏，消癰腫，續筋骨大明。殺蟲。擣末，和鐺下墨，生油調，塗蜘蛛咬瘡。用葉，洗衣垢藏器。折傷疼痛，研末，酒服二錢匕宗奭。和血消腫止痛時珍。

【發明】震亨曰：合歡屬土，補陰之功甚捷。長肌肉，續筋骨，概可見矣。與白蠟同入膏用神效，而外科家未曾録用，何也？

【附方】舊二，新三。肺癰唾濁：心胸甲錯。取夜合皮一掌大，水三升，煮取一半，分二服。韋宙《獨行方》。撲損折骨：夜合樹皮即合歡皮，去粗皮，炒黑色，四兩，芥菜子炒一兩，爲末。每服二錢，温酒卧時服，以滓傅之，接骨甚妙。王璆《百一選方》。髮落不生：合歡木灰二合，墻衣五合，鐵精一合，水萍末二合，研勻，生油調塗，一夜一次。《普濟方》。小兒撮口：夜合花枝濃煮汁，拭口中，并洗之。《子母秘録》。中風攣縮：夜合枝酒：夜合枝、柏枝、槐枝、桑枝、石榴枝各五兩，並生剉。糯米五升，黑豆五升，羌活二兩，防風五錢，細麴七斤半。先以水五斗煎五枝，取二斗五升，浸米、豆蒸熟，入麴與防風、羌活如常釀酒法，封三七日，壓汁。每飲五合，勿過醉致吐，常令有酒氣也。《奇效良方》。

明・梅得春《藥性會元》卷中　合歡　味甘，氣平，無毒。即夜合花也。主安五臟，利心志，令人歡樂無憂。久服明目，得諸所欲。有補陰之捷功，長肌肉，續筋骨，而外科未見用之，何也？又一種，一名合歡皮，考之乃槿樹皮，而治肺癰，以收斂其瘡口。亦能蠲忿。因其功治效驗，原性雖無，寧忍遺棄？附之此備參考，實非合歡皮也。

明・李中立《本草原始》卷四　合歡　始生益州山谷，今近京雍、洛間皆有之。人家多植於庭除間。木似梧桐，枝甚柔弱，葉似皂角，極細而繁密，互相交結，每一風來，輒自相解，了不相牽綴。五月花發，紅白色，上有絲茸。至秋而實作莢子，極薄細。崔豹《古今注》云：欲蠲人之忿，則贈以青裳。青裳，合歡也。植之庭除，使人不忿，故嵇康《養生論》云合歡蠲忿，萱草忘憂。其葉至暮即合，故《唐本草》名合昏。日華子名夜合。

合歡，《本經》中品。【圖略】皮，采無時。葉，搗絞濃汁，浣衣服去黑炲黴。

木皮：氣味：甘，平，無毒。主治：安五臟，和心志，令人歡樂無憂，久服輕身明目，得所欲。○煎膏，消癰腫，續筋骨，殺蟲。搗末和鐺下墨，生油調，塗蜘蛛咬瘡。用葉洗衣垢。○折傷疼痛，研末酒服二錢匕。○和血消腫止痛。

明・盧復《芷園臆草題藥》　合(觀)〔歡〕　葉細繁，兩兩對生，夜來則合。枝甚柔，互相交結，每一風來，輒自分解。植之庭除，能使人不忿。題曰陽動而開，陰靜而合，此至和、此至安也，動而能靜，開而必合，此方至和，此方至安也。若動不能開，靜不能合，與動不能靜，開不能合，斯不和不安矣。合(觀)〔歡〕晝則陽舒，夜則陰合，靜時交結，動不相牽。開合動靜，咸得所欲。是得陰陽之正，既安且和。人心如此，何忿不(觸)〔蠲〕？若(變)〔攣〕縮之肖其枝，眼睛之類其葉，此形似耳，何足以云。○合(觀)〔歡〕葉夜相合，與百合花夜則香而名夜合者不同也。與守宫槐葉之晝合夜開者，大不同也。然則一以合，一以香，一以開，俱為陰用，顧用者何如耳。噫！

明・李中梓《藥性解》卷四　合歡皮　味甘，性平，無毒，入心經。主安五臟，利心志，殺諸蟲，消癰腫，續筋骨，令人歡樂無怒，輕身明目，花主小兒撮口，煎湯洗拭，跌打傷寒，熱酒調下。按：合歡味甘，何以獨入心家？《經》所謂以甘瀉之之説也。心得所勝，而癰瘡諸患為之自釋矣！其葉細細相並，至夜則合，又名夜合花，似絨拂可愛，俗又謂之烏絨。

明・繆希雍《本草經疏》卷一三　合歡　味甘，平，無毒。主安五藏，利心志，令人歡樂無憂，久服輕身，明目，得所欲。

【疏】合歡稟土氣以生，故味甘氣平無毒。入手少陰、足太陰經。土為萬物之母，主養五臟，心為君主之官，本自調和。脾虛則五臟不安，心氣躁急則遇事拂鬱多憂。甘主益脾，脾實則五臟自安；甘可以緩，心氣舒緩則神明自暢而歡樂無憂，神明暢達則覺照圓通，所欲咸遂矣。嵇叔夜《養生論》云合歡蠲忿，正此之謂歟。其主輕身明目及大明主消癰疽，續筋骨者，皆取其能補心脾、生血脈之功耳。【主治參互】與白蠟同入膏，能長肌肉，續筋骨，甚捷。《獨行方》肺癰唾濁，心胸甲錯。取夜合皮一掌大，水三升，煎取一半，分二服。《百一選方》撲損折骨：夜合樹皮，去粗皮，炒黑色四兩。芥菜子炒一兩，為末。每服二錢，溫酒臥時服，以滓外傅，接骨神妙。子，合橘核、木瓜、牛膝，能治疝。濕熱者加黃檗，寒濕者加茴香子。氣味和平，與病無忤，故不著簡誤。

明・倪朱謨《本草彙言》卷九　合歡　味甘，氣平，無毒。入手少陰、足太陰經。《農皇經》注曰：合歡，生豫州山谷。《別錄》曰：生益州、汴雒山谷。今所在山谷亦有。狀如狗骨樹。蘇氏曰：幹似梧桐，光直而挺，枝甚柔弱，葉似皂莢，細而繁密，互相交結，每一風來，輒自相解，絕不相牽。五月開花，色紅白，上有絲茸。秋月作莢子，極纖薄。收采皮葉用之，不拘時月。寇氏又言：合歡花，上半邊白，下半邊紅，爲花之異。其葉至夜即合。今東西兩京人家，植之庭除園池之間。雷氏曰：修治：取皮，刮去粗皮用。其葉嫩時煠熟，水淘和油、醬，可充蔬食之。

合歡皮：蠲忿忘憂，安五藏，《本經》和心志之藥也。王景雲抄如前古云：久服輕身明目，令人歡樂無憂，得所欲。即孔子從心所欲之意。乃甘溫平補，有開達五神，消除五志之妙應也。又觀其花晝則開、夜則合，得天地陰陽啓閉之常。不特安五藏，亦可安衛氣，晝出于陽，夜入于陰，更可安營氣之周行經隧，調和血氣者也。如陰陽、營衛、血氣，咸得安常，則五神之心神、肺魄、肝魂、脾意、腎智，亦咸得其和矣。五神既和，安有肝之怒，脾之悲，肺之憂，腎之恐也耶？如是推之，始于天地陰陽開合之得其常，則營衛出入自和。營衛出入既和，則血氣經隧自調。血氣經隧既調，則五神自安。五神既安，則五情亦無復妄動。五情不復妄動，故令人歡樂無憂。得其所欲而翩翩自適，若神仙人矣，故云久服輕身。輕身非飛昇之謂歟？

前賢張潔古老人曰：土爲萬物之母，心爲君主之官。脾土虛則五藏不安，心氣燥急，則神明內亂而遇事拂鬱而多憂。此藥味甘，氣平，主益脾土，脾實則五藏自安。味甘氣平，主和緩心氣。心氣和緩，則神明自暢而歡樂無憂。神明暢達，則覺照圓通，所欲咸遂矣。如俗語云萱草忘憂，合歡蠲忿，正二藥之謂歟？又大氏方主消癰疽，續筋骨者，皆取其能補心脾，生血脉之功耳。

前賢朱丹溪老人曰：合歡屬土與火，補陰之功甚捷。古云散癰疽，長肌肉，續筋骨之功，概可見矣。又與白蠟同入膏藥中用，極神效，而外科良工未曾録用，何也？

集方：夔山氏五則治心虛有熱，天王補心丸。○治肺虛有熱，四君子湯。○治脾虛有熱，歸脾丸。○治肝虛有熱，鱉甲丸。○治腎虛有熱，六味地黄丸。五方俱倍用合歡木皮，酒洗炒，加入。○《竇氏全書》治外科癰瘍證，未潰可消，已潰可斂，隨證隨方，俱可加合歡木皮。作煎、作散、作丸、作藥酒，咸宜用之。○韋氏《獨行方》治肺癰唾濁，心胸甲錯。取合歡皮一掌大，水二升，煎取一升。分作二服。○《百一選方》治撲損骨折。用合歡樹皮去粗皮，炒黄色四兩，芥菜子炒一兩，共研爲末。每服二錢，溫酒臥時煎服。以滓敷患處，接骨神效。

合歡枝：治中風攣縮，和桑枝各等分，浸酒飲。

合歡子：治疝氣，和橘核、茴香各等分，水煎服。

明·姚可成《食物本草·救荒野譜補遺·木類》 合歡葉食葉。處處有之。葉細而繁密，互相交結，每一風來，輒為相解，了不牽綴，至夜則合。嫩時可食，濟飢。

合歡樹，合歡枝，凶年子女成拋離。采得合歡難相資，蠲人忿，濟人飢，合歡葉，合歡皮。

明·姚可成《食物本草》卷二〇木部·喬木類 合歡蘇恭曰：此樹葉似皂莢及槐，極細。五月花發，紅白色，上有絲茸。秋實作莢，子極薄細。所在山谷有之，今東西京第宅山池間亦有種者。枝甚柔，葉細而繁密，互相交紬，每一風來，輒自相解，了不牽綴，至夜則合。嫩時熯熟水淘，可食。

合歡，味甘，平，無毒。主安五臟，和心志，令人歡樂無憂。久服，輕身明目，得所欲。崔豹《古今注》云：欲蠲人之忿，則贈以合歡，植之庭除，使人不忿。故嵇康《養生論》云：合歡蠲忿，萱艸忘憂。

附方：治肺癰唾濁，心胸甲錯。取夜合皮一掌大，水三升煎服。治跌仆折骨。夜合皮，去粗皮四兩，炒黑色，芥菜子一兩，炒。共為細末，每服二錢，臨臥時溫酒下。以滓傅患處，接骨甚妙。

明·李中梓《醫宗必讀·本草徵要下》 合歡味甘，平，無毒。入心、脾二經。安和五藏，歡樂忘憂。心為君主之官，土為萬物之母，二臟調和則五臟自安，神明自暢。嵇康《養生論》云：合歡蠲忿。正謂此也。一名夜合。

明·盧之頤《本草乘雅半偈》帙五 合歡《本經》中品 氣味：甘，平，無毒。

主治：主安五藏，和心志，令人歡樂無憂。久服輕身，明目，得所欲。

覈曰：生豫州〔河內〕山谷，及益州、汴洛，所在山谷亦有。植之庭除，令人不忿。嵇康《養生論》云：合歡蠲忿，萱草忘憂。《古今注》云：欲蠲人忿，贈以青裳。青裳，合歡也，越人謂之烏賴樹，《金光明經》謂之尸利灑樹，俗謂之萌葛樹也。幹似梧桐，枝甚柔弱。葉如皂角，細而繁密，互相交結，每一風來，輒自相解，了不相牽。五月發花紅白，上有絲茸。秋實作莢，子極纖薄。收採皮葉，不拘時月。修治其皮，削去粗皮，緩火焙炒。

先人云：陽動而開，陰靜而合，此至和，此至安也。動而能靜，開而必合，此方至和，此方至安也。若動不能開，靜不能合，與動不能靜，開不能合，斯不和，斯不安矣。合歡晝而陽舒，夜而陰合，靜時交結，動不相牽，開合動靜，咸得所欲，是得陰陽之正，既安且和，人心如此，何忿不蠲。

參曰：晝開夜合，以晝夜為呼吸者也。當安心肺之陽，腎肝之陰，并安中州，滋培後天者歟。和心志歡樂無憂者，以藏安則神安，神安則志溢，志溢則無恐懼憂悲矣。儼似衛氣之出入，亦可安衛氣之晝出于陽，夜入于陰。更安營氣之周行經隧，鎮定中州故也。息同天地，故久服輕身明目，皆得所欲。呼出心與肺，吸入腎與肝。呼吸之間，脾受穀味，其脈在中。脾者，中州也。惟藏安心和，故歡樂無憂。惟歡樂無憂，久之自身輕目明，而欲得矣。蓋氣鬱悶則重滯，樂則飛揚而輕也。肝屈抑則目昏，樂則開爽而明也。心愁慮，則不能如意，樂則從心所欲，無弗得也。

清·顧元交《本草彙箋》卷五 合歡皮 合歡，氣味甘平。主益脾，緩心氣。脾實則五臟自安，心神舒緩，則神明自悅。嵇康云：合歡蠲忿，萱草忘憂。崔豹云：欲蠲人之忿，則贈以青裳。青裳，即合歡也。外科與白蠟同入膏用，主消癰，長肌，續筋骨，皆取其能補心脾，生血脈之功。

清·穆石匏《本草洞詮》卷一一 合歡 嵇康云：合歡蠲忿，萱草忘憂。崔豹云：欲蠲人之忿，則贈以青裳。青裳，合歡也。其葉至暮即合，亦名夜合。合歡皮甘平，無毒。安五臟，和心志，令人歡樂無憂。煎膏消癰腫，酒服治折傷疼痛。蓋其補陰之功甚捷。長肌肉，續筋骨，和血消腫，止痛殺蟲，與白蠟同入膏用，甚効。而外科未曾錄用，何耶？

清·蔣居祉《本草擇要綱目·平性藥品》 合歡一名夜合。俗間少識，當以其非療病之功也。 木皮氣味：甘，平，無毒。 主治：安五臟，和心志，令人歡樂無憂。久服輕身，明目。煎膏消癰腫，續筋骨，殺蟲。搗末，和鐺下墨，生油調塗蜘蛛咬瘡。用葉洗衣垢。折傷疼痛，研末酒服二錢匕，和血消腫止痛。合歡屬土，補陰之功甚捷，長肌肉，續筋骨，概可見矣。與白蠟同入膏用，神效，而外科家未曾錄用，何也？

清·李熙和《醫經允中》卷二〇 合歡 一名烏濃樹，花名馬纓花。味甘，氣平，無毒。主治利心志，補陰，安五臟，明目，令人事事遂欲，時常安樂無憂。皮熬膏續筋骨，散癰。葉搗汁浣衣服玄黑。

清·馮兆張《馮氏錦囊秘錄·雜症痘疹藥性主治合參》卷四 合歡稟土氣以生，故味甘，氣平，無毒。入手少陰、足太陰經。心為君主之官，木自調和，土為萬物之母。主養五臟，脾虛則五臟不安。心氣躁急，則遇事拂鬱多憂。甘主益脾，脾實則五臟自安。甘可以緩心氣，舒緩則神明自暢而歡樂無憂。覺照圓通，所欲咸遂，陰既強而目亦明矣。 合歡，又名交枝樹。採皮及葉，利心志補陰，安五臟明目，令人事事如欲，時常安樂無憂。

清·張璐《本經逢原》卷三 合歡皮一名合昏，《千金》名黃昏，俗名烏絨樹。甘，平，無毒。 《本經》安五藏合心志，令人歡樂無憂，久服輕身明目。 發明：合歡屬土與水，補陰之功最捷。單用煎湯治肺癰唾濁。合阿膠煎膏治肺痿、吐血皆驗。與白蠟同熬膏為長肌肉、續筋骨之要藥，而外科家未嘗錄用，何也？按：合歡所主諸病，不過長肌肉、續筋骨，故用以填補肺之潰缺。而《本經》安五藏、和心志等語，豈特諸疾而已，嵇康《養生論》云合歡蠲忿，萱草忘憂，寧無顧名思義之實乎。

清·浦士貞《夕庵讀本草快編》卷五 合歡《本經》、青裳、夜合 葉至暮即合，故名。崔豹云欲蠲人忿，贈以青裳。嵇康云合歡蠲忿，萱草忘憂是也。 合歡氣味甘平，稟陰陽之純者也。脾為孤臟，以應四旁，甘為土之正味，脾氣安則四臟皆寧，神安則志溢，志溢則無恐懼憂悲矣。何也？天地之道，動靜而已。晝陽而舒，夜陰而合，靜時交結，動不相牽，開合動靜，咸得所宜，法剛柔之妙，人能服之，何忿不蠲？輕身明目，所欲自得矣！若取其止疼痛，續筋骨，療攣縮，反其小者爾。

清·周垣綜《頤生秘旨》卷八 合歡 補陰之藥也。一名夜合。即交枝樹，其枝互相交合，風來自解開。主安五藏，利心志，明目長肌。言令人歡樂無憂，事事遂欲，如萱草忘憂。恐未必然，第補陰有捷功。

清·吳儀洛《本草從新》卷三 合歡皮〔和調心脾。〕一名夜合。 甘，平。安五臟，和心志，令人歡樂無憂。心為君主之官，土為萬物之母，二臟調和則五臟自安，神明自暢。《養生論》云：合歡蠲忿。正謂此也。和血止痛，明目消腫，續筋骨，長肌肉，丹溪曰：補陰之功甚捷。與白蠟同入膏用神效，而外科未用，何也？ 塗蜘蛛咬，生油調。殺蟲。不拘入煎，為末熬膏外治并妙。得酒良。

清·嚴潔等《得配本草》卷七 合歡皮即夜合。 甘，平。入手足太陰經。安五臟，治肺癰，又能補心脾之陰。 得阿膠，治肺痿吐血。配白蠟煎膏，長肌肉，續筋骨。配白芥子，內服外敷，治跌打折骨。 去粗皮，炒用。

題清·徐大椿《藥性切用》卷五 合歡皮 性味甘平，入心脾而怡神悅志，令人歡樂無憂，故曰。

清·黃宮繡《本草求真》卷一 合歡皮補脾陰，緩心氣。 合歡皮耑入脾，兼入心。因何命名，謂其服之臟腑安養，令人歡欣怡悅，故以歡名。第此味甘氣平，服之雖能入脾補陰，朱震亨曰：合歡屬土，補陰之功，長肌肉，續筋骨，概可見矣。入心緩氣，而令五臟安和，神氣自暢，及單用煎湯而治肺癰唾濁韋宙《獨行方》。合阿膠煎湯而治肺痿吐血，皆驗。與白蠟熬膏，而為長肉生肌，續筋接骨之藥。然氣緩力微，用之非止錢許，可以奏效。故必重用久服。方有補益怡悅心志之効矣。若使急病，而求治即歡悅，其能之乎？合歡即合昏木，植於庭除，幹似梧桐，枝甚柔弱，葉似皂角，極細繁密，葉則夜合者是。去粗皮，炒用。

清·黃凱鈞《藥籠小品》 合歡皮 甘，平，安五臟，悅心志，和血止痛，明目消腫，續筋長肌。香油調末，治蜘蛛咬，得酒良。

清·葉桂《本草再新》卷四 合歡皮味甘，性平，無毒。入心、肝二經。 安五臟，和心志，治血止痛消腫，明目，舒筋長肉。

清·吳其濬《植物名實圖考》卷三三 合歡 《本經》中品。即馬纓花。京師呼為絨樹，以其花似絨線故名。《救荒本草》：夜合樹嫩葉味甘，可煠食。

清·葉志詵《神農本草經贊》卷一 合歡 味甘，平。主安五藏，利心志，令人(歎)〔歡〕樂無憂。久服輕身，明目得所欲。生山谷。

植根庭畔，夏景長暄。游纓蘸暈，翦翠滋繁。來歡蠲忿，迎晝合昏。有情多種，共宿雙鴛。

吳師道詩：植根向庭畔。韓琦詩：況茲夏景長。袁桷詩：馬嘶不動游纓聳。係名馬纓花。韓琦詩：紅白開成蘸暈花。雍裕之詩：蝶猶迷翦翠。杜牧詩：柯葉自滋繁。《易林》：來歡致福。嵇康論：合歡蠲忿。《周禮注》：迎暑以晝，求諸陽。陳藏器曰：其葉至暮即合，故名合昏。《花史》：遜頓國，有情樹，亦晝開夜合。杜甫詩：合歡尚知時，鴛鴦不獨宿。歐陽修詞：雙鴛池沼水溶溶。

清·文晟《新編六書》卷六《藥性摘錄》 合歡皮 甘，平。補脾陰，緩心氣。然氣緩力微，必重用久服方有効。

清·張仁錫《藥性蒙求·木部》 合歡皮錢半、三錢 合歡皮甘，安養心脾。令人歡樂，和血為宜。一名夜合。味甘，平。安五藏，和心志，和血止痛，續筋骨，長肌肉。

清·劉善述、劉士季《草木便方》卷二木部 合歡木 夜合皮甘平止痛，和血消腫安臟用。續筋接骨明耳目，令人合歡煎酒送。內白皮。

清·戴葆元《本草綱目易知錄》卷四 合歡 木皮，甘，平。屬土。明目和血，消腫止痛殺蟲。和心志，安五臟，補陰之功甚捷。令人歡樂無憂，植之庭除，使人不忿。治肺癰濁唾，中風攣縮。研末酒服，療折傷疼痛。煎膏，消癰腫，續筋骨。擣末和鐺下，墨油調，塗蜘蛛咬瘡，用葉洗衣垢。

金合歡

附：琉球·吳繼志《質問本草》附錄 金合歡 木本矮小，三月生葉，似合歡葉細，每枝間及葉根有雙刺，比蜀椒刺最鋭，六七月之交，抽嫩條，至于冬生蕾焉，初綠色，已開深黄色，狀如黑豆，大而纖毛茸茸，宛肖治耳器矣。仍仔細視之，有萼六瓣，纖毛出自其中，而毛端點綴黄粉，數十百萼重疊，聚會竟作一毬者也。毬謝而結小莢，性最畏寒，嚴冬葉悉脫。根可染絳，按《續脩臺灣府志》云：莿毬花，一名消息花者是也。

大毛毛花

清·吳其濬《植物名實圖考》卷三六 大毛毛花 即夜合樹。有二種：一種葉大，花如馬纓，初開色白，漸黄；一種葉小，花如毬，色淡綠，有微香近甜。滇俗四月八日，婦女無不插簪盈髻，以花似佛髻云。陳鼎《滇黔紀遊》：夜合樹高廣數十畝，枝幹扶疏曲折，開花如小山覆錦被，絕非江浙馬纓之比。宜其攀折不盡，足供茶雲壓鬢顫釵矣。

紫荆

清·吳其濬《植物名實圖考》卷三五 紫荆 《開寶本草》始著錄。處處有之。又《本草拾遺》有紫荊子，圓紫如珠。別是一種，湖南亦呼為紫荊。《夢溪筆談》未能博考，李時珍併為一條，亦踵誤。

皂莢

宋·李昉《太平御覽》卷九六〇 皂莢 《廣志》曰：雞栖子，皂莢也。

葛洪治溺死方曰：擣皂莢，裹以綿，內死人下部中，水出即活。

宋·唐慎微《證類本草》卷一四木部下品〔《本經·別錄·藥對》〕 **皂莢** **味辛**、鹹，**溫**，有小毒。**主風痹死肌邪氣，風頭淚出，利九竅，殺精物**，療腹脹滿，消穀，除欬嗽，囊結，婦人胞不落，明目，益精。可爲沐藥，不入湯。生雍州川谷及魯鄒縣，如猪牙者良。九月、十月採莢，陰乾。柏實爲之使，惡麥門冬，畏空青、人參、苦參。

〔梁·陶弘景《本草經集注》〕云：今處處有，長尺二者良。俗人見其皆有蟲孔而未嘗見蟲形，皆言不可近，令人惡病，殊不爾。其蟲狀如草菜上青蟲，莢微欲黑便出，所以難見爾。但取青莢生者看，自知之。

〔唐·蘇敬《唐本草》〕注云：此物有三種：猪牙皂莢最下，其形曲戾薄惡，全無滋潤，洗垢不去；其尺二寸者，麤大長虛而無潤；若長六七寸，圓厚節促直者，皮薄多肉，味濃大好。

〔宋·掌禹錫《嘉祐本草》〕按：《藥性論》云：皂莢，使。主破堅癥，腹中痛，能墮胎。又曰：將皂莢於酒中，取盡其精，於火內煎之成膏，塗帛，貼一切腫毒，兼能止疼痛。陳藏器云：鬼皂莢作浴湯，去風瘡疥癬，挼葉去衣垢，沐頭長髮。生江南澤畔，如皂莢，高一二尺。日華子云：皂莢，通關節，除頭風，消痰，殺勞蟲，治骨蒸，開胃及中風口噤。入藥去皮、子，以酥炙用。

〔宋·蘇頌《本草圖經》〕曰：皂莢，出雍州川谷及魯鄒縣，今所在有之，以懷、孟州者爲勝。木極有高大者。此有三種：《本經》云：形如猪牙者良。陶注云長尺二者良。

唐注云：長六寸，圓厚節促直者，皮薄多肉味濃，大好。今醫家作踈風氣丸、煎多用長皂莢，治齒及取積藥多用猪牙皂莢，所用雖殊，大抵性味不相遠。九月、十月採莢，陰乾用。張仲景治雜病方，欬逆上氣，唾濁但坐不得卧，皂角丸主之。皂莢杵末，一物以蜜丸大如梧子，以棗膏和湯服一丸，日三、夜一服。崔元亮《海上方》療腹脹滿欲瘦病者。猪牙皂角相續量長一尺，微火煨，去皮、子，搗篩，蜜丸大如梧子。欲服藥先喫煮羊肉兩臠，呷汁三兩口，後以肉汁下藥十丸，以快利爲度。覺得力，更服，以利清水即停。差後一月已來，不得食肉及諸油膩。又治熱勞。以皂莢長一尺續成者亦可，須無孔成實者，以土酥一大兩微微塗，於火上緩炙之，不得令酥下，待酥盡即搗篩，蜜丸如梧子大。每日空腹飲下十五丸，漸增至二十丸。重者不過兩劑差。其初生嫩葉芽，以爲蔬茹更益人。核中白肉亦入治肺藥。又，炮核取中黃心嚼餌之，治膈痰，吞酸。又，米醋熬嫩刺針作濃煎，以傅瘡癬，有奇效。

〔宋・唐慎微《證類本草》〕雷公云：凡使，須要赤膩肥并不蚛者，然用新汲水浸一宿了，用銅刀削上麁皮，用酥反覆炙，酥盡爲度。然出搥之，去子擣篩。皂莢一兩，酥二分，子收得。揀取圓滿堅硬不蛀者，用瓶盛下水於火畔煮，待泡熟，剝去硬皮一重了，取向裏白嫩肉兩片，去黃，其黃消人腎氣。將白兩片用銅刀細切，於日中乾用。《聖惠方》：治時氣三日，頭痛煩熱。用皂角燒作灰爲末，非時新汲水一中盞，生薑汁、蜜各少許，和二錢服之。先用暖水淋浴後服藥，須臾汗出愈。《外臺秘要》：治卒中風口喎。以皂角五兩，去皮爲末，以三年大醋和。右喎塗左，左喎塗右，乾更傅之，差。又方：䶗齒方：擣皂角去皮，炙爲末，塗齒上，吐之。又方：溺死一宿者尚活，擣皂角紙裹，内下部，須臾出水即活。《千金方》：鼆鼻。炙皂角末如小豆，以竹管吹入鼻中。又方：鬼魘不悟。皂莢末刀圭起死人。又方：難産。吞皂角子二枚，立差。《肘後方》：卒腫滿身面洪。用皂角剝炙令黃，剉三升，酒一斗漬，合器煮令沸，服一升，日三服，頻作。又方：小兒身上惡瘡。先以皂角水洗，拭乾。以少油麻擣爛，傅，燋即差。《經驗方》：治食氣遍身黃腫，氣喘，食不得，心胸滿悶。不蛀皂角去皮及子，塗好醋炙令焦爲末一錢匕，巴豆七枚去油、膜，二件以淡醋及研好墨，爲丸如麻子大，每服三丸，食後陳橘皮湯下，日三服。隔一日增一丸，以利爲度。如常服，消酒食。《梅師方》：治霍亂轉筋。皂莢末，吹一小豆入鼻中，得嚏便差。又方：治卒外腎偏疼。皂莢和皮爲末，水調傅之良。孫真人：治咳嗽。皂莢燒研碎二錢匕，豉湯下之。又方：治大小便不通，關格不利。燒皂莢細研，粥飲下三錢，立通。又方：傷寒無問陰陽神驗方：以皂角一挺肥者，燒令赤爲末，以水五合和，頓服。陰陽傷寒以酒和服。又方：治腰脚不履地。取子一千二百個，淨洗令乾，少酥熬令香爲末，蜜丸如梧子大。空心以蒺藜子、酸棗子湯下三十丸。又方：治卒死，以末吹鼻中。又方：治誤食物落鼻中及入眼不出，吹皂角以嚏。又方：人好魘，以末吹鼻中。《斗門方》：治卒頭痛。以皂角末，吹入鼻中，令嚏則止。《簡要濟衆》：治中風口噤不開，涎潮吐方：用皂角一挺去皮，塗猪脂炙令黃色，爲末。每服一錢匕，非時溫酒服。如氣實脉盛，調二錢匕。如牙關不開，用白梅揩齒，口開即灌藥，以吐出風涎差。《博濟方》：治皂莢水并惡水入口内，熱痛不止。以皂莢子燒存性一分，沙糖半兩，先殺研皂子令細，續入沙糖勾和如膏，含之。《十全方》：治牙疼。用猪牙皂角、鹽等分燒爲末，揩疼處良。《靈苑方》：治急喉閉，逡巡不救方：以皂莢去皮、子，生半兩爲末。每服少許，以筯頭點腫處，更以醋調藥末，厚傅項下，須臾便破，少血出，即愈。孫尚藥：治卒中風，昏昏若醉，形體昏悶，四肢不收，或倒或不倒，或口角似利，微有涎出，斯須不治，便爲大病，故傷人也。此證風涎潮於上，膈痹氣不通，宜用救急稀涎散。猪牙皂角四挺，須是肥實不蚛，削去黑皮，晉礬一兩，光明通瑩者，二味同擣羅爲細末。再研爲散。如有患者，可服半錢，重者三字匕，溫水調灌下。不大嘔吐，只是微微涎稀冷，出或一升、二升。當時惺惺次緩而調治。不可便大段吐之，恐過傷人命。累經效，不能盡述。《感應神仙傳》：崔言者，職隸左親騎軍，一旦得疾，雙眼昏，咫尺不辨人物，眉髮自落，鼻梁崩倒，肌膚有瘡如癬，皆爲惡疾，勢不可救。因爲洋州駱谷子歸寨使，遇一道流，自谷中出，不言名姓，授其方曰：皂角刺一二斤爲灰，蒸久曬研爲末。食上濃煎大黃湯調一錢匕，服。一旬鬢髮再生，肌膚悅潤，愈，眼目倍常明。得此方後却入山，不知所之。又鐵碪以煅金銀，雖百十年不壞，以搥皂莢，則一夕破碎。

宋・寇宗奭《本草衍義》卷一五 皂莢 其子炒，舂去赤皮，仁將骨浸軟，煮熟，以糖漬之，可食。甚疏導五藏風熱壅。其莢不蚛肥者，微炙，爲末一兩，入生白礬末半兩，膩粉半兩。風涎潮塞氣不通，水調灌一二錢。但過咽，則須吐涎。凡用白礬者，分隔下涎也。又暑中濕熱時，或久雨，合蒼术燒，辟溫疫邪濕氣。

宋・劉明之《圖經本草藥性總論》卷下 皂莢 味辛、鹹，溫，有小毒。主風痺，死肌邪氣，風頭淚出，利九竅，殺精物，療腹脹滿，消穀，除欬嗽，囊結，婦人胞不落，明目益精。《藥性論》云：使。主破堅癥，腹中痛，能墮胎。日華子云：通關節，除頭風，消痰，殺勞蟲，治骨蒸，開胃，及中風口噤。一云核中白肉亦治肺藥，炮核，取中心黃，嚼食之，治膈痰吞酸。《梅師方》：治霍亂轉筋，又治卒外腎偏疼。柏實為之使。惡麥門冬。畏空青、人參、苦參。生雍州。

宋・王介《履巉巖本草》卷下 皂莢 味辛、鹹，溫，有小毒。主風痹，利九竅，殺精物。療腹脹滿，消穀，除欬嗽，明目益精。可爲沐浴藥。治霍亂轉筋，以皂角爲細末，吹少許入鼻中，得嚏便差。治咳嗽，用皂角燒存性，研爲末，每服二錢，豉湯調下。

宋・張杲《醫説》卷三　眉髮自落　崔言曰：職隸左親騎軍，一旦得疾，雙眼昏，咫尺不辯人物，眉髮自落，鼻梁崩倒，肌膚有瘡如癬，皆為惡疾，勢不可救。因為洋州駱谷子歸寨使，遇一道流自谷中出，不言名姓，授其方曰：皂角刺一二斤，為灰，蒸久曬碾為末，食上濃煎大黄湯調一錢匕，服一旬，鬢髮再生，肌膚悦潤，眼目倍明。得此方後，入山不知所之《感應神仙傳》。

宋・陳衍《寶慶本草折衷》卷一四　皂莢使。核莿及鬼皂莢附。　一名皂角。細者名猪牙皂莢。生雍州川谷，及魯、鄒縣，及懷、孟州。今處處有之。〇五、十月採莢，陰乾。〇柏實為使，惡麥門冬，畏空青、人參、苦參。〇附：核，《炮炙論》云一名帝珠子。〇又附：鬼皂莢，生江南澤畔。

味辛、鹹，溫，有小毒。〇主風痹死肌邪氣，風頭淚出，利九竅，療腹脹滿，消穀，除欬嗽，婦人胞不落，明目益精，可為沐藥。〇《唐本》註云：此物長六七寸，圓厚節促直者，皮薄多肉，味濃大好。〇《藥性論》云：破堅癥腹痛，能墮胎。又曰：將皂莢於酒中，取盡其精，火内煎成膏，塗帛貼腫毒，止疼。〇日華子云：通關節，消痰，殺勞蟲，治骨蒸及中風口噤。入藥去皮、子，以酥炙。〇《圖經》曰：懷、孟州者勝，今踈風氣多用長皂莢，治齒及取積多用猪牙皂莢。所用雖殊，性味不相遠。〇《外臺秘要》：溺死，擣皂，用綿裹，内下部，出水即活。〇寇氏曰：不蛀肥者，微炙為末壹兩，入生白礬末半兩，膩粉半兩，風涎潮塞氣不通，水調(嚾)〔灌〕壹貳錢，過咽須吐涎。又暑中濕熱，時或久雨，合蒼术燒，辟溫疫邪濕氣。

附：　核中白肉。〇治膈痰吞酸，亦入治肺藥。須剝取白嫩肉兩片，去黄，其黄消人腎氣。又以糖漬食，踈導五臟風熱壅。炒舂，去赤皮，浸軟，煮熟用。

附：　莿針。〇傅瘡癬，以米醋熬嫩針作濃煎傅。

附：　鬼皂莢。〇去風瘡疥癬，作湯浴之。狀如皂莢，高一二尺。

續説云：　張松用皂莢核子不蚛者，燒灰研細，煎榼藤子酒調服，治腸風下血。又以皂莢莿針碾細，與瓜蔞等分，煎乳香酒調服，治癰疽發背及婦人乳癰等。

元・王好古《湯液本草》卷五　皂莢　氣溫，味辛、鹹，有小毒。　引入厥陰經藥。　《本草》云：主風痹死肌邪氣，風頭淚出，利九竅，療腹脹滿，消穀，除欬嗽。治囊縮，婦人胞不落，明目，益精，可為沐藥，不入湯。　日華子云：通關節，除頭風，消痰，殺勞蟲，治骨蒸，開胃，破堅瘕，腹中痛，能墮胎。柏實為之使。惡麥門冬。畏空青、人參、苦參。　仲景治欬逆上氣，唾濁，但坐不得臥，皂莢丸主之。杵末，一物蜜丸桐子大，用棗湯服一丸，日三夜一。《活人書》云：治陰毒，正陽散内用皂莢，引入厥陰也。　用之有蜜炙、酥炙、燒灰之異，等分依方。

元・尚從善《本草元命苞》卷七　皂莢　為使。味辛、鹹，溫性，有小毒。柏實為使。惡麥門冬。畏人參、苦參。去衣垢，為沐藥。墮胎，主風痺死肌邪氣，治風頭淚出。殺精，利九竅。明目，消穀氣。破堅，除頭風，通關節，消痰飲，殺勞蟲。療腹肚脹滿，除欬嗽囊結。下産婦胞不落，醫中風不語者。生雍州川谷，今懷孟為佳。十月採莢，陰乾。形似猪牙者善。入藥刮去皮弦，反復酥炙尤妙。鬼魘不悟，搗末吹鼻。關格不通，粥飲調下。中風口噤者，酥炙，為末，溫酒調灌。喉閉堵塞者，生搗作散，筋頭點塗。以醋調末，用筋頭點腫處，又厚塗項下，須臾便破，少血出即愈。出《靈苑方》。

元・朱震亨《本草衍義補遺》　皂角刺　治癰疽已潰，能引至潰處，甚驗。〇《神仙傳》云：崔言者，職隸左親騎軍，一旦得疾，雙眼昏，咫尺不辨人物，眉髮自落，鼻梁崩倒，肌膚瘡癬，皆為惡疾，勢不可救。一道流，不言名，授其方曰：皂角刺一二斤，為久蒸久曬，研為末，食上濃煎大黄湯，調一錢匕，服一旬，鬚髮再生而愈。又，鐵碪以煅金銀，雖百十年不壞。以搥皂角刺，一夕破碎。

元・徐彦純《本草發揮》卷三　皂莢　海藏云：仲景治咳逆上氣唾濁，但坐不得臥，皂莢丸主之。杵皂莢末一物，蜜丸梧子大，棗湯下一丸，日三夜一。《活人》治陰毒正陽散内，皂角引入厥陰經也。用之有蜜炙、酥炙、燒灰之異，宜從本方。　丹溪云：皂角刺治癰疽已潰，能引至潰處。

明・朱橚《救荒本草》卷下之前　皂莢樹　生雍州川谷及魯之鄒縣，懷孟產者為勝。今處處有之。其木極有高大者，葉似槐葉瘦長而尖，枝間多刺。結實有三種，形小者為猪牙皂莢良。又有長六寸及尺二者，用之當以肥厚者為佳。味辛、鹹，性溫，有小毒。栢實為之使。惡麥門冬。畏空青、人參、苦參，可作沐藥，不入湯。救飢：採嫩芽煠熟，換水浸洗，淘淨，油鹽調食。又以子，不以多少，炒舂去赤皮，浸軟煮熟，以糖漬之，可食。　治病：文具《本草》木部條下。

明·蘭茂撰，清·管暄校補《滇南本草》卷中　皂角通治　用皂角末紅而肥者，去筋并子與膜，然後炒焦，杵為末聽用，照後引下。　中風口喎眼斜，用皂角末五兩，陳醋調塗患處，須替換塗之，以塗盡末為度。　霍亂轉筋，用皂角末吹入鼻內，或燒烟薰之，令得噴嚏，即安。　大小便不能，用皂角末三錢，入稀粥內食，即通。　一風症痰潮，氣塞不通，以皂角末一兩，加白礬末五錢，膩粉五錢，合為末，研令勻，每服二錢，滾白湯調下。　一時氣頭疼煩熱，先用暖水淋浴，隨用新汲水一鍾，加薑汁、蜂蜜少許，以皂角末二錢，和服，汗出即愈。　中風口禁，用猪油塗在皂角上，將火炙黃，研為末，每服一錢，溫湯下。氣將絕者服二錢，如牙關已閉，可用白梅搽牙。　急喉閉，用皂角米生一半，熟一半，和勻，以筯(湛)[蘸]末，點腫處，外以醋塗項上，須臾腫處即破，血出而愈。　目昏，咫尺不辨人物，眉髮脫落，鼻梁崩陷，皮肉起瘡如癬，用皂角刺二斤，杵為末，每服一錢，濃煎服，大黃湯送下，連服十日，即愈。　濕氣偏身黃腫，氣喘滿悶，飲食不進者，用醋浸皂角，於火上炙黃，杵為末，每服一錢，加巴豆七粒，去油，以醋研墨，調和為丸如麻子大，每服三丸，飯後煎橘皮湯下，日進三服，隔一日增一丸，利下效。

明·王綸《本草集要》卷四　皂莢使　味辛鹹，氣溫，有小毒。引入厥陰經。栢實為之使。惡麥門冬，畏空青、人參、苦參。九十月採，陰乾。如猪牙者良。去皮子，酥炙用，不入湯藥。　主風痹死肌，邪氣風頭淚出，利九竅，通關節，殺精物勞蟲。療腹脹滿，破堅癥，墮胎，可為沐藥。治卒中風昏迷，鬼魘不悟，卒死，卒頭痛，為末，吹鼻中。投莢酒中，盡取其精，火內煎成膏，塗帛，貼一切腫毒，兼止疼痛。〇皂角針，治瘡中用之，直達瘡所。又米醋煎嫩刺，作濃煎，傅瘡癬奇效。　一人患大風惡疾。用刺一二斤，為灰，蒸，又晒，研為末，食上濃煎大黃湯，調一錢匕服，一旬鬚眉再生，愈。

明·滕弘《神農本經會通》卷二　皂莢　使也。栢實為之使。惡麥門冬，畏空青、人參、苦參。九十月採莢，陰乾。去皮弦子，酥炙用。不入湯。有三種，《本經》云：形如猪牙者良。陶云：長尺二者良。《本注》云：長六寸，員厚者好。　味辛、鹹，氣溫，有小毒。《湯》云：引入厥陰經藥。東云：治風痰。

《本經》云：主風痺死肌，邪氣，風頭，淚出，利九竅，殺精物。療腹脹滿，消穀，除咳嗽，囊縮，婦人胞不落，明目益精。可為沐藥，不入湯。《藥性論》云：使。主破堅癥，腹中痛，能墮胎。又將皂莢投酒中，盡取其精，火內煎成膏，塗帛，貼一切腫毒，兼止疼痛。日華子云：通關節，除頭風，消痰，殺勞蟲，治骨蒸，開胃，及中風口噤。入藥去皮子，以酥炙用。《圖經》云：今醫家作踈風氣丸煎，多用長皂莢。治齒及取積藥，多用猪牙皂莢。所用雖殊，大抵性味不相遠。又云：仲景治雜病方，欬逆上氣，唾濁，但坐不得臥，皂角丸主之，皂莢杵末，一物以蜜丸，大如梧子，棗膏湯服一丸，日三夜一服。又米醋熬嫩刺針，作濃煎，以傅瘡癬有奇功。孫尚藥云：治卒中風，昏昏若醉，形體惛悶，四肢不收，或倒或不倒，或口角似利，微有涎出，斯須不治，便為大病，故傷人也。此証風涎潮於上膈，痺氣不通，宜用救急稀涎散，猪牙皂莢四挺，須是脂實不蚛，削去黑皮，晉礬一兩，光明通瑩者，二味同搗羅為細末，再研為散，如有患者，可服半錢，重者三字匕，溫水調灌下。不大嘔吐，只是微微涎稀冷出，或一升、二升，當時惺惺，次緩而調治，不可便大服之，恐過傷人命，累經効。丹溪云：皂角刺，治癰疽已潰，能引至潰處，甚驗。又《神仙傳》：(五)[崔]言者，職隸左親騎軍，一旦得疾，雙眼昏，咫尺不辨人物，眉髮自落，鼻梁崩倒，肌膚有瘡如癬，皆為惡疾，勢不可救。因遇一道流自谷中出，不言名姓，授其方曰：皂莢刺一二斤，為灰，蒸久，曒研為末，食上濃煎大黃湯調一錢匕服，一旬鬢髮再生，肌膚悅澤，愈。又鐵碪以煅金銀，雖百十年不壞，以搥皂莢，則一夕破碎。《湯》云：《活人書》治陰毒，正陽散內用皂莢，引入厥陰也。用之有蜜炙、酥炙、燒灰之異，等分依方。《局》云：皂莢消痰除欬嗽，貼塗腫痛去頭風。口喎鬼壓并昏塞，搐鼻應知有大功。皂莢，為末，搐鼻，嚏，應什妖迷。

明·劉文泰《本草品彙精要》卷二〇　皂莢有小毒。附鬼皂莢。　植生。

皂莢出《神農本經》：**主風痹，死肌，邪氣，風頭淚出，利九竅，殺精物。**以上朱字《神農本經》。療腹脹滿，消穀，除欬嗽，囊結，婦人胞不落，明目，益精。可爲沐藥，不入湯。以上黑字名醫所錄。　[苗]《圖經》曰：木極高大，其葉嫩芽亦可爲茹，而更益人。老榦多生刺針，夏作莢，經霜後色黑則熟。此有三種，但枝葉相似，惟其莢有大小爲異。《本經》云：形如豬牙者良。陶注云：長尺二者良。唐注云：長六七寸，圓厚者大好。今醫家入疏風藥多用長者，入齒及取積藥多用小者。所用雖殊，大抵性味不遠。核中白肉亦入藥用。《唐本》注云：豬牙皂莢最下，其形曲戾薄惡，全無滋潤，洗垢不去。其長尺二者，粗大虛而無潤，不若長六七寸圓厚，節促而皮薄多肉味濃者最佳也。陳藏器云：又一種鬼皂莢，生江南池澤，如皂莢，高一二尺，作浴湯，去風瘡疥癬，沐髮長頭。挼葉，亦去衣垢。【地】《圖經》曰：出雍州川谷及魯鄒縣，今處處有之。【道地】懷、孟州者爲勝。【時】生：春生葉。採：九月、十月取莢。【收】陰乾。【用】莢、針、核中肉。【色】黑赤。

【味】辛、鹹。【性】溫，散。【氣】氣厚味薄，陽中之陰。【臭】腥。

【主】除風痹，利九竅。【助】柏實爲之使。【反】畏空青、人參、苦參，惡麥門冬。【製】《雷公》曰：凡使，須要赤肥不蚛者，用新汲水浸一宿，銅刀削去粗皮，用酥炙，盡爲度。然後搥之去子，搗篩日乾用。又子揀圓肥滿堅硬不蛀者，用瓶盛下水於火畔煮，待泡熟剝去硬皮一重，取向裏肉兩片，去黃，其黃消人腎氣，將白兩片銅刀細切，日乾用。【治】療：《藥性論》云：破堅癥，腹中痛。日華子云：通關節，消痰，殺勞蟲，及骨蒸，開胃，並中風口噤。《別錄》云：鬼魘不寤，霍亂轉筋，誤食物搶鼻中，及物入眼不出，並卒頭痛，或卒暴死，俱末吹鼻中。《圖經》曰：核炮取中黃心嚼餌，去膈痰吞酸。【合治】合酒熬膏，貼一切腫毒，止疼痛，合鹽燒末，揩齒痛。○嫩刺針合米醋熬濃汁，傅瘡癬。【禁】妊娠不可服。

明・盧和、汪穎《食物本草》卷二果類 皂莢子 炒，舂去赤皮，仁將水浸軟，煮熟，以糖蜜漬之。甚疎導五臟風熱壅氣，辟邪氣、瘴氣，有驗。

明・葉文齡《醫學統旨》卷八 皂莢 氣溫，味辛鹹。有小毒。引入厥陰經。治卒中風中氣，痰厥昏迷，鬼魘不悟，尸厥卒死，卒頭痛，為末吹鼻中；風痺死肌，邪氣風頭淚出，通關節，利九竅，頭風消痰，殺精物，勞蟲，腹脹滿，破堅癥，墮胎。可沐藥煎膏，塗帛貼一切腫毒，兼止疼痛。

皂角刺：治癰疽惡瘡，用之能引至直達瘡所。已潰透膿，未潰消散；米醋煎嫩刺傅瘡癬奇効。

明・許希周《藥性粗評》卷二 妖氣閉聰明，皂莢灰吹開孔竅。

皂莢，此有三種，一形曲如猪牙，俗謂之猪牙皂角；一肥大短促，長三四寸者；一扁大長一尺許者。取用不同，樹亦大小不一。長一尺許者，樹數丈，有刺縱橫，不可攀緣，葉似槐，生嫩葉亦可作蔬，益人，夏開白花，結角，至十月而角成，黑色，南北山谷處處有之，十月採角，陰乾。凡用取肥潤不蛀者，新汲水浸一宿，銅刀削上麄皮，用酥反復炙透，以焦為度，搥破，去子，搗篩為末入藥。如用子，揀取圓潤不蛀者，入瓦瓶煮泡，剝去硬皮一層，取向裏白肉兩片，去黃，蓋其黃能消人腎氣。將白肉銅刀切碎，日乾收用。皂莢、柏實為之使，惡麥門冬，畏空青、人參、苦參。味辛、鹹，性溫，有小毒。主治中風口噤，邪氣昏沉，骨蒸尸疰，脹痛欬嗽，囊結癰腫，頭風淚出，濕痹拘攣，明目益精，清痰止嗽，生肌散血，開胃消穀，利九竅，下胞胎。丹溪云：皂莢刺治癰疽已潰，能引至未潰處。又按：《活人書》治陰毒，正陽散內用皂莢，引入厥陰經。

單方：溺死：水溺死一宿者，皂角去皮，搗末，紙卷納入下部，水出，須臾即活。

鬼魘：凡被鬼魘，昏沉不悟者，以皂角炙焦，搗取細末，吹入鼻中，得嚏即醒。　牙蟲：凡患風蟲齲齒者，以製過皂角末塗齒上，吐之，再塗再吐。　產難：凡難產或胎衣不下者，但吞皂角子二枚，即出。　中風口噤：凡中風昏昏若醉，四肢不收，痰涎湧響者，皂角一挺，去皮，以猪脂塗上，炙令黃色，搗為細末，每服一錢，不拘時，溫酒調灌，如脉盛氣實者，調二錢，以吐出風涎為度，即愈。　明目童顏：《神仙傳》曰：崔言者一旦得疾，雙目昏，咫尺不辨人物，眉髮自落，鼻樑崩倒，肌膚有瘡如癬，皆為惡疾，勢不可救。遇一道流授其方，曰皂角刺一二斤，燒為灰，蒸，久晒，研為末，食前濃煎大黃湯調下一錢匕，服一旬，鬢髮再生，肌膚悅潤，眼目倍明，後入山，不知所之。

明・鄭寧《藥性要略大全》卷五 皂莢 治一切風痰。○療風痺死肌，頭風淚出，消腹脹化穀，除咳嗽囊縮，利九竅，明目，益精。下胎衣，殺精物。

潔古云：破堅癥腹痛，下胎，通關節，開胃。治中風，殺勞蟲，去骨蒸，除疥癬風瘡，止痛及中風口噤。　味辛、鹹，氣溫，有小毒。入厥陰。栢實為之使。惡麥冬，畏空青、人參、苦參。亦有數種：有長尺餘者，有如猪牙、彎而短小者，名牙皂，良。去皮、子，酥炙用。十一月採之。○為末搐鼻嚏，應(述)〔什〕妖迷。　葉：為末，入吐藥。刺：入煎藥，破腫毒，瘡疽發背，諸般惡瘡，成膿即穿。

明・賀岳《醫經大旨》卷一《本草要略》 皂角刺 《衍義補遺》曰：治癰疽已潰，能引至潰處甚驗。又引《神仙傳》以為崔(吉)〔言〕一旦雙眼齊昏，咫尺不辨人物，眉髮自落，鼻梁崩壞，皮膚瘡癬，至為惡疾難救。有一道流使其服皂角刺灰，每服濃煎大黃湯服一錢七，旬日而眉髮再生，疾自釋矣。及以皂角腐鐵之力證之。觀數言，乃瘡家之聖藥也。則凡癰疽已潰者皆不可無，其未破者能開竅，其已破者能引排膿藥至膿處。又諸惡瘡癬及癘風中之要藥也，蓋以皂角氣味辛暢而小有毒，故能引至毒處而疏散之，且能通氣導痰。又搐鼻即嚏，風邪自釋，皆疏散之力也。況刺其質幹中之尤銳者，故其功尤勝焉。觀其善滌垢膩，概可見矣。

明・陳嘉謨《本草蒙筌》卷四　皂莢　味辛、鹹，氣溫，有小毒。所在各處有生，懷孟州並屬河南者獨勝。惡麥門一味，畏空青二參。人參、苦參。入足厥陰引經，宜以栢實為使。種因有二，用亦各分。理氣疏風，長板莢須覓；治齒取積，猪牙莢當求。去弦去子，煨熟俱同。蜜炙酥炙，燒灰略異。製度憑證，活法在人。堪作散熬膏，勿為丸煎液。搐鼻噴嚏立至，敷腫疼痛即除。和生礬吐風痰，即稀涎散。拌煉蜜為導箭。即蜜導箭。殺癆蟲精物，主風痹死肌。利竅通關，破癥墮孕。〇皂角刺乃載外科聖藥，治潰瘍直達潰處成功。

明・王文潔《太乙仙製本草藥性大全》卷三《本草精義》　皂莢　出雍州川谷及魯鄒縣，今所在有之，以懷、孟州者爲勝。木極有高大者。此有三種，《本經》云形如猪牙者良。陶注云長尺二者良。唐注云長六寸，圓厚節促直者，皮薄多肉，味濃大好。今醫家作疏風氣丸煎，多用長皂莢。治齒及取積藥多用猪牙皂莢。所用雖殊，大抵性味不相遠。九月、十月採莢，陰乾用。惡麥門一味，畏空青、人參、苦參。

皂莢子：　主治難産，腰脚痛，并惡水入口，疏導五臟風熱。

補註：　難産吞皂莢子二枚立差。治腰脚不履地，取子一千二百個，净洗，令乾，少酥，熬令香，爲末蜜丸如梧子大，空心以蒺藜子、酸棗湯下。治皂莢水并惡水入口內，熱痛不止，以子燒存性一分，沙糖半兩，先殺研皂子令細，續入沙糖勻和如膏，含之。〇其子春去赤皮，仍將骨浸軟，煮熟，以糖漬之，可食，甚疏導五臟風熱壅。

皂角刺：　乃載外科聖藥。治潰瘍直達潰處成功。又崔言病雙眼昏盲，眉髮自落，鼻梁崩倒，肌膚有瘡如癬，皆爲惡疾，勢不可救。用皂刺一二斤，九蒸九曝，研爲末，食上濃煎大黄湯調一匕，服一旬鬢髮再生，肌膚悅潤，愈眼目，倍常明。

明・王文潔《太乙仙製本草藥性大全》卷三《仙製藥性》　皂莢　味辛、鹹，氣溫，有小毒。引入足厥陰肝經。栢實爲之使。形長尺餘者爲皂莢，如猪牙彎而短小者牙皂。　主治：　種因有二，用亦各分。理氣疏風，長板莢須覓。治齒取積，猪牙皂當求。去弦去子，煨熱俱同。蜜炙酥炙，燒灰略異。製度憑證，活法在人。堪作散熬膏，勿爲丸煎液。搐鼻噴嚏立至，敷腫疼痛即除。和生礬吐風痰即稀涎散，拌煉蜜爲導箭即蜜導箭。殺癆蟲精物，主風痹死肌。利竅通關，破癥墮胎。去頭風明目淚出，除咳嗽骨蒸，下胎消腹脹化穀，治疥癬風瘡。　補註：　時氣三日頭痛煩熱，用燒灰爲末，新汲水一盞，生薑汁、蜜各少許，和二錢服。〇齆鼻、霍亂轉筋，炙末如小豆，以竹管吹入鼻中。治卒中風口喎，以五兩去皮，爲末，用三年陳醋和，右喎塗左，左喎塗右，乾更傅之差。治小兒身上惡瘡，先以皂莢水洗，拭乾，以少麻〔油〕搗爛傅燋即差。〇溺死一宿者尚活，搗皂莢，紙裹入下部，須臾出水即活。治卒外腎偏疼，和皮爲末，水調傅之良。〇卒死人，好魘，卒頭痛，誤食物落鼻中及眼不出，用爲末，吹鼻中效。治咳嗽，用燒灰，研碎二錢，豉湯下之。治牙疼，用牙皂、鹽等分爲末，揩疼處良。〇傷寒無問陽陰，以一挺肥者，燒令赤，爲末，以水和，頓服，陽陰傷寒以酒和服。治大小便不通，關格不利，燒研爲末，粥飲下三錢立通。治中風口噤不開，涎潮，用一挺，去皮，塗猪脂，炙黄色，爲末，每服一錢匕，溫酒服。如氣實脉盛，調二錢。如牙關不開，用白梅揩齒，口開即灌之，吐出風涎差。〇其莢不蚛肥者，微炙爲末一兩，入生白礬末半兩，膩粉半兩，風涎潮塞氣不通，水調灌一二錢，但過咽，則須吐涎。凡用白礬者，分膈下涎也。又暑中熱濕時久雨，用蒼术燒碎，祛瘟疫邪濕氣。〇熱勞，以皂莢長一尺續成者亦可，須無孔成實者，以土酥一兩微微塗，於火上緩炙之，不得令酥下，待酥盡，即搗篩蜜丸如梧子大，每日空腹飲下五丸，漸增至二十丸，重者不過兩劑差。〇初生嫩葉芽，以爲蔬茹，更益人。核中白肉亦入治肺藥。又炮核取中黄心嚼餌之，治膈痰吞酸。又米醋熬嫩刺針，作濃煎，以傅瘡癬有奇效。　太乙曰：　凡使，須要赤膩肥并不蚛者。然用新汲水浸一宿了，用銅刀削去粗皮，用酥反覆炙，酥盡爲度，然出搥之，去子擣篩。皂莢一兩，酥二分，子收得揀取圓滿堅硬不蛀者，用瓶盛下水，於火畔煮待泡熱，剝去硬皮一重了，取向裏白嫩肉兩片，去黄，其黄消人腎氣，將白兩片用銅刀細切，於日中乾用。

明・皇甫嵩《本草發明》卷四　皂莢下品，佐使。氣溫，味辛、鹹，有小毒。足厥陰引經藥。　發明曰：　皂莢，疏氣導痰之要藥，而疏散之力居多。故《本草》主風痺死肌邪氣，利九竅，通関節，消痰破堅癥，搐鼻嚏，以釋風邪。又療腹脹滿，消穀，除咳嗽囊結，殺精物，殺癆蟲，墮胎孕，胞不下，明目，去頭風淚出，皆其疏散之力。又陰毒正陽散用之，以能引入厥陰經也。〇作膏敷腫痛，和生礬吐風痰，拌蜜堪為導箭。中風昏迷，鬼魘不悟，卒死卒頭痛，為末，吹鼻中即嚏。戴氏方云：中風口眼喎斜，先燒皂莢烟薰，逐其外邪，次燒乳香薰之，順其血脉。〇癰疽未破者能開竅，已破者能引藥至排膿處，諸惡瘡癬及癘風中之要藥也。〇投美酒中，浸取其精，熬膏塗帛，貼一切腫毒，兼止疼痛。凡用猪牙莢為良。又云：長板莢理氣疏風，牙莢治齒取積。凡用去弦與子。

皂角刺，其質幹中之尤銳者，治瘡中用之，直達于瘡所。用米醋煎嫩刺濃汁，傅癬瘡奇效。

明・李時珍《本草綱目》卷三五木部・喬木類

皂莢《本經》中品

【釋名】皂角《綱目》　雞栖子《綱目》　烏犀《綱目》　懸刀　時珍曰：莢之樹皂，故名。《廣志》謂之雞栖子，曾氏方謂之烏犀，《外丹本草》謂之懸刀。　【集解】《別録》曰：皂莢生雍州山谷及魯鄒縣，如猪牙者良。九月、十月采莢，陰乾。弘景曰：處處有之，長尺二者良。俗人見其有蟲孔而未嘗見蟲形，皆言不可近，令人惡病，殊不爾也。其蟲狀如草葉上青蟲，微黑便出，所以難見。恭曰：此物有三種：猪牙皂莢最下，其形曲戾薄惡，全無滋潤，洗垢不去；其尺二者，粗大長虛而無潤；若長六七寸，圓厚節促直者，皮薄多肉，味濃大好。頌曰：所在有之，以懷、孟（州）者爲勝。木極有高大者。《本經》用如猪牙者，陶用尺二者，蘇用六寸圓厚者。今醫家作疏風氣丸煎多用長皂莢，治齒及取積藥多用牙皂莢，所用雖殊，性味不甚相遠。其初生嫩芽，以爲蔬茹，更益人。時珍曰：皂樹高大。葉如槐葉，瘦長而尖。枝間多刺。夏開細黃花。結實有三種：一種小如猪牙；一種長而肥厚，多脂而粘；一種長而瘦薄，枯燥不粘。以多脂者爲佳。其樹多刺難上，采時以篾箍其樹，一夜自落，亦一異也。有不結實者，樹鑿一孔，入生鐵三五斤，泥封之，即結莢。人以鐵砧搥皂莢，即自損。鐵碾碾之，久則成孔。鐵鍋爨之，多爆片落。豈皂莢與鐵有感召之情耶？

皂莢　【修治】斅曰：凡使，要赤肥并不蛀者，以新汲水浸一宿，用銅刀削去粗皮，以酥反復炙透，搥去子、弦用。每莢一兩，用酥五錢。好古曰：凡用有蜜炙、酥炙、絞汁、燒灰之異，各依方法。

【氣味】辛、鹹，温，有小毒。好古曰：入厥陰經氣分。時珍曰：入手太陰、陽明經氣分。之才曰：柏實爲之使。惡麥門冬，畏空青、人參、苦參。機曰：伏丹砂、粉霜、硫黃、硇砂。

【主治】風痹死肌邪氣，風頭淚出，利九竅，殺精物《本經》。療腹脹滿，消穀，除欬嗽囊結，婦人胞不落，明目益精，可爲沐藥，不入湯《別録》。通關節，頭風，消痰殺蟲，治骨蒸，開胃，中風口噤大明。破堅癥，腹中痛，能墮胎。又將浸酒中，取盡其精，煎成膏塗帛，貼一切腫痛甄權。溽暑久雨時，合蒼术燒烟，辟瘟疫邪濕氣宗奭。燒烟，熏久痢脱肛汪機。搜肝風，瀉肝氣好古。通肺及大腸氣，治咽喉痹塞，痰氣喘欬，風癘疥癬時珍。

【發明】好古曰：皂莢厥陰之藥。《活人書》治陰毒正氣散内用皂莢，引入厥陰也。時珍曰：皂莢屬金，入手太陰、陽明之經。金勝木，燥勝風，故兼入足厥陰，治風木之病。其味辛而性燥，氣浮而散。吹之導之，則通上下諸竅；服之，則治風濕痰喘腫滿，殺蟲；塗之，則散腫消毒，搜風治瘡。按龐安時《傷寒總病論》云：元祐五年，自春至秋，蘄、黃二郡人患急喉痹，十死八九，速者半日、一日而死。黃州推官潘昌言得黑龍膏方，救活數十人也。其方治九種喉痹：急喉風、纏喉風、結喉、爛喉、遁蟲、蟲蝶、重舌、木舌、飛絲入口。用大皂莢四十挺切，水三斗，浸一夜，煎至一斗半。入人參末半兩，甘草末一兩，煎至五升，去滓。入無灰酒一升，釜煤二匕，煎如餳，入瓶封，埋地中一夜。每温酒化下一匙，或掃入喉内，取惡涎盡爲度。後含甘草片。又孫用和《家傳秘寶方》云：凡人卒中風，昏昏如醉，形體不收，或倒或不倒，或口角流涎出，斯須不治，便成大病。此證風涎潮于上，胸痹氣不通，宜用救急稀涎散吐之。用大皂莢肥實不蛀者四挺，去黑皮，白礬光明者一兩，爲末。每用半錢，重者三字，温水調灌。不大嘔吐，只是微微稀冷涎或出一升、二升。當待惺惺，乃用藥調治。不可便大吐之，恐過劑傷人。累效不能盡述。宗奭曰：此法用皂莢末一兩，生礬末半兩，膩粉半兩，水調一二錢，過咽即吐涎。用礬者，分膈下涎也。

【附方】舊二十，新三十六。

中風口噤：不開，涎潮壅上。皂角一挺去皮，猪脂塗炙黃色，爲末。每服一錢，温酒調下。氣壯者二錢，以吐出風涎爲度。《簡要濟衆方》。

中風口喎：皂角五兩，去皮爲末，三年大醋和之。左喎塗右，右喎塗左，乾更上之。《外臺秘要》。

中暑不省：皂莢一兩燒存性，甘草一兩微炒，爲末。温水調一錢，灌之。《澹寮方》。

鬼魘不寤：皂莢末刀圭吹鼻中，能起死人。《千金方》。

自縊將絶：皂莢末吹鼻中。《外臺方》。

水溺卒死：一宿者，尚可活。紙裹皂莢末納下部，須臾出水即活。《外臺秘要》。

急喉痹塞：逡巡不救。（《靈苑方》）皂莢生研末，每以少許點患處，外以醋調厚封項下。須臾便破，出血即愈。或挼水灌之，亦良。〇《直指方》用皂角肉半截，米醋半盞，煎七分，破出膿血即愈。

咽喉腫痛：牙皂一挺去皮，米醋浸炙七次，勿令太焦，爲末。每吹少許入咽，吐涎即止。《聖濟總録》。

風癇諸痰：五癇膏：治諸風，取痰如神。大皂角半斤去皮、子，以蜜四兩塗上，慢火炙透搥碎，以熱水浸一時，挼取汁，慢火熬成膏。入麝香少許，攤在夾綿紙上，晒乾，剪作紙花。每用三四片，入淡漿水一小盞中洗淋下，以筒吹汁入鼻内。待痰涎流盡，吃脂麻餅一個，涎盡即愈，立效。《普濟方》。

風邪癇疾：皂莢燒存性四兩，蒼耳根、莖、葉日乾四兩，密陀僧一兩，爲末，成丸梧子大，朱砂爲衣。每服三四十丸，棗湯下，日二服。稍退，只服二十丸。名抵住丸。《永類方》。

一切

痰氣：皂莢燒存性、蘿蔔子炒等分，薑汁入煉蜜丸梧子大。每服五七十丸，白湯下。《簡便方》。　胸中痰結：皂莢三十挺去皮切，水五升浸一夜，挼取汁，慢熬至可丸，丸如梧子大。每食後，鹽漿水下十丸。○又鈞痰膏：用半夏醋煮過，以皂角膏和勻，入明礬少許，以柿餅搗膏，丸如彈子，噙之。《聖惠方》。　欬逆上氣：唾濁不得卧。皂莢丸：用皂莢炙，去皮、子，研末，蜜丸梧子大。每服一丸，棗膏湯下，日三、夜一服。張仲景方。　痰喘欬嗽：長皂莢三條去皮子：一莢入巴豆十粒，一莢入半夏十粒，一莢入杏仁十粒。用薑汁制杏仁，麻油制巴豆，蜜制半夏，一處火炙黄色爲末。每用一字安手心，臨卧以薑汁調之，喫下神效。余居士《選奇方》。　卒寒欬嗽：皂莢燒研，豉湯服二錢。《千金方》。　牙病喘息：喉中水鷄鳴。用肥皂莢兩挺酥炙，取肉爲末，蜜丸豆大。每服一丸，取微利爲度。不利更服，一日一服。《必效方》。　腫滿入腹：脹急。皂莢去皮、子，炙黄爲末，酒一斗，石器煮沸。服一斗，日三服。《肘後方》。　二便關格：《千金方》用皂莢燒研，粥飲下三錢，立通。○《宣明方》鐵脚丸：用皂莢炙，去皮、子，爲末，酒麫糊丸。每服五十丸，酒下。○《聖惠方》用皂莢燒烟于桶內，坐上熏之，即通。　食氣黄腫：氣喘胸滿。用不蛀皂角，去皮、子，醋塗炙焦爲末，一錢，巴豆七枚，去油、膜，以淡醋研好墨和丸麻子大。每服三丸，食後陳橘皮湯下，日三服。隔一日增一丸，以愈爲度。《經驗方》。　胸腹脹滿：欲令瘦者。猪牙皂角相續量長一尺，微火煨，去皮、子，擣篩，蜜丸大如梧子。服時先喫羊肉兩臠，汁三兩口，後以肉汁吞藥十丸，以快利爲度。覺得力，更服，以利清水即止藥。瘥後一月，不得食肉及諸油膩。崔元亮《海上集驗方》。　身面卒腫：洪滿。用皂莢去皮炙黄，剉三升，酒一斗，漬透煮沸。每服一升，一日三服。《肘後方》。　卒熱勞疾：皂莢續成一尺以上，酥一大兩微塗緩炙，酥盡搗篩，蜜丸梧子大。每日空腹飲下十五丸，漸增至二十丸。重者不過兩劑愈。崔元亮《海上方》。　急勞煩熱：體瘦。三皂丸：用皂莢、皂莢樹皮、皂莢刺各一斤，同燒灰，以水三斗，淋汁再淋，如此三五度，煎之候少凝，入麝香末一分，以童子小便浸蒸餅，丸小豆大。每空心温水下七丸。《聖惠方》。　脚氣腫痛：皂角、赤小豆爲末，酒、醋調，貼腫處。《永類方》。　傷寒初得：不問陰陽。以皂角一挺肥者，燒赤爲末，以水五合和，頓服之。陰病極效。《千金方》。　時氣頭痛：煩熱。用皂角燒研，新汲水一中盞，薑汁、蜜各少許，和二錢服之。先以暖水淋浴後服藥，取汗即愈。《聖惠》。　卒病頭痛：皂角末吹鼻取嚏。《斗門方》。　腦宣不止：不蛀皂角去皮、子，蜜炙搥碎，入水挼取濃汁，熬成膏。嗃鼻，口內咬筯，良久涎出爲度。張子和《儒門事親》。　齆鼻不通：皂角末吹之。《千金方》。　風熱牙痛：皂角一挺去子，入鹽滿殼，仍加白礬少許，黄泥固濟，煅研。日擦之。楊誠《經驗方》。　風蟲牙痛：《外臺秘要方》用皂莢末塗齒上，有涎吐之。○《十全方》用猪牙皂角、食鹽等分，爲末。日揩之。　揩牙烏鬚：大皂角二十挺，以薑汁、地黄汁蘸炙十遍，爲末。日用揩牙甚妙。《普濟方》。　霍亂轉筋：皂角末，吹豆許入鼻，取嚏即安。《梅師方》。　腸風下血：用長尺皂角五挺，去皮、子，酥炙三次，研末，精羊肉十兩，細切搗爛和丸梧子大。每温水下二十丸。《聖惠》。　大腸脱肛：不蛀皂角五挺搥碎，水挼取汁二升。浸之，自收上。收後以湯盪其腰肚上下，令皂角氣行，則不再作。仍以皂角去皮，酥炙爲末，棗肉和丸，米飲下三十丸。《聖惠方》。　下部䘌瘡：皂莢燒研，綿裹導之。《肘後方》。　外腎偏疼：皂角和皮爲末，水調傅之良。《梅師方》。　便毒腫痛：皂角炒焦、水粉炒等分，研末，以熱醋調，攤貼患處，頻以水潤之，即效。○又方：用猪牙皂角七片煨黄，去皮、弦，出火毒，爲末。空心温酒服五錢。《袖珍方》。　便毒癰疽：皂角一條，醋熬膏，傅之。屢效。《直指方》。　婦人吹乳：《袖珍方》用猪牙皂角去皮，蜜炙爲末。酒服一錢。○又詩云：婦人吹奶法如何？皂角燒灰蛤粉和。熱酒一盃調八字，管教時刻笑呵呵。　丁腫惡瘡：皂角去皮，酥炙焦爲末，入麝香少許，人糞少許，和塗。五日後根出。《普濟方》。　小兒頭瘡：粘肥及白禿。用皂角燒黑爲末，去痂傅之，不過三次即愈。鄧筆峰《衛生雜興》。　小兒惡瘡：皂莢水洗，拭乾。以少麻油搗爛，塗之。《肘後方》。　足上風瘡：作痒甚者。皂角炙熱，烙之。《潘氏方》。　大風諸癩：長皂角二十條炙，去皮、子，以酒煎稠，濾過候冷，入雪糕，丸梧子大。每酒下五十丸。《直指方》。　積年疥瘡：猪肚內放皂角煮熟，去皂角，食之。《袖珍方》。　射工水毒：生瘡。皂莢長尺二者，苦酒一升煎汁，熬如飴。塗之。《肘後方》。　咽喉骨哽：猪牙皂角二條切碎，生絹袋盛縫滿，線縛項中，立消。《簡便方》。　魚骨哽咽：皂角末吹鼻取嚏。《聖惠方》。　九里蜂毒：皂莢鑽孔，貼叮處，艾灸孔上三五壯即安。《救急方》。　腎風陰痒：以稻草燒皂角，烟熏十餘次即止。《濟急仙方》。

子　【修治】斅曰：揀取圓滿堅硬不蛀者，以瓶煮熟，剥去硬皮一重，取向裏白肉兩片，去黄，以銅刀切，晒用。其黄消人腎氣。

【氣味】辛，温，無毒。　【主治】炒，舂去赤皮，以水浸軟，煮熟，糖漬食之，踈導五臟風熱壅宗奭。　核中白肉，入治肺藥。核中黄心，嚼食，治膈痰吞酸蘇頌。　仁，和血潤腸李杲。　治風熱大腸虚秘，瘰癧腫毒瘡癬時珍。　【發明】機曰：皂角核燒存性，治大便燥結。其性得濕則滑，滑則燥結自通也。　時珍曰：皂莢味辛屬金，能通大腸陽明燥金，乃辛以潤之之義，非得濕則滑也。

【附方】舊三，新十一。　腰脚風痛：不能履地。皂角子一千二百個洗浄，以少酥熬香爲末，蜜丸梧子大。每空心以蒺藜子、酸棗仁湯下三十丸。《千金方》。　大腸虚祕：風人、虛人、脚氣人，大腸或祕或利。用上方服至百丸，以通爲度。　下痢不止：諸藥不效。服此三服，宿垢去盡，即變黄色，屢驗。皂角子，瓦焙爲末，米糊丸梧子大。每服四五十丸，陳茶下。《醫方摘要》。　腸風下血：皂莢子、槐實一兩，用占穀糠炒香，去糠爲末。陳粟米飲下一錢。名神效散。《聖惠方》。　裏急後重：不蛀皂角子米糠炒過、枳殼炒等分，爲末，飯丸梧子大。每米飲下三十丸。《普濟方》。　小兒流涎：脾熱有痰。皂莢子仁半兩，半夏薑湯泡七次一錢二分，爲末，薑汁丸麻子大。每温水下五丸。《聖濟總録》。　惡水入口：及皂莢水入口，熱痛不止。以皂莢子燒存性一分，冰糖半兩，和膏，含之。《博濟方》。　婦人難産：皂角子二枚，吞之。《千金方》。　風蟲牙痛：皂角子末，綿裹彈子大兩顆，醋煮熱，更互熨之，日三五度。《聖惠方》。　粉滓面䵟：皂角子、杏仁等分，研勻。夜以津和，塗之。《聖惠方》。　預免瘡癤：凡小兒每年六月六日，照年歲吞皂莢子，可免瘡癤之患。大人亦可吞七枚，或二十一枚。林静齋所傳也。吴旻《扶壽方》。　便癰初起：皂角子七個研末，水服效。一方照年歲吞之。《儒門事親》方。

一切丁腫：皂角子仁作末，傅之。五日愈。《千金方》。　年久瘰癧：《阮氏經驗方》用不蛀皂角子一百粒，米醋一升，硇砂二錢，同煮乾，炒令酥。看瘰子多少，如一個服一粒，十個服十粒，細嚼米湯下。酒浸煮服亦可。○《聖濟總録》言虛人不可用硇砂也。

刺一名天丁。　【氣味】辛，温，無毒。　【主治】米醋熬嫩刺作煎，塗瘡癬有奇效蘇頌。　治癰腫妬乳，風癘惡瘡，胎衣不下，殺蟲時珍。

【發明】楊士瀛曰：皂莢刺能引諸藥性上行，治上焦病。震亨曰：能引至癰疽潰處，甚驗。時珍曰：皂莢刺治風殺蟲，功與莢同，但其鋭利直達病所爲異耳。《神仙傳》云：左親騎軍崔言，一旦得大風惡疾，雙目昏盲，眉髮自落，鼻梁崩倒，勢不可救。遇異人傳方：用皂角刺三斤，燒灰，蒸一時久，日乾爲末。食後濃煎大黄湯調一匕，飲之。一旬眉髮再生，肌潤目明。後入山修道，不知所終。又劉守真《保命集》云：癘風乃營氣熱，風寒客于脉而不去。宜先用樺皮散服五七日，後灸承漿穴七壯。三灸後，每旦早服樺皮散，午以升麻葛根湯下錢氏瀉青丸。晚服二聖散，用大黄末半兩煎湯，調皂角刺灰三錢。乃緩踈泄血中之風熱也。仍戒房室三年。樺皮散見樺皮下。又追風再造散，即二聖散，云服之便出黑蟲爲驗。數日再服，直候蟲盡爲絶根也。新蟲嘴赤，老蟲嘴黑。

【附方】新十二。　小兒重舌：皂角刺灰，入朴硝或腦子少許，漱口，滲入舌下，涎出自消。《聖惠方》。　小便淋閉：皂角刺燒存性、破故紙等分，爲末。無灰酒服。《聖濟總録》。　腸風下血：便前近腎肝，便後近心肺。皂角刺灰二兩，胡桃仁、破故紙炒、槐花炒各一兩，爲末。每服一錢，米飲下。《普濟方》。　傷風下痢：風傷久不已，而下痢膿血，日數十度。用皂角刺、枳實麩炒、槐花生用各半兩，爲末，煉蜜丸梧子大。每服三十丸，米湯下，日二服。《袖珍方》。　胎衣不下：皂角棘燒爲末。每服一錢，温酒調下。熊氏《補遺》。　婦人乳癰：皂角刺燒存性一兩，蚌粉一錢，和研。每服一錢，温酒下。《直指方》。　乳汁結毒：産後乳汁不泄，結毒者。皂角刺、蔓荆子各燒存性，等分，爲末。每温酒服二錢。《袖珍方》。　腹内生瘡：在腸臟不可藥治者。取皂角刺不拘多少。好酒一椀，煎至七分，温服。其膿血悉從小便中出，極效。不飲酒者，水煎亦可。《藺氏經驗方》。　瘡腫無頭：皂角刺燒灰，酒服三錢。嚼葵子三五粒。其處如針刺爲效。《儒門事親》。　癌瘭惡瘡：皂角刺燒存性研，白及少許，爲末，傅之。《直指方》。　大風癘瘡：《選奇方》用黄蘗末、皂角刺灰各三錢，研勻，空心酒服。取下蟲物，並不損人。食白粥兩三日，服補氣藥數劑。名神效散。如四肢腫，用鍼刺出水再服。忌一切魚、肉、發風之物。取下蟲大小長短，其色不一，約一二升，其病乃愈也。《仁存方》。　發背不潰：皂角刺麥麩炒黄一兩，綿黄芪焙一兩，甘草半兩，爲末。每服一大錢，酒一盞，乳香一塊，煎七分，去渣温服。《普濟本事方》。

木皮根皮　【氣味】辛，温，無毒。　【主治】風熱痰氣，殺蟲。時珍。

【附方】新二。　肺風惡瘡：瘙痒。用木乳即皂莢根皮，秋冬采如羅紋者，陰乾炙黄，白蒺藜炒、黄芪、人參、枳殼炒、甘草炙，等分爲末。沸湯每服一錢。《普濟方》。　産後腸脱：不收。用皂角樹皮半斤，皂角核一合，川楝樹皮半斤，石蓮子炒去心一合，爲粗末，以水煎湯，乘熱以物圍定，坐熏洗之。挹乾，便喫補氣丸藥一服，仰卧。《婦人良方》。

葉　【主治】入洗風瘡渫用時珍。

題明・薛己《本草約言》卷二《藥性本草》　皂莢　疏氣導痰之要藥，而疏散之力居多，故能開閉結。亦能豁風痰。

明・梅得春《藥性會元》卷中　天丁　治癰疽惡瘡，諸般腫毒，能領諸藥鑽引潰處，已潰透膿，未潰消散。用米醋煎嫩刺，傅瘡癬奇效。

明・梅得春《藥性會元》卷中　皂莢　味辛、鹹，氣温，有小毒。柏實為使。惡麥門冬。畏人參、苦參、空青。為末吹鼻，引諸藥入厥陰肝經。　主治風痰之惡病，除厥逆之昏迷；辟鬼魘之不悟，殺精物之淫邪。中氣中風，屍厥卒死，皆為末搐鼻，嚏以釋妖迷。消痰止嗽，療金瘡痛，治卒頭痛頭風，風痺死肌，腹脹腎滿，消穀囊結。墮胎，胞衣不落。通關節，利竅，破蠱毒。煎膏，貼一切腫痛。　凡使只可為膏、散、沐藥，不入湯藥。　凡用猪牙皂，去筋弦炙過。

明・杜文爕《藥鑒》卷二　皂莢刺　氣溫，味辛，有小毒。主治諸般腫毒惡瘡，能引諸品直至潰處。外科之聖藥也。凡癰疽未破者，能引之以開竅。已破者，能引之以排膿。又諸惡瘡癬痘毒及癘風中之必用也。蓋皂莢氣味辛暢而有小毒。故能引至毒處而疎散之，且能通氣導痰。又敷腫即除，搐鼻即捷，皆踈散之力也。孕婦所禁。

明·李中立《本草原始》卷四 皂莢 始生雍州川谷及魯鄒縣，今所在有之。木極有高大者。葉瘦長而尖，枝間多刺。夏開細黃花。結實有三種，一種小如猪牙，一種長而肥厚多脂而粘，一種長而瘦薄，枯燥不粘。皂，黑色也。莢，兩相夾合，而中藏子也，故名皂莢。俗呼皂角。《本經》以形如猪牙者為良，故俗皆用猪牙皂莢，每呼為牙皂。 氣味：辛、鹹，溫，有小毒。主治：風痹死肌，邪氣風頭淚出，利九竅，殺精物。〇療腹脹滿，消穀，除欬嗽囊結，婦人胞不落，明目益精。可為沐藥，不入湯。〇通關節，頭風，消痰殺蟲，治骨蒸，開胃，中風口噤。〇破堅癥，腹中痛，能墮胎。又將浸酒中，取盡其精，煎成膏，塗帛，貼一切腫痛。〇溽暑久雨時，合蒼术燒烟，辟瘟疫邪濕氣。〇燒烟熏久痢脫肛。〇搜肝風，瀉肝氣。〇通肺及大腸氣，治咽喉痹塞，痰氣喘欬，風癘疥癬。

皂角樹，多刺難上，采時以篾箍其樹一夜，其角自落，亦一異也。《外丹本草》謂之懸刀。 長皂莢，多脂者佳。有不結莢者，樹鑿一孔，入生鐵三五斤，以泥封之，自然結莢。 豬牙皂莢，《本經》下品。【圖略】小而肥者為良。

修治：皂莢，以銅刀削去粗皮，以酥反復炒透，搥去子弦用。今用有蜜炙、酥炙、絞汁、燒灰之異，各依方法。 皂莢損鐵。

好古曰：入厥陰經氣分。之才曰：柏實為之使，惡麥門冬，畏空青、人參、苦參，伏丹砂、粉霜、硫黃、硇砂。 《千金方》：治鬼魘不寤，皂莢末刀圭，吹之能起死人。 皂莢，使。

明·張懋辰《本草便》卷二 皂莢使 味辛、鹹，氣溫，有小毒。引入厥陰經。惡麥門冬，畏空青、人參、苦參。 主風痹，死肌邪氣，風頭淚出，利九竅，通關節，破堅癥，墮胎。 皂角針治瘡中用之，直達瘡所。

明·盧復《芷園臆草題藥》 皂莢 喜鐵，得鐵即有所生。鐵器遇之而壞，有吸鐵精華之能。然皂為北方色，鐵為五金水，味辛且醎，子母相生，默相感召如此。如肺有寒邪，黑痰膠固不可拔，而為喘咳膺胸，咽喉之病者宜之。凡嚏則肺氣通于鼻，皂莢一嗅，嚏即隨之，若磁石之吸鐵，然其亦肺邪之出路耶。

明·李中梓《藥性解》卷五 牙皂 味辛、鹹，性溫，有小毒，入肝、胃二經。主風痹死肌，頭風目淚，中風邪氣勞蟲等物。通關竅，理癰疽，消脹滿，化穀食，除咳嗽，療骨蒸，去疥癬。搐鼻噴嚏立至，敷腫疼痛即除。和生礬可吐風痰，拌蜂蜜名為導箭。水浸一宿，去皮弦酥炙，復去核及黃用。栢實為使，惡麥門冬，畏空青、人參、苦參、皂角刺，主厲風鼻梁崩倒，眉髮自落。又主癰疽，其未潰者，能發窮，其已潰者，能引排膿藥直達膿處成功。諸惡瘡癬，咸不要缺。 按：肝為風木之臟，胃為水穀之腑，牙皂辛溫，有行散之功，宜並入之。多用能耗氣損血，其刺乃質幹之銳者，故於瘡癰，無所不達。若療厲風，九蒸曝為妙。

明·繆希雍《本草經疏》卷一四 皂莢 味辛、鹹，溫，有小毒。主風痹死肌，邪氣風頭淚出，利九竅，殺精物，療腹脹滿，消穀，除欬嗽，囊結，婦人胞不落，明目益精。可為沐藥。

【疏】皂莢稟木氣而兼火金之性，故味辛微鹹，氣溫，有小毒。氣味俱厚，浮而散，陽也。入足厥陰，手太陰、陽明經。厥陰為風木之臟，其主風痹死肌，頭風淚出者，皆厥陰風木為病。得金氣之厚者，能勝木，稟辛散之性者，能利竅。木氣平，關竅利，則風邪散，諸證除也。關竅既利則神明自通，精物邪氣安得不去哉？又厥陰之脈，循陰器而絡於肝，厥陰客寒為囊結，辛溫散厥陰之寒，則囊結解矣。肺受風寒所迫為咳嗽，入肺散邪則咳嗽止矣。鹹能輭堅，溫主通行，辛能開竅橫走，故又主腹脹滿，消穀及婦人胞不落也。宣壅導滯之性，而云益精明目，無是理矣！ 子：氣味與皂莢同。炒，舂去赤皮，以水浸輭，煮熟，糖漬食之，疎導五臟風熱壅滯，及治大腸虛秘，瘰癧，惡瘡腫毒。 刺：功用與莢同。第其銳利，能直達瘡所，為癰疽、妬乳、丁腫未潰之神藥。蘇頌以米醋熬嫩刺，作煎塗癬瘡，有奇效。又治癘風惡瘡，胎衣不下，殺蟲。凡癰疽已潰，不宜服，孕婦亦忌之。

【主治參互】同真珠、象牙末、牛黃、冰片、白殭蠶、滴乳石、土茯苓，治蛀疳神效。 孫用和稀涎散：治中風昏昏如醉，形體不收，或倒或不倒，或口角流涎，斯須不治，便成大病。此證風涎潮於上，胸痹不通，急宜吐之。用大皂莢，肥實不蛀者四挺，去黑皮，白礬明者一兩，為末。每用半錢，重者三字，溫水調灌。不大嘔吐，只是微微稀冷涎，或出一升、二升，當待醒，醒乃用藥調治，不可便大吐之，恐過劑傷人。累效不能盡述。《聖惠方》胸中痰結，皂莢三十挺，去皮切，水五升，浸一夜，挼取汁，慢熬至可丸，如梧子大。每食後，鹽漿水下十丸。　又，釣痰膏，用半夏醋煮過，以皂角膏和匀，入明礬少許，以柿餅搗膏，丸如彈子大，噙之。　《千金方》二便關格，皂莢燒研，粥飲下三錢，立通。《宣明方》鐵腳丸同。　《千金方》𪔉鼻不通，皂角末吹之。　《十全方》風蟲牙痛，猪牙皂角、食鹽等分，為末，日揩之。　《袖珍方》便毒腫痛，猪牙皂角七片，煨黄去皮弦，出火毒，為末，空心溫酒服五錢。婦人妬乳同。　《直指方》便毒癰疽，皂角一條，醋熬膏，傅之，屢效。　《儒門事親》便癰初起，皂角子七枚，研末水服，效。

阮氏《經驗方》年久瘰癧：　用不蛀皂角子一百粒，米醋一升，蓬砂二錢，同煮乾，炒令酥。看癧子多少，如一箇服一粒，十箇服十粒，細嚼米湯下。酒浸煮服亦可。　一云：　虛人不可用蓬砂。　同蟬蜕、白殭蠶、杏仁、芭蕉根、白毛藤、土茯苓、獨核肥皂仁、白鮮皮、連翹、薏苡仁、萆薢、漢防己，治下疳廣瘡，神效。　同連翹、白芷、甘菊、紫花地丁、白及、金銀花、甘草、鼠粘子、茜草、地榆，治下部癰疽腫毒。　《神仙傳》崔言患大風惡疾，雙目昏盲，眉髮自落，鼻粱崩倒，勢不可救，遇異人傳方。用皂角刺三斤，燒灰，蒸一時久，日乾為末。食後濃煎大黄湯調一匕，飲之。一旬眉髮再生，肌潤目明。　【簡誤】皂莢利九竅，疎導腸胃壅滯，洗垢膩，豁痰涎，散風邪。暴病氣實者，用之殊效。第似中風證，由於陰虛火炎，煎熬津液，結而為痰，熱極生風，以致猝然仆蹶。世人多以稀涎散吐之，損其不足，竭其津液，津液愈耗則經絡無以榮養，為拘攣偏廢之證矣。法所最忌也。孕婦忌服。

明・倪朱謨《本草彙言》卷九　皂莢　味辛、鹹，氣溫，有小毒。氣味俱厚，浮而散，陽也。入足厥陰、手太陰、陽明經。　《別錄》曰：　皂莢，生雍州山谷。　蘇氏曰：　今所在皆有，以懷、孟者爲勝，樹極高大。　李氏曰：　葉似槐，瘦長而尖，枝間多刺。夏開細花，黄色。結實有三種：　一種短小，形似猪牙；　一種細長，瘦薄枯燥而不粘手；　一種長大，肥厚多脂而粘手。如入藥，取猪牙者佳。　其樹多刺，難于采取。　用竹篾箍樹本，其莢過夜盡落，亦一異也。　有不結實者，將樹本鑿一大孔，入生鐵屑三五斤，外用泥封孔口，次年即結莢，且數倍。　有人以鐵砧搥皂莢，砧即自損。　或以鐵碾碾之，碾即成孔。　或以鐵鍋爨之，鍋即爆片自落。　豈皂莢與鐵有感召之情耶？　雷氏曰：　修治：　取赤色肥厚如猪牙、不蛀者，新汲水浸一宿，銅刀刮去粗皮，搥去子幷弦，曬乾用。　用者惟堪作末，或熬膏，切勿煎汁爲飲也。

皂莢：　利氣透竅，驅風行痰，《別錄》穀食之藥也。梅高士稿性惟猛急，故利氣透竅，一吸而通。巢氏論治中風口噤，人事不明；　或鬼魘卒死，癲癇痰結；　或升降隔絕，氣塞喘急；　或頭風頭痛，淚出目脹。以上諸證，皆由氣竅不通不利，爲痰爲結，爲風爲癇之故。此藥宣壅導滯，有斬關奪路之功。如九竅不通，腸胃壅閉，痰涎垢膩，氣結暴病，用之立時奏效。如中氣虛弱，不能運痰，以致痰涎不利，或陰虛火炎，煎熬津液，以致結而爲痰；　或虛極生風，風虛內攻，以致猝然仆蹶，世人多以稀涎散吐之，損其中氣，竭其津液。津液愈耗，則經絡無以榮養，輕則爲拘攣偏廢之疾，重則甦而復蹶，終致不起者多矣。用者當斟酌可否以行之，貴乎得其宜耳。

集方：　周恒宇《醫方小品》治氣道不利，升降不周，爲脹爲滿。　用猪牙皂莢一錢，去皮弦子，炒，於白朮、茯苓各一兩炒，木香五錢不見火，共爲末，煉蜜丸。每服二錢，米湯下。○陳化雨方治諸竅不通，因氣因痰，因風因火，暴病閉塞者。用猪牙皂莢製法如前。爲細末，吹入鼻內。　即通。　○馬敬思《自得錄》治風癬疥癩，或皮膚麻木死肌，風痹頑皮等證。用大皂莢二十條，去皮弦子，切碎，水十五碗，熬成稠膏。每日用少許搽患處，再以十茶匙枸杞子湯調服。內服外搽，藥完即愈。○《聖惠方》治胸中一切痰結不行。　用皂莢三十梃，製法如前。　清水五升，浸一夜，煎汁半升，如稠，濾出渣。　用半夏八兩，醋煮熟，曬乾，生明礬三錢，共爲細末，和入皂莢膏內，搗匀爲丸，如梧桐子大。每服三錢，柿餅湯下。○蓮池沈大師口説治大人小兒多食穀、麥、糖、豆諸物不消。　用皂莢末三錢，枳實一兩，白朮五錢，俱炒研爲末，生薑湯調服三錢。小兒減半。○《簡要濟衆方》治中風口噤不開，涎潮壅上。　用皂莢爲極細末，每服一錢，白湯調下。氣壯者二錢，以吐出風涎爲度。或用數分，吹入鼻內取嚏亦可。○《外臺秘要》治中風口喎。　用皂莢五兩爲極細末，用米醋和之，左喎塗右，右喎塗左。　如乾取落，再用米醋調濕，更上之。○《千金方》治鬼魘不省。用皂莢爲細末，吹入鼻內即甦。　○治自縊將絕。　以皂莢末吹鼻中，取嚏即甦。○《普濟方》治癲癇風痰，取痰如神。　用大皂莢八兩，去皮幷子，以蜜四兩塗之，慢火炙透，搥碎，以熱水浸一時，慢火熬成膏，入麝香少許攪匀，攤在夾綿紙上曬乾，剪作銅錢樣片子。每用三四片，入白湯一盞淋洗，以筆管取膏湯，吸入鼻內。待痰涎流盡即愈。○余居士《選奇方》治升降隔絕，氣逆喘急，有痰，唾濁不得臥。用長皂莢三條，去皮弦子。一莢用巴豆肉五顆，麻油浸一夜；一莢用生半夏十顆，生薑汁浸一夜；一莢用杏仁十顆，礬水浸一夜。俱各包藏皂莢內，用綫紮住，一總再以蜜湯浸一夜，次日放大碗內，浮湯上，蒸三炷香，取起，出巴豆、半夏、杏仁，俱研極細，再將皂莢肉曬乾，微炒，亦研極細，總和一處。每用末藥一分五釐。臨臥以生薑湯調下，立效。此方氣實痰結不通者可用，元虛者，當斟酌行之。亦可治水腫臌脹。○治頭風頭痛，暴發欲死。用長皂莢一梃，去皮弦子切碎，蜜水拌，微炒，研爲極細末。每用一二釐，吹入鼻內取嚏。再用一分，以當歸、川芎各一錢，煎湯調下。○治楊梅結毒，蛀疳。用皂莢爲末，配鍾乳石、白殭蠶、真珠、象牙各五錢，加牛黃、冰片各八分，共研極細末。每服三分，人參湯調下。○《直指方》治癰疽便毒。用長皂角一條，醋熬膏，敷之屢效。○治二便關格不通。用皂莢燒、研爲末，米湯調下三錢。○《千金方》治風蟲牙痛。用猪牙皂莢角、燒鹽各等分，爲末，日指之。○《袖珍方》治便毒腫痛。用皂莢炒焦、真鉛粉炒，共爲末，以熱醋調，攤紙上，貼患處，頻頻以溫湯潤之。○《袖珍方》治婦人吹乳。用猪牙皂莢去皮爲末，和蛤粉少許拌勻，用熱酒調服一錢五分。○鄧筆峰方治小兒頭瘡，粘肥臭穢，及白禿瘡。用皂莢燒黑爲末，洗去痂敷之，不過三次即愈。○孫用和方治中風昏昏如醉，形體不收，或倒或不倒，或口角流涎，斯須不治，便成危篤。此證風涎潮于上，胸痺不通，急宜吐之。用大皂莢肥實不蛀者四梃，去黑皮，白礬明者一兩，共爲末，每用五分，重者八分，溫湯調，灌下。不大嘔吐，只是微微出稀冷涎，或出一升二升，當待醒，醒乃用他藥調治。然不可大吐，恐過劑傷人。此方屢效。

明・倪朱謨《本草彙言》卷九 皂莢子 味辛、甘，氣溫，無毒。寇氏曰：皂莢子，略舂炒去赤皮，以湯泡軟，煮熟，可拌糖食。

皂莢子：疏導五藏壅氣，祛風潤燥，寇氏利垢之藥也。

集方：阮氏方治年久瘰癧。用皂莢子一百枚，米醋一升，煮乾，再炒鬆酥。看癧子多少，有一個，服一枚；十個，服十枚。細嚼，米湯下，酒浸、煮服亦可。○治腰脚痛風，不能履地。取皂莢子一千二百個，洗淨，微炒燥，爲末，蜜丸梧子大。每空心服百丸，白湯下。此方兼治風癩病人大便秘，脚氣病人大便秘，咸宜服之。○《醫方摘要》治下痢積滯不止，諸藥不效者。用皂莢子炒燥爲末，米糊丸，梧子大。每服百丸，茶下。用三服，宿垢去盡，即變黃色，屢效。○《聖惠方》治腸風下血。用皂莢子、槐實各一兩，用糯米糠拌炒，俟焦，揀去糠，取皂莢子、槐實二件爲末。每空心服二錢，白湯調下。○吳氏《扶壽方》治瘡癤可預免，每年六月六日，照年歲，一歲一粒，吞皂莢子，白湯吞下。如年大者，以二十一粒爲率。不拘大小人皆可用。

明・倪朱謨《本草彙言》卷九 皂莢刺 味辛，氣溫，無毒。沈氏曰：皂莢刺，宜用頭刺，極尖鋭者佳。刺下節，如枝硬者，力薄不及也。

皂莢刺：拔毒祛風，李東垣攻走血脉之藥也。桂汝薪稿故丹溪翁言：能引諸藥直達病所，至癰疽根處甚捷。凡癰疽未成者，能引之以消散；將破者，能引之以出頭；已潰者，能引之以行膿。于瘍毒藥中爲第一要劑。又泄血中風熱風毒，故厲風藥中，亦推此藥爲開導前鋒也。姚繼元先生曰：皂莢刺性鋭力利，治癘風癩疾，遍身疙瘩，甚則鼻塌眉落，指節拆裂，筋痿骨摧，肉爛血凝，皮腐生蟲之證，并一切風癬風瘡，搔癢風屑。與苦參同用，其力更倍。

集方：《醫鑒初集》治癰疽惡毒，外發內發，欲破未破，在四肢、肩背、肚腹之外者，則痛極大腫。在胸膈、腰脅、肚腹、腸胃之內者，則痛極大脹。用皂莢刺飛尖一兩，乳香、沒藥、當歸、川芎、甘草各二錢，白芷、花粉、金銀花各五錢，水酒各二碗，煎一碗半。毒在上，食後服；毒在中，半飽服；毒在下，空心服。未成可消，已成即潰。在外者，膿血從皮肉出；在內者，膿血從大便出。三劑見效。○存齋孔氏方治大風癘瘡，體廢肢損，形殘貌變者。用皂莢刺飛尖一斤，微炒，研爲極細末，赤鏈蛇一條，切碎酒煮，去骨取肉焙，胡麻仁三兩，生半夏二兩，真鉛粉一兩，俱炒燥，研爲末，和皂莢刺末，一總水發爲丸，如綠豆大，曬乾，入淨磁瓶內。每早晚各服三錢，白湯下。○治小兒重舌。用皂莢刺灰，入朴硝減半，冰片少許，苦茶漱口，摻藥舌下，涎出自消。○《袖珍方》治產後乳汁不行，乳房腫脹，或腋下腫脹，欲成癰毒者。用皂莢刺、蔓荊子各等分，炒焦爲細末，每服三錢，白酒調服，三服立消。

明・姚可成《食物本草》卷二〇木部・喬木類 皂莢所在有之。樹高大，葉如槐葉，初生嫩芽，以為蔬茹，最益人。

皂莢葉 洗風瘡。

莢 味鹹，溫，有小毒。治風痺死肌邪氣，風頭淚出。利九竅，殺精物，通關節，消痰殺蟲，開中風口噤，破堅癥，腹中痛，能墮胎。又將浸酒中，取盡其精，煎成膏塗帛，貼一切腫痛。溽暑久雨時，合蒼朮燒烟，辟瘟疫邪溼氣。獨用燒烟，熏久痢脫肛。龐安常《傷寒總論》云：元祐五年，自春至秋，蘄、黃二郡人患急喉痹，十死八九，速者半日一日而死。黃州推官潘昌(有)〔言〕得黑龍膏方，救活數十人也。其方治九種喉痹：急喉痹、纏喉風、結喉、爛喉、遁蟲、蟲蝶、重舌、木舌、飛絲入口。用大皂莢四十挺切，水三斗，浸一夜，煎至一斗半。入人參末半兩，甘艸末一兩，煎至五升，去滓。入無灰酒一升，釜煤二匕，煎如餳，入瓶封埋地中一夜。每溫酒化下一匙，或掃入喉內，取惡涎盡為度。後含甘艸片。又孫用和《家傳秘寶方》云：凡人卒中風，昏昏如醉，形體不收，或倒或不倒，或口角流涎，須臾不治，便成大病。此症風涎潮於上，胸痹氣不通，宜用救急稀涎散吐之。用大皂莢肥實不蛀者四挺，去黑皮，白礬光明者一兩，為末。每用半錢，重者一錢，溫水調灌。不大嘔吐，只是微微稀冷涎，或出一升二升。當待惺惺，乃用藥調治。

子　味辛，溫，無毒。炒，舂去赤皮，以水浸軟，煮熟，糖漬食之，疎導五臟風熱壅。嚼食，治痰膈吐酸，又能和血潤腸。

附方：治鬼魘死，用皂莢末吹入鼻孔即活。治自縊將絕，用皂莢末少許吹鼻中，立甦。治水溺死，紙裹皂莢末納下部，須臾出水即活。治急喉痹，逡巡不救，皂莢末少許點患處，外以醋調厚封項下，須臾便破，出血即愈。或挼水灌之亦良。治咽喉腫痛，牙皂一條，去皮，米醋浸炙七次，勿令太焦為末，每吹少許入咽，吐涎即止。治諸風五癇，取痰如神，大皂莢半斤，去皮、子，以蜜四兩塗上，慢火炙透，槌碎，以熱水浸一時，挼取汁，慢火熬成膏，入麝香少許，攤在夾綿紙上，晒乾，剪作紙花。每用三四片，入淡水一小盞中洗淋下，以筒吹汁入鼻內，待痰涎流盡，喫芝麻餅一个，涎盡即愈，立效。治大小便關格不通，用皂莢燒研，白水下三錢，立行。治婦人難產，皂角子二枚吞下之即下。治下痢不止，諸藥不效，服此三服，宿垢去盡，即變黃色，屢試屢驗。皂莢子瓦上焙為末，米糊丸桐子大，每茶下四五十丸。《神仙傳》云：左親騎軍崔言，一旦得大風惡疾，雙目昏盲，眉髮自落，鼻梁崩倒，勢不可救。遇異人傳方：用皂角刺三斤，燒灰蒸一時久，日乾為末。日晡濃煎大黃湯，調一錢匕服之，一旬眉髮再生，肌潤目明。後入山修道，不知所終。治腹中腸臟生癰，不可藥治者，皂角刺不拘多少，好酒一椀煎至七分，溫服。其膿血悉從小便中出，極效。不飲酒者，水煎亦可。

明·顧逢柏《分部本草妙用》卷六兼經部·溫瀉　皂莢　辛，鹹，溫，無毒。入手太陰、陽明，兼入厥陰氣分。栢實為之使，惡麥門冬，畏空青、人參、苦參，伏丹砂、粉霜、硫黃、硇砂。主治：風痺死肌邪氣，利九竅，殺精物。煎湯可療腹脹，明目。燒煙熏久痢脫肛。搜肝風，瀉脾氣，通肺大腸氣。治咽喉痺塞，痰氣風癘，疥癬腫毒。按：皂莢屬金，金勝水，燥勝風，故治肝風之病。氣浮而散，吹之導之，則通上下諸竅。服之治風濕痰喘腫滿，殺蟲。塗之散腫毒，搜風。刺　辛，溫，無毒。主治：癰腫妬乳，風癘惡瘡，胎衣不下，殺蟲。角刺，治風殺蟲，功與莢等。但銳氣直達癰疽潰處甚驗，能引諸藥性上行，治上焦病。多服傷胃，不可不知。

明·孟笨《養生要括·果部》　皂莢　味苦，大寒，無毒。炙黃入藥，治熱病下痰，通經絡，療小兒疳氣。

明·李中梓《醫宗必讀·本草徵要下》　皂莢味辛、鹹，溫，有小毒。入肺、肝、胃三經。栢子為使，惡麥門冬，畏人參、苦參。刮去粗皮及弦與子，酥炙用。　開竅通關，宣壅導滯，搜風逐痰，辟邪殺鬼。性極尖利，無關不開，無堅不破，中風傷寒門，賴為濟急之神丹。若類中風由於陰虛者禁之，孕婦亦禁。子：去皮，水浸軟，煮糖漬食之，治大腸虛秘，瘰癧惡瘡。刺：功用與皂莢同，第其銳利能直達瘡所，為癰疽、妬乳、疔腫未潰之神藥。米醋熬嫩刺，塗癬有效。癰疽已潰者勿服，孕婦亦忌。

明·鄭二陽《仁壽堂藥鏡》卷二　皂莢　《本草》云：生雍州川谷。今處處有之。肥大者佳。牙皂最下。氣溫，味辛、鹹，有小毒。引入厥陰經藥。《本草》云：主風痹死肌邪氣，風頭淚出，利九竅，療腹脹滿，消穀，除欬嗽。治囊縮，婦人胞不落。明目，益精。可為沐藥。不入湯。日華子云：通關節，除頭風，消痰，殺勞蟲，治骨蒸，開胃，破堅瘕腹中痛，能墮胎。柏實為之使。惡麥門冬，畏空青、人參、苦參。仲景治欬逆上氣，唾濁，但坐不得臥，皂莢丸主之。杵末，一物蜜丸桐子大，用棗湯服一丸，日三夜一。《活人書》：治陰毒，正陽散內用皂莢，引入厥陰也。用之有蜜炙、酥炙、燒灰之異，等分依方。

明·蔣儀《藥鏡》卷一溫部　牙皂　辛散利竅，主風痺死肌而咳嗽停。勝木者金，主頭風淚出而囊結解。搐鼻噴嚏立至，敷腫疼痛即除。和生礬，可吐風痰。拌熟蜜，捏為導箭。皂角之刺，亦能利竅通關，直達瘡所。更會潰膿消腫，鑠盡毒肌。熬醋成膏，塗癬最效。

明・張景岳《景岳全書》卷四九《本草正》 皂角 氣味辛鹹，性溫，有小毒。善逐風痰，利九竅，通關節，治頭風。殺諸蟲精物，消穀導痰。除欬嗽，心腹氣結疼痛脹滿，開中風口噤，治咽喉痺塞腫痛，行肺滯，通大腸秘結。墮胎，破堅癥，消腫毒，及風癬疥癩。燒烟薰脫肛腫痛。可為丸散，不入湯藥。

明・賈九如《藥品化義》卷八腎藥 皂莢 屬陽有金，體輕，色皮黑肉黃，氣雄竄，味大辛，性熱，能升，力搜頑痰通竅，性氣與味俱烈，入肺胃大腸三經。

皂莢味大辛主升散，氣雄竄主利竅，為搜痰快藥。凡痰在腸胃間，可下而愈；若蓄於胸膈上，則橫入脂膜，膠固稠濁，消之不能行，瀉之不能下，以致氣壅喘急，甚則悶脹痛齊作，或神呆昏憒，或時常吐濁，但能坐而不得眠，以此同海石為丸，每日少用數丸，橫胸濁痰使漸消化，搜出凝結，大有神功。又用為稀涎散，治中風不省，急喉痹塞，即刻宣去頑痰，為救急聖藥。

取小而名猪牙皂者良。微火炙軟，刮去皮弦子用。肉炙為末為散則宣上，為丸則下行。大者勿用。 甜瓜蒂主宣，性急上行，為瓜蒂散，宣吐隔痰宿食。

明・盧之頤《本草乘雅半偈》帙七 皂莢《本經》下品 氣味：辛、鹹，溫，有小毒。 主治：主風痹死肌邪氣，風頭淚出，利九竅，殺精物。

覈曰：出雍州山谷，及魯〔之〕鄒縣，近以懷、孟〔州〕者為勝，所在有之。樹極高大，葉似槐，瘦長而尖。枝間多刺。夏作細花黃色。結實有三種：一種短小，形似猪牙；一種長大肥厚多脂而粘手；一種細長瘦薄，枯燥而不粘手。入藥肥厚多脂者佳。但樹多叢刺，難于採取，用竹篾箍樹本，其莢過夜盡落，亦一異也。有不結實者，將樹本鑿一大孔，入生鐵三五斤，遂用泥封孔口，次年即結實，且倍往昔。有人以鐵砧捶皂莢，砧即自損；或以鐵碾之，碾〔久〕即成孔；或以鐵鍋爨之，鍋即暴片自落。豈皂莢與鐵有感召之情耶？ 修事：取赤色脂濃不蛀者，新汲水浸一宿，銅刀刮去粗皮，用乳酥反復炙透，捶去子、弦。每莢一兩，用酥五錢。柏實為之使。惡麥門冬，畏空青、人參、苦參。

条曰：皂水色，鹹水味，當為五木之水矣。灌鐵木中，皂莢始茂，不為金所刑，轉以鐵為生者，即母令子實，遞成生化，木藉金為用也。獨辛金味勝，故主風痹死肌，風頭淚出。以辛瀉之，瀉之者瀉外身之外風也。亦以辛補之，補之者，補內身之風大也。若竅閉即風大不及。精物即外風太過，咸可補之瀉之。顧補瀉在病主之苦欲，隨病主之苦欲，因名藥物之補瀉耳。

明・李中梓《本草通玄》卷下 皂莢 辛，溫，肺、胃與厥陰氣分之劑。通關節，利九竅，破堅積，搜風逐痰，辟邪，殺蟲墮胎。其味辛散，其性燥烈。吹喉鼻，則通上竅；導二陰，則通下竅；入腸胃，則理風濕痰喘、腫滿殺蟲；塗肌膚，則清風去癢，散腫消毒。治急喉痺、纏喉風，用大皂莢四十挺切，水三斗，浸一夜，煎至斗半，入人參末五錢，甘草末一兩，煎至五升，去渣入無灰酒一升，釜煤二七煎如餳，入瓶封埋地中一夜。每溫酒下一匙，或掃入喉內，取惡涎盡為度，後含甘草片。中風涎潮昏悶，宜稀涎散。大皂莢末一兩，明礬五錢，每服五分，水調灌，不大吐，只微微涎出。核，治大腸燥結，瘰癧腫毒。刺，能治癰，未成即消，已成即潰，直達瘡所甚驗。又治癘風殺蟲，頗著神功。

清・顧元交《本草彙箋》卷五 皂莢合皂莢仁皂莢刺。 皂莢，《本經》用如豬牙者。今醫家作疏風氣，丸煎多用長而肥厚多脂者。所用雖殊，性味不遠。大抵其味大辛，主升散，氣雄竄，主利竅，搜痰之快藥也。凡痰在腸胃間，可下而愈。若蓄於胸膈上，則橫入脂膜，膠固稠濁，以致氣壅喘急，甚則悶脹痛齊作，能坐而不能眠。以此同海石爲丸，少用數丸，橫散流痰，使漸消化，大有神功。爲稀涎散，治中風不省，急喉痺塞，立能宣去頑痰，爲急救之良劑。

皂角仁和血潤腸，能通太陽、陽明燥金，治大便燥結，乃辛以潤之之義，不止於得濕則滑而已。

皂角刺，乃質幹之銳者，故於瘡癰，無所不達，其未潰者能發竅，已潰者能引排膿，藥直達膿處成功。

皂角，須擇肥赤不蛀者，水浸一宿，銅刀刮去粗皮，酥炙，槌去子弦。

皂角仁，須揀完綻者，水浸軟，煮熟，剝去硬皮，取白肉兩片，去黃，銅刀切，晒用。

另有一種肥皂莢，短而肥澤，《本草》不言其功，故不錄。

稀涎散，主治卒中風，昏昏如醉，形體不收，或口角流涎，斯須不治，便成大症。用大皂莢四挺，去黑皮，明礬一兩，爲末，礬取其分膈下涎，每用半錢重者三字，溫水調灌，不大嘔吐，只微微令涎出一升二升，待其甦醒，乃用藥調治。不可便大吐之，恐過劑傷人也。此惟暴病氣實者用之，若似中風證，由於陰虛火炎煎熬津液，結而爲痰，熱極生風，以致猝仆。世人多以稀涎散吐之，損其不足，竭其津液，津液愈耗，則經絡無以榮養，爲拘攣偏廢之證矣，不可不辨。　二便關格，皂莢燒研，粥飲下三錢，立通。　羊頭風證，用皂莢，如法製末二兩，明礬研二兩，明雄黃二錢，朱砂二錢，以半爲衣，紅棗肉、薑汁搗丸菉豆大，量強弱服多寡。又方：　治一切癎症，皂莢製末二十兩，香附便、醋製三兩，遠志肉、天冬、麥冬各去心，各二兩，茯神淨四兩，甘草炙六錢，真蘇子炒研一兩，半夏製二兩，旋覆花一兩半，白芍酒炒、沉香各三錢，天竺黃五錢，另研，共末和勻，山藥粉糊爲丸菉豆大，硃砂一兩爲衣，每服三錢，薑汁、竹瀝點湯下。　魚口方，用豬牙皂角塗，真沙糖瓦上炙脆，石臼內杵末，酒調服四五錢，更多飲助之，毒從大便出。　婦人乳癰，以皂莢、穿山甲、紫口蛤蜊，各煅爲末，等分，和勻，酒調服三錢，至三服無不消者。或用細者酒服，粗者菜油調敷，一周時愈。　大麻風，單用皂刺，九蒸晒，爲末，每服二錢，酒下，服至一二旬，眉髮再生，目明肌潤。

清・穆石匏《本草洞詮》卷一一　皂莢子、刺　莢之樹皂，故名。其樹高大，多刺難上，采時以篾箍其樹，一夜自落。有不結實者，樹鑿一孔，入生鐵三五觔，泥封之，即結莢。人以鐵砧搥皂莢，即自損。以鐵碾碾之，久則成孔。鐵鍋爨之，多爆片落。豈皂莢與鐵有感召之情耶？　皂莢辛鹹，溫，有小毒。入手太陰、陽明經氣分，金勝木，燥勝風，故兼入足厥陰，治風木之病。味辛性燥，氣浮而散，吹之導之，則通上下諸竅，服之則治風濕痰喘，腫滿痺塞。塗之則散腫消毒，搜風治瘡。　龐安時云：　元祐年蘄黃二郡，人患急喉痺，十死八九，有黑龍膏方，救活數千人。其方治九種喉痺。急喉痺、纏喉痺、結喉、爛喉、遁蟲、蟲蝶、重舌、水舌、飛絲入口，用大皂莢四十挺，水三斗，浸一夜，煎至半，入人參末五錢，甘草末一兩，煎至五升，去滓，入酒一升，釜煤二匕，煎如餳，入瓶，封埋地中一夜，每溫酒化下一匙，或掃入喉內，取惡涎盡為度，後含甘草片，以養精液可也。　孫用和云：　凡人卒中風，昏昏如醉，形體不收，或倒或不倒，或口角流涎。此證風涎潮於上，胸痺氣不通，宜用救急稀涎散吐之。用大皂莢肥實不蛀者四挺，去黑皮，光明白礬一兩，為末，每用半錢，重者三字，溫水調灌，不大嘔吐，祇吐微微冷涎，或一升、二升，當待醒，乃用藥。不可大吐，過劑傷人也。皂莢子辛溫，無毒。炒春去赤皮，煮熟糖漬食之，疎導五臟風熱壅閟。燒存性，治大便燥結。《會編》謂其性得濕則滑，滑則燥結自通。此乃辛以潤之之義，非得濕則滑也。皂莢刺能引諸藥性上行治上焦病，亦能引至癰疽潰處。其治風殺蟲，功與莢同。但其鋭利直達病所為異耳。《神仙傳》云：　崔言病大風惡疾，雙目昏盲，眉髮自落，鼻梁崩倒。遇異人傳方，用皂莢刺三斤，燒灰，蒸一時久，日乾為末，食後濃煎大黃湯調一匕飲之，一旬眉髮再生，肌潤目明。　劉守真云：　癘風乃營氣熱，風寒客於脈而不去，宜先用樺皮散服五七日，後灸承漿穴七壯，三灸後，每日服樺皮散，午以升麻葛根湯下錢氏瀉青丸，晚服一聖散，用大黃末半兩，煎湯調皂角刺灰三錢，乃疎泄血中之風熱也。一聖散服之，即出黑蟲為驗，直候蟲盡，為絕根也。新蟲嘴赤，老蟲嘴黑。

清・劉雲密《本草述》卷二三　皂莢一名皂角。一種小如豬牙，一種長而肥厚多脂，一種長而瘦薄枯燥。其用見修治。

氣味：　辛、鹹，溫，有小毒。　好古曰：　入厥陰經氣分。　時珍曰：　入手太陰、陽明經氣分。

主治：　搜肝風，瀉肝氣，通關節，開痰涎，治中風口噤，并中暑風急，喉痺，風喉塞腫痛，風邪癎疾，愈頭風腦宣及風涎眩暈，療痰結，痰氣喘咳，胸膈痞塞，甚為癥癖，更痰逆嘔吐反胃，除風溼腫滿，利二便關膈，開胃，通肺及大腸氣，殺蟲，散瘡腫，治風癘。并燒烟，薰久痢脱肛。　海藏曰：　皂莢，厥陰之藥。《活人書》治陰毒，正氣散內用皂莢，引入厥陰也。　時珍曰：　皂莢屬金，入手太陰、陽明之經。海藏謂入足厥陰者，良然。時珍那能見及此，言入手太陰、手陽明，而遺足陽明，何哉？　金勝木，燥勝風，故兼入足厥陰，治風木之病。其味辛而性燥，氣浮而散，吹之導之，則通上下諸竅；服之則治風溼，痰喘腫滿，殺蟲；　塗之則散腫消毒，搜風治瘡。　門曰：　皂莢搐鼻，可開關竅。內服可通關格不利，中風、中氣、中惡、痰厥鬼魘卒死，卒頭痛甚，並皆為末吹鼻。久患風痺，死肌疥癬，及痰嗽咳逆，坐不得臥，為末，蜜丸服之。又和酒煎膏，貼一切腫毒，止痛。　盧復曰：　皂莢喜鐵，得鐵即有所生。鐵器遇之而壞，有吸鐵精華之能。然皂為北方色，鐵為五金水，味辛且鹹，子母相生，默相感召如此。如肺有寒邪，黑痰膠固不可拔，而為喘咳，膺胸咽喉之疾者宜之。凡嚏，則肺氣通於鼻，皂莢一嗅，嚏即隨之，若磁石之吸鐵然。其亦肺邪之出路耶。　龐安時《傷寒總病論》云：元祐五年，自春至秋，蘄、黄二郡人患急喉痹，十死八九，速者半日、一日而死。黄州推官潘昌言得黑龍膏方，救活數千人也。其方治九種喉痹，急喉痹，纏喉風，結喉爛喉，遁蟲蟲蝶，重舌木舌，飛絲入口。用大皂莢四十挺，切，水三斗，浸一夜，煎至一斗半，入人參末半兩，甘草末一兩，煎至五升，去滓，入無灰酒一升，釜煤二匕，煎如餳，入瓶，封埋地中一夜，每温酒化下一匙。或掃入喉內，取惡涎盡為度，後含甘草片。方書止知為辛散，詎知辛散者多矣，何獨是物治風為捷乎？蓋是木本金氣之化，故以化氣從治之。況味之兼鹹者，又為液之原乎？風壅痰涎諸證，取茲物為首治也。用釜煤者，所以活血也。後方用白礬者，分膈下涎也。　孫用和《家傳秘寶方》云：凡人卒中風，昏昏如醉，形體不收，或倒或不倒，或口角流涎出，斯須不治，便成大病。此證風涎潮於上，胸痹氣不通，宜用急救稀涎散吐之，用大皂莢，肥實不蛀者四挺，去黑皮，白礬光明者一兩，為末，每用半錢，重者三字，温水調灌，不大嘔吐，只是微微稀冷涎，或出一升、二升，當待惺惺，乃用藥調治，不可便大吐之，恐過劑傷人，累效，不能盡述。　希雍曰：皂莢，稟水氣而兼火金之性，故味辛微鹹，氣温，有小毒。氣味俱厚，浮而散，陽也，入足厥陰、手太陰、陽明經。厥陰為風木之臟，金氣之厚者能勝木，稟辛散之性者能利竅，木氣平，關竅利，故所主治諸證多就是奏效耳。

愚按：皂莢，其木有不結實者，鑿孔而灌以生鐵，用泥封之，便得有莢。是茲木生化之原乃在金也。夫風木變眚，皆由於不得化氣耳。風木，陽也。陽極於上，而不能得陰以化，陽盛則陰從之。如中風口噤，急喉痹塞之證，皆痰涎隨風而上涌。如癲癇證，肝風合於心火，亦痰涎壅伏於包絡。又陽實而陰不化，如風溼胸腹腫滿，如二便關格，凡此是風木之化窮也。惟皂莢得金之辛，歸水之鹹，其色之皂者，亦水也，是水得金之化氣以趨水，而後木之生氣乃得孕育以無窮，是所謂有化乃有生也。觀其采以九月十月可知矣。以此對待風木之不得金化，如陽盛而陰上從，及陽實而陰不化之證，惟是可以轉其化氣，裕其生氣耳。視他風劑之以祛散為功者，固萬萬不侔也。抑皂莢之多主痰涎，謂何？曰：肝膽同為津液府，夫風升原屬肝膽，而風升之氣，與元氣無二也。風之淫者，是陽實而陰虚，大非陰陽合和而化之元氣矣。氣病而液亦病，並後天水穀所化之液，皆乏真氣以化營衛，止聚而為痰為涎耳。痰涎之聚，轉病乎氣，而升降之化欲阻，於是有肺氣壅滯，咳嗽而上氣者；有肺胃俱傷，氣奔於上，咳嗽喘急，胸中煩悸，涕唾稠粘者；有咳嗽喘悶，胸膈痞塞者；有胸腹結為癥癖，支滿胸膈，旁及兩脇，搶心疼痛者；有痰逆嘔吐反胃，飲食不下者；有痰厥頭痛，風涎眩暈者；有風癇驚駭，旋暈潮搐，口吐痰沫，仆地不省者。以上所患，由於氣病以病液，還因液病以病氣。氣之病於液者，始於肝。液之病乎氣者，歸於肺胃。此味以辛而鹹者，為風木化原，并為水液化原，是先天之氣化也。又辛鹹中有甘，風木又以中土為化原，是後天之氣化也。故隨證而投所宜之主劑，以此為佐為使，自能奏績矣。大抵海藏所謂搜肝風，瀉肝氣，日華子云開胃，時珍謂通肺及大腸氣，三者合而此味乃能以風化合元氣之化也。或曰：此味固治風淫之痰涎矣。至病於風，而無與於痰涎，如偏頭風，及風狂風搐，并風走注如行痹，又大便風秘等證，胥能治之，何也？曰：神在天為風，在地為木，在臟為肝。夫風木之主在金，而化原則水也。風之淫者，化原虧也。《内經》運氣，凡有餘不足之病，皆曰資其化原，況化原兼之水土，又何諸風之不靜乎哉？然要知此味能就風化轉氣化之用，不徒謂其靜風已也。試觀風涎上逆者，似功在降之。而久痢脱肛者，又能升之。是豈一靜風之為功乎？氣化行而血化亦宣，即胸腹腫滿，大腸風秘等證，亦可以徵其血化。至瘡毒腫痛，并癘癬之治，又不必言矣。

附方　腦宣不止，不蛀皂角去皮子，蜜炙，搥碎，入水挼取濃汁，熬成膏，嗃鼻口內，咬定良久，涎出為度。　痰喘咳嗽，長皂莢三條，去皮子，一莢入巴豆十粒，一莢入半夏十粒，一莢入杏仁十粒，川薑汁制杏仁，麻油制巴豆，蜜制半夏，一處火炙黄色，為末，每用一字，安手心，臨臥以薑汁調之，喫下，神效。　胸中痰結，釣痰膏用半夏醋煮過，以皂角膏和勻，入明礬少許，以柿餅搗膏，丸如弹子，噙之。　風癇諸痰，五癇膏治諸風，取痰如神，大皂角半斤，去皮子，以蜜四兩塗上，慢火炙透，搥碎，以熱水浸一時，挼取汁，慢火熬成膏，入麝香少許，攤在夾綿紙上，曬乾，剪作紙花，每用三四片，入淡漿水一小盞中洗淋下，以筒吹汁入鼻內，待痰涎流盡，吃脂麻餅一個，涎盡即愈，立效。　胸腹脹滿，欲令瘦者，豬牙皂角相續，量長一尺，微火煨去皮子，搗篩，蜜丸大如梧子，服時先喫羊肉兩臠，汁三兩口，後以肉汁、香藥十丸，以快利為度，覺得力更服以利清水，即止藥。瘥後一月，不得食肉及諸油膩。二便闕格，用皂莢炙去皮子，為末，酒麪糊丸，每服五十丸，酒下。　用皂莢燒烟於桶內，坐上熏之，即通。　大便秘，方書投劑多入皂角仁者，云其性得溼則滑，滑則燥結自除。

便毒腫痛，用豬牙皂角七片，煨黃，去皮弦，出火毒，為末，空心温酒服五錢。

修治　九月十月采莢，陰乾。　長莢者疎風氣，如豬牙者治齒取積，俱要肥膩不蛀，去皮子，酥炙或蜜炙，燒灰。　海藏曰：　凡用有蜜炙、酥炙、絞汁、燒灰之異，各依方法。　皂莢修治，其炙之固隨其所宜，然欲療風或風痰，止微火煨之足矣，更不可久煨，去其辛味也。

子：　氣味：　辛，温，無毒。　宗奭曰：　炒，舂去赤皮，以水浸軟，煮熟，糖漬食之。　疎導五臟風熱壅。　頌曰：　核中白肉入治肺藥。　核中黃心嚼食，治膈痰吞酸。　東垣曰：　仁，和血潤腸。　時珍曰：　治風熱大腸虛秘，瘰癧，腫毒瘡癬。

附方　腰脚風痛，不能履地，皂角子一千二百個，洗淨，以少酥熬香，為末，蜜丸梧子大，每空心以蒺藜子、酸棗仁湯下三十丸。　大腸虛秘，風人、虛人、脚氣人，大腸或秘或利，用上方服至百丸，以通為度。　腸風下血，皂莢子、槐實一兩，用粘穀糠炒香，去糠為末，陳粟米飲下一錢。

修治　斅曰：　揀取圓滿堅硬不蛀者，以瓶煮熟，剝去硬皮一重，取向裏白肉兩片，去黃。以銅刀切，曬。　用其黃消人腎氣。

木皮根皮：　氣味：　辛，温，無毒。　主治：　風熱痰氣，殺蟲。　方書：　皂莢化痰丸，用皂角木白皮治勞風，心脾壅滯，痰涎盛多，喉中不利，涕唾稠粘，嗌塞吐逆，不思飲食，或時昏憒。　其方詳《準繩》痰飲條。

刺：　氣味：　辛，温，無毒。　主治：　癰腫妒乳，風癘惡瘡，殺蟲，胎衣不下時珍。　時珍曰：　刺治風殺蟲，功與莢同。　但其銳利直達病所為異耳。丹溪亦曰：　引至癰疽潰處，甚驗。　門曰：　皂莢刺，凡癰疽未破者能開竅，已破者能引藥達瘡所，乃諸惡瘡癬及癘風要藥也。　癰疽已潰不宜服。

附方　產後乳汁不泄，結毒者，皂角刺、蔓荊子，各燒存性，等分，為末，每温酒服二錢。　腹內生瘡在腸臟，不可藥治者，取皂角刺不拘多少，好酒一碗，煎至七分，温服，其膿血悉從小便中出。　不飲酒者，水煎亦可。　瘡腫無頭，皂角刺燒灰，酒服三錢，嚼葵子三五粒，其處如針刺，為效。

愚按：　皂角刺能出風毒於血中。《神仙傳》云：　左親騎軍崔言一旦得大風惡疾，雙目昏盲，眉髮自落，鼻梁崩倒，勢不可救。遇異人傳方，用皂角刺三斤，燒灰，蒸一時久，日乾為末，食後濃煎大黃湯，調一匕飲之。　一旬眉髮再生，肌潤目明。　後入山修道，不知所終。　後代若東垣之用二聖散，即皂角刺、大黃。丹溪之用通天再造散，即二聖散加鬱金、白牽牛，俱云服之便出黑蟲為驗。新蟲嘴赤，老蟲嘴黑。　然則癘風為病最惡，如此味者，誠為要藥矣。　癘風證，再造散中用皂莢刺，先哲云此味能出風毒於榮血中，肝主血，惡血留止，其屬肝也。　蟲亦生於厥陰，風木所化，必用是治其臟氣，殺蟲為主。

希雍曰：　皂莢利竅，導壅豁痰散邪，宜於暴病氣實者，第似中風證，類由陰虛，火炎煎熬津液，痰熱極而生風，以致猝然仆蹶，若稀涎散頻吐之，恐津液愈耗，則經絡無以榮養，為拘攣偏廢也，慎之！　孕婦忌服。

清・郭章宜《本草匯》卷一五　皂莢　味鹹、辛，溫，小毒。　入手太陰、陽明，兼入厥陰氣分。　開竅通關，宣壅導滯。　搜風逐痰，殺蟲治噤。

按：　皂莢，禀木氣而兼火金之性，故能治風木之病。　味辛性燥，氣浮而散，吹喉鼻則通上竅，導二陰則通下竅。　入腸胃則理風濕痰喘腫滿，殺蟲，塗肌膚則清風去癢，散腫消毒。　疏散之力居多，故能開閉結，豁風痰。　中風傷寒門，賴為急濟之神丹。《活人書》治陰毒，正氣散內用皂莢引入厥陰也。中風涎潮昏悶，宜稀涎散，大皂莢一兩，明礬五錢，水調，灌五分，不大吐，只微微涎出。　若類中風由于陰虛，及孕婦，並皆禁之。　子，取堅滿者，煮熟，去皮，取白肉，去黃，燒存性，治大腸虛秘，瘰歷惡瘡。　角刺，功用與皂莢同，第其銳利，能直達病所，引諸藥性上行，為癰疽、妬乳、丁腫未潰之神藥。　若已潰者，勿服。

有三種，一種猪牙皂莢，全無滋潤，洗垢不去。一種粗大長虛而無潤。一種圓厚短促，皮薄肉多味薄，大好，選赤肥不蛀者，以新汲水浸一宿，銅刀削去粗皮，或酥或蜜，反復炙透，去子弦用。　栢實為之使。　惡麥冬。　畏人參、苦參。　伏丹砂、硫黃。

清・何其言《養生食鑒》卷上　皂角子一名皂莢，長六七寸，如鐮樣的。　味辛，性溫，無毒。　炒，舂去赤皮，以水浸軟，煮熟，以糖蜜漬之，疎導五臟風熱壅滯之氣，辟嵐瘴邪氣。　治下痢不止，諸藥不效，服此三服，宿垢去盡，即變黃色。皂刺子，瓦焙為末，米糊為丸如桐子大，每服一錢，陳茶送下，屢驗。

清・蔣居祉《本草擇要綱目・平性藥品》 皂莢凡用要赤肥并不蛀者。以新汲水浸一宿，用銅刀削去粗皮，以酥反復炙透，捶去子弦用。每莢一兩，用酥五錢。又有蜜炙、酥炙、絞汁、燒灰之異，各依方法。　氣味：辛、鹹，溫，有小毒。　主治：皂莢屬金，入手太陰、陽明之經。金勝木，燥勝風，故兼入足厥陰，治風木之病。其味辛而性燥，氣浮而散，吹之導之，則通上下諸竅。服之則治風濕痰喘腫滿，殺蟲。塗之則散腫消毒，搜風治瘡。　惡：麥門冬。畏：空青、人參、苦參。伏：丹砂、粉霜、硫黃、硇砂。　子揀取圓滿堅硬不蛀者，以瓶煮熟，剝去硬皮一重，取向裏白肉兩片，去黃，以銅刀切，晒用。其黃消人腎氣。　氣味：辛，溫，無毒。　主治：炒，舂去赤皮，以水浸軟，煮熟，糖漬食之，疏導五臟風熱壅。核中白肉，入治肺藥。核中黃心嚼食，治膈痰吞酸。仁和血潤腸，治風熱大腸虛祕，瘰癧腫毒瘡癬。又核燒存性，治大便燥結。其性得濕則滑，滑則燥結自通也。　刺一名天丁。　氣味：辛，溫，無毒。　主治：米醋熬嫩刺作煎，塗瘡癬有奇效。治癰腫妒乳，風癘惡瘡，胎衣不下，殺蟲。但皂莢刺能引諸藥性上行，治上焦病，又能引至癰疽潰處更驗。

清・王翃《握靈本草》卷八 皂莢孟州者勝。理氣疎風，用長板莢；取積治齒，取牙皂，如猪牙者佳。凡使取赤肥并不蛀者，水浸一宿，刮去粗皮，酥炙，槌去子絃，亦有蜜炙及燒灰用者。　主治：皂角，辛、鹹，溫，有小毒。主風痺死肌，邪氣頭風，利九竅，殺精物。

清・汪昂《本草備要》卷三 皂角宣，通竅，搜風。　辛鹹，性燥，氣浮而散。入肺、大腸經。金勝木，燥勝風，故兼入肝。搜風泄熱，吹之導之，則通上下關竅而涌吐痰涎，搐鼻立作噴嚏。治中風口噤，胸痹喉痹。凡中風不省人事，口噤不能進藥，急提頭髮，手掐人中，用皂角末或半夏末吹入鼻中，有嚏者生，無嚏者肺氣已絕，死。或用稀涎散吐之，皂角末一兩，白礬五錢，每用一錢，溫水調灌。或加藜蘆、少麝，鵝翎探喉，令微吐稀涎，再用藥治。年老、氣虛人忌用。　服之則除濕去垢，最去油膩，刮人腸胃。消痰破堅，取中段，湯泡服，治老人風秘。殺蟲下胎。治風濕風癩，痰喘腫滿，堅癥囊結。厥陰肝脉絡陰器。寒客肝經，則爲囊結。　塗之則散腫消毒，煎膏貼一切痹痛。合蒼朮焚之，辟瘟疫濕氣。　一種小如猪牙，一種長而枯燥，一種肥厚多脂。多脂者良。　去粗皮、子弦，或蜜炙、酥炙，絞汁燒灰用。柏實爲使，惡麥冬，畏人參、苦參。性能消鐵，不結莢者，鑿樹一孔，入鐵封之，則結莢矣。錘碾見之，久則成孔，故此木不能燒爨。　皂角刺：辛，溫。搜風殺蟲，功同皂莢。但其鋒銳，能直達患處，潰散癰疽。治癰毒妒乳，風癘惡瘡，癘，同癩。　癘乃營氣熱胕，風寒客于脉而不去。《經》曰：脉風成爲癘。脉與營皆血也。　蒸曬爲末，大黃湯調下。胎衣不下。癰疽已潰者禁用，孕婦忌之。　皂角子：通大便燥結。煅存性用。汪機曰：其性得濕則滑。李時珍曰：亦辛以潤之之義，非得濕則滑也。

清・吳楚《寶命真詮》卷三 皂莢　【略】開竅通關，宣壅導滯，搜風逐痰，辟邪殺鬼。　性極尖利，無閉不開，無堅不破，中風傷寒門賴為濟急之神丹。　刺功用更銳利，能直達瘡所，為癰疽未潰之神藥。○陰虛、孕婦俱忌。

清・陳士鐸《本草新編》卷四 皂莢　味辛、鹹，氣溫，有小毒。入足厥陰、手少陰、手太陰三經。理氣疎風，搐鼻噴嚏，可救五絕、痰迷中風不語諸症。敷腫痛即除，吐風痰，殺勞蟲精物，起風痹，治死肌，利竅開關，破癥墮孕。此物備急用之藥，藥籠中不可無者也。

或問：皂莢開關之藥，單用以取捷乎？　夫皂莢之功用，不止此也。凡心疼之病，隨愈而隨發者，必用皂莢，始可除根，此《本草》所未言也。張夫子曾傳余治心疼之方，實有皂莢火炒一兩、炒梔子一兩、炙甘草五錢、白芍二兩、廣木香三錢，為細末。老黃米煮粥為丸，如半米大，滚水送下即愈，永不再發。是皂莢又可以治心疼也。然而，皂莢非治心疼之藥，借其開竅引入于心之中，使諸藥直攻其邪也。

或問：皂莢生用之乎，抑熟用之乎？　皂莢熟用則無益矣，必生用為佳。然而，生用切不可用蛀者。蓋皂莢蛀蟲最細，凡研末之時，蛀蟲乘開關之際，直入肺中，反成大害。故必須揀不蛀者，研為細末，即包在紙包之內，亦必須常取出經風，以防其再蛀。我有一法，制之最佳，用麝香同包，斷無再蛀之理，且又可借麝香之香氣，引入鼻竅，而開關更靈也。

或問：用皂莢末以治中風，吐其痰而不愈，反成偏枯等症，何也？　曰：皂莢用末以吹鼻，使中風之人關開，實治法之巧也。若入于稀（延）〔涎〕散中吐之，非治也。蓋近來中風者，皆非真中風，盡由于陰陽水火之虛，或陰虛火炎，煎熬津液，結而為痰，熱極生風，猝然仆蹶。使更吐痰，則愈損其津液矣。津液重傷，經絡無水以相養，或氣虛而無以相通，安得不變為拘攣偏廢之症哉。

或疑《神仙傳》載：崔言逢異人傳皂莢刺三觔燒灰，調大黄末，以治大麻風，雖將死尚可救。何子註《本草》獨略之乎？曰：皂角刺安能救大麻風哉？此悮傳也。用此方以救之，是速之死耳。

清·顧靖遠《顧氏醫鏡》卷八　皂莢辛，鹹，溫，有小毒。刮其皮弦及子，酥炙。豁痰開胸膈，疎導壅滯，洗滌垢膩之功。取汁熬膏，丸如桐子大，每服十丸，治胸中痰結。搜風治癩疾。開竅通關，辛散殺蟲之力。一方用皂刺三斤，燒灰，蒸晒研末，大黄煎湯，空心調服一匕，下蟲而愈。吹喉痺，薰便秘。二便因氣秘不通者，燒烟薰之。殺蟲治癬，醋熬嫩刺，塗癬甚良。敷毒消腫。便毒癰疽，醋熬膏敷之最效。性極尖利，無閉不開，無堅不破，為濟急之神丹。皂角刺，功同皂莢，更能直達瘡所，為癰疽未潰之聖藥。類中風症，多由陰虚，世人每用稀涎散吐之，是愈竭其津液也，法所最忌。孕婦亦禁。

清·李熙和《醫經允中》卷二〇　皂莢　入手太陰、陽明，兼入厥陰氣分。　辛、鹹，溫，無毒。主治風痺死肌，搜肝風，豁風痰，通肺大腸氣，吹喉鼻導二陰，取其開竅也。燒烟薰久痢脱肛。孕婦禁用。附：刺，辛，溫，無毒。主治癰腫妒乳，風癘惡瘡，直達癰疽潰處，已潰弗宜用。大風惡疾，眉落鼻崩，用皂刺三觔，燒灰為末，食後煎大黄湯，調一匕服之，不終劑愈。附：肥皂莢，辛，溫，療無名腫毒有奇功，不拘奇瘍惡毒，用生肥皂莢去子弦及筋，搗爛，釅醋和敷立愈。

清·馮兆張《馮氏錦囊秘錄·雜症痘疹藥性主治合參》卷四　皂莢、長板莢稟木氣而兼火金之性，故味辛，微鹹，氣溫，有小毒。入足厥陰、手太陰、陽明經。辛溫能散，鹹能軟堅，故為散風豁痰，破癥除痹，利竅通關之藥。

皂莢、長板莢，理氣疎風。猪牙莢治齒取積，堪作散熬膏，勿為丸。煎液敷腫，疼痛(立)除，搐鼻噴嚏。至和生礬，即名稀涎散，善吐風痰。拌煉蜜可揑成導箭，結糞驟來。殺癆蟲精物。主風痹死肌，宣壅導滯，搜風逐痰，利竅通關，頭風淚出，破癥墮胎。然性極尖利，無門不開，無堅不破，故一切口噤，賴為濟急之神丹。若類中風，由於陰虚者，并孕婦，并宜忌之。皂角刺治潰瘍，能引諸藥直達潰處成功，其性銳利，為癰疽妒乳，疔腫未潰之神藥。凡癰疽已潰，不宜服。孕婦亦忌之。米醋熬嫩刺，塗癬有效者，取其義也。皂角子，氣味與皂莢同，炒舂去赤皮，以水浸軟，煮熟，糖漬食之，疎導五臟風熱壅滯及治大腸虚秘，瘰癧惡瘡腫毒。

皂角刺

主治痘疹合參：解熱毒。治痘平塌，用之引托裏諸藥直達瘡所，高聳灌膿。痘後癰腫，亦用，賴以引諸藥直至毒所，鼎峻潰膿也。

肥皂核，生於盛六陽之令，成於秋金之月，得火金之氣，故味辛，氣溫，有毒。凡腸胃有垢膩，穢惡之氣鬱於中，則外生瘰癧惡瘡，腫毒泄於外，且於腸風下痢膿血，此藥專能盪滌垢膩，宣通穢積，腸胃潔淨，則諸證自除也。治瘰癧用肥皂去核，入斑猫在内紮緊，蒸，去斑猫，加入貝母、天花粉、玄參、甘草、牛蒡子、連翹為丸，每服一錢，白湯下，服後腹疼勿慮，此藥力追毒之故。獨核仁同猪胰子、金銀花、皂角刺、芭蕉根、雪裏紅、五加皮、土茯苓、皂莢子、白殭蠶、木瓜、蟬蛻、白鮮皮治黴瘡；如久虚者，加人參、黄耆、薏苡仁，兼治結毒。

清·张璐《本經逢原》卷三　皂莢一名皂角　辛、鹹，溫，小毒。入藥去皮弦子，酥炙用。《本經》主風痹死肌，邪氣頭風淚出，利九竅，殺精物。　發明：　皂莢辛散屬金，治厥陰風木之病。觀《本經》主治風痹死肌，頭風淚出，皆取其去風拔毒、通關利竅，有破堅積，逐風痰，辟邪氣，殺蟲毒之功。吹之、導之則通上下之竅。煎之、服之則治風痰喘滿。塗之、擦之則散腫消毒，去面上風氣。薰之、蒸之則通大便秘結。燒烟薰之則治臁瘡，濕毒，即《本經》治風痹死肌之意，用之無不效驗。凡人卒中風昏昏如醉，形體不收，口角流涎者，急用稀涎散吐之。若南方類中由於陰虚火炎者，誤用涌劑，愈竭其津液矣，得不在所切禁乎。然治濕熱痰積，肺癰吐腥，及痰迷顛妄，千緡湯、皂莢丸、來甦膏等誠為聖藥，惟孕婦禁服。按：大小二皂所治稍有不同，用治風痰，牙皂最勝；若治濕痰，大皂力優。古方取用甚多，然入湯藥最少。有瘍醫以牙皂煎湯涌吐風痰，服後遍體赤痱，數日後皮脱，大傷元氣，不可不慎。至於鎖喉風證，尤為切禁。常見有激動其痰，鎖住不能吐出，頃刻立斃者。其子燒灰存性，能治大腸風秘燥結，祛風逐穢之性可知。　皂角刺　辛，溫，無毒。去尖用，否則脱人鬚髮。　發明：　皂角刺治風殺蟲，與莢略同，但其鋭利直達病所為異。其治痘疹氣滯不能起頂灌膿者，功效最捷。而氣虚者慎勿誤用，恐透表過鋭，反生虚泡也。若血滯不能起頂灌膿，又需綾鯉，當非角刺所宜。《丹方》治大風惡疾，眉落鼻崩，用皂角刺三觔燒灰為末，食後煎大黄湯，調一匕服之，不終劑而愈。腫瘍服之即消，潰瘍服之難斂，以其性善開泄也。

清·浦士貞《夕庵讀本草快編》卷五　皂莢《本經》、皂角　莢之樹皂，故名。長者為上，豬牙者次之。　皂莢屬金，氣味辛鹹，溫而微毒，為手太陰、陽明之藥。金能平木，燥能勝風，故兼入足厥陰氣分，且性燥而氣浮，吹之導之，則通上下諸竅而豁邪氣。服之則治風濕痰喘，化腫殺虫。塗之則散癰消毒，搜風治癩。是以孫用和立稀涎散，急救風涎上潮、卒中昏冒，胸痺而氣不通者，用此吐之。龐安時言黑龍膏療急喉痺并喉風重舌，飛絲入口，虫喋喉咽者，用之立開。皆取能潤風木之性而透達邪鬱也。予嘗思之，皂乃北癸之色，辛得西兌之氣，故其樹鑿孔入鐵，則枝葉茂而實繁，鐵碾見之而易穿，鐵鍋爨之而爆落。雖物理相召，亦所當推也。夫腎為五液之源，咽喉統于肺腎，是前二方功頗于世，更有說焉。凡人肺受火逼，絕下降之令，致腎燥轉增，變為黑痰膠固，色如煙煤，宜此治之，無有不效。亦相感之徵也。且其子燒服，能療大便燥結，風虛久秘，得非肺合大腸、腎主二便乎？　其刺尖銳，能引諸藥直達病所，為癘瘋殺虫，癰疽惡癬之要藥。《列仙傳》載崔言患大瘋服之而愈。劉守真又宗而廣之，以大黃煎湯調服，云能疎泄血中之風熱爾。

清·張志聰、高世栻《本草崇原》卷中　皂莢　氣味辛、鹹，溫，有小毒。主治風痺死肌，邪氣風頭淚出，利九竅，殺精物。　皂莢處處有之，其樹高大，葉如槐葉，枝間有刺，即皂角刺也。夏開細黄花，結實有三種，一種小如豬牙，一種大而肥厚，多脂而粘，一種長而瘦薄，枯燥不粘，皆可入藥。《本經》用如豬牙者，其樹多刺，難上采莢，以篾箍其樹，一夜自落，有不結實者，樹鑿一孔入生鐵三五斤，泥封之即結莢。人以鐵砧捶皂莢，即自損，鐵碾碾之，久則成孔，鐵鍋爨之多爆片落。　愚按：納生鐵而即結莢者，鐵乃金類，色黑屬水，得金水之氣，則木茂而結莢也。鐵遇之而剝損者，莢色紫赤，具太陽火熱之氣，火能克金也。篾箍其皮，莢即落者，太陽之氣自下而上行於膚表，箍其皮則陽氣不能上升，太陽氣殞而莢落矣。　皂莢枝有刺而味辛，稟金氣也。色紫赤而味兼鹹，稟水氣也。太陽之氣合金氣而出於膚表，合水氣而下挾膀胱，故味辛鹹而氣溫熱，辛鹹溫熱，則有小毒矣。風邪迫於周身，則為風痺死肌之證。風邪上薄於頭，則為風頭淚出之證。皂莢稟金氣而制風，故能治也。九竅為水注之氣，皂莢稟水氣，故利九竅。太陽陽熱之氣，若天與日，天日光明，則殺精物，精物，猶百精老物也。　皂角刺附　一名天丁。氣味辛，溫，無毒。米醋熬嫩刺作煎，塗瘡癬，有奇效《圖經本草》。治癰腫，妬乳，風癘惡瘡，胎衣不下，殺蟲《本草綱目》。小兒重舌，小便淋閉，腸風痢血，大風癘瘍，癰疽不潰，瘡腫無頭諸方。去風，化痰，敗毒攻毒，定小兒驚風發搐，攻痘瘡起發，化毒成漿。隱庵增附。　皂莢子附　氣味辛，溫，無毒。炒舂去赤皮，以水浸軟，煮熟糖漬食之，疏道五臟風熱壅《本草衍義》。核中白肉，入治肺藥，核中黃心嚼食，治膈痰吞酸。《圖經本草》仁和血，潤腸《用藥法象》。治風熱，大腸虛秘，瘰癘腫毒，瘡癬《本草綱目》。治疔腫便癰，風蟲牙疼，婦人難產，裏急後重，腸風下血，腰脚風痛。諸方治疝氣，並睾丸腫痛隱庵增附。

清·高鼓峰《四明心法》卷二　皂莢　即皂角，（維坻）〔雞栖〕、烏犀、懸刀，皆其名也。辛鹹，溫，有小毒。手太陰、陽明經氣分藥。海藏云：入厥陰經氣分。以其能利上竅，通二便，有疎泄之義也。故又言搜肝風，瀉肝氣。然海藏本南陽正陽散內用皂角，引入厥陰，故有此說。東璧言：皂角屬金，其味辛，其性燥，金勝木，燥勝風，故兼入足厥陰也。按正陽散，《活人》止言治陰毒陰寒云云，列症不及囊縮，即海藏引用厥陰例方，云《活人》論厥陰藥，並見陰症論，並不以正陽治囊縮也。再考《活人》囊縮問答條中，又不及正陽散，然則海藏舉正陽散為厥陰例，何所見也。海藏論厥陰煩滿囊縮，只曰宜溫之下之，亦不及正陽散。至王損菴論囊縮，論首載扁鵲、孫真人，次《活人》次海藏，而序方則止正陽、回陽二方，确以正陽為治囊縮之的方矣，亦不知何所見也，豈因海藏以正陽屬厥陰，而囊縮是厥陰中之一症，便以之通治與？　又十八問陰症內列四方，亦不及正陽，獨二十問手足厥冷，臍腹築冷一條為一見。又言脉一息七至以來，灸關元二三百壯，兼服正陽散為二見。《活人》本以囊縮為厥陰死症，仲景原無治法，故但言遂以意尋，比方倣治，而究不列方也。於是來陽伯徐春沂輩亦不復有所更定參論而但屬之陰毒下耳。海藏引屬厥陰，大抵以陰毒者謂陰氣獨盛，陽氣暴絕，則為陰毒，三陰皆有之。但書列正陽所治，有面青，張口出氣，心下硬，身不熱，只額上有汗，煩渴不止，舌黑多睡，四肢俱冷等症，是厥陰為多，故列於厥陰門，遂於湯液中有正陽散，內用皂角，引入厥陰之說也。

清·黃元御《長沙藥解》卷三　皂莢　味辛苦，澀，入手太陰肺經。降逆氣而開壅塞，收痰涎而滌垢濁。善止喘咳，最通關竅。《金匱》皂莢丸，皂莢六兩，去皮，酥炙，蜜丸梧子大，棗膏和湯服三丸，日夜四服。治咳逆上氣，時時唾濁，但坐不得眠。以肺胃逆升，濁氣鬱塞，涎沫膠粘，下無泄路，故時時上唾，身臥則氣道愈阻，彌增壅悶，故但坐不得眠。皂莢開閉塞而洗痰涎，通氣道而降衝逆也。　皂莢辛烈，開衝通關，透竅搜羅痰涎，洗蕩瘀濁，化其粘聯膠熱之性，失其根據攀附之援，臟腑莫容，自然外去，雖吐敗濁，實非湧吐之物也。其諸主治，開口噤，通喉痺，吐老痰，消惡瘡，熏久痢脫肛，平婦人吹乳，皆其通關行滯之效也。

清・尤氏《尤氏喉科秘書》　製牙皂法　取(溼)〔堅〕小不蛀者，瓦上炙至其色光明而脆，去兩頭聽用。

清・吳儀洛《本草從新》卷三　皂莢〔宣，通竅搜風。〕一名皂角。　辛鹹而溫，有小毒。入肺、大腸，兼入肝經。性極尖利，搜風泄熱。吹之導之則通上下關竅，而涌吐痰涎。搐鼻立作噴嚏，治中風口噤，胸痺喉痺。凡中風不醒人事，口噤不能進藥，急提頭髮，手掐人中，用皂莢末或半夏末吹入鼻中，有嚏者生，無嚏者為肺氣已絕，死。或用稀涎散吐之：皂莢末一兩，白礬五錢，每用一錢，溫水調灌。或加藜蘆、少麝，鵝翎探喉，令微吐稀涎，再用藥治。年老氣虛者忌用。服之則除濕去垢，最去油膩，刮人腸胃，宣壅導滯，取中段，湯泡服，治老人風秘。消痰破堅，殺蟲下胎。治風濕風癩，痰喘腫滿，堅癥囊結。厥陰肝脈絡陰器，寒客肝經則為囊結。塗之則散腫消毒，煎膏貼一切痺痛，合蒼朮焚之辟瘟疫濕氣。濟急頗有神效，稍涉虛者切勿輕與，孕婦忌之。一種小如猪牙，一種長而枯燥，一種肥厚多脂者良。去皮、子、弦，或蜜炙，酥炙，絞汁，燒灰。柏實為使。惡麥冬。畏人參、苦參。性能消鐵，不結莢者，鑿樹一孔，入鐵封之則結莢矣。錘碾見之，久則成孔，故此木不能燒爨。子，去皮，水浸軟，煮糖漬食之，治大腸燥結，汪機曰：其性得濕則滑。時珍曰：亦辛以潤之之義，非得濕則滑也。瘰癧惡瘡。　皂莢刺〔宣，通竅潰癰。〕辛，溫，搜風殺蟲，功同皂莢，其鋒銳直達病所，潰散癰疽。治腫毒妬乳，乳癰，汁不出，內結成腫，名妬乳。風癘，癘風，乃營氣熱，風寒客於脈而不去也。《經》曰：脈風成為癘。脈與營皆血也。蒸曬為末，大黃湯調下。癬瘡，米醋熬嫩刺塗之。胎衣不下，為癰疽未潰之神藥，已潰勿服，孕婦亦忌。

清・汪紱《醫林纂要探源》卷三　皂角　辛，鹹，溫。樹似槐而多刺，作花亦如烏，結莢有數種，長大而枯燥，形扁者俗曰皂莢，有短而圓肥者，曰肥皂，又曰肥珠，有小而肥如豬牙者，曰豬角，此種最良。去弦及子，或蜜或酥炙，或絞汁，或燒灰，隨宜制用。○性能消鐵，凡研鎚見此，久則成蝕孔，著樹不結莢，近根處鑿一孔，納鐵孔內封之，則結莢矣。大行肝木，敷布心火，雷電合作，燭幽破堅，蕩陰穢，辟邪濁。辛以行氣，鹹以輭堅，行氣以祛風，輭堅以解熱。燒灰搐鼻，治中風口噤，令作嚏可醒。調末服可涌吐痰涎，通竅，治喉痺胸痺。炙過煎服，消痰破結，垢膩畢除，蕩滌腸胃，搜泄濕熱，攻一切結聚，殺一切蟲蠹，下胎。焚之，可辟瘟疫，外傅散腫消癰。以威為德，卒成肅清，非可輕用。辛金味，鹹水味，此得金氣以行水令者，是以滌蕩穢濁，已過則卒成清燥之治，生氣反耗縮矣。子：甘，鹹，辛，溫。圓大如小栗，殼堅而黑，煨熟，去殼，有輭皮一層，熱湯泡浸，則消化如膠。婦女用以梳粧膠髮，及刺繡膠線。其仁色綠，小兒亦或食之。益心潤肺，通大腸燥結，殺疳蟲。煨熟，存性用。　刺：辛，鹹，溫。辛多於鹹。須用牙皂之刺，長寸餘，色如犀角者佳。功同皂莢，鋒愈銛利，長於攻潰癰毒。引他藥直達患處。已潰者勿用。

清・嚴潔等《得配本草》卷七　皂角莢如豬牙，名牙皂。子、刺。　柏實為之使。畏人參、苦參、空青。惡麥門冬。伏丹砂、粉霜、硫黃、硇砂。　辛、鹹，溫，燥，有小毒。入足厥陰、陽明經氣分。開竅通關，達三焦之氣，宣膀胱之滯。搜風逐痰，辟邪化穀。　配蛤蜊殼，消乳癰。佐白礬，吐風涎。佐海石，去膈上橫結之痰。佐鐵花，墜痰穢上逆之氣。使羊肉，治腸風。合半夏末，取鼻嚏。　去粗皮、弦、子，酥炙或蜜炙，或取汁，或燒炭用。通大腸，入蜜熬膏。　陰虛痰盛、熱極生風者禁用。　子　疏五臟風熱，通大便秘結。　煮熟去黃皮，煆存性用。　刺　辛，溫。性銳。去風殺蟲，能引諸藥至癰疽潰處。　攻毒，連尖。不使瘡破，去尖。

題清・徐大椿《藥性切用》卷五　皂角刺　性味辛溫，功近皂莢。其鋒銳之氣，直達病所潰堅。香肥皂，性味辛溫，洗滌垢膩，兼祛風濕，為中風滌痰通竅耑藥。今浣衣亦皆用之。

清・黃宮繡《本草求真》卷三　皂角宣導風痰竅塞。　皂角耑入肝、肺、大腸。辛鹹性燥，功耑通竅驅風，故凡風邪內入而見牙關緊閉，口噤不語，胸滿喉痺，腹蠱胎結，風痰癩喘，腫滿堅瘕、囊結等症，用此吹之導之，則通上下之竅。煎之服之，則治風痰喘滿。塗之擦之，則能散腫消毒，以去面上風氣。薰之蒸之，則通大便秘結。燒烟薰之，則治臁瘡濕毒。中風不省人事，不可滴水入喉，入則涎水係於心絡而不去，即成廢人。宜掐人中，用皂角末或半夏末吹入鼻中，有嚏則生，無嚏則死。不開再用開關散擦牙，薰鼻法薰鼻，及以蘇合香丸、牛黃丸、至寶丹之類，相其寒熱選用。如寒閉牙關則當用以蘇合香丸。熱閉牙關則當用以牛黄丸，但此止可施於中臟閉症。然種類甚多，形如猪牙，名為牙皂。較之大皂，稍有不同，大皂則治濕痰更優，牙皂則治風痰更勝也。一種皂角刺，氣味辛溫，功治略同，但其鋒鋭，直透患處，潰散癰疽，及妬乳風癘惡瘡。《經》曰：風盛為癘，癘者惡也。脉主血，血熱而殺癘之氣襲之，則血脉凝泣，衛氣不行，其氣不清，故謂之癘。須用此直達病所，出風毒於營血中。皂子治大便燥結，煅存性用。以辛能潤之之義，由結本非火結，故辛則能以潤之也！惡麥冬，畏人參、苦參。皂角以肥厚多脂者良，炙酥燒灰用。

肥皂氣味辛溫，亦治風溫，及敷無名腫毒，去垢膩。澡身盥面必用。

清・楊璿《傷寒溫疫條辨》卷六吐劑類　牙皂　味辛鹹，性溫，有小毒。入肝、腎。主風痹死肌，頭風目淚，通關竅，理癰疽。婦人吹乳及乳癰，牙皂燒灰同蛤粉研末，調服二錢。消脹滿，化水穀，除咳嗽，療骨蒸，搐鼻噴嚏立至，敷腫疼痛即除。和白礬可吐風痰，拌蜜煎名為導箭。

刺，主厲風，鼻梁崩倒，眉髮自脱。又主癰疽未潰者，能發空竅，已潰者，引藥排膿，直透達膿處成功。諸般惡瘡咸不可缺。《千金方》：治二便關格，皂莢燒末，米飲調服三錢立通。《宣明》：酒打麵糊丸如桐子大，溫酒下二錢。又方鐵角散：治痰喘咳逆及哮吼神驗。長皂角三條，一條入半夏十粒，一條入杏仁十粒，一條入巴豆十粒，用蜜炙入半夏條，薑汁炙入杏仁條，麻油炙入巴豆條，俱黄色為度，去皮子研為末，每服二三分，安手心以薑汁調之，舌舐嚥下。

清・羅國綱《羅氏會約醫鏡》卷一七竹木部　皂角味辛鹹，溫，有小毒，入肺、肝，胃三經。去粗皮及弦與子，酥炙用。辛溫能散，鹹能軟堅，通上下關竅。用末吹鼻。搜風，金勝木，燥勝風。善吐風痰，皂角末五錢，白礬二錢半，每用一錢，溫水調灌，即昏迷者吐痰而醒。可下結糞。以末入蜂蜜煉緊，捏成導箭，插入穀道，即下。治咽喉痹塞，為末吹之。辟邪逐疫，合蒼术焚之。散腫消毒，塗之敷之。殺蟲下胎，療脱肛腫痛。燒烟熏之。可入丸散，不入湯藥。若似中風，由於陰虚者禁之。

皂角刺：治潰瘍。能引諸藥直達瘡處成功。其性鈍利，為癰疽、妒乳、疔腫未潰之神藥。凡瘡已潰，及孕婦俱忌之。嫩刺，米醋熬，塗癬有效。

皂角子：功用與皂角同，通大便燥結。煅存性用。取辛以潤之之義。

又有一種皂小如猪牙者，功用與大皂角同，但遜猛烈耳。治齒，取積。作散熬膏，可療腫痛。

皂角樹：性能消鐵，不可燒爨。若不結皂角者，鑿孔，入鐵封之；結而不落者，以草繩縛之。

清・黄凱鈞《藥籠小品》　皂莢　性極尖利，搜風泄熱，通關竅，涌痰涎，宣壅導滯，以末搐鼻，立作噴嚏。治中風口噤，胸痹喉痹，濟急頗有神效。稍涉虚者，切勿輕與，孕婦尤忌。

皂角刺：辛溫，搜風殺蟲，鋒鋭直達病所，潰癰疽，散腫毒，攻乳積，一名妬乳。為癰疽未潰之神藥。已潰勿服，孕婦亦忌。

清・王龍《本草纂要稿・木部》　皂莢　氣味辛鹹，有小毒。搐鼻噴嚏即止，敷腫疼痛立除。和生礬去風痰，拌煉蜜為導箭。殺癆蟲精物，却風痺死肌。通關利竅，破癥墮胎。　皂角刺：外科聖藥。治潰瘍，(真)〔直〕達潰處成功。

清・張德裕《本草正義》卷下　皂角一名猪牙皂　辛，溫，有小毒。善逐風痰，利九竅，通關節，治中風口噤，咽喉痺痛。行肺滯，通大腸。燒煙可熏脱肛腫痛。炒煙盡存性，研末，錢許燒酒吞服，可治諸藥不效之胸疼。但入丸散，不入湯劑。

皂刺　辛，溫。皂枝之刺。能搜風殺蟲。其刺鋒鋭，能直達患所，亦能攻毒破癰。

清・翁藻《醫抄類編》卷一九《痘麻》　皂刺、山甲非常試之藥：〔皂角用尖，山甲用前足甲片。〕久吾聶氏定清毒活血湯、千金内托散二方内并無皂刺、山甲。余治壞證，漿不得成者，或用此以攻爛之，令其膿水淋漓，亦可起死回生。但此不得已而權用之，非常試之藥也。

清・楊時泰《本草述鉤元》卷二三　皂莢　亦名皂角。一種小如猪牙，一種長而肥厚多脂良，一種長而瘦薄枯燥者，不取。

味辛、微鹹，氣溫，有小毒。氣味俱厚，浮而散，陽也。入足厥陰經氣分及手太陰、手足陽明經氣分。搜肝風，瀉肝氣，通關節，開痰涎。治中風口噤，風邪癇疾，并中暑風，中氣中惡，痰厥，鬼魘猝死，為末吹鼻。急喉痺風，腫塞疼痛，頭風猝痛，腦宣及風涎眩暈，痰結治肺有寒邪，黑痰膠固不可拔，而為喘欬者。喘欬，痰嗽欬逆，坐不得臥，為末蜜丸服之。胸膈痞塞，甚為癥癖，更痰逆嘔吐，除風濕腫滿，利二便關隔，開胃通肺及大腸氣。皂莢一嗅隨嚏，若磁石之吸鐵然，其亦肺邪出路耶。治風癘殺蟲，散瘡腫和酒煎膏，貼一切腫毒止痛。風痺，除死肌疥癬，燒烟熏久痢脱肛。《活人書》治陰毒，正氣散用皂莢引入厥陰經也。皂莢稟木氣而兼火金之性仲淳。皂莢屬金，其味辛，而性燥。金勝木，燥勝風，故入厥陰治風木之病。氣浮而散，吹之導之，則通上下諸竅瀕湖。皂莢喜鐵，得鐵即有所生，鐵器遇之而壞，有吸鐵精華之能。然皂為北方色，鐵為五金，水味辛且鹹，子母相生，默相感召如此盧不遠。黑龍膏：治九種喉痺。急喉痺，纏喉風，結喉，爛喉，遁蟲，蟲蝶，重舌，木舌，飛絲入口。用大皂莢四十挺，切，水三斗，浸一夜，煎至一斗半，入人參末半兩，甘草末一兩，煎至五升，去渣，入無灰酒一升，釜煤二匕，煎如餳，入瓶封，埋地中一夜。每溫酒化下一匙，或掃入喉內，取惡涎盡為度，後含甘草片。按是木本金氣之化，故以化氣從治之，況其味兼鹹，又為液之原，宜乎風壅痰涎諸證，取為首治。用釜煤者，所以活血也。下方用白礬者，分膈下涎也。稀涎散：治卒中風，昏昏如醉，形體不收，或倒或不倒，或口角流涎，斯須不治便危。此證風涎上潮，胸痺不通，急用大皂莢肥實不蛀者四挺，去黑皮，明礬一兩，為末，每用半錢，重者三字，溫水調灌。不大嘔吐，只微微令稀冷涎出一二升，當待惺惺，乃用藥調治，不可便大吐之，恐過劑傷人。腦宣不止，不蛀皂莢去皮子，蜜炙搥碎，入水，挼，取濃汁，熬成膏，嗃鼻，口內咬定，良久涎出為度。痰喘咳嗽，長皂莢三條，去皮子，一莢入麻油製巴豆十粒，一莢入蜜製半夏十粒，一莢入薑汁製杏仁十粒，火炙黃色為末，每用一字，安手心，臨臥以薑汁調服之，神效。胸中痰結，釣痰膏：用醋煮半夏研末，以皂莢膏和勻，入明礬少許，加柿餅搗膏，丸如彈子，噙之。五癇膏，治風癇諸痰，取痰如神，大皂莢半斤，去皮子，以蜜四兩塗上，慢火炙透，搥碎，以熱水浸一時，挼取汁，慢火熬成膏，入麝少許，攤夾綿紙上，曬乾，剪作紙花。每用三四片，入淡漿水一小盞中洗淋，下以筒吹汁入鼻內，待痰涎流盡，吃脂麻餅一個，涎盡即愈。胸腹脹滿欲令瘦者，猪牙皂角相續量長一尺，微火煨，去皮子，搗篩，蜜丸如梧子大，先喫羊肉兩臠，汁三兩口，後以肉汁吞藥十丸，快利為度，覺得力，更服，以利清水即止。瘥後一月，不得食肉及諸油膩。二便關格，皂莢炙，去皮子，為末，酒麵糊丸，每服五十丸，酒下。又方：用皂莢燒烟於桶內，坐上熏之，即通。便毒腫痛，用猪牙皂莢七片，煨黃，去皮弦，出火毒，為末，空心溫酒服五錢。

論：皂莢木有不結實者，鑿孔而灌以生鐵，用泥封之，便有莢，是茲木生化之原在金也。夫風木變眚，皆由於不得化氣耳。風木陽也，陽極於上，而不能得陰以化，陽盛則陰從之，故中風、喉痺之證，皆痰涎隨風而上涌，癲癇證肝風合於心火，亦痰涎壅伏於包絡。又陽實而陰不化，如風濕之胸腹腫滿及二便關格，皆風木之化窮也。惟皂莢稟金之辛，歸水之鹹，色之皂者亦水。使木得金之化氣以趨水，而後木之生氣乃能孕育以無窮，所謂有化乃有生也。觀其采以九月十月可知。以此對待風木之不得金化，如陽盛而陰上從及陽實而陰不化者，庶幾可以轉其化氣，裕其生氣耳。視他風劑之以祛散為功，迥乎不侔矣。抑其多主痰涎謂何？曰：肝膽同為津液府，而風升肝膽之氣，固與元氣無二也。風之淫者，陽實而陰虛，大非陰陽合和而化之元氣矣。氣病而液亦病，并後天水穀所化之液，皆乏真氣以化營衛，止聚而為痰涎矣。痰涎之聚，轉病乎氣，而升降之化阻，於是有肺氣壅滯欬嗽上氣者，有肺胃俱傷氣奔於上，喘欬煩悸，涕唾稠粘者，有欬嗽喘悶，胸膈痞塞者，有胸腹結為癥癖，支滿，兩脇搶心疼痛者，有痰逆嘔吐，飲食不下者，有痰厥、頭痛，風涎、眩暈者，有風癇驚駭，旋暈潮搐，口吐痰沫，(作)〔仆〕地不省者，以上均由氣病以病液，還因液病以病氣。氣之病於液者，始於肝，液之病乎氣者，歸於肺胃。此味以辛而鹹者，為風木化原，并為水液化原，是先天之氣化也，又辛鹹中有甘，風木又以中土為化原，是後天之氣化也，故隨證而投主劑，佐以皂莢，無不奏功。大抵海藏所謂搜肝風，瀉肝氣，日華所云開胃，瀕湖所云通肺及大腸氣，三者合而此味乃能以風化合元氣之化也。或曰：此味固治風淫之痰涎矣，至病於風而無與於痰涎，如偏頭風，風狂、風搐，并走注如行痺及大便風秘等證，胥能治之，何也？曰：神在天為風，在地為木，在臟為肝，夫風木之主在金，而化原則水也，風之淫者，化原虧也，《內經》運氣，凡有餘不足之病，皆曰資其化原，況化原兼之水土，又何諸風之不靜乎？要知此味，能就風化轉氣化之用，不徒靜風已也。試觀風涎上逆，功在降之，而久痢脫肛，又能升之，是豈一靜風之為功乎？氣化行而血化亦宣，即胸腹腫滿大腸風秘等證，亦可以徵其血化，至瘡毒腫痛，并癥癖之治，又不必言矣。

皂莢宜於暴病氣實者，孕婦忌服。若類中猝仆，頻用稀涎涌吐，恐津液愈耗，經絡無以榮養，為拘攣偏廢，慎之仲淳。

辨治：九十月采莢陰乾，長莢者疎風氣，如猪牙者治齒取積，俱要肥膩不蛀。去皮子，酥炙，或蜜炙，或絞汁，或燒灰，各依方法。療風及風痰用，只微煨，不可煨久去其辛味。

皂莢子：氣味辛溫。其仁和血潤腸，治風熱大腸虛秘。其性得濕則滑，滑則燥結自除。治瘰癧、腫毒、瘡、癬。核中白肉，入治肺藥。核中黃心，能消腎氣。嚼食治膈痰吞酸。疎導五臟風熱壅，用子炒，舂去赤皮，以水浸軟煮熟，糖漬食之。腰脚風痛，不能履地，皂角子一千二百個，洗淨，以少酥熬香為末，蜜丸梧子大，每空心以蒺藜子酸棗仁湯下三十丸。大腸虛秘，風人、虛人、脚氣人，大腸或秘或利。即用上方，服至百丸，以通為度。腸風下血，皂莢子、槐實一兩，用粘穀糠炒香，去糠為末，陳粟米飲下一錢。

修治：揀取圓硬不蛀者，煮熟，剝去硬皮，取向裏白肉兩片，去黃。消人腎氣。以銅刀切曬用。

皂木皮根皮：氣味辛溫。治風熱痰氣，殺蟲。皂莢化痰丸，用皂角木白皮，治勞風，心脾壅滯，痰涎盛多，喉中不利，涕唾稠粘，嗌塞吐逆不思飲食，或時昏憒。方詳《準繩》痰飲條。

皂莢刺：氣味辛溫。銳利直達病所，治癰腫妒乳，癘風惡瘡，殺蟲，下胎衣。凡癰疽未破者，皂刺能開竅；已破者，能引藥達瘡所，乃諸惡瘡癬及癘風要藥。大風惡疾，雙目昏盲，眉髮自落，鼻樑崩倒，勢不可救。異人傳方：用皂刺能出風毒於榮血中。三斤，燒灰，蒸一時久，日乾為末，食後，濃煎大黃湯，調一匕飲之。一旬眉髮再生，肌潤目明。又東垣二聖散，即皂刺、大黃，再加鬱金、白牽牛，即丹溪通天再造散，俱云服後便出黑蟲為驗。新蟲嘴赤，老蟲嘴黑。然則此味，誠為癘風要藥矣。產後乳汁不泄結毒者，皂角刺、蔓荊子各燒存性，等分為末，每溫酒服二錢。腹內生瘡在腸臟，不可藥治者，取皂刺不拘多少，好酒一盌，煎至七分，溫服，其濃血悉從小便出，不飲酒者，水煎亦可。瘡腫無頭，皂角刺燒灰，酒服三錢，嚼葵子三五粒，其處如針刺為效。

癰疽已潰，不宜服。

清·葉桂《本草再新》卷四　皂莢味苦，性溫，有小毒。入脾、肺二經。治風濕，去垢膩，療無名腫毒。○皂刺，搜風殺蟲，其鋒銳直達病所，潰散癰疽，治腫毒妒乳，風癘癬瘡，胎衣不下。以其尖鋒善走，能達病所，故可下胎衣。

清·吳其濬《植物名實圖考》卷三三　皂莢，《本經》中品。有肥皂莢、猪牙皂莢刺，為癰疽要藥。《救荒本草》：嫩芽可煠食，子去皮糖漬之。亦可食。滇南皂角樹至多，角長尺餘，秋時懸垂樹末，如結組綸，每塑廟像將成，必焚皂角以除穢，歲首亦或爇於門外。考《五國故事》蜀王衍好燒沉檀蘭麝之類，芬馥氤氳，晝夜不息。既而厭之，乃取皂角燒之。則以皂角為香者，蓋始於蜀。而滇亦染其俗耳。又《湖南志》謂無論諸惡瘡，但以皂角末醋調敷即愈云。

清·趙其光《本草求原》卷八喬木部　皂莢即皂角。得鐵而生，不生莢，鑿孔以鐵灌之即生。辛，入肺、大腸。溫，入肝。性燥，氣浮而散。鹹，入腎。小毒。使木得金之化氣以趨水，是以通陽，為降陰之品。肝陽太實，不化氣而化風，致肝膽之陰液與胃中津液俱化為痰，隨陽氣以上湧，是氣病而液亦病。液病而氣之升降益窮。氣病於液者始於肝，液病於氣者歸於肺胃，惟以辛而鹹者宣通肺氣，使氣化行，而風化自靜，即以氣化為液化、血化之原，故不同於他散風之類也。吹之導之，則通上下關竅，合細辛為末，吹鼻取嚏，治中氣、中惡，身冷無痰。煎之服之，則能治風痹死肌，痰涎喘塞，俱為末，蜜丸服。合半夏、白礬、甘草為末，薑湯下，名稀涎丹，治中風痰湧，喉中如鋸，或口噤；或加藜蘆，鵝翎探吐即醒。本方半夏用醋煮過，合皂角膏、柿餅膏為丸，含化，治胸中痰結。風痰咳嗽，莢三條，去皮子，一入巴豆，以麻油製；一入杏仁，以薑汁製；一入半夏，以蜜製。俱炙黃為末，臨臥，薑汁下少許，神效。風癇諸痰，蜜塗炙，透水浸，按汁熬膏，擲綿紙上曬乾，每用綿紙二三寸，入淡漿水洗淋下，灌汁入鼻，待痰流盡，吃脂麻餅。九種喉痺，急喉、纏喉、結喉、爛喉、遁蟲、蟲蝶、重舌、木舌、飛絲入口，俱以皂莢膏入人參、甘草末，加酒煎，入釜煤和之，每用溫酒化，掃入喉內，取盡惡涎後，含甘草片。釜煤活血，但鎖喉，勿用；用之反痰動急湧，鎖住而吐不出。胸痺脹痛，微火煨，蜜丸，先吃羊肉汁，次以肉湯下十丸，快利為度；戒食肉油膩一月。二便關格，酒麵和蒸，酒下，兼以莢燒煙熏穀道。內服方又加皂仁之濕滑，以潤燥結。便毒，牙皂去皮弦，煨黃為末，酒下。除濕去垢，最去油膩，刮人腸胃。破堅積，取中段煎服，治老人風秘。殺蟲，下胎，治風濕疥癬，蜜丸酒服。囊結，肝脈絡陰器，寒客肝經則囊結。痰逆反胃。燒煙熏之，則治久痢脫肛，肺、大腸之氣化，則能降亦能升，不止靜風而已。臁瘡濕毒，通大便。煎膏貼一切瘡毒腫痛。氣化則血化。合蒼术焚之，辟瘟疫濕氣。

有二種：疏風痰、痰迷顛妄，豬牙皂勝；去濕熱痰積，肺癰吐腥，大皂肥厚多脂者勝。枯燥不堪用。俱去皮弦、子，或蜜炙、酥蜜、絞汁、燒灰用。風痰，止微煨。惡麥冬，畏人參、苦參。宣吐皆大傷元氣，不可多用。陰虛類中風者大忌。

子：辛，溫，疏風熱，去麻痺，以酥熬香蜜丸，沙苑棗仁湯下。治腰腳風痛。和血潤腸，上方又治風入大腸虛秘。治膈痰吞酸，腸風下血，同槐角，以米糖炒香為末，陳米飲下。瘰癧腫毒瘡癬。煮熟或炒香，去外皮及黃心，以糖漬食。其黃去膈痰而消腎氣。

皂角刺：辛，溫，無毒。能出風毒於血中，治風殺蟲，功與莢同，但其銳利直達病所，故異。破散癰疽惡瘡，已潰勿用。妒乳，同蔓荊燒灰為末，酒下。腹內腸臟生瘡，酒煎，溫服，膿血即從小便出。瘡腫無頭，燒灰酒服即消。為癘風要藥。取三斤燒灰，蒸一時，為末，食後濃煎大黃湯下一匕，雖眉落鼻崩，不給劑而復生。後人二聖散即皂角、大黃。再造散即二聖散加鬱金、白丑，俱云服之便出蟲，新蟲嘴赤，老蟲嘴黑。蓋惡血久留，則成風毒，蟲亦風木所化，此味溫散肝風於榮血中也。痘疹氣滯不起，頂灌膿，若血滯又宜山甲。但透表過銳，氣虛者用之，反生虛泡。下胎衣。孕婦勿服。

清・葉志詵《神農本草經贊》卷三 皂莢 味辛，鹹，溫。主風痹死肌，邪氣風頭，淚出，利九竅，殺精物。生川谷。

長垂脂厚，短具牙形。鐵封蕃茂，篾束飄零。熏烟溽散，調酒風停。蒼鱗百歲，去垢常青。

李時珍曰：一種長而肥厚多脂，一種小如猪牙，不結實者。樹鑿一孔，入生鐵三五斤，泥封之，即結實。其樹多刺，難以上采，以篾束之，一夜自落。寇宗奭曰：溽暑久雨，合蒼朮燒烟辟邪疫。《簡要方》：中風口噤，溫酒調服少許。張耒詩：不緣去垢須青莢，自愛蒼鱗百歲根。

清・文晟《新編六書》卷六《藥性摘錄》 皂角 辛甘，性燥。通竅驅風，宣導風痰。凡牙關緊閉，口噤不語，胸滿喉痹，腹蠱胎結，風痰癲喘，腫滿堅瘕，裹結等症，用此。吹之導之，則通上下之竅。煎服，則治風痰喘滿。〇皂角子，煅存性，治大便燥結。〇角刺，潰癰疽，及妬乳，風癘惡瘡。

清・張仁錫《藥性蒙求・木部》 皂角子五分、刺錢半 皂角辛溫，搜風利竅。子潤大腸，堪醫便燥。即皂角莢。入肺、大腸，兼入肝經。性極尖利，搜風泄熱，吹之導之，則通上下關竅，而湧吐痰涎，搐鼻至作噴嚏，濟急頗有神效。虛者勿與，孕婦忌之。〇皂角子：去皮，治大腸虛秘。煅存性用。皂角刺：搜風殺蟲，為外科要藥。功同皂莢，潰散癰疽。

清・劉善述、劉士季《草木便方》卷二木部 皂角樹 皂角辛燥搜風痰，通關利竅喉痹啥。腸風痔漏消腫毒，殺蟲去濕慢驚全。莢治癘風潰腫瘡，米療二便諸症尤。

清・戴葆元《本草綱目易知錄》卷四 皂莢皂角 辛、鹹，溫，有小毒。屬金，性躁，氣浮而散。入手太陰、陽明經。金勝木，躁勝風，兼入厥陰經。為治風水之病，搜肝風，瀉肝氣，利九竅，殺精物。搐鼻立嚏，治中風口噤，咽喉痹塞，吹之導之，能通上下關竅而湧吐痰涎，通肺大腸氣。服之則除濕去垢，消痰破堅，殺蟲墜胎，及婦人胎不落。治風痹死肌，頭風淚出，痰喘脹滿，咳嗽囊結，癥堅腹痛，風癘疥癬。塗之，則散腫消毒。熬膏塗帛上，貼一切痛痹。燒烟熏久痢脫肛。仝蒼朮焚之，辟瘟疫邪及濕氣。凡用去子弦，炙透。【略】

皂角刺：辛，溫。治風殺蟲，功同皂莢，但其銳利，能引諸藥上行，為治上焦病，又能引至癰疽處，直達病所。治癰腫妬乳，風癘惡瘡，胞衣不下。米醋熬嫩刺，濃汁塗癬瘡有奇效。癰疽已潰勿用。妊婦忌之。

清・陳其瑞《本草撮要》卷二 皂角 味辛鹹，性燥，氣浮而散，入手太陰陽明、足厥陰經，功專搜風泄熱，通關竅而吐痰涎。搐鼻立作噴嚏，治中風口噤，胸痹喉痹，除濕去垢，消痰破堅，殺蟲下胎。並治風濕風癩，喘腫痰壅，堅癥囊結。得白礬治中風不省人事，口噤。單服炙灰，治老人風秘。誤吞鐵物，研末服之神效。以皂角燒鐵鍋，鍋遂碎如粉，其化鐵可知。去皮子弦，或蜜炙酥炙，絞汁燒灰。柏實為使，惡麥冬，畏人葠、苦參。皂刺味辛溫，功同皂角，治腫毒妬乳，乳癰。汁不出，內結成腫名妬乳。已潰勿服。肥皂莢味辛溫，微毒，除風濕，去垢膩。不拘奇瘍惡毒，用生者子弦筋，搗爛醋和敷立愈，不愈再敷，奇驗。忌鐵。

清・仲昴庭《本草崇原集說》卷中 皂莢 【略】仲氏曰：太陽主開，《崇原》以太陽之氣，明皂角之用，下文治驗，皆由此出。即《金匱》治肺癰將起，咳逆吐濁，坐不得眠，用皂角丸。《千金》治肺痿吐濁，用桂枝湯去芍加皂角。時法治中風口噤，及單蛾、雙蛾用稀涎散，無非以皂角開其壅閉，壅閉開而濁涎化矣。

清・周巖《本草思辨錄》卷四 皂莢、皂莢子 陽在上不與陰化而為風，陰遂變為痰涎。皂莢以金勝木，通氣利竅，風無不搜，斯濕無不去，故凡痰涎湧塞而為中風為喉痹者，胥倚以奏功。陽在下不與陰化而為風，陰遂被劫而生燥，皂莢氣浮而子較沉，故子能祛在下之風，風去則陰得伸其津潤之權，而大腸之燥結以通。凡風藥必燥，而皂莢以多脂為佳。皂子之仁又粘而韌，其能利大便，亦兼得辛潤之力也。

倒掛刺

明·許希周《藥性粗評》卷二　瘴遇時行，刺莫嫌於倒掛。

倒掛刺，一名黄牛刺。葉似槐，秋開黄花，結角如皂角，然其刺倒生，故名。江南阪岸處處有之。凡用須一去即採巔葉七枝，便回勿顧。餘說《本草》不載。味苦，性微寒，無毒。主治天行瘴疫，人皆相染，取七枝，以水數升，煎之，每人劇飲一碗，自愈。或先採煮一大鍋，隨大小皆服之，以防未然亦可。

梨鬆果

清·趙學敏《本草綱目拾遺》卷三草部上　梨鬆果　如肥皂，出臺灣。治疔瘡磨塗。

肥皂莢

明·李時珍《本草綱目》卷三五木部·喬木類　肥皂莢《綱目》

【集解】時珍曰：肥皂莢生高山中。其樹高大，葉如檀及皂莢葉。五六月開白花，結莢長三四寸，狀如雲實之莢，而肥厚多肉。內有黑子數顆，大如指頭，不正圓，其色如漆而甚堅。中有白仁如栗，煨熟可食。亦可種之。十月采莢煮熟。搗爛和白麪及諸香作丸，澡身面，去垢而膩潤，勝於皂莢也。《相感志》言：肥皂莢水，死金魚，辟馬蟻，麩見之則不就，亦物性然耳。

莢　【氣味】辛，温，微毒。　【主治】去風濕下痢便血。瘡癬腫毒時珍。

【附方】新九。　腸風下血：獨子肥皂燒存性，一片爲末，糊丸成，米飲下。《普濟方》。　下痢禁口：肥皂莢一枚，以鹽實其內，燒存性，爲末。以少許入白米粥內，食之即效。《乾坤生意》。　風虛牙腫：老人腎虛，或因凉藥擦牙致痛。用獨子肥皂，以青鹽實之，燒存性。研末摻之。或入生樟腦十五文。《衛生家寶方》。　頭耳諸瘡：眉癬、燕窩瘡。並用肥皂煅存性一錢，枯礬一分，研勻，香油調，塗之。《摘玄方》。　小兒頭瘡：因傷湯水成膿，出水不止。用肥皂燒存性，入膩粉，麻油調搽。《海上方》。　臘梨頭瘡：不拘大人、小兒。用獨核肥皂去核，填入沙糖，入巴豆二枚扎定，鹽泥包，煅存性，入檳榔、輕粉五七分，研勻，香油調搽。先以灰汁洗過。溫水再洗，拭乾乃搽。一宿見效，不須再洗。《普濟方》。　癬瘡不愈：以川槿皮煎湯，用肥皂去核及內膜浸湯，時時搽之。楊起《簡便方》。　便毒初起：肥皂搗爛傅之。甚效。《簡便方》。　玉莖濕癢：肥皂一個，燒存性，香油調搽即愈。《攝生方》。

核　【氣味】甘，腥，温，無毒。　【主治】除風氣時珍。

明·繆希雍《本草經疏》卷三〇　肥皂莢　生於盛夏六陽之令，而成於秋金之月。得火金之氣，故其味辛，氣溫，有毒。凡腸胃有垢膩，穢惡之氣鬱於中，則外生瘰癧惡瘡腫毒。泄於外，則為腸風下痢膿血。此藥專能盪滌垢膩，宣通穢積，腸胃潔淨，則諸證自除也。

【主治參互】秘方：治瘰癧，用肥皂去核，入斑猫在內，紮緊蒸，去斑猫，加入貝母、天花粉、玄參、甘草、牛蒡子、連翹，為丸。每服一錢，白湯下，服後腹疼勿慮，此藥力追毒之故。　獨核仁，同猪胰子、金銀花、皂角刺、芭蕉根、雪裏紅、五加皮、土茯苓、皂莢子、白殭蠶、木瓜、蟬蛻、白鮮皮，治黴瘡。久虛者，加人參、黄耆、薏苡仁，兼治結毒。《普濟方》腸風下血，獨子肥皂燒存性一片，為末，糊丸。米飲下。　又方，治臘梨頭瘡，用獨核肥皂，去核，填入沙糖，入巴豆二枚，紮定，鹽泥固煅存性，再入檳榔、輕粉六七分，研勻，香油調搽。先以湯洗淨，拭乾乃搽。一宿見效。　除瘡毒外，無他用，故不著簡誤。

明·倪朱謨《本草彙言》卷九　肥皂莢　味辛，氣溫，無毒。　李氏曰：肥皂莢，生大山中。其樹高大，葉如檀及皂莢葉。五六月開白花，結莢長三四寸，狀如雲實之莢而肥厚多肉，內有核數顆，大如指頭，不圓正，其色黑如漆而甚堅，中有白仁如栗，煨熟可食。其核亦可種。十月采莢，煮熟搗爛，和白麪及諸香作丸，澡身面擦之，去垢膩。《相感志》云：肥皂莢，泡水能死金魚。又辟馬蟻，此物性然耳。

肥皂莢：宋人言能滑腸去垢，消積止痢之藥也。王寧宇稿其形與皂莢同類而肉皮肥厚，故曰肥皂莢也。觀其澡浣身面，擦去油膩穢垢不潔之物，則知其滑而去滯，能消積止痢之意明然矣。但質性滑利，而氣臭焦腐，聞之令人作嘔，雖炒製得宜，終不免于損胃。如胃弱少食、不食之疾，宜忌用之。

陳六奇先生曰：治人不得已，慮禍輕生，卒飲鹽滷。速宰活羊，以熱血灌之。羊血下咽，滷盡收入血內。即以肥皂莢去核并弦皮，搗爛，以溫湯調灌，少頃即吐，滷味并隨羊血盡出，不損腸胃。

集方：《乾坤生意》治下痢噤口。用肥皂莢一枚，以鹽實其內，燒存性，去鹽爲末，以少許入白米粥內，食之即效。○《衛生家寶》方治風虛牙腫，或因腎虛，或因凉藥擦牙，致腫并痛者。用獨核肥皂莢，以青鹽實之，鹽泥封固，火燒存性，共鹽研末，輕擦齒間。○《摘玄方》治大人小兒，頭耳諸瘡，并眉瘡癢癬，或燕窩等瘡。用肥皂莢一個去核，生明礬一錢，內入鹽泥固封，火煅存性，共礬研末，香油調搽。〇《普濟方》治辣梨頭瘡。用獨核肥皂莢去核，填入沙糖令滿，紮定，鹽泥封固，火燒存性，去泥加輕粉、樟腦各二錢，研末。先以灰湯洗頭，拭乾，以香油調藥搽之，不過二三次愈。〇治便毒初起。以肥皂莢去核，搗成膏，敷之即消。〇《攝生方》治玉莖濕癢。用肥皂莢火燒存性，研細末，香油調搽。〇楊天水方治綿花瘡毒不收。用肥皂莢連核，火燒存性爲末，每服二錢，侵晨白湯調服。

明·蔣儀《藥鏡》卷一温部　肥皂核　蕩腸胃之垢膩，則瘰癧瘡毒除根。滌積久之穢污，則腸風血痢削本。獨核肥皂，配藥與巴豆煅同。蠟梨對瘡，湯洗以油調抹好。

清·汪昂《本草備要》卷三　肥皂莢瀉熱毒。　辛溫。除風濕，去垢膩。故澡身盥面用之。　療無名腫毒有奇功。不拘奇瘍惡毒，用生肥皂去子、弦及筋，搗爛，釅醋和敷，立愈。不效再敷，奇驗。此方方書未載，若貧人僻地，倉卒無藥者，用之甚便，故特著之。《集成》云：生肥皂火煅存性，生油、膩粉調敷諸惡瘡。

清·张璐《本經逢原》卷三　肥皂莢　辛，溫，有毒。去皮弦子，取淨肉用之。　發明：肥皂滌除頑痰垢膩，不減二皂，凝病勝金丹用之，亦取涌發不使砒性留於腸胃之意。其子亦治大腸風秘，須去硬殼及黃膜，但取其仁炒研用之，庶不致有傷腎氣耳。

清·張志聰、高世栻《本草崇原》卷中　肥皂莢附　氣味辛溫，微毒。主治去風濕，下痢便血，瘡癬腫毒。《本草綱目》附。　肥皂莢種類與皂莢相同，以其厚而多肉，故名肥皂莢，內有黑子數顆，大如指頭而不甚圓，色如黑漆而甚堅，中有白仁如栗，煨熟可食，外科用之消腫毒、瘰癧。《相感志》云：肥皂莢水能死金魚，辟螞蟻，麩見之則不就。　近時瘍醫用肥皂肉，搗罯無名腫毒。用核仁，治鼠瘻疽痔。方上游醫，用為吐藥，治癥瘕痞積。內科用者，蓋鮮焉。

清·王道純《本草品彙精要續集》卷一〇　肥皂莢微毒　主去風濕，下痢，便血，瘡癬，腫毒《本草綱目》。　【地】李時珍曰：肥皂莢，生高山中。【質】其樹高大，葉如檀及皂莢葉，五六月開白花，結莢長三四寸，狀如雲實之莢而肥厚，多肉，內有黑子數顆，大如指頭，不正圓。其色如漆而甚堅，中有白仁如栗，煨熟可食，亦可種之。十月採莢煮熟，搗爛和白麵及諸香作丸，澡身面去垢而膩潤勝於皂莢也。《相感志》言：肥皂莢水死金魚，辟馬螘，麩見之則不就，亦物性然耳。【味】辛。【性】溫。【治】腸風下血，獨子肥皂，燒存性爲末，糊丸，每服一錢，米飲下。〇便毒初起，肥皂搗爛傅之，甚效。玉莖濕癢，肥皂一個，燒存性，香油調搽即愈。【合治】下痢噤口，肥皂莢一枚，以鹽實其內，燒存性爲末，以少許入白米粥內，食之即效。〇風虛牙腫，老人腎虛，或因涼藥擦牙致痛，用獨子肥皂以青鹽實之，燒存性，研末摻之，或入生樟腦三四錢。〇頭耳諸瘡，眉癬、燕窩瘡，並用肥皂煅存性一錢，枯礬一分，研勻，香油調塗之。〇小兒頭瘡，因傷湯水成膿，出水不止，用肥皂燒存性，入膩粉、麻油調搽。〇臈梨頭瘡，不拘大人小兒，用獨核肥皂，去核填入沙糖，入巴豆二粒，札定鹽泥，包煅存性，入檳榔、輕粉五七分，研勻，香油調搽，先以灰汁洗過，溫水再洗，拭乾，乃搽一宿見效，不須再洗。〇癬瘡不愈，以川槿皮煎湯，用肥皂去核及肉膜浸湯，時時搽之，甚效。

清·吴儀洛《本草從新》卷三　肥皂莢〔瀉熱毒。〕　辛，溫，微去毒。除風，去垢膩。澡身盥面多用之。　療無名腫毒有奇功。不拘奇瘡惡毒，用生肥皂去子、弦及筋，搗爛，醋和敷立愈，不愈再敷奇驗。此方方書未載，若貧人僻地、倉卒無藥和之甚便。

清·嚴潔等《得配本草》卷七　肥皂莢核　柏實為之使。畏人參、苦參、空青。惡麥門冬。伏丹砂、粉霜、硫黃、硇砂。　辛，溫。入足厥陰經。除風濕，破堅癥，通關節，療腫毒。　得萊菔子，治一切痰氣。　去筋膜。酥炙，燒炭，酒炒絞汁，依方法製。　核　甘，溫，腥。除風熱，治瘰癧。　得枳殼，治裏急後重。得槐實，治腸風下血。　煮熟，去皮用。

題清·徐大椿《藥性切用》卷五　肥皂莢　一名皂角。辛鹹性溫，入肺大腸而兼入肝經。搜風泄熱，通竅湧痰，為卒中通關利竅耑藥。　蜜炙，絞汁，燒灰，並皆可用。　虛人孕婦並忌。

清·黃宮繡《本草求真》卷三　肥皂莢除風濕，去腸胃垢膩。　肥皂莢耑入腸胃。生於六陽之盛，成於秋金之月，氣味平溫，有毒，不減皂莢、皂刺之性。凡因腸胃素有垢膩，穢惡發於外，則為瘰癧惡瘡，腫毒泄於下，則為腸風下痢膿血，俱可用此以除。以其力能滌垢除膩，潔臟淨府故也。是以凝病勝金丹用此湧發，不使砒性留於腸胃，瘰癧用此去核，和藥為丸，以追其毒。治瘰癧，用肥皂去核，入斑猫在內，紮緊蒸，去斑猫，加入貝母、天花粉、玄參、甘草、牛蒡子、連翹為丸，白湯下，以腹痛為效。且能澡身洗面，及療無名癰腫。《集成》云：惡瘡用生肥皂，火煅存性，用油膩粉調敷奇瘍惡毒，用生肥皂去子弦及筋，搗爛，釅醋和敷，立效。其子亦治大腸風秘及頭面黴瘡，有效。黴瘡，用核同猪胰子、金銀花、皂角刺、芭蕉根、雪裏紅、五加皮、土茯苓、皂莢子、白殭蠶、木瓜、蟬蜕、白鮮皮。又臘梨頭瘡，用皂去核填入沙糖，並巴豆二枚，紮定，鹽泥固煅存性，再入檳榔、輕粉六七分，研勻，香油調搽。先以湯洗淨，拭乾乃搽，一宿見效。但其仁須炒研為用，庶於腎氣不傷。

清・羅國綱《羅氏會約醫鏡》卷一七竹木部　肥皂味辛，氣溫。　除風濕，去垢膩。澡身妙。療一切無名腫毒，有奇功。凡腫毒用生肥皂，去子弦，搗爛，以釅醋和敷，不愈再敷，奇驗。若倉卒無藥者，取用甚便。

清・張德裕《本草正義》卷下　肥皂　辛，溫。除風濕，去垢膩。可罨療無名腫毒。

清・趙其光《本草求原》卷八喬木部　肥皂莢　辛，溫，有毒。滌頑痰垢膩，不減二皂。勝金丹治癡病用之。亦取湧發，不使砒毒留於腸胃耳。治無名腫毒甚效。醋搗敷之。或生的以火煅存性，生油、膩粉調敷。去皮弦，子膜用。

莢子：　亦治大腸風秘，去殼及黃膜，取仁炒研用。又吐頑痰。

清・文晟《新編六書》卷六《藥性摘錄》　肥皂　除風濕，去腸胃垢膩，治腸風下痢膿血。並搗敷無名腫毒。〇子，治大腸風秘。須炒研用。

馬魚兒條

明・朱橚《救荒本草》卷下之前　馬魚兒條　俗名山皂角。生荒野中，葉似初生刺蘼花葉而小，枝梗色紅，有刺似棘針，微小。葉味甘，微酸。　救飢：　採葉煠熟，水浸淘淨，油鹽調食。

水流豆

清・何諫《生草藥性備要》卷上　水流豆　性大寒，有微毒。最涼疥癩。乏血虛人勿用。燒灰亦可擦癬。

櫚木

宋・唐慎微《證類本草》卷一三木部中品〔唐・陳藏器《本草拾遺》〕　櫚木　味辛，溫，無毒。主破血，血塊，冷嗽，並煮汁及熱服。出安南及南海。人作床几，似紫檀而色赤，爲枕令人頭痛，爲熱故也。

〔宋・唐慎微《證類本草》〕《海藥》：　謹按《廣志》云：　生安南及南海山谷。胡人用爲床坐，性堅好。　主産後惡露衝心，癥瘕結氣，赤白漏下，並剉煎服之。

明・王文潔《太乙仙製本草藥性大全》卷三《本草精義》　櫚木　舊本俱不具文。　生安南及南海山谷。其木似紫檀而色赤。安南及南海人用作牀，凡坐卧性至堅好，用爲枕令人頭痛，因性熱故也。採收並剉，煎汁服之。

明・王文潔《太乙仙製本草藥性大全》卷三《仙製藥性》　櫚木　味辛，氣溫，無毒。　主治：　主破血血塊秘方，止欬嗽冷嗽妙劑。療産後血氣惡露衝心，破癥瘕結氣，赤白漏下。

明・李時珍《本草綱目》卷三五木部・喬木類　櫚木《拾遺》

【集解】藏器曰：　出安南及南海。用作床几，似紫檀而色赤，性堅好。時珍曰：　木性堅，紫紅色。亦有花紋者，謂之花櫚木，可作器皿、扇骨諸物。俗作花梨，誤矣。

【氣味】辛，溫，無毒。【主治】産後惡露衝心，癥瘕結氣，赤白漏下，並剉煎服李珣。破血塊，冷嗽，煮汁熱服。爲枕令人頭痛，性熱故也藏器。

清・吴其濬《植物名實圖考》卷三五　櫚木　《本草拾遺》始著錄。俗呼花黎木。《南城縣志》：　東西鄉間有之，不宜為枕，令人頭痛。

蘇方木

晉・嵇含《南方草木狀》卷中木類　蘇枋　樹類槐花，黑子。出九真。南人以染絳，漬以大庾之水，則色愈深。

宋・唐慎微《證類本草》卷一四木部下品〔唐・蘇敬《唐本草》〕　蘇方木　味甘，鹹，平，無毒。主破血。産後血脹悶欲死者，水煮，苦酒煮五兩，取濃汁服之效。

〔唐・蘇敬《唐本草》〕注云：　此人用染色者。出南海、崑崙來，交州、愛州亦有。樹似菴羅，葉若榆葉而無澁，抽條長丈許，花黃，子生青熟黑。

〔宋・馬志《開寶本草》〕按：　陳藏器《本草》云：　蘇方，寒。主霍亂嘔逆，及人常嘔吐，用水煎服之。破血當以酒煮爲良。《唐本》先附。

〔宋・掌禹錫《嘉祐本草》〕按：　日華子云：　治婦人血氣心腹痛，月候不調及蓐勞，排膿止痛，消癰腫，撲損瘀血，女人失音血噤，赤白痢并後分急痛。

〔宋・唐慎微《證類本草》〕雷公云：　凡使，去上麁皮并節了。若有中心文横如紫角者，號曰木中尊色，其效倍常百等。須細剉了重擣，拌細條梅枝蒸，從巳至申出，陰乾用。《肘後方》：　治血運。蘇方三兩細剉，水五升，煮取二升，分再服，差。若無蘇方，取緋衣煮汁服亦得。《海藥》云：　謹按徐表《南海記》生海畔。葉似絳，木若女楨。味平，無毒。主虛勞血癖氣壅滯，産後惡露不安怯起，衝心腹中攪痛，及經絡不通，男女中風，口噤不語。宜此法，細研乳頭香，細末方寸匕，酒煎蘇方，去滓，調服，立吐惡物差。

金・張元素《潔古珍珠囊》〔見元・杜思敬《濟生拔粹》卷五〕　蘇木甘鹹

陽中之陰。破死血及血脹欲死。

宋・劉明之《圖經本草藥性總論》卷下　蘇方木　味甘鹹，平，無毒。主破血，產後血脹悶欲死者。陳藏器云：寒。主霍亂嘔逆，及常嘔吐，用水煎服。破血，用酒煎為良。日華子云：治婦人血氣心腹痛，月水不調，及蓐勞，排膿止痛，消癰腫，撲損瘀血，女人失音血禁，赤白痢，并後分急痛。《海藥》云：主虛勞，血癖氣壅滯，產後惡露不安，怯起衝心腹內攪痛，經絡不通，男女中風口噤不語，宜此法細研，乳頭香細末方寸匕，酒煎蘇木，去滓，調服，吐惡物，差。生南海。

宋・陳衍《寶慶本草折衷》卷一四　蘇方木　一名蘇木，一名蘇方。○趙汝適云：一名窊木。○窊，烏瓜切。生南海海畔，及崑崙，來交、愛州。

味甘，鹹，平，寒，無毒。○主破血，產後血脹悶，苦酒煮汁服。○陳藏器云：主霍亂嘔逆及常嘔吐，用水煎服。○日華子云：治婦人血氣心腹痛，月候不調及蓐勞，排膿止痛，消癰腫撲損瘀血，女人失音血噤，赤白痢急痛。○雷公云：若有中心文橫如紫角者，號曰木中尊色，其效倍常。○《南海記》云：主血癖氣壅滯，經絡不通，中風口噤。細研乳香方寸匕，酒煎蘇木，去滓調服。吐惡物，差。

續說云：《密齋方》記有產婦患喘，投喘藥不效，乃惡血衝肺所致，煎蘇木湯，調人參末貳錢，服之即愈。

元・王好古《湯液本草》卷五　蘇木　氣平，味甘、鹹。甘而酸、辛，性平。甘勝於酸辛，陽中之陰，無毒。《本草》云：主破血，產後血脹悶欲死者。排膿止痛，消癰腫瘀血，婦人月水不調及血暈口噤。《心》云：性平，甘勝於酸辛。去風，與防風同用。《珍》云：破死血。

元・尚從善《本草元命苞》卷七　蘇方木　味甘、鹹，性平，無毒。專破惡血，主產婦血脹悶絕欲死。消惡瘡癰腫，止痛排膿。治月經不通，療中風口噤，破撲損瘀血，止赤白痢疾。理虛勞血氣壅滯，調產後惡露不安。出南海、崑崙、交州、愛州。樹似菴羅，葉如榆葉，抽條約長丈許，花黃，子青熟黑。血運，剉，水煎濃服一升。惡露同乳香，酒調半兩。

元・朱震亨《本草衍義補遺・新增補》　蘇木　味辛、甘、鹹，乃陽中之陰。主破血，產後血脹滿欲死。排膿止痛，消癰腫瘀血，月經不調及血運口噤極效。

元・佚名氏《珍珠囊・諸品藥性主治指掌》〔見《醫要集覽》〕　蘇木　味甘、鹹，平，性寒，無毒。可升可降，陰也。其用有二：破瘡瘍死血，非此無功；除產後敗血，有此立驗。

元・徐彥純《本草發揮》卷三　蘇木　潔古云：性涼，味甘、酸而微辛。陽中之陰。發散表裏風氣，破死血。東垣云：味甘而酸辛，性平。甘勝於酸辛。去風與防風同。

明・王綸《本草集要》卷四　蘇方木　味甘鹹酸，氣平，陽中之陰。無毒。主破血排膿，止痛，消癰腫，撲損瘀血，治婦人血氣心腹痛，月候不調，血噤血暈，產後血脹悶欲死者，酒煮五兩，取濃汁服之效。

明・滕弘《神農本經會通》卷二　蘇方木　即蘇木。凡使，去上粗皮并節。一云寒。

味甘、鹹，氣平，無毒。《湯》云：氣平，味甘、鹹，甘而酸辛，性平，甘勝於酸辛，陽中之陰也。東云：可升可降，陰也。破瘡瘍死血，非此無功。除產後敗血，有此立驗。珍云：破除死血，發散表裏風。《衷》云：可升可降，逐產停敗血，行瘍瘡死血，散血，滋生新血。

《本經》云：主破血，產後血脹悶欲死者，水煑苦酒，煑五兩，取濃汁服之効。陳藏器云：蘇方，寒。主霍亂嘔逆，及人常嘔吐，用水煎服之。破血，可用酒煑為良。日華子云：治婦人血氣心腹痛，月水不調及蓐勞，排膿止痛，消癰腫，撲損瘀血，女人失音，血噤赤白痢，并後分急痛。《心》云：性平，甘勝於酸辛。去風，與防風同用。珍云：破死血，及血暈口噤。丹溪云：味辛、甘、鹹，乃陽中之陰。主破血，產後血脹滿欲死，排膿止痛，消癰腫瘀血，月經不調，及血暈口噤，極効。劍云：蘇木甘鹹升可降，產停敗血逐能行。瘡瘍死血用之散，散處還滋新血生。《局》云：蘇木本功能破血，更除撲損更消癰。血迷產後悶欲死，苦酒濃煎有大功。蘇方木，專調產後血迷。

明・劉文泰《本草品彙精要》卷二〇　蘇方木無毒　植生。

蘇方木：主破血，產後血脹悶欲死者，水煮苦酒，煮五兩，取濃汁，服之效。名醫所錄。　【苗】《唐本》注云：樹似菴羅，葉若榆葉而無澀，抽條長丈許，花黃，子生青熟黑。葉亦似絳木，若女楨也。雷公云：有中心文橫，如紫角者，號曰木中尊色，其效倍常百等。　【地】《唐本》注云：出海南崑崙及交州、愛州。【時】生：春生葉。採：無時。【用】木。【色】赤。【味】甘，鹹。【性】平，緩。【氣】氣薄味厚，陽中之陰。【臭】香。【主】破畜血，消癰腫。【製】《雷公》云：凡使，去粗皮並節，細剉重擣，拌細條梅枝蒸，從巳至申，取出，陰乾用，或酒浸用。【治】療：陳藏器云：治霍亂，嘔吐。日華子云：治婦人血氣，心腹痛，月候不調，及蓐勞，排膿，止痛，消癰腫，撲損瘀血，女人失音血噤，赤白痢，後分急痛。《別錄》云：治血暈。【合治】合酒煮服，破血。○合酒煎調乳香末服，治血癖，氣壅滯，產後惡露衝心，腹中攪痛及經絡不通。

明・葉文齡《醫學統旨》卷八　蘇木　氣平，味甘、鹹、酸。無毒。陽中之陰。治婦人血氣心腹痛，月候不調或經閉血噤血暈，產後血脹悶欲死者；撲損瘀血，酒煮五兩，取濃汁服効。破血排膿止痛，消癰腫，去風散氣。

明・許希周《藥性粗評》卷三　蘇木產血傷之望。蘇方木，即染絳蘇木也。出廣南番國。味甘、鹹、微辛，性平、微寒，無毒。入手少陰心、足厥陰肝經。主治中風口噤，癰腫，霍亂嘔逆，產後血傷血暈，破死血，通月經。潔古云：發散表裏風氣。東垣云：辛去風與防風同。

單方：血暈：凡被撲損，并諸血證暈悶者，蘇木三兩，剉，水五升，煮取二升，分再服。若產後血暈，以醋煎調服。中風：凡男女中風，口噤不語者，以乳頭香方寸匕，研細，又以蘇木煎水調服，立吐惡物，差。

明・鄭寧《藥性要略大全》卷五　蘇木　治瘡瘍，破死血，除產後敗血脹悶欲死者。伊訓云：止痛排膿，女人血暈口噤。七潭云：極治打跌，內傷瘀血。調女人月水，消癰腫瘀血。味鹹，平，性寒，無毒。可升可降，陰也。遇撲打傷損，瘀血積中疼痛者，炒黑色，酒淬服之。

明・賀岳《醫經大旨》卷一《本草要略》　蘇木　能破瘡瘍死血，除產後惡血及一切跌撲損傷，金瘡，用以去瘀血，和新血之劑，皆不可無。又月水不調者當用之。

明・陳嘉謨《本草蒙筌》卷四　蘇方木　味甘、鹹，氣平。可升可降，陽中之陰。無毒。多生海外，堪用染紅。入藥惟取中心，煎酒專行積血。女科資通月水，產後敗血立除。外科仗散腫癰，跌撲死血即逐。同防風散表裏風氣，調乳香治口噤風邪。

明・方穀《本草纂要》卷四　蘇木　味甘、鹹、酸，氣平，陽中之陰，無毒。破血之藥也。主婦人血氣不和，心腹攻痛，或產後血暈而惡露搶心，或月候不調而經水失斷，或瘡毒排膿而疼痛不止，或撲損瘀血而積滯腫脹，是皆血閉之症，非蘇木不能破血以調治也。大抵此藥乃血中損劑，雖爲破血之類，非若紅花破血而和血也，非若歸鬚破血而養血也，非若赤芍破血而生血也，非若蒲黃破血而凉血也，非若没藥破血而止血也。故凡用此，必須血實之症與之，苟或妄用不察，必有破而不覆之患矣。

明・王文潔《太乙仙製本草藥性大全》卷三《本草精義》　蘇方木　俗名蘇木。自南海、崑崙來，交州、愛州亦有。樹似菴蘿，葉若榆葉而無齒，抽條長丈許，開花黃色，結實，生青熟黑。又《南洲記》云，生海畔，葉似絳，木若女貞。味平，無毒。

明・王文潔《太乙仙製本草藥性大全》卷三《仙製藥性》　蘇方木　味甘、鹹，氣平，可升可降，陽中之陰，無毒。主治：入藥惟取中心，煎酒專行積血。女科資通月水，產後敗血立除。外科仗散腫癰，跌撲死血即逐。同防風散表裏風氣，調乳香治口噤風邪。補註：治血暈，蘇方三兩，細剉，水五升，煮取二升，分再服差。若無蘇方，取緋衣煮汁服亦得。○霍亂嘔逆及常嘔吐，用水煎服大效。○虛勞血癖，氣壅滯，產後惡露不安，怯起衝心腹攪痛，及經絡不通，男女中風，口噤不語。宜細研乳頭香細末方寸匕，酒煎去滓，調服立吐惡物，差。太乙曰：凡使去上麄皮并節了。若有中心文橫如紫角者，號曰木中尊，其効倍常百等。須細剉了重擣，拌細條梅樹枝蒸，從巳至申出，陰乾用。

明・皇甫嵩《本草發明》卷四　蘇木下品，佐使。氣平，味甘、鹹，兼酸、辛，甘勝于酸、辛。可升可降，陽中之陰也。無毒。發明曰：蘇方木，行血散滯之用，故主破積血。產後血脹悶欲死者，水煮，苦酒煮五兩，取濃汁服之效。又主女人月信不通及血暈口噤，散癰腫瘀血，排膿止痛，跌撲死血。凡女人行血藥中，俱宜酒煎。同防風散表裏風氣，調乳香治口噤風邪。

明・李時珍《本草綱目》卷三五木部・喬木類　蘇方木《唐本草》

【釋名】蘇木時珍曰：海島有蘇方國，其地產此木，故名。今人省呼爲蘇木爾。

【集解】恭曰：蘇方木自南海、崑崙來，而交州、愛州亦有之。樹似菴羅，葉若榆葉而無澀，抽條長丈許，花黃，子青熟黑。其木，人用染絳色。珣曰：按徐表《南州記》云：生海畔。葉似絳，木若女貞。時珍曰：按嵇含《南方草木狀》云：蘇方樹類槐，黃花黑子，出九真。

煎汁忌鐵器，則色黯。其木蠹之糞名曰紫納，亦可用。暹羅國人賤用如薪。

【修治】斅曰：凡使去上粗皮并節。若得中心文横如紫角者，號曰木中尊，其力倍常百等。須細剉重擣，拌細梅樹枝蒸之，從巳至申，陰乾用。

【氣味】甘、鹹，平，無毒。杲曰：甘、鹹，凉。可升可降，陽中陰也。好古曰：味甘而微酸辛，其性平。【主治】破血。產後血脹悶欲死者，水煮五兩，取濃汁服《唐本》。婦人血氣心腹痛，月候不調及蓐勞，排膿止痛，消癰腫撲損瘀血，女人失音血噤，赤白痢，并後分急痛大明。虛勞血癖氣壅滯，產後惡露不安，心腹攪痛，及經絡不通，男女中風，口噤不語。並宜細研乳頭香末方寸匕，以酒煎蘇方木，調服。立吐惡物瘥《海藥》。霍亂嘔逆，及人常嘔吐，用水煎服藏器。破瘡瘍死血，產後敗血李杲。

【發明】元素曰：蘇木性凉，味微辛。發散表裏風氣，宜與防風同用。又能破死血，產後血腫脹滿欲死者宜之。時珍曰：蘇方木乃三陰經血分藥。少用則和血，多用則破血。

【附方】舊一，新五。

產後血運：蘇方木三兩，水五升，煎取二升，分服。〔《肘後方》〕。

產後氣喘：面黑欲死，乃血入肺也。用蘇木二兩，水兩椀，煮一椀，入人參末一兩服。隨時加減，神效不可言。《胡氏方》。

破傷風病：蘇方木爲散三錢，酒服立效。名獨聖散。《普濟方》。

脚氣腫痛：蘇方木、鷺鷥藤等分，細剉，入淀粉少許，水二斗，煎一斗五升，先熏後洗。《普濟方》。

偏墜腫痛：蘇方木二兩，好酒一壺煮熟，頻飲立好。《集簡方》。

金瘡接指：凡指斷及刀斧傷。用真蘇木末敷之，外以蠶繭包縛完固，數日如故。《攝生方》。

題明・薛己《本草約言》卷二《藥性本草》 蘇木 味甘、鹹、酸，氣平，無毒。陽中之陰，可升可降。破瘡瘍死血，非此無功。除產後敗血，有此立驗。〇不但此，及一切跌撲損傷金瘡，用以去瘀血，和新血，皆不可無。又月水不調者用之。入藥惟取中心煎酒，專行積血。同防風，散表裏風氣。調乳香，治口噤風邪。〇《發明》云：蘇木行血散滯之用，故主破積血。產後血脹悶欲死者，水煮苦酒五兩，取濃汁服。

明・梅得春《藥性會元》卷中 蘇方木 味甘、鹹，平，性寒。可升可降，陰也。無毒。 主破瘡瘍死血，除產後敗血，非此不能效。調產後血暈，口噤昏迷，血攻脹滿欲死者，酒煎伍兩服，效。又治跌打損傷，排膿止痛，消癰腫，破瘀血，調月經，去風散氣，其中心泥功倍常。

明・杜文燮《藥鑒》卷二 蘇木 氣寒，味甘、鹹，無毒。可升可降，陰也。諸血家之要藥也。與川芎同用，則散頭目之血熱。與紅花同用，則治產後之血瘀。與皂莢刺同用，則逐癰腫之血死。與四物湯同用，則滋骨蒸之血枯。要之熱去則血凉，瘀除則血新，死逐則血活，枯滋則血潤。

明・李中立《本草原始》卷四 蘇方木 樹似菴羅，葉如榆葉而無澁，抽條長丈許，花黄。子生青、熟黑。海島有蘇方國，其地產此木，故名蘇方木。今人省呼為蘇木耳。 蘇方木：氣味：甘、鹹，平，無毒。主治：破血，產後血脹悶欲死者，水煮五兩，取濃汁服。婦人血氣心腹痛，月候不調及蓐勞，排膿止痛，消癰腫，撲損瘀血，女人失音血噤，赤白痢，并後分急痛。〇霍亂嘔逆，及人常嘔吐，水煎服之效。〇破瘡瘍死血，產後敗血。

《唐本草》。俗呼蘇木。【圖略】北人用染色者。 謹按：徐表《南海記》：生海畔，葉似絳木，若女貞。味平無毒。主虛勞血癖，氣壅滯，產後惡露不安，心腹攪痛，及經絡不通，男女中風，口噤不語，並宜細研乳頭香末方寸匕，以酒煎蘇方木，去滓調服，立吐惡物，差。

明・張懋辰《本草便》卷二 蘇木 味甘、鹹、酸，氣平，陽中之陰，無毒。主破血，排膿止痛，消脾腫，撲損瘀血。治婦人血氣，心腹痛，月候不調，血噤血暈，產後血脹悶欲死者，酒煮五兩，取濃汁服之效。

明・李中梓《藥性解》卷五 蘇木 味甘、鹹，性平，無毒，入肝經。主破產後惡血，瘡瘍死血，一切跌撲損傷，調月水，去瘀血，和新血，排膿止痛，消癰散腫，及主霍亂嘔逆，赤白痢下，酒蒸乾用。 按：蘇木耑主血分，宜入肝經。然破血之功多，而和血之功少，勿得多用，以傷陰分。

明・繆希雍《本草經疏》卷一四 蘇方木 味甘、鹹，平，無毒。主破血。產後血脹悶欲死者，水煮、若酒煮五兩，取濃汁服之效。

【疏】蘇方木稟水土之氣以生，故其味甘鹹，氣平，無毒。好古加辛。降多於升，陽中陰也。入足厥陰，兼入手少陰、足陽明經。凡積血，與夫產後血脹悶欲死，無非心肝二經為病。此藥鹹主入血，辛能走散，敗濁瘀積之血行，則二經清寧，而諸證自愈。日華子主婦人血氣心腹痛，月候不調，及蓐勞，排膿止痛，消癰腫，撲損瘀血，女人失音血噤。《海藥》主虛勞，血癖，氣壅滯，產後惡露不盡，心腹攪痛及經絡不通。悉取其入血行血，辛鹹消散，亦兼有軟堅潤下之功，故能袪一切凝滯留結之血，婦人產後，尤為所須耳。

【主治參互】同澤蘭、川芎、麥門冬、生地黄、蒲黄、人參、童便、益母草、牛膝、黑豆、荊芥穗，治產後血暈，有神。　同山查、延胡索、牡丹皮、澤蘭、當歸、五靈脂、赤芍藥、紅花，治產後兒枕作痛。加入乳香、沒藥，治產後血癖不消，因寒而得者，加炒黑乾薑、桂各少許。　同延胡索、牡丹皮、牛膝、當歸、地黃、芍藥、續斷，治婦人月候不調。煎濃汁，加入乳香、沒藥、血竭、自然銅、䗪蟲、麻皮灰、黃荊子等末，量病輕重，調服四五錢，治跌撲損傷如神。　胡氏方產後氣喘，面黑欲死，乃血入肺也，用蘇木二兩，水二碗，煮一碗，入人參末五錢服。隨時加減，神效不可言。名參蘇飲。　【簡誤】產後惡露已盡，由血虛腹痛者，不宜用。

明·倪朱謨《本草彙言》卷九　蘇方木　味甘、鹹，氣平，無毒。可升可降，陽中陰也。入足厥陰，兼入手少陰、足陽明經。

蘇氏曰：蘇方木，自南海崑崙來，今交州、愛州亦有之。樹似青槐，材似赤降，中心有橫紋，似紫角者，名木中尊，功力倍常有效。夏月作花，黃色，結子生青熟黑。取木銼細，搗爛，水煎汁，加白礬些須，用染紅色，名木紅。如見鐵器，則色暗不鮮，見天雨水，則色淡白不紅。暹羅國人賤棄如薪。

蘇方木：活瘀血，日華子逐死血之藥也。韋心庵稿大氏方主婦人血氣阻滯，心腹攪痛；或惡露不行，上攻欲嘔；或月水不調，適來適斷；或血風內壅，口噤不言。凡產後血閉不通，血脹血暈，悶絕欲死，水煮五兩，服之立安。故《唐本草》著之詳矣。又跌撲內損，瘀血痛脹，或癰毒釀膿，疼痛不止，凡屬形傷血敗之證，故《海上方》必資其爲首務焉。但入血分，行瘀逐滯，每稱捷藥，實爲血中損劑，善行而不能止者也。如產後惡露已盡，諸痛由血虛者，不宜加用。

集方：劉氏《產寶》治婦人血氣阻滯，心腹攪痛，惡露不行，上攻欲嘔。用蘇方木五錢搗細，當歸、川芎、白朮、乾薑、玄胡索、五靈脂、木香、香附、烏藥俱酒炒，桃仁研，乳香、沒藥各一錢，益母草三錢。水煎服。〇治婦人月水不調，適來適斷，寒熱腹脹，惡心煩悶。用蘇方木五錢搗細，柴胡、牡丹皮、續斷、半夏、當歸、川芎、厚朴、丹參、黃芩、白芷、三稜、陳皮、香附、澤蘭，俱酒炒。水煎服。〇治血風口噤，不能言語。用蘇方木五錢搗細，防風、玉竹各三錢，當歸、川芎、秦艽各一錢五分。水煎服。〇治產後血暈血脹。用蘇方木三兩搗細，水五升，煎取二升。徐徐服。〇治產後氣喘，面黑欲死，乃血入肺也。用蘇方木二兩搗細，桃仁研、防風各一兩，人參五錢，水三碗，煎一碗。徐徐服。〇《普濟方》治破傷風，牙關緊閉，身體反張。用蘇方木爲極細末。每服三錢，酒調服。〇《集簡方》治偏墜疝氣腫痛。用蘇方木二兩，搗細。好酒一壺，蒸減小半。頻頻飲。〇《攝生方》治金瘡指斷折及刀斧傷。用蘇方木爲極細末，敷之。外用羊絨條包縛完固，數日復舊。

明·顧逢柏《分部本草妙用》卷七兼經部·性平　蘇木　甘，鹹，平，無毒。主治：破血催經，產後血脹悶，惡露不安，排膿，去瘀血。中風不語，研乳頭香末，以酒煎蘇木調服，立吐惡物，瘥。　蘇木性涼味辛，發散表裏風氣，與防風同用，能破血調經水，敗產後血之要藥。

明·李中梓《醫宗必讀·本草徵要下》　蘇木味甘，鹹，平，無毒。入心、肝、脾三經。　宣表裏之風邪，除新舊之瘀血。蘇木理血，與紅花同功，少用和血，多用即破血也。其治風者，所謂治風先治血，血行風自滅也。

明·鄭二陽《仁壽堂藥鏡》卷二　蘇木　雷公云：出南海交州。凡使去粗皮并節。若中心文橫如紫角者，號曰木中尊色，其效倍常百等。　氣平，味甘、鹹。甘而酸辛，性平。甘勝於酸辛，陽中之陰也。無毒。《本草》云：主破血，產後血脹悶欲死者。排膿止痛，消癰腫瘀血，婦人月水不調及血暈口噤。《心》云：性平，甘勝於酸辛。去風，與防風同用。《珍》云：破死血。

明·蔣儀《藥鏡》卷三平部　蘇木　活血于內傷發熱，調血于經沮作疼。破產後欲死之血奔，散損撲難行之血聚。皂刺並用，則驅癰腫之血死。四物並用，則滋骨蒸之血枯。同川芎以疎血熱，而頭目清涼。同紅花以行血瘀，而真陰復長。

明·張景岳《景岳全書》卷四九《本草正》　蘇木　味微甘、微辛，性溫，平。可升可降，乃三陰經血分藥也。少用則和血活血，多用則行血破血。主婦人月經不調，心腹作痛，血癖氣壅。凡產後血瘀，脹悶勢危者，宜用五兩，水煮濃汁服之。亦消癰腫死血，排膿止痛，及打撲瘀血可敷。若治破傷風，宜為末酒服，立效。

明·賈九如《藥品化義》卷二血藥　蘇木　屬陽中有陰，體重實，色赭黃，煎汁紅，氣和，味（濃），煎熱，甘（重）（中）帶微鹹，冷則又苦云酸辛皆非。性涼，能降，力破瘀，性氣薄而味濃，入肝胃大腸三經。　蘇木味甘能潤腸胃，味濃能直降下，帶鹹而能軟堅，有苦而能去垢，以此和血逐瘀，善通下部積熱，女人經閉，産後血脹，發暈跌撲凝血。同紅花、桃仁、元胡索、五靈脂，皆血滯所宜。然蘇木煎濃紅色，與血相合，及紅花二品，用破蓄瘀，功力尤效。嚼則無味。煎熱，嘗之味甘帶鹹。待冷復嘗，但苦而已。藥味之難辨如此。

明・盧之頤《本草乘雅半偈》帙九　蘇方木《唐本草》　氣味：甘、鹹，平，無毒。　主治：主破血。産後血脹，悶絶欲死者，水煮五兩，取濃汁服。

覈曰：出南海、崑崙。樹似青槐，材似赤降，中心有横紋似紫角者，號木中尊，功力倍常百倍也。修事：去粗皮，并節，剉極細，梅枝搗爛，同拌蒸之，從巳至申，陰乾用，用染絳色，見鐵器，則色黯不鮮。

先人云：蘇有踈暢義，方有不動義，具厥陰風木之才，非分崩離坼之比。

条曰：死而更生曰穌，賦形有常曰方，東方之行曰木。木以色勝，當判入肝，肝之心藥，肝之血分氣藥也。肝主色，自入為青，入心為赤，肝藏血，心藏血脈之氣也。故主血中諸眚悶絶欲死者，功能屠絶鬼氣，穌醒人魂，一名屠穌者以此。震蘇蘇震行無眚，方其義也，義以方外直方，大不習無不利。

明・李中梓《本草通玄》卷下　蘇木　甘、辛，微酸，三陰經血分藥也。發散表裏風邪，疏通稽留惡血，風與血皆肝所主，大都入肝居多。少用則和血，多用則破血。

清・顧元交《本草彙箋》卷五　蘇方木　俗呼蘇木。海島有蘇方國，其地産此。乃三陰經血分之藥，破血之功多，和血之功少。若産後惡露已盡，繇於血虚腹痛者，勿亂服之。

清・穆石匏《本草洞詮》卷一一　蘇木　此木産蘇方國，故名。今人用染絳色。氣味甘鹹微酸辛平，無毒。入三陰經血分。主破血，産後血脹悶欲死者，濃煮汁服，排膿止痛，消癰腫，撲損瘀血。少用則和血，多用則破血。發散表裏風氣，宜與防風同用。

清・劉雲密《本草述》卷二三　蘇方木時珍曰：海島有蘇方國，其地産此木，故名。今人省呼為蘇木爾。

氣味：甘、鹹，平，無毒。　東垣曰：甘、鹹，涼，可升可降，陽中陰也。

海藏曰：味甘而微酸辛，其性平。久嘗，其味多甘而微鹹，潔古、海藏俱云微辛，諒其辨味必精也。

諸本草主治：産後敗血脹悶，或血暈口噤，由於惡露不下，及血氣心腹攪痛，月候不調，瘵虚勞，血澼氣壅滯，男女中風口噤不語，治人常常嘔吐者，恐胃上有瘀血也。破瘡瘍死血，消癰腫，撲損瘀血。　方書主治：脹滿喘中風鬱咳，嗽血下血，畜血腹痛，脇痛，腰痛，痛痹，自汗，耳證。　潔古曰：蘇木性涼，味微辛，發散表裏風氣。産後血暈口噤，屬去血多而虚者，忌之。即此義，並可以推求虚勞血癖，氣壅滯者，用之何以得宜也。　宜與防風同用，又能破死血，産後血腫，脹滿欲死者，宜之。　時珍曰：蘇木乃三陰經血分藥，少用則和血，多用則破血。　希雍曰：蘇木稟水土之氣以生，故其味甘鹹，氣平，無毒。好古加辛，降多於升，陽中陰也，入足厥陰，兼入手少陰、足陽明經。其主治悉取其入血行血，辛鹹消散，兼有軟堅潤下之功。故能祛一切凝滯留結之血，婦人産後尤為所須。

同澤蘭、川芎、麥門冬、生地黄、蒲黄、人參、童便、益母草、牛膝、黑豆、荊芥穗，治産後血暈有效。　同山查、延胡索、牡丹皮、澤蘭、當歸、五靈脂、赤芍藥、紅花，治産後兒枕作痛，加入乳香、没藥，治産後血澼不消。因寒而得者，加炒黑乾薑，桂各少許。　同延胡索、牡丹皮、牛膝、當歸、地黄、芍藥、續斷，治婦人月候不調。煎濃汁，加入乳香、没藥、血竭、自然銅、䗪蟲、麻布灰、黄荆子等末，量病輕重，調服四五錢，治跌撲損傷如神。

附方　産後氣喘，面黑欲死，乃血入肺也。用蘇木二兩，水二碗，煮一碗，入人參末五錢服，隨時加減，其效神，名參蘇飲。

愚按：蘇木之味，甘多而兼有鹹，又有微辛。夫鹹走血，甘入統血之脾。然其質木也，其色赤也，是心之生血，肝之藏血，脾之統血者，莫不具矣。又辛味藉肺金之氣以達血之行，故於血分之用最專。時珍曰少用則和血，是也。所謂多用則破血者，亦非確論。蓋因虚而血為之不暢者，宜以補氣血對待之，如此味即少投亦為害不小。如血氣實而凝，又敗血死血，豈以多能僨事，少則奏功乎哉？直當言欲和血則少用，欲破血則多用可也。至謂散風，即屬血中之風，如血暈口噤之證。蓋肝藏血，而屬風木。觀表裏二字，則其義可思。

希雍曰：産後惡露已盡，由血虚腹痛者，不宜用。

修治　去皮節，細剉，和梅枝蒸半日，陰乾用。

清・郭章宜《本草匯》卷一六　蘇木　甘、辛、酸、鹹，可升可降，陽中陰也，入手少陰、足太陰、厥陰經。入藥惟取中心，煎酒專行積血。女科資通月水，產後敗血立除。外科仗散腫癰，跌撲死血即逐。同防風散表裏風氣，調乳香治口噤風邪。

按：蘇木，乃三陰經血分藥也。辛鹹消散，兼有軟堅潤下之功，故能祛一切凝滯留結之血。與防風同用，能散表裏風氣。少用和血，多用破血。產後血虛腹痛者，不宜用。

產海島。取中心文橫如紫角者，細剉，拌梅枝蒸之，陰乾用。

清·蔣居祉《本草擇要綱目·寒性藥品》 蘇木 氣味：甘、鹹，平，無毒。可升可降，陰中陽也。主治：破血，產後血脹，消癰腫撲損瘀血，心腹攪痛及經絡不通，乃三陰經血分藥也。少用則和血，多用則破血。

清·王翃《握靈本草》卷八 蘇木凡使去粗皮并節，取中心文橫如紫角者用。

主治：蘇木，甘、鹹，平，無毒。主破血。

清·汪昂《本草備要》卷三 蘇木瀉，行血，解表。甘、鹹、辛，涼。入三陰血分。行血去瘀，發散表裏風氣。宜與防風同用。治產後血暈，《肘後方》煮汁服。海藏方加乳香，酒服。脹滿欲死，血痛血瘕，經閉氣壅，癰腫撲傷，排膿止痛。多破血，少和血。出蘇方國，交、愛亦有。忌鐵。

清·顧靖遠《顧氏醫鏡》卷八 蘇木辛、甘、鹹，平。入心肝脾三經。少用和血，多服行瘀。孕婦忌之。

清·李熙和《醫經允中》卷二〇 蘇木 入心、脾、肝三經。甘、鹹，平，無毒。主治破血催經，逐跌撲死血，產後血暈，惡露不盡。多用傷陰。

清·馮兆張《馮氏錦囊秘錄·雜症痘疹藥性主治合參》卷四 蘇方木稟水土之氣以生，故味甘、辛，氣平，微寒，無毒。入手厥陰少陰、足陽明經。為散瘀血之藥。

蘇方木，專行積血，產後敗血，跌撲損血。散癰腫，排膿止痛，通月水，活血消瘀。同防風散表裏風氣，調乳香治口噤風。產後氣喘面黑欲死，乃血入肺也，用此參蘇飲服之，神效。蘇木二兩，水二碗，煎一碗，入人參末五錢服。

主治痘疹合參：主痘中跌撲，血瘀作痛，宜暫用以活血，須剉碎，酒浸，煮濃汁入藥。

按：蘇木理血，與紅花同，少用和血，多用破血也。其治風者，所謂治風先治血，血行風自滅。然必兼以滋補血藥，方可見功。

清·张璐《本經逢原》卷三 蘇方木 甘，鹹，平，無毒。發明：蘇木陽中之陰，降多升少，肝經血分藥也。性能破血，產後血腫脹悶欲死者，苦酒煮濃汁服之。本虛不可攻者，用二味參蘇飲補中寓瀉之法，凜然可宗。但能開泄大便，臨證宜審。若因惱怒氣阻經閉者，宜加用之，少用則和血，多用則破血。如產後惡露已淨，而血虛腹痛大便不實者，禁用。

清·浦士貞《夕庵讀本草快編》卷五 蘇方木《唐本草》 海島有蘇方國產此木，故名。蘇木甘鹹而微辛，涼而無毒，可升可降，陽中之陰，足三陰血分藥也。故發散表裏風氣，宜與防風共煎；通經絡，治風噤，宜與乳香同服。又能破死血，止赤痢，產後血脹欲死者，並皆宜之。少則和，多則破也。

清·劉漢基《藥性通考》卷六 蘇木 味甘、鹹、辛，涼，入三陰血分。行血去瘀，發散表裏風氣，宜與防風同用。治產後血暈，脹滿欲死，血痛血瘕，經閉氣壅，癰腫撲傷，排膿止痛。多破血，少和血。出蘇方國。忌鐵。

清·姚球《本草經解要》卷三 蘇方木 氣平，味甘、鹹，無毒。主破血，產後血脹悶欲死者，水煮五兩，取濃汁服。蘇木氣平，稟天秋降之金氣，入手太陰肺經。味甘鹹，無毒，得地中北土水之味，入足太陰脾經、足少陰腎經。氣味降多於升，陰也。味甘入脾，脾統血；味鹹走血，所以破血也。產後血脹悶，煮汁五兩服，破血之功也。製方：蘇木同澤蘭、生地、人參、小便、益母、牛膝、黑豆，治產後血暈。同人參名參蘇飲，治產後氣喘，面黑欲死。

清·黃元御《玉楸藥解》卷二 蘇木 味辛、鹹，氣平。入足厥陰肝經。調經行血，破瘀止痛。蘇木善行瘀血，凡胎產癥瘕，瘡瘍跌撲，一切瘀血皆效。

清·吳儀洛《本草從新》卷三 蘇木〔瀉，行血祛風。〕甘，鹹，辛，平。入三陰血分。行血去瘀，宣表裏之風。元素曰：宜與防風同用。但此之治風，即治風先治血，血行風自滅之義，不宜與防風同用也。治產後血運，脹滿欲死，《肘後》〔葛洪《肘後百一方》。〕煮汁服，《海藥方》加乳香酒服，此皆產後敗血上衝實證也。若挾虛氣喘，面黑欲死，乃敗血乘虛入肺也；用蘇木二兩，水二碗，煮一碗，入人參末一兩服，隨時加減，神效不可言。若產後去血多，氣隨血去，脈微神倦，口鼻氣冷，胸腹無滯而運者，宜單用大劑獨參湯以固其脫。血痛血瘀，經閉氣壅，癰腫撲傷。排膿止痛。無瘀滯者忌之。出蘇方國，故又名蘇方木。交、愛亦有。忌鐵。

清·汪紱《醫林纂要探源》卷三 蘇方木 甘，鹹，辛，寒。狀不可知。補心散瘀，心，用血者也。散瘀血，即所以補心。除血分妄作之風熱。治產後血暈及血母痛，通經，去瘕，療癰疽毒，排膿止痛，及撲打損傷，多用破血，少用和血。

清・嚴潔等《得配本草》卷七 蘇方木一名蘇木。甘、辛、鹹。入足三陰經血分。達下焦，泄大便，破死血，散癰腫，排膿止痛。得人參，療產後氣喘。配乳香，治血風口噤。使防風，發表裏風氣。剉碎，酒煮濃汁入藥，治跌撲血瘀作痛。少用和血，多用破血。血虛內痛，勿得亂投。

題清・徐大椿《藥性切用》卷五 蘇木 一名蘇方木。甘鹹辛平，入三陰血分。行血去瘀，宣通表裏風邪。忌鐵。無瘀勿用。

清・黃宮繡《本草求真》卷八 蘇木涼血破瘀。蘇木專入心胃。甘鹹辛涼，功用有類紅花，少用則能和血，多用則能破血，但紅花性微溫和，此則性微寒涼也。故凡病因表裏風起，而致血滯不行。暨產後血暈脹滿以死，及血痛血瘕，經閉氣壅癰腫，跌撲損傷等症，皆宜相症合以他藥調治。如疎風則與防風同用，行血則與乳香同用海藥方。但性平疎泄，產後惡露已盡，大便不實者，均應禁用。出蘇方交愛交州、愛州。忌銕。

清・羅國綱《羅氏會約醫鏡》卷一七竹木部 蘇木味甘、辛、鹹，微溫，入心、肝、脾三經。忌鉄。三陰血分藥也。少用則和血清血。多用則行血破血。性同紅花。治婦人月經不調，將行而止，或腹脹而痛，產後瘀血脹悶勢危者。宜多用，煮汁服之，或加乳香末，酒引。療癰腫、血瘕、撲傷，排膿止痛。活血之功。若治破傷風，宜為末酒服，立效。散表裏風邪，同防風用，血足風自滅也。解口噤風迷。同乳香用。

按：此去瘀生新之藥，若無瘀血及血虛體弱者，勿用。

清・趙學敏《本草綱目拾遺》卷六木部 天成沙 生蘇木中，劈破取之，但難得，須囑染坊陸續收存，不拘多少入藥用。

治卒心痛，《救生苦海》以天成沙溫酒和服，治心痛，神效。

清・黃凱鈞《藥籠小品》 蘇木 辛，平，出蘇方國，入三陰血分，行血去瘀，同防風治血滯生風，產後瘀血上攻，排膿止血，無瘀者忌。

清・王龍《本草纂要稿・木部》 蘇方木 氣味甘鹹而平。通月水，產後敗血立除。散癰腫，跌撲死血即逐。同防風散表裏風氣，調乳香治口噤風邪。

清・張德裕《本草正義》卷上 蕪木 微甘，性溫。三陰經血分藥。少用和血活血，多用行血破血，產後有血瘀脹閉者，急宜服之。

清・楊時泰《本草述鉤元》卷二三 蘇方木 蘇方國產此木，今人省呼為蘇木。

味甘、鹹、微辛，性平。降多於升，陽中陰也。入足厥陰，兼入手少陰足陽明經。主治產後敗血脹悶，或血暈、口噤，由於惡露不下，如由去血多而虛者仍忌。及血氣心腹攪痛，月候不調，療虛勞血澼，氣壅滯，並男女中風口噤不語，治人常常嘔吐者，恐胃有瘀血也。破瘡瘍死血，消癰腫撲損瘀血。方書治喘鬱嗽血，下血畜血，脇痛腰痛，痛痺，自汗，耳證。發散表裏風氣，宜與防風同用。又能破死血，產後血腫脹滿欲死者宜之潔古。稟水土之氣以生，其主治悉由入血行血，辛鹹消散，兼有軟堅潤下之功仲淳。同澤蘭、川芎、麥冬、生地、蒲黃、人參、童便、益母草、牛膝、黑豆、荊芥穗，治產後血暈有效。同山查、延胡、丹皮、澤蘭、當歸、五靈脂、赤芍、紅花，治產後兒枕作痛。加乳香、沒藥，治產後血澼不消，因寒而得者，加炒黑乾薑、桂各少許。同延胡、丹皮、當歸、牛膝、地黃、芍藥、續斷，治婦人月候不調。煎濃汁，加入乳香、沒藥、血竭、自然銅、䗪蟲、麻布灰、黃荊子等末，量病輕重，調服四五錢，治跌撲損傷如神。產後氣喘，面黑欲死，乃血入肺也，用蘇木二兩，水二碗，煮一碗，入人參末五錢，隨時加減，名參蘇飲，神效。

論：蘇木之味，甘多而兼鹹，又有微辛，夫鹹走血，甘入脾，然其質木也，其色赤也，是心之生血，肝之藏血，脾之統血者，莫不具矣。又辛味藉肺金之氣以達血之行，故於血分之用最專。大約欲和血，則少用，欲破血，則多用可也。至謂其散風，乃屬血中之風，如血暈、口噤證，觀於表裏二字，義固可思。

修事：去皮節，細剉，和梅枝蒸半日，陰乾用。

清・葉桂《本草再新》卷四 蘇木味甘、鹹，性平，無毒。入脾、腎二經。行血去瘀，宣表裏之風邪。以其能行能散故也。治產後之血暈，調經止痛，排膿消癰。

清・吴其濬《植物名實圖考》卷三五 蘇方木 《唐本草》始著錄。廣西亦有之。染絳用極廣。亦為行血要藥。

雩婁農曰：蘇方木，元江州有之。《南方草木狀》謂葉如槐，出九真。則昔時所用，皆滇產矣。顧滇山路嶇水險不可舟，致遠費貲。近時率皆來自海舶，逾嶺而順流達江南北。滇產不出境，培蒔者亦少。其葉極細，枝亦柔，微類槐耳。諺云：能行十日舟，不行一日陸。明時由滇至川，航金沙江中，後塞，屢議疏鑿，無成功。其有一二程可通舟檝者，伏秋江漲，亦絕行旅。故滇產與滇所資，其價皆十倍。民呰窳偷生，無商賈之利，山木入市，跬步皆艱，況其他哉？

清・趙其光《本草求原》卷八喬木部　蘇木　色赤，入生血之心。甘，入統血之脾。鹹，潤下走血。辛平。行達血之肺氣。入三陰血分，去瘀血，治一切腰腹脇痛痹痛，脹滿嘔吐之由於敗血者。胃有瘀，則常嘔。療產後血腫，血暈，煮汁服，或加乳香酒服。若去血過多，虛暈虛痛則忌之。產後氣喘，面黑欲死。敗血入肺也，煮汁，調人參末，隨時加減服。虛勞血澼，因虛而血不暢，致血澼氣壅，宜補氣血，少佐以和之。散表裏風氣，肝藏血而屬風木，凡血暈口噤、中風口噤，皆由病以致風，宜合防風以行血。經閉，及癰腫撲傷，排膿止痛。忌鐵。性能開泄，大便不實禁用。

清・文晟《新編六書》卷六《藥性摘錄》　蘇木　甘，鹹，辛，涼。入心、胃。涼血破瘀。○凡病因表裏風起，而致血滯不行，暨產後血暈，脹滿已死，及血痛血瘕，經閉氣壅，癰腫，跌撲損傷等症，皆宜相症合以他藥調治。○但產後惡露已盡，大便不實者，均禁用。○忌鐵。

清・張仁錫《藥性蒙求・木部》　蘇木五分、八分　蘇木甘辛，能行積血。產後瘀疼，兼醫傷折。甘，鹹，辛，平。入三陰血分。行血去瘀，宣表裏之風。治產後敗血上攻，兼治撲傷。無瘀滯者忌之。

清・戴葆元《本草綱目易知錄》卷四　蘇木　甘，鹹，微酸，辛，涼。入三陰血分而破血排膿，止痛，消癰腫，撲損瘀血。治霍亂嘔逆，產後血癖氣滯，破癰瘍死血，產後敗血，脹悶欲死，及惡露不安，心腹攪痛，經絡不通，及蓐勞。主婦人血氣心腹痛，月候不調，失音口噤，赤白下痢，後重急痛，療男女中風，口噤不語。酒煎調乳香少許，末，立吐惡物。但少用和血，多用則破血。

清・陳其瑞《本草撮要》卷二　蘇木　味甘鹹辛，平，入手足太陰、少陰、厥陰經，功專行血去瘀，宣表裏之風。得乳香酒服治產後敗血上沖，得人參治敗血乘虛入肺，挾虛氣喘垂危。若刀斧斷指，以末敷之，外以蠶繭縛好即接。虛甚無瘀滯者忌服。

烏木

明・李時珍《本草綱目》卷三五木部・喬木類　烏木《綱目》

【釋名】烏樠木樠音漫。烏文木時珍曰：木名文木，南人呼文如樠，故也。

【集解】時珍曰：烏木出海南、雲南、南番。葉似棕櫚。其木漆黑，體重堅緻，可爲筯及器物。有間道者，嫩木也。南人多以繫木染色僞之。《南方草物狀》云：文木樹高七八尺，其色正黑，如水牛角，作馬鞭，日南有之。《古今注》云：烏文木出波斯，舶上將來，烏文爛然。溫、括、婺等州亦出之。皆此物也。

【氣味】甘，鹹，平，無毒。　【主治】解毒，又主霍亂吐利，取屑研末，溫酒服時珍。

清・吳其濬《植物名實圖考》卷三五　烏木　《本草綱目》始著錄。主解毒霍亂吐利，屑研酒服。《博物要覽》：葉似棕櫚，僞者多是繫木染成。《滇海虞衡志》謂元江州產者是櫨木，真烏木當出海南。

海紅豆

宋・唐慎微《證類本草》卷一二木部上品〔前蜀・李珣《海藥本草》〕　海紅豆　謹按徐表《南州記》云：生南海。人家園圃中大樹而生，葉圓，有莢。微寒，有小毒。主人黑皮䵟䵳，花癬，頭面遊風。宜入面藥及澡豆，近右蜀中種亦成也。

明・王文潔《太乙仙製本草藥性大全》卷三《仙製藥性》　海紅豆　氣微寒，有小毒。生南海人家園圃中，大樹葉圓，有花莢而生。今蜀中種亦成。　主治：主人患黑皮䵟䵳并花癬，頭面遊風，堪爲澡豆，宜入面膏。

明・李時珍《本草綱目》卷三五木部・喬木類　海紅豆《海藥》

【釋名】　【集解】珣曰：按徐表《南州記》云：生南海人家園圃中。大樹而生，葉圓有莢。近時蜀中種之亦成。時珍曰：樹高二三丈，葉似梨葉而圓。按宋祁《益部方物圖》云：紅豆葉如冬青而圓澤，春開花白色，結莢枝間。其子累累如綴珠，若大紅豆而扁，皮紅肉白，以似得名，蜀人用爲果飣。

豆　【氣味】微寒，有小毒。　【主治】人黑皮䵟䵳花癬，頭面遊風。宜入面藥及澡豆李珣。

明・姚可成《食物本草》卷二〇木部・喬木類　海紅荳樹高二三丈，葉似梨葉而圓。按宋祁《益部方物圖》云：紅荳葉如冬青而圓澤，春開花白色，結莢枝間。其子累累如綴珠，若大紅荳而扁，皮紅肉白，以似得名，蜀人用為果飣。

海紅荳，味微寒，有小毒。治人黑皮䵟䵳，花癬，頭面游風，宜入面藥及澡〔荳〕。

清·吴其濬《植物名實圖考》卷三五　海紅豆　詳《益部方物記略》及《海藥本草》，為面藥。

清·劉善述、劉士季《草木便方》卷二木部　海紅豆　大紅扁豆辛微寒，頭面遊丹癎風痓。䵟䵶花癬面黑塗，痘瘡解毒元氣捐。

相思子

明·鄭寧《藥性要略大全》卷六　相思子　陳藏器云：性平，有小毒。通九竅，治心腹氣。令人香。

明·王文潔《太乙仙製本草藥性大全》卷三《仙製藥性》　相思子　氣平，有小毒。主治：通九竅，治心腹氣。令人香，止熱悶頭痛，風痰，殺腹臟及皮膚内一切蟲（文）。主蠱毒，取二七枚，末，服當吐出。生嶺南，樹高丈餘，子赤黑間者佳。

明·李時珍《本草綱目》卷三五木部·喬木類　相思子《綱目》

〔釋名〕紅豆時珍曰：按《古今詩話》云：相思子圓而紅。故老言：昔有人歿於邊，其妻思之，哭於樹下而卒，因以名之。此與韓憑冢上相思樹不同，彼乃連理梓木也。或云即海紅豆之類，未審的否？　〔集解〕時珍曰：相思子生嶺南。樹高丈餘，白色。其葉似槐，其花似皂莢，其莢似扁豆。其子大如小豆，半截紅色，半截黑色，彼人以嵌首飾。段公路《北户録》言有蔓生者，用子收龍腦香相宜，令香不耗也。

〔氣味〕苦，平，有小毒，吐人。　〔主治〕通九竅，去心腹邪氣，止熱悶頭痛，風痰瘴瘧，殺腹臟及皮膚内一切蟲，除蠱毒。取二七枚研服，即當吐出時珍。

〔附方〕新三。　瘴瘧寒熱：相思子十四枚，水研服，取吐立瘥。《千金方》。猫鬼野道：眼見猫鬼及耳有所聞。用相思子、蓖麻子、巴豆各一枚，朱砂末、蠟各四銖，合擣，丸如麻子大，服之。即以灰圍患人，面前着一斗灰火，吐藥入火中，沸即畫十字于火上，其猫鬼者死也。《千金方》。　解中蠱毒：《必效方》用未鑽相思子十四枚，杵碎爲末。温水半盞，和服。欲吐抑之勿吐，少頃當大吐。非常輕者，但服七枚，神效。《外臺秘要》。

明·穆世錫《食物輯要》卷二　雲南豆　味甘，性溫，有毒。煮食，味頗佳。多食，令人寒熱，手足心發麻，急嚼生薑解之。此從雲南傳種，地土不同，不識制用，食之作病。

清·郭章宜《本草匯》卷一六　相思子　苦，平，有毒。吐風痰瘴瘧，殺腹臟蠱毒。

按：相思子，大如小豆，半紅半黑。今誤為赤小豆。善吐人，宜辨。産嶺南，彼人以嵌首飾，用收龍腦香，不耗。

清·張璐《本經逢原》卷三　相思子　苦，平，小毒。發明：相思子味苦有毒，立能吐人。其粒半黑半紅，故以命名。能通九竅，去心腹邪氣，止熱悶頭痛，風痰瘴瘧，殺一切蟲毒、蠱毒，取三七枚研水服之，即當吐出。今人皆認此為赤小豆，以之配入六神麯中。鋪家以誤認而罔名，醫家亦不辨而混用。噫！醫之道可勝道哉。

清·王道純《本草品彙精要續集》卷一〇　相思子有小毒　相思子：主通九竅，去心腹邪氣，止熱悶頭痛，風痰瘴瘧，殺腹臟及皮膚内一切蟲，除蠱毒，取二七枚研服，即當吐出《本草綱目》。　〔名〕紅豆。李時珍曰：按《古今詩話》云：相思子，圓而紅，故老言昔有人沒于邊，其妻思之，哭於樹下而卒，因以名之。此與韓憑塚上相思樹不同，彼乃連理梓木也。或云即海紅豆之類，未審的否。〔地〕李時珍曰：相思子，生嶺南。〔質〕樹高丈餘，白色，其葉似槐。其花似皂莢，其莢似扁豆，其子大如小豆，彼人以嵌首飾。段公路《北户録》言：有蔓生用子，收龍腦香相宜，令香不耗也。〔色〕半截紅，半截黑。〔味〕苦。〔性〕平。〔治〕瘴瘧，寒熱，相思子十四枚，水研服，取吐，立瘥。〇解中蠱毒必效方，用未鑽相思子十四枚，杵碎爲末，溫水半盞和服，欲吐抑之勿吐，少頃，當大吐，非常輕者，但服七枚，神效。〔合治〕猫鬼野道，眼見猫鬼及耳有所聞，用相思子、蓖麻子、巴豆各一枚，朱砂末蠟各四銖，合搗丸如蓖麻子大服之，即以灰圍，患人面前着一斗灰火，吐藥入火中，沸即畫十字於火上，其貓鬼者死也。

清·吴其濬《植物名實圖考》卷三五　相思子　即紅豆，詩人多詠之。《本草綱目》始收入喬木類，為吐藥。今多以充赤小豆。

清·趙其光《本草求原》卷八喬木部　相思子半黑半紅，故名。　苦，平，小毒。通九竅，去心腹邪氣，熱悶心痛，風痰瘴瘧，殺一切蠱毒、蟲毒。取三七枚研水服即吐出，是湧吐之品。

清·戴葆元《本草綱目易知錄》卷四　相思子　苦，平，有小毒。主吐人，通九竅，去心腹邪氣，止熱悶頭痛，風痰瘴瘧，殺腹臟及皮膚内一切蟲，除蠱毒。取二七枚，研服，當即吐出。葆按：此豆半紅半黑，用此和龍腦收藏，其香不走不耗，今市中訛此作赤小豆。瘴瘧寒熱，取相思豆十四粒，研服，取吐愈。

荆

晋・嵇含《南方草木狀》卷中木類　荆　寧浦有三種，金荆可作枕，紫荆堪作牀，白荆堪作履。與他處牡荆、蔓荆全異。又彼境有牡荆，指病自愈，節不相當者，月暈時刻之與病人身齊等，置牀下，雖危困亦愈。

神黄豆

清・王遜《藥性纂要》卷三　神皇豆　出交趾、雲南。色黄，有莢，中圓而兩頭微尖，纍纍相連。去殼則仁如含豆之狀。

味苦，氣寒。專主稀痘。小兒未出痘者，遇春秋二分、冬夏二至逢節，將豆粒半，陰陽瓦焙熟，又將生豆粒半，同搗爛，白滚水調服之，出痘必稀。

清・王士禛《池北偶談》卷二一　神黄豆　神黄豆，産滇之南徼西南彝中，形如槐角，子視常豆稍巨，用筒瓦火焙，去其黑殼，碾作細末，白水下之，可永除小兒痘毒。服法：以每月初二日、十六日為期，半歲每服半粒，一歲每服一粒，一歲半每服一粒半，遞加至三歲，服三粒，則終身不出痘矣。或曰按二十四氣服之，以二十四粒為度。雲南趙玉峰中丞、王子玠刑部説。

清・朱純嘏《痘疹定論》卷三　神黄荳論　近有自雲南歸者，帶有神黄荳，彼云此荳得於苗猓之深山峻嶺，彼苗猓服之，終身不出痘，如遇出痘症不能長漿，以此荳二粒，一生一煨熟，研碎，用人乳三五匙、酒三五匙和服，立刻長漿。予在都門時試之不驗。

清・趙學敏《本草綱目拾遺》卷八諸穀部　神黄豆緬豆、回回豆、青花豆、真寧豆　《池北偶譚》：產滇之南徼西南夷中，形如槐角子，視常豆稍巨，用筒瓦火焙，去其黑殼，碾末，白水下之，可永除小兒痘毒。服法：以每月初二日、十六日為期，半歲每服半粒，一歲每服一粒，一歲半每服一粒半，遞至三歲服三粒，則終身不出矣。或曰，按二十四氣服之，以二十四粒為度。或云，水畢閉日服之。　《珍異藥品》云：　出雲南近西地方，痘將發未發時，用神黄豆連殼焙炒燥，用豆研細水服。《本經逢原》云：　神黄豆産緬甸，形如槐子，近時稀痘方用之，一陽日用清水磨服。《痘學真傳》云：　神黄豆出雲南，能稀痘，生、熟各一粒，甘草湯咀服。

甯陽張琰《種痘新書》云：　凡痘自胸以上，自臍以下俱有，而中間一截全無者，名兩頭痘，此氣血不能貫通上下，而腰臍之間為寒毒凝滯也，若不急治，七日之後，必變灰白之症矣。見點時，急用生芪、當歸、赤芍、桔梗、防風、荆芥、厚朴、續斷、白芷、山楂、木通、神黄豆三十粒，服此中間方有痘，乃可無虞。《南詔備考》：　普洱府及永昌府皆出。神黄豆能稀痘，青花豆可治瘡。有客帶滇産神黄豆來，其形如細竹筒，長可三四寸，摇之有聲，其中如竹節，片片相疊，剖出如棋子樣，白色包裹，中含一豆，黄色光亮，形如瓠子，中有線痕，堅實而扁，服之解痘毒。

按：　神黄豆有二種，《百草鏡》云：　出雲南普洱府，又四川亦産，莢如連翹略短，内有豆，微紅色。産雲南者，形如槐角子，比蠶豆略大，瓦上焙乾，去外黑殼用，二種形狀不同，係地土所産各别，然其稀痘解毒之性則一也。○《寶笈方》：　痘將出時，用神黄豆，按一歲一粒，剝去外殼并内皮，將瓦焙熟一半，留生一半，芫荽湯調服，毒重者稀，毒輕者更稀，十餘歲者，亦不過七粒。倘未出痘者，亦如法以水調服之，竟不出痘，宜三月三、五月五、七月七、九月九等日。

緬豆　《滇略》：　緬豆如豆，蔓生，子大如栗，斑文點點，咀之傳惡瘡良。然性迅惡，誤服之，吐瀉致死。《五雜俎》云：　滇中有神黄豆，似五倍子，能令兒童稀痘，然亦不甚驗也。

回回豆　《五雜俎》云：　出西域，狀如椿子，磨入麪中，極香，能解麪毒。

青花豆　《宦遊筆記》：　雲南永昌府有青花豆，出於外地，夷人帶來易貨者，治瘡。

真寧豆　出甘肅慶陽、真寧地，味甘平，能解諸藥毒。

清・陸以湉《冷廬醫話》卷五　藥品　神黄豆，諸家本草不載，惟見於葉大椿《痘學真傳》云：　神黄豆種出雲南，能稀痘，生熟各一，甘草湯咀服。然不若梁晉竹孝廉紹壬兩般《秋雨庵隨筆》所述為詳，云：　神黄豆産滇之南徼西彝中，形如槐角子，視常豆稍巨，用筩瓦火焙去黑殼，碾細末，白水下之，可除小兒痘毒，服法以每月初二、十六日為期，半歲服半粒，一歲一粒，遞加至三歲三粒，則終身不出矣。或曰按二十四氣服之，以二十四粒為度。

馬藤

清・吴其濬《植物名實圖考》卷三六　馬藤　生雲南山中。木本大葉，面綠背紫，紅脈交絡，直是秋海棠葉，非特似之。

猪腰子

明·劉文泰《本草品彙精要》卷一九 豬腰子無毒　蔓生。

豬腰子：　傳一切腫毒。今補。　〔苗〕謹按：　此種宿藤，圍可盈尺，嫩時色青，老則紫黑，上有裂紋，多於山溪澗旁，緣木石而上。每莖端著三葉，青色，斷之有紅汁出，漁人取以染網。三月開花，色紅紫，如刀豆花，至夏作莢，中有獨實者，或有二實者，色紫而有白絡，形如豬腎，故以名之。經霜後落莢坼自露，人亦啖之。　〔地〕生廣西西融縣。　〔時〕生：　五月、六月。採：　八月、九月。　〔收〕日乾。　〔用〕仁。　〔質〕類豬腎。　〔色〕皮紫肉黃白。　〔味〕酸，甘。　〔性〕平。　〔氣〕氣之薄者，陽中之陰。　〔臭〕香。　〔製〕去皮用。　〔治〕療：　咽喉疼痛，含之咽津。　〔合治〕合山茨菰、續隨子、大戟、文蛤、麝香、雄黃、朱砂作錠子，傅一切惡瘡，癰疽發背，疔腫，此方即加味神仙太乙金丹也。

明·李時珍《本草綱目》卷三五木部·喬木類　猪腰子《綱目》

〔集解〕時珍曰：　猪腰子生柳州。蔓生結莢，內子大若猪之內腎，狀酷似之，長三四寸，色紫而肉堅。彼人以充土宜，饋送中土。

〔氣味〕甘、微辛，無毒。　〔主治〕一切瘡毒及毒箭傷。研細，酒服一二錢，并塗之時珍。

清·蔣居祉《本草擇要綱目·平性藥品》　猪腰子　氣味：　甘、微辛，無毒。　主治：　一切瘡毒及毒箭傷，研細，酒服一二錢，并塗之。

清·吴其濬《植物名實圖考》卷二〇　猪腰子　《本草綱目》始著録。生柳州。蔓生，結莢色紫肉堅，長三四寸。主一切瘡毒。

無患子

宋·唐慎微《證類本草》卷一四木部下品〔宋·馬志《開寶本草》〕　無患子皮　有小毒。主澣垢，去面䵟，喉痹，研，內喉中，立開。又主飛尸。子中人，燒令香，辟惡氣，其子如漆珠。生山谷大樹。一名噤婁，一名桓今附。

〔宋·掌禹錫《嘉祐本草》〕按：　段成式《酉陽雜俎》云：　昔有神巫曰瑶毦，能符劾百鬼，擒鬼以無患木擊殺之。世人競取此木爲器，用却鬼，因曰無患。　日華子云：　無患子皮，平。

〔宋·唐慎微《證類本草》〕陳藏器云：　有小毒。主澣垢，去面皯，喉閉，飛尸，研，內喉中，立開。子中人，燒令香，辟邪惡氣。子黑如漆珠子。深山大樹，一名噤婁，一名桓、患字聲訛也。《博物志》云：　桓葉似柳，子核堅，正黑，可作香纓用，辟惡氣，浣垢。《古今注》云：　程稚問木曰：　無患何也？　答曰：　昔有神巫曰瑶毦，能符，劾百鬼，得鬼則以此木爲棒，棒殺之。世人相以爲器，用猒鬼，故曰無患也。《纂文》云：　無患名噤婁，實好去垢，今僧家貫之爲念珠，紅底爲也。《纂文》：　無患，木名也。實可以去垢，核黑如鑿。問櫨木，曰：　無患何也？　答曰：　昔有神巫曰無患，此木能作符劾百鬼，則以此木爲棒殺之。世人相傳，以此木爲衆鬼所惡，競取爲器，用以厭鬼，故號無患。

宋·寇宗奭《本草衍義》卷一五　無患子　今釋子取以爲念珠，出佛經。惟取紫紅色小者佳。今入藥絕少，西洛亦有之。

宋·鄭樵《通志》卷七六《昆蟲草木略》　無患子，曰噤婁，曰桓。其子勻圓如漆，今人貫為數珠。《古今注》云，程雅問木曰：　無患，何也？　答曰：　昔有神巫曰〔淫毦〕〔瑶毦〕，能符劾百鬼，得鬼則以此木為棒棒殺之。世人相傳以為器用壓鬼，故曰無患。

明·劉文泰《本草品彙精要》卷二〇　無患子皮有小毒　植生。

無患子皮：　主澣垢，去面䵟，喉痹，研內喉中，立開。又主飛屍。子中人燒令香，辟惡氣，其子如漆珠。名醫所録。　〔名〕噤婁，桓。　〔苗〕陳藏器云：　樹大，生深山，名桓。桓、患字聲訛也。《博物志》云：　葉似柳，子核堅正黑，可作香纓，用辟惡氣，浣垢。《古今注》云：　程稚問：　木曰無患，何也？　答曰：　昔有神巫曰瑶〔毦〕〔毦〕，能符〔刻〕〔劾〕百鬼，擒鬼則以此木爲棒殺之，世人相傳，以此木爲衆鬼所惡，競取爲器，用以厭鬼，故號無患。《衍義》曰：　無患子，今釋子取以爲念珠，出佛經，惟取紫紅色小者佳，今入藥絕少。　謹按：　舊本不載所出州土，博詢所自於廣東。監生戴志在京歷事備云：　無患子木，生廣州府山谷間及人家園圃中有之。木高四五丈，徑二三尺許，其皮黃白色，葉如柳葉而大，兩兩相對，初夏開黃白碎花，至秋結實，外皮如龍眼肉，生青熟紫，光亮如膠可愛，乾則文皺若棗核，亦似龍眼核而紫黑，核中仁如芡實。土人呼爲沒患子，盥手去垢尤勝皂角。據其所説，吻合本文，故併載之。　〔地〕陳藏器云：　生深山。《衍義》曰：　西洛亦有之。　〔時〕生：　春生葉。採：　無時。　〔收〕陰乾。　〔用〕皮、子。　〔色〕皮青，子黑。　〔性〕平。　〔氣〕氣之薄者，陽中之陰。　〔主〕喉痹，辟邪。

明·王文潔《太乙仙製本草藥性大全》卷三《本草精義》　無患子皮　一名噤婁，一名桓。生深山大樹，葉似柳，子核堅，正黑如漆，珠可作香纓用，辟惡氣浣垢。《古今注》云：程稚問木曰：無患何也？答曰：昔有神巫，曰瑤眊，能符劾百鬼，得鬼則以此木爲棒，棒殺之。世人相以爲器，用厭鬼，故曰無患也。《纂文》云：無患名噤婁，實好去垢。今僧家貫之爲念珠，取紫紅色小者佳。

明·王文潔《太乙仙製本草藥性大全》卷三《仙製藥性》 無患子皮　味微苦，氣平，有小毒。　主治：主澣垢，面皯即去。治喉痹，喉内立開。又主飛尸，亦能魘鬼。子，人燒令香，可辟惡氣。木，用以書符劾擒百鬼。

明·李時珍《本草綱目》卷三五木部·喬木類 無患子宋《開寶》

【釋名】桓《拾遺》　木患子《綱目》　噤婁《拾遺》　肥珠子《綱目》　油珠子《綱目》　菩提子《綱目》　鬼見愁藏器曰：桓、患字聲訛也。崔豹《古今注》云：昔有神巫曰瑤眊，能符劾百鬼。得鬼則以此木爲棒，棒殺之。世人相傳以此木爲器用，以厭鬼魅，故號曰無患。人又訛爲木患也。時珍曰：俗名爲鬼見愁。道家禳解方中用之，緣此義也。釋家取爲數珠，故謂之菩提子，與薏苡同名。纂文言其木名盧鬼木。山人呼爲肥珠子、油珠子，因其實如肥油而子圓如珠也。　【集解】藏器曰：無患子，高山大樹也。子黑如漆珠。《博物志》云：桓葉似櫸柳葉。核堅正黑如瑿，可作香纓及浣垢。宗奭曰：今釋子取爲念珠，以紫紅色、小者佳。入藥亦少。西洛亦有之。時珍曰：生高山中。樹甚高大，枝葉皆如椿，特其葉對生。五六月開白花。結實大如彈丸，狀如銀杏及苦楝子，生青熟黃，老則文皺。黃時肥如油煠之形，味辛氣脏且硬。其蒂下有二小子，相粘承之。實中一核，堅黑似肥皂莢之核，而正圓如珠。殼中有仁如榛子仁，亦辛脏，可炒食。十月采實，煮熟去核，搗和麥麪或豆麪作澡藥，去垢同於肥皂，用洗真珠甚妙。《山海經》云：秩周之山，其木多桓。郭璞注云：葉似柳，皮黃不錯。子似楝，着酒中飲之，辟惡氣，浣之去垢，核堅正黑。即此也。今武當山中所出鬼見愁，亦是樹莢之子，其形正如刀豆子而色褐，彼人亦以穿數珠。別是一物，非無患也。

子皮即核外肉也。　【氣味】微苦，平，有小毒。　【主治】瀚垢，去面皯。喉痹，研納喉中，立開。又主飛尸藏器。

【附方】新二。　洗頭去風：明目。用槵子皮、皂角、胡餅、菖蒲同搥碎，漿水調作彈子大。每用泡湯洗頭良。《多能鄙事》。　洗面去皯：槵子肉皮搗爛，入白麪和，丸大丸。每日用洗面，去垢及皯甚良。《集簡方》。

子中仁　【氣味】辛，平，無毒。　【主治】燒之，辟邪惡氣藏器。煨食，辟惡，去口臭時珍。

【附方】新一。　牙齒腫痛：肥珠子一兩，大黃、香附各一兩，青鹽半兩，泥固煆研。日用擦牙。《普濟方》。

明·倪朱謨《本草彙言》卷九 無患子　味苦、辛，氣平，有小毒。　李氏曰：無患子，生深山中。樹極高大，枝葉皆如椿，特其葉對生爲異。五六月開白花，結實大如彈丸，若川楝子，生青熟黃，老則文皺。實中核，黑如肥皂莢之核，正圓如珠；殼中有仁，如榛子仁，亦辛甘可炒食。十月采實，去核煮熟，搗和麥麵，作滌垢藥。澡洗身面，同于肥皂莢也。　寇氏曰：今釋子取核，貫眼穿作念珠。初用紫黑，用久則光黑如漆也。

無患子莢：即核外肉也。搗爛滾湯調稠糊，搽面皯雀斑。搗汁和白湯服，治喉痹，開咽竅。

無患子核：燒之辟邪惡氣，散瘟瘴，逐飛尸。俱出藏器陳氏方中。

明·姚可成《食物本草》卷二〇木部·喬木類 無患子一名菩提子，一名鬼見愁。生深山中，樹甚高大，枝葉皆如椿，但其葉對生。五六月開白花。結實大如彈丸，狀如銀杏及苦楝子，生青熟黃，老則文皺，黃時肥如油熯之形，味辛且硬。其蒂下有二小子，相粘承之。實中一核，堅黑似肥皂莢之核，而正圓如珠。殼中〔有〕仁如榛子仁，亦辛脏，可炒食。崔豹《古今注》云：昔有神巫曰瑤眊，能符劾百鬼，得鬼則以其木爲棒擊殺之。世人相傳以此木為器用，以厭鬼魅，道家禳解方中亦用之。又釋子取為念珠，故〔有〕無患、鬼愁、菩提諸名。今人以十月采實，煮熟去核，搗和麥麪或豆麪，作澡藥去垢，同於肥皂，用洗珍珠甚妙。《山海經》云：（袂）〔秩〕周之山，其木多桓，子著酒中飲之，辟惡氣。即此也。今武當山所出一種，亦名鬼見愁，乃是樹莢之子，其形正如刀豆子而色褐，又是一物，非無患也。

無患子中仁　味辛，平，無毒。煨食，辟惡，去口臭。燒之，辟邪惡氣。

核外肉　味微苦，平，有小毒。澣垢，去面皯。喉痹，研納喉中立開。又主飛尸。

清·张璐《本經逢原》卷三 無患子俗名鬼見愁　苦，平，無毒。　發明：無患子言其辟邪之功也。澣垢去面皯。喉痹研納喉中立開。又主飛尸，子中仁燒之，辟除惡邪，煨食辟惡氣，去口臭。

清·吳其濬《植物名實圖考》卷三五 無患子　《開寶本草》始著錄。南安多有之。《本草拾遺》《酉陽雜俎》所述詳明。

清·趙其光《本草求原》卷八喬木部 無患子即鬼見愁。　苦，平。治喉痹開痰，研吹喉。主飛尸。其殼浣垢，去面皯。核中仁燒之，辟惡邪；煨食，辟惡氣，去口臭，殺腹内蟲。浸酒，先煆過。止血、止痛。熬膏，拔毒生肌，祛風、消腫，去酒風。皮，洗疥癩疳瘡。葉，治小兒顛婆疚。殼，以鹽煆，治喉症。

清·劉善述、劉士季《草木便方》卷二木部 木菩提 鐵患木皮性平苦，研塗喉痹飛尺主。洗面魣瘢並滓垢，子燒辟邪牙痛楚。 菩提子。

木欒樹

明·朱橚《救荒本草》卷下之前 木欒樹 生密縣山谷中。樹高丈餘，葉似楝葉而寬大，稍薄，開淡黄花，結薄殼，中有子，大如豌豆，烏黑色，人多摘取，串作數珠。葉味淡甜。 救飢：採嫩芽葉煠熟，換水浸淘淨，油鹽調食。

菩提樹

清·吴其濬《植物名實圖考》卷三七 菩提樹 産粤東莞縣。只一株，樹身數圍，形狀如桑，葉蓊翳似蓋，色青。採葉用水浸數日，去青成紗，畫工取之繪佛像。《南越筆記》：菩提樹子可作念珠。《廣州志》云：訶林有菩提樹，梁智藥三藏攜種。樹大十餘圍，根株無數。《通志》謂葉似桑，寺僧採之，浸以寒泉，歷四旬浣去渣滓，惟餘細筋如絲，可作燈帷、笠帽。《瓊州志》又稱金剛子，産瓊州。圓如彈，堅實不朽，可為數珠。按菩提子，每顆面有大圈文如月，周羅細點如星，謂之星月菩提。又有木槵子，色較黑而質更堅結，亦可為念珠。大姚諸處，俗亦呼為菩提子。

欒華

宋·唐慎微《證類本草》卷一四木部下品〔《本經·別錄·藥對》〕 **欒華味苦，寒，無毒。主目痛淚出，傷眥，消目腫。**生漢中川谷。五月採。決明爲之使。

〔唐·蘇敬《唐本草》〕注云：此樹，葉似木槿而薄細，花黄似槐而小長大。子殼似酸漿，其中有實如熟豌豆，圓黑堅硬，堪爲數珠者，是也。五月、六月花可收，南人取合黄連作煎，療目赤爛，大效。花以染黄色，甚鮮好。

〔宋·蘇頌《本草圖經》〕曰：欒華，生漢中川谷，今南方及都下園圃中或有之。葉似木槿而薄細。花黄似槐而稍長大。子殼似酸漿，其中有實如熟豌豆，圓黑堅，堪爲數珠者。五月採。其花亦可染黄，南人取以合黄連作煎，療目赤爛，甚效。

宋·寇宗奭《本草衍義》卷一五 欒華 今長安山中亦有，其子即謂之木欒子，攜至京都爲數珠，未見其入藥。

宋·王繼先《紹興本草》卷一五 欒華 紹興校定：即木欒華也。性味、主治、出産已具於《本經》。諸方稀見為用，亦未聞驗據。當從《本經》味苦、寒、無毒為正。處處産之。

明·王綸《本草集要》卷四 欒華 味苦，氣寒，無毒。決明為之使。五月採花。

主目痛，淚出傷眥，消目腫。南人取以合黄連作煎，療目赤爛甚效。

明·劉文泰《本草品彙精要》卷二一 欒華無毒 植生。

欒華：主目痛，淚出，傷眥，消目腫。《神農本經》。 〔名〕子：木欒子。

〔苗〕《圖經》曰：葉似木槿而薄細，花黄，似槐而稍長大，子殼，似酸漿，其中有實如熟豌豆，圓黑堅硬，堪爲數珠者是也。其花亦可染黄色，甚鮮好。《衍義》曰：其子即謂之木欒子。攜至京都爲數珠，未見其入藥用也。

〔地〕《圖經》曰：生漢中川谷，今南方及都下園圃中或有之。《衍義》曰：長安山中亦有之。 〔時〕生：春生葉。採：五月、六月取花。 〔收〕陰乾。 〔用〕花。 〔質〕類槐花而稍長大。 〔色〕黄。 〔味〕苦。 〔性〕寒。 〔氣〕味厚于氣，陰也。 〔臭〕微香。 〔主〕目腫。 〔助〕決明爲之使。 〔製〕揀淨擣爲末用。 〔合治〕合黄連作煎，療目赤爛。

明·王文潔《太乙仙製本草藥性大全》卷三《本草精義》 欒華 生漢中川谷，今南方及都下園圃中或有之。葉似木槿而薄細，花黄似槐而稍長大，子殼似酸漿，其中有實如熟豌豆圓黑堅，堪爲數珠者。五月採花作染。

明·王文潔《太乙仙製本草藥性大全》卷三《仙製藥性》 欒華 味苦，氣寒，無毒。決明爲之使。 主治：主目痛淚出傷眦，消目腫。南人取以合黄連作煎，療目赤爛甚效。 按：《衍義》云：欒華今長安山中亦有，其子即謂之木欒子，携至京都爲數珠，未見其入藥。

明·李時珍《本草綱目》卷三五木部·喬木類 欒華《本經》下品

〔集解〕《别録》曰：欒華生漢中川谷。五月采。恭曰：此樹葉似木槿而薄細。花黄似槐而稍長大。子殼似酸漿，其中有實如熟豌豆，圓黑堅硬，堪爲數珠者，是也。五月、六月花可收，南人以染黄甚鮮明，又以療目赤爛。頌曰：今南方及汴中園圃間或有之。宗奭曰：長安山中亦有之。其子謂之木欒子，携至京都爲數珠，未見入藥。

華 〔氣味〕苦，寒，無毒。之才曰：決明爲之使。 〔主治〕目痛淚出傷眦，消目腫《本經》。合黄連作煎，療目赤爛蘇恭。

明·鮑山《野菜博録》卷三 欒華木 一名賽木槿。生山谷中。樹頗高大，樹葉俱似木槿樹葉，開花似槐花，黄色。味苦，性寒，無毒。 食法：採花、嫩葉煠熟，油鹽調食。

明・倪朱謨《本草彙言》卷九　欒華木花　味苦，氣寒，無毒。葉主治同。

《別録》曰：欒華，生漢中川谷。此樹葉似木槿而薄，花細黄，似槐而稍大，結子似酸漿，其殼中有仁，如熟豌豆，圓黑堅硬，堪爲數珠。五六月作花，可收以染黄色，甚鮮明。　蘇氏曰：今南方及汴、浙園圃間，或有植之。其用爲念珠，未見入藥。

欒華花：李時珍煎水可洗目熱赤爛，或腫痛淚出。

清・吴其濬《植物名實圖考》卷三七　欒華　《本經》下品。《救荒本草》木欒生密縣山谷中。樹高丈餘，葉似楝葉而寬大稍薄，開淡黄花，結薄殼，中有子如豌豆，烏黑色，人多摘取作數珠。葉味淡甜，採嫩芽煠熟，換水浸淘淨，油鹽調食。按山西亦多有之，俗訛作木蘭。《通志》：木蘭叢生谷岸，葉可染皂。晉人名黑葉子，春初採芽作茹，名木蘭芽。又《長治縣志》：梂即木蘭，考《集韻》梂，木名。可為笏。此木皮赭質白，自可作笏。而黑葉子則染肆用之如皂斗。《説文》：欒木似欄。《段氏注》：欄，今之楝字。欒之似楝，其説古矣，西昔為蘭，亦古韻也。

清・吴其濬《植物名實圖考》卷三三　欒華　《本經》下品。子可為念珠。《救荒本草》：木欒葉味淡甜，可煠食。

清・葉志詵《神農本草經贊》卷三　欒華　味苦，寒。主目痛，淚出傷眥，消目腫。生川谷。

作樹以欒，染人涗漚。榮槿青梃，喬槐黄覆。籠聚浮泡，丸圓傾豆。通利華精，重明矇瞀。

《廣韻》：作樹以欒。《周禮》：以涗水漚其絲。蘇恭曰：五月、六月收花，染黄色甚鮮明。葉似木槿，花黄似槐，殼似酸漿，實如豌豆，圓黑堅硬。《宋書・志》：雨水方降木槿榮。《爾雅》：槐棘醜喬。李時珍曰：酸漿，一名燈籠草，一名天泡草。《拾遺記》：背明國有傾離豆，葉垂覆地。《黄庭經》：通利華精調陰陽。華精，目精也。韓愈詩：淚目苦矇瞀。

藤黄

宋・唐慎微《證類本草》卷一二木部上品〔前蜀・李珣《海藥本草》〕　藤黄　謹按《廣志》云：出鄂、岳等州諸山崖。其樹名海藤。花有蘂，散落石上，彼人收之謂沙黄。就樹採者輕妙，謂之臈草。酸澁，有毒。主蚛牙蛀齒，點之便落。據今所呼銅黄，謬矣。蓋以銅藤語訛也。按此與石淚採無異也。畫家及丹竈家並時用之。

宋・陳衍《寶慶本草折衷》卷一二　藤黄　一名沙黄，一名臈草。出鄂岳等州諸山崖。花蕊散落石上，就木採者輕妙。○其木名海藤。

味酸、澀，有毒。○主蚛牙蛀齒，點之便落。

續説云：古方用藤黄合揩指散以揩癰上。夫齒聯齦而生，點之且去，故癰之内攻，可以揩傅而潰破，泄散其毒矣。

明・王文潔《太乙仙製本草藥性大全》卷三《本草精義》　藤黄　謹按《廣志》云：出鄂、岳等州諸山崖。其樹名海藤花，有蘂散落石上，彼人收之，謂沙黄。就樹採者輕妙，謂之臈黄，酸澁有毒。主蚛牙蛀齒，占之便落。據今所呼銅黄，謬矣！蓋以銅藤語訛也。按此與石淚採無異也。畫家及丹竈家並時用之。

明・王文潔《太乙仙製本草藥性大全》卷三《仙製藥性》　藤黄　味酸、澁，有毒。　主治：主蚛牙蛀齒，點之即落。

明・李時珍《本草綱目》卷一八草部・蔓草類　藤黄《海藥》。校正：自木部移入此。

〔釋名〕樹名海藤珣曰：按郭義恭《廣志》云：出岳、鄂等州諸山崖。樹名海藤。花有蘂，散落石上，彼人收之，謂之沙黄。就樹采者輕妙，謂之臈黄。今人訛爲銅黄，銅、藤音謬也。此與石淚采之無異。畫家及丹竈家時用之。時珍曰：今畫家所用藤黄，皆經煎煉成者，舐之麻人。按周達觀《真臘記》云：國有畫黄，乃樹脂，番人以刀斫樹枝滴下，次年收之。似與郭氏説微不同，不知即一物否也。

〔氣味〕酸、濇，有毒。〔主治〕蚛牙蛀齒，點之便落李珣。

明・倪朱謨《本草彙言》卷七　藤黄　味酸濇，有毒。莖名海藤。　郭氏云：藤黄，出岳、鄂等州諸山厓，係海藤花蕊散落山石上，彼人收之，謂之沙黄。就樹采者，輕妙，謂之臘黄。　李氏曰：今畫家漆匠所用藤黄，皆經煎煉成者，舐之麻舌。又按《真臘》云：國有藤黄，萬藤之脂。番人以刀斫藤枝，滴下地，數月後收之。似與郭氏説微不同，不知即一物否也。

藤黄：治蚛牙蛀齒，水調點之即落也李珣。

清・张璐《本經逢原》卷二　藤黄　酸，濇，有毒。　發明：藤黄性毒而能攻毒，故治蟲牙蛀齒，點之即落，毒能損骨傷腎可知。

清・王子接《得宜本草・上品藥》 藤黃 味酸，濇。烏羊血製，療折傷。

清・趙學敏《本草綱目拾遺》卷七藤部 藤黃 《綱目》主治條下，衹言點蛀牙自落，無他治也。張石頑云： 藤黃性毒而能攻毒，故治牙蟲蛀齒，點之即落，毒能損骨傷腎可知。 葉氏《得宜本草》云： 服藤黃藥忌喫烟。按三黃寶蠟丸、黎峒丸俱用藤黃，以其善解毒也。有中藤黃毒者，食海蜇即解。《百草鏡》： 藤黃出外洋及粵中，乃藤脂也，以形似筆管者良，大塊者名牛屎藤黃，不佳。入藥取色嫩純明者，用水蒸化，濾去渣，盛瓷器內，隔水煮之，水少時再添煮乾，以三炷香為度，以帛紮瓷器口埋土中，七日取出，如此七次，曬乾用。《粵志》： 廣中產黃藤熬汁，即藤黃也。性最寒，以青魚膽和之，治眼疾間有白者，葉如土茯苓，身小而長，外有籜包，以莖浸水洗目，並無腫痛。

性酸濇，有毒，治癰疽，止血化毒，斂金瘡，亦能殺蟲，治刀斧木石傷及湯火傷，竹木刺入肉，一切諸傷。

神效膏： 用真麻油一觔，藤黃八兩，白蠟八兩，先將油入銅鍋，次將藤黃搥碎熬透，以麻布濾去渣，加入白蠟，至滴水成珠為度，貯瓷罐。其膏夏老冬嫩為宜，敷之即能止疼止血，收口取效如神。 金不換 治跌打刀傷。蘇州周慎庵傳： 藤黃一兩研細末，麻油四兩，白蠟五錢，黃蠟一兩，將二蠟入麻油內銅杓熬化，取起，放地上，一人徐徐下藤黃末，一人不住手攪勻，以盡為度，即成膏。 敷於患處，用油紙攤貼綢帕縛好，一二日即愈。 治一切無名腫毒，風氣膏： 王站柱《不藥良方》： 藤黃四兩，白蠟八兩，小磨麻油十二兩，先將油煎熟，將成珠，入水不散，再加黃、白攪勻，瓷瓶收，面上仍以麻油養之，臨用攤貼。 《祝氏效方》一筆消： 用大黃二兩，藤黃一兩，明礬、蟾酥各五錢，麝香、乳香、沒藥各二錢，用蝸牛搗爛作錠，遇小癤毒未出癤頭，以此醋磨，新筆蘸藥圈外，愈圈愈小，圈毒消盡而止。 又一筆消方，治一切癰腫： 雄黃、膽礬、硼砂、藤黃、銅綠、皮消、草烏各一兩，麝香二錢為細末，和蟾酥為條，如筆管大，金箔為衣，用時以醋磨濃，新筆蘸藥，塗毒四圍，數次即愈。 消毒散： 治癰疽癤毒及初生多骨疽。 《良方彙選》： 大黃一兩，芙蓉葉曬乾為末，五倍子各一兩，麝香、冰片各三分，藤黃三錢，生礬三錢，共為末，米醋調成如厚糊，塗於多骨疽之四週，中留一頭如豆大，以醋用鵝翎不時埽之，若不埽，任圍則無益，一日夜即內消。 其餘癰癤，亦以此敷之，神效。 又方： 雄黃二兩，麝香三錢，藤黃一兩，人中白五錢，硃砂、白及、生白斂各二錢，蟾酥一兩，共研末，用廣膠三錢，烊化，和藥末為錠，遇毒將此藥磨醋水塗之。 消毒方： 治一切無名腫毒及對口發背。 《救生苦海》： 用滴花燒酒磨藤黃敷，不住手敷之，不至半日即消。○無回丹治一切疔癰腦疽。 眾妙方： 用鹼藤黃、雄黃、大黃各一兩，蟾酥、麝香各二錢，血竭、甲片炒各五錢，醋磨塗，立效。 移毒方： 《救生苦海》云： 如毒生在肢節穴道險要處，不成漏症，即為廢人，須用此藥，只塗半圈，即移過一邊。用白及、白蘞、三七、五倍子、大皂角、山茨菰、藤黃各等分，俱剉薄片，除藤黃，餘皆入砂鍋內水浸一日，煎汁傾出，入水再煎，如此數次，濾淨熬膏。以藤黃將水蒸烊加入，攪勻再熬，入盌曬乾，用時以雞蛋清磨出濃汁，新筆蘸塗。 又方： 藤黃、銀硃等分，醋和敷，趕毒至他處，出膿。 如用穀樹汁調，可搽癬，一二次即消。 《大提藥方》： 圍毒初起，凡對口發背惡疽，四五日即消。 《良方彙選》： 雄黃、藤黃、麝香各一錢，硃砂三分，蓖麻肉三錢，紅昇丹一錢五分，先將蓖麻研如泥，後和各藥研爛，用象牙匣封藏，外以虎皮包之，方不泄氣。 《種福堂》提藥方： 治諸毒不起，敷之立起，藤黃、雄黃各三錢，蟾酥、紅藥各二錢，冰片、麝香各一錢，蓖麻肉一兩，先將蓖麻肉去皮，打如魚凍水，入諸藥，打成膏，瓷罐收貯，勿令泄氣。 或云： 宜紅藥三錢，冰片、蟾酥勿用，止加麝香三分，辰砂一錢。 又黃提藥方： 鬱金、雄黃、藤黃各二錢，牛黃、蟾酥、硇砂、冰、麝各五分，巴豆肉八錢，蓖麻肉一兩，共搗爛瓷瓶貯，遇症放膏藥上少許貼之，治一切惡毒，未成可消，已成用之化腐，疔毒更妙。 諸毒圍藥： 《祝氏效方》： 南星炒四兩，五倍子炒黑，白及炒，各二兩，藤黃、薑黃炒各一兩，共為細末，醋調塗； 重者加牛黃一錢，鹿茸五錢。

又《種福堂方》： 無膿即消，有膿即潰，五倍子一兩，白芷六錢，藤黃、百草霜各三錢，生半夏、生南星、白及、陳小粉飛麪各四錢，共為末，紅醋調敷。箍毒《活人方》： 五倍子略焙一兩，藤黃四兩，銅青少許，小粉炒八兩，作錠，用時醋磨塗。 一切無名腫毒： 藤黃五錢，五倍子二兩，白蜜、葱頭各一兩，用米醋調圍患處，留頂勿敷。 五色蟾酥墨： 能立消腫毒，雄黃、銀硃、膽礬、韶粉、藤黃、銅綠、硼砂各一兩，麝香一錢，共為末，蟾酥為條，如筆管大，水磨塗。 疔瘡： 吳興楊氏《便易良方》： 銀硃、蜒蝣、白甘菊、人中白、苧根内白心、雄黄、藤黄、大黄共搗敷上，即退。　坐板瘡：《仙遺拾珠》：藤黄搗碎，用雄豬網油，青布一長條，將藤黄摻在網油之上，青布捲成條子，線紮緊，浸菜油内一夜，火燃取滴下油，杯積埋土中，一夜出火毒，塗瘡即效。　五黄散：治一切頑癬。雞脚大黄、硫黄、雄黄、薑黄、藤黄各等分，為細末，菜油調塗患處，七日勿洗浴，全愈。　金氏離洞膏：治臁瘡如神。　熬萬應油法：香油六十兩，以十六兩官秤作準，淨桃枝二兩，柳枝一兩，槐枝一兩，桑枝一兩，葱一兩，男髪四兩，花椒五錢，蓖麻二兩，馬前四兩，蓽茇五錢，桂枝一兩，白芷二兩。夏浸三日，冬七日，春、秋五日，然後熬至渣枯，去渣。每觔生油，熬熟汁得八折。此油凡一切膏藥，可作地子。

清・戴葆元《本草綱目易知録》卷二　藤黄　【略】葆按：此物相傳有大毒，研水服，可毒人。

木竹子

明・李時珍《本草綱目》卷三三果部・附録　木竹子又曰：《桂海志》云：皮色形狀全似大枇杷，肉味甘美，秋冬實熟。出廣西。

明・姚可成《食物本草》卷九果部・異果類　木竹子《桂海志》云：皮色形狀全〔似〕大枇杷，肉味甘美，秋冬實熟。出廣西。　木竹子，味甘，平。主清熱，利百脉，通調水臟，止渴生津，解暑消酒。治吐逆不食，關格閉拒不通，脾虚下陷，肛門墜脱，不飲。清熱，涼大腸，去積血，利耳目，治欬逆上氣。

清・趙學敏《本草綱目拾遺》卷八果部下　木竹子　出廣西，皮色形狀如大枇杷，肉味甘美，秋冬實熟。味甘性平，治吐逆不食，關格閉拒不通，脾虚下陷，肛門墜脱不收。清熱，涼大腸，去積血，利百脈，通調水臟，止渴生津，解暑，消酒，利耳目，治欬嗽上逆。

無食子

宋・唐慎微《證類本草》卷一四木部下品〔唐・蘇敬《唐本草》〕　無食子味苦，溫，無毒。主赤白痢，腸滑，生肌肉。出西戎。〔唐・蘇敬《唐本草》〕注云：生沙磧間。樹似檉。今注：一名沒石子。出波斯國。主小兒疳䘌，能黑髭髮，治陰瘡，陰汗，溫中和氣。《唐本》先附。〔宋・掌禹錫《嘉祐本草》〕按：《藥性論》云：無食子，使。治大人、小兒大腹冷滑痢不禁。段成式《酉陽雜俎》云：無石子出波斯國，波斯呼爲摩賊樹。高六七丈，圍八九尺。葉似桃而長。三月開花，白色，心微紅。子圓如彈丸，初青，熟乃黄白。蟲蝕成孔者入藥用。其樹一年生無食子，一年生跋屢，大如指，長三寸，上有殼，中人如栗黄，可噉之。〔宋・唐慎微《證類本草》〕《海藥》：謹按徐表《南州記》云：波斯國，大小如藥子。味溫、平，無毒。主腸虚冷痢，益血生精，烏髭髮，和氣安神，治陰毒痿。燒灰用。張仲景使治陰汗，取燒灰，先以微溫浴了，即以帛微裹後傅灰囊上，甚良。波斯每食以代果，番胡呼爲沒食子。今人呼墨食子，轉謬矣。雷公云：墨石子，凡用勿令犯銅、鐵，并被火驚者。顆小、文細，上無枕米者妙。用漿水於砂盆中，或硬青石上研令盡，却焙乾研了用，勿擣，能爲烏犀色。《千金方》：治急疳蝕口鼻者。沒石子爲末，吹下部，即差。《子母秘録》：治産後痢。沒石子一個，燒爲末。和酒服方寸匕，冷即酒服，熱即飲下。《宮氣方》：治小兒久痢不效。沒石子二個切，熬令黄色，研作餛飩食之。

宋・寇宗奭《本草衍義》卷一五　無石子　今人合他藥染髭。

宋・王繼先《紹興本草》卷一六　無食子　紹興校定：無食子即沒石子是也，性味、主治具於《本經》。但治腸滑泄利有驗，在小兒疳痢方中亦多用之。當從《本經》味苦、溫、無毒是矣。産南海，不蛀者佳。

宋・陳衍《寶慶本草折衷》卷一四　無食子使。一名沒石子，一名無石子，一名沒食子，一名墨食子，一名摩賊。出西戎，及波斯沙磧□間。○忌犯銅鐵。

味苦，平，溫，無毒。○主赤白痢，腸滑，生肌肉。○今註：主小兒疳䘌，黑髭髮。治陰瘡陰汗，溫中和氣。○《藥性論》云：治大腹冷滑。○段成式云：子如彈丸，初青熟黄白，蟲無孔者正熟。無孔者入藥。○《南州記》云：益血生精，安神。

續説云：張松論無食子有西、南二種，西者殼粗，搖之有聲，□□；南者殼細，搖不響，其力勝。

元・尚從善《本草元命苞》卷七　無食子　味苦，溫。一名沒石子。長肉，醫疳䘌。療赤白痢，腸滑不禁。烏髭髮，和氣安神。治陰瘡陰汗，醫陰毒陰痿。疳蝕口鼻，為末，吹下部，即差。産後惡痢，燒灰，以熱酒調服。白痢酒服，赤痢飲下。出西戎。其樹似檉，波斯國呼為摩賊。木高六七丈，圍圓八九尺，花開白色，其心微紅，葉似桃而長，子若彈而丸，初青熟黄，白皮，土蝕成孔，多生砂磧之間，彼人食之代果。

明・滕弘《神農本經會通》卷二　無食子　一名沒石子。雷云：黑石子，出西戎波斯國。其俗以代果，番胡人呼為沒食子。初青熟黃，白蟲蝕成孔者正熟，皮無孔者入藥用。凡使勿犯銅鐵，并被火驚者。顆小文細上，無狄米者妙。使也。味苦，氣溫，無毒。東云：主泄瀉。

《本經》云：主赤白痢，腸滑，生肌肉。《今注》云：主小兒疳䘌能黑髭髮，治陰瘡陰汗，溫中和氣。《藥性論》云：使。治大人小兒大腹冷，滑痢不禁。《局》云：無食子即沒石子，能收陰汗治陰瘡。生肌止痢除腸滑，染髮烏髭用最良。沒石子，主痢，生肌，烏髭黑髮。

明・劉文泰《本草品彙精要》卷二〇　無食子無毒　植生。

無食子：主赤白痢，腸滑，生肌肉。名醫所錄。【名】沒食子、墨食子、沒石子。【苗】《唐本》注云：生沙磧間者，樹似檉。又按《酉陽雜俎》云：樹高六七丈，圍八九尺，葉似桃而長，三月開花，白色，心微紅，子圓如彈丸，初青，熟乃黃白。蟲蝕成孔者入藥用。此波斯呼爲摩賊樹者是也。其樹一年生無食子，一年生拔屢子，大如指，長三寸，上有殼，中仁如粟黃，可啖也。《海藥》云：波斯每食以代果，番胡呼爲沒食子，今人呼爲墨食子，則音轉相謬矣。【地】《圖經》曰：出西戎。《唐本》注云：波斯國。【時】生：春生葉。採：熟時取子。【收】日乾。【用】子。【質】類彈丸而有大小。【色】黃黑。【味】苦。【性】溫，泄。【氣】氣厚于味，陽中之陰。【臭】香。【主】赤白痢，烏髭髮。【製】《雷公》云：凡用，勿令犯銅鐵，並被火驚者妙。用漿水於砂盆中或硬青石上，研令盡，卻焙乾，研細用。【治】療：《唐本》注云：治兒疳䘌，陰汗，溫中和氣。《藥性論》云：大人小兒大腹冷，滑痢不禁並治之。補：《別錄》云：益血，生精，烏髭髮，和胃，安神。

明・許希周《藥性粗評》卷二　沒石子烏鬚而養血。

沒石子，一名無食子。樹高六七丈，圍八九尺，葉似桃而長，三月開花白色，心微紅，子圓如彈丸，初青，熟乃黃白。出波斯國。五月採子，暴乾，以蟲蝕成孔者入藥。凡作末勿犯銅鐵，石上搥碎，焙乾，復入石臼內，以石杵研細，勿搗。所使并所畏惡，《本草》不載。味苦，性平、溫，無毒。主治腹冷腸滑，赤白痢疾，急疳蝕口，陰汗不止，婦人陰瘡，和氣安神，生肌養血，又主烏髭染髮，齒髮藥中不能外。

單方：急疳蝕口：沒石子為末，吹下部即差。久痢滑腸：沒石子三箇，搥破，焙焦，研為末，和麵作餛飩，蒸熟食之，差。

明・鄭寧《藥性要略大全》卷七　沒石子即無實子。止痢，生肌，治陰瘡陰汗。可染鬚髮為黑。治瀉泄。味苦，氣溫，無毒。出西番，有竅者良。

明・陳嘉謨《本草蒙筌》卷四　沒食子即無食子。味苦，氣溫。無毒。出自西戎，樹極高大。葉似桃長綠，花瓣白心紅。實結圓類彈丸，初青熟漸黃白。蟲蝕成孔眼者入藥，紋細無秋米者尤佳。漿水浸砂盆，硬者石上研盡；切忌犯銅鐵，濕須火上焙乾。益血生精，安神和氣。燒黑灰，浴陰毒，合他藥，染髭鬚。治瘡潰肌肉不生，主腹冷滑痢不禁。

明・王文潔《太乙仙製本草藥性大全》卷三《本草精義》　沒食子　一名無食子。出波斯國，國人呼爲摩賊。樹高六七丈，圍八九尺，葉似桃而長，綠色，三〔月〕開花，瓣白心微紅，實結丸類彈丸，初青熟漸黃白，蟲蝕成孔眼者入藥。紋細無杴米者尤佳。漿水浸砂盆，硬者石上研盡，切忌犯銅鐵，濕須火上焙乾。其樹一年生無食子，一年生拔屢，大如指，長三寸，上有殼，中仁如粟黃，可噉。

明・王文潔《太乙仙製本草藥性大全》卷三《仙製藥性》　沒食子　味苦，氣溫，無毒。主治：益血生精，安神和氣。燒黑灰浴陰毒，合他藥染髭鬚。治瘡潰肌肉不生，主腹冷滑痢不禁。補註：治急疳蝕口鼻者，沒食子爲末，吹下部即差。治小兒久痢不效，沒食子二箇切，熬令黃色，研作餛飩食之。治產後痢，沒食子一箇，燒爲末，和酒服方寸匕，冷即酒服，熱即飲下。〇陰汗，取燒灰，先以微溫浴了，即以帛微裛後傅灰囊上，甚良。波斯每食以代之。太乙曰：沒食子凡用勿令犯銅鐵并被火驚者。顆小、文細，上無杴米者妙，用漿於砂盆中，或硬青石上研令盡，却焙乾研了用，勿擣，能爲烏犀色。

明・皇甫嵩《本草發明》卷四　沒食子下品，佐使。氣溫，味苦，無毒。一名無食子。

發明曰：沒食子，益氣滋陰之用多，故《本草》主赤白痢滑不禁，生肌肉。又主腸虛冷痢，益血生精，安神利氣，烏鬚髮，陰瘡陰汗，小兒疳䘌。出西戎。結實類彈丸，初青，熟漸黃白，蟲食成孔眼，紋細，無杴米者佳。漿浸沙盆中，石上研，火焙。忌犯銅、鐵、水濕。

明・李時珍《本草綱目》卷三五木部・喬木類　無食子《唐本草》

〖釋名〗没石子《開寶》　墨石子《炮炙論》　麻茶澤珣曰：波斯人每食以代果，故番胡呼爲没食子。梵書無與没同音。今人呼爲墨石、没石，轉傳訛矣。〖集解〗恭曰：無食子生西戎沙磧間。樹似檉。禹錫曰：按段成式《酉陽雜俎》云：無食子出波斯國，呼爲摩澤樹。高六七丈，圍八九尺。葉似桃〔葉〕而長。三月開花白色，心微紅。子圓如彈丸，初青，熟乃黄白。蟲蝕成孔者入藥用。其樹一年生無食子，一年生拔屢子，大如指，長三寸，上有殼，中仁如栗黄可噉。時珍曰：按《方輿志》云：大食國有樹，一年生如栗子而長，名曰蒲盧子，可食。次年則生麻茶澤，即没石子也。間歲互生，一根異産如此。《一統志》云：没石子出大食諸番。樹如樟，實如中國茅栗。

子〖修治〗斅曰：凡使勿犯銅鐵，并被火驚。用顆小、無枕米者妙。用漿水於砂盆中研令盡，焙乾再研，如烏犀色入藥。

〖氣味〗苦，温，無毒。〖主治〗赤白痢，腸滑，生肌肉《唐本》。腸虚冷痢，益血生精，和氣安神，烏髭髮，治陰毒痿，燒灰用李珣。温中，治陰瘡陰汗，小兒疳䘌，冷滑不禁馬志。

〖發明〗宗奭曰：没石子，合他藥染鬚。造墨家亦用之。珣曰：張仲景用治陰汗，燒灰，先以湯浴了，布裹灰撲之，甚良。

〖附方〗舊三，新五。血痢不止：没石子一兩爲末，飯丸小豆大。每食前米飲下五十丸。《普濟方》。　小兒久痢：没石子二個，熬黄研末，作餛飩食之。《宫氣方》。

産後下痢：没石子一個，燒存性，研末，〔冷即〕酒服，熱即用飲下，日二。《子母秘録》。

牙齒疼痛：綿裹無食子末一錢咬之，涎出吐去。《聖濟總録》。　鼻面酒皶：南方没石子有孔者，水磨成膏。夜夜塗之，甚妙。《危氏得效方》。　口鼻急疳：没石子末，吹下部，即瘥。《千金方》。　大小口瘡：没石子炮三分，甘草一分，研末摻之。月内小兒生者，少許置乳上吮之，入口即啼，不過三次。《聖惠方》。　足趾肉刺：無食子三枚，肥皂莢一挺，燒存性，爲末。醋和傅之，立效。《奇效方》。

明・梅得春《藥性會元》卷中　沒石子　味苦，氣溫，無毒。即無食子。出西番，中有竅者良。　主療泄瀉止痢，生肌，治陰瘡，陰汗，又染鬚髮，能令烏黑。

明・李中立《本草原始》卷四　無食子　出波斯國，呼為摩澤樹。高六七丈，圍八九尺。葉似桃而長，三月開花，白色，心微紅。子圓如彈丸，初青，熟乃黄白，蟲蝕成孔者入藥用。其樹一年生無食子，一年生跋屢，大如指，長三寸，上有殼，中仁如粟黄，可噉之。波斯每食以代果。番胡呼為沒食子。今人呼為墨石、沒石，轉傳訛矣。

無食子，《唐本草》。【圖略】有黑白二種。凡使勿犯銅鐵，并被火驚。用顆小無枕米者，沙鍋炒，細研入藥。

氣味：苦，溫，無毒。主治：赤白痢，腸滑，生肌肉。○腸虚冷痢，益血生精，和氣安神，烏髭髮。治陰毒瘻，燒灰用。○溫中，治陰瘡陰汗，小兒疳䘌，冷滑不禁。《聖濟總錄》：治牙齒痛，無食子末一錢，綿裹咬之，涎出吐去。

明・繆希雍《本草經疏》卷一四　無食子　味苦，溫，無毒。主赤白痢，腸滑，生肌肉。

〖疏〗無食子稟春生之氣，兼得西北金水之性，故味苦氣溫無毒。金主斂肅，大腸屬金，以類相從，故主赤白痢，腸滑。春為發生之令，溫能和脾胃，養腠理，故主生肌肉。水為潤下，色黑而象腎，故李珣以之益血生精，和氣安神，烏鬚髮，治陰瘻諸證也。得溫暖之氣，復兼收斂之性，故為固濇精氣之要藥。雷公云：凡使，勿犯銅鐵，并被火驚者，用顆小無枕米者妙，用漿水於砂盆中研令盡，焙乾再研，如烏犀色入藥。

〖主治參互〗同蓮鬚、女貞子、枸杞子、地黄、南燭子、何首烏、黄精、旱蓮草、术、人參，為烏鬚髮之勝藥。　同覆盆子、牡蠣、枸杞子、五味子、車前子、地黄、蓮鬚、龍骨、鹿茸、沙苑蒺藜、魚膘膠、砂仁、黄蘗，能補益精氣，治一切夢遺洩精。　仲景方治陰汗，用無食子燒灰，先以湯浴了，布裹灰撲之，甚良。　《宫氣方》小兒久痢，沒食子二箇，熬黄研末，作餛飩食之。　《聖濟總錄》牙齒疼痛，綿裹無食子末一錢，咬之，涎出吐去。　《聖惠方》大小口瘡，沒食子炮三分，甘草一分，研末，摻之。月内小兒，生者少許，置乳上吮之，入口即啼，不過三次。　《奇效方》足趾肉刺，無食子三枚，肥皂莢一挺，燒存性，為末，醋和傅之，立效。

〖簡誤〗赤白痢，由於濕熱鬱於腸胃，兼積滯多者，不宜用。

明・倪朱謨《本草彙言》卷九　無食子　味苦，氣溫，無毒。　蘇氏曰：無食子，即沒石子，生西戎沙磧間。樹似檉。《酉陽雜俎》云：出波斯國，土人呼爲摩澤樹。高六七丈，圍八九尺，葉似桃而長。三月開花，白色，花心微紅。子如金彈。蟲食成孔者，入藥最佳。其樹一年生無食子，次年生拔屢子，大如指，長三寸，中仁如栗。又《方輿志》云：大食國者，一年生蒲盧子，圓扁亦如栗，大寸許，中仁亦可食。次年生無食子，彼國呼爲麻茶澤，間歲互生。一根異産如此。又《一統志》云：無食子，生大食諸番中，樹如樟，結實如中國茅栗。雷氏曰：凡使，勿犯鐵器，并火驚，用顆小無杴米者妙，以漿水砂盆研令盡，焙乾，再研如烏犀色爲度。

無食子：澀腸固泄，《别録》溫中止痢之藥也。陳一齋抄《唐本草》云：其味苦澀，其氣溫和，其性斂濇，故止久痢，氣陷下也。暴泄，氣欲脱也。腸滑不禁，用爲要餌。推此收濇溫斂之能，故又能烏鬚髮，益精血，收陰汗也。如痢疾由濕熱鬱于腸胃，兼積滯未清者，不宜驟用。

集方：《普濟方》治血痢不止。用沒石子一兩爲末，米糊丸，小豆大。每食前米湯下百丸。〇《聖惠方》治大人小兒無故暴泄。用沒石子二兩爲末，每服二錢，人參湯調下。小兒減半。〇治大人小兒口瘡。用沒石子三個，甘草五分，共研末，摻之。如小兒月內生者，以少許塗乳頭上，令吮之，入口即活，不過三次愈。

明·姚可成《食物本草》卷二〇木部·喬木類　無食子一名沒石子，一名麻茶澤。生西戎砂磧間，樹似檉，波斯人食之以當果。段成式《酉陽雜俎》云：無食子出波斯國，呼為摩澤樹，高六七丈，圍八九尺。葉似桃而長。三月開花白色，心微紅。子圓如彈丸，生青，熟乃黃。其樹一年生無食子；一年生拔屢子，大如指，長三寸，中仁如栗黃可噉。〇李時珍曰：按《方輿志》(去)〔云〕：大食國有樹，一年生如栗子而長，名曰蒲盧子，可食。次年則生麻茶澤，即沒石子也。(開)〔間〕歲互生，一根異產如此。《一統志》云：沒石子，出大食諸番。樹如樟，實如中國茅栗。

無食子，味苦，溫，無毒。治赤白痢，腸滑，生肌肉。腸虛冷痢，益血生精，和氣安神，烏髭髮，治陰瘡陰汗，小兒疳䘌，冷滑不禁。

明·李中梓《醫宗必讀·本草徵要下》　沒食子味苦，溫，無毒。入腎經。忌銅鐵器。用漿水於砂盆中研，焙乾再研，如烏犀色。益血生精，染鬚髮而還少；強陰治瘻，助陽事以生男。澁精止遺淋，固腸醫洩痢。禀春生之氣，兼金水之性。春為發生之令，故有功於種玉；金主收肅之用，故有功於止澁。然亦不宜獨用多用也。

明·盧之頤《本草乘雅半偈》帙九　無食子《唐本草》　氣味：苦，溫，無毒。主治：主赤白痢，腸滑，生肌肉，充血氣，安神，長鬚髮，生精，長年。

覈曰：無食子，即沒石子。生西戎沙磧間，樹似檉，波斯國呼為摩澤樹。高六七丈，圍八九尺。葉似桃〔葉〕而長。三月開花白色，花心微紅。子如金彈，蟲食成孔者，入藥最良。但其樹一年生拔屢子，大如指，長三寸，中仁如栗。大食國者。一年生蒲盧子，圓扁亦如栗，大寸許，中仁俱可食。次年生無食子，彼國呼為麻茶澤。間歲互生，一根異產，如十千之合化，剛柔之往隨也。修事：毋犯鐵器，併被火驚。用顆小無杴米者炒，以漿水砂盆研令盡，焙乾再研，如烏犀色為度。

参曰：食宿飲留，乃成痢滑，無其食，滑痢已矣。味苦氣溫，對待治之，推陳致新物也。新至氣斯充，肌肉滿，七神安，奉髮美毛，精生形駐矣。所謂有餘而往，不足隨之，不足而往，有餘隨之，太過不及，于斯見矣。蟲食有孔者良，具體無竅者，所當佩服。

清·劉雲密《本草述》卷二三　無食子一名沒食子　段成式《酉陽雜俎》云：無食子出波斯國，呼為摩澤树，高六七丈，圍八九尺，葉似桃而長，三月開花白色，心微紅，子圓如彈丸，初青熟乃黃白，蟲蝕成孔者入藥。又有云出大食諸番，如中國茅栗。

氣味：苦，温，無毒。

主治：腸虛冷痢李珣。溫中馬志。和氣益血生精，烏髭髮。治陰毒瘻，燒灰用李珣。治陰瘡陰汗，小兒疳䘌，冷滑不禁馬志。希雍曰：無食子禀春生之氣，兼得西北金水之性，故味苦，氣温，無毒。得其氣之温暖，乃賦以性之收斂，故為固濇精氣之要藥。

同蓮鬚、女貞子、枸杞子、地黃、南燭子、何首烏、黃精、旱蓮草、朮、人參，為烏鬚髮之勝藥。　同覆盆子、牡蠣、枸杞子、五味子、車前子、地黃、蓮鬚、龍骨、鹿茸、沙苑蒺藜、魚膘膠、砂仁、黃檗，能補益精氣，治一切夢遺洩精。

附方　血痢不止，没食子一兩，為末，飯丸小豆大，食前米飲下五十丸。　小兒冷產後下痢，沒食子一個，燒存性，研末，酒服，熱即用飲下，日二。　小兒冷積瀉，沒食子、木香、黃連、當歸、青皮，各二錢半，阿魏一分，酒化入麪少許，令勻糊丸。　仲景方用治陰汗，燒灰，先以湯浴了，布裹，灰撲之甚良。此味方書用之甚少，唯脱肛及齒與髮各一方耳。

愚按：無食，益陰而收，與肉豆蔻之益氣而收者不同，故血痢及女子產後痢用之乃宜。然皆苦温，緣苦寒之味，未能益氣血也。

又按：繆氏所謂得溫暖之氣，為其吐華於三月，而又云復兼收斂之性，為其有得於西北金水之性也。第據諸本草所說，絕未及收斂之義，不知繆氏何所本也？得毋謂西北金水之性，定主降而收乎？試繹李珣所云，療腸虚冷痢，并云治陰毒痿，又如馬志所云治小兒疳䘌，冷滑不禁。舉如二説，未以收陰為功，蓋直取其陰中之氣，為血生之原、精化之本耳。如冷痢，冷滑不禁，因於陰氣之益而得瘳，即指其止痢禁滑，謂之曰收猶可，如以此味謂能收斂，則同於説夢矣。蓋能益陰中之氣是其功，原不以收為功也。故李珣於療腸虛冷痢下，即以益血生精為言也。且珣所言治陰毒痿，尤當尋繹。蓋類知陽聚之為毒，而言痿乃由於陰毒者，豈非真陰不得行其化，然後䘌聚而為毒乎？抑《内經》曰衝、任脈皆起於胞中，上循背裏，為經絡之海，其浮而外者，循腹右上行，會於咽喉，别而絡唇口，血氣盛則充膚熱肉，血獨盛則淡滲皮膚生毫毛。即此推求，兹味之用於烏鬚為要藥，是則於衝、任之脈不大有裨益乎？条合於血氣盛、血獨盛之義，則知陽生陰中，而氣之出於血中者，唯有此味庶幾得當耳。先哲有陽氣陰氣之分，而世醫多不察也。唯此味能補陰氣，大為要藥。李珣謂其益血生精，誠不妄也。不審方書用之不多見者，何哉？

希雍曰：赤白痢，由於溼熱鬱於腸胃，兼積滯多者，不宜用。

修治　凡使，勿犯銅鐵，并被火驚。用顆小無枕米者妙。用漿水於砂盆中研令盡，焙乾，再研如烏犀色入藥。

清・郭章宜《本草匯》卷一五　沒食子即無食子　苦，溫，入足少陰經。益血生精，染鬚髮而還少。固腸治痿，收陰汗以生肌。

按：沒食子，禀春生之氣，兼金水之性，春為發生之令，故有功于種玉。金主收斂之用，故有功于止澁，固精澁氣之要藥也。若積滯多者，不宜用也。張仲景治陰汗，取燒灰，先以溫水浴過，綿裹灰撲之，甚良。

凡用，不宜獨用多用，蟲食成孔者入藥。勿犯銅鐵器，并被火驚。顆小紋細者佳。砂盆研，隔紙焙用。

清・蔣居祉《本草擇要綱目・平性藥品》　無食子即沒石子。凡使勿犯銅鐵，并被火驚。用顆小無枕米者妙。用漿水於砂盆中研令盡，焙乾，再研，如烏犀色入藥。

氣味：苦，溫，無毒。主治：赤白痢，滑腸，生肌肉，腸虛冷痢，益血生精，和氣安神，烏髭髮。治陰毒痿，燒灰用。溫中，治陰瘡陰汗。小兒疳䘌，冷滑不禁。

清・汪昂《本草備要》卷三　沒石子濇精，外用染鬚。　苦溫，入腎。濇精固氣，收陰汗，烏髭髮。出大食諸番。顆小紋細者佳。炒研用，蟲食成孔者揀去。忌銅鐵器。

清・陳士鐸《本草新編》卷四　沒食子一名無食子。味苦，氣溫，無毒。切忌犯銅、鐵器。入骨，入腎。益血生精，安神和氣，可染髭鬚。治瘡潰肌肉不生，主腹冷滑痢不禁。用之以治骨肉虛寒，實有奇功。故齒牙之病，所不可缺也。其餘功效，亦多譽言，然有益無損，不妨久服。

或問：沒食子有雌、雄之分，果有之乎？曰：此好事者言之也，猶小丁香而曰公，大丁香而曰母，其實功效相同，亦何必多其名目哉。

清・李熙和《醫經允中》卷一九　沒石子　即無食子。苦，溫，無毒。主治益血濇精，固腸治痿，染髭鬚，收陰汗，止泄止痢，斂肉生肌。不宜多用、獨用，有積滯者忌之。

清・馮兆張《馮氏錦囊秘錄・雜症痘疹藥性主治合參》卷四　沒食子禀春生之氣，兼得西北金水之性。故味苦，氣溫，無毒。金主斂肅，大腸屬金，以類相從，故主久痢腸滑。春為發生之令，溫能和脾胃，養腠理，故主生肌肉。水為潤下，色黑而象腎，故主益血生精，和氣安神，烏髭髮也。得溫暖之氣，復兼收斂之性，故為固濇精氣之要藥。

沒食子，即無食子。蟲蝕成孔眼者，勿用。忌犯銅鐵。主益血生精，安神和魄。燒黑灰，浴陰毒。合他藥，染髭鬚。治潰瘡肌肉不生，主腹冷滑痢不禁。擦牙固齒，夢遺精滑，強陰治痿，助陽生男。禀春生生發之氣，故有功於種玉。兼金水收藏之性，故有功於止濇。

清・张璐《本經逢原》卷三　沒石子一名無食子。　苦，溫，無毒。　發明：沒石子合他藥染鬚，仲景用治陰汗，燒灰先以湯浴之，以灰撲之甚良。又血痢及產後下痢俱用之。綿裹塞牙痛效，取溫散腎經濕熱也。

清・黄元御《玉楸藥解》卷二　沒石子　味苦，微溫。入足少陰腎、足厥陰肝經。補精血，烏鬚髮。沒石子性氣溫濇，治虛冷滑泄，赤白痢疾。合藥染鬚，燒灰撲汗，治陰汗。亦名無餘子。焙研屑用。

清・吴儀洛《本草從新》卷三　沒石子（澀精，外用染鬚。）一名無食子。苦，溫。入腎。澀精固氣，強陰助陽，止遺淋，除泄痢，收陰汗，烏鬚髮。性偏止澀，不宜多用獨用。出大食諸番。顆小紋細者佳。揀去蟲食成孔者，忌銅鐵器，用漿水於砂盆中研，焙乾，再研如烏犀色。

清・汪紱《醫林纂要探源》卷三　沒石子　苦，溫。出大食國。樹形不可知。粒小紋細者佳。炒研。忌銅鐵。堅腎固精。收陰汗，黑鬚髮。

清・嚴潔等《得配本草》卷七　沒石子　苦，溫。入足少陰經。治腸虛冷痢，陰瘡陰汗，攝精固齒，烏鬚髮，生肌肉。配甘草，摻口瘡。去蟲食者炒研，或泡，或用漿水於沙盆中研末，焙乾用。

題清·徐大椿《藥性切用》卷五 沒石子 一名無食子。性味苦溫，入腎而濇精秘氣，為遺濁滑泄之耑藥。炒研用。然性偏止澀，不宜多用獨用。

清·黃宮繡《本草求真》卷二 沒石子固腎止脱。 沒石子耑入腎，兼入脾胃。味苦性溫色黑，功耑入腎固氣，凡夢遺精滑，陰痿齒痛，腹冷泄瀉，瘡口不收，陰汗不止。一切虚火上浮，腎氣不固者，取其苦以堅腎，溫以暖胃健脾，黑以入腎益氣補精，俾氣按納丹田，不為走泄，則諸病自能克愈矣。至書所云安神定魄，亦是神氣既收，不為外浮之意，他如燒黑灰煎湯以治陰毒，合他藥以染鬚髮，為末以擦牙齒，皆是賴其收濇之力以為保護耳，無他道也。但味苦性降，多用恐氣過下，不可不慎。氣虚下陷者忌。出外番，顆小紋細者佳，炒研用，蟲蝕成孔者揀去。忌銅鐵。

清·羅國綱《羅氏會約醫鏡》卷一七竹木部 沒石子味苦溫，入肺腎二經。稟春生之氣，兼秋收之性，生精安神。治夢遺精滑，陽虚乏嗣，腹冷虚痢。擦牙固齒，補腎固氣。外收陰汗，可染髭鬚。合他藥用。出諸番，顆小紋細者佳，炒研用，蟲食者去之。忌銅鐵。

清·楊時泰《本草述鉤元》卷二三 無食子 一名沒石子。出波斯國及大食諸番，蟲蝕成孔者入藥。

味苦，氣溫。主溫中和氣，益血生精，烏髭髮，治腸虚冷痢，陰瘡陰汗陰毒痿，燒灰用。脱肛及齒病，小兒疳䘌冷滑不禁，為固濇精氣要藥。同蓮鬚、女貞、南燭、枸杞、首烏、地黃、黃精、旱蓮草、朮、人參，能烏鬚髮。同牡蠣、覆盆、五味、枸杞、車前、地黃、蓮鬚、龍骨、鹿茸、沙苑、魚鰾、砂仁、黃檗，能補益精氣，治夢遺洩精。血痢不止，沒石子一兩為末，飯丸小豆大，食前，米飲下五十丸。產後下痢，沒石子一個，燒存性，研末，酒服，熱即用飲下，日二。小兒冷積瀉，沒石子、木香、黃連、當歸、青皮各二錢半，阿魏一分，酒化，入麪少許，令勻糊丸。陰汗，沒石子燒灰，先以湯浴了，布裹灰撲之，甚良。

論：無食子益陰而收，與肉豆蔻之益氣而收者不同，故血痢及女子產後痢，用之最宜。然氣味苦溫，取其直益陰中之氣，為血生之原，精化之本。如冷痢及冷滑不禁，因於陰氣之益而得止，即謂之收斂，亦無不可，然究之不以收為功也。李珣言療陰毒痿，夫陽聚為毒，人皆知之，今言痿乃由於陰毒者，以真陰不得行其化，然後䘌聚而為毒也。《經》曰：衝任脉皆起於胞中，上循背裏，為經絡之海，其浮而外者，循腹右上行，會於咽喉，別而絡唇口，血氣盛則充膚熱肉，血獨盛則淡滲皮膚，生毫毛。兹味之用，為烏鬚要藥，蓋於衝任之脉大有裨益，可參於血氣盛血獨盛之義，而知益血生精之應矣。人身有陽氣陰氣之分，此味能補陰氣，為益血生精之本。

凡濕熱鬱於腸胃，為赤白痢兼積滯多者，弗用仲淳。

修治：用顆小無杴米者，弗犯銅鐵，并被火驚。先取漿水於砂盆中研，焙乾再研，如烏犀色，入藥。

清·葉桂《本草再新》卷四 沒食子味苦，性溫，無毒。入腎經。 固精益氣，助陽強陰，止遺淋，除泄痢，烏鬚黑髮。

清·吴其濬《植物名實圖考》卷三五 無食子 《唐本草》始著錄。生西戎沙磧地。樹似檉。主治赤白痢、腸滑，生肌肉。一作沒石子。

清·文晟《新編六書》卷六《藥性摘錄》 沒石子 苦，溫。色黑入腎，固氣止脱，治夢遺精滑，陰痿齒痛，腹冷泄瀉，瘡口不收，陰汗不止。〇但味苦溫，性降，多用恐氣過下，不可不慎。出外番。顆小紋細者佳。炒研用。有蟲疰孔者揀去。忌銅鐵。

清·張仁錫《藥性蒙求·木部》 沒石子錢半 沒石子溫，性偏止濇。固氣濇精，不宜多入。一名無食子。強陰助陽，止遺淋，除洩痢，收陰汗，烏髮鬚。不宜多用獨用。

清·戴葆元《本草綱目易知錄》卷四 沒石子無食子 苦，溫。和中益血，生精和氣，安神，烏髭髮，止牙疼，生肌肉。研末服，治腸虚冷痢，腸滑赤白，小兒疳䘌，冷滑不禁。研末，撲陰汗，搽陰瘡。燒灰，治陰毒痿。

清·陳其瑞《本草撮要》卷二 沒石子 味苦，溫，入足少陰經，功專濇精固氣，強陰助陽，止遺淋，除洩痢，收陰汗，烏鬚髮。性偏不可輕用。一名無食子。

柯樹

宋·唐慎微《證類本草》卷一四木部下品〔唐·陳藏器《本草拾遺》〕 柯樹皮 味辛，平，有小毒。主大腹水病。取白皮作煎，令可丸如梧桐子大。平旦三丸，須臾又一丸。一名木奴。南人用作大舡者也。

〔宋·唐慎微《證類本草》〕《海藥》云：謹按：《廣志》云：生廣南山谷。《臨海志》云：是木奴樹，主乳氣，採皮以水煮，去滓復煉，候凝結丸得爲度。每朝空心飲下三丸，浮氣、水腫並從小便出。故波斯家用爲舡舫也。

明・王文潔《太乙仙製本草藥性大全》卷三《本草精義》 柯樹 一名木奴。生廣南山谷。《臨海誌》云：是木奴樹。南人及波斯家用作大船舫是也。

明・王文潔《太乙仙製本草藥性大全》卷三《仙製藥性》 柯樹皮 味辛，氣平，有小毒。 主治：主大腫水病如神，治浮氣腫脹大效。 補註：浮氣水腫，採取白皮，剉碎，水煮去滓，伏煉候凝結可丸爲度，丸如梧桐子大，每日平旦空心飲下三丸，須臾又一丸，浮氣水腫並從小便出，大效。

明・李時珍《本草綱目》卷三五木部・喬木類 柯樹《拾遺》

〖釋名〗木奴 〖集解〗珣曰：按《廣志》云：生廣南山谷。波斯家用木爲船舫者也。

白皮 〖氣味〗辛，平，有小毒。 〖主治〗大腹水病。采皮煮汁去滓。煎令可丸如梧子大。平旦空心飲下三丸，須臾又一丸，氣、水並從小便出也藏器。

訶黎勒

晉・嵇含《南方草木狀》卷中木類 訶黎勒 樹似木梡，花白，子形如橄欖，六路，皮肉相着，可作飲。變白髭髮令黑。出九真。

宋・唐慎微《證類本草》卷一四木部下品〔唐・蘇敬《唐本草》〕 訶梨勒 味苦，溫，無毒。主冷氣，心腹脹滿，下食。生交、愛州。

〔唐・蘇敬《唐本草》〕注云：樹似木梡音患，花白。子形似梔子，青黃色，皮肉相著。水摩或散服之。《唐本》先附。

〔宋・掌禹錫《嘉祐本草》〕按：蕭炳云：訶梨勒，苦、酸。下宿物，止腸澼久洩，赤白痢。波斯舶上來者，六路，黑色，肉厚者良。《藥性論》云：訶梨勒，使，亦可單用，味苦、甘。能通利津液，主破胸膈結氣，止水道，黑髭髮。日華子云：消痰下氣，除煩治水，調中，止瀉痢，霍亂，賁㹠腎氣，肺氣喘急，消食開胃，腸風瀉血，崩中帶下，五膈氣，懷孕未足月人漏胎，及胎動欲生，脹悶氣喘。并患痢人後分急痛，并産後陰痛，和蠟燒熏及熱煎湯熏，通手後洗。

〔宋・蘇頌《本草圖經》〕曰：訶梨勒，生交、愛州，今嶺南皆有，而廣州最盛。株似木梡，花白。子似梔子，青黃色，皮肉相著。七月、八月實熟時採，六路者佳。《嶺南異物志》云：廣州法性寺佛殿前有四五十株，子極小而味不澁，皆是六路。每歲州貢，只以此寺者。寺有古井，木根蘸水，水味不鹹。每子熟時，有佳客至，則院僧煎湯以延之。其法用新摘訶子五枚，甘草一寸，皆碎破，汲木下井水同煎，色若新茶。今其寺謂之乾明，舊木猶有六七株。古井亦在。南海風俗尚貴此湯，然煎之不必盡如昔時之法也。訶梨勒主痢，《本經》不載。張仲景治氣痢。以訶梨勒十枚，麵裹煻灰火中煨之，令麵黃熟，去核細研爲末，和粥飲頓服。又，長服方：訶梨勒、陳橘皮、厚朴各三大兩，擣篩蜜丸，大如梧子。每服二十丸至三十丸。唐劉禹錫《傳信方》云：予曾苦赤白下，諸藥服遍久不差，轉爲白膿。令狐將軍傳此法：用訶梨勒三枚上好者，兩枚炮取皮，一枚生取皮，同末之，以沸漿水一兩合服之，淡水亦得。若空水痢，加一錢匕甘草末，若微有膿血加二匕，若血多加三匕，皆效。又取其核，入白蜜研，注目中，治風赤澁痛，神良。其子未熟時，風飄墮者，謂之隨風子，暴乾收之。彼人尤珍貴，益小者益佳。治痰嗽，咽喉不利。含三數枚，殊勝。

〔宋・唐慎微《證類本草》〕《海藥》云：按徐表《南州記》云：生南海諸國。味酸、澁，溫，無毒。主五鬲氣結，心腹虛痛，赤白諸痢，及嘔吐，咳嗽。並宜使皮其主嗽，肉炙治眼澁痛。方家使陸路訶梨勒，即六稜是也。按波斯將訶梨勒、大腹等，舶上，用防不虞。或遇大魚放涎滑水中數里，不通舡也，遂乃煮此洗其涎滑，尋化爲水，可量治氣功力者乎。大腹、訶子性燋者是近鐺下。故中國種不生，故梵云訶梨恒雞，謂唐言天堂未並只此也。雷公云：凡使，勿用毗梨勒、菴梨勒、榔精勒、雜路勒，若訶梨勒文只有六路。或多或少，並是雜路勒，毗路勒個個毗，雜路勒皆圓露，文或八露至十三路，號曰榔精勒，多澁，不入用。凡修事，先於酒內浸，然後蒸一伏時。其訶梨勒，以刀削路，細剉焙乾用之。《外臺秘要》：治一切風痰，風霍亂，食不消，大便澁。訶梨三枚，擣取皮。和酒頓服，三五度良。又方：治風熱衝頂熱悶。訶梨一枚以大者，芒硝，同於醋中，攪令消，摩傅熱處。《經驗方》：治嗽氣嗽久者亦主之。生訶梨一枚，含之嚥汁。差後口爽，不知食味，却煎檳榔湯一椀服之，立便有味。此知連州銀坑官成密方。《廣濟方》：治嘔逆不能食。訶梨勒皮二兩，去核，熬爲末，蜜和丸如梧桐子大。空心服二十丸，日二服。孫真人：治常患氣。以訶梨三枚，濕紙裹煨，紙乾即剝去核，細嚼。以生乳一升，下之，日三服。又方：治一切氣，宿食不消。訶梨一枚，入夜含之，至明嚼嚥。《集驗方》：蜀沙門傳水痢。以訶梨勒三顆，麪裹炮赤去麪，取訶梨勒皮擣爲末，飯和爲丸。米飲空腹下三七丸，已百人見效。《子母秘録》：治小兒霍亂。訶梨一枚，末。沸湯研一半，頓服，未差再服。《食醫心鏡》：下氣消食。并茶青色訶梨一枚，打碎爲末，銀器中水一大升，煎三兩沸，後下訶梨更煎三五沸，候如麴塵色，著少鹽服。《廣異記》云：高仙芝，大食得訶梨勒，長五寸，初置抹肚中，便覺腹中痛，因大利十餘行，初爲訶梨爲祟。待欲棄之。後問大食長老。云：此物人帶一切病消，利者出惡物耳。仙芝甚保，天寶末被誅，遂失所在。《金光明經》：流水長者子除病品云：熱病下藥，服訶梨勒。

宋・寇宗奭《本草衍義》卷一五　訶梨勒　氣虛人亦宜。緩緩煨熟，少服。此物雖澀腸，而又洩氣，蓋其味苦澀。

宋・鄭樵《通志》卷七六《昆蟲草木略》　訶梨勒　如橄欖，其未熟之子，隨風飄墮者，名隨風子。

宋・劉明之《圖經本草藥性總論》卷下　訶棃勒　味苦，溫，無毒。主冷氣，心腹脹滿，下食。蕭炳云：下宿物，止腸澼久洩，赤白痢。《藥性論》云：使。能通利津液，主破胸膈結氣，止水道，黑鬚髮。日華子云：消痰下氣，除煩，治水調中，止瀉痢霍亂，賁狆腎氣，肺氣喘急，消食開胃，腸風瀉血，崩中帶下，五膈氣，懷孕未足月人漏胎及胎動欲生。脹悶氣喘，患痢人後分急痛，產後陰痛，和蠟燒熏，熱煎湯熏，通手後洗。

宋・陳衍《寶慶本草折衷》卷一四　訶梨勒使。○核及隨風子附。　一名訶子。生交、愛州及南海即廣地，及嶺南、波斯。亦從舶上來。○七八月採實，暴乾。○附：　隨風子，乃訶子未熟時風飄墮者。

味苦、酸、甘，澀，溫，無毒。○主冷氣脹滿，下食。○蕭炳云：止腸澼久洩赤白痢。六路、肉厚者良。○《藥性論》云：通津液，破胸膈氣，止水道，黑髭髮。○日華子云：消痰治水，調中止瀉霍亂，賁狆腎氣，肺氣喘急，腸風瀉血，崩中帶下，漏胎及胎動，并產後陰痛，和蠟燒熏，及熱煎湯熏，通手洗。○《圖經》曰：似梔子，青黃色，皮肉相着。○寇氏曰：氣虛人，宜緩緩煨熟。○濕紙裹煨，紙乾，剝取皮肉。少服此物，雖澀腸而又泄氣。

附：　核。○治目風赤澀痛，取核人，白蜜研，注目中良。

附：　隨風子，大小如茴香粒，微有稜路。○味酸、甘，微澀，溫，無毒。治痰嗽，咽喉不利，含叁數枚殊勝。○《局方》嘉禾散中用隨風子，註云如無，揀緊小訶子實者代，亦得。

元・王好古《湯液本草》卷五　訶黎勒　氣溫，味苦。苦而酸，性平，味厚，陰也，降也。苦重酸輕，無毒。《象》云：主腹脹滿，不下飲食，消痰下氣，通利津液，破胸膈結氣，治久痢赤白，腸風。去核，搗細用。《心》云：《經》曰：肺苦氣上逆，急食苦以泄之，以酸補之。苦重瀉氣，酸輕不能補肺，故嗽藥中不用。俗名訶子、隨風子。《本草》云：主冷氣，心腹滿，下食。仲景治氣痢，以訶黎勒十枚，麪裹，煻灰火中煨之。令麪黃熟，去核，細研為末，和粥飲頓服。《衍義》云：氣虛人亦宜緩緩煨熟，少服。此物能澀腸而又泄氣，蓋其味苦澀故爾。其子未熟時，風飄墮者，謂之隨風子。

元・尚從善《本草元命苞》卷七　訶梨勒　為使。味苦，溫，無毒。雖云澁腸，而又泄氣。主冷氣心腹脹滿，消宿食，開胃調中。止腸風瀉血，崩中帶下。療霍亂嘔吐，腎氣賁肫。利津液，破骨膈結氣，消痰飲，泄肺經喘急。治產後陰疼，和蠟燒薰，及熱煎湯薰，通手後洗之。安胎動欲生。出交、愛州，今嶺南有，廣州最盛。八月採實。株似木梡，花白，實若梔子，青黃，皮肉相着，形有六稜，未熟風飄墮，謂之隨風子，益小益貴，曝乾收之。

元・朱震亨《本草衍義補遺》　訶子　下氣，以其味苦而性急喜降。《經》曰：肺苦急，急食苦以瀉之。謂降而下走也。氣實者宜之。若氣虛者，似難輕服。○訶子，即訶梨勒也。六路，黑色肉厚者良。此物雖澁腸，又泄氣，蓋其味苦澁。又：其子未熟時，風飄墮者，謂之隨風子，尤珍貴，小者益佳。治痰嗽，咽喉不利，含三五枚，殊勝。又云：治肺氣因火傷極，遂欝遏脹滿，蓋其味酸苦，有收斂降火之功也。

元・徐彥純《本草發揮》卷三　訶梨勒　東垣云：訶梨勒，味苦而酸，性平，味厚，陰也，苦重酸輕。《經》云：肺苦氣上逆，急食苦以泄之，以酸補之。苦重能泄肺氣，酸輕不能補肺，故嗽藥中不用。丹溪云：訶子下氣，以其味苦而性急喜降。《經》曰：肺苦急，食苦以瀉之。謂降而下是也。其氣實者宜之，若氣虛者似難輕服。又云：訶子能治肺氣因火傷極，遂鬱遏脹滿。蓋其味酸苦，有收斂降火之功故也。

明・王綸《本草集要》卷四　訶黎勒　味苦酸，氣溫。性急喜降。無毒。六稜，黑色肉厚者良。取皮去核用。　主冷氣心腹脹滿，胸膈結氣，泄逆氣，消痰除煩，下食開胃，澀腸，止久痢赤白，及氣痢霍亂吐瀉。又治肺氣因火傷，極鬱遏脹滿，喘急咳嗽。味酸苦，故有收斂降火之功。氣虛者亦少用。痰嗽，咽喉不利，含二三枚殊勝。

明・滕弘《神農本經會通》卷二　訶梨勒　使也。俗名訶子，隨風子。六稜，黑色，肉厚者良。取皮，去核用。文止有六路，或多或少，並是雜路勒，不入用。七八月實熟時採。　味苦，氣溫，無毒。《湯》云：氣溫，味苦。苦而酸，性平，味厚，陰也，降也。苦重酸輕，無毒。蕭炳云：苦、酸。《海藥》云：味酸，澁，溫。東云：生津止渴，療滑泄。《珍》云：瀉肺，無補功，嗽藥不為用。《疐》云：主開胃，消食化痰，及冷氣，除崩漏，腸風，奔豚及止痢。

《本經》云：　主冷氣，心腹脹滿，下食。蕭炳云：　苦、酸。下宿物，止腸澼久洩，赤白痢。波斯舶上來者，六路，黑色，肉厚者良。《藥性論》云：　訶梨勒，使。亦可單用。味苦、甘。能通利津液，主破胸膈結氣，止水道，黑髭髮。日華子云：　消痰下氣，除煩，治水調中，止瀉痢，霍亂賁㹠，腎氣肺氣喘息，消食開胃，腸風瀉血，崩中帶下，五膈氣。懷孕未足月人漏胎，及胎動欲生。脹悶氣喘，并患痢人後分急痛，并產後陰痛，和蠟燒熏，及熱煎湯熏，通手後洗。《圖經》云：　訶梨勒，主痢。《本經》不載，張仲景治氣痢，以訶勒十枝，麪裹，糖灰火中煨之令麪黃熟，去核，細研為末，和粥飲頓服。唐劉禹錫《傳信方》云：　予曾苦赤白下，諸藥服遍，久不差，轉為白膿，用訶梨勒三枚上好者，兩枚炮，取皮，一枚生取皮，同末之，以沸漿水一兩，合服之，淡水亦得，若空水痢，加一錢匕甘草末；　若微有膿血，加二匕；　若血多，加一匕，皆効。又取其黑人，白蜜研，注目中，治風赤澁痛，神良。其子未熟時，風飄墮者，謂之隨風子。暴乾收之。彼人尤珍貴，益小者益佳。治痰嗽，咽喉不利，含三數殊勝。《海藥》云：　味酸，澁，溫，無毒。主五鬲氣結，心腹虛痛，赤白諸痢，及嘔吐咳嗽，並宜使皮。其主嗽。肉，炙，治眼澁痛。方家使六路訶梨勒，即六稜是也。《象》云：　主腹脹滿，不下飲食，消痰下氣，通利津液，破胸膈結氣，治久痢赤白，腸風。去核，搗細用。《心》云：　《經》曰肺苦氣上逆，急食苦以泄之，以酸補之。苦重瀉氣，酸輕不能補肺，故嗽藥中不用。俗名訶子。《衍義》云：　氣虛人亦宜緩緩煨熟，少服。此物能澁腸，而又泄氣。蓋其味苦澁故爾。丹溪云：　下氣，以其味苦而性急喜降。《經》曰肺苦急，急食苦以瀉之，謂降而下走也。氣實者宜之，若氣虛者似難輕服。《衍義》云：　此物雖澁腸，又泄氣，其味苦澁。又云：　治肺氣因火傷極，遂欝遏脹滿，蓋其味酸苦，有收斂降火之功。劊云：　訶梨勒苦能開胃，冷氣奔豚是本功。消食化痰并止痢，更除崩漏及腸風。即《局方》訶梨勒，瀉痢有功。

明・劉文泰《本草品彙精要》卷二〇　訶梨勒無毒。附隨風子。　植生。

訶梨勒：　主冷氣，心腹脹滿，下食。名醫所錄。　【名】隨風子即未熟風飄墮者。　【苗】《圖經》曰：　株似木梡，花白，子似梔子，青黃色，皮肉相著。七八月實熟時採，六路者佳。《嶺南異物志》云：　廣州法性寺有四五十株，子極小而味不澀，皆是六路，每歲州貢，只以此寺者。　其子未熟時被風飄墮者，謂之隨風子，彼人尤珍貴，益小者益佳。雷公云：　有毗梨勒、罨梨勒、榔精勒、雜路勒，若訶梨勒文只有六路也。或多或少並是毗、雜路勒，個個皆圓，露文或八路至十三路，號曰榔精勒，多澀不堪用。　【地】《圖經》曰：　生交、愛州，今嶺南皆有。【道地】廣州者最勝，波斯舶上者良。　【時】生：　春生葉。採：　七月、八月取實。　【收】暴乾。　【用】子肉厚，六稜者良。【質】類橄欖而有稜。　【色】青黃。　【味】苦，酸。　【性】溫。　【氣】氣薄味厚，陰中之陽。　【臭】香。　【主】心腹脹滿，止瀉痢。　【製】《雷公》云：　凡用，先於酒內浸，然後蒸一伏時，取出，以刀削路，剉焙乾用之。或生用。【治】療：　《圖經》曰：　止痢。《藥性論》云：　通利津液，破胸膈結氣，止水道，黑髭髮。日華子云：　消痰下氣，除煩，治水調中，止霍亂，奔豚腎氣，肺氣喘急，消食開胃，腸風瀉血，崩中帶下，五膈氣，及懷孕未足月人漏胎，並胎動欲生，脹悶氣喘。蕭炳云：　下宿物，止腸澼，久泄赤白痢。《圖經》曰：　隨風子，療痰嗽，咽喉不利。　【合治】合蠟燒熏及煎湯熏洗，療患痢人後分急痛并產後陰痛。　【禁】氣虛人忌多服。　【贋】毗、雜路勒，榔精勒爲偽。

明・葉文齡《醫學統旨》卷八　訶子　氣溫，味苦而酸。沉而降，陰也。無毒。六稜，黑色，肉厚者良。去核用。　治冷氣心腹脹滿，胸膈結氣，泄逆氣，消痰除煩，下食開胃，澁腸，止久痢赤白及氣痢，脾泄不止；　又治肺氣因火傷極欝遏脹氣，喘急咳嗽。味酸苦，故有收斂降火之功。氣虛者亦少用；　暴嗽、初瀉不可驟用。戒之！

明・許希周《藥性粗評》卷二　瀉氣快疾趨之勢，訶子多能。

訶子，即訶黎勒也。樹似木槵，六月開白花，結子形如梔子，青黃色，皮肉松着，八月而熟，則黑色，以六路者為佳。生交廣州郡。八月採實，陰乾。其未熟時風飄墮者，謂之隨風子，暴乾，尤為可嗽。凡用以刀削路，細剉焙乾用之。所使并所畏惡，《本草》不載。味苦、酸，性微溫，無毒。入手太陰肺經。主治冷氣奔豚，腸風崩漏，赤白痢疾，心腹脹滿，胸膈喘逆，消痰下氣，開胃消食，生津液，止水道，黑髭髮，通利五臟。丹溪云：　訶子下氣，以其味苦而性急，喜降，有收斂降火之功，其氣實者宜之。若氣虛者，似難輕服。《衍義》云：　氣虛人亦宜緩緩煨熟，少服。

單方：　常患氣疼：　訶子三枚，濕紙裹煨，以紙焦為度，剝去核，細嚼，以薑湯漱下，日三服。久染痢疾：　訶子三枚，麪裹，炮赤，去麪取皮，為細末，飯丸梧桐子大，空心米飲下三七丸，立效。

明・鄭寧《藥性要略大全》卷三　訶子一名訶黎勒　生津止渴，治嗽開音。療滑泄，主冷氣心腹脹滿悶，及能下食。《經》云：黑髭髮，消痰，破結氣，除煩。治水調中，止瀉利霍亂，賁㹠腎氣，肺氣喘急，消食開胃，止腸風瀉血，崩中帶下，胎漏，胎動脹悶。李氏云：消痰下氣，除脹滿，進食。其子未熟時飄墜者，為之隨風子，尤珍貴。益小者益佳。張仲景云：肝氣上逆，急食苦以瀉之，以酸補之。訶子苦重酸輕，苦重泄氣，酸輕不能補肺，故嗽藥中不用。氣虛人不宜多服，以其能澁腸而又泄氣故也。味苦、酸，氣溫。性急喜降，無毒。六稜、黃而帶黑色、肉厚者佳。煨熟，去核取皮用。極能止瀉和胃也。

明・陳嘉謨《本草蒙筌》卷四　訶黎勒　味苦、酸，氣溫。苦重酸輕，性急喜降，陰也。無毒。嶺南俱生，廣州獨勝。六稜黑色為美，火煨去核纔煎。消宿食，去腹膨，且通津液；破結氣，止久痢，兼遂腸風。開胃澁腸，歐痰住嗽。又因其味酸苦，有收斂降火之功。故能治肺金傷極鬱遏，脹滿喘急欬嗽無休也。

明・王文潔《太乙仙製本草藥性大全》卷三《本草精義》　訶梨勒　俗名訶子，一名隨風子。生交、愛州，今嶺南皆有，而廣州最盛。株似木梡，花白，子似梔子，青黃色，皮肉相著。七月八月實熟時採。六路者佳。《嶺南異物志》：廣州法性寺佛殿前有四五十株，子極細，而味不澁，皆是六路。每歲州貢只是此寺者。寺有古井，木根蘸水，水味不鹹，每子熟時有佳客至，則院僧煎湯以延之。其法用新摘訶子五枚，甘草一寸，皆碎，汲木下井水同煎，色若新茶。今其寺謂之乾明，舊木猶有六七株，古井亦在。南海風俗尚貴此湯，然煎之不必盡如昔時之法也。訶梨勒主痢。

按：《南州記》云：生南海諸國，味酸澁，溫，無毒。主五鬲氣結，心腹虛痛，赤白諸痢及嘔吐。並宜使皮，其主嗽，肉炙治眼澁痛。方家使六路訶梨勒即六稜是也。按波斯將訶梨勒、大腹等舶上，用防不虞，或遇大魚放涎滑水中數里不通紅也，遂乃煮此洗其涎滑，尋化爲水，可量治氣功力者乎！大腹，訶子性燋者是近鐺下，故中國種不生，故梵云訶梨恒雞，謂唐言天堂未並只此也。

明・王文潔《太乙仙製本草藥性大全》卷三《仙製藥性》　訶黎勒使　味苦、辛，氣溫，苦重酸輕，性急喜降，陰也，無毒。主治：消宿食，去腹膨，且通津液。破結氣，止久痢，兼逐腸風。開胃澁腸，歐痰住嗽。又因其味酸苦，有收斂降火之功，故能治肺金傷極鬱遏，脹滿喘急欬嗽無休也。補註：氣痢，以十枚，麪裹，煻灰火煨令麪黃熟，去核細研爲末，和粥飲頓服。○赤白帶服藥不效，轉爲白膿，用上好者，二枚炮去皮，一枚生取皮，同爲末，以沸漿水一二合服，淡水亦好。若水瀉，加甘草末一錢；微有膿血，加二錢，血多加三錢，效。○核，白蜜研，注目中，治風赤澁。治一切風痰，霍亂，食不消，大便澀，以三枚，搗取皮，和酒頓服。治風熱衝項熱悶，以〔訶〕黎二枚，大黃、芒硝同於醋中攪令消，摩傅熱處。○久嗽者，亦用一枚含之，嚥汁，差後口爽不知食味，却煎檳榔湯服之。治嘔逆不能食，以皮二兩，去核，熬爲末，煉蜜丸如梧仁大，空心服二十丸。治常患氣，以三枚，濕紙裹煨，紙乾即剝去核，細嚼，以生乳一升下。治一切氣，宿食不消，以一枚夜含之，至明嚼服。治水痢，以三顆，麪裹炮赤，去麪取訶黎勒皮，搗爲末，飯和爲丸，米飲下三七丸。○下氣消食，并茶青色訶黎一枚，打碎爲末，於銀器中，水一大升，煎兩三沸，後下訶黎更煎三五沸，候如麴塵色，著少鹽服。隨風子：其子未熟時，被風飄墮者，故名。曝乾收之，彼尤珍貴。益小者益佳。主治：治痰嗽，咽喉不利，含數枚殊勝。太乙曰：凡使勿用毗黎勒、菴黎勒、榔精勒、雜路勒。若訶黎勒文只有六路，或多或少並是雜路勒、毗路勒、個個毗，雜路勒皆圓露，文或八路至十三路，號曰榔精勒，多澁，不入用。凡修事先於酒內浸，然後蒸一伏時，其訶黎勒以刀削路，細剉，焙乾用之。

明・皇甫嵩《本草發明》卷四　訶黎勒即訶子。下品，佐使。氣溫，味苦、酸，無毒。味厚，降也，陰也。　發明曰：訶黎勒，苦以泄氣，酸以收斂，故《本草》主冷氣，心腹脹滿，下食。註云開胃，通津液，消痰，破胸膈結氣，由其苦能泄氣也。止久痢赤白，腸風瀉血，崩中帶下，胎漏胎動，由酸以收斂也。又肺因火傷，極鬱遏脹滿，喘急咳嗽用之，以收斂降火之功。氣虛人宜緩緩煨熟，少服，此物能澁腸，又泄氣，其味苦澁故耳。痰嗽，咽喉不利，含二三枚，殊勝。○其子，未熟時風搖墮者，名隨風子，尤珍貴，小者益佳。凡用，只是六稜，黑色為美。慢火煨，去核了用之。

明・李時珍《本草綱目》卷三五木部・喬木類　訶黎勒《唐本草》

【釋名】訶子時珍曰：訶黎勒，梵言天主持來也。　【集解】恭曰：訶黎勒生交州、愛州。頌曰：今嶺南皆有而廣州最盛。樹似木梡，花白。子形似巵子、橄欖，青黃色，皮肉相着。七月、八月實熟時采，六路者佳。《嶺南異物志》云：廣州法性寺有四五十株，子極小而味不濇，皆是六路。每歲州貢，只以此寺者。寺有古井，木根蘸水，水味不鹹。每子熟時，有佳客至，則院僧煎湯以延之。其法用新摘訶子五枚，甘草一寸，破之，汲井水同煎，色若新茶。今其寺謂之乾明古寺，尚在，舊木猶有六七株。南海風俗尚貴此湯，然煎之不必盡如昔時之法也。訶子未熟時，風飄墮者，謂之隨風子，暴乾收之，益小者佳，彼人尤珍貴之。蕭炳曰：波斯舶上來者，六路黑色肉厚者良。六路即六稜也。斅曰：凡使勿用毗黎勒，個個毗頭也。若訶黎勒文只有六路。或多或少，並是雜路勒，皆圓而露，文或八路至十三路，號曰榔精勒，濇不堪用。

【修治】斅曰：凡用訶黎勒，酒浸後蒸一伏時，刀削去路，取肉剉焙用。用核則去肉。

【氣味】苦，温，無毒。權曰：苦、甘。炳曰：苦、酸。珣曰：酸，濇，温。好古曰：苦、酸，平。苦重酸輕，味厚，陰也，降也。

【主治】冷氣，心腹脹滿，下食《唐本》。破胸膈結氣，通利津液，止水道，黑髭髮甄權。下宿物，止腸澼久洩，赤白痢蕭炳。消痰下氣，化食開胃，除煩治水，調中，止嘔吐霍亂，心腹虚痛，奔豚腎氣，肺氣喘急，五膈氣，腸風瀉血，崩中帶下，懷孕漏胎，及胎動欲生，脹悶氣喘。并患痢人肛門急痛，産婦陰痛，和蠟燒烟熏之，及煎湯熏洗大明。治痰嗽咽喉不利，含三數枚殊勝蘇頌。實大腸，斂肺降火震亨。

【發明】宗奭曰：訶黎勒，氣虚人亦宜緩緩煨熟少服。此物雖濇腸而又泄氣，其味苦濇故爾。杲曰：肺苦氣上逆，急食苦以泄之，以酸補之。訶子苦重瀉氣，酸輕不能補肺，故嗽藥中不用。震亨曰：訶子下氣，以其味苦而性急。肺苦急，急食苦以瀉之，謂降而下走也，氣實者宜之。若氣虚者，似難輕服。又治肺氣，因火傷極，遂鬱遏脹滿。其味酸苦，有收斂降火之功也。時珍曰：訶子同烏梅、五倍子用則收斂，同橘皮、厚朴用則下氣，同人參用則能補肺治咳嗽。東垣言嗽藥不用者，非矣。但欬嗽未久者，不可驟用爾。嵇含《草木狀》言作飲久服，令髭髮白者變黑，亦取其濇也。珣曰：訶黎皮主嗽，肉主眼濇痛。波斯人將訶黎勒、大腹等在船上，用防不虞。或遇大魚放涎滑水中數里，船不能通，乃煮此洗其涎滑，尋化爲水，則其治氣消痰功力可知矣。慎微曰：《金光明經》言流水長者除病品云：熱病下藥，服訶黎勒。又《廣異記》云：高仙芝在大食國得訶黎勒，長三寸，置抹肚下，便覺腹中痛，因大利十餘行，疑訶黎勒爲祟。後問大食長老。云：此物人帶一切病消，利者乃出惡物爾。仙芝寶之，後被誅，失所在。頌曰：訶黎主痢，《唐本草》不載。張仲景治氣痢有方。唐劉禹錫《傳信方》云：予曾苦赤白下，諸藥服遍久不瘥，轉爲白膿。令狐將軍傳此方：用訶黎勒三枚，兩炮一生，並取皮末之，以沸漿水一合服之。若只水痢，加一錢匕甘草末；若微有膿血，加三匕；血多，亦加三匕。

【附方】舊九，新六。下氣消食：訶黎一枚爲末，瓦器中水一大升，煎三兩沸，下藥更煎三五沸，如麴塵色，入少鹽，飲之。《食醫心鏡》。一切氣疾：宿食不消。訶黎一枚，入夜含之，至明嚼嚥。〇又方：訶黎三枚，濕紙包，煨熟去核，細嚼，以牛乳下。《千金方》。氣嗽日久：生訶黎一枚，含之嚥汁。瘥後口爽，不知食味，却煎檳榔湯一盌服，立便有味。此知連州成密方也。《經驗方》。嘔逆不食：訶黎勒皮二兩，炒研，糊丸梧子大。空心湯服二十丸，日三服。《廣濟方》。風痰霍亂：食不消，大便濇。訶黎三枚，取皮爲末。和酒頓服。三五次妙。《外臺秘要》。小兒霍亂：訶黎一枚，爲末。沸湯服一半，未止再服。《子母秘録》。小兒風痰：壅閉，語音不出，氣促喘悶，手足動摇。訶子半生半炮去核、大腹皮等分，水煎服。名二聖散。《全幼心鑒》。風熱衝頂：熱悶。訶黎二枚爲末，芒硝一錢，同入醋中，攪令消，磨塗熱處。《外臺秘要》。氣痢水瀉：訶黎勒十枚麪裹，煻火煨熟，去核研末，粥飲頓服。亦可飯丸服。一加木香。〇又長服方：訶黎勒、陳橘皮、厚朴各三兩，搗篩，蜜丸大如梧子。每服二三十丸，白湯下。《圖經本草》。水瀉下痢：訶黎勒炮二分，肉豆蔻一分，爲末。米飲每服二錢。《聖惠方》。下痢轉白：訶子三個，二炮一生，爲末，沸湯調服。水痢，加甘草末一錢。《普濟方》。赤白下痢：訶子十二個，六生六煨，去核，焙爲末。赤痢，生甘草湯下；白痢，炙甘草湯下。不過再服。趙原陽《濟急方》。妬精下疳：大訶子燒灰，入麝香少許，先以米泔水洗，後搽之。或以荆芥、黄蘗、甘草、馬鞭草、葱白煎湯洗亦可。昔方士周守真醫唐靖爛莖一二寸，用此取效也。洪邁《夷堅志》。

核

【主治】磨白蜜注目，去風赤痛，神良蘇頌。止欬及痢時珍。

葉

【主治】下氣消痰，止渴及洩痢，煎飲服，功同訶黎。時珍。〇唐包佶有病中謝李吏部惠訶黎勒葉詩。

題明·薛己《本草約言》卷二《藥性本草》　訶黎勒即訶子。味苦、酸，氣溫，無毒。味厚，陰也，降也。苦而能降，酸而能澁，故有固滑泄、止久痢、澁腸之功，除腸滿、止咳嗽、泄氣之力。收斂降火，急于下行。元氣怯弱，不可多餌。入足厥陰陽明少陰、手太陰陽明經。六稜黑色肉厚者良。入藥須用濕麪裹煨熟，不爾致脹。去核取皮用。味苦酸澁，有收斂降火之功。性急喜降，氣實者宜之。氣虛者恐反泄，不宜多服。未熟時風飄墜者，謂之隨風子，尤珍貴。〇初瀉痢不宜驟用，恐積未盡去也。《本草》不入嗽藥，以其味不大酸耳，然入之甚驗，無妨。〇痰嗽咽喉不利，含二三枚殊勝。

明·梅得春《藥性會元》卷中　訶子　味苦、酸，氣溫。沉而降，陰也。無毒。一名訶梨勒。六稜、黑色、肉厚者良。去核用皮。主治咳嗽，瘵滑泄，止瀉痢，下胃脘中食，降痰火，除崩漏，逐冷氣，療奔豚，治腸風下血，心腹脹滿，開胸膈結氣，消下逆虛煩及澁腸，赤白泄痢可止。咽喉腫痛堪醫。又療肺氣因火傷極，以前有收斂降火之功也。其味苦而性急，喜降。《經》曰：肺苦急，急食苦以瀉之，謂降而下走也。氣實者宜之，若真氣虛弱之人，似難輕服。此藥雖澀腸，又瀉氣，蓋其味苦澀。其子未熟時，風飄墜者謂之隨風子，尤珍貴，小者亦佳。治嗽疾，咽喉不利，含三枚殊勝。暴瀉、初嗽者戒之。

明・李中立《本草原始》卷四　訶梨勒　始生交、愛州，今嶺南皆有，而廣州最勝。株似木梡，花白，子似梔子，青黃色，皮肉相着。八月采實，六路者佳。梵言天主持來也。俗呼訶子。　氣味：　苦，溫，無毒。主治：　冷氣心腹脹滿，下食。〇破胸膈結氣，通利津液，上水道，黑髭髮。〇下宿物，止腸澼久洩，赤白痢。〇消痰下氣，化食開胃，除煩治水，調中，止嘔吐霍亂，心腹虛痛，奔豚腎氣，肺氣喘急，五膈氣，腸風瀉血，崩中帶下，懷孕漏胎及胎動欲生，脹悶氣喘。并患痢人肛門急痛，產婦陰痛，和蠟燒烟熏之，及煎湯熏洗。〇治痰嗽，咽喉不利，含三數枚殊勝。〇實大腸，斂肺降火。

訶梨勒，《唐本草》【圖略】。有白色者，有青黃色者，有蒼黑色者。　修治：　酒浸後蒸一伏時，刀削去路，取肉剉焙用。用核去肉。今用多火炮，去核用肉。六路黑色，肉厚者良。

好古曰：　苦、酸，平，苦重酸輕，味厚，陰也，降也。　《千金方》：　治一切氣疾，訶子三枚，濕紙包煨熟，去核，細嚼，以牛乳下。　訶梨勒，使。

明・張懋辰《本草便》卷二　柯子勒　味苦、酸，氣溫，性急喜降，無毒。主冷氣，心腹脹滿，胸膈結氣，泄逆氣，消痰除煩，下食開胃，澁腸止久痢。

明・盧復《芷園臆草題藥》　訶黎勒　宜用極大者，有力。六路者方真。佛書摩訶，此云大高仙芝。得三寸者，佩即去疾，可證當用大者矣。化魚涎成水，治津液成痰之驗也。痰與宿病去，必然下利流水，長者所云，奚疑？

明・李中梓《藥性解》卷五　訶梨勒　味苦、酸澁，性溫，無毒，入肺、肝、脾、腎、大腸五經。主冷氣心腹脹滿，久瀉痢，霍亂喘急，腸風瀉血。崩中帶下，奔㹠腎氣，開胃消食，生津止渴，治嗽開音，酒浸蒸熟用。未熟時風飄墜者，謂之隨風子。肺因火傷，鬱退脹滿，痰嗽咽喉不利者，含三四枚者殊勝。

按：　訶梨勒，酸以瀉肝收肺，苦以堅腎瀉脾，澀以厚大腸，五經之入所由來也。終是酸澀之劑，久瀉痢者宜之，若積初起而用之，與丹溪痢無止法意相左矣！《衍義》曰：　氣虛人亦宜緩緩煨熟少服，雖能澀腸，又能洩氣故也。丹溪云：　訶梨勒文只有六路，或多或少，此是毗梨勒、罨梨勒、榔精勒、雜路勒，並不宜用。

明・繆希雍《本草經疏》卷一四　訶黎勒　味苦，溫，無毒。主冷氣心腹脹滿，下食。

【疏】訶黎勒，其味苦澀，其氣溫而無毒。苦所以洩，澀所以收，溫所以通。惟斂故能主冷氣心腹脹滿，惟溫故能下食。甄權用以止水道，蕭炳用以止腸澼久洩，蘇頌用以療腸風瀉血，帶下，朱震亨用以實大腸。無非苦澀收斂治標之功也。　【主治參互】得人參，治肺虛受寒喘嗽。　得橘皮、砂仁，主冷氣入內，心腹脹滿及因寒食不下。　得益智，止氣虛寒小水不禁。　佐樗根白皮，止腸澼瀉血。　佐白朮、蓮實，止久洩因於虛寒。　同蛇牀子、五味子、山茱萸、杜仲、續斷，止虛寒帶下。　同人參、肉荳蔻，則實大腸。　【簡誤】訶子性溫而味澀，澀主斂，不主散。故咳嗽因於肺有實熱，泄瀉因於濕熱所致，氣喘因於火逆衝上，帶下因於虛熱，而不因於虛寒，及腸澼初發，濕熱正盛，小便不禁，因於腎家虛火，法竝忌之。至於滯下必本濕熱，喘嗽實由肺火，用之立致殺人，不可不深戒也！　東垣謂苦重瀉氣，酸輕不能補肺，故嗽藥中不用，亦此意耳。

明・倪朱謨《本草彙言》卷九　訶黎勒　味苦、酸，澀，氣溫，無毒。味厚，陰也，降也。　蘇氏曰：　訶黎勒，出波斯國，今嶺南廣州亦有之。樹似木梡，開白色花，作實如梔子，橄欖狀，色青黃，皮與肉相着。七八月熟，具六稜，肉厚者佳。　雷氏曰：　入藥勿用毗黎勒，個個毗頭者是也。若訶黎勒，實只有六稜，或稜多稜少者，俱是雜路勒。圓而文露，或十二三稜，號榔精勒，味澀不堪用。　修治：　用酒浸半日，濕草紙，包煨片刻，入石臼內搗細。肉、核一總用。

訶黎勒：　〇蕭炳澀腸止痢之藥也。〇周志含稿味本苦澀，苦能泄滯，澀能斂脫，故《唐本草》主心腹冷氣，咳嗽脹滿，此取苦以洩滯也。蕭元亮止赤白下利，腸澼久泄，此取澀以斂脫也。如甄氏方用以止水道不禁。蘇氏方用以療腸風瀉血，帶下白淫，亦不外此收澀固脫之意耳。但其氣性溫而不涼，斂而不散，如泄瀉痢疾，因于濕熱；　腸紅帶下，因于鬱火；　咳嗽，因于火逆衝上；　小便不禁，因于腎熱頻數者，咸宜忌之。

集方：○陸氏《御院方》治心腹冷氣，氣逆脹滿。用訶黎勒三個，酒潤，草紙裹煨熟，肉與核共搗細，砂仁五錢，白芥子四錢，白豆仁三錢，共研末，水發爲丸，黍米大。每早晚各服二錢，燈心湯下。○趙府《濟急方》治咳嗽，氣虚散不止者。用訶黎勒三個，製法同前。北五味子、川貝母各三錢，杏仁霜一錢，真阿膠五錢，蛤粉拌炒成珠，共爲細末。每早晚各服二錢，白湯調下。○徐阿媽家傳治赤白下痢久不止。用訶黎勒三個，製法同前。白芍藥五錢醋炒，甘草炒，共爲末。每早服三錢，白湯調下。○林汝南方治腸澼久泄血水。用訶黎勒五個，製法同前。白米、蓮肉、白芍藥各五錢，甘草三錢，俱用米醋拌炒，共爲末。每早食前服三錢，白湯下。○治小水頻行不禁。用訶黎勒三個，製法同前。益智子、山茱萸肉、山藥、茯苓各五錢。分作十劑，水煎服。○治腸風瀉血。用訶黎勒十個，製法同前。白芷、防風、秦艽各一兩，俱微炒，研爲末，米糊丸，梧桐子大。每早晚各服三錢，白湯下。○《醫林集要》治白帶白淫，因虚寒者。用訶黎勒十個，製法同前。白朮、黄耆、當歸、杜仲、蛇床子、北五味子、山茱萸肉各二兩，俱炒，研爲末，煉蜜丸，梧桐子大。每早服三錢，白湯下。○治口瘡經久不愈。用訶黎勒五個，製法同前。配好冰片一分，共研匀細，不時摻入少許口含，徐徐嚥下。○治老人氣虚，不能收攝，小水頻行，緩放即自遺下，或涕淚頻來，或口涎不收。用訶黎勒，不用煨製，取肉，時時乾嚼化，徐徐含嚥，諸證即止。

參苓白朮散加減方治氣虚泄瀉。用訶黎勒、肉豆蔻，俱用麪裹煨，人參、白朮、茯苓、山藥、砂仁、藿香、陳皮、乾薑、蓮肉、甘草各二錢，加生薑二片，黑棗二個。水煎服。○《方脉正宗》治大人小兒冷熱不調，下痢赤白，或如膿血魚腦，裏急後重，臍腹疼痛，或脱肛下墜，酒毒便紅，并皆治之。用訶黎勒煨去核，甘草、白芍藥、枳殼、白朮、肉豆蔻麪裹煨，各一錢，肉桂八分，人參、當歸各一錢二分，木香八分，水煎服。○藏熱者，加黄連一錢。寒者，加便製附子一錢。

明・姚可成《食物本草》卷二〇木部・喬木類 訶黎勒生嶺南，廣州最盛。樹似木槵，花白。子形似橄欖，青黄色，皮肉相着，七八月成熟，六稜者佳。《嶺南異物志》云：廣州法性寺有四五十株，子極小而味不澀，皆是六路。每歲州貢，只以此寺者。寺有古井，木根蘸水，水味不鹹。每子熟時，有佳客至，則院僧煎湯以延之。其法：用新摘訶黎勒五枚，甘艸一寸，破之，汲井水同煎，色若新茶。今其寺謂之乾明古寺，尚在，舊木猶有六七株。南海風俗尚貴此湯，然煎之不必盡如昔時之法也。訶黎勒未熟時隨風飄墮者，謂之隨風子，暴乾收之，益小者佳，彼人尤珍貴之。

訶黎勒，味苦，温，無毒。治冷氣，心腹脹滿，下食。破胸膈結氣，通利津液，止水道，黑髭髮。下宿物，止腸澼久洩，赤白痢。消痰下氣，化食開胃，除煩治水。調中，止嘔，霍亂，心腹虚痛。奔豚腎氣，肺氣喘急，五膈氣。腸風瀉血，崩中帶下，懷孕漏胎及胎動欲生，喘悶氣脹。并患痢人肛門急痛，産婦陰痛，和蠟燒烟熏之，及煎湯熏洗。治痰嗽咽喉不利，含三二枚殊勝。實大腸，斂肺降火。嵇含《艸木狀》言，作飲久服，令髭髮白者變黑。《廣異記》云：高仙芝在大食國得訶黎勒，長三寸，置抹肚下，便覺腹中痛，因大利十餘行，疑訶黎勒為祟。後問大食長老云：此物人帶，一切病消。下利者，乃出惡物爾。仙芝寶之，後被誅，失所在。

葉 治氣，消食消痰，止渴及洩痢，煎飲服，功同訶黎勒。唐包佶有《病中謝李吏部惠訶黎勒葉》詩。

附方：劉禹錫《傳信方》云：予苦赤白下利，諸藥不效，轉為白膿。令狐將軍傳此方，用訶黎勒三枚，兩炮一生，竝取皮末之，以滾水服下。若只水瀉，加甘艸末一錢，有積加三錢。

治小兒風痰壅閉，語音不出，氣促喘悶，手足動搖。訶子半生半炮，去核，大腹皮等分，水煎服。

治下疳。大訶子燒灰，入麝少許。先以米泔水洗，後搽之，或以荊芥、黄檗、甘艸、馬鞭艸、葱白煎湯洗亦可。昔方士周守真醫唐靖爛莖一二寸，用此取效也。出洪邁《夷堅志》。

明・顧逢柏《分部本草妙用》卷四肺部・温濇 訶子 苦，温，無毒。主治：冷氣，心腹脹滿，下食，破胸膈結氣，消痰開胃，除煩，治水，肺氣喘急，五膈腸風瀉血，崩帶漏胎，胎動，脹悶氣喘。肛門陰戶痛，和蠟燒煙熏之，及煎湯熏洗。實大腸，斂肺降火。 訶子澀腸而又泄氣，若氣虚者，不可輕服。惟肺火鬱遏，脹滿而氣實者宜之。時珍曰：訶子同烏梅、五倍用則收斂。同陳皮、厚朴用則下氣。同參、朮用則補肺。治嗽，嗽未久者，不宜遽斂，以性太酸收爾。

明・李中梓《醫宗必讀・本草徵要下》 訶黎勒味苦，温，無毒。入肺、大腸二經。蒸，去核，焙。 固腸而洩痢咸安，斂肺而喘嗽俱止。利咽喉而通津液，下食積而除脹滿。按：其主用，皆溫濇收斂之功，若肺有實熱，瀉痢因濕熱，氣喘因火沖，法咸忌之。

明·鄭二陽《仁壽堂藥鏡》卷二　訶黎勒　《圖經》云：今嶺南廣州最盛。似梔子，青黃色。　氣溫，味苦。苦而酸，性平。味厚，陰也，降也。苦重，酸輕。無毒。　《象》云：主腹脹滿，不下飲食，消痰下氣，通利津液，破胸膈結氣。治久痢赤白，腸風。去核，搗細用。　《心》云：《經》曰：肺苦氣上逆，急食苦以泄之，以酸補之。苦重瀉氣，酸輕不能補肺，故嗽藥中不用。俗名訶子、隨風子。　《本草》云：主冷氣，心腹滿，下食。仲景治氣痢，以訶黎勒十枚，麪裹，煻灰火中煨之，令麪黃熟，去核，細研為末，和粥飲頓服。《衍義》云：氣虛人亦宜。緩緩煨熟，少服。此物能澁腸而又泄氣，蓋其味苦澁故爾。其子未熟時，風飄墮者，謂之隨風子。　氣虛及暴嗽、初瀉痢者，不可輕用，收澁故也。

明·李中梓《頤生微論》卷三　訶子　一名訶黎勒。味苦澁，性溫，無毒。入肺、大腸二經。清喉生用，止瀉煨用，俱去核。固腸止瀉，斂肺止嗽，降火消痰，利咽喉，通津液，下食積，除脹滿，破結氣；開胃止嘔吐，久服令鬚髮變黑；主腸風瀉血，崩中帶下，胎漏。新補。

按：訶子能濇腸，然下氣太急，虛人不可獨用，同人參能補肺，同白术能益脾，同五味能斂肺，同橘皮能下氣。波斯國人遇大魚放涎滑數里，舟不能行，乃投訶子，其滑化為水，則其化痰消涎，從可想見矣。咳嗽未久，瀉痢新起者，皆在禁例。

明·張景岳《景岳全書》卷四九《本草正》　訶子　味苦、酸、澁，氣溫。苦重酸輕，性沉而降，陰也。能消宿食膨脹，止嘔吐霍亂，定喘止嗽。破結氣，安久痢，止腸風便血，降痰下氣，開滯澁腸，通達津液。療女人崩中胎漏帶濁，經亂不常。若久痢肛門急痛，或產婦陰痛者，宜和蠟燒烟薰之，或煎湯薰洗亦可。若痰嗽咽喉不利，宜含數枚，咽津殊效。其有上焦元氣虛陷者，當避其苦降之性。

明·賈九如《藥品化義》卷六肺藥　訶子　屬陰，體乾，色黑，氣和，味苦重微酸帶澀，性寒，能降，力開竅清音，性氣輕而味重濁，入肺大腸二經。訶子味苦而帶酸澀，能降能收，兼得其善。蓋金空則鳴，肺氣為火邪鬱遏，以致吼喘咳嗽，或至聲啞，用此降火斂肺，則肺竅無壅塞，聲音清亮矣。取其澀可去脫，若火瀉久痢，則實邪去，而元氣脫，用此同健脾之藥，固澀大腸，瀉痢自止。但苦能洩氣，真氣太虛者，宜少用之。　取六稜黑色者，麪包藥慢火煨熟，去麪用。

明·盧之頤《本草乘雅半偈》帙九　訶黎勒《唐本草》　氣味：苦，溫，無毒。　主治：主冷氣心腹脹滿，下食。

覈曰：出波斯，今嶺南、廣州亦有之。本似木槵，開白花。作實似巵子、橄欖狀，色青黃，皮與肉相着。七八月成熟，具六路，肉厚者佳。修事：勿用毗黎勒，個個毗頭者是也。若訶黎勒實，稜只有六路。或多或少者，並是雜路勒。圓而文露，或八路至十二三路，號榔精勒，濇不堪用，為害殊甚也。凡使酒浸六時，蒸六時，刀削去路，用肉則去核，用核則去肉，並剉焙用。

条曰：訶，譴也；黎，衆也；勒，堅柔難斷也。味大苦，氣大溫，對待冷氣在心腹，致脹滿食卒不得下，變生腸澼喘急，腸風崩帶，奔豚霍亂，痰涎膠固，堅柔難斷者，譴之斷之，少陽膽府決斷藥也。

明·李中梓《本草通玄》卷下　訶子　酸、苦，濇溫，肺與大腸之藥也。酸濇能固腸止瀉，苦溫可下氣寬中。止嗽化痰，亦下氣之功，腸風止血亦固腸之力。生用則能清金行氣，煨熟則能溫胃固腸。波斯國大魚放涎，水中凝滑，船不能通，投訶子湯，尋化為水，則其化痰可知。麪裹煨透去核。

清·顧元交《本草彙箋》卷五　訶黎勒　訶子味苦，而帶酸澁，能降能收。蓋金空則響，肺金受遏於火邪，以致火喘咳嗽，或至聲啞，用此降之斂之，則肺無壅塞，聲音自亮。取其澁可去著，若久瀉久痢，實邪去而元氣脫者，用此同健脾藥，固澁大腸，瀉痢自止。

以六路文者勝，或多或少，即爲他種。六路，以象肺之六葉。

清·穆石匏《本草洞詮》卷一一　訶黎勒　梵言訶黎勒，華言天主持來也。氣味苦甘酸，溫，無毒。治冷氣，心腹脹滿，化食，止腸澼久洩，懷孕漏胎，實大腸，斂肺降火，黑髭髮。蓋訶子治肺因火傷，鬱遏脹滿。其味酸苦，有收斂降下之功也。波斯人將訶勒大腹等在舶上，遇大魚放涎滑水中數里，舶不能通，煮此洗其涎滑，尋化為水。則其消痰之功可知。《廣異記》云：高仙芝在大食，得訶黎勒長三寸，置抹肚下，覺腹中痛，因大利十餘行，疑其為祟。後聞火食長老云此物人帶，一切病消利者，乃出惡物爾。《經》言：肺苦氣上逆，急食苦以泄之，以酸補之。訶子苦重則能泄氣，酸微不能補肺，凡氣虛人宜少服之。以其雖濇腸，而能瀉氣也。咳嗽未久者不宜用之，以收斂之驟也。

清・劉雲密《本草述》卷二三　訶黎勒即訶子。　訶子未熟時，風飄墮者謂之隨風子，曝乾收之，益小者佳。

頌曰：出波斯，今嶺南、廣州亦有之。木似木槵，開白花，作實似梔子橄欖狀，色青黃，皮與肉相着，七八月成熟，具六路，肉厚者佳。勿用毗黎勒，毗音皮。個個毗頭者是也。若訶黎勒實稜只有六路，或多或少者，並是雜路勒，圓而文露或八路至十二三路，號榔精勒，濇不堪用，為害殊甚也。

氣味：苦，温，無毒。　權曰：苦，甘。　炳曰：苦，酸。　珣曰：酸，濇，温。　好古曰：苦，酸，平，苦重酸轻，味厚，陰也，降也。　中梓曰：入肺、大腸二經。

主治：冷氣，心腹脹滿，消痰下氣，破胸膈結氣，療上氣喘急，利咽喉，通津液，療腎氣奔豚，及大便不通，斂肺止久嗽，止腸澼久洩，實大腸。并患痢人肛門急痛，產婦陰痛，和蠟燒烟熏之，及煎湯熏洗良。　宗奭曰：訶黎勒，氣虛人亦宜緩緩煨熟少服，玆物雖濇腸，而又泄氣。　其味苦濇故爾。　東垣曰：肺苦氣上逆，急食苦以泄之，以酸補之。　訶子苦重瀉氣，酸輕不能補肺，故嗽藥中不用。　丹溪曰：訶子下氣，以其味苦而性急。　肺苦急，急食苦以瀉之，謂降而下走也，氣實者宜之。　若氣虛者，似難輕服。　又治肺氣因火傷極，遂鬱遏脹滿，其味酸苦，有收斂降火之功也。　時珍曰：訶子同烏梅、五倍子用，則收斂。同橘皮、厚朴用，則下氣。同人參用，則能補肺治咳嗽。　東垣云嗽藥不用者，非矣。但咳嗽未久者，不可驟用爾。　珣曰：波斯人將訶黎勒、大腹等在舶上，用防不虞。或遇大魚放涎滑水中數里，船不能通，乃煮此洗其涎滑，尋化為水，則其治氣消痰功力可知矣。　頌曰：訶黎主痢，《唐本草》不載。张仲景治氣痢有方。唐劉禹錫《傳信方》云：予曾苦赤白下，諸藥服徧，久不瘥，轉為白膿。令狐將軍傳此方，用訶黎勒三枚，兩炮一生，並取皮末之，以沸漿水一合服之。若只水痢，加一錢匕甘草末，若微有膿血，加三七；血多亦加三七。　希雍曰：訶黎勒，其味苦濇，其氣温而無毒。苦所以洩，濇所以收，温所以通。

得人參治肺虛受寒喘嗽。　得橘皮、砂仁，主冷氣入內，心腹脹滿，及因寒食不下。　得益智止氣虛寒，小水不禁。　佐樗根白皮，止腸澼瀉血。佐白术、蓮實止久洩因於虛寒。　同蛇床子、五味子、山茱萸、杜仲、續斷，止虛寒帶下。　同人參、肉豆蔻，則實大腸。

愚按：訶子於七八月結實，是氣之告成者，稟乎金也。然產於炎土，而金隨從火以為用，所以其味初嘗之濇，次即苦，苦者勝，又次則酸，酸微有甘，酸甘者固微，即濇亦不敵苦也。夫苦從火化，而濇則奚若，是可同於酸義否？曰：酸者，陽氣之不盡宣。而濇者，乃陰氣之不盡暢也。　先哲曰：血得酸則斂，得苦則濇。若然，是陰持於陽之中，不能盡暢而為濇也。在天於時為秋，在人於脈為濇。《經》固曰手太陰陽中之少陰也，《經》又曰多食苦則皮槁而毛拔，肺不主皮毛乎？是訶子之先濇者金，次苦者火，是固稟金氣，而反從火以為用者也。金從乎火，直從乎苦之氣化，又苦直行而泄，故先哲每致慎於氣虛者也。雖然，用之下逆氣，瀉結氣，通積聚，利咽喉，如枳實散之治息賁，半夏散之治伏梁，木香檳榔散之治奔豚，七宣丸之治大便秘，又如訶子湯之治瘖，清咽屑之治梅核氣，是或止同於降泄，從邪之實者論。或更同於寒涼之降泄，從實邪之有熱者論也。　又如沉香升降散之治氣滯，胸膈痞塞，脇肋刺痛；利膈散之治胸痹，喘息不通；半夏湯之治息賁，杏蘇散之治喘，是或兼補，從虛中有實者治，或更兼温補，從虛中有寒者治也。若然，豈得畏氣虛而不用乎？抑取其降瀉為功矣，乃又有用其酸與濇者，豈其義相戾歟？曰：肺猶人身之天，職司降者也。然有降而即有收，若有降無收，有收無降，則升降息而氣立孤危矣。　夫飛門至於魄門，皆一氣之所貫，故《經》曰魄門亦為五藏使，蓋言臟腑糟粕，固由其瀉，而臟氣升降亦藉以調。　緣大腸感燥氣而生，正謂一氣之所貫也。訶子之功，專於肺氣，其始濇而次苦，苦後而又有酸，是金從火以降，而火又由金以斂，故同於降瀉，則奏降瀉之功，同於收斂，則致收斂之效也。　如久嗽劫劑，在丹溪方同百藥煎、荊芥穗。　至失音發聲，在河間訶子湯，同桔梗、木通、童便。如止久痢，在東垣訶子皮散，同於御米殼、乾薑、陳皮。在《寶鑑》訶黎勒丸，同於椿根皮、母丁香，至通便秘。　在二仁丸，同於杏仁、麻仁、枳殼。在七宣丸，同於桃仁、柴胡、枳實、木香、大黃。　諸如此類，不可識訶子之長技，亦唯我所使歟。　然後學切戒於收濇之早者，亦《經》所謂適事為故也。夫降泄者，宜於氣實。實者，邪之實也。　收濇者宜於氣虛。虛者，正之虛也。　先哲曰：久嗽久痢，須先除其病根，乃可用收後藥。　若然，如先後之時不爽，更主輔之用合宜，又何得置收濇而不用乎？至繆氏以火嗽，溼熱痢，致慎於此味，立論良是。雖然，丹溪有方，火嗽久者，此味同杏仁、青黛、海粉、皂角、膽星而用。溼熱久痢者，地榆丸，此味同地榆、當歸、阿膠、黃連、木香、烏梅而用。識此義，不可推類以盡變歟？又如滑泄，訶子散以治熱滑，訶子丸以治寒滑，舉寒熱而皆宜，是其故可糸也。朱丹溪先生云：勞嗽，即火鬱嗽。用訶子能治肺氣，因火傷極，遂成鬱遏脹滿，不得眠，一邊取其味酸苦，有收斂降火之功，佐以海石、童便浸附、瓜蔞、青黛、杏仁、半夏麴之類，薑、蜜調，噙化，必以補陰為主。又劉河間訶子散治熱滑者，云腹痛漸止，瀉下漸少，宜此藥止之。訶子、木香、甘草、黃連。又云如止之不已，宜因其歸而送之，於訶子散內加厚朴一兩，竭其邪氣也。即二先生之處方，則主輔應有合宜之味。而火嗽溼熱痢，又何不宜於訶子耶？蓋此味具降收之全功，與他藥之擅一長者有異也。訶子肉先濇次苦，然濇不敵苦。又次酸及甘，乃甚微。皮先濇次苦，苦與濇等，又次止有甘，却亦甚微。是肉之瀉者居多，而瀉又猶有收義，以少固之，合於甘。甘為中土之氣，其不盡瀉者此也。皮則濇能敵苦，其瀉猶未極，又止帶甘，則瀉猶有緩義。

希雍曰：訶子性温而味濇，濇主歛，不主散，故咳嗽因於肺有實熱，泄瀉因於溼熱所致，氣喘因於火逆衝上，带下因於虛熱，而不因於虛寒，及腸澼初發溼熱正盛，法並忌之。至於滯下必本溼熱，喘嗽實由肺火，用之立致殺人，不可不深戒也。

修治　水泡，麪包煨熟，去核，或酒浸蒸，去核焙乾。　用肉則去核，用核則去肉。　清痰生用，止瀉煨用。

按：訶子在方書於諸證，有止用皮者，有止用肉者，是未可混也。然須索其味之有異以施治，乃為得之。

清·郭章宜《本草匯》卷一五

訶黎勒即訶子　酸、苦、濇，温，味厚，陰也，降也，入手太陰、陽明，兼入足厥陰、陽明、少陰經。酸澁能斂肺降火，苦温可下氣寬中。寧嗽化痰，波斯國大魚放涎水中，凝滑，船不能通，投訶子湯，尋化為水，則其化痰可知。止腸風血。生用則清金行氣，煨熟則溫胃固腸。

按：訶黎勒，苦重酸輕，苦而能降，酸而能澁，上足寧肺，下固大腸，故有收斂降火之功。秋金受濕，以此酸澁。但不利于上焦濕積生痰，宜乎大腸不固之治也。同人參則補肺，同白术則益脾，同五味、烏梅則斂肺，同橘皮、厚朴則下氣。東垣云嗽藥不用者，以其苦重瀉氣，酸輕不能補肺也。但欬嗽未久者，不可驟用耳。若久嗽，火傷肺鬱，用之亦何妨哉？性急下行，到底是治標之劑，氣實者最効。若氣虛暴嗽，初瀉，或肺有實熱，瀉因濕熱，氣喘因火沖者，用之立致殺人，不可不深戒也。

產嶺南、廣州。六稜黑色肉厚者佳。酒浸後，蒸一伏時，去皮取肉，焙用。用核則去肉，或麪裹煨透，去核。

清·蔣居祉《本草擇要綱目·溫性藥品》

訶子梵言訶黎勒。凡用以酒浸後，蒸一伏時，刀削去皮，取肉剉焙。用核則去肉。　氣味：苦，溫，無毒。又：苦、酸，平。苦重酸輕，味厚。陰也，降也。　主治：冷氣，心腹脹滿，下食，破胸膈結氣。通利津液，止水道。黑髭髮，下宿物，止腸澼久洩，赤白痢，消痰下氣，化食開胃除煩。治水調中，止嘔吐霍亂，心腹虛痛，奔豚腎氣，肺氣喘急，五膈氣，腸風瀉血，崩中帶下，懷孕漏胎，及胎動欲生，脹悶氣喘。并患痢人肛門急痛，產婦陰痛，和蠟燒烟熏之及煎湯熏洗。治痰嗽咽喉不利，含三數枚殊勝。實大腸，斂肺降火，訶子同烏（枚）〔梅〕、五倍子用則收斂。同橘皮、厚朴用則下氣。同人參用則能補肺治咳嗽。東垣云：嗽藥不用者，非矣。但欬嗽未久者，不可驟用。

清·王翃《握靈本草》卷八

訶子即訶黎勒。廣州最盛。六稜者佳，或少或多，並是雜路，不堪入藥。酒浸，蒸，去核用。用核者，去皮。　主治：訶子，苦，溫，無毒。治冷氣心腹脹滿，止腸澼久洩，消痰下氣，止霍亂，腸風瀉血，崩中帶下，斂肺降火。

清·汪昂《本草備要》卷三

訶子濇腸，斂肺，瀉氣。　苦以泄氣消痰，酸以斂肺降火，東垣曰：肺苦氣上逆，急食苦以泄之，以酸補之。訶子苦重泄氣，酸輕不能補肺，故嗽藥中不用。濇以收脫止瀉，溫以開胃調中。治冷氣腹脹，膈氣嘔逆，痰嗽喘急，肺挾痰水，或被火傷，故宜苦酸斂之。瀉痢脫肛，腸風崩帶，皆取其酸濇。開音止渴。肺斂則音開，火降則渴止。古方有訶子清音湯。然苦多酸少，雖濇腸而泄氣，氣虛及嗽痢初起者，忌服。同烏梅、倍子則收斂，同陳皮、厚朴則下氣。得人參，治肺虛寒嗽；得陳皮、砂仁，治冷氣腹脹。佐白朮、蓮子，治虛寒久瀉；佐樗皮，治腸澼便血。同蛇床、五味、山茱、續斷、杜仲，治虛寒帶下。　從番舶來，番名訶黎勒。嶺南亦有。六稜、黑色、肉厚者良。酒蒸一伏時，去核取肉用，用肉則去核。生用清金行氣，煨熟溫胃固腸。海魚放涎凝滑，船不能行，投訶子湯，尋化爲水，其化痰可知。

清·吴楚《寶命真詮》卷三 訶子 【略】固腸止瀉，下氣寬中，止嗽化痰，除食積脹滿，化痰最捷。

清·李熙和《醫經允中》卷一八 訶子 即訶黎勒。 苦，溫，無毒。主治破胸膈結氣冷氣，斂肺氣喘急，脫肛泄痢。然性太收濇，上焦濕滯生痰，并肺有實熱者服之，立致殺人，不可輕用。

清·馮兆張《馮氏錦囊秘錄·雜症痘疹藥性主治合參》卷四 訶藜勒 其性苦，濇，氣溫，無毒。味濇而能收，性溫而能通。故既破結除膨，復濇腸止嗽。然咳嗽肺有實熱，泄痢未至虛寒者，竝不宜用。

訶藜勒，主冷氣，消宿食，去腹膨，通津液，破結氣，止久痢，逐腸風，開胃濇腸。又治肺氣因火傷極，鬱遏脹滿，喘急咳嗽。蓋味酸苦，有收斂降火，治標之功。

主治痘疹合參： 苦酸氣溫，性急喜降。主開胃濇腸，止瀉痢咳嗽。凡痘家腸胃虛寒，泄瀉不止者暫用。六稜黑色肉厚者良，取皮肉，去核用。然濇能阻塞肌竅，氣虛之症用之，毒亦不能前進，雖能濇泄，勿輕用也。

按： 訶子能濇腸，然下氣太急，虛人不可獨用。同人參能補肺，同白术能益脾，同五味能斂肺，同橘皮能下氣。波斯國人遇大魚涎滑數里，舟不能行，乃投訶子，其滑化為水，則化痰消涎可見矣。咳嗽未久，瀉痢新起者，禁之。

清·张璐《本經逢原》卷三 訶黎勒即訶子。 苦，濇，溫，無毒。六稜者佳，去核用。 發明： 訶子苦濇降斂。生用清金止嗽，煨熟固脾止瀉。古方取苦以化痰涎，濇以固滑泄也。殊不知降斂之性，雖云濇能固脫，終非甘溫益脾之比。昔人言，同烏梅、五倍則收斂，同橘皮、厚朴則下氣，同人參則補肺治嗽。東垣言嗽藥不用者，非也。然此僅可施之於久嗽喘乏，真氣未艾者，庶有劫截之能。又久嗽陰火上炎，久痢虛熱下迫，愈劫愈滯，豈特風寒暴嗽、濕熱下痢為禁劑乎？曷觀世醫用潤肺丸、益黃散之功過可知。

清·浦士貞《夕庵讀本草快編》卷五 訶黎勒《唐本草》、訶子 此是梵言，殊不可解。云天主持來也。 訶子苦溫，酸輕濇重，陰也，降也。破結氣而化痰涎，治喘急而實大腸，宜為手太陰、手陽明藥也。而東垣言嗽藥不用，非矣。按李珣云： 訶皮主嗽，核主眼痛。波斯人載于舶上，以備不虞。凡過大魚放涎，船不能通，煮此投之，涎滑旋化為水。則治氣消痰，功力可知也。但咳嗽暴重，邪氣方盛，不宜驟用。又痢疾初得，積滯不盡者，同法。蓋恐其性濇而收斂，變生他症爾。其葉亦能止渴豁痰及止泄痢。唐包佶《病中謝李吏部見惠》詩云，一葉生西徼，齎來上海查。歲時經水府，根本别天涯。方士真難見，商胡輒自誇。此香同異域，看色勝仙家。茗飲暫調氣，梧丸喜伐邪。幸蒙祛老疾，深願駐韶華是也。

清·劉漢基《藥性通考》卷六 訶子 味苦、酸。泄氣，消痰，斂肺降火，濇以收脫止瀉，溫以開胃潤中，治冷氣腹脹，膈氣嘔逆，痰嗽喘急，泄痢脫肛，腸風崩帶，開音止渴。然苦多酸少，雖濇腸而泄氣，氣虛及咳嗽痢初起者，忌服。從番來，番名訶黎勒。嶺南亦有，六稜，黑色，肉厚者良。酒蒸一伏時，去核取肉。生用清金行氣，煨熟溫胃固腸。

清·周垣綜《頤生秘旨》卷八 訶黎勒 泄氣收斂之藥也。開胃消痰，通津破結，言其泄氣也。澁腸止痢，定喘寧嗽，言其收斂也。

清·王子接《得宜本草·下品藥》 訶黎勒 味苦，溫。功專下氣澁腸。得烏梅、五味則收斂，得橘皮、厚朴則泄氣，得肉果治水瀉下痢。

清·黃元御《長沙藥解》卷三 訶黎勒 味酸，微苦，氣濇。入手陽明大腸、手太陰肺經。收庚金而住泄，斂辛金而止咳。破壅滿而下衝逆，疏鬱塞而收脫陷。

《金匱》訶黎勒散，訶黎勒十枚，為散，粥飲和，頓服。治氣利。以肝脾鬱陷，二氣凝塞，木鬱風動，疏泄失藏，而為下利。利則氣阻而痛澀，是為氣利。 訶黎勒行結滯，而收滑脫也。陽陷而為利者，清氣滯塞而不收也。肺逆而為咳者，濁氣壅塞而不斂也。訶黎勒苦善泄，而酸善納，苦以破其壅滯，使上無所格，而下無所硋。酸以益其收斂，使逆者自降，而陷者自升，是以咳利俱止也。其治胸滿心痛，氣喘痰阻者，皆破壅降逆之力。其治崩中帶下，便血墮胎者，皆疏鬱升陷之功也。

清·吴儀洛《本草從新》卷三 訶黎勒〔澀腸斂肺，瀉氣。〕一名訶子。 苦溫以泄氣消痰，海魚放涎凝滑，船不能行，投訶子湯，尋化為水，化痰可知。 酸澀以斂肺收脫，除脹滿，下食積，利咽喉，通津液，開音止渴。治冷氣腹脹，膈氣嘔逆，痰嗽喘急，瀉痢脫肛，腸風崩帶。同烏梅、倍子則收斂，同陳皮、厚朴則下氣，得人參治肺虛寒嗽，得陳皮、砂仁治冷氣腹脹，佐白术、蓮子治虛寒久瀉，佐樗皮治腸澼便血，同蛇床、五味、山茱、續斷、杜仲治虛寒帶下。 嗽、痢初起者勿服。雖酸澀，却又泄氣，氣虛者亦忌。性溫，若肺有實熱，瀉痢因濕熱，氣喘因火冲者，法咸禁之。丹溪以為降火，殊為不然。東垣以為嗽藥中不可用，亦屬偏見。從番舶來，嶺南亦有。六棱黑色，肉厚者良。酒蒸一伏時，去核，焙。生用清金行氣，熟用溫胃固腸。

清·汪紱《醫林纂要探源》卷三　訶子　苦，酸，溫，濇。來自番舶，今廣中亦有之。葉大如栗，六稜，色黑。一名訶黎勒。補肺斂氣，泄逆去熱，燥脾和胃，安厚倉廩，行秋氣斂陽之令。去核，生用肉。清金降逆，止渴開音，治氣逆喘咳，痰嗽。煨熟，和胃進食，治寒氣腹脹，膈氣嘔逆，下行以固濇大腸，收脫止瀉，治崩帶不止。大腸，肺之表也。但凡有外邪病初起者，未可猝用。

清·嚴潔等《得配本草》卷七　訶黎勒一名訶子。皮。　苦、酸，溫。入手太陰、陽明經。斂肺降火。止胎漏，療崩帶。治腎氣奔豚，止痰嗽喘急，收瀉血脫肛，去心腹脹滿。　得橘皮、厚朴，泄氣。配烏梅、五味子，斂血。佐肉果，止水瀉。佐白朮，厚腸胃。　六路紋者良。或多或少，便是他種。酒蒸去核取肉用。清金行氣，生用。溫胃固腸，煨用。元氣虛陷者，當避其苦降之性。　嗽痢初起，肺與大腸實熱，俱禁用。

題清·徐大椿《藥性切用》卷五　訶子　一名訶黎勒。皮　消腹中之惡物。苦溫酸濇，生用清金止欬，炒用斂肺澀腸，為肺虛腸滑欬嗽泄瀉之耑藥。

清·黃宮繡《本草求真》卷二　訶子收脫止泄，仍降痰火除滑。　訶子耑入大腸、肺。味苦酸濇，氣溫無毒。雖有收脫止瀉之功，然苦味居多，服反使氣下泄。故書載能消痰降火，止喘定逆，杲曰：肺苦氣上逆，急食苦以泄之，以酸補之。訶子苦重瀉氣，酸輕不能補肺，故嗽藥中不用。且於虛人不宜獨用。震亨曰：訶子下氣，以其味苦而性急，氣實者宜之。若氣虛者似難輕服，知補肺則必同於人參，補脾則必同於白朮，斂肺則必同於五味，下氣則必同於橘皮。至於嗽痢初起，用最切忌。以其止有劫截之功耳。東垣云：嗽藥不用者非矣，但咳嗽未久者不可驟用。服此能調胃和中，亦止消膨去脹，使中自和，並非脾胃虛弱，於中實有補也。波斯國人行舟，遇大魚涎滑數里，舟不能行，投以訶子，其滑即化。番船今多用此以防不虞。則其化涎消痰，概可見矣。第性兼收濇，外邪未除，其切禁焉。出番船及嶺南，色黑肉厚者良，酒蒸去核用肉，但生清肺行氣，熟溫胃固腸。

清·楊璿《傷寒溫疫條辨》卷六濇劑類　訶子去核。　味苦酸濇，苦重酸輕，性急善降，陰也。　入肺、肝、脾、胃、大腸。生用清肺，煨熟固腸，消宿食，去腹脹，通津液，破結氣，逐滯開胃，驅風降痰。因有收斂降火之功，故定喘止嗽，下氣除滿。若上焦元氣虛陷者，煨熟少用，雖欲固下，而苦降之性在所當避，蓋能濇腸，又能洩氣故也。丹溪曰：文只有六路為真。東垣訶子散治久瀉久痢虛脫，訶子煨，乾薑炮，罌粟殼蜜炙等分，橘紅減半，調末服。即訶黎勒。

清·羅國綱《羅氏會約醫鏡》卷一七竹木部　訶子味苦酸，溫，入肺大腸二經。酒蒸去核焙用。　洩氣消痰，肺氣上逆，苦以泄之。斂肺降火。酸以斂之。治冷氣腹脹，同陳皮、砂仁用。虛寒滑泄、佐白朮、蓮子用。泄因濕熱者忌之。腸風、脫肛、崩帶，同烏梅、倍子用，皆取其酸濇。開音肺斂止渴火降，除痰嗽喘急、肺挾痰水或被火傷，宜用苦酸。腸澼痢也便血。同樗皮用。然苦多酸少，雖澀腸，而泄氣。若氣虛及嗽痢初起，喘因火沖者皆忌。從番舶來，番名訶黎勒，嶺南亦有。六稜、黑色肉厚者良。生用，清金行氣；　煨熟，溫胃固腸。

清·黃凱鈞《藥籠小品》　訶子　苦溫洩氣，酸濇收肺，大能化痰，久嗽久痢，略用可也。若早施之，為害不測。

清·王龍《本草纂要稿·木部》　訶黎勒　氣味酸苦而溫。消宿食，去膨脹，且通津液。破結氣，止久痢，更逐腸風。開胃澁腸，驅痰止嗽。又因其味酸苦，有收斂降火之功，故能治肺金傷極，鬱遏脹滿，喘急咳嗽。

清·張德裕《本草正義》卷下　訶子　苦，澁，溫降。止久嗽，定喘，治久痢，腸風便血，肛門急痛，開滯濇腸，崩中胎漏。亦能消宿食膨脹。性降，元氣虛陷酌之。

清·楊時泰《本草述鉤元》卷二三　訶黎勒　即訶子。出波斯，今嶺南、廣州亦有之。其木作實似梔子、橄欖狀，七八月成熟，實稜只具六路，或多或少者非。肉厚者佳，曝乾收之，益小為勝。毗黎勒個個毗頭，一種勒圓而文露，或八路至十二三路，號榔精勒，味濇不堪，為害殊甚。

味濇而苦，微酸有甘，氣溫。味厚苦重，陰也，降也。入肺大腸二經。主治冷氣心腹脹滿，消痰，海舶遇大魚放涎滑數里，船不能通，乃煮此洗其涎滑，尋化為水，其消痰功力可知。下氣，療上氣喘急，破胸膈結氣，斂肺止久嗽，利咽喉，通津液，療腎氣奔豚及大便不通，實大腸，止腸澼久洩，并患痢人肛門急痛，產婦陰痛。和蠟燒烟熏之，或煎湯熏洗。　肺苦氣上逆，急食苦以泄之，以酸補之。訶子苦重瀉氣，酸輕不能補肺東垣。味苦而性急，肺苦急，急食苦以瀉之，謂降而下走也。故訶子下氣，惟氣實者宜之，氣虛似難輕服丹溪。氣虛人宜緩緩煨熟少服，茲物苦濇，雖濇腸，又瀉肺氣故耳宗奭。同烏梅、五倍子用，則收斂。同橘皮、厚朴用，則下氣。同人參用，則能補肺，治欬嗽，但欬未久者，不可驟用。同人參、肉豆蔻，則實大腸。得人參，治肺虛受寒喘嗽。得陳皮、砂仁主冷氣入內，心腹脹滿及因寒食不下。得益智，止虛寒小水不禁。佐樗根白皮，止腸澼瀉血。佐白术、蓮實，止久瀉因於虛寒。同蛇床、五味、山萸、杜仲、續斷，止虛寒帶下。勞嗽即火鬱嗽，肺氣因火傷極，遂鬱遏脹滿，不得眠一邊，用訶子、海浮石、瓜蔞、杏仁、青黛、童便浸香附、半夏麴等，薑、蜜調噙化服。此證必以補陰為主，而取訶味酸苦，有收斂降火之功。下痢赤白久不瘥，轉為白膿，用訶子三枚，兩炮一生，並取皮末之，以沸漿水一合服之效。若只水痢，加甘草末一錢匕，若微有膿血，加三匕，血多赤加三匕。

論：訶子產於炎土，七八月結實，稟金氣以告成，而金隨從火以為用，故其味初嘗之濇，次苦，苦居勝，又次酸，酸微有甘，夫苦從火化，酸者陽氣之不盡宣，而濇乃陰氣之不盡暢也。昔賢謂血得酸則斂，得苦則濇，是陰持於陽之中不能盡暢而為濇也。訶子之先濇者金，次苦者火，稟金氣而反從火以為用，故其金從火以降，而火又由金以斂，所以同於降瀉，則奏降瀉之功，同於收斂，則致收斂之效，大約具降收之全性，與他藥之擅一長者有異也。方書於訶子有止用皮者，有止用肉者，其肉先濇次苦，而濇不敵苦，又次酸及甘，乃甚微，是肉之為用，降瀉居多，而瀉中猶有收義，更合於中土之氣而不盡瀉也。其皮濇與苦等，次止有甘，亦甚微，是皮之濇能敵苦，瀉猶未極，又止帶甘，則瀉中尤有緩也。二者須索其味之有異以施治，乃為得之。再按訶子下逆氣，瀉結氣，通積聚，利咽喉。歷考成方，如息賁之枳實散，伏梁之半夏散，奔豚之木香檳榔散，便閉之七宣丸，又聲瘖之訶子湯，梅核氣之清咽屑，或止同於降瀉，從邪之實者論治，或更同於寒涼之降瀉，從實邪之有熱者論治也。又如胸痞氣滯脇肋刺痛之沉香升降散，胸痺喘息之利膈散，息賁之半夏湯，喘證之蘇杏散，或兼補劑，從虛中有實者論治，或更兼溫補，從虛中有寒者論治也，是其降瀉為功，豈得畏氣虛而不用乎？至又有用其酸與濇者，義固非與降瀉相戾也。人身肺氣猶天，其職司降，而有降即有收，自飛門到於魄門，皆一氣之所貫，若有降無收，有收無降，則升降息而氣立孤危矣。《經》故曰魄門亦為五臟使，言臟腑糟粕，固由其瀉，而臟氣升降，亦藉以調。訶子入手太陰陽明，其味始於濇苦，終於酸甘，降與收隨所合而為用。是以丹溪治久嗽劫劑，則同於百藥煎、荊芥穗；河間治失音發聲，則同於桔梗、木通、童便；東垣以止久痢，則同於御米殼、乾薑、陳皮；《寶鑒》則合於椿白皮、母丁香；其通便閉也，合杏仁、麻仁、枳殼為二仁丸，協柴胡、枳實、桃仁、大黃、木香為七宣丸，繹此不可以識訶子之長技，亦惟我所使歟。總之，用以降瀉，宜於氣實，實者邪氣實，用以收濇，則宜於氣虛，虛者正氣虛，此中後先主輔，惟當適事為故耳。至繆氏致慎於火嗽、濕熱痢，立論良是。第丹溪治火嗽久病，有同杏仁、青黛、海粉、皂角、膽星而用者。又治濕熱久痢，地榆丸。有同地榆、當歸、木香、黃連、阿膠、烏梅而用者。正可推此類以盡變也。又如滑瀉之治，有訶子散以治熱，更有訶子丸以治寒，舉寒熱而皆宜，其故可思矣。再河間治熱滑訶子散，用訶子、木香、黃連、甘草，其云腹痛漸止，瀉下漸少，宜此藥止之，如止之不已，宜因其歸而送之，加厚朴一兩，竭其邪氣也。玩此，則主輔應有合宜之味，而火嗽、濕熱痢，又何不宜於訶子耶？

凡欬嗽因於肺有實熱滯下，濕熱正盛，法並忌之。仲淳。

修事：水泡，麪包煨熟去核，或酒浸蒸去核，焙乾。清痰生用，止瀉煨用。

清·吴其濬《植物名實圖考》卷三五　訶黎勒　《唐本草》始著錄。生嶺南，以六路者佳。

清·趙其光《本草求原》卷八喬木部　訶黎勒即訶子。苦，屬火。能泄氣消痰；酸，是木氣升而盡宣者也。能斂肺降火。肺苦氣上，苦以泄之，酸以補之。澀，於時為秋，為金之收氣。能收脫止瀉；溫能開胃調中，下逆氣，瀉結氣，通聚集，利咽喉，開音止渴，肺斂則音開，火降則渴止。嘔逆，喘急，古方治息賁、奔豚、伏梁、大便秘、音喑、梅核氣諸方，皆得用之。或同降泄以治實邪，或同寒降以治實熱，或兼補以治虛寒，或兼補以治虛中挾實，是皆取其苦降，使火不傷肺也。泄痢脫肛，腸風，崩帶，產婦陰痛。和蠟燒煙熏之，或煎洗熏洗。

按：邪氣實，宜降泄；正氣虛，宜收澀，兩者相反。此味何以兼有其功？蓋苦而兼澀，是金火合相火為用。金從火則降，火從金則收，正如肺本主降，而與大腸一氣相貫，其魄門又主於收；收則升也，升降不息，氣之所以流行也。此味兼而有之，故同降瀉則降瀉，同收斂則收斂。如同百藥煎，劫久嗽；同桔梗、木通、童便，治失音；同粟殼、乾薑、陳皮，或同椿根皮、母丁香，止久痢；同杏仁、麻仁、枳殼，或同桃仁、柴胡、枳實、木香、大黃，通大便；同杏仁、青黛、海粉、皂角、膽星，止久火嗽；同地榆、歸、連、木香、烏梅、阿膠，治濕熱久痢；同海石、童便浸，香附、花粉、青黛、杏仁、夏、麯、薑、蜜調含，治陰虛火鬱勞嗽；同木香、黃連、甘草，或加厚朴，治熱滑同理中，治寒滑。歷考古方，或用其苦降，或用其收斂，總要主治合宜，不必疑其收澀，而謂火嗽、濕熱痢之當禁也。但嗽與痢，不論新久，必先除病根乃可收斂。先後之序，主輔之間，所宜細商也。同烏梅、五倍，則收斂；同陳、朴，則下氣；同人參，治肺虛寒嗽；同人參、肉蔻，實大腸；同陳皮、砂仁，治冷氣腹脹；同益智，止虛寒尿多；佐蓮、朮，止虛寒久瀉；佐樗皮，止腸澼下血；同床子、五味、萸肉、杜仲、續斷，止虛帶下。用炮者二兩、生者一兩為末；白痢加甘草，膿血痢加三七、甘草。大魚在海放涎，投訶子湯即化，其消痰可知。從番舶來，六棱、黑色、肉厚者佳。水泡或酒蒸，去核用肉。生用，清金、行氣、止嗽。麵包煨熟，固腸溫胃。溫能通。

清・文晟《新編六書》卷六《藥性摘錄》 訶子 苦酸，濇，氣溫。入大腸、胃。收脫止泄，仍降痰火，止喘定逆。然於虛人，須条補藥，不可獨用。至於嗽痢初起，外邪未除，尤為切忌。〇生則清肺行氣。〇酒蒸熟，去核用肉，則溫胃固腸。

清・張仁錫《藥性蒙求・木部》 訶子五分、一錢 訶子苦溫，味酸性濇。斂肺固腸，邪留莫入。一名訶黎勒。利咽喉，通津液，開音止渴。生用清金行氣，熟用溫胃固腸。寇氏曰：氣虛宜緩緩少用，蓋訶子雖濇腸，而又能泄氣也。嗽痢初起者，勿服。〇黑色肉厚者良，去核用之。

清・戴葆元《本草綱目易知錄》卷四 訶子訶黎勒 苦以下氣消痰，酸以斂肺降火，濇以收脫止瀉，溫以開胃化食。利津液，止水道，下宿物，止嘔吐，實大腸，開音止渴，消痰下氣，治水調中，破胸膈結氣，止腸澼久瀉，下痢赤白。治冷氣腹脹，肺氣喘急及五膈氣，霍亂心腹痛，腸風瀉血，崩中帶下，奔豚腎氣。療痰嗽，咽喉不利者含之殊勝。妊娠胎漏，胎動欲生。脹悶氣喘，并患痢肛門急痛，產婦陰痛，和蠟燒烟熏之，及煎湯熏洗。其性澁，嗽痢初起者忌用。

清・陳其瑞《本草撮要》卷二 訶子 味苦，溫，入手太陰、陽明經，功專下氣澁腸。得烏梅、五味則收斂，得橘皮、厚朴則泄氣，得肉果治水瀉下利，得人參治肺虛寒嗽，得陳皮、砂仁治冷氣腹脹。佐白朮、蓮子治虛寒久瀉，佐樗皮治腸澼便血，同蛇牀、五味、山茱、續斷、杜仲治虛寒帶下。嗽痢初起，氣虛肺熱，濕熱，火沖氣喘，均忌。用宜酒蒸，去核焙。生用清金行氣，熟用溫胃固腸。核止咳痢。一名訶藜勒。

清・李桂庭《藥性詩解》 賦得訶子生精止渴得精字。田春芳。 訶子雖消渴，酸收泄又清。生當行肺氣，熟可益陰精。 按：訶子性溫，味苦濇，功在收斂而泄。《本經》謂以收脫斂陰，濇腸止渴，又能泄氣消痰，通津開音。有生熟之用。若肺有實熱泄痢，因濕熱者禁用。

前題李春林 訶子酸收品，何能使渴輕。通津原化熱，斂肺自生精。

清・周巖《本草思辨錄》卷四 訶黎勒 訶黎勒苦溫能開，酸澀能收。開則化痰涎，消脹滿，下宿食，發音聲；收則止喘息，已瀉痢。然苦多酸少，雖澀腸而終泄氣，古方用是物皆極有斟酌。仲聖訶黎勒散治氣利。氣利者，氣與矢俱失也，必有痰涎阻於腸中。訶黎勒既澀腸而又化痰涎，最於是證相得。又以粥飲和服，安其中氣。是訶黎勒之泄，亦有功無過矣。《千金》訶黎勒丸治氣滿閉塞，不能食喘息。不能食喘息由於氣滿閉塞，氣滿閉塞非有痰涎宿食。不爾，然去其痰涎宿食，而既逆在上之氣，豈能即返，訶黎勒能一物而兩治之。兩治之物，無沖和之性，蜜丸又所以和之也。與仲聖用訶黎勒之意正復無異。若訶子清音湯治中風不語，是但用其泄矣；協以甘桔，則不至過泄而音可開。真人養臟湯治久痢脫肛，是但用其澀矣；協以參、朮、歸、芍諸藥，則不至徒澀而痢可收。凡此皆用藥之權衡，不可不知者也。

金雞勒

清・趙學敏《本草綱目拾遺》卷六木部 金雞勒 查慎行《人海記》：西洋有一種樹皮，名金雞勒，以治瘧，一服即愈。嘉慶五年，予宗人晉齋自粵東歸，帶得此物，出以相示，細枝中空，儼如去骨遠志，味微辛，云能走達營衛，大約性熱，專捷行氣血也。

治瘧：澳番相傳，不論何瘧，用金雞勒一錢，肉桂五分，同煎服。壯實人，金雞勒可用二錢，一服即愈。

解酒，煎湯下咽即醒，亦澳番傳。

水翁皮

清・何諫《生草藥性備要》卷下 水翁皮 味微酸，性溫。洗𤻔癩，殺蟲。其子，紅黑者宜食，行氣。煲水染布，過泥似真烏色。

清·趙其光《本草求原》卷八喬木部 水翁樹皮 酸，平。殺蟲，洗癬癩、爛腳，浸疳瘡。煎水染布，過泥則烏。

番石榴

清·何諫《生草藥性備要》卷下 石榴皮 味劫，性溫。治瘤子瘡，止瀉痢，洗疳痛。有紅、白二種，白者更妙。

附：琉球·吳繼志《質問本草》附錄 番石榴 《續脩台灣府志》引《台灣志略》云：番石榴，俗名莉仔菱。郊野徧生，花白頗香，實稍似樹，雖非佳品，臺人食之，味臭且澀，而社番則皆酷嗜焉。本土罕有之，邦人莫或茹子者。經緇按：樹，疑楸字。

清·吳其濬《植物名實圖考》卷三一 雞矢果 產廣東。葉似女貞葉而有鋸齒，果如小石榴，一名番石榴，味香甜，極賤，故以雞矢名之。按《南越筆記》：番石榴又名秋果。《嶺外代答》：黃肚子如小石榴，皮乾硬如沒石子，枯莖如棘，其上點綴布生，不甚啖食，當即此。樹小花黃，白果如梨大，生青熟黃，連皮食香甜，六月熟。

柳

宋·李昉《太平御覽》卷九五七 楊柳下 《說文》曰：楊，蒲柳也，從木昜聲。檉，河柳也，從木聖聲。柳，小楊也，從木丣聲。崔寔《四民月令》曰：三月三日以及上除，採柳絮，柳葉，愈瘡。《本草經》曰：柳華，一名柳絮。

宋·唐慎微《證類本草》卷一四木部下品〔《本經·別錄·藥對》〕 **柳華** **味苦，寒，**無毒。**主風水黃疸，面熱黑，**痂疥惡瘡，金瘡。**一名柳絮。**

葉： **主馬疥痂瘡。**取煎煮以洗馬疥，立愈。又療心腹內血，止痛。

實： **主潰癰，逐膿血。**

子汁： 療渴。 **生琅邪川澤。**

〔梁·陶弘景《本草經集注》〕云： 柳，即今水楊柳也。花熟，隨風狀如飛雪。陳元方以爲譬，當用其未舒時。子亦隨花飛，正應水漬汁爾。柳花亦宜貼灸瘡。皮、葉療漆瘡。

〔唐·蘇敬《唐本草》〕注云： 柳與水楊，全不相似。水楊葉圓闊而赤，枝條短硬；柳葉狹長，青綠，枝條長軟。此論用柳，不載水楊。水楊亦有療能，《本草》不錄。樹枝及木中蟲屑。枝皮味苦，寒，無毒。主痰熱淋，可爲吐湯。煮洗風腫癢。酒煮含，主齒痛。木中蟲屑可爲浴湯，主風瘙癢、癮疹。大效。此人間柳樹是也。陶云水楊非也。

〔宋·掌禹錫《嘉祐本草》〕按：《藥性論》云： 苦柳華，使。主止血，治濕痹，四肢攣急，膝痛。陳藏器云： 柳絮《本經》以絮爲花，花即初發時黃蘂。子爲飛絮，以絮爲花，其誤甚矣。江東人通名楊柳，北人都不言楊。楊樹葉短，柳樹枝長。 日華子云： 葉治天行熱病，丁瘡，傳尸骨蒸勞，湯火瘡，毒入腹熱悶，服金石藥人發大熱悶，并下水氣。煎膏，續筋骨，長肉止痛。牙痛煎含，枝煎汁可消食也。

〔宋·蘇頌《本草圖經》〕曰： 柳華、葉、實生琅邪川澤，今處處有之，俗所謂楊柳者也。《本經》以絮爲華。陳藏器云： 華即初發黃蘂也，子乃飛絮也。採無時。其枝皮及根亦入藥。葛洪治癰疽腫毒，妬乳等多用之。韋宙《獨行方》主丁瘡及反花瘡，並煎柳枝，葉作膏塗之。今人作浴湯、膏藥、齒牙藥亦用其枝，爲最要之藥。按楊、柳異類，今人謂柳爲楊柳，非也。《說文》：楊，蒲柳也；柳，小楊也。其類非一。蒲柳其枝勁韌，可爲箭笴。《左傳》所謂董澤之蒲，又謂之萑苻，即上條水楊是也。今河北沙地多生此，又生水傍，葉麄而白，木理微赤，白杞柳。《鄭詩》云：無伐我樹杞。陸璣云：杞，柳也，其木人以爲車轂，共山淇水傍，魯國汶水傍，純生杞也。又，《孟子》云：告子曰：以人性爲仁義，猶以杞柳爲桮棬是也。今人取其細條，火逼令柔韌，屈作箱篋，河朔尤多。又下有赤檉木，生河西沙地。皮赤葉細，即是今所謂檉柳者，又名春柳。《爾雅》曰：檉，河柳。郭璞云：今河傍赤莖小楊。陸璣《詩疏》云：皮正赤如絳，一名雨師。枝，葉似松是也。其木中脂，一名檉乳。醫方稀用，故附於此。

〔宋·唐慎微《證類本草》〕陳藏器云： 絮主止血，治小兒一日、五日寒熱，煎柳枝浴。《外臺秘要》：治黃疸。柳枝以水一斗，煮取濃汁半升，服令盡。《肘後方》：治乳癰二三百種，痛不差，但堅紫色者。用煎柳根皮法云：熬令溫熨腫，一宿愈。又方：湯火灼成瘡。柳皮燒灰，以粉塗之。又方：取柳白皮細切，以猪脂煎取汁，傅之。孫真人：治牙齒疼。柳枝一握，細剉，入少鹽花，漿水煎，含之甚妙。《集驗方》：治腫。柳枝如脚指大，長三尺，二十枚，水煮令極熱，以故布裹腫處，取湯熱洗之，即差。《子母秘錄》：小兒丹煩。柳葉一斤，水一斗，煮取三升，去滓，搨洗赤處，日七八度。《斗門方》：治耳痛。有膿不出及癰已結聚。柳根細切熟搗，封之以帛掩，燥即易之。又方：治耳卒風毒腫起。用柳蠹樹上蟲糞，以水化，取清水調白礬少許，滴入耳中，甚妙。又方：治卒風毒腫，氣急痛。以柳白皮一斤，剉，以酒煮令熱，帛裹熨腫上，冷再煮易之。甚妙也。《古今錄驗》：治齒痛。以楊柳白皮，卷如指許大，含嚼之，以汁漬痛齒根，數過即差也。又方：治牙齒風齲。以柳枝剉一升，大豆一升，合炒豆炮盡，於甆器盛之，清酒三升漬之，經三日，含之頻吐。《丹房鏡源》云：柳膠結砂子。

〔宋·陳承《重廣補注神農本草并圖經》〕別說云： 謹按： 絮帖灸瘡良。飛入池沼，於陰暗處爲浮萍，嘗以器盛水，置絮其中數日，覆之即成，又多積，可以捍作氈，以代羊毛，極柔軟，宜與小兒卧，益佳，以性涼也。

宋·寇宗奭《本草衍義》卷一五 柳華 《經》曰味苦，即是初生有黄蘂者也。及其華乾，絮方出，又謂之柳絮。收之，貼灸瘡及爲茵褥。絮之下連小黑子，因風而起，得水濕處便生，如地丁之類，多不因種植，於人家庭院中自然生出，蓋亦如柳絮兼子而飛。陳藏器之説是。然古人以絮爲花，陶隱居亦曰花隨風，狀如飛雪。誤矣。《經》中有實及子汁，諸家不解，今人亦不見用。釋氏謂柳爲尼俱律陀木，其子極細，如人妄因極小，妄果至大，是知小黑子得因風而起。

宋·鄭樵《通志》卷七六《昆蟲草木略》 柳之類亦多。柳曰天棘，南人呼為楊柳。楊與柳實兩種。《説文》：楊，蒲柳也。柳，小楊也。斬其枝，横倒曲直插之皆生。其花謂之絮，隨風如飛雪，落地如鋪氈，故騷人之所取興也。杞柳，亦曰澤柳，可為桮棬者。《爾雅》曰：旄，澤柳。

宋·陳衍《寶慶本草折衷》卷一四 柳華使。枝、絮及根附。 一名柳花，一名苦柳華。乃早春初發之黄蘂爾。○按陳藏器辨柳華，舊一名柳絮者，非也。 生琅邪川澤，及河朔、江東，今處處庭院多種有之。○附：柳絮，即晚春因風連小黑子飛散如雪片者是也。柳之無絮者多矣。

味苦，寒，無毒。○主風水黄疸，面熱黑，痂疥、惡瘡、金瘡。○《藥性論》云：止血，治濕痹，四肢攣急膝痛。

附：枝皮。○味苦，寒，無毒。煮洗風腫痒，及浴小兒寒熱。亦治癰疽腫毒，妬乳丁瘡。今煎膏藥，用其枝為最要。按《博濟方》煎保安膏，惟用垂柳枝。

附：柳絮。○涼，止血，貼灸瘡。捍作氈，小兒卧益佳。

附：根皮。○治乳癰腫痛堅紫，煎柳根皮，熬，溫熨腫。

續説云：先儒有辨楊與柳為二物者，有通稱爲楊柳者，今惟以枝垂弱而葉脩長，有黄蘂白絮者，即可用矣。然柳木亦能導藥以均陰陽，故《局方》來復丹炒消石、硫黄，必用柳蓖攪，令陰陽二氣相入也。《圖經》釋柳之名品雖多，非藥盡須焉。

明·蘭茂撰，清·管暄校補《滇南本草》卷上 柳 味苦，寒。治一切五淋白濁，血淋沙淋，老幼服之，神效。

明·蘭茂原撰，范洪等抄補《滇南本草圖説》卷一〇 順水柳根 氣味甘寒，無毒。主治：一切五淋白濁，大腸下血，其效如神。

明·王綸《本草集要》卷四 柳華使 一名柳絮。 味苦，氣寒，無毒。初生有黄蘂者為花，及花乾絮方出，絮之下有小黑子，隨絮而飛。 主風水黄疸，面熱黑，痂疥惡瘡，金瘡。○絮，止血，貼灸瘡良。○葉，主馬疥痂瘡，煎煮，以洗馬疥立愈。○實，主潰癰，逐膿血。○枝葉及根皮，煎作膏，塗癰疽腫毒，丁瘡，妬乳。○枝，細剉，煎汁含之，治牙齒痛。

明·滕弘《神農本經會通》卷二 柳華 使也。一名柳絮。此人間柳樹是也。初生有黄蘂者為花，及花乾，絮方出，絮之下有小黑子，隨絮而飛。

味苦，氣寒，無毒。《本經》云：主風水，黄疸，面熱，黑痂疥，惡瘡，金瘡。陶云：柳華宜貼灸瘡。《藥性論》云：苦。柳華，使。主止血，治濕痺，四肢攣急，膝痛。

柳葉 《本經》云：主馬疥痂瘡，取煎煑，以洗馬疥，立愈。又療心腹内血，止痛。陶云：皮葉，療漆瘡。日華子云：治天行熱病，丁瘡，傳尸骨蒸勞，湯火瘡，火（人）〔入〕腹熱悶，服金石藥人發大熱悶，并下水氣。煎膏，續筋骨，長力，止痛，煎含。

柳實 《本經》云：主潰癰，逐膿血。柳子汁，療渴。

柳樹枝皮 《唐本》注云：枝皮，味苦，寒，無毒。主痰，熱淋，可為吐。湯煑，洗風腫癢。酒煑，含主齒痛。木中蟲屑，可為浴湯，主風瘙痒癮瘮大効。《圖經》云：枝皮及根亦入藥，葛洪治癰疽腫毒妬乳等，多用之。韋宙《獨行方》主丁瘡及反花瘡，並煎柳枝葉，作膏塗之。今人作浴湯，膏藥，齒牙藥，亦用其枝，為最要之藥。

明·劉文泰《本草品彙精要》卷二〇 柳華無毒。附葉實子汁。 植生。

柳華出《神農本經》：**主風水黄疸，面熱黑。○葉，主馬疥，痂瘡。○實，主潰癰，逐膿血。**以上朱字《神農本經》。華，痂疥，惡瘡，金瘡。○葉取煎煮，以洗馬疥，立愈。又療心腹内血，止痛。○子汁，療渴。以上黑字名醫所録。

【名】柳絮、子名。【苗】《圖經》曰：柳乃柔脆易生之木，雖縱横顛倒植之皆生。俗所謂楊者，非也。三月生蕊如桑椹而細長，蕊老則絮飛。《本經》以絮爲華。陳藏器云：華，即初發黄蕊，子乃飛絮也。《衍義》曰：柳華即是初生黄蕊，及其華乾絮方出，又謂之柳絮。收之可貼痔瘡，及爲裀褥。絮之下連黑子，因風而起，著濕便生，如地丁之類，不因種植於人家庭院中自然生出，蓋如柳絮兼子而飛。陳藏器所云花即初發黄蕊，子爲飛絮，蓋不可以絮爲花也。〔地〕《圖經》曰：生琅琊川谷，今處處有之。〔時〕生：春生葉。採：四月取。〔收〕陰乾。〔用〕華、葉、實。〔質〕類石菖蒲穗而體小。〔色〕花白，葉綠，實黑。〔味〕苦。〔性〕寒，泄。〔氣〕味厚于氣，陰也。〔臭〕香。〔主〕惡瘡，齒痛。〔製〕花爲末，其枝葉剉碎，并入藥用。〔治〕療：陶隱居云：貼痔瘡。〇皮葉療漆瘡。《圖經》曰：枝、皮、根，消癰疽，腫毒，妒乳。〇枝、葉並煎膏，塗痔瘡及反花瘡。《唐本》注云：木中蟲屑並枝、皮，除痰，熱淋，可爲吐湯。及煮，洗風腫癢並瘾疹。《藥性論》云：苦柳華，止血，除濕痹，四肢攣急，膝痛。日華子云：葉，主天行熱病，傳屍，骨蒸勞，湯火瘡毒入腹，熱悶，下水氣。煎膏，續筋骨，長肉，止痛。〇枝，煎汁消食。《別錄》云：枝，濃煎汁，祛黃疸。〔合治〕枝合鹽漿水煎含，療牙齒疼痛。〔解〕服金石藥人發大熱悶。

明・鄭寧《藥性要略大全》卷七 柳花 《經》云：主風水氣，黃疸，惡瘡，金瘡，灸瘡，止血止痛。 味苦，氣寒、平，無毒。即水楊柳花也。其葉圓闊而赤，枝條短硬。柳葉狹而長，青綠，枝條長軟。

明・陳嘉謨《本草蒙筌》卷四 柳花 味苦，氣寒。無毒。岸側道傍，在處俱植。木高丈許，秋瘁春榮。初生黃蕊是花，漸乾為絮；能治濕痹攣急，及貼灸瘡。多積捍作氈眠，柔軟清涼尤妙。葉煎水，洗騾馬疥痂瘡立愈，及療心腹內血止疼；枝煮湯，浴嬰孩寒熱疾即差，更治風毒瘾疹去癢。根理齒痛而漱出㾓涎，實主潰癰而逐去膿血。柳膠結砂子，子汁除渴消。木中蟲屑煎濃，風濕疥瘍浴效。

明・王文潔《太乙仙製本草藥性大全》卷三《本草精義》 柳華 生瑯琊川澤，今在處有之，俗所謂楊柳者也。植木高丈餘許，秋瘁冬榮。初生有黃蕊者花，及花乾絮方出，又謂之柳絮，收之貼灸瘡及爲裀褥。絮之下有黑子，隨絮而飛，得水濕處便生，如地丁之類，多不因種植，於人家庭院中自然生出，亦因兼子飛而生也。絮飛入池沼，於陰暗處爲浮萍，嘗以器盛水，置絮其中數日，覆之即成。又多積亦可以捍作氈以代羊毛，極柔軟，宜與小兒臥，加以性良也。根皮葉實俱可入藥，收採無時。

、**明・王文潔《太乙仙製本草藥性大全》卷三《仙製藥性》** 柳華使 味苦，氣溫，無毒。主治 華：主風水，黃疸面熱，黑痂疥、惡瘡、金瘡。絮：能治濕痹攣急，及貼灸瘡。多積捍作氈眠，柔軟清涼尤妙。葉：煎水洗騾馬疥痂瘡立愈。及療心腹內血止疼。枝：煮湯浴嬰孩寒熱疾即差。更治風毒瘾疹去癢。根：理齒痛而漱，出㾓涎。實：主潰癰而逐去膿血。柳膠：結砂子。子汁：除渴消。木中蟲屑：煎濃，風濕疥瘍浴效。補註：枝、絮，主止血，治小兒一日、五日寒熱，煎柳枝浴之。治黃疸，柳枝以水一斗，煮取濃汁半升，服令盡。治齒疼，柳枝一握，細剉，入少鹽花，漿水煎，含之甚妙。治腫，柳枝如脚指大，長三尺，二十枚，水煮令極熱，以故布裹脚腫處，取湯熱洗之即差。治牙齒風齲，以柳枝剉一大升，大豆一升，合炒，豆炮盡，於甆器盛之，清酒三升漬之，經三日，含之頻愈。根：治耳痛，有膿不出，及癰已結聚，柳根細切，熟搗封之，以帛掩，燥即易之。治乳癰二三百日痛不差，但堅紫色者，用煎柳根皮法云，熬令溫熨腫，一宿愈。白皮：治卒風毒，腫，氣急痛，以柳白皮一斤，剉細，酒煮令熱，帛裹熨腫上，令再煮易之甚妙也。治齒痛，以楊柳白皮，卷如指許大，含嚼之，以汁漬痛齒根，數過即差也。治湯火灼成瘡，以柳白皮燒灰，以粉塗之。葉：小兒丹熕，柳葉一斤，水一斗，煮取三升，去滓，搨洗赤處，日七八度。蟲糞：治耳卒風毒腫起，用柳蠹、柳上蟲糞，以水化，取清水調白礬少許，滴入耳中甚妙。

明・皇甫嵩《本草發明》卷四 柳華下品。氣寒，味苦，無毒。 主風水黃疸，面熱，黑痂疥惡金瘡。〇絮，止血，貼灸瘡。又主濕痺攣急。〇葉，主惡疥痂瘡。煎煮，洗馬疥立愈。又主心腹內血，止痰。〇枝，煎湯，浴嬰兒寒熱疾及風毒瘾疹去痒。〇實，主潰癰，逐去膿血。〇根，理齒痛，漱出㾓涎。〇子汁，除消渴。是柳膠結沙子。〇水楊葉，味苦，平。主久痢赤白，搗水和絞取汁。〇白楊樹皮，味苦。主毒風脚氣腫，四肢緩弱不隨，毒氣遊易在皮膚中，痰癖等，酒漬服之。凡使，銅刀刮去粗皮，蒸三伏時，用布袋盛于屋東，掛乾用。

明・李時珍《本草綱目》卷三五木部・喬木類 柳《本經》下品

〔釋名〕小楊《說文》 楊柳弘景曰：柳即今水楊柳也。恭曰：柳與水楊全不相似。水楊葉圓闊而尖，枝條短硬。柳葉狹長而青綠，枝條長軟。陶似柳爲水楊，非也。藏器曰：江東人通名楊柳，北人都不言楊。楊樹枝葉短，柳樹枝葉長。時珍曰：楊枝硬而揚起，故謂之楊；柳枝弱而垂流，故謂之柳，蓋一類二種也。蘇恭所説爲是。按《說文》云：楊，蒲楊也。從木，易聲。柳，小楊也。從木，卯聲。易音陽，卯音酉。又《爾雅》云：楊，蒲柳也。旄，澤柳也。檉，河柳也。觀此，則楊可稱柳，柳亦可稱楊，故今南人猶併稱楊柳。俞宗本《種樹書》言：順插爲柳，倒插爲楊。其説牽强，且失揚起之意。宗奭曰：釋家謂柳爲尼俱律陀木。

【集解】《别録》曰：柳華生琅邪川澤。頌曰：今處處有之，俗所謂楊柳者也。其類非一：蒲柳即水楊也，枝勁韌可爲箭笴，多生河北。杞柳生水旁，葉粗而白，木理微赤，可爲車轂。今人取其細條，火逼令柔，屈作箱篋，《孟子》所謂杞柳爲桮棬者，魯地及河朔尤多。檉柳見本條。時珍曰：楊柳，縱横倒順插之皆生。春初生柔荑，即開黄蕊花。至春晚葉長成後，花中結細黑子，蕊落而絮出，如白絨，因風而飛。子着衣物能生蟲，入池沼即化爲浮萍。古者春取榆、柳之火。陶朱公言種柳千樹，可足柴炭。其嫩芽可作飲湯。

柳華【釋名】柳絮《本經》【正誤】：見下。

【氣味】苦，寒，無毒。【主治】風水黄疸，面熱黑《本經》。痂疥惡瘡金瘡。柳實：主潰癰，逐膿血。子汁：療渴《别録》。華：主止血，治濕痹，四肢攣急，膝痛甄權。

【發明】弘景曰：柳華熟時，隨風狀如飛雪，當用其未舒時者。子亦隨花飛止，應水漬汁爾。藏器曰：《本經》以柳絮爲花，其誤甚矣。花即初發時黄蕊，其子乃飛絮也。承曰：柳絮可以捍氈，代羊毛爲茵褥，柔軟性凉，宜與小兒卧尤佳。宗奭曰：柳花黄蕊乾時絮方出，收之貼灸瘡良。絮之下連小黑子，因風而起，得水濕便生，如苦蕒、地丁之花落結子成絮。古人以絮爲花，謂花如雪者，皆誤矣。藏器之説爲是。又有實及子汁之文，諸家不解，今人亦不見用。時珍曰：《本經》主治風水黄疸者，柳花也。《别録》主治惡瘡金瘡、潰癰逐膿血，《藥性論》止血療痹者，柳絮及實也。花乃嫩蕊，可擣汁服。子與絮連，難以分别，惟可貼瘡止血裹痹之用。所謂子汁療渴者，則連絮浸漬，研汁服之爾。又崔寔《四民月令》言三月三日及上除日，采絮愈疾，則入藥多用絮也。

【附方】新六。吐血咯血：柳絮焙研，米飲服一錢。《經驗方》。金瘡血出：柳絮封之，即止。《外臺秘要》。面上膿瘡：柳絮、膩粉等分，以燈盞油調塗。《普濟方》。走馬牙疳：楊花燒存性，入麝香少許，搽。《保幼大全》。大風癘瘡：楊花四兩，擣成餅，貼壁上，待乾取下，米泔水浸一時取起，瓦焙研末二兩，白花蛇、烏蛇各一條，去頭尾，酒浸取肉，全蠍、蜈蚣、蟾酥、雄黄各五錢，苦參、天麻各一兩，爲末，水煎麻黄取汁熬膏，和丸梧子大，朱砂爲衣。每服五十丸，温酒下。一日三服，以愈爲度。孫氏《集效良方》。脚多汗濕：楊花着鞋及襪内穿之。《摘玄方》。

葉【氣味】同華。【主治】惡疥痂瘡馬疥，煎煮洗之，立愈。又療心腹内血，止痛《别録》。煎水，洗漆瘡弘景。天行熱病，傳尸骨蒸勞，下水氣。煎膏，續筋骨，長肉止痛。主服金石人發大熱悶，湯火瘡毒入腹熱悶，及丁瘡日華。療白濁，解丹毒時珍。

【附方】舊一，新五。小便白濁：清明柳葉煎湯代茶，以愈爲度。《集簡方》。小兒丹煩：柳葉一斤，水一斗，煮取汁三升。搨洗赤處，日七八度。《子母秘録》。卒得惡眉毛脱落：垂柳葉陰乾爲末，每薑汁於鐵器中調，夜夜摩之。《聖惠方》。面上惡瘡：不可名識者。柳葉或皮，水煮汁，入少鹽，頻洗之。《肘後方》。面上惡瘡：方同上。痘爛生蛆：嫩柳葉鋪席上卧之，蛆盡出而愈也。李樓《奇方》。

枝及根白皮【氣味】同華。【主治】痰熱淋疾。可爲浴湯，洗風腫瘙痒。煮酒，漱齒痛蘇恭。小兒一日、五日寒熱，煎枝浴之藏器。煎服，治黄疸白濁。酒煮，熨諸痛腫，去風止痛消腫時珍。

【發明】頌曰：柳枝皮及根亦入藥。葛洪《肘後方》治癰疽、腫毒、妬乳等多用之。韋宙《獨行方》主丁瘡及反花瘡，並煎柳枝葉作膏塗之。今人作浴湯、膏藥、牙齒藥，亦用其枝爲最要之藥。時珍曰：柳枝去風消腫止痛。其嫩枝削爲牙杖，滌齒甚妙。

【附方】舊十，新八。黄疸初起：柳枝煮濃汁半升，頓服。《外臺秘要》。脾胃虚弱：不思飲食，食下不化，病似翻胃噎膈。清明日取柳枝一大把熬湯，煮小米作飯，洒麪滚成珠子，晒乾，袋懸風處。每用燒滚水隨意下米，米沉住火，少時米浮，取看無硬心則熟，可頓食之。久則麪散不粘矣。名曰絡索米。楊起《簡便方》。走注氣痛：氣痛之病，忽有一處如打撲之狀，不可忍，走注不定，静時，其處冷如霜雪，此皆暴寒傷之也。以白酒煮楊柳白皮，暖熨之。有赤點處，去血效。凡諸卒腫急痛，熨之皆即止。姚僧坦《集驗方》。風毒卒腫：方同上。陰卒腫痛：柳枝三尺長二十枚，細剉，水煮極熱，以故帛裹包腫處，仍以熱湯洗之。《集驗方》。項下癭氣：水涯露出柳根三十斤，水一斛，煮取五升，以糯米三斗，如常釀酒，日飲。《范汪方》。齒齦腫痛：垂柳枝、槐白皮、桑白皮、白楊皮等分，煎水，熱含冷吐。〇又方：柳枝、槐枝、桑枝煎水熬膏，入薑汁、細辛、芎藭末，每用擦牙。《聖惠方》。風蟲牙痛：楊柳白皮卷如指大，含咀，以汁漬齒根，數過即愈。〇又方：柳枝一握剉，入少鹽花，漿水煎含，甚驗。〇又方：柳枝剉一升，大豆一升，合炒，豆熟，瓷器盛之，清酒三升，漬三日。頻含漱涎，三日愈。《古今録驗》。耳痛有膿：柳根細切，熟擣封之，燥即易之。《斗門方》。漏瘡腫痛：柳根紅鬚，煎水日洗。〇《摘玄方》用楊柳條罐内燒烟熏之，出水即效。乳癰妬乳：初起堅紫，衆療不瘥。柳根皮熟擣火温，帛裹熨之。冷更易，一宿消。《肘後方》。反花惡瘡：肉出如飯粒，根深膿潰。柳枝葉三斤，水五升，煎汁二升，熬如餳。日三塗之。《聖惠方》。天竈丹毒：赤從背起。柳木灰，水調塗之。《外臺秘要》。湯火灼瘡：柳皮燒灰塗之。亦可以根白皮煎猪脂，頻傅之。《肘後方》。痔瘡如瓜：腫痛如火。柳枝煎濃湯洗之，艾灸三五壯。王及郎中病此，驛吏用此方灸之，覺熱氣入腸，大下血穢至痛，一頃遂消，馳馬而去。《本事方》。

柳膠　【主治】惡瘡。及結砂子時珍。

柳寄生見後寓木類。

柳耳見菜部木耳。

柳蠹見蟲部。

明·周履靖《茹草編》卷二　柳葉　金蛹初綻，玉蛾未飛。鶯窺青眼，燕蹴黃毬。莫教陌上趁芳菲，且配鹽梅雅味。　一二三月取嫩葉，湯焯過，同春韭和醯醋食之，或焙乾如茶用。

明·佚名氏《醫方藥性·草藥便覽》　水柳　其性溫。去翳膜，治飛痒。

明·梅得春《藥性會元》卷中　柳花　味甘，寒，無毒。一名柳絮。　主治風水黃疸，去面熱黑，痂疥、惡瘡、金瘡。葉主治惡疥，痂瘡，煎洗馬疥立愈，又療心腹內血止痛。實主潰癰，逐膿血。子汁療渴。

明·盧復《芷園臆草題藥》　楊柳　與陽俱生，望春即華，凝烟舞風，青藹條暢，絮飛到處，靡不化機，一片春生之意，豈尋常比。施此于肝木，不及春令，委和丰采，莫楊神情於邑者，必有奇致。第其發露太窂，柔脆易凋，內槁外榮，斯為品下。魏直讚水楊湯，云黃鐘一動，而蟄蟲啟戶；東風一吹，而堅冰腹解，似得之矣。

明·鮑山《野菜博錄》卷三　垂柳　有二種，枝葉上生為楊，枝葉下垂為柳。其樹高丈，各處多有。性寒，味苦，無毒。　食法：採嫩芽葉，爆熟，淘去【缺】

明·倪朱謨《本草彙言》卷九　柳　味苦，氣寒，無毒。　李氏曰：柳與楊，一類二種也。楊葉圓闊而青，枝條短硬。柳葉狹長而綠，枝條長軟。楊枝硬而揚起，故謂之楊。柳枝弱而垂流，故謂之柳。《說文》云：楊從木昜，柳從木丣。昜者陽也，丣者酉也。觀此則楊與柳各一種也，明矣！又一種蒲柳，乃水楊也。枝勁韌，可爲箭幹，多生河北。杞柳生水旁，葉粗微白，木理微赤，可爲車轂。今人取其細條，火逼令柔屈，作圈椅桶箍，即孟子所謂桮棬是也。魯地及河朔尤多。又曰：楊與柳俱縱橫順倒，扦插皆生。長大高數丈，春初生柔荑，即開黃蕊花，至春暮葉長成後，花中結細黑子，柔漫而絮，如白絨，因風飄飛，着衣帛絨羯之類，能生蛀蟲。入池沼即化爲浮萍。陶朱公言：種柳荒圃中，可足柴炭。取其嫩芽，可作茶飲。其絮積多，可捍造氈片爲茵褥，臥之柔軟養體。昔趙通政以柳茵褥進閣太師，閣上進世廟。

柳華：主散風水，清黃疸，《本經》利小便。

柳絮：解惡瘡，排潰癰，日華子逐膿血。

柳葉：解金石，淨瘡疥，李時珍化丹毒。

柳枝：下熱痰，止淋濁，定齒痛。四種治各少差，以清凉解散爲用。治諸證亦可互通。

集方：林氏方治風水面腫。用柳華煎湯飲之。〇《河間三刻》治熱鬱黃疸。用柳華煎湯飲之。〇《三刻》治熱鬱，小水不通。用柳華煎湯飲之。〇《三刻》治一切熱毒惡瘡。用柳絮和鉛粉，以麻油調塗。〇《千金方》治灸瘡疼極。用柳絮貼之。凡一切瘡疼甚，亦可定。〇《外科撮要》治一切惡毒，膿血脹痛，不潰化。用柳絮敷上，膿泄毒減。〇《外臺秘要》治金瘡血出不止。用柳絮封之即止。〇治金石毒發。以柳葉和黑豆、綠豆煎湯飲之。〇《別錄》方治惡疥痂瘡，幷騾馬疥癩。以柳葉煎湯頻洗，漸愈。〇《子母秘錄》治丹毒。用柳葉煎湯乘熱搨洗，日五六次。〇治小便白濁。以柳葉煎湯代茶飲之。〇李樓方治痘爛生蛆。以嫩柳葉鋪席上，臥之，蛆蟲盡出葉上。〇魏氏家傳治風火熱氣，閉鬱成痰。用柳枝煎湯飲之。〇《肘後方》治小便淋濁不清。用柳枝一握，甘草三錢，煎湯飲之。〇三丰《懸壺記》治齒牙浮痛。用柳枝一握，蛇床子五分，煎湯汩漱，頓止。

明·姚可成《食物本草》卷二〇木部·喬木類　柳蘇頌曰：今處處有之，俗所謂楊柳者也。其類非一。蒲柳即水楊也，枝勁韌，可為箭笴，多生河北。杞柳生水旁，葉粗而白，木理微赤，可為車轂。今人取其細條，火逼令柔，屈作箱篋，孟子所謂杞柳為桮棬者，魯地及河朔尤多。〇李時珍曰：楊柳縱橫倒順插之皆生。春初生柔荑，即開黃蕊花。至春晚葉長成後，花中結細黑子。蕊落而絮出如白絨，因風而飛著衣物能生蟲，入池沼即化為浮萍。古者春取榆、柳之火。陶朱公言：種柳千株，可足柴炭。其嫩芽可作湯飲，代茶葉。

柳葉嫩芽　味苦，寒，無毒。治天行熱病，傳尸骨蒸勞，下水氣，療白濁，解丹毒，治腹內血，止痛。煎水洗漆瘡及惡疥瘡。煎膏續筋骨，長肉止痛。又服之，治金石發大熱毒，湯火氣入腹及丁瘡。

柳華初發時黃蕊是也。若其飛絮，乃是華後所結之實矣。　止血治濕痹，四肢攣急，膝痛，風水黃疸，金瘡惡瘡。

柳實　主潰癰，逐膿血。

柳絮可以捍氈，代羊毛為茵褥，柔軟性凉，宜與小兒臥尤佳。

枝及根白皮　治痰熱淋疾，黄疸白濁。煮酒漱齒痛，作浴湯洗風腫發痒。

附方：　治吐血咯血。柳絮焙研，米飲服一錢，大效。　治金刃出血。柳絮封之即止。　治走馬牙疳。未成絮柳花燒存性，入麝少許吹之。　治脚多濕汗。用楊花安鞋內及襪內穿之。　治眉毛脫落，垂柳葉陰乾為末，每用薑汁于鐵器中調，夜夜摩之。　治乳癰初起堅硬紫色，眾療不瘥。柳根皮搗爛，火烘帛裹熨之，冷更易，一宿即消。　治反花惡瘡，肉出如飯粒，根深膿潰。柳枝葉三斤，水五升，煎汁二升，熬如餳，日塗三次。

清·穆石匏《本草洞詮》卷一一　柳絮、葉、枝根　江東通名楊柳，北人都不言楊。楊樹枝葉短，柳樹枝葉長。楊枝硬而揚起，故謂之楊；柳枝弱而垂流，故謂之柳。河柳為檉。《爾雅翼》云：天之將雨，檉先知之。起氣以應，又負霜雪不凋，木之聖者也。亦名雨絲，得雨則垂垂如絲也。亦名觀音柳，謂觀音用此洒水也。楊柳縱横，倒順插之皆生。其絮因風而飛，着衣物則生蠹，入池沼即化萍，可代羊毛捍氊為茵，柔軟性涼也。絮、葉、枝、根竝味苦，氣寒，無毒。柳絮治風水黄疸，面熱黑，金瘡惡瘡，潰癰逐膿，止血療痺。柳葉治天行熱病，療白濁，解丹毒，洗惡疥漆瘡。柳枝及根去風消腫止痛，痰熱淋疾，洗風腫瘙痒。其嫩枝削為牙杖，滌齒甚良。

清·丁其譽《壽世秘典》卷三　柳李時珍曰：楊枝硬而揚起，故謂之楊；柳枝弱而垂流，故謂之柳，蓋一類二種也。蘇恭所云楊葉圓闊而尖，枝條短硬；柳葉狹長而青綠，枝條長軟是也。今人通名楊柳，縱横倒順，插之皆生。春初生柔荑，即開黄蘂花。至春晚葉長成後，花中結細黑子，柔落而絮出如白絨，因風而飛。子着衣物能生蟲，入池沼，即化為浮萍。木之易殖易長，歲可刈條枝以薪。陶朱公云：種柳千樹，可足柴炭。又有檉柳，即垂絲柳，一名觀音柳，小幹弱枝，插之易生，赤皮，細葉如絲，婀娜可愛。一年三次作花，花穗長三四寸，水紅色如蓼花色。王禎《農書》云：山柳赤而脆，河柳白而明。則檉又有白色者也。《類編》云：柳有數種，觀音柳尤奇，其花細，隨時變色，晴明則花紅，雨晦則花白，將晴則花粉紅色。崔豹《古今注》云：蒲柳生水邊，葉似青楊。

柳絮：　氣味：　苦，寒，無毒。　治惡瘡、金瘡、潰癰，逐膿血，及濕痹四肢攣急膝痛。

發明陳藏器曰：《本經》以柳絮為花，其誤甚矣。花即初發時黄蕊，花落結子乃成絮也，絮方出收之，貼灸瘡良。崔實《四民月令》言，三月三日及上除日，采絮愈疾，則入藥多用絮也。陳承曰：柳絮可以捍毡代羊毛為茵褥，柔軟性涼，宜與小兒臥，尤佳。

葉枝及根白皮：　氣味：　苦，寒，無毒。療白濁，解丹毒。惡瘡、馬疥，煎洗，立愈。

發明李時珍曰：柳枝去風，消腫止痛。煎湯，洗風腫瘙痒，小兒寒熱。其嫩枝削為牙杖，滌齒最佳。垂絲柳枝葉消痞，解酒毒，利小便。

清·李熙和《醫經允中》卷二一　柳花柳葉　苦，寒，無毒。柳花止血，續筋骨。柳葉，惡瘡疥痂，煎湯洗之立愈。痘瘡生蛆，以兒臥柳葉上，其蛆立化。

清·馮兆張《馮氏錦囊秘錄·雜症痘疹藥性主治合參》卷四　柳花　貼灸瘡而治濕痹攣急。根，理齒痛而漱出疳涎。葉，療心腹血疼。枝，治風毒癮癢。

清·张璐《本經逢原》卷三　柳華柳葉　苦，寒，無毒。《本經》主風水黄癉，面熱黑。　發明：　柳華性寒，故能療風水黄癉。《本經》雖云柳絮，實柳華也，絮則隨風飛揚，何從覓之。《千金》治女人積年不孕，吉祥丸中與丹皮、桃仁、芎藭同為散血之用，亦屬柳華無疑。柳葉治惡疥痂瘡，煎湯洗之立愈，以其力能殺蟲也。痘瘡生蛆，以兒臥柳葉上，其蛆立化，無葉時根皮亦可用之。

清·張志聰、高世栻《本草崇原》卷下　柳花　氣味苦，寒，無毒。主治風水、黄疸，面熱黑。　柳處處有之，有楊有柳，乃一類二種，楊葉圓闊，柳葉細長，楊枝硬而揚起，故曰楊。柳枝弱而垂流，故曰柳。柳有蒲柳、杞柳、檉柳之別，喜生水旁，縱横倒順，插之皆生。春初生柔荑，即開黄蕊花，是為柳花，至春晚花中結細黑子，蕊落而絮出如白絨，因風飛舞，著於衣物能生蟲蛀，入池沼即為浮萍。是為柳絮，蓋黄蕊未結子時，為花結於蕊落，即為絮矣。古者春取榆柳之火。《開寶本草》有檉柳一日三起三眠，又名三眠柳。《爾雅》名河柳，即今兒醫治瘄疹，所謂西河柳是也，乃寒涼通利，下行小便之藥，用者以意會之。　柳性柔順，喜生水旁，受寒水之精，感春生之氣，故縱横順逆，插之皆生。得春氣，則能助肝木以平土，故主治風水黄疸。得水精，則能清熱氣而資面顏，故治面熱黑。　柳葉附　氣味苦，寒，無毒。主治惡疥痂瘡馬疥，煎汁洗之，立愈。又療心腹內血，止痛。馬疥，馬鞍熱氣之瘡疥也。《別錄》附。

清·嚴潔等《得配本草》卷七　柳枝葉　苦，寒。入足陽明、厥陰經。去風熱，除濕痹。治黄疸，煮服。熨腫痛，酒煮。葉　苦，寒。治天行熱瘡，療傳尸骨蒸。下水氣，除白濁。煎湯洗諸惡瘡。陰乾為末，入薑汁於鐵器中調，摩治眉毛脱落。赤檉柳枝葉俗名西河柳。甘、鹹，溫。入足陽明、手太陰經。解溫疫之躁亂，開肌肉之邪結。一切風火厲氣，非此不能達表。

清·趙學敏《本草綱目拾遺》卷六木部　清明插檐柳　清明日插在屋檐下枯柳枝朝南者，入藥。

《物類相感志》：清明楊柳，能止醬醋之潮溢。

甜瘡：《濟世良方》以清明插過柳枝燒存性一錢，銀硃七分，共研，再入飛礬一分，傅之。小兒胎火不尿：《濟急方》：凡初生小兒小便不通，乃是胎中熱毒未化，不可用寒涼金石之劑，只須取清明插檐柳枝朝南者一握，煎湯服之，即尿。大人小便閉，服之亦效。〇治尿梗，周子象方：用清明插屋檐下枯柳一大把，折碎煎湯，傾坐桶内，被圍住熏，片時即通，再内服。白濁：盧復《芷園臆草》：清明所插柳條，煎之治白濁，蓋勢為肝苗，柳為卯木，同類也；渾濁之色，清明之氣，相待也，用藥恰好有如此。下痢後成醃魚水，此險症也。《慈惠小編》用清明人家插檐柳，取葉來煎湯，下如止可救。起病不多日，下醃魚水，年少者，方可治，老者難治。少者勞傷之症，肉而化成血水，平和調理，可以挽回十分之二三；老者血氣久成衰弱，故成此症，神仙難治。

柳椹柳屑、柳蕈　此乃柳花未放時，其枝垂下如椹形，所謂柳蕊也。淡黄色，若俟花出則無用矣。《綱目》有柳華，無柳椹，《别録》乃有柳實，或即此歟。

明目驅風，壯筋骨，堅牙齒，《岣嶁神書》有柳椹牢牙法：以柳椹揩牙，去其宣露，諸風不生。明目駐顔，黑髮聰耳，壯筋力，益壽輕身。《急救方》柳椹陰乾為末，日用擦牙，去風明目，烏髮固齒，久用不徹，可咀金石。

柳屑　即空心柳樹中屑也。

治溼氣腿腫：《慈幼筏》：淮陰卑溼，民多粗腿，偶得一法，治之甚效，用空心柳樹中屑，取出篩細，入鍋内炒熱，以臭泔水灑溼，又炒，加麪少許拌匀，趁熱取起，敷腿上，候水出再炒，敷數次自愈。

柳蕈　陳氏《筆記》云，柳樹上蕈也，煎服治心痛。

清·葉桂《本草再新》卷四　柳頭味苦，性涼，無毒。入肝、肺二經。平肝，發熱能托能升，敗毒發斑，治小兒痧痘等症。

清·吴其濬《植物名實圖考》卷三三　柳《本經》下品。華如黄蕊，子為飛絮。前人以絮為花，殊誤。陳藏器已辨之。但絮有飛揚者，亦有就枝團簇者，俗以為雌雄。又種生與插枝生者，莖幹亦不同云。

清·吴其濬《植物名實圖考》卷三六　滇大葉柳　枝葉即柳，惟從幹傍發條，開白花，穗長寸許，亦作絮。

清·趙其光《本草求原》卷八喬木部　青絲柳　花絮苦，寒，無毒。散血，治風水黄疸，面熱黑，婦人血積胞門，久不成孕。其性辟，除穢惡；具情感，發春心；故吉祥丸用之。其根皮及葉，殺蟲，治惡疥痂瘡，煎洗。痘瘡生蛆。令兒卧其上，蛆立化。

清·葉志詵《神農本草經贊》卷三　柳華　味苦，寒。主風水黄疸面熱黑。一名柳絮。葉，主馬疥痂創。實，主潰癰逐膿血。子汁，療渴。生川澤。

濯濯依依，荑生春坻。黄拂鱗皴，白沾絨洗。日照垂纓，風吹擲米。愛想當年，甘棠澤比。

劉詵詩：楊柳濯濯弄輕陰。《詩》：楊柳依依。《夏小正》：正月柳稊傳。稊者，發孚也。《群芳譜》：初生稊寸餘，開黄花，鱗起稊上，甚細碎。漸次生葉，長成，花中結細子，如粟米大，細扁而黑，上帶白絮如絨，隨風飛舞。薛能詩：條綠似垂纓，離筵日照輕。陸游詩：復似麻姑行擲米。《南史·傳》：楊柳風流可愛，似張緒當年時。《南齊書·傳》：王敬則，於北館種楊柳。虞長耀曰：北人以為甘棠。

清·劉善述、劉士季《草木便方》卷二木部　楊柳　楊柳葉苦治惡瘡，帶濁丹毒血痛湯。續筋接骨肢痹痛，漆瘡湯火疔毒方。

清·田綿淮《本草省常·菜性類》　柳鬚　性寒。瀉火解毒，利水通淋。

清·戴葆元《本草綱目易知録》卷四　柳花柳絮　苦，寒。止血。治吐血咯血，風水黄疸，面熱帶黑，濕痹膝疼，四肢攣急。痂疥惡瘡，金瘡，焙末，和（射）〔麝〕香少許，勻搽。走馬牙疳，金瘡血出，封之即止。【略】

葉：煎服，下水氣，療白濁，解丹毒，洗漆瘡，治天行熱病，傳尸骨蒸，解湯火瘡及疔瘡毒入腹熱悶。主服金石人發大熱悶，能清心腹内血。煎洗惡瘡，痂瘡馬疥，立愈。熬膏，續筋骨，長肉止痛。

線柳

清・劉善述、劉士季《草木便方》卷二木部　線柳　吊柳苦寒療熱痢，祛風除濕崩帶易。四肢拘攣筋骨疼，湯火牙痛根無異。

婆羅得

宋・唐慎微《證類本草》卷一四木部下品〔宋・馬志《開寶本草》〕　婆羅得　味辛，溫無毒。主冷氣塊，溫中，補腰腎，破痃癖，可染髭髮令黑。樹如柳，子如蓖音卑麻。生西國。今附。

〔宋・唐慎微《證類本草》〕《海藥》云：　按：徐氏云：　生西海波斯國。似中華柳樹也，方家多用。

明・劉文泰《本草品彙精要》卷二一　婆羅得無毒　植生。

婆羅得：　主冷氣塊，溫中，補腰腎，破痃癖，可染髭髮令黑。名醫所錄。

〔苗〕《圖經》曰：　樹如柳，子如蓖音卑麻。徐氏云：　生西海波斯國，似中華柳樹也。〔地〕《圖經》曰：　生西國。〔時〕生：　春生葉。採：　無時。〔收〕陰乾。〔用〕木、子。〔色〕紫黑。〔味〕辛。〔性〕溫，散。〔氣〕氣之厚者，陽也。〔臭〕朽。〔主〕破痃癖，烏髭髮。〔製〕剉碎用。

明・王文潔《太乙仙製本草藥性大全》卷三《本草精義》　婆羅得　舊不著其文。出西國及西海波斯國。其樹如中華柳樹，子似蓖蔴。採無時。

明・王文潔《太乙仙製本草藥性大全》卷三《仙製藥性》　婆羅得　味辛，氣溫，無毒。　主治：　主冷氣結塊，溫中補腰腎而破痃癖。可染髭髮，令黑如漆。

明・李時珍《本草綱目》卷三五木部・喬木類　婆羅得宋《開寶》

〔釋名〕婆羅勒時珍曰：　婆羅得，梵言重生果也。〔集解〕珣曰：　婆羅得生西海波斯國。樹似中華柳樹，子如蓖麻子，方家多用之。時珍曰：　按王燾《外臺秘要》婆羅勒似蓖麻子，但以指甲爪之，即有汁出。即此物也。

子　〔氣味〕辛，溫，無毒。　〔主治〕冷氣塊，溫中，補腰腎，破痃癖，可染髭髮令黑藏器。

〔附方〕新一。　拔白生黑：　婆羅勒十顆去皮取汁，熊脂二兩，白馬鬐膏煉過一兩，生薑炒一兩，母丁香半兩，爲末，和煎。每拔白點之，揩令入肉，即生黑者。此嚴中丞所用方也。孟詵《近效方》。

水楊柳

宋・唐慎微《證類本草》卷一四木部下品〔唐・蘇敬《唐本草》〕　水楊葉嫩枝，味苦，平，無毒。主久痢赤白，擣和水絞取汁，服一升，日二，大效。今注水楊葉，圓闊而赤，枝條短硬，多生水岸傍。樹與楊柳相似，既生水岸，故名水楊也。《唐本》先附。

〔宋・唐慎微《證類本草》〕《圖經》：　文具白楊條下。

宋・王繼先《紹興本草》卷一五　水楊　紹興校定：　水楊葉、嫩枝，亦柳之類，但生水旁，故名水楊。《本經》云主久痢赤白，誠非所宜爾，（泥）〔然〕諸方亦罕用之，當從《本經》苦、平、無毒為正。

宋・鄭樵《通志》卷七六《昆蟲草木略》　楊之類亦多，白楊曰高飛，曰獨搖。人多種於墟墓間，故曰，白楊多悲風，蕭蕭愁殺人。水楊曰楊柳。《詩》云：　楊柳依依。又云蒲柳。《爾雅》云：　楊，蒲柳。其條可為箭笴，故《左傳》云：　董澤之蒲。崔豹云：　水楊即蒲楊，任矢用。或言萑苻亦水楊也。移楊，曰移，曰扶移，其木大數十圍，無風葉動，華反復合，所謂唐棣之華，偏其反而。崔豹云：　移楊，圓葉弱蒂，微風大搖。故又曰：　一名高飛，一名獨搖。與白楊之名相近，故郭璞云：　移似白楊。

宋・劉明之《圖經本草藥性總論》卷下　水楊　葉、嫩枝，味苦，平，無毒。主久痢赤白，搗，和水絞取汁，服一升，日貳，大效。

明・蘭茂原撰，范洪等抄補《滇南本草圖說》卷一〇　楊柳花　味甘、苦、淡，平。耑治吐血咯血，咳血唾血，下血血淋，一切血症，其效如神。

明・蘭茂原撰，范洪等抄補《滇南本草圖說》卷一〇　水楊柳　氣味苦辛。主治：　血凝氣滯，風寒外束，服此暖氣可以透達。漿隨暖而行矣。此治小兒症仙方也。小兒痘症，有烏頭陷頂，漿升不起者，以此煎服，或浴之，即能起長。

明・劉文泰《本草品彙精要》卷二一　水楊葉嫩枝無毒　植生。

水楊葉嫩枝：　主久痢赤白，搗和水絞取汁服一升，日二，大效。名醫所錄。

〔名〕旄澤柳。〔苗〕《圖經》曰：　其葉圓闊而赤，枝條短硬，多生岸傍，其形如楊柳相似，因生於水岸，故名水楊。《爾雅》所謂旄澤柳，即今蒲柳是也。〔地〕《圖經》曰：　生水岸傍，處處有之。〔時〕生：　春生葉。採：　無時。〔收〕日乾。〔用〕葉、嫩枝。〔質〕類楊柳而葉圓闊。

【色】青赤。　【味】苦。　【性】平，泄。　【氣】味厚于氣，陰中之陽。　【臭】朽。　【主】赤白痢。　【製】剉碎用。

明·鄭寧《藥性要略大全》卷七　楊枝皮　消痰熱，淋瀝。可為吐藥。煎湯洗風腫痒。酒煮含，止齒痛。

楊葉　主天行熱病，傳尸骨蒸，下水氣。為末，治火瘡；煎膏，貼癰腫、妬乳，續筋骨，長力止痛。　陳藏器云：　葉及嫩枝杵汁服，治赤白久痢。

楊實　潰癰逐膿血。其汁止渴。　楊木中蟲屑：　無毒。可為浴湯，去風瘙痒癮疹。

明·王文潔《太乙仙製本草藥性大全》卷三《本草精義》　水楊木　即蒲楊也。舊本不載所出州土。生水岸及溪澗側，樹高數丈，葉圓闊而赤，枝條短硬，其形如楊柳。多生水岸，故名水楊也。

明·王文潔《太乙仙製本草藥性大全》卷三《本草精義》　水楊葉　多生水澤傍及水岸，與楊柳相似，故名水楊也。其葉圓闊而赤，枝條短硬是也。採無時。

明·王文潔《太乙仙製本草藥性大全》卷三《仙製藥性》　水楊葉　嫩枝，味苦，氣平，無毒。　主治：　主久痢如神，治赤白大效。搗爛和水絞汁，每服一升，日二服。

明·王文潔《太乙仙製本草藥性大全》卷三《仙製藥性》　水楊葉　嫩枝　味苦，氣平，無毒。　主治：　主赤白痢疾，搗汁水服如神。

明·李時珍《本草綱目》卷三五木部·喬木類　水楊《唐本草》

【釋名】青楊《綱目》　蒲柳《爾雅》　蒲楊《古今注》　蒲移音移。　移柳《古今注》　萑苻音丸蒲。時珍曰：　楊枝硬而揚起，故謂之楊。多宜水涘蒲萑之地，故有水楊、蒲柳、萑苻之名。

【集解】恭曰：　水楊葉圓闊而尖，枝條短硬，與柳全别。柳葉狹長，枝條長軟。頌曰：《爾雅》楊，蒲柳也。其枝勁韌，可爲箭笴。《左傳》所謂董澤之蒲，又謂之萑苻。今河北沙地多生之。楊柳之類亦多。崔豹《古今注》云：　白楊葉圓，青楊葉長，柳葉長而細，移楊葉圓而弱。水楊即蒲柳，亦曰蒲楊，葉似青楊，莖可作矢。赤楊霜降則葉赤，材理亦赤。然今人鮮能分别。機曰：　蘇恭説水楊葉圓闊，崔豹説蒲楊似青楊，青楊葉長似不相類。時珍曰：　按陸璣《詩疏》云：　蒲柳有二種：　一種皮正青，一種皮正白。可爲矢，北土尤多，花與柳同。

枝葉　【氣味】苦，平，無毒。　【主治】久痢赤白，搗汁一升服，日二，大效《唐本》。主癰腫痘毒時珍。

【發明】時珍曰：　水楊根治癰腫，故近人用枝葉治痘瘡。魏直《博愛心鑒》云：　痘瘡數日陷頂，漿滯不行，或風寒所阻者。宜用水楊枝葉，無葉用枝，五斤，流水一大釜，煎湯温浴之。如冷添湯，良久照見纍起有暈絲者，漿行也。如不滿，再浴之。力弱者，只洗頭、面、手、足。如屢浴不起者，氣血敗矣，不可再浴。始出及痒塌者，皆不可浴。痘不行漿，乃氣澁血滯，腠理固密，或風寒外阻而然。浴令暖氣透達，和暢鬱蒸，氣血通徹，每隨暖氣而發，行漿貫滿，功非淺也。若内服助氣血藥，藉此升之，其效更速，風寒亦不得而阻之矣。直見一嫗在村中用此有驗，叩得其方，行之百發百中，慎勿易之，誠有變理之妙也。蓋黄鐘一動而蟄蟲啓户，東風一吹而堅冰解釋，同一春也。群書皆無此法，故詳著之。

木白皮及根　【氣味】同華。　【主治】金瘡痛楚，乳癰諸腫，痘瘡時珍。

【發明】時珍曰：　按李仲南《永類鈐方》云：　有人治乳癰，持藥一根，生擂貼瘡，其熱如火，再貼遂平。求其方，乃水楊柳根也。葛洪《肘後方》，治乳癰用柳根。則楊與柳性氣不遠，可通用也。

【附方】新一。　金瘡苦痛：　楊木白皮熬燥碾末，水服方寸匕，仍傅之，日三次。《千金方》。

明·繆希雍《本草經疏》卷一四　水楊葉嫩枝　味苦，平，無毒。主久痢赤白，搗和水絞取汁，服一升，日二，大效。

【疏】水楊葉嫩枝，生於涯涘之旁，得水土之陰氣偏多，故味苦氣平無毒。久痢赤白，腸胃濕熱也。得苦涼之氣，則濕熱散，痢自止。今人又用以治癰腫痘瘡，多效。魏直《博愛心鑑》云：　痘瘡數日陷頂，漿滯不行，或風寒所阻者，宜用水楊枝葉，無葉用枝五斤，流水一大釜，煎湯溫浴之，如冷添湯。良久，照見纍起有暈絲者，漿行也。如不滿，再浴之，力弱者，只洗頭面手足。如屢浴不起者，氣血敗矣，不可再浴。始出及痒塌者，皆不可浴。痘不行漿，乃氣滯血濇，腠理閉密，或風寒外阻而然。浴令暖氣透達和暢，鬱蒸氣血通徹，每隨暖氣而發，行漿貫滿，功非淺也。若内服助氣血藥，藉此升之，其效更速。直見一嫗，在村中用此有驗。叩得其方，行之百發百中。慎勿易之，誠有變理之妙也。

明·倪朱謨《本草彙言》卷九　水楊枝葉　味苦，氣平，無毒。　蘇氏曰：《爾雅》稱楊爲蒲柳，其枝勁韌，可爲箭幹。《左傳》所謂董澤之蒲，今河北沙地多生之。楊柳二種，其類亦多。崔氏云：　白楊葉圓，青楊葉長，柳葉長而細，楊葉短而粗，水楊葉似青楊，粗莖亦可作矢。赤楊，霜後則葉赤。

然今人鮮能分別。又曰：水楊，葉圓闊而尖，枝條短硬；柳葉狹長，枝條長軟，楊與柳原各別也。

水楊枝葉：《唐本草》止久痢赤白之積，李時珍起痘瘡不發之漿之藥也。金山臺稿此藥生于涯涘之旁，得水土之陰氣偏多，如赤白久痢，腸胃有濕熱也。得苦涼之氣，則濕熱清散，痢自止矣。今人又用以治癰腫痘瘡，多效。按魏直《心鑒》云：痘瘡數日，頂陷，漿滯不行，或氣滯血濇，或風寒外阻，腠理閉密者，宜用水楊枝葉五斤，流水一大釜，煎湯温浴之。如冷添湯，以軟帛拭乾兒身，良久照見纍起，有暈絲者，漿行也。如不滿，再浴之。力弱而不堪浴者，只洗頭面手足亦可。但此藥浴之令暖氣透達，和暢鬱蒸，氣血通徹，每隨暖氣而發，行漿貫頂，功非淺也。若内服補氣血藥，藉此升之，其效更速。如風寒外阻者，自開；血氣内鬱者，自通，誠有燮理之妙也。如屢浴頂不起者，氣血頹敗，不必再浴。如始出即癢塌者，亦不必浴，浴之無益也。

根皮：消乳癰，《開寶》定金瘡苦痛之藥也。王大生抄按《永類鈐方》云：一人治乳癰，以水楊根皮擂爛敷癰上，其熱如火，再敷遂平。又《肘後方》用柳根皮敷乳癰亦效，則楊與柳性氣不遠，可通用也。又《千金方》治金瘡大痛不可忍，用水楊木白皮，或根皮，切碎，焙燥爲末，白湯調服方寸匕，日三次，兼敷之。

明・李中梓《醫宗必讀・本草徵要下》 水楊葉味苦，平，無毒。止久痢而多功，浴痘瘡而起發。生於涯涘之旁，得水土之氣偏多，能散濕熱，故久痢需之。痘瘡頂陷，漿滯不行，或風寒所阻者，宜水楊枝葉，無葉用嫩枝五觔，流水一釜，煎湯温浴。如冷，添湯，良久照見纍起有暈絲者，漿行也。如不滿，再浴之。虛者只洗頭面手足，屢浴不起者，死。初出及痒塌者，皆不可浴，若内服助氣血藥，其效更速。此方有燮理之妙，蓋黄鐘一動，而蟄蟲啟戶；東風一吹，而堅冰解腹之義也。

明・李中梓《本草通玄》卷下 水楊 苦，平。主久痢赤白，癰腫痘毒。魏直云：痘瘡頂陷，漿滯不行，或風寒所阻，用水楊枝葉五觔，流水一大釜，煎湯温浴之。如冷添湯，良久纍起有暈絲者，漿行也。未滿再浴，虛者止洗頭面手足，初出及癢塌者勿浴。如黄鐘一鼓而蟄蟲啟戶，東風一吹而堅冰解腹。誠有燮理之妙也。

清・穆石匏《本草洞詮》卷一一 楊 多宜水涯蒲萑之地，故有水楊、蒲柳、萑苻諸名。枝葉味苦，氣平，無毒。治癰腫，痘毒，久痢赤白，擣汁飲之。魏直云：痘瘡數日，頂陷漿滯不行者，宜用水楊枝葉，無葉用枝五斤，煎湯温浴之，如冷添湯，良久照見纍起有暈絲者，漿行也。如不起，再浴之。力弱者止洗頭面手足。如屢浴不起者，氣血敗矣。始出及痒塌者，皆不可浴。痘不行漿，乃氣濇血滯，腠理固密，或風寒外阻而然。令暖氣透達，氣血通徹，每隨暖氣而發也。若内服助氣血藥，藉此升之，其效更速。蓋黄鍾一動而蟄蟲啟戶，東風一吹而堅冰解腹，理固然耳。

清・劉雲密《本草述》卷二三 水楊一曰蒲柳。 愚按：蘇恭云水楊葉圓闊而尖，枝條短硬，與柳全別。柳葉狹長，枝條長軟。苐崔豹《古今注》又云水楊即蒲柳，亦曰蒲楊，葉似青楊。夫青楊葉長，而蒲柳似之，是與葉圓闊而尖者不類，則其說將何據也？但陸璣《詩疏》云蒲柳有二種，一種皮正青，一種皮正白，可為矢，即此說以繹之。或以崔豹所云白楊葉圓，合於《詩疏》皮白可為矢之說。得毋有相合者乎？姑以俟之博物君子。

枝葉：氣味：苦，平無毒。

主治：癰腫痘毒時珍。 時珍曰：水楊根治癰腫。故近人用枝葉治痘瘡。魏直《博愛心鑑》云：痘瘡數日，陷頂漿滯不行，或風寒所阻者，宜用水楊枝葉，無葉用枝五斤，流水一大釜，煎湯温浴之。如冷添湯，良久照見纍起，有暈絲者，漿行也。如不滿，再浴之。力弱者只洗頭面手足，如屢浴不起者，氣血敗矣，不可再浴。始出及癢塌者，皆不可浴。痘不行漿，乃氣濇血滯，腠理固密，或風寒外阻而然。浴令暖氣透達，和暢鬱蒸，氣血通徹，每隨暖氣而發，行漿貫滿，功非淺也。若内服助氣血藥，藉此升之，其效更速，風寒亦不得而阻之矣。直見一嫗，在村中用此有驗，叩得其方，行之百發百中。慎勿易之，誠有燮理之妙也。蓋黄鍾一動，而蟄蟲啟户，東風一吹，而堅冰解腹，同一春也。羣書皆無此法，故詳著之。

清・郭章宜《本草匯》卷一五 水楊葉 苦，平。止久痢而多功，浴痘瘡而起發。

按：水楊生于涯涘之旁，得水土之氣偏多，能散濕熱，故久痢需之。痘瘡頂陷，漿滯不行，或風寒所阻，用水楊枝葉五觔，流水一大釜，煎湯温浴之，冷則添湯，良久纍起有暈絲者，漿行也。未滿再浴。虛者只洗頭面手足，初出，及癢塌者，勿浴。若内服，助氣血藥更効。此方有燮理之妙，黄鐘一動而蟄啓戶，東風一吹而堅冰解腹之義也。

清·汪昂《本草備要》卷三 水楊柳宣，行氣血。 苦，平。痘瘡頂陷，漿滯不起者，用枝煎湯浴之。此因氣凝血滯，或風寒外束而然，得此暖氣透達，漿隨暖而行，再用助氣血藥更效。 枝：煎汁，治黄疸。

清·李熙和《醫經允中》卷二一 水楊葉 苦，平。主治煎湯浴發痘瘡。

清·馮兆張《馮氏錦囊秘錄·雜症痘疹藥性主治合參》卷四 水楊 葉嫩枝生於涯涘之旁，得水土之陰氣偏多，故味苦，氣平，無毒。得苦涼之氣，内服可散濕熱，赤白痢疾；外浴和暢血凝，氣滯痘瘡。

清·张璐《本經逢原》卷三 水楊 苦，平，無毒。枝硬葉潤，條不下垂，其材可造矢者為水楊。其枝耎葉細，條葉下垂者謂之柳。 發明：柳葉殺蟲，痘爛生蟲，用鋪臥下，其蟲即出。煎湯洗漆瘡惡疥。楊枝解毒，浴之消癰腫瘡瘍。根治痘瘡頂陷漿滯，《博愛心鑒》有水楊浴法，如無水楊根，以忍冬藤湯代之。然南方皮膝薄弱，良非所宜。《肘後》治乳癰用柳根。《永類鈐方》以水楊根搗貼乳癰，其熱如火，再貼遂平。大抵二根性味不甚相遠。

清·張志聰、高世栻《本草崇原》卷下 楊柳枝及根白皮附 氣味苦，寒，無毒。 主治痰熱淋疾，可為浴湯，洗風腫瘙，煮酒漱齒痛，近今以屋檐插柳，經風日者，煎湯飲，治小便淋濁痛，通利水道。《唐本草》附。 李時珍曰：柳枝去風消腫止痛，其嫩枝削為牙杖，滌齒甚妙。 琦按：佛教食後嗽口，必嚼楊枝，《毗奈耶》云：嚼楊枝有五利，一口不臭，二口不苦，三除風，四除熱，五除痰陰，是知楊枝去風、消熱、除痰陰，止齒痛諸功，大有益於人也。 然削為牙杖，久則枯燥，若以生枝削用，當更見效耳。

清·吴儀洛《本草從新》卷三 水楊枝葉（宣，行氣血。） 苦，平。痘瘡頂陷，漿滯不起，煎湯浴之。此因氣凝血滯，或風寒外束而然。宜用水楊枝葉，無葉用嫩枝五斤，流水一釜，煎湯溫浴，如冷添湯，良久照見纍起有暈絲者，漿行也，如不滿，再浴之。虚人只洗頭面手足，屢浴不起者死。 初出及癢塌者皆不可浴。 若内服助氣血藥，其效更速。此方有燮理之妙，蓋黄鍾一動而蟄蟲啟戶，東風一吹而堅冰解凍之義也。

清·汪紱《醫林纂要探源》卷三 水楊柳 苦，平。河畔野柳，似柳而枝短不垂。 瀉火熱，宣毒氣。 枝葉煎浴，可起痘漿，飲汁可治黄疸。

清·嚴潔等《得配本草》卷七 水楊枝葉根、檽 苦，平。行氣血。搗汁，治久痢赤白。 根 生搗，貼乳癰。 檽即木耳。 苦、辛，平。入足陽明經。去風破血，調中理氣。除痰涎，止反胃。 燒研水下，治蟲心痛，療腸痔血。 胃虛弱者禁用。

題清·徐大椿《藥性切用》卷五 水楊枝葉 性味苦平，泄滯起陷，痘瘡頂靨漿滯不起者，可煎湯浴之。

清·羅國綱《羅氏會約醫鏡》卷一七竹木部 水楊柳味苦平。 生於涯涘之旁，得水土之氣。治痘瘡頂陷。因氣凝血滯，或風寒外束。用葉或用枝，煎湯多浴。 虚者止洗頭面手足，浴時忌風，内服助氣血之藥。 此方有燮理之妙，不得忽過。

清·趙學敏《本草綱目拾遺》卷四草部中 水楊柳 張琰《種痘新書》云：水楊柳乃草本，生溪澗水旁，葉如柳，其莖春時青，至夏末秋初則赤矣。條條直上，不分枝椏，至秋略含赤花。 凡痘焦紫乾枯者，以此洗之，立見光亮，漿水即行，其效如神。 已洗之後，若往視之，則已洗未洗之處，其明潤焦暗，形色判然。 取水行漿之效，孰有速於此者。 但須用巾蘸其藥水，頻頻與拭，必水足而後已也。 若秋冬葉落，取根用之。

瀕湖《綱目》木部有水楊，亦主痘毒。 引魏直《博愛心鑒》浴痘法，但所載形狀，與此全别。 惟於集解下註有赤楊，與張琰所説不甚相遠，而又無主治，故為補之。

性微寒，味缺。 涼血解毒，痘瘡焦黑，浴之立起。

治跌打損傷，瘟痕疫，解暑鬱惡毒。

治痘水楊柳湯：張琰治痘紅紫乾燥不起漿，有水楊柳湯。 云古方所載：是木細葉紅梗，枝上有圓果，果有白鬚散出，此等俗呼水楊梅，以其果似楊梅也。 余未試用，余常用者，乃是草生水邊，葉如柳葉，其梗至秋則紅赤，無果結。 此草冬用枝梗及根，春夏秋用枝葉，凡痘紅紫乾枯不起水者，内服活血解毒之劑，外用此煎水拭頭面，連拭數次，立見光潤，即具行漿之勢，所未洗者，其色不變。 手足拘攣，費建中《救偏瑣言》用草本水楊柳酒煎服，甚驗。 痔漏洗方：《傳信方》：水楊柳根煎湯洗，俟蟲出愈。 膀胱落下：劉羽儀《驗方》：此名茄病，其色或紫者可治，白者不可治。 黄連一錢，狗脊、水楊柳根、五倍子、魚腥草四味，多寡不拘，枯礬錢許，共為末，煎湯先熏後洗，乘熱時輕輕托進，睡臥一二日即愈。 再服調理藥。

毛世洪《經驗集》：攧攧活，即水楊柳，其根可治楊梅結毒。

清·莫樹蕃《草藥圖經》 楊和根 即楊和秧下根是也。生於水邊，即子楊樹。樹生鬚，可照方用。水大則無，水退則有。乾者亦可用。四季有之。

清・楊時泰《本草述鉤元》卷二三　水楊　即蒲柳。葉圓闊而尖，枝條短硬，與柳全別。柳葉狹長，枝條長軟。

枝葉：氣味苦平。治癰腫，發痘毒。水楊根治癰腫，故近人用枝葉治痘瘡。痘瘡數日，陷頂，漿滯不行，乃氣濇血滯，腠理固密，或風寒外阻而然。用水楊枝葉無葉用枝。五斤，流水一大釜，煎湯溫浴之，令暖氣透達，和暢鬱蒸，氣血通徹，良久照見纍起有暈絲者，漿行也。若內服，助氣血藥，藉此升之，其效更速，風寒亦不得而阻之矣。如不滿，再浴之。力弱者，只洗頭面手足，如屢浴不起者，氣血敗矣，不可再浴，始出及癢塌者，皆不可浴。

清・吳其濬《植物名實圖考》卷三五　水楊　《唐本草》始著錄。與柳同而葉圓闊，枝條短硬。

清・趙其光《本草求原》卷八喬木部　水楊枝軟，葉條下垂者為柳；枝硬，條不下垂，可作矢者為水楊。葉殺蟲，治痘爛生蛆，鋪臥蟲即出。煎洗漆瘡惡疥。枝解毒，消癰腫。煎浴。根治痘瘡頂陷，漿滯不起，煎浴，或以銀花藤代之。然皮腠薄弱者不能堪。乳癰。搗貼，其熱如火，再貼即平。柳根亦可。

按：痘初出及癢塌者，不可浴；氣血大虛者，宜補氣血，不可浴。惟風寒所阻，而氣血滯者可浴。弱者止洗頭面手足，以湯熏之，使得暖而肌解。

清・佚名氏著，錢沛補《治疹全書》卷上　水楊考　按《唐本草》本作水楊，後人加一柳字，故易致混亂。許慎《說文》曰：柳從木，丣聲。楊從木，昜聲。丣音酉，昜音陽。李氏時珍曰：柳枝弱而垂流，故謂之柳。楊枝硬而揚起，故謂之楊。蘇氏恭曰：水楊葉圓闊而尖，枝條短硬，柳葉狹長，枝條長軟，全不同也。總之，水楊為發痘之要藥，河柳為發疹之要藥，分別用之可也。　水楊柳存疑：張氏遜玉曰：水楊柳發痘，古方所載是木，細葉紅梗，枝上有圓菓，菓有白鬚散出。俗呼為水楊梅，以其菓似楊梅也。余未試用。余所常用者，乃是草，生水邊，其葉如柳，其梗至秋則紅赤，無菓結。此草之性，涼血解毒，凡痘紅紫，乾枯不起漿者，煎洗立見光潤。冬時用枝梗及根，春夏秋用枝葉。按此說大異，須再參。

清・陳其瑞《本草撮要》卷二　水楊柳　味苦，平，入手太陰經，功專起痘瘡頂陷，用枝煎湯浴之，神效。

白楊

宋・唐慎微《證類本草》卷一四木部下品〔唐・蘇敬《唐本草》〕　白楊樹皮　味苦，無毒。主毒風脚氣腫，四肢緩弱不隨，毒氣遊易音翼在皮膚中，痰癖等，酒漬服之。取葉圓大，蒂小，無風自動者。

〔宋・馬志《開寶本草》〕按：《陳藏器本草》云：白楊去風痹、宿血，折傷，血瀝在骨肉間，痛不可忍，及皮膚風瘙腫，雜五木爲湯，捋浸損處。北土極多，人種墟墓間，樹大皮白。或云葉無風自動，此是栘音移楊，非白楊也。《唐本》先附。

〔宋・掌禹錫《嘉祐本草》〕按：日華子云：味酸，冷。治撲損瘀血，並須酒服。煎膏，可續筋骨。非尋常楊，柳并松楊樹，葉如梨者是也。

〔宋・蘇頌《本草圖經》〕曰：白楊，舊不載所出州土，今處處有之，北土尤多，人種於墟墓間。株大葉圓如梨，皮白，木似楊，故名白楊。採其皮無時。此下又有水楊條，《經》云：葉圓闊而赤，枝條短梗，多生水岸傍，其形如楊柳相似，以生水岸，故名水楊。《爾雅》所謂旄，澤柳。其云生水傍，形如楊柳，即今蒲楊是也。楊柳之類亦多。崔豹《古今注》曰：白楊葉圓，青楊葉長，柳葉亦長細，栘時題切楊圓葉弱蒂，微風則大搖。一名高飛，一曰獨搖。蒲柳生水邊，葉似青楊，亦曰蒲楊，亦曰栘柳，亦曰蒲栘焉。水楊即蒲楊也。枝莖勁韌音刃作矢用。又有赤楊，霜降葉赤，材理亦赤也。然今人鮮能分別之，餘并見柳華條。《必效方》療腹滿癖堅如石，積年不損者。取白楊木東南枝去蒼皮，護風細剉五升，熬令黃，以酒五升淋訖，即以絹袋盛滓，還内酒中，密封再宿。每服一合，日三。

〔宋・唐慎微《證類本草》〕雷公云：凡使，以銅刀刮麁皮，蒸從巳至未出。用布袋盛，於屋東掛乾用。《外臺秘要》：治口吻瘡。以嫩枝於鐵上燒作灰，脂傅之。《千金方》：治妊娠下痢。白楊皮一斤，水一斗，煮取二升，分三服。《梅師方》：治牙疼，白楊皮醋煎含之。孫真人：主口瘡。以白楊枝，漿水煎，和鹽含之。

宋・寇宗奭《本草衍義》卷一五　白楊　陝西甚多，永、耀間居人修蓋，多此木也。然易生根，斫木時碎札入土即下根，故易以繁植，非止墟墓間，於人家舍前後及夾道，往往植之，土地所宜爾。風纔至，葉如大雨聲，葉梗故如是。又謂無風自動，則無此事。嘗官永、耀間，熟見之。但風微時，當風逕者，其葉孤絕處，則往往獨搖。以其蒂細長，葉重大，微風雖過故往來卒無已時，勢使然也。其葉面青光，背白，木身微白，故曰白楊，非如粉之白。

宋・王繼先《紹興本草》卷一五　白楊　紹興校定：白楊皮，《經》注雖具性味主治，大率外用，而間入于方。其服餌罕聞用之矣。今當味苦、冷、無毒為定。北地多產之。

明・朱橚《救荒本草》卷下之前　白楊樹　《本草》白楊樹皮。舊不載所出州土，今處處有之。此木高大，皮白似楊，故名。葉園如梨，肥大而尖，葉背甚白，葉邊鋸齒狀，葉蒂小，無風自動也。味苦，性平，無毒。　救飢：採嫩葉煠熟，作成黄色，換水淘去苦味，洗淨，油鹽調食。　治病：文具《本草》木部條下。

明・滕弘《神農本經會通》卷二　白楊樹皮　味苦，無毒。一云：味酸，冷。

《本經》云：主毒風，脚氣腫，四肢緩弱不隨，毒氣遊易在皮膚中，痰癖等，酒漬服之。陳藏器云：去風痺，宿血折傷，血歷在骨肉間，痛不可忍，及皮膚瘙腫，雜五木為湯，採浸損處。北土極多，人種墟墓間。日華子云：味酸，冷。治撲損瘀血，並須酒服。煎膏，可續筋骨。非尋常楊柳，并松樹，葉如梨者是也。

明・劉文泰《本草品彙精要》卷二〇　白楊無毒　植生。

白楊樹皮：主毒風脚氣腫，四肢緩弱不隨，毒氣游易音翼在皮膚中，痰癖等。酒漬服之。名醫所錄。【苗】《圖經》曰：株大似楊而皮白，葉圓如梨。《衍義》曰：此木易生，研木時碎札入土，即生根芽，故易於繁植。其葉面青光背白，木身微白，故曰白楊，非如粉之白也。【地】《圖經》曰：生北土，今處處有之。陝西及永耀間甚多。【時】生：春生葉。採：無時。【收】日乾。【用】皮。【質】類椿樹皮而厚。【色】白。【味】苦。【性】泄。【氣】味厚于氣，陰也。【臭】朽。【主】皮膚風瘙，四肢緩弱。【製】《雷公》云：凡使，以銅刀刮粗皮，蒸，從巳至未，出，用布袋盛於屋東，掛乾用。【治】療：陳藏器云：去風痹，宿血，折傷，血瀝在骨肉間，痛不可忍。日華子云：續筋骨。【合治】合酒，療撲損瘀血。

明・鄭寧《藥性要略大全》卷五　白楊皮　主毒風腳氣腫，四肢緩弱，皮膚毒氣、痰癖等症。易老云：去風痹宿血，折傷，血瀝在骨肉間，痛不可忍，及皮膚風瘙腫。《金櫃》云：治撲損瘀血，並須酒服煎膏，可續筋骨。味酸，性冷。〇葉圓如大杏葉。

明・王文潔《太乙仙製本草藥性大全》卷三《本草精義》　白楊皮　舊不載所出州土，今處處有之，北土尤多，人種于墟墓間。株大葉圓如梨，皮白，木似楊，故名白楊。採其皮無時也。楊柳之類亦多。崔豹注曰：白楊葉圓，青楊葉長，柳葉亦長細，移楊圓葉弱蒂，微風則大搖，一名高飛，一曰獨搖。蒲柳生水邊，葉似青楊，亦曰蒲楊，亦曰移柳，亦曰蒲移。水楊即蒲楊也。枝莖勁韌作矢用。又有赤楊，霜降葉赤，材理亦赤。餘並見柳葉條。

明・王文潔《太乙仙製本草藥性大全》卷三《仙製藥性》　白楊樹皮　味苦，又云味酸，氣冷，無毒。　主治：療毒風脚腫，袪風痹宿血。治毒氣遊易在皮膚内風瘙腫，酒漬服良。折傷血瀝在骨内痛不可忍，雜五木爲湯浸效。　補註：撲損瘀血，並煎酒服，熬黑可續筋骨非尋常。〇腹滿癖堅如石，積年不損者，取東枝去蒼皮，護風細剉，煮令黄，以酒五升，淋訖即以絹袋盛滓，還入酒中密封，每服一合，日三。治口吻瘡，以嫩枝於鐵上燒作灰，脂傅之。治牙疼，取皮醋煎含之。治妊娠下痢，以皮一斤，水一斗，煮取二升，分三服。治口瘡，以皮漿水和鹽含之。　太乙曰：凡使以銅刀刮麄皮，蒸從巳至未出，用布袋盛於屋東，掛乾用。　按：《衍義》云：白楊木陝西甚多，永、耀間居人修蓋多此木也。風纔至葉如大雨聲，葉故如是，又謂無風自動，則無此事。嘗觀永、耀間，熟見之。但風微時當風逕者，其葉孤絕處，則往往獨搖，以其蒂細長，葉重大，微風雖過，故往來卒無已時，勢使然也。其葉面青光背白，木身微白，故曰白楊，非如粉之白也。

明・李時珍《本草綱目》卷三五木部・喬木類　白楊《唐本草》

【釋名】獨搖宗奭曰：木身似楊微白，故曰白楊，非如粉之白也。時珍曰：鄭樵《通志》言，白楊一名高飛，與移楊同名。今俗通呼移楊爲白楊，且白楊亦因風獨搖，故得同名也。

【集解】恭曰：白楊取葉圓大，蒂小，無風自動者。藏器曰：白楊北土極多，人種墟墓間，樹大皮白。其無風自動者，乃移楊，非白楊也。頌曰：今處處有之，北土尤多。株甚高大，葉圓如梨葉，皮白色，木似楊，采無時。崔豹《古今注》云白楊葉圓，青楊葉長是也。宗奭曰：陝西甚多，永、耀間居人修蓋，多此木也。其根易生，斫木時碎札入土即生根，故易繁植，土地所宜爾。風纔至，葉如大雨聲。謂無風自動，則無此事。但風微時，其葉孤絶處，則往往獨搖，以其蒂〔細〕長，葉重大，勢使然也。時珍曰：白楊木高大。葉圓似梨而肥大有尖，面青而光，背甚白色，有鋸齒。木肌細白，性堅直，用爲梁栱，終不撓曲。與移楊乃一類二種也，治病之功，大抵彷彿。嫩葉亦可救荒，老葉可作酒麴料。

木皮【修治】斅曰：凡使，銅刀刮去粗皮蒸之，從巳至未。以布袋盛，掛屋東角，待乾用。

【氣味】苦，寒，無毒。大明曰：酸，冷。【主治】毒風脚氣腫，四肢緩弱不隨，毒氣游易在皮膚中，痰癖等，酒漬服之《唐本》。去風痹宿血，折傷，血瀝在骨肉間，痛不可忍，及皮膚風瘙腫，雜五木爲湯，浸損處藏器。治撲損瘀血，並煎酒服。煎膏，可續筋骨大明。煎湯日飲，止孕痢。煎醋含漱，止牙痛。煎漿水入鹽含漱，治口瘡。煎水釀酒，消癭氣時珍。

〔附方〕舊一，新一。 妊娠下痢： 白楊皮一斤，水一斗，煮取二升，分三服。《千金方》。 項下癭氣： 秫米三斗炊熟，取圓葉白楊皮十兩，勿令見風，切，水五升，煮取二升，漬麴末五兩，如常釀酒。每旦一盞，日再服。《崔氏方》。

枝 〔主治〕消腹痛，治吻瘡時珍。

〔附方〕舊二，新一。 口吻爛瘡： 白楊嫩枝，鐵上燒灰，和脂傅之。《外臺秘要》。

腹滿癖堅： 如石，積年不損者。《必效方》用白楊木東南枝去粗皮，辟風細剉五升，熬黄，以酒五升淋訖，用絹袋盛滓，還納酒中，密封再宿。每服一合，日三服。《外臺秘要》。

面色不白： 白楊皮十八兩，桃花一兩，白瓜子仁三兩，爲末。每服方寸匕，日三服。五十日，面及手足皆白。《聖濟總録》。

葉 〔主治〕齲齒，煎水含漱。又治骨疽久發，骨從中出，頻擣傅之時珍。

明·梅得春《藥性會元》卷中 白楊皮 味苦，無毒。即白楊樹之皮也。主治毒氣，脚氣腫，四肢緩弱不隨，氣遍易在皮膚中，痰癖等疾，酒漬服之。

製法： 凡使，用銅刀刮去粗皮，入木甑蒸，從巳至未分，取出，布袋裝，掛於屋東，吹乾用。

明·鮑山《野菜博録》卷三 獨搖樹 一名水楡，一名高飛，一名蒲楊。生山谷中。樹頗高大，葉有三角。其味苦，無毒。 食法： 採嫩葉煤熟，水浸去苦味，油鹽調食。

明·倪朱謨《本草彙言》卷九 白楊 味苦，氣寒，無毒。枝葉主治同。

寇氏曰： 白楊，木肌似楊而微白，故曰白楊。處處有之，西北尤多。植墟墓間，其枝插土即長，易于繁茂。木甚高大，葉圓如梨而肥厚有尖，面色青而光，背色白而邊有鋸齒。風微至，葉如大雨聲。木肌細白，性堅直，用爲梁拱，終不斜曲。嫩葉味甘可救荒，老葉亦可作酒麴料。

白楊木皮： 去風痹，消脚氣，日華子活瘀血之藥也。梅青子稿《唐本草》治風毒脚氣，四肢緩弱不隨，并風毒遊易在皮膚中，左右上下，痛無定處。又陳氏方治撲損瘀血，并折傷血瀝在骨肉間，痛不可忍，及手足皮膚風痛，游走移易。每用六兩，以好酒浸七日，早晚隨量飲之。又獨味水煎，止孕婦赤白痢疾。又醋煎漱牙痛，泪口瘡。此凉降清虚之物，如胃寒者，宜少餌之。

續補方： 姜用峰傳治無病人，遍身風麻瘙癢，或結風塊，時癢時痛，游走不常。用白楊葉八兩，白朮四兩，黑棗四兩。浸酒飲，自退。

明·姚可成《食物本草·救荒野譜補遺·木類》 白楊食葉。其木處處有之。葉圓如梨葉，無風往往獨搖。采嫩者可以救荒。

白楊葉，善飄颻，荒庭古樹風蕭蕭。年來儋石無餘粟，采作晨餐當糜粥。

明·姚可成《食物本草》卷二〇木部·喬木類 白楊陝西甚多，永、耀間居人修蓋，多此木也。其根不時碎札，入土即生根，故易繁種，土地所宜爾。風纔至，葉如大雨聲。謂無風自動，則無此事。但風徹時，其葉孤絶處，則往往獨搖，以其蒂長葉〔重〕大，勢使然也。○李時珍曰： 白楊木高大。葉圓似梨而肥大有尖，面青而光，背甚白色，有鋸齒。木肌細白，性堅直，用為梁拱，終不撓曲。與移楊一類二種也，治病之功，大抵彷彿。嫩葉亦可救荒，老葉可作酒麴料。

白楊木(葉)〔皮〕 味苦，寒，無毒。治毒風脚氣腫，四肢緩弱不隨，毒氣游易在皮膚中，痰癖等，酒漬服之。去風痹宿血，折傷，血瀝在骨肉〔間〕，痛不可忍，及皮膚風瘙腫，雜五木為湯，浸損處。治撲損瘀血，並煎酒服。煎膏，可續筋骨。煎湯日飲，止孕痢。煎醋含漱，止牙痛。煎漿水入鹽含漱，治口瘡。煎水釀酒，消癭(水)〔氣〕。

枝 主消腹痛，治吻瘡。

清·丁其譽《壽世秘典》卷三 楊有青、白二種。青楊葉長，皮正青。白楊葉圓似梨葉而肥大有尖，面青而光，背白色有鋸齒，木肌細白，性堅直，用為梁拱，終不撓曲。其枝勁韌，可為箭笴，北土尤多，花與柳同。又有移楊與白楊同類二種，圓葉弱蒂，風纔至，葉如大雨聲。蘇恭： 諸説謂其無風自動，則無此事。其治病之功大抵相近。又有赤楊，霜降則葉赤，材理亦赤。

青楊枝葉、木皮及根： 氣味： 苦平，無毒。治久痢赤白，癰腫痘毒。

白楊枝葉及皮： 氣味： 苦，寒，無毒。治齲齒，煎水含漱。口吻爛瘡，鐵上燒灰，和脂傅之。又治骨疽久發，骨從中出，頻搗敷之。

清·吴其濬《植物名實圖考》卷三五 白楊 《唐本草》始著録。北地極多，以為梁棟。俗呼大葉楊。《救荒本草》： 嫩葉可煠食。又《本草拾遺》有扶移，即此。

清·劉善述、劉士季《草木便方》卷二木部 白楊樹 白楊木皮辛平溫，化痰止咳喘滿輕。祛風散鬱除肺熱，清利腸胃邪不生。

青楊

明·朱橚《救荒本草》卷下之前　青楊樹　在處有之，今密縣山野間亦多有。其樹高大，葉似白楊樹葉而狹小，色青，皮亦頗青，故名青楊。其葉味微苦。　救飢：　採葉煠熟，水浸作成黄色，換水淘淨，油鹽調食。

清·吴其濬《植物名實圖考》卷三五　青楊　《救荒本草》：　葉似白楊葉而狹小，色青，皮亦青，故名青楊。　葉可煠食，味苦。今北地呼小葉楊。

檉柳

宋·唐慎微《證類本草》卷一四木部下品〔宋·馬志《開寶本草》〕　赤檉木　無毒。主剝驢馬血入肉毒。取火炙用熨之。亦可煮汁浸之。其木中脂，一名檉乳，入合質汗用之。生河西沙地。皮赤色，葉細。今附。

〔宋·掌禹錫《嘉祐本草》〕按：　《爾雅》疏云：　檉，一名河柳。郭云：　今河傍赤莖小楊。陸璣云：　生水傍，皮正赤如絳，一名雨師。枝、葉似松。日華子云：　赤檉木，温。

〔宋·唐慎微《證類本草》〕《圖經》：　文具柳華條下。

宋·寇宗奭《本草衍義》卷一五　赤檉木　又謂之三春柳，以其一年三秀也。花肉紅色，成細穗，河西者，戎人取滑枝爲鞭，京師亦甚多。

宋·鄭樵《通志》卷七六《昆蟲草木略》　檉　曰河柳，曰雨師，曰春柳。木中脂曰檉乳。本草謂之赤檉木，以其材赤故也。大槩杉松之類，而意態似柳，故謂之檉柳。《爾雅》曰：　檉，河柳。其材可卷為盤合。又曰：　檴，落。郭云可以為柸器素。此赤檉也。又有一種名赤楊，又名水松，與此相似，而植之水邊，其葉經秋盡紅，人多植於門巷。杜詩：　楨檉曉夜希。即此也。

宋·王介《履巉巖本草》卷中　長壽仙人柳　性凉，無毒。大能去酒病，不以多少，曒乾爲細末，每服壹錢，用酒調下。

明·劉文泰《本草品彙精要》卷二一　赤檉木無毒　植生。

赤檉木：　主剝驢馬血入肉毒，取以火炙用熨之，亦可煮汁浸之。〇脂名檉乳，入合質汗用之。名醫所錄。　【名】春柳、雨師、河柳、檉乳。【苗】《圖經》曰：　赤檉木，皮赤葉細，即今所謂檉柳也。《爾雅疏》云：　檉，河柳。郭璞云：　今河傍赤莖小楊。陸璣《詩疏》云：　皮正赤如絳，枝葉似松是也。《衍義》曰：　赤檉木，人謂之三春柳，以其一年三秀也。花肉紅色，成細穗，戎人取滑枝爲鞭，京師亦甚多。【地】《圖經》曰：　生河西沙地，今處處有之。【時】生：　春生葉。採：　無時。【收】陰乾。【用】木、枝、脂。【質】類小楊而皮赤，葉細如松。【色】青。【性】温。【氣】氣之厚者，陽也。【臭】朽。【製】剉碎用。

明·王文潔《太乙仙製本草藥性大全》卷三《本草精義》　赤檉木　一名河柳。生河西沙地及河傍、水傍。其樹如小楊，皮莖赤色，亦如絳。一名雨師，葉細似松，今人謂之三春柳，以其一年三秀也，花肉紅色，成細穗。河西者戎人取滑枝爲鞭，京師亦甚多。其木中脂，一名檉乳，入合質汗用之。

明·王文潔《太乙仙製本草藥性大全》卷三《仙製藥性》　赤檉木　氣温，無毒。　主治：　主剝驢馬血入肉毒，火炙熨之即效，煮汁浸之尤良。

明·李時珍《本草綱目》卷三五木部·喬木類　檉柳音偵。宋《開寶》。

【釋名】赤檉日華　赤楊《古今注》　河柳《爾雅》　雨師《詩疏》　垂絲柳《綱目》　人柳《綱目》　三眠柳《衍義》　觀音柳時珍曰：　按羅願《爾雅翼》云：　天之將雨，檉先知之，起氣以應，又負霜雪不凋，乃木之聖者也。故字從聖，又名雨師。或曰：　得雨則垂垂如絲，當作雨絲。又《三輔故事》云：　漢武帝苑中柳，狀如人，號曰人柳，一日三起三眠。則檉柳之聖，又不獨知雨、負雪而已。今俗稱長壽仙人柳。亦曰觀音柳，謂觀音用此洒水也。宗奭曰：　今人謂之三春柳，以其一年三秀故名。

【集解】志曰：　赤檉木生河西沙地。皮赤色。細葉。禹錫曰：　《爾雅》檉，河柳也。郭璞注云：　今河旁赤莖小楊也。陸璣《詩疏》云：　生水旁，皮赤如絳，枝葉如松。時珍曰：　檉柳小幹弱枝，插之易生。赤皮，細葉如絲，婀娜可愛。一年三次作花，花穗長三四寸，水紅色如蓼花色。南齊時，益州獻蜀柳，條長，狀若絲縷者，即此柳也。段成式《酉陽雜俎》言涼州有赤白檉，大者爲炭，其灰汁可以煮銅爲銀。故沈炯賦云：　檉似柏而香。王禎《農書》云：　山柳赤而脆，河柳白而明。則檉又有白色者也。宗奭曰：　汴京甚多。河西戎人取滑枝爲鞭。

木　【氣味】甘、鹹，温，無毒。【主治】剝驢馬血入肉毒，取木片火炙熨之，并煮汁浸之《開寶》。枝葉：　消痞，解酒毒，利小便時珍。

【附方】新三。　腹中痞積：　觀音柳煎湯，露一夜，五更空心飲數次，痞自消。《衛生易簡方》。　一切諸風：　不問遠近。檉葉半斤切，枝亦可，荆芥半斤，水五升，煮二升，澄清，入白蜜五合，竹瀝五合，新瓶盛之，油紙封，入重湯煮一伏時。每服一小盞，日三服。《普濟方》。　酒多致病：　長壽仙人柳，晒乾爲末。每服一錢，温酒調下。《衛生易簡方》。

檉乳即脂汁。　【主治】合質汗藥，治金瘡《開寶》。

明·盧復《芷園臆草題藥》 大椿　以八千歲為春，八千歲為秋。而冥靈以五百歲為春，五百歲為秋。而檉以三十日為春，三十日為秋。此大年、小年之別也。檉一歲三開花，一日三眠起，自成一家，不與四時之生長收藏相流行，超五行而純二氣，無殺機而唯生機者也。且雨以陰陽氣和，而作先知之應從可知矣。（弟）〔第〕氣魄尠小，未可以大道載，惜哉！檉名不能盡其量也。《靈樞》陰陽二十五人之外，有陰陽五人，此當匹休。陰陽和平之人，又當啟陰陽自和之汗也。

明·繆希雍《本草經疏》卷一四　赤檉木　無毒。主剝驢馬血入肉毒。取以火炙熨之，亦可煮汁浸之。

〔疏〕赤檉木稟春陽之氣以生，故其色青而葉稍帶微赤，淩冬不凋。其味甘鹹，其氣溫而無毒。浮而升，陽也。入足陽明，手太陰、少陰經。觀本經載其能解驢馬血入肉發毒者，蓋以驢馬性熱，故多毒，生時汗氣沾人即能為病，所以剝時熱血入肉亦能致毒。此藥味甘鹹，甘得土氣，鹹得水氣，故能入血解血分之毒也。近世又以治痧瘄熱毒不能出，用為發散之神藥。經曰：少陰所至為瘍瘄。正劉守真所謂諸痛癢瘡瘍，皆屬心火之旨也。蓋熱毒熾於肺胃，則發班瘄於肌肉間，以肺主皮毛，胃主肌肉也。此藥正入肺胃心三經。三經毒解則邪透肌膚而內熱自消。此皆開發升散，甘鹹微溫之功用也。〔主治參互〕同石膏、知母、薄荷、荊芥、玄參、牛蒡子、麥門冬、竹葉、連翹、黃芩、甘草之屬，治班瘄發不出，或雖發不透。如熱甚毒熾，舌生芒刺，大渴，譫語，瘢色紫黑者，加入三黃石膏湯內，大效。單用及兼各藥，竝主痧瘄首尾諸證。治一切風，不問遠近，用赤檉木葉半斤，切，荊芥半斤，水五升，煮二升，澄清，入白蜜五合，竹瀝五合，新瓶盛之，油紙封，入重湯煮一伏時，每服一小盞，日三服。酒多致病，長壽仙人柳，曬乾為末，每服一錢，溫酒下。氣味甘溫，性復無毒，除痧瘄外，他用甚稀，故不著簡誤。

明·倪朱謨《本草彙言》卷九　檉柳　味苦、微鹹，氣溫，無毒。浮而升，陽也。入足陽明、手太陰、少陰經。馬氏曰：檉柳，又名西河柳，南北所在俱有。喜生沙地水旁。寇氏曰：汴京甚多。取枝莖，春月雨中插之便生。李氏曰：樹高丈餘，幹小枝弱，皮赤如絳，枝葉如松。至五月下垂如絲，一日三起三下。穗長三五寸，一歲三次作花，如蓼花微紅，花氣如烟霧，婀娜可愛。

檉柳：涼血分，發痧疹，汪機解痧毒之藥也。○楊小江抄古云痧疹，即今之瘖疹也。其毒起于肺胃之間，發于皮毛之分。外因風寒觸胃之邪，內因風火血熱之鬱，相感爲病，宜苦涼輕散之劑，則出而解。此藥輕清升散，開發瘖毒。如瘖毒內閉不出，或出之甚多，難于解退；或解退後熱發不止，或喘嗽不消，肌肉羸瘦，致成瘖疳、瘖勞者多有之。以此煎湯代茶，日飲，瘖疹諸疾漸自消減矣。與桔梗、甘草、牛蒡子同用更善。如《開寶》方：去驢馬血毒入人肉，以此煮汁飲之、浸之者，蓋以驢馬性熱，馳後汗氣沾人，有毒，即能爲病，亦以此解之，即取輕揚涼散，解熱毒，發瘖疹之意同義也。

集方：繆仲淳方治瘢疹發不出，或雖發不透。用西河柳一握，石膏、知母、薄荷、荆芥、玄參、牛蒡子、竹葉、連翹、黃連各一錢，甘草五分，水煎服。如熱甚毒熾，舌生芒刺，大渴譫語，瘢色紫黑者，以西河柳加入三黃石膏湯內，亦效。○衛生易簡方治酒毒致病。用西河柳，取嫩枝葉曬乾爲末，每服一錢，白湯調下。

明·蔣儀《藥鏡》卷一溫部　赤檉木　善走血分，使火毒透發心經。總理胃脾，令瘢瘄頭高肌裏。宜瘄痧之首尾，功十倍于核取櫻桃。倘熱甚毒多，舌生芒刺，大渴譫語，瘢色紫黑者，三黃石膏湯內加入大效。亦治年遠新近諸風，更療驢馬熱血噴毒。

明·盧之頤《本草乘雅半偈》帙一〇　檉柳宋《開寶》　氣味：鹹，溫，無毒。主治：主剝驢馬血入肉毒，取木片火炙熨之，并煮汁浸之。

覈曰：出河西，所在亦有。喜生沙地水旁，插之便生。幹小枝弱，皮赤如絳，葉整如絲。一日三眠起，一歲三秀實，穗長三五寸，如蓼花，水紅色，婀娜可愛。《爾雅翼》云：檉，河柳也。郭璞以為河旁赤莖小楊也，天之將雨，檉先起氣以應之，故一名雨師，字從聖。《字說》云：知雨而應，與于天道，木性雖仁聖矣，猶未離夫木也。小木既聖矣。仁不足以明之，當音禎，為赤之貞。神降而為赤，曰檉也。非獨知雨，亦負霜雪，有異餘栁。段成式云：赤白檉，出涼州。大者為炭，入灰汁中，可以煮銅。則檉又有白色者矣。《農書》云：山栁白而明，河栁赤而脆。《南都賦》注云：檉似柏而香，檉中有脂，稱檉乳云。莊周以松柏獨受命于地，冬夏青青比舜之受命于天，檉之從聖，亦以此歟。

先人云：檉栁不與生長收藏相流通，超五行，純二氣，無殺罰，唯生予。

顧陰陽氣和而雨，先知之應，可類推矣。當匹陰陽和平之人，啟陰陽自和之汗。

条曰：《詩疏》稱檉柳曰雨師。謂其具通而先識也。故天將雨，必先起氣以應之。《經》云：地氣上為雲，天氣下為雨，雨出地氣，雲出天氣。亦可稱檉柳曰雲母矣。《爾雅》一名西河。河者水之源，水之伯也。一歲三花，一日三眠三起，即其氣三，三而三之，合為九野；九野為九藏，九藏者，神藏五，形藏四也。然則檉柳功力，不獨僅通假氣為痞，剝驢馬血入肉毒而已。繆仲淳先生《本草經疏》，廣之以治沙疹，此不獨取其能通，又取其象形。疹亦三顯三隱，三而三之，合為九烹，以應九藏。人能于此從指事會意，假借轉注，觀色身無病不可治，世界無物不是藥矣。《詩》云啟之辟之，其檉其椐，然則檉亦良木矣。

清・劉雲密《本草述》卷二三　檉柳檉，音偵，一曰垂絲柳、觀音柳。今人謂之三春柳。　時珍曰：檉柳小幹弱枝，插之易生。赤皮，細葉如絲，婀娜可愛。一年三次作花，花穗長三四寸，水紅色，如蓼花色。南齊時，益州獻蜀柳，條長狀若絲縷者，即此柳也。

木：　氣味：甘、鹹，温，無毒。

主治：枝葉消痞，散痧疹毒，解酒毒，利小便。　希雍曰：赤檉木稟春陽之氣以生，故其色青而葉稍帶微赤，凌冬不凋。其味甘鹹，其氣溫而無毒。浮而升，陽也，入足陽明、手太陰、少陰經。治痧疹熱毒不能出，用為發散之神藥。《經》曰少陰所至為瘍疹，正劉守真所謂諸痛癢瘡瘍，皆屬心火之旨也。蓋熱毒熾於肺胃，則發斑疹於肌肉間，以肺主皮毛，胃主肌肉也。此藥正入肺、胃、心三經，三經毒解，則邪透肌膚，而內熱自消，此皆開發升散，甘鹹微温之功用也。

同石膏、知母、薄荷、荊芥、玄參、牛蒡子、麥門冬、竹葉、連翹、黄芩、甘草之屬，治斑疹發不出，或雖發不透，如熱甚毒熾，舌生芒刺，大渴譫語，斑色紫黑者，加入三黃石膏湯內，大效。　單用及兼各藥，並主痧疹首尾諸證。

附方　治一切諸風，不問遠近，用赤檉木葉半斤，切，荊芥半斤，水五升，煮二升，澄清，入白蜜五合，竹瀝五合，新瓶盛之，油紙封，入重湯煮一伏時，每服一小盞，日三服。　腹中痞積，觀音柳煎湯，露一夜，五更空心飲，數次痞自消。

清・郭章宜《本草匯》補遺　檉柳即西河柳味甘、鹹，溫，浮而升，陽也，入足陽明、手太陰、少陰經。消痞積，解酒毒。利小便，祛諸風。

按：檉柳，稟陽春之氣，故其色青，而葉稍帶微赤。《本草》用以解驢馬血入肉發毒者，煮汁浸之。蓋驢馬性熱，生時汗氣沾人，即能為病。所以剝時熱血入肉，多能致毒。此藥甘得土氣，鹹得水氣，故能解血分之毒也。消痞利便，是其本功。近世往往以治痧瘄熱毒不出，用為發散，不知本自何氏，特補此以備詳考。腹中痞積者，以此煎湯，露一宿，空心飲數次，能消。

清・汪昂《本草備要》卷三　赤檉柳叶一名西河柳。　能使疹毒外出。末服四錢，治痧疹不出，喘嗽悶亂。沙糖調服，治疹後痢。

清・李熙和《醫經允中》卷二〇　檉柳　入肺腎胃三經。　鹹，溫，無毒。主治消痞利便，痧瘄熱毒不出，用之發散即出。

清・馮兆張《馮氏錦囊秘錄・雜症痘疹藥性主治合參》卷四　赤檉木一名西湖柳。稟春陽之氣以生，故色青而葉稍帶微赤，凌冬不凋。其味甘鹹，其性溫而無毒。浮而升，陽也。入足陽明、手太陰少陰經。其能解驢馬血入肉發毒者，蓋驢馬性熱多毒，所以剝時熱血入肉，即能致毒，此藥味甘鹹，甘得土氣，鹹得水氣，故能入血，解血分之毒。近世又以治痧瘄熱毒不能出外者，用為發散之神藥。蓋諸痛癢瘡瘍，皆屬心火。熱毒熾於肺胃，則發瘢瘄於肌肉。以肺主皮毛，胃主肌肉也。此藥正入心肺胃三經，三經毒解，則邪透肌膚，而內熱自消。此皆開發升散，甘鹹微溫之功用也。

清・张璐《本經逢原》卷三　檉柳俗名西河柳　甘、鹹，平，無毒。　發明：檉柳獨入陽明，故其功專發麻疹，兼解酒毒，去風。煎湯浴風疹身癢效。其治剝牛馬血入肉者，取以火炙熨之，亦可煮汁浸之，其毒即解。

清・吴儀洛《本草從新》卷三　赤檉柳葉〔宣，解毒。〕一名西河柳。　甘鹹而平，消痞解酒，利小便，療諸風，解諸毒。近又以治痧疹熱毒不能出外，用為發散。末服四錢，治痧疹不出，喘嗽悶亂。

清・汪紱《醫林纂要探源》卷三　赤檉柳　甘，辛，鹹，寒。河柳也。然絕不似柳，生水澤畔，喬然直上，葉茸茸，類檜柏，但枝弱下垂，秋則彫如柳耳。天將雨，則樹有雲氣上蒸，故一名雨師。有赤白二種，並良。　瀉肺熱，散瘀血，能挹潤澤之氣而升之於上，宣毒去鬱。疹證痘證，毒熱不起者用之，以其能升達布散也。則移治他證，亦或可推矣。用葉。

清・徐大椿《藥性切用》卷五　西河柳枝葉　一名赤檉柳。甘鹹辛平，疎風解毒，能使痧疹班邪外達。砂糖拌炒，入營分散邪。砂糖調服西河柳末，止疹後痢下。清陽下陷而泄瀉者，須炒焦用之。

清・趙學敏《本草綱目拾遺》卷六木部　檉柳　俗名西河柳，性最透發。《綱目》檉柳下云，其枝葉消痞，解酒毒，利小便，不及治疹瘄之用。

(宏)〔弘〕治《紹興府志》：　檉俗呼西河柳，其葉甚細，似桐而香，天將雨水，則生花，試之多驗。

《本草匯》：　檉柳甘得土氣，鹹得水氣，故能解血分之毒，消痞利便，是其本功。近世往往以治痧疹熱毒不出，用為發散，不知本自何氏。

《本草乘雅》之檉柳，繆仲淳《本草經疏》廣之以治痧疹，此不獨取其能通，又取其象形。疹亦三顯三隱，三而三之，合為九烹，以應九藏也。

《芷園臆草》：　檉一歲三開花，一日三眠起，自成一家，不與四時之生長收藏相流行，超五行而純二氣，無殺機而唯生機者也，且雨以陰陽氣和而作，先知之應，從可知矣，第氣魄尠小，未可以大道載，靈樞陰陽二十五人之外，有陰陽五人，此當屬陰陽和平之人，又當啟陰陽自和之汗也。

《逢原》云：檉柳獨入陽明，故其專專發麻疹，兼解酒毒，去風，煎湯洗浴，風症身癢效。

性平疏散，驅風解表，治斑疹麻瘄不出，《經驗方》或因風而閉者，俱用西河柳葉，同櫻桃核煎湯洗之，即透出。〇《救生苦海》草痧藥方用之，又肝天清蓮散用之。〇《急救方》治小兒痧疹不出，喘嗽煩悶，躁亂，用西河柳葉風乾為末，水調四錢，頓服，立定。疹後痢，《從新》用西河柳葉為末，砂糖調服。〇疹發不透，喘嗽悶亂，西河柳煎湯去渣，半溫，用芫荽蘸水擦之，但勿洗頭面，並忌夜間洗之，蓋痧疹晝發而夜斂也。乳母及兒，仍以西河柳煎服。

酒積成病：　《良方集要》：　西河柳曬乾為末，每服一錢，溫酒送下。

清・黃凱鈞《藥籠小品》　西河柳　凡肺受寒鬱，氣不宣達，為欬逆，或咽痛，或畏寒，身熱發痧發疹，皆宜用。按：　西河柳辛開肺鬱，溫散風邪，達表最要之品，枝葉並用。若無感無鬱者忌。

清・楊時泰《本草述鉤元》卷二三　檉柳　一名觀音柳。小幹弱枝，赤皮，細葉如絲，葉梢帶微赤，淩冬不凋，一年三次作花如蓼色。

枝葉：　味甘、鹹，氣溫。浮而升，陽也。入足陽明、手太陰、少陰經。主治消痞，散痧疹毒，解酒毒，利小便。痧疹熱毒不能出，用為開發升散之神藥，首尾兼資。同石膏、知母、薄荷、荊芥、元參、牛蒡子、麥冬、竹葉、連翹、黃芩、甘草之屬，治斑疹發不出，或雖發，不透。如熱甚毒熾，舌生芒刺，大渴譫語，斑色紫黑者，加入三黃石膏湯內，大效。一切風，不問遠近，用赤檉木葉半斤，荊芥半斤，水五升，煮二升，澄清，入白蜜五合，竹瀝五合，新瓶盛之，油紙封，入重湯煮一伏時，每服一小盞，日三服。腹中痞積，檉柳煎湯，露一夜，五更空心飲，數次，痞自消。

清・葉桂《本草再新》卷四　觀音柳味苦，性涼，無毒。入心、肝二經。　瀉火敗毒，升托痘疹。

清・吴其濬《植物名實圖考》卷三五　檉柳　《開寶本草》始著錄。俗呼觀音柳，亦云三春柳。

清・趙其光《本草求原》卷八喬木部　赤檉柳即西河柳、觀音柳。　甘、鹹，平，無毒。入肺、腎、脾、胃。葉梢微赤，入心。為痧麻疹斑熱毒發散之神效。同翹、蒡、知、冬、竹葉、荊、薄，治發不出及出不透。熱甚加三黃、石膏。肺主皮毛，胃主肌肉，諸痛癢皆屬於心，三經開發，熱毒自消。取葉末服四錢，治痧疹不出，喘嗽悶亂。砂糖調服，治疹後痢，去風疹身癢，煎洗。及一切風，同荊芥濃煎入蜜，竹瀝和服。　解剝牛馬毒血入肉，煮汁浸。消痞積。煎湯，露一宿，五更服。

清・張仁錫《藥性蒙求・木部》　西河柳三錢　西河柳葉，祛風解毒。痧疹透宣，其功迅速。甘鹹而平，入心、肺、胃三經。治痧疹熱毒不能外出，用為發散藥。

清・佚名氏著，錢沛補《治疹全書》卷上　西河柳考　一名檉。天之將雨，檉先知之。起氣以應，乃木之聖者也，故字從聖。一名垂絲柳，象形也。一名觀音柳，俗謂觀音用此灑水也。又名人柳、三眠柳，一日三起三眠，如人也。近人以之發疹，殊為神妙。而李氏《綱目》乃略而不詳，得無功用未著與。又有水楊考，詳後《外治要訣》條。

清・華壎《痧麻明辨》　觀音柳宜忌辨　壎按：　觀音柳味甘鹹溫，散諸風，消痞積，解酒毒，利小便。《本草》主治僅此數語。《幼幼集成》云：　其為痧疹之聖藥，能清熱解毒發表，殊不知此物之性最熱，如痧疹未透者，以之蒸浴則可，若用作引而並飲之，是以熱治熱，豈痧之純陽者所能堪乎？　毋怪服之者，其回後多咽痛、嗆咳、音嗄、見血之證也。

清・戴葆元《本草綱目易知錄》卷四　檉柳河柳、觀音柳。　枝，鹹，溫。消痞，解酒毒，利小便，治麻疹，值暑熱，毒盛熱壅，標閉不出，神效葆元。木，剝驢馬血入肉毒，取木片，火炙熨，并煮汁浸之。【略】麻疹，葆驗案，治汪姓子，值暴熱出麻，年五歲，延予時已三日，見其煩躁嘔惡，渴甚不寐，以火照之，疹隱皮膚中，標閉不出，閱所服辛散過劑。予曰：疹出於陽而收於陰，值此夏末，陽氣洩于外，陰血耗於內，守成法辛散，是猶抱薪救火。《素問》云守其歲氣無伐天和是也。囑以檉柳五錢，煎汁，渴即與飲，半夜許，稍安，仍囑照服。黎明渴止嘔平，汗出而寐，日出時，疹盡發出而安。囑戒口調護，不須服藥。

清・陳其瑞《本草撮要》卷二　西河柳　味甘鹹，平，入手太陰經，功專消痞解酒，利小便，療諸風，解諸毒。痧疹不出，喇喘悶亂，以葉為末，服四錢。疹後痢，以沙糖調服最效。一名觀音柳，一名檉柳。

扶移

宋・唐慎微《證類本草》卷一四木部下品〔宋・掌禹錫《嘉祐本草》〕　扶移木皮　味苦，平，有小毒。去風血，脚氣疼痹，踠損瘀血，痛不可忍。取白皮火炙，酒浸服之，和五木皮煮作湯，捋脚氣疼腫，殺瘃陟玉切蟲風瘙。燒作灰置酒中，令味正，經時不敗。生江南山谷。樹大十數圍，無風葉動，華反而後合。《詩》云：棠棣之華，偏其反而。鄭注云：棠棣，移也，亦名移楊。崔豹云：移楊，圓葉弱蒂，微風大搖。新補。見陳藏器。

宋・沈括《夢溪筆談》卷三《補筆談》　扶移，即白楊也。《本草》有白楊，又有扶移。扶移一條，本出陳藏器《本草》。蓋藏器不知扶移便是白楊，乃重出之。扶移亦謂之蒲移。《詩疏》曰：白楊，蒲移是也。至今越中人謂白楊，只謂之蒲移。藏器又引《詩》云棠棣之華，偏其反而。又引鄭注云：棠棣，移也，亦名移楊。此又誤也。《論語》乃引《逸詩》〔云〕：棠棣之華，偏其反而，此者自是白移，小木，比郁李稍大。此非蒲移也。蒲移乃喬木耳。木只有棠棣，有唐棣，無棠。《爾雅》云：棠棣，棣也；唐棣，移也。常棣，即《小雅》所謂常棣之華，鄂不韡韡者。唐棣即《論語》所謂棠棣之華，偏其反而者。常棣，今人謂之郁李。《豳詩》云：六月食鬱及薁。注云：鬱，棣屬，即白移也。以其似棣，故曰棣屬。又謂之車下李，又謂之唐棣薁，即郁李也。郁、薁同音。注謂之蘡薁，蓋其實似蘡。蘡即含桃也。晉《宮闕銘》曰：華林園中有車下李三百一十四株，薁李一株。車下李即鬱也，唐棣也，白移也。薁李即郁李也，薁也，常棣也，與蒲移全無交涉。《本草》續添郁李，一名車下李。此亦誤也。晉《宮闕銘》引華林所種車下李，與薁李自是二物。常棣，字或作棠棣，亦誤耳。今小木中卻有棣棠，葉似棣，黃花綠莖而無實。人家亭檻中多種之。

明・劉文泰《本草品彙精要》卷二一　扶移木皮有小毒：　植生。

扶移木皮：　去風血，脚氣，疼痹，踠損瘀血，痛不可忍。取白皮，火炙，酒浸服之。名醫所錄。　【名】移楊。　【苗】《圖經》曰：樹大十數圍，無風葉動，花反而後合。《詩》云：棠棣之華，偏其反爾。鄭注云：棠棣，移也，亦名移楊。崔豹云：移楊，圓葉弱蒂，微風大搖。　【地】《圖經》曰：生江南山谷。　【時】生：春生葉。採：無時。　【收】日乾。　【用】皮。　【質】類白楊。　【色】青白。　【味】苦。　【性】平，泄。　【氣】味厚于氣，陰中之陽。　【臭】朽。　【主】疼痹。　【製】去上粗皮，剉碎用。　【合治】合五木皮煮作湯，捋脚氣疼腫，殺瘃蟲風瘙。

明・鄭寧《藥性要略大全》卷七　移白皮　補虛損，勞傷羸瘦。散腰腎冷，夢洩。煮汁服，治女人崩中血結，瘧疾。煮酒服，去風虛耳鳴。　味甘，溫，無毒。取東引根白皮用。

明・王文潔《太乙仙製本草藥性大全》卷三《本草精義》　扶移木　舊不著所出州土。生江南山谷。樹大十數圍，無風葉動，華反而後合。《詩》云棠棣之華，偏其反而。鄭注云：棠棣，移也。亦名移楊，圓葉弱蒂，微風大搖。

明・王文潔《太乙仙製本草藥性大全》卷三《仙製藥性》　扶移木皮　味苦，氣平，有小毒。　主治：去風血脚氣疼痛神效，理跌損瘀血疼痛奇功。

補註：　主脚氣跌撲痛不可忍，取白皮火炙，酒浸服之。和五木皮煮作湯捋脚氣疼腫，殺瘃蟲風瘙。燒作灰，置酒中令味正，經時不敗。

明・李時珍《本草綱目》卷三五木部・喬木類　扶移音夫移。《拾遺》。

【釋名】移楊《古今注》　唐棣《爾雅》　高飛崔豹　獨搖時珍曰：　移乃白楊同類，故得楊名。按《爾雅》：　唐棣，移也。崔豹曰：　移楊，江東呼爲夫移，圓葉弱蒂，微風則大搖，故名高飛，又曰獨搖。陸璣以唐棣爲郁李者，誤矣。郁李乃常棣，非唐棣也。　【集解】藏器曰：　扶移木生江南山谷。樹大十數圍，無風葉動，花反而後合，《詩》云棠棣之華，偏其反而是也。時珍曰：　移楊與白楊是同類二種，今南人通呼爲白楊，故俚人有白楊葉，有風掣，無風掣之語。其入藥之功大抵相近。

木皮　【氣味】苦，平，有小毒。　【主治】去風血脚氣疼痹，踠損瘀血，痛不可忍，取白皮火炙，酒浸服之。和五木皮煮湯，捋脚氣，殺瘃蟲風瘙。燒作灰，置酒中，令味正，經時不敗藏器。【發明】時珍曰：白楊、栘楊皮，並雜五木皮煮湯，浸捋損痹諸痛腫。所謂五木者，桑、槐、桃、楮、柳也。並去風和血。

【附方】新一。婦人白崩：扶楊皮半斤，牡丹皮四兩，升麻、牡蠣煅各一兩。每用一兩，酒二鍾，煎一鍾，食前服。《集簡方》。

八角風

清・莫樹蕃《草藥圖經》　八角風　其葉八角，故名八角風。五角即五角風。有花者，其根亦名白龍鬚。無花者，即名八角風。二樹一樣，花葉八角。味澀，無毒。能治筋骨中諸病。

刺楓

清・吴其濬《植物名實圖考》卷三八　刺楓　一名八角楓，圓莖密刺，葉生莖端，形如㮶櫚，葉如楓而多歧，至七八叉；又似黄蜀葵葉而短肥，江西山坡有之。

旱蓮

清・吴其濬《植物名實圖考》卷三八　旱蓮　生南昌西山。赭幹綠枝，葉如楮葉之無花杈者；秋結實作齊頭筩子，百十攢聚如毬，大如蓮實。

椋子木

宋・唐慎微《證類本草》卷一三木部中品〔唐・蘇敬《唐本草》〕　椋音良子木　味甘，鹹，平，無毒。主折傷，破惡血，養好血，安胎止痛生肉。〔唐・蘇敬《唐本草》〕注云：葉似柿，兩葉相當。子細圓如牛李子，生青熟黑。其木堅重，煮汁赤色。《爾雅》云：椋，即來是也。郭注云：椋材中車輞。八月、九月採木，日乾。《唐本》先附。

宋・唐慎微《證類本草》卷一三木部中品〔唐・陳藏器《本草拾遺》〕　松楊木皮　味苦，平，無毒。主水痢，不問冷熱。取皮濃煎令黑，服一升。生江南林落間大樹。葉如梨，江西人呼爲涼木，松楊縣以此樹爲名也。

明・朱橚《救荒本草》卷下之前　椋子樹上音良　《本草》有椋子木。舊不載所出州土。今密縣山野中亦有之。其樹有大者，木則堅重，材堪為車輞。初生作科條，狀類荊條，對生枝叉，葉似柿葉而薄小，兩葉相當對生，開白花，結子細圓如牛李子，大如豌豆，生青熟黑。味甘、鹹，性平，無毒。葉味苦。　救飢：採葉煠熟，水浸淘去苦味，洗淨，油鹽調食。　治病：文具《本草》木部條下。

明・劉文泰《本草品彙精要》卷一九　椋子木無毒　植生。

椋音良子木：主折傷，破惡血，養好血，安胎，止痛，生肉。名醫所錄。

【苗】《唐本》注云：葉似柿，兩葉相當，子細圓如牛李子，生青熟黑，其木堅重，煮汁赤色。郭注云：椋，材中車輞，亦堪入藥。【時】生：春生葉。採：八月、九月取。【收】日乾。【用】木。【色】赤。【味】甘，鹹。【性】平，緩。【氣】氣之薄者，陽中之陰。【臭】朽。【主】破惡血，養好血。【製】剉碎煮汁用。

明・王文潔《太乙仙製本草藥性大全》卷三《本草精義》　椋子木　舊本不著所出州土，今在處有之。其木高丈餘，葉似柿，兩葉相當，子細圓如牛李子，生青熟黑。其木堅重，煮汁赤色。《爾雅》云：椋即來是也。鄭注云：椋材中車輞。八月九月採木，日乾。

明・王文潔《太乙仙製本草藥性大全》卷三《仙製藥性》　椋子木　味甘、鹹，氣平，無毒。主治：破惡血而養好血，主折傷而安胎産。止痛仙方，生肌秘法。

明・李時珍《本草綱目》卷三五木部・喬木類　松楊《拾遺》。校正：併入《唐本草》椋子木。

【釋名】椋子木音凉。時珍曰：其材如松，其身如楊，故名松楊。《爾雅》云：椋，即來也。其陰可蔭凉，故曰椋木。藏器曰：江西人呼凉木。松楊縣以此得名。【集解】藏器曰：松楊生江南林落間。大樹，葉如梨。志曰：椋子木，葉似柿，兩葉相當。子細圓如牛李，生青熟黑。其木堅重，煮汁色赤。郭璞云：椋材中車輞。八月、九月采木，日乾用。

木　【氣味】甘、鹹，平，無毒。【主治】折傷，破惡血，養好血，安胎止痛生肉《唐本》。

木皮　【氣味】苦，平，無毒。【主治】水痢不問冷熱，濃煎令黑，服一升藏器。

清・吴其濬《植物名實圖考》卷三五　椋子木　《爾雅》：椋，即來。注：材中車輞。《唐本草》始著錄。《救荒本草》：椋子木樹有大者，木則堅重；葉似柿葉而薄小；結子如牛李子，大如豌豆，生青熟黑，味甘鹹；葉味苦，亦可食。此即江西俗呼冬青果也。李時珍併入松楊木。《新化縣志》非之，然所謂椋子木皮澀有刺，不知係枯枝，非刺也。又云：子如羊矢棗而小，則亦未識軟棗本形耳。

水東瓜木

清·吴其濬《植物名實圖考》卷三六　水東瓜木　湘中、滇、黔皆有之。綠樹如桐，葉似芙蓉，數莖同生一處，易長而質軟。《順寧府志》以為即榿木，可以刻字。

榆

唐·孟詵、張鼎《食療本草》卷子本　榆莢平。　右療小兒癇疾。又方，患石淋、莖又暴赤腫者，榆皮三兩，熟搗，和三年米醋滓封莖上，日六七遍易。又方，治女人石癰、妬乳腫。案經：宜服丹石人。取葉煮食，時服一頓亦好。高昌人多搗白皮為末，和菹菜食之甚美。消食，利關節。又，其子可作醬，食之甚香。然稍辛辣，能助肺氣。殺諸蟲，下心腹間惡氣，内消之。陳滓者久服尤良。又，塗諸瘡癬妙。又，卒冷氣心痛，食之差。

宋·李昉《太平御覽》卷九五六　榆　嵇康《養生論》曰：豆令人重，榆令人瞑，愚智所知也。

附：日·丹波康賴《醫心方》卷三〇　榆皮　《本草》云：味甘，平，無毒。主大小便不通水道，除邪氣，腸胃中熱氣，消腫。性滑利，療小兒頭瘡疕。久服輕身不飢。其實尤良。花主小兒癇，小便不利。陶〔弘〕景注云：令人睡眠。嵇公所謂：榆令人眠。《禮記》云：粉榆以滑之榆白曰粉。《養生要集》云：多睡，發痰。

宋·唐慎微《證類本草》卷一二木部上品〔《本經·別録》〕　**榆皮　味甘，平，無毒。主大小便不通，利水道，除邪氣，**腸胃邪熱氣，消腫。性滑利。**久服輕身不飢，其實尤良。**療小兒頭瘡痂疕。

花：主小兒癇，小便不利，傷熱。**一名零榆。**生潁川山谷。二月採皮，取白暴乾，八月採實，並勿令中濕，濕則傷人。

〔梁·陶弘景《本草經集注》〕云：此即今榆樹，剝取皮，刮除上赤皮，亦可臨時用之，性至滑利。初生莢人以作糜羹，令人多睡。嵇公所謂榆令人瞑也。斷穀，乃屑其皮并檀皮服之，即令人不飢。

〔唐·蘇敬《唐本草》〕注云：榆，三月實熟，尋即落矣。今稱八月採實，恐《本經》誤也。

〔宋·馬志《開寶本草》〕按：《陳藏器本草》云：榆莢，主婦人帶下，和牛肉作羹食之。四月收實作醬，似蕪荑殺蟲，以陳者良。嫩葉作羹食之，壓丹石，消水腫。江東有刺榆，無大榆。皮入用，不滑。刺榆，秋實。故陶錯誤也。

〔宋·掌禹錫《嘉祐本草》〕按：《爾雅》疏云：榆之類有十種，葉皆相似，皮及木理異爾。而刺榆有針刺如柘，其葉如榆，瀹爲蔬，美滑於白榆。《詩》云山有樞是也。《藥性論》云：榆白皮，滑。能主利五淋，治不眠，療齁。取白皮陰乾後，焙杵爲末。每日朝夜用水五合，末二錢，煎如膠服，差。孟詵云：生皮主暴患赤腫，以皮三兩擣，和三年醋滓，封之，日六七易，亦治女人妬乳腫。服丹石人採葉生服一兩頓佳。子作醬食，能助肺，殺諸蟲下氣，令人能食，消心腹間惡氣，卒心痛，食之良。日華子云：榆白皮，通經脉，涎傳癬。

〔宋·蘇頌《本草圖經》〕曰：榆皮，生潁川山谷，今處處有之。三月生莢人，古人採以爲糜羹，今無復食者，惟用陳老實作醬耳。然榆之類有十數種，葉皆相似，但皮及木理有異耳。白榆先生葉，却著莢，皮白色，剝之，刮去上麁皵，中極滑白，即《爾雅》所謂榆白粉也。此皮入藥，今孕婦滑胎方多用之。小兒白禿，髮不生，擣末苦酒調塗之。刺榆有針刺如柘，則古人所茹者，云美於白榆。《爾雅》所謂樞，荎。《詩·唐風》云山有樞是也。二月採皮，取白暴乾，四月採實，並勿令中濕。榆皮，荒歲農人食之以當糧，不損人。

〔宋·唐慎微《證類本草》〕《食療》：生榆皮，利小便，主石淋。又，取葉煮食之，時復食一頓，尤良。高昌人多擣白皮爲末，和菜菹食之，甚美。令人能食，仙家長服，服丹石人亦食之。取利關節故也。又，榆人，可作醬食之，亦甚香美。有少辛味，能助肺氣，殺諸蟲，下氣，令人能食。又，心腹間惡氣，内消之。塵者尤良。又，塗諸瘡癬，妙。又，卒患冷氣心痛，食之差。并主小兒癇，小便不利。《外臺秘要》：治渴，小便利非淋方：榆皮二片去黑皮，以水一斗，煮取五升。一服三合，日三服。《千金方》：五色丹，俗名油腫。若犯多致死，不可輕之。以榆白皮末和雞子白傅之。《千金髓》：火灼爛瘡。榆白皮熟嚼封之，差。《備急方》：療身體暴腫滿，榆皮擣屑，隨多少雜米作粥食，小便利。《子母秘録》：療妊娠胎死腹中，或母病欲下胎。榆白皮煮汁服二升。又方：小兒白禿瘡。擣榆白皮末，醋和塗之，蟲當出。《楊氏産乳》：療身體及頭悉生瘡。取榆白皮炒令黃，搗爲散，以好苦酒和塗上。又以綿裹覆上，蟲出即差。嵇叔夜《養生論》云：榆令人瞑。〔宋·陳承《重廣補注神農本草並圖經》〕謹按：榆白皮焙乾爲末，婦人妊娠臨月，日三服方寸匕。令産極易，産下兒身尚皆塗之，信其驗也。又濕搗治如糊，用粘瓦石極有力，京東西北人，以石爲碓觜，每用此以膠之。

宋·寇宗奭《本草衍義》卷一三　榆皮　今初春先生莢者是。去上皺澀乾枯者，將中間嫩處，剉、乾、磑爲粉，當歉歲，農將以代食，葉青嫩時收貯，亦用以爲羹茹。嘉祐年過豐、沛，人闕食，鄉民多食此。

宋·鄭樵《通志》卷七六《昆蟲草木略》　榆　曰零榆，曰白粉，曰白榆。其類有十數種，榆即大榆也。生莢如錢，古人採其初生者，作糜羹，食之令人多睡，故嵇康謂榆令人瞑也。今不復食者，惟用作醬，取陳者良。其皮至粘滑，可膠瓦石，北人用膠磑觜，儉歲農人食之以當糧。有一種刺榆，有鍼刺如枳，其葉如榆，瀹而為蔬，則滑美勝於白榆。《爾雅》云：蘦，荎。《唐風》云：山有樞。即刺榆也。

宋·劉明之《圖經本草藥性總論》卷下　榆白皮　味甘，平，無毒。主大小便不通，利水道，除邪氣，腸胃邪熱氣，消腫。性滑利，療小兒頭瘡痂疕。花，主兒癇，小便不利傷熱。《藥性論》云：滑。能主利五淋，治不眠，療齁。日華子云：通經脈，搗涎，傅癬。《別說》云：為末，治姙娠臨月，日叁服方寸匕，令產極易產，甚驗。

宋·陳衍《寶慶本草折衷》卷一二　榆皮粉在內。○實及涎附。　一名榆白皮。一名零榆，一名山粉，一名樞，一名荎。○粉，音墳；樞，一作櫙，音歐；荎，大結切。　生潁川山谷，及江東、高昌、秦州。今處處有之。○二月採皮，取白，暴乾。○附：　實，一名榆人。又云：一名小蕪荑。三、四、八月採實，並勿令中濕，濕則傷人。《唐本》註嘗以八月採實為誤者，蓋覩偏方而言耳。○榆人，一作仁。

味甘，平，滑，無毒。○主大小便不通，利水道，除邪氣，腸胃邪熱氣。○《藥性論》云：利五淋，治不眠。○孟詵云：生皮主暴赤腫，治女人妬乳腫。○日華子云：通經脈。○《圖經》曰：榆皮有十數種但白榆先生葉，却着莢，皮白色，剝去麄皺，用白，〔令〕孕婦滑胎方多用之。小兒白禿，髮不生，搗末苦酒調塗。○《千金方》：五色丹，俗名油腫，以榆白皮末和雞子白傅。○《千金髓》：火灼爛瘡，榆白皮熟嚼封之，差。

附：　實療小兒頭瘡□□□□□□□□□□□□□□□□□□□□□痂疕補履切及殺諸蟲，更可合醬。

附：　豆□□。

附：　涎。○可傅癬。

元·忽思慧《飲膳正要》卷三　榆仁　味辛，溫，無毒。可作醬，甚香美。能助肺氣，殺諸蟲。

元·尚從善《本草元命苞》卷六　榆白皮　性至滑利，作糜羹，令人多眠。味甘平而無毒。為屑乃能斷穀，利水道，治大小便不通，消腫毒，除腸胃間邪熱。通經脈，殺蟲，下氣滑胎孕。治淋療齁。醫女人妬乳腫不散，主小兒白禿髮不生。產潁川山谷，今所在有之。三月生莢，古人採以為羹。四月收實，令人用之作醬。二月採皮，取白，暴乾。滑胎方使之如神。火灼瘡，嚼封立差。葉壓丹毒，涎傅癬瘡。《爾雅》謂樞莖，荒歲人當糧。

元·吳瑞《日用本草》卷六　榆　味甘、辛，平，無毒。　主大小便不通，利水道，除邪氣，腸胃中熱氣，消腫。　白皮：　滑利五淋，治不眠，療齁疾，陰乾為末，每服二錢，煎服。娠婦臨月，日進三服，令產極易。胎死腹中或母病，欲下，煮汁服之。身體暴腫滿，搗皮屑，新米作粥食，以利小便。　實：　作醬食，甚香美。有辛味，能助肺，殺諸蟲，下氣，令人能食，消心腹間惡氣。卒心痛食之良。陳者為佳。

明·朱橚《救荒本草》卷下之前　榆錢樹　《本草》有榆皮，一名零榆。生潁川山谷、秦州，今處處有之。其木高大，春時未生葉，其枝條間先生榆莢，形狀似錢而薄小，色白，俗呼為榆錢，後方生葉，似山茱萸葉而長，尖艄潤澤。榆皮味甘，性平，無毒。　救飢：　採肥嫩榆葉煠熟，水浸淘淨，油鹽調食。其榆錢煮糜羹食佳，但令人多睡。或焯過晒乾備用，或為醬，皆可食。榆皮刮去其上乾燥皴澁者，取中間軟嫩皮，剉碎晒乾，炒焙極乾，搗磨為麵，拌糠麨草末蒸食，取其滑澤易食。人云：　榆皮與檀皮為末，服之令人不飢。根皮亦可搗磨為麵食。　治病：　文具《本草》木部榆皮條下。

明·王綸《本草集要》卷四　榆皮　味甘，氣平，性滑利，無毒。二月採皮，取白，暴乾。八月採實。並勿令中濕，濕則傷人。　主大小便不利，通水道，除邪氣，消腫毒，塗諸瘡，滑胎。久服輕身不飢。又令人多睡。○其實尤良，味微辛。能助肺氣，殺諸蟲，消心腹間惡氣，卒心痛。療小兒頭瘡痂疕。又塗諸瘡癬妙。○花，主小兒癇，小便不利，傷熱。　小兒白禿瘡，搗皮末，醋和塗之，蟲當出。　姙娠滑胎易產，焙，搗末，臨月日三服方寸匕，令產極易。

明·滕弘《神農本經會通》卷二　榆皮　即今榆樹。二月採皮，取白，暴乾。八月採實。並勿令中濕，濕則傷人。

味甘，氣平，無毒。　性滑利。

《本經》云：　主大小便不通，利水道，除邪氣，腸胃邪熱氣，消腫，久服輕身不飢。陶云：　斷穀，乃屑其皮，并檀皮服之，即令人不飢。陳藏器云：

江東有刺榆，無大榆，皮入用不滑。刺榆秋實，故陶錯誤也。《藥性論》云：榆白皮，滑，主利五淋，治不眠，療齁，取白皮，陰乾後焙杵為(木)〔末〕，每日朝夜用水五合，末二錢，煎如膠，服差。孟詵云：生皮，主暴患赤腫，以皮三兩，擣和三年醋滓封之，日六七易。亦治女人妬乳腫。日華子云：榆白皮，通經脉。涎，傅癬。《圖經》云：白榆皮入藥，今孕婦滑胎方多用之。小兒白禿，髮不生，擣末，苦酒調塗之。刺榆有針刺如柘，則古人所茹者，云美於白榆，荒歲農人食之以當糧，不損人。《食療》云：生榆皮，利小便，主石淋。人多擣白皮為末，和菜菹食之，甚美，令人能食，仙家長服，服丹石人亦食之，取利關節故也。《局》云：榆皮利水能消腫，性滑通行大小便。幼小用之除白禿，婦人得此下胎元。榆皮，通利大小便，消浮腫。

榆實　味少辛。《本經》云：療小兒頭瘡，痂疕。孟詵云：子，作醬食，能助肺，殺諸蟲，下氣，令人能食，消心腹惡氣。卒心痛，食之良。《食療》云：榆人，可作醬食之，亦甚香美。有少辛味，能助肺氣，殺諸蟲，下氣，令人能食。又心腹間惡氣，內消之。塵者尤良。又塗諸癬瘡妙。又卒患冷氣心痛，食之差。并主小兒癇，小便不利。陶云：初生莢，人以作糜羹，令人多睡。陳藏器云：榆莢，主婦人帶下，和牛肉作羹食之。

榆花　《本經》云：主小兒癇，小便不利，傷熱。

榆葉　陳藏器云：嫩葉作羹食之，壓丹石，消水腫。孟詵云：丹石人採葉，生服一兩，頓佳。

明・劉文泰《本草品彙精要》卷一六　榆皮無毒　植生。

榆皮出《神農本經》：**主大小便不通，利水道，除邪氣。久服輕身不飢，其實尤良。**以上朱字《神農本經》。腸胃邪熱氣，消腫，性滑利，療小兒頭瘡，痂疕。〇花，主小兒癇，小便不利，傷熱。以上黑字名醫所錄。【名】零榆、榆錢。莢也，類錢，故云。【苗】《圖經》曰：三月生莢，其仁古人採以爲糜羹，今無復食者，惟用其實陳老者作醬爾。然榆之類有十數種，葉皆相似，但皮及木理有異。白榆先生葉，卻著莢，皮白色，剝之刮去上粗皺中極滑白，即《爾雅》所謂榆白粉也。此皮入藥，今孕婦滑胎方中多用之。刺榆有針刺如柘，古人茹之，云美于白榆，《爾雅》所謂樞莖。《詩・唐風》云山有樞是也。並勿令中濕，榆皮荒歲農人食之以當糧，其莢過食則令人多睡。嵇公所謂：榆，令人瞑。是也。【地】《圖經》曰：生潁川山谷，今處處有之。【時】生：三月生莢。採：四月取實，不拘時取皮。【收】暴乾。【用】皮、莢。【質】類桑皮而厚。【色】白。【味】甘。【性】平，緩。【氣】氣之薄者，陽中之陰。【臭】腥。【主】諸瘡癬。【治】療：《藥性論》云：通利五淋，治不眠，療齁，取白皮陰乾後，焙杵爲末，每日朝夜用水五合，末二錢煎如膠，服瘥。日華子云：通經脈，涎傅癬。孟詵云：服丹石人，採葉生服一兩頓，佳。〇子醬食，能助肺，殺諸蟲，下氣，令人能食，消心腹間惡氣，卒心痛。陳藏器云：嫩葉作羹食之，壓丹石，消水腫。《食療》云：塗諸瘡癬。《別錄》云：焙乾爲末，妊娠臨月，日三服方寸匕，令產極易，產下兒身尚有之，信其驗也。又火灼爛瘡，嚼爛白皮，傅之，瘥。【合治】爲末合苦酒調塗，療小兒白禿，髮不生。〇榆莢合牛肉作羹食之，療婦人帶下。〇生皮三兩，擣末合三年醋滓封之，療暴患赤腫，日六七易，瘥。亦療女人如乳腫。〇白皮末合雞子白調傅，療五色丹，俗名油腫，若犯多致死，不可輕之，惟此可療。〇皮，擣屑，隨多少雜米作粥食，療身體暴腫滿，如小便利，即瘥。〇白皮，炒令黃，擣爲散，合好苦酒塗，療身體及頭悉生瘡。又以綿裹覆上，蟲出即瘥。〇皮爲屑，合檀皮服之，令人不飢。〇白皮，合菜菹食之，令人能食。及服丹石人食之，取利關節故也。【禁】皮、實並勿令中濕，濕則傷人。

明・鄭寧《藥性要略大全》卷五　榆皮　療前後秘極，利五淋。治小兒頭瘡，消食，通經脉，敷癬。味甘，性平，無毒。

明・陳嘉謨《本草蒙筌》卷四　榆皮　味甘，氣平。性滑利，降也。無毒。多生山谷，處處有之。取向裏白皮，旋曬乾入藥。勿令中濕，濕則傷人。通水道，除五淋，壓丹石，利關節。擣和釅醋，凡赤腫薄敷；煎成膏飴，但寒齁連服。老人服久多睡，孕婦服即滑胎。新剝擣爛如糊，用粘瓦石甚固。皮涎敷癬，殺蟲立差。葉壓丹石尤靈，生服一兩頓効。為羹日飲，水腫即消。花主小兒驚癇，亦利尿管閉澁。實生有莢，作醬甚香。因味微辛，肺氣能助。殺諸蟲，消心腹惡氣併卒心疼；療小兒，塗痂疕頭瘡及諸癬疥。莢作羹少和牛肉，婦人食即止帶崩。

明・王文潔《太乙仙製本草藥性大全》卷三《本草精義》　榆皮　一名零榆。生潁川山谷，今處處有之。三月生莢仁。古人採以爲糜羹，今無復食者，惟用陳老實作醬耳。然榆之類有數十種，葉皆相似，但皮及木理有異耳。白榆先生葉，却著莢，皮白色，剝之刮去上麄皺，中極滑白。

按：《衍義》云：榆皮今初春先生莢者是，去上皺澀乾枯者，將中間嫩處剉，乾磑爲粉，當荒歲，農將以代食。葉青嫩時收貯，亦用以爲羹茹。嘉祐年過豐、沛，人缺食，鄉民多食此。

明・王文潔《太乙仙製本草藥性大全》卷三《仙製藥性》　榆皮　味甘，氣平，性滑利，降也，無毒。　主治：利水道，除五淋，壓丹石，利關節。搗和釅醋，凡赤腫薄敷。煎成膏飴，但寒齁連服。老人服即多睡，孕婦服即滑胎。新剝搗爛如糊，用粘瓦石甚固。　補註：小兒白禿瘡，搗皮末，醋和塗之，蟲當出。妊娠滑胎易産，皮搗末，臨月日三服方寸匕，令産極易。治渴，小便利非淋方：榆皮二斤，去黑皮，以水一㪷，煮取五升，一服三合，日三服。○五色丹，俗名油腫，若犯多致死，不可輕之，以榆白皮末和雞子白傅之。治火灼爛瘡，榆白皮熟嚼封之差。療身體暴腫痛，榆皮搗屑，隨多少雜米作粥食，小便利。療妊娠胎死腹中，或母病欲下胎，榆白皮煮汁，服二升。治身體及頭悉生瘡，取榆白皮炒令黄，搗爲散，以好苦酒和塗上，又以綿裹覆上，蟲出即差。○利五淋，療不眠及齁，取白皮陰乾後，焙，杵爲末，每日朝夜用水五合，末二錢，煎如膠，服差。孟詵云：生皮主暴患赤腫，以皮三兩，搗和兩年醋，滓封之，日六七易。亦治女人乳腫。服丹石人，採葉生服一兩頓佳。　皮涎：敷癬殺蟲立瘥，解壓丹石尤靈，生服一兩頓效。爲羹日飲，水腫即消。　花：主小兒驚癇，亦利尿管閉澁。　實：生有莢，作醬甚香。因味微辛，肺氣能助，殺諸蟲，消心腹惡氣，併卒心疼。療小兒塗痂疕頭瘡及諸癬疥。　莢：作羹，少和牛肉，婦人食即止帶崩。

明・皇甫嵩《本草發明》卷四　榆皮上品，君。氣平，味甘。性滑利，降也。無毒。　發明曰：榆皮，滑潤通利之性，故主大小便不通，利水道，通五淋，除邪氣，腸胃邪熱氣，水腫，利關節，壓丹石。久服多睡，令人不(肌)〔飢〕。孕婦服滑胎。搗末，臨月，日三服。○皮涎，敷癬殺蟲。取向裏白皮，晒乾入藥，勿令中濕，濕則傷人。○新剝，搗爛如粘，粘瓦石甚固。○花，主小兒驚癇，亦利尿管閉澁。○榆實，生有莢，作醬甚香，因味微辛，助肺氣，殺諸蟲，消心腹惡氣，并卒心痛。塗小兒頭瘡痂疕及諸癬疥。小兒白頭瘡，搗皮，醋和塗之，蟲即滅。又和醋，敷(瞼)上消赤腫。

明・李時珍《本草綱目》卷三五木部・喬木類　榆俞、由二音。《本經》上品。

【釋名】零榆《本經》　白者名枌時珍曰：按王安石《字説》云：榆瀋俞柔，故謂之榆。其枌則有分之道，故謂之枌。其莢飄零，故曰零榆。

【集解】《別録》曰：榆皮生潁川山谷。二月采皮，取白暴乾。八月采實。並勿令中濕，濕則傷人。弘景曰：此即今之榆樹，取皮刮去上赤皮，亦可臨時用之，性至滑利。初生莢仁，以作糜羹，令人多睡，嵇康所謂榆令人瞑也。恭曰：榆三月實熟，尋即落矣。今云八月採實，恐誤也。藏器曰：江東無大榆，有刺榆，秋實。故《經》云八月采者，誤也。刺榆，皮不滑利。頌曰：榆處處有之。三月生莢，古人采仁以爲糜羹，今無復食者，惟用陳老實作醬耳。按《爾雅疏》云：榆類有數十種，葉皆相似，但皮及木理有異耳。刺榆有鍼刺如柘，其葉如榆，瀹爲蔬羹，滑於白榆，即《爾雅》所謂樞、荎，《詩經》所謂山有樞是也。白榆先生葉，却着莢，皮白色，二月剥皮，刮去粗皵，中極滑白，即《爾雅》所謂榆，白枌是也。荒歲農人取皮爲粉，食之當糧，不損人。四月采實。宗奭曰：榆皮，初春先生莢者是也。嫩時收貯爲羹茹。嘉祐中，豐沛人缺食多用之。時珍曰：邢昺《爾雅疏》云：榆有數十種，今人不能盡別，惟知莢榆、白榆、刺榆、榔榆數者而已。莢榆、白榆皆大榆也。有赤、白二種。白者名枌，其木甚高大。未生葉時，枝條間先生榆莢，形狀似錢而小，色白成串，俗呼榆錢。後方生葉，似山茱萸葉而長，尖艄潤澤。嫩葉煠，浸淘過可食。故《内則》云：堇、荁、枌、榆、免、薧，滫瀡以滑之。三月采榆錢可作羹，亦可收至冬釀酒。瀹過晒乾可爲醬，即榆仁醬也。崔寔《月令》謂之醔䤅，音牟偷者是也。山榆之莢名蕪荑，與此相近，但味稍苦耳。諸榆性皆扇地，故其下五穀不植。古人春取榆火。今人采其白皮爲榆麪，水調和香劑，粘滑勝於膠漆。承曰：榆皮濕搗如糊，用粘瓦石極有力。汴洛人以石爲碓嘴，用此膠之。

白皮　【氣味】甘，平，滑利，無毒。　【主治】大小便不通，利水道，除邪氣。久服。斷穀輕身不飢。其實尤良《本經》。療腸胃邪熱氣，消腫，治小兒頭瘡痂疕《別録》。通經脉。搗涎，傅癬瘡大明。滑胎，利五淋，治齁喘，療不眠甄權。生皮擣，和三年醋滓，封暴患赤腫，女人妬乳腫，日六七易，效孟詵。利竅，滲濕熱，行津液，消癰腫時珍。

【發明】詵曰：高昌人多搗白皮爲末，和菜葅食甚美，令人能食。仙家長服，服丹石人亦服之。取利關節故也。時珍曰：榆皮、榆葉，性皆滑利下降，手足太陽、手陽明經藥也。故人小便不通，五淋腫滿，喘嗽不眠，經脉胎産諸證宜之。《本草・十劑》云：滑可去著，冬葵子、榆白皮之屬。蓋亦取其利竅滲濕熱，消留著有形之物爾。氣盛而壅者宜之。若胃寒而虚者，久服滲利，恐洩真氣，《本經》所謂久服輕身不飢，蘇頌所謂榆粉多食不損人者，恐非確論也。

【附方】舊九，新九。　斷穀不飢：榆皮、檀皮爲末，日服數合。《救荒本草》。

齁喘不止：榆白皮陰乾焙爲末。每日旦夜用水五合，末二錢，煎如膠，服。《食療本草》。

久嗽欲死：許明則《有效方》用厚榆皮削如指大，長尺餘，納喉中頻出入，當吐膿血而愈。《古今録驗》。　虚勞白濁：榆白皮二升，水二斗，煮取五升，分五服。《千金方》。　小便氣淋：榆枝、石燕子煎水，日服。《普濟方》。　五淋澀痛：榆白皮陰乾焙研。每以二錢，水五合，煎如膠，日二服。《普濟方》。　渴而尿多：非淋也。用榆皮二片，去黑皮，以水一斗，煮取五升，一服三合，日三服。《外臺秘要》。　身體暴腫：榆皮搗末，同米作粥食之。小便良。《備急方》。　臨月易産：榆皮焙爲末。臨月，日三服方寸匕，令産極易。陳承《本草別説》。　墮胎下血：不止。榆白皮、當歸焙各半兩，入生薑，水煎服之。《普濟方》。　胎死腹中：或母病欲下胎。榆白皮煮汁，服二升。《子母秘録》。　身首生瘡：榆白皮末，油和塗之，蟲當出。《子母秘録》。　火灼爛瘡：榆白皮嚼塗之。《千金髓》。　五色丹毒：俗名遊腫，犯者多死，不可輕視。以榆白皮末，鷄子白和，塗之。《千金方》。　小兒蟲瘡：榆皮末和猪脂塗綿上，覆之。蟲出立瘥。《千金方》。　癰疽發背：榆根白皮切，清水洗，搗極爛，和香油傅之，留頭出氣。燥則以苦茶頻潤，不粘更換新者。將愈，以桑葉嚼爛，隨大小貼之，口合乃止。神效。《救急方》。　小兒瘰癧：榆白皮生搗如泥，封之。頻易。《必效方》。　小兒禿瘡：醋和榆白皮末塗之，蟲當出。《産乳方》。

葉［氣味］同上。［主治］嫩葉作羹及煠食，消水腫，利小便，下石淋，壓丹石藏器。時珍曰：暴乾爲末，淡鹽水拌，或炙或晒乾，拌菜食之，亦辛滑下水氣。　煎汁，洗酒皶鼻。同酸棗仁等分蜜丸，日服，治膽熱虚勞不眠時珍。

花［主治］小兒癇，小便不利，傷熱《別録》。

莢仁［氣味］微辛，平，無毒。［主治］作糜羹食，令人多睡弘景。　主婦人帶下，和牛肉作羹食藏器。　子醬：似蕪荑，能助肺，殺諸蟲，下氣，令人能食，消心腹間惡氣，卒心痛，塗諸瘡癬，以陳者良孟詵。

榆耳見木耳。

明·梅得春《藥性會元》卷中　榆皮　味甘，性滑，氣平，無毒。　主通大小便，利水道而消浮腫。治小兒百癩，下胎，除邪氣脹，胃中邪熱。　性滑，能通利。久服不飢，其實尤良。　花：主治小兒癇，小便不利，傷熱。　並勿令中濕，濕則傷人。

明·張懋辰《本草便》卷二　榆皮　味甘，氣平，性滑利，無毒。　主大小便不利，通水道，除邪氣，消腫毒，塗諸瘡，滑胎。其實尤良，味微辛，能助肺氣，殺諸蟲，消心腹間惡氣，卒心痛，療小兒頭瘡，痂疕；又塗諸瘡癬妙。〇花主小兒癇，小便不利傷熱。

明·盧復《芷園臆草題藥》　《周官》司爟氏四時變國火以救時疾。　榆、柳先百木青，故春取之。其火青，是榆、柳咸得春氣之先者也。不知柳唯治外，榆專治内。柳重氣分陽分，榆重血分陰分，令人多睡，是榆入藏入陰之驗也。

明·倪朱謨《本草彙言》卷九　榆皮　味甘，氣寒，性滑利，無毒。　入手足太陽、手陽明經。　《別録》曰：榆樹，生潁川山谷。　李氏曰：今處處有之。有十數種，不能盡別，惟知莢榆、白榆、刺榆、榔榆數者而已。莢榆、白榆皆大榆也，有赤白二種。白者名枌，其木甚高大，未生葉時，枝條間先生榆莢，形狀似錢而小，色白成串，俗呼榆錢。後方生葉，似山茱萸葉而長，尖艄潤澤。嫩葉煠浸淘過，和油醬食，可作蔬。故《内則》云：堇、荁、枌、榆、免、薧，滫瀡以滑之。三月采榆錢，亦可作羹；或淪過曬乾，可爲醬；或生收曬乾，收貯，至冬可釀酒。又山榆之莢，名蕪荑，與此相近，但味稍苦。諸榆性皆扇地，故其地下五穀者不植榆。今人采其白皮爲榆麪，荒歲煮糊可充飢。水調和香劑，極粘固，勝于膠漆。陶中人取榆皮濕搗如糊，用粘毀破瓦石器，極牢固有力。

榆皮：日華子利竅脉，《本經》通二便，甄權止五淋，時珍消癰腫之藥也。須四可抄《十劑》云：滑可去着，冬葵子、榆白皮是也。如二便秘結不通，小便淋濁澀痛，或腫滿喘嗽，或妬乳腫癰，或丹石留毒，或胎滯難生諸證，以此通利流滑下降之性，一切腸胃中火滯、氣滯、痰滯，諸有形之物，咸可奏功。《別録》、大氏兩書，言之詳矣。若胃寒而虚弱者，非滲利滑降所宜。如前古謂久服輕身不飢，多食能益胃者，恐非確論也。

集方：《古今録驗》治大小二便不通。用榆白皮，煮濃汁飲之。〇《普濟方》治五淋澀痛，白濁、白淫。用榆白皮陰乾，焙，研細末。每用以水五合，煮如稠糊，日二服。〇《救急方》治一切癰腫諸毒，發背。用榆白皮切細，搗極爛，以香油調敷毒上，留頂。一日一换，即消散。〇《備急方》治身體暴腫。用榆白皮搗末，同米作和食之良。〇《古今録驗》治久嗽欲死。用厚榆白皮，削如指大，長寸許，納喉中，吸其味，頻用，當吐膿血而愈。或煮濃汁飲亦可。〇《千金方》治丹石毒發。用榆白皮和緑豆各半，煮水飲之。〇《千金方》治五色遊風紅腫，犯者多死。以榆白皮爲末，雞子白和塗之。〇陳氏《本草》治胎孕月足不産。用榆白皮焙，爲細末。臨月白湯調服，日三次，臨盆易産。〇《子母秘錄》治大人小兒，身首生瘡有蟲者。用榆白皮爲末，和白糖、猪脂調塗帛上，覆瘡上，蟲出立愈。○《産乳方》治小兒禿瘡。用榆白皮末，和糖醋調塗，蟲出自愈。

明・姚可成《食物本草・救荒野譜補遺・木類》 榆錢食根及葉。形狀似錢成串。三月采之，可作羹。荒歲農人取根皮為粉，食之當糧，不損人。

采榆錢，度饑年。擣榆根，當饔飧。年年飛絮漫天舞，今年采得供塵釜。

明・姚可成《食物本草》卷二〇木部・喬木類 榆處處有之。三月生莢，古人采仁以為糜羹，今無復食者，惟用陳老實作醬耳。按《爾雅》疏云：榆類有數十種，葉皆相似，但皮及木理有異耳。刺榆〔有〕鍼刺如柘，其葉如榆，瀹為蔬羹，滑於白榆。荒歲農人取皮為粉，食之當粮，不損人。○寇宗奭曰：榆皮，初春先生莢者是也。嫩時收貯為羹茹。嘉祐中，豐沛人缺食多用之。○李時珍曰：榆，嫩葉煠浸淘過可食。三月采榆錢可作羹，亦可收至冬釀酒。瀹過晒乾可為醬，即榆仁醬也。

榆葉　嫩時作羹，及煠食，消水腫，利小便，下石淋，壓丹石。煎汁，洗酒皶鼻。同酸棗仁等分蜜丸，日服，治膽熱虛勞不眠。

莢仁　味微辛，平，無毒。作糜羹食，令人多睡。和牛肉作羹食，主婦人帶下。

子醬　似蕪荑，能助肺，殺諸蟲，下氣，令人能食，消心腹間惡氣，卒心痛，塗諸痛癬，以陳者良。

白皮　味甘，平，滑利，無毒。治大小便不通，利水道，除邪氣。久服，斷穀，輕身不飢。其實尤良。療腸胃邪熱氣，消腫，治小兒頭瘡痂疕。通經脉。擣涎，傅癬瘡。滑胎，利五淋，治齁喘，療不眠。生皮擣，和三年醋滓，封暴患赤腫，女人妬乳腫，日六七易，効。利竅，滲溼熱，行津液，消癰。磨細羅麪，水調和香劑，粘滑勝於膠漆。溼擣如糊，用粘瓦石極有力，汴洛人以石為碓嘴，用此膠之。

清・顧元交《本草彙箋》卷五 榆白皮　榆性滑下，主治小便不通，五淋腫滿，喘嗽不眠，經脈胎産諸症。《十劑》云：滑可去著，冬葵子、榆白皮之屬。取其利竅，滲濕熱，消留著有形之物，氣盛而壅者宜之。若胃寒而虛，不宜久服滲劑。然荒歲農人取以爲粉，代糧食，亦未見其損人。

嵇康云：榆令人瞑。初生莢仁，作糜羹食，令人多睡。亦因其滑下之性，火氣下降耳。

清・穆石匏《本草洞詮》卷一一 榆《字說》云：榆瀋俞柔，故謂之榆。白者名枌。榆數十種，不能盡別。性皆扇地，其下五穀不殖。未生葉，先生莢，形狀似錢而小，俗呼榆錢。三月采之，以作糜羹，亦可釀酒作醬，令人多睡。嵇康所謂榆能令人瞑也。荒歲取皮為粉，食之當糧。榆皮濕擣如糊，粘瓦石極有力，汴洛人以石為碓嘴，用此膠之。榆皮甘，平滑，無毒。入手足太陽、手陽明經。利水道，除邪熱，滑胎，治淋，行津液，消癰腫。《十劑》云：滑可去著，冬葵子、榆白皮之屬。蓋亦取其利竅，滲濕熱，消留著有形之物爾。氣盛而壅者宜之，若胃寒而虛者，恐洩氣也。

清・汪昂《本草備要》卷三 榆白皮滑，利竅。　甘滑下降。入大小腸、膀胱經。行經脉，利諸竅，通二便，滲濕熱，滑胎産，或胎死腹中，服汁可下。下有形留着之物。治五淋腫滿，《備急方》：擣屑作粥食，小便利差。喘嗽不眠，嵇康《養生論》：榆令人瞑。療疥癬禿瘡，消赤腫妒乳。乳癰汁不出，内結成腫，名妒乳。和陳醋滓調，日六七易，效。《十劑》曰：滑可去着，冬葵子、榆白皮之屬是也。有赤白二種，去粗皮，取白用。採皮爲麵，荒年當糧可食。香劑以之調和，粘滑勝于膠漆。

清・李熙和《醫經允中》卷二一 榆白皮　入大小腸、膀胱經。　甘，滑，下降，利諸竅，通二便，滲濕熱，滑胎産，療疥癬禿瘡。

清・馮兆張《馮氏錦囊秘錄・雜症痘疹藥性主治合參》卷四 榆皮　除五淋，通水道，壓丹石，利關節。敷赤腫，能滑胎。皮涎敷癬，殺蟲，立瘥。

清・张璐《本經逢原》卷三 榆根白皮《本經》名零榆。　甘，平，滑，無毒。《本經》治大小便不通，利水道，除邪氣。　發明：榆有二種：一種二月生莢，其莢飄零，故謂零榆。一者八月生莢，皮有滑汁，謂之榔榆。性皆滑利。然入手足太陽、手陽明經。《本經》治大小便不通，取其有逐濕利竅之功，故五淋腫滿及胎産宜之。《本草・十劑》云：滑以去着，冬葵子、榆白皮之屬。蓋亦取其通利滲濕，消留着有形之物耳。榔榆甘寒，其下熱淋、利水道之功則一，但服之令人睡，較零榆之除邪氣稍有不同，二者性皆疎利。若胃寒而虛者服之，恐泄真氣，良非所宜。

清・黃元御《玉楸藥解》卷二一 榆白皮　味甘，氣平。入手太陰肺、足太陽膀胱經。　止喘降逆，利水消腫。榆白皮清金利水，治齁喘欬嗽，淋漓消渴，滑胎催生，行血消腫，癰疽發背，瘰癧禿瘡。

清・吳儀洛《本草從新》卷三 榆白皮〔滑，利竅，下有形滯物。〕　甘，平，滑利。入大小腸、膀胱經。通二便，利諸竅，行經脈，滲濕熱，滑胎產，或胎死腹中，服汁亦可下。下有形留着之物。治五淋腫滿，屑作粥食，小便利瘥。嗽喘不眠，《養生論》〔嵇康《養生論》。〕云：榆令人瞑。療疥癬禿瘡，消赤腫妬乳。和陳醋滓封，日六七易，效。《十劑》曰：滑可去着，冬葵子、榆白皮之屬是也。有赤白二種，採皮為麵，荒年當糧可食。香料用之。粘滑勝於膠漆。去粗皮取白。

清・汪紱《醫林纂要探源》卷三　榆白皮　甘，寒，滑。種非一，取白粉，榆皮為良。皮中粉脂，可濟飢充食。補肺清金，益氣斂神，行痰去濕，通利關竅。治淋瀝，去濕腫，下留滯，止咳嗽，消痰，能安神，治心煩不眠，亦以通陰陽之故。與半夏粥同意也。通利二便，去大小腸之濕熱，治瀉痢。二腸，心肺之表也。又能治乳癰妒乳，催生下死胎，皆淡滑通竅之效也。又治疥癬疙禿，消赤腫。〇按此必能治肺癰咳血衄血，但未試耳。葉：甘，寒，滑。可茹，古人以和飲食羹汁。益肺，和腸胃。莢：甘，酸，寒，滑。圓薄如錢，嫩者可食，作醬酸滑，中原北方甚多，江南少白榆。補肺，止渴，斂心神，殺蟲䘌。其殺蟲與蕪荑同。

清・嚴潔等《得配本草》卷七　榆白皮　甘，平。滑利。入手足太陽經。利諸竅，通二便，下有形留着之物。治淋腫、喘咳、不眠。火氣下降則寐。配歸身，治墮胎下血。火清血止。調雞子清，治五色丹毒。初生莢仁作羹食，令人多睡。胃氣虛寒者禁用。

題清・徐大椿《藥性切用》卷五　榆白皮　性味甘平，入大小腸、膀胱經。滑胎利竅，通利二便。有赤白二種，功用相近。採皮為粉，荒年亦暫可充飢。

清・黃宮繡《本草求真》卷二　榆白皮潤燥利竅，滑腸。　榆白皮耑入胃，大小腸。與冬葵子性皆滑利，味亦相同，故五淋腫滿及胎產不下，皆宜服此以治。詵曰：高昌人多擣白皮為末，和菜菹食甚美，令人能食，仙家長服，服丹石人亦服之，取利關節故也。但榆有二種：曰赤、曰白，白榆皮服能止喘除嗽而使人睡，較之赤榆皮之除邪氣，稍有不同，然其滑利則一。若脾胃虛寒，服之恐損真耳。李時珍曰：《本經》所謂久服輕身不飢，蘇頌所謂榆粉多食不損人者，恐非確論也。

附：琉球・吳繼志《質問本草》內篇卷四　榆　處處皆有，大木巨樹往往有之。春生葉，初秋葉間攢生小花，採其皮，浸之水，則出涎滑之汁，製紙者亦用以為粘。　榆樹。癸卯，崔華年。　榆樹。癸卯，蔣嵩三。

清・羅國綱《羅氏會約醫鏡》卷一七竹木部　榆白皮味甘氣平，入大小腸、膀胱三經。性滑而下降，行經脉，利諸竅。除五淋，通二便，滑胎產，或胎死腹中，服汁能下。下有形留滯之物。敷赤腫，療不眠。有赤白二種，去粗皮，取白用。

清・吳其濬《植物名實圖考》卷三三　榆　《本經》上品。種甚多。今以有莢者為姑榆，無莢者為郎榆。南方榆秋深始結莢，不可食，即《拾遺》之榔榆也。其有刺者為刺榆，質堅；其皮白者為枌榆，北方食之。又《別錄》中品有蕪荑，說者謂即榆莢仁醞為醬者。李時珍又云：有大蕪荑，別有種，不知何物。

清・趙其光《本草求原》卷八喬木部　榆根白皮　甘，平，滑，無毒。滲濕熱，利竅，通二便，行水，治五淋腫滿，煮粥食。下有形留着之物，滑胎，死胎可下。療疥癬、禿瘡，消赤腫，乳結而腫。名妒乳，醋擣敷。采皮為麵，荒年可充糧。以之粘物，勝於膠漆。有赤、白二種，功同。胃虛寒忌之。去粗皮，取白用。

清・葉志詵《神農本草經贊》卷一　榆皮　味甘，平。主大小便不通，利水道，除邪氣。久服輕身，不飢。其實尤良。一名零榆。生山谷。

夢占福祿，火易陳新。土宜五沃，雨濯三春。屑能濟饉，錢或療貧。歲收千疋，術叩齊民。

《夢書》：榆火君德至也，夢其葉滋茂，福祿存也。《春明退朝錄》：《周禮》四時變火，唐惟清明取榆柳火，以賜近臣戚里。《管子》：五沃之土，其榆條長。《氾勝之書》：三月榆莢雨。《農桑通訣》：昔豐沛歲饑，以榆皮作屑煮食之，民賴以濟。李玉英詩：滿地榆錢不療貧。《齊民要術》：種榆法：能種一頃，歲收千疋。

清・文晟《新編六書》卷六《藥性摘錄》　榆白皮　入胃、大、小腸，性滑利，潤燥利竅，滑腸。〇脾胃虛寒者，勿服。

清・田綿淮《本草省常・菜性類》　榆錢　性平。養肺益脾，下惡氣，利水道。久食令人身輕不飢。

清・戴葆元《本草綱目易知錄》卷四　榆白皮　甘，平。滑利下降。入大小腸膀胱經。利諸竅，滲濕熱，利水道，除邪氣，行津液，通經脉，滑胎產。療腸胃邪熱氣，消有形留着之物，治二便不通，五淋腫滿，齁喘不眠。搗涎傅癬瘡，小兒頭瘡，痂瘡生皮。搗醋和封，暴患赤腫及女人妬乳腫。凡氣實作壅者，宜之。若胃虛寒，久服滲利恐洩真氣。

清・陳其瑞《本草撮要》卷二　榆白皮　味平，滑利，入手太陽、陽明經，功專通二便。利諸竅，和經脈，滲濕熱，滑胎，下有形留滯之物，治五淋腫滿，嗽喘不眠。以醋調塗妬乳效，火灼傷以末塗之良。去粗皮，取白用。

青檀樹

明・朱橚《救荒本草》卷下之前　木桃兒樹　生中牟土山間。樹高五尺餘，枝條上氣脉積聚為疙瘩音達，狀類小桃兒，極堅實，故名木桃。其葉似楮葉而狹小，無花叉，却有細鋸齒，又似青檀葉，梢間另又開淡紫花，結子似梧桐子而大，熟則淡銀褐色，味甜可食。救飢：採取其子熟者，食之。

明・朱橚《救荒本草》卷下之前　青檀樹　生中牟南沙崗間。其樹枝條有紋細薄，葉形類棗葉微尖艄，背白而澀，又似白辛樹葉微小，開白花，結青子如梧桐子大。葉味酸澀。實味甘、酸。救飢：採葉煠熟，水浸淘去酸味，油鹽調食。其實成熟亦可摘食。

報馬樹

明・朱橚《救荒本草》卷下之前　報馬樹　生輝縣太行山山谷間。枝條似桑條色，葉似青檀葉而大，邊有花叉，又似白辛葉，頗大而長硬。葉味甜。救飢：採嫩葉煠熟，水淘淨，油鹽調食。硬葉煠熟，水浸作成黃色，淘去涎沫，油鹽調食。

明・鮑山《野菜博錄》卷三　報馬樹　生山野中。枝似桑條，葉似青檀葉大，邊有花叉。葉味甜。食法：採葉煠熟，水淘淨，油鹽調食。硬葉煠熟，水浸作成黃色，淘去涎沫，油鹽調食。

朗榆

宋・唐慎微《證類本草》卷一二木部上品〔唐・陳藏器《本草拾遺》〕　朗榆皮　味甘，寒，無毒。主下熱淋，利水道，令人睡。生山中。如榆皮，有滑汁。秋生莢如北榆。陶公只見榆，作注，爲南土無榆也。

明・李時珍《本草綱目》卷三五木部・喬木類　榔榆《拾遺》

【集解】藏器曰：榔榆生山中。狀如榆，其皮有滑汁，秋生莢，如大榆。時珍曰：大榆二月生莢，榔榆八月生莢，可分別。

皮　【氣味】甘，寒，無毒。【主治】下熱淋，利水道，令人睡藏器。治小兒解顱時珍。

桹木

清・吳其濬《植物名實圖考》卷三七　桹木　《寧鄉縣志》：榔質堅而綿，作器具良。浸水有膏粘，婦人以沐髮。有沙榔、蝱榔，葉間結包生蚊。《衡山縣志》：根結實如衣扣，破之有數蚊飛出。《龍山縣志》：樠，《左傳正義》木有榆者，俗呼為榔榆，蓋為樠也。有紅白二種，大樹，皮厚寸許者，性膠可和香料；葉圓而淡黃。俗作根與榔者，皆誤。俗有杉樠、郁樠、柏樠、硬殼樠之名，杉樠為佳。

按桹木，湖南、贛南多有之，非珍木也。作志者多以榔榆為說，其實南方榔榆，秋結莢者亦間有之。陳藏器謂南方有刺榆，無大榆。今榔木無刺、無莢，非榔榆也。寧鄉、衡山縣志皆謂有蚊蝱生於實內，余考《北戶錄》，蝱母木即《南越志》所云古度樹，一呼子，南人號曰柁實，從木皮中出，如綴珠璫，大如櫻桃，黃即可食，過則實中化蛾飛出，亦有為蚊子者。其說與寧鄉、衡山縣志合。則蝱桹即蝱母無疑。又《攸縣志》有一種柁樹，幹甚端偉，四時常青。當即《北戶錄》所謂南人號曰柁矣。此樹葉青黑，比榆樹葉肥澀，搓之亦黏。贛南並其葉合香，不獨皮也。其實初熟時，小兒亦取食之。惟實從皮中出，則未敢信。南方濕熱，凡樹木葉莖間，忽結紅綠小實，色甚鮮明，摘置案間，俄即蠕動，或飛、或伸，為蛾、為蠖，土人皆曰蟲果。余在廣東，見大樹如椿，枝幹礧砢，隱隱隆起。侵曉則有無數蒼蠅飛出，或蝱母所結之實，老則化蚊，而葉間所結之包，亦即蝱虻所蘊。《北戶錄》合而為一歟？又《廣西通志》蚊子樹如冬青，實如枇杷，子熟坼裂，有蚊子飛出，或即此木。但嶺南愈熱，樹木生虻，恐尚不止一二種。又《格古要論》：欏木出湖廣。榇木、欏柁，聲近，蓋即一木。滇南呼婆樹，則語有輕重耳，實榔木之一種也。

虻榔

清・吳其濬《植物名實圖考》卷三七　蝱榔　湖南多有之。説具榔樹下。樹與各種榔同，惟結實如小豆，生青熟黃，內有子一粒極硬；其葉多黑斑隆起如沙；莖間亦有小苞。土人云化蚊者，即葉上之沙與莖間之苞，非實中化出。蓋其葉上黑斑已微具蚊形，而莖上之苞則遺種所孕。理可信也。俚醫以為跌打損傷之藥。

清・吴其濬《植物名實圖考》卷三七 蚊榔樹 為榔樹一種，而蚊榔生蚊，又有從實中生者，其實初青有尖，如毛桃而小如豆。剝開有蟲如孑孓，老則實黑而枯，蟲化蚊而實成灰矣。葉化蚊者，葉盡而實存；實化蚊者，實盡而葉存。以此別之。

蕪荑

唐・孫思邈《千金要方》卷二六《食治・菜蔬》 蕪荑 味辛，平、熱，滑，無毒。主五內邪氣，散皮膚骨節中淫淫溫行毒，去三蟲，能化宿食不消，逐寸白，散腹中溫溫喘息。一名無姑，一名𦼮蓎。盛器物中甚辟水蛭，其氣甚臭，此即山榆子作之。凡榆葉：味甘，平，滑，無毒。主小兒癇、小便不利、傷暑熱困悶，煮汁冷服。生榆白皮：味甘，冷，無毒。利小便，破五淋。花：主小兒頭瘡。

唐・孟詵、張鼎《食療本草》卷子本 蕪荑平。右主治五內邪氣，散皮膚支節間風氣。能化食，去三蟲，逐寸白，散腹中冷氣。又，患熱瘡，〔搗〕為末，和猪脂塗，差。又方，和白沙蜜治濕癬。又方，和馬酪治乾癬，和沙牛酪療一切（㾜）〔瘡〕。案經：作醬食之，甚香美。其功尤勝於榆人，唯陳久者更良。可少喫，多食發熱、心痛，為其味辛之故。秋天食之〔尤〕宜人。長喫治五種痔病。又，殺腸惡蟲。

宋・李昉《太平御覽》卷第九九二 蕪荑 《本草經》曰：蕪荑，味辛。一名無姑，一名𦼮音殿蘯音唐。去三虫，化食，逐寸白，散腹中嗢嗢喘息。

宋・唐慎微《證類本草》卷一三木部中品〔《本經・別錄》〕 **蕪荑 味辛，平，無毒。主五内邪氣，散皮膚、骨節中淫淫溫行毒，去三蟲，化食，**逐寸白，散腸中嗢嗢喘息。**一名無姑，一名𦼮音殿蘯音唐。**生晉山川谷。三月採實，陰乾。

〔梁・陶弘景《本草經集注》〕云：今惟出高麗，狀如榆莢，氣臭如犼音信，彼人皆以作醬食之。性殺蟲，置物中亦辟蛀，但患其臭。

〔唐・蘇敬《唐本草》〕注云：《爾雅》云，蕪荑，一名蔱蘠，今名𦼮蘯。字之誤也。今延州、同州者最好。

今注：蕪荑，河東、河西處處有之。況《經》云生晉山川谷，而陶以爲惟出高麗，蓋是不知其元也。

〔宋・掌禹錫《嘉祐本草》〕按：《爾雅・釋木》云：無姑，其實夷。注：無姑，姑榆也。生山中，葉圓而厚，剝取皮合漬之，其味辛香，所謂蕪荑。《藥性論》云：蕪荑，使，味苦、辛。能主積冷氣，心腹癥痛，除肌膚節中風，淫淫如蟲行。孟詵云：主五藏、皮膚、肢節邪氣。又熱瘡，擣和猪脂塗，差。又和白蜜治濕癬，和沙牛酪療一切瘡。陳者良。可少食之，傷多發熱心痛，爲辛故也。秋天食之尤宜人。長食治五痔，諸病不生。日華子云：治腸風痔瘻，惡瘡疥癬。

〔宋・蘇頌《本草圖經》〕曰：蕪荑，生晉山川谷，今近道亦有之。大抵榆類而差小，其實亦早成，此榆乃大，氣臭如犼。《爾雅・釋木》云：無姑，其實夷。郭璞云：無姑，姑榆也。生山中，葉圓而厚，剝取皮合漬之，其味辛香，所謂蕪荑也。又《釋草》云：莁荑，蔱蘠。注云：一名白蕢，而與《本經》一名𦼮音殿蘯音唐相近。蘇恭云：蔱蘠，𦼮蘯字之誤也。然莁荑草類，蕪荑乃木也，明是二物。或氣類之相近歟。三月採實，陰乾。殺蟲方中多用之。今人又多取作屑，以芼五味，其用陳者良。人收藏之，多以鹽漬，則失氣味，此等不堪入藥，但可作食品耳。秋後尤宜食之。《續傳信方》治久患脾胃氣泄不止。蕪荑五兩擣末，以飯丸。每日空心、午飯前，各用陳米飲下三十丸，增至四十丸。久服去三尸，益神駐顔。云得之章鐐，曾得力。

〔宋・唐慎微《證類本草》〕陳藏器：作醬食之。主五雞病，除瘡癬。其氣羶者良，此山榆人也。《海藥》：謹按《廣州記》云：生大秦國，是波斯蕪荑也。味辛，溫，無毒。治冷痢，心氣殺蟲止痛，又婦人子宮風虛，孩子疳瀉。得訶子、豆蔻良。《食療》：散腹中氣痛，又和馬酪可治癬。作醬甚香美，功尤勝於榆人。塵者良。又殺中惡蟲毒。《外臺秘要》：治膀胱氣急，宜下氣。蕪荑，擣，和食鹽末，二物等分，以綿裹如棗大，內下部，或下水惡汁并下氣，佳。《千金方》：主脾胃有蟲，食即痛，面黃無色，疼痛無時，必效。以石州蕪荑人二兩，和麵炒，令黃色，爲末，非時米飲調二錢匕，差。

宋・寇宗奭《本草衍義》卷一三 蕪荑 有大小兩種，小蕪荑即榆莢也。揉取仁，醞爲醬，味尤辛。入藥，當用大蕪荑，別有種。然小蕪荑醞造多假以外物相和，切須擇去也。治大腸寒滑及多冷氣，不可闕也。

宋・寇宗奭《本草衍義》卷一四 蕪荑 性溫，治大腸寒滑不可闕也，須佐以他藥為丸服。溫而散走寒氣。

宋・鄭樵《通志》卷七六《昆蟲草木略》 蕪荑 曰無姑，曰𦼮蘯，曰姑榆。《爾雅》云：莁荑，蔱蘠。榆類也。實似榆莢，臭如犼，可作醬。

宋・劉明之《圖經本草藥性總論》卷下 蕪荑 味辛，平，無毒。主五內邪氣，散皮膚骨節中淫淫溫行，去三蟲，化食，逐寸白，散腸中嗢嗢喘息。《藥性論》云：使。主積冷氣，心腹癥痛。日華子云：治腸風痔瘻，惡瘡疥癬。《海藥》云：治冷痢心氣，殺蟲止痛。婦人子宮風虛，孩子疳瀉。得訶子、豆蔻良。《傳信方》治久患脾胃氣泄不止。

宋・陳衍《寶慶本草折衷》卷一三　蕪荑使。一名無姑，一名姑榆，一名山榆人，一名殺蘠，一名蔱蔃，一名白蕒。○又云：一名白蕪荑。○蔱，音殿。蔃，音唐。生晉山川谷，及高麗、河東、河西、大秦、波斯，延、同、石州，今近道亦有之。○三月採實，陰乾。

味辛、苦，平，溫，無毒。○主五內邪氣，散皮膚骨節中毒，去三蟲，化食，逐寸白，散腸中嗢嗢乙骨切喘息。○《藥性論》云：主積冷氣，心腹癥痛。○孟詵云：主熱瘡，擣和猪脂塗。又和白蜜治濕癬，和牛酪療瘡痍者良。食多發熱心痛。○日華子云：治腸風痔瘻。○《圖經》曰：氣臭如犼，殺蟲方中多用之。又治久患脾胃氣泄。○陳藏器云：其氣膻音鮮者良。○《廣州記》云：治冷痢，心氣痛，婦人子宮風虛，孩子疳瀉。得訶子、豆蔻良。○《外臺秘要》：治膀胱氣急。○寇氏曰：大小兩種，小蕪荑即榆莢也。入藥當用大蕪荑，治大腸寒滑冷氣。○又曰：須佐以他藥為丸散，溫而散走寒氣。寇氏立兩蕪荑條，今并集之。

元・尚從善《本草元命苞》卷六　蕪荑　為使。辛，平，無毒。主五內邪氣，除皮膚骨節之風。去三蟲寸白，療心腹積冷之癥。治腸風痔漏，醫疥癬惡瘡。除孩子脾疳泄瀉，治婦人子宮風虛。作醬食甘美，功效勝榆仁。生晉山川谷，今近道有之，惟同州極好。取陳久者良。三月採實，陰乾。殺蟲方中多用。

明・王綸《本草集要》卷四　蕪荑使　味辛，氣平，無毒。三月採實，陰乾。主五內邪氣，散皮膚骨節中淫淫溫行毒，去三蟲，逐寸白，化食，治腸風痔瘻，惡疥癬。

明・滕弘《神農本經會通》卷二　蕪荑　使也。狀如榆莢，氣息如犼。三月採實，陰乾。陳者良。《局》云：微炒用。有大小二種，小蕪荑即榆莢也，入藥當用大蕪荑。得訶子、豆蔻良。方云：用須去扇。

味辛，氣平，無毒。一云：味苦、辛。

《本經》云：主五內邪氣，散皮膚骨節中淫淫溫行毒，去三蟲，化食，逐寸白，散腸嗢嗢喘息。《藥性論》云：使。味苦、辛。能主積冷氣，心腹癥痛，除肌膚節中風，淫淫如蟲行。孟詵云：主五臟皮膚肢節邪氣。又熱瘡，擣和猪脂塗，差。又和白蜜，治濕癬。和沙牛酪，療一切瘡。陳者良。可少食之，傷多發熱，心痛為辛故也。秋天食之尤宜人，長食治五痔，諸病不生。日華子云：治腸風痔瘻，惡瘡疥癬。《圖經》云：《傳信方》治久患脾胃氣泄不止，蕪荑五兩，擣末，以飯丸，每日空心午飯前各用陳米飲下二十丸，增至四十丸，久服去三蟲，益神駐顏。陳藏器云：作醬食之，主五鷄病，除瘡癬。其氣膻者良。此山榆人也。《海藥》云：味辛，溫，無毒。治冷痢，心氣，殺蟲，止痛。又婦人子宮風虛，孩子疳瀉，得訶子、豆蔻良。《千金方》主脾胃有蟲，食即痛，面黃無色，疼痛無時，必効。以蕪荑人二兩，和麪炒令黃色，為末，非時米飲調二錢匕，差。《局》云：蕪荑逐冷除心痛，兼散皮膚骨節風。更主腸風并痔瘻，療瘡治癬殺三蟲。

明・劉文泰《本草品彙精要》卷一八　蕪荑無毒　植生。

蕪荑出《神農本經》：**主五內邪氣，散皮膚骨節中淫，淫溫，行毒，去三蟲，化食。**以上朱字《神農本經》。逐寸白，散腸中嗢嗢喘息。以上黑字名醫所錄。

【名】無姑、蔱音殿蔃音唐。【苗】《圖經》曰：大類榆而差小，其實亦早成，比榆乃大。氣臭如犼。《爾雅・釋木》云：無姑，其實夷。郭璞云：無姑，姑榆也。生山中，葉圓而厚，剝取皮合漬之，其味辛香，久而作臭，此大蕪荑也。《衍義》曰：蕪荑有大小兩種，小蕪荑即榆莢也，揉取仁，醞爲醬，味尤辛。入藥當用大蕪荑也。【地】《圖經》曰：生晉山川谷。《唐本》注云：河東、河西、近道處處有之。【道地】延州、同州者最佳。【時】生：春生葉。採：三月取實。【收】陰乾。【用】實陳久者良。【質】實類酸棗仁而匾皺。【色】青黑。【味】辛。【性】平，散。【氣】氣之薄者，陽中之陰。【臭】臭。【主】殺蟲，消疳。【助】得訶子、豆蔻良。【製】擣末用。【治】療：《藥性論》云：主積冷氣，心腹癥痛，除肌膚、骨節中風，淫淫如蟲行。日華子云：治腸風，痔瘻，惡瘡，疥癬。孟詵云：除五臟、皮膚、肢節邪氣，秋天食之尤宜，人常食，治五痔，諸病不生。《衍義》曰：療大腸寒滑，及多冷氣不可闕也。《食療》云：散腹中氣痛，中惡，蟲毒。《海藥》云：治冷痢，心氣，殺蟲，止痛，又婦人子宮風虛，小兒疳瀉。補：《圖經》曰：去三屍，益神駐顏。【合治】合豬脂塗熱瘡，瘥。○合白蜜，治濕癬。○合沙牛酪，治一切瘡。○合飯丸，治久患脾胃氣泄不止。○合食鹽等分，治膀胱氣急，宜下氣。〇合白麵炒黄調服，治脾胃有蟲，食即痛，面黄無色，疼痛無時。　〔禁〕多食令人發熱，心痛。　〔解〕殺中惡蟲毒。

明・許希周《藥性粗評》卷三　清腸平癬倚蕪荑。

蕪荑子，一名蕪姑。《爾雅》云：（蕪）〔無〕姑，（枯）〔姑〕榆也。《圖經》云：榆類而差小。今按其樹高丈餘，葉圓而厚，冬時結實，明年三月實熟如櫪斗大。江北蜀漢山谷處處有之，土人剝取其肉作醬食之。三月採實，陰乾。得訶子、豆蔻良。凡用微炒。餘說《本草》不載。味辛，性平，無毒。主治腸風痔瘻，積氣冷痛，皮膚風瘙，癬疥諸瘡，殺蟲止痛。

單方：　脾胃有蟲：凡患脾胃有蟲，食即攻痛，面黄無色，或疼痛無時者，石州蕪荑仁二兩，和麵炒令黄色，共為末，非時米飲調下一錢，其蟲自下。　膀胱冷氣：蕪荑仁為末，和鹽等分，以綿包裹如棗大，納下部，須臾或下水下氣，並佳。

明・鄭寧《藥性要略大全》卷六　蕪荑　逐冷，除心痛，及皮膚筋骨之風。殺疥蟲，治癬，攻腸風瘻痔，殺三蟲，化食，及惡瘡疥癬，治腹癥痛，除肌膚節中風淫淫如蟲行。葉圓而厚，如榆而差小。味苦、辛，平，無毒。

明・陳嘉謨《本草蒙筌》卷四　蕪荑　味辛，氣平。無毒。産河東河西，有種大種小。大蕪荑比榆莢大甚，氣臭如犼音信難聞；小蕪荑較榆莢小差，一說：此即榆莢也。味辛醞醬堪用。凡資治療，取大宜陳。但市收藏，多以鹽漬，殊失氣味，入藥無功。故求買，必擇氣腥者為良；儻修合，務經火煆過纔用。主五内邪氣，殺寸白三蟲。化食除腸風，逐冷止心痛。散皮膚骨節風濕，療痔瘻疥癬瘡痍。

明・王文潔《太乙仙製本草藥性大全》卷三《本草精義》　蕪荑　一名無姑，一名蝣蓎，一名菽藩。生晉州川谷，今近道亦有之。大抵榆類而差小，其實亦早成，此榆乃大氣，臭如犼。《爾雅》云無姑，其實荑。郭璞云無姑榆也。生山中，葉圓而厚，剝取皮，合漬之，其味辛香，所謂蕪荑也。然種有大小蕪荑，北榆莢大，甚氣臭如犼音信難聞。小蕪荑較榆莢小差一說此即榆莢也，味辛，醞醬堪用。凡資治療取大宜陳。但市收藏多以鹽漬，殊失氣味，入藥無功，故求買必擇氣腥者爲良。倘修合務經火煆過纔用。

明・王文潔《太乙仙製本草藥性大全》卷三《仙製藥性》　蕪荑使　味辛，氣平，無毒。　主治：散腸中嗢嗢喘息，除肌膚節中風淫。腹癥可散，痔瘻堪祛。主五内邪氣，殺寸白三蟲。化食，除腸風，逐冷，止心痛。散皮膚骨節風濕，療痔瘻疥癬瘡痍。　補註：治膀胱氣急，宜下氣，蕪荑擣和食鹽末，二味等分，以錦裹如棗大，内下部。或下水惡汁，并下氣佳。〇脾胃有蟲，食即痛，面黄無色，疼痛無時。以石州蕪荑仁二兩，和麫炒令黄色，爲末，非時米飲調二錢匕差。〇久患脾胃氣泄不止，蕪荑五兩，擣末以飯丸，每日空心午飯前，各用陳米飲下三十丸，增至四十丸，久服去三尸，益神駐顔。云得之章鐐，曾得力。

明・皇甫嵩《本草發明》卷四　蕪荑中品，臣。氣平，辛，無毒。有大小二種。

發明曰：蕪荑辛散，治風濕寒之用。故主五内邪氣，散皮膚骨節風濕淫淫如蟲行，去三蟲寸白，化食。又云：治痔瘻腸風，疥癬瘡痍。《衍義》云：治大腸寒滑及逐冷氣。又療小兒疳瀉，得訶子、豆蔻良。又脾胃有蟲，食即痛，面黄無色，以石州蕪荑仁二兩，和麫炒令黄色，為末，米飲調服。大蕪荑比榆莢大，其氣腥臭如犼。小蕪荑云即榆莢，味辛，醞醬堪用，不入藥。但市家多以鹽漬，殊失氣味，無效。必求（醒）〔腥〕臭者良。宜陳者，務經火煆纔用。

明・李時珍《本草綱目》卷三五木部・喬木類　蕪荑《別録》中品

〔釋名〕莁荑《爾雅》　無姑《本經》　蔱蘠音殿唐。木名梗音偏。時珍曰：按《説文》云：梗，山枌榆也。有刺，實爲蕪荑。《爾雅》云：無姑，其實荑。又云：蕪荑，蔱藩。則此物乃莁樹之荑，故名也。恭曰：蔱蘠乃菽藩二字之誤。

〔集解〕《別録》曰：蕪荑生晉山川谷。三月采實，陰乾。弘景曰：今惟出高麗，狀如榆莢，氣臭如犼，彼人皆以作醬食之。性殺蟲，置物中亦辟蛀，但患其臭。恭曰：今延州、同州者甚好。志曰：河東、河西處處有之。頌曰：近道亦有之，以太原者良。大抵榆類而差小，其實亦早成，此榆乃大，氣臭。郭璞《爾雅註》云：無姑，姑榆也。生山中，葉圓而厚，剝取皮合漬之，其味辛香，所謂蕪荑也。采實陰乾用。今人又多取作屑，以芼五味，惟陳者良。人收藏之多以鹽漬，則失氣味，但宜食品，不堪入藥。珣曰：按《廣州記》云：生大秦國，是波斯蕪荑也。藏器曰：蕪荑氣羶者良，乃山榆仁也。時珍曰：蕪荑有大小兩種：小者即榆莢也，揉取仁，醞爲醬，味尤辛。人多以外物相和，不可不擇去之。入藥皆用大蕪荑，别有種。

〔氣味〕辛，平，無毒。權曰：苦，平。珣曰：辛，温。詵曰：作醬甚香美，功尤勝于榆仁。可少食之，過多發熱，爲辛故也。秋月食之，尤宜人。　〔主治〕五内邪氣，散皮膚骨節中淫淫温行毒，去三蟲，化食《本經》。逐寸白，散腸中嗢嗢喘息《别録》。主積冷氣，心腹癥痛，除肌膚節中風淫淫如蟲行《蜀本》。五臟皮膚肢節邪氣。長食，治五痔，殺中惡蟲毒，諸病不生孟詵。治腸風痔瘻，惡瘡疥癬大明。殺蟲止痛，治婦人子宮風虛，孩子疳瀉冷痢。得訶子、豆蔻良李珣。和猪脂擣，塗熱瘡。和蜜，治濕癬。和沙牛酪或馬酪，治一切瘡張鼎。

【附方】舊三，新七。脾胃有蟲：食即作痛，面黄無色。以石州蕪荑仁二兩，和麪炒黄色爲末。非時米飲服二錢匕。《千金方》。制殺諸蟲：生蕪荑、生檳榔各四兩，爲末，蒸餅丸梧子大。每服二十丸，白湯下。《本事方》。疳熱有蟲：瘦悴，久服充肥。用榆仁一兩，黄連一兩，爲末，猪膽汁七枚和入盌内，飯上蒸之，一日蒸一次，九蒸乃入麝香半錢，湯浸蒸餅和丸緑豆大。每服五七丸至一二十丸，米飲下。錢氏《小兒直訣》。小兒蟲癇：胃寒蟲上諸證，危惡與癇相似。用白蕪荑、乾漆燒存性等分，爲末。米飲調服一字至一錢。《杜壬方》。結陰下血：蕪荑一兩擣爛，紙壓去油，爲末，以雄猪膽汁丸梧子大。每服九丸，甘草湯下，日五服。三日斷根。《普濟方》。脾胃氣泄：久患不止，蕪荑五兩擣末，飯丸梧子大。每日空心、午飯前，陳米飲下三十丸久服，去三尸，益神駐顏。此方得之章鐐，曾用得力。王紹顔《續傳信方》。膀胱氣急：宜下氣。用蕪荑擣和食鹽末等分，以綿裹如棗大，納下部，或下惡汁，并下氣佳。《外臺秘要》。嬰孩驚瘖：風後失瘖不能言。肥兒丸：用蕪荑炒、神麴炒、麥蘗炒、黄連炒各一錢，爲末，猪膽汁打糊丸黍米大。每服十丸，木通湯下，黄連能去心竅惡血。《全幼心鑒》。蟲牙作痛：以蕪荑仁安蛀孔中及縫中，甚效。危氏《得效方》。腹中鼈瘕：平時嗜酒，血入於酒則爲酒鼈；平時多氣，血凝於氣則爲氣鼈；虚勞痼冷，敗血雜痰，則爲血鼈。摇頭掉尾，如蟲之行，上侵人咽，下蝕人肛，或附脇背，或隱胸腹，大則如鼈，小或如錢。治法惟用蕪荑炒煎服之。兼用暖胃益血理中之類，乃可殺之。若徒事雷丸、錫灰之類，無益也。《仁齋直指方》。

題明·薛己《本草約言》卷二《藥性本草》 蕪荑 辛散，治風濕寒之用。〇入手、足太陰經。消疳殺蟲，瘡癬風熱。

明·梅得春《藥性會元》卷中 蕪荑 味辛，平，無毒。一名無姑。主治五内邪氣，散皮膚骨節中淫淫溫行毒，去三蟲，化食，逐寸白蟲，散腸中嗢嗢喘息。

明·李中立《本草原始》卷四 蕪荑 始生晉山川谷，今近道亦有之。大抵榆類而差小。其實亦早成，比榆乃大，氣臭如犼。一名無姑，一名蕨瑭。《醫學入門》曰：蕪，穢也；荑，傷也。其氣臭如傷敗之物也。氣味：辛，平，無毒。主治：五内邪氣，散皮膚骨節中淫淫溫行毒，去三蟲，化食。逐寸白，散腸中嗢嗢喘息。〇主積冷氣，心腹癥痛。除肌膚節中風淫淫如蟲行。長食，治五痔，殺中惡蠱毒，諸病不生。〇治惡瘡疥癬，殺蟲止痛。婦人子宮風虛，孩子疳瀉冷痢。

《本經》中品。【圖略】形類榆莢，氣臭。三月采實，大者為良。修治：蕪荑擣末入藥。得訶子、豆蔻良。使。

明·張懋辰《本草便》卷二 蕪荑使 味辛，氣平，無毒。主五内邪氣，散皮膚骨節中濕。治腸風痔瘻，惡疥癬。

明·盧復《芷園臆草題藥》 蕪荑 山榆，枌仁也。其臭羶，榆仁羶，皆春生類，服之滿腔，是春鼎新之盛，有不革其故者耶。

明·李中梓《藥性解》卷五 蕪荑 味辛，性溫，無毒，入肺、脾二經。主五内邪氣，腸風痔漏，疥癬風熱，皮膚骨節間風濕，除冷氣，化宿食，消疳積，殺諸蟲。去衣，麪炒黄用。按：蕪荑辛宜于肺，溫宜于脾，故兩入之。風寒濕脾，大腸冷滑者，此為要劑。夫氣食皆因寒而滯，諸蟲皆因濕而生，得蕪荑以溫之燥之，而症猶不痊者，未之有也。

明·繆希雍《本草經疏》卷一三 蕪荑 味辛，平，無毒。主五内邪氣，散皮膚骨節中淫淫溫行毒，去三蟲，化食，逐寸白，散腸中嗢嗢喘息。

【疏】蕪荑稟金氣而生於春陽之令，本經味辛，氣平，無毒。甄權加苦，李珣加溫。詳其功用應是苦辛溫平之藥。非辛溫則不能散五臟皮膚骨節中邪毒氣，非苦平則不能去三蟲，化食，逐寸白，療腸中嗢嗢喘息。然察其所主，雖能除風淫邪氣之為害，而其功則長於走腸胃，殺諸蟲，消食積也。故小兒疳瀉冷痢為必資之藥。【主治參互】同肉豆蔻、胡黄連、盧會、使君子、青黛、五穀蟲、雷丸、檳榔、橘皮，治小兒疳熱瀉痢及腹大羸瘦面黄，好喫泥土。《本事方》制殺諸蟲，生蕪荑、生檳榔各四兩，為末，蒸餅丸如梧子。每服二十丸，白湯下。錢氏《小兒直訣》疳熱有蟲瘦悴，久服充肥。用蕪荑一兩，黄連一兩，為末，猪膽汁七枚，和入盌内，飯上蒸之，一日蒸一次，九蒸，乃入麝香半錢，湯浸蒸餅，和丸菉豆大。每服五七丸，至二十丸，米飲下。《危氏得效方》蟲牙作痛，以蕪荑仁，安蛀孔中及縫中，甚效。

入藥用大者，小者即榆莢，不堪入藥。除疳證殺蟲外，他用甚稀，故不著簡誤。

明·倪朱謨《本草彙言》卷九 蕪荑 味辛，氣平，無毒。《別錄》曰：蕪荑，生晉山川谷。陶氏曰：今出高麗及波斯諸夷。馬氏又言：出河東、河西及太原，今近地亦有，以太原者佳。其氣臭如犼。狀如榆莢而稍大，如小者，是榆莢，非蕪荑也。孟氏言：可作醬，甚香美。此指榆莢而言。蕪荑，氣極犱臭，安可作醬食乎？

蕪荑：殺三蟲，散五疳，李珣治小兒百病之藥也。王嘉生稿前古諸書，主諸積冷氣，腸胃蟲癖，食癥血痞，及皮膚骨節中風毒諸疾。緣其氣臭辛犱難聞，性專走逐，故諸滯成疾，食積蟲血，皆可蕩化。凡諸疳羸瘦，結氣發熱，疳勞疳脹，疳痢疳積，嗜食與不能食，咸宜服之。中病即止，如久服多服，不免有傷胃氣。司業者，當自量之。

集方：巢氏方治諸積冷氣。用蕪荑一兩炒，大茴香、木香各五錢，共爲末，紅麯打糊爲丸，梧桐子大。每早服三錢，白湯下。○仁齋《直指方》治腸胃有蟲癖，食癥血痞。因平時嗜食肥甘酒飲，以致敗血留痰，結成蟲類，爲鱉瘕。其發作時，或上行咽胃，下行臍腹；或附脅背，或隱胸次。大則如鱉，小則如錢，攻作耕痛，必垂死。惟用蕪荑一兩酒炒，當歸、砂仁、人參各一錢，水煎服，乃可殺滅。若徒事雷丸、錫灰、史君子之類，無益也。○《普濟方》治結陰下血。用臭蕪荑二兩，搗爛，紙壓去油，甘草五錢炒，共爲末，雄猪膽汁少許調濕，曬乾，大麥麪打糊丸，梧桐子大。每早服三錢，白湯下。○杜氏方治小兒蟲積上攻，勢狀危惡，與癇相似。用臭蕪荑炒、乾漆燒存性，各等分爲末。每服五分，米湯調下。

明・姚可成《食物本草》卷二〇木部・喬木類　蕪荑近道亦有之，以太原者良。大抵榆類而差小，其實亦早成。比榆乃大，氣臭。郭璞《爾雅註》云：無姑，姑榆也。生山中，葉圓而厚，剝取皮合漬之，其味辛香，所謂蕪荑也。采實陰乾用。今人又多取作屑，以芼五味，惟陳者良。人收藏之多以鹽漬，最宜食品。○李時珍曰：蕪荑有大小兩種：小者即榆莢也，揉取仁，醖為醬，味尤辛。人多以外物相和，不可不擇去之。

蕪荑，味辛，平，無毒。治五內邪氣，散皮膚骨節中淫淫溫行毒，去三蟲，化食，逐寸白，散腸中嗢嗢喘息。主積冷氣，心腹癥痛，肌膚節中風淫淫如蟲行，五臟皮膚肢節邪氣。長食治五痔，殺中惡蟲毒，諸病不生。治腸風痔瘻，惡瘡疥癬。殺蟲止痛，治婦人子宮風虛，孩子疳瀉冷痢。得訶子、豆蔻良，和猪脂擣塗熱瘡，和蜜治溼癬，和沙牛酪或馬酪，治一切瘡。作醬甚香美，功尤勝于榆仁。可少食之，過多發熱，為辛故也。秋月食之尤宜人。

明・顧逢柏《分部本草妙用》卷八雜藥部　蕪荑　辛，平，無毒。　主治：殺三蟲，化食，逐寸白，散腸中喘息積冷，心腹癥痛，除肌膚節中風淫淫如蟲行，子宮風虛。小兒疳瀉冷痢，得訶子、豆蔻良。和猪脂塗熱瘡，和蜜治溼癬，和牛馬酪治一切瘡。

明・李中梓《醫宗必讀・本草徵要下》　蕪荑味辛，平，無毒。入肺經。除疳積之要品，殺諸蟲之神劑。幼科取為要藥，然久服多服，亦能傷胃。

明・蔣儀《藥鏡》卷一溫部　蕪荑　蟲殺其三，兼治風寒濕痺。救疳與積，且醫冷滑大腸。取仁推入蛀窠，牙蟲作痛立已。

明・張景岳《景岳全書》卷四九《本草正》　蕪荑　味辛，平，性溫。主心腹冷氣癥積疼痛，散肌膚風濕淫淫如蟲行。殺三蟲，去寸白及諸惡蟲毒。療腸風痔漏惡瘡。和猪脂搗塗熱瘡，和蜜可治濕癬。

明・盧之頤《本草乘雅半偈》帙五　蕪荑《本經》中品　氣味：辛，平，無毒。主治：主五內邪氣，散皮膚骨節中淫淫溫行毒，去三蟲，化食。

覈曰：出晉山川谷，及高麗、太原、河東、河西、延州、同州，近道亦有。生山中，似榆而小，葉圓而厚，其實早成，亦似榆莢，但氣臭如犱，作醬則香美。能殺蟲，置物中亦辟蛀。有大小兩種，小蕪荑醖醬，氣味尤辛。入藥宜大蕪荑，陳久者最良。

參曰：蕪荑臭羶，山榆仁也。春取榆柳之火，謂先百木青，用逗春生之端耳。當入肝，以宣肝用，故主五內邪氣，皮膚骨節中淫淫溫行毒，此不從春生宣散故也。蕪荑宣逗端倪，自下而上，使從外而內者，復自內而外焉。風入蟲生，風宣蟲去矣。設穀入不宣，安能開發上焦，宣五穀味，熏膚充身澤毛，若霧露之溉歟。故不獨宣化穀味，且宣布水液者矣。

明・李中梓《本草通玄》卷下　蕪荑　辛，溫。殺蟲消積，主痔瘻，惡瘡疥癬。

清・顧元交《本草彙箋》卷五　蕪荑　殺蟲止痛，主五內邪氣，散皮膚骨節中淫淫若蟲行狀。又溫能化食去積。凡風寒濕痺，大腸冷滑者，此爲要藥。蓋氣、食皆因寒而滯，諸蟲皆因濕而生，得此溫之燥之，而症痊矣。

氣羶者良，乃山榆仁也。小者即榆莢。

嬰兒驚瘖，蓋風後失瘖不能言也。肥兒丸，用蕪荑炒、神麯炒、麥蘖炒、黃連炒，各一錢，爲末，猪膽汁打糊丸黍米大，每服十丸，木通湯下。　腹中鱉瘕，平時嗜酒，血入於酒，爲酒鱉。平時多氣，血凝於氣，爲氣鱉。虛勞痼冷，敗血雜痰，則爲血鱉。搖頭掉尾，如蟲之行，上侵人咽，下蝕人肛，或附脇背，或隱胸腹，大者如鱉，小者如錢。治法，惟用蕪荑炒，煎服之，兼用暖胃，益脾理中之藥，不宜徒事雷丸、錫灰之屬。

清·劉雲密《本草述》卷二三 蕪荑大抵榆類。 藏器曰：蕪荑氣羶者良。乃山榆仁也。 氣味：辛，平，無毒。 權曰：苦，平。 珣曰：辛，温。

主治：皮膚肢節中風毒，淫淫如蟲行《蜀本草》。殺蟲止痛李珣。主積冷氣，心腹癥痛《蜀本草》。治婦人子宫風虛，小兒疳瀉冷痢，得訶子、豆蔻良李珣。和豬膽、脂塗熱瘡，和蜜治溼癬，和沙牛酪或馬酪治一切瘡張鼎。 希雍曰：蕪荑稟金氣，而生於春陽之令。《本經》味辛氣平，無毒。甄權加苦。李珣加温。詳其功用，應是苦辛温平之藥。非辛温則不能散皮膚骨節中風毒，非苦平則不能去三蟲，殺寸白。然察其所主，雖能除風淫邪氣之為害，而其功則長於走腸胃，殺諸蟲，消食積也，故小兒疳瀉冷痢，為必資之藥。

附方 脾胃有蟲，食即作痛，面黄無色，以石州蕪荑仁二兩，和麪炒黄色，為末，非時米飲服二錢匕。 疳熱有蟲，瘦悴久服充肥，用榆仁一兩，黄連一兩，為末，豬膽汁七枚，和入盌內，飯上蒸之，一日蒸一次，九蒸乃入麝香半錢，湯浸蒸餅，和丸綠豆大，每服五七丸至一二十丸，米飲下。 結陰下血，蕪荑一兩，搗爛，紙壓去油，為末，以雄豬膽汁丸梧子大，每服九丸，甘草湯下，日五服，三日斷根。 脾胃氣泄，久患不止，蕪荑五兩，搗末，飯丸梧子大，每日空心午飯前陳米飲下三十丸。 腹中鼈瘕，平時嗜酒，血入於酒，則為酒鼈；平時多氣，血凝於氣，則為氣鼈；虛勞痼冷，敗血雜痰，則為血鼈；搖頭掉尾，如蟲之行，上侵人咽，下蝕人肛，或附脇背，或隱胸腹，大則如鼈，小或如錢。治法惟用蕪荑，炒煎服之，兼用暖胃、益血、理中之類，乃可殺之。若徒事雷丸、錫灰之類，無益也。此出楊仁齋《直指方》。

孟詵曰：多服發熱心痛，為辛故也。

愚按：盧之頤曰：蕪荑，山榆仁也。春取榆柳之火，謂先百木青，用逗春生之端耳，當入肝以宣肝用。此語亦近理，夫足厥陰為陰極而陽欲布之臟也。蕪荑生於初陽，其味辛，木本以金為主，是得宣之用也。其氣温，正得春陽之氣也。更苦合於辛温，其宣散乃有功，則所謂宣肝用者非歟？世醫但知散風殺蟲耳，不知其從極陰之臟而宣陽，故氣之凝者能散血之結者，亦宣也。夫脾胃乃後天氣血之原，然以肝為主，在風病乎氣血，如肌膚肢節之如蟲行，在氣血病而風化蟲，木又更從土化，是又非肝與脾之交相為用歟。此味以宣肝之用而皆治之，蓋陰陽固氣血之先也。楊仁齋謂治諸蟲獨取此味，而兼之理氣血者，誠為有見。試舉所錄數方，不更可參乎？明此義，則如積冷氣，心腹癥痛，並小兒疳瀉冷痢，婦人子宫風虛，不能均奏效乎？須知子宫風虛者，根於氣血之虛。《經》曰：腎者，受五臟六府之精而藏之。然而，胞宫為之行其化，亦本於厥陰風木之化也。氣血虛則胞宫無所藏，而風木亦無所養以行其化，故曰風虛也。

修治 陳久者良。小者即榆莢仁，止堪為醬。入藥當用大者，炒去殼，氣嗅如信者真。

清·郭章宜《本草匯》卷一五 蕪荑 辛，溫；苦，平。入手太陰經。除肌膚骨節中淫淫如蟲行，逐寸白及腸中嗢嗢之喘息。腹中鼈瘕，兼藥而効。平時嗜酒，血入于酒，則為酒鼈。平時多氣，血凝于氣，則為氣鼈。虛勞冷痼，敗血雜痰，則為血鼈。搖頭掉尾，如蟲之行，上侵人咽，下蝕人肛，或附脇背，或隱胸腹，大則如鼈，小則如錢。治法惟用蕪荑，炒煎服之，兼用暖胃益血理中之劑，乃可殺之。若從事雷丸、錫灰，無益也。 疳熱有毒，錢氏訣靈。榆仁、黄連各一兩，猪胆汁七枚，和入盌內，飯上蒸之九次，後入麝香半錢，湯浸蒸，丸綠豆大，米飲下。和猪脂傅塗熱瘡，與蜂蜜亦療濕癬。

按：蕪，穢也。荑，傷也。其氣臭如傷敗之物也。雖能治風淫邪氣之為害，而其功則長于走腸胃殺蟲消食積也。故小兒疳瀉冷痢，為必資之要藥。然多服久服，不惟能發熱心痛，亦能傷胃。同肉豆蔻、胡黄連、蘆會、使君子、青黛，五穀蟲、雷丸、檳榔、橘皮，治小兒疳熱瀉痢，及好吃泥土病。

陳久者良。必擇氣腥者佳。小者即山榆莢仁，止堪為醬，及治鷄病。入藥當用大者，麪炒黄。除疳症殺蟲外，他用甚稀。

清·蔣居祉《本草擇要綱目·平性藥品》 蕪荑 氣味：辛，平，無毒。主治：五內邪氣，逐寸白蟲。散腸中嗢嗢喘息，主積冷氣，心腹癥痛。療婦人子宫風虛，孩子疳瀉冷痢。

清·王翃《握靈本草》卷八 蕪荑處處有之。用大蕪荑，氣羶者良。 主治：蕪荑，辛，平，無毒。主五內邪氣，出三蟲，化食，心腹積冷癥痛，惡瘡癬疥。

清·汪昂《本草備要》卷三 蕪荑宣，散風濕；瀉，消積，殺蟲。 辛散滿，苦殺蟲，溫燥濕、化食。諸蟲皆因濕而生，氣食皆因寒而滯。 祛五藏、皮膚、肢節風濕，心腹積冷，癥痛鱉瘕，《直指方》云：嗜酒人，血入于酒爲酒鱉；多氣人，血入于氣爲氣鱉；虛勞人，敗血雜痰爲血鱉。如蟲之行，上侵人咽，下蝕人肛，或附脇背，或隱胸腹。惟用蕪荑炒，兼暖胃理氣益血之藥，乃可殺之。痔瘻瘡癬，小兒驚疳冷痢。得訶子、豆蔻良。胃中有蟲，食即作痛。和麵炒黃爲末，米飲下。形類榆莢。陳久氣羶者良。

清・顧靖遠《顧氏醫鏡》卷八 蕪荑辛、苦，平。小者不可入藥。最殺諸蟲，能除疳積。久服損胃。

清・李熙和《醫經允中》卷二一 蕪荑 辛，平，無毒。主治殺三蟲，燥濕化食，逐寸白，散腸中喘息冷積，小兒疳瀉冷痢。多食傷胃。

清・馮兆張《馮氏錦囊秘錄・雜症痘疹藥性主治合參》卷四 蕪荑稟金氣而生於春陽之令，故味苦、辛，氣溫，無毒。辛能散，苦能下，溫能除濕。故為散風除濕、化食殺蟲、消積消疳之藥。然久服多服，亦能傷胃。

蕪荑，經火煅過纔用。主五內邪氣，殺寸白三蟲。化食，除腸風，逐冷，止心痛。散皮膚骨節風濕，療痔瘻疥癬瘡痍。脾虛有積，亦勿概投。

清・张璐《本經逢原》卷三 蕪荑 辛，平，無毒。去殼取仁，微炒用。發明：《本經》主五內邪氣，散皮膚、骨節中淫淫濕行毒，去三蟲化食。蕪荑辛散，能祛五內、皮膚、骨節濕熱之病。近世但知其有去疳殺蟲及腸風痔瘻、惡瘡疥癬之用，殊失《本經》之旨。《千金》治婦人經帶崩淋之病，每同澤蘭、厚朴、藁本、白芷、細辛、防風、栢仁、石斛輩用之，取其去子藏中風熱垢膩也。和豬脂搗塗瘡。和蜜治濕癬。及治腹中氣血痰酒諸癖，以蕪荑仁炒香，兼暖胃活血理氣藥為散服之。

清・張志聰、高世栻《本草崇原》卷中 蕪荑 氣味辛，平，無毒。主治五內邪氣，散皮膚骨節中淫淫溫行毒，去三蟲，化食。蕪荑生晉山川谷，今河東、河西近道處處皆有，而太原、延州、同州者良。其木名梗，《說文》曰：梗，山枌榆也，有刺，實為蕪荑。葉圓而厚，其實早成，亦如榆莢，但氣臭如犼，土人作醬食之，則味香美。性能殺蟲，置物中亦能辟蛀。蕪荑，山榆仁也，榆受東方甲乙之精，得先春發陳之氣，稟木氣也。其味辛，其臭腥，其色黃白，其本有刺，稟金氣也。木能平土，故主治五內之邪氣。五內者，中土也。金能制風，故散皮膚骨節中淫淫溫行毒。淫淫溫行者，風動之邪也。風勝則生蟲，去三蟲，亦金能制木也。火衰則食不化，化食，乃木能生火也。

清・王子接《得宜本草・中品藥》 蕪荑 味辛。功專殺蟲。得訶子治小兒冷痢，得檳榔能殺諸蟲。

清・黃元御《玉楸藥解》卷二 蕪荑 味辛，氣平。入足厥陰肝經。殺蟲破積，止痢消瘡。蕪荑殺藏府諸蟲，磨氣積血癥。治痔瘻疥癬，一切諸瘡，止寒冷痢。

清・吳儀洛《本草從新》卷三 蕪荑〔宣，散風濕；瀉，消積殺蟲。〕辛散滿，苦殺蟲，温燥濕化食。諸蟲皆因濕而生，氣食皆因寒而滯。祛五臟皮膚肢節風濕，心腹積冷，癥痛鱉瘕，《直指方》云：嗜酒人血入於酒為酒鱉，多氣人血入於氣為氣鱉，虛勞人敗血雜痰為血鱉。如早之行，上侵人咽，下蝕人肛，或附脇背，或隱胸腹，唯用蕪荑炒，兼暖胃理氣益血之藥，乃可殺之。痔瘻瘡癬，小兒驚疳冷痢，得訶子、豆蔻良。胃中蟲痛。和麵炒黃為末，米飲下。脾胃虛者，雖有積，勿概投。形類榆莢。陳久氣羶者良。

清・汪紱《醫林纂要探源》卷三 蕪荑 辛，苦，溫。樹大，葉多歧，莢輕虛似榆，有三瓣，又似薯蕷等所作莢，有臭氣，陳久為良。瀉肺，祛風濕。燥脾，消寒食。功善殺蟲。氣味形體皆輕而上浮，故散行，去皮膚肢節之風濕，而苦燥羶臭之氣，又能散脾濕，去脹滿，治腹中積冷，癥結疸黃。又殺蟲去蛔，及瘡癬一切蟲病。

清・嚴潔等《得配本草》卷七 蕪荑 辛、苦，溫。入手足太陰經氣分。除皮膚骨節中邪氣，淫淫如蟲行。祛五內風濕，止大腸冷滑，殺蟲化食，在所必需。蟲因濕而生，食因寒而滯。得檳榔，殺諸蟲。配乾漆，治蟲癇。配訶子、豆蔻，治小兒疳瀉冷痢。配川連，治疳熱生蟲。加豬膽汁、麝香，更效。配川連末，豬膽汁丸，療驚喑。風熱去也。配暖胃益血理中等藥，治鱉瘕。大如鱉，小如錢，上侵咽，下蝕肛。君豬脂，塗熱瘡。拌蜂蜜，搽濕癬。去殼，炒。殺蟲，和麵炒。脾肺燥熱者禁用。

題清・徐大椿《藥性切用》卷五 蕪荑仁 辛苦性溫，入腸胃而殺蟲化積，為腹中蟲痛耑藥。

清・黃宮繡《本草求真》卷四 蕪荑燥脾殺蟲，散皮膚、骨節濕熱。蕪荑耑入脾，兼入肝。味辛而苦，時珍曰：蕪荑有大小兩種，小者即榆莢也。揉取仁，醞為醬，味尤辛。人多以外物相和，不可不擇去之，入藥皆用大蕪荑，別有種。氣溫無毒，功專燥脾，去風化食殺蟲，緣蟲生於人腹，多因濕為之兆，滯為之得，風為之助，寒為之成。《直指方》云：嗜酒人血入於酒爲酒鱉，多氣人血入於氣爲氣鱉，虛勞人敗血雜痰爲血鱉，搖頭掉尾，如蟲之行。上侵人咽，下蝕人肛，或附脇背，或隱胸腹，大則如鱉，小則如錢，治法惟當用此煎服。兼用暖胃益血理中之類，乃可殺之，且不獨殺蟲如是，即其皮膚骨節，濕熱內入，留連不解，以致穢垢不清。得以合其辛散等藥，亦能去風除濕，而使氣血調和，肢節安養，而無癱瘓痿痹之候矣！柰世僅知掃蟲殺蟲。蟲牙作痛，以蕪荑仁安蛀孔中及縫中甚效。而不知此更散皮膚骨節淫濕。其亦未達本經之旨耳，形類榆莢，陳久氣羶者良。

清·羅國綱《羅氏會約醫鏡》卷一七竹木部　蕪荑味辛苦，溫，入肺胃經。

辛散滿，苦殺蟲，溫燥濕化食。蟲因濕而生，食因寒而滯。治心腹冷積、癥痛、鱉瘕。嗜酒人，血入酒為酒鱉；多氣人，血入氣為氣鱉；虛勞人，敗血雜痰為血鱉。如蟲之行，或上侵人咽，下蝕人肛，或隱脇背胸腹，惟用蕪荑炒，兼暖胃理氣益血之藥乃可殺之。殺三蟲，去寸白，除疳積，幼科取為要藥，寒痢收為上品。同訶子、肉蔻用。療胃有蟲食即作痛。和麪炒黃為末，米飲下。然多服損胃。陳久氣羶者良，經火煅過用。

清·黃凱鈞《藥籠小品》　蕪荑　辛苦散滿，祛五藏皮膚肢節風濕，凡腹中有酒血氣所化成鼈者，惟蕪荑同暖胃理氣補血之藥，乃可殺之。

清·張德裕《本草正義》卷下　蕪荑　辛，溫。殺一切諸惡蟲毒，療心腹冷氣，癥積痛疼。

清·楊時泰《本草述鉤元》卷二三　蕪荑　山榆仁也。氣羶者良。

氣味苦辛溫平。主皮膚肢節中風毒淫淫如蟲行，殺蟲止痛，治積冷氣心腹癥痛，婦人子宮風虛，小兒疳瀉冷痢。得訶子、豆蔻良。和猪膽脂，塗熱瘡；和蜜，治濕癬；和沙牛酪或馬酪，治一切瘡。其功長於走腸胃，殺諸蟲，消食積，為小兒疳瀉冷痢必資之藥仲淳。脾胃有蟲，食即作痛，面黃無色，以蕪荑二兩和麪，炒黃色為末，不拘時，米飲服二錢匕。疳熱有蟲瘦悴，久服充肥，用蕪荑一兩、黃連一兩為末，猪膽汁七枚和入盌內，飯上蒸之，日一次，九蒸後，入麝香五分，湯浸蒸餅和丸綠豆大，每服五七丸至一二十丸，米飲下。結陰下血，蕪荑一兩搗爛，紙壓去油，為末，以雄猪膽汁丸梧子大，每服九丸，甘草湯下，日五服，三日斷根。脾胃氣泄，久患不止，蕪荑五兩搗末，飯丸梧子大，每空心午飯前陳米飲下三十丸。腹中鱉瘕嗜酒者，血入於酒為酒鱉；多氣者，血凝於氣為氣鱉；虛勞痼冷，敗血雜痰為血鱉；搖頭擺尾，如蟲之行，上侵人咽，下蝕人肛，或附脇背，或隱胸腹，大則如鱉，小或如錢。治法惟用蕪荑炒煎服之，兼用暖胃益血理中藥，乃可殺之。若徒事雷丸、錫灰之類，無益也《直指方》。多服發熱心痛，為辛故也孟詵。

論：蕪荑先百木而青，逗春生之端，當入肝以宣肝用，其味辛，是木以金為主，而得宣之用也，其氣溫，正得春陽之氣也，辛溫更合於苦味，而宣散乃有功。世但知其散風殺蟲，不知從極陰之臟而宣陽，故氣之凝者能散，血之結者皆宣耳。夫脾胃為後天氣血之原，而以肝為主，《仁齋》謂治蟲獨取此味，兼之能理氣血者，誠為有見。即其所治婦人子宮風虛，非亦根於氣血之虛乎。腎受五臟六腑之精而藏之，然胞宮為之行其化，亦本於厥陰風木之化，氣血虛則胞宮無所藏，而風木亦無所養以行其化也。

辨治：當用大者，小者即榆莢仁。陳久乃良。炒，去殼，其氣羶。

清·葉桂《本草再新》卷四　蕪荑味辛、苦，性溫，無毒。入心、脾二經。　治心腹冷痛，祛五臟風濕，開胃化濕，殺蟲，治瘡癬，小兒驚癇。

清·趙其光《本草求原》卷八喬木部　蕪荑　生於春初。辛苦而平，能宣散氣凝血滯，去皮膚骨節風濕熱毒、淫淫如蟲行，去疳，殺蟲，冷積腹痛，寒痢，同訶子、豆蔻。經帶崩淋，同澤蘭、厚朴、藁本、白芷、細辛、防風、柏仁、石斛，取其去子藏風熱垢膩。鱉瘕，酒入於血為酒鱉，血鬱於氣為氣鱉，敗血雜痰為血鱉。如蟲之行，上侵入咽下，蝕人肛，或附脇背，或隱胸腹，惟用此炒兼暖胃益氣血藥可治。結陰下血，去油為末，雄豬膽汁為丸，甘草湯下。塗熱瘡，和豬膽。濕癬，和蜜搽。痔瘻，胃中有蟲、食即作痛。和麪炒黃為末，米飲下。熱疳有蟲，加黃連、麝、豬膽，九蒸為丸。按此物功長於走腸胃濕熱。

陳久、氣膻者良。炒去殼用。

清·葉志詵《神農本草經贊》卷二　蕪荑　味辛。主五內邪氣，散皮膚骨節中淫淫溫行毒，去三蟲，化食。一名無姑。一名蕨塘。生川谷。

山榆束莢，心赤維嘉。擩鹽香溢，醞醬辛加。臭攻齒蛀，暖化腹瘕。褱潭山徑，箭羽槎枒。

《說文》：梗山枌榆有束莢可為蕪荑者。《范子計然》云：蕪荑在地，赤心者善。《詩》：維其嘉矣。蘇頌曰：此榆乃大氣臭，今人采實，以鹽漬則失氣味。《儀禮》：擩鹽振祭。李時珍曰：醞為醬味尤辛。《危氏得效方》：蟲牙，以蕪荑安蛀孔即除。《仁齋直指方》：腹中鼈瘕，用蕪荑及暖胃理中之劑。《五代史》：胡嶠自契丹歸，入大山。一大林長二三里皆蕪荑，枝葉有芒刺如箭羽。岑參文：如戟槎枒。

清・文晟《新編六書》卷六《藥性摘錄》 蕪荑 味辛而苦，入脾兼入肝。○燥脾去風，化食殺蟲，去腹中氣鱉、酒鱉、血鱉，散皮膚骨節濕熱，治癱瘓痿痹。○殺蟲，須兼暖胃益血理脾之類。○形類榆莢，陳久氣膻者良。

清・文晟《新編六書》卷六《藥性摘錄》 蕪荑 殺蟲。見平散。

清・張仁錫《藥性蒙求・木部》 蕪荑一錢，錢半 蕪荑辛苦，燥濕祛風。腹心積冷，化食殺蟲。辛、苦，溫。疳症蟲症之外，他用甚少。脾胃虛者，雖有積，勿概投。○牙蟲作痛，以蕪荑仁安蛀孔中及縫中，甚效。

清・戴葆元《本草綱目易知錄》卷四 蕪荑 辛苦而溫。殺蟲止痛，化食，逐寸白，去三蟲，殺中惡蟲毒，諸病不生。散腸中嗢嗢喘息，五臟肢節邪氣，除皮膚骨節中風，淫淫如蟲行。主積冷氣，心腹癥痛，腸風痔瘻，惡瘡疥癬。婦人子宮風虛，孩子疳瀉冷痢。得訶子、豆蔻良。長食，治五痔。研末，和猪脂塗熱瘡，和蜜調塗濕癬。作醬香美，功勝榆仁，但宜少食。

清・陳其瑞《本草撮要》卷二 蕪荑 味辛苦，入足厥陰經，功專殺蟲，得訶子治小兒冷痢，加豆蔻尤良。得檳榔能殺諸蟲。陳久氣羶者佳。

清・仲昴庭《本草崇原集說》卷中 蕪荑【略】仲氏曰：以藥治病，無非以運氣治運氣。今人亦云：蕪荑殺蟲化食，卻不管蟲與食何氣使然。

櫸

宋・唐慎微《證類本草》卷一四木部下品〈《別錄》〉 櫸樹皮 大寒。主時行頭痛，熱結在腸胃。

〔梁・陶弘景《本草經集注》〕云：山中處處有。皮似檀、槐，葉如櫟、槲。人亦多識。用之削取裏皮，去上甲，煎服之。夏日作飲去熱。

〔唐・蘇敬《唐本草》〕注云：此樹所在皆有，多生溪澗水側。葉似樗而狹長。樹大者連抱，高數仞，皮極麤厚。殊不似檀。俗人取煮汁，以療水及斷痢，取嫩葉挼貼火爛瘡，有效。

〔宋・掌禹錫《嘉祐本草》〕按：日華子云：櫸樹皮，味苦，無毒。下水氣，止熱痢，安胎，主妊娠人腹痛。又云：葉，冷，無毒。治腫爛惡瘡，鹽擣署。又云：山櫸樹皮，平，無毒。治熱毒風熁腫毒。鄉人採葉爲甜茶。

〔宋・唐慎微《證類本草》〕雷公云：凡使，勿用三四年者無力，用二十年已來者心空，其樹只有半邊，向西生者是。斧剝下去上麤皮，細剉蒸，從巳至未出，焙乾用。櫸牛，凡採得，用銅刀取作兩片，去兩翅，用紙袋盛，於舍東掛，待乾用。《肘後方》：治毒氣攻手足腫疼。以樹皮和槲皮合煮汁如飴糖，以樺皮濃煮汁絞，飲之。

宋・寇宗奭《本草衍義》卷一五 櫸木皮 今人呼爲櫸柳。然葉謂柳非柳，謂槐非槐。木最大者，高五六十尺，合二三人抱。湖南、北甚多，然亦下材也，不堪爲器用。嫩皮，取以緣栲栳與箕脣。

宋・鄭樵《通志》卷七六《昆蟲草木略》 櫸 榆類也，而杦烈，其實亦如榆莢，似錢之狀。

明・劉文泰《本草品彙精要》卷二〇 櫸樹皮 無毒。附葉、山櫸樹皮。植生。

櫸樹皮：主時行頭痛，熱結在腸胃。名醫所錄。【苗】《唐本》注云：樹大者連抱，高及數仞，其皮極粗，葉似樗葉狹而長。雷公云：三四年者無力。用二十年以上者，其樹心空，只有半邊，向西生者爲佳。《衍義》曰：今人呼爲櫸柳，其葉謂柳非柳，謂槐非槐，木雖高大，不堪爲器，乃下材也。湖南北最多，取其嫩皮，可緣栲栳與箕脣者是也。【地】《唐本》注云：生溪澗水側，所在皆有之。【時】生：春生葉。採：無時。【收】日乾。【用】皮、葉。【質】類樗木而粗厚。【色】青綠。【味】苦。【性】大寒，泄。【氣】味厚于氣，陰也。【臭】香。【主】止熱痢，下水氣。【製】《雷公》云：凡使，去上粗皮，細剉，蒸從巳至未，出，焙乾用。櫸牛，凡採得，用銅刀取作兩片，去兩翅，用紙袋盛，於舍東掛，待乾用。【治】療：《唐本》注云：療水及斷痢。○葉挼，貼大爛瘡。日華子云：下水氣，止熱痢，安胎，妊娠腹痛，及熱毒，風熁腫毒。【合治】葉合鹽擣，署腫爛惡瘡。

明・王文潔《太乙仙製本草藥性大全》卷三《本草精義》 櫸樹皮 今人呼爲櫸柳，然葉謂柳非柳，謂槐非槐。生溪澗水側。樹高數仞，大者合二三抱，葉似樗而狹長，有皮似檀槐，極麤厚。又云：葉如櫟、槲，人亦多識。用之削取裏面皮，去上甲，煎服，夏日作飲去熱。鄉人採葉爲甜茶。湖南北甚多，亦下材也，不堪爲器用。嫩皮取以緣栲栳與箕脣。

明・王文潔《太乙仙製本草藥性大全》卷三《仙製藥性》 櫸樹皮 味苦，氣大寒，無毒。主治：主時行頭疼，治妊娠腹痛。貼陽腫爛及惡瘡，祛熱毒風脇腫毒。熱痢與水氣並下，熱結在腸胃堪除。安胎有效，去熱神功。補註：治毒氣攻手足腫疼，以樹皮和槲皮，和煮汁如飴糖，以樺皮濃煮汁絞，飲之。○水洩及斷痢，取皮煮汁服效。○貼火爛瘡，取嫩葉挼貼之效。○腫爛惡瘡，同鹽擣爛罨之。　太乙曰：凡使勿用三、四年者，無力，用二十年以來者，心空，其樹只有半邊，向西生者是。斧剝下去上麄皮，細剉，蒸從巳至未出，焙乾用。　欅牛，凡採得用銅刀取作兩片，去兩翅，用紙袋盛於舍東掛待乾用。

明・李時珍《本草綱目》卷三五木部・喬木類　欅《别録》下品

〔釋名〕欅柳《衍義》鬼柳時珍曰：其樹高舉，其木如柳，故名。山人訛爲鬼柳。郭璞注《爾雅》作柜柳，云似柳，皮可煮飲也。　〔集解〕弘景曰：欅樹山中處處有之。皮似檀、槐，葉如櫟、槲。人多識之。恭曰：所在皆有，多生溪澗水側。葉似樗而狹長。樹大者連抱，高數仞，皮極粗厚。殊不似檀。宗奭曰：欅木今人呼爲欅柳。其葉謂柳非柳，謂槐非槐。最大者，木高五六丈，合二三人抱。湖南北甚多，然亦不材也，不堪爲器。嫩皮取以緣栲栳及箕唇。時珍曰：欅材紅紫，作箱、案之類甚佳。鄭樵《通志》云：欅乃榆類而枤烈，其實亦如榆錢之狀。鄉人采其葉爲甜茶。

木皮　〔修治〕斅曰：凡使勿用三四年者無力，用二十年以來者心空，其樹只有半邊，向西生者良。剥下去粗皮，細剉蒸之，從巳至未，出焙乾用。

〔氣味〕苦，大寒，無毒。　〔主治〕時行頭痛，熱結在腸胃《别録》。夏日煎飲，去熱弘景。俗用煮汁服，療水氣，斷痢蘇恭。安胎。止妊婦腹痛。山欅皮：性平，治熱毒風熁腫毒大明。

〔附方〕舊一，新四。　通身水腫：欅樹皮煮汁，日飲。《聖惠方》。　毒氣攻腹：手足腫痛。欅樹皮和槲皮煮汁，煎如飴糖，以樺皮煮濃汁化飲。《肘後方》。　蠱毒下血：欅皮一尺，蘆根五寸，水二升，煮一升，頓服。當下蠱出。《千金方》。　小兒痢血：梁州欅皮二十分炙，犀角十二分，水三升，煮取一升，分三服取瘥。《古今録驗方》。　飛血赤眼：欅皮去粗皮切二兩，古錢七文，水一升半，煎七合，去滓熱洗，日二次。《聖濟總録》。

葉　〔氣味〕苦，冷，無毒。　〔主治〕挼貼火爛瘡，有效蘇恭。治腫爛惡瘡，鹽擣罨之大明。

明・倪朱謨《本草彙言》卷九　欅木　味苦，氣寒，無毒。　蘇氏曰：欅，榆類，所在皆有，多生溪澗水旁。葉似樗而狹長，似柳非柳，似槐非槐。皮極粗厚，木高有數仞，連抱二三人。湖南北甚多。然亦不材也，不堪爲器。其嫩皮取以緣栲栳，及箕籮筐口。又鄭樵《通志》云：欅似榆，其結實亦如榆錢。鄉人采其葉，焙乾作飲，爲甜茶。

欅木：《别録》解熱毒，淨痢疾，蘇恭散水氣，日華子安胎妊腹痛之藥也。陳五石抄緣此木生發易大，得春升清陽之氣，其性寒平，故《别録》方治時行頭痛，熱結在腸胃。隱居方夏月煎飲，辟暑去熱。大氏方治風熁熱毒腫痛等證，悉屬熱病，宜此木煎飲之。如胃寒脾冷不食者，勿用也。

明・姚可成《食物本草・救荒野譜補遺・木類》　欅樹葉食葉。處處有之。葉似榆而狹長，荒年可食之。

欅柳樹，葉似榆，貧家采得充朝需。凶年終歲苦勤劬，飢無糲食寒無襦。

明・姚可成《食物本草》卷二〇木部・喬木類　欅山中處處有之。多生溪澗水側。葉似樗而狹長。大者高五六丈，合二三人抱。其實如榆錢之狀，鄉人采其葉為甜茶。

欅葉　味苦，寒，無毒。作飲涼心肺，挼貼火丹及腫爛惡瘡，鹽擣罨之。

木皮　味苦，大寒，無毒。夏日煎飲去熱。治時行頭痛，熱結在腸胃。安胎，止妊婦腹痛。療水氣，斷痢。

附方：治通身水腫。欅樹皮煮汁，日飲之。

清・吴其濬《植物名實圖考》卷三三　欅《别録》下品。材紅紫，堪作什品，固始呼胖柳。

樺木

宋・唐慎微《證類本草》卷一四木部下品〔宋・馬志《開寶本草》〕　樺木皮　味苦，平，無毒。主諸黄疸，濃煮汁飲之良。堪爲燭者，木似山桃，取脂燒辟鬼。今附。

〔宋・掌禹錫《嘉祐本草》〕按：陳藏器云：晉中書令王珉傷寒身驗方中作樺，濃煮汁冷飲。主傷寒時行，熱毒瘡特良。今之豌豆瘡也。

〔宋・唐慎微《證類本草》〕《靈苑方》：治乳癰，癰初發腫痛，結硬欲破膿。令一服差。以北來真樺皮，無灰酒服方寸匕，就之卧，及覺已差。

宋・寇宗奭《本草衍義》卷一五　樺木皮　燒爲黑灰，合他藥治肺風毒。及取皮上有紫黑花勻者，裹鞍、弓、鐙。

宋・陳衍《寶慶本草折衷》卷一四　樺木皮灰在内。　一名簟木皮，一名樺皮。從北來。

味苦，平，無毒。○主諸黄疸，濃煎汁飲。○陳藏器云：煮汁冷飲，主傷寒，時行熱毒，豌於丸切豆瘡。○《靈苑方》：治乳癰初發腫痛，結硬欲破膿。以樺皮，無灰酒，服方寸匕，服之臥。○寇氏曰：　樺皮，燒為黑灰，合他藥，治肺風毒。皮上有紫黑花。

明·王綸《本草集要》卷四　樺木皮　味苦，氣平，無毒。　主諸黃疸，濃煮汁飲之。又主時行熱毒，豌豆瘡，特良。又乳癰初發腫硬，以無灰酒服方寸匕，臥及覺，差。

明·劉文泰《本草品彙精要》卷二一　樺木皮無毒　植生。

樺木皮：　主諸黃疸，濃煮飲之良。名醫所錄。　【苗】《別錄》云：　樹似山桃而高大，皮堪爲燭。取脂燒，辟鬼。《衍義》曰：　今人取皮裹鞍弓鐙，但皮上有紫黑花勻者爲佳。　【地】出上谷所在有之。【道地】北土爲勝。【時】生：　春生葉。採：　無時。　【收】日乾。　【用】皮。　【色】紫褐。【味】苦。　【性】平，泄。　【氣】味厚于氣，陰中之陽。　【臭】朽。　【主】黃疸。　【製】凡使，去上粗皮，剉碎或燒灰用。　【治】療：　陳藏器云：　除傷寒時行熱毒。　【合治】合酒服方寸匕，療乳痛，癰初發，腫痛結硬，欲破膿。

明·鄭寧《藥性要略大全》卷七　樺木皮　味苦，氣平，無毒。木似山桃。治諸黃疸，煮飲。亦入楊梅瘡藥用。

明·王文潔《太乙仙製本草藥性大全》卷三《本草精義》　樺木皮　《本經》舊不載所出州土。出幽岩深谷。其木高數尺，又似小桃，堪爲燭者。取脂油燒能辟鬼。

明·王文潔《太乙仙製本草藥性大全》卷三《仙製藥性》　樺木皮　味苦，氣平，無毒。　主治：　主諸黃疸，時行熱毒，疸瘡，濃汁飲之特良。治乳痛癰初發結硬，破膿血（死），酒煎服效。皮燒黑灰，合他藥治肺風毒。皮有紫黑花勻（者），裹鞍弓鐙。取脂燒之，大能辟鬼。　補註：　治乳痛癰初發腫痛，結硬欲破膿，令一服差，以北來真樺皮，無灰酒服方寸匕，服之臥覺差。

明·李時珍《本草綱目》卷三五木部·喬木類　樺木宋《開寶》

【釋名】檴藏器曰：　晉中書令王珉傷寒身驗方中作檴字。　時珍曰：　畫工以皮燒烟熏紙，作古畫字，故名檴。俗省作樺字也。　【集解】藏器曰：　樺木似山桃，皮堪爲燭。宗奭曰：　皮上有紫黑花勻者，裹鞍、弓、鐙。時珍曰：　樺木生遼東及臨洮、河州、西北諸地。其木色黃，有小斑點紅色，能收肥膩。其皮厚而輕虛軟柔，皮匠家用襯韡裏，及爲刀靶之類，謂之暖皮。胡人尤重之。以皮卷蠟，可作燭點。

木皮　【氣味】苦，平，無毒。　【主治】諸黃疸，濃煮汁飲之良《開寶》。　煮汁冷飲，主傷寒時行熱毒瘡，特良。即今豌豆瘡也藏器。燒灰合他藥，治肺風毒宗奭。治乳癰時珍。

【附方】舊一，新四。　乳癰初發：　腫痛結硬欲破，一服即瘥。以北來真樺皮燒存性研，無灰酒溫服方寸匕，即臥，覺即瘥也。沈存中《靈苑方》。　乳癰腐爛：　靴內年久樺皮，燒灰。酒服一錢，日一服。唐瑤《經驗方》。　肺風毒瘡：　遍身瘡疥如癘，及癮疹瘙痒，面上風刺，婦人粉刺，並用樺皮散主之。樺皮燒灰四兩，枳殼去穰燒四兩，荊芥穗二兩，炙甘草半兩，各爲末，杏仁水煮過去皮尖二兩，研泥爛，研勻。每服二錢，食後溫酒調下。瘡疥甚者，日三服。《和劑方》。　小便熱短：　樺皮濃煮汁，飲。《集簡方》。　染黑鬚髮：　檴皮一片，包側柏一枝，燒烟熏香油盌內成烟，以手抹在鬚鬢上，即黑也。《多能鄙事》。

脂　【主治】燒之，辟鬼邪藏器。

緂木《拾遺》　【釋名】　【集解】藏器曰：　生林澤山谷。木文側戾，故曰緂木。【氣味】甘，温，無毒。　【主治】風血羸瘦，補腰脚，益陽道，宜浸酒飲藏器。

明·繆希雍《本草經疏》卷一四　樺木皮　味苦，平，無毒，主諸黃疸。濃煮汁飲之良。

【疏】樺木皮生於西北陰寒之地，故其味苦氣平無毒。氣味俱薄。降多升少，陰也。入足陽明經。五疸皆濕熱鬱於陽明所致。苦平能除濕熱，故主諸疸也。藏器以之治傷寒，時行熱毒瘡。宗奭以之治肺風毒，皆取其苦涼能散風邪熱毒之義耳。　【主治參互】《靈苑方》乳癰初發，腫痛結硬欲破，一服即瘥。以北來真樺皮，燒存性研，無灰酒服方寸匕，即臥，覺即瘥也。唐瑤《經驗方》乳癰腐爛，靴內年久樺皮燒灰，酒服一錢，日一服。《和劑局方》肺風毒瘡，遍身瘡疥如癘，及癮瘮瘙癢，面上風刺，婦人粉刺，竝用樺皮散主之。樺皮燒灰四兩，枳殼去穰燒四兩，荊芥穗二兩，炙甘草一兩，各為末，杏仁水煮過，去皮尖二兩，研如泥，研勻。每服二錢，食後溫酒調下，瘡疥甚者日三服。　【簡誤】脾胃弱，易於作泄者忌之。

明·倪朱謨《本草彙言》卷九　樺木皮　味苦，氣寒，無毒。氣味俱薄，降多升少，陰也。入足陽明經。陳氏曰：　樺木皮，形似山桃皮，生遼東及臨洮、河州西北諸地。其木色黃，有小紅斑點。其皮厚而輕浮柔軟，皮匠家用襯靴裏，及裏刀靶，或裹弓靶、鞍鐙等物。胡人尤重之。以皮卷油蠟，可作燭點。

樺木皮：　散風熱，解癰毒，《開寶》消五疸，陳藏器清時行豌豆瘡之藥也。寇氏云：　苦寒善降，能散鬱熱風毒。輕浮柔軟，能消乳毒癰瘍。但寒淡清脆之物，如脾胃冷弱，易于作泄者，勿多服久服。

集方：　林氏家抄治五疸發黃。用樺木皮、鈴兒茵陳各等分，煎湯作茶飲。○《和劑局方》治肺風毒瘡，遍身瘡疥如癘，及隱疹瘙癢，面上風刺，幷婦人粉刺。用樺木皮、枳殼各四兩，俱炒焦黑，荆芥穗二兩，甘草八錢，共爲末，以杏仁二兩，水煮過，去皮研如泥，拌入末藥內。每服二錢，食後白湯調下。○《靈苑方》治乳癰初發，腫痛結硬，欲破，一服即瘥。以北來真樺木皮燒存性，研末，每服三錢，無灰酒調下，一臥即瘥也。○治乳癰腐爛不收口。用舊樺木皮燒灰，酒服一錢，日二服。

清・穆石匏《本草洞詮》卷一一　樺木　樺，一作櫄，畫工以皮燒烟，薰紙作古畫字也。樺皮苦平，無毒。諸黄疸，濃煮汁飲之。冷飲治傷寒時行熱毒瘡。乳癰腫痛欲破者，以真樺皮燒存性，研，無灰酒服方寸匕，即臥，覺即瘥也。

清・馮兆張《馮氏錦囊秘錄・雜症痘疹藥性主治合參》卷四　樺木皮生於西北陰寒之地。味苦，性涼，無毒。入手陽明經。苦涼之味，能除濕熱黄疸，乳癰腫痛。

樺木皮，主諸黄疸，濃煮汁飲之。乳癰腫痛，以北來真樺皮燒存性研末。無灰酒調服錢餘，即臥，覺即瘥也。

清・张璐《本經逢原》卷三　樺木皮　苦，平，無毒。　發明：　樺皮能收肥膩，故用以治濕熱癘風、癰毒，取其能辟惡氣、殺蟲䘌也。《開寶》治諸黄癉，濃煮汁飲之，以其能利小便也。《和劑》治遍身瘡疥如癘及癮瘮搔癢，面上風，婦人粉刺。《靈苑方》治乳癰腫痛結硬欲破，燒存性，無灰酒服之。

清・吴其濬《植物名實圖考》卷三七　樺木　《開寶本草》始著録。山西各屬山中皆產，關東亦饒，湖北施南山中，剝其皮為屋。古有樺燭，今罕用。考《說文》槬或從蒦，《段氏注》云：　俗作樺。《爾雅》檴，落。郭注：　可以為杯器素。《詩經》：　無浸檴薪。今五臺人車其木以為椀盤，色白無紋，且易受采。雁門人斧其枝以為柴。則杯器素及檴薪之用，今猶古矣。《詩疏》引陸璣《疏》以為梛榆，云其葉如榆。按此木葉圓如杏，密齒，殊不類榆。陸蓋不以檴為槬，與《說文》異，《爾雅正義》引《說文》以檴為樗之或體，且云樗為散木，雜於薪蘇，非所見。《說文》本異，即是誤記。樗皮及木，其用皆與樺不類。

清・吴其濬《植物名實圖考》卷三五　樺木　《開寶本草》始著録。施南山中極多。以木皮為屋，關東亦饒。皮燒灰入藥。

清・趙其光《本草求原》卷八喬木部　樺木皮　苦，平，治濕熱，癘風癰毒，辟惡殺蟲，利水，去黄疸，煮汁飲。瘡疥癮疹搔癢，面上風刺、粉刺，乳癰腫痛欲破。燒存性，酒下。

棕櫚

宋・唐慎微《證類本草》卷一四木部下品〔唐・陳藏器《本草拾遺》〕　栟櫚木皮　味苦、澁，平，無毒。燒作灰，主破血止血。初生子黄白色，作房如魚子。有小毒。破血，但戟人喉，未可輕服。皮作繩，入土千歲不爛。昔有人開塚得之，索已生根。此木類，嶺南有虎散、桄榔、冬葉、蒲葵、椰子、檳榔、多羅等，皆相似。各有所用。栟櫚一名椶櫚，即今川中椶櫚。

〔宋・唐慎微《證類本草》〕《海藥》云：　謹按：　徐表《南州記》云：　生嶺南山谷。平、溫。主金瘡疥癬，生肌止血，並宜燒灰使用。其實黄白色，有大毒。不堪服食也。

宋・唐慎微《證類本草》卷一四木部下品〔宋・掌禹錫《嘉祐本草》〕　椶櫚子　平，無毒。澁腸，止瀉痢腸風，崩中帶下及養血。

皮：　平，無毒。止鼻洪吐血，破癥，治崩中帶下，腸風赤白痢，入藥燒灰用，不可絶過。新補。見陳藏器、日華子。

〔宋・蘇頌《本草圖經》〕曰：　椶櫚，亦曰栟櫚。出嶺南及西川，江南亦有之。木高一二丈，傍無枝條。葉大而圓，歧生枝端。有皮相重，被於四傍，每皮一匝爲一節。二旬一採，轉復生上。六七月生黄白花。八九月結實，作房如魚子，黑色。九月、十月採其皮木用。《山海經》曰：　石脆一作翠之山，其木多椶是也。

宋・寇宗奭《本草衍義》卷一五　椶櫚木　今人旋爲器。皮燒爲黑灰，治婦人血露及吐血，仍佐之他藥。每歲剮取椶皮，不爾束死。花如魚子，渫熟，淹爲果。

宋・鄭樵《通志》卷七六《昆蟲草木略》　椶櫚　曰栟櫚，曰箭，曰王蕣。注云：　葉可為帚蕣。然有兩種，一種有須，可作繩，耐水；一種小而無須，葉可為帚。葩未吐時，割去須而取之，曰椶魚，瀹而食之，甚美。南方又有虎散、桄榔、冬葉、蒲葵、椰子、檳榔、多羅等，與椶櫚同類。

宋・劉明之《圖經本草藥性總論》卷下　椶櫚　椶櫚子，平，無毒。澁腸，止瀉痢腸風，崩中帶下，及養血。皮，平，無毒。止鼻洪吐血，破癥，治崩中帶下，腸風赤白痢。入藥燒灰用，不可絶過。出嶺南及西川，江南亦有之。

宋・王介《履巉巖本草》卷下 椶櫚皮 平，無毒。止鼻洪吐血，破癥，治崩中帶下，腸風，赤白痢。其木多椶，故名之也。花： 結實作房如魚子，食之破婦人血氣，不作胎孕。蒸煮存性，不可絶過，爲末，陳米飲下。

宋・陳衍《寶慶本草折衷》卷一四 椶櫚子皮附。 一名栟櫚子。○栟俾名切。出嶺南，及西川、江南。○縉雲云： 今所在有之。○八、九月採實。○附： 皮，九、十月採。

平，無毒。○澀腸止瀉痢，腸風，崩中帶下，及養血。○《圖經》曰： 結實作房如魚子，黑色。初生則黄白色。

附： 皮灰在内。 味苦，澀，用栟櫚木皮云。平，無毒。 止鼻洪，吐血，崩中，帶下，腸風，赤白痢。燒灰用，不可過，仍佐之他藥。

元・尚從善《本草元命苞》卷七 椶櫚子 平，無毒。澁腸，止瀉痢腸風。養血，療崩中帶下。皮，平，無毒。入藥燒灰，止鼻洪吐血，治帶下崩中，破癥瘕有效，治痢疾如神。出嶺南、西川州郡，今江、浙、淮、漢尤多。木高一二丈，樹傍無枝條，葉大而圓，花開黄白。八九月結實，作房如魚子，黑色，有毒，戟人喉，不可輕用。服之者，惟當使灰。

明・蘭茂撰，清・管暄校補《滇南本草》卷中 棕樹根 性寒，味苦，澁。治婦人血崩不止，又治大腸下血，男子五淋便濁。

附方： 治淋症七八日後，棕樹根不拘多少，煎點水酒服，立效。

明・蘭茂原撰，范洪等抄補《滇南本草圖説》卷一一 棕子 性溫，味苦，澁，平。主治： 婦人白帶，筋骨疼痛，半身不遂。五淋白濁，服之最良。

明・蘭茂《滇南本草》（叢本）卷中 棕樹根 味澁，性寒。治婦人血崩不止，男子五淋便濁，治大腸下血。單方： 治膏淋七八日後，單劑不拘多少，點水酒服。

明・王綸《本草集要》卷四 椶櫚子 澀腸，止瀉痢腸風，崩中帶下，及養血。○皮，味苦澀，氣平。止鼻洪吐血，破癥，治崩中帶下，腸風赤白痢。入藥燒作灰，不可絶過。作繩，入土千年不爛。

明・滕弘《神農本經會通》卷二 椶櫚子 九月十月採，結實作房如魚子，黑色，人採熟淹食，皮可燒灰，入藥用。氣平，無毒。《本經》云： 澁腸，止瀉痢，腸風，崩中帶下，及養血。

椶櫚皮： 九月十月採。 氣平，無毒。一云： 味苦，澁。 《本經》云： 止鼻洪，吐血，破癥，治崩中帶下，腸風，赤白痢。入藥燒灰，不可絶過。作繩入土，千年不爛。《衍義》云： 治婦人血露及吐血，仍佐之他藥。《局》云： 椶櫚止痢止腸風，養血消癥療鼻洪。更治崩中并帶下，燒灰入藥有神功。椶櫚，主腸風，崩帶。

明・劉文泰《本草品彙精要》卷二一 棕櫚子無毒 植生。

棕櫚子： 主澀腸，止瀉痢，腸風，崩中帶下及養血。○皮平，無毒，止鼻洪，吐血，破癥，治崩中，帶下，腸風，赤白痢。名醫所録。 【名】葉： 蒲葵、栟櫚。 【苗】《圖經》曰： 木高一二丈，傍無枝條，葉大而圓，歧生枝端，有皮相重，被於四傍，每皮一匝爲一節，二旬一採，轉復生上。六七月開黄白花，八九月結實作房如魚子黄，嫩時可淹以爲茹，大則黑色如茶實，採入藥用。《山海經》曰石脃一作翠之山，其木多棕是也。《衍義》曰： 棕櫚木，今人鏇爲器。其皮不剝，則木束死。傳曰： 棕長則剝，爲是故也。 【地】《圖經》曰： 生嶺南西川，今江南多有之。 【時】生： 春生葉。 採： 九月、十月取實。 【收】日乾。 【用】子、皮。 【色】生青熟黑。 【味】淡。 【性】平。 【氣】氣味俱薄，陰中之陽。 【臭】朽。 【主】崩中，帶下。 【製】子： 擣碎用。皮： 燒灰存性用。 【治】療： 《衍義》曰： 皮燒黑灰，治婦人血露及吐血，爲末服之，瘥。

明・許希周《藥性粗評》卷三 皮止衄子止崩，椶櫚兩利。

椶櫚，樹高一丈以來，可旋為器皿，其皮如髮，可為繩索，入水不爛，二旬一剝絲。子黄色，如豆大，八九月採之，鹽淹可為茶果。皮味淡，性平，無毒。燒灰存性，主治鼻衄吐血，腸風下血，赤白痢疾，婦人崩中帶下，行血止血，破癥瘕。子，味甘，性平，無毒。主治婦人崩中帶下，養血澁腸，止瀉痢。大抵皮與子功效相倣。

明・鄭寧《藥性要略大全》卷七 棕子 澁腸，止瀉痢，腸風，崩中帶下，養血。 味甘，氣平，無毒。一云小毒。

棕皮 止鼻衄，吐血，破癥瘕，治崩中帶下，腸風，赤白痢。燒存性入藥。《湯液》云： 治金瘡疥癬，生肌止血，燒存性用。

○棕肶外茸毛： 治金瘡打損止血。 味甘、鹹，氣平，無毒。

明・陳嘉謨《本草蒙筌》卷四　棕櫚子　味苦、澁，氣平。無毒。木高一丈二丈，多植嶺南江南。葉圓大如車輪，萃于木杪；皮一匝為一節，重疊裹包。子黑作房，九月收採。陰乾入劑，血證宜求。澁腸禁洩痢腸風，養血治崩中帶下。其皮二旬一剝，轉復上生；堪作睡薦雨衣，以充家用。藥求陳者，燒研湯調。止鼻洪吐衂殊功，塞腸風崩帶立効。

明・王文潔《太乙仙製本草藥性大全》卷三《本草精義》　椶櫚子　一名栟櫚。出嶺南及西川，江南亦有之。木高一二丈，傍無枝條，葉大而圓，正生枝端，有皮相重，枝四傍每皮一匝爲一節。二旬一採，轉復生上。六七月生黃花，八九月結實，作房如魚子，黑色，九月收採，陰乾入劑。血證宜求其皮木用。

明・王文潔《太乙仙製本草藥性大全》卷三《仙製藥性》　椶櫚子　味苦澁，氣平，無毒。　主治：破癥堅積，治赤白痢。澁腸禁泄痢腸風，養血治崩中帶下。其皮二旬一剝，轉復上生，堪作睡薦雨衣，以充家用。藥求陳者，燒研湯調。止鼻洪吐衄殊功，塞腸風崩帶立效。

明・皇甫嵩《本草發明》卷四　椶櫚子下品，佐使。氣平，味苦，澁，無毒。發明曰：椶櫚子，苦澁，能益血。故《本草》主澁腸，止瀉痢腸風，崩中帶下，而能養血。○其皮取陳者，燒灰存性，研湯調止鼻洪吐血，塞腸風崩帶，赤白痢。

明・李時珍《本草綱目》卷三五木部・喬木類　椶櫚宋《嘉祐》

【釋名】栟櫚時珍曰：皮中毛縷如馬之騣鬣，故名。椶俗作棕。鬣音閭，鬣也。栟音并。

【集解】頌曰：棕櫚出嶺南、西川，今江南亦有之。木高一二丈，無枝條。葉大而圓，有如車輪，萃於樹杪。其下有皮重疊裹之，每皮一匝，爲一節。二旬一采，皮轉復生上。六七月生黃白花。八九月結實，作房如魚子，黑色。九月、十月采其皮用。《山海經》云：石翠之山，其木多椶是也。藏器曰：其皮作繩，入土千歲不爛。昔有人開冢得一索，已生根。嶺南有桄榔、檳榔、椰子、冬葉、虎散、多羅等木，葉皆與栟櫚相類。時珍曰：椶櫚，川、廣甚多，今江南亦種之，最難長。初生葉如白及葉，高二三尺則木端數葉大如扇，上聳，四散岐裂，其莖三稜，四時不凋。其幹正直無枝，近葉處有皮裹之，每長一層即爲一節。幹身赤黑，皆筋絡，宜爲鐘杵，亦可旋爲器物。其皮有絲毛，錯縱如織，剥取縷解，可織衣、帽、褥、椅之屬，大爲時利。每歲必兩三剥之，否則樹死，或不長也。三月於木端莖中出數黃苞，苞中有細子成列，乃花之孕也，狀如魚腹孕子，謂之椶魚，亦曰椶笋。漸長出苞，則成花穗，黃白色。結實纍纍，大如豆，生黃熟黑，甚堅實。云：南方此木有兩種：一種有皮絲，可作繩；一種小而無絲，惟葉可作帚。鄭樵《通志》以爲王篲者，非也。王篲乃落帚之名，即地膚子。別有蒲葵，葉與此相似而柔薄，可爲扇、笠，許慎《説文》以爲椶櫚，亦誤矣。

筍及子花　【氣味】苦，濇，平，無毒。藏器曰：有小毒，戟人喉，未可輕服。珣曰：温，有大毒，不堪食。時珍曰：椶魚皆言有毒不可食，而廣、蜀人蜜煮、醋浸，以供佛、寄遠，蘇東坡亦有食椶筍詩，乃制去其毒爾。　【主治】澀腸，止瀉痢腸風，崩中帶下，及養血藏器。

【附方】新一。　大腸下血：椶筍煮熟，切片晒乾爲末，蜜湯或酒服一二錢。《集簡方》。

皮　【氣味】同子。　【主治】止鼻衂吐血，破癥，治腸風赤白痢，崩中帶下，燒存性用大明。主金瘡疥癬，生肌止血李珣。　【發明】宗奭曰：椶皮燒黑，治婦人血露及吐血，須佐以他藥。時珍曰：椶灰性澀，若失血去多，瘀滯已盡者，用之切當，所謂澀可去脱也。與亂髮同用更良。年久敗椶入藥尤妙。

【附方】新六。　鼻血不止：椶櫚灰，隨左右吹之。黎居士方。　血崩不止：椶櫚皮燒存性，空心淡酒服三錢。一方加煅白礬等分。《婦人良方》。　血淋不止：椶櫚皮半燒半炒爲末，每服二錢，甚效。《衛生家寶方》。　下血不止：椶櫚皮半斤，栝樓一個，燒灰。每服二錢，米飲調下。《百一選方》。　水穀痢下：椶櫚皮燒研，水服方寸匕。《近效方》。　小便不通：椶皮毛燒存性，以水、酒服二錢即通利，累試甚驗。《攝生方》。

題明・薛己《本草約言》卷二《藥性本草》　棕櫚灰　止帶崩腸風下血。棕櫚子苦澁，能益血，故《本草》主澁腸止瀉痢。腸風崩中帶下，而能養血。

明・梅得春《藥性會元》卷中　椶櫚子　味平，無毒。　主澁腸，止瀉痢腸風，崩中帶下及養血。　皮：療鼻紅、吐血，破癥，崩中帶下，腸風，赤白痢。入藥燒灰存性，不可絕過。　根：治崩中止血，和酒煮服。

明・李中立《本草原始》卷四　椶櫚　始出嶺南及西川，今江南亦有之。木高一二丈，無枝條，葉大而圓，有如車輪，萃於樹杪。其下有皮，重疊裹之。每皮一匝為一節。二旬一采，皮轉復生上。六七月生黃白花，八九月結實作房，如魚子黑色。九月、十月采其皮用。《山海經》云石翠之山，其木多椶，是也。　皮：　氣味：苦、濇，平，無毒。　主治：止鼻衂吐血，破癥。治腸風赤白痢，崩中帶下，燒存性用。○主金瘡疥癬，生肌止血。　筍及子花：主治：澀腸，止瀉痢、腸風，崩中帶下，及養血。

椶櫚，宋《嘉祐》。【圖略】其皮每歲剥取，不爾束死，或不長也。皮作繩，入水千年不爛。年久敗椶入藥尤妙。

明・盧復《芷園臆草題藥》 椶櫚　如人脉絡。身之脉絡，為營氣流行之地。潰則作吐衄、崩漏、腸風矣。脉潰失血，嘗須識此。世皆燒灰用之，徒以黑為止血，未知不燒之止也。悲夫！

明・繆希雍《本草經疏》卷一四 椶櫚皮　平，無毒。止鼻洪，吐血，破癥，治崩中，帶下，腸風，赤白痢。入藥燒灰用，不可絶過。

［疏］椶櫚皮禀微陽之氣以生，故其味苦濇，氣平，無毒。本經主諸病，皆燒灰用者。凡血得熱則行，得黑灰則止，故主鼻洪，吐血。苦能瀉熱，濇可去脫，故主崩中，帶下及腸風，赤白痢也。止血固脫之性，而能消瘀血，故能破癥也。凡失血過多，內無瘀滯者用之切當。與亂髮灰同入更良。如暴得吐血，瘀滯方動，暴得崩中，惡露未竭，濕熱下痢，初發腸風，帶下方熾，悉不宜遽用，即用亦無效。入藥須年久敗者良。

明・倪朱謨《本草彙言》卷九 椶櫚皮　味苦濇，氣平，無毒。其子主治同。

瀕湖李氏曰：椶櫚樹，出嶺南、川、廣山谷中。今江南、兩浙、八閩亦有之。最難長。初生葉如白及，葉高二三尺，大如扇，其尖上聳，四散歧裂。其莖三稜，四時不凋。其幹正直無枝，近葉處有皮裹之。每長一層，即爲一節。幹身赤黑，其木皆筋絡柔結而韌，宜爲鐘杵，亦可作盤碗器物。其皮有絲毛，錯縱如織。剝取縷解，可織衣帽、薦褥、椅坐之屬，大爲時用。每歲必兩三剝之，否則閉悶而死，或不長也。三月間于樹頂莖中出數黃苞，苞中有細子，乃花之孕也，狀如魚子，謂之椶筍。漸長出苞，則成花穗，黃白色。結實纍纍，大如豆，生黃熟黑，甚堅實。其葉連莖剝取，俟乾黃，水中浸一夜，絲直解如縷。其莖削去稜，執之如麈，夏月可逐蠅蚊。

椶櫚皮：澀腸收痢，日華子止血定崩之藥也。方吉人抄宋《嘉祐》方治崩中帶下，腸風血痢血泄，或吐血鼻紅，一時暴發不止。用此燒灰存性，爲細末，白湯調服數錢。取其血得熱則行，得黑灰則止之意。繆氏曰：凡失血過多，內無瘀滯者，以此止澀，切當其用。所謂澀可去脫是也。與髮灰同入更良。如血病瘀滯方動，或崩中惡露未盡，或濕熱下痢初起，腸風帶下方熾，悉不宜遽用。即用之亦無效也。

明・姚可成《食物本草》卷二〇木部・喬木類 椶櫚出嶺南、西川，今江南亦有之。木高一二丈，無枝條，葉大而圓，有如車輪，萃于樹杪。其下有皮重疊裹之，每皮一匝為一節。三旬一條，皮轉復生上，六七月生黃白花。八九月結實，作房如魚，子黑色。九月、十月采其皮用，可作繩，入水千年不爛。昔有人開塚得一索，已生根。嶺南有桄榔、檳榔、椰子、冬葉、虎散、多羅等木，葉皆與椶櫚相類。○李時珍曰：椶櫚川、廣甚多，今江南亦種之，最難長。初生葉如白及葉，高二三尺，則木端數葉大如扇，上聳，四散岐裂，其莖三稜，四時不凋。其幹正直無枝，近葉處有皮裹之，每長一層，即為一節。幹身赤黑皆筋絡，宜為鍾杵，亦可旋為器物。其皮有絲毛，錯縱如織，剝取縷解，可織衣、帽、褥、椅之屬，大為時利。每歲必兩三剝之，否則樹死，或不長也。三月於木端莖中出數苞，苞中有細子成列，乃花之孕也。狀如魚腹孕，謂之椶魚，亦曰椶笋。漸長出苞，則成花穗，黃白色。結實纍纍，大如豆，生黃熟黑，甚堅實。或云：南方此木有兩種，一種有皮絲，可作繩；一種小而無絲，惟葉可作帚。其子曰椶魚，皆言有毒，不可食，而廣、蜀人蜜煮醋浸以供佛、寄遠，蘇東坡亦有食椶筍詩，乃制去其毒爾。

椶櫚筍及子　味苦、濇，平，無毒。治澀腸，止瀉痢，腸風崩中帶下及養血。又云：有小毒，戟人喉，未可輕服。

皮　止鼻衄吐血，破癥，治腸風，赤白痢，崩中帶下，燒存性用。主金瘡疥癬，生肌止血。

附方：治大腸下血。椶筍煮熟切片，晒乾為末，蜜湯或酒服一二錢。

治血崩不止。椶櫚皮燒存性，空心淡酒服三錢。一方加煅白礬等分。

治鼻血不止。椶櫚灰隨左右吹之。

明・李中梓《醫宗必讀・本草徵要下》 椶櫚皮味苦、濇，平，無毒。吐血，鼻紅，腸毒病，十全奇效；崩中、帶下、赤白痢，一切神功。性濇，故止血有功，然惟血去已多，滑而不止者宜之；若早服恐停瘀為害，火炒煙盡存性，窨地上出火毒。

明・蔣儀《藥鏡》卷三平部 椶皮灰　苦，苦能瀉熱。苦平帶澁，濇可固脫。故止崩中帶下，而兼療腸風，赤痢亦治，鼻衄吐紅，又能破癥消瘀。

明・盧之頤《本草乘雅半偈》帙九 椶櫚《別錄》下品　氣味：苦濇，平，無毒。

主治：主濇腸，止瀉痢，腸風，崩中帶下，及養血。

覈曰：川廣甚多，江南亦有。初生時葉如白及，高三四尺，幹直無枝，其端數葉，四散歧裂，葉色長青不凋。每長一節，即作一層，筋絡絲毛，錯綜如織。可作索綯，及胡床之藉，經久不爛。然歲必三剝，否則不長。三月木端出黃色重苞，此花之孕也，俗曰椶魚，亦曰椶笋。五月出苞，便成花穗，色黃白，結實纍纍然，生青熟黑，甚堅韌也。

糸曰：椶櫚，草木之屬，而非草非木，亦草亦木，草中之木，木中之草也。主治功力，與菴䕡相反，菴䕡能使留者泄，椶櫚能使泄者留，故名櫚。櫚，門櫚也。櫚門以成闔象者也。筋絡絲毛，错綜如織，何等整密，反使留者泄，何也。以所留之物，不能條分縷析錯綜如織耳。更觀木端數葉，四散歧裂，每長一層，即作一節，界域井然，支分得所，不與混淆留礙者反乎。

明・李中梓《本草通玄》卷下　椶櫚皮　性澀。　止吐血、衄血、腸風下痢、崩中帶下。蓋澀可去脫，宜于久病，不宜于新病。　炒極黑，存性。

清・顧元交《本草彙箋》卷五　椶櫚　性澀，用年久敗椶燒灰，以治失血去多，瘀滯已盡者爲宜。澀以去脫也。與髮灰同用更良。如暴血瘀滯，方動崩中，惡露未竭，濕熱下痢初發，腸風帶下方熾，悉不宜遽用，用之亦罔效。

椶櫚木高一二丈，無枝條，葉大而圓，有如車輪，萃於樹杪，其下有皮重疊裹之，每皮一匝爲一節，每歲必兩三剝之，皮轉復生，否則樹死或不長也。

清・穆石匏《本草洞詮》卷一一　椶櫚　象毛縷之形也。其幹正直無枝，皮有絲毛，錯綜如織，剝取縷解，可織衣帽椅褥之屬，作繩入水千年不壞，每歲必兩三剝之，否則樹死且不長也。花、筍子、皮竝苦，平，澀，無毒。止鼻衄吐血，瀉痢腸風，崩中帶下，主金瘡疥癬，生肌止血。蓋椶灰性澀，若失血過多，瘀滯已盡者用之切當，所謂澀可去脫也。

清・劉雲密《本草述》卷二三　椶櫚音宗閭。

皮：　氣味：　苦，濇，平，無毒。

主治：　止鼻衄吐血，破癥，治腸風赤白痢，崩中帶下，俱燒灰存性用日華子。　宗奭曰：　椶皮燒黑，治婦人血露及吐血，須佐以他藥。　時珍曰：　椶灰性濇，若失血去多淤滯已盡者，用之切當。所謂濇可去脫也。與亂髮同用更良。年久敗椶入藥尤妙。

愚按：　椶櫚皮之用，多用之止鼻衄吐血，本於《日華子本草》所云。然世醫類以其味之苦濇為功，殊大草草。夫用苦濇以治血溢，血遂以苦濇止乎？且《日華子本草》更云破癥，是則茲味不以止濇為功也明矣。試取茲木之皮，每皮一匝為一節，二旬一采，皮轉復生上。若然，是以化為生，於人身血分之生化，誠有合焉者矣。又其皮有絲毛錯縱如織，剝取縷解，又於人身血絡之如織而復有條理，更大有合焉者矣。且閱方書主治，於下血尤多用之，是其治逆順之血而咸宜，豈非在苦濇之外，而更有所取財，能使不歸經絡之血，胥得以就理者耶？若然，是雖不能舍苦濇以為前用，而要其功之所歸，不在此也。且日華子更言治腸風赤白痢，豈又以治風為功乎？蓋血臟即風臟，血之不能和而就理者，此風臟還病於腸胃之由也。如謂苦濇奏功，不審用之以療腸風，能得當否？細条此義，而後可以用椶櫚矣。

希雍曰：　椶櫚，《本經》主諸病皆燒灰用者。凡血得熱則行，得黑灰則止。此味原非取見黑則止之義，世醫之痼於習說，而不悟也久矣。故主鼻衄吐血，第止血固脫之味，如暴得吐血，瘀滯方動，暴得崩中，惡露未竭，溼熱下痢初發，腸風帶下方熾，悉不宜遽用。即用亦無效。

附方　下血不止，椶櫚皮半斤，栝樓一個，燒灰，每服二錢，米飲調下。

清・郭章宜《本草匯》卷一六　椶櫚皮　苦濇，氣平。　吐血鼻洪腸毒病，十全奇効。崩中帶下赤白痢，一匕神功。

按：　椶櫚皮性濇，燒黑止血有功。然宜于去血過多，內無瘀滯，滑而不止者，用之切當，所謂澁可去脫也。與亂髮灰同用更良。若初發方熾者，不宜遽用。

年久敗者良。炒極黑，存性。

清・汪昂《本草備要》卷三　椶櫚濇，止血。　苦能泄熱，濇可收脫，燒黑能止血。紅見黑則止，不可燒過。椶櫚、側柏、卷柏燒存性，飯丸，止遠年下血。亦可煎服。治吐衄下痢，崩帶腸風。失血過多者，初起未可遽用。　年久敗椶尤良。與髮灰同用更良。

清・李熙和《醫經允中》卷二一　棕皮　苦，濇，氣平，無毒。　主治止吐衄，腸風，崩中赤帶，燒灰同血餘更良。止血固脫之藥，不宜多用，亦不利于虛人。

清・馮兆張《馮氏錦囊秘錄・雜症痘疹藥性主治合參》卷四　椶櫚子稟微陽之氣以生，故味苦，濇，氣平，無毒。凡血得熱則行，遇黑則止，且苦能瀉熱，濇可去脫，故主吐衄崩帶。

椶櫚子，九月採子，陰乾入劑，血證宜求。濇腸禁洩痢，腸風養血，治崩中帶下。其皮入藥，宜陳年者，燒灰湯調，止鼻洪吐衄殊功，塞腸風崩帶立效。赤白痢疾，竝堪主治。

清・张璐《本經逢原》卷三　椶櫚　苦，濇，平，無毒。陳久者良。　發明：　椶灰性濇，失血去多瘀滯已盡者，用之切當，取濇以固脫也。如積瘀未盡，誤服則氣滯血瘀，益增痛結之患矣。

清・浦士貞《夕庵讀本草快編》卷五　椶櫚宋《嘉祐》　皮中毛縷如馬之騣鬣，故名。椶笥及子，苦濇而平，濇腸止痢，崩中帶下，宜食之物也。但有毒戟喉，廣蜀人蜜煮酒蒸，以供饋贈，故東坡有食椶笥詩是也。其皮燒灰，性濇去水，治吐衄崩痢。凡見血者皆効，但不宜太早，恐瘀積難盡爾。予每取印書表，年深舊費者更佳，謂其得墨氣之全也。十灰散中用之，餘可推矣。

清・黃元御《玉楸藥解》卷二　棕櫚毛　味苦、濇，氣平。入足厥陰肝經。收歛失血，固濇腸滑。棕櫚毛收濇之性，最能止血。凡九竅流溢及金瘡跌打諸血皆止。搞斷燒灰存性用。

清・吳儀洛《本草從新》卷三　棕櫚（澀，止血。）　苦能泄熱，澀可收脫，燒黑能止血。紅見黑則止。同側柏、卷柏燒存性，飯丸，止遠年下血，亦可煎服。　治吐衄崩帶，腸風下痢。唯去血過多，滑而不止者宜之。若早服，恐停瘀為害。年久敗棕良。與髮灰同用尤佳。燒黑，須存性，不可燒過，窨地上，出火毒。

清・汪紱《醫林纂要探源》卷三　椶櫚　苦，濇，溫。用椶皮，敗椶尤良。燒灰存性，止吐衄。凡一切失血。　椶子：　苦，甘，濇。取仁，可用以服食作粥。澀精堅腎。

清・嚴潔等《得配本草》卷七　棕櫚　苦、澀，平。治瀉痢腸風，止崩中帶下。得髮炭，治吐衄。配烏賊骨，治血淋。和枯礬末，治血崩。和蜜茶，治腸血。合栝蔞炭亦可。合側柏、卷柏炭，飯丸，止遠年下血不止。　笋、花、子皆可用，均宜燒炭調服，不入湯煎汁。　痢初起者禁用。

題清・徐大椿《藥性切用》卷五　敗棕灰　味苦性濇，入血分而濇血，止漏固經定崩。燒存性用。挾瘀血者忌。

清・羅國綱《羅氏會約醫鏡》卷一七竹木部　椶櫚即棕也。味苦性濇。苦能瀉熱，濇可收脫。燒黑存性，善止血。凡紅，見一切黑者即止。治吐衄下血、同側柏、卷柏燒黑，或飯丸，或煎服，能止遠年下血。血痢崩帶。一切失血久而多者，初起未可遽用。年久敗棕尤良。宜與髮灰同用。棕子九月採，陰乾入劑，其功用與棕同。亦宜炒黑用。

清・趙學敏《本草綱目拾遺》卷六木部　閏月椶皮　徽州者，色紫為上。

《救生苦海》：　椶櫚皮每歲只生十二瓣，逢閏月多生一瓣，惟此瓣中間有界紋為異。

按：《詹氏小辨》云：　椶每月生一片，歲生必十二片，唯當閏月之年，值所閏之月，則此一片僅有其大半，亦不成片，家有椶園，每歲臘盡剝之曆驗，此無中氣之徵也。據此，則閏月椶皮，無全瓣者。

《石室奇方》：　椶櫚遇閏年則生半片，歲長十二節，閏月增半節。

治血症：　郭大林云：　煅存性研，陳年者尤佳，服二三錢，試過效驗。王巽初云：　用一瓣燒存性，作二服亦可。

椶木　似檜，亦名水松。抱木生者性韌，皮同。乘鮮剝削造屐，俗稱抱香屐。潮州頗多。

能治溼脚氣，辟邪風。

清・王龍《本草纂要稿・木部》　椶櫚子　氣味苦澁而平。治崩中帶下，禁洩痢腸風。　椶櫚皮：　陳者燒研湯調，主鼻紅吐衄殊功，塞腸風崩帶立效。

清・吳鋼《類經證治本草・足少陰腎臟藥類》　棕櫚皮：【略】誠齋曰：　即棕樹皮，俗謂棕扁莢樹也。年久敗棕為良。火炒烟盡存性，窨地上出火毒用。

清・楊時泰《本草述鉤元》卷二三　椶櫚皮　氣味苦濇平。止吐衄，破癥，治腸風赤白痢，崩中帶下。俱燒灰存性用。燒黑性濇，凡失血去多，淤滯已盡者，用之為當。與亂髮同用，更良，年久敗椶，入藥尤妙。下血不止，椶櫚皮半斤，栝蔞一個，燒灰，每服二錢，米飲調下。

論：　椶櫚皮用止吐衄，世類以其苦濇為功，夫血溢豈遂以苦濇止，且能止者又何以能破癥乎？要知茲木每皮一匝為一節，二旬一采皮，轉復生上，是以化為生，於人身血分之生化，誠有合焉者。又其皮有絲毛，錯縱如織，剝取縷解，於人身血絡之如織而復有條理，更相合焉。閱方書主治，於下血尤多，大約能使不歸經絡之血，胥以就理，其功固在苦濇之外矣。夫血臟即風臟，血之不能和而就理者，乃風臟還病於腸胃之由也，如止以苦濇奏功，豈遂能療腸風而得當耶？

凡暴得吐血，瘀滯方動，崩中，惡露未竭，濕熱下痢，腸風初發，帶下方熾，悉不宜遽用。

清・吳其濬《植物名實圖考》卷三五　椶櫚　《嘉祐本草》始著錄。江西、湖南極多，用亦極廣。花苞為椶，魚可食；子落地即生。燒椶灰為止血要藥。

清・趙其光《本草求原》卷八喬木部　棕櫚　棕皮，絲縷錯綜，故能引血歸經，止上下失血，止下血尤良。不但性澀能收脱也。治腸風。肝藏血，主風木，血病則風入腸胃，合栝蔞燒灰，米飲下。赤白痢、崩帶瘀未盡者，勿用。年久，敗者良。同髮灰、側柏、卷柏灰、飯丸或煎服，止遠年下血。此物止血，不在燒灰，但血見黑則止之説，痼習已久，姑從之。

清・張仁錫《藥性蒙求・木部》　椶櫚五分、一錢　椶櫚苦濇，性能收脱。吐衄崩中，腸風下血。苦能泄熱，濇可收脱，黑能止血。惟去血過多，滑而不止者宜之。若早服，恐停瘀為害。〇年久敗棕良。煅灰用。

清・劉善述、劉士季《草木便方》卷二木部　椶樹　椶皮根苦濇平，失血崩帶瀉痢淋，腸風下血善養血，血虛生風筋血槳，吐血衄血風狗咬，金瘡疥癬生肌靈。

清・戴葆元《本草綱目易知錄》卷四　椶櫚　【略】　皮：苦能瀉熱，澁可收脱。燒炭服，止血生肌，破癥，止吐血衄，崩帶腸風，赤白下痢，金瘡疥癬。血去過多者宜之。若初起，未可據用。

清・陳其瑞《本草撮要》卷二　椶櫚　味苦，入足厥陰經，功專泄熱收脱。得側柏、卷柏炙灰存性服之，止遠年下血。以及吐衄下痢崩帶，腸風下血。凡九竅流溢及金瘡跌打諸血，燒灰塗之即止。惟用年久敗椶良，與髮灰同用尤佳。

鳳尾蕉

清・吴其濬《植物名實圖考》卷三七　鳳尾蕉　南方有之，南安尤多。樹如鱗甲，葉如椶櫚，尖硬光澤，經冬不凋。欲萎時燒鐵釘烙之則復茂。《本草綱目》併海椶、波斯棗、無漏子為一種，未敢據信。或同名異物，尚俟訪求。

棕櫚竹

清・吴其濬《植物名實圖考》卷三七　椶櫚竹　李衎《竹譜》：椶櫚竹，兩浙、兩廣、安南、七閩皆有之。高七八尺，葉(是)〔似〕棕櫚而尖，小如竹葉；自地而生，每一葉脱落即成一節，膚色青青，一如竹枝。《十道志》曰：巴蜀紙惟十色，竹則九種，椶竹其一。椶身而竹葉。宋景文公《益部方物贊》曰：葉椶身竹，族生不漫，有皮無枝，實中而幹。注云：叢產，葉似椶有刺。陸務觀有《占城椶竹拄杖詩》。

山棕

明・佚名氏《醫方藥性・草藥便覽》　山棕　其性澁。能却風。名北斗。

橉木

宋・唐慎微《證類本草》卷一四木部下品〔唐・陳藏器《本草拾遺》〕　橉良刃切木灰　味甘，溫，小毒。主卒心腹癥瘕堅滿痃癖。燒爲白灰淋取汁，以釀酒，酒熟，漸漸從半合溫服增至一二盞，即愈。此灰入染家用。生江南深山大樹。樹有數種，取葉厚大白花者入藥，自餘用染灰。一名橝音潭灰。《本經》汗於病者床下灰之。勿令病人知也。

明・李時珍《本草綱目》卷三五木部・喬木類　橉木橉，良刃切。《拾遺》。【釋名】橝木音潭。【集解】藏器曰：橉木生江南深山大樹。樹有數種，取葉厚大白花者入藥，自餘灰入染家用。時珍曰：此木最硬，梓人謂之橉筋木是也。木入染絳用，葉亦可釀酒。

木灰【氣味】甘，溫，小毒。【主治】卒心腹癥瘕，堅滿痃癖。淋汁八升，釀米一斗，待酒熟，每溫飲半合，漸增至一二盞，即愈。藏器。〇出《肘後》。

明・姚可成《食物本草》卷二〇木部・喬木類　橉木此木最硬，梓人謂之橉筋木是也。木入染絳用，葉亦可釀酒。

橉木灰　味甘，溫，小毒。治卒心腹癥瘕，堅滿痃癖。淋汁八升，釀米一斗，待酒熟，每溫飲半合，漸增至一二盞，即愈。

貝葉

清・趙其光《本草求原》卷九灌木部　貝葉花　即貝葉，寫經之樹。其花，邊白，心黃而香，一名佛花。最解腸胃濕熱下痢。

烏桕木

宋・唐慎微《證類本草》卷一四木部下品〔唐・蘇敬《唐本草》〕　烏臼木根皮：味苦，微溫，有毒。主暴水，癥結積聚。生山南平澤。

〔唐・蘇敬《唐本草》〕注云：樹高數仞，葉似梨、杏。花黃白。子黑色。

〔宋・馬志《開寶本草》〕按：《陳藏器》本草云：烏臼葉好染皂。子多取壓爲油，塗頭令黑變白，爲燈極明。服一合，令人下痢，去陰下水。《唐本》先附。

〔宋・掌禹錫《嘉祐本草》〕按：日華子云：烏臼根皮，涼。治頭風，通大小便。

以慢火炙令脂汁盡，黃乾後用。又云：子，涼，無毒。壓汁梳頭可染髮，炒作湯下水氣。〔宋・唐慎微《證類本草》〕《斗門方》：治大便不通。用烏臼木方停一寸來，劈破，以水煎取小半盞，服之立通。不用多喫。其功神聖，兼能取水。

宋・寇宗奭《本草衍義》卷一五 烏臼 葉如小杏葉，但微薄而綠色差淡。子，八九月熟，初青後黑，分爲三瓣。取子出油，然燈及染髮。

宋・鄭樵《通志》卷七六《昆蟲草木略》 烏臼 曰楥，曰柜柳。田人謂之柳葉枕，臭而可染皂，子可壓油。《爾雅》云：楥，柜柳。

元・朱震亨《本草衍義補遺》 烏桕木 解蛇毒。

元・徐彥純《本草發揮》卷三 烏(臼)〔桕〕木 丹溪云：烏(臼)〔桕〕，解蛇毒有功。

明・王綸《本草集要》卷四 烏臼木根皮 味苦，氣微溫，有毒。主暴水，癥結積聚。又治大便不通，用此木方停一寸，劈破，水煎，取小半盞服之，立通。不用多。兼能取水，又解蛇毒。

明・滕弘《神農本經會通》卷二 烏臼木根皮 味甘，氣微溫，有毒。《本經》云：主暴水，癥結積聚。陳藏器云：葉，好染皂。子，多取壓為油，塗頭令黑變白，為燈極明。服一合，令人下痢，去陰下水。日華子云：烏臼根皮，涼。治頭風，通大小便，以慢火炙，令脂汁盡，黃乾後用。又云：子，涼，無毒。壓汁梳頭，可染髮。炒作湯，下水氣。《斗門方》治大便不通，用烏臼木方停一寸，劈開，水煎取小半盞，服之立通。不用多喫，其功神聖，兼能取水。丹溪云：解蛇毒。

明・劉文泰《本草品彙精要》卷二一 烏臼木根皮有毒。附子無毒。

植生。

烏臼木根皮：主暴水，癥結，積聚。名醫所錄。

【苗】《唐本》注云：樹高數仞，葉似梨、杏，花黃白，子黑色。其葉好染皂。子多取壓爲油，塗頭令黑變白，然燈極明。《衍義》曰：葉似小杏葉，但微薄而綠色差淡。八九月子熟，初青後黑，分爲三瓣者是也。【地】《圖經》曰：生山南平澤。【時】生：春生葉。採：不拘時取根皮。【收】日乾。【用】木、根、皮。【色】紫白。【味】苦。【性】微溫，泄。子：涼。【氣】氣厚于味，陽中之陰。【臭】朽。【主】頭風，積聚。【製】以慢火炙令脂汁盡，黃乾後用。【治】療：日華子云：根皮除頭風，通大小便。陳藏器云：子，去陰下水。【禁】子，令人下痢。

明・許希周《藥性粗評》卷三 搗木於烏臼，咲祛白帝之妖。烏臼木，其子可取油以為燭，謂之臼油。江南山阪處處有之。八九月子熟初青後黑，壓取其汁，可為染髮之用。根皮味苦，性寒，有小毒。主治癥結水氣，蛇蟲咬毒，祛頭風，通大小便。

單方：水腫：烏臼木取皮一塊，剉，煎水一半盞，服之立下。蛇傷：取臼木葉與皮，搗爛敷之，并煎末，略飲一二日，愈。

明・王文潔《太乙仙製本草藥性大全》卷三《本草精義》 烏柏木 舊不載所出處。生田野山園，今在處有之。其樹高數仞，葉似梨杏，微薄而綠，色差淡，開花黃白，五月結子，八九月熟，初青後黑，分爲三瓣。取子色白如脂，多取壓爲油，燃燈極明，可作蠟燭。

明・王文潔《太乙仙製本草藥性大全》卷三《仙製藥性》 烏柏木根皮 味苦，氣微溫，有毒。主治：主暴水癥結積聚。又治大便不通，用此木方停一寸，劈破，水煎取小半盞，服之立通，不用多。兼能取水，又解蛇毒。柏葉：水煎亦可染皂。柏實：氣涼，無毒。壓油塗頭令黑變白。服一合令人下痢。去陰下水氣。補註：治大便不通，用木方停一寸來，劈破，以水煎取小半盞，服之立通，不用多喫。其功神聖，兼能取水，治大小便，用根皮，以慢火炙令脂汁黃乾聽用。

明・李時珍《本草綱目》卷三五木部・喬木類 烏桕木《唐本草》

【釋名】鵶臼時珍曰：烏桕，烏喜食其子，因以名之。陸龜蒙詩云：行歇每依鵶臼影，挑頻時見鼠姑心。是矣。鼠姑，牡丹也。或云：其木老則根下黑爛成臼，故得此名。鄭樵《通志》言烏桕即柜柳者，非矣。【集解】恭曰：生山南平澤。樹高數仞，葉似梨、杏。五月開細花，黃白色。子黑色。藏器曰：葉可染皂。子可壓油，然燈極明。宗奭曰：葉如小杏葉，但微薄而緑色差淡。子八九月熟。初青後黑，分爲三瓣。時珍曰：南方平澤甚多。今江西人種植，采子蒸煮，取脂澆燭貨之。子上皮脂，勝于仁也。

根白皮 【氣味】苦，微温，有毒。大明曰：性凉，慢火炙乾黃乃用。【主治】暴水，癥結積聚《唐本》。療頭風，通大小便大明。解蛇毒震亨。【發明】時珍曰：烏臼根性沉而降，陰中之陰，利水通腸，功勝大戟。一野人病腫滿氣壯，令掘此根搗爛，水煎服一盌，連行數行而病平。氣虛人不可用之。此方出《太平聖惠方》，言其功神聖，但不可多服爾。誠然。

【附方】舊一，新九。小便不通：烏臼根皮煎湯，飲之。《肘後方》。大便不通：烏臼木根方長一寸，劈破，水煎半盞，服之立通。不用多喫，其功神聖，兼能取水。《斗門方》。　二便關格：二三日則殺人。烏臼東南根白皮，乾爲末，熱水服二錢。先以芒硝二兩，煎湯服，取吐甚效。《肘後方》。　水氣虛腫：小便澀。烏臼皮，檳榔、木通一兩，爲末。每服二錢，米飲下。《聖惠方》。　脚氣濕瘡：極痒有蟲。烏臼根爲末傅之。少時有涎出良。《摘玄方》。　尸注中惡：心腹痛刺，沉默錯亂。用烏臼根皮煎濃汁一合，調朱砂末一錢，服之。《肘後方》無朱砂。《永類方》。　暗疔昏狂：瘡頭凸紅。臼樹根經行路者，取二尺許，去皮搗爛，井華水調一盞服。待瀉過，以三角銀杏仁浸油，搗盦患處。《聖濟總録》。　嬰兒胎瘡：滿頭。用水邊烏臼樹根晒研，入雄黄末少許，生油調搽。《經驗良方》。　鼠莽砒毒：烏臼根半兩，擂水服之。《醫方大成》。　鹽齁痰喘：柏樹皮去粗搗汁，和飛麪作餅烙熟。早辰與兒喫三四個，待吐下鹽涎乃佳。如不行，熱茶催之。《摘玄方》。

葉　【氣味】同根。　【主治】食牛馬六畜肉，生疔腫欲死者。搗自然汁一二盌，頓服得大利，去毒即愈。未利再服。冬用根時珍。

柏油　【氣味】甘，涼，無毒。　【主治】塗頭，變白爲黑。服一合，令人下利，去陰下水氣。炒子作湯亦可藏器。塗一切腫毒瘡疥時珍。

【附方】新二。　膿泡疥瘡：柏油二兩，水銀二錢，樟腦五錢，同研，頻入唾津，不見星乃止。以温湯洗浄瘡，以藥填入。唐瑶《經驗方》。　小兒蟲瘡：用舊絹作衣，化柏油塗之，與兒穿着。次日蟲皆出油上，取下燃之有聲是也。别以油衣與穿，以蟲盡爲度。瀕湖《集簡方》。

明・繆希雍《本草經疏》卷一四　烏柏木根皮　味苦，微溫，有毒。主暴水，癥結積聚。

【疏】烏柏木根皮，稟火金之氣以生，本經味苦，氣微溫。日華子言涼。然詳其用，應是辛苦溫之藥，而其性則有毒也。與巴豆、牽牛大略相似。性沉而降，陽中陰也。入手足陽明經。其主暴水、癥結積聚者，皆二經為病，苦能泄，辛能散，溫能通行腸胃，則諸證無不除矣。　【主治參互】《肘後方》二便關格，二三日則殺人。烏柏東南根白皮，乾為末，熱水服二錢。

【簡誤】水腫多屬脾虛不能制水，以致水氣泛濫，法當補脾實土為急，此藥必不可輕用。如果元氣壯實者，亦須暫施一二劑，病已即去之。

明・倪朱謨《本草彙言》卷九　烏柏木　味苦，氣溫，有毒。性沉而降，陽中陰也。入手足陽明經。　蘇氏曰：烏柏木，生南方平澤，今江西、閩、浙甚多。樹高丈許，葉似杏，但微薄而緑，色少淡。五月開細花，色黄白。結子八九月熟，初青後黑。采子蒸煮，取油澆燭，然燈極明。子上皮脂取油，勝于仁也。　陳氏曰：葉可煎汁染皂。其木朽老，則根下黑爛成臼，故得此名。

烏柏木：《唐本》行水氣積聚，日華子通大小二便之藥也。門國士抄李氏曰：取根白皮能利水通腸，功勝大戟。故《唐本草》主水氣停蓄，氣促喘脹，遍身浮腫，二便不通諸證，勢甚危篤者，以根皮二三寸，水二碗，煎半碗，服之立通二便。水氣行而喘腫自消退矣。倘不因水蓄氣聚，而因脾虛不能制化水源，以致泛濫者，當補脾實土爲急。然必用蒼白朮、茯、半、陳、朴、香、砂、扁豆、澤瀉之類。此藥不可輕用，如果元氣壯實，亦須暫用一二劑，病已即止。

清・穆石匏《本草洞詮》卷一一　烏臼木　烏喜食其子，因以名之。葉可染皂，子可壓油澆燭，大為時用。根皮苦，微溫，一云涼，有毒。療頭風，通大小便，解蛇毒。其性沉降，陰中之陰，利水通腸，功勝大戟。

清・汪昂《本草備要》卷三　烏臼木瀉熱毒。苦，涼。性沉而降。利水通腸，功勝大戟。療疔腫，解砒毒。極能瀉下。凡患腫毒、中砒毒者，不拘根、皮、枝、葉，搗汁多飲，得大利即愈。虛人忌用。　子：可作燭。

清・李熙和《醫經允中》卷二一　烏臼木　苦，涼，性沉而降，利水通腸，療疔腫，解砒毒，力勝大戟。氣虛人禁用。

清・馮兆張《馮氏錦囊秘錄・雜症痘疹藥性主治合參》卷四　烏（柏）〔柏〕木根皮稟火金之氣以生，故味辛苦，微溫，有毒。入手足陽明經。與巴豆、牽牛大略相似，而為去水破結之需也。脾虛者禁之。【略】

烏（柏）〔柏〕木根皮，主暴水癥結積聚。

清・张璐《本經逢原》卷三　烏柏根　辛、苦，溫，有毒。　發明：烏柏味苦而辛，性沉而降。故能主暴水癥結積聚，功勝大戟，氣虛人不可用之。〇葉治食牛馬六畜肉腹中疠痛欲死者，搗自然汁一二盞，頓服大利，毒去則愈。冬用根皮搗爛和酒絞服。〇柏油塗頭，變白為黑。塗一切腫痛瘡疥。〇柏油燭抽去心導大便秘結效。

清・何諫《生草藥性備要》卷上　烏柏　味甘、苦，性寒，無毒。處處有之。治爛腳、瘀癩、蛇傷。其根皮治乳癰、酒頂、酒瘋腳。治坐板，搗爛，用鹽少許，坐熱又換。遠紅者，治跌打已死，煲酒服之，能還魂，藥之首也。氣虛人不可服，猛勝大戟。

清・吳儀洛《本草從新》卷三　烏桕木根皮（瀉熱毒。）苦，涼。性沉而降。利水通腸，功勝大戟。療疔腫，解砒毒，凡患腫毒，中砒毒者，不拘根、皮、花、葉，搗汁多飲，得大利即愈。痰哮氣喘。柏樹皮去粗搗汁，和飛麵作餅烙熟，早辰與兒吃三四個，待吐下痰涎乃住，如不行，熱茶催之。極能瀉下，稍虛者忌。柏油塗一切腫毒瘡疥。

清・汪紱《醫林纂要探源》卷三　烏桕　甘，寒。葉圓而尖，經霜色紅，子有黑殼，老則自裂，肉白如脂，內復有核，色黑，中又有仁，皆可榨油。用根皮。燥濕去熱，徹於下極。解砒石毒。浸汁色黑，下行入腎，行濕之功最速。治疔毒，殺魚蟲毒。　子：膏可塗瘡。皮內肉可壓油製燭，亦可食核中仁，復可榨油燃燈，不可食。

清・嚴潔等《得配本草》卷七　烏桕根白皮　苦，涼。利水通腸，功勝大戟。配木通、檳榔，治水腫。和麵作餅，治鹽齁痰喘。　慢火炙黃，亦可搗用。

題**清・徐大椿《藥性切用》卷五**　烏桕木根皮　苦涼沉降，利水通腸，功近大戟。搗汁（歛）〔飲〕，解砒毒。葉更勝，性極瀉，虛人並忌之。柏油，塗腫毒瘡疥有功。

清・黃凱鈞《藥籠小品》　烏桕根皮　性能瀉下，故通腸利水，功勝大戟，治鹹齁痰喘。

清・章穆《調疾飲食辯》卷一下　烏桕油　烏桕殼內之仁，其油之滑泄熱毒，與桐油等。而殼外白皮另取入榨，名皮油，白膩如蠟，云可食，味肥美。然大熱大毒則同，病人切戒。又此油亦可敷腫毒，亦愈陳愈妙。且能殺蟲，凡頭瘡疥癩之有蟲者有蟲則癢，敷之其功乃在脂麻、蕓薹二油之上。

清・莫樹蕃《草藥圖經》　烏鴉草　即木脂樹根，子色白，有油。葉能治噤口痢，煎水當茶喫，老幼可治。

清・吳其濬《植物名實圖考》卷三五　烏臼木　《唐本草》始著錄。俗呼木子樹。子榨油，利甚溥，根解水莽毒，效。

清・趙其光《本草求原》卷八喬木部　烏桕根皮　苦、辛，涼，沉降。利水通腸，功勝大戟。氣虛勿用。治疔腫，解砒毒，連枝葉取汁多飲。泄食六畜中毒腹痛，央葉皆可和酒，取汁頓服。無毒，治酒頂、酒腳、乳癰，坐板瘡。同鹽搗。敷腳爛、[疒茲]癩、蛇傷。其薳紅的破瘀止血，跌打已死、尚能還魂。煎酒灌。柏子油，塗髮則不白，敷一切腫毒瘡疥；作燭去心，導大便秘結。

清・劉善述、劉士季《草木便方》卷二木部　烏臼木　棬根白皮味苦溫，暴水積聚去結癥。通利二便去蛇毒，久齁頭風心痛清。子油作燭。

清・戴葆元《本草綱目易知錄》卷四　烏臼木　根白皮，味苦，微溫，性涼，有小毒。治暴水癥結積聚。療頭風，通大小便。解蛇咬毒。炙用。其性沉降，利水消腫，功勝大戟。壯實者，搗少服，捷效。虛者忌用。

清・陳其瑞《本草撮要》卷二　烏桕木　味苦，涼，性沉降，入手陽明經，功專利水通腸，功勝大戟。療疔腫，解砒毒。凡患腫毒中砒毒者，不拘根皮花葉，搗汁多飲，得大利即愈。蟲瘡以油塗之良。虛者忌服。子可作燭。

山烏豆根

明・佚名氏《醫方藥性・草藥便覽》　山烏豆　其性苦。治腹內飛痒，退燒。

明・佚名氏《醫方藥性・草藥便覽》　山烏豆根　其性涼。治飛瘍，退燒。

巴豆

宋・李昉《太平御覽》卷第九九三　巴豆　《廣雅》曰：巴菽，巴豆也。

《蜀志》曰：犍為南安縣，出巴豆。《晉書》曰：賈后使太醫令程據合巴豆杏子丸。矯詔使黃門孫慮，齎至許昌，以害太子。《列仙傳》曰：玄俗，河間人。餌巴豆、雲英，賣一丸七錢。盛弘之《荊州記》曰：朐腮縣有巴子城，地多巴豆。《廣志》曰：犍爲僰道縣，出巴豆。《博物志》曰：鼠食巴豆，三年重三十斤。《本草經》曰：巴豆，一名巴菽。味辛，溫。生川谷。主治溫瘧，傷寒熱，破癖瘕結堅，通六府，去惡肉，除鬼毒邪注，殺蟲。生巴蜀郡。《范子計然》曰：巴菽，出巴郡。《吳氏本草經》曰：巴豆，一名菽。神農、岐伯、桐君：辛，有毒。黃帝：甘，有毒。李氏：主溫熱寒。葉如大豆，八月採。

宋・唐慎微《證類本草》卷一四木部下品〔《本經・別錄・藥對》〕**巴豆**　**味辛，溫**，生溫熟寒，有大毒，**主傷寒溫瘧寒熱，破癥瘕結聚堅積，留飲痰癖，大腹水脹，蕩練五藏六腑，開通閉塞，利水穀道，去惡肉，除鬼毒蠱疰邪物，殺蟲魚**，療女子月閉，爛胎，金瘡膿血，不利丈夫陰，殺斑猫毒。可練餌之，益血脈，令人色好，變化與鬼神通。**一名巴椒。**生巴郡川谷。八月採，陰乾。用之去心、皮。芫花爲之使，惡囊草，畏大黄、黄連、藜蘆。

〔梁・陶弘景《本草經集注》〕云：出巴郡。似大豆，最能瀉人，新者佳，用之皆去心皮，乃秤。又熬令黄黑，别擣如膏，乃和丸散爾。道方亦有練餌法服之乃言神仙。人吞一枚便欲死。而鼠食之，三年重三十斤，物性乃有相耐如此爾。

〔唐・蘇敬《唐本草》〕注云：樹高丈餘。葉似櫻桃葉，頭微赤，十二月葉漸凋，至四月落盡，五月葉漸生，七月花，八月結實，九月成，十月採。其子三枚共蒂，各有殼裹。出眉州、嘉州者良。

〔宋・馬志《開寶本草》〕按：陳藏器《本草》云：巴豆，主癥癖痃氣，痞滿，腹内積聚，冷氣血塊，宿食不消，痰飲吐水。取青黑大者，每日空腹服一枚，去殼，勿令白膜破，乃作兩片并四邊不得有損缺吞之，以飲壓令下。少間腹内熱如火，痢出惡物。雖痢不虚，若久服亦不痢。白膜破者棄之。生南方。樹大如圍，極高，不啻一丈也。

〔宋・掌禹錫《嘉祐本草》〕按：《藥性論》云：巴豆，使。中其毒，用黄連汁、大豆汁解之。忌蘆笋、醬、豉、冷水，得火良。殺班貓、蛇虺毒。能主破心腹積聚結氣，治十種水腫，痿痹，大腹，能落胎。日華子云：通宣一切病，泄壅滯，除風補勞，建脾開胃，消痰破血，排膿消腫毒，殺腹藏蟲，治惡瘡息肉及疥癩丁腫。凡合丸散，炒不如去心膜煮五度，换水各煮一沸。

〔宋・蘇頌《本草圖經》〕曰：巴豆，出巴郡川谷。今嘉、眉、戎州皆有之。木高一二丈。葉如櫻桃而厚大，初生青，後漸黄赤，至十二月葉漸凋，二月復漸生，至四月舊葉落盡，新葉齊生，即花發成穗，微黄色。五六月結實作房，生青，至八月熟而黄，類白豆蔻，漸漸自落，即收之。一房有三瓣，一瓣有實一粒，一房共實三粒也。戎州出者，殼上有縱文，隱起如線，一道至兩三道。彼土人呼爲金線巴豆，最爲上等，它處亦稀有。

〔宋・唐慎微《證類本草》〕雷公云：凡使巴之與豆及剛子，須在仔細認，勿誤用，殺人。巴顆小緊實，色黄；豆即顆有三稜，色黑；若剛子，顆小似棗核，兩頭尖。巴與豆即用，剛子勿使。凡修事巴豆，敲碎，以麻油并酒等可煮巴豆了，研膏後用。每脩事一兩，以酒、麻油各七合。盡爲度。《聖惠方》：治中風口喎。巴豆七枚，去皮爛研。喎左塗右手心，喎右塗左手心，仍以暖水一盞，安向手心，須臾即便正，洗去藥并頻抽掣中指。又方：治牙疼。用巴豆一粒，煨至黄熟，去殼，用蒜一瓣，切一頭，作蓋，剜去中心，可安巴豆在内，以蓋子合之。用綿裹，隨患處左右塞耳中。《外臺秘要》：文仲方，主唯腹大動搖水聲，皮膚黑，名曰水蠱。巴豆九十枚去心、皮，熬令黄，杏人六十枚去皮、尖，熬令黄，二味擣丸如小豆大。水下一丸，以利爲度。勿飲酒。《千金方》：主大人、小兒風瘙癮痛，心迷悶方：巴豆二兩，槌破，以水七升，煮取三升，以帛染拭之。又方：治寒癖宿食，久飲不消，大便秘。巴豆人一升，清酒五升，煮三日三夜，研令大熟，合酒微火煎之，丸如胡豆大。每服一丸，水下。欲吐者，服二丸。又方：治喉痹，已死有餘氣者。巴豆去皮，針線穿，嗽入喉中，牽出。《千金翼》：治小兒身腫，并手足腫兼癮痛。巴豆五十枚去皮、心，以水二升，煎取一升，用綿於湯中隨手拭之。《經驗方》：鄭獬侍御傳治氣痢。巴豆一兩，去皮、心，熬細研，取熟猪肝和丸。空心米飲下，量力加減服之。牛肝尤佳。如食素人，以蒸餅丸服。又方：治耳卒聾。巴豆一粒，蠟裹，針刺令通透用，塞耳中。又方：治箭鏃入骨不可拔。取巴豆微熬，與蜣蜋同研，塗所傷處，斯須痛定，微痒忍之，待極痒不可忍，便撼動箭鏃，即拔之，立出。夏侯鄲云：初在潤州得方，箭鏃出後，速以生肌膏傅之。説者云：兼治瘡。鄲得方，後至洪州，旅舍主人妻患背瘡呻吟，鄲遽用此方試之，愈。《勝金》：治喉閉，纏喉風。巴豆兩粒，紙緊角可通得入鼻，用刀子切斷兩頭，殼子將針穿作孔子，内鼻中，久即差。《十全方》：治疥瘡。巴豆十粒，火炮過黄色，去皮膜，右順手研如麪，入酥少許，膩粉少許，同研匀，爪破，以竹篦子點藥，不得落眼裏及外腎上。如熏刻着外腎，以黄丹塗，甚妙。《初虞方》：治藥毒秘效。巴豆去皮，不出油、馬牙消等分，合研成膏。冷水化一彈子許，服差。賈相公進過牛經，牛有卒疫，動頭打肋者。以巴豆兩個，去皮擣末，生油二兩，淡漿水半升，灌之差。

宋・鄭樵《通志》卷七六《昆蟲草木略》 巴豆 曰巴椒。

金・張元素《潔古珍珠囊》〔見元・杜思敬《濟生拔粹》卷五〕 巴豆辛純陽。去胃中濕，破癥瘕結聚。斬關奪門之將，不可輕用。

宋・劉明之《圖經本草藥性總論》卷下 巴豆 味辛，溫，生溫熟寒，有大毒。主傷寒温瘧寒熱，破癥瘕結聚堅積，留飲痰癖，大腹水脹，蕩練五臟六腑，開通閉塞，利水穀道，去惡肉，除鬼毒蠱疰邪物，殺蟲魚。療女子月閉，爛胎，金瘡膿血，不利丈夫陰。殺班猫毒。《藥性論》云：使。中其毒，用黄連汁、大豆汁解。忌蘆笋、醬、豉、冷水。得火良。殺班猫、蛇虺毒，能主破心腹積聚結氣，治十種水種，痿痺大腹，能落胎。日華子云：通宣一切病，泄壅滯，除風補勞，健脾開胃，淡痰破血，排膿消腫毒，殺腹藏蟲，治惡瘡息肉，及疥癩下腫。芫花為之使。惡囊草。畏大黄、黄連、藜蘆。

宋・陳衍《寶慶本草折衷》卷一四 巴豆使。入感應元法續附。一名巴椒。生巴郡川谷及嘉、眉、戎州。〇八、九、十月採子，陰乾。〇芫花為使，惡襄草，畏大黄、黄連、藜蘆、大豆汁，忌蘆笋、醬、豉、冷水，得火良。〇又畏家菖蒲湯。

味辛，生溫，熟寒，有大毒。〇主傷寒溫瘧寒熱，破癥瘕結聚堅積，留飲痰癖，大腹水脹，蕩練一作滌藏腑，開通閉塞，利水穀道，去惡肉，除鬼毒蠱疰，殺蟲魚，療月閉，爛胎，金瘡膿血。〇陶隱居云：似大豆，最瀉人，用之去心皮，熬令黃焦。〇陳藏器云：主癥癖痃氣痞滿，冷氣血塊，宿食不消，吐水。〇《藥性論》云：殺斑猫蛇虺毒。治十種水腫，痿痹。〇日華子云：宣泄壅滯，除風破血排膿，消腫毒，殺腹藏蟲，治惡瘡息肉，疥癩丁腫。去心膜，煮五度，換水各煮一沸。〇《圖經》曰：戎州者，殼有縱文，隱起如線，呼為金線巴豆，最為上等。〇雷公云：凡使勿誤用剛子，顆小似棗核，兩頭尖。

續說云：古今用巴豆，或熬或煮，或紙裹而壓之，皆以去其油也。惟《易簡方》取生巴豆肉貳拾枚，即不去油。入《局方》感應元半兩，一併爛研成膏，再元如菉豆大，比斂氣風實氣及邪氣攻腹，秘結疼甚，與夫暴痢纏擾急墜，並每服壹拾元，薑湯嚥下，以通泄為效。未通，更倍增元數。或既通而瀉不止，轉加痛刺者，則以家菖蒲，煎湯解之。次參脉證，處藥調治。然巴豆不去油之法，止可施於感應元中，為有麻油、蜜蠟固護其性，故不致肆其毒，不可執以為常也。

宋·周密《志雅堂雜鈔》卷上 咽薰治喉間倉卒之疾，用巴豆，以竹紙滲油令滿，竹撚點燈令著，吹滅之，以咽薰喉間，即吐惡血而消。

元·王好古《湯液本草》卷五 巴豆 氣溫，味辛，生溫熟寒，有大毒。

《本草》云：主傷寒，溫瘧寒熱，破癥瘕結聚，堅積，留飲痰癖，大腹水脹。蕩滌五臟六腑，開通閉塞。利水穀道，去惡肉，除鬼毒蠱疰邪物，殺蟲魚。療女子月閉，爛胎，金瘡膿血不利，丈夫陰癩。殺斑蝥毒，健脾開胃。易老云：斬關奪門之將，大宜詳悉，不可輕用。《雷公》云：得火則良，若急治為水穀道路之劑，去皮心膜油，生用。若緩治為消堅磨積之劑，炒煙去，令紫黑，研用。可以通腸，可以止泄，世所不知也。仲景治百病客忤，備急圓主之。巴豆、杏仁例，及加減寒熱佐使，五色並餘例，並見《元戎》。《珍》云：去胃中寒濕。

元·尚從善《本草元命苞》卷七 巴豆 乃斬關奪門之將，急治為水穀道路之劑。味辛，溫，生溫，熟寒，有大毒。芫花為使。惡蘘草、大黃、黃連。忌蘆筍。殺班貓、蛇虺。蕩滌腸胃，宣一切壅滯之疾。開通閉塞，下十種水蠱之患。破癥瘕積聚，留飲痰癖。除鬼疰蠱毒，疔腫惡瘡爛。姙娠胎孕，通室女月經，去鼻息肉，殺腹臟蟲。鍊餌益血脈，變化通鬼神。出巴郡川谷，今嘉、眉、戎州。木高一二丈，葉似櫻桃葉，五六月結實作房，七八月成熟，黃白，一房生三瓣，一瓣有一實，形類白豆蔻，自落即收之入藥。去油，不爾大瀉。

元·朱震亨《本草衍義補遺》 巴豆 去胃中寒積。無寒積者勿用。

元·佚名氏《珍珠囊·諸品藥性主治指掌》〔見《醫要集覽》〕 巴豆 味辛，性熱，有大毒。浮也，陽中陽也。其用有二：削堅積，蕩臟腑之沉寒；通閉塞，利水穀之道路。斬關奪門之將，不可輕用。

元·徐彥純《本草發揮》卷三 巴豆 成無己云：巴豆之辛，用以散實。

潔古云：性熱，味苦。氣薄味厚，體重而沉降，陰也。其用有三：導氣消積一，去藏府停寒二，消化寒涼及生冷硬物所傷三也。又云：巴豆辛陽，去胃中寒積。東垣云：巴豆味辛，溫。生溫熟寒。去胃中寒濕，蕩滌五藏六府，開通閉塞。海藏云：斬關奪門之將，不可輕用，大宜詳審。《藥性論》云：得火良。若急治，為水穀道路之劑，則去皮心膜油，生用。若緩治，為消堅磨積之劑，則炒烟出，令紫黑色用。可以通腸，可以止泄，世所不知也。仲景治百病客忤，備急丸主之。巴豆、杏仁，例用加減，寒熱佐使，五色并餘例，竝見《醫壘元戎》。丹溪云：去胃中寒積。無寒積勿用。

明·王綸《本草集要》卷四 巴豆使 味辛，氣溫，有大毒。芫花為之使。惡（藥）〔蘘〕草，畏大黃、黃連。用之去心皮，又熬令黃色，別搗如膏，以和丸散。 主傷寒溫瘧寒熱，破癥瘕結聚堅積，留飲痰癖，大腸水脹，蕩滌五藏六腑，開通閉塞，利水穀道，女子月閉。殺腑臟蟲，去惡肉，排膿消腫。除鬼毒蠱疰邪物，殺蟲魚、班猫、蛇虺毒。人吞一粒便欲死，而鼠食之三年重三十斤，物性乃有相耐如此。

此斬關奪門之將，不可輕用。若急治為水穀道路之劑，去皮心膜油，生用。若緩治為消堅磨積之劑，炒煙去，令紫黑，研用。丹溪云：去胃中寒積，無寒積者勿用。〇箭鏃入骨，不可拔。取微熬，蜣螂同研，塗傷處，須臾痛定，微癢忍，待極癢不可忍，便撼動箭鏃，即拔之立出，速以生肌膏傅之。兼治背瘡。

明·滕弘《神農本經會通》卷二 巴豆 使也。芫花為之使。惡蘘草，畏大黃、黃連、藜蘆。八月採，陰乾。用之去心皮，新者佳。忌蘆笋、醬、豉、冷水。得火良。又熬令黃黑，別擣如膏，乃和丸散。《局》云：去皮心膜及油用。

味辛，性氣溫，生溫熟寒，有大毒。《湯》：同。東云：浮也，陽中陽也。削堅積，蕩臟腑之沉寒。通閉塞，利水穀之道路。斬關奪門之將，不可輕用。又云：利痰水，破積熱。《珍》云：導氣消積，蕩滌臟腑停寒。《圭》云：通五臟，破癥逐水，除蠱毒，排膿，開胃，及消痰。性極通利，因名江子。

《本經》云：主傷寒溫瘧寒熱，破癥瘕結聚堅積，留飲痰癖，大腹水脹，蕩滌五臟六腑，開通閉塞，利水穀道，去惡肉，除鬼毒蠱疰邪物，殺蟲魚。療女子月閉，爛胎，金瘡膿血不利，丈夫陰㿉，殺班猫毒。可煉餌之，益血脉，令人色好，變化與鬼神通。陶云：道方亦有煉餌法，服之乃言神仙。人吞一枚便欲死，而鼠食之三年，重三十斤。物性乃有相耐如此。陳藏器云：主癥癖痃氣痞滿，腹內積聚冷氣血塊，宿食不消，痰飲吐水。《藥性論》云：使。中其毒，用黃連汁、大豆汁解之。忌蘆笋、醬、豉、冷水。得火良。殺班猫、蛇虺毒。主破心腹積聚結氣，治十種水腫，痿痺，大腹，能落胎。日華子云：通宣一切病，泄壅滯，除風補勞，健脾開胃，消痰破血，排膿，消腫毒，殺腹藏蟲，治惡瘡息肉及疥癩丁腫。凡合丸散，炒，不如去心膜，煮五度，換水又煮一沸。易老云：斬關奪門之將。大宜詳悉，不可輕用。雷公云：得火則良。若急治，為水穀道路之劑，去皮心膜油，生用。若緩治，為消堅磨積之劑，炒煙去，令紫黑，研用，可以通腸，可以止泄，世所不知也。仲景治百病客忤，備急丸主之，巴豆、杏仁例，及加減寒熱，佐使五色并餘例，並見元戎。《珍》云：去胃中寒濕。丹溪云：去胃中寒積，無寒積者勿用。釗云：巴豆大毒味辛熱，藏府沉寒堅積結。治之水穀道能通，戒慎方中勿輕設。《局》云：巴豆本功通閉塞，主除溫瘧及傷寒。破癥逐積消痰癖，水脹心膨病可安。巴豆，破結宣腸，理心膨水脹。

明·劉文泰《本草品彙精要》卷二〇 巴豆大毒 植生。

巴豆出《神農本經》：**主傷寒溫瘧寒熱，破癥瘕，結聚堅積，留飲，痰癖，大腹水脹，蕩滌五臟六腑，開通閉塞，利水穀道，去惡肉，除鬼毒蠱疰邪物，殺蟲魚。**以上朱字《神農本經》。療女子月閉，爛胎，金瘡，膿血不利，丈夫陰㿉。可練餌之，益血脈，令人色好變化，與鬼神通。以上黑字名醫所錄。【名】巴椒、金線巴豆。【苗】《圖經》曰：木高一二丈，葉如櫻桃而厚大，初生青，後漸黃赤，至十二月葉漸凋，二月葉漸生，至四月舊葉落盡，新葉齊生。即花發成穗，微黃色，五六月結實作房，生青，至八月熟而黃，類白豆蔻，漸漸自落，即收之。一房有三瓣，一瓣有實一粒，同蒂各有殼裹，一房共實三粒。戎州出者，殼上有縱文，隱起如線，一道至兩三道，彼土人呼爲金線巴豆，最爲上等，它處亦稀有。【地】《圖經》曰：生巴郡川谷。【道地】戎州、眉州、嘉州者良。【時】生：春生葉。採：八月、十月取實。【收】陰乾。【用】實。【質】類蓖麻子，殼黃而有稜。【色】殼微黃，肉粒白。【味】辛。【性】生溫，熟寒。【氣】氣之厚者，陽也。【臭】焦。【主】破癥瘕，利穀道。【助】芫花爲之使。【反】畏大黃、黃連、藜蘆，惡蘘草。【製】《雷公》云：凡修事，須敲碎去殼，以麻油並酒等，可煮巴豆子研膏後用。每修事一兩，以酒、麻油各七合，煮盡爲度。日華子云：凡合丸散炒，不如去心膜，水煮五度，換水各一沸，或搗碎以重紙壓滲去油亦好。【治】療：《藥性論》云：破心腹積聚，結氣，治十種水腫，痿痹，大腹。日華子云：通宣一切病，泄壅滯，除風，補勞，健脾，開胃，消痰，破血，排膿，消腫毒，殺腹臟蟲，治蟲，療瘜肉，及疥癩疔腫。陳藏器云：主癥癖痃氣，痞滿，腹內積聚，冷氣，血塊，宿食不消，痰飲，吐水，取青黑大者，每日空腹服一枚，去殼勿令白膜破，乃作兩片，並四邊不得有損缺，吞之，以飲壓令下，少間腹內熱如火，利出惡物，雖利不虛。若久服亦不利。《別錄》云：治喉閉，纏喉風，以巴豆兩粒，紙緊角可通得入鼻，用刀切斷兩頭殼子，將針作孔子內鼻中，良久即瘥。【合治】巴豆微熬合蜣螂同研，塗箭鏃入骨不可拔者，塗之始則微癢，待極癢不可忍，便撼動，即拔出。○巴豆一兩，去皮心熬，細研，取豬肝和丸，空心米飲，量力加減服之，治氣痢。或牛肝丸之亦佳。【禁】不宜多服，妊娠服之墮胎。【忌】蘆笋、醬、豉、冷水。【解】殺斑蝥、蛇虺毒，中巴豆毒以黃連汁、大豆汁解之。【贗】雷公云：凡使，巴與豆及剛子須細認，勿誤用，殺人。巴顆小緊實，色黃；豆即顆有三稜，黑色；剛子顆小似棗核，兩頭尖。巴與豆可用，剛子不可入藥。

明·葉文齡《醫學統旨》卷八 巴豆 氣溫，味辛。有大毒。沉而降，陰也。芫花為使；惡蘘草；畏大黃、黃連。用之去皮心，出油，人吞一粒便欲死；鼠食之三年重三十斤，物性乃有相耐如此者。治傷寒溫瘧寒熱，破癥瘕結聚，堅積留飲痰癖，大腹水脹，蕩滌五臟六腑，開通閉塞，利水穀道，導氣化食，去惡肉，排膿消腫；除鬼毒蠱疰邪物，通月經；殺諸蟲，解班猫、蛇虺毒。號為斬關奪門之將，大〔宜〕詳悉，不可輕用。

明·許希周《藥性粗評》卷一 巴豆等樊噲之雄，作斬關奪門之將。

巴豆，樹所結如豆，本出巴郡，故名。樹高一二丈，葉如櫻捶而厚大，初生青，後漸黄赤，十二月以後漸漸凋落，至四月復生新葉，即開花成穗，微黄色，五六月結實作房，成三瓣，每瓣有實一粒，生青，至八月熟而黄，類白豆蔻。荊湘原野處處有之，然不如巴蜀，今以戎州者為勝。八月採實，陰乾。丸用有生有熟，用則去心、皮、膜、油，熟用則炒煙出，或煨令黄。芫花為之使，惡蘘草，畏大黄、黄連、藜蘆。味苦、辛，性生熱，熟寒，有大毒。其氣下行最迅。主治癥瘕結塊，留飲痰癖，傷寒溫瘧，大腹水腫，停寒積穢，水穀不消，中惡蠱毒，通經利血，蕩滌臟腑，開通閉塞。海藏謂其為斬關奪門之將，愚故擬之樊噲能擁盾而排闥焉。《藥性論》云：若急治為水穀道路之劑，則去皮心、膜油，生用；若緩治為削堅磨積之劑，則炒令煙出紫色，熟用。愚謂病症急者只下一個半個足矣，不然自有他劑，不可輕用也。

單方：中風口喎：巴豆七枚，研爛，塗其手心，如喎左則塗右，喎右則塗左，復舊則滌去之。癮疹迷悶：凡大人小兒，但患風瘙癮疹，心志迷，以巴豆二兩，搥破，水七升，煮取二升，用綿浸而拭之。風牙疼腫：巴豆一粒，煨熟，去皮，用蒜一瓣，切斷剜空，安豆在內，復蓋之綿裹，隨所疼左右，塞其耳中。噤口喉風：巴豆二粒，紙條卷，在兩頭用針每穿開一孔，塞鼻孔內，喉開去之。

明·鄭寧《藥性要略大全》卷五 巴豆 削堅積，蕩臟腑之沉寒；通閉塞，利水穀之道路。斬關奪門之將，不可輕用。《賦》曰：利痰水，破積結，宣腸理膨脹。治傷寒溫瘧寒熱，破癥瘕爛胎。《經》云：去留飲痰癖，大小腹脹。去惡肉，殺蟲魚。易老云：通女經閉，去胃中寒濕。得火良。味辛，性大熱，有大毒。浮也，陽中陽也。生巴郡，故名巴豆。性通利，若江水無滯，故名江子。芫花為之使。惡蘘草，畏大黄、黄連、藜蘆。殺斑猫毒。凡用去皮心，炒令黄色，另研如泥，以和丸散。若用草紙包裹，搥去油者，名巴霜。俗云：巴豆不去油，力氣大如牛。《十書》云：生溫，熟寒。雷公云：若急治，為水穀道路之劑，去皮心膜油生用。若緩治，為消堅磨積之劑，炒烟去，令紫黑，研用，可以通腸，可以止瀉。世所罕知也。仲景云：治百病客忤，備急丸主之。

明·陳嘉謨《本草蒙筌》卷四 巴豆 味辛，氣溫、生溫熟寒，性烈。浮也，陽中之陽。氣薄味厚，體重而降。有大毒。生自巴郡，一名巴椒。反牽牛，惡蘘草。忌蘆笋醬豉冷水，畏大黄藜蘆黄連。得火為良，芫花為使。八月收採，連殼陰乾。有蕩滌攻擊之能，誠斬關奪門之將。凡資治病，緩急宜分。急攻為通利水穀之方，去淨皮心膜油生用；緩治為消摩堅積之劑，炒令煙盡黄黑熟加。一說：炒令黄黑似為太過，不如去心膜煮五度，換水各煮一沸爲佳。雖可通腸，亦堪止瀉，世所不能知也。丹溪云：能去胃中寒積，無寒積者忌之。《本經》又云：人吞一枚，便欲致死。鼠食三載，重三十斤。物性相耐，有如此夫！

明·王文潔《太乙仙製本草藥性大全》卷三《本草精義》 巴豆 出巴郡川谷，今加、眉、戎州皆有之。木高一二丈，葉如櫻桃而厚大，初生青，後漸黄赤，至十二月葉漸凋，二月復漸生，至四月舊葉落盡，新葉齊生，即花發成穗，微黄色。五六月結實作房，生青，至八月熟而黄，類白豆蔻，漸漸自落，即收之。一房有二瓣，一瓣有實一粒，一房共實三粒也。戎州出者殼上有縱文，隱起如線一道至兩三道，彼土人呼爲金線巴豆，最爲上等，它處亦希有。反牽牛，惡蘘草，忌蘆笋、醬、豉、冷水，畏大黄、藜蘆、黄連。得火爲良，莞花爲使。八月收採，連殼陰乾便用。

明·王文潔《太乙仙製本草藥性大全》卷三《仙製藥性》 巴豆 味辛，氣溫，生溫熟寒，性烈，浮也，陽中之陽，氣薄味厚，體重而降，有大毒。芫花爲之使。

主治：有蕩滌攻擊之能，誠斬關奪門治之將。凡資治病，緩急宜分。急攻爲通利推轂之方，去净皮心膜油生用；緩爲消摩堅積之劑，炒令煙盡黄黑熟加。一説炒令黄黑，似爲太過，不如去心膜，煮五度，換水各煮一沸爲佳。雖可通腸，亦堪止瀉，世所不能知也。丹溪云：能去胃中寒積，無寒積者忌之。《本經》又云：人吞一枚，便欲致死，鼠食三載，重三十斤。物性相耐，有如此夫？補註：治中風口喎，以七枚，去皮，爛研，喎左塗右手心，喎右塗左手心，仍以暖水一盞，安向手心，須臾即便正，洗去藥，并頻抽掣中指。治耳卒聾，以一粒蠟裹，針刺令通透，用塞耳中。〇治牙疼，用一粒，煨至黄熱，去殼，用蒜一瓣，切一頭作蓋，剜去中心可安巴豆在內，以蓋子合之，用綿裹，隨患處左右塞耳中。〇主唯腹大，動搖水聲，皮膚黑，名曰水蠱，以九十枚，去心皮，熬令黄，杏仁六十枚，去皮尖，熬令黄，二味搗丸小豆大，水下一丸，以利爲度。〇主大人小兒風瘡、癮瘮迷悶，用二兩，搥破，水七升，煮取二升，以帛染拭之。治寒癖宿食，久飲不消，大便秘，用一升，清酒五升，煮三日三夜，研令大熱，合酒微火煎之，丸如胡豆大，每服一丸，水下，欲吐者服二丸。

治藥毒秘效，巴豆去皮，不出油，馬牙硝等分，合研成膏，冷水化一彈子許服差。治喉痹已死，有餘氣者，巴豆去皮，針線穿，嚥入喉中牽出。治小兒身腫，并手足腫，兼癮疹，以五十枚，去皮心，以水二升，煎取一升，用綿於湯中隨手拭之。治氣痢，以一兩，去皮心，熬，細研，取熱猪肝和丸，空心米飲下，量力加減服之，牛肝尤佳，如食素人，以蒸餅丸服。治喉閉纏喉風，用兩枚，紙緊角可通得入鼻，用刀子切斷兩頭殼子，將針穿作孔子，內鼻中，久即差。

太乙曰：凡使巴之與豆及剛子，須仔細認，勿輕用，殺人。巴顆小緊實，色黃；豆即顆有三稜，色黑；若剛子，顆小似棗核，兩頭尖。巴與豆即用，剛子勿使。凡修事巴豆敲碎，以麻油并酒等，可煮巴豆了，研膏後用。每修事一兩，以酒、麻油各七合，盡爲度。

明・皇甫嵩《本草發明》卷四　巴豆下品，佐使。氣溫，味辛，生溫熟寒。氣薄味重而降，性烈。有大毒。　發明曰：巴豆性烈，有蕩滌攻擊之能，誠斬關奪門之將。若急攻為通利水穀之方，去皮心膜油，生用。若緩治為消摩堅積之劑，炒令烟盡，黃黑，研用。古製如此，不如去心膜，煮五度，換水更煮一沸為佳。若炒黑，似為太過。《本草》主大腹水脹，蕩滌藏府，開通閉塞，利水穀道，去惡肉，除毒蠱鬼疰邪物，殺蟲及斑猫毒，此係急治也。又主傷寒溫瘧寒熱，破癥瘕結聚，堅積留飲痃癖，女子月閉，爛胎，金瘡膿血，不利丈夫陰。又消痰，消腫毒丁腫，排膿，治惡瘡息肉及疥癩，此屬緩治也。又云：可(練)〔煉〕餌之，益血脉，令人好顔色，變化與鬼神通，除風，補勞健脾開胃。此豈真補劑哉？要之，能蕩穢消積，則推陳致新，而脾胃從此和，血脉亦自此益矣，此意也。故云可以通腸，可以止泄，世所不知也。丹溪云：去胃中寒濕積，若無寒積勿用，亦不可輕用也。反牽牛。惡蘘草。忌蘆笋、醬、豉、冷水。畏大黃、藜蘆、黃連。芫花為之使。得火良。中巴豆毒者，黃連汁、大豆汁解之。

明・李時珍《本草綱目》卷三五木部・喬木類　巴豆《本經》下品

〔釋名〕巴菽《本經》　剛子《炮炙》　老陽子時珍曰：此物出巴蜀，而形如菽豆，故以名之。宋《本草》一名巴椒，乃菽字傳訛也。雷斅《炮炙論》又分緊小色黃者爲巴，有三稜色黑者爲豆，小而兩頭尖者爲剛子。云巴與豆可用，剛子不可用，殺人。其説殊乖。蓋緊小者是雌，有稜及兩頭尖者是雄。雄者峻利，雌者稍緩也。用之得宜，皆有功力；用之失宜，參、术亦能爲害，況巴豆乎？

〔集解〕《別録》曰：巴豆生巴郡川谷。八月采，陰乾用之，去心、皮。頌曰：今嘉州、眉州、戎州皆有之。木高一二丈。葉如櫻桃而厚大，初生青色，後漸黃赤，至十二月葉漸凋，二月復漸生，四月舊葉落盡，新葉齊生，即花發成穗，微黃色。五六月結實作房，生青，至八月熟而黃，類白豆蔻，漸漸自落，乃收之。一房有二瓣，一瓣一子，或三子。子仍有殼，用之去殼。戎州出者，殼上有縱文，隱起如線，一道至兩三道。彼土人呼爲金線巴豆，最爲上等，他處亦稀有。時珍曰：巴豆房似大風子殼而脆薄，子及仁皆似海松子。所云似白豆蔻者，殊不類。

〔修治〕弘景曰：巴豆最能瀉人，新者佳，用之去心、皮，熬令黃黑，擣如膏，乃和丸散。斅曰：凡用巴與豆敲碎，以麻油并酒等煮乾研膏用。每一兩，用油、酒各七合。大明曰：凡入丸散，炒用不如去心、膜，換水煮五度，各一沸也。時珍曰：巴豆有用仁者，用殼者，用油者，有生用者，麩炒者，醋煮者，燒存性者，有研爛以紙包壓去油者，謂之巴豆霜。

〔氣味〕辛，温，有毒。《別録》曰：生温熟寒，有大毒。普曰：神農、岐伯、桐君：辛，有毒。黃帝：甘，有毒。李當之：熱。元素曰：性熱味苦，氣薄味厚，體重而沉降，陰也。杲曰：性熱味辛，有大毒，浮也，陽中陽也。時珍曰：巴豆氣熱味辛，生猛熟緩，能吐能下，能止能行，是可升可降藥也。《別録》言其熟則性寒，張氏言其降，李氏言其浮，皆泥于一偏矣。蓋此物不去膜則傷胃，不去心則作嘔，以沉香水浸則能升能降，與大黃同用瀉人反緩，爲其性相畏也。王充《論衡》云：萬物含太陽火氣而生者，皆有毒。故巴豆辛熱有毒。之才曰：芫花爲之使。畏大黃、黃連、蘆笋、菰笋、藜蘆、醬、豉、冷水，得火良，惡蘘草，與牽牛相反。中其毒者，用冷水、黃連汁、大豆汁解之。

〔主治〕傷寒温瘧寒熱，破癥瘕結聚堅積，留飲痰癖，大腹，盪練滌五臟六腑，開通閉塞，利水穀道，去惡肉，除鬼毒蠱疰邪物，殺蟲魚《本經》。療女子月閉爛胎，金瘡膿血，不利丈夫，殺斑蝥蛇虺毒。可練餌之，益血脉，令人色好，變化與鬼神通《別録》。治十種水腫，痿痹，落胎《藥性》。通宣一切病，泄壅滯，除風補勞，健脾開胃，消痰破血，排膿消腫毒，殺腹臟蟲，治惡瘡息肉，及疥癩丁腫日華。導氣消積，去臟腑停寒，治生冷硬物所傷元素。治瀉痢驚癇，心腹痛疝氣，風喎耳聾，喉痹牙痛，通利關竅時珍。

〔發明〕元素曰：巴豆乃斬關奪門之將，不可輕用。震亨曰：巴豆去胃中寒積。無寒積者勿用。元素曰：世以巴豆熱藥治酒病膈氣，以其辛熱能開腸胃鬱結也。但鬱結雖開，而亡血液，損其真陰。從正曰：傷寒風濕，小兒瘡痘，婦人産後，用之下膈，不死亦危。奈何庸人畏大黃而不畏巴豆，以其性熱而劑小耳。豈知以蠟匱之，猶能下後使人津液枯竭，胸熱口燥，耗却天真，留毒不去，他病轉生。故下藥宜以爲禁。藏器曰：巴豆主癥瘕痃氣，痞滿積聚，冷氣血塊，宿食不消，痰飲吐水，取青黑大者，每日空腹服一枚，去殼勿令白膜破，乃作兩片并四邊不得有損缺，吞之，以飲壓令下。少頃腹内熱如火，利出惡物。雖利而不虚，若久服亦不利人。白膜破者不用。好古曰：若急治爲水穀道路之劑，去皮、心、膜、油，生用。若緩治爲消堅磨積之劑，炒去烟令紫黑用，可以通腸，可以止瀉，世所不知也。張仲景治百病客忤備急丸用之。時珍曰：巴豆峻用則有戡亂劫病之功，微用亦有撫緩調中之妙。譬之蕭、曹、絳、灌，乃勇猛武夫，而用之爲相，亦能輔治太平。王海藏言其可以通腸，可以止瀉，此發千古之秘也。一老婦年六十餘，病溏泄已五年，肉食、油物、生冷犯之即作痛。服調脾、升提、止澀諸藥，入腹則泄反甚。延余診之，脉沈而滑，此乃脾胃久傷，冷積凝滯所致。王太僕所謂大寒凝內，久利溏泄，愈而復發，綿歷歲年者。法當以熱下之，則寒去利止。遂用蠟匱巴豆丸藥五十丸與服，二日大便不通亦不利，其泄遂愈。自是每用治泄痢積滯諸病，皆不瀉而病愈者近百人。妙在配合得宜，藥病相對耳。苟用所不當用，則犯輕用損陰之戒矣。

【正誤】弘景曰：道家亦有錬餌法，服之云可神仙。人吞一枚便死，而鼠食之三年重三十斤，物性乃有相耐如此。時珍曰：漢時方士言巴豆錬餌，令人色好神仙，《名醫别録》采入《本草》。張華《博物志》言鼠食巴豆重三十斤。一謬一誣，陶氏信爲實語，誤矣。又言人吞一枚即死，亦近過情，今並正之。

【附方】舊十三，新二十六。

一切積滯：巴豆一兩，蛤粉二兩，黄蘗三兩，爲末，水丸緑豆大。每水下五丸。《醫學切問》。

寒澼宿食：不消，大便閉塞。巴豆仁一升，清酒五升，煮三日三夜，研熟，合酒微火煎令可丸如豌豆大。每服一丸，水下。欲吐者，二丸。《千金方》。

水蠱大腹：動摇水聲，皮膚色黑。巴豆九十枚，去心、皮，熬黄，杏仁六十枚，去皮、尖，熬黄，擣丸小豆大。水下一丸，以利爲度。勿飲酒。張文仲《備急方》。

飛尸鬼擊：中惡，心痛腹脹，大便不通。走馬湯：用巴豆二枚，去皮、心，熬黄，杏仁二枚，以綿包椎碎，熱湯一合，捻取白汁服之，當下而愈。量老小用之。《外臺》。

食瘧積瘧：巴豆去皮心二錢，皂莢去皮子六錢，搗丸緑豆大。一服一丸，冷湯下。《肘後方》。

積滯泄痢：腹痛裏急。杏仁去皮尖、巴豆去皮心各四十九個，同燒存性，研泥，溶蠟和，丸緑豆大。每服二三丸，煎大黄湯下，間日一服。一加百草霜三錢。劉守真《宣明方》。

氣痢赤白：巴豆一兩去皮心，熬研，以熟猪肝丸緑豆大。空心米飲下三四丸，量人用。此乃鄭獬侍御所傳方也。《經驗方》。

瀉血不止：巴豆一個去皮，以鷄子開一孔納入，帋封煨熟，去豆食之，其病即止。虚人分作二服，决效。《普濟方》。

小兒下痢：赤白。用巴豆煨熟，去油，一錢，百草霜二錢，研末，飛羅麪煮糊，丸黍米大，量人用之。赤用甘草湯，白用米湯，赤白用薑湯下。《全幼心鑒》。

夏月水瀉：不止。巴豆一粒，針頭燒存性，化蠟和作一丸。倒流水下。危氏《得效方》。

小兒吐瀉：巴豆一個，針穿燈上燒過，黄蠟一豆大，燈上燒，滴入水中，同杵丸黍米大。每用五七丸，蓮子、燈心湯下。同上。

伏暑霍亂：傷冷，吐利煩渴。水浸丹：用巴豆二十五個，去皮心及油，黄丹炒研一兩二錢半，化黄蠟和丸緑豆大。每服五七丸，水浸少頃，别以新汲水吞下。《和劑方》。

乾霍亂病：心腹脹痛，不吐不利，欲死。巴豆一枚，去皮心，熱水研服，得吐、利即定也。

二便不通：巴豆連油、黄連各半兩，擣作餅子。先滴葱、鹽汁在臍內，安餅于上，灸二七壯，取利爲度。《楊氏家藏》。

寒痰氣喘：青橘皮一片，展開入剛子一個，麻紮定，火上燒存性，研末。薑汁和酒一鍾，呷服。天台李翰林用此治莫秀才，到口便止，神方也。張杲《醫説》。

風濕痰病：人坐密室中，左用滚水一盆，右用炭火一盆，前置一桌，書一册。先將無油新巴豆四十九粒研如泥，帋壓去油，分作三餅。如病在左，令病人將右手仰置書上，安藥于掌心，以盌安藥上，傾熱水入盌內。水凉即换，良久汗出，立見神效。病在右安左掌心。一云隨左右安之。《保壽堂經驗方》。

陰毒傷寒：心結，按之極痛，大小便閉，但出氣稍暖者。急取巴豆十粒研，入麪一錢，捻作餅，安臍內，以小艾炷灸五壯，氣達即通。此太師陳北山方也。《仁齋直指方》。

解中藥毒：巴豆去皮不去油、馬牙消等分，研丸。冷水服一彈丸。《廣利方》。

喉痹垂死：止有餘氣者。巴豆去皮，線穿，內入喉中，牽出即甦。《千金》。

纏喉風痹：巴豆兩粒，帋卷作角，切斷兩頭，以針穿孔內，入喉中，氣透即通。《勝金方》。

傷寒舌出：巴豆一粒，去油取霜，以帋撚卷，內入鼻中。舌即收上。《普濟方》。

舌上出血：如簪箸孔。巴豆一枚，亂髮鷄子大，燒研，酒服。《聖惠》。

中風口喎：巴豆七枚去皮研，左喎塗右手心，右喎塗左手心，仍以暖水一盞安藥上。須臾即正洗去。《聖惠方》。

小兒口瘡：不能食乳。剛子一枚連油研，入黄丹少許，剃去顖上髮，貼之。四邊起粟泡，便用温水洗去，乃以昌蒲湯再洗，即不成瘡，神效。《瑞竹堂方》。

風蟲牙痛：《聖惠》用巴豆一粒，煨黄去殼，蒜一瓣，切一頭，剜去中心，入豆在内蓋定，綿裹，隨左右塞耳中。〇《經驗方》用巴豆一粒研，綿裹咬之。〇又方：針刺巴豆，燈上燒令烟出，熏痛處。三五次神效。

天絲入咽：凡露地飲食，有飛絲入上，食之令人咽喉生瘡。急以白礬、巴豆燒灰，吹入即愈。《瑣碎録》。

耳卒聾閉：巴豆一粒蠟裹，針刺孔通氣，塞之取效。《經驗》。

風瘙隱疹：心下迷悶。巴豆五十粒去皮，水七升，煮一升，以帛染拭之，隨手愈。《千金翼》。

疥瘡搔痒：巴豆十粒，炮黄去皮心，右順手研，入酥少許，膩粉少許，抓破點上，不得近目并外腎上。如熏目著腎，則以黄丹塗之，甚妙。《千金方》。

荷錢癬瘡：巴豆仁三個，連油杵泥，以生絹包擦，日一二次，三日痊好。碑以正《經驗方》。

一切惡瘡：巴豆三十粒，麻油煎黑，去豆，以油調硫黄、輕粉末，頻塗取效。《普濟》。

癰疽惡肉：烏金膏：解一切瘡毒，及腐化瘀肉，最能推陳致新。巴豆仁炒焦，研膏，點痛處則解毒，塗瘀肉上則自化。加乳香少許亦可。若毒深不能收斂者，宜作撚紝之，不致成瘡。《外科理例》。

疣痣黑子：巴豆一錢，石灰炒過，人言一錢，糯米五分炒，研點之。《怪症方》。

箭鏃入肉：不可拔出者。用新巴豆仁略熬，與蜣螂同研塗之，斯須痛定，微痒忍之，待極痒不可忍，便撼拔動之，取出，速以生肌膏傅之而痊。亦治瘡腫。夏侯鄆在潤州得此方，後至洪州，旅舍主人妻病背瘡，呻吟不已，鄆用此方試之，即痛止也。《經驗方》。　小兒痰喘：巴豆一粒杵爛，綿裹塞鼻，男左女右，痰即自下。龔氏《醫鑒》。

牛疫動頭：巴豆二粒研，生麻油三兩，漿水半升，和灌之。賈相公《牛經》。

油　【主治】中風痰厥氣厥，中惡喉痹，一切急病，咽喉不通，牙關緊閉。以研爛巴豆綿帋包，壓取油作撚點燈，吹滅熏鼻中，或用熱煙刺入喉內，即時出涎或惡血便甦。又舌上無故出血，以熏舌之上下，自止時珍。

殻　【主治】消積滯，治瀉痢時珍。

【附方】新二。　一切瀉痢：脉浮洪者，多日難已；脉微小者，服之立止。名勝金膏。巴豆皮、楮葉同燒存性研，化蠟丸綠豆大。每甘草湯下五丸。劉河間《宣明方》。

痢頻脱肛：黑色堅硬。用巴豆殻燒灰，芭蕉自然汁煮，入朴硝少許，洗軟，用真麻油點火滴于上，以枯礬、龍骨少許爲末，摻肛頭上，以芭蕉葉托入。危氏《得效方》。

樹根　【主治】癰疽發背，腦疽鬢疽大患。掘取洗擣，敷患處，留頭，妙不可言，收根陰乾，臨時水擣亦可。時珍。出楊誠《經驗方》。

題明·薛己《本草約言》卷二《藥性本草》　巴豆　味辛，氣熱，有大毒。陽也，降也。生用之急，熟用之緩。削堅積，蕩臟腑之沉寒；通閉塞，利水穀之道路。斬關奪門之將，不可輕用。凡用，去心、皮。生則溫，熟則寒。味辛性烈，有蕩滌攻擊之能。若急攻，為通利水穀之方，則去皮、心、膜、油，生用。若緩治，為消摩堅積之劑，則炒烟出，令紫黑色，研用。可以通腸，可以止瀉。蓋通因通用之意，世所不知也。　江云：健脾開胃，益血脉，非真補也。蓋能蕩穢消積，則推陳致新，而脾胃從此和，血脉亦自此益矣，故云可以通腸，可以止泄。　丹溪云：去胃中寒積、食積，無寒者勿用。中巴豆毒者，以黄連汁、大豆汁解之。

明·梅得春《藥性會元》卷中　巴豆　味辛，性熱，浮而沉，陽中陰也，有大毒。芫花為使。惡蘘草。畏大黄、黄連。生巴郡故名之。性急通利，因名江子。　主削堅積，蕩臟腑之沉寒，通閉塞，利水穀之道，踖利痰水，能破積結，宣腸胃泄瀉脹膨。斬關奪門之將，不可輕用。能導氣，化食，去惡肉，排膿，除鬼毒蠱疰邪物，通月經，下爛胎，主金瘡膿血。不利丈夫陰。殺魚蟲，解斑猫、蛇蛻毒。胃中無寒積者勿用。　製法：去殻研如泥，層紙包，石壓三日，再用火磚二片，燒極熱，夾壓一日，取出，再研篩聽用。

明·王肯堂《傷寒證治準繩》卷八　巴豆　氣溫，味辛，有大毒。浮也，陽中陽也。潔：氣薄味厚，體重而沉降，陰也。垣：性熱，味辛，有大毒。潔：乃斬關奪門之將，不可輕用。海：若急治為水穀道路之劑，去皮心膜油，生用。若緩治為消堅磨積之劑，炒去烟，令紫黑用。可以通腸，可以止瀉，世所不知也。張仲景治百病客忤，備急丸用之。

明·李中立《本草原始》卷四　巴豆　今嘉州、眉州、戎州皆有之。木高一二丈，葉如櫻桃而厚大，初生青色，後漸黄赤，至十二月葉漸凋，二月復漸生。四月舊葉落盡，新葉齊生，即花發成穗，微黄色。五六月結實作房，生青，至八月熟而黄，類白豆蔻，漸漸自落乃收之。一房有二瓣，一瓣一子或三子。子仍有殻，用之去殻。戎州出者，殻上有縱文隱起如線，一道至兩三道，彼土人呼為金線巴豆，最為上等。此物始出巴蜀，而形如菽豆，故以名之。

氣味：辛，溫，有毒。主治：傷寒溫瘧寒熱，破癥瘕結聚堅積，留飲痰癖，大腹，蕩滌五臟六腑，開通閉塞，利水穀道，通去惡肉，除鬼毒蠱疰邪物，殺蟲魚。○療女子月閉，爛胎，金瘡膿血。不利丈夫，殺斑蝥、蛇虺毒。可煉餌之，益血脉，令人色好，變化與鬼神通。○治十種水腫，痿痹，落胎。○通宣一切病，泄壅除風，補勞健脾，開胃消痰破血，排膿，消腫毒，殺腹臟蟲，治惡瘡息肉及疥癩丁腫。○導氣消積，去臟腑停寒，治生冷硬物所傷。○治瀉痢，驚癇，心腹痛，疝氣，風喎耳聾，喉痹牙痛，通關利竅。○最能瀉人。

《本經》下品。【圖略】連殻形，子形，殻黄仁白。八月采。用之去心皮。

修治：有用仁者，用殻者，用油者。有生用者，有水煮者，酒煮者，醋煮者，有麩炒者，燒存性者。有研爛以紙包壓去油者，謂之巴豆霜。

杲曰：性熱，味辛，有大毒。浮也，陽中陽也。時珍曰：生猛熟緩，能吐能下，能止能行，是可升可降藥也。芫花為之使，惡蘘草，畏大黄、黄連、藜蘆、冷水。反牽牛，得火良。中其毒者，冷水、黄連汁、大豆汁解之。《危氏得效方》：治夏月水瀉不止，巴豆一粒，針頭穿，燈上燒存性，化蠟和作一丸，倒流水下。巴豆，使。

明·張懋辰《本草便》卷二　巴豆使　味辛，氣溫，有大毒。惡甘草，畏大黄、黄連。用之去心皮。　主傷寒，溫瘧寒熱，破癥瘕結聚堅積，留飲痰癖，大腸水脹，蕩滌五臟六腑，開通閉塞，利水穀道，女子月閉，殺腹藏蟲，去惡肉，排膿消腫，除鬼毒蠱疰邪物，殺蟲魚、斑猫、蛇虺毒。　此斬關奪門之將，不可輕用。若急治爲水穀道路之劑，去皮心膜油，生用；若緩治爲消堅磨積之劑，炒烟去令紫黑研用。丹溪云：去胃中寒積，無寒積者勿用。

明・盧復《芷園臆草題藥》　巴豆　得老陽氣化，太剛過急，猛峻無前，如乾之上九，亢龍有悔者也。《本經》稱其蕩練五藏六府。蕩如洗蕩則齠齔不存，練如練白則瑕疵盡淨。用此忍心，苟非恰好，未免流毒不辜，過傷質素，全在發縱指示何如耳。此物入腹如火，斯須暴下，斬關奪門，無往不利。世徒知其能下之急，不知毒熱之性，但可對待陰寒太過，已成堅凝閉塞之象，而陽火消沮，竟如死灰不燃者，下順水性，熱助火氣，一用兩得之矣。若水土金水不及，縱有可下之證，用之則木愈(柳)〔抑〕而脹，土愈陷而廢，金愈燥而炎，水愈涸而結矣。或難巴毒凶厲，若此解之，以畏即平，何惡人向化之速也？然物極必反，陽老則變，理也。得其性而解之，則用力易。雖然禍患頓除，而瘡痍未可遽起，毋恃解而忽諸！

明・李中梓《藥性解》卷五　巴豆　味辛，性生溫熟寒，有大毒，入脾、胃、大腸三經。主削堅積，蕩臟腑之沉寒，通閉塞，利水穀之道路，排膿消腫，破血通經，殺鬼毒蠱疰及腹臟諸蟲。去皮心膜油，水煮五度用，芫花為使，惡蘘草，畏大黃、黃連、藜蘆、牽牛、蘆笋、醬豉、冷水，殺斑蝥蛇蝎毒。按：巴豆耑主宣通，則脾胃大腸宜其入已。炒令紫黑，可以通腸，亦可止瀉。蓋通因通用之意也。仲景東垣及諸名家，每每用之，今世俗畏其辛熱之毒，蕩滌之患，輒云劫劑，廢皆不用，不知巴豆為斬關奪門之將，其性猛烈，投之不當，為害非輕，用之得宜，奏功甚捷。譬如張飛，亦一虎將也。顧人用之何如耳？可概棄哉！倘氣虛羸弱，脾氣久傷者，誠所大忌。

明・繆希雍《本草經疏》卷一四　巴豆　味辛，溫，生溫，熟寒，有大毒。主傷寒、溫瘧寒熱，破癥瘕結聚堅積，留飲痰澼，大腹水脹，蕩滌五藏六府，開通閉塞，利水穀道，去惡肉，除鬼毒蠱疰邪物，殺蟲魚，療女子月閉，爛胎，金瘡膿血，不利丈夫陰，殺班猫毒。可煉餌之，益血脈，令人色好，變化與鬼神通。

〖疏〗巴豆生於盛夏六陽之令，而成於秋金之月，故味辛氣溫，得火烈剛猛之氣，故其性有大毒。《別錄》言生溫、熟寒，恐熟亦不甚寒。氣薄味厚，降也，陽中陰也。入手、足陽明經。其主破癥瘕結聚堅積，留飲痰澼，大腹水腫，鬼毒蠱疰邪物，女人月閉者，皆腸胃所治之位，中有實邪留滯，致生諸病。故腸胃有病，則五臟六腑閉塞不通，此藥稟火性之急速，兼辛溫之走散，入腸胃而能蕩滌一切有形積滯之物，則閉塞開，水穀道利，月事通，而鬼毒蠱疰邪物悉為之驅逐矣。溫瘧者，亦暑濕之氣入於腸胃也。腸胃既清，則溫瘧自止。火能灼物，故主爛胎及去惡肉。性熱有大毒，則必有損於陰，故不利丈夫陰。《本經》又主傷寒寒熱，及《別錄》煉餌之法，悉非所宜。豈有辛熱大毒之物，而能治傷寒寒熱，及益血脈，好顏色之理哉？

〖主治參互〗同白礬枯過，去巴豆，單用礬研細，吹入喉中，流出熱毒涎，喉即寬，治急喉痹如神。一味炒，烟盡存性，研膏，治癰疽潰後腐肉不落，傅上即拔毒去瘀生新。《外臺秘要》飛尸鬼擊中惡，心痛腹脹，大便不通。走馬湯：用巴豆二枚，去皮心熬黃，杏仁二枚，以綿包椎碎，熱湯一合，捻取白汁，服之，當下而愈。量老少用之。《瑣碎錄》天絲入咽，凡露地飲食，有飛絲入上，食之令人咽喉生瘡。急以白礬、巴豆燒灰，吹入即愈。《經驗方》耳卒聾閉，巴豆一粒，綿裹，針刺孔通氣，塞之取效。《普濟方》一切惡瘡有蟲者：巴豆三十粒，麻油煎黑，去豆，以油調硫黃、輕粉末，頻塗取効。仲景三物白湯，治傷寒懊憹滿悶，身無熱者，為寒結胸，用桔梗三分，巴豆一分去皮心熬黑，貝母三分，二味為末，內巴豆臼中杵之，以白湯和服。強人半錢，弱者減之。病在膈上必吐，在膈下必利，不利進熱粥一杯，利過不止，進冷粥一杯。

〖簡誤〗元素曰：巴豆乃斬關奪門之將，不可輕用。世以之治酒病膈氣，以其辛熱能開通腸胃鬱結耳。第鬱結雖開，而血液隨亡，真陰虧損。從正曰：傷寒、風溫、小兒痘瘡、婦人產後，用之下膈，不死亦危。奈何庸人畏大黃而不畏巴豆，以其性熱而劑小耳。豈知蠟匱之，猶能下後使人津液枯竭，胸熱口燥，耗卻天真，留毒不去，他病轉生。觀二公之言，則巴豆之為害昭昭矣。然而更有未盡者，巴豆稟火烈之氣，沾人肌肉無有不灼爛者。試以少許輕擦完好之膚，須臾即發出一泡，況腸胃柔脆之質，下咽則徐徐而走，且無論下後耗損真陰，而腑臟被其熏灼，能免無潰爛之患耶？凡一概湯散丸劑，切勿輕投，即不得已急證，欲借其開通道路之力，亦須炒熟，壓令油極淨，入分許即止，不得多用。

明・倪朱謨《本草彙言》卷九　巴豆　味辛薟，氣熱，有大毒。味薄氣厚，降也，陽中陰也。入手足陽明經。《別錄》曰：巴豆，生巴郡川谷。

蘇氏曰：今嘉州、眉州、戎州皆有之。木高一二丈，葉如櫻桃而厚大。初生青色，後漸乾黄。季冬漸凋，仲春即發。仲夏舊葉落盡，新葉復生，即開花成穗，色微黄，五六月結實作房，七八月成熟，漸漸自落。外殻如白豆蔻，一房二瓣，一瓣一子，或三子，子如海松子，子亦有殻。獨戎州出者，殻上有縱紋，隱起如綫，或一道二道三道不等，土人呼爲金絲巴豆，最稱上品，他處罕有。八月采，去内外殻，取仁，酒煮一次，研膏用。有去殻取肉，生研如膏，以紙包，壓去油者，謂之巴豆霜。中其毒者，以冷水、黄連、大豆汁解之。

巴豆：推蕩藏府，《本經》開通閉塞之藥也。皮正東抄左氏曰：此劑味甚辛蘝，氣甚熱烈，性甚剛猛，攻關拔固，功過牽、黄。摧滯逐實，力浮硝、戟。追逐一切有形留着久頑不遜之疾。如留飲痰癖，死血敗膿，蠱毒、飛尸、鬼疰，休息結痢，寒痰哮喘，及一切生冷、魚麵、油膩、水果、積聚、蟲積，或水腫大腹，寒疝、死胎，痞結、癥瘕諸證，下咽即行。苟非氣壯力强之人，不可輕用。張氏曰：如不審而妄用，耗刼天真，使人津液枯竭，胸熱口燥，留毒不去，他病轉生，則巴豆之爲害昭昭矣。然而更有未盡者，此藥禀火烈之氣，沾人肌肉，無不灼爛。試以少許，輕擦完好之膚，須臾即發一泡，必至腫爛成瘡。况腸胃柔脆之質，下咽則徐徐而走。且無論下後耗損天真，而府藏被其熏灼，能免無潰爛之患耶？凡一概湯散丸劑，切勿輕投。即有萬不得已之急證，欲借其辛烈攻衝，開通道路之力，必須煮熟，壓令油淨，入釐許即止，不得多用。如前古有云：巴豆煉熟食之，能益血脉，悦顔色，通神仙。此無根怪談，不可信從。明理之士，當自審之。

李瀕湖先生曰：巴豆峻用，則有戡亂刼病之功。微用亦有撫綏調中之妙。譬之蕭、曹、絳、灌，乃勇猛武夫，而用之爲相，亦能輔治太平。王海藏言其可以通腸，可以止瀉，此發千古之秘也。一老婦年六十餘，病溏泄已五年，肉食油物生冷，犯之即作痛。服調脾、升提、止澀諸藥，入腹則泄反甚。延余診之，脉沉而滑，此乃脾胃久傷，冷積凝滯所致。王太僕所謂大寒凝内，久利溏泄，愈而復發，綿歷歲年者。法當以熱下之，則寒去利止。遂用蠟匱巴豆丸藥五十丸，與服二日，大便不通亦不利，其泄遂愈。自是每用治泄痢積滯諸病，皆不瀉而病愈者近百人。妙在配合得宜，藥病相對耳。苟用所不當用，則犯輕用損陰之戒矣。

集方：《醫學切問》治留飲痰癖，并一切積滯。用巴豆肉十粒，紙裹打去油，蛤粉一兩，黄藥子炒二兩，共爲細末，水發丸，緑豆大。每用溫湯下五丸。○《外科全書》治腸癰内疽，死血敗膿，脹悶不出者。用巴豆肉三粒，製法如前。穿山甲五錢，燒焦，米糊丸，如緑豆大。每服三五丸，酒下。見下膿血即止。○《外科精義》治癰疽潰後，腐肉不落。用巴豆肉搗膏，敷上即落。○陳山奇家抄治一切蠱毒。用巴豆肉半粒，不去油研爛，用麻油半盞，調服，再隨飲緑豆湯二碗。俟吐瀉數行，蠱即出，旋飲冷緑豆湯止之。○《經驗方》治休息結痢，愈而頻發。用巴豆肉五錢，製法如前。研末，用熟猪肝爲丸，如緑豆大。空心白湯下三四五六丸，量人虚實多少爲數。不過三服淨止。○張杲《醫説》治寒痰氣喘。用橘皮一大片，裹巴豆肉一粒，綫紮緊，火内燒存性，研末，濃薑湯調服。○《桂香堂醫集》治一切生冷、魚麵、油膩、水果，諸物傷脾成積。用巴豆肉十粒，製法如前。紅麯一兩，草果仁五錢，共爲末，米湯和丸，如黍米大。每早服十丸，白湯下。小兒減半。○蓮池沈大師口傳治蟲積肚脹，好食生米、壁土、桴炭等物。用巴豆肉十粒，製法如前。三稜、莪朮、檳榔、白朮各五錢，俱炒過，共爲末，砂糖爲丸，如黍米大。每服五丸，白湯吞下。弱者三丸。○張文仲《備急方》治水蠱腹大，動摇水聲，皮膚黑色。用巴豆肉十粒，製法如前。杏仁二十粒，去皮、紙裹、打去油，和匀，紅麯一錢，打稀糊爲丸，如黄豆大。每早空心未食時，服一丸，以利爲度。忌鹽味、糖味百日。此方并治飛尸鬼疰，中惡心痛，腹脹，大小不通。用藥二丸，敲碎，白湯泡化服，當下而愈。量大小老人强弱，增減用之。○《百一方》治寒疝。用巴豆肉一分研細，吳茱萸、川楝子各一錢，甘草五分。水煎，溫和服。○《海上方》治死胎不下，危在頃刻。用巴豆肉半粒，製法如前。研細，滚水調服。○《海上方》治痞結癥瘕。用巴豆肉五粒，製法如前。紅麯三兩炒，小麥麸皮一兩炒，俱研爲細末，總和爲丸，如黍米大。每空心服十丸，白湯下。

續集方：危氏《得效方》治夏月水瀉不止。用巴豆一粒，針頭燒存性，黄蠟溶化爲丸，白湯吞下。○《和劑局方》治乾霍亂，心腹脹痛，不吐不瀉，欲死。用巴豆肉一枚，研爛。溫湯調服，得吐利即愈。○龔氏《醫鑑》治小兒痰喘。用巴豆肉一粒，紙包打去油，綿裹塞鼻，男左女右，痰即下。○《急驗方》治荷錢癬瘡。用巴豆肉三粒研爛，以生絹包擦，日一二次。如神。○《千金方》治急喉痹。用生礬爲末五錢，巴豆肉三粒，同熬滚，去巴豆肉，單用枯礬，研細，吹入喉中。流出熱毒涎，喉即寬。○《千金方》治喉痹垂死，止有餘氣者。用巴豆綫穿，内入喉中，即牽出，即甦。〇《普濟方》治一切膿窠癩瘡。用巴豆肉五十粒，麻油煎黑，去豆，以油調硫黄、輕粉末，頻搽，即效。〇治中風痰厥，昏迷卒倒，不省人事，欲絶者。用巴豆去殼，紙包槌油，去豆不用，用紙撚作條，送入鼻内。或拌牙皂末尤良。或用前紙條燒烟，熏入鼻内亦可。

明・顧逢柏《分部本草妙用》卷六兼經部・温瀉　巴豆　性温，有毒。芫花為使，畏大黄、黄連、藜蘆、醬、豉、冷水。得火良。反牽牛。中其毒者，以冷水、黄連、大豆汁解之。　主治：破癥瘕痰癖，開宣臟腑，利水穀道水腫，落胎，疔腫疥癩。　巴豆性最迅利，斬關奪門之將，何可輕用？　以為敷藥則可，若入煎劑中用，中毒者多，烏可嘗試乎？

明・李中梓《醫宗必讀・本草徵要下》　巴豆味辛，熱，有大毒。入肺、脾、胃、大小腸五經。芫花為使，畏大黄、黄連、蘆筍、菰筍、醬豆、冷水，惡蘘草，反牽牛。去心及膜，火焙研細，去油用。　蕩五臟，滌六腑，幾於煎腸刮胃；　攻堅積，破痰癖，直可斬關奪門。氣血與食一攻而殆盡，痰蟲及水傾倒而無遺。胎兒立墮，疔毒旋抽。生於盛夏之令，成於秋金之月，故味辛氣温，得剛猛火烈之用，蕩滌一切有形之物。按：　元素曰：　巴豆不可輕用，鬱滯雖開，真陰隨損，以少許着肌膚，須臾發泡，況腸胃柔薄之質，無論下後耗損真陰，即臟腑被其薰灼，能無潰爛之患耶？　萬不得已，亦須炒熱去油，入少許即止，不得多用。

明・鄭二陽《仁壽堂藥鏡》卷二　巴豆　陶隱居云：　出巴郡，似大豆，最能瀉人。　新者佳。　用之去心皮，以麻油同酒煮令黄黑色，搗如膏，入丸散。氣温，味辛。生温，熟寒。有大毒。　《本草》云：　主傷寒，温瘧寒熱，破癥瘕結聚堅積，留飲痰癖，大腹水脹。蕩滌五臟六府，開通閉塞，利水穀道。去惡肉，除鬼毒蠱疰邪物，殺蟲魚，療女子月閉，爛胎。金瘡膿血，不利丈夫，陰癩。殺斑猫毒，健脾開胃。　易老云：　斬關奪門之將，大宜詳悉，不可輕用。　雷公云：　得火則良。若急治，為水穀道路之劑，去皮心膜油，生用；若緩治，為消堅磨積之劑，炒烟去，令紫黑，研用，可以通腸，可以止泄，世所不知也。　仲景治百病客忤，備急圓主之。巴豆、杏仁，例及加減。　寒熱佐使，五色并餘例，並見《元戎》。　《珍》云：　去胃中寒濕。　《經驗方》云：　治箭鏃入骨不可拔，取巴豆微熬，與蜣螂同研，塗傷處。須臾痛定，微痒，忍之。待極痒，即拔之立出矣。

明・蔣儀《藥鏡》卷二熱部　巴豆　稟火性之急速，兼辛温之散颺。削堅積而蕩臟腑之沉寒，利閉塞而通水穀之道路。單炒使黑烟將盡，癰疽腐肉之不落者傅之。燒煅與白礬共灰，天絲入咽而生瘡者吹入。熱毒之性，對待陰寒太過。堅凝閉塞，而陽火潛消。死灰不活者，何也，下順水性，熱助火氣，一用而兩得之，其功獨也。若夫木土金水之不及，縱有可下之條，服之則木抑而脹，土陷而廢，金燥而淡，水涸而結矣。

明・張景岳《景岳全書》卷四九《本草正》　巴豆　味辛，性熱，有大毒。可升可降。善開關竅，破癥堅積聚，逐痰飲。殺諸惡毒、蟲毒蠱毒。通秘結，消宿食，攻臟府停寒生冷壅滯，心腹疼痛，瀉痢，驚癎，諸水氣疝氣。下活胎死胎，逐瘀血血積，及消癰瘍疔毒惡瘡，去瘜肉、惡肉、腐肉，排膿消腫，喉痹牙疼諸證。然其性剛氣烈，無處不到，故稱為斬關奪門之將。若誤用之，則有推牆倒壁之虞。若善用之，則有戡亂調中之妙。用者所當慎察。

明・盧之頤《本草乘雅半偈》帙六　巴豆《本經》下品　氣味：　辛，温，有毒。　主治：　主傷寒，温瘧寒熱，破癥瘕結聚堅積，留飲痰癖，大腹〔水脹〕，蕩練五藏六府，開通閉塞，利水穀道，去惡肉，除鬼毒蠱疰邪物，殺蟲魚。

覈曰：　出巴郡川谷。今嘉州、眉州、戎州皆有之。木高一二丈。葉如櫻桃而厚大，初生青色，久漸黄赤，季冬漸凋，仲春漸發，仲夏舊葉落盡，新葉齊生，即開花成穗，其色微黄。五六月結實作房，七八月成熟，漸漸自落。一房二瓣，一瓣一子，或三子。子仍有殼，獨戎州出者，殼上有縱文，隱起如綫，或一道，或兩道三道。土人呼爲金綫巴豆，最爲上品，他處鮮有。修治：　去殼敲碎，每兩用麻油，并酒各七合，煮乾，研膏用。芫花為之使。畏大黄、黄連、蘆筍、菰筍、藜蘆、醬、豉、冷水，得火良，惡蘘草，與牽牛相反。中其毒者，冷水、黄連、大豆汁解之。

条曰：　巴，蛇名。許氏云：　巴蛇吞象，捷取巧嗜，糜潰有形，性之至毒者也。謂巴豆之蕩練藏府，開通閉塞，毒烈之性相類爾。故可對待陰凝至堅，結聚留癖。先人《博議》云：　蕩則齠齔不存，練則瑕疵盡淨，苟非陽氣消沮，形如死灰者，未免流毒不辜，慎之。毒藥攻病，不得不毒手，亦不得輕下毒手。

明・李中梓《本草通玄》卷下　巴豆　辛，熱。　祛臟腑停寒，破堅積痰癖，開通閉塞，疏利水穀，破血排膿，殺蟲辟鬼。巴豆稟陽剛雄猛之性，有斬關奪門之功，氣血未衰，積邪堅固者，誠有神功。老羸衰弱之人，輕妄投之，禍不旋踵。　巴豆、大黄同為攻下之劑，但大黄性冷，腑病多熱者宜之。巴豆性熱，臟病多寒者宜之。故仲景治傷寒傳裹惡熱者多用大黄。東垣治五積屬臟者，多用巴豆。世俗未明此義，往往以大黄為五道之藥，以巴豆為刼霸之劑，不亦謬乎！　若急治為水穀道路之劑，去皮心膜油，生用。緩治為消堅磨積之劑。炒令紫黑用。炒至煙將盡，可以止瀉，可以通腸。用之合宜，效如桴鼓，此千古之秘，人所不知。紙包壓去油者，謂之巴霜。巴豆殼，燒灰存性，能止瀉痢。

清·顧元交《本草彙箋》卷五　巴豆並巴豆油。　巴豆生於盛夏六陽之令，而成于秋金之月。其火烈剛猛之氣，能蕩滌一切有形之積滯。若非沉寒痼積，不宜輕投。如急治，爲水穀道路之需。去皮心、膜、油，生用之。如緩治，爲消磨結聚之品，宜炒去煙，令紫黑，熟用之。然試以少許，擦完好之膚，須臾發泡，况腸胃柔脆之質，下咽則徐徐而走，且無論下後耗損真陰，而臟腑當時已受其熏灼，能保無潰爛之患耶？

不去膜則傷胃，不去心則傷腎。

治膈氣，及寬胸化氣，寧肺止嗽，消痰，每大枳殼一觔，溫水泡軟，去穰，每二片入巴豆三粒，對紮米醋二觔，煮二炷香，去豆，切片晒乾，香附醋煮四兩，烏藥、蘇子、蘿蔔子各四兩，共搗碎，磨末，醋糊丸梧子大，早晚各服三十丸，溫茶送下。凡老年痰火，幼年哮吼，内多寒痰，氣不升降，或遇風寒而發，或過食鹽醬而發，用巴豆去膜去心，炒熟，壓去油，極淨三錢，白硼砂枯過三錢，牙皂去皮弦子炮一兩，杏仁去皮尖炒黄色一兩，淡豆豉二兩，水拌蒸，和匀，搗丸菉豆大，每服六七十丸，食遠臨睡，白湯送下，立效。　痢疾丹，巴霜淨一錢，乳香、沒藥各去油三錢，杏仁二十一粒去油，黄占一兩二錢，先化黄占，離火少頃，入前末，丸如粗豆大，每服一丸。紅痢，甘草湯下。白痢，淡鹽湯下。如不愈，再一丸，以三丸爲率。　漏方，香油半觔，巴豆肉、蓖麻子肉各二兩，同熬至藥枯，濾清再熬，以香膠四兩，收之作膏，貼患上，吸盡膿水，并管俱化盡而愈。　巴豆油，主治中風痰厥，中惡喉痺，一切急病，咽喉不通，牙關緊閉，以研爛巴豆，綿紙包，壓取油，作撚點燈，吹滅，熏鼻中，或用熱煙刺入喉内，即時出涎或惡血，便甦。

清·穆石匏《本草洞詮》卷一　巴豆　此出巴蜀，形如菽豆，故名。氣味辛甘熱，有大毒。破癥瘕堅積，痰癖，除鬼毒蠱疰，去臟腑停寒，生冷硬物所傷，耳聾喉痺，通利關竅，殺蟲、魚，斑蝥、蛇虺毒。蓋巴豆生猛熟緩，可生可降，能吐能下，能止能行。有用仁者，用油者，用殼者，　有生用者，麩炒者，醋煮者，燒存性者，　有研爛以紙包壓去油者。若急治為水穀道路之劑，去皮心膜油，生用。若緩治為消堅磨積之劑，炒去烟，令紫黑用，可以通腸，可以止泄也。李瀕湖云：　巴豆峻用則有戡亂刼病之功，微用亦有撫綏調中之妙。一老婦病溏泄已五年，肉食、油物、生冷即作痛，服調脾、升提、止澀諸藥，則泄反甚。余診之脈沉而滑，此乃脾胃久傷，冷積凝滯所致，王太僕所謂大寒凝内，久利溏泄，愈而復發，綿歷歲年者，法當以熱下之，則寒去利止。遂用蠟匱巴豆丸五十丸，與服二日，大便不通亦不利，其泄遂愈。自是每用治泄痢積滯諸病，皆不瀉而病愈也。按巴豆為禁用之藥，庸人畏大黄而不畏巴豆，以辛能開鬱而劑小耳。豈知鬱結雖開，而忌其血液，損其真陰，為害匪小。雖以蠟匱之，猶能下後使人胸熱口燥，津液枯竭，可不懼哉？　總之巴豆之功，專去寒積，無寒積者不可用也。《論衡》云：　萬物含太陽火氣而生者，皆有毒，用之得宜，皆有功力，用之失宜，參苓尚能為害，況巴豆乎？　張華云：　鼠食巴豆三年，重三十觔。物性乃有相耐如此。

清·劉雲密《本草述》卷二三　巴豆　時珍曰：　是物出巴蜀，而形如菽豆，故以名之。然有雌雄，緊小者是雌，有稜及兩頭尖者是雄。雄者峻利，雌者稍緩也。用之得宜，皆有功力。按有稜及兩頭尖者，名剛子。又《藥性賦》註云：巴豆性急通利，因名江子。《準繩》於中風口噤證用之，名稀涎散，亦曰江子。　之頤曰：　出巴郡川谷，今嘉州、眉州、戎州皆有之。木高一二丈，葉如櫻桃而厚大，初生青色，久漸黄赤，季冬漸凋，仲春漸發，仲夏舊葉落盡，新葉齊生，即開花成穗，其色微黄，五六月結實作房，七八月成熟，漸漸自落，一房二瓣，一瓣一子，或三子，子仍有殼。獨戎州出者，殼上有縱紋，隱起如線，或一道，或兩道，三道，土人呼為金線巴豆，最為上品，他處鮮有。

氣味：　辛，温，有毒。　普曰：　神農、岐伯、桐君：　辛，有毒。李當之：　熱。　潔古曰：　性熱味苦，氣薄味厚，體重而沉降，陰也。　東垣曰：　性熱，味辛，有大毒。浮也，陽中陽也。　時珍曰：　巴豆氣熱味辛，生猛熟緩，能吐能下，能止能行，是可升可降藥也。張氏言其降，李氏言其浮，皆泥於一偏矣。蓋茲物不去膜則傷胃，不去心則作嘔。以沉香水浸則能升能降，與大黄同用瀉人反緩，為其性相畏也。王充《論衡》云：　萬物含太陽火氣而生者，皆有毒。故巴豆辛熱有毒。

主治：　導氣消積，去臟腑停寒，心腹痛冷，氣血凝，癥瘕結聚堅積，留飲痰癖，驚癇，大腹水腫，治生冷硬物所傷，及一切病泄壅滯，蕩練五臟六腑，開通閉塞，利水穀道，利關竅，療喉閉耳聾，去惡肉，療女子月閉，爛胎。　惟傷寒熱閉忌用，不利丈夫陰。　丹溪曰：　去胃中寒積。　無寒積者勿用。　盧復曰：　巴豆得老陽氣化，大剛過急，猛峻無前，全在發縱，指示何如耳。　茲物入腹如火，斯須暴下，斬關奪門，無往不利。　世徒知其能下之急，不知毒熱之性，但可對待陰寒大過，已成堅凝閉塞之象，而陽火消沮，竟如死灰不燃者，下順水，性熱助火氣，一用兩得之矣。　若木土金水不及，縱有可下之證，用之則木愈抑而脹，土愈陷而廢，金愈燥而炎，水愈涸而結矣。　好古曰：　若急治為水穀道路之劑，去皮、心、膜、油，生用。　若緩治為消堅磨積之劑，炒去烟令紫黑用。　可以通腸，可以止瀉，世所不知也。　張仲景治百病客忤備急丸用之。　時珍曰：　巴豆峻用，則有戡亂劫病之功，微用亦有撫緩調中之妙。譬之蕭、曹、絳、灌，乃勇猛武夫，而用之為相，亦能輔治太平。　王海藏言其可以通腸，可以止瀉，此發千古之秘也。　一老婦年六十，飲病溏泄已五年，肉食、油物、生冷犯之即作痛，服調脾、升提、止澀諸藥，入腹則泄反甚。　延余診之，脈沉而滑，此乃脾胃久傷冷積凝滯所致，王太僕所謂大寒凝內，久利溏泄，愈而復發，綿歷歲年者。　法當以熱下之，則寒去利止。　遂用蠟匱巴豆丸藥五十丸與服，二日大便不通，亦不利，其泄遂愈。　自是每用治泄痢積滯諸病，皆不瀉而病愈者近百人。　妙在配合得宜，藥病相對耳。　苟用所不當用，則犯輕用損陰之戒矣。　希雍曰：　巴豆生於盛夏六陽之令，而成於秋金之月，故味辛氣溫，得火烈剛猛之氣，故其性有大毒。　氣薄味厚，降也，陽中陰也，入手足陽明經。　此藥稟火性之急速，兼辛溫之走散，入腸胃而能蕩滌一切有形積滯之物。

仲景三物白湯治傷寒懊憹滿悶，身無熱者，為寒結胸，用桔梗三分，巴豆一分，去皮心，熬黑，貝母三分，二味為末，內巴豆臼中，杵之，以白湯和服，強人半錢，弱者減之。　病在膈上必吐，在膈下必利，不利進熱粥一杯，利過不止，進冷粥一杯。

附方　寒痰氣喘，青橘皮一片，展開，入剛子一個，麻紥定，火上燒存性，研末，薑汁和酒一鍾，呷服。　寒澼，宿食不消，大便閉塞，巴豆仁一升，清酒五升，煮三日三夜，研熟，合酒微火煎，令可丸如豌豆大，每服一丸，水下，欲吐者二丸。　積滯瀉痢，腹痛裏急，杏仁去皮尖，巴豆去皮心，各四十九個，同燒存性，研泥，溶蠟和丸綠豆大，每服二三丸，煎大黄湯下，間日一服。　一加百草霜三錢。　同白礬枯過，去巴豆，單用礬研細，吹入喉中，流出熱毒涎，喉即寬，治急喉痹如神。　一味炒烟盡，存性，研膏，治癰疽潰後，腐肉不落，傅上，即拔毒，去瘀生新。　耳卒聾閉，巴豆一粒，紙裹，針刺孔通氣，塞之取效。　二便不通，巴豆連油連黄各半兩，搗作餅子，先滴葱鹽汁在臍內，安餅子上，灸二七壯，取利為度。

愚按：　巴豆之樹，植於西土，固稟金氣矣。　但其葉新舊相代，乃在仲夏，而開花成穗，又即於斯時，並結實作房，亦踵其後，豈非稟地氣之金，而受天氣之火，極其精專者歟？　唯其實之成熟者，延至七八月，漸漸自落，豈非金化於火，火終於金，金專受炎火之氣，而絕不受寒水之氣者歟？　夫金獨受火氣，而子氣之水絕無與也，又豈非偏至之性，洵為有毒者歟？　蓋潤物者莫如水，燥物者莫如火，燔灼物者亦莫如火，謂其枯竭津液，有損真陰，潰爛有形也，誠不妄。　且火氣之精專者，獨為金用，故金本剛，而司降令，又從於最烈之火，謂其為斬關奪門之將也，亦不妄。　如好古有生用者，存金而去火之毒，可以利水穀道，而不傷臟腑。　炒用者，從火而制金之銳，可以磨堅結積，而不致暴厲。　《本經》所云蕩練五藏六府，生用合於蕩，炒用合於練矣。　抑浮沉升降，先哲所見互異者，云何？　曰：　是物金從火化，火仍為金用。　《本經》謂其利水穀道者，謂飛門至於魄門，皆一氣之所貫，而金化於火者，反司降令，以直透於下焦，其所謂破結聚堅積，去惡肉等，皆其由陽入陰，以神其老陽之用者也。　即如硬物宿食，亦以屬味皆陰也。　謂其浮中得沉，升中得降，亦何不可。　希雍所謂陽中陰，入手足陽明者，庶幾近之矣。　雖然，唯其本至陽以破結陰，故一切寒滯乃其對待之治，即不屬於寒冷，凡氣血陰翳，積久閉塞，皆其蕩滌之地，反是，不唯無益而有害也。　簡方書有食生冷而成積者，一醫用大黄下之，不應，一醫用巴豆乃愈。　蓋寒積非此味不可，亦猶大黄之所能下者，非此味可任也。　施治者豈可不審哉？

附案：　一女子值暑月夜間甚涼，患心痛從右肋下起，至心前岐骨陷處，并兩乳下俱痛，復連背痛，腰及兩膀俱骨縫脹疼，唯右肋并心疼獨甚，時作惡心且嘔。　疑夜眠受涼，寒邪鬱遏，氣不流暢所致，用散寒行氣藥不效；又疑寒氣鬱滯，中有鬱火，於前劑加散鬱火之藥，亦不效。服加味煮黃丸乃頓愈，薑黃三錢五分，雄黃三分，乳香三分去油，巴霜八分去油淨，共為細末，醋糊為丸，如黍米大，虛者七丸，實者十一丸，薑湯送下。

《經》云：邪氣盛則實。此婦體素虛弱，而受寒邪，甚則為實，唯此辛熱之劑，可以導之。前所用藥，雖亦散寒，而不能及病也。其用薑黃、乳香，亦有深意，葢寒能傷血故耳。此時珍所謂配合得宜，則罔不奏功也。

潔古曰：巴豆乃斬關奪門之將，不可輕用。

希雍曰：巴豆稟火烈之氣，沾人肌肉，無有不灼爛者。試以少許，輕擦完好之膚，須臾即發出一泡，況腸胃柔脆之質，下咽則徐徐而走，且無論下後耗損真陰，而臟腑被其熏灼，能免無潰爛之患耶。凡一槩湯散丸劑，切勿輕投，即不得已，急證欲借其開通道路之力，亦須炒熟，壓令油極淨，入分許即止，不得多用。

修治　芫花為使，畏大黃、黃連、蘆筍、菰筍、藜蘆、醬、豉、冷水。得火良。中其毒，以黃連、大豆汁解之。惡蘘草。反牽牛。　凡修事巴豆，敲碎，去油淨，用白絹袋包，甘草水煮，焙乾，或研膏用。　日華子曰：凡入丸散炒用，不如去心膜，換水煮五度各一沸也。須知去心膜，換水煮，亦止於緩火毒，巴豆之火毒，所畏者水也。炒去烟，止可以去金之暴，而火性尚存，金之所畏者火，而巴豆又喜火也。治法宜中的為妙。　時珍曰：巴豆有用仁者，用殼者，用油者，有生用者，麸炒者，醋煮者，燒存性者，有研爛以紙包壓去油者，謂之巴豆霜。

巴豆油

主治：中風痰厥，氣厥中惡，喉痺，一切急病，咽喉不通，牙關緊閉，以研爛巴豆，綿紙包壓取油，作撚點燈，吹滅，熏鼻中，或用熱烟刺入喉內，即時出涎或惡血，便甦。又舌上無故出血，以熏舌之上下，自止時珍。

清·郭章宜《本草匯》卷一六　巴豆　性熱，味辛，大毒。可升可降，陽中陽也，入手太陰、陽明、太陽、足太陰、陽明經。蕩五藏，滌六府，幾于煎腸刮胃；攻堅積，破滯癖，直可斬關奪門。氣血與食，一攻而殆盡。痰蟲及水，傾倒而無遺。胎兒立爛，疔腫旋抽。

按：巴豆，合六陽火氣而生，稟剛雄猛烈之性，乃斬將奪門之將。氣血未衰，寒積堅固有形者，誠有神功。與大黃同為攻下之劑。但大黃性冷，腑病多熱者宜之。巴豆性熱，臟病多寒者宜之。巴豆入腹如火，斯須暴下，斬關奪門，無往不利。世徒知其能下之急，不知熱毒之性，但可對待陰寒。若木土金水不及，縱有可下之證，用之則木愈抑而脹，土愈陷而廢，金愈燥而炎，水愈涸而結矣。故凡萬物合太陽火氣而生者，皆有毒。當斟酌之耳。　故仲景治傷寒傳裏多熱者，多用大黃。東垣治五積屬臟者，多用巴豆。世俗不明此義，往往以大黃為王道之藥，以巴豆為刼霸之劑，不亦謬乎？若急治為水穀道路之劑，去皮心膜油，生用。若緩治為消堅磨積之劑，炒令紫黑用。如炒至烟將盡，可以止瀉，可以通腸，用之合宜，効如桴鼓，此王海藏能發千古之秘奧也。然必審定脾胃，果然久傷積冷凝滯，脉沉而滑，即王太僕所謂大寒凝內，久利溏瀉，愈而復發，綿歷歲年者，法當以熱下之，則寒去利止。宜用蠟匱巴豆丸，不瀉而愈。苟用之不當，則犯損陰之戒矣。今人每每輕用，試以少許沾之肌膚，須臾發泡灼爛，況腸胃柔脆之質，無論下後耗損真陰，即府藏被其薰灼，能無潰爛之患耶？即不得已急證，欲借其開通道路之力，亦須炒熟，壓令油極净，入分許即止。若投之老羸衰弱之人，禍不旋踵。

入丸散中，去皮心膜，換水煑五度，各一沸，擣如膏，用紙包壓去油，名為巴霜。緊小色黃者，為巴三稜。色黑者為豆。小而兩頭尖者為剛子，其力更猛。燒殼存性，能止瀉痢。生猛熟緩，生溫熟寒，不去膜則傷胃，不去心則作嘔。以沉香水浸，則能升能降。與大黃同用，瀉人反緩，為其性相畏也。芫花為之使。反牽牛。畏大黃、黃連、蘆筍、冷水。中其毒者，以此解之。

清·蔣居祉《本草擇要綱目·熱性藥品》　巴豆最能瀉人。新者佳。用之去皮心膜，熬令黃黑，擣如膏，乃和丸散。有用仁者，用殼者，用油者。有生用者，麸炒者，醋煮者，燒存性者。有研爛，以紙包壓去油者，謂之巴豆霜。　氣味：辛，溫，有毒。又曰：生溫熟寒，有大毒。其性熱，味苦。氣薄味厚，體重而沉降，陰也。又性熱，味辛，有大毒。浮也，陽中陽也。又生猛熟緩，能吐能下，能止能行，可升可降。

主治：傷寒溫瘧寒熱，破癥瘕結聚，堅積留飲，痰癖大腹。蕩練五臟六腑，開通閉塞，利水穀道。去惡肉，除鬼毒蠱主邪物。殺蟲魚，金瘡膿血。不利丈夫。殺斑蝥蛇虺毒，治十種水腫痿痺。落胎。通宣一切病，泄壅滯。除風破血，排膿消腫毒。殺腹臟蟲及疥癩丁腫。治瀉痢驚癇，心腹痛疝氣，風喎耳聾，喉痺牙痛，利關竅。古人云：巴豆乃斬關奪門之將，不可輕用。若峻用，則有戡亂劫病之功。微用，亦有撫緩調中之妙。譬之蕭曹絳灌，乃勇猛武夫，而用之為相，亦能輔治太平。王海藏言其可以通腸，可以止瀉，此發千古之祕也。

清・王翃《握靈本草》卷八　巴豆出巴郡。三稜，色黃或黑者可用，去皮心，熬令黃，搗如膏，去油(去)為霜。反牽牛。　主治：　巴豆，辛，溫，有毒。主傷寒，溫瘧寒熱，破癥瘕結聚，堅積痰飲，通閉塞，利水道。去惡肉，去臟腑停寒。生硬所傷，瀉痢，驚癇，疝氣，喉痺。

清・汪昂《本草備要》卷三　巴豆大燥，大瀉。　辛，熱，有大毒。生猛而熟少緩。可升可降，能止能行，開竅宣滯，去藏府沉寒，爲斬關奪門之將。破痰癖血瘕，氣痞食積，生冷硬物所傷，大腹水腫，瀉痢驚癇，口喎耳聾，牙痛喉痹。纏喉急痹，緩治則死。用解毒丸：　雄黃一兩，鬱金一錢，巴豆十四粒，去皮油爲丸，每服五分，津嚥下。雄黃破結氣，鬱金散惡血，巴豆下稠涎，然係厲劑，不可輕用。或用紙捻蘸巴豆油，燃火刺喉；　或搗巴豆，綿裹，隨左右納鼻中，吐出惡涎紫血即寬。鼻雖少生瘡，無礙。其毒性又能解毒，殺蟲，療瘡瘍，蛇蠍諸毒。峻用大可劫病，微用亦可和中。通經爛胎。巴豆稟火烈之氣，爛人肌肉。試以少許擦皮膚，即發一泡，況腸胃耶？　不可輕用。王好古曰：　去心、皮膜、油，生用，爲急治水穀道路之劑；　炒去烟令紫黑用，爲緩治消堅磨積之劑。可以通腸，可以止瀉，世所不知也。時珍曰：　一婦年六十餘，溏瀉五載，犯生冷油膩肉食即作痛，服升、濇藥，瀉反甚，脉沉而滑。此乃脾胃久傷，積冷凝滯，法當以熱下之。用蠟匱巴豆丸五十粒，服二日，不利而愈。自是每用治瀉痢，愈者近百人。　一名剛子。　雷斆曰：　緊小色黃者爲巴，三稜色黑者爲豆，小而兩頭尖者爲剛子。剛子殺人。　時珍曰：　此說殊乖。蓋緊小者爲雌，有棱及兩頭尖者是雄，雄者更峻耳。用之得宜，皆有功力。不去膜則傷胃，不去心則作嘔。　藏器法：　連白膜服。　或用殼、用仁、用油，生用、炒用、醋煮燒存性用。研去油，名巴豆霜。芫花爲使，畏大黃、黃連、凉水。中其毒者，以此解之。或黑豆、綠豆汁亦佳。得火良。　油：　作紙捻燃火，吹息，或熏鼻，或刺喉，能出惡涎惡血。治中風中惡，痰厥氣厥，喉痹不通，一切急病。大黃、巴豆，同爲峻下之劑。但大黃性寒，府病多熱者宜之。巴豆性熱，藏病多寒者宜之。故仲景治傷寒傳裏多熱者，多用大黃；　東垣治五積屬藏者，多用巴豆。與大黃同服，反不瀉人。

清・顧靖遠《顧氏醫鏡》卷八　巴豆辛，熱，大毒。反牽牛。　炒熟去油，只用鼈許，不可過分。　諸般積滯，痰、食、蟲、血是也。立皆蕩滌。　臟腑氣血，悉被侵傷。辛熱大毒，迅速下瀉之厲藥。　明礬三錢，煎溶，入豆七粒。同煆，去豆，研，用少許。吹喉痺，流出熱涎，立開如神。稟火烈之氣，以少許着肌，頃刻發(胞)〔泡〕，況腸胃柔質能堪乎？此慎勿輕用，火能爍物，故主爛胎，孕婦大忌。

清・李熙和《醫經允中》卷二〇　巴荳　入手足太陰、陽明經。中其毒者以冷水、黃連、大荳汁解之，炒紫黑用。　性熱，味辛，大毒。主治開宣臟腑，利水穀道，落胎，破血攻堅，殺蟲疔腫，牙痛。性最迅利，斬關奪門之將，何可輕用？《本經》云：　人吞一粒，便欲致死，非虛語也。喉痺急症，或用紙條蘸巴荳油，燃吹息，刺喉薰鼻，或搗巴荳，綿裹隨左右塞鼻中，吐出惡痰紫血即愈。

清・馮兆張《馮氏錦囊秘錄・雜症痘疹藥性主治合參》卷四　巴荳生於盛夏六陽之令，而成秋金之月，故味辛，氣溫。得火烈剛猛之氣，其性有大毒。一云生溫熟寒。恐熟亦不甚寒也。入手足陽明經。此藥稟火性之急速，兼辛溫之走散，故能入腸胃而蕩滌一切有形積滯之物，祛暑濕、溫瘧之邪。然性熱大毒，必損真陰，故曰不利丈夫陰。但云又能止瀉，《別錄》又云：　煉餌之，能益血脉。恐未確也。　宜去心及膜，火焙研細，去油用。

巴荳，一名巴椒。反牽牛。破癥瘕結聚，留飲痰癖，大腹水脹，溫瘧寒熱。蕩滌臟腑，開通閉塞。除鬼毒蠱疰，殺蟲。療女人月閉爛胎。有蕩滌攻擊之能，誠斬關奪門之將。凡資治病，緩急宜分。急攻為通利水穀之方，去盡皮心膜油生用；　緩治為消磨堅積之劑，炒令黃黑烟盡熟加。生熟緩緊略殊，然耗津傷元則一。丹溪云：　能去胃中寒積，無寒積者忌之。總宜慎用。與大黃同為攻下，但大黃性寒，走血分，腑病多熱者宜之。巴豆性熱，走氣分，臟病多寒者宜之。士材曰：　蕩五臟，滌六腑，幾於煎腸刮胃，攻堅積，破痰癖，直可斬關奪門，氣血與食，一攻而殆盡，痰蟲及水，傾倒而無遺，胎見立墮，疔毒旋抽。然鬱滯雖開，真陰髓損，以少許着肌膚，須臾發泡，況腸胃臟腑柔薄之質，被其熏灼，能無潰爛之患耶！萬不得已，須炒熟去油，入少許即止，不得多用。

清・张璐《本經逢原》卷三　巴豆　辛，熱，大毒。去殼及心炒紫黑，或燒存性，或研爛紙包壓去油，取霜，各隨方製。《本經》主傷寒濕瘧寒熱，破癥瘕結聚，堅積留飲，痰癖大腹，蕩練五藏六府，開通閉塞，利水穀道，去惡肉，除鬼毒蠱疰邪物，殺蟲魚。　發明：　巴豆辛熱，能蕩練五藏六府，不特破癥瘕結聚之堅積，并可治傷寒濕瘧之寒熱，如仲景治寒實結胸用白散，深得《本經》之旨。世本作溫瘧，當是濕瘧，亥豕之謬也。其性峻利，有破血排膿，攻痰逐水之力，宜隨證輕重而施。生用則峻攻，熟用則溫利，去油用霜則推陳致新，隨證之緩急而施反正之治。峻用則有戡亂刼病之功，少用亦有撫綏調中之妙。可以通腸，可以止瀉，此發千古之秘也。一老婦人，久病溏泄，遍服調脾升提止澀諸藥，則瀉反甚，脈沉而滑，此脾胃久傷，冷積凝滯所致。法當以熱下之，則寒去利止，自後每用以治泄痢結聚諸病，多有不瀉而病痊者，妙在得宜耳。苟用不當則犯損陰之戒矣。按：巴豆、大黄同為攻下之劑，但大黄性寒，府病多熱者宜之；巴豆性熱，藏病多寒者宜之。其殼燒灰存性，能止瀉痢亦卻病之效也。孕婦禁用，以力能墮胎也。元素曰，巴豆乃斬關奪門之將，不可輕用。世以治酒病膈氣，以其辛熱能開通腸胃鬱熱耳，第鬱結雖通，血液隨亡，其陰虧損。傷寒結胸，小兒疳積用之，不死亦危。奈何庸人畏大黄而不畏巴豆，以其性熱劑小耳，試以少許輕擦完膚，須臾發泡，況下腸胃，能無熏灼潰爛之患乎。即有急證不得已而用之，壓去其油，取霜少許入藥可也。

清・浦士貞《夕庵讀本草快編》卷五 巴豆《本經》、剛子 此物產於巴蜀而形似豆，故名。巴豆氣熱味辛，可升可降，陽中陽也。蕩練五臟六府，而開通痰血積聚，疏利關竅壅滯，風喎，耳聾，喉痺等症。乃斬關奪門之將也。陳藏器曰：凡人癥瘕痃癖，血塊痰飲，宜每日服連膜巴豆一粒，覺腹內如火，利下惡物，雖利而不虛，久服亦不損。蓋祖《別錄》餌益血脉令人好顏色之旨也。張子和云：傷寒風濕，小兒瘡痘，婦人產後下膈，不死亦危，以蠟匱之猶能下後使人津液枯竭，胃熱口燥，耗刦天真，毒留不去，轉生他疾。蓋遵元素欝結雖開亡血損陰之論也。至瀕湖始折中之曰：峻用有戡亂刦病之功，微用亦有撫綏調中之妙，譬之蕭、曹、絳、灌，以勇猛成功，用之為相，亦能輔治太平。王海藏所謂去油生用則性急，炒黑熟用則性緩，可以通腸，可以止瀉，誠發千古之秘爾。予更思焉，王充言物稟太陽火氣而生，有毒而熱，故稱剛子，剛與柔對。凡陰凝、冷積、脉沉、濕滯者，宜之。是以仲景備急丸功普于治也。倘非寒積而漫投之，無怪乎二張之戒矣！久服頻吞，豈確議耶？

清・張志聰、高世栻《本草崇原》卷下 巴豆 氣味辛，溫，有毒。主治傷寒溫瘧寒熱，破癥瘕結聚，堅積留飲，痰澼，大腹，蕩練五臟六腑，開通閉塞，利水穀道，去惡肉，除鬼毒蠱疰邪物，殺蟲魚。巴豆出巴郡川谷，今嘉州、眉州、戎州皆有之。木高一二丈，葉似櫻桃而厚大，初生青色，後漸黄赤，至十二月葉漸凋，二月復漸生，四月舊葉落盡，新葉齊生，即花發成穗，微黄色，五六月結實作房青色，七八月成熟而黄，類白豆蔻，漸漸自落乃收之，一窠有三子，子仍有殼，用之去殼。戎州出者，殼上有縱紋隱起如線，或一道，或二道，或三道，土人呼為金線巴豆，最為上品。巴豆生於巴蜀，氣味辛溫，花實黄赤，大熱有毒。其性慓悍，主治傷寒溫瘧寒熱者，辛以散之，從經脈而外出於肌表也。破癥瘕結聚，堅積留飲，痰澼，大腹者，溫以行之，從中土而下泄於腸胃也。用之合宜，有斬關奪門之功，故蕩練五臟六腑，開通閉塞，閉塞開通，則水穀二道自利矣。其性慓悍，故去惡肉。氣合陽明，故除鬼毒蠱疰邪物，殺蟲魚。《經》云：兩火合併是為陽明。巴豆味極辛，性大溫，具兩火之性，氣合陽明，故其主治如此。愚按：凡服巴霜，即從胸脇大熱，達於四肢，出於皮毛，然後復從腸胃而出。《傷寒論》有白散方，治傷寒寒實結胸用此。古人稱為斬關奪門之將，用之若當，真瞑眩瘳疾之藥，用之不當，非徒無益而反害矣。

清・高鼓峰《四明心法》卷二 巴荳 一名剛子，一名走陽子。出巴蜀，而形如豆，故名。辛，溫，有毒。腸胃藥也。東璧言：氣熱味辛，生猛熟緩。能吐能下，能止能行，可升可降。峻用則有戡亂刼病之功，微用亦有撫綏調中之妙。惟畏大黄、黄連。而前人治積方往往同用，是即撫綏調中之謂與。又為咽喉要藥，取其辛能散結，猛烈之氣能刼痰，而開通道路也。先大夫言大黄去積水，蕩之也。巴荳去積火，燎之也。非氣實者不可妄用。用之須去心皮，熬令黄黑，搗膏入藥。殼與油皆可用以治病，新者佳。

清・周垣綜《頤生秘旨》卷八 巴豆 蕩滌攻積之藥也。性烈，有大毒，誠為斬關奪門之將。如無沉寒留積，敢輕試乎？

清・王子接《得宜本草・下品藥》 巴豆 味辛。功專蕩滌藏府。得杏仁治飛尸鬼疰，得亂髮灰治舌上出血，得白礬療天絲入咽。

清・修竹吾廬主人《得宜本草分類・下部補養並瘍科感症門》〔巴豆〕 一老婦久病溏泄，遍服調脾、升提、止澀諸藥，則瀉反甚，脈沉而滑。此脾胃久傷冷積凝滯所致，法當以熱下之，則寒去利止。自後每用以治瀉痢積聚諸病，多有不瀉而病痊者。其方用巴豆去殼，再去心皮，壓去油，為霜服之。巴豆殼燒灰存性，亦能止瀉痢。

清・黄元御《長沙藥解》卷一 巴豆 味辛、苦，大熱，入足陽明胃、足太陰脾、足少陰腎經。驅寒邪而止痛，開冷滯而破結。《傷寒》二白散方在桔梗用之治寒實結胸，無熱證者。以寒實鬱結，痞塞不通，巴豆破寒實而決鬱寒也。巴豆辛苦大熱，破沉寒積冷，止心疼腹痛，泄停痰積水，下宿穀堅癥，治霍亂脹痛，不能吐泄，療寒痰阻閉，不得喘息，排膿血而去腐穢，蕩積滯而斷瘧痢。消死肌弩肉，點疣痣疥癬。種種奇功，神異非常。去殼，炒，研用。強人可服二釐。

清・吳儀洛《本草從新》卷三

巴豆〔通，大燥大瀉。〕辛而大熱，大毒。開竅宣滯，去臟腑沉寒，最為斬關奪門之將。大黃、巴豆，同為峻下之劑。但大黃性寒，腑病多熱者宜之；巴豆性熱，臟病多寒者宜之。故仲景治傷寒傳裏多熱者多用大黃，東垣治五積屬臟者多用巴豆。破痰癖血瘕，氣痞食積，生冷硬物所傷，大腹水腫，瀉痢，時珍曰：一婦年六十，溏瀉五載，投生冷油膩肉食即作痛，服升澀藥瀉反甚，脈沉而滑。此乃脾胃久傷，積食凝滯，法當以熱下之。用蠟匱巴豆丸五十粒，服二日，不利而愈。自是每用治瀉痢，愈者近百人。驚癇口喎，耳聾牙疼喉痺。纏喉急痺，緩治則死，用解毒丸：雄黃一兩，鬱金一錢，巴豆十四粒，去皮，油為丸，每服五分，津咽下。雄黃破結氣，鬱金散惡血，巴豆下稠涎。然係厲害，不可輕用。或用紙拈蘸巴豆油然火刺喉，或搗巴豆綿裹，隨左右納鼻，吐出惡涎紫血即寬。鼻雖少生瘡，無礙。殺蟲，通經爛胎。油作紙拈，然火吹息，或熏鼻，或刺喉，能出惡涎惡血，治中風中惡，痰厥氣厥，喉痺不通，一切急病。元素曰：不可輕用，鬱滯雖開，真陰隨損。以少許着肌膚即起泡，況腸胃柔薄之質，無論下後耗損真陰，即臟腑被其熏灼，能無潰爛之患耶？萬不得已，亦須炒熟去油，入少許即止。或用殼，用仁，用油，生用，炒用，醋煮，燒存性用。好古曰：去心、皮、膜、油，生用，為急治水穀道路之劑。炒去烟，令紫黑用，為緩治消堅磨積之劑。可以通腸，可以止瀉也。去油名巴豆霜。芫花為使。畏大黃、黃連、涼水。中其毒者，以此解之，或黑豆、綠豆汁亦佳。得火良。

清・汪紱《醫林纂要探源》卷三

巴豆　辛，鹹，熱，毒。葉似蠟梅，實似大豆，色黑黃。一名剛子。形多作三稜。雷公泡炙，分巴豆、剛子爲二種，非也。大毒。補肝，瀉腎，行陽決陰，宣闢竅，逐沉寒，無所不達。生用去殼，取仁，去心皮膜油，曰巴豆霜。用以急治，斬關奪門，推盪水穀，去生冷硬物之傷，及痰癖氣痞血瘕，其力最猛。熟則炒去烟，令紫黑乃用，使稍緩。以磨久積，化癥瘕，行水腫，可止瀉痢，崩漏。治驚癇，以入血分，則醋煮用。可通經，下死胎，以去表毒，則用殼。可殺蟲，療瘡瘍，又治一切蛇蝎之毒。壓取油，作紙撚燃之，吹黑，以熏鼻，或刺喉使吐惡涎惡血，可治中風、中惡、中痰、中氣、暴厥，及喉痺等急症。中其毒，冷水、冷粥可解，重者以黑豆、菉豆汁解之。

清・嚴潔等《得配本草》卷七

巴豆一名剛子。得火良。芫花為之使。畏大黃、藜蘆、黃連、蘆筍、醬豉、豆汁、冷水。惡蘘草、牽牛。辛，熱，有毒。剛猛之性，走氣潰堅。蕩滌腸胃之積滯，驅除臟腑之陰霾，片刻間靡不奏效。得乳、沒、黃占，治積痢。得硼砂、杏仁、牙皂，水丸服，治痰哮。燃燈吹滅，以煙熏鼻，治中風痰厥。不去膜，傷胃。不去心，傷腎。炒熟，令煙盡至黑色，去油極盡用。用之不當，臟腑潰爛。中其毒，綠豆汁解之。

題清・徐大椿《藥性切用》卷五

巴豆霜　辛熱大毒，下藏府沉寒，通經絡，墮胎，最為斬關奪門之將。按：大黃、巴豆同為峻下之劑，但大黃性寒，府結多熱者宜之。巴豆性熱，藏積多寒者宜之。

清・黃宮繡《本草求真》卷八

巴豆祛臟腑沉寒，通大便寒結。巴豆耑入腸胃。辛熱大毒。據書所載生猛熟緩，可升可降，能行能止，開竅宣滯，去臟腑沉寒，為斬關奪命之將。夫既能宣滯通竅，則藥能降能行，何書又言能升能止耶？此數字不無令人少疑，究之書之所言降者。因有沉寒痼冷，積聚於臟，深入不毛，故欲去不能，不去不得，非無辛熱迅利斬關直入，掃除陰霾，推陳致新，亦安能蕩滌而如斯哉？是即書之所謂能降能行者耳，至有久病溏泄，服升提濇藥而瀉反甚，脈滑而沉。是明脾胃久傷冷積凝氣所致。法當用以熱下，則寒去利止，而脈始得上升，是即所謂能升能止者是也。時珍曰：一婦年六十餘，溏泄五載，犯生冷油膩肉食即作痛，服升濇藥瀉反甚，脈沉而滑，此乃脾胃久傷，積冷凝滯，法當以熱下之。用蠟匱巴豆丸五十粒，服一二日不利而愈。自是每用治泄痢，愈者近百人耳。夫醫理玄遠，變化靡盡，在人引伸觸類，毋為書執，則用藥不歧，即如大黃？亦屬開閉通便之品，然惟腑病多熱者最宜，若以臟病多寒而用大黃通利，不亦自相悖謬乎。故仲景治傷寒傳裏多熱者，多用大黃。東垣治五積屬臟者，多用巴豆，與大黃同服，反不瀉人。故曰：誤用有推牆倒壁之虞，善用有戡亂調中之妙。元素曰：世以治酒病膈氣，而以巴豆辛熱，通開腸胃鬱熱。巴豆稟火烈之氣。第鬱結雖通，血液隨亡，其陰虧損傷，寒結胸膈，小兒疳積，用之不死亦危。奈何庸人畏大黃而不畏巴豆，以其性熱劑小耳。試以少許輕擦皮膚，須臾發泡，況下腸胃，能無潰灼薰爛之患乎？即有急症，不得已而用之。汪昂曰：纏喉急痹，緩治則死，用解毒丸。雄黃一兩，鬱金一錢，巴豆十四粒去皮油，為丸。每用五分，津咽下。雄黃破結氣，鬱金破惡氣。巴豆下稠涎，然係厲劑，不可輕用。或用紙撚蘸巴豆油，燃火刺喉。或搗巴豆綿裹，隨左右納鼻中，吐出惡涎紫血即寬。壓去其油，取霜少許入藥可也。時珍曰：巴豆緊小者為雌，有稜及兩頭尖者是雄，雄者更峻耳。用之得宜，皆有功力。不去膜則傷胃，不去心則作嘔。或用殼、用仁、用油，生用炒用，醋煮燒存性用。研去油，名巴霜，芫花為使，畏大黃、黃連、涼水。中其毒者，以此解之。或黑豆、菉豆汁亦佳。得火良。

清·楊璿《傷寒溫疫條辨》卷六下劑類　巴豆不去心作嘔，不去膜傷胃，燒存性，去油為霜。中其毒者，以大黃、黃連，或黑豆、甘草，或涼水解之，皆其所畏者也。味辛熱，有大毒，可升可降，能行能止。生猛熟緩，峻用大可却病，緩用亦可和中，通經墜胎，主開竅宣滯，去藏府陳寒，為斬關奪門之將，破痰食癥癖，血瘕聚積，生冷硬物，治癲癇瀉痢，口喎眼斜，耳聾喉痹。但屬峻劑，不可輕投。

按：大黃、巴豆同為峻下之劑，但大黃性寒，府病多熱者宜之；巴豆性熱，藏病多寒者宜之。故仲景治傷寒傳裏用大黃，東垣治五積屬藏用巴豆，各有所宜也。

附：琉球·吳繼志《質問本草》附錄　巴豆　樹高一二丈，葉形似烟草而小，長三四寸，濶二寸許，有縱理，不甚厚，四月梢頭出穗，開細花，淡黃色，六月結實，作房，生青熟黃，老則房自分拆，中貯三四子，狀若海松子，而色黃，殼薄，下之易生新者，最後下。入藥宜擇陳者。

清·羅國綱《羅氏會約醫鏡》卷一七竹木部　巴豆味辛熱，有大毒，入肺、脾、胃、大小腸五經。畏大黃、黃連、冷水。去心膜，火焙研細，去油用。　性剛氣烈，無處不到，能攻臟腑一切沉寒有形積聚。與大黃同為攻下，但大黃性寒，走血分，腑病多熱者宜之；巴豆性熱，走氣分，臟病多寒者宜之。破痰癖、血癥，通秘結，消宿食，下活胎，爛死胎，誠有蕩滌殆盡之能。然滯塞雖開，真陰隨損。以少許着肌膚，須臾起泡，況腸胃柔薄之質，能不潰爛乎！萬不得已，亦須炒熟，或醋煮，或燒用，研去油，名巴豆霜。入少許，不得多用。有二種，緊小者為雌，有三稜及兩頭尖者又名剛子，為雄，性更峻耳。用之得宜，皆有功力。若中毒而瀉不已者，服涼水即止。

清·黃凱鈞《藥籠小品》　巴豆　辛熱大毒，開竅宣滯，去藏府沉寒，為斬關奪門之將。大黃，府病多熱者，宜之。巴豆藏病多寒者宜之。以少許着肌膚，即起泡，況腸胃柔薄之質乎？萬不得已，亦須炒熟去油，入少許即止。

清·王龍《本草纂要稿·木部》　巴豆　氣味辛熱，有毒。削堅癖，蕩臟腑之沉寒。通閉塞，利水穀之道路。雖可通腸，亦堪止瀉。能去胃中寒積，無寒積者忌之。乃斬關奪門之將，不可輕用也。

清·吳鋼《類經證治本草·手陽明大腸腑藥類》　巴豆　【略】誠齋曰：巴豆專下太陰沉寒痼積，寒痰積聚。雖將軍之藥，能將之立見大功。若悮用，則見禍不旋踵。若冬月喉痹，寒鬱火凝，痰結咽間，閉塞不通，當用之。腸胃寒實，大便不通者，可用之，不可執定雷斅之言，致遺大材。又不可拘泥時珍之說，以為常行之物。神而明之，慎而用之可也。

清·張德裕《本草正義》卷下　巴豆　辛，熱，大毒。開關通竅，破積攻癥，驅臟腑停寒，遂肚腹壅滯，去瘀下胎。並療惡瘡疔毒，敷用腐肉消腫。性剛氣烈，發瀉甚速，斬關奪門，無處不到。

清·楊時泰《本草述鉤元》卷二三　巴豆　出巴蜀。嘉州、眉州、戎州皆有。而形如豆，故名。有雌雄，緊小者是雌，有稜及兩頭尖者是雄，雄者峻利，名剛子，亦書江子。雌者稍緩瀕湖。出戎州者，殼上有縱紋，隱起如線，或一道或兩三道，人呼金線巴豆，最為上品。得火良。

味辛氣熱，有大毒。生猛熟緩，能吐不去心則嘔。能下，浮中得沉，升中得降，氣薄味厚，陽中陰也。入手足陽明經。芫花為之使，畏大黃、同用瀉反緩。黃連、盧笋、菰笋、醬豉、冷水，反牽牛。主治導氣消積，胃中無寒積者，弗用。去臟腑停寒，心腹痛冷，氣血凝，癥瘕結聚，堅積留飲，痰癖，驚癇，大腹水腫，治生冷硬物所傷及一切病泄壅滯，蕩練五臟六腑，開通閉塞，利水穀道，療喉痹耳聾，去惡肉，通女子月閉爛胎，不利丈夫陰。若急治為水穀道路之劑，去皮心膜油生用；若緩治為消堅磨積之劑，炒去煙令紫黑用，可以通腸，亦可以止瀉，世所不知好古。巴豆得老陽氣化，其性大剛過急，入腹如火。潔古謂為斬關奪門之將。但可對待陰寒太過，已成堅凝閉塞之象，而陽火消沮，竟如死灰不燃者，下順水性，熱助火氣，一用兩得之矣。若木土金水不及，縱有可下之證，用之則木愈抑而脹，土愈陷而廢，金愈燥而炎，水愈涸而結矣盧不遠。萬物合太陽火氣而生者，皆有毒，巴豆生於盛夏六陽之令，而成於秋金之月，稟火性之急速及堅金之剛猛，故性有大毒。仲景三物白湯：治寒結胸懊憹滿悶身無熱者，巴豆一分，去皮心熬黑用，桔梗三分，貝母三分，二味為末，內巴豆臼中杵之，白湯和服，強人半錢，弱者減之。病在膈上，必吐，在膈下，必利，不利進熱粥一盃，利過不止，進冷粥一盃。耳猝聾閉，巴豆一粒，紙裹，針刺孔通氣，塞之取效。癰疽潰後，腐肉不落，巴豆一味，炒至煙盡，存性，研膏傅上，即拔毒去瘀生新。急喉痹，同白礬枯過，去巴豆，單用礬，研細，吹入喉，流出熱毒涎，喉即寬。二便不通，巴豆連油黄連各半兩，搗作餅子，先滴葱鹽汁在臍内，安餅子上，灸二七壯，取利為度。寒痰氣喘，青橘皮一片，展開，入剛子一個，麻紥定，火上燒存性，研末，薑汁和，酒一盃，呷服。寒澼，宿食不消，大便閉塞，巴豆仁一升，清酒五升，煮三日夜，研熟，合酒微火煎，令可丸如豌豆大，每服一丸，水下，欲吐者二丸。積滯瀉痢，腹痛裏急，杏仁去皮尖，巴豆去皮心，各四十九個，同燒存性，研泥溶蠟和丸綠豆大，每服二三丸，煎大黄湯下，間日一服。一加百草霜三錢。附案：一老婦飲病，溏泄五年，肉食油物生冷犯之即作痛，服調脾升提止濇諸藥，入腹則瀉反甚，脉沉而滑。此乃脾胃久傷冷積凝滯所致，法當以熱下之，則寒去利止。遂用蠟匱巴豆丸藥五十丸與服，二日大便不通，不利，其瀉遂愈。凡用巴豆治泄痢積滯諸病，恒有不瀉而病去者，此藥病相對，配合得宜爾。苟用所不當用，則犯輕用損陰之戒矣。一女子值暑月夜甚凉，患心痛，從右肋下起至心前歧骨陷處，并兩乳下復連腰背兩膀，俱骨縫脹痛，惟右肋并心疼獨甚，時作嘔惡。初疑涼夜寒邪鬱遏，氣不流暢所致，用散寒行氣藥，不效。又疑寒氣鬱滯，中有鬱火，於前劑加散鬱火藥，亦不效。服加味煮黄丸，乃頓愈。薑黄三錢五分、雄黄三分、乳香三分、去油巴霜八分，去油淨，共為細末，醋糊丸黍米大，虚者七丸，實者十一丸，薑湯送下。按《經》云：邪氣盛則實，惟此辛熱之劑，可以導之，前所用藥，雖亦散寒，不能及病也。用薑黄、乳香者，寒能傷血故耳。

論：巴豆樹植於西土，其葉在仲夏時新舊相代，而開花成穗即於斯時，結實作房亦踵其後，蓋禀地氣之金，而受天氣之火極其精專者。其實成熟至七八月漸落，此金化於火，火終金，專受炎火之氣，而絕不受寒水之氣者。夫金獨受火氣，而子氣之水絕無與焉，所以偏至之性，洵當有毒也。燥萬物者莫如火，故能潰爛有形，損真陰而竭津液。且火氣之精專者，獨為金用，金司降令，又從於最烈之火，故為斬關奪門之將也。其生用者，存金而去火之毒，可以利水穀道而不傷臟腑。炒用者，從火而制金之鋭，可以磨堅結積而不致暴厲。《本經》所云蕩練五臟六腑，蓋生用合於蕩，炒用合於練矣。金化於火，直司降令以透下焦，皆其由陽入陰以神老陽之用。仲淳所謂陽中陰入手足陽明者，庶其近之。惟本至陽以破結陰，非一切寒滯積久閉塞，固非其對待之治也。

此藥沾人肌肉，無不灼爛，試以少許擦膚，須臾泡出，況腸胃柔嫩，下咽則徐徐而走，能無潰爛之患耶？又何待下後而耗損真陰耶？不得已急證，欲借其開通道路，亦須炒熟壓令油淨，入分許即止，不得多用仲淳。

修治：不去膜則傷胃，不去心則作嘔。以沉香水浸，則能升能降，與大黄同用，瀉人反緩，為其性相畏也。凡修事，敲碎去油淨，用白絹袋包，甘草水煮，焙乾，或研膏用。日華子言，凡入丸散炒用，不如去心膜，換水煮五度各一沸。按巴豆之火毒，所畏者水也，令去心膜換水煮，亦止於緩火毒爾。要知炒去烟，止可以去金之暴氣，而火性尚存，金之所畏者火，而巴豆又喜火也，治法宜中的為妙。有用仁者，用殼者，用油者。有生用者，麩炒者，醋煮者，燒存性者。有研爛以紙包壓去油者，謂之巴豆霜。

巴豆油：治中風、痰厥、氣厥、中惡、喉痺一切急病，咽喉不通，牙關緊閉，以巴豆研爛，綿紙包，壓取油，作撚點燈，吹滅熏鼻中，或用熱烟刺入喉内，即時出涎或惡血，便甦。又舌上無故出血，以熏舌之上下，自止。

清·葉桂《本草再新》卷四 巴豆味辛，性熱，有毒。入肝、腎二經。開竅宣滯，去臟腑沉寒，破痰癖血瘕，氣痞食積，利水消腫，止瀉痢，通經爛胎，殺蟲。按：巴豆為開竅之要藥，世每不知用，悮以為太利，故不敢用，而不知此藥之妙也。此品亦不可多用，分錢足矣，多恐傷人。〇巴豆殼，能殺蟲敗毒，破瘰癧痰核。

清·吳其濬《植物名實圖考》卷三三 巴豆 《本經》下品。生四川。

清·趙其光《本草求原》卷八喬木部 巴豆緊小者是，若兩頭尖，有棱，名江子，力更峻。辛，熱，大毒。得火金之偏氣，火能灼，金能降。故潰爛有形，以少許擦皮膚即起泡。去臟腑冷食寒積，痰癖血瘕，寒實結胸，身無熱為寒結，仲景合川貝、桔梗以治之，是從《本經》主傷寒、濕瘧、寒熱得來。積痢，杏仁同燒存性，入百草霜，溶蠟為丸，大黄湯下。積瀉。一婦胃傷冷積，溏泄五年，脈沉而滑，用蠟匱巴豆丸而愈。纏喉急痹，四粒取霜，下稠涎；合雄黄一兩，破結氣；鬱金一錢，散惡血，名解毒丸，每五分，津咽下。但係厲劑，不可輕用。或用紙捻，蘸巴豆油捻煙，刺喉熏鼻，取出惡涎惡血即甦。並治中風、痰厥、氣厥，舌上出血，熏舌亦止。耳卒聾，紙包針刺孔，通氣塞之。寒痰氣喘，燒灰，合青皮末、薑汁酒下。驚癇水腫，炙二便閉，不去油，同黄連杵作餅，先滴鹽、葱汁於臍内，加餅於上，艾炙之。牙痛，通經，去惡肉，燒至煙盡，研膏，大化癰疽腐肉。殺蟲，解蛇蠍蟲毒，以毒攻毒。爛胎。中其毒者，以黄連、大豆汁、甘草水解之。綠豆、大黄、涼水亦可與大黄同服，反不泄人。

同白礬枯過，去豆取礬，吹喉，最治急喉痹，取出毒涎。一女子暑月乘涼，患心痛並右肋腰背俱痛，惡心且嘔，用散寒行氣散鬱諸藥不效，用加味薑黃丸愈。薑黃三錢五，雄黃、乳香各三分，巴霜八分，醋糊丸，薑湯下五七丸。欲急泄宿食、通大便，去皮心、膜油，心作嘔，膜傷胃。取霜生用，或換酒、換水煮五度，各一沸用。以水制火毒存金氣，以利水穀道，而不傷臟腑。醋煮亦可。若緩治消積，則麵炒，獨炒至黑，或燒存性用。以火制金之銳，獨存火性以磨堅，則不暴。其殼，燒存性，止瀉痢，亦劫病之效也。

清・葉志詵《神農本草經贊》卷三　巴豆　味辛，溫。主傷寒溫瘧寒熱，破癥瘕結聚堅積，留飲痰澼，大腹水脹，蕩練五藏六府，開通閉塞，利水穀道，去惡內，除鬼毒蠱注邪物，殺蟲魚。一名巴叔。生川谷。

如菽如豆，蜀棧淩雲。棱尖雄辨，細緊雌分。房開雙瓣，線起縱紋。療牛肥鼠，物性偏欣。

李時珍曰：此物出巴蜀，形如菽豆，故名。有棱及兩頭尖者是雄，緊小者是雌。用之得宜，皆有功效。蘇頌曰：木高一二丈，五六月結實作房，一房有二瓣，或一子，或三子。戎州出者，殼上有縱紋，隱起如線，一道至二三道。《牛經》：巴豆研油灌之，療牛疫。陶弘景曰：鼠食之肥，物性相耐如此。

清・文晟《新編六書》卷六《藥性摘錄》　巴豆　辛，熱，大毒。入腸胃。去臟腑沉寒冷積，通大便寒秘。去膜去心，炒熱去油，用霜少許，以佐藥可也。〇外用拔疔頭。〇中其毒者，用大黃、黃連、涼水，或綠豆、黑豆汁解之。〇凡熱積熱秘等症，當用大黃等藥。若用巴豆，禍不旋踵。

清・張仁錫《藥性蒙求・木部》　巴豆　味辛，大熱大毒。堅積凝寒，力能攻逐。通寒秘陰結，治中惡痰厥，喉痺不通，一切急病。〇元素曰：鬱滯雖開，真陰隨損。以少許着肌膚即起泡，況腸胃柔薄之質能無損耶？萬不得已，亦須炒熟，去油，名巴豆霜，入少許即止。

清・屠道和《本草匯纂》卷三毒物　巴豆　耑入腸、胃。辛而大熱，大毒。生猛熟緩，可升可降，能行能止。開竅宣滯，去臟腑沉寒。通大便寒結，為斬關奪命之將。破痰澼，血瘕氣痞，食積生冷，硬物所傷大腹，十種水腫，瀉痢，驚癇口喎，耳聾牙痛，喉痺。除蠱毒，鬼疰邪物。殺蟲魚。治瘻痺，落胎爛胎。既云能降能行，又云能升能止，何也？蓋因沉寒痼冷，積聚於臟，深入不毛，故欲去不能，不去不得，若非辛熱迅利斬關直入，掃除陰霾，推陳致新，亦安能蕩滌如斯哉？是即書所謂能降能行者耳。至有久病溏泄，服升提澀藥而泄反甚，脈滑而沉，是明腸胃久傷冷積凝氣所致，法當用以熱下，則寒去利止，而脈始得上升，是即所謂能升能止也。夫醫理元遠變化靡盡，在人引伸觸類，毋為書執，則用藥不歧。即如大黃，亦屬開關通便之品，然惟腑病多熱者最宜。若臟病多寒，而用大黃通利，不亦自相悖謬乎？故曰誤用有推牆倒壁之虞，善用有戡亂調中之妙。元素曰：世治酒病膈氣，而以巴豆辛熱，通開腸胃鬱熱，不知鬱熱雖開，血液隨亡，其陰損傷，必致寒結胸膈。小兒疳積用之，不死亦危。奈何庸人畏大黃而不畏巴豆，以其性熱劑小耳。試以少許擦皮膚，須臾發泡，況下腸能無潰灼熏爛之患乎？即有急症，不得已而用之，宜壓去其油取霜，少許入藥。

清・劉善述、劉士季《草木便方》卷二木部　杷豆樹　巴豆根皮辛療瘡，癰疽發背消毒方。頭腦鬢疽箍神妙，平日陰乾早收藏。子名剛子。

清・龍之章《蠢子醫》卷二　巴豆贊非起盡油，斷不可用。　吾嘗製有牛黃散，必以巴豆盛玉碗。吾嘗製有紫金丹，必以巴豆上翠盤。如此藥料甚是毒，胡為尊寵若上仙。上下飛行常自在，左右周流恒貫穿。世上不知此味好，恒以大黃為主權。豈知大黃行火不行寒，寒症用他腹塞磚。巴豆行寒兼行火，表裏周流到處安。行火須加清涼藥，行寒便自作軍官。可以除暴安良。一身之宰氣為主，病自氣得自氣宣。通也。多少壘塊不自達，必得此味始破堅。氣滯氣分牛黃散，氣滯血分紫金丹。一身之氣雖由肺，一身之病常在肝。若能平肝火，不動肺中之氣自安然。何必肺中去導滯，何必胃中去化堅。肺中有滯，胃中有堅，亦須去治。如此言之，以見肝中病多也。吾嘗治病先平賊，總因命火肝中攢。命火去入三焦胞絡之中。如此說來不治肺，何必牛黃散是餐。不知病在血分十常九，病在氣分僅一二三。吾嘗二藥一齊備，金丹用盡牛黃全。可知病在氣分甚是少，病在血分有萬千。如此說來甚是好，何不使彼指巴豆言。先着鞭。不知此味須賴輔，相力上下周流無弊端。不必多用止絲忽，如虎生翼便為官。主也。大黃必待入裏用，此藥不裏亦能宣。病在上焦恒有痰，使他化痰最娟娟。病在上焦恒有滯，使他導滯亦便便。但在上焦宜用少，毫釐絲忽便通宣。病在中下能消積，或寒或火皆安然。胃中虛寒莫多用，肝中有滯他為先。只要多加平肝藥，巴霜夾入群藥之中，以為丸散。一切百病無不痊。我用此藥號無敵，天下因此稱為仙。豈知神仙原自巴豆得，不用巴豆亦枉然。

清·戴葆元《本草綱目易知錄》卷四　巴豆　辛，熱，有大毒。生猛而製熟少緩，能吐能下，能止能行。除風補勞，健脾開胃，導氣消積，去臟腑沉寒，開導閉塞，宣通一切病而瀉壅滯，為斬關奪門之將。破痰癖癥結，氣痞食積，生冷硬物所傷，大腹水腫，驚癇瀉痢，心腹疝氣，風喎耳聾，牙疼喉痹，雖通腸而又能止久瀉痢。其毒性又能解毒殺蟲，治疔腫疥癩，瘜肉惡瘡，排膿消腫，通經爛胎，利水穀道，殺腹臟蟲，除蠱毒鬼疰邪物，殺蟲魚斑蝥蛇虺毒。峻用，則有戡亂劫病之功。微用，亦有撫緩調中之妙。然性過猛，用之得宜，大能奏效；失宜，則亡血液傷真陰之患。

清·陳其瑞《本草撮要》卷二　巴豆　味辛，入手足陽明經，功專蕩滌藏府。得杏仁治飛尸鬼疰，得亂髮灰治舌上出血，得白礬療天絲入咽。得雄黃、鬱金為丸，津嚥下，名解毒丸，治纏喉急痹，然係厲劑，不可輕用。去油名巴豆霜。芫花為使，畏大黃、黃連、涼水。中巴豆毒者，以此解之，或黑豆綠豆均佳。得火良。巴豆一錢，石灰拌過，人信一錢，糯米五分炒研，點疣痣黑子。

清·仲昴庭《本草崇原集說》卷下　巴豆【略】〔批〕大熱故有毒，其性慓悍，故有斬關奪門之功，如下文所言是也。然必有如是之病纔可用如是之藥，隱庵恐人拘忌不用，用者又失重輕，因於圈外從巴霜敘出白散方，可謂面面俱到矣！

愚按：凡服巴霜，即以胸脇大熱達於四肢，出於皮毛，然後復從腸胃而出。《傷寒論》有白散方，治傷寒實結胸用此，古人稱為斬關奪門之將，用之若當，真瞑眩瘳疾之藥，否則非徒無益，而反害矣！

辣料

清·何諫《生草藥性備要》卷下　辣料　味淡，性平。治跌打、蛇傷。一名白花菜。

大風子

明·許希周《藥性粗評》卷三　大風子篤癩何妨。

大風子，取油用之。味辛，性溫，微熱，有小毒。其油可治篤癩大風。

明·鄭寧《藥性要略大全》卷四　大楓子　療諸風疥癬。

明·王文潔《太乙仙製本草藥性大全》卷三《仙製藥性》　大楓子　取仁殺蟲瘡疥癬。　補註：治吐血不止，細研爲散，每服二錢，新汲水調下。○楓木厚葉弱枝，善搖，一名欇欇。郭云葉圓而枝有香，今之風香是也。《南方草木狀》曰：楓香樹子大如鴨卵，三月花發乃連著實，八、九月熟，曝乾可燒，惟九真郡有之。　楓皮：本功外性澁，止水痢。蘇云下水腫。水腫非澁藥所療，蘇爲誤爾。又云有毒，轉明其謬。水煎止下痢爲最，止霍亂，刺風，冷風，水煎湯浴之。《述異記》曰南中有楓子鬼，楓木之老者，爲人形，亦呼爲靈楓，蓋瘤癭也。至今越巫有得之者，以雕刻鬼神，可致靈異。　楓菌：誤食令笑不休，惟飲地漿，其毒即解。　補註：按楓木連抱大者甚多，並結毬而不結子。《本經》以大楓子內附，但載主治，餘無一言，誠可怪也。今詢市家所得，咸云海舶貿求，疑必外番楓木，別有一種生者，不然何獨指此爲名，而不言他木耶？姑述之以俟識者再教。又《衍義》云：楓香與松脂，皆可亂乳香，尤宜區別。楓香微黃白色，燒之尤見真假。兼能治風癮瘮痒毒，水煎熱煠洗。

明·李時珍《本草綱目》卷三五木部·喬木類　大風子《補遺》

【釋名】時珍曰：能治大風疾，故名。　【集解】時珍曰：大風子，今海南諸番國皆有之。按周達觀《真臘記》云：大風乃大樹之子，狀如椰子而圓。其中有核數十枚，大如雷丸子。中有仁白色，久則黃而油，不堪入藥。

仁　【修治】時珍曰：取大風子油法：用子三斤，去殼及黃油者，研極爛，瓷器盛之，封口入滾湯中，蓋鍋密封，勿令透氣，文武火煎至黑色如膏，名大風油，可以和藥。

【氣味】辛，熱，有毒。　【主治】風癬疥癩，楊梅諸瘡，攻毒殺蟲時珍。

【發明】震亨曰：粗工治大風病，佐以大風油。殊不知此物性熱，有燥痰之功而傷血，至有病將愈而先失明者。時珍曰：大風油治瘡，有殺蟲劫毒之功，蓋不可多服。用之外塗，其功不可沒也。

【附方】新五。　大風諸癩：大風子油一兩，苦參末三兩，入少酒，糊丸梧子大。每服五十丸，空心溫酒下。仍以苦參湯洗之。《普濟方》。　大風瘡裂：大風子燒存性，和麻油、輕粉研塗。仍以殼煎湯洗之。《嶺南衛生方》。　楊梅惡瘡：方同上。　風刺赤鼻：大風子仁、木鱉子仁、輕粉、硫黃爲末，夜夜唾調塗之。　手背皴裂：大風子擣泥，塗之。《壽域》。

題明·薛己《本草約言》卷一《藥性本草》　大風子、蒼耳子　風家要藥。

明·李中立《本草原始》卷四　大楓子　楓樹高大，故曰大楓。或云能治大風疾，故名大楓子。　大楓子：氣味：甘，熱。　主治：癘風癩疥瘡癬，殺蟲。又治楊梅諸瘡。　大楓子，有毒。【圖略】　大楓子，形類松子，大如雷丸。新者仁色白，久者仁色黃。　修治：　去殼取仁。

按：楓木連抱大者甚多，並結毬而不結子。《本經》以大楓子內附，但載主治，餘無一言，誠可怪也。今問市家所得，咸云海舶貿來，疑必外番別有一種楓木，不然何獨指此為名，而不言他木耶？姑述之，以俟識者再(政)〔攷〕之。　手背皴裂，大楓子仁搗泥塗之。

明·繆希雍《本草經疏》卷三〇　大風子　稟火金之氣以生，故其味辛苦，氣熱，有毒。辛能散風，苦能殺蟲燥濕，溫熱能通行經絡。世人用以治大風癘疾乃風癬疥癩諸瘡，悉此意耳。然性熱而燥，傷血損陰，不宜多服。用之外治，其功不可備述也。

明·倪朱謨《本草彙言》卷九　大楓子　味辛、甘，氣熱，有毒。　李氏曰：大楓子，出海南諸番國。按《真臘記》云：大楓乃大樹之子，狀如椰子而圓，其中有子數十枚，大如雷丸，子中有仁，白色，久則黃而油，不堪入藥。修治：取大楓子油法，用大楓子三斤，去殼，除黃色油透者不用，研極爛，磁器盛之，封口，入滾湯中，文火蒸至一日，色黑如膏，名大楓油。可塗風癩癘風瘡疾。

大楓子肉：李時珍搗膏，擦風癩疥癬諸瘡之藥也。王景明此物質潤性燥。瀕湖方治瘡疥，僅供外塗，能潤皮膚，殺蟲止癢。不堪服食。粗工述庸人語，每治大風癩疾，與苦參同用，作丸服。殊不察此性燥、熱劣，有損液閉痰之虞而傷血分。至有風癩未愈而先失明者。用之外塗，其功不可沒也。

集方：單氏家抄共三則治疥癬瘙癢有蟲。用大楓子去殼取肉四十枚，搗膏，大黃炒、蛇床子炒、樟腦、硫黃各五錢，共研極細末，和入大楓子肉內，水銀五錢，研入，以不見星點爲度。如乾燥，再加入猪油數錢，共研爲丸。先用熱湯洗淨瘡，後用此藥搽之。〇治大風瘡裂。用大楓子燒存性，和麻油、輕粉，研勻敷之。此方亦治楊梅惡瘡。〇治風刺鼻赤。用大楓子肉十個，木鱉子肉五個，輕粉、硫黃各一錢五分，共爲末。夜夜唾調塗之。

明·顧逢柏《分部本草妙用》卷八雜藥部　大風子　辛，熱。　主治：癬疥癩，楊梅諸瘡，攻毒殺蟲。　大風子有燥痰殺蟲刼毒之功，用之外塗，其功不可沒也。未易服食。

明·張景岳《景岳全書》卷四九《本草正》　大楓子　味辛，性熱，有毒。能治風癬疥癩，攻毒殺蟲。亦療楊梅諸瘡。

明·盧之頤《本草乘雅半偈》帙一〇　大風子《綱目》　氣味：辛，熱，有毒。　主治：主風癬疥癩，楊梅諸瘡，攻毒殺蟲。

覈曰：出海南諸番國。《真臘記》云：大風，大樹之子也，狀如椰子而圓。包核數十枚，形如雷丸。去其衣，中仁白色，久則黃敗而油，不堪入藥矣。

參曰：風從几，從蟲，風入八日而成蟲也。陳列諸疾，皆風動蟲生之患，緣因風動，仍因風化。大風子，秉金剛之味辛，暖熱之火化。釋典云：太末蟲，無界不到，能延于太虛之際，不能延于火焰之上。

風者，百病之長也，百蟲之祖也。大塊之噫氣，王者之聲教也。

清·顧元交《本草彙箋》卷五　大風子　以其能治大風疾，故名。粗工以治大風者，佐以大風子油，不知此物性熱，有燥痰之功而傷血，至有病將愈，而目先失明者。然以之外塗，治風癬疥癩，殺蟲刼毒，乃其所長。

清·穆石匏《本草洞詮》卷一一　大風子　能治大風病，故名。氣味辛熱，有毒。治風癬疥癩，楊梅諸瘡，攻毒殺蟲。庸醫治大風病，佐以大風油，不知此物雖燥痰而傷血，致有病將愈，而先失明者。惟治瘡有殺蟲刼毒之功，用之外塗，其功不可泯也。

清·郭章宜《本草匯》卷一六　大風子　辛，熱，有毒，氣薄味厚，陽中之陰也，入足厥陰經。瘋癬疥癩，賴以平復。楊梅惡毒，得此可掃。

按：大風子，屬金有火，有殺蟲刼毒之功。然性熱，能燥痰傷血，用之外塗，其功不可沒也。疥癬不愈，同樟腦、水銀、油胡桃，合搗如泥，指擦有驗。

取油法：用子三斤，去殼及黃油者，研極爛，瓷器盛之，封口，入滾湯中，蓋鍋密封，勿令透氣，文武火煎至黑色如膏，名大風油。可以和藥。若入丸藥，去油。

白色者佳，黃油者不入藥。

清·汪昂《本草備要》卷三　大風子燥痰，外用治瘡。　辛，熱，有毒。取油治瘡癬疥癩，有殺蟲刼毒之功。丹溪曰：粗工治大風病，佐以大風油，殊不知此物性熱，有燥痰之功而傷血，至有病將愈而先失明者。　出南番。子中有仁，白色，久則油黃，不可用。入丸藥，壓去油。

清・李熙和《醫經允中》卷二一　大楓子　入肝經。　辛，熱。主治癬疥癩諸瘡，攻毒殺蟲。不可服食。楓樹菌誤食，令人笑不休，惟飲地漿可解。脂名白膠香，活血解毒，擦牙齦止齒痛。

清・張璐《本經逢原》卷三　大風子　辛，熱，有毒。去殼取仁用。　發明：丹溪曰，粗工治大風病，佐以大風油，殊不知此物性熱，有燥痰之功，而傷血特甚，至有病將愈而先失明者。時珍曰，大風油有殺蟲却病之功，然不可多服。用之外塗，其功不可沒也。

清・劉漢基《藥性通考》卷六　大風子　味辛，熱，有毒。取油治瘡癬疥癩，有殺蟲劫毒之功。出南番。子中有仁，白色，久則油黃，不可用。入丸藥，壓取油方可用。世往往有治大風之病多用，大風子者，取其殺蟲之功也。

清・黃元御《玉楸藥解》卷二　大風子　味苦，微熱。入足厥陰肝經。搽疥癘，塗楊梅。大風子辛熱發散，治風癬疥癘、楊梅之證。取油塗抹，研爛器收，湯煮密封，煎黑如膏，名大風子油。

清・吳儀洛《本草從新》卷三　大風子（燥痰，外用治瘡。）辛，熱，有毒。取油，治瘡癬疥癘，有殺蟲劫毒之功。丹溪曰：粗工治大風病，佐以大風油，殊不知此物性熱，有燥痰之功而傷血，致有病將愈而先失明者。出南番。子中有仁白色，久則油黃不用。入丸藥，壓去油。

清・汪紱《醫林纂要探源》卷三　大風子　辛，熱，毒。出南番，樹形不可知。子中有仁，色黃白。行痰，殺蟲，刼毒。壓取油，刼一切毒，治瘡癬疥癩，用霜亦可，刼頑痰，行積水。

清・嚴潔等《得配本草》卷七　大楓子　辛，熱，有毒。行水破血。取油治瘡疥，有殺蟲劫毒之功。得苦參，治風癩。　去殼，日久油黃，勿用。最傷血分，内服害目失明，不可不慎。

題清・徐大椿《藥性切用》卷五　大風子　性味辛熱，有毒攻毒，取油入藥，治瘡殺蟲。

清・黃宮繡《本草求真》卷八　大楓子性熱殺蟲。　大楓子　耑入肝脾。本屬毒藥耳。按據諸書皆載味辛性熱，其藥止可取油以殺瘡疥。若用此以治大風病，則先傷血而失明矣。故以大楓子名。故凡血燥之病，宜用苦寒以勝，縱有瘡疥宜辛、宜熱，而血有受損，不更使病益劇乎？即或效以驟成，功以劫致，然烈毒之性，不可多服，惟用外敷，不入内治，其功或不沒也。凡入丸藥湯藥，俱宜除油為妙。

清・羅國綱《羅氏會約醫鏡》卷一七竹木部　大楓子味辛苦，性熱，有毒。辛能散風，苦能燥濕殺蟲，熱能通行經絡。世人用以治大風厲疾及疥癬癩毒諸瘡，悉此意耳。但不宜多服常餌。性熱而燥，傷血損陰。用之外治，其解毒殺蟲之功最驗。出南番，子中仁白色，久則油黃無用。或入丸藥，壓去油用。

清・黃凱鈞《藥籠小品》　大楓子　出南番，辛熱有毒，治瘡癬疥癘，有殺蟲劫毒之功。中仁色白，去油用。

清・張德裕《本草正義》卷下　大楓子　辛，熱，有毒。治風癬疥瘡，攻毒殺蟲，亦療楊梅諸瘡。不入湯劑。

清・葉桂《本草再新》卷四　大楓子味辛，性熱，有毒。入肝、脾、腎三經。治瘡癬疥癘，殺蟲敗毒。

清・吳其濬《植物名實圖考》卷三五　大風子　《本草補遺》始著錄。治大風病，性熱傷血，攻毒殺蟲。外塗良。海南有之，狀如椰子而圓，其中有核十數枚，仁色白，久則黃而油。

清・趙其光《本草求原》卷八喬木部　大風子　辛，熱，有毒。取油塗瘡癬疥癩，有殺蟲劫毒之功。内服治癘瘋。須用紋銀煎三日夜，去其浮油，以殺其毒，否則燥痰而傷血，多服必致失明。

出南番，去殼取仁，入丸藥，壓去油用；久則油黃無用。

清・文晟《新編六書》卷六《藥性摘錄》　大楓子　味辛，性熱，有毒。殺蟲。〇只可取油，以治瘡疥。

清・戴葆元《本草綱目易知錄》卷四　大風子　辛，熱，有毒。攻毒殺蟲，治風癬疥癩，楊梅諸瘡。但其性熱，有劫毒燥痰之功而傷陰血，致有病將愈而先失明者，不可多服。用之外塗，其功勝也。

花楸樹

明・朱橚《救荒本草》卷下之前　花楸樹　生密縣山野中。其樹高大，葉似回回醋葉微薄，又似兜櫨樹葉，邊有鋸齒叉。其葉味苦。　救飢：採嫩芽葉煠熟，換水浸去苦味，淘洗淨，油鹽調食。

明・鮑山《野菜博錄》卷三　花楸樹　生山野中。樹高大，葉似回回醋葉微薄，邊有鋸齒叉。葉味苦。食法：採芽葉煠熟，換水浸去苦味，淘洗淨，油鹽調食。

石瓜

明・李時珍《本草綱目》卷三五木部・喬木類　石瓜《綱目》

【集解】時珍曰：石瓜出四川峨眉山中及芒部地方。其樹修幹，樹端挺葉，肥滑如冬青，狀似桑。其花淺黃色。結實如緵，長而不圓，殼裂則子見，其形似瓜，其堅如石，煮液黃色。

【氣味】苦，平，微毒。　【主治】心痛。煎汁，洗風痹時珍。

明・姚可成《食物本草》卷七菜部・蓏菜類　石瓜產西番芒布部落。瓜堅如石，能已心痛。

石瓜，味酸、苦、澀，無毒。主利氣，散滯血，療心痛，解熱鬱。

清・趙學敏《本草綱目拾遺》卷八諸蔬部　番蒜　徐昆《柳崖外編》：番蒜出臺灣番地，外形似木瓜，中似柿。有浮山張氏，宦於閩，一婢食鱉肉後誤食莧，遂病面黃腹脹，硯碊欲死者數矣。半載後，有饋番蒜者，婢偶食之，遂大瀉，有物如小鱉者數十，少頃，爽然疾若失，方知番蒜可治鱉莧毒也。治鱉瘕，解食毒水毒。

清・吳其濬《植物名實圖考》卷三一　番瓜　產粵東，海南家園種植，樹直高二三丈，枝直上，葉柄旁出，花黃。果生如木瓜大，生青熟黃，中空有子，黑如椒粒，經冬不凋。無毒，香甜可食。按《益部方物記》，脩幹澤葉，結實如綴，膚解核零。可用治痹，其形狀亦頗類。但謂葉甚似桑，而不云子可食，姑附識備考。又《羅江縣志》，石瓜一名冬瓜樹。可治心痛云。

清・吳其濬《植物名實圖考》卷三五　石瓜　詳《益部方物記略》。《本草綱目》始收入喬木類，治心痛。

清・趙其光《本草求原》卷一五菜部　番瓜　甘，淡，溫，有毒。助濕滯氣，多食發腳氣、黃疸。忌與羊肉、豬肝、赤豆、蕎麥麵同食。為食類之下品。

清・趙其光《本草求原》卷一五菜部　番瓜藤　甘辛，涼，無毒。走經絡，治肝風，滋腎，和脾胃，養血調經。

鷹不泊

清・趙其光《本草求原》卷三隰草部　鷹不泊　辛，溫。理痰火、酒痰，開喉咽腫痛。浸酒，祛風、理跌打。其蔸同米粉食，治黃疸。

白龍鬚

清・吳其濬《植物名實圖考》卷三七　八角楓　《簡易草藥》：八角楓其葉八角，故名八角楓。五角即五角楓。有花者，其根亦名白龍鬚，無花者即名八角楓。一樹一樣，花葉八角，味溫無毒，能治筋骨中諸病。按《本草從新》，八角金盤苦、辛，溫，毒烈。治麻痹、風毒、打撲瘀血停積。其氣猛悍，能開通壅塞，痛淋立止。虛人慎之。植高二三尺，葉如臭梧桐而八角，秋開白花細簇，取近根皮用，即此樹也。江西、湖南極多，不經樵採，高至丈餘。其葉角甚多。八角言其大者耳。

清・劉善述、劉士季《草木便方》卷二木部　白龍鬚　八角楓根辛散風，濕滯腰膝筋骨中。痰結瘀凝腹脹滿，跌撲血積酒服通。

倒吊蠟燭

清・何諫《生草藥性備要》卷下　倒吊蠟燭　根，煲酒，治跌打。花，治刀傷。子，不可食，形似羊角桃。

清・趙其光《本草求原》卷一山草部　倒吊蠟燭根　淡、腥而平，無毒。治跌打。煎酒服。其子內花，似羊角紐花，亦止刀傷血，但不可與之混用。

緬梔子

清・吳其濬《植物名實圖考》卷二九　緬梔子　臨安有之。綠幹如桐，葉如瑞香葉，凸脈勁峭，矗生幹上；葉脫處有痕斑，斑如蘚紋。

雜錄

綠益子

清・趙學敏《本草綱目拾遺》卷六木部　綠益子　《邊志》：出遼東，樹高丈餘，其葉兩兩相對，開花如盞大，黃色，花謝結實，亦兩兩相對，大如木瓜，綠色，春生夏熟。人不可食，誤食之，入口即齒落如屑，舌黑如漆，滿口裂碎，血出如水，終日不能食，經旬方止。又能碎骨如泥，彼處橐駝初生，取以潤其蹄，則千里可行，否則不能行。其性剛利如錐，舉而刺之，利如刀鋸，凡作角器，必用此。性烈有大毒，能腐骨碎齒，入外科方術家用。

灌木分部

綜述

桑

宋・李昉《太平御覽》卷九七三 椹 《後漢書》曰：獻帝時，三輔大饑。九月，桑復生椹，人得以食。《魏略》曰：楊沛為新鄭長，課民益畜乾椹。會太祖西迎天子，無糧食，沛進乾椹。及太祖輔政，遷為鄴令，賜其生口十人，絹百疋，欲以勵之，報乾椹也。《漢武内傳》曰：神仙上藥，有扶桑丹椹。《世說》曰：有王甲從北方來謁謝公，問：北方何果最勝？甲云：桑椹最好。謝公問：以比方江東何果？甲云：是黄甘之流。公曰：君何乃爾妄語。甲既受妄語之名，恐宰相所貴，乃買駿馬，候熟時，取數十枚，還以奉公。公食之，以為美。乃謂甲：此味乃江東所無，而君近比黄甘。於是引甲為賓客。《十洲記》曰：有椹樹長數千丈，名為扶桑芝。仙人食其椹，而體作金色，飛翔玄宫。其樹雖大，其葉則小，故如中夏之桑椹也。但椹稀而赤，九千歲一生實耳。

宋・李昉《太平御覽》卷九五五 桑 《淮南子》曰：原蠶一歲再登，登，成也。非不利也。然王法禁之者，為其殘桑也。殘，害也。《本草經》曰：桑根，傍行出土上者，名伏蛇，治心痛。《神農本草》曰：桑根白皮，是今桑樹根上白皮。常以四月採。或採無時，出見地上，名馬領，勿取，有毒殺人。

附：日・丹波康賴《醫心方》卷三〇 桑椹 《本草》云：蘇敬曰：味甘，寒，無毒。單食主消渴。《七卷經》云：桑椹，《漢武傳》曰：西王母神仙上上藥。有扶桑丹所謂椹也。孟詵云：性微寒。食之補五藏，耳目聰明，利關節，和經脉，通血氣，益精神。

宋・唐慎微《證類本草》卷一三木部中品〔《本經・別錄・藥對》〕 **桑根白皮** 味甘，寒，無毒。**主傷中，五勞六極，羸瘦，崩中脉絕，補虛益氣，**去肺中水氣，唾血熱渴，水腫腹滿臚脹，利水道，去寸白，可以縫金瘡。採無時。出土上者殺人。續斷、桂心、麻子爲之使。

葉：主除寒熱，出汗。汁解蜈蚣毒。

桑耳：味甘，有毒。**黑者主女子漏下赤白汁，血病癥瘕積聚，陰痛，陰陽寒熱，無子，**療月水不調。其黄熟陳白者，止久洩，益氣，不飢。其金色者，治癖飲積聚，腹痛，金瘡。一名桑菌，一名木麥。《蜀本》麥作叏，詮荀切。

五木耳：名檽音軟，**益氣不飢，輕身强志。**生犍爲山谷。六月多雨時採，即暴乾。

〔梁・陶弘景《本草經集注》〕云：東行桑根乃易得，而江邊多出土，不可輕信。桑耳斷穀方云：木檽，又呼爲桑上寄生，此云五木耳。而不顯四者是何木。按老桑樹，生燥耳。有黄者、赤白者，又多雨時，亦生軟濕者。人採以作葅，皆無復藥用。

〔唐・蘇敬《唐本草》〕注云：楮耳，人常食；槐耳，用療痔；榆、柳、桑耳：此爲五耳。軟者並堪噉。桑椹，味甘，寒，無毒。單食主消渴。葉，味苦、甘，寒，有少毒。水煎取濃汁，除脚氣水腫，利大小腸。灰，味辛，寒，有小毒。蒸淋取汁爲煎，與冬灰等同滅誌疵黑子，蝕惡肉，煮小豆大下水脹，傅金瘡止血生肌也。

〔宋・馬志《開寶本草》〕按：陳藏器《本草》云：桑葉汁，主霍亂腹痛吐下。冬月用乾者濃煮服之，研取白汁合金瘡，又主小兒吻瘡。細剉，大釜中煎，取如赤糖，去老風及宿血。葉椏者名雞桑，最堪入用。椹，利五藏、關節，通血氣。久服不飢。多收暴乾。擣末蜜和爲丸。每日服六十丸，變白不老。取黑椹一升，和科斗子一升，瓶盛封閉懸屋東頭，一百日盡化爲黑泥，染白鬢如漆。又取二七枚和胡桃脂研如泥，拔去白髮，點孔中即生黑者。

〔宋・掌禹錫《嘉祐本草》〕按：《藥性論》云：桑白皮，使，平。能治肺氣喘滿，水氣浮腫，主傷絕，利水道，消水氣，虛勞客熱，頭痛，内補不足。桑耳，使。一名桑臣，又名桑黄。味甘、辛，無毒。能治女子崩中帶下，月閉血凝，産後血凝，男子痃癖，兼療伏血，下赤血。又云：木耳，赤可單用，平。孟詵云：寒，無毒。利五藏，宣腸胃氣擁，毒氣。不可多食，惟益服丹石人熱發，和葱、豉作羹。蕭炳云：桑葉炙煮飲，止霍亂。孟詵云：桑根白皮煮汁飲，利五藏。又入散用，下一切風氣，水氣。又云：桑葉炙煎飲之，止渴，一如茶法。又云：桑皮煮汁，可染褐色久不落，柴燒灰淋汁入鍊，五金家用。日華子云：桑白皮，溫。調中下氣，益五藏，消痰止渴，利大小腸，開胃下食，殺腹藏蟲，止霍亂吐瀉，此即出桑根皮。又云：家桑東行根，暖，無毒。研汁治小兒天弔驚癇，客忤，及傅鵝口瘡，大驗。又云：家桑葉，暖，無毒。利五藏，通關節，下氣。煎服，除風痛出汗，并撲損瘀血，並蒸後罯蛇蟲蜈蚣咬，鹽挼傅上。春葉未開枝可作煎，酒服治一切風。又云：桑耳，溫，微毒。止腸風瀉血，婦人心腹痛。《藥性論》云：蕈耳亦可單用，平。古槐、桑樹上者良。能治風破血益力，其餘樹上多動風氣，發痼疾，令人肋下急，損經絡，背膊悶。又煮漿粥，安槐木上，草覆之，即生蕈，次柘木者良。孟詵云：菌子，寒。發五藏風，擁經脉，動痔病，令人昏昏多睡，背膊四肢無力。又菌子有數般，槐樹上生者良。野田中者，恐有毒，殺人。又多發冷氣，令腹中微微痛。

〔宋·蘇頌《本草圖經》〕曰：桑根白皮，《本經》不著所出州土，今處處有之。採無時。不可用出土上者，用東行根益佳。或云：木白皮亦可用。初採得，以銅刀剝去上麁皮，取其裏白切焙乾。其皮中青涎，勿使刮去，藥力都在其上。惡鐵及鉛，不可近之。桑葉以夏秋再生者爲上，霜後採之。煮湯淋渫手足，去風痹殊勝。桑耳，一名桑黄。有黄熟陳白者，又有金色者，皆可用，碎切，酒煎，主帶下。其實椹，有白、黑二種，暴乾。皆主變白髮。皮上白蘚，花亦名桑花，狀似地錢。刀削取炒乾，以止衄、吐血等。其柴燒灰淋汁，醫家亦多用之。桑上蠹蟲，主暴心痛，金瘡肉生不足。皮中白汁主小兒口瘡，傅之便愈。又以塗金刃所傷燥痛，須臾血止，更剝白皮裹之，令汁得入瘡中，良。冬月用根皮皆驗。白皮作線，以縫金創腸出者，更以熱雞血塗之。唐安金藏剖腹用此法，便愈。桑條作煎見《近效方》。云：桑煎療水氣，肺氣，脚氣，癰腫兼風氣。桑條二兩，用大秤七兩，一物細切如豆，以水一大升，煎取三大合，如欲得多造，準此增加，先熬令香，然後煎。每服肚空時喫，或茶湯、或羹粥，每服半大升，亦無禁忌也。本方云：桑枝，平。不冷不熱，可以常服。療偏體風痒乾燥，脚氣，風氣，四肢拘攣，上氣，眼暈，肺氣嗽，銷食，利小便。久服輕身，聰明耳目，令人光澤，兼療口乾。《仙經》云：一切仙藥，不得桑煎不服。出《抱朴子》。本方：桑枝一小升，細切熬令香，以水三大升，煎取二大升。一日服盡。無問食前後，此服只依前方也。桑葉可常服。神仙服食方：以四月桑茂盛時採葉，又十月霜後，三分二分已落時，一分在者，名神仙葉，即採取。與前葉同陰乾。擣末丸散任服，或煎以代茶飲。又採椹，暴乾。和蜜食之，並令人聰明，安魂鎮神。又炙葉，令微乾。和桑衣煎服。治痢，亦主金創及諸損傷，止血。方書稱桑之功最神，在人資用尤多。《爾雅》云：桑辨有葚與椹同梔。郭璞云：辨，半也。一半有葚，半無名曰梔。又云：女桑，桋桑。俗間呼桑木之小而條長者爲女桑。又山桑木堪弓弩，檿桑絲中琴瑟，皆材之美者也，他木鮮及焉。

〔宋·唐慎微《證類本草》〕雷公云：凡使，十年已上向東畔嫩根，採得後，銅刀剝上青黄薄皮一重，只取第二重白嫩青涎者，於槐砧上用銅刀剉了，焙令乾。勿使皮上涎落，涎是藥力。此藥惡鐵并鉛也。《聖惠方》：治大風，頭面髭髮脱落。以桑柴灰熱湯淋取汁洗頭面以大豆水研取漿，解澤灰味，彌佳。次用熟水，入菉豆麪濯之，取淨。不過十度良。三日一沐頭，一日一洗面。《外臺秘要》：治偏風及一切風。桑枝剉一大升，用今年新嫩枝，以水一大斗，煎取二大升。夏用井中沉，恐酢壞。每日服一盞，空心服盡。又煎服終身，不患偏風，若預防風，能服一大升佳。又方：脉極寒，髮鬢墮落，令髮潤生。桑白皮二升，以水淹浸，煮五六沸去滓，洗沐鬢髮自不落。又方：五痔。以桑耳作羹，空心下飦飽食之，日三食之。待孔卒痛如烏啄，取大小豆各一升，合擣作兩囊蒸之及熱，更互坐之，即差。《千金方》：治口瘡白漫漫。取桑樹汁，先以髮拭口，次以汁傅之。又方：八月、九月中刺，手足犯惡露腫，多殺人。以桑枝三條，内煻灰中炮令極熱，破斷，以頭柱瘡口上，令熱盡即易之。盡二條，則瘡自爛，仍取韮白傅瘡上，以布帛急裹之。若有腫者更作，用薤白佳。《肘後方》：治人少小鼻衄，小勞輒出。桑耳無多少，熬令焦，擣末。每衄發，輒以杏人大塞鼻，數度即可斷。《深師方》同。《葛氏方》：卒小便多，消渴。入地三尺取桑根，剝取白皮，炙令黄黑，剉，以水煮之令濃，隨意飲之，亦可内少米，勿入鹽。又方：産後下血不止，炙桑白皮煮水飲之。又方：血露不絶。鋸截桑根，取屑五指撮，取醇酒服之，日三。又方：因瘡而腫者，皆因中水浸中風寒所作，其腫入腹則殺人。多以桑灰淋汁漬，冷復易，取愈。《梅師方》同。又方：飲食中蠱毒。令人腹内堅痛，面黄青，淋露骨立，病變無常。取桑木心，剉得一斛，著釜中以水淹之，令上有三斗水，煮取二斗，澄取清，微火煎，得五升。宿勿食，旦服五合，則吐蠱毒出。《梅師方》：治水腫，坐卧不得，頭面身體悉腫。取東引花桑枝，燒灰淋汁，煮赤小豆。空心食令飽，飢即食盡，不得喫飲。又方：治金瘡止痛。取桑柴灰研傅瘡上，佳。《經驗方》：治欬嗽甚者，或有吐血殷鮮。桑根白皮一斤，米泔浸三宿，淨刮上黄皮，剉細，入糯米四兩，焙乾。一處擣爲末。每服米飲調下一兩錢。又方：治青盲，此一法當依而用之，視物如鷹鶻，有此效。正月八、二月八、三月六、四月六、五月五、六月二、七月七、八月二十五、九月十二、十月十二、十一月二十六、十二月晦，每遇上件神日，用桑柴灰一合，以煎湯沃之，於甆器中澄令極清，以藥汁稍熱洗之。如覺冷，即重湯煮令得所，不住手洗，遇上件日不得不洗，緣此神日本法也。《經驗後方》：治肺毒瘡如大風疾，緑雲散：以桑葉好者，淨洗過，熟蒸一宿，候日乾爲末。水調二錢匕服。又方：墜馬拗損。以桑根白皮五斤爲末，水一升煎成膏，傅於損處，便止。已後亦無宿血，終不發動。《廣利方》：治瀉血不止。桑耳一大兩，熬令黑，以水一大升三合，煎取六大合，去滓。空心分溫三服。又方：治蛇咬瘡，桑樹白皮汁傅之差。又方：治金瘡。取新桑白皮燒灰和馬糞塗瘡上，數易之。《勝金方》：治小兒渴。用桑葉不拘多少，用生蜜逐葉上傅過，將線繫葉蒂上綳，陰乾細切，用水煎汁。服之差。《錢相公篋中方》：治蜈蚣及蜘蛛毒。取桑白皮汁傅之，效。《子母秘録》：治落胎下血不止。以桑木中蝎蟲燒末，酒服方寸匕，日二服。又方：小兒重舌。桑白皮煮汁，塗乳飲之。又方：小兒鵝口，桑白皮汁和胡粉傅之。《楊氏産乳》：凡子不得與桑椹子食，令兒心寒。《宮氣方》：治小兒舌上生瘡如粥皮。桑白皮汁傅之，三兩度差。《仙方》：桑椹熟時，收之日乾。爲末，蜜和丸桐子大。空心酒服四十丸，長服之良。《史記》：桑樹根旁行出地者，名爲伏蛇。治心痛一絕。《本經》云：桑根出土者殺人。此用治心痛，宜更研訪。《毛詩·泮水篇》云：食我桑椹，懷我好音。《氓》詩：無食桑葚。注：葚桑實也。食過則醉，傷其性。《丹房鏡源》：桑灰結汞。

宋·寇宗奭《本草衍義》卷一四　桑根白皮條中言桑之用稍多，然獨遺烏椹，桑之精英盡在於此。採摘，微研，以布濾去滓，石器中熬成稀膏，量多少入蜜，再熬成稠膏，貯瓷器中。每抄一二錢，食後、夜卧以沸湯點服。治服金石發熱渴，生精神，及小腸熱，性微涼。

宋·洪邁《夷堅志·再補》　桑葉止汗　嚴州山寺有旦過僧，形體羸瘦，飲食甚少，夜卧，遍身出汗，迨旦衾衣皆溼透。如此二十年，無復可療，惟待斃耳。監寺僧曰：吾有藥絕驗，為汝治之。三日，宿疾頓愈，遂并以方授之，乃桑葉一味，乘露採摘，烘焙乾為末，二錢，空腹溫米飲調。或值桑落，用乾者，但力不及新耳。按本草亦載桑葉止汗，其說可證。

宋·劉明之《圖經本草藥性總論》卷下　桑白皮　味甘，寒，無毒。主傷中，五勞六極羸瘦，崩中脈絕，補虛益氣，去肺中水氣，唾血，熱渴，水腫腹滿臚脹，利水道，去寸白。可以縫金瘡。採無時。出土上者殺人。葉，除寒熱出汗。汁，解蜈蚣毒。桑耳，味甘，有毒。黑者，主女子漏下赤白汁，血病癥瘕積聚，陰痛，陰陽寒熱，無子。療月水不調。其黃熟陳白者，止久洩，益氣不飢。其金色者，治癖飲積聚，腹痛，金瘡。《藥性論》云：使。能治肺氣喘欬，水氣浮腫，主傷絕，利水道，消水氣，虛勞客熱，頭痛，內補不足。桑耳，使。又名桑黃。味甘、辛，無毒。能治女子崩中帶下，月閉血凝，產後血凝，男子痃癖，兼療伏血下赤血。日華子云：桑白皮，溫。調中下氣，益五臟，消痰止渴，利大小腸，開胃下食，殺腹藏蟲，止霍亂吐瀉。續斷、桂心、麻子為之使。

宋·張杲《醫說》卷三　桑枝愈臂痛　桑枝一小升，細切炒香，以水三大升，煎取二升，一日服盡無時。《圖經》云：桑枝平，不冷不熱，可以常服。療體中風痒，乾燥脚氣風氣，四肢拘攣，上氣眼暈，肺氣嗽，消食利小便，久服輕身，聰明耳目，令人光澤。兼療口乾。仙經云：一切仙藥不得桑枝煎不服。出《抱朴子》。政和間，予嘗病兩臂痛，服諸藥不效，依此作數劑，臂痛尋愈《本事方》。

宋·張杲《醫說》卷五　桑葉止汗　嚴州山寺有一遊僧，形體羸瘦，飲食甚少，每夜就枕，遍身出汗，迨旦衣服皆透濕，如此二十年，無復可療，唯待盡耳。監寺僧曰：吾有藥絕驗，為汝治之，三日宿疾頓愈。遂併授以方，乃單用桑葉一味，乘露採摘，控焙乾，碾為末，二錢，空腹溫米飲調。或值桑落乾者，亦堪用，但力不如新者。按《本草》亦載桑葉主止汗，其說可證《辛志》。

宋·陳衍《寶慶本草折衷》卷一三　桑根白皮使。〇木白皮在內。〇枝及灰附。

一名桑白皮。衆方用者名重桑根皮，乃不接山桑根上皮也。〇其木又名檿桑。生犍為山谷，今處處有之。東行根益佳。〇採無時。〇續斷、桂心、麻子為使。惡鐵及鉛。〇附：灰。又云：一名桑薪灰。取用桑枝幹燒成。

味甘，平，無毒。〇主傷中羸瘦，崩中脉絕，去肺中水氣，唾血熱渴，水腫腹滿臚脹。利水道，去寸白，縫金瘡。〇《藥性論》云：治肺氣喘欬一作滿，虛勞客熱頭痛。〇孟詵云：煮汁飲，利五藏，下風氣。〇日華子云：調中下氣，消痰止渴，利大小腸，開胃，殺腹藏蟲，止霍亂。〇《圖經》曰：木白皮亦可用，以銅刀剝去麄皮，取裏白。其皮青涎勿刮去，力都在上。

附：枝。〇平。療偏體風痒乾燥，脚氣風氣拘攣，上氣，眼暈，肺嗽，銷食，利小便。一切仙藥不得桑煎不服。雞桑通用。

附：灰。〇味辛，寒，有小毒。熬淋，取汁為煎。與冬灰等同滅痣疵黑子，蝕惡肉。煮小豆，下水脹。又傅金瘡，止血生肌，及療疣贅。去風血癥瘕、痃癖塊疾。兼□冬灰□說。

續說云：桑根白皮，惟天然不接，埋伏土中，氣純力厚。或露出地面，則氣散而力薄。舊稱出土者殺人，艾原甫說其言之太甚也。

新分桑葉〇葉、汁及家桑葉附。　葉椏者名雞桑。〇然此諸桑之劑，所出並與桑根白皮同。〇四月採。其葉三分，至經霜已落二分，尚留一分在木上者，名神仙葉。秋及十月採，並陰乾。

味苦、甘，寒，有小毒。〇主除寒熱出汗。自前條分。〇陳藏器云：雞桑最堪用。〇孟詵云：炙煎飲之，止渴，一如茶法。〇《圖經》曰：夏秋再生者為上。

附：葉研汁。〇解蜈蚣毒，合金瘡及小兒吻瘡。附：葉煎汁。〇去老風宿血，剉煎如赤糖用。又除脚氣水腫，利大小腸及去手足風痹，並煎濃汁淋之。

附：　家桑葉。〇暖，無〔毒〕。利五藏，通關節，下氣，除風痛出汗，并撲損瘀血。署蛇蟲、蜈蚣咬。

元・王好古《湯液本草》卷五　桑白皮　氣寒，味苦、酸。甘而辛，甘厚辛薄，無毒。　入手太陰經。　《象》云：　主傷中，五勞羸瘦，補虚益氣，除肺氣，止唾血熱渴，消水腫，利水道。　《心》云：　甘以固元氣，辛以瀉肺氣之有餘。　《本草》云：　治傷中五勞六極羸瘦，崩中脈絶，補虚益氣。去肺中水氣，唾血熱渴，水腫，腹滿臚脹，利水道，去寸白，可縫金瘡。出土者，殺人。　續斷、麻子、桂心為之使。忌鐵鉛。

元・王好古《湯液本草》卷五　桑東南根　《時習》云：　根暖，無毒。研汁，治小兒天吊，驚癇客忤，及傅鵝口瘡，大效。

元・尚從善《本草元命苞》卷六　桑根白皮　為使。性味甘平，無毒。瀉肺氣之喘，入太陰之經。益元氣不足，補虚，去肺中水氣，唾血。主傷中羸瘦虚勞。利水道，臚脹腹滿，通大小腸，開胃下食。殺腹臟蟲，霍亂吐瀉，消痰利氣，止渴除煩。《經》不載所出，今在處有之。用東行極妙。出土上殺人。經霜桑葉，淋渫手足風痺，水燉桑耳服之，善醫便血。嫩桑枝常餌，可去偏風。鋸桑屑酒服，能止血露。因瘡腫者，桑灰淋汁漬之，冷復易，取愈。因嗽血者，桑皮泔浸，糯米炒，為散，飲服。謂米飲調服。

元・吴瑞《日用本草》卷六　桑椹　味甘，溫，無毒。　主補五臟，明耳目，利關節，和經絡，通血脉，益精神，休糧不飢。仙方，及時取椹，曝乾為末，蜜丸四十丸，久服良妙。　桑葉：　主除寒熱出汗，霍亂腹痛。灸煎飲之，止渴，一如茶法。又煎湯淋渫手足，去風痹。　桑耳：　味甘，無毒。　主女子崩中帶下，月閉，產後血凝。一名桑黄，老桑樹上生有黄熟陳白者，止久泄，益氣不飢。又有金色者，治癖飲，積聚腹痛，金瘡。　桑花：　非桑椹花，即是桑樹上白癬，狀如地錢。刀刮取，炒乾，止衄血。　桑白皮：　味甘，寒，無毒。　主傷中，五勞六極，羸瘦，崩中脉絶，補虚益氣，去肺中水氣，唾血，熱渴，水腫，腹脹，開胃下食。殺臟腑中蟲，煮汁飲之。又入散用。亦主一切金瘡及腸出者，以白皮作線縫之，更以烏雞熱血塗上便愈。採時不可用土上者，只宜用以銅刀剝去麁皮，取裏白者，切，焙乾。其皮中青涎，勿使刮去，藥力即在其上。惡鐵及鉛。

元・朱震亨《本草衍義補遺・新增補》　桑白皮　氣寒，味苦、酸。主傷中，五勞羸瘦，補虚益氣。除肺中水氣，止唾血，消水腫，利水道。須炒而用之。

元・佚名氏《珍珠囊・諸品藥性主治指掌》〔見《醫要集覽》〕　桑白皮　味甘，性寒，無毒。可升可降，陽中陰也。其用有二：　益元氣不足而補虚，瀉肺氣有餘而止咳。

元・徐彦純《本草發揮》卷三　桑根白皮　海藏云：　入手太陰經。甘厚辛薄。甘以固元氣之不足，辛以瀉肺氣之有餘。

明・朱橚《救荒本草》卷下之前　桑椹樹　《本草》有桑根白皮。舊不載所出州土，今處處有之。其葉飼蠶，結實為桑椹。有黑白二種。桑之精英盡在於椹。桑根白皮，東行根益佳，肥白者良，出土者不可用，殺人。味甘，性寒，無毒。製造忌鐵器及鉛。葉椏者名雞桑，最堪入藥。續斷、麻子、桂心為之使。桑椹味甘，性暖。或云木白皮亦可用。　救飢：　採桑椹熟者食之；或熬成膏，攤於桑葉上晒乾，搗作餅收藏；　或直取椹子晒乾，可藏經年；及取椹子清汁置瓶中，封三二日即成酒，其色味似葡萄酒，甚佳，亦可熬燒酒，可藏經年，味力愈佳。其葉嫩老皆可煠食。皮炒乾，磨麵可食。　治病：　文具《本草》木部桑根白皮條下。

明・蘭茂撰，清・管暄校補《滇南本草》卷上　桑椹子　味甘、酸。益腎臟而固精，久服黑髮，明目。長壽丹方：　仝覆盆子共搗成餅，晒乾為末四兩，共八兩；　茯苓、乳汁炙，晒乾，為末，八兩；　山藥、乳汁浸，晒乾為末四兩，共合一處，煉蜜為丸，每丸二錢，清早服一丸，開水送下。此丸治男子精寒，婦人血虚，老年無子，其功不小；　或慾火燒身，已成癆症，無不效應；且久服令人成仙，故名長壽丹，又名入聖丹。

明・蘭茂撰，清・管暄校補《滇南本草》卷中　桑白皮　性寒，味辛、微苦。金受火制，惟桑白皮可以瀉之。止肺熱咳嗽。註云：　肺熱咳嗽，要在寅、午、戌時。止喘促吼咳，消肺痰咳血，利小便，消氣腫面浮，肺氣上逆作喘，開胃進食，氣降痰消則食進，非脾氣虚弱。

附方：　治肺家火實，肺受火尅，暑熱咳嗽，發熱氣喘之症。桑白皮一錢，地骨皮一錢，知母八分，杏仁一錢，去皮〔尖〕。浙冬一錢，陳皮一錢，馬兜鈴一錢，桔梗五分，黄芩八分，蘇子一錢，引用竹茹三分，水煎服。

明·蘭茂《滇南本草》〔叢本〕卷中 桑白皮 金受火制即此，桑皮以瀉之，肺熱咳嗽。肺熱咳嗽，要在寅午時者乃真。奇方： 治肺家寔火，肺受火尅，暑熱咳嗽，發熱氣喘。桑白皮一錢、地骨皮一錢、知母一錢、杏仁一錢，去尖。浙冬一錢、陳皮一錢、馬兜鈴錢半、桔梗五分、黄芩八分、蘇子一錢，引用竹茹三分，煎服。

明·王綸《本草集要》卷四 桑根白皮使 味甘辛，氣溫，無毒。入手太陰經。續斷、桂心、麻子為之使。惡鐵及鉛。東行者佳。出土上者殺人。採無時，刮去青黄薄皮，勿令皮上涎落入藥，炒用。 主傷中，五勞六極，羸瘦，崩中脈絶，補虛益氣。瀉脈氣有餘，喘嗽唾血，虛勞客熱，消痰止渴，去肺中水氣，浮腫腹滿，利水道。去寸白。作線，可以縫金瘡，更以熱雞血塗之，唐安金藏剖腹用此法。○桑葉，主除寒熱風痛，出汗。煮汁服，主霍亂腹痛。鹽挼，傅治蛇蟲、蜈蚣咬。○桑枝條，細剉，水煎濃汁，可常服。療遍體風癢，脚氣風氣拘攣，肺嗽口乾，利小便，輕身聰明。○桑皮中白汁，主小兒口瘡，及鵝口，舌上生瘡，傅之神效。又塗金刃傷燥痛，須臾血止。更剝白皮裹之，令汁得入瘡中良。冬月用根皮，蛇咬、蜈蚣、蜘蛛毒，傅之效。○桑耳，味甘，有毒。黑者，主女子漏下赤白汁，血病，癥瘕積聚，陰痛，陰陽寒熱，無子。黄熟陳白者，止久洩，益氣。金色者，治癖飲積聚，腹痛，金瘡。○桑椹，曝乾，搗末，蜜和丸服，主消渴，治金石發熱，久服不飢，變白不老。取黑者一斤，和科斗子一斤，瓶盛封閉，懸屋東頭一百日，化為黑泥，染白髮如漆。又取二七枚，和胡桃脂研如泥，拔去白髮，點孔中，即生黑。

明·滕弘《神農本經會通》卷二 桑根白皮 使也。續斷、桂心、麻子為之使。惡鐵及鉛。用東行根佳，出土上者殺人。採無時，刮去青黄薄皮，勿令皮上涎落。入藥。炒用。

味甘，氣寒，無毒。《湯》云： 氣寒，味苦、酸。甘而辛，甘厚辛薄，入手太陰經。東云：可升可降，陽中陰也。益元氣不足而補虛，瀉肺氣有餘而止咳。又云： 主喘息。《珍》云： 泄肺，補元氣。《疌》云： 清肺化痰，并止嗽，水腫漏下及金瘡，兼主癥瘕血氣。

《本經》云： 主傷中，五勞六極，羸瘦，崩中脉絶，補虛益氣，去肺中水氣，唾血，熱渴，水腫腹滿臚脹，利水道，去寸白。可以縫金瘡。《藥性論》云： 桑白皮，使。平。能治肺氣喘咳，水氣浮腫，主傷絶，利水道，消水氣，虛勞客熱頭痛，內補不足。孟詵云： 煮汁飲，利五臟。又入散用，下一切風氣水氣。又云： 煮汁，可染褐色，久不落。日華子云： 溫。調中下氣，益五臟，消痰，止渴，利大小腸，開胃下食，殺腹藏蟲，止霍亂吐瀉。此即山桑根皮。又云： 家桑東行根，暖，無毒。研汁，治小兒天吊，驚癇客忤，及傅鵝口瘡，大驗。《圖經》云： 皮中白汁，主小兒口瘡，傅之便愈。又以塗金刃所傷，燥痛，須臾血止，更剝白皮裹之，令汁得入瘡中良。冬月用根皮，皆驗。白皮作線，以縫金瘡腸出者，更以熱雞血塗上。唐安金藏剖腹，用此法便愈。《心》云： 甘以固元氣，辛以瀉肺氣之有餘。餘同《本經》。《象》云亦同。丹溪云： 須炒而用之。餘亦同《心》《象》云。劊云： 桑白皮寒其味甘，補虛益氣保神全。有餘肺氣宜斯瀉，嗽有痰紅必此蠲。《局》云： 桑白皮寒能瀉肺，補虛益氣主傷中。更堪利水消浮腫，并殺腸間寸白蟲。 桑白皮，瀉肺，補虛益氣。

桑葉 味苦、甘，氣寒，有小毒。

《本經》云： 主除寒熱出汗。汁，解蜈蚣毒。《唐本》注云： 水煎，取濃汁，除脚氣水腫，利大小腸。陳藏器云： 桑葉汁，主霍亂，腹痛吐下。冬月用乾者，濃煮服之。研取白汁，合金瘡。又主小兒吻瘡。細剉，大釜中煎取如赤糖，去老風及宿血。葉，椏者名雞桑，最堪入用。蕭炳云： 炙煮飲，止霍亂。又炙煎飲之，止渴，一如茶法。日華子云： 家桑葉，暖，無毒。利五臟，通關節，下氣。煎服，除風痛，出汗，並撲損瘀血，並蒸後罨蛇蟲蜈蚣咬，鹽挼傅上。春葉未開，枝可作煎，酒服，治一切風。《圖經》云： 以夏秋再生者為上，霜後採之，煮湯淋渫手足，去風痺殊勝。

桑耳： 使也。 味甘，有毒。

《本經》云： 墨者，主女子漏下赤白汁，血病癥瘕積聚，陰痛，陰陽寒熱，無子。療月水不調，其黄熟陳白者，止久洩，益氣不飢。其金色者，治癖飲積聚，腹痛，金瘡，一名桑菌。《藥性論》云： 桑耳，使。一名桑臣，又名桑黄。味甘、辛，無毒。治女子崩中帶下，月閉血凝，產後血凝，男子痃癖，兼療伏血，下赤血。又云： 木耳，亦可單用，平。日華子云： 桑耳，溫，微毒。止腸風瀉血，婦人心腹痛。

明·滕弘《神農本經會通》卷二 桑椹 《唐本》注： 味甘，寒，無毒。

單食主消渴。陳藏器云：利五臟，關節，通血氣，久服不飢。多收暴乾，擣末，蜜和為丸，每日服六十丸，變白不老，取黑椹一升，和科子一升，瓶盛封閉，懸屋東頭一百日，盡化為黑泥，染白鬢如漆。又取二七枚，和胡桃脂研如泥，拔去白髮，點孔中，即生黑者。《圖經》云：有白黑二(汗)〔種〕，暴乾，皆主變白髮。

桑灰　《唐本》注云：味辛，寒，有小毒。蒸淋，取汁為煎，與冬灰等同滅誌疵黑子，蝕惡肉。煑小豆大，下水脹，傅金瘡，止血生肌。孟詵云：柴燒灰淋汁，入鍊五金家用。《圖經》云：柴燒灰淋汁，醫家亦多用之。

桑蘚花　《圖經》云：皮上白蘚花，亦名桑花，狀似地錢，刀削取炒黃，以止衄吐血等。

桑上蠹蟲　《圖經》云：主暴心痛，金瘡肉生不足。

桑條作煎　《圖經》云：見《近効方》云：桑煎，療水氣，肺氣，脚氣癰腫，兼風氣。桑條二兩，用大秤大兩，一物細切如豆，以水一大升，煎取三大合，如欲得多造，準此增加，先熬令香，然後煎，每服肚空時喫，或茶湯，或羹粥，每服半大升，亦無禁忌也。本方桑枝，平，不冷不熱，可以常服。療偏體風痒，乾燥脚氣風氣，四肢拘攣，上氣眼暈，肺氣嗽，消食，利小便，久服輕身，聰明耳目，令人光澤，兼療口乾。

明・劉文泰《本草品彙精要》卷一八　桑根白皮附桑椹、桑耳，俱無毒。葉灰，有小毒。　植生。

桑根白皮出《神農本經》：**主傷中，五勞六極，羸瘦，崩中，脈絶，補虚益氣。○葉，主寒熱，出汗。○桑耳黑者，主女子漏下，赤白汁，血病，癥瘕積聚，陰痛，陰陽寒熱，無子。**以上朱字《神農本經》。去肺中水氣，唾血，熱渴，水腫，腹滿臚脹，利水道，去寸白，可以縫金瘡。○葉汁，有小毒，解蜈蚣毒。○桑耳，療月水不調，其黄熟陳白者，止久泄，益氣不飢。其金色者，治癖飲積聚，腹痛，金瘡。以上黑字名醫所錄。　〖名〗梔樹半無椹、女桑、山桑、家桑、雞桑葉椏者。桑耳，桑菌、木麥《蜀本》注麥作夋詮筍切、桑黄、桑巨。葉，神仙葉霜後枯者。　〖苗〗《圖經》曰：木高一二丈，春生葉，至夏結實，生青綠熟紫黑，根皮黄白色如虎斑，其葉可以飼蠶，根出土上者不可用，惟用東行根益佳。或曰木白皮亦可用也。桑葉以夏秋再生者爲上。木耳名桑黄，有黄熟陳白者，又有金色者，皆可用。皮上白蘚花名桑花，狀似地錢。其柴燒灰淋汁，醫家亦多用之。《爾雅》云：女桑，桋桑。桑木之小而條長者爲女桑。又山桑，木堪弓弩。檿桑絲中琴瑟，皆材之美者也，他木鮮及焉。〖地〗《圖經》曰：處處有之。〖時〗生：春生葉。採：無時。〖收〗暴乾。〖用〗根皮東行者佳。〖質〗類北苦參而厚大。〖色〗白。〖味〗甘。〖性〗寒。〖氣〗氣之薄者，陽中之陰。〖臭〗腥。〖主〗上氣欬嗽，五勞羸瘦。

〖行〗手太陰經。〖助〗續斷、桂心、麻子爲之使。〖反〗惡鐵及鉛。

〖製〗《雷公》云：以銅刀剝上青黄薄皮一重，只取第二重白嫩青涎者，於槐砧上用銅刀剉，焙令乾，勿使皮上涎落，涎是藥力而不可去也。〖治〗療：《圖經》曰：桑葉煮湯，淋渫手足，去風痹。○桑枝，消水氣，肺氣，脚氣，癰腫，及遍體風癢，乾燥風氣，四肢拘攣，上氣，眼暈，肺氣嗽，消食，利小便。久服輕身，聰明耳目，令人光澤，兼療口乾。○桑花，止衄血，吐血。○皮中白汁，塗小兒口瘡，並金刃所傷燥痛，須臾血止，更剝白皮裹之，令汁得入瘡中良。○桑上蠹蟲，止暴心痛，金瘡肉生不足。《唐本》注云：桑葉，除脚氣水腫，利大小腸。○桑椹，止消渴。《藥性論》云：根白皮，止肺喘欬，水氣浮腫，主絶傷，利水道，消水氣。日華子云：根白皮，調中下氣，消痰，止渴，利大小腸，開胃下食，殺腹臟蟲，止霍亂吐瀉。○家桑東行根汁，治小兒天吊驚癇，客忤及傅鵝口瘡。○家桑葉，利五臟，通關節，下氣，煎服除風痛出汗，並撲損瘀血。陳藏器云：葉汁，除霍亂，腹痛，吐下，合金瘡並小兒口吻瘡。煎如赤糖，去老風及宿血。○桑椹，利五臟關節，通血氣。久服不飢。孟詵云：根白皮煮汁飲，利五臟。○桑葉炙煎飲，止渴。蕭炳云：桑葉炙煮飲，止霍亂。《湯液本草》云：根白皮，除肺氣，止唾血，熱渴，消水腫。補：《藥性論》云：根白皮，主虚勞，客熱，頭痛，内補不足。日華子云：根白皮，益五臟。《湯液本草》云：根白皮，治傷中，五勞，羸瘦，補虚益氣。又云：甘以固元氣，辛以瀉肺氣之有餘。〖合治〗作線縫金瘡，腸出者更以熱雞血塗上，立效。○葉炙微乾，和桑衣煎服，治痢，亦療金瘡及諸損傷，止血。又蒸後𦞂挼傅治蛇、蟲、蜈蚣咬疼痛處。○桑椹，合蜜食之，能令人聰明，安魂，鎮神。○黑椹，暴擣末，合蜜爲丸，每日服六十丸，變白不老。○椹合科斗各一升，瓶盛封閉，懸屋東頭一百日，盡化爲泥，染白鬢如漆。○椹二七枚，和胡桃脂研如泥，拔去白髮，點孔中，即生黑者。○桑灰，淋取汁爲煎，與冬灰等同，滅痣疵黑子，蝕惡肉。煮小豆大，下水脹，傅金瘡，止血，生肌。

〔禁〕根出土上者，殺人。

明·盧和、汪穎《食物本草》卷二果類　桑椹　味甘，寒。主消渴。或暴乾和蜜食之，令人聰明，安魂鎮神。不可與小兒食，令心寒。《詩》註言鳩食椹多則致醉，物類之相制也有如此夫。

明·葉文齡《醫學統旨》卷八　桑白皮　氣寒，味甘、辛。無毒。入手太陰經。治傷中五勞羸瘦，補虛益氣，崩中脉絕；　瀉肺氣有餘，喘嗽唾血，或痰中見血，虛勞客熱，消痰止渴，去肺中水氣，浮腫腹滿，利水道，去寸白；作線可以縫金瘡，更以熱雞血塗之，唐安金藏剖腹用此法。

桑椹：　氣寒，味甘。無毒。　治消渴，金石發熱，補虛生血，黑鬚髮，久服不飢。

明·許希周《藥性粗評》卷三　皮撤桑根之白，弘固元瀉肺之勳。

桑白皮，桑根白皮也。樹大小不一，春初生葉如鵝掌大，南北取以飼蠶，出絲甚牢。夏中生子名椹，另有本條。又桑上寄生與菌、五木耳，亦皆入藥。其根黃色，入土東行者，不拘時採，剝去黃皮，取裏白有延者一層，暴乾。出土者有毒，不可用。續斷、桂心、麻子為之使。惡鐵及鉛。餘說《本草》不載。味甘、辛，性寒，無毒。入手太陰肺經。主治五癆七傷，肺痿氣喘，咳嗽發熱，羸瘦，吐血咯血，水腫腹滿，補虛益元氣，殺寸白蟲。海藏云：　甘以固元氣之不足，辛以瀉肺氣之有餘。

桑菌，一名桑耳。味甘，性溫，有毒。黑者主治女子漏下赤白，月水不調。黃熱陳白者主治久洩，益氣不（肌）〔飢〕。金色者主治癖飲，積聚腹痛，金瘡。大抵桑之主治甚多，仙藥中尤不可廢。

單方：　髭髮不落：　凡血衰髭髮易落者，取新桑根白皮，剉二升，以水一半淹浸，煮五六沸，去滓，洗沐髭髮，自然潮潤不落，但每沐浴用之佳。　手足偏風：　凡患偏風及預防風證者，取新桑枝剉一升，以水一斗，煎取二升，□□□之，每日空心取一盞服之，服盡又煎，但常服，終身再無風證。如夏須納井中匣之，庶不酸壞。又桑葉夏秋再生者，霜後採，煎湯洗手足，可去風痹。　水腫：　凡患水腫，坐臥不寧者，以花桑枝東引者，燒灰淋汁，煮赤小豆令熟，每遇飢時即食其豆至飽，不食他物，久久自消。　蛇傷：　取桑白皮汁，傅其瘡口即差。不拘蜈蚣及蜘蛛毒皆然。　金瘡：　凡患刀斧所傷，痛不可忍者，以新桑白皮封之，令汁浸入，良。　鼻衄：　桑耳炙焦，擣末，每衄即以末如杏仁大者，塞鼻中，數度可斷，終身不發。　血露不絕：　凡大產小產，血露不絕者，炙桑白皮煎湯飲之，或用桑根鋸取其屑，醇酒調下一撮，亦良。　欬嗽無時：　凡肺熱欬嗽，或致唾血者，桑白皮一斤，米泔浸三宿，細剉，入糯米四兩，一處焙乾，擣為細末，每用米飲調下二錢，良。　腹被鎗傷腸出：　凡腰腹被鎗刀所傷，腸出未損者，以桑白皮作綿縫其口，更以熱雞血塗之，無虞且夕而愈。唐安金藏剖腹，曾用此法，後皆無虞。　仙家保養常需：　仙方桑枝平，可以常服，療遍體風痒，乾燥脚氣，風氣，四肢拘攣，上氣眼暈，肺喘，消食，利小便，久服輕身，耳目聰明，令人光澤，每取桑枝一小升，細剉，炒令香，以水三升，煎取二升，不拘食前後服之，一日服盡為佳，每日以此代茶，久久有功。

明·許希周《藥性粗評》卷三　桑椹可消雙鬢雪。

桑椹子，桑實為椹。有紅黑二種，俱可服食。四月採，暴乾。大略見白皮下。味甘，性平，無毒。主治虛弱，利五臟，通血氣，厚腸胃，久服不飢，變白不老。

單方：　變白不老：　桑椹子多收，暴乾為末，煉蜜丸如梧桐子大，每日溫酒送下六十丸，久久髮白變黑。又方：　黑椹一斤，和科蚪子一斤，瓶盛封閉，懸屋東頭一百日，化為黑泥，染白鬢如漆。又取二七枚，和胡桃脂研如泥，拔去白髮，點孔中，即生黑者。

明·鄭寧《藥性要略大全》卷五　桑白皮　補虛，益元氣之不足。止嗽，瀉肺氣之有餘。《賦》曰：　止喘息。《經》云：　利水道，消浮腫腹滿，殺腹臟蟲。《十書》云：　治勞傷羸瘦，吐血熱渴，及肺中水氣。利大小腸，開胃進食，止霍亂吐瀉，去風。味苦、甘、微辛、酸，氣寒，無毒。入手太陰肺。續斷、桂心、麻子為之使。惡鐵及鉛。入土深、向東行者良，土外者殺人。刮去黃薄皮，留白，蜜水炒，或炙用。

桑汁　解蜈蚣毒，止霍亂腸痛、吐下。　味苦、甘，氣寒，有小毒。水煎洗脚氣水腫。〇桑葉：　除寒熱出汗。

明·賀岳《醫經大旨》卷一《本草要略》　桑白皮　《補遺》曰：　寒氣，味苦酸。主傷中五勞，羸瘦，補虛益氣，除肺中水氣，止唾血，消水腫，利水道，須炒而用之。　是數言者，其要在於氣寒，而能利水；　酸苦而能補虛故耳。東垣《珍珠囊》曰主喘息，又曰瀉肺氣有餘，而止咳嗽。其亦除肺中水氣之意也。元氣不足，而補虛，其亦傷中五勞羸瘦，補虛益氣之意也。二者之說當矣。

明·陳嘉謨《本草蒙筌》卷四　桑根白皮　味甘而辛，甘厚辛薄。氣寒。可升可降，陽中陰也。無毒。山谷出少，家園植多。山桑質堅，木堪作檐。家桑氣厚，葉可飼蠶。凡入劑中，須覓家者。近冬收採，如式製精。根出土外者殺人，根向東行者得氣。得生氣也。皮取近木洗淨，留白去青片用。銅刀咀成，惡鉛忌鐵。稀蜜拌透，文火炒乾。為使續斷桂心，入手太陰肺臟。甘助元氣，補勞怯虛羸。辛瀉火邪，羅謙甫曰：桑白皮瀉肺，是瀉肺中火邪，非瀉肺氣也，火去則氣得安矣。止喘嗽唾血。利水消腫，解渴毆痰。刀刃傷作線縫，熱鷄血塗即合。皮中白汁，取依四時。春夏取向上者從升，枝幹皮汁也。秋冬取向下者因降。根皮汁也。敷金瘡血止，剝白皮裹之，令汁得入瘡中，良。敷蛇咬毒消。點唇裂易差，染褐色不落。釜中煎如糖赤，老痰宿血並推。葉採經霜者煮湯，洗眼去風淚殊勝。鹽搗敷蛇蟲蜈蚣咬毒，蒸搗署撲損瘀血滯凝。煎代茶，消水腫脚浮，下氣令關節利；研作散，湯調。止霍亂吐瀉，出汗除風痹疼。炙和桑衣煎濃，治痢諸傷止血。枝煎常飲，耳目聰明。去手足拘攣，脚氣兼散；潤皮毛枯槁，風癢且毆。陰管通便，眼眶退暈。利喘嗽逆氣，消焮腫毒癰。椹收曝乾，蜜和丸服。開關利竅，安魂鎮神。久服不飢，聰耳明目。黑椹絞汁，係桑精英。入鍋熬稀膏，加蜜攪稠濁。退火毒，貯磁瓶。夜臥將臨，沸湯調下。每服一二錢止。解金石燥熱止渴，染鬚髮皓白成烏。一方：黑椹一升，和蝌蚪子一斤，瓶盛封閉，懸屋東向，百日化為泥，染白鬚如漆。又方：取黑椹二七，和胡桃脂研如泥，拔去白鬚，點孔中，即生黑鬚。柴灰辛寒，淋汁小毒。合冬灰為爛藥，醫外科著奇功。蝕惡肉死肌，滅瘢疵黑痣。能結鉛汞，曾益丹家。○桑耳有毒味甘，古方入劑屢用。一名桑菌，又名桑黃。老樹上多雨即生，軟濕者作葅堪啖。採收剉碎，醇酒煎嘗。散血如神，止血甚捷。黑者，主女人癥瘕、崩漏、帶下及乳腫暴來；黃者，治男子癖飲、積聚、腹疼併金瘡初得。若色黃熟陳白，止洩補益元陽。○桑花非指桑椹花為云，乃樹上白蘚。其狀因與地錢花相類，故假此立名。刀削取之，火炒入藥。性緩無毒，健脾澁腸。塞崩中，禁帶漏。鼻洪吐血愈，腸風下血安。桑上蠹蟲，主卒心痛，金瘡潰爛，亦可生肌。○桑上寄生，節間生出。葉厚軟如橘葉，莖肥脆類槐枝。別樹雖有不靈，獨桑氣厚甚妙。儻求主治，須認精詳。或云：碎其實，有汁稠粘者真。又曰：折其莖，以色深黃者是。固當宗此辯別，仍貴纏附桑枝。外科散瘡瘍，追風濕，卻背強腰痛篤疾；女科安胎孕，下乳汁，止崩中漏血沉疴。健筋骨，充肌膚，愈金瘡，益血脉。長鬚長髮，堅齒堅牙。實服通神，輕身明目。

謨按：木部之中，惟桑寄生最難得。其真者，必須近海桑樹，生意郁濃，地暖不蠶，葉無採捋，節間自然生出，纏附桑枝。採得陰乾，乃可入藥。其諸桃、梅、榆、柳、櫸、槲、松、楓等上，間或亦有寄生，不似桑木氣厚，假桑之氣以為佳爾。故凡風濕作痛之證，古方每用獨（滑）〔活〕寄生湯煎調，百發百中。今人服之，杳無奏其功者，豈非藥不得真之故歟？況古名醫用藥立方，必以主病者為君，所用川獨（滑）〔活〕、桑寄生，俱能去風勝濕，以為主藥，誠為合宜。奈今賣藥之家，因難得真，往往收採雜木寄生，指為桑寄生謀利。兩種雖同類，氣味大殊，且川獨（滑）〔活〕亦未辯認分明，每用土當歸假代。兩俱燥性，耗衛敗榮，無益有虧，寧不增劇。近幸茭山吳氏，辯認獨（滑）〔活〕原本羌（滑）〔活〕一種，以節密輕虛者為羌，節疎重實者為獨。川續斷與桑寄生，氣味略異，主治頗同，不得寄生即加續斷。便立名曰：羌活續斷湯。使醫者不泥於專名，病家勿誤其假藥。仁恩溥濟，何其淵哉！

明·方穀《本草纂要》卷三　桑白皮　味甘、辛，氣溫，無毒。入手太陰肺經，瀉肺之藥也。故咳嗽痰喘，肺氣上逆，非此不能瀉氣以平逆；肺脹腹滿，水道不利，非此不能行氣以利水。若夫唾血虛劳，客熱往來，此劑甘辛可以清熱而治劳；陰虛火動上乘肺金，此劑辛溫可以瀉肺而治火；七情傷中，六極羸瘦，此劑甘溫可以補肺而治羸。又曰：桑皮蜜炙能殺蟲者，以蟲見蜜之甘而食之，殊不知瀉肺之藥而損其蟲也。桑皮可以治金瘡者，謂皮作線而縫瘡，是線有益於瘡也。大抵近世以爲治劳之嗽，觀其護血之藥，治瘡有功，則治劳之意明矣。又爲治風之嗽，觀其辛溫之劑，瀉肺有效，則治風之理見矣。吾嘗考之，桑之一物有六用焉，桑蟲攻毒甚效；桑葉止汗尤奇；桑耳能破癥瘕積聚；桑椹能染鬚髮轉黑；桑枝去風氣痛痒；桑汁治鵝口舌瘡。此桑爲最美之物，而流通氣血之藥，所以桑上寄生，亦爲治風寒濕之聖藥也。凡用桑白去皮，蜜炙。露沙土者勿用，恐殺人。

明·王文潔《太乙仙製本草藥性大全》卷三《本草精義》　桑根白皮　《本經》不載所出州土，今處處有之。山谷出少，家園植多。山桑質堅，木堪作擔，家桑氣厚，葉可飼蠶。凡入劑中，須覓家者。近冬收採，如式製精。根出土外者殺人，根向東行者得氣。皮取近木，洗浄留白，去青片，用銅刀咀成。惡鉛，忌鐵。稀蜜拌透，文火燒乾。其皮中青涎勿使刮去，藥力都在其上，惡鐵及鉛，不可近之。其葉以夏秋再生者爲上，霜後採之煮湯淋渫洗手足，殊勝。神仙服食方：以四月桑茂盛時採葉，又十月霜後三分二分已落時一分在者名神仙葉，即採取與前葉同陰乾，搗爲丸散任服，或煎以代茶飲。

又採椹曝乾，和蜜食之，並令人聰明，安魂鎮神。又炙葉令微乾，和桑衣煎服治痢，亦主金瘡及諸損傷止血。方書稱桑之功最神，在人資用尤多。桑條作煎，見《近效方》云：桑煎療水氣、脚氣、肺氣、癰腫兼風氣，桑條三兩，用大秤七兩，一物細切如豆，以水一大升，煎取三大合，如欲得多，造準此增加，先熬令香，然後煎，每服肚空時喫，或茶湯，或羹粥，每服半大升，亦無禁忌也。治青盲法：當依而用之，視物如鷹鶻，有此效。正月八，二月八，三月六，四月六，五月五，六月二，七月七，八月二十五，九月十二，十月十二，十一月二十六，十二月晦，每遇上件神日，用桑柴灰一合，以煎湯沃之，於甆器中澄令極清，以藥汁稍熱洗之，如覺冷，即重湯煮令得所，不住手洗，遇上件日不得不洗，緣此神日本法也。

明·王文潔《太乙仙製本草藥性大全》卷三《仙製藥性》 桑白皮根：味甘而辛，甘厚辛薄，氣寒，可升可降，陽中陰也。入手太陰肺。續斷、桂心、麻子爲之使。桑皮煮汁，可染褐色永不落。主治：甘助元氣，補勞怯虛羸；辛瀉火邪，止喘嗽唾血。利水消腫，解渴驅痰。止腹滿，殺腹蟲。胃冷，開胃進食，止喘息、霍亂、吐瀉。去風，治勞傷羸瘦、吐血、熱渴。去肺中水氣，殺寸白諸蟲。刀刃傷作線縫，熱血塗即合。補註：脉極寒，髮鬢隨落，令髮潤生：桑白皮二升，以水淹浸，煮五六沸，去滓，洗沐鬢髮，自不落。○卒小便多，消渴，入地三尺取桑根剝取白皮，炙令黃黑，剉以水煮之令濃，隨意飲之，亦可內少米，勿入鹽。治産後下血不止，炙桑白皮，煮水飲之。治金瘡，取新桑白皮燒灰，和馬糞塗瘡上，數易之。○墜馬拗損，以桑根白皮五斤爲末，水一升，煎成膏，傅於損處便止，已後亦無宿血，終不發動。治欬嗽甚者，或有吐血殷鮮，桑根白皮一斤，米泔浸三宿，净刮上黃皮，剉細，入糯米四兩，焙乾，一處搗爲末，每服米飲調下一兩錢。太乙曰：凡使十年已上向東畔嫩根，採得後銅刀剝上青黃薄皮一重，只取第二重白嫩青涎者，於槐砧上用銅刀剉之，焙令乾，勿使皮中涎落，涎是藥力。桑皮中白汁：取依四時，春夏取向上者，從升枝幹皮汁也；秋冬取向下者，因降根皮汁也。敷金瘡血止，敷蛇咬毒消。點唇裂易差，染褐色不落。釜中煎如糖，赤老痰宿血並推。補註：治蜈蚣及蜘蛛毒，取桑白皮汁傅之效。治小兒鵝口，桑白皮汁和胡粉傅之。治小兒舌上生瘡如病，桑白皮汁傅之，三兩度差。治小兒重舌，桑白皮煮汁，塗乳飲之。治口瘡白漫漫，取汁，先以髮拭口，次以汁傅之。桑葉：味苦、甘，寒，有小毒。採經霜者佳。葉煮湯洗眼。主治：去風淚殊勝。鹽搗敷蛇蟲蜈蚣咬毒。蒸搗罯撲損瘀血滯凝。煎代茶，消水腫脚浮，下氣令關節利。研作散湯調，止霍亂吐瀉出汗，除痹。炙和桑衣煎濃，治痢諸傷止血。補註：肺毒瘡如大風疾，綠雲散：以葉好者洗過熟蒸一宿，候日乾爲末，水調二錢服。治小兒渴，用葉不拘多少，用生蜜逐葉上傅過，將線繫葉蒂上綳，陰乾切細，用水煎汁服之差。桑枝：性平，不冷不熱。家園者暖，無毒，煎可常飲。主治：主耳目聰明。去手足拘攣，脚氣兼散；潤皮毛枯槁，風癢且敺。陰管通便，眼眶退暈。利喘嗽逆氣，消焮腫毒癰。補註：治偏風及一切風，桑枝剉一大升，用今年新嫩枝，以水一大斗，煎取二大升。夏用井中沉，恐酸壞，每日服一盞，空心服盡。又煎服終身不患偏風。若預防風，能服一大升佳。八月、九月中刺手足，犯惡露腫，多殺人，以桑枝三條，內煻灰中炮令及熱破斷，以頭柱瘡口上令熱盡即易之，盡二條，則瘡自爛，仍取韮白傅瘡上，以布帛急裹之，若有腫者更作，用薤白佳。桑椹：收曝乾，蜜和丸服，開關利竅，安魂鎮神，久久不飢，聰耳明目。黑椹：絞汁，係桑精英，入鍋熬稀膏，加蜜攪稠濁，退火毒，貯磁瓶，夜臥將臨，沸湯調下每服一、二錢止，解金石燥熱，止渴，染鬚髮皓白成烏。補註：一方用黑椹一升，蝌蚪子一斤，瓶盛封閉，懸屋東向百日，化爲泥，染白鬚如漆。又方：取黑椹二七，和胡桃脂研如泥，拔去白鬚，點孔中即生黑鬚。○桑椹熟時，取之日乾爲末，蜜和丸桐子大，空心酒服四十丸，長服之良。凡子不得與桑椹子食，令兒心寒。能利五臟關節，痛血氣。又服不飢。多收曝乾，搗末蜜和爲丸，每日服六十丸，即變白不老。柴灰：辛，寒，淋汁小毒。合冬灰爲爛藥，醫外科著奇功。蝕惡肉死肌，滅瘢疵黑痣。能結鉛汞，曾益丹家。補註：治大風，頭面髭髮脱落，以桑柴灰熱湯淋，取汁洗頭面。以大豆水研取漿解澤灰味，彌佳，次用熱水，入菉豆麵濯之，取净。不過十度良，三日一淋頭，一日一洗面。治金瘡止痛，取桑柴灰研傅瘡上佳。治水腫坐臥不得，頭面身體悉腫，取東引花桑枝燒灰，淋汁煮赤小豆，空心食令飽，飢食盡，不得喫飲。○因瘡而腫者，皆因中水及中風寒所作，其腫入腹則殺人。多以桑灰淋汁漬，冷復易取愈。《梅師方》同。桑耳使：味甘、辛，無毒。古方入劑屢用，一名桑臣，一名桑黄，又名桑菌，又名木麥。老樹上多雨即生，軟濕者作葅堪啖。採收剉碎，醇酒煎嘗。主治：散血如神，止血甚捷。黑者，主女人癥瘕，崩漏，帶下及乳腫暴來。黃者，治男子癖飲，積聚，腹疼，併金瘡初得。若色黃熟陳白，止洩，補益元陽。補註：五痔，以桑耳作羹，空心下，節飽食之，日三食之。待孔卒痛如烏啄，取大小豆各一升，合搗作兩囊蒸之及熱，更互坐之即差。治人少小鼻衄，小勞輒出，桑耳無多少，熬令焦，搗末，每衄發輒以杏仁大塞鼻數度，即可斷(深)。治瀉血不止，桑耳一大兩，熬令黑，以水一大升三合，煎取六大合，去滓，空心分溫三服。

明・皇甫嵩《本草發明》卷四　桑白皮中品，臣。氣寒，味甘帶辛。可升可降，陽中之陰也。無毒。入手太陰肺經。　發明曰：桑白皮，氣寒能利水，甘能補虛，二說兼之。故《本草》主傷中，五勞六極羸瘦，崩中脉絕，補虛益氣，是甘能補虛也。除肺中水氣唾血，熱渴浮腫臚脹，利水道，去寸白，治肺氣喘滿，止咳嗽，是寒能利水也。既云除肺中水，又云瀉肺氣之有餘，蓋氣餘為火，是辛以瀉肺火也。肺中有水，則停濕而生痰，痰生熱而傷肺，是以咳嗽唾血，熱渴勞傷之候作矣。今言除水氣，正所以瀉火邪，火退而氣得寧，補益自在其中，此治水火相因之妙用也。濕熱生痰，嗽而傷肺，此為要藥。若夫勞極之咳，又當用潤肺補肺之劑兼之，如欵花、紫(苑)〔菀〕、沙參之類也。續斷、桂心為之使。惡鉛。忌(釗)〔鐵〕。○凡取用家植向東行得生氣者，冬月取之。根皮出上外者殺人。銅刀切之，用蜜炙。

桑皮中白汁，點唇皮烈，小兒吻瘡。煎汁如糖，去老痰宿血。剝白皮帶汁，敷金瘡，消蛇咬毒。春夏取桑枝幹向上者，秋冬取枝幹向下者。刀刃傷，用桑皮作線縫之，熱雞血塗之，即合。　桑葉，採經霜者，煮湯，洗眼去風淚。淋渫手足，去風痺殊勝。鹽搗，敷蛇蟲、蜈蚣咬毒。蒸搗，署撲損瘀血凝滯。煎代茶，消水腫脚浮，下氣利関節。研散湯調，止霍亂吐瀉，出汗風痺痛。○桑枝，煎湯常飲，耳目聰明，去手足拘攣，脚氣痛，散潤皮毛風癢，通陰管痛，退眼眶暈，利咳嗽氣逆，消癰腫毒。○桑柴灰，淋汁，洗蝕惡肉死肌。滅疵痣，因瘡而腫者，皆由中水及中風寒所致，腫入腹多殺人，以桑灰汁漬，冷復易，取愈。○又治金瘡止腫，用桑柴灰研細，傅瘡上佳。　桑椹，晒乾，蜜丸服，開関利竅，通血脉，安神魄，聰耳明目，久之不(肌)〔飢〕。黑椹絞汁，熬稀膏，蜜調服，去火毒，解金石燥熱，止消渴，染鬚髮。取二七枚，和胡桃肉，脂研如泥，拔去白鬚，點汁于(丸)〔孔〕中，即生黑。　桑耳，又名桑菌。味甘，有毒。醇酒煎，散血止血。黑者主女人癥瘕，崩漏帶下赤白及乳腫。黃者治男子癖飲積聚痛，陰陽寒熱，無子，月水不調。若黃熟陳白者，止久洩，補益元陽。其色金者，治癖飲積聚腹痛，金瘡。○桑花，乃樹上白蘚，火炒入藥，性緩，無毒。主健脾澁腸寒，崩中漏帶，鼻紅吐血，腸風下血。

明・梅得春《藥性會元》卷中　桑白皮　味甘，性寒。可升可降，陽中陰也。無毒。入手太陰肺經。出土者，誤用殺人。　主益元氣不足而補中虛，瀉肺氣有餘而止咳嗽；利水道，消浮腫，又消痰止渴。治勞傷羸瘦，退客熱，補虛，療崩中脉絕，殺寸白蟲，除肺中水氣，止肺實唾血。蓋性不純良，戒勿多用，及肺虛者尤宜忌之。又可作線，縫金瘡，更以熱雞血塗之。唐安金藏剖腹用此法。　製法：刮去粗皮，切，蜜拌炒用。

明・李時珍《本草綱目》卷三六木部・灌木類　桑《本經》中品

〔釋名〕子名椹時珍曰：徐鍇《說文解字》云：桑音若，東方自然神木之名，其字象形。桑乃蠶所食葉之神木，故加木於叒下而別之。《典術》云：桑乃箕星之精。〔集解〕頌曰：方書稱桑之功最神，在人資用尤多。《爾雅》云：桑辨有葚者梔。又云：女桑，桋桑，檿桑，山桑。郭璞云：辨，半也。葚與椹同。一半有椹，一半無椹，名梔。俗間呼桑之小而條長者，皆爲女桑。其山桑似桑，材中弓弩；檿桑絲中琴瑟，皆材之美者也。他木鮮及之。時珍曰：桑有數種：有白桑，葉大如掌而厚；雞桑，葉花而薄；子桑，先椹而後葉；山桑，葉尖而長。以子種者，不若壓條而分者。桑生黃衣，謂之金桑。其木必將槁矣。《種樹書》云：桑以構接則桑大。桑根下埋龜甲，則茂盛不蛀。

桑根白皮　〔修治〕《別録》曰：采無時。出土上者殺人。弘景曰：東行桑根乃易得，而江邊多出土，不可輕信。時珍曰：古《本草》言桑根見地上者名馬領，有毒殺人。旁行出土者名伏蛇，亦有毒而治心痛。故吳淑《事類賦》云：伏蛇痛(疾)，馬領殺人。斅曰：凡使，采十年以上向東畔嫩根，銅刀刮去青黃薄皮一重，取裏白皮。切，焙乾用。其皮中涎勿去之，藥力俱在其上也。忌鐵及鉛。云木之白皮亦可用。煮汁染褐色，久不落。

〔氣味〕甘，寒，無毒。權曰：平。大明曰：溫。元素曰：苦、酸。杲曰：甘、辛、寒。可升可降，陽中陰也。好古曰：甘厚而辛薄，入手太陰經。之才曰：續斷、桂心、麻子爲之使。〔主治〕傷中，五勞六極，羸瘦，崩中絕脉，補虛益氣《本經》。去肺中水氣，唾血熱渴，水腫腹滿臚脹，利水道，去寸白，可以縫金瘡《別録》。治肺氣喘滿，虛勞客熱頭痛，內補不足甄權。煮汁飲，利五臟。入散用，下一切風氣水氣孟詵。調中下氣，消痰止渴，開胃下食，殺腹臟蟲，止霍亂吐瀉。研汁，治小兒天弔驚癇客忤及傅鵝口瘡，大驗大明。瀉肺，利大小腸，降氣散血時珍。

【發明】杲曰：桑白皮，甘以固元氣之不足而補虛，辛以瀉肺氣之有餘而止嗽。又云：桑白皮瀉肺，然性不純良，不宜多用，時珍曰：桑白皮長于利小水，乃實則瀉其子也。宋醫錢乙治肺氣熱盛，欬嗽而後喘，面腫身熱，瀉白散：用桑白皮炒一兩，地骨皮焙一兩，甘草炒半兩，每服一二錢，入粳米百粒，水煎，食後溫服。桑白皮、地骨皮皆能瀉火從小便去，甘草瀉火而緩中，粳米清肺而養血。此乃瀉肺諸方之準繩也。元醫羅天益言其瀉肺中伏火而補正氣。瀉邪所以補正也。若肺虛而小便利者，不宜用之。頌曰：桑白皮作線縫金瘡腸出，更以熱雞血塗之。唐安金藏剖腹，用此法而愈。

【附方】舊八，新六。　欬嗽吐血：甚者殷鮮。桑根白皮一斤，米泔浸三宿，刮去黃皮，剉細，入糯米四兩，焙乾爲末。每服一錢，米飲下。《經驗方》。　消渴尿多：入地三尺桑根，剥取白皮炙黃黑，剉，以水煮濃汁，隨意飲之。亦可入少米。勿用鹽。《肘後方》。

產後下血：炙桑白皮，煮水飲之。《肘後方》。　血露不絶：鋸截桑根，取屑五指撮，以淳酒服之。日三服。《肘後方》。　墜馬拗損：桑根白皮五斤，爲末。[水]一升煎膏，傅之便止。已後亦無宿血，終不發動。《經驗後方》。　金刃傷瘡：新桑白皮燒灰，和馬糞塗瘡上，數易之。亦可煮汁服之。《廣利方》。　雜物眯眼：新桑根皮洗净，搥爛入眼，撥之自出。《聖惠方》。　髮鬢墮落：桑白皮剉二升，以水淹浸，煮五六沸，去滓，頻頻洗沐，自不落也。○《聖惠方》。　髮稿不澤：桑根白皮、栢葉各一斤，煎汁沐之即潤。《聖惠方》。　小兒重舌：桑根白皮煮汁，塗乳上飲之。《子母祕録》。　小兒流涎：脾熱也。胸膈有痰。新桑根白皮擣自然汁塗之，甚效。乾者煎水。○《聖惠方》。　小兒天弔：驚癇客忤。家桑東行根取研汁服。《聖惠方》。　小兒火丹：桑根白皮煮汁浴之。或爲末，羊膏和塗之。《千金方》。　石癰堅硬：不作膿者，蜀桑白皮陰乾爲末，烊膠和酒調傅，以軟爲度。《千金方》。

皮中白汁　【主治】小兒口瘡白漫，拭净塗之便愈。又塗金刃所傷燥痛，須臾血止，仍以白皮裹之，甚良蘇頌。　塗蛇、蜈蚣、蜘蛛傷，有驗。　取枝燒瀝，治大風瘡疥，生眉、髮時珍。

【附方】舊一，新三。　小兒鵝口：桑皮汁，和胡粉塗之。《子母祕録》。　小兒唇腫：桑木汁塗之。即愈。《聖惠方》。　解百毒氣：桑白汁一合服之，須臾吐利自出。《肘後方》。　破傷中風：桑瀝、好酒，對和溫服，以醉爲度。醒服消風散。《摘玄方》。

桑椹一名文武實。　【主治】單食，止消渴蘇恭。　利五臟關節，通血氣，久服不飢，安魂鎮神，令人聰明，變白不老。　多收暴乾爲末。蜜丸日服藏器。　擣汁飲，解中酒毒。　釀酒服，利水氣消腫時珍。

【發明】宗奭曰：《本經》言桑甚詳，然獨遺烏椹，桑之精英盡在于此。采摘微研，以布濾汁，石器熬成稀膏，量多少入蜜熬稠，貯瓷器中。每抄一二錢，食後，夜卧，以沸湯點服。治服金石發熱口渴，生精神，及小腸熱，其性微凉故也。仙方日乾爲末，蜜和爲丸，酒服亦良。時珍曰：椹有烏、白二種。楊氏《產乳》云，孩子不得與桑椹，令兒心寒，而陸璣《詩疏》云，鳩食桑椹，多則醉傷其性，何耶？《四民月令》云：四月宜飲桑椹酒，能理百種風熱，其法用椹汁三斗，重湯煮至一斗半，入白蜜二合、酥油一兩、生薑一合，煮令得所，瓶收。每服一合，和酒飲之。亦可以汁熬燒酒，藏之經年，味力愈佳。史言魏武帝軍乏食，得乾椹以濟飢。金末大荒，民皆食椹，獲活者不可勝計，則椹之乾濕皆可救荒，平時不可不收采也。

【附方】舊一，新七。　水腫脹滿：水不下則滿溢，水下則虛竭還脹，十無一活，宜用桑椹酒治之。桑心皮切，以水二斗，煮汁一斗，入桑椹再煮，取五升，以糯飯五升，釀酒飲。《普濟方》。　瘰癧結核：文武膏：用文武實即桑甚子二斗，黑熟者，以布取汁，即、石器熬成膏。每白湯調服一匙，日三服。《保命集》。　諸骨鯁咽：紅椹子細嚼，先嚥汁，後嚥滓，新水送下。乾者亦可。《聖惠方》。　小兒赤禿：桑椹取汁，頻服。《千金方》。

小兒白禿：黑葚入罌中曝三七日，化爲水，洗之，三七日神效。《聖濟録》。　拔白變黑：黑葚一斤，蝌蚪一斤，瓶盛封閉，懸屋東頭一百日，盡化爲黑泥，以染白髮如漆。陳藏器《本草》。　髮白不生：黑熟桑椹，水浸日晒，搽塗，令黑而復生也。《千金方》。　陰證腹痛：桑椹絹包風乾，過伏天，爲末。每服三錢，熱酒下，取汗。《集簡方》。

葉　【氣味】苦、甘、寒，有小毒。大明曰：家桑葉，暖，無毒。　【主治】除寒熱，出汗《本經》。　汁，解蜈蚣毒《別録》。　煎濃汁服，[能]除脚氣水腫，利大小腸蘇恭。　炙熟煎飲，代茶止渴孟詵。　煎飲，利五臟，通關節，下氣。　嫩葉煎酒服，治一切風。　蒸熟擣，罯風痛出汗，并撲損瘀血。　挼爛，塗蛇、蟲傷大明。　研汁，治金瘡及小兒吻瘡。　煎汁服，止霍亂腹吐痛下，亦可以乾葉煮之。　雞桑葉：煮汁熬膏服，去老風及宿血藏器。　治勞熱欬嗽，明目長髮時珍。

【發明】頌曰：桑葉可常服，神仙服食方：以四月桑茂盛時采葉，又十月霜後三分，二分已落時，一分在者，名神仙葉，即采取，與前葉同陰乾擣末，丸、散任服。或煎水代茶飲之。又霜後葉煮湯，淋渫手足，去風痹殊勝。又微炙和桑衣煎服。治痢及金瘡諸損傷，止血。震亨曰：經霜桑葉研末，米飲服，止盜汗。時珍曰：桑葉乃手、足陽明之藥，汁煎代茗，能止消渴。

【附方】舊二，新十一。　青盲洗法：昔武勝軍宋仲孚患此二十年，用此法，二年目明如故。新研青桑葉陰乾，逐月按日就地上燒存性，每以一合，於甆器內煎減二分，傾出澄清，温熱洗目，至百度，屢試有驗。正月初八，二月初八，三月初六，四月初四，五月初六，六月初二，七月初七，八月二十，九月十二，十月十三，十一月初二，十二月三十。《普濟方》。 赤眼澀痛：桑葉爲末，帋卷燒烟熏鼻取效，《海上方》也。《普濟方》。 頭髮不長：桑葉、麻葉煮泔水沐之。七次可長數尺。《千金方》。 吐血不止：晚桑葉焙研，凉茶服三錢。只一服止。後用補肝肺藥。《聖濟總録》。 小兒渴疾：桑葉不拘多少，逐片染生蜜，綿繫蒂上，綳，陰乾細切，煎汁日飲代茶。《勝金方》。 霍亂轉筋：入腹煩悶。桑葉一握，煎飲，一二服立定。《聖惠方》。 大腸脱肛：黄皮桑樹葉三升，水煎過，帶温罨納之。《仁齋直指方》。 肺毒風瘡：狀如大風。緑雲散：用好桑葉净洗，蒸熟一宿，日乾爲末。水調二錢匕服。《經驗方》。 癰口不斂：經霜黄桑葉爲末，傅之。《直指方》。 穿掌腫毒：新桑葉研爛，盦之即愈。《通玄論》。 湯火傷瘡：經霜桑葉燒存性，爲末，油和傅之。三日愈。《醫學正傳》。 手足麻木：不知痛痒。霜降後桑葉煎湯，頻洗。《救急方》。

枝 【氣味】苦，平。 【主治】體風癢乾燥，水氣脚氣風氣，四肢拘攣，上氣眼運，肺氣欬嗽，消食利小便，久服輕身，聰明耳目，令人光澤。療口乾及癰疽後渴，用嫩條細切一升，熬香煎飲，亦無禁忌。久服，終身不患偏風蘇頌。○出《近效方》，名桑枝煎。一法：用花桑枝寸剉，炒香，瓦器煮減一半，再入銀器，重湯熬減一半。或入少蜜亦可。

【發明】頌曰：桑枝不冷不熱，可以常服。抱朴子言：仙經云，一切仙藥，不得桑煎不服。時珍曰：煎藥用桑者，取其能利關節，除風寒濕痹諸痛也。觀《靈樞經》治寒痹内熱，用桂酒法，以桑炭炙布巾，熨痹處；治口僻用馬膏法，以桑鈎鈎其口，及坐桑灰上，皆取此意也。又癰疽發背不起發，或瘀肉不腐潰，及陰瘡、瘰癧、流注、臁瘡、頑瘡、惡瘡久不愈者，用桑木炙法，未潰則拔毒止痛，已潰則補接陽氣，亦取桑通關節，去風寒，火性暢達，出鬱毒之意。其法以乾桑木劈成細片，紮作小把，然火吹息，炙患處。每次炙片時，以瘀肉腐動爲度。内服補托藥，誠良方也。又按趙溍《養痾漫筆》云：越州一學録少年苦嗽，百藥不效。或令用南向柔桑條一束，每條寸折納鍋中，以水五盌，煎至一盌，盛瓦器中，渴即飲之。服一月而愈。此亦桑枝煎變法爾。

【附方】舊二，新四。 服食變白：久服通血氣，利五臟。雞桑嫩枝，陰乾爲末，蜜和作丸。每日酒服六十丸。《聖惠方》。 水氣脚氣：桑條二兩炒香，以水一升，煎二合，每日空心服之，亦無禁忌。《聖濟總録》。 風熱臂痛：桑枝一小升切炒，水三升，煎二升，一日服盡。許叔微云：常病臂痛，諸藥不效，服此數劑尋愈。觀《本草切用》及《圖經》言其不冷不熱，可以常服；抱朴子言一切仙藥，不得桑枝煎不服，可知矣。《本事方》。 解中蠱毒：令人腹内堅痛，面黄青色，淋露骨立，病變不常。桑木心剉一斛，着釜中，以水淹三斗，煮取二斗澄清，微火煎得五升，空心服五合，則吐蠱毒出也。《肘後方》。 刺傷手足：犯露水腫痛，多殺人。以桑枝三條，煻火炮熱斷之。以頭熨瘡上令熱，冷即易之。盡二條則瘡自爛，仍取韭白或薤白傅上，急以帛裹之。有腫更作。《千金方》。 紫白癜風：桑枝十斤，益母草三斤，水五斗，漫煮至五斤，去滓再煎成膏，每卧時温酒調服半合，以愈爲度。《聖惠方》。

桑柴灰 【氣味】辛，寒，有小毒。詵曰：淋汁入鍊五金家用，可結汞、伏硫硇。 【主治】蒸淋取汁爲煎，與冬灰等分，同滅痣疵黑子，蝕惡肉。煮小豆食，大下水脹。傅金瘡，止血生肌蘇恭。桑霜，治噎食積塊時珍。

【附方】舊五，新六。 目赤腫痛：桑灰一兩，黄連半兩，爲末。每以一錢泡湯，澄清洗之。《聖濟總録》。 洗青盲眼：正月八，二月八，三月六，四月四，五月五，六月二，七月七，八月二十，九月十二，十月十七，十一月二十六，十二月三十日，每遇上件神日，用桑柴灰一合，煎湯沃之。於甆器中澄取極清，稍熱洗之。如冷即重湯頓温。不住手洗，久久視物如鷹鶻也。一法以桑灰、童子小便和作丸。每用一丸，泡湯澄洗。《龍木論》。 尸注鬼注：其病變動，乃有三十六種至九十九種，使人寒熱淋瀝，恍惚默默，不的知所苦，累年積月，以至于死。復傳親人。宜急治之。用桑樹白皮曝乾，燒灰二斗，着甑中蒸透，以釜中湯三四斗，淋之又淋，凡三度極濃。澄清止取二斗，以漬赤小豆二斗一宿，曝乾復漬，灰汁盡乃止。以豆蒸熟，或羊肉或鹿肉作羹，進此豆飯，初食一升至二升，取飽。微者三四斗愈。極者七八斗愈。病去時，體中自覺疼痒淫淫。若根本不盡，再爲之。神效方也。《肘後方》。 腹中癥瘕：方見介部鼈下。 身面水腫：坐卧不得。取東引花桑枝，燒灰淋汁，煮赤小豆。每飢即飽食之，不得喫湯飲。《梅師方》。 面上痣疵：寒食前後，取桑條燒灰淋汁，入石灰熬膏，以自己唾調點之，自落也。《皆效方》。 白癜駁風：桑柴灰二斗，甑内蒸之，取釜内熱湯洗。不過五六度瘥。《聖惠方》。 大風惡疾：眉髮脱落，以桑柴灰熱湯淋取汁，洗頭面，以大豆水研漿，解澤灰味，彌佳。次用熟水，入緑豆麪濯之。三日一洗頭，一日一洗面。不過十度良。《聖惠方》。 狐尿刺人：腫痛欲死。熱桑灰汁漬之。冷即易。○《肘後方》。 金瘡作痛：桑柴灰篩細，傅之。○《梅師方》。 瘡傷風水：腫痛入腹則殺人。以桑灰淋汁漬之，冷復易。《梅師方》。 頭風白屑：桑灰淋汁沐之，神良。《聖惠方》。

桑耳桑黄：見菜部木耳。 桑花：見草部苔類。 桑寄生：見後寓木類。

桑柴火：見火部。 桑螵蛸：見蟲部。 桑蠹：見蟲部。

題明・薛己《本草約言》卷二《藥性本草》　桑白皮　味甘，氣寒，無毒。陽中之陰，降也，入手太陰經。導肺腑之喘渴，泄肺水之虚浮。咳嗽唾血者可用，痰盛氣逆者宜投。○甘則能補虚，寒則能利水，故《珍珠囊》曰：益元氣不足，而補中虚；瀉肺氣有餘，而止嗽咳。其説當矣。江云：除肺中水。○又云：瀉肺氣之有餘。蓋氣餘為火，是辛以瀉肺火也。然肺中有水，則停濕而生痰，痰生熱而傷肺，是以咳嗽唾血、熱渴勞傷之候作矣。今言除水氣，正所以瀉火邪也。濕熱生痰，嗽而傷肺，此為要藥。若勞極之咳，又當用潤肺補肺之劑，如款冬花、紫(苑)〔菀〕、沙參之類也。

明・佚名氏《醫方藥性・草藥便覽》　桑白皮　其性甘。去肺風，解諸毒，明目。

明・杜文燮《藥鑒》卷二　桑白皮　氣寒，味苦，酸，無毒。可升可降，陽中陰也。酸苦能補虚，故主傷中五勞羸瘦，補虚益氣也。氣寒能利水，故主除肺中水氣，止唾血，消水腫，利水道也。蜜炙用之，又主理肺氣而止咳嗽。與阿膠同用，又能治血嗽。蓋阿膠補血，所忌者在斂肺耳。今得此劑以瀉之，則血得補而不患其為斂也。桑白皮乃監制阿膠之妙劑也，用之者其可少乎？

明・穆世錫《食物輯要》卷六　桑椹　熟者味甘澀，性微凉，無毒。和五臟，養精血，散關節痛。和蜜食，安神魄，烏鬚髮。小兒食之，令心痛。

明・李中立《本草原始》卷四　桑根白皮　舊不載所出州土，今處處有之。有數種，有白桑，葉大如掌而厚；雞桑，葉花而薄；子桑，先椹而後葉；山桑，葉尖而長。子種者，不若壓條而分者。入藥用根。古本草言：桑根見地上者，名馬頟，有毒殺人；旁行出土者，名伏蛇，亦有毒而致心痛。故吴淑《事類賦》云：伏蛇痛，馬頟殺人。徐鍇《説文字解》云：(桑)〔叒〕音若，東方自然神木之名。其字象形，桑乃蠶所食葉之神木，故加木于叒下而別之。《典術》曰：桑乃箕星之精。

桑上寄生，葉類橘而厚軟，莖類槐而肥脆。高一二尺，諸樹皆有，惟寄生桑樹枝節間者佳，故曰桑上寄生。

桑根白皮：氣味：甘，寒，無毒。主治：傷中，五勞六極，羸瘦，崩中絶脉，補虚益氣。○去肺中水氣，唾血熱渴，水腫腹滿臚脹，利水道，去寸白。可以縫金瘡。○治肺氣喘滿，虚勞客熱頭痛，内補不足。○煮汁飲利五臟，入散用，下一切風氣、水氣。○調中下氣消痰，止渴，開胃下食，殺腹臟蟲，止霍亂吐瀉。研汁治小兒天弔驚癇客忤，及傅鵝口瘡大驗。○瀉肺，利大小腸，降氣散血。

皮中白汁：主治：小兒口瘡白漫，拭淨，塗之便愈。又塗金刃所傷，燥痛，須臾血止，仍以白皮裹之甚良。○塗蛇、蜈蚣、蜘蛛傷有驗。取枝燒瀝，治大風瘡疥，生眉髮。

桑椹：主治：單食止消渴。○利五臟關節痛，血氣。久服不飢，安魂鎮神，令人聰明，變白不老。多收暴乾，為末蜜丸，日服。○擣汁飲，解中酒毒，釀酒服，利水氣，消腫。

明・張懋辰《本草便》卷二　桑根白皮使　味甘、辛，氣溫，無毒。入手太陰經。惡鐵及鉛，刮去青黄薄皮，勿令皮上延落入藥，炒用。　主傷中，五勞六極羸瘦，崩中脉絶，補虚益氣，瀉肺氣有餘，喘嗽唾血，虚勞客熱，消痰止渴，去肺中水氣，浮腫腹滿，利水道。　桑葉主除寒熱風痛，出汗。○桑枝條細剉，水煎濃汁，可常服，療偏體風痒，脚氣風氣拘攣，肺嗽口乾，利小便。○桑皮中白汁主小兒口瘡，及鵝口舌上生瘡，傅之神效；又塗金刃所傷燥痛，須臾血止，更剝白皮炙之，令汁得入土中良。冬月用根皮，蛇咬、蜈蚣、蜘蛛毒。○桑耳味甘，有毒，黑者主女子漏下赤白汁；血病癥瘕積聚，陰痛，陰陽寒熱，無子。黄熟陳白者止久洩，益氣；金色者治癖飲積聚，腹痛，金瘡。○桑椹暴乾，擣末，蜜和丸服，止消渴，治金石發熱。

明・吴文炳《藥性全備食物本草》卷二　桑椹　熟者味甘，生澁，性微凉，無毒。和五臟，養精血，散關節痛。和蜜食安神定魄，烏鬚髮。小兒食之令心痛。

明・盧復《芷園臆草題藥》　桑為蠶食，則桑是蠶之天也。蠶質作絲，則絲是桑之精也。絲絲縷縷，如人身外之髮毛，身内之經絡。髮毛廣之鬚眉，經絡廣之肉腠分理，又深之以廣之之自如經絡，是營血流行之地。或經脉損而營血崩潰，或營血去而脉絡乾涸，從脉生病，咸可以藥。似六書之象形，不獨用其所以而用其所以然也。客有難曰：桑取象形而治脉似矣。如《太平聖惠》之治流涎，《子母秘錄》之治重舌，蘇頌之治口瘡白漫唇腫，其亦象形乎？答曰：此(政)〔正〕象形也。客未知鑽燧耶？如所舉者，皆是脾火所發，與季夏取桑、柘之火，同一樞紐，而尤通其所以然之玅也。

明・趙南星《上醫本草》卷二　桑椹　一名文武實。主治：單食，止消渴。利五臟關節，通血氣，久服不飢，安魂鎮神，令人聰明，變白不老。多收，暴乾為末，蜜丸日服。擣汁飲，解中酒毒。釀酒服，利水氣，消腫。宗奭曰：《本經》言桑甚詳，然獨遺烏椹，桑之精英盡在于此。采摘微研，以布濾汁，石器熬成稀膏，量多少入蜜，熬稠，貯瓷器中。每抄一二錢，食後、夜臥，以沸湯點服。治服金石發熱口渴，生精神，及小腸熱，其性微涼故也。仙方日乾為末，蜜和為丸，酒服亦良。《四時月令》云：四月宜飲桑椹酒，能理百種風熱。其法：用椹汁三斗，重湯煮至一斗半，入白蜜二合，酥油一兩，生薑一合，煮令得所，瓶收。每服一合，和酒飲之。亦可以汁熬燒酒，藏之經年，味力愈厚。

附方　瘰癧結核：文武膏，用文武實，即桑椹子二斗，黑熟者，以布取汁，銀石器熬成薄膏。每白湯調服一匙，日三服。

明・李中梓《藥性解》卷五　桑白皮　味辛、甘，性寒，無毒，入脾、肺二經。主傷寒羸瘦，崩中脉絶，肺氣有餘，虚勞客熱，瘀血停留，吐血熱渴，止嗽消痰，開胃進食，利二便，消水腫，能殺寸白，可縫金瘡。皮中白汁，塗唇燥及小兒口瘡。銅刀切片，文火蜜炙，勿令涎落，桂心、麻子為使，忌見鉛鐵。桑枝，療手足拘攣，陰管作痛，眼眶作暈，氣逆咳嗽，腫毒風癢。桑椹，開關竅，利血脉，安神魂，黑鬚髮，明耳目。桑寄生，主除腰痛，去風濕，健筋骨，充肌膚，愈金瘡，益血脉，長鬚髮，堅齒牙，安胎氣，下乳汁，止崩漏，折其莖深黄色者真。按：桑皮辛則走西方而瀉肺金，甘則歸中央而利脾土。然肺氣虚脾氣弱者，不宜用之，恐潤利之品，能走真元爾。枝本四發，有發散之義。椹為桑英，有裨益之功。而寄生獨産于海外，蓋以地暖不蠶，桑木無採捋之苦，得氣最厚，生意濃密，葉上自然生出，何曾有所爲節間可容樹子也？此説本之丹溪，最為近理。《圖經》諸書，胥失之也！難得其真，誤服殺人，用者謹之。

明・繆希雍《本草經疏》卷一三　桑根白皮　味甘，寒，無毒。主傷中，五勞六極，羸瘦，崩中脈絶，補虚益氣，去肺中水氣，唾血熱渴，水腫腹滿臚脹，利水道，去寸白，可以縫金瘡。出土上者殺人。

【疏】桑根白皮得土金之氣，故味甘氣寒而無毒。東垣、海藏俱云兼辛。然甘厚辛薄，降多升少，陽中陰也。入手太陰經。甘以固元氣而補不足，辛以瀉肺邪之有餘，故能止嗽也。凡肺中有水氣及肺火有餘者宜之。傷中者，中氣傷也。五勞者，五臟勞傷也。六極者，六腑之中氣極也。羸瘦者，肌肉脱也。崩者中，血脱也。脈絶者，氣血兩虚之至，故脈不來也。之數者，皆由陰不足則陽有餘，陽有餘則火盛而内熱，火與元氣不兩立，火能消物，造化自然也。惟甘也，可以補元氣；惟寒也，可以除内熱。熱除矣，元氣生矣，則上來諸證自瘳。故《本經》終之以補虚益氣焉。《别錄》去肺中水氣者，即十劑中云：燥可去濕，桑白皮之屬是已。吐血熱渴者，熱傷肺，火炎迫血妄行，溢出上竅，而兼發熱作渴也。其主水腫腹滿臚脹者，即利水道，除濕補虚之功也。濕熱盛則寸白生，消除濕熱則蟲自不能留也。縫金瘡者，甘寒補益，宜於傷損也。【主治參互】得天麥二冬、款冬花、百部、薄荷、甘草、沙參、貝母、枇杷葉、五味子，為治嗽要藥。得芍藥、薏苡仁、木瓜、茯苓、橘皮、赤小豆，為治水腫之神劑。《經驗方》治咳嗽吐血甚者，鮮桑根白皮一斤，米泔浸三宿，刮去黄皮，剉細，入糯米四兩，焙乾為末。每服一錢，米飲下。《肘後方》治消渴尿多，入地三尺桑根，剝取白皮，炙黄黑，剉，以水煮濃汁，隨意飲之。亦可少入米，勿用鹽。《肘後方》治産後下血，炙桑白皮，煮水飲之。《經驗方》治墜馬拗損，桑根白皮五斤，為末，以水五升煎膏，敷之便止。已後亦無宿血，終不發動。《子母秘方》治小兒重舌，桑根白皮煮汁，塗乳上飲之。《聖惠方》治小兒流涎，脾熱也，胸膈有痰。新桑根白皮擣自然汁飲之，甚效。煎飲亦良。《聖惠方》治小兒天吊驚癇，取家桑東行根，研汁服。《千金方》治石癰堅硬不作膿者，桑白皮，陰乾為末，烊膠和酒調傅，以輭為度。蘇頌：取皮中白汁，主治小兒口瘡白漫，拭淨，塗之便愈。又塗金刃所傷燥痛，須臾血止，仍以白皮裹之，甚良。時珍：取汁塗蛇、蜈蚣、蜘蛛傷，有驗。取枝燒瀝，治大風瘡疥，生眉髮。《子母秘錄》治小兒鵝口，桑皮汁，和胡粉塗之。《聖惠方》治小兒唇腫，桑木汁，塗之即愈。《摘玄方》治破傷中風，桑瀝、好酒，對和溫服，以醉為度。醒服消風散。【簡誤】肺虚無火，因寒襲之而發咳嗽者，勿服。

桑葉：主除寒熱出汗。汁解蜈蚣毒。

【疏】葉，《本經》無氣味。詳其主治，應是味甘氣寒性無毒。甘所以益血，寒所以涼血，甘寒相合，故下氣而益陰，是以能主陰虚寒熱及因内熱出汗。

其性兼燥，故又能除腳氣水腫，利大小腸。原稟金氣，故又能除風。經霜則兼得天地之清肅，故又能明目而止渴。髮者，血之餘也，益血故又能長髮，涼血故又止吐血。合癰口，罨穿掌，療湯火，皆清涼補血之功也。

【主治參互】四月採桑葉，酒拌，九蒸九曝，為末，胡麻或黑芝麻去殼，九蒸九曝，另磨如泥，各等分，煉蜜和為丸。每五六錢，空心飢時白湯下。能益氣血，祛風。仙家餌之，為引年止飢之要藥。　《普濟方》治青盲洗法：昔武勝軍宋仲孚，患此二十年，用此法二年，目明如故。摘青桑葉曬乾，逐月按日就地上燒存性，每以一合於瓷器內煎，減二分，傾出澄清，溫熱洗目，至百度，屢試有驗。正月初八，二月初八，三月初六，四月初四，五月初六，六月初二，七月初七，八月二十九，九月十二，十月十三，十一月初二，十二月三十。　《集簡方》治風眼下淚，臘月不落桑葉，煎湯，日日溫洗。或入芒硝。　《千金方》治頭髮不長，用桑葉、麻葉，煮泔水，沐之七日，可長數尺。　《聖濟總錄》治吐血不止，晚桑葉焙乾研，涼茶服三錢，只一服止，後用補肝肺藥。　《直指方》治癰口不斂，經霜黃桑葉，為末傅之。《通玄論》治穿掌腫毒，新桑葉研爛，罨之即愈。　《醫學正傳》治湯火傷瘡。經霜桑葉燒存性，為末，油和敷之，三日愈。

桑耳：　味甘，有毒。黑者，主女子漏下赤白沃，血病癥瘕積聚，陰痛，陰陽寒熱，無子，療月水不調。其黃熟陳白者，止久洩，益氣，不飢。其金色者，治癖飲，積聚，腹痛，金瘡。桑耳煅存性，研細，香附、童便炒黑，研細，每用桑耳灰二分，香附三分，淡醋湯空心調服。治血崩奇效，過於他木耳。

桑椹：　味甘，寒，無毒。單食，止消渴。陳藏器：　利五藏，關節，通血氣，久服不飢，安魂鎮神，令人聰明，變白不老。多收曝乾，為末，蜜丸，日服。時珍：　搗汁飲，解中酒毒。釀酒服，利水氣消腫。一名文武實。

【疏】桑椹者，桑之精華所結也。其味甘，其氣寒，其色初丹後紫，味厚於氣。合而論之，甘寒益血而除熱，其為涼血補血益陰之藥無疑矣。消渴由於內熱津液不足，生津故止渴。五臟皆屬陰，益陰故利五臟。陰不足則關節之血氣不通，血生津滿，陰氣長盛，則不飢而血氣自通矣。熱退陰生則肝心無火，故魂安而神自清寧，神清則聰明內發，陰復則變白不老。甘寒除熱，故解中酒毒。性寒而下行利水，故利水氣而消腫。皆自然之道也。

【主治參互】寇宗奭曰：　《本經》言桑甚詳，獨遺烏椹。然桑之精英，盡在於此，採摘微研，以布濾汁，石器熬成稀膏，量多少入蜜熬稠，貯瓷器中，每抄一二錢，食後、夜臥以沸湯點服。治服金石藥發熱口渴，生精神及小腸熱甚。　僊方：　日乾為末，蜜和丸，酒服亦良。　《四時月令》云：　四月宜飲桑椹酒，能理百種風熱。其法用桑椹汁三斗，重湯煮至一斗半，入白蜜二合，酥油一兩，生薑汁一合，煮令得所，瓶收。每服一合，和酒飲之。亦可以汁熬燒酒藏之，經年味愈佳。《普濟方》治水腫脹滿，水不下則滿溢，水下則虛竭還脹，十無一活，宜用桑椹酒治之。桑白皮切，以水二斗，煮汁一斗，入桑椹再煮，取五升，以糯米飯五升，釀酒飲。　《保命集》治瘰癧結核，文武膏，用文武實，即桑椹子二斗，黑熟者，以布取汁，銀石器熬成膏，每白湯調服一匙，日三服。　《千金方》治小兒赤禿，桑椹子取汁，頻服。　《聖濟錄》治小兒白禿，黑椹，入罌中，曝三七日，化為水，洗之三七日，神效。　《集簡方》治陰證腹痛，桑椹絹包風乾，過伏天，為細末。每服三錢，熱酒下，取汗。　【簡誤】甘寒帶滑，故潤而下行，脾胃虛寒作泄者，勿服。

桑柴灰：　味辛，寒，有小毒。淋取汁，與冬灰等分，同滅痣疵黑子，蝕惡肉。煮赤小豆食，大下水脹。傅金瘡，止血生肌。

桑霜：　即灰汁，以桑皮綿紙襯淘籮底，用滾水淋下，甆器盛之，重湯煮乾，別名木礞。能鑽筋透骨，為傅癰疽，拔疔，引諸散毒藥攻毒之要品。得丹砂、雄黃、乳香、沒藥、牛黃、龍腦香、紅白藥子、白及、白斂，傅一切腫毒，止痛追毒有奇效。得鐵鏽、蟾酥，可拔疔。

枝：　味苦，平，性不冷不熱。主遍體風癢乾燥，火氣腳氣風氣，四肢拘攣，上氣眼暈，肺氣欬嗽，消食，利小便。療癰疽後渴，嫩條細搗一升，熬香煎飲。亦無禁忌。久服，終身不患偏風。　《聖惠方》治紫白癜風。桑枝十斤，益母草三斤，水五斗，慢煮至五升，去滓，再煎成膏，每臥時溫酒調服半合，以愈為度。

桑黃：　氣味與白皮同。其除肺熱之功，殆又過之。山家老桑樹多生，湖桑少見。同天門冬、百部、山梔、枇杷葉，治赤鼻有神。

明・倪朱謨《本草彙言》卷一〇　桑根白皮　味甘，氣寒，無毒。升少降多，陽中陰也。入手太陰經。　王氏曰：　桑類繁多，不可枚舉，所在南北皆有。花、椹、枝、皮，功無差等。葉頻摘頻發，枝頻剪頻生。雖去枝純幹，幹尤生枝。葉充蠶食，材多適用。全體專精，灌木易生之上品也。蘇氏曰：方書稱桑之功用最神。《爾雅》云：又有梔桑、女桑、桋桑、檿桑、山桑。郭璞云：半有椹、半無椹，曰梔；幹小條長，曰女；葉細岐銳，皮理粗戾，曰桋；檿桑，絲中琴瑟；山桑，材中弓弩。皆材之美者也，他木鮮及之矣。

李氏曰：桑有數種，檿條而分者，椹少葉繁。白桑葉大而厚，山桑葉尖而長，雞桑葉花而薄，子桑先椹後葉。嶺外有望海桑，高數丈，枝幹茂盛，亭亭如車蓋。桑生黄衣，其本必將枯死。《種樹書》云：桑樹構接，則本大葉厚。桑根下埋龜甲，易茂盛而不蛀。《典術》曰：箕星之精，散而爲桑。洪氏曰：箕，水星也。龜神在坎，故桑以龜爲食焉。東坡曰：琴弦舊而聲闇，桑葉揩之，發聲如新。《本草》云：桑根見地上者，曰馬額，有毒，能殺人；旁行出土者，曰伏蛇，亦有毒，但反能治心痛。修治：采嫩根，刮去青黄薄皮一重，取裏白皮切，焙。皮中有涎，切勿去之。○桑上寄生，形狀見寓木類。

桑根白皮：平肺氣，日華子消痰嗽之藥也。伍少山稿甄氏方主泄肺氣，下喘逆。或肺火燔灼，痰嗽有紅；或肺傷風熱，暴嗽聲啞；或水飲停肺，脹滿氣急，是皆肺氣不清，爲痰爲火，爲停水之證，惟桑根白皮可以治之。又錢氏瀉白散，與甘草、地骨皮同用，能瀉肺火，從小便中出，此瀉肺諸方之準繩也。如前古有云：治崩中絶脉者何也？緣桑之苗、葉、枝、幹、皮、根，紋理一縷，如人身之經脉聯絡，分析有條，若營血統絡于心。故崩中絶脉，營血妄行之證，用桑根白皮可以止之也。蓋桑之一物，如盡其材而論之，應用凡有八焉：桑蟲，味甘。攻痘毒甚效。以酒漿調服之。桑葉，味甘、微苦。明目疾尤奇。煎湯早晚洗目。桑耳，味苦。破癥堅結聚。爲末，酒調服一錢。桑椹，味甘。染鬚髮轉黑。曬乾浸酒飲之。桑枝，味辛、苦。去風氣攣痛。切細浸酒飲之。桑汁，味苦。治哦口舌瘡。以絹蘸塗口内。桑爲流通氣血之藥，所以桑上寄生，味苦。又能利筋脉，調血氣，治風寒濕痹浸酒飲之。之聖劑也。再按：桑根白皮瀉肺降氣、清火下痰，是其專職。如肺虚無火，因風寒襲之而發咳嗽者，勿服。

集方：東垣方治肺氣盛滿，喘脹咳嗽，痰中有紅。用桑根白皮二錢，天麥二冬、款冬花、百部、沙參、川貝母各一錢五分，甘草七分，枇杷葉五片，刷去毛淨，水煎服。○治肺熱傷風，暴嗽聲啞。用桑根白皮二錢，前胡、防風、薄荷、葛根各一錢五分，桔梗一錢，甘草七分，水煎服。○馬氏方二則治水飲停肺，脹滿喘急。用桑根白皮二錢，麻黄、桂枝各一錢五分，杏仁十四粒去皮，細辛、乾薑各一錢五分，水煎服。○治水腫。用桑根白皮、白芍藥、薏苡仁、木瓜、茯苓各一錢，陳皮一錢，赤小豆三錢，水煎服。○《肘後方》治産後下血不止。如非關産後，凡屬血露不淨俱可服。用桑根白皮四兩，蜜水炒。每日用一兩，水煎飲之。○《廣利方》治金刃傷瘡。用桑根白皮，日用一兩，水煎服。外用馬糞和桑白皮各等分，燒灰敷瘡上，日一易。○《經驗方》治墜馬拗損筋骨。用桑根白皮五斤爲末，煎膏敷之，日一换，藥完即愈。亦無宿血。○蘇氏方治刀刃傷腹腸出。用桑根白皮作線縫腹皮，更以熱雞血塗之。○《聖惠方》治小兒口流涎不止，此係胸膈有熱痰故也。用新鮮桑根白皮擣自然汁，日逐飲之，并塗兩口角，甚效。

桑葉：去風濕，利水氣，朱丹溪和血脉之藥也。倪九陽稿蘇氏方煎汁服，能除脚氣，散水腫，通大小腸之逆氣。大氏方治一切風濕頑麻，自汗，并撲損瘀血作痛，又宜浸酒飲之。《普濟方》治老幼久患眼目，昏澀不明，以桑葉經霜者煎湯，早晚洗目。并治暴赤風眼，赤澀多淚。如一切目疾，惟久洗愈妙。《通玄方》治穿掌腫毒，以新鮮桑葉擣爛，罨敷即愈。又孟氏方取乾桑葉，水洗淨，曬乾，搓碎，微炒，泡湯作茶飲，止煩渴，通暢一身逆氣。蓋至賤之物，而應病甚奇，故併録。

桑柴灰：味辛，有小毒。行水止血之藥也。

集方：《梅師方》治身面水腫，坐卧不得。取桑柴燒灰淋汁，煮赤小豆，每飢時即食一二合，食時不得飲湯水。○蘇氏方治金瘡出血不止。以桑柴灰篩細，敷之，止血生肌。○《聖惠方》治破傷風，腫入腹即殺人。以桑柴灰淋汁，頓熱浸之，冷再易。

明・應麐《食治廣要》卷四 桑椹 味甘，微寒。單食，止消渴，利五藏，關節痛，解酒毒，利水氣消腫，變白不老。

按《楊氏産乳》云：孩子不得與桑椹，令兒心寒。陸璣《詩疏》云：鳩食桑椹多則醉傷其性，何耶？又《四時月令》云：四月宜飲桑椹酒，能理百種風熱。其法取椹汁三斗，重湯煮至一斗半，入白蜜二合，酥油一兩，生薑一合，煮令得所，瓶收。每服一合，和酒飲之。亦可以汁熬燒酒，藏之經年，味力愈佳。史言魏武帝軍乏食，得乾椹以濟飢。金末大荒，民皆食椹，獲活者不可勝計。然則椹之乾濕，皆可救荒，平時不可不收采也。

明・姚可成《食物本草・救荒野譜補遺・木類》 桑椹食實。四月紫色時采之，生食。

采桑采桑復采桑，葉飼蠶兮椹濟荒。朝來洒淚溼蠶筐，怨悵西郊遊冶郎。綺羅裳，厭膏粱，金鞍玉勒恣尋芳。

明・姚可成《食物本草》卷二〇木部・灌木類 桑李時珍曰：桑有數種。有白桑，葉大如掌而厚；雞桑，葉花而薄；子桑，先椹而後葉；山桑，葉尖而長。以子種者，不若壓條而分者。桑生黄衣，謂之金桑，其木必將槁矣。《種樹書》云：桑以構接，則桑大。桑根下埋龜甲，則茂盛不蛀。

桑椹　味酸、甘，性寒。單食止消渴，利五臟關節，通血氣。久服不飢，安魂鎮神，令人聰明，變白，不老。多收曝乾為末，蜜丸日服。擣汁飲，解中酒毒。釀酒服，利水氣消腫。〇李時珍曰：椹有烏、白二種。楊氏《產乳》云：孩子不得與桑椹，令兒心寒。陸(機)〔璣〕《詩疏》云，鳩食桑椹多則醉傷其性，何耶？《四時月令》云：四月宜飲桑椹酒，能理百種風熱。其法：用椹汁三斗，重湯煮至斗半，入白蜜二合，酥油一兩，生薑一合，煮令得所，瓶收。每服一合，和酒飲之。亦可以汁熬燒酒藏之，經年味力愈佳。史言魏武帝軍乏食，得乾椹以濟飢。金末大荒，民皆食椹，獲活者不可深計。則椹之乾溼皆可救荒，平時不可不收采也。

桑根白皮　味甘，寒，無毒。治傷中五勞六極，羸瘦，崩中絕脉，補虛益氣。去肺中水氣，唾血熱渴，水腫腹滿臚脹，利水道，去寸白，可以縫金瘡。治肺氣喘滿，虛勞客熱，頭痛，內補不足。煮汁飲，利五臟。入散用，下一切風氣水氣。調中下氣，消痰止渴，開胃下食，殺腹臟蟲，止霍亂吐瀉。研汁治小兒天弔驚癇客忤，及傅鵝口瘡大驗。瀉肺，利小腸，降氣散血。

皮中白汁　治小兒口瘡白漫，拭淨塗之便愈。又塗金刃所傷燥痛，須臾血止。仍以白皮裹之甚良。塗蛇、蜈蚣、蜘蛛傷有驗，取枝燒瀝，治大風瘡疥，生眉髮。

葉　味苦、甘，寒，有小毒。主除寒熱出汗。汁解蜈蚣毒。煎濃汁服，除脚氣水腫，利大小腸。炙熱煎飲，代茶止渴。煎飲利五臟，通關節，下氣。嫩葉煎酒服，治一切風。蒸熟擣罯風痛出汗，并撲損瘀血。挼爛塗蛇蟲傷。研汁治金瘡及小兒吻瘡。煎汁服，止霍亂腹痛吐下，亦可以乾葉煮之。

雞桑葉　煮汁熬膏服，去老風及宿血，治勞熱欬嗽，明目長髮。

附方：治金刃傷瘡。新桑白皮燒灰，和馬糞塗瘡上，數易之。亦可煮汁服之。　治破傷，中風。桑瀝，好酒對和溫服，以醉為度。醒服消風散。　治諸骨鯁咽。紅椹子細嚼先嚥汁，後嚥滓，新水送下。乾者亦可。　治青盲洗法。昔武勝軍宋仲孚患此二十年，用此法，二年目明如故。于端午、重陽、立冬日，採桑葉風乾，按日煎湯洗眼，至百度，屢試有驗。正月初八、二月初八、三月初六、四月初四、五月初六、六月初二、七月初七、八月二十、九月十二、十月十三、十一月初二、十二月三十。　治小兒重舌。桑根白皮煮汁，塗乳上飲之。　治鬚髮早白。黑桑椹一斤，科蚪即三月內池塘中初生蝦蟆烏。一斤，瓶盛封閉，懸屋東百日，盡化為黑泥，以染白髮如漆。　治脫肛。黃皮桑樹葉三升，水煎過，帶溫罨納之。　治瘡口不合。經霜黃桑葉為末傅之。　治湯火傷。經霜桑葉，燒存性為末，油和傅之，三日即愈。　治手足麻木，不知痛痒。霜降後桑葉煎湯頻洗。　解中蠱毒，令人腹內堅痛，面黃青色，淋露骨立，病變不常。桑木心剉一斛，入釜中，以水三斗淹之，煮取二斗澄清，微火煎五升。空心服五合，則吐蠱毒出也。　治傳尸勞，此症極惡。用桑樹白皮灰二斗蒸透，以釜中湯三四斗淋之又淋，凡三度，極濃。澄清，止取二斗以漬赤小豆三斗一宿，晒乾復漬，灰汁盡乃止。以豆蒸熟，或羊肉或鹿肉作羹，進此豆飯。初食一升至二升，重者再作一料，體中疼痒淫淫為愈。

明・顧逢柏《分部本草妙用》卷四肺部・寒瀉 桑皮　甘，寒，無毒。續斷、桂心、麻黃為使。主治：勞傷絕脉，補虛益氣。去肺中水氣，唾血，熱渴喘滿，消痰，瀉肺止嗽，利大小便。　桑白皮甘以固元氣之不足，辛以瀉肺氣之有餘。補虛止嗽，定喘降火之要藥。然性欠純，不宜多用。惟燥又能去濕，及肺中水氣，利小便，此實則瀉子之說也。〇其皮中白汁，治一切瘡火、蛇蟲、風疥等毒。〇桑椹，采研濾汁，熬成稀膏，入蜜收甑，最能治渴生津。

明・李中梓《醫宗必讀・本草徵要下》 桑根白皮味甘，寒，無毒。入肺經。續斷、桂心、麻子為使。刮去粗皮，蜜水炙，有涎出勿去。　瀉肺金之有餘，止喘定嗽；疏小腸之閉滯，逐水寬膨。降氣散瘀血，止消渴燥痰。瀉肺降氣，是其專職，利便去水者，兼瀉子之法也。　葉可止汗去風，明目長髮。　子可補血安神，生津止渴。　枝可祛風養筋，消食定欬。　桑耳，調經止崩帶。　桑黃，清肺療鼻赤。　桑柴灰，除瘕痣，蝕惡肉。　桑霜別名木礦，能鑽筋透骨，為抽疔拔毒之品。按：桑白皮瀉火，肺虛無火，因風寒而嗽者勿服。桑椹子雖能補血，脾胃虛滑者勿服。

明・鄭二陽《仁壽堂藥鏡》卷二　桑白皮　氣寒，味甘、酸。甘而辛，甘厚、辛薄。無毒。　入手太陰經。　《象》云：主傷中，五勞羸瘦，補虛益氣，除肺氣，止唾血熱渴，消水腫，利水道。　《心》云：甘以固元氣，辛以瀉肺氣之有餘。　《本草》云：治傷中，五勞六極羸瘦，崩中脉絶，補虛益氣；去肺中水氣，唾血熱渴，水腫腹滿臚脹，利水道，去寸白。可縫金瘡。出土上者殺人。續斷、麻子、桂心為之使。忌鐵、鉛。　桑寄生：《經》曰：腰痛，癰腫，堅髮齒，安胎。　隱居曰：崩中內傷，産後餘疾，下乳，金瘡。大明曰：助筋，益血脉。　按：桑皮入肺，長於利水，實則瀉子也。東垣謂性不純良，不宜多用。肺虛而小便利者尤忌。丹溪謂：寄生乃近海地暖，不蠶，無採捋之苦。氣厚意濃，自然生出，何嘗節間可容他子耶？真者有神驗，假者能殺人。　《唐本》注云：桑椹味甘，無毒。取二十枚，和胡桃脂研如泥，拔去白髮，點孔中，即生黑者。　陳藏器云：桑椹，利五臟關節，通血氣。久服不飢。多收暴乾，搗末，蜜和為丸，每日服六十丸，變白不老。

明・蔣儀《藥鏡》卷四寒部　桑白皮　利肺中之氣，氣泄而喘嗽平。逐肺中之水，水去而腫滿退。又治唾痰見血，抑至客熱虛癆。阿膠補血，怪其斂肺，製以桑皮，補瀉得均。蜜炙殺肺蟲，作線縫瘡口。汁取新根，治小兒之鵞口。與夫天吊，瀝燒下酒。治破傷之中風，并及風瘡。桑葉清凉補血，經霜明目，渴亦能消。至與胡麻合并九蒸，氣血兩盈。晚葉焙研茶下，吐血立止。剪其柔枝，祛風〔濕〕〔痺〕。兼同益母煎膏，紫白癜風斂跡。摘其甘椹，血養〔渴〕除；熬液蜜和酒下，百種風熱然蹤。桑柴灰淋汁者乾，別名木礵，引藥攻毒，透骨鑽筋。同鐵鏽、蟾酥以拔疔，同乳香、沒藥而止痛。桑蟲發毒，桑耳破〔癥〕。

明・李中梓《頤生微論》卷三　桑白皮　味甘，性寒，無毒。入肺經。續斷、桂心、麻子為使。蜜炙，勿令涎落；忌鉛鐵器。下氣消痰，瀉肺除喘滿，去肺中水氣，水腫脹。

葉可止汗，去風。　子可補腎，養陰生津，安神。　枝可祛風養筋。桑寄生和血舒筋，堅齒長髮，療痺安，止崩漏。

按：桑之為用甚弘，凡根枝幹葉，若子若灰若寄生，均有奇功。根較寒，子較暖，用者須斟酌之。

明・張景岳《景岳全書》卷四九《本草正》　桑白皮　味甘、微辛、微苦，氣寒。氣味俱薄，升中有降，陽中有陰。入手太陰肺藏。氣寒味辛故瀉肺火。以其味甘，故緩而不峻。止喘嗽唾血，亦解渴消痰。除虛勞客熱頭痛。水出高原，故清肺亦能利水。去寸白，殺腹藏諸蟲。研汁，治小兒天弔驚癇客忤，及傅鵝口瘡，大效。作線可縫金瘡。既瀉肺實，又云補氣，則未必然。

明・賈九如《藥品化義》卷六肺藥　桑白皮　屬陽，體輕，色白，氣和，味甘而淡云辛云苦酸皆非，性平云寒云燥皆非，能升，力清肺氣，性氣與味俱清，入肺大腸二經。　桑皮皮主疏散，味甘淡，淡主於滲，體輕色白，專入肺經，疏氣散熱，主治喘滿咳嗽，熱痰唾血，皆由實邪鬱遏，肺竅不得通暢，藉此滲之散之，以利肺氣，諸證自愈。故云瀉肺之有餘，非桑皮不可。又因皮主走表，以此治皮裏膜外水氣浮腫，及肌膚邪熱，浮風燥痒，悉能去之。蓋治濕以清，此為清中清品。同甘菊扁豆，通鼻塞熱壅；合沙參黃芪，止腸紅下血，皆有神效。

擇白色者佳，如色灰味苦者，不堪用。

明・盧之頤《本草乘雅半偈》帙三　桑根白皮《本經》上品　氣味：甘，寒，無毒。　主治：主傷中，五勞六極，羸瘦，崩中，絶脈，補虛益氣，除寒熱，出汗。

覈曰：所在有之，花椹枝皮，功無差等，葉頻摘頻發，枝頻剪頻生，雖去枝純幹，幹尤生枝，葉充蠶食，材多適用，全體專精，灌木易生之上品也。曲直仆偃，靡不怒生，枝幹葉實，各有專精。具木性之全體者，無出其右。《爾雅》云：桑辨自葚者梔。又云：女桑，桋桑，檿桑，山桑。郭璞注云：辨，半也。葚，與椹同。半有椹，半無椹，曰梔。幹小條長，曰女。葉細歧鋭，皮理粗戾，曰桋。桑，絲中琹瑟。山桑，似桑，材中弓弩，皆材之美者，他木鮮及之矣。李時珍云：桑有數種：檿條而分者，椹少葉繁；白桑葉大而厚；山桑葉尖而長；雞桑葉花而薄；子桑先椹後葉；望海桑，高數丈，枝幹茂盛，亭亭如車蓋。桑生黃衣，曰金桑，其本必將槁矣。《種樹書》云：桑根下，嘗培龜甲，易茂不蛀。《典術》云：箕星之精，散而為桑。箕，水星也。龜神在坎，故桑以龜為食。東坡曰：琹絃舊而聲闇，桑葉揩之，發聲如新。《本草》云：桑根見地上者，曰馬額，有毒殺人。旁行出土者，曰伏蛇，亦有毒。轉治心痛，故吳淑《事類賦》云：伏蛇治痛，馬額殺人。修治：采十年以上，向東畔嫩根，銅刀刮去青黄薄皮一重，取裏白皮切焙。皮中涎，甚勿去之。續斷、桂心、麻子為之使。忌鐵，及鉛。

王盤曰：桑種甚多，不可徧舉。世所名者，荊與魯也。荊桑多椹，魯桑少椹，葉薄而尖，其邊有瓣者，荊桑也。凡枝幹條葉堅勁者，皆荊之類也。葉員厚而多津者，魯桑也。凡枝幹條葉豐腴者，皆魯之類也。荊之類根固而心實，能久遠，宜為樹；魯之類根不固，心不實，不能久遠，宜為地桑，然荊之條葉，不如魯葉之盛茂，當以魯桑條接之，則能久遠，而又盛茂也。魯為地桑，而有壓條之法，傳轉無窮，是亦可久遠也。荊桑所飼蠶，甚絲堅韌，用最上也，《禹貢》稱厥篚檿絲。注曰：檿，山桑，此荊之美而尤者也。魯桑之類，宜飼小蠶，荊桑宜飼大蠶。《凡桑》果以接傳為妙，一曰身接，二曰根接，三曰皮接，四曰枝接，五曰靨業接，六曰搭接。今夫種植之功，其利既溥，又加之以接傳，猶變稂莠而為嘉禾，易碔砆而為美玉也，既接傳矣。復須剔其蟲蠹，柳子所謂吾聞養樹，得養人術，此長民為國者，所當視俲也。夫民為國本，本斯立矣。既興其本，又除其害，為治之道，無以外是。苟審行之，不惟得勸課之法，抑亦知教政之本與。

《輯要》曰：桑之種性，惟在辨其剛柔。得樹藝之宜，使之各適其用。種樹之宜，惟在審其時月，又合地方之宜，使之不失其中。又曰：種椹而後移栽，移栽而後布行，布行而後修蒔，修蒔而後科斫。科斫者，種桑惟在稀科時斫，使其條葉豐腴而蚤發，不致蠶之穉也。科斫尤在接換。接換之法，惟在時之和融，手之審密，封繫之固，擁包之厚，使不至踈淺而寒凝也。

郭子章曰：《月令》季春之月，命野虞無伐桑柘。鳴鳩拂羽，戴勝降桑，具曲植籧筐，后妃齋戒，親東鄉躬桑，禁婦女毋觀，省婦使，勸蠶事，蠶事既登，分繭稱絲，効功，以供郊廟之服，無有敢惰，所以為天下蠶事勸也。木各有所宜土，惟桑無不宜。桑亾不宜，故蠶亾不可事，《豳風》之詩曰女執懿筐，遵彼微行，爰求柔桑，則豳可蠶。《將仲子》之詩曰無折我樹桑，則鄭可蠶。《車轔》之詩曰阪有桑，隰有楊，則秦可蠶。《氓》之詩曰桑之未落，其葉沃若，桑之落矣，其黄而隕。《桑中》之詩曰期我乎桑中，則衛可蠶。《皇矣》之詩曰攘之剔之，其檿其桑。《桑柔》之詩曰菀彼桑柔，其下侯旬，則周可蠶。《禹貢》兗州，桑土既蠶，厥篚織文，則魯可蠶。青州厥篚檿絲。《管子》亦曰五粟之土，其檿其桑，則齊可蠶。荊州厥篚玄纁，則楚可蠶。孟子策梁曰：五畝之宅，樹之以桑，則梁可蠶。蠶叢都蜀，衣青衣，教民蠶桑，則蜀可蠶。猶之農夫之于五穀，非龍堆狐塞極寒之區，猶可耕且穫也。今天下蠶事踈闊矣。東南之機，三吳越閩最夥，取給于湖繭；西北之機，潞最工，取給于閬繭。予道湖閬，女桑桋桑，參差墻下，未嘗不羨二郡女紅之勵，而病四遠之惰也。夫一女不績，天下必有受其寒者，而況乎半天下女不績也。豈第五十之老，帛無所出，不績則逸，逸則淫，淫則男子為所蠱蝕，而風俗日以頹壞。公父文伯母曰：王后親織玄紞，公侯夫人加之以紘綖，卿之內子為大帶，命婦成祭服。列士之妻，加之以朝服，自庶士以下，皆衣其夫，社而賦事，烝而獻功。男女効績，愆則有辟，古之制也。彼大夫之家，而主猶績，奈何令天下女習于逸，以趨于淫乎？國家蠶桑，載在令甲，凡民田五畝至十畝者，栽桑麻木棉各半畝；十畝以上者倍之；田多者，以是為差，特廢不舉耳。故《月令》躬蠶之禮，魯母績愆之闢，與令甲桑麻之數，此三者，不可謂迂而不講也。

先人云：桑為蠶食，桑是蠶之天矣。蠶質作絲，絲是蠶之精矣。絲絲縷縷，如人身外之毛髮，身內之經絡，毛髮廣之鬚眉，經絡廣之肉腠，又深之廣之，如經絡為營血流行之處，或經脈損而營血崩，或營血去而經脈涸，從脈生病，咸可以桑。

衆曰：季夏取桑柘之火，桑當入脾，為脾之心藥，以絲縷如脈，心主脈故也。絲發五音，皮堅似革，色白屬金，亦可入肺，脾之肺藥也。曲直仆偃，靡不怒生，得木全性，亦可入肝，脾之肝藥也。精英在椹，色黑氣寒，亦可入腎，脾之腎藥也。雖入五藏，以脾為主，然非寄四藏于脾，四藏別有體用，此則脾藏中之四藏也。設因脾轉屬，爲効甚速。蓋傷中者，傷中央土，致五藏之勞與極耳。羸瘦即肉極，崩中絕脈即脈極，桑司中央火，且絲縷專勝，故治肉脈之極，其功特著。補虛者，補脾土之虛。益氣者，益中央之氣。絲縷在葉，葉可通心以除寒熱，汗乃心液故也。此獨拈葉中絲縷而言，其枝幹皮根理文絲縷，亦各各井然。

明・李中梓《本草通玄》卷下　桑白皮　甘、辛，西方之藥也。瀉肺氣而痰水喘嗽皆除，長于利水者，乃肺金實則瀉其子也。古稱補氣者，非若參耆之正補，乃瀉邪所以補正也。愚者信為補劑，而肺虛者亦用之，大失桑皮之面目矣。刮去皮，蜜水炒。子，名桑椹，安神止渴，利水消腫。

清・顧元交《本草彙箋》卷五　桑白皮灌木之一，合、桑椹、桑葉、桑枝。　桑乃箕星之精，其根白皮，皮主疏散，體輕色白，專入肺經，疏氣定喘，是其職司。凡肺中有水氣，及肺火有餘者宜之。《十劑》云燥可去濕，桑白皮、赤小豆之屬是也。又皮主走表，以此治皮裏膜外水氣浮腫，及皮膚邪熱，浮風燥癢，悉能去之。若咳嗽因於寒襲而無火者，遂不宜用。

桑椹，單食止消渴，解酒毒。釀酒服，利水氣，消腫。其性微涼，孩子不得與食，令兒心寒。

桑葉，乃手足陽明之藥。煎汁代茗，能止消渴。仙家以爲服食之品。

桑枝，本四發，有發散之義，故能利關節，而除風寒濕痺。煎藥用桑柴，即此意也。可見藥性之微，雖膈鐺火氣，便與臟腑相關。況形質之物，納之腸胃，其損益禍福，更何如哉？勞薪炊茶，茶味即變。嘗以巴豆殼投炭火中，飲其湯水，即時大泄。《抱朴子》云：一切仙藥，不得桑煎不服。厥有故也。

按東行根，須土內者。若旁行出土者，有毒殺人。白色者佳，色灰味苦，不堪用。

凡肺氣熱盛，欬嗽而喘，面腫身熱者，瀉白散主之。桑皮焙一兩，地骨皮焙一兩，甘草炒五錢，每用一二錢，入粳米百粒，水煎，食後溫服。蓋桑皮、地骨皮皆能瀉火從小便出，甘草瀉火而緩中，粳米清肺而養血，則瀉肺之準繩盡於此矣。以霜桑葉研末，米飲服，止盜汗。煎湯洗眼，以治風淚。風熱臂痛，以桑枝一小升，炒，水三升，煎二升，一日服盡。許叔微云：常病臂痛，諸藥不效，服此數劑，尋愈。

清·穆石匏《本草洞詮》卷一 桑根白皮、椹、葉、枝 《典術》云：桑乃箕星之精。桑有數種，女桑小而條長，山桑材中弓弩，檿桑絲中琴瑟，皆材之美者也。以子種者，不若壓條而分者。桑將槁，則生黃衣，桑根下埋龜甲，則茂盛不蛀也。桑根白皮，甘微辛苦酸，寒，一云溫，無毒。治傷中羸瘦，虛勞客熱，消痰止渴，瀉肺利大小腸，降氣散血。夫桑白皮既補虛，又下氣。蓋甘以固元氣之不足，辛以瀉肺氣之有餘也。《十劑》云：燥可去濕，桑白皮、赤小豆之屬。錢乙治肺氣熱盛瀉白散，用桑白皮、地骨皮，皆能瀉火從小便出，甘草瀉火而緩中，粳米清肺而養血，此瀉肺諸方之準繩也。羅天益言：瀉伏火而補正氣，瀉邪所以補正也。若肺虛而小便利者不宜用之。作綿縫金瘡腸出，更以熱雞血塗之。唐安金藏剖腹，用此法而愈也。桑椹甘微酸平，無毒。單食止消渴。暴乾為末，蜜丸服，利五臟，安魂鎮神，變白不老。釀酒服，利水氣，消腫。《本經》言桑甚詳，然獨遺椹，桑之精英盡在於此。《月令》云四月宜飲桑椹酒，能理百種風熱，藏之經年，味力愈佳。《普濟方》治水腫云：水不下則滿溢，水下則虛竭復脹，十無一活，宜用桑椹酒治之有效。《保命集》治瘰癧，用桑椹取汁熬膏，白湯調服。魏武軍中乏食，得乾椹以濟飢。金末大荒，民皆食椹。觀此則桑椹宜收采，可供服食。而陸璣《詩疏》云：鳩食桑椹多，則醉傷其性。楊氏《產乳》云：孩子不得與桑椹，令兒心寒。何耶？桑葉苦甘寒，有小毒，一云無毒。治勞熱咳嗽，明目長髮，利大小腸，炙熟煎飲代茶止渴。《神仙服食方》以四月桑茂時采葉，十月霜後三分中二分已落，一分在者，名神仙葉，採取與前葉同陰乾，搗末，丸散任服，或煎水代茶飲之，甚良。霜後葉米飲服，止盜汗，煮湯洗手足，去風痺也。桑枝苦平，治偏體風癢乾燥，水氣腳氣，風氣，四肢拘攣，眼運口渴，《仙經》云：一切仙藥，不得桑煎不服。凡煎藥用桑者，取其能利關節，除風寒濕痺諸痛也。《靈樞經》治寒痺內熱，用桂酒法，以桑炭炙布巾，熨痺處。治口僻用馬膏法，以桑鉤鉤其口，皆此意也。凡癰疽發背，不起發或瘀肉不腐潰，及陰瘡瘰癧流注，臁瘡頑瘡惡瘡久不愈者，用桑木炙法，未潰則拔毒止痛，已潰則補接陽氣。其法以乾桑木劈成細片，紮作小把，然火吹息，炙患處，內服補托藥，誠良方也。一少年苦嗽，百藥不効，用柔桑條一束，每條寸折，煮濃湯，渴即飲之，一月而愈。其性不寒不熱，久服終身不患偏風。

清·丁其譽《壽世秘典》卷三 桑桑有數種，有白桑，葉大如掌而厚；雞桑，葉花而薄；子桑，先椹而後葉；山桑，葉尖而長。以子種者，不若壓條而分者。桑生黃衣，謂之金桑，其木必槁。《種樹書》云：桑以構接則桑大。根下埋龜甲，則茂盛不蛀。

桑葉：氣味：苦，甘，寒，無毒。煎飲，止消渴，利五臟，通關節，下氣，療霍亂腹痛，勞熱欬嗽，明目。蒸熟，搗，罯風痛出汗，並撲損瘀血。挼爛，塗蛇蟲傷，解蜈蚣毒。

桑椹：氣味：甘，寒，無毒。主治血，除熱，止消渴，利五臟關節，通血氣。搗汁飲，解中酒毒。釀酒服，利水氣消腫。

發明《四時月令》云：四月宜飲桑椹酒，能理百種風熱。楊氏《產乳》云：孩子不得與桑椹食，令兒心寒。繆希雍曰：桑椹甘寒帶滑，故潤而下行，脾胃虛寒作泄者，勿食。

桑木：主利關節，養津液，得火則拔引毒氣，祛逐風寒，去腐生新。凡一切補藥諸膏宜此火煎之，但不可點艾，傷肌。

發明李時珍曰：煎藥用桑者，取其能助藥力，利關節，除風寒濕痹諸痛也。又癰疽發背不起，瘀肉不腐及瘰癧、頑瘡、惡瘡，久不愈者，乾桑木劈成細片，扎作小把，燃火吹息，日炙患處二次，未潰拔毒止痛，已潰去腐生肌，誠良方也。桑柴灰淋汁與冬灰等分，同滅痣疵、黑子，蝕惡肉。李君實云：余倩人煮鹿角膠，用桑薪三晝夜，立成。易以他薪，則時日倍之，而膠多凝碇，焦敗不成。蓋桑木含膏而不液，理疏而不虛，添薪不益焰，抽之不遽熄，使火烈性盡伏，而溫養有餘，正煎煮之偏宜也。陳藏器曰：桑柴火炙蛇，則足見。

清·劉雲密《本草述》卷二四 桑 根白皮：氣味：甘，寒，無毒。權曰：平。日華子曰：溫。潔古曰：苦酸。東垣曰：甘，辛，寒，可升可降，陽中陰也。好古曰：甘厚而辛薄，入手太陰經。桑白皮甘者多，然有兼苦者，有兼辛者，必擇用辛者乃合。之才曰：續斷、桂心、麻子為之使。

主治：傷中，五勞六極，羸瘦，崩中絕脈，補虛益氣《本經》。治肺氣喘滿，虛勞客熱，頭痛甄權。及唾血熱渴，水腫腹滿臚脹《別錄》。調中下氣，消痰開胃日華子。煮汁飲，利五臟。入散用，下一切風氣水氣孟詵。　方書主治：咳嗽，水腫喘，脚氣，咳嗽血鼻，氣積聚，大便不通，耳聾，中風，往來寒熱，脹滿脇痛攣，消癉，黃疸，泄瀉，虛勞發熱，反胃，吐血溲血，痹，行痹，痼瘖，大小便不通，小便不禁，淋腸鳴口。　之頤曰：桑根白皮主傷中，五勞六極。雖入五臟，以脾為主。蓋傷中者，傷中央土，致五臟之勞與極耳。羸瘦，即肉極崩中。絕脈，即脈極。此味治肉與脈之極，其功特著補虛者，補脾土之虛。益氣者，益中央之氣也。　東垣曰：桑白皮甘以固元氣之不足而補虛，辛以瀉肺氣之有餘而止嗽。　時珍曰：宋醫錢乙治肺氣熱盛，咳嗽而後喘，面腫身熱，瀉白散用桑白皮炒一兩，地骨皮焙一兩，甘草炒半兩，每服一二錢，入粳米百粒，水煎食後溫服。按錢乙此方，乃瀉肺諸方之準繩也。

羅天益曰：桑白皮瀉肺中火邪，非瀉肺氣，瀉邪即所以補正也。若肺虛而小便利者，不宜用之。　希雍曰：桑根白皮得土金之氣，故味甘氣寒而無毒。東垣、海藏俱云兼辛，然甘厚辛薄，降多升少，陽中陰也，入手太陰經。

得天麥二冬、欵冬花、百部、薄荷、甘草、沙參、貝母、枇杷葉、五味子，為治嗽要藥。　得芍藥、薏苡仁、木瓜、茯苓、橘皮、赤小豆，為治水腫之神劑。

附方　治咳嗽吐血甚者，鮮桑根白皮一斤，米泔浸三宿，刮去黃皮，剉細，入糯米四兩，焙乾，為末，每服一錢，米飲下。　治消渴尿多，入地三尺桑根，剝取白皮，炙黃黑，剉，以水煮濃汁，隨意飲之。亦可少入米。勿用鹽。　治產後下血，炙桑白皮，煮水飲之。

愚按：桑根白皮在《本經》言其補益功甚巨，乃後學用之，止以泄肺熱，利水氣，初不著其用，一暢《本經》補益之說也，蓋亦未之深繹耳。按《種樹書》云：桑根下嘗培龜甲，易茂不蛀。《典術》云：箕星之精，散而為桑。箕，水星也。龜神在坎，故桑以龜為食。郭子章曰：凡木各有所宜土，惟桑無不宜。桑無不宜，故蠶無不可事。合而繹之，夫水土合德以立地，如木之有桑，正水土合德以立命者也。是以氣寒而味甘，甘而有辛者，水土合德之所化也。夫在人身，原足三陰同起於下，然每不能合德以立命，如草木之無情，合則自能致精於肺矣。桑根皮之甘而有辛，猶人之脾氣散精，上歸於肺也。人身脾腎之氣至於肺，則歸於在天之陽矣。陽暢而陰自降。然更不能如草木之無情，或六淫七情，使氣化而為寒為熱。若陽暢而陰降，則自能毛脈合精，行氣於府，府精神明，留於四藏矣。桑根皮之治傷中，療羸瘦，及崩中絕脈，補虛益氣也，豈非甘寒而致其用於辛者，陽固無鬩，而陰自和以降歟？夫水土合德以為陰，猶中土之從乎地氣也。辛甘合德以為陽，猶中土之從乎天氣也。故此味主傷中益氣者，是其主腦，如陽中之陰傷，所謂唾血熱渴及虛勞客熱，肺氣喘滿，此地氣不升，而腎陰不至於肺也。如陰中之陽傷，所謂肺中水氣，水腫腹脹者，此天氣不降，而肺陽不歸於腎也。陽中之陰傷云云，乃曰此地氣不升，而腎陰不至於肺也。陰中之陽傷云云，乃曰此天氣不降，而肺陽不歸於腎也。此俱從氣血生化之始而論，《經》所謂責其本也。茲味胥能療之，蓋本甘寒合而腎與脾同至肺，即甘辛合還因脾之至肺者，肺仍與之歸腎。蓋肺雖辛而喜收故也，是則茲味補益之功，豈其微哉？後學鮮能明其所以然，漫曰補益而已。至如時珍謂其利小水，實則瀉其子者，不尤憒憒之甚哉？在東垣言此味可升可降，固有以窺其微，而希雍輒以為降多升少，則亦淺矣。如止謂其下氣，又何以產後下血及消渴尿多者，而皆奏效耶？即此二證之治，可悟《本經》指稱之義也夫。

又按：桑白皮之治，在方書唯治嗽為多，然則海藏所云入手太陰經者，洵然哉？苐《本經》主治傷中，五勞六極，羸瘦，崩中絕脈，補虛益氣，似傷中二字，為諸虛損之本也。或曰：傷中者，傷於中土之氣，如之頤說歟？曰：猶未盡也。先哲所謂人受天地之中以生，豈指中土而言乎？《經》曰：人生有形，不離陰陽。蓋本於陰而且透於陽，透於陽而又未能離於陰者，是之為中氣，即東垣所謂元氣也。苐此味甘寒，而甘寒之味亦夥矣，何茲味獨擅傷中之治也？蓋水土合德以立地，而茲味以桑之根皮合於親下，為水土立地之用，然却有辛以至天。辛者，能達水土氣化而際肺，即由至天者而還返其立地之精，以歸於極下，是則搏挠而神其升降者，固在天表之肺。然揣於二陰至肺之義，則此味能返於極下者，以由升而乃得降，是即二陰之還返其所自者，以平逆氣而止嗽定喘為多也。試觀瀉白散，桑根皮與地骨皮同用，則其精義可叅矣。唯其如斯，故上而止嗽定喘，下而為脚氣之治，豈非自地而升天者，即能由天而降地，總是一氣之所貫歟？蓋不可以瀉肺二字，印定茲味之功，如止以瀉肺為功，是必獨取其瀉肺熱乃可，胡為舉肺風寒之邪，在方書累以為治者，反用甘寒，其故不可思歟。

蓋惟自腎而合於中土，以上至肺，俾陰得暢於陽，即由肺而復合於中土，以下歸腎，使陽更育於陰。夫如是，則陰陽還元，榮衛合和，其功寧獨在肺哉？故以療水腫，可得其氣為血之先，血為氣之御焉。蓋先天之水所以生氣，後天之氣所以化水，後天之氣化，則陰根於陽而血生，後天之水化，則陽宅於陰而氣益。蓋水即血之原，血又氣之依也。是乃療崩中絕脈，補虛益氣之實際，如所謂治五勞六極之羸瘦者也。即茲味所治諸證，皆不能外此義，以為之輔及佐耳。故《本經》首主傷中，益深悉於肺腎相因，而中土司升降之樞，在茲物有合焉者也。如止以為能瀉肺，是《本經》為無據而失實也，豈其然哉？

附方　小兒火丹，桑根白皮煮汁浴之，或為末，羊膏和，塗之。

皮中白汁

主治：小兒口瘡白漫，拭淨塗之，便愈。又塗金刃所傷，燥痛，須臾血止。仍以白皮裹之，甚良。　希雍曰：肺虛無火，因寒襲之而發咳嗽者，勿服。

葉：氣味：苦、甘，寒，有小毒。家園者無毒。

《本經》主治：除寒熱，止汗。　丹溪曰：經霜桑葉，研末，米飲服，止盜汗。　希雍曰：四月采桑葉，酒拌，九蒸九曝，為末，胡麻或黑芝麻去殼，九蒸九曝，另磨如泥，各等分，煉蜜和為丸，每五六錢，空心飢時白湯下，能益氣血，袪風。仙家餌之為引年止飢之要藥。

愚按：桑葉性味本甘寒，而乃以苦先之，苦雖不敵甘，然已致甘寒於火主之，心以為用矣。夫氣者，火之靈，而火主即行血之化，以甘寒而致於火主，則氣和而血暢，故日華子曰煎飲利五臟，通關節，下氣。蘇恭曰煎濃汁利大小腸，除脚氣水腫。凡此皆其氣和而血暢之益也。又日華子曰嫩葉煎酒服，治一切風。陳藏器曰雞桑葉煮汁煎膏服，去老風及宿血。蘇頌曰霜後葉煮湯，淋渫手足，去風痹殊勝。又微炙和桑衣煎服治痢，及金瘡諸損傷止血。《集簡方》曰：風眼下淚，用臘月不落桑葉煎湯，日日溫洗，或入芒硝。凡此皆能和血之益，即以獲治風之效者也。抑葉治風，類以為金能平木，然歟？曰：其義近之，而未切也。蓋肝屬風木，《經》所謂一陰為獨使者，謂其下通命門以升陰中之陽，上合心包絡，以降陽中之陰也。如甘寒之陰，至於主火之心，則肝已得其升陰中之陽矣。乃主火之心，合甘寒之氣化，則肝又得其降陽中之陰矣。夫風之為病，或病於陽之不得升，或病於陰之不得降，今陰中之陽肝合之以升者，而陽中之陰肝又承之以降，此正金木相搆之玄機。而茲物亦有合焉者也，能達包絡之血，使肝和而風息。《本經》言根皮主崩中絕脈者，已包舉其功能，然功能實專於葉也。

附方　老桑葉一斤，嫩桑葉末一斤，茯神半斤製，人乳共一斤，煉蜜為丸。

按此方，似於養血寧心為宜。

桑生黃衣，謂之金桑，其木必將槁矣。氣味與白皮同，其除肺熱之功，殆又過之。山家老桑樹多生，湖桑少見。

椹：氣味：甘，寒，無毒。

主治：養陰生津，利五臟關節，通血氣。釀酒服，利水氣，消腫。　宗奭曰：烏椹，桑之精英。《本經》言桑而獨遺此，何哉？采摘微研，以布濾汁，瓦器熬成稀膏，量多少入蜜熬稠，貯瓷器中，每抄一二錢，食後夜臥以沸湯點服，治服金石發熱口渴，生精神，及小腸熱，其性微涼故也。　中梓曰：子可補腎養陰，生津安神。又曰：根較寒，子較暖，用者詳之。

希雍曰：桑椹者，桑之精華所結也。其味甘，其氣寒，其色初丹後紫，味厚於氣。合而論之，甘寒益血而除熱，其為涼血補血，益陰之藥無疑矣。五臟皆屬陰，益陰，故利五臟關節，而血氣自通。生津止渴，利水消腫者，皆陰氣得益之故耳。

附方　《四(時)〔民〕月令》云：四月宜飲桑椹酒，能理百種風熱，其法用椹汁三斗，重湯煮至一斗半，入白蜜二合，酥油一兩，生薑一合，煮令得所，瓶收，每服一合，和酒飲之。亦可以汁熬燒酒藏之，經年味力愈佳。　水腫脹滿，水不下則滿溢，水下則虛竭還脹，十無一活，宜用桑椹酒治之，桑心皮切，以水二斗，煮汁一斗，入桑椹再煮取五升，以糯飯五升，釀酒飲。

愚按：桑之甘寒而兼辛，其結於椹，是則復由辛而達其甘寒之化者，精英固萃於此也。夫桑得土金之味獨厚，金為水母，則金水相生，是固然也。況其為精英之所聚哉？且烏赤歸腎，愚閱種子大補丸內有烏椹，則知益血涼血，入腎而益陰者，希雍、中梓非臆說也。故利水必以根皮為先，袪風亦取枝葉為勝，但烏椹益陰氣，便益陰血。後總論中歸其用於氣血之元，乃是此味的評。血乃水所化，故益陰血，還以行水，風與血同臓，陰血益則風自息，則此味益陰不較勝乎？審於此味，即於根皮枝葉施之亦各有攸宜矣。

希雍曰：甘寒帶滑，故潤而下行。脾胃虛寒作泄者，勿服。

枝：氣味：苦，平。蘇頌曰：用嫩條細剉，炒香，瓦器煮減一半，再入銀器重湯煮減一半，服之。久服不患偏風，療口渴及癰疽後渴。中梓曰：桑枝祛風養筋。時珍曰：癰疽發背不起發，或瘀肉不腐潰，及陰瘡瘰癧流注，臁瘡頑瘡，惡瘡久不愈者，用桑木灸法，未潰則拔毒止痛，已潰則補接陽氣，取桑通關節，去風寒，火性暢達出鬱毒之意。其法以乾桑木劈成細片，紮作小把，然火吹息，灸患處，每吹灸片時，以瘀肉腐動為度。內服補托藥。誠良方也。

附方　紫白癜風，桑枝十斤，益母草三斤，水五斗，漫煮至五升，去滓，再煎成膏，每臥時溫酒調服半合，以愈為度。

桑紫灰：氣味：辛，寒，有小毒。

附方　身面水腫，取花桑枝燒灰淋汁，煮赤小豆，每飢即飽食之，不得喫湯飲。

桑霜即灰汁。以桑皮綿紙襯淘籮底，用滾水淋下，瓷器盛之，重湯煮乾，別名木碱。能鑽筋透骨，為傅癰疽，拔疔，引諸散毒藥攻毒之要品。得丹砂、雄黃、乳香、沒藥、牛黃、龍腦香、紅白藥子、白及、白斂，傅一切腫毒，止痛追毒有奇效。得鐵鏽、蟾酥，可拔疔。

愚按：桑之用，總不外甘寒。根白皮由甘寒而辛，致其用於中氣也，而即能裕血之用。桑葉自苦而甘寒，致其用於血化也，而還能達氣之用。桑椹則獨有甘寒而色烏，歸其用於氣血之元也，其益陰良厚。若桑枝則唯有苦平，亦不離甘寒之體，而用專致於行血之化以息風也。大抵在氣則水之治切，在血則風之功專，審其多少以為治，更配以主藥，則取效矣。

桑有數種，有白桑，葉大如掌而厚；雞桑，葉花而薄；子桑，先椹而後葉；山桑，葉尖而長。

修治　采土內嫩根，去骨，銅刀刮去薄皮，勿去皮上涎，其藥力在此也。利水生用，咳嗽蜜蒸或炒。出土者殺人。葉煎湯、研汁、為末俱可。經霜者另取，洗眼用。葉以夏秋再生者為上。

清·郭章宜《本草匯》卷一六　桑白皮　甘辛苦，寒，甘厚而辛薄，可升可降，陽中陰也，入手太陰經。瀉肺金之有餘，逐水定喘。氣餘為火，是辛以瀉之也。然肺中有水，則傷濕而生痰，痰生熱而傷肺，是以咳嗽吐血，熱渴勞傷之候作矣。今言逐水氣，正所以瀉火邪也。濕熱生痰嗽而傷肺，此為要藥。若勞極之嗽，又當潤肺補肺之劑。疏小腸之閉滯，降氣寬膨。止渴消燥痰，定咳嗽吐血。甘助元氣，辛瀉火邪。桑皮瀉肺，是瀉肺中火邪，非瀉肺氣也，火去則氣得安矣。遇刀刃傷，作線縫用熱雞血塗即合。《本經》言傷中者，中氣傷也。五勞者，五藏勞傷也。六極者，六府之中氣極也。羸瘦者，肌肉脫也。崩中者，血脫也。脉絕者，氣血兩虛之至，故脉不來也。之數者，皆由陰不足，則陽有餘，陽有餘，則火盛而內熱，火與元氣不兩立，惟甘可以補元，惟寒可以除熱，熱去而元氣自生，諸證悉退。

按：桑白皮，西方之藥也。甘能固元氣之不足，辛以瀉肺氣之有餘。性不馴良，不宜多用。時珍言其長于利水者，乃實則瀉其子也。故肺中有水氣，及肺火有餘者，皆宜之。《十劑》云：燥可去濕，桑白皮、赤小豆之屬是矣。錢乙治肺熱欬喘，面腫身熱，瀉白散用桑皮炒一兩，地骨皮焙一兩，甘草炒半兩，每服一二錢，入粳米百粒，食後煎服。蓋桑皮、地骨，皆能瀉火從小便去，甘草瀉火而緩中，粳米清肺而養血，此乃瀉肺諸方之準繩也。古稱補氣者，非若參、耆之正補，乃瀉邪所以補正也。愚者信為補劑，而肺虛亦用之，大失桑皮之面目矣。若肺虛無火而小便利者，及因風寒而嗽者，不宜用也。子名桑椹，桑之精華所結也。味甘微凉，為凉血補陰之劑。止渴生精，瀉小腸熱。脾胃虛滑者，勿服。桑葉，手、足陽明之藥。家者，甘暖。經霜者，去風明目，止渴長髮。桑葉、麻葉，煑泔水沐之七次，可長徑尺。垂露采葉，焙研，空心飲服，止遍身盜汗。煑湯淋渫手足，去風痺殊勝。眼目青盲，古方用青桑葉，焙乾，逐月按日就地燒存性，每用一合，于瓷器內煎減二分，澄清，溫洗，至百度有驗。正月初八，二月初四，三月初六，四月初四，五月初六，六月初二，七月初七，八月二十，九月十二，十月十三，十一月初二，十二月三十。風眼下淚，用臘月不落桑葉，煎湯，日日洗，自効。赤眼澁痛，桑葉為末，紙卷燒烟，熏鼻取効。《海上方》也。桑枝，不冷不熱，治四肢拘攣，祛風癢乾燥。凡煎藥用此者，亦取其能利關節，除風寒濕痺諸痛也。紫、白癜風，用枝十斤，益母草三斤，煎膏，臥時酒服，久久自効。枝瀝，治大風瘡疥，生眉髮。皮中白汁，主小兒口瘡及鵞口，舌上生瘡，傅之神効。又塗刀傷燥疼，須臾血止。仍以白皮裹之。桑霜，即灰汁。以桑皮綿紙襯淘籮底，用滾水淋下，瓷器盛之，重湯煑乾，別名木硇，能鑽筋透骨，為傅癰疽，拔疔，引諸藥散毒之要品。

取家園東行嫩根，銅刀刮去青黃薄皮，勿去涎，蜜炙用。出土上者有毒。續斷、桂心、麻子為之使。

清・朱本中《飲食須知・果類》　桑椹子　味苦，甘，性微溫。小兒多食，令心痛。

清・何其言《養生食鑒》卷上　桑椹即桑子，黑色熟者佳。　味甘，澁，性微涼，無毒。止消渴，和五臟，養精血，散關節痛。或曝乾和蜜食之，令人聰明，安魂鎮神，烏鬚黑髮。不可與小兒食，令心寒。採摘，以布濾自然汁，瓦器熬成膏，少加些蜜，稠貯瓷器中，每用一二錢，食後夜臥，以沸湯點服，尤妙。

清・蔣居祉《本草擇要綱目・寒性藥品》　桑白皮　氣味：甘，寒，無毒。可升可降，陽中陰也。入手太陰經。　主治：　肺氣喘滿，虚勞客熱，調中下氣，瀉肺，利大小腸，降氣散血。蓋桑白皮甘以固元氣之不足而補虚，辛以瀉肺氣之有餘而止嗽，此其功皆實則瀉其子也。大抵為病脈氣熱盛，咳嗽而後喘，面腫身熱，小水不利者宜之，謂瀉邪所以補正也。若肺虚而小便自利者，桑皮之性不純良，不宜多用。

清・王翃《握靈本草》卷八　桑白皮老桑樹土中向東嫩根，出土上者不可用。　主治：　桑白皮，甘，寒，無毒。治肺中水氣喘滿，利大小腸，降氣散血，消痰瀉肺。

清・汪昂《本草備要》卷三　桑白皮瀉肺，行水。《十劑》作燥，以其行水也。　甘，辛而寒。瀉肺火，羅謙甫曰：是瀉肺中火邪，非瀉肺氣也。火與元氣不兩立，火去則氣得安矣，故《本經》又云益氣。東垣曰：甘固元氣之不足而補虚，辛瀉肺氣之有餘而止嗽。然性不純良，不宜多用。錢乙瀉白散：桑皮、地骨各一兩，甘草五錢，每服二錢，入粳米百粒煎。時珍曰：桑皮、地骨，皆能瀉火從小便出，甘草瀉火緩中，粳米清肺養血，乃瀉肺諸方之準繩也。一婦鼻久不聞香臭，後因他疾，繆仲醇爲處方，每服桑皮至七八錢，服久而鼻塞忽通。利二便，散瘀血，下氣行水，止嗽清痰。《發明》曰：肺中有水，則生痰而作嗽，除水氣正所以瀉火邪，實則瀉其子也。火退氣寧，則補益在其中矣。《十劑》曰：燥可去濕，桑白皮、赤小豆之類是也。治肺熱喘滿，唾血熱渴，水腫臚脹。肺氣虚及風寒作嗽者慎用。爲綫可縫金瘡。刮去外皮，取白用。如恐其瀉氣，用蜜炙之。續斷、桂心爲使。忌鐵。桑乃箕星之精。其木利關節，養津液，行水《錄驗方》：枝皮細剉，釀酒服良。祛風。桑枝一升，細剉炒香，水三升，熬至二升，一日服盡，名桑枝煎。治風氣脚氣口渴。其火拔引毒氣，祛風寒濕痺。凡癰疽不起，瘀肉不腐，瘰癧流注，臁頑惡瘡不愈，用桑木片扎成小把，燃火，吹息，灸患處。內服補托藥良。煎補藥，熬諸膏，宜用桑柴，內亦宜桑枝攪。　桑椹：　甘，涼。色黑入腎而補水。利五藏關節，安魂鎮神，聰耳明目，生津止渴，煉膏，治服金石藥熱渴。利水消腫，解酒烏髭。日乾爲末，蜜丸良。取極熟者，濾汁熬膏，入蜜煉稠，點湯和酒并妙。入燒酒經年愈佳。每日湯點服，亦治瘰癧，名文武膏。以椹名文武實也。　桑葉：　甘，寒。手足陽明大腸、胃之藥。涼血刀斧傷者，爲末乾貼之妙。燥濕，去風明目。採經霜者，煎湯洗眼，去風淚。洗手足，去風痺。桑葉、黑芝麻等分，蜜丸，名扶桑丸，除濕去風，烏鬚明目。以五月五日、六月六日、立冬日採者佳。一老人年八十四，夜能細書，詢之，云得一奇方，每年九月二十三日，桑葉洗目一次，永絕昏暗。末服止盜汗。嚴州有僧，每就枕，汗出遍身，比旦，衣被皆透，二十年不能療。監寺教採帶露桑葉，焙乾爲末，空心米飲下二錢，數日而愈。代茶止消渴。

清・吴楚《寶命真詮》卷三　桑白皮　【略】瀉肺金之有餘，止喘定嗽，疏小腸之閉滯，逐水寬膨。降氣散瘀血，止渴消燥痰。瀉肺降氣，是其專職。利便去水者，兼瀉子之法也。古稱補者，乃瀉邪所以補正也。若肺虚者亦用之，貽害多矣。慎之！○葉可止汗，去風明目，長髮。子可補血安神，生津止渴。枝可祛風養筋，消食定咳。桑耳調經，止崩帶。桑黃清肺，療鼻赤。桑柴灰除瘢痣，蝕惡肉。

清・陳士鐸《本草新編》卷四　桑白皮桑葉，桑椹　桑白皮：　味甘而辛，氣寒，可升可降，陽中陰也。入手太陰肺臟。助元氣，補勞怯虚羸，瀉火邪，止喘嗽唾血，利水消腫，解渴祛痰。刀刃傷，作綫縫之，熱鷄血塗合可愈。

桑葉之功，更佳于桑皮，最善補骨中之髓，添腎中之精，止身中之汗，填腦明目，活血生津，種子安胎，調和血脉，通利關節，止霍亂吐瀉，除風濕寒痺，消水腫脚浮，老男人可以扶衰却老，老婦人可以還少生兒。

桑椹，專黑髭鬚，尤能止渴潤燥，添精益腦。此三品相較，皮不如椹，而椹更不如葉也。前人未及分晰，世人不知。余得岐伯天師親講，老人男女之不能生子者，製桑葉為方，使老男年過八八之數、老女年過七七之數者，服之尚可得子，始知桑葉之妙，為諸補真陰者之所不及。所用桑葉，必須頭次為妙，採後再生者，功力減半矣。

或疑桑椹乃桑樹之精華，其功自勝于葉，而吾子謂椹不如葉，意者桑葉四季皆可採用，而桑椹必須四月採之為艱乎？曰：椹與葉，功用實同。因椹艱于四季之採用，且製之不得法，功遜于葉多矣。我今備傳方法，使人盡知可也。四月採桑椹數斗，飯鍋蒸熟，曬乾即可為末。桑椹不蒸熟，斷不肯乾，即乾而味已盡散無用，且最惡鐵器。然在飯鍋內蒸熟，雖鐵鍋而無礙也，此皆岐天師傳余之秘。同熟地、山茱萸、五味子、人參同用，實益算仙丹，誠恐世人不知製法，所以單言桑葉之奇。蓋無椹用葉，功實相同耳。桑椹採紫者為第一，紅者次之，青則不可用。桑葉採葉如茶，鍾大者第一，再大者次之，再小者又次之。與其小，無寧大也。過大，則止可煎湯以入藥，不堪為丸散矣。洗目，則宜取老桑葉，自落者無用矣。

清・顧靖遠《顧氏醫鏡》卷八　桑根白皮甘，寒。入肺經。刮去粗皮，蜜水炙，有涎出，勿去之。　瀉肺火而止喘定嗽，專瀉肺中之伏火，若肺中有水氣者，用之亦當。除利小腸而消腫除脹。長於利小水，故能治水氣腫脹。下氣消痰，氣降而痰亦降。除熱止渴。甘寒除內熱，而渴自止。　桑葉甘，寒。除寒熱而止汗出，甘能益血，寒能涼血，是以能止陰虛寒熱，及因內熱汗出也。治咳嗽而止消渴。治咳者，下氣之功。止渴者，益陰之功。益血去風，血行風自滅也。明目長髮。煎湯，洗沐甚效。　桑枝苦，平。治偏體風癢，性能去風，久服終身不患偏風。療四肢拘攣。以其能通利關節也。故許學士患臂痛，諸藥不應，服此數劑而愈。咳嗽能除，一少年咳嗽，百藥不效，用南向桑枝，寸折煎湯，頻飲而愈。腳氣可用。炒香水煎，空心服之。　桑椹甘，寒。補血安神，生精止渴。　桑皮瀉火，肺虛無火，因風寒而咳嗽者，勿服。

清・李熙和《醫經允中》卷一八　桑皮　續斷、桂心、麻黄為使。其根出土外者殺人。甘，寒，無毒。主治去肺中水氣喘滿，消痰止嗽。桑白皮甘以固元氣之不足，辛以瀉肺氣之有餘，定喘降火之要藥也。然性欠純，不宜多用。椹採濾汁，熬成稀膏，入蜜收甑，最能止渴生津。皮作線縫刀刃傷，塗熱雞血即合。皮中白汁治一切瘡火、蛇蟲、風疥等毒。桑枝能利關節，手足拘攣，皮毛風疥。桑黄醇酒煎飲，散血如神，止血甚捷。桑葉甘寒，除濕去風，烏鬚明目。《經》云：蠶食生絲，織成錦繡；人食生脂，延年益壽。

清・馮兆張《馮氏錦囊秘錄・雜症痘疹藥性主治合參》卷四　桑白皮得土金之氣，故味甘兼辛，氣寒，無毒。入手太陰經。甘以固元氣而補不足，辛以瀉肺邪之有餘。凡肺中火氣、水氣、痰氣，喘嗽唾血，咸切除之。且甘寒補益，善縫金瘡傷損立愈。葉，味甘氣寒，甘寒相合，故涼血下氣益陰，陰虛寒熱，其味兼燥，故除腳氣水腫。原稟金氣，經霜則更得天地之清肅，故能祛風明目。○宜東行深土者佳，出土上者殺人。入清熱疎散宜生用，入補肺藥，宜蜜水拌炒用。

桑白皮，入太陰肺臟，甘助元氣而補勞怯虛羸。辛瀉火邪，而止喘嗽唾血，利水消腫，解渴驅痰。大抵瀉有餘，此其長；補不足，此其短。所以有性不純良，不宜多服之戒，肺虛而小便利者尤忌之。有以桑皮為肺中之氣藥，紫菀為肺中之血藥，取色以調劑也。葉經霜者煮湯洗眼，去風淚殊勝。鹽搗敷蛇蟲咬毒，蒸搗罨撲損瘀凝，煎代茶，消水腫腳浮，下氣令關節利。研作散，止霍亂吐瀉，出汗除風痹疼。枝煎常飲，耳目聰明，去腳氣，手足拘攣，治風癢，皮毛枯槁，陰管通便，眼眶退暈，利喘嗽逆氣，消焮腫毒癰。椹乃桑之精華所結，味甘氣寒，為益血除熱養陰之藥。收採晒乾，蜜和丸散，利關竅，鎮神魂，久久不飢，聰耳明目。黑椹絞汁，熬膏加蜜，解金石燥熱，止渴，染鬚髮，皓首成烏。桑耳，又名桑菌，又名桑黄，醇酒煎嘗，散血如神，止血甚捷。黑者，主女人癥瘕崩漏，及乳腫暴來，黄者治男子癖飲積聚腹疼，金瘡初得。若色黄熱陳白，止洩補益元陽。桑上寄生，節間生出，葉厚軟如橘葉，莖肥脆似槐枝，碎其實，稠粘有汁，折其莖，以色深黄，仍取纏附桑枝為貴。散瘡瘍，追風濕，卻背強腰痛篤疾。安胎孕，下乳汁，止崩中漏血沉疴。胎產內傷，產後餘疾。健筋骨，充肌膚。愈金瘡，益血脉，長鬚髮，堅牙齒，乃風濕攣疼之聖藥。

按：桑寄生，感桑之精氣而生，故味苦甘，其氣平和，不寒不熱，無毒。主治一本於桑，因抽其精陰，故力尤勝，所以為益血和血，除濕去風，除痹安胎，產後諸症之用也。

主治痘疹合參：桑白皮，瀉肺定喘，下氣寬胸。咳嗽吐血，消痰止渴。桑蟲，凡痘初起，大能發痘，或隨出隨沒者神妙。若氣虛塌陷，不能灌漿者，亦可用大桑蟲，有人參之功。若取其漿沖人參湯服，尤能補托。沖紫草湯服，又能清托血熱痘症。但已發透者，并灌漿足者及泄瀉者不可過用。

清・張璐《本經逢原》卷三　桑根白皮　甘，寒，無毒。須蜜酒相和拌令濕透，炙熟用。否則傷肺泄氣，大不利人。根見土面者有毒，傷人。　發明：桑根白皮瀉肺氣之有餘，止嗽而能利水。肺中有水氣及肺火有餘者宜之。肺虛無火，因風寒而嗽者服之，風邪反閉固不散而成久嗽者有之。甄權治肺中水氣，唾血，熱渴水腫，腹滿臚脹，利水道，去寸白蟲。可以縫金瘡，縫後以熱雞血塗之，桑皮之功用盡矣。　桑椹　甘，溫，無毒。　《本經》主傷中五勞六極，羸瘦，崩中絕脈，補虛益氣。　發明：桑椹，手足少陰、太陰血分藥。《本經》所主皆言桑椹之功。而宗奭云，《本經》言桑甚詳，獨遺其椹，即瀕湖之博識尚不加察，但以其功誤列根皮之下，所以世鮮採用，惟萬壽酒用之。　桑葉　苦、甘，微寒，小毒。蜜水拌蒸用。　《本經》除寒熱出汗。　發明：桑葉清肺胃，去風明目，取經霜者。煎湯洗風眼下淚，同黑芝麻蜜丸，久服鬚髮不白，不老延年。《本經》言除寒熱出汗，即大明蒸熟搗罨風痛出汗之謂。煎飲利五藏，通關節下氣。煎酒服治一切風。桑根燒灰淋汁，與石灰點面上風，滅痣去惡肉。　桑枝　苦，平，無毒。　發明：桑枝清熱去風，故遍體風癢乾燥，水氣，腳氣，風氣，四肢拘攣，無不宜之。時珍云，煎藥用桑者，取其能利關節，除風寒濕痹諸痛也。觀《靈樞》治寒痹用桂酒法，以桑炭炙布巾熨痹處。治口僻用馬膏法，以桑鈎鈎其口，坐桑灰上。又癰疽發背，流注頑瘡，久不愈者，用桑木灸法，未潰則拔毒止痛，已潰則補接陽氣。其法以桑柴劈作小片，束作小把，然火吹息，灸患處，每吹灸片時瘀肉漸腐，用此以助內服之藥。又治久嗽不止，用桑枝煎湯，渴即飲之。桑柴灰熬膏，點大風惡疾。或淋取汁，洗頭面，不過十度即瘥，此《聖惠》法也。

清·浦士貞《夕庵讀本草快編》卷五　桑《本經》　子名椹。　徐鍇《字解》云：桑音若，東方自然神木之名，故字象形。　桑乃箕星之精，利用極廣。根皮甘辛，陽中之陰，入手太陰藥也。夫甘可以固元氣之不足而補虛，辛可以瀉肺氣之熱而止嗽，故凡虛勞喘滿，水氣腫脹，宜此利去有餘之火，十劑所謂燥可去濕是也。而羅天益言其瀉肺中伏火而補正氣，非謂其能補益，瀉去其邪而正自立也。若肺虛而小便利者忌用，恐其大泄真元爾。其椹乃桑之精英所聚，雖有烏、白之殊，利五藏，止消渴，令人聰明，鬚髮不白，一也。《月令》云：四月宜飲椹酒，能理百種風熱。史言魏武軍乏食，得乾椹以濟。金末大荒，民皆食椹。則知椹非獨治疾，兼可備荒。楊氏《產乳》云：孩兒食椹則心寒。陸璣《詩疏》言鳩多食椹則醉傷。二氏不知何所據爾。然大抵益多而損少，何疑乎？其葉苦甘而寒，入手足陽明二經，煎汁可以代茶而解渴，經霜者可以治盜汗而止血，洗目拭翳，無不有功。其枝苦平，不冷不熱，最宜常服。《抱朴》言一切仙藥俱用桑煎，取其利關節，除風寒濕痺，故《靈樞》治寒痺內熱用桂酒法，外以桑炭炙布巾熨痺處。治口僻用馬膏法，以桑鈎鈎其口，皆此意也。且有桑麻丸能強年益志，鬚髮轉黑，其見重可知矣！

清·張志聰、高世栻《本草崇原》卷上　桑根白皮　氣味甘，寒，無毒。主治傷中，五勞六極，羸瘦崩中，絕脈，補虛，益氣。《綱目》誤書中品，夫桑上之寄生得列上品，豈桑反在中品也，今改入上品。　桑處處有之，而江浙獨盛。二月發葉，深秋黃隕，四月椹熟，其色赤黑，味甘性溫。　桑名白桑，落葉後望之，枝幹皆白，根皮作紙，潔白而綿，蠶食桑精，葉絲如銀，蓋得陽明金精之氣。陽明屬金而兼土，故味甘。陽明主燥而金氣微寒，故氣寒，主治傷中，續經脈也。五勞，志勞、思勞、煩勞、憂勞、恚勞也。六極，氣極、血極、筋極、骨極、肌極、精極也。羸瘦者，肌肉消減。崩中者，血液下注。脈絕者，脈絡不通。桑皮禀陽明土金之氣，刈而復茂，生長之氣最盛，故補續之功如此。　桑葉　氣味苦，寒。主除寒熱，出汗。按：《夷堅志》云：嚴州山寺有一游僧，形體羸瘦，飲食甚少，每夜就枕，遍身汗出，迨旦衣皆濕透，如此二十年無藥能療，期待盡耳。監寺僧曰：吾有藥絕驗，為汝治之，三日宿疾頓愈，其方單用桑葉一味，乘露采摘，焙乾碾末，每用二錢，空腹溫米飲調服。或值桑落時，乾者亦堪用，但力不如新采者，桑葉是止盜汗之藥，非發汗藥。《本經》蓋謂桑葉主治能除寒熱，並除出汗也，恐人誤讀作發汗解，故表而明之。　桑枝附　氣味苦，平。主治遍體風癢乾燥，水氣，脚氣，風氣，四肢拘攣，上氣，眼運，肺氣咳嗽，消食，利小便。久服輕身，聰明耳目，令人光澤。《圖經本草》附。　桑椹附　止消渴《唐本草》，利五臟，關節痛，安魂，鎮神，令人聰明，變白不老《本草拾遺》附。　桑花附　氣味苦，暖，無毒。主治健脾，澀腸，止鼻洪，吐血，腸風，崩中，帶下《日華本草》附。　桑花生桑枝上白蘚也，如地錢花樣，刀刮取炒用，非是桑椹花。

清·何諫《生草藥性備要》卷上　桑樹皮　味甘，性平，無毒。其葉涼血解熱，煲水，洗赤眼。葉、蓮頭煲猪精肉食，治熱眼。其子名曰桑椹，益顏，滋腎明目，延年益壽，烏鬚黑髮。其蔃皮，即係桑白，能治肺火熱，止咳嗽。其樹身皮，消瘡毒。其桑寄生，消熱，滋補；追風，浸酒。

清·姚球《本草經解要》卷三　桑皮　氣寒，味甘，無毒。主傷中，五勞六極，羸瘦，崩中絕脈，補虛益氣。焙。　桑皮氣寒，禀天冬寒之水氣，入足少陰腎經。味甘無毒，得地中正之土味，入足太陰脾經。氣降味和，陰也。中者，中州脾也。脾為陰氣之原，熱則中傷。桑皮甘寒，故主傷中。五勞者，五藏勞傷真氣也。六極者，六府之氣虛極也。藏府俱虛，所以肌肉削而羸瘦也。其主之者，桑皮甘以固脾氣，而補不足；寒以清內熱，而退火邪。邪氣退，而脾陰充，脾主肌肉，自然肌肉豐而勞極愈矣。崩中者，血脫也。脈者，血之府。血脫，故脈絕不來也。脾統血，而為陰氣之原。甘能益脾，所以主崩中絕脈也。火與元氣，勢不兩立。氣寒清火，味甘益氣，氣充火退，虛得補而氣受益矣。　製方：桑皮同白芍、苡仁、木瓜、白茯、陳皮、赤小豆，治水腫如神。同白芍、沙參、杞子、黄耆、甘草、北味，治虛勞。同糯米末，米飲下，治吐血欬嗽。桑皮一味，治皮水。

桑葉：　氣寒，味苦，甘，有小毒。主除寒熱，出汗。　桑葉氣寒，稟天冬寒之水氣，入足太陽寒水膀胱經。味苦甘有小毒，得地中南火土之味，而有燥濕之性，入手少陰心經、足太陰脾經。氣味降多於升，陰也。太陽者，行身之表，而為一身之外藩者也。太陽本寒標熱，所以太陽病則發寒熱。桑葉入太陽，苦能清，甘能和，故除寒熱。汗者，心之液，得膀胱氣化而出者也。桑葉入膀胱，而有燥濕之性，所以出汗也。　製方：桑葉同黄耆、歸身，治血虛身熱，無汗。同附子、黄耆，治裏氣虛寒，表邪未盡。同脂麻丸，名桑麻丸，治血痹。

清・周垣綜《頤生秘旨》卷八　桑白皮　利水寧肺之藥也。能瀉肺氣之有餘。若肺中有水，則停濕，濕生痰，痰生熱，熱則咳嗽唾血作矣。今利其水，瀉其熱，何患其不安寧？肺寧而補益自在其中，非真能補益人也。

清・王子接《得宜本草・中品藥》　桑葉　味甘。入手足陽明經。得麥冬治勞熱，得生地、阿膠、石膏、枇杷葉治肺燥咳血。

桑枝：　味甘、苦。主治風濕拘攣。得桂枝治肩臂痺痛。

桑根白皮：　味甘。入手太陰經。得地骨皮瀉肺，得白茯苓利水，得糯米治咳嗽吐血。

清・黄元御《長沙藥解》卷三　桑白皮　味甘，濇，辛，微寒。入手太陰肺經。清金利水，斂肺止血。　《金匱》王不留行散方在王不留行用之治病金瘡。以其清肺而斂血也。　桑白皮甘辛斂濇，善泄濕氣而斂營血。其諸主治，清肺火，利氣喘，止吐血，斷崩中，通小便，療水腫，消痰飲，止吐泄，理金瘡，傅石癰，生眉髮，澤鬚鬢，去寸白蟲，塗蛾口瘡。汁搽口瘡，瀝搽疥瘡。三月三日採東南根，陰乾百日。

清・黄元御《玉楸藥解》卷二　桑椹　味甘，氣辛。入足太陽膀胱、足厥陰肝經。止渴生津，消腫利水。桑椹滋木利水，清風潤燥。治消渴癃淋，瘰癧禿瘡，烏鬚黑髮。　桑葉治脚氣水腫，撲損金瘡，行瘀止渴，長髮明目。　桑枝治脚氣中風，喎斜拘攣，欬嗽上氣，紫白癜風。　消癰疽，利小便。　桑皮汁滅黑痣惡肉，敷金瘡，化積塊。亦名木礦。　桑花濇腸止嗽，治吐衄崩帶。

清・吳儀洛《本草從新》卷三　桑根白皮（瀉肺行水。）　甘辛而寒。瀉肺火，錢乙瀉白散：桑皮、地骨各一兩，甘草五錢，每服二錢，粳米百粒煎。時珍曰：桑皮、地骨皆能瀉火從小便出，甘草瀉火緩中，粳米清肺養血，乃瀉肺諸方之準繩也。利二便，散瘀血，下氣行水，止嗽清痰。肺中有水則生痰而作嗽。《十劑》曰：燥可去濕，桑白皮、赤小豆之類是也。治肺熱喘滿，唾血熱渴，水腫臚脹。肺虛無火，及因風寒而嗽者勿服。刮去薄皮取白，或生用，或蜜炙。制其涼瀉之性。為綫可縫金瘡。續斷、桂心為使。忌鐵。　附：　桑枝（宣，祛風。）　苦，平。通關節，行津液，祛風利水。治風寒濕痺諸痛，在手足者尤效，以其入四肢也。水氣脚氣。桑枝一升，細剉炒香，水三升，熬至二升，一日服盡，名桑枝煎，治風氣脚氣。　附：　桑葉（涼血祛風。）　苦甘而涼。得金氣而柔潤不凋，故喻嘉言清燥救肺湯以之為君。滋燥涼血止血，刀斧傷者，為末乾摻妙。去風長髮明目。採經霜者煎湯，洗眼去風淚，洗手足去風痺。桑葉、黑芝麻等分，蜜丸，名扶桑丸，除濕祛風，烏鬚明目，代茶止消渴，末服止盜汗。嚴州有僧，每就枕，汗出遍身，比旦衣被皆透，二十年不能療，監寺教採帶露桑葉，焙乾為末，空心米飲下二錢，數日遂愈。　附：　桑椹（補肝腎。）一名文武實。　甘酸而溫。色黑入腎而補水，桑乃箕星之精，其精英盡在於椹。利五臟關節，安魂鎮神，聰耳明目，生津止渴，煉膏又能治服金石藥熱渴。利水消腫，解酒烏鬚。不可多食，多食致衄。日乾為末，蜜丸良。新鮮桑椹濾汁熬膏，入蜜煉稠，點湯、和酒并妙。入燒酒，經年愈佳。每日湯點服亦治瘰癧，名文武膏。

清・汪紱《醫林纂要探源》卷三　桑白皮　甘，酸，微辛，寒。用根皮，刮去粗皮，取白者，蜜炙。補肺瀉火，緩脾土，斂肅清之氣，為清肺主藥。桑，固東方之木，而根皮能入於西，陰陽互根也。色白入肺，而酸斂甘補，其有酸味，人多不察耳。肺主氣，壯火則傷氣，承夏以秋，故火退而濕溽。亦以下行，又辛能瀉能行，故為補肺清金之藥。抑已亢之火，決高原之水，止熱嗽喘滿，吐血咯血，肺脹浮痰，利大小便，散瘀血，斂清氣，皆所以清金，而遂其肅清之令也。　亦治心煩。寒嗽者忌。忌鐵。

桑枝：　甘，辛，平。

祛風行水。古人以桑為箕星之精，箕處天河之畔而主風，故用其枝，能祛風行水。此則肝木之令也。古人重桑薪，其火能拔毒。凡烹煮魚肉，煎熬膏多用之。

桑葉： 甘，酸，辛，寒。清金斂神。清金能止嗽，斂神能止盜汗。 去風明目。能靖肝火，故明目。

桑椹： 甘，酸，寒。此有酸味，更易知，而前人不察，何也？ 補肺，生腎水，斂魄拘魂。味甘酸補肺，色黑入腎，斂固精魄，則神魂亦安，故能聰明耳目，通利關節，止渴除煩。又能消水腫，烏鬚髮。取黑葚，搗汁熬，和蜜服之。

桑寄生： 苦，甘。狀不一，他樹亦有，必桑上者乃可用。 堅腎瀉火。固齒牙，長鬚髮，止崩漏，下乳安胎，除風去濕。又能散癰毒。 寄而能生，有續絕之義。

清·嚴潔等《得配本草》卷七

桑根白皮即桑根皮。桑椹、桑葉、桑枝、桑霜。 桂心、續斷、麻子為之使。忌鐵。 甘、辛，寒。入手太陰經氣分。瀉肺火，降肺氣，利二便，驅痰嗽，散瘀血，殺寸蟲。又皮主走表，治皮裏膜外之水腫，除皮膚風熱之燥癢。 得糯米，治嗽血。配茯苓，利小便。 疏散清熱，生用。入補肺藥，蜜水拌炒。 肺虛、小便利者，禁用。 根出土生者，有毒殺人。

桑椹 甘，涼。入足少陰經血分。補水生津。和血脈，利五臟，通關竅，解酒毒。 入糯米釀酒，治水腫脹滿。得生熟地，治陰虛火動。 清小腸之熱，生用。 通關節，酒蒸曬。 補腎陰，熟地汁拌蒸曬。 胃寒，大便滑，二者禁用。

桑葉 甘，寒。入手足陽明經。清西方之燥，瀉東方之實。 去風熱，利關節，疏肝，止汗。 得生地、麥冬，治勞熱。配生地、阿膠，治嗽血。 陰乾，芝麻研碎，拌蒸用。 肝燥者禁用。

桑枝 甘、苦，平。入手太陰經。治風濕，通關節，除肺咳，利小便，散寒消食。 得桂枝，治肩背痹痛。配益母，煎膏，治紫白癜風。 切碎炒香。 治風濕，酒蒸。 消食，煅炭。 氣虛者禁用。

桑霜即桑樹炭。 辛，寒。 治噎食積塊。 外用能鑽筋透骨，為抽疔拔毒之品。 配川連，洗目赤腫。 配豬膽汁，塗熱毒。中留一孔，以出毒氣。

取東引桑根，帶皮煅炭亦可用。 出土生者殺人。

題清·徐大椿《藥性切用》卷五

桑根白皮 甘辛性寒，入肺而瀉火清肺，理嗽定喘，為肺受濕熱喘嗽喘藥。 瀉火生用，定喘蜜炙。 肺虛無火及風寒喘嗽均忌。

嫩桑枝： 性味苦平，橫行手臂，祛風濕，通關節，為風寒濕痺肢節疼痛引經喘藥。 酒炒用。

冬桑葉： 即經霜桑葉。苦甘性涼，入肺而清肅氣化，除燥退熱，為肺虛挾熱喘藥。

乾桑椹： 一名文武實。甘酸性溫，色黑入腎。 滋腎壯水，烏鬚黑髮。 鮮者濾汁熬膏，蜜收，入燒酒，經久彌佳。

清·黃宮繡《本草求真》卷六

桑白皮瀉肺火利水通氣。 桑白皮喘入肺。 辛甘性寒，善入肺中氣分，瀉火利水，除痰泄氣，緣氣與水、與痰，止屬病標。 其氣逆不利，與水飲膠結，未有不因火結而成。羅謙甫曰： 是瀉肺中火邪，非瀉肺氣也。火與元氣不兩立，火去則氣得安矣。 久而不治，則瘀結便秘，喘嗽胸滿，唾血口渴，水腫臚脹，靡不色色而見。 桑白皮辛甘而寒，能於肺中治火利水，俾火去而水自消，水去而火即滅，而氣因爾而治。 時珍曰： 桑白皮長於利小水，乃實則瀉其子也，故肺中有水氣，及肺火有餘者宜之。《十劑》云： 燥可去濕，桑白皮、赤小豆之屬是也。宋醫錢乙治肺氣熱盛，咳嗽而後喘，面腫身熱，瀉白散用桑白皮炒一兩，地骨皮焙一兩，甘草炒半兩，每服一二錢，入粳米百粒，水煎。食後溫服，桑白皮、地骨皮皆能瀉火從小便去，甘草瀉火而緩中，粳米清肺而養血，此乃瀉肺諸方之準繩也。 至書有云： 能補元氣之不足，不過云其氣得自安。 若以甘寒之味可以補氣，則當置甘溫於何地乎？ 況本草《十劑》篇云： 燥可去濕，桑白皮、赤小豆之屬是也。 故濕則為重，宜燥劑以除之。燥字從濕去重除之後而言，勿泥燥熱之燥看。 但此性寒而裂，其裂亦作寒裂。 雖有甘味，不能以制，故古人有戒勿多用之條，及肺虛火衰水涸風寒作嗽者，為切忌焉。 為線可縫金瘡，刮去皮取白，或恐瀉氣，蜜炙用。 續斷、桂心為使。 忌鐵。 桑乃箕木之精，其木能開關利水，紮把燃火，則能祛風除痹，故煎藥熬膏宜用。 時珍曰： 煎藥用桑者，取其能利關節，除風寒濕痹諸痛也。 觀《靈樞經》治寒痹內熱，用桂酒法。 以桑炭炙布巾，熨痹處，〔治〕口僻用馬膏法。 以桑鉤鉤其口，及坐桑灰上，皆取此意也。 又癰疽發背不起發，或瘀肉不腐潰，及陰瘡瘰癧，流注臁瘡，頑瘡、惡瘡久不愈者，用桑木灸法。 未潰則拔毒止痛，已潰則補接陽氣，亦取桑通關節，去風寒，火性暢達，出鬱毒之意。 其法以乾桑木劈成細片，紮作小把，燃火吹息灸患處，每吹灸片時，以瘀肉腐動為度。 內服補托藥，誠良方也。 桑椹甘涼色黑，治能除熱養陰止瀉，烏鬚黑髮。《月令》云： 四月宜飲桑椹酒，能理百種風。 又椹可以汁熬燒酒，藏之經年，味力愈佳。 桑耳散血除瘀，破癥攻瘕，桑葉清肺瀉胃，涼血燥濕，去風明目。《聖濟錄》治吐血不止，晚桑葉焙研，涼茶服三錢，只一服止，後用補肝肺藥。《千金方》治頭髮不長，用桑葉、麻葉煮泔水沐之，七次可長數尺。《集簡》治風眼下淚。用臘月不落桑葉煎湯，日日溫洗，或入芒硝。扶桑丸除風濕，烏鬚明目，用黑芝麻同桑葉等分為丸。 震亨曰： 經霜桑葉研末，米飲服，止盜汗。

清・李文培《食物小録》卷上　桑椹　甘，平，色黑入腎。補水，利五臟、關節，安魂鎮神，聰耳明目，生津止渴，利水消腫，解酒。烏髭，浸酒佳。

清・楊璿《傷寒溫疫條辨》卷六寒劑類　桑白皮蜜炙。　味甘辛，氣寒。入肺，升中有降，陽中有陰。辛瀉肺中伏火，甘故緩而不峻。止喘嗽唾血，解煩渴除痰。又水出高源，清肺亦能利水。古方瀉白散：桑白皮、地骨皮、甘草、粳米，水煎服。此瀉肺諸方之準繩也。

桑葉，甘寒。入陽明經。燥濕涼血，去風明目。帶露炒末，米飲下，止盜汗。經霜水煎，早洗眼，去風淚。代茶治消渴。扶桑丸：桑葉、黑芝麻等分為末，煉蜜丸。長服補腎養肝，去風勝濕，烏鬚明目效。

桑枝除風濕，潤藏府，壯筋骨，明耳目。桑枝煎：採桑條柔嫩者寸斷，五兩，炒香，水煎，日三服盡。治手臂攣疼，散脚氣，潤枯槁，去渴痒。許叔微曰：予病手臂疼數年，諸藥不效，服此數劑，尋愈。

清・羅國綱《羅氏會約醫鏡》卷一七竹木部　桑白皮味甘，微辛，氣寒，入肺經。蜜炙用。　瀉肺經有餘之火邪。火去則肺安，故云益氣。止咳嗽、喘滿、唾血、熱渴，皆肺火也。利二便，肺與大腸相表裏，又係水之高源，肺清則二經自安。寬腫脹水利，行水清痰。肺中有水，則生痰而作嗽，除水氣正所以瀉其子也。但氣虛及風寒作嗽者慎用。分之為線，可縫皮破。

清・羅國綱《羅氏會約醫鏡》卷一七竹木部　桑椹　入腎補水，益血除熱。晒乾蜜丸，安魂鎮神，聰耳明目。取熟者絞汁熬膏，入蜜煉稠，點湯和酒並妙。入燒酒，經年愈佳。

桑葉：採經霜者，煎湯洗目，去風淚；每年九月二十三日洗之，到老目明如幼。洗手足，去風痹；為末服，止盜汗。

清・陳修園《神農本草經讀》卷二上品　桑根白皮　氣味甘，寒，無毒。主傷中，五勞六極，羸瘦，崩中絶脈，補虛益氣。舊本列為中品，今從《崇原》。

葉天士曰：桑皮氣寒，稟水氣而入腎。味甘無毒，得土味而入脾。中者，中州脾也。脾為陰氣之原，熱則中傷，桑皮甘寒，故主傷中。五勞者，五臟勞傷真氣也。六極者，六腑之氣虛極也。臟腑俱虛，所以肌肉削則羸瘦也。其主之者，桑皮甘以固脾氣而補不足，寒以清內熱而退火邪，邪氣退而脾陰充，脾主肌肉，自然肌肉豐而勞極愈矣。崩中者，血脫也。脈者，血之府，血脫故脈絶不來也。脾統血而為陰氣之原，甘能益脾，所以主崩中絶脈也。火與元氣勢不兩立，氣寒清火，味甘益氣，氣充火退，虛得補而氣受益也。

陳修園曰：今人以補養之藥誤認為清肺利水之品，故用多不效。且謂生用大瀉肺氣，宜塗蜜炙之。然此藥忌火，不可不知。

張隱庵曰：桑割而復茂，生長之氣最盛，故補續之功如此。

清・趙學敏《本草綱目拾遺》正誤　《神農本經》桑根白皮條云：主傷中五勞六極羸瘦，崩中絶脈，補虛益氣。此乃指桑椹而言，為後人誤列根皮之下。世多不察，而繆氏《經疏》以為根皮補元氣，性寒而能除內熱，以上諸症自消。真仝癡人說夢，寇宗奭亦疑之，以為《本經》獨遺其椹，不知桑皮何能治傷中等症。惟張石頑獨能發明其蘊。瀕湖博識，何於《本經》尚欠推勘耶？

清・趙學敏《本草綱目拾遺》卷六木部　桑癭鐵扇子、桑榾柮、桑葉滋、桑油《百草鏡》：桑老則樹生癭，其壯如瘤，用刀斫下，陰乾入藥。

去風痹諸溼，浸酒用，治胃痛《百草鏡》。

鐵扇子　《百草鏡》：桑葉採過二桑者勿用，止採過頭葉，其二葉力全，至大雪後，猶青於枝上，或黃枯於枝上，皆可用。須經大雪壓過，次日雪晴採下，線穿懸戶陰乾，其色多青黑色，風吹作鐵器聲，故名鐵扇子。冬至後採者良。

治腸風目疾，咳嗽盜汗《百草鏡》。洗一切天行時眼，風熱腫痛，目澀眩赤，取鐵扇子二張，用無油茶盌一隻，要有蓋者，置鐵扇子於中，以滾水沖半盞蓋好，候湯溫，其色黃綠如濃茶樣，為出味，然後洗眼拭乾，隔一二時，再以藥汁盌隔水頓熱，再洗，每日洗三五次即愈。此水一盞可洗三四十人養素園驗方。

中年眼目昏花：《眼科要覽》復明散：用經霜雪桑葉，葉須臘月在樹不落者，同甘菊、側柏葉、荆芥穗、桑白皮，如有眵淚加艾葉、蒼术，發癢加赤芍、川椒，為粗末，等分和勻，煎湯熏洗，惟紅腫者不可洗。風眼下淚：《不藥良方》：臘月不落桑葉，煎湯，日日溫洗之，或加入芒消少許。

桑榾柮　乃多年老桑，數被翦伐嫩條，其枝頭長成如拳者是也。

治膈症：梁侯瀛《集驗方》用老桑榾柮燒紅存性，為末，好酒送下即愈。

桑葉滋　鮮桑葉摘開，其葉筋有白汁，名桑葉滋，又名桑脂。《綱目》桑葉載其用最廣，獨未及此。

性微寒，味苦，有天絲入眼，以此點之。　《山海草函》：　桑葉滋點眼，治蜈蚣咬。　治乳癰：　《集聽》用桑葉不拘頭、二葉，摘取半段，取後半段脂三分，黃蘗八錢，水煎乾，只用三分，飯鍋蒸一次，夜露一宿，塗患處，雖爛見骨者，亦能收口平復。　小石癤，今人呼為紮馬疔。　錢峻《經驗單方》云：　小石癤採二蠶桑葉，滴下滋，水點上，愈。　消瘻瘤：　《秋泉秘方》：　用蝌蚪一錢，蛇蛻泥球包煅為末三分，鬼饅頭滋乾一錢，桑滋乾一錢，乳香、沒藥各三分，麝香一分，共為細末，飯和搗為錠。　臨用時，再取鬼饅頭滋化開，以雞翎搽患處，過宿即消。

桑油　《萬氏家抄》有取桑油法：　鮮桑木槌碎，裝入瓶內，用一瓶蓋口倒埋土中，糠火煨之，油自滴下，貯罐聽用。

治小兒身面爛瘡：　輕粉、雄黃各五錢，豬膽一個，滑石一兩，硫黃五錢，穿山甲十五片炙，鳳凰退燒存性五錢，為末，用桑油、豬膽汁調，絹包擦之。

清·王學權《重慶堂隨筆》卷下　《本經》桑根白皮　主傷中，五勞六極，羸瘦，崩中脈絕，補虛益氣。此乃指桑椹而言，後人并列根皮之下，世多不察。仲淳遂以為根皮補元氣，性寒而能除內熱，則以上諸證自愈，真同癡人說夢。寇氏頗疑《本經》獨遺其椹，不知根皮何以能治傷中等證。惟石頑獨能勘明其誤，而功歸於椹。瀕湖博識，何於《本經》尚爾承訛耶？　愚按桑上寄生取其得桑之餘氣，其功尚爾。善乎《理虛元鑒》言物性有全身上下純粹無疵者，惟桑之與蓮。故桑皮性不馴良之說未可信，而寄生罕真不必用。與其用他樹之寄生，何如用桑樹之嫩枝。庶免重價購偽藥，而反滋弊竇也。

〔王孟英〕刊：　《張氏醫通》可謂集諸家之大成，而《本經逢原》一書尤具卓識，豈但論桑椹之功為發前人未發乎！　近閱鄒潤安先生《本經疏證》，則諸賢議論皆未盡當。況潤安學問淹博，寇氏、張氏之書亦已見過，乃於桑根白皮下疏云：　或問《本經》桑根白皮之功，舉天下之虛證幾盡治之，宜補劑無與匹者矣，何後賢視之，其功一若甚狹耶？　余謂不然，考《千金》於五臟之勞，大旨以《四氣調神大論》中逆四時之氣一節為主，因分析其輾轉虛實，致使關格生勞於六極，則以《陰陽應象大論》天氣通於肺至治五臟者半死半生為總論，分列《風論》《痹論》五臟四時所受病於筋、脈、肉、氣、骨、五臟之下，以《藏氣法時論》五臟虛實見象綴之，惟精極則以謂通主五臟六腑之病候，獨歸重於腎。是勞不盡屬於虛，極有以異於竭，既有盛有衰，有虛有實，又有四時之邪繩貫其間，其為虛證已無幾矣。（世之治虛勞，惟知呆補者，由未知此義也。）況勞極之病，有由傷中者，有由傷外者，有羸瘦者，有不羸瘦者。桑根白皮之所主，僅傷中之五勞六極且羸瘦者，不既已不廣歟。所以然者，桑根白皮為物甘辛而寒，寒者其氣下歸於腎，甘辛者其味上達於肺脾。肺脾者水津運化之通衢，腎者水津歸宿之廬舍，上焦運化不愆，則中之傷者以漸可瘳，下焦歸宿有方，則外之羸者以漸能旺。（治虛勞之微妙也。庸工惡足語此！）且其物堅致韌密，潔淨無瑕，剔其皮為紙，則牢固難敗。以其葉飼蠶，則吐絲連續。（善墮胎者，余用桑葉間之，極效。）故於崩中脈絕之候，又能補虛益氣，明其於內崩，則能補虛而去者可復，於脈絕則能續氣而斷者可聯也。曰桑根白皮，還瘦為豐，固有諸矣。《別錄》以之去肺中水氣，肺中有水必面浮，又以療水腫腹滿臚脹，非過不羸瘦乎？夫惟其不羸瘦，轉有以知其羸瘦矣。水為有形之物，必其胸腹中有空隙乃能容之，如其肌肉豐盈，氣道充滿，則水更居何所？且脾肺之氣化連屬，水道之通降得常，所以治羸瘦者，正其所以治水，又豈有二致哉？　雄按：　以補益之功歸之於椹，謂為闡發桑椹之功，固無不可，而鄒氏之書疏經旨以證病機，俾古聖心源，昭然若揭，不但有裨後學，足以壓倒前人。

清·黃凱鈞《藥籠小品》　桑葉　瀉肝經之氣熱，與丹皮同用，大能泄木，同石膏、生地，能療肺燥；　同地骨皮，又治盜汗。　輕清之物，施用頗廣，須立冬後採。

桑皮：　蜜水炒，治肺火咳嗽，大能瀉肺，肺以降為順，故瀉白散首用之。《十劑》中同通草能消水腫，所謂輕可去實也。　蓋因肺氣降，水亦從茲而泄。惟客邪在肺，宜疏散，則不可用。

清·章穆《調疾飲食辯》卷一下　桑葉汁　詳見果類桑椹下。　性能逐水利濕，損人津液，中病即止，不宜多飲。

清·章穆《調疾飲食辯》卷四　桑椹　《圖經》曰：　《爾雅》有女桑、檿桑、桋桑、山桑數種。　椹作葚。《綱目》曰：　白桑葉大而厚，雞桑葉花而薄，子桑先椹後葉，山桑葉尖而長。

按：　桑雖有多種，而葉皆可養蠶，衣被天下之功誠大。　檿桑又可為弓，《禮》所謂桑弧蓬矢，周宣王時童謠所謂檿弧萁服是也。其入藥也，根皮枝葉皆有所用。根皮，《別錄》云：去肺中水氣，唾血，熱渴，水腫脹滿，作線縫金瘡。《藥性本草》曰：治肺氣喘嗽，虛勞客熱。《綱目》曰：瀉肺，利大小腸，降氣散血。嫩枝，《圖經》曰：治脚氣、風氣，四肢拘攣，久服終身不患偏風。並宜浸酒。

葉，涼肺宜用經霜老葉，治風宜用嫩者。《唐本草》曰：煮濃汁多服，除脚氣水腫。《食療本草》曰：煎飲代茶，止熱渴同米煎更妙。《日華本草》曰：嫩葉煎酒服，利關節，治一切風。搗爛蒸罯痛風取汗，撲損瘀血。《綱目》曰：代茶飲，治勞熱欬嗽。《本經》曰：除寒熱，出汗。出汗當是汗出，傳寫之訛也。人有身無他病，但每夜盜汗如洗，久久不成虛勞，必成肺瘵。用經霜桑葉為末，米飲調，臨臥服五錢，數服無不愈者。蓋其性涼善降，又能瀉肺逐水，又善祛風濕、利肢節，故有諸效。而於治目則全無干涉，自古作本草者數十家，並無一字道及。至明周(憲)〔定〕王《普濟方》，創造逐月某日洗眼之法，後人附和，洗眼方中無不用之，絕無一驗。又或更換日期，各創一法，事同巫覡，全非醫理。《綱目》緣此，於桑葉條下，添入明目二字。今俗至以桑木作盆洗面，云亦能明目，極為可笑。予所見遵依日期洗至數年而瞽者二人。又誤信此說，每日勤洗，不肯復用他藥，以致久痛成瞽者亦二人。蓋逐水之藥必傷睛，不瞽奚待也。

桑椹，質潤多膏。《唐本草》謂能止消渴，《綱目》謂能解酒毒，尚或可信。而《拾遺》云能安魂魄，令人聰明不老，則誤說也。大抵此物質潤則助濕，味淡則敗脾。或用餹蜜餞為果餌，燥涸之人無害。非然者，不寒中作泄，則滑精成瘵。觀《詩》咏吁嗟女兮，無與士耽，而興之曰吁嗟鳩兮，無食桑椹，意可知矣。婦人同鴨卵食則難產，豈佳物乎？

清・趙翼《簷曝雜記》卷六　神效洗眼方　昔揚州有一趙知府，年九十有餘，患眼疾，雙目不明二十年矣。後遇陳八相普長方，用桑白皮不拘多少，煅過存性，將水一碗煎至九分，澄清洗眼。不至一年內，如童兒一般。

清・王龍《本草纂要稿・木部》　桑白皮　氣味甘辛而寒。甘助元陽，補勞疾虛羸。辛瀉火邪，止喘嗽吐血。利水消腫，解渴驅痰。

清・張德裕《本草正義》卷上　桑白皮　苦甘，涼。入肺。瀉肺火，止喘嗽，消痰解渴。輕緩而不峻，水發高原，以其清肺，故亦利水。又治小兒驚癇客忤。敷鵝口瘡甚效。

清・楊時泰《本草述鉤元》卷二四　桑根白皮　桑有數種，白桑葉大如掌而厚，雞桑葉花而薄，子桑先椹而後葉，山桑葉尖而長，俱取土內嫩根，剝皮用。

氣味甘、辛，寒，甘厚而辛薄。有兼苦者，有兼辛者，必擇用辛者乃合。可升可降，陽中陰也。入手太陰經。續斷、桂心、麻子為之使。《本經》主傷中，五勞六極羸瘦，崩中絕脈，補虛益氣。治肺氣喘滿，虛勞客熱頭痛及唾血熱渴，水腫腹滿臚脹，調中下氣，消痰開胃，煮汁飲，利五臟，入散用，下一切風氣水氣。方書治欬嗽，嗽血吐血，鼻氣耳聾，聲瘖口病，中風往來寒熱，虛勞發熱，反胃，脇痛，攣痺行痺，脚氣，消癉，黃疸，泄瀉大小便不通，小便不禁，溲血淋，腸鳴癇。桑根皮瀉肺中火邪，非瀉肺氣，瀉邪即所以補正也天益。桑根皮雖入五臟，而以脾為主，蓋傷中者，中土受傷，以致五臟勞極耳。羸瘦即肉極，崩中絕脈即脈極，補虛者補脾土之虛，益氣者益中央之氣也之頤。甘以固元氣之不足而補虛，辛以瀉肺氣之有餘而止嗽東垣。錢乙瀉白散，治肺熱咳喘，面腫身熱，用桑根皮炒一兩，地骨皮焙一兩，炙甘草五錢，每用一二錢，入粳米百粒，水煎，食後溫服。此方乃瀉肺諸方之準繩，羅氏謂瀉肺火邪，非瀉肺氣是也。得天麥冬、貝母、沙參、百部、五味子、欵冬、薄荷、甘草、枇杷葉，為治嗽要藥。得芍藥、薏仁、木瓜、茯苓、橘皮、赤小豆，為治水腫之神劑。欬嗽吐血甚者，鮮桑根白皮一斤，米泔浸三宿，刮去黃皮，剉細，入糯米四兩，焙乾為末，每服一錢，米飲下。消渴尿多，入地三尺桑根，剝取白皮，炙黃黑，剉，以水煮濃汁，隨意飲之，亦可少入米，勿用鹽。產後下血，桑白皮炙，煮水飲之。小兒火丹，桑根白皮煮汁浴之，或為末，羊膏和塗之。

論：《本經》言桑根白皮補益功甚巨，按《典術》云：箕水星精，散而為桑。《種樹書》云：根下嘗培龜甲，易茂不蛀，龜神在坎，故桑以龜為食。郭子章又言：桑無不宜之土。合而繹之，則知此木乃水土合德以立命者，其氣寒，其味甘，甘而有辛，猶人之脾氣散精，上歸於肺，正水土合德之所化也。人身脾腎之氣，至於肺，則歸於在天之陽矣，陽暢而陰自降，則能毛脈合精，行氣於腑，腑精神明，留於四臟矣。桑根皮之治傷中勞極羸瘦及崩中絕脈，補虛益氣也，豈非甘寒而致用於辛者，陽固無鬩，而陰自和以降歟。夫水土合德以為陰，猶中土之從乎地氣也，辛甘合德以為陽，猶中土之從乎天氣也，此味主傷中益氣，是其主腦。陽中之陰傷，如唾血熱渴及勞熱喘滿，此地氣不升，而腎陰不至於肺也。陰中之陽傷，如肺中水氣，水腫腹脹，此天氣不降，而肺陽不歸於腎也。蓋本甘辛合而腎與脾同至肺，即甘寒合而脾之至肺者，肺仍與之歸腎，明其補益之所以然，豈得以瀉肺熱，利水氣，印定桑皮之用哉？且如以為降多升少，其功尤在下氣，何又奏效於產後下血及消渴尿多耶？此可悟《本經》指稱之義矣。《經》於桑白皮，首主傷中，似傷中特為勞極羸瘦崩中、絕脈之本。夫所謂中者，何也？人生有形，不離陰陽，本於陰而透於陽，透於陽而又未離於陰，是之為中氣，即東垣所謂元氣也。桑之根皮，合於親下，為水土立地之用，然卻有辛以至天者，達水土氣化而際肺，即由天而還返其立地之精，以歸於極下，是則搏(挠)〔垸〕而神其升降者，固在天表之肺，故其功以平逆氣，而止嗽定喘為多也。下而脚氣之治，則自地升者，即能由天而降地，總是一氣之所貫耳。自腎而合於中土以際肺，俾陰得暢于陽，即由肺而復合于中土以歸腎，使陽更育於陰，夫如是則陰陽還元，營衛和合，其功不獨在肺矣。又以桑皮療水腫，乃得夫氣為血之先，血為氣之御焉。蓋先天之水所以生氣，後天之氣所以化水，後天之氣化，則陰根於陽而血生，後天之水化，則陽宅於陰而氣益，以水即血之原，血又氣之依也，是乃療崩中絕脈，補虛益氣之實際。《本經》首主傷中，蓋深悉於肺腎相因，而中土司升降之樞，茲物有合焉者也。

附皮中白汁：小兒口瘡白漫，拭淨，塗之便愈。又塗金刃所傷，燥痛，須臾血止，仍以白皮裹之，甚良。

附桑生黃衣，謂之金桑，其木必將槁矣，山家老樹多生，湖桑少見。氣味與白皮同。其除肺熱之功，殆又過之。

繆氏：肺虛而小便利者，不宜；因寒襲肺發咳者，勿服。

辨治：出土者，用之殺人，須采土內嫩根，去骨，銅刀刮去薄皮，勿去皮上涎，其藥力在此也。利水生用，咳嗽蜜炙或炒。

桑葉：以夏秋再生者為上，經霜者另取洗眼用。

氣味苦甘寒。《本經》除寒熱止汗。日華子利五臟，通關節下氣，嫩葉煎酒服，治一切風。蘇恭利大小腸，除脚氣、水腫。止盜汗，經霜桑葉研末，米飲服丹溪。去老風、宿血，雞桑葉煮汁，煎膏服藏器。風眼下淚，用臘月不落桑葉煎湯，日日溫洗，或入芒硝。去手足風痺，取霜後葉煮湯淋渫之，微炙和桑衣煎服。治痢，並止金瘡諸損傷出血頌。桑麻丸：能益氣血，祛風，四月采桑葉，酒拌，九蒸九曬，為末，胡麻或黑芝蔴去殼，九蒸九曬，另磨如泥，各等分，煉蜜為丸，每空心飢時，白湯下五六錢，仙家餌之為引年止飢之要藥。養血寧心，老桑葉一斤、嫩桑葉末一斤、茯神八兩製人乳，共成一斤為末，煉蜜丸服。

論：桑葉性味甘寒，而以苦先之，故能致於火主之心而行血化，以甘寒致於火主則氣和而血暢。統觀治效，大抵皆因和血之益，即以獲治風之效者。夫桑葉治風，類以為金能平木，豈知肝屬風木，《經》所謂一陰為獨使者，謂其下通命門，以升陰中之陽，上合心包絡，以降陽中之陰也。如甘寒之陰，至於主火之心，則肝已得升其陰中之陽矣，乃主火之心，合甘寒之氣化，則肝又得降其陽中之陰矣。風之為病，或病於陽之不升，或病於陰之不降，今陰中之陽，肝既合之以升，而陽中之陰，肝又承之以降，此正金木相媾之元機，所由達包絡之血，使肝和而風息者也。

修治：煎湯、研汁、為末俱可。

桑椹：甘寒。味厚氣薄，其性微涼。養陰補腎，生津安神，利五臟關節，通血氣。釀酒服，利水氣消腫。皆陰氣得益之故。根較寒，子較暖，用者詳之土材。甘寒益血而除熱，其為涼血補血益陰之藥無疑，五臟皆屬陰氣，益陰故利五臟關節而血氣自通。桑椹膏：治服金石發熱口渴及小腸熱者，采摘熟椹，微研，以布濾汁，瓦器熬成稀膏，量入白蜜熬稠，貯瓷器中，每食後夜臥，抄一二錢，沸湯點服。桑椹酒：能理百種風熱，用椹汁三斗重湯煮至斗半，入白蜜二合，酥油一兩，薑汁一合，煮令得所，瓶收，每服一合，和酒飲之，亦可以汁熬燒酒，藏之經年，味力愈佳。水腫脹滿，水不下則滿溢，下則虛竭還脹，十無一活，宜桑椹酒治之。桑心皮切，以水二斗，煮汁一斗，入桑椹，再煮，取五升，以糯飯五升釀酒飲。

論：桑本甘寒而兼辛，結於椹，則由辛而達甘寒之化，其精英固萃於此也，色烏赤，固當入腎而益陰。總之，利水必以根皮為先，祛風則取枝葉為勝，至於烏椹益陰氣，便益陰血，血為水所化，故益血還以行水，風與血同臟，故益血又即以息風，然則此味益陰不較勝乎。

繆氏：甘寒滑潤而下行，脾胃虛寒作瀉者，弗服。

桑枝：氣味苦平。主治祛風養筋士材。取嫩條細剉，炒香，瓦器煮減一半，再入銀器，重湯煮減一半，服之，久久不患偏風，療口渴及癰疽後渴。

桑木灸法：能通關節，去風寒，出鬱毒。凡癰疽發背不起發，或瘀肉不腐潰及陰瘡瘰癧，流注臁瘡，頑瘡惡瘡，久不愈者，未潰則拔毒止痛，已潰則補接陽氣。用乾桑木劈成細片，紮作小把，然火吹息，灸患處，每吹灸片時，以瘀肉腐動為度，內服補託藥，甚良。紫白癜風，桑枝十斤，益母草三斤，水五斗，慢煮至五升，去渣，再熬成膏，每臥時溫酒調服半合，以愈為度。

桑柴灰：以灰淋汁，即桑霜。用桑皮紙襯淘籮底，滾水淋下，瓷器盛之。重湯煮乾，別名木硇。

氣味辛寒，有小毒。能鑽筋透骨，為傅癰疽拔疔，引諸散毒藥攻毒之要品。身面水腫，取花桑枝燒灰淋汁，煮赤小豆，每飢即飽食之。不得喫湯飲。同丹砂、雄黃、乳香、沒藥、牛黃、龍腦香、紅白藥子、白及、白斂，傅一切腫毒，止痛追毒有奇效。同鐵鏽、蟾酥可拔疔。

總論：桑之用，總不外於甘寒。根白皮由甘寒而辛，致其用於中氣，而即能裕血。桑葉自苦而甘寒，致其用於血化，而還能達氣。桑椹則獨有甘寒而色烏，歸其用於氣血之元，覺益陰良厚。若桑枝則惟有苦平，亦不離甘寒之體，而專行血化以息風。大抵在氣則水之治切，在血則風之功專，二語盡之矣。

清・葉桂《本草再新》卷四　桑枝味清苦，性微寒，無毒。入肺、腎二經。壯肺氣而能燥濕，滋腎水而能通經。止欬除煩，消腫止痛。

桑頭：味苦，性寒，無毒。入肝、肺、腎三經。能平肝火，能清肝熱，潤肺止欬，養陰益腎，明目消腫，治癰瘻疽瘤。

桑白皮：味辛，性微寒，無毒。入肝、肺二經。瀉肺火，利小便，破瘀血，行下氣，定呵喘，消癰瘻。

桑葚子：味甘酸，性溫，無毒。入腎經。補陰滋水，利五臟，通關節，安魂定魄，斂心益智，聰耳明目，止渴生津，利水消腫。

霜桑葉：味苦，性涼，無毒。入肝、肺二經。涼血潤肺，止欬生津，治頭風，目疾紅腫，多淚起翳，生瘤。

清・吳其濬《植物名實圖考》卷三三　桑《本經》中品。《爾雅》：女桑，桋桑。注：今俗呼桑樹。小而條長者為女桑樹。檿桑，山桑。注：似桑，材中作弓及車轅。今吳中桑矮而葉肥，蓋即女桑。江北桑皆自生，材中什器，蓋即檿桑。蠶絲勁黃，所謂檿絲矣。桑枝、根白皮、皮中汁、霜後葉及葚、耳、蘚花、柴灰、蝨蟲皆入藥。

清・趙其光《本草求原》卷九灌木部　桑根白皮　寒，甘而辛，無毒。能益脾腎之陰上滋肺金，使肺陽得陰以降。是由升而得降。主傷中、陰者中之守，陰虛則傷。五勞六極、羸瘦，即肉極。脾主肌，陰傷則瘦。崩中絕脈，即脈極。肺不得陰以降，則不能毛脈合精行氣於府，府精神明，留於四藏。補虛益氣。滋肺陰，則壯火不至食氣。治唾血、熱渴、虛勞客熱、肺氣喘滿，皆陰不上滋。利肺中水氣、水腫、腳氣、痹攣、目昏、黃疸，利水道，肺降則治節行。通二便，治尿數，治節行，則升降不失其常也。希雍謂其降多升少者非。下氣，去寸白，可縫金瘡，縫後，以熱雞血塗之。散瘀血，取鮮者以米泔浸三宿，刮去黃皮，同糯米焙為末，米飲下。治咳嗽、吐血。清痰。炒黃黑，同米煮，濃汁飲，治消渴尿多；不可用鹽。煮水飲，治產後下血。同地骨，清肺火從小便出；加甘草，瀉火緩中。粳米清肺養血，名瀉白散，是瀉肺火，非瀉腫氣也。觀《本經》主治，則其瀉火補正可知。後人謂其辛瀉肺氣，肺虛忌之者非；但風寒作嗽者，勿用耳。小兒火丹，煮水浴之；或為末，羊膏和塗。桑根灰淋汁，與石灰點面，滅風痣，去惡肉；又燒灰淋汁洗眼，目長明。去外皮取白，用蜜炙，則益氣，續斷。皮中白汁，塗小兒口瘡白漫，及刃傷燥痛出血。

桂心為使。忌鐵。

桑葉：甘，寒，微苦，無毒。滋脾腎之陰以上清心火而暢血，除寒熱。火靜則氣和。止盜汗，汗為心液，火迫心則汗出。以帶露桑葉焙末，米飲下，或經霜葉研末。利五臟，通關節，下氣，利大小腸。除腳氣水腫，皆氣和血暢之益，俱濃煎服。老風，嫩葉酒煎，或熬膏服。風痹，風眼下淚，俱煎洗。血和則藏血之肝風木自平也。五月五日、六月六日、立冬日采，同黑芝麻蜜丸，久服祛風、黑髮，益氣血，明目。止消渴，作茶。去宿血，止吐血，取霜後葉焙末，涼茶下。止後，宜補肝肺。金瘡出血。為末摻。酒拌，九蒸九曬，益氣血。嫩葉、老葉各一斤，茯神八兩，以乳汁製蜜丸，養血寧心。每年九月二十三日，桑葉洗目一次，永絕昏暗。

桑椹：甘，微寒。補腎，養陰血。主傷中，五勞六極，羸瘦，崩中絕脈，補虛益氣。《本經》以上主治，各書俱列於桑皮之下。張石頑則歸於桑椹，似為近理。益血，涼血，生津，止渴，利五臟，臟屬陰。通關節血氣，安神魂定魄，斂心益智，聰明耳目，《經》曰：血者，神氣也；節者，神氣之出入。解金石毒，俱取汁熬膏，和蜜服。清小腸。同薑汁、蜜熬膏，和酒服。治一切風熱。同桑皮、糯米釀酒。治陰虛水腫，水下則陰竭，而脹難救。血與風同藏，血原於水，血不化則水溢，益陰血，病自除。利水，根皮勝。去風，枝葉勝。椹則益陰而兼治之。取汁熬膏，加些蜜收貯。

　　桑枝：苦，平，無毒。清熱，行血、去風、止渴。嫩枝細剉炒香，水煮減半，久服治風氣，止渴及癰疽、口渴。治風燥身癢，利關節，養筋，除拘攣，痹痛。治寒痹，有桂酒法，以桑炭炙布中熨之；治口僻，有馬膏法，以桑鉤其口，坐桑灰上，又煎藥常用之。其火，拔毒，治風寒濕痹，癰疽不起，瘀肉不腐潰，瘰癧頑瘡久不愈。幹枝劈細，紮成小把燃火，吹熄炙之。未潰拔毒止痛，已潰補接陽道，兼服補托藥。其灰汁，煮赤小豆，治水腫，飽食，不吃湯飲。煮桑皮淋灰取汁，燉乾，敷癰疽疔毒。能鑽筋透骨拔毒。枝同益母草熬膏酒下，治紫白癜風。一說桑枝去濕、滋腎、通經、止咳、除煩、消腫、止痛。

　　清·葉志詵《神農本草經贊》卷二　桑根白皮　味甘，寒。主傷中，五勞六極，羸瘦崩中，脈絕，補虛益氣。葉，主除寒熱出汗。桑耳黑者，主女子漏下赤白汁血病，癥瘕積聚，陰補陰陽寒熱，無子。五木耳名檽，益氣不飢，輕身強志。生山谷。

　　東方神木，公桑女桑。休哉苞繫，沃若條揚。寄生耳黑，構接衣黃。附疏五檽，志奮功襄。檽音軟。

《說文通釋》：桑，東方自然神木之名。《禮》：天子諸侯必有公桑蠶室。《詩》：猗彼女桑。《宋史·志》：歡願休哉。《易》：休否繫于苞桑。《詩》：其葉沃若。又：以伐遠揚。《傳》：條陽也。陶弘景曰：桑耳又呼為桑上寄生。《群芳譜》：桑木將槁，黃衣構葉，則葉大五檽，槐耳、榆耳、柳耳、柘耳、楊櫨耳。李時珍曰：桑檽以下，功性則一也。

　　清·文晟《新編六書》卷六《藥性摘錄》　桑白皮　辛甘，性寒。瀉肺火，利水通氣，除痰。○治瘀結便秘，喘嗽胸滿，唾血口渴，水腫臚脹等症。○然性寒而烈，不可多用。○若肺虛火衰，風寒作嗽者，切禁。○刮去皮，取白，蜜炙用。忌鐵。○桑椹，甘，涼。色黑。能除熱養陰，止瀉，烏鬚黑髮，酒浸或以汁熬，燒酒藏之經年，味力愈佳。○桑耳，散血除瘀，破癥瘕。○冬桑葉，清肺瀉胃，涼血燥濕，去風明目，止盜汗，治吐血不止。焙研，涼茶服三錢，効。

　　清·劉東孟傳《本草明覽》卷三　桑白皮　【略】按：寄生得桑之氣以為佳，其他襍木者，用之無效。古方風濕作痛之症，每用獨活寄生湯，而今服之無益，豈非藥失其真之故歟。且川獨活亦難得其真者，每以土當歸假代。獨活原本一種，節密輕虛者為羗，節疎重實者為獨。川續斷與桑寄生，氣味略異，主治頗同。不得桑寄生，即用川續斷，名為羗活續斷湯，亦頗便益。

　　清·莫枚士《研經言》卷三　桑根白皮解　據《本經》主傷中、五勞、六極、羸瘦、崩中、絕脈、補虛、益氣云云，則桑白皮補肺也。《別錄》則主肺中水氣、唾血、熱渴、水腫、腹滿、臚脹、利水道、去寸白、縫金瘡，似桑白皮又瀉肺也。豈相背哉？蓋《本經》中字皆指胃言，胃主肌肉，百脈秉穀氣而成，則羸瘦、絕脈，亦係胃病。補虛者補胃之虛，益氣者益胃之氣。胃以下行為順，胃逆則肺不平，而肺病作。《本經》著治胃之效，而肺之平，不言可喻也。《別錄》以經義隱約，故推衍之，其主治皆胃逆陵肺之症，一本一標，詞相反，義相成。《肘後方》以之治消渴尿多及產後下血，是宗《本經》為用。錢仲陽瀉白散治小兒肺經實熱，是宗《別錄》為用。

　　清·張仁錫《藥性蒙求·木部》　桑白皮二錢　桑白皮寒，水氣皆行。嗽痰因熱，此品堪清。甘辛而寒，下氣行水。張路玉云：瀉肺氣之有餘，止嗽而能利水，肺中有水氣及肺火有餘者，宜之。若肺虛無火，因風寒而嗽者，服之風邪反閉固不散，而成久嗽者有之。○刮去薄皮，取白，或生用，或蜜炙。　桑枝尺許：　桑枝苦平，善通關節。手足引經，痺疼最切。乾桑枝治風寒濕痺，諸痛在手足尤效。以其入四肢也。　桑葉錢半、三錢：　桑葉微寒，涼營滋燥。明目去風，經霜尤妙。甘苦而涼，又能止血，消渴，止盜汗。得麥冬治勞熱，得丹皮能清泄少陽。同黑芝蔴蜜炙，名桑麻丸，能潤燥。

　　清·陸以湉《冷廬醫話》卷五　藥品　木之用桑為多，曰葉，曰枝，曰花，曰椹，曰根皮，曰汁，曰耳，曰癭，曰油，曰蟲，曰寄生，曰螵蛸，凡十有二。果之用蓮為多，曰蕊，曰節，曰莖，曰葉，曰蒂，曰鬚，曰花，曰房，曰實，曰薏，曰汁，曰粉，亦十有二。二物皆有絲，一稟金氣，一得水精，《理虛元鑒》謂物性有全身上下純粹無疵者，惟桑與蓮，良有以也。

　　《金匱要略》王不留行散自註云：如風寒，桑東南根勿取之。後世註釋家謂風寒表邪在經絡，桑根下降，止利肺氣，不能逐外邪，故勿取之。吳鞠通推闡其義：桑根之性下達而堅結，由肺下走肝腎者也，內傷不妨用之，外感則引邪入肝腎之陰，而咳嗽久不愈矣。地骨皮為枸杞之根，入下最深，力能至骨，有風寒外感者，亦忌用之。其說詳見《溫病條辨》，可補諸家本草之闕。近世醫士能細辨藥性者少矣。丙辰秋，余戚吳氏婦，偶感風寒咳嗽氣急，某醫診之，用桑白皮為君，咳嗽轉劇，急令勿服，改用杏蘇散加減乃愈。

　　清·王孟英《隨息居飲食譜·果食類》　桑椹　甘，平。滋肝腎，充血液，止消渴，利關節，解酒毒，祛風濕，聰耳明目，安魂鎮魄。可生啖宜微鹽拌食，可飲汁，或熬以成膏，或曝乾為末，設逢歉歲，可充糧食。久久服之，鬚髮不白。以小滿前熟透色黑而味純甘者良。　熟桑椹以布濾取汁，瓷器熬成膏，收之，每日白湯或醖酒調服一匙，老年服之長精神，健步履，息虛風，靖虛火，兼治水腫、脹滿、瘰癧結核。

清·劉善述、劉士季《草木便方》卷二木部　蠶桑　桑葉甘寒能明目，祛風燥濕退熱速。清利頭目止盜汗，虛勞代茶消渴服。藥桑同性。蔗名桑椹。

清·田綿淮《本草省常·果性類》　桑䊀　一作葚，一作椹，一名文武實。性寒。補腎益肝，聰耳明目，烏鬚髮，解酒毒，生津止渴，安魂鎮心，利水消腫。多食致衄。孕婦忌之。

清·戴葆元《本草綱目易知錄》卷四　桑白皮　甘、辛，寒。入肺經。瀉肺火，利五臟，降氣散血，利大小腸，消痰止渴，調中下氣，開胃進食，補虛益氣，殺腹臟蟲，止霍亂吐瀉。治肺氣喘滿，虛勞客熱，肺中水氣，唾血熱渴，水腫腹脹，利水道，去寸白。入散用之，下一切風氣水氣，療小兒天弔，驚癇客忤。末傅鵝口瘡，搗搥作線，縫金瘡。若脾肺虛，小便利及風寒作嗽者，不宜用。

桑椹：甘而微涼。色黑入腎補水，安魂鎮神，利五臟關節，治血氣痛。單食，止消渴。搗汁飲，解中酒毒。釀酒飲，利水氣，消腫。葆按：桑椹，生青乾黑，入腎壯水而涵木，木得水養則不躁，治風虛眩運，愚用之屢效，以其能柔肝，風自息也。

【略】

葉：苦、甘，寒。入手足陽明經。利五臟，通關節，明目下氣，利大小腸，除寒熱出汗，霍亂腹疼，脚氣水腫，頭痛目赤，勞熱咳嗽。末服，止盜汗。煎飲代茶，止渴。熬膏，去老風宿血。嫩葉煎酒服，治一切風。蒸熟，搗罯風痛出汗及撲損瘀血。研汁，傅金瘡并小兒口吻瘡。汁解蜈蚣毒，蛇蟲咬毒。凡服，經霜者良。【略】

枝：苦，平。利關節，養津液，明耳目，利小便，行水祛風，消食止渴。治風寒濕痹，偏枯風癢乾燥，霍亂，脚氣風氣，四肢拘攣，上氣眼運，肺氣咳嗽。療口乾及癰疽後渴。用嫩條枝，細切一升，煎汁飲，久服，終身不患偏風。又取嫩枝燒瀝，治大風瘡疥，能生眉髮。【略】

桑柴灰：桑乃箕星之精，其木利關節，養津液，行水氣，祛風邪。其火拔引毒氣，祛濕痹，煎補藥，熬諸膏，宜用桑柴，亦宜用桑枝攪。其灰辛寒有小毒，蒸淋取汁煎，與冬灰等分，同滅痣疵黑子，蝕惡肉。煮赤小豆食，大下水脹。傅金瘡，止血生肌。桑霜，治噎食積塊。

清·黃光霽《本草衍句》　桑白皮微寒。　甘助元氣而補勞祛虛羸，辛瀉肺金而止喘嗽吐血。斂肅清之氣，為清肺主藥。肺氣有餘者宜之，肺虛者忌用。下氣行水，抑已亢之火，決高源之水。止渴消痰。去肺中水氣，浮腫腹滿臚脹。錢乙：肺氣咳喘，面腫身熱，用瀉白散。退客熱虛勞頭疼，利便散血。風寒咳嗽者慎治。得茯苓利水，得糯米治咳嗽吐血。　小兒重舌，桑白皮煮汁，塗乳上，飲之。　小兒流涎脾熱，胸膈有痰，桑白皮搗自然汁，塗之。　小兒火丹，桑皮煮汁浴之。　瀉白散：桑白皮、地骨皮能瀉火從小便出，甘草瀉火而緩中，糯米清肺而養血。此瀉肺諸方之準繩也。　桑葉：清肺斂神，涼血燥濕。能除水腫脚氣。明目去風，赤眼下泣。除寒熱風痛，出汗盜汗尤宜。治勞熱咳嗽，吐血宿血能理。得麥冬治勞熱，得生地、阿膠、石(羔)〔膏〕、枇杷葉，治肺燥咳血。　桑葉代茶，能止消渴。　吐血不止，晚桑葉焙研，涼茶服三錢，只一服，止後用補肝肺藥。　桑枝：利水開關，祛風除痺。能利關節，風寒濕痺。　上氣眼暈，肺氣喘嗽，脚痛四肢拘攣。水氣脚氣，風熱臂痛。　風痒遍體乾燥，得桂枝治肩臂痺痛。　風熱臂痛，桑枝炒，煎服。許叔微云：常病痺痛，諸藥不效，服此數劑尋愈。　水氣脚氣，桑條二兩，炒，煎服取效。

清·陳其瑞《本草撮要》卷二　桑白皮　味甘，入手太陰經。得地骨皮瀉肺，得白茯苓利水，得糯米治咳嗽吐血。肺氣虛及風寒作嗽者慎用。續斷、桂心為使，忌鐵。　桑枝：味甘苦，入手足太陰經，功專去風濕拘攣，得桂枝治肩臂痹痛，得槐枝、柳枝、桃枝洗遍身痒。　桑葚：味甘酸，温，色紫黑，入足厥陰、少陰經，功專補水，利五臟關節，安魂鎮神，聰耳明目，生津止渴，解金石藥之燥。並利水消腫，醒酒烏鬚。多食致衄。晒乾為末，蜜丸良。鮮者煎膏入蜜煉稠，點湯服，名文武膏，能治瘰癧。入燒酒經年愈佳。　桑葉：味甘，入手足陽明經，功專清風熱。得麥冬治勞熱，得生地、阿膠、石膏、枇杷葉治肺燥咳血，得黑芝麻煉蜜為丸，除濕祛風明目。以之代茶，採取經霜者，常服治盜汗。洗眼去風淚。以木作面盆洗面，去面上遊風。

清·李桂庭《藥性詩解》　賦得桑根白皮主喘息得根字。田春芳。　桑皮能定喘，取用在其根。瀉肺通榮瘀，清痰利水存。　通作平順，深知桑白之性，而能利水之存，通榮之瘀，瀉肺清痰，喘能自息。是以古有瀉白散，以治肺實有火之喘，五皮飲以治脾實有水之存。惟肺虛無火者勿用。

前題李慶霖　桑皮原利氣，功效在其根。熱解津能緩，痰清喘不奔。

按：　桑皮甘寒利氣瀉肺，止嗽清痰，治肺熱喘滿，熱渴水腫。

清・吳汝紀《每日食物却病考》卷下　桑椹　味甘、酸，涼，無毒。止消渴，利五臟，關節痛，安魂鎮神，變白不老，利水氣，消腫。小兒不可多食，令人心寒。曝乾為末，或取汁熬成膏，皆和蜜食，功効甚多。史言：魏武帝軍中乏食，得乾椹以濟饑。金末大荒，民皆食椹，活者不可勝計。則乾濕皆可救荒也。陸璣《詩疏》云鳩食桑椹多則醉，物類相制有如此。《月令》曰四月宜飲桑椹酒，則其益人可知。

清・仲昴庭《本草崇原集説》卷一　桑根白皮　【略】仲氏曰：　物象有目共睹，氣味入口方知。所以古聖略物象而言氣味，後人各執一見。於是桑根白皮，有色白入肺、氣寒入腎、味甘入脾等語，膠柱鼓瑟，強作解人。無怪遵用者之鮮效也。嘗考此皮之白，是陽明燥金本色，甘是陽明燥土本味，則寒亦屬陽明金氣無疑矣。此言傷中，蓋傷陽明中土，而太陰地土隨之爾。又曰：　陽明燥勝則地乾，致有勞極諸證。此皮具金土之氣，氣味甘寒無毒，刈而復茂，氣之盛，絶類陽明，故補中，中補而諸證亦治。天士專以脾陰作解，譬猶閉門造車，何能合轍。修園不為辨正，第結云此藥忌火，不可不知，雖主陽明金土而言，總嫌高渾。

清・周巖《本草思辨録》卷四　桑根白皮　桑根白皮甘辛入脾肺，而氣寒復入膀胱，能驅脾肺中之水氣從小便出，故水腫腹滿臚脹胥治之。咳嗽惟肺有水氣及伏火者宜之。肺虛無火，因風寒而嗽者，服之則錮閉邪氣而成久嗽。此仲聖於王不留行散，所以謂風寒勿取也。

雲桑

明・朱橚《救荒本草》卷下之前　雲桑　生密縣山野中。其樹、枝、葉皆類桑，但其葉如雲頭，花叉又似木欒樹葉微闊，開細青黃花。其葉味微苦。

救飢：　採嫩葉煠熟，換水浸，淘去苦味，油鹽調食。或蒸晒作茶尤佳。

癸卯桑

清・何諫《生草藥性備要》卷上　癸卯桑　味甘，性寒。治白濁、痢肚，煲肉食效。

柘

宋・唐慎微《證類本草》卷一四木部下品〔宋・掌禹錫《嘉祐本草》〕　柘木　味甘，溫，無毒。主補虛損。取白皮及東行根白皮，煮汁釀酒，主風虛耳聾，勞損虛羸瘦，腰腎冷，夢與人交接洩精者。取汁服之，無刺者良。木主婦人崩中血結，及主瘧疾，兼堪染黃。新補。見陳藏器、日華子。

宋・寇宗奭《本草衍義》卷一五　柘木　裏有紋，亦可旋爲器。葉飼蠶，曰柘蠶，葉梗然不及桑葉。東行根及皮，煮汁釀酒，治風虛耳聾有驗。餘如《經》。

宋・陳衍《寶慶本草折衷》卷一四　柘木皮及根附。○柞木葉續附。　即其葉飼蠶者，以無莿者良。○續附：　柞木葉生南方，即其木為梳者也。○柞，子諧切。

味甘，溫，無毒。○主補虛崩中，血結，及瘧疾。○寇氏曰：　柘木裏有紋。

附：　白皮及東行根皮汁在內。○主夢交洩精，取汁服。○又煮汁釀酒，亦主風虛耳聾。

續説云：　艾原甫論柘木，具黃中之體，故能滋養血脉，調益脾胃，惜乎未有廣而充之者也。《聖惠方》治小兒鵞口重舌及生熱瘡，取根皮洗剉，濃水煎，去滓更煎令稠，日三四塗之。又按，唐謹微元於柘木後列柞木皮條，凡治癰癧諸方，每取柞木葉乾之，以入服餌之劑者衆矣。正條中但言其葉細，竟不言葉之性用。用之既多，因以附焉。

明・朱橚《救荒本草》卷下之前　柘樹　《本草》有柘木。舊不載所出州土。今北土處處有之。其木堅勁，皮紋細密，上多白點，枝條多有刺，葉比桑葉甚小而薄，色頗黃淡，葉梢皆三叉，亦堪飼蠶。綿柘刺少，葉似柿葉微小，枝葉間結實，狀如楮桃而小，熟則亦有紅蕊，味甘、酸。葉味甘，微苦。柘木味甘，性溫，無毒。　救飢：　採嫩葉煠熟，以水浸洳作成黃色，換水浸去邪味，再以水淘淨，油鹽調食。其實紅熟，甘酸可食。　治病：　文具《本草》木部條下。

明・劉文泰《本草品彙精要》卷二一　柘木無毒　植生。

柘木：　主補虛損，婦人崩中，血結，及主瘧疾。○白皮及東行根白皮，煮汁釀酒，主風虛，耳聾，勞損，虛羸瘦，腰腎冷，夢與人交接泄精者，取汁服之。名醫所錄。【名】實：佳音錐。【苗】《衍義》曰：木有文可鏇爲器。其葉飼蠶，曰柘蠶，然葉梗不及桑葉。木堪染黃。《考工記》曰：弓人取材，莫良于檿，尤莫良於柘。《蠶書記》曰：柘，葉飼蠶，其絲作琴瑟弦，清鳴響亮，勝於凡絲遠矣。【地】《別錄》云：今江南甚多。【時】生：春生葉。採：春夏取葉，不拘時取皮根。【收】日乾。【用】木皮、東行根白皮。【質】木似桑而有文。【色】黃白。【味】甘。【性】溫，緩。【氣】氣之厚者，陽也。【臭】朽。【主】祛風，止瘧。【製】剉碎用。

明·王文潔《太乙仙製本草藥性大全》卷三《本草精義》 柘木 舊不載所出州土，今在處有之。其木與桑木大同小異，葉比桑更小而圓厚，莖條小而軟弱。用無刺者良。木裏有紋亦可旋爲器。葉飼蠶曰柘蠶，葉硬，然不及桑葉。東行根及皮煮汁釀酒，治風虛耳聾有驗。餘如《經》亦可染黃，此即耳聾黃。

明·王文潔《太乙仙製本草藥性大全》卷三《仙製藥性》 柘木 味甘，氣溫，無毒。主治：主風虛勞損羸瘦。治腎冷，夜夢遺精，崩中血結即止。耳聾瘧疾堪調。補註：補虛損，取白皮及東行根白皮，煮汁釀酒服。其腎冷，夢與人交接洩精者，取汁服之即差。

明·皇甫嵩《本草發明》卷四 柘木下品。氣溫，味甘，無毒。取白皮及東行根白皮，煎汁釀酒，主風虛耳聾，勞損，虛羸瘦，腰腎冷夢遺者，取汁服之。無刺者良。〇木，主婦人崩中血結及瘧，兼染黃。葉可飼蠶。

明·李時珍《本草綱目》卷三六木部·灌木類 柘宋《嘉祐》

【釋名】時珍曰：按陸佃《埤雅》云：柘宜山石，柞宜山阜。柘之從石，其取此義與？

【集解】宗奭曰：柘木裹有紋，亦可旋爲器。其葉可飼蠶，曰柘蠶，然葉硬不及桑葉。入藥以無刺者良。時珍曰：處處山中有之。喜叢生，幹疎而直，葉豐而厚，團而有尖。其葉飼蠶，取絲作琴瑟，清響勝常。《爾雅》所謂棘繭，即此蠶也。《考工記》云：弓人取材以柘爲上。其實狀如桑子，而圓粒如椒，名隹子隹音錐。其木染黃赤色，謂之柘黃，天子所服。《相感志》云：柘木以酒醋調礦灰塗之，一宿則作間道烏木文。物性相伏也。

木白皮東行根白皮 【氣味】甘，温，無毒。【主治】婦人崩中血結，瘧疾大明。煮汁釀酒服，主風虛耳聾，補勞損虛羸，腰腎冷，夢與人交接洩精者藏器。【發明】時珍曰：柘能通腎氣，故《聖惠方》治耳鳴耳聾一二十年者，有柘根酒，用柘根二十斤，菖蒲五斗，各以水一石，煮取汁五斗。故鐵二十斤煅赤，以水五斗浸取清，合水一石五斗，用米二石，麴二斗，如常釀酒成。用真磁石三斤爲末，浸酒中三宿，日夜飲之，取小醉而眠。聞人聲乃止。

【附方】新二。飛絲入目：柘漿點之，以緜蘸水拭去。《醫學綱目》。洗目令明：柘木煎湯，按日温洗。自寅至亥乃止，無不效者。正月初二，二月初二，三月不洗。四月初五，五月十五，六月十一，七月初七，八月初二，九月初二，十月十九，十一月不洗，十二月十四日。徐神翁方也。《海上方》。小兒鵝口：重舌。栢根五斤剉，水五升，煮二升，去滓，煎取五合，頻塗之。無根弓材亦可。《千金方》。

柘黃：見菜部木耳。

明·倪朱謨《本草彙言》卷一〇 柘根白皮 味甘，氣溫，無毒。

李氏曰：柘木，處處山中有之。喜叢生，幹疏而直，葉厚圓而有尖，亦可飼蠶。取絲作琴瑟，清響勝常。《爾雅》所謂棘繭，即此蠶也。又弓人取材，以柘爲上品。其結實，狀如桑子而稍圓，粒如椒。其木煎汁染黃，謂之柘黃，天子所服。一說柘木以米醋調礦灰塗之，一宿即作間道花鳥文。物性相伏如此。

柘根白皮：養胃固精，日華子止血結崩中，陳藏器去鬼交精洩之藥也。

清·张璐《本經逢原》卷三 柘根白皮 甘，溫，無毒。發明：時珍曰，柘能通腎氣，故《聖惠方》治耳鳴耳聾。藏器煮汁釀酒服，止風虛耳聾，勞損虛羸腰腎冷。《千金》治耳鳴汗出，皆由腎虛或一二十年不瘥者，方用柘根三十觔、菖蒲五斗、故鐵二十觔，燒赤浸三宿，用米二石、麯二斗，用上三味汁，釀如常法，製服必效，方具《千金》二十卷中。

清·吴其濬《植物名實圖考》卷三五 柘 《嘉祐本草》始著錄。葉可飼蠶，木染黃。《救荒本草》：葉實可食。野生小樹為奴柘，《本草拾遺》載之。

清·吴其濬《植物名實圖考》卷三六 棉柘 見《救荒本草》，為柘之一種。滇南有之。葉如桑而厚，實如椹而圓。織機無事，嘉樹空生，自缺婦功，何關地利哉？

隈支

明·李時珍《本草綱目》卷三三果部 隈支又曰：宋祁《益州方物圖》云：生邛州山谷中。樹高丈餘，枝修而弱。開白花。實大若雀卵，狀似荔枝，肉黃膚甘。

明·姚可成《食物本草》卷九果部·異果類 隈支宋祁《益州方物圖》云：

生邛州山谷中。樹高丈餘，枝脩而弱。開白花。實大若雀卵，狀似荔枝，肉黃膚甘。　限支，味甘，無毒。治七種疝氣及一切瘡瘍疥癬。

山棗

明·李時珍《本草綱目》卷三三果部·附録　山棗又曰：《寰宇志》云：出廣西肇慶府。葉似梅，果似荔枝，九月熟，可食。

明·姚可成《食物本草》卷九果部·異果類　山棗《寰宇志》云：出廣西肇慶府。葉似梅，果似荔枝，九月熟，可食。山棗，味甘，溫，無毒。主和脾胃，補元氣，益血壯神。

清·汪紱《醫林纂要探源》卷二　山棗　酸，溫。亦名酸棗。又曰鼻涕團。以色正黃，皮內含白肉粘滑如涕也。李氏與山查混附為一，失之矣。核圓長堅實，有五隙含仁，今人置柄用之，以敲方響。清痰，和胃益肺。

奴柘

宋·唐慎微《證類本草》卷一三木部中品〔唐·陳藏器《本草拾遺》〕　奴柘　味苦，小溫，無毒。主老血瘕，男子痃癖悶痞。取刺和三稜草、馬鞭草作煎如稠糖，病在心，食後在臍。空心服，當下惡物。生江南山野。似柘，節有刺，冬不凋。

明·李時珍《本草綱目》卷三六木部·灌木類　奴柘《拾遺》

〔集解〕藏器曰：生江南山野。似柘，節有刺，冬不彫。時珍曰：此樹似柘而小，有刺。葉亦如柞葉而小，可飼蠶。

刺〔氣味〕苦，小溫，無毒。〔主治〕老婦血瘕，男子痃癖悶痞。取刺和三稜草、馬鞭草作煎，如稠糖。病在心，食後，在臍，空心服。當下惡物藏器。

清·何諫《生草藥性備要》卷上　川破石　味甜，性平。治酒頂，消蠱脹。浸酒，亦祛風。

清·吳其濬《植物名實圖考》卷三五　奴柘　《本草拾遺》始著録。似柘有刺，高數尺。江西有之。《湘陰志》：灰桑樹，葉大，有刺三角，亦桑類，即此。

清·趙其光《本草求原》卷一山草部　川破石　甘，平。壯筋骨，祛風，消蠱脹，活血，理跌打，治酒頂，酒風。浸酒良。

楮

宋·李昉《太平御覽》卷九六〇　穀　《説文》曰：穀，楮也。《吳氏本草》曰：穀木皮，治喉閉，喉痺。一名楮。

清·劉善述、劉士季《草木便方》卷二木部　構樹皮　構皮甘平治水停，利便喉痹腫脹平。氣短咳嗽止血崩，腸風下血洗癮疹。葸甘助陽補虛勞，強筋健骨耳目明。

宋·唐慎微《證類本草》卷一二木部上品〔《別録》〕　楮實　味甘，寒，無毒。主陰痿，水腫，益氣充肌膚，明目。久服不飢不老，輕身。生少室山。一名穀實。所在有之。八月、九月採實，日乾，四十日成。

葉　味甘，無毒。主小兒身熱，食不生肌，可作浴湯。又主惡瘡，生肉。

樹皮　主逐水，利小便。

莖　主癮疹痒。單煮洗浴。

皮間白汁　療癬。

〔梁·陶弘景《本草經集注》〕云：此即今穀音構樹也。仙方採擣取汁和丹用，亦乾服，使人通神見鬼。南人呼穀紙，亦爲楮紙，武陵人作穀皮衣，又甚堅好爾。

〔宋·掌禹錫《嘉祐本草》〕按：《蜀本圖經》云：樹有二種，取有子葉似葡萄者佳。八月採實，所在皆識也。《藥性論》：穀木皮亦可單用。味甘，平，無毒。能治水腫氣滿。葉乾炒末，搜麪作餺飥食之，主水痢。段成式《酉陽雜俎》云：構，穀田久廢必生構。葉有瓣曰楮，無曰構。日華子云：楮實，壯筋骨，助陽氣，補虛勞，助腰膝，益顏色，皮斑者是楮，皮白者是穀。又云：楮葉，涼，無毒。治刺風身痒，此是斑穀樹。又云：穀樹汁。傅蛇蟲蜂犬咬，能合朱砂爲團，名曰五金膠漆。

〔宋·蘇頌《本草圖經》〕曰：楮實，生少室山，今所在有之。此有二種：一種皮有斑花文，謂之斑穀，今人用爲冠者；一種皮無花，枝葉大相類。但取其葉似葡萄葉作瓣而有子者爲佳。其實初夏生，如彈丸，青綠色，至六七月漸深紅色，乃成熟。八月、九月採，水浸去皮，穰，取中子。日乾。仙方單服其實。正赤時收取中子，陰乾。篩末，水服二錢匕，益久乃佳。俗謂之穀。一説：穀田久廢必生構，葉有瓣曰楮，無曰構。《詩·小雅》云：爰有樹檀，其下惟穀。陸璣疏云：幽州謂之穀桑，或曰楮桑。荆、揚、交、廣謂之穀。江南人績其皮以爲布。又擣以爲紙，長數丈，光澤甚好。又食其嫩芽，以當菜茹，主四肢風痹，赤白下痢。其葉主鼻洪。《小品》云：鼻衄數升不斷者，取楮葉擣取汁飲三升，不止再三飲，神良。久衄亦差。紙亦入藥。見劉禹錫《傳信方》治女子月經不絶，來無時者。取案帋三十張，燒灰，以清酒半升和調服之，頓定。如冬月即暖酒服。蓐中血暈，服之立驗。已斃者，去板齒灌之，經一日亦活。今楮紙用之最博，或用其灰，止金創出血，甚效。楮布不見有之，醫方但貴楮實，餘亦稀用。俚俗或取其木枝中白汁，塗癬甚效。楊炎《南行方》治瘴痢無問老少，日夜百餘度者，取乾楮葉三兩，熬擣爲末，煎烏梅湯服方寸匕，日再服，取羊肉裹末，内穀道，痢出即止。

〔宋・唐慎微《證類本草》〕雷公云：凡使，採得後用水浸三日，將物攪旋投水，浮者去之，然後曬乾，却用酒浸一伏時了，便蒸，從巳至亥，出，焙令乾用。《聖惠方》：治癬濕痒。用楮葉半斤，細切擣爛，傅癬上。《外臺秘要》：近效。天行後兩脇脹滿，臍下如水腫，以穀枝汁隨意服，愈。又方：有人虚肥積年，氣上如水病，面腫脚不腫。穀楮葉八兩，以水一斗，煮取六升，去滓，内米煮粥喫。又方：點眼瞖。取楮白皮暴乾，合作一繩子如釵股大，燒作灰，待冷細研如麪。每點於瞖上，日三五度，漸消。又方：頭風白屑如麩糠方：堅截楮木作枕，六十日一易新者。《肘後方》：治卒風不得語。剉穀枝，葉，酒煮熟，皮中沫出，隨多少飲之。又方：治少小鼻衄，小勞輒出。楮樹葉取汁飲三升，不止，四五飲，良。此方久衄亦差。《經驗後方》：煉穀子煎法：取穀子五升，六月六日採，以水一石，煮取五升去滓，微火煎如餳，即堪用。《廣利方》：治蝎螫人痛不止方：穀樹白汁，塗之立差。《子母秘録》：小兒赤白痢，渴及得水喫又嘔逆方：炙構葉令香黄，以飲漿半升浸構葉，使水緑色，然後去葉，以木瓜一個切，内葉汁中，煮三二沸，去木瓜，使暖細細服，渴停。《抱朴子》：楮實赤者服之，老者成少，令人夜應徹視見鬼神。道士梁頓，年七十乃服之，更少壯，到百四十歲，能夜出行及走馬。楊堯輔說：患人躭睡，擣花穀葉服，驗。《修真秘旨》：服楮實者輒爲骨軟疾。《丹房鏡源》：構汁，搜藥砂子。

宋・鄭樵《通志》卷七六《昆蟲草木略》 楮 亦謂之穀。其實入藥，其皮造紙，濟世之用也。桑穀共生者，即此也。

宋・劉明之《圖經本草藥性總論》卷下 楮實 味甘，寒，無毒。主陰痿水腫，益氣，充肌膚，明目。葉，主小兒身熱惡瘡。皮，主逐水，利小便。莖，主癮瘮痒。皮間白汁，療癬。《藥性論》云：皮，治水腫氣滿。葉乾炒，末搜麪作餺飥食之，主水痢。日華子云：實，壯筋骨，助陽氣，補虚勞，助腰膝。葉，治刺風身痒。汁，傅蛇蟲蜂犬咬。《肘後方》：治鼻衄。

宋・陳衍《寶慶本草折衷》卷一二 楮實葉及皮、汁、紙附。 一名穀音谷實，一名穀，一名構。生少室山及江南荊、揚、交、廣、幽、滁、明州。今所在有之。〇〔八〕、九月採實，水浸去皮穰，取中子日乾。〇附：葉一名花穀葉。謂葉沿棱刻如花瓣也。〇又附：皮有花文者名斑穀。〇又附：皮汁一名五金膠漆，用竹筒插入皮中取之。〇其汁一名穀桑，一名楮桑。

味甘，寒，無毒。〇主陰痿，水腫，益氣，充膚，明目。〇日華子云：壯筋骨，助陽氣，補虚勞，助腰膝，益顔色。〇《圖經》曰：楮實生如彈丸，青色。至深紅乃熟。取中子用。

附：葉汁在內。〇味甘，涼，無毒。主小兒身熱，可作浴湯。又主惡瘡生肉，及刺風身痒，治水痢、瘴痢，並炒末用。治鼻衄，生構汁飲。其葉似蒲萄葉作瓣，以斑穀而有子者佳。

附：木皮。〇味甘，平，無毒。主逐水，利小便，治水腫氣滿。

附：皮汁。〇療癬，傅蛇蟲傷，犬咬，能合朱砂為團。

附：楮紙。〇治月經不絶及蓐中血暈，取案紙叁拾張，燒灰，以清酒半升調服。其灰止金創出血甚效。惟楮皮擣製之紙可用也，他木及竹皮者勿取。

元・尚從善《本草元命苞》卷六 楮實 無毒，其味甘，寒。充肌膚，明目，暖腰膝，助陽。治陰痿，益氣，壯筋骨，補虚。汁，療癬瘡瘙。莖，主癮瘮痒。皮，逐水，利小便。葉，止衄，斷下痢。生少室山，今在處有。八九月採實，四十日暴乾。凡有二種，尤宜辨之。葉有瓣，曰楮。無瓣，曰構。構汁能合硃砂，名曰五金膠漆。

明・朱橚《救荒本草》卷下之前 楮桃樹 《本草》名楮實。一名穀音構實。生少室山。今所在有之。樹有二種：一種皮有斑花紋，謂之斑穀，人多用皮為冠；一種皮無花紋，枝葉大相類，其葉似葡萄葉，作瓣叉，上多毛澁而有子者為佳。其桃如彈大，青緑色，後漸變深紅色乃成熟，浸洗去穰，取中子入藥。一云皮斑者是楮皮，白者是穀皮，可作紙。實味甘，性寒。葉味甘，性涼，俱無毒。救飢：採葉並楮桃，帶花煠爛，水浸過，握乾作餅，焙熟食之。或取樹熟楮桃紅藥，食之甘美。不可久食，令人骨軟。治病：文具《本草》木部楮實條下。

明・王綸《本草集要》卷四 楮實 味甘，氣寒，無毒。取中子，日乾，四十日成。主陰痿水腫，益氣，補虚勞，助腰膝，充肌膚，明目，久服不飢，不老輕身。〇葉，主小兒身熱，食不下，生肌。可作湯浴。又主惡瘡，生肉。又鼻衄不斷，擣取汁，飲二升，不止再飲，良久衄差。又主水利，炙乾為末，烏梅湯調，日再服。〇樹皮，主逐水，利小便。可為紙，其紙燒灰，酒調服，能止血暈血崩，金瘡〔出〕血。○皮間白汁，療癬，傅蛇、蟲、蜂、犬咬。

明·滕弘《神農本經會通》卷二　楮實　八九月採實，日乾，四十日成。採時水浸去皮穰，取中子，日乾用。即今穀樹也。　味甘，氣寒，無毒。《本經》云：主陰痿水腫，益氣，充肌膚，明目，久服不飢不老。日華子云：壯筋骨，助陽氣，補虛勞，助腰，益顔色。皮班者是楮，皮白者是穀。《局》云：楮實補虛明眼目，主除水腫治陰痿。癮風莖葉煎湯浴，樹汁生塗癬最宜。楮實，補虛，明眼目。葉，洗癮風。樹汁，生塗癬。

楮葉　味甘，無毒。一云：涼。《本經》云：主小兒身熱，食不生肌。可作浴湯，又主惡瘡生肉。《藥性論》云：葉乾炒末，溲麪作餺飥食之，主水痢。日華子云：楮葉，涼，無毒。治刺風身痒。此是班穀樹。《圖經》云：葉，主鼻洪。《小品》云：鼻衄數升不斷者，取楮葉，擣取汁，飲三升，不止，再三飲，神良，久衄亦差。又治瘴痢，無問老久，日夜百餘度者，取乾楮葉三兩，熬擣為末，煎烏梅湯服方寸匕，日再，兼取羊肉裹末，內穀道，痢出即止。

楮樹皮　味甘，氣平，無毒。《本經》云：主逐水，利小便。《藥性論》云：穀樹皮亦可單用，能治水腫氣滿。《圖經》云：江南人績其皮以為布，又搗以為紙，光澤甚好。又食其嫩芽，以當菜茹。主四肢風痺，赤白下痢。紙亦入藥，見《傳信方》治女子月經不絕，來無時者，取案紙三十張，燒灰，以清酒半升，和調服之，頓定。如冬月，即暖酒服，蓐中血暈，服之立驗。今楮紙用之最博，或用其灰，止金瘡出血甚効。楮布不見有之，醫方但貴楮實，餘亦稀用。

楮莖　《本經》云：主癮瘮痒，單煮洗浴。

楮皮間白汁　《本經》云：療癬。日華子云：穀樹汁傅蛇蟲傷，犬咬。能合朱砂為團，名曰五金膠漆。《圖經》云：取木枝中白汁，塗癬甚効。

明·劉文泰《本草品彙精要》卷一六　楮實無毒　植生。

楮實：主陰痿，水腫，益氣，充肌膚，明目。久服不飢，不老，輕身。○葉，味甘，無毒。主小兒身熱，食不生肌，可作浴湯，又主惡瘡，生肉。○樹皮，主逐水，利小便。○莖，主癮疹癢，單煮洗浴。○皮間白汁，療癬。名醫所錄。

【名】穀實、穀桑、楮桑。【苗】《圖經》曰：此有二種，一種皮有斑花文，謂之斑穀，今人用爲冠者；一種皮無花，枝葉大相類，但取其葉似葡萄葉，作瓣而有子者，爲佳。其實初夏生如楊梅，青綠色，至六七月漸深紅乃成熟，俗謂之穀；一説穀，構樹也。穀田久廢，必生構葉。有瓣曰楮，無瓣曰構。《詩·小雅》云：爰有樹檀，其下惟穀。陸璣《疏》云：幽州謂之穀桑，或曰楮桑，荆陽交廣謂之穀，江南人績其皮以爲布，又搗以爲紙。長數丈，光澤甚好，採嫩芽以當菜茹，其汁合朱砂爲團，名曰五金膠漆。【地】《圖經》曰：生少室山，今所在有之。【道地】滁州、明州。【時】生：春生葉。採：八月、九月取實。【收】日乾四十日。【用】子、葉、皮、莖。【色】赤。【味】甘。【性】寒，緩。【氣】氣之薄者，陽中之陰。【臭】朽。【主】水痢，水腫。【製】《雷公》曰：凡使，採得後用水浸三日，將物攪旋，投水浮者去之，然後曬乾，卻用酒浸一伏時了，便蒸，從巳至亥，出，焙令乾用。【治】療：《圖經》曰：主四肢風痹，赤白下痢。○葉，主鼻洪及鼻衄，出數升不斷者，搗取汁，飲三升，如不止，再三飲，瘥。○灰，止金瘡出血。○木枝中白汁，塗癬甚效。《藥性論》云：皮，味甘，平，治水腫，氣滿。日華子云：斑穀樹葉，治刺風身癢。○穀樹汁，療蛇蟲蜂犬咬。《別錄》云：葉，搗爛傅，治癬濕癢。○枝汁隨意服，療天行後兩脇脹滿，臍下如水腫。○樹白汁塗，療蠍螫人痛不止。補：日華子云：壯筋骨，助陽氣，補虛勞，助腰膝，益顔色。【合治】楮紙三十張，燒灰合酒半升調服，療女子月經不絕，來無時者，及蓐中血暈。○乾葉三兩，熬搗爲末，合烏梅煎湯服方寸匕，治瘴痢，無問老少，日夜百餘度者，瘥。○乾葉炒爲末，合麵作餺浦各切飥他各切食之，主水痢。○穀樹葉八兩，水一斗，煮六升，去滓合米煮粥，療人虛肥，積年氣上如水病，面腫，腳不腫。

明·盧和、汪穎《食物本草》卷二果類　楮實　味甘，寒，無毒。主陰痿水腫，益氣充肌膚，明目。久服不飢，不老輕身。其實初夏生如彈丸，至六七月漸深紅色，成熟可製食之。葉，主小兒身熱，食不生肌。可作浴湯。又主惡瘡，生肉。皮，主逐水，利小便。莖，主癮瘮痒，單用煮湯浴之。汁，主塗癬。一云：投數枚煮肉易爛，與栢實皆可食。

明·葉文齡《醫學統旨》卷八　楮實　氣寒，味甘。無毒。　治陰痿水腫，益氣補虛勞，助腰膝，充肌膚，明目；久服不老。

明·鄭寧《藥性要略大全》卷七　楮實子　補虛及陰痿不起，陰水腫，明目，充肌。　味甘，氣寒，無毒。○葉：搗汁洗瘮風。　樹皮中生汁，堪塗癬。

明・陳嘉謨《本草蒙筌》卷四　楮實　味甘，氣寒。無毒。近道雖有，滎陽屬河南。獨多。每產廢田，又名穀實。葉類蒲萄作瓣，實如彈子結蓬。初生綠青，漸熟紅赤。待深秋採摘，浸水以去皮瓤；取中子曝乾，投酒再浸晝夜。務蒸從巳至亥，任用煎膏為丸。陰痿能強，水腫可退。充肌膚，助腰膝，益氣力，補虛勞。悅顏色輕身，壯筋骨明目。葉主小兒身熱，食下即使生肌。皮煎逐水利便，浸爛又可作紙。莖煮澡洗，癮癢立毆。皮開白汁，薦收塗癬，更敷蛇咬。○紙燒存性調酒，亦止血暈血崩。剪有印紙燒呑，衙門中有印信之紙。斷婦人產神效。

謨按：楮有二種，名亦不同。葉有瓣曰楮，葉無瓣曰構音救。一說皮斑者楮，皮白者構。多生久廢穀田，結實味甘，又因名曰穀實也。《詩》云爰有樹檀，其下維穀是爾。即今幽州，猶云穀桑。荊楊交廣，咸謂之構。每逢秋月，剝取其皮。或織為履穿，或搗作紙賣。色甚光澤，媒利無涯。所入醫方，惟貴其實。赤者頻服，不老不飢，筋力倍增，行及奔馬。並載經註，決無欺人。奈何滋補藥中，用之稀少。惜哉！惜哉！

明・王文潔《太乙仙製本草藥性大全》卷三《本草精義》　楮實子　一名穀實子，俗呼為穀樹。生少室山，今所在有之。此有二種，一種皮有斑花文，謂之斑穀，今人用為冠者；一種皮無花，枝葉大相類，但取其葉似葡萄葉，作瓣而有子者為佳。其實初夏生如彈丸，青綠色，至六七月漸深紅色，乃大熟，八月、九月採，水浸去皮穰，取中子，日乾。仙方單服其實。正赤時收取中子，陰乾，篩末，水服二錢匕，益久乃佳。俗謂之穀。一說：穀田久廢，必生構，葉有瓣曰楮，無曰構。《詩・小雅》云：爰有樹檀，其下惟穀。陸璣《疏》云：幽州謂之穀桑，或曰楮桑。荊、揚、交、廣謂之穀。江南人績其皮以為布。又搗以為紙，長數丈，光澤甚好。又食其嫩芽，以當菜茹，主四肢風痹，赤白下痢。其葉主鼻洪。《小品》云：鼻衄數升不斷者，取楮葉搗取汁，飲三升，不止再三飲，待良久衄亦差。紙亦入藥，見劉禹錫《傳信方》：如女子月經不勻來無時者，取案紙三十張，燒灰，以清酒半升，和調服之，頓定。如冬月即暖酒服。蓐中血暈服之立驗。已斃者，三板齒灌之，經一日亦活。今楮紙用之最博，或用其灰止金瘡出血甚效。楮布不見有之，醫方但貴楮實，餘亦稀用。俚俗或取其木枝中白汁塗瘡甚效。楊炎《南行方》：治瘴痢，無問老小，日夜百餘度者，取乾楮葉三兩，熬搗為末，煎烏梅湯服方寸〔匕〕，次日再服，取羊肉裹末內穀道，痢出即止。

明・王文潔《太乙仙製本草藥性大全》卷三《仙製藥性》　楮實子　味甘，氣寒，無毒。主治：陰痿能強，水腫可退。充肌膚，助腰膝，益氣力，補虛勞，悅顏色。輕身壯筋骨，明目。久服不飢不老，亦可長生。　補註：煉穀子煎法：取穀子五升，六月六日採，以水二石，煮取五升，去滓，微火煎如餳，即堪用之。按《抱朴子》云：楮實赤者服之，老者成少，令人夜應徹視見鬼神。道士梁頓年七十乃服之，更少壯，到百四十歲，能夜行及走馬。

太乙曰：凡使採得後用水浸三日，將物攪旋投水，浮者去之，然後曬去，卻用酒浸一伏時了便蒸，從巳至亥出，焙令乾用。　楮葉：味甘，無毒。主治：主小兒身熱，食不生肌，可作浴湯。又主惡瘡生肉。　楮樹皮：煎湯逐水利便。浸爛亦堪作紙。　補註：治癬濕痒，用楮葉半斤，細切，搗爛傅癬上。治少小鼻衄，小勞輒出，楮樹葉取汁，飲三升，不止，四五飲，良。此方久衄亦差。治天行後兩脇脹滿，臍下如水腫，以穀枝汁，隨意服，愈。治卒風不得語，剉穀枝葉，酒煮熟，皮中沫出，隨多少飲之。○有人虛肥積年，氣上如水病，面腫脚不腫。穀楮葉八兩，以水一斗，煮取六升，去滓，內米煮粥喫。○小兒赤白痢，渴及得水，喫又嘔逆方：炙構葉令香黃，以飲漿半升浸構葉，使水綠色，然後去葉，以木瓜一個，切，內葉汁中煮二三沸，去木瓜使暖，細細服，渴停。　楮莖：煮水澡洗癮瘡立祛。　皮間白汁：薦收塗癬，更敷蛇蜂犬咬。　補註：點眼瞖，取楮白皮，曝乾，合作一繩子如釵股大，及作灰待冷，細研如麩，每點於瞖上，三五度漸消。○頭風白屑如麩糠方：竪截楮木作枕，六十日一易新者。○〔楊堯輔〕說：患人耽睡，搗花穀葉服驗。治蝎螫人，痛不止方：穀樹白汁塗之，立差。

明・皇甫嵩《本草發明》卷四　楮實上品。氣寒，味甘，無毒。又名穀實。發明曰：楮實甘寒，亦滋陰益氣之藥也。故《本草》主強陰痿，退水腫，益氣力，充肌膚，明目輕身。又壯筋骨，助陽氣，補虛勞，助腰膝，其補益並載《經》註。今補藥中稀用，惜乎，未之察耳。葉如蒲萄，葉有瓣，皮斑。實如彈子，秋深紅，熟摘取，水浸去皮瓤，取子赤而實者，曝乾，酒浸一宿，蒸二伏時。若葉無瓣曰構。○葉，主小兒身熱，食不(王)〔生〕肌。又主惡瘡，生食。可作浴湯，生可擦癬。○皮，煎，逐水利便。浸爛，可作帋。○莖，煮，澡洗除疹癢。皮間白汁，療癬，敷蛇咬。○楮皮，燒存性，調酒，止血暈。有印帋燒呑，斷産。

明・李時珍《本草綱目》卷三六木部・灌木類　楮《別録》上品

【釋名】穀音媾。亦作構。穀桑頌曰：陸璣《詩疏》云：構，幽州謂之穀桑，或曰楮桑。荆揚、交廣謂之穀。時珍曰：楮本作柠，其皮可績爲紵故也。楚人呼乳爲穀，其木中白汁如乳，故以名之。陸佃《埤雅》作穀米之穀，訓爲善者，誤矣。或以楮、構爲二物者，亦誤矣。詳下文。

【集解】《別録》曰：楮實生少室山，所在有之。八月、九月采實日乾，四十日成。弘景曰：此即今構樹也。南人呼穀紙亦爲楮紙。武陵人作穀皮衣。甚堅好。恭曰：此有二種：一種皮有斑花文，謂之斑穀，今人用皮爲冠者；一種皮白無花，枝葉大相類。但取其葉似葡萄葉作瓣而有子者爲佳。其實初夏生，大如彈丸，青緑色，至六七月漸深紅色，乃成熟。八九月采，水浸去皮、穰，取中子。段成式《酉陽雜俎》云：穀田久廢必生構。葉有瓣曰楮，無曰構。陸氏《詩疏》云：江南人績其皮以爲布。又擣以爲帋，長數丈，光澤甚好。又食其嫩芽，以當菜茹。今楮帋用之最博，楮布不見有之。醫方但貴楮實，餘亦稀用。大明曰：皮斑者是楮，皮白者是穀。時珍曰：按許慎《説文》言楮穀乃一種也，不必分別，惟辨雌雄耳。雄者皮斑而葉無椏叉，三月開花成長穗，如柳花狀，不結實，歉年人采花食之。雌者皮白而葉有椏叉，亦開碎花，結實如楊梅，半熟時水澡去子，蜜煎作果食。二種樹並易生，葉多澀毛。南人剥皮擣煮造帋，亦緝練爲布，不堅易朽。裴淵《廣州記》言：蠻夷取穀皮熟搥爲揭裏罽布，以擬毡，甚暖也。其木腐後生菌耳，味甚佳好。

楮實亦名穀實《別録》、楮桃《綱目》。

【修治】斅曰：采得後，水浸三日，攪旋投水，浮者去之，晒乾。以酒浸一伏時了，蒸之，從巳至亥，焙乾用。〇《經驗〔後〕方》煎法：六月六日，取穀子五升，以水一斗，煮取五升，去滓，微火煎如餳用。

【氣味】甘，寒，無毒。　【主治】陰痿水腫，益氣充肌明目。久服，不飢不老，輕身《別録》。壯筋骨，助陽氣，補虛勞，健腰膝，益顔色大明。

【發明】弘景曰：仙方采擣取汁和丹用，亦乾服，使人通神見鬼。頌曰：仙方單服，其實正赤時，收子陰乾，篩末，水服二錢匕，益久乃佳。抱朴子云：柠木實赤者服之，老者成少，令人徹視見鬼神。道士梁〔須〕〔頔〕年七十，服之更少壯，到百四十歲，能行及走馬。時珍曰：《別録》載楮實功用大補益，而《修真秘旨》書言久服令人成骨軟之痿。《濟生祕覽》治骨鯁，用楮實煎湯服之。豈非軟骨之徵乎？按《南唐書》云：烈祖食飴喉中噎，國醫莫能愈。吴廷紹獨請進楮實湯，一服疾失去。群醫他日取用皆不驗。扣廷紹。答云：噎因甘起，故以此治之。愚謂此乃治骨鯁軟堅之義爾。群醫用治他噎，故不驗也。

【附方】新六。　水氣蠱脹：楮實子丸，以潔净府。用楮實子一斗，水二斗，熬成膏，茯苓三兩，白丁香一兩半，爲末，以膏和丸梧子大。從少至多，服至小便清利，脹減爲度。後服治中湯養之。忌甘苦峻補及發動之物。潔古《活法機要》。　肝熱生翳：楮實子研細，食後蜜湯服一錢，日再服。《直指方》。　喉痺喉風：五月五日，或六月六日、七月七日，采楮桃陰乾。每用一箇爲末。井華水服之。重者以兩箇。《集簡方》。　身面石疽：狀如痤癤而皮厚。穀子擣，傅之。《外臺秘要》。　金瘡出血：穀子擣，傅之。《外臺秘要》。　目昏難視：楮桃、荆芥穗各五百枚，爲末，煉蜜丸彈子大。食後嚼一丸，薄荷湯送下，一日三服。《衛生易簡方》。

葉　【氣味】甘，涼，無毒。　【主治】小兒身熱，食不生肌。可作浴湯。又主惡瘡生肉《別録》。治刺風身痒大明。治鼻衄數升不斷者，擣汁三升，再三服之，良久即止。嫩〔芽〕茹之，去四肢風痺，赤白下痢蘇頌。炒研搜麪作餺飩食之。主水痢甄權。利小便，去風濕腫脹，白濁疝氣癬瘡時珍。

【附方】舊五，新十二。　水穀下痢：見果部橡實下。　老少瘴痢：日夜百餘度者。取乾楮葉三兩熬，擣爲末，每服方寸匕，烏梅湯下。日再服。取羊肉裹末，納肛中，利出即止。楊炎《南行方》。　小兒下痢：赤白，作渴，得水又嘔逆者。構葉炙香，以飲漿半升浸至水緑，去葉，以木瓜一箇切，納汁中，煮二三沸，細細飲之。《子母秘録》。　脱肛不收：五花構葉陰乾爲末，每服二錢，米飲調下。兼塗腸頭。《聖惠方》。　小便白濁：構葉爲末，蒸餅丸梧子大，每服三十丸，白湯下。《經驗良方》。　通身水腫：楮枝葉煎汁如餳，空腹服一匕，日三服。《聖惠方》。　虛肥面腫：積年氣上如水病，但脚不腫，用穀楮葉八兩，以水一斗，煮取六升，去滓，納米煮粥，常食勿絶。《外臺祕要》。　卒風不語：穀枝葉剉細，酒煮沫出，隨多少，日日飲之。《肘後方》。　人耽睡卧：花穀葉晒，研末。湯服一二錢，取瘥止。〇《楊堯輔方》。　吐血鼻血：楮葉擣汁一二升，旋旋温飲之。《聖惠方》。　一切眼翳：三月收穀木軟葉，晒乾爲末，入麝香少許，每以黍米大注眦内，其翳自落。《聖惠方》。　木腎疝氣：楮葉、雄黄等分，爲末，酒糊丸梧子大，每鹽酒下五十丸。《醫學集成》。　疝氣入囊：五月五日采穀樹葉，陰乾爲末。每服一二匙，空心温酒下。〇《簡便方》。　癬瘡濕痒：楮葉擣傅。《聖惠方》。　痔瘻腫痛：楮葉半斤，擣爛封之。《集簡方》。　蝮蛇螫傷：楮葉、麻葉合擣，取汁漬之。《千金方》。　魚骨鯁咽：楮葉擣汁啜之。《十便良方》。

枝莖　【主治】癮癬痒，煮湯洗浴《別録》。擣濃汁飲半升，治小便不通時珍。

【附方】舊一，新一。　頭風白屑：楮木作枕，六十日一易新者。《外臺秘要》。　暴赤眼痛：磣澀者，嫩楮枝去葉放地，火燒，以盌覆之一日。取灰泡湯，澄清温洗。

《聖惠方》。

樹白皮　【氣味】甘，平，無毒。　【主治】逐水，利小便《别録》。治水腫氣滿甄權。喉痹吴普。煮汁釀酒飲，治水腫入腹，短氣欬嗽。爲散服，治下血血崩時珍。

【附方】舊一，新六。　腸風下血：秋采楮皮陰乾爲末。酒服三錢，或入麝香少許，日二。《普濟方》。　血痢血崩：楮樹皮、荆芥等分，爲末。冷醋調服一錢，血崩以煎匕服，神效不可具述。《危氏得效方》。　男婦腫疾：不拘久近。暴風入腹。婦人新産上圊。風入臟内，腹中如馬鞭，短氣。楮皮枝葉一大束，切，煮汁釀酒，不斷飲之。不過三四日即退，可常服之。《千金方》。　風水腫浮：一身盡浮。楮皮散：用楮白皮、猪苓、木通各二錢，桑白皮三錢，陳橘皮一錢，生薑三片，水二鍾煎服。日一劑。《聖濟總録》。　膀胱石水：四肢瘦削，小腹脹滿，構根白皮、桑根白皮各二升，白术四兩，黑大豆五升，流水一斗，煮四升，入清酒二升，再煮至三升，日再一匕服之。《集驗方》。　目中翳膜：楮白皮暴乾，作一繩子如釵股大，燒灰細研。每點少許，日三五次，瘥乃止。《崔氏方》。　魚骨哽咽：楮樹嫩皮搗爛爲丸，水下二三十丸。《衛生易簡方》。

皮間白汁　【釋名】構膠《綱目》　五金膠漆。大明曰：能合朱砂爲團，故名五金膠漆。時珍曰：構汁最粘。今人用粘金薄。古法粘經書，以楮樹汁和白及、飛麪調糊，接帋永不脱解，過于膠漆。

【氣味】甘，平，無毒。　【主治】療癬《别録》。傅蛇、蟲、蜂、蠍、犬咬大明。

【附方】舊一。　天行病後脹滿：兩脇刺脹，臍下如水腫，以構樹枝汁，隨意服之。小便利即消。《外臺秘要》。

楮皮紙：〔見服器部紙。〕

楮耳：〔見菜部木耳。〕

明·梅得春《藥性會元》卷中　楮實子　味甘，氣寒，無毒。處處有之。楮皮樹所生，結子，採實陰乾用。　主補虚明目，益氣強陰，謂陰痿不起也。消水腫。　葉：洗疹風。小兒身熱，食不生肌，可作湯浴。又療惡瘡生肉。　皮：　主逐水，利小便。　莖：治癮疹痒，單煮洗浴。　皮間白汁：生塗疥癬。

製法：將水攪旋，投水，浮者去之，然後晒乾，酒蒸，焙乾用。

明·李中立《本草原始》卷四　楮實　始生少室山，今所在有之。其葉似葡萄，作瓣而有子者為佳。其實大如彈丸，生青熟紅。八九月采實，水浸去皮穰，取中子入藥，俗呼楮桃。《本經》一名穀實。楚人呼乳為穀，其木中白汁如乳，故以名之。今人呼為楮實子。

楮實：氣味：甘，寒，無毒。主治：陰痿水腫，益氣充肌，明目。久服不飢，不老輕身。〇壯筋骨，助陽氣，補虚勞，健腰膝，益顏色。

葉：氣味：甘，涼，無毒。主治：小兒身熱，食不生肌，可作浴湯。又主惡瘡，生肉。〇治刺風身癢。〇治鼻衄數升不斷者，搗汁三升，再三服之，良久即止。嫩茹之。去四肢風痹，赤白下痢。〇炒研搜麪作餠飩食之，主水痢。〇利小便，去風濕腫脹，白濁，疝氣，癬瘡。

楮實，《别録》上品。【圖略】實如彈丸，生青有毛，熟赤色，秋采，日乾，去皮穰，取中子，子類紅穀。　修治：楮實子，去輕浮者，以酒浸一時，焙乾用。葉堪包半夏麯。

《廣利方》：治蝎螫人，痛不止，榖樹白汁塗之，立差。

明·張懋辰《本草便》卷二　楮實　味甘，氣寒，無毒。　主陰痿水腫，益氣，補虚勞，助腰膝，充肌膚，明目。

明·李中梓《藥性解》卷五　楮實　味甘，性平，無毒，入腎經。主補虚勞，壯陰痿，助腰膝，退水腫，堅筋骨，益氣力，充肌膚，悦顏色，明耳目。久服長生，酒浸一宿蒸用。樹汁，塗癬及蝎螫。樹皮，主逐水利小便。葉，主小兒身熱，煎湯洗惡瘡，長肌肉，莖主癮疹作痒，單煮洗浴。　按：楮實濁陰下降，宜入少陰，補益之功，諸書具載，獨《修真秘旨》曰：服楮實者，輒為骨軟疾，必非無根之説，然甚難解釋，姑録之以待明敏。

明·繆希雍《本草經疏》卷一二　楮實　味甘，寒，無毒。主陰痿，水腫，益氣，充肌膚，明目。久服不飢，不老輕身。

【疏】楮實稟土氣以生，故其味甘，氣寒，無毒。氣薄味厚，陰也，降也。入足太陰經。其主水腫，益氣，充肌膚者，脾為土臟而主肌肉，脾虚則肌肉不充，土虚則水濕泛濫。甘為土化，能入脾堅土，則水腫消，肌肉充，氣自益矣。明目者，目得血而能視，脾旺自能生血也。陰痿者，精氣竭也。脾實則能生精而灌注於腎，故陰自強也。補脾益氣，則五臟皆實，不飢，不老輕身，是其驗矣。　【主治參互】《活法機要》治水氣蠱脹，楮實子丸，以潔淨府。用楮實一斗，水三升，熬成膏，茯令三兩，白丁香一兩半，為末，以膏和丸梧子大。從少至多，至小便清利，脹減為度。後服治中湯養之。忌甘苦、峻補及發動之物。　劉禹錫《傳信方》治女子月經不絶，來無時者。取案紙三十張燒灰，以清酒半升，和調服之，頓定。蓐中血暈服之立驗。已斃者，去板齒灌之，經一日亦活。《聖惠方》治癬濕癢，用楮葉搗爛傅上。《外臺秘要》治天行病後，兩脇脹滿，臍下如水腫，以榖枝汁，隨意服，愈。《肘後方》治鼻衄，小勞輒出。楮葉取汁，飲三升，良。《子母秘錄》治小兒下痢赤白，作渴，得水又嘔逆者。楮葉炙香，以飲漿半升浸至水綠，去葉。以木瓜一箇切，內汁中，煮二三沸，去木瓜，細細飲之。《聖惠方》治通身水腫，楮枝葉，煎如餳。空腹服一匕，日三服。《直指方》肝熱生翳，楮實研細，食後蜜湯服一錢，日再服。《外臺秘要》治金瘡出血，榖子搗，傅之。〔簡誤〕楮實雖能消水補脾，然氣亦微寒，脾胃虚寒者不宜用。

明・倪朱謨《本草彙言》卷一〇　楮實　味甘，氣寒，無毒。氣薄味厚，陰也，降也。入足太陰經。《別錄》曰：楮，生少室山中，湖、廣、滎陽獨多，今南北所在亦有。《詩》云爰有樹檀，其下維穀，是爾。陸氏曰：皮葉用之甚博，醫方但貴楮實，餘亦稀用。李氏曰：楮與榖，乃一種也。有雌雄之分，雄者，皮有斑文，葉無叉椏，三月開花成穗，若柳絮狀，遂謝而不結實；雌者，皮無斑文，葉有叉椏，四月開花成穗，若楊梅狀，五月色青綠，六七月漸深紅乃熟也。水操去子，蜜煎充果食，甚精。葉茁花蕤，并堪作茹。皮膜爲冠、造紙、練布、撚氈，咸有用也。修治：水浸三日，旋攪旋換水，浮者，即揀去之，漉出曬乾，焙燥用。

楮實：健脾養腎，補虚勞，《別錄》明目疾之藥也。金自恒稿陳氏本草主陽亢陰痿，水涸目矇，及脾熱水腫，腰膝痿弱，筋骨乏力諸證。按古方入滋陰藥中，用之甚廣。但性雖平補而氣稍清寒，如脾胃虚冷者，宜少用之。

陳廷采先生曰：按楮，又名榖桑。荆、揚、交、廣，咸謂之構。一説葉有瓣曰楮，葉無瓣曰構。又一説，皮斑曰楮，皮白曰構。名雖有二，取用則同也。又《相感志》云：木中白汁如乳，名楮漿，可以丸丹砂。又楮膠，可作金石之漆。又秋月剝取其皮，可織爲布，可搗爲紙。則楮之專精在皮與漿矣。所入醫方，惟用其實，赤者頻服，不老不飢，行同奔馬，載在《本草》，確有功效。奈時人于滋補藥中，用之稀鮮，惜哉！

集方：武臺山方治脾腎肝三藏陰虚，吐血咳血，骨蒸夜汗，口苦煩渴，夢中遺精；或大便虚燥，小便淋澀；或眼目昏花，風淚不止等證。不拘老幼，咸宜服之。用楮實赤者一斗，取黑豆一斗煮汁，去豆取汁，浸楮實子一日，曬乾再浸，再曬，以豆汁滲盡爲度。再曬燥，配枸杞子三升，俱炒微焦，研爲細末。每早用白湯調服五錢。功效不可盡述。○《活法機要》治水氣蠱脹。用楮實子五升，水一斗，熬成膏。用茯苓三兩，白丁香一兩五錢，俱微炒，研爲細末，楮膏和丸，梧子大。每空心用三錢，晚用二錢，俱白湯吞下。

楮葉：味甘，氣涼，無毒。涼血、李時珍祛風、利水之藥也。

集方：蘇氏方治鼻衄暴流數升不止。用楮葉搗汁二升，徐徐飲之。○《外臺秘要》治虚肥水腫、氣上促者。用楮葉煮白米粥食，勿絶，自愈。忌鹽味百日。○《千金方》治蝮蛇螫傷。用楮葉搗取汁漬之。○楊氏方治老幼瘴痢，日夜百餘度。用乾楮葉三兩微炒，研爲細末。每服二錢，白湯調下。○《聖惠方》治一切眼翳。三月收嫩楮葉，曬乾，爲細末，每以黍米大注眦內，其翳自落。

楮樹白皮：味甘澀，氣平，無毒。順氣利水，李時珍涼血止血之藥也。門吉生抄甄氏方治水腫氣滿，小水不通，因甘平能利水道也。李氏方治下血血崩，因甘澀能斂氣以和營也。但性多燥而少潤，如内熱血燥之證，宜少與之。

楮樹皮中白汁：味甘，氣平，無毒。利水消腫之藥也。趙天民抄《外臺秘要》治天行時疫，病後脹滿，兩脅刺脹，臍下如水腫。以楮樹汁，隨取隨意服之。水便清利，腫即消矣。其性最粘，古人用褙法帖、經書、扇畫，以此汁和飛麪、白湯調作糊，裱褙永不脱解，過于膠漆。又和丹砂塊，成團不散。故《綱目》稱爲五金膠漆。

明・姚可成《食物本草・救荒野譜補遺・木類》　楮榖食花。即今俗呼曰榖樹是也。極易生於荒僻無人之處。葉有椏，實如楊梅。荒年采花食之。

楮榖樹，生荒僻，那堪圃廢成砂礫。艸莽榛蕪人跡稀，鳥窺敗牖蛩吟壁。分付山妻與稚兒，採花帶葉連新枝。朝來細揉和烟嚼，煢煢八口聊充飢。

明・姚可成《食物本草》卷二〇木部・灌木類　楮楮實生少室山，所在有之。八月九月采實。蘇恭曰：此有二種，一種皮有班花文，謂之班榖，今人用皮為冠者；一種皮白無花，枝葉大相類。但取其葉似葡萄葉，作瓣而有子者為佳。其實初夏生，大如彈丸，青綠色，至六七月漸深紅色，乃成熟。八九月采，水浸去皮、穰，取中子。段成式《酉陽雜俎》云：榖田久廢必生構。葉有瓣曰楮，無曰構。陸氏《詩疏》云：江南人績其皮以為布。又擣以為紙，長數丈，光澤甚好。又食其嫩芽以當菜茹。今楮紙用之最博，楮布不見有之。○李時珍曰：楮、榖，乃一種也，不必分別，惟辨雌雄耳。雄者皮斑而葉無椏叉，三月開花成長穗，如柳花狀，不結實，歉年人采花食之。雌者皮白而葉有椏叉，亦開碎花，結實如楊梅，半熟時水澡去子，蜜煎作果食。二種樹竝易生，葉多澀毛。南人剝皮擣煮造紙，亦緝練為布，不堅易朽。裴淵《廣州記》言：蠻夷取穀皮熟搥為褐裏罽布，以擬氈，甚暖也。其木腐後生菌耳，味甚佳好。

楮實　味甘，寒，無毒。治陰痿水腫，益氣充肌明目。久服，不飢不老，輕身。壯筋骨，助陽氣，補虛勞，健腰膝，益顏色。○蘇頌曰：仙方單服其實。正赤時，收子陰乾篩末，水服二錢匕，益久乃佳。《抱朴子》云：柠木實，赤者服之，老者成少，令人徹視見鬼神。道士梁須年七十，服之更少壯，到百四十歲能行及走馬。

葉　味甘，涼，無毒。治小兒身熱，食不生肌，可作浴湯。又主惡瘡，生肉，治刺風身癢。治鼻衄數升不斷者，擣汁三升，再三服之，良久即止。嫩茹之，去四肢風痹，赤白下痢。炒研搜麪作餅飩，食之主水痢，利小便，去風溼腫脹白濁，疝氣癬瘡。

枝莖　治癮疹痒，煮湯洗浴。擣濃汁飲半升，治小便不通。

樹白皮　逐水利小便，治水腫氣滿喉痹。煮汁釀酒飲，治水腫入腹，短氣欬嗽。為散服，治下血血崩。

皮間白汁　治癬，傅蛇、蟲、蜂、蠍、犬咬。一名五金膠漆，以其能合硃砂為團也。今人用粘金箔。古法粘經書，以楮樹汁和飛麪調糊接紙，永不脫解，過于膠漆。

附方：治水鼓。楮實一斗，水二斗，熬成膏。茯苓三兩，白丁香一兩半為末。以膏和丸梧子大，從少至多，服至小便清利，脹減為度。治痢日夜百餘度者。取乾楮葉三兩，炒擣為末。每服方寸匕，烏梅湯下，日再服。取羊肉裹末納肛中，利出即止。治小兒下痢赤白作渴，得水又嘔逆者。楮葉炒香，浸水中，至水綠，去葉。以木瓜一个，切納水中，煎二三沸，細細飲之。治脫肛。用五花構葉，即楮葉，陰乾為末，每服二錢，米飲調下。治惡蚶咬。用穀樹葉，即楮葉也，同麻葉擣汁浸。治肝熱生翳。楮實子研細，食後蜜湯服一錢，日再服。治喉痹喉風。五月五日，或六月六日，七月七日，采楮實陰乾。每用一個為末，井華水服之，重者以兩個。治魚骨骾咽。楮葉擣汁啜之。

明·李中梓《醫宗必讀·本草徵要下》　楮實味甘，寒，無毒。入脾經。健脾，消水腫，益氣充肌。按：楮實雖能消水健脾，然脾胃虛寒者勿用。

明·蔣儀《藥鏡》卷三平部　楮實　消水補脾，明眸聰耳。其樹汁塗癬蝎，其樹皮利小便。葉主身熱之嬰兒，梗主癢騰之癮□。俱可煎湯洗浴，令瘡長肉生肌。

明·盧之頤《本草乘雅半偈》帙八　楮實《別錄》中品　氣味：甘，寒，無毒。

主治：主陰痿，水腫，益氣，充肌，明目。久服不飢，不老輕身。

覈曰：〔長〕生少室山，所在亦有之。雌雄兩種，雄者皮有斑文，葉無叉椏，三月開花成穗，若柳絮狀，遂謝不實；雌者皮無斑點，葉有椏叉，四月開花成〔長〕穗，若楊梅半熟時狀，初夏色青綠，六七月漸深紅乃熟也，水操去子，蜜煎充果，葉茁花蕤，並堪作茹。皮膜爲冠，造紙，練布、撚毡，咸有用也。修事：水浸三日，攪旋投水，浮者即揀去之。漉出晒乾，酒潤一伏時，蒸之，從巳至亥，焙燥用。

參曰：惡木之中，有名曰楮、曰穀、曰構。葉無瓣者構，有瓣者楮。皮白者穀，皮斑者楮也。《相感志》云：楮漿可以團丹砂。語云楮膠作金石之漆者是也。江南人績其皮為布，搗其皮為紙，楮則專精于皮于漿矣。故營衛陰陽咸相宜耳。何則，陽者衛外而為固，陰者營精而起亟。陰陽者，營衛外內之體用，故主陰痿水腫者，起亟之功用爾。不飢不老輕身者，衛固之休徵爾。明目者，亦衛從目出，協營上注，識精根識爾。實則包醞全體，葉唯偏向于衛，故專司身熱，若食不生肌，肥肌充腠，亦屬衛所司爾。

明·李中梓《本草通玄》卷下　楮實　甘，平。益腎助陽，療腫去水，能軟骨治哽。

清·顧元交《本草彙箋》卷五　楮實　楮，即穀桑，其皮可擣煮造紙，亦可緝練爲布。楮實濁陰下降，宜入少陰，有補益之功。故《本經》載其能壯陰痿，助腰膝，而堅筋骨。乃《修真秘旨》則又云，久服令人骨痿者，何耶？豈以其降令太過，不宜久服？故水腫之症，又用其滲利也。

楮實子丸，治水氣蠱脹，以楮實子一斗，水二斗，熬膏，茯苓三兩，白丁香一兩半，爲末，和膏丸梧子大，服至小便清利，脹減，即服治中湯養之。又方：用楮枝葉煎汁如餳，空腹服一匕，日三服，治通身水腫。

清·穆石匏《本草洞詮》卷一一　楮實　楮，一名構。有瓣曰楮，無瓣曰構。南人剝皮擣煮為紙，亦可緝練為布。嫩芽可當菜茹。入藥但楮實耳。氣味甘寒，無毒。主益氣充肌，明目，補虛勞，益顏色。仙方有單服楮實法，

《抱朴子》云服之老者成少，令人徹視見鬼神。《別錄》言大補益。而《修真秘方》云久服令人骨痿。《齊生秘覽》治骨骾，用楮實煎湯服，豈非軟骨之徵耶？

清·劉雲密《本草述》卷二四　楮實弘景曰：此即今構樹子也。亦名穀實，穀，音媾，亦作構。　按許氏《說文》言：楮、穀乃一種，但分雌雄。雄者皮無斑紋，葉無叉椏，三月開花成長穗，若柳絮狀，遂謝不實。雌者皮有斑點，葉有叉椏，四月開花成穗，實若楊梅半熟時狀，初夏色青綠，六七月漸深紅，乃熟也，八月九月采，水浸去皮穰，取中子，日乾。八九月采，必在秋杪之前，未入寒水之氣，故謂其導陽於陰者，以金受禪火土之氣，而猶未洩精於所生之水，乃能大為陰氣之母也。是以謂之能治陰痿補虛勞耳。

氣味：甘，寒，無毒。

主治：陰痿水腫《別錄》。助陽氣日華子。明目《別錄》。壯筋骨，補虛勞，健腰膝日華子。　希雍曰：楮實稟土氣以生，故其味甘，氣寒，無毒。氣薄味厚，陰也，降也，入足太陰經。按：楮實有一種味苦者，赤白濁用之，或是別種而同名耶？　中梓曰：按楮實濁陰下降，宜入少陰。

附諸方　《活法機要》治水氣蠱脹，楮實子丸，以潔淨釜，用楮實一斗，水三斗，熬成膏，茯苓三兩，白丁香一兩半，為末，以膏和丸梧子大，從少至多，至小便清利脹減為度。後服治中湯養之。忌甘苦峻補及發動之物。《直指方》：肝熱生瞖，楮實子研細，食後蜜湯服一錢，日再服。《衛生易簡方》治目昏難視，楮桃、荊芥穗各五百枚，為末，煉蜜丸彈子大，食後嚼一丸，薄荷湯送下，一日三服。

愚按：楮實之用，《本草》首言其治陰痿，又有言其助陽氣者。醫執味甘氣寒，漫以為功在滋陰也，詎知甘寒之品多矣，豈盡為滋陰用？且《本草》隨謂其療水腫者，何以得當也？第按還少丹、打老兒丸，二方中俱用楮實，以其更益老人耳。老人陰虛而陽隨虛，陽虛則陰益鬱而化溼，此味導溼以起陰，亦不與滲利者等，緣其實生於初夏，歷六七月以漸而熟，至火土之氣已完，於八九月方采，乃其味甘，其氣寒，是能導陽氣於陰中者也。陰中有陽為導，則陰起而陽益暢矣，是即所謂助陽氣也。《本草》於治水腫下，即繼以益氣二字，則其義可明矣。愚揣其功當與車前同，而猶有少異。乃箇治目病方，或獨用，或同用，不一而足，同用於明目者，以其皆益肝也。如東垣所云，青白瞖見於目大眥，乃足太陽、少陰經中，鬱遏足厥陰肝經氣，不得上通於目也。即此推之，如水化行，則風木之化布，而肝氣暢於所主之目矣。雖然，風化布而水中之真陽益暢，此所以與車前皆能強陰也。其猶有少異者，云何？曰：車前子至五月已老，是水之氣達於木，木之氣達於火，乃肝由子以暢母也，故專功於肝所司之小水，與肝所主之風化。若楮實至秋方為成熟，是水之氣致於木，木之氣蘊於火土，而更歸於涼金，金為木之用也。故強陰氣者，肺仍合於肝之體。肺仍合於肝之體，即肺氣降歸命門，水中有金義。而療水腫者，肝則輸於肺之用，此其同而有異，不能混也。但多箇水腫諸方，此味用之寥寥，豈其未有確效歟？姑以俟之察物者。

又按：《本經》首言治陰痿，原為其能助陽氣也。言助陽氣，則未有能離於肺者，以氣之所統在肺也。肺司降令，是由陽而至陰者，肝得合於肺，而後肝之體用乃全。試即此味之醞精於夏火，而歸元於秋金，有彷彿於陰降陽隨之義，亦合於引氣歸元之義。《別錄》首謂其治陰痿，而日華子亦謂其補虛勞，良不誣也。《抱朴子》曰：柠木實赤者，服之，老人反少。所謂赤，即六七月漸深紅之實也。如利益老人，在先哲累言之，蓋為其補益真陽者，從醞陽而歸陰以告成也，收補陽之功而不燥，故宜於老人也。

時珍曰：按《南唐書》云烈祖食飴，喉中噎。國醫莫能愈。吳廷紹獨進楮實湯，一服疾失去。群醫他日取用皆不驗。扣廷紹。答云：噎因甘起，故以此治之。愚謂此乃治骨哽軟堅之義爾。群醫用治他噎，故不驗也。

愚按：楮桃原非治噎之物，而吳廷紹用之有功，正如其說，噎因甘起，即以甘寒而下降者對待之，一時偶合，有得於同氣相從者也。乃時珍謂治骨哽軟堅之義，不同於說夢乎？

修治　水沉去浮者，曬乾，酒浸蒸半日，焙乾用。《經驗方》煎法，六月六日取穀子五升，以水一斗，煮取五升，去滓，微火煎如餳用。

葉：　氣味：甘，涼，無毒。

主治：風溼腫脹時珍。療鼻衄蘇恭。白濁疝氣，癬瘡時珍。　之頤曰：陰陽者，營衛外內之體用，實則包醞全體，葉則偏向於衛。

附方　《聖惠方》治通身水腫，楮枝葉煎如餳，空腹服一匕，日三服。《肘後方》治鼻衄，小勞輒出，楮葉取汁，飲三升，良。《聖惠方》：一切眼瞖，三月收穀木軟葉，曬乾為末，入麝香少許，每以黍米大注眥內，其瞖自落。

《經驗良方》：小便白濁，構葉為末，蒸餅，丸梧子大，每服三十丸，白湯下。《醫學集成》：木腎疝氣，楮葉、雄黄等分，為末，酒糊丸梧子大，每鹽酒下五十丸。《簡便方》：疝氣入囊，五月五日采穀樹葉，陰乾為末，每服一二匙，空心溫酒下。

樹白皮：氣味：甘，平，無毒。

煮汁釀酒飲，治水腫入腹，短氣咳嗽。為散服，治下血，血崩時珍。

附方《聖濟總錄》：風水腫浮，一身盡浮，楮皮散用楮白皮、豬苓、木通各二錢，桑白皮三錢，陳皮、橘皮一錢，生薑三片，水二鍾，煎服，日一劑。《集驗方》：膀胱石水，四肢瘦削，小腹脹滿，構根白皮、桑根白皮各二升，白朮四兩，黑大豆五升，流水一斗，煮四升，入清酒二升，再煮至三升，日再一匕服之。《普濟方》：腸風下血，秋采楮皮陰乾，為末，酒服三錢，或入麝香少許，日二。《危氏得效方》：血痢、血崩，楮樹皮、荊芥等分，為末，冷醋調服一錢。血崩以煎匕服，神效。

楮皮，丹溪於腰痛，除溼熱同滋陰藥用之。

皮搗以為紙，劉禹錫《傳信方》治女子月經不絕，來無時者，取案紙三十張，燒灰，以清酒半升，和調服之，頓定。蓐中血暈，服之立驗。已斃者，去板齒灌之，經一日亦活。

愚按：楮葉及白皮，與楮實較論主治，如治陰痿，唯實專之；而療水病，則葉與白皮勝於實，且更療血病；至明目之功，實又勝於葉與皮也。蓋緣此木所稟，同有行濕升陽之性質。但實甘寒，寒者在地之陰也，更飽火土之精氣，導陽於陰中，以全肝之體用，故起陰明目，總歸功於肝。若葉則甘涼，皮則甘平，平亦辛也，雖行溼升陽之氣化不異，然涼者，平者，俱歸金化，是屬在天之陽也，似致其用者，專氣於衛以和營矣，故療水病勝於實，更能治鼻衄及下血血崩也。《銀海精微藥性》云：楮實入肺，能升陽而上。愚謂當屬之葉與白皮。蓋人身之血，固水所化，若在下水中之陽升，陰得陽化，則自不病於肝臟之納血矣。並在上金中之陰降，陽得陰化，則不病於心臟之主血矣。楮葉及皮兼有之，似為調血之要劑。調血者，先於金水二臟留意而已矣。

又按：《南唐書》云烈祖食飴，喉中噎，國醫莫能愈。吳廷紹獨請進楮實湯一服，疾失去。群醫他日取用皆不驗。扣廷紹。答云：噎因甘起，故以此治之。即此案思之，彼楮實之益陰氣者，即能化溼熱，而溼熱多生於甘味，如廷紹之用以治噎者，不同於丹溪用除溼熱之義乎？乃有謂楮實軟堅治骨鯁，其於理何據也？即如《修真書》獨言其久服骨軟，恐亦不勝夫言壯筋骨者之眾也。曰：吾從眾。

清·郭章宜《本草匯》卷一六　楮實即穀實　甘，寒，味厚氣薄，陰也，降也，入足太陰經。益腎助陽，療腫去水。健腰膝，壯筋骨。

按：楮實，《本草》載其功用，大補益人。而《修真秘旨》言久服令人成骨軟之痿。觀《濟生秘覽》治骨哽，用楮實煎湯飲之，豈非軟骨之徵乎？雖能消水健脾，然脾胃虛者，勿服。

清·王翃《握靈本草》卷八　楮實所在有之。水浸三日，投水浮者去之，晒乾，酒浸一伏時，蒸之焙用。　主治：楮實，甘，寒，無毒。主陰痿，壯筋骨，補虛勞，健腰膝。

清·王翃《握靈本草》補遺　楮白皮處處有之。子即楮實子。　甘，平，無毒。主逐水，利小便，氣滿，血痢血崩。

清·汪昂《本草備要》卷三　楮實平補，助陽。　甘，寒。助陽氣，起陰痿，補虛勞，壯筋骨，明目充肌。時珍曰：《別錄》大明皆云楮實大補益，而《修真秘書》又云久服令人骨痿，《濟生秘覽》治骨鯁用楮實煎湯，豈非軟骨之徵乎？《本草發明》甚言其功，而云今補藥中罕用，惜未之察耳。　取子浸去浮者，酒蒸用。　皮：善行水。治水腫氣滿。皮可爲紙。楮汁和白及、飛麵，調糊接紙，永不解脱。

清·陳士鐸《本草新編》卷四　楮實子　味甘，氣微寒，無毒。入腎、肝二經。陰痿能強，水腫可退，充肌膚，助腰膝，益氣力，補虛勞，悅顏色，輕身壯筋骨，明目，久服滑腸。此物補陰妙品，益髓神膏。世人棄而不用者，因久服滑腸之語也。凡藥俱有偏勝，要在制之得宜。楮實滑腸者，因其潤澤之故，非嫌其下行之速也。防其滑，而先用茯苓、薏〔苡〕仁、山藥同施，何懼其滑乎？

或問：楮實子入于打老之丸，自是延年之物，何獨不言其益算耶？曰：延年益壽，亦在人之服藥何如耳。吞添精填髓之神丹，而肆然縱慾，欲其週花甲之年而不得，況楮實子庸庸者乎。苟節房幃而慎起居，損飲食而戒氣惱，即不用楮實，亦可長年。余所以略而不談也。

清·李熙和《醫經允中》卷一八　楮實　甘，寒，無毒。主治助腰膝，補虛勞，悅顏色，輕身，壯筋骨，明目。皮間白汁能塗癬，更敷蛇咬如神。

清·馮兆張《馮氏錦囊秘錄·雜症痘疹藥性主治合參》卷四　楮實稟土氣以生，故味甘，氣寒，無毒。入足太陰經。其主水腫、益氣、充肌膚者，皆補脾堅土之驗也。強陰痿明目者，乃脾實則能生精，而灌注於腎之功。由是五臟皆實，氣力增，筋骨壯，悅顏色而輕身矣。

楮實，主水腫，充肌膚，助腰膝，益氣力，強陰痿，補虛勞。悅顏色，輕身，壯筋骨，明目。紙燒存性，調酒，亦止血暈血崩。剪衙門有印紙，燒吞，斷婦人產神效。

清·张璐《本經逢原》卷三　楮實俗名穀樹子根，皮名穀白皮。　甘，平，無毒。

發明：楮實走肝腎血分，《別錄》治陰痿水腫，益氣充肌，明目。大明言，壯筋骨，助陽氣，補虛勞，健腰膝，益顏色。而《修真秘旨》言，久服令人骨軟。《濟生秘旨》言，治骨鯁用楮實煎湯服之，豈非軟骨之徵乎。脾胃虛人禁用。〇楮根白皮，《別錄》主逐水利小便。甄權治水腫氣滿。《吳普》治喉痹，總取散風祛毒之義。

清·浦士貞《夕庵讀本草快編》卷五　楮《別錄》穀　穀作構，其皮擣煮造帋，亦緝練為布。楮實甘寒，脾腎之藥也。《別錄》譽其銷水腫，起陰痿，明目輕身。日華謂其壯筋骨，補虛勞，助陽益顏，功俱偉也。而《修真密旨》言久服令人成骨痿之疾。《濟生秘覽》用治骨鯁，何相悖歟！夫甘能助脾而益腎，脾受益則肌肉充，腎受益則腰膝健。故《抱朴子》載道士梁須服此，壽百四十而行及奔馬。若治骨鯁，不過取甘寒能軟堅，豈可執此，便云久服成痿哉？

清·何諫《生草藥性備要》卷下　木穗樹　皮，洗瘢癩、疳瘡。葉，亦治天婆究。子，存性，止血。煨食，治小兒殺蟲、去膩。煮膏藥，祛風、消腫、拔毒勝。

清·何諫《生草藥性備要》卷上　裁穀木葉　味劫，性溫。止肚瀉、痢疾。發醬豆用葉蓋之，發得甚佳。葉似梧桐，葉有膠，膠能擦癬更妙。一名醬黃葉。

清·劉漢基《藥性通考》卷二　楮實子　【略】楮實滑腸者，因其潤澤之故，非嫌其下行之速也。防其滑而以茯苓、薏仁、山藥同施，何懼其滑乎？至於延年益壽，原宜節房幃而慎起居，損飲食而戒惱怒耳，否則日服添精補髓之神丹何濟哉？

清·周垣綜《頤生秘旨》卷八　楮實　滋陰益氣之藥也。此□□樹實，本草言其強陰痿，退水腫，益氣力，充肌膚，明目□□，壯筋骨，助陽氣，補虛勞。如斯功效，今人補藥稀及於此，惜未之察耳。

清·王子接《得宜本草·中品藥》　楮實　味甘。力能軟骨。得茯苓治水氣臌脹。

清·黃元御《玉楸藥解》卷二　楮實子　味甘，氣平。入足少陰腎、足太陽膀胱、足厥陰肝經。起痿助陽，利水消腫。楮實子暖溫肝腎，補益虛勞。壯筋骨，強腰膝。治陽事痿弱，水氣脹滿，明目去瞖，充膚悅顏。療喉痹金瘡俱效。

清·吳儀洛《本草從新》卷三　楮實〔瀉，軟堅。〕一名穀實。　甘寒而利。消水腫，療骨哽，明目軟堅。時珍曰：《別録》、大明皆云大補益，而《修真秘書》又云久服令人骨痿，《濟生秘覽》治骨哽用楮實煎湯，豈非軟骨之徵乎？按《南唐書》云：烈祖食飴，喉中噎，國醫莫能愈，吳廷紹獨請進楮實湯，一服疾失去。羣醫他日取用皆不驗，叩廷紹，答曰：噎因甘起，故以此治之。此即治骨哽軟堅之義爾，羣醫用治他噎，故不驗也。洛按：陶弘景、蘇頌、抱朴子皆甚言其功，而方書用之為補者，除楊氏還少丹而外不多見。其他如《外臺秘要》。〔王燾《外臺秘要》〕用以敷治身面石疽，《機要》用以治水氣蠱脹，《集簡》用以治喉風喉痺，《直指》用以治肝熱生翳，無非涼瀉軟堅之義，則古本諸說未可信也。水浸取沉者，酒蒸。皮，甘平。善行水，治水腫氣滿。皮可為紙。楮汁和白及、飛麵調和，接紙永不解脫。葉，甘涼。祛濕熱，治老少下痢瘴痢。為末，白痢薑湯下，赤痢沙糖湯下，赤白痢薑糖湯下。

清·汪紱《醫林纂要探源》卷三　楮實　甘，寒。即穀樹子也。形如覆盆、桑葚，扁大，鮮赤多涎滑，雖甘不堪食。明目，去骨鯁。形似桑葚，功用亦相似。然色非若彼之黑，《別錄》稱其補虛勞，壯筋骨。《修真書》又云久服令人骨痿。甚矣，古書之宜深酌也。《別錄》之稱固太過，《修真》之云亦未必。然其性多汁而善膠粘，則行痰固氣滋養之功，容或有之。其能去骨鯁，則以其滑也。　皮：行水消腫。剝取作紙，性柔韌，汁甚膠固不解。

清·嚴潔等《得配本草》卷七　楮實子一名穀實。樹汁、樹皮、樹葉。　甘，平。入足太陰經氣分。益顏色，充肌膚，利陰氣，通九竅，逐水明目。　得茯苓，治水臌。得大腹皮，除水腫。調井水，治喉痹。　水浸，浮者去之，酒拌蒸，焙乾用。　久服、多服，成骨軟痿症。脾胃陰虛，腎水不足，口舌乾燥，俱禁用。　樹汁　甘，平。治天行病後脹滿，塗癬及蠍螫、犬咬傷。　樹皮　逐水。　樹葉　煎湯洗惡瘡癮疹。煎汁如餳，空腹一日三服，治水腫。

題清·徐大椿《藥性切用》卷五 楮實 一名穀實。性味甘寒，利水消腫，軟堅治哽。酒拌蒸用。楮皮，甘平，性善行水，治水腫氣滯。楮葉，甘涼，專袪濕熱，治瘴痢疫痢。

清·黃宮繡《本草求真》卷二 楮實滋腎陰，過服骨痿。 楮實㞘入腎。 書言味甘氣寒，雖於諸臟陰血有補，得此顔色潤，筋骨壯，腰膝健，肌肉充，水腫消，以致陰痿起，陽氣助，是明指其陽旺陰弱，得此陰血有補，故能使陽不勝而助，非云陽痿由於陽衰，得此可以助陽也。若以純陰之品可以補陽，則於理甚不合矣。況書又云骨鯁，可用楮實煎湯以服，及紙燒灰存性調服，以治血崩、血暈，並用衙門印紙燒吞以斷婦人生育，與脾胃虛人禁用，久服令人骨痿。豈非性屬陰寒，虛則受其益，過則增其害之意乎？軟骨之説，未嘗不是，取浸水中不浮者酒蒸用。

清·羅國綱《羅氏會約醫鏡》卷一七竹木部 楮實味甘寒，入脾經。 主治水腫。土旺尅水。 益氣力，充肌膚，土堅之驗。 強陰痿，助腰膝，脾實則能生精，而灌注於腎之功也。 補虛勞，明眼目，悦顔色。脾健則五臟皆實也。 久服輕身延年，平補之品也。脾胃虛寒泄瀉者勿用。李時珍曰：《別錄》、大明皆云補益，而《修真秘書》又云久服令人骨痿，《濟生秘覽》治骨哽用之煎湯，豈非軟骨之徵乎！大約同補藥用或者有功。 取子，浸去浮者，酒蒸用。皮善行水，治水腫氣滿。

清·黃凱鈞《藥籠小品》 楮實 甘寒而利，消水腫，療骨鯁，明目軟堅，古方取以為補，惟還少丹用之。酒蒸，皮可為紙。

清·張德裕《本草正義》卷上 楮實子 甘，平。益陰氣，明耳目，壯筋骨，助陽道，補虛勞，健腰膝。

清·楊時泰《本草述鉤元》卷二四 楮實 即今構樹子，亦名穀實。楮穀一種，但分雌雄，雄者皮無斑紋，葉無叉椏，三月開花，成長穗若柳絮狀，不實； 雌者斑點，叉椏全異，四月開花，結實若楊梅半熟。初夏青緑，六七月漸深紅，八九月采，水浸，去皮穰，取中子，日乾用。

氣味甘寒。氣薄味厚，陰也，降也。入足太陰經。濁陰下降，宜入足少陰土材。 主陰痿，治水腫，助陽氣，明目，壯筋骨，補虛勞，健腰膝。別有一種味苦者，惟赤白濁用之，或異種而同名耳。 水氣蠱脹，楮實子丸，用楮實一斗，水三斗，置淨釜，熬成膏，茯苓三兩、白丁香一兩半為末，以膏和丸梧子大，從少至多，服至小便清利脹減為度，後進治中湯養之。忌甘苦峻補及發物。 肝熱生瞖，楮實子研細，食後蜜湯服一錢，日再。目昏難視，楮、桃、荊芥穗各五百枚，為末，煉蜜丸彈子大，食後嚼一丸，薄荷湯下，日三服。附案：南唐烈祖，食飴喉中噎，國醫莫能愈，吳廷紹獨進楮實湯，一服疾失去。叩之，答云：噎因甘起，可即以甘寒而下降者對待之，有得於同氣相從之義也。

論：《別錄》首言楮實治陰痿，又有言其助陽氣者，醫執味甘氣寒，漫以為功在滋陰也，詎知甘寒之品，豈盡為滋陰用。且楮實療水腫，除濕熱，更益老人，亦獨何哉？老人陰虛而陽隨虛，陽虛則陰益鬱而化濕，此味導濕以起陰，不與滲利者等。自其實生於初夏，歷六七月以漸而熟，至火土氣畢，方於八九月采之。采必於秋杪前，以金受火土之氣，而猶未洩精於所生之水，乃能大為陰氣之母，而治陰痿補虛勞耳。 即其味甘氣寒，是能導陽氣於陰中，陰中有陽為導，則陰起而陽益暢，即所謂助陽氣也。《本草》於治水腫下，即繼以益氣二字，義可思矣。目病方，多用楮實。東垣云：青白瞖見於目大眥，乃足太陽少陰經中鬱遏，厥陰肝經氣不得上通於目也。如水化行則風木之化布，而肝氣暢於所主之目，即此知風化布而水中之真陽益暢矣。楮實與車前，皆能強陰，而猶少有異，車前子五月已老，是水氣達於木，木氣達於火，乃肝由子以暢母也，故專功於肝所司之小水，與肝所主之風化。若楮實至秋方熟，是水木之氣蘊於火土，而更歸涼金，金為木用也，故強陰氣者，肺仍合於肝之體。即肺氣降歸命門，水中有金義。 而療水腫者，肝則輸於肺之用，此其同而有異不能混也。《本經》首言治陰痿，為其能助陽氣也，助陽氣未有能離於肺者，以氣之所統在肺也，肺司降令，由陽至陰者必肝得合於肺，而後肝之體用乃全，試即此味之醖精於夏火而歸元於秋金，有彷彿與陰降陽隨之義，亦合於引氣歸元之義。《別錄》首謂其治陰痿，而日華子亦謂其補虛勞，良不誣也。至其利益老人，先哲累言之，抱朴子言楮實赤者服之，令老人反少。 為其補益真陽者，從醖陽而歸陰以告成，所以收補陽之功而不燥耳。

修治：水沉去浮者，曬乾，酒浸蒸半日，焙乾用。煎法，六月六日取穀樹子五升，以水一斗，煮取五升，去渣，微火煎如餳用。

穀樹葉：氣味甘涼。

治風濕腫脹，療鼻衄，白濁，疝氣，癬瘡。陰陽者，營衛外內之體用，楮實包藴全體，穀葉則偏向於衛。附方：通身水腫，楮枝葉煎如餳，空腹服一匕，日三。鼻衄，小勞輒出，楮葉取汁，飲三升，良。一切目瞖，三月收穀木軟葉，曬乾為末，入麝少許，每以黍米大注眥內，其瞖自落。小便白濁，穀樹葉為末，蒸餅丸梧子大，每服三十丸，白湯下。木腎疝氣，楮葉、雄黃等分，為末，酒糊丸梧子大，每鹽酒下五十丸。疝氣入囊，五月日采穀樹葉，陰乾為末，每服一二匙，空心溫酒下。

穀樹白皮：氣味甘平。煮汁釀酒飲，治水腫入腹，短氣、咳嗽。為散服，治下血、血崩。丹溪於腰痛除濕熱，同滋陰藥用之。風水腫浮，楮皮散：楮白皮、猪苓、木通各二錢、桑白皮三錢、橘皮一錢、生薑三片，水二鍾，煎服。膀胱石水，四肢瘦削，小腹脹滿，構根白皮、桑根白皮各二升，白朮四兩、黑大豆五升，流水一斗煮四升，入清酒二升，再煮至三升，日再，一匕服之。腸風下血，秋采楮皮，陰乾為末，酒服三錢，或入麝香少許，日二。血痢、血崩，楮樹皮、荊芥等分，為末，冷醋調服一錢，血崩，醋煎服神效。女子月經不絕，來無時者，取穀樹皮搗為紙者三十張，燒灰，以清酒半升，和調服之，頓定，蓐中血暈，服之立驗。已斃者去板齒灌之，經一日亦活。

總論：楮葉及白皮與實，同有行濕升陽之性。而實則甘寒，寒者在地之陰，更飽蘊火土之精氣，導陽於陰中，以全肝之體用，故起陰明目，其功總歸於肝。若葉則甘涼，皮則甘平，平亦辛也，雖行濕升陽之化不異，然涼平俱歸金化，是屬在天之陽，似致其用者，專氣於衛以和營矣，故皮葉療水病殊勝於實。更能治鼻衄及下血、血崩也。《銀海精微》言楮實屬肺能升陽而上，詎知當屬之葉與白皮。人身之血，固水所化，若在下水中之陽升，陰得陽化，則自不病於肝之納血矣。在上金中之陰降，陽得陰化，則更不病於心之主血矣。楮葉及皮兼有之，似為調血之要劑，調血者先於金水二臟留意而已矣。載按食飴喉噎，一服楮實湯即愈，據此則知楮實之益陰氣者，即能化濕熱，濕熱多生於甘味。廷紹之用以治噎，正合於丹溪除濕熱之義也。

清・鄒澍《本經續疏》卷二 楮實 【略】水不為火用，而不充周一身，火不能驅水，而畜縮委頓，是非水盛，亦非火衰，直二氣不相濟耳。濟之奈何？則取水周一身之物，被火逼而生，生且最速者，引動其機括，於是陽起而不痿，水行而不腫。水火既交，氣道遂順，而流行有力，於以充上而目明，充外而肌膚澤。詎非理之合情之當哉。楮生極速，三年可成大樹，而其布種之時，必雜以麻，使其同出於地，冬則賴之以幛嚴厲，春則焚之以資發育。《齊民要術》種楮法：取子和麻漫散之，屆冬留麻勿刈，為楮作暖，明年正月初附地芟殺，放火燒之。若不和麻種，率多凍死；不燒者，楮瘦而長亦遲。迨其成樹也，則白汁貫中，徹上徹下，隨取而隨有，隨去而隨盈。及其結實也，則味甘氣寒，以致生氣於畜縮之火中，藉火以植其生，浚水以交於火，而起陰痿，去水腫，益氣，充肌膚，明目。非治外感也，亦非治內傷也。乃撥動關鍵，使不替其素所常行已耳。夫水之充周，火之化物，不僅一端，隨處異名，隨地致用，自其體言，不能不謂之一氣貫注。自其用言，則彼此相制，界劃截然。故楮之實、葉、莖、皮、白汁，《別録》各推所主，如療癬、癮疹癢，逐水，利小便，惡瘡生肉，小兒身熱，食不生肌，細尋其故，究不外於《本經》數語，大率使陰氣順，則陽不鬱，陽氣暢則陰自行。然汁主皮裏膜外之疴，莖除水火不和之病。水在皮而腫，則因皮以行水；火在上而壅，則用葉以散火。竝欲聯兩氣而和，不使偏一隅而滯，即後人以之治血，亦可於是而擴其旨矣。

清・葉桂《本草再新》卷四 楮實味甘，性寒，無毒。入肝、肺二經。利濕消腫，明目破堅。

清・吴其濬《植物名實圖考》卷三三 楮 楮實，《別錄》上品。《詩疏》：幽州謂之穀桑。荊、揚、交、廣謂之穀。《酉陽雜俎》：葉有瓣曰楮，無曰構。按穀、構一聲之轉，楚人謂乳穀，亦讀如構也。皮為紙，亦可為布，葉實可食，皮中白汁以代膠。《救荒本草》謂之楮桃。

清・趙其光《本草求原》卷九灌木部 楮實 甘，平，無毒。降肺陰，導濕，治水腫，陰痿，陰升陽隨則濕鬱化，而陽道通。益氣，充肌，明目，濕鬱則肝陽不上通，而青白翳見於大眦。壯筋骨，助陽氣，補虚勞，健腰膝，益顔色。皆水化行而肝氣布之效，故還少丹用之。昔吴延紹治烈祖食飴因甘而噎，進楮實湯，一服疾失，是以甘平下降為同氣相從也，故他噎用之不效。時珍不察《濟生方》之誤，漫云其軟骨治鯁，可笑。

熬膏，和茯苓、白丁香為丸，治水蠱脹，咸服治中湯，忌甘苦、峻補。為末，蜜湯下，治肝熱生翳。同芥穗蜜丸，薄荷湯下，治目昏。取子，浸去浮者，酒蒸用。葉及根皮，兼和營衛，故治水濕更勝。又止血，葉止吐衄，皮止崩下；皮灰酒下，止月經不絕及血暈欲死。葉末，亦治一切翳。和麝少許，點大眦。但起陰明目究不及實。楮汁和白及、飛麵調糊，按紙永不脱。

清・文晟《新編六書》卷六《藥性摘錄》 楮實 甘，寒。滋腎陰，補陰血，潤筋骨，壯腰膝，健肌肉。然性屬陰寒，過服則骨痿。〇酒蒸用。

清・張仁錫《藥性蒙求・木部》 楮實皮錢半、葉 楮實味甘，能消水腫。明目軟堅，補虛亦可。一名穀實。味甘，寒，無毒。治陰痿水腫，益氣充肌，壯筋骨，助陽氣，補虛勞，健腰痠，療骨(硬)〔骾〕。水浸，取沉者，酒蒸。○皮：甘，平。善行水，治水腫氣滿。○葉：甘，涼。祛濕熱，治老少下痢。

清・劉善述、劉士季《草木便方》卷二木部 構葉 構葉涼血療惡瘡，四肢風痹瘙痒湯。濁痢疝氣風濕癬，漿甘搽癬蛇犬傷。葸名構實。

清・戴葆元《本草綱目易知錄》卷四 楮實 甘，寒。補虛勞，益顏色，壯筋骨，健腰膝，助陽氣，起陰痿，益氣輕身，明目耐飢。治目昏喉痹，水腫蠱脹。【略】

葉：甘，涼。利小便，去風濕腫脹，四肢風痹，白濁疝氣，下痢赤白。搗汁服，止鼻衄過多。炒研和麵，搗作餛飩食，止水痢。治小兒身熱食不生肌，可作浴湯洗刺風身痒、疥癬惡瘡。

清・陳其瑞《本草撮要》卷二 楮實 味甘，入足太陰、少陰經，功專軟骨。得茯苓治水氣臌脹。研末塗身面石疽，水浸取沉香，酒蒸用。皮治水腫氣滿尤捷。以汁和白及飛麵，調和接紙，永不解脫。葉甘涼，祛濕熱，治老少下痢瘴痢。為末，白痢薑湯下，赤痢沙糖湯下。一名穀實。

清・周巖《本草思辨錄》卷四 楮實 《本經》與陶隱居、抱朴子皆甚言楮實之功，而方書用於補劑者，楊氏還少丹外不多見。大抵以其物賤，而修真秘旨，又言久服成骨軟，與《濟生秘覽》治骨哽，遂不復重。諸家亦未有發明其所以然者。竊思補益與軟骨，並不相背，特其義殊奧耳。種楮必雜以麻，冬則賴麻作暖，春又燒麻以肥楮，三年即成大樹，而枝葉皆有白汁，皮可為紙，可為布，實則色深紅而煎之如飴。夫是故具陰體而得陽用，爲手足少陰之藥，遇腎陰不足而陽常畜縮者，用之以充腎液伸腎權，最為切合。若腎中陽虛而陰有餘，陰虛而陽易升，與陰陽並虛之證，皆非所宜。此《本經》主陰痿之旨也。夫補陰而又能伸陽者，其所補之陰，未始不隨陽以俱伸，與純陰填補有別。水腫者，陰不與陽化而水聚也。肌膚不充者，陽不得陰濟而氣乏也。目不明者，陰不升而陽無光也。《本經》所臚，楮實皆足以任之。然則其能軟骨何故？骨屬腎，甘能損腎。腎傷於濕者，腰腳為之痠軟，濕亦陰也。楮實甘寒益陰而不能益陽，久服骨何能不軟。此審證製劑之不善，於楮實夫何尤。識此義而用於喉痹骨哽，則正見其功。至吳廷紹治烈祖食飴而噎，以楮實具陰體而得陽用，足釋少陰壅蔽之氣，又以甘導甘，宜其效矣。惟大明謂壯筋骨，則似是實非，不免於誤人爾。

馬桑

清・劉善述、劉士季《草木便方》卷二木部 扶桑 馬桑葉甘平風目，癰疽腮腫風毒塗。四肢麻木痹不仁，根療跌撲風狗毒。根名烏龍鬚。

山綠樹

明・朱橚《救荒本草》卷下之前 山綠樹 生密縣梁家衝山谷中。樹高丈餘，葉似初生綠葉，又似芙蓉葉而小，又似牽牛花葉，葉有兩傍却又有角叉，開白花，結子如枸杞子大，熟則紫黑色，味甘、酸。葉味苦。救飢：採葉煠熟，水浸去苦味，淘洗淨，油鹽調食。其子熟時，摘取食之。

龍柏芽

明・朱橚《救荒本草》卷下之前 龍栢芽 出南陽府馬鞍山中。此木久則亦大，葉似初生橡櫟音歷小葉而短，味微苦。救飢：採芽葉煠熟，換水浸淘淨，油鹽調食。

枳

宋・唐慎微《證類本草》卷一三木部中品〔宋・馬志《開寶本草》〕 枳殼 味苦、酸，微寒，無毒。主風痒麻痹，通利關節，勞氣欬嗽，背膊悶倦，散留結胸膈痰滯，逐水，消脹滿，大腸風，安胃，止風痛。生商州川谷。九月、十月採，陰乾。用當去瓤核乃佳。此與枳實主療稍別，故特出此條。今附。

〔宋・掌禹錫《嘉祐本草》〕按：《藥性論》云：枳殼，使，味苦、辛。治遍身風㽷，肌中如麻豆惡痒，主腸風痔疾，心腹結氣，兩脇脹虛，關膈擁塞。根，浸酒煎含，治齒痛，消痰，有氣加而用之。日華子云：健脾開胃，調五藏，下氣止嘔逆，消痰，治反胃，霍亂，瀉痢，消食，破癥結痃癖，五膈氣，除風，明目及肺氣水腫，利大小腸，皮膚痒，痔腫可炙熨，入藥浸軟，剉炒令熟。

〔宋・唐慎微《證類本草》〕《圖經》：文具枳實條下。

陳藏器云：根皮主野雞病。末服方寸匕。《本經》採實用，九月、十月，不如七月、八月，既厚且辛。書曰：江南爲橘，江北爲枳。今江南俱有枳、橘，江北有枳無橘。此自別種，非干變易也。雷公云：凡使，勿使枳實，緣性效不同。若使枳殼，取辛苦腥并有隟油，能消一切瘴，要塵久年深者爲上。用時先去瓤，以麩炒過，待麩燋黑遂出，用布拭上燋黑，然後單擣如粉用。《千金方》：主口僻眼急風。枳茹刮取上青爲末，欲至瓤上者得茹五升，微火灼，去濕氣。以酒三升，漬，微火暖令得藥味，遂性飲之。《肘後方》：治中風身直，不得屈伸反覆者。刮枳樹皮一升，酒三升，漬一宿，服五合至一升，酒盡再作，良。《食醫心鏡》：治水氣皮膚痒及明目。枳殼一兩，杵末，如茶法煎呷之。《經驗後方》：治風瘮痒不止。以枳殼三兩，麩炒微黄，去瓤爲末。每服二錢，非時水一中盞，煎至六分，去滓服。《梅師方》：治一切瘮。以水煮枳殼爲煎塗之，乾即又塗之。《博濟方》：治遠年日近腸風下血不止。枳殼燒成黑灰存性，羊脛炭爲末，枳殼末五錢，炭末三錢，和勻。用濃米飲一中盞調下，空心服，五更初一服。如人行五里，再服。當日見效。《必效方》：熨痔。痔頭出，或痛不可忍。枳殼於煻灰中煨熱微熨，盡七枚立定。發即熨之。《杜壬方》：瘦胎散：昔胡陽公主難産，方士進枳殼四兩，甘草二兩，爲末。每服空心大錢匕，如茶點服。自五月後一日一服，至臨月不惟易産，仍無胎中惡病。忌登高廁。

宋・李昉《太平御覽》卷第九九二 枳實　《山海經》曰：北嶽之山，其上多枳。《晏子春秋》曰：晏子使楚，楚王使縛一人，過問曰：縛者何為者耶？對曰：齊人，坐盜。王視晏子曰：齊人固善盜乎？晏子對曰：橘生江南，過北為枳，水土異也。今民生於齊不盜，入楚則盜，得無楚之水土使民盜耶。　崔寔《四民月令》曰：九月九日收枳實。《本草經》曰：枳實，味苦，寒。生川澤。治大風在皮膚中，如麻豆苦癢，除寒熱結，止利，長肌肉，利五藏，益氣輕身。生河内。《吴氏本草》曰：枳實，苦。雷公：酸，無毒。李氏：大寒。九月、十月採，陰乾。

宋・沈括《夢溪筆談》卷三《補筆談》 六朝以前醫方唯有枳實，無枳殼，故《本草》亦只有枳實。後人用枳之小嫩者為枳實，大者為枳殼。主療各有所宜，遂別出枳殼條，以附枳實之後。然兩主療亦相出入。古人言枳實者，便是枳殼。《本草》中枳實主療，便是枳殼主療。後人既別出枳殼條，便合於枳實内，摘出枳殼主療，別為一條。舊條内只合留枳實主療。後人以《神農本經》，不敢摘破，不免兩條相犯，互有出入。予按《神農本經》枳實條内，稱主大風在皮膚中，如麻豆苦痒，除寒熱結，止痢，長肌肉，利五臟，益氣輕身，安胃氣，止溏泄，明目。盡是枳殼之功，皆當摘入枳殼條。後來別見主療，如通利關節，勞氣欬嗽，背膊悶倦，散瘤結，胸脇痰滯，逐水，消脹滿，大腸風，止痛之類，皆附益之。只為枳殼條。舊枳實條内稱除胸脇痰癖，逐停水，破結實，消脹滿、心下急痞痛、逆氣，皆是枳實之功，宜存於本條。別有主療，亦附益之可也。如此二條始分，各見所主，不至甚相亂。

宋・唐慎微《證類本草》卷一三木部中品〔《本經・別錄》〕 枳實　味苦、酸，寒、微寒，無毒。主大風在皮膚中如麻豆苦痒，除寒熱結，止痢，長肌肉，利五藏，益氣輕身，除胸脇痰癖，逐停水，破結實，消脹滿，心下急痞痛逆氣，脇風痛，安胃氣，止溏洩，明目。生河内川澤。九月、十月採，陰乾。

〔梁・陶弘景《本草經集注》〕云：今處處有。採破令乾用之。除中核，微炙令香。亦如橘皮以陳者爲良。枳樹莖及皮，療水脹，暴風骨節疼急。枳實，俗方多用，道家不須。

〔唐・蘇敬《唐本草》〕注云：枳實日乾，乃得陰便濕爛也。用當去核及中瓤乃佳。今或用枳殼乃爾。若稱枳實，須合核瓤用者，殊不然也。

〔宋・馬志《開寶本草》〕按：《陳藏器本草》云：枳實根皮主痔，末服方寸匕。《本經》採實用，九月、十月，不如七月、八月，既厚且辛。舊云江南爲橘，江北爲枳。今江南俱有枳、橘，江北有枳無橘。此自是種別，非關變也。

〔宋・掌禹錫《嘉祐本草》〕按：《藥性論》云：枳實，臣，味苦、辛。解傷寒結胸。入陷胸湯用，主上氣喘欬，腎内傷冷，陰痿而有氣，加而用之。

〔宋・蘇頌《本草圖經》〕曰：枳實，生河内川澤，枳殼，生商州川谷，今京西、江湖州郡皆有之，以商州者爲佳。如橘而小，高亦五七尺。葉如棖，多刺。春生白花，至秋成實。九月、十月採，陰乾。舊説七月、八月採者爲實，九月、十月採者爲殼。今醫家多以皮厚而小者爲枳實，完大者爲殼，皆以翻肚如盆口唇狀，須陳久者爲勝。近道所出者，俗呼臭橘，不堪用。張仲景治心下堅大如盤，水飲所作。枳實朮湯主之。枳實七枚，朮三兩，以水一斗，煎取三升，分三服。腹中軟即稍減之。又胸痹，心中痞堅，留氣結胸，胸滿脇下，逆氣搶心，枳實薤白桂湯主之。陳枳實四枚，厚朴四兩，薤白半斤，切，栝樓一枚，桂一兩，以水五升，先煎枳實、厚朴，取二升，去滓，内餘藥於湯中，煎三兩沸，分溫三服，當愈。又有橘皮枳實湯、桂生薑枳實湯，皆主胸痹心痛。葛洪治卒胸痹痛，單用枳實一物，擣末服方寸匕，日三夜一。其根皮治大便下血，末服之。亦可煮汁常飲。又治卒中急風，身直不得，屈伸反覆者。刮取枳木皮屑，謂之枳茹一升，酒一升，漬一宿，服五合，至盡再作良。

〔宋・唐慎微《證類本草》〕《外臺秘要》：塗風瘮。取枳實以醋漬令濕，火炙令熱，適寒溫用熨上，即消。《千金方》：治胸痹氣壅滿，心膈不利。枳實二兩，麩炒微黄，爲末。非時以清粥飲調下二錢。《聖惠方》同。又方：治積痢脱肛。枳實，石上磨令滑鑽著柄，蜜塗火炙令暖，更易熨肛，取縮即止。《經驗方》：治腸風下血。枳實半斤，麩炒去瓤，綿黄耆半斤，洗剉爲末。米飲非時下二錢匕。若難服，以糊丸湯下三五十丸，效。《集驗方》：治五痔不以年月日久新。枳實爲末，煉蜜丸如桐子大，空心飲下二十丸。《濟衆方》：治傷寒後，卒胸膈閉痛。枳實一味剉，麸炒黄爲末。服二錢，米飲調下，一日二服。《廣利方》：治小兒久痢淋瀝，水穀不調。枳實六分擣末，以飲汁調二錢匕，二歲服一錢。《子母秘録》方同。《子母秘録》：治婦人陰腫堅痛。用半斤，碎炒令熟，故帛裹熨，冷即易之。

宋·龐安時《傷寒總病論》卷一　龐曰：若虛損及新産人，不能吐者，可服枳實散。枳實細末，米飲調貳錢，日可三四服。若有虛寒，手足冷及脉微弱者，枳實貳兩，加桂枝壹兩，同末之，如前服。

宋·寇宗奭《本草衍義》卷一四　枳實、枳殼　一物也。小則其性酷而速，大則其性詳而緩。故張仲景治傷寒倉卒之病，承氣湯中用枳實，此其意也。皆取其疏通決泄、破結實之義。他方但導敗風壅之氣，可常服者，故用枳殼，其意如此。

宋·鄭樵《通志》卷七六《昆蟲草木略》　枳生江北，橘生江南。《考工記》曰：橘逾淮而北為枳。言橘過淮，則亦化為枳矣。故江北有枳無橘，江南枳橘皆有。

金·張元素《潔古珍珠囊》〔見元·杜思敬《濟生拔粹》卷五〕　枳殼苦酸陰中微陽。破氣泄肺中不利之氣。

枳實苦酸：純陰。去胃中濕熱，消心下疼痞。

宋·劉明之《圖經本草藥性總論》卷下　枳殼　味苦酸，微寒，無毒。主風痒麻痺，通關節，勞氣欬嗽，背膊悶倦，散留結胸膈痰滯，逐水，消脹滿，大腸風，安胃，止風痛。《藥性論》云：治遍身風瘮，肌中如麻豆惡痒。主腸風痔疾，心腹結氣，兩脇脹虛，關膈壅塞。根，浸酒煎含，治齒痛。消痰，有氣加用之。日華子云：健脾開胃，調五藏，下氣，止嘔逆，消痰，治反胃，霍亂瀉痢，消食，破癥結痃癖，五膈氣，除風，明目，及肺氣水腫，利大小腸，皮膚痒，痔腫，及滑胎易養。

枳實：味苦、酸，寒、微寒，無毒。主大風在皮膚中如麻豆苦痒，除寒熱結，止痢，長肌肉，利五臟，益氣輕身。除胸脇痰癖，逐停水，破結實，消脹滿，心下急痞痛，逆氣脇風痛，安胃氣，止溏泄，明目。《藥性論》云：臣。解傷寒結胸，主上氣喘欬，腎內傷冷。陰痿而有氣，加而用之。

宋·張杲《醫說》卷八　枳殼散之戒　每人家婦女有孕則服枳殼散，謂能縮胎，令人易產。乃大不然。凡胎壯則子有力，故易產。村婦平日健啖，其產特易。今服枳殼，反致無力，兼子亦氣弱難養也《本草衍義》。

宋·張杲《醫說》卷六　婦人陰腫堅硬　用枳實半斤，碎炒令熟，故帛裹熨，冷則易之同上。

宋·陳衍《寶慶本草折衷》卷一三　枳殼使。　生商州川谷。又云：生京西、江湖及汝州。〇九、十月採實，日乾。

味苦、酸、辛，微寒，無毒。〇主風痒麻痹，通利關節，勞氣欬嗽，散瘤結，胸膈痰滯，逐水消脹，安胃。〇《藥性論》云：治遍身風瘮，肌如麻豆，主腸風痔疾，心腹結氣，兩脇脹虛，關膈擁塞。〇日華子云：調五藏，下氣，止嘔逆反胃，瀉痢。消食，破癥結痃癖、五膈，除風明目及肺氣水腫，利大小腸。〇《圖經》曰：商州者佳，如橘而小，以完大、翻吐如盆口脣狀者勝。分枳實條。〇雷公云：塵久年深者為上，去瓤以麸炒過，待麸燋黑遂出，用布拭。〇如欲生用，當循本方。〇《杜壬方》：瘦胎散：枳殼肆兩，甘草貳兩為末，每服空心大錢匕，如茶點服。自五月後，一日一服，至臨月，不惟易產，仍無胎中惡病。忌登高廁。〇枳殼炒，去瓤，甘草炙，或用壹兩。〇寇氏曰：枳殼性詳緩導，敗風壅之氣。亦分枳實條。

續說云：夫鼻為肺之闐闠，飲酒過量則肺熱，肺熱故鼻赤瘟風痒，宜炒製枳殼，碾末代茶，久服必愈。按杜壬瘦胎散，許叔微雖取其能抑陽降氣，但其性寒，惟初胎壯婦可服。或孕而體弱，單服則胎寒腹痛，生子怯乏，須循《選奇方》，用當歸、芎藭等分末之，名君臣散。每服貳錢，水壹盞，煎至柒分，食前與瘦胎散間餌，乃得其宜。更有料簡單方，見縮沙續說，妊婦常服收功，尤勝也。大凡懷胎，雖不當太勞，尤不可縱佚。至半年後，每欲肢體運動，關節舒展，庶得臨蓐順便，斯保生之善計，殆甚於藥矣。

枳實臣。　又云：一名枳橘子。生河內川澤及成州。今處處有之。〇七、八、九、十月採，破，日乾。〇《圖經》嘗云：九、十月採，則為枳殼者，蓋睹偏方而言耳。

味苦、酸、辛，微寒，無毒。〇主大風在皮膚如麻豆，苦痒，除寒熱結，止痢，利五藏，除胸脇痰癖，逐停水，破結實，消脹滿心下急，痞痛，逆氣，脇風，安胃明目。〇《藥性論》云：解傷寒結胸，上氣喘欬。〇《圖經》曰：枳以皮厚而小者為實，翻(吐)〔肚〕如盆口脣狀、陳久者勝。近道出者，俗呼臭橘，不堪用。〇《經驗方》：治腸風下血。枳實半斤，麸炒去瓤，綿黄耆半斤，洗剉為末，米飲非時下貳錢匕。若難服，以糊丸，湯下叁伍拾丸。○《子母秘錄》：治婦人陰腫堅痛，用半斤碎炒令熟，故帛裹熨，冷即易。○寇氏曰：枳實性酷而速，故傷寒承氣湯用，取其疏通決泄，破結實之義。

元・王好古《湯液本草》卷五　枳實　氣寒，味苦、酸、鹹，純陽，無毒。《象》云：除寒熱，破結實，消痰癖，治心下痞，逆氣脇痛。麸炒用。《心》云：潔古用去脾經積血。故能去心下痞，脾無積血，則心下不痞。治心下痞，散氣消宿食。苦寒，炙用，破水積，以泄裏除氣。《珍》云：去胃中濕。《本草》云：主大風在皮膚中，如麻豆，苦癢。除寒熱結，止痢，長肌肉，利五臟，益氣輕身。除胸脇痰癖，逐停水，破結實，消脹滿，心下急，痞痛，逆氣，脇風痛。安胃氣，止溏泄，明目。生河內川澤，商州者佳。益氣，則佐之以人參、乾薑、白朮。破氣，則佐之以大黃、牽牛、芒硝。此《本經》所以言益氣而復言消痞也。非白朮，不能去濕；非枳實，不能除痞。殼主高而實主下。高者主氣，下者主血。主氣者，在胸膈；主血者，在心腹。仲景治心下堅大如盤，水飲所作，枳實白朮湯主之。枳實七枚，朮三兩，水一斗，煎取三升，分三服。腹中軟即消。《衍義》云：枳實、枳殼，一物也。小則性酷而速，大則性詳而緩。故仲景治傷寒倉卒之病，承氣湯中用枳實，此其意也。皆取其疏通決泄，破結實之意。他方但導敗風壅之氣，可常用者，故用枳殼。故胸中痞，有桔梗枳殼湯；心下痞，有枳實白朮湯。高低之分，易老詳定為的也。

枳殼　氣寒，味苦。苦而酸，微寒，味薄氣厚，陽也。陰中微陽，無毒。《象》云：治脾胃痞塞，泄肺氣。麸炒用。《心》云：利胸中氣，勝濕化痰。勿多用，損胸中至高之氣。《珍》云：破氣。《本草》云：主風癢麻痹，通利關節，勞氣欬嗽，背膊悶倦。散留結，胸膈痰滯，逐水，消脹滿，大腸風，安胃，止風痛。《藥性論》云：枳殼，使。味苦、辛。治遍身風疹，肌中如麻豆，惡癢。殼，高，主皮毛、胸膈之病；實，低，主心胃之病。其主治大同小異。

元・尚從善《本草元命苞》卷六　枳殼　為使。苦酸，微寒。然殼、實同共一物，有大小高下之分。大則性詳而緩，小則性酷而速。高主皮毛胸膈之病，下主腸胃臍腹之疾。治風痒麻痺，通利關節，散膈間痰滯，開胃健脾。療勞氣欬嗽，背膊悶倦。逐水除脹，下氣消食。止反胃霍亂吐瀉，破癥結痃癖堅疾。生商州川谷。九十月採之，年深者妙。麸炒，去穰。皮膚燥痒，杵細末，煎服。瘦胎難產，和甘草點啜。煨熱可熨腸痔，燒末善治腸風。

枳實　為臣。味苦、酸，寒。有踈通決泄之功，有破結消堅之效。除胸脇痰癖，解傷寒結胸。安胃氣明目，利五臟輕身。逐停水止痢，長肌肉寬中。生河內川澤，惟商州精好。形如橘實，小葉，似根刺多。春生白花，至秋成實，七八月採之，陰乾。入丸散去穰，麸炒。寬完大者為殼，翻肚唇盆乃佳。

元・朱震亨《本草衍義補遺》　枳實　瀉痰，能衝墻倒壁。滑竅瀉氣之藥。○枳實、枳殼，一物也。小則其性酷而速，大則甚性詳而緩。故張仲景治傷寒倉卒之病，承氣湯中用枳實，此其意也。皆取其疎通決泄，破結實之義。

元・佚名氏《珍珠囊・諸品藥性主治指掌》〔見《醫要集覽》〕　枳殼　味苦、酸，性微寒，無毒。沉也，陰也。其用有四：消心下痞塞之痰，泄腹中滯塞之氣，推胃中隔宿之食，削腹內連年之積。

枳實　味苦、酸，性微寒，無毒。沉也，陰也。其用有四：消胸中之虛痞，逐心下之停水，化日久之稠痰，削年深之堅積。

元・徐彥純《本草發揮》卷三　枳實　成聊攝云：枳實，味苦，寒。潰堅破積。潔古云：去胃氣濕熱。《主治秘訣》云：氣味升降，與枳殼同。其用有五：主心下痞一，化胸脇痰二，消宿食三，散敗血四，破堅積五。凡治心下痞及宿食不消，竝用枳實、黄連。東垣云：枳實，味苦，微寒。苦以泄之，治心下痞。潔古用治脾經積血，故能去心下痞。脾無積血，則心下不痞，散氣，消宿食。苦寒炙用，以泄氣除內熱。海藏云：欲益氣，則佐之以人參、乾薑、白朮。破氣，則佐之以大黃、牽牛、芒硝。此《本經》所以言益氣，而復言消痞也。非白朮不能去濕，非枳實不能除痞。殼主高，而實主下。高者主氣，下者主血。主氣者在胸膈，主血者在心腹。仲景治心下堅，大如盤，水飲所作，枳實白朮湯主之。枳實七枚，白朮三兩，水一斗，煎至三升，分三服，腹中軟即消。《衍義》云：枳殼、枳實，一物也。小則其性酷而速，大則其性詳而緩，故仲景治傷寒倉卒之病，承氣湯中用枳實，此其意也，皆取其踈通決泄，破結實之義。他方但導散風壅之氣，可常服者，故用枳殼。其意如此，故胸中痞，有桔梗枳殼湯。心下痞，有枳實白朮湯。高低之分，易老詳定為的也。　丹溪云：枳實瀉痰，能衝墻倒壁，滑竅瀉氣之藥。

枳殼　潔古云：治胸中痞塞，泄肺氣。凡氣刺痛，用枳殼。看何經，分以引經藥導之。破滯氣，亦用枳殼，高者用之。然能損胸中至高之氣，止可二三服而已。《主治秘訣》云：性寒，味苦。氣厚味薄，浮升而微降，陰中陽也。其用有四：破心下堅痞一，利胸中氣二，化痰三，消食四。然不可多用，多則損胸中至高之氣。　東垣云：氣血弱者，不可服枳殼，以其損氣也。

明·王綸《本草集要》卷四　枳殼使　味苦酸辛，氣微寒。味薄氣厚，陽也，陰中微陽。無毒。陰乾，陳久者良。去瓤、核，麩炒令熟用。　主胸膈痞塞，散結氣，逐水，消脹滿，安胃，化痰涎，消食，破癥結痃癖，除寒熱結痢，長肌肉，利五臟。走大腸，泄肺氣，損胸中至高之氣，勿多用。又治遍身風疹風痛，大風在皮膚中，如麻豆苦癢。通利關節，主皮毛、胸膈之病。　腸風痔疾，一方同黄耆各半斤，糊為丸，米飲下二十丸。湖陽公主胎肥難產，方士進瘦胎散。用四兩，和甘草二兩，為末，空心服(大)[二]錢匕，茶清點服。

枳實臣：　味苦酸，氣寒。純陰。無毒。陳久者良。　主胸膈痰癖，逐停水，破結實，消脹滿，心下急痞痛，去脾經積血，故治心下痞。脾無積血，則不痞也，故傷寒結胸用之。又治逆氣，脇風痛，消宿食，安胃氣。《本經》不分殼，殼大，性詳而緩，治高，高者主氣，治在胸膈。實小，性酷而速，治下，下者主血，治在心腹，故有高低緩急之分。

明·滕弘《神農本經會通》卷二　枳殼　使也。九十月採，陰乾。凡使勿用枳實，緣性効不同。入藥浸軟，去瓤核，麩炒令熟，待麩焦黑，遂出，用布拭上焦黑。要陳久年深者為上。

味苦、酸，氣微寒，無毒。《湯》云：氣寒，味苦而酸，微寒。味薄氣厚，陽也，陰中微陽。東云：沉也，陰也。消心下痞塞之痰，泄腹中滯塞之氣，推胃中隔宿之食，削腹內連年之積。又云：寬中，下氣緩。《珍》云：破氣，利胸中，化痰，并消食，心下堅痞能消。多用損胸中清氣。《疌》云：通關去風，及止嘔利痰，寬腸并快氣，除麻木，逐水，寬妊胎，利肺。

《本經》云：主風痒麻痺，通利關節，勞氣欬嗽，背膊悶倦，散瘤結，胸膈痰滯，逐水，消脹滿，大腸風，安胃，止風痛。《藥性論》云：使。苦辛。治遍身風癬，肌中如麻豆惡瘡，主腸風痔疾，心腹結氣，兩脇脹虛，關膈壅塞。根，浸酒，煎含，治齒痛。消痰，有氣加而用之。日華子云：健脾開胃，調五臟，下氣，主嘔逆，消痰，治反胃，霍亂瀉痢，消食，破癥結痃癖，五隔氣，除風明目，及肺氣水腫，利大小腸，皮膚痒。痔腫，可炙熨。入藥浸軟，剉炒令熟。《象》云：治脾胃痞塞，泄肺氣，麩炒用。《心》云：利胸中氣，勝濕化痰。勿多用，損胸中至高之氣。《珍》云：破氣。枳殼高，主皮毛胸膈之病。枳實低，主心胃之病。其主治大同小異。丹溪同《衍義》云。《集》云：除寒熱結，止痢，長肌肉，利五臟，走大腸，泄肺氣風痛，大風在皮膚中。劊云：枳殼微寒味苦酸，消心下痞化痰涎。胃中宿食兼壅氣，去逐仍消積聚堅。《局》云：枳殼《圖經》名枳實，豁痰逐水更除風。又攻痔瘻消癥癖，下氣寬膨散結胸。枳殼，主結胸，散痞寬膨，兼調風逐水。

枳實：　臣也。九十月採，陰乾。凡使以皮厚而小者為實，皆以翻肚如盆口唇狀。須陳久者為良。用當去瓤核，麩炒微黄令香。

味苦、酸，氣寒，微寒，無毒。《湯》云：氣寒，味苦、酸、鹹。純陰。東云：沉也，陰也。消胸中之虛痞，逐心下之停水，化日久之稠痰，削年深之堅積。又云：寬中下氣速。《珍》云：破積，散敗血，泄除內熱。餘功與殼同。《疌》云：下痰寬膈，消瘀散痔，除脹逐飲，消食下氣。

《本經》云：主大風在皮膚中如麻豆苦痒，除寒熱結，止痢，長肌肉，利五臟，益氣輕身，除胸脇痰癖，逐停水，破結實，消脹滿，心下急，痞痛，逆氣，脇風痛，安胃氣，止溏洩，明目。生河內川澤，商州者佳。《藥性論》云：臣。味苦、辛。解傷寒結胸，入陷胸湯用，主上氣喘欬，腎內傷冷，陰痿疾而有氣，加而用之。《圖經》云：仲景治心下堅，大如盤，水飲所作，枳實白术湯主之，枳實七枚，术三兩，以水一斗，煎取三升，分三服，腹中軟即稍減之。又胸痺，心中痞堅，留氣結胸，脇下逆氣搶心，枳實薤白桂湯主之，陳枳實四枚，厚朴四兩，薤白半斤，切，栝樓一枚，桂一兩，以水五升，先煎枳實、厚朴，取二升，去滓，內音納餘藥於湯中。煎三兩沸，分溫三服，當愈。又有橘皮枳實湯，桂生薑枳實湯皆主胸痺心痛。葛洪治卒胸痺痛，單用枳實一物，搗末，服方寸匕，日三夜一。《象》云：除寒熱，破結實，消痰癖，治心下痞，逆氣脇痛，麩炒用。《心》云：潔古用去脾經積血，故能去心下痞。脾無積血，則心下不痞。治心下痞，散氣，消宿食。苦寒，炙用，破水積，以泄裏除氣。《珍》云：去胃中濕。益氣，則佐之以人參、乾薑、白朮。破氣，則佐之以大黄、牽牛、芒硝。此《本經》所以言益氣，而後言消痞也。非白术不能去濕，非枳實不能除痞。殼主高而實主下，高者主氣，下者主血。主氣者在胸膈，主血者在心腹。仲景治心下堅大如盤，水飲所作，枳實白朮湯主之，服後腹中軟，即消。《衍義》云：枳殼、枳實，一物也，小則性酷而速，大則性詳而緩。故仲景治傷寒倉卒之病，承氣湯中用枳實，此其意也。皆取其疎通決泄破結實之義。他方但導敗風壅之氣，可常服者，故用枳殼。故胸中痞有桔梗枳殼湯，心下痞有枳實白朮湯，高低之分，易老詳定為的也。丹溪云：瀉痰滑竅，衝墻倒壁，瀉氣之藥。餘同《衍義》。劊云：枳實苦酸能削積，胸中虛痞又能除。心間宿水宜斯逐，日久稠痰亦可袪。

明・劉文泰《本草品彙精要》卷一八　枳殼無毒　植生。

枳殼：主風癢麻痺，通利關節，勞氣，欬嗽，背膊悶倦，散留結，胸膈痰滯，逐水，消脹滿，大腸風，安胃，止風痛。名醫所錄。【苗】《圖經》曰：其樹如橘而小，高五七尺，葉如橙，多刺，春生白花，至秋成實。舊說七月、八月採者爲實，九月、十月採者爲殼。今醫家多以皮厚而小者爲枳實，實完大者爲枳殼。皆以翻肚如盆口唇狀，須陳久者爲勝。近道所出者俗呼臭橘，不堪用。【地】《圖經》曰：京西、江湖州郡皆有之，汝州、商州者爲佳。【時】生：春生新葉。採：九月、十月取實。【收】日乾。【用】實陳久者佳。【質】類香圓而小。【色】黃。【味】苦，酸。【性】微寒，泄。【氣】味薄氣厚，陽也。又云：陰中微陽。【臭】香。【主】腸風，痔疾，心腹結氣。【製】《雷公》云：凡使，去瓤，以麸炒過，待麸焦黑，遂出用布拭上焦黑，單搗如粉用。【治】療：《藥性論》云：治風熱疹，肌中如麻豆惡癢，兩脇虛脹，關膈壅塞。日華子云：健脾開胃，調五臟，下氣，止嘔逆，消痰，反胃，霍亂，瀉痢，消食，破癥結，痃癖，五膈氣，除風明目，及肺氣水腫，利大小腸，皮膚癢，痔腫，可炙熨。《湯液本草》云：治脾胃痞塞，泄肺氣，及利胸中滯氣，勝濕，化痰涎。【合治】合羊脛灰米飲服，治遠年近日腸風下血不止。〇以四兩，合甘草二兩爲末，空心湯點服二錢，孕婦臨月服之，易生。仍無胎中惡病，忌登高廁。【禁】多用，損胸中至高之氣。

枳實無毒　植生。　**枳實**出《神農本經》，**主大風在皮膚中，如麻豆，苦癢，除寒熱結，止痢，長肌肉，利五臟，益氣，輕身。**以上朱字《神農本經》。除胸脇痰癖，逐停水，破結實，消脹滿，心下急痞痛，逆氣，脇風痛，安胃氣，止溏泄，明目。以上黑字名醫所錄。【苗】《圖經》曰：其樹如橘而小，高五七尺，葉如橙，多刺。春生白花，至秋成實。七月、八月採皮厚而小者爲枳實，九月、十月採，皮薄而大者爲枳殼。用之須陳久者爲勝。近道所出者俗呼爲臭橘，不堪入藥。《衍義》曰：枳實、枳殼，一物也。小則其性酷而速，大則其性詳而緩。故張仲景治傷寒倉卒之病，承氣湯中用枳實，此其意也，皆取其疏通決泄，破結實之義。他方但導敗風壅之氣，故用枳殼，其意如此。【地】《圖經》曰：生河內川澤，今京西、江湖州郡皆有之。【道地】成州、商州川谷。【時】生：春生新葉。採：七月、八月取實。【收】日乾。【用】實、莖皮、根皮。【質】類青皮而堅厚。【色】青黑。【味】苦，酸。【性】寒，泄。【氣】氣薄味厚，陰也。【臭】香。【主】消痰飲，除堅積。【製】剉碎，麸炒用。【治】療：《藥性論》云：治傷寒結胸上，氣喘欬，腎傷冷，陰痿。陶隱居云：莖皮消水脹，並暴風，骨節疼急。陳藏器云：根皮，主痔及大便下血。《湯液本草》云：除寒熱，破結實，消痰癖，並心下痞，逆氣，脇痛，去脾經積血，消宿食，破水積，以泄裏除氣。【合治】合白朮水煎，療水飲所作，心下堅大如盤。〇合酒漬木皮，治卒中風，身直不得屈伸。〇合米飲調末，治胸痺，氣壅滿，心膈不利。

明・葉文齡《醫學統旨》卷八　枳殼　氣微寒，味苦、酸、辛。無毒。浮升而微降，陰中陽也。陳久者良。去瓤，麸炒熟用，大性而緩，治高主氣，在胸膈之分。治胸膈痞塞氣刺痛，散結逐水，消脹滿，安胃化痰涎；泄肺氣，消宿食；破癥結痃癖，除寒熱結痢，腸風痔疾；長肌肉，利五臟，走大腸，瘦胎氣；又治遍身風疹風痛，大風在皮膚中如麻豆苦痒，通利關節；主皮毛胸膈之病，損胸中至高之氣。勿多用，氣血弱者不可服，以其損真氣故也。

枳實：氣寒，味苦、酸。無毒。浮而降，純陰。陳久者良。麸炒用。小性酷而速，治下主血，在心腹之分。治傷寒結胸，心下痞滿急痛，胸膈痰癖；逐停水，破結實，消脹滿，化宿食；安胃氣逆氣脇痛，上氣喘欬，積聚壅滿，皆取其疎通決瀉，破結實之義。虛人久病勿用。

明・許希周《藥性粗評》卷一　寬中須枳實之功。枳實大者為殼，另有本條。

枳實，橘屬。初生如鵝眼大者，枳實也。既大如彈丸許者，枳殼也。江南江北處處有之。高七八尺，夏開黃白小花，秋結實，趂小取之。今以商州、成州者為佳。採獲剉破去瓤，晒乾，亦同陳皮，以陳久者良。凡用以麥麸炒過，不損胃氣。或曰：今俗名臭橘者，即其種也，未知是否？味苦，性微寒，無毒。主治胸脇痰癖水積，痞滿鼓脹，寬中利氣，宣通臟腑，消實破積，散血止痢。丹溪云：枳實瀉痰，能衝牆倒壁。海藏云：欲益氣則佐之以人參、乾薑、白术，欲破氣則佐之以大黄、牽牛、芒硝。此《本經》所以既言益氣，復言消痞也。又云：枳實、枳殼二種，殼主高，實主下，高者主氣，下者主血，主氣者在胸膈，主血者在心腹。《衍義》云：枳實、枳殼一物也。小則其性酷而速，大則其性詳而緩。故胸中痞，則桔梗枳殼湯主之，心下痞則白术枳實湯主之。愚嘗見大承氣湯中，非加枳實則不能速行，可見其功之烈，足為瀉痞之君矣。仲景治傷寒陷胸湯中，或加用之者，蓋以此也。

單方：胸痹氣壅：凡患胸膈不利，枳實二兩，麩炒微黄，為末，不拘時以清粥飲調下二錢。腸風下血：及五痔，多年不愈者，枳實半斤，剉，麩炒，去瓤，綿黄芪半斤，洗焙乾，剉，共為細末，不拘米飲調下二錢匕。若難服，以糊為丸梧桐子大，每服湯下三五十丸效。

明・許希周《藥性粗評》卷二 胸中有至高之氣，枳殼排行。

枳殼，枳實之既大者，略見枳實條下。九月大如彈時採之，劈破，去穰，晒乾。亦如陳皮，以陳久為良。凡用浸軟，剉炒熟，或以麥麩同炒更佳，須以麩黑為度。所使并所畏惡，《本草》不載。味苦、辛、酸，性微寒，無毒。其氣浮而微降。主治癥瘕痃癖，風瘙麻痹，心腹結氣，上焦痞塞，水腫痔漏，咳嗽脹滿，霍亂反胃，下氣止嘔，健脾開胃，消食破積，除風明目，調五臟，利大小腸。凡氣在胸上至高之處，非此不能行。潔古云：凡氣刺痛，看何經分用，枳殼以引經藥導之。東垣云：氣血弱者不可服，以其損氣故也。大略已見枳實條下。

單方：中風身直：不得屈伸反覆者，刮枳樹皮茹一升，酒三升，漬一宿，溫服五合至一升，酒盡再作，良。瘦胎易產：凡婦人欲胎易產者，枳殼四兩，甘草二兩，為粗末，每服一錢，空心用熱水半盞點之，待溫而服，自五月後一日一服，臨産甚易，又無他病。遍身瘮癢：以麩炒過枳殼，每服二錢，水一鍾，煎至六分，去滓，服之效。遠年痔瘡：凡患痔瘡，露頭作痛，屢發不愈者，以枳殼煻灰中煨熟，每用一片，於痔上熨之，盡七枚之後便定，如再發再熨。

明・鄭寧《藥性要略大全》卷三 枳殼 《珠囊》云：消心下痞塞之痰，泄腹中壅滯之氣，推胃中隔宿之食，削腹中連年之積。《賦》曰：寬中下氣，緩於枳、术。扁鵲云：專破至高之氣，利胸中氣，勝濕化痰。主風癢麻痹，通利關節。治遍身風疹，肌平如麻豆。惡瘡痒。勞氣咳嗽，背膊悶倦，散留結胸膈痰滯，逐水消脹滿，大腸風，止風痛，安胃。枳殼高，主皮毛胸膈之病；枳术低，主心胃之病。《金(櫃)〔匱〕》云：寬胸安胃，消食，泄肺氣，止風痛。味苦、酸、辛，性微寒，無毒。沉也，陰也。陰乾，陳久者良。去穰，麩炒入藥。

枳實 消胸中之虛痞，逐心下之停水。化日久之稠痰，削年深之堅積。《賦》曰：寬中下氣速於枳殼。○除傷寒結胸痰癖，毆寒熱，破積結，消痰。《經》云：治心下痞痛，散氣，消宿食，破水積。主大風在皮膚中，如麻豆苦痒。止痢，長肌肉，利五臟，益氣。除胸脇痰，消脹滿，痛逆氣，脇風痛，安胃氣，止溏泄，明目。佐以人參、乾薑、白术，則能益氣；佐以大黄、芒硝、牽牛，則能破氣。此《本經》所以言益氣而又言消痰泄氣也。東垣云：非白术不能去濕，非枳實不能消痞。枳殼主高而枳實主下。高者主氣，下者主血。主氣者在胸膈，主血者在心腹。味苦、辛，性微寒，無毒。沉也，陰也。陳久者良。水浸去穰，剉碎，麩炒用。

明・賀岳《醫經大旨》卷一《本草要略》 枳殼、枳實 《衍義補遺》本是一物，而損益之何也？蓋有大小之分。枳實雖小，性重而速；枳殼雖大，性稍輕而緩。瀉痰下氣破結之藥，故能寬腸利膈，亦去宿糞。大抵實證宜用，虛證不宜用之。如脾胃濕熱生痰有食者，入白术中四分之一。脾用枳實，有推墻倒壁之功；胃用枳殼，多損至高之氣。

明・陳嘉謨《本草蒙筌》卷四 枳實 味苦、酸，氣寒。味薄氣厚，陰也，陰中微陽。無毒。商州屬河南所生，似橘極小。擇如鵝眼，色黑陳者良。近道亦生。一種俗呼臭橘，其皮微緑，不堪藥用。今市家每採指為緑衣者，欺世謀利無益有損。故凡入藥劑，必求黑色為真也。剜淨內瓤，剉片麩炒用。本與枳殼一物，因收遲早異名。枳實秋收，枳殼冬採。今醫者不以此泥，惟視皮厚小者為實，完大者為殼也。殼大則性詳而緩治高，高者主氣，治在胸膈；實小則性酷而速治下，下者主血，治在心腹。故胸中痞，肺氣結也，有桔梗枳殼湯之煎；心下痞，脾血積也，有白术枳實湯之用。白术補脾，枳實去脾經積血，脾無積血，則不痞也。此高下緩急之分，易老詳定以為準的也。除脹滿，消宿食，削堅積，化稠痰。破氣佐牽牛大黄芒硝，益氣佐人參乾薑白术。仲景加承氣湯內，取疏通破結之功。丹溪入瀉痰藥中，有倒壁衝牆之捷。樹皮治風中身直，久不能屈伸。根皮主痔瘻來紅，及腸風臟毒。樹莖併皮收採，水脹風痛齊毆。〇其大枳殼，亦貴陳年。取翻肚如盆口唇，製剜瓤剉片麩炒。瀉肺臟，寬大腸。結氣胸中，兩脇虛脹者急服； 發瘮肌表，遍身苦癢者宜加。逐水飲停留，關節並利； 破痰癖積聚，宿食亦推。同甘草瘦胎，即枳殼散。和黃連滅痔。即連殼丸。能損至高之氣，不宜接迹服多。虛怯勞傷，尤當全禁。

明・方穀《本草纂要》卷五　枳殼　氣辛、溫，味苦、酸，無毒。氣分之藥也。入足太陰脾經，行脾氣； 入手太陰肺經，理肺氣。是以古方嘗配二陳湯用，名之曰枳桔二陳。蓋善治氣分之病，其功甚速。且如痰涎壅盛，中膈不利，此劑辛溫可以豁痰，苦酸可以下痰。然無二陳並治，用此獨下能行關格、積聚壅塞不通。此劑辛溫可以通氣，苦酸可以下氣，然無二陳爲君，用此塞不能開。至若癥痞有形之物，風濕有形之氣，用二陳以清氣可也，無枳殼固不能效。六鬱結而不散，中滿脹而不行，用二陳以理氣可也，無枳殼亦不能通。蓋枳殼之功，專於下氣，二陳之功，專於行氣，行氣而不下氣，則濁氣妄行於上，而爲喘嗽； 氣盛之症下氣而不行氣，則清氣妄行於下，而爲腸鳴飧泄之症，二者不可不知。又《本草》云： 枳殼不可多服，有損胸中至高之氣。今則安胎之劑多用之，何也？ 然安胎之劑，非枳殼不能寬，因其順氣也； 寬中之劑，非枳殼不能開，因其利氣也。又云： 雖能利氣而順氣，多服則損胸中至高之氣。故曰酸苦之劑，專於下氣，元虛之人，不可多服。此之謂歟。

明・方穀《本草纂要》卷五　枳實　味苦、酸，氣寒，純陰之藥也，無毒。入太陰脾經，行脾氣； 入陽明胃經，行胃氣。凡腹滿腦痞，胃中宿食，結氣積聚，痰涎不利，乃脾胃有餘之症也，此藥並能治之。是以治之之法，佐白术則和脾健胃，佐大黃則通泄中宮，佐蒼朴則清氣寬膈，佐麯糵則消導和中，佐芩連則清濕中之熱，佐橘半則導痰涎之壅。雖云治氣之藥，而與青陳枳殼不同，且如枳實瀉胸中充實之滿，枳殼去胸中至高之氣，陳皮清膈間之痰，青皮治腹下之痛，是雖體質相近，而功效亦相遠也。

明・王文潔《太乙仙製本草藥性大全》卷三《本草精義》　枳實　生河內川澤。枳殼生商州川谷。今京西、江湖州郡皆有之，以商州者爲佳。如橘而小，高亦五七尺，葉如橘，多刺，春生白花，至秋成實。九月、十月採，陰乾。舊說七月、八月採者爲實，九月十月採者爲殼。今醫家多以皮厚而小者爲枳實，完大者爲殼，皆以翻肚如盆口唇狀，須陳久者爲勝。近道所出者俗呼臭橘，不堪用。剜净內瓤，剉片麩炒用。本與枳殼一物，因收遠近異名，枳實秋收，枳殼冬採。今醫者不以此泥，惟視皮厚小者爲實，完大者爲殼也。

按：《衍義》云： 枳實、枳殼一物也。小則其性酷而速，大則其性詳而緩。故張仲景治傷寒倉卒之病，承氣湯中用枳實，此其意也，皆取其疎通決泄破結實之義。他方但導敗風壅之氣，可常服者，故用枳殼，其意如此。

明・王文潔《太乙仙製本草藥性大全》卷三《仙製藥性》　枳實臣　味苦、酸，氣寒，味薄氣厚，陰也，陰中微陽，無毒。　主治： 殼大則性詳而緩治高，高者主氣，治在胸膈。殼小則性酷而速治下，下者主血，治在心脾。故胸中痞，肺氣結也，有桔梗枳殼湯之煎； 心下痞，脾血積也，有白术枳實湯之用。白术補脾，枳實去脾經積血，脾無積血則不痞也。此高下緩急之分，易老詳定以爲準的也。除脹滿，消宿食，削堅積，化稠痰。破氣佐牽牛、大黃、芒硝，益氣佐人參、乾薑、白术。仲景加承氣湯內，取疏通破結之功； 丹溪入瀉痰藥中，有倒壁衝牆之捷。治大風在皮膚中如麻豆苦痒，利五臟。治心腹內急痞塊疼痛，安胃氣除脇痛，止溏洩，逐漏水，除寒熱結，止痢益氣，長肌肉，明目輕身。　補註： 塗風瘮，取以醋漬，令溫火炙熱，適寒溫用熨之即消。治胸痹氣壅滯，心膈不利，以二兩，麩炒微黃，爲末，以清粥飲調下二錢。治積痢、脫肛，以枳實石上磨令滑鑽著柄，蜜塗，火炙令暖，更易熨肛，取縮即止。治腸風下血，以半斤麩炒，去瓤，綿黃耆半斤，洗剉爲末，米飲下二錢，或以糊爲丸，湯下三五十丸效。治五痔不拘久新，以枳實爲末，煉蜜丸如桐子大，空心飲下二十丸。治傷寒後卒胸膈閉痛，用剉麩炒黃爲末，服二錢，米飲調下。治小兒久痢淋瀝，水穀不調，以六分，擣末，米飲調下二錢，二歲服一錢。治婦人陰腫堅痛，用半斤，碎炒令熟，故帛裹熨之。　樹皮： 治風中身直，久不能屈伸。　根皮： 主痔瘻來紅及腸風臟毒。　樹莖： 併皮，收採，水脹風痛齊毆。　補註： 主口僻眼急風，枳茹刮取上青，爲末，欲至瓤上者，得茹五升，微火灼去濕氣，以三升漬，微火暖，令得藥味，遂性飲之。治中風身直不得屈伸反覆者，刮枳樹皮一升，酒三升，漬一宿，服五合至一升，酒盡再作，良。

枳殼使： 味苦、酸、辛，微寒，無毒。沉也，陰也，陰乾陳久者良。
主治： 消心下痞塞之痰，泄腹中壅滯之氣，推胃中隔宿之食，削腹中連年之積。寬中下氣，緩於枳术。瀉肺臟，寬大腸。結氣胸中，兩脇虛脹者急服。

發瘮肌表，遍身苦癢者宜加。逐水飲停留，關節並利。破痰癖積聚，宿食亦推。同甘草瘦胎即枳殼散，和黄連滅痔即連殼丸。能損至高之氣，不宜接迹，服多虚怯勞傷，尤當全禁。　補註：腸風痔疾，一方同黄耆半斤，搗爲丸，米飲下二十丸。○湖陽公主胎肥難産，方士進瘦胎散：用四兩，和甘草二兩，爲末，空心服。治水氣皮膚痒，及明目，枳殼一兩，杵末，如茶法煎呷之。治一切瘮，以水煮爲煎塗之，乾即又塗之。治風瘮痒不止，以三兩麸炒微黄，爲末，每服二錢，煎六分，去滓服。○熨痔，痔頭出或痛不可忍，用枳殼於煻灰中煨熱微熨，盡七枚立定，發即熨之。治遠年日近腸風下血不止，以枳殼燒灰存性，羊胫炭爲末，枳殼末五錢，炭末三錢，和匀，濃米飲一盞調下，空心服。　太乙曰：凡使勿使枳實，緣性效不同。若使枳殼，取辛苦腥并有隙油，能消一切壅，要塵久年深者爲上。用時先去瓤，(一)麸炒過，待麸燋黑遂出，用布拭上燋黑，然後單搗如粉用。

明·皇甫嵩《本草發明》卷四　枳實中品，臣。氣寒，味苦、酸，無毒。純陰。

發明曰：枳實純陰，主下而主血，治療在心腹，以其性酷而速下，能消實痞，去堅結之功多。故《本草》主除胸脇痰癖，逐停水，破結實，消脹滿，心下急痞痛逆氣，脇風痛，堅積，止痢，除寒熱結及胃濕，又散氣，消宿食，去脾中積血，故主血。若脾無積血，則不痞也。又主大風在皮膚中麻豆苦痒，蓋以積血滯于中，不能榮于肌表故耳。大約消痞去結之用居多，若云益氣，利五藏，安胃，長肉明目，止溏泄者，非能補也。必主以參、术、薑、棗之類，斯能安胃益氣。若佐以厚朴、硝、黄之類，則又破血而散結。要之結散痞除，則胃氣得養，五藏亦利，而血亦滋生矣。此亦撥亂反正之意，故心下痞用枳實白术湯，腸中堅結用之。承氣湯内取其有衝牆倒壁之力，正以其性酷而速下也。若脾虚久泄者，雖兼補劑，亦不可用。《本草》内方塗風疹，取枳實以(酷)〔醋〕漬令濕，火炙令(熟)〔熱〕，適寒溫，(味)熨上即消。

枳殼中品，臣。氣微寒，味苦而酸。味薄氣厚。無毒。陽也，陽中之陰也。　發明曰：枳殼大于枳實，而性緩，主高而主氣，治療在胸膈，而踈膈氣，瀉肺藏之功居多。故《本草》主散胸膈結氣，除脹滿，逐水氣，消痰滯，消宿食，治番胃霍亂及肺氣水脹，皆其能疏導膈氣而然也。又主遍身風痒疹，痳痺風痛，利關節，勞氣咳嗽，背縛悶倦等候，以其高主皮毛胸膈之病。又療腸風，除結痢，消痔。寬大腸者，以大腸肺之府也，故藏府同治。○配桔梗，消膈上之痞。佐白朮，能安胎。同甘草，能瘦胎。和黄連，能滅痔。但多用損至高之氣。若虚怯勞傷者，雖佐他藥，亦當禁用。○樹皮，治中風身直，久不屈伸。○根皮，主痔瘻來紅，腸風藏毒。○樹莖併皮，收採，敺水脹風痛。枳殼取翻肚如盆口唇，枳實用鵝眼俱黑色者良。剜去内穰，麸炒用。二者本同一種，但枳實秋收，枳殼冬採，故形有大小，而為用各異也。

明·李時珍《本草綱目》卷三六木部·灌木類　枳《本經》中品。校正：併入《開寶》枳殼。

【釋名】子名枳實《本經》　枳殼宋《開寶》宗奭曰：枳實、枳殼一物也。小則其性酷而速，大則其性詳而緩。故張仲景治傷寒倉卒之病，承氣湯中用枳實，皆取其疏通、决泄、破結實之義。他方但導敗風壅之氣，可常服者，故用枳殼，其義如此。恭曰：既稱枳實，須合核穰，今殊不然。時珍曰：枳乃木名。從枳，諧聲也。實乃其子，故曰枳實。後人因小者性速，又呼老者爲枳殼。生則皮厚而實，熟則殼薄而虚。正如青橘皮、陳橘皮之義。宋人復出枳殼一條，非矣。寇氏以爲破結實而名，亦未必然。

【集解】《別録》曰：枳實生河内川澤，九月、十月采，陰乾。志曰：枳殼生商州川谷。九月、十月采，陰乾。藏器曰：《本經》枳實用九月、十月，不如七月、八月，既厚且辛。舊云江南爲橘，江北爲枳。《周禮》亦云：橘逾淮而北，爲枳。今江南枳、橘俱有，江北有枳無橘。此自別種，非關變易也。頌曰：今洛西、江湖州郡皆有之，以商州者爲佳。木如橘而小，高五七尺。葉如橙，多刺。春生白花，至秋成實。七月、八月采者爲實，九月、十月采者爲殼。今醫家以皮厚而小者爲枳實，完大者爲枳殼，皆以翻肚如盆口狀、陳久者爲勝。近道所出者，俗呼臭橘，不堪用。

【修治】弘景曰：枳實采，破令乾，除核，微炙令乾用。以陳者爲良，俗方多用，道家不須。斆曰：枳實、枳殼性效不同。若使枳殼，取辛苦腥並有隙油者，要塵久年深者爲佳。並去穰核，以小麥麸炒至麸焦，去麸用。

枳實【氣味】苦，寒，無毒。《別録》曰：酸，微寒。普曰：神農：苦。雷公：酸，無毒。李當之：大寒。權曰：辛、苦。元素曰：性寒味苦，氣厚味薄，浮而升微降，陰中陽也。杲曰：沈也。陰也。

【主治】大風在皮膚中，如麻豆苦痒，除寒熱結，止痢，長肌肉，利五臟，益氣輕身《本經》。除胸脇痰癖，逐停水，破結實，消脹滿，心下急痞痛逆氣，脇風痛，安胃氣，止溏泄，明目《別録》。解傷寒結胸，主上氣喘咳，腎内傷冷，陰痿而有氣，加而用之甄權。消食，散敗血，破積堅，去胃中濕熱元素。

【發明】震亨曰：枳實瀉痰，能衝墻倒壁，滑竅破氣之藥也。元素曰：心下痞及宿食不消，並宜枳實、黄連。杲曰：以蜜炙用，則破水積以泄氣，除内熱。潔古用去脾經積血。脾無積血，則心下不痞也。好古曰：益氣則佐之以人參、白术、乾薑，破氣則佐之以大黄、牽牛、芒硝，此《本經》所以言益氣而復言消痞也。非白术不能去濕，非枳實不能除痞。故潔古制枳术丸方，以調胃脾。張仲景治心下堅大如盤，水飲所作，枳實白术湯，用枳實七枚，术三兩，水壹斗，煎三升，分三服。腹中軟，即消也。餘見枳殼下。

【附方】舊九，新四。

卒胸痹痛：枳實擣末，湯服方寸匕，日三夜一。《肘後方》。

胸痹結胸：胸痹，心下痞堅，留氣結胸，脇下逆氣搶心，枳實薤白湯主之。陳枳實四枚，厚朴四兩，薤白半斤，栝樓一枚，桂一兩，以水五升，先煎枳、朴，取二升，去滓，納餘藥，煎三兩沸，分溫三服，當愈。張仲景《金匱要略》。

傷寒胸痛：傷寒後卒胸膈閉痛。枳實麩炒爲末，米飲服二錢，日二服。嚴子禮《濟生方》。

産後腹痛：枳實麩炒、芍藥酒炒，各二錢，水一盞煎服。亦可爲末服。○《聖惠方》。

奔豚氣痛：枳實炙爲末。飲下方寸匕，日三夜一。《外臺秘要》。

婦人陰腫：堅痛。枳實半斤碎炒，帛裹熨之，冷即易。《子母秘録》。

大便不通：枳實、皂莢等分，爲末，飯丸，米飲下。《危氏得效方》。

積痢脱肛：枳實石上磨平，蜜炙黄，更互熨之，縮乃止。《千金方》。

小兒久痢：水穀不調。枳實搗末，飲服一二錢。○《廣利方》。

腸風下血：枳實半斤麩炒，黄芪半斤，爲末。米飲，非時服二錢匕。糊丸亦可。《經驗方》。

小兒五痔：不以年月。枳實爲末，煉蜜丸梧子大，空心飲下三十丸。《集驗方》。

小兒頭瘡：枳實燒灰，猪脂調塗。《聖惠方》。

皮膚風瘮：枳實醋浸，火炙熨之即消。《外臺秘要》。

枳殼

【氣味】苦、酸，微寒，無毒。權曰：苦，辛。元素曰：氣味升降，與枳實同。杲曰：沉也，陰也。

【主治】風痹麻痹，通利關節，勞氣欬嗽，背膊悶倦，散留結胸膈痰滯，逐水消脹，滿大脇風，安胃，止風痛《開寶》。遍身風瘮，肌中如麻豆惡瘡，腸風痔疾，心腹結氣，兩脇脹虚，關膈壅塞甄權。健脾開胃，調五臟，下氣，止嘔逆，消痰，治反胃霍亂瀉痢，消食，破癥結痃癖五膈氣及肺氣水腫，〔利〕大小腸，除風明目。炙熱，熨痔腫大明。泄肺氣，除胸痞元素。治裏急後重時珍。

【發明】元素曰：枳殼破氣，勝濕化痰，泄肺走大腸，多用損胸中至高之氣，止可二三服而已。禀受素壯而氣刺痛者，看在何〔部〕經分，以別經藥導之。杲曰：氣血弱者不可服，以其損氣也。好古曰：枳殼主高，枳實主下；高者主氣，下者主血。故殼主胸膈皮毛之病，實主心腹脾胃之病，大同小異。朱肱《活人書》言，治痞宜先用桔梗枳朮實殼湯，非用此治心下痞也。果知誤下，氣將陷而成痞，故先用此，使不致於痞也。若已成痞而用此，則失之晚矣。不惟不能消痞，反損胸中之氣，先之一字有謂也。時珍曰：枳實、枳殼氣味功用俱同，上世亦無分別。魏、晋以來，始分實、殼之用。潔古張氏、東垣李氏又分治高治下之説，大抵其功皆能利氣。氣下則痰喘止，氣行則痞脹消，氣通則痛刺止，氣利則後重除。故以枳實利胸膈，枳殼利腸胃。然張仲景治胸痹痞滿，以枳實爲要藥。諸方治下血痔痢、大腸秘塞、裏急後重，又以枳殼爲通用，則枳實不獨治下，而殼不獨治高也。蓋自飛門至魄門，皆肺主之，三焦相通，一氣而已，則二物分之可也。不分亦無傷。《杜壬方》載湖陽公主苦難産，有方士進瘦胎飲方。用枳殼四兩，甘草二兩，爲末，每服一錢，白湯點服。自五月後一日一服，至臨月，不惟易産，仍無胎中惡病也。張潔古《活法機要》改以枳术丸日服。令胎瘦易生，謂之束胎丸。而寇宗奭《衍義》言，胎壯則子有力易生，令服枳殼藥反致無力，兼子亦氣弱難養，所謂縮胎易産者，大不然也。以理思之，寇氏之説似覺爲優。或胎前氣盛壅滯者宜用之，所謂八九月胎，必用枳殼、蘇梗以順氣，胎前無滯，則産後無虚也。若氣禀弱者，即大非所宜矣。震亨曰：難産多見于鬱悶安逸之人，富貴奉養之家。古方瘦胎飲，爲湖陽公主作也。予妹苦于難産，其形肥而好坐，予思此與公主正相反也。彼奉養之人，其氣必實，故耗其氣使平則易産。今形肥則氣虚，久坐則氣不運，當補其母之氣。以紫蘇飲加補氣藥，十數貼服之，遂快産。

【附方】舊三，新十五。

傷寒呃噫：枳殼半兩，木香一錢，爲末。每白湯服一錢，未（知）〔止〕再服。《本事方》。

老幼腹脹：血氣凝滯，用此寬腸順氣，名四炒丸。商州枳殼厚而緑背者，去穰，四兩，分作四分：一兩用蒼术一兩同炒，一兩用蘿蔔子一兩同炒，一兩用乾漆一兩同炒，一兩用茴香一兩同炒黄。去四味，只取枳殼爲末，以四味煎汁煮麪糊，和丸梧子大。每食後，米飲下五十丸。王氏《簡易方》。

消積順氣：治五積六聚，不拘男婦老小，但是氣積，並皆治之。乃仙傳方也。枳殼三斤去穰，每箇入巴豆仁一箇，合定扎煮，慢火水煮一日。湯減再加熱湯，勿用冷水。待時足汁盡，去巴豆，切片晒乾勿炒，爲末，醋煮麪糊丸梧子大。每服三四十丸，隨病湯使。邵真人《經驗方》。

順氣止痢：枳殼炒二兩四錢，甘草六錢，爲末。每沸湯服二錢。《嬰童百問》。

疏導脚氣：即上方。用木瓜湯服。《直指方》。

小兒祕澀：枳殼煨去穰、甘草各一錢，以水煎服。《全幼心鑑》。

腸風下血：不拘遠年近日，《博濟方》用枳殼燒黑存性五錢，羊脛炭爲末三錢，五更空心米飲服。如人行五里，再一服，當日見效。○《簡便方》用枳殼一兩，黄連五錢，水一鍾，煎半鍾，空心服。

痔瘡腫痛：《必效方》用枳殼煨熟熨之，七枚立定。○《本事方》用枳殼末入瓶中，水煎百沸，先熏後洗。

懷胎腹痛：枳殼三兩麩炒，黄芩一兩，每服五錢，水二盞半，煎一盞服。若脹滿身重，加白术一兩。《活法機要》。

産後腸出：不收。枳殼煎湯浸之，良久即入也。《袖珍方》。

小兒驚風：不驚丸：治小兒因驚氣吐逆作搐，痰涎壅塞，手足掣瘲，眼睛斜視。枳殼去穰麩炒、淡豆豉等分，爲末。每服一字，甚者半錢。急驚，薄荷自然汁下。慢驚，荆芥湯入酒三五點下。日三服。陳文中《小兒方》。

牙齒疼痛：枳殼浸酒含漱。《聖惠方》。

風瘮作癢：枳殼三兩，麩炒爲末。每服二錢，水一盞，煎六分，去滓溫服。仍以汁塗。《經驗方》。

小兒軟癤：大枳殼一箇去白，磨口平，以麪糊抹邊合癤上。自出膿血盡，更無痕也。危氏《得效方》。

利氣明目：枳殼麩炒一兩

爲末，點湯代茶。○《普濟方》。　下早成痞：傷寒陰證，下早成痞，心下滿而不痛，按之虛軟。枳殼、檳榔等分，爲末。每服三錢，黃連湯調下。○《宣明方》。　脇骨疼痛：因驚傷肝者，枳殼一兩麩炒，桂枝生半兩，爲細末。每服二錢，薑棗湯下。《本事方》。

枳茹　樹皮也。或云：枳殼上刮下皮也。　【主治】中風身直，不得屈申反復，及口僻眼斜。刮皮一升，酒三升，漬一宿，每溫服五合，酒盡再作蘇頌。樹莖及皮，主水脹暴風，骨節疼急弘景。

根皮　【主治】浸酒，漱齒痛甄權。煮汁服，治大便下血。末服，治野雞病有血藏器。

嫩葉　【主治】煎湯代茶，去風時珍。○出《茶譜》。

題明·薛己《本草約言》卷二《藥性本草》　枳殼　味苦、酸、辛，氣微寒，無毒。陰中微陽，可升可降。去心下痞塞之痰，泄腹中滯塞之氣，推胸膈久宿之食，削腹中遠年之積，疏風癢瘡疹盈肌，破諸氣走痛如刺。誤犯誅罰無辜之條，必傷胸中至高之氣。瀉痰下氣，破結之藥，故能寬腸利膈，亦去宿糞，又主遍身風癢瘡疹等疾，以其高主皮毛、胸膈之病也。實證宜用，虛證不宜用之，以損氣故也。配桔梗消膈上之痞，佐白术能安胎，同甘草能瘦胎，和黃連能滅痔。但多用損至高之氣，久瀉不實者亦忌用。陳久者良。參蘇敗毒散，一切用之，亦以其能疏皮毛、胸膈之病也。

題明·薛己《本草約言》卷二《藥性本草》　枳實　味苦、酸，氣溫，無毒。陰也，降也。消心下之脹滿，泄胸中之痞急，逐內蓄之痰飲，破久停之宿食。入足陽明太陰、手少陰經。以柴胡、黃芩、竹茹佐之則溫膽，以白术、二陳佐之則消痰。○非白术不能去濕，非枳實不能消痞。○性酷而速下，能消實痞，去堅結之功多。若云益氣利五臟，必主以參、术、棗、薑之類，斯能安胃益氣。若佐以厚朴、硝、磺之類，則又破血而散結。要之，結痞散除，則胃氣得養，五臟亦利，而血亦滋生矣。此亦撥亂反正之意也。　江云：枳殼、枳實一物也。殼大，性詳而緩，治高，高者主氣，治在胸膈。實小，性酷而速，治下，下者主血，治在心腹。殼治胸膈，故胸中痞，肺氣結也，有桔梗枳殼湯。實治心腹，故心下痞，脾氣積也，有白术枳實湯。蓋白术補脾，枳實去脾經積血，脾無積血，則不痞也。

明·佚名氏《醫方藥性·草藥便覽》　枳殼　其性苦、辣。寬胸煩，解熱止嗽。

明·梅得春《藥性會元》卷中　枳殼　味苦，性酸，微寒。浮升而微降，陰中陽也。無毒。　主消心下痞塞之痰，洩腹中滯塞之氣。推胃中隔宿之食，削腹中連年之積。寬中下氣，主結胸、消脹寬膨，逐水調風。攻腸風痔漏，破除癥癖，安胃，可化痰涎，泄肺氣，利關節。遍身風疥，長肌肉，利五臟及氣刺痛風，走大腸，泄風在皮膚如麻豆苦痒，瘦胎氣，主皮毛胸膈之痞，損胸中至高之氣。虛弱者勿多用，以其能損真氣。若服人參氣悶作喘者，用此破之，以泄其氣而喘自定。　製法：去穰，滚水泡去酸澀，切，晒乾，麥麩拌炒熟，其性而緩，主治暴氣、胸膈之氣。凡使，陳久者良。

明·梅得春《藥性會元》卷中　枳實　味苦、酸，性微寒。沉也，陰也。無毒。　主治胸中之虛痞，逐心下之停水。化日久之稠痰，削年深之堅積。寬中下氣，治傷寒結胸，痞滿急痛，此胸膈痰。破結氣，消宿食，安胃氣，脇痛上氣，喘逆咳嗽，積聚壅滿。主大風在皮膚中行，苦痒。除寒熱結氣，長肌肉，利五臟，止溏瀉，明目，瀉痰。能衝牆壁，滑疾泄氣之藥也。　按：枳殼、枳實，一物也。小則性酷而速，大則性詳而緩。故仲景治傷寒倉卒之病，承氣湯中用枳實者，皆取其疏通決泄破結實之義。　製法：用滚水泡去酸苦，切，晒乾，麥麩拌炒。凡使，形如鵝眼小者，性酷而速至下，主血在心腹之分。陳久者良。

明·杜文燮《藥鑒》卷二　枳殼　氣寒，味苦酸，無毒。氣厚味薄，沉也，陰也。消心下痞塞之痰，泄腹中滯寒之氣。推胃中膈宿之食，消腹中遁年之積。同甘草瘦胎，和黃連減痔。寬大腸結氣，瀉脇下虛脹。然味苦帶辛，又能治通身風疹。與枳實同一物也，但有大小之分，枳實小，則性酷而速；枳殼大，則性寬而緩。大都實症宜用，虛症忌之。如脾胃濕熱生痰有食者，入白术四分之一。脾則用實，胃則用殼。仲景治傷寒倉卒之病，承氣湯中用枳實，正取其踈通決泄，破結實之表耳。　愚按：枳殼，氣藥也。惟泄胸中至高之氣，此便是降火妙劑。必產商州者為佳。蓋西土庚辛，受氣於金，皮黑肉白可見。金水〔相〕生，母隱乎胞之裏。不製通治諸疾，若氣虛及年高者，必須醋拌麩炒，醋能斂表，麩能密腠故也。色蒼黑，耐寒怯熱者，則用以為君，白茯為臣，佐半夏、防風為使。治痰壅上急，再以蘇子佐之，治諸衄血妄行最捷。若痰在四肢，成核成癖，並加氣藥，以輔翼之。　枳實：氣寒，味苦、酸，氣厚味薄，無毒。沉也，陰也。能消胃中之虛痞，逐心下之停水，化日久之稠痰，削年深之堅積。仲景加承氣湯內，取踈通破結之功。丹溪入瀉痰藥中，有推墻倒壁之能。欲益氣則佐以參、术，欲破氣則佐以硝、黄。此與枳殼有高下緩急之異。殼主高，實主下。高者主氣，下者主血。主氣者在胸膈，主血者在心腹。故胸中痞，肺氣結也，有桔梗枳殼湯之名。心下痞，脾血積也，有白术枳實湯之用。氣虚則忌。

明·王肯堂《傷寒證治準繩》卷八　枳實　氣微寒，味苦辛，無毒。潔：氣厚味薄，浮而升，微降，陰中陽也。垣：沉也，陰也。除寒熱，破結實，消痰癖，治心下痞，逆氣脇痛。海：枳殼主高，枳實主下。高者主氣，下者主血。故殼主胸鬲皮毛之病，實主心腹脾胃之病，大同小異。朱肱《活人書》言：治痞宜先用桔梗枳殼湯，非用此治心下痞也。果知誤下，氣將陷而成痞，故先用此，使不致於痞也。若已成痞而用此，則失之晚矣。不惟不能消痞，反損胸中之氣，先之一字有謂也。珍：枳實、枳殼，氣味功用俱同，上世亦無分别。魏晉以來，始分實殼之用。潔古、東垣又分治高、治下之説。大抵其功皆能利氣，氣下則痰喘止，氣行則痞脹消，氣通則刺痛止，氣利則後重除。故以枳實利胸膈，枳殼利腸胃。然仲景治胸痹痞滿，以枳實為要藥。諸方治下血痔利，大便閉塞，裏急後重，又以枳殼為通用，則枳實不獨治下，而殼不獨治高也。蓋自飛門至魄門，皆肺主之，三焦相通，一氣而已，則二物分之可也，不分亦無傷。麩炒，去瓤，搗羅過用。

明·李中立《本草原始》卷四　枳實、枳殼　枳實生河内川澤。枳殼生商州川谷。今京西、江湖州郡皆有之。木如橘而小，高五七尺。葉如橙多刺。春生白花，至秋成實。《本草綱目》云：枳乃木名，從只，諧聲也。《醫學入門》云：七月、八月采者為實，小而色青，中實，故名枳實。九月、十月采者為殼，大而色黄紫，多穰，入藥去穰用殼，故名枳殼。

枳實：氣味：苦，寒，無毒。主治：大風在皮膚中，如麻豆苦痒。除寒熱結，止痢。長肌肉，利五臟，益氣輕身。〇除胸脇痰癖，逐停水，破結實，消脹滿，心下急痞痛，逆氣，脇風痛，安胃氣，止溏泄，明目。〇解傷寒結胸，主上氣喘欬，腎内傷冷，陰痿而有氣，加而用之。〇消食，散敗血，破積堅，去胃中濕熱。

枳實，《本經》中品。【圖略】皮青，肉赤白。青而小者，俗呼鵝眼枳實。近道出者小而緑色，氣臭，俗呼緑衣枳實，不堪用。修治：枳實，用皮厚而小，翻肚如盆口狀，陳久者為勝。水漬透，切片晒乾。小麥麩炒至麩焦，去麩用。其性酷而速。

氣厚味薄，浮而升，微降，陰中陽也。《子母秘錄》：治婦人陰腫堅痛，枳實半斤，碎炒令熟，故帛裹熨，冷即易之。枳實，臣。

枳殼：氣味：苦、酸，微寒，無毒。主治：風痹麻痹，通利關節，勞氣欬嗽，背膊悶倦，散留結，胸膈痰滯，逐水，消脹滿大脇風，安胃，止風痛。〇遍身風疹，肌中如麻豆，惡瘡，腸風痔疾，心腹結氣，兩脇脹虚，關膈壅塞。〇健脾開胃，調五臟，下氣，止嘔逆，消痰。治反胃，霍亂，瀉痢，消食。破癥結痃癖，五膈氣，及肺氣水腫，利大小腸，除風明目。炙熱熨痔腫。泄肺氣，除胸滿。〇治裏急後重。其性詳而緩。

枳殼，宋《開寶》。【圖略】枳殼皮青，肉白。氣味沉降，與枳實同。杲曰：沉也，陰也。修治：水浸去穰，切片麩炒。

小兒軟癤，大枳殼一箇，去白磨口平，麪糊抹邊，合癤上，自出膿血盡，更無痕也。

明·張懋辰《本草便》卷二　枳殼使　味苦、酸、辛，氣微寒，味薄氣厚，陽也，陰中微陽，無毒。去穰，麩炒令熟用。　主胸膈痞塞，散結氣，逐水，消脹滿，安胃，化痰涎，消食，破癥結痃癖，除寒熱結痢，長肌肉，利五臟，走大腸，泄肺氣，損胸中至高之氣，勿多用。又治遍身風疹風痛，大風在皮膚中如麻豆，苦痒，通利關節，主皮毛胸膈之病。

枳實臣　味苦、酸，氣寒，純陰，無毒。主胸膈痰癖，逐停水，破結實，消脹滿，心下急痞痛，去脾經積血，故治心下痞。脾無積血則不痞也。故傷寒結胸用之。又治逆氣脇風痛，消宿食，安胃氣。

明·李中梓《藥性解》卷一　枳殼　味辛苦酸，性微寒無毒，入肺、肝、胃、大腸四經。主下胸中至高之氣，消心中痞塞之痰，泄腹中滯塞之氣，去胃中隔宿之食，削腹内連年之積，疏皮毛胸膈之病，散風氣痒麻，通大腸閉結，止霍亂，療腸風，攻痔疾，消水腫，除風痛。去瓤核麩炒用，陳久者良。按：枳殼辛歸於肺，酸歸於肝，大腸者肺之腑也，胃者上焦之腑也，故均入之。刮下枳茹，其效更速。　枳實　味苦、酸，性微寒，無毒，入心、脾二經。主消胸中之癖滿，逐心下之停水，化日久之稠痰，削年深之堅積，除腹脹，消宿食，定喘咳，下氣逆。麩炒用。按：枳實，即枳殼之小者，苦宜於心，脾者心之子也，故并入之。其性猛烈，有沖牆倒壁之功，氣弱者忌之。考青皮、陳皮同一種，枳殼、枳實同一種，但採有遲早，分老嫩而名也。四者主治，咸以導滯為功，然嫩者性酷治下，老者性緩治高之別爾。

明・繆希雍《本草經疏》卷一三　枳殼　味苦、酸，微寒，無毒。主風痒麻痹，通利關節，勞氣欬嗽，背膊悶倦，散留結，胸膈痰滯，逐水消脹滿，大腸風，安胃止風痛。

【疏】枳殼氣味所主，與枳實大略相同，但枳實形小，其氣全，其性烈，故善下達，如少年猛悍之將，勇往直前，而一無回顧者也。枳殼形大，其氣散，其性緩，故其行稍遲，是以能入胸膈肺胃之分及入大腸也。其主風痒麻痹，通利關節，止風痛者，蓋肺主皮毛，胃主肌肉，風寒濕入於二經，則皮膚瘙痒，或作痛，或麻木。此藥有苦泄辛散之功，兼能引諸風藥入於二臟，故為治風所需。風邪既散，則關節自然通利矣。其療勞氣咳嗽，背膊悶倦者，蓋亦指風寒鬱於上焦，則肺氣滯而為悶倦咳嗽。《經》曰：肺苦氣上逆，急食苦以泄之。枳殼味苦能泄至高之氣，故主之也。又肺與大腸為表裏，風邪入肺則并入大腸，風熱相搏而為腸風下血，苦寒下泄之氣，則血熱清而風自除矣。其主散留結，胸膈痰滯，逐水消脹滿，安胃，諸證悉與枳實相同，第其氣稍緩耳。【主治參互】同蘇子、橘皮、桔梗、木香、白豆蔻、香附，治上焦壅氣脹滿因於寒。同黃連、槐花、乾葛、防風、荊芥、芍藥、黃芩、當歸、生地黃、地榆、側栢葉，治腸風下血初起者，神效。同荊芥、苦參、防風、蒼耳草、敗蒲，煎湯沐浴，治風疹作痒。同檳榔、芍藥、黃連、升麻、葛根、甘草、紅麯、滑石，治滯下裏急後重。得人參、麥冬，治氣虛大便不快。同肉桂，治右脇痛。【簡誤】枳殼泄肺，能損至高之氣，肺氣虛弱者忌之。脾胃虛，中氣不運，而痰壅喘急者忌之。咳嗽不因於風寒入肺氣壅者，服之反能作劇。咳嗽陰虛火炎者，服之立致危殆。一概胎前產後，咸不宜服。今世多用以治婦人胎氣不安，或至八九月為易產之劑，動輒資用。殊不知婦人懷孕，全賴氣血以養胎，氣血充足則胎自易產。且娠婦至八九月，精神困倦，四肢輭弱，飲食減少，動息喘促何？莫非虛弱之證，而更用此耗散之藥耶？正《經》所謂損不足而虛其虛，豈不大謬哉！古方有瘦胎飲者，為湖陽公主而設，以彼奉養太過，其氣必實，故用此以耗其有餘之氣，則胎易產。今人不知古人立方之意，一概濫施。誤甚！誤甚！

枳實：味苦、酸，寒，微寒，無毒。主大風在皮膚中，如麻豆苦痒，除寒熱結，止痢，長肌肉，利五臟，益氣輕身，除胸脇痰癖，逐停水，破結實，消脹滿，心下急痞痛，逆氣脇風痛，安胃氣，止溏洩，明目。

【疏】枳實感天地苦寒之氣以生，故其味苦，氣寒，無毒。《別錄》、雷公加酸，甄權加辛。察其功用，必是苦為最，而酸辛次之。氣味俱厚，陰也。入足陽明、太陰經。細詳神農主治，與本藥氣味大不相侔，究其所因，必是枳殼所主。蓋二物古文原同一條，後人分出時誤入耳。其《別錄》所主除胸脇痰癖，逐停水，破結實，消脹滿，心下急痞痛，逆氣脇風痛，安胃氣，止溏洩者，是其本分內事，皆足陽明、太陰受病。二經氣滯則不能運化精微，而痰癖、停水、結實、脹滿所自來矣。胃之上口名曰賁門，賁門與心相連，胃氣壅則心下亦自急痞痛，邪塞中焦，則升降不舒而氣上逆。肝木鬱於地下，則不能條達而脇痛，得其破散衝走之力，則諸證悉除。所以仲景下傷寒腹脹實結者，有承氣湯。胸中痞痛者，有陷胸湯。潔古療心下痞滿者，有枳朮丸。壅滯既去，則胃氣自安，而溏洩亦止矣。末云明目者，《經》曰：目得血而能視。氣旺乃能生血，損氣破散之性豈能明目哉？無是理也！【主治參互】同三稜、蓬茂、青皮、檳榔，為消磨堅積之劑，然須能食，脾胃健者宜之。同白朮、橘皮、厚朴、甘草、砂仁為枳朮丸，治心下痞滿因於食。入陷胸湯，治傷寒熱結胸。入大小承氣湯，治傷寒熱邪入裏，結實脹滿，痛不可當，數日不更衣者。【簡誤】此藥性專消導，破氣損真。觀朱震亨云：瀉痰有衝牆倒壁之力，其為勇悍之氣可知。凡中氣虛弱，勞倦傷脾，發為痞滿者，當用補中益氣湯，補其不足則痞自除，此法所當忌也。脹滿非實邪結於中下焦，手不可按，七八日不更衣者，必不可用。挾熱下痢，亦非燥糞留結者，必不可用。傷食停積，多因脾胃虛，不能運化所致，慎勿輕餌。如元氣壯實有積滯者，不得已用一二劑，病已即去之。即潔古所製枳朮丸，亦為脾胃有積滯者設，積滯去則脾胃自健。故謂之益脾胃之藥，非消導之外，復有補益之功也。時醫不識病之虛實，藥之補瀉，往往概施，損人真氣，為厲不淺。設誤投之，雖多服參耆補劑，亦難挽其刻削之害也。世人多蹈其弊，故特表以為戒。

明・倪朱謨《本草彙言》卷一〇　枳殼　味苦、酸，氣寒，無毒。氣厚味薄，沉也，陰也。入手太陰、足陽明、手陽明經。　繆氏曰：氣味主治，與枳實大略相同。但枳實形小，其氣全，其性烈，故善下達。如少年猛悍之將，勇往直前，而一無回顧者也。枳殼形大，其氣散，其性緩，故其行稍遲，是以能入胸膈肺胃之分，及入大腸也。

枳殼：行滯氣，張元素開胸結之藥也。費五星稿凡病中膈不清，隧道痞塞，痰涎壅盛，氣食留中，至若癥癖有形之物，痰飲有形之氣，用二陳以清之可也。然無枳殼則不獲效。六鬱氣血飲食痰濕結而不散，五氣風寒暑濕燥脹而不行，用二陳以理之可也，然無枳殼則不能通。大抵枳殼之性，專于平氣。氣平則痰喘止，氣平則痞脹消，氣平則刺痛安，氣平則後重除。所以戴氏方謂枳殼能定痰喘，消脹滿，止脅肋刺痛，除下痢後重急迫，正此意也。以上諸證，凡屬形盛有餘，氣火、風痰、食飲爲病者宜之。如爾脾胃氣虛，中氣不運，而爲痰，爲喘，爲痞脹者，勿用也；如肝腎陰虧，血損營虛，脅肋隱痛者，勿用也；下痢日久，中氣虛陷，愈下愈墜，愈後重急迫者，勿用也。故前人有言，多服枳殼，有損胸中清純之氣，可不慎歟！

繆仲淳先生曰：一概胎前產後，枳殼咸不宜服。今世多用以治婦人胎氣不安，或至八九月，爲易產之劑，動輒資用。殊不知婦人懷孕，全賴氣血以養胎。氣血充足則胎自易產。且妊婦至八九月，精神困倦，四肢軟弱，飲食減少，動息喘促，何莫非虛弱之證，而更用此耗散之藥耶？《內經》所謂損不足而虛其虛，豈不大謬哉？古方有瘦胎飲者，爲湖陽公主而設，以彼奉養太過，其氣必實，故用此以耗其有餘之氣，使胎易產。今人不知古人立方之意，一概濫施，誤甚！誤甚！

集方：王氏潤川治氣滯食飲痰火停結。用枳殼一兩，厚朴八錢，俱用小麥麩皮拌炒，去麩。每用枳殼二錢，厚朴一錢六分，水煎服。〇戴元禮方共四則治痰喘氣火上逆不降者。用枳殼、蘇子、桔梗、杏仁各一錢五分，茯苓一錢，木香五分，水煎服。〇治中膈痞脹不寬。用枳殼、厚朴、白朮各二兩，俱用小麥麩皮拌炒，砂仁、木香、白豆仁、茯苓各五錢，共爲末，水發丸，如綠豆大。每早服三錢，白湯下。〇治胸脅刺痛。用枳殼一兩，小麥麩皮拌炒，肉桂七錢，真蘆薈三錢，俱研極細末，水發丸，綠豆大。每早服三錢，晚服二錢，淡鹽湯下。〇治下痢後重迫急。用枳殼九錢，白芍藥六錢，川黃連三錢，乾葛、滑石、檳榔各四錢，升麻、甘草各一錢五分，分作四劑，水煎服。〇王氏《簡易方》治老幼腹脹，氣血凝滯，以此寬腸順氣。用商州枳殼去穰四兩，分作四分：一分用蒼朮一兩同炒，一分用蘿蔔子一兩同炒，一分用乾漆一兩同炒，一分用大茴香一兩同炒。仍去四味，只取枳殼爲末，再以四味煎汁，打紅麯糊爲丸，如梧桐子大。每食後服百餘丸，白湯下。〇《直指方》治脚氣腫脹。用枳殼三錢，木瓜、牛膝各二錢，水煎食前服。〇繆氏方治氣虛人，大便解時不快。用枳殼二錢，人參、麥門冬各一錢，水煎服。〇危氏《得效方》治小兒軟癤。用大枳殼一個去穰，磨口平，以麵糊糊邊，合癤上，膿血自出盡，更無痕也。

續補集方：人參敗毒散加減方治傷寒頭痛，壯熱惡風，及風痰咳嗽，鼻塞聲重，并四時瘟疫，熱毒頭面腫痛，痢疾發熱，諸般瘡毒。用枳殼、桔梗、羌活、川芎、前胡、柴胡、荆芥、薄荷各二錢，甘草八分，生薑三片，煎服。虛者可加人參一錢。〇《萬病回春》治痢疾不問赤白，肚痛，裏急後重，渾身發熱，口乾發渴，用此通利即止。兼治傷寒傳裏，大便結實，口燥咽乾，潮熱自汗，怕熱揭衣，譫語，陽厥等證。用枳殼、柴胡、黃芩、大黃、白芍、芒硝各一錢二分，甘草八分，水煎服。

明・倪朱謨《本草彙言》卷一〇 枳實 味苦、酸，氣寒，無毒。氣味俱厚，沉也，陰也。入足陽明、太陰經。《別錄》曰：枳生河內川谷，及洛西、江湖州郡。馬氏以商州產者更佳。寇氏言：舊說橘踰淮而枳，故江北有枳無橘。江南雖有枳，不及江北者氣足力厚也。蘇氏言：樹如橘而大，葉如橙而有刺。春開白花，至夏結果，至秋成實。六七月采者，名枳實，小則其性酷而速也。九十月采者，名枳殼，大則其性詳而緩也。今醫家以皮厚而緊小者爲枳實，以皮鬆而寬大者爲枳殼。俱切開，以翻肚如盆口者爲勝。又陳久者愈妙。近道所出一種臭橘，酷似枳，不堪用。修治：用小麥麩拌炒，至麥麩黑色，去麩用。

枳實：破結實，下食積，張元素消脹滿之藥也。張相如抄繆氏曰：《別錄》方主除胸脅痰癖痞滿，腹胃停水停食等疾。此疾原由脾胃二經氣滯，不能運化精微所致。此藥雖經成果，瓤核未分，混然結實，性堅而速。其氣味苦泄，有破散衝走之力。故丹溪氏言有推墻破壁之功。所以仲景下傷寒腹脹，實結不通者，有承氣湯；胸中痞痛者，有陷胸湯。潔古療心下痞滿者，有枳朮丸。使壅滯既去，則胃氣自安，而諸證自止矣。如前古謂主大風在皮膚中，如麻豆苦癢；又云益氣輕身，此屬幻語，非世俗時學所知，姑刪之以侯後賢詳用可也。但性專消導，瀉痰下食，其爲健悍之物可知。凡中氣虛弱，勞倦傷脾，發爲痞滿者；　脾胃氣虛，不能運化，以致傷食停積者，俱宜補中益氣湯，補其不足，少加枳實十分之一，則痞滿自除，停食自行矣。如傷寒脹滿，非實邪結于中下二焦，手不可按，七八日不更衣者，必不可用。如傷寒挾熱下痢，非燥糞結實者，亦不可用。如元氣壯實，有積滯者，不得已用一二劑，病已即去之。即潔古所製枳朮丸，亦爲脾胃有積滯者設也。積滯去則脾胃自健，故謂之益脾胃之藥。非消導之外，復有補益之功也。用者當詳審之。

集方：《劉草窗醫案》治食積結脹。用枳實、白朮、厚朴各等分，俱用小麥麩炒，用黃連減半，酒炒，共爲細末，紅麯作糊丸，綠豆大。每早晚各服三錢，白湯下。小兒減半。○錢氏方治胸脅痰癖痞脹。用枳實四兩，南星、海石、白芥子、蘿蔔子、紫蘇子、白朮、茯苓各二兩，俱微炒，共爲末，紅麯作糊丸，綠豆大。每早晚各服三錢，白湯下。○嵇明禪氏治腹胃停水。用枳實、蒼朮、厚朴各一兩，豬苓、澤瀉、茯苓各五錢，肉桂、木香各三錢，共爲末。每早晚各服二錢，白湯調服。○王氏手集治腹胃停食不消。用枳實三兩，白朮二兩，俱用小麥麩炒，厚朴、白蒺藜各一兩，川黃連、紅麯炒各三錢，共爲末，水發爲丸，如綠豆大。每早晚各服三錢，白湯下。○治堅積痰飲血食不消。用枳實、三稜、蓬朮、青皮、檳榔、白朮各一兩，俱酒洗，微炒，研爲末。每晚食後服三錢，酒送下。然須能食，脾胃健者宜之。○仲景方治傷寒熱邪傳裏，發熱，汗出，不惡寒，腹滿而喘，大便不通，宜大小承氣湯。大承氣，用枳實一兩，厚朴五錢，大黃、芒硝各八錢，水四大碗，煎一碗半服。小承氣，用枳實八錢，厚朴四錢，大黃五錢，水三碗，煎一碗服。病急者用大小承氣，量病緩急，臨證當消息用之。

明・姚可成《食物本草》卷二〇木部・灌木類　枳殼生商州川谷。今洛西、江湖州郡皆有之，以商州者為佳。木如橘而小，高五七尺。葉如橙，多刺。春生白花，至秋成實，九月十月采者為枳殼。今人以湯泡去苦味，蜜漬糖拌，用作果飣甚佳。

枳殼，味苦、酸，微寒，無毒。治風痹淋痹，通利關節，勞氣欬嗽，背膊悶倦。散留結胸膈痰滯，逐水消脹滿大腸風，安胃止風痛，遍身風疹，肌中如麻豆惡瘡。腸風痔疾，心腹結氣，兩脇脹虛，關膈壅塞。健脾開胃，調五臟，下氣，止嘔逆，消痰。治反胃霍亂瀉痢，消食。破癥結痃癖五膈氣及肺氣水腫，〔利〕大小腸，除風明目。炙熱熨痔腫。泄肺氣，除胸痞，治裏急後重。

附方：　治產後腸出不收。枳殼煎湯浸之，良久即入也。

明・顧逢柏《分部本草妙用》卷七兼經部・寒瀉　枳殼　苦，微寒，無毒。入肺、脾、胃、大腸四經。陳久者佳。　主治：　通關節，散結痰，逐水消脹，下氣消食。多損至高之氣，瘦胎消腫。　枳實　苦，寒，無毒。　主治：　脹滿，心下急痞痛，逆氣脇風痛，解傷寒結胸，上氣喘欬，破堅積，去胃中濕熱。　按：　枳殼為下氣寬胸，上焦瀉氣要藥。枳實功彷彿，而性尤猛，有冲牆倒壁之力，滑竅破氣之功。但殼性緩而治高，實性急而治下。即陳皮治上，青皮治下之義。然實能定痰，功何止于治下。殼能通大腸瘦胎，力何止于治上。要之飛門至魄門，皆肺主之。三焦相通，一氣分之藥而已。二藥分之，固可不分，亦何害乎？

明・黃承昊《折肱漫録》卷三　枳實性烈而速下，有推墻倒壁之力。若中氣不足者，雖兼補劑，亦不可用。方書極言枳术丸之妙，予服之閱月，脾胃久傷，終身受害。慎之慎之！

明・李中梓《醫宗必讀・本草徵要下》　枳殼味苦，微寒，無毒。入肺、大腸二經。麩炒。　破至高之氣，除欬逆停痰；　助傳導之官，消水留脹滿。　枳實即枳殼之小者。　破積有雷厲風行之勢，瀉痰有衝牆倒壁之威，解傷寒結胸，除心下急痞。枳殼、枳實，上世未嘗分別。自東垣分枳殼治高，枳實治下；海藏分枳殼主氣，枳實主血。然究其功用皆利氣也。氣利則痰喘止，痞脹消，食積化。人之一身，自飛門以至魄門，三焦相通，一氣而已，又何必分上與下、氣與血乎？但枳實則性急，枳殼則性緩，為確當耳。按：　枳殼、枳實，專主破氣，大損真元。凡氣弱脾虛，以致停食痞滿，法當補中益氣，則食自化，痞自散。若用枳殼、枳實，是抱薪救火矣。脹滿因於實邪者可用，若因土虛不能制水，肺虛不能行氣而悞用之，則禍不旋踵。瘦胎飲用枳殼，為湖陽公主而設，以彼奉養太過，形氣肥實，故相宜也。若一概用之，反致氣弱而難產。潔古枳朮丸用枳實，為積滯者設，積滯去則脾胃自健，故謂之補，非消導之外別有補益也。時醫不察虛實，不辨補瀉，往往概施，損人真元，為厲不淺。雖以補劑救之，亦難挽其刻削之害，蹈弊者多，以為戒。

明・鄭二陽《仁壽堂藥鏡》卷二　枳殼　《本草》云：　生商州川谷。用當去瓤麩炒。　氣寒，味苦。苦而酸，微寒。味薄氣厚，陽也。陰中微陽，無毒。《本草》云：主風痒麻痹，通利關節，勞氣欬逆，背膊悶倦，散留結胸膈痰滯，逐水消脹滿，大腸風，安胃，止風痛。《藥性論》云：枳殼：使。味苦、辛。治遍身風疹，肌中如麻豆，惡痒。殼：高，主皮毛胸膈之病。實：低，主心胃之病。其主治大同小異。《秘訣》云：性寒，味苦。氣厚味薄，浮升而微降，陰中陽也。其用有四：破心下堅痞，一；利胸中氣，二；化痰，三；消食，四。然不可多用，多則損胸中至高之氣。東垣云：氣血弱者，不可服枳殼，以其損氣也。《杜壬方》載：湖陽公主苦難產，方士進瘦胎飲，用枳殼四兩、甘草二兩，為末，每服一錢，自五月後，一日一服。寇宗奭曰：胎壯則子有力易生，服枳殼反致無力，所謂易產，大不然也。時珍曰：裏急後重，用陳枳殼末三錢，茶調服。枳實：氣寒，味苦、酸、鹹。純陰，無毒。《象》云：除寒熱，破結實，消痰癖，治心下痞，逆氣脇痛。麩炒用。《心》云：潔古用去脾經積血，故能去心下痞。脾無積血，則心下不痞。治心下痞，散氣消宿食。苦寒，炙用，破水積，以泄裏除氣。潔古云：去胃氣濕熱。《主治秘訣》云：氣味升降，與枳殼同。其用有五：主心下痞，一；化胸脇痰，二；消宿食，三；散敗血，四；破堅積，五。凡治心下痞及宿食不消，並用枳實、黃連。丹溪云：枳實瀉痰，能衝墻倒壁，滑竅瀉氣之藥。《本草》云：主大風在皮膚中，如麻豆，苦痒。除寒熱結，止痢，長肌肉，利五臟，益氣輕身。除胸脇痰癖，逐停水，破結實，消脹滿，心下急，痞痛，逆氣，脇風痛。安胃氣，止溏泄，明目。生河內川澤，商州者佳。益氣則佐之以人參、乾薑、白术；破氣則佐之以大黃、牽牛、芒硝。此《本經》所以言益氣，而復言消痞也。非白术不能去濕，非枳實不能除痞。殼主高而實主下。高者主氣，下者主血。主氣者在胸膈，主血者在心腹。仲景治心下堅，大如盤，水飲所作，枳實白术湯主之。枳實七枚，术三兩，水一斗，煎取三升，分三服，腹中軟即消。《衍義》云：枳殼、枳實，一物也。小則性酷而速，大則性詳而緩。故仲景治傷寒倉卒之病，承氣湯中用枳實，此其意也。皆取其疎通決泄破結實之義。他方但導敗風壅之氣，可常服者，故用枳殼。故胸中痞，有桔梗枳殼湯；心下痞，有枳實白术湯。高低之分，易老詳定為的也。按：枳殼、枳實，總是破氣之功。枳殼性緩，治高；枳實性急，治下。亦猶陳皮治上，青皮治下之義也。然枳實能定痰喘，不獨治下；枳殼能通大腸，不獨治上。要之，飛門至魄門，皆肺主之，三焦相通，一氣而已。

明・蔣儀《藥鏡》卷四寒部 枳實　最滑竅，極破氣。同半夏以消痰癖，同桃仁以去血閼。挾白朮而宿食磨，隨大黃而結屎出。氣虛勿用，痞滿宜投。枳實小，性酷而速。枳殼大，性寬而緩。脾病宜實，胃病宜殼。故胸中痞，肺氣結也，有桔梗枳殼湯。心下痞，脾血積也，有白朮枳實湯。

枳殼：行氣血久滯骨筋，而關節不利。掃皮膚受中風濕，而痛癢難禁。與桔梗為伍，有寬中下氣之功。與紫蘇、香附同施，有疎風散寒之用。入二陳則消食化痰，入五苓則利水退腫。束胎瘦胎儘妙，腸風腸結皆通。燒烟薰，煎湯洗，米飲調服，總為醫痔上藥。

明・李中梓《頤生微論》卷三 枳殼　味辛、苦，性微寒，無毒。入肺、脾、胃、大腸四經。去穰麩炒。破至高之氣，除咳定喘，止嘔消食，化痰逐水，治脹。小者名枳實，破氣瀉痰，衝墻倒壁之勢。

按：枳殼、枳實，上世未嘗分別，自東垣分枳殼治高，枳實治下；海藏分枳殼主氣，枳實主血。然究其功用，皆利氣也，氣利則痰消積化矣。人之一身，自飛門至魄門，三焦相通，一氣而已，又何必分上與下、氣與血乎？但枳實性急，枳殼性緩，為確當耳。昔湖陽公主苦難產，方士進瘦胎飲，用枳殼四兩，甘草二兩，為末，每服一錢，自五月後，一日一服，合以施人，無不受害者。夫氣壯則子有力而易生，枳殼破氣，胎子無力，反致難產，惟在奉養太過。北方氣實者，或有相宜，否則決當謝絕。時醫不察虛實，不辨補瀉，往往概施，損害真元，為厲不淺，雖以補劑救之，亦難挽其尅削之害也。近來多蹈此弊，故特表以為戒。

明・張景岳《景岳全書》卷四九《本草正》 枳殼　即枳實之遲收而大者。較之枳實，其氣略散，性亦稍緩，功與枳實大類。但枳實性重，多主下行削堅，而此之氣輕，故多主上行破氣。通利關節，健脾開胃，平肺氣，止嘔逆反胃霍亂，欬嗽，消痰消食，破心腹結氣，癥瘕痃癖，開胸脇脹滿痰滯，逐水腫水濕瀉痢，腸風痔漏，肛門腫痛。因此稍緩，故可用之束胎安胎。炙熱可熨痔腫。虛者少用，恐傷元氣。

枳實　味苦、微酸，微寒。氣味俱厚，陰中微陽。其性沉，急於枳殼。除脹滿，消宿食，削堅積，化稠痰，破滯氣，平欬喘。逐瘀血停水，解傷寒結胸，去胃中濕熱。佐白朮亦可健脾，佐大黃大能推蕩。能損真元，虛羸勿用。

明·賈九如《藥品化義》卷一氣藥　枳殼　屬陰，體乾而大，色淡黃而白，氣微香，味甘微辛鮮者帶酸，性微寒而緩，能降，力利肺氣，性氣薄而味厚，入肺脾胃大腸四經。　枳殼色白味苦，專利肺氣。因體質大則性寬緩而遲下，通利結氣而不致驟泄，故主上焦，以治氣分。因味帶辛，用之散滯，療胸膈間痞滿，寬膨脹，逐水氣，消痰飲，推宿食，順氣逆，止咳嗽。又肺主毛皮，治遍身風癢，疏解斑疹，通利關節。且肺與大腸為表裏，兼寬大腸以除結痢，祛痔痛，理腸風，抑其氣以行血，使胎前無滯，佐白术安胎，最為神妙。凡快氣之品，勿宜多用。　枳殼、枳實，同為一種。大為殼，小為實，用陳久者良。

枳實　屬純陰，體實而中，色黃，氣香而雄，味大苦、微辛云酸非，性寒而酷，能降，力泄胃實，性氣與味俱厚，入脾胃大腸三經。　枳實色黃，味大苦，專泄胃實。因體質中則性猛烈而速下，開導堅結，有推牆倒壁之功，故主中脘以治血分，療臍腹間實滿，消痰癖，祛停水，逐宿食，破結胸，通便閉，非此不能也。若痞滿者，因脾經有積血，如脾無積血則不滿；若皮膚作癢，因積血滯於中，不能榮養肌表；若飲食不思，因脾氣鬱結，不能運化，皆取其辛散苦瀉之力也，為血分中之氣藥，性此稱最。

明·盧之頤《本草乘雅半偈》帙五　枳實《本經》中品　氣味：苦，寒，無毒。　主治：主大風在皮膚中，如麻豆苦癢，除寒熱結，止痢，長肌肉，利五藏，益氣，輕身。

覈曰：橘踰淮而枳，故江北有枳無橘，江南雖有枳，不及江北者，氣全而力厚也。樹如橘而小，葉如橙而刺。春作白花，至秋成實。九十月採者，曰枳殼。修事：用小麥麩拌炒，至麦麩黑色，去麩乃用。

条曰：枳以氣勝，為劑之宣劑，而枳從只，只起語辭，亦語已辭，宣揚且宣攝矣。但枳實瓤核未判，性勇而速，枳殼瓤核已分，性詳而疎，咸從居中之胃署，橫偏身半已內已外之形層者也。故主大風在身半已外之皮膚，如麻豆苦癢，及寒熱結在身半已內之腹腸，而滯下成利。若主南北之畫界分經，以殊方域也。長肌肉輕身者，即宣揚穀味以充形藏。利五藏益氣者，即宣攝穀精以安神藏，顧穀之精與味，莫不起于胃，而已于胃，旨哉只乎。　只具揚攝，方界南北，實性勇，殼性疎，中央分形層部署。揚攝別穀味穀精，經隧定起胃已胃，此《靈》《素》法也。

明·李中梓《本草通玄》卷下　枳殼　苦，平，微寒。　疏泄肺與大腸之氣，故能逐水消痰，化食寬脹，定嘔止瀉，散痞止痛。　小者名枳實，功力稍緊。夫枳殼、枳實氣味不異，功用相同。古稱枳殼主高主氣，枳實主下主血，然仲景治上焦胸痺痞滿，多用枳實，古方治下焦痢痔腸結，多用枳殼，由是則枳實不獨治下，而枳殼不獨治高也。蓋自飛門以至魄門，皆肺主之，三焦相通，一氣而已，則二物皆主利氣，又何必分耶？　去穰麩炒。

清·顧元交《本草彙箋》卷五　枳殼合枳實。　枳殼，色白味苦，專利肺氣。其體質大，則性寬緩而達下，通利結氣而不致驟泄，故主上焦以治氣分。枳實色黃，味大苦，專泄胃實。其體質中，則性猛酷而速下，開導堅結，有推墻倒壁之功。故主中脘，以治血分。其治血分者，亦治血分中之氣也。大抵二藥皆能利氣，氣下則痰喘止，氣行則痞脹消，氣通則痛刺除，氣利則後重解。但大腸爲肺之腑，故枳殼主之脾爲胃臟，脾有積血，故心下痞滿，則枳實爲政也。至二藥俱主風癢麻痺風痛者，蓋肺主皮毛，胃主肌肉，風寒濕入於二經，則皮膚瘙癢，或作痛，或麻木，二藥俱有苦泄辛散之功，兼能引諸風藥入於二臟，故爲治風所需。風邪既散，則關節自利。

蘇恭云：既稱枳實，須合核穰，故枳殼但云苦辛，而枳實則雷公又加酸也。

瘦胎飲，用枳殼四兩，甘草二兩，爲末，每服二錢，白湯點服。自五月後日進一服，至臨月不惟易產，仍無胎中惡病。不知此方爲湖陽公主而設，以其奉養太過，其氣必實，故用此以耗其有餘之氣，則胎易產。若氣弱之人，服之反致無力，兼子亦氣弱難養。所謂束胎易産者，大爲誤人。或胎前氣盛壅滯，宜用枳殼、蘇葉等物以順氣，所謂胎前母滯也。若氣稟原弱者，豈宜再加破氣之劑，以益耗其氣耶？大抵脹滿非實邪，痰壅喘急之由於中氣不運，咳嗽之因於陰虛火炎者，二藥大宜禁之。　大便不通，枳實、皂莢等分，爲末，飯丸米飲下。

清·穆石匏《本草洞詮》卷一一　枳實、枳殼　江南為橘，江北為枳。《周禮》亦云橘踰淮而為枳。今江南枳橘俱有，似另一種也。七月、八月采者為實，九月、十月采者為殼。生則皮厚，而實熟則殼薄而虛，如青橘皮、陳橘皮之義也。　味苦酸辛，氣寒，無毒。主健脾開胃，調五臟，下氣止嘔逆，消痰，治反胃，霍亂瀉痢，消食，破癥結痰癖，及肺氣水腫，裏急後重，其功用俱相近。第枳殼主高，枳實主下。高者主氣，下者主血。故殼主胸膈、皮毛之病，實主心腹，脾胃之病也。上世未嘗分別，魏晉以來始分，實殼之用，大抵其功專於利氣，氣下則痰喘止，氣行則痞脹消，氣通則痛刺止，氣利則厚重除。雖云枳殼利胸膈，枳實利腸胃，然仲景治胸痺痞滿，以枳實為要藥，諸方治下血痔痢，大腸秘塞，以枳殼為通用。則枳實不獨治下，而殼亦不獨治上也。蓋自飛門至魄門，皆肺主之。三焦相通，一氣而已。則二物分可也，不分亦無妨。《杜壬方》載：湖陽公主苦難產，方士進瘦胎飲，用枳殼倍甘草為末，自五月後，日服一錢，不惟易產，仍無胎中惡病。張潔古改用枳朮，謂束胎丸。寇宗奭言胎壯則有力易生，今服枳殼，反致無力，兼子亦氣弱難養，所謂縮胎易產者，大小然也。寇氏之說最為有理，然或氣盛壅滯者則宜之，八九月胎用枳殼、蘇梗以順氣，胎前無滯，則產後無虛也。若氣稟弱者，則非所宜矣。朱丹溪謂難產，多鬱悶安勉之人，富貴奉養之家，古方瘦胎飲為湖陽公主作也。予妹苦難產，其形肥而好坐，此與公主正相反，奉養之人，其氣必實，故耗其氣，使平則易產。今形肥則氣虛，好坐則氣不運，當補其氣，以紫蘇飲加補氣藥十數帖服之，遂快產。此得用藥之圓機者也。

清・張志聰《侶山堂類辯》卷下　枳實　《考工記》云：橘逾淮而北為枳。蓋橘得江南溫熱之氣，故氣味辛溫，能達中土之氣，通灌于四旁。枳乘江北寒涼之氣，性味苦寒，能去寒熱之邪下洩，是一物而性不同，因天地之氣也。《本經》主大風在皮膚中，如麻豆苦痒者，能啟寒水之氣，以對待其陽邪。枳葉經冬不凋，得寒水之氣。夫橘至成熟而後採摘，其氣充滿，故能橫徧于四體。枳乃初生之小者，其氣收斂，故專主下泄。若夫枳殼之苦洩，其性又能橫充，所以《本經》止云實而無殼，至宋開寶間，始有殼實之分。如病胸腹實而當下者，應用實，而以殼代之，乃識見淺而無力量處。

清・劉雲密《本草述》卷二四　枳　橙、枳、橘、柑之辨：橙葉有兩刻，枳木之葉似之。橘樹與枳皆多刺，但葉兩頭尖，非一葉而兩刻耳。每見橘葉久而化為兩刻者，是即橘化為枳之說也。柑樹與橘無異，但少刺耳。然則柑與橘之分在刺，而橘與橙、枳之分在葉也。

枳為木實，乃枳木之子也。後人因子之小者性速，又呼子之老而大者為枳殼，原一物也。故《本經》止有枳實之名，後人分用，亦可補先聖之所未悉。又大而色黃紫多穰曰殼，小而色青中實少穰曰實。宗奭曰：枳實、枳殼一物也。小則其性酷而速，大則其性詳而緩。好古曰：殼主高，而實主下。高者主氣，下者主血。主氣者在胸膈，主血者在心腹。

愚按：枳有實有殼，其用有異者，蓋一物也。特采有先後，因其時以別其氣之峻緩耳。枳木春生白花，至秋成實，七月八月采者為實，九月十月采者為殼。夫用其實者，為其氣之所凝在實也，氣凝於正秋，正以降為用。采於七八月者，乘其金令旺氣，故其降氣甚峻。采於九月十月，則金氣漸退，而性微緩，是皆就秋降以為用，又即就此早遲以分其功用也。其所謂小而皮厚大而皮薄者，固因其時以為大小厚薄耳。

枳殼：氣味：苦、酸，微寒，無毒。權曰：苦、辛。潔古曰：性寒，味苦，氣厚味薄，浮而升，微降，陰中陽也。杲曰：沉也，陰也。中梓曰：入肺、胃、大腸、肝四經。

諸本草主治：瀉肺藏，寬大腸，胸腹結氣，兩脇虛脹，關膈壅塞。《本草》謂治關膈壅塞，方書誤改關節，是毫釐而千里，謬甚。下氣，消痰滯，寬胸痞，及肺氣水腫，並大腸風痔疾，泄痢裏急後重。潔古曰：枳殼破氣勝溼，化痰泄肺，走大腸，多用損胸中至高之氣，止可二三服而已。稟受素壯而氣刺痛者，看在何部經分，以別經藥導之。好古曰：朱肱《活人書》言治痞，宜先用桔梗枳殼湯，桔梗開提，而枳殼降泄，先哲立方之妙如此。非用此治心下痞也。果知誤下，氣將陷而成痞，故先用此，使不致於痞也。若已成痞而用此，則失之晚矣。不惟不能消痞，反損胸中之氣，先之一字，有謂也。《衍義》曰：枳殼導散風壅之氣，可常服者，不似枳實之決壅破結也。時珍曰：枳實、枳殼，大抵其功皆能利氣，氣下則痰喘止，氣行則痞脹消，氣通則刺痛止，氣利則後重除。乃後賢有殼高實下之分矣。而仲景治胸痹痞滿，以枳實為要藥，諸方治下血痔痢，大腸秘塞，裏急後重，又以枳殼為通用。則枳實不獨治下，而殼不獨治高也。蓋自飛門至魄門，皆肺主之，三焦相通，一氣而已，則二物分之可也，不分亦無傷。能曰：和中莫舍乎桔梗，理氣必佐以二陳。枳殼之能專於行下，二陳之力在於行氣，氣行而不下，則濁氣上行而喘嗽。氣盛之證，作氣下而不行，則清氣下陷，而腸鳴飧泄之病生，所以枳、桔、二陳，義有取也。希雍曰：枳所結實，後人別其大者曰殼，小者曰實。殼之氣味所主，與枳實大略相同。但其形大，其氣徐，其性紓，是以不遽下行，能入胸膈肺胃之分，因及大腸不如實小者之氣全，而性速其下達無前也。同蘇子、橘皮、桔梗、木香、白豆蔻、香附，治上焦壅氣脹滿因於寒。同黃連、槐花、乾葛、防風、荊芥、芍藥、黃芩、當歸、生地黃、地榆、側柏葉，治腸風下血初起者神效。　同荊芥、苦參、防風、蒼耳草、敗蒲，煎湯沐浴，治風疹作癢。　同檳榔、芍藥、黃連、升麻、葛根、甘草、紅麴、滑石，治滯下裏急後重。　得人參、麥冬，治氣虛大便不快。　同肉桂治右脇痛。

愚按：枳殼與實，味苦而辛，苦多辛少，苦中又含酸意。夫苦酸涌泄，其氣且寒，雖有辛而少，本由上以降下之性味也。更結於降令時，故取降泄者，無踰茲物矣。夫同為利氣之物，又何分於氣血哉？蓋人身正氣，豈可降泄？其宜降泄者，正氣為邪所傷，而不能降也。其不能降者，即於正氣有壅塞處，故言降而更言泄也。此枳殼、枳實不與諸降氣之味例論歟。厚朴、枳殼性味之用異，見厚朴條。然壅塞殊有輕重，雖總是氣病，却有陰陽之不同，因氣病以及於血，則氣之陰者傷而病乎結實，不止病於無形絪緼之陽也。枳實之降氣全，其性烈而速，一往直前，凡絪緼之氣，不能詳緩以散，而結實着手之處，乃能決之潰之。枳殼稟降氣將退之候，而性稍緩，且辛味稍多於實，故能從統氣之肺，於絪緼無形而疎利之，不以潰決為功者也。此一物而分氣血之義，故海藏謂桔梗枳殼湯，非用此以治心下痞者，良有精思。細繹此義，則不必執定所列治效。凡熱傷正氣，使不得降，更溼熱為病，而不得降，本其所傷之邪以投劑，而用此佐之，以下歸於寒水之化，豈曰不宜？第不責其所因，而漫投此味，謂為泄滯氣之主劑也，則不可矣。曰：昔哲謂枳殼治心下堅痞，其義乃盡非歟。詎知肺氣不降入心，則胃氣病而不能生血，不能生即不能化血，此之瀉肺氣以下降，乃能使之生，遂能化者也。以此義思枳殼之用，不同於實之潰堅決壅，豈不然哉？曰：寬大腸，療大腸疾，固以與肺表裏，肺氣降於胃，而胃又與大小腸合，又豈不能下行？即其治脇痛也，以兩脇為陰陽之道路，是即肝膽所經，苦中有酸，不尤降肝膽之逆氣乎？得降令之金以平木，則其義尤不爽矣。雖然，所謂泄肺氣者，指有餘之邪，病乎氣實也。如正氣虛而不降，則唯補益以行之，倘謂能破滯氣而混投，則不唯無益，而反致劇，用者可不審之？

大抵治氣不降，宜於氣為熱傷者。若寒溼滯氣，則溫散而氣自行，本寒滯而再投苦寒，可乎？不則，寒溼久而化熱者，猶可投也。

附方　腸風下血，不論遠年近日，《博濟方》用枳殼燒黑存性，五錢，羊脛炭為末三錢，五更空心米飲服，如人行五里，再一服，當日見效。《簡便方》用枳殼一兩，黃連五錢，水一鍾，煎半鍾，空心服。　脇骨疼痛，因驚傷肝者，枳殼一兩，麸炒，桂枝生半兩，為細末，每服二錢，薑、棗湯下。

希雍曰：枳殼泄肺，能損至高之氣，肺氣虛弱者忌之。脾胃虛中氣不運，而痰壅喘急者，忌之。咳嗽不因於風寒入肺，氣壅者服之，反能作劇。咳嗽陰虛火炎者，服之立致危殆。一槩胎前產後，咸不宜服。今世多用以治婦人胎氣不安，或至八九月為易產之劑，謂古方有瘦胎飲，不知此為湖陽公主，其奉養太過，而氣實者立也。如氣血虛弱，更賴資益，使氣血充足，則胎自易產，豈可反耗之，而虛其虛哉？丹溪先生固戒之矣。

修治　取辛苦腥，并有隟音乞，裂也，即隙。油，能消一切癰，要陳久年深者為上。用時先去穰，以麸炒過，待麸黑燋出用。用產江右者良。　取翻肚如盆口唇者。

枳實：氣味：苦，寒，無毒。《別錄》曰：酸，微寒。　普曰：神農：苦。　雷公：酸，無毒。李當之：大寒。　權曰：辛苦。　潔古曰：氣味升降與枳殼同。　杲曰：沉也，陰也。

主治：消實痞，破堅積潔古。除胸脇痰癖，逐停水，消脹滿，心下急痞痛，散逆氣脇風痛《別錄》。並消宿食，敗血潔古。除寒熱結《本經》。去胃中濕熱潔古。　無己曰：枳實味苦寒，潰堅破積。　潔古曰：心下痞及宿食不消，並宜枳實、黃連。　東垣曰：以蜜炙用，則破水積。苦寒火炙以泄氣，除內熱。潔古用(云)〔去〕脾經積血。脾無積血，則心下不痞也。　丹溪曰：枳實瀉痰，能衝墻倒壁。滑竅破氣之藥也。又曰：脾胃溼熱生痰，有積者，入白朮中四分之一。　好古曰：益氣則佐之以人參、白朮、乾薑；破氣則佐之以大黃、牽牛、芒硝。非白朮不能去溼，非枳實不能除痞。故潔古制枳朮丸方以調胃脾。張仲景治心下堅，大如盤，水飲，所作枳實白朮湯用枳實七枚，朮三兩，水一斗，煎三升，分三服，腹中軟，即消也。

按：逐水者，正為其苦寒，屬太陽寒水，而又有金氣之降為水母，同氣相求也。

能曰：蕩泄腸胃，不可無大黃；和胃健脾，必主以白朮。加蒼朮而氣清膈寬，朋麥芽而和中消導。清溼中之熱，難舍乎芩、連；化痰涎之壅，必半與薑、橘。　希雍曰：枳實感天地苦寒之氣以生，故其味苦，氣寒，無毒。《別錄》、雷公加酸，甄權加辛，察其功用，必是苦為最，而酸辛次之。氣味俱厚，陰也，入足陽明、太陰經。《別錄》所主除胸脇痰癖，逐停水，破結實，消脹滿，心下急痞痛，逆氣脇風痛，安胃氣，止溏洩者，是其的治，皆足陽明、太陰受病，二經氣滯則不能運化精微，而痰癖、停水、結實、脹滿所自來矣。胃之上口名曰賁門，賁門與心相連，胃氣壅則心下亦自急痞痛，邪塞中焦，則升降不舒，而氣上逆，肝木鬱於地下，則不能條達而脇痛。得其破散衝走之力，則諸證悉除。所以仲景下傷寒腹脹實結者有承氣湯，胸中痞痛者有陷胸湯。潔古療心下痞滿者有枳朮丸。壅滯既去，則胃氣自安，而溏洩亦止矣。

同三棱、蓬莪、青皮、檳榔，為消磨堅積之劑。然須能食，脾胃健者宜之。同白朮、橘皮、厚朴、甘草、砂仁，為枳朮丸，治心下痞滿因於食。入陷胸湯治傷寒寒熱結胸。入承氣湯治傷寒熱邪入裏，結實脹滿痛不可當，數日不更衣者。

愚按：枳實本苦寒下行之性，而稟乎降令乘旺之氣，故其就下以至陰分也。氣烈而速，如用以治痞，謂邪結於溼土之分，非此不能決泄之，使邪去而正復也。即此知潔古枳朮丸，不止謂其一消一補，蓋以白朮益胃陽之虛，佐以枳實消脾陰之結，俾中土元氣乃合乎健運之常耳。故詳枳實所治，皆就陰結以為消泄者也。如破血散結，同於黃連、厚朴、硝黃之類，固是此義。至同參、朮、薑、棗之類以益氣者，亦即枳朮丸之義也。大抵不離脾胃，繆氏所說良是。雖然，治痞者往往用枳實，不越於脾胃矣。但《經》曰有形而不痛者，其陰完而陽傷之也，謂陰傷於陽之故。又曰：無形而痛者，其陽完而陰傷之也，謂陽傷於陰之故。如是則有痞爲堅爲大，乃陽不勝陰邪，而陰邪有以結陽，是受病在陽也，宜健陽為主，如仲景枳實、白朮之治，用枳實所以助陽之健也。有痞為痛為急，乃陰不勝陽邪，而陽邪有以結陰，是受病在陰也，宜清陰為主，如潔古黃連、枳實之治，用枳實所以助陰之清也。舉槩以推類，豈得不審而漫投乎？曰：枳實槩入陰分矣，而陰陽之治又謂何？詎知其固入陰分，而邪之分陰陽者，又當從而消息之，其義固非二也。若然，則無形而又不痛，但有抑塞不暢之象，亦類言痞者，固區以別矣。夫升降稍礙，皆能亂其清濁之機，如枳桔湯之治，識者謂其和中，不為治痞，豈可決之潰之如枳實輩，以大為正氣之害哉？

按：時珍所謂仲景治胸痹用枳實者，夫胸中即膻中，膻中即心主之宮城也。方書有云溼熱太甚，土來心下為痞者是也。蓋子令母實之義，枳實固入溼土而泄結，非有異也。

希雍曰：此藥性專消泄，破氣損真。觀丹溪曰瀉痰有衝墻倒壁之力，其勇悍可知。凡中氣虛弱，勞倦傷脾，發為痞滿者，當補中益氣，補其不足，則痞自除，此法所當忌也。脹滿非實邪結於中下焦，手不可按，七八日不更衣者，必不可用。挾熱下痢，亦非燥糞留結者，必不可用。傷食停積，多因脾胃虛，不能運化所致，慎勿輕餌。如元氣壯實有積滯者，不得已用一二劑，病已即去之。若不識病之虛實，槩以投之，損人真氣，為厲不淺。雖多服參、耆補劑，亦難挽其刻削之害也。世人多蹈其弊，故特表以為戒。

修治　同殼擇如鵝眼，並色黑年久者用。微綠者不堪入藥。

清・郭章宜《本草匯》卷一六　枳實　苦、酸，寒，氣厚味薄，沉也，陰也，入足陽明、太陰經。破積有雷厲風行之勢，瀉痰有衝墻倒壁之威。解傷寒結胸，治痞痛熱結。《別錄》主除胸脇痰癖，逐停水，破結實，消脹滿，心下急痞痛，逆氣脇痛，安胃氣，止溏瀉者，皆足陽明、太陰受病。二經氣滯，則不能運化精微，而痰癖停水，結實脹滿，所自來矣。胃之上口，名曰賁門，賁門與心相連，胃氣壅，則心下自急痞痛，邪塞中焦，升降不舒，而氣上逆，肝木欝于地下，則不能條達而脇痛。得其破散衝走之力，則諸證自除矣。

按：枳實，即枳殼之小者，氣全性烈，能瀉有形之物，下達一往無回，滑竅破結之劑也。若云益氣，必主以參、朮、薑、棗之類，破氣必佐以厚朴、硝黃之類。此《本經》所以言益氣，而復言消痞也。非脉沉弦濇實，非病大實堅滿，不可輕投。大、小承氣湯，傷寒必用，輕重之間，悉從芒硝出入。若大承氣湯證，而用小承氣，則邪氣不伏。小承氣湯證，而用大承氣，則過傷正氣，必致中滿不能食。若枳朮丸以之監制，是先用白朮補其虛，後用枳化其傷，為虛中之積設耳。去濕必須白朮，除痞必是枳實。故胸中痞，肺氣結也，有桔梗枳殼湯。心下痞，脾血積也，有白朮枳實湯。蓋白朮補脾，枳實去脾經積血，脾無積血，則心下不痞矣。凡中氣虛弱，勞倦傷脾，發為痞滿者，當用補中益氣，補其不足，此藥所當忌也。時醫不識病之虛實，藥之補瀉，往往概施，損人真氣，為害不淺。設誤投之，雖服參、耆，亦難挽其刻削之禍矣。戒之！戒之！

產商丘。屬河南。　切片，麩炒黑，去麩用。陳久者良。與枳殼一物，秋採為實，冬採為殼。今醫者惟以皮厚小者為實，完大者為殼也。

枳殼　苦、酸，微寒，氣厚味薄，浮而微升，陰中陽也。杲曰：沉也，陰也。

入手太陰、陽明經。去闗膈壅塞之痰，泄胸中滯塞之氣。推宿食，散留結。削中州裏急後重，平兩脇虛脹癥結。疏風癢瘡疹盈肌，破諸氣走痛如刺。誤犯誅罰無辜之條，必傷胸中至高之氣。《本經》主風癢痺麻，通利闗節，止風痛者，蓋肺主皮毛，胃主肌肉，風寒濕入于二經，則皮膚瘙癢，或作痛，或麻木，此藥有苦泄辛散之功，兼能引諸風藥入于二臟，故為治風所需。風邪既散，則闗節自然通利矣。其療勞氣咳嗽，背膊悶倦者，蓋亦指風寒鬱于上焦，則肺氣滯而為悶倦。肺苦氣逆，急食苦以泄之。枳殼味苦，能泄至高之氣也。又肺與大腸為表裏，風邪入肺，則并入大腸，風熱相搏，而為腸風下血。資苦寒下泄之氣，則血熱清，而風自除矣。

按：枳殼，氣味所主，與枳實大略相同。但形大于實，氣散性緩，故其行稍遲，是以能入胸膈肺胃之鄉，及入大腸也。然殼與實，上世未嘗分別。自東垣分枳殼治高胸膈皮毛，枳實治下心腹腸胃，海藏分枳殼主氣，枳實主血。然仲景治上焦胸痺痞滿，多用枳實。古方治下焦痢痔腸結，多用枳殼。由是則枳實不獨治下，而枳殼亦不獨治高也。蓋人之一身，自飛門以至魄門，皆肺主之。三焦相通，一氣而已。則二物大抵皆主利氣，又何必分耶？凡氣弱脾虛，以致傷食痞滿，法當補中益氣，則食自化，痞自散。若用枳殼、枳實，是抱薪救火矣。脹滿因于實邪者，可用。若土虛不能制水，肺虛不能行氣，咳嗽不因于風寒入肺氣壅者，服之禍不旋踵。一概胎前產後，並不宜服。今世治胎氣不安，動輒資用，殊不知婦人懷孕，全賴血氣以養胎，氣血充足，則胎產自易，豈可用此耗散之藥？且古方有瘦胎飲者，為湖陽公主設也，以彼奉養太過，其氣必實，故用此以耗其有餘之氣耳。若氣虛不運者，自當補其母之氣，以紫蘇飲加補氣藥，用之為正。若昧此義而用之，反致氣耗難產矣。瘦胎飲宜于胎前氣盛壅滯者，故用枳殼、蘇梗以順其氣，而使易產。若氣稟弱者，豈可妄投？寇宗奭言胎壯則子有力，易生。今服枳殼藥，反致無力，兼子亦氣弱難養也。此說甚是。潔古枳术丸用枳實，為積滯者設也。積滯去，則脾胃自健，故謂之補脾胃之藥，非消導之外，別有補益也。參蘇敗毒散用之，亦以其能疏皮毛胸膈之病耳。配桔梗消膈上之痞，佐白术能安胎，同甘草則瘦胎，和黃連能滅痔，同肉桂治右脇痛。久瀉不實者，禁用。

取翻肚如盆口狀者，去穰，麩炒黑。陳久者良。

清·蔣居祉《本草擇要綱目·寒性藥品》 枳殼 氣味：苦、酸，微寒，無毒。沉也，陰也。主治：通利闗節，散留結胸膈痰滯，逐水消脹滿，下氣止嘔逆。泄肺氣，除胸痞。療裏急後重。或曰：凡治痞，宜用枳殼桔梗湯。而《活人書》云：當用桔梗枳殼湯于未痞之先。此何以說？蓋枳殼非能治心下之痞也。果知病者誤下，氣將陷而成痞，故先用此以預杜之，使不致于成痞。若痞已成而用此，不惟不能消痞，反損胸中之氣。先之一字，不可不細心玩味之也。或又曰：仲景束胎丸，內用枳、术之屬。詳思胎壯則子有力而易生，令服枳殼之藥，必致無力氣弱，何以易達其胎也。蓋（高）〔膏〕粱之家，奉養太過，其氣必實，必實而用枳殼之屬以耗其氣，使之和平，此謂胎前無滯則產後無虛，用枳殼為對症之劑。若氣虛體弱之人，日以參芪四物之劑，峻補氣血，猶恐不贍，敢以枳殼為達生之妙劑乎？當于前賢立方之意外深求其理，為能神而明之也。

枳實 氣味：苦，寒，無毒。浮而升，微降，陰中陽也。凡用取其至陳者，去穰核，以小麥麩炒焦，去麩用。氣虛者忌之。主治：利五臟，除寒熱結，破脹實，解傷寒結胸，去胃中濕熱。蓋枳實瀉痰，能衝牆倒壁，故仲景治心下堅大如盤，水飲所作，以枳實白术湯，謂非枳實之大寒，不能滑竅而破氣也。又云：脾無積血，則心下不痞。潔古製枳术丸以調脾胃，非枳實能調脾也，泄氣而除內熱，令痞自消，則脾胃自得其天，而無壅積之患也。

清·閔鉞《本草詳節》卷五 枳實 【略】按：枳實，瀉痰有衝墻倒壁之力，其勇悍可知。脾胃氣滯，則不能運化精微，而宿食痰水與脾血成瘀，脹滿之病作矣。得其破散衝走之功，邪亦安所容哉？若中氣虛弱，勞倦傷脾，發為痞滿，當用補中益氣，此又法之所當忌也。觀仲景下傷寒腹脹實結者，有承氣湯。胸中痞痛者，有陷胸湯。潔古治心下痞滿者，有枳實丸。意可見矣。海藏云：佐以參、朮、乾薑益氣，佐以牽牛、硝、黃破氣，其善用枳實者乎？

枳殼：【略】按：枳殼主高，高者主氣。枳實主下，下者主血。故殼主胸膈皮毛之病，實主心腹脾胃之病。《活人》治痞先用桔梗枳殼湯，非用此治心下痞也。果知誤下，氣將陷而成痞，故先用此，使不致於痞耳。若已成痞，不惟不能消痞，反損胸中之氣。先之一字，誠有謂也。古瘦胎散用之，亦為奉養過盛者言耳，若形肥氣虛，未必盡可通用。

清・王翃《握靈本草》卷八　枳實出江北者良。枳似橘極小，與枳殼本是一物。枳實秋收，枳殼冬採。色黑，陳者良。緑者乃臭橘，不堪入藥。麸炒用。　主治：枳實，苦，寒，無毒。主大風在皮膚，除寒熱結，除痰癖，逐停水，破結，消脹消食，散敗血，去胃中濕熱，治裏急後重。

枳殼出處同枳實。麸炒用。　主治：枳殼，酸、苦，微寒，無毒。主治與枳實畧同。

清・汪昂《本草備要》卷三　枳實、枳殼瀉，破氣，行痰。　苦、酸，微寒。其功皆能破氣。氣行則痰行喘止，痞脹消，脾無積血，心下不痞；濁氣在上，則生䐜脹。東垣曰：枳實治下而主血，枳殼治上而主氣。痛刺息，後重除。治胸痹結胸，食積五膈，痰癖癥結，嘔逆咳嗽，水腫脇脹，肝鬱。瀉痢淋閉，痔腫腸風。除風去痹，辛散風。開胃健脾。所主略同，但枳實利胸膈，枳殼寬腸胃。枳實力猛，大小承氣湯皆用之。丹溪曰：枳實瀉痰，能衝墻倒壁。枳殼力緩爲少異。孕婦及氣虚人忌用。按：《本草》殼、實皆云明目，思之不得其解。然目疾方中多用之，豈以其破濁氣即能升清氣乎？《本經》又言枳實益氣，想亦同此理也。故厚朴條中，亦有益氣明目之文。王好古曰：枳實佐以參、朮、乾薑則益氣，佐以硝、黄、牽牛則破氣，此《本經》所以言益氣而復言消痞也。張元素曰：枳殼泄肺、走大腸，多用損胸中至高之氣。昔湖陽公主難産，方士進瘦胎散，用枳殼四兩、甘草二兩，五月後日服一錢。潔古改以枳、朮，名束胎丸。寇宗奭明其不然。蓋孕婦全賴血氣以養胎，血氣充實，胎乃易生。彼公主奉養太過，氣實有餘，故可服之，若概施則誤矣。時珍曰：八九月胎，氣盛壅滯，用枳殼、蘇梗以順氣。胎前無滯，則産後無虚也。氣弱者，大非所宜矣。　皮厚而小爲枳實，殼薄虚大爲枳殼。陳者良。麸炒用。　時珍曰：殼、實上世未分，魏晋始分用。潔古、東垣，始分殼治上、實治下。海藏始分殼主氣、實主血。然仲景治上焦胸痹、痞滿用枳實，諸方治下血、痢、痔、腸秘後重用枳殼，則實不獨治下，而殼不獨治高也。蓋自飛門至魄門，皆肺主之。三焦相通，一氣而已。飛門，口也。魄門，即肛門。

清・吴楚《寶命真詮》卷三　枳殼、枳實　【略】破至高之氣，除欬逆停痰，助傳導之官，消水留脹滿。〇枳實破積甚速，瀉痰甚猛，主傷寒結胸，除心下急痞。　二物皆主利氣，氣利則痰喘止，痞脹消，食積化。人之一身，自飛門以至魄門，三焦相通，一氣而已。破氣損真元，若氣弱脾虚致停食痞滯，法當補中益氣，若用枳實，是抱薪救火矣。脹滿因實邪者可用，若土虚不能制水，肺金不能行氣，而悮用之，則禍不旋踵。瘦胎飲用枳實，為湖陽公主而設，以彼奉養太過，形氣肥實故宜，若概用之，反致氣弱而難産。枳术丸亦為積滯者設，積滯去，則脾胃自健，非別有補益也。醫家尚其審諸。

清・陳士鐸《本草新編》卷四　枳實枳殼　枳實：味苦、酸，氣寒，陰中微陽，無毒。枳實，本與枳殼同為一種，但枳實夏收，枳殼秋採。枳殼性緩而治高，高者主氣，治在胸膈。枳實性速而治下，下者主血，治在心腹。故胸中痞，肺氣結也，用枳殼于桔梗之中，使之升提而上消。心下痞，脾血積也，用枳實于白术之内，使之蕩滌而下化。總之，二物俱有流通破結之功，倒壁推墻之用。凡有積滯壅塞、痰結癥痞，必須用之，俱須分在上、在下。上用枳殼緩治，下用枳實急治，斷斷無差也。然而切不可單用，必附之補氣、補血之藥，則破氣而氣不耗，攻邪而正不傷，逐血而血不損，尤為萬全耳。

或問：枳殼、枳實同是一種，枳殼乃秋收之物，其味之重，宜厚于枳實，何以不下沉而反上浮也？不知枳殼之性，愈熟則愈浮。枳殼收秋金之氣，故能散肺金之結氣，非枳殼性緩而留中也。

或問：枳實收于夏，其味輕，宜薄于枳殼，何以反峻烈于枳殼，豈其未熟而然乎？曰：枳實之性，小而猛，大而弱，收于夏，得夏令之威也。脾乃土臟，宜于夏氣，故能下行，而推蕩其脾中之積滯，非枳實性急而速行也。

或問：枳實過于迅利，病宜消導者，何不用枳殼之為善乎？夫枳殼與枳實，不可同用，一治上而一治下。枳殼之功，不如枳實之大。枳實攻堅，佐大黄以取勝，實為破敵之先鋒，非若枳殼居中調劑，僅可以攻城内之狐鼠也。

或問：枳實無堅不破，佐之大黄，則袪除蕩積之功更神，以之治急，何不可者，而必戒之諄諄乎？夫看症既清，用藥更當，何必顧瞻而不用。惟是病有變遷之不同，人有虚實之各異，苟辨之不確，而妄用枳實，不幾殺人乎，我有一辨之之法，腹中疼痛，而不可手按者，可用無疑。倘按之不疼痛，而確是有堅積者，又將何法辨之？辨之于口中之舌，如有紅黑者，即用無疑。如此，則何至有失乎。

或問：枳殼治胎氣不安，古人入于瘦胎藥中，以防難産，何子不言及耶？曰：婦人懷孕，全藉氣血以養胎，氣血足而易産，氣血虧而難産。用枳殼以安胎，必至胎動不安，而生産之時，亦必艱澁。是枳殼非安胎之藥，乃損胎之藥，非易産之劑，乃難産之劑也。況古人瘦胎飲，為湖陽公主而設，以彼生長皇家，奉養太過，其氣必實，不得已而損其有餘，則胎易養也。豈可執此而概治膏粱之婦乎。膏粱之婦，既不可用枳殼以安胎，況荊布之家，原非豐厚，又胡可損其不足哉，余所以略而不談也。

或問：枳殼治心下痞滿與心中痞痛，何也？蓋胃之上口，名曰賁門。賁門與心相連，胃氣壅住，則心下亦急而不舒，故痞滿也。邪塞于中焦，則欲升不能，欲降不可，必然氣逆而上沖，而肝經本鬱，又不能條達而開暢，則脇亦脹滿，而心中痞痛矣。得枳殼之破散消導，而痞滿、痞病盡去也。

清・顧靖遠《顧氏醫鏡》卷八 枳實苦，微寒。入肺胃大腸三經。麩拌炒。破氣散結，因氣結刺痛者，看在何經，以引經藥導之，中病即止。消積導滯。痰食者，積滯也。痰也，食也，停水敗血也，氣行而盡消。咳者，喘者，嘔逆腹痛者，氣利而咸止。解傷寒結胸，入陷胸湯中甚效，仲景治胸痺痛每用之。除心下痞滿。胃之上口曰賁門，與心相連，胃中停滯氣壅，則心下痞滿，故潔古枳术丸中，用以消積除痞。元素曰：心下痞及宿食不消，並宜黃連、枳實。 枳殼功同枳實。 枳殼、枳實，古未分別，自東垣分枳殼治高，枳實治下。然觀仲景治胸痺痞滿，以枳實為要藥。諸方治大便秘塞，腸風脚氣，裏急後重，又以枳殼為通用。究其功用，皆為利氣之品，分之無傷，不分亦可。但枳殼性緩而行稍遲，枳實性烈而善下達，為確當耳。性皆消導，破氣損真，凡氣弱脾虚之人，慎勿輕用。瘦胎飲用枳殼，為湖陽公主而設，以彼奉養太過，形氣肥實，故相宜也。若一概用之，反致氣弱而難產。

清・李熙和《醫經允中》卷二〇 枳殼 入肺、脾、胃、大腸四經。陳久者佳。炒用。 苦，微寒，無毒。主治寬中，散痰結，逐水消脹，下氣消食。多損至高之氣，瘦胎，消腫，氣不足而寸微弱者忌之。

枳實 苦，寒，無毒。主治除脹滿，心下急痞，逆氣脇痛，解傷寒結胸，上氣喘欬，破堅積，化稠痰，去胃中濕熱，腸閉後重。枳殼下氣寬胸，上焦下氣藥； 枳實功彷彿，而性尤猛，但殼性緩而治上，實性急而治下。要之飛門至魄門皆肺主之，三焦相通，同一氣分之藥，雖不分用可也。殼妙于實。按：枳實即枳殼之小者，氣全性烈，能消實痞，去堅積之功居多，故瀉有形之物，下達一〔住〕〔往〕無回，滑竅破結之劑也。脉非沉大實滑，病非大實堅滿者不可用也。虚怯勞傷，尤當全禁。洪文科曰：古云節飲食以養其身，吾獨怪夫耽麴糵者，好為長夜之飲，滿傾百斗，乃服葛根湯以解醒； 嗜滋味者，羅甘肥于几席，不飫不休，乃服橘枳之屬以導滯，是何異揖盜入門，徵兵勦殺，真以吾腹為戰場，與其消解于後，孰若適可于前？故節之一字當省也。

清・馮兆張《馮氏錦囊秘錄・雜症痘疹藥性主治合參》卷四 枳實味苦、辛、酸，微寒，無毒。實、殼大略相同。但實氣全性烈，故善達下，入足陽明、太陰經，如少年悍猛之性，勇往直前，而一無回顧者也。殼氣散，性緩，故行稍遲，是以能入胸膈、肺胃之分。又入大腸者，因肺臟以及腑也，其性其用皆散結去滯利氣之功。

枳實，實小性酷而速，治下主血，凡心腹痞滿脹悶，宿食堅積，稠痰積血，有疏通破結之功，倒壁衝牆之捷。同白术治虚痞。然性暴力猛，無宿滯堅積者，勿輕用之，以傷元氣。

主治痘疹合參：宜麩炒，治初發熱，胸膈有痰癖宿食脹滿，脾經積血，不得已暫用之，以安胃氣。凡痘中無故及釀漿之時，皆不可用。

枳殼 枳殼，殼大性緩，治高主氣。主風癢麻痹，咳嗽風痰，胸膈痞滿，肺氣滯結。兩脇虚脹，發疹肌表，遍身苦癢，更逐水飲停留，開結竝利，破痰癖積聚，宿食亦推。同甘草瘦胎，和黃連滅痔。能損至高之氣，忌接迹服多，虚怯勞傷尤禁。蓋苦泄辛散，惟利肺氣之有餘，寬大腸之壅滯，故腸風用之。

主治痘疹合參：宜麩炒用，利五臟，走大腸，泄肺氣，寬胸膈，治遍身風疹，皮膚中如麻痘苦痒。凡痘初發熱，胸膈不利，有宿食，有滯氣及熱盛氣粗者，俱可暫用。多服則損中氣。

按：枳殼、枳實，上世未嘗分別，自東垣分枳殼治高，枳實治下，海藏分枳殼主氣，枳實主血，然究其功用皆利氣也，氣利則痰消積化矣。人之一身，自飛門以至魄門，三焦相通，一氣而已，又何必分上與下、氣與血乎！但枳實性急，枳殼性緩，為確當耳。然中氣壯實，偶因倍食難消，假此助脾尅化則可。若因中氣不足，脾虚不能運化者，則愈消而脾愈虚及氣虚痞滿。誤投尅伐，則無形之氣受傷，不惟壅滯更甚，而且變生別症。至於瘦胎飲，君以枳殼，因治湖陽公主難產得名。然在奉養太過，北方氣實者，或有相宜，否則損害真元，胎子無力，反致難產矣。況脾胃者，乃化生之父母，一身之牆壁，能經幾番推倒乎？上古傷於六淫者多，或堪抵受。近世稟受既虧，七情彌害，虚痞虚脹，比比皆然，誤投尅削，為害益甚，可不慎歟！

清・张璐《本經逢原》卷三 枳殼 辛、苦，平，無毒。陳者良。生熟各隨本方。

《本經》主大風在皮膚中，如麻豆苦癢，除寒熱結。 發明：枳殼破氣化痰，泄肺走大腸，多用損胸中至高之氣。枳殼主高，枳實主下，高者主氣，下者主血。故殼主胸膈皮毛之病。《本經》所治大風在皮膚中如麻豆苦癢，除寒熱結，是指表病而言。實主脾胃心腹之病。《本經》所謂止痢長肌肉，利五藏，益氣輕身，是指裏病而言。凡人藏府清利則氣自益、身自輕矣。詳枳殼、枳實皆能利氣，氣下則痰喘止，氣行則痞脹消，氣通則刺痛已，氣利則後重除也。仲景治胸脇痞滿，以枳實為要藥。諸方治下血痔痢，大腸秘塞，裏急後重，又以枳殼為通利，則枳實不獨治下，枳殼不獨治高也。然枳實性沉，兼能入肝脾血分，而消食積痰氣瘀血，有衝牆倒壁之喻。枳殼性浮，兼通肺胃氣分，而治喘欬霍亂水腫，有乘風破浪之勢。與桔梗同為舟楫之劑，故柴胡、枳殼除寒熱痞滿之專藥。凡夾食傷寒感冒與表藥同用，皆無妨礙。妊娠胞肥，有瘦胎飲，乃因氣壅阻滯而設。設素稟怯弱者誤服，令母氣耗難產，子亦氣弱難育，是取虛虛之禍也。　枳實　辛、苦，平，無毒。《本經》止痢長肌肉，利五藏，益氣輕身。　發明：　枳實入肝脾血分，消食瀉痰，滑竅破氣，心下痞及宿食不消，並宜枳、术。故潔古枳术丸以調脾胃，實祖《金匱》治心下堅大如盤。用枳實白术湯之法，腹即軟消。潔古曰，心下痞及宿食不消發熱，並宜枳實、黃連。好古曰，益氣則佐之以參、术、乾薑，破氣則佐之以大黃、芒硝，此《本經》所以言益氣，而潔古復言消瘀也。李士材云，自東垣分枳殼治高，枳實治下，好古分枳殼治氣，枳實治血，然究其功用皆利氣也。凡氣弱脾虛致停食痞滿，治當補中益氣，則食自化，痞自散。若用枳殼、枳實，是抱薪救火也。

清・浦士貞《夕庵讀本草快編》卷五　枳《本經》　枳從只，諧聲也。子名枳實，大曰殼。　枳實、枳殼本一物，而有大小之分也。實則苦寒沉陰而降，凡病在裏在下者宜之。　殼則苦酸味薄帶升，故上而胸膈外而皮毛者宜之。是以仲景治傷寒結實脹滿，承氣湯中用枳實，又治心下堅大如盤，水飲所作，用枳實白术湯。　潔古亦云：　脾無積血，則心下不痞，及宿食不消者，並宜枳實、黃連。　皆取其疎通快泄、破結衝牆之意。　若欲健脾開胃，止嘔消痰，利胸膈，治咳嗽，泄肺氣，寬大腸，祛皮膚風瘮，背膊悶倦，以殼為良。　以其性安詳而緩，然亦不宜過用，以損至高之氣。朱肱《活人書》有言治痞宜先用桔梗枳殼湯，蓋非取其治痞也，因知其誤下將陷而成痞，故先用此使不致痞，若已成而再用，則失之晚矣，不惟不能消痞，反傷胃中之氣，先之一字，豈可忽哉！雖然，考之上世，原未分用，至漢魏之下始有所別，大抵其功皆能利氣，氣下則痰喘止，氣行則痞脹消，氣通則腹脇刺痛自除，氣利則裏急後重可愈。　蓋飛門至魄門，皆肺主之，三焦相通，一氣而已，二物分之亦可，不分無傷，況仲景治胸中痞滿以枳實為要藥。諸方治下血痔痢，大腸秘塞，又以枳殼通用。法亦未可泥爾，但氣虛泄瀉者禁用。

清・張志聰、高世栻《本草崇原》卷中　枳實　氣味苦，寒，無毒。　主治大風在皮膚中，如麻豆苦癢，除寒熱結，止痢，長肌肉，利五臟，益氣，輕身。

枳實出河內洛西及江湖州郡皆有。近時出於江西者為多，其木如橘而小，高五七尺，葉如橙，多刺，春開白花結實，至秋始成。《周禮》云橘逾淮而北為枳，今江南枳橘皆有，江北有枳無橘，此是種類各別，非逾淮而變也。七八月采者為枳實，九十月采者為枳殼。　愚按：　實者乃果實之通稱，言實殼亦在其中矣。　枳實氣味苦寒，冬不落葉，稟少陰標本之氣化，臭香形圓，花白多刺，穰肉黃白。又得陽明金土之氣化，主治大風在皮膚中，如麻豆苦癢者，得陽明金氣而制風，稟少陰水氣而清熱也。除寒熱結者，稟少陰本熱之氣而除寒，標陰之氣而除熱也。止痢，長肌肉者，得陽明中土之氣也。五臟發原於先天之少陰，生長於後天之陽明，故主利五臟，得少陰之陰，故益氣，得陽明之氣，故輕身。　仲祖本論，有大承氣湯，用炙厚朴，炙枳實。小承氣湯，用生厚朴，生枳實，生熟之間，有意存焉。學者不可不參。　枳殼附　氣味苦酸，微寒，無毒。　主治風痹、淋痹，通利關節，勞氣咳嗽，背膊悶倦，散留結胸膈痰滯，逐水，消脹滿，大脇風，安胃，止風痛。《開寶本草》附。　上世本草只有枳實，至宋《開寶本草》，始分枳之小者為枳實，大者為枳殼。　愚謂：小者其性藏密而氣全，大者其性宣發而氣散。或云：　大者氣足而力虛，小者氣不足而力薄。不知氣之足也，在於旺時，若過其時，則反薄矣。又，李東垣云：　枳殼緩而枳實速。王好古云：　枳殼主高，枳實主下，高者主氣，下者主血，未免臆說不經。後學遵而信之，寧無誤乎。　須知實與殼，其種未始有殊也。種既無殊，則緩速氣血之說，何可分乎。

清・姚球《本草經解要》卷三　枳實　氣寒，味苦，無毒。　主大風在皮膚中如麻豆苦痒，除寒熱結，止痢，長肌肉，利五藏，益氣輕身。麸炒。　枳實氣寒，稟天冬寒之水氣，入足太陽寒水膀胱經、手太陽寒水小腸經。味苦無毒，得地南方之火味，入手少陽相火三焦。氣味俱降，陰也。太陽主表，經行身表，為外藩者也。大風在皮膚中如麻豆苦痒者，皮毛患大麻風也。其主之者，枳實入太陽，苦寒清濕熱也。小腸為寒水之經，丙火之府。寒熱結者，寒熱之邪結於小腸也。其主之者，苦以洩結也。小腸為受盛之府，化物出焉。受物不化，則滯而成痢。枳實苦寒下洩，所以止痢。太陰脾主肌肉，乃濕土之藏也。土濕則脾困，而肌肉不生。枳實入小腸膀胱，苦寒清濕熱，所以脾土燥，而肌肉長也。三焦，人身一大腔子也。苦寒清三焦之相火，火息則陰足，而五藏皆安也。益氣者，枳實洩滯氣，而正氣受益也。輕身者，邪去積消，則正氣流通，而身輕也。製方：枳實同白朮，名枳朮湯，治心下堅，水飲痞滿。同白芍治產後腹大滿痛。同川芎、甘草，治左脇痛脹。

枳殼：氣微寒，味苦、酸，無毒。主風痒麻痹，通利關節，勞氣欬嗽，背膊悶倦，散留結胸膈痰滯，逐水消脹滿，大腸風，安胃，止風痛。麩炒。枳殼氣微寒，稟天初冬寒水之氣，入足太陽寒水膀胱經、手太陽寒水小腸經。味苦酸無毒，得地東南木火之味，入足少陽相火膽經、手厥陰風木心包絡經。氣味俱降，陰也。太陽經行身表，附皮毛而為衛者也。太陽為寒水，風入寒水，則風濕相搏，風痒麻痹矣。其主之者，酸可治風，苦可燥濕也。關節皆筋束之，太陽主筋所生病，苦寒清濕熱，故利關節也。勞則傷少陽之氣，於是相火刑金而欬嗽矣。枳殼味酸可以平少陽，味苦可以瀉相火，火息木平而欬止矣。背膊，太陽經行之地，火熱鬱於太陽，則背膊悶倦，苦寒下洩，可以瀉火熱也。手厥陰經起於胸中，厥陰為相火，火炎胸中，則痰涎滯結。枳殼寒可清火，苦可以洩胸膈之痰也，入小腸、膀胱而性寒苦，故可以逐水消脹滿。風為陽邪，入大腸陽經，兩陽相爍，則血熱下行，而為腸風。心包乃風木之經，代君行事而主血。枳殼清心包之火，可以平風木而治腸風。胃為燥金，味苦能燥，所以安胃。《經》云：味過於苦，胃氣乃厚。蓋以苦能洩也。風入太陽，氣壅而痛，枳殼味苦能洩，所以止痛也。製方：枳殼同人參、麥冬，治氣虛大便不快。同川芎、歸身、生地、白芍、秦艽，治腸風下血。

清・楊友敬《本草經解要附餘・考證》 枳殼 《開寶》首云風痹淋痹，下云大脇風，《綱目》諸刻皆同。惟《湯液》本作風癢麻痹，下作大腸風，蓋以枳殼勝濕化痰，疎泄肺與大腸之氣也。《解要》因之。愚意當是風痹淋閉，大脇痛，原誤二字，故不可解。淋閉多鬱熱，脇痛多氣逆。淋閉者清陽不升，則濁陰不降，殼主高主氣，用以理上，患自除矣。氣逆刺痛，亦皆近上，脇言大者，別於下之季脇也。散留結乃統言，胸膈痰滯其一耳。蓋用實治下主血，用殼治高主氣。潔古、東垣皆如此，非臆說也。

清・周垣綜《頤生秘旨》卷八 枳實 消痞滿，去堅結之藥也。脾無積血則不痞，胃無宿食則不脹。藉此撥亂反正，則五藏利而血亦滋生矣。承氣湯內取其有衝墻倒壁之力，酷性而速下也。

枳殼：疎膈氣，消痰之藥也。能瀉至高之氣，較於枳實覺緩，大腸共肺相爲表裏，瀉肺即所以寬大腸也，其氣不及厚朴，過於陳皮。

清・王子接《得宜本草・中品藥》 枳實 味苦。入手太陰、陽明經。功專破積下痰。得白朮去痰飲，得瓜蔞消痞結，得皂角通大便。

枳殼：即枳實之大者，其力稍緩。得桔梗治虛痞，得甘草治婦人體肥難產。

清・黃元御《長沙藥解》卷一 枳實 味苦、酸、辛，性寒，入足陽明胃經。泄痞滿而去濕，消陳宿而還清。《金匱》枳朮湯，枳實七枚、白朮二兩。煎，分三服。腹中輭，即當散。治心下堅，大如盤，邊如旋杯，水飲所作。以水停中脘，胃氣鬱阻，膽經隔硋，不得不行，痞結心下，堅鞕不消。枳實瀉水而消痞，白朮燥土而補中也。枳實薤白桂枝湯，枳實四枚、厚朴四兩、栝蔞二枚、薤白半斤、桂枝一兩。治胸痹心痞，胸中滿結，脇下搶心。以膽胃上逆，胸膈填塞。枳、朴、薤白破壅塞而消痹結，栝蔞、桂枝，滌濁瘀而下衝逆也。《傷寒》枳實梔子湯，枳實三枚、梔子十四枚、香豉一兩。清漿水煎，分二服，覆令微似汗。治大病差後勞復者。大病新差，中氣尚弱，因勞而復。濁陰上逆，中宮堙塞，經鬱熱作。枳實降濁而消滯，梔子泄熱而清煩，香豉和中而散鬱也。《金匱》枳實芍藥散，枳實、芍藥等分為散，服方寸匕，日三服。並主癰膿，以大麥粥下之。治產後腹痛，煩滿不得臥。以產後血亡肝燥，風木剋土，是以腹痛。肝脾鬱結，則膽胃壅塞，而生煩滿。芍藥清風而止痛，枳實泄滿而除煩也。梔子大黃湯方在梔子用之治傷寒下後，心煩腹滿者，治酒疸懊憹熱痛者。橘枳生薑湯方在橘皮用之治胸中痹塞，短氣。桂薑枳湯方在桂枝用之治心中痞塞懸痛。大小承氣湯二方在大黃用之治陽明胃燥便難。皆以其泄痞滿而破壅塞也。枳實酸苦迅利，破結開瘀，泄痞消滿，除停痰留飲，化宿穀堅癥。滌蕩鬱陳，功力峻猛，一切腐敗壅阻之物，非此不消。麪炒黑，勿令焦，研用。

清・吳儀洛《本草從新》卷三 枳實〔瀉，破氣行痰。〕 苦，酸，微寒。皆能破氣，氣順則痰行喘止，痞脹消，脾無積血，心下不痞。濁氣在上，則生䐜脹。東垣曰：枳實治下而主血，枳殼治上而主氣。刺痛息，後重除。治胸痺結胸，食積五膈，痰癖癥結，嘔逆咳嗽，水腫脇脹，瀉痢淋閉，痔腫腸風。所主略同，但枳實利胸膈，枳殼寬腸胃，枳實力猛，丹溪曰：枳實瀉痰，能衝牆倒壁。枳殼力緩為少異，時珍曰：殼、實上世未分，魏晉始分用。潔古、東垣始分殼治上，實治下；海藏始分殼主氣，實主血；然仲景治上焦胸痺痞滿用枳實，古方治下血痢痔、腸秘後重用枳殼，則實不獨治下，而殼不獨治上也。蓋自飛門至魄門皆肺主之，三焦相通，一氣而已。大損真元，脹滿因於邪實者可用。若因土虛不能制水，肺虛不能行氣而誤用之，則禍不旋踵。氣弱脾虛，以致停食痞滿，法當補中益氣，則食自化，痞自消。若再用此破氣，是抱薪救火矣。孕婦、虛者尤忌。元素曰：枳殼泄氣，走大腸，損胸中至高之氣。昔湖陽公主難產，方士進瘦胎飲，用枳殼四兩，甘草二兩，五月後日服一錢，潔古改以枳、朮，名束胎丸。寇宗奭明其不然，蓋孕婦全賴血氣以養胎，血氣充實，胎乃易生，彼肥主奉養太過，氣實有餘，故可服之，若概施則誤矣。時珍曰：八九月胎氣盛，壅滯用枳殼、蘇梗以順氣，胎瓣無滯則產後無虛也。氣弱者大非所宜矣。皮厚而小為枳實，殼薄虛大為枳殼。陳者良。麸炒用。今人於六七月採小香欒偽為枳實、枳殼，又有採枸橘偽為者。〔呂用晦曰：瘦胎、束胎名目，亦啟粗工攻伐之門。〕

清・汪紱《醫林纂要探源》卷三 枳實 苦，酸，微辛，微寒。類橘，而更多刺，實亦相似，但苦澀不堪食耳。古云江南有橘，移江北則化而為枳。功專泄降，斂微陰而破逆氣，行秋令也。人知其破氣，而不知其斂陰，蓋酸能補肺，所以斂陰也。《本經》言其益氣明目。肺主氣，壯火爍金，則能耗氣，補肺降火，則所以益氣，故大小承氣湯中皆用之。承氣者，火方盛，而以陰承之，使氣不至於一散而盡，則益氣之說明矣。火能昏目，火氣靖，則目明，盛夏人多氣促而目昏，及秋爽則氣平而力出，目亦明爽，尤易見之理也。其行痰定喘，止咳，利胸膈，消痞結，攻食積，開胃健脾，兼治瀉痢淋閉，痔腫腸風，似皆破氣之用。然所破者，逆上之氣，逆氣消，則正氣順，掃除穢濁，以成清肅之功，則萬寶西成矣。小而皮厚，曰枳實。大而獨用其皮，曰枳殼。古未嘗分，晉魏始分用。枳殼：苦，酸，辛，寒。

清・嚴潔等《得配本草》卷六 枳實枳殼 辛、苦，微寒。入足太陰、陽明經氣分。破結氣，消堅積，泄下焦濕熱，除中脘火邪，止上氣喘咳。治結胸痞滿，痰癖癥結，水腫脇脹，胸腹閉痛，嘔逆瀉痢。配芍藥，治腹痛。配黃耆，治腸風下血。佐蔞仁，消痞結。佐大黃，推邪穢。麸炒炭用。大損真元，非邪實者，不可誤用。孕婦及氣血虛者禁用。枳殼 苦、酸，微寒。入手太陰、陽明經氣分。破氣勝濕，化痰消食。泄肺氣，除胸痞，止嘔逆，消腫脹，寬腸胃，治瀉痢，療痔腫，散風疹。得桂枝、薑、棗，治肋骨疼痛。得木香，治呃噫。得黃連、木香，治赤白痢。得檳榔、黃連，治痞滿。得甘草，治小兒二便秘澀。佐川連、槐蕊，滅諸痔腫痛。佐石膏、蔞仁，祛時疫熱邪。入黃耆煎湯，浸產後腸出。商州陳久者良。去穰核，以麸炒焦，去麸用。脾虛服之，氣滯作脹。氣血弱者禁用。先儒常云：去風莫如活血，血行風亦從之而去。然氣閉於內，風邪無由外出，蓋血隨氣行，氣滯血不能流，血滯風亦不散。又曰：內風無不從積氣以化，氣散而風自不生。活血之劑，宜加枳殼佐之。醫方云：枳殼散肌膚之麻癢，殊有神效，所謂氣行風自滅也。

題清・徐大椿《藥性切用》卷五 小枳實 苦酸微寒，消痞寬脹，破氣攻堅，通腸胃以利胸膈。江枳殼，味苦性平，消痞化滯，瀉氣行痰，快胸膈以寬腸胃。按：枳實、枳殼，同一種，但枳實力猛，枳殼力緩，俱宜炒熟。生用尤峻，胃虛腸滑均忌。

清・黃宮繡《本草求真》卷七 枳殼除胸膈以下滯氣。枳殼耑入肺胃，兼入大腸。苦酸微寒，功耑下氣開胸，利肺開胃。凡人或因風寒食滯，熱積濕停氣鬱，而見咳嗽胸滿，便閉痰癖，癥結嘔逆，水腫脇痛，瀉痢痔腫，腸風濕痹等症，治皆能除。至書有云枳殼益氣明目，似屬誑誕，但人臟腑，本貴清利，清利則氣自益而目自明，枳殼體大氣散的解。較之枳實，功雖稍遜，而利氣寬胸，謂之益氣，非其宜乎！王好古曰：枳實佐以參、朮、乾薑，則益氣，佐以硝、黃、牽牛，則破氣，此《本經》所以言益氣，而復言消痞也。但多用，則能以損胸中至高之氣，雖束胎瘦胎，亦有進用枳殼之味。昔湖陽公主難產，方士進瘦胎飲，用枳殼四兩，甘草二兩，五月後，日服一錢。潔古改以枳、朮，名束胎丸。然必氣實可投。若使氣虛而用，則不免有虛虛之禍矣。寇宗奭謂瘦胎束胎二藥，予甚不然。蓋孕婦全賴血氣以養胎，血氣充實，胎乃易生，彼公主奉養太過，氣實有餘，故可服之，若概施則誤矣！時珍曰：八九月胎氣盛，壅滯，用枳殼、蘇梗以順氣，胎前無滯，則產後無虛也。氣弱者，大非所宜矣。陳者良。

枳實散弱膈以下實氣。枳實耑入脾胃。氣味與枳殼苦酸微寒無異，但實小性酷，下氣較殼最迅，故書載有推牆倒壁之功。不似枳殼體大氣散，而僅為利肺開胸寬腸之味耳。是以氣在胸中，則用枳殼；氣在胸下，則用枳實。氣滯則用枳殼，氣堅則用枳實。雖古有云枳殼治氣，枳實治血，然氣行則血自通，究皆利氣之品，而非通血之劑耳。故同白朮則可調脾，同大黃則可推蕩。時珍曰：蓋自飛門至魄門，皆肺主之。三焦相通，一氣而已。若氣虛痞滿而用枳實、枳殼，則與抱薪救火者無異矣！

清・沈金鰲《要藥分劑》卷六　枳殼　【略】鰲按：胸痺痞滿，病之在高者，仲景以枳實治之。下血痔痢，大腸秘塞，裏急後重，病之在下者，仲景以枳殼治之。非仲景之互用也。以仲景是漢時人，殼實並未分別，故仲景隨時調用，無所取擇。迨魏晉分用之後，始以枳實力猛宜治下，枳殼力緩宜治高，更為精當。其實以枳殼治在下之病，以枳實治在上之病，苟能得當，亦未嘗不效，不必拘拘于此，多生議說也。然二者畢竟都屬破氣之藥，不得過劑。

清・楊璿《傷寒溫疫條辨》卷六消劑類　枳實、枳殼麩炒。　時珍曰：枳實、殼上世未分，至魏晉始分用，乃一物也。小如指頂而實者為實，長成而空者為殼。

枳實：味苦酸，微寒，氣味俱厚，陰中微陽，性沉急於枳殼。除脹滿，消宿食，削堅積，化稠痰，逐瘀血，破滯氣，療結胸胸痹。仲景枳實薤白湯治胸痹結胸。其證心下痞堅，留氣結聚脇下，逆氣搶心。枳實五錢，厚朴五錢，薤白一兩，肉桂一錢，栝蔞實一枚，連皮子瓤搗爛，水煎分二服，連進。熱加黃連。　佐白术能健脾，佐大黃能推蕩，但損真氣，虛者忌之。下氣瀉痰滑竅，有推牆倒壁之功。故心下痞，脾血積也，東垣有枳實白术湯；　若胸中痞，肺氣結也，《活人》有枳殼桔梗湯。皆取其疏通快泄，破結散滯之義。

枳殼：其氣略薄，味亦稍輕，性亦稍緩，功亦相類。但枳實性重，多主下行心腹削堅，而枳殼氣輕，多主上行胸膈破氣。因其性緩，故用以束胎，虛者亦忌。治胸中痞塞，泄肺氣，凡刺疼皆宜用，破滯氣亦用，看何經分，以引經藥導之。

附：琉球・吳繼志《質問本草》附錄　枳　木如橘而大，葉似橙，莖有刺，季春生白花，花落結子，至冬黃熟。味酸苦，不可食。七八月之間，子未熟時採之，以竹刀橫截之，曝乾，收貯。忌用鐵器。其皮厚而緊實，狀為翻肚盆口。氣味效用，一與漢產者無別。

清・羅國綱《羅氏會約醫鏡》卷一七竹木部　枳實味苦酸，微寒，入肝脾二經。麩炒。　性實暴猛，功能破氣。除心腹痞滿，停痰，消宿食堅積，逐瘀血，祛滯氣，解傷寒結胸，去胃中濕熱。悉氣行之效。　佐白术，治虛脹；　助大黃，下實邪。但損真元，無宿滯而氣虛者勿用。

枳殼氣味功用，與枳實同，但性稍緩耳。　枳實性重，多主下行破堅；　枳殼氣輕，多主上行破氣。利關節，止嘔逆，痰結，欬嗽，開胸脇脹痛，水腫，濕瀉，痢疾後重，療腸風食積。氣行俱痊。　但苦泄辛散，惟利肺氣之有餘，寬大腸之壅滯而已。若虛怯者，最忌之。

清・唐大烈《吳醫彙講》卷六〔劉九疇〕　夏月忌枳說　枳殼、枳實，皆破氣之品，夏月乃熱傷氣之令，二藥非宜，故暑濕熱三氣門方中，惟陽明實滿，不得不與承氣湯者間有用之，其餘皆不用，此古人製方之意，若有不謀而合焉。今人未能體會，每於暑熱之時任意用之，是何讀古人書而漫然未覺耶？或曰：枳不宜於夏令，檳榔尤甚矣。余曰：不然。夏月之邪，三焦受者居多，非檳不達，故為要藥，枳不能通三焦，故為時令之禁。

清・吳瑭《醫醫病書》　枳實枳殼論　枳實，堅實下沉，專走幽門。幽門者，胃之下口，小腸之上口也。逐渣滓痰飲，使〔由胃而入小腸，〕由小腸而入大腸。枳殼生穰，輕虛上浮，專走賁門。賁門者，胃之上口也。方書謂誤用枳殼，傷胸中至高之氣，今人以本草中稱枳實有推墻倒壁之功，避而不敢用，反用枳殼，誤傷無過之地，而幽門之痰飲，反不得除，是何理解？且藥肆中以枳實少而枳殼多，竟以枳殼代枳實，改做外貌，醫者不察，害人不淺矣。

清・陳修園《神農本草經讀》卷三中品　枳實　氣味苦，寒，無毒。主大風在皮膚中如麻豆苦癢，除寒熱結，止痢，長肌肉，利五臟，益氣。

張隱庵曰：枳殼氣味苦寒，冬不落葉，稟少陰標本之氣化。臭香形圓，花白多刺，瓤肉黃白，又得陽明金土之氣化。主治大風在皮膚中如麻豆苦癢者，得陽明金氣而制風，稟少陰水氣而清熱也。除寒熱結者，稟少陰本熱之氣而除寒，標陰之氣而除熱也。止痢、長肌肉者，得陽明中土之氣也。五臟發原於先天之少陰，生長於後天之陽明，故主利五臟。得少陰之陰故益氣，得陽明之氣故輕身。仲祖本論，有大承氣湯，用炙厚朴、炙枳實；　小承氣湯，用生厚朴、生枳實，生熟之間，有意存焉，學者不可不參。

按：《本經》有枳實，無枳殼，唐《開寶》始分之。然枳殼即枳實之大者，性宣發而氣散，不如枳實之完結。然既是一種，亦不必過分。

清・黃凱鈞《藥籠小品》　枳實　摩堅破滯，能墜至高之氣，性猛而悍，小陷胸用之，瀉胸痞如神。稍挾虛者犯之，反生脹滿，切戒也。枳實如壯夫，枳殼如年長，血氣之勇已衰，惟能寬胸利氣；　青皮能疏肝氣，枳殼并能疏肺氣，然皆氣滯始宜。

清・王龍《本草纂要稿・木部》　枳實　氣味酸苦而寒。除脹滿，消宿食消堅。化稠痰，去胸痞氣結。同桔梗煎湯，治心脾血結。與白朮共用，有疏通破結之功，有倒壁衝墻之力。　枳殼：　氣味同。瀉肝氣，寬大腸結氣。胸中兩脇虛脹者忌服。發疹，肌表遍身枯痒者宜加。逐水飲停留，關節并利。破痰癖，積聚宿食亦推。同甘草瘦胎，和黄連滅痔。能損至高之氣，不宜接迹服之。虛怯勞傷，尤當禁忌。

清・張德裕《本草正義》卷上　枳殼　苦，涼，微酸。炒熟性平。即枳實之大者，其性較緩於枳實。能破心腹滯氣，除胸脇脹滿，消食化滯，平肺逐痰，腸風痔漏，肛門腫痛。以其性緩，亦能束胎安胎，然必實而挾滯者可用。

枳實　氣味俱厚，沉急於枳殼。除脹滿，削堅積，破滯逐瘀，化痰消食，解傷寒結胸，清胃中濕熱。佐白术可健脾，佐大黄益推蕩。生用，熟炒各酌其宜。

清・楊時泰《本草述鉤元》卷二四　枳　橙、枳、橘、柑之辨：　橙葉有兩刻，枳葉似之。橘與枳皆多刺，其葉兩頭尖，非一葉而有兩刻者，橘葉久而有兩刻化為枳也。柑與橘無異，但少刺耳。然則柑樹與橘之分在刺，橘與橙、枳之分在葉也。

枳為木實，後人因實之小者，性酷而速，又呼其老而大者為枳殼，原一物。枳殼大而色黄紫，多穰，枳實小而色青，中實少穰。殼主高，實主下，高者主氣，下者主血，主氣者在胸膈，主血者在心腹。

論：　枳實、枳殼，因采有後先，而氣別峻緩。枳木春生白花，至秋成實，氣凝於正秋，正以降為用者，枳實采於七八月，乘金令之旺氣，故其降甚峻。枳殼采於九十月，則金氣退泄，而性自微緩也。

枳殼：　味苦、辛、酸，氣微寒。氣厚味薄，浮升而降，沉也，陰也。入肺、胃、大腸、肝四經。主瀉肺臟，寬大腸胸腹結氣，兩脇虛脹，關膈壅塞，下氣寬胸痞及肺氣水腫，并大腸風痔疾，泄痢裏急後重，能消一切瘴。枳殼破氣，勝濕化痰，多用損胸中至高之氣，止可二三服而已。稟受素壯而氣刺痛者，看在何經部分，以別藥導之潔古。朱肱治痞，先用桔梗枳殼湯，一開提，一降泄。蓋知氣緣誤下而將陷，故先用此，使不致於痞，非即以治痞也。若已成痞而用之，惟不能消痞，反損胸中之氣矣好古。枳殼導散風壅之氣，可常服者，不似枳實之決壅破結也《衍義》。殼實皆能利氣，氣下則痰喘止，氣行則痞脹消，氣通則刺痛除，氣利則後重愈，乃後賢有殼高實下之分矣。而仲景以實治胸痺痞滿，諸方又以殼治下血，痔痢腸秘，裏急後重，然則枳實不獨治下，而枳殼不獨治高也。自飛門至魄門，皆肺主之，三焦相通，一氣而已。枳殼氣徐性紓，不遽下行，能入胸膈肺胃之分。因及大腸，不如枳實氣全而性速，其下達無前也仲淳。和中須合桔梗，理氣更佐二陳。蓋氣行而不下，則濁氣上而喘嗽氣盛之證作；氣下而不行，則清氣陷而腸鳴飧泄之病生，所以枳、桔、二陳，義有取也能。同桔梗、陳皮、木香、蘇子、香附、白蔻，治上焦壅氣脹滿因於寒。同黄連、槐花、乾葛、防風、荊芥、芍藥、黄芩、生地、當歸、地榆、側柏葉，治腸風下血初起者，神效。同荊芥、防風、苦參、蒼耳草、敗蒲，煎湯浴，治風疹作癢。同檳榔、芍藥、升麻、葛根、黄連、甘草、紅麴、滑石，治滯下裏急後重。得人參、麥冬，治氣虛大便不快。同肉桂，治右脇痛。腸風下血，不論遠年近日，枳殼燒黑存性五錢，羊脛炭五錢，為末，五更米飲服，如人行五里，再一服，當日見效。又方：　用枳殼一兩、黄連五錢，水一鍾，煎減半，空心服。脇腎疼痛，因驚傷肝者，麩炒枳殼一兩、桂枝半兩，為細末，每服二錢，薑棗湯下。

論：　枳殼與實，味苦而辛，苦多辛少，又含酸意。夫苦酸涌泄，其氣且寒，本由上降下之性味，更結於降令時，故取降泄者無踰茲物矣。夫人身正氣，非可降泄，其宜降泄者，正氣為邪所傷，有壅塞處而不能降也。然壅塞有輕重，雖總是氣病，卻有陰陽之不同，如因氣病以及於血，則氣之陰者傷，而病乎結實，不止病於絪緼無形之陽也。枳實性烈而速，一往直前，凡絪緼之氣不能詳緩以散，而結實着手之處，乃能決之潰之。枳殼性稍緩，辛味稍多，故能從統氣之肺，於絪緼無形而疎利之，不以潰決為功也。此一物而分氣血之義，細繹乎此，則不必執定所列治效。凡熱傷正氣使不得降，抑或濕熱為病而不得降者，伏其所傷之邪而用此佐之，以下歸於寒水之化，豈曰不宜。若不責其所因，而漫為泄滯氣之主劑，則惑矣。然則枳殼治心下堅痞，其說非歟。詎知肺氣不降入心，則胃氣病而不能生血，即不能化血，此之瀉肺氣以下降，乃能使之生，遂能化也，以此義思枳殼之用，不同於實之潰堅決壅，豈不然哉？　其治脇痛也，以兩脇為肝膽所經，苦中有酸，自能降肝膽之逆氣，所謂得降令之金以平木者，義固不爽耳。大抵治氣之不降，宜於氣為熱傷者，若寒濕滯氣，則溫散而氣自行，不則寒濕久而化熱者，猶可投也。

繆氏：肺氣虛弱者，忌之；脾虛中氣不運，而痰壅喘急者，忌之；咳嗽不因氣壅者，服之反劇；若陰虛火嗽者，立致危殆。胎前産後咸不宜。古人八九月服瘦胎飲，乃奉養太過而氣實者，不可混用。

修治：産江右者良，取翻肚如盆口唇，其氣味辛苦而腥，并有隙油者。陳久者爲上。去穰，麸炒，待麸黑燋出用。

枳實：味苦、酸、辛，氣寒。氣味俱厚，沉也，陰也。入足陽明、太陰經。消實痞，破堅積，除胸脇痰癖，逐停水，蜜炙則破水積。散逆氣，心下急痞痛，脹滿，脇風痛，並消宿食敗血，除寒熱結，去胃中濕熱。蓋脾胃氣滯，則不能運化精微，而痰癖停水，結實脹滿，所自來矣。胃之上口，曰賁門，賁門與心相連，胃氣壅，則心下亦自急痞痛，邪塞中焦，則升降不舒而氣上逆，肝木鬱於地下，則不能條達而脇痛。得其破散衝走之力，則諸證悉除仲淳。潔古用逐脾經積血，以脾無積血，則心下不痞也。滑竅破氣之藥，其瀉痰有衝牆倒壁之力丹溪。心下痞及宿食不消，並宜枳實、黃連。脾胃濕熱生痰，有積者，入白术中四分之一丹溪。仲景治心下堅大如盤水飲，用枳實七枚，术三兩，水一斗煎三升，分三服，腹中軟，即消。按枳實苦寒，屬太陽寒水，而又有金氣之降，為水母同氣相求，故能逐水也。枳實安胃氣止溏泄者，如傷寒下腹脹實結有承氣，治胸中痞痛有陷胸，潔古療心下痞滿有枳、术諸法，壅滯既去，則胃氣自安，溏洩亦止矣仲淳。益氣則佐以參、术、乾薑，破氣則佐以硝黃、牽牛，加蒼术則氣清膈寬，並麥芽而和中消導，合芩、連清濕中之熱，同二陳化痰涎之壅。同三棱、蓬莪、青皮、檳榔，為消磨堅積之劑，然須脾健能食方可用。同白术、陳皮、厚朴、砂仁、甘草，為枳术丸，治心下痞滿因於食。

論：枳實本苦寒下行之性，稟降令乘旺之氣，其就下至陰也，氣烈而速，凡熱邪結於濕土之分，非此不能決泄之。故詳枳實所治，皆就陰結以為消泄者。第《經》曰有形而不痛者，其陰完而陽傷之也，無形而痛者，其陽完而陰傷之也，然則有痞而堅大，乃陰邪有以結陽，受病在陽也，宜健陽，如仲景枳實、白术之治，用枳實所以助陽之健也。有痞而痛急，乃陽邪有以結陰，受病在陰也，宜清陰，如潔古黃連、枳實之治，用枳實所以助陰之清也。審此則枳實雖入陰分，而邪之分陰陽者，又當從而消息之矣。

此藥性專消泄，破氣損真。凡中氣虛寒，勞倦傷脾，發為痞滿者，必不可用。脹滿非實邪結於中下焦，手不可按，七八日不更衣者，必不可用。挾熱下痢，非燥糞留結者，必不可用。傷食停積，多因脾虛不能運化，如元氣壯實有積滯者，不得已用一二劑，病已即去之仲淳。

辨治：擇如鵝眼，並年久色黑者用，微綠者不堪入藥。

清・王世鍾《家藏蒙筌》卷一六《本草》 枳實 與枳殼一物也。大者為枳殼，小者為枳實，小則性速，如少年猛悍，一往直前。主下，行血，凡心腹脹滿，宿食堅積，稠痰積瘀，有破滯削堅之功，倒壁衝墻之捷。同白朮可治虛痞之患，佐大黃立解便秘之危。但勿輕用，以傷元氣。

按：枳殼、枳實，上世未常分別，自東垣分枳殼治上，枳實治下。海藏分枳殼主氣，枳實主血。然究其功用，皆利氣也，氣利則痰消積化，似亦不必分矣。惟枳實性急，枳殼性緩，乃確論也。

清・葉桂《本草再新》卷四 枳實味苦、酸，性微寒，無毒。入肝、脾二經。能破氣，能化痰，消食寬腸，殺蟲敗毒。

枳殼：性味同。入肝、脾、肺三經。磨積化痰，消濕理氣，治膈噎反胃。

清・吴其濬《植物名實圖考》卷三三 枳實 《本經》中品。橘踰淮而化為枳，或云江南亦別有枳，蓋即橘之酸酢者，以別枸橘耳。《補筆談》辨別枳實、枳殼極晰。

清・趙其光《本草求原》卷九灌木部 枳實、枳殼 實與殼本一物，苦，寒，無毒。得少陰標本之氣。采於秋，得陽明燥金之氣，入肺、胃、大腸。主破氣，金主降。消脹痞，行痰，止痛，消水腫，氣滯則濁不降。治喘嗽，胸痹，結胸，五膈，食積，嘔逆，癥癖，皆氣通之功。脇脹，同玉桂，或桂枝、薑、棗。金能平木也。瀉痢後重，同檳、芍、連、甘、升、葛、滑石。氣虛便難，同參、冬。腸風，同川連，或燒黑同羊脛炭，米飲下，不論久近並效。去痹，開胃健脾，同白术，一以助陽健，一以清陰破結，治宿食痰積及水飲病、心下堅，以金為水母也。若脾有血積，而心下痞，合黃連。療痔。所主略同，不必拘於實治下，殼治上也。肺、大腸相表裏，自飛門至魄門，皆肺主之，三焦一氣相通。但實采於七八月，得秋金旺氣，降合甚峻，故治脾、胃、心腹藏裏之病，凡氣病而致血結，及痰食停積有形者宜之。《本經》言止痢，長肌肉，利五臟，皆陽明通運之功。蓋言裏也。

殼，采於九十月，金氣漸退，水氣漸進，性浮而緩，故兼通肺、胃、胸膈、皮毛之表氣。《本經》言其主大風在皮膚中，如麻疹苦癢。金制風，寒清熱也。同荊、防、苦參、蒼耳、敗蒲煎洗。除寒熱結，得少陰本熱之氣以除寒，標陰之氣以除熱。凡風寒濕熱阻氣，致喘嗽、痹嘔、水腫病在無形之氣宜之。古人與桔梗同用，一降泄，一開提，大有妙用。同柴胡，為寒熱痞滿要藥，胃之上口與心相連，胃氣壅則心下痞。凡夾食傷寒感冒，並宜殼與表散同用。

色黑年久者佳，色綠者不堪用。麵炒至黑用。去其苦寒。蜜炙，則破水積。

同參、朮、乾薑益氣，同硝、黃破氣，同苓、連去濕熱，同陳、夏化痰，同紫蘇瘦胎、易產，是為奉養太過，氣滯而設。若氣弱難產及脾虛而致停食痞滿，當補中益氣，充實以行之。誤用此以損正氣，必死。

清・葉志詵《神農本草經贊》卷二 枳實 味苦，寒。主大風在皮膚中，如麻豆苦痒，除寒熱結，止利。長肌肉，利五藏，益氣輕身。生川澤。

種枳編籬，鸞棲詎擬。樧碧移情，楓紅著美。大小殊功，速詳具理。山叩崇吾，食宜孫子。

陸遊詩：種枳為籬草結廬。李商隱詩：枳嫩棲鸞葉。《列子》：有大木焉，其名為樧，樹碧而冬生。渡淮而北，化而為枳。王逢詩：楓葉殷紅枳實肥。寇宗奭曰：枳實小，則其性酷而速。大則其性詳而緩。《山海經》：崇吾之山有木焉，其實如枳。食之宜子孫。

清・文晟《新編六書》卷六《藥性摘錄》 枳殼 苦、酸，微寒。下氣開胸，利肺開胃。〇凡因風寒食滯熱積，濕停氣欝，而見咳嗽胸滿，便秘，痰澼癥結，嘔逆水腫，脇痛瀉痢，痔腫腸風，濕痹等症，治皆有効。〇氣實者可用，氣虛者勿妄投。〇陳者良。 枳實： 氣味同枳殼，但下氣更速。胸以下堅實宜之。〇同白朮調脾。〇同大黃推蕩。〇惟氣虛痞滿者，切禁。

清・劉東孟傳《本草明覽》卷三 枳殼 【略】按：《本經》不分實殼，今大者為殼，性祥緩而治高，高者主氣，治在胸膈。小者為實，性酷速而治在下，下者主血，治在心腹。故胸中有痞，肺氣結也，用桔梗枳殼湯；心下有痞，脾血積也，用白朮枳實湯。此高下緩急之分，易老詳為之准的也。

清・張仁錫《藥性蒙求・木部》 枳實錢半、二錢 枳實味苦，性專破氣。消食行痰，宣通便閉。微寒。得白朮去痰飲，得瓜蔞消痞結，得皂角仁通大便。陳者佳。麩炒用。 枳殼錢半、二錢： 枳殼微寒，寬腸下氣。胸膈不舒，方中可擬。味苦。東垣曰：枳殼治高，枳實治下，皆利氣也。氣利則痰喘止，痞脹消，食積化。但實則性急，殼則性緩為確耳。得桔梗治虛痞。〇皮厚而小為枳實，殼薄虛大為枳殼。陳者良，麩炒用亦可。

清・屠道和《本草匯纂》卷二下氣 枳殼 耑入肺、胃及大腸。苦、酸，微寒，無毒。功耑下氣行痰，開胸利肺，開胃，破胸膈以上之氣，而使之下行。治反胃霍亂，風痺淋痺，食積欬嗽，背膊悶倦，胸膈痰滯，心腹結氣，兩脇脹虛，闗膈壅塞，癥結痃癖，水腫泄痢，裏急後重，腸風淋閉，痔腫，散結消脹，除痞止風痛。炙熟熨痔腫。但損胸中至高之氣，雖可束胎瘦胎，然必氣實可投，若虛而用之，則不免有虛虛之禍。且大損真元，彼脹滿因於邪實者可用，若因土虛不能制水，肺虛不能行氣，而誤用之，則禍不旋踵。如氣弱脾虛，以致停食痞滿，法當補中益氣，則食自化，痞自消。若再用此破氣，是抱薪救火矣。王好古曰：枳實佐以參、朮、乾薑則益氣，佐以硝、黃、牽牛則破氣，故《本經》先言益氣，復言消痞。昔湖陽公主難產，方士進瘦胎飲，用枳殼四兩，甘草二兩，五月後日服一錢。潔古改以枳朮，名束胎丸。寇宗奭謂瘦胎、束胎二藥，予甚不然，蓋孕婦全賴血氣以養胎，血氣充實，胎乃易生。彼公主奉養太過，氣實有餘，故可服之。若概施則誤矣。時珍曰：八九月胎氣盛壅，用枳殼、蘇梗以順氣，蓋胎前無滯，則產後無虛。若氣弱者則忌。陳者良，麪炒用。

清・戴葆元《本草綱目易知錄》卷四 枳實 性寒，味苦，氣薄，微辛。益氣明目，安胃消食，利五臟，逐停水，止溏瀉，消脹滿，散敗血，破堅積結實。去胃中濕熱，除胸脇痰癖，心下急痞痛逆氣，脇風疼，大風在皮膚如麻豆苦癢。止痢，除寒熱結，解傷寒結胸，上氣咳嗽。腎內傷冷，陰痿而有氣，宜加用之。【略】

枳殼： 苦，酸，微寒。健脾開胃，下氣消痰，除風逐水，通利關節，瀉肺氣，除胸痞，止吐逆，消腫脹。治胸痹結胸，食積五膈，痃癖癥結，霍亂瀉痢，裏急後重，嘔逆咳嗽，水腫風瘮，淋痹風痹，兩脇虛脹，闗膈壅塞，痔疾腸風。妊婦及氣虛人，殼、實俱慎用，陳者良。

清・黃光霽《本草衍句》 枳實 苦酸微寒，氣猛性烈。主皮膚風痒，去胃中濕熱。心腹痞滿脹悶，宿食稠痰積血。脇風刺痛，心下堅大如盤。水飲所結，仲景用枳朮丸，白朮、枳實，荷葉煨飯為丸。胸痺不通，傷寒痞痛凝結。有滑竅破氣之功，具倒壁冲墻之捷。得白朮去痰飲，得皂角通大便，得栝蔞消痞結。 胸痺結胸，胸痺心下痞堅，留氣結胸，脇下逆氣搶心，枳實薤白湯主之。枳實、厚朴、薤白、栝蔞、桂，煎服。　產後腹痛，炒枳實、炒芍藥，二錢，水煎服。　婦人陰腫堅痛，枳實，碎，炒，帛裹熨之，冷即易。　枳殼：性緩而散，破氣為功。寬暢安胃，泄肺開胸。風痰咳嗽，胸脇刺痛。消脹滿積痰停水，除後重痔疾腸風。風疹作痒，胎前氣壅。得桔梗治虛痞，得甘草治婦人體肥難產，得木香治傷寒呃噫，得黃連治腸風下血。　懷胎腹痛，枳殼、黃芩煎服；若身重，加白朮；脇骨疼痛，因驚傷肝者，枳殼、桂枝，薑、棗服。　小兒軟節，大枳殼一枚，去白磨口平，以麪糊抹邊，合癤上，自出膿血盡，更無痕也。　產後腸出不收，枳殼煎浸之，良久即入也。　古云：殼治氣而主高，實治血而主下。氣在胸中則用殼，氣在胸下則用實。殼寬腸胃，實寬胸膈。雖有高下氣血之分，究皆破氣之品。殼損胸中至高之氣，不可多用；若肺虛而中氣不足，脾虛不能運化者，則愈用愈虛，變不可言矣。

清·陳其瑞《本草撮要》卷二　枳實　味苦，入手太陰、陽明經，功專破積下痰。得白朮去痰飲，得瓜蔞消痞結，得皂角通大便，得參、朮、乾薑則益氣，得硝、黃、牽牛則破氣。孕婦及氣虛人忌，陳者良，麩炒用。　枳殼：即枳實之大者。其力稍緩。得桔梗治虛痞，得甘草治婦人體肥難產。

清·李桂庭《藥性詩解》　賦得寬中下氣枳殼緩而枳實速也得中字四韻。李慶霖。　實殼形雖異，其能速緩工。寬胸原理上，下氣即調中。　破結消壅滿，除痰使逆輕。薄虛功漸劣，厚小力偏雄。　按：枳殼、枳實，苦酸微寒，皆能破氣寬中，消痰逐滿，除關格壅塞，破癥癖結氣。殼主高而實主下，殼高，主皮膚胸膈之疾；實低，主心胃腸中之病。薄虛而大為殼，功力稍緩。皮厚而小為實，治力猛威。枳即橘屬，古云：橘渡淮為枳。又云：江南為橘，江北為枳。陳久為上，去瓤，炒用。虛弱者戒之。

清·仲昴庭《本草崇原集說》卷中　枳實　【略】仲氏曰：後人以枳實為破氣行痰之品，是不識《本經》也。《本經》尚不能識，況在經方，經方大小承氣，其枳、朴生熟之辨，見《傷寒集注·陽明篇》。《崇原》論藥不論方，故無方論。

枳殼：【略】仲氏曰：枳實取其小而堅實，大則氣散力薄，故曰殼。《本經》與經方皆有實無殼。《開寶本草》始以殼之主治，分別標題。由是醫林中人，皆得逞其不經之說。如李東垣、王好古。向無隱菴據經辨駁，則後學稱李引王，物性亦無見天之日矣！竊謂枳在時方，可殼可實；枳在經方，宜實不宜殼也。

清·鄭奮揚著，曹炳章注《增訂偽藥條辨》卷三　枳殼　偽名洋枳殼，不知何種果實偽充。或云六七月採小香欒，偽為枳實、枳殼；或云採枸橘混充。又福州多橘，土人於夏秋間橘子未大，經風雨搖落者，拾而晒之，偽充枳殼。性既不同，誤用有害。按《周禮》云：橘逾淮而北為枳。今江南枳、橘皆有，江北有枳無橘，江西多枳，不僅逾淮而始變也。七八月採者為枳實，九十月採者為枳殼，氣味苦酸，微寒，臭香形圓，花白多刺，穰內黃白，皮色深綠，故又名綠衣枳殼。主散留結，胸膈痰滯，逐水消脹滿，能瀉上焦氣分實邪，為治病要藥。若以偽品混售，真草菅人命矣。　炳章按：枳殼、枳實，為老嫩大小之分別。江西沙河出者，細皮肉厚而結，色白氣清香而佳。龍虎山出者亦佳。四川出者，名川枳殼，色黃皮厚，味帶酸，次之。江浙衢州出者，皮粗色黃，捲口心大肉薄，亦次。浙江黃埠出者肉鬆而大，有燈盞之名，更次，洋枳殼者，或即此也。七八月採者，小而嫩肉厚，乾之黑褐色為枳實。九十月採者，殼大肉略薄，色白為枳殼。每個對切為兩，皆以翻肚如盆口唇狀，須陳久者良。近時有一種臭橘，形亦相似，其氣惡濁，不堪入藥。

清·周巖《本草思辨錄》卷四　枳實　《別錄》枳實破結實，消脹滿。是其滿為堅滿，破結實即下宿食之謂，似不如厚朴之散濕滿，兼可治上矣。然枳實氣藥而味苦酸，胸脇之堅滿，亦其所司。故《別錄》於胸脇曰除痰癖，不曰除痰飲。水者柔物亦動物。然水至於停，則與腸胃之水穀相比為奸，而非可以滲之利之者。故《別錄》於除胸脇痰癖下，又繼之以逐停水而不隸於胸脇。蓋即堅滿之在腸胃，有需於枳實者矣。大小承氣湯與枳實薤白桂枝湯用枳實之義，已詳厚朴不贅。

更以《別錄》心下急痞痛逆氣脇風痛繹之。夫瀉心諸湯治心痞，大小陷胸治結胸，枳實宜可用矣，而皆不掄入，曷故？蓋痞為虛邪，宜輕散不宜實攻；結胸雖屬實邪，而滌熱泄水別有專藥；小陷胸則與瀉心不殊，但以連、夏瀉心，加栝蔞降痰濁而已得，皆無俟枳實代籌。枳實所司維何？曰：胸痹與結胸，皆按之而痛，其所以異者，一則為熱結，而一則為陽微也。雖然，枳實不氣向下乎，氣向下則胸膈非停駐之所；非寒藥乎，寒藥則於陽微有妨。不知仲聖有因材而使之妙焉。橘枳生薑湯，以橘、薑化氣於上，枳實從而泄之。桂枝生薑枳實湯，以桂、薑化氣於上，枳實從而泄之。要非氣塞與懸痛有堅滿可泄，亦不用枳實。方名不以冠首者，以枳實為佐理也。大柴胡湯，柴胡、芩、夏能治胸滿，不能治心中痞硬、心下滿痛，得枳實則痛硬除，以枳實能泄堅滿也。按全方為表裏兼治之劑，大黄、枳實、芍藥，所以攻裏，柴胡、芩、夏、薑、棗，所以解表。生薑加多，又使與枳實化心中之痞硬，即橘枳生薑湯治胸痹之法。是枳實於諸藥皆與有功，而方名顧不之及者何也？抑知其往來寒熱之為少陽病乎，柴胡乃少陽主藥，且能去腸胃中結氣，自當推以冠軍；曰大者，以非小柴胡之常法也。枳朮湯，以白朮消水飲，枳實泄心下堅大，枳實氣向下，而以味甘而厚之白朮載之使不速下，既回翔於心，遂漸及於腹，至腹奭而收功，此以枳實治心下之又一法也。《別錄》所言，殆亦由仲聖諸方紬繹而得之者歟。

枳殼：枳殼乃枳實之老而殼薄者，既名枳殼，須去穰核用之。殼實古原不分，性用亦無所異。若治胸膈痞塞，枳殼較枳實少勝。然何如以枳實協辛溫輕揚之橘皮、桂枝，為奏功尤大乎。惟《本經》主大風在皮膚中如麻豆苦癢，除寒熱結，則惟去穰核之枳殼為宜。蓋癢為風，寒熱結為痹。於皮膚中除風除痹，用枳實則易走裏，難與枳殼爭能。此《證類本草》枳殼所以主風癢麻痹也。

山橘

清・何諫《生草藥性備要》卷上　山桔葉　味辛、酸，性平。祛風邪，去瘀生新，敷跌打。煲猪粉腸同食，止燥咳。桔蕹，治熱病。氣虛弱人，煲酒服。

清・趙其光《本草求原》卷一山草部　山橘葉　辛，溫。祛風散瘀生新，敷跌打，止燥嗽。同豬粉腸。根，去濕風及酒風。

枸橘

宋・王介《履巉巖本草》卷中　枸棘子　性凉，無毒。治婦人血氣攻衝，不以多少為細末，每服一錢，濃煎艾醋湯調服，不以時候。

明・李時珍《本草綱目》卷三六木部・灌木類　枸橘《綱目》

【釋名】臭橘　【集解】時珍曰：枸橘處處有之，樹、葉並與橘同，但幹多刺。三月開白花，青蕋不香。結實大如彈丸，形如枳實而殼薄，不香。人家多收種爲藩蘺，亦或收小實，僞充枳實及青橘皮售之，不可不辨。

葉　【氣味】辛，溫，無毒。【主治】下痢膿血後重，同萆薢等分炒存性研，每茶調二錢服。又治喉瘻，消腫導毒時珍。

【附方】新一。咽喉怪證：咽喉生瘡，層層如疊，不痛，日久有竅出臭氣，廢飲食。用臭橘葉煎湯連服必愈。夏子益《奇病方》。

刺　【主治】風蟲牙痛，每以一合煎汁含之時珍。

橘核　【主治】腸風下血不止。同樗根白皮等分炒研，每服一錢，皂莢子煎湯調服時珍。

樹皮　【主治】中風强直，不得屈申。細切一升，酒二升，浸一宿。每日溫服半升，酒盡再作時珍。

【附方】新一。白疹瘙痒：遍身者。小枸橘細切，麥麩炒黃爲末。每服二錢，酒浸少時，飲酒，初以枸橘煎湯洗患處。○《救急方》。

明・顧逢柏《分部本草妙用》卷八雜藥部　（狗）〔枸〕橘　辛，溫，無毒。主治：下痢膿血後重，同萆薢等分，炒存性，研藥調二錢。又治喉瘻，消腫導毒。善能解酒毒、酒積病。

清・李熙和《醫經允中》卷二一　枸橘　辛，溫，無毒。主治下痢膿血後重，同萆薢等分，炒存性，研末，調二錢；又能解酒毒、酒積病。

清・张璐《本經逢原》卷三　枸橘　辛，溫，無毒。發明：枸橘與枳同類，其幹多刺，故破氣散熱之力過之。時珍治下痢膿血後重，今人解酒毒用之，總取其破氣之力也。《丹方》以枸橘煆末存性，酒服方寸匕，治胃脘結痛。又以醋浸熬膏，攤貼內傷諸痛，貼即痛止，但須久貼，方不復發。

清・吴儀洛《本草從新》卷三　枸橘葉〔宣，解毒。〕　辛，溫。治下痢膿血後重，同萆薢等分炒存性，研，每茶調二錢。喉瘻。消腫導毒。《奇疾方》〔夏子益《奇疾方》〕：咽喉生瘡，層層如叠，不痛，日久有竅，出臭氣，廢飲食，用臭橘葉煎湯連服必愈。一名臭橘。樹葉并與橘同，但幹多刺，三月開白花，青蕊不香，結實大如彈丸，形如枳實而殼薄。人家多收種為藩籬，或收小實偽充枳實及青橘皮售之，不可不辨。

清・嚴潔等《得配本草》卷六　枸橘一名臭橘。　辛，溫。治下痢膿血後重，同萆薢炒存性，研，茶調服。又治喉瘻，消腫導毒。煎湯，洗病後腳腫。怪症：咽喉生瘡，層層如疊，不痛，日久有竅出臭氣，廢飲食。臭橘葉煎湯連服愈。

題清・徐大椿《藥性切用》卷五　枸橘葉　性味辛溫，散滯疎結，治下痢後重。枸橘子，味酸苦平，破氣尤烈。虛人忌之。

清・趙學敏《本草綱目拾遺》卷六木部 枸橘 今之臭橘，山野甚多，實小殼薄，枝多刺而實臭，人多棄之。《綱目》枸橘條下，葉、刺、核、樹皮俱收，而其實獨略。葉天士《家抄本草》有主治，特錄出補之，入藥陳者佳。《橘錄》：枸橘色青氣烈，小者似枳實，大者似枳殼。近時難得枳實，人多植枸橘於籬落間，收其實，剖乾之以和藥，味與商州之枳，幾逼真矣。

療子癰及疝氣：俱取整個枸橘，煅存性，研末，陳酒送服。

解酒毒《逢原》。

胃脘結痛：取枸橘實煅存性，酒服方寸匕。內傷諸痛，以實醋浸熬膏貼，須久貼方不復發，以其力能破氣散熱也。

清・吳其濬《植物名實圖考》卷三五 枸橘 詳《本草綱目》。園圃種以為樊，刺硬莖堅，愈於杞柳。其橘氣臭，亦呼臭橘。鄉人云有毒，不可食。而市醫或以充枳實，亦治跌打。隱其名曰鐵籬笆。初發嫩芽，摘之浸以沸湯，去其苦味，曝乾為蔬，曰橘苗菜。以肉煨食，清香撲鼻，亦《山家清供》云。

清・張仁錫《藥性蒙求・木部》 枸橘葉錢半，刺 枸橘色青，其氣甚烈。疝證胃疼，兼能散熱。《拾遺》云：今之臭橘，山野甚多，實小殼薄，枝多刺而實臭。《綱目》枸橘條下，刺核與葉皮俱收，而其實獨略。葉香岩《家抄本草》有主治，特補之。入藥陳者良。枸橘實：色青氣烈，小者似枳實，大者似枳殼。治疝氣，胃脘痛及內傷諸痛，以其力能破氣散熱也。〇枸橘葉：辛，溫。治下痢膿血後重，消腫解毒。〇刺：治風蟲牙痛，煎汁含之。

巴戟天

宋・唐慎微《證類本草》卷六草部上品《《本經・別錄・藥對》》 巴戟天 味辛、甘，微溫，無毒。主大風邪氣，陰痿不起，強筋骨，安五藏，補中，增志，益氣，療頭面遊風，小腹及陰中相引痛，下氣，補五勞，益精，利男子。生巴郡及下邳山谷。二月、八月採根，陰乾。覆盆子爲之使，惡朝生、雷丸、丹參。

〔梁・陶弘景《本草經集注》〕云：今亦用建平、宜都者，狀如牡丹而細，外赤內黑，用之打去心。

〔唐・蘇敬《唐本草》〕注云：巴戟天苗，俗方名三蔓草。葉似茗，經冬不枯，根如連珠，多者良，宿根青色，嫩根白紫，用之亦同。連珠肉厚者爲勝。

〔宋・掌禹錫《嘉祐本草》〕按：《藥性論》云：巴戟天，使。能治男子夜夢，鬼交泄精，強陰，除頭面中風，主下氣，大風血癩。病人虛損，加而用之。日華子云：味苦。安五臟，定心氣，除一切風，治邪氣，療水腫。又名不凋草，色紫如小念珠。有小孔，子堅硬難擣。

〔宋・蘇頌《本草圖經》〕曰：巴戟天，生巴郡及下邳山谷，今江淮、河東州郡亦有之，皆不及蜀州者佳。葉似茗，經冬不枯，俗名三蔓草，又名不凋草。多生竹林內。內地生者，葉似麥門冬而厚大，至秋結實。二月、八月採根，陰乾，今多焙之。有宿根者青色，嫩根者白色，用之皆同，以連珠肉厚者勝。今方家多以紫色爲良。蜀人云：都無紫色者。彼方人採得，或用黑豆同煮，欲其色紫，此殊失氣味，尤宜辨之。一說蜀中又有一種山律根，正似巴戟，但色白。土人採得，以醋水煮之乃紫，以雜巴戟，莫能辨也。真巴戟，嫩者亦白，乾時亦煮治使紫，力劣弱，不可用。今兩種，市中皆是。但擊破視之，其中紫而鮮潔者，僞也；真者擊破，其中雖紫，又有微白糝如粉色，理小暗也。

〔宋・唐慎微《證類本草》〕《雷公》曰：凡使，須用枸杞子湯浸一宿，待稍軟漉出，却用酒浸一伏時，又漉出，用菊花同熬令焦黃，去菊花，用布拭令乾用。

宋・寇宗奭《本草衍義》卷七 巴戟天 本有心，乾縮時，偶自落，或可以抽摘，故中心或空，非自有小孔也。今人欲要中間紫色，則多僞以大豆汁沃之，不可不察。外堅難染，故先從中間紫色。有人嗜酒，日須五七杯。後患脚氣甚危，或教以巴戟半兩，糯米同炒，米微轉色，不用米，大黃一兩，剉、炒，同爲末，熟蜜爲丸，溫水服五七十丸，仍禁酒，遂愈。

宋・劉明之《圖經本草藥性總論》卷上 巴戟天 味辛、甘，微溫，無毒。主大風邪氣，陰痿不起，強筋骨，安五臟，補中增志益氣。療頭面遊風，小腹及陰中相引痛，下氣，補五勞，益精，利男子。《藥性論》云：使。治男子夜夢鬼交，泄精強陰。日華子云：味苦。安五臟，定心氣，除一切風，治邪氣，療水腫。覆盆子為之使。惡朝生、雷丸、丹參。

明・王綸《本草集要》卷二 巴戟天使 味辛甘，氣微溫，無毒。覆盆子為之使。惡雷丸、丹參。採根，陰乾。 主大風邪氣，陰痿不起，強筋骨，安五臟，補中增志益氣。療頭面遊風，大風血癩。小腸及陰中相引痛，補五勞，利男子，治夜夢鬼交泄精，病人虛損加而用之。

明・滕弘《神農本經會通》卷一 巴戟天 使也。覆盆子為之使。惡雷丸、丹參。宿根青色，嫩根白色，用之皆同。以連珠肉厚者為勝。今多以紫色為良。用之打去心。二八月採根，陰乾。

味辛甘，氣微溫，無毒。東云：治陰疝，白濁，滋補腎。《疌》云：強筋壯骨，補中津，除風益氣，除邪氣，治夢泄，兼腹痛。

《本經》云：主大風邪氣，陰痿不起，強筋骨，安五臟，補中增志益氣。療頭面遊風，小腹及陰中相引痛，下氣，補五勞，益精，利男子。《藥性論》云：紫巴戟天，使。治男子夜夢鬼交泄精，強陰，除頭面中風，主下氣，大風血癩，病人虛損加而用之。日華子云：味苦。安五臟，定心氣，除一切風，治邪氣，療水腫。《衍義》曰：今人欲要中間紫色，則多偽以大豆汁沃之，不可不察。外堅難染，故先從中間紫色。有人嗜酒，日須五七盃，後患脚氣，甚危。或教以巴戟半兩，糯米同炒，米微轉色，不用米，大黄一兩，剉炒，同為末，熟蜜為丸，溫水服五七十丸，仍禁酒，遂愈。《局》云：連珠巴戟除風藥，療腫強筋補五勞。虛損病人如得此，夢中無復鬼相交。巴戟天、菟絲子，添精補髓上延年，解去腰疼誠有効。

明・劉文泰《本草品彙精要》卷八　巴戟天無毒　叢生。

巴戟天出《神農本經》：**主大風邪氣，陰痿不起，強筋骨，安五臟，補中增志，益氣。**以上朱字《神農本經》。療頭面遊風，小腹及陰中相引痛，下氣，補五勞，益精，利男子。以上黑字名醫所錄。【名】三蔓草、不凋草。【苗】《圖經》曰：葉似茗，經冬不枯，多生竹林內。內地生者，葉似麥門冬而厚大，至秋結實。有宿根者青色，嫩根者白色，用之皆同，以連珠、肉厚、紫色爲良。蜀人云：都無紫色者，彼方人採得，或用黑豆同蒸，欲其色紫，殊失氣味，尤宜辯之。蜀中又有一種山律根，似巴戟，但色白，土人採得以醋水煮之，乃紫。以雜之，莫能辯也。真巴戟嫩者亦白，欲其紫色，以大豆汁沃之，則其力弱，不可用。兩種相雜，人莫能識。但擊破視之，其中紫而鮮潔者爲僞；若紫而有微白糝如粉色，理小暗者，真也。【地】《圖經》曰：生巴郡及下邳山谷，今江淮、河東州郡亦有之。陶隱居云：建平、宜都。【道地】蜀川者爲佳。【時】生：春生苗。採：二月、八月取根。【收】陰乾。【用】根連珠、肉厚者爲好。【質】狀如牡丹，根細而有鬚。【色】紫白。【味】辛，甘。【性】微溫，緩。【氣】氣之厚者，陽也。【臭】香。【主】一切風邪，強陰益精。【助】覆盆子爲之使。【反】惡朝生、雷丸、丹參。【製】《雷公》云：凡使，打碎去心，用枸杞子湯浸一宿，漉出，酒浸一伏時，又漉出，用菊花同熬，令焦黄，去菊花以布拭令乾，用。【治】療：《藥性論》云：除頭面中風，下氣，大風，血癩。日華子云：除一切風，邪氣，水腫。補：《藥性論》云：男子夜夢鬼交泄精，強陰，病人虛損加而用之。日華子云：安五臟，定心氣。【贋】山律根爲偽。

明・葉文齡《醫學統旨》卷八　巴戟　氣微溫，味辛、甘。無毒。覆盆子為之使；惡雷丸、丹參。治大風邪氣，陰痿不起，強筋骨，安五臟，補中增志益氣，頭面遊風，大風血癩，小腸及陰中相引痛，補五勞，利男子，夜夢鬼交泄精，病人虛損加而用之。

明・許希周《藥性粗評》卷二　禮巴戟之天，以陰功而降福。

巴戟天，三蔓草根也。其葉似茗，亦有似麥門冬者，經冬不衰，故一名不凋草。春夏抽新葉，至秋結實，宿根青色，嫩根紫白色。出巴蜀山谷，今江淮近道亦皆有之，以川蜀并連珠肉厚者勝。二、八月採根，陰乾。凡用打落其心，以枸杞子煎湯浸一宿，漉出，或以酒浸一伏，焙乾。覆盆子為之使，惡丹參、雷丸。味辛、甘，性微溫，無毒。主治五癆七傷，頭面遊風，水腫脚氣，旁遺陰痿，補陰益精，利男子，強筋骨，大抵補陰之功居多。

單方：脚氣：巴戟半兩，和糯米同炒，以米微黄取出，去米不用，大黄一兩，剉炒過，二味同為細末，煉蜜為丸梧子大，每服五十丸，空心溫水送下。

明・鄭寧《藥性要略大全》卷五　巴戟　主大風邪氣，陰痿不起，強筋骨，安五臟，定心氣，補中益氣。《湯液》云：療頭面遊風及一切風。治小腹及陰中相引痛。東垣云：下氣，補五勞，益精，利男子，增志。治陰疝，白濁，夢泄。補腎，強陰，助陽。味辛、甘，氣微溫，無毒。覆盆子為之使。惡雷丸、丹參。水洗去土、去心用。得枸杞、菊花、酒，良。其根紫色如連珠、肉厚者佳。

明・陳嘉謨《本草蒙筌》卷一　巴戟天　味辛、甘，氣微溫。無毒。江淮雖有，巴蜀獨優。多生深谷茂林，葉厚淩冬不瘁。故俗名三蔓草，又名不凋草也。凡入藥劑，採根陰乾。宿根色青，嫩根色白。用之功力相若，但選肉厚連珠。根原有心，乾縮自落。人或抽摘，中亦空虛，非自有小孔耳。未去盡者，亦宜抽之。即今方家，惟以中間紫色者為良。據蜀人云：都無紫色，咸係染成。或用黑豆，煮汁沃之。亦或同煮過。紫雖做成，氣味殊失。或又採山葎根，染紫假充，蜀中一種山葎根，形亦相類，但色白，用醋煮之乃紫，多採充賣，莫能辨認。俱不可不細察也。擊破視之，其中紫而鮮潔者為真，真者中雖紫，又有微白摻如粉色，理小暗也。製須酒浸過宿，曝乾。惡丹參雷丸，宜覆盆為使。禁夢遺精滑，補虛損勞傷。治頭面遊風，及大風浸淫血癩；主陰痿不起，併小腹牽引絞疼。安五臟健骨強筋，安心氣利水消腫。益精增志，惟利男人。

明・王文潔《太乙仙製本草藥性大全》卷一《本草精義》 巴戟天 生於巴郡及下邳山谷。今江淮、江東州郡亦有之，皆不及蜀川者佳。葉似茗，經冬不枯，俗名三蔓草，又名不凋草。多生竹林之地內。生者葉似麥門冬而厚大，至秋結實。二月、八月採根陰乾，今多焙之。有宿根者青色，嫩根者白色，用之皆同，以連珠肉厚者勝。今多以紫色爲良。蜀人用黑豆同煎欲其色紫，此殊失氣味。或以醋水煮之，乃紫，以雜巴戟莫能辨也。今兩種市中皆是，但擊破視之，其中紫而鮮潔者，僞也；真者，擊破其中雖紫，又有微白糝，如粉色。惡朝生、雷丸、丹參。

明・王文潔《太乙仙製本草藥性大全》卷一《仙製藥性》 巴戟天使 味辛、甘，氣微溫，無毒。覆盆子爲之使，得枸杞、菊花、酒良。主治：療大風邪氣，陰痿不起，強筋骨，安臟補中，增志益氣。療頭面遊風，大風浸淫，血癩，水脹，及陰中相引痛。補五勞，利男子，治夜夢鬼交泄精滑，補虛損勞傷，併小腹牽引絞疼，健骨強筋，定心氣，利水消腫，益精增志，惟利男人。補註：巴戟天本有心，乾縮時偶自落，或可以抽摘，故中心或空，非自有小孔子也。今人欲要中間紫色，則多僞以大豆汁沃之，不可不察。外堅難染，故先從中間紫色。有人嗜酒，日須五七盃，後患脚氣，甚危，或教以巴戟半兩，糯米同炒，米微轉色，不用米，大黃一兩，剉炒，同爲末，熟蜜爲丸，溫水服五七十丸，仍禁酒，遂愈。太乙曰：凡使須用枸杞子湯浸一宿，待稍軟，漉出，却用酒浸一伏時，又漉出，用菊花同熬，令燋黃，去菊花，用布拭令乾用。

明・皇甫嵩《本草發明》卷二 巴戟天上品之上，君。氣微溫，味辛、甘，無毒。

發明曰：巴戟天甘溫，補腎家虛為最。辛兼潤肺，而散寒風邪。故《本草》云：益精，利男子陰痿，小腹及陰中引痛，治遺精，其補腎虛可知矣。云安五臟，補勞補中，增志益氣，強筋骨者，蓋腎主五臟津液，主骨藏志故耳。云主大風邪氣，頭面游風，風血癩，抑辛潤肺以平肝，而散其邪歟。若腎有伏火，致陰痿泄精等，不宜服。只是補腎家虛冷，相火不足者為專。覆盆子為之使。惡雷丸、丹參。○出巴郡，根如連珠，肉厚者佳。

明・李時珍《本草綱目》卷一二草部・山草類上 巴戟天《本經》上品

【釋名】不凋草《日華》 三蔓草時珍曰：名義殊不可曉。

【集解】《別錄》曰：巴戟天生巴郡及下邳山谷，二月、八月採根陰乾。弘景曰：今亦用建平、宜都者，根狀如牡丹而細，外赤內黑，用之打去心。恭曰：其苗俗名三蔓草。葉似茗，經冬不枯。根如連珠，宿根青色，嫩根白紫，用之亦同，以連珠多肉，厚者爲勝。大明曰：紫色如小念珠，有小孔子，堅硬難擣。宗奭曰：巴戟天本有心，乾縮時偶自落，或抽去，故中心或空，非自有小孔也。今人欲要中間紫色，則多僞以大豆汁沃之，不可不察。頌曰：今江淮、河東州郡亦有，但不及蜀川者佳，多生山林內。內地生者，葉似麥門冬而厚大，至秋結實。今方家多以紫色爲良。蜀人云：都無紫色者。採時或用黑豆同煮，欲其色紫，殊失氣味，尤宜辨之。又有一種山葎根，正似巴戟，但色白。土人採得，以醋水煮之，乃以雜巴戟，莫能辨也。但擊破視之，中紫而鮮潔者，僞也；其中雖紫，又有微白糝有粉色，而理小暗者，真也。真巴戟嫩時亦白，乾時亦煮治使紫，力劣弱耳。

根 【修治】斅曰：凡使須用枸杞子湯浸一宿，待稍軟漉出，再酒浸一伏時，漉出，同菊花熬焦黃，去菊花，以布拭乾用。時珍曰：今法：惟以酒浸一宿，剉焙入藥。若急用，只以溫水浸軟去心也。

【氣味】辛、甘，微溫，無毒。大明曰：苦。之才曰：覆盆子爲之使，惡雷丸、丹參、朝生。

【主治】大風邪氣，陰痿不起，强筋骨，安五臟，補中增志益氣《本經》。療頭面游風，小腹及陰中相引痛，補五勞，益精，利男子《別錄》。治男子夜夢鬼交精洩，强陰下氣，治風癩甄權。治一切風，療水脹《日華》。治脚氣，去風疾，補血海。時珍。出仙經。

【發明】好古曰：巴戟天，腎經血分藥也。權曰：病人虛損，加而用之。宗奭曰：有人嗜酒，日須五七杯，後患脚氣甚危。或教以巴戟半兩，糯米同炒，米微轉色，去米不用，大黃一兩，剉炒，同爲末，熟蜜丸，溫水服五七十丸，仍禁酒，遂愈。

附録：巴棘《別錄》曰：味苦，有毒。主惡疥瘡出蟲。生高地，葉白有刺，根連數十枚。一名女木。

題明・薛己《本草約言》卷一《藥性本草》 巴戟 入手、足少陰經。甘溫補腎家虛寒為最，辛兼潤肺而散風邪。○《本草》稱其安五臟，補中益氣，強陰助陽。但其性多熱，同黃栢、知母，則強陰；同蓯蓉、瑣陽則助陽，貴乎用之之人。用熱遠熱，用寒遠寒耳。治陰疝白濁，補腎尤滋。

明・佚名氏《醫方藥性・草藥便覽》 巴戟天 其性溫。止血，壯筋，生肌肉。

明・梅得春《藥性會元》卷上 巴戟天 味辛、甘，性溫。無毒。覆盆子為使，惡雷丸、丹參。 主治陰疝、白濁，補腎添精，療大風、邪氣，陰痿不起，強筋骨，安五臟，補中、增志益氣，療頭面遊風，小腹及陰中相引痛，下氣，補五勞，利男子，夜夢鬼交，泄精。人虛，加而用之。　製法：凡使，連根帶珠，去心，酒浸，焙乾。

明・李中立《本草原始》卷一　巴戟天　生巴郡及下邳山谷，今江淮、河東州郡亦有之。根如連珠，宿根青色，嫩根白色，老根紫色。其葉似茗，經冬不凋，故曰華子大明序集《諸家本草》名不凋草。巴戟天名義不知，以俟後之君子解之。　氣味：辛、甘，微溫，無毒。主治：大風邪氣，陰痿不起；強筋骨，安五臟；補中增志，益氣。○療頭面遊風，小腹及陰中相引痛，補五勞，益精，利男子。○治男子夜夢鬼交，精洩，強陰下氣，治風癩。○治一切風。療水脹。

巴戟天，《本經》上品。【圖略】入藥用根。二月八月采根，陰乾。連珠肉厚者勝。今方家多以紫色者為良。蜀人云都無紫色者，采時或用黑豆同煮，欲其色紫，殊失氣味，尤宜辨之。又有一種山葎根，正似巴戟，但色白。土人采得，以醋水煮之，乃以雜巴戟，莫能辨也。但擊破視之，中紫色而鮮潔者，偽也。其中雖紫，又有微白糝，有粉色而理小暗者，真也。　修治：巴戟以酒浸一宿入心，剉焙。若急用，以滾水浸軟，去心。

巴戟天，腎經血分藥也。覆盆子為之使，惡雷丸、丹參、朝生。　巴戟天，使。

明・張懋辰《本草便》卷一　巴戟天使　味辛、甘，氣微溫，無毒。惡雷丸、丹參。　主大風邪氣，陰痿不起，強筋骨，安五臟，療頭面遊風，小腸及陰中相引痛；　治夜夢泄精，虛損加而用之。

明・李中梓《藥性解》卷四　巴戟天　味辛、甘，性微溫，無毒，入脾、腎二經。主助腎添精，除一切風及邪氣。酒浸用，覆盆為使，惡雷丸、丹參。按：巴戟之溫，本專補腎，而肺乃腎之母也，且其味辛，故兼入之以療風。凡命門火旺以致泄精者，忌之。

明・繆希雍《本草經疏》卷六　巴戟天　味辛、甘，微溫，無毒。主大風邪氣，陰痿不起，強筋骨，安五臟，補中，增志，益氣。療頭面遊風，少腹及陰中相引痛，下氣，補五勞，益精，利男子。

【疏】巴戟天稟土德真陽之精氣，兼得天之陽和，陽主發散，散則橫行，是當木之令，而兼金之用也，故其味辛。《別錄》益之以甘，而《本經》又曰微溫無毒，宜其然也。其主大風邪氣及頭面遊風者，風為陽邪，勢多走上。《經》曰：邪之所湊，其氣必虛。巴戟天性能補助元陽而兼散邪，況真元得補，邪安所留？此所以愈大風邪氣也。主陰痿不起，強筋骨，安五臟，補中增志益氣者，是脾腎二經得所養而諸虛自愈矣。其能療少腹及陰中引痛，下氣，并補五勞，益精，利男子者，五臟之勞，腎為之主。下氣則火降，火降則水升，陰陽互宅，精神內守，故主腎氣滋長，元陽益盛，諸虛為病者，不求其退而退矣。　【主治參互】得黃檗、橘核、荔枝核、牛膝、川萆薢、木瓜、金雫子、懷生地黃，治疝氣因于腎虛。得五味子、肉蓯蓉、鹿茸、山茱萸、栢子仁、補骨脂、枸杞子，治陰痿。去鹿茸、肉蓯蓉，加黃檗、牛膝、麥門冬、生地黃、車前子，治陰虛白濁久不愈。得鹿角、栢子仁、天門冬、遠志、蓮鬚、覆盆、黃檗，治夜夢鬼交泄精。同甘菊花、石菖蒲、何首烏、刺蒺藜、黑豆、山茱萸、天門冬，治頭面上風。得熟大黃，治飲酒人腳弱。

【簡誤】巴戟天性溫屬陽，故凡病相火熾盛，思慾不得，便赤口苦，目昏目痛，煩躁口渴，大便燥閉，法咸忌之。

明・倪朱謨《本草彙言》卷一　巴戟天　味辛、甘，氣微溫，無毒。補肝腎二經血分藥也。蘇氏曰：出巴郡及下邳山谷。今江淮、河東州郡亦有，不若蜀中者佳。多生山林內，葉似茗，經冬不枯。又似麥門冬葉而厚大。秋深結實。根如連珠，宿根青色，嫩根紫白。以連珠多肉者爲勝。土人采根，同黑豆煮紫，殊失氣味。一種山葎根，極相似，但色白。土人以醋煮，僞充巴戟，莫能辨。但擊破，紫而青白如糝粉色，其理小暗者真也。紫而鮮潔者僞也。又一說：巴戟天形如念珠，本有心，乾縮時偶自落，或抽去心，中有小孔子，堅硬難搗。

巴戟天：《藥性論》强陽益精之藥也。顧汝琳稿生血脉，去大風瘡癩之虞。堅骨髓，起腰膝陽衰之證。病人肝腎虛者，舍此不治。有益壽延年之妙用也。觀夫草枝木葉，至冬莫不隨天地肅殺之氣而零落，獨此凌寒不凋，與天相戟，專得陽剛之氣最厚也。日華子謂扶男子陽絕不興而子嗣難成，啓女人陰器不舉而胎孕少育。或肝失用而血海早枯，或形失主而手足痿痹。種種形神兩疲之疾，用此靡不奏功。他如補中益智，健膝壯筋，又不待言矣。

金靈昭先生曰：巴戟天禀土德真陽之精，經冬不枯，草本而得松柏之幹，是當木之體而兼金之用也。故其味辛而甘，性能補助元陽而兼散邪，況真元得補，邪安所留？此所以愈大風瘡癩也。主陽衰陰痿不起，强筋骨，補血海者，是肝腎二經得所養，而諸虛自愈矣。況筋骨血脉之病，腎爲之主。腎家之真陽强則邪火降，邪火降則真水升。陰陽互宅，精神內守，故腎氣滋長，元陽益盛，諸邪爲病者，不求其退而自退矣。〇此藥性溫屬陽，凡病相火熾盛，思欲不得，便赤口苦，目痛目腫，煩熱口渴，大便燥閉諸證，咸宜忌之。

集方：蘇林仲《拾遺方》治陽衰氣弱，精髓空虛，形神憔悴，腰膝痿痹；或女人血海乾虛，經脉斷續，子嗣難成。用巴戟天八兩，當歸、枸杞子各四兩，廣陳皮、川黃柏各一兩，俱用酒拌炒，共爲末，煉蜜丸梧桐子大。每早晚各服三錢，白湯下。男婦皆可用。〇治一切陽虛氣陷，似虛似實，逆氣不降，清氣不升。爲眩暈，爲倦怠，爲痛爲麻，爲泄利，大便不實，小便短濇，或氣短聲微，或腰脊痿弱，或因久勞形役，筋力衰疲者，用巴戟天酒炒過，每日用五錢，水煎空心服。《林仲先醫案》。

明·顧逢柏《分部本草妙用》卷五腎部·溫補 巴戟天 辛，甘，微溫，無毒。覆盆子為使，惡雷丸、丹參。酒炒用。 主治：大風邪氣，陰痿，強筋骨，療頭面遊風。小腹陰中痛，治男子夜夢鬼交洩精，益氣助精。治脚氣，補血海，療水脹。按：巴戟天，腎經血分藥也，病人虛損，加而用之。宗奭以之治好酒者患脚氣，用巴戟半兩，糯米同炒，米微轉色，去米不用，大黃一兩，炒，同為末，熟蜜丸，溫水服五七十丸，仍禁酒，愈。

明·李中梓《醫宗必讀·本草徵要上》 巴戟天味甘，溫，無毒。入腎經。覆盆子為使，畏丹參。酒浸焙。 安五臟以益精，強筋骨而起陰。補助元陽，則腎氣滋長，諸虛自熄。按：陰虛相火熾者，禁用。

明·蔣儀《藥鏡》卷一溫部 巴戟天 添精而筋骨強，散邪而五藏妥。蓋五藏之勞，腎為之主也。下氣則火降，火降則水升，故腎氣滋長，而諸虛自退。祛除疝以平小腹之引痛，并及白濁夢遺。補血海以除頭面之遊風，更使志增氣益。

明·張景岳《景岳全書》卷四八《本草正》 巴戟天 味甘，微溫，陰中陽也。雖曰足少陰腎經之藥，然亦能養心神，安五臟，補五勞，益志氣，助精強陰。治陰痿不起，腰膝疼痛，及夜夢鬼交，遺精溺濁，小腹陰中相引疼痛等證。製宜酒浸，去心微炒，或滾水浸剝亦可。

明·盧之頤《本草乘雅半偈》帙二 巴戟天《本經》上品 氣味：辛，甘，微溫，無毒。 主治：主大風邪氣，陰痿不起，強筋骨，安五藏，補中，增志，益氣。

覈曰：出蜀中，今江淮、河東州郡亦有，不若蜀中者佳，多生山林內。葉似茗，經冬不枯。又似麥門冬葉而厚大，秋深結實。根如連珠，宿根青色，嫩根紫白，以連珠多肉者為勝。土人采根，同黑豆煮紫，殊失氣味。一種山葎根極相似，但色白。土人以醋煮之，雜巴戟內，莫能辨識。但擊破之，紫而鮮潔者偽也，紫而青白，兼糝粉色，其理小暗者真也。修治：同枸杞子湯浸一宿，漉出，再用酒浸一伏時，更拌菊花熬令焦黃，去菊，以布拭乾用。

先人云：草木至冬，莫不隨天地氣化而藏，獨此不凋，與天相戟，當為冬腎之生物也。其精志與骨，咸腎所司，欲其生發者，仗此大有所裨。

条曰：深秋結實，經冬不凋，反地之陽殺陰藏，得天之陽生陰長，可判屬肝。而以戟、以辛，又可判屬肺矣。誠肺肝秉制為用之用藥也。故主天有八風，不從鄉來者之外所因。與經有五風，觸五藏之內所因，或肝失用而陰痿不起，或形失生而筋骨不強，或志從陰藏而頹，或氣從陽殺而損，靡不因風入中虛，戟以擊之。雷公法秉制之宜，閱杞菊生成，斯義自見。不曰巴戟地，而曰巴戟天，雖似弄巧，實出至理。如是乃可合天有八風，經有五風，御五位，觸五藏也。

明·李中梓《本草通玄》卷上 巴戟天 辛、甘，微溫，腎家血分藥也。強筋骨，起陰痿，益精氣，止遺泄。治小腹痛引陰中，療水脹，理脚氣。酒浸一宿，去心焙。

清·顧元交《本草彙箋》卷一 巴戟天 腎經血分藥也，故能強筋骨，而治陰痿，及小腹相引，陰中作痛。其主大風邪氣，及頭面遊風者，風爲陽邪，勢多走上。巴戟天甘溫而辛，辛能發散，且其苗葉經冬不枯，得土德之真陽，陽主發，亦主升，以陽補陽，故元陽不足者，宜用。相火熾盛者，禁之。

清·穆石匏《本草洞詮》卷八 巴戟 一名不凋草，以經冬不枯也。氣味辛甘，微溫，無毒。治大風邪氣，陰痿不起，強筋骨，安五臟，補中增志，益氣。病人腎虛者加而用之。有一種山葎根，醋水煮之，以亂巴戟，但擊破視之，中紫而鮮潔者，偽也。中紫而微白小暗者，真也。

清·劉雲密《本草述》卷七上 巴戟天覆盆子為之使，惡雷丸、丹參。 出蜀中，今江淮、河東州郡亦有，不若蜀中者佳。 經冬不凋，秋深結實，根如連珠，以連珠而多肉者為勝。方家多取紫色，然蜀人云原無紫色，土人采根，同黑豆煮紫，殊失氣味。一種山葎根，極相似，但色白，土人以醋煮之，雜巴戟內莫能辨識，但擘破之，紫而鮮潔者，偽也。其中雖紫，又有微白糝，米屑為糝。有粉色而理小暗者，真也。

根：氣味：辛、甘，微溫，無毒。日華子曰：苦。

主治：大風邪氣，陰痿不起，強筋骨，安五藏，補中增志，益氣《本經》。治男子夜夢精洩，強陰下氣甄權。補血海《仙經》。益精，利男子，愈小腹及陰中相引痛，治風癩及頭面游風《別錄》。療脚氣時珍。方書主治：中風，傷勞倦虛勞，腎氣虛而惡寒，療氣之元陽虛者，積聚，腎氣虛逆咳嗽，并虛逆病喘，治洩血，腰痛痹證，痿證，眩暈，不能食，消癉泄瀉淋，小便不禁，赤白濁疝，治目疾并耳聾。　權曰：病人虛損者，加用。　希雍曰：巴戟天稟土德真陽之精氣，兼得天之陽和。《本經》謂其氣溫，無毒，是也。然得木之令，而兼金之用，故其味辛。《別錄》益之以甘，亦以其稟土德之真陽耳。

得黃檗、橘核、荔枝核、牛膝、川萆薢、木瓜、金鈴子、懷生地黃，治疝氣因於腎虛。得五味、蓯蓉、鹿茸、山茱萸、柏子仁、故紙、枸杞子，治陰痿。去鹿茸，蓯蓉，加黃檗、牛膝、麥冬、生地、車前子，治陰虛白濁久不愈。得鹿角、柏子仁、天冬、遠志、蓮鬚、覆盆、黃檗，治夜夢鬼交，泄精。同甘菊花、石菖蒲、何首烏、刺蒺藜、黑豆、山茱萸、天冬，治頭面上風。

愚按：巴戟在《本經》言其氣溫而味辛甘，在日華子專云苦。嘗之由苦而辛，辛中亦有苦，味盡處畧有甘耳。夫苦為火味，陽火出於地，故命門為真火，所云非苦無以至地得也。辛為金味，其上行為天氣，合於人身之肺，所云非辛無以至天也。夫辛由於苦，則元氣之體苦合之，辛則元氣之用。況其溫者，又出地之始氣乎？且草木至冬，莫不隨令氣而藏，獨此不凋。合而觀之，是非稟陰中之真陽，裕有元氣之體用者乎？抑元氣之體用於何而徵之？曰：《本經》首云治大風邪氣，陰痿不起，言其用也。夫風升之氣，乃出地之陽，陽氣陷於下，則風眚而化邪氣，陰痿不起，即陽之用不達也。《本經》由用而及體，故歸之補中增志益氣。甄權則由體而及用，故首言治男子夜夢鬼交精洩。夫精能化氣，氣能攝精，關元中極之間，男精女血皆藏於此，已下於腎三寸矣，乃腎中命門，實司元氣，專藉此在上者下而鎖鑰之，所謂氣能攝精也。故甄權首指其體，亦言風癩之治，則并及用矣。即方書種種主治，莫能外此體用之所宜，并主輔之恰當，以益元氣耳。夫腎中元氣，乃陰中之陽，本不能離於陰以為陽，故不得漫用辛熱以耗陰，如此味雖曰益陽，却從陰中完其體，致其用，非辛熱之倫，故用此味，如熟地黃補陰而發陽者也，可助之發陽於陰中。如覆盆子、骨碎補由陽而強陰者也，可合之強陰於陽中。就方書證治，如磁石丸之治虛勞，補腎之陰氣居多。又如巴戟丸之治腎虛惡寒，補精氣而益陰為多。二方俱入此味，則其發陽於陰，強陰於陽者，即二治可以類推於他證矣。至如陽虛生寒，投以辛熱之桂、附，更如陽虛鬱熱，投以苦寒之連、柏，俱有不舍茲味者，總為元氣之主劑，立其主而後辛熱可以去寒，苦寒可以清熱也。試取治腎消之蓯蓉丸，為腎氣衰虛，致精水無所養，故專益腎陽而微兼益陰，是宜入此味於中矣。至如金銀箔丸之治，亦是因於腎氣虛，但化熱耳。丸中專主滋陰清熱，却亦入此味，與蓯蓉同用，是則一證而寒熱異者，俱得用之，是豈非人身元氣上際於天，下極於地，如茲物體用合，亦能如元氣之所周，隨寒熱而咸宜，故其治療頗多，不第如《本草》所列，頭面游風，療小腹及陰中相引痛，及脚氣之治而已也。第《本經》首言大風邪氣，即諸本草未嘗不以療風為言，其義最宜循繹，不啻謂其補氣血之虛損，泛泛然與他藥同論功也。《經》曰：出地者，陰中之陽，陽予之正，陰為之主，夫風化司出地者也。詎謂此品雖微却有陽予正、陰為主之義，所謂發陽於陰中，即強陰於陽中者是也。故不啻能補元陽，且補血海益精，皆有兼功爾。更請得而悉之，蓋水火合化以為氣，更藉金木交媾，乃得合化焉。肝原媾肺於包絡以生血，血生而氣化矣。肺原媾肝於三焦以益氣，氣益而血化矣。巴戟達元氣於上，即達肝之氣化於肺，達元氣於下，即達肺之氣化於肝。之頤曰：深秋結實，經冬不凋，反地之陽殺陰藏，得天之陽生陰長，可判屬肝，而以戟以辛，又可判屬肺矣。誠肺肝秉制為用之用藥也。肝為血海，通於三焦之命門，合相火而行血海之化，既肺媾於肝，而血海不補乎？夫腎元中有精化氣者，先天也，有氣化精者，後天也。甄權曰：強陰下氣。蓋肺為氣主，巴戟之由苦而辛，以達元氣之用於上，即由苦中之辛，而歸於甘，以達元氣之用於下，肺真媾於肝得歸血海而化精，故先哲言覆盆為使，即此之謂強陰，謂下氣，又謂益精，不止於能固精而已也。雖然，此品乃從陽而生陰之劑，與從陰而生陽之味，各有所宜，不得混視也。

又按：茲味能療男子泄精者，主於元氣能固精之義也。第氣與精，交相益而交相病，如元氣虛而精不固，是由氣以病精，或勞傷中氣，并勞傷命門之陽是也。病於陽虛也，如元精虛而氣不固，是由精以病氣，不止於色慾，舉六淫七情，皆得以傷精，《經》所謂陰氣是也。斯屬陰虛矣，二者皆病於元氣，而未可概從氣治也。且同一元氣之傷，陽虛者是氣不足，陰虛者是火有餘，未可概以為元氣受傷，而概從補氣治也。更當參者，太極未分，而陰陽合為一氣，此《經》所謂兩神相搏也。太極一判，而清升濁降，然清者不能離陰，以為上際，濁者不能離陽，以為下蟠，此《經》所謂兩精相搏也。乃《經》又獨以神屬心，曰心藏脈，脈舍神者，正謂一氣止是陰陽，陰陽止分動靜，靜者闔，而動者闢，闔者氣之守，闢者氣之倡也。故精必歸之氣，氣尤歸之神，又未可止於元氣求責也。其詳見遺精論治。

宗奭曰：有人嗜酒，日須五七杯，後患脚氣，甚危。或教以巴戟半兩，糯米同炒，米微轉色，去米不用，大黄一兩，剉炒，同為末，熟蜜丸，溫水服五七十丸，仍禁酒，遂愈。愚按：嗜酒而病脚氣，此為溼熱，大黄除溼熱者也。同巴戟而用之，緣入腎肝而達其氣，俾除溼熱之味，得以奏效耳。即此類推，則凡疝氣白濁，豈能專恃此味，亦必本其所受之因而投劑，用此味以達下焦之主氣則可，況於夜夢泄精者乎？

希雍曰：巴戟性溫，屬陽，凡相火熾盛，思慾不得，便赤口苦，目昏目痛，煩躁口渴，大便燥閉，法咸忌之。

修治　用肉厚連株者，同枸杞子湯浸一宿，漉出，再用酒浸一時，更拌菊花，熬令焦黄，去菊拭乾用。雷公製法。　用黑色紫沉大穿心者，不用色黄細者，槌去心，酒浸焙。

清・郭章宜《本草匯》卷九　巴戟天　甘辛，微溫，入足少陰經。內濇腎間之精血，外散表分之風濕。强筋骨，起陰痿，同五味、蓯蓉、鹿茸、山萸、栢仁、補骨脂、枸杞治之。止遺泄，同鹿膠、栢仁、天冬、遠志、蓮鬚、覆盆、黄蘗治之。補血海。療水脹而理脚氣，益勞傷而安五藏。治小腹痛引陰中，補腎家虛寒為最。《本經》主大風邪氣，及頭面遊風者，風為陽邪，勢多走上。《經》曰：邪之所湊，其氣必虛。巴戟能補助元陽，而兼散邪，況真元得補，邪安所留？此所以愈大風邪氣也。

按：巴戟天禀真陽之氣，陽主發散，散則横行，是當木令而兼金之用也。為腎經血分之藥，蓋補助元陽，則腎氣滋長，諸虛自退，其功可居萆薢、石斛之上。但其性多熱，同黄蘗、知母則强陰，同蓯蓉、鎖陽則助陽，貴乎用之之人，用熱遠熱，用寒遠寒耳。陰虛相火熾者，及便赤口苦，目昏目痛，躁渴便閉等症，是其仇讎。嗜酒人脚弱，同糯米炒熟大黄，去米同丸服之，陰虛白濁，同黄蘗、牛膝、麥冬、生地、車前治之。

產巴蜀者優，根如連珠，宿根色青，嫩根色白，但選肉厚者，去心，擊破，中紫而鮮潔者偽也，中雖紫而有微白糁，有粉色者真也。以枸杞子湯浸軟，漉出，再酒浸焙用。今方家多以黑豆同煮紫色，殊失氣味。又有一種山葎根，正似巴戟，但色白，土人采以醋水煮之，以雜巴戟，不可不辨。覆盆為之使。惡雷丸、丹參。

又巴棘一種，葉白有刺，根連數十枚，味苦有毒，主治疥瘡耳。

清・蔣居祉《本草擇要綱目・平性藥品》　巴戟天以連珠多、肉厚者為勝。用枸杞子煎湯浸一宿，漉出，再酒浸一伏時，漉出，同菊花熬煎黄，去菊花，以布拭乾用。　氣味：辛、甘，微溫，無毒。　主治：大風邪氣，陰痿不起，强筋骨，安五臟。療頭面遊風，小腹及陰中相引痛。乃腎經血分藥也。

清・王翃《握靈本草》卷二　巴戟天川產，紫色者良。多有醋煑紫色假充，以色鮮潔者爲真。酒浸一宿，去心，焙。急用以溫水浸軟，去心。　主治：巴戟天，辛、甘，微溫，無毒。主大風邪氣，陰痿不起，强筋骨，安五臟，補中增志，益氣，治脚氣，補血海，男子夢洩，益精。　發明：巴戟天，腎中血分藥也。男子補陽種子方中多用之。

清・汪昂《本草備要》卷二　巴戟天補腎，祛風。　甘、辛，微溫。入腎經血分，强陰益精。治五勞七傷。辛溫散風濕，治風氣、脚氣水腫。根如連珠，擊破中紫而鮮潔者，僞也；中雖紫，微有白糁粉色，而理小暗者，真也。蜀產佳。山葎根似巴戟，但色白，人或醋煮以亂之。　去心，酒浸焙用。覆盆子爲使，惡丹參。

清・吴楚《寶命真詮》卷三　巴戟天　【略】强筋骨，起陰痿，益精氣，止遺泄，安五臟，治小腹引陰中，療水脹，理脚氣，補助元陽，則腎氣滋長，諸虛自熄。陰虛相火熾者，是其仇讎。

清・陳士鐸《本草新編》卷二　巴戟天　味甘、溫，無毒。入心、腎二經。補虛損勞傷，壯陽道，止小腹牽痛，健骨强筋，定心氣，益精增志，能止夢遺，此臣藥，男婦俱有益，不止利男人也。世人謂其能使痿陽重起，故云止利男子。不知陽事之痿者，由于命門火衰，婦人命門與男子相同，安在不可同補乎。夫命門火衰，則脾胃寒虛，即不能大進飲食。用附子、肉桂，以溫命門，未免過于太熱，何如用巴戟天之甘溫，補其火，而又不爍其水之為妙耶。

或問：巴戟天近人罕用，止用之于丸散之中，不識亦可用于湯劑中耶？曰：巴戟天，正湯劑之妙藥，無如近人不識也。巴戟天，溫而不熱，健脾開胃，既益元陽，復填陰水，真接續之利器，有近效，而又有遠功。夫巴戟天雖入心、腎，而不入脾、胃，然入心，則必生脾胃之氣，故脾胃受其益。湯劑用之，其效易速，必開胃氣，多能加餐，及至多餐，而脾乃善消。又因腎氣之補，薰蒸脾胃之氣也，誰謂巴戟天不宜入于湯劑哉。

巴戟天溫補命門，又大補腎水，實資生之妙藥。單用一味為丸，更能補精種子，世人未知也。

或疑巴戟天入湯劑最妙，何以前人未見用之？曰：前人多用，子未知之耳。夫巴戟天，補水火之不足，益心腎之有餘，實補藥之翹楚也。用之補氣之中，可以健脾以開胃氣；用之補血之中，可以潤肝以養肺陰。古人不特用之，且重用之。自黃柏、知母之論興，遂置巴戟天于無用之地。嗟乎！人生于火，而不生于寒，如巴戟天之藥，又烏可不亟為表揚哉。

清·顧靖遠《顧氏醫鏡》卷七 巴戟天辛、苦，微溫。入腎經。酒浸，焙。 強筋骨，起陰痿。助火之功。內熱者忌之。

清·李熙和《醫經允中》卷一九 巴戟天 覆盆子為使。惡雷丸、丹參。酒炒用。 辛、甘，微溫，無毒。主治散風濕，起陰痿，強筋骨。療男子夢交洩精，虛損勞傷，小腹陰中痛，脚氣水脹，腎經血分藥也。好酒者患脚氣，用巴戟半兩，元米同炒，米微轉色，去米不用，大黃一兩炒，同為末，熟蜜丸，溫水服五七十丸，仍禁酒愈。《經》云：邪之所湊，其氣必虛，巴戟能補助元陽，真火一旺，則氣血周流，所以能愈大風邪氣也。但陰虛相火旺者弗服。

清·馮兆張《馮氏錦囊秘錄·雜症痘疹藥性主治合參》卷二 巴戟天稟土得真陽之精氣，兼得天之陽和，陽主發散，散則橫行，是當木之令，而兼金之用也，故味辛甘，微溫，無毒。水泡，去心用。

巴戟天，禁夢遺精滑，虛損勞傷，頭面遊風及大風浸淫血癩。主陰痿不起及小腹牽引絞疼。安五臟，健骨強筋。定心氣，利水消腫。益精增志，惟利男人，溫補腎臟虛寒之要藥。惟相火熾者勿用。

清·張璐《本經逢原》卷一 巴戟天 辛、甘，微溫，無毒。酒浸去心，焙用。川產者良。 《本經》主大風邪氣，陰痿不起，強筋骨，安五藏，補中，增志，益氣。 發明：巴戟天嚴冬不凋，腎經血分及衝脈藥也。故守真地黃飲子用之，即《本經》治大風邪氣之謂，以其性補元陽而兼散邪，真元得補，邪安所留，是以可愈大風邪氣也。主陰痿不起，強筋骨，安五藏，補中，增志，益氣者，脾胃二經得所養，而諸虛自瘥矣。又治脚氣，補血海，病人虛寒加用之。有人嗜酒患脚氣甚危，或教以巴戟半兩，糯米同炒，去米，大黃一兩炒為末，熟蜜丸，溫水下七十丸，仍禁酒，遂愈。惟陰虛相火熾盛者禁用。

清·浦士貞《夕庵讀本草快編》卷一 巴戟天 名義舊本未解，予謂其產生于蜀，故曰巴。腎為先天之本，此物護腎如戟，故曰戟天。 巴戟辛甘而溫，腎經血分藥也。故能強筋骨而起陽痿，增志氣而排風邪。治男子夢泄鬼交，益女人血海不足。安五藏而補五勞，療水脹而除風癩。小腹引陰作痛，脚氣濕甚危篤，並皆用之。亦可稱補而不滯，服而可久者也。

清·張志聰、高世栻《本草崇原》卷上 巴戟天 氣味辛、甘，微溫，無毒。主大風邪氣，陰痿不起，強筋骨，安五臟，補中，增志，益氣。 巴戟天一名不凋草，始出巴郡及下邳山谷，今江淮河東州郡亦有，然不及川蜀者佳。葉似茗，經冬不凋，根如連珠，白紫色，以連珠多，肉厚者為勝。 巴戟生於巴蜀，氣味辛甘，稟太陰金土之氣化。其性微溫，經冬不凋，又稟太陽標陽之氣化。主治大風邪氣者，得太陰之金氣，金能制風也。治陰痿不起，強筋骨者，得太陽之標陽，陽能益陰也。安五臟，補中者，得太陰之土氣，土氣盛，則安五臟而補中。增志者，腎藏志而屬水，太陽天氣，下連於水也。益氣者，肺主氣而屬金，太陰天氣，外合於肺也。

清·劉漢基《藥性通考》卷六 巴戟天 味甘、辛，微溫，入腎經血分。強陰益精，治五勞七傷。辛溫散風濕，治風氣脚氣水腫。根如連珠，擊破中紫而鮮者偽也。中雖紫，微有白糝粉色而理小暗者真也。蜀產佳。去心，酒浸，焙。覆盆子為使，惡丹參。

清·姚球《本草經解要》卷一 巴戟天 氣微溫，味辛甘，無毒。主大風邪氣，陰痿不起，強筋骨，安五藏，補中增志益氣。酒焙。 巴戟天氣微溫，稟天春升之木氣，入足厥陰肝經。味辛甘無毒，得地金土二味，入足陽明燥金胃經。氣味俱升，陽也。風氣通肝，巴戟入肝。辛甘發散，主大風邪氣，散而(寫)〔瀉〕之也。陰者，宗筋也。宗筋屬肝，痿而不起，則肝已全無鼓動之陽矣。 巴戟氣溫，益陽，所以主之。蓋巴戟治陽虛之痿，淫羊藿治陰虛之痿也。

肝主筋，腎主骨，辛溫益肝腎，故能強筋骨也。胃者，五藏之原，十二經之長。辛甘入胃，溫助胃陽，則五藏皆安也。胃為中央土，土溫則中自補矣。腎統氣而藏志，巴戟氣溫益肝。肝者，敢也，肝氣不餒，則不耗腎，而志氣增益也。

製方：巴戟天同五味、蓯蓉、山萸、鹿茸、栢仁、杞子、補骨脂，治陰痿。同鹿角、栢仁、天冬、遠志、蓮鬚、覆盆、黄柏，治夜夢鬼交洩精。同熟大黄，治飲酒人脚耎。

清・王子接《得宜本草・上品藥》 巴戟天 味辛。入足少陰經。功專溫補元陽，得純陰藥有既濟之功。

清・黄元御《玉楸藥解》卷一 巴戟天 味辛、甘，微溫。入足少陰腎、足厥陰肝經。強筋健骨，秘精壯陽。溫補精血，滋益宗筋。治陽痿精滑，鬼交夢遺，驅逐脈風，消除痂癩。去梗，酒浸，蒸曬。

清・吴儀洛《本草從新》卷一 巴戟天（補腎祛風。）甘，辛，微溫。入腎經血分。強陰益精，治五勞七傷。散風濕，治風氣脚氣水腫。陰虛而相火熾者忌服。根如連珠，擊破，中紫而鮮潔者偽也，中雖紫，微有白糝粉色而理小暗者真也。蜀產佳。山葎根似巴戟，但色白，人或醋煮以亂之。去心，酒浸焙用。覆盆子為使。惡丹參。

清・汪紱《醫林纂要探源》卷二 巴戟天 甘，辛，溫。枝葉扶疏，根多分行，促節如串珠，以根中微紫有白粉而色理暗者真。出蜀中。強陰益精，亦治風濕。去心，酒浸焙。

清・嚴潔等《得配本草》卷二 巴戟天 覆盆子為之使。惡雷丸、丹參、朝生。辛，甘，溫。入足少陰經血分。助陽起陰。治一切風濕水腫，少腹引陰冷痛，夜夢鬼交精泄。得純陰藥，有既濟之功。君大黄，治飲酒腳氣。

滾水浸去心。助陽，杞子煎汁浸蒸。去風濕，好酒拌炒。攝精，金櫻子汁拌炒。理腎氣，菊花同煮。火旺泄精，陰水虛乏，小便不利，口舌乾燥，四者禁用。

巴戟、鎖陽，暖腎經之寒。熟地、杞子，制腎臟之熱。腎臟虛多熱，腎經虛多寒，經臟不同，水火判別，毋得誤用。

題清・徐大椿《藥性切用》卷三 巴戟天 甘辛微溫，入腎命血分。除風氣脚氣，強壯腰膝。酒浸焙用。陰虛相火熾者，忌之。

清・黄宮繡《本草求真》卷二 巴戟天溫補腎陰，兼祛風濕。 巴戟天耑入腎。辛甘微溫，據書稱為補腎要劑，能治五癆七傷，強陰益精，以其體潤故耳。好古曰：巴戟，腎經血分藥也。權曰：病人虛損，加而用之。然氣味辛溫，又能祛風除濕，故凡腰膝疼痛，風氣、腳氣、水腫等症，服之更為有益。宗奭曰：有人嗜酒，日須五七盃，後患腳氣甚危。或教以巴戟半兩，糯米同炒，米微轉色，去米不用，大黄一兩，剉炒，同為末，熟蜜丸，溫水服，仍禁酒愈。觀守真地黄飲子用此以治風邪，義實基此。未可專作補陰論也。川產中雖色紫微有白糝粉色，而理小暗者真，根如連珠，擊破中紫而鮮潔者偽，又山葎根似巴戟，但色白，人多以醋煮亂之。去心，酒浸焙用，覆盆子為使，惡丹參。

清・羅國綱《羅氏會約醫鏡》卷一六草部 巴戟天味甘，微溫，入腎經，兼入心經。酒浸去心，微炒用。 強陰益精。禁夢遺、精滑、虛損勞傷。健筋壯骨。陰痿腰疼，及夜夢鬼交，小腹陰中相引疼痛。補腎之功。養心神，安五臟。精血足也。若相火熾者勿用。

清・陳修園《神農本草經讀》卷一上品 巴戟天 氣味甘，微溫，無毒。主大風邪氣，陰痿不起，強筋骨，安五臟，補中增志益氣。酒焙。

陳修園曰：巴戟天氣微溫，稟天春升之木氣而入足厥陰肝。味辛甘無毒，得地金土二味入足陽明燥金胃。雖氣味有木土之分，而其用則統歸於溫肝之內。佛經以風輪主持大地，即是此義。《本經》以主大風三字提綱兩見：一見於巴戟天，一見於防風。陰陽造化之機，一言逗出。《金匱》云：風能生萬物，亦能害萬物。防風主除風之害，巴戟天主得風之益，不得滑口讀去。蓋人居大塊之中，乘氣以行，鼻息呼吸，不能頃刻去風。風即是氣，風氣通於肝，和風生人，疾風殺人。其主大風者，謂其能化疾風為和風也。邪氣者，五行正氣不得風而失其和。木無風則無以遂其條達之情，火無風則無以遂其炎上之性，金無風則無以成其堅勁之體，水無風則潮不上，土無風則植不蕃。一得巴戟天之用，則到處皆春而邪氣去矣。邪氣去而五臟安，自不待言也。況肝之為言敢也，肝陽之氣，行於宗筋而陰痿起；行於腎臟，腎藏志而志增，腎主骨而骨強；行於脾臟，則震坤合德，土木不害而中可補。益氣二字，又總結通章之義。氣即風也，逐而散之，風散則為氣散，生而亦死；益而和之，氣和即為風和，死可回生。非明於生殺消長之道者，不可以語此。

葉天士云：淫羊藿治陰虛陰痿，巴戟天治陽虛陰痿。

清・王龍《本草纂要稿・草部》 巴戟天 味甘、辛，性溫，無毒。禁夢遺精滑，補虛損勞傷。治頭目游風，及大風浸淫血癩。主陰痿不起，並小腹牽引絞痛。安五臟，健骨強筋。定心氣，利水消腫。益精增志，惟利男人。

清・張德裕《本草正義》卷上 巴戟肉　甘，溫。陰中有陽，入腎。益陰氣，興陽道，治腰膝痠痛，小腹隱痛，乃補陰助陽之品。

清・楊時泰《本草述鉤元》卷七 巴戟天　出蜀中者佳，經冬不凋，根如連珠，以肉厚者為勝，因方家多取紫色，原無紫色。土人采根，同黑豆煮紫，殊失氣味。一種山葎根極相似，但色白，土人以醋煮之，雜巴戟內，莫能辨識，但擊破之，紫而鮮潔者偽也。其中雖紫，又有微白糝，如粉色而理小暗者真也。

味辛、苦，微甘，氣微溫。主大風邪氣，陰痿不起，強筋骨，安五臟，補中增志，益氣利男子。治夜夢精洩，強陰，下氣補血海，益精，愈小腹及陰中相引痛，去風癩及頭面游風，療脚氣。方書治中風勞倦，虛勞腎氣虛而惡寒眩暈，及虛逆咳喘元陽虛者，腰痛，積聚痹痿不能食，消癉，泄瀉，溲血淋濁，小便不禁，疝，并治目疾耳聾。病人虛損者，加用。覆盆子為之使。惡雷丸、丹參。得黃檗、橘核、荔枝核、牛膝、川萆薢、木瓜、金鈴子、生地黃治疝氣因於腎虛。得五味、蓯蓉、鹿茸、山萸、柏仁、故紙、杞子，治陰痿。去茸、蓯，加黃檗、牛膝、麥冬、生地、車前，治陰虛白濁久不愈。得鹿角、柏仁、遠志、蓮鬚、覆盆、天冬、黃檗，治夜夢鬼交泄精。同甘菊、蒺藜、石菖蒲、何首烏、黑豆、山萸、天冬，治頭面上風。

附方：　嗜酒後患脚氣，巴戟五錢、糯米同炒，米微轉色，去米不用，大黃一兩剉炒，同為末，熟蜜丸，溫水服五七十丸，仍禁酒，遂愈。嗜酒而病脚氣，此為濕熱，大黃除濕熱者也。同巴戟用之，緣入腎肝而達其氣，俾除濕熱之味得以奏功，即此以推疝氣白濁夜夢洩精等治，亦不能專恃此味，必本其所受之因而投劑，用此以達下焦之主氣可也。

論：　巴戟之味，由苦而辛，辛中亦有苦，味盡處略有甘。夫苦為火味，陽火出於地，為命門真火，所云非苦無以至地也。辛為金味，上行為天氣，合於人身之肺，所云非辛無以至天也。辛由於苦，則元氣之體，苦合之辛，則元氣之用，況其溫者，又出地之始氣，更合於經冬不凋以觀，非稟陰中之真陽而裕有元氣之體用者乎。《本經》首治大風邪氣，陽陷化邪。陰痿不起，陽用不達。言其用也。由用而及體，故歸之補中增志益氣。甄權則首指其體，如治鬼交精洩，以闢元、中極之間，下於腎三寸，男精女血，皆藏於此，賴其上有腎中命門，實司元氣者下而鎖鑰之，所謂氣能攝精也。至言風癩之治，則并及用矣。其他種種治效，總不外此體用間元氣之益耳。夫元氣乃陰中之陽，不能離於陰以為陽，故不得漫用辛熱以耗陰，此味雖曰益陽，卻從陰中完其體、致其用，非辛熱之倫可比。如熟地黃補陰而發陽者也，可助之發陽於陰中；如覆盆子、骨碎補由陽而強陰者也，可合之強陰於陽中；至如陽虛生寒，投以辛熱之桂、附，陽虛鬱熱，投以苦寒之連、檗，俱有不舍茲味者，總為元氣之主劑，立其主而後辛熱可以去寒，苦寒可以清熱也。人身元氣，上際於天，下極於地。巴戟既裕元氣之體用，即亦能如元氣之所周，隨寒熱而咸宜，故治療頗多。不第如頭面游風，小腹及陰中引痛，與脚氣而已也。至《本經》首言大風邪氣，諸本草亦以療風為言，斯義最宜循繹。《經》曰：出地者陰中之陽，陽予之正，陰為之主。夫風化司出地者也，此品雖微，卻有陽予正陰為主之義，所謂發陽於陰中，即強陰於陽中也，故不但能補元陽，且補血海益精，皆有兼功焉。人身水火合化以為氣，更藉金木交媾乃得合化焉。巴戟達元氣於上，即達肝之氣化於肺；達元氣於下，即達肺之氣化於肝。肝為血海，通於三焦之命門，合相火而行血海之化，既肺媾於肝，而血海不補乎。夫腎元中，有精化氣者，先天也；有氣化精者，後天也。肺為氣主，巴戟以由苦而辛者，達元氣之用於上；即由苦中之辛而歸於甘，以達元氣之用於下。肺直媾於肝，得歸血海而化精，乃從陽而生陰之劑，即此之謂強陰，謂下氣，又謂益精，不止於能固精而已也。與從陰而生陽之味，各有所宜，不得混視也。巴戟療男子泄精，主於元氣能固精之義也。第氣與精交相益，而交相病。如元氣虛而精不固，是由氣以病精，屬陽虛；或勞傷中氣，并勞傷命門之陽。若元精虛而氣不固，是由精以病氣，屬陰虛。不止於色慾，舉六淫、七情，皆得以傷精。陽虛者氣不足，陰虛者火有餘，二者皆病於元氣，却未可概從補氣論治。更當參者，太極未分陰陽，合為一氣，此所謂兩神相搏也。太極一判，清升濁降，然清者不能離陰以為上際，濁者不能離陽以為下蟠，此所謂兩精相搏也。乃《經》又獨以神屬心者，正謂一氣止是陰陽，陰陽止分動靜，靜者闔而動者闢，闔者氣之守，闢者氣之倡也，故精必歸之氣，氣尤歸之神，又未可止於元氣求責也。

繆氏云：　凡相火熾盛，思慾不得，便赤口苦，目昏目痛，煩躁口渴，大便燥閉，法咸忌之。

修治：　同枸杞子湯浸一宿，漉出，再用酒浸一時，更拌菊花，熬令焦黃，去菊，拭乾用，此雷公法。用紫黑沉大穿心者，不用色黃而細者，搥去心，酒浸焙。

清·鄒澍《本經續疏》卷一 巴戟天 【略】夫風邪之於人，其始能令人毫毛畢直，其繼能令人多汗惡風已耳。陰痿不起，豈大風邪氣所能致耶？不知陰痿不起，非外中之風，猶口燥舌乾，非外受之燥也。然內涸之燥，有口燥舌乾可憑，陰痿不起，非風所能致，何以知其由？大風邪氣，此則有說焉。三百六十五日分為七十二候，凡羽毛鱗介草本，生壯老死於其間者何限，而獨著為生殺之表率者，在立春第一候曰東風解凍，在立秋第一候曰涼風至，是風為生殺統領。物當生壯，設遇涼風，必遭抑遏，物垂老死。設遇東風，亦緩顛頽，惟物有屈時難挽之期，故風無久違氣候之異。此夏令風從西北，冬令風自東南，胥有之，特終未見積月累旬不能休止也。人自生至死，原不得常以陰痿不起為病，適當二八已後，八八已前，不因精血之虧，不緣元氣之損，而肢體疲罷，筋骨懈弛，志氣颫頽，觀其狀似蒲柳之易衰，究其歸實樞機之完密，豈不似物當生壯，忽值涼飆？惟旋轉其風，則以厲階為榮資，譬之行舟，適纔石尤打頭，極費縴挽，忽而揚帆鼓枻，不由人力。是巴戟天之主陰痿不起，強筋骨，安五臟，補中增志益氣，不必謂之治風，直謂之轉風可也。雖然，巴戟天能轉蕭索為滋茂，其故安在？蓋惟其色紫，紫者，陽入陰中，陰隨陽唱之驗也。而紫中間白，白則符於蕭索。然間歲則變青，青非鼓動陽風之色乎？紫之多不能泯白，白之少非特不化於紫，且能轉而為青，是蕭索實滋茂之所由，滋茂乃蕭索之所發。有紫色為根柢，而此則發其機耳。鍾陽氣於陰中，而陰賴以化，布陽氣於一身，而陰隨以生，此小腹陰中相引作痛及頭面遊風所以竝能療也。設使火原偏旺，水原偏衰，縱有陰痿不起，少腹引痛，雖昧者亦不恃，此為救援矣。

清·葉桂《本草再新》卷一 巴戟天味甘、辛，性微溫，無毒。入腎經。強陰益精，治五勞七傷，散風濕，治風氣脚氣，化痰消水腫。

清·吴其濬《植物名實圖考》卷七 巴戟天 《本經》上品。《唐本草》注：俗名三蔓草，葉似茗，經冬不枯。《圖經》辨別真偽甚晰。

清·趙其光《本草求原》卷一山草部 巴戟天即不凋草。辛溫上達，即由辛歸於甘潤，以達元氣之用於下。經冬不凋，故達陽更能生陰，與入陰補陽者不同。使肺氣歸血海以化精，為腎胃、屬金。衝脈血分之良藥。凡元陽衰，陰精亦虧，不受剛燥者宜之。主大風邪氣，風氣通肝血，少陽陷，則旋而為風。辛溫達肝陽於陰中，上媾於肺以生血而殺風，遂變為和風，非辛散及制肝之比。陰痿，肝陽達，宗筋自起，是治陽虛之痿。羊藿則治陰虛之痿。同五味、蓯蓉、柏仁、鹿茸、故紙。陰虛白濁，上方去茸、蓯，加冬、地、車前、牛膝、黃柏。強筋骨，肝腎益，則所主之筋骨自強。安五臟，補中，腎為五臟之源，溫陰助胃，則穀食增，而臟自安。化痰，消水腫，增志益氣，肝主敢決，肺主氣，腎藏志，肺連於水，以生血養肝故也。治夢遺，同鹿角、柏仁、天冬、遠志、黃柏、盆子、蓮鬚，元氣上達則攝。頭面風，同菊、菖、山萸、首烏、刺蒺、天冬。酒人腳氣，同糯米炒，去米，合大黃炒，蜜丸，是達肝腎氣，使大黃得以除濕熱也。下氣，小腹及陰中相引痛，同橘核、荔核、黃柏、牛膝、萆薢、川楝、川瓜。嗽喘，洩血，腰痛痹痿，眩暈，泄瀉，食少，目疾，耳聾，尿不禁，皆上達下歸，元氣周流之效。此乃元氣之主劑，立其主，可隨寒熱而佐之，以達下焦之主氣，故磁石丸益腎陰、蓯蓉丸益腎陽俱用。相火盛，大便燥，忌之。

去心，酒浸焙，覆盆為使。惡丹參。

清·葉志詵《神農本草經贊》卷一 巴戟天 味辛，微溫。主大風邪氣，陰痿不起，強筋骨，安五藏，補中增志益氣。生山谷。

森森戟列，巴峽蜀天。連珠的皪，三蔓葱芊。秋風斂實，冬日揚鮮。山葎著白，假紫奝緣。

李白詩：列戟何森森。沈佺期詩：西南出巴峽。杜甫詩：蜀天常夜雨。蘇恭曰：根如連珠，俗名三蔓草，經冬不枯。《司馬相如傳》：的皪江靡。顏延之詩：秋積翠亦葱芊。蘇頌曰：至秋結實。潘尼賦：收華斂實。顧愷之賦：含馨揚鮮。蘇頌曰：山葎根色白，土人以醋煮之，色紫，雜巴戟。《唐書·傳》：李泌著白者，山人也。《唐書·紀》：假紫及緋。孟浩然詩：沙岸曉奝緣。

清·文晟《新編六書》卷六《藥性摘錄》 巴戟天 辛甘，微溫。補腎陰，兼除風濕，治五勞七傷，腰膝疼痛，風氣水腫等症。川產良。去心，酒浸焙用。覆盆為使，惡丹參。

清·張仁錫《藥性蒙求·草部》 巴戟錢半、三錢 巴戟辛甘，大補虛損。精滑夢遺，扶陽固本。去心，酒浸焙。甘、辛，微溫，入腎經血分及衝脈藥也。功專溫補元陽，得純陰藥有既濟之功。又治脚氣、水腫風氣，能散風濕故也。陰虛而相火盛者禁用。根如連珠，擊破中紫鮮潔，偽也。中雖紫，微白而小暗者真。川產良。

清・戴葆元《本草綱目易知録》卷一　巴戟天　甘、辛，微溫，入腎經血分。補中增志，强陰益精，安五臟，補血海，强筋骨，去風疾。治夢遺失精，陰痿不起，大風風癩，頭面遊風，少腹陰中相引作痛。療水脹，治脚氣，酒浸，去心，焙用。

清・黄光霽《本草衍句》　巴戟天甘、辛，微溫。　入腎經之血分，去頭面之游風。陰痿不起，强筋安藏。小腹引痛，小腹及陰中相引痛。夢洩遺精。補血而療脚氣，去風濕而益勞傷。腎藏虛寒要藥，相火熾盛勿嘗。得純陰藥，有既濟之功。

清・陳其瑞《本草撮要》卷一　巴戟天　味辛，入足少陰經，功專溫補元陽，得純陰藥有既濟之功。並散風濕，治風氣脚氣水腫。去心酒浸焙用。覆盆子為使，惡丹參。

清・仲昴庭《本草崇原集説》卷一　巴戟天　【略】〔批〕《崇原》詮釋主治，從巴戟天氣味入手，是以遊刃有餘。《經讀》但解氣味、主治，每以偏師制勝，亦能力破餘地。一言藥之體性，一言藥之功用也，然必體立而後用有以行。

清・鄭奮揚著，曹炳章注《增訂偽藥條辨》卷一　巴戟肉　巴戟天甘辛微溫，入腎經血分，强陰益精。産蜀地者佳。如連珠，擊破中紫而鮮潔者，偽也。中雖紫，微有白糝粉色，而理小黯者真也。近有以山豆根混充者，山豆色白性寒，或醋煮以亂之，則誤人不淺矣。　炳章按：　巴戟肉，廣東出者，肉厚骨細，色紫心白黑色者佳。江西出者，骨粗肉薄，略次。浙江台州甯海縣出者，名連珠巴戟。擇其肉厚軟糯，屑少，去骨用肉，亦佳。鄭君云山豆根混充，不但效用冰炭，且形態亦全不相類也。

土巴戟

清・劉善述、劉士季《草木便方》卷一草部　土巴戟　八月瓜根辛濇溫，補腎益精能强陰。勞傷疝氣皆可治，腰脚腫疼損傷清。瓜甘滋陰明耳目，月瘕勞傷補髓精。

巴棘

宋・唐慎微《證類本草》卷三〇有名未用・草木〔《别録》〕　巴棘　味苦，有毒。主惡疥，瘡出蟲。一名女木。生高地，葉白有刺，根連數十枚。

梔子

宋・李昉《太平御覽》卷九五九　支子　《本草經》曰：支子，一名木丹。葉兩頭尖，如樗蒲形，剥其子如䲴而黄赤。　葛洪治霍亂轉筋方曰：燒支子二枚，末，服之，立愈。

宋・唐慎微《證類本草》卷一三木部中品〔《本經・别録》〕　**梔子**　味**苦**，**寒**、大寒，無毒。**主五内邪氣，胃中熱氣，面赤酒皰，皶鼻白癩，赤癩瘡瘍**，療目熱赤痛，胸心大小腸大熱，心中煩悶，胃中熱氣。**一名木丹**，一名越桃。生南陽川谷。九月採實，暴乾。

〔梁・陶弘景《本草經集注》〕云：　解玉支毒。處處有。亦兩三種小異，以七稜者爲良，經霜乃取之，今皆入染，用於藥甚稀。玉支即羊躑躅也。

〔宋・掌禹錫《嘉祐本草》〕按：《藥性論》云：　山梔子，殺䗪蟲毒。去熱毒風，利五淋，主中惡，通小便，解五種黄病，明目，治時疾，除熱及消渴口乾，目赤腫病。

〔宋・蘇頌《本草圖經》〕曰：　梔子，生南陽川谷，今南方及西蜀州郡皆有之。木高七八尺。葉似李而厚硬，又似樗蒲子。二三月生白花，花皆六出，甚芬香，俗説即西域詹匐也。夏秋結實如訶子狀，生青熟黄，中人深紅。九月採實，暴乾。南方人競種以售利。《貨殖傳》云：　巵茜千石，亦比千乘之家。言獲利之博也。此亦有兩三種，入藥者山梔子，方書所謂越桃也。皮薄而圓小，刻房七稜至九稜者爲佳。其大而長者，乃作染色。又謂之伏尸梔子，不堪入藥用。張仲景《傷寒論》及古今諸名醫治發黄，皆用梔子、茵蔯、香豉、甘草等四物作湯飲。又治大病起勞復，皆用梔子、鼠矢等湯，並小利而愈。其方極多，不可悉載。梔子亦療血痢挾毒熱下者。《葛洪方》以十四枚去皮，擣，蜜丸服，如梧子三丸，日三。大效。又治霍亂轉筋。燒梔子三枚，末服立愈。時行重病後勞發，水煮十枚飲汁，溫卧徹汗乃愈。挾食加大黄别煮汁臨熟内之合飲，微利遂差。

〔宋・唐慎微《證類本草》〕雷公曰：　凡使，勿用顆大者，號曰伏尸梔子，無力。須要如雀腦，并鬚長有九路赤色者上。凡使，先去皮、鬚了，取人，以甘草水浸一宿，漉出焙乾，擣篩如赤金末用。《食療》：　主瘖啞，紫癜風，黄疸，積熱心躁。　又方：　治下鮮血。梔子人燒灰，水和一錢匕，服之，量其大小多少服之。《千金方》：　治火瘡未起。梔子人灰，麻油和封，厚乃佳。已成瘡，燒白糖灰粉之燥，即差。《肘後方》：　治霍亂心腹脹痛，煩滿短氣，未得吐下，若轉筋。燒梔子二七枚研末，熟水調服。《梅師方》：治火丹毒，擣和水調傳之。　又方：　治熱毒下血，或因食物發動。以三十枚擘，水三升，煎取一升，去滓服。　又方：　治熱病新差，早起及多食後發。以十枚，水三升，煎取一升，去滓。溫服。卧令微汗，若食不消，加大黄三兩。　又方：　治傷寒差後交接發動，因欲死，眼不開，不能語。梔子三十枚，水三升，煎取一升，服。又方：治猘犬咬。梔子皮燒末，石硫黃等分，同研爲末，傅瘡上，日三傅之，差。《博濟方》：治冷熱氣不和，不思飲食，或腹痛疞刺。山梔子、川烏頭等分，生擣爲末，以酒糊丸如梧子大。每服十五丸，炒生薑湯下。如小腹氣痛。炒茴香、葱、酒任下二十丸。《兵部手集》：治頭痛不可忍，是多風痰所致。梔子末和蜜濃傅舌上，吐即止。《勝金方》：治婦人臨産痢。不限多少燒灰，細末。空心熟水調一匙頭，甚者不過五服。孫尚藥：治傷寒下痢後更煩，按之心下耎者，虛煩也。梔子十四枚，擘，豉四合，右二味以水四升，煎梔子取二升半，内豉更煎取一升，去滓，分再服，得吐餘勿服，嘔有癰膿者不可服，嘔膿盡乃愈。《古今録驗》：秦王散胃疸食多喜飲，梔子實主之。《丹房鏡源》：梔子柔金。

宋·寇宗奭《本草衍義》卷一四　梔子　仲景治發汗吐下後，虛煩不得眠。若劇者，必反覆顛倒，心中懊憹，梔子豉湯治之。虛，故不用大黃，有寒毒故也。梔子雖寒無毒，治胃中熱氣，既亡血、亡津液，腑藏無潤養，内生虛熱，非此物不可去，張仲景《傷寒論》已著。又治心經留熱，小便赤澀，去皮山梔子火炮，大黃、連翹、甘草炙，等分末之，水煎三二錢匕，服之無不效。

宋·鄭樵《通志》卷七六《昆蟲草木略》　梔子　曰木丹，曰越桃。其花六出，西域謂之薝蔔花。

金·張元素《潔古珍珠囊》（見元·杜思敬《濟生拔粹》卷五）　梔子苦純陰。去心懊憹，煩燥。

宋·劉明之《圖經本草藥性總論》卷下　梔子　味苦，寒、大寒，無毒。主五内邪氣，胃中熱氣，面赤酒胞皻鼻，白癩赤癩瘡瘍，療目熱赤痛，胸心大小腸大熱，心中煩悶，胃中熱氣。《藥性論》云：去熱毒風，利五淋，主中惡，通小便，解五種黄病，明目，治時疾，除熱及消渴，口乾目赤腫病，解玉支毒，殺䗪蟲毒。

宋·王介《履巉巖本草》卷下　山梔子　味苦，寒，無毒。主五内邪氣，胃中熱氣面赤，酒皰皻鼻，白癩赤癩瘡瘍。療目熱赤痛，胸心大小腸大熱，心中煩悶，胃中熱氣。能殺䗪蟲毒，去熱毒風，利五淋，主中惡，通小便，解五種黄病，明目，治時疾，除熱及消渴口乾，目赤腫病。

宋·陳衍《寶慶本草折衷》卷一三　梔子灰在内。　一名山梔子，一名卮，一名木丹，一名越桃，一名薝蔔。○俗號黃梔。○又《圖經》所言卮茜者，口梔子口口根口口也。　生南陽川谷及西域、西蜀、南方及建州、江陵府、臨江軍，今處處種有之。○九月採實，暴乾。解玉支毒。玉支，即羊躑躅也。

味苦，寒，無毒。○主五内邪氣，胃中熱氣，面赤，酒皰皻鼻，白癩赤癩，瘡瘍，目熱赤痛，胸心大小腸熱，煩悶。○《藥性論》云：殺䗪音柘蟲毒，去熱毒風，利五淋，主中惡，通小便，解五種黄病，明目，治時疾，消渴腫病。○《圖經》曰：結實如訶子狀，生青熟黃。中人深紅，皮薄圓小，刻房七稜至九稜者佳。大而長者謂之伏尸梔子，不堪入藥。療血痢挾毒熱下。○《食療》云：主喑方甘切啞，紫癜風，黃疸積熱心躁。○又方：治下鮮血，梔子人燒灰，水和壹錢匕服之。○《梅師方》：治火丹毒，擣和水調傅之。○寇氏曰：仲景治發汗吐下後，虛煩不得眠，若劇者必反覆顛倒，心中懊於刀切憹，奴刀切，心亂也。梔子豉湯治之。虛故不用大黃，有寒毒故也。

續說云：艾原甫謂凡熱病經吐下氣虛者，最可以梔子代大黃用，蓋續仲景之餘意也。《本事方》治服丹及燒煉之藥過多，致鼻衄血，困極垂危而血不止，燒梔子存性為末，吹入鼻中，仍以生水，量酌調下。或因耽酒而衄者，亦宜施此。

元·王好古《湯液本草》卷五　梔子　氣寒，味微苦。味苦，性大寒，味薄，陰中陽也。無毒。　入手太陰經。《象》云：治心煩，懊憹而不得眠，心神顛倒欲絶，血滯，小便不利。杵細用。《心》云：去心中客熱，除煩躁，與豉同用。《珍》云：止渴，去心懊憹煩躁。《本草》云：主五内邪氣，胃中熱氣，面赤，酒皰皻鼻，白癩、赤癩，瘡瘍。療目熱赤痛，胸心大小腸大熱，心中煩悶，胃中熱氣。仲景用梔子治煩，胸為至高之分也。故易老云：輕浮而象肺也，色赤而象火，故能瀉肺中之火。《本草》不言吐，仲景用此為吐藥。梔子本非吐藥，為邪氣在上，拒而不納，故令上吐，邪因得以出。《經》曰：其高者因而越之，此之謂也。或用梔子利小便，實非利小便，清肺也。肺氣清而化，膀胱為津液之府，小便得此氣化而出也。《本經》謂治大小腸熱，辛與庚合，又與丙合，又能泄戊，其先入中州故也。入手太陰。梔子豉湯治煩躁，煩者氣也，躁者血也。氣主肺，血主腎。故用梔子，以治肺煩；用香豉，以治腎躁。躁者，懊憹不得眠也。少氣虛滿者，加甘草；若嘔噦者，加生薑、橘皮。下後，腹滿而煩，梔子厚朴枳實湯；下後，身熱微煩，梔子甘草乾薑湯。梔子大而長者，染色，不堪入藥。皮薄而圓，七稜至九稜者，名山梔子，所謂越桃者是也。《衍義》云：仲景治傷寒，發汗吐下後，虛煩不得眠。若劇者，必反復顛倒，心中懊憹，以梔子豉湯治虛煩。故不用大黄，以有寒毒故也。梔子雖寒無毒，治胃中熱氣。既亡血，亡津液，臟腑無潤養，内生虛熱，非此不可除。又治心經留熱，小便赤澀。去皮山梔子火煨，大黄、連翹，甘草炙等分，末之，水煎三錢匕，服之〔者〕無不效。　仲景《傷寒論》及古今諸名醫，治發黄皆用梔子、茵陳、香豉、甘草四物，等分，作湯飲之。又治大病起，勞復，皆用梔子、鼠矢等湯，並利小便而愈。其方極多，不可悉載。用仁去心胸中熱，用皮去肌表熱。

元・忽思慧《飲膳正要》卷三　梔子　味苦，寒，無毒。主五内邪氣，療目赤熱，利小便。

元・尚從善《本草元命苞》卷六　梔子　苦，寒、大寒，無毒。輕飄象肺，色赤象火，入太陰之經。瀉肺中之火，主五内邪氣。胃中留熱，療時疾黄疸，消渴口乾。除目熱赤痛，通小便五淋。治面赤酒皶鼻，療瘡瘍赤白癩。佐甘草，治少氣虛滿。入香豉，療懊憹不眠。内生虛熱者，非此不可除。生南陽川谷，今在處有之。皮薄而圓，小者佳。取七稜至九稜者妙。九月採實，暴乾。大而長者不用。連皮泄肺熱，去殼入心經。

元・朱震亨《本草衍義補遺》　梔子　屈曲下行，降火，又能治塊中之火。○《本草》云：去熱毒風，利五淋，通小便。又云：梔子雖寒無毒，治胃中熱氣。既亡血、亡津液，府臟無潤養，内生虛熱，非此物不可去之。

元・佚名氏《珍珠囊・諸品藥性主治指掌》〔見《醫要集覽》〕　梔子　味苦，性大寒，無毒。沉也，陰也。其用有二：療心中懊憹，顛倒而不得眠；治臍下血滯，小便而不得利。易老云：輕飄而象肺，色赤而象火，又能瀉肺中之火。

元・徐彦純《本草發揮》卷三　梔子　成無己云：苦以湧之。梔子之苦，以湧虛煩。潔古云：性寒，味苦。氣薄味厚，輕清上行，氣浮而味降，陽中陰也。其用有四：去心經客熱，除煩躁，去上焦虛熱，療風熱，是為四也。又云：梔子氣寒，味微苦。治心煩懊憹，煩不得眠，心神顛倒欲絶，血滯，小便不利。又云：苦，純陽。止渴。海藏云：仲景用梔子治煩，胸為高之分也，故易老云：輕飄而象肺，色赤而象火，故能瀉肺之火也。《本草》不言吐，仲景用此為吐藥。梔子本非吐藥，為邪氣在上，拒而不納，故令人上吐，邪因得以出。《經》曰：高者，因而越之。此之謂也。或用梔子利小便，實非利小便，清肺也，肺氣清而化，膀胱為津液之府，小便得以出也。《本經》云：治大小腸熱。辛與庚合，又與丙合，又能泄戊，其先入中州故也。去皮泄心火，連皮泄肺火。入手太陰、手少陰經。梔子豉湯治煩躁。煩者，氣也。躁者，血也。氣主肺，血主腎，故用梔子以治肺煩，用香豉以治腎躁。煩躁者，懊憹不得眠也。少陰虛滿者，加甘草。若嘔噦者，加生薑、橘皮。下後腹滿而煩，梔子厚朴枳實湯。下後身熱微煩，梔子甘草乾薑湯。梔子大而長者，染色，不堪入藥。皮薄面圓，七稜至九稜者，名山梔子，所謂越桃者是也。《衍義》云：仲景治傷寒汗吐下後，虛煩不得眠，若劇者必反覆顛倒，心中懊憹，以梔子豉湯治之。因虛，故不用大黄，有寒毒故也。梔子雖寒，無毒，治胃中熱氣，既亡血亡津液，藏府無潤養，内生虛熱，非此物不可除也。又治心經留熱，小便赤澀，去皮山梔子，火炮大黄、連翹、甘草炙，等分，末之，水煎三二錢匕，服之無不効。張仲景《傷寒論》及古今名醫治發黄皆用梔子、茵陳、香豉、甘草等分，四物作湯飲之。又治大病起勞復，皆用梔子、鼠矢等湯，並小利而愈。其方極多，不可悉載。用仁，去心胸中熱。用皮，去肌表間熱。　丹溪云：山梔子，屈曲下行降次，又能治肺中之火也。

明・蘭茂撰，清・管暄校補《滇南本草》卷中　梔子花　性寒，味苦。瀉肺火，止肺熱咳嗽，止鼻衄血，消痰。

附方：治傷風，肺有實痰實火，肺熱咳嗽，此乃金受火制，以此治之。梔子花三朵，蜂蜜少許，同煎服。　又方：治鼻血不止，奇效。梔子花數片，焙乾為末，吹鼻即止。

明・蘭茂《滇南本草》〔叢本〕卷中　梔子花　味苦，性寒。瀉肺家實痰寔火，肺熱咳嗽，金受火制，以此瀉之。梔子花三朵，蜂蜜少許，煎服，止咳嗽。單方：鼻血不止，梔子花焙，細末，吹入鼻孔即止，奇效如神。

明・王綸《本草集要》卷四　梔子　味苦，氣寒。味薄，陰中陽也。無毒。入手太陰經。七稜者良，炒用。　主五内邪氣，胃中熱氣，面赤酒皰皶鼻，白癩赤癩瘡瘍，目熱赤痛，血痢挾毒熱下，小便赤澀不利。治濕熱發黄，加茵陳、豆豉。治嘔噦，加生薑、橘皮。治心腹久痛，加生薑汁。善去心中客熱，虛煩不得眠，反覆顛倒，心中懊憹。又治大病汗下後勞復，既亡血亡津液，臟腑無潤養，内生虛熱，非此不除。又能屈曲下行降火，善開鬱，治塊中之火，丹溪六鬱方中用之。　輕浮而象肺，色赤而象火，故治至高之分，瀉肺中之火。用仁去胸熱，用皮去肌表熱。

明·滕弘《神農本經會通》卷二 梔子 入藥者，山梔子，皮薄而員小，刻皮七稜至九稜者為佳。其大而長者，乃作染色，又謂之伏尸梔子，及園圃種者，俱不堪入藥用。九月採實，暴乾，或炒用。又云：如雀腦，并鬚長，有火路赤色者為上。一名越桃。或去皮，取仁用。

味苦，氣寒，大寒，無毒。《湯》云：氣寒，味微苦。味苦，性大寒。味薄，陰中陽也。東云：沉也，陰也。療心中懊憹顛倒而不得眠，治臍下血滯，小便而不得利。易老云：輕浮而象肺，色赤而象火，又能瀉肺中火。又云：涼心腎，治鼻衄。《珍》云：去心中懊憹，并肺熱，心經客熱，煩燥風熱，上焦虛熱。《叀》云：利五淋，除胃熱，解心胸，赤瘡火眼，治諸疸酒鼻，瘡瘍。入手太陰經。

《本經》云：主五內邪氣，胃中熱氣，面赤，酒皰皻鼻，白癩赤癩，瘡瘍。療目熱赤痛，胸心大小腸大熱，心中煩悶，胃中熱氣。《藥性論》云：殺䗪蟲毒，去熱毒風，利五淋，主中惡，通小便，解五種黄病，明目，治時痰，除熱，及消渴口乾，目赤腫病。《圖經》云：仲景《傷寒論》及古今諸名醫治發黄，皆用梔子，茵蔯、香豉、甘草等四物作湯飲；又治大病起勞復，皆用梔子、鼠矢等湯，並小便利而愈。其方極多，不可悉載。梔子亦療血痢，挾毒熱下者，葛洪方以十四枚去皮，擣蜜丸服，如梧子三丸，日三，大効。又治霍亂轉筋，燒梔子二枚，末服立愈。時行重病後勞發，水煑十枚，飲汁，溫臥，徹汗乃愈。挾食，加大黄，別煑汁，臨熟內之，合飲，微利，遂差。《象》云：治心煩懊憹而不得眠，心神顛倒欲絕，血滯，小便不利，杵細用。《心》云：去心中客熱，除煩躁，與豉同用。《珍》云：止渴，去心懊憹煩躁，仲景用梔子治煩，胸為至高之分也。故易老云：輕浮而象肺，色赤而象火，故能瀉肺中之火。《本草》不言吐，仲景用此為吐藥。梔子本非吐藥，為邪氣在上，拒而不納，故令上吐，邪因得以出。《經》曰：其高者，因而越之，此之謂也。或用梔子利小便，非利小便，清肺也，肺氣清而化膀胱為津液之府，小便得此氣化而出也。《本經》謂治大小腸熱，辛與庚合，又與丙合，又能泄戊，其先入中州故也。入手太陰，梔子豉湯治煩躁，煩者氣也，躁者血也，氣主肺，血主腎，故用梔子以治肺煩，用香豉以治腎躁。躁者，懊憹不得眠也。少氣虛滿者，加甘草。若嘔噦者，加生薑、橘皮。下後腹滿而煩，梔子厚朴枳實湯。下後身熱微煩，梔子甘草乾薑湯。梔子大而長者，染色，不堪入藥。皮薄而員，七稜至九稜者，名山梔子，所謂越桃者是也。《衍義》云：仲景治傷寒發汗吐下後，虛煩不得眠，若劇者，必反覆顛倒，心中懊憹，以梔子豉湯治虛煩，故不用大黄，以有寒毒故也。梔子雖寒，無毒，治胃中熱氣，既亡血亡津液，臟腑無潤養，內生虛熱，非此不可除。又治心經留熱，小便赤澁，去皮山梔子，火煨，大黄、連翹、甘草炙，等分，末之，水煎三錢匕，服之，無不効。用仁，去心胸中熱。用皮，去肌表熱。丹云：梔子，屈曲下行降火，又能治塊中之火。餘同《衍義》。《集》云：治濕熱發黄，加茵蔯、豆豉，治嘔噦加生薑、橘皮，治心腹久痛加生薑汁。善去心中客熱，虛煩不得眠，反覆顛倒，心中懊憹，又治大病汗下後勞復，既亡血亡津液，藏府無潤養，內生虛熱，非此不降。又能屈曲下行降火，善開欝，治塊中之火，丹溪六欝方用之。剑云：梔子大寒其味苦，療心胸悶不能眠。通臍下血滯便秘，象肺資陰降火炎。《局》云：梔子苦寒除胃熱，專攻黄病及瘡瘍。更醫目赤心煩悶，又治諸淋利小腸。山梔，主煩悶，通淋解熱，并赤眼黄疸。《衍義》曰：仲景治發汗吐下後，虛煩不得眠，若劇者，必反覆顛倒，心中懊憹，梔子豉湯治之。虛故不用大黄。

明·劉文泰《本草品彙精要》卷一八 梔子無毒 植生。

梔子出《神農本經》：**主五內邪氣，胃中熱氣，面赤，酒皰皻鼻，白癩，赤癩，瘡瘍。**以上朱字《神農本經》。療目熱赤痛，胸、心、大小腸大熱，心中煩悶，胃中熱氣。以上黑字名醫所錄。

【名】木丹、越桃。花：薝蔔。【苗】《圖經》曰：木高七八尺，葉似李而厚硬，又似樗蒲子。二三月生白花，花皆六出，甚芬香，俗說即西域薝蔔也。夏秋結實如訶子狀，生青熟黄，中仁深紅。皮薄而圓小，刻房七稜至九稜者爲山梔子，甚佳。其大而長者但可染色，不堪入藥。【地】《圖經》曰：南陽川谷，今南方及西蜀州郡皆有之。【道地】臨江軍、江陵府、建州。【時】生：春生葉。採：九月取實。【收】暴乾。【用】子。【質】如訶子而輕。【色】黄赤。【味】苦。【性】大寒，泄。【氣】氣薄味厚，陰也。【臭】香。【主】除積熱，瀉肺火。【行】手太陰經。【製】《雷公》云：去皮取仁，以甘草水浸一宿，漉出，焙乾用。【治】療：《圖經》曰：燒末服，治霍亂轉筋，《藥性論》云：去熱毒氣，利五淋，中惡，通小便，解五種黄病，明目，及目赤腫，時疫，除熱，消渴，口乾。《衍義》曰：胃中熱氣，既亡血，亡津液，臟腑無潤養，內生虛熱，非此物不可去。《湯液本草》云：心煩懊憹而不得眠，心神顛倒欲絶，血滯，小便不利，止渴，去煩躁。又云：仲景治煩胸爲至高之分也。故易老云：輕浮而象肺也，色赤而象火，故能瀉肺中之火。《本草》不言吐，仲景用此爲吐藥，梔子本非吐，爲邪氣在上拒而不納，故令上吐，邪因得以出。《經》曰：高者，因而越之。此之謂也。或用梔子利小便，實非利小便，清肺也，肺氣清而化。膀胱爲津液之府，小便得此氣化而出也。丹溪云：仁能屈曲下行，降火從小便泄出，人所不知。又治痞塊中之火。《別錄》云：以三十枚水煎一升，療傷寒差後交接，發動欲死，眼不開，不能語者。【合治】仁，合火煨大黃、連翹、炙甘草等分末之，水煎三錢，療心經留熱，小便赤澀。〇合豉，名梔子豉湯，治煩躁。煩者，氣也；躁者，血也。氣主肺，血主腎，故用梔子以治肺煩，用香豉以治腎躁。躁者，懊憹不得眠也。如少氣虛滿者，加甘草。若嘔噦者，加生薑、橘皮。〇合厚朴、枳實，治傷寒下後，腹滿虛煩。〇合甘草、乾薑，治傷寒下後，身熱微煩。〇合茵蔯、香豉、甘草等分，作湯飲，治發黃。〇合鼠矢等湯，治大病起勞復。〇合大黃煮汁，治時行病後勞發食復。【解】羊躑躅毒，殺䗪蟲毒。

明·葉文齡《醫學統旨》卷八

梔子　氣寒，味苦。無毒。浮而降，陽中陰也。入手太陰經。皮薄而圓，七稜至九稜者良。治傷寒心煩懊憹，煩不得眠，心神顛倒，濕熱發黃，汗下後勞復；去心經客熱，上焦虛熱，風熱煩躁，五内邪氣，胃中熱氣；面赤酒皰皶鼻，白癩赤癩瘡瘍，目熱赤痛，血痢挾毒熱下，小便赤澁不利，生津止渴；瀉肺火，止嘔噦；又能屈曲下行，降火，善開鬱，治塊中之火。用仁，去心胸熱；用皮去肌表熱。

明·許希周《藥性粗評》卷二

山梔子不染虛煩。

山梔子，即今染黄梔子也。一名越桃。木高七八尺，葉似李而厚硬，又似樗蒲子，二三月生白花，花皆六出，甚芬香，俗説即西域薝蔔也。夏秋結實如訶子狀，生青熟黃，中仁黃紅色。江南山谷處處有之，經霜後採實，陰乾，以緊小如雀腦，并鬚長七路至九路者佳。凡用去皮取仁，或以甘草水浸過尤妙。所使并所畏惡，《本草》不載。味苦，性大寒，無毒。其氣上行，入手太陰肺、少陰心經。主治上焦虛熱，風熱煩燥，懊憹，心神顛倒，胃中積熱，消渴，酒炮鼻齇，目赤腫痛，五種黃疸，清膈明目，散血殺䗪蟲，解痢毒，利小便。海藏云：梔子去皮泄心火；寒內達也。連皮泄肺火。寒外達也。梔子香豉湯治煩燥。煩者，氣也；燥者，血也。氣主肺，血主腎，故用梔子以治肺煩，用香豉以治腎燥。少陰虛滿者加甘草，嘔噦者加生薑、陳皮。下後腹滿而煩，梔子厚朴枳實湯；下後身熱微煩，梔子甘草乾薑湯。俱見《活人書》。《衍義》云：梔子雖寒，無毒，用仁去胸中熱，用皮去肌表熱。此與海藏同意。

單方：火瘡：被火所燎，尚未起者，以梔子仁燒灰，蔴油拌勻，封其上，以厚為佳，自平。頭痛：凡頭痛不可忍者，風痰所致也，梔子仁為末，和蜜濃傅舌上，得吐即止。熱毒下血：梔子三十枚，剉，水二升，煎取一升，去渣服。霍亂轉筋：梔子二七枚，研末，熟水調服。

明·鄭寧《藥性要略大全》卷二

黄梔一名木丹，一名越桃。治心中懊憹，顛倒不眠。理臍下血滯及小便不利，瀉肺經火，清胃脘之熱，涼心腎，止鼻衄，止渴除煩燥，療目中熱痛，除心胸大小腸之熱，止心中煩悶。《十書》云：止渴，去心中懊憹煩燥。走至高之分。本草不言吐，仲景用此為吐藥。梔子本非吐藥，為邪氣在上，拒而不納食，令上吐，邪因得以出矣。或用梔子利小便，實非利小便，乃清肺也。肺氣清而化生津液。膀胱為津液之腑，小便得此氣化而出也。李杲明〔之〕先生用梔子仁去心胸熱，用梔子皮去肌表之熱。《湯液》云：傷寒汗下吐後，胃中實熱既亡，又亡津液，臟腑無潤養，內生虛熱，非此不除。易老云：輕飄象肺，色赤象火。味苦，性大寒。氣薄，無毒。沉也，陰也。七稜、九稜者良。炒用。入手太陰肺經。

明·賀岳《醫經大旨》卷一《本草要略》

山梔子　味苦性寒，無毒。《衍義補遺》曰：屈曲下行，降火其速，又能治塊中之火。勿聽子曰能治煩悶，通淋解熱。東垣曰療心中懊憹，治臍下血滯，小便而不得利；其又曰涼心腎，鼻衄最宜。此數言者，語雖殊，而理則一也。

明·陳嘉謨《本草蒙筌》卷四

山梔子　味苦，氣寒。味厚氣薄，氣浮味降，陰中陽也。無毒。一名越桃，霜後收採。家園栽者，肥大且長。此號伏屍梔子。只供染色之需，五棱六棱弗計。山谷產者，圓小又薄。堪為入藥之用，七稜九稜方良。折梗及鬚，研碎纔炒。止血用，須炒黑色；去熱用，但燥而已。留皮除熱於肌表，去皮卻熱於心胸。一說：去皮瀉心火，留皮瀉肺火。其所入之經，手太陰一臟。因輕浮象肺，色赤象火，故治至高之分，而瀉肺中之火也。本不能作吐，仲景用為吐藥者，為邪氣在上，拒而不納，食令上吐，邪因得出。《經》曰：在高者，因而越之。此之謂也。亦不能利小便，易老用利小便者，實非利小便，乃清肺也。肺氣清而化，則小便從此氣化而出。《經》曰膀胱為津液之府，氣化則能出者，此之謂也。《本經》又謂：治大小腸熱及胃中熱者，此因辛與庚合，又與丙合，又能泄戊，其先于中州故焉。加生薑橘皮，治嘔噦不止；加厚朴枳實，除腹滿而煩。加茵陳，治濕熱發黃；加甘草，治少氣虛滿。儻除煩燥於心內，須加香豉而建功。蓋煩者，氣也；燥者，懊憹不眠之謂。血也。氣主肺，血主腎。故用梔子治肺煩，用香豉治腎燥也。若加生薑絞汁，尤治心腹久疼。上焦客熱善毆，五種黄病竟解。去赤目作障，止霍亂轉筋。赤白癩瘡，酒皰皶鼻。五內邪氣，悉能除之。丹溪又曰：解熱鬱，行結氣。其性屈曲下行，大能降火，從小便泄去，人所不知也。

明·方穀《本草纂要》卷三　山梔　味苦，氣寒，味薄，陰中之陽，無毒。入手太陰肺經，能瀉肺火；復入陽明大腸，兼瀉大腸之火耳；手太陽小腸，通利膀胱，能屈曲下行，瀉火從小便出。蓋山梔之性，可升可降，氣味雖居苦寒乎，性本輕清者也。所以三焦浮游之火，六鬱氣結之火，皆可清也。假若頭皮疼而眉骨痛，白珠脹則腮煩腫，或牙疼喉閉，或衄血鼻紅，或頭皮肉內及耳後跳扯不時，或心煩鬱悶而欲吐不吐，或五疸濕熱而蘊蓄不利，或氣鬱壅塞而關格不清，或嘔噦惡心而呑吐酸苦，或閃肭筋骨而壅滯氣血，或小腹急疾而小水不利，或大便乾燥而熱結不通，或小便淋濁而癃閉脹滿，此皆濕熱之所致也，惟山梔利濕清熱，能屈曲下行者耳。吾嘗秘用之法，氣鬱以動火，用之開鬱以降火；火鬱以行氣，用之降火以清氣；濕鬱以生熱，用之清熱以利濕；痰鬱以生喘，用之定喘以下痰；熱鬱以作煩，用之清熱以除煩；血鬱以作疼，用之止疼以破血。大抵山梔之劑，治火之功得效最速。若夫虛火之人，飲食不納者，須炒黑用之可也；鬱煩之症，嘔逆不受者，須薑製炒用可也。除此之外並宜生用。

明·王文潔《太乙仙製本草藥性大全》卷三《本草精義》　山梔子　一名木丹，一名越桃。生南陽川谷，今南方及西蜀川郡皆有之。木高七八尺，葉似李而厚硬，又似樗蒲子，二三月生白花，花皆六出，甚芬香，俗說即西域薝匐也。夏秋結實如訶子狀，生青熟黄，中仁深紅。九月採實，曝乾。又云：經霜後可採。南方人競種以售利。《貨殖傳》云梔茜千石，亦比千乘之家言獲利之博也。此亦有兩三種，皮薄而圓小，刻房七稜至九稜者爲佳，堪爲入藥之用，七稜九稜方良。折梗及鬚研碎𪐴炒止血用須炒黑色，去熱用但燥而已。其大而長者，及作染色，又謂之伏戶梔子，不堪入藥。

明·王文潔《太乙仙製本草藥性大全》卷三《仙製藥性》　山梔子　味苦，氣寒，味厚氣薄，氣浮味降，陰中陽也，無毒。主治：留皮除熱於肌表，去皮却熱於心胸。一說去皮瀉心火，留皮瀉肺火。其所入之經，手太陰一臟，因輕浮象肺，色赤象火，故治至高之分，而瀉肺中之火也。本不能作吐，仲景用爲吐藥者，爲邪氣在上，拒而不納，食令上吐，邪因得出。《經》曰在高者，因而越之，此之謂也。亦不能利小便，易老用利小便者，實非利小便，乃清肺也，肺氣清而化，則小便從此氣化而出。《經》曰膀胱爲津液之府，氣化則能出者，此之謂也。《本經》又謂治大小腸熱及胃中熱者，此因辛與庚合，又與丙合，又能泄戊，其先於中州故焉。加生薑、橘皮治嘔噦不止，加厚朴、枳實除腹滿而煩，加茵陳治濕熱發黄，加甘草治少氣虛滿。儻除煩燥於心內，須加香豉而建功，蓋煩者，氣也；燥者，懊恨不眠之謂。血也。氣主肺，血主腎，故用梔子治肺煩，用香豉治腎燥也。若加生薑絞汁，尤治心腹久疼。上焦客熱善毆，五種黄病竟解。去赤目作脹，止霍亂轉筋。赤白癩瘡，酒皰皶鼻，五內邪氣悉能除之。丹溪又曰：解熱鬱，行結氣，其性屈曲下行，大能降火從小便泄去，人所不知也。補註：火瘡未起，仁燒灰，麻油和封厚乃佳；已成瘡，燒白糖灰粉之，燥即差。治霍亂心腹脹煩滿，短氣，未得吐下，若轉筋，燒仁七枚，研末，熟水調服。治火丹毒，擣末和水調傅之。治下鮮血，以仁燒灰，水和二錢，量其大小多少服之。治熱毒下血，或因食物發動，以三十枚，擘，水三升，煎取一升，去滓服。〇熱病新差，早起及多食後發，以十枚，水三升，煎取一升，去滓溫服，臥令微汗，若食不消，加大黄。〇傷寒差後，交接發動，因欲死，眼不開，不能語。以三十枚，水三升，煎取一升服。〇猘犬咬，石硫黄等分，同研爲末，傅瘡上，日二三傅之差。治頭痛不可忍，是多風痰所致，爲末和蜜濃傅舌上，吐即止。治婦人臨産痢，不限多少，燒灰細末，空心熱水調（一）匙，甚者不過五服。太乙曰：凡使勿用顆大者，號曰伏尸梔子，無力。須要如雀腦並鬚長，有九路赤色者上。凡使先去皮鬚了，取仁以甘草水浸一宿，漉出，焙乾，擣篩如赤金末用。

明·皇甫嵩《本草發明》卷四　山梔子中品，臣。氣寒，味苦，大寒。氣薄味厚，氣浮味降，陰中陽也。無毒。入手太陰經。　發明曰：梔子，氣輕浮而苦寒，專主肺經至高之分，而瀉肺中之火。故《本草》主五內邪氣，胃中熱氣，心胸大熱煩悶，蓋氣餘為火，上逆於肺，此能降之。又主面赤皰皶鼻，目熱赤痛，皆肺之部也。又療白癩赤癩瘡瘍者，以皮膆肺所主也。又治大小腸大熱，利小便者，蓋以辛與庚合，瀉肺火而大腸之熱自清，且辛與丙合，丙辛化水，故火泄則金氣清，而化膀胱之水，小水得此氣化而出也。又治心胸煩熱，故仲景用以治吐治煩，以邪氣干於至高之分，吐以越之，則邪散而肺清也。煩者，氣也。肺主氣，用此除煩，而氣寧也。大病後既亡津血，胃府無潤，內生虛熱，客熱煩渴，非此不除。又能開欝，通五淋，治臍下血滯及治塊中之火，以其屈曲下行，降火甚速耳。〇兼生薑、橘皮止嘔噦，兼枳實、厚朴除腹滿而煩。加茵蔯治濕熱發黃，加甘草治少氣虛滿，加香豉去煩躁心中懊憹。煩屬肺，梔子主之。躁屬腎，香豉主之。加薑汁治心腹久痛。去皮治心胸熱，留皮去肌表熱。止血用炒黑色，去熱用微炒或生。凡用圓小如雀腦，鬚長，七稜九稜者良。肥大且長者，號伏尸，宜染色，不入藥。

明・李時珍《本草綱目》卷三六木部・灌木類

巵子《本經》中品

【釋名】木丹《本經》　越桃《别録》　鮮支《綱目》　花名薝蔔時珍曰：巵，酒器也。巵子象之，故名。俗作梔。司馬相如賦云：鮮支黃爍。註云：鮮支即支子也。佛書稱其花爲薝蔔，謝靈運謂之林蘭，曾端伯呼爲禪友。或曰：薝蔔金色，非巵子也。【集解】《别録》曰：巵子生南陽川谷。九月采實，暴乾。弘景曰：處處有之。亦兩三種小異，以七稜者爲良。經霜乃取，入染家用，於藥甚稀。頌曰：今南方及西蜀州郡皆有之。木高七八尺。葉似李而厚硬，又似樗蒲子。二三月生白花，花皆六出。甚芬香，俗説即西域薝蔔也。夏秋結實如訶子狀，生青熟黃，中仁深紅。南人競種以售利。《史記・貨殖傳》云：巵、茜千石，與千户侯等。言獲利博也。入藥用山巵子，方書所謂越桃也，皮薄而圓小，刻房七稜至九稜者爲佳。其大而長者，雷斆《炮炙論》謂之伏尸巵子，入藥無力。時珍曰：巵子葉如兔耳，厚而深緑，春榮秋瘁。入夏開花，大如酒盃，白瓣黃蕊，隨即結實，薄皮細子有鬚，霜後收之。蜀中有紅巵子，花爛紅色，其實染物則赭紅色。

【脩治】斆曰：凡使須要如雀腦，并鬚長有九路赤色者爲上。先去皮鬚取仁，以甘草水浸一宿，漉出焙乾，搗篩爲末用。震亨曰：治上焦、中焦連殼用，下焦去殼，洗去黃漿，炒用。治血病。炒黑用。好古曰：去心胸中熱，用仁；去肌表熱，用皮。

【氣味】苦，寒，無毒。《别録》曰：大寒。元素曰：氣薄味厚，輕清上行，氣浮而味降，陽中陰也。杲曰：沉也，陰也。入手太陰肺經血分。丹書：巵子柔金。【主治】五内邪氣，胃中熱氣，面赤酒皰皶鼻，白癩赤癩瘡瘍《本經》。療目赤熱痛，胸心大小腸大熱，心中煩悶，《别録》。去熱毒風，除時疾熱，解五種黃病，利五淋，通小便，解消渴，明目。主中惡，殺䗪蟲毒甄權。解玉支毒弘景。〇羊躑躅也。主瘖瘂，紫癜風孟詵。治心煩懊憹不得眠，臍下血滯而小便不利元素。瀉三焦火，清胃脘血，治熱厥心痛，解熱鬱，行結氣震亨。治吐血衄血，血痢下血血淋，損傷瘀血，及傷寒勞復，熱厥頭痛，疝氣，湯火傷時珍。

【發明】元素曰：巵子輕飄而象肺，色赤而象火，故能瀉肺中之火。其用有四：心經客熱，一也；除煩燥，二也；去上焦虛熱，三也；治風，四也。震亨曰：巵子瀉三焦之火，及痞塊中火邪，最清胃脘之血。其性屈曲下行，能降火，從小便中泄去。凡心痛稍久，不宜温散，反助火邪。故古方多用巵子以導熱藥，則邪易伏而病易退。好古曰：《本草》不言巵子能吐，仲景用爲吐藥。巵子本非吐藥，爲邪氣在上，拒而不納，食令上吐，則邪因以出，所謂其高者因而越之也。或用爲利小便藥，實非利小便，乃清肺也。肺清則化行，而膀胱津液之府得此氣化而出也。《本草》言治大小腸熱，乃辛與庚合，又與丙合，又能泄戊，先入中州故也。仲景治煩燥用巵子豉湯，煩者氣也，躁者血也。氣主肺，躁主血，故用巵子以治肺煩，香豉以治腎躁。杲曰：仲景以巵子色赤味苦，入心而治煩；香豉色黑味鹹，入腎而治躁。宗奭曰：仲景治傷寒發汗吐下後，虛煩不得眠；若劇者，必反覆顛倒，心中懊憹，巵子豉湯治之。因其虛，故不用大黃，有寒毒故也。巵子雖寒而無毒，治胃中熱氣，既亡血亡津液，腑臟無潤養，內生虛熱，非此物不可去也。又治心經留熱，小便赤澀，用去皮巵子火煨，大黃、連翹、炙甘草等分末之，水煎三錢服，無不利也。頌曰：張仲景及古今名醫治發黃，皆用巵子、茵陳、甘草、香豉四物作湯飲。又治大病後勞復，皆用巵子、鼠矢等湯，利小便而愈。其方極多，不可悉載。

【附方】舊十，新十七。　鼻中衄血：山巵子燒灰吹之。屢用有效。黎居士《易簡方》。

小便不通：巵子仁十四个，獨頭蒜一个，滄鹽少許，搗貼臍及囊，良久即通。《普濟方》。

血淋濇痛：生山巵子末、滑石等分，葱湯下。〇《經驗良方》。

下利鮮血：巵子仁燒灰，水服一錢匕。《食療本草》。

酒毒下血：老山巵子仁焙研，每新汲水服一錢匕。《聖惠方》。

熱毒血痢：巵子十四枚，去皮搗末，蜜丸梧子大。每服三丸，日三服，大效。亦可水煎服。〇《肘後方》。

臨産下痢：巵子燒研，空心熱酒服一匙，甚者不過五服。《勝金方》。

婦人胎腫：屬濕熱。山巵子一合炒研，每服二三錢，米飲下。丸服亦可。《丹溪方》。

熱水腫疾：山巵子仁炒研，米飲服三錢。若上焦熱者，連殼用。《丹溪纂要》。

霍亂轉筋：心腹脹滿，未得吐下。巵子二七枚燒研，熟酒服之立愈。《肘後方》。

冷熱腹痛：疞刺，不思飲食。山巵子、川烏頭等分，生研爲末，酒糊丸如梧子大。每服十五丸，生薑湯下。小腹痛，茴香湯下。《博濟方》。

胃脘火痛：大山巵子七枚或九枚炒焦，水一盞，煎七分，入生薑汁飲之，立止。復發者，必不效。

用玄明粉一錢服，立止。《丹溪纂要》。　五臟諸氣：益少陰血。用巵子炒黑研末，生薑同煎，飲之甚捷。《丹溪纂要》。　五尸注病：冲發心脇刺痛，纏綿無時，巵子三七枚燒末，水服。《肘後方》。　熱病食復：及交接後發動欲死，不能語。巵子三十枚，水三升，煎一升服，令微汗。《梅師方》。　小兒狂躁：畜熱在下，身熱狂躁，昏迷不食。巵子仁七枚，豆豉五錢，水一盞，煎七分，服之。或吐或不吐，立效。閻孝忠《集效方》。　盤腸釣氣：越桃仁半兩，草烏頭少許，同炒過。去草烏，入白芷一錢，爲末。每服半錢，茴香葱白酒下。《普濟方》。　赤眼腸祕：山巵子七箇，鑽孔煨熟，水一升，煎半升，去滓，入大黄末三錢，温服。《普濟方》。　喫飯直出：巵子二十箇，微炒去皮，水煎服。《怪證奇方》。

風痰頭痛：不可忍。巵子末和蜜，濃傅舌上，吐即止。《兵部手集》。　鼻上酒皶：巵子炒研，黄蠟和丸彈子大。每服一丸，嚼細茶下，日二服。忌酒、麸、煎炙。許學士《本事方》。　火焰丹毒：巵子搗，和水塗之。《梅師方》。　火瘡未起：巵子仁燒研，麻油和，封之。已成瘡，燒白糖灰粉之。《千金方》。　眉中練癬：巵子燒研，和油傅之。《保幼大全》。　折傷腫痛：巵子、白麪同搗，塗之甚效。《集簡方》。　猘犬吠傷：巵子皮燒研、石硫黄等分，爲末，傅之。日三。《梅師方》。　湯燙火燒：巵子末和雞子清，濃掃之。《救急方》。

花　〔主治〕悦顔色。《千金翼》面膏用之時珍。

題明・薛己《本草約言》卷二《藥性本草》　山梔子　味苦，氣寒，無毒。陰也，降也，入手太陰經。療心中懊憹，顛倒而不得眠；治臍下血滯，小便而不得利。療濕熱內鬱而發黄，治邪氣上沖而目赤。易老云：輕虛而象肺，色赤而象火，又能瀉肺中之火。家園者不入藥，七稜九稜者良。　加生薑、橘皮，治嘔噦不已；加厚朴、枳實，除腹滿而煩；加茵陳，治濕熱發黄；加甘草，治少氣虛滿；加香豉，去心内煩燥；加薑汁，治心腹久疼。去皮治心胸熱，留皮去肌表熱。止血用炒黑色，去熱用微炒或生。〇輕浮而苦寒，專主肺經至高之分而瀉肺中之火。〇或云利小便，實非利小便，清肺也。肺氣清而化膀胱之水，小水得此氣化而出也。又能開鬱通淋，治臍下血滯及治塊中之火，以其屈曲下行，降火甚速耳。大病後若亡血亡津液，胃腑無潤養，内生虛熱煩渴者，非此不能除。胃熱大嘔者，用之以止吐。胃寒多嘔者，用之反致吐。

明・周履靖《茹草編》卷一　薝蔔即梔子花。　曾聞薝蔔花，出自天竺國。香心帶露華，素質含霜色。五月開時摘嫩英，山家何數芋魁羹。主人意出膏粱上，麥飯同飱味更清。　摘取去蒂，湯焯曝乾，同薑、糖、醋和為虀。

明・梅得春《藥性會元》卷中　山梔子　味苦，性大寒。沉也，陰也。無毒。入手太陰肺經。　主療心中懊憹，顛倒而不得眠；治臍下血滯，小便而不得利。涼心腎，止鼻衄，通解傷寒煩悶；治濕熱發黄，并汗下後勞復，去心經客熱，上焦虛熱，風熱煩燥，五内邪熱，胃中熱氣、面赤，酒皰皶鼻，白癩瘡瘍，目熱赤痛，挾毒熱下血痢，生津止渴，瀉肺中火，止嘔噦；能屈曲下行，降火從小便瀉出極速；善開鬱，且治塊中之火。用仁去心中熱，用皮去肌表熱。潤臟腑，能解五臟之結熱；益少陰經血，治疝因寒鬱而發，蓋濕熱故耳。用此以降濕，以烏頭以降寒鬱。況二藥乃下焦之劑，而烏頭為山梔子所引，其性急速，不容胃脘停留，是謂神效劫劑。又治熱鬱胃脘痛，俗謂心疼，以此為君，薑汁佐之，為嚮導，通淋閉。若留注下焦，小便黄赤、數者，與澤瀉同之。與黄連同治嘈雜，必用之劑。小便溺血，用此治之。胎孕手足或頭面遍身浮腫，屬濕多者，並皆治之。生山間者，為山梔子。人家園圃栽者，為黄梔子，不入藥。方中所用山梔，形最緊小，七稜至九稜者良。　製法：炒令焦，帶微黑，或入湯藥中，或為末入丸散末藥中，甚效甚捷。

明・杜文燮《藥鑒》卷二　(枝)〔梔〕子　氣寒，味苦，無毒。氣薄味厚，氣浮味降，沉也，陰之陽也。主心煩懊憹不得眠，心神顛倒欲絶。利五淋，通小便。除胸中之熱甚，止胃脘之熱痛。留皮去熱於肌表，去皮刼熱於心胸。酒炒上行，鹽浸下降。入手太陰一臟，因輕浮象肺，因赤色象火，故治至高之氣，而瀉肺中之火也。《本經》不能作吐，仲景用為吐藥者，為邪氣在上，拒而不能納食，令其上吐，邪始得出。《經》曰：在高者因而越之，此之謂也。亦不能利小便，易老用為利小便者，實非利小便，乃清肺也，肺氣清而化，則小便從此氣化而出。《經》曰：膀胱為津液之府，氣化則能出者，此之謂也。《本經》又謂治大小腸熱及胃中熱者，此因辛與庚合，又與丙合，又能泄戊，其先於中州故焉。加生薑、陳皮治嘔噦不止，加厚朴、枳實除腹滿而煩。加茵陳治濕熱發黄，加甘草治中氣虛滿。倘除煩燥於心内，須加香豉而建功。蓋煩者，氣也。燥者，血也。氣主肺，血主腎，故用(枝)〔梔〕子治肺煩，用香豉治腎燥也。若加生薑汁，尤治心腹久疼。上焦客熱善驅，五腫黄病竟解。去目赤作障，止霍亂轉筋。赤白癩瘡，酒皰皶鼻，五内邪氣悉能除之，又能解熱鬱，行結氣。其性屈曲下行，驅諸火邪從小便中出，解毒湯用以取其引諸藥從膀胱中出也。研末，吹鼻，能止衄血。炒黑入藥，能止吐血。

明・王肯堂《傷寒證治準繩》卷八　梔子　氣寒，味苦，無毒。潔：　氣薄味厚，輕清上行，氣浮而味降，陽中陰也。垣：　沉也，陰也，入手太陰肺經血分。海：　本草不言梔子能吐，仲景用為吐藥。梔子本非吐藥，為邪氣在上，拒而不納食，今上吐則邪因以出，所謂其高者，因而越之也。或用為利小便藥，實非利小便，乃清肺也，肺清則化行，而膀胱津液之府得此氣化而出也。本草言治大小腸熱，乃辛與庚合，又與丙合，又能泄戊，先入中州故也。仲景治煩躁，用梔子豉湯，煩者，氣也，躁者，血也，氣主肺，躁主血，故用梔子以治肺煩，香豉以治腎躁。仲景以梔子色赤味苦入心而治煩，香豉色黑味鹹入腎而治躁。寇：　仲景治傷寒發汗吐下後，虛煩不得眠，若劇者，必反覆顛倒，心中懊憹，梔子豉湯治之。因其虛，故不用大黃，有寒毒故也。梔子雖寒而無毒，治胃中熱氣，既亡血亡津液，府藏無潤養，內生虛熱，非此物不可去也。又治心經留熱，小便赤澁，用去皮梔子火煨，大黃、連翹、炙甘草等分，末之，水煎三錢服，無不利也。凡使，須要如雀腦，並鬚長，有九路，赤色者為上。去心胸中熱用仁，去肌表熱用皮，治上焦中焦連殼用，下焦去殼，治血病炒黑用。

明・李中立《本草原始》卷四　巵子始生南陽川谷，今南方及西蜀州郡皆有之。木高七八尺，葉似李而厚硬，二三月開白花，花皆六出，甚芬香。夏秋結實如訶子狀，生青熟黃，中仁深紅。九月採實，暴乾。皮薄而圓小，刻房七稜至九稜者為佳。巵，酒器也。巵子象之，故名。俗作梔子。司馬相如賦云：　鮮支黃爍。註云：　鮮支，即支子也。　氣味：　苦，寒，無毒。主治：五內邪氣，胃中熱氣，面赤，酒皰皶鼻，白癩、赤癩，瘡瘍。〇療目赤熱痛，胸心大小腸大熱，心中煩悶。〇去熱毒風，除時疾熱，解五種黃病，利五淋，通小便，解消渴，明目，主中惡，殺蠱蟲毒。〇解玉支毒。〇主瘖瘂，紫癜風。〇治心煩懊憹不得眠，臍下血滯，而小便不利。〇瀉三焦火，清胃脘血，治熱厥心痛，解熱鬱，行結氣。〇治吐血、衄血、血痢、下血、血淋，損傷瘀血及傷寒勞復，熱厥頭痛，疝氣，湯火傷。

巵子，《本經》中品。【圖略】赤色。大梔子染色用。　修治：　震亨曰：　治上焦、中焦連殼用，下焦去殼炒用，血病炒黑用。　好古曰：　去心胸中熱用仁，去肌表熱用皮。

元素曰：　氣薄味厚，輕清上行，氣浮而味降，陽中陰也。杲曰：　沉也，陰也，入手太陰肺經。　黎居士《易簡方》：　治鼻衄血，山巵子燒灰，吹之，屢用有效。

明・張懋辰《本草便》卷二　梔子　味苦，氣寒，味薄，陰中陽也，無毒。入手太陰經。　主五內邪氣，胃中熱氣，面赤酒皰皶鼻，白癩赤癩瘡瘍，目熱赤痛，血痢挾毒熱下，小便赤澁不利。治濕熱發黃，善去心中客熱，虛煩不得眠。又治大病汗下後勞復，既亡血亡津液，臟府無潤養，內生虛熱，非此不除。又能屈曲下行降火，善開鬱，治塊中之火，丹溪六鬱方中用之。　用仁，去心胸熱；　用皮，去肌表熱。

明・李中梓《藥性解》卷五　山梔　味苦，性寒，無毒，入心、肺、大小腸、胃、膀胱六經。　主五內邪熱，亡血津枯，面紅目赤，癰腫瘡瘍，五種黃病，開鬱瀉火，療心中懊憹顛倒而不眠，治臍下血滯小便而不利。皮走肌膚之熱，仁去心胸之熱。解羊躑躅及䗪蟲毒。　按：　山梔味苦歸心，輕飄象肺，大腸則供肺為傳送者也，小腸則受盛與心應者也，胃亦上焦之腑也，膀胱亦肺部之絡也，故咸入之，以理邪熱諸症。潔古曰：　輕清上行。丹溪又曰：　屈曲下行。兩家之說，似相左矣。不知惟其上行，最能清肺，肺氣清而化，則小便從此氣化而出。《經》曰膀胱藏津液，氣化則能出者，是也。虛火炎者，炒黑用。煩鬱嘔逆者，薑汁炒用，此外並宜生服。

明・繆希雍《本草經疏》卷一三　梔子　味苦，寒、大寒，無毒。主五內邪氣，胃中熱氣，面赤酒皰皶鼻，白癩赤癩，瘡瘍。療目熱赤痛，胸心大小腸大熱，心中煩悶。

【疏】梔子感天之清氣，得地之苦味，故其性無毒。氣薄而味厚，氣浮而味沉，陽中陰也。入手太陰、手少陰、足陽明經。少陰為君主之官，邪熱客之，則五臟皆失所主。清少陰之熱，則五內邪氣自去，胃中熱氣亦除。面赤酒皰皶鼻者，肺熱之候也，肺主清肅，酒熱客之，即見是證，於開竅之所延及於面也。肺得苦寒之氣則酒熱自除，而面鼻赤色皆退矣。其主赤白癩瘡瘍者，即諸痛痒瘡瘍，皆屬心火之謂。療目赤熱痛，及胸心大小腸大熱，心中煩悶者，總除心肺二經之火熱也。此藥味苦氣寒，瀉一切有餘之火，故能主如上諸證。【主治參互】仲景治傷寒汗吐下後，虛煩不得眠及心中懊憹者。有梔子豉湯，用梔子十四枚，香豉四合，水煎服。　入茵陳大黃湯，治傷寒濕熱發黃，腹脹。梔子十四枚，茵陳六兩，大黃三兩，水一斗，先煮茵陳，減六升，內二味，煮取三升。分三服，小便當利，尿如皂角汁狀，正赤，一宿腹減，黃從小便出也。同甘草、黃蘗，為梔子蘗皮湯，亦治發黃身熱。同厚朴、枳實，為梔子厚朴湯。治傷寒下後心煩，腹滿臥起不安者，得吐即愈。同鼠矢作湯，治大病後勞復，小便不利者，小便利即愈。已上皆仲景法。同連翹、麥門冬、竹葉、燈心草、生甘草、黃連，能瀉心經有餘之火。加赤茯苓、木通、滑石、澤瀉，瀉小腸火。同桑黃或桑白皮、黃芩、甘草、桔梗、五味子、乾葛，治酒熱傷肺，發出鼻皶。同茵陳蒿、滑石、車前子、秦艽、黃連、連錢草、苜蓿，治酒熱發黃。《梅師方》治熱病後勞復，及因交接後發動，欲死不能語者。梔子三十枚，水三升，煎一升服，令微汗。《救急方》治湯燙火傷，梔子末，和雞子清濃塗之。丹溪方治胃脘火痛，山梔七枚炒，水一盞，煎七分，入生薑汁飲之，立止。【簡誤】梔子禀至苦大寒之氣，苦寒損胃而傷血。凡脾胃虛弱者忌之，血虛發熱者忌之。性能瀉有餘之火，心肺無邪熱者不宜用。小便不通，由於膀胱虛，無氣以化，而非熱結小腸者，不宜用。瘡瘍因氣血虛不能收斂，則為久冷敗瘡，非溫暖補益之劑則不愈。此所謂既潰之後，一毫寒藥不可用是也。世人又以治諸血證，不知血得熱則行，得寒則凝，瘀血凝結於中，則反致寒熱，或發熱勞嗽，飲食減少，為難療之病。凡治吐血，法當以順氣為先，蓋血隨氣而行，氣降則火降，火降則血自歸經，不求其止而止矣。此治療之要法，不可違也。

明・倪朱謨《本草彙言》卷一〇 卮子 味苦，氣寒，無毒。氣薄味厚，輕浮上行。氣浮而味降，陽中陰也。入手太陰、手少陰、足陽明經。《別錄》曰：卮子，生南陽川谷。蘇氏曰：今南方西蜀州郡皆有。木高七八尺，葉似李而厚硬，又如兔耳，色深綠。四五月開花，蕊黃瓣白，芬香六出。夏秋結實如訶子，生青熟黃，中仁色紅，霜後采取。入藥以山谷產者，又以七棱至九棱，圓小皮薄者爲上。如家園栽者，形大皮厚而長，雷氏稱爲伏尸卮子，只堪染家，入藥無力。治上焦、中焦火病連殼用，治下焦火病去殼用。王氏曰：去肌表中熱，用皮去心。胸中熱用仁。治血病，連皮炒黑，搗爛用。蜀中有一種卮子，其花紅色，其實染物則赭紅色。

卮子：清氣凉血，朱丹溪散三焦火鬱之藥也。桂谷山抄方氏曰：蓋梔之爲性，可升可降，氣味雖居苦寒，而氣本輕清。故前古主五內邪氣，胃中熱氣，酒風面赤鼻皶等證，專取此清空寒化之物，能解心肺之伏火，轉炎歊爲清肅者也。所以三焦浮游之火，六鬱氣結之火，皆可清也。若頭皮疼而眉骨痛，白珠赤而腮頰腫，或喉閉牙疼，口舌腫爛；或熱極妄行，暴吐衄血；或頭肉耳筋，跳扯不時；或心煩鬱悶，欲吐不吐；或濕熱蘊蓄，五疸發黃；或氣鬱火鬱，嘔噦酸苦；或癃閉脹滿，小腹急疾，以上諸證，總屬氣、火、濕、熱，四端壅閉不通之所致病，惟山卮均可治之。又楊氏《簡易方》云：山卮瀉三焦之火，最清胃脘之血。其性屈曲下行，降火從小便中出。凡心胃痛，過服熱耗之劑，愈痛不止，用卮子以清氣導熱，則痛自安。執此一論，則知山卮輕空寒化，發越鬱遏不升不降之氣，明矣。但苦寒沉降，解五內一切邪熱，清有餘之火，如過服，不免有損胃伐陽之弊。凡脾胃虛弱者，忌之；血虛發熱者，忌之；心肺虛而無邪熱者，忌之；吐血、衄血，非陽火暴發者，忌之；小便不通，由于膀胱虛而無氣以化，而非熱結小腸者，忌之。

皇甫雲州先生曰：凡氣鬱動火，火鬱動氣，濕鬱生熱，痰鬱生喘，熱鬱作煩，血鬱作疼，舍山卮之輕揚六出，宛縢六之飛舞，孰能治之？

盧不遠先生曰：卮子有色，故主色變。凡苦寒之物，能下能堅，惟卮子反使堅結者，解而上出，火空則發之義也，故幷作湧洩之劑。如五內邪氣，胃中熱氣，結而未實者，易于分解；已成燥堅者，非所宜矣。

沈則施先生曰：仲景治傷寒汗、吐、下後虛煩不得眠，若劇者，必反覆顛倒，心中懊憹，用卮子豉湯治之。卮子色赤，味苦入心而治煩；香豉色黑，味鹹入腎而治躁。蓋汗、吐、下後，胃中亡津液，藏府無潤養，內生虛熱，故不眠而甚至顛倒懊憹，非此不可止也。《本草》不言卮子能吐，仲景用爲吐藥。卮子本非吐藥，爲邪氣在上，拒而不納水穀，令其上吐，則邪因以出。所謂高者因而越之也。又用爲利小便，實非利小便，乃清肺也。肺清則氣化行，而膀胱津液之府，得此氣化而出也。又治心經留熱，小便赤澀，用去皮卮子，酒炒黃連、連翹、炙甘草等分，末之，水煎三錢服，無不利也。又《古今名醫錄》治發黃皆用卮子、茵陳、甘草、香豉，四味作湯飲之。觀此諸論，則卮子之清氣凉血，散三焦火鬱之說，確然矣！

集方：以下十四方出方龍潭《家秘》治酒風面赤鼻皶。用山卮子炒黑三錢，桑白皮、桔梗、西河柳、麻黃、石膏各二錢，水煎臨睡時服。〇治頭皮疼。用山巵子炒黑五錢，荆芥、薄荷、石膏各二錢，甘草八分，水煎，食後服。〇治眉骨痛。用山巵子炒黑、川羌活各二錢，水煎服。〇治時眼白珠暴赤。用山巵子炒黑二錢，桑白皮、薄荷葉各一錢五分，桔梗、連翹各八分。水煎服。〇治腮頰腫痛。用山巵子炒黑三錢，柴胡、半夏各二錢，黄芩、防風、羌活、白芷各一錢，水煎服。〇治火鬱喉閉不通。用山巵子生研五錢，荆芥穗二兩，水煎，徐徐服。先用米醋半盞，以鵝羽攪，吐痰出，後服此藥。立效。〇治牙疼不止。用山巵子炒黑三錢，北細辛五分，石菖蒲、桂枝各一錢，水煎，汩漱牙間，緩緩嚥下。〇治口舌腫爛。用山巵子炒黑五錢，川黄連、黄柏各二錢，枯礬六分，甘草三錢，共爲末，時時摻入口内。或加冰片一分。〇治暴吐、衄血，因熱極妄行者。用山巵子炒黑一兩，懷生地二兩，炮薑灰五錢，水三碗，煎一碗，徐徐服。〇治頭肉耳筋不時跳扯。用山巵子炒黑三錢，天花粉、半夏、白芥子、玉竹各二錢，川芎、甘草各一錢。水煎，食後服。一方加石膏三錢。如胃虚寒者不必。〇治心煩鬱悶，欲吐不吐。用山巵子炒黑，半夏薑製，各二錢，陳皮、白茯苓各一錢五分，甘草七分，厚朴薑水炒一錢。水煎服。〇治濕熱蘊蓄，五疸黄證。用山巵子炒黑四錢，茵陳五錢，白茯苓二錢，生薑皮三錢，水煎服。〇治氣鬱火鬱，嘔噦酸苦。用山巵子炒黑一錢五分，川黄連薑水炒一錢，黄芩、天花粉、薄荷葉各二錢，紫蘇葉八分，廣陳皮、廣木香、半夏薑製、厚朴薑水炒、木通各一錢二分，水煎服。〇治小便癃閉，脹滿不通，小腹急疾。用山巵子微炒五錢，車前子、牛膝、木通、白茯苓各一錢五分，甘草一錢，水二碗，煎半碗。臨服時，用生韭子三錢，研水半盞，白果肉三十個，研汁半盞，沖入藥内，食前服。〇以下五方出仲景書治傷寒汗、吐、下後虚煩不得眠，及心中懊憹者。用山巵子十四枚，香豉二合，水煎服。〇治傷寒濕熱發黄，腹脹。用山巵子十四枚，茵陳二兩，大黄一兩，水三升，煎一升，徐徐服。服後小便當利，尿如皂角汁狀。正赤者，一宿腹減，黄從小便出也。〇治發黄身熱。用山巵子十四枚，黄柏二錢，炙甘草一錢，水煎服。〇治傷寒下後，心煩腹滿，起卧不安者。用山巵子十四個，厚朴、枳實各二錢，水煎服，得吐即愈。〇治大病後勞復，小便不利者。用山巵子十四枚，配鼠矢五錢，作湯飲。得小便利即愈。

續補雜方：丹溪方治胃脘火痛。用山巵子七枚，炒黑，水一盞，煎七分，入生薑汁三四匙。飲之立止。〇黎居士方治鼻中衄血。用山巵子燒灰，作細末，吹之立效。〇《普濟方》治小便不通。用山巵仁十四枚，食鹽少許，韭菜十莖，搗爛，貼臍及毛際。良久即通。〇《經驗良方》治小便淋血澀痛。用山巵子、滑石等分，研細末，葱湯下。〇《聖惠方》治酒毒下血。用山巵仁，焙，研爲細末，白湯調服二錢。〇《肘後方》治熱毒血痢。用山巵仁十四枚，搗細，加白蜜五匙，水煎服。立效。〇《勝金方》治臨産下痢。用山巵子炒黑，研細，空心白湯調服三匙。甚者不過五服。〇《普濟方》治小兒盤腸釣氣。用山巵子五錢，草烏五分，切片，同炒黑，揀去草烏。每服五分，茴香、葱頭湯下。〇治閃肭折傷腫痛。用山巵子仁，生研末，和小麥麵，水調塗之。甚效。

明・顧逢柏《分部本草妙用》卷四肺部・寒瀉 山梔子 苦，寒，無毒。主治：五内邪氣，胃熱目赤，心胸大小腸熱，心中煩悶。治五疸，利五淋，通小便，解消渴不眠，去瘀血，瀉三焦火，胃脘血，解熱鬱，行結氣，治一切吐血，下血淋損等症。梔子輕飄象肺，色赤象火，故能瀉肺中之火。〇仁，主心胸之熱。皮，主肌膚之熱。終是苦寒泄胃之藥，胃虚者慎用。

明・李中梓《醫宗必讀・本草徵要下》 梔子味苦，寒，無毒。入肺經。炒透。治胸中懊憹而眠卧不寧，疏臍下血滯而小便不利。清太陰肺，輕飄而上達；瀉三焦火，屈曲而下行。梔子本非吐藥，仲景謂邪氣在上，得吐則邪出，所謂高者因而越之也。亦非利小便藥，蓋肺清則化行，而膀胱津液之府，奉氣化而出矣。按：大苦大寒，能損胃伐氣，虚者忌之。心腹痛不因火者，尤為大戒。世人每用治血，不知血寒則凝，反為敗證。治實火之吐血，順氣為先，氣行則血自歸經；治虚火之吐血，養正為先，氣壯則自能攝血。此治療之大法，不可違也。

明・鄭二陽《仁壽堂藥鏡》卷二 梔子 《圖經》云：梔子生嶺南州谷。今南方及西蜀有之。二三月生白花，花皆六出，甚芬香。九月采實，暴乾。氣寒，味微苦。味苦，性大寒。味薄，陰中陽也。無毒。入手太陰經。《象》云：治心煩懊憹而不得眠，心神顛倒欲絶，血滯，小便不利。杵細用。《心》云：去心中客熱，除煩燥，與豉同用。《珍》云：止渴，去心懊憹煩燥。《本草》云：主五内邪氣，胃中熱氣，面赤，酒皰皶鼻，白癩，赤癩，瘡瘍。療目熱赤痛，胸心、大小腸大熱，心中煩悶，胃中熱氣。仲景用梔子治煩，胸為至高之分也。故易老云輕浮而象肺也。色赤而象火，故能泄肺中之火。《本草》不言吐，仲景用此為吐藥。梔子本非吐藥，為邪氣在上，拒而不下，故令上吐，邪因得以出。《經》曰：其高者，因而用之。此之謂也。或用梔子利小便，實非利小便，清肺也。肺氣清而化，膀胱為津液之府，小便得此，氣化而出也。《本經》謂治大小腸熱，辛與庚合，又與丙合，又能泄戊，其先入中州故也。入手太陰。梔子豉湯治煩燥，煩者氣也，燥者血也。氣主肺，血主腎。故用梔子以治肺煩，用香豉以治腎躁。躁者懊憹不得眠也。少氣虛滿者加甘草，若嘔噦者加生薑、橘皮。下後腹滿而煩，梔子厚朴枳實湯。下後身熱微煩，梔子甘草乾薑湯。梔子大而長者染色，不堪入藥。皮薄而圓，七稜至九稜者，名山梔子，所謂越桃者是也。《衍義》云：仲景治傷寒，發汗吐下後，虛煩不得眠。若劇者必反覆顛倒，心中懊憹，以梔子豉湯。治虛煩，故不用大黃，以有寒毒故也。梔子雖寒無毒，治胃中熱氣。既亡血，亡津液，臟腑無潤養，內生虛熱，非此不可除。又治心經留熱，小便赤澁，去皮山梔子、火煨大黃、連翹、甘草炙，等分末之，水煎三錢匕，服之無不效。仲景《傷寒論》及古今諸名醫治發黃，皆用梔子、茵陳、香豉、甘草四物，等分，作湯飲之。又治大病起，勞復，皆用梔子、鼠矢等湯，並利小便而愈。其方極多，不可悉載。用仁去心胸中熱，用皮去肌表熱。《兵部手集》：治頭痛不可忍，多是風痰所致，梔子末和蜜，濃敷舌上，得吐即愈。

明·蔣儀《藥鏡》卷四寒部　山巵　瀉心肺鬱結之火，屈曲而走膀胱。消脾胃畲黃之積，流利而清頭目。單用于嘔吐有妨，仁與心通用。其仁心熱可療，炒服于衄衂有益。皮為肌類，剝其皮，肌熱可除；炒之黑，而虛火降；製以薑，而煩壯去。酒為上行，鹽浸下走。炒煎入薑汁，胃脘火痛立消。鷄子清末調，湯盪火傷急救。去目赤睛脹，止霍亂轉筋。加生薑、陳皮，治嘔噦不止。加厚朴、枳實，除腹滿而煩。加茵陳治濕熱發黃，加甘草治中氣虛滿。

明·李中梓《頤生微論》卷三　山梔子　味苦，性寒，無毒。入肺經。炒黑用。清肺熱，吐上焦邪氣，除心中懊憹，去臍下血滯，利小便，引火屈曲下行。

按：梔子輕飄象肺，故獨入肺家，泄有餘之火。種種功用，皆從肺旁及者也。大苦大寒，損胃伐氣，虛者畏之。世人每用治血，不知血寒則凝，反成敗症。治實火之吐血，順氣為先，氣行則血自歸經。治虛火之吐血，養正為先，氣壯則自能攝血。此治療之大法，不可少違者也，悞用梔子，其害也必矣。

明·張景岳《景岳全書》卷四九《本草正》　梔子　味苦，氣寒。味厚氣薄，氣浮味降，陰中有陽。因其氣浮，故能清心肺之火，解消渴，除熱鬱。療時疾躁煩，心中懊憹，熱悶不得眠，熱厥頭疼，耳目風熱赤腫疼痛，霍亂轉筋。因其味降，故能瀉肝、腎、膀胱之火，通五淋，治大小腸熱秘熱結，五種黃疸，三焦欝火，臍下熱欝疝氣，吐血衂血，血痢血淋，小腹損傷瘀血。若用佐使，治有不同，加茵陳，除濕熱疸黃。加豆豉，除心火煩躁。加厚朴、枳實，可除煩滿。加生薑、陳皮，可除嘔噦。同玄胡索，破熱滯瘀血腹痛。此外，如面赤酒皶，熱毒湯火，瘡瘍腫痛，皆所宜用。仲景因其氣浮而苦，極易動吐，故用為吐藥，以去上焦痰滯。丹溪謂其解欝熱，行結氣。其性屈曲下行，大能降火從小便泄去，人所不知。

明·賈九如《藥品化義》卷九火藥　山梔　屬陰，體皮輕子潤，色黃帶赤，氣和，味苦性寒，能升能降，力清肺胃，性氣輕味重，入肺胃肝膽三焦胞絡六經。

山梔色赤類火，味苦降下，取其體質輕浮，從至高之分使三焦火屈曲下行。主治肺熱咳嗽，吐衄妄行，胃火作痛，面赤鼻皶目赤耳瘡，嘔噦腹滿，鬱熱淋閉，腸紅疝氣。一切鬱遏之火小便泄去，又治虛熱發渴，病後津血已亡，胃腑無潤。同知母治煩燥，蓋煩屬肺氣，山梔主之；躁屬腎血，知母主之。取圓小者良。炒去穢氣，帶性用，不宜太過。

明·蕭京《軒岐救正論》卷三　生梔子、炒梔子、炮梔子　生梔性太寒，古方用為吐藥，療上膈之實熱。經炒者性涼，祛熱解煩，保肺抑心。其炮黑者性平，除鬱滯，理肝氣，濟生逍遙散加之，亦止血竅。此一物而有三用也。性寒涼平，隨火變化耳。

明·盧之頤《本草乘雅半偈》帙五　巵子《本經》中品　氣味：苦，寒，無毒。

主治：主五內邪氣，胃中熱氣，面赤，酒皰皶鼻，白癩赤癩瘡瘍。

覈曰：南方、西蜀皆有。木有高下，葉似李而硬厚。五月生花，芬香六出，即西域之薝蔔也。夏秋結實如訶子，生青熟黃，中仁紅色。修治：須如雀腦，并長鬚九路赤色者為上。去皮取仕，同甘草水浸一宿，漉出焙乾，擣篩爲末，勿用而長者，謂之伏尸，入藥無力。

先人云：巵子有色，故主色變。凡苦寒之物，能下能堅，唯巵子反使堅結者解而上出，火空則發之義也，故并作湧洩之劑。

条曰：白英六出，色香俱勝，體性輕浮，稜殼似介，合入手太陰，宣氣四達者也。故主陽氣鬱結，致色變于色而標見于皮，及浸淫膚肉而瘡瘍癩癩，此皆火熱爍金，非此不能轉熱惱為清涼耳。五内邪氣，胃中熱氣結而未實者，易于分解，已成燥堅者，非所宜矣。

明・李中梓《本草通玄》卷下　梔子　苦，寒，肺經藥也。輕飄上浮，所以瀉肺中之火。金宫不被火擾，則治節之令自能通調水道，下輸膀胱。故丹溪云：能屈曲下行，降火從小便泄去。寇氏曰：仲景治汗吐下後，虚煩不眠，用梔子豉湯。亡血亡津，臟腑失養，内生虚熱，非此不可去也。仲景多用梔子、茵陳，取其利小便而蠲濕熱也。古方治心痛，怕用梔子，此為火氣上逆，氣不得下者設也。今人泥丹溪之説，不分寒熱，通用梔子，虚寒者何以堪之。炒透用。

清・顧元交《本草彙箋》卷五　梔子　薝蔔花所結實也。氣浮上行，味降下達，故從至高之分，使三焦之火屈曲下行。又兼清胃脘之血及痞塊中火邪。又凡心痛久者，遽用溫散，恐其助火，古方多用梔子以導熱藥，則邪易伏，而病自退。其去心胸中熱者，用梔子仁去肌表熱者，連皮用。

皮薄圓小，七稜至九稜者佳。其大而長，入藥無力。

丹書云：梔子柔金，其入手太陰肺金爲確。仲景梔子豉湯，治傷寒汗吐下後虚煩不得眠，及心中懊憹者，用梔子十四枚，香豉四合，水煎。梔子色赤味苦，入心而治煩。香豉色黑味鹹，入腎而治躁。蓋胃中熱極，亡血亡津，腑臟無養，内生煩躁，非此不除。茵陳大黄湯，治傷寒濕熱，發黄腹脹，用梔子十四枚，茵陳三兩，大黄三兩，水一斗，先煮茵陳，減六升，納二味，煮取三升，分三服，小便當利如皂角汁。梔子蘗皮湯，亦治發黄身熱，用甘草、黄蘗、梔子三味。蓋發黄有濕燥之別，如田禾遇亢旱則焦黄。前方治濕黄，此方治燥黄也。又治心經留熱，小便赤澀。用去皮梔子，火煨大黄，連翹、炙甘草，等分，爲末，煎服三錢，無不利。丹溪治胃脘火痛，山梔七枚，炒，水煎，入生薑汁，飲立止。胃脘痛，多作寒治，而火痛不可不辨。

清・穆石匏《本草洞詮》卷一一　卮子　卮，酒器也，卮子象之，故名。經霜乃采，染家用之。氣味苦寒，無毒。治五内邪熱，解五種黄病，利五淋，通小便，解消渴，治吐血衄血，血淋，面赤，酒皰皶鼻，白癩赤癩，瘡瘍。蓋卮子瀉三焦之火，及痞塊中火邪，最清胃脘之血。其性屈曲下行，能降火從小便中去。凡心痛稍久，不宜溫散，反助火邪，用卮子以導熱，則邪易伏，而病易退也。仲景治煩躁用卮子豉湯，卮子色赤味苦，入心而治煩，香豉色黑味鹹，入腎而治躁也。凡治上焦中焦，連殼用。治下焦去殼，洗去黄漿，炒用。治血病炒黑用。蓋卮子皮去風表之熱，卮子仁去心胸之熱也。

清・張志聰《侣山堂類辯》卷下　梔子　冬不隕葉，五月感一陰之氣，生花六出，潔白芬香，得金水之氣也。其實結于枝稍，圓小赤色，味苦性寒，乃陰中之陽，腎之心品也。故炒黑而成離中之虚，導心火以下交于腎。〇元如曰：六者，陰之終也。花多五瓣，如雪花、梔子花、玄精石，皆感陰氣生成。

清・劉雲密《本草述》卷二四　卮子　春榮秋瘁，入夏開花，白瓣黄蕊，隨即結實，薄皮細仁，色深紅，霜後收之。

氣味：苦，寒，無毒。《别録》曰：大寒。潔古曰：氣薄味厚，輕清上行，氣浮而味降，陽中陰也。東垣曰：沉也，陰也，入手太陰肺經血分。海藏曰：留皮瀉肺火，去皮瀉心火，入手太陰、手少陰經。

主治：瀉三焦火，除五内邪氣，胃中熱氣，去心中客熱，心煩懊憹，治熱厥心痛頭痛，解熱鬱，散結氣，散熱毒風，解五種黄病，清胃脘血，治吐衄下血尿血，散肝熱血鬱，并臍下血滯而小便不利，利五淋，療疝氣，湯火傷。潔古曰：卮子去心經客熱，除煩燥，除上焦虚熱，療風熱。丹溪曰：卮子瀉三焦之火，及痞塊中火邪，最清胃脘之血。其性屈曲下行，能降火從小便中泄去。凡心痛稍久，不宜溫散，反助火邪，故古方多用卮子以導熱藥，則邪易伏而病易退。

按：痞塊中火乃鬱也，由於氣不行，而血隨之以凝也，用去皮山卮，薑汁拌炒，假辛衝折鬱火，不為無功。

海藏曰：卮子豉湯治煩躁。煩者，氣也。躁者，血也。氣主肺，血主腎，故用卮子以治肺煩，用香豉以治腎躁。躁者，懊憹不得眠也。少氣虚滿者，加甘草。若噦嘔者，加生薑、橘皮。下後腹滿而煩，卮子厚朴枳實湯。下後身熱微煩，卮子甘草乾薑湯。宗奭曰：仲景治傷寒發汗吐下後，虚煩不得眠，若劇者必反覆顛倒，心中懊憹，卮子豉湯治之。因其虚，故不用大黄，有寒毒故也。卮子雖寒而無毒，治胃中熱氣，既亡血亡津液，腑臟無潤養，内生虚熱，非茲物不可去也。又治心經留熱，小便赤濇。頌曰：張仲景及古今名醫治發黄，皆用卮子、茵陳、甘草、香豉，四物作湯飲。又治大病後勞復，皆用卮子、鼠矢等湯，利小便而愈。其方極多，不可悉載。門曰：近有治陰火，用童便炒黑，謂其能益少陰經血。得故紙能滋陰降火，清上固下，性雖寒而帶補。　希雍曰：卮子感天之清氣，得地之苦味，其性無毒，氣薄而味厚，氣浮而味沉，陽中陰也，入手太陰、手少陰、足陽明經。

仲景治傷寒用卮仁同諸藥者，不一而足，悉載傷寒條例。

同連翹、麥門冬、竹葉、燈心草、生甘草、黃連，能瀉心經有餘之火，加赤茯苓、木通、滑石、澤瀉，瀉小腸火。　同茵陳、滑石、車前子、秦艽、黃連、連錢草、苜蓿，酒熱發黃。

愚按：卮子之味苦而氣寒。苦寒合，則宜就下。但其味厚而氣薄，其氣升浮，味從乎氣者也。故潔古、東垣胥以為入手太陰肺，而海藏更謂兼入手少陰心者，誠然也。蓋心肺合，而後上焦營諸陽，是陽中有陰，則茲味應得入此二經矣。夫以苦寒氣味，乃乘於大火之候，且華且實，華色白者，金藏之氣也。子色深赤者，火藏之血也。是非陽中有陰乎？其氣寒，其味苦，其華白，是得乎金水之專也。卻乘於大火之候，以吐華而隨結實，豈非正效其金水之用於火，而大火之所用者，正在此味乎？蓋心固火主，離中原有坎也。所以心主血，得金為火妻，以孕水子，所以生血在此而氣化愈清者，此耳。唯其如是，故潔古所謂去心經客熱，除煩滿，並除上焦虛熱，療風熱者，良然。而丹溪云能解熱鬱、行結氣二語，更可參也。蓋心肺為陽，而陽中原有陰，陽盛以傷陰者，則氣傷而血隨傷，血傷則熱益鬱，氣益結，如他味止能清氣而不能涼血，或即涼血而不由清氣以致之，是猶未得如心肺合而上焦營諸陽之義也。卮仁由寒氣之輕清以至肺，即有苦味之涌泄以至心。心固血之主也，其除熱者，俾氣清血亦清，則陽中之陰和而陽乃紓，是更因血和而宣其氣化，此所謂解熱鬱，行結氣者也。即《本經》首言其治五內邪氣，胃中熱氣，非統歸其功於氣化乎？抑五內邪氣，而行氣於三陰三陽者，唯在胃也。其除胃熱者，云何？曰：胃之下，肝腎也。胃之上，心肺也。下藉陰中之陽以上升，上藉陽中之陰以下降，如心肺之熱既清，則陽中有陰，而胃熱自除矣。其所謂五種黃病，及亡血亡津，及大病勞復等證，皆不離胃之陰氣而言。夫上焦之陽易傷其陰，陰不能降而陽益熾於上，此味除熱，從氣分入血，使陽中之陰降，陰降而陽隨之，故胃熱散，即此便能清胃脘血，熱熾而血污，熱除而血清矣。夫血原於水，而化於火也。故心為離中之坎以主之，此味能使水不傷而火能化，其少陰血清，則胃脘之血亦清，又何血證之不能治乎？其治熱厥心痛及頭痛者，陰降而陽隨也。其屈曲降火，從小便出者，氣化而血和也。至散肝熱血鬱者，肝固血臟，由肺胃以及之也。其治疝者，即解鬱熱，散結氣，並入肝而效其用也。其治大小腸大熱者，胃與大小腸相上下也，況為心肺二經之合乎？此味由上而及下，故云三焦之火能瀉。然瀉火多從血分言者，蓋他味之降火，類直折其陽，而此味獨從陽中之陰以除熱，使陰從陽和。陰之和者，直從透經脈，入密理，以紓其陽化而盡其用，故謂其能破痞塊中火，而又曰能屈曲下行，非如他苦寒之僅以降折為功，此昔哲所以稱其寒而能補也。但不可施之氣虛者耳。氣虛而反清熱，是無陽並無以生陰，有何陽中之陰得以雲行而雨施乎？

附方　五臟諸氣益少陰血，用卮子炒黑，研末，生薑同煎，飲之甚捷丹溪《纂要》。　胃脘火痛，大山卮子七枚，或九枚，炒焦，水一盞，煎七分，入生薑汁飲之，立止。復發者，必不效，用玄明粉一錢，服立止同上。

希雍曰：卮子稟至苦大寒之氣，苦寒損胃而傷血，凡脾胃虛弱者忌之。血虛發熱者忌之。惟能瀉有餘之火，心肺無邪熱者，不宜用。小便不通，由於膀胱虛，無氣以化，而非熱結小腸者，不宜用。又醫以治諸血證，不知此苦寒，血過寒則凝，血瘀於中，變生寒熱，或發熱勞嗽，飲食減少，反為難療，此尤宜酌量致慎也。

修治　卮子長而大者，止用染色，不堪入藥。皮薄而圓，七稜至九稜者，名山卮子，所謂越桃者是也。大率治上焦、中焦，連殼用。下焦去殼，洗去黃漿，炒用。治血病及開鬱止痛，並炒黑用。　丹溪曰：胃熱病在上者，帶皮用。　去心肝血熱，酒炒黑用殊效，不用皮。　薛立齋每用炒卮、丹皮以清肝，固謂肝藏血也。

清・郭章宜《本草匯》卷一六　山梔子　味苦，大寒，氣薄味厚，輕清上行，氣浮味降，陽中陰也，入手太陰血分。治心煩懊憹而眠臥不寧，疏臍下血滯而小便不利。療濕熱內鬱而發黃，治邪氣上沖而目赤。瀉三焦火鬱，除心痛熱厥。主諸血症，解五種黃。消玉支毒，羊躑躅也。傅湯火灼。

按：梔子輕飄象肺，色赤象火，故能瀉肺中有餘之火，及心經客熱。金宮不被火擾，則治節之令自能通調水道，下輸膀胱，得此氣化而出。故丹溪云能屈曲下行，降火從小便中泄去也。仲景梔子、茵陳，取其利小便，而蠲濕熱耳。《本草》言治大小腸熱者，乃辛與庚合，又與丙合，故也。古方治心痛，恒用梔子，此為火氣上逆，氣不得下者設。今人泥丹溪之説，不分寒熱，通用梔子，虚寒者何以堪之？寇氏言仲景治汗吐下後虚煩不眠，用梔子豉湯治之，因大黄寒而有毒，以其虚而不用，梔子寒而無毒，又能治胃中熱氣，既亡血亡精，藏府失潤，内生虚熱，非此不可去也。至煩躁症亦用此法，煩者氣也，躁者血也，故用梔子以治肺煩，味苦入心，治煩。香豉以治腎燥。入腎，味鹹。胃熱大嘔者，用此以止之，然損胃伐氣。凡血虚發熱，脾胃虚弱，便塞不由熱結小腸者，均不可用。瘡瘍因虚不斂，則為久冷敗瘡，當用温暖補益之劑，所謂既潰之後，毫釐寒藥不可用，是也。世人每以治諸血證，不知血得寒則凝，反為敗症。治實火之吐血，順氣為先，氣行則血自歸經。治虚火之吐血，養正為先，氣壯則自能攝血。此治療之大法，不可少違者也。誤用梔子，其害必矣。

七稜、九稜者佳。炒透，治上焦、中焦。連殼，治下焦。去殼，洗去黄漿。治血病，炒。心胸中熱用仁，肌表熱用皮。家園者，不入藥。

清·蔣居祉《本草擇要綱目·寒性藥品》 梔子 氣味：苦，寒，無毒。輕清上行，陽中陰也。入手太陰肺經。 主治：五内邪氣，胃中熱氣，心中煩悶，除時疾熱，利五淋，通小便。治心煩懊憹不得眠，瀉三焦火，清胃脘血。治熱厥心痛，解熱鬱，行結氣。袪肝膽屈曲之火，使之下行。凡心痛稍久，若温散之，反助火邪。梔子瀉三焦之火，清胃脘之血，使邪易伏而病易退也。然《本草》不言梔子能吐，而仲景用為吐藥，何也？蓋梔子本非吐藥，因邪氣在上，拒格而不納食，令上吐則邪因以出，所謂高者越之也。又梔子非利小便之藥，而《本草》言能通利小便者，何也？蓋膀胱津液之府，氣化則能出焉。梔子能導肺邪，肺清則化行，乃辛與庚合，又與丙合，又能泄戊，先入中州故也。故仲景治傷寒發汗吐下後虚煩不得眠若劇者，又反覆顛倒心中懊憹，以梔子豉湯治之。因其虚，故不用大黄之寒而有毒，反用梔子之雖寒而無毒者，乃袪胃中之熱氣也。

清·王翃《握靈本草》卷八 梔子南方西蜀皆有之。凡使須九路赤色者為上。取仁，炒研用。 主治：梔子，苦，寒，無毒。主五内邪氣，胃中熱氣，面赤皶鼻。除時疾熱，解五種黄，利五淋，通小便，解消渴，治心煩懊憹不得眠。諸血血痢血淋及傷寒勞復，熱厥頭痛，疝氣。

清·汪昂《本草備要》卷三 梔子瀉心、肺、三焦之火。苦，寒。輕飄象肺，色赤入心，瀉心肺之邪熱，使之屈曲下行，從小便出，海藏曰：或用爲利小便藥，非利小便，乃肺清則化行，而膀胱津液之府，得此氣化而出也。而三焦之鬱火以解，熱厥厥有寒熱二症。心痛以平，丹溪曰：治心痛當分新久。若初起因寒因食，宜當温散。久則鬱而成熱，若用温劑，不助痛添病乎？古方多用梔子爲君，熱藥爲之嚮導，則邪易伏。此病雖日久，不食不死，若痛止恣食，病必再作也。吐衄、血淋、血痢之病以息。最清胃脘之血。炒黑末服，吹鼻治衄。《本草匯》曰：治實火之血，順氣爲先，氣行則血自歸經；治虚火之血，養正爲先，氣壯則自能攝血。丹溪曰：治血不可單行、單止，亦不可純用寒藥。氣逆爲火，順氣即是降火。治心煩懊憹不眠，仲景用梔子豉湯。王好古曰：煩者氣也，燥者血也，故用梔子治肺煩，香豉治腎躁。亦用作吐藥，以邪在上焦，吐之邪散，《經》所謂其高者因而越之也。按：梔豉湯吐虚煩客熱，瓜蒂散吐痰食宿寒。五黄古方多用梔子、茵陳。五淋，亡血津枯，口渴目赤，紫癜白癩，皰皶瘡瘍。皮腠，肺所主故也。生用瀉火，炒黑止血，薑汁炒止煩嘔。内熱用仁，表熱用皮。

清·吴楚《寶命真詮》卷三 梔子 【略】治胸中懊憹，而眠卧不寧；疏臍下血滯，而小便不利。輕飄上浮而清肺，瀉三焦火，屈曲而下行。【略】世人每用治血，不知實火吐血，順氣為先，氣行血自歸經；虚火吐血，養正為先，氣壯自攝血，寒則凝矣。

清·李世藻《元素集錦·本草發揮》 （枝）〔梔〕子 瀉火而不迅利，其性能益少陰之血，時人相傳為大涼，乃畏而不敢用。至大黄、黄連，皆涼而有毒，反不知畏。觀薛立齋加味逍遙散，加味歸脾湯，皆用牡丹皮、梔子仁，正取其涼而有益也。夫何不察？

清·陳士鐸《本草新編》卷四 山梔子 味苦，氣寒，可升可降，陰中陽也，無毒。入肝、入肺，亦能入心。有佐使之藥，諸經皆可入之。專瀉肝中之火，其餘瀉火，必借他藥引經而後瀉之也。止心脇疼痛，瀉上焦火邪，袪濕中之熱，消五痹黄病，止霍亂轉筋赤痢。用之吐則吐，用之利則利。可為臣佐之藥，而不可以為君。雖然，山梔未嘗不可為君也。當兩脇大痛之時，心君拂亂之後，苟不用山梔為君，則拂逆急迫，其變有不可言者矣，用山梔三五錢，附之以甘草、白芥子、白芍、蒼术、貫眾之類，下喉而痛立止，亂即定，其神速之效，有不可思議者。然則山梔又似君臣佐使而無不宜者，要在人善用之，而非可拘泥也。

或問：山梔子能解六經之鬱火，子何以未言，豈謂其性寒不宜解鬱乎？曰：山梔子非解鬱之藥，非因其性寒而略之也。夫鬱病非火也，鬱之久，斯生火矣。不用香附、柴胡、白芍、川芎之解鬱，而遽投山梔子以瀉火，則火不能散，而鬱氣更結矣。然則謂山梔子之解鬱尚不可，況謂解六經之鬱火乎。獨是山梔子實瀉火之藥，安在鬱中之火獨不降之。然而止可謂是瀉火，而終不可謂是解鬱也。

或問：山梔子消火，消肝中之火也，何以各經之火俱能消之？曰：山梔子，非盡能消各經之火也。人身之火，止肝中之火有長生之氣，肝火不清，則諸火不息；肝火一平，則諸火無不平矣。故瀉肝火，即所以瀉各經之火也。況又有引經之藥，引入于各經之中，火安得而不平哉？

或問：山梔子瀉火，能瀉膻中之火，膻中，相火也。既瀉膻中之火，則腎中之相火無難瀉矣。乃用山梔子瀉膻中之火而不傷，瀉腎中之火而不入，何也？曰：山梔子入肝，瀉肝火即瀉腎火也。夫肝為腎之子，子虛則母亦虛，子衰則母亦衰，瀉肝即瀉腎火，則山梔子乃腎之仇。見仇而肯納仇乎，此腎之所以不受也。若膻中，乃肝之子也，山梔子瀉肝，則肝母之火必遁入于膻中之子矣。膻中驚肝母之受傷，火自不敢升泄，母衰而子亦衰，此膻中之所以無傷也。

或問：山梔子每用于傷寒湯中，以之為吐藥，仲景張公亦有秘義乎？曰：梔子味苦而瀉火，傷寒火在上焦，用苦寒以瀉火，則火性炎上，反擊動其火勢之騰天，不若因勢而上越，隨火之氣，一湧而出之為得。梔子性本可升，同瓜蒂散用之，則尤善于升，故下喉即吐，火出而邪亦出。因其可吐而吐之也，仲景夫子豈好為吐哉。

或問：梔子亦寒涼之藥，子何以不闢之而稱道之耶？嗟乎！余非盡惡寒涼也，惡錯用寒涼者耳。醫道寒熱並用，攻補兼施，倘單喜用熱而不喜用寒，止取用補而不用攻，亦一偏之醫，何足重哉。吾所尚者，宜用熱，則附子、肉桂而亟投；宜用寒，則黄柏、知母而急救；宜用補，則人參、熟地而多加；宜用攻，則大黄、石膏而無忌。庶幾危者可以復安，死者可以重生，必如此，而醫道始為中和之無弊也。

清・顧靖遠《顧氏醫鏡》卷八 梔子苦，寒。入心肺胃三經。炒透，研。 治胸中懊憹，而眠臥不寧。疏臍下血滯，而小便不利。以其能清心、肺、大小腸、胃鬱火血熱故也。清太陰肺，輕飄而上達。輕飄象肺，色赤象火，故能瀉肺之火。東垣言其入肺血分。瀉三焦火，屈曲而下行。能降火，從小便中瀉去。治胃脘火痛，亦治熱厥心痛。療酒熱鼻赤。酒熱傷肺則鼻赤，甚者延及於面。黄疸可理，赤目能除。苦寒，瀉一切有餘之火，故能治上焦諸症。苦寒損胃而傷血，凡脾胃虛弱者，忌之。血虛發熱者，亦忌之。心腹痛不因火者，勿用。世人每用治血，不知血寒則凝，反為敗症。凡治吐血，當以順氣為先，氣降則血自歸經，此大法也。

清・李熙和《醫經允中》卷一八 山梔子 解羊躑躅及蠱蟲毒。苦，寒，無毒。主治五内邪氣，胃熱目赤，治五疸，利小便，瀉三焦火，清胃脘血，解熱鬱消渴，衄血，虛煩懊憹不眠。梔子輕飄象肺，色赤象火，故能瀉肺中之火。仁主心胸之熱，皮主肌膚之熱。脾胃虛寒者慎用。《必讀》云：世人多以黑梔治血，不知血寒則凝，反致敗症。治實火之吐血，順氣為先，氣行則血自歸經。治虛火之吐血，養正為主，氣壯則自能攝血也。

清・馮兆張《馮氏錦囊秘錄・雜症痘疹藥性主治合參》卷四 山梔子感天之清氣，得地之苦味，故味苦，寒、大寒，無毒。入手太陰、手少陰、足陽明經。為瀉一切有餘火熱之藥。脾胃虛弱，血虛發熱者忌之。〇如治實熱，同三黄之類暫用，宜生。如治鼻衄肺熱，同生地、丹皮之類，宜炒黑。如劫心胃火痛，薑汁拌炒用。

山梔子，留皮治肌表熱，去皮治心胸熱。治至高之分，瀉肺火，解熱鬱，行結氣，除煩滿。治濕熱兼利水，而使小便曲曲下行。總去五内邪氣，胃中熱氣，心中客熱，而虛煩不得眠者。丹溪用以和薑汁拌炒，劫胃脘火痛如神。

主治痘疹合參：宜酒炒用，涼心肺。治衄血，散客熱，利小便，療虛煩，劫心痛。凡痘壯熱，吐血衄血暫用，然苦寒傷胃，慎之。

按：梔子，輕飄象肺，故獨入肺家，泄有餘之火。種種功用，皆從肺旁及者也。大苦大寒，損胃伐氣，虛人忌之。世人每用治血，不知血寒則凝，反成敗症。治實火之吐血，順氣為先，氣行則血自歸經。治虛火之吐血，養正為先，氣壯則自能攝血。此治療之大法，不可少違者也。如誤用梔子，其受害也必矣。

清・张璐《本經逢原》卷三 梔子 苦，寒，無毒。入吐劑取肥梔生用，入降火藥以建梔、薑汁炒黑用。《本經》主五内邪氣，胃中熱氣，面赤，酒皰皶鼻，白癩赤癩，瘡瘍。 發明：梔子仁體性輕浮，專除心肺客熱。《本經》治五内邪氣，胃中熱氣等病，不獨除心肺客熱也。其去赤癩白癩瘡瘍者，諸痛癢瘡，皆屬心火也。炮黑則專瀉三焦之火及痞塊中火，最清胃脘之血，屈曲下行能降火，從小便中泄去。仲景治傷寒發汗吐下後虛煩不得眠，心中懊憹，梔子豉湯主之。因其虛故不用大黃，既亡血亡津。內生虛熱，非此不去也。治身黃發熱，用梔子栢皮湯。身黃腹滿小便不利，用茵蔯梔子大黃〔湯〕，取其利大小便，而蠲濕熱也。古方治心痛恒用梔子，此為火氣上逆、氣不得下者設也，今人泥丹溪之說，不分寒熱通用，虛寒何以堪之？大苦大寒能損伐胃氣，不無減食泄瀉之虞。故仲景云，病人舊有微溏者不可與之。世人每用治血，不知血寒則凝，反為敗證。治實火之吐血順氣為先，氣行則血自歸經。治虛火之吐血養正為主，氣壯則自能攝血，此治療之大法，不可少違者也。

清・浦士貞《夕庵讀本草快編》卷五　卮子《本經》　卮，酒器也，其子象之，故名。俗作梔。司馬相如云：鮮支黃爍。謝靈運謂之林蘭。卮子苦寒，輕清上行，氣浮而味降，陽中陰也，入手太陰血分。故能去上焦虛熱而瀉肺中之火，除痞塊中火邪而清胃脘之血，兼能導熱藥以除心痛。且其性屈曲下行，非他寒凉直折之可比。故仲景治傷寒汗吐下後虛煩懊憹，不得眠者，與香豉同煎，取卮子色赤法火，苦先入心，豆豉色黑屬木，味鹹歸腎，謂煩出于心，燥出于腎，是用其色與味而兼治也。況卮、豉本非吐藥，而例于湧吐條下，祇為邪氣在上，扼不納食，令上吐則邪因以出。所謂高者越之爾。又先賢治發黃諸病，皆與茵蔯同用。或大病後勞復，有卮子、鼠屎等湯，皆云利小便而愈，然卮子實非滲水之藥，而曰利便者，蓋取其能清肺熱，肺為水之上源，肺清則化行，而膀胱津液之府得此氣化而出矣。《別錄》言其治大小腸熱，乃辛與庚合丙辛化而為水，又能泄戊，先入中州之義。學者當知隔二隔三，方有啟發焉。

清・張志聰、高世栻《本草崇原》卷中　梔子　氣味苦，寒，無毒。主治五內邪氣，胃中熱氣，面赤，酒皰皶鼻，白癩，赤癩，瘡瘍。卮，酒器也，卮子象之，故名，俗作梔。《本經》謂之木丹，《別錄》謂之越桃，今南方及西蜀州郡皆有之。木高七八尺，葉如李，厚而深綠，春榮夏茂，淩冬不凋，五月花開，花皆六出，潔白芬芳，交秋結實，如訶子狀，生青，熟則黃赤，其中仁穰亦紅赤，入藥宜用山梔子，皮薄而圓小，刻房七棱至九棱者為佳。李時珍曰：蜀中有紅梔子，花爛紅色，其實染物亦赭紅色。　梔子氣味苦寒，其色黃赤，春榮夏茂，淩冬不凋，蓋稟少陰之氣化。少陰寒水在下，而君火在上也。花多五瓣，而梔花六出。六者水之成數也。稍杪結實，味苦色赤，房刻七棱九棱，是下稟寒水之精，而上結君火之實。主治五內邪氣，胃中熱氣者，稟寒水之精，而治熱之在內也。面赤，酒皰〔皶〕鼻，白癩，赤癩，瘡瘍者，結君火之實，而治熱之在外也。梔子能啟寒水之精，清在上之火熱，復能導火熱之氣以下降者，如此。　梔子生用能起水陰之氣上滋，復導火熱以下行。若炒黑則但從上而下，不能起水陰以上滋，故仲祖梔子豉湯生用不炒，有交姤水火，調和心腎之功。而後人委言梔子生用則吐，炒黑則不吐，且以梔子豉湯為吐劑。愚每用生梔及梔子豉湯，並未曾吐。夫不參經旨，而以訛傳訛者，不獨一梔子為然矣。

清・何諫《生草藥性備要》卷下　黃（枝）〔梔〕葉　味劫，性平。消腫，理跌打傷。其子，能散熱毒。

清・劉漢基《藥性通考》卷五　梔子　味苦，寒，無毒。輕清而浮也，入心、肺二經。瀉邪熱三焦之火，利小便，治鬱火吐衄，血淋血痢，心煩不眠，五黃五淋，亡血津枯，口渴目赤，紫癜白癩，瘡瘍。生用瀉火，炒黑止血，薑汁炒止煩嘔。內熱用仁，表熱用皮。〇或問：梔子乃大寒大冷之藥，何以用之利小便乎？〇曰：利小便之藥，非利小便，乃肺清則化行，而膀胱津液之腑得此氣化而出也。〇丹溪曰：治心痛當分久新，若初起因寒因食，宜當溫散，久則得而成熱，若用溫劑，不助痛添病乎？古方多用梔子為君，熱藥為之嚮導，則邪易伏，此病雖日久不食，若痛止恣食，病必再作也。〇最清胃脘之血，炒黑，末服。吹鼻，治衄血。〇《本草》言治實火之血，順氣為先，氣行則血自歸經。治虛火之血，養正為先，氣壯自能攝血。〇丹溪曰：治血不可單行單止，亦不可純用寒藥。〇仲景用梔子豆豉湯治煩燥，何也？曰：煩者，氣也。燥者，血也。故用梔子以治肺煩，香豉治腎燥，亦用作吐藥，以邪在上焦，吐之則邪自散，《經》所謂其高者因而越之也。

清・姚球《本草經解要》卷三　山梔仁　氣寒，味苦，無毒。主五內邪氣，胃中熱氣，面赤，酒皰皶鼻，白癩赤癩，瘡瘍。炒黑用。　山梔氣寒，稟天冬寒之水氣，入足太陽寒水膀胱經。味苦無毒，得地南方之火味，入手少陰心經。氣味俱降，陰也。五內者，五藏之內也。五藏為陰，其邪氣乃陽邪也。山梔苦寒清陽，所以主之。胃為陽明，胃中熱氣，燥熱之氣也。氣寒，稟冬寒之水氣，所以除燥熱也。心主血，其華在面。面赤色，心火盛也。苦味清心，所以主之。鼻屬肺，肺為金。金色白，心火乘肺，火色赤，故鼻紅成酒皰皶鼻。其主之者，入心清火也。癩者，麻皮風也。膀胱主表，心火鬱於膀胱寒水經，則濕熱成癩也。白者，濕也。赤者，火也。山梔入心與膀胱，苦寒可以燥濕熱，所以主之也。瘡瘍皆屬心火，苦寒清心，故主瘡瘍也。製方：梔子同桑皮、黄芩、甘草、桔梗、五味、乾葛，治酒皶鼻。同連翹、麥冬、竹葉、燈心、川連、甘草，瀉心經有餘之火。

清·周垣綜《頤生秘旨》卷八　山梔子　瀉肺火之藥也。能開欝除煩，治臍下血滯，及塊中之火，以其屈曲下行，降火甚速耳。兼生薑善止嘔，同茵陳去發黄。大病後津血既亡，胃府無潤，易生虚熱，非此不除。性雖涼，却和平。

清·王子接《得宜本草·中品藥》　山梔子　味苦。入手太陰經。功專除煩瀉火。得滑石治血淋溺閉，得川烏治冷熱腹痛。

清·徐大椿《神農本草經百種録》中品　梔子　味苦，寒。主五内邪氣，熱邪之氣。胃中熱氣，黄色入陽明，性寒能清熱。面赤，酒皰皶鼻，白癩、赤癩，瘡瘍。此皆肌肉之病，乃陽明之表證也。梔子正黄，亦得金色，故為陽明之藥。但其氣體清虚，走上而不走下，故不入大腸而入胃，胃在上焦故也。胃家之蘊熱，惟此為能除之。又胃主肌肉，肌肉有近筋骨者，有近皮毛者，梔子形開似肺，肺主皮毛，故專治肌肉熱毒之見于皮毛者也。

清·黄元御《長沙藥解》卷一　梔子　味苦，性寒，入手少陰心、足太陰脾、足厥陰肝、足太陽膀胱經。清心火而除煩鬱，泄脾土而驅濕熱，吐胸膈之濁瘀，退皮膚之熏黄。《傷寒》梔子乾薑湯，梔子十四枚，乾薑二兩。煎，分三服。得吐，止後服。治太陽傷寒大下後，身熱不去，微煩者。大下敗其中氣，濁陰上逆，瘀生腐敗，阻隔君火，身熱心煩。乾薑降逆而溫中，梔子吐濁瘀而降煩熱也。梔子厚朴湯，梔子十四枚，厚朴四兩，枳實四枚。煎，分二服。得吐，止後服。治傷寒下後，心煩腹滿，臥起不安者。以下傷土氣，中脘鬱滿，陽明不降，濁陰上逆，陳鬱填塞，阻隔君火，煩躁不寧。枳、朴泄滿而降逆，梔子吐濁瘀而除煩也。梔子香豉湯，梔子十四枚，香豉四兩。煎，分三服。得吐，止後服。治傷寒汗下後，煩熱，胸中窒者。汗下敗其中氣，胃土上逆，濁氣填瘀，君火不得不行，故心宮煩熱，胸中窒塞。香豉調中而開窒，梔子掃濁瘀而除煩熱也。治陽明傷寒，下後胃中空虚，客氣動膈，心中懊憹，舌上胎者。下傷胃氣，濁陰逆上，客居胸膈，宫城不清，故生懊憹。香豉和中而下氣，梔子湧濁瘀而清懊憹也。治厥陰病，利後虚煩，按之心下濡者。香豉和中而泄濕，梔子決濁瘀而清虚煩也。梔子甘草香豉湯，梔子十二枚，香豉四兩，甘草二兩。煎，分二服。得吐，止後服。治傷寒汗吐下後，虚煩不得眠，劇則反覆顛倒，心中懊憹此梔子香豉證而少氣者。香豉、甘草，調胃而補中氣，梔子滌濁瘀而清虚煩也。梔子生薑香豉湯，梔子十二枚，香豉四兩，生薑五兩。煎，分二服。得吐，止後服。治傷寒汗吐下後，虚煩不得眠，劇則反覆顛倒，心中懊憹此梔子香豉證而嘔者。香豉、生薑，降逆而止嘔吐，梔子蕩濁瘀而清虚煩也。梔子柏皮湯，梔子十五枚，甘草二兩，黄柏皮二兩。治太陰傷寒，發熱身黄者。濕在經絡，鬱而不泄，則發熱身黄。甘草、柏皮，補中而清表熱，梔子泄濕而退身黄也。《金匱》梔子大黄湯，梔子十四枚，香豉一升，枳實五枚，大黄三兩。治酒疸，心中懊憹，或熱痛者。酒疸濕熱鬱蒸，故心懊憹。甲木衝擊，故生熱痛。香豉、枳、黄，降濁而泄熱，梔子清心而除懊憹也。茵陳蒿湯方在茵陳治太陰病，身黄腹滿，小便不利者穀疸同此。大黄硝石湯方在大黄治黄疸腹滿，小便不利者，皆用之以清乙木之鬱蒸，泄膀胱之濕熱也。梔子苦寒，清心火而除煩熱。煩熱既去，清氣下行，則濁瘀自湧。若熱在膀胱，則下清水道，而開淋澀。蓋厥陰乙木，内孕君火，膀胱之熱，緣乙木之遏陷，亦即君火之鬱淪也。善醫黄疸者，以此。

清·吴儀洛《本草從新》卷三　梔子〔瀉心肺三焦之火。〕苦，寒。輕飄象肺，色赤入心。瀉心肺之邪熱，使之屈曲下行由小便出，海藏曰：或用為利小便藥，非利小便，乃肺清則化行，而膀胱津液之腑得此氣化而出也。而三焦之鬱火以解，熱厥厥有寒熱二證。心痛以平，丹溪曰：治心痛當分新久，若初起因寒因食，宜溫散；久則鬱而成熱，若用溫劑，不助痛添病乎？古方多用梔子為君，熱藥為之向導則邪易失。此病雖日久不食、不死，若痛止恣食，病必再作也。吐衄崩淋血痢之病以息。最清胃脘之血，炒黑末服。吹鼻治衄。治心煩懊憹不眠，仲景用梔子豉湯。好古曰：煩者氣也，躁者血也，故梔子治肺煩，香豉治腎躁。亦用作吐藥，以邪在上焦，吐之則邪散，《經》所謂其高者因而越之也。按：梔豉湯吐虚煩客熱，瓜蒂散吐痰熱客寒。五黄，古方多用梔子、茵陳。五淋，目赤，紫癜白癘，皰皶瘡瘍。皮膚，肺所主故也。損胃伐氣，虚者忌之。心腹痛不因火者，尤為大戒。世人每用治血，不知血寒則凝，反為敗證。《本草匯》曰：治實火之血，順氣為先，氣行則血自歸經；治虚火之血，養正為先，氣壯則自能攝血。丹溪曰：治血不可單行單止，亦不可純用寒涼。內熱用仁，表熱用皮。生用瀉火，炒黑止血，薑汁炒止煩嘔。〔氣有餘而逆為火，順氣即是降火。〕

清·汪紱《醫林纂要探源》卷三 梔子 苦，酸，寒。酸多於苦，生山野，緊小者良。家種肥大，只可染色。人每言七稜梔子，吾所見皆六稜。一陰生而梔始花，花亦六出。六，陰數也。其性所以泄亢陽而滋晏陰，然異半夏者，彼生於下，則陽之復於下；此結於上，則陰之降自上也。瀉心火，安心神。苦以瀉之，酸以收之。斂相火之妄行，酸瀉肝火。瀹三焦之水道，苦以降泄，色赤黃而體輕虛，上行入心，瀉膻膈之妄火邪熱，使心神安，水不騰沸，三焦水道亦以通行，亢者抑之，散者收之，此所以定晏陰，安血脈也。故能治心火虛煩，懊憹不眠，止消渴，治吐衄，血痢血淋，通小便，療疸黃，治胃脘火痛，凡一切火證。又治赤白癜風，皶皰，擊跌損傷。〇生用瀉火，炒黑止血，薑汁炒止煩嘔。清內熱用仁，去表熱用皮。

清·嚴潔等《得配本草》卷七 山梔子 苦，寒。入手太陰經血分。主屈曲下行。瀉三焦之鬱火，導痞塊中之伏邪，最清胃脘之血熱。心煩懊憹，顛倒不眠，臍下血滯，小便不利，皆此治之。得滑石，治血淋溺秘。得良薑，治寒熱腹痛。得柏皮，治身熱發黃。配連翹，治心經留熱。心熱則赤淋。佐柴胡、白芍，治肝膽鬱火。使生地、丹皮，治吐衄不止。微炒去皮，水煎二十枚，治吃飯不化直出。上焦、中焦，連殼。下焦，去殼。洗去黃漿炒用。瀉火，生用。止血，炒黑。內熱，用仁。表熱，用皮。淋症，童便炒。退虛火，鹽水炒。劫心胃火痛，薑汁炒。熱痛，烏藥拌炒。清胃血，蒲黃炒。山梔、丹皮、白芍、龍膽，皆瀉肝家之火，其邪在表、虛火上升，二者禁用。蓋肝喜散，遏之則勁，宜用梔子以清其氣，氣清火亦清。肝得辛為補，丹皮之辛，從其性以醒之，是即為補，肝受補，氣展而火亦平。肝氣過散，宜白芍制之，平其性即所以瀉其火，使之不得自逞。火盛肝氣必實，龍膽苦以泄其氣，寒以制其火，故非實膽草勿用。如不審其究竟而混投之，是伐其生生之氣，即使火氣悉除，而人已憊矣。

題清·徐大椿《藥性切用》卷五 紅山梔 性味苦寒，入心肝而兼入三焦。瀉心肝邪熱，引三焦之鬱火曲屈下行。內熱用仁，表熱用皮。瀉火生用，炒黑止血，薑汁炒止煩嘔而解鬱熱。虛者忌之。

清·黃宮繡《本草求真》卷六 山梔子治心肺熱邪，曲屈下行。 梔子耑入心肺。味苦大寒，輕飄象肺，色赤入心，書言能瀉心肺熱邪，使之屈曲下從小便而出，肺清則氣化行，而膀胱津液，亦得由氣化而化。故曰能利小便，究之皆瀉肺心藥耳。而三焦之鬱火以解，熱厥心痛以平，心痛因熱，治當用此，但丹溪謂心痛，久則鬱而成熱，此止就其大勢論耳。若使痛喜手按，及痛喜飲熱湯，其痛雖久，豈可以作熱治乎？仍當以臟之陰陽及今所見之兼症兼脉，以分病之是寒是熱，藥之宜溫宜涼，則得之矣。不可以痛久成熱為泥。吐衄、血淋、血痢之病以息。梔子止治熱鬱之血耳。若經寒而血不歸，不可妄用。《本草匯》曰：治實火之血，順氣為先，氣行則血自歸經。治虛火之血，養正為先，氣壯則能自攝血。繡竊見今醫士，不論寒熱虛實，但見病血，即作熱治，妄用梔、連、芩、栢，殊為可惜。且能治心煩懊，五黃五淋，亡血津枯，口噤、目赤、風瘡等症，此數語業已道其大要矣。然更就其輕清以推，則浮而上者其治亦上，故能治心肺之火，而凡在上而見消渴煩躁，懊憹不眠，頭痛、目赤、腫痛等症，得此以除。煩屬氣，燥屬血，仲景梔子豉湯用梔子以治肺煩，用香豉以治腎燥。又用梔子作吐藥，以散在膈之邪，即經所謂高者，因而越之是也。故梔豉湯吐虛煩客熱，瓜蒂散吐痰食宿食。就其味苦而論，則苦而下者，其治亦下，故能瀉肝腎膀胱之火，而凡在下而見淋閉便結，疸黃疝氣，吐衄血痢，損傷血瘀等症，得此以泄。《易簡方》治衄血不止，用山梔子燒灰吹之，屢效。《普濟方》治小便不通，用梔子仁十四個，獨蒜頭一個，食鹽少許，搗貼臍及囊，良久即通。《怪症奇方》治喫飯直出，用梔子二十四個，微炒去皮，水煎服。《食療本草》治下痢鮮血，用梔子仁燒灰，水服一錢匙，繡按此惟實邪實熱則宜耳。惟其氣浮，故仲景用此以吐上焦之痰滯；惟其味苦能降，故丹溪用此以降內鬱之邪耳！但治上宜生，治下宜炒宜黑，雖其上下皆入，而究則由自肺達下，故能旁及而皆治者也。此惟實邪實熱則宜，若使並非實熱，概為通用，恐不免有損食泄瀉之虞矣。生用瀉火，炒黑止血，薑汁炒止煩嘔，內熱用仁，表熱用皮。

清·楊璿《傷寒溫疫條辨》卷六寒劑類 梔子 味苦，性寒，味厚氣浮。輕飄象肺，色赤入心。瀉心、肺邪熱，屈曲下行，而三焦之鬱火以解，則熱厥心疼以平，吐衄痢血以息，及心煩懊憹不眠，五疸五淋，津枯口渴目赤，紫癜皰皶瘡瘍悉除。留皮除熱在肌表，去皮却熱在心腹。仲景因氣浮而苦，極易動吐，合淡豆豉用為吐藥，以去上焦之滯痰。《本經》謂其治大小腸及胃中熱，丹溪謂其解鬱熱，行結氣。其性屈曲下行，大能降火，從小便泄出。非利小便，乃清肺也。肺清而化，膀胱為津液之府，故小便得以出也。余謂助以佐使，治各不同。加茵蔯除濕熱疸黃，加豆豉除煩燥不眠，加厚朴、枳實除煩滿，加陳皮、生薑除嘔噦，加生薑汁除心胃久疼，加元胡索除疼因血結。又止霍亂轉筋，去目赤癰瘉。炒黑尤清肝、胃之火，解鬱止血，服末治吐，吹鼻治衄。

附：琉球·吳繼志《質問本草》外篇卷四　水雞花山梔　清舶漂到，採此種問之。　水雞花。陳宜春。　辛丑之冬又漂到，亦問之。　水雞花，又名黃期花。鄭茂慶。

清·羅國綱《羅氏會約醫鏡》卷一七竹木部　山梔子味苦寒，入心、肺、〔胃〕、三焦四經。　輕飄象肺，圓赤似心，瀉心肺之邪熱，使之屈曲下行從小便出。非利小便也，乃肺清而氣化行矣。　治實熱，同三黃之類；暫宜生用。　肺熱鼻衄，同生地、丹皮之類。宜炒黑用。　劫心胃火痛，宜薑汁拌炒用。　胸中鬱熱、懊憹不眠，去皮用。　肌表邪熱。留皮用。　療吐血、血淋、血痢，凡血證不可單用寒涼。治實火之血，能順氣則血自歸經；治虛火之血，能養正則氣自攝血。　解消渴熱鬱、風熱目疾肺熱、熱厥、厥有寒熱二證。　黃疸、加茵陳，去濕熱。　嘔噦、屬胃熱者薑汁炒。　瘀血腹痛。同元胡索用。　亦外治面赤、湯火瘡瘍腫痛。皮腠屬肺。

按：　苦寒損胃，無火邪者勿用。

清·陳修園《神農本草經讀》卷三中品　梔子　氣味苦，寒，無毒。　主五內邪氣，胃中熱氣，面赤，酒疱皶鼻，白癩，赤癩，瘡瘍。

陳修園曰：　梔子氣寒，稟水氣而入腎。　味苦，得火味而入心。　五內邪氣，五臟受熱邪之氣也。　胃中熱氣，胃經熱煩，懊憹不眠也。心之華在面，赤則心火盛也。　鼻屬肺，酒疱皶鼻，金受火克而色赤也。白癩為濕，赤癩為熱，瘡瘍為心火。　梔子下稟寒水之精，上結君火之實，能起水陰之氣上滋，復導火熱之氣下行，故統主之。　以上諸症，唯生用之，氣味尚存，若炒黑則為死灰，無用之物矣。　仲景梔子豉湯用之者，取其交媾水火，調和心腎之功，加香豉以引其吐，非梔子能湧吐也。　俗本謂梔子生用則吐，炒黑則不吐，何其陋歟？

按：　仲景云舊有微溏者，勿用。

清·黃凱鈞《藥籠小品》　山梔　清心肺熱，同香附能開鬱，涼藥之輕清者；　同茯苓能瀉熱邪，屈曲從小便出。　近多炒用，用生者絕少。

清·章穆《調疾飲食辯》卷四　梔子花　佛書名薝蔔。　含苞時即有小蟲如塵，在內食其心。　雖醯醃餹藏，常食無損。　然有蟲即有毒，病人勿食。

清·王龍《本草纂要稿·木部》　山梔子　氣味苦寒。　療心下懊憹顛倒而不眠，治臍下血滯小便而不利。　驅上焦客熱，解五種黃病。　止霍亂轉筋，除結氣降火。　同茵陳治濕熱發黃，與甘草治少氣虛滿。　除煩躁於心內，香豉同功。　止心腹久疼，生薑絞汁。　共枳實、厚朴除腹滿而煩，配生薑、橘皮治嘔噦不止。　留皮除熱於肌表，去皮却熱於心胸。　解大小腸熱，入手太陰經。

清·吳鋼《類經證治本草·手少陽三焦藥類》　梔子　【略】誠齋曰：　(支)〔梔〕子大瀉火，寒胃伐氣。　施之女人有鬱熱者，宜之。　若本人脾胃向虛者，亦不可用。　小兒尤不宜服，損伐生生之氣，不可挽回矣。　又曰：　生者更不宜用。　除傷寒陽明實熱之外，皆當禁之。　且幸今市中皆炒焦用，猶稍可耳。【略】誠齋曰：　常用皮仁，俱宜炒焦用。　或生薑搗自然汁拌炒用，不但止煩嘔，且尤為穩當。　川產者良。〇葉，悅顏色，面膏用之。　解羊躑躅毒。無葉，取(支)〔梔〕子搗汁服。

清·張德裕《本草正義》卷下　梔子　苦，寒。　味重。　上解心肺之火，止渴除煩，清耳目風熱腫痛。　下瀉肝腎膀胱之火，通淋利秘，治五種黃疸，三焦鬱火，血淋血痢，血熱吐衄。　同茵陳療濕熱黃疸，同豆豉除心火煩躁，佐枳、朴消煩滿，佐薑、陳平嘔噦。　玄胡同用，破瘀血熱滯之腹疼。　木通兼須，通膀胱熱閉為尤速。　性下行而屈曲，善降火從小便出。　炒黑力微，徒有其名。

清·楊時泰《本草述鉤元》卷二四　梔子　春榮秋瘁，入夏開花，白瓣黃蕊，隨即結實，薄皮細仁，色深紅。　霜後收之。

苦寒。　氣薄味厚，輕清上行，氣浮而味降，陽中陰也。　入手太陰肺經血分，更入手少陰、足陽明經。　留皮瀉肺火，去皮瀉心火。　主除五內邪氣，胃中熱氣，去心中客熱，煩躁懊憹，治熱厥心痛、頭痛，解熱鬱，散結氣熱毒風，療五種黃病，清胃脘血及吐衄下血、尿血，散肝熱血鬱，并臍下血滯而小便不利，利五淋，治疝氣湯火傷。　除上焦虛熱，療風熱潔古。　治心經留熱，小便赤濇宗奭。　瀉三焦之火及痞塊中火邪，最清胃脘之血。　其性屈曲下行，能降火從小便中泄去丹溪。　按痞塊中火邪，乃鬱也，由於氣不行，而血隨以凝也。用巵仁去皮，薑汁拌炒，假辛味衝折鬱火，不為無功。　立齋每合丹皮以清肝。凡心痛稍久，不宜溫散，反助火邪，古方多用巵子以導熱，藥則邪易伏而病易退丹溪。　傷寒發汗吐下後，虛煩不得眠。　若劇者，必反覆顛倒，心中懊憹，巵子豉湯主之仲淳。　凡亡血、亡津液，臟腑無潤養，內生虛熱，非茲物不可去宗奭。　巵、豉治煩躁，煩者氣也，躁者血也，肺主氣，腎主血，故用巵子以治肺煩，用香豉以治腎躁海藏。　古今治發黃，皆用巵、豉、茵陳、甘草作湯飲，治大病後勞復，皆用巵子、鼠矢等湯，利小便而愈頌。得故紙，能滋陰降火，清上固下，性雖寒而帶補門。五臟諸氣益少陰血，用巵子炒黑研末，生薑同煎，飲之甚捷丹溪。用童便炒黑，能益少陰經血而治陰火門。同連翹、麥冬、燈心、竹葉、黄連、甘草，能瀉心經有餘之火。加赤苓、木通、滑石、澤瀉，瀉小腸火。同茵陳、滑石、車前子、秦艽、黄連、連錢草、苜蓿，治酒熱發黄。胃脘火痛，大山巵子七枚或九枚，炒焦，水一盞，煎七分，入生薑汁，飲之立止。復發者，必不效，用元明粉一錢服，立止。

論：巵子味苦氣寒，苦寒合則宜就下，但味厚而氣薄，味從乎氣者也。其氣升浮，故入手太陰肺及手少陰心。夫心肺合而上焦營諸陽，陽中有陰矣。巵子以苦寒氣味，華實於大火之候。華色白者，金藏之氣也；子色深赤者，火臟之血也。是非陽中有陰乎。乘大火之候，吐花而結實，正效其金水之用於火者，心固火主，然離中有坎，所以主血，更得金為火妻，以孕水子，所以生血而氣化愈清。人身心肺為陽，陽中原有陰，其陽盛以傷陰者，氣傷而血隨傷，血傷則熱益鬱，氣益結，如他味止能清氣，不能涼血，或即涼血，而不由清氣以致之，猶未得如心肺合而營諸陽之義也。巵仁由寒氣之輕清以至主氣之肺，即有苦味之涌泄以至主血之心，心肺之熱既清，則陽中有陰，而胃熱自除矣。其治五種黄病及亡血、亡精、勞復等證，皆不離胃之陰氣而言。大抵上焦之陽，易傷其陰，陰不降，則陽益熾於上。此味除熱，從氣分入血，使陽中陰降，陰降而陽隨之，故胃熱散，即此便能清胃脘血。熱熾而血污，熱除則血清，又何血證之不能治乎？其治熱厥心痛及頭痛者，陰降而陽隨也。其屈曲降火從小便出者，氣化而血和也。其散肝熱血鬱者，由肺胃以及之也。其治疝者，即解鬱熱，散結氣，並入肝而效其用也。其治大小腸大熱者，胃與大小腸相上下，況又為心肺二經之合也。由上而及下，故云能瀉三焦之火。總之，他味降火，類多直折其陽，此獨從陽中之陰以除熱，使陰從陽和，故能透經脈，入密理，以紓其陽化，而盡其由上及下之用，所以破痞塊中火。而又曰屈曲下行，非如他味之降折。昔人遂并稱其寒而能補也，但不可施於氣虚之人耳。

繆氏：稟至苦大寒之氣，損胃而傷血，凡脾胃虚弱及血虚發熱者，忌之。凡諸血證用之，亦宜酌量致慎。癃閉由於膀胱虚無氣以化者，不宜服。

辨治：長而大者，止用染色，不堪入藥。皮薄而圓，七稜至九稜者，名山巵子。即越桃也。胃熱病在上者，帶皮用丹溪。大率治上中焦病，連皮，或生或炒用；下焦病，去皮，洗去黄漿，炒用。治血病及開鬱止痛，並炒黑用。去心肝血熱，酒炒黑用，殊效，不用皮。

清・鄒澍《本經疏證》卷八 梔子 【略】盧芷園曰：梔子有色，故主色變。凡苦寒之物，能下能堅，惟梔子反使堅結者解而上出，火空則發之義也。故並作湧洩之劑。如五内邪氣，胃中熱氣，結而未實者，易於分解。已成燥堅者，非所宜矣。

五内邪氣之後，繼以胃中熱氣，則所謂邪者，未必盡熱矣。胃中熱氣以前，冠以五内邪氣，則所謂熱者，未必有邪矣。梔子苦寒涌洩，其可治非熱之邪、無邪之熱耶。不知五内邪氣，而能為面赤酒皰皶鼻，白癩赤癩，瘡瘍，又烏得云無熱？胃中熱氣，乃竟致面赤，酒皰皶鼻，白癩赤癩瘡瘍，又決非勞傷虚熱。仲景云：凡用梔子湯，病人舊微溏者，不可與服。則可見五内寒邪，胃中虚熱，乃非梔子可勝耳。據此則五内邪氣，胃中熱氣，皆為面赤酒皰皶鼻，白癩赤癩，瘡瘍。述病由而盧氏主色變之説，遂不可易矣。夫盧氏之言，誠無以易。第有當分析者，不可不知也。梔子味苦氣寒，稟性嚴肅，乃偏開花結實於陽氣極盛時，固有以知其體陰而效用於陽矣。其花白蕋黄仁赤，五色之中，惟具其三。故所主面赤酒皰皶鼻，白癩赤癩，亦惟此三色。其他若青黑痣斑之類，概不能治。是亦與茜草、紅花、蘇方木，色赤而治血者無異矣。然世俗擣梔子敷傷，經夕之後，敷處僅變青黑，不為黄白與赤，又曷故哉？夫梔子非能治傷。特傷之淺，未及筋骨，僅在肌肉者，則或氣阻生火，將變為紫，將變為赤，乃至鬱血成膿，故急以解煩惱之物敷之。俾火不生而氣行，竟無變赤變紫之咎，則青黑者即勝夫赤紫之色也。連類而推，則仲景以之治黄，均貫於此矣。

雖然，論色之義，猶有當細意體貼者。夫五氣之遞運，青而赤，赤而黄，黄而白，白而黑，黑而青。梔子則以白花而結黄實，黄實既成，中有赤心，是與四時之序適相逆也。五色之中，獨闕相屬之青黑，乃其葉當火土金主令時，則青黑光滑。屆冬及春初，則萎黄而仍不彫，是與四時之色，又適相逆也。與四時之序逆，不可附會，收清肅之氣於土中，以除其煩懊乎。四時之色相逆，不可附會於溽暑鬱蒸中，偏能鼓蕩其暢茂嚴肅之用乎。不然，何以其木頻喜溉沃，酷畏風寒也。仲景用梔子，實具此二義。於熱邪煩懊證，取其於土中收清肅之氣以勝之，則梔子豉湯、梔子甘草豉湯、梔子生薑豉湯、枳實梔子豉湯，皆是也。於濕熱成黄證，取其於鬱中鼓暢發之氣而開之，則茵蔯蒿湯、梔子大黄湯、大黄硝石湯，皆是也。特於清肅中，偏同豆豉之散發，於暢發中，偏協大黄之蕩滌，何歟？夫煩懊非特上焦陽盛也。蓋下焦陰亦逆而阻陽之降，焉用豆豉洩其下焦之陰，使交鬱蒸之陽，於以供梔子清肅下行之化也。試即離豆豉未離梔豉局之梔子厚朴湯、梔子乾薑湯觀之，一以寒下而中宮氣壅，則佐以枳、朴之開洩，一以溫下而陽氣不羈，則佐以乾薑之守中，亦以湊梔子之清肅耳。發黄者，火迫於中，津液不能自行，則蒸盦而成焉。用大黄推其火，以遠於津液，即津液中火有未盡，則藉梔子之嚴厲以暢其機也。試即不用大黄之梔子蘖皮湯觀之，則於黄疸中並兼發熱，發熱則其陽猶足達於外，而結於內者未深，遂不必大黄之峻利，但用梔子清肅暢達之可耳。於此見梔子於煩懊之火，是化之而非析之，於黄疸之火，是暢之而非瀉之也。

既曰凡用梔子湯，病人舊微溏者，不可與服。又曰：下痢後更煩，按之心下濡者，為虚煩也，梔子豉湯主之。何也？夫下痢有熱證、實證，便溏則一於虚寒而已。梔子豉湯治熱證，不治實證。下痢後煩，可見非虚寒證矣。矧加一更字，益可見下痢時本煩，及痢止而煩愈甚，熱證已定矣。然尚恐其屬實也。故必按之，按之而鞕者，小承氣證也。必按之濡，始審為梔子豉湯證焉。是兩條之義，相去殊遠，非混也。然則便舊微溏者，誤服梔子湯應何如？夫固曰梔子於熱濕燥得令時，反能暢茂條達，而葉本青黑，於寒與風得令時則蓄縮黄瘁，其遇中虚中寒，亦惟氣萎敗而傷土，增其下痢已耳。然則同以梔、豉、枳實、大黄成方，治差後勞復挾宿食者，則曰枳實梔子豉湯。治酒疸，心中懊憹，或熱痛者，則曰梔子大黄湯。且枳實梔子豉湯，枳實僅三枚，而反以名湯。梔子大黄湯，枳實用五枚，而反讓梔子居首，何也？夫治煩，非治黄比。前固曰一取其清肅，一取其暢達耳。梔子大黄湯，則並煩與黄悉治之。若仍用梔豉煎法，先煮枳實、梔子，後入豆豉，則嫌於治煩熱，而非治黄。故不分先後，四味同煎，若別出方名，則嫌於治黄不治煩熱，故仍以梔子稱首，曰梔子大黄湯。正以其不盡合梔豆豉法也。枳實梔子豉湯，盡合梔豉法矣。以勞復加枳實，復以宿食加大黄，本無黄證可治，又有煩熱可憑，詎可別出方名，不謂之梔豉耶。譬如梔子厚朴湯、梔子乾薑湯，無豆豉而仍以梔子冠方，以梔子冠方為其有煩也。茵蔯蒿湯、大黄硝石湯，何嘗不治黄？何嘗無梔子？而方名不出梔子。則梔子者，為治煩之要劑歟。

梔子為治煩要劑，仲景治煩，不必以梔子，各有故焉。蓋煩非一類，所當審察辨明，而後梔子之用可無誤也。夫病在表，有煩熱。在裏，有煩躁。與梔子所治之煩天淵，固無庸辨。若夫小建中所治之煩悸，小茈胡所治之煩嘔，瓜蒂散所治之煩滿，飢不能食，黄連所治之煩不得卧，豬膚湯所治之下痢咽痛，胸滿心煩，烏梅丸所治之得食而嘔又煩，桂枝所治之解後復煩，白虎所治之煩渴，亦與梔子所治之煩有別，而無庸辨。曰發汗吐下後，虚煩不得眠。若劇者，必反覆顛倒，心中懊憹，此方是梔子所治之煩。夫發汗吐下後，是陽邪內入也，陽邪內入，不因汗吐下後，則為裏實，故曰陽明病。不吐不下，心煩者，可與調胃承氣湯。若夫汗吐下後，有乾嘔煩者，有脈浮數煩渴者，有胸滿煩驚者，又非梔子所宜。則梔子所治之煩，必係誤治以後，胸中煩，滿而不鞕，不下痢者，方為合劑也。

然則大茈胡湯證，為下後有煩有嘔，與梔子生薑豉湯證，究有何異？蓋此中分別，相去逕庭，亦何難辨。夫若嘔之與嘔不止，心下急之與虚滿，鬱鬱微煩之與反覆顛倒，心中懊憹，已不啻天淵，況茈胡證仍在耶。且論病必先理其本末，茈胡證仍在句中，含無限兼證，嘔不止所以別於喜嘔，心下急所以別於胸脇滿，鬱鬱微煩所以別於心煩喜嘔耳。豈得與煩滿懊憹而或嘔之梔子生薑豉湯比？若此可相比，則下後汗後之晝日煩躁不得眠者，亦可相比乎？不揣本而齊末，此之謂矣。

清・葉桂《本草再新》卷四　梔子　味苦，性寒，無毒。入肺經。瀉心肺之熱，使之屈曲下行，解三焦鬱火。

清・吴其濬《植物名實圖考》卷三三　梔子　《本經》中品。即山梔子，以染黄者，以七棱至九棱者為佳。

清・趙其光《本草求原》卷九灌木部　梔子一名越桃。氣寒，入腎。味苦，入心。皮黄，金色，入肺、胃。仁赤，心火之色。性體輕浮，走上。無毒。是禀寒水之精結君火之實，故能起陰水之氣上滋心肺；而苦寒就下，復導火熱之氣屈曲下行，從小便而去。小便短，亦五淋，多用之。心肺清，則小腸、膀胱之氣化行也。主五內邪氣，去五臟受邪之熱，不獨除心肺之客熱。若氣血虚不由於邪火有餘，勿用。胃中熱氣，躁煩不眠，清胃脘血，胃上承心肺，下達肝腎九行氣於三陰三陽。胃熱盛，則肺氣傷而煩，腎血汚而躁。此味得金為火妻以孕水，清氣化以生血，使陰降而陽隨，則上下安，胃熱自散，血自清。仲景治傷寒汗吐下後，憹憹不眠用之，取其交媾水火，調和心、肺、腎。加香豉，以引水上升，非生梔能引吐之説也。止實火吐衄淋痢諸血。亦宜佐以行氣，氣行血，自歸經。不可單用，若虛火失血而誤用之，則血寒反凝矣。治五黃，同茵陳治濕熱發黃，加滑石、車前、黃連、秦艽，治酒熱黃；同甘草、黃柏，治身熱發黃。熱厥心痛，火逆不得下之病。破痞塊中鬱火，去皮，薑汁炒用。又治胃脘火痛。治疝，鬱熱解，則結氣自散。病後勞復尿秘，同鼠屎用。臍下血滯而尿澀，血因熱滯而氣化，亦因以不行。面赤，心之華在於面，火盛則赤。酒疱齇鼻，酒熱傷肺也。同芩、甘、乾葛、桑白、桔，味用。白癩、赤癩，瘡瘍。諸痛瘡瘍，皆屬心火，而皮毛肌肉，又主在肺胃也。

生用，瀉火；酒炒，去心肝血熱；炒黑，止血；童便炒，滋腎血，降陰火；同故紙，清上固下以降火。薑汁炒，開鬱、止痛、止煩嘔。上熱，連皮；表熱，用皮；內熱、下焦熱，用仁，洗去黃漿。一説生用其氣乃存，炒黑則無用。然古方生研薑汁，調塗打跌青腫；炒焦研，薑汁和服，益少陰血，止胃脘火痛，復發者，加元明粉。俱甚捷，是生則清，而炒兼補也。

小而圓，有七九棱者佳。長大皮厚者不堪用。同丹皮清肝，同茯、澤、車、滑、木通瀉小腸火。舊有微溏者勿用。炒黑吹鼻，治衄。

黃梔葉：澀，寒。消腫，理跌打，洗疳痔疔，散毒瘡。同雞煮，則祛風。

清·葉志詵《神農本草經贊》卷一 巵子 味苦，寒。主五內邪氣，胃中熱氣，面赤酒(炮)〔皰〕，皶鼻白(賴)〔癩〕、赤癩，創瘍。一名木丹。生川谷。

雪瑩傾巵，薰風吹度。圓腦含苞，直棱分數。黃爍柔金，紅嫣染素。木戟鉤枝，同方類附。

蔣梅邊詩：清淨法身如雪瑩。李時珍曰：巵，酒器也。巵子象之。沈周詩：薰風吹結子。雷斆論：凡使，須要如雀腦者為上。蘇頌曰：皮薄而圓小，刻房七棱至九棱者佳。司馬相如賦：鮮支黃爍。李杲曰：丹書言巵子柔金。李商隱詩：側近嫣紅伴柔綠。《群芳譜》：實如訶子，中仁深紅，可染繒帛。名醫曰：木戟，生山中。葉如巵子，有名未用。《新論》：盤根鉤枝。陸機論：同方者以類附。

清·文晟《新編六書》卷六《藥性摘錄》 山梔子 味苦，大寒。瀉心肺熱邪，屈曲下行，治熱厥心痛，吐衄血淋，血痢血瘀，並心煩懊惱不眠，五黃五淋，亡血精枯，口噤目赤，熱疝便結風瘡等症。○惟實熱實邪則宜。○若非實熱而妄投，恐致損食泄瀉。○生用瀉火，炒黑止血，薑汁炒止煩嘔。○內熱用仁，表熱用皮。

清·張仁錫《藥性蒙求·木部》 梔子錢半、三錢 梔子苦寒，能清心肺。火欝三焦，吐紅亦濟。瀉心肺之火熱，使之屈曲下行，由小便出，而三焦之火欝亦解，吐衄崩淋，不寐，五黃皆治。內熱用仁，表熱用皮。生用瀉火，炒黑止血，薑汁炒止煩嘔，燒灰吹鼻止衄。得滑石治血淋。

清·陸以湉《冷廬醫話》卷五 藥品 本草謂梔子生用瀉火，炒黑止血。《臨證指南》治外感證，多用黑山梔。黃退庵云，近多炒用，用生者絕少。余按：仲景梔子湯，有病人舊微溏不可與服之禁，蓋以其苦寒也，若炒黑則寒性減，無論舊溏與否，皆可服矣，此所以用生者少歟。

清·屠道和《本草匯纂》卷二瀉火 山梔子 耑入心、肺。味苦，大寒。輕飄象肺，色赤入心，瀉心肺熱邪，使之屈曲下行，從小便而出。解三焦鬱火，平熱厥頭痛，面赤目赤，口噤心痛，音瘂，止吐血衄血，崩淋血痢，損傷瘀血，心煩懊憹不眠。解五黃五淋，亡血津枯，消渴，除時疾熱，去熱毒風，紫癜白癘，皰皶瘡瘍，殺䘌蟲毒風瘡。上治心肺火，下泄肝腎膀胱火，清胃脘血，療大小腸大熱，消臍下血滯。惟其氣浮，故仲景用以吐上焦痰滯。惟其味苦，故丹溪用以降內鬱熱邪。然損胃伐脾，氣虛者忌之。心腹痛不因火者，尤為大戒。若非實熱概用，恐有損食瀉洩之虞。生用瀉火，治上為宜。炒黑止血，治下為宜。薑汁炒止煩嘔，內熱用仁，表熱用皮。心痛因熱固當用此，但丹溪謂心痛久則鬱而成熱，特就大勢論耳。若使痛喜手按，及痛喜飲熱湯，其痛雖久，豈可作熱治乎？仍當以臟之陰陽，及今所見之兼症兼脈，以分病之是寒是熱，藥之宜溫宜涼，不可拘泥。梔子止熱鬱之血耳，若經寒而血不歸，則不可妄用。

清·劉善述、劉士季《草木便方》卷二木部 山梔子 梔子根皮苦微寒，婦女氣血和不難。男子添精能補水，花益顏色除哮痰。

清·戴葆元《本草綱目易知錄》卷四 梔子 苦，寒。輕飄象肺，色赤屬火，入肺經血分，瀉肺中之邪熱，清胃(腕)〔脘〕血，瀉三焦火，使之屈曲下行，從小便瀉去，解熱鬱，利五淋，止消渴，行結氣。治吐衄血痢，下血血淋，損傷瘀血，心中煩悶，懊憹不眠，除時疾熱，去熱毒風，療傷寒勞復，熱厥心痛，頭痛疝氣，五種黃病，目赤熱痛，酒皰鼻皶，白癩赤癩，瘖瘂，紫癜風，塗湯火傷，殺䘌蟲毒，解羊躑躅毒。生用瀉火，炒黑止血，內熱用仁，表熱用皮。

清·黃光霽《本草衍句》　梔子　輕飄象肺，苦寒入心。瀉心肺之邪熱，屈曲下行而從小便出。所以通五淋，利小便。退客熱之虛煩，反復不眠，而懊憹在心。三焦鬱火，以解熱厥心痛，以平五内邪氣。熱邪之氣。五種疸黃，清胃脘之血吐衄，而血痢血淋。泄痞塊中火，津枯而口渴目赤。寒傷勞復，熱厥頭痛皆除。時疾毒風，元素云治風。面赤鼻皶並治。仲景治煩躁並虛煩不眠，心中懊憹，皆用梔子豉湯，以梔子治肺煩，香豉治腎燥。又仲景治腎發黃，用梔子、茵陳、甘草、香豉作湯飲。得川烏治冷熱腹痛，得良薑治痢後腹中虛痛。　婦人胎腫，屬濕熱也。　梔子一合，炒研，每服二三錢，米飲下。　鼻中衄血，梔子燒灰，吹之。　血淋澀痛，梔子末、滑石等分，葱湯下。　酒毒下血，梔子焙研，新汲水服。　熱病食後及交接後發動，欲死不語，梔子炒，煎服，令微汗。　大病勞復，梔子、鼠矢等湯，利小便而愈。　鼻上酒皶，梔子炒，研黃(臘)〔蠟〕和丸，細茶下，忌酒、麪、煎、炙。

清·陳其瑞《本草撮要》卷二　山梔子　味苦，入手太陰經，功專除煩瀉火。得滑石治血淋溺閉，得川烏治冷熱腹痛，得香豉治腎燥，並吐虛煩客熱，得茵陳治五黃。生用瀉火，炒黑止血，薑汁炒止煩嘔。內熱用仁，表熱用皮。

清·李桂庭《藥性詩解》　賦得梔子涼心腎得心字。田春芳。　梔子寒涼苦，功惟腎與心。清煩眠可得，解熱燥難侵。按：梔子本屬大寒之藥，不獨止涼心腎，且入肺胃，瀉三焦之火，以解諸熱之鬱，懊憹不眠，煩燥不安，古人乃有梔子豉湯，以治煩燥不眠也。謂煩生於心，燥生於腎，梔子清心，則煩可解；香豉治腎，則燥可安。故有涼心腎之義也。虛火無熱者，固當深戒。

賦得梔子涼心腎鼻衄最宜得涼字。李慶霖。　梔子功專瀉，清金使腎涼。心煩原可解，鼻衄最相當。　按：梔子性寒味苦，輕飄象肺，色赤入心。主心胸煩熱，瀉三焦鬱火，吐衄崩淋，瘡瘍腫痛，除五種黃病，止消渴煩擾。又治懊憹不眠。損胃伐氣，虛弱者忌之。葉似李而厚硬；二三月開白花，花皆六出，甚芬香；夏秋結實，生青熟黃，中仁深紅，九月採實，暴乾，入藥用山梔子。方書所謂越桃，皮薄而圓，小刻房，七稜至九稜者為佳。

清·仲昴庭《本草崇原集說》卷中　梔子　【略】〔批〕雖加香豉亦或吐，或不吐。俗本謂梔子生用則吐，炒黑則不吐，何其陋歟。

仲氏曰：　五月感一陰之氣，生花六出，天一生水，地六成之，是為之成數。稍杪結實，其性主降，下文至七棱九棱，合着地二生火天七成之、地四生金天九成之之義。金氣清涼，又與寒水相應。故仲師云：舊有微溏者勿用，此皆從梔子本來面目，勘破機關，非若他書之泛言宜忌也。

或曰：詮解至是，可謂深切著明，但恐後學者畏難，將如鑿枘奈何？曰，大匠不為拙工改廢繩墨。隱庵之意在明藥性，如因畏難而舍性言用，則用之無本，便多窒礙，讀隱庵原敘自知。

又曰：《經讀》言梔子豉湯，以香豉引其吐，然亦未必吐也。故仲景原文無吐字。

清·周巖《本草思辨錄》卷四　梔子　梔子花白蕊黃仁赤，其樹最喜灌溉，意在條達其性體，為心、肺、肝、胃三臟一腑之藥。惟花時不采，而采者為黃赤之實，體輕入氣，而性陰又入血，其治在心肝胃者多，在肺者少。苦寒滌熱，而所滌為瘀鬱之熱，非浮散之熱，亦非堅結之熱。能解鬱不能攻堅，亦不能平逆，故陽明之腹滿有燥屎，肺病之表熱咳逆，皆非其所司。獨取其秉肅降之氣以敷條達之用，善治心煩與黃疸耳。心煩，或懊憹，或結痛，黃疸，或寒熱不食，或腹滿便赤，皆鬱也。心煩心下濡者為虛，胸中窒者為實。實與虛皆汗吐下後餘邪留踞，皆宜吐去其邪。梔子解鬱而性終下行，何以能吐？協以香豉，則一升一降，邪不任受則吐。黃疸之瘀熱在表，其本在胃，梔子入胃滌熱下行，更以走表利便之茵陳輔之，則瘀消熱解而疸以愈。然則梔子於肺無與乎？仲聖云：凡用梔子湯，病患舊微溏者不可與服之。肺與大腸相表裏，服梔子則益其大腸之寒，此可為秉金氣之一證。至治肝則古方不可勝舉，總不離乎解鬱火。凡肝鬱則火生，膽火外揚，肝火內伏，梔子解鬱火，故不治膽而治肝，古方如瀉青丸、涼肝湯、越鞠丸、加味逍遙散之用梔子皆是。涼膈散有梔子，以治心也。瀉黃散有梔子，以治胃也。而瀉白散不遴入，則以肺中氣熱而不涉血者，梔子不與也。《本經》主胃中熱氣，朱丹溪謂最清胃脘之血，究梔子之治，氣血皆有，而血分為多。然不能逐瘀血與丹皮、桃仁分功；其解血中之鬱熱，只在上中焦，而不在下焦；亦不入足太陽與手足少陽；不入足太陽，故不利小便。茵陳蒿湯所以必先煮茵陳，許學士之治酒皶鼻，朱丹溪之治熱厥心痛，《集簡方》之敷折傷腫痛，皆屬血中鬱熱。其餘之治，悉可類推。

山黃枝

明·佚名氏《醫方藥性·草藥便覽》　山黃枝　其性涼。利小便，分水穀，通腸，明目。

都拉

清・張泓《滇南新語》 有草出迤西，名都拉，能解諸藥性。凡市藥者，遠而棄之；誤入藥室，則諸品不效。雖砒石之烈，亦化為烏有，服毒者用此立解。其形類梔子而黑。

木戟

宋・唐慎微《證類本草》卷一三木部中品〔唐・陳藏器《本草拾遺》〕 木戟 味辛，溫，無毒。主痃癖氣在藏府。生山中。葉如梔子也。

白馬骨

宋・唐慎微《證類本草》卷一三木部中品〔唐・陳藏器《本草拾遺》〕 白馬骨 無毒。主惡瘡。和黃連、細辛、白調、牛膝、雞桑皮、黃荆等，燒爲末，淋汁取治瘰癧，惡瘡，蝕息肉，白癜風，以物揩破塗之。又單取莖、葉煮汁服之，止水痢。生江東。似石榴而短小對節。

明・王文潔《太乙仙製本草藥性大全》卷三《本草精義》 白馬骨木 舊本俱不具文。生江東山谷、田野、土塢、石瓦，在處皆有。古名木錦花是也。其木似石榴而短小，對節紫衣，皮堪染褐。採無時，曝乾用。

明・王文潔《太乙仙製本草藥性大全》卷三《仙製藥性》 白馬骨木 味苦，無毒。 主治： 主惡瘡，又治瘰癧，止熱痢，兼下水癥。祛蝕瘡息肉白癜如神。退黃疸暴熱目黃捷徑。 補註： 主惡瘡瘰癧，息肉，白癜風，和黃連、細辛、白調、牛膝、鷄桑皮、黃荊等，燒爲末，淋汁，以物揩破塗之。〇止水痢，單取莖葉，煮汁服之。〇黃疸暴熱，目黃，沉重，下水癥，亦止熱痢，煮服之。長髮，燒作灰，淋汁沐頭。

明・佚名氏《醫方藥性・草藥便覽》 白馬骨 其性苦。治飛痒，去毒。

清・何諫《生草藥性備要》卷上 六月雪 味苦、涼，性寒。治傷寒中暑、發狂亂語，火症，亦退身熱。

清・吳其濬《植物名實圖考》卷二一 白馬骨 《本草拾遺》： 白馬骨無毒。主惡瘡。和黃連、細辛、白調、牛膝、雞桑皮、黃荊等燒末淋汁，取治瘰癧惡瘡； 蝕息肉、白癜風，揩破塗之； 又單取莖葉煮汁，服止水痢。生江東，似石榴而短小，對節。按白馬骨，《本草綱目》入於有名未用。今建昌土醫以治熱證瘡痔、婦人白帶。余取視之，即六月雪。小葉白花，矮科木莖，與《拾遺》所述形狀頗肖，蓋一草也。《寧鄉縣志》： 六月雪俗呼路邊金，生原隰間，夏開白花。節可治小兒驚風、腹痛； 枝燒灰可點翳； 根煮雞子，可治齒痛。《花鏡》： 六月雪，六月開細白花，樹最小而枝葉扶疎，大有逸致，可作盆玩。喜清陰，畏太陽，深山叢木之下多有之。春間分種，或黃梅雨時扦插，宜澆淺茶。其性喜陰，故所主皆熱證。《寧都州志》： 疑即《圖經》曲節草，一名六月霜。與圖形殊不類。

清・劉善述、劉士季《草木便方》卷一草部 路邊雞 路邊雞涼祛風毒，偏正頭痛風熱除。清利頭目牙喉痛，胸膈虛熱根炖服。

水楊梅

明・李時珍《本草綱目》卷一六草部・隰草類下 水楊梅《綱目》

【釋名】地椒 【集解】時珍曰： 生水邊，條葉甚多，生子如楊梅狀。《庚辛玉冊》云： 地椒一名水楊梅，多生近道陰濕處，荒田野中亦有之。叢生，苗葉似菊。莖端開黃花，實類椒而不赤。實可結伏三黃、白礬，制丹砂、粉霜。

【氣味】辛，溫，無毒。 【主治】疔瘡腫毒時珍。

明・佚名氏《醫方藥性・草藥便覽》 水楊梅 其性熱。退虛腫，封疔背，散血。

清・张璐《本經逢原》卷二 地椒一名水楊梅，生水邊，條葉叢生似菊，莖端開黃花，實類椒，而不赤。 辛，溫，無毒。 發明： 地椒制丹砂、粉霜，見《庚辛玉冊》《綱目》。名水楊梅，時珍主治疔瘡腫毒。

清・王道純《本草品彙精要續集》卷二 水楊梅無毒

水楊梅： 主疔瘡腫毒《本草綱目》。 【名】地椒。 【地】李時珍曰： 生水邊。《庚辛玉冊》云： 地椒，一名水楊梅，多生近道陰濕處，荒田野中亦有之。 【苗】叢生，苗葉似菊，莖端開黃花，實類椒而不赤。 【用】實可結伏三黃、白礬，制丹砂粉霜。 【味】辛。 【性】溫。

清・何諫《生草藥性備要》卷上 水楊梅 味劫，性苦，略有毒。不入服食劑，宜煎水洗癍癩、外痔，敷腳指爛，治水積指傷。

清・吳其濬《植物名實圖考》卷一三 水楊梅 《本草綱目》： 生水邊，條葉甚多，子如楊梅。

按此草江西池澤邊甚多，花老為絮，土人呼為水楊柳。與所引《庚辛玉冊》地椒開黃花不類。

清・吴其濬《植物名實圖考》卷一四　水楊梅　《本草綱目》始著録。按圖亦與水濱水楊相類，生子微似楊梅，老則飛絮。俗無水楊梅之名，恐即一物。而兩存圖之。

清・吴其濬《植物名實圖考》卷三七　水楊柳　叢生水瀕，高二三尺，長葉對生，似柳而細。莖柔可編筐筥，光州謂之簸箕柳，水農種之。

清・吴其濬《植物名實圖考》卷三八　水楊梅　生寧都。高丈餘，葉如小桑，赭紋有齒；冬時附莖結實，紫黑勻圓，大如菉豆。土人云，果葉可退熱，根可治遺精，一名水麻。

清・趙其光《本草求原》卷三隰草部　水楊梅　生田塍水邊，葉對生，似布渣，一莖直上。苦澀，不入服食。洗瘙癩、外痔，敷腳趾濕爛，治水積沙屎蟲、蟲食傷。敷之。其蘵，止牙痛立效。煎水含。若連腮腫，為末調搽。其寄生煎服，或浸酒，治酒痰、風腫、腳痛。

烏口樹

清・吴其濬《植物名實圖考》卷三八　烏口樹　江西坡阜多有之。高丈餘，對節生葉，長柄尖葉，似柳而寬。梢端結實如天竹子大，上有兩叉，如烏之口。土人云，葉實可通筋骨，起勞傷。蓋薪材也。

酸棗

宋・唐慎微《證類本草》卷一二木部上品〔《本經・別録・藥對》〕　**酸棗**　**味酸，平，**無毒。**主心腹寒熱，邪結氣聚，四肢酸疼，濕痹，**煩心不得眠，臍上下痛，血轉久泄，虚汗煩渴，補中，益肝氣，堅筋骨，助陰氣，令人肥健。**久服安五藏，輕身延年。**生河東川澤。八月採實，陰乾，四十日成。惡防已。

〔梁・陶弘景《本草經集注》〕云：今出東山間，云即是山棗樹。子似武昌棗而味極酸，東人噉之以醒睡，與此療不得眠，正反矣。

〔唐・蘇敬《唐本草》〕注云：此即樲音貳棗實也，樹大如大棗，實無常形，但大棗中味酸者是。《本經》惟用實，療不得眠，不言用人。今方用其人，補中益氣，自補中益肝已下，此爲酸棗人之功能。又於下品白棘條中，復云用其實。今醫以棘實爲酸棗，大誤。

今注：陶云醒睡，而《經》云療不得眠。蓋其子肉味酸，食之使不思睡，核中人，服之療不得眠，正如麻黄發汗，根節止汗也。此乃棘實，更非他物。若謂是大棗味酸者，全非也。酸棗小而圓，其核中人微扁；大棗人大而長，不類也。

〔宋・掌禹錫《嘉祐本草》〕按：《蜀本圖經》云：今河東及滑州，以其木爲車軸及匙筯等，木甚細理而硬，所在有之。八月採實，日乾。《藥性論》云：酸棗人，主筋骨風，炒末作湯服之。陳藏器云：按酸棗，既是棗中之酸，更無佗異，此即真棗，何復名酸，既云其酸，又云其小，今棗中酸者，未必即小，小者未必即酸，雖欲爲棗生文，輒轉未離於棗，若道棗中酸者，棗條無令睡之功，道棘子不酸，今人有衆呼之目。嵩陽子曰：余家于滑臺。今酸棗縣，即滑之屬邑也。其地名酸棗焉，其樹高數丈，徑圍一二尺，木理極細，堅而且重，其樹皮亦細文似蛇鱗。其棗圓小而味酸，其核微圓，其人稍長，色赤如丹。此醫之所重，居人不易得。今市之賣者，皆棘子爲之。又云：山棗樹如棘，子如生棗，裏有核如骨，其肉酸滑好食，山人以當果。《五代史》後唐刊《石藥驗》云：酸棗人睡多生使，不得睡炒熟。日華子云：酸棗人治臍下滿痛。

〔宋・蘇頌《本草圖經》〕曰：酸棗，生河東川澤，今近京及西北州郡皆有之，野生多在坡坂及城壘間。似棗木而皮細，其木心赤色，莖、葉俱青，花似棗花。八月結實，紫紅色，似棗而圓小味酸。當月採實，取核中人，陰乾，四十日成。《爾雅》辨棗之種類曰：實小而酸，曰樲棗。《孟子》曰：養其樲棗。趙岐注：所謂酸棗是也。一説惟酸棗縣出者爲真，其木高數丈，徑圍一二尺，木理極細，堅而且重，邑人用爲車軸及匕筯。其皮亦細，文似蛇鱗。其核人稍長而色赤如丹，亦不易得。今市之貨者，皆棘實耳，用之尤宜詳辨也。《本經》主煩心不得眠。今醫家兩用之，睡多生使，不得睡炒熟。生熟便爾頓異。而胡洽治振悸不得眠，有酸棗人湯：酸棗人二升，茯苓、白术、人參、甘草各二兩，生薑六兩，六物切，以水八升，煮取三升，分四服。深師主虚不得眠，煩不可寧，有酸棗人湯：酸棗人二升，蝭母、乾薑、茯苓、芎藭各二兩，甘草一兩炙，並切，以水一斗，先煮棗，減三升後，内五物，煮取三升，分服。一方更加桂一兩。二湯酸棗並生用，療不得眠，豈便以煮湯爲熟乎？

〔宋・唐慎微《證類本草》〕雷公云：酸棗人，凡使，採得後曒乾，取葉重拌酸棗人蒸半日了，去尖皮了，任研用。《食療》：酸棗，平。主寒熱結氣，安五藏，療不得眠。《聖惠方》：治膽虚睡卧不安，心多驚悸。用酸棗人一兩，炒令香熟，擣細爲散。每服二錢，竹葉湯調下，不計時候服。又方：治夜不眠睡。用酸棗人半兩，炒黄研末，以酒三合浸汁，先以粳米三合煮作粥，臨熟下棗人汁，更煮三五沸。空心食之。又方：治骨蒸勞，心煩不得眠卧。用酸棗人二兩，水二大盞，半研絞取汁，下米二合煮粥，候熟下地黄汁一合，更漸煮過。不計時候食之。《外臺秘要》：療齒蟲腐爛，棘鍼二百枚，即是棗樹棘朽落地者。以水二升，煎取一升含之，日四五度，即差。又方：療刺在人肉中不出。酸棗人核燒末，水服之，立便得出。《簡要濟衆》：治膽風毒氣，虚實不調，昏沉睡多。酸棗人一兩生用，金挺臈茶二兩，以生薑汁塗，炙令微燋，擣羅爲散。每服二錢，水七分，煎六分，無時溫服。

宋・寇宗奭《本草衍義》卷一三　酸棗　微熱，《經》不言用仁，仍療不得眠。天下皆有之，但以土產宜與不宜。嵩陽子曰：酸棗縣，即滑之屬邑。其木高數丈，味酸，醫之所重。今市人賣者皆棘子，此説未盡。殊不知小則爲棘，大則爲酸棗，平地則易長，居崖塹則難生。故棘多生崖塹上，久不樵則成榦，人方呼爲酸棗，更不言棘，徒以世人之意如此，在物則曷若是也。其實一本。以其不甚爲世所須，及礙塞行路，故成大木者少，多爲人樵去。然此物纔及三尺，便開花結子，但窠小者氣味薄，本大者氣味厚，又有此別。今陝西臨潼山野所出者，亦好，亦土地所宜也，并可取仁。後有白棘條，乃是酸棗未長大時，枝上刺也。及至長成，其刺亦少，實亦大。故棗取大木，刺取小窠也，亦不必强分別爾。

宋・劉明之《圖經本草藥性總論》卷下　酸棗　味酸，平，無毒。主心腹寒熱，邪結氣聚，四肢酸疼濕痺，煩心不得眠，臍上下痛，血轉久洩，虛汗煩渴，補中，益肝氣，堅筋骨，助陰氣。《藥性論》云：主筋骨風。日華子云：治臍下滿痛。《聖惠方》：治骨蒸勞，心煩不得眠臥。《外臺秘要》：療齒蟲腐爛。惡防己。

宋・陳衍《寶慶本草折衷》卷一二　酸棗酸棗人附。續附□。　一名樲棗。又一名山棗。生河東川澤及滑臺即滑州。○及東山、陝西臨潼，及近京西北州郡。今所在山野、坡坂及城壘間皆有之。○八月採，陰乾。并惡防己。

味酸，平，無毒。○主心腹寒熱邪氣，四肢酸疼，溫痹。煩心不得眠，臍上下痛，虛汗煩渴。○《唐本》註云：大棗中味酸者也。○寇氏曰：窠小者氣味薄，本大者氣味厚。

附：酸棗人。○味酸，平，無毒。補中益肝，堅筋骨，助陰氣，安五藏。○主筋骨風，治臍下滿痛。其人微扁稍長而色赤。睡多生使，不得睡炒熟。○去皮。

續説云：酸棗肉，即核人，蓋有兩用。惟艾原甫中唐註之旨，分辨最明。然人又惟麄實重厚者有力，其細瘦輕薄者則力弱也。《究原方》據《經》言胃不和而臥不安，用酸棗人炒熟，去皮，和米煮粥，臨臥啜之，米氣隨藥勢入胃，速啜。數宵，自然安臥矣。

元・王好古《湯液本草》卷五　酸棗　氣平，味酸，無毒。《本草》云：主心腹寒熱，邪結氣聚，四肢酸疼濕痹，煩心不得眠，臍上下痛，血轉久泄，虛汗煩渴，補中，益肝氣，堅筋骨，助陰氣，令人肥健。久服，安五臟，輕身延年。胡洽治振悸不得眠，人參、白朮、白茯苓、甘草、生薑、酸棗仁六物煮服。《聖惠方》：膽虛不眠，寒也。酸棗仁炒香，竹葉湯調服。《濟眾方》：膽實多睡，熱也。酸棗仁生用，末，茶、薑汁調服。

元・忽思慧《飲膳正要》卷三　酸棗　味酸、甘，平，無毒。主心腹寒熱，邪結氣聚，除煩。

元・尚從善《本草元命苞》卷六　酸棗仁　味甘，平性，無毒。惡防己。主心腹寒熱，邪結氣聚。治心膽經虛，睡臥不安，止虛汗煩渴。益肝氣，補中。療四肢酸疼，風寒濕痺。散臍下滿痛，筋骨風邪。助陰氣，令人肥健，安五臟，輕身延年。睡多者生用，不得眠炒熟。生河東平澤，酸棗縣極佳。八月內採實，取核，四十日乾陰乃成。

元・徐彥純《本草發揮》卷三　酸棗仁　海藏云：胡洽治振悸不得眠，用人參、白朮、茯苓、甘草、生薑、酸棗仁炒香六物，煮服。《本草》註治膽虛不眠，寒也。酸棗仁炒為末，竹葉調湯服。出《聖惠方》。治膽實多睡，熱也。酸棗仁生用一錢，臘茶二錢，薑汁調服。出《濟眾方》。

明・朱橚《救荒本草》卷下之前　酸棗樹　《爾雅》謂之樲棗。出河東川澤，今城壘坡野間多有之。其木似棗而皮細，莖多棘刺，葉似棗葉微小，花似棗花，結實紫紅，色似棗而圓小，核中人微匾，名酸棗人，入藥用。味酸，性平。一云性微熱。惡防己。　救飢：採取其棗為果食之。亦可釀酒，熬作燒酒飲。未紅熟時採取，煮食亦可。　治病：文具《本草》木部條下。

明・王綸《本草集要》卷四　酸棗　味酸，氣平，無毒。惡防己。八月採實，陰乾。四十日成。　主心腹寒熱，邪結氣聚，四肢酸疼，濕痹筋骨風，臍上下痛，心虛煩及振悸不得眠，寧心志，斂虛汗，止煩渴，補中，益肝氣，堅筋骨，助陰氣，久服安五藏，輕身延年。又云：膽實多睡，熱也，生用，茶葉、薑汁調服。膽虛不睡，寒也，炒熟，竹葉湯調服。

明・滕弘《神農本經會通》卷二　酸棗　惡防己。八月採實，陰乾，四十日成。仁有生用、熟用。

味酸，氣平，無毒。《湯》同。東云：治怔忡。《衷》云：安五臟，除風痺，補中益氣，堅筋骨，寧心志，更治虛煩不眠。

《本經》云：主心腹寒熱，邪結氣聚，四肢酸疼，濕痺，煩心不得眠。臍上下痛，血轉久洩，虛汗煩渴，補中，益肝氣，堅筋骨，助陰氣，令人肥健，久服安五臟，輕身延年。《圖經》云：今醫家兩用之，睡多生使，不得睡炒熟，生熟便爾頓異。胡洽治振悸不得眠，有酸棗仁湯，酸棗仁二升，白茯苓、白朮、人參、甘草各二兩，生薑六兩，六物切，以水八升，煮取三升，分四服。深師主虛不得眠，煩不可寧，有酸棗仁湯，酸棗仁二升，蝭母、乾薑、茯苓、芎藭各二兩，甘草一兩，炙，並切，以水一斗，先煮棗，減三升後，內五物，煮取三升，分服。《聖惠方》：膽虛不眠，寒也，酸棗仁炒香，竹葉湯調服。《濟眾方》：膽實多睡，熱也，酸棗仁生用，末，茶、薑汁調服。又治骨蒸勞，心煩不得眠臥，用酸棗仁二兩，水二大盞半，研，絞取汁，下米二合，煮粥，候熟，下地黃汁一合，更漸煮過，不計時服。刪云：酸棗仁平安五臟，除風去痺骨能堅。補中益氣寧心志，更治虛煩不得眠。即《局方》酸棗，治虛煩，斂汗。

明·劉文泰《本草品彙精要》卷一六　酸棗無毒　植生。

酸棗出《神農本經》：**主心腹寒熱，邪結氣聚，四肢酸疼，濕痹。久服安五臟，輕身延年。**以上朱字《神農本經》。煩心，不得眠，臍上下痛，血轉，久泄，虛汗，煩渴，補中，益肝氣，堅筋骨，助陰氣，令人肥健。以上黑字名醫所錄。

【苗】《圖經》曰：似棗木而皮細，其木心赤色，莖葉俱青，花似棗花，八月結實，紫紅色，似棗而圓小。《爾雅》辨棗之種類曰：實小而酸，曰樲棗。《孟子》曰：養其樲棗。趙岐注：所謂酸棗是也。《衍義》曰：酸棗，微熱。《經》不言取仁，仍療不得眠，天下皆有之。但以土產宜與不宜。嵩陽子曰：酸棗縣即滑之屬邑，其木高數丈，味酸，醫之所重，今市人賣者皆棘子。此說未盡，殊不知小則爲棘，大則爲酸棗，平地則易長，居崖塹則難生，故棘多生崖塹上，久不樵則成幹，人方呼爲酸棗，更不言棘，徒以世人之意。如此在物，則曷若是也？其實一木，以其不甚爲世所須，及礙塞行路，故成大木者少，多爲人樵去。然此物纔及三尺，便開花結子。但窠小者氣味薄，木大者氣味厚，又有此別。今陝西臨潼山野所出者亦好，此土地所宜也，並可取仁。後有白棘條，乃是酸棗未長大時，枝上刺也，及至長成，其刺亦少，實亦大。故棗取大木，刺取小窠也，亦不必強分別爾。謹按：《本經》惟用實療不得眠，而不言用仁者，恐失於詳也。然酸棗肉味酸，服之使不思睡。其核中仁補中益氣，服之療不得眠，正如麻黃發汗，根節止汗之別，用者當審之。

【地】《圖經》曰：生河東川澤，今近京及西北州郡皆有之。野生多在坡坂及城壘間。【時】生：四月生葉。採：八月取實。【收】陰乾四十日。【用】仁。【質】類大棗，仁圓匾而小。【色】赤。【味】酸。【性】平，收。【氣】氣之薄者，陽中之陰。【臭】香。【主】熟，治不眠；生，治多睡。【反】惡防己。【製】《雷公》云：凡使，採得後曬乾，取葉重拌酸棗仁，蒸半日了，去皮尖，任研用。【治】療：陶隱居云：酸棗啖之，使人醒睡。《藥性論》云：酸棗仁，主筋骨風，炒爲末作湯服。○日華子曰：酸棗仁，止臍下滿痛。《食療》云：酸棗，主寒熱結氣，安五臟。《別錄》云：棗樹棘針朽落地者，以水二升，煎取一升，含之，日四五度，療齒𧏾腐爛。【合治】酸棗仁二升，合茯苓、白朮、人參、甘草各二兩，生薑六兩，六物切，以水八升，煮取三升，分四服，療振悸不得眠。○酸棗仁二升，合知母、乾薑、茯苓、芎藭各二兩，甘草一兩，炙並切，以水一升，先煮棗減三升，後內五物，煮取三升，分服，療虛煩不得眠。○酸棗仁一兩，炒令香熟，搗細爲散，每用二錢，不拘時，合竹葉湯調服，療膽虛，睡臥不安心，多驚悸。蓋膽虛不眠者，寒也。○酸棗仁一兩生用，合金挺臘茶二兩，以生薑汁塗，炙令微焦，搗羅爲散，每用二錢，水七分，煎六分，無時溫服，療膽風毒氣，虛實不調，昏沉睡多。蓋膽實多睡者，熱也。

明·葉文齡《醫學統旨》卷八　酸棗仁　氣平，味酸。無毒。惡防己。睡多生用，不得睡炒熟，俱研碎。治心腹寒熱，邪結氣聚，四肢酸疼濕痺，筋骨風，臍上下痛，心虛煩，振悸不得眠；寧心志，斂虛汗，止煩渴，補中益肝氣，堅筋骨，助陰氣；久服安五臟，輕身。

明·許希周《藥性粗評》卷二　酸棗定怔悸以言仁。

酸棗仁，山棗也。樹大者高數丈，皮細文如蛇鱗，心赤且堅而重，莖葉俱青，五六月開花似棗，八月結實紫紅色，似棗而圓小，味酸，故名。好生阪岸城壘之間，南北山谷處處有之。八月採實，取核中仁，陰乾。凡用入丸散須炒香，去尖皮。惡防己，餘說《本草》不載。味酸，性平，無毒。入足少陽膽經。主治寒熱邪氣，虛汗煩渴，濕痹怔悸，夜不得眠，補中益肝，安魂魄，堅筋骨，助陰氣，令人肥健。張仲景治傷寒汗吐下後，晝夜不得眠者，以酸棗湯，故《指掌賦》云：不眠，內蘊虛寒，斂汗必須酸棗。然膽虛不眠，寒也。《聖惠方》以酸棗仁炒為末，竹葉湯調服。膽實多睡，熱也，《濟眾方》以酸棗仁生用一錢，臈茶二錢，薑汁調服。此又當知所別。

單方：夜不得睡：酸棗仁半兩，炒黃研末，以酒三合，浸汁，入粳米粥中，再三五沸，取出，空心食之。　刺在肉中：酸棗核燒末，水調下，立便得出。

明・鄭寧《藥性要略大全》卷六　酸棗仁　去怔忡及虛寒不得眠，甯心志，斂虛汗，止煩渴，補中益肝氣，堅筋骨，助陰氣。　陳士良云：治心腹寒熱結氣，四肢痠疼濕痹，臍上下痛，血轉久瀉。能令人肥健。久服安五臟。　成無己云：治膽實有熱多睡者。亦治膽虛寒不眠者。　味酸、淡，氣平，無毒。惡防己。八月採實陰乾，去殼用。

明・賀岳《醫經大旨》卷一《本草要略》　酸棗仁　能安和五臟，大補心脾，故血不歸脾，而睡臥不寧者多用之。蓋血不歸脾，則五臟不安和，而睡臥不寧。惟能大補心脾，則血歸脾，而五臟安和矣。血歸脾而五臟安和，則睡臥亦寧矣。

明・陳嘉謨《本草蒙筌》卷四　酸棗　味酸，氣平。無毒。生河東川澤，秋採實陰乾。因肉味酸，故名酸棗。凡仗入藥，碎核取仁。粒匾色丹，亦不易得。市家往往以棘實充賣，不可不細認焉。能治多眠不眠，必分生用炒用。多眠膽實有熱，生研末，取茶葉薑汁調吞；不眠膽虛有寒，炒作散，採竹葉煎湯送下。儻和諸藥共劑，却惡防己須知。寧心志，益肝補中。斂虛汗，毆煩止渴。去心腹寒熱，五臟能安。療手足痠疼，筋骨堪健。久服長壽，且令人肥。核殼燒末水調，刺入肉中敷効。

明・方穀《本草纂要》卷四　酸棗仁　味酸，氣平，無毒。五臟安和之藥也。何也？酸雖入肝而歛血，酸亦入心而歛氣。且如心虛不足，若驚悸、若怔忡，精神之失守者，非棗仁不能歛氣以壯心。或自汗、或盜汗，腠理之不密者，非棗仁不能歛心以止汗。又有肺氣不足，或有痰無痰；脾氣不足，或肉瞤筋惕；膽氣不足，或振悸不眠；腎氣不足，或遺精夢泄，是皆五臟偏失之症，得棗仁之酸，安平氣血，歛而不驟也。至如佐使之法，與歸參用可以歛心；與歸芍用可以歛肝；與歸术用可以歛脾；與歸麥用可以歛肺；與歸柏用可以歛腎；與歸苓用可以歛腸胃、膀胱；與歸芪用可以歛氣而灌溉荣衛；與歸芎用可以歛血而荣養真陰。此皆平補之劑，合中和而用之可也。其製法又須炒熟爲末入藥用。古方治膽又妙，膽氣空虛而不得眠，炒用可也；膽熱有餘而多眠，生用可也。

明・王文潔《太乙仙製本草藥性大全》卷三《本草精義》　酸棗仁　生河東川澤，今近京及西北州郡皆有之。野生多在坂坂及城壘間，似棗木而皮細，其木心赤色，莖葉俱青，花似棗花，八月結實，紫紅色，似棗而圓小，味酸，當月採實，取核中仁，陰乾，四十日成。《爾雅》辨棗之種類曰：實小而酸曰樲棗。《孟子》曰：養其樲棘。趙岐注：所謂酸棗是也。一說惟酸棗縣出者爲真，其木高數丈，徑圍一二尺，木理極細，堅而且重，邑人用爲車軸及匙筯，其皮亦細，文似蛇鱗，其核仁稍長，而色赤如丹。亦不易得，今市之貨亦皆棘實耳，用之尤宜詳辨也。

明・王文潔《太乙仙製本草藥性大全》卷三《仙製藥性》　酸棗仁　味酸，氣平，無毒。　主治：安五臟邪結氣聚煩心，益肝氣四肢疼痹濕痹。能治多眠不眠，必分生用炒用。多眠膽實有熱，生研末，取茶葉、薑汁調吞；不眠膽虛有寒，炒作散，採竹葉煎湯送下。儻和諸藥共劑，却惡防己須知。寧心志，益肝補中，斂虛汗，驅煩止渴。去心腹寒熱，療手足酸疼。筋骨堪健，久服長壽，且令人肥健。　核殼：燒末水調，刺入肉中敷效。　補註：治膽虛睡臥不安，心多驚悸，用仁一兩，炒香熟，搗末，每服二錢，竹葉湯調下。〇夜不得眠睡，仁半兩，炒黃，研末，以酒三合浸汁，先以粳米三合，煮作粥，臨熟下棗仁汁，更煮三五沸，空心服之。治骨蒸勞，心煩不得眠，用仁一兩，水二大盞半，研絞取汁，下米二合，煮粥候熟，下地黃汁一合，更漸煮過後食也。療齒蟲腐爛，棘鍼二百枚，即是棗樹棘朽落地者，以水二升，煎一升，含之即差。治刺在肉中不出，以仁核燒末，水服之立便得出。治膽風毒氣，虛實不調，昏沉睡多，仁一兩，生用，金挺臘茶二兩，以生薑汁塗，炙令微焦，搗羅爲散，每服二錢，水七分，煎六分，溫服。治振悸不得眠，有酸棗仁湯：酸棗仁二升，茯苓、白术、人參、甘草各二兩，生薑六兩，六物切，以水八升，煮取三升，分四服。《深師》主虛不得眠，煩不可寧，有酸棗仁湯：酸棗仁二升，蝭母、乾薑、茯苓、芎藭各一兩，甘草一兩炙並切，以水一斗，先煮棗，減三升，後內五物煮取三升，分服。一方更加桂一兩。二湯酸棗並生用。　太乙曰：酸棗仁凡使採得後，曬乾，取葉重拌酸棗仁蒸半日了，去尖皮了，任可用。

明・皇甫嵩《本草發明》卷四　酸棗仁上品，君。氣平，味酸，無毒。　發明曰：棗仁，安和五藏，大補心脾，然補心脾之功居多。蓋心主血，脾裹血，此惟大補心脾，則血歸心脾而神志寧，五藏得血而養者，亦安和矣。故《本草》主煩心不得眠者，血少故耳。若心脾血足，而五藏安和，則睡臥自寧矣。又主心腹寒熱，邪結氣聚，四肢酸疼，濕痺，臍上下痛，血轉久泄，虛汗煩渴等症，皆發自心脾五藏不安之候也。心脾血足，五藏氣安，則諸症皆調矣。又云：平以補中，酸以益肝氣，斂汗，堅筋骨，助陰氣，令人肥健，久服延年輕身，安和五藏之功已驗。要知大補心脾為多矣。〇方書云：膽實多睡，熱也。棗仁生用，末，茶薑調服。膽虛不眠，寒也。棗仁(砂)〔炒〕香，竹茹湯調服。胡洽治振悸不得眠，四君子同生薑、棗仁煮服為妙。核殼燒灰，水調，敷刺入肉中。〇惡防己。

明・李時珍《本草綱目》卷三六木部・灌木類　酸棗《本經》上品。

【釋名】樲《爾雅》　山棗　【集解】《別録》曰：酸棗生河東川澤。八月采實，陰乾，四十日成。弘景曰：今出東山間，云即山棗樹。子似武昌棗而味極酸，東人噉之以醒睡，與經文療不得眠正相反。恭曰：此即樲棗也。樹大如大棗，實無常形，但大棗中味酸者是。今醫以棘實爲酸棗，大誤矣。藏器曰：酸棗既是大棗中之酸，此即是真棗，何復名酸？既名酸，又云小。今棗中酸者未必即小，小者未必即酸。惟嵩陽子云：余家于滑臺。今酸棗縣，即滑之屬邑也。其樹高數丈，徑圍一二尺，木理極細，堅而且重，可爲車軸及匙、筯等。其樹皮亦細而硬，文似蛇鱗。其棗圓小而味酸，其核微圓而仁稍長，色赤如丹。此醫之所重，居人不易得。今市人賣者，皆棘子也。又云：山棗樹如棘，其子如生棗，其核如骨，其肉酸滑好食，山人以當果。頌曰：今近汴洛及西北州郡皆有之。野生多在坡坂及城壘間，似棗木而皮細，其木心赤色，莖葉俱青，花似棗花。八月結實，紫紅色，似棗而圓小味酸。當月采實，取核中仁。《孟子》曰養其樲，棗是也。嵩陽子言酸棗縣所出爲真。今之貨者皆是棘實，用者尤宜詳辨。志曰：酸棗即棘實，更非他物。若云是大棗味酸者，全非也。酸棗小而圓，其核中仁微扁；其大棗仁大而長，不相類也。宗奭曰：天下皆有之，但以土產宜與不宜爾。嵩陽子言酸棗木高大，今貨者皆棘子，此説未盡。蓋不知小則爲棘，大則爲酸棗。平地則易長，居崖塹則難生。故棘多生崖塹上，久不樵則成幹，人方呼爲酸棗，更不言棘，其實一本也。此物纔及三尺，便開花結子。但科小者氣味薄，木大者氣味厚。今陝西臨潼山野所出亦好，乃土地所宜也。後有白棘條。乃酸棗未長大時枝上刺也。及至長成，其實大，其刺亦少。故棗取大木，刺取小科，不必强分別焉。

酸棗　【氣味】酸，平，無毒。宗奭曰：微熱。時珍曰：仁味甘，氣平。斅曰：用仁，以葉拌蒸半日，去皮、尖。之才曰：惡防己。【主治】心腹寒熱，邪結氣聚，四肢酸痛濕痺。久服，安五臟，輕身延年《本經》。煩心不得眠，臍上下痛，血轉久洩，虛汗煩渴，補中，益肝氣，堅筋骨，助陰氣，能令人肥健《別録》。筋骨風，炒仁研湯服甄權。【發明】恭曰：《本經》用實療不得眠，不言用仁，今方皆用仁。補中益肝，堅筋骨，助陰氣，皆酸棗仁之功也。宗奭曰：酸棗，經不言用仁，而今天下皆用之。志曰：按《五代史》後唐《刊石藥驗》云：酸棗仁，睡多生，使不得睡，炒熟。陶云食之醒睡，而經云療不得眠。蓋其子肉味酸，食之使不思睡；核中仁服之，療不得眠。正如麻黄發汗，根節止汗也。時珍曰：酸棗實味酸性收，故主肝病，寒熱結氣，酸痺久洩，臍下滿痛之證。其仁甘而潤，故熟用療膽虛不得眠、煩渴虛汗之證。生用療膽熱好眠，皆足厥陰、少陽藥也。今人專以爲心家藥，殊昧此理。

【附方】舊五，新二。　膽風沉睡：膽風毒氣，虛實不調，昏沉多睡，用酸棗仁一兩，生用，全挺蠟茶二兩，以生薑汁塗，炙微焦，爲散。每服二錢，水七分，煎六分，温服。《簡要濟衆方》。　膽虛不眠：心多驚悸。用酸棗仁一兩炒香，擣爲散。每服二錢，竹葉湯調下。〇《和劑局方》：加人參一兩、辰砂半兩、乳香二錢半，煉蜜丸服。　振悸不眠：《胡洽方》酸棗仁湯：用酸棗仁二升，茯苓、白朮、人參、甘草各二兩，生薑六兩，水八升，煮三升，分服。《圖經》。　虛煩不眠：《深師方》酸棗仁湯：用酸棗仁二升，蝭母、乾薑、茯苓、芎藭各二兩，甘草炙一兩，以水一斗，先煮棗仁，減三升，乃同煮取三升，分服。《圖經本草》。　骨蒸不眠：心煩。用酸棗仁一兩，水二盞研絞取汁，下粳米二合煮粥，候熟，下地黄汁一合再煮，勻食。《太平聖惠方》。　睡中汗出：酸棗仁、人參、茯苓等分，爲末。每服一錢，米飲下。《簡便方》。　刺入肉中：酸棗核燒末，水服，立出。《外臺秘要》。

題明・薛己《本草約言》卷二《藥性本草》　酸棗仁　味酸，氣平，無毒。

陰也，可升可降，入手少陰心、足少陽膽厥陰肝。助中正之府，益君主之官，故療膽志弱怯，而止心氣虛煩。膽熱多睡，生用之效；膽虛不寐，熟用之功。又能收虛汗。《發明》云：棗仁安和五臟，大補心脾。然補心脾之功居多。蓋心主血，脾裹血，惟大補心脾，則血歸心脾而神志寧，五臟得血而養者，亦安和矣。故《本草》主煩心不得眠者，血少故耳。若心脾血足而五臟安和，則睡臥自寧矣。又方書云：膽虛不眠，寒也，炒香為末，竹葉湯調服。又云：膽實多睡，熱也，生用為末，茶薑汁調下。夫謂膽熱多睡者，蓋膽熱由於肝氣大旺，肝旺則木邪加克脾土，脾主四肢，又主困倦，所以令人多睡，蓋棗仁秋成者也，生則全得金氣，而能制肝木，肝木有制，則脾不受侮，而運行不睡矣。

明・杜文燮《藥鑒》卷二　酸棗仁　氣平，味甘、酸，無毒。能安和五臟，大補心脾，故血不歸脾，而睡臥不寧者，多用之。蓋血不歸脾，則五臟不安和，而睡臥自不寧矣。今既大補心脾，則血歸脾而五臟和，睡臥豈有不寧者哉？然心家有實熱者，生研為良。心家若虛寒者，炒研纔妙。

明・李中立《本草原始》卷四　酸棗　始生河東川澤，今近京及西北州郡皆有之。野生多在坡坂及城壘間。似棗木而皮細，其木心赤色，莖葉俱青，花似棗花。八月結實，紫紅色，似棗而圓小，味酸。當月採實，取核中仁，陰乾。《爾雅》辨棗之種類曰：實小而酸曰樲棘。《孟子》曰：養其樲棘。趙岐注：所謂酸棗是也。　酸棗仁：氣味：酸，平，無毒。主治：心腹寒熱，邪結氣聚，四肢酸痛，濕痹。久服安五臟，輕身延年。○煩心不得眠，臍上下痛，血轉久洩，虛汗煩渴，補中益肝氣，堅筋骨，助陰氣，能令人肥健。○筋骨風，炒仁研湯服。

酸棗仁，《本經》上品。【圖略】　酸棗小而圓，其核中仁扁，有紫色、赤色者。俗呼山棗。　斅曰：用仁，以葉拌蒸半日，去皮尖用。今人修治，多睡生用，不得睡炒熟用。

惡防己。《外臺秘要》：瘭刺在人肉中不出，酸棗核燒末，水服之，立便得出。

明・張懋辰《本草便》卷二　酸棗　味酸，氣平，無毒。惡防己。　主心腹寒熱，邪結氣聚，四肢酸疼濕痹。筋骨風，臍上下痛，心虛煩，寧心志，斂虛汗，止煩渴，補中益肝氣，堅筋骨，助陰氣。久服安五臟。　又云膽實多睡，熱也，生用，茶葉、薑汁調服；　膽虛不睡，寒也，炒熟，竹葉湯調服。

明・李中梓《藥性解》卷五　酸棗仁　味酸，性平，無毒，入心、脾、肝、膽四經。　主筋骨酸疼，夜臥不寧，虛汗煩渴，安和五臟，大補心脾。炒熟去皮尖研用，生者治嗜臥不休。惡防己。　按：棗仁味酸，本入肝經，而心則其所生者也，脾則其所制者也，膽又其相依之腑也，宜並入之。《聖惠方》云：膽虛不眠，寒也，炒熟為末，竹葉湯調服。蓋以肝膽相為表裏，血虛則肝虛，肝虛則膽亦虛，得熟棗仁之酸溫，以旺肝氣，則木來尅土。脾主四肢，又主困倦，所以令人多睡。又《濟眾方》云：膽實多睡，熱也。生研為末，薑茶湯調服，亦以棗仁秋成者也，生則得全金氣，而能制肝木，肝木有制，則脾不受侮，而運行不睡矣。

明・繆希雍《本草經疏》卷一二　酸棗仁　味酸，平，無毒。主心腹寒熱，邪結氣聚，四肢酸疼濕痹，煩心不得眠，臍上下痛，血轉久泄，虛汗煩渴，補中益肝氣，堅筋骨，助陰氣，能令人肥健。久服安五藏，輕身延年。

〔疏〕酸棗仁得木之氣而兼土化，故其實酸平，仁則兼甘，氣味匀齊，其性無毒，為陽中之陰。入足少陽，手少陰，足厥陰、太陰之經。專補肝膽，亦復醒脾，從其類也。熟則芳香，香氣入脾，故能歸脾。能補膽氣，故可溫膽。母子之氣相通，故亦主虛煩，煩心不得眠。其主心腹寒熱，邪結氣聚及四肢酸疼濕痹者，皆脾虛受邪之病，脾主四肢故也。膽為諸臟之首，十一臟皆取決於膽，五臟之精氣皆稟於脾。故久服之，功能安五臟，輕身延年也。《別錄》主煩心不得眠，臍上下痛，血轉久泄，虛汗煩渴。補中益肝氣，堅筋骨，助陰氣，能令人肥健者，緣諸證悉由肝膽脾三臟虛而發。膽主升，肝藏血，脾統血，三臟得補，久而氣增，氣增則滿足，故主如上功能也。〔主治參互〕君茯神、遠志、麥門冬、石斛、五味子、龍眼、人參，能止驚悸，并一切膽虛易驚。　入溫膽湯，治病後膽虛不眠。　入歸脾湯，治脾家氣血虛自汗，不眠，驚悸，不嗜食。　《太平聖惠方》治骨蒸，不眠心煩。用酸棗仁一兩炒研，水二盞，研絞取汁，煮粥熟，下地黃汁一合再煮匀食。　凡服固表藥而汗不止者，用棗仁一兩炒研，同地黃、白芍藥、麥冬、五味子、龍眼肉、竹葉煎服，多服取效，汗乃心液故爾。　《簡便方》治睡中汗出，即盜汗，用酸棗仁、白茯苓、人參等分，為末。每服一錢，米飲下。　《外臺秘要》瘭刺入肉中，棗仁核燒存性，為細末，水服之立出。　〔簡誤〕凡肝、膽、脾三經，有實邪熱者勿用。以其收斂故也。

明・倪朱謨《本草彙言》卷一〇　酸棗仁　味甘、苦、酸，氣平，無毒。陽中陰也。入足少陽、厥陰，手少陰、太陰四經。　蘇氏曰：酸棗，出汴、雒及西北州郡。今天下南北東西，處處皆有，但分土產厚與薄耳。多野生坡坂間及城壘之處。其木似棗而皮細，中心赤色，莖葉俱青。夏秋開花似棗，八月結實，紅紫色，似棗而圓小，味極酸。當月采實，取核中仁。孟子曰養其樲棘是也。又嵩陽子言酸棗縣所出爲真。今之貨者，皆是棘實，用者尤宜詳辨。此說未盡確然，蓋不知小則爲棘，大則爲酸棗。平地則易長，崖塹則難大。故棘多生崖塹上，經久不樵，則成幹，人亦呼爲酸棗。更不言棘，實一本也。今此物纔及三尺，便開花結子，但科小者，氣味俱薄；科大者，氣味俱厚。今陝西臨潼山野間所出更佳。此亦土地所宜也。　又據嵩陽子云：余家于滑臺，今酸棗縣，即滑之屬邑也。其樹高數丈，徑圍二三尺，木理極細，堅而且重，可爲車軸及象棋、商陸、匙箸等。其木皮亦細而硬，文似蛇鱗。其棗圓小而味酸，其核微圓而仁稍扁，色赤如丹，此爲醫藥所重。土人亦不易得。

今市貨者，皆棘子也。兩說俱存之，以俟博學君子。　李氏又一說云：獨生而高者爲棗，列生而低者爲棘。故重朿爲棗，平朿爲棘，二物觀名，即可見矣。

酸棗仁：斂氣安神，榮筋養髓，孫思邈和胃運脾之藥也。湯濟庵稿按《爾雅》云：大者謂之樲，小者謂之棘。其仁均補五藏，如心氣不足，驚悸怔忡，神明失守；或腠理不密，自汗盜汗；肺氣不足，氣短神怯，乾咳無痰；肝氣不足，筋骨拳攣，爪甲枯折；腎氣不足，遺精夢泄，小便淋瀝；脾氣不足，寒熱結聚，肌肉羸瘦；膽氣不足，振悸恐畏，虛煩不眠等證，是皆五藏偏失之病。得酸棗仁之酸甘而溫，安平血氣，斂而能運者也。如前古所云：主心腹寒熱，邪結氣聚，四肢濕痹痠痛；久服安五藏，輕身延年。《別錄》之治久泄，虛汗，心煩，骨痹，此大哉至聖之言也。

方龍潭先生曰：酸棗性雖收斂而氣味平淡，當佐以他藥，方見其功。如佐歸、參，可以斂心；佐歸、芍，可以斂肝；佐歸、朮，可以斂脾；佐歸、麥，可以斂肺；佐歸、柏，可以斂腎；佐歸、苓，可以斂腸胃，膀胱；佐歸、耆，可以斂氣而灌溉營衛；佐歸、地，可以斂血而榮養真陰。又古方治膽氣不和甚佳。如膽氣空虛，心煩而不得眠，炒用可也。凡治肝膽心脾四藏不足之病，不可缺此。

盧不遠先生曰：《別錄》主煩心不得眠者，心腹邪結氣聚使然耳。服之結散聚消，心定煩息，故得睡眠。又云：未有散邪結氣聚之物，能使衛氣入藏而就安寢者。世人見不得睡眠，便用棗仁，思之真堪絕倒。

集方：以下七方出方龍潭小案治心氣不足，驚悸怔忡，神明失守。用酸棗仁二兩炒，當歸、茯苓、遠志、石菖蒲、麥門冬、柏子仁、人參各一兩，研末，蜜爲丸，如梧桐子大，硃砂一兩，水飛過，爲衣。每服三錢，早晚燈心湯下。〇治陽虛腠理不密，自汗盜汗。用酸棗仁一兩炒，當歸、人參、黃耆、白芍藥、白朮，俱酒拌炒，各八錢，乾薑七錢，分作五劑，水煎服。〇治肺氣不足，氣短神怯，乾咳無痰。用酸棗仁一兩炒，當歸、麥門冬、天門冬、百部、人參、茯苓、黃耆，款冬花各八錢，北五味三錢，甘草五錢，分作五劑，水煎服。〇治肝氣不足，筋脉拳攣，爪甲枯折。用酸棗仁一兩炒，當歸、白芍藥、葳蕤、麥門冬、枸杞子、川芎、牡丹皮各八錢，半夏、柴胡各五錢，分作五劑，水煎服。〇治腎氣不足，遺精滑泄，或小便淋濁。用酸棗仁一兩炒，當歸、黃柏、懷生地、山茱萸肉、山藥、地骨皮、枸杞子各八錢，俱鹽水炒，分作五劑，水煎服。〇治脾氣不足，寒熱結聚，肌肉羸瘦。用酸棗仁一兩炒，當歸、白朮、木香、砂仁、茯苓、石斛、白蒺藜、柴胡、廣陳皮各八錢，用細陳壁土三錢拌炒，共爲末，煉蜜丸。每服五錢，空心白湯送下。〇治膽氣不足，振悸恐怖，煩心不眠。用酸棗仁一兩炒，當歸、茯苓、半夏、膽星、石斛、柴胡各八錢，分作五劑，水煎服。臨服時，每鍾加真天竹黃五分，研極細，調入服。

續補雜方：《簡要濟衆方》治膽風沉睡多眠。用酸棗仁一兩，生研末，蠟茶一兩微炒，研末，二味和勻。每服二錢，午後白湯調服。〇《和劑局方》治膽虛不眠，心多煩悸。用酸棗仁一兩炒，人參五錢，辰砂三錢，俱研細末，煉蜜丸梧子大。每服十餘丸，口內噙化下。〇胡治居士方治振悸不眠。用酸棗仁二兩炒，茯苓、白朮、人參、甘草各一兩，生薑五十片，分作十劑，水煎服。〇《深師方》治虛煩不眠。用酸棗仁二兩炒，乾薑、半夏、茯苓、川芎各一兩，炙甘草七錢，分作十劑，水煎服。〇《太平聖惠方》治骨蒸不眠，心煩熱甚。用酸棗仁二兩炒，熟地黃二兩五錢，鱉甲二兩，湯泡洗，再用酒炙，研碎。分作十劑，水煎服。〇《簡便方》治大人小兒睡中汗出。用酸棗仁炒，人參、茯苓焙，各等分。大人每服二錢，小兒一錢，臨睡米湯調服。

明·姚可成《食物本草》卷二〇木部·灌木類　酸棗嵩陽子云，余家于滑臺，今酸棗縣即滑之屬邑也。其樹高數丈，徑圍一二尺，木理極細。堅而且重，可為車軸及匙、筯等。其樹皮亦細而硬，文如蛇鱗。其棗圓小而味酸，其核微圓，色赤如丹。其肉酸滑好食，山人以當果。

酸棗，味酸，平，無毒。治心腹寒熱，邪結氣聚，四肢酸痛溼痹。久服安五臟，輕身延年。煩心不得眠，臍上下痛，血轉久洩，虛汗煩渴，補中益肝氣，堅筋骨，助陰氣，能令人肥健。筋骨風，(砂)〔炒〕仁研湯服。

附方：治膽虛不眠，心多驚悸。用酸棗仁一兩，炒香擣為散，每服二錢，竹葉湯調下。　治虛煩不眠。《深師方》酸棗仁湯用酸棗仁二升，知母、乾薑、茯苓、芎藭各二兩，甘草炙一兩。以水一斗，先煮棗仁減三升，乃同煮取三升分服。　治骨蒸不眠，心煩。用酸棗仁一兩，水二盞，研絞取汁，下粳米二合煮粥，候熟下地黃汁一合，再煮勻食。

明·顧逢柏《分部本草妙用》卷一肝部·溫補　酸棗仁　酸，溫，無毒。惡防己。

主治：煩心不得眠，虛汗煩渴，補中益肝，堅筋骨，助陰氣，四肢酸痛濕痺，安五臟，療骨風。炒仁，研，湯服，寒熱結氣。按：酸棗味酸性收，主肝病寒熱結氣，酸痺久洩，臍下滿痛之症。味甘性潤。熟用則療膽虛不眠，煩渴虛汗之症。生用則治膽熱好眠之症。今人以為補心藥，乃虛則補母之說也，非直心經補心藥也。須詳之。

明・李中梓《醫宗必讀・本草徵要下》 酸棗仁味酸，平，無毒。入膽、肝二經。惡防己。炒熟。 酸收而心守其液，乃固表虛有汗，肝旺而血歸其經，用（瘳）〔療〕徹夜無眠。膽怯者，心君易動，驚悸盜汗之所自來也；肝虛者，血不歸經，則虛煩不眠之所由來也。棗仁能補肝益膽，則陰得其養，而諸證皆安矣。按：肝膽二經有實邪熱者勿用，以收斂故也。

明・鄭二陽《仁壽堂藥鏡》卷二 酸棗 嵩陽子云：余家於滑臺，今酸棗縣，即滑之所屬邑也，其地名酸棗焉。其核微圓，其仁稍長，色赤。 氣平，味酸，無毒。《本草》云：主心腹寒熱，邪結氣聚，四肢酸疼，濕痹，煩心不得眠，臍上下痛，血轉久泄，虛汗煩渴。補中益肝氣，堅筋骨，助陰氣，令人肥健。久服安五藏，輕身延年。 胡洽治振悸不得眠，人參、白朮、白茯苓、甘草、生薑、酸棗仁，六物煮服。 按：《聖惠方》云：膽虛不眠，寒也。炒為末，竹葉湯服。蓋以肝膽相依，血虛則肝虛，膽亦虛。得熟者以旺肝，則木來制土。脾主四肢，又主困倦，故令人睡。《濟眾方》云：膽實多睡，熱也。生研為末，薑茶湯調服。 蓋棗仁秋成者也，生則全金氣而制肝。脾不受侮而運行不睡矣。

明・蔣儀《藥鏡》卷三平部 酸棗仁 補心血，益肝氣。解虛煩于驚悸，安魂魄于怔忡。却人健忘，治人多睡。多睡因乎膽熱，以竹葉為引經。不得眠者膽寒，以薑汁為行導。同人參、白茯，米飲服其一錢，止睡中之盜汗。取核煆存性，研細水調量下，出肉內之刺芒。心若虛寒，炒研纔紗。心有實熱，生末為良。

明・李中梓《頤生微論》卷三 酸棗仁 味甘，性平，無毒。入心、肝、膽三經。惡防己。炒熟用。主煩心不眠，虛汗煩渴，四肢酸痛，補中益肝，堅筋骨，助陰氣。

按：《聖惠方》云：膽虛不眠，寒也。炒棗仁為末，竹葉湯調，蓋以肝膽相依，血虛則肝虛，膽亦虛，得熟者以旺肝，則木來制土，脾主四肢，又主困倦，故令人睡。《濟眾方》云：（但）〔膽〕實多睡，熱也。生研為末，薑茶湯調服，蓋棗仁秋成者也，生則全金氣而制肝，脾不受侮而運行不睡矣。 滑瀉者不宜多用。

明・張景岳《景岳全書》卷四九《本草正》 棗仁 味微甘，氣平。其色赤，其肉味酸，故名酸棗。其仁居中，故性主收斂而入心。多眠者生用，不眠者炒用。寧心志，止虛汗，解渴去煩，安神養血，益肝補中，收斂魂魄。

明・賈九如《藥品化義》卷四心藥 酸棗仁 屬陽，體肥潤，色皮赤肉淡黃，氣炒香生腥，味微甘云酸非，性炒微溫生平，能升能降，力助血，性氣薄而味略厚，入心肺膽脾四經。 棗仁仁主補，皮赤類心，用益心血。其氣炒香化為微溫，藉香以透心氣，得溫以助心神，凡志苦傷血，用智損神，致心虛不足，精神失守，驚悸怔忡，恍惚多忘，虛汗煩渴，所當必用。又取香溫以溫肝膽，若膽虛血少，心煩不寐，用此使肝膽血足，則五臟安和，睡臥得寧。如膽有實熱則多睡，宜生用以平膽氣。因其味甘，炒香香氣入脾，能醒脾陰，用治思慮傷脾，脾虛久瀉者皆能奏效。 臨用，略炒研碎入藥，勿使隔宿，香氣走散少效。

明・盧之頤《本草乘雅半偈》帙三 酸棗仁《本經》上品 氣味：酸，平，無毒。 主治：主心腹寒熱，邪結氣聚，四肢疼痛，濕痹。久服安五藏，輕身，延年。

覈曰：出汴雒，及西北州郡，處處雖有，但分土產之宜與不宜耳。多野生，在坡坂，及城壘間。似棗而皮細，木心赤色，莖葉俱青，花似棗。八月結實，紅紫色，似棗而圓小，味極酸。當月采實，取核中仁。 頤曰：嵩陽子言，酸棗木高大，貨者皆棘子，此說未盡。蓋不知小則為棘，大則為酸棗。平地則易長，崖塹則難生。故棘多生崖塹上，經久不樵則成幹，人方呼為酸棗，更不言棘，實一本也。此物纔及三尺，便開花結子。但科小者，氣味俱薄；科大者，氣味俱厚。今陝西臨潼山野所出亦好，此亦土地所宜也。 修治：酸棗用仁，以葉拌蒸半日，去皮尖。

先人云：味酸入肝，色赤入心，心之肝藥也。有開義、出義、魂神義，欲魂來歸，欲闔轉入者，非所宜也。又云：棘刺外出，無邪服此，反傷其內。又云：《別錄》主煩心不得眠者，心腹邪結氣聚使然耳。服之結散聚消，心定煩息，故得睡眠。又云：未有散邪結氣聚之物，能使衛氣入藏而就安寢者。世人見不得睡眠，便用棗仁，思之真堪絕倒。

条曰：　棗為脾果，味酸屬木，脾之肝藥也。色赤屬火，脾之心藥也。具春升夏出之機，脾之陽分藥也。蓋心腹居中，即脾土之宫位，為寒熱邪氣結聚于中，不能主持四末，致成濕痹痠痛，而為凝閉之陰象者，棗能運行脾用，鼓舞脾陽，轉凝閉為升出，結聚自散，痹閉自通矣。五藏居中，稟氣于脾，亦仗以輕安也。從來作不寐家枕中秘，但欲寐人，形藏中結聚乎，空洞乎。

明・李中梓《本草通玄》卷下　酸棗仁　味酸，性收，故其主療多在肝膽二經。肝虚則陰傷而煩心不臥，肝藏魂，臥則魂歸於肝，肝不能藏魂，故目不得瞑。棗仁酸味歸肝，肝受養，故熟寐也。其寒熱結氣，痠痛濕痺，臍下痛，煩渴虚汗，何一非東方之症，而有不療者乎？世俗不知其用，誤以為心家之藥，非其性矣。

清・顧元交《本草彙箋》卷五　酸棗　《本經》並未言及仁，今但以酸棗仁生熟分用。大抵其子肉味酸，食之醒睡。其仁炒用，則療不得眠。蓋熟則香氣入脾，故能歸脾，能補膽氣，故可溫膽，母子之氣相通，故亦主虚煩。且皮赤類心，亦入心也。虚汗盜汗，諸藥鮮效者，宜多用棗仁醋炒，總取酸收之義。又凡肝、膽、脾三經，有實邪熱者不可用，蓋懼其收斂。臨用略炒，研碎，勿使隔宿，香氣走散少效。凡用蘇子等藥，皆宜臨用炒研。

清・穆石匏《本草洞詮》卷一一　酸棗　《爾雅》謂之樲，孟子所謂養其樲棘是也。小者謂棘，大者謂樲。酸棗實味酸，仁味甘，竝氣平，無毒。入足厥陰、少陽經。療心煩不得眠，虚汗煩渴，四肢酸痛，濕痺，益肝氣。炒仁研服，治筋骨風。陶云：　食之醒睡。而《經》云療不得眠。蓋其子肉味酸，食之使不思睡。核中仁服之，療不得眠。正如麻黄發汗，根節止汗也。然熟用則療膽虚不得眠，生用仍療膽熱好眠。凡治虚煩之證，宜炒熟用。

清・劉雲密《本草述》卷二四　酸棗小為棘，大為酸棗。惡防己。

氣味：　酸，平，無毒。　宗奭曰：　微熱。　時珍曰：　仁，味甘，氣平。

諸本草主治：　心腹寒熱邪結聚，除四肢酸痛溼痹，療煩心，不得眠，補中益肝氣，寧心志，斂虚汗，療筋骨風，助陰氣。　方書主治：　中風攣，癲狂驚癇，虚勞顫振，虚煩悸，健忘，不得臥，赤白濁痹，着痹，脇痛腰痛，消癉，善太息，咽喉。　恭曰：　《本經》用實療不得眠，不言用仁，今方皆用仁。　時珍曰：　實與仁皆足少陽厥陰藥，謂專以治心者，誤也。　海藏曰：　膽虚不眠，寒也。酸棗仁炒為末，竹葉湯調服。　膽實多睡，熱也。　酸棗仁生為末，薑茶汁調服。　丹溪曰：　血不歸脾，而睡臥不寧者，宜用此大補心脾，則血歸脾，而五臟安和，睡臥自寧。　希雍曰：　酸棗仁得木之氣而兼土化，故其實酸平，仁則兼甘。氣味匀齊，其性無毒，為陽中之陰，入足少陽、足厥陰、手少陽、足太陰之經。專補肝膽，亦復醒脾，從其類也。熟則芳香，香氣入脾，故能補脾，能補膽氣，故可溫膽，母子之氣相通，故亦主心虚驚悸不眠。

君茯神、遠志、麥門冬、石斛、五味子、龍眼、人參，能止驚悸，并一切膽虚易驚。　入溫膽湯，治病後膽虚不眠。　入歸脾湯，治脾家氣血虚，自汗不眠，驚悸，不嗜食。　凡服固表藥而汗不止者，用棗仁一兩，炒研，同地黄、白芍藥、麥冬、五味子、龍眼肉、竹葉，煎服，多服取效。　《簡便方》治睡中汗出，即盜汗，用酸棗仁、白茯苓、人參，等分，為末，每服一錢，米飲下。

愚按：　酸棗仁所治有多眠、不眠之異，然《本經》首主心腹寒熱邪結氣聚一語，足以槩之。蓋寒熱即陰陽之分，所以結而聚者，即陰陽不得其合和，而為陰陽之偏，即為邪結氣聚矣。其分多眠、不眠者，正分於陰陽之偏也。雖陰陽各處其虚，而多眠則為陰勝於陽，宜以疏陰為先，若生用此味是也。至不眠，則為陽勝於陰，宜以益陰為先，若熟用此味是也。所謂宜疏者即曰實，所謂宜益者即曰虚，故云陰陽各處其虚，非多眠、不眠之可以分虚實也。苐病於陰陽之偏者，陰勝則曰疏陰，至陽勝何以不曰抑陽，而唯事補陰？夫疏陰者，導陰而使其化也。補陰者，滋陰而俾其生也。生化之機合此，繆氏謂補血無如酸棗也。故謂茲味所治，即主治寒熱一語，足以槩之也。生化之機合，即得邪不能結，氣不復聚矣，故可謂主治寒熱一語足以槩之，其義更暢於後。　或曰：　據茲味寒熱之治，是為足少陽厥陰藥，時珍此説亦不謬矣。更請悉其義，可乎？曰：　先哲云，凡寒熱證，唯足太陽、少陽二經有之。若然，推之人身，寒熱之氣寧獨外感，又寧獨形諸外者。舉身中之陰陽，其氣即為寒為熱。而偏勝者即結聚於中。足少陽表裏一身，為氣血生化之樞，厥陰為陰陽之獨使，故不論外感内傷，而或寒或熱之錯出以變生於中外者，先受於肝膽之經矣。夫寒熱即陰陽之氣，而陰陽戾氣，見諸多眠與不眠者，《經》固言之矣。《甲乙經》申之曰：　人病目不得瞑者，衛氣不得入於陰，常留於陽，留於陽則陽氣滿，而陽蹻盛，不得入於陰，是陰氣虚，故目不瞑也。　病目閉不得視者，衛氣留於陰，不得行於陽，留於陰則陰氣盛，而陰蹻滿，不得入於陽，是陽氣虚，故目閉也。　夫陰蹻、陽蹻，乃行身中左右之脈也。而足少陽厥陰，非行身之側者乎？二經陰陽之戾氣為寒為熱，而陰蹻、陽蹻，實合之以見所患之證，如不眠、多眠是也。先哲云：陽蹻、陰蹻二脈，足少陰腎之別脈也。故方書治心腎不交之證，亦入茲味於諸味中。唯棗仁專入肝膽血分，生用以治多眠者，疏陰中之壅氣，以致於陽也，其味酸而歸於辛也。炒熟以治不眠者，發陰中之和氣，以召乎陽也，其味酸辛而更歸於甘也。陰中之壅氣，疏之而能致於陽，則氣之偏結於陰者，不病於寒矣。陰中之和氣發之，而能召乎陽，則氣之偏結於陽者，不病於熱矣。其為肝膽血分之要劑也，職此之故歟。抑肝膽血分之病，不獨多眠、不眠而已。即《本經》與他本草其主治猶不該備，枲之方書諸證所用，乃得究其全耳。

愚又按：方書棗仁所治，如首治中風，蓋因此味入肝膽益血，風臟即血臟，故病於風者，即以益同臟之血而治之。至如攣證之治，多因於風虛勞，或中風虛極，并有風毒證，其治肝風以病於攣者，不一而足也。又如治癲狂，亦多病於失心風，治驚之真珠母丸及獨活湯，皆虛風之治也。大抵棗仁之用，多是補血虛，即風毒投此，亦是因血虛而病於風，風不即散而聚為毒，即《內經》《本草》所謂邪結氣聚也。明於此味之皆治其虛，自肝而外，當先屬膽。甲木與乙木為表裏也。次即屬心，為肝之子，肝臟之血虛，而心先虧其化原，況心主血者，其神明之用紛紛擾擾，不能以應其無窮，則心傷正宜補心。其補心血應有主劑，然不裕其用於肝，則生化之原無地，故如虛勞之遠志引子；治心勞虛寒顫振之秘方補心丸；治心虛手振虛煩之遠志湯；治心煩虛煩又小草湯；治虛勞憂思過度，又如驚證之十四友丸；治諸虛不足，益血收斂心氣，又平補鎮心丹；治心血不足，時或怔忡諸證，又琥珀養心丹；治心血虛驚悸諸證，又寧志丸；治心虛血少多驚，又人參遠志丸；治心氣不安，然亦有棗仁者，同於安心氣，諸味更助其心血之化原，以寧心氣也。又十味溫膽湯，既溫膽而更有加味者，以療心虛煩悶也。又養心湯治心虛血少，驚惕不安也。至悸證之濟生益榮湯，治思慮傷心耗傷心血。又龍齒丹之治心血虛寒，怔忡不已。及補心神效丸，并天王補心湯，俱名之為補心，則其療心虛者可知矣。至治健忘之歸脾湯，云治思慮過度，勞傷心脾。治不得臥之酸棗湯，云治虛勞虛煩不得眠。至赤白濁之瑞蓮丸，云治思慮傷心，便下赤濁，以上舉心之虛者。其治義大槩如斯耳。大抵以上補心之虛，皆補其血也。蓋因於諸方中有棗仁，能為心血生化之原耳。以此明其皆補血也。故曰時珍所云不謬。此外有治心腎不交之證，亦用棗仁逐隊於諸藥中者，蓋肝為一陰，《經》曰一陰為獨使。夫肝臟之血，原於水而成於火，棗仁固交水火者也，因其為厥陰經藥耳。如治悸證有秘傳棗仁湯，云治心腎水火不交，精血虛耗，痰飲內蓄，怔忡。又鎮心爽神湯，亦治心腎不交，上盛下虛，心神恍惚，驚悸等證。苐舉二治，則可推類以盡其變矣。此外有合治心脾，如歸脾湯者；有合治心膽，如十味溫膽湯者；有合治肝腎，如補肝散者；有專治脾風，如防風散者；有專治膽虛不得眠，如鼈甲丸者；有專治腎虛白濁出髓條，如大茴香丸者。更詳其受病之殊，有不可以風及虛盡之者，如鬱怒傷肝為腰痛，治以調肝散也。如筋攣屬寒，而治以千金薏苡仁湯也。如虛熱作潮，心神驚惕，睡臥不寧，小便油濁，治以龍齒補心湯也。又如心熱痰迷包絡，屬治癇之清神湯也。更痰不止於熱，有風痰病癇之治，如靈苑辰砂散也。凡此數證，皆不可以風槩者也。更此味類治其虛，然有輔群味而助之行者，如治鬱怒之調肝散，痹證之五痹湯，加柴胡、棗仁；着痹之治風痹，如羌活散。凡此數證，皆不可以虛槩者也。種種諸治，有專功於棗仁者，又各有主劑對待之，而似借棗仁以為關捩子，唯明者悉其義，盡其變，庶不致投之罔功也。

附方　膽風沉睡，膽風毒氣，虛實不調，昏沉多睡，用酸棗仁一兩，生用，全挺蠟茶二兩，以生薑汁塗炙微焦，為散，每服二錢，水煎溫服。痰在膽經，神不歸舍，亦令不寐，宜溫膽湯減竹茹一半，加南星、炒酸棗仁各一錢，下青靈丹。虛勞虛煩不得眠，酸棗仁二升，甘草一兩，知母、茯苓、芎藭各二兩，以水一斗，先煮棗仁，減三升，乃同煮取三升，分服。病後虛弱，及年高人陽衰不寐，六君子湯加炒棗仁、炙黃芪各一錢。骨蒸不眠心煩，用棗仁一兩，水二盞，研，絞取汁，下粳米二合煮粥，候熟，下地黃汁一合，再煮勻食。蓋自汗，服諸藥欲止汗固表，而並無效，藥愈澀而汗愈不收，止可理心血。蓋汗乃心之液，心無所養，不能攝血，故溢而為汗，宜大補黃芪湯加棗仁，有微熱者更加石斛，兼下靈砂丹。虛勞筋虛極，脚手拘攣，十指甲痛，數轉筋，甚則舌卷卵縮，唇青面黑，木瓜去子，虎脛骨酥炙，五加皮洗，當歸酒浸，桑寄生、酸棗仁製，人參、柏子仁、黃芪各一兩，炙甘草半兩，每服四錢，水一盞，薑五片，煎服。　咽喉口舌生瘡菌，真琥珀研，犀角屑生用，各一錢，人參去蘆，酸棗仁去皮，研，茯神去皮木，辰砂研，各二錢，片腦研，一字，為末，煉蜜和為膏，以磁器收貯，候其疾作，每服一彈子大，以麥門冬去心，濃煎湯化下，一日連進五服。

希雍曰：凡肝、膽、脾三經有實邪熱者勿用，以其收斂故也。

修治　粒粒粗，勿碎皮者良。炒爆，研細入藥，如砂仁法，勿隔宿。

清·郭章宜《本草匯》卷一六　酸棗仁　酸、甘，氣平，可升可降，陽中陰也，入手少陰、足少陽、厥陰經，兼入足太陰經。助中正之府，益君主之官。斂氣而心守其液，乃固表虛之汗。肝旺而血歸其經，用瘳徹夜無眠。膽熱多睡，生之功。膽虛不寐，熟之效。

按：酸棗仁，肝膽二經藥也。肝虛則陰傷，而心煩不臥，肝藏魂，臥則魂歸于肝，肝不能藏魂，故目不得瞑。棗仁酸味，歸肝，肝受養，故熟寐也。炒熟芳香，亦復醒脾，故歸脾湯用之，以治脾家血虛，自汗不眠，驚悸，不嗜食也。《聖惠方》云：膽虛不眠，寒也。炒熟為末，竹葉湯調。蓋以肝膽相為表裏，血虛則肝虛，而膽亦虛，得熟棗仁以旺肝，則木來制土，脾主四肢，又主困倦，故令人睡。又《眾濟方》云：膽實多睡，熱也。生研為末，薑茶湯下。蓋棗仁秋成者也，生則金氣全而制肝，肝木有制，則脾不受侮，而運行不睡矣。世俗不知其用，誤以為心家之藥，非其性矣。獨不知心君易動，悉由膽怯所致。若肝膽二經有實熱者，勿用，以其能收斂耳。君茯神、遠志、麥冬、石斛、五味、龍眼、人參，能止驚悸。若服固表藥而汗不止者，用棗仁一兩，炒研，同地黃、白芍、麥冬、五味、龍眼肉、竹葉，煎服取効。汗乃心液，故爾。

炒香，研用。惡防己。

清·蔣居祉《本草擇要綱目·平性藥品》　棗仁　氣味：酸，平，無毒。

主治：心腹寒熱邪結氣聚，四肢酸痛濕痹，安五臟。療心煩不得眠，補中益肝氣，洩虛汗煩渴。其子肉味酸，食之使不思睡。核中仁服之，療不得眠。正如麻黃發汗，根節能止汗也。大抵酸棗實生用之味酸性收，耑主肝病寒熱結氣，酸痹久洩，臍下滿痛之症。其仁炒熟用，則甘而潤，故療膽虛不得眠，煩渴虛汗之症。皆足厥陰、少陽藥也。今人耑以棗仁為心家之藥，則不明此理矣。蓋木為心之母，謂虛則益其母可也。

清·閔鉞《本草詳節》卷五　酸棗仁　【略】按：酸棗仁，本入肝經，而心則其所生者也，脾則其所制者也。膽又其相依之腑，故並入之。《聖惠方》云：膽虛不眠，寒也，炒熟為末，竹葉湯調服。蓋肝膽相為表裏，血虛則肝虛，肝虛則膽亦虛，得熟棗仁之酸溫，以旺肝氣，則木來尅土，脾主四肢，又主困倦，所以睡也。《濟眾方》云：膽實多睡，熱也，生研為末，薑茶湯調服。亦以棗仁秋成者也，生則全金氣而能制肝木，肝木有制，則土不受侮，而運行不睡矣。

清·王翃《握靈本草》卷八　酸棗仁出河東。　主治：酸棗仁，酸，平，無毒。主心腹寒熱，邪結氣聚，四肢酸痛濕痹，煩心不得眠，臍上下痛，血轉久洩，虛汗煩渴，益肝氣。

清·汪昂《本草備要》卷三　酸棗仁補而潤，斂汗，寧心。　甘、酸而潤。凡仁皆潤。專補肝膽。炒熟酸溫而香，亦能醒脾。故歸脾湯用之。助陰氣，堅筋骨，除煩止渴，斂陰生津。斂汗《經疏》曰：凡服固表藥而汗不止者，用棗仁炒研，同生地、白芍、五味、麥冬、竹葉、龍眼肉，煎服多效。汗爲心液故也。寧心。心君易動，皆由膽怯所致。《經》曰：凡十一官皆取決于膽也。療膽虛不眠，溫膽湯中或加用之。肝虛則膽也虛，肝不藏魂，故不寐。血不歸脾，臥亦不安。《金匱》治虛勞虛煩不眠，用酸棗仁湯：棗仁二升，甘草一兩炙，知母、茯苓、芎藭各二兩。深師加生薑二兩，此補肝之劑。《經》曰：臥則血歸于肝。蘇頌曰：一方加桂一兩，二方棗仁并生用，治不得眠。豈得以煮過便爲熟乎。酸痹久瀉。酸收濇，香舒脾。　生用酸平，療膽熱好眠。時珍曰：今人專以爲心家藥，殊昧此理。昂按：膽熱必有心煩口苦之症，何以反能好眠乎？溫膽湯治不眠，用二陳加竹茹、枳實，二味皆涼藥，乃以涼肺胃之熱，非以溫膽經之寒也。其以溫膽名湯者，以膽欲不寒不燥，當溫爲候耳。膽熱好眠四字，不能無疑也。　炒，研用。惡防己。

清·吳楚《寶命真詮》卷三　酸棗仁　【略】酸收而心守其液，補肝而血歸其經。固表虛有汗，療徹夜不眠。　膽怯者，心君易動，驚悸盜汗之所自來也。肝虛者，血不歸經，則虛煩不眠之所自來也。棗仁能補肝益膽，則陰得其養，而諸證皆安矣。

清·陳士鐸《本草新編》卷四　酸棗仁　味酸，氣平，無毒。入心、肝、膽與包絡四經。寧心志，益肝膽，補中，斂虛汗，祛煩止渴，安五臟，止手足酸痛，且健筋骨，久服多壽。以上治療，俱宜炒用，惟夜不能眠者，必須生用，或神思昏倦，久苦夢遺者，亦宜生用。可為臣佐，多用最佳，常服亦妙。

酸棗仁乃安心之聖藥，而心包、肝、膽得之以滋益者原輕，然而安心非離三經而能安也。又不可不知。

或問：酸棗仁止能益心，何以補腎之藥，古人往往用之乎？蓋心腎原不可兩治也。因世人貪色者多，仲景夫子所以止立六味、八味，以補腎中之水火耳。然而腎火原通于包絡，而腎水原通于心，補心未嘗不能益腎，古人所以用棗仁以安心，即安腎也。且世人入房而強戰者，心君不動，而相火乃充其力以用命。心君一移，而相火即懈，精即下泄，可見補心正所以補腎，心氣足而腎氣更堅，不信然哉。

或問：酸棗仁之治心也，不寐則宜炒，多寐則宜生，又云夜不能寐者，必須生用。何其自相背謬耶？不知此實用藥之機權也。夫人之不寐，乃心氣之不安也，酸棗仁安心，宜用之以治不寐矣。然何以炒用棗仁則補心也？夫人多寐，乃心氣之大昏也。炒用，則補心氣而愈昏；生用，則心清而不寐耳。夜不能寐者，乃心氣不交于腎也；日不能寐者，乃腎氣不交于心也。腎氣不交于心，宜補其腎；心氣不交于腎，宜補其心。用棗仁正所以補心也。補心宜用炒矣，何以又生用。不知夜之不寐，正心氣之有餘，清其心，則心氣不足，而腎氣乘之矣，此所以必須生用。若日夜不寐，正宜用炒，而不宜用生矣。

或疑棗仁安心，人人知之，安心而能安腎，此則人未知也。曰：棗仁豈特安心以安腎而已乎，更能安五臟之氣。蓋心腎安，而五臟有不安者乎，正不必其入脾、入肺、入肝而後能安也。

清・顧靖遠《顧氏醫鏡》卷八　酸棗仁甘、酸，平。入心脾肝膽四經。炒研。止驚悸而最治虛汗，膽怯者，心君易動，補膽氣則驚悸止。凡服固表藥，而汗不止者，用棗仁為君，以汗為心液故也。除心煩而善療不眠。肝虛血少，則虛煩不眠，補肝養陰，則不煩而安眠矣。肝、膽、脾三經有實熱者勿用，以其收斂故也。

清・李熙和《醫經允中》卷一七　酸棗仁　惡防己。　酸，澀，無毒。主治益肝氣，堅筋骨，歐煩止渴，斂汗寧心。生療膽熱多睡，熟療虛煩不眠。今人以為補心虛則補母之說也。味酸性收，切弗輕用，以致同劑不效。

清・馮兆張《馮氏錦囊秘錄・雜症痘疹藥性主治合參》卷四　酸棗仁得木之氣而兼土化，故酸而兼甘，氣平，無毒。入足少陽、手少陰、足厥陰太陰經。專補肝膽。熟則芳香入脾，故能醒脾。且補膽，則母子之氣相通，故主心煩不得眠。蓋心君易動，由膽怯所致，且肝不能藏魂，則目不得瞑。既補肝膽，復益心脾，則五藏俱安，宜其筋骨堅強，肥健延年也。

酸棗仁，寧心益肝，斂汗止渴，心胸寒熱，邪結氣聚，四肢酸疼，濕痹心煩，意亂不眠。膽虛易驚悸，脾虛不嗜食，心虛易出汗，安神魂寧意。補中氣，助陰堅筋骨，安五臟。久服令人肥健，輕身延年。能治多眠不眠，須分生炒研用。多眠膽實有熱，宜生。不眠膽虛有寒，宜炒。主肝膽二經，兼入心脾，夫膽虛不眠，寒也。然肝膽相依，得熟者以旺肝，則木來制土，脾主四肢，又主困倦，故令人睡。膽實多睡熱也，生研調服。夫棗仁，秋成者也，生則全金，氣以制肝，脾不受侮，而運行不睡矣。

主治痘疹合參：痘後血少，心神不安，夜眠不穩者，宜炒研用。味甘而香，歸脾湯用之。醒脾，氣溫而酸，補心丸用之斂心。

按：棗仁，乃心、肝、膽三經氣分之藥，雖能寧心，更切益肝，故若肝旺煩躁不寧者，及心陰不足，驚悸恍惚者，必同滋陰和肝養心之血藥，相佐而用，其功乃見。否則心氣無陰以斂，肝氣得補而強，益增煩躁矣。乃古人未之發，何也？性油而潤滑，瀉者禁之。且其奏功者，全仗芳香之氣，以入心入脾也，必須臨用方炒熟研碎，入劑方效。若炒久則油臭不香，若碎久則氣味俱失，便難見功矣。此張心得之旨，并及以補所遺。

清・张璐《本經逢原》卷三　酸棗仁　實，酸，平；仁，甘，平。無毒。《本經》主心腹寒熱，邪結氣聚，四肢酸痛濕痹，久服安五藏。　發明：酸棗仁味甘而潤。熟則收斂津液，故療膽虛不得眠，煩渴虛汗之證。生則導虛熱，故療膽熱好眠，神昏倦怠之證。足厥陰少陽本藥，兼入足太陰脾經。按：酸棗本酸而性收，其仁則甘潤而性溫，能散肝膽二經之滯。故《本經》治心腹寒熱。邪氣結聚痠痛血痹等證，皆生用，以疎利肝脾之血脈也。蓋肝虛則陰傷兩煩心，不能藏魂，故不得眠也。傷寒虛煩多汗及虛人盜汗，皆炒熟用之，總取收斂肝脾之津液也。歸脾湯用以滋養營氣，則脾熱自除。單用煮粥，除煩益膽氣，膽氣寧而魂夢安矣。今人專以為心家藥，殊昧此理。

清・浦士貞《夕庵讀本草快編》卷五　酸棗《本經》、樲　產于滑之屬邑酸棗縣者佳，故縣以名。孟子曰養其樲棗即此也。　酸棗，《本經》用實而不言仁，近世用仁而不及實。蓋仁可致遠，實無市販也。其實味酸性收，故治肝病寒熱，心腹結氣，久泄而臍下滿痛，四肢酸麻濕痺。其仁甘平而潤，故熟能療胆虛不得眠，煩渴虛汗。生用療胆熱好睡以及胆風，皆沉，皆入足厥陰少陽二經，今人誤為心藥，豈不冤哉？殊不知心乃肝之子，肝胆或虛或熱，則神魂不寧，累其子亦不得安，故曰煩心。況棗仁不獨清胆而能益肝，則心受蔭，虛汗斂，驚悸除矣。更有辨焉？陶氏謂食之醒睡，而《圖經》云療不得眠，豈不相反？殊不知陶言其實味酸，食之令人不思睡；《圖經》用仁炒之，以治不得眠，並未矛盾也。正如麻黃發汗，根節斂汗，同一義爾。

清·張志聰、高世栻《本草崇原》卷上 酸棗仁 氣味酸，平，無毒。主治心腹寒熱，邪結氣聚，四肢痠痛，濕痹。久服安五臟，輕身延年。 酸棗始出河東川澤，今近汴洛及西北州郡皆有之。一名山棗，《爾雅》名樲，孟子曰樲養其棘是也。其樹枝有刺，實形似棗而圓小，其味酸，其色紅紫。八月采實，只取核中之仁。仁皮赤，仁肉黃白。 按：酸棗肉味酸，其仁味甘而不酸。今既云酸棗仁，又云氣味酸平，訛也，當改正。 棗肉味酸，肝之果也。得東方木味，能達肝氣上行，食之主能醒睡。棗仁形圓色赤，稟火土之氣化。火歸中土，則神氣內藏，食之主能寤寐。《本經》不言用仁，而今時多用之。心腹寒熱，邪結氣聚者，言心腹不和，為寒為熱，則邪結氣聚。棗仁色赤象心，能導心氣以下交，肉黃象土，能助脾氣以上達，故心腹之寒熱邪結之氣聚可治也。土氣不達於四肢，則四肢痠痛。火氣不溫於肌肉，則周身濕痹。棗仁稟火土之氣化，故四肢酸痛，周身濕痹可治也。久服安五臟，輕身延年。言不但心腹和平，且安五臟也。五臟既安，則氣血日益，故又可輕身延年。

清·姚球《本草經解要》卷三 酸棗仁 氣平，味酸，無毒。主心腹寒熱，邪結氣聚，四肢酸痛濕痹。久服安五藏，輕身延年。炒研。 棗仁氣平，稟天秋斂之金氣，入手太陰肺經。味酸無毒，得地東方之木味，入足厥陰肝經、手厥陰風木心包絡經。氣味俱降，陰也。心者，胸臆之分，手厥陰心包絡脈起之處。腹者，中脘之分，足厥陰肝經行之地。心包絡主熱，肝主寒，厥陰主散。不能散則寒熱邪結氣聚矣。棗仁味酸，入厥陰，厥陰和則結者散也。四肢者，手足也，兩厥陰經行之地也。酸痛濕痹，風濕在厥陰絡也。棗仁味酸益血，血行風息。氣平益肺，肺理濕行，所以主之也。心包絡者，心之臣使也，代君行事之經也。肝者，生生之藏，發榮之主也。久服棗仁，則厥陰陰足，所以五藏皆安。氣平益肺，所以輕身延年也。 製方：棗仁同茯神、遠志、麥冬、石斛、五味、圓肉、人參，治驚悸。同生地、白芍、麥冬、五味、圓肉、竹葉，治自汗。同茯神、人參，治盜汗。同人參、茯神、白术、甘草，治振悸不眠。同知母、茯神、甘草，名酸棗仁湯，治虛煩不眠。

清·周垣綜《頤生秘旨》卷八 酸棗仁 補心脾之藥也。心主血，脾裹血，藉此大補心脾，則血歸心脾而神志寧，五藏得血而養者，亦安和矣。

清·王子接《得宜本草·中品藥》 棗仁 味酸。入手少陰、足厥陽經。得人參、茯苓治盜汗，得辰砂、乳香治膽虛不寐。

清·黃元御《長沙藥解》卷二 棗仁 味甘酸，入手少陰心、足少陽膽經。寧心膽而除煩，斂神魂而就寐。 《金匱》酸棗仁湯，酸棗仁二升，甘草一兩，茯苓二兩，芎藭二兩，知母二兩。治虛勞，虛煩不得眠。以土濕胃逆，君相鬱升，神魂失藏，故虛煩不得眠睡。甘草、茯苓培土而泄濕，芎藭、知母疏木而清熱。酸棗斂神魂而安浮動也。 棗仁酸收之性，斂攝神魂，善安眠睡。而收令太過，頗滯中氣，脾胃不旺，飲食難消者，當與建中燥土疏木達鬱之品並用。不然，則土木皆鬱，腹脹吞酸之病作矣。 其諸主治，收盜汗，止夢驚。生用泄膽熱，安眠。熟用補膽虛不寐。

清·吳儀洛《本草從新》卷三 酸棗仁〔補肝膽，斂汗，寧心醒脾。〕 甘酸而潤。生用酸平，專補肝膽。今人專以為心家藥，殊未明耳。 炒熟酸溫而香，亦能醒脾。助陰氣，堅筋骨，除煩止渴，斂陰生津。 斂汗，《經疏》曰：凡服固表藥而汗不止者，用棗仁炒研，同生地、白芍、北五味、麥冬、龍眼肉、竹葉煎服多效，以汗為心液也。 寧心。心君易動，皆由膽怯所致。《經》曰：凡十一官皆取決於膽也。 療膽虛不眠，溫膽湯中或加用之，肝虛則膽亦虛，藏魂故不寐，血不歸脾，臥亦不安。《金匱》治虛勞虛煩不眠用酸棗仁湯：棗仁二升，甘草炙、知母、茯苓、芎藭各二兩，深師加生薑二兩，此補肝之劑。《經》曰：臥則血歸於肝。蘇頌曰：一方加桂一兩。二方棗仁皆生用治不得眠，則生用療膽熱好眠之說未可信也。蓋膽熱必有心煩口苦之證，何以反能好眠乎？若肝火鬱於胃中，以致倦怠嗜臥，則當用辛涼透發肝火，如柴、薄之屬，非棗仁所得。

清·汪紱《醫林纂要探源》卷二 酸棗仁 甘，酸，平。樲棘也。小而肉薄，味酸。不專補脾。惟取核仁用。 入心，仁性潤，多入心及腎命。 補心，以甘。收散，以酸。斂肺瀉肝，皆酸之用。 炒用則平，甘多而補。能補心和脾，緩肝養陰，治膽寒不寐，虛煩。膽寒者，膽虛而思慮不決也。肝膽相火，心火之母，膽寒則心火亦耿耿然而已。然能收自汗盜汗，則又以有酸之功也。 生用微寒，酸多而斂。於心為收，於肝膽為瀉，能止渴生津，治膽熱好眠。膽熱者，肝膽之氣過而難收，則神明昏妄，不知思慮，故好眠也。凡氣粗而熱者，心神必昏，或疑膽熱好眠為不然者，不知此理也。入氣分。

清・嚴潔等《得配本草》卷七 酸棗仁 惡防己。 酸，平。入足厥陰，兼入手少陰經血分。收肝脾之液，以滋養營氣。斂心膽之氣，以止消渴。補君火以生胃土，強筋骨以除酸痛。 得人參、茯苓，治盜汗。無火可用。得生地、五味子，斂自汗。心火盛不用。配辰砂、乳香，治膽虛不寐。有火勿用。配地黄、粳米，治骨蒸不眠。棗仁只用一錢。去殼，治不眠。炒用，治膽熱不眠。生用，止煩渴虛汗。醋炒，醒脾。臨時炒用恐助火，配二冬用。 肝旺煩躁、肝強不眠，服之肝氣斂，火益盛。心陰不足致驚悸者，血本不足，斂之益增煩躁。俱禁用。 世醫皆知棗仁止汗，能治不眠。豈知心火盛汗溢不止，膽氣熱虛煩不眠，陰虛癆瘵症，有汗出上焦而終夜不寐者，用此治之，寐不安而汗更不止。

題清・徐大椿《藥性切用》卷五 酸棗仁 甘酸性潤，入心脾肝膽。生用酸平，益肝膽以甯心斂汗。炒熟酸溫，醒脾氣以養血安神。

清・黃宮繡《本草求真》卷二 酸棗仁收肝膽，虛熱不眠。 酸棗仁専入肝膽，兼入脾。 甘酸而潤，仍有生熟之分，生則能導虛熱，故療肝熱好眠，神昏燥倦之症。熟則收斂津液，故療膽虛不眠，煩渴虛汗之症。志曰：按《五代史》後唐刊《石藥驗》云：酸棗仁睡多生使，不得睡炒熟。陶云：食之醒睡，而《經》云療不得眠，蓋其子肉味酸，食之使不思睡。核中仁服之，療不得眠。正如麻黃發汗，根即止汗也。本肝膽二經要藥，因其氣香味甘，故又能舒太陰之脾。時珍曰：今人専以為心家藥，殊昧此理。按肝虛則陰傷而心煩，而魂不能藏。肝藏魂。是以不得眠也。故凡傷寒虛煩多汗，及虛人盜汗，皆炒熟用之，取其收斂肝脾之津液也。如心多驚悸，用酸棗仁一兩，炒香，搗為散，每服二錢，竹葉湯調下。又溫膽湯或加棗仁，《金匱》治虛勞虛煩，用酸棗仁湯，棗仁三升，甘草一兩炙，知母、茯苓、芎藭各二兩。深師加生薑二兩，此補肝之劑。 歸脾湯用以滋營氣，亦以營氣得養，則肝自藏魂而彌安，血自歸脾而臥見矣。 其曰膽熱好眠可療，因其膽被熱淫，神志昏冒，故似好眠，其症仍兼煩燥，用此同茶療熱，熱療則神清氣爽，又安有好眠之弊乎？汪昂曰：溫膽湯治不眠，內用二陳加竹茹、枳實涼味，乃涼肺瀉胃之熱，以溫膽之寒也。其以溫膽名湯者，以膽欲不寒不燥，常溫為候耳。 但仁性多潤，滑泄最忌。縱使香能舒脾，難免潤不受滑矣。 附記以補書所未及，炒研用。炒久則油香不香，碎久則氣味俱失，便難見功。 惡防己。

清・楊璿《傷寒溫疫條辨》卷六潤劑類 酸棗仁 味甘，氣平，性潤。其肉味酸，故名酸棗而入肝，其仁居中，故主收斂而入心。不眠炒用，多眠生用。寧心志，止虛汗，解煩渴，養血安神，益肝補中，收斂魂魄，祛心腹寒熱，能安和五藏，潤劑上品也。按：棗仁味酸，本入肝經，而心則其所生者也，脾則其所制者也，膽又其所依之府也，並宜入之。《聖惠方》云：膽虛不眠，寒也。炒熟為末，竹葉湯下。蓋以肝膽相為表裏，血虛則肝虛，肝虛則膽亦虛，得熟棗仁之酸溫，以助肝氣。則木乘土位，又主困倦，所以令人多睡。又《濟眾方》云：膽實多眠，熱也。生研為末，薑湯調下。蓋以棗仁秋成者也，生則得兌金之全氣，而能制木，肝木有制，則脾不受侮，而運行不睡矣。此皆自然之理也。歸脾湯用之。

清・羅國綱《羅氏會約醫鏡》卷一七竹木部 酸棗仁味酸平，入肝、膽，兼入心、脾四經。 甘酸而潤。凡仁皆潤。補肝膽而醒脾土。炒熟酸溫，香則醒脾。治膽虛不眠、心虛自汗，肝虛則膽亦虛，肝不藏魂故不寐。汗為心液，心虛則驚悸而易汗。解渴除煩，斂陰生津。安神養血補心，補脾嗜食，補心火，生脾土。并療多眠。多眠，膽實有熱，宜生研末調服。不眠，膽虛有寒，宜炒用。 按：肝膽二經，實而有熱勿用，以其能收斂也。炒研用，若經日久走氣不效。

清・黃凱鈞《藥籠小品》 棗仁 安神斂心陽，止虛汗，兼入脾，故歸脾湯用之，取火生土也。

清・王龍《本草纂要稿・木部》 酸棗仁 氣味酸平。大補心脾，安和五臟。斂汗育神，除煩安寢。療多眠膽實宜生，治不眠膽虛宜炒。

清・吴鋼《類經證治本草・足少陽膽腑藥類》 棗仁 【略】誠齋曰：斂神氣之藥。同五味子治心腎不交，睡臥煩燥，滿腔心事，自汗欲起，立效。又曰：睡中徹夜不寐，汗出，但不煩躁，棗仁一兩炒香，人參五錢，茯苓五錢，為末，蜜水調服一錢，臨臥下，立差。

清・張德裕《本草正義》卷上 酸棗仁 甘，平。性收斂，入心。多眠生用，不眠炒用。寧心止汗，補血安神，收斂魂魄。炒香亦能舒脾。斂在性，不在味。酸之名者，以其外之肉酸，故曰酸棗。

清・楊時泰《本草述鉤元》卷二四 酸棗仁 《本經》用實，今皆用仁。 味酸、辛、甘，氣平，微熱。陽中之陰。入足少陽、厥陰、手少陰、足太陰之經。惡防己。主治心腹寒熱，邪結氣聚，除四肢酸痛濕痺，療煩心不得眠，補中益肝氣，寧心志，斂虛汗，去筋骨風，助陰氣。方書更治中風虛勞，癲狂驚癇，振顫攣悸，虛煩健忘，消癉，善太息，赤白濁，着痹脇痛，腰痛咽喉。膽虛不眠，寒也，炒熟棗仁為末，竹葉湯調服；膽實多睡，熱也，生棗仁為末，薑茶汁調服海藏。血不歸脾而睡臥不寧者，宜用此大補心脾。俾血歸脾而五臟安和，寧神就睡丹溪。棗仁得木之氣而兼土化，專補肝膽，亦復醒脾，從其類也。熟者香氣入脾，故能補脾，又補膽氣，故可溫膽，母子氣通故亦主心虛驚悸等病。入溫膽湯，治病後膽虛不眠。入歸脾湯，治脾家氣血虛自汗，不眠驚悸，不嗜食。君茯神、遠志、麥冬、石斛、五味、人參、龍眼，止驚悸，并一切膽虛易驚。睡中盜汗，棗仁、茯苓、人參等分，為末，每服一錢，米飲下。凡服固表藥而汗不止者，用棗仁炒研一兩，同地黃、白芍、麥冬、五味、龍眼肉、竹葉煎服，多服取效。自汗，服諸止汗固表藥愈濇，而汗愈不收者，止可理心血。蓋汗乃心液，心無取養不能攝血，故溢而為汗也。以大補黃芪湯加棗仁，有微熱者，更加石斛，兼下靈砂丹。膽風沉睡，膽風毒氣，虛實不調。棗仁生用一兩，全挺蠟茶二兩，以生薑汁塗，炙微焦為散，每服二錢，水煎溫服。痰在膽經，神不歸舍，亦令不寐，宜溫膽湯，減竹茹一半，加南星炒棗仁各一錢，下青靈丹。虛勞、虛煩不得眠，棗仁炒二升，甘草一兩，知母、茯苓、芎藭各二兩，以水一斗，先煮棗仁減三升，乃同煮，取三升，分服。病後虛弱及高年陽衰不寐，六君子加炒棗仁炙黃芪各一錢。骨蒸心煩不眠，棗仁一兩，水二盞，研絞取汁，下粳米二合，煮粥候熟，下地黃汁一合，再煮勻食。虛勞筋極，脚手拘攣，指甲痛，數轉筋，甚則舌卷卵縮，唇青面黑，木瓜、虎脛骨、酥炙五加皮、當歸、酒浸桑寄生、人參、黃芪、柏仁、棗仁各一兩，炙甘草半兩，每服四錢，水一盞，薑五片，煎服。喉舌生瘡菌，真琥珀、生犀屑各一錢，人參、棗仁去皮、茯神去皮、木辰砂各二錢，片腦一字，為末，煉蜜和為膏，磁器收貯，疾作，每服一彈子大，以麥冬煎濃湯化下，日進五服。

論：酸棗仁所治，有多眠、不眠之異，即《本經》首主寒熱結氣一語，足以槩之。蓋寒熱即陰陽之氣結而聚，則不得其合和而為陰陽之偏。凡多眠是陰勝於陽，宜以疏陰為先，生用此味。不眠則陽勝於陰，宜以益陰為先，熟用此味。所謂宜疎，即曰實；所謂宜益，即曰虛。究之陰陽，各處其虛，非多眠屬實，而不眠屬虛。疎陰者，導陰而使之化也；補陰者，滋陰而俾之生也。生化之機合，繆氏故謂補血無如酸棗也。生化之機合，則邪不得結，氣不復聚矣。人身寒熱之證，惟足太陽少陽二經有之，寒熱不獨外感，又不獨形諸外者，舉身中陰陽，其氣為寒為熱而偏勝者，即結聚於中，惟足少陽表裏一身，足厥陰為陰獨使，故不論感傷寒熱之錯出，以變生中外者，先受於肝膽二經，而陰蹻陽蹻，行身左右之脈，實合之足少陽、厥陰脈行身之側。以見所患之證如不眠、多眠是也。衛氣不得入於陰，常留於陽，陽氣滿，陽蹻盛，陰氣虛，故目不瞑也。衛氣留於陰，不得行於陽，陰氣盛，陰蹻滿，陽氣虛，故目閉也。此不眠及多眠之故。棗仁專入肝膽血分，生用以治多眠者，疎陰中之壅氣以致於陽也，其味酸而歸於辛也。炒熟以治不眠者，發陰中之和氣以召乎陽也，其味酸辛而更歸於甘也。陰中之壅氣，疏之而能致於陽，則氣之偏結於陰者，不病於寒矣。陰中之和氣，發之而能召乎陽，則氣之偏結於陽者，不病於熱矣。其為肝膽血分之要劑，職是故歟。方書棗仁首治中風，蓋因入肝膽益血，血臟即風臟，故病於風者，即以益同臟之血治之。至於攣驚顛狂諸證，皆虛風之治也。其補虛，自肝而外，當先屬膽，次即屬心，以心為肝子，肝臟血虛，心已先虧其化原，故欲補心血，而不裕其用於肝，則生化之原無地也。此外有治心腎不交之證者，以肝為一陰，一陰為獨使，肝臟之血，原於水而成於火，棗仁之交水火，正因其為厥陰經藥耳。又陽蹻、陰蹻二脈，足少陰腎之別脈也。方書治心腎不交，故入茲味於諸藥中。

性味酸斂，凡肝膽脾三經有實邪而熱者，勿用仲淳。

修事：粒粗，勿碎皮者良，炒爆研細入藥，如砂仁法。勿隔宿。

清·葉桂《本草再新》卷四 酸棗仁味甘、酸，性溫，平，無毒。入肝、肺二經。

平肝理氣，潤肺養陰，溫中利濕，斂氣止汗，益智定呵，聽耳明目。

清·吳其濬《植物名實圖考》卷三三 酸棗《本經》上品。《爾雅》：樲，酸棗。注以為即樲棘。又白棘，《本經》中品。李當之云：白棘是酸棗樹鍼。又《別錄》有刺棘花，亦即棘花也。

清·趙其光《本草求原》卷九灌木部 酸棗仁 酸、甘，平而潤，凡仁皆潤。專補肝膽之血，兼疏陰陽二蹻偏勝之氣以交心腎。二蹻為少陰腎之別脈，與肝膽並行於身之側，而心又與肝為子母。炒熟，酸溫芳香，亦能醒脾。歸脾湯用之。主心腹寒熱邪結氣聚，膽主半表半裏，不論內傷外感，陰陽戾氣，一有偏勝，則結聚而為寒熱，合二蹻以見證矣。四肢酸痛濕痹，皆生用，以疏肝、膽、血脈之滯。心膽虛、驚煩不眠，衛氣留於陽蹻，不得入於陰，則陰氣虛；陰氣虛，而肝膽寒，心脾之血亦不歸，故睡臥不安。宜炒用，使酸歸於甘，以溫陰益血；佐竹葉以去留滯之陽。膽熱多眠。衛氣留於陰，蹻不得行於陽，則陽虛而目常閉。宜生用，以存辛平之氣，更佐薑、茶湯以疏陰中之滯，而達歸於陽。甯心志，補肝即以生心。斂汗，炒，同地、芍、冬、味、竹葉、圓肉，治服固表藥而汗不止。汗為心液也。又同參、苓、米汁，治盜汗。助陰氣，堅筋骨，除煩渴，酸斂生津。久瀉，香舒脾。血虛，風攣，癲癇，皆肝血虛而病於風，癲狂亦多失心風之病。臍上下痛。久服安五臟，十二經皆取決於膽，肝膽血足，則神魂安，而諸臟亦安。令人肥健。

痰在膽經，魂不歸舍，不寐，宜溫膽湯，減竹茹，加南星、炒棗仁。同苓、甘、知母、芎、薑，或加桂，治虛勞、虛煩不眠，補肝以藏魂也。同北芪，入六君子內，治陽衰不寐。研取汁，同米、生地煮粥，除骨蒸心煩，魂夢不安。同芪、參、甘、五加、柏仁、木瓜、虎骨、歸、桑寄生、薑，治虛勞轉筋拘攣，指甲痛，甚則唇青面黑，舌卷卵縮。同朱砂、茯神、犀、珀、參、冰片蜜丸，麥冬湯下，治咽喉、口舌生瘡茵。

惡防己。炒用，勿隔宿。

清・葉志詵《神農本草經贊》卷一　酸棗　味酸，平。主心腹寒熱邪結，氣聚，四肢酸痛，濕痹。久服安五藏，輕身延年。生川澤。

高者朿音刺重平聲，低者朿並。渴自含津，瞑方解醒。醯乞分坻音缸，梅調佐鼎。養小取材，場師奚哂。

李時珍曰：棗性高，故重朿。棘性低，故並朿。李杲曰：調榮衛，生津液。馬融頌：含津吐榮。《群芳譜》：生用令人不眠。《淮南子》：醯酸不慕蚋。《史記・傳》：醯醬千坻。鮑照詩：食梅常苦酸。唐明皇詩：鹽梅已佐鼎。《左傳》：我落其實，而取其材。《孟子》：養其樲棘，則為賤場師焉。

清・文晟《新編六書》卷六《藥性摘錄》　酸棗仁　甘酸而潤，入肝膽兼入脾。生用，則導虛熱，故療肝熱好眠，神昏倦怠。○炒熟，則收斂精液，故療膽虛不眠，煩渴盜汗。其氣香，味甘，又能舒脾。惟滑泄者忌之。○炒久則油透不香，碎久則氣味俱失。○惡防己。

清・張仁錫《藥性蒙求・木部》　酸棗仁三錢　酸棗仁酸，斂汗祛煩。安神用炒，止渴功推。甘酸而潤，生用酸平，專補肝胆。炒熟酸溫而香，寧心益脾。一云：生用療胆熱，多卧好眠。○肝胆有熱者忌之。

清・戴葆元《本草綱目易知錄》卷四　酸棗仁　味酸，性收。其仁甘潤。足厥陰、少陽藥也。益肝氣，堅筋骨，補五臟，助陰氣，故主肝病。治心腹寒熱，結氣濕痹，四肢酸痛，煩心不眠，臍上下痛，血轉久洩，虛汗煩渴，療筋骨風。生用，療膽熱好眠。炒熟，治膽虛不眠。

清・黃光霽《本草衍句》　酸棗仁　甘酸而潤，耑益肝膽。芳香之氣能醒心脾，補中而斂神魂。心藏神，肝藏魂。助陰而堅筋骨，除煩止渴，斂汗寧心。生則能導虛熱，膽熱好眠；熟則收斂陰津，膽虛不睡。心腹寒熱結聚，邪結氣聚。四肢溼痺酸疼。筋骨間風，上下臍痛。得人參、茯苓治盜汗，得辰砂、乳香治膽虛不寐。

虛煩不眠，棗仁湯，知母、乾薑、茯苓、炙草、川芎，煎服。振悸不眠，酸棗仁湯，棗仁、茯苓、白朮、人參、生甘草、生薑，煎服。

清・陳其瑞《本草撮要》卷二　酸棗仁　味甘酸而潤，入手少陰、足少陽經，功專安神定志。得人參、茯苓治盜汗，得辰砂、乳香治膽虛不寐。炒用。惡防己。

清・仲昴庭《本草崇原集說》卷一　酸棗仁　【略】〔批〕《崇原》凡言稟火氣，指運氣中之火言，非謂藥之性熱如火也，餘倣此。【略】〔批〕酸棗舍肉用仁，始于《金匱》酸棗仁湯。棗仁色赤象心，能導心氣以下交；肉黃象土，能助脾氣以上達。故心腹之寒熱邪結之氣聚可治也。

清・周巖《本草思辨錄》卷四　酸棗仁　酸棗叢生而氣薄，氣薄則發泄，味酸亦泄，啖之使陽不得入於陰，故醒睡。仁則甘平，甘平由酸而來，性故微斂而微守。酸棗肝藥，仁不能大戾乎棗，亦必入肝。皮赤則入心，內黃則入脾。酸棗仁自當為心、肝、脾三經之藥。心得之則神安，肝得之則魂藏，脾得之則思靖，其治不得眠，尚有何疑。獨是酸棗仁湯治虛勞虛煩不得眠，則更有進焉。按梔子豉湯證，亦為虛煩不得眠，而彼為有傷寒餘邪，此由於虛勞，故加虛勞字以別之。勞之為病，其脈浮大，手足煩，陰寒，精自出，痠削不能行。此云虛煩不得眠，脈必浮而微數。蓋陽上淫而不下則煩，陰下虧而不上則不得眠，其責在腎。非酸棗仁收攝浮陽，不能使心、肝、脾咸循其職。故推酸棗仁為君，而臣以知母滋腎之液，茯苓泄腎之邪，擾心之煩可不作矣。而心腎不交，猶未足以成寐。後世醫者，必將以遠志配棗仁，為一降一升之法。不知遠志乃陰中升陽之藥，此非陽不升而實陰不升，既以棗仁攝之，知母滋之，茯苓泄之，陰中之陰，自有能升之理。特三物皆下行，而腎陰向上之機不能無滯，故又加芎藭通陰陽以利之，甘草居中宮以和之，標之曰酸棗仁湯者，以酸棗仁為首功也。

天棗

明·姚可成《食物本草》卷八果部·五果類 天棗産南直隸蕭縣東南二十五里，其樹枝榦蟠屈，每正二月之交，開小花，結實如酸棗，可食。每年四月初七，全樹皆熟，初八日遂空，亦一異也。

天棗，味酸、甘，平，無毒。主益肝，養筋骨，補脾胃，生津液，滋腎經。

羊矢棗

清·汪紱《醫林纂要探源》卷二 羊矢棗 甘，濇，溫。樹小，葉細，繁密不彫，實圓小，色黑。補腎固精。

白棘

宋·唐慎微《證類本草》卷一三木部中品〔《本經·別録》〕 **白棘** **味辛，寒**，無毒。**主心腹痛，癰腫潰膿，止痛，**決刺結，療丈夫虚損，陰痿精自出，補腎氣，益精髓。**一名棘鍼，**一名棘刺。生雍州川谷。

〔梁·陶弘景《本草經集注》〕云：李云：此是酸棗樹針。今人用天門冬苗代之，非是真也。

〔唐·蘇敬《唐本草》〕注云：白棘，莖白如粉，子、葉與赤棘同，棘中時復有之，亦爲難得也。

〔宋·蘇頌《本草圖經》〕曰：白棘，棘鍼也。生雍州，棘刺花生道傍，今近京皆有之。棘，小棗也。叢高三四尺，花、葉、莖、實都似棗，而有赤白二種。蘇恭云：白棘，莖白如粉，子、葉與赤棘同，赤棘中時復有之，亦爲難得耳。然有鉤、直二種：直者宜入補藥，鉤者入癰腫藥。鍼，採無時。花，冬至後百二十日採。實，四月採。又棗鍼，療喉痹不通，藥中亦用。陳子昂《觀玉篇》云：在張掖郡時，有人以仙人杖爲白棘，同旅皆信之，二物都不相類，不知何故疑惑若此，其說見枸杞條。

〔宋·唐慎微《證類本草》〕《外臺秘要》：治齒蟲腐。棘針二百枚，以水三升，煮取一升，含之。又方：治尿血。棘刺三升，水五升，煮取二升，分三服。《千金方》：治諸惡腫，失治有膿。燒棘針作灰，水服之，經宿頭出。又方：蟲食齒根肉黑。燒腐棘取瀝，傅之十遍，雄黄末傅之，即愈。《子母秘録》：小兒天風口噤，乳不下。白棘燒末，水服一錢匕。又方：癰疽痔漏瘡及小兒丹，水煮棘根汁洗之。出《千金》。

宋·唐慎微《證類本草》卷一三木部中品〔《別録》〕 棘刺花 味苦，平，無毒。主金瘡内漏。冬至後百二十日採之。

實：主明目，心腹痿痹，除熱，利小便。生道傍，四月採。一名菥蓂，一名馬朐，一名刺原。又有棗針，療腰痛，喉痹不通。

〔梁·陶弘景《本草經集注》〕云：此一條又相違越，恐俚言多是，然復道其花一名菥蓂，此恐别是一物，不關棗針也。今俗人皆用天門冬苗，吾亦不許，門冬苗乃是好作飲，益人，正自不可當棘刺爾。

〔唐·蘇敬《唐本草》〕注云：棘有赤、白二種。亦猶諸棘色類非一，後條用花，斯不足怪。以江南無棘，李云用棘針。天門冬苗一名顛棘，南人以代棘針，陶不許。今用棘刺，當用白者爲佳。花即棘花，定無别物。然刺有兩種：有鉤者，有直者。補益宜用直者，療腫宜用鉤者。又云：棘在棗部，南人昧於棗棘之别，所以同用棘條中也。

〔宋·掌禹錫《嘉祐本草》〕按：《蜀本》注云：棘有赤白二種。《切韻》曰：棘，小棗也。田野間多有之，叢高三二尺，花、葉、莖、實俱似棗也。

〔宋·唐慎微《證類本草》〕《圖經》：文具白棘條下。

《聖惠方》：治小兒一切瘖。用刺針、瓜蒂等分末，吹入鼻中，日二。

宋·寇宗奭《本草衍義》卷一四 白棘 一名棘針，一名棘刺。按《經》如此甚明。諸家之意，强生疑惑，今掠不取，求其《經》而可矣。其白棘，乃是取其肥盛，紫色，枝上有皺薄白膜先剥起者，故曰白棘。取白之意，不過如此。其棘刺花，乃是棘上所開花也，餘無他義。今人燒枝取油，塗垢髮，使垢解。

宋·鄭樵《通志》卷七六《昆蟲草木略》 棘與棗皆有刺，故棘文列刺，棗文複刺。《切韻》云：棘，小棗也。不生江南。其刺曰棘鍼，曰棘刺。其實曰菥蓂，曰馬朐，曰刺原。《爾雅》云：終，牛棘。注云：馬棘也。刺麁而長。

宋·陳衍《寶慶本草折衷》卷一三 白棘鍼枝油附。○究其性用而參衆方，綴以針字。

一名棘鍼，一名棘莿，一名棗針。○又云：鉤者名彎頭棘莿。○《三因方》用者名反鉤棘針。生雍州川谷，今近京道傍有之。○採無時。○附：枝油，用棘枝碎破熏油，如淡竹熏瀝法同。

味辛，寒，無毒。○主心腹痛，癰腫潰膿，止痛，決刺結。療虚損陰痿、精自出，補腎氣。○《圖經》曰：白棘莖白如粉，赤棘中時復有之。然有鉤直二種，直者宜入補藥，鉤者入癰腫藥。又療喉痹不通。○寇氏曰：肥盛紫色，枝上有皺薄白膜，先剥起，故曰白棘。○又曰：是酸棗未長大時枝上刺也。及至長成，其刺亦少也。分酸棗條。

附：枝油。〇塗垢髮，使垢解。

元·尚從善《本草元命苞》卷六　白棘　味辛，性寒，無毒。主心腹痛，癰腫潰膿。療精自出，陰痿虛損。決刺結止痛，補腎氣益精。生雍州川谷，今道傍有之。叢高三四尺，花實俱似棗。有赤白二種，分鉤直，兩股鉤消膿腫，直補腎經。採棘針無時，收花實冬後。《圖經》云：冬至後一百二十日採花，四月採實也。棗針，療喉痺不通。根汁洗癰疽痔漏。

明·王綸《本草集要》卷四　白棘一名棘針。小棗也。　味辛，氣寒，無毒。主心腹痛，癰腫潰濃，止痛，決刺結。

明·滕弘《神農本經會通》卷二　白棘　一名棘鍼。小棗也。《衍義》曰：乃是酸棗未大時，枝上刺也。　味辛，氣寒，無毒。《本經》云：主心腹痛，癰腫潰膿，止痛，決刺結，療丈夫虛損陰痿，精自出，補腎氣，益精髓。《圖經》云：白棘，莖白如粉子，葉與赤棘同。有鉤直二種，直者宜入補藥，鉤者入癰腫藥。鍼採無時。

明·劉文泰《本草品彙精要》卷一八　白棘無毒　叢生。

白棘出《神農本經》：**主心腹痛，癰腫，潰膿，止痛。**以上朱字《神農本經》。決刺結，療丈夫虛損，陰痿，精自出，補腎氣，益精髓。以上黑字名醫所錄。【名】棘針、棘刺。【苗】《圖經》曰：叢高三四尺，花葉莖實都似棗而有赤白二種。蘇恭云：白棘，莖白如粉，子葉與赤棘同。赤棘中時復有之，亦爲難得。然有鉤直二種，直者宜入補藥，鉤者入癰腫藥。而後條用花即白棘花也。蓋花棘功用不同，故別立其條。《衍義》曰：白棘，乃是取其肥盛，紫色，枝上有皺薄白膜先剝起者，故曰白棘。取白之意，不過如此。其棘刺花，乃棘上所開花是也。【地】《圖經》曰：生雍州川谷，今近京道傍皆有之。【時】生：春生葉。採：無時。【收】曬乾。【用】針、根。【色】白。【味】辛。【性】寒，散。【氣】氣之薄者，陽中之陰。【臭】朽。【製】剉碎或燒末用。【治】療：《別錄》云：棘燒末，水服一錢匕，治小兒驚風，口噤，乳不下，及諸惡腫失治，有膿服之，經宿頭出。〇棘三升，以水五升，煮取二升，分三服，治尿血，含之治齒蟲。〇根煮汁洗之，治癰疽，痔漏瘡，並小兒丹。

棘刺花：無毒。附實、棗針。　叢生。　棘刺花，主金瘡，內漏。〇實，主明目，心腹瘻痹，除熱，利小便。〇又有棗針，療腰痛，喉痹不通。名醫所錄。【名】菥蓂、馬朐、刺原。【苗】棘刺花，即白棘花也。苗、葉、花、實詳見前條，故不重載。【地】《圖經》曰：生道傍、田野間皆有之。【時】生：春生葉。採：冬至後百二十日取花，四月取實。【收】暴乾。【用】花、實、針。【色】黃白。【味】苦。【性】平，泄。【氣】味厚于氣，陰中之陽。【臭】香。【主】金瘡。【治】療：《唐本》注云：刺有鉤者消腫，直者益人。【合治】刺針合瓜蒂末吹鼻中，治小兒一切疳。

明·王文潔《太乙仙製本草藥性大全》卷三《本草精義》　白棘　一名棘鍼，一名棘刺。生雍州川谷，棘刺花生道傍，今近京皆有之。棘，小棗也。叢高三四尺，花葉莖實都似棗，而有赤白二種。蘇恭云白棘莖白如粉，子葉與赤棘同。赤棘中時復有之，亦爲難得耳。然有鉤直二種，直者宜入補藥，鉤者入癰腫藥。鍼採無時，花冬至後百二十日採，實四月採。又棗鍼療喉痹不通，藥中亦用陳子昂。

棘刺花：一名菥蓂，一名馬朐，一名刺原。《切韻》曰棘，小棗也。田野間多有之。苗高二三尺，花葉莖實俱似棗也。唐云：棘有赤白二種，色類非一。後條用花，斯不足怪。以江南無棘，李云用棘針。天門冬苗，一名顛棘，南人以代棘針，陶不許。今用棘刺，當用白者爲佳。花即棘花，定無別物。然刺有兩種，有鉤者，有直者，補益宜用直者，療腫宜用鉤者。又云：棘在棗部，南人昧於棗棘之別，所以同用棘條中也。

明·王文潔《太乙仙製本草藥性大全》卷三《仙製藥性》　白棘　味辛，寒，無毒。　主治：主心腹疼痛刺結，療虛損陰痿洩精。補腎氣而益精髓，散癰腫而治喉痹。大能潰膿，善兼止痛。　補註：治齒蟲，腐棘針二百枚，以水三升，煮取一升，含之。治尿血，棘刺三升，水五升，煮取一升，分二服。治諸惡腫失治有膿，燒刺針作灰水服之，經宿頭出。〇小兒驚風、口噤、乳不下，白棘燒灰，水服一錢，效。〇蟲食齒根，肉黑，燒腐刺取瀝傅之十遍，雄黃末傅之即愈。治癰疽，痔漏瘡，及小兒丹，水煮棘根汁洗之。出《千金》。按：《衍義》云：《本經》如此甚明，諸家之意強生疑惑，今掠不取，求其《經》而可矣。其白棘乃是取其肥盛，紫色，枝上有皺薄白膜先剝起者，故曰白棘。取白之意，不過如此。其棘刺花乃是棘上所開花也，餘無他義。今人燒枝取油塗垢髮，使垢解。　棘刺花：　味苦，氣平，無毒。　主治：花，主金瘡內漏。冬至後一百二十日採。實，主明目，心腹痛，瘻痹，除熱，利小便。實四月採。棘刺療腰痛，喉痹不通。補註：治小兒一切疳，用刺針、瓜蒂等分爲末，吹入鼻中，效。

明・皇甫嵩《本草發明》卷四

白棘中品。氣寒，味辛，無毒。主心腹痛，癰腫潰膿，止痛，決刺結，療丈夫虛損，陰痿精自出，補腎益精髓。名棘鍼。棘刺枝有皺薄白膜剥起者，故云白棘。

明・李時珍《本草綱目》卷三六木部・灌木類

白棘《本經》中品。校正：併入《別録》棘刺花。

［釋名］棘刺《別録》 棘鍼《別録》 赤龍爪《綱目》 花名刺原《別録》 菥蓂《別録》 馬朐音劬。時珍曰：獨生而高者爲棗，列生而低者爲棘。故重束爲棗，平束爲棘，二物觀名即可辨矣。束即刺字。菥蓂與大薺同名，非一物也。

［集解］《別録》曰：白棘生雍州川谷，棘刺花生道旁，冬至後一百二十日采之，四月采實。當之曰：白棘是酸棗樹鍼。今人用天門冬苗代之，非真也。恭曰：棘有赤、白二種，白棘莖白如粉。子、葉與赤棘同，棘中時復有之，亦爲難得，其刺當用白者爲佳，然刺有鈎直二種，直者宜入補益，鈎者益療瘡腫，花即其花，更無別物。天門冬一名顛棘，南人以代棘鍼，非矣。保昇曰：棘有赤、白二種。《切韻》云：棘，小棗也。田野間皆有之，叢高三二尺，花、葉、莖、實俱似棗也。宗奭曰：本文白棘一名棘鍼、棘刺，如此分明。諸家强生疑惑，今不取之。白棘乃是肥盛紫色，枝自有皺薄白膜先剥起者，故白棘取白之義，不過如此爾。

白棘 ［氣味］辛，寒，無毒。［主治］心腹痛，癰腫潰膿，止痛，決刺結《本經》。療丈夫虛損，陰痿精自出，補腎氣，益精髓。棗鍼，療腰痛，喉痹不通《別録》。

［附方］舊五，新七。小便尿血：棘刺三升，水五升，煮二升，分三服。《外臺秘要》。 腹脅刺痛：因腎臟虛冷，不可忍者。棘鍼鈎子一合焙，檳榔二錢半，水一盞，煎五分，入好酒半盞，更煎三五沸，分二服。《聖驗方》。 頭風疼痛：倒鈎棘鍼四十九箇，燒存性，丁香一箇，麝香一皂子，爲末。隨左右嗃鼻。《聖惠方》。 眼睫拳毛：赤龍爪，倒鈎棘也一百二十箇，地龍二條，木賊一百二十節，木鱉子仁二箇，炒，爲末。摘去睫毛，每日以此嗃鼻三五次。《普濟方》。 齲齒腐朽：棘鍼二百枚，即棗樹刺朽落地者，水三升，煮一升，含漱。○或燒瀝，日塗之。後傅雄黄末即愈。《外臺秘要》。 小兒喉痹：棘鍼燒灰，水服半錢。《聖惠方》。 小兒口噤：驚風不乳。白棘燒末，水服一錢。《聖惠方》。 小兒丹毒：水煮棘根汁，洗之。《千金方》。 癰疽痔漏：方同上。 丁瘡惡腫：棘鍼倒鈎爛者三枚，丁香七枚，同入瓶燒存性，以月內孩子糞和塗，日三上之。○又方：曲頭棘刺三百枚，陳橘皮二兩，水五升，煎一升半，分服。《聖惠方》。 諸腫有膿：棘鍼燒灰，水服一錢，一夜頭出。《千金方》。 小兒諸疳：棘鍼、瓜蒂等分，爲末。吹入鼻中，日三次。《聖惠方》。

枝 ［主治］燒油塗髮，解垢膩宗奭。

棘刺花《別録》。［氣味］苦，平，無毒。［主治］金瘡內漏《別録》。

實 ［主治］心腹痿痹，除熱，利小便《別録》。

葉 ［主治］脛臁瘡，擣傅之。亦可晒研，麻油調傅時珍。

明・鮑山《野菜博録》卷三

白棘 一名棘鍼，一名棘刺。生山中。柯莖多刺，葉似酸棗葉，又似赤刺葉。開花結實如棗形。味辛，性寒，無毒。食法：採嫩葉煠熟，油鹽調食。

清・劉雲密《本草述》卷二四

白棘一名棘刺、棘鍼。 時珍曰：獨生而高者為棗，列生而低者為棘。故重束為棗，平束為棘，二物觀名即可辨矣。

氣味：辛，寒，無毒。

主治：心腹痛，癰腫潰膿，止痛，決刺結《本經》。療丈夫虛損，陰痿精自出，補腎氣，益精髓。棘鍼療腰痛，喉痹不通《別錄》。

愚按：《準繩》治溲血有鹿茸丸，用棘刺逐隊於諸補劑中，且有桂、附，是則《別錄》所云療丈夫虛損云云，非無據也。第如《本經》之治，似以潰膿止痛，決刺結為先者，得非此味補益，乃有為之前導，而致其功乎？是則行而補者，在諸藥味中，或未有如斯之兼善也。唯是白棘、棘鍼在《別錄》主治若有稍別，更當以寇氏之說明之。

宗奭曰：本文白棘，一名棘鍼、棘刺，如此分明，諸家強生疑惑，今不取之白棘，乃是肥盛紫色枝自有皺薄白膜先剝起者，故白棘取白之義，不過如此。

附方 腹脅刺痛，因腎臟虛冷不可忍者，棘鍼鈎子一合，焙，檳榔二錢半，水一盞，煎五分，入好酒半盞，更煎三五沸，分二服。 疔瘡惡腫，棘鍼倒鈎爛者三枚，丁香七枚，同入瓶燒存性，以月內孩子糞和塗，日三上之。 又方：曲頭棘刺三百枚，陳橘皮二兩，水五升，煎一升半，分服。 以上二方，一為腎脈虛冷而腹脅刺痛者，此味療之。一為疔瘡惡腫有外上內服二方，似此味又若專於潰毒，不必主於補虛損也。以二證治療之義合而条之，則於茲味，庶幾可以得其中肯者，當屬何功矣。

清·张璐《本經逢原》卷三 白棘 辛，寒，無毒。《本經》主心腹痛，癰腫潰膿，止痛決刺結。 發明：白棘乃小棗樹上針，故能決刺破結。《本經》主癰腫潰膿，與皂刺不甚相遠。《別錄》治丈夫虛損、陰痿、精自出，補腎氣，益精髓，療喉痹不通。又治腹脇刺痛，尿血痔漏，皆取其透達肝腎二經也。

清·楊時泰《本草述鉤元》卷二四 白棘 一名棘刺、棘鍼。獨生而高者為棗，列生而低者為棘。白棘肥盛紫色，枝有皺薄白膜先剝起者，厥名取白，義當在此。

氣味辛寒。《本經》主心腹痛，癰腫潰膿，止痛，決刺結。《別錄》療丈夫虛損陰痿，精自出，補腎氣，益精髓。棘鍼療腰痛、喉痺不通。附方：腹脇刺痛不可忍，因腎臟虛冷者，棘鍼鉤子一合焙，檳榔二錢半，水一盞，煎五分，入好酒半盞，更煎三五沸，分二服。疔瘡惡腫，外治棘鍼倒鉤爛者三枚，丁香七枚，同入瓶燒存性，以月內孩子糞和塗，日三上之。又內服方，曲頭棘刺三百枚，陳皮二兩，水五升，煎一升半，分服。

論：《準繩》治洩血有鹿茸丸，中有棘刺，且合桂、附，是則此味補益，乃有為之前導而致其功者，抑更行而且補，在諸藥味，或未有如斯之兼善者也。

清·趙其光《本草求原》卷九灌木部 白棘小棗樹上針也。 辛，寒，透達肝腎。治腎寒而心腹脇痛，同尖檳酒煎。疔瘡惡腫，同丁香入瓶內燒存性，月兒糞和塗，又同陳皮煎服。潰膿止痛，決刺破結，功同皂刺。治尿血，《準繩》鹿茸丸用。虛損陽痿，精自出，補劑中加之為前導。喉痹，痔瘻。

清·葉志詵《神農本草經贊》卷二 白棘 味辛，寒。主心腹痛，癰腫潰膿止痛。一名棘鍼。生川谷。

莖如粉白，低列思名。鍼穿直刺，爪利鉤縈。鴇來肅肅，蠅止營營。景風洊至，赤實心誠。

蘇恭曰：白棘根如粉白。李時珍曰：列生而低者，為棘，觀名可辨。名醫曰：一名棘鍼。《爾雅翼》：棘刺有直者，鉤者。《群芳譜》：一名赤龍爪。《詩》：肅肅鴇翼，集于苞棘。又：營營青蠅，止于棘。《白虎通德論》：景風至棘造實。《陳留耆舊傳》：夫棘中心赤，外有刺，象我言有棘，而赤心之至誠也。

鼠李

宋·李昉《太平御覽》卷第九九一 鼠李 《吴氏本草》曰：鼠李，一名牛李。

宋·唐慎微《證類本草》卷一四木部下品〔《本經·別錄》〕 **鼠李 主寒熱，瘰癧瘡。**

其皮：味苦，微寒，無毒。主除身皮熱毒。一名牛李，一名鼠梓，一名椑音卑。生田野，採無時。

〔唐·蘇敬《唐本草》〕注云：此藥一名趙李，一名皂李，一名烏槎。樹皮主諸瘡，寒熱毒痹。子主牛馬六畜瘡中蟲，或生擣傅之，或和脂塗，皆效。子味苦，採取日乾，九蒸。酒漬服三合，日再，能下血及碎肉，除疝瘕積冷氣，大良。皮、子俱有小毒。

〔宋·掌禹錫《嘉祐本草》〕按：日華子云：味苦，涼，微毒。治水腫。皮主風痹。

〔宋·蘇頌《本草圖經》〕曰：鼠李，即烏巢子也。《本經》不載所出州土，但云生田野，今蜀川多有之。枝、葉如李。子實若五味子，色瑿黑，其汁紫色，味甘、苦，實熟時採，日乾。九蒸，酒漬服，能下血。其皮採無時。一名牛李。劉禹錫《傳信方》主大人口中疳瘡并發背，萬不失一。用山李子根，亦名牛李子，薔薇根野外者佳。各細切五升，以水五大斗，煎至半日已來，汁濃，即於銀、銅器中盛之，重湯煎至一二升，看稍稠，即於甆瓶子中盛。少少溫含咽之，必差。忌醬、醋、油膩、熱麪，大約不宜食肉。如患發背，重湯煎令極稠，和如膏，以帛塗之瘡上，神效。襄州軍事柳岸妻竇氏患口疳十五年，齒盡落，齗亦斷壞，不可近，用此方遂差。

〔宋·唐慎微《證類本草》〕《食療》云：微寒。主腹脹滿。其根有毒。煮濃汁含之治䘌齒。并疳蟲蝕人脊骨者，可煮濃汁灌之良。其肉，主脹滿穀脹，和麪作餅子，空心食之，少時當瀉。其煮根汁，亦空心服一盞，治脊骨疳。

宋·寇宗奭《本草衍義》卷一五 鼠李 即牛李子也。木高七八尺，葉如李，但狹而不澤。子於條上四邊生，熟則紫黑色，生則青。葉至秋則落，子尚在枝。是處皆有，故《經》不言所出處。今關陝及湖南、江南北甚多。木皮與子兩用。

宋·鄭樵《通志》卷七六《昆蟲草木略》 鼠李 曰牛李，曰鼠梓，曰椑，曰山李，曰楰，曰苦楸。即烏巢子也。《爾雅》云：楰，鼠梓。《詩》：北山有楰。

宋·陳衍《寶慶本草折衷》卷一四 鼠李 一名鼠梓，一名牛李，一名牛李子，一名山李子，一名趙李，一名皂李，一名烏槎，一名椑，乃烏巢子也。○椑，音卑。生蜀川，及關、陝、湖南、江南北，今是處田野有之。○實熟時採，日乾。

味苦、甘，涼，微毒。○主寒熱瘰癧瘡。○《唐本》註云：能下血，除症瘕氣。○日華子云：治水腫。○《圖經》曰：實若五味子，色黑，其汁紫色。○《食療》云：主腹脹滿。

明·劉文泰《本草品彙精要》卷二〇　鼠李無毒　植生。

鼠李出《神農本經》：**主寒熱，瘰癧，瘡。**以上朱字《神農本經》。皮，苦，微寒，主除身皮熱毒。以上黑字名醫所錄。【名】牛李、鼠梓、椑音卑、趙李、皂李。木：烏槎樹。【苗】《圖經》曰：鼠李，即烏巢子也。枝葉如李，實若五味子，色堅黑，其汁則紫色也。《衍義》曰：木高七八尺，葉如李，但狹而不澤，子於條上四邊生，熟則紫黑，生則青色，葉至秋則落，其子尚在枝。是處皆有之，故《經》不言所出處。皮與子兩用。【地】《圖經》曰：生田野，今關陝及湖南、江南北甚多。【道地】蜀州。【時】生：春生葉。採：實熟時取，不拘時取皮。【收】日乾。【用】實、皮。【質】類五味子而大。【色】黑。【味】甘。【性】涼，緩。【氣】氣之薄者，陽中之陰。【臭】朽。【主】殺蟲、消毒。【製】子，酒漬九蒸，日乾，搗碎用。【治】療：日華子云：消水腫。○皮，除風痹。《唐本》注云：皮，療諸瘡，寒熱毒痹。《別錄》云：消腹脹滿。【合治】子，九蒸。酒漬服，能下血，除症瘕積冷氣。

明·鄭寧《藥性要略大全》卷六　牛李子一名鼠李　除身熱毒，下血及碎肉，症瘕，積冷氣，水腫脹滿。易老云：主風痹寒熱，瘰癧。實似五味子，色皆黑。味苦、甘，氣寒，無毒。九蒸，酒漬服。皮：味苦，微寒，無毒。

明·王文潔《太乙仙製本草藥性大全》卷三《本草精義》　鼠李　一名牛李，一名鼠梓，一名椑，一名趙李，一名皂李，一名烏椏樹，即烏巢子也。《本經》不載所出州土，但云及田野，今蜀川多有之。枝葉如李，子實若五味子，色醫黑，其汁紫色，味甘、苦。實熟時採，日乾。九蒸，酒漬〔服〕能下血。其皮採無時。

明·王文潔《太乙仙製本草藥性大全》卷三《仙製藥性》　鼠李　味甘、苦，氣寒，無毒。主治：實，主寒熱水腫，治瘰癧惡瘡，理下血除碎肉尤妙，除症瘕積聚冷氣最良。子，主牛馬六畜瘡中蟲。皮，味苦，微寒，無毒，主風濕痹大妙，除身皮熱即涼。補註：下血及碎肉，除症瘕積聚冷氣，採取日乾，九蒸酒漬，服三合，日再服。○口中疳瘡，并發背，萬不一失，用根與子，薔薇根野外者佳，細剉水煎半日，即於銀銅器中盛之，重湯煎熬，看稍稠貯於甆瓶子中，少溫含咽之必差。忌醬、醋、油、熱麵，大約不宜食肉。○患發背，重湯煎令極稠，和如膏，以帛塗瘡上神效。患口疳十五年，齒盡落斷，貼之亦效。治腹脹滿，其根有毒，煮濃汁含之。治䘌齒并疳蟲蝕人脊骨者，可煮濃汁灌之良。其肉主脹滿穀脹，和麵作餅子，空心食之，少時當瀉。其煮根汁，亦空心服一盞，治脊骨痛。按：《衍義》云：鼠李即牛李子也。其木高七八丈，葉如李但狹而不澤，子於條上四邊生，熟則紫黑色，生則青，葉至秋則子落尚在枝。是處皆有，故《經》不言所出處。今關陝及湖南、江南北甚多，木皮與子兩用。

明·李時珍《本草綱目》卷三六木部·灌木類　鼠李《本經》下品

【釋名】楮李錢氏　鼠梓《別録》　山李子《圖經》　牛李《別録》　皂李蘇恭　趙李蘇恭　牛皂子《綱目》　烏槎子《綱目》　烏巢子《圖經》　椑音卑。時珍曰：鼠李方音亦作楮李，未詳名義。可以染綠，故俗稱皂李及烏巢。巢、槎、趙，皆皂子之音訛也。頌曰：一種苦楸，亦名鼠梓，與此不同。見梓下。

【集解】《別録》曰：鼠李生田野，采無時。頌曰：即烏巢子也。今蜀川多有之，枝葉如李，其實若五味子，色堅黑，其汁紫色，熟時采，日乾用。皮采無時。宗奭曰：即牛李也。木高七八尺，葉如李，但狹而不澤。子於條上四邊生，生時青，熟則紫黑色。至秋葉落，子尚在枝。是處皆有，今關陝及湖南、江南北甚多。時珍曰：生道路邊。其實附枝如穗。人采其嫩者，取汁刷染綠色。

子【氣味】苦，涼，微毒。【主治】寒熱瘰癧瘡《本經》。水腫腹脹滿大明。下血及碎肉，除症瘕積冷，九蒸酒漬，服三合，日再服。又擣傅牛馬六畜瘡中生蟲蘇恭。痘瘡黑陷及疥癬有蟲時珍。

【發明】時珍曰：牛李治痘瘡黑陷及出不快，或觸穢氣黑陷。古昔無知之者，惟錢乙《小兒直訣》必勝膏用之。云牛李子即鼠李子，九月後采黑熟者，入砂盆擂爛，生絹挨汁，用銀、石器熬成膏，瓷瓶收貯，常令透風。每服一皂子大，煎桃膠湯化下。如人行二十里，再進一服，其瘡自然紅活。入麝香少許尤妙。如無生者，以乾者爲末，水熬成膏。又《九籥衛生方》亦云：痘瘡黑陷者，用牛李子一兩炒研，桃膠半兩。每服一錢，水七分，煎四分，溫服。

【附方】新二。

諸瘡寒熱：毒痹，及六畜蟲瘡。鼠李生擣傅之。《聖惠方》。

齒䘌腫痛：牛李煮汁，空腹飲一盞，仍頻含漱。《聖濟録》。

皮　【氣味】苦，微寒，無毒。恭曰：皮、子俱有小毒。〇忌鐵。　【主治】身皮熱毒《別録》。風痹大明。諸瘡寒熱蘇恭。口疳䶧齒，及疳蟲蝕人脊骨者，煮濃汁灌之，神良孟詵。

【發明】頌曰：劉禹錫《傳信方》：治大人口中疳瘡，發背，萬不失一。用山李子根一名牛李子、薔薇根野外者，各細切五升，水五大斗，煎半日，汁濃，即于銀、銅器中盛之，重湯煎至一二升，待稠，瓷瓶收貯。每少少含嚥，必瘥。忌醬、醋、油膩、熱麪及肉。如發背，以帛塗貼之，神效。襄州軍事柳岸妻竇氏，患口疳十五年，齒盡落斷，不可近，用此而愈。

明·鮑山《野菜博録》卷三　鼠李　一名牛李，一名鼠梓，一名趙李，一名皂李，一名烏槎。生田野中。枝葉俱似李子。其味苦，性微寒，無毒。

食法：李子熟時摘食。

明·顧逢柏《分部本草妙用》卷八雜藥部　鼠李子即牛李子　苦，涼，微毒。

主治：寒熱，瘰癧水腫腹脹，下血碎肉，疝瘕積冷，九蒸酒浸服。擣敷牛馬六畜瘡中生蟲。〇痘瘡黑陷，及疥癬有蟲。牛李治痘黑陷，及出不快，或觸穢氣黑陷者，九月後採黑熟者，研汁熬膏，瓶收，常令透風，每服一皂子大，桃膠湯化下，隔[一]時餘再進，自然紅活。入麝少許尤玅。用乾者為末亦可。

清·李熙和《醫經允中》卷二一　鼠李子　即牛李子。　苦，涼，無毒。主治痘瘡黑陷。九月採黑熟者，研汁熬膏，瓶收常令透風，每服一皂子大，桃膠湯化下，隔一時餘再進，自然紅活，入麝少許尤妙。用乾者為末，亦可擣塗疥癬有蟲，及牛馬六畜瘡中生蟲。

清·张璐《本經逢原》卷三　鼠李當作楮李子，一名牛李子，熬汁可以染綠，今造紙，馬鋪取汁刷印綠色，故又名綠子。　苦，涼，微毒。《本經》主寒熱瘰癧瘡。

發明：牛李，生青熟黑，而帶紅紫，入肝腎血分。其味苦涼，善解諸經伏匿之毒。《本經》治寒熱瘰癧，大明治水腫腹滿，蘇恭治下血及疝瘕積冷。擣敷牛馬瘡中生蟲。時珍治疥癬有蟲，總取其去濕熱之功。惜乎世鮮知用。惟錢氏必勝膏治痘瘡黑陷及出不快，或觸穢氣黑陷，方用牛李熬膏，桃膠湯化皂子大一丸，如人行十里再進一丸，其瘡自然紅活。蓋牛李解毒去濕熱，桃膠辟惡氣活血耳。

清·汪紱《醫林纂要探源》卷二　牛李子　甘，寒。一名烏罡子，一名鼠李子，一名牛誚子，一名楮李子，一名禾鐮子。好生道旁田畔，一幹直上，葉長大而色青黑，似桃而厚且韌，秋結實成穗，垂葉間，圓大如豆，色黑多汁，可食，中有細核。取汁熬膏，滋陰養腎，活血，能起痘瘡黑陷。

清·吳其濬《植物名實圖考》卷三三　鼠李　《本經》下品。宋《圖經》即烏巢子。《本草衍義》以為即牛李子，敘述綦詳。李時珍云：取汁刷染綠色，此即江西俗呼凍綠柴，一名羊史子。《救荒本草》：女兒茶一名牛李子，一名牛筋子。葉味淡微苦，可食，亦可作茶飲。即此。唯江西別有牛金子，子黑色，與此異。

清·葉志詵《神農本草經贊》卷三　鼠李　主寒熱，瘰癧創。生田野。

締構烏巢，緣林鼠嘯。周角條垂，畸零枝戀。紫蓄漿濃，綠凝染練。楰梓名同，北山偏擅。

蘇頌曰：即烏巢子也。高啟詩：林驚緣樹鼠。寇宗奭曰：子於條上四邊生，生青熟紫，至秋葉落子尚在枝。李時珍曰：其實附枝如穗，人采其嫩者，取汁染成綠色。名醫曰：一名鼠梓。《說文》：楰鼠梓。《詩》：北山有楰。李時珍曰：苦楸，一名鼠梓，與此不同。

山茶科

明·朱橚《救荒本草》卷下之前　山茶科　生中牟土山田野中。科條高四五尺，枝梗灰白色，葉似皂莢葉而團，又似槐葉，亦團，四五葉攢生一處，葉甚稠密。味苦。　救飢：採嫩葉煠熟，水淘洗淨，油鹽調食。亦可蒸晒乾，做茶煮飲。

女兒茶

明·朱橚《救荒本草》卷下之前　女兒茶　一名牛李子，一名牛筋子。生田野中。科條高五六尺，葉似郁李子葉而長大，稍尖，葉色光滑，又似白棠子葉，而色微黃綠，結子如豌豆大，生則青，熟則黑茶褐色。其葉味淡、微苦。

救飢：採嫩葉煠熟，水浸淘淨，油鹽調食。亦可蒸暴作茶煮飲。

馬甲子

清·吳其濬《植物名實圖考》卷九　馬甲子　江西處處有之。小樹如菝葜，赭莖；大葉如柿葉，亦硬。面綠背淡，有赭紋；開小白花如棗花；結實形似鰒魚，圓小如錢，生青熟赭，有扁核。青時味如棗而淡，熟即生螬。小兒食之，土人採根治喉痛。

按《遵義府志》：馬鞍樹開花結子，殼似五兩錢，子在錢內，熟時極紅，取子榨油，可作燭。又《思南府志》：銅錢樹一名馬鞍，秋開黃花，果三棱，淡紅色，子壓油，不中食，蓋即此。

清・劉善述、劉士季《草木便方》卷二木部 棘刺樹 鐵籬巴茨療疔瘡，花塗金瘡內漏傷。葉敷臁瘡調麻油，苦平無毒消腫方。

黎辣根

清・吳其濬《植物名實圖考》卷一〇 黎辣根 生長沙山岡。叢生小科，赭黑細莖，長葉光硬，本狹末寬有尖，面濃綠，背淡有赭紋；近莖黑，根圓大，細尾長五六寸。俚醫用以殺蟲敗毒。秋結實，生青熟黑，味甜可食。

山茱萸

宋・李昉《太平御覽》卷第九九一 山茱萸 《本草經》曰：山茱萸，一名蜀酸棗。平。生山谷。治心下邪氣寒熱，温中，逐寒濕，去三蟲，久服輕身。生漢中。《建康記》曰：建康出山茱萸。《范子計然》曰：山茱萸出三輔。《吳氏本草》曰：山茱萸，一名魃音伎實，一名鼠矢，一名鷄足。神農、黃帝、雷公、扁鵲：酸，無毒。岐伯：辛。一經：酸。或生宛句、琅琊，或東海承縣。葉如梅，有刺毛，二月華如杏，四月實如酸棗赤，五月採實。

宋・唐慎微《證類本草》卷一三木部中品〔《本經》・《別錄》・《藥對》〕 **山茱萸** **味酸，平**、微溫，無毒。**主心下邪氣，寒熱，溫中，逐寒濕痹，去三蟲**，腸胃風邪，寒熱疝瘕，頭風，風氣去來，鼻塞，目黃，耳聾，面皰，溫中下氣，出汗，强陰益精，安五藏，通九竅，止小便利。**久服輕身**，明目，强力長年。**一名蜀棗**，一名雞足，一名魃音妓實。生漢中山谷及琅邪、宛句、東海承縣。九月、十月採實，陰乾。蓼實爲之使，惡桔梗、防風、防己。

〔梁・陶弘景《本草經集注》〕云：出近道諸山中大樹。子初熟未乾，赤色，如胡蘈子，亦可噉；既乾，皮甚薄，當以合核爲用爾。

〔宋・掌禹錫《嘉祐本草》〕按：《藥性論》云：山茱萸，使，味鹹、辛，大熱。治腦骨痛，止月水不定，補腎氣，興陽道，堅長陰莖，添精髓，療耳鳴，除面上瘡，主能發汗，止老人尿不節。日華子云：暖腰膝，助水藏，除一切風，逐一切氣，破癥結，治酒皶。陳藏器云：胡蘈子，熟赤，酢澁。小兒食之當果子。止水痢。生平林間，樹高丈餘，葉陰白，冬不凋，冬花春熟，最早諸果。莖及葉煮汁飼狗，主瘑。又有一種大相似，冬凋春實夏熟，人呼爲木半夏，無別功。根，平，無毒。根皮煎湯，洗惡瘡疥并犬馬瘑瘡。

〔宋・蘇頌《本草圖經》〕曰：山茱萸，生漢中山谷及琅邪、宛句、東海承縣，今海州亦有之。木高丈餘，葉似榆，花白。子初熟未乾，赤色，似胡蘈子，有核，亦可噉；既乾，皮甚薄。九月、十月採實，陰乾。吳普云：一名鼠矢。葉如梅，有刺毛。二月花如杏。四月實如酸棗，赤。五月採實。與此小異也。舊說當合核爲用。而雷斆《炮炙論》云：子一斤去核，取肉皮用，只秤成四兩半，其核八稜者名雀兒蘇，別是一物，不可用也。

〔宋・唐慎微《證類本草》〕雷公云：凡使，勿用雀兒蘇，真似山茱萸，只是核八稜，不入藥用。使山茱萸，須去內核。每修事去核了，一斤取肉皮用，只秤成四兩已來，緩火熬之方用。能壯元氣，秘精。核能滑精。

宋・寇宗奭《本草衍義》卷一四 山茱萸：與吳茱萸甚不相類。山茱萸色紅，大如枸杞子。吳茱萸如川椒，初結子時，其大小亦不過椒，色正青。得名則一，治療又不同，未審當日何緣如此命名。然山茱萸補養腎臟，無一不宜。《經》與注所說備矣。

宋・鄭樵《通志》卷七六《昆蟲草木略》 山茱萸 其實似萇楚之實。一名蜀棗，一名雞足，一名魃實。

金・張元素《潔古珍珠囊》〔見元・杜思敬《濟生拔粹》卷五〕 山茱萸酸 陰中之陽。溫肝，又能強陰益精。《經》云：滑則氣脫，濇則可以收之。山茱萸之澀，以收其滑。

宋・劉明之《圖經本草藥性總論》卷下 山茱萸 味酸，平、微溫，無毒。主心下邪氣寒熱，溫中，逐寒濕痺，去三蟲，腸胃風邪寒熱，疝瘕，頭風風氣去來，鼻塞目黃，耳聾面皰，溫中，下氣出汗，強陰益精，安五臟，通九竅，止小便利。《藥性論》云：使。味鹹、辛，大熱。治腦骨痛，止月水不定，補腎氣，興陽道，堅長陰莖，添精髓。療耳鳴，除面上瘡，能發汗，止老人尿不節。日華子云：暖腰膝，助水藏，除一切風，逐一切氣，破癥結。治酒皶。蓼實為之使。惡桔梗、防風、防己。

宋・陳衍《寶慶本草折衷》卷一三 山茱萸使。○蒲頹續附。 一名蜀棗，一名魃實，一名鼠矢，一名雞足。魃，音妓。生漢中山谷及琅邪、宛句、東海，兗、海州。○九、十月採實，陰乾。○蓼實為使，惡桔梗、防風、防己。○續附：蒲頹，一名半含，一名黃婆奶。生吳地、江南、京都、襄、漢。麥熟時採。今並出近道諸山。

味酸、鹹、辛，平，微溫，無毒。○主溫中，逐寒濕痹，去三蟲，腸胃風邪，疝瘕，頭風風氣，鼻塞目黃，耳聾面皰。強陰益精，安五藏，通九竅，止小便利。○《藥性論》云：治腦骨痛，止月水不定，補腎興陽，療耳鳴，止老人尿不節。○日華子云：暖腰膝，助水藏，逐氣，破癥結，治酒齇。○雷公云：去核了壹斤，取肉皮只肆兩半，緩火熬之。○寇氏曰：色紅，大如枸杞子，補養腎藏。

續説云：山茱萸須肉厚、新肥、紅潤者為勝。陶隱居以皮核合用，雷公乃單取肉皮，謂其核能滑精。而《經驗方》又言：核令小便結澀。諸方罕有決擇者，惟艾原甫斷以去核之説為然也。更有一種蒲頹，其實似山茱萸。《蘇沈方》用為治肺喘之寶，單碾末，每服貳錢，俟發時，或酒調，或水煎服。有患喘三十年者，服之皆愈。甚者，服後胸中生癮疹。痒者，其疾即差。一方加人參等分。此蒲頹味酸可啖，肉如赤汁，暴乾即皮皺粘核，去核而用。其葉柔而厚，背白如熟羊皮。其蒂極細如絲，倒垂，風吹則搖搖然。或謂即陳藏器所述胡頹□□子者是也。胡、蒲聲相近耳。此説粗可信。

元・王好古《湯液本草》卷五　山茱萸　氣平微温，味酸，無毒。入足厥陰經、少陰經。《本草》云：主温中，逐寒濕痹，強陰益精，通九竅，止小便。入足少陰、厥陰。《聖濟經》云：滑則氣脱，澀劑所以收之，山茱萸之澀以收其滑。仲景八味丸用為君主，知是澀劑以通九竅。《雷公》云：用之去核，一斤取肉四兩，緩火熬用，能壯元氣，秘精。核，能滑精，故去之。《珍》云：温肝。《本經》云：止小便利，以其味酸也。觀八味丸用為君主，其性味可知矣。《藥性論》亦云：補腎添精。日華子亦云：暖腰膝，助水臟也。

元・尚從善《本草元命苞》卷六　山茱萸　為使。味酸，平、微温。惡桔梗、防風、防己。使蓼實。又名蜀棗。生漢中山谷，及琅琊、冤句。樹木高丈餘，葉似榆，有刺，二月開花，如杏花，四月結實，若酸棗，九月採之，陰乾入藥。惟取皮肉，緩火熬用。安元氣，秘精滑，則氣脱取澁劑收之。強陰益精氣，能通九竅。温中，止小便。惟入二陰，足少陰腎經、足厥陰肝經。逐寒濕痺痛，去腸胃風邪。暖腰膝，助水臟，補腎氣，除耳鳴。主心腹寒熱疝瘕，療頭面風氣去來。久服輕身明目，多餌強力長年。又一種核，有八稜，雀兒蘇，不堪入藥。

元・徐彥純《本草發揮》卷三　山茱萸　潔古云：味酸。陽中陰也。温肝藏。東垣云：山茱萸味酸，平，微温。陰中之陽。主心下邪氣，暖腰膝，助水藏，除一切風，逐一切冷。海藏云：入足少陰、厥陰經。《聖濟經》云：滑則氣脱，澀劑所以收之。山茱萸之澀，以收其滑。仲景八味丸用為君主。如何澀劑，以通九竅，雷公用之，去核，取肉四兩，緩火熬用，能壯元氣，秘精。核滑精，故去之。

明・朱橚《救荒本草》卷下之前　實棗兒樹　《本草》名山茱萸。一名蜀棗，一名鷄足，一名魃音妓實，一名鼠矢。生漢中川谷及琅琊冤句、東海承縣，海州，今鈞州、密縣山谷中亦有之。木高丈餘，葉似榆葉而寬，稍團，紋脉微麁，開淡黄白花，結實似酸棗大，微長，兩頭尖䚥，色赤，既乾則皮薄。味酸，性平，微温，無毒。一云：味鹹，辛，大熱。蓼實為之使。惡桔梗、防風、防己。救飢：摘取實棗紅熟者，食之。治病：文具《本草》木部山茱萸條下。

明・王綸《本草集要》卷四　山茱萸使　味酸，澀，氣平，微温，無毒。入足厥陰經、少陰經。蓼實為之使。惡桔梗、防風、防己。陰乾，去核用。主心下邪氣寒熱，温中，逐寒濕痹，去三蟲。補腎氣，興陽道，堅長陰莖，添精髓，秘精，止小便利，暖腰膝，療耳鳴，止女人月水不定，老人尿不節，久服輕身，明目強力長年。○核，能滑精。

明・滕弘《神農本經會通》卷二　山茱萸　使也。蓼實為之使。惡桔梗、防風、防己。九十月採實，陰乾。核能滑精，用須去之。一名蜀棗。味酸，氣平，微温，無毒。《湯》云：入足厥陰經、少陰經。東云：治頭暈遺精。《珍》云：温肝，逐濕，通邪氣，助益水臟，暖腰膝。《疌》云：除風逐痺，通邪氣，調經補腎，更添精，兼療耳鳴。

《本經》云：主心下邪氣寒熱，温中，逐寒濕痺，去三蟲，腸胃風邪寒熱，疝瘕，頭風，風氣去來，鼻塞，目黄，耳聾，面皰，温中下氣，出汗，強陰益精，安五臟，通九竅，止小便利。久服輕身，明目，強力長年。《藥性論》云：山茱萸，使。味鹹辛，大熱。治腦骨痛，止月水不定，補腎氣，興陽道，堅長陰莖，添精髓，療耳鳴。除面上瘡，能發汗，止老尿不節。日華子云：暖腰膝，助水藏。除一切風，破癥結，治酒齇。《湯》云：《本草》云主温中，逐寒濕痺，強陰益精，通九竅，止小便。入足少陰、厥陰經。《聖濟經》云：滑則氣脱，澁劑所以收之。山茱萸之澁，以收其滑。仲景八味丸為君主，如何澁劑以通九竅。雷公云：用之去核一斤，取肉四兩，緩火熬用，能壯元氣，秘精。核能滑精，故去之。《珍》云：溫肝。

《本經》云：止小便利，以其味酸也。觀八味用為君主，其性味可知矣。《藥性論》亦云：補腎添精。日華子亦云：暖腰膝，助水藏也。劉云：山茱萸主通邪氣，逐痺除風療耳鳴。婦女得之調月水，男人補腎更添精。即《局方》山茱萸，補腎添精，兼療風痺。

明・劉文泰《本草品彙精要》卷一八　山茱萸無毒。附胡頽子。　植生。

山茱萸出《神農本經》**主心下邪氣，寒熱，溫中，逐寒濕痹，去三蟲。久服輕身。**以上朱字《神農本經》。腸胃風邪，寒熱，疝瘕，頭風，風氣去來，鼻塞，目黃，耳聾，面皰，溫中，下氣，出汗，強陰，益精，安五臟，通九竅，止小便利，明目，強力，長年。以上黑字名醫所錄。【名】蜀棗、雞足、鬾音妓實、鼠矢。【苗】《圖經》曰：木高丈餘，葉似榆，花白。子初熟未乾紅色，大如枸杞，亦似胡頽子，有核，九月後採實，亦可啖。既乾，皮甚薄。一種名鼠矢，葉如梅，有刺毛，二月花如杏，四月實如酸棗而赤。五月採實，與此小異也。陳藏器云：胡頽子生平林間，樹高丈餘，葉背白，冬不凋。冬花春熟，最早諸果，其實酢澀，小兒當果食之。【地】《圖經》曰：生漢中山谷，及琅琊、冤句、東海、承縣，今海州亦有之。陶隱居云：出近道諸山中。【道地】兖州、海州。【時】生：春初生葉。採：九月、十月取實。【收】陰乾。【用】實。【質】類酸棗，赤而尖小。【色】赤。【味】酸。【性】平，微溫，收。【氣】氣厚于味，陽中之陰。【臭】朽。【主】添精髓，悅顏色。【行】足厥陰經、少陰經。【助】蓼實爲之使。【反】惡桔梗、防風、防己。【製】《雷公》云：湯潤去核用。【治】療：《藥性論》云：去腦骨疼痛，止月水，療耳鳴，除面上瘡，能發汗，止老人尿不節。日華子云：除一切風，逐一切氣，破癥結，及酒皶。陳藏器云：胡頽子，止水痢。補：《藥性論》云：興陽道，添精髓。日華子云：暖腰膝，助水臟。雷公云：壯元氣，秘精。【禁】核不宜食，食之滑精。【贋】其核八稜者，名雀兒蘇，別是一物，爲僞。

明・葉文齡《醫學統旨》卷八　山茱萸　氣平，微溫，味酸澁。無毒。陰中之陽。入足厥陰、足少陰經。蓼實為使，惡桔梗、防風、防己。去核用，核能滑精。

治心下邪氣寒熱，溫中逐寒濕痺；去三蟲，補腎氣，興陽道；堅長陰莖，添精髓，秘精，止小便利，暖腰膝，療耳鳴；止女人月水不定，老人尿不節；久服明目強力。

明・許希周《藥性粗評》卷三　茱萸在山，朝元陽而弄暖。

山茱萸，一名雞足，一名鬾實。木高丈餘，葉似榆，花白，子初熟未乾大如枸杞，赤色，似胡頽子，有核，既乾皮薄。江南山野處處有之，與吳茱萸、食茱萸家園所種者相別，故名。九月、十月採實，陰乾。凡用去核取肉，焙乾。蓼實為之使，惡桔梗、防風、防己。味辛、酸，性平、微溫，無毒。入足少陰腎、厥肝經。主治風濕寒痹，頭風胃冷，疝瘕邪氣，鼻塞面皰，耳聾目黃，溫中下氣，出汗，生精補血，暖水藏，助元陽，安五藏，通九竅，祛疫癘，久服明目強力。《聖濟經》云：滑則氣脫，山茱萸之澁以收其滑酸故能收，仲景八味丸用為君主。雷公用之去核核能滑精故去之。《衍義》云：山茱萸補養腎臟，無一不宜。

單方：補腎助陽：凡腎冷陽衰者，取山茱萸肉不拘多少，甆盆內炒乾，為末，每服溫酒調下一二錢，日二三，旦夕有效。

明・鄭寧《藥性要略大全》卷四　山茱萸　治頭暈遺精，興陽長陰之劑。

《賦》曰：暖腰膝，壯元氣，補腎，添精秘精。味鹹，酸澁，性平，微溫，無毒。入足厥陰、少陰。蓼實為之使。惡桔梗、防風、防己。採實陰乾，去核用肉。其核能滑精。

明・陳嘉謨《本草蒙筌》卷四　山茱萸　味酸，澁，氣平，微溫。無毒。多出漢中，遍生山谷。因名蜀棗，生青熟紅。近霜降摘取陰乾，惡桔梗防風防己。宜蓼實為使，入肝腎二經。合散為丸，惟取皮肉。溫肝補腎，興陽道以長陰莖；益髓固精，暖腰膝而助水臟。女人可勻經候，老者能節小便。除一切風邪，卻諸般氣證。通九竅，去三蟲。強力延年，輕身明目。其核勿用，滑精難收。

謨按：經云：滑則氣脫，山茱萸之澁，以收其滑。八味丸用之，無非取其益腎而固精也。《本經》謂：其九竅堪通。是又盡信書則不如無書矣！

明・方穀《本草纂要》卷四　山茱萸　味酸、澁，氣平、微溫，無毒。入足厥陰肝經，能補肝明目；入足少陰腎經，能益腎強陰。主女子月水不定，老人小水不節，男子陽道不興，女人陰器痿弱。蓋此藥能添精補髓，溫中逐寒，堅骨強志，益腰壯膝故也。然而，用之之法，又不可不辨山萸之肉可以秘精，山萸之核可以滑精。善用治者，當用肉而去之以核也。

明・王文潔《太乙仙製本草藥性大全》卷三《本草精義》　山茱萸　一名

蜀棗，一名雞足，一名魃實。生漢中山谷及琅琊、冤句、東海承縣，今海州亦有之。木高丈餘，葉似榆，花白，子初熟未乾赤色，似胡蘈子，有核，亦可啖，既乾皮甚薄，生青熟紅，近霜降摘取陰乾。惡桔梗、防風、防己，合散爲丸，惟取皮肉。吴普云：一名鼠矢，葉如梅，有刺毛，二月花如杏，四月實如酸棗，赤，五月採實。與此小異也。舊説當合核為用，而《雷斆炮製論》云：子一斤去核，取肉皮用，只秤成四兩半。其核八稜者名雀兒蘇，別是一物，不可用也。

按：《經》云：滑則氣脱。山茱萸之澁以收其滑，八味丸用之，無非取其益腎而固精也。《本經》謂其九竅堪通，是又盡信書則不如無書矣。

明・王文潔《太乙仙製本草藥性大全》卷三《仙製藥性》 山茱萸使 味酸澁，氣平、微溫，無毒。入足厥陰經、少陰經。蔘實爲之使。主治：主寒熱溫中逐痹，去三蟲疝瘕頭風。治鼻塞目黄，療耳聾面皰。安五臟下氣，祛風通九竅。止小便利，溫肝補腎。興陽以長陰莖，益髓。丸散中用。修事十兩，用鹽二兩，研作末，投東流水四斗中，分作一百度洗，別有大效。若用醋煮，即先沸醋三十餘沸後，入茱萸更沸，醋盡熬乾，每用十兩，使醋一鎰爲度。根白皮：殺三蟲寸白，治喉痹欬逆。止洩注，食不消，女子經産餘血。療白癜風癬。枝莖：療二便關格，喞口立通，並擇向東南取之，方獲效驗，截斷如手指半節長，含。

補註：治寸白蟲，茱萸根洗去土，四兩切，以水、酒各一升，漬一宿，平旦分再服。凡茱萸皆用細根東北陰者良，若稍大如指已上者，皆不任用。

明・皇甫嵩《本草發明》卷四 山茱萸中品，臣。氣平，微溫。味酸入足少陰經、足厥陰經。發明曰：山茱萸味酸入肝，為能益肝，以收滑固精，補腎經之本也。故《本草》云：強陰益精，明目強力，安五藏，止小便利，疝瘕目黄，去三蟲。又云：興陽道，堅長陰莖，添精髓，暖腰膝，助水藏及老人尿不節，調匀女經等，由其入厥陰而益肝氣，補腎經也。又主心下邪氣，腸胃風邪寒熱，溫中，除寒濕痺，頭風風氣去來，鼻塞等候，豈非性溫以逐寒歟。〇八味丸中用之，取其收澁以固精耳。又謂能通九竅，未可盡信也。惡桔梗、防風、防己。蔘實為使。核滑精。其核八稜者，名雀兒蘇，不入藥。

明・李時珍《本草綱目》卷三六木部・灌木類 山茱萸《本經》中品。

【釋名】蜀酸棗《本經》　肉棗《綱目》　魃實《別録》　雞足吴普　鼠矢吴普宗奭曰：山茱萸與吴茱萸甚不相類，治療大不同，未審何緣命此名也。時珍曰：《本經》一名蜀酸棗，今人呼爲肉棗，皆象形也。

【集解】《別録》曰：山茱萸生漢中山谷及琅琊、冤句、東海承縣。九月、十月采實，陰乾。頌曰：葉如梅，有刺。二月開花如杏。四月實如酸棗，赤色。五月采實。弘景曰：出近道諸山中大樹。子初熟未乾，赤色，如胡蘈子，亦可啖；既乾，皮甚薄，當合核用也。頌曰：今海州、兗州亦有之。木高丈餘，葉似榆，花白色。雷斆《炮炙論》言一種雀兒蘇，真相似，只是核八稜，不入藥用。時珍曰：雀兒蘇，即胡蘈子也。

實　【修治】斆曰：凡使以酒潤，去核取皮，一斤只取四兩已來，緩火熬乾方用。能壯元氣，祕精。其核能滑精，不可服。

【氣味】酸，平，無毒。《別録》曰：微温。普曰：神農、黄帝、雷公、扁鵲：酸，無毒。岐伯：辛。權曰：鹹、辛，大熱，好古曰：陽中之陰。入足厥陰、少陰經氣分。之才曰：蔘實爲之使。惡桔梗、防風、防己。【主治】心下邪氣寒熱，温中，逐寒濕痹，去三蟲，久服輕身《本經》。腸胃風邪，寒熱疝瘕，頭風風氣去來，鼻塞目黄，耳聾面皰，下氣出汗，强陰益精，安五臟，通九竅，止小便利。久服，明目强力長年《別録》。治腦骨痛，療耳鳴，補腎氣，興陽道，堅陰莖，添精髓，止老人尿不節，治面上瘡，能發汗，止月水不定甄權。暖腰膝，助水臟，除一切風，逐一切氣，破癥結，治酒皶大明。温肝元素。

【發明】好古曰：滑則氣脱，濇劑所以收之。山茱萸止小便利，祕精氣，取其味酸濇以收滑也。仲景八味丸用之爲君，其性味可知矣。

【附方】新一。草還丹：益元陽，補元氣，固元精，壯元神，乃延年續嗣之至藥也。山茱萸酒浸取肉一斤，破故帋酒浸焙乾半斤，當歸四兩，麝香一錢，爲末，煉蜜丸梧子大。每服八十一丸，臨卧鹽酒下。〇吴旻《扶壽方》。

題明・薛己《本草約言》卷二《藥性本草》 山茱萸　味酸、澁，氣平，微溫，無毒。陰中之陽，可升可降，入足厥陰、少陰經。秘精髓，補水藏之損；暖腰膝，壯下身之罷。《發明》云：味酸入肝，為能益肝以收滑，固精補腎經之本也。八味丸中用之，取其收澁以固精耳。〇所用暖腰膝，壯元陽，必投入血分及肝腎二家引經之藥，方盡其長。其核最能滑精，故用之必去。〇亦能止小便利，以其味酸也。

明・梅得春《藥性會元》卷中 山茱萸　味酸、澁，氣平，微溫。陰中之陽也。無毒。蔘實為使。惡桔梗、防風、防己。入足厥陰肝、足少陰膽經。

主治頭暈，溫中下氣，調月水，治疝，強陰。陽道衰，能堅長陰莖；腎髓竭，可秘精補元。逐心下寒熱之邪，療頭風鼻塞之症；通耳閉而殺三蟲，暖腰膝而厚腸胃。去面目痿黃，又除白皰，逐寒濕出汗。且止小便，利九竅，可安五臟，明眼目，强力益氣。　製法：用溫水泡一頃，取肉去核，每斤止可取肉肆兩。其核能滑精，慎勿誤入藥。

明·杜文燮《藥鑒》卷二　山茱萸　氣平，微溫，味酸，澁，無毒。入足厥陰、少陰經藥也。溫膽補腎而興陽道，固精暖腰而助水臟。通九竅，勻經候。仲景六味丸以此劑為君主者，蓋為滑則氣脫，澁則所以收之，故以此劑之澁以收其滑。其曰止小便者，亦為其補腎添精，味酸能收也。

明·李中立《本草原始》卷四　山茱萸　始生漢中山谷及琅琊、寃句、東海承縣，今海州亦有之。木高丈餘，葉似榆，花白。子初熟未乾，赤色，似胡頽子，有核，亦可啖；既乾，皮甚薄。九月、十月採實，陰乾。吴普云：葉如梅，有刺毛。二月花如杏，四月實如酸棗，赤色，故《本經》名蜀酸棗。《醫學入門》曰：茱，色赤也；萸，肥腴也。　氣味：酸，平，無毒。主治：心下邪氣寒熱，溫中，逐寒濕痹，去三蟲，久服輕身。〇腸胃風邪，寒熱疝瘕，頭風，風氣去來，鼻塞，目黃，耳聾，面皰，下氣出汗，强陰益精，安五臟，通九竅，止小便利。久服明目，强力，長年。〇治腦骨痛，療耳鳴，補腎氣，興陽道，堅陰莖，添精髓，止老人尿不節。治面上瘡，能發汗，止月水不定。〇暖腰膝，助水臟。除一切風，逐一切氣，破癥結，治酒皶。〇溫肝。　陽中之陰。入足厥陰、少陰經氣分。蓼實為之使，惡桔梗、防風、防己。　〔山茱萸〕，《本經》中品。【圖略】鮮者紅潤，陳者黑枯。　修治：山茱萸，以酒潤去核，取皮，一斤只取四兩，緩火焙乾方用。能壯元氣，祕精。其核能滑精，不可服。　山茱萸，使。

明·張懋辰《本草便》卷二　山茱萸使　味酸澁，氣平，微溫，無毒。入足厥陰經、少陰經。惡防風、桔梗、防己。去核用。　主心下邪氣寒熱，溫中逐寒濕痹，去三蟲，補腎氣，興陽道，堅長陰莖，添精髓，秘精，止小便利，暖腰膝，療耳鳴。止女人月水不定，老人尿不節。　核能滑精。

明·吴文炳《藥性全備食物本草》卷二　山茱萸即石棗。《本草》名蜀棗，味酸、甘，微澁，性平微溫，無毒，入足厥陰經、少陰經。蓼實為之使，惡桔梗、防風、防(杞)〔己〕。生漢中山谷。茱，言色紅；萸，肥潤也。補腎氣，興陽道，堅長陰莖，添精髓，止遺精及小便利，去頭風骨節風氣去來，鼻塞鼻皶，目黃，耳鳴耳聾，面皰面瘡，腸胃風邪亦驗。又除疝瘕，逐寒濕痺。治女子月水不足。《本草》云：發汗，通九竅，去心下寒熱邪氣。本澁劑也，何以能通發耶？蓋諸病皆係下部虚寒，用以補養肝腎以益其源，則五臟安和，閉者通而利者止，非若他藥輕飄疏通之謂也。酒浸去核，每一斤取皮肉四兩，慢火焙乾。核能滑精，故去之。

明·李中梓《藥性解》卷五　山茱萸　味甘、酸，微溫，無毒，入肝、腎二經。主通邪氣，逐風痹，破癥結，通九竅，除鼻塞，療耳聾，殺三蟲，安五臟，壯元陽，固精髓，利小便。去梗用，蓼實為使，惡桔梗、防風、防己。　按：山茱萸大補精血，故入少陰、厥陰。六味丸用之，取其補腎而不傷于熱耳。若舍是而別求熱劑，以為淫慾助，猶棄賢良而搜佞倖也，愚乎哉？

明·繆希雍《本草經疏》卷一三　山茱萸　味酸，平、微溫，無毒。主心下邪氣寒熱，溫中，逐寒濕痹，去三蟲，腸胃風邪寒熱，疝瘕，頭風風氣去來，鼻塞，目黃，耳聾，面皰，溫中下氣，出汗，强陰益精，安五藏，通九竅，止小便利。久服輕身，明目，强力長年。

〔疏〕山茱萸感天地春生之氣，兼得木之酸味，神農氣平。《別錄》微溫。總言其得春氣之正耳。岐伯、甄權加辛。然嘗其味，必是酸多辛少。入足厥陰、足少陰經。陽中之陰，降也。其治心下邪氣寒熱，腸胃風邪寒熱，頭風風氣去來，鼻塞，面皰者，皆肝腎二經所主，二經虚熱，故見前證。肝為風木之位，《經》曰：諸風掉眩，屬肝木。此藥溫能通行，辛能走散，酸能入肝而斂虚熱，風邪消散則心下腸胃寒熱自除，頭目亦清利，而鼻塞、面皰悉愈也。逐寒濕痹者，《經》曰：邪之所湊，其氣必虚。總藉其辛溫散結，行而能補也。至於三蟲，亦腸胃濕熱所生，濕去則蟲自除。能溫中則氣自下，汗自出矣。凡四時之令，春氣暖而生，秋氣涼而殺，萬物之性，喜溫而惡寒，人身精氣亦賴溫暖而後充足。況肝腎在下，居至陰之位，非得溫暖之氣則孤陰無以生。此藥正入二經，氣溫而主補，味酸而主斂，故精氣益而陰强也。精益則五臟自安，九竅自利。又腎與膀胱為表裏，膀胱虚寒，則小便不禁；耳為腎之外竅，腎虚則耳聾。肝開竅於目，肝虚則邪熱客之而目黃。二經受寒邪則為疝瘕，二臟得補則諸證無不瘳矣。輕身强力長年者，益精安五臟之驗也。

〔主治參互〕同菟絲子、肉蓯蓉、巴戟天、鹿茸、牛膝、白膠、車前子、枸杞子、生地黃、沙苑蒺藜、麥門冬，能添精固髓，暖腰膝，益陽道，令人有子。　同人參、五味子、牡蠣、益智子，治老人小便淋瀝及遺尿。　同人乳、沙苑蒺藜、熟地黃、人參、麥門冬、牛膝、甘菊花，治腦骨痛。　腦為髓之海，髓足則腦痛自除。　同石菖蒲、甘菊花、地黃、黃蘗、五味子，治腎虛耳聾。　同杜仲、牛膝、地黃、白膠、山藥，治腎虛腰痛。入六味地黃丸，為腎虛而有濕熱者所須。〔簡誤〕命門火熾，強陽不痿者忌之。膀胱熱結，小便不利者，法當清利，此藥味酸主斂，不宜用。　陰虛血熱不宜用，即用當與黃蘗同加。

明·倪朱謨《本草彙言》卷一〇　山茱萸　味酸濇，微甘，氣溫，性滑，無毒。陽中之陰，降也。入足厥陰、少陰經。《別錄》曰：　山茱萸，生漢中山谷，及琅琊、冤句。　蘇氏曰：　今海州、兗州、兩浙、八閩，近道亦有之。木高一二丈，葉如梅而有刺。二月開花，白色，微紅似杏花；　四月結實如酸棗，深紅色，五六月采實，日乾。皮甚薄。　雷氏曰：　外一種胡頹子，葉幹花實俱相似，但核有八棱，又名雀兒蘇。氣味功用與山茱萸甚相遠，不堪入藥。宜細辨之。　修治：　以酒潤，剝去核用。　其核味濇，能耗精氣，不可服食。

山茱萸：　孫思邈固精暖腎之藥也。陳一齋稿蓋滑則氣脱，濇劑所以收之。《本草》止小便，秘精氣，取其酸濇以收之也。　甄氏又主婦人月水不定，老人小水不節，男子陽道不興，婦人陰器不振。　能壯精強志，養髓榮筋，故起腰膝，扶痿弱，每稱捷劑。　仲景八味丸用之爲君，其作用可知矣。　但性味酸斂而熱，如命門火熾，强陽不痿者，忌之；　膀胱熱結，小便不利者，忌之；　陰虛血熱，煩熱骨蒸，幷暴吐衄血者，忌之。　即不得已，有當用者，須與知母同劑尤善。

集方：　以下六方出方龍潭家秘治小水自遺不禁。　用山茱萸肉三兩炒，益智子一兩，人參、北五味各五錢，牡蠣煅三錢，懷熟地三兩酒煮，搗膏，丸梧桐子大。每早晚各服三錢，白湯下。　如內熱者，本方加川黃柏一兩。○治精滑不固。用山茱萸肉三兩炒，兔絲子、白朮、白芍藥、牛膝各二兩，龍骨、牡蠣俱煅過各一兩，懷熟地四兩酒煮，搗膏。　前藥俱爲細末，拌入熟地膏內，再加金櫻子熬膏，和爲丸，梧桐子大。　每早晚各服三錢，白湯下。○治婦人月水不依期而來，或參前，或差後。　用山茱萸肉、當歸身各三兩，川芎八錢，白芍藥、懷生地、香附童便炒，各二兩，黃芩、牡丹皮各八錢，丹參、川續斷各二兩五錢，白朮、白薇各一兩，俱酒炒，共爲末，煉蜜丸。　每服三錢，清晨白湯下。○治老人小水不節，或自遺不禁。用山茱萸肉二兩，益智子一兩，人參、白朮各八錢，分作十劑，水煎服。○治男子陽道不興而不嗣，婦人陰器不振而不育。用山茱萸肉、巴戟天、鹿茸、牛膝、白膠香、菟絲子、肉蓯蓉、車前子、枸杞子、懷熟地、沙苑蒺藜各三兩，牛膝一兩五錢，共爲末，煉蜜丸，梧子大。每早服十丸，白湯下。　如婦人服此，加香附醋製，益母草酒浸蒸，各二兩。○治腰膝無力。　用山茱萸肉四兩，牛膝、杜仲、枸杞子、白朮、半夏麯、當歸、川芎、木瓜各二兩，真漢防已三兩，酒浸炒，川黃柏鹽水炒，蒼朮米泔浸，各一兩五錢，共爲末，煉蜜丸，梧子大。　每服三錢，清晨溫酒下。　一方加虎骨三兩，火炙，酒淬，爲末，同用。○繆氏家抄治腦骨痛。　腦爲髓之海，髓足則腦痛自除。　用山茱萸肉五兩，沙苑蒺藜、熟地黃各四兩，人參、麥門冬去心，牛膝，甘菊花各三兩；　熟地黃、麥門冬，以人乳和酒同煮，搗爛成膏；　餘藥俱用酒拌炒，研爲末；　熟地黃、麥門冬膏，再和煉蜜爲丸，梧桐子大。　每早晚各服三錢，白湯下。

明·顧逢柏《分部本草妙用》卷六兼經部·溫補　山茱萸　酸，微溫，無毒。入肝腎二經。蓼實為使，惡桔梗、防風、防已。酒潤去核。　主治：　溫中，逐寒濕痺，殺三蟲。强陰益精，安五臟，通九竅，治腦骨痛，耳鳴，補腎興陽。堅莖添精。止便溺，止月水，除一切風，一切氣。　夫滑則氣脱，澀劑所以收之。　山茱萸止便秘精，取其酸澀以收滑也。　以之治耳鳴亦效，頭眩皆宜。

明·李中梓《醫宗必讀·本草徵要下》　山茱萸味酸，微溫，無毒。入肝、腎二經。蓼實為使，忌桔梗、防風、防已。酒潤去核，微火烘乾。　補腎助陽事，腰膝之痾不必慮也；　閉精縮小便，遺洩之證寧足患乎？　月事多而可以止，耳鳴響而還其聰。　四時之令，春暖而生，秋涼而殺。　萬物之性，喜溫而惡寒，人身精氣，亦賴溫暖而後充足。　況腎肝居至陰之位，非得溫暖之氣，孤陰無以生。山茱萸正入二經，氣溫而主補，味酸而主斂，故精氣益而腰膝強也。　按：　强陽不痿，小便不利者，不宜用。

明·鄭二陽《仁壽堂藥鏡》卷二　山茱萸　陶隱居云：　出海州，近路諸山中。　色赤核小者佳。　惡桔梗、防風、防已。　氣平，微溫。　味酸，無毒。入足厥陰經，少陰經。　《本草》云：　主溫中，逐寒濕痹，強陰益精，補髓。能止小便。　入足少陰、厥陰。　《聖濟經》云：　滑則氣脱。　澁劑所以收之。

山茱萸之澁，以收其滑。仲景八味丸用為君主，如何澁劑以通九竅？雷公云：用之去核一斤，取肉四兩，緩火熬用。能壯元氣，秘精。核，能滑精，故去之。古云熬，即今之炒也。《珍》云：溫肝。《本經》云：止小便利，以其味酸。可觀八味丸用為君主，其性味可知矣。《藥性論》亦云：補腎添精。日華子亦云：暖腰膝，助水臟也。

明・蔣儀《藥鏡》卷一溫部 山茱萸 治頭目昏花，起腰膝委軟。澁精氣之遺滑，補腎氣之虛寒。陽不興，齒不固，塞在鼻，聾在耳，竟請試之。

明・李中梓《頤生微論》卷三 山茱萸 味酸，微溫，無毒。入肝、腎二經。蓼實為使。惡桔梗、防風、防己。色鮮肉厚者佳。酒潤去核，隔紙焙乾用。補腎助陽事，止腰膝酸疼，閉精縮小便，主月事多，耳鳴响。

按：山茱萸性溫而潤，故于水木多功。夫四時之令，春生而秋殺，萬物之性，喜暖而惡寒。腎肝居至陰之地，非陽和之氣，則陰何以生乎？小便不利者勿用。

明・張景岳《景岳全書》卷四九《本草正》 山茱萸 味酸，澁，主收斂。氣平，微溫，陰中陽也。入肝、腎二藏。能固陰補精，暖腰膝，壯陰氣，澁帶濁，節小便。益髓興陽，調經收血。若脾氣大弱而畏酸者，姑暫止之。或和以甘草、煨薑亦可。

明・賈九如《藥品化義》卷三肝藥 山茱萸 屬陰，體潤，色紫，氣和，味酸，性平云微溫非，能沉，力養肝，性氣薄而味厚，入肝心腎三經。 山茱萸色紫味酸，體質濡潤，專入肝膽，滋陰益血，主治目昏耳鳴，口苦舌乾，面青色脫，汗出振寒，為補肝助膽良品。夫心乃肝之子，心苦散亂而喜收斂，斂則寧靜，靜則清和，以此收其渙散，治心氣虛弱，驚悸怔忡，即虛則補母之義也。腎乃肝之母，腎喜潤惡燥，司藏精氣，藉此酸能收脫，斂水生津，治遺精白濁，陽道不興，小水無節，腰膝軟弱，腿足酸疼，即子令母實之義也。 酒潤去核，曬乾用。

明・盧之頤《本草乘雅半偈》帙六 山茱萸《本經》中品 氣味：酸，平，無毒。 主治：主心下邪氣寒熱，溫中，逐寒濕痹，去三蟲。久服輕身。

覈曰：生漢中山谷，及瑯琊、冤句，今海州、兗州，近道諸山中亦有。木高一二丈，葉如梅而有刺。二月開花如杏。四月結實如酸棗，深赤色。一種葉幹花實俱相似，但核有八稜，名雀兒蘇，別是一種，不堪入藥。 修治：以酒潤去核，緩火熬乾，勿誤食核，令人滑精。蓼實為之使。惡桔梗、防風、防己。

先人云：酸溫津潤，合從水藏之精液亦非自力所能致，必欲待人待時而興者。

条曰：茱諧朱，謂木胎火，含陽于內也；萸諧臾，謂冤曲從乙，木之性也。春半開花，夏半結實，色赤味酸，入肝之體，肝之心藥也。木胎于火，與龍從火裏得，別是一法，此正五行相襲，四時之序也。 心下為寒熱所薄則火失暖熱性，茱萸溫中，對待治之。痹逐蟲去而身輕矣。 客曰：肝主疏泄，癃閉者當用茱萸。《別錄》止小便利者，何也？ 頤曰：此肝用太過，茱萸補體，使體用均平耳。

明・李中梓《本草通玄》卷下 山茱萸 味酸，微溫，肝腎之藥也。 暖腰膝，興陽道，固精髓，縮便溺，益耳目，壯筋骨，止月水。蓋腎氣受益，則封藏有度，肝陰得養，則疏泄無虞。味酸本屬東方，而功力多在北方者，乙癸同原也。 湯潤去核，核能滑精，切勿誤用。

清・顧元交《本草彙箋》卷五 山茱萸 味酸質潤，專入肝膽，滋陰益血。主治目昏耳鳴，口苦舌乾，面青色脫，汗出振寒，爲補肝助膽良品。心爲肝子，心苦散亂，而喜收斂，斂則寧靜，靜則清和，以此收其渙散，治心氣虛弱，驚悸怔忡，即虛則補母之義。腎爲肝母，腎喜潤惡燥，司藏精氣，藉此酸能收脫，斂水生津，治遺精白濁，陽道不興，小水無節，腰膝軟弱，腿足酸疼，即子令母實之義也。 其所宜禁者，如命門火旺，強陽不痿，或陰虛血熱，或熱結膀胱，小水不利，則酸斂之味，豈容混施？即用之，亦當與黃柏同加，此滋腎丸之所繇設也。

其核能滑精。

清・穆石匏《本草洞詮》卷一一 實味酸鹹辛，氣平，一云熱，無毒。入足厥陰、少陰經氣分。溫肝，強陰益精，療耳鳴，暖腰膝。蓋滑則氣脫，濇劑所以收之。山茱萸止小便利，秘精氣，取其酸濇以收滑也。 核能滑精，凡使以酒潤，去核用之。

清・劉雲密《本草述》卷二四 山茱萸 木高丈餘，葉似榆，花白色，二月開花如杏，四月實如酸棗，赤色，五月采實。

氣味：酸，平，無毒。《別錄》曰：微溫。 普曰：神農、黃帝、雷公、扁鵲：酸，無毒。岐伯：辛。　權曰：鹹、辛，大熱。　好古曰：陽中之陰，入足厥陰、少陰經氣分。

諸本草主治：溫肝臟潔古。助水臟日華子。強陰益精《別錄》。補腎氣，興陽道甄權。暖腰膝日華子。通九竅，安五臟，止小便利《別錄》。並除一切風，逐一切氣日華子。治腎虛耳鳴耳閉，療腦骨痛甄權。久服明目《別錄》。　方書主治：中風虛勞，遺精眩暈，消癉，脇痛攣，傷勞倦，赤白濁，耳聾，傷燥咳嗽，腰痛痹着痹痿，脚氣，恐，自汗泄瀉，大便不通，淋，疝痔。　好古曰：滑則氣脫，濇劑所以收之。山茱萸止小便利，秘精氣，取其味酸濇以收滑也。仲景八味丸用之為君，其性味可知矣。　《類明》曰：人身元氣壯盛，由於精氣堅固。若精氣不固，則元氣安得而壯盛？山茱萸能秘精，此即所以壯元氣也。　希雍曰：山茱萸感天地春生之氣，兼得木之酸味。《神農》氣平，《別錄》微溫，總言其得春氣之正耳。岐伯、甄權加辛。然嘗其味，必是酸多辛少，入足厥陰、足少陰經，陽中之陰，降也。凡四時之令，春氣暖而生，秋氣涼而殺，萬物之性，喜溫而惡寒。人身精氣，亦賴溫暖而後充足。況肝腎在下，居至陰之位，非得溫暖之氣，則孤陰無以生。此藥正入二經，氣溫而主補，味酸而主斂，故精氣益而陰強也。其他所主治之證，皆其精氣固，元氣壯之效耳。

同菟絲子、肉蓯蓉、巴戟天、鹿茸、牛膝、白膠、車前子、枸杞子、生地黃、沙苑蒺藜、麥門冬，能添精固髓，暖腰膝，益陽道，令人有子。　同人參、五味子、牡蠣、益智子，治老人小便淋瀝及遺尿。　同人乳、沙苑蒺藜、熟地黃、人參、麥門冬、牛膝、甘菊花，治腦骨痛。腦為髓之海，髓足則腦痛自除。　同石菖蒲、甘菊花、地黃、黃蘗、五味子，治腎虛耳聾。　同杜仲、牛膝、地黃、白膠、山藥，治腎虛腰痛。　入六味地黃丸，為腎虛而有溼熱者所須。先哲處方之妙，如六味地黃丸用熟地黃以補腎氣，而因以滋肝，又用山茱萸以溫肝氣，而因以固腎，具有相濟者。且用山茱萸以固真元之氣，復用澤瀉以泄溼滯之氣。種種具足，妙義如此。

愚按：　山茱萸之用，取其實也。實結於四月，而采於五月，且其色赤，是乘乎大火之氣以致用也。然却氣溫而味酸，是致乎火之用者，尚全乎肝之體也。肝本陰中之少陽，如茲品火用而肝體，是陰為陽守，陽為陰使之玄機，有寓於微物者焉。抑肝之體云何？曰：風木繼寒水之後，以行地道生育之化，故春氣溫者，乃出地陰中之陽也。不得春溫之氣，則至陰之化鬱，希雍所謂孤陰不生者是也。然使氣溫而味辛，即非春溫出地之生氣，不無近於熱浮長矣。將陰亦逐陽以泄，《類明》所謂精氣不固，元氣安得而壯者是也。惟其氣溫而味酸，酸全而辛少，乃正得乎春溫之令，而謂之溫肝藏，全肝體也。腎陰得少陽之氣以生化，而復不泄其真氣，即此陰強而精益，即此水臟暖、腎氣補而陽道興也。或曰：先哲謂此味能秘精，似宜如海藏所謂濇以收之矣。第《本經》又言其溫中逐寒溼痹者，其治效不幾相戾歟？曰：《本經》所云，即甄權補腎氣，潔古溫肝之義也。肝腎之氣俱得溫補，又何寒溼痹之不逐？然其所以能溫肝而補腎氣者，皆由致乎火之用，而全乎肝之體，用不離乎體，以固蟄之陰，而達必宣之陽，如治小水利，及助水臟，添精髓者，在此。又暖腰膝，興陽道，堅陰莖者，在此又通九竅，逐一切氣，逐一切風者，在此是則精之秘者，乃所以為益精起陽之本。而益精起陽者，乃所以為通九竅，逐邪氣，補風虛之本也。就各本草反覆細繹，而後茲物之功顯。或曰：茲味在潔古謂為腎之血藥，而海藏則以屬腎之氣藥，當是何居？曰：潔古從其體言之，海藏以用為功也。第濇陰乃裕陽之本，而固陽又化陰之元，是交相益者也。寧能較然定其所主哉？故陰耗而滋陰，同於此味，使陰有所育；陽虛而益陽，同於此味，使陽有所守。即祛陰陽之邪者，亦有投此味於中，以為元陰元陽之地。徧閱方書所療諸證，其用之固有微義，大都不外此三例矣。試參仲景益陽之八味丸，以此味為君，較六味丸以地黃為君，其用區以別者，謂何？而近醫陳式治久瀉，初用參、术、薑、桂罔功，乃舍薑、桂而用山萸、芡實，同於參、术及炒黑乾薑投之，蓋取此味能收肝腎之陰氣，以資脾陰之化原耳。又見其治心血虛致虛火外淫汗出不止者，不用黃芪固於表，而以此味為君斂於中，蓋真陰之氣不泄，而真陽乃固，是有得於陰為陽守之義，故心血可益，虛火可靜。如黃芪之固表，何能一斂耗散之真陰，以靜虛火乎哉？程氏曰：陰虛者，極當用之。誠不謬也。試参其二證之治，益陽者更藉於此味，又謂之何？則可以推而盡其變矣。抑肝之喜辛，惡其鬱也。茲又取其酸收，何也？曰：須看此實結於大火之候，而得此味之嗇陰固陽，以裕真元，乃彷彿於取坎填離，俾元氣之用不匱耳。豈與肝喜辛之義相背乎？若然，則潔古主血分者較勝，如補骨脂之益陽而燥者，不可同日語也。海藏俱列於腎氣，似猶當酌之以適於用矣。

附方　《綱目》草還丹用山茱萸，酒浸，取肉一斤，破故紙酒浸，焙乾半斤，當歸四兩，麝香一錢，為末，煉蜜丸梧子大，每服八十一丸，臨臥鹽酒下。方論謂其益元陽，補元氣，固元精，壯元神，乃延年續嗣之至藥。愚尋繹諸藥性味，此語亦非誇也。更八味丸以山茱萸為君，并益氣補腎湯投參、芪、朮、苓、草，同山藥、石棗用之，皆可糸也。

又按：石棗、木瓜同一味酸氣溫也，但石棗全以酸勝，故止於溫肝以益腎。木瓜則酸居強半而有甘味，故又能行土之用，而和血以去溼。方書曰：酸甚扶肝，酸多損腎。此語亦須酌量。如石棗酸勝，六味丸正用以益腎，何以不如木瓜之多用而損齒及骨也？或亦酸味如木瓜，以其兼行土用，遂因土以制水，而腎乃病歟。不得徒謂酸之損腎，而不糸其微義也。

希雍曰：命門火熾，強陽不痿者，忌之。膀胱熱結，小便不利者，法當清利，此藥味酸主斂，不宜用。陰虛血弱，不宜用。即用，當與黃蘗同加。

修治　凡使，用紅潤肉厚者，酒拌潤，去核取皮一斤，只取四兩已來，酒蒸一炷香。一種雀兒蘇相似，但其核八棱，須辨之。

清・郭章宜《本草匯》卷一六　山茱萸　味酸，微溫，陽中之陰，可升可降，入足厥陰、少陰經氣分。補腎助陽事，腰膝之痾不必慮也。閉精縮小便，遺洩之證寧有患乎。月事多而可以止，耳鳴響而還其聰。

按：山茱萸，氣厚而暖，故于水木多功。腎氣受益，則封藏有度，肝陰得養，則疏泄無虞。味酸本屬東方，而功力多在北方者，乙癸同源也。大抵溫暖之劑，偏益于元陽，故四時之令，春生而秋殺，萬物之性，喜暖而惡寒，腎肝居至陰之地，非陽和之氣，則陰何以生乎？山萸正入二經，氣溫主補，味酸主收，故精氣益而腰膝強也。《扶壽方》有草還丹，益元陽元氣，固元精元神，服之延年續嗣，山萸酒浸，取肉一斤，破故紙酒浸，焙乾半斤，當歸四兩，麝香一錢，為末，蜜丸，臨臥服。便利氣脫者，收滑有功。八味丸用之為君，亦取其收濇以固精耳。同人乳、沙苑蒺藜、熟地黃、人參、麥冬、牛膝、甘菊，治腦骨痛。腦為髓之海，髓足則腦痛自除。命門火熾，強陽不痿者，忌之。膀胱熱結，法當清利，不宜用此。陰虛血熱，當與黃蘗同用。

產漢中。酒潤去核，核能滑精也。惡桔梗、防風、防己。

清・蔣居祉《本草擇要綱目・熱性藥品》　山茱萸　氣味：酸，濇，無毒。陰中之陰。入足厥陰、少陰經氣分。主治：溫中，逐寒溼痹，強陰益精。療耳鳴，補腎虛，興陽道，添精髓，止老人尿不節。暖腰膝，助水臟。逐一切氣，破癥結，溫肝。仲景八味丸用之，取其味酸濇，可以秘精而收滑也。

清・王翃《握靈本草》卷八　山茱萸出漢中，海州、兗州亦有之。酒潤蒸，去核用。

主治：山茱萸，酸，平，無毒。一云：微溫。主心下邪氣寒熱，溫中，逐寒濕痺。興陽道，添精髓。調婦人經候，節老人小便。

清・汪昂《本草備要》卷三　山茱萸補肝腎，濇精氣。辛，溫，酸濇。補腎溫肝。入二經氣分。固精秘氣，強陰助陽，安五藏，通九竅，《聖濟》云：如何濇劑以通九竅？《經疏》云：精氣充則九竅通利。昂按：山茱通九竅，古今疑之。得《經疏》一言，而意旨豁然。始嘆前人識見深遠，不易測識，多有如此類者。即《經疏》一語而擴充之，實可發醫人之慧悟也。暖腰膝，縮小便。治風寒濕痹，溫肝故能逐風。鼻塞目黃，肝虛邪客，則目黃。耳鳴耳聾。腎虛則耳鳴耳聾，皆固精通竅之功。王好古曰：滑則氣脫，濇劑所以收之。仲景八味丸用之爲君，其性味可知矣。昂按：《別錄》、甄權皆云能發汗，恐屬誤文。酸劑斂濇，何以反發？仲景亦安取發汗之藥以爲君乎？李士材曰：酸屬東方，而功多在北方者，乙癸同源也。肝爲乙木，腎爲癸水。　去核用，核能滑精。惡桔梗、防風、防己。

清・吳楚《寶命真詮》卷三　山茱萸　【略】補腎，助陽道，固精縮小便，暖腰壯筋骨，止月事，益耳目，止耳鳴。腎肝居至陰之位，非得溫暖之氣，則孤陰無以生。山萸正入二經，氣溫而主補，味酸而主斂，故精益而腰膝強也。

清・陳士鐸《本草新編》卷四　山茱萸　味酸，澀，氣平、微溫，無毒。入肝、腎二經。溫肝經之血，補腎臟之精，興陽道以長陰莖，暖腰膝而助陽氣，經候可調，小便能縮，通水竅，去三蟲，強力延年，輕身明目。其核勿用，用則滑精難收，實益陰之聖丹，補髓之神藥。仲景張夫子所以採入于八味丸中，取其固精而生水也。《本經》謂其九竅堪通，而世人疑之者，以其味過于澁，則竅閉而不能開，恐難以通之也。予以為不然。夫人五臟安，則九竅自利，而五臟之內，一臟不安，則四臟因之不安矣。所謂一臟者何？即腎臟也。腎為四臟之本，腎安而四臟俱安。安四臟而利九竅，又何疑乎。山茱萸佐八味以補腎，正安腎以安五臟之藥也。五臟既安，而謂九竅之不能利乎。且山茱萸不止利九竅也。三焦七腑，無不藉其庇蔭，受其滋益。此八味湯中之所必用，而岐伯天師新立補腎諸方，無不用之以救垂絕之症也。

或問：山茱萸採入六味丸中，不過佐熟地之生精耳，先生謂其能利九竅，毋乃誇乎？非誇也。熟地得山茱萸，則其功始大；山茱萸得熟地，則其益始弘。蓋兩相須而兩相成也。有此二品，則生精而人生。無此二品，則不能生精而人死。山茱萸關人之死生，豈特利九竅而已哉。

或問：補陰之藥甚多，何必用山茱萸以佐熟地乎？曰：補陰之藥，未有不偏勝者也。獨山茱萸大補肝腎，性專而不雜，既無寒熱之偏，又無陰陽之背，實為諸補陰之冠。此仲景夫子所以採入于六味丸中，以為救命之藥也。

或問：山茱萸為救命之藥，所救者何病乎？吁！天下之死于病者，半好色之徒也。好色者，泄精必多，精泄則髓空，精泄則神散。非用九味地黃湯，以大填補其精，則髓空者何以再滿而能步履，神散者何以再返而能摻存哉。雖六味丸中之功效，不止山茱萸之一味，然舍山茱萸之佐熟地，又何易生精之速，添髓而益神乎。所謂救命之藥，真非虛語耳。

或問：六味丸之妙義，已將各藥闡發無遺，不識山茱萸亦可再為宣揚乎？曰：山茱萸乃六味丸中之臣藥也，其功必大于諸藥，是以仲景公用之耳。山茱萸補腎中之水，而又有澁精之妙，精澁則氣不走而水愈生，更能使利者不至于全利，而瀉者不至于全瀉也。雖六味丸中如茯苓、澤瀉，亦非利瀉之藥，然補中有利瀉之功，未必利瀉無補益之失。得山茱萸之澁精，則所瀉所利，去腎中之邪，而不損腎中之正，故能佐熟地、山藥，以濟其填精增髓之神功也。

或又問：子既闡山茱萸用于六味丸之義矣，而用于八味丸之義，遂隱而弗彰乎。曰山茱萸用于八味丸中者，非僅補水以制火，實補水以養火也。腎中之火，非水不能生，亦非水不能養。火生于水之中，則火不絕。火養于水之內，則火不飛。山茱萸補而且澁，補精則精盛而水增，澁精則精閉而水靜，自然火生而無寒弱之虞，火養而無炎騰之禍，助熟地、山藥而成既濟之功，輔附子、肉桂而無亢陽之失矣。

或問：山茱萸用于六味、八味，妙義如此，未知舍二方之外，亦可獨用以出奇乎？曰：人有五更泄瀉，用山茱萸二兩為末，米飯為丸，臨睡之時一刻服盡，即用飯壓之，戒飲酒，行房三日，而泄瀉自愈。蓋五更泄瀉，乃腎氣之虛，腎虛則水不行于膀胱，而盡入于大腸矣。五更亥子之時也，正腎水主事，腎氣行于此時，則腎不能司其權而瀉作。山茱萸補腎水，而性又兼澁，一物二用而成功也，非單用之以出奇乎。推之而精滑可止也，小便可縮也，三蟲可殺也。單用奏效，又烏能盡宣其義哉。

或疑山茱萸過于澁精，多服有精不出而內敗之虞。嗟乎！此猶臨飯而防其不能嚥也。山茱萸澁精，又不閉精，為補精之獨絕，仲景夫子所以用之于地黃丸中。若精不出而內敗者，乃人入房精欲泄而強閉，或有老人與大虛之人，見色而畏怯而不敢戰，而心又怦怦動也。相火內炎，而遊精暗出于腎宮，亦能精不出而內敗。服山茱萸，正足以治之焉。有精閉而內敗之虞，彼不出而內敗者，乃不服山茱萸，致大小便牽痛，欲便不能，不便不可，愈痛則愈便，愈便則愈痛。服山茱萸，而痛與便立愈矣。可見，山茱萸乃治精不出而內敗之神藥，如之何其反疑之。

或疑山茱萸性溫，陰虛火動者，不宜多服。夫陰虛火動，非山茱萸又何以益陰生水，止其龍雷之虛火哉。凡火動起于水虛，補其水則火自降，溫其水則火自安。倘不用山茱萸之益精溫腎，而改用黃柏、知母瀉水寒腎，吾恐水愈乾而火愈燥，腎愈寒而火愈多，勢必至下敗其脾，而上絕其肺。脾肺兩壞，人有生氣乎，故山茱萸正治陰虛火動之神藥，不可疑其性溫而反助火也。

或又疑山茱萸性溫動火，不宜于火動夢遺之症。夫夢遺之症，愈寒而愈遺，何忌于山茱萸乎。山茱萸性澁精，安有澁精而反致遺精乎。蓋夢遺而至玉關不閉，正因于腎火之衰也。腎火衰，則火不能通于膀胱，而膀胱之水道閉矣。水道閉而水竅塞，水竅塞而精竅反不能塞也，于是，日遺精而不止。然則欲止其精，舍溫腎又何以止之乎。人以為山茱萸性溫動火，恐不可以治遺精之病。吾以為山茱萸之性僅溫，尚不足以助火，恐未能竟治遺精之病也。

或問：繆仲醇闡山茱萸之悞，云命門火熾，強陽不痿，忌用茱萸，而先生所談六味、八味，又似命門火熾者服之無礙，然則仲醇非歟？曰：此仲醇過慎藥餌之失也。命門火熾，非山茱萸純陰之藥，又何以制之。既不敢輕用山茱萸，又不能舍山茱萸而他用制火之藥，又云當與黃柏同加，則惑矣也。

清・顧靖遠《顧氏醫鏡》卷八 山茱萸酸，微溫。入肝腎二經。核能滑精，酒潤去之，烘乾。 補腎氣而興陽道，堅陰莖。固元精而治淋瀝，止遺尿。老人小便淋瀝，及不禁遺尿，皆屬腎虛，山萸氣溫而主補，味酸而主斂，故也。月事多而可以止酸斂之故，耳鳴響而還其聽補腎之功。强陽不痿，小便不利者，不宜用之。

清・李熙和《醫經允中》卷二〇　山茱萸　入肝腎二經氣分。酒潤去核。　酸，微溫，無毒。主治暖腰膝，添精固髓，助陽道，補腎溫肝，止便溺，調月水。澀以治滑，酸以收脫，故精氣益而腰膝強也。以之治耳鳴亦効，頭眩皆宜，便利精滑者用之，取其收濇以固精耳。若膀胱熱結，又當清利，用者審之。

清・馮兆張《馮氏錦囊秘錄・雜症痘疹藥性主治合參》卷四　山茱稟天地春生之氣，兼得木之酸味，微溫而無毒。入足厥陰、足少陰經。所以專入肝腎，能生精益髓，并助閉藏之司，斂風木之動，以治內風也。〇宜去核，酒潤蒸，晒乾用。

山茱，溫肝補腎，益髓固精，暖腰膝，興陽道，長陰莖，肝腎之藥。安五臟，通九竅。結小便，明目，腸胃風邪，寒熱疝瘕。頭風風氣去來，小便淋瀝遺溺。鼻塞目黃，耳聾面皰。溫中下氣，出汗強陰。澀可去脫，遺滑之要藥也。

按：　山茱萸，味厚固精，味酸滋肝，性溫而潤，故於水木多功。夫溫暖之劑，方有益於元陽。故四時之令，春生而秋殺。萬物之性，喜暖而惡寒。腎肝居至陰之地，非陽和之氣，則陰何以生乎？山茱正入二經，氣溫而主補，味酸而主斂，故精氣益而腰膝強也。惟小便不利，強陽不痿者勿用。

清・張璐《本經逢原》卷三　山茱萸　酸，溫，無毒。去核微焙用，核能泄精。

發明：　滑則氣脫，濇以收之。山茱萸止小便利，秘精氣，取其酸濇以收滑也。　甄權治腦骨痛，療耳鳴，補腎氣，興陽道，堅陰莖，添精髓，止老人尿不節，治面上瘡，能發汗，止月水不定。詳能發汗，當是能斂汗之誤。以其酸收無發越之理，仲景八味丸用之。　蓋腎氣受益，則風藏有度，肝陰得養則疎泄無虞，乙癸同源也。　命門火旺，赤濁淋痛及小便不利者禁服。〇《本經》食茱萸主治從古誤列山茱萸條內，今移入彼，庶不失先聖立言本旨，具眼者辨諸。

清・浦士貞《夕庵讀本草快編》卷五　山茱萸《本經》　寇氏云：　此種與吳萸形不相類，功用不同，命名之意，未識何故。　山萸酸平無毒，岐伯曰辛，甄權曰鹹辛而大熱，好古云陽中陰藥，入足厥陰、少陰二經氣分，故能強陰益精，安五臟，利九竅，止小便而聰耳目，乃其專功也。《本經》言其逐濕痺，止寒熱，即元素謂肝得溫而舒也。　堅陰莖，止崩漏，即《別錄》謂腎得補而固也，且酸濇之味可以收滑脫，吳旻佐以骨脂、歸身，名草還丹，保元神秘精氣，得續嗣之妙。仲景入六味丸，以補天一之水，解消渴，益腎氣，其功豈淺鮮哉？

清・張志聰、高世栻《本草崇原》卷中　山茱萸　氣味酸，平，無毒。主治心下邪氣寒熱，溫中，逐寒濕痺，去三蟲，久服輕身。　山茱萸今海州、兗州，江浙近道諸山中皆有。　木高丈餘，葉似榆有刺，二月開花白色，四月結實如酸棗，色紫赤，九月十月采實，陰乾去核用肉。　山茱萸色紫赤而味酸平，稟厥陰少陽木火之氣化。　手厥陰屬心包，故主治心下之邪氣寒熱。　心下乃厥陰心包之部也。　手少陽屬三焦，故溫中。　中，中焦也。中焦取汁，奉心化赤而為血，血生於心，藏於肝。　足厥陰肝主之血，充膚熱肉，故逐周身之寒濕痺。　木火氣盛，則三焦通暢，故去三蟲。　血充肌腠，故久服輕身。　愚按：　仲祖八味丸用山茱萸，後人去桂附，改為六味丸，以山茱萸為固精補腎之藥。此外並無他用，皆因安於苟簡，不深探討故也。今詳觀《本經》山茱萸之功能主治如此，學者能於《本經》之內會悟，而廣其用，庶無拘隘之弊。

清・姚球《本草經解要》卷三　山茱萸　氣平，味酸，無毒。　主心下邪氣寒熱，溫中，逐寒濕痺，去三蟲。　久服輕身。去核。　山萸氣平，稟天秋成之金氣，入手太陰肺經。　味酸無毒，得地東方之木味，入足厥陰肝經。　氣味俱降，陰也。　心下，脾之分也。　脾之邪，肝木之邪也。　肝木血少氣亢，則尅脾土，并於陽則熱，并於陰則寒矣。　山萸味酸入肝，益肝血而斂肝氣，則心下之寒熱自除也。　山萸味酸收斂，斂火歸於下焦。　火在下，謂之少火，少火生氣，所以溫中。　山萸氣平益肺，肺主皮毛而司水道，水道通調，則皮毛疏理而寒濕之痺瘳矣。　三蟲者，濕熱所化也。　濕熱從水道下行，則蟲亦去也。　久服味過於酸，肝氣以津。　肝者，敢也，生氣生血之藏也，所以身輕也。　製方：　山萸同人參、五味、牡蠣、益智，治老人小便淋瀝及遺尿。　同菖蒲、甘菊、生地、黃柏、五味，治腎虛耳聾。　同杜仲、牛膝、生地、白膠、山藥，治腎虛腰痛。同生地、山藥、丹皮、白茯、澤瀉、柴胡、白芍、歸身、五味，名滋腎清肝飲，治水枯木亢之症。　同杜仲，治肝腎俱虛。

清・周垣綜《頤生秘旨》卷八　山茱萸　益肝補腎之藥也。　酸澁之味，能收滑固精，精固則明目，強力添髓，暖腰膝，皆在其中矣。

清・王子接《得宜本草・中品藥》　山茱萸　味酸。入足厥陽、少陰經。

功專助陽固陰。得熟地補腎虛，得五味攝精氣。

清・黃元御《長沙藥解》卷二 山茱萸 味酸，性濇。入足厥陰肝經。溫乙木而止疏泄，斂精液而縮小便。《金匱》八味丸方在地黃，用之治男子消渴，小便反多，以其斂精液，而止疏泄也。水主藏，木主泄，消渴之證，木能疏泄而水不蟄藏，精尿俱下，陽根失斂，久而陽根敗竭，則人死矣。山茱萸酸澀斂固，助壬癸蟄藏之令，收攝精液，以秘陽根，八味中之要藥也。八味之利水，則桂枝、苓、澤之力，非山茱萸所司也。去核，酒蒸。

清・吴儀洛《本草從新》卷三 山茱萸〔補肝腎，澀精氣。〕 酸、澀，微溫。固精秘氣，補腎溫肝，強陰助陽，安五臟，通九竅，《聖濟》〔《聖濟總録》〕云：如何澀劑以通九竅？《經疏》云：精氣充則九竅通利。訒庵曰：山萸通九竅，古今疑之，得《經疏》一言而意旨豁然，始嘆前人識見深遠，不易測識，多有如此類者。即《經疏》一語而擴充之，實可發醫人之慧悟也。能發汗，與通竅同義，汗屬陰，陰血乾枯，汗從何來？唯補陰助陰，始有雲蒸雨致之妙。訒庵曰：酸劑斂澀，何以反發？恐屬誤文。何其明於彼而昧於此也。暖腰膝，縮小便。治風寒濕痺，溫肝故能逐風。鼻塞目黃，肝虛邪客則目黃。耳鳴耳聾，腎虛則耳鳴耳聾，皆固精通竅之功。好古曰：滑則氣脱，澀劑所以收之。士材曰：酸屬東方而功多在北方者，乙癸同源也。月事過多。強陽不痿，小便不利者不宜用。去核。核能滑精。陳久者良。惡防己、防風、桔梗。

清・汪紱《醫林纂要探源》卷三 山茱萸 甘，酸，溫，濇。非茱萸類，不知何以得名。核滑精，宜去。益腎瀉肝，酸味瀉而非補，抑其發散升達之過，而與之以節焉，是乃所以瀉肝也。過散則相火大行，而腎水衰涸，抑肝氣之散，所以斂相火，而滋培腎水也。固精斂氣。腎藏精，主納氣，酸濇以收之，不使過散，則精得以藏，而氣得所納矣。補肺金於腎部，以引金生水，而行秋冬之令，使之保合太和，安息陽氣也。肺金為腎水之母，肺居上極，而斂之則下行，萸肉體輕，亦能上浮入肺。氣味則重，是以沉而下行，引金以生水，引母以就子。人知秋冬為肅殺衰老之氣，而不知陰陽循環不斂，則無以復舒，不降則無以復升，有秋冬之收藏，所以為春夏發生之本，有宵夜之寢息，而後為旦晝動作之本。萸肉之甘酸溫，所以安息陽氣，以藏之靜密之中，而為動用之本，所謂戰乎乾，勞乎坎，而艮以成終成始也。故仲景八味丸用之，或以此為補肝，則大誤矣。但此雖非補肝，而肝木之根荄，則賴是以固。大抵此藥功在固精斂氣，性不寒涼，故能煖腰膝，縮小便，治鼻塞，目黃，耳鳴耳聾，是皆瀉肝而不使浮陽過散，相火妄動之功。《本經》言其通九竅，固非無謂。而《别錄》謂能發汗，則已大非。又王好古謂八味丸用此為君，夫八味丸，則何嘗以為君也？

清・嚴潔等《得配本草》卷七 山茱萸 蓼實為之使。惡桔梗、防風、防己。酸，溫。入足厥陰、少陰經血分。收少陽之火，滋厥陰之液，補腎溫肝，固精秘氣。暖腰膝，縮小便，斂内風，澀陰汗，除面皰，止遺泄。去核酒蒸，帶核則滑精。命門火盛、服之助火精遺。陰虛血熱、肝強脾弱、木克土則瀉。小便不利，四者禁用。

題清・徐大椿《藥性切用》卷五 山萸肉 酸濇微溫，入腎而固精秘氣，補腎養肝，為腎虛精滑酸澁耑藥。核能滑精，揀淨用。

清・黃宫繡《本草求真》卷二 山茱萸溫補肝腎，澀精固氣。 山茱萸耑入肝腎。味酸性溫而濇，何書載縮小便，秘精氣，以其味酸，酸主收。性濇，濇固脱。得此則精與氣不滑。又云：能暖腰膝及風寒濕痹。肝虛則風入，肝寒則寒與濕易犯。鼻塞目黃。肝虛邪客則目黃。以其氣溫克補，得此能入肝、腎二經氣分者故耳。馮兆張曰：溫暖之劑，方有益於元陽，故四時之令，春生而秋殺也。萬物之性，喜暖而惡寒，肝腎居至陰之地，非陽和之氣，則陰何以生乎？山茱正入二經，氣溫而主補，味酸而主斂，故精氣益而腰膝強也。且濇本屬收閉，何書載使九竅皆通，耳鳴、耳聾皆治，亦是因其精氣充足，則九竅自利，又曷為濇而不通乎？好古曰：滑則氣脱，濇劑所以收之。仲景八味丸用之為君，其性可知矣。繡按：《别錄》、甄權皆云服能發汗，多是服此精氣足而汗自發之意，亦非誤文，但令後人費解耳。去核用，惡桔梗、防風、防己。

清・楊璿《傷寒溫疫條辨》卷六補劑類 山茱萸酒蒸去核。 味辛酸，濇，收斂，氣平，微溫。陰中陽也。入肝、腎。益精秘氣，助水藏以暖腰膝，充精氣以利九竅，壯陽道，節小便，濇帶濁，斂汗止渴，調經收血。心下邪氣，除一切風，逐一切冷。所云滑則氣脱，濇劑所以收之也。仲景八味丸用之，其性味可知。或云：畏酸者暫已之。古方草還丹：益元陽，補元氣，固元精，滋元血，續嗣延年之要藥也。山茱萸酒蒸去核一斤，破故紙酒炒八兩，當歸酒蒸四兩，麝一錢，為末，煉蜜丸如桐子大。每服八十一丸，酒下。

附：琉球・吴繼志《質問本草》内篇卷四 山茱萸 木高丈許，初春開花，生葉結實。山茱萸，即山萸肉，土名山棗皮。生浙中承縣山谷。九十月采寔，去核，陰乾。味酸，平，無毒。入足厥陰、少陰經氣分。補腎興陽，強陰益髓，安五臟，通九竅，利小便。久服明目長年，能除一切風氣。壬寅，陸澍。

觀其實，係是山茱萸。今貴國之畫圖紅色，再祈細查切，實庶不負藥用。壬寅，許永枝、王隆盛、吴太茂。

此一種，辨其實，即中國之山茱萸也。書載二月開花如杏，四月實。酸棗赤色，五月采之。第其葉如梅有刺，與此圖稍別，並非初春開花生葉結實，如是之快也，祈再體認精切，以便通用。壬寅，陳文錦、李興成、盧亨春。〇經韶按：此種非初春開花，即生葉結實也。陳氏之所論太當矣。問辭甚疎，故致此悞。

清·羅國綱《羅氏會約醫鏡》卷一七竹木部　山茱萸即棗皮。味酸微溫，入肝腎二經。酒潤，微火焙研。　味厚固精，味酸滋肝，性溫而潤，故於水木多功。強陰助陽，肝腎足也。定五臟，通九竅，精氣足則九竅通利。暖腰膝，縮小便，肝腎足也。止遺泄，味酸澀。聰耳耳通腎明目，瞳人屬腎，精氣充滿。澀帶濁，調經收血。酸以斂之。惟便澀陽旺者忌之。

清·陳修園《神農本草經讀》卷三中品　山茱萸　氣味酸，平，無毒。主心下邪氣，寒熱，溫中，逐寒濕痺，去三蟲，久服輕身。去核。

陳修園曰：山萸色紫赤而味酸平，稟厥陰、少陽木火之氣化。手厥陰心包、足厥陰肝，皆屬於風木也；手少陽三焦、足少陽膽，皆屬於相火也。心下巨闕穴，乃手厥陰心包之募，又心下為脾之分。曰邪氣者，脾之邪實為肝木之邪也。足厥陰肝木，血少氣亢則克脾土，並於陽則熱，並於陰則寒也。又寒熱往來，為少陽之病，山萸稟木火之氣化，故咸主之。山萸味酸收斂，斂火歸於下焦，火在下謂之少火，少火生氣，所以溫中。山萸味酸入肝，肝主藏血，血能充膚熱肉，所以逐周身寒濕之痺。三蟲者，厥陰風木之化也。仲景烏梅丸之酸，能治蛔厥，即此物悟出。肝者，敢也，生氣生血之臟也。孫真人生脈散中有五味之酸，能治倦怠而輕身，亦從此物悟出。

張隱庵曰：仲祖八味丸用山茱萸，後人去桂，附改為六味丸，以山茱萸為固精補腎之藥，此外並無他用，皆因安於苟簡，不深討故也。今詳觀《本經》，山茱萸之功能殆如此，學人能於《本經》之內會悟而廣其用，庶無拘隘之弊。

清·黃凱鈞《藥籠小品》　山茱萸　炒黑，收肝風，其酸不亞於梅，六味用之，亦取其酸收納氣也。

清·王龍《本草纂要稿·木部》　山茱萸　氣味酸澀。溫肝補腎，興陽道以長陰。益髓固精，暖腰膝而助水。調經候，節小便。驅下部風邪，去諸般氣症。殺三蟲而通竅，延年壽以輕身。核能滑精。蓼實為使。

清·張德裕《本草正義》卷上　山萸　酸，溫。收斂，入肝腎，固陰補精，益髓興陽，止帶濁，節小便。酸補之品，脾虛酌用。蓋酸為木味，恐其侮土也。

清·楊時泰《本草述鉤元》卷二四　山茱萸　木高丈餘，葉似榆，二月開白花如杏，四月實如酸棗，赤色，五月采實。一種雀兒蘇相似，但其核八稜，須辨之。

味酸，平，氣微溫。陽中之陰。入足厥陰、少陰經氣分，又為腎之血藥。主溫肝臟，助水臟，強陰益精，補腎氣，興陽道，暖腰膝，通九竅，安五臟，秘精氣，止小便利，並除一切風，逐一切氣，治腎虛耳鳴耳閉，療腦骨痛，久服明目。方書治中風虛勞，眩暈，傷燥咳嗽，消癉自汗，恐，腰痛，脇痛，攣痺着痺，痿，脚氣，遺精濁淋泄瀉，大便不通，疝痔。人身元氣壯盛，由於精氣堅固，山萸能閉精，所以壯元氣也《類明》。人身精氣，賴溫暖而後充足，況肝腎居至陰之位，非得溫暖之氣，則孤陰無以生。此藥正入二經，氣溫主補，味酸主斂，故精氣益而陰強也。其他所主之證，皆精氣固元氣壯之效耳仲淳。仲景八味丸益陽，以此為君，與六味之君地黃殊用。凡久瀉，初用參、朮、薑、桂罔功，乃舍薑、桂而用山萸、芡實。同參、朮及黑薑投之。取其收肝腎之陰氣，以資脾陰之化原也。凡心血虛，致虛火外淫而汗出不止者，不用黃芪固表，但君此味以斂於中，使真陰之氣不泄，而真陽乃固，則心血可益，虛火可靜也。同菟絲、蓯蓉、巴戟、鹿茸、牛膝、白膠、車前、枸杞、地黃、沙苑、麥冬，能添精固髓，暖腰膝，益陽道，令人有子。同人參、五味、牡蠣、益智，治老人小便淋瀝及遺尿。同人參、熟地、人乳、牛膝、沙苑、麥冬、甘菊，治腦骨痛，以髓足則腦痛自除。同石菖蒲、甘菊、地黃、黃檗、五味，治腎虛耳聾。同杜仲、牛膝、地黃、白膠、山藥，治腎虛腰痛。草還丹：用山萸酒浸取肉一斤，補骨脂酒浸焙乾八兩，當歸四兩，麝香一錢，為末，煉蜜丸梧子大，每服八十一丸，臨臥鹽酒下。《綱目》謂其益元陽，補元氣，固元精，壯元神，乃延年續嗣之至藥，此語非誇。得人參、黃芪、白朮、茯苓、炙甘草、山藥，為益氣補腎湯。

論：山茱萸結實於四月，而采於五月。其色赤，是乘乎大火之氣以致用也。其味酸，其氣溫，是致乎火之用者，尚全乎肝之體也。火用而肝體，則陰為陽守，陽為陰使之元機，有寓於茲物者焉。夫肝之體云何？曰：風木繼寒水之後，以行地道生育之化，使不得春溫之氣，則至陰之化鬱。然使氣溫而味辛，即非春溫出地之生氣，不無近於熱浮長之氣，將陰亦逐陽以泄，

《類明》所謂精氣不固，元氣安得而壯者是矣。惟氣溫味酸，酸全而辛少者，乃得乎春溫之正令。而肝臟以溫，肝體以全，腎陰得少陽之氣以生化，而復不泄其真氣，此即強陰益精，暖水臟，補腎氣，興陽道之實詣也。第此味秘精，又言其逐寒濕痺，治效似幾相戾，不知用不離乎體，以固蟄之陰，而達必宣之陽，如通九竅，逐一切氣，逐一切風。則精之秘者，乃所以為益精起陽之本，而益精起陽者，又所以為通九竅，逐邪氣，補風虛之本也。潔古從其體而言，謂為腎之血藥，海藏以其功用言，又屬腎之氣藥，要之濇陰乃裕陽之本，而固陽又化陰之元，交益相需，烏能較然定其所主哉。故陰耗而滋陰，同於此味，使陰有所育，陽虛而益陽，同於此味，使陽有所守，即祛陰陽之邪者，亦或投此味於中，以為元陰元陽之地，山萸之用，大都不外此三例矣。抑肝之喜辛，惡其鬱也，茲又取其酸收，何也？須知結於大火之候，而得此味之濇陰固陽以裕真元，乃彷彿於取坎填離，俾元氣之用不匱耳，豈與肝之喜辛其義相背乎？然則潔古主血分之說較勝，用如補骨脂之益陽而燥者不可同日語矣。石棗即山萸，木瓜，同一味酸氣溫，但石棗全以酸勝，故止於溫肝以益腎，木瓜則酸居強半，而有甘味，故又能行土之用，而和血以去濕。方書言酸甚扶肝，酸多損腎，此語亦須酌量，如石棗酸勝，六味正用以益腎，何以不如木瓜之多用而損齒及骨也？或亦酸如木瓜，以其兼行土用，遂因土以制水而腎乃病歟。

繆氏：命門火熾，強陽不痿者，忌。膀胱熱結，小便不利者，不宜。陰虛血弱者，不宜。即用，當與黃檗同加。

修治：取紅潤肉厚者，酒拌潤，去核取皮，酒蒸一炷香用。

清・葉桂《本草再新》卷四　山茱萸味甘，酸，性溫，無毒。入肝、腎二經。益氣養陰，補腎平肝，溫中發汗。利小便，除寒氣。

清・吳其濬《植物名實圖考》卷三三　山茱萸　《本經》中品。陶隱居云：子如胡頽子，可噉。合核為用。《救荒本草》謂之實棗兒。

清・趙其光《本草求原》卷九灌木部　山茱萸　色赤，入三焦膽經相火之分。味酸，氣溫，入心包肝風木之經。能收肝腎之陰以固陽，故潔古謂其補腎血，以其酸也。即能達陽以資脾陰之化。海藏以為腎之氣藥，謂其溫也。主心下邪氣寒熱，心下巨闕穴乃心包之募，又脾之分，肝血少而氣亢，則克制脾土。並於陽則熱，並於陰則寒，是少陽之本病，惟得木火之氣化乃治之。溫中，酸以斂火歸於下焦，火在下為少火，溫以達陰中之陽化而不至於鬱，為出地之少陽，俱為生氣得少陽生化而復不泄其真氣，故溫中。逐寒濕痹，肝火足，則充膚熱肉而痹除。去三蟲，蟲為風木之化，得酸則斂。久服輕身，肝為生氣、生血之臟，此即生脈，用五味以治倦之義。添精固髓興陽，暖腰膝，腎氣受益，則封藏有度；肝陰得養，則疏泄無虞。宜合杞、地、巴、蓉、萸、鹿、車前、牛膝、寸冬用。縮小便，同參、味、牡、益智。治腦骨痛，同地冬、人乳、牛膝、沙苑、菊花，髓足痛自止。腎虛耳聾，同菖、菊、地、味、黃柏。腰痛，同杜、膝、地、淮、鹿膠。通九竅，逐腸胃風氣，物得溫暖而生，人之精氣亦得溫暖而通靈，充膚熱肉則風除。治鼻塞耳鳴，通竅之功。止久瀉，同芡實、薑炭、參、朮，收肝腎之陰以益脾。心血虛發熱汗出，斂真陰以守陽，與用北芪固表者不同。目黃，肝虛邪客。面疱，明目，強力。精氣足，元氣自壯。

按：木瓜亦酸溫，但彼則兼甘，制水而伐腎；此則扶肝益腎，六味丸用熟地補腎以滋肝，又用此溫肝固腎。既用此以固元氣，又用澤瀉以泄濕滯，處方之妙，宜參。且其主治如此，今人但用之以固精補腎，而他鮮用，惜哉。命門火旺，赤濁淋痛勿用。又止月水不定。《經疏》云：髓氣充，則九竅通。

取紅潤者，酒拌去核，核滑精。酒蒸用。惡桔梗、防風、防己。雀兒蘇類之，而核八棱，宜辨。

清・葉志詵《神農本草經贊》卷二　山茱萸　味酸，平。主心下邪氣，寒熱溫中，逐寒濕痹，去三蟲。久服輕身。一名蜀棗。生山谷。

名亦茱萸，性殊治療。梅葉綠稠，杏枝紅鬧。棫棘同酸，荊桃襲貌。春氣半含，雀酥同調。

寇宗奭曰：山茱萸與吳茱萸甚不相類，治療大不相同。未知何緣命名。《孟子》：其性與人殊。蘇頌曰：葉如梅有刺，二月開花如杏，四月實如酸棗。薛能詩：辭林綠尚稠。《遯齋閑覽》：張子野曰：得非紅杏枝頭鬧尚書耶。《爾雅注》：荊桃，今櫻桃。李時珍曰：陶弘景注山茱萸及櫻桃，皆言似胡頽子，淩冬不雕。即雀酥也。吳人呼為半含春，儼如山茱萸，酸濇亦同。

清・文晟《新編六書》卷六《藥性摘錄》　山茱萸　味酸，性溫而濇。溫補肝腎，濇精固氣，能暖腰膝，治風寒濕痹，鼻塞目黃，耳鳴耳聾，縮小便。去核用。惡桔梗、防風、防己。

清・張仁錫《藥性蒙求・木部》　山茱萸一錢、錢半　山茱萸溫，濇精益髓。補腎溫肝，膝腰痛愈。酸，濇，微溫。固精秘氣。得熟地補腎虛，得五味子攝精氣。陳久者良。去核用，核能滑精故也。

清·屠道和《本草匯纂》卷一收斂 山茱萸 耑入肝、腎。味酸，性溫而濇。溫補肝腎，濇精固氣。能暖腰膝，助水臟及風寒濕痺，鼻塞目乾。安五臟，通九竅，耳鳴耳聾皆治。入肝、腎二經氣分。治心下邪氣，腸胃風邪，寒熱疝瘕，頭風面皰，強陰益精，興陽道，堅陰莖，止老人尿不節，治面上瘡。能發汗，止月水不定。去核用，惡桔梗、防風、防己。

清·戴葆元《本草綱目易知錄》卷四 山茱萸 微溫，酸，濇。入足少陰、厥陰氣分。補腎溫肝，強陰益精，溫中明目。興陽道，堅陰莖，添精髓，暖腰膝，安五臟，通九竅，破癥結，秘精氣，去三蟲。止小便利，治面上瘡。止月水不定，老人尿不節。逐寒濕痹，除一切風，逐一切氣。治腸胃風邪，寒熱疝瘕，頭風腦骨痛，鼻塞目黃，耳鳴耳聾，面皰酒皶。去核用，核能滑精。

清·黃光霽《本草衍句》 山朱萸 酸以補腎溫肝，澀則固精閉氣。溫可強陰助陽，辛逐風寒溼痺。肝虛則風入肝，寒則寒與溼易犯。通九竅以安五臟，暖腰膝而添精髓。腦痛頭風，治腦骨痛，能斂肝木之動，以治內風也。目黃鼻窒，耳內聾鳴，小便不節。得熟地補腎虛，得五味攝精氣。草還丹益元陽，補元氣，固元精，壯元神，乃延年續嗣之至藥也。山朱萸、破故紙、當歸、麝香為末，蜜丸，臨臥時鹽湯下。

清·陳其瑞《本草撮要》卷二 山茱萸 味酸，入足厥陰、少陰經，功專助陽固陰。得熟地補腎虛，得五味攝精氣。強陽不痿，小便不利者忌用。核滑精，用尤宜去。陳者良。惡防己、防風、桔梗。

清·仲昴庭《本草崇原集說》卷中 山茱萸 【略】仲氏曰：《崇原》旨約詞該，《經讀》又補出未盡之蘊，入後烏梅丸、生脈散等語，是欲以先覺覺後覺，亦非閒文，第修園曾譏生脈散命名不正，須改為參麥散。

清·周巖《本草思辨錄》卷四 山茱萸 今人用山茱萸，惟取其強陰益精，原非不是。但其木高丈餘，二月開花，一交冬令，即便結實，是全稟厥陰木氣。而實酸溫，足以溫肝祛風宣竅，故又治鼻塞耳聾目黃面皰。至主心下邪氣寒熱與出汗之文，或疑其無是能矣。不知其色紫赤，兼入心包，且秉風木疏蕩之姿，汗為心液，焉得不溱溱以出汗。汗出則寒熱之邪亦去。凡此又當於補益之外詳究其義者。然則腎氣丸用之，蓋不第強陰益精之謂已。

植楠樹

附：琉球·吳繼志《質問本草》外篇卷四 植楠樹桃葉珊瑚 甲辰清舶漂到，採此種問之。植楠樹。盛煥文。

青莢葉

清·吳其濬《植物名實圖考》卷一〇 青莢葉 青莢葉一名陰證藥，又名大部參，產寶慶山阜。高尺餘，青莖有斑點；短杈長葉，粗紋細齒，厚韌微澀；每葉上結實二粒，生青老黑，頗為詭異。俚醫以治陰寒病。

胡頹子

附：日·丹波康賴《醫心方》卷三〇 胡頹子 馬琬云：味甘。淩冬不彫，食之補益五藏之。《膳夫經》云：食之益人者也。

宋·王介《履巉巖本草》卷中 王婆奶 性涼，無毒。治大人小兒久新喘嗽不止，不以多少，曒乾爲細末，每服壹錢至貳錢，用茶清調下。

明·李時珍《本草綱目》卷三六木部·灌木類 胡頹子《拾遺》

【釋名】蒲頹子《綱目》 盧都子《綱目》 雀兒酥《炮炙》 半含春《綱目》 黃婆奶時珍曰：陶弘景注山茱萸及櫻桃，皆言似胡頹子，凌冬不凋，亦應益人。陳藏器又於山茱萸下詳著之，別無識者。今考訪之，即雷斅《炮炙論》所謂雀兒酥也。雀兒喜食之。越人呼爲蒲頹子。南人呼爲盧都子。吳人呼爲半含春，言早熟也。襄漢人呼爲黃婆奶，象乳頭也。劉績《霏雪録》言安南有小果，紅色，名盧都子，則盧都乃蠻語也。

【集解】藏器曰：胡頹子生平林間，樹高丈餘，冬不凋，葉陰白，冬花，春熟最早，小兒食之當果。又有一種大相似，冬凋春實夏熟，人呼爲木半夏，無別功效。時珍曰：胡頹即盧都子也。其樹高六七尺，其枝柔軟如蔓，其葉微似棠梨，長狹而尖，面青背白，俱有細點如星，老則星起如麩，經冬不凋。春前生花朵如丁香，蒂極細，倒垂，正月乃敷白花。結實小長，儼如山茱萸，上亦有細星斑點，生青熟紅，立夏前采食，酸濇，核亦如山茱萸，但有八稜，軟而不堅。核內白緜如絲，中有小仁。其木半夏，樹、葉、花、實及星斑氣味，並與盧都同，但枝强硬，葉微團而有尖，其實圓如櫻桃而不長爲異耳。立夏後始熟，故吳楚人呼爲四月子，亦曰野櫻桃，其核亦八稜，大抵是一類二種也。

子 【氣味】酸，平，無毒。弘景曰：寒熱病不可用。 【主治】止水痢藏器。

根 【氣味】同子。 【主治】煎湯，洗惡瘡疥并犬馬瘑瘡藏器。吐血不止，煎水飲之；喉痹痛塞，煎酒灌之，皆效時珍。

葉 【氣味】同子。 【主治】肺虛短氣喘欬劇者，取葉焙研，米飲服二錢時珍。

〖發明〗時珍曰：蒲頽葉治喘咳，方出《中藏經》，云甚者亦效如神。云有人患喘三十年，服之頓愈。甚者服藥後，胸上生小隱瘮作痒，則瘥也。虛甚，加人參等分，名清肺散。大抵皆取其酸濇，收斂肺氣耗散之功耳。

明·姚可成《食物本草》卷二〇木部·灌木類　胡頽子樹高六七尺，其枝葉軟如蔓。其葉微似棠梨，長狹而尖，面青背白，俱有細點如星，老則星起如麩，經冬不凋。春前生花朶如丁香，蒂極細，倒垂，正月乃敷白花。結實小長，儼如山茱萸，上亦有細星班點，生青熟紅，立夏前采食，酸濇。核亦如山茱萸，但有八稜，軟而不堅。核內白緜如絲，中有小仁，小兒食之當果。

胡頽子，味酸，平，無毒。止水痢。

根　煎湯洒惡瘡疥并犬馬瘑瘡。吐血不止，煎水飲之；喉痹痛塞，煎酒灌之，皆効。

葉　治肺虛短氣喘欬劇者，取葉焙研，米飲服二錢。

清·王道純《本草品彙精要續集》卷一〇　胡頽子無毒

胡頽子《本草拾遺》：主止水利陳藏器。○根，主煎湯，洗惡瘡疥，並犬馬瘑瘡陳藏器。吐血不止，煎水飲之，喉痹痛塞，煎酒灌之，皆效《本草綱目》。○葉，主肺虛，短氣，喘欬，劇者取葉焙研，米飲服二錢《本草綱目》。〖名〗蒲頽子、盧都子、雀兒酥、半含春、黃婆奶。李時珍曰：陶弘景注：山茱萸及櫻桃，皆言似胡頽子，淩冬不凋，亦應益人。陳藏器又於山茱萸下詳著之，別無識者，今考訪之，即雷斅《炮炙論》所謂雀兒酥也。雀兒喜食之，越人呼爲蒲頽子，南人呼爲盧都子，吳人呼爲半含春，言早熟也。襄漢人呼爲黃婆奶，象乳頭也。劉績《霏雪錄》言：安南有小果，紅色，名盧都子，則盧都，乃蠻語也。〖地〗陳藏器曰：胡頽子，生平林間。〖苗〗陳藏器曰：樹高丈餘，冬不凋，藏冰白，小兒食之當果。又有一種大相似，冬凋春實夏熟，人呼爲木半夏，無別功效。〖時〗冬花春熟最早。〖質〗李時珍曰：胡頽，即盧都子也。其樹高六七尺，其枝柔軟如蔓，其葉微似棠梨，長狹而尖，面青背白，俱有細點如星，老則星起如麩，經冬不凋。春前生花，孕如丁香，蒂極細，倒垂。正月乃傅白花，結實小長，儼如山茱萸，上亦有細星斑點。立夏前採食酸澀，核亦如山茱萸，但有八棱，軟而不堅。核內白綿如絲，中有小仁。其木半夏樹葉花實及星斑氣味並與盧都同。但枝強硬，葉微團而有尖。其實圓如櫻桃而不長，爲異耳。立夏後始熟，故吳楚人呼爲四月子，亦曰野櫻。其核亦八棱，大抵是一類二種也。〖色〗生青熟紅。〖味〗酸。〖性〗平。〖禁〗陶弘景曰：寒熱病不可用。〖治〗李時珍曰：蒲頽葉，治喘欬。方出《中藏經》云：甚者亦效如神，云有人患喘三十年，服之頓愈。甚者服藥後胸上生小癮疹，作癢則瘥也，虛甚加人參等分，名清肺散。大抵皆取其酸澀收斂肺氣耗散之功耳。

清·吳其濬《植物名實圖考》卷三五　胡頽子　陶隱居、陳藏器注山茱萸皆著之。《本草綱目》形狀功用尤為詳晰。湖北俗呼甜棒槌；湖南地暖，秋末著花，葉長而厚，俗呼半春子。

清·劉善述、劉士季《草木便方》卷二木部　牛奶子　牛奶子甘性濇平，消渴止飲鎮心神。令人潤澤除煩熱，久服輕健精氣靈。

清·戴葆元《本草綱目易知錄》卷四　盧都子胡頽子、雀兒酥。　酸，平。止水痢，有寒熱病勿用。

根：水煎服，止吐血。喉痹痛塞，酒煎灌之。煎湯洗惡瘡疥，并犬馬瘑瘡。葆：治汪某疸黃症，諸症除而黃月餘不退，囑其停藥，勿服，有教每日以蘆都根煎代茗，半月，全黃退。

葉：治肺虛短氣，喘咳，焙末，每米飲服二錢，虛者加人參。

牛奶子

明·朱橚《救荒本草》卷下之前　白棠子樹　一名沙棠棃兒，一名羊奶子樹，又名剪子果。生荒野中，枝梗似棠棃樹枝而細，其色微白，葉似棠葉而窄小，色亦頗白，又似女兒茶葉，却大而背白；結子如豌豆大。味酸甜。救飢：其子甜熟時摘取食之。

清·吳其濬《植物名實圖考》卷三七　牛奶子　牛奶子樹，長沙山阜多有之。叢生，褐幹，葉如橘葉有微齒，夏間結實，狀如衣扣，纍纍下垂，外有青褐皮，裂殼見黑光如龍眼核，殼內青皮白仁。味苦澀，頗似橡栗；可研粉救飢。俚醫取枝莖以為散血之藥。

牛奶子又一種　牛奶子與陽春子樹葉皆相似，秋結實如棠梨，色紅紫，味微甘而澀，童豎食之。

清·吳其濬《植物名實圖考》卷三七　羊奶子　湖南山阜多有之。《辰谿縣志》：羊奶子莖有小刺，葉如桂而小，上青下白，開小白花，實如羊奶，味甘可食。又羊春子同類異種。

按《救荒本草》，白棠子樹亦名羊奶子，樹形狀略同。

羊奶子又一種　羊奶子生長沙山岡。叢樹無刺，葉如榆葉，光澤而薄，秋結實如海棠果而小亦長，經霜色紅，味酸澀。

清・吴其濬《植物名實圖考》卷三七　陽春子　湖南處處有之。叢生，赭莖有硬刺，長葉如橘葉而不尖，面緑背白。又一種葉稍大，亦寬，土名面内金。俱結紅實。土醫以治喉熱。

蕤核

宋・李昉《太平御覽》卷第九九二　蕤核　《本草經》曰：蕤核，味甘，温。生川谷。主治心腹邪結氣，明目，赤痛傷淚出，目腫眦爛，久服益氣輕身。生函谷。《晉宫閣記》曰：華林園，蕤三株。《吴氏本草》曰：蕤核，一名墓。神農、雷公：甘，無毒，平。生池澤。八月採。補中强志，明耳目，久服不飢。

宋・唐慎微《證類本草》卷一二木部上品〔《本經・別録》〕　**蕤核**　**味甘**，温、微寒，無毒。**主心腹邪結氣，明目，目赤，痛傷淚出**，目腫眥爛，齆鼻，破心下結痰痞氣。**久服輕身益氣，不飢。**生函谷川谷及巴西。

〔梁・陶弘景《本草經集注》〕云：今從北方來，云出彭城間。形如烏豆大，圓而扁，有文理，狀似胡桃桃核。今人皆合殼用爲分兩，此乃應破取人秤之。醫方惟以療眼。《仙經》以合守中丸也。

〔宋・掌禹錫《嘉祐本草》〕按：《蜀本圖經》云：樹生，葉細似枸杞而狹長。花白，子附莖生，紫赤色，大如五味子。莖多細刺。六月熟。今出雍州。五月、六月採，日乾。《藥性論》云：蕤人，使。一名曰椹。能治鼻衄。

〔宋・蘇頌《本草圖經》〕曰：蕤核，生函谷川谷及巴西，今河東亦有之。其木高五七尺，莖間有刺。葉細似枸杞而尖長，花白，子紅紫色，附枝莖而生，類五味子。六月成熟，五月、六月採實，去核殼陰乾。古今方惟用治眼。劉禹錫《傳信方》所著法最奇。云：眼風淚痒，或生瞖，或赤眥，一切皆主之。宣州黄連擣篩末，蕤核人去皮碾爲膏，緣此性稍濕，末不得故耳。與黄連等分和合，取無蚛病乾棗三枚，割頭不許留之去却核，以二物滿填於中，却取所割下棗頭，依前合定，以少綿裹之，惟薄綿爲佳。以大茶椀量水半椀，於銀器中，文武火煎取一雞子以來，以綿濾，待冷點眼，萬萬不失。前後試驗數十人皆應，今醫家亦多用得效，故附也。

〔宋・唐慎微《證類本草》〕雷公云：凡使，先湯浸去皮、尖，擘作兩片。用芒消、木通草二味，和蕤人同水煮一伏時後瀝出，去諸般藥取蕤人，研成膏，任加減入藥中使。每修事四兩，用芒消一兩，木通草七兩。陳藏器：蕤子，生熟足睡不眠。

宋・劉明之《圖經本草藥性總論》卷下　蕤核　味甘，温、微寒，無毒。主心腹邪結氣，明目，目赤痛傷淚出，目腫眦爛，齆鼻，破心下結痰痞氣，久服輕身益氣。《藥性論》云：蕤仁，使。能治鼻衄。古方惟治眼。《傳信方》治眼風淚痒，或生翳，或赤眦，一切皆主之。生函谷川谷，今河東亦有之。

宋・陳衍《寶慶本草折衷》卷一二　蕤核人一作仁。使。今從艾氏，綴以人字。

一名蕤人，一名蕤子，一名□椹。生函谷川谷，及巴西彭城、河東，雍、并州。〇五、六月採實，去核殼，陰乾，或日乾。

味甘、苦，平張松，微寒，無毒。〇主明目，目赤痛傷，淚出目腫、眦才詣切爛，齆烏貢切鼻。破心下結痰痞氣。〇陶隱居云：形如烏豆大，圓而扁。破取人。〇其核如此，今皆和核收售。〇《藥性論》云：治鼻衄。〇《圖經》曰：治眼風淚痒生瞖。〇雷公云：湯浸去皮尖。〇仍用紙裹，壓取油盡。〇陳藏器云：蕤子生熟足睡不眠。亦如酸棗人，睡多生使，不得睡炒熟。

元・尚從善《本草元命苞》卷六　蕤仁　為使。味甘，温、微寒，性平，無毒。點眼風淚痒，主目眦爛傷赤痛。破心膈痞氣結痰，止鼻衄，輕身益氣。醫齆鼻，明目，不飢。生函谷、巴西川谷，今河東、彭城有之。葉細，似枸杞狹長，子大如五味，紫赤，五月成熟，六月採實，去核殼，陰乾。入膏丸研用。

明・朱櫹《救荒本草》卷下之前　蕤核樹　俗名蕤李子。生函谷川谷，及巴西、河東皆有，今古崤關西茶店山谷間亦有之。其木高四五尺，枝條有刺，葉細似枸杞葉而尖長，又似桃葉而狹小亦薄，花開白色，結子紅紫色，附枝莖而生，狀類五味子。其核仁味甘，性温、微寒，無毒。其果味甘、酸。救飢：摘取其果紅紫色熟者，食之。　治病：文具《本草》木部條下。

明・王綸《本草集要》卷四　蕤核使　味甘，氣温。採實，去核殼，陰乾。主心腹邪結氣，明目，目赤痛傷淚出，目腫眥爛，眼風癢。

明・滕弘《神農本經會通》卷二　蕤核　類五味子。六月成熟，採實去核殼，陰乾。古今方惟用治眼。蕤人，使也。　味甘，氣温、寒，無毒。

《本經》云：主心腹邪結氣，明目，目赤痛傷淚出，目腫眥爛，齆鼻，破心下結痰痞氣，久服輕身益氣，不飢。《局》云：蕤核人能通結氣，主除目赤鼻中洪。若同腦子研膏用，點眼須知大有功。蕤仁，搗膏，點除熱赤。

明・劉文泰《本草品彙精要》卷一七　蕤核無毒　植生。

蕤核出《神農本經》：**主心腹邪結氣，明目，目赤痛，傷淚出。久服輕身益氣，不飢。**以上朱字《神農本經》。目腫眥爛，齆鼻，破心下結痰，痞氣。以上黑字名醫所錄。〔名〕白椹。〔苗〕《圖經》曰：其木高五七尺，莖間有刺，葉細似枸杞而尖長，花白子紅紫色，附枝莖而生，類五味子，六月成熟，古今方中治眼甚要。〔地〕《圖經》曰：生函谷川谷及巴西，今河東亦有之。陶隱居云：彭城。〔道地〕并州。〔時〕生：三四月。採：五月、六月取實。〔收〕陰乾。〔用〕實。〔質〕類郁李仁。〔色〕黃白。〔味〕甘。〔性〕溫，微寒。〔氣〕氣之薄者，陽中之陰。〔臭〕香。〔主〕目中諸疾。〔製〕《雷公》云：凡使，先其去殼取仁，湯浸，去皮尖，擘作兩片，用芒硝、木通草二味和蕤仁同水煮一伏時，後瀝出，去諸般藥，取蕤仁研成膏，任加減，入藥中使。每修事四兩，用芒硝一兩，木通草七兩。〔治〕療：《藥性論》云：止鼻衄。〔合治〕蕤核仁去皮，研爲膏，緣此性稍濕難爲末。合宣州黃連末等分和勻，取無蚛病乾棗三枚，割頭少許留之，去卻核，以二藥滿填於中，卻取所割棗頭依前合定，以少綿裹之，用水半碗于銀器中文武火煎，取一雞子大，仍以綿濾，待冷點眼，療風癢，或生翳或赤眥皆治之。

明・鄭寧《藥性要略大全》卷六　蕤仁　主心腹結氣，治目赤痛，傷目瞳，淚出眦爛，風痹。明目之劑。又破痰結。味辛，氣平，無毒。《宣本草》云：甘，溫、微寒。衣有纏絲紋，未油者佳。去殼入藥。

明・陳嘉謨《本草蒙筌》卷四　蕤核　味甘，氣溫、微寒。無毒。生函谷及巴西河東，類烏豆但略圓而匾。外有紋理，六月採收。碎核殼取仁，去皮尖研爛。輔佐良藥，專治眼科。消上下皰風腫爛弦，除左右眦熱障努肉。退火止淚，益水生光。蕤子啖之，亦止鼻衄。

明・王文潔《太乙仙製本草藥性大全》卷三《本草精義》　甤仁　生函谷川谷及巴西，今河東亦有之。其木高五七尺，莖間有刺，葉細似枸杞而尖長，花白，子紅紫色。又云類烏豆，但略圓而匾，外有文理，附其莖而生，類五味子。六月成熟，採實，去核殼，陰乾，碎核殼取仁，去皮尖，爛研。輔佐良藥，古今方惟用治眼。

明・王文潔《太乙仙製本草藥性大全》卷三《仙製藥性》　蕤仁使　味甘，氣溫，云氣微寒，無毒。主治：主心腹邪結之氣，破心下結痰之痞。能醫齆鼻，專治眼科。消上下皰風腫爛弦，除左右眦熱障努肉。退火止淚，益水生光。蕤子：啖之亦止鼻衄。久服輕身，益氣，不飢。補註：眼風癢，生翳赤眦，黃連搗末，蕤仁去皮，製爲膏，與連末各等分和合，取不蛀乾棗三枚，截去頭少許，去核，以二物填滿，却取所割下棗頭合定，以薄綿裹之，用大茶碗量水，於銀器中文武火煎取一雞子，以綿濾過待冷，點眼極妙。太乙曰：凡使先湯浸，去皮尖，擘作兩片，用芒硝、木通草二味和蕤仁，同水煮一伏時後，瀝出，去諸般藥，取蕤仁研成膏，任加減入藥中使。每修事四兩，用芒硝一兩，木通草七兩。

明・皇甫嵩《本草發明》卷四　蕤仁上品，君。氣微寒，味甘，溫，無毒。發明曰：蕤仁，治眼科為專。故主明目，赤痛傷眦淚出，目腫，眦爛，努肉，益水生光。又兼主心腹邪結氣，結痰痞氣。蕤子，亦治鼻衄。狀類烏頭，但略圓而匾，外有絞碎核殼，取仁，去皮尖，研爛用。

明・李時珍《本草綱目》卷三六木部・灌木類　蕤核蕤，儒誰切。《本經》上品。

〔釋名〕白桵音蕤。時珍曰：《爾雅》：棫，白桵，即此也。其花實蕤蕤下垂，故謂之桵，後人作蕤。柞木亦名棫而物異。〔集解〕《別録》曰：蕤核生函谷川谷及巴西。弘景曰：今出彭城。大如烏豆，形圓而扁，有文理，狀似胡桃核。今人皆合殼用，此應破取仁稱之。保昇曰：今出雍州。樹生，葉細似枸杞而狹長，花白。子附莖生，紫赤色，大如五味子。莖多細刺。五月、六月熟。采實日乾。頌曰：今河東并州亦有之。木高五七尺，莖間有刺。時珍曰：郭璞云：白桵，小木也。叢生有刺，實如耳璫，紫赤可食，即此也。

仁　〔修治〕斅曰：凡使蕤核仁，以湯浸去皮、尖，擘作兩片。每四兩，用芒硝一兩，木通草七兩，同水煮一伏時，取仁研膏入藥。

〔氣味〕甘，温，無毒。《別録》曰：微寒。普曰：神農、雷公：甘，無毒。生平地，八月采之。〔主治〕心腹邪熱結氣，明目，目赤痛傷淚出，目腫眦爛。久服，輕身益氣不飢《本經》。强志，明耳目吴普。破心下結痰痞氣，齆鼻《別録》。治鼻衄甄權。生治足睡，熟治不眠藏器。

〔發明〕弘景曰：醫方惟以療眼，仙經以合守中丸也。頌曰：按劉禹錫《傳信方》所著，治眼法最奇。云：眼風痒，或生翳，或赤眦，一切皆主之。宣州黃連末、甤核仁去皮研膏，等分和勻，取無蚛乾棗二枚，割下頭，去核，以二物填滿，却以割下頭合定，用少薄緜裹之，〔以〕大茶盌盛，于銀器中文武火煎取一雞子大，以緜濾罐收，點眼萬萬不失。前後試驗數十人皆應，今醫家亦多用得效也。

〔附方〕新七。　春雪膏：治肝虛，風熱上攻，眼目昏暗，痒痛隱澀，赤腫羞明，不能遠視，迎風有淚，多見黑花，用蕤仁去皮，壓去油二兩，腦子二錢半研勻，生蜜六錢和收，點眼。《和劑局方》。　百點膏：　治一切眼疾。蕤仁去油三錢，甘草、防風各六錢，黄連五錢，以三味熬取濃汁，次下蕤仁，膏，日點。孫氏《集效方》。　撥雲膏：　取下翳膜。蕤仁去油五分，青鹽一分，猪胰子五錢，共搗二千下如泥，罐收，點之。○又方：　蕤仁一兩去油，入白蓬砂一錢，麝香二分，研勻收之。去翳，妙不可言。　飛血眼：　蕤仁一兩去皮，細辛半兩，苦竹葉三握洗，水二升，煎一升，濾汁，頻温洗之。《聖濟總録》。　赤爛眼：　《近效方》用蕤仁四十九箇去皮，胡粉煆如金色一雞子大，研勻，入酥一杏仁許，龍腦三豆許，研勻，油帋裹收。每以麻子許，塗大小眦上，頻用取效。○《經驗良方》：　用蕤仁、杏仁各一兩，去皮研勻，入膩粉少許，爲丸。每用熱湯化洗。

明·梅得春《藥性會元》卷中　蕤仁　味甘，溫，氣微寒，無毒。　主療心腹邪結氣，明目，目赤痛，傷淚出，目腫皆爛齆破，心下結痰痞氣。　製法：　湯浸去皮尖，作兩片用木通草七兩，芒硝一兩，同和蕤仁四兩煮一伏時，漉出，仁研成膏，任加減入藥。

明·李中立《本草原始》卷四　蕤核　始生函谷川谷及巴西，今河東亦有之。其木高五七尺，莖間有刺，葉細似枸杞而尖長，花白，子紅紫色，附枝莖而生，類五味子。六月成熟，采實，破核取仁，陰乾。《爾雅》：　棫，白桵。即此也。其花實蕤蕤下垂，故謂之桵，後人作蕤。仁：　氣味：　甘，溫，無毒。主治：　心腹邪熱結氣，明目，目赤痛傷，淚出，目腫眦爛。久服輕身，益氣不飢。○強志，明耳目。○破心下結痰痞氣，齆鼻。○治鼻衄。○生治足腫，熟治不眠。

蕤核，《本經》上品。【圖略】核紫，多文理。仁，皮黄，肉白。　修治：　蕤仁，以湯浸，去皮尖，擘作兩片，每四兩用芒硝一兩，木通草七兩，水煮一伏時，取仁，研膏入藥。　《孫氏集效方》：　治一切眼疾，蕤仁去油三錢，甘草、防風各六錢，黄連五錢，以三味熬取濃汁，次下蕤仁膏，日點。　《經驗良方》：　治赤爛眼，用蕤仁、杏仁各一兩，去皮，研勻，入膩粉少許，為丸，每用熱湯化洗。

明·李中梓《藥性解》卷五　蕤仁　味甘，性溫，無毒，入心、肝、脾三經。主心腹結氣結痰，鼻中衄血，眼胞上下風腫爛弦，左右眦熱障努肉，清火止泪，益水生光。　破核取仁，去皮尖研用。　按：　心肝與脾皆血之臟，而蕤仁入之，夫目之有疾，血之故也。今得其甘以養血，溫以和血，而腫脹諸患，從茲息矣。

明·繆希雍《本草經疏》卷一二　蕤核　味甘，溫、微寒，無毒。　主心腹邪結氣，明目，目赤痛，傷淚出，目腫眦爛，齆鼻，破心下結痰痞氣。　久服輕身，耐老不飢。

【疏】蕤核得土氣以生。神農：　味甘，氣溫。《別錄》加微寒，無毒，氣薄味厚，陽中之陰也。　入足厥陰經。　厥陰為風木之臟，開竅於目。　風熱乘肝則肝血虛而目為之病，或為赤痛腫傷，或為淚出眦爛，此藥溫能散風，寒能除熱，甘能補血，肝氣和而目疾悉瘳矣。　其主心腹邪結氣者，即邪熱氣也。熱則生痰，痰礙中焦，氣為之痞，甘寒除熱，溫主通行，熱邪去而痰自不生，痰結解而氣自通暢矣。　鼻齆者，熱在上焦心肺之分也。　甘寒總能除上下之熱，故亦主之。　非養性益精之藥，而云輕身益氣不飢者，未必然也。

【主治參互】《和劑局方》春雪膏，治肝虛風熱上攻，眼目昏暗，癢痛隱澀，赤腫羞明，迎風有淚，多見黑花。　用蕤核去皮壓去油二兩，腦子二錢半，研勻，生蜜六錢和收，點眼。　《集效方》百點膏，治一切風熱眼，蕤仁去油三錢，甘草、防風各六錢，黄連五錢，以三味煎取濃汁，次下蕤仁膏，日點。

【簡誤】目病非關風熱，而因於肝腎兩虛者，不宜用。　凡修事，湯浸去皮尖，劈作兩片，用芒硝、木通、通草同煎，一伏時取出，研膏入藥。

明·倪朱謨《本草彙言》卷一〇　蕤核　味甘，氣溫，微涼，無毒。　氣薄味厚，陽中陰也。　入足厥陰經。

《別錄》曰：　蕤核，生函谷川谷及巴西。　今彭城亦有。

蘇氏曰：　今雍州、河東、并州亦有。　木高五七尺，莖間有刺。　葉細狹長，似枸杞葉。　花白色，子附莖生，紫赤色，大如烏豆，形圓而扁，有文理。　五六月熟，采實日乾。　修治：　去殼取仁，用湯浸去皮尖，劈作兩片，研爛，作膏用。

蕤核：　去肝經風熱，爲目病專科之藥也。苗天秀抄劉禹錫《傳信方》治風熱乘肝，目赤痛腫，或淚出眥爛，或昏澀羞明，或翳障凝結，或努肉攀睛，種種目疾，係于風熱所傷者，咸宜加用。　如肝腎兩虛，血虧髓少者，當斟酌用之。　前古又主心腹邪熱結氣，痰結、痞結諸證。　總之熱則生痰，痰礙中焦，氣爲之痞。　此劑甘涼除熱，熱邪去而痰自不生，痰結解而氣自通暢，痞滿亦無復留結矣。　涼肝明目，亦推此意云。

集方：《和劑局方》治肝虛風熱，上攻眼目，赤腫癢痛，昏暗不能遠視，隱澀羞明，迎風出淚，時見黑花。用蕤仁去皮，壓去油淨，二兩，冰片一錢，研勻，入淨磁罐收貯。點眼，名春雪膏。○譚春臺方治眼病生翳。用蕤仁去油淨，五分，青鹽一分，猪胰子五錢，共搗二千下如泥，磁罐收貯，點之。○又方，用蕤仁一兩，去油淨，入白硼砂一錢，麝香一分，搗勻，收之。點眼去翳，妙不可言。○《經驗良方》治赤爛眼。用蕤仁、杏仁各一兩，去皮，搗去油淨，研勻，入真鉛粉爲丸，麻子大。每用熱湯化，點大小眦上。

明・姚可成《食物本草》卷二〇木部・灌木類　蕤核生函谷川谷及巴西。今出彭城，大如烏豆，形圓而扁，有文理，狀似胡桃核。又出雍州，樹生，葉細似（菊花）〔枸杞〕而狹長，花白，子附莖生，紫赤色，大如五味子，莖多細刺。五月六月熟，紫赤可食。

蕤核仁　味甘，溫，無毒。治心腹邪熱結氣，明目目赤，痛傷淚出，目腫眥爛。久服輕身益氣，不飢，強志，明耳目，破心下結痰。

明・李中梓《醫宗必讀・本草徵要下》　蕤仁味甘，溫，無毒。入肝經。湯浸去皮尖，水煮過研膏。　破心下結痰，除腹中痞氣，退翳膜赤筋，理眦傷淚出。外能散風，內能清熱，肝氣和則目疾愈。痰痞皆熱邪為祟，故亦並主。按：目病不緣風熱而因於虛者勿用。

明・蔣儀《藥鏡》卷一溫部　蕤仁　散風邪以清熱，調肝氣而血和。故目腫赤疼，淚出眦爛俱治。上焦痰結，下焦氣痞咸醫。

清・顧元交《本草彙箋》卷五　蕤仁　甘能養血，溫能和血，微寒涼血，入心、肝、脾血臟。繇於風熱者，所必需。藏器云：蕤仁生治多眠，熟治不眠，大類棗仁。

春雪膏，治肝虛風熱，上攻眼目，昏暗癢痛，隱澀赤腫，羞明，不能遠視，迎風有淚，多見黑花，用蕤仁去皮，壓去油二兩，腦子二錢半，研用，生蜜六錢，和收點眼。又百點膏，治一切眼疾。蕤仁去油三錢，甘草、防風各六錢，黃連五錢，以三味熬取濃汁，次下蕤仁，和勻，日點取效。去翳用撥雲膏，蕤仁去皮油五分，青鹽一分，猪胰五錢，共搗如泥，罐收點。又方：　蕤仁二兩，去油，白硼砂一錢，麝香二分，研勻，去翳神捷。

清・郭章宜《本草匯》卷一六　蕤仁　甘，溫，微寒，氣薄味厚，陽中之陰也，入足厥陰經。破心下結痰，除腹邪熱結。退翳膜赤筋，理眥傷淚出。生治足睡，熟治不眠。《本經》治目痛赤腫眥爛者，厥陰為風木之臟，開竅于目，風熱乘肝，則肝血虛而目為之病。此藥溫能散風，寒能除熱，甘能補血，肝氣和而目疾瘳矣。

按：　蕤仁外能散風，內能清熱，療眼有功。《傳信方》治一切目疾，用黃連末、蕤仁，去皮研膏，等分，和勻，取棗二枚，截下頭，去核，以藥填滿，仍合紮定，于銀器中煎取，以綿濾，罐收，點眼甚効。若目病不緣風熱，而因于肝腎兩虛者，勿用。

產巴西。以湯浸去皮尖，同芒硝、木通水煮過，取仁研膏入藥。

清・王翃《握靈本草》卷八　蕤仁出秦地及河東。凡使以湯浸去皮尖，劈作兩片，同芒硝、木通水煮一伏時，取仁研膏用。　主治：　蕤仁，甘，溫，無毒。主心腹邪熱結氣，明目，目赤痛傷淚出，目腫眦爛，強志，明耳目。

清・汪昂《本草備要》卷三　蕤仁亦名白桵，音同蕤。補，明目。　甘，溫。《別錄》微寒。入心、肝、脾三經。消風散熱，益水生光。三經皆血藏也。血得其養，則目疾平。凡目病在表，當疏風清熱。在裏屬腎虛、血少、神勞，宜補腎養血安神。遠視爲腎水虧，近視爲火不足。治目赤腫痛，眦爛淚出。亦治心腹邪熱，結氣痰痞。今人惟用療眼。陳藏器曰：生治足睡，熟治不眠。　叢生有刺，實如五味，圓扁有紋，紫赤可食。取仁浸去皮、尖，研用。

清・李熙和《醫經允中》卷一七　蕤仁　味甘，微寒，無毒。主治退翳膜赤筋，理眥傷淚出。外能散風，內能清熱，為眼科要藥。

清・馮兆張《馮氏錦囊秘錄・雜症痘疹藥性主治合參》卷四　蕤核得土氣以生，故味甘，溫，微寒，無毒。入足厥陰經。厥陰為風木之臟，開竅於目，風熱乘肝，則肝血虛而目為之病。此藥溫能散風，寒能除熱，甘能補血，肝氣和則目疾瘳矣。○用湯浸，去皮尖，劈作兩片，用芒硝、木通、通草同煎一伏時取出，研膏入藥。

蕤核，專治眼科，消上下胞風腫爛弦，除左右眦熱障胬肉。退火止淚，益水生光。退瞖膜之赤筋及赤腫眦爛。併主心腹邪結氣及結痰痞氣。

清・张璐《本經逢原》卷三　蕤仁　甘，溫，無毒。去殼湯浸，去皮尖，水煮過，研細紙包，壓去油用。《本經》主心腹邪熱結氣，明目、目赤痛傷淚出，目腫眦爛。　發明：　蕤仁甘溫而潤，能治諸經風熱之邪，心腹邪熱結氣，不獨治目疾也。眼風癢，或生瞖，或赤眦，黃連、蕤仁去皮，研膏，等分，以乾棗去核填入，煎水，點眼甚驗，但不因風熱而因於虛者勿用。

清・浦士貞《夕庵讀本草快編》卷五　蕤仁《本經》、白桵　其花蕤蕤下垂，故謂之桵。　蕤仁甘溫無毒，《仙經》用之合守中丸，蓋宗《本經》益氣不飢，輕身延年，而除心腹邪熱也。吳普註其強志氣，明耳目，《別錄》謂其破結痰，消痞氣，蓋取其能磨能消也。劉禹錫窺其意，以治目昏翳障，淚出皆爛者，用黃連納棗煎膏，點目無不効也。若生療足睡，熟治不眠，非藏器之博識不能表出。予嘗治心下有熱積，不得少睡者，用之果効。又非棗仁酸斂肝魂之比。博識者宜辨之。

清·黃元御《玉楸藥解》卷二　蕤仁　味甘，微溫。入手太陰肺、足厥陰肝經。明目止疼，退赤收淚。蕤仁理肺疏肝，治眼病赤腫，目爛淚流，鼻䶊衄血，痞痰阻隔。生治多睡，熟治不眠。

清·吳儀洛《本草從新》卷三　蕤仁〔消風清熱，治目。〕一名白桵。甘，微寒。消風清熱，和肝明目，退翳膜赤筋，理眦傷淚出，凡目疾在表，當疏風清熱；在裏屬腎虛血少神勞，宜補腎養血安神。破心下結痰，除腹中痞氣。皆熱邪為祟。目病不緣風熱而因於虛者勿用。叢生有刺，實如五味，圓扁有紋，紫赤可食。湯浸取仁，去皮尖，水煮過，研膏。

清·汪紱《醫林纂要探源》卷三　白蕤仁　甘，鹹，寒。樹茂叢生，有刺，花小，實如小郁李而扁，紫赤成紋，甘酸可食。取核中仁，泡去皮尖用。潤心寧神。生治昏睡，熟治不眠。功略同酸棗仁。生則鹹多，布散神明之用。熟則甘多，安定神明之主。人知其治目疾而不知其能補心久矣。散血去熱，明目，除痰。治目赤腫，眥爛多淚。

清·嚴潔等《得配本草》卷七　蕤仁　甘，微寒。入手少陰、足太陰厥陰經。破心氣，下結痰，治鼻衄，療目疾。凡心肝脾血分病由風熱者所需。水浸去皮尖，研用。治好眠，生用。治不眠，熟用。用通草少加芒硝水，煮一伏時，研膏入藥。川連、蕤仁等分，研勻，取無蚛乾棗二枚，割去下頭，取出核，以二物填入於中，仍以割去者合定，用薄綿裹之，盛茶杯置銀器中，文武火煎取一雞子大，再以綿濾之，收點眼疾，無不神效。

題清·徐大椿《藥性切用》卷五　蕤仁　味甘微寒，入肝而消風清熱，退翳明目，有養肝益陰之功。生研用。

清·黃宮繡《本草求真》卷四　蕤核散肝風熱。　蕤核耑入肝。眼科藥也。凡眼多因風熱乘肝，以致血虛而目不得明，故病必見上下眼胞風腫弦爛，左右眦熱障胬。仁齋曰：拘急牽颼，瞳青胞白，癢而清淚，不赤不痛，是為風眼，烏輪突起，胞硬紅腫，眵淚濕漿，裏熱刺痛，是為熱眼，眼渾而淚，胞腫而軟，上壅曚曨，酸澀微赤，是為氣眼。風與熱并，則痒而浮赤，風與氣搏，則痒澀昏沉，血熱交聚，故生淫膚粟肉、紅縷偷針之類，氣血不至，故有眇視、胞垂、雀眼、盲障之形，淡紫而隱紅者為虛熱，鮮紅而妬赤者為實熱。兩眦呈露生胬肉者，此心熱血旺，白睛紅膜如傘紙者，此氣滯血凝，熱滯則瞳人內湧，白睛帶赤，冷症則瞳人青綠，白睛枯槁，眼熱經久，復為風熱所乘，則赤爛。眼中不赤，但為痰飲則作疼，肝氣不順而挾熱，所以羞明。熱氣蓄聚而傷飽，所以胞合，白睛帶赤或紅筋者，其熱在肺。上胞下胞或目唇間如疥點者，其熱屬脾，翳起肺家受熱，翳如碎米狀者易散，翳如梅花者難消。得此溫能散風，氣不甚溫。寒能勝熱，甘能補血，俾火退淚止，而目疾瘳矣。赤筋在翳膜外者，得此則宜。撥雲膏取下翳膜：蕤仁去油五分，青鹽一分，猪胰子五錢，共搗二千下如泥，鑵收點之。又方：蕤仁一兩，去油，入白蓬砂一錢，麝香二分，研勻收，去翳妙不可言。湯浸，去皮尖，劈作兩片，芒硝、木通、通草同煎一伏時，取出研膏入藥。

清·羅國綱《羅氏會約醫鏡》卷一七竹木部　蕤仁味甘溫，微寒，入肝經。湯浸去皮尖，水煮過，研膏。治目疾有專功。消風散熱，益水生光。凡目赤腫痛，皆爛淚出，化胬肉，退翳膜，俱效。肝為風木之臟，開竅於目。風熱乘肝，則血虛而目病。此藥溫能散風，寒能除熱，甘能補血，肝氣和則目疾瘳矣。并破心下結痰、腹中痞氣。痰痞皆屬熱邪，可以并治。按：目不因風熱而因於虛者勿用。叢生有刺，實如五味，圓扁有紋、紫赤可食。

清·黃凱鈞《藥籠小品》　蕤仁　微寒，消風清熱，和肝明目，破心下結痰，除腹中痞氣，目病不緣風熱。而因虛者勿用。

清·吳其濬《植物名實圖考》卷三七　蕤核　《本經》上品。《爾雅》：棫，白桵。注：小木叢生，有刺，實如耳璫，紫赤可食。注《本草》者以為即蕤核，《圖經》謂葉細如枸杞而狹長，花白，子附莖生，紫赤色。按其形狀正相肖也。《救荒本草》俗名蕤李子，果可食，今山西山坡極多，俗呼蕤棫，彌坑埋塹，蓬勃茶蕁。《詩》人芃芃薪槱，體物瀏亮，亦自述其物宜耳。《霍州志》：棫一名桵，即棫樸也。小枝而叢生，中空，州人飲煙者，取為飲具。按陸璣《詩疏》：棫即柞，其材理全白，無赤心者，為白桵。是棫有赤、白二種。今霍州產者有赤紋如繡，心似通草，以物穿之即空，詩人棫、樸連詠，應是一類二種。《召南》詩：林有樸樕。《毛傳》：樸樕，小木也。疏引《爾雅》作樸樕心。則樸樕一名心，古人多反語，以亂為治，苦為甘，此木心柔，可中通，故亦名為心歟？陶隱居注云：蕤核大如烏豆，形圓而扁，有文理，狀似胡桃。

此種山西亦多，與郭注異。具別圖，小木相似而異者甚繁，大要皆一類也。

蕤核又一種

蕤核，陶隱居注：形如烏豆，大圓而扁，有文理，狀似胡桃桃核。此種山西山阜極多，俱如陶說。《圖經》蕤核，狀如五味，此實多皺，中有裂紋，如桃李不正圓。按諸書言溲疏，皆云似枸杞有刺，子兩兩相比。此木叢生，葉極似枸杞而多刺，如棘子必駢生，殆溲疏也。土人既不知其名，而方書無用者；《本經》上品，其為逸民久矣。本貫熊耳，毗接中條，族姓繁衍，雜處棫樸，圖而識之，俾不堙沒。若陶隱居之併入蕤核，蓋知己而非知己也！

清・吴其濬《植物名實圖考》卷三三 蕤核 《本經》上品。《傳信方》治眼風淚痒用之，得效。《救荒本草》：俗名蕤李，子果可食。《本草綱目》以為郭注《爾雅》：棫，白桵即此，亦可備一說。

清・葉志詵《神農本草經贊》卷一 蕤核 味甘，溫。主心腹邪氣，明目，目赤痛傷淚出，久服輕身，益氣不飢。生山谷。

莖附蕤蕤，叢生刺勁。充耳垂璫，明眸引鏡。鑽豈攻堅，懷非致敬。函谷巴西，雲舒星映。

韓保昇曰：蕤子附莖生。李時珍曰：花實蕤蕤下垂，故謂之蕤。郭璞曰：叢生有刺，實如耳璫，紫赤可食。《詩》：充耳琇瑩。于濆詩：天與雙明眸。王融序：引鏡皆明目。《晉書・傳》：王戎家有好李，恒鑽其核。《論語》：鑽之彌堅。《禮》：其有核者懷其核。《左傳》：勤禮莫如致敬。名醫曰：生函谷及巴西。吳普曰：八月采。孔稚圭啟：綠葉雲舒，朱實星映。

清・文晟《新編六書》卷六《藥性摘錄》 蕤核 人肝，眼科藥也。散肝風熱，赤筋在膜者，得此則宜。○湯浸，去皮尖，劈作兩片，芒硝、木通、通草同煎一伏時，取出，研膏，入點藥。

清・張仁錫《藥性蒙求・木部》 蕤仁五分、一錢 蕤仁微寒，清熱和肝。退翳明目，淚出能蠲。甘，微寒。消風。○目病不因風熱，而因於虛者勿用。○取仁，去皮尖，水煮過，研膏。

清・戴葆元《本草綱目易知錄》卷四 蕤核仁內仁 甘，溫。益氣強志，明耳目，治鼻衄，心腹邪熱結氣，破心下結痰痞氣，齆鼻，目赤淚出，目腫眦爛。生治足睡，熟治不眠。

清・陳其瑞《本草撮要》卷二 蕤仁 味甘，微寒，入手少陰、厥陰、太陰經，功專消風散熱，益水生光。治目赤腫痛，眦爛淚出，心腹邪熱，結氣痰痞。得細辛、竹葉煎水洗，治飛血眼。

金櫻子

宋・唐慎微《證類本草》卷一二木部上品〔宋・馬志《開寶本草》〕 金櫻子 味酸、澁，平、溫，無毒。療脾洩下痢，止小便利，澁精氣。久服令人耐寒，輕身。方術多用。云是今之刺梨子。形似榅桲而小，色黃有刺，花白。在處有之。〔今附，自草部今移。〕

〔宋・掌禹錫《嘉祐本草》〕按：《蜀本》云：術多用，言是今之刺榆子，形如榅桲而小。今醫家用之甚驗。《雷公炮炙論》云：林檎向裏子名金櫻子，與此同名而已。醫方中亦用林檎子者。《日華子》云：金櫻花，平。止冷熱痢，殺寸白、蚘蟲等。和鐵粉研，拔白髮，傅之再出黑者，亦可染髮。又云：金櫻東行根，平，無毒。治寸白蟲。剉二兩，入糯米三十粒，水二升，煎五合。空心服，須臾瀉下，神驗。又云：皮，平，無毒。炒，止瀉血及崩中帶下。

〔宋・蘇頌《本草圖經》〕曰：金櫻子，舊不載所出州土，云在處有之，今南中州郡多有，而以江西、劍南、嶺外者爲勝。叢生郊野中，大類薔薇，有刺。四月開白花。夏秋結實，亦有刺，黃赤色，形似小石榴，十一月、十二月採。江南、蜀中人熬作煎，酒服，云補治有殊效。宜州所供，云《本草》謂之營實。其注稱白花者善，即此也。今校諸郡所述，與營實殊別也。洪州、昌州皆能煮，其子作煎，寄至都下。服食家用和雞頭實作水陸丹，益氣補真甚佳。

〔宋・唐慎微《證類本草》〕《孫真人食忌》：金櫻子煎，經霜後，以竹夾子摘取，於大木臼中，轉杵却刺，勿損之，擘爲兩片，去其子。以水淘洗過，爛擣入大鍋，以水煎，不得絕火。煎約水耗半，取出澄濾過，仍重煎似稀〔餳〕。每服取一匙，用暖酒一盞調服。其功不可具載。沈存中：金櫻子，止遺泄，取其溫且澁。世之用者，待紅熟取汁熬膏，大誤也。紅熟則却失本性，今取半黃時採用，妙。

宋・沈括《夢溪筆談》卷二六《藥議》 金罌子止遺洩，取其溫且澀也。世之用金罌者，待其紅熟時取汁熬膏用之，大誤也。紅則味甘，熬膏則全斷澀味，都失本性。今當取半黃時採，乾擣末用之。

宋・寇宗奭《本草衍義》卷一二 金櫻子 《經》九月、十月熟時採。不爾，復令人利。

宋・劉明之《圖經本草藥性總論》卷下 金櫻子 味酸、澀，平、溫，無毒。療脾洩下痢，止小便利，澀精氣。日華子云：　花，平。止冷熱痢，殺寸白疣蟲等。和鐵粉，研拔白髮，傳之再出黑者。亦可染髮。又云：　東行根，平，無毒。治寸白蟲。皮，平，無毒。炒，止瀉血，及崩中帶下。江南蜀中人熬作煎，酒服，云補治有殊効。沈存中：　子止遺泄，取其溫且澀。世之用者，待紅熟，取汁熬膏，大誤也。紅熟則失本性，令取半黃時，採用妙。

宋·王介《履巉巖本草》卷上　山硫黃　性大暖。能澁精氣，治下部諸疾。入茴香、還腸草、黑牽牛各等分，搗爲細末，醋糊爲元如梧桐子。每服二十元，鹽湯送下。

宋·陳衍《寶慶本草折衷》卷一二　金櫻子根附。　一名刺梨子，一名刺榆子。○沈存中云：　一名金罌子，謂狀如罌瓶也。○《炮炙論》又以林檎、向裏子謂之金櫻子者，殆未達其旨。　生南中，及江南、劒南、嶺外、蜀中，舒、泉、宜、洪、昌州。今在處郊野有之。○九、十、十一、十二月採實。○艾氏云：　但採時貴其青黃，庶得氣王，過熟則失其本性矣。然太早則又能利人。○王，去聲。

味酸、澀，平，溫，無毒。○療脾洩、下痢，止小便利，澀精氣。○《圖經》曰：　結實有刺，黃赤色，似小石榴。熬作煎，酒服，補治有效餘見雞頭實條。

附：　東行根。○平，無毒。治寸白蟲，剉貳兩，入糯米參拾粒，水貳升，煎至伍合，空心服，須臾瀉下。

元·尚從善《本草元命苞》卷六　金櫻子　味酸澀，性平溫，無毒。療脾洩下痢，止小便澀精。補虛勞益氣。花，殺寸白蚘蟲。皮，止崩中瀉血。舊不云所產，今在處有之。　叢生郊野中，類薔薇，有刺，今謂刺梨子。如榲桲而小，四月開花，夏秋結實。又若小石榴，蜀人熬作煎，《本草》謂營實。冬月採最善。

元·吳瑞《日用本草》卷六　金櫻子　叢生於籬落山野間，類薔薇，有刺，經霜後方紅熟。　味甘，微澁。　今村莊人採摘榨汁熬成糖。　主多小便，斂精氣。

元·朱震亨《本草衍義補遺》　金櫻子　屬土而有金與水。經絡隧道，以通暢為和平。昧者取澁性為快，遂熬為煎食之。自不作靖，咎將誰執？○沈存中云：　止遺泄，取其溫且澁。須十月熟時採，不爾復令人利。

元·徐彥純《本草發揮》卷三　金櫻子　丹溪云：　金櫻子屬土而有金與水。夫經絡隧道，以通暢為和平。昧者不知，取澀性以為快，遂熬為煎食之，自不作靖，咎將誰執？

明·蘭茂撰，清·管暄校補《滇南本草》卷下　金櫻子　性微溫，味酸，澁。入脾腎二經。　主治日久下痢，血崩帶下，澁精遺泄。用去子、毛淨，用殼。

明·蘭茂《滇南本草》（叢本）卷中　金櫻子　味酸，性微溫。入脾腎二經。治日久下利，血崩帶下，澁遺精泄歛。用去子，去毛淨用。

明·滕弘《神農本經會通》卷二　金櫻子　有刺，黃赤色，形似小石榴。十一二月採，不可太熟，却失本性，今取半黃時採之妙。

味酸，澁，氣平，溫，無毒。東云：　澁遺精。

《本經》云：　疗脾洩下痢，止小便利，澁精气，久服令人耐寒輕身。方術多用。日華子云：　花，平，止冷熱痢，殺寸白蚘蟲等。和鐵粉研，拔白髮，傳之，再出黑者。亦可染髮。又云：　東行根，平，無毒。治寸白蟲，剉二兩，入糯米三十粒，水一升，煎五合，空心服，須臾瀉下，神驗。又云：　皮，平，無毒。炒。止瀉血，及崩中帶下。《圖經》云：　江南蜀中人熬作煎酒服，云補治有殊効。又和雞頭實作水陸丹，益氣補真，甚佳。孫真人《食忌》云：　櫻子煎，經霜後以竹夾子摘取，於木臼中杵去刺，勿損之，劈為兩片，去其子，以水淘洗過，爛搗，入大鍋水煎，約水耗半，取出澄濾過，仍重煎似稀餳，每服取一匙，用暖酒一盞，調服，其功不可具載矣。　沈存中云：　止遺泄，取其溫且澁，世之用者，待紅熟取汁熬膏，大誤也。紅熟則却失本性，今取半黃時採用妙。　丹溪云：　屬土而有金與水，經絡隧道，以通暢為和平，昧者取澁性為快，遂熬煎食之，咎歸諸誰。又云：　沈存中云止遺泄，取其溫且澁，須十月熟時採，不爾復令人利。《局》云：　金櫻黃實赭然花，下痢遺精用子佳。搗汁煑膏投酒服，輕身奈老入仙家。　金櫻子，養精益腎，輕身，調和五臟。凡入大鍋煎時，勿絕火。

明·劉文泰《本草品彙精要》卷一七　金櫻子無毒　叢生。

金櫻子：　主脾泄下痢，止小便利，澀精氣。久服令人耐寒，輕身。名醫所錄。

【苗】《圖經》曰：　此即今之刺梨子也。叢生郊野中，葉尖有刺，大類薔薇。四月開白花，夏秋結實，形似山梔，無稜有刺，內有細子而多毛。初生微黃，味澀，熟則色赤，微甘。江南、蜀中人作煎，以酒調服，補治殊效，方術多用之。

【地】《圖經》曰：　舊不載所出州土，今南中州郡在處有之，以江西、劍南、嶺外者爲勝。〔道地〕舒州、泉州、宜州。〔時〕生：春生葉。採：十一月、十二月取實。〔收〕陰乾。〔用〕實。〔質〕類山梔，無稜而有刺。〔色〕赤。〔味〕酸，澀。〔性〕平，溫。〔氣〕氣厚于味，陽中之陰。〔主〕澀精，脾泄。〔製〕孫真人云：金櫻子煎，經霜後半黄時採，紅熟則失本性。以竹夾子摘取，於大木臼中轉杵去刺，勿損破，擘爲兩片，去其子並內毛，以水淘洗過，爛搗。入大鍋以水煎，不得絶火，煎約水耗一半取出，澄濾去滓，仍慢火煎似稀餳爲度。今入丸散，擘開兩片，刮去子毛用。〔治〕療：《别錄》云：子，止遺泄。日華子云：花，止冷熱痢，殺寸白蛔蟲。〇皮，止瀉血及崩中帶下。〔合治〕子合雞頭實作水陸丹，益氣補真。〇東行根剉碎二兩，合糯米三十粒，水二升，煎五合，空心服，治寸白蟲，須臾瀉下，神效。〇花合鐵粉研，拔白髮，傅之，再出黑者，亦可染髮。〔禁〕未經霜採服之，令人利。

明·盧和、汪穎《食物本草》卷二果類　金櫻子　味酸澁，平，無毒。療脾洩下痢，止小便利，澁精。久服令人耐寒，輕身，殺寸白蟲，和鐵粉末可以染髮。去子留皮，熬成稀膏，用暖酒服，其功不可盡載。

明·許希周《藥性粗評》卷一　金櫻嚴隧道之防。

金櫻子，南絡刺子也，俗名刺梨子。其莖多刺，高七八尺，春生新葉，每枝作七葉而生，四月開白花，似薔薇而大，夏秋經實如棗大，似榅桲，亦有刺，形如嬰，先青後黄，故名。叢生郊野堤岸之間，江南處處有之，以劍南嶺外者為勝。經霜後摘取半熟以上者，挼去刺，劈作兩片，剜去其穰，淘淨，搗爛，入鍋水煮，待水少耗，取出漉去渣滓，復入鍋慢火熬成膏如飴，取出，以淨罐收貯，每取一匙，溫酒調服，大有補益。味甘、微酸，性微溫、微澁，無毒。主治脾洩下痢，下虛遺精，小便多，調中補虛，關防隧道，久服耐寒不老，為服食家所重。然丹溪以為經絡隧道，以通暢為和平，昧者取澁性以為快，遂熬為煎食之，自作不靖，咎將誰歸，此固不可不知。然入酒調服，得酒流行，此亦古人製方之微意也。

單方：拔白生黑：金櫻花陰乾，和鐵粉研末，拔去白鬚髮，以末點入孔中，復生黑者。　殺寸白蟲：金櫻東行根，剉，煎湯服之，出。

明·鄭寧《藥性要略大全》卷三　金櫻子　治遺精滑泄。〇《經》云：炒，止瀉血，崩中，帶下。《湯液》云：療脾泄下痢，止小便勤，澁精氣。搗汁熬膏，久服輕身不老。其汁如糖，堪釀酒服。味甘、苦，氣微溫，無毒。俗呼𠧪櫻，開白花，有刺。

明·陳嘉謨《本草蒙筌》卷七　金櫻子　味甘，微澁，氣平、溫。無毒。叢生籬落山野，似小石榴稍長。芒刺遍身，霜後紅熟。收採去淨刺核，任憑煎液為丸。澁精滑自流，夢中精泄；止小便數去，睡後尿遺。殺寸白蟲，塞休息痢。搗爛絞汁，用有兩般。熬稠糖入酒鮮黄，調鐵粉染鬚潤黑。花收染皓髮亦驗，根煮殺蚘蟲尤靈。皮治帶下崩中，炒過煎服即止。

明·王文潔《太乙仙製本草藥性大全》卷三《本草精義》　金櫻子　即今之刺梨子。舊不載所出州土，云在處有之，今南中州郡多有，而以江西、劍南、嶺外者爲勝。叢生郊野中，大類薔薇有刺。四月開白花，夏秋結實，亦有刺，黄赤色，形似小石榴。十一月、十二月採。江南蜀中人熬作煎酒服，云補治者有殊效。宜州所供，云《本草》謂之營實，其注稱白花者善，即此也。今校諸郡所述，與營實殊别也。洪州、昌州皆能煮其子作煎，寄至都下。服食家用和雞頭實，作水陸丹，益氣補真甚佳。

明·王文潔《太乙仙製本草藥性大全》卷三《仙製藥性》　金櫻子　味酸澁，氣平、溫，無毒。　主治：療脾洩下痢，利小便，澁精，善止咳嗽。亦可益氣，久服和顔潤色，耐寒輕身。花：氣平，無毒。止冷熱痢，殺寸白、蛇蟲等。和鐵粉研，拔白髮傅之，再出黑者，亦可染髮。東行根：氣平，無毒。補註：治寸白蟲，剉二兩，糯米三十粒，水二升，煎二合，空心服，即瀉下神驗。〇治下血，剉碎水煎，每日空心服，吃肉四兩。　皮：氣平，無毒。炒煎止瀉血及崩中帶下。　孫真人曰：金櫻子煎，經霜後以竹夾子摘取，於大木臼中轉杵却刺，勿損之，擘爲兩片，去其子，以水淘洗過，爛搗，入大鍋，以水煎，不得絶火，煎約水耗半，取出澄濾過，仍重煎似稀餳，每服取一匙，用暖酒一盞調服，其功不可誤試。　沈存中曰：金櫻子止遺泄，取其溫且澁，世之用者，待紅熟，取汁熬膏，大誤也！紅熟則失〔却〕本性。今取半黄時採用妙。

明·皇甫嵩《本草發明》卷四　金櫻子上品，君。氣平、溫，味甘、酸、澁，無毒。即今之刺梨子。色黄有刺。　發明曰：金櫻子，酸澁收斂之劑。故《本草》療脾洩休息痢，止小便利，遺尿，澁精滑及夢遺，久服耐寒輕身。方術多用之。製料熬膏，去淨刺與核。服食家和芡實肉作水陸二仙丹，益氣補真甚佳。膏調鐵粉，可搗染鬚。〇花，主冷熱痢，殺蟲，可染髮。根，煮殺蛇。〇皮，炒，治崩帶下。

明·李時珍《本草綱目》卷三六木部·灌木類 金櫻子《蜀本草》

【釋名】刺梨子《開寶》 山石榴《綱目》 山雞頭子時珍曰：金櫻當作金罌，謂其子形如黃罌也。石榴、雞頭皆象形。又杜鵑花、小蘗並名山石榴，非一物也。斅曰：林檎、向裏子亦曰金櫻子，與此同名而異物。【集解】韓保昇曰：金櫻子在處有之。花白，子形似榅桲而小，色黃有刺，方術多用之。頌曰：今南中州郡多有，而以江西、劍南、嶺外者爲勝。叢生郊野中，大類薔薇，有刺，四月開白花。夏秋結實，亦有刺，黃赤色，形似小石榴，十一月、十二月采。江南、蜀中人熬作煎，酒服，云補治有殊效。宜州所供，云《本草》謂之營實。今校之，與營實殊別也。時珍曰：山林間甚多。花最白膩，其實大如指頭，狀如石榴而長。其核細碎而有白毛，如營實之核而味甚濇。

子 【氣味】酸，濇，平，無毒。【主治】脾洩下痢，止小便利，濇精氣。久服，令人耐寒輕身《蜀本》。

【發明】頌曰：洪州、昌州皆煮其子作煎，寄餽人。服食家用煎和雞頭實粉爲丸服，名水陸丹，益氣補真最佳。慎微曰：沈存中《筆談》云：金櫻子止遺泄，取其温且濇也。世人待紅熟時取汁熬膏，味甘，全斷濇味，都全失本性，大誤也。惟當取半黃者，乾擣末用之。宗奭曰：九月、十月霜熟時采用。不爾，反令人利。震亨曰：經絡隧道，以通暢爲平和。而昧者取濇性爲快，熬金櫻爲煎食之。自不作靖，咎將誰執？時珍曰：無故而服之，以取快慾則不可。若精氣不固者服之，何咎之有。

【附方】舊一，新二。 金櫻子煎：霜後用竹夾子摘取，入木臼中杵去刺，擘去核。以水淘洗過，擣爛。入大鍋，水煎，不得絶火。煎減半，濾過，仍煎似稀餳。每服一匙，用暖酒一盞調服。活血駐顔，其功不可備述。孫真人《食忌》。 補血益精：金櫻子即山石榴，去刺及子，焙，四兩，縮砂二兩，爲末。（陳）〔煉〕蜜和丸梧子大。每服五十丸，空心温酒服。《奇效良方》。 久痢不止：嚴緊絶妙方：罌粟殼醋炒、金櫻花葉及子等分，爲末。蜜丸芡子大。每服五七丸，陳皮煎湯化下。《普濟方》。

花 【氣味】同子。【主治】止冷熱痢，殺寸白蟲。和鐵粉研勻，拔白髮塗之，即生黑者。亦可染鬚大明。

葉 【主治】癰腫，嫩葉研爛，入少鹽塗之，留頭洩氣。又金瘡出血，五月五日采。同桑葉、苧葉等分，陰乾研末傅之，血止口合，名軍中一捻金時珍。

東行根 【氣味】同子。【主治】寸白蟲，剉二兩，入糯米三十粒，水二升，煎五合，空心服，須臾瀉下，神驗。其皮炒用，止瀉血及崩中帶下大明。止滑痢，煎醋服，化骨（硬）〔鯁〕時珍。

題明·薛己《本草約言》卷二《藥性本草》 金櫻子 味甘、微澁，氣溫，平，無毒。澁精滑自流，夢中泄精，止小便數，去睡後尿遺，殺寸白蟲，塞休息痢。搗爛絞汁，用有兩般，熬稠糖入酒鮮黃，調鐵粉染鬚潤黑。○《發明》云：金櫻子酸澁收斂之劑。花收染皓髮亦驗。根煮殺蚘蟲尤靈。皮治帶下崩中，炒過煎服即止。

明·梅得春《藥性會元》卷中 金櫻子 味酸、澀，氣溫、平，無毒。主澁遺精，養陰益腎，調和五臟，療脾洩下痢，止小便。方術多用之，以澁精氣。又採搗熬膏，服之輕身耐老。沈存中云：止遺洩，取其溫澀。須于十月熟時採，否則令人反利。丹溪云：屬土而有金與水，經絡隧道以通暢為和平，昧者取澁性為快，遂煎熬而食之，自不作靖，咎將誰歸？雷公云：林檎、向裏子名金櫻，名同而物異，即今刺梨子是也。形似榅桲而小，色黃有刺，花白，處處有之。

明·李中立《本草原始》卷四 金櫻子 今南中州郡有，而以江西、劍南、嶺外者為勝。叢生郊野中，大類薔薇，有刺。四月開白花，夏秋結實，亦有刺，黃赤色，形似小石榴，故一名山石榴。又一名刺梨子。《本草綱目》云：金櫻當作金罌，謂其子形如黃罌也。氣味：酸、濇，平，無毒。主治：脾洩下痢，止小便利，濇精氣。久服令人耐寒輕身。

金櫻子，《蜀本草》。【圖略】色黃赤有刺。其子大如指尖，狀如石榴而長，其核細碎而有白毛。修治：金櫻子，劈開，去核并毛，酒洗淨用。

明·羅周彥《醫宗粹言》卷四 熬金櫻膏法 霜降後採金櫻子，不拘多少，以粗器微搗去毛刺淨，復搗破，取子，約有一斗，用水二斗，煮之一飯時，漉起清汁，又入白水煮之，又漉起，又入白水煮，三次之後，其查淡而無味，去之，止將淨汁復以細密絹濾過，淨鍋熬之如飴乃止，收貯磁礶中，坐涼水內一宿。用其膏大能固精，良方二仙丹即此膏加入芡實粉。至於止嗽止瀉，補脾補腎，非醫不知。

明·李中梓《藥性解》卷五 金櫻子 味酸、濇，性溫，無毒，入脾、肺、腎三經。主脾洩下痢，血崩帶下，洩精氣，止遺泄，除咳嗽，止小便勤，益氣，潤顏色，久服延年。先去刺，剖開去子，復拭去毛用。按：丹溪曰：金櫻子屬土而有金與水，脾肺腎之入，固其宜也。又曰：經絡墜道，以通暢為和平，昧者取其澁性，煎膏食之，自不作靖，咎將誰執？此恐過服者傷脾百發也。須九十月間半熟時採之，太生令人利，太熟功力薄。

明·鮑山《野菜博錄》卷三　金櫻子　處處俱有。柯梗叢生，似薔薇有刺，開白花，夏秋結實，實上亦有刺，黄赤色，似小石榴形。味酸澁，性平，無毒。　食法：　採嫩葉煠熟，油鹽調食。子熟摘〔食〕。

明·繆希雍《本草經疏》卷一二　金櫻子　味酸，澀，平，溫，無毒。療脾泄下痢，止小便利，澀精氣。久服令人耐寒輕身。

〖疏〗金櫻子得陽氣而兼木化，故其味酸澀，氣平溫無毒。氣薄味厚，陰中陽也。入足太陽、手陽明，兼入足少陰經。十劑云：　澀可去脫。脾虛滑洩不禁，非澀劑無以固之。膀胱虛寒則小便不禁，腎與膀胱為表裏，腎虛則精滑，時從小便出。此藥氣溫味酸澀，入三經而收斂虛脫之氣，故能主諸證也。精固則精氣日生，而陽氣充，骨髓滿，故耐寒輕身也。〖主治參互〗和芡實粉為丸，名水陸丹，益氣補真。　孫真人《食忌》金櫻子煎，霜後用竹夾子摘取，入木臼中杵去刺，劈去核。以水洗〔過〕搗爛，入大鍋水煎，不得絕火，減半濾過，仍煎似稀餳。每服一匙，暖酒調服。活血駐顔，其功不可備述。〖簡誤〗泄瀉由於火熱暴注者，不宜用。小便不禁及精氣滑脫，因於陰虛火熾而得者，不宜用。

明·倪朱謨《本草彙言》卷一〇　金櫻子　味酸濇，氣溫，無毒。氣薄味厚，陰中陽也。入足太陽、少陰，手陽明經。　韓氏曰：　金櫻子，在處有之。蘇氏曰：　今南中、江浙州郡多有，惟以江西、劍南、嶺外者最勝。叢生郊野，山林尤多。莖葉酷似薔薇而多刺。四五月開花，白色。夏秋結實，實亦有刺，形如橄欖，有嘴如石榴，生青熟黄，核似營實子而有白毛。《宜州本草》誤爲營實，今校之與營實殊別也。冬月采，日乾用。用水煎汁作膏，其質如蜜，甘酸可口。澀精甚效。又釀酒飲，補腎養髓有功。

金櫻子：　止脾泄下痢，截虛嗽，《蜀本草》澀精滑，禁老人睡後遺尿，日華子乃大收斂之藥也。王景雲抄《十劑》云：　澀可去脫。如脾虛滑泄不禁，非澀劑無以固之。膀胱虛寒則小便不禁，腎與膀胱爲表裏，斂腎氣則精滑止，而小便自遺亦可止。因此藥氣味酸澀，入腎與膀胱、大腸三經，而收斂虛脫之氣，故能主諸病也。但其氣味既酸且澀，如泄瀉由于虛脫者，可用；　由于火熱暴注，或有積滯者，不可用也；　如小便不禁，及精氣滑脫，由于陽虛腎冷，命門不足者，可用；　由于陰虛內熱，邪火妄熾者，不可用也。

盧子繇先生曰：　《經》云：　澀可去脫。開腸洞泄，便溺遺失，精氣滋瀉，以及血液妄行，寢汗不禁，皆脫也。倘濇因濇用，亦莫之敢攖。

前賢李氏曰：　夫經絡隧道，以通利爲和平。味者取收濇之味以爲養，此自作不善調攝也。若取縱欲而秘精，以爲快樂，亦自速其禍也。如果精氣不固，而自遺自泄者，服之稍可。

集方：　孫真人方治精滑尿遺，并久痢不止。霜後用竹夾子摘取金櫻子，不拘多少，入木臼內搗爛，入鍋內水煎減半，濾出清汁，以渣再煎，仍濾出清汁，總和一處，緩火熬如餳糖，入淨磁瓶內。每早服十餘茶匙，白湯調服。又和雞豆粉爲丸，名水陸丹，秘精益元甚妙。

金櫻花：　氣味與子同。大氏方研爛，和鐵粉再研勻，拔白髮塗之，即生黑者，亦可染鬚。

金櫻葉：　李氏方五月五日，同桑葉、苧葉，采取各等分，陰乾研末，敷刀傷，能止血合口，名軍中一捻金。

金櫻子丸：　治精濁。精濁與便濁不同。便濁是便溺渾濁，即白濁也；精濁是精隨溺而出，此精道滑也。因相火動，心腎內虛，不能固守也。用金櫻子、芡實粉、蓮花鬚、白茯苓、石蓮肉、熟地黄、枸杞子、當歸身、山楂肉各四兩，牡蠣煅、黄柏各二兩，俱用醋拌炒，磨爲末，煉蜜丸，梧子大。每早晚各服三錢，食前白湯下。〇治人心有所慕而夢與人交而泄精者，謂之夢遺。係君心動而相火隨也。用金櫻子三錢，生地黄、天門冬、麥門冬、黄柏、知母各二錢，茯神、酸棗仁、遠志、石菖蒲各一錢，甘草五分，燈心一團。水煎服。〇治夢遺日久，氣下陷者，宜升提腎氣以歸原也。用金櫻子、山茱萸、懷熟地、茯苓、石斛、萆薢、芡實、酸棗仁各四兩，黄柏、知母、升麻、藁本、川芎各一兩，龜板一斤，共煎汁熬膏，每早晚服。〇治濕熱內盛而遺精者，無所思念而精遺，腰軟痠疼，口中時吐白痰也。用金櫻子八兩醋拌炒，白朮六兩，蒼朮四兩，苦參二兩，俱用米泔水浸炒，牡蠣三兩火煅，共爲末，神麴糊爲丸，梧桐子大。每早服三錢，白湯下。

明·應慶《食治廣要》卷四　金櫻子　氣味：　酸，濇，平，無毒。主治：　脾洩下痢，節小便利，濇精氣。

明·姚可成《食物本草》卷二〇木部·灌木類　金櫻子今南中州郡多有，而以江西、劍南、嶺外者為勝。叢生郊野中，大類薔，亦有刺，四月開花，夏秋結實，亦有刺。黄赤色，形如小石榴，十一月、十二月采。江南、蜀中人熬作煎，酒服，云補治有殊效。〇李時珍曰：山林間甚多。花最白膩。其實大如指頭，狀如石榴而長。其核細碎而有白毛，如營實之核而味甚濇。

金櫻子，味酸濇，平，無毒。治脾洩下痢。止小便利，濇精氣，久服令人耐寒輕身。〇蘇頌曰：洪州、昌州，皆煮其子作煎，寄餽人。服食家用煎和雞頭實粉為丸服，名水陸丹，益氣補真甚佳。〇朱丹溪曰：經絡隧道，以通暢為和平。而昧者取濇性為快，熬金櫻為煎食之。自不作靖，咎將誰執？〇李時珍曰：無故而服之，以取快慾則不可；若精氣不固者服之，何咎之有？

花　止冷熱痢，殺寸白蟲，和鐵粉研勻，拔白髮塗之，即生黑者，亦可染鬚。

葉　治癰腫，嫩葉研爛，入少鹽塗之，留頭洩氣。又金瘡出血，五月五日采，同桑葉、苧葉等分，陰乾研末傅之，血止口合，名軍中一捻金。

附方：治久痢不止，嚴緊絕妙方。罌粟殼醋炒，金櫻花葉及子等分，為末，蜜丸芡子大。每服五七丸，陳皮煎湯化下。

明·顧逢柏《分部本草妙用》卷五腎部·溫補　金櫻子　酸，澀，無毒。

主治：脾洩下痢，止小便，澀精妙藥。久服耐寒輕身。丹溪曰：經絡隧道以通暢為平和，而昧者取澀性為快慾，反致生病，何可長生？惟精氣不固者宜之。

明·李中梓《醫宗必讀·本草徵要下》　金櫻子味酸、濇，平，無毒。入脾、腎二經。扃鑰元精，合閉蟄封藏之本；牢拴倉廩，贊傳導變化之權。

金櫻子性濇，不利於氣。丹溪云：經絡隧道，以通暢為和平，昧者喜其濇精而服之，致生別證，自不作靖，咎將誰執？雖然，惟無故而服以縱慾則不可，若精滑者服之，何咎之有？

明·鄭二陽《仁壽堂藥鏡》卷二　金櫻子　《圖經》云：江西、劍南、嶺外者為勝。金櫻膏：以竹夾子摘取，於大木臼中杵去刺，皮為兩片，去其子，以水淘洗過，搗爛，入大砂鍋，以水熬。不絕火熬，約水耗半，取出澄濾過，熬似稀糖，每服一匙。味酸，濇，性平，無毒。入肝經。去刺及核，刷毛淨。《蜀本》曰：脾泄下痢，止便濇精。慎微曰：止遺泄，取其濇也。紅熟時，味甘不濇，全失本性。當取半黃者用。宗奭曰：霜熟時採，不爾令人利。丹溪曰：經絡隧道，以通暢為和平。昧者取其濇性，煎膏食之，自不作靖，咎將誰執？按：金櫻子，無故而服，以取快欲，則不可。若精不固者，用之何咎之有？沈存中云：金櫻子止遺精，取其溫且澀。世之用者，待紅熟，取汁熬膏，大悞也。紅熟則却失本性，今取半黃時採用。

明·李中梓《頤生微論》卷三　金櫻子　味酸、澁、甘，性平，無毒。入肝、腎二經。去刺及核，刷毛令淨。濇精止遺泄，脾泄久痢，便頻。按：金櫻子味濇，久服多服能減人食。丹溪曰：經絡隧道以通暢為和平，昧者取其澁精，煎膏常服。自不作靖，咎將誰執。須經霜後將熟時採，太生令人利，太熟功力薄也，半黃者佳。

明·張景岳《景岳全書》卷四九《本草正》　金櫻子　味澁，性平。生者色青酸澁，熟者色黃甘澀，當用其將熟微酸，而甘澁者為妙。其性固澁，澁可固陰治脫，甘可補中益氣。故善理夢遺精滑，及崩淋帶漏，止吐血衄血，生津液，安魂魄，收虛汗，斂虛火，益精髓，壯筋骨，補五藏，養血氣，平欬嗽，定喘急。療怔忡驚悸，止脾洩血痢及小水不禁。此固陰養陰之佳品，而人之忽之亦久矣，此後咸宜珍之。

明·盧之頤《本草乘雅半偈》帙一〇　金櫻子《蜀本草》　氣味：酸濇，平，無毒。

主治：主脾洩下痢，止小便利，濇精氣。久服令人耐寒輕身。

覈曰：叢生郊野，山林尤多，唯江西、劒南、嶺外者最勝。莖葉都似薔薇而多刺。四月開花白膩。夏秋結實，實亦有刺，大似指頂，形如石榴而稍長。核似大營子核而有毛。

參曰：含桃曰櫻，金櫻子色金色而形相肖也。氣味酸濇平，對待以治之。《經》云：濇可去脫。開腸洞泄，便溺遺失，精氣溢瀉，以及血液妄行，寢汗不禁，皆脫也。倘濇因濇用，亦莫之敢攖。滑者濇之，脫者收之，對待法也。濇因濇用為從治，從治則反實其實矣。雖然，濇可待滑，收可待脫，還須裁其本，度其標，評其後先，定其緩急。不獨可以待諸標本，亦可以順諸流行矣。

明·李中梓《本草通玄》卷下　金櫻子　酸濇而平。是以固精止瀉，職有專司。當其半黃之時，正屬採收之候，若至紅熟則味已純甘，全無濇味，安在其收攝之功哉？丹溪云：經絡隧道，以宣暢為和平。而昧者資其濇性，以取快慾，必致他疾。自不作靖，咎將誰執？去核并白毛淨。

清·顧元交《本草彙箋》卷五　金櫻子　世多用之以止遺泄，取其溫而濇也。《十劑》云：濇可去脫。脾虛滑泄，須濇劑以固之。若泄瀉由於火熱暴注，不相宜矣。膀胱虛寒，則小便不禁，腎虛則精滑，時從小便出。故用此氣溫味酸者，收斂虛脱之氣。若二症因于陰虛火熾者，豈宜用乎？

必待霜熟採用，濇味乃全。

金櫻子煎膏，和芡實粉爲丸，名水陸丹，爲益氣補真之劑，以治虛泄精滑。

清·穆石匏《本草洞詮》卷一一 金櫻子 氣味酸平濇，無毒。治脾洩下痢，止小便利，濇精氣。金櫻子和雞頭粉為丸，名水陸丹，秘精益元甚効。然無故而夫經絡隧道，以通暢為和平。而昧者取濇性為快，此自作不靖也。若精氣不固者服之，何咎之有？

清·劉雲密《本草述》卷二四 金櫻子 時珍曰：山林間甚多，花最白膩，其實大如指頭，狀如石榴而長，其核細碎而有白毛，如營實之核，而味甚濇。

四月開白花，夏秋結實，九十月霜熟時采，不爾反令人利。

子：氣味：酸，濇，平，無毒。 主治：脾泄下痢，止小便利，濇精氣《蜀木草》。 希雍曰：金櫻子得陽氣，而兼木化，故其味酸濇，氣平溫，無毒。氣薄味厚，陰中陽也。 之頤曰：濇可去脱，開腸洞泄，便溺遺失，精氣溢寫，以及血液妄行，寖汗不禁，皆脱也。雖然，濇可待滑，收可待脱，還須裁其本，度其標，評其後先，定其緩急，不獨可以待諸標本，亦可以順諸流行矣。

愚按：金櫻子之味酸濇，繆氏以為兼木化，殊不知並同金化也。夫木之味酸，乃陰不能遽致於陽也。金之味濇，乃陽不得即達於陰也。是皆氣化為之先，而不得流暢，故歸之於味耳。然則陰陽之氣俱脱者，此皆可以對待之矣。苐應節而投，之頤之言可采也。

希雍曰：泄瀉由於火熱暴注者，不宜用。小便不禁及精氣滑脱，因於陰虛火熾而得者，不宜用。

修治 沈存中《筆談》云：金櫻子止遺泄，取其溫且濇也。世人待紅熟時取汁熬膏，味甘，全斷濇味，都全失本性，大誤也。惟當取半黃者，乾搗末用之。

金櫻根：按《本草》言其氣味與子同，故用之治陽證脱肛。見《準繩》。又《本草綱目》用東行根同糯米水煎，空心服，下寸白蟲，言其神效。又言煎醋服，化骨(硬)〔骾〕。

清·郭章宜《本草匯》卷一六 金櫻子 酸、澁，溫平，氣薄味厚，陰中陽也，入足太陰、太陽、少陰、手太陰、陽明經。扃鑰元精，合閉蟄封藏之本。牢栓倉廩，贊傳道變化之權。

按：金櫻子，屬土而有金與水，脾肺腎之入固其宜也。酸澁收斂，最能止瀉固精。《十劑》云：澁可去脱，脾虛滑洩不禁，非澁劑何以固之？膀胱虛寒，則小便不禁，腎與膀胱為表裏，腎虛則小便不禁。此藥味溫酸澁，能收斂虛脱之氣，自精氣固而陽氣充足。然澁者大概于氣不利，丹溪所謂經絡隧道，以通暢為平和。而昧者取其澁精而服之，致生別症，自作不靖，咎將誰執？雖然，惟無故而服以縱慾則不可，若精滑者服之，亦何咎哉？若陰虛火熾滑脱者，不宜用。古方有水陸丹，同雞、豆粉丸服，益氣補真，最佳。

去核，并白毛淨，採收當在九十月，取半黃者，乾擣末用，熬膏亦可。若至紅熟，則味已純甘，全無濇味，安在其收斂之功也？

清·何其言《養生食鑒》卷上 金櫻子俗名糖罌子。 味甘、酸、澁，性平，無毒。療脾泄下痢，止小便利，去睡後遺尿，殺寸白蟲，澁精氣。久服耐寒輕身。採半黃者，去外刺、内核，搗碎，水煮三次，去渣，即取汁熬為膏，每服一匙，用暖酒一盞調下，活血駐顏，益氣補真，兼治夢遺滑精，神效。

葉 治癰腫，取嫩的研，入鹽少許，調塗留頭，洩氣即消。

根 止瀉血及崩中帶下，刮皮，焙為末，每服二錢，米湯調下。骨(硬)〔骾〕，月醋煎，噈即下。

清·蔣居祉《本草擇要綱目·溫性藥品》 金櫻子 氣味：鹹，濇，平，無毒。 主治：脾洩下痢，止小便利，濇精氣。久服令人耐寒輕身。又止遺泄，取其溫且濇也。世人待紅熟時，取汁熬膏，味甘，全斷濇味，都全失本性，大誤也。惟當取半黃者，乾擣末用之。若無故而服之，以取快慾則不可。若精氣不固者，服之何咎之有。

清·王翃《握靈本草》卷八 金櫻子在處有之，而以江西、劒南嶺外者為勝。半黃者佳。 主治：金櫻子，酸，濇，平，無毒。主脾洩下痢，止小便，濇精氣，久服耐寒。

清·汪昂《本草備要》卷三 金櫻子濇精，固腸。 酸濇。入脾、肺、腎三經。固精秘氣。治夢泄遺精，和芡實爲丸，名水陸丹。泄痢便數。丹溪曰：經絡隧道，以通暢爲平和，而昧者取濇性爲快，熬煎食之，自作不靖，咎將誰執？時珍曰：無故而食以恣慾則不可，若精氣不固者，服之何害。似榴而小，黄赤有刺。取半黄，熟則純甘。去刺、核用。熬膏亦良。《筆談》曰：熬膏則甘，全失濇味。

清・陳士鐸《本草新編》卷五　金櫻子　味甘、微澁，氣平、溫，無毒。入腎與膀胱之經。澁精滑，止夢遺遺尿，殺寸白蟲。此物世人競採以澁精，誰知精滑，非止澁之藥可止也。遺精夢遺之症，皆尿竅閉而精竅開。不兼用利水之藥以開尿竅，而僅用澁精之味以固精門，故愈澁而愈遺也。所以用金櫻子，必須兼用芡實、山藥、蓮子、薏仁之類，不單止遺精而精滑反澁。用澁于利之中，用補于遺之內，此用藥之秘，而實知藥之深也。

或問：金櫻子乃澁精之藥，先生謂澁精而精愈遺，必加利水之藥同治，〔其論實精〕。但恐利多而精不能澁，意者治遺精，必多用金櫻子為君，少用利藥為佐使乎？曰：利水過多，亦非治遺妙法，必須補多于澁之中，澁多于利之內，然後精足而不遺。尿竅開而精竅閉也。

或問：金櫻子淩冬而色愈有神，其得于金氣者深矣。金能生水，似能益精而不止澁精也。不知金櫻子非益精之物，使金櫻子益精，則必澁精而無不效矣。惟其止能澁精，而不能益精，所以愈澁而愈遺也。

金櫻子內多毛及子，必去之淨，方能補腎澁精。其腹中之子，偏能滑精，煎膏不去其子，全無功效。

清・顧靖遠《顧氏醫鏡》卷八　金櫻子酸，濇，平。入脾腎二經。杵去刺及子。治脾虛久瀉，療腎虛精滑。濇以固脫也。性濇不利於氣，丹溪曰：經絡隧道，以通暢為和平。昧者喜其濇精而服之以縱慾，致生別疾，咎將誰歸。

清・李熙和《醫經允中》卷一九　金櫻子　霜後紅熟，採收去刺淨核，煎膏用。甘，澁，無毒。主治脾泄下痢，止便頻、滑精，白帶妙藥。惟精氣不固者宜之，不可取其濇性為快慾也。花收可染皓髮，根煮能殺蚘蟲。

清・馮兆張《馮氏錦囊秘錄・雜症痘疹藥性主治合參》卷八　金櫻子得陽氣而兼木化，故味酸，澁，氣平，溫，無毒。入足太陽、手陽明、足少陰經。澁可去脫，故主小便不禁，夢遺精滑之症。

金櫻子，入脾、腎二經，澁遺精，精滑自流，為收斂虛脫之藥。

按：金櫻子，味酸而功專止澁。然經絡隧道，以通暢為和，倘能調神養氣，則自能收攝充固。昧者但取收澁，煎湯常服，不惟無益，反至氣血乖和，令人減食。

清・张璐《本經逢原》卷三　金櫻子　甘、酸，濇，溫，無毒。剖開去核及毛用。

發明：金櫻子止小便遺泄，濇精氣，取其甘溫而濇也。夫經絡隧道以通暢為和平，而昧者無過服之，以取快慾則不可。若精氣不固者服之，何咎之有。但陰虛多火人誤服，每致溺濇莖痛，不可不慎。

清・浦士貞《夕庵讀本草快編》卷五　金櫻子《蜀本草》　櫻當作罌，謂其子形如黄罌也。金櫻子味酸而濇，實脾固精之品也。夫濇可以去脫，溫可以止遺。凡久痢頻泄，夢交精滑者，用之獨勝。丹溪有曰經絡隧道以通暢為平和，昧者取濇性為快，彌不作疾。雖然，金櫻膏既補腎益精，誰不可服？若欲藉此縱欲，咎將誰歸？況與芡實作丸名水陸丹，功効甚溥，未可泥也。其葉敷癰腫合金瘡，其根下寸白，其皮止血瀉，其花染鬚髮，亦皆有益于人耳。

清・何諫《生草藥性備要》卷上　金櫻蔃　味甜，性溫。正蔃旺血，理痰火，洗疳疔，痔瘡聖藥。其子熬膏，添精益腎，又能澁精，止咳。老年跌傷，用大金櫻。又名糖鶯子，又名脫骨丹。

塘鶯遠　味辣，性辛。去熱，消毒，洗疳瘡最好。

清・姚球《本草經解要》卷三　金櫻子　氣平，味酸澁，無毒。主脾泄下痢，止小便利，澁精氣。久服令人耐寒輕身。金櫻子氣平，稟天秋成之金氣，入手太陰肺經。味酸澁無毒，得地東生西收金木之味，入足厥陰肝經，入手陽明燥金大腸經。氣味俱降，陰也。《十劑》云：澁可去脫。脾泄下利，大腸不禁也。金櫻子味酸澁，所以固脫也。小便氣化乃出，金櫻子氣平益肺，肺氣足以收攝，則小便利自止。五藏六府之精，皆藏於腎。所以疎泄，肝散之也。金櫻子味酸斂肝，肝不疎洩，精氣自澁矣。久服酸平益肺，肺主皮毛，皮毛固，所以耐寒；肺主氣，氣充所以輕身也。　製方：金櫻子同芡實丸，名水陸丹，益氣補真。煎膏，丸杜仲末，治腎洩。

清・周垣綜《頤生秘旨》卷八　金櫻子　酸澁收斂之藥也。澁者能去滑，正謂此類。方術家多用之，言其久服耐寒輕身。丹溪云：經絡隧道，以通暢為和平。昧者取澁性為快，遂熬為煎食之，自不作靖，咎將誰執？凡用藥，無是病者，勿妄試也。

清・王子接《得宜本草・上品藥》　金櫻子　味酸，濇。主治脾泄精滑。

得芡實能固精，得縮砂能益精。

清・黃元御《玉楸藥解》卷二 金櫻子 味鹹，性濇。入手陽明大腸、足厥陰肝經。斂腸止泄，固精斷遺。金櫻子酸斂濇固，治泄利遺精。肝鬱結者，不宜酸斂之品，服之則遺精愈甚，當與升達之藥並用。

清・吳儀洛《本草從新》卷三 金櫻子〔澀精固腸。〕 酸，澀，平。固精秘氣。治滑精，膏和芡實為丸，名水陸二仙丹。泄痢便數。性澀而不利於氣。丹溪曰：經絡隧道以通暢為和平，味者喜其澀精而服之，致生別證，自作不靖，咎將誰執？ 時珍曰：無故而服以縱欲則不可，若精氣不固者服之何害？ 似榴而小，黃赤有刺。取半黃者，熟則純甘。去刺、核，研，或熬膏。熬膏則甘，全失澀味。

清・汪紱《醫林纂要探源》卷二 金櫻子 甘，酸，濇，溫。蔓生而勁，大葉赤莖多刺，開白花，五出，略似梔子花而圓瓣，結實黃赤，如石榴而長，亦多刺，實中白，子多毛。去刺及子淨，熬膏。補肺生水，和脾瀉肝，抑其升散之過，則所以瀉之也。固精斂氣。治夢泄遺精，止氣虛勞嗽，及泄痢便縮，功略同五味。

清・嚴潔等《得配本草》卷七 金櫻子 甘、澀，微酸，性溫。入足少陰經血分。固精秘氣，止血生津。治虛痢，收虛汗，斂虛火，平虛嗽，定虛喘，療怔忡。得人參、熟地，治精從便出。配芡實、蓮子，治陰虛作瀉。霜熟時採用，不及時反令人瀉。去毛刺用。不當澀而澀之，令人減食。隧道不能通暢也。

題清・徐大椿《藥性切用》卷五 金櫻子 酸澁性平，入腎膀而澁精固氣，止遺濁滑精。炒研用。

清・黃宮繡《本草求真》卷二 金櫻子收濇脾腎，與肺精氣。 金櫻子耑入腎脾肺，形如黃罌。生者酸濇，熟者甘濇，用當用其將熟之際，得微酸甘濇之妙。取其濇可止脫，甘可補中，酸可收陰，故能善理夢遺、崩帶、遺尿，且能安魂定魄，補精益氣，壯筋健骨。此雖收濇佳劑，然無故熬膏頻服，而令經絡隧道阻滯，非惟無益，反致增害。震亨曰：經絡隧道，以通暢為平和，而昧者取濇性為快，熬金櫻膏為煎食之，自作不靖，咎將誰屬？ 諸凡藥品，須當審顧，不可不知，似榴而小，黃赤有刺，取半黃者，熟則純甘。去刺核熬膏，甘多濇少。

清・羅國綱《羅氏會約醫鏡》卷一七竹木部 金櫻子味酸濇，入脾腎二經。固精秘氣，善於收斂。治夢洩遺精，濇可治脫。和芡實為丸。及崩淋帶濁、小水不禁濇腎。生津液，益骨髓，筋骨壯，魂魄安。固腎之效。止泄瀉、滑痢、吐血、衄血濇脾，補五臟，養血氣，脾腎兩足。平欬嗽，定喘急。土旺保金。此固陰養陰之佳品，脾腎皆屬陰。而人宜珍之也。取半生者，有酸濇之性，若熟則純甘。去刺核與內毛用。熬膏全失濇味。

清・陳修園《神農本草經讀》附録 金櫻子 氣味酸，澀，無毒。主脾泄下痢，止小便利，澀精氣。久服令人耐寒輕身。

清・黃凱鈞《藥籠小品》 金櫻子 酸濇，固精秘氣，治滑精久痢，性濇滯。昧者喜其濇精而服之致生別症，咎將誰執？ 熬膏用。

清・章穆《調疾飲食辯》卷四 金櫻子 《開寶本草》名刺梨子，又名山石榴，又名山雞頭子。《千金食忌》名竹夾子。《圖經》曰：枝葉類薔薇，有刺。四月開白花，結子如小石榴，亦有刺。《綱目》曰：其實中核細而有毛，味甚澀。《蜀本草》曰：止脾泄下利，澀精滑。《證類本草》曰：《夢溪筆談》云：金櫻子止遺泄，取其澀也。今人待紅熟時採摘，則味甘不澀，惟當取半黃者用之。《衍義》曰：採須霜熟，不熟反令人利。

按：金櫻黃熟者熬膏作餳，味雖甘美，亦有微澀，但不若生者之甚耳。用充果餌則可，若入澀精止利之藥，宜帶生，《筆談》之言極是。寇氏反云生者利，誤說也。朱震亨則云：人身經隧以通暢為和平，昧者用金櫻澀之，自作不靖，咎將誰執。不知平人以通暢為和平，滑脫之人則又以秘密為和平，一物一用，一病一藥，安可概論也。若無滑脫之病，而求澀精以縱慾，是真自作不靖矣。然慎卹膏、硫黃、鴉片，人且甘之如醴，況金櫻其小焉者乎，戒之曷勝戒耶。

清・王龍《本草纂要稿・菓部》 金櫻子 味甘澁，性平，溫，無毒。澁精滑並夢中精泄，禁尿數及睡後尿遺。殺寸白蟲，塞休息痢。

清・張德裕《本草正義》卷上 金櫻子 甘，澁，微酸，性平。澁可治脫，甘能補中。治夢遺精滑，崩淋帶濁，止血生津，安魂斂汗。補精髓，益氣血，乃固陰養陰之藥。

清・楊時泰《本草述鉤元》卷二四 金櫻子 四月開花白膩，夏秋結實，如榴而長，其核細碎而有白毛，味甚濇。宜九十月半黃時采，不爾反令人利。味酸，濇，氣平，溫。氣薄味厚，陰中陽也。主脾泄下痢，止小便利，濇精氣。凡開腸洞瀉，便溺遺失，精氣溢瀉，以及血液妄行，寢汗不禁，皆脫也。雖云濇可待滑，收可待脫，還須裁其本，度其標，評其後先，定其緩急之頤。

論：金櫻子味酸濇，木化同金化。夫木之味酸，乃陰不能遽致於陽也，金之味濇，乃陽不得即達於陰也，是皆氣化為之先，而不得流暢，故歸之於味耳。然則陰陽之氣俱脱者，此可對待之。第貴應節而投，不爾，反害人。

繆氏：泄瀉由於火熱暴注，小便不禁，精氣滑脱，因於陰虚火熾者，皆不宜用。

辨治：當取半黄者，乾搗末用之。世人待紅熟時，取汁熬膏，味甘，全斷濇味，都失本性，大誤。

金櫻根：氣味與子同。《準繩》用治陽證脱肛。下寸白蟲，取東行根同糯米，水煎，空心服，神效。醋煎服，化骨（硬）〔骾〕。

清・王世鍾《家藏蒙筌》卷一五本草 金櫻子 味澁，性平。入脾、肺、腎三經。固精秘氣，治夢洩遺精及崩淋帶漏。止吐衄，生津液，收虚汗，斂虚火，補五臟，養氣血。止虚脱泄痢，療小水不禁，此固精之佳品也。取半黄者，去刺核，搗爛用，或用熬膏亦良。〇五月午日採取金櫻子葉、桑葉、苧蔴葉，三味等分，陰乾研末，磁器收貯，凡遇刀傷，用此敷之，即時血止口合，軍中稱為一捻金。

清・葉桂《本草再新》卷四 金櫻子味酸，性平，無毒。入肝經。固精止瀉，斂肝益氣。

清・吴其濬《植物名實圖考》卷三一 糖刺果 生江西籬落間。蔓葉如薔薇，白花有深蘂，黄蕊。土人以其果熬糖，故名。

清・吴其濬《植物名實圖考》卷三五 金櫻子併入《圖經》棠毬子 金櫻子，《嘉祐本草》始著録。一名刺梨，生黔中者可充果實。饒州呼為棠毬子。字或作餹。即《圖經》滁州棠毬子也。

清・趙其光《本草求原》卷九灌木部 金櫻子 酸，木味，入肝。澀，平，金氣味，入肺、大腸。溫。入肝。治腸滑泄痢，腎寒失精，小便不禁，血妄行，汗漏，皆澀以止脱也。人之經絡隧道以通暢為平和，若非精血不固而過用之以恣欲，則傷陰、溺澀、莖痛，陰虚人服之尤甚，不可不慎。九月，取半黄者去刺、核，乾研用，若待紅熟熬膏，則甘而失澀味。同芡實固精。其根，氣味亦同，治陽虚脱肛，下寸白蟲，同糯米煎。化骨鯁。醋煎服。

清・文晟《新編六書》卷六《藥性摘録》 金櫻子 生者酸濇，熟則甘濇。收濇脾腎與肺精氣，補精益氣，壯筋健骨，治夢遺崩帶遺溺。然無故熬膏頻服，則阻滯經絡隧道，為害不淺。〇取將熟半黄者，去刺與核，熬膏，甘多濇少。

清・張仁錫《藥性蒙求・木部》 金櫻子三錢 金櫻子酸，濇精秘氣。便數而多，服之少利。酸，濇，平。同芡實為丸，名水陸二仙丹，能治滑精。〇去刺核，研，或熬膏。

清・劉善述、劉士季《草木便方》卷二木部 金櫻子 糖果根皮酸濇平，糯米煮粥瀉蟲靈。崩帶滑痢化骨骾，葉號軍中一撚金。癰腫金瘡止血痛，花治瀉痢蚘蟲行。

清・戴葆元《本草綱目易知録》卷四 金櫻子 酸，濇，平。【略】東行根：治寸白蟲，取二兩，入糯米三十粒煎，空心服，須臾瀉下，神驗。其皮炒用，止瀉血及滑痢，崩中帶下。醋煎服，化骨骾。葆驗：小兒胎疝，金櫻根二兩，小茴三錢，以猪尿胞一箇，洗淨，仝煮爛，去根，令奶娘食胞飲汁，半週，兒亦可飲汁數點。又治陰腫如斗，氣脹時墜，金櫻根一兩，入鹽酒少許，煎服漸消。

清・黄光霽《本草衍句》 金櫻子酸，濇。脾瀉下痢，止便澀精。得芡實能固精，得縮砂能益精。

清・陳其瑞《本草撮要》卷二 金櫻子 味酸澀溫，入手太陰陽明經，功專治脾泄精滑。得芡實能固精。得縮砂能益精，去刺核研。泄瀉由於火熱暴注，小便不禁、精滑因於虚火熾者不可用。

清・李桂庭《藥性詩解》 賦得金櫻子兮濇遺精得遺字。田春芳。 酸濇金櫻子，功惟瀉痢宜。雖能醫便數，尤可治精遺。

前題李慶霖 金櫻醫便數，泄痢亦相宜。脾瀉能收瀉，精遺使不遺。

按：金櫻子酸濇而平，固陽秘氣，醫痢止瀉，并治便數滑精。取半黄時，熟則純甘。去刺核用。

小金櫻

清・何諫《生草藥性備要》卷上 小金櫻 味劫，性溫。根能敗血。治少年跌打損傷，用此子搥敷患處。

郁李

宋・李昉《太平御覽》卷九七三 郁 《吕氏本草》曰：郁核，一名雀李，一名車下李，一名棣。

宋・李昉《太平御覽》卷第九九三 爵李 《本草經》曰：郁核，一名爵李。

附：日・丹波康賴《醫心方》卷三〇　郁子　《本草》云：　味酸，平，無毒。主大腹水腫，面目四支浮腫，利小便水道。《七卷經》云：　食之利水道。崔禹（錫）云：　味酸，冷。未熟者有毒，食之發狂。熟者食之益人。

宋・唐慎微《證類本草》卷一四木部下品〔《本經・別錄》〕　郁李人　味酸，平，無毒。主大腹水腫，面目四肢浮腫，利小便水道。

根：　主齒齗腫，齲丘禹切**齒，堅齒，**去白蟲。**一名爵李，**一名車下李，一名棣。生高山川谷及丘陵上。五月、六月採根。

〔梁・陶弘景《本草經集注》〕云：　山野處處有。子熟赤色，亦可噉之。

〔宋・掌禹錫《嘉祐本草》〕按：　《蜀本》云：　甚甘香，有少澁味也。又《圖經》云：　樹高五六尺，葉、花及樹並似大李，惟子小若櫻桃，甘、酸。《爾雅》疏云：　常棣，一名棣。郭云：　今山中有棣樹，子如櫻桃，可食。《詩・小雅》云：　常棣之華。陸璣云：　許慎曰，白棣樹也，如李而小如櫻桃，正白，今宮園種之。又有赤棣樹，亦似白棣，葉如刺榆葉而微圓，子正赤，如郁李而小，五月始熟，關西、天水、隴西多有之。《藥性論》云：　郁李人，臣，味苦，辛。能治腸中結氣，關格不通。根治齒痛，宣結氣，破結聚。日華子云：　郁李人。通泄五藏，膀胱急痛，宣腰胯冷膿，消宿食，下氣。又云：　根，涼，無毒。治小兒熱發，作湯浴，風蚛牙，濃煎含之。

〔宋・蘇頌《本草圖經》〕曰：　郁李人，《本經》不載所出州土，但云生高山川谷及丘陵上，今處處有之。木高五六尺，枝條、花、葉皆若李，惟子小若櫻桃，赤色而味甘、酸，核隨子熟。六月採根并實，取核中人用。陸璣《草木疏》云：　唐棣，即奧李也。一名雀梅，亦曰車下李。所在山中皆有。其華或白或赤，六月中成實如李子，可食。今近京人家園圃植一種，枝莖作長條，花極繁密而多葉，亦謂之郁李，不堪入藥用。韋宙《獨行方》療脚氣浮腫，心腹滿，大小便不通，氣急喘息者。以郁李人十二分，擣碎，水研取汁，薏苡人擣碎如粟米取三合，以汁煮米作粥。空腹飡之，佳。《必效方》療癖。取車下李人，微湯退去皮及並人者，與乾麪相拌，擣之爲餅。如猶乾和淡水，如常搜麪作餅，大小一如病人掌。爲二餅，微炙使黄，勿令至熟。空腹食一枚，當快利。如不利，更食一枚，或飲熱粥汁，以利爲度。若至午後痢不止，即以醋飯止之。利後當虚。病未盡者，量力一二日更進一服，以病盡爲限。小兒亦以意量之，不得食酪及牛、馬肉等。無不效。但病重者，李人與麪相半，輕者以意減之，病減之後，服者亦任量力，累試神驗。

〔宋・唐慎微《證類本草》〕雷公云：　凡採得，先湯浸，然削上尖、去皮令淨，用生蜜浸一宿，漉出陰乾，研如膏用。《食療》云：　氣結者，酒服人四十九粒，更瀉尤良。又破癖氣，能下四肢水。《外臺秘要》：　張文仲齲齒。以郁李根白皮切，水煮濃汁含之。冷即易，吐出蟲。姚和衆：　治小兒多熱不痊後。熟湯研郁李人如杏酪，一日服二合。又方：　治卒心痛。郁李人三七枚爛嚼，以新汲水下之，飯溫湯尤妙。須臾痛止，却煎薄鹽湯熱呷之。《楊氏産乳》：　療身體腫滿水氣急，卧不得。郁李人一大合擣爲末。和麥麪搜作餅子與喫，入口即大便通，利氣，便差。

宋・寇宗奭《本草衍義》卷一五　郁李仁　其子如御李子，至紅熟堪啖，微澀。其仁，湯去皮，研極爛，入生龍腦，點赤目。陝西甚多。根煎湯，渫風蚛牙。

宋・王繼先《紹興本草》卷一五　郁李　紹興校定：　採實中人用。性味、主治〔具〕於《本經》，大率下氣利水道。諸〔方〕多用之。當從《本經》味酸、平、無毒是矣。又根療牙齒等疾，時見為用。産山東，肥者佳。

宋・鄭樵《通志》卷七六《昆蟲草木略》　郁李　曰爵李，曰車下李，曰棣。《爾雅》云：　常棣，棣。《詩》云：　常棣之華，鄂不韡韡。

金・張元素《潔古珍珠囊》〔見元・杜思敬《濟生拔粹》卷五〕　郁（里）〔李〕仁苦辛　陰中之陽。破血潤燥。

宋・劉明之《圖經本草藥性總論》卷下　郁李仁　味酸，平，無毒。主大腹水腫，面目四肢浮腫，利小便水道。根，主齒齗腫齲齒，堅齒，去白蟲。《藥性論》云：　臣。治腸中結氣，關格不通。根，治齒痛，宣結氣，破結聚。日華子云：　通泄五臟，膀胱急痛，宣腰胯冷膿，消宿食，下氣。又云：　根，涼，無毒。治小兒熱發，作湯浴。風蚛牙，濃煎含之。

宋・陳衍《寶慶本草折衷》卷一四　郁李人一作仁。臣。　一名奧李，一名車下李，一名爵李，一名雀梅，一名常棣，一名唐棣，一名棣。○又云：　野李核人也。○奧亦郁字。生關西高山川谷，及天水、隴西、陝西、濕州。今處處山陵上有之。○五、六月採實，取核中人。

味酸、苦、辛，平，無毒。○主大腹，面目四肢浮腫，利水道。○《藥性論》云：　治腸中結氣，關格不通。○日華子云：　泄五藏膀胱急痛，腰胯冷膿。消宿食，下氣。○《圖經》曰：　郁李人，家園一種，不堪入藥。療脚氣腫，大小便不通，氣急喘息。療癖，微湯去皮及並人者。○并去其尖。○姚和衆：　治小兒多熱，熟湯研如杏酪，日服貳合。○寇氏曰：　研爛，入生龍腦，點赤目。

續說云：《文鑑·錢乙傳》有乳母因大恐而病，既愈，目張不得瞑，煮郁李人酒飲之使醉則痊。所以然者，目系内連肝膽，恐則氣結，膽衡音橫不下，郁李人能去結，隨酒入膽，結去膽下，則目能瞑矣。

元·王好古《湯液本草》卷五　郁李仁　味苦、辛，陰中之陽。辛、苦，陰也。

《珍》云：破血潤燥。《本草》云：郁李根主齒齦腫，齲齒，堅齒，去白蟲。

《藥性論》云：根，治齒痛，宣結氣，破積聚。日華子云：根，涼，無毒，治小兒發熱，作湯浴。風蚛牙，濃煎含之。

元·尚從善《本草元命苞》卷七　郁李仁　為臣。味酸，平，無毒。主大腹遍身水腫，破結氣關格不通。泄五臟急痛，宣腰胯冷膿。根，主牙齗腫，堅齒，去白蟲。卒暴心痛，取三七粒，細嚼水下。小兒多熱，同杏酪研，白湯點服。《本經》不載州土，但生高山川谷。木高五六尺，花葉皆如李，子小若櫻桃，味甘酸，色赤，核隨子熟，六月採之。

元·朱震亨《本草衍義補遺·新增補》　郁李仁　陰中之陽。破血潤燥。

元·徐彥純《本草發揮》卷三　郁李仁　潔古云：苦、辛，陽中之陰。主破血潤燥。東垣云：郁李仁，味酸，平，陰中之陽。主大腹水腫，面目四肢浮腫。治大便氣結，燥澀滯不通。七聖丸中用之，專治氣燥。

明·朱橚《救荒本草》卷下之後　郁李子　《本草》郁李人一名爵李，一名車下李，一名雀梅，即奥音郁李也。俗名藴音歐黎兒。生隰州高山川谷、丘陵上，今處處有之。木高四五尺，枝條花葉皆似李，惟子小，其花或白或赤，結實似櫻桃，赤色。其人味酸，性平。一云味苦、辛。其實味甘、酸。根性涼。俱無毒。　救飢：其實紅熟時摘取食之，酸甜味美。　治病：文具《本草》郁李人條下。

明·蘭茂撰，清·管暄校補《滇南本草》卷下　郁李仁一名樣藜，又名唐藜。性平，味酸、甜。潤大腸，主治四肢浮腫，開關通格，破血，利水道，治齒痛。

明·蘭茂《滇南本草》〔叢本〕卷中　郁李仁棣梨　味酸、甜。潤大腸，治四肢浮腫，開通關格，破血，利水道。俗名唐梨。皮治齒痛。

明·王綸《本草集要》卷四　郁李仁臣　味酸苦，氣平，陰中之陽。無毒。主大腹水腫，面目四肢浮腫，利小便水道，腸中結氣，關格不通，破血潤燥。○根，主齒齗腫，齲齒，堅齒，煎濃汁，含嗽之。

明·滕弘《神農本經會通》卷二　郁李仁　臣也。五六月採根并實，取核中人用，湯浸，去皮尖用。人家所種郁李，不入藥。

味酸，氣平，無毒。《湯》云：味苦、辛，陰中之陽。辛、苦，陰也。東云：潤腸，宣水，去浮腫。《珍》云：主頭面四肢浮腫，大腹水腫，破血潤燥。

《本經》云：主大腹水腫，四肢浮腫，利小便水道。根，主齒齗腫齲齒，堅齒，去白蟲。《藥味論》云：臣。味苦、辛。治腸中結氣，關格不通。根，治齒痛，宣結氣，破結聚。日華子云：通泄五臟膀胱急痛，宣腰胯冷膿，消宿食，下氣。又云：根，涼，無毒。治小兒熱發，作湯浴。風蚛牙，濃煎汁，含嗽之。《圖經》云：韋宙《獨行方》療脚氣浮腫，心脹滿，大小不通，氣急喘息者，以郁李仁十二分，搗碎，水研，取汁，薏苡仁搗得如粟米，取三合，以汁煑米作粥，空腹食之，佳。《珍》云：破血潤燥。《局》云：郁李仁通關格病，主除大腹四肢浮。若還齒痛并蟲證，須用根皮病乃瘳。郁李仁，蕩浮腫四肢。

明·劉文泰《本草品彙精要》卷二〇　郁李仁無毒。附根。　植生。

郁李仁出《神農本經》：**主大腹水腫，面目四肢浮腫，利小便水道。○根涼，主齒齗腫，齲丘禹切齒，堅齒。**以上朱字《神農本經》。去白蟲。以上黑字名醫所錄。

〔名〕爵李、車下李、棣、奥李、雀梅。〔苗〕《圖經》曰：木高五六尺，枝條葉花皆若李，惟子小，若櫻桃，赤色，核隨子熟，採根並實，取核中仁用。《詩》云：唐棣之華。陸璣《草木疏》云：唐棣，即奥李也。亦曰：車下李，所在山中皆有。其華或白或赤，六月中成實如李子，可食。今近京人家園圃植一種，枝莖作長條，花極繁密而多葉，亦謂之郁李，不堪入藥。〔地〕《圖經》曰：生高山川谷及丘陵上，今處處有之。〔道地〕隰州。〔時〕生：春生葉。採：五月、六月取實。〔收〕曬乾。〔用〕仁、根。〔質〕類櫻桃仁。〔色〕赤。〔味〕酸。〔性〕平。〔氣〕味厚于氣，陰中之陽。〔臭〕香。〔主〕破血，潤燥。〔製〕《雷公》云：凡使，先湯浸去皮尖令淨，用生蜜浸一宿，漉出陰乾，研如膏用。〔治〕療：《藥性論》云：主腸中結氣，關格不通。○根，治齒痛，宣結氣，破結聚。日華子云：通泄五臟，膀胱急痛，宣腰胯冷膿，消宿食，下氣。○根，療小兒熱發，作湯浴。風蚛牙，濃煎含之。《別錄》云：小兒多熱不痓，熟湯研仁如杏酪，日一服。

明·葉文齡《醫學統旨》卷八　郁李仁　氣平，味酸、苦。無毒。陰中之陽。　治大腹水腫，面目四肢浮腫，利小便，腸中結氣，關格不通；　破血潤燥，滑大腸。

明·許希周《藥性粗評》卷二　郁李仁攻壅潤燥。

郁李仁，一名棣，一名雀。《梅詩》謂之常棣。所謂常棣之華是也。一名車下李。木高七八尺，春生葉，開花與李無異，夏結子，則小如櫻桃，赤色，核隨子熟。江南山野處處有之。五月採實，取核中仁，暴乾。凡用溫湯浸，去皮尖，研爛。雙仁者不用。餘說《本草》不載。　味酸、苦、辛，性平，無毒。主治大腹水腫，面目四肢浮腫，結氣癖積，破血潤燥，消宿食，利大小便。東垣云：　七聖丸中用之，專治氣燥。

單方：　癖積：　腹中結塊成癖者，取淨仁一兩，同乾麵相拌，搗為膏，燥不能成膏，微入水再搗，為二餅如病人掌大，火邊炙黃，勿令太熟，空腹食一餅，當利下積物，如不利，再食一餅，利後以粥補之。　水腫：　遍身水腫，氣急不得臥者，取仁一大合，搗為末，和麥麵搜作餅子，與吃，入口後便覺快利而愈。　風蟲牙疼：　取郁李根白皮，洗淨，剉，煎湯含而漱之，少頃唾去，再含，亦能堅齒。　卒患心痛：　取淨仁三七枚，爛嚼，以新汲水下之，須臾痛止，更以熱鹽湯呷之。

明·鄭寧《藥性要略大全》卷五　郁李仁　潤腸通大便，破血潤燥，宣水，去浮腫腹大，堅齒。殺白蟲，下氣，消宿食，通瀉五臟，膀胱急痛。　味辛、苦，氣平，無毒。去殼用。

明·陳嘉謨《本草蒙筌》卷七　郁李仁一名(唐)棣。　味酸、苦，氣平。降也，陰中陽也。無毒。山谷丘陵，每多種植。六月採實，碎核取仁。湯泡去皮，研爛方用。消浮腫肌表，竟利小便；　宣結氣腸中，立通關格。破血潤燥，亦易成功。若患齒齗腫疼，根煎濃汁可漱。風蚛牙痛，含口亦除。實小味甘，紅熟堪噉。

明·王文潔《太乙仙製本草藥性大全》卷三《本草精義》　郁李仁　一名爵李，一名車下李，一名棠棣，一名國大李，一名雀梅。《本經》不載所出州土，但云生高山川谷及丘陵上，今處處有之。木高五六尺，枝條葉花及樹皆若李，惟子小若櫻桃，赤色而味甘酸，核隨子熟。六月採根并實，取核中仁用。棠棣即生山中棣樹，子如櫻桃，可食。棣有赤白二種。

根皮：　涼，無毒。主齒齗腫、齲齒，堅齒。殺白蟲，或小兒發熱，用根白皮煮湯浴身效。若齲齒亦以切，用水煮濃汁含之，冷即易，吐出蟲。

明·王文潔《太乙仙製本草藥性大全》卷三《仙製藥性》　郁李仁臣　味酸、苦，氣平，陰中之陽，無毒。　主治：　潤腸通大便，破血潤燥；　宣水去浮腫，腹大肢浮。腸中結氣立下，五臟關格開通。大能消宿食，治膀胱急痊。

補註：　氣結者，酒服四十九粒，更瀉尤良。又破癖氣，能下四肢水。○點赤目，仁湯去皮研極爛，入生龍腦，點神效。○小兒多熱不痊後，熟湯研仁如杏酪，一日服二合。治卒心痛，以仁三七枚，爛嚼，以新汲水下之，或溫湯尤妙，須臾痛止，却煎薄鹽湯熱呷之。○身體腫滿，水氣急，臥不得，仁一大合，搗爲末，和麥麵搜作餅子與喫，入口即大便通利效。治脚氣浮腫，心腹滿，大小便不通，氣急喘息者，以仁十二分，搗碎，水研取汁，薏苡仁搗碎如粟米，取三合，以汁煮米作粥，空腹食之佳。○癖塊，取車下〔李〕仁，微湯退去皮，及與乾麪相拌，搗之爲餅，如乾和淡水，如常搜麪作餅，大小一如病人掌爲二餅，微炙使黃，勿令熟，空腹食一枚，或飲熱粥汁，以利爲度，若至午後利不止，即以醋飯止之。　太乙曰：　凡採得先湯浸，然削上尖、去皮令净，用生蜜浸一宿，漉出陰乾，研如膏用。

明·皇甫嵩《本草發明》卷四　郁李仁下品，佐使。氣平，味酸。《蜀本》云：味甘香，少澁。《藥性》云：味苦、辛。降也，陰也，無毒。一名棣。《詩》云常棣是也。　發明曰：　郁李仁，破血潤燥，利水之用。故《本草》主大腹水腫，面目四肢浮腫，利小便。《藥性》治腸中結氣，関格不通。又云：　宣泄五藏，膀胱急痛，宣腰胯冷膿，消宿食下氣。○根，主齒齗腫，齲齒，煎汁含漱之。及風蚛牙疼，緣性堅齒涼，去白蟲。又治小兒發熱，作湯浴之。

明·李時珍《本草綱目》卷三六木部·灌木類　郁李《本經》下品

【釋名】薁李《詩疏》　鬱李　車下李《別録》　爵李《本經》　雀梅《詩疏》　棠棣時珍曰：　郁，《山海經》作栯，馥郁也。花、實俱香，故以名之。陸璣《詩疏》作薁字，非也。《爾雅》棠棣即此。或以爲唐棣，誤矣。唐棣乃扶栘，白楊之類也。　【集解】《別録》曰：　郁李生高山川谷及丘陵上。五月、六月采根。　弘景曰：　山野處處有之。子熟赤色，亦可噉。保昇曰：　樹高五六尺，葉、花及樹並似大李，惟子小若櫻桃，甘酸而香，有少澀味也。　禹錫曰：　按郭璞云：　棠棣生山中，子如櫻桃，可食。《詩·小雅》云：　常棣之華，鄂不韡韡。　陸璣注云：　白棣樹也，如李而小，正白，今官園種之。一名薁李。又有赤棣樹，亦似白棣，葉如刺榆(華)〔葉〕華而微圓，子正赤如郁李而小，五月始熟，關西、天水、隴西多有之。　宗奭曰：　郁李子如御李子，紅熟堪啗，微澀，亦可蜜煎，陝西甚多。　時珍曰：　其花粉紅色，實如小李。

頌曰：今汴洛人家園圃植一種，枝莖作長條，花極繁（蜜）〔密〕而多葉者，亦謂之郁李，不堪入藥。

核仁　〔修治〕斅曰：先以湯浸，去皮、尖，用生蜜浸一宿，漉出陰乾，研如膏用之。

〔氣味〕酸，平，無毒。權曰：苦，辛。元素曰：辛、苦，陰中之陽，脾經氣分藥也。

〔主治〕大腹水腫，面目四肢浮腫，利小便水道《本經》。腸中結氣，關格不通甄權。泄五臟，膀胱急痛，宣腰胯冷膿，消宿食下氣大明。破癖氣，下四肢水，酒服四十九粒，能瀉結氣孟詵。破血潤燥元素。專治大腸氣滯，燥澀不通李杲。研和龍腦，點赤眼宗奭。

〔發明〕時珍曰：郁李仁甘苦而潤，其性降，故能下氣利水。按《宋史·錢乙傳》云：一乳婦因悸而病，既愈，目張不得瞑。乙曰：煮郁李酒飲之使醉，即愈。所以然者，目系内連肝膽，恐則氣結，膽横不下。郁李能去結，隨酒入膽，結去膽下，則目能瞑矣。此蓋得肯綮之妙者也。頌曰：《必效方》：療癖。取車下李仁，湯潤去皮及並仁者，與乾麪相拌，搗如餅。若乾，入水少許，作麪餅，大小一如病人掌。爲二餅，微炙使黄，勿令至熟。空腹食一餅，當快利。如不利，更食一餅，或飲熱米湯，以利爲度。利不止，以醋飯止之。利後當虚。若病未盡，一二日量力更進一服，以病盡爲限。不得食酪及牛、馬肉等。累試神驗，但須量病輕重，以意加減，小兒亦可用。

〔附方〕舊四，新二。小兒多熱：熟湯研郁李仁如杏酪，一日服二合。姚和衆《至寶方》。小兒閉結：襁褓小兒。大小便不通，并驚熱痰實，欲得溏動者。大黄酒浸炒，郁李仁去皮研各一錢，滑石末一兩，搗和丸黍米大。二歲小兒三丸，量人加減，白湯下。錢乙《直訣》。腫滿氣急：不得卧。用郁李仁一大合搗末，和麪作餅。喫入口即大便通，泄氣便愈。楊氏《産乳》。脚氣浮腫：心腹滿，大小便不通，氣急喘息者。郁李仁十二分搗爛，水研絞汁，苡薏搗如粟大，三合，同煮粥食之。韋宙《獨行方》。卒心痛刺：郁李仁三七枚嚼爛，以新汲水或温湯下。須臾痛止，却呷薄荷鹽湯。姚和衆《至寶方》。皮膚血汗：郁李仁去皮研一錢，鵝梨搗汁調下。《聖濟總録》。

根　〔氣味〕酸，凉，無毒。〔主治〕齒齗腫，齲齒，堅齒《本經》。去白蟲《别録》。治風蟲牙痛，濃煎含漱。治小兒身熱，作湯浴之大明。宣結氣，破積聚甄權。

題明·薛己《本草約言》卷二《藥性本草》　郁李仁　破血潤燥，利水之用，入手陽明大腸。潤腸破血，通五臟膀胱急痛，中風藥中不可缺者。能理胸膈痰氣，潤下。

明·梅得春《藥性會元》卷中　郁李仁　味酸、苦。陰中之陽。無毒。一名千金藤，又名唐棣。主治大腹水腫，面目四肢浮腫，利水道及腸中結氣，關格不通。破血潤燥，滑大腸。根皮：治齒痛風蛀，殺白蟲。製法：去殼取仁，滾水泡一日夜，手捻去皮，將仁另研如泥，只入丸藥。

明·李中立《本草原始》卷七　郁李仁　山谷俱有。子如櫻桃許大，紅黄色。六月採實，碎核取仁。《爾雅翼》云：李乃木之多子者，故字從木子。竊謂木之多子者多矣，何獨李稱木子耶？按《素問》言：李味酸屬肝，東方之果也。則李於五果屬木，故得專稱爾。郁，盛貌。《詩》所謂棠棣之華即此也。

仁：氣味：酸、苦，平，無毒。主治：活血潤燥，滑大腸，利小便。泄五臟，膀胱急痛，宣腰膝冷膿。主大腹水腫，面目四肢浮腫。消食下氣，破癖氣。治卒心痛及腸中結氣，關格不通。

增。【圖略】臣。真郁李形，粒小而光，皮黄仁白者真。僞郁李形，顆大皮皺，如小杏仁。修治：郁李仁，湯泡去皮尖，研膏用。降也，陰中陽也。

郁李處處有之。成株葉尖，亦有作鋸齒者。結實熟紅，味甘堪啖。

明·張懋辰《本草便》卷二　郁李仁臣　味酸、苦，氣平，陰中之陽，無毒。主大腹水腫，面目四肢浮腫，利小便水道，腸中結氣，關格不通，破血潤燥。根治齒痛，宣結氣，破積聚。

明·李中梓《藥性解》卷五　郁李仁　味酸，性平，無毒，入大腸經。主四肢浮腫，腸中結氣，關格不通，膀胱急痛，潤腸破血，利水下氣，消食寬中。忌麪及牛馬肉。按：郁李仁屬陰，性主降，故獨入大腸。然宣洩太過，能疏五臟真氣，虚人不宜多用。

明·繆希雍《本草經疏》卷一四　郁李仁　味酸，平，無毒。主大腹水腫，面目四肢浮腫，利小便水道。

〔疏〕郁李仁得木氣而兼金化，《本經》味酸，氣平，無毒。元素言辛苦。性潤而降下，陰也。入足太陰，手陽明、太陽經。其主大腹水腫，面目四肢浮腫者。《經》曰：諸濕腫滿，皆屬脾土。又曰：諸腹脹大，皆屬於熱。脾虚而濕熱客之，則小腸不利，水氣泛溢於面目四肢，辛苦能潤熱結，降下善導癃閉，小便利則水氣悉從之而出矣。甄權主腸中結氣，關格不通。日華子云：泄五臟膀胱結痛，宣腰胯冷膿，消宿食下氣。元素云：破血潤燥。李杲云：專治大腸氣滯，燥澀不能。均得之矣。

〔主治參互〕同當歸、地黄、麻仁、麥門冬、桃仁、生蜜、肉蓯蓉，治大便燥結不通，甚者加大黄。《楊氏産乳》腫滿氣急不得卧，用郁李仁一大合，搗，和麪作餅喫。入口即大便通，泄氣便愈。〔簡誤〕郁李仁，性專降下，善導大腸燥結，利周身水氣。然而下後多令人津液虧損，燥結愈甚，乃治標救急之藥。津液不足者，慎勿輕用。

明・倪朱謨《本草彙言》卷一〇　郁李　味甘、酸，氣平，無毒。性潤而降，陰也。入足太陰，手陽明，太陽經。《別録》曰：郁李，即棠棣。生高山川谷及丘陵上，今南北山野，處處有之。韓氏曰：樹高六七尺，花粉紅色，葉與枝幹幷似李，惟子小若櫻桃，味甘酸濇而臭香也。郭氏曰：按《詩・小雅》云：棠棣之華，偏其反爾。又棠棣之華，鄂不韡韡是也。又一種赤郁李，葉如刺榆，其子正赤而小，五月始熟。關西、天水、隴西多有之。蘇氏曰：今汴雒一種，枝莖作長條，花極繁密而葉亦多，亦謂之郁李，不堪入藥也。雷氏曰：修治：去外殼，再以湯浸去皮，取仁，陰乾，研如膏，打去油用。

郁李仁：甄權利水消脹之藥也。王景明稿按前古《農皇經》治大腹水腫，面目四肢浮腫。利小便，通水道，緣脾虚而濕熱客之，則小腸不利，水氣泛溢于大腹、四肢、面目。此藥性專下降，善導大小二腸燥閉，通利周身水氣。小便一利，則水氣浮腫，悉從之而解散矣。如甄氏主腸中結氣，關格不通。大氏之泄五藏中宿積、冷膿，膀胱中留垢惡涎，腰胯中瘀穢停水等疾，爲脹、爲滿，爲痠痛者，咸宜用之，亦推此意而擴充之也。此藥宣行之性甚速，攻走之力獨專，乃治標救急之藥。如元虚、津液不足者，慎勿輕用。如不得已，必不可去者，宜少與之，見效即止。

集方：楊氏方治大腹腫滿，氣急不得卧。用郁李仁半撮，搗爛，以大麥麪一撮，水和蒸熟，和入郁李仁作餅吃。入口即大便通行，泄水而愈。〇張三丰方治老人小便不通，用郁李仁一錢，搗爛，放舌上，以白湯一口嚥之，立刻大小俱通。〇林完仲方治大腸氣結不通，或關格，或腫脹，或有冷膿宿積，惡涎停水等疾。用郁李仁三錢，葶藶子一錢，共搗爛爲丸，如梧桐子大。每早服八十丸，薑湯下。〇錢乙《直訣》治小兒繈褓中大小便不通，幷有驚熱痰食結閉，欲得溏動者。用大黄酒浸炒，郁李仁去皮，各一錢，俱研細，滑石水飛過二錢，水發爲丸，如緑豆大。一歲一丸，白湯化下。

郁李根：氣味同仁。宣結氣，破積聚，散風蟲牙痛。前古治齒齦腫、齲齒，堅齒。大氏方入齒病諸方，屢用屢驗。

續補方：治脚氣暴發，紅腫脹痛，發熱惡寒，頭疼嘔吐，遍身骨節痛，狀似傷寒者。用郁李仁一錢，前胡、紫蘇、葛根、防風、獨活、防己、蒼朮、木瓜、檳榔各二錢，加葱頭三個，生薑二片，煎服。表證退，腫痛不退者，加大黄二錢。〇兩腿熱痛如火燎者，濕熱盛也。本方加黄柏、龜板、牛膝；皮膚作癢，加蟬蜕、牛蒡子；焮赤紅腫疼痛，手不可捫按者，風熱盛也，加薄荷、荆芥、秦艽、獨活、黄柏；大便不通者，加大黄，倍郁李仁。〇不腫而痛，謂之乾脚氣，筋脉踡縮攣痛枯細也，宜潤燥養血。用郁李仁八錢，當歸、白朮、川芎、牛膝、白芍藥、木瓜、黄柏、黄耆、枸杞子各四兩，俱用酒炒，生熟地黄、麥門冬各六兩，俱用酒煮，搗膏，共爲丸，梧子大。每早服五錢。〇兩膝蓋痛而腫大，脚脛漸枯細者，名鶴膝風也。用郁李仁一兩，黄耆、白朮、當歸、枸杞子、生熟地黄各三兩，秦艽、鱉甲、松節、五加皮、川牛膝、杜仲、萆薢、防風、羌活各二兩，俱炒燥。虎脛骨一對，共入布囊内，浸好酒中，淨磁罈内蒸半日。每日隨量飲。

明・姚可成《食物本草》卷二〇木部・灌木類　郁李山野處處有之。子熟赤色，亦可噉。樹高五六(丈)〔尺〕，葉、花及樹竝似大李；惟子小若櫻桃，甘酸而香，有少濇味也。〇寇宗奭曰：郁李子如御李子，紅熟堪啗，微濇，亦可蜜煎食，惟陝西甚多。

郁李核仁　味酸，平，無毒。治大腹水腫，面目四肢浮腫，利小便水道。主腸中結氣，關格不通。泄五臟膀胱急痛，宣腰胯冷膿，消宿食下氣，破癖氣，下四肢水。酒服四十九粒，能瀉結氣，破血潤燥。專治大腸氣滯，燥濇不通。研和龍腦，點赤眼。

明・顧逢柏《分部本草妙用》卷三脾部・寒瀉　郁李仁　酸，平，微寒，無毒。湯泡去皮尖，蜜浸，陰乾，研用。主治：大腹水腫，面目四肢浮腫，利小便水道，腸結不通，泄五臟膀胱急痛，破血潤燥。專治大腸滯澀。

按：郁李仁甘苦而潤，故能下氣，利水，潤大腸結。〇《錢乙傳》云：一乳婦因悸而病，目張不瞑，以郁李仁，酒飲之令醉，即愈。夫目系内連肝膽，恐則氣結，膽横不下。郁李去結，隨酒入膽，結去膽下，則目自瞑矣。此何其得肯綮也，妙哉。

明・李中梓《醫宗必讀・本草徵要下》　郁李仁味酸，平，無毒。入脾、大腸二經，湯浸去皮，研如膏。　潤達幽門，而關格有轉輪之妙；宣通水腑，而腫脹無壅遏之嗟。性專降下，善導大腸燥結，利周身水氣。然下後令人津液虧損，燥結愈甚，乃治標救急之藥，津液不足者，慎勿輕服。雷丸味苦，寒，有小毒。入胃經。荔實、厚朴、蓄根、芫花為使，惡葛根。酒蒸。殺臟腑諸蟲，除嬰兒之百病。雷丸乃竹之餘氣，得霹靂而生，故名雷丸。殺蟲之外無他長，久服令人陰痿。

明・鄭二陽《仁壽堂藥鏡》卷二 郁李仁 《圖經》云：郁李仁，《本經》不載所出州土，但云生高山川谷及丘陵上。今處處有之。核隨子熟，六月采根並實，取核中仁用。 味苦、辛。陰中之陽。辛，苦，陰也。 《珍》云：破血潤燥。 《本草》云：郁李根，主齒齗腫，齲齒，堅齒，去白蟲。 東垣云：郁李仁：味酸、平，陰中之陽。主大腹水腫，面目四肢浮腫。治大便氣結燥，澁滯不通，七聖丸中用之，專治氣燥。

明・蔣儀《藥鏡》卷三平部 郁李仁 利小水之通，而周身之腫退。亦潤大腸之燥，而氣血之結融。齒痛齲疼，根皮並用。

明・張景岳《景岳全書》卷四九《本草正》 郁李仁 味苦、辛，陰中有陽，性潤而降。故能下氣消食，利水道，消面目四肢、大腹水氣浮腫，開腸中結氣滯氣，關隔燥澁，大便不通，破血積食癖。凡婦人、小兒實熱結燥者，皆可用。

明・盧之頤《本草乘雅半偈》帙七 郁李仁《本經》下品 氣味：酸，平，無毒。 主治：主大腹水腫，頭面、四肢浮腫，利小便水道。

覈曰：郁李，即棠(埭)〔棣〕。《詩》云唐(埭)〔棣〕、嘗(埭)〔棣〕。《山海經》作栯。所在有之，樹高六七尺，花葉枝幹並似李，惟子小若櫻桃，味甘酸，臭香而少濇。一種赤郁李，葉如刺榆，其子正赤而小，五月始熟，關西、天水、隴西多有之。汴洛一種，枝莖作長條，花極繁密而多葉，亦謂之郁李，不堪入藥也。 修事：湯浸去皮尖，用生蜜浸一宿，取出陰乾，研如膏用。

叅曰：郁李華極繁，文之盛者似之。其香頗醲，故芬芳之氣通稱馥郁也。 凡木之華，既開不闔，此獨不然。《詩》云唐埭之華，偏其反而。反而從闔也。又(嘗)〔常〕(埭)〔棣〕之華，鄂不韡韡。鄂，萼；不，附也。萼附相承，最相親爾，故又曰彼爾維何，維常之華，其義見矣。《詩疏》云：唐棣，薁李也，一名雀梅，一名夫移，又云車下李，其葉或赤或白，六月中熟，大如李子。《花品序》云：睢陽人不甚惜，謂之果子華，大略俗情以少貴，不足較也。

郁李味酸氣平，其華反而後闔，此闔用仍開，呈開仍闔之象也。當入厥陰肝，蓋肝主疎泄前後陰。如失疎泄，則闔用之開機廢，以致水腫大腹，及面目四肢浮腫。郁李功利水道小便，使闔用呈開，則疎泄仍如令矣。

明・李中梓《本草通玄》卷下 郁李仁 甘苦而潤。其性主降，故能下氣利水，破血潤腸。 拌麵作餅，微炙使黃，勿令太熟，空腹食之，當得快利，未利再進，以利為度。如利不止，以醋飯止之。忌食酪及牛、馬肉，神驗。但須斟酌虚實，勿得浪施也。 湯浸，去皮尖及雙仁者，研如膏。

清・顧元交《本草彙箋》卷五 郁李仁 性專降下，善導大腸燥結，利周身水氣，爲治標救亟之劑。故云蘿蔔子下結血，郁李仁下結氣。

《宋史・錢乙傳》云：一乳婦因悸而病，既愈目張不得瞑。乙以煮郁李酒飲之，使醉即愈。蓋目系內連肝膽，恐則氣結，膽橫不下，郁李仁去結，隨酒入膽，結去膽下，則目能瞑矣。

清・穆石匏《本草洞詮》卷一一 郁李子 郁，馥郁也。花實俱香，故以名之。《爾雅》棠棣即此。仁味酸苦辛，氣平，無毒。入足太陰氣分。主破血潤燥，消宿食，下氣。《錢乙傳》云：一婦因悸而病，既愈，目張不得瞑。乙曰：煮郁李酒飲之，使醉即愈。所以然者，目係內連肝膽，恐則氣結，膽橫不下，郁李能去結，隨酒入膽，結去膽下，則目能瞑矣。《必效方》療癖，取郁李仁湯，潤去皮及雙仁者，與乾麪相拌，搗如餅，大小一如病人掌，為二餅，微炙使黃，勿令至熟，空腹食一餅，當快利，如不利更食一餅，或飲熱米湯，以利為度，利不止，以醋飯止之。若病未盡，一二日更進一服，累試神驗。

清・劉雲密《本草述》卷二四 郁李仁 《爾雅》棠棣即此。或以為唐棣，誤矣。唐棣乃扶移，音移。白楊之類也。棠棣，山野處處有之，樹高五六尺，葉花及樹並似大李，唯子小若櫻桃，熟時赤色，甘酸而香，有少濇味也。按：唐棣與棠棣是二種，逸《詩》唐棣之華，偏其反爾，是詠唐棣，非棠棣也。如盧氏於郁李，便從偏其反爾以開闔立論，是誤認此種即為唐棣，而不細辨棠棣之為郁李也。即朱子亦註唐棣為郁李，信察物之難若此。又按：先哲云唐棣似白楊，江東呼為夫移。凡木之花先合後開，此花先開後合，即此叅之，則唐棣為白楊、扶移之類，誠如時珍所云，而先開後合，即偏其反爾之義，固詠唐棣不可以混於棠棣也明矣。

氣味：酸，平，無毒。 權曰：苦、辛。 潔古曰：辛苦，陰中之陽，脾經氣分藥也。

主治：化血潤燥潔古。瀉結氣，破癖氣孟詵。治大腸氣結燥，澀滯不通李杲。泄五臟膀胱急痛，腰胯冷膿，下氣日華子。利水道，並主大腹水腫，四肢面目浮腫《本經》。　時珍曰：郁李仁甘苦而潤，其性降，故能下氣利水。按《宋史・錢乙傳》云：一乳婦因悸而病，既愈，目張不得瞑。乙曰：煮郁李酒飲之，使醉而愈。所以然者，目系內連肝膽，恐則氣結，膽橫不下，郁李能去結，隨酒入膽，結去膽下，則目能瞑矣。此蓋得肯綮之妙者也。　希雍曰：郁李仁得木氣而兼金化，《本經》味酸，氣平，無毒。潔古言辛苦，性潤而降下，陰也，入足太陰、手陽明、太陽經。

同當歸、地黃、麻仁、麥門冬、桃仁、生蜜、肉蓯蓉，治大便燥結不通，甚者加大黃。

愚按：郁李仁，其用槩言利水，而利水又本於散結氣耳。夫水乃氣所化，氣行則水行。類能言之，然殊未審於氣之結者，為何因也？夫氣屬陽，主動，而動者能使之結，則屬於陰，氣之元，固起於陰中之陽，氣之結即由於陽中之陰，故一散其結而陽斯化，陽化而水斯行矣。潔古謂其為脾經氣分藥者，良然。《經》曰：諸溼腫滿，皆屬脾土。而《本經》即以治大腹水腫、面目四肢浮腫者為功。蓋脾為陰中之太陰，已乘出地之陽而上行矣。脾布中氣，乃即統血，故五臟皆有陰氣，而脾為之樞，其諸所治療，皆脾氣之所能周也。然則潔古云破血者，不等於諸味之破血，云潤燥者，又即在宣陰結以化血，血固真陰之化醇也。血結而氣燥，血化而榮衛和，燥者，潤矣。若然，寧獨行水為功乎？舉七情之結以傷陰，遂以塞陽者，不可類推之以為治乎？何不取錢乙之治目不得瞑者，一精思之也。

希雍曰：郁李仁性專降下，善導大腸燥結，利周身水氣。然而下後多令人津液虧損，燥結愈甚，乃治標救急之藥。津液不足者，慎勿輕用。

修治　先以湯浸去皮尖，用生蜜浸一宿，漉出陰乾，研如膏用之。

清・郭章宜《本草匯》卷一六　郁李仁　辛、苦、酸，平，陰中之陽，入足太陰氣分，兼入手陽明、太陽經。潤達幽門，而關格有轉輸之妙。宣通水府，而腫脹無壅遏之嗟。《本經》治大腹水腫，面目四肢浮腫者，《經》曰：諸濕腫滿，皆屬脾土。又曰：諸腹脹大，皆屬于熱。脾虛而濕熱客之，則小腸不利，水氣泛溢于面目四肢。茲辛苦能潤結熱，降下善導癃閉，小便利則水氣悉從之而出矣。

按：郁李仁甘苦而潤，性主降下，故能下氣利水，治大腸氣滯，燥澀不通，又能愈目張不瞑。煮郁李酒，食醉有驗。所以然者，目系內連肝膽，恐則氣結，膽橫不下，郁李能去結，隨酒入膽，結去膽下，目自然瞑矣。此蓋得肯綮之妙者也。雖能利水潤燥，然下後令人津液虧損，燥結愈甚，乃治標急之藥。津液不足者，慎勿輕服。

湯浸去皮尖，及雙仁者。生蜜潤一宿，漉淨，晒乾，研如膏用。

清・蔣居祉《本草擇要綱目・溫性藥品》　郁李仁先以湯浸去皮尖，用生蜜浸一宿，漉出陰乾，研如膏用之。　氣味：酸，平，無毒。陰中之陽，脾經氣分藥也。　主治：大腹水腫，面目四肢浮腫，利小便水道，腸中結氣，關格不通，泄五臟膀胱急痛，宣腰胯冷膿。消宿食，下氣破癖氣，下四肢水。酒服四十九粒，能瀉結氣，破血潤燥，專治大腸氣滯燥澀不通。研和龍腦，點赤眼。蓋郁李仁又甘苦而潤，其性降，故能下氣利水。

清・王翃《握靈本草》卷八　郁李仁山野處處有之。狀若櫻桃，甘酸而香，少有澀味。湯浸去皮尖，研膏用。　主治：郁李仁，酸，平，無毒。主大腹水腫，面目四肢浮腫，利小便，及大腸氣滯，燥澀。

清・汪昂《本草備要》卷三　郁李仁潤燥，瀉氣，破血。　辛、苦而甘。入脾經氣分。性降，下氣行水，破血潤燥。治水腫癃急，大腸氣滯，關格不通。用酒能入膽，治悸，目張不眠。一婦因大恐而病，愈後目張不瞑。錢乙曰：目系內連肝膽，恐則氣結，膽橫不下。郁李潤能散結，隨酒入膽，結去膽下，而目瞑矣。然治標之劑，多服滲人津液。　去皮、尖，蜜浸研。

清・吳楚《寶命真詮》卷三　郁李仁【略】性主降下，能下氣利水，破血潤腸，乃治標救急之劑。○若津液不足者，勿輕用。

清・陳士鐸《本草新編》卷五　郁李仁　味酸、苦，氣平，降也，陰中陽也，無毒。入肝、膽二經，去頭風之痛。又入肺，止鼻淵之涕。消浮腫，利小便，通關格，破血潤燥，又其餘枝。雖非嘗施之品，實為解急之需。

關膈之症，最難開關，郁李仁善入肝，以調逆氣，故能通達上下，不可不備也。

清・李熙和《醫經允中》卷一八　郁李仁　湯泡去皮尖，蜜浸陰乾，研末用。　酸，平，微寒，無毒。主治面目四肢浮腫，利小便、水道，潤大腸澁滯。

郁李仁能下結氣。夫目系內連肝膽，恐則氣結，膽橫則目張不瞑，以郁李仁酒飲之，結散而愈。

清·馮兆張《馮氏錦囊秘錄·雜症痘疹藥性主治合參》卷八　郁李仁得木氣而兼金化，故味辛苦，性潤而善降下，陰也。碎核取仁用。入足太陰、手陽明太陽經。為宣結消腫，破血利水，潤燥之藥。乃治標救急之方，倘燥結由於津液不足者，勿服。

郁李仁，消浮腫肌表，竟利小便。宣結氣腸中，立通關格。破血潤燥，亦易成功。潤達幽門，關格有轉輸之妙。宣通水府，腫脹無壅遏之嗟。

清·张璐《本經逢原》卷三　郁李仁即棠棣，一名雀李。　仁，辛、苦，平，無毒。湯浸，去皮及雙仁者，研如膏，勿去油，忌牛、馬肉及諸酪。《本經》主大腹水氣，面目、四肢浮腫，利小便水道。　發明：　郁李仁性潤而降，為大便風秘專藥。《本經》治大腹水氣，面目、四肢浮腫，取其潤下之意。利小便水道者，水氣從之下趨也，搜風順氣丸用之。雖有潤燥之功，而下後令人津液虧損，燥結愈甚。老人津液不足而燥結者戒之。根治風蟲牙痛，濃煎含漱，冷即吐去更含，勿嚥汁，以其能降泄也。

清·浦士貞《夕庵讀本草快編》卷五　郁李《本經》、棠棣　花實俱香。《小雅》云：　棠棣之花，鄂不韡韡。　郁李仁陰中之陽，入脾經氣分，味甘而辛，下氣利水之藥也。夫面目浮腫，肢腹脹滿，乃脾濕不化也；　大便燥濇，關格不通，乃腎氣受制也。用此以辛潤之則鬱結之氣自散，腫可消便可通矣。《宋史》載錢乙治一乳婦因悸得病，病愈目張不得瞑，煮郁李酒使醉得睡，叩其故，曰：　目系內連肝胆，恐則氣結，胆橫不下，用酸平去結之性隨酒入胆，胆得舒則目自瞑矣。予推其味必帶酸，非酸不能斂木也。

清·張志聰、高世栻《本草崇原》卷下　郁李仁　氣味酸，平，無毒。主治大腹水腫，面目四肢浮腫，利小便水道。　郁李山野處處有之，樹高五六尺，花葉枝幹並似李子，如小李，生青熟紅，味甘酸，可啖，花實俱香，《爾雅》所稱棠棣，即是此樹。　李乃肝之果，其仁當治脾。郁李花實俱青，其味酸甘，其氣芳香，甲己合而化土也。土氣化則大腹水腫，面目四肢浮腫自消，小便水道自利。

清·王子接《得宜本草·下品藥》　郁李仁　味酸。入足太陰經。　功專下氣利水，專治大腸燥澁。得醇酒能使人睡。

清·吳儀洛《本草從新》卷三　郁李仁〔瀉氣，破血潤燥。〕　辛，苦，甘，平，性降。下氣行水，破血潤燥。治水腫癃急，大腸氣滯，關格不通。用酒能入膽治悸，目張不瞑。一婦因大恐而病，愈後目張不瞑。錢乙曰：　目系內連肝膽，恐則氣結，膽橫不下，郁李潤能散結，隨酒入膽，結去膽下而目瞑矣。　下後令人津液虧損，燥結愈甚，乃治標救急之藥，津液不足者慎勿輕投。湯浸，去皮尖，蜜浸，研如膏。

清·汪紱《醫林纂要探源》卷二　郁李仁　苦，甘，辛，溫。棠棣也。花有紅白，子如李，大若櫻珠，小者僅如豆。取核中仁，去皮尖，蜜浸研用。　苦能泄能降，辛能潤能行。破血瘀，治大腸氣滯，辛潤腸也。消水腫癃閉，辛行水也。

清·嚴潔等《得配本草》卷七　郁李仁　忌麵及牛馬肉。　辛、苦、甘、酸。入足太陰經氣分。開幽門，下結氣，導大腸之結，利周身之水。　得酒煮飲醉，治目不閉。此因悸病也。目係內連肝膽，膽受驚氣而然。　去殼研用。去驚風，酒炒。　大便不實者禁用。　邪氣結於胃府，用下藥而不下，此幽門未開也。惟李仁開之，邪氣自流而下。再者，驚恐後寒熱如瘧，治瘧之劑不效，此驚氣結於膽下，膽因氣積，橫而不垂。惟郁李去膽下之驚氣，以散其結，則寒熱自除。是李仁之用，不僅如麻仁之為潤劑也。

題清·徐大椿《藥性切用》卷五　郁李仁　辛苦甘平，入肝脾而散結潤燥，下氣行水。酒引入膽，兼治膽橫，目張不瞑。虛者忌之。

清·黃宮繡《本草求真》卷八　郁李仁入脾下氣行水破血。　郁李耑入脾，兼入膀胱、大腸。世人多合胡麻同用。以為潤燥通便之需，然胡麻功止潤燥，暖中活血，非若郁仁性潤，其味辛甘與苦，而能入脾下氣，行水破血之劑也。故凡水腫癃急便閉，關格不通，得此體潤則滑，味辛則散，味苦則降，與胡麻實異，而又可以相需為用者也。按《宋史·錢乙傳》云，一乳婦因悸而病，既已目張不得瞑。乙曰：　煮郁李酒飲之，使醉即愈。所以然者，目繫內連肝膽，恐則氣結膽橫不下。郁李仁去結，隨酒入膽，結去膽下，則目能瞑矣，此蓋得肯綮之妙者也！　然此止屬治標之劑，多服恐滲液而益燥結不解耳。去皮尖。蜜浸研。

清·羅國綱《羅氏會約醫鏡》卷一七竹木部　郁李仁味酸平，入脾大腸二經。湯浸去皮，研。　入脾經氣分，性降，下氣行水，破血潤燥。治水腫癃急、大腸氣滯不通。凡有燥結屬實熱者可用。然下後恐津液虧損，燥結愈堅，故為治標救急之藥。若津液不足，而大便燥結者，慎勿輕用。

清·黃凱鈞《藥籠小品》　郁李仁　行水破血，潤燥治大腸氣滯，關格不通，治標之藥。精液不足而便結者勿投。去皮尖研。

清・章穆《調疾飲食辯》卷四 郁李 《綱目》曰：《本經》名爵李。《詩疏》名雀李。《別錄》名鬱李，又名車下李。《爾雅》名棠棣。或訛為唐棣，非也。唐棣乃枎栘，白楊樹也。《嘉祐本草》曰：郭注《爾雅》云：棠棣，子如櫻桃，可食。陸疏棠棣之華，鄂不韡韡，云：白棣也，似李而小，一名薁李。

按：雀李、郁李二種，雀李樹稍大，多野生，子苦澀不堪食，李鄴侯所謂樹在道傍而多子，必苦李者是也；郁李樹僅數尺，子可食，園林多種之，無野生者，較大李稍鬆脆，易消化，故為害亦少殺。且核中仁可入藥，治大腹水腫，四肢面目浮腫，利膀胱水道，出《本經》。腸中結氣，關格不通，出《藥性本草》。潤大腸燥澀，出《用藥法象》。並擂水服。《綱目》引錢乙治一乳婦，因驚而目張不瞑，酒煮郁李仁，盡醉飲之。以為恐則氣結膽橫，郁李性降而去結，隨酒入膽，使膽下而目乃得瞑，為得治病之法，誠有然矣。

清・王龍《本草纂要稿・菓部》 郁李仁 氣味酸平。利小便，消浮腫於肌表。通關格，宣結氣於腸中。破血潤燥，亦易成功。

清・吳鋼《類經證治本草・手陽明大腸腑藥類》 郁李仁 【略】誠齋曰：治癰腫，小兒遍體生癬。

清・張德裕《本草正義》卷上 郁李仁 苦辛，涼。性滑而降，下氣利水，消頭面四肢水氣浮腫，開腸中結氣，滯氣閉塞，通大便，破血積，凡實熱燥結者可用。

清・楊時泰《本草述鉤元》卷二四 郁李仁 即《爾雅》棠棣。山野處處有之。樹高五六尺，葉花及樹，並似大李，惟子若櫻桃，熟時赤色，甘酸而香，有少濇味也。

味酸、辛、苦，氣平。性潤而降，陰中之陽。脾經氣分藥，更入手陽明、太陽經。主治化血潤燥，瀉結氣，破癖氣，治大腸氣結燥，濇滯不通，泄五臟膀胱急痛，腰胯冷膿，下氣利水道，並主大腹水腫，四肢面目浮腫。附案：一婦因悸而病，既愈，目張不得瞑，錢仲陽令煮郁李酒飲之，使醉而愈。蓋因目系內連肝膽，恐則氣結，膽橫不下，郁李能去結，隨酒入膽，結去膽下，則目能瞑矣。同當歸、地黃、麻仁、桃仁、麥冬、生蜜、肉蓯蓉，治大便燥結不通，甚者加大黃。

論：郁李仁之利水，本於散結氣。夫水乃氣所化，氣屬陽主動，動者能使之結，則屬於陰矣。氣之元固起於陰中之陽，氣之結即由於陽中之陰，一散其結，而陽斯化，水斯行，故潔古謂為脾經氣分藥，而《本經》用治大腹水腫、面目四肢浮腫者也。夫脾乘出地之陽而上行，布中氣以統血，故五臟皆有陰氣，而脾為之樞，郁李仁主療，大抵皆脾氣之所周。然則潔古破血之說，不等於他味，即所云潤燥，亦由其宣陰結以化血，以血結則氣燥，血化則榮衛和而燥者潤也，且其散結之功，寧獨奏之行水哉。舉七情之結以傷陰，遂以塞陽者，當可類推之以為治矣。觀錢氏用治目不得瞑可見。

繆氏言性專降下，善導大腸燥結，利周身水氣，然下後多令人津液虧損，燥結愈甚，乃治標救急之藥。津液不足者，慎勿輕用。

修治：先以湯浸，去皮尖，再用生蜜浸一宿，漉出陰乾，研如膏用。

清・鄒澍《本經續疏》卷六 郁李仁 【略】郁李性潔，最喜和風暖日，溉宜清水而不欲肥《廣群芳譜》。其木色正白，皆金化也。而開花粉紅，結實正赤，是為金從火化。人身金從火化者，非由肺行三焦之水道耶。大腹水腫，面目四支浮腫，由於水道不行，小便不利，則水壅於火，而還病於金矣。猶能不更濬其源，使金復由火而化，水遂自三焦而通哉。曰利小便水道，正以使其水不從汗洩，不向下混行也。然則其氣味之酸平又作何解？夫酸者，木之發育也。平者，氣之順降也。核中之仁，本以生發夫木，而木之生發，本以條鬯諸氣，惟酸則有曲直之義。曲直者，不徒一於升舉，又不肯一於卑俯，應伸則伸，應屈則屈，正其生理之從容而不強梗，且兼得氣之平，是其盤旋潤澤於上，條達通輸於下，精者自不混濁以泄，麤者自不附清而留，澄其源乃欲順其流耳。至根則潔白爽肅之氣安於土中，自能使在中濕熱不混經氣上病於齗齒，以立堅固之本者也。

清・葉桂《本草再新》卷四 郁李仁味辛、甘，性平，無毒。入心、肺、胃三經。行水下氣，破血消腫，通關節，治眼紅長翳。

清・吳其濬《植物名實圖考》卷三三 郁李 《本經》下品。即唐棣。實如櫻桃而赤。吳中謂之爵梅，固始謂之秧李。有單瓣、千葉二種：單瓣者多實，生於田塍；千葉者花濃而中心一縷連於蒂，俗呼為穿心梅。花落心蒂猶懸枝間，故程子以為棣萼甚牢。《圖經》合棠棣為一，未可據。

清・趙其光《本草求原》卷九灌木部 郁李仁 辛、潤燥。苦、甘，平，下氣。入脾氣，分散結。脾布中氣，為五臟陰氣之樞，陰傷則陽塞而氣乃結。治大腸氣滯，燥澀不通。主大腹水腫，面目四肢腫，諸濕腫滿，皆屬於脾。利小便癃急，氣行則水行。破血，血躁則氣結，氣宣則血化。用酒能入膽治悸，目張不瞑，一婦因大恐，病愈後目張不瞑。錢乙曰：目系內連肝膽，恐則氣結，膽橫不下，郁李潤，能散結，隨酒入膽，結去膽下，而目瞑矣。是一切情結傷陰者皆治也。然治標之劑，多服滲人津液。去皮尖及雙仁，蜜浸研。

同歸、地、桃仁、麥冬、麻仁、生蜜、蓯蓉，治大便燥結，甚者加大黃。忌牛馬肉。根治風蟲牙痛，濃煎，含勿咽，以其降泄也。

清·葉志詵《神農本草經贊》卷三 郁李仁 味酸，平。主大腹水腫，面目四肢浮腫，利小便水道。根，主齒斷腫，齲齒堅齒。一名爵李。生川谷。

白白朱朱，香繁條輭。微扇風和，晴烘日暖。蜜漬核香，湯溫根短。不受肥汙，爰宜潔盥。

趙抃詩：朱朱白白綴繁枝。白居易詩：香繁條輭弱。陶潛詩：春風扇微和。周翰詩：晴烘始空。《花史》：性喜暖日和風，澆用清水，以性潔故也。雷斅論：核仁去皮尖，用生蜜浸一宿，研膏用之。日華子曰：根治小兒身熱，作湯浴之。《公羊傳注》：潔白而不受汙。《金史·志》：爰潔其盥。

清·文晟《新編六書》卷六《藥性摘錄》 郁李仁 辛甘與苦，性潤。入脾，兼入膀胱、大腸。下氣行水，破血。〇治水腫，癃急便閉。止屬治標，不可多服。〇去皮微尖，蜜浸，研。

清·張仁錫《藥性蒙求·木部》 郁李仁三錢 郁李仁辛，甘平破血。行氣潤腸，津虧毋忽。治水腫癃急，大腸氣滯，關格不通。〇下後令人津液虧損，燥急愈甚，乃治標救急之藥，津液虛者勿用。去皮尖。

清·戴葆元《本草綱目易知錄》卷四 郁李仁 甘苦而潤。脾經氣分藥。其性降，能下氣利水，破血潤躁，專治大腸氣滯，燥澁不通，療大腹水氣，面目四肢浮腫，利小便水道，腸中結氣，關格不通，消宿食，破癖氣，下四肢水，瀉五臟膀胱急痛，宣腰胯冷膿。酒煎飲，能入膽，治因悸病後目張不得瞑。研和龍腦，點赤眼，然治標之劑，多服滲人津液。

清·黃光霽《本草衍句》 郁李仁 辛能破血潤燥，苦堪下氣行水。治大腸氣滯，關格不通；主大腹水腫，小便不利。散膽結而瞑目，但治標而耗津。得滑石、大黃治小兒大小便不通，并驚熱痰實。欲得濡動者，搗和丸黍米大，二歲小兒三丸，白湯下。一婦人大恐而病，愈後目張不瞑。錢乙曰：目係內連肝膽，恐則氣結，膽橫不下。郁李仁潤能散結，隨酒入膽，結去膽下，而目瞑矣。

清·陳其瑞《本草撮要》卷二 郁李仁 味酸甘辛苦而平，入足太陰經，功專下氣利水，治大腸燥澁。得醇酒能使人睡。津液不足者勿服。浸去皮尖，蜜浸研。

清·李桂庭《藥性詩解》 賦得郁李仁潤腸宣水得仁字。田春芳。郁李辛甘苦，其功獨在仁。潤腸行氣效，宣水使癃伸。按：李仁本屬潤燥，通腸行水，降氣破癃之藥。性降，味辛甘而苦，有傷津液，陰液不足者慎用。

棣棠花

清·吳其濬《植物名實圖考》卷二六 棣棠 《花鏡》：棣棠花藤本，叢生，葉如荼蘼多尖而小，邊如鋸齒。三月開花金黃色，圓若小毬，一葉一蕊，但繁而不香。其枝比薔薇更弱，必延蔓屏樹間。與薔薇同架，可助一色。春分翦嫩枝，扦於肥地即活。其本妙在不生蟲螃。

按棣棠有花無實，不知其名何取，其莖中瓤白如通草，但細小，不堪翦製。

白棣棠 比黃棣棠花瓣寬肥，葉少鋸齒，又別一種。

青刺尖

明·蘭茂《滇南本草》卷中 青刺尖 性微寒，味苦。攻一切瘡毒癰疽，有膿出頭，無膿立消。散結核，嚼細，用酒服。

明·蘭茂《滇南本草》（叢本）卷下 青刺尖 味苦，性寒。主攻一切癰疽毒瘡，有膿者出頭，無膿者立消。散結核。

清·吳其濬《植物名實圖考》卷二三 青刺尖 《滇本草》：青刺尖味苦，性寒。主攻一切癰疽毒瘡，有膿者出頭，無膿者立消散結核。按此草長莖如蔓，莖刺俱綠，春結實如蓮子，生青熟紫。

女貞

宋·唐慎微《證類本草》卷一二木部上品〔《本經·別錄》〕 **女貞實** 味**苦**，甘，**平**，無毒。**主補中，安五藏，養精神，除百疾。久服肥健，輕身不老。**生武陵川谷，立冬採。

〔梁·陶弘景《本草經集注》〕云：葉茂盛，淩冬不凋，皮青肉白，與秦皮爲表裏。其樹以冬生而可愛。諸處時有。仙經亦服食之。俗方不復用，市人亦無識者。

〔唐·蘇敬《唐本草》〕注云：女貞，葉似枸骨及冬青樹等。其實九月熟，黑似牛李子。陶云與秦皮爲表裏，誤矣。然秦皮葉細冬枯，女貞葉大冬茂，殊非類也。

〔宋・掌禹錫《嘉祐本草》〕按：《蜀本圖經》云：樹高數丈，花細青白色，採實日乾。今山南、江南皆有之。陳藏器云：女貞似枸骨。按枸骨樹如杜仲，皮堪浸酒，補腰脚令健。枝、葉燒灰淋取汁，塗白癜風。亦可作稠煎傅之。木肌白似骨，故云枸骨。《詩・義疏》云：木杞，其樹似栗。一名枸骨。理白滑，其子爲木䖟子。可合藥，木䖟在葉中卷葉，如子羽化爲䖟，非木子。又云：冬青，其葉堪染緋，子浸酒去風血補益，木肌白有文作象齒笏，冬月青翠，故名冬青。江東人呼爲涷生。李邕又云：出五臺山。葉似椿，子赤如郁李，微酸，性熱。與此亦小有異同，當是兩種冬青。日華子云：冬青皮，涼，無毒。去血，補益肌膚。

〔宋・蘇頌《本草圖經》〕曰：女貞實，生武陵川谷，今處處有之。《山海經》云：泰山多真木，是此木也。其葉似枸骨及冬青，木極茂盛，陵冬不凋，花細青白色。九月而實成，似牛李子。立冬採實，暴乾。其皮可以浸酒。或云：即今冬青木也。而冬青木肌理白，文如象齒，道家取以爲簡，其實亦浸酒，去風補血。其葉燒灰，面膏塗之。治癉瘃殊效，兼滅瘢疵。又李邕云：五臺山冬青，葉似椿，子如郁李。微酸，性熱，與此小有同異，當是別有一種耳。又嶺南有一種女貞，花極繁茂而深紅色，與此殊異，不聞中藥品也。枸骨木多生江、浙間，木體白似骨，故以名。南人取以旋作合器甚佳。《詩・小雅》云：南山有枸。陸璣云：山木，其狀如櫨。一名枸骨。理白可爲函板者是此也。皮亦堪浸酒，補腰膝。燒其枝葉爲灰，淋汁塗白癜風。亦可作煎傅之。

明・王綸《本草集要》卷四 女貞實 味苦甘，氣平，無毒。立冬採葉。似冬青樹，或云即冬青也。 主補中，安五臟，養精神，除百疾，久服肥健，輕身不老。

明・滕弘《神農本經會通》卷二 女貞實 或云：即今冬青木也。極茂盛，淩冬不凋，花細，青白色，其實九月熟，黑似牛李子，立冬採，日乾。其皮可以浸酒。 味苦、甘，氣平，無毒。

《本經》云：主漏中，安五臟，養精神，除百疾，久服肥健，輕身不老。《局》云：女貞實是冬青子，安和五臟養精神。若能久服常輕健，百疾消除不老人。冬青子，養精益腎，輕身，調和五臟。

明・劉文泰《本草品彙精要》卷一七 女貞實無毒。附枸骨、冬青。植生。

女貞實：主補中，安五臟，養精神，除百疾。久服肥健，輕身不老。《神農本經》。 〔苗〕《圖經》曰：《山海經》云泰山多真木，是此木也，樹高數丈，其葉似枸骨及冬青，木極茂盛，淩冬不凋，花細青白色，九月而實成，似牛李子。或云即今冬青木也。而冬青木肌理白，文如象齒，道家取以爲簡，其實亦浸酒，去風補血。葉燒灰，作面膏塗之，治癉瘃殊效，兼滅瘢疵。李邕云：五臺山冬青，葉似椿，子如郁李，微酸性熱，與此小有同異，當是別有一種耳。又嶺南有一種女貞，花極繁茂而深紅色，如此殊別，不聞入藥品也。枸骨木多生江浙間，木體白似骨，故以爲名。南人取以旋作合器，甚佳。《詩・小雅》云：南山有枸。陸璣云：山木，其狀如櫨，一名枸骨，理白可爲函板者，是此也。〔地〕《圖經》曰：生武陵川谷及泰山，今處處有之。〔時〕生：春生新葉。採：立冬取實。〔收〕暴乾。〔用〕實。〔質〕類牛李子。〔色〕黑。〔味〕苦，甘。〔性〕平，泄。〔氣〕味厚于氣，陰中之陽。〔臭〕朽。〔主〕安五臟，養精神。〔治〕療：《圖經》曰：枸骨枝葉，燒灰，淋取汁，塗白癜風。日華子云：冬青皮去風，補益肌膚。〔合治〕枸骨皮浸酒，補腰腳，令健。○冬青子浸酒，去風血補益。

明・許希周《藥性粗評》卷三 青子入冬養元，精於(柰)〔耐〕老。

冬青子，一名女貞實。即今俗名涷青木也。江南山谷處處有之。冬採其實，暴乾。味苦、甘，性平，無毒。主補中益氣，安五臟，養精神，除百病，久服肥健，輕身不老。

單方：保養元精：冬青皮或子，俱可酒浸，服之，日二三，久久有功。 白癜風：冬青樹枝葉，燒灰淋汁，濃煎成膏，每每塗之，二三日當消。 脚膁瘡：冬青子煮熟，先取其水，洗去膿汁後，以葉封之，日二三效。

明・鄭寧《藥性要略大全》卷七 女真實即冬青子 養精益腎，輕身，調和五臟，除百病。浸酒去風、補血。 味苦、甘，氣平，無毒。處處有之。主治與金櫻子同。

明・陳嘉謨《本草蒙筌》卷四 女貞實即冬青樹子。 味苦、甘，氣平。無毒。鄉落幽居，多植遮護。能欺霜雪，又名冬青。黑實遇冬至採收，衣皮將布袋挼淨。酒浸一宿，日曝待乾。研末為丸，用旱蓮草熬膏合妙；搗碎漬酒，同生地黃投罐煮良。黑髮黑鬚，強筋強力。安五臟補中氣，除百病養精神。多服補血去風，久服健身不老。樹皮涼而無毒，若漬酒每日飲，亦益肌膚。枝葉煎可染緋，又燒灰面膏塗，能治癉瘃。木白紋細，函板堪為。○蟲白蠟附樹枝結成，係小蟲食樹汁化者。蟲類蟣蝨，有白有黑。每食冬青樹汁，久而化為白脂，熔則成蠟。人謂蟲屎着樹而然，非也。亦有不變蠟者，則結苞枝上，初如黍米，漸圓大青紫，宛若樹之結實，土人呼為蠟種，來年春深則苞拆而蟲出延樹矣。欲廣蓄者，候苞將拆時，連枝採繫他樹，其蟲亦應候而出。逢秋刮取，以水煮溶。濾置冷器之中，或濾冷水內亦可，但去渣滓淨為美。自然凝聚成塊。文理瑩澈，不忝石膏。《本經》原脱漏未書，丹溪始珍重纔用。嘗與戴原禮簡云：白蠟者，稟氣收斂堅凝，誠為外科要藥。生肌止血定痛，接骨續筋補虚。與合歡皮同煎，入長肉膏神効。但未試可服否？其合歡皮服之驗矣。蠟有二種，蜜白蠟人可服餌，《本經》石蜜欵內曾已載詳。其蟲白蠟《本經》未載。後因丹溪此簡有未試可服否一句，迺知言此蟲蠟也。故採之以補脱漏。白蠟塵取，能治瘵蟲。

明・王文潔《太乙仙製本草藥性大全》卷三《本草精義》　女貞實　一名冬青，一名凍生。生武陵川谷，今處處有之。《山海經》云泰山多真木，是木也，其葉似枸骨及冬青，木極茂盛欺霜雪，故名冬青，凌冬不凋。花細青白色，九月而實成，似牛李子，黑實，冬至日採收。衣皮將布袋洗净，酒浸一宿，曝乾爲丸。用旱蓮草熬膏，同炒，搗碎漬酒。同生地黄投罐煮食服之。其實亦浸酒，去風補血；其葉燒灰爲膏塗之，治瘴瘃殊效，兼滅瘢疵。又李邕云：五臺山冬青葉似椿，子如郁李，微酸性熱。與此小有同異，當是別有一種耳。又嶺南有一種女真，花極繁茂而深紅色，與此殊異，不聞中藥品也。枸骨木多生江浙間，木體白似骨，故以名，南人取以旋作合器甚佳。《詩・小雅》云：南山有枸。陸璣云：山木，其狀如櫨。一名枸骨，理白可爲函板者是此也。皮亦堪浸酒，補腰膝，燒其枝葉爲灰淋汁，塗白癜風，亦可作煎傅之。

明・王文潔《太乙仙製本草藥性大全》卷三《仙製藥性》　女貞實即冬青樹子　味苦、甘，氣平，無毒。主治：黑髮黑鬚，強筋強力，安五臟，補中氣，除百病，養精神。多服補血去風，久服健身不老。樹皮：凉而無毒，若漬酒每日飲，亦益肌。枝葉：可染緋，又燒灰面膏塗，能治瘴瘃。木白紋細，函板堪為。蟲白蠟：附樹枝結成，係小蟲食樹汁化者。蟲類蟣蝨，月白有黑。每食冬青樹汁，久而化為白脂，熔則成蠟。人謂蟲屎着樹而然，非也。亦有不變蠟者，則結苞枝上，初如黍米，漸圓大青紫，宛若樹之結實，土人呼為蠟種，來年春深則苞拆而蟲出延樹矣。欲廣蓄者，候苞將拆時，連枝採繫他樹，其蟲亦應候而出。逢秋刮取，以水煮，溶。濾置冷器之中，或濾冷水內亦可，但去渣濱净為美。自然凝聚成塊。文理瑩澈，不忝石膏。《本經》原脱漏未書，丹溪始珍重纔用。嘗與戴原禮簡云：白蠟者，稟氣收斂堅凝，誠為外科要藥，生肌止血定痛，接骨續筋補虚。與合歡皮同煎，入長肉膏神效。但未誠可服否？其合歡皮服之驗矣。蠟有二種，蜜白蠟人可服餌，《本經》石蜜款內曾已載詳，其蟲白蠟《本經》未載。後因丹溪此簡有未試可服否一句，迺知言此蟲蠟也。故採之以補脱漏。白蠟塵：取，能治瘵蟲。

明・皇甫嵩《本草發明》卷四　女貞實上品，君。即冬青樹子。氣平，味苦、甘，無毒。　發明曰：女貞實，甘平補血，苦能堅腎氣，故主安五藏，補中氣，除百病，養精神。酒浸，多服補血，去風。久服，肥健輕身延年。用旱蓮草熬膏合，妙。搗碎，漬酒，同生地煮，能黑髮鬚，強筋力，其補血堅腎見矣。須配入補血劑中為妙。冬至收用，布袋挼淨衣皮，酒浸一宿，日曝乾用。愚謂女貞名者，以其耐寒，凌霜雪不調，如女之貞節，故名之。樹皮，涼。漬酒，每日飲，亦益肌膚。〇枝葉，可染緋。燒灰，能治瘴瘃。〇蟲小蠟，附枝結成，係小蟲食樹枝汁化者，即白蠟。《本經》脱漏未錄。丹溪云：此稟氣收斂堅凝，為外科要藥，生肌止血定痛，接骨續筋，補虛。與合歡皮同煎，入長肉膏用。〇白蠟塵，能治瘵蟲。

明・李時珍《本草綱目》卷三六木部・灌木類　女貞《本經》上品

【釋名】貞木《山海經》　冬青《綱目》　蠟樹時珍曰：此木凌冬青翠，有貞守之操，故以貞女狀之。《琴操》載魯有處女見女貞木而作歌者，即此也。蘇彥頌《序》云：女貞之木，一名冬青。負霜葱翠，振柯凌風。故清士欽其質，而貞女慕其名，是矣。別有冬青與此同名。今方書所用冬青，皆此女貞也。近時以放蠟蟲，故俗呼爲蠟樹。

【集解】《別録》曰：女貞實生武陵川谷。立冬采。弘景曰：諸處時有。葉茂盛，凌冬不凋，皮青肉白，與秦皮爲表裏。其樹以冬生可愛，仙方亦服食之。俗方不復用，人無識者。恭曰：女貞葉似冬青樹及枸骨。其實九月熟，黑似牛李子。陶言與秦皮爲表裏，誤矣。秦皮葉細冬枯，〔女〕貞葉大冬茂，殊非類也。頌曰：女貞處處有之。《山海經》云泰山多貞木是也。其葉似枸骨及冬青木，凌冬不凋。五月開細花，青白色。九月實成，似牛李子。或云即今冬青樹也。而冬青木理肌白，文如象齒，實亦治病。嶺南一種女貞，花極繁茂而深紅色，與此殊異，不聞入藥。時珍曰：女貞、冬青、枸骨，三樹也。女貞即今俗呼蠟樹者，冬青即今俗呼凍青樹者，枸骨即今俗呼猫兒刺者。東人因女貞茂盛，亦呼爲冬青，與冬青同名異物，蓋一類二種爾。二種皆因子自生，最易長。其葉厚而柔長，綠色，面青背淡。女貞葉長者四五寸，子黑色；凍青葉微團，子紅色，爲異。其花皆繁，子並纍纍滿樹，冬月鸛鵒喜食之，木肌皆白膩。今人不知女貞，但呼爲蠟樹。立夏前後取蠟蟲之種子，裹置枝上。半月其蟲化出，延緣枝上，造成白蠟，民間大獲其利。詳見蟲部白蠟下。枸骨詳本條。

實 〔氣味〕苦，平，無毒。時珍曰：温。〔主治〕補中，安五臟，養精神，除百病。久服，肥健輕身不老《本經》。强陰，健腰膝，變白髮，明目時珍。

〔發明〕時珍曰：女貞實乃上品無毒妙藥，而古方罕知用者，何哉？《典術》云：女貞木乃少陰之精，故冬不落葉。觀此，則其益腎之功，尤可推矣。世傳女貞丹方云：女貞實即冬青樹子，去(便)〔梗〕葉，酒浸一日夜，布袋擦去皮，晒乾爲末。待旱蓮草出多，取數石擣汁熬濃，和丸梧子大。每夜酒送百丸。不旬日間，膂力加倍，老者即不夜起。又能變白髮爲黑色，强腰膝，起陰氣。

〔附方〕新二。虚損百病：久服髮白再黑，返老還童。用女貞實，十月上巳日收，陰乾，用時以酒浸一日，蒸透晒乾，一斤四兩；旱蓮草五月收，陰乾，十兩，爲末；桑椹子三月收，陰乾，十兩，爲末，煉蜜丸如梧子大。每服七八十丸，淡鹽湯下。若四月收桑椹擣汁和藥，七月收旱蓮擣汁和藥，即不用蜜矣。《簡便方》。風熱赤眼：冬青子不以多少，擣汁熬膏，净瓶收固，埋地中七日。每用點眼。《濟急仙方》。

葉 〔氣味〕微苦，平，無毒。〔主治〕除風散血，消腫定痛，治頭目昏痛。諸惡瘡腫，胻瘡潰爛久者，以水煮乘熱貼之，頻頻換易，米醋煮亦可。口舌生瘡，舌腫脹出，擣汁含浸吐涎時珍。

〔附方〕新三。風熱赤眼：《普濟方》用冬青葉五斗擣汁，浸新磚數片，五日掘坑，架磚于内蓋之，日久生霜，刮下，入腦子少許，點之。○《簡便方》用雅州黄連二兩，冬青葉四兩，水浸三日夜，熬成膏收，點眼。一切眼疾：冬青葉研爛，入朴硝貼之。《海上方》也。《普濟方》。

明・佚名氏《醫方藥性・草藥便覽》 女貞 皮：其性溫。治胎前產後之血，去血。根：風痒。即是舊樹皮。

明・李中立《本草原始》卷四 女貞實 始生武陵川谷，今處處有之。《山海經》云：泰山多貞木，是此木也。其葉似枸骨及冬青木，極茂盛，淩冬不凋。五月開細花，青白色。九月而實成，似牛李子。立冬採實暴乾。李時珍曰：此木淩冬青翠，有貞守之操，故以女貞狀之。女貞實：氣味：苦，平，無毒。主治：補中，安五臟，養精神，除百病。久服肥健，輕身不老。○強陰，健腰膝，變白髮，明目。

女貞實，《本經》上品。【圖略】亦呼為冬青。與冬青同名異物，蓋一類二種爾。女貞葉長，子黑色；冬青葉微圓，子紅色，為異。

明・張懋辰《本草便》卷二 女貞實 味苦、甘，氣平，無毒。主補中，安五臟，養精神，除百病，久服肥健。

明・李中梓《藥性解》卷五 女貞實 味甘、苦，性平，無毒，入心、脾二經。主安五臟，養精神，補陰分，益中氣，黑鬚髮，強筋力，去風濕，除百病，久服可延年。冬採，取布袋洗淨衣皮，酒浸一宿，晒乾用。按：女貞實苦走心，甘走脾，性用平和，經冬不凋，誠補陰之上劑也。仙家亦需服食，今罕有能用之者，亦未既其功爾。

明・鮑山《野菜博錄》卷三 女貞實 一名枸骨。樹頗高大，葉似冬青樹葉，四時茂盛。花開細青白色，冬結實如牛旁子。味苦，性平，無毒。食法：摘取子熟時食之。

明・繆希雍《本草經疏》卷一二 女貞實 味苦、甘，平，無毒。主補中，安五藏，養精神，除百疾。久服肥健，輕身不老。

〔疏〕女貞實稟天地至陰之氣，故其木淩冬不凋。神農：味苦，氣平。《別錄》加甘，無毒。觀今人用以為變白多效者，應是甘寒涼血益血之藥。氣薄味厚，陰中之陰，降也。入足少陰經。夫足少陰為藏精之臟，人身之根本。虛則五臟雖無病而亦不安，百疾叢生矣。《經》曰：精不足者，補之以味。蓋腎本寒，因虛則熱而輭，此藥氣味俱陰，正入腎除熱補精之要品。腎得補則五臟自安，精神自足，百疾去而身肥健矣。其主補中者，以其味甘，甘為土化，故能補中也。所主如上功能，則輕身不老蓋有自矣。此藥有變白明目之功，累試輒驗，而經文不載，為闕略也。葉長子黑色者為女貞。葉微圓子紅色者為冬青。亦能治風虛，補益肌膚。〔主治參互〕同地黄、何首烏、人參、麥門冬、旱蓮草、南燭子、牛膝、枸杞子、山藥、沒食子、桑椹子、黃檗、椒紅、蓮鬚，為變白要藥。同甘菊花、生地黃、蒺藜、枸杞子，能明目。《簡便方》治虛損百病，久服鬚白再黑，返老還童。用女貞實十月上巳日收，陰乾，用時以酒浸一日，蒸透曬乾一斤四兩，旱蓮草五月收，陰乾，十兩為末，桑椹子四月收，陰乾十兩為末，煉蜜丸如梧子大。每服七八十丸，淡鹽湯下。若四月收桑椹，擣汁和藥，七月收旱蓮擣汁和藥，即減蜜之半矣。《濟急僊方》治風熱赤眼，冬青子不拘多少，擣汁重湯熬膏，淨瓶收固，每用點眼。《普濟方》治一切眼疾，冬青葉研爛，入朴硝貼之。海上方也。〔簡誤〕氣味俱陰，變白家當雜保脾胃藥及椒紅溫暖之類同施。不則恐有腹痛作泄之患。

枸骨：本經附出女貞條下，不載氣味所主。然觀陳藏器云：其皮堪浸酒，補腰膝令健，枝葉燒灰淋汁，或煎膏，塗白癜風，亦可作稠煎傳之。應是苦寒無毒，氣味俱陰，入肝入腎之藥也。惟其入肝，故主白癜風，蓋肝為風木之位，藏血之臟，血虚則發熱，熱甚則生風，苦寒能涼血清熱，故主之也。其補腰膝令健者，腰為腎之府，腎虚則濕熱乘之而腰膝不利；又腎為作強之官，虚則熱而輭，故其性欲堅，急食苦以堅之。此藥味苦入腎，正遂其欲堅之性耳。腎氣既實則濕熱自除，而腰膝自健矣。【主治參互】秘方：取其葉煮飲，治痰火甚驗。蓋痰火未有不因陰虚火炎，上爍乎肺，煎熬津液而成。此藥直入足少陰經補養陰氣，則痰火自消，如釜底抽薪之意也。兼能散風毒惡瘡。昔有老妓患楊梅結毒三十年者，有道人教以單服此藥，瘡愈而顔色轉少，皆假其清熱涼血之功耳。一名楅木。黑子者名極木，又名貓兒刺。用作羅經入地不差。【簡誤】脾胃虚寒作泄及火衰陰痿者，忌之。

明・倪朱謨《本草彙言》卷一〇 女貞實 味苦、甘，氣平，無毒。氣薄味厚，陰中之陰，降也。入足少陰經。《別錄》曰：女貞實，出武陵山谷，今諸處亦有。《山海經》云：泰山多貞木是也。李氏曰：木肌白膩，葉厚而柔，長者約四五寸，碧緑色，面深背淡。花極繁多，結子纍纍滿樹而色褐，冬月采子。即蠟樹也。立夏前後，取蠟蟲種子，置枝上，半月後，其蟲化出，延引枝上，造成白蠟。民間大獲其利。亦名冬青，其種與冬青實異。按冬青，即凍青，葉微圓，子黑色，蟲不造蠟爲別也。世俗盡用冬青實，女貞實不復識，二物功用迥别。采擇者宜辨之。

女貞實：《本經》補腎養精之藥也。梅高士稿瀕湖方云：主强陰精，健腰膝，明目睛，久服鬚髮變白爲黑。此木淩冬不凋，得天地清陰之氣最厚，故入腎養陰，生精益髓，屢服輒效。前古謂：安五藏，除百病，久服肥健，輕身不老。蓋腎本寒藏，陰虚則熱而軟，此氣味俱陰，正入腎除熱補精之要品。腎得補則五藏自安，精神自足，百病去而身肥健矣。然氣味俱陰，堪補腎經之陰，去腎經之熱。如命門火衰，腎間陽氣虚而脾胃薄弱，飲食不增，腹病泄瀉者，又當禁用。又觀繆氏云，變白家，當雜脾胃藥及椒紅溫補之類同施，不則恐有滑腸動腹之患，蓋可知矣。

盧不遠先生曰：形生本缺金水之精者，需此貞實，堅固其形。然餌服者，亦須如女之貞，久而不變，乃獲其益。

集方：陳月坡家秘治陽火煎熬，陰血虧損，或骨蒸内熱，煩渴引飲，或吐血衄血，常愈常發，或小便時濁，小水赤澀，或大便久燥，結閉不利，一切陰虚火勝之證。用女貞實八兩酒浸，曬乾微炒，茯苓、山藥各四兩，牡丹皮、澤瀉各二兩，山茱萸肉三兩，俱炒燥，研爲末，配入懷熟地八兩，酒煮搗膏，再加煉蜜爲丸，如梧桐子大。每服三錢，早晚白湯下。

明・李中梓《醫宗必讀・本草徵要下》 女貞實味苦，性平，無毒。入肝、腎二經。補中黑鬚髮，明目養精神。禀天地至陰之氣，故淩冬不凋，氣薄味厚，陰中之陰，降也。雖曰補益，偏於陰寒者也。按：脾胃虚家，久服腹痛作瀉。

明・蔣儀《藥鏡》卷三平部 女貞實 益中氣而安五臟，强筋力而去風濕。伴淮生、首烏，能補腎虚。同益智、金櫻，能固精滑。蒸熟作丸丹，到老無白頭之歎。化灰點髮孔，更生有緑鬢之懽。從甘菊、蒺藜、地黄、枸杞，使精彩增入瞳人。佐五月旱蓮、四月桑椹，返童顔還于髦老。葉長而子黑，是曰女貞。葉微圓而子紅，俗號凍青者，但能治風虚，肌膚裨益而已。

明・張景岳《景岳全書》卷四九《本草正》 女貞子 味苦，性涼。陰也，降也。能養陰氣，平陰火。解煩熱骨蒸，止虚汗消渴，及淋濁崩漏，便血尿血，陰瘡痔漏疼痛。亦清肝火，可以明目止淚。

明・盧之頤《本草乘雅半偈》帙二 女貞實《本經》上品 氣味：苦，平，無毒。主治：主補中，安五藏，養精神，除百病。久服，肥健輕身不老。

覈曰：出武陵山谷，諸處時有。木肌白膩，葉厚而柔，長者約四五寸，碧緑色，面深背淡，花極繁冗，結子纍纍滿樹而色褐，即蠟樹也。立夏前後，取蠟蟲種子，裹置枝上，半月後，其蟲化出，延緣枝上，造成白蠟，民間大獲其利。亦名冬青，負霜葱翠，振柯淩風故也。雖與冬青同名，共種實異。冬青即凍冬，葉微圓，子紅色，蟲不造蠟為別也。世俗盡用冬青實，女貞實不復識，二物功用迥别。採采者不可不辨。

先人云：淩冬負霜，子繁肌膩，蟲食化蠟，堅白脂潤，何精如之，故主補中肥健不老。又云：淩冬之資，不老之藥。形生本缺金水之精者，需此貞實，堅固其形，然餌服者，亦須如女之貞，久而不變，乃獲其益。

条曰：不曰士貞，而曰女貞，謂主居中之藏陰故也。則凡藏室萎頓，以及精神魂魄意志，離敗而為百病者，靡不相宜。故久服則散精于肝，而淫氣于百骸，肥健輕身不老，其外徵也。女貞之主居中藏陰，宛若貞女之司中饋也，故清士斂其質，貞女慕其名。淫散字義，合石斛、石脂，參看始得。

明・李中梓《本草通玄》卷下　女貞實　苦，平。補腎養神，變白明目。冬青，乃少陰之精，遇冬月寒水之令，而青翠不改，則其補腎之功，從可推矣。　酒浸，蒸晒。

清・顧元交《本草彙箋》卷五　女貞實附冬青。　女貞木，乃少陰之精，故冬不落葉。其實偏于陰寒，當雜脾胃藥及椒紅溫暖之類同施，不則恐有腹痛作泄之患。今人用以爲變白多效者，應是甘寒涼血益血之功。氣薄味厚，入足少陰經。足少陰爲藏精之臟，人身之根本。虚則五臟雖無病，而亦不安，百疾叢生矣。《經》云：精不足者，補之以味。蓋腎本寒，虚則熱，女貞子氣味俱陰，能入腎除熱，使腎氣安，而精自足。

冬青，乃女貞別種，葉微圓，而子赤。女貞子黑，葉長。冬青浸酒，亦能去風虚，補益肌皮。

清・穆石匏《本草洞詮》卷一一　女貞　冬青一類二種，此木淩冬青翠，有貞守之操，故以名之。《琴操》載魯有處女，見女貞木而作歌者，此也。立夏時取蠟蟲之種子，裹置枝上半月，其蟲化出，延緣枝上，造成白蠟，故俗稱蠟樹。　女貞實味苦，氣平，一云溫，無毒。主補中強陰，安五臟，變白髮，明目，除百病，久服輕身不老。《典術》云：女貞木乃少陰之精，故冬不落葉，則其益腎之功可知。此上品，無毒妙藥，而古方罕用。《綱目》載女貞丹方，女貞實去梗葉，酒浸一日夜，擦去皮，晒乾為末，待旱蓮草出，搗汁熬濃和丸梧子大，每夜酒送百丸，旬日膂力加倍，効難殫述。

清・張志聰《侶山堂類辯》卷下　女貞實　女貞子乃《本經》上品，氣味苦平，主補中，安五藏，養精神，除百病，久服肥健，輕身不老，強陰健腰膝，變白髮，明目。　即蠟樹也。立夏前後取蠟蟲種子裹置枝上，半月後其蟲化出，延緣枝上造成，白蠟堅白如凝脂，猶蠶食桑而成絲連綿溫暖，皆得樹質精華。是以桑根白皮，主傷中，五勞六極，羸瘦，崩中絕脉，補虛益氣。女貞雖與冬青同名，其種實異。冬青名凍青，葉微圓，子赤色，蟲不造蠟為別也。世俗混用凍青實，二物功用迥別，采擇者不可不辯。

清・劉雲密《本草述》卷二四　女貞一名冬青。然冬青另是一種，此即蠟樹寄蟲造白蠟者。

實：氣味：苦，平，無毒。　時珍曰：溫。時珍云溫者，誤。先哲謂此味為少陰之精，蓋純乎陰者也。豈得有溫之性味哉？

主治：強陰，健腰膝，變白髮，明目時珍。　時珍曰：女貞實乃上品無毒妙藥，而古方罕知用者，何哉？《典術》云：女貞本乃少陰之精，故冬不落葉。觀此，則其益腎之功，尤可推矣。　希雍曰：女貞實稟天地至陰之氣，故其木淩冬不凋。神農味苦，氣平。《別錄》加甘，無毒。觀今人用以為變白多效者，應是甘寒涼血益血之藥，氣薄味厚，陰中之陰，降也，入足少陰經。夫足少陰為藏精之臟，此藥氣味俱陰，正入腎除熱補精之要品。除熱二字，不可忽過。蓋此味於腎陰虛而有熱者，乃對待之劑，可以補精也。其明目變白之功，累試輒驗，則其他可知，而《經》文不載，為闕略也。

同地黄、何首烏、人參、麥門冬、旱蓮草、南燭子、牛膝、枸杞子、山藥、沒食子、桑椹子、黄檗、椒紅、蓮鬚，為變白要藥。同甘菊花、生地黄、蒺藜、枸杞子，能明目。

愚按：益陰之味不少矣，而女貞益陰之效，於髭鬚更著，何哉？在《經》有云：曰：婦人無鬚者，無氣血乎？曰：衝脈、任脈皆起於胞中，上循胸裏，為經絡之海，其浮而外者，循腹上行，會於咽喉，別絡唇口。今婦人之生，有餘於氣，不足於血，以其數脫血也。衝任之脈不榮口唇，故鬚不生焉。又曰：人有傷於陰之氣，絕而不起，陰不用，然其鬚不去，宦者獨去，其故何也？岐伯曰：宦者，去其宗筋，傷其衝脈，血瀉不復，皮膚內結，唇口不榮，故鬚不生。有人未嘗有所傷，不脫於血，其鬚不生，何也？曰：此天之所不足也。稟衝任不盛，宗筋不成，有氣無血，唇口不榮，故鬚不生。即此觀之，有陰中之氣，有陰中之血，益陰諸味，從陰氣盛而化血者，與陰血盛而和氣者，豈可一視哉？女貞實固入血海，益血而和氣以上榮，《典術》所謂少陰之精也，即其更四時而長青，所秉固已殊矣。雖然，他益陰之味，不能如女貞之淩冬負霜者，固不必言。即如側柏，亦傲歲寒，而其用又有不同也，何哉？蓋萬物向陽，而柏獨西指，乃受金之正氣者也。於吐血諸證，以堅金之氣，因母護子，使不為淫火所爍。如女貞實者，負至陰之貞，由腎至肺，并以淫精於上下，不獨髭鬚為然也，即《廣嗣方》中多用之矣。故茲物與柏，其凌冬一也，益陰血一也，而用之迥殊者，職是故耳。又石菖蒲亦四序長青，亦秉至陰，然苦而辛，故開心和血，而帥氣，不同於女貞實之用也。一物具有一理，陰陽之分殊也如此。

按：衝脈為血海，《經》首統言衝任別絡脣口，後言宦者血瀉，止云傷其衝脈，後言天不足者，統云稟衝任不盛，又歸於有氣無血，可見衝任上榮者，由於陰血充，而陰氣乃上榮也。前哲論女子，《經》云天真之氣升而為壬，降而為癸，壬陽而癸陰也，即此義。則在陰分，亦分氣血矣。任脈起會陰，交承漿，在女子亦然。然女子無鬚，固以氣餘血脫也。人知陽為陰先，而不知陰氣之盛者，更由於陰血之足，陰血足而後陰氣乃得上榮於脣口。以陽原出陰中，陰中之陽即所謂陰氣也。《經》曰至陰虛，天氣絕，此固血脫者不能致其陰氣於天表之明證也。然則所謂氣餘血脫者，亦須知是氣乃屬天表之陽，非指陰氣也。雖然，衝為血海，血固陰，氣固陰中之陽，所以衝之上俞在大杼。大杼者，足太陽穴也。下俞在巨虛之上下廉，此胃穴也。先天之氣與後天之氣合，而後陰血充以上下行，在養生者宜知此義也。故烏髭鬚用茲味，必兼以理脾，良有見歟。

附方　女貞實一斗，如法去皮，每斗用馬料黑豆一斗，揀淨淘洗曬乾，同蒸透，九蒸九曬，先將女貞實為末，加山薑自然汁三兩，好川椒去閉口者及蒂，為末三兩，同黑豆末和勻，蜜丸如梧子大，先食服四五錢，白湯或酒吞。

又方　將鱧腸草采鮮者二三十斤，搗汁，入九蒸九曬過女貞實末，再曬乾，如前為丸，亦佳。但服之腹痛作泄，不若薑汁、椒末為佳。蒸女貞實，先將上好老酒浸一宿，次日用黑豆蒸，如此者九，以其性寒故也。更服八珍丸以實根本。

前二方試之，良驗。苦於腹痛作泄。同固本健陽丸服之，尚有腹疼，則信茲味性果寒也。時珍云溫，亦不察之甚矣。同黑豆拌蒸九次，良不可已。余用花椒為末，與女貞實等分，入前藥中合丸，腹亦不作痛也。蓋女貞實補血海，純陰，乃椒從天表之陽，直入命門而補元陽，能令元陰有主，得以施化耳。此亦不必九蒸九曬也。繆氏再為更定涼血兼理脾。

何首烏勿去皮，烏豆同牛膝蒸製，如常法，最後用人乳浸曬三四十次，赤白各二斤。女貞實、酒拌，九蒸九曬二斤旱蓮草、熬膏，十二兩。烏飯子膏、即南竺枝子也，十二兩。茅山朮、米泔浸，蒸曬三次，去皮切片，十二兩。真川椒紅、十二兩，去白膜，閉口勿用。沒食子十兩，為細末，以旱蓮草膏、烏飯子膏同煉蜜和丸如梧子大，每五錢，空心、飢時各一服，白湯吞按：南燭即俗所謂南天燭也。采其葉，漬水染飯色青而光，能資陽氣。

附《廣嗣方》　加減地黃丸治男子天元受傷，精氣耗損，胃虛勞熱，骨體空虛，腎臟不足，陽痿不舉，精洩不施，或因孕而不育，久服百病能瘥，精神倍增，陽生陰長，有生生廣嗣之妙。　大生地一斤，酒浸一宿。柳木甑蒸爛，攤開竹篩內，日曬，夜收地上，如是九蒸九曬，聽用。　茯苓白、山藥、乳浸曬乾，如此三次。丹皮、酒浸一宿，曬乾。山茱萸肉、雄羊油炙。何首烏、同黑豆九蒸九曬。金櫻子、去刺蒂，蒸熟。女貞子、酒浸一宿，蒸熟。枸杞子蒸熟。各八兩，配地黃煉蜜為丸梧子大，每日空心，或白湯，或淡酒送下，約服八九十丸。　杞龍丸治傷勞過度，憂愁思慮，血氣有虧，心火爍肺，腎水不足，服之男子胃強脾健，女子經水得調。　黃連、酒炒一次，三兩。枸杞、酒淨六兩。石斛一斤、龍眼肉半斤、麥冬、去心，七兩。熟地一斤、當歸、酒淨，六兩。丹皮、酒淨，四兩。五味、去核，一兩。人參三兩、茯苓、乳浸，曬乾二次。續斷四兩、何首烏、黑豆九蒸九曬，二兩。女貞子、酒浸一宿，曬乾。山藥六兩。丹參四兩。先將石斛煎濃汁，又將前山藥六兩炙乾，投入石斛濃汁內，收乾再曬，配眾藥共為末，煉蜜為丸梧子大，每服百丸，空心淡酒或白湯送下，久服令人多子。

葉：　氣味：　微苦，平，無毒。

女貞之葉與凍青葉俱厚而長，綠色，面青背淡，但以葉微圓而子赤者為凍青葉，長而子黑者為女貞。

主治：　除風散血，消腫定痛，治頭目昏痛，諸惡瘡腫，胻瘡潰爛久者，以水煮乘熱貼之，頻頻換易，米醋煮亦可。口舌生瘡，舌腫脹出，搗汁含浸，吐涎時珍。

附方　風熱赤眼，方用冬青葉五斗，搗汁浸，新磚數片，五日掘坑，架磚於內，蓋之，日久生霜，刮下，入腦子少許點之。　又方：　用雅州黃連二兩，冬青葉四兩，水浸三日夜，熬成膏，收，點眼。

按：　此葉療口舌痛及口舌瘡痛神效，試之屢驗。非稟至陰而歸血海，能令陰氣上致天表，得奏和陽之功，有如是其捷歟。此先哲所以謂其起陰氣也。

清・郭章宜《本草匯》卷一六　女貞實

苦，平，氣薄味厚，陰中之陰，降

也，入足少陰、厥陰經。補中黑鬚髮，明目養精神。强陰健膝，益腎養神。時珍主强陰健腰膝者，足少陰為藏精之臟，人身之根本繫焉。根本虚，則五藏雖無病而亦不安，百疾叢生矣。《經》曰：精不足者，補之以味。蓋腎本寒，因虚則熱而軟，此藥氣味俱陰，正入腎除熱補精之要藥。腎得補，則五藏安而精神足，百疾皆去矣。

按：女貞實得少陰之精，乃上品無毒妙藥，而古方罕知用者。遇冬月寒水之令而青翠不凋，則其補腎之功，尤可推矣。然雖曰補益，偏于陰寒者也。脾胃虚家，不宜久服，恐致腹痛作泄之患耳。

酒浸一宿，擦去皮，蒸透晒乾，為末，十月上巳日收。

清・王翃《握靈本草》卷八　女貞實處處有之，泰山者最有名。俗名冬青，實非一類。其子纍纍滿樹，冬月鸜鵒喜食之者是也。　主治：女貞實，苦，平，無毒。主補中，安五臟，除百病，强陰，健腰膝，變白髮，明目。

清・汪昂《本草備要》卷三　女貞子平，補肝腎。　甘、苦而平。少陰之精，隆冬不凋。益肝腎，安五藏，强腰膝，明耳目，烏髭髮，補風虚，除百病。女貞酒蒸，曬乾，二十兩，桑椹乾十兩，旱蓮草十兩，蜜丸，治虚損百病。如四月即搗桑椹汁，七月即搗旱蓮汁和藥，不必用蜜。時珍曰：女貞子上品妙藥，古方罕用，何哉？　女貞、冬青，《本草》作二種，實一物也。冬至採佳。酒蒸用。近人放蠟蟲于此樹。

清・陳士鐸《本草新編》卷四　女貞子　味苦、甘，氣平，無毒，入腎經。黑鬚烏髮，壯筋强力，安五臟，補中氣，除百病，養精神。多服，補血去風，健身不老。近人多用之，然其力甚微，可入丸以補虚，不便入湯以滋益。與熟地、枸杞、南燭、麥冬、首烏、旱蓮草、烏芝麻、山藥、桑椹、茄花、杜仲、白术同用，真變白之神丹也。然亦為丸則驗，不可責其近功。

或問：女貞實既善黑鬚，又有諸益，自宜入湯劑中，以收其功，何以不宜乎？夫女貞子之功緩，入在湯劑中，實無關于重輕，無之不見損，有之不見益。若必欲入湯劑，非加入乙兩不可，然而過多，則又與胃不相宜。蓋女貞少用則氣平，多用則氣浮也。

女貞子，非冬青也。冬青子大，而女貞子小，冬青子長，而女貞子圓也。若用冬青更為寒涼，尤無功效，未可因《本草》言是一種，而採家園之冬青子以入藥也。

或疑女貞子為長生之藥，而子以為無足重輕，何以又譽之為變白之神丹乎？曰：余前言其有功者，附之于諸補陰藥中為丸，以變白也，後言其無足重輕者，欲單恃之作湯，難速效也。女貞子緩則有功，而速則寡效，故用之速，實不能取勝于一時；而用之緩，實能延生于永久，亦在人用之得宜耳。

清・顧靖遠《顧氏醫鏡》卷八　女貞子甘，寒。入腎經。葉長子黑者是。酒浸，蒸。　補腎，治虚損。除熱益精，腎家要品。　明目，黑鬚髮。補腎之功。（除）〔陰〕寒之品，久服腹痛作瀉。

清・李熙和《醫經允中》卷一九　女貞實　腰子樣，黑色者為女貞實，走腎經。粒圓青色者為冬青子，力次之。擦去皮，酒浸一宿，蒸透晒乾，為末用。

苦，溫，無毒。主治黑鬚髮，强筋力，補中氣，安五臟，養精神，除百病，多服補血去風，久服健身耐老。女貞實為仙家上品，得少陰之精，冬不落葉，其為益腎明矣。晒乾為末，待旱蓮草出，多取數擔，搗汁熬膏，主丸酒下。

按：女貞實純陰之品，入腎除熱，補精之要藥。但脾胃虚寒者，多服恐致腹痛作泄之虞耳。

清・馮兆張《馮氏錦囊秘錄・雜症痘疹藥性主治合參》卷四　女貞實稟天地至陰之氣，故其木淩冬不凋，又名冬青子。味苦、甘，寒，氣平，無毒。氣薄味厚，陰中之陰，降也。乃涼血益血之藥。入足少陰經。夫少陰為藏經之臟，人身之根本，虚則五臟雖無病而亦不安，百病叢生矣。《經》曰：精不足者，補之以味。蓋腎本寒，而為作强之官，虚則熱而軟，故其性欲堅，急食苦以堅之。此藥氣味俱陰，除熱補精，味苦入腎，正遂其欲堅之性耳。腎氣即實，則五臟也安，鬚髮黑而眼目明，百疾去而身肥健矣。但稟性陰盛人及脾寒作瀉者，忌服。

女貞實，照方精製，黑鬚髮，明目强筋力，補中，安五臟，除百病，養精神。多服補血去風，久服健身不老。蟲白蠟，生肌止血，定痛接骨，續筋補虚。同合歡皮煎，入長肉膏神效。【略】

按：冬青子，稟天地至陰之氣，性偏陰寒。若脾胃虚寒，久服必至腹痛作瀉。

清・张璐《本經逢原》卷三　女貞實　苦甘，微寒，無毒。其子黑者為女貞實，若紅色者即為冬青，非女貞也。　發明：女貞，少陰之精，但性稟純陰，味偏寒滑。脾胃虚人服之，往往減食作瀉。以《本經》枸骨主治誤列此味之下，後世謬認女貞有補中安五臟之功，多致誤用，滋患特甚，因表而出之。

清・浦士貞《夕庵讀本草快編》卷五　女貞《本經》、冬青　此木淩冬青翠，有貞守之義，故以貞女狀之。《琴操》載魯有處女見女貞木而作歌者即此也。蘇彥頌序云：女貞之木，一名冬青。負霜葱翠，振柯淩風。故清士欽其質，貞女慕其名。女貞乃少陰之精，子則苦平無毒，專補中而安五藏，養精神而除百疾，輕身肥健，駐顏黑髮，其功不細也。但古方及今用之甚少，何哉？蓋以其近而忽之。遵生者或作膏丸，或以釀造，無不効捷。

清·張志聰、高世栻《本草崇原》卷上 女貞實 氣味苦，平，無毒。主補中，安五臟，養精神，除百病。久服肥健，輕身不老。女貞木始出武陵山谷，今處處有之。葉似冬青，淩冬不落。五月開細青白花，結實，九月熟，紫黑色，放蟲造成白蠟者，女貞也。無蠟者，冬青也。三陽為男，三陰為女，女貞稟三陰之氣，歲寒操守，因以為名。味苦性寒，得少陰腎水之氣也。淩冬不凋，得少陰君火之氣也。作蠟堅白，得太陰肺金之氣也。結實而圓，得太陰脾土之氣也。四季常青，得厥陰肝木之氣也。女貞屬三陰而稟五臟五行之氣，故主補中，安五臟也。水之精為精，火之精為神，稟少陰水火之氣，故養精神。人身百病，不外五行，女貞備五臟五行之氣，故除百病。久服則水火相濟，五臟安和，故肥健，輕身不老。

清·姚球《本草經解要》卷三 女貞子 氣平，味苦，無毒。主補中，安五藏，養精神，除百疾。久服肥健，輕身不老。女貞子氣平，稟天秋收之金氣，入手太陰肺經。味苦無毒，得地南方之火味，入手少陰心經。氣味俱降，陰也。中者，陰之守也。五藏者，藏陰者也。女貞氣平益肺，肺為津液之化源，所以補中而藏安也。心者，神之居。肺者，水之母。入心肺而益陰，陰足氣充，氣充神旺精生，所以主養精神也。氣失其平則為病，女貞氣平益肺，肺主氣，氣得其平，百病皆除矣。人身有形之皮肉筋骨，皆屬陰者也。女貞平苦益陰，則肌肉自豐，筋骨自健也。心者，生之本，其華在面。肺者，氣之源，氣足則身輕，血華故不老也。製方：女貞同甘菊、生地、杞子、蒺藜，治目昏暗。擣汁熬膏，埋地中七日，點風熱赤眼。

清·周垣綜《頤生秘旨》卷八 女貞實 補血堅腎之藥也。性耐寒，淩霜雪不凋，如女之貞節，服之自能堅固精神，安五藏，補中，輕(氣)身延年，此皆自然之理。

清·黃元御《玉楸藥解》卷二 女貞子 味苦，氣平。入足少陰腎、足厥陰肝經。強筋健骨，秘精壯陽，補益精血，長養精神。女貞子隆冬蒼翠，非其溫暖之性，不能知是。

清·吳儀洛《本草從新》卷三 女貞子〔補陰瀉火。〕 甘，苦，涼。少陰之精，隆冬不凋。益肝腎，安五臟，強腰膝，明耳目，烏鬚髮，補風虛，除百病。女貞酒蒸曬乾二十兩，桑葚乾十兩，旱蓮草十兩，蜜丸，治虛損百病。如四月即搗桑葚汁，七月即搗旱蓮汁，和藥不必用蜜。時珍曰：女貞上品妙藥，古方罕用，何哉？純陰至靜之品，唯陰虛有火者宜之，否則腹痛作瀉。女貞、冬青，《本草》作二種，實一物也。近人放蠟蟲於此樹。冬至採佳，酒蒸。

清·汪紱《醫林纂要探源》卷三 女貞子 甘，苦，平。女貞、冬青自有二種，俗謂女貞為小葉凍青，謂冬青為大葉凍青是也。女貞子純黑而繁，冬青子黑而微赤，子亦疏散。用黑者。堅補腎水，安養陽氣。腎家專藥，有強腰膝，明耳目之功。又能黑鬚髮，蓋其物多汁，兼入血分也。

清·嚴潔等《得配本草》卷七 女貞子葉 甘、苦，涼。入足少陰經。養陰氣，平陰火。一切煩熱骨蒸，虛汗便血，目淚虛風，因火而致者，得此治之，自無不效。其能黑鬚髮，善行水，乃補腎補脾之力也。配補脾暖胃藥，不致腹痛作瀉。洗去衣皮，酒拌蒸，曬乾用。淡鹽水拌炒亦可。脾胃虛寒、腎陽不足、津液不足、內無虛熱，四者禁用。葉 微苦。除風散血，消腫定痛。擣汁，含浸舌腫脹出。

題清·徐大椿《藥性切用》卷五 女貞子 甘苦性涼，入少陰而益陰退熱，為陰虛有火，不勝膩補之良藥。退熱生用，益陰炒用。

清·楊璿《傷寒溫疫條辨》卷六補劑類 女貞子 味甘、微苦，氣平。其樹似桂，少陰之精。益肝腎，安五藏，養精神，強腰膝，補風虛，烏髮鬚。療百病，聰耳明目，久服延年。古方罕用，何哉？女貞子酒蒸二十兩，椹乾十兩，旱蓮草十兩，煉蜜丸，補腎益肝，強陰壯陽，治虛損百病。如四月搗桑椹汁，七月旱蓮汁，不必用蜜。因其樹隆冬不凋，故又謂之冬青子，亦女貞之義也，非兩種也。

附：琉球·吳繼志《質問本草》內篇卷四 女貞 木高五六尺，淩冬不凋，春開花，其實秋熟。女貞子葉茂盛，淩冬不凋，皮青肉白，五月開細花，青白色，九月熟，黑似牛李子。癸卯，潘貞蔚、石家辰。觀此種，名為女貞，其性溫，能治補血養陰，但此子長大，名為土女貞，非地道，若用酙酌。癸卯，陳太枝、高萬年。女貞子，又名冬青子。平補肝腎。用子。甲辰，周之良、鄧履仁、吳美山。

附：琉球・吴繼志《質問本草》外篇卷四 天竹菓冬青 木高丈餘，春開花，其實秋熟，其葉冬月不凋。 俗名真珠涼傘。癸卯，潘貞蔚、石家辰。 此種先生鑒為俗名真珠涼傘，中山稱之冬青天竹菓。甲辰，戴道光、戴昌蘭。 此種先生鑒為俗名真珠涼傘，中山稱之冬青樹，敢質是非。 亦有一種稱冬青者，今兹所呈乙巳帖第七十三號種是也，亦敢質。乙巳，再問潘貞蔚、石家辰，所七十三號種下別圖之。 敝邑呼之冬青樹，一種敢質。乙巳，再問陸澍。 此乃冬青子也。乙巳，陳倬為代潘貞蔚、石家辰、陸澍再查。

清・羅國綱《羅氏會約醫鏡》卷一七竹木部 女貞實味苦，性平，入胃腎二經。 稟天地至陰之氣，淩冬不凋。益肝腎，能養陰氣。解煩熱、骨蒸、虛汗、消渴，能平陰火。 安五臟，強腰膝，烏髭髮，明耳目。腎足之效。 冬至采，酒蒸用。

按：脾胃虛寒，久服作泄。

清・黄凱鈞《藥籠小品》 女貞子 冬青樹子也。純陰之品，益肝腎，陰虛有火者宜之。揉去粗皮，蜜酒拌蒸。

清・王龍《本草纂要稿・木部》 女貞實 氣味甘苦而平。養精神，安和五臟。補中氣，黑髮烏髭。強筋骨，祛風補血。除百病，久服延年。冬至日採收，故名冬青子。

清・莫樹蕃《草藥圖經》 青嵐樹 青嵐樹，即白蠟樹，有子名女貞子，不結子者名青嵐樹。二樹一樣補中，安五臟，養精神，又治虛損百病。葉微苦平，無毒。除風散血，消腫定痛，諸惡瘡腫瘡潰爛久者，以水煮，乘熱貼之，頻頻更換。米醋煮亦可。

清・張德裕《本草正義》卷上 女貞子 苦，涼。能養陰氣，平陰火，解煩熱骨蒸，止虛汗、消渴，清肝火，明目止淚。

清・楊時泰《本草述鉤元》卷二四 女貞子 一名冬青。然冬青子紅，此樹子黑，當另是一種。或云即蠟樹，寄蟲造白蠟者。

味苦、甘，氣寒。氣薄味厚，陰中之陰，降也。入足少陰經。《綱目》主強陰，健腰膝，變白髮，明目，稱為上品無毒妙藥。《典術》言女貞本少陰之精，冬不落葉，故其益腎之功可推。稟天地至陰之氣，今人用以變白輒效，應是甘寒涼血益血之藥仲淳。 女貞子氣味俱陰，為入腎除熱補精之要品，凡腎陰虛而有熱者，此為對待之劑。 同地黄、首烏、人參、麥冬、牛膝、枸杞、山藥、旱蓮草、南燭子、沒食子、桑椹、黄檗、椒紅、蓮鬚，為變白要藥。同杞子、甘菊、生地、蒺藜，能明目。烏髭鬚，女貞子一斗如法去皮，老酒浸一宿，每斗用馬料黑豆一斗，淘淨曬乾，同蒸透，九蒸九曬，各為末，加山薑即蒼术自然汁三兩，川椒淨末三兩，於女貞末内同黑豆末和勻，蜜丸梧子大，先食服四五錢，白湯或酒吞。 又方：采鮮鱧腸草二三十斤，搗汁，入九蒸九曬過女貞子末，再曬乾為丸亦得。 但服之腹痛作泄，不若山薑汁、椒末為佳，更服八珍丸以實根本，或用川椒末和女貞子末，等分為丸，腹即不痛。 蓋女貞補血海純陰，有川椒從天表之陽，直入命門而補元陽，即能令元陰有主得以施化，此亦不必九蒸九曬也。 繆氏更定涼血理脾方，何首烏烏豆同牛膝蒸製如法，後用人乳浸曬三四十次，赤白各二斤。 女貞子、酒拌，九蒸九曬，二斤。 旱蓮草膏十二兩、南燭子膏十二兩、茅术、泔浸，蒸曬三次，去皮切十二兩。 真川椒紅、去白膜閉口者，十二兩。 沒石子十兩，為末，以旱蓮、烏飯子二膏，同煉蜜和丸梧子大，每空心飢時，各服五錢，白湯吞。 加減地黄丸，治男子天元受傷，精氣耗損，胃虛勞熱，骨體空虛，腎衰陽痿，精洩不施，或生而不育。 久服愈百病，長精神，有生生廣嗣之妙，大生地一斤灑浸。 柳木甑蒸爛，攤開竹篩内，日曬，夜收地上，如是蒸曬九次，聽用，白茯苓、懷山藥、乳浸曬乾三次。 丹皮、酒浸一宿曬乾。 山萸肉、雄羊油炙。 何首烏、同黑豆九蒸九曬。 枸杞子蒸熟、金櫻子蒸熟、女貞子酒浸一宿蒸熟。 各八兩，配地黄煉蜜，為丸梧子大，每日空心，用白湯或淡酒下八九十丸。 杞龍丸：治勞傷過度，憂愁思慮，心火爍肺，腎水不足，服之能健男子脾胃，調女子經水。 枸杞子、酒潤六兩。 龍眼肉半斤、熟地一斤、當歸、酒淨六兩。 人參三兩、麥冬七兩、五味子、去核一兩。 丹參四兩、茯苓、乳浸曬乾，二次，四兩。 懷山藥六兩、何首烏、黑豆九蒸九曬，二兩。 續斷四兩。 女貞子、酒浸一宿曬乾，六兩。 丹皮、酒淨四兩。 黄連、酒炒一次三兩。 石斛一斤，先將石斛煎濃汁，又將山藥焙，投入石斛汁内，收乾再曬，配眾藥末，煉蜜丸梧子大，每服百丸，空心，淡酒或白湯下，久服令人多子。

論：人身有陰中之氣，有陰中之血，益陰諸味，從陰氣盛而化血者，與陰血盛而和氣者，不可一例視。 女貞子入血海益血而和氣以上榮，故其效於髭鬚更著，他味雖如側柏之淩冬，與女貞同益陰血，而用固迥殊。 蓋萬物向陽，柏獨西指，乃受金之正氣者也。 惟宜於吐血諸證，以堅金之氣，因母護子，使不為淫火所爍。 若女貞則負至陰之貞，由腎至肺，并以淫精於上下，不獨髭鬚為然，即廣嗣方中多用之。又石菖蒲亦秉至陰，四序長清，然苦辛開心和血而帥氣，更不同於女貞實之用也。夫人知陽為陰先，不知陰氣之盛者，更由於陰血之足，陰血足而後陰氣乃得上榮於唇口，以陽原出陰中，陰中之陽，即所謂陰氣也。《經》曰：至陰虛，天氣絕。此即血脫者，不能致其陰氣於天表之明證。再衝脈之上俞在大抒，大抒者足太陽穴也，下俞在巨虛之上下廉，此胃穴也，先天之氣與後天之氣合，而後陰血充，以上下行，故烏鬚者用此，必兼理脾胃。

清·鄒澍《本經續疏》卷三 女貞實 【略】或謂《本經》於女貞實既謂中虛可補，五藏可安，精神可養矣。更謂百疾可除，似近誇誕。試於凡中之虛，五藏之不安，精神之失養，百疾之不可名狀者，咸不究而投之，鮮不敗事，又何能冀其有功？予則謂不揣本而齊末，即目之為誇誕也亦何不可？夫女貞之放蠟蟲也，唯恐蟲不在樹，甚且樹下不得有寸草，有則蟲居草間，不肯復上，須棲止葉底，偏樹周行而嚙其皮，咂其脂液，乃得生花剔蠟以為用。設使他樹遭此蠹蝕，不及一載，定致枯槁。惟女貞則能經三年，祇須停放三年，又復如故，且其所成之蠟，遇火遂爇。蓋燭不淋，而其光之清，迥非他膏他脂能及。則所用之實，全具此理，不即可尋思其功用乎？自春夏秋當生之會，乃常蝕肌吮血，身無完膚，仍不廢開花結實，至嚴寒飆烈，他草木剝落無餘，猶獨逞翠揚華，挺然繁秀。是所補之中，必被火氣剝蝕之中；所安之五藏，必被熱氣騷擾之五藏；所養之精神，必氣被火耗，不能化育之精神；而所除之百疾，必火熱遊行無定，或內或外，或上或下，變幻無方之百疾。夫相火之下，陰精承之。故凡火之病人，賴有陰精相應，以為康復之階，苟所病不止一處，則陰精雖欲應而不能偏及，於是得之東又失之西，向乎南又遺夫北。蘇長公云：使人左手運斤，右手執削，目數飛鴻，耳節鳴鼓，首肯旁人，足識梯級，雖大智有所不暇。及夫燕坐心念凝默，湛然朗照，縱物無不接，接則有道以禦之。而女者，如也《大戴記·本命》，貞者，定也，精定不動惑也《釋名·釋言語》。定於中而不動惑於外，猶之湛然朗照之中，自有道以禦夫物，任物之奔馳變幻，而無容心焉。則所耗遂不能敵其所生，病雖百變不能為人大害，是之謂補中，安五藏，養精神，何誇誕之有哉？自於精而言，則當日之剝削不能礙今日之充盈。自於火而言，則今日之充盈，正以供他時之朗照。女貞實全體大綱，具於是矣。

清·葉桂《本草再新》卷四 女貞子味甘，苦，性微涼，無毒。入肝、肺、腎三經。養陰益腎，補氣舒肝，治腰腿疼，通經和血。

清·吳其濬《植物名實圖考》卷三三 女貞 《本經》上品。今俗通呼冬青。李時珍以實紫黑者為女貞，實紅者為冬青，極確。湖南通謂之蠟樹，放蠟之利甚溥。又有小蠟樹，枝葉花實皆同，而高不過四五尺。《救荒本草》：凍青芽葉可食，即此。

清·趙其光《本草求原》卷九灌木部 女貞子 苦甘而平，得少陰之精，隆冬不凋；色赤黑，除腎熱，益精血，以上滋心肺。側柏亦不凋，而葉西指，故堅金及腎以降火。此則由腎至肺，以淫精於上下。安五臟，純陰之味。強腰膝，起陰氣，陰充則陽和。明目，精足則肝血旺，氣平則肝火有制。同杞、地、菊、沙苑。烏鬚，任脈起會陰，交承漿，與衝脈俱絡唇口，衝任血少，則陰血中之氣不上榮，而鬚變白。故婦人無鬚者，衝任氣盛血少，宗筋不成也。宦者去其宗筋，傷其衝脈，亦無鬚也。但先後二天氣合，而後血充，而行於上下。此味陰寒，須黑豆、膠九蒸曬，合脾胃藥及川椒、山薑汁之類，乃無腹痛作泄之患。或再加首烏，以旱蓮膏為丸。除虛勞百病。

酒蒸曬，同杞子、桑椹、熟地、淮、苓、丹、萸、首烏、金櫻、旱蓮，治精損胃弱，虛勞骨蒸，陽萎，固精種子；或合參、苓、淮、連、斛、冬、味、地、歸、丹、杞、續、丹參、圓肉，補水制火以保肺，能調經種子。

葉：治風熱赤眼，同雅連熬膏點眼，或取汁，浸新磚五日，埋地下，日久生霜刮下，同冰片少許點之。口舌腫痛生瘡，搗汁含。惡瘡潰爛。水或醋煮，乘熱頻貼。葉微圓，子赤，為冬青；葉長，子黑，為女貞。二者功用同，冬至取，酒蒸用。

清·葉志詵《神農本草經贊》卷一 女貞實 味苦，平。主補中，安五藏，養精神，除百疾，久服肥健。輕身不老。生山谷。

貞固稱名，凍青類族。德育陰精，質森剛木。蠟放花凝，鴿來果熟。珠貫纍纍，牛李同馥。

《易》：貞固足以幹事，又其稱名也，雜而不越。李時珍曰：凍青，女貞別種。《易》：君子以類族，辨物典術，女貞木者，少陰之精。《說文》：楨，剛木也。李時珍曰：近時以放蠟蟲，呼為蠟樹。《群芳譜》：凡采蠟樹上如凝霜，謂之蠟花。李時珍曰：女貞實，鸜鵒喜食之，纍纍滿樹，黑似牛李子。

清·文晟《新編六書》卷六《藥性摘錄》 冬青子 補肝強筋，補腎健骨。

女貞子：　補腎水，滑腸胃。泄瀉勿用。

清・張仁錫《藥性蒙求・木部》　女貞三錢　女貞甘苦，降火滋陰。補肝明目，黑髮強筋。甘苦而涼。一名冬青子。惟陰虛有火者宜之，否則腹痛作瀉。○酒蒸。○張路玉云：　黑者為女貞，紅色為冬青子。

清・劉善述、劉士季《草木便方》卷二木部　白蠟樹　白蠟葉皮味苦平，除風散血止痛靈。湯火惡瘡久爛貼，口舌瘡腫搗汁噙。子名女貞。

清・戴葆元《本草綱目易知錄》卷四　女貞子　苦溫而平。少陰之精，隆冬不凋，故能益腎強陰。補中明目，安五臟，養精神，健腰膝，除百病，烏髭髮，久服肥健，輕身不老。【略】

葉：　苦，平。除風散血，消腫定痛。治頭目昏痛，諸惡瘡腫胻瘡潰爛，日久者，水煎，乘熱貼，頻換瘥，醋煮亦可。口舌生瘡，及舌腫脹出，搗汁含浸，吐涎。葆驗：　治胻骨瘡爛，貧苦居鄉落，痒極浸淫，經年不愈。女貞葉，約百餘片，入白糖、白蠟各一兩，仝煮二時，和汁瓶盛。先以銀花葉、蜂房煎洗，拭乾貼，日換漸愈。

清・黃光霽《本草衍句》　女貞子苦，平。　少陰之精，隆冬不凋。　堅補腎水，腎家耑藥。　益肝腎，養精神。安五臟，健腰膝。補百病之風虛，變白髮而為黑。

清・陳其瑞《本草撮要》卷二　女貞子　味甘苦而平，入足少陰經，功專益肝腎，安五臟，強腰膝，明耳目。得旱蓮草、桑葚治虛損百病。惟陰虛者宜之，否則腹痛作瀉。冬至采佳，搗汁熬膏，淨瓶收固，埋地中七日，以之點風火赤眼神效。即冬青子也。葉苦平，除風散血消腫，治頭痛目昏諸惡瘡腫，以水煮葉，湯貼胻瘡潰爛神效。

清・仲昴庭《本草崇原集說》卷一　女貞實　【略】〔批〕此名女貞，不是冬青，冬青一名凍青，葉微圓，子赤色。蟲不造蠟，功用亦殊，世(谷)〔俗〕往往混用。

清・周巖《本草思辨錄》卷四　女貞實　《本經》女貞主治，張石頑謂咸指枸骨，諸家誤列於此。觀鄒氏之疏，則知張氏實誤矣。女貞當春夏秋生長之會，被蠟蟲蝕肌吮血，身無完膚，仍不廢開花結實，而其所成之蠟，非他膏脂可及。是故中之所以補，五臟之所以安，精神之所以養，百疾之所以除，皆人於熱氣耗敗之餘之大效，非《本經》無端加以隆譽。然則用女貞者，當知苦平，非溫補之品，而功與溫補埒者，其故自有在矣。

凍青樹

明・朱橚《救荒本草》卷下之前　凍青樹　生密縣山谷間。樹高丈許，枝葉似枸骨子樹，而極茂盛，淩冬不凋。又似樝音祖子樹葉而小，亦似穉芽葉微窄，頭頗團而不尖，開白花，結子如豆粒大，青黑色。葉味苦。　救飢：採芽葉煠熟，水浸去苦味，淘洗淨，油鹽調食。

明・鮑山《野菜博錄》卷三　凍青樹　枝葉似桂，樹極茂盛，淩冬不凋。開白花，結子如豆粒大，青黑色。葉味苦。　食法：　採芽葉煠熟，水浸去苦味，淘淨，油鹽調食。

明・倪朱謨《本草彙言》卷一〇　凍青子木皮同　味苦、微甘，無毒。陽中之陰，降也。入足厥陰經。

李氏曰：　凍青，亦女貞實之別種也，南北諸山野及平澤俱有之。以葉微圓而子黑者爲凍青，葉稍長而子赤者爲女貞。按《救荒本草》言：　凍青樹高丈許，似枸骨子而極茂盛，葉似樝子樹而小，微窄而頗圓。五月開細白花，結子如豆大，生青熟黑。

凍青子：　去風虛，陳藏器皮膚痛癢之藥也。桂汝薪稿曝乾鹽酒浸一夜，九蒸九曬，每日空心酒吞百粒，善消痔瘡。與枸杞子各等分，浸酒飲，大益老人。

葉：　蘇頌搗汁，灌誤中砒毒，吐出立解。燒灰入胡粉，去面上瘢痕，幷雀斑甚驗。

烏鬚明目丸：　用女貞實一斤，槐角子八兩，何首烏二斤，切碎。桑葉曬乾揉碎、蒼朮各一斤，烏飯子二斤。六味總和，蜜四兩，酒六壺，入藥浸三日，曬乾，再浸再曬，以酒乾上甑，蒸一日，再曬乾，微炒，磨爲細末聽用。茯苓一斤、乳拌曬乾、炒，牛膝、山茱萸肉、人參三味，各十二兩，俱酒洗微炒，磨爲細末聽用。懷生地、麥門冬去心，各二斤，酒煮搗膏，和入前九味末子內，搗勻，再加煉蜜少許，再搗三百下，丸如梧桐子大。每早午晚，各食前服一次，每次服三錢，白湯送下。如脾胃不實者，去槐角子。○治思慮傷脾，憂愁損志，遇事多忘，或怔忡不寧，驚悸不寐，發熱盜汗，嗜臥少食。用茯苓、酸棗仁、人參、白朮、黃耆、當歸。

小蠟樹

清・吴其濬《植物名實圖考》卷三七　小蠟樹　湖南山阜多有之。高五六尺，莖葉花俱似女貞而小，結小青實甚繁。湖南產蠟，有魚蠟、水蠟二種：魚蠟樹小葉細，水蠟樹高葉肥。水蠟樹即女貞，此即魚蠟也。或又謂水冬青葉細嫩，與冬青無大異，可放蠟。此是就人家種蒔之樹與野生者而言，亦強為分別耳。《宋氏雜部》所云，水冬青葉細，利於養蠟子，亦即指此。李時珍謂有水蠟樹，葉微似榆，亦可放蟲生蠟。與此異種。

稘芽樹

明・朱橚《救荒本草》卷下之前　稘芽樹上音冗　生輝縣山野中。科條似槐條，葉似冬青葉微長，開白花，結青白子。其葉味甜。　救飢：採嫩葉煠熟，水淘淨，油鹽調食。

丁香花

清・吴其濬《植物名實圖考》卷二六　丁香花　《山堂肆考》：江南人謂丁香為百結花。《草花譜》：紫丁香，花如細小丁香而瓣柔，色紫，蓓蕾而生。

按丁香北地極多，樹高丈餘，葉如茉莉而色深綠，二月開小喇叭花，有紫、白兩種，百十朵攢簇，白者香清，花罷結實如連翹。

冬青

明・李時珍《本草綱目》卷三六木部・灌木類　冬青《綱目》。校正：原附女貞下，今分出。

【釋名】凍青藏器曰：冬月青翠，故名冬青。江東人呼為凍青。　【集解】藏器曰：冬青木肌白，有文，作象齒笏。其葉堪染緋。李邕云：冬青出五臺山，葉似椿，子赤如郁李，微酸，性熱。與此小異，當是兩種冬青。時珍曰：凍青亦女貞別種也，山中時有之。但以葉微團而子赤者爲凍青，葉長而子黑者爲女貞。按《救荒本草》云：凍青樹高丈許，樹似枸骨子樹而極茂盛。又葉似櫨子樹葉而小，亦似椿葉微窄，而頭頗圓不尖。五月開細白花，結子如豆大，紅色。其嫩芽煠熟，水浸去(有)(苦)味，淘洗，五味調之可食。

子及木皮　【氣味】甘，苦，涼，無毒。　【主治】浸酒，去風虛，補益肌膚，皮之功同藏器。

葉　【主治】燒灰，入面膏，治皸瘃，滅瘢痕，殊效蘇頌。

【附方】新一。　痔瘡：冬至日取凍青樹子，鹽酒浸一夜，九蒸九晒，瓶收。每日空心酒吞七十粒，卧時再服。《集簡方》。

明・姚可成《食物本草・救荒野譜補遺・木類》　冬青食葉。采嫩葉，水浸去苦味，汋熟食之，可以濟荒。

采冬青，采冬青，眼前景物何凋零。人流亡兮戶多扃，入其室兮闃空庭。

明・姚可成《食物本草》卷二〇木部・灌木類　冬青冬月青翠，故名冬青。江東人呼為凍青。肌白有文作象齒笏，其葉堪染緋。李邕云：冬青出五臺山，似椿子，赤如郁李，微酸性熱。與此小異，當是兩種冬青。〇李時珍曰：凍青，亦女貞別種也，山中時有之。但以葉微團而子赤者為凍青，葉長而子黑者為女貞。按《救荒本草》云：凍青樹高丈許，樹似枸骨子樹而極茂盛。又葉似櫨子樹葉而小，亦似椿葉微窄而頭頗圓，不尖。五月開細白花，結子如荳大，紅色。其嫩芽熯熟，水浸去(有)(苦)味，淘洗，五味調之可食。

冬青子及木皮　味甘、苦，涼，無毒。浸酒去風虛，補益肌膚。皮之功同。

葉　燒入面膏。治瘴瘃，滅瘢痕，殊効。

明・顧逢柏《分部本草妙用》卷五腎部・温補　冬青子　苦，温，無毒。主治：補中，安五臟，養精神，除百病，久服不老，強陰補腎。按：女貞實為仙家上品，得少陰之精，故冬不落葉，其為益腎也明矣。丹溪云：冬青子酒浸一日夜，布袋擦去皮，晒乾為末，待旱蓮草出，多取數石，搗汁熬濃，和丸酒下。

清・黃宮繡《本草求真》卷一　冬青冬青子補肝強筋，補腎健骨。女貞子補腎水，滑腸胃。枸骨子補腰膝，理失血。　冬青耑入肝腎。女貞枸骨，載之本草，已屬不同，如冬青即今俗呼凍青樹者。女貞即今俗呼蠟樹者。枸骨即今俗呼貓兒刺者。冬青、女貞，花繁子盛，纍纍滿樹，冬月鸜鴿喜食，木肌皆白。葉厚而柔長，綠色面青背淡，形色相似，但女貞則葉長四五寸，子黑色。冬青則葉微團，子紅色之為異耳。今人不知女貞即屬蠟樹，僅以女貞茂盛呼為冬青，致令兩物同名枸骨樹。若女貞肌白葉長，青翠而厚，葉有五刺，子若冬青緋紅，以致混將是物亦列女貞項下。究之三物合論，在冬青苦甘而涼，諸書雖言補肝強筋，補腎健骨《簡集方》：冬至日取凍青樹子，鹽酒浸一夜，九蒸九晒，瓶收，每日空心酒吞七十粒，臥時再服。而補仍兼有清。女貞氣味苦平，按書稱為補虛上品，可以滋水黑髮。如古方之用旱蓮草、桑椹子同入，以治虛損，然亦須審脾氣堅厚，稍涉虛寒，必致作泄。枸骨氣味苦平，按書有言能補腰膝，及治勞傷失血。用枸骨數觔，去刺，入紅棗二三觔，熬膏蜜收。亦是補水培精之味，但性多陰不燥。用以陰虛則宜，而於陽虛有礙，枝葉可以淋汁煎膏，以塗白癜風。脂亦可以為黐粘雀。三藥氣味不同，至就其子紅黑以推，大約色紅則能入肝補血，色黑則能入腎滋水，色紅則能入血理血，故於失血、血瘀有效，色黑則能補精化血，故於烏鬚黑髮有功。然色紅而潤，其性陰，兼有陽，色黑而潤，其性純陰不雜。故書有言，女貞補中安臟，而又議其陰寒至極。凡此似同而異，在人平昔細為考核，免至臨岐亡羊耳！冬日採佳，酒浸蒸潤晒乾用。

清・楊時泰《本草述鉤元》卷二四　冬青葉　女貞葉與冬青葉，俱厚而長，綠色，面青背淡，但以葉長而子黑者為女貞，葉微圓而子赤者為冬青。味微苦，氣平。主治除風散血，消腫定痛，治頭目昏痛，諸惡瘡腫。胻瘡潰爛久者，以水煮葉，乘熱貼之，頻頻換易，米醋煮亦可。口舌生瘡，或舌腫脹痛，取葉搗汁，含浸吐涎，神效。按此葉稟至陰而歸血海，能令陰氣上致天表，奏和陽之功。風熱赤眼，冬青葉五斗搗汁，浸新磚數片，五日，掘坑架磚於內，蓋之，日久生霜，刮下，入片腦少許點之。又方：用雅州黃連二兩，冬青葉四兩，水浸三日夜，熬成膏，收點眼。

清・吳其濬《植物名實圖考》卷三五　冬青　宋《圖經》女貞下載之。《本草綱目》始別出。葉微團，子紅色，俗以接木樨花者，亦可放蠟。

清・劉善述、劉士季《草木便方》卷二木部　凍青　青皮葉子皮苦甘，肌膚瘙痒洗風丹。補益風虛浸酒飲，煅擦癉瘃滅痕瘢。青皮樹。

風膏藥

清・趙學敏《本草綱目拾遺》卷三草部上　風膏藥

《桂海草木志》：葉如冬青。《粵志》：肇慶七星巖產風藥，叢生石罅，其葉圓厚，和酒嚼之，治風疾。一曰風草，一曰風菜。諺云：風病須風菜，即此。

按：《福寧府志》風藤草，一名山膏藥。治風愈瘡，或即此歟。

治太陽頭疼，目昏眩。

秤星根

明・佚名氏《醫方藥性・草藥便覽》　秤星根　其性苦。治飛瘍之毒。去翳，去風。

崗梅根

清・何諫《生草藥性備要》卷上　岡梅根　殺癥，理跌打損傷如神。又名槽樓星。

枸骨

明・李時珍《本草綱目》卷三六木部・灌木類　枸骨《綱目》。校正：原附女貞下，今分出。

【釋名】猫兒刺藏器曰：此木肌白，如狗之骨。時珍曰：葉有五刺，如猫之形，故名。又衛矛亦名枸骨，與此同名。【集解】藏器曰：枸骨樹如杜仲。《詩》云南山有枸是也。陸璣《詩疏》云：山木也。其狀如櫨，木理白滑，可爲函板。有木䖟在葉中，卷之如子，羽化爲䖟。頌曰：多生江浙間。南人取以旋盒器甚佳。時珍曰：狗骨樹如女貞，肌理甚白。葉長二三寸，青翠而厚硬，有五刺角，四時不凋。五月開細白花。結實如女貞及菝葜子，九月熟時，緋紅色，皮薄味甘，核有四瓣。人采其木皮煎膏，以粘鳥雀，謂之粘黐。

木皮　【氣味】微苦，涼，無毒。【主治】浸酒，補腰脚令健藏器。

枝葉　【氣味】同皮。【主治】燒灰淋汁或煎膏，塗白癜風藏器。

明・陳楚良《武林陳氏家傳仙方佛法靈壽丹》　青黏、樞、極：青言其葉之色也，黏謂煮其汁可和膠以黏物也。子赤者名朱樞，取其木為定方之針盤，可知真午向，故能補心。子黑者名玄極，為定方針之外盤，可知真子向，故能補腎補膽也。其葉深青光澤，淩冬不凋，能補肝膽。葉有數角，角尖有刺甚銳，人取其茂枝以覆食，鼠畏刺而不敢犯者是也。根皮色黃，能補脾；根肉色白，能補肺。刮取枝幹根皮和葉煮汁和作膠，能生擒諸鳥，故華佗名此為青黏也。人之魂藏於肝，如鳥棲於木，木茂則鳥安，木疏則鳥驚。肝盛則魂妥，肝衰則魂游。游而不返，人即死矣。老人肝衰，陽魂未即飛去，賴胃中水穀之陰以維繫之耳。古人用藥以意，意之所至，藥力從之。如魚網治鯁，敗扇止汗，此類非一，皆意之巧也。故曰醫者意也。樊阿服青黏漆葉糝五百餘歲，甚健者，其意豈無可言呼？黏猶膠也，以膠投漆，固結不可解矣。藏肝之魂，猶棲木之鳥也。鳥制於膠漆則不能飛，魂制於膠漆則不能游也。阿所服乃彭城山中產者。秋視其子之赤、黑，各併其根幹枝葉採之，以鐵刀刮其枝幹上之皮，同其子葉入石臼打碎，焙乾為末。又以其根幹之去皮者切片，用長流水入砂釜中煎汁數次，為膏以和丸。杭、紹之人呼此根為十大功勞，謂其能補精益髓，堅骨壯筋，止吐血，治勞嗽，除盜汗，絕夢遺，健足力，多子嗣，久服聰耳明目，長生不老。樊阿以漆葉青黏葉共為細末，長流水調服之。此方不用漆葉者何哉？漆乃檀桓之所惡也。青黏之根一名黃芝，言其皮色黃而功與芝同也。又名地節，言其根極長而入土至深，將盡地之厚以為節也。

明·佚名氏《醫方藥性·草藥便覽》 狗骨仔 其性□，治骨底飛瘍。

明·倪朱謨《本草彙言》卷一〇 枸骨刺 味苦，氣凉，無毒。氣味俱陰。入足厥陰、少陰經。 李氏曰：枸骨，多生江浙間。《詩》言南山有枸是也。樹如女貞，又如櫨木，肌理甚白。葉長二三寸，青翠而厚硬，有五刺角，四時不凋。五月開細白花，結實如女貞及菝葜子。九月熟時紅色，皮薄味甘，核有四瓣。采其木皮煎膏，以粘鳥雀，謂之黐膠。取其木作盤盒器皿，甚佳。

枸骨刺：去風濕，活血氣，利筋骨，孫思邈健腰脚之藥也。周志含抄繆氏曰：蓋肝爲風木之位，藏血之藏也。血虛則發熱，熱甚則生風。此劑苦寒，能凉血清熱，故宜主之。其活血氣，利筋骨，健腰膝者，腰爲腎之府，腎乃作强之官也，腎虛則濕熱乘之，而筋骨不利，腰膝痿弱；味苦入腎，正遂其欲堅之性耳。風濕熱去，而血氣利，筋骨强，腰膝自健矣。如脾胃虛寒作泄，及陽虛陰痿者，忌之。

集方：楊氏《簡便方》治痰火久不愈。用枸骨刺、葉煮汁飲，極驗。蓋痰火未有不因陰虛火炎，上爍乎肺，煎熬津液而成。此藥直入足少陰經，補養陰氣，則痰火自消，如釜底抽薪之意也。兼能散風毒惡瘡。昔老妓患楊梅結毒二十年者，單服此藥，煮湯作茶飲一年，瘡愈而顏色轉，筋骨强健，皆假其清熱凉血之功耳。〇陳氏家抄治婦人血氣阻痛，及産後惡血、積血、血塊、兒枕、諸血蓄聚證。用枸骨、紅花、玄胡索各一兩，當歸、川芎、白芍各八錢，俱用酒拌炒，研爲末。每服五錢，空心白湯調下。〇治一切風濕，腰脚不利。用枸骨刺、枸杞子、五加皮、牛膝、木瓜、當歸各等分，浸酒飲。

明·蔣儀《藥鏡》卷四寒部 八角茶 入肝而凉血熱，煎其枝葉，白癜風除。入腎而清〔虛〕熱，剝皮浸酒，腰膝自强。所稱平陰虛之痰火，而肺免炎熬。消楊梅之結毒，而容顏復舊者，必須揀□□刺，蜜塗蒸晒，服之經久，費鮮功多。

清·劉雲密《本草述》卷二四 枸骨一名貓兒刺。葉有五刺，如貓之形，故名。 藏器曰：《詩》云：南山有枸。陸璣《詩疏》云：枸骨，山木也。枸音舉，枳枸樹高大，有云其子最能解酒毒，名枝矩子，亦引《詩》云為證。然所云子長數寸，似與瀕湖之說不合也。竊恐枸骨又是一種，原非南山之枸也。 頌曰：多生江浙間。 時珍曰：枸骨樹如女貞，肌理甚白，葉長二三寸，青翠而厚硬，有五刺角，四時不凋，五月開細白花，結實如女貞及菝葜子，九月熟時緋紅色，皮薄味甘，核有四瓣，人采其木皮煎膏以粘鳥雀，謂之粘黐。

木皮：氣味：微苦，凉，無毒。 主治：浸酒，補腰脚令健藏器。

枝葉：氣味同皮。 主治：燒灰淋汁，或煎膏，塗白癜風藏器。 希雍曰：察其主治，應是入肝腎二經之藥。秘方取其葉煮飲，治痰火甚驗。蓋痰火未有不因陰虛火炎，上爍乎肺，煎熬津液而成，此藥直入足少陰經，補養陰氣，則痰火自消，如釜底抽薪之意也。兼能散風毒惡瘡，昔有老妓患楊梅結毒，已三十年，有道人教以單服此藥，瘡愈而顏色轉少。皆假其清熱凉血之功耳。

清·李熙和《醫經允中》卷二〇 鳥不棲草 木本，即毛籬籮。結紅子者為母，葉不用；取不結子者為公，葉入藥用。 甘，寒，無毒。主治痰治勞，益血生精神効，冬夏長青，惡鳥、毒蛇不敢相侵，故稱仙草。 脾胃虛寒者不可服。

清·张璐《本經逢原》卷三 枸骨一名貓兒刺，俗名十大功勞。 微苦、甘，平，無毒。 《本經》補中安五藏，養精神，除百病。久服肥健，輕身不老。 發明：枸骨，《本經》、諸家本草皆誤列女貞條下。味苦甘平，有補中安五藏、養精神、除百病、久服肥健輕身不老之功，皆指枸骨而言。女貞至陰之物，安有如上等治乎。其木嚴冬不凋，葉生五刺，其子正赤。允為活血散瘀、堅强筋骨之專藥，又為填補髓藏，固斂精血之要品，僅見《丹方》，不入湯丸。古方惟浸酒補腰腳令健。枝葉燒灰淋汁，或煎膏塗白癜風。今方士每用數觔去刺，入紅棗二三觔熬膏蜜收，治勞傷失血、痿軟，往往獲效，以其能調養血氣而無傷中之患也。其脂為黐，以粘禽鳥，其能滋培精血可知。

清·王道純《本草品彙精要續集》卷一〇 枸骨無毒

枸骨《本草綱目》：木皮主浸酒，補腰腳令健陳藏器。枝葉，主燒灰淋汁，或煎膏，塗白癜風陳藏器。 〔名〕貓兒刺。陳藏器曰：此木肌白如枸之骨。李時珍曰：葉有五刺，如貓之形，故名。又衛矛，亦名枸骨，與此同名。 〔地〕蘇頌曰：多生江浙間，取以鏇盒器，甚佳。 〔質〕陸璣《詩疏》云：枸骨，山木也。其狀如櫨木，理白滑，可爲函板，有木虻在葉中，卷之如子，羽化爲虻。李時珍曰：枸骨樹，如女貞，肌理甚白，葉長二三寸，青翠而厚硬，有五刺角，四時不凋，結實如女貞及菝葜子。皮薄味甘，核有四瓣，人採其木皮，煎膏以粘鳥雀，謂之粘𥻗。【時】五月開細白花，九月成熟。【色】緋紅色。【味】微苦。【性】涼。

清・吳儀洛《本草從新》卷三　狗骨（補陰）即貓兒刺。甘，微苦，涼。益肝腎，用木皮浸酒服，補腰脚令健。生津止渴，用葉代茶甚妙。祛風。用枝、葉燒灰淋汁或煎膏，塗白癜風。有刺，俗名老鼠刺，又名八角茶。藏器曰：此木肌白如狗之骨，樹如杜仲，《詩》云南山有枸是也。陸璣《詩疏》云：其狀如櫨，木理白滑，可為函板。有木虻在葉中，卷之如子，羽化為虻。蘇頌曰：多生江浙間，取以旋盒器甚佳。時珍曰：葉有五刺，如貓之形，故名。樹如女貞，肌理甚白，葉長二三寸，青翠而厚硬，四時不凋，五月開細白花，結實如女貞及菝葜子，九月熟時緋紅色，皮薄味甘，核有四瓣。人採其木皮煎膏以塗鳥雀，謂之粘𥻗。

題清・徐大椿《藥性切用》卷五　狗骨　即貓兒刺，俗名老鼠刺，又名八角茶。甘微苦涼，入肝腎而益□祛風。狗骨皮浸酒，令人腰脚健。

清・趙學敏《本草綱目拾遺》卷六木部　角刺茶　出徽州，土人二三月採茶時，兼採十大功勞葉，俗名老鼠刺，葉曰苦丁，和勻同炒焙成茶，貨與尼菴，轉售富家婦女，云婦人服之，終身不孕，為斷產第一妙藥也，每斤銀八錢。味甘苦極香，兼能逐風活血。絕孕如神。

清・楊時泰《本草述鉤元》卷二四　枸骨　一名貓兒刺。葉有五刺如貓形。多生江浙間，樹如女貞，肌理甚白，葉長二三寸，青翠厚硬，有五刺角，四時不凋。采其木皮煎膏，以黏鳥雀，謂之黐膏。

木皮：味微苦，氣涼。浸酒補腰脚令健藏器。

枝葉：氣味同皮。應入肝腎二經。燒灰淋汁，或煎膏，塗白癜風藏器。取其葉煮飲，治痰火甚驗。按痰火未有不由陰虛火炎，上爍乎肺，煎熬津液而成者，此藥直入足少陰補養陰氣。其消痰火也，如釜底抽薪然。能散風毒惡瘡。昔有老妓，有結毒已三十年，有道人教以單服此藥，瘡愈而色亦轉少。皆假其清熱涼血之功也。

清・吳其濬《植物名實圖考》卷三五　枸骨　宋《圖經》女貞下載之。《本草綱目》始別出，即俗呼貓兒刺。

清・文晟《新編六書》卷六《藥性摘錄》　枸骨子　補腰膝，理失血。俱冬日采佳。色紅者入肝，補血。色黑者入腎，滋水。酒浸，蒸潤，曬乾用。

清・陸以湉《冷廬醫話》卷五　藥品　周乙藜嘗患偏體發細瘰甚痒，以枸骨葉煎湯代茶服之獲痊。按：枸骨，一名貓兒刺，俗名十大功勞，味苦甘平，葉生五刺，九月結子，色正赤。《本草彙言》稱其去風濕，活血氣，利筋骨，健腰脚。《本經逢原》稱其活血散瘀，又能填補體藏，固斂精血，今方士每用數觔去刺，入紅棗二三觔，熬膏蜜收，治勞傷失血痿軟，往往獲效，似其能調養氣血，而無傷中之寒也。蓋其功用至宏，而醫者概不以入湯劑，屈此良藥矣。

鬧狗子

清・吳其濬《植物名實圖考》卷三八　鬧狗子　江西南昌多有之。枝幹與狗骨無異，花實亦同，惟葉作方棱無刺；臘時折置花尊，紅珠的皪。或云狗食其子即斃。

苦丁茶

清・汪紱《醫林纂要探源》卷三　苦丁茶　苦，甘，大寒。治天行狂熱。

清・葉桂《本草再新》卷二　苦丁茶味苦，甘，性寒，無毒。入脾、肺二經。消食化痰，除煩止渴，利二便。去油膩，味苦而厚，故能去膩。清頭目。

清・戴葆元《本草綱目易知錄》卷四　苦丁茶　苦，甘，大寒。治天行熱狂。《醫林纂要》。葆按：苦丁茶，苦能瀉熱，甘不傷胃，治頭目風眩。

白江木

附：琉球・吳繼志《質問本草》外篇卷四　白江木水冬青　辛丑之冬清舶漂到，採此種問之。白江木。鄭茂慶。

衛矛

宋・李昉《太平御覽》卷第九九三　鬼箭　《廣雅》曰：鬼箭，神箭也。《本草經》曰：衛矛，一名鬼箭。味苦，寒。生山谷。治女子崩中下血，腹滿汗出，除邪，殺鬼毒。生霍山。《吳氏本草經》曰：鬼箭，一名衛（與〔矛〕）。神農、黃帝、桐君：苦，無毒。葉如桃，如羽，正月、二月、七月採，陰乾。或生野田。

宋・唐慎微《證類本草》卷一三木部中品（《本經・別錄》）　衛矛　味**苦，寒**，無毒。**主女子崩中下血，腹滿汗出，除邪，殺鬼毒蠱疰**，中惡腹痛，去白蟲，消皮膚風毒腫，令陰中解。**一名鬼箭**。生霍山山谷。八月採。陰乾。

〔梁・陶弘景《本草經集注》〕云：山野處處有。其莖有三羽，狀如箭羽，俗皆呼爲鬼箭。而爲用其稀，用之削取皮羽。今注：醫家用鬼箭，療婦人血氣，大效。

〔宋・掌禹錫《嘉祐本草》〕按：《藥性論》云：鬼箭，使，一名衛矛，有小毒。能破陳血，能落胎，主中惡腰腹痛及百邪鬼魅。日華子云：鬼箭羽，味甘、澁。通月經，破癥結，止血崩帶下，殺腹藏蟲及產後血咬肚痛。

〔宋・蘇頌《本草圖經》〕曰：衛矛，鬼箭也。出霍山山谷，今江淮州郡或有之。三月以後生莖，苗長四五尺許。其幹有三羽，狀如箭翎。葉亦似山茶，青色。八月、十一月、十二月採條莖，陰乾。其木亦名狗骨。《崔氏方》療惡疰在心，痛不可忍，有鬼箭羽湯。《集驗方》療卒暴心痛，或中惡氣毒痛，大黃湯亦用鬼箭，皆大方也。

〔宋・唐慎微《證類本草》〕雷公云：凡使，勿用石茆，根頭真似鬼箭，只是上葉不同，味各別。採得後只使箭頭用，拭上赤毛，用酥緩炒過用之。每修事一兩，用酥一分，炒酥盡爲度。《外臺秘要》：治乳無汁。鬼箭五兩，水六升，煮取四升。一服八合，日三，亦可作灰水服方寸匕，日三，大效。

宋・寇宗奭《本草衍義》卷一四 衛矛 所在山谷皆有之，然未嘗于平陸地見也。葉絕少，其莖黃褐色，若檗皮，三面如鋒刃。人家多燔之遺祟。方家用之亦少。

宋・鄭樵《通志》卷七六《昆蟲草木略》 衛矛 曰鬼箭。莖有三羽，狀如箭翎，俗謂之狗骨。

宋・陳衍《寶慶本草折衷》卷一三 衛矛使。灰在內。 一名鬼箭，一名鬼箭羽，一名狗骨。生霍山山谷及江淮、信州。今處處山野有之。〇八、十一、十二月採條莖，陰乾。

味苦、甘、澀，寒，有小毒。〇主女子腹滿，除邪鬼蠱疰，中惡腹痛，去白蟲，消皮膚風毒腫。〇《藥性論》云：破陳血，落胎。〇日華子云：通月經，破癥結，殺腹藏蟲及產後血咬一作絞肚痛。〇《圖經》曰：其幹有三羽，狀如箭翎，療卒暴心痛。〇《外臺秘要》：治乳無汁。鬼箭伍兩，水陸升，煮取肆升，一服捌合。亦可作灰，水服方寸匕。〇寇氏曰：其莖黃褐色，三面如鋒刃，燔之遺祟。

元・尚從善《本草元命苞》卷六 衛矛 一名鬼箭。無毒，味苦，寒。又云：味甘，澁。主女子崩中下血，療產後血絞肚痛。治腹滿蠱痓鬼毒，消皮膚風熱毒腫。殺腹臟蟲，破癥瘕積。治中惡，祛鬼魅百邪。落胎孕，破新陳留血。產霍山山谷，今江淮有之。生苗莖於三月，葉似山茶，色青，榦有三羽，狀如箭翎。八月採取，陰乾。婦人血氣多效。

明・王綸《本草集要》卷四 衛矛使一名鬼箭。 味苦，氣寒，無毒。八月採，陰乾。用之削取皮羽。 主女子崩中下血，腹滿汗出，除邪，殺鬼毒蠱疰，中惡腹痛。療婦人血氣大效，能落胎。

明・滕弘《神農本經會通》卷二 衛矛 拭去赤毛，酥炒用。凡使勿用石茆根頭，真似鬼箭，只上葉不同，味各別，一名鬼箭。

味苦，氣寒，無毒。

《本經》云：主女子崩中下血，腹滿汗出，除邪，殺鬼毒蠱疰，中惡腹痛，去白蟲，消皮膚風毒腫，令陰中解。《藥性》云：使也。破陳血，落胎。日華子云：味甘，澁。通月經，破癥結，止血崩帶下，殺腹藏蟲，及產後血咬肚痛。《局》云：衛矛即是鬼箭羽，主治陰人下血崩。殺鬼除邪攻腹痛，又除癥結又通經。衛矛，殺鬼，決經閉，兼療帶下。

明・劉文泰《本草品彙精要》卷一九 衛矛無毒 植生。

衛矛出《神農本經》：**主女子崩中下血，腹滿，汗出，除邪，殺鬼毒，蠱疰。**以上朱字《神農本經》。中惡，腹痛，去白蟲，消皮膚風毒腫，令從陰中解。以上黑字名醫所錄。

【名】鬼箭、狗骨。

【苗】《圖經》曰：衛矛，即鬼箭也。三月後生苗，長四五尺。其榦有三羽，狀如箭翎，葉亦似山茶，青色。《衍義》曰：衛矛，所在山谷皆有之，然未嘗于平陸地見也。葉絕少，其莖黃褐色，若檗皮，三面如鋒刃，人家多燔之遺祟，方家用之亦少。雷公云：一種石茆根，頭形真似鬼箭，只是上葉不同，味亦各別用者，亦宜辨之。【地】《圖經》曰：出霍山山谷，今江淮州郡有之。陶隱居云：山野處亦有。【道地】信州。【時】生：三月後生苗。採：八月、十一月、十二月取。【收】陰乾。【用】莖。【色】黃褐。【味】苦。【性】寒，泄。【氣】氣薄味厚，陰也。【臭】朽。【主】通月經，去瘀血。【製】《雷公》云：凡採得，拭上赤毛，用酥緩炒過用之。每修事三兩，用酥一分，炒酥盡爲度。【治】療：陶隱居云：調婦人血氣，《藥性論》云：破陳血，落胎，主中惡，腰腹痛，及百邪鬼魅。日華子云：通月經，破癥結，止血崩，帶下，殺腹臟蟲及產後血咬肚痛。《別錄》云：以五兩，水六升煮四升，每服八合，日三，治乳無汁。【禁】妊娠不可服。【贋】石茆根爲僞。

明・許希周《藥性粗評》卷三 西子含顰，得免驚於鬼箭。

鬼箭，狗骨木也，一名衛矛。三月以後生莖，黄褐色，長四五尺，三稜，狀如箭翎，故名。葉稀似山茶，青色。江南山谷處處有之，八月以後採條莖，陰乾。凡用拭去赤毛，剉炒過。餘說《本草》不載。味苦，性寒，有小毒。主治九種心疼。昔西子病心而顰，其里是也。鬼邪蠱疰，皮膚風腫，肚腹諸蟲，癥瘕血塊，婦女崩中帶下，消腫破積，下乳汁，通月經。

單方：無乳汁：鬼箭煎湯服之，日三，或燒為灰，以方寸匕，水調服之亦可。卒心疼：煎鬼箭湯服之。

明・鄭寧《藥性要略大全》卷七 鬼箭一名衛矛 《經》云：通女經，破癥結瘕積，攻腹痛，及産後血咬臍腹疼痛。治卒暴心痛不能忍者。破陰中陳血，下胎，下乳汁。又治女人血山崩漏，赤白帶下。療婦人血氣，大效。殺邪鬼毒，消皮膚風腫，腹滿汗出，蠱疰中惡，去寸白蟲，殺腹臟蟲。味甘澁，氣寒，有小毒。其幹有三羽，狀如箭翎，葉似山茶。八月後採條陰乾。凡用拭去赤毛，削取皮羽。每一兩用酥一分為度炙之。其木又名狗骨。〇切勿悮用石茆根，頭似鬼箭，而葉不同。七潭云：此藥甚微。既云破血行胎，又云止血、療崩漏帶下，去風解毒，殺邪敺痛，安有如是之功？此條難以盡信明矣！姑存之以俟知者。

明・陳嘉謨《本草蒙筌》卷三 衛矛一名鬼箭羽。味苦，氣寒。無毒。深山谷多産，平陸地絶無。莖類栢皮褐黄，葉似山茶青緑。幹有三羽，狀似箭翎。削取皮羽陰乾，拭淨赤毛酥炙。一説只使箭頭，每兩用酥一分，緩炒酥盡為度。任煎湯液，專治女科。能墮妊娠，善療血氣。遣邪祟，殺蠱毒，破癥結，通月經。腹滿汗出立瘳，崩中下漏即止。消皮膚風腫，去腹臟白蟲。産後血絞肚痛殊功，惡疰卒暴心痛捷効。

明・王文潔《太乙仙製本草藥性大全》卷三《本草精義》 衛(茅)〔矛〕一名鬼箭羽。出霍山山谷，今江淮州郡間或有之。三月以後生莖，長四五尺許，其幹有三羽狀如箭翎，葉亦似山茶，青緑色。八月、十一月、十二月採條莖，削取皮羽，陰乾，拭净赤毛，酥炙。一説只使箭頭，每用酥一分，緩炒酥黄爲度。

明・王文潔《太乙仙製本草藥性大全》卷三《仙製藥性》 衛矛 味苦，氣寒，無毒。主治：任煎湯液，專治女科，能墮妊娠，善療血氣。遣邪祟，殺蠱毒，破癥結，通月經。腹滿汗出立瘳，崩中下漏即止。消皮膚風腫，去腹臟白蟲。産後血絞肚痛殊功，惡疰卒暴心痛捷效。補註：療惡疰心痛不可忍者，有鬼箭羽湯服。治乳無汁，鬼箭五兩，水六升，煮取四升，一服八合，日三。亦可作灰，水服方寸匕，日三服，大效。太乙曰：凡使勿用石茆，根頭真似鬼箭，只是上葉不同，味各别。採得後只使箭頭用，拭去赤毛，用酥緩炒過用之。每修事一兩，用酥一分，炒酥盡爲度。

明・李時珍《本草綱目》卷三六木部・灌木類 衛矛《本經》中品。

〔釋名〕鬼箭《别録》 神箭時珍曰：劉熙《釋名》言齊人謂箭羽爲衛。此物幹有直羽，如箭羽、矛刃自衛之狀，故名。張揖《廣雅》謂之神箭，寇宗奭《衍義》言人家多燔之遣祟，則三名又或取此義也。

〔集解〕《别録》曰：衛矛生霍山山谷。八月采，陰乾。普曰：葉如桃，箭如羽，正月、二月、七月采，陰乾。或生田野。弘景曰：山野處處有之。削取皮、羽入藥，爲用甚稀。頌曰：今江淮州郡亦或有之。三月以後生莖，莖長四五尺許。其幹有三羽，狀如箭翎羽。葉似山茶，青色。八月、十一月、十二月采條莖，陰乾。其木亦名狗骨。宗奭曰：所在山谷皆有，平陸未嘗見也。葉絶少。其莖黄褐色，若蘗皮，三面如鋒刃。人家多燔之遣祟，方藥少用。時珍曰：鬼箭生山石間，小株成叢。春長嫩條，條上四面有羽如箭羽，視之若三羽爾。青葉狀似野茶，對生，味酸澀。三四月開碎花，黄緑色。結實大如冬青子。山人不識，惟樵采之。斅曰：凡使勿用石茆，根頭真相似，只是上葉不同，味各别耳。

〔修治〕斅曰：采得只使箭頭用，拭去赤毛，以酥拌緩炒，每一兩，用酥二錢半。

〔氣味〕苦，寒，無毒。普曰：神農、黄帝：苦，無毒。大明曰：甘，澀。權曰：有小毒。

〔主治〕女子崩中下血，腹滿汗出，除邪，殺鬼毒蠱疰《本經》。中惡腹痛，去白蟲，消皮膚風毒腫，令陰中解《别録》。療婦人血氣，大效蘇恭。破陳血，能落胎，主百邪鬼魅甄權。通月經，破癥結，止血崩帶下，殺腹臟蟲及産後血咬腹痛大明。

〔發明〕頌曰：古方崔氏療惡疰在心，痛不可忍，有鬼箭羽湯。姚僧坦《集驗方》，療卒暴心痛，〔或〕中惡氣毒痛，大黄湯亦用之，並大方也。見《外臺秘要》《千金》諸書中。時珍曰：凡婦人産後血運血結血聚于胸中，或偏于少腹，或連于脇肋者。四物湯四兩，倍當歸，加鬼箭、紅花、玄胡索各一兩，爲末，煎服。

〔附方〕新二。

産後敗血：兒枕塊硬，疼痛發歇，及新産乘虚，風寒内搏，惡露不快，臍腹堅脹。當歸散：用當歸炒、鬼箭去中心木、紅藍花各一兩。每服三錢，酒一大盞，煎七分，食前温服。《和劑局方》。

鬼瘧日發：鬼箭羽、鯪鯉甲燒灰(各)〔各〕二錢半，爲末。每以一字，發時嗃鼻。〇又法：鬼箭羽末一分，砒霜一錢，五靈脂一兩，爲末。發時冷水服一錢。〇並《聖濟總録》。

明・梅得春《藥性會元》卷中　衛矛　味苦，氣寒，無毒。一名鬼箭。與石茆根頭相似，只是葉不同，味各別，採來只用箭頭。　主療女子崩中下血，腹滿汗出，除鬼疰蠱毒，中惡腹痛，去白蟲，消皮膚風毒腫，令陰中解。　製法：拭去上赤毛，用酥緩炒過用之，每一兩，酥一分，酥盡為度。

明・李中立《本草原始》卷一　衛矛　始生霍山山谷，今江淮州郡有之。生山石間，小株成叢。春長嫩條，條上四面有羽如箭羽，視之若三羽爾。葉青，狀似野茶，對生。三四月開碎花，黄緑色，結實大如冬青子。劉熙《釋名》言：齊人謂箭羽為衛，此物幹有直羽，如箭羽矛刃自衛之狀，故名衛矛。《廣雅》謂之神箭。《別録》謂之鬼箭。　氣味：苦，寒，無毒。主治：女子崩中下血，腹滿，汗出，除邪，殺鬼毒蠱疰。○中惡腹痛，去白蟲，消皮膚風毒腫，令陰中解。○療婦人血氣大效。破陳血，能落胎。○主百邪鬼魅。○通月經，破癥結，止帶下，殺腹臟蟲，及産後血咬腹痛。

衛矛俗呼鬼箭，《本經》中品。【圖略】衛矛莖黄緑色，羽紫皂色。二月、七月采莖，陰乾入藥。　修治：衛矛去葉，剉，以酥拌緩炒。

《聖濟總録》：治鬼瘧日發，鬼箭羽，川山甲燒灰為末，每以一字，發時嗃鼻。　道家所用十二精、鬼精、鬼箭，即此也。　衛矛，使。

清・劉雲密《本草述》卷二四　鬼箭羽又曰衛矛　劉熙《釋名》言，齊人謂箭羽為衛，是物幹有直羽如箭羽，矛刃自衛之狀，故名。人家多燔之遣祟，故又冠以鬼字。　時珍曰：鬼箭生山石間，平陸無有也。小株成叢，春生嫩條，條上四面有羽如箭羽，視之若三羽爾。青葉，狀似野茶，對生，味酸濇，三四月開碎花，黄緑色，結實大如冬青子，山人不識，惟樵采之。

氣味：苦，寒，無毒。普曰：神農、黄帝：苦，無毒。　日華子曰：甘，濇。　權曰：有小毒。

主治：女子崩中下血，腹滿汗出，除邪，殺鬼毒蠱疰《本經》。治中惡腹痛《別録》。療婦人血氣大效蘇恭。通月經，破癥結，止血崩帶下，殺腹臟蟲，及産後血絞腹痛日華子。　頌曰：古方崔氏療惡疰在心，痛不可忍，有鬼箭羽湯。　姚僧坦《集驗方》療卒暴心痛忽中惡氣毒痛大黄湯亦用之，並大方也。見《外臺秘要》《千金》諸書中。

時珍曰：凡婦人産後血暈，血結聚於胸中，或偏於少腹，或連於脇肋者，四物湯四兩，倍當歸，加鬼箭、紅花、玄胡索各一兩，為末煎服。

愚按：鬼羽箭如《本經》所治，似專功於女子之血分矣。又如蘇頌所述古方，更似專功於惡疰，及中惡氣之毒以病於血者也。第方書治女子經閉，有牡丹散中入此味，而治男子脹滿，有見晛丸亦用此味，即蘇頌所述古方之治，猶未言專治女子也。大抵其功精專於血分，如女子固以血為主，較取效於男子者，更為切中耳。蘇頌謂療婦人血氣大效，非無據也。

清・汪昂《本草備要》卷三　衛矛一名鬼箭羽。瀉，破血。　苦，寒。時珍：酸濇。破陳血，通經落胎，殺蟲祛祟。　幹有三羽，葉似野茶。酥炙用。

清・李熙和《醫經允中》卷二〇　衛矛　一名鬼箭羽。　味苦，氣寒，無毒。主治遣邪祟，殺蠱毒，破癥結，通月經。　産後血絞腹痛殊功，惡疰卒暴心痛立効。能墮胎，娠孕婦禁服。

清・馮兆張《馮氏錦囊秘録・雜症痘疹藥性主治合參》卷三　衛矛　一名鬼箭羽。任煎湯液，專治女科，能墮妊娠，善療血氣。遣邪祟，殺蠱毒。破癥結，通月經。腹滿汗出立瘳，崩中下漏即止。消皮膚風腫，去腹臟白蟲。産後血絞肚痛殊功，惡疰卒暴心痛捷效。

清・张璐《本經逢原》卷三　衛矛即鬼箭羽　苦，寒，無毒。生山石間，小株成叢，葉似野茶，三四月生小黄緑花。實如冬青子，條上有羽如箭，視之若三羽，故名。　《本經》主女子崩中下血，腹滿汗出，除邪殺鬼毒蠱疰。　發明：鬼箭專散惡血，故《本經》有崩中下血之治。《別録》治中惡腹痛，去白蟲，消皮膚風毒腫，即腹滿汗出，除邪殺鬼毒蠱疰之治。今人治賊風歷節諸痹，婦人産後血暈血，結聚於胸中，或偏於脇肋少腹者，四物倍歸加鬼箭羽、紅花、玄胡索煎服，以其性專破血。力能墮胎，妊娠禁用。

清・汪紱《醫林纂要探源》卷三　衛茅　苦，寒。一名鬼箭羽。葉似野茶，幹有別葉，四稜，夾笴似箭羽，用羽，酥炙。殺蟲辟鬼，亦能破血通經，催生墮胎。《本草》盛推，蓋取其苦寒瀉火，又以形用耳。

清・嚴潔等《得配本草》卷七　衛矛即鬼箭羽。　苦，寒。破血殺蟲。去鬼魅之蠱疰，消風毒之膚腫。　得歸尾、延胡，治兒枕硬痛。配穿山甲，治鬼瘧日發。　去赤毛，酥炙。

清・羅國綱《羅氏會約醫鏡》卷一六草部　衛矛一名鬼箭羽，乃天麻之苗。遺邪祟，隔瘟疫，故名鬼箭。通月經，破癥結，下胎妊，消風腫，去白蟲。但無補益，不可多服。

清・莫樹蕃《草藥圖經》 二郎箭 二郎箭，古名鬼箭桿。能治瘋症，辟瘟邪，解毒通用。即木本樹，冬出翎花，春生葉。春生葉，無翎花。冬無葉，發翎花。去邪，無毒。

清・楊時泰《本草述鉤元》卷二四 鬼箭羽 又名衛矛。齊言箭羽為衛，是物幹有直羽，若矛刃自衛之狀，而燔之遺祟，故名。生山石間，小株成叢，嫩條上有羽如箭。

味苦、酸、濇，氣寒。主女子崩中下血，腹滿汗出，除邪殺鬼毒蠱疰，治中惡腹痛，婦人血氣大效，通月經，破癥結，止崩帶，殺腹臟蟲及產後血絞腹痛。古方治惡疰在心，痛不可忍，有鬼箭羽湯。又卒暴心痛，忽中惡氣毒痛，有大黃湯亦用之。頌。凡婦人產後血暈，血結，或聚於胸中，或偏於少腹，或連於脇肋，四物倍當歸加鬼箭羽、紅花、元胡索各一兩，為末煎服。

論：《本經》鬼箭羽，似專功於女子之血分，蘇頌所述古方，更似專功於惡疰及中惡氣之毒以病於血者。第方書治女子經閉，有牡丹皮散，而治男子脹滿，有見晛丸，則固非專治女子血病也。大抵其功精專於血分，女子以血為主，較之取效於男子更為切中耳。

清・吳其濬《植物名實圖考》卷三三 衛矛 《本經》中品。即鬼箭羽。湖南俚醫謂之六月淩，用治腫毒。按《圖經》，曲節草有六月淩、綠豆青諸名。此木春時枝葉極嫩，結實如冬青而色綠，性味苦寒，殆即一物。

清・趙其光《本草求原》卷九灌木部 鬼箭羽一名衛矛。 苦，寒，無毒，條上有羽如箭。專治惡氣而血瘀滯者，亦療血暈、血結聚於胸脇同紅花、元胡加入四物中。及經閉崩下，中惡腹滿痛，汗出，消皮膚風毒腫，歷節痹痛，除邪殺鬼，去白蟲蠱疰。忽中惡氣暴卒，心痛，大黃湯用之。破血，故墮胎。

清・葉志詵《神農本草經贊》卷二 衛矛 味苦，寒。主女子崩中下血，腹滿汗出，除邪殺鬼毒，蠱注。一名鬼箭。生山谷。

儼樹屯防，日閑扞衛。植植矛森，三棱羽綴。香罨薪燔，苦調酥製。箭以神名，威能驅厲。

歐陽修文：歷覽亭障，屯防之要，易日閑輿衛。李時珍曰：《釋名》言，齊人謂箭羽為衛。此物幹有三羽，如箭羽矛刃自衛之狀，故名。生山石間，小株成叢。寇宗奭曰：人家多燔之遺祟。雷斅論：凡使，用酥拌製。《廣雅》：一名神箭。范成大詩：猶有餘威可驅厲。

清・戴葆元《本草綱目易知錄》卷四 衛(茅)〔矛〕鬼箭、神箭。 苦，寒。破陳血，通月經，落生胎，破癥結，除百邪鬼魅，殺鬼毒蠱疰，消風膚風毒腫，殺腹臟蟲。治中惡腹痛，卒暴心痛，女子血氣，崩中下血，腹滿汗出，產後血運，血咬腹痛，兒枕塊硬，拭去赤毛，酥拌炒用。【略】

清・陳其瑞《本草撮要》卷二 鬼箭羽 味苦寒酸濇，入足厥陰經，功專破血通經，墮胎殺蟲祛祟，炙酥用。一名衛矛。

清・周巖《本草思辨錄》卷四 衛矛 衛矛以甄權破陳血落胎，與日華子通月經，破癥結兩說按之，自屬善敗惡血，故《和劑局方》用以治產後敗血。但其三面如箭羽，古惟燔之以遺祟，方藥少用。則用之於除邪殺鬼，乃為合宜。考《千金》《外臺》諸方，療惡疰心痛，卒暴心痛，忽中惡氣毒痛，鬼瘧日發，及務成子螢火丸，非善取其長者歟。

統樹

明・朱橚《救荒本草》卷下之前 統樹杭去聲 生輝縣太行山山谷中。其樹高丈餘，葉似槐葉而大，却頗軟薄，又似檀樹葉而薄小。開淡紅色花，結子如菉豆大，熟則黃茶褐色。其葉味甜。 救飢：採葉煠熟，水浸淘淨，油鹽調食。

月芽樹

明・朱橚《救荒本草》卷下之前 月芽樹 又名芿音仍芽。生田野中。莖似槐條，葉似歪頭菜葉，微短，稍硬，又似楫芽葉，頗長艄，其葉兩兩對生。味甘、微苦。 救飢：採嫩葉煠熟，水浸淘淨，油鹽調食。

南蛇藤

清・吳其濬《植物名實圖考》卷一九 南蛇藤 生長沙山中。黑莖長韌，參差生葉，葉如南藤，面濃綠背青白，光潤有齒，根莖一色，根圓長，微似蛇，故名。俚醫以治無名腫毒，行血氣。

金絲杜仲

清・吳其濬《植物名實圖考》卷三六 金絲杜仲 一名石小豆，生雲南。矮木厚葉，葉長寸許，本瘦末團，面青背黃，結實如棠梨而小，實裂各銜紅豆，不脫。

清・吳其濬《植物名實圖考》卷三六 金絲杜仲 一名石小豆，生雲南山中。小木，葉長末團，夏抽細柄開花，旋結實，殼色粉紅，老則四裂，宛似海棠花； 内含紅子，大如小豆，朱皮黑質的皪不隕。

省沽油

明·朱橚《救荒本草》卷下之前 省沽油 又名珍珠花。 生鈞州風谷頂山谷中。 科條似荊條而圓，對生枝叉，葉亦對生，葉似驢駞布袋葉而大，又似葛藤葉却小，每三葉攢生一處，開白花，似珎珠色。 葉味甘、微苦性。 救飢： 採葉煠熟，水浸淘淨，油鹽調食。

野鴉椿

清·吴其濬《植物名實圖考》卷三八 野鴉椿 生長沙山阜。 叢生，高可盈丈，綠條對節，節上發小枝，對葉密排，似椿而短亦圓，似檀而有尖，細疎疎紋，赭根旁出，略有短鬚。 俚醫以為達表之藥。 秋結紅實，殼似赭桐，花而微硬，迸裂時子著殼邊，如梧桐子。 遙望似花瓣上粘黑子。 按《唐本草》賣子木形狀極肖，亦云子如椒目在花瓣中，則焦紅者其花耶？ 附以備考。

莢蒾

宋·唐慎微《證類本草》卷一四木部下品〔唐·蘇敬《唐本草》〕 莢蒾音迷 味甘、苦，平，無毒。 主三蟲，下氣消穀。 〔唐·蘇敬《唐本草》〕注云： 葉似木槿及似榆，作小樹，其子如溲疏，兩兩相並，四四相對，而色赤味甘。 煮樹枝汁和作粥，甚美，以飼小兒殺蚘蟲。 不入方用。 陸璣《草木疏》名擊迷，一名羿先。 蓋檀、榆之類也。 所在山谷有之。 〔宋·馬志《開寶本草》〕按： 《陳藏器本草》云： 莢蒾，主六畜瘡中蛆，煮汁作粥灌之，蛆立出。 皮堪爲索。 生北土山林間。 《唐本》先附。

明·朱橚《救荒本草》卷下之前 孩兒拳頭 《本草》名莢蒾音迷。 一名擊蒾，一名弄先。 舊不著所出州土，但云所在山谷多有之。 今輝縣太行山山野中亦有。 其木作小樹，葉似木槿而薄，又似杏葉頗大，亦薄澁，枝葉間開黄花，結子似溲疏，兩兩切並，四四相對，數對共為一攢，生則青，熟則赤色。 味甘、苦，性平，無毒。 蓋檀、榆之類也。 其皮堪為索。 救飢： 採子紅熟者食之。 又煮枝汁，少加米作粥，甚美。 治病： 文具《本草》木部莢蒾條下。

明·劉文泰《本草品彙精要》卷二〇 莢蒾無毒 植生。 莢蒾音迷： 主三蟲，下氣，消穀。 名醫所錄。 【名】擊迷、羿先。 【苗】《唐本》注云： 葉似木槿及似榆，作小樹，其子如溲疏，兩兩相並，四四相對，而色赤，不入方用。 陸璣云： 蓋檀榆之類也。 【地】《唐本》注云： 生山谷及北土山林間，所在有之。 【時】生： 春生葉。 採： 無時。 【收】日乾。 【用】枝。 【質】類木槿。 【色】青。 【味】甘，苦。 【性】平，泄。 【氣】氣厚于味，陽中之陰。 【臭】朽。 【主】下氣，消穀。 【製】剉碎用。 【治】療： 《唐本》注云： 殺蛔蟲。

明·王文潔《太乙仙製本草藥性大全》卷三《本草精義》 莢蒾 一名擊迷，一名羿先，乃檀榆之類也。 生北向山林間，所在山谷皆有。 葉枝如木槿，及似榆作小樹，其子如溲疏，兩兩相並，四四相對，而收採無時。

明·王文潔《太乙仙製本草藥性大全》卷三《仙製藥性》 莢蒾 味苦、甘，氣平，無毒。 主治： 主小兒殺蛔蟲有效，消穀食下氣尤良。 療六畜瘡中蛆。 補註： 六畜瘡中用之，細剉，煮汁作粥灌之，蛆立出皮。 ○治小兒疳蟲，用樹枝煮汁作粥甚美，以飼小兒殺蟲。

明·李時珍《本草綱目》卷三三果部·附録 繫彌子又曰： 郭義恭《廣志》云： 狀圓而細，赤如軟棗。 其味初苦後甘，可食。

明·李時珍《本草綱目》卷三五木部·喬木類 莢蒾《唐本草》 【釋名】擊迷《詩疏》 羿先同上 【集解】恭曰： 莢蒾葉似木槿及榆，作小樹，其子如溲疏，兩兩相對，而色赤味甘。 陸璣《詩疏》云： 檀、榆之類也。 所在山谷有之。 藏器曰： 生北土山林中。 皮堪爲索。 枝葉 【氣味】甘、苦，平，無毒。 【主治】三蟲，下氣消穀。 煮汁和米作粥，飼小兒甚美《唐本》。 作粥，灌六畜瘡中生蛆，立出藏器。

明·姚可成《食物本草》卷二〇木部·喬木類 莢蒾葉似木槿及榆，作小樹，其子如（疏）溲〔疏〕，兩兩相對而色赤味甘。 陸（機）〔璣〕《詩疏》云： 檀、榆之類也。 所在山谷有之。 陳藏器曰： 〔生〕北土山林中，皮堪為索。 莢蒾枝葉 味甘、苦，平，無毒。 治三蟲，下氣消穀，煮汁和米作粥，飼小兒甚美。

明·姚可成《食物本草》卷九果部·異果類 繫彌子郭義〔恭《廣〕志》云： 狀圓而細，赤如軟棗。 其味初苦後甘，可食。 繫彌子，味（苦）甘，平，無毒。 主益五臟，悦澤人面，去頭面諸風。 附方： 治產後痢疾不止。 用繫彌子一合，酒、水各一盞，煎八分，空心服，極效。

清・趙學敏《本草綱目拾遺》卷八果部下　繫彌子　《廣志》：狀圓而細，色赤如軟棗，其味初苦後甘，可食，味平無毒。主益五臟，悅澤人面，去頭面諸風。

産後痢疾不止，用繫彌子一合，酒、水各一盞，煎八分，空心服下，片刻即效。

清・吴其濬《植物名實圖考》卷三五　莢蒾　《唐本草》始著録。陳藏器云：皮可為索。《救荒本草》謂之孩兒拳頭。子紅熟可食；又煮枝汁少加米為粥，甚美。

吉利子樹

明・朱橚《救荒本草》卷下之前　吉利子樹　一名急蘗子科。荒野處處有之。科條高五六尺，葉似野桑葉而小，又似櫻桃葉，亦小，枝葉間開五瓣小尖花，碧玉色，其心黄色，結子如椒粒大，兩兩並生，熟則紅色，味甜。　救飢：其子熟時採摘食之。

清・吴其濬《植物名實圖考》卷三八　吉利子樹　《救荒本草》。按此樹湖南山阜有之，俗呼銅箍散。

破布葉

清・何諫《生草藥性備要》卷上　破布葉　味酸，性平，無毒。解一切蠱脹，清黄氣，清熱毒。作茶飲，去食積。又名布渣。

清・趙學敏《本草綱目拾遺》卷六木部　破布葉　《廣東通志》：從肇慶新橋而上，人烟寥落，山路多岐，乃三縣交界之區。舟人及此險地，即燃夢香，客皆酣卧昏迷，遂被啟鐍，易貲財以礫塊，封識宛然，若枕間置水一盂，則迷藥皆渙散矣。又有藥名破布葉，可解。行者歌曰：身無破布葉，莫上夢香船。按《廣志》註：夢香船中，以胡蔓草合香焚之，人即迷悶。

解夢香毒，能醒迷。

《肇慶志》：破布葉出陽江陽春恩平，狀如掌而緑，嶺南舟人多用香烟及毒水迷悶過客，以此草煎湯服之，立解。

清・趙其光《本草求原》卷一山草部　布渣葉即破布葉。　酸、甘，平。解一切蠱脹藥毒，清熱，消積食，黄疸。作茶飲佳。

椵樹

明・朱橚《救荒本草》卷下之前　椵樹　生輝縣太行山山谷間。樹甚高大，其木細膩，可為卓器；枝叉對生，葉似木槿葉，而長大微薄，色頗淡緑，皆作五色椏音鴉叉，邊有鋸齒，開黄花，結子如豆粒大，色青白。葉味苦。　救飢：採嫩葉煠熟，水浸去苦味，淘洗淨，油鹽調食。

附：泰西・石鐸琭《本草補》　椵樹皮　泰西有椵樹，呂宋亦有之。其色紅，其狀如杜仲。初因人取樹皮包切肉數臠，抵家，合成一片，始知其皮能合肉接骨也，因名曰椵樹。凡肉破骨斷，取皮擣碎，煎酒服。又以渣敷患處，完好如初。凡有傷損，皆可治之。但在遠方，不可多得。或云蘇木可以代之。遇跌打損折，用蘇木一兩，紵一錢，剉碎，煮木服，并以柤敷。　凡幼童患疝氣者，取椵樹皮，或擣或削，以油潤濕，敷布上，貼患處。外以布牢繫腰間，或半年，或三箇月方瘉。蓋此病因皮膜開裂，腸入腎囊，痛疼難忍，亦能戕命。此藥久貼，皮膜裂者自然復合，永無患矣。但非幼童之年，則難療治也。

清・趙學敏《本草綱目拾遺》卷六木部　鍛樹皮　《本草補》：泰西有鍛樹，呂宋亦有之，其色紅，狀如杜仲。初因人取樹皮包切肉數臠，抵家合成一片，始知其皮能合肉接骨也，因名曰鍛樹。《本草》人參條下所載椵木音賈，而此鍛音斷，不同，或係二種，當與有識者辨之。

敏按：椵葉與烏血柏相似，而大如團扇，有鉅齒，初生時可裹餅餌蒸食，霜後鮮赤若丹楓，照耀岩谷，其皮柔韌如麻皮，烏喇之人采以治繩，作魚網，入水不濡，又可為鳥鎗火繩，中國所無也。

治折傷胎疝，一切損傷，肉破骨斷。取皮擣碎，煎酒服，又以渣敷患處，完好如初。幼兒患疝，由於胎中得者，此因皮開裂，腸入腎囊，疼痛難忍，亦能戕命，此葉久貼皮膜裂處，自然復合，永無患矣，但非幼童之年，則不可治。方用鍛樹皮，或擣爛，或削片，以油潤溼黏布上，貼患處，外以布牢繫腰間，或半年三箇月，方愈。

清・吴其濬《植物名實圖考》卷三四　椵樹　《救荒本草》。《爾雅正義》椵，柂。注：白椵也。樹似白楊。正義：椵，一名柂。《檀弓》云：杝，棺一。鄭注云：所謂椑棺也。凡棺因能濕之物。又云：椑，謂杝棺椑堅著之言也。鄭君所見《爾雅》本柂作杝，注：白椵。至白楊，《正義》《玉篇》云：椵木似白楊。《釋文》引《字林》云：木似白楊，一名柂，今白楊木高大，葉圓似梨，面青而背白，肌細性堅，用為梁栱，久而不撓，椵木與白楊相似也。

按椵木質白而少文，微似楊木，風雨燥濕不易其性。北方以作門扇板壁，其樹枝葉不似白楊。

《說文解字注》：椵，椵木。可作牀几。牀，鍇本作伏，疑誤。《釋木》曰：櫬，椵。《本草》陶隱居說人參曰：高麗人作《人參贊》曰：三椏五葉，背陽向陰，欲來求我，椵樹相尋。椵樹葉似桐甚大，陰廣。《圖經》亦言：人參春生苗，多於深山背陰，近椵漆下潤濕處，是則椵為大木，故材可牀几。郭云：子大如盂者，未知是不也？從木，叚聲。讀若賈。古雅切。五部。

山礬

明・李時珍《本草綱目》卷三六木部・灌木類　山礬《綱目》

【釋名】芸香音云椗花音定柘花柘音鄭瑒花音暢春桂俗七里香時珍曰：芸，盛多也。《老子》曰萬物芸芸是也。此物山野叢生甚多，而花繁香馥，故名。按周必大云：柘音陣，出《南史》。荆俗訛柘爲鄭，呼爲鄭礬，而江南又訛鄭爲瑒也。黄庭堅云：江南野中椗花極多。野人采葉燒灰，以染紫爲黝，不借礬而成。予因以易其名爲山礬。【集解】時珍曰：山礬生江、淮、湖、蜀野中。樹(者)〔之〕大者〔株〕高丈許。其葉似卮子，葉生不對節，光澤堅强，略有齒，凌冬不凋。三月開花繁白，如雪六出，黄蕋甚芬香。結子大如椒，青黑色，熟則黄色，可食。其葉味濇，人取以染黄及收豆腐，或雜入茗中。按沈括《筆談》云：古人藏書辟蠹用芸香，謂之芸草，即今之七里香也。葉類豌豆，作小叢生，啜嗅之極芬香。秋間葉上微白如粉污，辟蠹殊驗。又按《蒼頡解詁》云：芸香似邪蒿，可食，辟紙蠹。許慎《說文》云：芸，似苜蓿。成公綏《芸香賦》云：莖類秋竹，枝象青松。郭義恭《廣志》有芸香膠。《杜陽編》云：芸香，草也，出于闐國。其香潔白如玉，入土不朽。元載造芸暉堂，以此爲屑塗壁也。據此數說，則芸香非一種。沈氏指爲七里香者，不知何據，所云葉類豌豆，啜嗅芬香，秋間有粉者，亦與今之七里香不相類，狀頗似烏藥葉，恐沈氏亦自臆度爾。曾端伯以七里香爲玉蕋花，未知的否。

葉【氣味】酸，濇，微甘，無毒。【主治】久痢，止渴，殺蚤、蠹。用三十片，同老薑三片，浸水蒸熱，洗爛弦風眼時珍。

清・王道純《本草品彙精要續集》卷一〇　山礬無毒

山礬葉：主久痢，止渴，殺蚤蠹。用三十片，同老薑三片，浸水蒸熱，洗爛弦風眼《本草綱目》。【名】芸香、椗花、柘花、瑒花、春桂、七里香。李時珍曰：芸，盛多也。老子曰：方物芸芸是也。此物山野叢生最多，而花繁香馥，故名。按周必大云：柘，音鄭。出《南史》。荊俗訛柘爲鄭，呼爲鄭礬。而江南又訛鄭爲瑒也。黄庭堅云：江南野中椗花極多，野人採葉燒灰，以染紫爲黝，不借礬而成。予因以易其名爲山礬。【地】李時珍曰：山礬，生江淮、湖蜀野中。【質】樹之大者，莖高丈許。其葉似梔子葉，生不對節，光澤堅強，略有齒，淩冬不凋。三月開花，繁白如雪，六出黄蕊，甚芬香，結子大如椒。其葉味澀。人取以染黄及收豆腐，或雜入茗中。按沈括《筆談》云：古人藏書辟蠹，用芸香。謂之芸草，即今之七里香也。葉類豌豆，作小叢生，啜嗅之極芬香，秋間葉上微白如粉汙，辟蠹殊驗。又按《蒼頡解詁》云：芸香，似邪蒿可食，辟紙蠹。許慎《說文》云：芸似苜蓿。成公綏《芸香賦》云：莖類秋竹，枝象青松。郭義恭《廣志》有芸香膠。杜陽編云：芸香，草也，出于闐國，其香潔白如玉，入土不朽。元載：造芸暉堂，以此爲屑，塗壁也。據此數說則芸香非一種。沈括指爲七里香者，不知何據，所云葉類豌豆，啜嗅芬香，秋間有粉者，亦與今之七里香不相類，狀頗似烏藥葉，恐沈括亦自臆度爾。曾端伯以七里香爲玉蕊花，未知的否。【色】青黑色，熟則黄色可食。【味】酸，澀，微甘。

清・吴其濬《植物名實圖考》卷二五　芸

《爾雅》：權，黄華。注：今謂牛芸草為黄華。華黄葉似菽蓿。疏：權一名黄華。郭云：今謂牛芸草為黄華，華黄葉似菽蓿。《說文》亦云：芸，草也，似苜蓿。《淮南子》說，芸草可以死復生。《月令》注云：芸，香草也。《雜禮圖》曰：芸，蒿也，葉似邪蒿，香美可食。然則牛芸者，亦芸類也，郭以時驗而言之，故云今謂牛芸草為黄華也。

《爾雅翼》：仲冬之月芸始生；芸，香草也。謂之芸蒿似邪蒿，而香可食；其莖幹婀娜可愛，世人種之中庭。故成公綏賦云莖類秋竹，葉象春檉是也。沈括曰：芸類豌豆，作小叢生，其葉極芳香，秋後葉間微白如粉汙，南人採寘席下，能去蚤虱。今謂之七里香。《老子》曰：夫物芸芸，各歸其根。芸當一陽初起，復卦之時，於是而生。又《淮南》說，芸可以死而復生。此則歸根復命，取之於芸，雖卷施拔心不死，蓋不足貴也。《洛陽宮殿簿》曰：顯陽、徽音、含章殿前，各芸香一二株而已。而《晉宮閣名》曰太極殿前芸香四畦，式乾殿前芸香八畦。乃知《離騷》所謂蘭九畹、蕙百畮，畦留夷與揭車，蓋有之也。採茹為生菜甚香，古者祕閣載書，置芸以辟蠹，故號芸閣。《夏小正》曰：正月採芸，二月榮芸。

宋梅堯臣《書局一本詩》：有芸如苜蓿，生在蓬藋中。草盛芸不長，馥烈隨微風。我來偶見之，乃蒔彼翳蒙。上當百雉城，南接文昌宫。借問此何地，删修多鉅公。天喜書將成，不欲有蠹蟲。是産茲弱本，蒨爾發荒叢。黄花三四穗，結實植無窮。豈料鳳閣人，偏憐葵藿紅。

《洛陽宫殿簿》：顯陽殿前芸香一株，徽音殿前芸香二株，含英殿前芸香二株。

《晉宫閣名》太極殿前芸香四畦，式乾殿前芸香八畦，徽音殿前芸香雜花十二畦，明光殿前芸香雜花八畦，顯陽殿前芸香二畦。

《墨莊漫錄》：文潞公為相日，赴祕書省曝書宴，令堂吏視閣下芸草，乃公往守蜀日以此草寄植館中也，因問蠹出何書，一座默然。蘇子容對以魚豢《典略》，公喜甚，即借以歸。

王氏《談錄》：芸，香草也。舊説謂可食，今人皆不識。文丞相自秦亭得其種分遺，公歲種之。公家庭砌下，有草如苜蓿，摘之尤香。公曰：此乃牛芸。《爾雅》所謂權黄華者，校之香烈於芸，食與否，皆未試也。

《夢溪筆談》：古人藏書辟蠹用芸。芸，香草也。今人謂之七里香者是也。葉類豌豆，作小叢生，其葉極芬香，秋後葉間微白如粉汙，辟蠹殊驗。南人採置席下，能去蚤蝨。予判昭文館時，曾得數株於潞公家，移植祕閣後，今不復有存者。香草之類，大率多異名。所謂蘭蓀，蓀即今菖蒲是也；蕙，今零陵香是也；茝，今白芷是也。

《聞見後錄》：芸草，古人用以藏書，曰芸香是也。置書帙中即無蠹，置席下即去蚤蝨，葉類豌豆，作小叢，遇秋則葉上微白如粉汙。南人謂之七里香，大率香草，花過即無香，縱葉有香，亦須採掇嗅之方覺。此草遠在數十步外已聞香，自春至冬不歇，絶可翫也。

《説文解字注》：芸，草也，似目宿。《夏小正》：正月採芸，為廟採也。二月榮芸。《月令》：仲冬芸始生。注：芸，香草。高注《淮南》《吕覽》皆曰芸，芸蒿，菜名也。《吕覽》曰：菜之美者，陽華之芸。注：芸，芳菜也。賈思勰引《倉頡解詁》曰：芸蒿似斜蒿，可食。沈括曰今謂之七里香者是也。葉類豌豆，其葉極芬香。古人用以藏書辟蠹，採置席下能去蚤蝨。從草，云聲，王分切，十三部。淮南王説芸草可以死復生。淮南王，劉安也；可以死復生，謂可以使死者復生，蓋出《萬畢術》《鴻寶》等書，今失其傳矣。

清·吴其濬《植物名實圖考》卷二六 春桂 春桂即山礬。本名栚花。黄山谷以其葉可染，不假礬而成色，故更名山礬。或以為瑒花，殊誤。宋人已辨之。

清·劉善述、劉士季《草木便方》卷二木部 山礬 山白桂葉酸澀甘，久痢止渴同薑煎。爛（眩）〔弦〕風眼浸水洗，能殺蠹蟲蚤萬千。

梫木

宋·唐慎微《證類本草》卷一三木部中品〔唐·陳藏器《本草拾遺》〕 梫木 味苦，平，無毒。破産後血，煮服之。葉擣辟封蛇咬，亦洗瘡癬。樹如石榴，葉細，高丈餘。四月開花，白如雪。生江東、林筤間。

明·李時珍《本草綱目》卷三六木部·灌木類 梫木《拾遺》

〔集解〕藏器曰：梫木生江東林筤間。樹如石榴，葉細，高丈餘。四月開花，白如雪。時珍曰：此木今無識者，其狀頗近山礬，恐古今稱謂不同爾，姑附其後。

〔氣味〕苦，平，無毒。〔主治〕破産後血，煮汁服之。其葉煎汁洗瘡癬，擣研封蛇傷藏器。

釘地黄

清·吴其濬《植物名實圖考》卷一〇 釘地黄 釘地黄生長沙岳麓。一名貢檀兜，一名降痰王。黑莖小樹，葉似女貞葉而不光澤；春開五瓣小白花，白鬚茸茸，繁密如雪；根長二尺餘，赭黄堅勁。俚醫以治痰火，清毒。

米仔花

清·何諫《生草藥性備要》卷下 米仔花 理跌打損傷，又能續骨。

南燭

宋·唐慎微《證類本草》卷一四木部下品〔宋·馬志《開寶本草》〕 南燭枝葉 味苦，平，無毒。止泄除睡，强筋益氣力。久服輕身長年，令人不飢，變白去老。取莖、葉擣碎漬汁，浸粳米九浸、九蒸、九暴，米粒緊小正黑如瑿珠，袋盛之可適遠方。日進一合，不飢，益顏色，堅筋骨，能行。取汁炊飯名烏飯，亦名烏草，亦名牛筋。言食之健如牛筋也。色赤名文燭。生高山，經冬不凋。今附。

〔宋·掌禹錫《嘉祐本草》〕按：日華子云：黑飯草，益腸胃。擣汁浸蒸，曬乾服。又名南燭也。

〔宋·蘇頌《本草圖經》〕曰：南燭，《本經》不載所出州土，云生高山，今惟江東州郡有之。株高三五尺。葉類苦楝而小，陵冬不凋。冬生紅子作穗。人家多植庭除間，俗謂之南天燭。不拘時採其枝、葉用。亦謂之南燭草木。謹按陶隱居《登真隱訣》載太極真人青精乾石䭀飯法：䭀音迅。䭀之爲言飧也，謂以酒、蜜、藥草輩，飧搜而暴之也。亦作䭀。凡內外諸書，並無此字，惟施於今飯之名耳。云其種是木而似草，故號南燭草木。一名猴藥，一名男續，一名後草，一名惟那木，一名草木之王。生嵩高、少室、抱犢、雞頭山，江左吳越至多。土人名之曰猴菽，或曰染菽，粗與真名相彷彿也。此木至難長，初生三四年，狀若菘菜之屬，亦頗似梔子，二三十年乃成大株，故曰木而似草也。凡有八名，各從其邦域所稱，而正號是南燭也。其子如茱萸，九月熟，酸美可食。葉不相對，似茗而圓厚，味小酢，冬夏常青。枝莖微紫，大者亦高四五丈，而甚肥脆，易摧折也。作飯法：以生白粳米一斛五斗，更舂治，淅取一斛二斗。木葉五斤，燥者用三斤亦可，雜莖皮益嘉，煮取汁，極令清冷，以潚米，米釋炊之。潚，即溲字也。今課其時月，從四月生新葉，至八月末，色皆深；九月至三月，用宿葉，色皆淺，可隨時進退其斤兩，寧小。多合採軟枝莖皮，於石臼中擣碎。假令四、五月中作，可用十許斤熟舂，以斛二斗湯漬染得一斛，以九斗淹斛二斗米。比來正爾用水漬一二宿，不必隨湯煮漬米，令上可走蝦，周時乃漉而炊之。初漬米正作綠色，既得蒸便如紺，若一過汁漬，不得好色，亦可淘去，更以新汁漬之。洒瀼皆用此汁，當令飯作正青色乃止。向所餘汁一斗，以共三過洒飯，預作高格暴令乾，當三過蒸暴，每一燥輒以青汁搜令浥浥耳。日可服二升，勿復血食。亦以填胃補髓，消滅三蟲。《上元寶經》曰：子服草木之王，氣與神通；子食青燭之津，命不復殞。此之謂也。今茅山道士亦作此飯，或以寄遠。重蒸過食之。甚香甘也。孫思邈《千金月令》南燭煎：益髭髮及容顏，兼補暖方。三月三日採葉并蘂子，入大淨瓶中，乾盛，以童子小便浸滿瓶，固濟其口，置閑處，經一周年取開。每日一兩次，溫酒服之，每酒一盞，調煎一匙，極有效驗。

〔宋・唐慎微《證類本草》〕《聖惠方》：治一切風疾，若能久服，輕身明目，黑髭駐顏。用南燭樹春夏取枝葉，秋冬取根皮，揀擇細剉五斤，水五斗，慢火煎取二斗，去滓，別於淨鍋中慢火煎如稀餳，以甆瓶盛。溫酒下一匙，日三服。又方：治小兒誤吞銅、鐵物，在咽喉內不下。用南燭根燒細研，熟水調一錢，下之。

宋・沈括《夢溪筆談》卷二六《藥議》　南燭　《草木記》傳《本草》所說多端，今少有識者，為其作青精飯，色黑，乃誤用烏桕為之，全非也。此木類也，又似草類，故為之南草木。今人謂之南天燭者是也，南人多植於廷檻之間，莖如朔藋，有節，高三四尺，廬山有盈丈者，葉微似楝而小，至秋則實赤如丹，南方至多。

宋・鄭樵《通志》卷七六《昆蟲草木略》　南燭　曰烏草，曰猴藥，曰男續，曰後草，曰維那木，曰黑飯草，以其可染黑飯也。道家謂之青精飯。亦曰牛筋，言食其飯則健如牛筋也。吳越名猴菽，又名染菽，亦名文燭。經冬不凋，春夏採枝莖，秋冬採根。此木類而叢生，高三五尺，亦似草，故號為南燭。《本草圖經》云：人家多植於庭院間，俗謂之南天燭。其實如梧桐子，勻圓，黑色，九月熟，兒童食之，極美。今茅山道士採其嫩葉染飯，謂之烏飯，甚甘香，可以寄遠。杜詩云：豈無青精飯，使我顏色好。謂食此能變白駐顏。故仙經云：子服草木之王，氣與神通。子食青燭之津，命不復殞。並謂此也。

宋・陳衍《寶慶本草折衷》卷一四　南燭枝葉汁及根在內。別種南燭烏飯續附。

一名南天燭，一名南燭草木，一名烏草，一名黑飯草，一名牛筋，一名猴藥，一名猴菽，一名染菽，一名男續，一名後卓，一名惟那木，一名草木之王。色赤者名文仙。○南天燭，或作竹。生江東即江左高山，及嵩高、少室、吳越、江州，及庭除植之。○不拘時採枝葉。○續附：別種南燭，俗號烏飯木葉，生新安山谷及諸處有之。三、四月採嫩葉。

味苦，平，無毒。○止泄，除睡，強筋，益氣力，顏色，堅筋骨。取汁炊飯，名烏飯非續附之烏飯。生經冬不凋。○日華子云：益腸胃。○《圖經》云：南燭葉類苦楝而小，冬生紅子作穗。○《聖惠方》：治風明目，黑髭。春夏取枝葉，秋冬取根皮剉伍斤，水伍斗，煎取貳斗，去滓，別鍋煎如稀餳，溫酒下壹匙，日三服。

續說云：經註述此種南燭，縉雲已刊訂入選矣。按《新安志》又有別種南燭，苗葉叢密，春晚紅赤，照耀山谷，此時是處競擣嫩葉，和水漬米，蒸壓烏飯，甘暖宜人。姙婦小兒，百無所忌。非亭館所栽南天竹也。舊嘗著䭀音迅飯之法，世所罕用，惟烏飯每供時食之需，因引《新安志》說，證諸土俗，辨而附之。

元・吳瑞《日用本草》卷八　烏飯葉　南燭枝葉也。　味苦，平，無毒。主止泄，除睡，強筋益氣力。

明・蘭茂撰，清・管暄校補《滇南本草》卷上　烏飯子　味甘、酸。採子，晒乾聽用。久服能烏鬚黑髮，返老還少，令人齒落重生。昔劉真人食此菓，能純陽，故名純陽子。

明・蘭茂原撰，范洪等抄補《滇南本草圖說》卷五　千年健　即烏飯菓根。性溫，味酸。主治：寒濕傷筋，此藥能舒筋活絡。筋攣，痰火脚痛，酒為使，神效。葉，敷瘡消風。怔忡，睡臥不寧者，採子煎服，立瘥。

明・王綸《本草集要》卷四　南燭枝條　味苦，氣平，無毒。南方謂之黑飯樹。　止泄除睡，強筋，益氣力，久服輕身長年，不飢，變白去老。取莖葉，搗碎，漬汁浸粳米，九浸九蒸九曝，米粒正黑，袋盛之，可適遠方，日進一合不飢，取汁炊飯，名烏〔飲〕〔飯〕。

明・劉文泰《本草品彙精要》卷二〇　南燭枝葉無毒　植生。

南燭枝葉：　止泄，除睡，強筋益氣力。久服輕身長年，令人不飢，變白去老。○莖葉汁浸粳米，九浸九蒸九暴，米粒緊小，正黑如瑿珠。袋盛之，可適遠方，日進一合，不飢，益顏色，堅筋骨，能行。名醫所錄。　〔名〕猴藥、男續、後卓、草木之王、猴菽、染菽、烏草、南燭草木、文燭、烏飯草、惟那木、牛筋、南天燭。　〔苗〕《圖經》曰：　株高三五尺，葉類苦楝而小，淩冬不凋。冬生紅子作穗，人家多植庭除間，俗謂之南天燭。搗汁炊飯食之，健如牛，故名牛筋。或云其種是木而似草，故號南燭草木也。陶隱居云：　此木至難長，初生三四年，狀若菘菜之屬，亦頗似梔子，二三十年乃成大株，故曰木而似草也。凡有八名，各從其邦域所稱，而正名是南燭也。其子似茱萸，九月熟，酸美可食。葉不相對，如茗而圓厚，味小酢，冬夏常青，枝莖微紫，大者亦高四五丈，甚肥脆，易摧折也。　〔地〕《圖經》曰：　生江東州郡及嵩高，少室、抱犢、雞頭山、江左、吳越皆有之。〔道地〕江州。　〔時〕生：　春生新葉。　採：春夏取枝葉，秋冬取根皮。　〔收〕日乾。　〔用〕枝葉。　〔質〕類苦楝而小。〔色〕青。　〔味〕苦。　〔性〕平，泄。　〔氣〕味厚于氣，陰也。　〔臭〕香。〔主〕強筋，益氣。　〔製〕蒸過曬乾或搗汁用。　〔治〕療：　日華子云：益腸胃。

明・許希周《藥性粗評》卷三　南燭一枝，照見紅顏黑髮。

南燭枝，烏飯葉也，一名草木王。《上元寶經》曰：　子服草木之王，氣與神通。子服青燭之津，命不復殞是也。其葉四季常青，可採莖葉，擣碎漬水，炊飯食之。如作行糧，以烏飯九蒸九晒，袋盛之，以適遠方，每日只嚼一合不飢，筋骨益健，故一名牛筋。採不拘時。味苦，甘，性平，無毒。主治神昏好睡，筋力衰弱，強筋骨，益氣血，久服變白還少，紅顏黑髮，延年不老，亦仙品藥也。

明・陳嘉謨《本草蒙筌》卷四　南燭枝葉　味苦，氣平。無毒。江左吳越最多，江東州郡亦有。初生甚矮，越四五載，僅與菘菜相侔；久養漸長，歷三十年，方成木株而大。葉類茶茗圓厚，實若茱萸綴多。謂本木株而似草類，故名南燭草木，又名草木之王。取汁漬米甚烏，炊飯食最甘美。南人又曰烏飯樹葉是也。治大人一切風疾，多採煎湯；療小兒悞吞銅錢，單用燒末。悅顏色耐老，堅筋骨健行。久服身輕不飢，多服髮白變黑。《上元寶經》曰：　子服草木之王，氣與神通；子食青燭之津，命不復殞，此之謂也。

明・王文潔《太乙仙製本草藥性大全》卷三《本草精義》　南燭枝葉　一名猴藥，一名男續，一名後卓，一名惟那木，一名草木之王。生嵩山少室、抱犢、雞頭山，江左吳越至多，土人名之曰猴菽，或曰染菽，俗云南涷粗，與真名相彷彿也。此木至難長，初生三四年，狀若菘菜之屬，久養漸長，亦頗似梔子，二三十年乃成大株，故曰木而似草也。凡有八名，各從其邦域所稱，而立號是南燭也。其子如茱萸而綴多，九月熟，酸美可食，葉不相對，似茗而圓厚，味小酢，冬夏常青，枝莖微紫，大者亦高四五丈，而甚肥脆易摧折也。取汁漬米甚烏，炊飯食最甘美，南人又曰烏飯樹葉是也。

明・王文潔《太乙仙製本草藥性大全》卷三《仙製藥性》　南燭枝葉　味苦，氣平，無毒。主治：　治大人一切風疾，多採煎湯。療小兒誤吞銅錢，單用燒末。悅顏色，耐老，堅筋骨，健行，久服身輕不飢，多服髮白變黑。《上元寶經》曰：　子服草木之王，氣與神通，子食青燭之津，命不復殞。此之謂也。　補註：　風疾若能久服，輕身明目，黑髭駐顏。春夏採枝葉，秋冬取根皮，揀擇細剉五斤，水五斗，慢火煎取二斗，去滓，別於淨鍋中，慢火煎如稀餳，以甆瓶盛，溫酒下一匙，日三服。治小兒誤吞銅鐵物，在咽喉內不下，用根燒細研，熱水調一錢下。

明・皇甫嵩《本草發明》卷四　南燭枝葉下品，佐使。氣平，味苦，無毒。一名草木王，一名烏枝樹。葉一名南天燭。治大人一切風疾，止泄〔陰〕〔除〕睡，強筋，益氣力，久服輕身不〔肌〕〔飢〕，變白髮，悅顏色。小兒誤吞銅錢，燒灰吞之。江右江東最多。初生本矮，四五年僅與菘菜相似，三十年方成木株，葉類茶，圓厚。實若茱萸，取汁漬米炊飯，烏，甘美。《上元寶經》云：　服草木王，氣與神通。

明・李時珍《本草綱目》卷三六木部・灌木類　南燭宋《開寶》。

〔釋名〕南天燭《圖經》　南燭草木《隱訣》　男續同上　染菽同上　猴菽草同上　草木之王同上　惟那木同上　牛筋《拾遺》　烏飯草日華　墨飯草《綱目》　楊桐《綱目》　赤者名文燭時珍曰：　南燭諸名，多不可解。藏器曰：　取汁漬米作烏飯，食之健如牛筋，故曰牛筋。【集解】藏器曰：南燭生高山，經冬不凋。頌曰：今惟江東州郡有之。株高三五尺。葉類苦楝而小，凌冬不凋。冬生紅子作穗。人家多植庭除間，俗謂之南天燭。不拘時采枝葉用。陶隱居《登真隱訣》載太極真人青精乾石䬾飯法云：其種是木而似草，故號南燭草木。一名男續，一名猴藥，一名後草，一名惟那木，一名草木之王，凡有八名，各從其邦域所稱，而正號是南燭也。生嵩高少室、抱犢、雞頭山，江左吴越至多。土人名曰猴菽，或曰染菽，粗與真名相彷彿也。此木至難長，初生三四年，狀若菘菜之屬，亦頗似卮子，二三十年乃成大株，故曰木而似草也。其子如茱萸，九月熟，酸美可食。葉不相對，似茗而圓厚，味小酢，冬夏常青。枝莖微紫，大者亦高四五丈，而甚肥脆，易摧折也。作飯之法，見穀部。青精乾石䬾飯下。時珍曰：南燭，吴楚山中甚多。葉似山礬，光滑而味酸濇。三月開［小白］花。結實如朴樹子成簇，生青，九月熟則紫色，内有細子，其味甘酸，小兒食之。按《古今詩話》云：即楊桐也。葉似冬青而小，臨水生者尤茂。寒食采其葉，漬水染飯，色青而光，能資陽氣。又沈括《筆談》云：南燭草木，《本草》及《傳記》所説［多端］，人少識者。北人多誤以烏臼爲之，全非矣。今人所謂南天燭是矣。莖如蒴藋有節，高三四尺，廬山有盈丈者。南方至多。葉微似楝而小，秋則實赤如丹。

枝葉【氣味】苦，平，無毒。時珍曰：酸、濇。【主治】止泄除睡，强筋益氣力。久服，輕身長年，令人不飢，變白却老藏器。

【發明】頌曰：孫思邈《千金》月令方：南燭煎，益髭髮及容顔，兼補暖。三月三日采葉并蕋子，入大净瓶中，乾盛，以童子小便浸滿瓶，固濟其口，置閑處，經一周年取開。每用一匙温酒調服，一日二次，極有效驗。《上元寶經》曰：服草木之王，氣與神通；子食青燭之精，命不復殞。

【附方】舊二。一切風疾：久服輕身明目，黑髮駐顔。用南燭樹，春夏取枝葉，秋冬取根皮，細剉五斤，水五斗，慢火煎取二斗，去滓，净鍋慢火煎如稀飴，瓷瓶盛之。每温酒服一匙，日三服。一方入童子小便同煎。《聖惠方》。誤吞銅鐵：不下。用南燭根燒研，熟水調服一錢，即下。《聖惠方》。

子【氣味】酸，甘，平，無毒。【主治】强筋骨，益氣力，固精駐顔時珍。

青精飯見穀部。

明·佚名氏《醫方藥性·草藥便覽》 南燭 其性溫。能入腎補髓。

明·繆希雍《本草經疏》卷一四 南燭枝葉 味苦，平，無毒。止泄，除睡，強筋，益氣。久服輕身，長年，令人不飢，變白去老。取莖葉搗碎漬汁，浸粳米，九浸九蒸九暴，米粒緊小，正黑如瑿珠。袋盛之，可適遠方。日進一合，不飢，益顔色，堅筋骨能行。取汁炊飯，名烏飯，亦名烏草，亦名牛筋，言食之健如牛筋也。

【疏】南燭稟春生之氣以生，本經言其味苦氣平，性無毒。然嘗其味，亦多帶微濇。其氣平者，平即涼也。入心脾腎三經之藥。《十劑》云：濇可去脫。非其味帶濇，則不能止泄；非其氣本涼，則不能變白。髮者，血之餘也；顔色者，血之華也。血熱則鬢髮早白，而顔枯槁，脾弱則困倦嗜臥而氣力不長，腎虛則筋骨軟弱而行步不前。入心涼血，入脾益氣，入腎添精，其云輕身長年，令人不飢者，非虛語矣。凡變白之藥，多是氣味苦寒，有妨脾胃，惟南燭氣味和平，兼能益脾，為修真家所須。子：味甘、酸。其功效尤勝枝葉。真變白駐顔、輕身卻老之良藥也。牧童食之，輒止飢渴，亦一驗矣。【主治參互】孫思邈《千金月令》方南燭煎，益髭髮及容顔，兼補暖。三月三日採葉并蕋子，入大淨瓶中，以童子小便浸滿瓶，固濟其口。置閒處，經一周年取開。每用一匙，溫酒調服，極有效驗。同旱蓮草、沒食子、地黃、桑椹、枸杞、山茱萸、何首烏、白蒺藜，為烏鬚髮之聖藥。氣味和平，性復無毒，除變白外，無他用，故不著簡誤。

明·倪朱謨《本草彙言》卷一〇 南天燭 枝，葉：味苦濇。子：味甘、酸。氣俱涼，無毒。入手少陰，足少陰，足太陰經。蘇氏曰：南天燭，生嵩山，今江東州郡及吳、楚、閩、廣諸山極多。其枝葉是木而似草，凌冬不凋，人家多植之庭除。本極難長。初生若菘菜，十年後漸長成株，高三四尺。廬山有盈丈者，莖如蒴藋，枝節微紫，質極柔脆，易于摧折。葉似冬青而小，光澤圓厚，四季常青。其味少酸。七月開花，結子成穗，生青熟紫，得霜則赤如丹，酸美可食。《詩話》言：即楊桐也。寒食采其葉，漬水染米蒸飯，色青可愛，謂之烏飯。

南天燭：益氣添精，孫思邈涼血養筋之藥也。方吉人稿《開寶》方益顔色，堅筋骨，止熱泄，益氣力，久服輕身延年，變白爲黑。取莖葉搗爛取汁，浸粳米，九浸，九蒸，九曝，米粒緊小，黑如瑿珠，布袋藏，可適遠方，日進一合，不飢。其子味甘酸，功效尤勝，以酒浸，蒸曝，亦各九次，日服百粒，輕身却老，真仙方也。

繆仲淳先生曰：髮者，血之餘也；顔色者，血之華也。血熱則鬢髮早白，而顔色枯槁；脾弱則困倦嗜臥，而氣力不長；腎虛則筋骨軟疲，而行步不前。此藥入心涼血，入脾益氣，入肝養筋，入腎添髓。其云輕身延年，令人不飢，非虛語矣。凡變白之藥，多是氣味苦寒，有妨脾胃，惟南燭氣味和平，兼能益脾，爲修真家所須。

明·姚可成《食物本草·救荒野譜補遺·草類》 南燭莖葉俱食。吴楚山中甚多。葉似山礬，光滑而味酸，可濟飢。

南燭葉，似山礬，葉面光光味帶酸。荒歲米珠薪比桂，摘來和露當朝餐。

明·姚可成《食物本草》卷二〇木部·灌木類 南燭生高山，經冬不凋，今惟江東州郡有之。株高三五尺，葉類苦楝而小，淩冬不凋。冬生紅子作穗。人家多植庭除間，俗謂南天燭，不拘時采枝葉用。其子如茱萸，九月熟，酸美可食。葉不相對，似茗而厚圓，味小酢，冬夏常青。枝莖微紫，大者亦高四五丈，而甚肥脆，易摧折也。作飯之法，見穀部青精乾石䭀飯下。〇李時珍曰：南燭，吴〔楚〕山中甚多。葉似山礬，光滑而味酸澀。三月〔開〕花。結實如朴樹子成簇，生青，九月熟則紫色，内有細子，其味酸甘，小兒食之。《古今詩話》云：南燭葉，臨水生者尤茂。寒食采其葉，漬水染飯，色青而光，能資陽氣。

南燭子 味酸、甘，平，無毒。治強筋骨，益氣力，固精駐顏。

枝葉 味苦，平，無毒。止泄除睡，強筋益氣力。久服輕身長年，令人不飢，變白却老。

明·盧之頤《本草乘雅半偈》帙一〇 南燭宋《開寶》 氣味：苦，平，無毒。主治：主止泄，除睡，強筋，益氣力。久服輕身長年，令人不飢，變白卻老。

覈曰：生嵩高少室，今江左吴楚山中皆有，亦可植之庭除。《圖經》名南天燭。《古今詩話》云：即楊桐也。其種似木而類草，故又名南燭草木、男續、後(草)〔卓〕、猴藥、維那木、草木之王凡六，各從邦域所稱，正名則南燭也。本至難長，初生似菘菜，一紀後漸長成株，高三四尺，亦有盈丈者。莖似蒴藋，枝節微紫，質極柔脆，易于摧折。葉似山礬，光澤圓厚，冬夏常青，其味少酢。七月開花結實，生青熟紫，得霜則絳赤如丹，酸美可食也。

先人云：臨水者尤茂，寒食採其葉，漬水染飯，色青而光，能資陽氣，大獲嘉美。

条曰：具木體用，而曰南燭者，地中有木，南征吉也。燭者庭燎，與貞明不息也。觀主除睡，則得之矣。肝主色，肝色青。筋者肝之合也。故主強筋，變白却老，亦若食氣入胃，散精于肝，淫氣于筋也。故久服不飢，益氣力，輕身長年。一名男續，一名後(草)〔卓〕。又不獨培色身之形藏，并可令精氣溢瀉而有子。一名草木之王，王讀旺，謂其偏于升出，各旺百八十日以成歲，不彫之義見矣。服草木之王，氣與神通；食青燭之精，命不復殞。豈屬寓言，徒供觀聽。

清·顧元交《本草彙箋》卷五 南燭枝葉 南燭，即烏飯草也。其種是木而似草，味帶澀，而氣本涼，入心、脾、腎三經。心主血，髮者，血之餘。顔色者，血之華。血熱則鬢髮早白，顔色枯槁。脾弱則嗜臥困倦，氣力不長。腎弱則筋骨軟弱，行步不前。蓋凡變白之藥，多是氣味苦寒，有妨脾胃，惟南燭氣味和平，兼能益脾滋腎，爲脩真家要藥。

清·穆石匏《本草洞詮》卷一一 南燭 一名牛筋，食之健如牛筋也。一名草木王，種是木而似草也。一名烏飯草，寒食時采其葉，漬水染飯，色清而光，能資陽氣，所謂青精飯也。氣味苦酸平澀，無毒。主止泄，除睡，強筋，益氣力，久服輕身延年。孫真人有南燭煎方，益髭髮及容顔，兼補暖。《上元寶經》云：服草木之王，氣與神通，食青燭之精，命不復殞。

清·劉雲密《本草述》卷二四 南燭 《圖經》名南天燭。其種似木而類草，故又名南燭草木。江左州郡多有之。株高三五尺，葉類苦楝而小，淩冬不凋，臨水生者尤茂。七月開小白花，結實成簇，生青，九月熟則紫，謂秋則絳赤如丹是也。寒食采其葉，漬水染飯，色青而光，能資陽氣。

枝葉：氣味：苦，平，無毒。時珍曰：澀，微酸。

主治：止瀉除睡，強筋益氣力，久服輕身長年，令人不飢，變白卻老。藏器。

希雍曰：南燭稟春升之氣以生，《本經》言其味苦，氣平，性無毒。然嘗其味，亦多帶微澀，其氣平者，平即涼也。入心、脾、腎三經之藥。《十劑》云：澀可去脱。非其味帶澀，則不能止泄。非其氣本涼，則不能變白。髮者，血之餘也。顔色者，血之華也。血熱則鬢髮早白而顔枯槁。脾弱則困倦嗜臥，而氣力不長。腎虚則筋骨軟弱，而行步不前。入心涼血，入脾益氣，入腎添精，其云輕身長年，令人不飢者，非虚語矣。凡變白之藥，多是氣味苦寒，有妨脾胃。惟南燭氣味和平，兼能益脾，為修真家所須。藏器曰：烏飯法，取莖葉搗碎，漬汁浸粳米，九浸，九蒸，九曝，米粒緊小正黑，如瑿珠，袋盛之，可適遠方。日進一合，不飢，益顔色，堅筋骨，能行。

附方 一切風疾，久服輕身明目，黑髮駐顔，用南燭樹，春夏取枝葉，秋冬取根皮，細剉五斤，水五斗，慢火煎取二斗，去滓，淨鍋慢火煎如稀飴，瓷瓶盛之，每溫酒服一匙，日三服。一方：入童子小便同煎。

子：氣味：酸、甘，平，無毒。希雍曰：其功效尤勝枝葉，真變白駐顔，輕身卻老之良藥也。牧童食之，輒止飢渴，亦一騐矣。

愚按：南天燭，臨水尤茂，枝葉凌冬不凋，是具足真陰之氣者。又寒食采其葉，漬水染飯，色青而光，能資陽氣。在陶隱居載太極真人青精乾石䭀飯，䭀音信。謂以酒、蜜、藥草輩溲而曝之，以為飱也。此字唯於此處見之。用此汁漬之，并灑溲之，蒸粳米為飯，取正青色而止，是水達於木矣。又七月結子，生青，九月熟則紫，所謂秋則實赤如丹也。是陰中本具足真陽之氣，更由金以裕其用，而火又達於金矣。水達於木，是陰乘陽以升也。火達於金，是陽御陰以降也。結實至秋冬之交，青變赤者，不止此種，但其葉染飯色青，合於實之秋赤，乃為陰升陽降，修真家服食之所須也。更觀《本草》主治，又似不離中土之氣交，以為升降之元，故真人用以造飯，此《上元寶經》所謂服草木之王，亦是南燭別名。氣與神通，食青燭之精，命不復殞者也。雖未必盡然，即如繆希雍所云氣味和平，兼能益脾，為修真家所須者，豈其妄哉？

清·陳士鐸《本草新編》卷四　南燭枝葉　南燭，即烏米飯樹也。味苦，氣平，無毒。入腎。治一切風痰，悅顔色耐老，堅筋骨健行，久服，身輕不飢。多服，髮白變黑。此物名草木之王，專益精而變白，老人最宜服之。味雖苦而不寒，氣甚平，而有益，乃續命之津、延齡之液也。世人不知用之，殊可惜。春間採嫩葉約二十觔，用蒸籠在飯鍋蒸之，雖經鐵器無妨。否則，必須砂鍋內蒸熟，晒乾為末。飯鍋不能蒸，可用米煮粥上蒸之亦妙。不蒸熟而陰乾者，無用。大約一觔南燭葉末，加入桑葉一觔、熟地二觔、山茱萸一觔、白果一觔，花椒三兩、白朮二觔，為末，蜜為丸，白滾水送下一兩，每日于早晨服之。不特變白甚速，而且助陽補陰，延年益算。鄙意加入人參二兩，尤神之神也。倘命門寒者，加入巴戟天一觔，殊妙。

南燭葉固佳，而南燭子尤佳，深秋子結實，先紅後紫，其味甘而酸，入腎、肝二經，勝于南燭之葉。添精益髓，舒筋明目，久服延年。余更有一方，用南燭子生者二觔，搗爛，入白果去殼四兩，同搗，入山藥末一觔、茯苓四兩、芡實半觔，同搗為餅，火焙乾，為末。入枸杞子一觔、熟地一觔、山茱萸一觔、桑葉末一觔，嫩葉為妙，巨勝子半觔，共為末，蜜為丸。每日早晨，老酒送下五錢，一月白鬚變黑矣，且能顔色如童子。此方不寒不熱，自是生精聖方，修服必有利益也。

或問：變白藥亦多，何吾子獨稱南燭之子？蓋烏鬚藥，多是氣苦寒，恐有礙于脾胃。惟南燭氣味和平，而子尤加甘溫，益腎之餘，更能開胃健脾，真變白之神品、滋顔之妙藥。牧童採食輒止渴飢，此非明驗歟。

或問：南燭之黑鬚，吾子大肆闡揚，然未見子之自驗也。曰：吾尚論《本草》，實欲闡發各藥之微。南燭黑鬚，古人有服之而驗者，不必鐸之自驗也。江南人多採之以煮飯，白米輒變為黑，故俗名烏米飯，非有據之談乎？

清·李熙和《醫經允中》卷一九　南燭枝　葉即烏飯草。　辛，平，無毒。主治悅顔色，堅筋骨，多服黑髮烏鬚，久服輕身耐老。

清·馮兆張《馮氏錦囊秘錄·雜症痘疹藥性主治合參》卷四　南燭枝葉　稟春升之氣以生，《本經》言其味苦，氣平，無毒。然嘗其味多帶微澀，其氣平者，平即涼也。入心、脾、腎三經。《十劑》云：澀可去脫。非其味帶澀，則不能止泄，非其氣本涼，則不能變白。髮者，血之餘也。顔色者，血之華也。血熱則鬢髮早白，面顔枯槁。脾弱則困倦嗜臥，而氣力不長。腎虛則筋骨軟弱，而行步不前。入心涼血，入脾益氣，入腎益精。其云輕身長年，令人不飢者，非虛語矣。凡變白之藥，多是氣味苦寒，有妨脾胃，惟南燭氣味和平，兼能益脾，為修真家所須。子，味甘酸，其功效尤勝枝葉，真變白駐顔，輕身卻老之良藥也。牧童食之止飢渴，亦一驗矣。同旱蓮草、沒食子、地黃、桑椹、枸杞、山茱、首烏、白蒺藜，尤為烏鬚髮之聖藥。

南燭枝葉，又名草木之王，又名烏飯樹葉。治大人一切風疾，多採煎湯。小兒誤吞銅錢，單用燒末。堅筋骨，健行輕身，皓髮變黑。《上元寶經》曰：子服草木之王，氣與神通。子食青燭之津，命不復隕，此之謂也。

清·张璐《本經逢原》卷三　南燭牛筋樹也，俗名烏葉。　苦，平，無毒。

發明：凡滋腎藥皆能傷脾，此獨止泄除睡者，氣與神通。藏器言久服輕身不飢，變白不老者，強精益氣之驗。《千金》《月令》方用之，令四月、八日煮汁造青精飯是也。

清·浦士貞《夕庵讀本草快編》卷五　南燭《開寶》，烏飯草、男續　地中有木，南征吉也；燭者庭燎，貞明不息也。三四月採葉及子，浸米蒸飯，號曰青䭀。南燭苦平，資生之味也。止泄除睡，強筋益力，却白變黑，輕身耐飢，蓋取其汁青黑而走腎肝也。肝血盛則筋脉利，腎得滋則鬚髮黑，腎藏志故睡可除，腎作強則子可育，男續之號非虛譽矣！《上元經》云：服草木旺氣與神通，食青燭之精，命不及殞，信夫！

清·吳儀洛《本草從新》卷三　南燭〔補陰。〕苦，酸，澀，平。強筋益氣力，止泄除睡。久服輕身長年，令人不飢，變白却老。子：酸，甘，平。強筋骨，益氣力，固精駐顏。一名南天燭。時珍曰：吴楚山中甚多，葉似山礬，光滑而味酸澀，結實如朴樹子，成簇，生青，九月熟則紫色，内有細子，其味甘酸。人家多植庭除間。按《古今詩話》云：即楊桐也。葉似冬青而小，臨水生者尤茂。寒食採其葉漬水染飯，色青而光，能資陽氣，謂之青精飯。

清・汪紱《醫林纂要探源》卷二　南燭子　甘，鹹，溫。一名楊桐子，一名草木王。今人謂之烏飯，子小。葉似茶而稍短，輭嫩新枝則色黄赤，而味甘酸，微鹹，秋後結子成穗，初時色紫赤，經霜則黑，圓而少扁，大如大豆，頂有臍，如有細孔，中無核而沙細者即其核，甘美可食。補腎，煖命門，瀉邪水，滋血。能治腰痛，強筋骨。道家採其葉，搗汁漬稉米作飯，所謂青精飯，陶隱(君)〔居〕謂之烏飿。

清・嚴潔等《得配本草》卷七　南燭子俗名烏米飯。根、葉。　酸，甘，平，微涼。入足少陰經血分。強筋骨，攝精氣。得桑椹，助腎陰。配生地，治陰火。　潤腸，蜜水拌蒸。去風火，酒拌蒸。補腎，鹽水拌蒸。脾胃虚寒者禁用。亦有用之而不泄者，以酸斂故也。　根、葉　止熱。除盜汗，益氣力。　燒研，熱水調服一錢，下誤吞銅鐵。

題清・徐大椿《藥性切用》卷五　南燭葉　一名南天燭。苦酸澀平，益氣強筋，久服輕身。天燭子，甘平，功力尤勝。

清・沈金鰲《要藥分劑》卷九　南燭子　【略】鰲按：《綱目》于南燭枝葉，載有止泄、除睡、變白三條，于子載有固精、駐顏二條。其強筋益力，子與枝葉相同。此殆互文，非若他藥之主治，或子或枝或葉，有絶不相同者也。余嘗以南燭子治久痢久瀉輒效，以治飯後磕睡亦效，可知止洩除睡，不獨枝葉為然也。又嘗以子治痢血日久症亦效，此并本草所未及者。曾製一方，用南燭子為君，製首烏為臣，穀芽生焦各半為佐，其使藥則隨症加用，如久痢加黄連、木香、訶子，久瀉加山藥、建蓮，除睡加益智、遠志，痢血加黄連、槐花、當歸、地榆，真是如響斯應。

清・楊時泰《本草述鉤元》卷二四　南天燭　似木而類草，江左州郡多有之，葉類苦楝而小，淩冬不凋，臨水生者尤茂。七月開小白花，結實成簇，生青熟紫，秋中絳赤如丹。

枝葉：　味苦，微澀酸，氣平涼。入心、脾、腎三經。主治止瀉除睡，強筋，益氣力，久服輕身長年，令人不飢，變白卻老。凡血熱則鬢髮早白而顏面枯槁，脾弱則困倦嗜臥而氣力不長，腎虚則筋骨軟弱而行步不前。南燭入心涼血，入脾益氣，入腎添精，故有輕身長年等效。再變白之藥多苦寒，有妨脾胃，惟南燭氣味和平，兼能益脾仲淳。寒食采其葉，漬水染飯，色青而光，能資陽氣。烏飯法：　取莖葉搗碎，漬汁，浸粳米，九浸九蒸九曬，米粒緊小，正黑如瑿珠。袋盛之可適遠方，日進一合，不飢。益顏色，堅筋骨，能行。治一切風疾，久服輕身明目，黑髮駐顏，用南燭樹春夏取枝葉，秋冬取根皮，細剉五斤，水五斗，慢火煎取二斗，去渣淨鍋，慢火煎如稀飴，瓷瓶盛之，每溫酒服一匙，日三服。一方：　入童便同煎。

南燭子：　味酸，甘，氣平。主治變白駐顏，輕身卻老，功效尤勝枝葉。牧童食之，輒止飢渴，即其驗矣。

論：　南天燭葉實，淩冬不凋，臨水尤茂，是具足真陰之氣者也。寒食日造青精飯，能資陽氣，是水達於木也。七月結青實，九月乃紫，是本陰中具足之真陽，由金以裕其用，而火又達於金也。水達於木，則陰乘陽以升；火達於金，則陽御陰以降。凡實至秋冬而紫赤者甚多，惟合於葉之染飯色青，乃為陰升陽降耳。宜其變白卻老，為修真家所須。

清・吴其濬《植物名實圖考》卷三五　南燭　《開寶本草》始著録。道家以葉染米為青飿飯。陶隱居《登真隱訣》已載之。開花如米粒，歷歷下垂。湖南謂之飽飯花。四月八日，俚俗寺廟染飯饋問，其風猶古。《夢溪筆談》誤以為南天竹，且謂人少識者，殊欠訪詢。

清・張仁錫《藥性蒙求・木部》　南燭天(竹)〔燭〕子錢半、天(竹)〔燭〕葉　南燭苦酸，子味甘平。皆能益氣，壯骨強筋。南燭苦酸，子味甘平，葉澀平，主治相倣。又能止泄除睡，固精駐顏。〇沈金鰲曰：以南燭子治久痢久泄輒效，以治飯後瞌睡亦效。〇一名南天燭。〇附：　天燭子：　浸酒，去風痺，治三陰瘧蒸。用陳者佳。天燭葉：　治風火目赤腫痛。

清・戴葆元《本草綱目易知録》卷四　南燭子烏飯草　酸，甘，平。強筋骨，益氣力，固精駐顏。

枝葉：　苦，平。止瀉除睡，強筋脉，益氣力，久服輕身永年，煮汁造青精飯。

清・黄光霽《本草衍句》　南燭子酸，甘，平。　強筋骨，益氣力。補腎，瀉腎邪，暖命門。止泄除睡，固精駐顏。

鐵連子

明・蘭茂撰，清・管暄校補《滇南本草》卷上　鐵連子　味甘，酸，無毒。此草似烏飯菓，軟枝，無葉。主治一切酒毒成疾，治中膈存痰，胸中痞塊，食積，遍身疼痛，吐酸冷水，或因酒色成癆，發者腎氣崩疼，服數劑即愈。

綟木

宋・唐慎微《證類本草》卷一二木部上品〔唐・陳藏器《本草拾遺》〕　綟木　味甘，溫，無毒。主風血羸瘦，補腰脚，益陽道，宜浸酒。生林漢山谷。木文側，故曰綟木。

燈籠花

清・吴其濬《植物名實圖考》卷二九　燈籠花　昆明僧寺中有之。藤老蔓雜，小葉密排，糙澀無紋，俱如絡石。春開五棱紅筩子花，長幾徑寸，五尖翻翹，色獨新綠，黃鬚數莖，如鈴下垂。僧云移自騰越。余以為山中石血之別派耳。

土千年健

明・蘭茂《滇南本草》卷下　土千年健又名烏飯果，又名米飯果，又名千年矮。性溫，味酸。主治寒濕傷筋，舒筋活絡，筋攣骨痛，痰火痿軟，半身不遂，手足頑麻。

附藥酒方：千年健、鑽地風、石南籐、牛膝、秦歸、木瓜，燒酒泡服。

明・蘭茂《滇南本草》〔叢本〕卷中　土千年劍一名烏飯子，又名千年矮，又名米飯果。味酸，性溫。治寒濕傷筋，舒筋活絡。痰火痿爽，半身不遂。千年劍、鎖地風、石南籐、牛(夕)〔膝〕、秦歸、木瓜，以上炮酒用。

透骨草

明・蘭茂撰，清・管暄校補《滇南本草》卷中　透骨草　性溫，味辛，辣，有小毒。治痰火筋骨疼痛，泡酒用之良。其梗根洗風寒濕痺，筋骨疼痛，暖骨透熱，熬水洗之。

明・蘭茂《滇南本草》〔叢本〕卷下　透骨草　味辛、辣，性溫，有小毒。子，治痰火筋骨疼痛，泡酒用之良。其根梗洗風寒濕痺，筋骨疼，暖筋透骨。

清・莫樹蕃《草藥圖經》　搜山虎　春日發黃花，青葉。能治跌打損傷內傷要藥。重者一錢半，輕者一錢，不可多用。霜後葉落，但存枯根。

清・劉善述、劉士季《草木便方》卷一草部　血貫腸　搜山虎根辛活血，跌損內傷續骨節。腸風下血崩淋妙，瘀血停積勞傷滅。紅白入血分。坐山虎，闖山虎。

夾竹桃

清・吴其濬《植物名實圖考》卷三〇　夾竹桃　李衎《竹譜》：夾竹桃自南方來，名拘那夷，又名拘拏兒。花紅類桃，其根葉似竹而不勁，足供盆檻之玩。《閩小記》：曾師建《閩中記》南方花有北地所無者，闍提、茉莉，俱那異，皆出西域。盛傳閩中枸那衛即枸那異，夾竹桃也。

五加

宋・唐慎微《證類本草》卷一二木部上品〔《本經》・別錄・藥對》〕　五加皮　味辛、苦，溫，微寒，無毒。**主心腹疝氣，腹痛，益氣，療躄，小兒不能行，疽瘡陰蝕**，男子陰痿，囊下濕，小便餘瀝，女人陰痒及腰脊痛，兩脚疼痺風弱，五緩虛羸，補中益精，堅筋骨，强志意。久服輕身耐老。**一名犲漆**，一名犲節。五葉者良。生漢中及冤句。五月、七月採莖，十月採根，陰乾。遠志爲之使，畏蛇皮、玄參。

〔梁・陶弘景《本草經集注》〕云：今近道處處有，東間彌多。四葉者亦好。煮根莖釀酒，主益人。道家用此作灰，亦以煮石，與地榆並有秘法。

〔宋・掌禹錫《嘉祐本草》〕按：《蜀本圖經》云：樹生小叢，赤蔓，莖間有刺，五葉生枝端，根若荆根，皮黃黑，肉白骨硬。今所在有之。《藥性論》云：五加皮有小毒。能破逐惡風血，四肢不遂，賊風傷人，軟脚臂公對切腰，主多年瘀血在皮肌。治痺濕內不足，主虛羸，小兒三歲不能行，用此便行走。日華子云：明目，下氣，治中風，骨節攣急，補五勞七傷。葉治皮膚風，可作蔬菜食。

〔宋・蘇頌《本草圖經》〕曰：五加皮，生漢中及冤句，今江淮、湖南州郡皆有之。春生苗，莖、葉俱青，作叢。赤莖又似藤蔓，高三五尺，上有黑刺。葉生五叉作簇者良。四葉、三葉者最多，爲次。每一葉下生一刺。三四月開白花，結細青子，至六月漸黑色。根若荆根，皮黃黑，肉白，骨堅硬。五月、七月採莖，十月採根，陰乾用。蘄州人呼爲木骨。一說今所用乃有數種。京師、北地者，大片類秦皮、黃蘗輩，平直如板而色白，絕無氣味，療風痛頗效，餘不入用。吳中乃剝野椿根爲五加皮，柔韌而無味，殊爲乖失。今江淮間所生乃爲真者，類地骨，輕脆芬香是也。其苗莖有刺類薔薇，長者至丈餘。葉五出，如桃花，香氣如橄欖。春時結實，如豆粒而扁，春青，得霜乃紫黑。吳中亦多，俗名爲追風使，亦白刺通。剝取酒漬以療風，乃不知其爲五加皮也。江淮、吳中往往以爲藩籬，正似薔薇、金櫻輩，一如上所說，但北間多不知用此種耳。亦可以釀酒，飲之治風痺、四肢攣急。

〔宋·唐慎微《證類本草》〕陳藏器序：五加皮花者，治眼𥇒人，擣末酒調服，自正。雷公曰：今五加皮，其樹本是白楸樹。其上有葉如蒲葉者，其葉三花是雄，五葉花是雌。剝皮陰乾。陽人使陰，陰人使陽。《外臺秘要》：治服諸藥石後，或熱噤多向冷地卧，又不得食諸熱麪、酒等方：五加皮二兩，以水四升，煮取二升半，候石發之時便服，未定更服。《楊氏產乳》：療竈丹，從兩脚赤如火燒。五加葉、根燒作灰五兩，取煅鐵家槽中水，和塗之。《東華真人煮石經》：舜常登蒼梧山，曰：厥金玉之香草，朕用偃息正道，此乃五加也。又異名曰金鹽。昔西域真人王屋山人王常言：何以得長久？何不食石蓄金鹽。母何以得長壽？何不食石用玉豉。玉豉者，即地榆也。五加、地榆皆是煮石而餌，得長生之藥也。昔尹公度聞孟綽子、董士固共相與言曰：寧得一把五加，不用金玉滿車。寧得一斤地榆，安用明月寶珠。魯定公母單服五加酒，以致不死，臨隱去佯託死，時人自莫之悟耳。張子聲、楊建始、王叔才、于世彥等，皆服此酒而房室不絕，得壽三百年，有子二十人。世世有得服五加酒散，而獲延年不死者，不可勝計。或只爲散以代湯茶而餌之，驗亦然也。大王君謂五加云：蓋天有五車之星精也。金應五湖，人應五德，位應五方，物應五車。故青精入莖，則有東方之液；白氣入節，則有西方之津；赤氣入華，則有南方之光；玄精入根，則有北方之粭；黄煙入皮，則有戊己之靈。五神鎮生，相轉育成。用之者真仙，服之者返嬰也。

宋·鄭樵《通志》卷七六《昆蟲草木略》　五加　曰犲漆，曰犲節。葉作五叉。蘄州呼為木骨。入藥用根皮。道家呼為金鹽母，與地榆皆可煮石，故曰：何以得長久？何不食石蓄金鹽母。何以得長壽？何不食石用玉豉。玉豉者，即地榆也。又曰：寧得一把五加，不用金玉滿車。寧得一斤地榆，安用明月寶珠。

宋·劉明之《圖經本草藥性總論》卷下　五加皮　味辛、苦，溫，微寒，無毒。主心腹疝氣腹痛，益氣，療躄小兒不能行，疽瘡陰蝕，男子陰痿囊下濕，小便餘瀝，女人陰痒，及腰脊痛，兩腳疼痺，風弱五緩虛羸，補中益精，堅筋骨，強志意。《藥性論》云：破逐惡風血，四肢不遂，賊風傷人，軟脚臂腰，主多年瘀血在皮肌，治痺濕內不足，主虛羸。日華子云：明目下氣，治中風骨節攣急，補五勞七傷。葉，治皮膚風。可作蔬食。遠志為之使。畏蛇皮、玄參。

宋·陳衍《寶慶本草折衷》卷一二　五加皮　一名豺漆，一名豺節，一名木骨，一名追風使，一名刺通。○《炮炙論》云：一名五花皮。生漢中及冤句、東間，江淮，湖南，蘄、衡州，無為軍，今處處有之。○七月採根，去心陰乾。○遠志為使，畏蛇皮、玄參。

味辛、苦，溫，無毒。○主心腹疝氣痛，益氣，療躄，疽瘡，陰蝕，男子陰痿囊濕，小便餘瀝，女人陰痒及腰脊痛，兩脚疼痺風弱，五緩虛羸，補中益精，堅筋骨，強志意。○《藥性論》云：破逐惡風血，四肢不遂，賊風傷人。主瘀血在皮肌，治痺濕，內不足，小兒三歲不能行，用此便行走。○日華子云：明目下氣，治中風，骨節攣急，補五勞七傷。○《圖經》曰：根若荊根，皮黃黑，肉白，骨堅硬。有數種，京師北地者大片，類秦皮、黃蘗輩，平直如板而色白，絕無氣味。療風痛頗效。吳中剝野椿根為五加皮，柔韌，無味，殊為乖失。今江淮間所生乃為真者，類地骨，輕脆芬香是也。○《博濟方》：十革散中用五加皮壹兩，入吳茱萸壹兩，水壹椀，同煮，水盡為度。去吳茱萸。其茱萸辛烈，氣味悉歸於此皮，故其力尤倍也。

元·尚從善《本草元命苞》卷六　五加皮　味辛、苦，溫性微寒。遠志為使。畏蛇皮、玄參。名豺漆、豺節。療躄小兒不能行，治疝大人臍腹痛。男子陰痿，囊下濕，小便餘瀝，女人陰痒。腰脊痛，兩腳難伸。主中風濕痺，骨節拘攣。破留血賊風，四肢不遂。堅筋骨，益精補中，強意志，輕身不老。生漢中冤句，及江淮、湖南、無為軍。根輕脆芬香，生五葉，皮黃黑，肉白。吳中野椿根亂真，柔韌而絕無氣味。葉治皮膚風，可作蔬菜食。花療眼𥇒，又酒調服。自正大王君謂五加云，蓋天有五車之星精也。金應五湖，人應五德，位應五方，拘應五車，故青精入莖，則有東方之液，白氣入節，則有西方之津，赤氣入花，則有南方之光，玄精入根，則有北方之粭，黃煙入皮，則有戊己之靈。五神鎮主，相轉育成。用之者，真仙服之者，反嬰也。粭，與之切，即飴也。

明·蘭茂撰，清·管暄校補《滇南本草》卷下　五加皮　性溫，味苦、辛。入肺腎。主治腰疼，疝氣，筋骨拘攣，小兒脚軟。

明·蘭茂《滇南本草》〔叢本〕卷中　五加皮　味苦、辛，性溫。入肺、骨。治腰膝酸疼，疝氣，筋拘攣，小兒脚軟。

明·王綸《本草集要》卷四　五加皮　味辛苦，氣溫，微寒，無毒。遠志為之使。畏蛇皮、玄參。五月七月採莖，十月採根，陰乾。主心腹疝氣腹痛，益氣，療躄，小兒不能行。疽瘡陰蝕，男子陰痿囊濕，小便遺瀝，女人陰癢，腰脊痛，腳痹痛風弱，五緩。治多年瘀血在皮肌，補中益精，堅筋骨，強志意，久服輕身耐老。釀酒飲，治風痹，四肢攣急，延年不死，仙經藥也。

明・滕弘《神農本經會通》卷二　五加皮　遠志為之使。畏蛇皮、玄參。

五月七日採莖，十月採根，陰乾。五葉者良。一名犲漆，一名犲節。生漢中及宛句。陶云：四葉者亦好。

味辛、苦，氣溫，微寒，無毒。東云：堅筋骨立行。

《本經》云：主心腹疝氣，腹痛，益氣，療躄，小兒不能行。疽瘡陰蝕，男子陰痿囊下濕，小便餘瀝，女人陰痒，及腰脊痛，兩脚疼痺風弱，五緩虛羸，補中益精，堅筋骨，强志意，久服輕身耐老。《藥性論》云：有小毒。破逐惡風血，四肢不遂，賊風傷人，軟脚，臂腰，主多年瘀血在皮肌，治痺，溫内不足，主虛羸，小兒三歲不能行，用此便行走。日華子云：明目，下氣，治中風骨節攣急，補五勞七傷。葉，治皮膚風，可作蔬菜食。《圖經》云：今江淮間所生，乃為真者，類地骨，輕脆芬香是也。香氣如橄欖，春時結人如豆粒而扁，春青，得霜乃紫黑。亦可以釀酒飲之，治風痺，四肢攣急。陳藏器云：五加皮，花者治眼臃人，擣末，酒調服，自正。《煑石經》云：何以得長久，何不食石畜金鹽。何以得長壽，何不食石用玉豉。即五加皮、地榆。五加、地榆皆是煑石而餌，得長生之藥也。昔孟綽子董士固，共相與言曰：寧得一把五加，不用黃金滿車。寧得一斤地榆，不用明月寶珠。張子聲、楊建始、王叔才，于出彥等，皆服此酒，而房室不絕，得壽三百年，有子二十人。世世有得服五加酒散，而獲延年不死者，不可勝計。或只為散，以代湯茶而餌之，驗亦然也。大王君謂五加云：蓋天有五車之星精也。金應五湖，人應五德，位應五方，物應五車，故青精入莖，則有東方之液；白氣入節，則有西方之建；紅氣入華，則有南方之光；玄精入相，則有北方之人；黃煙入皮，則有戊己之靈。五神鎮主，相轉育成，用之者真仙，服之者反嬰也。《局》云：五加皮主風寒痺，心痛堅筋更益精。并治陰瘡通疝氣，又醫幼小不能行。五加皮，舒筋展痺。《蜀圖經》云：樹生小叢，赤蔓，莖間有刺，五葉生枝端，根若荊根，皮黃黑，肉白，骨硬。今所在有之。《圖經》云：今江淮湖南州郡皆有之。春生苗，莖葉青，作叢，赤莖，又似藤蔓，高三五尺，上有黑刺，葉生五叉，作蔟者良。四葉三葉者最多，為次。每一葉下生一刺。今所用乃有數種，京師北地者大片，類秦皮、黃蘗輩，平直如板而色白，絕無氣味，療風痛頗効，餘不入用。吳中乃剝野椿根為五加皮，柔韌而無味，殊為乖失。今江淮所生為真。莖葉有刺，長者至丈餘，葉五出如(挑)[桃]花。江淮吳中，往往以為藩，正似薔薇金櫻輩。

明・劉文泰《本草品彙精要》卷一六　五加皮無毒　植生。

五加皮出《神農本經》：**主心腹疝氣，腹痛，益氣，療躄，小兒不能行，疽瘡，陰蝕。**以上朱字《神農本經》。男子陰痿，囊下濕，小便餘瀝，女人陰癢，及腰脊痛，兩腳疼痺，風弱，五緩，虛羸，補中益精，堅筋骨，強志意。久服輕身耐老。以上黑字名醫所錄。【名】犲漆、犲節、追風使、木骨、刺通。【苗】《圖經》曰：春生苗，莖葉俱青，作叢。赤莖者似藤蔓，高三五尺，上有黑刺。葉生無叉作簇者良，四葉三葉者最多，爲次。每一葉下生一刺。三四月開白花，結細青子，至六月漸黑色，根若荊根，皮黃黑肉白，骨堅硬。蘄州人呼爲木骨。一說今所用乃有數種，京師北地者，大片類秦皮、黃檗輩，平直如板而色白，絕無氣味，療風痛頗效，餘不堪用。吳中乃剝野椿根爲五加皮，柔韌而無味，殊爲乖失。今江淮間所生乃爲真者，類地骨皮，輕脆芬香是也。其苗莖有刺，類薔薇，長者至丈餘，葉五出，如桃花，香氣如橄欖，春時結實如豆粒而扁，春青，得霜乃紫黑。吳中亦多，俗多爲追風使，亦曰刺通，剝取酒漬以療風，乃不知其爲五加皮也。江淮、吳中往往爲藩籬，正似薔薇、金櫻輩。一如上所說，但北間多不知用此種耳。雷公云：今五加皮，其樹本是白楸樹，其上葉如蒲葉者，其葉三花是雄，五葉花是雌，剝皮陰乾，陽人使陰，陰人使陽。【地】《圖經》曰：生漢中及宛句，今湖南州郡、京師北地、蘄州皆有之。【道地】江淮間及吳中者佳。【時】生：春生苗。採：五月七月取莖皮，十月取根皮。【收】陰乾。【用】皮。【質】類地骨皮，輕脆而芬香。【色】褐。【味】辛，苦。【性】溫，微寒，散。【氣】氣厚味薄，陽中之陰。【臭】香。【主】諸痹，風濕，堅壯筋骨。【助】遠志爲之使。【反】畏蛇皮、玄參。【製】剉碎用。【治】療：《藥性論》云：能破逐惡風血，四肢不遂，賊風傷人，軟腳臂公對切腰，主多年瘀血在皮肌，及痹濕內不足，並虛羸，小兒三歲不能行，用此便行走。日華子云：明目下氣，治中風，骨節攣急。○葉，治皮膚風。補：日華子云：補五勞七傷。【合治】釀酒飲之，治風痹，四肢攣急。

明・俞弁《續醫說》卷一〇　五加皮　性微寒，無毒。其樹身幹皆有刺，葉如楸，俗呼為刺楸。在在有之。春採芽，可食，味辛而微苦，食之極能益壽。古人以此釀酒。《本草》云：主治風痹，四肢攣急，補中益精，堅筋骨，強志意，能消皮膚間瘀血。又云：寧得一把五加，不用金玉滿車。此藥有益於人，故珍重如此。

明·葉文齡《醫學統旨》卷八 五加皮 氣溫，微寒，味辛、苦。無毒。遠志為之使；畏蛇皮、玄參。治心腹疝痛，益氣療躄，小兒不能行，疽瘡陰蝕；男子陰痿囊濕，小便遺瀝，女人陰痒腰脊痛，脚痺痛風弱五緩，多年瘀血在皮肌；補中益精，堅筋骨，強志意；釀酒飲治風痺，四肢攣急，延年。

明·許希周《藥性粗評》卷三 痿弱成癆，皮五加而自健。

五加皮，一名犲節。其樹類薔薇，三、四月開白花，結細青子，至六月漸黑色。江南山阪處處有之。葉生五釵，作簇者良；四葉、二葉為次。五、七月採莖，十月採根，剝皮，陰乾。遠志為之使，畏蛇皮、玄參。味辛、苦，性溫、微寒，無毒。主治風寒濕痹，五癆七傷，丈夫陰痿，小兒脚弱，補中益精，堅筋骨，強志意，利腰膝，久服輕身(柰)[耐]老。古人有言曰：寧得一把五加，不用金玉滿車。蓋言其為仙藥也，故有單服五加酒以致不死者。

單方：驅病延年：凡患前項所開病證，及欲延年不老者，以五加根莖洗淨，煮水量多少以釀酒，隨意溫飲之，四季不絕，其效無比。又有作丸法，五加皮一斤，清水洗淨，用米泔水浸一宿，次日晒乾，又用好酒浸一宿，次日晒乾，又用淡醋浸一宿，次日晒乾，又用童子小便浸一宿，次日却陰乾不晒，待乾，杵為細末，不犯鐵器，以蕎麥麵作糊，丸如梧桐子大，每日空心溫酒送下五七十丸，一日三次，久久其效無比。

明·鄭寧《藥性要略大全》卷五 五加皮 治心腹痛，腰脊痛痺風弱，五勞七傷，補虛益氣，堅筋骨，能立行，強志意，治疽瘡，男子陰痿囊濕，小便餘瀝。治小兒腳弱不能行，療女人陰痒陰蝕。味苦、辛，氣溫、微寒，無毒。遠志為之使。畏蛇皮、玄參。用根皮。五加葉：治皮風。可作蔬食。

明·陳嘉謨《本草蒙筌》卷一 五加皮 味辛、苦，氣溫、微寒。無毒。山澤多生，隨處俱有。藤蔓類木，高並人肩。五葉作叢為良，三葉四葉略次。凡使入藥，採根取皮。畏蛇蛻人參，宜遠志為使。堪用釀酒，任研為丸。逐多年瘀血在皮筋中，毆常痛風痹纏脚膝裏。堅筋骨健步，強志意益精。去女人陰癢難當，扶男子陽痿不舉。小便遺瀝可止，陰蝕疽瘡能除。輕身延年，長生不老，真仙經藥也。葉採作蔬食，散風瘮於一身；根莖煎酒嘗治風癱於四末。

謨按：五加之名據義甚大，蓋天有五車之星精也。青精入莖，則有東方之液；白氣入節，則有西方之津；赤氣入華，則有南方之光；玄精入根，則有北方之飴；黃煙入皮，則有戊己之靈。五神鎮生，相轉育成。服一年者，貌如童稚。服三年者，可作神仙。故魯定公母單服此酒，以致不死。張子聲等皆服，得生三十餘子，享壽三百多年。昔人嘗云：寧得一把五加，不用金玉滿車。寧得一斤地榆，不用明月寶珠。信非長生之藥致是稱乎。

明·王文潔《太乙仙製本草藥性大全》卷三《本草精義》 五加皮 一名犲漆，一名犲節。生漢中及冤句，今江淮、湖南州郡皆有之。春生苗，莖葉俱青，作叢，赤莖，又似藤葛，高三五尺，上有黑刺，葉生五叉作簇者良，四葉三葉者最多爲次，每一葉下生一刺。三四月開白花，結細青子，至六月漸黑色。根若荊根，皮黃黑，肉白，骨堅硬。五月、七月採莖，十月採根，陰乾用。惡蛇皮、玄參。蘄州人呼爲木骨。一說今所用乃有數種，京師北地者，大片類秦皮、黃蘗輩，平直如板而色白，絕無氣味。療風痛頗效，餘不入用。吳中乃剝野椿根爲五加皮，柔韌而無味，殊爲乖失。今江淮間所生，乃爲真者，類地骨，輕脆芬香是也，其苗莖有刺，類薔薇，長者至丈餘，葉五出如桃花，香氣如橄欖，春時結實如豆粒而扁，春青，得霜乃紫黑。吳中亦多，俗名爲追風使，亦曰刺通，剝取酒漬以療風，乃不知其爲五加皮也。江淮吳中往往以爲藩籬，正似薔薇、金櫻輩。一如上所說，但此間多不知用此種耳。亦可以釀酒飲之，治風痹、四肢攣急。

明·王文潔《太乙仙製本草藥性大全》卷三《仙製藥性》 五加皮 味辛、苦，氣溫，微寒，無毒。遠志爲之使。主治：主心腹、腰脊疼痛，脚痹風弱。治五勞七傷虛弱，健骨強筋，男子陰痿囊濕，小便遺瀝，女人陰痒蟲蝕，小腹疝氣，疽瘡。能補中益精，明目，強志。治多年瘀血，下痢，皮膚下氣。釀酒飲治風痹，四肢攣急。若久服即輕身、耐老、延年，誠不死仙經藥也。葉：治皮風，可作蔬食。補註：治服諸藥石後，或熱噤多向冷地臥，又不得食諸熱麪酒等方：五加皮二兩，以水四升，煮取二升半，候石發之時便服，未定更服。療竈丹，從兩脚赤如火燒，五加葉根燒作灰五兩，取煅鐵家槽中水，和塗之愈。五加皮花者，治腹腫人，搗末酒調服自痊。太乙曰：今五加皮，其樹本是白楸樹，其上有葉如蒲葉者，其葉三花是雄，五葉花是雌。剝皮陰乾。陽人使陰，陰人使陽。東華真人《煮石經》：舜常登蒼梧山，曰厥金玉之香草，服用偃息正道，此乃五加也，又異名曰金鹽。昔西域真人王屋山人王常言：何以得長久？何不食石蓄金鹽。母何以得長壽？何不食石用玉豉。玉豉者，即地榆也。五加、地榆皆是煮石而餌得長生之藥也。昔尹公度聞孟綽子、董士固共相與言曰：寧得一把五加，不用金玉滿車，寧得一斤地榆，安用明月寶珠！

明·皇甫嵩《本草發明》卷四

五加皮上品，君。氣溫、微寒，味辛、苦，無毒。

發明曰：五加皮辛溫，散風益血之劑。故《本草》主心腹疝氣腹痛，男子陰痿，陰痒囊濕，疽瘡陰蝕，小便遺瀝，補中益氣，益精，堅筋骨，強志，久服輕身耐老。風弱五緩，腰膝痛，脚痺痛及小兒不能行，女人陰痒。又破逐惡風血，四肢不遂及多年瘀血在皮膚，釀酒飲。治風痺，四肢攣急。其散風益血大略見矣。按：五加之名甚大，蓋天有五車之星精，入五方，五神鎮生，相轉育成，服一年童顔，三年作仙。昔人云：寧得一把五加，不用金玉滿車。寧得一斤地榆，不用明月寶珠。非長生之藥乎？今五加樹，本是白楸，葉如蒲葉，葉三花是雄，五花是雌，雌者良。取皮用。生漢中。但今市賣恐無真者，吳中削野椿皮為五加，柔韌無味，不堪。江淮間所生乃真，類地骨皮，輕脫芬香是也。遠志為之使。畏蛇皮、玄參。

明·李時珍《本草綱目》卷三六木部·灌木類

五加《本經》上品

【釋名】五佳《綱目》 五花《炮炙論》 文章草《綱目》 白刺《綱目》 追風使《圖經》 木骨《圖經》 金鹽《仙經》 豺漆《本經》 豺節《別録》

時珍曰：此藥以五葉交加者良，故名五加，又名五花。楊慎《丹鉛録》作五佳，云一枝五葉者佳故也。蜀人呼爲白刺。譙周《巴蜀異物志》名文章草。有贊云：文章作酒，能成其味。以金買草，不言其貴。是矣。《本草》豺漆、豺節之名，不知取何義也。頌曰：蘄州人呼爲木骨，吳中俗名追風使。

【集解】《別録》曰：五加皮五葉者良，生漢中及冤句。五月、七月采莖，十月采根，陰乾。弘景曰：近道處處有之，東間彌多。四葉者亦好。頌曰：今江淮、湖南州郡皆有之。春生苗，莖、葉俱青，作叢。赤莖又似藤葛，高三五尺，上有黑刺。葉生五枚作簇者良。四葉、三葉者最多，爲次。每一葉下生一刺。三四月開白花，結青子，至六月漸黑色。根若荆根，皮黄黑，肉白色，骨硬。一説今有數種：汴京、北地者，大片類秦皮、黄蘗輩，平直如板而色白，絶無氣味，療風痛頗效，餘無所用。吳中乃剥野椿根皮爲五加，柔韌而無味，殊爲乖失。今江淮所生者，根類地骨皮，輕脆芬香。其苗莖有刺類薔薇，長者至丈餘。葉五出，香氣如橄欖。春時結實，如豆粒而扁，青色，得霜乃紫黑。俗但名爲追風使，以漬酒療風，乃不知其爲真五加皮也。今江淮、吳中往往以爲藩蘺，正似薔(蘼)〔薇〕、金(銀)〔櫻〕輩，而北間多不知用此種。斆曰：五加皮樹本是白楸樹。其上有葉如蒲葉，三花者是雄，五花者是雌。陽人使陰，陰人使陽，剥皮陰乾。機曰：生南地者類草，故小；生北地者類木，故大。時珍曰：春月于舊枝上抽條葉，山人采爲蔬茹。正如枸杞生北方沙地者皆木類，南方堅地者如草類也。唐時惟取峽州者充貢。雷氏言葉如蒲者，非也。

根皮 同莖。【氣味】辛，温，無毒。之才曰：遠志爲之使。惡玄參、蛇皮。

【主治】心腹疝氣腹痛，益氣療躄，小兒三歲不能行，疽瘡陰蝕《本經》。男子陰痿，囊下濕，小便餘瀝，女人陰癢及腰脊痛，兩脚疼痹風弱，五緩虚羸，補中益精，堅筋骨，强志意。久服，輕身耐老《別録》。破逐惡風血，四肢不遂，賊風傷人，軟脚臂腰，主多年瘀血在皮肌，治痹濕内不足甄權。明目下氣，治中風骨節攣急，補五勞七傷大明。釀酒飲，治風痹四肢攣急蘇頌。作末浸酒飲，治目僻眼𥈿雷斆。〇葉作蔬食，去皮膚風濕大明。

【發明】弘景曰：煮根莖釀酒飲，益人。道家用此作灰煮石，與地榆並有秘法。慎微曰：東華真人《煮石經》云：昔有西域真人王屋山人王常云：何以得長久？何不食石蓄金鹽？母(可)〔何〕以得長壽，何不食石用玉豉。玉豉，地榆也；金鹽，五加也。皆是煮石而餌得長生之藥也。昔孟綽子、董士固相與言云：寧得一把五加，不用金玉滿車。寧得一斤地榆，不用明月寶珠。又昔魯定公母服五加酒，以致不死，尸解而去。張子聲、楊建始、王叔(牙)〔才〕、于世彦等，皆服此酒而房室不絶，得壽三百年。亦可爲散以代湯茶。王君云：五加者，五車星之精也。水應五湖，人應五德，位應五方，物應五車。故青精入莖，則有東方之液；白氣入節，則有西方之津；赤氣入華，則有南方之光；玄精入根，則有北方之飴；黄烟入皮，則有戊己之靈。五神鎮生，相轉育成。餌之者真仙，服之者反嬰。時珍曰：五加治風濕痿痹，壯筋骨，其功良深。仙家所述，雖若過情，蓋獎辭多溢，亦常理爾。造酒之方：用五加根、皮，洗净，去骨、莖、葉，亦可以水煎汁，和麴釀米酒成，時時飲之。亦可煮酒飲。加遠志爲使更良。一方：加木瓜煮酒服。談野翁《試驗方》云：神仙煮酒法，用五加皮、地榆，刮去粗皮各一斤，袋盛，入無灰好酒二斗中，大罈封固，安大鍋内，文武火煮之。罈上安米一合，米熟爲度。取出火毒，以渣晒乾爲丸。每旦服五十丸，藥酒送下，臨卧再服。能去風濕，壯筋骨，順氣化痰，添精補髓。久服延年益老，功難盡述。王綸《醫論》云：風病飲酒能生痰火，惟五加一味浸酒，日飲數盃，最有益。諸浸酒藥，惟五加與酒相合，且味美也。

【附方】舊二，新六。

虚勞不足：五加皮、枸杞根，白皮各一斗，水一石五斗，煮汁七斗，分取四斗，浸麴一斗，以三斗拌飯，如常釀酒法，待熟任飲。《千金方》。

男婦脚氣：骨節皮膚腫濕疼痛，服此進飲食，健氣力，不忘事，名五加皮丸。〔五加皮〕四兩，酒浸，遠志去心四兩酒浸，並春秋三日，夏二日，冬四日，日乾爲末，以浸酒爲糊，丸梧子大。每服四五十丸，(生)〔空〕心温酒下。藥酒壞，别用酒爲糊。薩謙齋《瑞竹堂方》。

小兒行遲：三歲不能行者，用此便走。五加皮五錢，牛膝、木瓜二錢半，爲末。每服五分，米飲入酒二三點調服。《全幼心鑒》。

婦人血勞：憔悴困倦，喘滿虚煩，噏噏少氣，發熱多汗，口乾舌澀，不思飲食，名血風勞。油煎散：用五加皮、牡丹皮、赤芍藥、當歸各一兩，爲末。每用一錢，水一盞，用青錢一文，蘸油入藥，煎七分，溫服。常服能肥婦人。《太平惠民和劑局方》。

五勞七傷：五月五日采五加莖，七月七日采葉，九月九日取根，治下篩。每酒服方寸匕，日三服。久服去風勞。《千金》。　目瞑息膚：五加皮不聞水聲者，搗末一升，和酒二升，浸七日。一日服二次，禁醋。二七日偏身生瘡，是毒出。不出，以生熟湯浴之，取瘡愈。《千金方》。　服石毒發：或熱噤，向冷地卧。五加皮二兩，水四升，煮二升半，發時便服。《外臺秘要》。　火竈丹毒：從兩脚起，〔赤〕如火燒。五加根、葉燒灰五兩，取煅鐵家槽中水和，塗之。《楊氏産乳》。

題明・薛己《本草約言》卷二《藥性本草》　五加皮　味辛、苦，氣溫、微寒，無毒。陽中之陰，可升可降，入足少陰腎。堅筋骨之緩弱，利周身之血氣，去固結之風濕，療日久之痛痹。釀酒飲治風痹，四肢拘攣。遠志為之使。○葉採作蔬食，散風癧于一身。根莖煎酒嘗，治風痹于四末。五加皮辛溫，散風益血之劑，故《本草》治心腹腰膝痛，強筋堅骨及疽瘡、陰痿、囊濕，小兒脚軟，女人陰痒、陰蝕，且延年益壽。其散風益血，大略見矣。

明・周履靖《茹草編》卷二　紫棘芽即五加皮。　紫棘芽，紫棘芽，含苞春早浥露華。名系藥譜，味奪新茶。鴻漸玄心久，相如渴思賒。山童采取日盈筐，颯颯松風響夜窗。若使盧仝知此味，不教七碗便相忘。　二三月採嫩芽，火焙，烹點代茶。

明・梅得春《藥性會元》卷中　五加皮　味辛、苦，氣溫，無毒。畏蛇皮、玄參。其樹乃白楸也，五葉者良。　主治心腹疝痛，益神，堅筋骨，舒筋展痹，療風寒濕痹，男子陰痿、囊濕，小便遺瀝，疽瘡；女人陰痒、陰蝕，腰脊痛，脚痹痛風，膝軟五緩。又治多年瘀血在皮肌，益精長志。釀治飲，治風痹、四肢攣急。小兒幼不能行履，服之良。

明・穆世錫《食物輯要》卷三　五(茄)〔加〕芽　味辛、甘，性溫，無毒。和脾胃，強筋骨，去風膚風濕痹痛。

明・李中立《本草原始》卷四　五加　始生漢中及冤句，今近道處處有之。春生苗，莖葉俱青，作叢。赤莖又似藤蔓，高三五尺，上有黑刺。葉生五杈，作簇者良。四葉、三葉者最多，為次。每一葉下生一刺。三四月開白花，結青子，至六月漸黑色。根若荊根，皮黃黑，肉白、骨硬。十月采根，陰乾。今江淮所生者，根類地骨皮，輕脆芬香是也。其苗莖有刺，類薔薇，長者至丈餘。葉五出，香氣如橄欖。春時結實如豆粒而扁青色，得霜乃紫黑。吳中亦多，俗名為追風使。機曰：生南方者類草，故小；生北方者類木，故大。時珍曰：春月于舊枝上抽條，山人采為蔬茹，正如枸杞，生南方堅地者如草類，生北方沙地者皆木類也。此藥以五葉交加者良，故名五加。楊慎《丹鉛錄》作五佳，云一枝五葉者佳，故也。《炮炙論》名五花。蜀人呼為白刺。譙周《巴蜀異物志》名文章草。有贊云：文章作酒，能成其味。以金買草，不言其貴。是也。　五加皮：氣味：辛，溫，無毒。主治：心腹疝氣腹痛，益氣療躄，小兒三歲不能行，疽瘡陰蝕。○男子陰痿，囊下濕，小便餘瀝，女人陰癢，及腰脊痛，兩腳疼痹，風弱五緩虛羸，補中益精，堅筋骨，強志意。久服輕身耐老。○破逐惡風血，四肢不遂，賊風傷人，軟腳腎腰，主多年瘀血在皮肌。治痹濕內不足。○明目下氣，治中風骨節攣急，補五勞七傷。○釀酒飲，治風痹，四肢攣急。○作末浸酒飲，治目僻眼睢。○葉，作蔬食，去皮膚風濕。

五加皮，《本經》上品。【圖略】今市賣一種，曰南五加皮，色白，彷彿白鮮，柔韌而無味，殊為乖失。　五加皮，五葉者良。根黃色，類地骨皮，輕脆芬香者為真。　修治：五加皮，去骨。之才曰：遠志為之使，惡玄參、蛇皮。

昔魯定公母單服五加酒，以致不死。臨隱去，佯託死，時人自莫之悟耳。張子聲、楊建始、王叔才、于世彥，皆服此酒而房室不絕，得壽三百年，有子二十人，世世有得服五加酒散而獲延年不死者，不可勝計。或又為散以代湯茶而餌之，驗亦然也。王君謂五加云：蓋天有五車之星精也。金應五湖，人應五德，位應五方，物應五車。故青精入莖，則有東方之液；白氣入節，則有西方之津；赤氣入華，則有南方之光；玄精入根，則有北方之粭；黃煙入皮，則有戊己之靈。五神鎮生，相轉育成，用之者真仙，服之者反嬰也。

明・張懋辰《本草便》卷二　五加皮　味辛、苦，氣溫，微寒，無毒。畏蛇皮、玄參。　主心腹疝氣腹痛，益氣，療躄，小兒不能行，疽瘡陰蝕，男子陰痿囊濕，小便遺瀝，女人陰痒，腰脊痛，脚痹痛，風弱五緩。治多年瘀血在皮肌，補中益精，堅筋骨，強志意。

明・吳文炳《藥性全備食物本草》卷一　五加芽　味辛、甘，溫，無毒。和脾胃，強筋骨，去皮膚風濕痹痛。

明・李中梓《藥性解》卷五　五加皮　味辛、苦，性溫，無毒，入肺、腎二經。主心腹腰膝痛，疝氣，骨節拘攣多年，瘀血在皮膚，陰痿囊濕，小兒腳軟，女子陰痒陰蝕，補勞傷，堅筋骨，益志氣，添精髓，久服延年。遠志為使，畏蛇皮、玄參。按：五加皮辛能瀉肺，苦能堅腎，宜並入之，心腹等件，何非兩經之症，而有不治者耶？昔張子聲、楊建如、王叔牙、于世彥等，皆服五加皮酒，不絕房室，得壽三百歲，有子二十人，延年之說，此其徵矣。

明・繆希雍《本草經疏》卷一二 五加皮 味辛，溫、微寒，無毒。主心腹疝氣腹痛，益氣療躄。小兒不能行，疽瘡陰蝕，男子陰痿囊下濕，小便餘瀝，女人陰癢，及腰脊痛，兩腳疼痹風弱，五緩虛羸，補中益精，堅筋骨，強志意。久服輕身耐老。

【疏】五加皮在天得少陽之氣，為五車星之精，在地得火金之味，故其味辛，其氣溫，而其性無毒。《別錄》加苦，微寒。氣味俱厚，沉而陰也。入足少陰、足厥陰經。觀《本經》所主諸證，皆因風寒濕邪傷於二經之故，而濕氣尤為最也。其治疝氣腹痛，療躄，小兒不能行，陰蝕疽瘡，男子陰痿囊下濕，小便餘瀝，女人陰癢，脊痛兩腳疼痹風弱者何？莫非二經受風寒濕邪所致，《經》云：傷於濕者，下先受之。又云：地之濕氣，感則害人皮肉筋脈。肝腎居下而主筋骨，故風寒濕之邪多自二經先受。此藥辛能散風，溫能除寒，苦能燥濕，二臟得其氣而諸證悉瘳矣。又濕氣浸淫則五臟筋脈緩縱，濕氣留中則虛羸氣乏，濕邪既去則中焦治而筋骨自堅，氣日益而中自補也。其主益精強志者，腎藏精與志也。輕身者，除風濕之效也。耐老者，補肝腎之功也。昔人云：寧得一把五加，不用金銀滿車。寧得一斤地榆，安用明月寶珠。又昔魯定公母，單服五加酒，以致不死。又東華真人煮石法，用玉豉、金鹽。玉豉，地榆也。金鹽，五加也。世為僊經所須。其能輕身耐老，又可知矣。【主治參互】得牛膝、木瓜、黃蘗、麥門冬、生地黃、薏苡仁、石斛、虎脛骨、山藥，治濕熱痿痹，腰已下不能行動。同續斷、杜仲、牛膝、山茱萸、巴戟天、破故紙，治腎虛寒濕客之作腰痛。同二术、萆薢、石菖蒲、薏苡仁、白蒺藜、甘菊花、防風、羌活、獨活、白鮮皮、石斛，治風寒濕成痹。同石菖蒲、連翹、蒼术、黃蘗、黃耆、薏苡仁、金銀花、鼈蝨胡麻、木瓜、土茯苓，治下部濕瘡久不愈。兼治膿窠瘡如神。同黃蘗末、菖蒲末、蛇牀子，俱為細末，傅囊濕神效。如欲作湯沐，加荊芥、苦參、防風。一味釀酒飲之，治風痹四肢拘攣。《全幼心鑒》治小兒三歲不能行，用此便走。五加皮五錢，牛膝、木瓜各二錢半，為末。每服五分，米飲入酒二三滴，調服。【簡誤】下部無風寒濕邪而有火者，不宜用。肝腎虛而有火者，亦忌之。

明・倪朱謨《本草彙言》卷一〇 五加皮 味辛、苦，氣溫，無毒。氣味俱厚，沉而陰也。入足少陰，厥陰經。《別錄》曰：五加皮，生漢中及寃句。蘇氏曰：今江淮、湖南州郡，及汴京北地亦有之。宿根再發，春苗叢生，莖赤葉青。莖類藤葛，高六七八尺，或丈餘，枝葉交加，間有刺，舊名白刺。每葉五出，香如橄欖。或三出。五出者佳，三出者亦可用，惟四出者不堪用。葉類薔薇，邊有鋸齒。四月開白花，随結青子，六月子轉黑色，得霜則紅紫。十月采根，皮黃黑色，肉白色，內骨堅勁。南産者，根類枸杞木皮，闊厚輕脆，芳香可人，入藥造酒最良；北産者，類秦木、蘖木，樹皮平直如板，其色白，無香氣，僅療風痛，餘無所宜。今吳中剝野椿皮，亦有香氣，僞充五加皮。柔韌無味，殊爲乖失。李氏曰：春月于舊枝上抽莖，山人采爲蔬茹，正如枸杞。生南方堅地者，如草類；生北方沙地者，如木類也。唐時惟取峽州者充貢。

五加皮：活血祛風，舒筋定疝，甄權省四肢痹痿之藥也。方吉時稿 故大氏方主四肢拘攣，腰脊疼痛，或痹風脚氣，腫痛難履；或小腹疝氣，睾丸挺脹；或男子陰痿囊濕，小便餘瀝；或女人血室不調，瘀留脹痛。蓋此藥辛香溫散，專疏厥陰，凡下部一切風寒濕熱，結聚不散，如陰癢、陰疽、陰腫、陰痛、陰脂、陰挺，有關肝腎二經，濕滯血傷諸病，咸宜用之。如下部無風寒濕邪，而有火者，不宜用。肝腎陰虛，血少火熾者，亦須忌之。

方龍潭先生曰：五加皮配羌獨活，能散風清濕；配四物湯，能活血調血；配牛膝、杜仲，能健力腰腎；配青皮、白芍藥，能瀉肝氣；配熟地黃、枸杞子，能補腎精。又云：凡風病飲藥酒，多生痰火，惟五加皮一味浸酒，日飲數杯，最有益人。凡釀酒用五加皮，與酒相宜，且色味俱美也。

集方：以下八方俱出繆氏方治濕熱痿痹，腰以下不能行動者。用五加皮、牛膝、木瓜、黃柏、麥門冬、生地黃、薏苡仁、虎脛骨、石斛、山藥，各等分。○治腎虛，寒濕客之，作腰痛者。用五加皮、川續斷、山茱萸、巴戟天、補骨脂、牛膝、杜仲、肉桂，各等分。○治風寒濕痹及脚氣腫痛。用五加皮、白鮮皮、石菖蒲、薏苡仁、白蒺藜、川羌獨活、白朮、蒼朮、萆薢、牛膝、木瓜，各等分。

○治小腹寒疝，睾丸挺脹。用五加皮、小茴香、胡盧巴、白朮、青皮、肉桂、荔枝核、當歸、烏藥，各等分。○治男子陰痿，小便餘瀝，囊濕作癢，或潰爛者。用五加皮、益智子、赤石脂、車前子、小茴香、茯苓、巴戟天，各等分。○治婦人血室不調，瘀留脹痛。用五加皮、當歸、川芎、玄胡索、白芍藥、紅花、牡丹皮、桃仁泥，各等分。○治下部濕瘡久不愈，兼治周身膿窠瘡。用五加皮、薏苡仁、金銀花、石菖蒲、胡麻子、土茯苓、連翹、蒼朮、黃柏、黃耆、木瓜，各等分。以上數方各等分者，臨證置方，或煎汁，或作丸，或早服、晚服，隨病取法也。○治婦女陰中一切諸病，或瘡、疽、腫、痛、癢、脹、脂、挺八種，只用五加皮一味，煎汁飲，并熏之洗之。○《全幼心鑒》治小兒三歲不能行。用五加皮五錢，牛膝、木瓜、白朮各三錢，共爲末，每服五分，米湯調，入酒二三滴和服。

明・姚可成《食物本草・救荒野譜補遺・木類》 五加食葉。春月采嫩枝，熟食之，可以充飢。

饑年穀價五倍加，民無食兮興咨嗟。采得五加充我腹，勝於白璧遺無瑕。

明・姚可成《食物本草》卷二〇木部・灌木類 五加皮近道處處有之，東間彌多。春生苗，莖、葉俱青，作叢。赤莖又似藤葛，高三五尺，上有黑刺。葉生五枚作簇者良，四葉、三葉者最多，為次。每一葉下生一刺。三四月開白花，結青子，至六月漸黑色。根若荊根，皮黃黑，肉白色，骨硬。○李時珍曰：五加皮，春月于舊枝上抽條，山人采為蔬茹。正如枸杞生北方沙地者皆木類，南方堅地者如草類也。唐時惟取峽州者充貢。

五加皮同莖 味辛，溫，無毒。治心腹疝氣，腹痛，益氣療躄，小兒三歲不能行。疽瘡陰蝕，男子陰痿，囊下溼，小便餘瀝，女人陰癢及腰脊痛，兩脚疼，痛痹風弱，五緩虛羸，補中益精，堅筋骨，強志意。久服，輕身耐老。破逐惡風血，四肢不遂，賊風傷人，軟脚臂腰，主多年瘀血在皮肌，治痹溼內不足。明目下氣，治中風骨節攣急，補五勞七傷。釀酒飲，治風痹，四肢攣急。作末浸酒飲，治目僻眼䀮。

葉 作蔬食，去皮膚風溼。○陶弘景曰：煮根莖釀酒飲益人。道家用此作灰煮石，與地榆竝有秘法。昔孟綽子、董士固相與言云：寧得一把五加，不用金玉滿車；寧得一斤地榆，不用明月寶珠。又昔魯定公母服五加酒，以致不死，尸解而去。張子聲、楊建始、王叔牙、于世彦等，皆服此酒而房室不絕，得壽三百年。亦可為散，以代湯茶。王君云：五加者，五車星之精也。水應五湖，人應五德，位應五方，物應五車。故青精入莖，則有東方之液；白氣入節，則有西方之津；赤氣入華，則有南方之光；玄精入根，則有北方之粭；黃煙入皮，則有戊己之靈。五神鎮生，相轉育成。餌之真仙，服之者反嬰。○李時珍曰：五加治風溼痿痹，壯筋骨，其功良深。仙家所述，雖若過情，蓋獎辭多溢，亦常理爾。造酒之方：用五加根皮洗淨，去骨、莖、葉，亦可以水煎汁，和麴釀米，酒成時時飲之。亦可煮酒飲。加遠志為使更良。一方加木瓜煮酒服。談野翁《試驗方》云：神仙煮酒法：用五加皮、地榆，刮去粗皮各一斤，袋盛，入無灰好酒二斗中，大罈封固，安大鍋內，文武火〔煮之〕，罈上安米一合，米熟為度。取出火毒，以渣〔曬乾〕為丸。每旦五十丸，藥酒送下，臨臥再服。能去〔風〕溼，壯筋骨，順氣化痰，添精補髓。久服延年益老，功難盡述。王綸《醫論》云：風病飲酒能生痰火，惟五加一味浸酒，日飲數盃，最有益。諸浸酒藥，惟五加與〔酒〕相合，且味美也。

明・顧逢柏《分部本草妙用》卷八雜藥部 五加皮 辛，溫，無毒。遠志為使，惡玄參、蛇皮。 主治：心腹疝氣，疽瘡陰蝕，男子陰痿，囊下濕，小便餘瀝，女人陰癢，腰脊脚疼，痺風五緩虛羸，補中益精，堅筋骨，強志意，破逐惡風血，四肢不遂，脚軟，瘀血，皮濕中風，骨節攣急，補勞傷。釀酒飲，治風痺拘攣。

五加皮治風濕痿痺，壯筋骨，其功良深。浸酒、造酒俱玅。

明・李中梓《醫宗必讀・本草徵要下》 五加皮味辛，溫，無毒。入腎、肝二經。遠志為使。惡玄參。 明目舒筋，歸功於藏血之海；益精縮便，得力於閉蟄之宮。風濕宜求，疝家必選。五加皮者，五車星之精，故服食家多誇之不已。嘗曰：寧得一把五加，不用金玉滿車。雖贊詞多溢美，必非無因而獲此〔隆〕譽也。按：下部無風寒濕邪而有火，及肝腎虛而有火者皆忌。

明・鄭二陽《仁壽堂藥鏡》卷一〇下 五加皮 《本草》云：五加皮，遠志為之使，畏玄參。生漢中。 味辛、苦，氣溫、微寒，無毒。酒洗用。 主風濕痹痛痿躄，壯筋骨，補中益精，消瘀血在皮肌。釀酒服，治風痹四肢攣急。 日華子云：明目，治中風骨筋攣急。補五勞七傷。 山澤多生，隨處俱有。五葉作叢為良，三四葉次。扶男子陽痿不舉，去女人陰痒陰瘡。

明・蔣儀《藥鏡》卷一溫部 五加皮 祛肝腎之風濕，而腹痛脚疼，疝氣痺弱俱治。補中焦之虛羸，而堅筋止瀝，益精耐老尤功。

明・張景岳《景岳全書》卷四九《本草正》 五加皮 味辛，性溫。除風濕，行血脉，壯筋骨，明目下氣。治骨節四肢拘攣，兩脚痹痛，風弱五緩，陰痿囊濕，疝氣腹痛，小便遺瀝，女人陰癢。凡諸浸酒藥，惟五加皮與酒相合，大能益人，且味美也。仙家重此，謂久服可以長生。故曰：寧得一把五加，不用金銀滿車。雖未必然，然亦必有可貴者。

明・盧之頤《本草乘雅半偈》帙一一　五加皮《本經》上品　氣味：辛，溫，無毒。　主治：主治心腹疝氣，腹痛，益氣，療躄，小兒三歲不能行，疽瘡陰蝕。

覈曰：五加生漢中及冤句，江淮、湖南州郡，汴京、北地皆有之。宿根再發，春苗叢生。莖類藤葛，高六七尺或丈餘，枝莖交加，間有刺，因名白刺。每葉五枚或三枚，五枚者佳，三枚者亦可用。若三相參，五相伍，三五相參而變化生，故四枚者不堪用。葉類薔薇，邊有鋸齒。四月花白子青，六月子轉黑，得霜則紅紫相間，文彩陸離，因名文章草。十月采根，皮黃黑，肉白色，內骨堅勁，因名本骨。南地者根類枸杞木皮，闊濃輕脆，芬芳襲人，入藥造酒最良。蓋木命在皮，草荄而言皮者，五加專精之在根皮也。北地者類秦木、蘗木，樹皮平直如板，其色白，無氣味，療風痛，餘無所用。王君云：五加者，五車星(之)精也。蓋水應五湖，人應五德，位應五方，物應五車。故青精入莖，則有東方之液；白氣入節，則有西方之津；赤氣入華，則有南方之光；玄精入根，則有北方之粘；黃烟入皮，則有戊己之靈。五神鎮生，相轉育成。餌之者真仙，服之者反嬰。因名金鉛金液、神丹，副名也。鉛訛鹽謬矣。

叅曰：五從二，從乂，象叅天兩地間，互陽交陰中，之為五。蓋天數五，地數五，五位相得而各有合者之為加。誠五行星精之所化，引重致遠，以濟不通，何患躄不療，小兒三歲不能行，筋不轉，脈不搖，賦形功行為名也。固人五藏，偏駐又在厥陰之肝，肝藏筋膜之氣也。是得輔厥陰肝體，行厥陰肝用，除厥陰肝眚，其功特著。一名五嘉，合蘗釀酒，西燡佳美。行酒勢，走血脈，通關津，達四街，徹九竅，布三百六十五節，開八萬四千毛孔，迅速疾行，無出其右者。至若追風作使，闢寒懲暄，易熱惱為清涼地，攘濡濕致高潔界，此其專務。

明・李中梓《本草通玄》卷下　五加皮　辛，溫，入肝、腎兩經。腎得其養則妄水去而骨壯，故能主陰痿脊疼、腰痛腳軟諸症。肝得其養則邪風去而筋強，故能理血瘀拘攣，疝氣痛痺等症。仙經贊其返老還童，雖譽詞多溢，然五加造酒，久久服之，添精益血，摻風化痰，強筋壯骨，卓有奇功。且其氣與酒相宜，酒得之，其味轉佳也。

清・顧元交《本草彙箋》卷五　五加皮　五加以一枝五葉交加，故名。五加，亦名文章草。在天爲五車星之精，在地得火金之味，入肝、腎二經。有追風逐濕之能，釀酒作劑治風痺，四肢攣急。王綸云：風病飲酒能生痰火，惟五加浸酒，乃爲無弊。凡小兒腳軟，男子陰痿，服之能益精髓而堅筋骨。蓋肝腎居下而主筋骨，風寒濕之邪，二經先受。五加辛能散風，溫能除寒，苦能燥濕，以瀉爲補，故諸症自瘳。

七月采莖，十月采根，剝皮陰乾。葉作蔬食，亦去皮膚風熱。今人取初生嫩葉，泡炙，以作佐酒代茶之供，亦混稱五加皮。

清・穆石匏《本草洞詮》卷一一　五加　一枝五葉交加，故名。蜀中呼文章草，吳中呼追風使。根皮辛溫，無毒。主補中益精，堅筋骨。釀酒飲治風痺，四肢攣急。昔孟綽子、董士固相與言云：寧得一把五加，不用金玉滿車。寧得一觔地楡，不用明月寶珠。王屋山人王常云：五加者，五車星之精也。青精入莖，則有東方之液；白氣入節，則有西方之津；赤氣入華，則有南方之光；玄精入根，則有北方之粘；黃烟入皮，則有戊己之靈；五神鎮生，相轉育成。餌之者真仙，服之者反嬰。仙家所述，雖若過情，蓋獎辭多溢，自宜然爾。五加皮治風濕痿痺，其功甚大。凡風病飲酒能生痰火，惟五加一味浸酒，日飲數盃最有益，諸浸酒藥，惟五加與酒相宜，且味美也。

清・劉雲密《本草述》卷二四　五加皮之才曰：五加皮惡玄參、蛇皮。　方書云：五加皮同人參用則無力，然種子方中有同用者。　蘇頌曰：以江淮者為良。江淮所生者，根類地骨皮，輕脆芬香，其苗莖有刺類薔薇，長者至丈餘，葉五出，香氣如橄欖，春時結實如豆粒而扁，青色，得霜乃紫黑，俗但名為追風使，以漬酒療風，乃不知其為真五加皮也。　時珍曰：生北方沙地者，木類。南方堅地者，如草類也。

用南五加皮。南者，微白而軟，大類桑白皮。北者，微黑而硬，此其辨也。

根皮同莖氣味辛溫，無毒。

《別錄》曰：味辛、苦，氣溫，微寒，無毒。遠志為之使。

主治：腰膝疼痹《別錄》。療躄《本經》。五緩虛羸《別錄》。破逐惡風血，及多年瘀血在皮膚，治痹溼內不足甄權。補中益氣，堅筋骨，強志意《別錄》。並治男子陰痿，囊下濕，小便餘瀝《別錄》。又主疽瘡陰蝕《本經》。風痹，四肢攣急蘇頌。 時珍曰：五加治風溼痿痹，壯筋骨，其功良深。仙家所述，雖若過情，蓋獎辭多溢，亦常理爾。 王綸《醫論》云：風病飲酒能生痰火，惟五加一味，浸酒日飲數盃，最有益，諸浸酒藥，惟五加與酒相合，且味美也。《類明》曰：兩脚疼痹，風溼也。五加皮苦泄辛散，能治風溼。《藥性》言其破逐惡風血。破逐惡風血，即治痹之義也。 丹溪治風溼脚痛加減法云：痛甚加五加皮。可見其逐惡血之功大也。 希雍曰：五加皮在天得少陽之氣，為五車星之精，在地得火金之氣，故其味辛，其氣溫，而其性無毒。《別錄》加苦，微寒，氣味俱厚，沉而陰也，入足少陰、足厥陰經。觀所主諸證，皆因風寒溼邪傷於二經之故，而溼氣尤為最也。《經》云：傷於溼者，下先受之。又云：地之溼氣，感則害人皮肉筋脈。肝腎居下，而主筋骨，故風寒溼之邪，多自二經先受。此藥辛能散風，溫能除寒，苦能燥溼，二臟得其氣，而諸證悉瘳矣。又溼氣浸淫，則五臟筋脈緩縱，溼氣留中，則虛羸氣乏，溼邪既去，則中焦治而筋骨自堅，氣日益而中自補也。其主益精強志者，腎藏精與志也。輕身者，除風溼之效也。耐老者，補肝腎之功也。世為仙經所須，其能輕身耐老，又可知矣。

得牛膝、木瓜、黃蘗、麥門冬、生地黃、薏苡仁、石斛、虎脛骨、山藥，治溼熱痿痹，腰已下不能行動。 同續斷、杜仲、牛膝、山茱萸、巴戟天、破故紙，治腎虛寒溼客之作腰痛。 同二朮、萆薢、石菖蒲、薏苡仁、白蒺藜、甘菊花、防風、羌活、獨活、白鮮皮、石斛，治風寒溼成痹。 同石菖蒲、連翹、蒼朮、黃蘗、黃耆、薏苡仁、金銀花、鼈蝨、胡麻、木瓜、土茯苓，治下部溼瘡久不愈，兼治膿窠瘡如神。 同黃蘗末、菖蒲末、蛇床子，俱為細末，傅囊溼神效。 如欲作湯沐，加荊芥、苦參、防風。 一味釀酒飲之，治風痹，四肢拘攣。

愚按：五加皮謂其治風溼痿痹。痿者，即指《本經》所言躄，《別錄》所言兩脚疼痹風弱，甄權所言軟脚是也。所云痹者，即甄權所言惡風血，瘀血，痹溼內不足是也。先哲云：溼傷腎，腎不能養肝，肝自生風，遂成風溼。又曰：風溼客於腎經，血脈凝滯，腰背腫疼，不能轉側，下注脚膝，重痛少力，行履艱難。統此繹之，則五加所治者，其本病於痹溼，內不足而血脈凝滯，所謂瘀血者，近是在《內經》所云痹也。其標證因於不能養肝，有惡風血溼傷筋，不能束骨，所謂足躄，兩脚疼痹，風弱或軟脚是矣。在《內經》所云弛長於痿者也。若然，是療溼之化風，非療風病。《經》曰：風從陽受之，溼從陰受之。其本固區以別矣。五加皮其味初辛次苦，苦勝於辛多也。然辛居先而即隨苦以直下，又本沉降之陰，故辛入肝以散風，隨苦入腎以燥溼，而皆以氣之溫者和之，取治痹溼內不足一語，合之《本經》所云益氣療躄，是豈徒以袪風為功乎？蓋腎肝氣虛，故病於溼。溼者，陰之淫氣也。陰淫則陽不化而為風。風者，陽之淫氣也。陽淫則陰愈不化，而更病於溼。至更病於溼，則陰錮陽，陽蝕陰，而成溼熱，如疽瘡陰蝕及骨節攣急是也。既曰緩弱，又曰攣急，因溼鬱為熱，熱傷血而不能養筋，故為攣急。《內經》所云大筋緛音軟，縮也。短者也。五加皮以辛苦溫散其陽實之淫氣，即行其滯窒不化之陰氣，是治風也，實由溼而治之，其袪風淫以宣溼者，又即逐溼以清熱也。所以方書治熱痹如防風丸，治冷痹如巴戟天湯，皆同此味，則其義可思矣。若然，則所云益氣治不足堅筋骨強志意者，固以其元陽得暢，真陰能化，而生化之原不竭也，豈得與他味之宣風除溼者例論乎哉？或曰：此味所療者，溼化風，宜曰溼風，乃曰風溼，何也？蓋肝司風木，而藏血，而主筋，而主經絡透關節者也。一切所見之證皆見於風木，故以風冠溼。然實本於水臟，故言風又即不能離溼也。盲醫輒以五加皮為驅風之味，亦夢夢矣。

附方 虛勞不足，五加皮、枸杞根白皮各一斗，水一石五斗，煮汁七斗，分取四斗，浸麴一斗，以三斗拌飯，如常釀酒法，待熟任飲。 婦人血勞憔悴，困倦喘滿，虛煩噏噏，少氣發熱，多汗，口乾舌濇，不思飲食，名血風勞，油煎散用五加皮、牡丹皮、赤芍、當歸各一兩，為末，每用一錢，水一盞，用青錢一文蘸油，入藥煎七分，溫服常服。 男婦脚氣，骨節皮膚腫溼疼痛，五加皮四兩酒浸，遠志去心四兩酒浸，並春秋三日，夏二日，冬四日，日乾為末，以酒浸為糊丸梧子大，每服四五十丸，空心溫酒下。藥酒壞，別用酒為糊。 觀遠志為五加皮之使，而同用之，則其為腎劑也益明。

希雍曰：下部無風寒溼邪而有火者，不宜用。肝腎虛而有火者，亦忌之。

修治 剝去皮骨，陰乾，酒洗，通行週身。或薑汁製。

清・郭章宜《本草匯》卷一六 五加皮 辛、苦，氣溫，微寒，氣味俱厚，沉而陰也，入手足少陰、厥陰經。明目舒筋，歸功于藏血之海。益精縮便，得力于閉蟄之宮。堅筋骨之緩弱，利周身之血氣。去固結之風濕，療日久之痛痺。葉採作蔬食，散一身之風軫。莖根煎酒飲，治四末之風痺。

按：五加皮為五車星之精，故服食家誇之不已，《仙經》贊其返老還童，雖譽詞多溢，然造酒久服，卓有奇功，乃搜風化濕，強筋壯骨，益血化痰之劑也。今之陰痿脊疼，腰痛脚軟，及拘攣疝氣，痛痺諸症，皆屬腎肝二經之病。腎得其養，則妄水去而骨壯。肝得其養，則邪風去而筋強。《經》云：傷于濕者，下先受之。又云：地之濕氣，感則害人皮肉筋脉。肝腎居下，而主筋骨，故風寒濕之邪，多自二經先受。若下部無風寒濕邪而有火，及腎肝虛而有火者，均不宜用。得牛膝、木瓜、黄蘗、麥冬、生地、薏苡仁、石斛、虎脛骨、山藥，治濕熱痿痺，腰已下不能動。同續斷、杜仲、牛膝、山萸、巴戟天、破故紙，治腎虛，寒濕客之作腰痛。

五葉者良。四葉者亦好。其氣與酒相宜。遠志為之使。惡玄參、蛇皮。

附秘授萬應神膏方：五加皮、川芎、白芷、生地、熟地、當歸、白术、陳皮、香附、枳殼、烏藥、半夏、青皮、白及、白歛、細辛、貝母、知母、杏仁、桑皮、黄連、黄芩、黄蘗、山梔、大黄、柴胡、薄荷、赤芍、木通、桃仁、玄參、猪苓、澤瀉、桔梗、前胡、升麻、麻黄、牛膝、杜仲、山藥、遠志、續斷、良薑、何首烏、甘草、連翹、藁本、茵陳、地榆、防風、荊芥、獨活、羌活、金銀花、苦參、白蒺藜、殭蚕、天麻、南星、川烏、草烏、威靈仙、白鮮皮、巴豆、青楓葉、益母草、兩頭尖、五倍子、大楓子、芫花、山甲、蒼耳子、豨薟、紅花、檳榔、牛蒡子、花椒、官桂、天花粉、玄胡索、冬青葉、大茴、甘菊、龍胆草、藿香、蘇木、黄耆、蒲公英、芙蓉葉、象皮、虎骨、鹿茸、猪牙皂角，已上各七錢，地鱉虫四個、蜈蚣廿條、血餘一握，桃、柳、榆、槐、桑、楝枝各取嫩頭兩許，打前藥為末片，麻油十六斤，浸，春夏六日，秋冬十日，油乾再加油，將桑柴慢慢熬煎各藥枯黑，去渣，再煎濃，徐徐投下丹粉，如藥油一斤，加丹五兩，手執槐、柳枝不住攪，俟滴水成珠，去火，藥溫方下後藥，拌勻，收貯磁器内，用乳香、血竭、阿魏各一兩，沒藥、輕粉、樟腦、雄黄、木香、沉香、龍骨煅、海螵蛸、赤石脂各六錢，氷片、麝香各三錢。

清・何其言《養生食鑒》卷上 五加菜 味辛、甘，性溫，無毒。和脾胃，強筋骨，去皮膚風濕（瘦）〔痹〕痛。

清・蔣居祉《本草擇要綱目・平性藥品》 五加皮 氣味 辛，溫，無毒。五加者，五車星之精也。水應五湖，人應五德，位應五方，物應五車，故青精入莖，則有東方之液。白氣入節，則有西方之津。赤氣入花，則有南方之光。玄精入根，則有北方之粘。黄煙入皮，則有戊己之靈。五神鎮生，相轉育成，餌之者真仙，服之者反嬰。主治：風濕痿痹，壯筋骨，順氣化痰。添精補髓，男子陰痿囊下濕，小便餘瀝，女人陰痒及腰脊痛弱。釀酒飲，治四肢拘攣，去皮膚風濕。

清・王翃《握靈本草》卷八 五加根皮 近道處處有之，生漢中冤句者良。五葉交加，故名。 主治：五加根皮，辛，溫，無毒。主心腹疝氣，益氣療躄，男子陰痿，囊下濕，小便餘瀝，女人陰癢，腰痛脚痺，補中益精，堅筋骨，强志意。

清・汪昂《本草備要》卷三 五加皮 宣，去風濕；補，壯筋骨。 辛順氣而化痰，苦堅骨而益精，溫祛風而勝濕。逐肌膚之瘀血，療筋骨之拘攣。腎得其養，則妄水去而骨壯；肝得其養，則邪風去而筋强。治五緩虛羸，五藏筋脉緩縱。《千金方補》云：五月五日採莖，七月七日採葉，九月九日採根，合爲末，治五勞。陰痿囊濕，女子陰癢，濕生蟲。小兒脚弱，明目愈瘡。釀酒尤良。王綸曰：風病飲酒，能生痰火，惟五加浸酒益人。 莖青，節白，花赤，皮黄，根黑，上應五車之精。芬香五葉者佳。遠志爲使，惡玄參。

清・陳士鐸《本草新編》卷二 五加皮 味辛而苦，氣溫而寒，無毒。近人多取而釀酒，謂其有利益也，甚則誇大其辭，分青、黄、赤、白、黑，配五行立論，服三年可作神仙，真無稽之談也。此物止利風濕，善消瘀血則真。若言其扶陽起痿，止小便遺瀝，去婦人陰癢，絕無一驗。而舉世宗之，牢不可破，亦從前著書者之悮也。余故辨之，使世人毋再惑耳。

或問：五加皮，舉世皆以為補，先生獨言非補，世人飲此酒未見有損，何也？曰：有其功則言功，有其弊而言弊。五加皮，實有損無益之藥，而舉世宗之，余所以大聲疾呼也。此酒江淮之間最多，然飲之而未見損者，亦有其故。蓋江淮地勢卑濕，服五加皮之酒以去濕，似乎得宜。若非江淮污下之所，而地處高燥，則燥以益燥，吾日見其損，而不見其益矣。

或問：東華真人煮石法用五加皮，世為仙經所需。而昔年魯定公母單服五加皮，以致不死，豈皆不可信耶？曰：此皆造酒附會之辭也。五加皮實止除濕，而不能延年，欲藉其輕身耐老，此余之所不敢信也。

清・李熙和《醫經允中》卷二〇 五加皮 入肝腎二經。遠志為使。惡玄參、蛇皮。 辛，溫，無毒。主治男子陽痿，囊下濕癢，女人陰蝕，腰膝酸疼，補勞傷，益精髓，堅筋骨，强志意。散風益血之劑，故釀酒飲，治風痺拘攣，小兒脚軟。久服延年。《蒙筌》云：葉作蔬菜，散風疹于一身；根莖酒煎，治風痺于四末。

清・馮兆張《馮氏錦囊秘録・雜症痘疹藥性主治合參》卷二　五加皮在天得少陽之氣，為五車星之精。在地得火金之味，故其味辛、微苦，微溫，無毒。入足少陰、厥陰經。所主風寒濕邪及二經所受之病也。五臟既寒，則筋骨自堅，精氣日益而中自補也。輕身耐老，皆補肝腎之功與。昔人云：寧得一把五加皮，不用金銀滿車；寧得一斤地榆，安用明月寶珠。又昔魯定公母，單服五加酒，以致不死。又東華真人煮石法，用玉豉、金鹽。玉豉，地榆也。金鹽，五加也。世為仙經所須，其能輕身耐老，又可知矣。

五加皮，逐多年瘀血在皮筋中，毆常痛風痹纏脚，膝裏風弱，五緩痿躄，腰脊疼痛虚羸，心腹疝氣腹痛，風寒濕邪。並祛小兒骨軟行遲，下部惡瘡膿癩，堅筋骨，健步，強志意，益精。去女人陰癢難當，扶男子陽痿不舉。小便遺瀝可止，陰蝕疽瘡能除。輕身延年，長生不老，真仙經藥也。採葉當疏食，散風疹於一身。根莖煎酒，嘗卻風痹於四末，肝腎筋骨之要藥。辛順氣而化痰，苦堅腎而益精，溫祛風而勝濕，逐皮膚之瘀血，療筋骨之拘攣。莖青節白，花赤皮黄，根黑，上應五車星之精，故曰：寧得一把五加，不用金玉滿車。然肝腎真陰不足者，必兼滋補味藥用之。

清・张璐《本經逢原》卷三　五加根皮　辛，溫，無毒。《本經》主心腹疝氣腹痛，益氣療躄，小兒三歲不能行，疽瘡陰蝕。發明：五加者，五車星之精也。為風濕痿痹、壯筋骨、助陽氣之要藥。《本經》治心腹疝氣腹痛、益氣療躄，小兒三歲不能行，其溫補下元，壯筋除濕可知。《別録》治男子陰痿囊下濕，小便餘瀝，女人陰癢，腰脊痛，脚痹風弱。大明治骨節拘攣，蘇恭主四肢攣急種種，皆須釀酒，則力勢易行，非湯藥中所宜。

清・浦士貞《夕庵讀本草快編》卷五　五加《本經》、文章艸　此藥以五葉交加者良，故有加、佳之名。譙周《蜀志》有文章艸贊云：文章作酒，能成其味。以金買艸，不言其貴。是也。五加根莖辛溫，平肝理腎之藥也。故能壯筋骨而祛濕痺，強志氣而聰耳目。末服雖良，浸酒更効。王叔才云：五加者，五車星之精也。水應五湖，人應五德，位應五方，物應五車，故青精入莖，白液入節，赤氣入華，玄精入根，黄烟入皮，五神鎮生，相轉育成。餌之者真仙，服之者反嬰。昔孟綽子與董士固言云：寧得一把五加，不用金玉滿車；寧得一觔地榆，不用明月寶珠。予嘗思之，天數五，地數五，五位相得而各有合，謂之加，非五行星精所化者乎？引重致遠，以濟不通，故患躄可療，小兒三歲不走者亦愈。且追風作使，辟寒懲暄。易熱鬱為清涼，攘濡濕為高潔，功豈淺哉？雷斅云五葉止雌，蓋指五藏之精皆聚於目也。

清・張志聰、高世栻《本草崇原》卷上　五加皮　氣味辛，溫，無毒。主治心腹疝氣、腹痛，益氣，療躄，小兒五歲不能行，疽瘡陰蝕。五加木始出漢中冤句，今江淮、湖南州郡皆有。春生苗，葉青莖赤似藤葛，高三五尺，上有黑刺，一枝五葉交加，每葉上生一刺，三四月開白花，根若荊根，皮黄色，肉白色。

五加皮色備五行，花葉五出，乃五車星之精也，為修養家長生不老之藥。主治心腹疝氣，乃心病而為少腹有形之疝也。黄帝問曰：診得心脈而急，此為何病？病形何如？岐伯曰：病名心疝，少腹當有形者是也。腹痛，乃脾病而致腹痛也。益氣，乃肺病氣虚，五加皮能益其氣也。療躄，乃肝病筋虚，五加皮能強筋療躄也。小兒五歲不能行，乃腎病骨虚，五加皮補腎堅骨，故治小兒五歲不能行。治疽瘡者，諸瘡痛癢，皆屬心火。五加皮助精水上滋，而能濟其火也。治陰蝕者，蟲乃陰類，陽虚則生，五加皮能益君火，而下濟其陰也。夫五加皮、女貞實，咸稟五運之氣化，女貞皆言養正，五加皆言治病，須知養正則病自除，治病則正自養。按：《東華真人煮石經》云：何以得長久，何不食金鹽，何以得長壽，何不食玉豉。玉豉，地榆也。金鹽，五加也。取名金鹽、玉豉者，鹽乃水味，豉乃水穀，得先天水精，以養五臟之意。昔人有言曰：寧得一把五加，不用金玉滿車。寧得一斤地榆，不用明月寶珠。又，魯定公母服五加酒，以致不死，屍解而去。張子聲、楊建始、王叔牙、于世彦等，皆服此酒，而房室不絕，得壽三百歲。亦可為散，以代茶湯。又曰：五加者，五車星之精也，水應五湖，人應五德，位應五方，物應五車，故青精入莖，則有東方之液。白氣入節，則有西方之津。赤氣入華，則有南方之光。玄精入根，則有北方之飴。黄煙入皮，則有戊己之靈。五神鎮生，相轉育成，餌之者真仙，服之者反嬰。是五加乃服食養生之上品，而《本經》不言久服延年，或簡脱也。

清・劉漢基《藥性通考》卷六　五加皮　味辛、苦，氣溫。順氣化痰，堅骨益精，祛風勝濕。逐肌膚之瘀血，療筋骨之拘攣。又治陰痿囊濕，女子陰癢。濕生蟲，小兒脚弱，明目，愈瘡。釀酒尤良。莖青節白，花赤，皮黄，根黑，上應五車之精，芬香，五葉者佳。遠志為使，惡玄參。

清・周垣綜《頤生秘旨》卷八　五加皮　散風益血之藥也。補中益氣，堅筋骨，強志輕身。男子陰痿，陰痒囊濕。昔人云：寧得一把五加，不用金玉滿車。寧得一觔地榆，不用明月寶珠。非養生之藥乎？此品浸酒甚好。

清・王子接《得宜本草・中品藥》　五加皮　味辛。入足厥陰、少陰經。功專壯筋骨，除風濕。得地骨皮治虛勞，得丹皮、當歸治婦人血風。

清・黃元御《玉楸藥解》卷二　五加皮　味辛，微溫。入足厥陰肝經。逐濕開痹，起痿伸攣。五加皮通關泄濕，壯骨強筋。治腰痛膝軟，足痿筋拘；男子陽痿囊濕，女子陰癢陰蝕，下部諸證。

清・吳儀洛《本草從新》卷三　五加皮〔宣，祛風濕，補壯筋骨。〕辛順氣而化痰，苦堅骨而益精，溫祛風而勝濕，逐皮膚之瘀血，療筋骨之拘攣。腎得其養則妄水去而骨壯，肝得其養則邪風去而筋強，治虛羸五緩，五臟筋脈緩縱。陰痿囊濕，女子陰癢，小兒脚弱。明目縮便，愈瘡療疝，釀酒尤良。王綸曰：風病飲酒能生痰火，唯五加浸酒益人。下部無風寒濕邪而有火，及肝腎虛而有火者勿服。莖青，節白，花赤，皮黃，根黑，上應五車之精，故名。芬香五葉者佳。遠志為使，惡玄參。

清・汪紱《醫林纂要探源》卷二　五加皮　苦，微辛，寒。莖似木而長弱如蔓，多輭刺，枝葉繁，每枝五葉，結實葉間如黑豆，三五攢簇，根堅硬長引。用根皮。堅腎補肝，燥濕行水，活骨舒筋。凡藤蔓之類，多能舒筋。根皮之類，多能行水。況莖似木，堅長引根，好生石砌，故尤能入堅穴，通關節，無所不達，為治風痺濕痺良藥。色青黑，專入肝腎。昔人謂為五車星精，以葉五出，又備五色，而功專去風行水。然此亦誇辭也。氣芬芳，兼益脾和胃，嫩葉可茹。〇三葉者，曰三加皮，氣味同而功劣。

清・嚴潔等《得配本草》卷七　五加皮　遠志為之使。畏玄參、蛇皮。辛、苦，溫。入足厥陰、少陰經氣分。去風濕之在骨節，逐瘀血之在皮膚。除寒痛，止遺瀝，殺陰蝨，療疝氣。得牛膝、木瓜，治腳痹拘攣。配丹皮、當歸、赤芍，治婦人血風勞。飲酒生痰火者，酒浸啜之。肺氣虛，水不足，二者禁用。

題清・徐大椿《藥性切用》卷五　五(茄)〔加〕皮　辛苦性溫，入肝腎而祛風理濕，壯骨強筋，為損傷及風痺耑藥。酒炒用。

清・黃宮繡《本草求真》卷四　五加皮除風寒濕腳氣。　五加皮耑入肝腎。今人僅知此能理腳氣，而不知其腳氣之病。因於風、寒、濕三氣而成。風勝則筋骨為之拘攣，濕勝則筋脉為之緩縱。男子陰痿囊濕，女子陰癢蟲生，小兒腳軟寒濕，則血脉為之凝滯，筋骨為之疼痛，而腳因爾莫行。服此辛苦而溫，辛則氣順而化痰，苦則堅骨骨屬腎而益精，溫則祛風肝主風而勝濕。凡肌膚之瘀血，筋骨之風邪，靡不因此而治。蓋濕去則骨壯，風去則筋強，而腳安有不理者乎？但此雖屬理腳之劑，仍不免有疎泄之虞。須於此內參以滋補之藥，則用之歷久而不變矣。勿謂有五加之說，遂信竟為理腳聖藥，而置金玉滿車於不問也。昔孟綽子董士固相與言云，寧得一把五加，不用金玉滿車，寧得一觔地榆，不用明月寶珠。時珍曰：五加治風濕痿痹，壯筋骨，其功良深。仙家所述雖若過情，蓋獎辭多溢，亦常理耳！莖青節白，骨硬皮黃根黑，芬香五葉者佳。遠志為使，惡玄參。

清・楊璿《傷寒溫疫條辨》卷六補劑類　五加皮　味辛苦，氣溫。順氣化痰，勝濕祛風，堅筋健步，強志益精。去婦女陰痒難當，扶男子陽痿不舉，小便遺淋可止，腰膝足痹能除。五加皮二兩，牛膝一兩酒浸，木瓜一兩為末，米飲入酒一茶匙，調服二錢，尤治小兒三四歲不能行者。逐四肢因氣不遂，祛肌膚瘀血多年。芬香五葉者佳。按：五加皮乃五車星之精也。(才)〔水〕應五湖，人應五德，位應五方，物應五車。故青精入莖，有東方之液；白氣入節，有西方之津；赤氣入花，有南方之光；元精入根，有北方之粘；黃烟入皮，有戊己之靈。五神鎮生，相轉育成。餌之延年，服者反嬰。《千金方》：五月五採莖，七月七採葉，九月九採根，合為末，治五緩虛羸。

清・羅國綱《羅氏會約醫鏡》卷一七竹木部　五加皮味辛苦，溫，入腎肝二經。除風濕溫也，壯筋骨苦也，順氣化痰辛也。治四肢拘攣、兩脚痹痛養肝、陰痿囊濕、小便遺瀝、女人陰癢濕生蟲、明目腎足療疝溫去濕。釀酒良。久服可以長生。按：下部無風寒濕，及肝腎虛而有火者，皆忌之。

清・黃凱鈞《藥籠小品》　五加皮　苦辛，膏風勝濕，逐皮膚之瘀血，療筋骨之拘攣，莖節花皮根具五色，故名。下部無風寒濕及肝腎有火者勿服。釀酒尤良。

清・章穆《調疾飲食辯》卷一下　五加根葉　《綱目》曰：一枝五葉交加，故名五加。《丹鉛錄》作五佳。《炮炙論》作五花。《本經》名犲漆，《別錄》名犲節，不知何義。根皮酒煎入藥，療痿躄，小兒三歲不能行。出《本經》。主男子陰痿，囊下濕癢，小便餘瀝，女人陰癢，腰脊痛，兩脚疼痹，風弱五緩，堅筋骨，久服輕身耐老。出《別錄》。破逐惡風，四肢不遂，腰脚痠軟，濕痹疼痛。出《藥性本草》。明目，治中風、骨節攣急、五勞七傷、出《日華本草》。風痹、四肢拘攣。出《圖經本草》。並煎酒久服，作飲代茶，可免諸病，所不待言。耐老輕身，的的不妄。莖、葉功用相同。

清・章穆《調疾飲食辯》卷三 五加苗 其味辛甘，氣芬馥，作蔬多食，下氣開胃，去上焦頭項諸風，行中焦腰腎胸脇諸氣，外解皮膚風熱。餘詳一卷。

清・王龍《本草纂要稿・草部》 五加皮 氣味苦辛而溫。逐多年瘀血在筋皮中，除常痛風痺纏脚膝內。堅筋骨，益精健步。强志意，耐老輕身。去陰痒難當，扶陽痿不舉。截小便遺瀝，療陰蝕疽瘡。

清・張德裕《本草正義》卷下 五加皮 辛，溫。除風濕，行血脉，治骨節痛疼，四肢拘攣，兩腳痿弱，囊濕陰癢。和酒服，頗有補益。

清・楊時泰《本草述鉤元》卷二四 五加皮 北方沙地者木類，南方堅地者草類，生江淮者根類地骨皮最良，輕脆芬香。苗莖有刺類薔薇，長者丈餘，葉五出，香氣如橄欖，春時結實，如豆粒而扁，青色，得霜紫黑。俗名追風，使以漬酒療風，不知其為真五加皮也，用根皮同莖。

味辛、苦，氣溫。氣味俱厚，沉而陰也。入足少陰、厥陰經。遠志為之使，惡元參、蛇皮，同人參用，則無力。然種子方有同用者。主治腰膝疼痺，療痿躄五緩虛羸，濕氣浸淫留中，則筋脈緩縱，虛羸氣乏。風痺四肢攣急。破逐惡風血及多年瘀血在皮肌。治痺濕內不足，補中益氣，堅筋骨，强志意。並治男子陰痿，囊下濕，小便餘瀝。又主疽瘡陰蝕。五加皮得天少陽之氣，為五車星之精，又得地火金之氣，故氣味辛溫。所主諸證，皆因風寒濕邪，傷於肝腎二經，而濕氣為最。《經》云：傷於濕者，下先受之。又云：地之濕氣感則害人皮肉筋脈，肝腎居下而主筋骨，故風寒濕之邪，多自二經先受。此藥辛能散風，溫能除寒，苦能燥濕，二臟得其氣，諸證悉瘳仲淳。輕身風濕去也。耐老，肝腎補也。世為仙經所須又。風病飲酒，能生痰火，惟五加一味浸之，日飲數盃，最有益。諸浸酒藥，惟五加與酒相合味美王綸。得牛膝、木瓜、黄檗、生地、麥冬、薏仁、石斛、虎脛骨、山藥，治濕熱痿痺，腰以下不能行動。同二术、二活、防風、萆薢、薏仁、石菖蒲、白蒺藜、甘菊、白鮮皮、石斛，治風寒濕成痺。一味釀酒飲之，治風痺四肢拘攣。同續斷、杜仲、牛膝、山萸、巴戟、故紙，治腎虛寒濕客之腰痛。同蒼术、黄檗、黄芪、連翹、石菖蒲、薏仁、銀花、蠶虱、胡麻、木瓜、土茯苓，治下部濕瘡不愈，兼治膿窠瘡如神。同黄檗、菖蒲、蛇牀子為末，敷囊濕神效，如作湯沐，加荊芥、苦參、防風。虛勞不足，五加皮、枸杞根白皮各一斗，水一石五斗，煮汁七斗，分取四斗，浸麴一斗，以三斗拌飯，如常釀酒法，待熟任飲。婦人血風勞，憔悴困倦，喘滿虛煩，噏噏少氣，發熱多汗，口乾舌濇，不思飲食，服油煎散：五加皮、丹皮、赤芍、當歸各一兩，為末，每一錢，水一盞，取青錢一文蘸油入藥，煎七分溫服，常服。男婦脚氣，骨節皮膚腫濕疼痛，五加皮、遠志肉各四兩，酒浸，春秋三日，夏二〔日〕，冬四日，曬乾為末，即以浸酒為糊，丸梧子大，每服四五十丸，空心，溫酒下。藥酒壞，別用酒為糊。按遠志為五加皮之使，其為腎劑益明。

論：五加皮治風濕痿痺。《本經》言躄，《別錄》言兩脚痺疼風弱，權言軟脚，皆痿也。痺者，即甄氏所言惡風血，瘀血，痺濕內不足也。夫濕傷腎，腎不能養肝，肝自生風，遂成風濕，其本病於痺濕內不足，而血脈凝滯，其標見於筋傷，不能束骨，而為風弱軟脚。然則五加乃療濕之化風，非療風病。《經》曰：風從陽受之，濕從陰受之，其本固區以別矣。此味初辛次苦，苦勝於辛，辛居先而即隨苦以直下，故入肝散風，入腎燥濕，而皆以氣之溫者和之。人惟腎肝氣虛，故病於濕，濕者陰之淫氣也，陰淫則陽不化而為風，風者陽之淫氣也，陽淫則陰愈不化而病於濕，至更病於濕，則陰錮陽，陽蝕陰，而成濕熱，如疽瘡、陰蝕及骨節攣急是也。夫既曰緩弱，又曰攣急者，因濕鬱為熱，熱傷血而不能養筋，故為攣急也。五加皮以辛苦溫，散其陽實之淫氣，即行其窒滯不化之陰氣。是治風也，實由濕而治之，祛風本於宣濕，逐濕又即以清熱，所以熱痺如防風丸、冷痺如巴戟天湯皆用之。《別錄》言其益氣堅筋骨强志意者，固以元陽得暢，真陰能化，而生化之原不竭也，豈得與他味之宣風除濕者例論乎哉？或曰：此味所療者濕化風，宜曰濕風，乃曰風濕，何也？夫肝司風木，而藏血，而主筋，而主經絡，透關節者也。今一切所見之證，皆見於風木，故以風冠濕而言風，又即不能離濕也，若但以為驅風之味，則夢夢矣。

下部無風寒濕邪而有火者，不宜用；肝腎虛而有火者，亦忌仲淳。

辨治：北地生者，微黑而硬南土者，微白而軟，大類桑白皮，用南五加皮。剝去骨，陰乾酒洗，通行周身，或用薑汁製。

清·鄒澍《本經續疏》卷二　五加皮　【略】按《素問·脈要精微論》曰：診得心脈而急，此名心疝。心為牡藏，小腸為之使。故少腹當有形也。王注：心為牡藏，其氣應陽，今脈反寒，故為疝，則心腹疝氣腹痛，乃陰之遏陽矣。《痿論》曰：肺熱葉焦，則皮毛虛弱急薄著，則生痿躄。王注：躄謂攣躄，足不得伸以行，肺熱則腎受熱氣故耳。則躄不能行，乃陽之劫陰。五加皮一物，既能主陰遏陽，又能主陽劫陰。劉潛江曰：腎肝氣虛，故病於濕。濕者，陰之淫氣也。陰淫則陽不化，而為風。風者，陽之淫氣也。陽淫則陰愈不化，而更病於濕，至病濕固已陰錮陽，陽蝕陰而成濕熱矣。《生氣通天論》曰：濕熱不攘，大筋緛短，小筋弛長。緛短故迫促而氣詵詵上行；弛長故懈緩而不能束骨利機關，則疝之與躄皆歸一本。五加皮氣味辛苦及溫，散其陽實之淫氣，行其滯窒之陰氣，是其祛風淫以宣濕者，即賴其逐濕淫以清氣也。所以然者，根皮之黃黑，顯然水土和於下；肉之白又顯然邪氣淨於內，而骨之鞕不更可見和於外，淨於內，而其中遂不得不強乎？此行於下者也。其行於上者，莖則赤而有刺，子則青而變黑，不又顯然下既強而陽上行，陽既行，而邪遂解，邪即解，而陰乃復順乎。五色分絢，五葉交加，是謂五加，覩名可思義也。曰益氣，曰堅筋骨，曰強志意，皆身半已上事。曰疽瘡，陰蝕，曰囊下濕，小便餘瀝，皆身半已下事。惟五加之莖柔以似蔓故。而根鞕，於上則以柔而濟其強，於下則以剛而勝其濕。曰風弱五緩虛羸，補中益精，當觀其所以除邪，而後可以明其崇正矣。

清·葉桂《本草再新》卷四　五加皮味辛，性溫，無毒。入肝、腎二經。　化痰除濕，養腎益精，去風消水，理脚氣腰疼，治瘡疥諸毒。

清·吳其濬《植物名實圖考》卷三三　五加皮　《本經》上品。《仙經》謂之金鹽。江西種以為籬，其葉作蔬，俗呼五加蕻。京師燒酒亦有五加之名，殆染色為之。

清·趙其光《本草求原》卷九灌木部　五加皮　辛，順肺氣，化痰；苦，入心，堅骨；溫，達肝風，勝濕，逐肌膚瘀血。濕傷腎，則血脈凝滯。治腰膝痹疼，緩弱攣急，濕鬱為熱則傷血，血不養肝則生惡風而攣急風淫，而濕愈不化，則筋脈緩縱。陰萎，益精，濕去則陽暢，而真陰自化。囊濕，陰癢，風濕生蟲。小便餘瀝，疝氣腹痛。愈疽瘡，明目，強志意。皆陽達陰化之功。去骨皮，酒製，或薑汁製，釀酒，更行周身。風病。飲酒能生痰火，惟五加浸酒益人。莖青，節白，花赤，皮黃，根黑，南者微白而軟，北者微黑而硬。五葉者佳。遠志為使，則走腎。惡元參、蛇皮。

同枸杞根皮煮汁，浸麴煮飯釀酒，治虛勞不足。同歸、芍、丹皮，治婦人血勞。同遠志，酒浸為丸，治腳腫濕痛。同苦參、荊、防、柏、菖、床子，洗囊濕。肝腎有火勿用。浸酒，治跌打。

清·葉志詵《神農本草經贊》卷一　五加皮　味辛，溫。主心腹疝氣腹痛，益氣療躄，小兒不能行，疽創陰蝕。一名豺漆。

數符天地，五葉交加。麂籬疎密，豺節杈枒。文章作酒，金玉滿車。煮鹽加豉，固壽無涯。

《易》：天數五，地數五。李時珍曰：五葉交加者良。蘇頌曰：今江淮吳中，往往以為藩籬。陸游詩：疎疎麂眼籬。名醫曰：一名豺節。杜甫賦：突杈枒而皆折。《巴蜀異物志》：名文章草。贊曰：文章作酒，能成其味。《煮石經》：孟綽子董士固相與言曰：願得五加一把，不用金玉滿車。唐慎微曰：金鹽，五加也。玉豉，地榆也。煮石而餌長生之藥。耿湋詩：山固壽無涯。

清·文晟《新編六書》卷六《藥性摘錄》　五加皮　辛苦而溫，入肝腎。除風寒濕腳氣，并治筋骨拘攣，男子陰痿囊濕，女子陰癢蟲生，小兒腳軟，均須以滋補之藥同用。○芬香，五葉者佳。遠志肉為使，惡元參。

清·文晟《新編六書》卷六《藥性摘錄》　五加菜　辛甘，溫。和脾胃，強筋骨，去皮膚風濕疼痛。

清·張仁錫《藥性蒙求·木部》　五(茄)〔加〕皮錢半、三錢　五(茄)〔加〕皮溫，祛除風濕。肢節煩疼，強筋壯骨。辛苦而溫。治筋骨拘攣，虛羸筋緩。○釀酒尤良。王綸曰：風病飲酒能生痰火，惟五(茄)〔加〕皮浸酒益人。○下部無風寒濕邪而有火，及肝腎虛而有熱，均忌。

清·劉善述、劉士季《草木便方》卷一草部　五加皮　茨五甲葉根莖溫，祛風除濕強骨筋。虛損勞傷逐瘀血，男陰濕痒補益精。潮熱骨蒸腰腳疼，根皮泡酒益人心。

清·戴葆元《本草綱目易知錄》卷四　五加根皮　辛，溫。補中益精，明目下氣，堅筋骨，強志意，補五勞七傷。逐肌膚之瘀血，四肢不遂。療筋骨之拘攣，賊風傷人。治軟脚臂腰，五緩虛羸，腰脊脚痹，心腹疝痛，男子陰痿，囊下濕，小便餘瀝，女人陰痒，瘡疽陰蝕，益氣療躄，小兒三歲不能行。釀酒飲，治風痹四肢攣急。作末浸酒飲，治目僻眼。

葉：作蔬食，去皮膚風濕。

清·黃光霽《本草衍句》 五加皮 辛順氣而化痰，苦堅骨而益精。祛風勝溼，五緩虛羸。五藏筋脈緩縱，亦治五勞七傷。療筋骨之拘攣，四肢不遂。逐皮膚之瘀血，三歲莫行。《本經》治小兒三歲不能行。心腹疝腰兩脚諸痛，風濕痿痹三氣而成。男子陰痿囊濕，女人陰痒蟲生。燥濕行水之功，釀酒最良。凡藤蔓之類，多能舒筋。而根皮之類，多能行水。五加皮之莖堅勁長引，其根好生石砌，尤能入堅穴，通關節，無所不達，故為風痺濕痺之良藥也。治溼熱痿痹，腰膝不能動，五加皮、牛膝、木瓜、黃柏、苡仁、生地、石斛、虎脛骨、山藥。又治腎虛寒溼，客忤腰痛，五加皮、續斷、杜仲、牛膝、山萸肉、巴戟天、破故紙。男婦脚氣，骨節皮膚痛腫，服此進食，健氣力，不忘事，名五加皮丸。五加皮、遠志，糊丸，空心溫酒下。 婦人血勞，憔悴困倦，喘滿虛煩，噏噏少氣，發熱汗多，口乾舌澀，不思飲食，名血風勞。油煎散，五加皮、丹皮、赤芍、當歸，為末，煎服。 虛勞不足，五加皮、地骨皮，釀酒任飲。

清·陳其瑞《本草撮要》卷二 五加皮 味辛，入足厥陰、少陰經，功專壯筋骨，除風濕。得地骨皮治虛勞，得丹皮、當歸治婦人血風。下部無風寒濕邪而有火，及肝腎虛而有火者勿服。遠志為使。惡元參。葉作蔬食。去皮膚風濕。

清·李桂庭《藥性詩解》 賦得五加皮堅筋骨以利行得行字。田春芳。加皮醫脚弱，縮便以添精。骨壯堪持緩，筋堅故利行。按：五加皮味本辛苦而溫，逐濕祛風，縮便明目。療筋骨之拘攣，治虛羸之五緩。王綸謂風病飲酒能生痰火，惟加皮浸酒益人下部。無風寒濕者，勿用。

清·仲昴庭《本草崇原集說》卷一 五加皮 【略】仲氏曰：真人見《素問·上古天真論》。上古有真人，其次有至人，又其次則近中古，製作漸興，而後有聖賢名目。後世將真人解作修煉成真之人，於是真人之號，歸道林修養家矣。屍解猶言仙去，非脫胎換骨，白日飛升之謂也。《素問》上古真人、至人云云者，以上古三才一氣，人能體道，與天同遊，況會當寅、卯、辰，尚無製作，山居穴處，靜而有常，可以養性踐形，不與世接，狀其悠久，則曰真人，壽敝天地。至人亦歸於真人。秦漢人多誤會，因《本經》有不老神仙等語，以致帝王遊心方外，貽笑後賢，是亦說經者相沿之過也。隱庵欲明醫藥，略引其說，惟仲景乃醫中之聖，所著《論》《略》絕不參仙、真話頭。

清·周巖《本草思辨錄》卷四 五加皮 莖柔皮脆，用在於根，宜下焦風濕之緩證。若風濕搏於肌表，則非其所司。古方多浸酒釀酒，及酒調末服之，以行藥勢。

心疝少腹有形為寒，肺熱生痿躄為熱，《本經》並主之。劉潛江云：腎肝氣虛，故病於濕。濕者陰之淫氣也，陰淫則陽不化而為風；風者陽之淫氣也，陽淫則陰愈不化而更病於濕。至病濕，固已陰錮陽，陽蝕陰而成濕熱矣。按此論甚精。五加皮辛苦而溫，惟善化濕耳。化其陰淫之濕，即驅其陽淫之風。風去則熱已，濕去則寒除。即《別錄》之療囊濕、陰癢、小便餘瀝、腰脚痛痹、風弱、五緩，皆可以是揆之。鄒氏以《本經》之益氣，《別錄》之堅筋骨強志意，為身半以上事。實則腎肝受治之益，不必析之為兩事也。

五爪刺

明·蘭茂原撰，范洪等抄補《滇南本草圖說》卷三 五(抓)〔爪〕刺 硬枝，枝上生葉，葉五(抓)〔爪〕，綠紅色。主治：傷寒不問陰症似陽，〔陽〕症似陰，傳經不傳經，服之即愈。

三嘉奇

明·佚名氏《醫方藥性·草藥便覽》 三嘉奇 其性涼。解諸風邪，治痢症痛，調血。

白簕

清·何諫《生草藥性備要》卷上 白簕蓬 味苦、辛，性微寒。梗，洗癍癩；根，同蟛蜞菊搗爛，敷瘡，洗爛脚亦效。又名五加皮。

清·趙其光《本草求原》卷三隰草部 白簕蓬 苦、辛，微寒。治爛脚，癍疥，洗之。消瘡。同蟛蜞菊敷。根名五加皮，止熱咳。

楤木

宋·唐慎微《證類本草》卷一四木部下品〔唐·陳藏器《本草拾遺》〕 楤去王切根 一作楤。味辛，平，小毒。主水癊。取根白皮煮汁服之，一盞，當下水，如病已困，取根擣碎，坐其取氣，水自下。又能爛人牙齒，齒有蟲者，取片子許大內孔中，當自爛落。生以南山谷。高丈許，直上無枝，莖上有刺。山人折取頭茹食之，亦治冷氣。一名吻頭。

明・李時珍《本草綱目》卷三六木部・灌木類　楤木音葱。《拾遺》

［集解］藏器曰：生江南山谷。高丈餘，直上無枝，莖上有刺。山人折取頭茹食，謂之吻頭。時珍曰：今山中亦有之。樹頂叢生葉，山人采食。謂之鵲不踏，以其多刺而無枝故也。

白皮　［氣味］辛，平，有小毒。　［主治］水癊，煮汁服一盞，當下水。如病已困，取根擣碎，坐之取氣，水自下。又能爛人牙齒，有蟲者取片許内孔中，當自爛落藏器。

木麻《拾遺》　［集解］藏器曰：生江南山谷林澤。葉似胡麻相對，山人取以釀酒飲。　［氣味］甘，温，無毒。　［主治］老血，婦人月閉，風氣羸瘦癥瘕。久服，令人有子藏器。

明・姚可成《食物本草・救荒野譜補遺・木類》　鵲不踏食葉。一名楤木。生江南山谷，高丈餘，直上無枝。莖有刺，故謂之鵲不踏。山人取嫩頭救荒。

鵲不踏，枝蕭蕭，三匝無依遶樹號。嗟嗟！巨浸滔天兮成不毛，民無居兮鳥無巢。采得山間鵲不踏，聊將藜藿為嘉殽。

明・姚可成《食物本草》卷二〇木部・灌木類　楤木生江南山谷。高丈餘，直上無枝，莖上有刺。山人折取頭茹食，謂之吻頭。○李時珍曰：今山中亦有之。樹頂［叢］生葉，山人采食，謂之鵲不踏，以其多［刺］而無枝［故也］。

楤木，味辛，平，有小毒。治水癊，煮汁服一盞，［當下水。如］病已困，取根擣碎，坐之取氣，水自下。

清・吴其濬《植物名實圖考》卷三五　楤木《本草拾遺》始著録。生江南山谷，直上無枝，莖上有刺。山人折取頭食之，謂之吻頭。主治水癊蟲牙。

清・劉善述、劉士季《草木便方》卷二木部　仙人杖　茨老包根苦微寒，解毒散熱除風痰。瘰癧瘡爛鼻衄止，牙痛痔痢風狗啥。白頭翁。

丫楓小樹

清・吴其濬《植物名實圖考》卷三八　丫楓小樹　江西處處有之。綠莖有節，密刺如毛，色如虎不挨；長葉微似梧桐葉，或有三叉，横紋糙澀。《進賢縣志》作鴉楓。俚醫以治瘋氣，去紅腫。

八角金盤

清・吴儀洛《本草從新》卷三　八角金盤（瀉，破瘀。）苦，辛，溫，毒烈。治麻痺風毒，打撲瘀血停積。其氣猛悍，能開通壅塞，痛淋立止，虚人慎之。植高二三尺，葉如臭梧桐而八角，秋開白花細簇。取近根皮用。

題清・徐大椿《藥性切用》卷五　八角金盤　味苦辛溫，性烈有毒。祛瘀開結，治痛麻頑痺。取根皮用。

附：琉球・吴繼志《質問本草》外篇卷四　睥巴肉金剛纂　乙巳清舶漂到，採此種問之。　睥巴肉。　高林枝。

刺楸

明・朱橚《救荒本草》卷下之前　刺楸樹　生密縣山谷中。其樹高大，皮色蒼白，上有黄白斑點，枝梗間多有大刺，葉似楸葉而薄，味甘。　救飢：採嫩芽葉煠熟，水浸淘淨，油鹽調食。

清・趙學敏《本草綱目拾遺》卷六木部　鳥不宿　俗名老虎草，又名昬樹晚娘棒，梗赤，長三四尺，本有刺，開黄花成穗。其根下蟲，治風毒流注神效。○《綱目》有楤木，名鵲不踏，與此別。　性熱，追風定痛，有透骨之妙。治風毒流注風痹，跌打勞怯，合保生丸，治虚勞如神，下胎催生。汪連仕《采藥書》：鳥不宿又名鳥不踏，又名刺根，白皮，性溫，行血追風。治紫雲風、大麻風，筋骨疼痛。《濟世良方》：婦人將產時，以鳥不宿莖葉剉碎一大把，加甘草一錢，酒、水各半，煎一大鍾服之，易產，且產後無病。其葉如杏葉，而枝梗有刺，鳥不可宿，故名，又名石米刺。跌蹼：《百草鏡》鳥不停根皮鮮者一錢，乾者七分，加入藥中，煎服取汗，極妙。　難產：《家寶方》鳥不宿葉一兩，甘草五錢，好酒二盌，煎一盌，或一次、二次服，即產。

敏按：《救生苦海》云，茨梧桐，又名晚娘棒，多生山塢，最高者四尺許。皮色如桑，細者大如大指，老者大如甘蔗，若根曲而皮色紫者，非也，取根去泥，剝其白皮，擣汁，用二鍾，加米醋一鍾，清水半鍾，和勻，口中噙咽，可治雙單蛾。　若喉閉，用鵝毛攪之即開，噙咽如前，吐出痰涎三四盌。　即能飲食如常，此乃以色紫者為非晚娘棒，或同名而物異耶，存以備考。

鴨脚木皮

清・何諫《生草藥性備要》卷下　鴨脚樹根皮　味劫，性平。治酒頂，洗爛腳，敷跌打。十蒸九晒浸酒，祛風。

清・趙其光《本草求原》卷一山草部　鴨脚樹根皮　淡，甘，辛，溫。治酒頂，洗爛腳，敷跌打；九蒸九曬，浸酒，專門追風。

枸杞

唐・孫思邈《千金要方》卷二六《食治・菜蔬》 枸杞葉 味苦，平，濇，無毒。補虛羸，益精髓。諺云：去家千里勿食蘿摩、枸杞。此則言強陽道，資陰氣速疾也。

宋・李昉《太平御覽》卷第九九〇 枸杞 《廣雅》曰：地節，枸杞。《抱朴子》曰：枸杞，或名地骨，或名却老，或名西王母杖，或名仙人杖。《本草經》曰：枸杞，一名杞根，一名地骨，一名地輔。服之堅筋骨，輕身耐老。《吳氏本草》曰：枸杞，一名杞芭，一名羊乳。

宋・沈括《夢溪筆談》卷二六《藥議》 枸杞 陝西極邊生者高丈餘，大可作柱，葉長數寸，無刺，根皮如厚朴，甘美異於他處者。《千金翼》云：甘州者為真。葉厚大者，是大體出河西諸郡。其次江池間埂上者，實圓如櫻桃，全少核，暴乾如餅，極膏潤有味。

宋・唐慎微《證類本草》卷一二木部上品〔《本經・別錄》〕 **枸杞 味苦，寒。**根大寒，子微寒，無毒。**主五內邪氣，熱中消渴，周痹，**風濕，下胸脇氣，客熱頭痛，補內傷大勞噓吸，堅筋骨，强陰，利大小腸。**久服堅筋骨，輕身不老，**耐寒暑。**一名杞根，一名地骨，一名枸忌，一名地輔，**一名羊乳，一名却暑，一名仙人杖，一名西王母杖。生常山平澤及諸丘陵阪岸。冬採根，春夏採葉，秋採莖、實，陰乾。

〔梁・陶弘景《本草經集注》〕云：今出堂邑，而石頭烽火樓下最多。其葉可作羹，味小苦。俗諺云：去家千里，勿食蘿摩、枸杞。此言其補益精氣，强盛陰道也。蘿摩一名苦丸，葉厚大，作藤生，摘之有白乳汁，人家多種之。可生噉，亦蒸煮食也。枸杞根、實，爲服食家用，其説甚美，仙人之杖，遠有旨乎。

〔宋・掌禹錫《嘉祐本草》〕按：《爾雅》疏云：杞，一名枸檵。郭云：今枸杞也。《詩・四牡》云：集于苞杞。陸璣云：一名苦杞，一名地骨。春生作羹茹，微苦，其莖似莓，子秋熟，正赤，莖、葉及子，服之輕身益氣爾。《抱朴子》云：家柴一名托盧，或名天精，或名却老，或名地骨。《藥性論》云：枸杞，臣，子、葉同説，味甘，平。能補益精，諸不足，易顏色，變白，明目安神，令人長壽。葉和羊肉作羹，益人，甚除風，明目。若渴，可煮作飲，代茶飲之。白色無刺者良。與乳酪相惡。發熱諸毒，煩悶，可單煮汁解之。能消熱麵毒。又，根皮細剉，麵拌熟煮吞之，主治腎家風，良。又，益精氣法：取葉上蟲窠子，暴乾爲末，入乾地黄中爲丸，益陽事。主患眼風障，赤膜昏痛，取葉擣汁注眼中，妙。日華子云：地仙苗，除煩益志，補五勞七傷，壯心氣，去皮膚、骨節間風，消熱毒，散瘡腫，即枸杞也。

〔宋・蘇頌《本草圖經》〕曰：枸杞，生常山平澤及丘陵阪岸，今處處有之。春生苗，葉如石榴葉而軟薄，堪食，俗呼爲甜菜。其莖幹高三五尺，作叢。六月、七月生小紅紫花。隨便結紅實，形微長如棗核。其根名地骨。春夏採葉，秋採莖、實，冬採根。謹按《爾雅》云：杞，枸檵。郭璞云：今枸杞也。《詩・小雅・四牡》云：集于苞杞。陸璣疏云：一名苦杞，一名地骨。春生，作羹茹微苦。其莖似莓。子秋熟，正赤。莖、葉及子服之，輕身益氣。《淮南枕中記》著西河女子服枸杞法：正月上寅採根，二月上卯治服之；三月上辰採莖，四月上巳治服之；五月上午採葉，六月上未治服之；七月上申採花，八月上酉治服之；九月上戌採子，十月上亥治服之；十一月上子採根，十二月上丑治服之。又有并花、實、根、莖、葉作煎，及單笮子汁煎膏服之，其功并等。今人相傳謂枸杞與枸棘二種相類，其實形長而枝無刺者，真枸杞也。圓而有刺者，枸棘也。枸棘不堪入藥，而下品溲音搜疏條注李當之云：子似枸杞，冬月熟，色赤。味甘、苦。蘇恭云：形似空疏，木高丈許，白皮。其子，七月、八月熟。似枸杞子，味甘而兩兩相并。今注云：雖相似，然溲疏有刺，枸杞無刺，以此爲別。是三物相似，而二物又有刺。溲疏亦有巨骨之名，如枸杞謂之地骨，當亦相類，用之宜細辨耳。或云：溲疏以高大爲別，是不然也。今枸杞極有高大者，其入藥乃神良。世傳蓬萊縣南丘村多枸杞。高者一二丈，其根蟠結甚固。故其鄉人多壽考，亦飲食其水土之品使然耳。潤州州寺大井傍生枸杞，亦歲久。故土人目爲枸杞井，云飲其水甚益人。溲疏生熊耳川谷及田野丘墟地，四月採。古今方書鮮見用者，當亦難別耳。又按：枸杞一名仙人杖，而陳藏器《拾遺》別有兩種仙人杖，一種是枯死竹竿之色黑者，一種是菜類，并此爲三物而同一名也。陳子昂《觀玉篇》云：余從痛闕喬公北征，夏四月，次于張掖河洲，草木無他異，惟有仙人杖，往往叢生，子昔嘗餌之。此役也，息意滋味，成人有薦嘉蔬者，此物存焉。因爲喬公唱言其功，時東萊王仲烈亦同旅，聞之喜而甘心食之，旬有五日，行人有自謂知藥者，謂喬公曰：此白棘也。仲烈遂疑曰：吾亦怪其味甘，喬公信是言，乃譏子，子因作《觀玉篇》。按此仙人杖作菜茹者，葉似苦苣。白棘木類，何因相似而致疑如此。或曰喬公所謂白棘，當是枸棘，枸棘是枸杞之有針者。而《本經》無白棘之別名。又其味苦，仙人杖味甘，設疑爲枸棘，枸棘亦非甘物。乃知草木之類，多而難識，使人惑疑似之言，以真爲僞，失青黄甘苦之別而至於是。宜乎子昂論著之詳也。

〔宋・唐慎微《證類本草》〕雷公云：凡使根，掘得後使東流水浸，以物刷上土了，然後待乾，破去心，用熟甘草湯浸一宿，然後焙乾用。其根若似物命形狀者上，春食葉，夏食子，秋冬食根并子也。《食療》：寒，無毒。葉及子並堅筋能老，除風，補益筋骨，能益人去虛勞。根主去骨熱，消渴。葉和羊肉作羹尤善益人。代茶法煮汁飲之，益陽事，能去眼中風痒赤膜，擣葉汁點之良。又取洗去泥，和麪拌作飲煮熟吞之，去腎氣尤良，又益精氣。《聖惠方》：枸杞子酒，主補虛，長肌肉，益顏色，肥健人，能去勞熱。用生枸杞子五升，好酒二斗，研搦勿碎，浸七日，漉去滓飲之。初以三合爲始，後即任性飲之。《外臺秘要》同。《千金方》：治齒疼，煮枸杞汁含之。又方：治肝虚或當風眼淚等新病方：枸杞子取肥者二升擣破，内絹袋置罐中，以酒一斗浸訖，密封勿泄氣，三七日，每旦飲之，任性勿醉。又方：治虚勞客熱。用枸杞根末調服，有固疾人不得喫。《肘後方》：治大赫瘡。此患急，宜防毒氣入心腹，飲枸杞汁至差。又方：療目熱生膚赤白眼。擣枸杞汁洗目，五七度。又方：大食馬肉生狂方。忽鼻頭燥，眼赤，不食，避人藏身，皆欲發狂。便宜枸杞汁煮粥飼之，即不狂，若不肯食糜，以鹽塗其鼻，既舐之，則欲食矣。《經驗方》：金髓煎枸杞子，不計多少。逐日旋採摘紅熟者，去嫩蒂子揀令潔淨，便以無灰酒於淨器浸之，須是瓮，用酒浸以兩月爲限，用蠟紙封閉緊密，無令透氣，候日數足漉出，於新竹器内盛貯，旋於沙盆中研令爛細，然後以細布濾過，候研濾皆畢，去滓不用，即并前漬藥酒及濾過藥汁攪勻，量銀鍋内多少升斗作番次，慢火熬成膏，切須不住手用物攪，恐粘底不勻，候稀稠得所，待冷，用淨瓶器盛之，勿令泄氣。每早辰溫酒下二大匙頭，夜卧服之，百日中身輕氣壯，積年不廢，可以羽化。《經驗後方》：治五勞七傷，庶事衰弱。枸杞葉半斤切，粳米二合，以豉汁中相和，煮作粥，以五味末，葱白等調和食之。又方：變白輕身。枸杞子二升，十月壬癸日採，採時面東摘，生地黄汁三升，以好酒二升，於甆缾内浸二十一日了，開封，添地黄汁同浸，攪之，却以紙三重封其頭了，更浸，候至立春前三十日開瓶，空心暖飲一杯，至立春後，髭鬢却黑。勿食蕪荑、葱，服之耐老輕身，無比。《孫真人備急方》：治滿口齒有血。枸杞和根、苗煎湯，食後喫。又治骨槽風。《經驗後方》同。《兵部手集》：療眼暴赤痛神效，枸杞汁點眼立驗。《沈存中方》：陝西枸杞，長一二丈，其圍數寸，無刺，根皮如厚朴，甘美異於諸處，生子如櫻桃，全少核，暴乾如餅，極爛有味。《外臺秘要》：療眼暴天行腫痒痛。地骨皮三斤，水三斗，煮取三升，絞去滓，更内鹽二兩，煎取二升，傅目。或加乾薑二兩。治疽：凡患瘫疽惡瘡，出膿血不止者。取地骨皮不拘多少淨洗，先刮上面麁皮留之，再刮取細白穰，取麁皮同地骨一處煎湯，淋洗病令膿血淨，以細穰貼之，立效。有一朝士，腹脇間病疽，經歲不差。人燒灰傅貼之，初淋洗出血一二升，其家人輩懼，欲止，病者曰：疽似少寬，更淋之，再用五升許，血漸淡，遂止，以細穰貼之，次日結痂，遂愈。

〔宋・陳承《重廣補注神農本草並圖經》〕別說云：枸棘亦非甘物。今按諸文所說，名極多，故使人疑，然比物用甚衆，花小而紅紫色，採時七月上申日。《圖經》所說：實形長而枝無刺者，真枸杞也。此別是一種類，必多根而致疑。又用根去上浮麁皮一重近白者一重色微紫極薄陰乾。治金瘡有神驗。

宋・寇宗奭《本草衍義》卷一三 枸杞 當用梗皮，地骨當用根皮，枸杞子當用其紅實，是一物有三用。其皮寒，根大寒，子微寒，亦三等。此正是孟子所謂：性由杞柳之杞。後人徒勞分別，又爲之枸棘，茲强生名耳。凡杞，未有無棘者，雖大至有成架，然亦有棘。但此物小則多刺，大則少刺，還如酸棗及棘，其實皆一也。今人多用其子，直爲補腎藥，是曾未考究《經》意。當更量其虚實冷熱用之。

宋・鄭樵《通志》卷七六《昆蟲草木略》 枸杞 曰杞根，曰地骨，曰枸檵，曰地輔，曰羊乳，曰却暑，曰仙人杖，曰西王母，曰枸繼，曰苦杞，曰托盧，曰天精，曰却老，曰地仙苗。《爾雅》云：杞，枸檵。世言有兩種，無刺者曰枸杞，有刺者曰枸棘。又云：蓬萊南邱村者，高一二丈，其根盤結甚固，其村之人多壽考。南地生者，名枸棘，有刺，延蔓如草萊。沈括云：陝西極邊生者，高丈餘，大可作柱，葉長數寸，無刺，根皮似厚朴，甘美異他處。大體出河西諸郡，其次江淮間埂上者，實如櫻桃，暴乾為餅，膏潤有味。

宋・高文虎《蓼花洲閑録》 小兒耳後瘡，腎疳也。地骨皮一味為末，麤者熟湯洗，細者香油調搽，良。

金・張元素《潔古珍珠囊》〔見元・杜思敬《濟生拔粹》卷五〕 地骨皮苦純陰。涼骨熱，酒浸，解骨蒸非此不能除。

宋・劉明之《圖經本草藥性總論》卷下 枸杞 味苦，寒。根大寒，子微寒，無毒。主五内邪氣寒熱，熱中消渴，周痺風濕，下胸脇氣，客熱頭痛，補内傷，大勞噓吸，堅筋骨。强陰，利大小腸。《藥性論》云：臣。子葉同。味甘，平。能補益精諸不足，明目安神，令人長壽。日華子云：除煩益志，補五勞七傷，壯心氣，去皮膚骨節間風，消熱毒，散瘡腫。孫真人《備急方》：治滿口齒有血出，又治赤眼痒痛。

宋・王介《履巉巖本草》卷下 枸杞子 苦，寒。根大寒，子微寒。無毒。主五内邪氣，熱中消渴，周痹風濕，下胸脅氣，客熱頭痛，補内傷，大勞噓吸。堅筋骨，輕身不老，耐寒暑。一名杞根，一名地骨，一名枸忌，一名地輔，一名羊乳，一名僊人杖，一名西王母杖，一名枸檵，一名苦杞，一名却暑。

宋・陳衍《寶慶本草折衷》卷一二 枸杞臣。一名枸杞梗皮，一名枸忌，一名枸檵，一名杞，一名苦杞，一名杶盧，一名去暑，一名却老，一名家柴，一名天精，一名地仙苗，一名仙人杖，一名西王母杖。○檵，音計。杶，一作杞。○生常山平澤，及堂邑、張掖、陝西，潤、茂州。今處處丘陵阪岸河洲有之。○

秋採莖皮，陰乾。

味苦，寒，無毒。〇主五內邪氣，熱中消渴，周痹風濕，下胸脇氣，客熱頭痛，補內傷勞噓吸。堅筋骨，強陰，利大小腸。〇日華子云：除煩益志，補五勞七傷，去皮膚骨節間風，消熱毒，散瘡腫。〇《千金方》：治齒疼，煮枸杞汁含之。

新分地骨皮今從寇氏，綴以皮字。一名枸杞根皮。一名杞根，一名地輔。

〇所出與枸杞同。〇冬採根，去心，陰乾。

味苦、甘，寒，無毒。〇主腎家風。分前條《藥性論》。〇《食療》云：去骨熱消渴。〇《千金方》：治虛勞客熱，用枸杞根末調服。有痼疾人不得喫。

〇沈存中云：陝西枸杞根皮，如厚朴，甘美異於他處。〇治疽方：凡患癰疽惡瘡。取地骨皮淨洗，先刮上面麄皮，留之，再刮取細白穰。取麄皮同地骨一處煎湯淋瘡，令膿血淨盡，以細穰貼之。〇《別說》云：用根去上浮麄皮一重，近白者一重，色微紫，極薄，陰乾，治金瘡有驗。

新分枸杞子葉附。〇今從寇氏等，綴以子字。一名枸杞紅實，一名羊乳。

〇所出亦與枸杞同。〇秋採實，日乾。〇附：葉，一名甜菜。春夏採。

味甘，平，微寒，無毒。〇補益精諸不足，易顏變白，明目安神。同前分。

〇《圖經》曰：結紅實，形微長，如棗核。〇《聖惠方》：補虛，長肌肉，益顏色，肥健人，去勞熱。用生枸杞子伍升，好酒叁㪷，研搦勿碎，浸七日，去滓，任性飲之。〇搦，女卓切。〇《千金方》：治肝虛或當風眼淚等病。枸杞子最肥者貳升擣破，內絹袋中，以酒壹斗，浸封三七日，每日飲之。任飲勿醉。〇沈存中云：陝西枸杞子如櫻桃，全少核，暴乾如餅，極有味。〇寇氏曰：今人多用其子為補腎藥，當更量虛實冷熱用之。

附：葉汁在內。味甘，平。除風明目，去眼中風痒赤膜，擣〔汁〕點良。和羊肉作羹，益人。若渴，可煮代茶飲。其葉如石榴葉而軟薄，以白色無刺者良。

續說云：寇氏論枸杞當用梗皮，地骨當用根皮，枸杞子當用其紅實，是一物而有三用。故《千金方》已三其用矣。然性味亦殊，茲各分條品，非強異也。王兗《博濟方》嘗獨取其根皮杵末，為枸杞散，以去風潤肌，壯筋進食。又單使其子熬膏，為枸杞煎，以明目駐顏，健行壯氣，論功最妙，非尋常服餌之比。若枸杞梗皮，效驗更奇，王氏適不詳言耳。《圖經》謂此木枝無刺者為真，寇氏乃云小則多刺，大則少刺。

元·王好古《湯液本草》卷五 地骨皮 氣寒，味苦，陰也。大寒，無毒。足少陰經、手少陽經。《象》云：解骨蒸、肌熱，主風濕痹，消渴。堅筋骨。去骨，用根皮。《心》云：去肌熱及骨中之熱。《珍》云：涼血涼骨。《本草》云：主五內邪氣，熱中消渴，周痹風濕，下胸脇氣，客熱頭痛。補內傷大勞噓吸，堅筋骨，強陰，利大小腸。《藥性論》云：根皮細剉，麪拌，熟煮吞之。主腎家風，益精氣。《衍義》云：枸杞當用梗皮，地骨當用根皮。枸杞子當用其紅實。實，微寒；皮，寒；根，大寒。

元·尚從善《本草元命苞》卷六 枸杞 為臣。子葉同說苦，寒性，無毒。又名為羊乳。子微寒，根皮大寒。消麪毒，乳酪相惡。主五內邪氣，熱中消渴。療周痺風濕，骨節風邪。下胸脇氣，客熱頭痛。補諸內傷，大勞噓吸。補精不足，堅筋骨，強陰。利大小腸，耐寒暑。卻老明目，安神，滌煩止熱。生常山平澤，及丘陵阪岸。春生苗，葉如石榴葉，秋結紅實，似棗子實，花開紅紫而小，莖葉軟嫩，堪食。冬採根，春夏採葉，秋採實，揀淨陰乾。根名地骨皮，杞曰仙人杖。

元·吳瑞《日用本草》卷七 枸杞 秋宜採葉，冬宜採莖、實。枸杞當用梗皮，地骨當用根皮。枸杞子當用紅實者。味苦，性寒，無毒。取葉和肉作羹食之，尤佳。白色無刺者良。主五內邪氣，熱中消渴，風濕，下胸脇氣，除客熱，補益陽事。堅筋骨，散癰腫。渴疾，煮，代茶飲之。擣葉汁注目中，去風痒。煮汁可消熱麪毒。根為末，煎湯漱口，止齒血喫，治上膈吐血為妙。

元·佚名氏《珍珠囊·諸品藥性主治指掌》〔見《醫要集覽》〕 地骨皮 味苦，平，性寒，無毒。升也，陰也。其用有二：療在表無定之風邪，主傳尸有汗之骨蒸。

元·徐彥純《本草發揮》卷三 地骨皮 潔古云：氣寒，味苦。解骨蒸肌熱，主消渴，風濕痺，堅筋骨。《主治秘訣》云：屬陰。涼血。去骨取皮用，去肌熱及骨中之熱。東垣云：地骨皮大寒，純陰。涼血。云：皮膚(胃)〔骨〕節間熱。又治表有風寒熱邪，自汗。又云：地骨皮瀉腎火。總治熱在外，地為陰，骨為裏，皮為表也。又云：四物湯內加地骨皮、牡丹皮，治婦人骨蒸最妙。又云：地骨皮治足少陰、手少陽有汗而骨蒸者。海藏云：入足少陰經、手少陽經。

明·朱橚《救荒本草》卷下之前 枸杞 一名杞根，一名枸忌，一名地輔，一名羊乳，一名却署，一名仙人杖，一名西王母杖，一名地仙苗，一名托盧，或名天精，或名却老，一名枸檵音繼，一名苦杞。俗呼為甜菜子。根名地骨。生常山平澤，今處處有之。其莖幹高三五尺，上有小刺。春生苗葉如石榴葉而軟薄，莖葉間開小紅紫花，隨便結實，形如棗核，熟則紅色，味微苦，性寒。根大寒。子微寒，無毒。一云味甘平。白色無刺者良。陝西省枸杞長一二丈，圍數寸無刺，根皮如厚朴，甘美異於諸處。生子如櫻桃，全少核，暴乾如餅，極爛有【闕】 救飢：採葉煠熟，水淘淨，油鹽調食。作羹食皆可。子紅熟時亦可食，若渴，煮葉作飲，以代茶飲之。 治病：文具《本草》木部條下。

明·蘭茂撰，清·管暄校補《滇南本草》卷下 地骨皮即枸杞根皮。 性寒，味苦。治肺癆燒，骨蒸發熱，諸經客熱。

附方：枸杞尖作菜，同雞蛋炒食，治年少婦人白帶。

明·蘭茂《滇南本草》〔叢本〕卷中 地骨皮枸杞根皮 味苦，性寒。治肺熱勞燒，骨蒸客熱。單方：枸杞尖作菜食，合雞蛋炒吃，治少年婦人白帶。

明·王綸《本草集要》卷二 地骨皮 味苦，氣寒。陰也，入足少陰經、手少陽經。去骨，用根皮。 主五內邪氣，熱中消渴，風濕周痹，補內傷大勞，解有汗骨蒸，及去肌熱，涼血涼骨，堅筋骨，強陰，利大小腸。

明·王綸《本草集要》卷四 枸杞 味苦，氣寒。根大寒，子微寒。無毒。冬採根，春夏採葉，秋採莖實，陰乾。 主五內邪氣，熱中消渴，周痹，補內傷大勞，強陰益精。主皮膚骨節間風，腎家風，眼赤痛風癢瘴膜。久服堅筋骨，輕身不老。明目，血虛用之。

明·滕弘《神農本經會通》卷二 枸杞 臣也。冬採根，名地骨，用皮去骨。春夏採葉，秋採莖葉，陰乾。白色，無刺者良。

味苦，氣寒。根，大寒。子，微寒。無毒。《湯》云：地骨皮，氣寒，味苦，陰也。大寒。足少陰經、手少陽經。東云：地骨，升也，陰也。療在表無定之風邪，主傳尸有汗之骨蒸。又云：退熱除蒸。《珍》云：性能涼血去皮膚骨節熱。《疌》云：地骨，解肌退熱，并涼血，有汗，傳尸之骨蒸，除表無定風邪。又云：枸杞子，去風，并補氣明目，益元陽。地骨皮，治寒熱虛勞。

《本經》云：主五內邪氣，熱中消渴，周痺風濕，下胸脇氣，客熱頭痛，補內傷大勞噓吸，堅筋骨，強陰，利大小腸，久服輕身不老，耐寒暑。《藥性論》云：臣。子葉同味甘，平。能補精，益諸不足，易顏色，變白，明目，安神，令人長壽。葉和羊肉作羹，益人。其除風明目，若渴，可煑作飲，代茶飲之。白色，無刺者良。與乳酪相惡。發熱，諸毒煩悶，可單煑汁解之。能消熱麪毒。又根皮細剉，麪拌，熟煑，吞之，主治腎家風良。又益精氣，主患眼風障赤膜，昏痛，取葉擣汁，注眼中妙。日華子云：地仙苗，除煩益志，補五勞七傷，壯心氣，去皮膚骨節間風，消熱毒，散瘡腫，即枸杞也。《象》云：地骨皮，解骨蒸肌熱，主風濕痺，消渴，堅筋骨。去骨，用根皮。《心》云：又去肌熱，及骨中之熱。《珍》云：又涼血涼骨。《衍義》云：枸杞，當用梗皮。地骨，當用根皮，枸杞子當用其紅實。實微寒，皮寒，根大寒。剆云：枸杞子功能補氣，去風明目益元陽。根名地骨皮堪用，寒熱虛勞各載方。即《局方》。剆云：地骨皮寒味苦平，除風無定表間乘。解肌退熱能涼血，有汗傳屍之骨蒸。枸杞，益陽明目。地骨皮，退虛勞寒熱。

明·劉文泰《本草品彙精要》卷一六 枸杞無毒 叢生。

枸杞出《神農本經》：**主五內邪氣，熱中，消渴，周痹。久服堅筋骨，輕身不老。**以上朱字《神農本經》。風濕，下胸脇氣，客熱頭痛，補內傷，大勞噓吸，堅筋骨，強陰，利大小腸，耐寒暑。以上黑字名醫所錄。

〔名〕枸忌、地輔、卻暑、地仙苗、枸檵、苦杞、托盧、仙人杖、西王母杖。實：羊乳、天精、卻老。

〔苗〕《圖經》曰：春生苗，葉如石榴葉而軟薄。其莖幹高三五尺，作叢，六七月生小紅紫花，隨便結實，形微長如棗核。沈存中云：陝西枸杞長一二丈，其圍數寸，無刺，根皮如厚朴，甘美異于諸處，子如櫻桃，全少核。今人相傳謂枸杞與枸棘相類，其實形長而無刺者，真枸杞，圓而有刺者，枸棘也。《衍義》曰：枸杞當用梗皮，地骨當用根皮，枸杞子當用紅實，本一物而有三用，實微寒，梗皮寒，根大寒，亦三等。孟子所謂性猶杞柳之杞，後人徒勞分別。又謂之枸棘，茲強生名耳。凡杞，未有無刺者，雖大至有成架，然亦有刺，但此物小則多刺，大則少刺，還如酸棗與棘，其實皆一也。〔地〕《圖經》曰：生常山平澤及丘陵阪岸，今處處有之。〔道地〕實：陝西、甘州、茂州。

〔時〕生：春生苗。採：春取葉，秋取莖、實。〔收〕陰乾。〔用〕葉、莖、實。〖質〗葉如石榴葉而軟薄。〖色〗青綠。〖味〗苦。實：甘。〖性〗寒。實：微寒。〖氣〗氣薄味厚，陰也。〖臭〗朽。〖反〗惡乳酪。〖主〗強陰，益精。〖治〗療：《藥性論》云：葉搗絞汁點眼，除風障赤膜昏痛。日華子云：苗除煩，去皮膚骨節間風，消熱毒，散瘡腫。《食療》云：葉、子，除風，去虛勞。補：陶隱居云：補益精氣，強盛陰道。《藥性論》云：子、葉，能益精及諸虛不足，易顏色，變白，明目，安神，令人長壽。日華子云：苗，益志，補五勞七傷，壯心氣。《食療》云：葉、子，堅筋能老。〖合治〗葉合羊肉作羹，甚益人，及除風明目。若渴，可煮作飲以代茶。○葉上蟲窠子暴乾爲末，入乾地黄中爲丸，益陽事，助精氣。○子五升，好酒二斗，研搦破，浸七日，漉去滓，飲之，初三合爲始，後即任性飲之，補虛，長肌肉，益顏色，肥健人，能去勞熱，名曰枸杞子酒。○葉半斤，切碎，合粳米二合，以豉汁中根和煮作粥，以五味末葱白等調和食之，療五勞七傷，房事衰弱。〖解〗發熱，諸毒，煩悶，煮汁解之，及消熱麵毒。

地骨皮無毒。叢生。地骨皮，解骨蒸肌熱，主風濕痹，消渴，堅筋骨，去骨用根皮。名醫所録。〖名〗杞根。〖苗〗謹按：地骨皮即枸杞根皮也，苗葉詳具枸杞條下，但其功用所載簡略。按：《湯液本草》，王海藏以地骨皮立條，概可見矣。考其名以地爲陰，骨爲裏，皮爲表，所以去骨蒸肌熱之要藥也。亦如地笋、澤蘭根苗各立其條，表而出之，庶不混於用也。〖地〗《圖經》曰：生常山平澤及丘陵阪岸，今處處有之。〖道地〗陜西甘州、茂州。〖時〗生：春生苗。採：冬取根皮。〖收〗陰乾。〖用〗根皮。〖質〗類五加皮而輕細。〖色〗褐。〖味〗苦。〖性〗大寒，泄。〖氣〗氣薄味厚，陰也。〖臭〗朽。〖主〗無定之風邪，有汗之骨蒸。〖行〗手少陽經，足少陰經。〖製〗《雷公》云：凡使，根掘得後，使東流水浸，以物刷上土了，然後待乾，破去心，用熟甘草湯浸一宿，然後焙乾用。其根若似物命形狀者，上春食葉，夏食子，秋冬食根並子也。〖治〗療：《食療》云：去骨熱，消渴。《別録》云：除虛勞客熱，及療癰疽惡瘡，血出不止。以地骨皮不計多少，淨洗，先刮上面粗皮，留之，再刮取細白穰，仍取粗皮同地骨一處煎湯，淋洗瘡令膿血淨，以細穰貼之，次日結痂遂愈。〖合治〗細剉，合麵拌熟煮服之，療腎家風。以三斤合水三升，煮取二升，絞去滓，更内鹽一兩，煎二升，傅目，或加甘薑二兩，療眼天行腫癢痛。

明・盧和、汪穎《食物本草》卷一菜類　枸杞　味苦，寒，根大寒，子微寒，無毒。無刺者是。其莖葉補氣益精，除風明目，堅筋骨，補勞傷，強陰道，久食令人長壽。根名地骨。寇宗奭曰：枸杞當用梗皮，地骨當用根皮，枸杞子當用其紅實。諺云：去家千里，莫食枸杞。言其補益，強盛無所為也。和羊肉作羹食，和粳米煮粥食，入葱豉五味，補虛勞尤勝。南丘多枸杞，村人多壽，食其水土也。潤州大井有老枸杞樹，井水益人，名著天下。與乳酪忌。

明・姚可成《食物本草》卷首王西樓《救荒野譜》　枸杞頭食葉。村人采為甜菜頭。春夏采嫩頭，熟食。秋采實，即枸杞子。冬采根，即地骨皮。

枸杞頭，生高丘，實為藥餌來甘州。二載淮南穀不收，采春采夏還采秋，飢人飽食如珍羞。

明・葉文齡《醫學統旨》卷八木部　枸杞子　氣微寒，味苦。無毒。甘州者佳。

治五内邪熱中消渴，周痺，補内傷大勞，強陰益精，去皮膚骨節間風，腎家風眼赤痛，風痒瘴膜。久服堅筋骨，明目。血虛用之。

地骨皮：氣寒，味苦。無毒。純陰。入足少陰、手少陽經。去骨用。治有汗骨蒸肌熱，消渴，風濕痺，堅筋骨，補内傷，涼血強陰，利大小腸。

明・許希周《藥性粗評》卷一　地骨皮　骨蒸褪地骨之皮。枸杞子附。

地骨皮，枸杞根皮也。一名枸檵，一名却暑，一名仙人杖，《四牡》之詩謂之苞杞，《抱朴子》謂之家柴。春生苗，葉如石榴，軟薄，堪食，可作羹，俗呼為甜菜。幹高五六尺，作叢。六七月開小紅花，隨便結實紅色，微長如棗核大。生訖平澤、阪岸，南北處處有之，以茂州者勝。春夏採葉，秋採莖實，冬採根，採獲東流水洗淨，剝取其皮，以甘草煎湯浸一宿後，焙乾待用。味苦，性大寒，無毒。入足少陰腎、手少陽三焦經。主治客熱消渴，痰火骨蒸，風濕癆損，涼血消腫，瀉腎火，強陰道，利大小腸，骨中之熱非此不除。東垣云：四物湯内加地骨皮、牡丹皮，治婦人骨蒸最妙。

單方：天行赤眼：地骨皮二斤，水一斗，煎取三升，去渣，只入鹽一兩，同煎至二升，取出候涼，點之妙。癰疽惡瘡：先將皮刮上麄皮一撮，同地骨皮剉，煎湯洗淨膿血，次刮取細穰一根，貼之妙。

枸杞子，即地骨皮樹所生也。此有數種，樹高丈餘，形實長而枝無刺者，真枸杞也。樹小作叢，圓而有刺者，枸檵也，亦名枸棘，不堪入藥。真者肉多味甘，服食家以之為仙品。性微寒，味甘，無毒。入手少陰心、陽明大腸、足厥陰肝、少陰腎經。主治五癆七傷，風濕痿痹，客熱消渴，明目安神，生肌長髮，變白，益精，壯筋骨，易顏色。補益陰道，諺云去家千里，勿食枸杞，言其能強陰道故也。服食多用之，罕入治療。

單方：補虛長肉：甘州枸杞五升，無灰酒二斗，入磁瓮内，拌搦勿碎，浸七日，漉去子，溫飲之，先以三合為始，後任性長飲，以多取效。其子暴乾，為細末，調酒服亦可。變白輕身：枸杞子旋摘紅熟新者，不計多少，揀淨，以磁瓮入無灰酒盛浸，蠟紙封閉兩月後發出，竹器盛之，下以磁盆承滴，又以子旋入沙盆中研爛，却以細布濾出酒汁，去滓不用，取所漬前酒并所濾汁攪勻，入銀鍋内，慢火，不住手用物長攪，待稀稠得宜，皮成膏了，取下候冷，收入淨磁瓶中，封内勿令泄氣，此謂之金髓膏。每晨并臨臥以溫酒調下一二大匙，百日後身輕氣壯，使白為黑，久服可以羽化。

明·鄭寧《藥性要略大全》卷四 地骨皮 療在表無定之風邪，退傳屍有汗之骨蒸。除熱清肺，治咳嗽。《賦》曰：退熱除蒸。《本草》云：主五内邪氣，熱中消渴，周痹風濕，下胸脇氣，客熱頭痛，補内傷大勞，堅筋骨，強陰，利大小腸，主腎家，益精。《象》云：解肌骨表裏熱，主風濕痹，消渴，堅筋骨。《珍》云：涼血涼骨。《心法》云：去肌熱，大除骨中熱。味苦，平，性寒，無毒。入足少陰、手少陽。升也，陰也。即枸杞子根也。洗去土，去骨用根皮入藥。

枸杞子臣 治五内邪熱消渴，除煩及周痹風濕，下胸脇氣，除頭痛，補勞傷虛弱，堅筋骨，益精髓，強陰，利大小腸，益智，壯心氣，去皮膚骨節間風，散瘡腫熱毒。久服輕身，耐寒暑，延年。《珠囊》云：助陽明目。味苦、甘，性寒。根大寒，子微寒，無毒。子多入丸。處處有之，惟甘、泉州出者良。

葉：和羊肉作羹，甚益人。除風明目，作茶飲止渴。亦可作蔬食。

明·賀岳《醫經大旨》卷一《本草要略》 枸杞 味苦、甘，性寒，無毒。故能明目去風，止虛勞寒熱，治下血腰疼。根名地骨皮，治骨蒸尤妙。《本草》曰枸杞益壽延年，補腎故也。

明·陳嘉謨《本草蒙筌》卷四 枸杞子 味甘、苦，氣微寒。無毒。近道田側俱有，甘、肅州並屬陝西者獨佳。春生嫩苗，作茹爽口。秋結赤實，入藥益人。依時採收，曝乾選用。紫熟味甜，粗小膏潤者有力；赤黯味淡，顆大枯燥者無能。今市家多以蜜拌欺人，不可不細認爾。去淨梗蒂，任作散丸。明耳目安神，耐寒暑延壽。添精固髓，健骨強筋。滋陰不致陰衰，興陽常使陽舉。諺云：離家千里，勿服枸杞。亦以其能助陽也。更止消渴，尤補勞傷。葉擣汁注目中，能除風癢去膜。若作茶啜喉内，亦解消渴強陰。諸毒煩悶善毆，麵毒發熱立卻。葉上蟲窠子收曝，可同乾地黄作丸。不厭酒呑，甚益陽事。莖名仙人杖須識，皮膚骨節風能追。熱毒兼消，瘡腫可散。〇地骨皮者，性甚寒涼。即此根名，惟取皮用。經入少陰腎臟，併手少陽三焦。解傳尸有汗，肌熱骨蒸；療在表無寒，風濕周痹。去五内邪熱，利大小二便。強陰強筋，涼血涼骨。

謨按：本草欵中，竹笋立死者，既名僊人杖。此枸杞苗莖，又名僊人杖。藏器《拾遺》篇内，一種菜類，亦名僊人杖。何併此三物而同立一名？古今方書，治療或有用之，但僉其名而未細註其物者，當考究精詳，必得證治相合，庶不失於孟浪也。

明·方穀《本草纂要》卷四 枸杞子：味苦、甘，氣微寒，無毒。補中之藥也。主治内損不足，精元失守，腎氣傷敗，骨髓空虛，血虧眼花，翳膜昏塞。又治骨間風痛，腎臟風痒爲神藥也。是以嘗考用治之法：枸杞善能治目，非治目也，但壯精益神，神滿精足，故治目为有功也。枸杞又能治風，非治風也，但治風治血，血實風滅，故治風爲有驗也。然其爲劑，必用蜜水潤洗。又惟甘州者佳。

明·王文潔《太乙仙製本草藥性大全》卷三《本草精義》 枸杞子 一名杞，枸檵，一名苞杞，一名苦杞，一名羊乳，一名却暑，一名普九，一名天精，一名托盧，一名却老。近道田側俱有。甘、肅州春生嫩苗，葉如石榴而軟薄，作羹茹爽口，俗呼之爲甜菜，莖幹高三五尺，作叢，六月、七月生小紅紫花，隨便結紅實，形微長如棗核樣，依時採收，曝乾選用。紫熟味甜，粗小膏潤者有力；赤點味淡，顆大枯燥者無能。今市家多以蜜拌欺人，不可不細認爾。去净梗蒂，任作丸散。今人相傳謂枸杞與枸棘二種相類，其實形長而枝無刺者，真枸杞也；圓而有刺者，枸棘也，枸棘不堪入藥。而下品溲李云子似枸杞，冬月熟色赤，味甘苦。蘇云：形似空疏木，高丈許，白皮，其子七月、八月熟，似枸杞子，味甘而兩兩相並。《別說》云：枸棘亦非甘物。今按諸文所說，名極多，故使人疑。然此物用甚衆，花小而紅紫色，採時七月上申日。《圖經》所說實形長而枝無刺者，真枸杞也。此別是一種類，必多根而致疑。又有根去上浮麁皮一重，近白者一重，色微紫，極薄，陰乾，治金瘡有神驗。

地骨皮：一名枸杞根，一名枸忌，一名地輔，一名地骨。生常山平澤及丘陵阪岸，今處處有之。春生苗，葉如石榴葉而軟薄，甚食，俗呼爲甜菜。其莖幹高三五尺，作叢。六月、七月生小紅紫花，隨便結紅實形微長如棗核，其根名地骨。春夏採葉，秋採莖實，冬採根。春生作羹茹，微苦，其莖似莓子，秋熟正赤，莖葉及子服之輕身益氣。《淮南枕中記》著西河女子服枸杞法：正月上寅採根，二月上卯治服之；三月上辰採莖，四月上巳治服之；五月上午採葉，六月上未治服之；七月上申採花，八月上酉治服之；九月上戌採子，十月上亥治服之；十一月上子採根，十二月上丑治服之。又有並花實根莖葉作煎，及單笮子汁煎膏服之，其功並等。

莖名仙人杖：一名西王母杖。味甘，其形似莓子杖，熟正赤。葉莖及子服之輕身益氣，須識皮膚骨節風能追，熱毒兼消，瘡腫可散。【略】

明・王文潔《太乙仙製本草藥性大全》卷三《仙製藥性》 枸杞子臣 味苦、甘，性寒，子微寒，無毒。子多入丸。 主治：主五內邪氣，止熱消渴，補內傷大勞周痹，治腎家風眼赤痛脹膜。聰耳目安神，耐寒暑，延壽。添精固髓，健骨強筋。滋陰不致陰衰，興陽常使陽舉。諺云：離家千里勿服枸杞，亦以其能助陽也。更止消渴，尤補勞傷。久服壯筋明目，輕身不老。補註：治肝虛或當風眼淚，取子肥者二升，搗破，絹袋置罐中，以酒一斗浸訖，密封勿泄氣三七日，每旦飲之勿醉。○補虛長肌肉，益顏色，肌健人，能去勞熱。用生子五升，好酒二斗，研損勿碎，浸七日，去滓，初飲三合，後任性飲之。○變白輕身，取子二升，十月壬癸日採時面東摘，生地黃汁三升，以好酒二升，入甆瓶內浸二十一日，開封添地黃汁同浸，攪之，却以紙三重封。候至立春前三十日，空心暖飲一盞，至立春後髭鬢却黑，勿食蕪荑、葱，服之耐老輕身無比。療目熱生膚赤白眼，取子搗汁洗目五七度。○大食馬肉生狂方，忽鼻頭燥，眼赤，不食，避人藏身，皆欲發狂。便宜枸杞子汁煮粥飼之即不狂，若不肯食，以鹽塗其鼻，既舐之，即欲食矣。治虛勞客熱，用枸杞根末調服，有痼疾人不得喫。治滿齒口有血，枸杞和根苗煎食後喫。又治骨槽風。《經驗後方》同。○陝西枸杞長一二丈，其圍數寸，無刺，根皮如厚朴，甘美異于諸處，生子如櫻桃，全少核，暴乾如餅，極爛有味。 太乙曰：凡使根掘得後，使東流水浸，以物刷上土了，然後待乾，破去心，用熟甘草湯浸一宿，然後焙乾，用其根。若似物命形狀者上，春食葉，夏食子，秋冬食根并子也。 枸杞葉：味微苦。搗汁注目中，能除風癢去膜。若作茶啜喉內，亦解消渴，強陰。諸毒煩悶善驅，麵毒發熱立却。 葉上蟲窠子：收曝，可同乾地黃作丸，不厭酒吞，甚益陽事。 補註：治五勞七傷，陽事衰弱。用葉半斤，切，粳米二合，以豉汁中相和，煮作粥，以五味瓮葱白湯調和食之。金髓煎：枸杞子不拘多少，逐日旋採摘紅熟者，去嫩蒂子，揀令潔净，便以無灰酒於净器浸之，須是瓮，用酒浸以兩月爲限，用蠟封閉緊密無令透氣，候日數足，漉出於新竹器內盛貯，旋於沙盆中研令爛細，然後以細布濾過，候研濾皆畢，去滓不用，即并煎漬藥酒及濾過藥汁，攪勻，量銀鍋內多少升斗作番次，慢火熬成膏，切須不住手用物攪，恐粘底不勻，候稀稠得所，待冷，用净瓶器盛之，勿令泄氣。每早晨溫酒下二大匙頭，夜臥服之，百日中身輕氣壯，積年不廢，可以羽化。 地骨皮：味苦平，性寒，無毒。入足少陰腎臟、手少陽三焦，升也，陰也。即枸杞子根也。洗去土，去骨，用根皮入藥。 主治：療在皮無定之風邪，退傳屍有汗之骨蒸。除熱清肺，治咳嗽、消渴。堅筋骨，補內傷大勞。治客熱頭疼，去肌熱骨熱，除風濕周痹，去五內邪熱，利大小二便。強陰強筋，涼血涼骨。 補註：療眼暴天行腫痒痛，地骨皮三斤，水三斗，煮取三升，絞去滓，更內鹽一兩，煎取二升，傅目，或加乾薑二兩。○患癰疽惡瘡，出膿血不止者，取地骨皮不拘多少，净洗，先刮上面麁皮留之，再刮，取細白穰，取麁皮同地骨一處煎湯，淋洗病令膿血净，以細穰貼之，立效。有一朝士腹脇間病疽，經歲不差，人燒灰傅貼之，初淋洗出血一二升，其家人輩懼欲止，病者曰疽似少寬，更淋之，再用五升許，血漸淡，遂止以細穰貼之，次日結痂遂愈。

明・皇甫嵩《本草發明》卷四 枸杞子上品，君。氣微寒，味甘、苦。 發明曰：枸杞子補腎之功大，故《本草》主五內邪氣，熱中消渴，補內傷大勞，強陰健筋骨，利大小腸，又助陽益精，明目安神。療周痺風濕，去骨節間腎家風，下胸腹氣，風客熱頭疼，風眼赤痛痒瘴膜，下血，腰痛，久服輕身不老，補腎故也。甘、肅州產者佳。紫熟味〔甜〕，顆小膏潤者有力；甜赤黯，味淡，顆大枯燥者不堪。市家多用蜜拌。 葉，搗汁，注目中，去風痒去膜。作茶啜，解消渴，強陰，諸毒煩悶，麪毒發熱能卻。○莖，名仙人杖，能追皮膚骨節風，消熱毒，散瘡腫。○葉上蟲窠子，收曝，同地黃作丸，酒吞，能益陽事。

地骨皮上品，君。氣大寒，味苦，無毒。陰也。

發明曰：地骨皮苦寒，除熱滋陰之要藥。故《本草》主腎經而除自汗骨蒸骨熱，補內傷大勞噓吸，堅筋骨，強陰益精。又入手少陽三焦，故內而五內邪熱、血熱、熱中消渴，外而肌熱周痺、風濕，上而除頭痛，中而下胸腹氣，下而利大小腸，通能治之。東垣云療在表無定之風邪，亦外主肌熱、上主頭痛之謂也。要之除自汗骨蒸熱為最，而滋陰之功多矣。〇《衍義》云：地骨皮當用枸杞根皮。又云：根皮細剉，麪拌，熟煮吞下。主腎家風，益精氣。

明・李時珍《本草綱目》卷三六木部・灌木類

枸杞、地骨皮《本經》上品

【釋名】枸檵《爾雅》音計。《別録》作枸忌。 枸棘《衍義》 苦杞《詩疏》 甜菜《圖經》 天精《抱朴》 地骨《本經》 地節《本經》 地仙日華 却老《別録》 羊乳《別録》 仙人杖《別録》 西王母杖時珍曰：枸、杞二樹名。此物棘如枸之刺，莖如(枸)〔杞〕之條，故兼名之。道書言千載枸杞，其形如犬，故得狗名，未審然否。頌曰：仙人杖有三種：一是枸杞；一是菜類，葉似苦苣；一是枯死竹竿之黑者也。

【集解】《別録》曰：枸杞生常山平澤及諸丘陵阪岸。頌曰：今處處有之。春生苗，葉如石榴葉而軟薄堪食，俗呼爲甜菜。其莖幹高三五尺，作叢。六月、七月生小紅紫花。隨便結紅實，形微長如棗核。其根名地骨。《詩・小雅》云：集于苞杞。陸璣《詩疏》云：一名苦杞。春生，作羹茹微苦。其莖似莓。其子秋熟，正赤。莖、葉及子服之，輕身益氣。今人相傳謂枸杞與枸棘二種相類。其實形長而枝無刺者，真枸杞也。圓而有刺者，枸棘也，不堪入藥。馬志注溲疏條云：溲疏有刺，枸杞無刺，以此爲別。溲疏亦有巨骨之名，如枸杞之名地骨，當亦相類，用之宜辨。或云：溲疏以高大者爲別，是不然也。今枸杞極有高大者，入藥尤神良。宗奭曰：枸杞、枸棘，徒勞分別。凡杞未有無刺者，雖大至于成架，尚亦有棘。但此物小則刺多，大則刺少，正如酸棗與棘，其實一物也。時珍曰：古者枸杞、地骨取常山者爲上，其他丘陵阪岸者皆可用。後世惟取陝西者良，而又以甘州者爲絶品。今陝之蘭州、靈州、九原以西枸杞，並是大樹，其葉厚根粗。河西及甘州者，其子圓如櫻桃，暴乾緊小少核，乾亦紅潤甘美，味如葡萄，可作果食，異于他處者。沈存中《筆談》亦言：陝西極邊生者，高丈餘，大可作柱。葉長數寸，無刺。根皮如厚朴。則入藥大抵以河西者爲上也。《種樹書》言：收子及掘根種于肥壤中，待苗生，剪爲蔬食，甚佳。

【氣味】枸杞苦，寒，無毒。《別録》曰：根，大寒。子，微寒，無毒。冬采根，春、夏采葉，秋采莖、實。權曰：枸杞甘，平。子、葉同。宗奭曰：枸杞當用梗皮，地骨當用根皮，子當用紅實。其皮寒，根大寒，子微寒。今人多用其子爲補腎藥，是未曾考竟經意。當量其虛實冷熱用之。時珍曰：今考《本經》止云枸杞，不指是根、莖、葉、子。《別録》乃增根大寒、子微寒字，似以枸杞爲苗；而甄氏《藥性論》乃云枸杞甘平，子、葉皆同，似以枸杞爲根；寇氏《衍義》又以枸杞爲梗皮，皆是臆説。按陶弘景言枸杞根實爲服食家用。西河女子服枸杞法，根、莖、葉、花、實俱采用。則《本經》所列氣〔味〕主治，蓋通根、苗、花、實而言，初無分別也。後世以枸杞子爲滋補藥，地骨皮爲退熱藥，始歧而二之。竊謂枸杞苗葉味苦甘而氣涼，根味甘淡氣寒，子味甘氣平。氣味既殊，則功用當別。此後人發前人未到之處者也。

【主治】枸杞主五內邪氣，熱中消渴，周痹風濕。久服，堅筋骨，輕身不老，耐寒暑《本經》。下胸脇氣，客熱頭痛，補內傷大勞噓吸，强陰，利大小腸《別録》。補精氣諸不足，易顔色，變白，明目安神，令人長壽甄權。

【發明】時珍曰：此乃通指枸杞根、苗、花、實並用之功也。其單用之功，今列于左。

苗　【氣味】苦，寒。權曰：甘，平。時珍曰：甘，涼。伏砒、砂。【主治】除煩益志，補五勞七傷，壯心氣，去皮膚骨節間風，消熱毒，散瘡腫大明。和羊肉作羹，益人，除風明目。作飲代茶，止渴，消熱煩，益陽事，解麪毒，與乳酪相惡。汁注目中，去風障赤膜昏痛甄權。去上焦心肺客熱時珍。

地骨皮

【修治】斅曰：凡使根，掘得以東流水浸，刷去土，捶去心，以熟甘草湯浸一宿，焙乾用。

【氣味】苦，寒。《別録》曰：大寒。權曰：甘，平。時珍曰：甘，淡，寒。杲曰：苦，平，寒。升也，陰也。好古曰：入足少陰、手少陽經。制硫黃、丹砂。【主治】細剉，拌麪煮熟，吞之，去腎家風，益精氣甄權。去骨熱消渴孟詵。解骨蒸肌熱消渴，風濕痹，堅筋骨，涼血元素。治在表無定之風邪，傳尸，有汗之骨蒸李杲。瀉腎火，降肺中伏火，去胞中火。退熱，補正氣好古。治上膈吐血。煎湯漱口，止齒血，治骨槽風吴瑞。治金瘡神驗陳承。去下焦肝腎虛熱時珍。

枸杞子【脩治】時珍曰：凡用揀淨枝梗，取鮮明者洗淨，酒潤一夜，搗爛入藥。

【氣味】苦，寒。權曰：甘，平。【主治】堅筋骨，耐老，除風，去虛勞，補精氣孟詵。主心病嗌乾心痛，渴而引飲，腎病消中好古。滋腎潤肺。榨油點燈，明目時珍。

【發明】弘景曰：枸杞葉作羹，小苦。俗諺云：去家千里，勿食蘿摩、枸杞。此言二物補益精氣，强盛陰道也。枸杞根實爲服食家用，其説甚美，名爲仙人之杖，遠有旨乎？頌曰：莖、葉及子，服之輕身益氣。《淮南枕中記》載西河女子服枸杞法：正月上寅采根，二月上卯治服之；三月上辰采莖，四月上巳治服之；五月上午采其葉，六月上未治服之；七月上申采花，八月上酉治服之；九月上戌采子，十月上亥治服之；十一月上子采根，十二月上丑治服之。又有花、實、根、莖、葉作煎，或單榨子汁煎膏服之者，其功並同。世傳蓬萊縣南丘村多枸杞，高者一二丈，其根盤結甚固。其鄉人多壽考，亦飲食其水土之氣使然。又潤州開元寺大井旁生枸杞，歲久，土人目爲枸杞井，云飲其水甚益人也。斅曰：其根似物形狀者爲上。時珍曰：按劉禹錫《枸杞井詩》云：僧房藥樹依寒井，井有清泉藥有靈。翠黛葉生籠石甃，殷紅子熟照銅瓶。枝繁本是仙人杖，根老能成瑞犬形。上品功能甘露味,還知一勺可延齡。又《續仙傳》云: 朱孺子見溪側二花犬,逐入于枸杞叢下。掘之得根,形如二犬。烹而食之,忽覺身輕。周密《浩然齋日鈔》云: 宋徽宗時,順州築城,得枸杞于土中,其形如獒狀,馳獻闕下,乃仙家所謂千歲枸杞,其形如犬者。據前數説,則枸杞之滋益不獨子,而根亦不止于退熱而已。但根、苗、子之氣味稍殊,而主治亦未必無别。蓋其苗乃天精,苦甘而凉,上焦心肺客熱者宜之; 根乃地骨,甘淡而寒,下焦肝腎虚熱者宜之。此皆三焦氣分之藥,所謂熱淫于内,瀉以甘寒也。至于子則甘平而潤,性滋而補,不能退熱,止能補腎潤肺,生精益氣。此乃平補之藥,所謂精不足者,補之以味也。分而用之,則各有所主; 兼而用之,則一舉兩得。世人但知用黄芩、黄連,苦寒以治上焦之火; 黄蘗、知母,苦寒以治下焦陰火。謂之補陰降火,久服致傷元氣。而不知枸杞、地骨甘寒平補,使精氣充而邪火自退之妙,惜哉! 予嘗以青蒿佐地骨退熱,屢有殊功,人所未喻者。兵部尚書劉松石,諱天和,麻城人。所集《保壽堂方》載地仙丹云: 昔有異人赤脚張,傳此方于猗氏縣一老人,服之壽百餘,行走如飛,髮白反黑,齒落更生,陽事强健。此藥性平,常服能除邪熱,明目輕身。春采枸杞葉,名天精草; 夏采花,〔名〕長生草; 秋采子,名枸杞子; 冬采根,名地骨皮,並陰乾,用無灰酒浸一夜,晒露四十九晝夜,取日精月華氣,待乾爲末,煉蜜丸如彈子大。每早晚各用一丸細嚼,以隔夜百沸湯下。此藥采無刺味甜者,其有刺者服之無益。

【附方】舊十,新十九。

枸杞煎: 治虚勞,退虚熱,輕身益氣,令一切癰疽永不發。用枸杞三十斤,春夏用莖、葉,秋冬用根、實,以水一石,煮取五斗,以滓再煮取五斗,澄清去滓,再煎取二斗,入鍋煎如餳收之。每早酒服一合。《千金方》。 金髓煎: 枸杞子逐日摘紅熟者,不拘多少,以無灰酒浸之,蠟紙封固,勿令洩氣。兩月足,取入沙盆中擂爛,濾取汁,同浸酒入銀鍋内,慢火熬之。不住手攪,恐粘住不勻。候成膏如餳,净瓶密收。每早温酒服二大匙,夜卧再服。百日身輕氣壯,積年不輟,可以羽化也。《經驗〔方〕》。 枸杞酒: 《外臺秘要》云: 補虚,去勞熱,長肌肉,益顔色,肥健人,治肝虚衝風下淚。用生枸杞子五升搗破,絹袋盛,浸好酒二斗中,密封勿洩氣,二七日。服之任性,勿醉。○《經驗方》枸杞酒: 變白,耐老輕身。用枸杞子二升,十月壬癸日,面東采之,以好酒二升,瓷瓶内浸三七日。乃添生地黄汁三升,攪勻密封。至立春前三十日,開瓶。每空心暖飲一盞,至立春後髭髮却黑。勿食蕪荑、葱、蒜。 四神丸: 治腎經虚損,眼目昏花,〔或〕云瞖遮睛。甘州枸杞子一升,好酒潤透。分作四分: 四兩用蜀椒一兩炒,四兩用小茴香一兩炒,四兩用脂麻一兩炒,四兩用川楝肉一兩炒。揀出枸杞,加熟地黄、白术、白茯苓各一兩,爲末,煉蜜丸,日服。《瑞竹堂方》。 肝虚下淚: 枸杞子二升,絹袋盛,浸一斗酒中,密封三七日,飲之。《龍木論》。

目赤生翳: 枸杞子搗汁,日點三五次,神驗。《肘後方》。 面黯皯皰: 枸杞子十斤,生地黄三斤,爲末。每服方寸匕,温酒下,日三服。久則童顔。《聖惠方》。 注夏虚病: 枸杞子、五味子研細,滚水泡,封三日,代茶飲效。《攝生方》。 地骨酒: 壯筋骨,補精髓,延年耐老。枸杞根、生地黄、甘菊花各一斤,搗碎,以水一石,煮取汁五斗,炊糯米五斗,細麴拌勻,入甕如常封釀。待熟澄清,日飲三盞。《聖濟總録》。 虚勞客熱: 枸杞根爲末,白湯調服。有痼疾人勿服。《千金方》。 骨蒸煩熱: 及一切虚勞煩熱,大病後煩熱,并用地仙散,地骨皮二兩,防風一兩,甘草炙半兩。每用五錢,生薑五片,水煎服。《濟生方》。 熱勞如燎: 地骨皮二兩,柴胡一兩,爲末。每服二錢,麥門冬湯下。《聖濟總録》。

虚勞苦渴: 骨節煩熱,或寒。用枸杞根白皮切五升,麥門冬三升,小麥二升,水二斗,煮至麥熟,去滓。每服一升,口渴即飲。《千金方》。 腎虚腰痛: 枸杞根、杜仲、萆薢各一斤,好酒三斗漬之,罌中密封,鍋中煮一日,飲之任意。《千金方》。 吐血不止: 枸杞根、子、皮爲散,水煎。日日飲之。《聖濟總録》。 小便出血: 新地骨皮洗净,搗自然汁,無汁則以水煎汁。每服一盞,入酒少許,食前温服。《簡便方》。 帶下脉數: 枸杞根一斤,生地黄五斤,酒一斗,煮五升。日日服之。《千金方》。 天行赤目: 暴腫。地骨皮三斤,水三斗,煮三升,去滓,入鹽一兩,取二升。頻頻洗點。(龍)〔隴〕上謝道人《天竺經》。 風蟲牙痛: 枸杞根白皮,煎醋漱之,蟲即出。亦可煎水飲。《肘後方》。

口舌糜爛: 地骨皮湯,治膀胱移熱于小腸,上爲口糜,生瘡潰爛,心胃壅熱,水穀不下。用柴胡、地骨皮各三錢,水煎服之。東垣《蘭室秘藏》。 小兒耳疳: 生于耳後,腎疳也。地骨皮一味,煎湯洗之。仍以香油調末搽之。○高文虎《蓼州閑録》。 氣瘻疳瘡: 多年不愈者。應效散又名托裏散: 用地骨皮冬月者,爲末,每用紙撚蘸入瘡内。頻用,自然生肉。更以米飲服二錢,一日三服。《外科精義》。 男子下疳: 先以漿水洗之,後搽地骨皮末。生肌止痛。《衛生寶鑒》。 婦人陰腫: 或生瘡。枸杞根煎水,頻洗。《永類方》。

十三種疔: 春三月上建日采葉,名天精; 夏三月上建日采枝,名枸杞; 秋三月上建日采子,名却老; 冬三月上建日采根,名地骨,並暴乾爲末。如不得依法采,但得一種亦可。用緋繒一片裹藥。牛黄一梧子大,及鉤棘針三七枚,赤小豆七粒,爲末。先于繒上鋪亂髮雞子大,乃鋪牛黄等末,捲作團,以髮束定,熨斗中炒令沸定,刮搗爲末。以一方寸匕,合前枸杞末二匕,空心酒服二錢半,日再服。《千金方》。 癰疽惡瘡: 膿血不止。地骨皮不拘多少,洗净,刮去粗皮,取細白穰。以粗皮同骨煎湯洗,令膿血盡。以細穰貼之,立效。有一朝士,腹脇間病疽經歲。或以地骨皮煎湯淋洗,出血一二升。家人懼,欲止之。病者曰: 疽似少快。更淋之,用五升許,血漸淡乃止。以細穰貼之,次日結痂愈。唐慎微《本草》。 瘭疽出汗: 着手、足、肩、背,累累如赤豆。用枸杞根、葵根葉煮汁,煎如飴。隨意服之。《千金方》。 足趾雞眼: 作痛作瘡。地骨皮同紅花研細傅之,次日即愈。《閨閣事宜》。

火赫毒瘡: 此患急防毒氣入心腹。枸杞葉搗汁服,立瘥。《肘後方》。 目濇有翳: 枸杞葉、車前葉〔二兩〕,挼汁,以桑葉裹,懸陰地一夜。取汁點之,不過三五度。《十便良方》。

五勞七傷: 庶事衰弱。枸杞葉半斤切,粳米二合,豉汁和,煮作粥。日日食之良。《經驗方》。

澡浴除病：正月一日，二月二日，三月三日，四月四日，以至十二月十二日，皆用枸杞葉煎湯洗澡。令人光澤，百病不生。《洞天保生録》。

題明・薛己《本草約言》卷二《藥性本草》　地骨皮　味苦，平，性寒，無毒。升也，陰也。其用有二：療在表無定之風邪，主傳屍有汗之骨蒸。《發明》云：地骨皮苦寒除熱，滋陰之要藥。

枸杞子　味苦、甘，氣寒，無毒。陽中之陰，可升可降，入足少陰、厥陰經。明目疾，生目之血。除腎燥，益腎之精。江云：補漏精。入丸最妙。○添精固髓，健骨強筋。滋陰不致陽衰，興陽常使陽舉。更止消渴，尤補勞傷。○甘泉州出者妙。至于土產，止于利大小腸，明目清心，除煩熱而已。根名地骨皮，入手太陰肺、手少陽三焦、足少陰腎。除熱清肺，治咳嗽，涼血涼骨之品。其餘大率與子同功。《發明》云：枸杞子補腎之功大。

明・周履靖《茹草編》卷二　枸杞頭　昨有道士揖余言，厥惟靈卉可永年。紫芝瑤草不足貴，丘中枸杞生芊芊。摘以瑩玉無瑕之手，濯以懸流瀑布之泉。但能細嚼辨深味，何必勾漏求神仙。　村人呼為甜菜頭，春夏採嫩頭，湯焯，鹽，醯拌食。

明・佚名氏《醫方藥性・草藥便覽》　枸杞根　其性涼。散血止嗽。

明・梅得春《藥性會元》卷中　地骨皮　味苦，平，性寒。升也，陰也。無毒。入手少陽三焦經、足少陰腎經藥。　主療在表無定之風邪，治傳屍有汗之骨蒸。退熱除蒸，治虛勞藥必用之藥。又去肌肉間熱，消渴及風濕痹，堅筋骨，補內傷，涼血強陰，利大小腸。　凡使，去木用皮，水洗。

明・梅得春《藥性會元》卷中　枸杞子　味苦，微寒，無毒。出甘州者佳。　主治五内邪氣，熱中消渴，周痹風濕，下胸脇間氣，客熱頭痛，補內傷大勞噓吸，強陰益精，利大小腸，去皮膚骨節間風，及腎家風眼赤痛，風痒障膜。久服堅筋骨，明目，耐寒暑，血虛人用之良。　製法：用溫水微泡，漉出，取肉去核。

明・杜文燮《藥鑒》卷二　地骨皮　氣寒，味苦，無毒。純陰，涼血之妙劑也。去皮膚上風邪，除骨節間勞熱。君四物湯、鹿角膠，佐以丹皮，治婦人骨蒸最妙。佐解毒湯、生地黃，臣以茜根，治痘家熱毒為良。又治足少陰、手少陽有汗而骨蒸者。表寒忌用。

明・杜文燮《藥鑒》卷二　枸杞子　氣微寒，味甘、苦，無毒。補腎，明耳目。安神，耐寒暑。延壽添精，固髓健骨。滋陰不致陰衰，興陽常使陽舉。並麥冬，同生地，入葙子，治腎虛目疾如神。佐杜仲，同茨實，加牛膝，療房勞腰疼甚捷。

明・穆世錫《食物輯要》卷三　枸杞苗　味甘、苦，性寒，無毒。解麪毒，壯心氣，祛風明目，清熱消毒。同猪肉食，益人。制硫黃、丹砂毒。

明・穆世錫《食物輯要》卷六　枸杞子　味甘，性微寒，無毒。補腎，生精養血，明目安神。李當之云：離家(數)[千]里，莫食枸杞。

明・李中立《本草原始》卷四　枸杞　古以常山者為上，今以甘州者為佳。春生苗葉，如石榴葉而軟薄，堪食，俗呼為甜菜。其莖幹高三五尺，作叢。六月、七月生小紅紫花，隨便結實，形微長如棗核。其根名地骨。《詩・小雅》云：集于苞杞。陸(機)[璣]《詩疏》云苦杞。《爾雅》名枸檵。《衍義》名枸棘。《綱目》曰：枸、杞，二樹名。此木棘如枸之棘，莖如杞之條，故兼名之。其根最長，故曰地骨，俗呼地骨皮。

枸杞：氣味：苦，寒，無毒。主治：五内邪氣，熱中消渴，周痹風濕。久服堅筋骨，輕身不老，耐寒暑。○下胸脇氣，客熱頭痛，補內傷大勞噓吸，強陰，利大小腸。○補精氣諸不足，易顏色變白，明目安神，令人長壽。

地骨皮：氣味：苦，寒。主治：細剉拌麪，煮熟吞之，去腎家風，益精氣。○去骨熱消渴。○解骨蒸肌熱，風濕痹，堅筋骨，涼血。○治在表無定之風邪，傳尸，有汗之骨蒸。○瀉腎火，降肺中伏火，去胞中火。退熱，補正氣。○治上膈吐血，煎湯嗽口，止齒血，治骨槽風。○治金瘡神驗。

枸杞、地骨，《本經》上品。【圖經】根皮黃色。

枸杞子：氣味：苦，寒。權曰：甘，平。主治：堅筋骨，耐老，除風，去虛勞，補精氣。○主心病嗌乾，心痛，渴而引飲，腎病消中。○滋腎潤肺。榨油點燈，明目。　修治：枸杞子擇紅小鮮明者，揀去枝梗，酒潤，搗爛入藥。　修治：地骨皮以熟甘草湯洗淨，焙乾用。

杲曰：地骨皮，苦平，寒，升也，陰也。好古曰：入足少陰、手少陽經。　制硫黃、丹砂。　道書言：千載枸杞，其形如犬，故得狗名。按劉禹錫《枸杞井詩》云：僧房藥樹依寒井，井有清泉藥有靈。翠黛葉生籠石甃，殷紅子熟照銅瓶。枝葉本是仙人杖，根老能成瑞犬形。上品功能甘露味，還知一勺可延齡。又《續仙傳》云：朱孺子見溪側二花犬逐入于枸杞叢下，掘之得根，形如二犬，烹而食之，忽覺身輕。周密《浩然齋日鈔》云：宋徽宗時，順州築城，得枸杞，其形如犬者。據前數説，則枸杞之滋，蓋不獨子，而根亦不止于退熱而已。

地骨皮，《本經》名地節。日華子名地仙。《别録》名却暑，名仙人杖。《衍義》云：枸杞當用梗皮，地骨當用根皮，枸杞子當用紅實，是一物有三用。其皮寒，根大寒，子微寒，亦三等。此正是《孟子》所謂性由杞柳之杞。今人多用其子直為補腎藥，是曾未考究經意。當更量其虚實冷熱用之。

明·張懋辰《本草便》卷一　地骨皮　味苦，氣寒，陰也，入足少陰經、手少陽經。去骨用根皮。　主五内邪氣，熱中消渴，風濕周痹，補内傷大勞，解有汗骨蒸，及去肌熱，凉血凉骨，堅筋骨，強陰，利大小腸。

明·張懋辰《本草便》卷二　枸杞　味苦，氣寒，根大寒，子微寒，無毒。主五内邪氣，熱中消渴，周痹，補内傷大勞，強陰益精，主皮膚骨節間風，腎家風眼赤痛，風痒瘴膜。久服堅筋骨，明目，血虚用之。

明·吴文炳《藥性全備食物本草》卷二　枸杞子　味甘，性微寒，無毒。枸，狗也。《爾雅》云：其根久如狗形，服之大有靈異。杞，即杞柳之杞，多刺，又名枸棘。古諺云：去家千里，勿食枸杞。言其滋益精氣，強盛陰道也。内傷大勞，噓吸少氣，肝風血虚，眼赤痛癢昏翳，除煩，止虚勞寒熱，下胸脇氣，治五内邪氣熱中，消渴，利大小腸，散諸瘡毒，去皮膚骨節之風，周痺風濕，腰脚疼痛，兼治客熱頭痛齒痛，滿口出血；煎膏久服輕身不老，堅筋骨，耐寒暑。

葉：味甘，春初可作菜食。

明·李中梓《藥性解》卷五　枸杞子　味苦、甘，性微寒，無毒，入肝、腎二經。主五内邪熱，煩躁消渴，周痺風濕，下胸脇氣，除頭痛，明眼目，補勞傷，堅筋骨，益精髓，壯心氣，強陰益智，去皮膚骨節間風，散瘡腫熱毒。久服延年，惡乳酪，解麪毒。　按：枸杞子味苦可以堅腎，性寒可以清肝，五内等症，孰不本于二經。宜其治矣！陶隱居云：去家千里，勿食枸杞。此言其補精強腎也。然惟甘州者有其功，至于土産者味苦，但能利大小腸，清心除熱而已。　地骨皮　味苦，性寒，無毒，入肺、腎二經。療在表無定之風邪，退傳屍有汗之骨蒸，除熱清肺，止嗽解渴，凉血凉骨，利二便。去骨用。　按：地骨皮即枸杞根也。故均入腎，又入肺者，蓋以其為表則其用在表，肺主皮毛，所以入之。本功外與枸杞相同。

明·鮑山《野菜博録》卷三　枸杞　一名杞根，一名地輔，一名仙人杖，一名地仙苗。根名地骨。莖幹高三五尺，有小刺，苗葉如石榴葉軟薄。開小紅紫花，結實熟則紅色。味微苦，性寒。子微寒，無毒。　食法：採葉煠熟，水淘淨，油鹽調食。

明·繆希雍《本草經疏》卷一二　枸杞　味苦，寒。根：大寒。子：微寒，無毒。主五内邪氣，熱中消渴，周痹風濕，下胸脇氣，客熱頭痛，補内傷大勞噓吸，堅筋骨，強陰，利大小腸。久服堅筋骨，輕身不老，耐寒暑。

〔疏〕枸杞感天令春寒之氣，兼得乎地之沖氣，故其味苦甘，其氣寒而其性無毒。苗葉苦甘，性升且凉，故主清上焦心肺客熱。根名地骨，味甘淡，性沉而大寒，故主下焦肝腎虚熱，為三焦氣分之藥。《經》曰：熱淫於内，瀉以甘寒者是已。子味甘平，其氣微寒，潤而滋補，兼能退熱，而專於補腎潤肺，生津益氣，為肝腎真陰不足，勞乏内熱補益之要藥。《本經》主五内邪氣，熱中消渴，周痹。《别録》主風濕，下胸脇氣，客熱頭痛，當指葉與地骨皮而言，以其寒能除熱故也。至於補内傷大勞噓吸，堅筋骨強陰，利大小腸；又久服堅筋骨，輕身不老，耐寒暑者，方是子之功用，而非根葉所能辦矣。老人陰虚者，十之七八，故服食家為益精明目之上品。昔人多謂其能生精益氣，除陰虚内熱，明目者，蓋熱退則陰生，陰生則精血自長，肝開竅於目，黑水神光屬腎，二臟之陰氣增益，則目自明矣。〔主治參互〕甘枸杞子，得地黄、五味子、麥門冬、地骨皮、青蒿、鼈甲、牛膝，為除虚勞内熱，或發寒熱之要藥。加天門冬、百部、枇杷葉，兼可治肺熱咳嗽之因陰虚者。《千金方》枸杞煎，治虚勞，退虚熱，輕身益氣，令一切癰疽永不發。用枸杞三十斤，春夏用莖葉，秋冬用根實，以水一石，煮取五斗，以滓再煎取三斗，澄清去滓，再煎取二斗，入鍋煎如餳，收之。每早酒服一合。《經驗方》金髓煎，枸杞子，逐日摘紅熟者，不拘多少，以無灰酒浸之，蠟紙固封，勿令洩氣。兩月足，取入砂盆中擂爛，濾取汁，同浸酒入銀鍋内，慢火熬之，不住手攪，恐黏滯不匀。候成膏如餳，淨瓶密收。每早溫酒服二大匙，夜臥再服。百日身輕氣壯，積年不輟，可以羽化也。《經驗方》枸杞酒，變白，耐老，輕身。用枸杞子二升，十月壬癸日，面東採之，以好酒二升，磁瓶内浸三七日。乃添生地黄汁三升，攪勻密封，至立春前三十日開瓶。每空心暖飲一杯，至立春後髭髮卻黑。勿食蕪菁、葱、蒜。《瑞竹堂方》四神丸，治腎經虛損，眼目昏花，或雲翳遮睛。甘枸杞子一斤，好酒浸透，分作四分：一分同蜀椒一兩炒，一分同小茴香一兩炒，一分同芝麻一兩炒，一分同川楝肉一兩炒，揀取枸杞，加熟地黃、白朮、白茯苓各一兩，為末，煉蜜丸，日服。《龍木論》療肝虛下淚，枸杞子二斤，絹袋盛，浸一斗酒中，密封三七日，飲之。《肘後方》療目赤生翳，枸杞搗汁，日點三四次，神驗。《聖惠方》治面皯皰，枸杞子十斤，生地三斤，為末。每服方寸匕，溫酒下，日三服。久則如童顏。《攝生方》療注夏虛病，枸杞子、五味子，研細滾水泡，代茶飲，效。《千金方》治虛勞客熱，枸杞根為末，白湯調服。有痼疾人慎之。又方，治虛勞苦渴，骨節煩熱，或寒。用枸杞根白皮切五升，麥冬三升，小麥二升，水二斗，煮至麥熟，去滓。每服一升，口渴即飲。又方，治腎虛腰痛：枸杞根、杜仲、萆薢各一斤，好酒三斗漬之。罌中密封，鍋中煮一日，飲之任意。《簡便方》療小便出血，鮮地骨皮，洗搗自然汁，無汁則以水煎汁。每服一盞，入酒少許，食前溫服。《千金方》治帶下，脈數。枸杞根一斤，生地黃五斤，酒一斗，煮五升，日日飲之。《蘭室秘藏》治口舌糜爛，因膀胱移熱於小腸，則上為口糜，心胃壅熱，水穀不下。地骨皮、柴胡各三錢，水煎服之。《衛生寶鑒》療下疳，先以漿水洗之，後搽地骨皮末。生肌止痛。《永類方》療婦人陰腫，或生瘡。枸杞根煎水，頻洗。唐慎微《本草》療癰疽惡瘡，膿血不止。地骨皮洗淨，刮去麤皮，取細白瓤，以麤皮同骨煎湯洗，令膿血盡。以細瓤貼之，立效。《千金方》治瘭疽出汗，此證手足肩背纍纍如赤豆。用枸杞根、葵根葉，煮汁煎如餳，隨意服之。《閨閣事宜》治足趾雞眼作瘡作痛，地骨皮同紅花研細，傅之，次日即愈。《肘後方》治火赫毒瘡，此患急防毒氣入心腹。枸杞搗汁，服之立瘥。《十便良方》治目澀有翳，枸杞葉、車前葉挼汁，以桑葉裹，懸陰地一夜，取汁點之，不過三五度。【簡誤】枸杞雖為益陰除熱之上藥，若病脾胃薄弱，時時泄瀉者勿入。須先治其脾胃，俟泄瀉已止，乃可用之。即用尚須同山藥、蓮肉、車前、茯苓相兼，則無潤腸之患矣。

明·倪朱謨《本草彙言》卷一〇 地骨皮 味甘淡，氣大寒，性沉，無毒。入手足少陰，足厥陰經。雷氏曰：地骨皮，即枸杞之根。掘取，以清流水洗淨，刷去土，去心用。

地骨皮：日華子益陰涼血之藥也。金山臺稿甘寒純陰，主瀉腎熱，去胞中之伏火，治虛勞，止有汗之骨蒸。陳氏方又治吐血、衄血、腸風便血、淋血諸疾。總不外滋陰涼血，去肝腎虛熱之意。如虛勞火勝而脾胃薄弱，食少泄瀉者，宜減之。王紹隆先生曰：骨中火熱爲眚，煎耗真陰，以地中之骨皮，甘寒清潤，不泥不滯，非地黃、麥門冬同流。盧子繇先生曰：其味甘，得土令之正；其氣寒，得寒水之化，故主夏氣，病藏之邪，致骨蒸煩熱也。

集方：《婦人良方》治男婦骨蒸夜熱，不論有汗無汗。用地骨皮五兩，當歸身一兩二錢，川芎六錢，牡丹皮、白芍藥各二兩，懷生地三兩，分作十劑，水煎服。○以下三方出丹溪方治吐血衄血不止。用地骨皮三兩，懷生地一兩八錢，白芍藥一兩五錢，牡丹皮九錢，甘草六錢，分作三劑，水煎服。○治腸風便血。用地骨皮、牡丹皮、蒼朮米泔水浸，各一兩。分作四劑，水煎服。○治男婦血淋不止。用地骨皮、白芍藥、車前子、懷生地各三錢，甘草一錢。水煎服。○《蘭夢秘方》治口舌糜爛，水穀難下。以地骨皮、柴胡各三錢，水煎服。

滋陰清化丸：清痰火，滋化源，養肺腎。用地骨皮、枸杞子、白茯苓、山藥、知母、黃柏、白芍藥、薏苡仁、沙參各二兩，北五味一兩，俱用鹽水拌炒，研爲末。天門冬、麥門冬、熟地黃各四兩，俱用酒煮搗膏，煉蜜共和爲丸，如梧桐子大。每早晚各食前服三錢，白湯下。元虛者，加人參一兩。○清心蓮子飲治思慮憂愁抑鬱，心中煩躁，以致小便赤濁，或成沙石血膏淋證，或夜夢遺精，淋瀝澀痛，或黃赤白濁，色如米泔，或酒色過度，上盛下虛，心火炎上，口苦咽乾，漸成消渴。用地骨皮、石蓮子、車前子、生地黃、茯苓、黃耆、麥門冬、黃芩、知母、黃柏各二錢，人參、白芍各一錢，水煎服。

明·倪朱謨《本草彙言》卷一〇 枸杞子 味甘、微苦，氣寒，性潤，無毒。可升可降，陰中陽也。入足少陰，足厥陰經。《別錄》曰：枸杞，生常山平澤，及諸丘陵阪岸間。蘇氏曰：春發苗，如榴葉狀，軟薄堪作茹食。莖幹叢生，高三五尺。李氏曰：古取常山爲上，後世惟取陝西、甘州者，稱絕品。今陝之蘭州、靈州及九原以西者，并是大樹，其葉厚根粗。七月作花，紫色，隨結紅子，實形長如棗核，或圓如櫻桃。曝乾，緊小少核，色亦紅潤，甘美，味如甜葡萄，可作果食。凌冬不落，二月葉發，五月再發，其實乃謝。七月葉又發，花即隨之，極易延蔓。根深者，一發三四尺。枝莖寸截，或分劈横埋土中，旬日便發，易生如此。冬采根，春采葉，夏采子，秋采莖，功用幷同。《農皇經》名概葉實根莖，後世始岐而二之。以根皮有清熱滋補之異，而略言莖葉。更以根去骨存皮，則又不可詳矣。别有一種名枸棘，相類，但實圓，枝節間有刺，不堪用。雷氏曰：修治：取子鮮明紅潤者，洗淨曝乾，臨用以醇酒拌，微炒。取莖、葉、根，惟曝乾用。

枸杞子：潤肺生津，日華子補腎添精之藥也。楊小江稿前古言：生血氣，强陰陽，耐寒暑，堅筋骨，止消渴，去風濕周痹，有十全之功。故甄氏方治內損不足，精元失守，以致骨髓空虚，腰脊無力，血虧眼花，虚蒙昏澀。又治骨間風痛，腎藏風癢。滋陰不致陰衰，興陽常使陽舉。俗云枸杞善能治目，非治目也，能壯精益神，神滿精足，故治目有效。又言治風，非治風也，能補血生營，血足風減，故治風有驗也。世俗但知補氣必用參、耆，補血必用歸、地，補陽必用桂、附，補陰必用知、柏，降火必用芩、連，散濕必用蒼、朴，祛風必用羌獨、防風。殊不知枸杞感天令至陽之氣，而兼地之至陰之氣，以生四氣全備，五精俱存，能使氣可充，血可補，陽可生，陰可長，火可降，風濕可去，有十全之妙用焉。繆氏曰：雖爲益陰除熱之上藥，但質性甘滑而潤，如脾胃有寒痰冷澼，時作泄瀉者，勿入。如不得已，必須用者，當與苓、朮、骨脂諸實腸藥同用方穩。

前賢蘇氏曰：淮南《枕中記》載西河女子服枸杞法。正月上寅日采苗，即修治，二月上卯日服之；三月上辰日采莖，即修治，四月上巳日服之；五月上午日采葉，即修治，六月上未日服之；七月上申日采花，即修治，八月上酉日服之；九月上戌日采子，即修治，十月上亥日服之；十一月上子日采根，即修治，十二月上丑日服之。修治者，以修煉須得法也。采苗、莖、葉、花、子、根，俱即用酒拌蒸一晝夜，曬乾，或作丸服，或浸酒飲。以丸行陽，須早晨服三百丸，白湯下；以酒行陰，須黄昏臨睡時飲之。此即修治法也。○又一方，不拘時日，采苗、莖、葉、花、子、根，隨時收取，隨時曝乾，總藏布袋內，掛檐下有風日、無雨露處，俟苗、莖、葉、花、子、根俱齊，共搗碎，以好酒拌蒸一晝夜，曬乾，研爲末，或煉蜜丸服，或浸酒服。兩用隨便。

又按周《浩然齋日鈔》云：宋徽宗時，順州築城，得枸杞根于土中，其形如獒狀，馳獻闕下，乃仙家所謂千歲枸杞，其根如犬者也。據此説則枸杞之滋益不獨在子，而根亦不止于退熱而已。又按李氏言，苗、莖、葉、花、子、根，氣味有殊，而主治未必無别。蓋其苗乃天精，苦甘而凉，上焦心肺客熱者宜之；根乃地骨，甘淡而寒，下焦肝腎虚熱者宜之。此皆三焦氣分之藥，所謂熱淫于內，瀉以甘寒也。至于子則甘平而潤，性滋而補，不但退熱，更能補腎生精，益氣潤肺。此乃平補之藥，所謂精不足者，補之以味也。分而用之，則各有所主；兼而用之，則一舉兩得。善業者，當自審而行之。

集方：陸象山方治老幼及少年男婦，血氣不足，精神短乏。用枸杞子一斤，酒浸半月，石臼內搗如泥，配當歸、白朮各四兩，茯苓二兩，人參一兩，俱微炒燥，研爲末，和入枸杞膏內，煉蜜少許，搗爲丸，梧子大。每早服五錢，白湯下。如脾胃虚寒，多滑瀉者，本方加補骨脂三兩，木香、肉桂各一兩；如肝腎陰虚，多夜熱煩渴者，本方加龜膠、生地、知母各三兩；如老人腸枯血燥，難大便者，本方加肉蓯蓉搗膏，六兩。○陳氏家抄治筋骨血氣虚羸，腰膝乏力。用枸杞子，每早晨乾嚼一兩，或用溫酒吞送亦可。○《千金方》治虚勞苦渴不止。用枸杞子八兩，酒拌微炒，地骨皮十兩微炒，共研爲末，麥門冬去心，熟地黄各四兩，酒煮搗膏，和前藥共爲丸，梧子大。每早晚各服四錢，白湯下。○《聖惠方》治痹證屬風濕。用枸杞子一斤，真漢防已四兩，俱用酒拌炒，真羌獨活一兩，川牛膝、木瓜各五錢，俱微炒，研爲末，煉蜜丸，梧子大。每早服三錢，白湯下。○李東垣方治內損不足，精神失守，以致骨髓空虚，腰脊無力，或血虧眼暈，虚蒙昏澀。用枸杞子一斤，酒拌濕一晝夜，懷熟地八兩，酒煮，俱放石臼內搗爛，配茯苓、白朮、山藥、沙參各二兩，人參、北五味子各一兩，龜膠、蛤粉炒三兩，俱研爲末，共搗爲丸，如梧子大。每早晚各服四錢，白湯下。○朱心恒手集治骨間風病。用枸杞子四兩，防風、秦艽、羌活、獨活、海桐皮、白朮、當歸、枸骨刺各二兩，桂枝五錢，俱炒燥，虎骨三兩，火炙，酒淬，搗碎，共爲末，煉蜜丸，梧子大。每早晚服三錢，白湯下。○方龍潭治腎藏風癢，血風皮注，黄水浸淫，腿足瘡癬，延蔓不已。用枸杞子四兩，白鮮皮、金銀花、當歸、生地、蒼朮、紅花、真漢防已、木瓜、牛膝各二兩，分作十五劑，水煎服。○《經驗方》治眼目昏澀，淚出眵脹，常愈常發。用枸杞子四兩，甘菊花二兩，密蒙花三兩，當歸一兩，川芎八錢，俱酒拌炒，研爲末；用熟羊肝十個，搗爛爲丸，如梧子大。每早服五錢，白湯下。○《經驗方》治一切風氣、風痹、風痛、風瘡、風癬諸證。用枸杞子一斤，天麻、川芎、防風、當歸、黄耆、白芍藥、海桐皮、膽南星、川羌活、白朮各四兩，俱酒炒，殭蠶三兩醋炒，白附子二兩童便拌炒，共研爲末，煉蜜丸，梧子大。每早晚各服三錢，白湯下。○《瑞竹堂》治腎經虛損，眼目昏花，或雲翳遮睛。用枸杞子一斤，好酒浸透，曬乾炒，川椒、小茴香、芝麻、川楝肉各一兩，白朮、茯苓各二兩，俱炒燥，共研爲末；懷熟地四兩，酒煮搗膏，拌入藥末內，和勻，再加煉蜜丸，梧子大。早晚各服五錢，俱用白湯下。○山西車經歷傳治血虛變生一切風證。每日早晚只取枸杞子一兩，煎湯飲，并食其渣，服二兩全愈。○《外科全書》治一切癰疽惡毒，潰爛不已，及瘰癧、結核，馬刀、肉瘻，延結不休；或風毒流注，上愈下發，左消右起，延串不止；或便毒魚口，楊梅破爛，日久不合。只用枸杞子一味，每早晚一兩，乾嚼，以川萆薢五錢，煎湯傳送，服百日全愈。

續補集方：《千金方》治腎虛腰痛。用枸杞子、地骨皮各一斤，川杜仲、川萆薢各十兩，俱曬燥，微炒，以好酒三斗，淨罈內浸之，煮一日，濾出渣。早晚隨量飲之。○《攝生方》治注夏虛病。每日用枸杞子一兩，北五味子三錢，俱研細，入淨磁壺內，白滾湯泡，代茶飲。一月即輕健。○繆氏方治虛勞內熱，時發寒熱，并肺熱咳嗽之因陰虛者。用枸杞子一斤，懷熟地、麥門冬、天門冬、地骨皮、青蒿、百部、玉竹各八兩，北五味一兩，鱉甲滾湯泡去垢膩，枇杷葉刷去毛淨，各十二兩，清水煎汁三次，去渣淨，將三次汁總和，入砂鍋內，慢火熬成膏，量膏汁多少，加煉蜜減半，和入，再略熬數十滾，入淨磁瓶內收之。早晚服數匙，白湯調下。

明・應廖《食治廣要》卷三 枸杞苗名天精。〔氣〕味：苦，寒，無毒。補氣益精，除風明目，堅筋骨，補勞傷，強陽道，資陰氣。諺云：去家千里，忽食蘿藦、枸杞。蘿藦，一名羊婆奶，今人無有食者。

明・姚可成《食物本草》卷二〇木部・灌木類 枸杞、地骨皮今處處有之。春生苗葉，如石榴葉而軟薄堪食。其莖幹高三五尺，作叢。六月七月生小紅紫花，隨便結紅實，形微長如棗核。其根名地骨。陸（機）〔璣〕《詩疏》云：一名苦枸，春生作羹茹。○李時珍曰：古者枸杞、地骨產常山者為上，其他丘陵阪岸者皆可用。後世惟取陝西良，而又以甘州者為絕品。其子圓如櫻桃，暴乾緊小少核，乾亦〔紅〕潤甘美，其味如葡萄，可作果食，異于他處者。《種樹書》言：收子及掘根種于肥壤中，待苗生，剪為蔬食，甚佳。

枸杞、地骨皮，味苦，寒，無毒。主五內邪氣，熱中消渴，風痹風溼。久服堅筋骨，輕身不老，耐寒暑。下胸脇氣，客熱頭痛，補內傷大勞噓吸，強陰，利大小腸。補精氣諸不足，易顏色，變白，明目安神，令人長壽。又細剉拌麪煮熟吞之，去腎家風，益精氣。去骨熱消渴，解骨蒸肌熱消渴，風溼痹。堅筋骨，涼血。治在表無定之風邪，傳尸有汗之骨蒸。瀉腎火，降肺中伏火，去胞中火，退熱，補正氣。治上膈吐血。煎湯漱口，止齒血，治骨槽風，治金瘡神驗。去下焦肝腎虛熱。

苗　味苦，寒。主除煩益志，補五勞七傷。壯心氣。去皮膚骨節間風，消熱毒，散瘡腫。和羊肉作羹，益人，除風明目。作飲代茶，止消渴熱煩。益陽道，解麪毒。與乳酪相惡。汁注目中，去風障赤膜昏痛，去上焦心肺客熱。

枸杞子　味苦，寒。治堅筋骨，耐老，除風，去虛勞，補精氣。主心病嗌乾心痛，渴而引飲，腎病消中。滋腎潤肺，榨油點燈，明目。○陶弘景曰：枸杞葉作羹小苦。俗諺云：去家千里，勿食枸杞。此言補益精氣，強盛陰道也。○蘇頌曰：莖葉及子，服之輕身益氣。《淮南枕中記》載西河女子服枸杞法：正月上寅采根，二月上卯治服之；三月上辰采莖，四月上巳治服之；五月上午采其葉，六月上未治服之；七月上申采花，八月上酉治服之；九月上戌采子，十月上亥治服之；十一月上子采根，十二月上丑治服之。又有花、實、根、莖、葉作煎，或單榨子汁煎膏服之者，其功竝同。世傳蓬萊縣南丘村多枸杞，高者一二丈，其根盤結甚固，其鄉人多壽考，亦飲食其水土之氣使然。又潤州開元寺大井旁，生〔枸〕杞，歲久。土人目為〔枸〕杞井，云飲其水，甚益人也。○李時珍曰：按劉禹錫《枸杞井》詩云：僧房藥樹依寒井，井有清泉藥有靈。翠黛葉生籠石甃，殷紅子熟照銅缾。枝繁本是仙人仗，〔根〕老能成瑞犬形。上品功能甘露味，還知一勺可延齡。又《續仙傳》云：朱孺子見溪側二花犬逐入于枸杞叢下。掘之得根，形如二犬。烹而食之，忽覺身輕。周密《浩然齋日鈔》云：宋徽宗時，順州築城，得枸杞于土中，其形如獒狀，馳獻闕下，乃仙家所謂千歲枸杞，其形如犬者。據前數說，則枸杞之滋益不獨子，而根亦不止于退熱而已。但根、苗、子之氣味稍殊，而主治亦未必無別。蓋其苗乃天精，苦甘而涼，上焦心肺客熱者宜之；根乃地骨，甘淡而寒，下焦肝腎虛熱者宜之。此皆三焦氣分之藥，所謂熱淫于內，瀉以甘寒也。至于子則甘平而潤，性滋而補，不能退熱，止能補腎潤肺，生精益氣。此乃平補之藥，所謂精不足者補之以味也。分而用之，則各有所主；兼而用之，則一舉兩得。世人但知用黃芩、黃連苦寒以治上焦之火，黃蘗、知母苦寒以治下焦陰火，謂之補陰降火，久服致傷元氣，而不知枸杞、地骨甘寒平補，使精氣充而邪火自退之妙，惜哉！

附方：　枸杞煎。治虛勞，退虛熱，輕身益氣，令一切癰疽永不發。用枸杞十斤，春夏用莖葉，秋冬用根實，以水一石，煮取五斗五升，以滓再煮，取一斗五升，澄清去滓，再煎取一斗，入鍋煎如餳，收之，每早酒服一合。　金髓煎。枸杞子逐日摘紅熟者，不拘多少，以無灰酒浸之。蠟紙封固，勿令洩氣，兩月足，取入砂盆中。擂爛，濾取汁，同浸酒入銀鍋內。慢火熬之，不住手攪，恐粘住不勻。候成膏如餳，淨瓶密收。每早溫酒服二大匙，夜臥再服。百日身輕氣壯，積年不輟，可以羽化。　枸杞酒。補虛去勞，益顏色，肥健人，治肝虛下淚。用生枸杞子五升搗破，絹袋盛，浸好酒二斗中，密封勿洩氣，二七日。服之任性，勿醉。　兵部尚書劉嵩石，諱天和，麻城人。所集《保壽〔堂方〕》載地仙丹云：　昔有異人赤脚張傳此方于猗氏〔縣〕一老人，服之壽百餘，行走如飛，髮白反黑，齒落〔更〕生，陽事強健。此藥性平，常服能除邪熱，明目輕身。春采枸杞葉名天精艸，夏采花名長生艸，秋采子名枸杞子，冬采根名地骨皮，竝陰乾，用無灰酒浸一宵，晒露四十九晝夜，取日精月華氣，待乾為末，煉蜜丸如彈子大。每早晚各用一丸細嚼，以隔夜百沸湯下。

明・顧逢柏《分部本草妙用》卷五腎部・温補　枸杞子　甘，平，溫，無毒。甘州紅潤圓小者佳。　主治：　熱中消渴，周痺風濕，堅筋骨，補勞傷，強陰益精，安神明目。〇根名地骨皮，苦甘，微寒。功與子略同。專退骨蒸勞熱，腎肺伏火，補益正氣。　俗以黃檗、知母，治下焦陰火，致傷元氣，枸杞、地骨皮使精氣充，而邪氣退，勝檗母萬萬。《素問》曰：　熱淫于內，瀉以甘寒。地骨皮是也。精不足者，補之以味，枸杞子是也。陶氏云：　去家千里，勿食枸杞。言其強陽之功耳。

明・李中梓《醫宗必讀・本草徵要下》　枸杞子味甘，微溫，無毒。入腎、肝二經。　補腎而填精，止渴除煩，益肝以養營，強筋明目。精不足者，補之以味，枸杞子是也。能使陰生，則精血自長。肝開竅於目，黑水神光屬腎，二藏得補，目自明矣。　按：　枸杞能利大、小腸，故洩瀉者勿用。　地骨皮味甘，寒，無毒。入腎經。治在表無定之風邪，主傳屍有汗之骨蒸。熱淫於內，瀉以甘寒，退熱除蒸，固宜爾也。又去風邪者，腎肝同治也。肝有熱則風自內生，熱退則風息，此與外感之風不同耳。按：　地骨皮乃除熱之劑，中寒者勿服。

明・鄭二陽《仁壽堂藥鏡》卷一〇下　地骨皮　氣寒，味苦，陰也。大寒。無毒。　足少陰經，手少陽經。亦入腎、三焦。療在表無定之風邪，主傳屍有汗之骨蒸。《象》云：　解骨蒸肌熱，主風濕痹，消渴，堅筋骨。去骨，用根皮。　《心》云：　去肌熱及骨中之熱。　《珍》云：　涼血涼骨。《本草》云：　主五內邪氣，熱中消渴，周痹風濕。下胸脇氣，客熱頭痛，補內傷大勞噓吸，堅筋骨，強陰，利大小腸。　《藥性論》云：　根皮細剉，麪拌，煮熟吞之。主腎家風，益精氣。　地骨皮洗諸熱眼，遍體瘡疹。　枸杞子：味甘，性平。無毒。　入肺、腎二經。產甘州，色紅潤，圓小，核少，甘美者良。　《經》曰：　熱中消渴，周痹風濕，堅筋骨。隱居曰：　下氣，除頭痛，補勞傷，強陰，利大小腸。甄權曰：　補精明目，安神。根名地骨皮。味苦，甘，性寒。功與子略同。專退骨蒸勞熱。時珍曰：　以黃柏、知母，治下焦陰火，致傷元氣。枸杞、地骨，使精氣充而邪火自退。　按：　《素問》曰：　熱淫於內，瀉以甘寒。地骨皮是也。精不足者，補之以味。枸杞子是也。陶氏謂去家千里，勿食枸杞，指其強陽之功耳。　《食療》云：　枸杞子治眼中風痒。葉煎代茶，解消渴，諸毒煩悶，麪毒發熱。

明・蔣儀《藥鏡》卷三平部　枸杞子　補陰血，退虛勞，除熱身涼。益腎水，清肝火，目明炤炯。因腎虛而眼花者，麥冬、生地入青葙。緣房勞而腰疼者，杜仲、芡實加牛膝。此效惟甘產者為然，至夫土產，但能除脚濕，利大小腸，清心退熱而已。

明・蔣儀《藥鏡》卷四寒部　地骨皮　療在表無定之風邪，更除囊濕風癢。去傳屍〔蒸〕骨之有汗，尤治肝腎虛焦。退煩熱而渴除，清肺〔火〕而嗽止。君四物湯、鹿角膠，佐以丹皮，治婦人骨蒸最玅。佐解毒湯、生地黃，臣以茜根，治痘家熱毒〔尤〕良。洗搗自然之汁，小便出血能醫。研搽下體之〔疳〕，止痛生肌立效。

明・李中梓《頤生微論》卷三　枸杞子　味甘，性平，無毒。入肺、腎二經。　產甘州色紅潤、圓細核少而甘美者良。　補精強陰，明目安神。主熱消渴，利大小腸。

根名地骨皮，補腎養陰，治在表無定之風邪，傳屍，有汗之骨蒸。

按：　枸杞、地骨，均為腎家之劑。熱淫于內，瀉以甘寒，地骨皮是也。精不足者，補之以味，枸杞子是也。腸滑者禁枸杞子，中寒者忌地骨皮。

明・張景岳《景岳全書》卷四九《本草正》　枸杞　味甘、微辛，氣溫。可升可降。味重而純，故能補陰。陰中有陽，故能補氣。所以滋陰而不致陰衰，助陽而能使陽旺。雖諺云：離家千里，勿食枸杞，不過謂其助陽耳，似亦未必然也。此物微助陽而無動性，故用之以助熟地最妙。其功則明耳目，壯神魂，添精固髓，健骨強筋，善補勞傷，尤止消渴。真陰虛而臍腹疼痛不止者，多用神效。

地骨皮　枸杞根也。南者苦，味輕，微有甘、辛。北者大苦，性劣。入藥惟南者為佳。其性辛寒。善入血分，肝、腎、三焦、膽經。退陰虛血熱，骨蒸有汗，止吐血衄血，解消渴，療肺腎胞中陰虛伏火。煎湯漱口止齒血。凡不因風寒而熱在精髓陰分者，最宜此物。涼而不峻，可理虛勞。氣輕而辛，故亦清肺。假熱者勿用。

明·賈九如《藥品化義》卷七腎藥　枸杞子　屬陽中有陰，體潤，色紫，氣和，味甘，性平（云微寒云溫皆非），能沉，力補腎，性氣薄而味厚，入腎肝二經。

枸杞體潤滋陰，入腎補血，味甘助陽，入腎補氣，故能明目聰耳，添精髓，健筋骨，養血脈，療虛勞損怯，骨節痛風，腰痛膝腫，大小便少利。凡真陰不足之證，悉宜用之。又因色紫類肝，更能益肝，起男子陰痿，女人血枯。體味濃厚有力，為峻補之神劑。蓋人參固氣，令精不遺；枸杞滋陰，使火不洩。二品相須而用。

甘州枸杞，體潤圓小，核少色紫，味甘者佳。如體枯粒大，色赤黯味淡者，不堪用。南產者味苦，不用。

明·賈九如《藥品化義》卷九火藥　地骨皮　屬純陰，體輕，色蒼，氣和，味大苦，性寒，能浮能沉，力除有汗骨蒸，性氣薄而味厚，入肺腎三焦三經。

地骨皮能散表，外祛無定虛邪。苦能入骨，內除有汗骨蒸。取其體輕能浮沉上下，上理頭風痛，中去胸脇氣，下利大小腸，通能奏效。入瀉白散，清金調氣，療肺熱有餘咳嗽。同養血藥，強陰解肌，調瘡痘不足皮焦。以其性大寒，酒煎二兩，治濕熱黃疸，最為神效。牡丹皮能去血中之熱，地骨皮能去氣中之熱，宜別而用。但虛寒者忌之。

去內骨及土用。〇足指及足底惡瘡，用鮮地骨皮煎湯薰之，竟日即有黃水出，薰二三日腫退愈。

明·施永圖《本草醫旨·食物類》卷二　枸杞　味：苦，寒，根大寒，子微寒，無毒。無刺者，是其莖葉，補氣益精，除風明目，堅筋骨，補勞傷，強陰道。久食令人長壽，根名地骨。寇宗奭曰：枸杞當用梗皮，地骨當用根皮，其子當用紅實。諺云：去家千里，莫食枸杞。言其補益強盛，無所為也。

和羊肉作羹，和粳米煮粥，入葱豉五味，補虛勞尤勝。南丘多枸杞，村人多壽，食其水土也。潤州大井有老枸杞樹，井水益人，名著天下。與乳酪相反。

明·盧之頤《本草乘雅半偈》帙一　枸杞（《本經》上品）　氣味：苦，寒，無毒。主治：主五內邪氣，熱中消渴，周痹風濕。久服堅筋骨，輕身不老，能耐寒暑。

覈曰：古取(嘗)〔常〕山者為上，後世唯取陝西甘州者稱絕品。生平澤，丘陵阪岸間，春放苗，作榴葉狀，軟薄堪食，莖幹叢生，高三五尺，陝之蘭靈，及九原以西者，並是大樹。七月作花紫色，隨結紅實，形長如棗核，凌冬不落。二月葉發，五月再發，其實乃謝。七月葉又發，花即隨之，極易延蔓。根深者，一發三四尺，枝莖寸截，或分劈鏤刻，橫埋土中，旬日便發，易生如此。冬採根，春採葉，夏採實，秋採莖，功用并同。《本經》名概葉實根莖，後世始歧而二之，以根皮有清熱滋補之異，而略言莖葉，更以根去骨存皮，則又不可解矣。別有一種枸棘相類其實，但實圓，枝節間有刺不堪用。修治：取實鮮明紅潤者，洗淨，醇酒浸一宿，搗爛用莖葉，唯陰乾，根如物狀者為上。東流水浸一宿，刷去土，甘草湯又浸一宿，焙乾用。苗伏砒砂，根伏硫黃。凡木之易生者，榕柳之與桑杞，榕柳雖易生，不若桑杞通體精專。葉實根莖，功用並著，杞則更勝于桑，凌冬不落為迥別也。嘉安朱孺子，居大箬巖見溪側有二花犬相戲，逐至杞叢下，獲杞根二枚，形狀與戲犬無異，煮食之，俄頃飛昇仙去。

条曰：枸從苟，誠也，省作句。觀斷絕寸莖，根鬚俱髡，以入土中，旬日即發，枝幹分劈鏤刻，亦不之死，仁機扇動，一誠之致也。命名之義，或取諸此。其味苦，得夏大之令，其氣寒，得寒水之化，故主夏氣病藏之邪，致熱中消渴也。唯以怒生為用，故痹為之起，濕為之收。又苦寒能堅，故枝靭比筋，根皮裹骨，斯筋骨受之，地仙却老，有繇然矣。且二五七月俱發，宜耐寒暑也。《爾雅》曰：杞一名枸檵，即枸杞也。按《詩》有六杞，《將仲子》篇：無折我樹杞；《四牡》篇：集于苞杞；《杕杜》篇：言采其杞；《南山有臺》篇：南山有杞；《湛露》篇：在彼杞棘；《四月》篇：隰有杞桋。

明·李中梓《本草通玄》卷下　枸杞子　味甘，氣平，腎經藥也。補腎益精，水旺則骨強，而消渴目昏，腰疼膝痛無不愈矣。弘景云：離家千里，勿食枸杞。甚言其補精強陰之功也。按：枸杞平而不熱，有補水制火之妙，與地黃同功，而除蒸者未嘗用之，惜哉！

地骨皮：即枸杞根也。

苦而微寒，主治皆在腎肝。　夫腎水不足則火旺，而為骨蒸煩渴、吐血虛汗。肝木不寧則風淫，而為肌痺頭風及骨槽風。惟地骨皮滋水養木，故兩經之症，悉賴以治。　洗淨沙土。

清・顧元交《本草彙箋》卷五　枸杞子合地骨皮。　枸杞子，體潤能滋腎家之陰，味甘能助腎家之陽，故爲平補之劑。人參、枸杞，每相須爲用。蓋人參固氣，令精不遺。枸杞滋陰，令火不洩。慎齋先生謂枸杞能升陽，職此故也。火不洩，則陽道常強矣。

地骨皮，能退骨間伏火，故除有汗骨蒸。然皮走表分，又能祛無定之虛邪。化義云：牡丹皮去血中之熱，地骨皮去氣中之熱，別宜用之。但虛寒者宜忌。即枸杞子亦不宜於脾胃薄弱而時時泄瀉者，懼其有潤腸之患也。

地骨皮湯，治膀胱移熱於小腸，上爲口糜，心胃壅熱，水穀不化。地骨皮、柴胡各三錢，水煎服。

清・穆石匏《本草洞詮》卷一一　枸杞子、地骨皮　枸杞，二樹名，此樹棘如枸之棘，莖如杞之條，故兼名之。枸杞子甘，平，一云寒，無毒。滋腎潤肺，堅筋骨，除風去虛勞，補精氣。榨油點燈明目。地骨皮苦，寒，瀉腎中火，降肺中伏火，去胞中火，治有汗之骨蒸，益精氣。《淮南枕中記》載：西河女子服枸杞法，根莖葉花實俱采用。則《本經》所列主治，蓋通根苗花實而言。後世以枸杞子為滋補藥，地骨皮為退熱藥，始岐而二之矣。世傳蓬萊縣多枸杞，高者一二丈，其根盤結甚固，其鄉人多壽考，亦飲食其水土之氣也。潤州開元寺大井旁生枸杞，土人目為枸杞井，飲其水甚益人。劉禹錫有詩云：僧房藥樹依寒井，井有清泉藥有靈。翠黛葉生籠石甃，殷紅子熟照銅瓶。枝繁本是仙人杖，根老能成瑞犬形。上品功能甘露味，還知一勺可延齡。《續仙傳》載：朱孺子見溪側二花犬逐入枸杞叢下，掘之得根形如二犬，烹而食之，忽覺身輕。宋徽宗時，順州築城得枸杞於土中，形如獒狀，馳獻闕下，乃仙家所謂千歲枸杞，其形如犬者也。據此，則枸杞之滋益不獨子，而根亦不止於退熱也。但根苗子之氣味既殊，主治宜別。苗乃天精，苦甘而涼，上焦心肺客熱者宜之。根乃地骨，甘淡而寒，下焦肝腎虛熱者宜之。此皆三焦氣分之藥，所謂熱淫於內，瀉以甘寒者也。子則甘平而潤，性滋而補，不能退熱，止能補腎，此乃平補之藥，所謂精不足者，補之以味也。分而用之，則各有所主。兼而用之，則一舉兩得。世人但知黃芩、黃連以治上焦之火，黃蘗、知母以治下焦之火，謂之補陰降火，久服致傷元氣，豈知枸杞子、地骨皮甘寒平補，使精氣充而邪火自退之妙哉？　古有地仙丹方，云異人赤腳張所傳，春采枸杞葉，名天精草，夏採花，名長生草，秋采子，名枸杞子，冬采根，名地骨皮，竝陰乾，用無灰酒浸一夜，晒露四十九晝夜，收日精月華氣，待乾為末，鍊蜜丸如彈子大，每晨晚細嚼一丸，延年不老，成地仙也。

清・張志聰《侶山堂類辯》卷下　枸杞　《神農本經》總名枸杞，無地骨皮、枸杞子之分。蓋枸字諧狗，杞字諧己，狗屬戌，而戌主右腎，腎主骨；而己屬陰土，故有地骨之名。而久服能堅筋骨，氣味苦寒，能清熱中消渴，蓋能助水土之氣，上滋心肺者也。其子色赤性寒，能補兩腎之精氣，骨之精為瞳子，故助瞳子之光明。

清・劉雲密《本草述》卷二四　枸杞　時珍曰：古者枸杞、地骨取常山者為上，其他丘陵阪岸者皆可用。後世惟取陝西者良，而又以甘州者為絕品。今陝之蘭州、靈州、九原以西，枸杞並是大樹，其葉厚根粗，河西及甘州者其子圓如櫻桃，曝乾緊小少核，乾亦紅潤甘美，味如葡萄，可作果食，異於他處者。入藥大抵以河西者為上也。

愚按：《黃河圖說》云河歷西番至蘭州，而《輿地圖說》云過河而西六百里至涼州，涼州西四百餘里至甘州。然則實貴甘州，為其極西地也。即不得甘州者，而出於河以西，皆可用也。若然非河西，而止屬陝西所產，猶不甚得力，則他土又可知矣。

氣味：苦，寒，無毒。　時珍曰：《本經》止云枸杞，不指是莖、葉、子、根，初未有分別也。後世以子為滋補，根為退熱，始分而二之。竊謂枸杞苗葉味苦甘而氣涼，根味甘淡氣寒，子味甘氣平。氣味既殊，則功用亦自當別也。

愚按：《本經》槩云枸杞為苦寒，殊有遺議。如瀕湖所別，亦可謂格物理矣。第其淩冬不凋，而葉三發，獨發於七月者，花即隨之，而亦隨結實，即非西土亦然，是則茲物為稟金氣而涵水，固不分於苗根及實也。特金氣之專萃者，尤在實耳。而河以西者，其氣味更厚也。

苗：春生苗，葉如榴葉，而軟薄堪食。《種樹書》言收子及掘根，種於肥壤中，待苗生，剪為蔬食，甚佳。

氣味：苦，寒。　權曰：甘，平。　時珍曰：甘，涼。枸杞新鮮葉，味先苦，苦多後略帶甜意，土產。

主治：去上焦心肺客熱，去皮膚骨節間風，消熱毒，散瘡腫。作飲代茶，止消渴煩熱。

附方 火赫毒瘡，此患急防毒氣入心腹，枸杞葉搗汁，服之立瘥。

根即地骨皮。 氣味：苦，寒。《別錄》曰：大寒。 權曰：甘，平。 時珍曰：甘，淡，寒。 東垣曰：苦平寒。升也，陰也。地骨皮味由甘而苦，甘二分，苦五分。土產。 好古曰：入足少陰、手少陽經。

主治：去下焦肝腎虛熱時珍。 益精氣甄權。 涼血，堅筋骨潔古。 解有汗骨蒸李杲。 肌熱，療消渴潔古。 瀉胞中火，降肺中伏火，退熱，補正氣好古。 去腎家風甄權。 並治在表無定風邪李杲。三焦之氣，原是極裏以至於極表，故曰去腎風。即治在表風邪也，其謂無定風邪者，是即陰虛生風，非指外感之邪也。 及骨槽風吳瑞。

方書主治：虛勞發熱，往來寒熱，諸見血證，鼻衄，咳嗽血，咳嗽喘，消癉，中風眩暈，痙癇，腰痛行痹，脚氣水腫，虛煩悸，健忘，小便不通，赤白濁。《類明》曰：有汗骨蒸，因陰虛血少，陽氣下陷於內而為熱，熱氣薰蒸於表而汗泄也。 又云：堅筋骨者，以腎主骨，腎臟有熱，則骨亦熱，骨熱則血涸髓枯，而筋失榮養矣。地骨皮入腎，益陰氣，涼血，所以能解有汗之骨蒸，並能強筋骨也。

愚按：地骨皮，海藏謂其入足少陰、手少陽二經，良然。蓋此味能益足少陰腎之陰氣，以療手少陽三焦之虛陽。蓋手少陽為元氣使，乃根於腎臟元陰，茲味由甘而苦，其氣有寒，固本中土之冲氣以至地，且其金氣涵水，故能裕真陰之化原而不傷元陽，與苦寒者殊也。是以除腎臟虛熱，去胞中之火，陰裕而胞中火去，是三焦之氣不為虛陽，故曰能退三焦氣分之火也。所謂治有汗骨蒸者，正謂真陰中有火自相蒸爍，唯此味對待之耳。第須知此，此不兼養血，却專以益陰為其功，雖能除熱，却不以瀉火盡其用。或曰：若然，不幾與方書所云瀉腎火者有相戾歟？ 曰：即以方書之主治諸證者，可以互明也，如虛勞骨蒸，用之不一而足。第有同於專退蒸熱者，有同於退熱而益虛者，有同於瀉腎火滋陰而退熱者，有同於專治陽有餘陰不足而不療骨蒸者。即此思之，似於諸治劑中，或用之以為關捩子乎？豈能專指之為瀉腎火乎？ 又如發熱證之瀉白散，地骨皮散，以治肺經發熱，固謂腎脈至肺，而地骨皮原本於金氣涵水也。海藏言用山梔、黃芩方能瀉肺，是矣。第又言肺熱傳骨蒸，宜用此散直瀉之，是則於茲味之能益陰氣，而不專主瀉火者，未及精察也。雖益陰氣，便能瀉火，但直以為瀉火，使用者不獲中的，不幾毫釐而千里乎？ 試以寒熱往來之治參之，如地骨皮散療血中風熱，體虛發渴，寒熱；柴胡散療寒熱體瘦，肢節疼痛，口乾心煩，此皆治其虛者也。夫此味益陰虛，乃可除熱，如專於除熱，則不能治其虛矣。又如咳嗽喘證，消癉，其所治有清熱者，此為之先導。有療虛者，此為之資生。又豈得專以為瀉熱乎？ 更以諸血證之補虛者，及補虛而並祛熱者，亦何莫非此義也？ 至治病後虛煩之地仙散，以此為君，是瀉火否？ 如心氣不足，驚悸健忘有補心丹，健忘有讀書丸，皆原心氣根於腎氣，故同於諸味用之，又豈得謂其瀉火乎？ 又試觀小便不通之參芪湯，其所同諸味無非補益，而藉此與生地以為陰氣地，使熱自除者也。至赤白濁之清心蓮子飲，雖曰清心，却亦藉此為陰氣之先導耳。如茲二治，槩可謂其瀉火乎？ 或曰：茲味每以治風證，亦治陽之淫氣所化者也，獨不可謂之瀉熱乎？ 曰：中風證羌活愈風湯中，茲味同枸杞、甘菊輩以益腎肝之虛，雖屬治風之淫者，更有主劑，然不可謂用此味為瀉火也。即如脾臟中風有七聖散，而用以為佐，亦以脾陰本於腎陰以為化原故耳。即愈風湯中之用，固彷彿斯義也。又如蔓荊子散固治風淫之頭旋暈仆，然有麥冬、石膏為君以瀉火，而平風其用此味，同甘菊輩，俾令陰氣得為陽守，不以瀉火責之也。更如腰痛之牛膝酒，行痹之透骨丹，脚氣之導氣除溼湯，於諸味中用之，似皆不止治風，而並除溼。若然，則本於陰氣以為風溼地者，妙有微義，又豈可以瀉火盡之？ 至於五皮散治風溼客於脾經，氣血凝滯，以致面目四肢浮腫多證，試思何以用此味也，則其義益明矣。蓋茲味能益陰氣，以退三焦之虛陽，如骨蒸之治是也。總完一個陰氣耳。其有不病骨蒸，並無陰弱陽盛之為患，止有陰氣不足，亦用此以為滋益之元，並為三焦元陽之始，故於各證之主治，須當識此義，庶幾投劑者得中病的，而用之得當也乎。第出西土產者，其功用乃如是，在他地所產，則瀉熱較甚矣，未可一例言也。

附方 小便出血，鮮地骨皮洗搗自然汁，無汁則以水煎汁，每服一盞，入酒少許，食前溫服。 帶下脈數，枸杞根一斤，生地黃五斤，酒一斗，煮五升，日日服之。 口舌糜爛，地骨皮湯治膀胱移熱於小腸，上為口糜，生瘡潰爛，心胃壅熱，水穀不下，用柴胡、地骨皮各三錢，水煎服之。　其虚勞蒸熱，療風消渴等證，備見方書。

實：　七月作花紫色，隨結紅實，形長如棗核，淩冬不凋，二月葉發，五月再發，其實乃謝，七月葉又發，花即隨之。

氣味　權曰：　甘，平。　珍曰：　甘，平。枸杞子從燕都所市者，味先甜，甜多後帶微苦，大槩屬西土所產，非甘州也。

諸本草主治：　去虚勞，補精氣，主心病嗌乾，心痛，渴而引飲，腎臟消渴，滋腎潤肺，療肝風血虚，眼赤痛癢，昏瞖。　方書主治：　中風眩暈，虚勞，諸見血證，咳嗽血痿，痿厥攣，消癉，傷燥遺精，赤白濁，脚氣，鶴膝風，至療目疾，較諸證方最多。　時珍曰：　枸杞之根、苗、子，其氣味稍殊，而主治不能不分。　蓋其苗乃天精，苦甘而涼，上焦心肺客熱者宜之。　根乃地骨，甘淡而寒，下焦肝腎虚熱者宜之。　此皆三焦氣分之藥，所謂熱淫於內，瀉以甘寒也。　至於子則甘平而潤，性滋而補，不能退熱，止能補腎潤肺，生精益氣，此乃平補之藥，所謂精不足者，補之以味也。　分而用之，則各有所主。　兼而用之，則一舉兩得。　世人但知用黄芩、黄連苦寒以治上焦之火，黄檗、知母苦寒以治下焦陰火，謂之補陰降火，久服致傷元氣而不知，枸杞、地骨甘寒平補，使精氣充而邪火自退之妙。　惜哉！　予嘗以青蒿佐地骨退熱，屢有殊功，人所未喻者。

附方　枸杞煎治虚勞，退虚熱，輕身益氣，令一切癰疽永不發，用枸杞三十斤，春夏用莖葉，秋冬用根實，以水一石，煮取五斗，以滓再煮取五斗，澄清去滓，再煎取二斗，入鍋煎如餳，收之，每早酒服一合。　此藥采無刺味甜者，其有刺者，服之無益。

希雍曰：　枸杞子為肝腎真陰不足，勞乏内熱補益之要藥。　老人陰虚者十常八九，故服食家為益精明目之上品。

甘枸杞子得地黄、五味子、麥門冬、地骨皮、青蒿、鼈甲、牛膝，為除虚勞内熱或發寒熱之要藥。　加天門冬、百部、枇杷葉，兼可治肺熱咳嗽之因陰虚者。

愚按：　瀕湖於枸杞，謂苗性升而涼，能清上焦客熱。　根性沉而寒，能主下焦虚熱，是矣。　苐其子何以甘平，而能大補精氣乎？　蓋凡味之兼甘者，即非陰陽偏至之氣。　乃此品苗根及實俱有甘，合於金氣涵水，即得水土合德以立地矣。　但親乎地則氣寒，親乎天則氣涼，致於子是本水土合德之精，而結為孕育不息之生意者也。　所以陰中含陽，而為氣之平。　蓋陽為生育之元，故能去虚勞，補精氣也。　有一紳從甘肅來，語余云，彼中枸杞子出極邊得來者更佳，多煎膏以饋人，食多則衄血。　若然，是則雖非極西所産，而其實陰含有陽，苗根不與之等。　瀕湖所謂能滋補，而不能退熱者，是也。請悉言之。　蓋其實結於秋，謂止得金氣也。　却色紅而潤，是金中有火，金火合而血化，故紅而潤，此所謂陰中含陽，得金氣之專，不等於苗根者此耳。　蓋金以火為主，火以金為用也。　苐用者類知其由腎潤肺，而不知其味之甘潤以益腎，由於水臟得金氣之專也。　即王海藏先生病嗌乾心痛，乃次及於渴而引飲，腎臟消渴，則知金氣之專能潤心燥，而後至腎，則所以益腎陰者，豈同泛泛。　真有母氣精專，而後味甘美，質紅潤，以為精氣化生之地。能潤心燥，是離中有坎而血生，故下歸於腎，乃得坎中有離而氣化，因火得金為用，故潤心燥而血生，金得火為主，故歸腎宅而氣化。　此所謂精不足者，補之以味。　而此味能補虚勞也。　抑得金氣之專者，陰必合於陽，乃得元氣之全。　蓋金中有火，便得坎中有離，而元氣以生，且味甘而歸於中土，與氣交之化氣，固自心肺歸腎肝以益陰，而還其元，即並益陰中之陽矣。　蓋氣不化，則精亦不足，此紅潤而甘者，固為味之厚，亦為氣之全。　味厚而益陰者有其資生，氣全而化精者有其資始，瀕湖所謂生精益氣者，豈臆説哉？　歷觀方書所主治諸證，本益陰而又能化陽，雖化陽而還歸益陰，未有如兹味者也。　苐於明目而用之為最多者，其義何居？　曰：　是從天氣由陽以歸於下之陰，即得從地氣以達乎上之陽，而從陰中達陽者，惟肝膽為先，此先聖所謂肝開竅於目，與所云命門者目也之義合矣。　苐不如此味得金氣之專，以歸於下之陰，又何能得木氣之專，以達於上之陽乎？　是《經》所謂金木者，生成之終始也。　觀其入肝療風，則可以思其由陰達陽，而適合於肝，更味《經》曰天道常以日光明，夫人之兩目，猶天之有日也。是又可以思其由陰達陽，而尤能明目之義矣。　雖然，總是此味本於水土合德，其有甘者為兼四氣，故在下則行其寒化，在上則行其清化，在實則水土合德之中，而更有金水相涵之義，具足裕陰育陽之化。　然非河西所産者，亦不克臻此功也。　故中梓曰子唯甘州者良。　至於土産者味苦，但能利大小腸，清心除熱而已。　此言於時珍之説有合，不然，根苗子用之各有所宜，何以得其咸宜也哉？

附方　與甘菊花相對蜜丸，久服則終身無目疾，兼不中風及生疔疽。補虛長肉，甘州枸杞子五升，無灰酒二斗，入磁瓮內拌搦，勿碎，浸七日，漉去子，溫飲之。先以三合為始，後任性長飲，以多取效。　注夏虛病，枸杞子、五味子研細，滚水泡封三日，代茶飲效。　治目方，詳目例。

中梓曰：　腸滑者禁枸杞子，中寒者禁地骨皮。

修治　根，凡使根，掘得以東流水浸，刷去土，捶去心，以熟甘草湯浸一宿，焙乾，恐其大寒，以酒蒸用。　根多不能得，河西者必以醇酒浸，近火處頓乾，不可令熟，如此三次，老人方可服。　子去蒂及枯者，酒浸一夜，搗爛入藥。

枸杞蟲，食葉，狀如蠶，作繭為蛹時取，曬乾收，味鹹，溫，無毒，和地黃為丸，服之大起陽，益精。茧，音蟲，草名，《玉篇》草衰也。

清・郭章宜《本草匯》卷一六　枸杞子　味甘，氣平，微寒，陽中之陰，可升可降，入足少陰、厥陰經。明目疾，生目之血。除腎燥，益腎之精。潤肺固髓，健骨強筋。滋陰不致陰衰，興陽常使陽舉。更止消渴，尤補勞傷。

按：　枸杞平而不熱，性滋而補，兼能退熱，而專于補腎，潤肺生津，有補水制火之妙，為腎肝真陰不足，勞乏內熱，平補之要藥也。所謂精不足者，補之以味，是矣。世人但知用黄芩、黄連以治上焦之火，黄蘗、知母以治下焦陰火，謂之補陰降火，而不知枸杞、地骨甘寒平補，使精氣充而邪火自退之妙。弘景云：　離家千里，勿食枸杞。甚言其補精強陰之功耳。與地黄同功，而除蒸者未嘗用之，惜哉！與地黄、五味、麥冬、地骨皮、青蒿、鼈甲、牛膝，為除虛勞內熱，或發寒熱之要藥。加天冬、百部、枇杷葉，兼可治肺熱咳嗽之因陰虛者。《外臺》枸杞酒，治肝虛下淚，用枸杞二斤浸酒，三七日飲之。又四神丸，治腎虛目昏者，用甘杞一斤，酒浸透，分四分，以蜀椒、小茴、芝麻、川楝肉各一兩，拌炒，揀取，加熟地黄、白术、茯苓各一兩，為末，煉蜜丸服。又疰夏虛病，以枸杞、五味研細，滚水泡，代茶飲之。若脾胃薄弱者，須與山藥、蓮肉、車前、茯苓相兼用為妥。

產甘肅者佳。取紅潤圓熟，味甘粒小，少核者，洗淨，酒潤透，搗爛入藥。色黯顆大，止堪果食。今市家多以蜜拌欺人，不可不辨。至于土產者，味苦，但能利大小腸，清心除熱而已。附秘傳延齡養陽聖丹：　此英國公征南得于安南國王，如法制服，老年生子十人，壽至百年。予向以試事寓都，傳自異人。今不敢秘，願以公世。第元精元陽，人身至寶。禀質既厚，又能如法虔修，候時而用，自能取益。若藉此縱情，不惟天真剝削，抑有違立方之旨矣。赤寶五錢，即枸杞，酒潤晒末。地髓六錢，即生地，乳浸一宿，晒乾為末。陽精六錢，即熟地，酒浸，焙為末。金華四錢，即天冬，酒浸，去心晒末。天和四錢，即歸身，酒洗，晒末。仙杖四錢，即地骨皮，蜜水拌，晒為末。玉絲二錢半，即杜仲，童便浸一夜，焙末。金笋七錢，即蓯蓉，酒洗去甲，烘為末。通天杖四錢，即牛膝，酒洗，晒乾為末。補骨脂一錢，即破故紙，酒浸一宿，焙末。壽春三錢，即鎖陽，火酒洗七次，晒末。先登三錢，即青鹽透明者，酥拌炒末。金英錢半，即甘菊，去蒂，便拌晒末。九頂公二錢半，即附子，蜜水川椒煮一香，焙末。如字香二錢半，即丁香，晒末。登龍二錢半，即砂仁，去衣，薑汁炒末。吐蕃絲一錢，即北細辛，醋拌晒末。神行八錢，即穿山甲，火酒浸一夜，酥炙末。國老六錢，即粉甘草，去皮，蜜水炙，末。陰飛靈脾二錢，即淫羊藿，乳浸焙末。飛仙四錢半，即紫梢花，河水浸一夜，紙上焙乾。首圓者一對，即石燕，煅，醋淬七次，薑汁浸，晒為末。朝雲二錢，即海馬，醋炙黄，末。仙陽五錢半，即雀腦，每個用硫黄一分拌勻，紙上晒末。鳳仙子二錢，即急性子，八月采，井水浸一宿，瓦焙末。沖天寶五錢，即鹿茸，酥炙為末。離精三錢，即硃砂，蕎麥麪包蒸，為末。坎髓五錢半，即黑芝麻，乳拌炒，為末。神珠六錢半，即槐角子，酒煮，晒乾為末。玄英五錢半，即旱蓮子，酒洗晒末。水芝六錢，即建蓮子，去衣心，焙末。金翁五錢，即雲苓，去皮膜，乳浸，文武火為末。右三十二味，共為末，擇吉合養，忌婦人、孝服，及跛眇殘疾，雞、犬等，將藥裝磁瓶封固，重湯煮三香，取藥出，露一宿，做成一塊，入銀盒內，用紙筋、鹽泥封固，將鐵線十字紥好，入鐵礶內，鎔鉛七斤，傾礶中，滿為度，冷定，放灰缸內，三方火養四十九日，破礶開用。紫色、黑色者去，共十二兩，研極細。每服五釐，漸加至一分，好酒送藥。銀礶收，鎔蠟固口，防泄氣。

地骨皮即枸杞根。甘淡苦，寒，升也，陰也，入足少陰、手太陰、少陽經。治在表無定之風邪，主傳屍有汗之骨蒸。瀉腎火，降肺中伏火。除肝熱，退胞中火邪。骨蒸肌烙可解，吐血脉數無疑。

按：　地骨皮，甘淡性沉，乃除熱凉骨之劑，為三焦氣分之藥，所主皆在腎肝。夫腎水不足，則火旺。肝木不寧，則風淫。惟地骨皮滋水養木，故二經悉賴以治。所謂熱淫于內，瀉以甘寒，是也。能去風邪者，腎肝同治也。肝有熱，則風自內生，熱退風息。此與外感之風不同耳。時珍嘗以青蒿佐地骨，退熱屢有殊効。世人但知用黄芩、黄連、黄蘗、知母，而不知枸杞、地骨，甘能使精氣充，而又退火之妙也。中寒者勿服。

洗淨，以熟甘草湯浸，焙乾用。

清・尤乘《食鑒本草・菜類》 枸杞 葉無刺者是。其莖葉補氣益精，除風明目，堅筋骨，補勞傷。根名地骨皮，根、葉子俱可食。和羊肉作羹，和粳米煮粥，入葱、豉、五味，補虚尤勝。

清・朱本中《飲食須知・菜類》 枸杞苗 味甘、苦，性寒。解麵毒，與乳酪相反。

清・何其言《養生食鑒》卷上 枸杞苗 味甘、苦，性寒，無毒。解麵毒，壯心氣，祛風明目，清熱消毒。同猪肉食，益人。制硫黄、丹砂毒。

子 性微寒，味甘。補腎壯陽，生精養血，煎湯、浸酒俱良。

根 名地骨皮，性大寒。退骨蒸潮熱。

清・蔣居祉《本草擇要綱目・平性藥品》 枸杞子 氣味：甘，平，無毒。 主治：堅筋骨，除風去虚勞。補精氣，滋腎潤肺。益陽事，祛下焦肝腎虚熱。蓋枸杞之苗，乃天之精，苦甘而涼，上焦心肺客熱者宜之。枸杞之根，乃地骨皮，甘淡而寒，下焦肝腎虚熱者宜之。是皆三焦氣分之藥。所謂熱淫於内，佐以甘寒也。至於子則甘平而潤，性滋而補，耑能補腎潤肺，生精益氣，所謂精不足者，補之以味也。

清・蔣居祉《本草擇要綱目・寒性藥品》 地骨皮凡使根掘得，以東流水浸刷，去土，捶去心，以熟甘草湯浸一宿，焙乾。 氣味：苦，寒。升也，陰也。入足少陰、手少陽經。 主治：細剉，拌麵煮熟吞之，去腎家風良。又益精氣，去骨熱消渴，解骨蒸肌熱消渴，風濕痹，堅筋骨涼血。治在表無定之風邪，傳尸有汗之骨蒸。瀉腎火，降肺中伏火，去胞中火退熱。補正氣，治上膈吐血。煎湯漱口，止齒血，治骨槽風。又治金瘡神驗。去下焦肝腎虚熱。

清・王翃《握靈本草》卷八 地骨皮即枸杞樹根。出陝西者良，甘州者為絕品。千歲枸杞根，其形如犬。 主治：地骨皮，苦，寒，無毒。主五内邪氣，熱中消渴，周痹風濕，去腎家風，去骨熱肌熱，去下焦肝腎虚熱。

枸杞子甘州産者良。色紫味甘，粒小膏潤者有力。赤黯味淡，顆大枯燥者無能。酒洗蒸用。 主治： 枸杞子，苦，寒。一云：甘，平。主堅筋骨，除風，去虚勞，補精氣腎病，消中滋腎，潤肺，明目，安神，令人長壽。

清・汪昂《本草備要》卷三 地骨皮瀉熱涼血，補正氣。 甘淡而寒。降肺中伏火，瀉肝腎虚熱，能涼血而補正氣。故内治五内邪熱，熱淫于内，治以甘寒。地骨一斤，生地五斤，酒煮服，治帶下。吐血尿血，搗鮮汁服。咳嗽消渴，清肺。外治肌熱虚汗，上除頭風痛，能除風者，肝、腎同治也。肝有熱則自生風，與外感之風不同，熱退則風自息。中平胸脇痛，清肝。下利大小腸。療在表無定之風邪，傳尸、有汗之骨蒸。李東垣曰：地爲陰，骨爲裏，皮爲表。地骨皮瀉腎火，牡丹皮瀉包絡火，總治熱在外、無汗而骨蒸； 知母瀉腎火，治熱在内、有汗而骨蒸。四物湯加二皮，治婦人骨蒸。朱二允曰：能退内潮，人所知也； 能退外潮，人實不知。病或風寒，散而未盡，作潮往來，非柴、葛所能治，用地骨皮走表又走裏之藥，消其浮游之邪，服之未有不愈者。特表明之。時珍曰：枸杞、地骨，甘寒平補，使精氣充足，則邪火自退。世人多用苦寒，以芩、連降上焦，知、柏降下焦，致傷元氣，惜哉！予嘗以青蒿佐地骨退熱，累有殊功。 甘草水浸一宿用。腸滑者，忌枸杞子。中寒者，忌地骨皮。掘鮮者同鮮小薊煎濃汁，浸下疳甚效。

清・汪昂《本草備要》卷三 枸杞子平補而潤。 甘，平。《本草》苦，寒。 潤肺清肝，滋腎益氣，生精助陽，補虚勞，强筋骨，肝主筋，腎主骨。 去風明目，目爲肝竅，瞳子屬腎。 利大小腸。治嗌乾消渴。昂按：古諺有云，出家千里，勿食枸杞。其色赤屬火，能補精壯陽。然氣味甘寒而性潤，仍是補水之藥，所以能滋腎益肝明目而治消渴也。 南方樹高數尺，北方幷是大樹。以甘州所産、紅潤少核者良。酒浸搗用。 根名地骨皮。見下。 葉名天精草，苦，甘而涼。清上焦心肺客熱，代茶止消渴。 時珍曰：皆三焦氣分之藥。

清・吴楚《寶命真詮》卷三 枸杞子 【略】補腎而填精，止渴除煩，益肝以養營，强筋明目。【略】精不足者，補之以味，枸杞子是也。能使陰生，則精血自長。肝開竅於目，黑水神光屬腎，腎臟得補，目自明矣。【略】

地骨皮： 【略】主有汗骨蒸，吐血煩渴。熱淫於内，瀉以甘寒。退熱除蒸等證皆療。兼去風邪。肝熱則風生，與外感不同。

清・陳士鐸《本草新編》卷四 枸杞子地骨皮 枸杞子： 味甘、苦，氣微溫，無毒。甘肅者佳。入腎、肝二經。明耳目，安神，耐寒暑，延壽，添精固髓，健骨强筋。滋陰不致陰衰，興陽常使陽舉。更止消渴，尤補勞傷。地骨皮，即枸杞之根也。性甚寒涼，入少陰腎臟，幷入手少陽三焦。解傳尸有汗肌熱骨蒸，療在表無汗風濕風痹，去五内邪熱，利大、小二便，强陰强筋，涼血涼骨。二藥同是一本所出，而溫寒各異，治療亦殊者，何也？蓋枸杞秉陰陽之氣而生。親于地者，得陰之氣； 親于天者，得陽之氣也。得陽氣者益陽，得陰氣者益陰，又何疑乎？惟是陽之中又益陰，而陰之中不益陽者，蓋天能包地，而地不能包天，故枸杞子益陽而兼益陰，地骨益陰而不能益陽也。然而，二物均非君藥，可為偏裨之將。枸杞佐陽藥以興陽，地骨皮佐陰藥以平陰也。

或疑枸杞陽衰者，最宜用之，以其能助陽也。然吾獨用一味煎湯服之，絕不見陽興者，何故？恐枸杞乃地骨皮所生，益陰而非益陽也。曰：興陽亦不同也。陽衰而不至大虧者，服枸杞則陽生。古人云：離家千里，莫服枸杞。正因其久離女色，則其陽不衰，若再服枸杞，必致陽舉而不肯痿，故戒之也。否則，何不戒在家之人，而必戒遠行之客，其意可知矣。然則吾子服枸杞而陽不興者，乃陽衰之極也。枸杞力微，安得有效乎。

或問：地骨皮治骨蒸之熱，用之不見效者，何也？夫骨蒸之熱，熱在骨髓之中，其熱甚深，熱深則涼亦宜深，豈輕劑便可取效乎，勢必多用為佳。世人知地骨皮之可以退熱，而不知多用，故見功實少耳。曰：黄柏、知母，亦涼骨中之熱也，闢黄柏、知母，而勸多用地骨皮，何也？不知地骨皮非黄柏、知母之可比，地骨皮雖入腎而不涼腎，止入腎而涼骨耳。涼腎必至瀉腎而傷胃；涼骨反能益骨而生髓。黄柏、知母瀉腎傷胃，故斷不可多用以取敗。地骨皮益腎生髓，斷不可少用而圖功。欲退陰虛火動、骨蒸勞熱之症，用補陰之藥，加地骨皮或五錢或一兩，始能涼骨中之髓，而去腎中之熱也。

或問：地骨皮用至五錢足矣，加至一兩，毋乃太多乎，恐未必有益于陰虛內熱之人耳？不知地骨皮非大寒之藥也，而其味又輕清，如用之少，則不能入骨髓之中而涼其骨。大寒恐其傷胃，微寒正足以養胃也。吾言用一兩，猶少之之辭，蓋既有益于胃，自有益于陰矣。

清・顧靖遠《顧氏醫鏡》卷八　枸杞子甘平。入腎肝二經。補腎而填精，強陰止渴。精不足者，補之以味，枸杞子是也。補腎益精則陰強，潤肺生津則除渴。益肝以養營，堅筋明目。明目者，以肝開竅於目，黑水神光屬腎故也。益精明目，滋補之聖藥。性潤而能利大小腸，洩瀉者勿用。或與山藥、蓮肉、茯苓同用，則可不瀉矣。地骨皮甘，寒。入腎經。解虛勞之客熱，除有汗之骨蒸。熱淫於內，瀉以甘寒也。主下焦肝腎虛熱，為三焦氣分之藥。又能降肺中伏火。中寒者勿用。

清・李熙和《醫經允中》卷一九　枸杞子　出甘州，紅潤圓小者佳。土產者味苦，但能利大小腸，清心除熱而已。甘，平，溫，無毒。主治堅筋骨，添精髓，生津益智，明目安神。滋陰不致陰衰，興陽常使陽舉。更止消渴，尤補勞傷。久服輕身耐老。根名地骨，苦，甘，微寒。專退有汗骨蒸勞熱，腎肺伏火，俗以黄栢、知母治下焦陰火致傷元氣，不知枸杞、地骨皮，使精氣充而邪氣退，勝栢、母萬萬。《素問》曰：熱淫于內，瀉以甘寒，地骨皮是也。精不足者，補之以味，枸杞子是也。陶氏云：去家千里，勿食枸杞。贊其強陽之功也。鮮地骨皮同鮮小薊煎濃汁浸下疳，甚効。

清・馮兆張《馮氏錦囊秘錄・雜症痘疹藥性主治合參》卷四　枸杞子感天令春寒之氣，兼得乎地之沖氣。故味苦甘，氣寒，無毒。苗葉苦甘，性升且涼，故主清上焦心肺客熱。根名地骨，味甘淡，性沉而大寒，故主下焦肝腎虛熱，為三焦氣分之藥。《經》曰：熱淫於內，瀉以甘寒者是也。子味甘平，其氣微寒，潤而滋補，兼能退熱而專於補腎，潤肺生津益氣，為肝腎真陰不足，勞乏內熱，補益之要藥。《經》曰精不足者，補之以味是也。

枸杞子，主五內邪氣，熱中消渴，周痹風濕，內傷大勞，下胸脇氣，客熱頭痛，利大小腸。固精髓明目，健筋骨興陽，補藥風藥皆用。老人陽虛人尤宜，惟少年有火症者勿用。味甘平而溫，氣滋潤而厚，功專補腎，滋肝益精強陰，不熱不燥，久服輕身，能耐寒暑，但脾弱泄瀉者，必兼苓、朮相佐。【略】

主治痘疹合參：五內邪氣客熱，強陰益精，痘風眼痛，風癢瘴膜。

地骨皮　專退有汗骨蒸勞熱，腎肺伏火，補益正氣，涼血涼骨，五內邪氣，熱中消渴，及去肌熱，利大小便。此與牡丹皮主治骨蒸同功，但丹皮解無汗者，地骨皮解有汗者。較之知、栢苦寒傷胃，何如骨皮甘寒，勿傷胃氣也。

主治痘疹合參：藥性同前，更治在裏無定風邪者，謂腎水不足則火旺，肝木不寧則風淫，風熱內生，不與外感同類也。

按：枸杞、骨皮，均為腎家之劑，熱淫於內，瀉以甘寒，地骨皮是也。精不足者補之以味，枸杞是也。腸滑者禁枸杞子，中寒者忌地骨皮。

清・张璐《本經逢原》卷三　枸杞　甘，平，無毒。河西及甘州者良。《本經》主熱中消渴，久服堅筋骨，耐寒暑。發明：枸杞子味甘色赤，性溫無疑，根味微苦，性必微寒，緣《本經》根子合論無分，以致後人或言子性微寒，根性大寒，或言子性大溫，根性苦寒。蓋有惑於一，本無寒熱兩殊之理。夫天之生物不齊，都有豐於此，而濇於彼者。如山茱萸之肉濇精，核滑精，當歸之頭止血，尾破血。橘實之皮滌痰，膜聚痰，不一而足。即炎帝之嘗藥，不過詳氣、味、形、色，安有味甘色赤，形質滋腴之物性寒之理。《本經》所言主熱中消渴，堅筋骨耐寒暑，是指其子而言，質潤味厚，峻補肝腎衝督之精血，精得補益，水旺骨強，而腎虛火炎，熱中消渴，血虛目昏，腰膝疼痛悉愈，而無寒暑之患矣。所謂精不足者，補之以味也。古諺有云：去家千里，勿食枸杞。甚言補益精氣之速耳。然元陽氣衰，陰虛精滑，及婦人失合，勞嗽蒸熱之人慎用，以能益精血，精旺則思偶，理固然也。　地骨皮　甘，淡，微寒，無毒。泉州者良。《本經》主五內邪氣，周痹風濕，久服堅筋骨，輕身不老。　發明：　地骨皮，枸杞根也。三焦氣分之藥。下焦肝腎虛熱，骨蒸自汗者宜之。熱淫於內，瀉以甘寒也。人但知芩、連治上焦之火，知、蘗治下焦之火，謂之補陰降火。不知地骨之甘寒平補，有益精氣退邪火之妙。時珍嘗以青蒿佐地骨退熱，屢有殊功。又主骨槽風證，亦取入足少陰，味薄即通也。《本經》主五內邪氣，周痹風濕，輕身不老，取其甘淡化熱，苦寒散濕，濕散則痹著通，化熱則五內安。其氣清，其味薄，其質輕，誠為修真服食之仙藥。按：《續仙傳》云，朱孺子見溪側二花犬，逐入枸杞叢下，掘之得根，形如二犬，烹而食之，忽覺身輕。《本經》之輕身不老，可確徵矣。則枸杞之滋益不獨在子，而根亦不止於退熱也。　苗葉微苦，亦能降火及清頭目。

清・浦士貞《夕庵讀本草快編》卷五　枸杞《本經》　此物棘如枸之刺，莖如杞之條，故以二樹之名合呼之也。　枸杞根、苗、花、葉，無不益人。古皆統用，今始分析之，可謂有補於前人也。苗曰天精，苦甘而涼，上焦心肺客熱者宜之。根為地骨，甘淡而寒，下焦肝腎虛熱者宜之。皆三焦氣分之藥，所謂熱淫於內，瀉以甘寒是也。其子則甘平而潤，不能退熱，專於益氣生精，滋腎潤肺，為平補之藥。所謂精不足者補之以味也。分而用之則各有所主，合而用之則一舉而兩得。今人但知用芩、連以抑上焦陽火，知、蘗以治下焦陰火，雖曰補陰降火，久服致傷元氣。殊不知枸杞、地骨，甘寒平補，使精氣日充而火邪自退。瀕湖又以青蒿佐之，更覺殊功。惜乎世未喻其意焉。考之《蓬萊縣志》南丘多枸杞，其根盤踞，鄉人飲食其水者多壽。又猗氏縣一老人四季采服，年皆百餘。唐劉禹錫《枸杞井》詩云：僧房藥樹依寒井，井有清泉藥有靈。翠黛葉生籠石甃，殷紅子熟照銅缾。枝繁本是仙人杖，根老能成瑞犬形。上品功能甘露味，還知一勺可延齡。以數說證之，則朱孺子烹花犬而成仙可證矣！

清・張志聰、高世栻《本草崇原》卷上　枸杞　味苦，寒，無毒。主五內邪氣、熱中、消渴，周痹風濕。久服堅筋骨，輕身不老，耐寒暑。　枸杞始出常山平澤及丘陵阪岸，今處處有之，以陝西甘州者為勝。春生，苗葉如石榴，葉軟嫩可食，七月開小紫花，隨結實，圓紅如櫻桃，淩冬不落。李時珍曰：枸杞二樹名，此木棘如枸刺，莖若杞條，故兼而名之。《本經》氣味主治概根苗花實而言，初未分別，後人以實為枸杞子，根名地骨皮，主治稍不同矣。枸杞根苗苦寒，花實紫赤，至嚴冬霜雪之中，其實紅潤可愛，是稟少陰水陰之氣，兼少陰君火之化者也。主治五內邪氣、熱中、消渴。謂五臟正氣不足，邪氣內生，而為熱中、消渴之病。枸杞得少陰水陰之氣，故可治也。主治周痹風濕者，兼得少陰君火之化也。岐伯曰：周痹者，在於血脈之中，隨脈以上，隨脈以下，不能左右，各當其所。枸杞能助君火之神，出於血脈之中，故去周痹而除風濕。久服堅筋骨，輕身不老，耐寒暑。亦得少陰水火之氣，而精神充足，陰陽交會也。　枸杞苗附　氣味苦，寒。主除煩，益志，補五勞七傷，壯心氣，去皮膚、骨節間風，消熱毒，散瘡腫。《日華本草》附。　地骨皮附　氣味苦，寒。主去骨熱，消渴。　枸杞子附　氣味甘，寒。主堅筋骨，耐老，除風，去虛勞，補精氣。《食療本草》附。

清・何諫《生草藥性備要》卷下　枸杞菜　味甜，性寒。明目，益腎虛，安胎，寬中退熱，治婦人崩漏下血，立止。其根即是地骨皮。其葉，炒米、茶，益精氣。

清・姚球《本草經解要》卷三　枸杞子　氣寒，味苦，無毒。主五內邪氣，熱中消渴，周痹風濕。久服堅筋骨，輕身不老，耐寒暑。　枸杞子氣寒，稟天冬寒之水氣，入足少陰腎經。味苦無毒，得地南方之火味，入手少陰心經。氣味俱降，陰也。五內者，五藏之內也。邪氣者，熱邪之氣也。蓋五內為藏陰之地，陰虛所以有熱邪也。其主之者，苦寒清熱也。心為君火，腎為寒水，水不制火，火爍津液，則病熱中消渴。其主之者，味苦可以清熱，氣寒可以益水也。水益火清，消渴自止。其主周痹風濕者，痹為閉症，血枯不運，而風濕乘之也。治風先治血，血行風濕滅也，杞子苦寒益血，所以治痹。久服苦益心，寒益腎，心腎交，則水火寧，而筋骨堅，筋骨健則身自輕，血足則色華，所以不老。耐寒暑者，氣寒益腎，腎水足，可以耐暑，味苦益心，心火寧可以耐寒也。　製方：　杞子同五味，治疰夏。同熟地、白朮、白茯，治腎虛目暗。

清·周垣綜《頤生秘旨》卷八　枸杞子　補腎之藥也。升發陽氣。諺云：去家千里，莫食枸杞。言其補腎之功捷也。葉搗汁，注目中，去風痒翳膜。作茶啜，解消渴，強陰。諸毒煩悶，麵毒發熱能却。

地骨皮：苦寒，除熱滋陰之藥也。除自汗之骨蒸，退内傷之肌熱。

清·王子接《得宜本草·中品藥》　枸杞子　味甘。入足厥陰、少陰經。功專補精血。得杜仲、萆薢治腎虚腰痛，得青鹽、川椒治肝虚目暗。

地骨皮：　味苦。入手太陰經。功專退熱，除煩。得麥冬、小麥治勞渴。

清·黄元御《玉楸藥解》卷二　枸杞子　味苦、微甘，性寒。入足少陰腎、足厥陰肝經。補陰壯水，滋木清風。枸杞子苦寒之性，滋潤腎肝。寒泄脾胃，土燥便堅者宜之。水寒土濕，腸滑便利者服之，必生溏泄。本草謂其助陽，甚不然也。根名地骨皮，清肝泄熱，涼骨除蒸，止吐血齒衄，金瘡血漏，止熱消渴。

清·吴儀洛《本草從新》卷三　枸杞子〔滋補肝腎而潤。〕甘，微溫。滋肝益腎，景岳曰：用之以助熟地甚妙。生精助陽，補虚勞，強筋骨，肝主筋，腎主骨。養營除煩，去風明目，肝開竅於目，黑水神光屬腎。利大小腸。治嗌乾消渴，諺曰：離家千里，勿食枸杞。以其色赤屬火，補精壯陽耳。然味甘性潤，仍是補水之藥，所以能滋腎益肝明目而治消渴也。便滑者勿用，南方樹止數尺，北方并是大樹。以甘州所産、紅潤少核者佳。酒潤搗。

地骨皮〔涼血，除虚熱。〕甘淡而寒。降肺中伏火，除肝腎虚熱，能涼血，而治五内煩熱，熱淫於内，治以甘寒。地骨一斤，生地五斤，酒煮服，治帶下。吐血尿血，搗鮮汁服。消渴咳嗽。清肺。外治肌熱虚汗，上除頭風痛，肝有熱則自生風，與外感之風不同，熱退則風自息。中平胸脇痛，清肝。下利大小腸；療在表無定之風邪，傳尸有汗之骨蒸。東垣曰：地骨皮瀉腎火，能治外熱。地為陰，骨為裏，皮為表。朱二允曰：能退内潮，人所知也，能退外潮，人實不知。病或風寒散而未盡，作潮往來，非柴葛所能治，用地骨走表又走裏之藥，消其浮游之邪，服之未能不愈者，特表明之。時珍曰：枸杞、地骨甘寒平補，使精氣充足而邪火自退。世人多用苦寒，以芩、連治上，知、蘗治下，致傷元氣，惜哉！予嘗以青蒿佐地骨退熱，屢有殊功。中寒者勿用，甘草水浸一宿。葉名天精草。苦甘而涼。清上焦心肺客熱，代茶止消渴。

清·汪紱《醫林纂要探源》卷三　地骨皮　甘，淡，寒。枸杞根皮也。南方者樹不滿三尺，北方者高及丈許。補肺清金，平肝火，滋腎水。甘淡之味，多能補肺，甘，土味，土生金而味薄，則上浮入肺。淡者，水之源，而金生水，故甘淡兼能滋腎，若二冬亦然。凡根皮之用，體厚者則下守，如肉桂、黄蘗、厚朴是體薄者，則上浮。如桑白皮、牡丹皮、地骨皮是。然厚於下則必生於上，故肉桂、黄蘗亦能上升。浮於上則必反於下，故桑白皮、地骨皮皆能清上滋下。又木皮多能行水，木之引水而上榮枝葉，分水而下瀉，土中者皆由於皮，故木而横剥斷其皮，則枯死矣。桑白皮、地骨皮性味則上浮，體則根下，故清肺於上，而淡能滲水於下，以甘緩肝，以水滋腎，故地骨皮上行則治咳嗽吐衄消渴。中行則平怒氣，治胸脇痛。下行則利二腸，清膀胱熱。内平血熱濕熱，外退肌熱止虚汗，治有汗之骨蒸良品也。

枸杞子：甘，苦，寒。以甘州産為最，粒不大而味多甘。補肺，體輕上行。平肝，甘緩肝。堅腎，苦補腎，核亦有腎形，實成則下復於腎。色赤味苦，是瀉心火以下交於腎，故能堅腎而益精強陽，補虚勞，壯筋骨，且益肝明目。目，肝竅而腎之精也。葉：苦，甘，寒。葉，味苦多於甘。昔人謂之天精草，嫩苗採茹最益人。補肺清金，泄逆氣。輕而上榮，蔽芾如肺，能清肺之客熱，止消渴，而無下行之功。

清·嚴潔等《得配本草》卷七　枸杞子苗、葉、地骨皮。　味甘，微溫而潤。入足少陰，兼厥陰經血分。補肝經之陰，益腎水之陽。退虚熱，壯神魂，解消渴，去濕風，強筋骨，利二便，下胸脇氣，療痘風眼，止陰虚腰痛，療肝虚目暗。得麥冬，治乾咳。得北五味，生心液。配椒、鹽，理腎而除氣痛。佐朮、苓，補陰而不滑泄。甘草湯浸，或好酒浸蒸。恐溫熱，童便拌蒸。大便滑泄、腎陽盛而遺泄，二者禁用。怪症：脇破腸出，臭穢異常，急用香油摸腸送入，煎杞子加人參服之，再吃羊腎粥，十日而效。苗、葉名天精草。伏砒、砂。甘、苦，涼。清上焦心肺客熱，代茶止渴。地骨皮即杞子根皮。制硫黄、丹砂。味淡，性寒。入足少陰、手太陰經血分。降肺中伏火，瀉腎虚熱。上除風熱頭風，中平胸脇肝痛，肝火熄，痛自止。下利大小腸閉，熱清便自行。除無定之虚邪，退有汗之骨蒸。得生地、甘菊，益肝腎陰血。配青蒿，退虚熱。得麥冬、小麥，治骨節虚燔。配紅花研末，敷足趾雞眼，作痛作瘡。君生地，治帶下。濕熱去也。鮮者，同鮮小薊煎汁洗，治下疳。鮮者搗碎，煎濃湯淋洗惡瘡。膿血不止，更以細白穰貼之即愈。去骨熱，甘草湯浸一宿，焙乾用。刮去粗皮，取細白穰，可貼瘡。中寒者禁用。

題清·徐大椿《藥性切用》卷五　甘枸杞　甘潤性平，入腎而補腎養肝，生精潤燥。便滑者忌。

地骨皮：甘淡性寒，入肺而兼入腎、肝，除肌表虚熱，退有汗骨蒸。米沺飲泡用。即枸杞根皮。

天精草：即枸杞藤葉。苦甘性涼，專清心肺客熱。虛勞熱盛，可暫用代茶。

清・黃宮繡《本草求真》卷二 枸杞滋腎水，滑腸胃。 枸杞耑入腎，兼入肝。甘寒性潤。據書皆載祛風明目，強筋健骨，補精壯陽，然究因於腎水虧損，服此甘潤，陰從陽長，水至風熄，故能明目強筋，是明指為滋水之味。故書又載能治消渴。時珍曰：子則甘平而潤，性滋而補，不能退熱，止能補腎潤肺，生精益氣，此乃平補之藥，所謂精不足者補之以味也。今人因見色赤，妄謂枸杞補陽，其失遠矣！豈有甘潤氣寒之品，而尚可言補陽耶？若以色赤為補陽，則紅花、紫草其色更赤，何以不言補陽而曰活血？嗚呼！醫道不明，總由看書辨藥，不細體會者故耳。試以虛寒服此，不惟陽不能補，且更見有滑脫泄瀉之弊矣，可不慎歟？出甘州紅潤少核者良，根名地骨皮，另詳於後。

清・黃宮繡《本草求真》卷六 地骨皮入肺降火入腎，涼血涼骨。 地骨皮耑入肺腎。即枸杞根也。味甘氣寒，雖與丹皮同治骨蒸之劑，但丹皮味辛，能治無汗骨蒸，此屬味甘。能治有汗骨蒸，且丹皮原屬入血散瘀之品，汗者血也，無汗而見血瘀，則於辛於寒最宜。若有汗骨蒸而更用以丹皮辛散，不竟使奪汗無血乎？《經》曰：熱淫於內，瀉以甘寒，地骨皮是也。按地骨皮入肺降火，入腎涼血涼骨。凡五內熱淫，而見肌肉潮熱，二便癃閉，胸脇痛楚，與夫於頭而見風痛不休，外感之風宜散邪，內生之風宜清熱，熱除而風自熄。於表而見潮熱無定，是內薰蒸而達於表。朱二允曰：能退內潮，人所知也。能退外潮，人實不知。病或風寒散而未盡，作潮往來，非柴葛所能治。用地骨皮走表又走裏之藥，消其浮游之邪，服之未有不愈者，特表而出之。於肺而見消渴咳嗽不寧，腎火上蒸。靡不用此解除。今人但知芩連以治上焦之火，知蘗以治下焦之火，而不知地骨皮之甘淡微寒，深得補陰退熱之義矣。時珍常以青蒿佐此退熱，屢有殊功。李東垣曰：地為陰，骨為裏，皮為表，服此既治內熱不生，而於表裏浮游之邪，無有不愈，此為表裏上下皆治之藥，而於下為尤切焉，但脾胃虛寒者禁服。汪昂曰：腸滑者忌枸杞子，中寒者忌地骨皮，掘鮮者同鮮小薊煎濃汁，治下疳甚妙。甘草水浸用。

清・沈金鰲《要藥分劑》卷四 枸杞苗葉 【略】鰲按：《本經》《別錄》並未分別子、皮、苗、葉，甄權、大明以後遂分列之。但《本經》《別錄》雖總言枸杞之用，而就其所言細體會之，如《本經》言主五內邪氣，熱中消渴，周痺風濕。《別錄》言下胸脇氣，客熱頭痛。應指皮與苗葉言之，所謂寒能除熱者是也。《本經》言久服堅筋骨，輕身不老，耐寒暑。《別錄》言補內傷，大勞噓吸，強陰，利大小腸，應指子言之，所謂甘平能補者是也。大明等條分縷晰，只是發揮以盡其用耳。又按東垣云：地為陰，骨為裏，皮為表，地骨皮瀉腎火，丹皮瀉包絡火，總治熱在外，無汗而骨蒸。知母瀉腎火，治熱在內，有汗而骨蒸。四物湯加二皮，治婦人骨蒸，東垣剖辨二皮、知母之用，極為精當。朱二允又云：地骨皮能退內潮，人所知也，能退外潮，人實不知。病或風寒散而未盡，作潮往來，非柴、葛所能治，用地骨皮走表又走裏之藥，消其浮游之邪，服之未有不愈者。朱氏又明地骨皮一物，而能兼走表裏，更為細切詳明，世醫不達此，概執為退熱之品，亦未盡其妙矣。丹溪又云：地骨皮能治風者，肝腎同治也。肝有熱則自生風，與外感之風不同，熱退則風自息。夫地骨皮本非入肝之藥，丹溪云然者，以肝腎同位而同治，骨皮既能退腎家虛熱，則龍火腎不熾，雷火肝亦平，自能息肝熱所生之風，雖不入肝經，而肝風亦并治也。且骨皮入腎、三焦二經之外，不入肝，更不入肺，即肺中伏火，亦能降洩，則不必疑于肝風之不能息也。總之，腎藥兼治肝，乙癸同原也。腎藥兼治肺，金水相涵也。拘執一見，詎可用藥乎？

清・李文培《食物小錄》卷上 枸杞芽 甘、苦，微寒，無毒。清火明目，止渴，解煩熱。

清・楊璿《傷寒溫疫條辨》卷六補劑類 枸杞子 味甘、微辛，氣平。可升可降。潤肺滋腎養肝，以其味重而純，故能補陰，以其陰中有陽，故能補氣。陰滋則血盛，氣足則陽旺。諺云：去家千里，勿食枸杞。謂其能壯陽也。實則壯陽而無動性，故用以佐熟地最妙。其功聰耳明目。杞菊丸：等分，煉蜜丸。益神魂，添精髓，強筋骨，補虛勞，止消渴，真陰虛而臍腹疼不止者，多用神效。

地骨皮：即枸杞根皮也。味甘、辛，微苦，性寒。走血分，入肝、腎、三焦、膽經。退陰虛血熱，療有汗骨蒸。凡不因風寒，而熱在陰分骨髓者，最宜此物。涼而不峻，可理虛勞，氣輕而平，故亦清肺。時珍曰：枸杞、骨皮佐以青蒿，甘寒退大熱，不比芩、連苦寒之傷胃也。

清・羅國綱《羅氏會約醫鏡》卷一七竹木部 枸杞子：味甘微溫，入肝腎二經。味重而純，故能補陰；陰中有陽，故能補氣。添精髓，補之以味。強筋骨，肝主筋，腎主骨。補勞傷，同地黄用。去風養肝明目，目為肝竅，瞳人屬腎。利大小腸陰潤，治嗌乾消渴。滋腎水足。但性滑潤，脾弱泄瀉者，必以苓术相佐。以甘州所産紅潤少核者良，酒浸擣用。葉名天精草，苦甘而涼，清上焦心肺客熱，代茶止消渴。

地骨皮：味甘寒，入肝、腎、三焦、膽四經。補正氣，涼血及骨，使精氣充足，而邪火自退。與芩、連、知、柏苦寒傷胃者不同。治五内邪熱、有汗骨蒸，丹皮退無汗骨蒸。除在表風邪、肝熱生風，非外感之風也。頭風熱退風息，肝腎同治。脇痛清肝，療咳嗽清肺，退肌熱，凡風寒散而未盡，作潮往來，非柴葛能治，用地骨皮走表，又走裏，而浮遊之邪自散。一切血虚勞熱。佐以青蒿。甘草水浸用。中寒者忌之。

清·陳修園《神農本草經讀》卷二上品 枸杞 氣味苦，寒，無毒。主五内邪氣，熱中消渴，周痹風濕。久服堅筋骨，輕身不老，耐寒暑。

陳修園曰：枸杞氣寒，稟水氣而入腎。味苦無毒，得火味而入心。五内，即五臟。五臟為藏陰之地，熱氣傷陰即為邪氣，邪氣伏於中則為熱中，熱中則津液不足，内不能滋潤臟腑而為消渴，外不能灌溉經絡而為周痹。熱甚則生風，熱鬱則成濕，種種相因，唯枸杞之苦寒清熱可以統主之。久服堅筋骨，輕身不老，耐寒暑三句，則又申言其心腎交補之功，以腎字從堅，補之即所以堅之也。堅則身健而輕，自忘老態，況腎水足可以耐暑，心火寧可以耐寒，洵為飲食之上劑。然苦寒二字，《本經》概根、苗、花、子而言。若單論其子，嚴冬霜雪之中，紅潤可愛，是稟少陰水精之氣，兼少陰君火之化，為補養心腎之良藥，但性緩不可以治大病、急病耳。

清·王學權《重慶堂隨筆》卷下 枸杞子 味純甘，色大赤，其質潤，其性平。《聖濟》以一味治短氣。余謂其專補心血，非他藥所能及也，與元參、甘草同用，名坎離丹，可以交通心腎。

清·黃凱鈞《藥籠小品》 枸杞 滋補肝腎之要品，性平赤色，又能補心，凡陰不足者相宜。産甘州為上，入煎劑亦宜炒用。枸杞在處有之，肉薄子多，故不入藥，甘産則反是。《抱朴子》曰：去家千里，莫食枸杞。謂能壯陽補腎。予謂：采子之藥，古今相同，何昔能而今不能耶？按：是盡多有過譽者，如稱服菟絲子三月，能行及奔馬，飲啖如沃雪。然乎否乎？

地骨皮：枸杞根也，降肺中伏火，除肝腎虚熱，能涼血，治五内煩熱，止肌熱虚汗。中寒者勿用。

清·章穆《調疾飲食辯》卷一下 枸杞苗葉子 《綱目》曰：《爾雅》作枸檵，《別錄》作枸忌。《詩·小雅》：集于苞杞。《陸疏》曰：一名苦杞，以其苗葉作蔬，味微苦也。《開寶本草》曰：枸杞無刺，有刺者溲疏也。《本草衍義》曰：枸杞一名枸棘，未有無刺者，但樹小刺多，大則刺少。溲疏另是一物，子類枸杞，枝葉不類。所辯良是。苗、葉、根、皮、子俱可代茶常飲，久而不輟，必無皮膚、骨節諸風，及虚勞、吐血、目疾、癰疽、消渴等病。夫婦俱飲，其子女亦必無之。但苗、葉不滑，子多膏則滑，大便不結者忌之。此與忍冬俱易栽蒔、繁衍，五六月葉盛時捋取曝乾用。

清·章穆《調疾飲食辯》卷三 枸杞苗 子填精益髓，補也。根退骨蒸勞熱，亦清而補也。嫩苗充菜，味苦微甘。日華子曰：補五勞七傷，去皮膚、骨節間風，消熱毒癰腫，明目，祛頭風，涼血，和藏府，止消渴。熱病後、産後、痘後、癰瘡後，及一切虚勞客熱，均宜多食。或和羊肉、鴨肉作羹食，尤佳。

清·章穆《調疾飲食辯》卷四 枸杞子 陝西、甘肅者為上，實類蒲桃，肉厚味甘，餹蜜餞為果餌，可致遠。他處者，小纔如豆，肉薄子多，不堪作果，入藥亦遠遜。性補肝腎，為強陰益精，補血明目之要藥。然質潤而滑，大腸不結者忌之。苗作蔬，根、葉代茶，俱有益，見總類菜類。

清·王龍《本草纂要稿·木部》 枸杞子 氣味甘寒。補勞傷之不足，耐寒暑之交侵。療眼目之昏花，治腎虚之消渴。兼助元陽，益精固髓。更強骨力，却老安神。葉可作茶啜。莖名仙人杖，能追皮膚骨節風。地骨皮：氣味苦寒。解傳屍有汗肌熱骨蒸，療在表無寒風濕周痺。去五内邪熱，利大小二便。強陰強筋，涼血涼骨。入足少陰、手少陽經。

清·張德裕《本草正義》卷下 地骨皮 苦，寒。入血分，退陰虚血熱骨蒸，清肺、腎、心包伏火。凡不因風寒而熱在骨髓陰分者最宜。此有兩種，南者微甘而辛，北者大苦性劣。即枸杞根也。

清·張德裕《本草正義》卷上 枸杞 甘，溫。味重，陰中有陽。補精益髓，壯骨強筋，扶虚勞，助熟地以其性溫，亦能助陽。凡陰虚臍腹有隱疼者，最宜。

清·楊時泰《本草述鉤元》卷二四 枸杞 陝之蘭靈、九原以西，枸杞並是大樹，其葉厚，其根粗。河西及甘州者，其子圓如櫻桃，曝乾，緊小少核，乾亦紅潤甘美，異於他處。入藥以河西者為上瀕湖。苗乃天精，其味苦甘，而氣涼性升； 根乃地骨，其味甘淡，氣寒性沉； 子味甘，氣平，性潤，氣味既殊，功用自別，而《本經》止概言之又。枸杞淩冬不凋，其葉三發，發於七月者，花即隨之，而實亦隨結，是稟金氣而涵水，固不分於苗根及實矣。特金氣之專萃者尤在實，而河以西者，氣味更厚也。

苗： 如榴葉而軟薄。

味苦、微甘，氣寒。治上焦心肺客熱，去皮膚骨節間風，消熱毒，散瘡腫。作飲代茶，止消渴煩熱。火赫毒瘡，患此急防毒氣入心腹，枸杞葉搗汁服之，立瘥。

地骨皮： 即枸杞根。

味甘淡而苦，氣寒。陰也。入足少陰、手少陽氣分。主治去下焦肝腎虛熱，益精氣，涼血堅筋骨，解有汗骨蒸肌熱，療消渴，瀉胞中火，降肺中伏火，退熱補正氣，去腎家風，並治在表無定風邪此陰虛生風，非指外感之邪也。及骨槽風。方書更治虛勞發熱，往來寒熱，諸見血證，鼻衄嗽血欬喘，消癉，中風、眩暈，痼痓虛煩，悸健忘，腰痛行痺，脚氣水腫，小便不通，赤白濁。西土產者，功用如上，他產則瀉熱較甚，未可一例言也。凡陰虛血少，陽氣下陷於內而為熱，熱氣薰蒸於表而汗泄，為有汗骨蒸。又腎主骨，腎臟有熱，則骨亦熱，而血涸髓枯，筋失榮養矣。地骨皮入腎益陰氣涼血，所以解有汗之骨蒸，並強筋骨也《類明》。三焦之氣，原自極裏，以至於極表，故去腎風者，即能治在表風邪東垣。小便出血，鮮地骨皮洗搗自然汁，無汁則以水煎汁，每服一盞，入酒少許，食前溫服。帶下脈數，枸杞根一斤，生地五斤，酒一斗，煮五升，日日服之。膀胱移熱於小腸，上為口糜，心胃壅熱，水穀不下，用地骨皮湯，柴胡、地骨皮各三錢，水煎服之。

論： 地骨皮能益足少陰腎之陰氣，以療手少陽三焦之虛陽。蓋三焦為元氣使，根於腎臟元陰，茲味由甘而苦，其氣有寒，本中土之沖氣以至地，且其金氣涵水，能裕真陰之化原，而不傷元陽，故與苦寒者特殊。凡人真陰中有火，自相蒸爍，而見有汗骨蒸，宜此對待之。須知此味不兼養血，卻專以益陰為其功，雖能除熱，卻不以瀉火盡其用，即曰益陰氣者，便能瀉火，但直以為瀉火而用，則此味專於除熱，不能治虛矣。彼病後虛煩之地仙散及健忘之讀書丸，心氣不足驚悸、健忘之補心丹，心氣根於腎氣。並赤白濁之清心蓮子飲，可槩謂之瀉火乎？ 或曰： 茲味治風，風正陽之淫氣所化者也，獨不謂之瀉火乎。不知益陰氣以退三焦之虛陽，但令陰氣得為陽守，所程治效，總完一箇陰氣耳。其有不病於陰弱陽盛，止由陰氣不足而亦用此以為滋益之元者，並為三焦元陽之始。故於各證之治，須當識此義也。

士材云： 中寒者，禁用。

修治： 凡掘得根，以東流水浸，刷去土，捶去心，用熟甘草湯浸一宿，焙乾，恐其太寒，以酒蒸用。根多不能得河西者，必以醇酒浸，近火處頓乾，不可令熟。如此三次，老人方可服。

枸杞子： 七月作花紫色，隨結紅實，淩冬不凋，二月葉發，五月再發，其實乃謝，七月葉又發，花即隨之。

氣味甘平。主治滋腎潤肺，療肝風血虛，去虛勞，補精氣，主心病嗌乾，心痛渴而引飲，腎臟消渴及肝虛眼赤，痛癢昏瞖。方書治中風眩暈，諸見血證，咳嗽血傷燥瘵，厥攣，遺精赤白濁，脚氣，鶴膝風。惟產甘州者良，土產味帶苦者，但能利大小腸，清心除熱而已。枸杞子甘潤滋補，生精益氣，所謂精不足者，補之以味也。世人但以芩、連、知、檗補陰降火，致傷元氣，而不知枸杞、地骨甘寒平補，使精氣充而邪火自退之妙，又以青蒿佐地骨，退熱屢有殊功瀕湖。枸杞子為肝腎真陰不足，勞乏內熱，補益之要藥，又為益精明目之上品，老人陰虛者十常八九，故服食尤宜仲淳。枸杞煎： 治虛勞，退虛熱，輕身益氣，令一切癰疽永不發，枸杞三十斤，春夏用莖葉，秋冬用根實，水一石，煮取五斗，以渣再煮，取五斗，澄清，去渣再煎，取二斗，入鍋煎如餳，收之。每早酒服一合。此藥采無刺味甜者，其有刺者服之無益。得地黃、麥冬、五味、牛膝、青蒿、鼈甲、地骨皮，除虛勞內熱，或發寒熱。加天冬、百部、枇杷葉，兼治肺熱咳嗽之因陰虛者。與甘菊花相對蜜丸，久服則終身無目疾，兼不中風及生疔疽。補虛長肉，甘杞子五升，無灰酒二斗，入瓷甕內，拌搦勿碎，浸七日，漉去子，溫飲之，先以三合為始，後任性長飲，以多取效。注夏虛病，枸杞子、五味子研細，滾水泡，封三日，代茶飲效。

論： 凡味之兼甘者，即非陰陽偏至之氣，枸杞根苗及實俱有甘，但根親乎地則氣寒，苗親乎天則氣涼，惟其子本水土合德之精，而結為孕育不息之生意，所以陰中含陽，陽為生育之元，味甘而氣平，故能去虛勞，補精氣也。其結實於秋，專得金氣，而色卻紅潤，是金中有火，所謂金火合而血化者，此為最切。第用杞子者，類知其由腎潤肺，而不知水臟得金氣之專，實由能潤心燥而後至腎。海藏治嗌乾、心痛，次乃及於引飲腎渴。所以益腎陰者，真有母氣精專之化焉，能潤心燥，是離中有坎而血生，故下歸于腎，乃得坎中有離而氣化。蓋因火得金以為用，故潤心燥而血生；金得火以為主，故歸腎宅而氣化也。夫氣不化，則精亦不足，此紅潤而甘者，味固至厚，氣亦甚全，味厚而益陰者，有其資生，氣全而化精者，有其資始，生精益氣之說，豈其誣哉？惟本益陰，而又能化陽，雖化陽而還歸益陰，是從天氣以歸於下之陰，即得從地氣以達乎上之陽，人身從陰中達陽者，惟肝膽為先，杞子之由陰達陽，適合於肝，故入肝療風而尤能明目也。

腸滑者禁用土材。

修治：去蒂及枯者，酒浸一宿，搗爛入藥。

枸杞蟲：食枸杞葉，狀如蠶，作繭為蛹時，取曬乾收。味鹹，氣溫。和地黃為丸服之，大能起陽益精。

清・鄒澍《本經續疏》卷二　枸杞　【略】晷度愈西，收肅愈甚。枸杞為物，葉歲三發，木氣最暢，乃當收肅之候，且花且實，此之謂以金成木。色赤屬火，火衰畏水，火盛耗水。枸杞之實，內外純丹，乃飽含津液，嚴寒不墜，此之謂從火制水，以金成木，是於秘密中行生發，故主五內邪氣。從火制水，是於焦涸中化滋柔。故主熱中消渴。此一根之功，一實之效，已明晰曉示，無復遺義。然所謂周痹風濕者，卻宜何所取裁？夫周痹在血脈之中，隨脈以上，隨脈以下，由風寒濕客於外分肉之間，迫切而為沫，沫得寒則聚，聚則排分肉而分裂，分裂則痛。因邪而成沫，以沫而致痛，謂不似其實之嵌紅色於津液中，包津液於紅裹內不可。夫惟津液與紅釀成一體，是以能使風與濕相攜而化，不相逐以爭。曰周痹風濕者，以味苦氣寒之資，不能已寒，特可治周痹之屬風濕者。雖然，《別録》所著下胸脇氣客熱頭痛，是升而有降之功。補內傷大勞噓吸，堅筋骨，強陰，利大小腸，是降而得升之益。仍可一係之根，一係之實者，又緣何而有此效？夫實主退藏，根主生發，原草木之恒性，則實際水土而轉生發，根極暢茂而轉退藏，獨非草木常理乎。特枸杞者，其水木之氣，究竟須得金火，乃能致功，就下胸脇氣，治客熱頭痛，固呈效於至高，而補內傷大勞噓吸者，又豈不在心肺？蓋水木之用，成於金火。然火之所以麗，金之所以位，卻終賴水火之精華奉養，乃克就昌明，治節之勛，往還相承，周旋相濟。而實有益於形體者，則曰堅筋骨，強陰是已，後人所謂枸杞根能退有汗之熱，枸杞實能益心中之液，不甚有意乎？

清・葉桂《本草再新》卷四　枸杞子味甘，性溫，無毒。入肝、腎二經。　養肝益腎，生精助陽，通血脈，利骨節。

地骨皮：味甘苦，性微寒，無毒。入肝、肺、腎三經。清肺中之伏火，舒肝經之鬱氣，清肝熱，兼能涼血，治腎水，并可通經，除煩止渴，止欬定喘，利小便，寬大腸。

清・吳其濬《植物名實圖考》卷三三　枸杞　《本經》上品。根名地骨皮。陸璣《詩疏》：枸杞一名地骨是也。嫩葉作蔬，根實入服食家用，故有仙人杖之名。又溲疏，《本經》下品。代無識者，《唐本草》注：子似枸杞。

清・趙其光《本草求原》卷九灌木部　枸杞子　秋花，冬實，氣平，微寒，稟金水之精入肺腎。味甘，色赤而潤，兼火土之化入心脾。為補肺生水以潤心脾之良藥。火得金，則離中有坎而血生；金得火，則坎中有離而氣化。主五臟邪氣熱中，熱傷臟陰，即為邪氣；邪氣內伏，即為熱中。消渴，熱傷津液，則臟腑失滋。周痹，經絡亦少灌溉。風濕。熱甚則生風，熱鬱則成濕。堅筋骨，輕身耐老，耐寒暑，血生氣化則滋陰，即以育陽，故時珍謂其生津益氣。補虛勞，除心痛、眼赤痛癢、昏翳。氣化則陰中之陽達。肝由陰出陽，而主目，肝血足則目明。必甘州所產，紅潤、甘美，而後金水相涵，水土合德，乃能裕陰育陽。時珍謂能滋補，又謂其助陽者，指此。若他產，甘中帶苦，但能利大小腸，清心除熱，而補益功薄。《本經》謂其主熱中者以此。

按：杞子，甘平主補。杞葉，名天精草。苦甘主清上焦心肺客熱。杞根，即地骨皮，見下。甘寒主退下焦肝腎虛熱，勝於芩、連治上，知、柏治下。合而用之，殊有奇功。青蒿佐地骨，退熱甚效。

酒浸，搗爛，用子根莖葉同熬膏酒服，治虛勞虛熱，又令癰疽永不發。其莖無刺者，更能益氣。加地、冬、五味、鱉甲、青蒿、牛膝，除虛勞內熱，或發寒熱。又加天冬、枇杷、百部，治陰虛肺熱咳嗽。同甘菊等分蜜丸，明目，兼不中風及生疔疽。同五味研細，煎作茶，治注夏虛病。諺云：去家千里，勿食枸杞。言精血旺，則思偶。邪熱息，則少火得養而生氣，故曰助陽益氣，非謂甘平之物而能壯陽也。不知者乃泥其色紅，為引動相火，豈西瓜、朱砂亦能壯陽耶？可笑。陽衰精滑勿用。或薑汁炒用亦可。杞子蟲，於葉衰時收采曬乾，鹹，溫，無毒。大起陽益精。

地骨皮：即杞子根。甘，入脾。苦，入心、三焦。平，入肺。寒，入腎。金水相涵，又得中土沖氣以益陰氣，故能退三焦氣分之虚熱而不傷元陽，與知、柏大異。故降肺中伏火，瀉白散用之，使金水相滋也。去肝腎胞中虚熱，陰氣充，則三焦之氣不為虚陽。五内邪熱，熱淫於内，治以甘寒。地骨一斤，生地五斤，酒煮服，治帶下。吐血、尿血，搗鮮汁飲；或煎，加酒服。咳嗽，消渴，清肺。堅筋骨，腎熱則精血涸，而筋骨失養。解肌熱虚汗。治在表無定之風邪，及頭風痛，腎家風，腎熱則肝失養而生風，三焦之氣從裏至表，陰虚生風，謂之腎風。又為無定之風，非外感也，熱退則風自熄。除有汗之骨蒸，熱陷於内，則熏蒸於外而汗泄。丹皮瀉心包火，治熱在外，無汗之骨蒸；此退腎火，治熱在内，有汗之骨蒸，是不但退内潮，兼退外潮。凡病風寒散而未盡，作潮往來，非柴、葛所能治，用此走裏達表，則浮游之邪自退。蓋甘平補益，能使精氣充足，而邪火自熄與知、柏苦寒降火者不同。時珍云：以青蒿佐之，退熱有奇功。然功在補益，不止退熱。利大小腸，同柴胡，治膀胱移熱於小腸，口舌糜爛。主骨槽風，入腎，味薄而能通也。周痹風濕，輕清而苦，故散風濕。涼血輕身。益陰之功。

生西土甘州、泉州，其功如此。他產則大寒，瀉熱而已。去心，甘草湯浸用。

土產地骨皮，宜酒浸，焙乾三次，不可令熟，方可入清補之劑。

枸杞葉土產。苦，寒，微甘。清上焦頭目、心肺客熱，去皮膚骨節間風，消熱毒瘡腫，防瘡毒入心，搗汁飲。消渴煩熱，煎作茶。制硫黄、丹砂毒，解麵毒。

清・葉志詵《神農本草經贊》卷一 枸杞 味苦，寒。主五内邪氣，熱中消渴，周痹。久服堅筋骨，輕身不老。一名杞根，一名地骨，一名枸忌，一名地輔。生平澤。

枸刺杞條，兼名會對。秋果垂紅，春苗籠黛。仙杖晨飛，靈厖夜吠。山北山南，詩人多慨。

李時珍曰：枸杞，二樹名。此物棘如枸之刺，莖如杞之條，故兼名之。《爾雅》：妃合會對也。《詩疏》：苞杞其子，秋熟正赤。蘇頌曰：春生苗葉。劉禹錫詩：翠黛葉生籠石甃，殷紅子熟照銅瓶。名醫曰：一名仙人杖。史子玉賦：仙杖飛空。蘇軾詩：靈厖或夜吠。《詩》：南山有杞。又陟彼北山，言采其杞。江淹詔：永言多慨。

清・文晟《新編六書》卷六《藥性摘録》 地骨皮 味甘，氣寒。入肺降火，入腎涼血。〇治有汗骨蒸。〇凡五内熱淫，而見肌内潮熱，二便隆閉，胸脇楚痛，與夫於頭而見風痛不休，於表而見潮熱不定，於肺而見消渴喘嗽不寧，皆用此解除。〇李時珍用此佐以青蒿，退熱殊功。〇但脾胃虚寒者，禁服。〇甘草水浸用。

枸杞子 甘，寒。性潤，入腎兼入肝。祛風明目，強筋健骨，滋腎水，治消渴。惟滑泄者忌之。〇出甘州。紅潤小核者良。

枸杞苗 甘苦，性寒。解麪毒，除風明目，清熱消毒。〇根與子詳藥性。

清・張仁錫《藥性蒙求・木部》 枸杞錢半、三錢 枸杞甘溫，添精固髓。明目熄風，陰興陽起。甘，微溫。滋肝益腎，生精助陽，補虚勞，強筋骨，去風明目。士材謂平而不熱，有補水制火之能。便滑勿用。酒潤搗。 地骨皮錢半、二錢： 地骨皮寒，解肌退熱。有汗骨蒸，強陰涼血。甘淡而寒。降肺中伏火，除肝腎虚熱，治煩熱吐血，消渴欬嗽。

清・王孟英《歸硯録》卷一 徐季方云：甘枸杞以甘州得名。河以西遍地皆產，惟涼州鎮番衛瞭江石所産獨佳。瞭江石在邊外數百里，為番夷往牧之地。土人往取，率數十人結隊，晝伏夜行，采不數掬即還，恐番夷劫掠也。道遠而得之難，故甚貴。乾者大如豆，赤如朱。即當時貴人，歲得亦止升合耳。黎愧曾為彼地觀察，云僅一見。服食家以細小紫色者為甘枸杞，非也。余所見真者，大而赤，少子，即如川貝母，大如龍眼，川附子，八枚重一斤，人多不識。然則燕石似玉，魚目混珠，天下事以偽亂真，大抵然也。

清・陸以湉《冷廬醫話》卷五 藥品 枸杞子，諸家本草有謂其甘平者，有謂其苦寒者，有謂其微寒者，有謂其甘微温者，均未嘗抉發其理。惟張石頑《本經逢原》謂味甘色赤，性溫無疑。緣《本經》根子合論無分，以致後人或言子性微寒，根性大寒，蓋有惑於一本無寒熱兩殊之理。夫天之生物不齊，往往豐於此而(濇)[嗇]於彼，如山茱萸之肉濇精，核滑精，當歸之頭止血，尾破血，橘實之皮滌痰，膜聚痰，不一而足。即炎帝之嘗藥，亦不過詳氣味形色，安有味甘色赤形質滋腴之物性寒之理？其辨別獨精勝於諸家。余壯歲服藥，每用枸杞子必齒痛，中年後服之甚安。又嘗驗之肝病有火者，服枸杞子往往增劇，謂非性溫之徵耶？

清・屠道和《本草匯纂》卷一 滋水 枸杞 耑入腎，兼入肝。甘，寒，性潤，無毒。滋肝益腎，滑腸胃，強筋健骨，補精壯陽，究為滋水之味。治五内邪氣，熱中消渴，周痺風濕。下胸脇氣，客熱頭痛，補内傷，強陰，利大小腸，補精氣，易顏色，變白，去皮膚骨節間風，祛上焦心肺客熱。和羊肉作羹食，能益人，且祛風明目。作飲代茶，止渴，消煩熱，益陽事，解麪毒。補勞傷，壯心氣，消熱毒，散癰腫，久服堅筋骨，耐寒暑，輕身不老，令人長壽。虛寒泄瀉者，服此恐有滑脱之弊。出甘州，紅潤少核者良。酒潤搗。根名地骨皮，另詳於後。

清・劉善述、劉士季《草木便方》卷一草部　天精草　狗地芽苗甘微寒，勞傷補益煩熱安。皮膚筋骨潮熱退，久病代茶消渴餐。子名枸己，根名地骨皮。

清・田綿淮《本草省常・果性類》　枸杞子　性平。潤肺清肝，益氣明目，生津止渴，助陽添精，補虛勞，壯筋骨。

清・戴葆元《本草綱目易知錄》卷四　枸杞子　甘，平。滋腎潤肺，益氣生精，除風明目，強陰益陽，堅筋骨，去虛勞，補精氣，主心病嗌乾，心痛渴飲，腎病消中，利大小腸。凡用，酒潤一宿，入藥。【略】

苗：甘，涼。除煩益智，去風明目，壯心氣，益陽事，去上焦心肺客熱，逐皮膚骨節間風，消熱毒，散瘡腫。作飲代茶，止渴，消熱煩，解麪毒。搗汁注目中，去風障赤膜昏痛。伏砒砂，忌乳酪。【略】

地骨皮：甘淡而寒。入足少陰、手少陽經。益精氣，堅筋骨，降肺中伏火，去肝腎虛熱能涼血退熱而補正氣。故內治五內胞中邪火，吐血尿血，咳嗽消渴，風濕痹痛。外治肌熱虛汗，上除頭風痛，齒痛，骨槽風，中平胸脇痛，下利大小腸。去腎家風，止金瘡血，療在表無定之風邪，傳尸有汗之骨蒸。煎湯漱口，止齒血。制硫黄、丹砂。

清・黄光霽《本草衍句》　枸杞子　性滋而補，甘平而潤。堅腎滋肝，益氣潤肺。生精助陽，去風明目。強筋骨而補虛勞，治咽乾而療心痛。腎病消中，渴而飲水。二便能利。能利大小腸。得生地治帶下脈數，得青鹽、川椒治肝虛目暗。虛勞客熱，枸杞根為末，白湯調服。痼疾人勿服。　肝虛下泣，枸杞子浸酒飲之。　腎虛腰痛，枸杞子、杜仲、萆薢，酒煎服。　地骨皮：甘淡而寒。降肺中伏火，瀉肝腎虛熱。能涼血而補正氣，解消渴而去腎風。退內外潮熱，利大小二腸。在表無定之風邪傳尸，有汗之骨節勞熱。虛汗吐血咳嗽咸宜，脇痛頭風齒血金瘡皆驗。小兒耳後，腎疳也。地骨皮湯洗，用香油調末搽。女人陰腫，或生瘡，煎水洗。　熱勞如燎，地骨皮、柴胡，為末，麥冬湯下。　虛勞苦渴，骨節煩熱或寒，用枸杞根、麥冬、小麥，煎服。　小便出血，地骨皮煎汁服。　口舌糜爛，治膀胱移熱於小腸，上為口糜，心胃壅熱，水穀不下。地骨湯：柴胡、地骨皮，煎服。　骨蒸煩熱，及一切虛勞，大病煩熱並用地仙散，地骨皮、防風、炙甘草、生薑，煎服一錢。

清・陳其瑞《本草撮要》卷二　枸杞子　味甘，入足厥陰少陰經，功專補精血。得杜仲、萆薢治腎虛腰痛，得青鹽、川椒治肝虛目暗。葉名天精草，苦甘而涼，清上焦心肺客熱，代茶止消渴。子酒潤搗用，得熟地良，便滑者宜避。

地骨皮：味甘淡微苦，入手太陰經，功專退熱除煩。得麥冬、小麥治勞渴，得青蒿子治虛熱，得生地酒煮服治帶下。若吐血尿血，搗鮮汁服效。婦人陰腫或生瘡，以之煎水頻洗良。中寒及便溏者忌。甘草水浸一宿用。有汗之骨蒸最宜。

清・李桂庭《藥性詩解》　賦得地骨皮有退熱除蒸之效得皮字。李慶霖。

欲退虛勞熱，無如地骨皮。清金涼血驗，消渴去蒸宜。按：地骨皮即枸杞之根。甘淡而寒，入足少陰經、手少陽經。降肺中伏火，除肝腎虛熱，治有汗骨蒸，能涼血而治五內煩熱，吐血尿血，消渴咳嗽。外治肌熱虛汗，上除頭風痛；中平胸脇痛，下痢大小腸。中寒者勿用。　枸杞子甘苦性平。補內傷，大勞噓吸，堅筋骨，補益精氣，易顏色變白，明目安神，令人長壽。一名地仙，一名仙人杖。處處有之。嫩葉作羹茹，食之甚美。春夏採葉，秋採莖實。久服輕身益氣。莖名枸杞，根名地骨。枸杞當用梗皮，地骨當用根皮，枸杞子當用紅實，是一物而有三用。其梗皮寒，根皮大寒，子微寒，性亦三等。陝西枸杞子，核少味甘，甚佳。

清・吴汝紀《每日食物却病考》卷上　枸杞　苗苦寒，根皮大寒，子微寒，俱無毒。其實形長而無刺者，是真枸杞也；圓而有刺者，枸棘也，不堪入藥。出甘州者最佳。收子，種於肥壤中，待苗生，剪作蔬食，甚佳。補氣益精，除風明目，堅筋骨，補勞傷，強陰道，久食延年。根，名地骨，用其皮。子，當用其紅者。南丘多枸杞，村人多壽。潤州大井有老枸杞樹，井水益人。其功可知。忌與乳酪同食。

清・仲昂庭《本草崇原集説》卷一　枸杞苗　【略】〔批〕市醫凡遇肌膚發熱，輒投地骨，誤人無算。

清・鄭奮揚著，曹炳章注《增訂偽藥條辨》卷一　土枸杞　枸杞子氣味甘寒，主堅筋骨，耐老除風，去虛勞，補精氣。以陝西甘州所產者為勝。近有一種粒小色淡，味不甚甘，皆本地所出之土枸杞，非甘州上品也。 炳章按：枸杞子，陝西潼關長城邊出者，肉厚糯潤，紫紅色，顆粒長，味甘者為佳。寧夏產者，顆大色紅有蒂，略次。東北關外行之。甘肅鎮蕃長城邊出者，粒細紅圓活，味亦甘，此貨過霉天即變黑，甚難久藏，略次。他如閩、浙及各地產者，舊地皆曰土杞子，粒小，味甘淡兼苦，肉薄性微涼，不入補益藥，為最次。

地骨皮 枸杞以陝西甘州所出者為勝。地骨皮即枸杞之根。《食療本草》云：氣味苦寒，主去骨熱消渴。近今市肆所售硬地骨，不知何種草根偽充。聞是風藥，其性燥烈，大相反，若誤服之，則貽害多矣。 炳章按：地骨皮，非陝枸杞根之皮，乃長江土枸杞之根皮。三月出新。江南古城亳州、蘇州江北出者，皮薄性糯，色黃黑，氣微香，片大無骨者，為最佳。湖北出者，皮粗厚而大，性硬質鬆，色黃兼有白斑，梗多，為次，鄭君所云硬骨皮，即此是也。

清·周巖《本草思辨錄》卷四 枸杞 《本經》《別錄》，枸杞不分子皮苗葉。而就其文體會之，《本經》之五内邪氣、熱中消渴、周痹風濕，《別錄》之下胸脇氣、客熱頭痛，是枸杞皮與苗葉之治。《本經》之久服堅筋骨，耐寒暑，《別錄》之補内傷大勞、噓吸、強陰、利大小腸，是枸杞子之治。此沈芊綠之言，分別頗當。按陶隱居本經序，於地骨皮下列熱中消渴字，《千金》治虛勞客熱、虛勞苦渴，皆用地骨皮。地為陰，骨為裏，皮為表，氣味甘淡而寒，故所治為肺肝腎三臟虛熱之疴。臟陰虧，則熱中消渴、胸脇氣逆、頭為之痛。周痹乃風寒濕客於分肉之間，今曰周痹風濕，必周痹由寒變熱之候，《靈樞》所謂神歸之則熱者也。《千金》而外，後人又以地骨皮退内潮外潮，治骨蒸、骨槽風、吐血、下血、目赤、口糜、小兒耳疳、下疳等證，然係益陰以除熱，有安内之功，無攘外之力。雖表裏兼治，而風寒之表熱，非所能解也。枸杞子内外純丹，飽含津液，子本入腎，此復似腎中水火兼具之象。味厚而甘，故能陰陽並補，氣液驟增而寒暑不畏。且腎氣實則陰自強，筋骨自堅，噓吸之一出一入自適於平。液枯之體，大小腸必燥，得之則利。惟多用須防其滑，而純丹又能增火也。後世之方，如金髓煎、四神丸、枸杞酒，可謂竭枸杞之才矣。竊意《本經》之主周痹風濕，耐寒暑，非皮與子同用之，不能有此效，俟明者政之。

溲疏

宋·唐慎微《證類本草》卷一四木部下品〔《本經·別錄·藥對》〕 **溲**音搜**疏**音蔬 **味辛、苦，寒、**微寒，**無毒。主身皮膚中熱，除邪氣，止遺溺，**通利水道，除胃中熱，下氣。**可作浴湯。**一名巨骨。生熊耳川谷及田野故丘墟地。四月採。漏蘆爲之使。

〔梁·陶弘景《本草經集注》〕云：李云，溲疏一名楊櫨，一名牡荆，一名空疏。皮白中空，時時有節。子似枸杞子，冬月熟，色赤，味甘、苦。末代乃無識者。此實真也。非人籬援之楊櫨也。李當之此説，於論牡荆，乃不爲大乖，而濫引溲疏，恐斯誤矣。又云：溲疏與空疏亦不同。掘耳疑應作熊耳。熊耳，山名，都無掘耳之號。

〔唐·蘇敬《唐本草》〕注云：溲疏，形似空疏，樹高丈許，白皮。其子八九月熟，色赤，似枸杞子，味苦，必兩兩相並，與空疏不同。空疏一名楊櫨子，爲莢，不似溲疏。

〔宋·馬志《開寶本草》〕注：溲疏、枸杞，雖則相似，然溲疏有刺，枸杞無刺，以此爲別爾。

〔宋·掌禹錫《嘉祐本草》〕按：《藥性論》云：溲疏，使。

〔宋·唐慎微《證類本草》〕《圖經》：文具枸杞條下。

宋·王繼先《紹興本草》卷一六 溲疏 紹興校定：溲疏，性味、主治具於《本經》。雖云與枸杞相類，然與溲疏即非一種矣。但近世諸方罕見用之，其性味當從《本經》為正。

明·劉文泰《本草品彙精要》卷二〇 溲疏無毒 植生。

溲音搜**疏**出《神農本經》：**主身、皮膚中熱，除邪氣，止遺溺，可作浴湯。**以上朱字《神農本經》。通利水道，除胃中熱，下氣。以上黑字名醫所錄。〔名〕巨骨。〔苗〕《唐本》注云：樹高丈餘，形似空疏，中空。皮白，有刺，其子八九月熟，色赤，似枸杞子，兩兩相對。但空疏有莢，與此不同爾。〔地〕《圖經》曰：生熊耳川谷及田野故丘墟地。〔時〕生：春生葉。採：八九月取實。〔收〕陰乾。〔用〕實。〔色〕赤。〔味〕辛、苦。〔性〕寒，泄。〔氣〕氣薄味厚，陰中之陽。〔臭〕朽。〔主〕利水，除熱。〔助〕漏蘆爲之使。〔製〕搗碎用。

明·王文潔《太乙仙製本草藥性大全》卷三《本草精義》 溲疏 一名巨骨，一名楊櫨，一名牡荊，一名空疏。生熊耳山川谷及田野故坵墟也。形似空疏，樹高丈餘，皮白中空，時時有節，子似枸杞，子必兩兩相並，冬月熟，色赤味甘苦。溲疏、枸杞雖則相似，然溲疏有刺，枸杞無刺，以此爲別爾。

明・王文潔《太乙仙製本草藥性大全》卷三《仙製藥性》 溲疏使 味辛、苦，氣寒，又云微寒，無毒。漏蘆爲之使。 主治： 除邪氣，止氣溺，通小便，利水道。 主身皮膚中熱。 除胃中熱，下氣，可作浴湯。

明・李時珍《本草綱目》卷三六木部・灌木類 溲疏《本經》下品

【釋名】巨骨《別録》 【集解】《別録》曰： 溲疏生熊耳川谷，及田野故圻墟地。四月采。當之曰： 溲疏一名楊櫨，一名牡荆，一名空疏。皮白中空，時時有節。子似枸杞子，冬月熟，赤色，味甘苦。末代乃無識者。此非人籬（援）〔垣〕之楊櫨也。恭曰： 溲疏形似空疏，樹高丈許，白皮。其子八九月熟，赤色，似枸杞，必兩兩相對，味苦，與空疏不同。空疏即楊櫨，其子爲莢，不似溲疏。志曰： 溲疏、枸杞雖則相似，然溲疏有刺，枸杞無刺，以此爲別。頌曰： 溲疏亦有巨骨之名，如枸杞之名地骨，當亦相類。方書鮮用，宜細辨之。機曰： 按李當之但言溲疏子似枸杞子，不曾言樹相似。馬志因其子相似，遂謂樹亦相似，以有刺、無刺爲別。蘇頌又因巨骨、地骨之名，疑其相類。殊不知枸杞未嘗無刺，但小則刺多，大則刺少耳。《本草》中異物同名甚多，況一骨字之同耶？以此爲言，尤見穿鑿。時珍曰： 汪機所斷似矣，而自亦不能的指爲何物也。

【氣味】辛，寒，無毒。《別録》曰： 苦，微寒。之才曰： 漏蘆爲之使。 【主治】皮膚中熱，除邪氣，止遺溺，利水道《本經》。除胃中熱，下氣，可作浴湯《別録》。時珍曰： 按孫真人《千金方》，治婦人下焦三十六疾，承澤丸中用之。

楊櫨《唐本草》。 【集解】恭曰： 楊櫨一名空疏，所在皆有，生籬垣間，其子爲莢。

葉 【氣味】苦，寒，有毒。 【主治】疽瘻惡瘡，水煮汁洗之，立瘥《唐本》。

木耳 見〔菜部〕。

清・张璐《本經逢原》卷三 溲疏一名巨骨 苦，平。一云辛，寒，無毒。《本經》主皮膚中熱，除邪氣，止遺溺，利水道。 發明： 溲疏與枸杞相類，先哲雖以有刺無刺、樹高樹小分辨，然枸杞未嘗無刺，但樹小則刺多，樹大則刺少。與酸棗、白棘無異。《本經》枸杞條下主五内邪氣，熱中消渴，即溲疏之除邪氣也。枸杞條下主周痹風濕，即溲疏之止遺溺、利水道也。 除去五内之邪則熱中消渴愈矣。疏利水道之熱則周痹風濕痊矣。溲溺疏利則氣化無滯，子藏安和。觀《千金方》與梅核仁、辛夷、藁本、澤蘭子、葛上亭長同清子藏三十六疾，其清利風熱之性可知。或云巨骨即地骨之大者，按《種樹書》云，收子及掘根種肥壤中，待苗生剪為蔬食甚佳，溲疏之名未必非此。

清・吴其濬《植物名實圖考》卷三三 溲疏附 溲疏，前人無確解。蘇恭云： 子八九月熟，色似枸杞，必兩兩相對。今江西山野中亦有之。葉似枸杞，有微齒，圖以備考。

清・葉志詵《神農本草經贊》卷三 溲疏 味辛，寒。主身皮膚中熱，除邪氣，止遺溺。可作浴湯。生山谷及田野，故邱墟地。

異稱巨骨，附寄荒墟。雙雙對待，節節空疎。刺猜枸杞，莢判楊櫨。三薰三浴，冰雪肌膚。

名醫曰： 一名巨骨。張望詩： 荒墟人迹稀。蘇恭曰： 其子八九月熟，必兩兩相對。張憲詩： 萬古晨昏常對待。李當之曰： 一名空疏。皮白中空，時時有節。馬志曰： 溲疏、枸杞相似，溲疏有刺，枸杞無刺。蘇恭曰： 楊櫨，一名空疏，其子有莢。名醫曰： 除胃中熱，可作浴湯。《國語》： 三薰三浴之。《莊子》： 肌膚若冰雪。

山梅花

清・吴其濬《植物名實圖考》卷三六 山梅花 生昆明山中。樹高丈餘，葉如梅而長；横紋排生，微似麻葉；夏開四團瓣白花，極肖梨花而香。昔人謂梨花溶溶，無香為憾，此花兼之矣。

石南

宋・唐慎微《證類本草》卷一四木部下品〔《本經・別錄・藥對》〕 石南 **味辛、苦，平，有毒。主養腎氣，内傷陰衰，利筋骨皮毛，**療脚弱，五藏邪氣，除熱。女子不可久服，令思男。

實： 殺蠱毒，破積聚，逐風痹。一名鬼目。生華陰山谷。二月、四月採葉，八月採實，陰乾。五加皮爲之使。

〔梁・陶弘景《本草經集注》〕云： 今廬江及東間皆有之。葉狀如枇杷葉，方用亦稀。

〔唐・蘇敬《唐本草》〕注云： 葉似菵草，淩冬不凋。以葉細者爲良，關中者好。爲療風邪丸散之要。其江山已南者，長大如枇杷葉，無氣味，殊不任用。今醫家不復用實。

〔宋・掌禹錫《嘉祐本草》〕按： 《蜀本》云： 終南斜谷近石處甚饒。今市人多以瓦韋爲石韋，以石韋爲石南，不可不審之。《藥性論》云： 石南，臣。主除熱，惡小薊，無毒。能添腎氣，治軟脚，煩悶疼，殺蟲，能逐諸風，雖能養腎内，令人陰痿。

〔宋・蘇頌《本草圖經》〕曰： 石南，生華陰山谷，今南北皆有之。生於石上，株極有高大者。江湖間出，葉如枇杷葉，有小刺，陵冬不凋。春生白花成簇。秋結細紅實。關隴間出者，葉似莽草，青黄色，背有紫點，雨多則併生，長及二三寸。根横細，紫色，無花實，葉至茂密。南北人多移以植庭宇間，陰翳可愛，不透日氣。入藥以關中葉細者良。二月、四月採葉，四月採實，陰乾。《魏王花木記》曰：南方石南木，取皮中作魚羹，和之尤美。今不聞用之。下有楠材條，其木頗似石南，而更高大。葉差小，其材中梁柱，今醫方亦稀用之。

宋・寇宗奭《本草衍義》卷一五 石南葉 狀如枇杷葉之小者，但背無毛，光而不皺。正二月間開花。冬有二葉爲花苞，苞既開，中有十五餘花，大小如椿花，甚細碎。每一苞約彈許大，成一毬。一花六葉，一朵有七八毬，淡白緑色，葉末微淡赤色。花既開，蘂滿花，但見蘂，不見花。花纔罷，去年緑葉盡脱落，漸生新葉。治腎衰脚弱最相宜。但京洛、河北、河東、山東頗少，人以此故少用。湖南北、江東西、二浙甚多，故多用。南實今醫家絶可用。

宋・鄭樵《通志》卷七六《昆蟲草木略》 石南 曰鬼目。

宋・陳衍《寶慶本草折衷》卷一四 石南或作楠。臣。 一名鬼目。生華陰山谷，及廬江、東間、終南斜谷、江山、江湖、關隴、京洛、河北、河東、山東、二浙及道州。今南北近石處甚饒，及庭宇多植有之。○二、四月採葉，陰乾。○五加皮為使，惡小薊。

味辛、苦，平，無毒。○主養腎氣，內傷陰衰，利筋骨皮毛，療脚弱，五藏邪氣，除熱。○《藥性論》云：治煩悶，殺蟲，逐諸風。雖養腎，又令陰痿。○《圖經》曰：石南江湖間出者，葉如枇杷。葉有小莿，淩冬不凋。關隴間出者，葉似莽草，皆有紫點。以關中葉細者良。

元・尚從善《本草元命苞》卷七 石南葉 為臣。味苦，平，有毒。養胃氣，內傷陰衰。利筋骨，皮毛腳弱。除五臟邪氣，逐諸風殺蟲。女子不可食，餌之令思男。惡小薊。五加皮為使。生華陰，今南北有之。葉似枇杷，有刺，春生白花成簇，石韋頗能亂真，用之尤宜審諦。

明・蘭茂原撰，范洪等抄補《滇南本草圖說》卷一〇 石南葉 氣味辛、苦，平。主治：散風堅骨，補內傷陰衰。利筋骨皮毛，亦治腎虛腳弱，風痹之要藥。

明・王綸《本草集要》卷四 石南臣 味辛苦，氣平，有毒。五加皮為之使。二月四月採葉，八月採實，陰乾。 主養腎氣，內傷陰衰，利筋骨皮毛。療腳弱五臟邪氣，除熱。女子不可久服，令思男。○實，殺毒，破積聚，逐風痹。

明・滕弘《神農本經會通》卷二 石南 臣也。五加皮為之使。惡小薊。二四月採葉，八月採實，陰乾。 味辛、苦，氣平，有毒。東云：利筋骨與皮毛。

《本經》云：主養腎氣，內傷陰衰，利筋骨皮毛，療脚弱，五臟邪氣，除熱。女子不可久服，令思男。實，殺蠱毒，破積聚，逐風痺。《藥性論》云：臣。主陰熱。惡小薊。無毒。能添腎氣，治軟脚，煩悶疼。殺蟲，逐諸風，雖能養腎內傷，令人陰痿。《局》云：石南葉出石之南，養腎除風用最堪。更利皮毛筋骨病，女人久服便思男。石(楠)〔南〕葉，養腎除風。

明・劉文泰《本草品彙精要》卷二〇 石楠無毒。附實。 植生。

石楠出《神農本經》：**主養腎氣，內傷陰衰，利筋骨皮毛。**以上朱字《神農本經》。療脚弱，五臟邪氣，除熱，女子不可久服，令思男。○**實，殺蠱毒，破積聚，逐風痺。**以上黑字名醫所錄。【名】鬼目實名。【苗】《圖經》曰：石楠生於石上，株極有高大者。江湖間出者，葉如枇杷葉，有小刺，淩冬不凋，春生白花成簇，秋結細紅實。關隴間出者，葉似莽草，青黄色，背有紫點。雨多則併生，長及二三寸，根横細紫色，無花實，葉至茂密。南北人多移植亭宇間，陰翳可愛，不透日氣。《衍義》曰：葉如枇杷葉之小者，但背無毛，光而不皺。正二月間開花，冬有二葉爲花苞，苞既開，中有十五餘花，大小如椿花，甚細碎，每一苞約彈許大，成一毬，一花六葉，一朵有七八毬，淡白緑色，葉末微淡赤色。花既開，蕊滿花，但見蕊不見花。花纔罷，去年緑葉盡脱落，漸生新葉。但京洛、河北、河東、山東頗少，人故少用。湖南北、江東西、二浙甚多，故多用。南實今醫家絶可用。【地】《圖經》曰：生華陰山谷，今南北皆有之。【道地】道州、關中者良。【時】生：正月。採：二月、四月取葉，八月取實。【收】陰乾。【用】葉、實。【質】類枇杷葉而小，背光不皺。【色】青。【味】辛，苦。【性】平，散。【氣】氣之薄者，陽中之陰。【臭】朽。【主】強陰道，利筋骨。【助】五加皮爲之使。【反】惡小薊。【製】剉碎用。【治】療：《唐本》注云：療風邪。《藥性論》云：治軟脚，煩悶疼。補：《藥性論》云：益腎氣。【禁】多服令人陰痿。【贗】石韋爲僞。

明・許希周《藥性粗評》卷三 石楠葉風靜筋膚。

石楠葉，樹高大，葉似枇杷，秋冬不凋，茂密可愛，春生白花，秋結細紅實。南北山谷處處有之，好事者移植亭宇間，以其蔭翳不遮日色。三四月採葉，八月採實，陰乾。以生石上葉小者佳。五加皮為之使。味辛、苦，性平，有毒。主治皮膚筋骨風氣，五臟邪熱，脚弱陰衰，養腎氣，利婦人陰部。婦女不可久服，令思男。

實，名鬼目。主殺蟲毒，破積聚。

明·皇甫嵩《本草發明》卷四 石南氣平，味辛、苦，有毒。主養腎氣內傷，陰衰脚弱，利筋骨，皮毛風淫濕痺。女子久服令思男。又主除熱，逐諸風。雖養腎，令陰痿。〇實，殺蟲毒，逐風痺積。生石上，冬不凋，秋結紅子。惡大小薊。加皮為使。

明·李時珍《本草綱目》卷三六木部·灌木類 石南《本經》下品。

【釋名】風藥時珍曰：生于石間向陽之處，故名石南。桂陽呼爲風藥，充茗及浸酒飲能愈頭風，故名。按《范石湖集》云：修江出欒茶，治頭風。今南人無所謂欒茶者，豈即此物耶。

【集解】《別録》曰：石南生華陰山谷，三月、四月采葉，八月采實，陰乾。弘景曰：今東間皆有之，葉如枇杷葉，方用亦稀。恭曰：葉似菵草，凌冬不凋。關中者葉細爲好。江山以南者，葉長大如枇杷葉，無氣味，殊不任用。保昇曰：終南斜谷有石處甚饒。今市人以石韋爲之，誤矣。頌曰：今南北皆有之。生于石上，株極有高大者。江湖間出者，葉如枇杷，上有小刺，凌冬不凋。春生白花成簇。秋結細紅實。關隴間出者，葉似莽草，青黄色，背有紫點，雨多則併生，長及二三寸。根横，細紫色。無花實，葉至茂密。南北人多移植亭院間，陰翳可愛，不透日氣。入藥以關中葉細者爲良。《魏王花木志》云：南方石南樹野生，二月開花，連着實。實如燕覆子，八月熟。民采取核，和魚羹尤美。今無用者。宗奭曰：石南葉似枇杷葉之小者，而背無毛，光而不皺。正二月間開花。冬有二葉爲花苞，苞既開，中有十五餘花，大小如椿花，甚細碎。每一苞約彈許大，成一毬。一花六葉，一朵有七八毬，淡白緑色，葉末微淡赤色。花既開，蘂滿花，但見蘂不見花。花纔罷，去年緑葉盡脱落，漸生新葉。京洛、河北、河東、山東頗少，人故少用。湖南、北、江西、二浙甚多，故人多用。

葉【氣味】辛，苦，平，有毒。之才曰：五加皮爲使，惡小薊。【主治】養腎氣，内傷陰衰，利筋骨皮毛《本經》。療脚弱五臟邪氣，除熱。女子不可久服，令思男《別録》。能添腎氣，治軟脚煩悶疼，殺蟲，逐諸風甄權。浸酒飲，治頭風時珍。

【發明】恭曰：石南葉爲療風邪丸散之要，今醫家不復用其實矣。權曰：雖能養腎，亦令人陰痿。時珍曰：古方爲治風痺腎弱要藥。今人絶不知用，識者亦少，蓋由甄氏《藥性論》有令陰痿之説也。殊不知服此藥者，能令腎强，嗜之人（籍）〔藉〕此放恣，以致痿弱。歸咎于藥，良可慨也。毛文錫《茶譜》云：湘人四月采楊桐草，搗汁浸米蒸，作（烏）〔爲〕飯食。必采石南芽爲茶飲，乃去風也。暑月尤宜。楊桐即南燭也。

【附方】新三。鼠瘻不合：石南、生地黄、茯苓、黄連、雌黄等分，爲散。日再傅之。《肘後方》。小兒通睛：小兒誤跌，或打着頭腦受驚，肝系受風，致瞳人不正，觀東則見西，觀西則見東。宜石南散，吹鼻通頂。石南一兩，藜蘆三分，瓜丁五七箇，爲末。每吹少許入鼻，一日三度。内服牛黄平肝藥。《普濟方》。乳石發動：煩熱。石南〔葉〕爲末，新汲水服一錢。〇《聖惠方》。

實一名鬼目。【主治】（蟲）〔殺〕蟲毒，破積聚，逐風痺《本經》。

明·佚名氏《醫方藥性·草藥便覽》 石楠藤　其性苦、甘。治風邪。

明·梅得春《藥性會元》卷中 石楠　味辛、苦、平，有毒。五加皮為使。主養腎氣，補内傷陰痿，除風熱，利筋骨、皮毛，療脚弱與氣之拘攣，逐五臟中之邪氣。女子不可久服，令思男。實：殺蟲毒，破積聚，逐風痺。一名鬼目。四月採實，陰乾。

明·繆希雍《本草經疏》卷一四 石南　味辛、苦，平，有毒。主養腎氣，内傷陰衰，利筋骨皮毛，療腳弱，五藏邪氣，除熱。女子不可久服，令思男。

【疏】石南得火金之氣，故其味辛苦，氣平，有毒。然觀其用，當是金勝火微，其性應云有小毒。可升可降，陰中陽也。入足厥陰、足少陰經。少陰屬水，得金氣之厚者能生水，故主養腎氣。又腎為陰中之陰，肝為陰中之陽，二經俱在下而主筋骨。二經得所養，則内傷陰衰自起，筋骨皮毛自利，而腳弱自健也。濕熱之邪留滯五臟，則筋骨、皮毛、氣血，皆為之病矣。邪熱散，則諸病自瘳。女子久服思男者，以其補腎氣，助陽火耳。【主治參互】同巴戟天、肉蓯蓉、瑣陽、鹿茸、枸杞子、山茱萸，治腎經虚寒，精滑精冷。同白蒺藜、桑葉、何首烏、淫羊藿、巴戟天、五加皮、菟絲子、威靈仙、虎骨，治肝腎為風寒濕所乘，以致痹弱不能行動。【簡誤】腎虚而陽道數舉者，不宜用。腳弱由於肝腎虚，而不由於風寒濕客下部者，不宜用。

明·姚可成《食物本草》卷二〇木部·灌木類 石南南北皆有之。生于石上，株極有高大者。江湖間出者，葉如枇杷，上有小刺，凌冬不凋。春生白花成簇。秋結細紅實。關隴間出者，葉似莽草，青黄色，背有紫點，雨多則併生，長及二三寸。根横細，紫色。無花實，葉至茂密。南北人多移植亭院間，陰翳可愛，不透日氣。《魏王花木志》云：南方石南樹野生。二月開花，連着實。實如燕覆子。八月熟。民采取核，和魚羹尤美。今無用者。

石南，味辛、苦，平，有毒。主養腎氣，内傷陰衰，利筋骨皮毛。療脚弱五臟邪氣，除熱。女子不可久服，令思男。能添腎氣，治軟脚煩悶疼，殺蟲，逐諸風。浸酒飲，治頭風。毛文錫《茶譜》云：湘人四月采楊桐草，擣汁浸米蒸，作為飯食，必采石〔南芽為〕茶飲，乃去風也。暑月尤宜。楊桐即南燭也。

清・穆石匏《本草洞詮》卷一一　石南　生石間向南之處，故名。桂陽呼為風藥，以充茗及浸酒飲，能愈頭風也。葉辛苦，平，有毒。養腎氣，利筋骨，療腳弱，殺蟲，逐諸風。古方為治風痺腎弱要藥。而今人不用，蓋因甄氏《藥性論》有痿陰之語耳。不知服此藥者，能令腎強，或者躭慾之人，藉此放恣以致痿弱，因而歸咎於藥何尤哉？

清・劉雲密《本草述》卷二四　石南時珍曰：生於石間向陽之處，故名石南。之才曰：五加皮為之使，惡小薊。　宗奭曰：石南葉似枇杷葉之小者，而背無毛，光而不皺，凌冬不凋，正二月間開花，冬有二葉，為花苞，苞既開，中有十五餘花，大小如椿花，甚細碎，每一苞約彈許大，成一毬，花既開，蕊滿花，但見蕊，不見花，花纔罷，去年綠葉盡脫落，漸生新葉。京洛、河北、河東、山東頗少，人故少用。湖南、北、江西、二浙甚多，故人多用。《魏王花木志》云：南方石南樹野生，二月開花連着實，實如燕覆子，八月熟，民采取核，和魚羹尤美，今無用者。

葉：氣味：辛、苦，平，有毒。

主治：益腎氣，內傷陰衰《本經》。療脚弱，五臟邪氣，除熱《別錄》。利筋骨皮毛《本經》。殺蟲，逐諸風甄權。浸酒飲，治頭風時珍。女子不可久服，令思男《別錄》。恭曰：石南葉為療風邪丸散之藥。時珍曰：古方為治風痺腎弱要藥，今人絕不知用，識者亦少。蓋由甄氏《藥性論》有令陰痿之說也。殊不知服此藥者，能令腎強，嗜欲之人藉此放恣，以致痿弱。歸咎於藥，良可慨也。　希雍曰：石南得火金之氣，故其味辛苦，氣平，有毒。然觀其用，當是金勝火微，其性應云有小毒，可升可降，陰中陽也，入足厥陰、足少陰經。少陰屬水，得金氣之厚者能生水，故主養腎氣。又腎為陰中之陰，肝為陰中之陽，二經俱在下，而主筋骨。二經得所養，則內傷陰衰自起，筋骨皮毛自利，而脚弱自健也。溼熱之邪留滯五臟，則筋骨、皮毛、氣血皆為之病。邪熱散，則諸病自瘳矣。

同巴戟天、肉蓯蓉、瑣陽、鹿茸、枸杞子、山茱萸，治腎經虛寒，精滑精冷。同白蒺藜、桑葉、何首烏、淫羊藿、巴戟天、五加皮、菟絲子、威靈仙、虎骨，治肝腎為風寒溼所乘，以致痹弱不能行動。

愚按：石南在《本經》所云益腎氣者，是益腎中之陰氣，故下即以內傷陰衰應之。《別錄》言女子不宜久服，令思男，正所謂陰氣盛，則趨得陽以化也。唯益陰氣，故謂其能療五臟邪氣，除熱，又謂逐諸風。蓋陰氣盛，而趨陽以化，則出地之風化，得其正而風眚平，是即療五臟邪氣而熱除者也。陰氣不足，則陽無以化而為風，陽氣不足，則陰無以化而為溼。然溼又能化風，即陽之化風者亦能化溼也，不可不知。　觀其葉凌冬不凋，已具足水中之陽，故花即開於春初，而葉之推陳易新者，又即在此時，是則本水中之元氣，以暢木生化之用也。但肝又為生化之元，其用畢達，則腎之陰氣益暢，何風之不靜，而何熱之不除乎？故是物功用之微，先於治風，在中風證多用之，亦以療熱痹，但不知本於腎氣具足而趨所生，祗等於辛散之風劑，則失之遠矣。然《本草》首言其辛，是木媾於金，而元氣得上達者也。時珍破陰痿之說是矣。即希雍謂得金氣厚者，亦有微中，其實熟於八月，是一證也。

附方　小兒通睛，小兒誤跌或打着頭腦，受驚，肝系受風，致瞳人不正，觀東則見西，觀西則見東，宜石南散吹鼻通頂，石南一兩，藜蘆三分，瓜丁五七個，為末，每吹少許入鼻，一日三度。內服牛黃平肝藥。

修治　三月四月采葉，陰乾用。

清・郭章宜《本草匯》卷一六　石南葉　味辛、苦，平，有毒。可升可降，陰中陽也，入足厥陰、少陰經。養腎衰，療脚弱。治風淫濕痺，療頭風殺蟲。按：石南得火金之氣，為療風痺腎弱丸散之要藥也。今人絕不知用，蓋由甄氏論有令陰痿之說也。殊不知服此能令腎強，人藉此恣慾以致痿弱，歸咎于藥，良可慨也。女子久服，切切思男，亦以其補腎氣，助陽火耳。同巴戟天、肉蓯蓉、鎖陽、鹿茸、枸杞子、山茱萸，治腎經虛寒精滑。同白蒺藜、桑葉、何首烏、淫羊藿、巴戟天、五加皮、菟絲子、威靈仙、虎骨，治肝腎為風寒濕所乘，以致痺弱不能行動。

湖浙甚多。生于石上，如枇杷葉，但背無毛。惡大、小薊。使五加皮。

清・蔣居祉《本草擇要綱目・平性藥品》　石楠葉　氣味：辛、苦，平，有毒。

主治：養腎氣，內傷陰衰，利筋骨皮毛。療脚弱，五臟邪氣，除熱。女子不可久服，令思男。能添腎氣，治軟脚煩悶疼，殺蟲逐諸風。浸酒飲，治頭風。古方為治風痹腎弱要藥，今人絕不知用，識者亦少。蓋由甄氏《藥性論》有令陰痿之說也。殊不知服此藥者，能令腎強，嗜慾之人，藉此放恣，以致痿弱，歸咎于藥，良可慨也。

清·汪昂《本草備要》卷三　石南葉宣，去風，補腎。　辛散風，苦堅腎。補內傷陰衰，利筋骨皮毛，爲治腎虚脚弱、風痹之要藥。婦人不可久服，令思男。時珍曰：今人絕不知用，蓋爲《藥性論》有令人陰痿之説也。不知此藥能令腎强，人或藉此縱慾，以致痿弱。歸咎于藥，良可慨也。昂按：石南補陰祛風則有之，然味辛不熱，不助相火，亦未聞邪淫方中用石南者。《別錄》思男之説，殆不可信。　關中者佳。炙用。

清·张璐《本經逢原》卷三　石南　辛苦，平，無毒。《本經》養腎氣，內傷陰衰，利筋骨皮毛。　發明：石南嚴冬不凋，淩霜正赤，性溫益腎可知，《本經》養腎氣，內傷陰衰，利筋骨皮毛，皆取益腎之功。古方為風痹腎弱要藥，今人絕不知用，蓋由甄氏《藥性論》有令人陰痿之説，殊不知服此藥者能令腎強，嗜慾之人藉此放恣，以致痿弱而歸咎於藥，良可慨也。

清·吴儀洛《本草從新》卷三　石楠葉（宣，去風堅腎。）　辛，苦，平，有毒。散風堅腎，利筋骨皮毛，逐諸風，療風痺脚弱，浸酒飲治頭風，為末吹鼻，愈小兒通睛。小兒誤跌或打著頭腦受驚，肝系受風致瞳人不正，宜石楠吹鼻通頂。石楠一兩，藜蘆三分，瓜丁五七個，為末，每吹少許入鼻，一日三度，內服牛黃平肝藥。　祛風通利是其所長，補腎之説未可信也。　關中者佳。炙用。　五加皮為使，惡小薊。

清·汪紱《醫林纂要探源》卷三　石南葉　辛，苦，溫。大樹茂葉，頗似枇杷而無毛。秦中者佳。炙用。　潤腎補肝，壯命門火。此木葉，而功在下者，蓋氣味重歟。古人用以治脚弱風痺，能補內傷陰衰。而《別錄》云：婦人服之則切切思男。《藥性論》又云：令人陰痿。李時珍以為陰痿者，恃此以縱慾之過。前人之言，或非無謂，可用之藥甚多，亦何必此也。

題清·徐大椿《藥性切用》卷五　石南葉　辛苦性平，入腎而祛風堅腎，通利關節，為脚弱風痺耑藥。　微炒用。

清·黃宫綉《本草求真》卷四　石南葉祛風逐熱固腎。　石南葉耑入肝。　味辛而苦，按辛則有發散之能，苦則具有堅腎之力，若使辛苦而熱，則云婦人久服思男，其理或可信矣。　然此止屬辛苦而性不熱，則治止可以言祛風，而補陰之説，亦止因苦堅腎，而腎不泄，因辛散風，而陰不受其蹂躪也的解。　若竟以為補陰滋水，則理已屬有礙，而尚可云補火以思男者乎？醫書類多如此惑人。　若果有之，則凡類於此者，何莫不為思男之品。　而附桂之雄，又將置之於何等地矣。　李時珍亦明醫中人，何竟附和而有是言耶。　訒庵之闢，宜其有是。　汪昂曰：按石南葉補陰祛風則有之，然味辛不熱，不助相火，亦未聞邪淫方中用石南葉者，《別錄》思男之説，殆不可信。　出關中者炙用，五加皮為使，惡小薊。

清·羅國綱《羅氏會約醫鏡》卷一七竹木部　石南葉又名石南藤。味苦辛，入肝腎二經。　辛散風，苦堅腎。補內傷陰衰，利筋骨，澤皮毛，健脚軟，補腎之功。　治風淫濕痹辛苦。

按：石南補陰祛風，不助相火，男婦可服。出關中者佳，炙用。

清·趙學敏《本草綱目拾遺》卷六木部　欒茶　《范石湖集》：脩江出欒茶，蓋石楠樹葉也。　毛文錫《茶譜》云：湘人四月採楊洞汁作飯，則必採石楠芽作茶，乃能去風。　治頭風。

清·吴鋼《類經證治本草·足少陰腎臟藥類》　石南葉　【略】誠齋曰：花蛇食石南，須酒浸洗淨，炒用。　關中者佳。

清·楊時泰《本草述鉤元》卷二四　石南葉　生於石間向陽處，故名。葉似枇杷葉之小者，其背無毛，光而不皺，淩冬不凋，有二葉為花苞。二月開時如椿花，甚細碎，花罷漸生新葉。　湖南北、江西、二浙甚多宗奭。

味辛苦，氣平，有小毒。　可升可降，陰中陽也。　入足厥陰、少陰經。　五加皮為之使，惡小薊。　主益腎氣內傷陰衰，療脚弱五臟邪氣，除熱，利筋骨皮毛，殺蟲，逐諸風，浸酒飲，治頭風，女子久服，令思男。　能強腎治風痺、腎弱為要藥瀕湖。　石南得火金之氣，觀其用當是金勝火微，秖應有小毒。　少陰屬水，得金氣之厚者，能生水，故養腎氣。　又腎肝在下而主筋骨，得所養則內傷陰衰自起，筋骨皮毛自利，脚弱自健也仲淳。　同巴戟、蓯蓉、瑣陽、鹿茸、山萸、枸杞，治腎經虚寒，精滑精冷。　同白蒺藜、桑葉、首烏、巴戟、仙靈脾、五加皮、菟絲子、威靈仙、虎骨，治肝腎為風寒溼所乘，以致痺弱不能行動。　小兒通睛，因誤跌或打著頭腦受驚，肝系受風，瞳人不正，觀東則見西，觀西則見東。　用石南散吹鼻通頂，石南一兩，藜蘆三分，瓜丁五七個，為末，每吹少許入鼻，一日三度。　內服牛黃平肝藥。

論：石南葉淩冬不凋，具足水中之陽，觀其花於春，而葉即隨發，是本水中元氣以暢春木生化之用者。　其味辛，是木媾於金而元氣得以上達也。《本經》所云益腎氣，蓋益腎中陰氣。惟益陰氣，故能療五臟邪氣，除熱又逐諸風。　女子久服思男者，乃陰氣盛則趨陽以化也。　夫陰氣盛而趨陽以化，則出地之風化得其正而風眚平。陰氣不足，則陽無以化而為風；陽氣不足，則陰無以化而為溼。

然滛又能化風，即陽之化風者亦能化滛也。故是物功用之微，先於治風，在中風證多用之，亦以療熱痺。若不知本於腎氣具足而趨所生，祇等於辛散之風劑，則失之遠矣。

修治：三四月采葉，陰乾用。

清・葉桂《本草再新》卷四 石楠葉味苦、辛，性溫，平，有微毒。入肺、腎二經。散風理氣，潤肺益腎，通經利水，止欬嗽，消癰瘻。

清・吴其濬《植物名實圖考》卷三三 石南 《本經》下品。詳《本草衍義》。毛文錫《茶譜》湘人四月採石南芽為茶，去風，暑月尤宜。桂陽呼為風藥，充茗浸酒，能愈頭風。

清・趙其光《本草求原》卷九灌木部 石南葉 淩冬正赤，辛苦，氣平，得金氣之厚以生水，而具火色、火味，故能暢陰氣以補腎火。治陰瘻，利筋骨皮毛，主腎虚腳弱，風痹，除五臟邪熱寒濕。為逐風要藥。陰氣不暢則陽不化而為風，陰不化而為濕。濕熱留滯五臟，肝腎之氣血益不行，而所主之筋骨先病，即肺主之皮毛亦病。邪熱通暢，諸病自除，與辛散之味有異。浸酒，治頭風。殺蟲。風濕所化。似枇杷葉而小，不皺，無毛，炙用。

同杞、鹿、蓯、戟、瑣、山萸，治腎冷精滑。同沙苑、桑葉、首烏、羊藿、巴戟、五加、菟絲、靈仙、虎骨，治肝腎為風寒濕所乘而瘻痹。同藜蘆、瓜蒂吹鼻，治小兒因驚，肝系受風，致瞳仁不正、視物斜側，更内服牛黄平肝藥。

清・葉志詵《神農本草經贊》卷三 石南 味辛、苦。主養腎氣，内傷陰衰，利筋骨皮毛。實，殺蠱毒，破積聚，逐風痹。一名鬼呂。生山谷。

清溪文石，聳異傾姸。葉苞花孕，花散葉遷。染斑雨漬，籠旭陰圓。别儔交讓，餌想夫憐。

胡汾詩：本自清溪石上生。《漢書・志》註：碭山出文石。孟郊詩：聳異敷庭際，傾姸來坐隅。寇宗奭曰：冬有二葉，為花苞，苞既開，中有十五餘花，花纔罷，舊葉全脱，漸生新葉。蘇頌曰：葉青黄色，有紫斑，雨多則并生，陰翳可愛，不透日氣。吴寬詩：别種為交讓。名醫曰：女子不可久服，令思男。楊維楨詩：猶唱想夫憐。

清・文晟《新編六書》卷六《藥性摘録》 石南葉 味辛而苦，入肝。祛風逐熱，固腎。出關中者良。炙用。五加皮為使，惡小薊。○《别録》：服之思男。殊不可信。

清・張仁錫《藥性蒙求・木部》 石楠葉錢半 石楠葉辛，堅腎祛風。皮毛筋骨，此味能通。辛、苦，平，有毒。祛風通利，是其所長。補腎之説，未可信也。炙用。關中者佳。

清・戴葆元《本草綱目易知録》卷四 石南葉 辛苦而平。養腎氣，逐諸風，除熱殺蟲，補内傷陰衰，利筋骨皮毛，為治腎虚風痹，脚軟脚弱之要藥。女子不可久服，令思男，酒浸飲，治頭風。

清・陳其瑞《本草撮要》卷二 石南葉 味辛苦，平，有毒，入足厥陰經，功專治風痹脚弱。得藜蘆、瓜丁共為末，吹入鼻少許，一日三度，内服牛黄平肝藥，治小兒通睛。炙用。五加皮為使，惡小薊。

不凋木

宋・唐慎微《證類本草》卷一二木部上品〔唐・陳藏器《本草拾遺》〕 不雕木 味苦，溫，無毒。主調中補衰，治腰脚，去風氣，却老變白。生太白山巖谷。樹高二三尺，葉似槐，莖赤有毛，如棠梨。

小石積

附：琉球・吴繼志《質問本草》外篇卷三 小石積 乙巳清舶漂到，採此種問之。小石積。高枝林。

細米條

清・吴其濬《植物名實圖考》卷一〇 細米條 江西撫、建有之。赭莖如荊，横生枝杈，排生密葉。葉微似地棠葉，葉間開小黄花，略似烏藥。俚醫搗敷腫毒。一名水麻。

木槿

宋・李昉《太平御覽》卷第九九九 蕣 《爾雅》曰：椵，木槿。櫬，木槿。别二名也。似李樹，華朝生夕隕，可食，或呼為日及，亦曰王蒸。《廣雅》曰：日及，木槿也。一名朱槿，一名赤槿。《説文》曰：蕣，木槿也。《毛詩・有女同車》曰：有女同車，顔如蕣華。蕣，木槿也。

宋・唐慎微《證類本草》卷一四木部下品〔宋・掌禹錫《嘉祐本草》〕 木槿 平，無毒。止腸風瀉血，又主痢後熱渴，作飲服之，令人得睡，入藥炒用。取汁度絲使得易絡。

花：涼，無毒。治腸風瀉血赤白痢，炒用。作湯代茶喫，治風。新補。見陳藏器、日華子。

宋・寇宗奭《本草衍義》卷一五　木槿　如小葵，花淡紅色，五葉成一花，朝開暮斂。花與枝兩用。湖南、北人家多種植爲籬障。餘如《經》。

宋・鄭樵《通志》卷七六《昆蟲草木略》　木槿　曰蕣，曰椴，曰櫬，曰日及。齊魯名王蒸。其植如李，五月始花，故《月令》云：仲夏之月木槿榮。此木類也。《爾雅》云入草例者，樊光云：其華朝生暮落，與草同氣，故在草中。今人謂之朝生暮落，人多植庭院間。唐人詩云，世事方看木槿榮，言可愛易凋也。亦可作籬，故謂之槿籬。

宋・王介《履巉巖本草》卷下　木槿　平，無毒。止腸風瀉血。又主痢後熱渴，作飲服之。令人得睡，入桑炒用。取汁度絲，使滑易絡。花：凉，無毒。治腸風瀉血，并赤白痢。炒用作湯，代茶喫，治風。花與葉一處搗取汁，溫之洗頭。

宋・陳衍《寶慶本草折衷》卷一四　木槿花附。　《爾雅》云：一名王蒸。○湖南北人家多植為籬障。○採葉兼採花。

平，無毒。○止腸風瀉血，痢後熱渴，作飲服，令人得睡，入藥炒用。

附：　花。○凉，無毒。治腸風瀉血，赤白痢。又治風，用作湯，代茶喫。其花如小葵花，淡紅色，朝開暮斂。

明・朱橚《救荒本草》卷下之前　木槿樹　《本草》云木槿如小葵花，淡紅色，五葉成一花，朝開暮斂，花與枝兩用。湖南北人家多種植為籬障。亦有千葉者。人家園圃多栽種。性平，無毒。葉味甜。　救飢：　採嫩葉煠熟，冷水淘淨，油鹽調食。　治病：　文具《本草》木部條下。

明・蘭茂原撰，范洪等抄補《滇南本草圖說》卷七　木槿花　氣味微寒，苦辛平。耑治：　婦人白濁帶下，男子遺精，最良。採葉，治楊梅瘡，遠年近日，服之神效，七日見功。

明・蘭茂撰，清・管暄校補《滇南本草》卷下　木槿花　性微寒，味微苦，平。治婦人白帶，良效。枝根，治瘡痛。

附方：　治婦人白帶。木槿花二錢，為末，人乳拌末於乳內，飯上蒸熟食之，效。

明・蘭茂《滇南本草》〔叢本〕卷中　木槿花　味苦，平，性寒。治婦人白帶良。枝根治瘡癰疼痛。單方：　治婦人白帶，木槿花為末，入人乳半鍾，將花末拌乳乾飯上蒸熟，吃之效。

明・滕弘《神農本經會通》卷二　木槿　《衍義》云：　如小葵花，淡紅色，五葉成一花，朝開暮斂。花與枝兩用。湖南北人家多種植為籬障。　氣平，無毒。

《本經》云：　止腸風瀉血，又主痢後熱渴，作飲服之，令人得睡。入藥用，取汁，度絲使得易絡。花，凉，無毒。治腸風瀉血，并赤白痢，炒用。作湯代茶喫，治風。

明・劉文泰《本草品彙精要》卷二一　木槿無毒　植生。

木槿：　主腸風瀉血，痢後熱渴，作飲服之，令人得睡。○花，凉，無毒，治腸風瀉血並赤白痢，炒用。作湯代茶吃，治風。名醫所錄。　【名】椵大館切、舜。　【苗】《衍義》曰：　木似李，五月始華，其花開五出，或多瓣重疊，淡紅色如蜀葵，朝開暮斂，《月令》木槿榮是也。江南多種植爲籬障，取汁度絲，使得易絡。【地】《衍義》曰：　生湖南北，今處處人家種之。【時】生：　春生葉。採：　無時。【收】日乾。【用】花、枝、葉。【質】類李樹。【色】青。【性】平。【氣】氣之薄者，陽中之陰。【臭】朽。【主】腸風，痢後熱渴。　【製】入藥並炒用。

明・許希周《藥性粗評》卷三　枝清腸，花清痢，木槿雙行。

木槿，花如蜀葵略小，淡紅色，五葉一花，朝開暮斂，樹高五六尺。江南多種之，以為壖障，謂之牛不挨。枝性味平，無毒。入藥炒用。主治腸風瀉血，赤白痢疾，痢後熱渴，作飲服之，令人得睡，取汁，度絲易絡。

花性味平、凉，無毒。入藥炒用。主治亦與枝相倣。作湯代茶，亦主治風。

明・鄭寧《藥性要略大全》卷七　白槿花　白木槿　性平，無毒。止腸風瀉血，治痢後熱渴。作飲服之，令人得睡。炒入藥，煎取汁。　花：　凉，無毒。治腸風瀉血，赤白痢。作湯代茶飲，治風。

明・陳嘉謨《本草蒙筌》卷四　木槿　味苦，氣平。無毒。株幹不高，在處俱有。花淺紅，朝開暮斂；　葉淡綠，秋瘁春生。沿栽則籬障可為，入藥須花枝各用。枝主痢後熱渴，令人得眠，絞汁度絲，軟滑易絡；　花主瀉痢腸風，澁腸止血，作湯代茗，風癢漸敺。二者用之，並宜炒過。

明・王文潔《太乙仙製本草藥性大全》卷三《本草精義》　木槿　舊不著所出州土。人家多種植爲籬障，株幹不高，在處俱有。狀類小葵，花淺紅色，五葉成一花，朝開暮斂，葉淡綠，秋瘁春生。沿栽則籬障可爲，入藥須花枝各用。

明・王文潔《太乙仙製本草藥性大全》卷三《仙製藥性》　木槿　味苦，氣平，無毒。　主治：　枝主痢後熱渴，令人得眠。絞汁度絲，軟滑易絡。花主瀉痢腸風，澀腸止血，作湯代茗，風癢漸敺。二者用之，並宜炒過。

明・皇甫嵩《本草發明》卷四　木槿下品，佐使。氣平，味苦，無毒。花枝各用。發明曰：　木槿枝，主腸風瀉血，又主痢後熱渴，作飲服之，令人得睡。絞汁度絲，軟滑易絡。〇花，涼，治赤白痢，腸風止血，作湯代茗。治風癢。二者用之，並宜炒過。今人用編籬障。

明・李時珍《本草綱目》卷三六木部・灌木類　木槿日華

【釋名】椴音徒亂切。櫬音櫬。蕣音舜。日及《綱目》　朝開暮落花《綱目》　藩籬草《綱目》　花奴　王蒸時珍曰：　此花朝開暮落，故名日及。曰槿曰蕣，猶僅榮一瞬之義也。《爾雅》云：　椴，木槿。櫬，木槿。郭璞注云：　別二名也。或云：　白曰椴，赤曰櫬。齊魯謂之王蒸，言其美而多也。《詩》云顏如舜華即此。　【集解】宗奭曰：　木槿花如小葵，淡紅色，五葉成一花，朝開暮斂。湖南北人家多種植爲籬障。花與枝兩用。時珍曰：　槿，小木也。可種可插，其木如李。其葉末尖而有椏齒。其花小而艷，或白或粉紅，有單葉、千葉者。五月始開，故《逸書・月令》云仲夏之月木槿榮是也。結實輕虛，大如指頭，秋深自裂，其中子如榆莢、泡桐、馬兜鈴之仁，種之易生。嫩葉可茹，作飲代茶。今瘍醫用皮治瘡癬，多取川中來者，厚而色紅。

皮并根　【氣味】甘，平，滑，無毒。大明曰：　涼。　【主治】止腸風瀉血，痢後熱渴，作飲服之，令人得睡，並炒用藏器。　治赤白帶下，腫痛疥癬，洗目令明，潤燥活血時珍。

【發明】時珍曰：　木槿皮及花，並滑如葵花，故能潤燥。色如紫荆，故能活血。川中來者，氣厚力優，故尤有效。

【附方】新六。　赤白帶下：　槿根皮二兩，切，以白酒一碗半，煎一碗，空心服之。白帶用紅酒甚妙。《纂要奇方》。　頭面錢癬：　槿樹皮爲末，醋調，重湯頓如膠，內傅之。王仲勉《經效方》。　牛皮風癬：　川槿皮一兩，大風子仁十五箇，半夏五錢，剉，河水、井水各一盌，浸露七宿，入輕粉一錢，入水中，禿筆掃塗，覆以青衣，數日有臭涎出妙。忌浴澡。夏月用尤妙。《扶壽方》。　癬瘡有蟲：　川槿皮煎，入肥皂浸水，頻頻擦之。或以槿皮浸汁磨雄黄，尤妙。《簡便方》。　痔瘡腫痛：　藩蘺草根煎湯，先熏後洗。《直指方》。　大腸脱肛：　槿皮或葉煎湯熏洗，後以白礬、五倍末傅之。《救急方》。

花　【氣味】同皮。　【主治】腸風瀉血，赤白痢，並焙入藥。作湯代茶，治風大明。　消瘡腫，利小便，除濕熱時珍。

【附方】新三。　下痢噤口：　紅木槿花去蒂，陰乾爲末。先煎麪餅二箇，蘸末食之。趙宜真《濟急方》。　風痰擁逆：　木槿花晒乾焙研。每服一二匙，空心沸湯下。白花尤良。《簡便方》。　反胃吐食：　千葉白槿花，陰乾爲末，陳糯米湯調送三五口。不轉再服。《袖珍方》。

子　【氣味】同皮。　【主治】偏正頭風，燒烟熏患處。又治黄水膿瘡，燒存性，猪骨髓調塗之時珍。

明・周履靖《茹草編》卷一　槿樹頭　朱槿易開落，浮榮亦若茲。人情要適意，貴不違天時。林鳥哺新轂，池魚跳清澌。冰牀五尺簟，眠枕道家書。槿苗耐咀嚼，繞舌有芳滋。　三四月採嫩頭，湯焯過，和米粉作餅。

明・繆希雍《本草經疏》卷一四　木槿　平，無毒。止腸風瀉血。又止痢後熱渴。作飲服之，令人得睡。入藥炒用。

【疏】木槿，本經氣平無毒。詳其主治，應是味苦氣寒，清熱滑利之藥。腸風瀉血，濕熱留中也。痢後作渴，餘熱在經，津液不足也。夜臥少睡，心經蘊熱，虚煩不寧也。苦寒能除諸熱，滑利能導積滯，故主如上等證。今人用治癬瘡，多取川中所産，肉厚而色紅者彌良。　花：　功用相同，作湯代茶，兼能治風。　【主治參互】《扶壽方》牛皮癬，川槿皮一兩，大風子肉十五箇，半夏五錢剉，河水、井水各一盌，浸六七宿，入輕粉一錢，禿筆掃塗，覆以青衣，數日有臭涎出妙。忌澡浴。　《簡便方》癬瘡有蟲，川槿皮煎，入肥皂，浸水頻頻擦之。或以槿皮浸汁，磨雄黄尤妙。

明・倪朱謨《本草彙言》卷一〇　木槿花　葉、皮、根同　味甘，氣平，性滑，無毒。　寇氏曰：　木槿花，南北隨處即有。可種可扦。其木如李，其葉末尖而有椏齒。五月開花，其花小而艷，或白，或粉紅。有單葉、千葉者。故《月令》云仲夏之月，木槿榮，是也。結實輕虛，大如指頭，秋深自裂，其子如榆莢、馬兜鈴之仁，圓形，種之易生。其嫩葉可作茹食，又可作茗。擣汁洗諸物，去垢膩，南方婦女以此洗髮去垢，且使色黑。今瘍醫用皮治瘡癬，多取川中來者，厚而色紅，他處不及也。

木槿：　潤燥活血，去痢逐積，李時珍消癬疥之藥也。米振斯稿其花、葉性滑而利，善治赤白積痢，乾澀不通，下墜欲解而不解，擣汁和生白酒溫飲即止。其根皮性韌而濇，善治疥癬蟲蝕諸瘡，腫痛且癢。腫痛者，酒調敷之；搔癢者，米醋磨汁搽之即愈。又花葉搗爛，敷消癰毒暑癤，取其滑利而散也。又根皮止赤白帶下，取其韌濇而收固也。分而論之，花、葉苦寒，能除諸熱；滑利，能導積滯。根皮韌濇，能止帶下，能化蟲癬瘡痍也。惟取川中所産，肉厚色紅者良。

金臺和尚傳治五種淋證：氣淋者，小便澀閉，常有餘瀝也；沙淋者，莖中痛，努力而出，如沙石也；血淋者，尿中帶血，莖中抽痛也；膏淋者，尿出如膏糊白漿也；勞淋者，勞倦即發，尿出而欲通不通，澀且脹痛也。五淋總屬膀胱有熱，清氣不化而然。用槿樹花葉搗汁一盞，配茯苓、黃芩、山梔、澤瀉、木通、甘草、黃連各一錢，白果肉三十個，水煎，臨服加槿樹花葉汁。氣淋，本方加燈心；沙淋，加海金沙；血淋，加生地；膏淋加白朮；勞淋加人參、麥門冬、黃耆。已上五淋，加味俱各二錢。

明·姚可成《食物本草·救荒野譜補遺》 槿樹葉食葉。處處有之。其木如李，其葉末尖而有椏齒。嫩時可食，濟荒。

槿樹青青槿葉黃，良人遠戍未還鄉。頻年饑饉飽風霜，且將槿葉充餱糧。

明·姚可成《食物本草》卷二〇木部·灌木類 木槿小木也。可種可插，其木如李。其葉末尖而有椏齒。其花小而艷，或白或粉紅，有單葉、千葉者。五月始開，故《逸書·月令》云仲夏之月，木槿榮是也。結實輕虛，大如指頭，秋深自裂，其中子如榆莢、泡桐、馬兜鈴之仁。種之易生。嫩葉可茹，作飲代茶。

木槿，味甘，平，滑，無毒。止腸〔風〕瀉血，痢後熱渴，作飲服之，令人得睡，竝炒用。治赤白帶下，腫痛疥癬，洗目令明，潤燥活血。

明·李中梓《醫宗必讀·本草徵要下》 川槿皮味苦，平，無毒。 止腸風與久痢，擦頑癬及蟲瘡。 肉厚而色紅者真，不宜多服。

清·顧元交《本草彙箋》卷五 木槿 一名蕣。《詩》云：顔如蕣華。言其朝榮暮落，一瞬間耳。其皮及花，大能潤燥活血，而人罕用之，惟治癬用。槿皮而以川産肉厚色紫者爲最。

清·汪昂《本草備要》卷三 木槿瀉熱。 苦涼。活血潤燥。治腸風瀉血，痢後熱渴。作飲服，令人得睡。 川産者治癬瘡。癬瘡有蟲，用川槿皮、肥皂水浸，時時搽之，或浸汁磨雄黃尤妙。 用根、皮。

清·李熙和《醫經允中》卷二一 木槿 苦，平，無毒。枝治痢後熱渴；花濇腸止血。川産者治癬瘡。

清·馮兆張《馮氏錦囊秘錄·雜症痘疹藥性主治合參》卷四 木槿味苦，氣寒，無毒。乃清熱滑利之藥。腸風瀉血，濕熱留中也。痢後作渴，餘熱在經，津液不足也。夜臥少睡，心經蘊熱，虚煩不寧也。皮膚風癢，肺胃虚熱也。苦寒能除諸熱，滑利能導積滯，故竝主之。

木槿，即今栽作籬障者。枝，主痢後熱渴，令人得眠。花，主瀉痢腸風，澀腸止血。作湯代茗，風癢漸毆，二者用之。竝宜炒過。又川槿皮，擦頑癬、蟲瘡甚效。肉厚而色紅者真。

清·张璐《本經逢原》卷三 木槿根皮 甘、苦，微寒，無毒。 發明：槿為癬科要藥，潤燥活血。川中所産、質厚色紅稱勝，而世不易得，土槿皮亦可用之，但力薄耳。其治腸風下血，取其清熱滑利也。其治痢後作渴，餘熱在經，津液不足也。〇其花以千瓣白者為勝，陰乾為末，治反胃吐食，陳糯米湯下二錢，日再服。紅者治腸風血痢，白者治白帶、白痢，並焙入藥。〇子治偏正頭風，燒烟薰患處，并用為末，酒服一錢匕效。

清·劉漢基《藥性通考》卷六 木槿 味苦，涼。活血潤燥，治腸風瀉血，痢後熱渴作飲服，令人得睡。川産者治癬瘡有蟲，用木槿皮、肥皂水浸擦之，加雄黃更妙。

清·吳儀洛《本草從新》卷三 木槿〔瀉熱。〕 苦，涼。活血潤燥。治腸風瀉血，痢後熱渴。作飲服令人得睡，擦頑癬及蟲瘡。癬瘡有蟲，用川槿皮，肥皂水浸，時時搽之，或浸汁磨雄黃尤妙。不宜多服。川産者良。肉厚而色紅者真。 用根皮。

清·汪紱《醫林纂要探源》卷二 槿 甘，淡，滑，平。木槿花也。古名舜華，又名日及。千葉者名扶桑，花有紅白，白者良。嫩葉亦可蒸食。 清肺寧心，滲濕去熱。白花輕浮，入肺，肺熱咳嗽吐血者宜之。且治肺癰，以甘補淡滲之功。又赤白花分治赤白痢，以大腸與肺相表裏，小腸與心相表裏。凡痢，二腸濕熱也，以滑去滯，則愈矣。 葉：沐髮去垢，亦可食。 宣腸胃。 根：治肺癰腸癰。能下行。

清·汪紱《醫林纂要探源》卷三 木槿皮 微苦，寒，甘，滑。木槿花根皮也。花葉已詳蔬部。今重川槿根皮，然皆可用。 補肺滲濕，去熱安心神，通利關竅。治肺癰腸癰，腸血衄血，消渴，心煩不眠，下治二腸，通利二便，療腸風泄痢，亦殺疥癬。

清・嚴潔等《得配本草》卷七　木槿根皮花　甘，滑，微寒。入手陽明、太陽經。潤燥活血。治赤白帶下，療腸風久痢，除濕熱，利小便，擦頑癬，殺瘡蟲。　擦癬，肥皂水浸，或浸汁磨雄黃尤妙。　花　甘，平，滑。　治症與根皮同。　配糯米，治反胃吐食。

題清・徐大椿《藥性切用》卷五　川槿皮　性味苦涼，入肺胃而祛濕熱，為血痢癬瘡耑藥。取根皮用。

清・李文培《食物小錄》卷上　木槿花　甘，平，滑，微寒，無毒。清肺熱，治目疾，止吐衄。白者佳，紅者不堪用。

清・羅國綱《羅氏會約醫鏡》卷一七竹木部　木槿味苦，氣寒，入心、肺、脾、胃四經。　活血潤燥，清熱滑利之品。治腸風瀉血濕熱、痢後作渴、餘熱在經，津液不足。夜臥少睡。心經虛熱。　用根皮，炒焦。川產者治癬妙。浸汁磨雄黃塗。即今之栽作籬者。

清・趙學敏《本草綱目拾遺》卷六木部　川槿皮　生川中，色紅皮厚，而氣猛烈，產孟獲城者，只一株，傳為武侯遺植，殺蟲如神。生剝其皮，置蟻其上即死，今亦罕有。他省產者名土槿皮，薄而氣劣，不得混施。今川人多用黃葛皮代之，以售他處。

《通雅》：真川槿皮切斷，中有絲，白茸如杜仲。

《群芳譜》：川槿色紅，氣厚力優。

癬瘡：楊起《簡便方》：癬瘡不愈，以川槿皮煎湯，用肥皂去核及內膜，浸湯時時擦之。或以汁磨雄黃搽尤妙。又見《不藥良方》。　頑癬多年不愈：《活人書》：川槿皮二錢，輕粉五分，斑蝥七箇，大楓子七粒，河、井水共一鍾，煎半，露一夜，筆蘸塗之。〇又方：川槿皮四兩，輕粉、雄黃各四錢，百藥煎四餅，斑蝥二錢，巴霜錢半，大黃二兩，海桐皮二兩，研如粉，陰陽水和，抓損敷之，必待自落愈。　荷葉癬：《活人書》：川槿皮切片，海桐皮、檳榔各二錢，輕粉錢半，紅娘子五分，陰陽水浸一二日，用鵝翎掃上，如癢，以竹片刮破，搽此藥，夜露三宿，更妙。　遍身頑癬：大楓子四十九枚，川槿皮二兩，斑蝥去翅、足五箇，川椒一錢，輕粉二錢，杏仁三錢，海桐皮二錢，共末，河、井水各一盌，浸一夜，鵝翎蘸汁搽之。　癬瘡不愈：《不藥良方》：川槿皮煎湯，取肥皂去核及肉膜，浸湯內，時時搽之。　牛皮癬癩：毛世洪《經驗集》：川槿皮一斤，勿見火，曬燥，磨末，以好燒酒十斤加榆麪四兩，浸七日為度，不時蘸酒搽擦，二三十年者，搽一年斷根。如無川槿，土槿亦可代之。　治頑癬：《種福堂方》：川槿皮、海桐皮、尖檳榔、樟冰、苦參、黃蘗、白及各二錢，雷丸一錢五分，大楓子、杏仁各二粒，木鱉四箇，用火酒浸七日，將穿山甲刮癬，少碎，以酒搽之，即愈。　五仙散：《經驗廣集》治久年頑癬，牛皮癬，神效。紅粉霜五分，明礬、川槿皮、杏仁各一錢，蜜陀僧三錢，為末，津調抹，一日三次，三日全愈。　粉刺：孫台石方：川槿皮一兩，硫黃二兩，杏仁二兩去皮尖，輕粉二錢，樟腦五錢，麝香少許，為末，雞子清調，早洗晚搽。　秘傳雄鼠骨散：治牙落，可以重生。用雄鼠骨一具，生打活雄鼠一箇，剝去皮雜，用鹽水浸一時，炭火上炙，肉自脫落，取骨炙燥，入眾藥內，同研為末。香附、白芷、川芎、桑葉曬乾、地骨皮、川椒、蒲公英、青鹽、川槿皮、旱蓮草共為末，擦牙，百日復出，固齒無不效。

清・章穆《調疾飲食辯》卷一下　木槿花葉皮汁　《綱目》曰：《爾雅》云：椵，木槿。櫬，木槿。郭注云：別二名也。或呼日及，亦曰王蒸。白曰椵，赤曰櫬。《詩》謂之舜華。其花顏色嬌豔，朝開暮落。性涼能退熱，治腸風下血，赤白痢，及血痢久而不愈，痢後熱渴，風熱癮疹，大腸燥結，利小便，消瘡腫，令人得睡。內熱則不睡，木槿善清內熱。若不睡而大便燥者，渴者，用之尤驗。凡有諸病人，宜代茶多飲。又可洗痔瘡腫痛。出《直指方》，皮、葉俱可。熱瀉脫肛，洗後以白礬、五倍子、滑石末摻，或用多年陳脂麻油調大黃末搽出《救急方》。其花七月始開，紅者單瓣五出，白者千瓣。一種枝葉全似，而花紅千瓣，四月即花，霜時方止，名扶桑，又名佛桑，又名朱槿。取其花或葉，同木芙蓉、牛蒡葉無則以生大黃末代之和蜜少許，同搗，可敷癰腫熱癤。見《綱目》。

清・葉桂《本草再新》卷四　木槿味苦，性涼，無毒。入脾、肺二經。　治腸風瀉血，清熱去濕，殺蟲，治瘡癬諸毒。

清・吳其濬《植物名實圖考》卷三五　木槿　《爾雅》：櫬，木槿。日華子始著錄。今惟用皮治癬。江西、湖南種之，以白花者為蔬，滑美。

清・劉善述、劉士季《草木便方》卷二木部　木槿花　木槿皮甘平腸風，崩帶瀉痢熱渴宗。疥癬痔漏收脫肛，花治腸風崩痢工。

清・戴葆元《本草綱目易知錄》卷四　木槿花　甘，平。消瘡腫，除濕熱，化風痰，利小便。治腸風瀉血，赤白下痢，並焙入藥，作湯代茶，治風。《纂要》云：木槿花色白輕浮故入肺。肺熱咳嗽者宜之，又治肺癰，分紅白，治赤白痢。

【略】

皮并根：甘平而滑。潤躁活血，止腸風瀉血，赤白帶下，痢後熱渴，疥癬痔瘡。作飲服，令人得睡。並炒用，洗目，令目明。【略】

葉：煮食，宣腸胃。煎湯，沐髮去垢《纂要》。

清·陳其瑞《本草撮要》卷二 木槿 味苦，涼，入手足太陰、厥陰經，功專活血潤燥，治腸風瀉血，痢後熱渴。作飲服，令人得睡。以肥皂水浸，或浸汁磨拌雄黃擦頑癬及蟲瘡良。以槿皮二兩，酒碗半，煎一碗，空心服，治帶下。赤帶用白酒，白帶用紅酒最妙。川產者佳。不宜多服。湯劑不入為是。

扶桑

晉·嵇含《南方草木狀》卷中木類 朱槿 朱槿花，莖葉皆如桑，葉光而厚，樹高止四五尺，而枝葉婆娑，自二月開花，至中冬即歇，其花深紅色，五出，大如蜀葵，有蘂一條，長於花葉，上綴金屑，日光所爍，疑若焰生，一叢之上，日開數百朵，朝開暮落，插枝即活。出高涼郡。一名赤槿，一名日及。

明·李時珍《本草綱目》卷三六木部·灌木類 扶桑《綱目》

【釋名】佛桑《霏雪録》 朱槿《草木狀》 赤槿同 日及時珍曰：東海日出處有扶桑樹。此花光艷照日，其葉似桑，因以比之。後人訛爲佛桑。乃木槿別種，故日及諸名亦與之同。

【集解】時珍曰：扶桑產南方，乃木槿別種。二枝柯柔弱，葉深緑，微濇如桑。其花有紅、黃、白三色，紅者尤貴，呼爲朱槿。嵇含《草木狀》云：朱槿一名赤槿，一名日及，出南涼郡。花、莖、葉皆如桑。其葉光而厚。木高四五尺，而枝葉婆娑。其花深紅色，五出，大如蜀葵，重敷柔澤。有蕋一條，長如花葉，上綴金屑，日光所爍，疑若焰生。一叢之上，日開數百朵，朝開暮落。自二月始，至中冬乃歇。插(樹)〔枝〕即活。

葉及花 【氣味】甘，平，無毒。 【主治】癰疽腮腫，取葉或花，同白芙蓉葉、牛(旁)〔蒡〕葉、白蜜研膏傅之，即散時珍。

明·佚名氏《醫方藥性·草藥便覽》 佛孫花 其性溫。封瘡背，散血。

清·王道純《本草品彙精要續集》卷一〇 扶桑無毒

扶桑葉及花，主癰疽腮腫，取葉或花，同白芙蓉葉、牛蒡葉、白蜜研膏傅之，即散《本草綱目》。 【名】佛桑、朱槿、赤槿、日及。李時珍曰：東海日出處有扶桑樹，此花光豔照日。其葉似桑，因以比之，後人訛爲佛桑。乃木槿別種，故日及諸名亦與之同。 【地】李時珍曰：扶桑，產南方。 【質】扶桑，乃木槿別種，枝柯柔軟，葉深緑，微澀如桑。其花有紅黃白三色，紅者尤貴，呼爲朱槿。嵇含《草木狀》云：朱槿，一名赤槿，一名日及。出南涼郡，花莖葉皆如桑。其葉光而厚，木高四五尺，而枝葉婆娑。其花深紅色，五出，大如蜀葵，重傅柔澤，有蕊一條，長如花。葉上綴金屑，日光所爍，疑若焰生一叢之上，日開數百朵，朝開暮落，插樹乃活。【時】自五月開花始，至中冬乃歇。 【色】紅白黃三色。【味】甘。【性】平。

清·趙學敏《本草綱目拾遺》卷七花部 佛桑花 《粵語》：佛桑枝葉類桑，花丹色，名朱槿，一名福桑，又名扶桑，重臺者曰愛老，多以為蔬。《綱目》木槿後有扶桑條，止載外治，故補之。

吳震方《嶺南雜記》：扶桑粵中處處有之，葉似桑而略小，有大紅、淺紅、黃三色，大者開泛如芍藥，朝開暮落，落已復開，自三月至十月不絕。佛桑與扶桑正相似，而中心起樓，多一層花瓣。今人以扶桑、佛桑混一，非也。

紗緞黑退變黃，搗扶桑花汁塗之，復黑如新。

潤容補血《粵語》。美顏潤血陳述齋《瑣語》：朱槿花蒸醋食之，粵中婦女多以此美姿。

敏按：《兩粵瑣語》載朱槿與佛桑皮，微有異，云朱槿一名日及，亦曰舜英，葉如桑，光潤而厚，高止四五尺，而枝婆娑。自仲春花至仲冬，一叢之上，日開數百朵，朝開暮落，色深紅，五出，大如蜀葵，瓣捲起，勢若飛揚，層出如樓子，有蕊一條，比瓣稍長，上綴金屑，日光所爍，疑有火焰，粵女多種之，插枝即生。蘇子瞻詩：焰焰燒空紅佛桑。謂朱槿也。然佛桑又有殷紅、水紅、黃、紫各色，比朱槿差小，稱小牡丹，四時有花，白者以為蔬菜，甜美可口，女子食之尤宜。據陳述齋所云：則佛桑與朱槿一類而二物，要其功用亦不甚遠，故《粵語》以為即朱槿。今並附錄其功用，以補李氏所未備。

清·吳其濬《植物名實圖考》卷二九 佛桑 一名花上花，雲南有之。《嶺南雜記》：佛桑與扶桑正相似，中心起樓，多一層花瓣。《南越筆記》：佛桑一名花上花，花上複花，重臺也。即扶桑，蓋一類二種。又《楊慎外集》：朱槿之紅鮮重臺者，永昌名之曰花上花。《徐霞客遊記》：永昌花上花者，葉與枝似木槿，而花正紅。閩中扶桑相類，但扶桑六七朵竝攢為一花，此花一朵四瓣，從心中又抽出疊其上，殷紅而開久，自春至秋猶開，雖插地輒活如柳然，然植庭左則活，右則否。亦甚奇也。檀萃《虞衡志》謂佛桑不應改為扶桑，殊欠考詢。

清・吴其濬《植物名實圖考》卷三五 扶桑 《南方草木狀》載之。《本草綱目》始收入灌木。江西贛州亦有之，過吉安則畏寒，不能植矣。

清・趙其光《本草求原》卷三隰草部 佛桑花 甘，寒。有紅、白二種：白者，治白痢、白濁； 紅者，治紅痢、赤濁。飯上多蒸多曬，浸灑，悦顔益壽。

白蒙藤

清・莫樹蕃《草藥圖經》 白蒙藤 似木槿。味甘，平滑，無毒。消瘡腫，利小便，除（涇）〔溼〕熱。

木芙蓉

宋・唐慎微《證類本草》卷三〇外草類〔宋・蘇頌《本草圖經》〕 地芙蓉生鼎州。味辛，平，無毒。花主惡瘡，葉以傅貼腫毒。九月採。

宋・陳衍《寶慶本草折衷》卷二〇 地芙蓉葉在內。 古詩云：一名拒霜花。〇俗號寒花。 生鼎州。九月採花，曬乾，不曬即浥爛。又葉陰乾，亦可曬。

味辛，平，無毒。〇主惡瘡。葉以傅貼腫毒。

明・蘭茂原撰，范洪等抄補《滇南本草圖説》卷一〇 芙蓉花 氣味辛平，性滑，涎粘，無毒。採花、葉、根，晒乾，為末，敷瘡神效。主治：清肺涼血，散熱消腫，其應如響。

明・蘭茂撰，清・管暄校補《滇南本草》卷中 芙蓉花 性寒，味苦、甜。入肺。止咳嗽，（改）〔解〕諸瘡毒。單劑煎湯，止咳嗽。其葉可箍瘡出頭。

明・劉文泰《本草品彙精要》卷四一 地芙蓉無毒 植生。

地芙蓉花：主惡瘡。葉，以傅貼腫毒。出《圖經》。 〔地〕《圖經》曰：生鼎州。 〔時〕生：春生苗。採：九月取花葉。 〔收〕陰乾。 〔用〕花、葉。 〔味〕辛。 〔性〕平，散。 〔氣〕氣之薄者，陽中之陰。

明・鄭寧《藥性要略大全》卷五 芙蓉葉 療諸毒癰腫。味甘、澁，氣平、微寒，無毒。採葉陰乾為末，入敷藥，不入湯丸。其花亦可用，與葉同功。

明・李時珍《本草綱目》卷三六木部・灌木類 木芙蓉《綱目》。校正：併入《圖經》地芙蓉。

〔釋名〕地芙蓉《圖經》 木蓮《綱目》 華木《綱目》 桃木音化 拒霜時珍

曰：此花艷如荷花，故有芙蓉、木蓮之名。八九月始開，故名拒霜。俗呼爲桃皮樹。相如賦謂之華木。注云：皮可爲索也。蘇東坡詩云：喚作拒霜猶未稱，看來却是最宜霜。蘇頌《圖經本草》有地芙蓉，云出鼎州，九月采葉，治瘡腫，蓋即此物也。 〔集解〕時珍曰：木芙蓉處處有之，插條即生，小木也。其幹叢生如荆，高者丈許。其葉大如桐，有五尖及七尖者，冬凋夏茂。秋半始着花，花類牡丹、芍藥，有紅者、白者、黄者、千葉者，最耐寒而不落。不結實。山人取其皮爲索。川、廣有添色拒霜花，初開白色，次日稍紅，又明日則深紅，先後相間如數色。霜時采花，霜後采葉，陰乾入藥。

葉并花 〔氣味〕微辛，平，無毒。 〔主治〕清肺涼血，散熱解毒，治一切大小癰疽腫毒惡瘡，消腫排膿止痛時珍。

〔發明〕時珍曰：芙蓉花并葉，氣平而不寒不熱，味微辛而性滑涎粘，其治癰腫之功，殊有神效。近時瘍醫祕其名爲清涼膏、清露散、鐵箍散，皆此物也。其方治一切癰疽發背、乳癰惡瘡，不拘已成未成、已穿未穿，並用芙蓉葉，或根皮，或花，或生研，或乾研末，以蜜調塗于腫處四圍，中間留頭，乾則頻换。初起者，即覺清涼，痛止腫消。已成者，即膿聚毒出。已穿者，即膿出易斂。妙不可言。或加生赤小豆末，尤妙。

〔附方〕新十。 久欬羸弱：九尖拒霜葉爲末，以魚鮓蘸食，屢效。危氏《得效方》。 赤眼腫痛：芙蓉葉末，水和，貼太陽穴。名清涼膏。《鴻飛集》。 經血不止：拒霜花、蓮蓬殻等分，爲末。每用米飲下二錢。《婦人良方》。 偏墜作痛：芙蓉葉、黄蘗各三錢，爲末。以木鱉子仁一箇磨醋，調塗陰囊，其痛自止。《簡便方》。 杖瘡腫痛：芙蓉花、葉研末，入皂角末少許，雞子清調，塗之。方廣《附餘》。 癰疽腫毒：重陽前取芙蓉葉研末，端午前取蒼耳燒存性研末，等分，蜜水調，塗四圍，其毒自不走散。名鐵井闌。〇《簡便方》。 疔瘡惡腫：九月九日采芙蓉葉陰乾爲末，每以井水調貼。次日用蚰蜒螺一箇，搗塗之。《普濟方》。 頭上癩瘡：芙蓉根皮爲末，香油調傅。先以松毛、柳枝煎湯洗之。傅滋《醫學集成》。 湯火灼瘡：油調芙蓉末，傅之。《奇效方》。 一切瘡腫：木芙蓉葉、菊花葉同煎水，頻熏洗之。《多能鄙事》。 灸瘡不愈：芙蓉花研末，傅之。《奇效方》。

明・周履靖《茹草編》卷二 芙蓉 湛湛秋江，泠泠碧水。秀出芙蓉，顔色如女。昨夜西風急，呼童滿筐拾。不作尋常野菜羹，偏宜和腐烹朝食。

采芙蓉花，去心蒂，湯焯過，同荳腐、椒、醯、肉汁煮食。

明・佚名氏《醫方藥性・草藥便覽》 芙蓉花：其性溫。祛風、膿血。

花：調血。

明・繆希雍《本草經疏》卷三〇 木芙蓉 稟夏末秋初之氣，故其味辛。辛屬金化，故能清肺，其氣平，平即涼也，故能涼血散熱解毒，兼治一切癰疽腫毒惡瘡，排膿止痛，小兒疳積。

【主治參互】《簡便方》癰疽腫毒，重陽前取芙蓉葉，研末，端午前取蒼耳燒存性，研末，等分，蜜水調塗四圍。其毒自不走散。名鐵井欄。　他用甚稀，故不著簡誤。

明·倪朱謨《本草彙言》卷一〇　木芙蓉花葉　味辛，氣平，無毒。李氏曰：木芙蓉，南北處處有之，插條即活。其幹叢生如荆，高者丈許，或六七尺。其葉大如桐，有五尖及七尖者。冬凋夏茂，秋半始作花，花類牡丹、芍藥。有紅者、白者、千葉者、單葉者，最耐寒而不落。不結子。花朝開，其色白，薄暮稍紅，次日又深紅矣。花葉俱霜後采，陰乾入藥用。

木芙蓉花葉：清肺涼血，李時珍散熱解毒之藥也。須四可抄丹溪方治一切大小癰疽、腫毒、惡瘡，不拘未成已成，未破已破，并用木芙蓉，或葉或花，或皮或根，或生搗，或乾研，加赤小豆水浸，搗爛和入，以蜜調塗于腫處四圍，中間留孔，如乾，即以韲汁潤之。初起者，搽上即覺清涼，痛止，腫消；已成者，即膿聚毒出；已破者，即膿出易斂，妙不可言。又韋氏方治久欬不已，以花葉爲末，蘸百合食之，屢效。赤眼腫痛，以花葉水搗，貼太陽穴，立止。

李瀕湖先生曰：此藥味辛，性滑，氣平，不寒不熱，質力涎粘，敷貼癰疽腫毒之功，殊有神效。即不全愈，亦減毒勢十之五。司瘍醫者當早備，臨病應用可也。

明·顧逢柏《分部本草妙用》卷八雜藥部　木芙蓉　微辛，平，無毒。主治：清肺涼血，散熱解毒，治一切大小癰疽腫毒惡瘡，消腫排膿，止痛。芙蓉花葉性滑涎粘，其治癰腫，殊有神功。名之曰清涼膏，清露散，鐵箍散，皆此物也。蜜調圍毒，無毒不効。

清·顧元交《本草彙箋》卷五　芙蓉葉　木芙蓉，涼血散熱，瘡瘍家用之。

清涼膏，用芙蓉葉或根皮或花，或生研，或乾研末，蜜調，圍一切腫毒初起，已成潰後，俱可用。或加生赤小豆末，更效。

清·穆石鉋《本草洞詮》卷一一　木芙蓉　此花絕似荷花，故有芙蓉之名。八、九月始開，故名拒霜。東坡云：喚作拒霜猶未稱，看來却是最宜霜，是矣。花並葉微辛，平，無毒。清肺涼血，散熱解毒，治一切大小癰疽瘡毒，消腫排膿，止痛。近時瘍醫秘其名為清涼膏，清露散、鐵箍散，皆此物也。不拘已成未成，已穿未穿，竝用木芙蓉葉，或花，或根皮，或生研，或乾研末，以蜜調塗患處四圍，中間留頭，乾則頻換，初起者即覺清涼，痛止腫消，已成者即膿聚毒出，已穿者即膿出易斂。或加赤小豆末，尤妙。

清·劉雲密《本草述》卷二四　木芙蓉一名拒霜。時珍曰：木芙蓉處處有之，插條即生，小木也。

葉並花：氣味：微辛，平，無毒。

主治：清肺涼血，散熱解毒，治一切大小癰疽，腫毒惡瘡，消腫排膿，止痛時珍。　時珍曰：芙蓉花并葉，氣平而不寒不熱，味微辛，而性滑涎粘。其治一切癰疽發背，乳癰惡瘡，不拘已成未成，已穿未穿，並用芙蓉葉，或根皮，或花，或生研，或乾研末，以蜜調塗於腫處四圍，中間留頭，乾則頻換，初起者即覺清涼，痛止腫消，已成者即膿聚毒出，已穿者即膿出易斂，效不可言。或加生赤小豆末，尤妙。近時瘍醫秘其名為清涼膏、清露散、鐵箍散，皆是物也。

清·郭章宜《本草匯》卷一六　芙蓉花　辛，平。涼血散熱，消癰疽毒腫。排膿止痛，傅湯火灼瘡。

按：芙蓉花，不寒不熱，性滑涎粘，治癰腫殊有神効。近時瘍醫秘其名為清涼膏、鐵箍散，皆此物也。不論已潰未潰，凡腫初起，塗之即清涼痛消，已成者即膿聚毒出，妙不可言。或加生赤小豆末，尤妙。重陽前取芙蓉葉研末，端午前取蒼耳，燒存性，研末，等分，蜜水調塗四圍，其腫自不走散，名鐵井欄。

根葉皆用。

清·蔣居祉《本草擇要綱目·平性藥品》　木芙蓉　葉花氣味：微辛，平，無毒。　主治：清肺涼血，散熱解毒。治一切大小癰疽腫毒惡瘡，消腫排膿止痛。芙蓉花并葉，氣平而不寒不熱，味微辛而性滑涎粘。其治癰腫之功，殊有神效。近時瘍醫，祕其名為清涼膏、清露散、鐵箍散，皆此物也。其方治一切癰疽發背，乳癰惡瘡，不拘已成未成，已穿未穿，並用芙蓉葉，或根皮，或花，或生研，或乾研末，以蜜調塗于腫處四圍，中間留頭，乾則頻換。初起者即覺清涼痛止腫消，已成者即膿聚毒出，已穿者即膿出易斂，妙不可言。或加生赤小豆末，尤妙。

清·王翃《握靈本草》卷八　木芙蓉處處有之。陰乾入藥。　主治：木芙蓉花，微辛，平，無毒。清肺，涼血散熱，解毒，治一切癰疽惡瘡，消腫排膿止痛。

清・汪昂《本草備要》卷三　芙蓉花瀉，涼血，解毒。　辛，平。性滑涎粘。清肺涼血，散熱止痛，消腫排膿。治一切癰疽腫毒有殊功。用芙蓉花，或葉，或皮，或根，生搗或乾研末，蜜調塗四圍，中間留頭，乾則頻換。初起者即覺清涼，痛止腫消。已成者即膿出，已潰者則易斂。瘍科秘其名爲清涼膏、清露散、鐵箍散，皆此物也。或加赤小豆末，或蒼耳燒存性爲末，加入亦妙。

清・李熙和《醫經允中》卷二一　木芙蓉　微辛，平，無毒。主治涼血，散熱解毒，一切大小癰疽，腫毒惡瘡，消腫排膿止痛。芙蓉花葉性滑涎粘，其治癰腫殊有神功，名之曰清涼膏、清露散、鐵箍散，皆此物也。蜜調圍毒，無有不効。

清・馮兆張《馮氏錦囊秘録・雜症痘疹藥性主治合參》卷三　木芙蓉　稟夏末秋初之氣，故其味辛，辛屬金化，故能清肺。其氣平，平即涼也，故能涼血散熱解毒。專治一切癰疽腫毒惡瘡，排膿止痛。其花陰乾，治小兒疳積如神。凡癰疽腫毒，重陽前取芙蓉葉，陰乾研末；端午前取蒼耳燒存性，等分研末，蜜水調塗四圍，其毒自不走散，名鐵井欄，最妙。

清・張璐《本經逢原》卷三　芙蓉　辛，平，無毒。發明：芙蓉葉散癰疽殊有神效。瘍醫秘其名為清涼膏、鐵箍散，皆此藥也。加生大黃、赤小豆末、麝香，其功甚捷。

清・王道純《本草品彙精要續集》卷一〇　木芙蓉無毒

木芙蓉葉並花，主清肺涼血，散熱解毒。治一切大小癰疽腫毒，惡瘡，消腫排膿，止痛《本草綱目》。　〔名〕地芙蓉、木蓮、華木、桃木、拒霜。李時珍曰：此花豔如荷花，故有芙蓉、木蓮之名，又名拒霜，俗呼爲桃皮樹。相如賦謂之華木，注云：皮可爲索也。蘇東坡詩云：喚作拒霜猶未稱，看來卻是最宜霜。蘇頌《圖經本草》有地芙蓉，云出鼎州，九月採葉，治瘡腫，蓋即此物也。〔地〕李時珍曰：木芙蓉，處處有之。〔質〕插條，即生小木也。其榦叢生如荊，高者丈許。其葉大如桐，有五尖及七尖者，花類牡丹、芍藥，有千葉者，最耐寒而不落，不結實。山人取其皮爲索，川廣有添色據霜花，初開白色，次日稍紅，又明日則深紅，先後相間如數色。〔時〕霜時採花，霜後採葉。〔收〕陰乾入藥。〔色〕紅白黃三色。〔用〕李時珍曰：芙蓉花並葉，氣平而不寒不熱，味微辛而性滑涎粘，其治癰腫之功，殊有神效。近時瘍醫秘其名爲清涼膏、清露散、鐵箍散，皆此物也。其方治一切癰疽，發背，乳癰，惡瘡，不拘已成未成，已穿未穿，並用芙蓉葉，或根皮，或花，或生研，或乾研末，以蜜調塗於腫處四圍，中間留頭，乾則頻換初起者，即覺清涼痛止腫消。已成者，即膿聚毒出，已穿者，即膿出易斂，妙不可言。或加生赤小豆末，尤妙。〔味〕微辛。〔性〕平。

清・何諫《生草藥性備要》卷上　芙蓉花　味劫、淡，性平。消癰疽，散瘡瘍腫毒，理魚口便毒。其葉大，花紅白色。又治小兒驚風、肚痛。又名即醉酒芙蓉。

清・劉漢基《藥性通考》卷六　芙蓉花　味辛，氣平。性滑涎粘。清肺涼血，散熱止痛，消腫排膿，治一切瘡腫毒，大有殊功。用芙蓉花，或葉、或皮，或根，生搗或乾研末，蜜調塗四圍，中間留頭，乾則頻換，初起者即覺清涼，痛止腫消；已成者即膿出；已潰者即易斂。瘍科秘其名為清涼膏、清露散、鐵箍散，皆此物也。或加赤小豆末，或蒼耳燒存性為末，加入共調，搽之妙也。

清・黃元御《玉楸藥解》卷二　木芙蓉　味辛，氣平。入手太陰肺、足厥陰肝經。清風泄熱，涼血消毒。木芙蓉清利消散，善敗腫毒，一切瘡瘍，大有捷效，塗飲俱善。

清・吳儀洛《本草從新》卷三　木芙蓉〔瀉，涼血解毒。〕辛，平。性滑涎粘。清肺涼血，散熱止痛，消腫排膿。治一切癰疽腫毒有殊功。用芙蓉花或葉或皮或根，生搗或乾研末，蜜調塗四圍，中間留頭，乾則頻換，初起者即覺清涼，痛止腫消，已成者即膿出，已潰者即易斂。瘍科秘其名為清涼膏、清露散、鐵箍散，皆此物也。或加赤小豆末，或蒼耳燒存性為末加入亦妙。用花、葉。

清・汪紱《醫林纂要探源》卷三　芙蓉　甘，辛，寒，滑。一名拒霜，又名木芙蓉。皮亦可作索，柔韌不斷。清金瀉肺，用行皮毛之濕熱，吸在內之鬱毒。根花葉皆可用以外傅，清一切癰疽，排膿消腫，亦治火瘡，人謂之鐵箍散，又名清涼膏，清露散。搗爛敷之，中間留頭以出毒氣，乾則頻易。然只可治陽分之實熱浮淺者，若陰分毒深者非所能及。

清・嚴潔等《得配本草》卷七　芙蓉花根、葉、皮　微辛，平。清肺涼血，散熱解毒。消腫，排膿，止痛。配蓮房炭，治經血不止。得生赤小豆末，和蜜搗塗一切瘡毒。留頭頻換。　或鮮搗，或陰乾研末用。　根、葉、皮　治症與花同。

題清·徐大椿《藥性切用》卷五　木芙蓉　性味辛平，涼血解毒。敷治癰疽腫毒耑藥。取花葉用。

清·黄宫繡《本草求真》卷八　芙蓉花耑入肺，兼入肝。為外科癰疽藥也。凡清涼膏、清露散、鋏箍散，即是此物。蓋此味辛氣平質滑，功耑清肺涼血，散熱止痛，消腫排膿。凡一切癰疽腫毒！無論花葉及根，皆可搗研為末，調蜜塗四圍，留中患處，乾則頻換，初起者即覺清涼，痛止腫消，已成者即膿出，已潰者即易斂。或加赤小豆、蒼耳子同入為末，功效殊見。然必毒輕不重，用此方可。若大毒陰毒，其勢莫遏，則非輕小平劑所能治矣！此又不可不知也。

清·羅國綱《羅氏會約醫鏡》卷一七竹木部　芙蓉花味辛平，入肺肝二經。性滑涎粘，清肺涼血，散熱止痛，消腫排膿，治一切癰疽腫毒有功。用花或葉或皮或根，生搗敷，或乾研末，蜜調塗四圍，中間留頭，乾則頻換。凡毒初起即消，成者即膿出，潰者即易斂。或加赤小豆末，或蒼耳燒存性為末，加入尤妙。

清·黄凱鈞《藥籠小品》　木芙蓉　涼血散熱，消腫排膿，治一切癰疽腫毒有殊功，用花葉搗(敷)[傅]四圍，瘍科為清涼膏也。

清·楊時泰《本草述鉤元》卷二四　木芙蓉　一名拒霜。處處有之。插條即生，用葉並花根皮俱可。

味微辛，氣平。性滑涎黏。主清肺涼血，散熱解毒，治一切癰疽腫毒惡瘡，消腫排膿止痛。一切癰疽發背，乳癰惡瘡，不拘已成未成，已穿未穿，並用芙蓉葉，或根皮，或花，生研或乾研末，生蜜調塗腫處四圍，中間留頭，乾則頻換。初起者即覺清涼，痛止腫消。已成者即膿聚毒出，已穿者膿出易斂。效不可言，或加生赤小豆末，尤妙。

清·葉桂《本草再新》卷四　木芙蓉味辛，性平，無毒。入肝、肺二經。　清肺涼血，散熱止痛，消腫排膿，治一切癰疽瘡毒。

清·吴其濬《植物名實圖考》卷三五　木芙蓉　即拒霜花。《桂海虞衡志》載之。《本草綱目》始收入灌木。河以南皆有之。皮任織緝，花葉為治腫毒良藥。

清·趙其光《本草求原》卷九灌木部　木芙蓉花：葉根皮同功。　辛，平，性滑，涎粘，清肺涼血，散熱解毒。治一切癰疽惡瘡，未成者消腫止痛，已成者排膿易潰，已潰者易斂。或生搗，或乾研，蜜調，塗腫處四圍，中留頭，乾則頻換最妙。或加生大黄、生赤小豆末、麝香；或加蒼耳灰尤妙。

清·文晟《新編六書》卷六《藥性摘錄》　芙蓉花　即外科之清涼散、鐵箍散。氣平，質滑。入肺，兼入肝。涼血散熱，解毒止痛，消腫排膿。〇凡一切癰疽腫毒，無論花葉及根，皆可搗研為末，調蜜，塗四圍，留中患處，乾則頻換，初起者痛止腫消，已成即膿出，已潰即易斂。加赤小豆、蒼耳末，尤効。〇然必毒輕不重，用此可治。〇若大毒陰毒，其勢莫遏者，用此輕小平劑，難見功。

清·屠道和《本草匯纂》卷三發毒　芙蓉花　耑入肺，兼入肝。味辛氣平，質滑涎粘，無毒。功專清肺涼血，散熱解毒，止痛消腫排膿。為外科癰疽藥也。凡清涼膏、清露散、鐵箍散，即是此物。凡一切癰疽腫毒，無論花葉及根，皆可搗研為末，調蜜塗四圍，留中患處，乾則頻換。初起者即覺清涼，痛止腫消。已成者即膿出，已潰者即易斂。或加赤小豆、蒼耳子同入為末，屢有殊功。然必毒輕不重，方可取用。若大毒、陰毒，其勢莫遏，則非輕平小劑所能治。此又不可不知也。

清·劉善述、劉士季《草木便方》卷二木部　拒霜花　芙蓉花葉皮甘平，清熱解毒消腫靈。腸風下血瘰臟毒，赤白崩帶瀉痢停。夢洩遺精諸淋濁，湯火止痛效如神。

清·戴葆元《本草綱目易知錄》卷四　木芙蓉　葉并花，微辛，平。性滑涎粘。清肺涼血，散熱解毒，消腫排膿，止痛。傅一切大小癰腫毒瘡及乳癰發背初起，即消，已成易潰，已潰易斂，瘍科秘稱清涼膏。根皮花葉俱可，乾者末，蜜調，加赤豆尤妙。

清·陳其瑞《本草撮要》卷二　芙蓉花　味辛，平，性滑涎黏，入手太陰經，功專清肺涼血，散熱止痛。或花或葉，或皮或根，生擣或乾研為末，蜜調塗一切癰疽，留頭，乾則換之再塗。初起則痛止腫消，已成則膿出易斂。所云清涼膏、清露散、鐵箍散，皆此物，如加赤小豆末，或蒼耳燒存性為末，亦妙。　經水不止，以芙蓉花、蓮蓬殼等分為末，米飲下二錢，效。

山芙蓉

明·佚名氏《醫方藥性·草藥便覽》　山芙蓉　其性涼。去小兒驚風之證。葉封疔背。

小年藥

明·蘭茂撰，清·管暄校補《滇南本草》卷中　小年藥又名拔毒散。　治一切瘡毒腫痛，為末，醋調敷。

明·蘭茂《滇南本草》（叢本）卷下　小年藥拔毒散　為末，醋調，敷治一切毒痛。

天下捶

清·何諫《生草藥性備要》卷下　天下捶　味淡，性平。治跌打。正根，煲酒飲，多打不痛。子，似痴頭婆而細，色紅，又名紅痴頭婆。

三角楓

清·吳其濬《植物名實圖考》卷三八　三角楓　一名三合楓。生建昌。粗根褐黑，叢生綠莖；葉如花楮樹葉而小，老者五叉，嫩者三缺，面綠背淡，筋脈粗澀，土醫以治風損。

按《本草綱目》有名未用，三角楓一名三角尖，生石上者尤良。主風濕流注，疼痛及癰疽腫毒，未述形狀，治證頗同。

三角楓又一種　江西山坡多有之。樹高七八尺，葉似楓，三角而窄，面青背淡，秋時結子作排，如椿樹角長，而子在角下，與前一種同名異物。

紫荊

明·佚名氏《醫方藥性·草藥便覽》　紫荊皮　其性濫。散血，胎產用牙求根。

清·劉善述、劉士季《草木便方》卷二木部　紫荊　紫荊皮葉性苦平，清腫解毒通五淋。調經散瘀血氣痛，痘癰喉痹蠱毒靈。惡犬咬傷沖爛塗，蠹蛇虺毒敷安寧。

金絲桃

清·吳其濬《植物名實圖考》卷二七　金絲桃　《花鏡》：金絲桃一名桃金孃。出桂林郡。花似桃而大，其色更赬；中莖純紫，心吐黃鬚，鋪散花外，儼若金絲。八九月實熟，青紺若牛乳狀。其味甘，可入藥用。如分種，當從根下劈開，仍以土覆之，至來年移植便活。

佛指甲

明·朱橚《救荒本草》卷上之後　佛指甲　生密縣山谷中。科苗高一二尺，莖微帶赤黃色，其葉淡綠，背皆微帶白色，葉如長匙頭樣，似黑豆葉而微寬，又似鵝兒腸葉甚大，皆兩葉對生，開黃花，結實形如連翹微小，中有黑子小如粟粒。其葉味甜。救飢：採嫩葉煠熟，換水淘洗淨，油鹽調食。

清·吳其濬《植物名實圖考》卷一二　佛指甲　【略】　按《本草綱目》誤以為即景天，其花實絕不相類。

野百合

清·吳其濬《植物名實圖考》卷一〇　野百合　建昌長沙洲渚間有之。高不盈尺，圓莖直韌；葉如百合而細，面青背微白；枝梢開花，先發長苞有黃毛，蒙茸下垂，苞坼花見，似豆花而深紫。俚醫以治肺風。南昌西山亦有之，或呼為佛指甲。

湖南連翹

清·吳其濬《植物名實圖考》卷一一　湖南連翹　湖南連翹生山坡。獨莖方稜，長葉對生，極似劉寄奴；梢端葉際開五瓣黃花，大如盃，長鬚迸露，中有綠心，如壺盧形；一枝三花，亦有一花者。土人即呼為黃花劉寄奴，以治損傷敗毒。雲南連翹俗呼芒種花。赭莖如樹，葉短如柳葉而柔厚，花與湘中無異。按宋《圖經》大翹青葉，狹長如榆葉、水蘇輩，湖南生者同水蘇，雲南生者如榆。《滇黔紀遊》所謂洱海連翹，遍於籬落，黃色可觀是也。滇湖皆取莖根用之。蓋此藥以蜀中如椿實者為勝，他處力薄，故不能僅用其實耳。

金絲梅

明·蘭茂撰，清·管暄校補《滇南本草》卷中　金絲桃　性寒，味苦。行肝氣，利小便，治諸淋，利膀胱，止莖中痛。走經絡，止筋骨疼痛。止偏墜氣疼，膀胱疝氣良效。

附方：治膀胱疝氣，左右偏墜，腎子腫大。金絲桃不拘多少，水酒煨服。

明·蘭茂《滇南本草》（叢本）卷下　金絲桃　味苦，性寒。行肝氣，利小便，治諸淋，利膀胱，止腎中痛。走經絡，止筋骨疼。止偏墜氣疼，膀胱疝氣良效。單方：治膀胱疝氣，左右偏墜，腎子腫大，金絲桃不拘多少，引點水酒煨服。

附：琉球·吳繼志《質問本草》外篇卷四　猪牳柳金絲梅　辛丑清舶

漂到，採此種問之。猪㹀柳。陳宜春。

杜莖山

宋・唐慎微《證類本草》卷三〇外木蔓類〔宋・蘇頌《本草圖經》〕 杜莖山 生宜州。味苦，性寒。主溫瘴寒熱發歇不定，煩渴頭疼心躁。取其葉擣爛，以新酒浸，絞汁服之，吐出惡涎，甚效。其苗高四五尺，葉似苦蕒菜，秋有花，紫色，實如枸杞子，大而白。

明・劉文泰《本草品彙精要》卷四一 杜莖山 植生。

杜莖山：主溫瘴寒熱發歇不定，煩渴，頭疼，心躁。取其葉擣爛，以新酒浸，絞汁服之，吐出惡涎，甚效。出《圖經》。【苗】《圖經》曰：其苗高四五尺，葉似苦蕒菜，秋有花，紫色。實如枸杞子，大而白。【地】《圖經》曰：生宜州。【用】葉。【味】苦。【性】寒，泄。【氣】味厚於氣，陰也。

明・李時珍《本草綱目》卷一七草部・毒草類 杜莖山時珍曰：杜莖山即土恒山，土紅山又杜莖山之類，故並附之。

清・吴其濬《植物名實圖考》卷二〇 杜莖山 宋《圖經》外類。生宜州。葉似苦蕒，花紫色，實如枸杞。味苦，性寒。主溫瘴寒熱、煩渴頭痛、心躁。擣葉酒浸，絞汁服。吐惡涎效。

篾楮子

清・吴其濬《植物名實圖考》卷三六 篾楮子 生雲南山中。矮叢密葉，無異黄楊，附莖紫實，不光不圓，攢簇無隙，有如篩篾。

夜蘭

清・趙學敏《本草綱目拾遺》卷六木部 夜蘭 《嶺南雜記》：產粵，道旁小樹也，狀如木蘭，亦類紫薇，高一二尺，葉大如指頭，頗帶藍色，葉老則有白篆文如蝸涎，名鬼畫符。葉下有小花如粟米，至晚香聞數十步，恍若芝蘭。又名蚊驚樹，暑月有蚊，折此樹逐之即驚散。《粵語》：夜蘭木本，高尺許，葉如槐，花如粟米，至夜則芳香如蘭，折之可以辟蚊，插門上，蚊不敢入，一名蚊驚樹。有病，取其葉生啖或煎水，即吐痰，數日而愈。葉上有篆文如符，又名神符樹。關涵《嶺南隨筆》：夜蘭生羅浮幽谷中，有香無形，與肉芝同為神物，與此名同物異。

敏按：《粵志》：步驚木，以嫩葉和米敷粒微炒，煎湯飲之，可愈嘔瀉寒痰。花有幽香，步行遇之，往往驚為蕙蘭，故亦曰步驚。永安人以嫩葉乾之，持入京師作人事，核其功用形狀，或即夜蘭歟。

治一切風寒諸病，取葉煎湯服，少頃大吐痰涎，或行路侵寒暑，吐瀉危篤，採數葉嚼，或吐或不吐，病即愈。

蔓荆

宋・唐慎微《證類本草》卷一二木部上品〔《本經》・別錄・藥對〕 **蔓荆實** **味苦、辛，微寒、平，溫，無毒。主筋骨間寒熱，濕痹拘攣，明目堅齒，利九竅，去白蟲、長蟲，**主風頭痛，腦鳴，目淚出，益氣。**久服輕身耐老，**令人光澤，脂緻音雅。**小荆實亦等。**惡烏頭、石膏。

〔梁・陶弘景《本草經集注》〕云：小荆即應是牡荆。牡荆子大於蔓荆子，而反呼爲小荆，恐或以樹形爲言，復不知蔓荆樹若高大爾。

〔唐・蘇敬《唐本草》〕注云：小荆實今人呼爲牡荆子者是也。其蔓荆子大，故呼牡荆子爲小荆實。亦等者，言其功用與蔓荆同也。蔓荆苗蔓生，故名蔓荆。生水濱。葉似杏葉而細，莖長丈餘。花紅白色。今人誤以小荆爲蔓荆，遂將蔓荆子爲牡荆子也。

〔宋・掌禹錫《嘉祐本草》〕按：《蜀本》注云：今據陶，匪惟不别蔓荆，亦不知牡荆爾。以理推之，即蔓生者爲蔓荆，作樹生者爲牡荆。蔓生者大如梧子，樹生者細如麻子。則牡荆爲小荆明矣。《圖經》云：蔓荆，蔓生水濱。苗莖蔓延。春因舊枝而生小葉，五月葉成如杏葉。六月有花，淺紅色，蘂黄。九月有實，黑斑，大如梧子而虛輕。冬則葉凋。《藥性論》云：蔓荆子，臣。治賊風，能長髭髮。日華子云：利關節，治赤眼，癎疾。注云：海鹽亦有大如豌豆，蔕有小輕軟蓋子。六、七、八月採。

〔宋・蘇頌《本草圖經》〕曰：蔓荆實，舊不載所出州土，今近京及秦、隴、明、越州多有之。苗莖高四尺，對節生枝。初春因舊枝而生葉類小楝，至夏盛茂，有花作穗淺紅色，蘂黄白色，花下有青蕚。至秋結實，斑黑。如梧子許大而輕虛。八月、九月採。一說作蔓生，故名蔓荆。而今所有，並非蔓也。

〔宋・唐慎微《證類本草》〕《唐本》注：長鬚髮。雷公云：凡使，去蔕子下白膜一重，用酒浸一伏時後蒸，從巳至未，出曬乾用。

宋・寇宗奭《本草衍義》卷一三 蔓荆實 諸家所解，蔓荆、牡荆紛糾不一。《經》既言蔓荆，明知是蔓生，即非高木也。既言牡荆，則自是木上生者。況《漢書・郊祀志》所言，以牡荆莖爲幡竿。故知蔓荆即子大者是，又何疑焉。後條有欒荆，此即便是牡荆也。子青色。如茱萸，不合更立欒荆條。故文中云：《本草》不載，亦無别名，但有欒花，功用又别，斷無疑焉。注中妄稱石荆當之，其説轉見穿鑿。

金・張元素《潔古珍珠囊》〔見元・杜思敬《濟生拔粹》卷五〕　蔓荊子苦辛　陰中之陽。涼諸經血，止頭痛，主目睛內痛。與石膏相反。

宋・劉明之《圖經本草藥性總論》卷下　蔓荊實　味苦、辛，微寒、平、溫，無毒。主筋骨間寒熱，濕痺拘攣，明目堅齒，利九竅，去白蟲長蟲。主風頭痛腦鳴目淚出，益氣。《藥性論》云：臣。治賊風，長鬚髮。日華子云：利關節，治赤眼、癎疾。惡烏頭、石膏。小荊實亦等。生秦、隴、明、越州、眉州。八九月採。

宋・陳衍《寶慶本草折衷》卷一二　蔓荊實臣。一名蔓荊子。生海鹽水濱，及近京、秦、隴、明、越、眉州。○六、七、八、九月採實。○惡烏頭、石膏。

味苦、辛，平，微寒，無毒。○主筋骨間寒熱，濕痹拘攣，明目，堅齒，利九竅，去白蟲、長蟲。主風頭痛，腦鳴，目淚出。○《藥性論》云：治賊風，長髭髮。○日華子云：利關節，治赤眼癎疾。○《圖經》曰：結實斑黑，如梧子大而輕虛。○寇氏曰：既言蔓荊，明知蔓生，非高木也。

元・王好古《湯液本草》卷五　蔓荊子　氣清，味辛，温，苦、甘，陽中之陰。太陽經藥。《象》云：治太陽經頭痛，頭昏悶，除目暗，散風邪藥，胃虛人勿服，恐生痰疾。揀淨，杵碎用。《珍》云：涼諸經血，止頭痛，主目睛內痛。《本草》云：惡烏頭、石膏。

元・尚從善《本草元命苞》卷六　蔓荊子　為臣。味苦、辛，微寒，性平、溫，無毒。惡石膏、烏、附。主筋骨間寒熱，濕痺拘攣。除頭風痛腦鳴，自淚泣出。通九竅，聰耳目，利關節，袪賊風。去長蟲白蟲，長鬚髮。舊不載所出州郡，今秦隴、明越有之。莖高四尺，對節生枝，初春因舊枝生，葉如杏，至夏纔茂盛，有花作穗，色淺紅，蕚青蕊黃，秋結實，黑如桐子，九月收採實，用之去白膜。

元・徐彥純《本草發揮》卷三　蔓荊實　潔古云：氣清，味辛，溫。治太陽頭痛，頭沉昏悶，除目暗，散風邪之藥也。胃虛人不可服，恐生痰疾。《主治秘訣》云：苦甘，陽中之陰。涼諸經之血熱，止頭痛目暗。

明・王綸《本草集要》卷四　蔓荊實　味苦辛甘，氣微寒，溫。陽中之陰。無毒。太陽經藥。惡烏頭、石膏。主筋骨間寒熱，濕痹拘攣，明目堅齒，利九竅。去白蟲。久服輕身耐老。主風頭痛，腦鳴，目淚出。治太陽頭痛，頭昏悶，散風邪，除目睛內痛。

明・滕弘《神農本經會通》卷一　蔓荊　臣也。惡烏頭、石膏。蔓生者為蔓荊，大如梧子而輕虛。作樹生者，細如麻子，則為牡荊，乃小荊實也。一云：今之所有，並非蔓生。用須去蒂子下白膜一重，酒浸，晒乾用。

味苦、辛，氣微寒，平，溫，無毒。《湯》云：氣清，味辛，溫。苦、甘，陽中之陰，太陽經藥。《疌》云：通關竅，治痺，堅牙，殺白蟲，療頭風，益氣明眸，收眼淚。《珍》云：涼諸經血，治頭疼目暗。

《本經》云：主筋骨間寒熱，濕痺拘攣，明目堅齒，利九竅，去白蟲長蟲。主風頭痛，腦鳴，目淚出。益氣，久服輕身耐老，令人光澤脂緻。小荊實亦等。《藥性論》云：蔓荊子，臣。治賊風，長鬚髮。日華子云：利關節，治赤眼，癎疾。六七八月採。《象》云：治太陽經頭痛昏悶，除目暗。散風邪藥，胃虛人勿服，恐生痰疾。揀淨，杵碎用。《珍》云：涼諸經血，止頭痛，主目睛內痛。《局》云：蔓荊實主風頭痛，利竅通關去白蟲。堅齒輕身攻赤眼，并除筋骨熱寒攻。蔓荊子，攻赤目，清頭風，堅齒，輕身。

明・劉文泰《本草品彙精要》卷一六　蔓荊實無毒。

蔓荊實出《神農本經》：**主筋骨間寒熱，濕痹拘攣，明目堅齒，利九竅，去白蟲、長蟲。久服輕身耐老。**以上朱字《神農本經》。主風頭痛，腦鳴，目淚出，益氣，令人光澤，脂緻音雉，小荊實亦等。以上黑字名醫所錄。〔苗〕《圖經》曰：蔓生水濱，苗莖蔓延。春因舊枝而生小葉，五月葉成，如杏葉。六月有花，淺紅色，蕊黃。九月實熟，上有黑斑，大如梧子而虛輕，冬則葉凋。《唐本》注云：蔓生，葉似杏葉而細，莖長丈餘，花紅白色。今人誤以小荊爲蔓荊，遂將蔓荊子爲牡荊子也。《蜀本》注云：或云蔓荊即牡荊，以理推之，蔓生者爲蔓荊，樹生者爲牡荊。蔓生者大如梧子，樹生者細如麻子。據今之用，正如梧子而輕虛，則蔓荊是蔓生者明矣。《衍義》曰：蔓荊實，諸家所解蔓荊、牡荊紛糺音九不一。《經》既言蔓荊，明知是蔓生，即非高木也。既言牡荊，則自是木上生者，況《漢書・郊祀志》所言：以牡荊莖爲幡竿，故知蔓荊即子大者是，又何疑焉！故《圖經》云：一說作蔓生者，名蔓荊，而今之所有者並非蔓生也。〔地〕《圖經》曰：舊不載所出州土，今近京及秦、隴、明、越州多有之。〔道地〕眉州。〔時〕生：春生葉。採：八月、九月取實。〔收〕曬乾。〔用〕實。〔質〕類畢澄茄，稍大而有白膜。〔色〕蒼黑。〔味〕辛，苦。〔性〕溫，微寒。〔氣〕氣味俱輕，陽中之陰。〔臭〕香。〔主〕清頭目，散風邪。〔行〕足太陽經。〔反〕惡烏頭、石膏。〔製〕《雷公》云：凡使，去蒂子下白膜一重，用酒浸一伏時後蒸，從巳至未，出，曬乾，杵碎用。〔治〕療：《藥性論》云：祛賊風，能長髭髮。日華子云：利關節，治赤眼，癇疾。《湯液本草》云：涼諸經血，止頭痛及目暗內痛。〔禁〕胃虛人勿服，恐生痰疾。

明・葉文齡《醫學統旨》卷八 蔓荊子 氣味寒苦、辛、甘。無毒。陽中之陰。太陽經藥。惡烏頭、石膏。揀淨杵碎用。治太陽頭痛腦鳴，目淚頭昏悶，散風邪，除目內痛；筋骨間寒熱濕痺拘攣，明目堅齒，利九竅，去白蟲。

明・許希周《藥性粗評》卷二 風邪犯頭目，蔓荊子鬪破昏沉。

蔓荊子，即蔓荊實也。此與牡荊大同小異。樹高四五尺，對節生枝，葉亦相對而生，二月生小葉，至四五月葉成似杏，開花作穗，淺紅色，蘂黃白色，花下有青萼，至秋結實，斑黑如梧子大而輕虛。好生水濱阪岸之間，南北處處有之，漁人或取花葉，搗洗水中以獨魚。八九月採實，酒拌蒸過，晒乾收貯。凡用摘去蒂子下白膜一重。惡烏頭、石膏。味辛、苦、甘，性平溫，一說微寒，無毒。主治筋骨間寒熱，濕痹拘攣，頭風腦鳴，赤眼冷淚，癇疹，明目堅齒，散風邪，利九竅，通關節，殺寸白蟲。潔古云：治太陽頭痛昏悶，除目暗，散風邪之藥也。胃虛人不可服，恐生痰疾。味苦，恐益傷胃，不能養肺清氣。

明・鄭寧《藥性要略大全》卷五 蔓荊子臣 治太陽頭痛昏悶，除目翳，散風寒，涼諸經之血熱。《經》云：利關節，敺賊風，及筋骨間寒熱，濕痹拘攣，明目，堅齒，利九竅，殺寸白蟲、長蟲。《機要》云：治風頭痛，腦鳴，目睛內痛、淚出。益氣，治(癇)痰〔疾〕。味苦、辛、甘，性微寒、平，氣清，無毒。又云微溫，入太陽經之藥。胃虛人禁服，恐生痰。惡烏頭、石膏。

明・陳嘉謨《本草蒙筌》卷四 蔓荊實 味苦、辛、甘，氣溫、微寒。陽中之陰。無毒。不拘州土，惟盛水濱。實係蔓生，名因直述。大如梧子，色黑輕虛。依時收採陰乾，炒研去衣纔用。乃太陽經藥，惡烏頭石膏。主筋骨寒熱，濕痹拘攣；理本經頭痛，頭沉昏悶。利關節，長髮髭。通九竅去蟲，散風淫明目。腦鳴仍止，齒動尤堅。久服耐老輕身，令人光澤脂緻音雉。胃虛者禁服，恐作禍生痰。

明・王文潔《太乙仙製本草藥性大全》卷三《本草精義》 蔓荊實 舊不載所出州土，今近京及秦、隴、胡、越州多有之。苗莖高四尺，對節生枝，初春因舊枝而生葉，類小楝，至夏盛茂，有花作穗，淺紅色，葉黃白色，花下有青萼。至秋結實，班黑如梧子許大而輕虛，八月依時採陰乾，炒研去衣纔用。惡烏頭、石膏。

明・王文潔《太乙仙製本草藥性大全》卷三《仙製藥性》 蔓荊實臣 味苦、辛、甘，氣微寒、溫，陽中之陰，無毒。太陽膀胱經藥。主治：主筋骨寒氣、濕痹拘攣，理本經頭痛、頭沉昏悶。利關節，長鬚髭，通九竅。去蟲，散風淫，明目腦鳴，仍止齒動尤堅。久服耐老輕身，令人光澤脂緻。胃虛者禁服，恐作禍生痰。太乙曰：凡使去蒂子下白膜一重，用酒浸一伏時後，蒸從巳至未出，熬乾用。

明・皇甫嵩《本草發明》卷四 蔓荊子上品，君。氣溫、微寒，味苦、辛、甘，無毒。陽中之陰，太陽經藥。發明曰：蔓荊子，辛溫兼苦。寒能涼諸經血而散風邪之藥也。故《本草》主太陽經頭痛，頭風腦鳴，目淚出，目痛目暗，頭沈昏悶，能明目堅齒，益氣，又主筋骨間寒熱，濕痺拘攣，関節九竅不利，去寸白長蟲，此等候皆諸經血熱而風淫所致也，此能涼之散之，則以上諸風悉去矣。要之，清頭目風邪為的藥也。一云久服輕身，令人光澤脂嫩，皆由能去風濕熱而然也。胃虛人禁服，恐生痰疾。惡烏頭、石膏。燒研，去衣用。〇雷公云：去白衣，酒浸一伏時，蒸二三伏時，晒乾用。

明・李時珍《本草綱目》卷三六木部・灌木類 蔓荊《本經》上品

〔釋名〕恭曰：蔓荊苗蔓生，故名。

〔集解〕恭曰：蔓荊生水濱。苗莖蔓延長丈餘。春因舊枝而生小葉，五月葉成，似杏葉。六月有花，紅白色，黃蘂。九月有實，黑斑，大如梧子而虛輕。冬則葉凋，今人誤以小荊爲蔓荊，遂將蔓荊爲牡荊也。大明曰：海鹽亦有之。頌曰：近汴京及秦、隴、明、越州多有之。苗莖高四五尺，對節生枝。葉類小楝，至夏盛茂。有花作穗，淡紅色，蘂黃白色，花下有青萼。至秋結子。舊説蔓生，而今所有並非蔓也。宗奭曰：諸家所解，蔓荊、牡荊紛糺不一。《經》既言蔓荊明是蔓生，即非高木也；既言牡荊，則自木上生，又何疑焉？時珍曰：其枝小弱如蔓，故名蔓生。

實 〔脩治〕斅曰：凡使，去蒂子下白膜一重，用酒浸一伏時，蒸之從巳至未，曬乾用。時珍曰：尋常只去膜，打碎用之。

〔氣味〕苦，微寒，無毒。《別録》曰：辛，平、溫。元素曰：味辛溫，氣清，陽中之陰，入太陽經。胃虛人不可服，恐生痰疾。之才曰：惡烏頭、石膏。〔主治〕筋骨間寒熱，濕痹拘攣，明目堅齒，利九竅，去白蟲。久服，輕身耐老。小荆實亦等《本經》。風頭痛，腦鳴，目淚出，益氣，令人光澤脂緻《別録》。治賊風，長髭髮甄權。利關節，治癇疾，赤眼大明。太陽頭痛，頭沉昏悶，除昏暗，散風邪，涼諸經血，止目睛內痛元素。搜肝風好古。【發明】恭曰：小荆實即牡荆子，其功與蔓荆同，故曰亦等也。時珍曰：蔓荆氣清味辛，體輕而浮，上行而散。故所主者，皆頭面風虛之證。

【附方】新三。令髮長黑：蔓荆子、熊脂等分，醋調塗之。《聖惠方》。頭風作痛：蔓荆子一升，爲末，絹袋[盛]，浸一斗酒中七日，溫飲，日三次。《千金方》。乳癰初起：蔓荆子炒，爲末。酒服方寸匕，渣傅之。危氏《得效方》。

題明・薛己《本草約言》卷二《藥性本草》 蔓荆子 味苦、辛，氣溫，微寒，無毒。陰中之陽，升也，入足太陽經。風在表而能散，熱在上而能清，止頭痛兼除昏悶，去目赤又治腰痛。揀淨，杵碎用。《發明》云：蔓荆子辛溫兼苦寒，能涼諸經血而散風邪之藥也。其頭沉昏悶目赤等候，皆諸經血熱而風淫所致也，此能涼之散之，則諸風悉去矣。要之，清頭目風邪為的藥也。胃冷人不可服。恐生痰疾。

明・梅得春《藥性會元》卷中 蔓荊子 味苦、辛，性微寒，平。陽中之陰。無毒。惡烏頭、石膏。入足太陽膀胱經。主治太陽頭痛，筋骨間寒熱，濕痹拘攣，明目堅齒，利九竅，殺白蟲、長蟲，又治頭風腦痛，目腫耳鳴眼淚，頭目昏暈，風邪內作，益氣澤膚。與川芎、細辛入補中益氣湯，同治血虛頭痛如神。製法：揀淨去蒂及白膜，揉碎，用酒浸一伏時，晒乾。

明・李中立《本草原始》卷四 蔓荊實 舊不載所出州土，今近京及秦、隴、明、越州多有之。莖高四尺，對節生枝。初春因舊枝而生葉，類小楝，至夏盛茂。有花作穗，淺紅色，蘂黄白色，花下有青萼。至秋結實，斑黑如梧子許大而輕虛。八月、九月采實。一說葉如杏葉，作蔓生，故名蔓荊。蔓荊實：氣味：苦，微寒，無毒。主治：筋骨間寒熱，濕痹拘攣，明目堅齒，利九竅，去白蟲。久服輕身耐老。小荊實亦等。○風頭痛腦鳴，目淚出，益氣，令人光澤脂緻。○治賊風，長髭髮。○利關節，治癇疾，赤眼。○太陽頭痛，頭沉昏悶，除昏暗，散風邪，涼諸經血，止目睛內痛。○搜肝風。

蔓荊實，《本經》上品。【圖略】俗呼蔓荊子。修治：斆曰：凡使去蒂子下白膜一重，酒浸一伏時，蒸之從巳至未，晒乾用。元素曰：味辛，溫，氣清，陽中之陰，入太陽經。之才曰：惡烏頭、石膏。《危氏得效方》：治乳癰初起，蔓荊子炒為末，酒服方寸匕，渣傅之。

蔓荊子，臣。

明・張懋辰《本草便》卷二 蔓荊實 味苦、辛、甘，氣微寒、溫，陽中之陰，無毒。太陽經藥。惡烏頭、石膏。主筋骨間寒熱，濕痹拘攣，明目堅齒，利九竅，去白蟲；主風，頭痛腦鳴，目淚出，治太陽頭痛，頭昏悶；散風邪，除目睛內痛。

明・李中梓《藥性解》卷五 蔓荊子 味苦、甘、辛，性微寒，無毒，入肝經。主散風寒，療頭風，除目痛，去翳膜，堅齒牙，利九竅，殺白蟲。酒浸一宿蒸用，惡石膏，烏頭。按：《經》曰：東方青色，入通于肝，開竅于目。又曰：風生木，木生酸。酸生肝，荊實入肝，故耑主散風，以療目疾。《主治秘訣》云：其味苦甘，為陽中之陰，能涼諸經之血熱。

明・繆希雍《本草經疏》卷一二 蔓荊實 味苦、辛，微寒、平，溫，無毒。主筋骨間寒熱，濕痹拘攣，明目堅齒，利九竅，去白蟲、長蟲，主風頭痛，腦鳴，目淚出，益氣。久服輕身耐老，令人光澤脂緻。

【疏】蔓荊實稟陽氣以生，兼得金化而成。神農：味苦，微寒，無毒。《別錄》加辛，平，溫。察其功用應是苦溫辛散之性，而寒則甚少也。氣清味薄，浮而生，陽也。入足太陽，足厥陰，兼入足陽明經。其主筋骨間寒熱，濕痹拘攣，風頭痛，腦鳴目淚出者，蓋以六淫之邪，風則傷筋，寒則傷骨，而為寒熱，甚則或成濕痹，或為拘攣。又足太陽之脈，夾脊循項而絡於腦，目為厥陰開竅之位，邪傷二經，則頭痛腦鳴目淚出，此藥味辛氣溫，入二臟而散風寒濕之邪，則諸證悉除矣。邪去則九竅自通，痹散則光澤脂緻。其主堅齒者，齒雖屬腎而牀屬陽明，陽明客風熱則上攻牙齒，為動搖腫痛，散陽明之風熱，則齒自堅矣。去白蟲，長蟲者，假其苦辛之味耳。益氣輕身耐老，必非風藥所能也。【主治參互】同甘菊花、荊芥、酒炒黄芩、烏梅、芽茶、白蒺藜、川芎、羌活、黑豆、土茯苓，治偏頭風痛，目將損者。【簡誤】頭目痛不因風邪，而由於血虛有火者忌之。元素云：胃虛人不可服，恐生痰疾。

明・倪朱謨《本草彙言》卷一〇 蔓荊實 味苦，氣溫，無毒。氣味輕薄，浮而升，陽也。入足太陽、陽明、厥陰經。蘇氏曰：蔓荊子，出汴京及秦、隴、明、越州郡。今江南、閩、浙亦有。多生近水處，苗莖蔓延，長丈許，莖中心方，對節生枝，枝小弱如蔓，故名。春時舊枝發小葉，類小楝，五月葉大如杏葉，六月作穗，便出青萼，將開則黃，開時花色紅中雜白。九月結實有黑斑，大如梧子，極輕虛。實上近蒂處有白膜蓋之。冬月葉凋，莖能耐寒，次年復發。修治：去蒂下白膜，曬乾用。

蔓荆子：孫思邈主頭面諸風疾之藥也。梅青子稿前古主通利九竅，活利關節，明目堅齒，祛除風寒風熱之邪。其辛溫輕散，浮而上行，故所主頭面虛風諸證，推其通九竅、利關節而言。故後世治濕痹拘攣，寒疝脚氣，入湯散中，屢用奏效，又不拘于頭面上部也。凡頭目風痛，不由風寒之邪，而由于血虛有火者，勿用也；痿痹拘攣，不由風濕之邪，而由于陽虛血涸筋衰者，勿用也；寒疝脚氣，不由陰濕外感，而由于肝脾羸敗者，亦勿用也。

繆仲淳先生曰：邪去則九竅通明，痹散則關節活利。

集方：陳秋水方治頭面諸風疾。用蔓荆子五錢，枸杞子、白附子、甘菊花、玉竹、防風各二錢，俱酒拌炒，甘草八分，水煎服。○駱仁我方治九竅不通，目昏耳閉，鼻癰，口舌蹇澀，二便不通。用蔓荆子三錢研，川芎、北細辛、辛夷各一錢，茯苓、白朮各二錢，車前子、牛膝、萆薢各二錢五分，生薑三片，水煎徐徐服。○蔣都聞傳治關節不利，周身强痛。用蔓荆子三錢，川羌活、當歸身、紅花、牛膝、木瓜各二錢，川芎、黃柏、木通各一錢五分，水煎服。○杭州萬太守傳治風寒侵目，腫痛出淚，澀脹羞明。用蔓荆子三錢，荆芥、白蒺藜各二錢，柴胡、防風各一錢，甘草五分，水煎服。○《聖惠方》治齒牙攻痛，動搖不堅，因風、因火、因寒濕者。用蔓荆子三兩，川芎、白芷各五錢，北細辛、辛夷各一錢五分，俱炒研爲末。每早以手指蘸末藥，擦齒。絕妙。○以下三方魯當垣傳治濕痹拘攣疼痛。用蔓荆子四兩，酒拌炒，枸杞子、川萆薢、當歸、白朮、蒼朮、紅花、牛膝、秦艽、杜仲、川羌活、川黃柏各二兩，俱醋拌炒，共爲末。每早午晚，各食前服一錢二分，白湯調下。○治寒疝鑽痛。用蔓荆子一兩，乾薑、小茴香各五錢，吳茱萸三錢，木香一錢，甘草五分。服後不愈，倘加冷汗、呃逆、吐蛔蟲者，本方加製附子四錢，人參、白朮各五錢，水四大碗，煎一碗，冷服。○治脚氣重痛難履。用蔓荆子三錢，牛膝、木瓜、青皮、陳皮、烏藥、半夏、川獨活、秦艽、藁本、黃柏各二錢，水三碗，煎八分服。○繆氏方治偏頭風痛，目將損者。用蔓荆子一兩，甘菊花、白蒺藜去刺、土茯苓、黃芩、荆芥、芽茶、川芎、羌活、黑豆各五錢，俱酒拌炒，研爲末。每早午晚，各食後服一錢五分，白湯調下。○危氏《得效方》治乳癰初起可消。用蔓荆子一兩二錢，炒研爲末，酒水各一碗，煎一碗，半飽服，渣敷患上。

明·顧逢柏《分部本草妙用》卷五腎部·寒瀉

蔓荊子　苦，微寒，無毒。酒浸透，焙乾用。入小腸、膀胱經，附腎。主治：筋骨寒熱，濕痺拘攣，明目堅齒，利九竅。去白蟲，頭鳴腦風，太陽頭痛，散風涼血，搜肝風，止目睛內痛。蔓荊氣清味辛，體輕而浮，上行而散，故所主者，皆頭面風虛之症。

明·李中梓《醫宗必讀·本草徵要下》

蔓荆子味苦、辛，平，無毒。入肝、膀胱二經，惡烏頭、石膏。頭風連於眼目，搜散無餘；濕痹甚而拘攣，舒展有效。氣清味辛，體輕而浮，上行而散，故所主者皆在風木之藏。目之與筋，皆肝所主也。按：頭痛目痛，不因風邪而因於血虛有火者，忌之。元素云：胃虛人不可服，恐生痰疾。

明·鄭二陽《仁壽堂藥鏡》卷二

蔓荊子　《圖經》云：今秦、隴、明、越州多有之。氣清，味辛，溫，苦、甘。陽中之陰。太陽經藥。《象》云：治太陽經頭痛，頭昏悶，除目暗，散風邪藥。胃虛人勿服，恐生痰疾。揀淨杵碎用。《珍》云：涼諸經血，止頭痛，主目睛內痛。《本草》云：惡烏頭、石膏。《藥性論》云：治賊風，能長髭髮。

明·蔣儀《藥鏡》卷一溫部

蔓荊子　散風寒，太陽分之頭疼立止。去翳膜，風腫眼之眊眛生光。消陽明風熱，牙牀間之動搖腫痛，仍復堅固。

明·張景岳《景岳全書》卷四九《本草正》

蔓荊子　味苦、辛，氣清，性溫。升也，陽也。入足太陽、陽明、厥陰經。主散風邪，利七竅，通關節。去諸風頭痛腦鳴，頭沉昏悶，搜肝風，止目睛內痛淚出，明目堅齒。療筋骨間寒熱，濕痹拘攣。亦去寸白蟲。

明·賈九如《藥品化義》卷一一風藥

蔓荊子　屬陰中有微陽，體乾而細，色青，氣和，味苦略辛云甘非，性涼，能升，力疏風熱，性氣與味俱薄，入肝膀胱二經。蔓荊子味苦兼辛，能疏風涼血利竅，凡太陽頭痛及偏頭風，腦鳴目淚目昏，皆血熱風淫所致，以此涼之，取其氣薄主升。佐神效黃芪湯，疏消障翳，使目復光，為肝經勝藥。

明·盧之頤《本草乘雅半偈》帙二

蔓荊實《本經》上品　氣味：苦，微

寒，無毒。　主治：　主筋骨間寒熱，濕痹拘攣，明目，堅齒，利九竅，去白蟲。久服輕身耐老。小荊實亦等。

斅曰：　出汴京、秦、隴、明、越諸處。　生水濱。　苗莖蔓延，高丈許。　莖中心方，對節生枝，枝小弱如蔓。春時舊枝作小葉，如小楝，五月葉成如杏葉，六月作穗，便出青萼，將開則黃，開時花色紅白。　九月結實黑斑，大如梧子，極輕虛，實上近蒂處，有白膜蓋子，冬則葉凋，莖則耐寒，次年再發。　修治：去蒂子下白膜一重，酒潤一伏時，蒸之，從巳至未，晒乾收用。　惡烏頭、石膏。

繆仲淳先生云：　邪去，則九竅通明；　痹散，則光澤脂緻。　具筋骨人，方耐歲寒。

糸曰：　垂布如蔓，故名蔓；　柔枝耐寒，故名荊。　主筋骨寒熱，濕痹拘攣，柔筋堅齒，耐老輕身者，象形取治法。為劑中之輕劑、通劑也。顧實體輕揚，而炎上作苦，故利九竅，去白蟲者，秉風木宣和之用耳。　先人《博議》云：具筋骨關機之象，耐字義深，大有容焉。德備淳化，故列上品。　用合敷和之紀者，無出其右矣。

明・李中梓《本草通玄》卷下　蔓荊子　辛而微溫，足太陽經藥也。主太陽頭風，頂痛，目痛翳淚，亦能固齒。　去白膜，酒炒，打碎。

清・顧元交《本草彙箋》卷五　蔓荊子　《本草》止言入太陽經。　他本又云兼足厥陰。　蓋足太陽之脈夾脊循項，而絡於腦目，爲厥陰開竅之位。　邪傷二經，則頭痛腦鳴，目淚出。　此藥辛溫入二臟，而散風寒濕之邪，故頭面風虛者主之。　好古云：　蔓荊子搜邪風，止目睛內痛。

偏頭風用蔓荊子、甘菊花、荊芥酒炒、黄芩、烏梅、芽茶、白蒺藜、川芎、羌活、黑豆、土茯苓，煎時先以鼻嗅其氣。

清・穆石匏《本草洞詮》卷一一　蔓荊　苗蔓生，故名。　蔓荊子苦辛，微寒，一云溫，無毒。　治筋骨間寒熱濕痺，風頭痛，腦鳴，目淚出，利關節，治癇疾，赤眼，搜肝風。　蓋其氣清虛，體輕而浮，故所主皆頭面風虛之證也。

清・劉雲密《本草述》卷二四　蔓荊　時珍曰：　其枝小弱如蔓，故名蔓生。

實：　氣味：　苦，微寒，無毒。　《別録》曰：　辛平，溫。　潔古曰：味辛，溫，氣清，陽中之陰，入太陽經。

主治：　涼諸經血潔古。　益氣《別録》。　利關節日華子。　利九竅，治筋骨間寒熱，溼痹拘攣《本經》。　搜肝風好古。　散風邪，治太陽風頭痛，頭沉昏悶，除昏暗潔古。　明目《本經》。　止目睛內痛潔古。　及目淚出《別録》。　方書主治：中風頭痛眩暈，瘈瘲，頸項強痛，腰痛痞痹，行痹着痹攣，其治目病甚多，耳鼻齒亦用之。　時珍曰：　蔓荊氣清，味辛，體輕而浮，上行而散，故所主者，皆頭面風虛之證。　希雍曰：　蔓荊實稟陽氣以生，兼得金化而成。《神農》味苦，微寒，無毒。《別録》加辛，平溫。　察其功用，應是苦溫辛散之性，而寒則甚少也。　氣清味薄，浮而升，陽也，入足太陽、足厥陰，兼入足陽明經。

愚按：　溫涼寒熱，為天之四氣，在《本草》止言溫熱寒，不言涼但有言微寒者，先哲已道及之。　希雍不察，而妄與《本經》相駁，則大誤矣。

愚按：　蔓荊春因舊枝而生小葉，至夏茂盛，有花作穗，是秉乎春溫之氣以生，夏熱之氣以長也。　九月結實，是更因乎深秋涼降之氣以成也。　故其味始嘗之多苦，後味之有辛，更有微涼，正其氣化之應乃爾。　繆氏所謂稟陽氣以生，兼得金化以成者是也。　凡物貴其生，而必稽其成，是以結為實者，入土而還生，為枝、為葉、為花、為果，皆其仁中之包孕。　然則蔓荊子之結於深秋，豈非舉春溫夏熱之氣，盡橐籥變化於此時乎？　先哲曰：　假令自地而升天，非苦無以至地，非溫無以至天，故用苦溫之劑，從地而發至天。假令自天而降地，非辛無以至天，非涼無以至地，故用辛涼之劑，從天而引至地。　涼固在天之陰而降地者也。　然則蔓荊以九月結實，從苦溫而成於辛涼，是以升天始，以降地終者也。　夫有溫升，乃有涼降。　然有涼降，乃以成其溫升。　蓋陽不得陰，則陽無以化也。　東垣曰諸陽氣皆根於陰血，陰受火邪，則上乘陽分，而陽道不行之數語者，足以明其功用矣。　此味成於涼降，故能涼諸經之血，故不使火邪乘於陽分，且陽得陰以化，而陽道行矣。苐用者類以為風劑，亦謂其辛溫能升散耳，孰知有妙於涼降，以成其溫升，不使陽之戾氣化為風眚乎？　故凡方書中用療風證，須先識此義也。　涼血則陽得陰以為守，而風木之氣化自平，故此味似專從內風以為其功，不得槩同於諸風劑論也。　或曰：　《本經》首言其治筋骨間寒熱溼痹拘攣，必其功用關切。　然止是涼血之故歟？　抑亦不離於溫升之陽歟？　曰：　人身筋骨，全藉經脈之貫注，而經脈之所以貫注者，此精專之營氣也。　雖水穀之悍氣曰衛，不能入於脈，然衛氣充周，和調五臟，灑陳六腑，乃能入於脈，是有充周之氣，乃有精專者以入於營，固無二氣也。後所謂以陰而達陽，即由陽以徹陰，其義悉於此段。　然則如上主治，豈能外於溫升之氣乎？　苐溫升之氣無涼降，則陽中無陰，與《經》所謂至陰虛、天氣絶者，無二義也。唯此味本溫升之氣以歸涼降，有陰降而陽隨之化機，故能使陽入陰中，而營氣得以貫注，能為筋骨之利如是耳。先哲曰營之機不動，則衛氣不布，斯語可互為条也。試即中風伏虎丹以治癱瘓，拯濟換骨丹以治半身不遂，又痹證如茯神湯以療心痹，小烏犀湯以治行痹，神效黄耆湯、蔓荊子湯、苦參湯以療着痹，諸方中有一不由於營衛之合以致其用乎？更条苦參湯乃治營虛胃實而肌肉不仁者，則知茲味之用，固以陰而達陽，即由陽以徹陰也。如潔古謂其涼諸經血，又曰氣清，《别録》更言其益氣，不謂明悉其功用，又在此數言乎哉？抑涼血益氣，妙以清氣為關捩子，如中風諸劑中，有同他味以祛風除昏悶者，療精神昏濇者。又如頭痛諸劑中，有同他味而藉以治頭旋眼黑者，有於療風熱清鬱熱中，少同他味以清氣者。又如眩暈諸劑中，有同他味治風頭旋，眼目昏痛，甚則起欲倒者，有同他味治風頭旋，更筋脈拘急，肢節煩疼者。蓋其氣清者，陽得陰以化，東垣所謂陽道得行，即此是氣益矣。故氣虛而頭疼者，氣虛而着痹者，氣虛而胸次痞者，率於補氣中用之，是不可想見其氣清即氣益之微義歟。然則並能化陽氣之戾者，抑又何歟？曰：氣之虛者欲補，而此能清其氣以達之，氣之戾者欲散，而此能清其氣以化之。總之於氣胥益也。試觀瘈瘲一證，如牛黄散治其虛，胃風湯、獨活散治其實，是非明證乎哉？抑何以於頭目為先也？蓋陽氣先於天表，而乃及於經脈，正所謂衛氣充周，而後精專者入於脈也。或曰：此味當先入何經，乃合於涼血即奏益氣之功歟？曰：先哲有云手太陽小腸受邪，蔓荊子除之。細条此經之治，於斯義最為親切矣。夫心為火，主氣者火之靈也，而小腸與之合，心不司氣化，而小腸為心司氣化之權，又心主血，而小腸即為血化之府，東垣所謂諸陽氣根於陰血者也。況小腸經脈上會諸陽於督，下會諸陽於任，其上而受諸陽之施化者，實下而根柢於真陰之熏蒸也。是所謂小腸之邪，即病於氣化不清，除小腸之邪，非即涼血而令氣清，氣清而令氣益乎哉。然則潔古所云入太陽經者，固包舉手足經而言，止謂入足太陽者，誤。至於别入某經某經，乃粗工影響之說，其誤更甚矣。

修治　去膜，打碎用。

清·郭章宜《本草匯》卷一六　蔓荊子　苦辛，微寒，陰中之陽，升也，入足太陽、厥陰經。頭風連于眼目，搜散無餘。濕痺甚而拘攣，六淫之邪，風則傷筋，寒則傷骨。展舒有効。《本經》主堅齒者，齒屬腎，而牀屬陽明，陽明客風熱，則上攻牙齒，而動搖腫痛，散陽明之風熱，則安矣。

按：蔓荊子，氣味清辛，體輕而浮，上行能散風熱，故所主者，皆在風木之藏。目之與筋，皆肝所主也。若頭目痛，不因風邪，而因于血虛有火者，忌之。元素云：胃虛人不可服，恐生痰疾。

凡使，去蒂併白膜，酒浸一伏時，蒸之，焙乾打碎用。惡烏頭、石膏。

清·蔣居祉《本草擇要綱目·寒性藥品》　蔓荊子　氣味：苦，微寒，無毒。陽中之陰。入太陽經。胃虛人不可服，恐生痰疾。主治：明目堅齒，利九竅，頭痛腦鳴，目翳淚出，散風邪，涼諸經血。止目睛內痛，搜肝風。蓋蔓荊實氣清味辛，體輕而浮，上行而散，故所主皆頭面風虛之症也。

清·王翃《握靈本草》卷八　蔓荊子秦越皆有之。大如梧子而輕虛，凡使去蒂下白膜一重，酒浸蒸之。　主治：蔓荊子，微苦，寒，無毒。一云：辛，溫。主筋骨間寒熱，濕痺，明目堅齒，風頭痛腦鳴，涼諸經血，止目睛痛。

清·汪昂《本草備要》卷三　蔓荊子輕，宣，散上部風熱。　辛、苦，微寒。輕浮升散。入足太陽、陽明、厥陰膀胱、胃、肝經。搜風涼血，通利九竅。治濕痺拘攣，頭痛腦鳴，太陽脉絡于腦。目赤齒痛，齒雖屬腎，爲骨之餘。而上齦屬足陽明，下齦屬手陽明。陽明風熱上攻，則動搖腫痛。頭面風虛之症。明目固齒，長髮澤肌。

去膜，打碎用。亦有酒蒸炒用者。惡石膏、烏頭。

清·吴楚《寶命真詮》卷三　蔓荊子　【略】頭風連於眼目，搜散無餘；濕痺甚而拘攣，展舒有效。若血虛頭目痛者勿用。

清·陳士鐸《本草新編》卷四　蔓荊子　味苦、辛、甘，氣溫、微寒，陽中之陰，無毒。入太陽經。主筋骨寒熱，濕痹拘攣，本經頭痛，頭沉昏悶，利關節，長髮髭，通九竅，去蟲，散風淫，明目，耳鳴仍止，齒動尤堅。此物散而不補，何能輕身耐老。胃虛因不可用，氣血弱衰者，尤不可頻用。

或問：蔓荊子，止頭疼聖藥，凡有風邪在頭面者，俱可用，而吾子又以為不可頻用，謂其散而不補也。但藥取其去病，能去病，又何慮用之頻與不頻哉。不知蔓荊子體輕而浮，雖散氣不至于太甚，似乎有邪者，俱可用之。然而，虛弱者少有所損，則氣怯神虛，而不勝其狼狽矣。予言不可頻用者，為虛者言之也。若形實氣實，邪塞于上焦，又安在所禁之內哉。

蔓荊子佐補藥中，以治頭疼最效，因其體輕力薄，藉之易于上升也。倘單恃一味，欲取勝于俄頃，則不能。

或問：蔓荊子入太陽經，能散風邪，何仲景張公不用之以表太陽之風邪，得毋非太陽之藥乎？不知蔓荊子入太陽之營衛，不能如桂枝單散衛而不散營，麻黃單散營而不散衛，各有專功。傷寒初入之時，邪未深入，在衛不可引入營，在營不可仍散衛。蔓荊子營衛齊散，所以不宜。

清·顧靖遠《顧氏醫鏡》卷八 蔓荊子辛、苦，平。入腎肝膀胱三經。 善療頭風目痛，氣清體輕，上行而散，故治偏頭風痛，目將損者。 堪舒濕痺拘攣。風能勝濕。 頭痛目痛，不由風邪，而因於血虛有火者，忌之。

清·李熙和《醫經允中》卷一九 蔓荊子 酒浸透，焙乾用。入小腸、膀胱經，附腎。 苦，微寒，無毒。 主治頭鳴腦風，太陽頭痛，散風涼血，止目精痛。 氣清味辛，體輕而浮，上行而散，故所主者，皆頭面遊風之症。 胃虛人服之，恐生痰疾。

清·馮兆張《馮氏錦囊秘錄·雜症痘疹藥性主治合參》卷四 蔓荊子稟陽氣以生，兼得金化而成。味苦、辛，微溫，無毒。氣清味薄，浮而升陽也。入足太陽、足厥陰，兼入足陽明經。苦溫辛散，故所主風寒濕熱之邪及三經所受之病也。 蔓荊子，主筋骨寒熱，濕痺拘攣，理本經頭痛淚出，頭沉昏悶。 利關節，止腦鳴，通九竅去蟲。 散風淫，明目，齒動尤堅。 胃虛禁服，否則作禍生痰。 血虛頭痛，用之亦能反劇。

主治痘疹合參： 宜酒浸晒乾用。 治痘瘡頭面太腫者，并風頭痛腦鳴，目淚目睛內痛。

清·张璐《本經逢原》卷三 蔓荊子 苦、辛，溫，無毒。 《本經》主筋骨間寒熱濕痹，拘攣，明目，堅齒，利九竅，去白蟲。 發明： 蔓荊子入足太陽，體輕而浮，故治筋骨間寒熱濕痹拘急。 上行而散，故能明目，堅齒，利九竅，去白蟲，及風寒目痛，頭面風虛之證。 然胃虛人不可服，恐助痰濕為患也。 凡頭痛目痛，不因風邪而血虛有火者禁用，瞳神散大尤忌。

清·浦士貞《夕庵讀本草快編》卷五 蔓荊《本經》 其枝小弱如蔓，故名。 蔓荊以別牡荊也。 蔓荊氣微寒，而味苦辛，陽中之陰，足太陽藥也。故善清頭風而治腦痛，止目淚而除昏闇，且其體輕上浮，氣清而散，與木合德，一切賊風濕痺，諸經血熱，頭目眩悶者，並皆宜之。 且其有堅齒而利關竅之功，悅顏而長鬚髮之効。 惟胃虛者不可多服，恐木盛乘脾，反生痰熱耳。

清·張志聰、高世栻《本草崇原》卷上 蔓荊子 氣味苦，微寒，無毒。主治筋骨間寒熱，濕痹拘攣，明目，堅齒，利九竅，去白蟲。久服輕身耐老，小荊實亦等。 蔓荊生於水濱，苗高丈餘，其莖小弱如蔓，故名蔓荊。 春葉夏茂，六月有花，淡紅色，九月成實，黑斑色，大如梧子而輕虛。 一種木本者，其枝莖堅勁作科不作蔓，名牡荊，結實如麻子大，又名小荊實。 蔓荊多生水濱，其子黑色，氣味苦寒，稟太陽寒水之氣化，蓋太陽本寒標熱，少陰本熱標寒。 主治筋骨間寒熱者，太陽主筋病，少陰主骨病，治太陽、少陰之寒熱也。 濕痹拘攣，濕傷筋骨也。 益水之精，故明目。 補骨之餘，故堅齒。 九竅為水注之氣，水精充足，故利九竅。 蟲乃陰類，太陽有標陽之氣，故去白蟲。 久服則筋骨強健，故輕身耐老。 小荊實亦等，言蔓荊之外，更有一種小荊，其實與蔓荊之實功力相等，可合一而並用也。 小荊實附 氣味苦，溫，無毒。 主除骨間寒熱，通利胃氣，止咳逆，下氣。《別錄》附。

清·姚球《本草經解要》卷三 蔓荊子 氣微寒，味苦，無毒。 主筋骨間寒熱，濕痹拘攣，明目堅齒，利九竅，去白蟲。 久服輕身耐老。 蔓荊子氣微寒，稟天冬寒之水氣，入足少陰腎經、足太陽寒水膀胱經。 味苦無毒，得地南方之火味，入手少陰心經。 氣味俱降，陰也。 太陽寒水，主筋所生之病，而骨者，腎之合也。 蔓荊寒可清熱，苦可燥濕，濕熱攘，則寒熱退，而拘攣愈矣。 氣寒壯水，味苦清火，火清則目明，水壯則齒堅，齒乃腎之餘也。 九竅者，耳、目、鼻各二，口、大小便各一也。 苦味清火，所以九竅皆利也。 白蟲，濕熱所化，苦寒入膀胱以瀉濕熱，所以去白蟲也。 久服輕身者，祛濕之功，耐老者，壯水之力也。 製方： 蔓荊子同甘菊、荊芥、黃芩、烏梅、芽茶、白蒺藜、川芎、黑豆、土茯苓，治偏正頭風，目將損者。

清·周垣綜《頤生秘旨》卷八 蔓荊子 辛散風邪之藥也。 太陽頭痛在腦，九竅不利，眼目淚痛，皆所必須。

清·王子接《得宜本草·中品藥》 蔓荊子 味辛、甘。 入足太陽、厥陰經。 得皂莢、蒺藜治皮痺不仁，得羌活、防風治風熱頭痛。

清·黃元御《玉楸藥解》卷二 蔓荊子 味苦，微溫。 入足厥陰肝經。 泄風濕，清頭目。 蔓荊子發散風濕，治麻痹拘攣、眼腫頭痛之證。 頭目疼痛，乃膽胃逆升，濁氣上壅所致。 庸醫以為頭風，而用蔓荊子發散之藥，不通極矣。 諸家本草皆出下士之手，此等妄言，不勝其數。

清・吴儀洛《本草從新》卷三 蔓荊子〔輕，宣散上部風。〕 味苦，辛，平。輕浮升散而搜風，通利九竅。治濕痺拘攣，頭痛腦鳴，太陽脈絡於腦。目痛齒痛，齒雖屬腎，為骨之餘，而上齦屬足陽明，下齦屬手陽明，陽明風熱上攻則動摇腫痛。頭面風虚之證。頭痛目痛，不因風邪而因血虚有火者忌之。元素云：胃虚人不可食，恐生痰疾。去膜打碎用，亦有酒蒸炒者，惡石膏、烏頭。

清・汪紱《醫林纂要探源》卷三 蔓荊子 辛，苦，微寒。非荊類，而氣味似之。亦不蔓生，形弱似欲蔓耳。開小黄花，結實附莖，粒如椒而大，輕虚上浮。行肝氣於上極，以散熱祛風，兼能燥濕。肝脈上行巔頂，與太陽脈會。此味辛苦，補肝祛風，而輕虚上行，故主治頭風腦鳴，并能清頭目，利九竅，治目赤，牙痛，凡一切頭面風虚之證。固齒牙，長鬚髮，亦治濕痺拘攣，以其苦燥濕，而辛能舒筋也。

清・嚴潔等《得配本草》卷七 蔓荊子 惡烏頭、石膏。 辛、苦，微溫。入足太陽、厥陰經氣分。搜肝風，祛寒濕，除頭痛，止睛疼，利九竅，殺白蟲，治濕痺拘攣，療腦鳴齒痛。 配馬藺，治喉痺口噤。配蒺藜，治皮痺不仁。 去膜拷碎，酒蒸用，或酒拌炒用。 胃虚、服之恐致痰疾。血虚頭痛，二者禁用。

題清・徐大椿《藥性切用》卷五 蔓荊子 苦辛性平，入肝搜風，而治頭痛齒痛，為輕浮疎散風熱之耑藥。

清・黄宫繡《本草求真》卷三 蔓荊子散筋骨間寒濕，除頭面風寒。 蔓荊子耑入膀胱，兼入胃肝。 辛苦微溫，書言主治太陽膀胱，兼理足陽明胃，足厥陰肝。緣太陽本屬寒水之經，因風邪内客，而致巔頂頭痛腦鳴。太陽脉絡於腦。肝屬風臟，風既内犯，則風必挾肝木上侵，而致淚出不止。目為肝竅。筋藉血養，則血亦被風犯，而致筋亦不榮，齒亦不堅矣！齒者骨之餘，上齦屬足陽明胃，下齦屬手陽明大腸，風熱上攻則痛。有風自必有濕，濕與風搏，則胃亦受濕累，而致肉痺筋攣，由是三氣風寒濕交合，則九竅口、鼻、耳、目、二陰蔽塞而病斯劇。蔓荊體輕而浮，故既可治筋骨間寒熱，而令濕痺拘急斯去。氣升而散，復能祛風除寒，而令頭面虚風之症悉治，且使九竅皆利。白蟲能殺，是亦風寒濕熱俱除之一騐耳。但氣虚、血虚等症，用此禍必旋踵，不可不知。去膜酒蒸炒，或打碎用，惡烏頭、石膏。

清・楊璿《傷寒溫疫條辨》卷六散劑類 蔓荊子 辛苦，入肝、胃。通利九竅，主頭面風熱之證。

清・羅國綱《羅氏會約醫鏡》卷一七竹木部 蔓荊子味苦辛，入肝膀胱二經。 氣清體輕，所主者在風木之藏。治頭痛、腦鳴、太陽脉絡於腦。目赤肝熱、齒痛、上下齦屬陽明，風熱故痛。筋絡拘攣。筋屬肝，能去寒熱濕痺。

按：上諸證，因於血虚有火者，宜慎用之。

清・黄凱鈞《藥籠小品》 蔓荊子 輕浮升散，搜風利竅，治頭痛腦鳴，目痛齒痛諸症。不因風邪，血虚有火者忌之。

清・王龍《本草纂要稿・木部》 蔓荊子 味苦、辛，性微溫而寒。主筋骨寒熱，驅溫痺拘攣。理太陽頭痛，却頭沉昏悶。通九竅，尤長髭髮。利關節，更散風淫。止腦鳴齒痛，明眼目去蟲。入足太陰經。

清・張德裕《本草正義》卷上 蔓荊子 苦辛，溫。入胃、肝、膀胱。散風邪，利九竅，去諸風頭痛，止目睛内痛，濕痺拘攣，亦殺寸白蟲。

清・楊時泰《本草述鉤元》卷二四 蔓荊子 其枝小弱如蔓，故名。 氣味苦辛，微涼。氣清味薄，陽中之陰。入手足太陽經。 主治涼諸經血，益氣明目，利關節及九竅，治筋骨間寒熱，溼痺拘攣，搜肝風，散風邪，治太陽風頭痛，頭沉昏悶，除昏暗，止目睛内痛及目淚出。方書主眩暈瘛瘲，頸項強痛，腰痛攣痞，行痺着痺，並耳鼻齒病。蔓荊子稟陽氣以生，兼得金化而成仲淳。 氣清味辛，體輕而浮，上行而散，故主頭面風虚之證瀕湖。蔓荊之治，何以於頭目為先？蓋陽氣先於天表，而乃及於經脈，正所謂衛氣充周而後精專者入於脈也。

論：蔓荊春因舊枝而生小葉，至夏茂盛作花，是秉春溫之氣以生，夏熱之氣以長，九月結實，是因深秋涼降之氣以成。其味始嘗之多苦，後味之有辛，更有微涼，正其氣化之應也。先哲曰：假令自地而升天，非苦無以至地，非溫無以至天，故用苦溫之劑，假令自天而降地，非辛無以至天，非涼無以至地，故用辛涼之劑，涼固在天之陰而降地者也。蔓荊從苦溫而成於辛涼，以升天始，以降地終。夫有溫升，始有涼降，而有涼降，乃以成其溫升。陽不得陰，則陽無以化也。東垣曰：諸陽氣皆根於陰血，陰受火邪，則上乘陽分，而陽道不行，此味成於涼降，能涼諸經之血，不使火邪乘於陽分，且陽得陰以化，而陰道行。繹東垣數語，足以明其功用矣。世第以其辛溫升散，推為風劑，孰知有妙於涼降以成其溫升，不使陽之戾氣，化為風眚者乎？涼血則陽得陰以為守，而風木之氣化自平，故此味專治内風，凡方書中用療風證，須識此義。或曰：《本經》首治筋骨間寒熱溼痺拘攣，此涼血之故歟。抑不離於溫升之陽歟。曰：人身筋骨，全賴經脈之貫注，而經脈之所以貫注者，此精專之營氣也。雖水穀之悍氣入衛，不能入於脈，然衛氣充周，和調五臟，灑陳六腑，遂能入於脈，是有充周之氣，乃有精專者以入於營，固無二氣也。然則如上主治，豈能外於溫升之氣乎？第溫升之氣無涼降，則陽中無陰，與《經》所謂至陰虛天氣絕者無二義。惟此味本溫升之氣以歸涼降，有陰降而陽隨之化機，故能使陽入陰中，而營氣得以貫注，遂為筋骨之利，而痺者通攣者伸耳。先哲言營之機不動，則衛氣不布，斯語可互為參也。即伏虎丹之治癱瘓，拯濟換骨丹之治半身不遂，茯神湯之療心痺，小烏犀湯之治行痺，神效黃芪湯、蔓荊子湯、苦參湯之療著痺，有一不由於營衛之合以致其用者乎？更參苦參湯，乃治營虛衛實而肌肉不仁者，可知茲味之用，以陰而達陽，即由陽以徹陰也。再如潔古謂其涼諸經血，又曰氣清，《別錄》言其益氣，大約涼血益氣，妙皆以清氣為關捩子。蓋其氣清者，陽得陰以化，東垣所謂陽道得行，即此是氣益矣。故氣虛而頭疼，氣虛而著痺，氣虛而胸次痞，率於補氣中用之，不可想見其氣清即氣益之微義歟。至其並能化陽之戾者，以氣之虛者欲補，此能清其氣以達之，氣之戾者欲散，此更能清其氣以化之，總之於氣胥益也。觀瘛瘲一證，有牛黃散治其虛，更有胃風湯、獨活散治其實可見。然則此味先入何經，乃合於涼血，以奏益氣之功歟？曰：手太陽小腸受邪，蔓荊子除之。此說最當矣。夫心為火主，氣者火之靈也，而小腸與之合，心不司氣化，而小腸為心司氣化之權，又心主血，而小腸即為血化之府，東垣所謂諸陽氣根於陰血者也。況小腸經脈，上會諸陽於督，下會諸陽於任，其上而受諸陽之施化者，實下而根柢於真陰之熏蒸也。所謂小腸之邪，即病於氣化不清，除小腸之邪，非即涼血而令氣清，氣清而令氣益乎哉。彼潔古云入太陽者，固包舉手足兩經而言矣。

修治：去膜，打碎用。

清・鄒澍《本經續疏》卷二 蔓荊實 【略】筋骨間寒熱而為濕痹拘攣，其邪定聚於關節，欲去關節間寒熱與濕，一當使行，一當使散，蔓荊實蓋均有焉。柔條似蔓，就舊發新，生必對節，似經脈之周行無間，遇節不停，所謂行也。開花成簇，瓣淺紅，蕊黃白，萼青，似關節之流行屈伸，洩澤筋骨，所謂散也。兩者之所以然，尤在味苦而氣微寒。苦主發，寒主泄耳。目者，精神之簇於一處者也。齒者，形質之簇於一處者也。精神混以邪氣則昏暗，形質混以邪氣則動搖。行其邪，散其邪，精神形質遂復其常，故在目曰明，在齒曰堅。目與齒，即九竅之三，既利其三，遂推夫餘，再合以《別録》之風頭痛腦鳴而利九竅之故，并可識矣。雖然盡蔓荊實所治之證，皆病形不病氣。舉蔓荊實之性情功用，皆在血不在氣。而《別録》誇之曰益氣，其義何居？劉潛江曰：至陰虛則天氣絕。蔓荊實成於涼降，故能涼諸經之血，以湊夫陽之所在，使陽得陰以化，而陽道行。所謂以陰達陽，由陽徹陰者也。是故氣之虛者欲補，而此能清其氣以達之。氣之戾者欲散，而此能清其氣以化之。既於氣有造，謂為益氣可也。誠覈之頭痛則腦鳴，目暗則泣出，非津不凝於氣耶。得凝於氣，氣自健於行，不可云與氣無涉也。

清・葉桂《本草再新》卷四 蔓荊子 味苦、辛，性平，無毒。入肝、肺二經。搜風散濕，通竅利關，治頭風目痛。

清・吳其濬《植物名實圖考》卷三三 蔓荊 《本經》上品。又牡荊，《別錄》上品。即黃荊也。子大者為蔓荊，有青、赤二種：青者為荊，赤者為楛。北方以製莒筐籬笆，用之甚廣。沙地亦種之，江南器多用竹，故荊條叢生，無復採織。

清・趙其光《本草求原》卷九灌木部 蔓荊子 春葉、夏花、秋實。故辛入肺。溫入肝。主升，苦，入心、小腸。微寒，入膀胱。又能降。溫升歸於涼降，則陽得陰守，而風木之戾氣自平。是功在內風，與諸風藥不同。故功專治頭面風虛、頭痛腦鳴、目赤齒痛，目淚昏暗，涼血、搜風益氣。陽氣得陰化而不為戾即益。利關竅，治筋骨間寒熱，濕痹拘攣，營不動則衛不布，輕清上達則衛氣充周、降陽入陰，則營氣入脈，經脈貫注，筋骨利矣。按小腸、膀胱經上會諸陽於督，下會諸陽於任以施化，而實根於真陰之熏蒸。而小腸尤為心司，其血化小腸之氣化不清，則有以上諸病。此味涼小腸之血而令氣清，氣清而令氣益，故有以上之治。謂其入某經某經，猶後也。去白蟲。

去膜，打碎用，或酒蒸炒用。瞳神散大者忌之。惡石膏、烏頭。

同菊花、白蒺、荊芥、酒芩、烏梅、芽茶、川芎、黑豆、土茯、羌活，治偏正頭風，目將損。胃虛人服之，則生痰疾。

清・葉志詵《神農本草經贊》卷一 蔓荊實 味苦，微寒。主筋骨間寒熱痹拘攣，明目堅齒，利九竅，去白蟲。久服輕身耐老。小荊實亦等。生山谷。

蔓引水濱，植分青赤。星散玉衡，雲涵金宅。穗吐花紅，蒂披膜白。欣聚三株，還為和適。

蘇恭曰：蔓荊生水濱。李時珍曰：青者為荊，赤者為楛。《春秋運斗樞》：玉衡星散為荊。江淹頌：金荊佳樹，涵雲宅仙。蘇頌曰：花作穗，淡紅色。雷斅論：凡使實，去蒂下白膜一重。《孝子傳》：古有兄弟欲分異，見三荊同株。歎曰：木猶欣聚，況我而殊哉？還為雍和。《呂氏春秋》：聲出於和，和出於適。

清·文晟《新編六書》卷六《藥性摘錄》　蔓荊　辛苦，微溫。入膀胱，兼理脾胃。治風邪內客，巔頂頭痛腦鳴，目淚不止，齒齦疼痛，肉痹筋攣。〇但氣虛等症，禁用。〇去膜，酒炒，或打碎用。惡烏頭、石膏。

清·張仁錫《藥性蒙求·木部》　蔓荊子錢半　蔓荊子苦，頭痛能醫。拘攣濕痺，淚眼咸宜。辛、甘，平。入膀胱，兼入胃經。宣散上部風熱，通利九竅。治頭目痛，腦鳴，齒痛，頭面風虛之症。去膜，打碎用。

清·戴葆元《本草綱目易知錄》卷四　蔓荊子：辛、苦，微寒。輕浮升散，入足太陽經。搜肝風，利九竅，去白蟲，清頭目，利關節，明目堅齒，涼諸經血。治筋骨間寒熱，濕痹拘攣，太陽經頭痛，腦鳴，頭沉昏悶，瘌疾目赤，目淚出多，目睛內痛，為頭面風虛要藥。治內風，除昏暗，散風邪，長髭髮，胃虛人少服，恐生痰疾。

清·黃光霽《本草衍句》　蔓荊子　辛苦微寒，輕浮升散。入膀胱肝胃諸經，主頭面風虛之症。搜肝風而涼血，頭痛腦鳴。頭沉昏悶，可除昏暗。利九竅而通關，通利關節。明目固齒。除目睛內痛。骨筋寒熱，拘攣溼痺。　頭風作痛，蔓荊子酒浸，溫服。　乳癰初起，蔓荊子為末，酒服，渣敷之。

清·陳其瑞《本草撮要》卷二　蔓荊子　味辛甘，微涼，入足太陽、厥陰經，功專涼諸經血，明目搜肝風。得皂莢、蒺藜治皮痹不仁，得羌活、防風治風熱頭痛。血虛有火者慎用，惡石膏、烏頭。

清·仲昴庭《本草崇原集説》卷一　蔓荊子　【略】〔批〕蔓荊清太陽少陰標本之氣，搜風非其專長，方書多誤解。

清·周巖《本草思辨錄》卷四　蔓荊實　《別錄》主風頭痛腦鳴，用者往往鮮效。蓋人知蔓荊為辛寒之藥，而不知其苦溫乃過於辛寒也。《本經》味苦微寒，微字本有斟酌；《別錄》補出辛平溫，則全體具見。便當於此切究其義。《巢氏病源》云：頭面風者，是體虛陽經脈為風所乘也。諸陽經脈上走於頭面，運動勞役，陽氣發泄，腠理開而受風，謂之首風。夫曰體虛，曰陽氣發泄，明係陽虛之受風，非內熱之搏風。陽虛之證，其標在上，其本在下。然或宜治標，或宜治本，因雖一而證則殊。宜治本者，陽氣弱而不振，根柢將摧；宜治標者，陽氣弛而偶傾，輕翳竊據。治本雖天雄可與，治標則蔓荊適宜。試思頭痛非陽虛有風，何至腦鳴。風為陽，陽虛腦鳴為陰。蔓荊生於水濱，實色黑斑，宜其入腎；然氣味辛寒而兼苦溫，又得太陽本寒標熱之氣化，用能由陰達陽，以陽化陰。其體輕虛上行，雖《本經》所謂筋骨間寒熱濕痹拘攣者，亦能化濕以通痹；而搜逐之任，性終不耐，故古方用之者少。惟風頭痛腦鳴，則確有專長。其不效者，人自不察耳。愚又思蔓荊知己之少，不自今始也。徐之才謂散陽明風熱，竟視與薄荷、牛蒡無二。張潔古謂陽中之陰，實則陰中之陽；謂涼諸經之血，實則氣藥非血藥。其尚有知者，則李瀕湖之主頭面風虛，張石頑之血虛有火禁用，而其所以然仍未之闡發也。藥物之難明甚矣哉！

牡荊

宋·唐慎微《證類本草》卷三〇有名未用·草木〔《別錄》〕　荊莖　療灼爛。八月、十月採，陰乾。

〔宋·掌禹錫《嘉祐本草》〕按：陳藏器云：即今之荊樹也，煮斗堪染，其洗灼瘡及熱焱瘡，有效。

宋·唐慎微《證類本草》卷一二木部上品〔《別錄·藥對》〕　牡荊實　味苦，溫，無毒。主除骨間寒熱，通利胃氣，止欬逆，下氣。生河間、南陽、冤句山谷，或平壽、都鄉高岸上及田野中。八月、九月採實，陰乾。得朮、柏實、青葙，共療頭風，防風為之使，惡石膏。

〔梁·陶弘景《本草經集注》〕云：河間、冤句、平壽並在北，南陽在西。論蔓荊即應是今作杖棰之荊，而復非見。其子殊細，正如小麻子，色青黃。荊子實小大如此也。牡荊子及出北方，如烏豆大，正圓黑。仙術多用牡荊，今人都無識之者。李當之《藥録》乃注溲疏下云：溲疏一名陽櫨，一名牡荊，一名空疏。皮白中空，時有節。子似枸杞子，赤色，味甘、苦，冬月熟。俗仍無識者。當此實是真，非人籬域陽櫨也。按如此說，溲疏主療與牡荊都不同，其形類乖異，恐乖實理。而仙方用牡荊，云能通神見鬼，非惟其實，乃枝、葉並好。又云有荊樹必枝枝相對，此是牡荊，有不對者，即非牡荊。既爲牡，則不應有子。如此並莫詳虛實，須更博訪乃詳之爾。

〔唐·蘇敬《唐本草》〕注云：此即作棰杖荊是也。實細，黃色，莖勁作樹，不爲蔓生，故稱之爲牡，非無實之謂也。按《漢書・郊祀志》以牡荊莖爲幡竿，此則明蔓不堪爲竿。今所在皆有，此荊既非《本經》所載。按今生處，乃是蔓荊，將以附此條後，陶爲誤矣。《别録》云：荊葉，味苦，平，無毒。主久痢，霍亂轉筋，血淋，下部瘡濕䘌。薄脚，主脚氣腫滿。其根，味甘、苦，平，無毒。水煮服，主心風，頭風，肢體諸風，解肌發汗。有青、赤二種，以青者爲佳。出《類聚方》。今人相承，多以牡荊爲蔓荊，此極誤也。

〔宋・馬志《開寶本草》〕按：《陳藏器本草》云：荊木取莖截，於火上燒，以物承取瀝，飲之去心悶煩熱，頭風旋目眩，心頭瀁瀁欲吐，卒失音，小兒心熱驚癇，止消渴，除痰唾，令人不睡。

〔宋・蘇頌《本草圖經》〕曰：牡荊，生河間、南陽、冤句山谷，或平壽、都鄉高岸上及田野中。今眉州、蜀州及近京亦有之，此即作箠杖者，俗名黄荊是也。枝莖堅勁，作科不爲蔓生，故稱牡。葉如蓖麻，更踈瘦。花紅作穗。實細而黄，如麻子大，或云即小荊也。八月、九月採實，陰乾。此有青、赤二種，以青者爲佳。謹按陶隱居《登真隱訣》云：荊木之華、葉，通神見鬼精。注云：尋荊有三種。直云荊木，即是今可作箠杖者，葉香，亦有花、子，子不入藥。方術則用牡荊，牡荊子入藥，北方人略無識其木者。《六甲陰符》説：一名羊櫨，一名空疏。理白而中虚，斷植即生。今羊櫨斫植亦生，而花、實微細，藥家所用者。天監三年，上將合神仙飯。奉勑論牡荊曰：荊，花白多子，子麄大。歷歷踈生，不過三兩莖，多不能圓，或褊或異，或多似竹節，葉與餘荊不殊。蜂多採牡荊，牡荊汁冷而甜。餘荊被燒，則煙火氣苦。牡荊體慢汁實，煙火不入其中，主治心風第一。于時即遠近尋覓，遂不值。猶用荊葉，今之所有者云。崔元亮《集驗方》治腰脚蒸法：取荊葉不限多少，蒸令熟熱，置於瓮中，其下著火溫之。以病人置於葉中，剩著葉蓋，須臾當汗出藥中旋旋喫飰，稍倦即止。便以綿衣蓋，避風，仍進葱豉酒及豆酒並得，以差爲度。又取此荊莖條截，於火上燒之，兩頭以器承取瀝汁飲之，主心悶煩熱，頭風旋目眩，心中瀁瀁欲吐，卒失音，小兒心熱驚癇，止消渴，除痰，令人不睡。

〔宋・唐慎微《證類本草》〕《聖惠方》：治濕瘑瘡方。用荊枝燒瀝塗之，效。《外臺秘要》：頭風頭痛，取荊瀝不限多少服。《集驗方》同。《千金方》：療九竅出血方，荊葉擣取汁，酒和服二合。又方：治心虚驚悸不定羸瘦方：荊瀝二升以火煎至一升六合，分服四合，日三夜一。《集驗方》同。《千金翼》：治喉腫瘡方，取荊瀝稍稍嚥之。《肘後方》：療目卒痛，燒荊木出黄汁傅之。又方：姚氏，下赤白痢五六年者。燒大荊如臂取瀝，服五六合，即得差。又方：蛇毒。荊葉袋盛，薄瘡腫上。《深師方》：療瘡方：荊木燒取汁傅之，差。姚和衆小兒通耳方：取蟲食荊子中白粉，和油滴耳中，日再之。

宋・鄭樵《通志》卷七六《昆蟲草木略》　荊　又有蔓荊、牡荊之別。荊可以作箠者，今人謂之黄荊。蔓荊亦曰小荊，其實入藥用。牡荊亦用實。《登真隱訣》注云：北方無識者。又云：梁天監三年，將合神仙飯，奉勑論牡荊曰：荊花白，多子，子麄大，歷歷踈生，不過三兩，莖多不能圓，或褊，或異，或多似竹節，葉與餘荊不殊。蜂多採牡荊，牡荊汁冷而甘，餘荊被燒，則煙火氣苦。牡荊體慢汁實，煙火不入其中，主治心風第一。于時遠近尋覓不得，猶用荊葉，則牡荊殆絶矣。

宋・陳衍《寶慶本草折衷》卷一二　牡荊實葉、莖附。　一名牡荊子，一名牡荊，一名黄荊，一名小荊，一名陽櫨，一名空疏。生河間山谷，及南陽冤句、平壽、都鄉，北地及近京、眉、蜀州。今所在高岸田野有之。○八、九月採實，陰乾。○防風為使，惡石膏。味苦，溫，無毒。○主除骨間寒熱，通利胃氣，止欬逆，下氣。○《圖經》曰：實細而黄。如麻子大。○寇氏曰：既言牡荊，則是木上生者。○分蔓荊條。附：葉。○味苦，平，無毒。主久痢，霍亂轉筋，血淋，下部瘡，濕䘌，脚氣腫滿。其葉如蜱音卑麻，更踈瘦。附：莖。○截燒，以物承瀝飲之，去熱，頭風目眩，失音，小兒熱癇，止渴，除痰，其莖堅勁。

明・朱橚《救荒本草》卷下之前　荊子　《本草》有牡荊實。一名小荊實，俗名黄荊。生河間南陽冤句山谷，并眉州、蜀州、平壽、都鄉高岸及田野中，今處處有之。即作箠杖者。作科條生枝莖堅勁，對生枝叉，葉似麻葉而踈短，又有葉似棕葉而短小，却多花叉者，開花作穗，花色粉紅微帶紫，結實大如黍粒而黄黑色。味苦，性溫，無毒。防風為之使。惡石膏、烏頭。陶隱居《登真隱訣》云：荊木之華葉，通神見鬼精。救飢：採子換水，浸淘去苦味，晒乾擣磨為麵食之。治病：文具《本草》木部牡荊實條下。

明・王綸《本草集要》卷四　牡荊實　味苦，氣溫，無毒。防風為之使。惡石膏。陰乾。主除骨間寒熱，通利胃氣，止咳逆下氣。○取莖，截，於火上燒，承取瀝飲之，去心悶煩熱，頭風旋目眩，心頭瀁瀁欲吐，卒失音，小兒心熱驚癇，止消渴，除痰唾，氣實痰盛人宜服之。丹溪云：虚痰用竹瀝，實痰用荊瀝，二味開經絡，行血氣，俱用薑汁助送。

明・滕弘《神農本經會通》卷二　牡荊實　此即作箠杖者，俗名黄荊是也。以青者為佳。防風為之使，惡石膏。八九月採實，陰乾。有青、赤二種。

味苦，氣溫，無毒。

《本經》云：主除骨間寒熱，通利胃氣，止欬逆，下氣。得朮、柏實、青葙，共療頭風。《別録》云：荊葉，味苦，平，無毒。主久痢，霍亂轉筋，血淋，下部瘡濕䘌，薄脚，主脚腫滿。其根味甘、苦，平，無毒。水煑服，主心風頭風，肢體諸風，解肌發汗。有青、赤二種，以青者為佳。今人多以牡荊爲蔓荊，極誤也。陳藏器云：荊木取莖，截，於火上燒，以物取瀝，飲之，去心中煩熱，頭風旋，目眩，心頭瀁瀁欲吐，卒失音，小兒心熱驚癇，止消渴，除痰唾，令人不睡。丹溪云：虛痰用竹瀝，實痰用荊瀝。二味開經絡，行血氣，俱作薑汁助送。《局》云：牡荊味苦即黃荊，棰杖莖條是本身。採實酒擂敷乳腫，頭風眩目也堪憑。牡荊子，酒擂，敷乳腫。

明·劉文泰《本草品彙精要》卷一六 牡荊實無毒 植生。

牡荊實：主除骨間寒熱，通利胃氣，止欬逆，下氣。名醫所錄。【名】黃荊。【苗】《圖經》曰：此即作箠杖者，俗名黃荊是也。枝莖堅勁作科，不爲蔓生，故稱牡。葉如蓖麻更疏瘦，花紅作穗，實細而黃，如麻子大，或云即小荊也。此有青赤二種，以青者爲佳。《唐本》注云：今人相承，多以牡荊爲蔓荊，此極誤也。【地】《圖經》曰：生河間、南陽、冤句山谷，或平壽都鄉高岸上及田野中。今眉州、蜀州、近京亦有之。【時】生：春生葉。採：八月、九月取實。【收】陰乾。【用】實、根、葉及瀝。【質】類麻子。【色】黃。【味】苦。葉：苦。根：甘。【性】溫。葉：平。根：平。【氣】氣厚于味，陽中之陰。【臭】香。【主】止欬逆，利胃氣。

【助】防風爲之使。【反】惡石膏。【製】用瀝，取莖於火上燒之，兩頭以器承取。【治】療：《唐本》注云：葉，主久痢，霍亂轉筋，血淋，下部瘡濕䘌，薄腳及腳氣腫滿。〇根，水煮服，主心風，頭風，肢體諸風，解肌發汗。陳藏器云：荊木取莖截，以火上燒，以物承取瀝，飲之，去心悶煩熱，頭風旋，目眩，心頭瀁瀁欲吐，卒失音，小兒心熱驚癇，止消渴，除痰唾，令人不睡。《別錄》云：荊瀝二升，火煎至一升六合，每服四合，日夜一度，治心虛驚悸不定，羸瘦，稍稍含咽之，治喉腫生瘡，服五六合，止下赤白痢，五六年者，塗治濕瘑瘡。〇燒木出黃汁傅，治目卒痛。〇葉，袋盛，傅蛇傷瘡毒腫上。【合治】實合木柏實、青葙，療頭風。〇荊葉取汁，合酒服二合，療九竅出血。

明·許希周《藥性粗評》卷三 欲掃頭風，對牡荊而問子。

牡荊子，即行杖荊條樹也。處處山阪有之。其子有青赤二種，青者入藥。八九月採子，陰乾。味苦，性溫，無毒。主治骨間寒熱，頭目風眩，乳癰腫痛，下氣止嗽，通利胃氣。

單方：頭風：以牡荊子作枕，枕之，效。腫痛：以牡荊子擂酒，傅之。

明·鄭寧《藥性要略大全》卷七 荊瀝以黃荊取瀝也。主心虛驚悸，悶亂煩熱，頭風眩運，心惡欲吐，卒暴失音，小兒心熱，驚癇羸瘦。止消渴，除煩令人少睡。味甘，性冷，無毒。燒法：取大牡荊莖條，截作尺餘，平架於火上燒之。兩頭以磁盆張取瀝汁。

明·鄭寧《藥性要略大全》卷五 牡荊子一名黃荊子。治頭風目眩，除骨間寒熱，通利胃氣，止咳逆下氣，赤白帶下。得栢子、青葙，共治頭風。擂酒敷乳癰。

味苦，氣溫，無毒。處處有之。防風為之使。惡石膏。

明·陳嘉謨《本草蒙筌》卷四 牡荊實 味苦，氣溫。無毒。高岸田野，俱各叢生。種有青黃兩般，惟取青者為上。因莖堅勁，故以牡稱。鄉人只呼黃荊，法司常作箠杖。八月採實，向日曝乾。凡入藥中，必須炒研。防風為使，單惡石膏。下肺氣，止欬逆咽喉；通胃氣，除寒熱骨節。通神見鬼，又載僊方。得栢實青葙，療頭風甚驗。葉主脚氣腫滿，濕䘌濕瘡；仍治霍亂轉筋，血淋血痢。根解肌發汗，煎服為宜；頭肢體諸風，敺逐悉効。〇又有荊瀝，多截莖條。磚架火上炙熏，瀝取兩頭流滴。加薑汁傳送，每瀝一杯加薑汁二茶匙。消痰沫如神。治老人中風失音昏危，療小兒發熱驚癇抽搐。氣實能食者宜服，氣虛少食者忌之。故丹溪云：虛痰用竹瀝，實痰用荊瀝。二味俱開經絡，行血氣要藥也。

明·王文潔《太乙仙製本草藥性大全》卷三《本草精義》 牡荊實 一名黃荊。生河間、南陽、冤句山谷，或平壽都鄉高岸田野。蜀川、湖襄、閩廣、江浙俱各叢生，並非藤蔓，有青黃二色，惟取青者爲上。因莖堅勁，欲以牡稱，鄉人只呼黃荊。法司用作箠杖。葉似蓖麻更疎，花紅蒂白，作穗，實細而黃，如麻子大，或云即小荊也。八月、九月採實曝乾。凡入藥中必炒研用。惡石膏。陶云：荊木之華葉通神見鬼精。葉香，亦有花子，子不入藥。方術則用牡荊，牡荊子入藥，北方人略無識其木者。《六甲陰符》說：一名楊櫨，一名空疏，理白而中虛，斷植即生。今楊櫨斫植亦生，而花實細。《神仙論》

云：牡荊白即荊花白，多子，子麄大，歷歷踈生，不過三兩莖，多不能圓，或褊或異，或多似竹節，葉與餘荊不殊。蜂多採牡荊，牡荊汁冷而甜，餘荊被燒則煙火氣苦，牡荊體慢質實，煙火不入。燒法與竹瀝法同。

明·王文潔《太乙仙製本草藥性大全》卷三《仙製藥性》　牡荊實　味苦，氣溫，無毒。　主治：下肺氣，止欬逆咽喉。通胃氣，除寒熱骨節。通神見鬼，又載仙方。得栢實、青葙療頭風甚驗。　葉：主脚氣腫滿，濕䘌濕瘡。仍治霍亂轉筋，血淋血痢。　根：解肌發汗，煎服爲宜。頭肢體諸風，毆逐悉效。　荊瀝：多截莖條，磚架火上炙熏，瀝取兩頭流滴，加薑汁傳送每瀝一盃，加薑汁二茶匙。　主治：消痰沫如神，治老人中風失音昏危。療小兒發熱驚癇抽搐。氣實能食者宜服，氣虛少食者忌之。故丹溪云虛痰用竹瀝，實痰用荊瀝。二味俱開經絡，行血氣要藥也。　補註：治濕瘑瘡方：用荊枝燒瀝塗之效。治小兒通耳方：取蟲食荊子中白粉，和油滴耳中，日再之。〇頭風頭痛，取荊瀝，不限多少服。《集驗方》同。治喉腫方：取荊瀝，稍稍嚥之。療九竅出血方：荊葉擣取汁，酒和，服二合。治目卒痛，燒荊木，出黃汁傅之。治心虛驚悸不定，羸瘦方：荊瀝二升，以火煎至一升六合，分四服，日三夜一。《集驗方》同。〇姚氏下赤白痢五六年者，燒大荊如臂取瀝，服五六合即得差。〇蛇毒，荊葉袋盛，傅瘡腫上。療瘡方：荊木燒取汁，傅之差。

明·張四維《醫門秘旨》卷一五《藥性拾遺》　牛荊條　其梗多直，色灰，葉似柳葉梢長，大山中處處有之。又一種短木大條，(倡)〔俗〕名曰黃荊，燒瀝入藥，治痰。味甘、苦，氣微寒，性涼，無毒。陰中之陽。能散火涼血熱，瀉肺火，散腫毒。初起小瘡癤，為末，涼茶調敷即散，退皮毛之邪熱。

明·皇甫嵩《本草發明》卷四　牡荊實上品，君。氣溫，味苦，無毒。又名黃荊條。因莖勁，故以牡名。有青黃兩般，取青者用。　發明曰：牡荊實，主筋骨節寒熱，通胃氣，下肺氣欬逆，通神見鬼。又云：得柏實、青葙療頭風。入藥炒研，防風為之使。惡石膏。

葉，主脚氣腫滿，下部瘡，濕䘌薄〔脚〕。又療霍亂轉筋，血淋血痢。〇根，解肌發汗，毆頭肢體諸風，水煮服。　荊瀝，截荊條，燒取瀝。主風熱心煩悶，頭風眩暈，心中瀁瀁欲吐，中風失音。療小兒發熱驚癇抽搐，除痰，止消渴，令人不睡。痰盛氣實宜服，氣虛少食者忌之。丹溪云：虛痰用竹瀝，實痰用荊瀝。俱開經絡，行血氣之要藥也。

明·李時珍《本草綱目》卷三六木部·灌木類　牡荊《別録》上品：校正。併入《別録》有名未用荊莖。

【釋名】黃荊《圖經》　小荊《本經》　楚弘景曰：既是牡荊，不應有子。小荊應是牡荊。牡荊子大于蔓荊子，而反呼小荊，恐以樹形爲言。不知蔓荊樹亦高大也。恭曰：牡荊作樹，不爲蔓生，故稱爲牡，非無實之謂也。蔓荊子大，牡荊子小，故呼小荊。時珍曰：古者刑杖以荊，故字從刑。其生成叢而踈爽，故又謂之楚，從林從疋，疋即踈字也，濟楚之義取此。荊楚之地，因多產此而名也。

【集解】《別録》曰：牡荊實生河間、南陽、冤句山谷，或平壽、都鄉高岸上及田野中。八月、九月采實，陰乾。弘景曰：論蔓荊即應是(即)〔今〕作〔杖〕棰之荊。其子殊細，正如小麻子，色青黃。牡荊乃出北方，(始如)〔如烏〕豆大，正圓黑。仙術多用牡荊，今人都無識者。李當之《藥録》言：溲疏一名楊櫨，一名牡荊，理白中虛，斷植即生。按今溲疏主療與牡荊都不同，形類乖異。而仙方用牡荊，云能通神見鬼，非惟其實，枝葉並好。又云：荊樹必枝葉相對者是牡荊，不對者即非牡荊也。並莫詳虛實，更須博訪。恭曰：牡荊即作棰杖者，所在皆有之。實細黃色，莖勁作樹生。《漢書·郊祀志》以牡荊莖爲幡竿，則明知非蔓荊也。有青、赤二種，以青者爲佳。今人相承多以牡荊爲蔓荊，此極誤也。頌曰：牡荊，今眉州、蜀州及近汴京亦有之，俗名黃荊是也。枝莖堅勁，作科不作蔓，葉如蓖麻，更踈瘦。花紅作穗。實細而黃，如麻子大。云即小荊也。按陶隱居《登真隱訣》云：荊木之葉、華，通神見鬼精。注云：荊有三種。荊木即今作箠杖者，葉香，亦有花、子，子不入藥。方術則用牡荊其子入藥，北人無識其木者。天監三年，天子將合神仙飲。奉敕論牡荊曰：荊，花白多子，子粗者歷歷踈生，不過三兩莖，多不能圓，或扁或異，或多似竹節。葉與餘荊不殊。蜂多采牡荊，牡荊汁冷而甜。餘荊被燒，則烟火氣苦。牡荊〔體〕慢質實，烟火不入其中，主治心風第一。于時遠近尋覓，遂不值也。保昇曰：陶氏不惟不別蔓荊，亦不識牡荊。蔓荊蔓生，牡荊樹生，理自明矣。時珍曰：牡荊處處山野多有，樵采爲薪。年久不樵者，其樹大如盌也。其木心方，其枝對生，一枝五葉或七葉。葉如榆葉，長而尖，有鋸齒。五月杪間開花成穗，紅紫色。其子大如胡荽子，而有白膜皮裹之。蘇頌云葉似蓖麻者，誤矣。有青、赤二種：青者爲荊，赤者爲楛。嫩條皆可爲筥箇。古者貧婦以荊爲釵，即此二木也。按裴淵《廣州記》云：荊有三種，金荊可作枕，紫荊可作牀，白荊可作履。與他處牡荊、蔓荊全異。寧浦有牡荊，指病自愈。節不相當者，月暈時刻之，與病人身齊等，置牀下，病雖危亦無害也。杜寶《拾遺録》云：南方林邑諸地，在海中、山中多金荊，大者十圍，盤屈瘤蹙，文如美錦，色如真金。工人用之，貴如沉、檀。此皆荊之別類也。《春秋運斗樞》云：玉衡星散而爲荊。

實　【氣味】苦，温，無毒。時珍曰：辛，温。之才曰：防己爲之使，畏石膏。

【主治】除骨間寒熱，通利胃氣，止欬逆，下氣《別録》。得柏實、青葙、朮，療風之才。炒焦爲末，飲服，治心痛及婦人白帶震亨。用半升炒熟，入酒一盞，煎一沸，熱服，治小腸疝氣甚效。浸酒飲，治耳聾時珍。

【附方】新一。濕痰白濁：牡荆子炒爲末。每酒服二錢。《集簡方》。

葉【氣味】苦，寒，無毒。【主治】久(病)〔痢〕，霍亂轉筋，血淋，下部瘡，濕䘌薄脚，主脚氣腫滿《別録》。

【發明】崔元亮《海上集驗方》：治腰、脚風濕痛〔不止〕。蒸法：用荆葉不限多少，蒸，置大甕中，其下着火温之。以病人置葉中，須臾當汗出。蒸時常旋旋喫飯，稍倦即止。便以被蓋避風，仍進葱豉酒及豆酒亦可，以瘥爲度。時珍曰：蒸法雖妙，止宜施之野人。李仲南《永類方》云：治脚氣諸病，用荆莖于壜中燒烟，熏涌泉穴及痛處，使汗出則愈。此法貴賤皆可用者。又談野翁《試驗方》：治毒蛇、望板歸螫傷，滿身洪腫發泡。用黄荆嫩頭搗汁塗泡上，渣盦咬處，即消。此法乃出于葛洪《肘後方》治諸蛇，以荆葉搗爛袋盛，薄于腫上者也。《物類相感志》云：荆葉逼蝨。

【附方】舊一，新一。九竅出血：荆葉搗汁，酒和，服二合。《千金方》。小便尿血：荆葉汁，酒服二合。《千金方》。

根【氣味】甘，苦，平，無毒。時珍曰：苦、微辛。【主治】水煮服，治心風頭風，肢體諸風，解肌發汗《別録》。

【發明】時珍曰：牡荆苦能降，辛温能散。降則化痰，散則祛風，故風痰之病宜之。其解肌發汗之功，世無知者。按《王氏奇方》云：一人病風數年。予以七葉黄荆根皮、五加根皮、接骨草等分，煎湯日服，遂愈。蓋得此意也。

荆莖《別録》曰：有名未用云八月、十月采，陰乾。藏器曰：即今荆杖也。煮汁堪染。【主治】灼爛《別録》。治灼瘡發熱焱瘡，有效藏器。同荆芥、蓽撥煎水，漱風牙痛時珍。

【附方】新一。青盲内障：春初取黄荆嫩頭，九蒸九暴，半斤，用烏雞一隻，以米飼五日，安浄板上，飼以大麻子，二三日，收糞乾，入瓶内熬黄，和荆頭爲末，煉蜜丸梧子大。每服十五丸至二十丸，陳米飲下，日二。《聖濟總録》。

荆瀝【修治】時珍曰：取法：用新采荆莖，截尺五長，架于兩磚上，中間燒火炙之，兩頭以器承取，熱服，或入藥中。又法：截三四寸長束，入瓶中，仍以一瓶合住固，外以糠火煨燒，其汁瀝入下瓶中，亦妙。

【氣味】甘，平，無毒。【主治】飲之，去心悶煩熱，頭風旋運目眩，心頭漾漾欲吐，卒失音，小兒心熱驚癇，止消渴，除痰唾，令人不睡藏器。除風熱，開經絡，導痰涎，行血氣，解熱痢時珍。

【發明】時珍曰：荆瀝氣平味甘，化痰去風爲妙藥。故孫思邈《千金翼》云：凡患風人多熱，常宜以竹瀝、荆瀝、薑汁(合)〔各〕五合，和匀熱服，以瘥爲度。陶弘景亦云：牡荆汁治心風爲第一。《延年秘録》云：熱多用竹瀝，寒多用荆瀝。震亨曰：二汁同功，並以薑汁助送，則不凝滯。但氣虚不能食者，用竹瀝；氣實能食者，用荆瀝。

【附方】舊六，新一。中風口噤：荆瀝，每服一升。《范汪方》。頭風頭痛：荆瀝，日日服之。《集驗方》。喉痹瘡腫：荆瀝，細細嚥之。或以荆一握，水煎服之。《千金翼》。目中卒痛：燒荆木，取黄汁點之。《肘後方》。心虚驚悸：羸瘦者，荆瀝二升，火煎至一升六合，分作四服，日三夜一。《小品方》。赤白下痢：五六年者，荆瀝，每日服五合。《外臺秘要》。濕瘑瘡癬：荆木燒取汁，日塗之。《深師方》。

題明·薛己《本草約言》卷二《藥性本草》 荊瀝 味苦，氣寒，無毒。陰也，降也。助以薑汁之辛，又行經絡，滌心胃之煩熱，化經絡之風痰。人虚胃弱者勿用，痰盛氣實者能安。

明·梅得春《藥性會元》卷中 牡荊實 味苦，氣溫，無毒。防風為使。惡石膏。主除骨間寒熱，通利胃氣，止咳逆下氣。得柏木實、青葙子，療頭風。

明·梅得春《藥性會元》卷中 荊瀝 味淡，性寒，平，無毒。取法與竹瀝同。主治喉中有痰如物，吐咯不出，嚥之不下，痰重者稍重，能食者〔稍輕〕。與竹瀝同用，效速穩當，治痰在皮裏膜外及經絡中，必佐以薑、韭汁。又治血滯中焦不行者。黄荊子炒焦，治白帶。

明·李中立《本草原始》卷四 牡荊實 始生河間、南陽宛句山谷，或平壽都鄉高岸上及田野，今眉州、蜀州及近京亦有之。俗呼黄荊是也。枝莖堅勁作科，不為蔓生，故稱牡。葉如蓖麻更疏瘦，花紅作穗，實細而黄，如蔓荊子而小。故《本經》名小荊。古者刑杖以荊，故字從刑。牡荊實：氣味：苦，溫，無毒。主治：除骨間寒熱，通利胃氣，止欬逆，下氣。○得柏實、青葙、朮，療風。○炒焦為末，飲服，治心痛及婦人白帶。○用半升，炒熟，入酒一盞，煎一沸，熱服，治小腸疝氣甚效。○浸酒飲，治耳聾。

牡荊，《別錄》上品。【圖略】

之才曰：防己為之使，畏石膏。《集簡方》：治濕痰白濁，牡荊子炒為末，酒服二錢。

明・張懋辰《本草便》卷二 牡荊實 味苦，氣溫，無毒。惡石膏。 主除骨間寒熱，通利胃氣，止欬逆下氣。

明・傅懋光《醫學疑問》 問：《本草》云牡荊，俗方黃荊，此即作挾箠者。其取瀝之法，荊莖條截於火上燒之，兩頭以器盛取瀝汁，治心風心悶煩熱，頭風眩暈目眩，心中瀁瀁欲吐，卒失音，小兒心熱驚癇，止消渴，除痰，令人不睡。《聖惠方》云荊瀝治濕癟瘡。《外臺秘要》云荊瀝治頭痛頭風。《千金方》云荊瀝治心虛驚悸不定、虛羸。《千金翼》云荊瀝治喉腫。《肘後方》云荊瀝治目卒痛，又治赤白痢五六年者。《醫學正傳》云荊瀝能治熱痰，功勝竹瀝，但不補耳。已上治效不一，固是要藥，而獨於我國不用，何也？無乃慮其不產於小邦而然乎？ 切願詳知。 答曰：牡荊，此即作箠杖者，俗名黃荊是也。荊有三種，惟牡荊烹瀝，體慢汁實，烟火不入其內。開經絡，行血氣之要藥，諸如此症，無不可用。但丹溪有云：虛用竹瀝，實用荊瀝，不可不知。然該國不用，未必不產此物，或未之用耳。

明・鮑山《野菜博錄》卷三 荊子 一名牡荊實，一名小荊實，一名黃荊。科條生枝，莖堅勁，對生支叉。葉似麻葉疎短。開花作穗，色粉紅，微帶紫。結實大如黍粒，黃黑色。味苦，性溫，無毒。食法：採子，換水浸，淘去苦味，晒乾，搗磨為麵。

明・繆希雍《本草經疏》卷一二 牡荊實 味苦，溫，無毒。主除骨間寒熱，通利胃氣，止欬逆下氣。得朮、栢實、青葙，共療頭風。防風為之使。

【疏】牡荊實感仲夏之氣以生，故其味苦氣溫無毒。可升可降，陽也。入足陽明、厥陰經。其主骨間寒熱，通利胃氣，止咳逆下氣者，蓋足陽明為十二經脈之長，厥陰為風木之位，外邪傷於二經，則寒熱留連於筋骨，而胃氣壅滯，苦溫能通行散邪，則胃氣利而寒熱自除。欬逆亦邪氣壅胃所致，邪散氣下則欬逆自止矣。

【主治〔參互〕】《外臺秘要》頭風痛，取荊瀝不拘多少服，日日服之。 朱震亨治心痛及婦人白帶，用牡荊實炒焦，為末，飲服。 入折傷藥，能散瘀血，和筋骨。 【簡誤】病非干外邪者，一概不宜用。

明・倪朱謨《本草彙言》卷一〇 牡荆實 味苦，氣溫，無毒。可升可降，陽也。入足陽明、厥陰經。 蘇氏曰：牡荆實，生眉州、蜀州及汴京、南陽、冤句，或平壽、都鄉高岸上，及四野處處皆有。即黃荆也。古者刑杖用荆，故字從刑。荆楚之地獨多，因此地名荆也。山人多有樵采爲薪，年久未經樵采者，其樹大如碗，其木心方，其枝對生而不作蔓。一枝五葉，或七葉，葉如榆，長而尖，有鋸齒。五月開花成穗，紅紫色。其子大如胡荽子而有白膜裹之。 李氏曰：荆有青赤二種，青者爲荆，赤者爲楛。嫩條皆可作莒箇。古者貧婦以荆爲釵，即此二木也。又按《廣州記》云：荆有三種：金荆可作枕，紫荆可作床，白荆可作履，與他處牡荆、蔓荆異。又《杜氏拾遺錄》云：南海山中多金荆，大者廣十圍，盤屈棱突，文如美錦，色如真金。工人采用，貴如沉檀。此又荆之別類也。

牡荆實：散寒邪，李時珍下逆氣之藥也。王大生稿《別錄》方止咳逆，下結氣，止心胃卒痛，消脚氣腫疼，散小腸疝氣，除骨間寒熱如瘧諸證。此藥善走陽明厥陰，寒濕之疾，用之立時解散，誠輔正驅散之劑也。如欬逆由于氣虛，胃痛由于鬱火，脚氣由于脾弱不運諸證，不因寒濕外邪者，俱忌之。

集方：談埜翁方治欬逆結氣，不能升降，因有寒鬱者。用牡荆實三錢，紫蘇子二錢，俱研細，生薑三片，水煎服。○朱氏方治心胃卒痛。用牡荆實三錢，微研細，白湯吞服。○《別錄》方治脚氣腫痛而脹。用牡荆實五錢，牛膝、木瓜、川獨活各二錢，水煎服。○李瀕湖方治小腸疝氣作痛。用牡荆實五錢，小茴香炒，荔枝核火炙焦，酒淬，各三錢，共爲細末，白湯調服三錢。○《別錄》方治骨間寒熱如瘧。用牡荆實一兩微炒、研，真銀柴胡、半夏麯、黃芩各六錢，甘草二錢，分作四劑，水煎服。

牡荆莖葉：○崔元亮方治腰脚風濕痛。用牡荆莖葉十數斤，煎湯淋洗腿足，自愈。又方，用牡荆莖葉曬乾，罈內燒烟，熏湧泉穴及痛處，使汗出即愈。○談埜翁方治毒蛇咬傷，滿身紅腫發泡。用黃荆嫩葉搗汁塗傷處，幷將渣敷傷處即消。

明・倪朱謨《本草彙言》卷一〇 荆瀝 味甘，氣平，無毒。可升可降。入手少陰、太陰，足陽明、厥陰經。 李氏曰：取荆瀝法：用新采牡荆莖，截長一尺五寸，兩頭架磚，中間用炭火燒炙，兩頭以碗承取，滴下瀝汁。每瀝汁一杯，加薑汁三匙，以湯頓熱服。又法，以牡荆莖，截一尺長，束入瓶中，再以一瓶合住，兩瓶對口處，以綿紙糊封，再以好滋泥搪固，埋糠火中煨燒，其瀝汁入下瓶中更妙。

荆瀝：李時珍活痰利氣之藥也。王嘉生稿善治中風昏危，痰迷氣閉，語言不出，目睛不活；或痰厥頭痛，頭風旋暈；或小兒風癇痰搐，急慢驚風諸證。此藥專除風熱，導痰涎，開經絡，行血氣，稱仙劑也。須元氣充足，能食者宜加之。如中氣虛而食少，大便不結者，宜少之。

集方：閩醫韓仲白治中風昏危，痰迷氣閉，語言不出，目睛不活。用荆瀝一盞，和生薑汁五六匙，調勻。用半夏三錢，南星二錢，木香一錢，當歸、白朮各一錢五分，甘草五分，水二碗，煎七分，乘熱和荆瀝，徐徐服。○同上治痰厥頭痛，頭風旋暈。用荆瀝一盞，和生薑汁五六匙，調勻。用半夏、天麻各三錢，膽星、白芥子各二錢，茯苓、陳皮各一錢，黄芩一錢二分，水二碗，煎七分，乘熱和入荆瀝，徐徐服。○同上治小兒風癇痰搐及急驚慢驚諸證。用荆瀝半盞，和生薑汁三四匙，用半夏、天麻各一錢五分，陳皮七分，茯苓一錢，甘草五分，蟬蜕、殭蠶三錢，水碗半，煎五分，乘熱和荆瀝徐徐服。

明·鄭二陽《仁壽堂藥鏡》卷二 荆瀝 味苦，氣溫，無毒。 虛痰用竹瀝，實痰用荆瀝。二味開經絡，行血氣，俱用薑汁助送。《唐本》注云：此即作箠杖者，俗名黄荆是也。按：《漢書·郊祀志》以牡荆莖為幡竿。今所在皆有之。陳藏器云：荆木取莖截，於火上燒，以物取而飲之。去心悶煩熱，頭旋目眩，卒暴失音，小兒驚癇。除消渴，痰唾。

明·盧之頤《本草乘雅半偈》帙二 小荆實《本經》上品 氣味：苦，溫，無毒。主治：主骨間寒熱，通利胃氣，止欬逆，下氣。

覈曰：出北方，今處處有之。即黄荆實、牡荆實也。一名楚。多生山野，不經樵採者，樹大如碗。莖多不圓，或扁或異，或似竹節。其木心方，其枝對生而不作蔓，一枝五葉，或七葉，葉如榆葉，略長而尖，邊有鋸齒。五月梢間作花如穗，紅紫色，花多子粗，歷歷踈生，結實如胡荽子，正圓色褐，外有白膜裹之。具青赤兩種，青者為荆，赤者為楛。嫩苗可作筥筐。古者婦女為釵，即此荆也。古者刑杖以荆，亦此荆也。《春秋運斗樞》云：玉衡星散而為荆。凡修治，法同蔓荆。防己為之使，畏石膏。得柏實、青葙、术，同療風疾。

參曰：實小于蔓，故名小。其木心方，故名荆。不為蔓生，一名牡。子叢而踈，一名楚。《運斗樞》云：玉衡星散而為荆。故主機迴不轉，偏成骨間寒熱之冬人，欬逆下氣之秋降，仰協玉衡，機轉不迴矣。通利胃氣者，滋後天以副先天，功勝于蔓，毋以大小忽諸。蔓荆柔枝耐寒曰荆，小荆其木心方曰荆。然小荆枝亦柔勁，蔓荆木亦心方，故小荆亦筋骨受之，蔓荆亦屬玉衡星散。

明·李中梓《本草通玄》卷下 荆瀝 甘，寒。去心腹之煩熱，化經絡之風痰，治胸瀁瀁中欲吐，理頭風旋運目眩。按：荆即今作刑杖之荆也，取新采荆莖，截尺許，架兩磚上，中間火炙，兩頭盛所滴汁，名曰瀝。加薑汁二匙，瀝一杯，同服。《延年秘錄》云：熱多用竹瀝，寒多用荆瀝，並以薑汁助送，則不凝滯。但氣虛不能食者用竹瀝，氣實能食者用荆瀝。若胃弱者忌之。

清·穆石匏《本草洞詮》卷一 牡荆實、葉、根、瀝 《春秋運斗樞》云：玉衡星散而為荆。古者刑人以荆，故字從刑。叢而踈爽，故謂之楚。荆楚之地因産此而名也。牡荆樹不蔓生，故稱為牡，非無子也。蔓荆子大，牡荆子小耳。荆實苦，辛溫，無毒。除骨間寒熱，通利胃氣，止欬逆下氣，浸酒飲治耳聾。荆葉苦，寒，治霍亂轉筋，血淋，下部瘡濕，脚氣腫滿。崔元亮《海上方》治風濕脚氣，用荆葉置大甕中，其下着火溫之，以病人置葉中，須臾當汗出，稍倦即止，便以被蓋避風，仍進葱豉湯，或豆淋酒，以瘥為度。李仲南《永類方》用荆莖於罈中，燒烟薰湧泉穴及痛處，使汗出則愈。二法皆可。荆根苦微辛，平，水煮服，治心風頭風，肢體諸風，解肌發汗。蓋其味苦能降，辛溫能散，降則化痰，散則袪風，故風痰之病宜之。荆瀝甘，平，治頭運目眩欲吐，卒失音，小兒心熱驚癇，除風熱，開經絡，導痰涎，行血氣，解熱痢。孫思邈云：凡患風人多熱，常宜竹瀝、荆瀝、薑汁和勻，熱服，以瘥為度。《延年秘錄》云：熱多用竹瀝，寒多用荆瀝，竝以薑汁助之，則不凝滯也。

清·劉雲密《本草述》卷二四 牡荆 即俗所謂黄荆條，非蔓荆。而相承以為蔓荆者，誤。 時珍曰：牡荆處處山野多有，樵采為薪，年久不樵者，其樹大如椀也。其木心方，其枝對生，一枝五葉或七葉，葉如榆葉，長而尖，有鋸齒，五月杪間開花成穗，紅紫色，其子大如胡荽子，而有白膜皮裹之。

荆葉：氣味：苦，寒，無毒。 附方 九竅出血，荆葉搗汁，酒和服二合。 治腰脚風溼痛不止，用荆莖於壇中燒烟，熏涌泉穴及痛處，使汗出則愈。

荆瀝：氣味：甘，平，無毒。 主治：飲之，去心悶煩熱，頭風旋暈目眩，心頭瀁瀁欲吐，卒失音，小兒心熱驚癇，止消渴，除痰唾，令人不睡。藏器。 時珍曰：荆瀝氣平味甘，化痰去風為妙藥。故孫思邈《千金翼》云：

凡患風人多熱，常宜以竹瀝、荊瀝、薑汁合五合，和勻，熱服，以瘥為度。陶弘景亦云牡荊汁治心風為第一。　丹溪曰：二汁同功，並以薑汁助送，則不凝滯。但氣虛不能食者用竹瀝，氣實能食者用荊瀝。

愚按：《延年秘錄》云熱多用竹瀝，寒多用荊瀝。似以荊瀝為溫也。夫荊葉方謂其苦寒，而瀝乃莖葉之所出，謂其為溫可乎？如牡荊汁冷而甜，在陶隱居言之。而丹溪又云氣虛不能食者用竹瀝，氣實能食者用荊瀝。則茲味之氣非溫而涼，明矣。且悉之荊葉治九竅出血者，似能於陽中守陰，如血固心所主，此隱居所以謂之治心風也。更悉之心虛驚悸一方，是又非泛然以寒勝熱也。即方書治肝中風，心神煩熱，言語謇澀，不得眠臥者，似有以合於離中之坎，而守其清明之神者也。然則先哲謂為治心風第一者，豈無所見哉？然與竹瀝各有攸宜之用，不可不察，非徒以氣實氣虛分也。

附方　心虛驚悸，羸瘦者，荊瀝二升，火煎至一升六合，分作四服，日三夜一。

修治　時珍曰：取法用新采荊莖，截尺五長，架於兩磚上，中間燒火炙之，兩頭以器承取，熱服，或入藥中。又法：截三四寸長，束入瓶中，仍以一瓶合住固，外以糠火煨燒，其汁瀝入下瓶中，亦妙。

清・郭章宜《本草匯》卷一六　荊瀝　味甘，氣寒，陰也，降也。去心胃之煩熱，化經絡之風痰。治心頭瀁瀁欲吐，理頭風旋運目眩。

按：荊瀝，化痰去風之妙藥也。陶弘景言其治心風為第一。《延年秘錄》云：熱多用竹瀝，寒多用荊瀝。並以薑汁助送，則不凝滯。但氣虛不能食者，用竹瀝。氣實能食者，用荊瀝。若胃弱者，不宜進也。葉，味苦，寒，治下部濕䘌薄腳。腳氣腫滿，用荊莖于墰中，燒熏涌泉穴及痛處，汗出則愈。出李仲南《永類方》。根，味甘、苦、辛，溫。有解肌發汗之功。而世無知者。考王氏奇方，一人病風數年，以七葉黃荊根皮，同五加皮、接骨草等分，煎湯日服，遂愈。荊莖，治灼瘡發熱，又青盲內障者，春初取黃荊嫩頭，九蒸九晒，半斤，用烏骨雞一隻，以米飼五日，置淨板上，再飼以大麻子二三日，收糞入瓶內，熬黃，和荊頭為末，煉蜜丸，米飲下。

此即今刑杖之荊也。取新採荊莖，截尺許，架兩磚上，中間火炙，盛兩頭流滴，加薑汁傳送，每瀝一杯，加薑汁二匙。

清・閔鉞《本草詳節》卷六　牡荊瀝　味甘，氣平。薑汁為使。凡使，採新莖，截二尺長，架兩片磚上，中用緊火炙之，兩頭以器承取，熱服。　主心悶煩熱，頭風旋運目眩，心瀁瀁欲吐，卒失音，小兒心熱驚癇。　按：牡荊瀝氣平味甘，化痰去風為妙藥，與竹瀝同功。並以薑汁助送，則不凝滯。但氣虛不能食者用竹瀝，氣實能食者用荊瀝。

清・王翃《握靈本草》補遺　牡荊瀝處處山野多有。如取竹瀝法。　甘，平，無毒。主化痰去風。

清・汪昂《本草備要》卷三　荊瀝宣，通經絡，滑痰，瀉熱。　甘，平。除風熱，化痰涎，開經絡，行血氣。治中風失音，驚癇痰迷，眩運煩悶，消渴熱痢，爲去風化痰妙藥。氣虛食少者忌之。《延年秘錄》云：熱多用竹瀝，寒多用荊瀝。丹溪云：虛痰用竹瀝，實痰用荊瀝，并宜薑汁助送，則不凝滯。　牡荊俗名黃荊。截取尺餘，架磚上，中間火炙，兩頭承取汁用。

清・李熙和《醫經允中》卷二一　荊瀝　苦，溫，無毒。主治小兒驚癇抽掣，老人中風失音。加薑汁消痰沫如神。丹溪云：虛痰用竹瀝，實痰加荊瀝。二味俱開經絡，行氣血要藥也。

清・馮兆張《馮氏錦囊秘錄・雜症痘疹藥性主治合參》卷四　牡荊實感仲夏之氣以生，故其味苦，氣溫，無毒。入足陽明經、厥陰經。苦溫能通行散邪，所以為去寒熱，止欬逆，下肺氣之需也。

牡荊實，有青、黃兩種，入藥惟青可用。八月採實晒乾，臨用炒黃研碎。下肺氣，止咳逆咽喉，通胃氣，除寒熱骨節，通神見鬼。又載仙方：得栢實、青葙，療頭風甚驗。葉，主脚氣腫滿，濕䘌濕瘡，霍亂轉筋，血淋血痢。根，煎服，敺頭面肢體諸風，解肌發汗。又有荊瀝，如取竹瀝同法，薑汁勻服，消痰沫如神。治老人中風，失音昏危。小兒發熱驚癇抽搐。氣實能食者宜服，氣虛少食者忌之。丹溪云：虛痰用竹瀝，實痰用荊瀝。二味俱開經絡行血氣要藥也。

清・张璐《本經逢原》卷三　牡荆即黃荊　實，苦，溫；根莖，甘，苦，平；莖瀝，甘，平。無毒。　發明：荊為治風逐濕、祛痰解熱之藥。實除骨間寒熱，下氣，治心痛及婦人白帶。炒熟酒煎服治小腸疝氣。酒浸治耳聾。葉治霍亂轉筋，下部濕䘌腳氣腫滿，以荊莖入鐔中燒烟薰湧泉穴及痛處，汗出則愈。搗爛罨蛇傷。根主頭心肢體諸風，解肌發汗。莖治火灼瘡爛。煎水漱風牙痛。荊瀝除風熱，開經絡，導痰涎，行血氣，解熱痢。《千金翼》云，凡患風人多熱，嘗宜以竹瀝、荊瀝、薑汁和勻熱服，以瘥為度。熱多用竹瀝，寒多用荊瀝。二汁同用，竝以薑汁助送則不凝滯。但氣虛不能食者則用竹瀝，氣實能食者則用荊瀝。

清・浦士貞《夕庵讀本草快編》卷五　牡荊《別錄》、黃荊　古者刑杖以荊，故字從刑，負荊請罪是也。木紋堅細，貧婦用以為釵。《春秋運斗樞》云：玉衡星散而為荊。　荊實苦溫而辛，能通利胃氣而止欬逆，使氣能下也；除骨間寒熱而療疝，使肝得平也。胃利則濕化，白帶自止；肝平則風不淫，耳聾可愈。其根與實氣味雖同，但根居下而降令勝，故專化痰；辛溫主散，故能祛風。陶氏謂其解肌發汗，世無知者，獨王氏用之，得其旨矣。其莖，其葉煎湯，以薰風痺腰腳之攣痛，搗爛可塗毒蛇所齧，周身紅腫發泡，無不立驗。《相感志》曰荊葉逼蟲，正合此也。若燒成瀝，其氣更平，其味更甘，取其津液之體，能滲濕化痰，透經絡而逐風邪，且其功與竹瀝並馳。《延年錄》云：熱多用竹，寒多用荊。丹溪亦曰：二汁相倣，並宜薑汁為助，庶不凝滯。凡氣虛不能食者以竹瀝為當，氣實能食者以荊瀝為佳。可謂發前人之未發也。

清・劉漢基《藥性通考》卷六　荊瀝　味甘，氣平。除風熱，化痰涎，開經絡，行氣血，治中風失音，驚癇痰迷，眩暈煩悶，消渴熱痢，為去風化痰妙藥。氣虛食少者忌之。牡荊，俗名黃荊，截取尺餘，架磚上，中間用火炙，兩頭取汁水用之。世人有熱，多用竹瀝。寒多用荊瀝，虛痰用竹瀝，實痰用荊瀝，並宜薑汁助送，則不凝滯也。

清・黃元御《玉楸藥解》卷二　荊瀝　味甘，氣平。入手太陰肺經。化痰泄熱，止渴清風。荊瀝化痰驅風，治頭暈眩、中風不語之病，功與竹瀝相同。熱宜竹瀝，寒宜荊瀝。

清・汪紱《醫林纂要探源》卷三　牡荊子　辛，苦，溫。即黃荊也。花紫色，子成穗而輕虛。補行肝氣，祛風燥濕。能發汗，行水，治水腫，身黃。又消食，和脾胃。　莖葉：辛，甘，溫。用以罨醬黃，罨麴。作湯浴，去風濕。　荊瀝：甘，辛，平。去葉，截取中間尺餘，架兩磚上，中間火炙，則兩頭瀝出。祛風逐痰，達肝氣於經絡骨節之間，以通其滯窒。治中風失音，驚癇眩暈及熱痢，功同竹瀝。熱多宜竹，寒多宜荊，皆以薑汁和之。

清・嚴潔等《得配本草》卷七　黃荊根即牡荊。防己為之使。畏石膏。苦，微辛。入手少陰經。治心風，頭風，肢體諸風，解肌發汗。用葉并嫩頭搗爛，罨毒蛇螫傷，洪腫發泡。搗取汁頻塗，亦效。配荊芥、蓽茇，煎水，漱風牙痛。　荊瀝　辛，甘。入手少陰經。除風熱，開經絡，導痰涎，行血氣，止消渴，解熱痢。治心悶發熱，頭風旋運目眩，心頭漾漾欲吐，中風失音，痰迷心竅，小兒心熱驚癇。　配竹瀝、薑汁，治風熱，風痰。氣虛不能食者用淡竹瀝，氣實能食者用黃荊瀝。　取瀝法：用新采黃荊莖截尺餘長，架於兩磚上，中間燒火炙之，兩頭以器承取。熱服，或入藥中。令人不睡，氣虛食少者忌用。

題清・徐大椿《藥性切用》卷五　牡荊瀝　俗名黃荊瀝。性味甘平，祛風治癇，化痰行經。熱痰宜竹瀝，寒痰宜荊瀝。俱宜薑汁助送，則不凝滯經絡。

清・羅國綱《羅氏會約醫鏡》卷一七竹木部　荊蘗：味甘平，入胃經。除風熱，化實痰，虛痰用竹瀝。開經絡，行氣血。治中風失音、痰迷寒痰驚癇、眩運煩悶，為去風化痰妙藥。熱多用竹瀝，寒多用荊瀝，並宜薑汁助送，則不凝滯。牡荊俗名黃荊，截取一尺，用火炙，取汁用。

清・王龍《本草纂要稿・木部》　杜荊實　氣味苦溫，無毒。下肺氣，止咳逆咽喉。通胃氣，除寒熱骨蒸。通神見鬼，又載仙方。得栢實、青葙，療頭風甚捷。　荊瀝：多截莖條，磚架火上炙薰，瀝取兩頭流滴。加薑汁傳送，消痰沫，治老人中風失音。却驚癇，療小兒發熱抽搐。丹溪云：虛痰用竹瀝，實痰用荊瀝。二瀝皆開經絡，行血氣之要藥也。

清・吳鋼《類經證治本草・足厥陰肝臟藥類》　荊蘗　【略】誠齋曰：黃荊條也。有二三種，小者良。薑汁為使。

清・周貽觀《周氏秘珍濟陰》卷下　黃荊子：能通利胃心氣痛，疝氣。凡治牙根腫痛，用三五錢研細末，煮豆腐或精肉，服二三次全愈。又治婦人白帶，退骨間熱，用童便浸一宿，炒乾。

清・楊時泰《本草述鉤元》卷二四　牡荊　即俗所謂黃荊條，非蔓荊也。處處有之。其木心方，其枝對生，一枝五葉或七葉，如榆而長，尖邊有鋸齒。五月杪間開紅紫花成穗，子如胡荽而有白膜裹之。

莖葉：味苦，氣寒。附方：九竅出血，荊葉搗汁，酒和，服二合。腰腳風濕痛不止，用荊莖於罈中燒烟，熏涌泉穴及痛處，使汗出則愈。

荊瀝：氣味甘平。去心悶煩熱，頭風旋暈目眩，心頭瀁瀁欲吐，卒失音，小兒心熱驚癇，止消渴，除痰唾，令人不睡。治心風為第一貞白。化痰去風為妙藥，凡患風人多熱，常宜以竹瀝、荊瀝薑汁合五合，和勻熱服，以瘥為度瀕湖。二汁同功，並以薑汁助送則不凝滯。但氣虛不能食者，用竹瀝；氣實能食者，用荊瀝丹溪。心虛驚悸羸瘦者，荊瀝二升，煎至一升六合，分作四服，日三夜一。

論：牡荊汁冷而甘，丹溪故謂氣實能食者用荊瀝，參之荊葉治九竅出血，則此味似能於陽中守陰，所以治心風推為第一。更觀心虛驚悸一方，即知其有合於離中之坎，而守其清明之神，非泛然以寒勝熱也。

取瀝法：用新采荊莖，截數尺長，加於兩磚上，燒其中間，以器兩頭承取，熱服。又法，截三四寸長，束入瓶中，仍以一瓶合住，固其外，糠火煨燒，其汁瀝入下瓶中，亦妙。

清・葉桂《本草再新》卷四　荊瀝味甘，性平，無毒。入肝、肺二經。　除風熱，化痰涎，開經絡，行氣血，治中風失音，痰迷，解煩止渴。

清・戴葆元《本草綱目易知錄》卷四　黄荊子牡荊【略】　荊瀝：甘，平。除風熱，開經絡，導痰涎，行血氣，解熱痢，止消渴，除痰唾，令人不睡。治心悶煩熱，頭風旋運目眩，心中漾漾欲吐及卒失音，中風口噤，小兒心熱驚癇，俱和薑汁飲，以免凝滯。凡寒多氣實能食者宜之。若熱多氣虛不能食者，此非所宜，則用竹瀝。

清・陳其瑞《本草撮要》卷二　荊瀝　味甘，平，入手足太陰、足陽明經。功專除風熱，化痰涎，開經絡，行血氣。治中風失音，驚癇痰迷，眩暈煩悶，消渴熱痢，為去風化實痰之妙品。薑汁助送，則不凝滯。

七葉荊

清・吴其濬《植物名實圖考》卷一三　七葉荊　生江西南昌田野中。高二尺餘，葉莖俱微綠，葉如荊葉有齒，近根三葉攢生，上一層四葉，又上一層五葉，梢頭至七葉而止。土人以七葉者極難得，云為鬼所畏，語極誕。但《南方草木狀》已有指病之說，陶氏《真隱訣》亦有通神之語，民間傳訛，固非無本。

欒荆

宋・唐慎微《證類本草》卷一四木部下品〔唐・蘇敬《唐本草》〕　欒荆　味辛、苦，溫，有小毒。主大風，頭面手足諸風，癲癇狂痓，濕痹寒冷疼痛。俗方大用之，而《本草》不載，亦無別名。但有欒花，功用又別，非此花也。〔唐・蘇敬《唐本草》〕注云：按其莖、葉都似石南，乾亦反卷，經冬不死，葉上有細黑點者，真也，今雍州所用者是。而洛州乃用石荆當之，非也。《唐本》先附。〔宋・掌禹錫《嘉祐本草》〕按：《藥性論》云：欒荆子，君，惡石膏，味甘、辛，微熱，無毒。能治四肢不遂，主通血脉，明目，益精光。決明爲使。〔宋・蘇頌《本草圖經》〕曰：欒荆，舊不著所出州郡，今生東海及淄州、汾州。性溫，味苦，有小毒。苗葉主大風，頭面手足諸風，癲狂痓痹冷病。蘇恭云：莖、葉都似石南，乾亦自反，經冬不凋，葉上有細黑點者，真也。今諸郡所上者，枝莖白，葉小圓而青色，頗似榆葉而長，冬夏不枯。六月開花，花有紫、白二種。子似大麻。四月採苗葉，八月採子。與柏油同熬，塗駝畜瘡疥或淋煠藥中用之，亦名頑荆。

宋・沈括《夢溪筆談》卷三《補筆談》　欒有二種：樹生，其實可作數珠者，謂之木欒。即《本草》欒花是也；叢生，可為杖捶者，謂之牡欒，又名黄荆，即《本草》牡荆是也。此兩種之外，唐人補《本草》，又有欒荆一條，遂與二欒相亂。欒花出《神農》正經，牡荆見於《前漢・郊祀志》，從來甚久。欒荆特出唐人新附，自是一物，非古人所謂欒荆也。

宋・寇宗奭《本草衍義》卷一五　欒荆　即前所謂牡荆也，不合更立此條。況《本經》元無欒荆，已具蔓荆實條中。

宋・鄭樵《通志》卷七六《昆蟲草木略》　欒荊　曰頑荊。莖葉似石南。

明・劉文泰《本草品彙精要》卷二一　欒荊有小毒，子，無毒。　植生。

欒荊：主大風，頭面手足諸風，癲癇狂痓，濕痹寒冷疼痛。俗方大用之，而《本草》不載，亦無別名，但有欒花，功用又別，非此花也。名醫所錄。

【名】頑荊。　【苗】《圖經》曰：枝莖白色，葉頗似榆葉，青色而長，冬夏不枯，乾則自反卷。六月開花，花有紫白二種，子似大麻，亦入藥用。《唐本》注云：雍州所產者其葉乾亦反卷，經冬不死。葉上有細黑點者爲真。金、洛州乃用石荊當之，非也。　【地】《圖經》曰：生東海及淄州、汾州。《唐本》注云：雍州。【道地】海州。　【時】生：經冬不凋。採：四月取苗葉，八月取子。【收】暴乾。　【用】苗、葉、子。　【質】葉似榆葉而長。【色】莖白葉青。　【味】辛、苦。子：甘、辛。　【性】溫，泄。子：微熱。　【氣】氣厚味薄，陽中之陰。【臭】朽。　【反】子，惡石膏。　【製】剉碎用。

【治】療：《圖經》曰：除大風，頭面手足諸風，癲狂，痓痹，冷病。　【合治】

子合決明爲使，服之能治四肢不遂，主通血脈，明目，益精光。〔葉頗似榆葉，青色而長〕。

明・王文潔《太乙仙製本草藥性大全》卷三《本草精義》 欒荊 舊不載所出州郡。生東山及淄州、汾州。莖葉都似石南，乾亦自反，經冬不凋。葉上有細黑點者真也。今諸郡所出者，枝莖白，葉小圓而青色，頗似榆葉而長，冬夏不枯。六月開花，花有紫白二種，子似大麻。四月採苗葉，八月採子。與柏油同熬，塗駝畜瘡疥，或淋渫藥中用之。亦名頑荊。

明・王文潔《太乙仙製本草藥性大全》卷三《仙製藥性》 欒荊葉 味辛、苦，氣溫，有小毒。決明爲之使。但有欒花，功用又別，非此花也。主治：苗葉主大風頭面、手足。治諸風癲癇狂痙。療濕寒疾，理寒冷疼痛。

子實：味甘、辛，無毒。主治：治四肢不遂，主疏通血脈。大能明目，又益精光。

明・李時珍《本草綱目》卷三六木部・灌木類 欒荊《唐本草》

〔釋名〕頑荊《圖經》 〔集解〕恭曰：欒荊莖、葉都似石南，乾亦反卷，經冬不死，葉上有細黑點者真也。今雍州所用者是。而洛州乃用石荊當之，非也。俗方大用，而《本草》不載，亦無別名。但有欒華，功用又別，非此物花也。頌曰：欒荊今生東海及淄州、汾州。所（上）〔生〕者皆枝莖白，葉小圓而青色，頗似榆葉而長，冬夏不凋。六月開花，花有紫、白二種。子似大麻。四月採苗葉，八月采子。宗奭曰：欒荊即牡荊也，子青色如茱萸，不合更立此條。蘇恭又稱石荊當之，轉見穿鑿。時珍曰：按許慎《説文》云：欒，似木蘭。木蘭葉似桂，與蘇恭所説葉似石南者相近。蘇頌所圖者即今牡荊，與《唐本草》者不合。欒荊是蘇恭收入《本草》，不應自誤。蓋後人不識，遂以牡荊充之，寇氏亦指爲牡荊耳。

子 〔氣味〕辛，苦，温，有小毒。權曰：甘，辛，微熱，無毒。決明爲之使，惡石膏。

〔主治〕大風，頭面手足諸風，癲癇狂痙，濕痹寒冷疼痛《唐本》。四肢不遂，通血脉，明目，益精光甄權。合柏油同熬，塗人畜瘡疥蘇頌。

石荆《拾遺》。 〔集解〕藏器曰：石荆似荆而小，生水旁，《廣濟方》一名水荆是也。蘇（頌）〔恭〕言洛人以當欒荆者，非也。

〔主治〕燒灰淋汁浴頭，生髮令長藏器。

明・鮑山《野菜博錄》卷三 欒荊 一名栘楊。生山谷中。樹高大，少枝梗。葉（似）榆木葉，冬不凋。開花紫白色，結子似蔴子大。味苦，性平，有毒。食法：子熟時摘食。

清・吴其濬《植物名實圖考》卷三五 欒荊 《唐本草》始著錄。諸家皆無的解。《救荒本草》有土欒樹，姑圖之以備考。

石荆

宋・唐慎微《證類本草》卷一四木部下品〔唐・陳藏器《本草拾遺》〕 石荆 欒荆注，蘇云：用當欒荆。非也。按石荆似荆而小。生水傍，作灰汁沐頭生髮。《廣濟方》云：一名水荆，主長髮是也。

黄荆

清・何諫《生草藥性備要》卷上 五指柑 味甘、苦，性平，無毒。治小兒五疳。煎湯浴身散熱、消瘡腫痛。止嘔、瀉火，米炒，熕水飲。又洗瘯癩、熱毒。一名紋枝葉，又名布荆。其子即蔓荆子。又治沙屎蟲食脚，用火熏，用葉擦之，最效。

清・趙學敏《本草綱目拾遺》卷四草部中 山黄荆 《玉環志》：葉似楓而有杈，結黑子如胡椒而尖，可屑粉煮食。又有水荆，似藜，結黑子，不可食。翦其枝可以接梨，入藥用山荆。

消食下氣。

退管方：黄荆條所結之子，炙燥為末，五錢一服，黑糖拌，空心陳酒送服。專治痔漏之管，服至管自退出。 九竅出血：《救生苦海》：黄荆有二種，赤者為楛，青者為荆，其木心方，其枝對出，一枝五葉或七葉，葉如榆葉長而尖，作鋸齒。五月時開花紅紫色，成穗，子如胡荽子大，有白膜皮包裹，用其葉搗汁，酒和服二合，立止。 骨蒸勞熱：《養素園驗方》：六月雪、黄荆子、豨薟草、何首烏、當歸、川芎、熟地、白茯苓，水二鍾，薑三片，煎八分服，有痰加半夏。 漆瘡：姚希周《經驗方》：烏蛇草不論鮮乾，一握，煎湯一洗即愈。 傷寒發熱而呃逆者：《回春》：用黄荆子不拘多少，炒，水煎服立止。 杖瘡起疔甲：黄荆子焙乾為末，搽上即開，不用刀刮。 肝胃痛：周山人方：用黄荆子研末，和粉作團食，一二次斷根。 脚蛀：周氏方：用黄荆嫩腦葉搗爛罨上即愈。

清・莫樹蕃《草藥圖經》 黄荊樹根 即黄荊樹下根是也。藥名又謂荊子，俗名黄荊樹，一名黄荊子。葉香子圓，加貓兒刺、松蘿茶，能治小便不通，煎服當茶喫，即通。葉能治爛腳丫，煎洗，再用葉夾腳丫，消腫去痛。二方神效。

清・趙其光《本草求原》卷一山草部 五指柑即蚊枝葉，又名布荊子。其子即蔓荊子，見灌木。甘、苦，溫，無毒。治小兒五疳，煎浴。散身熱骨腫痛，止嘔瀉，同米炒，淬水飲。洗瘊疥熱毒，治沙屎蟲食腳爛。用葉擦，或火燒熏。

清·劉善述、劉士季《草木便方》卷二木部 小黃荊 黃荊子苦溫養肝，帶濁止經骨筋丹。利竅堅齒療風痹，聰耳明目痰疝安。葉寒淋蠹腳轉筋，根平心頭風牙疳。

臭蕻

明·朱橚《救荒本草》卷下之前 臭蕻烘去聲 生密縣楊家衝山谷中。科條高四五尺，葉似杵瓜葉而尖艄音哨，又似金銀花葉，亦尖艄，五葉攢生如一葉，開花白色。其葉味甜。救飢：採葉煠熟，水浸淘淨，油鹽調食。

紫珠

宋·唐慎微《證類本草》卷一三木部中品〔唐·陳藏器《本草拾遺》〕 紫珠 味苦，寒，無毒。解諸毒物，癰疽，喉痹，飛尸，蠱毒，毒腫，下瘻，蛇虺蟲螫，狂犬毒。並煮汁服。亦煮汁洗瘡腫，除血長膚。一名紫荆樹。似黃荆，葉小無椏，非田氏之荆也。至秋子熟，正紫，圓如小珠。生江東林澤間。

宋·唐慎微《證類本草》卷一四木部下品〔宋·馬志《開寶本草》〕 紫荆木 味苦，平，無毒。主破宿血，下五淋，濃煮服之。今人多於庭院間種者，花豔可愛。今附。

〔宋·掌禹錫《嘉祐本草》〕按：陳藏器云：紫珠，寒。主解諸毒物，癰疽喉痹，飛尸蠱毒，腫下瘻，蛇虺、蟲、蠶、狂犬等毒，並煮汁服。亦煮汁洗瘡腫，除血長膚。一名紫荆。樹似黃荆，葉小無椏，非田氏之荆也。至秋子熟，正紫，圓如小珠。生江東，林澤間有之。日華子云：紫荆木，通小腸。皮、梗同用。花功用亦同。

〔宋·蘇頌《本草圖經》〕曰：紫荆，舊不著所生州郡，今處處有之，人多於庭院間種植。木似黃荆，葉小無椏，花深紫可愛。或云田氏之荆也。至秋子熟，如小珠，名紫珠。江東林澤間尤多。

宋·沈括《夢溪筆談》卷三《補筆談》 紫荆 陳藏器云：樹似黃荆，葉小無椏；夏秋子熟，正圓如小珠。大誤也。紫荆與黃荆葉叢生，小木，葉如麻葉，三椏而小。紫荆稍大，圓葉，實如樗莢，著樹連冬不脱。人家園亭多種之。

宋·寇宗奭《本草衍義》卷一五 紫荆木 春開紫花，甚細碎，共作朵生，出無常處。或生於木身之上，或附根土之下，直出花；花罷葉出，光緊微圓。園圃間多植之。

宋·鄭樵《通志》卷七六《昆蟲草木略》 紫荊 人多種庭院間，即田氏之荊也。

宋·陳衍《寶慶本草折衷》卷一四 紫荊木皮、梗、花通用。 一名紫荊，一名田氏之荊。○其子一名紫珠。生江東林澤間。今在處園圃庭院多種植有之。 味苦，平，寒，無毒。○主破宿血，下五淋，濃煮服。○日華子云：通小腸。○《圖經》曰：木似黃荊，花深紫。○寇氏曰：花甚細碎，或生木身之上，或附根土之下。

明·蘭茂撰，清·管暄校補《滇南本草》卷下 紫荊皮 性溫，味辛、苦，有毒。入肝脾二經。行十二經絡，治筋骨疼痛，風寒濕痺，麻木不仁，癱瘓痿軟，暖筋，止腰疼。治婦人血寒腹痛，用燒酒炒過用。

附方：荊皮，治男婦筋骨疼痛，痰火痿軟，濕氣流痰。紫荊皮二兩，酒炒。秦歸五錢，川牛膝三錢，川羌活二錢，木瓜三錢，上好酒五斤，重湯煎一炷香為度，露一夜，去火毒用。

明·滕弘《神農本經會通》卷二 紫荊木 味苦，氣平，無毒。一云：味寒。

《本經》云：主破宿血，下五淋，濃煑服之。今人多於庭院間種者，花豔可愛。陳藏器云：紫荊，味寒。主解諸毒物，癰疽喉痺，飛尸蠱毒，腫下瘻，蛇虺、蟲蠶、狂犬等毒，並煑汁服。亦煑汁，洗瘡腫，除血，長膚。日華子云：通小腸。皮梗同用，花功用亦同。

明·劉文泰《本草品彙精要》卷二一 紫荊木無毒 植生。

紫荊木：主破宿血，下五淋，濃煮服之。名醫所錄。【名】紫荊樹、紫珠。

【苗】《圖經》曰：木似黃荊，葉小無椏，花深紫色。或云田氏之荊也，至秋子熟，圓如小珠，名紫珠。其花、皮功用亦同。《衍義》曰：紫荊木，春開紫花甚細碎，共作朵生，出無常處，或生於木身之上，或附根上枝下，直出花。花罷葉出，光緊微圓，今人多植於庭院間，花豔可愛。【地】《圖經》曰：生江東林澤間，今處處有之。【時】生：春生葉。採：無時。【收】日乾。【用】木、皮、花。【質】類黃荊。【色】蒼。【味】苦。【性】平，泄。【氣】味厚于氣，陰中之陽。【臭】朽。【主】通小腸，破宿血。〔製〕剉碎用，或煮汁用。〔治〕療：陳藏器云：治癰腫，喉痹，飛屍，蠱毒腫。煮汁洗瘡腫，除血，長膚。〔解〕諸物毒及下瘻，蛇虺，蟲、蠶、狂犬等毒。

明·鄭寧《藥性要略大全》卷五 紫荊木 破宿血，下五淋，濃煮汁服。花亦同功。 味苦，平，無毒。○此紫荊即田氏紫荊花樹也。前紫荊皮，乃牛頭藤，蔓生者，非此木也。今俗人呼芫花為紫荊花，誤益甚矣！

明·鄭寧《藥性要略大全》卷五 紫荊皮 療腫毒折傷。 味苦，性溫，無毒。用根皮，俗呼為牛頭藤。

明·王文潔《太乙仙製本草藥性大全》卷三《本草精義》 紫荊木 舊不載所出州郡，今處處有之，人多於庭院間種植。木似黃荊，葉小無椏，花深細可愛，或云田氏之荊也。至秋子熟如小珠，名紫珠。江東林澤間尤多。

明·王文潔《太乙仙製本草藥性大全》卷三《仙製藥性》 紫荊木 味苦，氣平，無毒。 主治：解諸毒飛尸，蠱毒。洗瘡腫，除血長膚，散癰疽，衰痹下腫瘻，蛔蟲。破宿血而有準，止五淋而殊功。蠶螫、狂犬傷毒，煮濃汁服之立通。 按：《衍義》云：紫荊木，春開紫花甚細碎，共作朵生，出無常處，或生於木身之上，或附根上之下直出花，花罷葉出，光緊微圓。園圃間多植之。

明·李時珍《本草綱目》卷三六木部·灌木類 紫荊宋《開寶》。 校正：併入《拾遺》紫珠。

〔釋名〕紫珠《拾遺》 皮名肉紅《綱目》 內消時珍曰：其木似黃荊而色紫，故名。其皮色紅而消腫，故瘍科呼爲肉紅，又曰內消，與何首烏同名。

〔集解〕頌曰：紫荊處處有之，人多種于庭院間。木似黃荊，葉小無椏，花深紫可愛。藏器曰：即田氏之荊也。至秋子熟，正紫，圓如小珠，名紫珠。江東林澤間尤多。宗奭曰：春開紫花甚細碎，共作朵生，出無常處，或生于木身之上，或附根上枝下，直出花。花罷葉出，光緊微圓。園圃多植之。時珍曰：高樹柔條，其花甚繁，歲二三次。其皮入藥，以川中厚而紫色味苦如膽者爲勝。

木并皮 〔氣味〕苦，平，無毒。藏器曰：苦，寒。大明曰：皮、梗及花，氣味功用並同。

〔主治〕破宿血，下五淋，濃煮汁服《開寶》。 通小腸大明。 解諸毒物，癰疽喉痹，飛尸蠱毒，腫下瘻，蛇、虺、蟲、蠶、狂犬毒，並煮汁服。亦以汁洗瘡腫，除血長膚藏器。 活血行氣，消腫解毒，治婦人血氣疼痛，經水凝澀時珍。

〔發明〕時珍曰：紫荊氣寒味苦，色紫性降，入手、足厥陰血分。寒勝熱，苦走骨，紫入營，故能活血消腫，利小便而解毒。楊清叟《仙傳方》有冲和膏，以紫荊爲君，蓋亦得此意也。其方治一切癰疽、發背流注、諸腫毒、冷熱不明者。紫荊皮炒三兩，獨活去節炒三兩，赤芍藥炒二兩，生白(朮)〔芷〕一兩，木蠟炒一兩，爲末。用葱湯調，熱敷。血得熱則行，葱能散氣也。瘡不甚熱者，酒調之。痛甚者，加乳香。筋不伸者，亦加乳香。大抵癰疽流注，皆是氣血凝滯所成。遇溫則散，遇凉則凝。此方溫平。紫荊皮乃木之精，破血消腫。獨活乃土之精，止風動血，引拔骨中毒，去痹濕氣。芍藥乃火之精，生血止痛。木蠟乃水之精，消腫散血，同獨活能破石腫堅硬。白芷乃金之精，去風生肌止痛。蓋血生則不死，血動則流通，肌生則不爛，痛止則不焮，風去則血自散，氣破則硬可消，毒自除。五者交治，病安有不愈者乎？

〔附方〕新九。 婦人血氣：紫荊皮爲末，醋糊丸櫻桃大，每酒化服一丸。熊氏《補遺》。 鶴膝風攣：紫荊皮三錢，老酒煎服，日〔二〕次。《直指方》。 傷眼青腫：紫荊皮，小便浸七日，晒研，用生地黃汁、薑汁調傅。不腫用葱汁。《永類方》。 猘犬咬傷：紫荊皮末，沙糖調塗，留口退腫，口中乃嚼嚥杏仁去毒。《仙傳外科》。 鼻中疳瘡：紫荊花陰乾爲末，貼之。《衛生易簡方》。 發背初生：一切癰疽皆治。單用紫荊皮爲末，酒調箍住，自然撮小不開。內服柞木飲子。乃救貧良劑也。《仙傳外科》。 癰疽未成：用白芷、紫荊皮等分爲末，酒調服。外用紫荊皮、木蠟、赤芍藥等分爲末，酒調作箍藥。同上。 痔瘡腫痛：紫荊皮五錢，新水食前煎服。《直指方》。 產後諸淋：紫荊皮五錢，半酒半水煎，溫服。熊氏《補遺》。

明·繆希雍《本草經疏》卷一四 紫荊木 味苦，平，無毒。主破宿血，下五淋。濃煮服之。

〔疏〕紫荊木皮，內稟天地清寒之性，外感南方初陽之氣，故其味苦，氣平。紫入營，故能活血破血，消腫毒，下五淋也。花、梗氣味、功用竝同。〔主治參互〕《仙傳外科》發背初生，一切癰疽皆治：單用紫荊皮為末，酒調箍住，自然撮小不開。內服柞木飲子，乃救貧良劑也。并可內服。楊清叟《仙傳方》沖和膏，治一切癰疽、發背、流注，諸腫毒，用紫荊皮三兩炒，獨活炒三兩，赤芍藥炒二兩，生白朮一兩，木蠟炒一兩，為末。用葱湯調熱敷。血得熱則行，葱能散氣也。瘡不甚熱者，酒調之，痛甚者加乳香。除癰毒外，他用甚稀，故無簡誤。

明·倪朱謨《本草彙言》卷一〇 紫荊 味苦，氣平，無毒。入足厥陰經血分。 蘇氏曰：紫荊，處處有之。寇氏曰：木似黃荊，葉小無椏。春開紫色花，甚細碎，聯結作朵。花不附枝，生無常處，或生于木身之上，或生于縱曲兩叉之間。花罷葉出，光簇微圓。人家園圃庭院多植之。即田氏之紫荆也。結子至秋熟而紫圓如小珠。取皮入藥，以川中厚而紫色、味苦如膽者爲勝。

紫荆木皮：破宿血，日華子 活新血，解癰腫，陳藏器 散蠱毒之藥也。江魯陶抄《開寶》方：治婦人血氣刺痛，經水凝濇。凡一切血分不和之疾，如瘀血爲病，作癥瘕痞積，或蠱毒淋閉諸證，咸宜用之。然苦能泄結，寒能解熱，紫色能入營分，故前人入外科諸方，外敷内服，屢奏功效。除癰毒方藥外，他用甚鮮。

集方：治一切癰疽發背初生。單用紫荆皮爲末，薑汁酒調，箍住，自然撮小，并内服之。乃救貧之良劑也。○朱氏《補遺方》治婦人血氣諸病。用紫荆皮爲末，紅麯研細，醋煎滾，打糊爲丸，如梧子大，每早晚各服五丸，白湯下。○林氏方治血蠱不散。用紫荆皮爲末，每早未食時服二錢，白湯下。○林氏方治五淋閉證。用紫荆皮煎湯，每早飲一碗。○《直指方》治鶴膝風攣。用紫荆皮三錢，好酒煎服，日二次。○熊氏《補遺方》治産後諸淋。用紫荆皮五錢，酒水各一碗，煎服。

清・顧元交《本草彙箋》卷五　紫荊皮　稟性清寒，氣平味苦。花木皆紫，紫入血分，故有活血破血，消腫之功。花梗同。

沖和膏，治諸腫毒之陰陽不和，冷熱不明者。紫荊皮炒，獨活去節炒，各三兩，赤芍炒二兩，白芷、石菖蒲各一兩，葱湯或熱酒調服。或作調敷。痛甚加乳香，筋不伸亦加。蓋癰疽流注，皆氣血流注所成，遇溫則散，遇涼則凝。此方溫平，紫荊皮能破氣逐血消腫；獨活動蕩凝滯，引拔骨中冷痛；赤芍生血活血，散瘀止痛；菖蒲消腫散血，同獨活能破石腫堅硬；白芷去風定痛；此方散風行氣，活血消腫，祛冷軟堅，流毒骨疽冷症，尤爲良劑。

清・穆石匏《本草洞詮》卷一一　紫荊　皮苦，平，一云寒，無毒。入手足厥陰血分。破宿血，下五淋，解諸毒。竝煮汁服。治婦人血氣疼痛，經水凝濇。梗及花功用竝同。蓋其寒勝熱，苦走骨，紫入營，故能活血行氣，消腫解毒也。楊清叟有沖和膏方，以紫荊為君，治一切癰疽發背，流注諸瘡毒，冷熱不明者，紫荊皮炒三兩，獨活去節炒三兩，赤芍藥炒二兩，生白芷一兩，木蠟炒一兩，為末，用葱湯調，熱敷之，血得熱則行，葱能散氣也。痛甚者，筋不伸者，竝加乳香。大抵癰疽流注，皆氣血凝滯所成，遇熱則散，遇冷則凝，此方溫平。紫荊皮乃木之精，破血消腫；獨活乃土之精，止風行血，引拔骨中毒，去痺濕氣；芍藥乃火之精，生血止痛；木蠟乃水之精，消腫散血，同獨活能破石腫堅硬；白芷乃金之精，去風生肌止痛。蓋血生則不死，血動則流通，肌生則不爛，痛止則不焮，風去則血自散，氣破則硬可消，毒自除，五者交治，病安有不愈者乎？

清・劉雲密《本草述》卷二四　紫荊　高樹柔條，春開紫花，甚細碎，花罷葉出，至秋子熟，正紫圓如小珠，名紫珠。

木并皮：氣味：苦，平，無毒。藏器曰：苦，寒。日華子曰：皮梗及花，氣味功用並同。

主治：破宿血，下五淋，濃煮汁服《開寶》。通小腸日華子。活血行氣，解毒消腫時珍。散癰疽，喉痹藏器。治婦人血氣疼痛，經水凝濇時珍。解諸毒物，下蛇、虺、蟲、蠶、狂犬毒，並煮汁服藏器。時珍曰：紫荊氣寒味苦，色紫性降，入手足厥陰血分。寒勝熱，苦走骨，紫入營，故能活血消腫，利小便而解毒。楊清叟《仙傳方》有沖和膏，以紫荊為君，蓋得此意也。其方治一切癰疽發背流注，諸腫毒冷熱不明者，紫荊皮炒五兩，獨活去節炒三兩，赤芍藥炒二兩，生白芷一兩，木蠟炒一兩，為末，用葱湯調熱敷。血得熱則行，葱能散氣。瘡不甚熱者，酒調之。痛甚者，筋不伸者，加乳香。大抵癰疽流注，皆氣血凝滯所成，遇溫則散，遇涼則凝。此方溫平，紫荊皮乃木之精，破血消腫。獨活乃土之精，止風動血，引拔骨中毒，去痹溼氣。赤芍乃火之精，生血止痛。木蠟乃水之精，消腫散血，同獨活能破石腫堅硬。白芷乃金之精，去風生肌止痛。蓋血生則不死，血動則流通，肌生則不爛，痛止則不焮，風去則血自散，氣破則硬可消，毒自除。五者交治病，安有不愈者乎？此方，方書治偏正頭風腫痛，并眼痛者，其敷治亦同，但菖蒲換木蠟耳。

愚按：紫荊木皮、花、實皆紫，則其入營而效用也。可知苐諸味之活血者，多屬辛溫，以血得溫則行也。其解毒者，多屬苦寒，以毒為辛熱之所結也。茲味能活血而解毒，則必非苦寒，亦非苦溫。《本草》所謂氣平者是也。但先哲謂平即涼，或者於解毒之用切乎？瀕湖氏謂取蜀產，其苦味如膽者，蓋察其性非辛溫，故以極苦者為功。苦主涌泄故也。此味活血解毒，功能並奏，則血瘀而有熱者，豈非適宜之善物乎？

附方　婦人血氣，紫荆皮為末，醋糊丸櫻桃大，每酒化服一丸。　鶴膝風攣，紫荆皮三錢，老酒煎服，日二次。　發背初生，一切癰疽皆治，單用紫荆皮為末，酒調箍住，自然撮小不開，内服柞木飲子，乃救貧良劑也。

修治　入藥以川中厚而紫色，味苦如膽者，為勝。

清·郭章宜《本草匯》卷一六　紫荆皮　苦，寒，降也，入手足厥陰血分。活血行氣，消腫解毒。治血氣疼痛，療經水凝濇。

按：　紫荆，苦寒善降之物也。　寒勝熱，苦走骨，色紫入營，故能治血消腫，利小便而解毒也。

清·王翃《握靈本草》補遺　紫荆皮即庭院間春開紫花者。　苦，平，無毒。皮梗及花，功用皆同。以川中厚而紫色，苦味如膽者，為勝。主破血，下五淋。

清·馮兆張《馮氏錦囊秘錄·雜症痘疹藥性主治合參》卷四　紫荆木皮　内稟天地清寒之氣，外感南方初陽之氣。故味苦，氣寒，無毒。花木色皆紫，入足厥陰血分。寒勝熱，苦泄結，紫入榮，故能活血破血，消腫毒，下五淋也。花梗氣味功用竝同。《仙傳外科》：　發背初生，一切癰疽皆治。單用紫荆皮為末，酒調箍住，自然撮小不開，竝可内服。

紫荆木皮，主破宿血，下五淋，濃煮服之。

清·张璐《本經逢原》卷三　紫荆皮　苦，平，無毒。苦如膽而紫厚者良。　發明：　紫荆，木之精也，入手足厥陰血分。能破宿血，下五淋，通小腸，解諸毒。　治傷寒赤膈，黄耳，活血消腫，為杖瘡必用之藥。治癰疽流注諸毒，冷熱不明者用紫荆皮、獨活、赤芍、白芷、白蠟炒為末，葱湯調敷。痛甚筋不舒者加乳香甚驗。

清·嚴潔等《得配本草》卷七　紫荆皮　苦，寒。入足厥陰經血分。活血行氣，消腫解毒。治經水凝澀，療小便不通。配老酒，治産後諸淋。酒拌炒用。

清·沈金鰲《要藥分劑》卷二　紫荆皮　【略】鰲按：　紫荆皮為跌撲損傷家必用之藥，亦以其能破宿血，行滯氣也。

清·羅國綱《羅氏會約醫鏡》卷一七竹木部　紫荆木皮味苦，氣寒，入肝經血分。　寒勝熱，苦泄結，紫入榮。能活血破血，消腫毒，用為末，酒調箍住，自然撮小而散。并五淋。皆當服之。

清·楊時泰《本草述鉤元》卷二四　紫荆皮　高樹柔條，春開細碎紫花，花罷葉出，至秋子熟，圓小如紫珠。皮梗及花，氣味功用並同。

味苦，氣平。色紫性降。入手足厥陰血分。主破宿血，下五淋，濃煮汁服。通小腸活血行氣，解毒消腫，散癰疽喉痺，治婦人血氣疼痛，經水凝濇，下蛇虺、蟲蠶、狂犬毒。並煮汁服。　沖和膏楊清叟仙傳方：　治一切癰疽發背流注，諸腫毒，冷熱不明者，紫荆皮炒五兩，獨活去節炒三兩，赤芍炒二兩，生白芷一兩，木蠟炒一兩，為末，用葱湯調，熱敷。痛甚者，筋不伸者，加乳香。　瘡不甚熱者，酒調之。　葱能散氣血，得熱則行也。此方溫平，不偏寒熱。紫荆皮乃木之精，破血消腫。獨活乃土之精，動血止風，拔骨中毒，去痺溼氣。赤芍乃火之精，生血止痛。木蠟乃水之精，消腫散血。同獨活能破石腫堅硬。白芷乃金之精，生肌止痛。蓋血破則不硬，血動則不壅，血生則不死，血散則不凝，敷者合而奏效乃神也。上方以菖蒲換木蠟，並治偏正頭風腫痛并眼痛，敷法同。婦人血氣，紫荆皮為末，醋糊丸櫻桃大，每用酒化服一丸。鶴膝風攣，紫荆皮三錢，老酒煎服，日二次。發背初生，一切癰疽皆治，紫荆皮為末，酒調箍住，自然撮小不開，内服柞木飲子，乃救貧良劑也。

論：　紫荆木皮花實皆紫，其入營而效用可知。第諸味之活血者，多屬辛溫，其解毒者，多屬苦寒，茲味活血而解毒，則非苦寒，亦非辛溫。《本草》謂其氣平，平即涼也，或者尤於解毒之用。　瀕湖取蜀産味苦如膽者，以苦主涌泄故也，活血解毒功能並奏，則血瘀而有熱者，用之誠宜。

修治：　入藥以川産，紫色而厚，味苦如膽者，為勝。

清·葉桂《本草再新》卷四　紫荆皮味苦、辛，性溫，無毒。入脾、肺二經。瀉脾肺之虚火，潤肺氣，壯脾土，利濕和血，療瘡疥諸毒。

清·趙其光《本草求原》卷九灌木部　紫荆皮　苦，入心走骨，涌泄；　平，清熱結，解毒；　紫，入營。故活血、破瘀、消腫，為末酒下，治婦人血氣，又為杖瘡之要藥。下五淋，通小腸，治鶴膝風攣，淋用，水煎；　風用，酒煎。解蟲、蛇、狂犬諸毒，煮汁服。癰疽流注諸毒、冷熱不明者，同獨活，止風動血，以拔骨中濕毒；　白蠟消腫，散血，破堅；　赤芍生血，止痛；　白芷去風，生肌，止痛，皆炒為末，葱湯調敷；　痛甚，筋不舒，加乳香。若去白蠟，加菖蒲，治偏正頭風腫痛並眼痛，俱神效。　並箍發背初起，為末，酒調敷，自然撮小。散喉痹。熱結成毒。

清·張仁錫《藥性蒙求·木部》　紫荆皮錢半　紫荆皮苦，行氣通瘀。婦人氣痛，諸毒皆除。苦，平，入肝經。〇沈金鰲曰：　為跌撲損傷家必用之藥，以其能破宿血(得)滯氣也。又治婦人血氣疼痛,經水凝濇,通小腸,解諸毒物,癰疽喉痹,飛尸蠱毒,腫下瘻,蛇虺,狂犬毒。

清・戴葆元《本草綱目易知錄》卷四 紫荆木并皮: 氣味寒苦,色紫性降,入手足厥陰血分。寒勝熱,苦走骨,紫入營,故能活血行氣,消腫解毒。治婦人血氣痛,經水凝濇,破宿血,下五淋,通小腸,解諸毒物。療癰疽喉痹,飛尸蠱毒。解蛇虺、蠶蟲、狂犬毒,並煮汁服。以汁洗瘡腫,除血長膚。

鴉鵲翻

清・吴其濬《植物名實圖考》卷九 鴉鵲翻 生南安。叢生,赭莖,對葉如地榆而尖,結小子成攢,嬌紫可愛,氣味甘溫,俚醫以治陡發頭腫、頭風,溫酒服,煎水洗之; 又治跌打損傷,去風濕。

細亞錫飯

清・吴其濬《植物名實圖考》卷九 細亞錫飯 生大庾嶺。硬莖叢生,葉如柳葉,附莖攢結,長柄小實,嬌紫下垂。土人云可洗瘡毒。

紫荆花

清・吴其濬《植物名實圖考》卷三八 紫荆花 生長沙山阜間。小科長條,高三四尺; 莖如荊,色褐紫; 葉如柳而長。俚醫以為敗毒行血之藥。

按《本草拾遺》,紫珠味苦,寒,無毒,解諸毒物、癰疽喉痹、飛尸蠱毒、毒腫下瘻、蛇虺蟲螫、狂犬毒,並煮汁服; 亦煮汁洗瘡腫,除血長膚。一名紫荆,樹似黄荆,葉小無椏,非田氏之荆也。至秋子熟,正紫,圓如小珠。生江東林澤間,形狀極肖,治證亦同。

又按《補筆談》以《拾遺》紫荆為誤,不知其同名異物,原書已云非田氏之荆,亦晰矣。

大青

宋・唐慎微《證類本草》卷八草部中品(《别錄》) 大青 味苦,大寒,無毒。主療時氣,頭痛,大熱,口瘡。三四月採莖,陰乾。

〔梁・陶弘景《本草經集注》〕云: 療傷寒方多用此,《本經》又無。今出東境及近道。長尺許,紫莖。除時行熱毒爲良。

〔唐・蘇敬《唐本草》〕注云: 大青用葉兼莖,不獨用莖也。

〔宋・掌禹錫《嘉祐本草》〕按: 《藥性論》云: 大青,臣,味甘。能去大熱,治溫疫,寒熱。日華子云: 治熱毒風,心煩悶,渴疾口乾,小兒身熱疾,風疹,天行熱疾及金石藥毒,兼塗罯腫毒。

〔宋・蘇頌《本草圖經》〕曰: 大青,舊不載所出州土,今江東州郡及荆南、眉、蜀、濠、淄諸州皆有之。春生青紫莖似石竹,苗、葉、花紅紫色似馬蓼,亦似芫花。根黄。三月、四月採莖、葉,陰乾用。古方治傷寒,黄汗,黄疸等有大青湯,又治傷寒頭身強,腰脊痛。葛根湯亦用大青。大抵時疾藥多用之。

宋・劉明之《圖經本草藥性總論》卷上 大青 味苦,大寒,無毒。療時氣,頭痛大熱,口瘡。《藥性論》云: 臣。味甘。能去大熱,治溫疫寒熱。日華子云: 治熱毒風,心煩悶渴疾,口乾,小兒身熱疾,風疹天行熱疾,及金石藥毒。又塗罯腫毒。古方治傷寒黄汗、黄疸等,有大青湯。又治傷寒頭身強,腰脊痛,葛根湯亦用。大抵時疾多用之。

宋・王介《履巉巖本草》卷上 大青 味苦,大寒,無毒。主療時氣頭痛,大熱口瘡,熱毒風,心煩悶,渴疾口乾,小兒身熱疾及金石藥毒。兼塗罯腫毒。又治傷寒頭痛,身強腰脊痛,大抵時疾藥多用之,治喉痹,纏喉風,取葉擣汁灌之。

明・王綸《本草集要》卷三 大青臣 味苦,氣大寒,無毒。三四月採莖葉,陰乾。 主療時氣,天時熱疾,頭痛大熱,口瘡,及金石藥毒。

明・滕弘《神農本經會通》卷一 大青 莖葉兼用。三、四月採,陰乾。味苦,氣大寒,無毒。

《本經》云: 主療時氣頭痛,大熱口瘡。《圖經》云: 古方治傷寒,黄汗黄疸等,有大青湯。又治傷寒頭身強,腰脊痛,葛根湯亦用大青,時疾藥多用之。《局》云: 大青草本出荆南,最療時行口渴乾。熱毒頭疼腰脊強,古方以此治傷寒。

明・劉文泰《本草品彙精要》卷一一 大青無毒 叢生。

大青: 主療時氣頭痛,大熱,口瘡。名醫所錄。 【苗】《圖經》曰: 春生莖,長尺許,青紫色,苗葉似石竹,花紅紫色,似馬蓼,亦似芫花,而根黄色耳。【地】《圖經》曰: 生江東州郡及荆南,眉、蜀、濠、淄諸州皆有之。【道地】信州。 【時】生: 春生苗。採: 三月、四月取莖葉。【收】陰乾。 【用】莖、葉。 【質】類馬蓼。 【色】青紫。 【味】苦。 【性】大寒。 【氣】氣薄味厚,陰也。 【臭】腥。 【主】時行熱疾。 【治】療: 陶隱居云: 治傷寒時行熱毒。《藥性論》云: 去大熱並溫疫寒熱。日華子云:

療熱風，心煩悶，渴疾，口乾，小兒身熱，疾風，天行熱疾，兼塗罯腫毒。　【合治】入葛根湯服，療傷寒頭痛，身強腰脊痛。　【解】金石藥毒。

明・許希周《藥性粗評》卷三　大青出荊南諸州。三月採莖葉，陰乾。　味苦，性大寒，無毒。　主治傷寒時疫，大熱口渴，頭疼脊強，比之小青，其功尤烈，古方多用之。

明・鄭寧《藥性要略大全》卷六　大青臣　治時氣頭痛大熱，口瘡腫毒，煩悶渴疾。　味甘、苦，大寒，無毒。

明・陳嘉謨《本草蒙筌》卷三　大青　味苦，氣大寒。無毒。多生鄜蜀濠淄，亦産江東州郡。葉綠似石竹莖紫，花紅如馬蓼根黃。入藥用葉兼莖，春末夏初收採。仲景書內，每每擅名。傷寒熱毒發斑，有大青四物湯飲効；傷寒身強脊痛，有大青葛根湯服靈。又單味大青煎湯，治傷寒黃汗黃疸，天行時疫尤多用之。仍罯腫癰，且解煩渴。○小青異種，惟産福州。屬福建。土人用治癰瘡，取葉生搗敷上。

明・王文潔《太乙仙製本草藥性大全》卷二《本草精義》　大青　舊不載所出州土，今江東州郡及荊、南、眉、蜀、濠、淄諸州皆有之。春生青紫莖似石竹苗，開花紅紫色似馬蓼，亦似芫花，根黃。三月、四月採莖葉，晒乾用。

明・王文潔《太乙仙製本草藥性大全》卷二《仙製藥性》　大青臣　味苦，氣大寒，無毒。　主治：　仲景書內每每擅名。傷寒熱毒發班，有大青四物湯飲效。傷寒身強脊痛，有大青葛根湯服靈。又單味大青煎湯，治傷寒黃汗、黃疸，天行時疫尤多用之。仍罯腫癰，且解煩渴。　小青：　異種，惟産福州屬福建，土人用治癰瘡，取葉生搗敷上。　補註：　治傷寒黃汗、黃疸等，有大青湯，又治傷寒及身強腰脊痛葛根湯，亦用大青。大抵時疾，葉多用之。

明・皇甫嵩《本草發明》卷三　大青中品上，臣。氣大寒，味苦，無毒。　發明曰：　大青苦寒瀉熱，故《本草》主療時氣頭痛大熱，口瘡熱毒風，心煩悶渴疾，小兒身熱風疹，天行熱疾及金石藥毒。塗罯腫毒，療傷寒時疾方多用之。故仲景治傷寒熱毒發斑，有大青四物湯；　傷寒身強脊痛，有大青葛根湯。又單味煎湯，治傷寒黃汗黃疸，天行時疾。

小青異種，産福州，土人用治癰瘡，取葉生搗敷上。

明・李時珍《本草綱目》卷一五草部・隰草類上　大青《別録》中品

【釋名】時珍曰：　其莖葉皆深青，故名。　【集解】《別録》曰：　大青三四月採莖，陰乾。弘景曰：　今出東境及邊道，紫莖長尺許，莖葉皆用。頌曰：　今江東州郡及荊南、眉、蜀、濠、淄諸州皆有之。春生青紫莖，似石竹苗葉，花紅紫色，似馬蓼，亦似芫花，根黃。三月、四月採莖葉，陰乾用。時珍曰：　處處有之。高二三尺，莖圓。葉長三四寸，面青背淡，對節而生。八月開小花，紅色成簇。結青實大如椒顆，九月色赤。

莖葉　【氣味】苦，大寒，無毒。權曰：　甘。時珍曰：　甘、微鹹，不苦。　【主治】時氣頭痛，大熱口瘡《別録》。除時行熱毒，甚良弘景。治溫疫寒熱甄權。治熱毒風，心煩悶，渴疾口乾，小兒身熱疾風疹，及金石藥毒。塗罯腫毒大明。　主熱毒痢，黃疸，喉痹，丹毒時珍。

【發明】頌曰：　古方治傷寒黃汗、黃疸等，有大青湯。又治傷寒頭身強、腰脊痛，葛根湯內亦用大青。大抵時疾多用之。時珍曰：　大青氣寒，味微苦鹹，能解心胃熱毒，不特治傷寒也。朱肱《活人書》：　治傷寒發赤斑煩痛，有犀角大青湯、大青四物湯。故李象先《指掌賦》云：　陽毒則狂斑煩亂，以大青、升麻，可回困篤。

【附方】新五　喉風喉痹：　大青葉搗汁灌之，取效止。《衛生易簡方》。　小兒口瘡：　大青十八銖，黃連十二銖，水三升，煮一升服。一日二服，以瘥爲度。《千金方》。　熱病下痢：　困篤者。大青湯：　用大青四兩，甘草、赤石脂三兩，膠二兩，豉八合，水一斗，煮三升，分三服，不過二劑瘥。《肘後方》。　熱病發斑：　赤色煩痛。大青四物湯：　用大青一兩，阿膠、甘草各二錢半，豉二合，分三服。每用水一盞半，煎一盞，入膠烊化服。○又犀角大青湯：　用大青七錢半，犀角二錢半，梔子十枚，豉二撮，分二服。每服水一盞半，煎八分，温服。《南陽活人書》。　肚皮青黑：　小兒卒然肚皮青黑，乃血氣失養，風寒乘之，危惡之候也。大青爲末，納口中，以酒送下。《保幼大全方》。

明・梅得春《藥性會元》卷上　大青　味苦，大寒，無毒。　主療時氣頭痛，大熱口瘡。傷寒方中多用，出江東諸郡。

明・繆希雍《本草經疏》卷八　大青　味苦，大寒，無毒。　主療時氣頭痛，大熱口瘡。

【疏】大青禀至陰之氣，故味苦，氣大寒，無毒。甄權云：　大青臣，味甘，能去大熱，治溫疫寒熱。蓋大寒兼苦，其能解散邪熱明矣。《經》曰：　大熱之氣，寒以取之，此之謂也。時行熱毒頭痛，大熱口瘡，為胃家實熱之證，此藥乃對病之良藥也。　【主治參互】《千金方》小兒口瘡，大青十八銖，黃連十二銖，水三升，煮一升。日二服，以瘥為度。《肘後方》熱病下利困篤者，大青湯。大青四兩，甘草、赤石脂各三兩，豉八合，水一斗，煮三升，分三服，不過二劑差。　《保幼大全》方小兒卒然肚皮青黑，乃血氣失養，風寒乘之，危惡之候也。大青為末，納口中，以酒送下。〔簡誤〕大青乃陰寒之物，止用以祛除天行熱病，而不可施之虛寒脾弱之人。

明・倪朱謨《本草彙言》卷三　大青　味苦，氣大寒，無毒。　陶隱居曰：出東境邊道，及江東州郡。今荆南、眉、蜀、濠州所在亦有之。春生青紫，葉似石竹，高二三尺，對節作葉，長三四寸，面青背淡。七八月開花如蓼，色紅紫，亦如芫花狀。結實青碧，大若椒粒，霜降則紅。三四月采莖葉，陰乾用。

大青：弘景解時行熱毒之藥也。陳象先稿《別錄》主溫疫寒熱，時行大熱，熱毒頭痛，狂悶煩渴，喉痹口瘡，風瘮丹毒，熱毒血痢，單熱瘧疾，熱極疸黄諸病。此皆胃家實熱之證。此藥乃對病之良方也。但其性味苦寒，止用以祛除天行熱病，而不可施之于虛寒脾弱之人。善用者毋忽也。　蘇氏曰：古方治傷寒內熱，黄汗黄疸，有大青湯。傷寒頭身強，腰脊痛，有葛根湯。亦加大青。大抵時行熱疾，尤多用之。　李時珍先生曰：大青氣寒味苦，善解心胃熱毒，不特治傷寒也。《活人書》治傷寒發赤斑，煩熱而痛，有犀角大青湯、大青四物湯。故象先《指掌賦》云：陽毒則狂斑煩亂，以大青、升麻，可回困篤。

集方：甄氏方治溫疫寒熱。用大青、柴胡、黄芩、生半夏、桔梗各一錢，葱頭二個，水煎服。○陶氏方治時行大熱，熱毒頭痛，狂悶煩渴。用大青一兩，石膏五錢，知母三錢，甘草一錢，牛蒡子二錢，水煎服。○《衛生易簡方》治喉風喉痹。用大青葉搗汁灌之，取效止。○《千金方》治大人小兒口內生瘡。用大青一兩，黄柏五錢，黄連三錢，水一大升，煎三合服之。○大氏方治風瘮丹毒。用大青搗爛，罯之即散。先以磁鋒砭去惡血。○《肘後方》治熱毒血痢困篤。用大青曝乾四兩，甘草一兩，真赤石脂三兩，阿膠二兩，水三升，煎一升，徐徐服。○《方脉正宗》治熱盛時瘧，單熱不寒者。用大青嫩葉搗汁，和生白酒沖飲。○同前治熱甚疸黄。用大青二兩，茵陳、秦艽各一兩，天花粉八錢，水煎服。○《南陽活人書》治熱盛發斑，赤色，心煩作痛。用大青四物湯，以大青一兩，阿膠、甘草各二錢，淡豉二合，分作三服，每用水二盞，煎八分服。又犀角大青湯，用大青七錢，真犀角二錢，山梔子十個，淡豉二撮，分作二服。每用水二盞，煎八分，溫和服。

明・顧逢柏《分部本草妙用》卷七兼經部・寒瀉　大青小青　苦，寒，無毒。　主治：時氣頭痛，大熱發班，狂躁，熱毒溫疫，黄疸，喉痹。　小青，搗傅癰腫甚効，治血痢，解蛇毒。　古方傷寒，黄汗黄疸，頭目強，腰脊痛，發狂發躁，但用大青。《指掌》云：大青、升麻，可回危篤。而知大青為傷寒要藥也。更能清痰，去火爽神，人所未知。

明・蔣儀《藥鏡》卷四寒部　大青　水煎服，耑治天行熱病，頭痛口瘡。酒送下，亦療小兒肚皮，卒然青腫。

明・盧之頤《本草乘雅半偈》帙八　大青《別錄》中品　氣味：苦，大寒，無毒。

主治：主時氣頭痛，大熱，口瘡。

覈曰：出東境邊道，及江東州郡，今荆南、眉、蜀、濠、〔淄〕州，所在亦有之矣。春生青紫莖，高二三尺，對節作葉，長三四寸，面青背淡，放花如蓼，色紅紫，亦似芫花狀。結實青碧，大若椒粒，霜降則紅。三四月，采莖葉陰乾用。

条曰：東方生風，人通于肝，其主木也，其色青也，言能宣大風木之用，因名大青。味大苦，氣大寒，雖待陽為標，熱為本，亦非陰凝走下之比，力使自外而內者，仍從自內而外也。讀仲景先生大青龍湯兩法，一主標陽本風之從化，一發標陽本寒之將陷，則得之矣。

清・顧元交《本草彙箋》卷三　大青　大寒兼苦，能解心胃熱毒。凡傷寒黄汗黄疸，及傷寒陽毒狂斑煩亂者，需之。

清・穆石鉋《本草洞詮》卷九　大青

大青，其莖葉皆深青，故名。氣味甘微鹹，大寒，無毒。治時氣頭痛，口瘡，溫疫，熱痢，黄疸，喉痹，丹毒。蓋大青能解心胃熱毒。《活人書》治傷寒，發赤斑煩痛，有犀角大青湯、大青四物湯，故《指掌賦》云：陽毒則狂斑煩亂，大青、升麻可回困篤。

清・劉雲密《本草述》卷九下　大青　舊不載所出州土，今江東州郡及荆南、眉蜀、濠淄諸州皆有之。春生青紫莖，高二三尺，對節作葉，長三四寸，面青背淡，放花如蓼，色紅紫，亦似芫花狀，結實青碧，大若椒粒，霜降則紅。三四月采莖葉，陰乾用。　時珍曰：處處有之。

莖葉：氣味：苦，大寒，無毒。　權曰：甘。　時珍曰：甘，微鹹，不苦。

主治：時行熱毒宏景。頭痛《別録》。身發寒熱甄權。及熱毒痢，並熱毒喉痺，丹毒時珍。又熱毒風，心煩悶渴疾，口乾，小兒身熱疾，風疹，及金石藥毒，塗罯腫毒日華子。大抵時疾多用之。　時珍曰：大青，氣寒味微苦鹹，能解心胃熱毒，不特治傷寒也。朱肱《活人書》治傷寒發赤斑，煩痛，有犀角大青湯，大青四物湯，故李象先《指掌賦》云：陽毒則狂斑煩亂，以大青、升麻可回困篤。　之頤云：東方生風，入通於肝，其主木也，其色青也。言能宣大風木之用，因名大青。味大苦，氣大寒，雖待陽為標，熱為本，亦非陰凝走下之比力，使自外而內者，仍從自內而外也。讀仲景先生大青龍湯兩法，一主標，陽本風之從化；一發標，陽本寒之將陷，則得之矣。

愚按：大青之氣寒，固然。第《本草》謂其味苦，而時珍以為甘而不苦，又云微苦鹹。夫此味既處處有之，則時珍應得之親嘗，所云甘而微苦者，諒不謬也。蓋大熱之氣，固非寒無以取之。然唯若不敵甘，則不同於純苦之味，而大熱反可除，如胃蘊毒以致發斑，豈徒恃陰凝之苦味能取之乎？之頤所云，不等於陰凝走下，力能使自外而內者，仍從自內而外之數語，可謂中肯。觀其所用，止於莖葉，更采於木火之交，不可想見其從內徹外之用乎哉？其有微鹹更妙，是所謂真水之氣，故能解血中熱毒。大青四物湯，佐以阿膠，則其義可思矣。

附方　熱病下利困篤者，大青湯，大青四兩，甘草、赤石脂各三兩，阿膠二兩，豉八合，水一斗，煮三升，分三服，不過二劑差。溫熱證發斑論治云：宜用大青者，如無以大藍葉代之。或真青黛代之亦可。　小兒卒然肚皮青黑，乃血氣失養，風寒乘之，危惡之候也。大青為末納口中，以酒送下。

希雍曰：大青乃陰寒之物，止用以祛除天行熱病，而不可施之虛寒脾弱之人。

清・王翃《握靈本草》卷四　大青處處有之。用莖葉，陰乾用。　主治：大青，苦，大寒，無毒。一云：甘，微鹹。　主時氣頭痛，大熱口瘡，熱毒下痢，黃疸，喉痺。

清・汪昂《本草備要》卷二　大青瀉心胃熱毒。　微苦、鹹，大寒。解心胃熱毒。治傷寒時疾熱狂，陽毒發斑，熱甚傷血，裏實表虛，則發斑。輕如疹子，重如錦紋。紫黑者，熱極而胃爛也，多死。《活人》治赤斑煩痛，有犀角大青湯。　黃疸熱痢，丹毒喉痺。　處處有之。高二三尺，莖圓葉長，葉對節生，八月開小紅花成簇，實大如椒，色赤。用莖葉。

清・李熙和《醫經允中》卷二〇　大青、小青　苦寒，無毒。主治傷寒頭痛，大熱發斑狂躁，熱毒溫疫，黃疸喉痺。大青能清痰去火，爽神，為傷寒要藥。小青搗敷癰腫，治血痢，解蛇毒。

清・馮兆張《馮氏錦囊秘錄・雜症痘疹藥性主治合參》卷三　大青稟至陰之氣，故味苦，氣大寒，無毒。專治天行熱毒，頭痛口瘡。

大青，仲景書內，每每擅名，傷寒熱毒發斑，有大青四物湯飲效。傷寒身強脊痛，有大青葛根湯服靈。又單味大青湯煎，治傷寒黃汗黃疸，天行時疫，尤多用之。仍罯腫癰，且解煩渴。若脾弱虛寒者，勿服。小青異種，土人用治癰瘡，取葉生搗敷上。

清・浦士貞《夕庵讀本草快編》卷二　大青《別錄》　附：小青　莖葉皆有深青色，故名。　大青莖葉大寒，味苦而鹹，能解心胃之熱毒，除天行之時氣。纏喉風痺，金石藥毒，無不宜之。故傷寒、黃汗、黃疸，有大青湯。《活人書》治傷寒赤斑煩痛有犀角大青湯、大青四物湯，皆著奇績。更有加于葛根湯內而奏効神速者。李象先《指掌賦》云陽毒則狂斑煩亂，非大青、升麻不能回其困篤是也。若小青祇可治中暑發昏，血痢腹痛，塗腫制蛇而已，功豈能匹哉？

清・王子接《得宜本草・中品藥》　大小青　味苦，大寒。主治瘟疫熱毒。得犀角治陽毒發斑。小青得沙糖治中暑發昏。

清・黃元御《玉楸藥解》卷一　大青　味苦，大寒。入足厥陰肝、足少陽膽經。清風退火，泄熱除蒸。治瘟疫斑疹，黃疸痢疾，喉痹口瘡。搗敷腫毒。小青同性。

清・吳儀洛《本草從新》卷一　大青（瀉心胃熱毒。）　苦，鹹，大寒。解心胃熱毒。治傷寒時疾熱狂，陽毒發斑，熱甚傷血，裏實表虛則發斑。紫黑者，熱極而爛也，多死。《活人》治赤斑煩痛，有犀角大湯。　黃疸熱痢，丹毒喉痺。非心胃熱毒勿用。　處處有之，高二三尺，莖圓葉長，葉對節生，八月開小紅花，成簇，實大如椒，色赤。用莖葉。

清・汪紱《醫林纂要探源》卷二　大青　苦，鹹，大寒。獨莖直上，每節三葉，葉圓而長，秋開小紅花成簇，結赤實，大如椒，俗曰女兒紅。　補心神，瀉邪熱，瀉脾胃火。治寒閉鬱熱，天行時熱，陽毒發斑，陽狂，及黃疸，熱痢，瘴瘧，喉痺。

清・嚴潔等《得配本草》卷三　大青　微苦，大寒。入足陽明、手少陰經。解時行頭痛，心胃熱毒。治傷寒熱狂，黄疸熱痢。　配好酒，治肚皮青黑。血氣失養，風寒乘之也。佐犀角、梔子，治陽毒發斑。　脾胃虚寒者禁用。

題清・徐大椿《藥性切用》卷三　大青　苦鹹大寒，入心胃而解班毒熱狂。取莖葉用。無實熱者忌。

清・羅國綱《羅氏會約醫鏡》卷一六草部　大青　味苦鹹，大寒，入心胃二經。治天行時疾、熱狂陽毒發斑，熱甚傷血，裏實表虚則發斑，同犀角用。療黄疸、熱痢、癰腫、丹毒、喉痹、煩渴。寒勝熱也。脾胃虚弱泄瀉者勿用。　處處有之，高二三尺，莖圓葉長，葉對節生，八月開小花成簇，實大如椒，色赤，用莖葉。

清・黄凱鈞《藥籠小品》　大青　苦鹹而寒，解心胃熱毒，治傷寒狂熱，陽毒發斑。非心胃實邪勿用。

清・王龍《本草纂要稿・草部》　大青　味苦，大寒。主時疫頭痛，大熱口瘡。除時行熱毒，瘟疫寒熱。解心胃熱毒，散傷寒赤斑。療喉痺喉風，消煩悶煩渴。熱病下痢並治，黄疸黄汗咸醫。

清・楊時泰《本草述鉤元》卷九　大青　處處有之。春生青紫莖，高二三尺，對節作葉，長三四寸，面青背淡，放花如蓼，亦似芫花狀，結實青碧，大若椒粒，霜降則紅，三四月采莖葉，陰乾用。

味甘而微苦鹹，氣大寒。能解心胃熱毒，主時行熱毒頭痛，身發寒熱，及熱毒痢，治熱毒風，心中煩悶，口內乾渴，並熱毒喉痹，丹毒，金石藥毒，塗罯腫毒，療小兒身熱風疹，大抵時疾多用之諸本草。陽毒斑狂煩亂，用大青、升麻可回困篤《指掌賦》。傷寒發赤斑，煩痛，有犀角大青湯、大青四物湯瀕湖。東方生風，入通於肝，其主木也。其色青也。此味能宣大風木之用，因名大青，雖對待陽為標，熱為本，却又非陰凝走下之比，力使自外而內者，仍自內而外也子由。按：所用止於莖葉，更采於木火之交，不可想見從內徹外之用乎。熱病下利困篤者，大青四兩，甘草、赤石脂各三兩，阿膠二兩，豉八合，水一斗，煮三升，分三服，不過二劑差。小兒肚皮卒然青黑，乃血氣失養，風寒乘之，危惡之候也。大青為末，納口中，以酒送下。

論：大青氣寒味甘而微苦鹹，瀕湖應得之親嘗，不謬也。蓋大熱之氣，非寒無以取之，然惟苦不敵甘，則不同於純苦之味，而大熱反可除，其有微鹹更妙，是所謂真水之氣，能解血中熱毒者。觀大青四物湯，佐以阿膠，義可思矣。

大青陰寒，用除熱病，不可施於虚寒脾弱之人仲淳。

修治：凡證宜用大青者，如無，即以大藍葉代之，或真青黛亦可。

清・鄒澍《本經續疏》卷四　大青　【略】時氣頭痛大熱，所謂太陽病不惡寒者也。太陽病不惡寒者，得有口渴，不得有口瘡。口渴者，熱只在氣分。口瘡則熱依於形矣。《金匱・真言論》曰：中央黄色，入通於脾，開竅於口，藏精於脾，是口瘡者熱依脾胃也。巢氏曰發汗下後，表裏俱虚，毒氣未盡，而薰於上，故喉口生瘡。則口瘡者，不得發於病初起時，是頭痛大熱口瘡，為發汗下後，病仍不去，牽連表裏之候，非太陽初得病即能並見此也。大青所以治此者，為其青葉發於紫莖，紫花結為青實。紫者，火依於水之象。青則從內達外之色，故能使在內附於津液之熱，傾裏透達也。且其開花以八月，結實以九月，而采之以三月、四月，是取其鋒湧外出之氣，不發泄於草而發泄於人身也。況其實見霜便赤，又可見熱在內蒸騰外出，倘遇寒遏而熱勢益劇，至成斑疹，或為喉痹者，亦惟此能發之矣。

清・葉桂《本草再新》卷二　大青味苦、鹹，性寒，無毒。入肝、脾二經。　解心胃熱毒，治傷寒時疾熱狂，陽毒發斑，黄疸熱痢，丹毒喉痺。

清・吴其濬《植物名實圖考》卷一一　大青　《別錄》中品。今江西、湖南山坡多有之。葉長四五寸，開五瓣圓紫花，結實生青熟黑，唯實成時花瓣尚在，宛似托盤。土人皆識之，暑月為飲以解渴。湘人有《三指禪》一書，以淡婆婆根治偏頭風有奇效。余詢而採之，則大青也。鄉音轉訛耳。按《別錄》主治時氣頭痛，其功素著。而古方治傷寒、黄疸、時疾、溫疫，皆云能回困篤。今醫者多不知，而俚醫用之，又不知其本名，國士在門而不以國士遇之，欲其相報之速也難矣！柯亭之竹，爨下之桐，得一知音即為千古佳話。安得多識之士，遇物能名，如郭林宗之藻鑒群倫，使山中小草，皆得揚眉吐氣於階前咫尺之地哉？

清・趙其光《本草求原》卷三隰草部　大青即大藍。　苗高如蓼，八月開小紅花，成簇，實大如椒，色赤。苦寒，入肝，清解溫熱諸邪。治蟲疰螫毒、陽毒發斑、咽痛、天行熱狂、疔腫風疹、溫疫寒熱、毒痢、黄疸、喉痹、楊梅惡瘡、丹毒疳熱之要藥。瀉肝膽實火，正解心胃實熱。葉、莖、子主治皆同。為末，酒調服，治小兒卒然肚皮青黑，乃血氣失養、風寒內入惡候。

清・張仁錫《藥性蒙求・草部》　大青五分、一錢　大青苦寒，瀉心胃熱。

陽毒發斑，用須莖葉。苦、鹹，大寒。《活人書》治赤斑煩痛，有犀角大青湯，非心胃熱毒不用。

清·戴葆元《本草綱目易知錄》卷一　大青　莖葉，甘、鹹，大寒。能解心胃熱毒，治時氣頭痛，大熱口瘡，溫疫寒熱，斑狂煩亂，熱毒攻心，口渴煩悶，毒痢黃疸，喉痹丹毒，小兒熱疾風癇。解金石藥毒，擣塗癰腫。

清·陳其瑞《本草撮要》卷一　大小青　味苦，寒，入足厥陰、少陽經，功專治瘟疫熱毒。得犀角治陽毒發斑，得沙糖治中暑發昏。

紫藍

清·吳其濬《植物名實圖考》卷九　紫藍　生長沙嶽麓。綠莖叢生，長葉對生，如大青葉而窄。秋結藍實如珠，攢簇梢頭。性涼，亦類大青。

珍珠風

清·劉善述、劉士季《草木便方》卷一草部　珍珠風　珍珠柳根味辛平，產後血氣悶痛靈。祛風勝濕消積毒，瘀血停滯酒服行。

萬年青

題清·徐大椿《藥性切用》卷三　萬年青　味甘性寒，瀉熱湧痰。擣汁，入醋少許灌之，立可吐痰，則咽喉自解。子，善催生。

清·吳其濬《植物名實圖考》卷三八　萬年青　生長沙山中。叢生，長條附莖，對葉，葉長三寸餘，似大青葉有鋸齒，細紋，中有赭縷一道；附莖生小實，如青珠數十攢簇。俚醫以截瘧。

尖尾風

清·何諫《生草藥性備要》卷上　尖尾峰　味辛，性溫。治風濕，敷跌打。又名趕風晒。

清·吳其濬《植物名實圖考》卷三八　赤藥子　生南安。樹高二三丈，赤條聳密，長葉相對，葉似桃葉，色黃綠，淡赭紋，有橫緺，冬結實，初如椒而小，攢聚繁碎，熟時長白如糯米。味甜有汁，子細如粟。味辛。土人以餔小兒，云能消積。

按《唐本草》，白藥子葉似苦苣，赤莖。宋《圖經》：子如菉豆，至六月變成赤色。皆微相類，但非蔓生耳。

清·趙其光《本草求原》卷一山草部　尖尾風即趕風曬、趕風帥。辛、苦，溫。散風濕腫痛，酒風手足痹痛，理跌打。取根浸酒良。

大風葉

清·何諫《生草藥性備要》卷上　大風葉　味苦，性溫。祛風消腫，去毒。一名紫再楓。

石將軍

清·趙學敏《本草綱目拾遺》卷五草部下　石將軍　一名紫羅毬。秋時開花，有紫色圓暈，生高山石上，立夏後生苗，葉類龍芽草略小，對節，高不過尺，根本勁細，似六月雪。

謝雲溪云：西湖鳳凰山有之，生石岸旁者入藥，地土上生者太肥，治症不能即驗，葉如椐木對生，方梗紫色，高尺餘，開細紫花成毬，能活血疎風，消瘀散腫。

味淡性平，治一切跌打損傷，血瘀不散，擣汁服之。或以水酒同煎。如風寒閉塞，或癰疽初起，服之俱效。

清·吳其濬《植物名實圖考》卷二五　蘭香草　湖南、南贛皆有之。叢生，高四五尺；細莖對葉，葉長寸餘，本寬末尖，深齒濃紋，梢葉小圓；逐節開花如丹參、紫菀而作小筩子，尖瓣外出，中吐細鬚，淡紫嬌媚，秋深始開；莖葉俱有香氣。南安呼為婆絨花，以其瓣尖柔細如翦絨，故云。或云以燉肉可治嗽。衡山俚醫亦用之。

臭牡丹

清·何諫《生草藥性備要》卷上　臭牡丹　能祛風邪。又名大風草，又名臭梧桐。

清·吳其濬《植物名實圖考》卷一五　臭牡丹　江西、湖南田野廢圃皆有之。一名臭楓根，一名大紅袍。高可三四尺，圓葉有尖，如紫荊葉而薄，又似油桐葉而小，梢端葉頗紅；就梢葉內開五瓣淡紫花成攢，頗似繡毬而鬚長如聚針。南安人取其根，煎洗腳腫。其氣近臭，京師呼為臭八寶。或偽為洋繡毬售之。湖南俚醫云煮烏雞同食，去頭昏。亦治毒瘡，消腫止痛。

清·劉善述、劉士季《草木便方》卷一草部　臭牡丹　臭牡丹根皮葉辛，清熱補氣健脾真。虛勞氣腫黃疸病，腳弱炖服除骨蒸。

鬼燈籠

明·佚名氏《醫方藥性·草藥便覽》　鬼燈籠　其性苦。治小兒之熱燒，退風邪。

清・何諫《生草藥性備要》卷上　鬼燈籠　消熱毒，洗瘀脚、爛瘡疼痛，用白燈籠和鹹酸蕴煲酒飲，即止痛消腫也。跌打亦用。紅、白二種：紅者旺血，白者消毒。一名虎燈籠。

清・趙其光《本草求原》卷三隰草部　鬼燈籠即虎燈籠。苦、甘，平。消熱止痛，治大瘡，洗瘀疥脚爛。有紅、白二種，取根用。紅者破瘀、涼血，白者活血、生血。消腫痛，理跌打。同鹹酸蕹煎酒飲，或取蕹浸酒良。

水胡滿

清・何諫《生草藥性備要》卷上　水胡滿　味苦，性寒，有大毒，能殺人。治洗瘀癩熱毒。一名蟛蜞莖，一名虎狼草。

赬桐

晉・嵇含《南方草木狀》卷上草類　赬桐　赬桐花，嶺南處處有。自初夏生至秋。蓋草也，葉如桐，其花連枝萼，皆深紅之極者，俗呼貞桐花。貞，音訛也。

清・吳其濬《植物名實圖考》卷三〇　赬桐　《南方草木狀》：赬桐花，嶺南處處有。自初夏生至秋，蓋草也。葉如桐，其花連枝萼，皆深紅之極者。俗呼貞桐花，貞，音訛也。

按赬桐，廣東徧地生，移植北地亦易繁衍。京師以其長鬚下垂，如垂絲海棠，呼為洋海棠。其莖中空，冬月密室藏之，春深生葉。插枝亦活。

清・劉善述、劉士季《草木便方》卷一草部　荷包花　(合)〔荷〕包花根辛苦平，腸風下血痔漏靈。風濕熱毒利腸胃，赤白瀉痢尿血淋。

臭茉莉

清・何諫《生草藥性備要》卷下　臭茉莉　不入服。洗疥癩、風腫。

臭梧桐

附：琉球・吳繼志《質問本草》外篇卷四　臭梧桐　木高七八尺許，春生葉，夏開花結實，秋熟葉落，其葉有臭氣，味苦。鳳眼子，俗名臭梧桐。其葉醋浸，貼爛脚臁瘡。外科要藥。《醫林正宗》及《外臺秘方》。甲辰，陸澍。中山定為臭梧桐，敢待再喻。乙巳，再問潘貞蔚、石家辰。此實為臭梧桐。乙巳，陳倬為代潘貞蔚、石家辰再查。〇二氏既各歸鄉遊，學生以是問之陳氏，故陳有此答。

清・趙學敏《本草綱目拾遺》卷六木部　臭梧桐臭牡丹　生人家牆砌下，甚多，一名芙蓉根，葉深綠色，大暑後開花，紅而淡，似芙蓉，外苞內蕋，花白五出，瓣尖蒂紅，霜降後苞紅，中有實，作紫翠色。《百草鏡》云：一名臭芙蓉，其葉圓尖不甚大，搓之氣臭，葉上有紅筋，夏開花，外有紅苞成簇，色白五瓣，結實青圓如豆，十一月熟，藍色，花、葉、皮俱入藥。周廷園云：臭梧桐一年三月、十月兩次作花，若葉無紅筋，搓之不臭者，非。《學圃餘疏》：臭梧桐者，吳地野產，花色淡，無植之者，淮揚間成大樹，花微紅者，縉紳家植之中庭，或云，後庭花也。獨閩中此花鮮紅異常，能開百日，名百日紅，花作長鬚，亦與吳地不同，園林中植之，灼灼出矮牆上，至生深澗中，與清泉白石相映，永嘉人謂之丁香花。汪連仕《采藥書》：秋葉俗呼八角梧桐，味臭，又名臭梧桐。取根皮搗汁如膠，為土阿魏，能寬筋活血，化痞消癥。《群芳譜》：臭梧桐生南海及雷州，近海州郡亦有之，葉大如手，作三花尖，長青不彫，皮若梓，白而堅韌，可作繩，入水不爛，花細白，如丁香而臭，味不甚美，遠觀可也，人家園內多植之，皮堪入藥，采取無時。

敏按：臭桐與梧桐有家野之別：家生者成樹而高大，野生者本小不成樹，不過三四尺，花色粉紅，亦無大紅、純白者，二種俱可入藥，功用亦相近。

治獨脚楊梅瘡，洗鵝掌風，一切瘡疥，煎湯洗汗斑，溼火腿腫，久不愈者，同菴蕳子浸酒服。并能治一切風溼，止痔腫，煎酒服。貼臁瘡，搗爛作餅，加桐油貼，神效。半支風：《百草鏡》取葉連根掛於風頭廊下，吹乾，將葉燒灰入瓶內，每早服三錢，酒吞。又邢虎臣驗方：用臭梧桐葉并梗，曬燥磨末，共二斤，用白蜜一斤為丸，早滚水下，晚酒下，每服三錢，驗過神效。治半邊頭痛：用川椒五錢，臭梧桐葉二兩，先將桐葉炒黃，次入椒再炒，以火酒灑在鍋內，拌和取起，捲在綢內，紮在痛處，吃熱酒一盌，取被蓋頸而睡，出汗即愈。一切內外痔：《急救方》用臭梧桐葉七片，瓦松七枝，皮消三錢，煎湯熏洗，神效。

花：治風氣頭風。《集聽》：凡頭風，用臭梧桐花陰乾，燒灰存性為末，每服二錢，臨臥酒下，三服無不愈。止痢：《必效方》用隔年臭梧桐花煎湯服，即愈。

葉：消臌脹疝。《救生苦海》：臭梧桐葉一百片，煎湯服三四次。拄心疝：華玉先試效之方：臭梧桐葉，每歲用一片，共歲若干，葉若干，清水洗葉，用無灰白酒煎服。外痔：《黃氏醫抄》：用臭梧桐葉煎湯洗，數次愈。　梧桐酒：《經驗廣集》：治内外一切乳毒，用臭梧桐，春夏取頭三個，秋冬取根搗爛，絞汁，對陳酒熱服取汗為度，神效。　豨桐丸：《濟世養生集》：此丸治男婦感受風溼，或嗜飲冒風，内溼外邪，傳於四肢，脈絡壅塞不舒，以致兩足軟疼疼痛，不能步履，或兩手牽絆，不能仰舉，凡辛勞之人，常患此症，狀似風癱，服此丸，立能全愈。用地梧桐，俗謂臭梧桐，不論花、葉、梗、子，曬乾切碎為末一斤，豨薟草炒磨末八兩，二味和勻，蜜丸如梧子大，早晚以白滾湯送下四錢，忌食豬肝、羊血、番茄等物。或單用臭梧桐二兩，煎湯飲，以酒送之，連服十劑，其痛即瘥。或煎湯洗手足亦可。

莖中蟲：治風毒流注。

滇常山

清・趙學敏《本草綱目拾遺》卷六木部　臭牡丹　葉形與臭梧桐相同，但薄而糙，氣亦臭，五月開花成朵，一蒂百花，色粉紅。　洗痔瘡治疔：《赤水元珠》：蒼耳、臭牡丹各一大握，搗爛，新汲水調服，瀉下黑水即愈。　一切癰疽：淳安陳老醫云：用臭牡丹枝葉搗爛，罨之立消。　脱肛：《秘方集驗》：先將臭梧桐葉煎湯洗，後將浮萍草末摻上，不脱矣。 應昌按：梧桐二字，疑牡丹之訛，否則此方宜列入臭梧桐諸方之内，惜不得原書正之。

清・吴其濬《植物名實圖考》卷二三　滇常山　生雲南府山中。叢生，高三四尺，葉莖俱如木本，葉厚韌，面深緑，背淡青，茸茸如毛；夏秋間莖端開花，三萼並擢，一毬數十朵花如杯，而有五尖瓣，翻卷内向，中擎圓珠，生青熟碧，蓋花實並綴也。花厚勁，色紫紅，微似單瓣紅山茶花，但小如大拇指，不易落。宋《圖經》，海州常山，八月花紅白色，子碧色，似山楝子而小，微相彷彿。

臭黄荆

清・劉善述、劉士季《草木便方》卷二木部　臭黄荆　臭黄荆根辛苦平，清利頭目水氣停。祛風除濕清邪熱，葉療腫毒牙痛噙。子名蔓荆。

香花樹

清・吴其濬《植物名實圖考》卷三八　香花樹　生饒州平野。叢生，樹高丈餘，枝葉相當；葉似梅而窄長有細齒，春開四瓣小白花，緑蘂緑萼，蓇葖圓白如珠，繁密如星。土人呼為豆腐樹。或云可治氣痛。

山豆根

宋・唐慎微《證類本草》卷一一草部下品〔宋・馬志《開寶本草》〕　山豆根　味甘，寒，無毒。主解諸藥毒。止痛，消瘡腫毒，人及馬急黄發熱，欬嗽，殺小蟲。生劍南山谷。蔓如豆今附。

〔宋・蘇頌《本草圖經》〕曰：山豆根，生劍南山谷，今廣西亦有，以忠、萬州者佳。苗蔓如豆根，以此爲名。葉青，經冬不凋，八月採根用。今人寸截，含以解咽喉腫痛，極妙。廣南者如小槐，高尺餘，石鼠食其根。故嶺南人捕石鼠，破取其腸胃暴乾。解毒攻熱，甚效。

〔宋・唐慎微《證類本草》〕《經驗方》：《備急》治一切疾患，山豆根方：右用山大豆根不拘多少，依下項治療。一名解毒，二名黄結，三名中藥。患蠱毒，密遣人和水研已，禁聲，服少許，不止再服。患痜瘡，以水研傅瘡上。患喉痛，含一片細嚥津。患五種痔，水研服。患齒痛，含一片於痛處，患麩豆等瘡，水研服少許，患頭風，搗末油調塗之。患赤白痢搗末蜜丸，空心煎水下二十丸，三服自止，患腹脹滿喘悶，搗末少許，煎水調一盞差。患患瘡癬，搗末，臘月猪脂調塗之。患頭上白屑，搗末油浸塗，如是孩兒，即乳汁調半錢。患中宿冷蟲，寸白蟲，每朝空心熱酒調三錢，其蟲自出。患五般急黄，空心以水調二錢。患蠱氣，酒下二錢。患霍亂，橘皮湯下三錢。患熱腫，水研濃汁塗，乾即更塗。女人患血氣腹腫，以末三錢，熱酒不空心服之。卒患腹痛，水研半盞，入口差。蜘蛛咬，唾和塗之。狗咬，蚍蜉瘡，蛇咬，並水研傅之。

宋・沈括《夢溪筆談》卷二六《藥議》　山豆根味極苦，《本草》言味甘者，大誤也。

宋・陳衍《寶慶本草折衷》卷一　山豆根　生劍南山谷，及廣西、廣南，忠、萬、宜、果州。○八月採根。

味甘，寒，無毒。○主解諸藥毒，止痛，消瘡腫毒，急黄發熱欬嗽，殺蟲。○《圖經》曰：苗蔓如豆，根以此為名。寸截含，解咽喉腫痛。○《經驗方》：治禿瘡，水研傅。喉痛，含一片，細咽津。齒痛，含一片牙痛處。赤白痢，搗末蜜丸，空心水下。腹脹滿喘悶，搗末煎水服。瘡癬，搗末，豬脂調塗。寸白蟲，每朝空心熱酒調參錢。急黄，空心水調貳錢。女人血氣腹腫，末叁錢，熱酒下，空心服。蜘蛛咬，唾和塗之。狗咬、蚍蜉瘡、蛇咬，並水研傅。

明・蘭茂撰，清・管暄校補《滇南本草》卷中　山(荳)〔豆〕根通治　用山荳根洗淨，切細，杵為末，聽用，照後症引下。　解硫黄毒結，及中蠱毒藥毒，俱用水和下。　五種痔痛，用水研汁，服下。　赤白痢，煉蜜丸，空心時水送下。 瘡癬，用臘月猪脂調末，塗之。 寸白蟲等，每服三錢，空心時酒送下。 五般急黃，每服二錢，空心時水送下。 蠱氣脹，每服三錢，空心時酒送下。 霍亂，每服二錢，橘皮湯下。 婦人血氣腹腫，每服三錢，熱酒送下。 狗咬，蛇咬，用水研成膏，貼之。

明·王綸《本草集要》卷三 山豆根 味甘，氣寒，無毒。 主解諸藥毒，止痛，消瘡腫，殺小蟲、寸白蟲。含口中，解咽喉痛腫，解毒。 人馬急發黃，咳嗽，禿瘡，水研傅之。

明·滕弘《神農本經會通》卷一 山豆根 生劒南，廣西亦有，以忠、萬州者佳。

味甘，氣寒，無毒。 東云：解熱毒，止咽喉之痛。

《本經》云：主解諸藥毒，止痛，消瘡腫。人及馬急黃發熱欬嗽，殺小蟲。《圖經》云：寸截，含，以解咽喉腫痛極妙。《經驗》云：患禿瘡，以水研，傅。五種痔，水研，傅。齒痛，取一片，含。頭風，搗末，油調塗之。瘡癬，搗末，臘月猪脂調塗。頭上白屑，搗末，油浸塗。《局》云：山豆根能消腫毒，急黃熱嗽用宜先。咽喉腫痛含津嚥，五痔頭瘡和水研。山豆根，療咽痛，頭瘡，五痔。

明·劉文泰《本草品彙精要》卷一四 山豆根無毒，附石鼠腸。 蔓生。

山豆根 主解諸藥毒，止痛，消瘡腫毒，人及馬急黃，發熱，欬嗽，殺小蟲。名醫所錄。 【名】解毒、黃結、中藥。【苗】《圖經》曰：其葉青色，經冬不凋，苗蔓如豆根，以此爲名也。今人寸截含以解咽喉腫痛，極妙。廣南者如小槐，高尺餘，石鼠食其根，人捕石鼠，破取其腸胃，暴乾，解毒，攻熱，甚效。【地】《圖經》曰：生劍南山谷，今廣西亦有。【道地】宜州、果州。以忠萬州者佳。 【時】生：春生新葉。採：八月取根。 【收】暴乾。 【用】根。 【色】黑黃。 【味】苦。 【性】寒，泄。 【氣】氣薄味厚，陰中之陽。 【臭】朽。 【主】止咽痹，消瘡腫。 【製】刮去皮，剉用。 【治】療：《圖經》曰：寸截含之，除咽喉腫痛。《別錄》云：密遣人水研，禁聲，服少許，消蠱毒，如不止再服之，及治五種痔疾，並麩豆等瘡。 又止腹痛，入口即瘥。〇末水調服少許，治腹脹喘滿悶。 服二錢，除五般急黃，以水研，傅熱腫並狗咬蛇咬，蚍蜉瘡並效。 【合治】搗末合油調塗，治頭風。〇搗末合蜜爲丸，空心煎水下二十丸，治赤白痢。〇搗末合臘月豬脂，調塗瘡癬。〇搗末合油浸塗，治頭上白屑，小兒乳汁，調半錢。〇搗末空心合酒調下三錢，治宿冷蟲，寸白蟲，其蟲自出。〇末合酒調下二錢，治蠱氣。〇合橘皮湯下三錢，治霍亂。〇末三錢，以熱酒調，空心服之，治女人血氣，腹腫。〇末以唾和塗之，治蜘蛛咬瘡。

明·葉文齡《醫學統旨》卷八 山豆根 氣寒，味甘。無毒。 治喉痺腫痛，解諸藥毒， 消瘡腫，殺小蟲并寸白蟲，五般急黃蠱氣。

明·許希周《藥性粗評》卷三 啖山豆之根，喉風潛散。

山豆根，苗蔓似豆，故名。樹如小槐，高尺餘，葉青，經冬不凋，無花實。兩廣山谷處處有之，以忠、萬州者佳。八月採根，陰乾。餘說《本草》不載。 味苦、甘，性寒，無毒。 其氣下行。 主治發熱咳嗽，咽喉腫痛，諸般瘡腫，赤白痢疾，消疸，殺小蟲。

單方： 喉腫： 凡患咽喉腫痛，津液不通者，取山豆根一片，含而嚼之，細嚥其汁，自消。 痔瘡： 凡患五種痔漏，以山豆根水研服之，又以水傅上，佳。 頭風： 凡患頭風眩暈，以山豆根搗末，香油調傅痛處，須臾自定。 痜白： 凡小兒頭患痜瘡年久不愈者，水研山豆根塗之。 諸色瘡癬： 山豆根搗末，用臘月猪脂調塗。 五般急黃： 山豆根為細末，空心清水調下二錢。

明·鄭寧《藥性要略大全》卷四 山豆根 解毒。能止咽喉之痛，除熱消腫止痛，極能吐痰涎。 味甘、辛、苦，氣寒，無毒。一云有小毒。洗去土用，極能吐人。常生紅子。 生深山陰處。今處處有之。其葉兩傍有曲紐者是。 略似紫荊皮葉。此藥無毒，亦可為末，酒下二三錢。可見其無毒矣。

明·陳嘉謨《本草蒙筌》卷三 山豆根 味苦，氣寒。無毒。 各處山谷俱有，廣西出者獨佳。俗呼金鎖匙，苗長一尺許。葉兩傍而有曲鈕，子成簇而色鮮紅。粒似豆圓，名因此得。凡資療病，惟取其根。口嚼汁吞，止咽喉腫痛要藥；水調末服，除人馬急黃捷方。敷蛇蟲咬傷，去血氣腹痛。

明·王文潔《太乙仙製本草藥性大全》卷二《本草精義》 山豆根 生劍南山谷，今廣西亦有，以忠萬州者佳。 苗蔓如豆根，以此爲名，葉青，經冬不凋。八月採根用。今人寸截，含以解咽喉腫痛極妙。廣南者如小槐，高尺餘，石鼠破取其根，故嶺南人捕石鼠，破取其腸胃，曝乾解毒攻熱甚效。

明·王文潔《太乙仙製本草藥性大全》卷二《仙製藥性》 山豆根 味苦，氣寒，無毒。 主治： 凡資療病惟取其根。口嚼汁吞，止咽喉腫痛要藥。水調末服，除人馬急黃捷方。傅蛇蟲咬傷，去血氣腹痛，解諸藥毒，消瘡腫止痛。含口中殺寸白小蟲，水研傅治禿瘡咳嗽。　補註：《經驗》：山豆根治一切疾患，依下項治療，一名解毒。二名黃結，三名中藥患蠱毒，密遣人和水研，已禁聲，服少許，不止再服。○患瘑瘡，以水研傅。○喉痛含一片，細嚥津。○五種痔，水研服。○齒痛，含一片於痛處。○麩豆等瘡，水研服少許。○頭風，擣末油調塗之。○赤白痢，擣末蜜丸，空心煎水下二十丸，三服即止。○腹脹滿喘悶，擣末少許，煎水調一盞差。○瘡癬，擣末，臘月猪脂調塗之。○頭上白屑，擣末，油浸塗。若孩兒，即乳汁調半錢，塗。○中宿冷蟲，寸白蟲，每早空心熱酒調三錢，蟲自出。○五般急黃，空心水調二錢。○蠱氣，酒下二錢。○霍亂，橘皮湯下三錢。○熱腫，水研濃汁塗，乾即更塗。○女人血氣腹腫，以末三錢，熱酒空心服。○卒腹痛，水研半盞，入口差。○蜘蛛咬，以口唾和塗之。○狗咬、蛇咬、蚍蜉瘡，並用水研傅之。

明·皇甫嵩《本草發明》卷三　山豆根下品下，佐使。氣寒，味苦，無毒。　發明曰：山豆根苦寒，解毒熱，止咽喉腫痛之要藥也。取汁服之。《本草》主解諸熱毒，消瘡腫毒，痔漏，去血氣腹痛，敷蛇蟲咬傷，除人馬急黃，發熱咳嗽。俱水調末服。　殺小蟲，酒調服。療病惟取根，口嚼吞汁，水調末。　治禿瘡癬，臘脂油調塗。

明·李時珍《本草綱目》卷一八草部·蔓草類　山豆根宋《開寶》

【釋名】解毒《綱目》　黃結《綱目》　中藥頌曰：其蔓如大豆，因以爲名。

【集解】頌曰：山豆根，生劍南及宜州、果州山谷，今廣西亦有，以忠州、萬州者爲佳。苗蔓如豆，葉青，經冬不凋，八月采根。廣南者如小槐，高尺餘，石鼠食其根。故嶺南人捕鼠，取腸胃暴乾，解毒攻熱甚効。

【氣味】甘，寒，無毒。　時珍曰：按沈括《筆談》云：山豆根味極苦，《本草》言味甘，大誤矣。

【主治】解諸藥毒，止痛，消瘡腫毒，發熱欬嗽，治人及馬急黃，殺小蟲《開寶》。　含之嚥汁，解咽喉腫毒，極妙蘇頌。　研末湯服五分，治腹脹喘滿。酒服三錢，治女人血氣腹脹，又下寸白諸蟲。丸服，止下痢。磨汁服，止卒患熱厥心腹痛，五種痔痛。研汁塗諸熱腫禿瘡，蛇狗蜘蛛傷時珍。

【附方】舊十，新三。　解中蠱毒：密取山豆根和水研，服少許，未定再服。已禁聲者，亦愈。　五般急黃：山豆根末，水服二錢。若帶蠱氣，以酒下。　霍亂吐利：山豆根末，橘皮湯下三錢。　赤白下痢：山豆根末，蜜丸梧子大。每服二十丸，空腹白湯下，三服自止。已上並《備急方》。　水蠱腹大：有聲，而皮色黑者。山豆根末，酒服二錢。《聖惠方》。　卒患腹痛：山豆根，水研半盞服，入口即定。　頭風熱痛：山豆根末，油調，塗兩太陽。　頭上白屑：山豆根末，浸油，日塗之。　牙齦腫痛：山豆根一片，含于痛所。已上並《備急方》。　喉中發癰：山豆根磨醋噙之，追涎即愈。勢重不能言者，頻以雞翎掃入喉中，引涎出，就能言語。《永類方》。　麩豆諸瘡：煩熱甚者。水研山豆根汁，服少許。《經驗方》。　疥癬蟲瘡：山豆根末，臘猪脂調塗。《備急方》。　喉風急證：牙關緊閉，水穀不下。山豆根、白藥等分，水煎噙之，嚥下，二三口即愈。楊清叟《外科》。

題明·薛己《本草約言》卷一《藥性本草》　山豆根　苦寒，解熱毒，止咽喉腫痛之聖藥也。取汁服之。磨水噙亦妙。入手太陰肺、少陰心。除熱消腫，能吐痰涎。

明·梅得春《藥性會元》卷上　山豆根　味苦，氣寒，無毒。生劍南山谷，蔓如豆，為貞者佳。嚼之苦而復甘。　主解熱毒，能止咽喉痛，及喉痹腫痛，解諸藥毒，止痛，消瘡腫毒，殺寸白小蟲，人與馬急心黃，發熱，蠱氣，熱咳，頭瘡，五痔。為治咽痛之聖藥也。

明·杜文燮《藥鑒》卷二　山豆根　氣寒，味苦。佐連翹能消熱毒，臣甘桔又治咽喉。

明·李中立《本草原始》卷三　山豆根　始生劍南山谷，今廣西亦有，以忠、萬州者為佳。苗蔓如豆，葉青，經冬不凋。八月採根。因蔓如豆，故名山豆根。　氣味：苦，寒，無毒。《本經》云味甘，誤矣！　主治：解諸藥毒，止痛，消瘡腫毒，發熱欬嗽。人及馬急黃，殺小蟲。含之嚥汁，解咽喉腫毒極妙。○研末湯服五分，治腹脹喘滿。酒服三錢，治女人血氣腹脹。又下寸白諸蟲。丸服，止下痢；磨汁服，止卒患熱厥心腹痛，五種痔痛。研末汁塗諸熱腫，禿瘡，蛇、狗、蜘蛛傷。

山豆根，宋《開寶》。【圖略】味苦，色蒼。八月采根。

《備急方》：治疥癬蟲瘡，山豆根末，臘猪油調塗。

明·張懋辰《本草便》卷一　山豆根　味甘，氣寒，無毒。　主解諸藥毒，止痛消腫，殺小蟲。含口中解咽喉痛腫，解毒。

明·李中梓《藥性解》卷四　山豆根　味甘，性寒，無毒，入心、肺二經。　主解諸藥毒，止咽喉痛，退熱消癰。　按：山豆根性寒，耑瀉心火，心火去則金無所損，金得其保，而熱傷之虞，吾知免矣。

明・繆希雍《本草經疏》卷一一　山豆根　味甘，寒，無毒。主解諸藥毒，止痛，消瘡腫毒，人及馬急黄，發熱欬嗽，殺小蟲。生劍南山谷，蔓如豆。

【疏】山豆根得土之沖氣，而兼感冬寒之令以生，故其味甘苦，其氣寒，其性無毒。甘所以和毒，寒所以除熱。凡毒必熱，必辛，得清寒之味，甘苦之味，則諸毒自解。譬大人盛德，與物無競，即陰毒忮害，遇之不起矣。故為解毒清熱之上藥。凡痛必因於熱，毒解熱散則痛自止，瘡腫自消。人馬急黄乃血熱極所發，故必發熱，熱氣上熏則發欬嗽。諸蟲亦濕熱所化，故悉主之，而多獲奇效也。【主治參互】山豆根，入散乳毒藥中，能消乳巖。《備急方》解中蠱毒，密取山豆根，水研服少許。未定再服。已禁聲者，亦愈。又方，治五般急黄，山豆根末，水服二錢。若帶蠱氣，以酒下。又方，治赤白滯下，山豆根末，蜜丸梧子大，每服二十丸，空腹白湯下，三服當自止。又方，治頭風熱痛，山豆根末，油調，塗兩太陽。又方，治牙齦腫痛，山豆根一片，含於痛所。《永類方》治喉癰，山豆根磨醋噙之，追涎即愈。勢重不能言者，頻以雞翎掃入喉中，即引涎出，立能言語。《經驗方》治麩豆諸瘡，煩熱甚者。水研山豆根汁，服少許。《備急方》治疥癬，山豆根末，臘猪脂調塗。楊清叟《外科》治喉風急證，牙關緊閉，水穀不入。山豆根、白藥子等分，水煎噙之，嚥下二三口即愈。【簡誤】病人虚寒者勿服。

明・倪朱謨《本草彙言》卷六　山豆根　味苦，氣寒，無毒。蘇氏曰：山豆根，出劍南宜州、果州及廣西忠州、萬州。莖蔓如大豆，葉青翠，經冬不凋。今廣南一種，如小槐，高尺許，石鼠啖其根，捕取者收其腸胃暴乾用，以解毒攻熱，甚效，不識果然否。

山豆根：通咽喉，蘇頌下結熱，《開寶》解蠱毒之藥也。宋正泉稿此藥苦寒清肅，得降下之令，善除肺胃鬱熱，如咽喉腫痹不通，小兒丹毒熱腫，婦人血氣腹脹，及痢疾赤白，急黄疸證。李時珍又療熱厥心痛，天行熱疹，五疳五痔，凡一切暴感熱疾，凉而解毒，表裏上下，無不宜之。但苦寒多泄，凡脾胃虚冷者，勿服。

集方：楊清叟方治喉風急證，牙關緊閉，水穀不下。用山豆根、白藥子各等分，水煎噙之，嚥下二三口，即愈。○《聖惠方》共四首治中蠱毒。用山豆根，和白湯研服少許，未淨再服。已禁聲者亦愈。○治小兒丹毒赤腫。以山豆根水磨，擦患處。○治女人血氣熱鬱成腹脹者。用山豆根，同木香，白湯磨服。○治水蠱腹大有聲，面皮色黑者。用山豆根，同烏藥白湯磨服。○《備急方》治赤白痢疾。用山豆根五錢，川黄連二錢，共爲末，蜜丸梧子大，每服一錢，白湯下。○《方脉正宗》共四方治五般急黄。用山豆根，爲末，白湯調服二錢，兼蠱氣者，以酒調下。○治熱厥心痛，以山豆根，白湯磨服少許。○治小兒五種熱疳，以山豆根爲末，每服三分，白湯調服。○治血熱痔痛。用山豆根冷水磨服。

明・顧逢柏《分部本草妙用》卷八雜藥部　山豆根　甘，寒，無毒。主治：解諸藥毒，消腫欬嗽。嚥汁解喉痛如神。治寸白蟲，熱厥，心頭痛。汁，塗禿瘡，犬蛛傷。

明・李中梓《醫宗必讀・本草徵要上》山豆根味苦，寒，無毒。入心、肺二經。主咽痛蠱毒，消諸腫瘡瘍。

明・鄭二陽《仁壽堂藥鏡》卷一〇下　山豆根　《本草》云：山豆根：生劍南山谷。無毒。治腹脹滿、喘悶。味苦，氣寒。磨入藥内用。主解諸毒，消瘡腫，治咽喉痛。

明・蔣儀《藥鏡》卷四寒部　山豆根　專瀉心火，則金肺無然。兼消諸毒，則熱痛可緩。治乳岩，解中蠱，該五般急黄，可以量治。殺蟲癬，副蛇傷，獨喉風牙痛，尤屬擅長。

明・張景岳《景岳全書》卷四八《本草正》　山豆根　味大苦，大寒。解諸藥熱毒，消癰腫瘡毒，殺寸白諸蟲。含而嚥汁，解咽喉痹痛。研末湯服五七分，解内熱喘滿腹脹。磨汁服，解熱厥心痛。研汁塗諸熱毒熱瘡腫痛，及諸蟲熱毒所傷。

明・盧之頤《本草乘雅半偈》帙一〇　山豆根宋《開寶》　氣味：甘，寒，無毒。主治：主解諸毒藥，止痛，消瘡毒腫，除發熱欬嗽，治人及馬急黄，殺小蟲。

覈曰：出劍南、宜州、果州，及廣西忠州、萬州。莖蔓如大豆，葉青翠，經冬不凋。廣南一種如小槐，高尺許，石鼠啖其根，捕取者收其腸胃曝乾，用以解毒攻熱，云甚効。

參曰：宣散氣生曰山，食肉皿器曰豆。蓋言受納腐化者胃也。一名黄結，以病狀言。一名中藥，以功用言。種種功用，種種病狀，悉從中樞，散宣生氣，所謂解從結心，解即分散。

清・穆石匏《本草洞詮》卷一〇　山豆根　苗蔓如豆，葉青，經冬不凋。石鼠食其根，嶺南人捕鼠取腸胃曝乾，能解毒攻熱也。味苦，氣寒，無毒。解諸藥毒，止痛消瘡腫，治人及馬急黃。含之嚥汁，解咽喉腫毒甚效。

清・劉雲密《本草述》卷一一　山豆根一名解毒

氣味：甘，寒，無毒。時珍曰：按沈括《筆談》云：山豆根味極苦，《本草》言味甘，大誤矣。

主治：解諸藥毒《開寶》。含之咽汁，解咽喉腫毒良蘇頌。研末湯服五分，治腹脹喘滿；酒服三錢，治女人血氣腹脹，又下寸白諸蟲。丸服止下痢；磨汁服止卒患熱厥，心腹痛，五腫痔痛；研汁塗諸熱腫，禿瘡，蛇、狗、蜘蛛傷時珍。繆仲醇曰：山豆根得土之冲氣，而兼感冬寒之令以生，故其味甘苦，其氣寒，其性無毒。甘所以和毒，寒所以除熱。凡毒必熱必辛，得清寒之氣甘苦之味，則諸毒自解。譬大人盛德與物無競，即陰毒忮害遇之不起矣。故為解毒清熱之上藥。

附方　喉中發癰，山豆根磨醋噙之，追涎即愈。勢重不能言者，頻以雞翎掃入喉中，引涎出，就能言語。牙齦腫痛，山豆根一片，含於痛所。

愚按：山豆根之味初嘗苦，苦後有甘意，但苦者多耳。夫苦以洩熱，乃後歸於甘，似解所結之毒熱，以還於冲和，即李氏所列治諸病狀，而其義可識。是盧之頤所謂悉從中樞，宜散生氣，二語亦微中也。其經冬不凋，似大得土之冲氣而使然，故能解一切毒結。繆氏所言不謬。其苦後而歸於甘者，似返其所始治咽痛最效者，正以胃合諸經之氣，而絡於嗌也。有人暑月感外熱煩，甚至晚露寢受寒，遂鬱熱作嗽，咽痛，偶含山豆根汁，咽之一二次，移時遂皆脫然。然則，此味以散熱聚為功，不等於他苦寒之直折熱也。李氏止據沈括極苦一語，遂遺其甘，不知若無甘也，苦寒合而折熱。彼寒鬱熱者，不投之增劇乎？若不得中土冲氣，何以解結散熱，能在移時乎？雖《內經》運氣多以咽痛屬寒，如無鬱熱於中者，亦須慎之矣。

清・郭章宜《本草匯》卷一二　山豆根　味苦，《本草》言甘。誤。氣寒，入手少陰、太陰經。止咽喉腫痛要藥，醋磨噙之，追涎即愈。勢重者，以鷄翎掃入喉中。除人馬急黃捷方。止卒熱厥心腹痛，解中蛇狗蟲蜘傷。

按：山豆根大苦大寒，瀉心火，解熱毒，吐痰涎，取汁服之，治喉風急證之聖藥也。脾虛食少而瀉者，切勿沾唇。

產廣西者佳。

清・蔣居祉《本草擇要綱目・寒性藥品》　山豆根生劍南及宜州、果州山谷。今廣西亦有，以忠州、萬州者為佳。苗蔓如豆，葉青，經冬不凋，八月采根。廣南者如小槐，高尺餘，石鼠食其根，故嶺南人捕鼠取腸胃曝乾，解毒攻熱效。　氣味：甘，寒，無毒。按沈括《筆談》云山豆根味極苦，《本草》言味甘，大誤矣。　主治：解諸藥毒，止痛，消瘡腫毒，發熱欬嗽，治人及馬急黃，殺小蟲。含之嚥汁，解咽喉腫毒極妙。研末湯服五分，治腹脹喘滿。酒服三錢，治女人血氣腹脹。又下寸白諸蟲。丸服止下痢，磨汁服止卒患熱厥心腹痛，五種痔痛。研汁，塗諸熱腫禿瘡，蛇、狗、蜘蛛傷。

清・王翃《握靈本草》卷五　山豆根出廣西。　主治：山豆根，甘，寒，無毒。一云味極苦，良是。主解諸藥毒，含之嚥汁，解咽喉腫毒。卒患熱厥，心腹痛，解蠱毒。

清・汪昂《本草備要》卷二　山豆根瀉熱，解毒。　苦，寒。瀉心火以保金氣，去肺、大腸之風熱心火降，則不灼肺而金清。肺與大腸相表裏，肺金清，則大腸亦清。消腫止痛。治喉癰喉風，齦腫齒痛，含之嚥汁。喘滿熱咳，腹痛下痢，五痔諸瘡。解諸藥毒，敷禿瘡，蛇、狗、蜘蛛傷，療人、馬急黃。血熱極所致。　苗蔓如豆，經冬不凋。

清・陳士鐸《本草新編》卷四　山豆根　味苦，氣寒，無毒。入肺經。止咽喉腫痛要藥，亦治蛇傷蟲咬。然止能治肺經之火邪，止喉痛實神。故治實火之邪則可，治虛火之邪則不可也。倘虛火而誤用之，為害匪淺。

或問：山豆根瀉喉痹之痛既神，凡有喉痛而盡治之矣，而吾子謂宜實火，而不宜于虛火。虛實何以辨之乎？夫虛實亦易分耳。得于外感者為實火，實火者，邪火之實也；得于內傷者為虛火，虛火者，相火之虛也。雖二火同入于肺經，而虛實各異，實火宜瀉，用山豆根瀉之，苦寒以正折之也；虛火宜補，亦用山豆根苦寒以瀉其火，則火且更甚，壅塞于咽喉之中而不得泄。必須用桂、附甘溫之藥，引其火以歸源，下熱而上熱自消也。

清・顧靖遠《顧氏醫鏡》卷七　山豆根苦，寒。入心肺二經。　止咽疼而善治喉間諸疾，含之嚥汁，解咽喉腫毒。同白藥子等分，煎服，治喉風急症，牙關緊閉，水穀不下者，神效。解諸毒而能消腫痛諸瘡。能解一切藥毒、蠱毒、癰腫諸毒，凡毒必熱，清熱則毒解。大苦大寒，宜中病即止。

清・李熙和《醫經允中》卷二〇　山豆根　入心肺二經。苦，寒，無毒。主治解熱毒，吐痰涎，嚥汁解咽喉腫痛要藥。治寸白蟲，解蛇犬、蜘蛛傷。

清・馮兆張《馮氏錦囊秘錄・雜症痘疹藥性主治合參》卷二　山豆根得土之沖氣，兼感冬寒之令以生，故其味甘苦，氣寒，無毒。甘能化毒，寒能除熱，蓋凡毒必熱必辛，一得清寒甘苦之味，則諸毒自解。猶人盛德，於物無兢，即陰毒忮害遇之不起矣。故為解毒清熱之上藥。若病人虛寒者勿服。

山豆根，咽喉腫痛要藥。兼解諸毒，消瘡腫，解痘毒，五般急黄，諸蟲蠱毒。

主治痘疹合參：善解痘毒止痛，消一切瘡腫，而痘後咽喉腫痛者尤宜。若食少泄瀉，虛火上炎，而咽喉腫痛者忌服。

清・张璐《本經逢原》卷二　山豆根　苦，寒，無毒。發明：山豆根大苦大寒，故能治咽喉諸疾。蘇頌言：含之嚥汁，解咽喉腫痛極妙。或水浸含嗽，或煎湯細呷，又解痘疹熱毒及喉痹藥皆驗。蓋咽證皆屬陰氣上逆，故用苦寒以降之。《開寶》言解諸藥毒，止痛消瘡腫毒，發熱欬嗽，善治人馬急黄，殺小蟲。時珍云，腹脹喘滿，研末湯服。血氣腹脹，酒服三錢。卒患熱厥心痛，磨汁服。總賴苦寒以散之，但脾胃虛寒作瀉者禁用。

清・浦士貞《夕庵讀本草快編》卷三　山豆根宋《開寶》、解毒　苗蔓如豆葉，淩冬不凋，采根入藥，故名。山豆根之味極苦，而本草言味甘，誤矣！夫苦先入心，故能解諸藥之毒，及消瘡腫而清咽喉腫痛，寒能抑火，火降則肺不受刑，故發熱欬嗽，腹脹喘急，俱可平矣。若曰消五痔，止下痢，亦不出心肺二家之症，皆可旁通爾。按：嶺南有石鼠喜食此草，土人捕之，取腸胃曝乾，尚能解毒攻熱，況服之乎。

清・劉漢基《藥性通考》卷五　山豆根　味苦，寒。瀉熱解毒，瀉心火以保金氣，去肺、大腸之風熱，心火降則不灼肺而金清，肺與大腸相表裏，金清則大腸亦清。消腫止痛，治喉癰喉風，齦腫齒痛，喘滿熱咳，腹痛下痢，五痔諸瘡，解諸藥毒。傅禿瘡、蛇、狗、蜘蛛傷。療人馬急黄，血熱極所致。苗如荳，經冬不凋。然陰虛火動，氣血兩虛之人忌用。乃尅伐之藥，只宜於實火，不宜於虛火，實火宜瀉，虛火宜補也。

清・王子接《得宜本草・下品藥》　山豆根　味苦，寒。專解咽喉腫毒。

清・黄元御《玉楸藥解》卷一　山豆根　味苦，氣寒。入手太陰肺經。清利咽喉腫痛。一切瘡瘍疥癬，殺寸白諸蟲。

清・吴儀洛《本草從新》卷二　山豆根〔瀉熱解毒。〕苦，寒。瀉心火以保肺金，去肺、大腸之風熱，心火降則不灼肺而金清，肺與大腸相表裏，肺金清則大腸亦清。消腫止痛。治喉癰喉風，齦腫齒痛，含之咽汁。喘滿熱咳，腹痛下痢，五痔諸瘡。解諸藥毒，敷禿瘡，蛇、狗、蜘蛛傷，療人馬急黄。血熱極所致。大苦大寒，脾胃所惡，食少而瀉者切勿沾唇。苗、蔓如豆，經冬不凋。

清・汪紱《醫林纂要探源》卷二　山豆根　苦，寒。苗蔓如豆，經冬不彫。用根。瀉心火，保肺金。治喉腫喉風，牙齦腫痛，及喘逆熱咳，并治腸澼痢疾，癰痔，解諸藥毒、蟲毒。

清・嚴潔等《得配本草》卷四　山豆根　苦，寒。入手太陰、少陰經。瀉實熱，解痘毒，清咽喉，降心火。療人馬急黄，止腹痛下痢。治諸瘡瘍，解諸藥毒。蛇犬蜘蛛傷者，俱可搗敷。同橘皮，治霍亂吐痢。同白藥子，治喉風急症。齦腫齒痛，搗汁含嚥。虛火炎肺、咽喉腫痛者禁用。

題清・徐大椿《藥性切用》卷四　山豆根　性味甘寒，入心肺而瀉熱解毒，為咽痛喉痺耑藥。

清・黄宫繡《本草求真》卷八　山豆根清心降火利咽。山豆根耑入心。大苦大寒，功耑瀉心保肺，及降陰經火逆。解咽喉腫痛第一要藥。緣少陰之脉，上循咽喉，咽喉雖處肺上，而肺逼近於心，故凡咽喉腫痛，多因心火挾其相火交熾，以致逼迫不寧耳！治當用此以降上逆之邪，俾火自上達下，而心氣因爾以除，且能以祛大腸風熱。肺與大腸相表裏，肺氣清則大腸風熱亦解。及解藥毒，殺小蟲，並腹脹喘滿，熱厥心痛。火不上逆，則心腹皆安。並療人馬急黄。熱去血行。磨汁以飲，五痔諸瘡服之悉平。總賴苦以泄熱，寒以勝熱耳。但脾胃虛寒作瀉者禁用。

清・楊璿《傷寒溫疫條辨》卷六寒劑類　山豆根廣出者佳。　味苦寒。瀉心火以保肺金，而大腸之風熱亦清。主喉癰喉風，齦痛齒疼，熱咳喘滿，下痢腹疼，療人馬之急黄，治蛇狗之咬傷。桔梗甘草湯加山豆根、元參、荊芥穗、防風，治咽喉齦齒腫疼甚驗。

附：琉球・吴繼志《質問本草》内篇卷四　山豆根　生陰地樹木下，苗高六七寸，布地，葉厚硬，六月開小白花，晚秋熟實。細觀此種，根葉原與山豆根無異。再查其苗蔓，如豆，經冬不凋，便是山豆根。甲辰，潘貞蔚、石家辰。

清·羅國綱《羅氏會約醫鏡》卷一六草部 山豆根味苦寒，入心肺二經。解毒清熱。治咽喉腫痛，消瘡疽，化痘毒，凡毒必熱，得涼即化。退內熱喘滿、研末服。齦腫齒痛，含之嚥汁。療人馬急黄血熱極所致。及諸蟲熱毒所傷。若虛火上炎，食少泄瀉，而咽喉腫痛者忌服。

清·黄凱鈞《藥籠小品》 山豆根 苦，寒，瀉心火，保肺金，去大腸風熱，治喉癰喉風。能損脾胃。

清·王龍《本草纂要稿·草部》 山豆根 氣味苦寒。止咽喉腫痛，除人馬急黄。敷蛇蟲咬傷，去血氣腹痛。

清·張德裕《本草正義》卷下 山豆根 大苦，大寒。解一切諸毒，消癰腫，利咽喉，及諸熱毒熱瘡，亦殺寸白諸蟲。

清·楊時泰《本草述鉤元》卷一一 山豆根 一名解毒。味苦、甘，氣寒。主散熱聚，解毒結，並解諸藥毒。研汁塗諸熱腫秃瘡，蛇狗蜘蛛傷。解咽喉腫毒，含之咽汁。治腹脹喘滿，研末湯服五分。治女人血氣腹脹，酒服三錢。又下寸白諸蟲。止下痢，丸服。止猝患熱厥，心腹痛，磨汁服。并治五種痔痛。得土之沖氣，而兼感冬寒之令以生。凡毒必熱必辛，得清寒之氣，苦甘之味，則諸毒自解仲淳。喉中發癰，山豆根磨醋噙之，追涎即愈。勢重不能言者，頻以鷄翎掃喉，引涎出，便能言。牙齦腫痛，山豆根一片，含於痛所。

論：山豆根經冬不凋，似大得土之沖氣而然。其味初嘗苦，後有甘意，但苦味多。夫苦以洩熱，後乃歸於甘，故能解所結之毒熱以還於沖和。其治咽痛最效者，正以胃合諸經之氣而絡於嗌也。有人暑月感外熱煩甚，至晚露寢受寒，遂鬱熱作嗽咽痛，偶含山豆根汁嚥之，移時脱然，然則此味以散熱聚為功，不等於他物之苦寒直折也。如止以苦寒折熱，彼寒鬱熱者，不投之增劇乎。雖然，《内經·運氣》多咽痛屬寒，如無鬱熱於中者，亦須慎之矣。

清·葉桂《本草再新》卷二 山豆根味苦，性寒，無毒。入心、肺二經。瀉心火以保肺，兼去風熱，消腫止痛，治喉癰喘欬，腹痛。

清·吴其濬《植物名實圖考》卷二〇 山豆根 《開寶本草》始著録。今以為治喉痛要藥。以產廣西者良。江西、湖南别有山豆，皆以治喉之功得名，非一種。

雩婁農曰：甚矣！物之利於人者易於售僞，而欲利人者，不可不博求而致意也。山豆根治喉痛，舉世知之、賴之。然余所見江右、湘、滇之產，味皆薄，而與原圖異。而原圖又非如小槐者。不至其地，烏知其是耶？非耶？

清·吴其濬《植物名實圖考》卷二三 山豆花 生雲南。蔓生大葉，長穗，花似紫藤花。

清·趙其光《本草求原》卷四蔓草部 山豆根一名解毒。寒苦帶甘。甘和毒，苦寒除熱、保肺，苦甘散熱結不同於泄折，故感寒鬱熱常用之。解藥毒，消腫，止痛，治喉痛、喉風咽痛、胃合諸經氣絡於咽，醋磨含之。不能言者，翎掃入，引涎出愈。然《内經·運氣》多以咽痛屬寒，如無鬱熱勿用。齦齒腫痛，含之咽汁。腹脹喘滿，研末湯服。血氣腹脹，酒服。下小蟲，止下痢五痔，肺清則大腸亦清。熱咳，卒患熱厥心腹痛。俱磨汁服。敷秃瘡、蛇犬蜘蛛傷、熱腫。皆苦寒以散之。治人馬急黄。血熱極所致。脾胃虛泄勿用。

清·文晟《新編六書》卷六《藥性摘録》 山豆根 大苦，大寒。清心降火，為咽喉腫痛要藥。〇並治腹脹喘滿，熱厥心痛，及人馬急黄，五痔諸瘡，磨汁飲之皆効。〇但胃虛作泄者，禁用。

清·張仁錫《藥性蒙求·草部》 山豆根一錢五分 山豆根寒，療咽痛腫。解毒瀉心，諸瘡亦用。苦，寒。瀉心火，以保肺金。去肺大腸之風熱，消腫止痛。治喉癰喉風，齦腫齒痛，解諸藥毒，敷蛇、狗、蜘蛛傷。

清·劉善述、劉士季《草木便方》卷一草部 山豆根 山豆根苦寒解毒，諸瘡五痔腸風除。喉牙風熱腫痛消，藥毒蛇蟲犬傷服。

清·戴葆元《本草綱目易知録》卷二 山豆根 苦，寒。瀉心火以保肺金，消腫止痛，為風熱喉痹要藥。殺小蟲，療急黄。含之嚥汁，解咽喉毒腫。研末湯服，治發熱咳嗽，腹脹喘滿，下寸白諸蟲，解中蠱毒。酒服，治女人血氣腹脹。丸服，止下痢。磨汁服，止卒患熱厥，心腹痛，五種痔痛。塗諸熱腫秃瘡，蛇、狗、蜘蛛傷。

清·黄光霽《本草衍句》 山豆根 苦泄熱，保肺氣以瀉心。寒勝熱，降陰經之火逆。解咽喉腫毒極妙，祛大腸風熱兼良。齦腫齒痛，五痔諸瘡。殺蟲解毒，人馬急黃。　喉中發癰，山豆根磨醋噙之，追涎即愈。

清・陳其瑞《本草撮要》卷一　山豆根　味苦，寒，入手太陰經，功專瀉心火。治喉痛喉腫，齒痛齦腫，喘滿熱咳，腹痛下利，五痔諸瘡。解藥毒，敷禿瘡蛇狗蜘蛛傷，療人馬急黃。惟脾虛胃弱者忌，食少便溏受寒者尤忌。

清・李桂庭《藥性詩解》　賦得山豆根解熱毒能止咽喉之痛得喉字。湯克家。

山豆根寒苦，能消熱毒優。清金涼氣血，止痛利咽喉。　按：山豆根性味苦寒，苗蔓如豆，經冬不凋。脾胃食少而瀉者，切勿沾唇。治喘滿熱嗽，消腫止痛，去肺與大腸之風熱，瀉心絡之實火。喉癰喉風，齦腫齒痛，含之嚥汁。五痔諸瘡，解諸藥毒。

紅地蓮

清・何諫《生草藥性備要》卷下　紅地蓮　敷癰疽大瘡，散毒消腫如神。

岩豆

明・佚名氏《醫方藥性・草藥便覽》　岩豆　其性溫。去風散血。洗豆疹。

雲實

宋・李昉《太平御覽》卷第九九二　雲實　《本草經》曰：雲實，味辛，溫。生川谷。治泄利脹癖，殺蟲蠱毒，去邪惡，多食令人狂走，久服輕身，通神明。生河間。《范子計然》曰：雲實生三輔。　《吳氏本草經》曰：雲實，一名員實，一名天豆。神農：辛，小溫。黃帝：鹹。雷公：苦。葉如麻，兩兩相值，高四五尺，大莖空中，六月花，八月、九月實，十月採。

宋・唐慎微《證類本草》卷七草部上品《本經・別錄》　雲實　味辛、苦，溫，無毒。**主洩痢腸澼，殺蟲蠱毒，去邪惡結氣，止痛，除寒熱**，消渴。**花：主見鬼精物，多食令人狂走**，殺精物，下水。燒之致鬼。**久服輕身通神明**。益壽。一名員實，一名雲英，一名天豆。生河間川谷。十月採，暴乾。

〔梁・陶弘景《本草經集注》〕云：　今處處有。子細如葶藶子而小黑，其實亦類莨菪。燒之致鬼，未見其法術。

〔唐・蘇敬《唐本草》〕注云：　雲實大如黍及大麻子等，黃黑似豆，故名天豆。叢生澤傍，高五六尺。葉如細槐，亦如苜蓿。枝間微刺。俗謂苗爲草雲母。陶云似葶藶，非也。

〔宋・掌禹錫《嘉祐本草》〕按：　《蜀本圖經》云：　葉似細槐，花黃白，其莢如大豆，實青黃色，大若麻子。今所在平澤中有。五月、六月採實。

〔宋・蘇頌《本草圖經》〕曰：　雲實，生河間川谷。高五六尺，葉如槐而狹長，枝上有刺。苗名臭草，又名羊石子草。花黃白色，實若麻子大，黃黑色，俗名馬豆。十月採，暴乾用。今三月、四月採苗，五月、六月採實，實過時即枯落。治瘧藥中多用之。

〔宋・唐慎微《證類本草》〕《雷公》云：　凡使，採得後麁擣，相對拌渾顆豫實，蒸一日後出用。

宋・鄭樵《通志》卷七五《昆蟲草木略》　雲實　曰員實，曰雲英，曰天豆，曰馬豆，曰臭草，曰羊石子。葉如苜蓿，花黃白，莢如大豆，實若大麻，能殺精物，燒之致鬼。

明・劉文泰《本草品彙精要》卷九　雲實無毒　叢生。

雲實出《神農本經》：　**主洩痢，腸澼，殺蟲蠱毒，去邪惡結氣，止痛，除寒熱。○花，主見鬼精物，多食令人狂走。久服輕身，通神明，益壽。**以上朱字《神農本經》。實，消渴。○花，殺精物，下水，燒之致鬼。以上黑字名醫所錄。

〔名〕員實、雲英、天豆、馬豆。苗：羊石子草、臭草、草雲母。〔苗〕《圖經》曰：苗高五六尺，葉如槐而狹長。枝上有刺，花黃白色，作莢，實若麻子大，黃黑色，俗名馬豆。《本經》云：十月採用，今當三月、四月採苗，五月、六月採實。恐過時則枯落也。《唐本》注云：叢生澤傍，葉如苜蓿，枝間微刺，其實大如黍黃，黑色，似豆，故名天豆。〔地〕《圖經》曰：生河間川谷。《蜀本圖經》云：今所在平澤中皆有之。〔道地〕瀛州。〔時〕生：春生苗。採：三月、四月取苗，五月、六月取實。〔收〕暴乾。〔用〕子、花。〔質〕類黍米。〔色〕子黃黑，花黃白。〔味〕辛、苦。〔性〕溫，散，泄。〔氣〕氣厚味薄，陽中之陰。〔臭〕朽。〔主〕消渴，洩痢。〔製〕《雷公》云：凡使，採得後粗擣，相對拌渾顆橡實，蒸一日後出用。〔治〕療：《圖經》曰：治瘧。

明・王文潔《太乙仙製本草藥性大全》卷二《本草精義》　雲實　一名員實，一名雲英，一名天豆。生河間川谷，高五六尺，葉如槐而狹長，枝上有刺。苗名臭草，又名羊石子草，花黃白色，實若麻子大，黃黑色，俗名馬豆，十月採，曝乾用。今三月、四月採苗，五月、六月採實，實過時即枯落。治瘧藥中多用之。

明・王文潔《太乙仙製本草藥性大全》卷二《仙製藥性》　雲實　味苦，

氣溫，無毒。主治：實：主洩痢腸澼，祛蟲毒惡邪。除散結氣，止痛最妙。除寒熱消渴尤佳。花：主見鬼精物，多食令人狂走，殺精物，下水，燒之致鬼。久服輕身，通神明益壽。太乙曰：凡使採得後麁擣，相對拌渾顆豫實，蒸一日後出用。

明·李時珍《本草綱目》卷一七草部·毒草類　雲實《本經》上品

【釋名】員實《別録》　雲英《別録》　天豆吳普　馬豆《圖經》　羊石子《圖經》　苗名草雲母《唐本》　臭草《圖經》　粘刺《綱目》。時珍曰：員亦音云，其義未詳。豆以子形名。羊石當作羊矢，其子肖之故也。【集解】《別録》曰：雲實生河間川谷。十月采，暴乾。普曰：莖高四五尺，大葉中空，葉如麻，兩兩相值。六月花，八月、九月實，十月采。弘景曰：處處有之。子細如葶藶子而小黑，其實亦類莨菪，燒之致鬼，未見其法術。恭曰：雲實大如黍及大麻子等，黄黑似豆，故名天豆。叢生澤旁，高五六尺。葉如細槐，亦如苜蓿。枝間微刺，俗謂苗爲草雲母。陶云似葶藶者，非也。保昇曰：所在平澤有之。葉似細槐，花黄白色，其莢如豆，其實青黄色，大若麻子。五月、六月采實。頌曰：葉如槐而狹長，枝上有刺。苗名臭草，又名羊石子草。實名馬豆。三月、四月采苗，十月采實，過時即枯落也。時珍曰：此草山原甚多，俗名粘刺。赤莖中空，有刺，高者如蔓。其葉如槐。三月開黄花，纍然滿枝。莢長三寸許，狀如肥皂莢。內有子五六粒，正如鵲豆，兩頭微尖，有黄黑斑紋，厚殼白仁，咬之極堅，重有腥氣。

實【修治】斅曰：凡采得，粗擣，相對拌渾顆橡實，蒸一日，揀出暴乾。

【氣味】辛，溫，無毒。《別録》曰：苦。普曰：神農：辛，小温。黄帝：鹹。雷公：苦。【主治】泄痢腸澼，殺蟲蠱毒，去邪惡結氣，止痛，除寒熱《本經》。消渴。《別録》。治瘧多用蘇頌。主下䘌膿血時珍。

【附方】新一。䘌下不止：雲實、女萎各一兩，桂半兩，川烏頭二兩，爲末，蜜丸梧子大。每服五丸，水下。日三服。《肘後方》。

花【主治】見鬼精。多食令人狂走。久服輕身通神明《本經》。殺精物，下水。燒之致鬼《別録》。

【發明】時珍曰：雲實花既能令人見鬼發狂，豈有久服輕身之理，此古書之訛也。

根【主治】骨鯁及咽喉痛。研汁嚥之時珍。

清·吳其濬《植物名實圖考》卷二四　雲實《本經》下品。江西、湖南山坡極多。俗呼水皂角。《本草綱目》所述形狀甚晰。陶隱居云：子細如葶藶子而小黑，不知是何草。

雩婁農曰：雲實，實甚惡而花艷，如金氣近烈，猓玀以為香草，摘而售之闉闍，雲茶插髻滿頭。明蘄學顏撫莽草而狎之，知其毒，委諸壑，以不厚誅為悔。如滇之同車者，可謂玩虺蜴而昵蜂蠆矣，戶服艾以盈要，資菉葹以盈室，流俗無知，誠無足怪。夫紫宮雙飛，無色何以為悅？迷樓諸客，無才何以取容？臭味相投，情志斯惑，美先盡矣，蠱即生之。毒在手而脫腕，疴在身而灶膚，自非壯士，烏能絕決哉！

清·葉志詵《神農本草經贊》卷一　雲實　味辛，溫。主洩利腸澼，殺蟲蠱毒，去邪惡結氣，止痛除熱。華，主見鬼精物，多食令人狂走。久服輕身通神明。生川谷。

綠莢黄華，實蕃平澤。黏刺空中，高叢累尺。堅裹文斑，醒含粒白。祝哽𨫼根，聲通瘷嗌。

李時珍曰：三月開黄花，莢長三寸許，有子五六粒，黄黑斑文，厚殼白仁，極堅有腥氣，莖中空有刺。韓保昇曰：所在平澤有之。蘇恭曰：叢生高五六尺。《後漢書·紀》：祝哽在前陳旅吟，𨫼根薦鮮玉生汗。《方言》：瘷嗌，噎也。李時珍曰：根治骨鯁及喉痛。

清·劉善述、劉士季《草木便方》卷一草部　閻王刺　牛王茨根甘濇溫，虛弱崩淋固遺精。爛瘡收口擣用葉，痘陷虛勞木蟲珍。老姆木蟲治勞傷，壯人元氣勝人參。

清·戴葆元《本草綱目易知錄》卷二草部　雲實　辛，溫。除寒熱，止消渴，治瀉痢腸澼，下䘌膿血，止痛殺蟲，去邪惡結氣。下蠱毒，瘧疾多用。

番瀉葉

清·鄭奮揚著，曹炳章注《增訂偽藥條辨》卷三　瀉葉　瀉葉產自外洋，性味和平，不傷中氣，為通便妙品。聞市肆有以別種樹葉混售，匪特不靈，抑且有害。炳章按：瀉葉，類別有八種之多，產印度、埃及等處。高約二三尺，亦間有至七尺者，採葉用，形尖味苦不適口。功用能瀉大便，宜配別藥同服，或泡服，或作散末服。其樹長，葉銳尖形，質薄色黄綠者，亦稱道地。有一種葉尖圓而厚，則屬贋品。其他辨論甚詳，不及備載。

無風獨搖草

宋·唐慎微《證類本草》卷六草部上品〔唐·陳藏器《本草拾遺》〕　無風獨搖草　帶之令夫婦相愛。生嶺南。頭如彈子，尾若鳥尾，兩片開合，見人自動，故曰獨搖草。

〔宋·唐慎微《證類本草》〕《海藥》云：謹按：《廣志》云：生大秦國。性溫、平，無毒。主頭面遊風，遍身癢。煮汁淋蘸。《陶朱術》云：五月五日採，諸山野往往亦有之。

宋·鄭樵《通志》卷七五《昆蟲草木略》　無風獨摇草　頭如彈子，尾若鳥尾，兩片開合，見人自動。

明·李時珍《本草綱目》卷二一草部·有名未用　無風獨摇草《拾遺》珣曰：生大秦國及嶺南。五月五日採。諸山野亦往往有之。頭若彈子，尾若鳥尾，兩片開合，見人自動，故曰獨摇。性溫，平，無毒。主頭面游風，遍身癢。煮汁淋洗。藏器曰：帶之令夫婦相愛。時珍曰：羌活、天麻、鬼臼、薇銜四者，皆名無風獨摇草，而物不同也。段成式《酉陽雜俎》言：雅州出舞草。〔獨莖〕三葉，葉如決明，一葉在莖端，兩葉居莖之半相對。人近之歌謳及抵掌，則葉動如舞。按此即虞美人草，亦無風獨摇之類也。又按《山海經》云：姑媱之山，帝女死焉，化爲䔄草。其葉相重，花黄，實如菟絲，服之媚人。郭璞注云：一名荒夫草。此説與陳藏器佩之相愛之語相似，豈即一物歟。

小雀花

清·吴其濬《植物名實圖考》卷二九　小雀花　生雲南山坡。小樹高數尺，瘦幹細韌；春開小粉紅花，附枝攢簇，形如豆花而小，瓣皆雙合，上覆下仰，色極嬌韻；花罷生葉。

鬼見愁

清·吴其濬《植物名實圖考》卷八　鬼見愁　生五臺山。紫毛森森如蝟刺，梢端作綠苞。《清涼山志》云：生臺麓，能驅邪，俗以懸門首，云能畏鬼，或亦呼為鉢蓮。

欛齒花

明·朱橚《救荒本草》卷下之前　欛齒花上音罷　本名錦雞兒花，又名醬瓣子。生山野間，人家園宅間亦多栽。葉似枸杞子葉而小，每四葉攢生一處，枝梗亦似枸杞有小刺，開黄花，狀類鷄形，結小角兒，味甜。　救飢：採花煠熟，油鹽調食。炒熟喫茶亦可。

清·吴其濬《植物名實圖考》卷二一　錦雞兒　《救荒本草》：【略】按此草，江西、湖南多有之。摘其花炒雞蛋，色味皆美云。或呼黄雀花。俚醫以為滋陰補陽之藥。花蒸雞蛋，治頭痛；根去皮，煮猪心治癆證。《滇南本草》：金雀花味甜，性溫，主補氣補血，勞傷，畏涼發熱，勞熱咳嗽，婦人白帶，日久氣虚下陷，良效。頭暈耳鳴，腰膝酸疼，一切虚損，服之效。此性不熱不寒，或煨雞猪肉食。

金鵲花

明·蘭茂撰，清·管暄校補《滇南本草》卷下　金鵲花一名大蛇葉。性微溫，味甜。主治補氣補血，癆傷氣血寒熱，癆熱咳嗽。婦人白帶日久，氣虚下陷者效。并頭暈耳鳴，腰膝酸疼，一切虚癆損傷，用之良效。或猪肉、笋雞煨食。

明·蘭茂《滇南本草》〔叢本〕卷中　金鵲花　味甜，性溫。主補氣補血，勞傷氣血，畏涼發熱，咳嗽。婦人白帶日久，氣虚下陷者良效。頭暈耳鳴，腰膝酸疼，一切虚勞傷損，服之效。此性不燥不寒，用之良。或煨笋雞、猪肉食亦可。

清·趙學敏《本草綱目拾遺》卷七花部　金雀花　一名黄雀花，似六月雪而本高。正二月開花，色黄，根有刺，根入藥。《花鏡》：金雀花枝柯似迎春，葉如槐而有小刺，仲春開黄花，其形尖，旁開兩瓣，勢如飛雀可愛，其花鹽湯焯過，控乾入茶供。《百草鏡》：金雀花生山土中，雨水時開花，色黄而香，形酷似雀，白花者名銀雀，最難得，其莖有白點，花後發葉碎小，葉下有軟刺，取根入藥，去外黑皮及内骨用；別有霞雀花，更不可得。《嘉興府志》：金雀一名飛來鳳，鹽浸可以點茶。《成化四明志》：金雀兒花產奉化。丁未，余館奉化劉明府署，時明府幼孫患痘不起發，醫用金雀花，詢其故，云：此藥大能透發痘瘡，以其得先春之氣，故能解毒攻邪，用花。性平，和血祛風，入肝、脾二經，亦入乳癰用。《百草鏡》：跌撲傷損，以金雀花乾者研一錢，酒下。根：治跌打損傷，又治咳嗽，暖筋骨，療痛風，性能追風活血，兼通血脈，消結毒。《濟世良方》：金雀根搗汁，和酒服，渣罨傷處，治跌打損傷。

白心皮

清·吴其濬《植物名實圖考》卷二一　白心皮　生長沙山坡。叢生，細莖，高尺餘；附莖，四葉攢生一處，葉小如雞眼草葉，葉間密刺，長三四分；自根至梢，葉刺四面抱生，無著手處；横根無鬚，褐黑色。俚醫以為補筋骨之藥。

紗帽翅

清·趙學敏《本草綱目拾遺》卷四草部中　紗帽翅　《臺海采風圖》：

此草一莖數十，花色黃，入藥用葉。　治癬。

小槐花

清·吳其濬《植物名實圖考》卷一〇　小槐花　江西田野有之。細莖發枝，一枝三葉，如豆葉而尖長，秋結豆莢，細如菉豆而有毛，莖葉略似山馬蝗，而結角不同。

清·劉善述、劉士季《草木便方》卷一草部　青酒蒿　清酒蒿根葉性溫，酒色勞傷補腎經。傷寒發熱清胃火，乳癰疽腫服塗清。

千斤拔

清·吳其濬《植物名實圖考》卷一〇　千觔拔　產湖南嶽麓，江西南安亦有之。叢生，高二尺許，圓莖淡綠，節間微紅；附莖參差生小枝，一枝三葉，長幾二寸，寬四五分，面背淡綠，皺紋極細；夏間就莖發苞，攢密如毬，開紫花；獨根，外黃內白，直韌無鬚，長至尺餘。俚醫以補氣血、助陽道。亦呼土黃雞，南安呼金雞落地。皆以其三葉下垂如雞距云。

馬棘

明·朱橚《救荒本草》卷下之前　馬棘　生滎陽崗野間。科條高四五尺，葉似夜合樹葉而小，又似蒺藜葉而硬五諍切，又似新生皂莢科葉，亦小，梢間開粉紫花，形狀似錦雞兒花，微小。味甜。　救飢：採花煠熟，水浸淘淨，油鹽調食。

附：琉球·吳繼志《質問本草》外篇卷二　麥豆馬棘　生原野，春生苗，高二三尺，三四月開花，結尖角。　俗名麥豆，不堪入藥。癸卯，潘貞蔚、石家辰。　土名鬼豆，開花，不堪入藥。癸卯，馮岳溪。　《明鑒》為麥豆，中山人以是充馬棘，何如。　此用麥豆，可以充馬棘。乙巳，陳倬為代潘貞蔚、石家辰再查。

清·吳其濬《植物名實圖考》卷三八　馬棘　《救荒本草》。按：馬棘，江西廣饒河濱有之。土人無識之者，或呼為野槐樹，其莖亦甜。

清·劉善述、劉士季《草木便方》卷一草部　綠豆青　綠豆青草性味涼，崩中淋漓痔瘡強。火疔解毒蝕惡肉，塗散蛇蟲犬傷良。

鐵馬豆

明·蘭茂原撰，范洪等抄補《滇南本草圖說》卷九　鐵馬豆　性微寒。入厥陰、少陽二經。治寒熱往來，子午潮熱，無根虛火，服之最良。搗爛，晒乾，用醋調，搽寒疝子腫，最效。

明·蘭茂撰，清·管暄校補《滇南本草》卷下　鐵馬豆一名黃花馬豆。性微寒。入肝膽二經。主瀉肝膽之火，治寒熱往來，子午潮熱。

附單方：治室女乾癆發熱，午後怕冷，夜間發熱，咳嗽吐痰。鐵馬豆三錢，淮熟地三錢。咳嗽加響鈴草二錢，蜜炒。痰嗽加雲陳皮二錢。水煎，點童便服。

明·蘭茂《滇南本草》〔叢本〕卷下　鐵馬豆黃花山馬豆　入肝膽二經。瀉肝膽之火，治寒熱往來，子午潮熱，午後怕冷，夜間發熱，咳嗽吐痰。鐵馬豆五錢，淮生地三錢。治婦人、室女已成肝勞，發熱骨蒸，咳嗽，加响鈴草二錢，蜜炒。痰咳，加陳皮二錢。引點水酒、童便服效。

大靛根

清·何諫《生草藥性備要》卷上　大靛根　味苦，性平。解蟲毒。葉，治眼熱膜，吐血亦可。

胡枝子

明·朱橚《救荒本草》卷上之後　胡枝子　俗亦名隨軍茶。生平澤中。有二種：葉形有大小，大葉者類黑豆葉；小葉者莖類蓍草，葉似苜蓿葉而長大，花色有紫白，結子如粟粒大。氣味與槐相類，性溫。　救飢：採子微舂即成米，先用冷水淘淨，復以滾水湯三五次，去水下鍋，或作粥，或作炊飯皆可食，加野菉豆味尤佳。及採嫩葉蒸晒為茶，煮飲亦可。

和血丹

清·吳其濬《植物名實圖考》卷一〇　和血丹即胡枝子。　和血丹生長沙山坡。獨莖小科，一枝二葉，面青黃，背粉白，有微毛，似豆葉而長；莖方有棱，赭黑色；直根四出，有細鬚。俚醫以為破血之藥。按《救荒本草》：胡枝子俗名隨軍茶，生平澤中。有二種，葉形有大小。大葉者類黑豆葉；小葉者莖類蓍草，葉似苜蓿葉而長大；花色有紫、白；結子如粟粒大，氣味與槐相類。性溫。採子微舂即成米，先用冷水淘淨，復以滾水湯三五次，去水下鍋，或作粥，或作炊飯，皆可食；加野菉豆味尤佳；及採嫩葉蒸晒為茶，煮飲亦可。此即是葉似黑豆葉者，其氣味頗似茶葉。北地茶少，故凡似茶者皆蓄之。南土則多供樵薪，採摘所不及矣。

鐵掃帚

明・朱橚《救荒本草》卷上之後　鐵掃箒　生荒野中。就地叢生，一本二三十莖，苗高三四尺，葉似苜蓿葉而細長；又似細葉胡枝子葉，亦短小，開小白花。其葉味苦。救飢：採嫩苗葉煠熟，換水浸去苦味，油鹽調食。

附：琉球・吳繼志《質問本草》外篇卷二　封草鐵桶蒂　乙巳清舶漂到，採此種問之。封草，六月伏時刈莖根，陰乾。跌打損傷，煎之而蒸，能散瘀血。高林枝。

清・吳其濬《植物名實圖考》卷一〇　野雞草　江西、湖南坡阜多有之。長莖細葉，如辟汗草；秋時葉際開小黃花，如豆花而極小，與葉相間，宛如雉尾。湖南謂之白馬鞭，治證與野辟汗草同，蓋一種。

清・吳其濬《植物名實圖考》卷一二　鐵掃箒　《救荒本草》：【略】《爾雅正義》：荓，馬帚。注：似蓍可以為掃彗。《正義》：荓，一名馬帚。《夏小正》云：七月荓秀，荓也者，馬帚也。《廣雅》云：馬帚，屈馬第也。《管子・地員篇》云：蔞下於荓，註似蓍。至掃彗。《正義》《說文》云蓍，蒿屬。生千歲，三百莖。按荓草似蓍，則亦蒿屬也。李時珍云：此即蒿草，謂其可為馬刷，故名馬帚。今河南人謂之鐵掃帚。李以荓為鐵掃帚，極肖。又云即茘也，殊誤。無蒿草之說。

鐵馬鞭

清・吳其濬《植物名實圖考》卷一五　鐵馬鞭　生長沙岡阜。綠莖橫枝，長弱如蔓，三葉攢生，似落花生葉而小，面青背白，莖葉皆有微毛。俚醫以為散血之藥。

清・吳其濬《植物名實圖考》卷二三　鐵馬鞭　生雲南山中。粗蔓色黑，短枝密葉，攢簇無隙；葉際結實，紫黑斑爛，大如小豆。土醫云浸酒能治浮腫。

龍鱗草

清・何諫《生草藥性備要》卷上　龍鱗草　味淡、苦，性平。消風熱，浸酒。去瘀生新，治小兒馬牙疳，又治跌打。一名亞婆錢，又名午時合。

山馬蝗

清・吳其濬《植物名實圖考》卷一〇　山馬蝗　產長沙山阜。獨根，有短鬚，褐莖多叉；每枝三葉，葉微似竹，面青背白，疏紋無齒；葉間發小莖，開紫白小花如粟。俚醫以治哮。此草與小槐花枝葉相類，唯附莖，團團結角，似蛾眉豆而扁小。有雙角連生者，亦黏人衣；葉老則漸圓，與豆葉無異，紋亦澀亂。

腰帶惹

明・佚名氏《醫方藥性・草藥便覽》　腰帶惹　其性溫。治利證，散血，飛瘍。

屠刀惹

明・佚名氏《醫方藥性・草藥便覽》　屠刀惹　其性溫。治利證，散氣，去風。

白刺花

清・吳其濬《植物名實圖考》卷二九　白刺花　生雲南田塍。長條橫刺，刺上生刺，就刺發莖，如初生槐葉；春開花似金雀而小，色白，裊裊下垂，瓣皆上翹，園田以為樊。

葫蘆茶

清・何諫《生草藥性備要》卷下　葫蘆茶　味劫，性平。消食，殺蟲，治小兒五疳，作茶飲。

清・趙其光《本草求原》卷一山草部　葫蘆茶　澀，平。消食，殺蟲，治五疳，退黃疸，作茶飲妙。

山茶

明・蘭茂原撰，范洪等抄補《滇南本草圖說》卷一〇　山茶花　氣味甘、微辛。治一切大腸下血，肺中有瘀血，或吐血之症，急用此花，煎湯服之。無花，即葉亦可，但不如花之神效也。均宜以童便為使。

明・李時珍《本草綱目》卷三六木部・灌木類　山茶《綱目》

【釋名】時珍曰：其葉類茗，又可作飲，故得茶名。【集解】時珍曰：山茶產南方。樹生，高者丈許，枝幹交加。葉頗似茶葉，而厚硬有稜，中闊頭尖，面綠背淡。深冬開花，紅瓣黃蕊。《格古論》云：花有數種，寶珠者，花簇如珠，最勝。海榴茶花蒂青，石榴茶中有碎花，躑躅茶花如杜鵑花，宮粉茶、串珠茶皆粉紅色。又有一捻紅、千葉紅、千葉白等名，不可勝數，葉各小異。或云亦有黃色者。《虞衡志》云：廣中有南山茶，花大倍中州者，色微淡，葉薄有毛。結實如梨，大如拳，中有數核，如肥皂子大。周定王《救荒本草》云：山茶嫩葉煠熟水淘可食，亦蒸晒作飲。

花　〔氣味〕缺。　〔主治〕吐血衄血，腸風下血，並用紅者爲末，入童溺、薑汁及酒調服，可代鬱金震亨。湯火傷灼，研末，麻油調塗時珍。

子　〔主治〕婦人髮膻，研末摻之。時珍。《摘玄方》。

明・梅得春《藥性會元》卷中　山茶花　以童便和薑汁酒服，治火在血上，錯經妄行，又治衄血。

明・鮑山《野菜博録》卷三　山茶科　生山野中。科高四五尺，枝梗灰白色，葉似皂莢葉圓，四五葉攢生一處。葉甚稠。味苦。　食法：採葉煠熟，水浸淘淨，油鹽調食。或蒸晒乾，作茶煮飲可。

明・繆希雍《本草經疏》卷三〇　山茶花　得一陽之氣以生，故其花開於冬末春初之時。其味甘而微辛，氣平而微寒，色赤而入血分，故主吐血、衄血，腸風下血。並爲末，入童溺及酒調服。

明・倪朱謨《本草彙言》卷一〇　山茶　味苦濇，氣平，無毒。　李氏曰：山茶，産南方。樹生高者丈許，枝幹交加。葉面深緑色，背淡，其形中闊頭尖，厚硬有稜。初芽色味類茗，故得茶名。秋終作蕊，黄色，冬盡開花，紅瓣。又《格古論》云：花有數種，寶珠者，花簇如珠，最勝。又海榴茶花，蒂青；石榴茶花，中有碎心；躑躅茶花，色如杜鵑；宫粉茶花，串珠茶花，皆粉紅色。又一種一捻紅、千葉紅、千葉白等名，不可勝數，葉各小異。或云亦有黄色者。又《虞衡志》云：廣中有南山茶花，大倍中州，色微淡，葉薄有毛，結實如梨，中有數核，如肥皂核大。又有取嫩芽煠熟，水淘可食，救荒。炒燥亦可作茗。

山茶花：日華子涼血止血之藥也。皮正東抄丹溪方治吐血衄血，腸風下血。凡血因熱而動者，并用紅山茶花三兩，鮮者搗爛，生薑湯調服。如無新鮮，以乾者爲末，每早晚各服二錢，白湯調下。

明・姚可成《食物本草・救荒野譜補遺・木類》　山茶食葉。周定王《救〔眾〕〔荒〕本艸》云：山茶嫩葉，煠熟水淘食之，可以濟荒。

山茶紅，麗春風，年來花事少從容。田荒蕪兮秋成空，面憔悴兮髩鬆鬆。采山茶兮資歲凶，時不遭兮受磨礱。

明・姚可成《食物本草》卷二〇木部・灌木類　山茶産南方，樹生，高者丈許，枝幹交加。葉頗似茶葉而厚硬有稜，中闊頭尖，面緑背淡。深冬開花，紅瓣黄蕊。周〔憲〕〔定〕王《救荒本草》云：山茶嫩葉煠熟，水淘可食，亦可蒸晒作飲。

山茶，治吐血衄血，腸風下血。

明・李中梓《本草通玄》卷下　山茶花　止吐衄、腸風。取紅者為末，童溺調服。

清・郭章宜《本草匯》卷一六　山茶花　氣味缺。仲醇：味甘、微辛，氣平微寒。吐血衄血能止，腸風下血並用。

按：山茶花有數種，而寶珠花簇者為最。用紅者為末，童便、薑汁調服，可代鬱金。

清・汪昂《本草備要》卷三　山茶花瀉，涼血。甘、微辛，寒。色赤，入血分。治吐衄腸風。麻油調末，塗湯火傷。用紅者爲末，入童便、薑汁、酒調服，可代鬱金。

清・李熙和《醫經允中》卷二　山茶花　寶珠効。平寒，無毒。主治吐血、衄血，腸風下血。

清・馮兆張《馮氏錦囊秘録・雜症痘疹藥性主治合參》卷四　山茶花　得一陽之氣以生，故花開於冬末春初之時。其味甘而微辛，氣平而微寒。色赤而入血分，故主吐血衄血，腸風下血，竝為末，入童溺及酒，調服。

清・张璐《本經逢原》卷三　山茶花　苦，溫，無毒。　發明：山茶花色紅味苦，開于青陽初動之時，得肝木之氣而生心火。肝藏血，心主血，故吐血、衄血、下血為要藥。生用則能破宿生新。入童便炒黑則能止血，其功不減鬱金，真血家之良藥也。

清・王道純《本草品彙精要續集》卷一〇　山茶無毒

山茶花　主治吐血，衄血，腸風下血，並用紅者爲末，入童便、薑汁及酒調服，可代鬱金。朱震亨：湯火傷灼，研末，麻油調塗《本草綱目》。子，主婦人髮膻，研末摻之《本草綱目》。〔名〕李時珍曰：山茶，其葉類茗。又可作飲，故得茶名。〔地〕山茶，産南方。〔質〕樹生高者丈許，枝榦交加，葉頗似茶葉而厚硬有稜，中闊頭尖，面緑背淡，深冬開花，紅瓣黄蕊。《格古論》云：花有數種，寶珠者，花簇如珠最勝，海榴茶花蒂青，石榴茶中有碎花。躑躅茶花，如杜鵑花。宫粉茶，串珠茶皆粉紅色。又有一撚紅，千葉紅，千葉白等，名不可勝數，葉各小異。或云亦有黄色者。《虞衡志》云：廣中有南山茶花，大倍中州者，色微淡，葉薄，有毛，結實如梨，大如拳，有數核，如肥皂子大，山茶嫩葉炸熟，水淘可食，亦可蒸曬作飲。

清・吴儀洛《本草從新》卷三　山茶花〔瀉，涼血。〕微辛，甘，寒。涼血。治吐衄腸風下血，湯火傷灼。麻油調塗。用紅者。

清・汪紱《醫林纂要探源》卷三　山茶花　甘，辛，寒。樹葉似茶，故名。花有赤白，用赤。補肝緩肝，破血去熱。能上止吐衄，下治腸風，塗湯火傷。

清・嚴潔等《得配本草》卷七　山茶花　苦，微辛，溫。入血分。治腸風下血，吐咯衄血。研末調麻油，塗湯火傷。入童便、薑汁及酒調服，可代鬱金。取紅者，陰乾用。

題清・徐大椿《藥性切用》卷五《木部》　山茶花　微辛甘寒，涼血止血，治吐衄，塗湯火傷灼。子，研細末，摻髮解髮膩。

清・羅國綱《羅氏會約醫鏡》卷一七竹木部　山茶花：味甘辛，微寒。色赤入血。治吐衄、腸風，並以為末，入童便及酒調服。

清・趙學敏《本草綱目拾遺》卷七花部　寶珠山茶　《雲溪方》：以落地花仰者為貴。山茶多種，以千葉大紅者為勝，入藥。《百草鏡》：山茶多種，惟寶珠入藥。其花大紅四瓣，大瓣之中，又生碎瓣極多。味濇，二三月採，陰乾用之。若俱是大瓣，千葉者名洋茶，不入藥；單瓣者亦不入藥。《群芳譜》：寶珠山茶可代鬱金，研末麻油調，塗湯火灼傷。

味微辛甘，性寒，破血消癰，跌打吐血症用之，又治腸風瀉血，湯火傷，鼻衄灸瘡，均焙研七朵，空心酒服。《百草鏡》云：涼血、破血、止血，濇劑也。消癰腫跌撲，斷久痢、腸風下血、崩帶、血淋、鼻衄、吐血，外敷灸瘡。

赤痢：《救生苦海》：用大紅寶珠山茶花，陰乾為末，加白糖拌勻，飯鍋上蒸三四次服。鼻中出血：何明遠方：千葉大紅山茶花，二三月采，陰乾，用時取五六朵，煎服即止。又張氏《必效方》：鼻衄，用寶珠山茶大紅者，焙研三五錢，砂糖滚水和服。吐血咳嗽：《不藥良方》：寶珠山茶瓦焙黑色，調紅砂糖日服，不拘多少。又方：寶珠山茶十朵，紅花五錢，白及一兩，紅棗四兩，水煎一盌服之，渣再服。紅棗不拘時，亦取食之。蔣儀《藥鏡・拾遺賦》：山茶花，吐血、衄血、腸風下血之良將。宋春暉云：曾見有人患乳頭開花欲墜，疼痛異常，有教以用寶珠山茶焙研為末，用麻油調搽立愈。痔瘡出血：汪子明方：用寶珠山茶研末沖服。

清・葉桂《本草再新》卷四　山茶花味辛、苦，性甘寒，無毒。入肝、肺二經。治血分，理腸風，清肝火，潤肺養陰。

清・吴其濬《植物名實圖考》卷三五　山茶　《本草綱目》始著録。《救荒本草》：葉可食及作茶飲。其單瓣結實者，用以擣油。山地種之，花治血證。

清・張仁錫《藥性蒙求・木部》　山茶花二朵　山茶微辛，能消腸風。甘寒涼血，諸衄却合。

清・劉善述、劉士季《草木便方》卷一草部　紅茶花　茶花甘寒入血分，吐衄腸風下血應。崩中帶下血淋止，湯火灼傷麻油浸。分紅白同性。

清・陳其瑞《本草撮要》卷二　山茶花　味甘辛，寒，入足厥陰、手陽明經，功專涼血，治吐衄腸風下血。湯火傷，麻油調塗。鼻衄以之燒灰塞鼻效。用紅者良。

伏牛花

宋・唐慎微《證類本草》卷一三木部中品〔宋・馬志《開寶本草》〕　伏牛花　味苦，甘，平，無毒。療久風濕痹，四肢拘攣，骨肉疼痛。作湯，主風眩頭痛，五痔下血。一名隔虎刺花。花黄色，生蜀地，所在皆有。三月採。

〔宋・蘇頌《本草圖經》〕曰：伏牛花，生蜀地，所在皆有，今惟益、蜀近郡有之，多生川澤中。葉青細，似黄蘗葉而不光。莖赤有刺。花淡黄色，作穗，似杏花而小。三月採，陰乾。

宋・唐慎微《證類本草》卷三〇外草類〔宋・蘇頌《本草圖經》〕　刺虎　生睦州。味甘。其葉淩冬不凋。採無時。彼土人以其根、葉、枝幹細剉，焙乾，擣羅爲末。暖酒調服一錢匕，理一切腫痛風疾。

明・劉文泰《本草品彙精要》卷一九　伏牛花無毒　植生。

伏牛花：療久風濕痹，四肢拘攣，骨肉疼痛，作湯，主風眩頭痛，五痔下血。名醫所録。【名】隔虎刺花。【苗】《圖經》曰：其葉青細似黄蘗葉而不光，莖赤有刺，花淡黄作穗，似杏花而小。【地】《圖經》曰：生蜀地，所在皆有，今惟益蜀近郡有之，多生川澤中。【時】生：春生葉。採：三月取。【收】陰乾。【用】花。【質】類杏花而小。【色】淡黄。【味】苦，甘。【性】平，緩。【氣】氣味俱薄，陽中之陰。【臭】香。【主】滲濕舒筋。

明・劉文泰《本草品彙精要》卷四一《本草圖經本經外》　刺虎　植生。

刺虎：理一切腫痛，風疾，以根、葉、枝幹細剉，焙乾，擣羅爲末，暖酒調服一錢匕，效。出《圖經》。　【苗】《圖經》曰：其葉淩冬不凋。　【地】《圖經》曰：生睦州。　【時】生：春生新葉。採：無時取根、葉、枝、榦。　【用】根、葉、枝、榦。　【味】甘。　【性】緩。　【氣】氣之薄者，陽中之陰。

明・鄭寧《藥性要略大全》卷七　伏牛花　療久風濕痹，四肢拘攣，骨肉疼痛，頭痛頭眩及五痔下血。　味苦、甘，平，無毒。花黃、葉青而細，類黃栢葉而不光。莖赤有刺，花淡黃色成穗，似杏花而小。三月採，陰乾。　一名隔虎刺，俗呼為鳳油刺，即伏牛之訛也。

明・陳嘉謨《本草蒙筌》卷四　伏牛花　味苦、甘，氣平。無毒。一名隔虎刺花，惟生蜀益近郡。川澤傍邊有，莖深赤刺多。葉青細，似蘗葉而不尖；花淺黃，如杏花而作穗。三月半後，收採陰乾。主大風遍身碎疼，療濕痹四肢攣急。五痔下血堪止，風眩頭痛能敺。

明・王文潔《太乙仙製本草藥性大全》卷三《本草精義》　伏牛花　一名隔虎刺花。惟生蜀、益近郡川澤傍邊有。莖深赤刺多，葉青細似檗葉而不光，花淺黃如杏花而作穗。三月半後收採陰乾。

明・王文潔《太乙仙製本草藥性大全》卷三《仙製藥性》　伏牛花　味苦、甘，氣平，無毒。主治：主大風遍身碎疼，療濕痹四肢攣急。五痔下血堪止，風眩頭痛能驅。骨肉疼痛煮湯服之。

明・李時珍《本草綱目》卷二一草部・有名未用　刺虎頌曰：生睦州。凌冬不凋。採根、葉、枝入藥。味甘。主一切腫痛風疾。剉焙爲末，酒服一錢。時珍曰：《壽域方》：治丹瘤，用虎刺，即壽星草，搗汁塗之。又伏牛花，一名隔虎刺。

明・李時珍《本草綱目》卷三六木部・灌木類　伏牛花宋《開寶》。校正：併入《圖經》虎刺。

【釋名】隔虎刺花未詳　【集解】頌曰：伏牛花生蜀地，所在皆(上)〔有〕，今惟益州蜀地有之，多生川澤中。葉青細，似黃蘗葉而不光，莖亦有刺，開花淡黃色作穗，似杏花而小。三月採，陰乾。又睦州所(上)〔生〕虎刺，云凌冬不凋。彼人無時采根、葉，治風腫疾。

花　【氣味】苦、甘，平，無毒。　【主治】久風濕痹，四肢拘攣，骨肉疼痛。作湯，治風眩頭痛，五痔下血《開寶》。

【發明】時珍曰：伏牛花治風濕有名，而用者頗少。楊子建《護命方》有伏牛花散，治男女一切頭風，發作有時，甚則大腑熱祕。用伏牛花、山茵陳、桑寄生、白牽牛、川芎藭、白殭蠶、蝎梢各二錢，荊芥穗四錢，爲末。每服二錢，水煎一沸，連滓服。

根葉枝　【主治】一切腫痛風疾，細剉焙研，每服一錢匕，用温酒調下蘇頌。

明・鮑山《野菜博錄》卷三　伏牛花　一名隔虎刺。生山谷中。樹頗高大，葉似黃蘗葉，梗多刺，莖赤色，花開淡黃色，作穗似小杏子。味苦甘，無毒。　食法：採嫩葉煠熟，油鹽調食。

清・馮兆張《馮氏錦囊秘錄・雜症痘疹藥性主治合參》卷四　伏牛花　一名隔虎刺花。主大風遍身碎疼，療濕痹四肢攣急。五痔下血堪止，風眩頭痛能敺。

清・吳其濬《植物名實圖考》卷三八　虎刺樹　江西南昌西山有之。叢生黑幹，就莖生枝，作苞如椿樹馬蹄而大，有疎刺；開碎白花，結紫實，圓扁如豆，樹葉如桑葉微小。凡俗呼老虎刺、虎不挨，皆以横枝得名。

清・吳其濬《植物名實圖考》卷三五　伏牛花　《開寶本草》始著錄。李時珍併入虎刺。今虎刺生山中林木下，葉似黃楊，層層如盤；開小白花，結紅實，淩冬不凋。俚醫亦用治風腫，未知即此木否？圖以備考。

清・戴葆元《本草綱目易知錄》卷四　伏牛花隔虎刺花　苦、甘，平。作湯，治風眩頭痛，五痔下血，久風濕痹，四肢拘攣，骨肉疼痛。頌曰：伏牛花，處處有之，生川澤中，葉青細，有刺，開花淡黃色，淩冬不凋。采其根葉，治風腫疾。葆按：吾鄉元旦團拜，采伏牛枝葉，小樹蠟梅花用穿此刺上，顯若小梅一樹，作盆景祭祖，俗名老虎刺。

繡花鍼

清・吳其濬《植物名實圖考》卷三八　繡花鍼　江西、湖南皆有之。小樹細莖，對發椏杈；葉亦附枝對生，似石榴花葉微小，面濃綠背淡青，光潤柔膩，中唯直文一縷；近莖葉小如指甲，枝端葉亦小；距梢寸許無葉，細如鍼刺；春夏時亦柔軟，秋老即硬。江西或呼為雀不踏。俚醫以為補氣血之藥。《本草綱目》以楤木一名鵲不踏，不知南方有刺之木與草，皆呼為雀不踏，不可為定名也。

賣子木

宋・唐慎微《證類本草》卷一四木部下品〔唐・蘇敬《唐本草》〕　賣子木　味甘、微鹹，平，無毒。主折傷血內溜，續絶，補骨髓，止痛，安胎。生山谷中。

〔唐・蘇敬《唐本草》〕注云：其葉似柿。出劍南邛州。《唐本》先附。

〔宋・掌禹錫《嘉祐本草》〕按：今渠州歲貢作買子木。

〔宋・蘇頌《本草圖經》〕曰：賣子木，《本經》不載所出州土，注云出劍南邛州，今惟渠州有之。每歲土貢，謂之買子木。株高五七尺，木徑寸許。春生嫩枝條，葉尖，長一二寸，俱青綠色，枝梢淡紫色。四五月開碎花，百十枝圍簇作大朵，焦紅色。隨花便生子如椒目，在花瓣中黑而光潔，每株花裁三五大朵耳。五月採其枝、葉用。

〔宋・唐慎微《證類本草》〕雷公云：凡採得後麁擣，用酥炒令酥盡爲度，然入用。每一兩用酥二分爲度。

明・劉文泰《本草品彙精要》卷二一　賣子木無毒　植生。

賣子木　主折傷，血内溜，續絶，補骨髓，止痛，安胎。名醫所錄。

〔苗〕《圖經》曰：株高五七尺，木徑寸許，春生嫩枝條，葉如柿，尖，長一二寸，俱青綠色，枝稍淡紫色，三四月開碎花，百十枝圍簇作大朵，焦紅色，隨花便生，子如椒目，在花瓣中，黑而光潔，每株花裁與纔同三五大朵耳。因每歲土貢，謂之賣子木也。〔地〕《圖經》曰：生山谷中，今劍南邛州有之。〔道地〕渠州。〔時〕生：春生葉。採：五月取枝葉。〔收〕陰乾。〔用〕枝、葉。〔色〕青綠。〔味〕甘，鹹。〔性〕平，緩。〔氣〕氣味俱薄，陽中之陰。〔臭〕朽。〔主〕折傷，止痛。〔製〕《雷公》云：凡採得後，粗擣用酥炒，令酥盡爲度，然入藥每一兩用酥二分爲度。

明・王文潔《太乙仙製本草藥性大全》卷三《本草精義》　賣子木　《本經》不載所出州土，注云出劍南、邛州，今惟渠州有之，每歲土貢謂之賣子木。株高五七尺，木徑寸許。春生嫩枝條，葉尖，長一二寸，俱青綠色，枝稍淡紫色。四五月開碎花，百十枝圍簇作大朵，焦紅色，隨花便生子如椒目，在花瓣中黑而光潔，每株花裁三五六朵耳。五月採其枝葉用。

明・王文潔《太乙仙製本草藥性大全》卷三《仙製藥性》　賣子木　味甘、微酸，氣平，無毒。　主治：　主折傷血溜而續絶骨。能安胎止痛而補骨髓。　太乙曰：　凡採得後，麁搗，用酥炒令酥盡爲度，然入用每一兩用酥二分爲度。

明・李時珍《本草綱目》卷三六木部・灌木類　賣子木《唐本草》

〔釋名〕買子木　〔集解〕恭曰：　賣子木出嶺南、邛州山谷中。其葉似柿。頌曰：今惟川西、渠州歲貢，作買子木。木高五七尺，徑寸許。春生嫩枝條，葉尖，長一二寸，俱青綠色，枝梢淡紫色。四五月開碎花，百十枝圍攢作大朵，焦紅色。隨花便生子如椒目，在花瓣中黑而光潔，每株花裁三五大朵爾。五月采其枝葉用。時珍曰：《宋史》渠州貢買子木并子，則子亦當與枝葉同功，而《本草》缺載，無從考訪。

木　〔修治〕斅曰：凡采得粗搗，每一兩用酥五錢，同炒乾入藥。

〔氣味〕甘、微鹹，平，無毒。〔主治〕折傷血内溜，續絶補骨髓，止痛安胎《唐本》。

明・鮑山《野菜博錄》卷三　賣子木　一名紫翠英。生山谷中。樹頗高大，葉似柿葉稍尖，開花紫翠色。其味甘，性寒，無毒。食法：採嫩葉煠熟，油鹽調食。皮磨麵食。子熟摘食。

清・何諫《生草藥性備要》卷下　龍船花　消瘡咄膿，祛風止痛，理痰火。〔一〕名五月花，又名映山紅。

清・吴其濬《植物名實圖考》卷三〇　馬纓丹　《南越筆記》：馬纓丹，一名山大丹，花大如盤，蕊時凡數十百朵，每朵攢集成毬，與白繡毬花相類；首夏時開，初黃色，蕊鬚如丹砂，將落復黃，黃紅相間，光豔炫目，開最盛、最久。八月又開，有以大紅繡毬名之者。又以其瓣落而枝矗起槎枒，甚與珊瑚柯條相似，又名珊瑚毬。言大紅繡毬者，以開時也；言珊瑚毬者，以落時也。按馬纓丹又名龍船花，以花盛開時值競渡，故名。

清・吴其濬《植物名實圖考》卷三五　賣子木　《唐本草》始著錄。生嶺南邛州。其葉如柿。宋川西渠州歲貢。四五月開碎花百十枝，團攢作大朵焦紅色；子如椒目，在花瓣中，黑而光潔。主折傷血内溜，續絶，補骨髓，止痛安胎。

按湘中土習用鴉椿子，形狀頗肖，而主治異。別圖之。

清・趙其光《本草求原》卷三隰草部　龍船花即映山紅。　淡、辛，平。呼瘡膿，去風，止痛，理痰火内傷。又名五月開花。

滇丁香

清・吴其濬《植物名實圖考》卷二九　滇丁香　丁香生雲南圃中。木本如藤，葉如枇杷葉，微尖而光，夏開長柄筩子花，如北地丁香成簇，而五瓣團團，大逾紅梅，柔厚嬌嫩，又似秋海棠；中有黃心兩三點，有色鮮香，故不甚重。

藏丁香

清・吴其濬《植物名實圖考》卷二九　藏丁香　或云種自西藏來，枝幹同滇丁香，葉糙有毛；開花白色，有香故勝。

大沙葉

清・何諫《生草藥性備要》卷上　大沙葉　味辛、苦，性溫。其葉，照天有沙點者為真。治飛沙、疥癩。治牛生沙，其沙或從口食入，或從糞門(食)入。從口食入者，其牛不食草，口內有紅塊粒如豆大；從糞門入者，牛仍食草，尾有焦塊，貫入錢貫草同擂，米汁食效。

清・趙其光《本草求原》卷三隰草部　大沙葉　苦、辛，平。治飛沙瘀、疥癩，並牛生沙。其沙或從口入，牛口內有紅塊豆粒，不食草；如沙從糞門入，牛仍食草，尾有焦塊。同車前草，擂米汁喂之。

大丹葉

清・何諫《生草藥性備要》卷上　大丹葉　味苦，性溫。乾水，殺瘀。一名暗山公，又名山大刀。

蠟梅

明・朱橚《救荒本草》卷下之前　臘梅花　多生南方，今北土亦有之。其樹枝條頗類李，其葉似桃葉而寬大，紋脉微麄，開淡黃花。味甘，微苦。

救飢：採花煠熟，水浸淘淨，油鹽調食。

明・李時珍《本草綱目》卷三六木部・灌木類　蠟梅《綱目》

【釋名】黃梅花時珍曰：此物本非梅類，因其與梅同時，香又相近，色似蜜蠟，故得此名。　【集解】時珍曰：蠟梅小樹，叢枝尖葉。種凡三種：以子種出不經接者，臘月開小花而香淡，名狗蠅梅；經接而花疏，開時含口者，名磬口梅；花密而香濃，色深黃如紫檀者，名檀香梅，最佳。結實如垂鈴，尖長寸餘，子在其中。其樹皮浸水磨(黑)〔墨〕，有光采。

花　【氣味】辛，溫，無毒。　【主治】解暑生津時珍。

明・倪朱謨《本草彙言》卷一〇　蠟梅　味辛，氣溫，無毒。李氏曰：蠟梅，色似蜜蠟。雖臘月而開，故字從蠟。樹小長者不滿丈，叢枝尖葉。凡三種：以子種，不經接者，開小花，尖瓣而香淡，名狗蠅梅；經接而花大，開時含口者，名磬口梅；花密而香濃，色深黃，如紫檀者，名檀香梅，最佳。三種俱結實如垂鈴，尖長近寸，內子下地，亦能生。其樹皮及枝條浸水磨墨，寫字有光采。

蠟梅花、葉：擣爛，敷貼瘧痞，極神。出《虞氏方》。

清・王道純《本草品彙精要續集》卷一〇　蠟梅無毒

蠟梅花：主解暑，生津《本草綱目》。【名】李時珍曰：本非梅類，因其與梅同時，香又相近，色似蜜蠟，故得此名。【質】李時珍曰：蠟梅小樹叢枝尖葉，種凡三種，以子種出不經接者，臘月開小花而香淡，名狗蠅梅。經接而花疏，開時含口者，名磬口梅。花密而香濃，色深黃如紫檀，名檀香梅，最佳，結實如垂鈴，尖長寸餘，子在其中。其樹皮浸水磨墨，有光彩。【色】黃色。【臭】香。【味】辛。【性】溫。

清・吳其濬《植物名實圖考》卷三五　蠟梅　《本草綱目》收之。俗傳浸蠟梅花瓶水，飲之能毒人。其實謂之土巴豆，有大毒。《救荒本草》云：花可食。李時珍亦云：花解暑生津。殊未敢信。

密蒙花

宋・唐慎微《證類本草》卷一三木部中品〔宋・馬志《開寶本草》〕　蜜蒙花　味甘，平、微寒，無毒。主青盲膚翳，赤澁多眵淚，消目中赤脉，小兒麩豆及疳氣攻眼。生益州川谷。樹高丈餘。葉似冬青葉而厚，背色白有細毛。二月、三月採花。

〔宋・蘇頌《本草圖經》〕曰：蜜蒙花，生益州川谷，今蜀中州郡皆有之。木高丈餘。葉似冬青葉而厚，背白色有細毛，又似橘葉。花微紫色。二月、三月採花，暴乾用。此木類而在草部，不知何至於此。

〔宋・唐慎微《證類本草》〕雷公云：凡使，先揀令淨，用酒浸一宿，漉出候乾，却拌蜜令潤，蒸從卯至酉出，日乾。如此拌蒸三度，又却日乾用。每修事一兩，用酒八兩浸，待色變，用蜜半兩蒸爲度。此元名小錦花。

宋・寇宗奭《本草衍義》卷一〇　蜜蒙花　利州路甚多。葉，冬亦不凋，然不似冬青。蓋柔而不光潔，不深綠，花細碎，數十房成一朵，冬生春開。此木也，今居草部，恐未盡善。

宋・劉明之《圖經本草藥性總論》卷下　密蒙花　味甘，平、微寒，無毒。主青盲膚翳，赤澁多眵淚，消目中赤脈，小兒麩豆及疳氣攻眼。生益州。

宋・陳衍《寶慶本草折衷》卷一三　蜜蒙花　一名小錦花。生益州川谷及蜀中、簡、利州。○二、三月採花，暴乾。

味甘，平，微寒，無毒。○主青盲膚翳，赤澀多眵叱支切淚，〔消〕目中赤脉，小兒麩豆及疳氣攻眼。○《圖經》曰：花微紫色。○寇氏曰：花細碎，數十房成一朵。

元・尚從善《本草元命苞》卷六　蜜蒙花　味甘，平，微寒，無毒。攻瞖目𧇶，退青盲膚翳，療瞳子昏花。消目中赤脈侵睛，除眼內多眵冷淚。生益州川谷，今蜀中有之。木高丈餘，葉似冬青，葉厚，背白有細毛。又如橘葉，花微紫，二三月採花，暴乾。治小兒疳氣攻眼。

明・蘭茂原撰，范洪等抄補《滇南本草圖說》卷四　羊耳朵葉　性微溫，味酸苦。花入官名密蒙花。入足厥陰，祛風，明目退翳，一切眼科將軍最良。別經序之，此《本草》序其枝葉之功。採葉研末，治一切瘡癰疔毒，潰爛生管，不能生肌，滲此神愈。久年陰瘡，無膿血者搽之神效。〇採根葉花，共晒乾，研末，入血竭、冰片，為刀傷藥甚佳。採皮，研細末，入磁瓦器中，隨帶身邊，遇小兒生肝蟲目翳，口蝕黑暈，世俗以為中蠱，用此一捻，吹入鼻中可救。此草名為蟲見死草，以此草能化肝中之蟲為水也。

明・蘭茂撰，清・管暄校補《滇南本草》卷中　羊耳朵　性微溫，味酸、微苦。花即蜜蒙。入肝經，祛風明目，退翳，目澀羞明。取葉去尖，蜜炙，治久咳良。貼臁瘡潰爛，頑瘡久不收口，生肌長肉。

明・蘭茂《滇南本草》（叢本）卷上　羊耳朵　味酸、苦，性微溫。花即廣中蜜蒙花。入肝經，去肝風，明目退翳膜，目澁羞明。尖葉，以蜜炒。治肝經咳嗽，久咳用之良。葉可貼臁瘡潰爛，頑瘡久不收口，貼之生肌長肉。

明・王綸《本草集要》卷四　密蒙花　味甘，氣平，微寒，無毒。凡用酒浸一宿，候乾，卻拌蜜合調，蒸之日乾。主青盲膚翳，赤澀多眵淚，消目中赤脈，小兒麩豆，及疳氣攻眼。

明・滕弘《神農本經會通》卷二　密蒙花　凡使先揀令淨，用酒浸一宿，漉出候乾，却拌蜜令潤，蒸，日乾。二三月採花。

味甘，氣平，微寒。《疌》云：主明目，膚翳青盲，小豆麩豆毒，熱疳入眼。

《本經》云：主青盲膚瞖，赤澁多眵淚，消目中赤脉，小兒麩豆及疳氣攻眼。劄云：密蒙花主能明目，虛翳青盲用最宜。若是小兒麩豆毒，熱疳入眼亦能醫。密蒙花，總督眼科之要領。

明・劉文泰《本草品彙精要》卷一九　密蒙花無毒　植生。

密蒙花：主青盲，膚瞖赤澀，多眵淚，消目中赤脈，小兒麩豆及疳氣攻眼。名醫所錄。【名】小錦花。【苗】《圖經》曰：樹高丈餘，葉似冬青葉而厚，背白色，有細毛，又似橘葉，花微紫色。《衍義》曰：其葉淩冬不凋，然不似冬青，蓋柔而不光潔，色不深綠。花細碎，數十房成一朵。冬生春開，以蜜製花，故曰密蒙花也。【地】《圖經》曰：生益州川谷，今蜀中州郡皆有之。《衍義》曰：利州路甚多。【道地】簡州。【時】生：冬生蕊。採：二月、三月取。【收】暴乾。【用】花。【色】微紫。【味】甘。【性】平，微寒。【氣】氣味俱薄，陽中之陰。【臭】香。【主】目疾。【製】《雷公》云：凡使，先揀淨，每花一兩，用酒八兩浸一宿，漉出候乾，卻拌蜜半兩令潤，蒸，從卯至酉，出，日乾，如此拌蒸三度，又卻日乾用。

明・葉文齡《醫學統旨》卷八　密蒙花　氣平、微寒，味甘。無毒。凡用酒浸一宿，漉出候乾，拌蜜合調蒸之，日乾。治青盲膚翳，赤澁多眵淚，消目中赤脉；小兒麩豆及疳氣攻眼。

明・許希周《藥性粗評》卷三　眼花可免於蜜蒙。

蜜蒙花，樹似冬青，二三月開花細碎，數十房成一朵。出蜀漢川谷。花盛時採，揀淨，酒浸，漉出暴乾。味甘、苦，性平，微寒，無毒。主治青盲雲瞖，赤澁多眵淚，消目中赤脉，并治小兒麩豆及疳氣攻眼。

明・鄭寧《藥性要略大全》卷五　密蒙花　治青盲膚翳，赤澁多淚，消目中赤脉。味甘，平，性微寒，無毒。木似冬青葉而厚，背白色，有細毛。酒浸一宿，候乾，再用蜜拌蒸，晒乾入藥。

明・陳嘉謨《本草蒙筌》卷四　密蒙花　味甘，氣平、微寒。無毒。產自川蜀，木高丈餘。葉青冬不凋零，花紫瓣多細碎。十房一朵，故名密蒙。採花酒浸一宵，候乾蜜拌蒸過。再向日曝，專治眼科。去膚瞖青盲，止眵淚赤澁。消赤脉貫睛內眼，除疸毒侵眦外遮。

明・王文潔《太乙仙製本草藥性大全》卷三《本草精義》　密蒙花　生益州川谷，今蜀中州郡［皆有之］。木高丈餘，葉似冬青而厚，背白而細毛似橘葉，經冬不凋，零花紫瓣，多細碎，千房一朵，故謂密蒙。採花酒浸一宵，候乾蜜拌，蒸過再向日曝。

明・王文潔《太乙仙製本草藥性大全》卷三《仙製藥性》　密蒙花　味甘，氣平微寒，無毒。主治：專治眼科。去膚瞖青盲，止眵淚赤澁。消赤脉貫睛內瘴，除疸毒侵眦外遮。理小兒麫豆及疳氣攻眼。太乙曰：凡使先揀令淨，用酒浸一宿，漉出候乾，卻拌蜜令潤，蒸從卯至酉出，日乾，如此拌蒸三度，又却日乾用。每修事一兩，用酒八兩浸，待色變，用蜜半兩蒸爲度，此原名木綿花。

明·皇甫嵩《本草發明》卷四 密蒙花中品，臣。氣平，微寒，味甘，無毒。

發明曰：密蒙花，清肝經之熱，治眼科之藥也。故主青盲膚翳，赤澁多眵淚，消目中赤脉，小兒麩豆及疳氣攻眼。其葉冬青不凋，花瓣紫，千房一朵，故名密蒙。酒浸一宿，候乾，蜜拌蒸過，日曝乾用。

明·李時珍《本草綱目》卷三六木部·灌木類 密蒙花宋《開寶》。校正：慎微曰：自草部移入木部。

【釋名】水錦花《炮炙論》時珍曰：其花繁密蒙茸如簇錦，故名。 【集解】頌曰：密蒙花，蜀中州郡皆有之。樹高丈餘。葉似冬青葉而厚，背白有細毛，又似橘葉。花微紫色。二月、三月采花，暴乾用。宗奭曰：利州甚多。葉冬不凋，亦不似冬青，柔而不光潔，不深緑。其花細碎，數十房成一朵，冬生春開。

花 【修治】斅曰：凡使揀净，酒浸一宿，漉出候乾，拌蜜令潤，蒸之從卯至酉，日乾再拌蒸，如此三度，日乾用。每一兩用酒八兩，蜜半兩。

【氣味】甘，平，微寒，無毒。 【主治】青盲膚瞖，赤腫多眵淚，消目中赤脉，小兒麩豆及疳氣攻眼《開寶》。羞明怕日劉守真。入肝經氣、血分，潤肝燥好古。

【附方】新一。 目中障瞖：密蒙花、黄蘗根各一兩，爲末，水丸梧子大。每卧時湯服十丸至十五丸。《聖濟録》。

明·梅得春《藥性會元》卷中 蜜蒙花 味甘，氣平，無毒。一名水錦花。 主治青盲膚瞖，赤澀多淚，消目中赤脉，小兒麩豆及疳氣攻眼。 製法：凡使，酒浸一宿，攤起晒乾，用蜜拌蒸，再晒乾用。

明·李中立《本草原始》卷四 蜜蒙花 始生益州川谷，今蜀中州郡皆有之。木高丈餘，葉似冬青葉而厚，背白色，有細毛，又似橘葉。花微紫色，二月、三月采花，暴乾。其味甘甜如蜜。花一朵數十房，蒙蒙然細碎也，故名蜜蒙。 氣味：甘，平，微寒，無毒。主治：青盲膚瞖，赤澁多眵淚，消目中赤脉，小兒麩豆及肝氣攻眼，羞明怕日。入肝經氣分，潤肝燥。

蜜蒙花，宋《開寶》。【圖略】花小色黄，嚼之甘甜。 製：酒洗候乾，蜜拌炒。

明·張懋辰《本草便》卷二 蜜蒙花 味甘，氣平，微寒，無毒。 主青盲膚瞖，赤澁多眵淚，消目中赤脉，小兒麩豆，及疳氣攻眼。

明·李中梓《藥性解》卷五 密蒙花 味甘，性微寒，無毒，入肝經。主青盲膚瞖，赤濇眵泪，赤脉貫睛，又主小兒麩痘及疳眼。酒浸一宿，蜜拌蒸，晒乾用。 按：密蒙耑入肝經。故治目之外無他長，眼科之要劑也。

明·鮑山《野菜博録》卷三 蜜蒙 一名寒不凋。生山谷中。樹頗高大，葉似冬青樹葉，又似橘葉而厚，背白色，有細毛。味甘平，性微寒，無毒。

食法：採嫩葉煠熟，油鹽調食。

明·繆希雍《本草經疏》卷一三 蜜蒙花 味甘，平、微寒，無毒。主青盲，膚翳赤澀多眵淚，消目中赤脈，小兒麩豆及疳氣攻眼。

【疏】蜜蒙花禀土氣以生，其蕋萌於冬而開於春，故氣平微寒，味甘而無毒，為厥陰肝家正藥。觀本經所主，無非肝虛有熱所致。蓋肝開竅於目，目得血而能視，肝血虛則為青盲、膚翳，肝熱甚則為赤腫眵淚赤脈，及小兒豆瘡餘毒，疳氣攻眼。此藥甘以補血，寒以除熱，肝血足而諸證無不愈矣。好古謂其潤肝燥，守真以之治畏日羞明，誠謂此也。形與芫花相似。但芫花狹小而蜜蒙花差大為異，用者宜詳辨之。 【主治參互】同空青、木賊、生地黄、蟬蜕、白蒺藜、穀精草、決明子、羚羊角，治青盲翳障。 同甘菊花、枸杞子、生地黄、白蒺藜、穀精草，治肝腎虛，目不能遠視。 同黄連、赤芍藥、防風、荆芥穗、黄蘗、甘菊花、甘草、龍膽草，治風熱濕熱眼赤痛。 同胡黄連、白蕪荑、使君子、蟬蜕、木賊、蘆薈，治小兒疳積，眼目不明。 療眼疾外無他用，故不著簡誤。

明·倪朱謨《本草彙言》卷一〇 密蒙花 味甘，氣平，無毒。入足厥陰經。 蘇氏曰：密蒙花，出蜀中州郡。樹高丈餘，葉似冬青，但柔而不光，潔而淺綠，背有白毛。其花細碎，數十房成一朵，繁密蒙茸如簇錦，故名。利州甚多。冬蕊春開，三月采花，日乾用。形與芫花相似，但芫花狹小，而密蒙花差大爲異。用者宜細辨之。

密蒙花：養目血，去目風，《開寶》解目熱之藥也。陳五占抄《王氏方》言：專入肝經，治眼目諸病，不拘久暴，或風熱暴感而目赤腫痛，眵障淚流；或血氣久虛而睛失所養，昏蒙不見；或青盲膚翳，或畏日羞明，或小兒麩痘成翳，疳氣攻眼，浸淫濕爛諸證，密蒙花統能治之。蓋肝開竅于目，肝氣調和，目無病矣。此藥治目之外，并無他用。

王紹隆先生曰：此藥繁密蒙茸，巧如簇錦，此象形命名也。又《説文》云：瞳矇曰蒙，有目無眸也。此藥善治眼病，眵淚翳障以及青盲，此又以功用爲名也。

集方：治風熱濕熱，眼赤腫痛。用密蒙花三錢，甘菊花、荆芥穗、龍膽草、川黄連、防風、白芷各一錢，甘草六分，水煎服。○治肝腎氣血兩虚，眼目昏暗，蒙昧不明。用密蒙花，枸杞子各四兩，甘菊花、穀精草各二兩，懷熟地、山茱萸各三兩，明天麻、白茯苓、當歸各二兩五錢，沙苑蒺藜、葳蕤各五兩，俱用酒洗炒，共爲末；用羊肝三十個，先將羊膽汁拌藥末，隨用羊肝搗爛成膏，和入藥内。如乾，量加煉蜜少許，搗二千下，爲丸梧子大。每早晚各服三錢，白湯下。○治眼目青盲翳障。用密蒙花三錢，木賊草、白蒺藜各一錢，決明子、穀精草各二錢，水煎服。○治目畏日羞明。用密蒙花三錢，生地黄、黄芩各二錢，水煎服。○治目胞濕爛，浸淫多淚。用密蒙花三錢，白朮二錢，葳蕤五錢，水煎服。○治小兒痘後餘毒不散，攻眼。用密蒙花一錢，黑豆、綠豆、赤小豆各四十九粒，水煎服。○治小兒疳積，攻眼不明，目將瞎者。用密蒙花一兩，使君子肉三錢，白蕪荑五錢，胡黄連二錢，蘆薈一錢，共爲末，餳糖爲丸，如雞豆大。每早晚各服一丸，白湯化下。○治一切目病，因積視、久視，專睛著視，有勞目睛，以致昏脹腫痛不明者。用密蒙花五錢，甘菊花二錢，麥門冬去心八錢，當歸身一錢五分，玉竹四錢，水煎服。以上數方出江西楊剛宇《經驗手集》。

明・顧逢柏《分部本草妙用》卷一肝部・寒補　蜜蒙花　甘，寒，無毒。酒浸蜜拌，蒸熟用。　主治：青盲赤腫，膚瞖多淚，消目赤脉。小兒疳氣攻眼，羞明怕日。入肝經氣血分，潤肝燥。

明・李中梓《醫宗必讀・本草徵要下》　蜜蒙花味甘，平，無毒。入肝經。酒潤焙。　養營和血，退翳開光。大人眦淚羞明，小兒痘疳攻眼。獨入東方，為滌熱和營之用，故治目之外，無他長也。

明・蔣儀《藥鏡》卷三平部　密蒙花　潤肝燥熱攻目，因疳氣而翳淚俱除。芫花狹小，密蒙差大。小花治欬，大花治肝，宜詳厥用。惟眼因熱傷血分者，用之輒效。倘因氣分及風寒所致，非其宜矣。

明・張景岳《景岳全書》卷四九《本草正》　密蒙花　味甘，平，性微寒。入肝經。潤肝燥，專理目疾。療青盲，去赤腫多淚，消目中赤脉膚翳，羞明畏日，及小兒瘡痘疳氣攻目，風熱糜爛，雲翳遮睛。製用之法，宜蜜、酒拌，蒸三次，日乾用。

明・盧之頤《本草乘雅半偈》帙一〇　密蒙花宋《開寶》　氣味：甘，平，微寒，無毒。　主治：主青盲，膚翳，赤腫，多眵淚，消目中赤脈，及小兒〔麸豆及〕疳氣攻眼。

覈曰：出蜀中州郡，利州甚多。木高丈餘，淩冬不凋。葉似冬青而厚，柔而不光，潔而淺綠，背有白毛。花細碎，數十房成一朵，冬生春放，色微紅紫，二三月采取，暴乾用。修事：酒浸一宿漉出候燥，潤蜜令透，蒸之，從卯至酉，日乾，再潤蒸晒，凡三次。每花一兩，用酒半兩，蜜半兩為度。

条曰：冬季孕萼繁密，春仲作花錦簇。先君云：具冬營春榮之序爾。《開寶》陳列諸證，咸屬肝木失序，致令目眚自成，妄生節目，密蒙象形，對待治之。《説文》云：瞳蒙曰矇，有目無眸也。《周禮》云：樂師有瞽，矇目不明。《禮記》云：昭然若發矇矣。此以功用為名也。

明・李中梓《本草通玄》卷下　蜜蒙花　甘，寒。主目痛，赤膜多淚，羞明障翳。　酒蜜拌，微炒。

清・顧元交《本草彙箋》卷五　密蒙花　獨入肝經，爲滌熱和營之用，故眼科擅長。凡肝血虚而爲青盲翳障，肝熱甚而爲赤腫眵淚，赤脈，及小兒痘瘡餘毒，疳氣攻眼，則此藥甘寒之品，虚實大小，無不咸宜。

清・郭章宜《本草匯》卷一六　密蒙花　甘平、微寒，入足厥陰氣分血分。　養營和血，退翳開光。大人眥淚羞明，小兒痘疳攻眼。

按：密蒙花，為厥陰肝家正藥也。觀《本經》所主，無非肝虚有熱所致。肝血虚，則為青盲膚翳；肝熱甚，則為赤腫眵淚。此藥甘以補血，寒以除熱，肝血足而諸症悉愈。好古謂其潤肝燥，守真以之治畏日羞明，誠謂此也。同空青、木賊、生地、蟬蛻、白蒺藜、穀精草、決明子、羚羊角，治青盲翳障。同甘菊、枸杞、生地、蒺藜、穀精，治肝腎虚，目不能遠視。療眼疾外，無他用矣。

酒浸一宿，拌蜜蒸之，日乾。

清・蔣居祉《本草擇要綱目・平性藥品》　密蒙花凡使揀淨，酒浸一宿，漉出候乾，拌蜜蒸三次入用。　氣味：甘，平，微寒，無毒。　主治：青盲膚翳赤腫，多眵淚，消目中赤脈。小兒麩口及疳氣攻眼，羞明怕日。入肝經氣血分，潤肝燥。

清・汪昂《本草備要》卷三 密蒙花潤肝，明目。 甘而微寒。入肝經氣血分。潤肝燥。治目中赤脉，青盲膚翳，赤腫眵音鴟，眼脂。淚，小兒疳氣攻眼。 產蜀中。葉冬不凋。其花繁密蒙茸，故名。揀淨，酒浸一宿，候乾，蜜拌蒸，曬三次。

清・李熙和《醫經允中》卷一七 蜜蒙花 酒浸蜜拌，蒸熟用。 甘，寒，無毒。主潤肝燥，消目中赤脉，治青盲膚瞖，赤腫眵淚，小兒疳氣攻眼，羞明怕日。 肝經氣分藥也。

清・馮兆張《馮氏錦囊秘錄・雜症痘疹藥性主治合參》卷四 密蒙花稟土氣以生，其蕊萌於冬而開於春，故味甘，微寒，氣平，無毒。為厥陰肝家正藥。肝開竅於目，目得血而能視。虛則為青盲膚翳，熱甚則為赤腫眵淚赤脉，及小兒痘瘡餘毒，疳氣攻眼。此藥甘能補血，寒能除熱，肝血足而諸證無不愈矣。 然味薄於氣，佐以養血之藥，更有力焉。

密蒙花，專入肝經，除熱養營，去瞖膜青盲，眵淚赤澀，消赤脉，貫睛內瘴，疽毒侵眦外遮，疳氣攻眼，痘毒攻睛，畏目羞明，赤腫多淚，竝臻神效。

主治痘疹合參： 功效同前，治痘後目瞖赤澀。須擇淨花，以酒蜜蒸之，晒乾用。但味薄於氣，必佐以血藥為良。

清・张璐《本經逢原》卷三 密蒙花 甘，平，微寒，無毒。 鼆之即噓者真。揀淨酒浸一宿，漉出晒乾用。 發明： 密蒙入肝經血分，潤肝燥，為搜風散結目疾之專藥。 治青盲昏瞖，赤腫多眵淚，消目中赤脈及小兒痘瘡餘毒，疳氣攻眼宜之。

清・浦士貞《夕庵讀本草快編》卷五 密蒙花宋《開寶》 其花繁密蒙茸，形如簇錦，故名。 蒙花甘平而寒，無毒之品也。入肝經氣分、血分，故能潤肝燥而緩肝急，驅目翳而除眵淚，謂肝開竅于目也。凡人肝目失斂，目眚乃成，用此治之無不立効。《周易》曰： 蒙以養正，聖功也。可不顧名思義乎！

清・劉漢基《藥性通考》卷六 密蒙花 味甘，氣微寒，入肝經氣分血分。 潤肝燥，治目中赤脈，青盲膚翳，赤腫多淚，小兒疳氣攻眼。 產蜀中。 葉冬不凋，其花繁密蒙茸，故名。 揀淨，酒浸一宿，候乾，蜜拌蒸晒三次用。

清・黃元御《玉楸藥解》卷二 密蒙花 味甘，微寒。 入足厥陰肝經。清肺潤燥，明目去瞖。 密蒙花清肝明目，治紅腫瞖障。 庸工習用不效也。 治病不求其本，不解眼病根源，浪用一切清涼發散之藥，百治不得一效，此庸工之所以庸也。

清・吳儀洛《本草從新》卷三 密蒙花〔潤肝明目。〕 甘而微寒。 潤肝燥。治目中赤脈，青盲膚翳，赤腫眵淚，羞明怕日，小兒疳氣攻眼。 產蜀中。 樹高丈餘，葉冬不凋，其花繁密蒙茸，故名。 揀淨，酒潤焙。

清・汪紱《醫林纂要探源》卷三 密蒙花 甘，寒。 葉似冬青，冬不彫，花繁密蒙茸，故名。 緩肝涼血，專主明目。 花紫赤，入肝血分，上行頭目，治目中赤筋，青盲，膚翳赤腫，眵淚爛弦，及小兒疳積攻目。○出蜀中。 以酒浸，蜜拌，蒸曬用。

清・嚴潔等《得配本草》卷七 密蒙花 甘、平，微寒。入足厥陰經。 去肝家之燥熱，消風眼之赤脈，青盲及疳氣攻目，亦可施治。 配川柏根，治障翳。 酒浸，取出曬乾，蜜蒸用。

題清・徐大椿《藥性切用》卷五 密蒙花 味甘微寒，入肝潤燥，去翳明目，有消風散熱之功。

清・黃宮繡《本草求真》卷六 蒙花消肝熱，治青盲。 密蒙花耑入肝。 因冬不凋，花開蒙密，故以蒙名。甘而微寒，功耑入肝經，除熱養營。 蓋肝開竅於目，目得血而能視，虛則青盲膚翳，熱則赤腫眵淚，目中赤脉，及小兒痘瘡餘毒。疳氣攻眼，得此甘能補益，寒能除熱，肝血足而諸症無不愈矣。 然味薄於氣，佐以養血之藥，更有力焉。 取蜀中產者良，酒浸一宿，候乾蜜拌，蒸晒三次。

清・沈金鰲《要藥分劑》卷二 密蒙花 【略】鰲按： 本草詳載密蒙花主治諸症，要皆肝虛有熱所致。 蓋目者，肝之竅也。 目得血而能視，肝血虛則為青盲膚翳，肝熱甚則為眵淚，赤腫赤脉，及小兒痘瘡，餘毒疳氣攻眼等病，密蒙花甘能補血則血分充，寒能涼血則血熱除，諸症寧有不愈者乎？ 此為眼科要藥。

清・羅國綱《羅氏會約醫鏡》卷一七竹木部 蜜蒙花味甘平，微寒，入肝經。 甘能補血，寒能除熱，專入肝經，養榮和血。 治一切目病，凡青盲、赤腫、赤脉、多淚、膚翳、畏日、小兒痘疳、風熱、糜爛、雲翳遮精等證，俱療。 此為肝家正藥，肝開竅於目，目得血而能視，故諸證皆愈。 產蜀中，葉冬不凋。 揀花，酒浸候乾，蜜拌蒸三次，日乾用。

清・黃凱鈞《藥籠小品》 密蒙花 微寒，潤肝燥，治目中赤脈清盲，膚翳赤腫，眵淚羞明，小兒疳氣攻眼。産蜀中，其花繁密蒙茸故名。

清・張德裕《本草正義》卷上　密蒙花　甘，涼。入肝。潤肝燥，療青盲，理目疾，退障翳。小兒痘瘡，疳氣攻目，風熱糜爛，雲翳遮目，用蜜、酒拌蒸用更妙。

清・葉桂《本草再新》卷四　密蒙花味甘，性寒，無毒。入肝經。　養肝，治目中赤腫，盲翳多淚，羞明怕日，小兒疳氣攻眼。

清・吴其濬《植物名實圖考》卷三五　密蒙花　《開寶本草》始著録。詳《本草衍義》。湖南山中多有，人皆識之。開花黄白色，茸茸如鬚。

清・文晟《新編六書》卷六《藥性摘録》　蜜蒙花　甘，微寒。消肝熱。○治青盲膚翳，赤腫多淚，及痘瘡餘毒攻眼。然味薄於氣，佐以養血之藥，方為得力。○川産者良。酒浸一宿，蜜拌蒸曬三次。

清・張仁錫《藥性蒙求・木部》　蜜蒙花錢半　二錢　蜜蒙花甘，微寒明目。赤腫淚眵，潤肝宜服。酒潤，焙。○産蜀中。樹高丈餘，葉冬不凋。為眼科要藥。入肝經。肝虚熱生最宜。

清・陳其瑞《本草撮要》卷二　密蒙花　味甘，微寒，入足厥陰經，功專潤燥，治目疾。得黄蘗為丸，治目翳良。揀淨酒潤焙用。

清・鄭奮揚著，曹炳章注《增訂偽藥條辨》卷一　密蒙花　蒙花，一名蒙山茶，一名雲芝茶。性寒，能清肺胃之熱，故疹病用之尤宜。近今多以近道礶花偽充，則性味懸殊矣。　炳章按：蒙花三月出新。湖北當歸山出者，其花白緑色，白茸毛，淨而無梗者佳。各處出，花碎小，色白黄，梗多者次。

木綿

明・李時珍《本草綱目》卷三六木部・灌木類　木綿《綱目》

【釋名】古貝《綱目》　古終時珍曰：木綿有二種：似木者名古貝，似草者名古終。或作吉貝者，乃古貝之訛也。梵書謂之睒婆，又曰迦羅婆劫。【集解】時珍曰：木綿有草、木二種。交廣木綿，樹大如抱。其枝似桐，其葉大如胡桃葉。入秋開花，紅如山茶花，黄蕊，花片極厚，爲房甚繁，(短)〔逼〕側相比。結實大如拳，實中有白綿，綿中有子。今人謂之斑枝花，訛爲攀枝花。李延壽《南史》所謂林邑諸國出古貝花，中如鵝毳，抽其緒，紡爲布；張勃《吴録》所謂交州、永昌木綿樹高過屋，有十餘年不换者，實大如盃，花中綿軟白，可爲緼絮及毛布者，皆指似木之木綿也。江南、淮北所種木綿，四月下種，莖弱如蔓。高者四五尺，葉有三尖如楓葉，入秋開花黄色，如葵花而小。亦有紅紫者，結實大如桃，中有白綿，綿中有子，大如梧子。亦有紫綿者，八月采梂，謂之綿花。李延壽《南史》所謂高昌國有草，實如繭中絲爲細纑，名曰白疊，取以爲帛，甚軟白；沈懷遠《南越志》所謂桂州出古終藤，結實如鵝毳，核如珠珣，治出其核，紡如絲綿，染爲斑布者，皆指似草之木綿也。此種出南番，宋末始入江南，今則徧及江北與中州矣。不蠶而綿，不麻而布，利被天下，其益大哉。又《南越志》言：南詔諸蠻不養蠶，惟收娑羅木子中白絮，紉爲絲，織爲幅，名娑羅籠段。祝穆《方輿志》言：平緬出娑羅樹，大者高三五丈，結子有綿，紉綿織爲白㲲兜羅綿。此亦斑枝花之類，各方稱呼不同耳。

白綿及布　【氣味】甘，温，無毒。　【主治】血崩金瘡，燒灰用時珍。

子油　用兩瓶合燒取瀝。　【氣味】辛，熱，微毒。　【主治】惡瘡疥癬。燃燈損目時珍。

明・繆希雍《本草經疏》卷三〇　木綿子　得地中之陽氣，復感秋金之氣以成。其味辛，其氣熱，其性有毒。入肝、入腎，祛風濕、寒濕之藥也。惟其辛，故能散風邪；　惟其熱，故能除寒濕。凡下部有風寒濕邪者宜之。然而性熱有毒，肝腎虚者不宜用。一切陰虚火熾，痿弱下體無力者，咸忌之。

清・穆石匏《本草洞詮》卷一一　木綿　有草、木二種，似木者名古貝，似草者名古終。交廣木綿樹高三四丈，秋開花，花片極厚，為房甚繁，實大如拳，中有白綿，謂之斑枝花，抽其緒，紡為布，所謂古貝是也。江南淮北木綿，四月下種，莖弱如蔓，高三四尺，秋開花，實大如桃，中有白綿，謂之綿花，亦紡為布，所謂古終是也。此種出自南番，宋末始入江南，今則遍及江北中州矣。不蠶而綿，不麻而布，衣被天下，其益大哉。白綿及布，味甘，氣温，無毒。治血崩金瘡，燒灰用綿。子油味辛，氣熱，微毒。治惡瘡疥癬，燃燈損目。近時服食，取綿子入補藥，云種子延年竝效，查方書俱不載。然木綿起自近代，昔賢尚未論及，或有殊功，未可知也。

清・劉雲密《本草述》卷二四　木綿　時珍曰：木綿有草木二種。交廣木綿樹大如抱，其枝似桐，其葉大如胡桃葉，結實大如拳，此似木之木綿也。江南、淮北所種木綿，四月下種，莖弱如蔓，高者四五尺，葉有三尖，如楓葉，結實大如桃，此似草之木綿也。此種出南番，宋末始入江南，今則徧及江北與中州矣。不蠶而綿，不麻而布，利被天下，其益大哉。

子：　氣味：　辛，熱，微毒。　希雍曰：　得地中之陽氣，復感秋金之氣以成。其味辛，其氣熱，其性有毒。入肝入腎，祛風溼寒溼之藥也。惟其辛，故能散風邪。惟其熱，故能除寒溼。凡下部有風寒溼邪者，宜之。然而性熱有毒，肝腎虚者不宜用。一切陰虚火熾，痿弱，下體無力者，咸忌之。

清・馮兆張《馮氏錦囊秘錄・雜症痘疹藥性主治合參》卷四 木綿子

得地中之陽氣，復感秋金之氣以成。味辛，氣熱，其性有毒。入肝、入腎。祛風濕寒濕之藥也。惟其辛，故能散風邪。惟其熱，故能除寒濕。凡下部有風寒濕邪者，宜之。然而性熱有毒，肝腎虚者不宜用。一切陰虚火熾痿弱下體無力者，咸忌之。

清・张璐《本經逢原》卷三 木棉子 辛，溫，微毒。發明：木棉葉青，花黄，莖赤，棉白，子黑，允為溫走命門之品。取子燒存性，不獨解黴瘡毒，而痔漏脱肛下血，每服半兩，黑豆淋酒服之。其油燃燈能昏人目，以其助淫火也。

清・王道純《本草品彙精要續集》卷一〇 木綿無毒

白綿及布，主血崩，金瘡，燒灰用《本草綱目》。【名】古貝、古終。李時珍曰：木綿有二種，似木者名古貝，似草者名古終。或作吉貝者，乃古貝之訛也。梵書謂之啖婆，又曰迦羅婆劫。【地】李時珍曰：木綿有草木二種，交廣木綿樹大如抱。其枝似桐，其葉大如胡桃葉，入秋開花，紅如山茶花，黄蕊，花片極厚，爲房甚繁，短側相比，結實大如拳。實中有白綿，綿中有子，今人謂之斑枝花，訛爲攀枝花。李延壽《南史》所謂林邑之國，出古貝，花中如鵝毳，抽其綿紡爲布。張勃《吴錄》所謂交州永昌木綿，樹高過屋，有十餘年不採者，實大如杯，花中綿軟白，可爲緼絮及毛布者。皆指似木之木綿也。江南淮北所種木綿，莖弱如蔓，高者四五尺，葉有三尖如楓葉。入秋開花黄色，如葵花而小。亦有紅紫者，結實大如桃，中有白綿，綿中有子，大如梧子，亦有紫綿者，謂之紫綿花。李延壽《南史》所謂高昌國有草，實如繭，【繭】中絲爲細纑，名曰白疊，取以爲帛，甚軟白。沈懷遠《南越志》所謂桂州出古終藤，結實如鵝毳，核如珠珣，治出其核，紡爲絲綿，染爲斑布者，皆似草之木綿也。此種出南番。宋末始入江南，今則遍及江北與中州矣。不蠶而綿，不麻而布，利被天下，其益大哉。又《南越志》言南詔諸蠻不養蠶，惟收娑羅子，中白絮紉爲絲，織爲幅，名娑羅籠段。祝穆《方輿志》言平緬出娑羅樹，大者高四五丈，結子有綿，紉綿織爲白氎兜羅綿，此亦斑枝花之類，各有稱呼不同耳。【色】白，亦有紫綿者。【時】交廣木綿，入秋開花。江南、淮北所種木綿者，四月下種，入秋開花，八月採球。【味】甘。【性】溫。

清・何諫《生草藥性備要》卷下 木棉皮 味劫，性平。消瘡腫，止痛，敷跌打，消紅腫。又治木棉疔，煲肉食。花治痢症，白者更妙。

清・吴儀洛《本草從新》卷一 木棉《綱目》作木綿，俗呼棉花。 甘，溫。治血崩，金瘡。白綿或布，燒灰。子油，辛熱微毒。治惡瘡疥癬。然燈損目。有草、木二種。草本出南番，宋末始入江南，今則遍及江北與中州矣。不蠶而綿，不麻而布，利被天下，其益大哉。木本出交州、永昌等處。

題清・徐大椿《藥性切用》卷三 木綿 性味甘溫。燒灰，治血崩金瘡。子，散結，治乳癰。油，辛熱，損目。有木草二種。

附：琉球・吴繼志《質問本草》附錄 木緜樹 樹似梧桐，枝幹綠色，間有黯赭，及灰白之駁斑，高者數丈，葉互生，其狀五葉攢于一蒂，略如大麻，葉面綠，背粉白，春先葉，生蕾，花六瓣，頗類辛夷而深紅色，心有黄蘂，角若檳榔，大熟則自分拆，吐綿翻空如雪。然性麄鬆，可絮而不可織。綿中孕核，似梧子，黑色，有痞瘺落地乃生，又插枝最易活，雖或倒插之，亦能活矣。

清・趙學敏《本草綱目拾遺》卷五草部下 草棉 《綱目》木棉下注云：棉有二種，似木者名古貝，今訛為吉貝。似草者名古終，今俗呼棉花，乃草棉也。

按：《代醉編》：棉花種為番使黄始所傳，宋末始入江南。沈黄門炤曰：番中有青黄白三種，今特傳其白者耳。不知江浙草棉多種藝，而木棉罕見，即草棉中亦有黄色者，不盡是白者，入藥以白為勝。《綱目》有棉花油，不言花及子功用，悉為補之。

《百草鏡》云：花可止血，殼可治膈。膈食膈氣，用棉花殼。八九月採，不拘多少，煎當茶飲之，三日即愈。忌食鵝。《藥性考》云：草棉甘溫，禦寒却冷，燒灰止血，凍瘃敷穩。子熱補虚，暖腰治損，油毒昏目，塗癬疥等。

子：性熱，味辛。治腸風：《救生苦海》：棉子丸，取棉花子炒黄黑色，去殼為末，用陳米濃汁加黑砂糖，丸如桐子。每日空心時滾水下三錢，服至三觔斷根。腸紅秘方：《集驗》：棉子炒為末，用白糖拌米湯和服。

血淋不止：《許氏方》：炒燥為細末，三白酒送下二錢，立止。白帶沙淋：《救生苦海》調經門：香附散中用棉子仁。赤白帶下：《百草鏡》：棉花子炒黑去殼，為末，米糊丸，每服三錢。赤帶用砂糖湯下，白帶用白糖湯下。種子最妙方：用棉花子、砂糖各三錢，沖酒服。薰洗痔：

《傳信方》： 鬼饅頭、棉花子、烏菱殼、鳳尾草等分，煎湯先熏後洗，如疼加乳香，癢加楊柳鬚或木稜藤。〇又方： 用棉花子同槐樹梗葉煎湯洗熏，自愈。

下血血崩不止：《百草鏡》： 棉花子燒灰存性，酒下立止。 便毒：《濟世方》： 用棉花子瓦煅存性，為末，每日空腹酒下二錢，連服三次全消，兼治血崩。 陽痿不起：《祝氏效方》： 棉花子水浸曬乾，燒酒拌炒，去殼用仁，半觔，破故紙鹽水炒，韭菜子炒，各二兩，為末，葱汁為丸梧子大，每服二錢，空心酒下。 痢疾：《救生苦海》： 棉花子仁新瓦炒去油焦研細，每服二錢，紅用燈心湯下，白用好陳酒下。 癧痺棉花瘡：《集驗》用棉花子一斗，燒酒拌和炒燥，去灰再拌再炒，以黑為度。去殼再炒，擣為末，用砂糖調和，每服三錢，服過一升許，即愈。 除壁蝨：《易堂驗方》： 硫黃末拌棉花子，燒煙薰二三次，即絕。 中風口眼喎斜：《便易良方》： 用棉花子炒黑為末，乳香末三錢，紅糖二兩，飯後黃酒送下，即愈。 腸風下血：《不藥良方》： 生柿子二個，竹刀切去蒂核，以棉花子塞入柿內，仍蓋好，瓦上煅存性，研細末，米飲熱調服，重者三服全愈。〇穀道生瘡，俗呼偷糞老鼠。《不藥良方》用棉花子炒，去殼，磨粉，每早中晚三次打糊服一盌，半月全愈。

治腎子大小偏墜：《回生集》： 棉子煮湯入甕，將腎囊坐入甕口，俟湯冷，止一二次，散其冷氣，自愈。 癱瘓諸風：《醫學指南》： 乳香、沒藥各三錢，棉花子、白糖各六錢，為末，黃酒化服，出汗愈。 風蟲牙疼：《家寶方》： 用韭菜子、黑核桃肉、棉花子各一兩，分為末，醋糊丸，火酒浸，咬在疼處，即止。 痔漏：《家寶方》： 用棉花子仁六兩，烏梅六兩，共搗爛為丸，桐子大，早晚每服三錢，開水送下，服完即愈。 經水過多不止：《慈航活人書》： 棉花子瓦器炒盡烟，為末，每服二錢，空心黃酒下。 小便血：劉羽儀《經驗方》： 用棉花子炒枯存性，為末，熱火酒調服，服後在左脚大指節上有毛處，以豆大艾丸將火灸之，即止。 盜汗不止：劉氏《驗方》： 棉子仁三四錢，每日煎湯一盌，空心服，三四日即止。 腸風、腸紅下血垂危：《德勝堂方》： 淮棉花核一升，槐米七錢，用天目芽茶四兩泡汁，將二味炒燥，入茶汁內復泡，又炒，如此數次，汁乾為度，磨末，每服三錢，空心酒調下，三日立愈。 治牙宣：《蘭臺軌範》： 用棉花核煅灰擦。 治吹乳：《郎興祖方》： 棉花子一兩，打碎，酒水同煎服。 治陰囊腎子腫大方：《集驗》： 棉花子仁煎湯洗之，自愈。 血崩：龔雲林《萬病回春》： 用棉花子仁炒黃色，甘草，黃芩等分，為末，每服二錢，空心黃酒下。又《集驗良方》： 用陳椶、棉花子二味，燒灰存性，黃酒送下，即止。 虛怯勞瘵、久嗽吐血不止：《集效方》： 棉花子不拘多少，童便浸一宿，為末，每服一錢，側柏葉湯下，諸藥不效，此方甚驗。酒調服，治血崩。《集聽》云： 棉子仁止血不寒，凡血症及婦人經病帶下崩淋，醋炒七次用。 心疼腹痛：《集聽》： 用側柏葉米泔水浸三日，日易水一次，曬乾炒黑，棉子仁末一觔，配柏末八兩，如熱甚者對配。 種子方：《集聽》： 棉子仁淨肉四兩，燒酒拌曬三次，熟地二兩，枸杞一兩，菟絲子、破故紙、茯苓、山藥、陳皮、五味子、連翹、何首烏各一兩，蜜丸，鹽湯空心服四錢。 痔漏管：周氏《家寶方》： 棉花子仁炒，急性子炒，蓖麻子仁炒，各等分，為末，每服三錢，空心好酒下，輕者半月，重者一月，管自退。 出血不止：《家寶方》： 棉花子燒灰存性，為末敷之。 崩帶：《家寶方》： 陳蓮蓬燒灰存性五錢，棉花子肉燒灰存性三錢，共一服，無灰酒調下。 治痰火後半身不遂，筋骨疼痛： 核桃仁、棉花子仁、杜仲炒、巴戟、砂仁、骨碎補、枸杞子、續斷、牛膝各二兩，大蝦米四兩，菟絲餅四兩，用燒酒二十觔煮服。 如年高者，加附子、肉桂各一兩。酒服完，將渣曬乾為細末，煉蜜為丸，每服二錢，酒送下。 打老兒丸：《良朋彙集方》： 久服延年却疾，棉花子一觔炒去殼，核桃肉四兩打爛，用小米麪打糊為丸，重三錢，滾湯服。 仙傳蟠桃丸： 臥雲山人傳，大有補益，治諸虛百損。棉花子取淨仁，乾，燒酒拌透，下用黃酒水平對，蒸一炷香，紅棗用黃酒煮熟，取淨肉，各一觔，歸身、牛膝、枸杞俱用酒浸，肉蓯蓉酒洗去泥用，山茱萸酒潤去核，菟絲子酒蒸成餅，白魚鰾麩炒成泡，白茯苓人乳拌蒸，故紙鹽水炒，熟地酒煮如飴，以上藥各四兩淨，巴戟酒洗去心，五兩，共為細末，煉蜜為丸，三錢，早晚酒水任意送下。 棉花子丸： 年希堯《集驗良方》云： 烏鬚暖腎種子，陽虛人宜此。用棉花子十數觔，用滾水泡過，盛入蒲包，悶一炷香取出，曬裂殼口，取仁，并去外皮，用淨仁三觔，壓去油淨，用火酒三觔泡一夜，取起，蒸三炷香曬乾； 故紙一觔，鹽水泡一夜，炒乾； 川杜仲一觔，去外粗皮，黃酒泡一夜，曬乾，薑汁炒去絲； 枸杞子一觔，黃酒浸蒸曬乾； 菟絲子一觔，酒煮吐絲為度，共為末，蜜丸桐子大，每服二三錢。 長春丸： 治腎虛精冷之症。《集驗良方》： 魚鰾一觔，蛤粉炒成珠極焦，棉花子取淨仁一觔，去油淨酒蒸，白蓮鬚八兩，金櫻子去子毛淨一觔，金釵石斛八兩，炒蒺藜四兩，枸杞子四兩，五味子四兩，炒鹿角五觔，鋸薄片，河水煮三晝夜，去角，取汁熬膏，和藥末為丸，桐子大，每服三錢。　健步仙方：《淩雲集》：棉花子仁一觔淨肉，用燒酒三觔炒乾，枸杞子四兩，酒浸，杜仲四兩，鹽酒煮炒，菟絲子四兩，酒炒，歸身二兩，破故紙四兩，酒洗炒，胡桃仁四兩，共為末，煉蜜為丸桐子大，每服三錢，空心滾湯下。

清·章穆《調疾飲食辯》卷一下　吉貝油　即木棉子油。木棉花，本出緬甸、車師、八百媳婦等國，漢末始入中土。原名古貝，番語也，後譌為吉貝。衣被天下之功固大，作油充食似非所長。而食之者云初食則泄，久食則不泄，性能暖腎，未知果否。大抵較烏桕稍不毒，而大熱則斷斷如也。然患瘡毒人，但行木棉地畔，觸其氣則腫痛倍加，是未嘗不毒也。凡有病人，切不宜食。又緬甸及交、廣、滇、黔等處，地無霜雪，木棉有成大樹者，名古貝。他處一歲一種者僅草本，名古終。蓋一類二種也。

按：病人食料，脂麻油為上，茶油、豆油次之。若內傷諸病可以不戒肉食者，莫如豬油為妙。其烏桕、吉貝、蕓薹等油，切宜嚴戒。雖然，凡油無不熱，亦無不滑，忌者固忌，宜者亦勿過多。滑則敗脾，熱則助火。而肥醲入胃，足令諸藥無功，病者毋過貪適口也。油即火也。《博物志》曰：積油滿千石，則自焚。古衡數小，得今三之一也。今滿三百石則焚，七十年中三見其事矣。而《別錄》乃云：滿百石則自焚。夫百石肆中常有之積，未見其焚。即以絫黍成斤法算之，四鈞為一石，百石當一萬二千斤，所差亦不遠。而齊、梁間衡數與今相較，僅得今秤四千餘斤。然則此焚者，或天時、地氣有不同乎？總之，積多且久必焚，觀油紙置箱篋，遇濕熱蒸之，則火自內發，可知油即火也。

清·楊時泰《本草述鉤元》卷二四　木綿仁　有草木兩種，交廣者樹大如抱，其枝似桐，葉如胡桃，實大如拳；江南淮北所種，莖弱如蔓，葉有三尖如楓，實大如桃，此種本出南番，宋末始入。取其子，去殼用仁。

氣味辛熱，微毒。入肝入腎。祛風溼及寒溼之藥也。得地中之陽，復感秋金之氣以成，辛能散風邪，熱能除寒溼，凡下部有風寒溼邪者，宜之仲淳。

肝腎虛者，不宜用；一切陰虛火熾，痿弱，下體無力者，咸忌仲淳。

清·葉桂《本草再新》卷二　木棉味甘，性溫，無毒。入腎經。治血崩，金瘡。

清·吴其濬《植物名實圖考》卷三〇　木棉　《本草綱目》李時珍曰：交廣木棉，樹大如抱，其枝似桐，其葉大如胡桃葉。入秋開花，紅如山茶花，黃蕊，花片極厚，為房甚繁，短側相比。結實大如拳實，中有白棉，棉中有子，今人謂之斑枝花，訛為攀枝花。李延壽《南史》所謂林邑諸國出古貝花，中有鵝毳，抽其緒紡為布。張勃《吴錄》所謂交州永昌木棉樹高過屋，有十餘年不換者，實大如盃，花中棉輭白，可為緼絮及毛布者。皆指似木之木棉也。《嶺南雜記》：木棉樹大可合抱，高者數丈；葉如香樟，瓣極厚，一條五六葉；正二月開大紅花如山茶，而蕊黃色；結子如酒盃，老則拆裂，有絮茸，與蘆花相似；花開時無葉，花落後半月始有新綠葉。其絮土人取以作裀褥，海南蠻人織以為巾，上出細字花卉尤工，乃名曰吉貝，即古所謂白疊布。今詢之粵人，亦無有織作者，或別是一種耳。廣州閱武廳前與南海廟各一株甚大，開時赤光照耀，坐其下如入朱明之洞也。

按《廣西通志》，木棉嶺西最易生，或取以作衣被，輒致不仁之疾。以為吉貝，誤之甚矣。李時珍以木棉與棉花併入隰草，亦攷之未審。

清·趙其光《本草求原》卷九灌木部　木棉子　辛散風熱，走命門，除下部寒濕，治黴瘡毒、痔瘻、脫肛下血。煅存性，每服五錢，黑豆淋酒下。但微有毒，肝腎陰虛大忌。其油燃燈，能昏目，助淫火也。土棉花子仁性同，能制硫黃毒。不去油，同番舶硫黃炒，其功加倍。棉花燒灰，同枳殼、麝香，米飲下，治吐血、下血；同血餘灰、百草霜、棕灰及蓮花心、當歸、茅花、紅花，泥包存性，加麝酒下，治崩血。

木棉皮：澀辛，平。消腫，止痛，治跌打大瘡，活血，理木棉疔。洗之。花紅者，去紅霞赤痢；白者，治白痢。同武夷茶煎，常飲。但白花甚少。

清·張仁錫《藥性蒙求·草部》　木棉　木棉味辛，花甘氣溫。堪療凍瘃，灰治血崩。有草木二種，草本出南番，宋末始入江南，今則徧及江北及中州矣，利被天下。木本出交州、永昌等處。

清·劉善述、劉士季《草木便方》卷一草部　棉花子油　棉花子油味辛熱，惡瘡疥癬擦塗烈。花煅甘溫治血崩，金瘡刀斧止血滅。

柞木

宋·唐慎微《證類本草》卷一四木部下品〔宋·掌禹錫《嘉祐本草》〕　柞木皮　味苦，平，無毒。治黃疸病，皮燒末，服方寸匕。生南方，葉細，今之作梳者是。新補。見陳藏器、日華子。

宋·鄭樵《通志》卷七六《昆蟲草木略》　柞木　曰棫，曰栩，曰杼。《爾雅》云：栩，杼。《詩》：析其柞薪。又曰：柞棫斯拔。陸璣云：柞棫，櫟也。《三蒼》云：棫即柞也。其葉繁茂，其木堅韌，有刺。今人以為梳，亦可以為車軸。

明·劉文泰《本草品彙精要》卷二一 柞木皮無毒 植生。

柞木皮：主黄疸病，皮燒末，服方寸匕。名醫所錄。【苗】《圖經》曰：木高一二丈，葉細於櫟枝，榦多刺，文理堅實而黑，今之可作梳者是。陸璣云：秦人謂柞櫟爲櫟。又《唐風》云：集於苞栩。釋云：栩，柞櫟也。其子爲皂斗，殼可以染皂者是也。【地】《圖經》曰：生南方。【時】生：春生葉。採：不拘時取皮。【收】陰乾。【用】皮。【質】木類櫟而文理細實。【味】苦。【性】平，泄。【氣】味厚于氣，陰中之陽。【臭】朽。【製】燒末用。

明·王文潔《太乙仙製本草藥性大全》卷三《仙製藥性》 柞木皮 味苦，氣平，無毒。其木葉細似茗榛而光，今之作梳者是。主治：治黄疸病，皮燒末服方寸〔匕〕效。

明·李時珍《本草綱目》卷三六木部·灌木類 柞木宋《嘉祐》。

【釋名】鑿子木時珍曰：此木堅韌，可爲鑿柄，故俗名鑿子木。方書皆作柞木，蓋昧此義也。柞乃橡櫟之名，非此木也。【集解】藏器曰：柞木生南方，細葉，今之作梳者是也。時珍曰：此木處處山中有之，高者丈餘。葉小而有細齒，光滑而韌。其木及葉丫皆有針刺，經冬不凋。五月開碎白花，不結子。其木心理皆白色。

木皮 【氣味】苦，平，無毒。時珍曰：酸，澀。【主治】黄疸病，燒末，水服方寸匕，日三藏器。治鼠瘻難産，催生利竅時珍。

【附方】新二。 鼠瘻：柞木皮五升，水一斗，煮汁二升服，當有宿肉出而瘉。乃張子仁方也。《外臺秘要》。 婦人難産：催生柞木飲：不拘横生倒産、胎死腹中，用此屢效，乃上蔡張不愚方也。用大柞木枝一尺，洗净，大甘草五寸，並寸折。以新汲水三升半，同入新沙瓶内，以帋三重緊封，文武火煎至一升半。待腰腹重痛，欲坐草時，温飲一小盞，便覺下開豁。如渴，又飲一盞，至三四盞，下重便生，更無諸苦。切不可坐草太早，及坐婆亂爲也。《婦人良方》。

葉 【主治】腫毒癰疽時珍。

【附方】新一。 柞木飲：治諸般癰腫發背。用乾柞木葉，乾荷葉中心蒂、乾萱草根、甘草節、地榆各四兩，細剉。每用半兩，水二盌，煎一盌，早晚各一服。已成者其膿血自漸乾涸，未成者其毒自消散也。忌一切飲食毒物。許學士《普濟本事方》。

明·佚名氏《醫方藥性·草藥便覽》 詐死根 其性澁。治翳目，祛風痒。

明·繆希雍《本草經疏》卷一四 柞木皮 味苦，平，無毒。治黄疸病。皮燒末，服方寸匕。

【疏】柞木，即鑿子木，處處山中有之。葉小而有細齒，光滑而韌，其木及葉丫皆有針刺，經冬不凋，五月開碎白花，不結子，木心裏皆白色。本經味苦氣平無毒。然其性又善下達。主黄疸病者，蓋黄疸因濕熱鬱於腸胃而發，此藥苦能燥濕，微寒能除熱，兼得下走利竅之性，則濕熱皆從小便出而黄自退矣。今世又以為治難産、催生之要藥，亦取其下達利竅之性耳。同魚鰾、人參、千里馬、百草霜、牛膝、白芷、當歸、益母草，為催生聖藥。無別用，故不著參互及簡誤。

明·倪朱謨《本草彙言》卷一〇 柞木 味苦，氣寒，無毒。李氏曰：柞木，南北東西，在處山中有之。高丈餘，葉小而有細齒，光滑而韌。其木及葉丫皆有針刺，終冬不凋。五月開白色花，細碎，不結子。其木心亦白色。陳氏曰：柞木，生南方居多，今之作梳者是也。此木堅硬，可爲斧鑿柄。又橡、櫟之木，亦名柞木，非此木也。

柞木：活血利竅，治難産，李時珍解癰毒之藥也。門國士稿其性專于下達。陳氏方以此木煎汁，治黄疸病者，何也？蓋黄疸因濕熱鬱于腸胃而發。此藥味苦氣寒，苦能利濕，寒能除熱，兼得下走利竅之性，則濕熱皆從小便出，而黄自退矣。故瀕湖方催生産、解癰疽腫毒之用，亦不外此意云。

集方：張不愚方治婦人難産，不拘横生倒養，及胎死腹中，用此屢效。用大柞木枝一尺洗淨，大甘草五寸，俱寸折，以新汲水四升，同入大砂鍋内，以紙三重，緊封，文武火煎至一升，待腰腹重痛，欲坐草時，溫飲一小盞，便覺下路開豁。如渴，再飲一盞，至三四盞，下重便生，更無諸苦。切不可坐草太早，及穩婆亂爲也。〇《普濟方》治諸般癰腫發背。用柞木、乾荷葉中心蒂、乾萱草根、甘草節、地榆各四兩，細剉。每用五錢，水二碗，煎一碗，早晚各一服。未成者，其毒自漸消散；已成者，其膿血自漸乾收也。

明·李中梓《醫宗必讀·本草徵要下》 柞木皮味苦，平，無毒。催生聖藥，黄疸奇方。下行利竅，故黄疸與産家用之。

明·蔣儀《藥鏡》卷三平部 柞樹皮 能燥濕而熱除，退濕熱之黄疸者也。枝善下走而竅利，開難產之交骨者也。

清・劉雲密《本草述》卷二四　柞木柞，音昨。即鑿子木，可為鑿柄，故名。

時珍曰：此木山中處處有之。高者丈餘，葉小而有細齒，光滑而韌。其木及葉丫皆有針刺，經冬不凋，五月開細白花，不結子，其木心理皆白色。

木皮：氣味：苦，平，無毒。　時珍曰：酸，濇。

主治：黃疸病，燒末水服方寸匕，日三藏器。治鼠瘻，難產催生，利竅時珍。

希雍曰：《本經》言其氣平味苦，無毒。然其性又善下達，主黃疸病者，蓋黃疸因溼熱鬱於腸胃而發，此藥苦能燥溼，微寒能除熱，兼得下走利竅之性，則溼熱皆從小便出，而黃自退矣。今世又以為治難產催生之要藥，亦取其下達利竅之性耳。同魚膘、人參、千里馬、百草霜、牛膝、白芷、當歸、益母草，為催生聖藥。

附方　鼠瘻，柞木皮五升，水一斗，煮汁二升，服當有宿肉出而愈。乃張子仁《外臺秘要方》也。　婦人難產催生，柞木飲，不拘橫生倒產，胎死腹中，用此屢效。乃上蔡張不愚方也。　用大柞木枝一尺，洗淨，大甘草五寸，並寸折，以新汲水三升半，同入新砂瓶內，以紙三重緊封，文武火煎至一升半，待腰腹重痛，欲坐草時溫飲一小盞，便覺下開豁，如渴又飲一盞至三四盞，下重便生，更無諸苦。　切不可坐草大早，及坐婆亂為也。

葉　主治：腫毒癰疽時珍。

柞木飲治諸般癰腫發背，用乾柞木葉、乾荷葉中心蒂、乾萱草根、甘草節、地榆各四兩，細剉，每用半兩，水二盌，煎一盌，早晚各一服。　已成者其膿血自漸乾涸，未成者其毒自消散也。　忌一切飲食毒物。

清・陳士鐸《本草新編》卷三　柘木枝　即柞木也。〔柞木，苦平〕。最消酒毒，一缸佳釀，只消一枝柘木入之，即變為水。尤能開產門交骨，同人參、當歸、川芎服下，少刻即骨響，而兒門大開，兒隨之而下矣。　此物必須兒頭在產門邊始可用，否則，先開交骨，又變生不測矣。

柘木枝，開產門交骨最神，下喉不須一時立開，余親試而奏效者也。　但服後斷須安眠，則骨開自易。三吳臨產之時，每教產婦繞室而走，走則骨堅，轉難開矣，非柘木之不效也。

或疑柘木枝，既是開產門交骨神藥，則交骨一開，兒即易生，又何必諄諄致戒于兒首之到門哉？　不知難產之病，非交骨之不開也，兒未轉身，則兒頭斷不至門也。　蓋生產必兒轉身而始產，兒不轉身，斷不即產。　兒不欲產，而先開產門，則風易入也。　風入，不特母病于須臾，而子亦必變生于意外，非生下有臍口之驚，必產後有牽搐之苦。　故必問兒首到門，而後用柘木以開關，既慶生全，又無後患也。

清・李熙和《醫經允中》卷二一　柞木皮　苦，平，無毒。　性下達，利竅，為難產催生要藥。

清・张璐《本經逢原》卷三　柞木皮　苦，平，無毒。　發明：柞專利竅，故治黃癉鼠瘻，催生，並燒末用之。

清・吳儀洛《本草從新》卷三　柞木〔通，利竅催生〕一名鑿子木。　苦，平。　下行利竅。　為難產催生聖藥，不拘橫生倒產，胎死腹中，用大柞木板一尺洗淨，大甘草五寸并寸折，以新汲水三升半，同入新砂瓶內，以紙三重緊封，文武火煎至一升半，溫飲一小盞便覺下開豁，如渴又飲一盞至三四盞，下重便生，無所苦。　兼治鼠瘻黃疸。燒末水服。　此木堅韌，可為鑿柄，故俗名鑿子木。　橫生逆產用舊鑿柄，多經斧敲，已經卷轉者尤妙。

題清・徐大椿《藥性切用》卷五　柞木　俗名鑿柄木。　性味苦平，下行利竅，易產催生。　舊鑿柄卷轉者尤妙。　搗葉，塗癰疽腫毒。

清・羅國綱《羅氏會約醫鏡》卷一七竹木部　柞木枝味苦平。　能催生，善開交骨。　治黃疸。苦以除濕。　其木直，一葉一刺者是。

清・莫樹蕃《草藥圖經》　檬翠樹　正名柞樹，又名野桂花樹。　上生茨，茨比皂角茨小些，一大茨上周圍皆小茨，茨長寸許，樹不過二三丈高，係大樹也。　春夏秋冬四季不擇葉，多生山林中。　催生長用，煎服神效。　枝葉燒灰，麻油調搽湯火燒。　苦平，無毒。

清・楊時泰《本草述鉤元》卷二四　柞木　即鑿子木，可為鑿柄者。　心理皆白，葉小而有細齒，光滑而韌，經冬不凋，其木及葉丫，皆有鍼刺。

味苦，酸，濇，氣平。　性善達下。　主利竅，治黃疸，燒末，水服方寸匕，日三。　難產催生，療鼠瘻。　黃疸因溼熱鬱於腸胃而發，此藥苦燥溼，微寒除熱，下走利竅，則溼熱皆從小便出矣。　同魚鰾、人參、千里馬、草鞋底當脚跟剪下草。百草霜、牛膝、白芷、當歸、益母草，為催生聖藥。　難產催生，柞木飲，不拘橫生倒產，胎死腹中，屢效。　用大柞木枝一尺，洗淨，大甘草五寸，並寸折，以新汲水三升半，同入新砂瓶內，三重紙封緊，文武火煎至一升半。　待腰腹重痛坐草時，溫飲一小盞，便覺下體開豁，如渴，又飲一盞，至三四盞，下重便生，更無諸苦。切不可坐草太早。鼠瘻，柞木皮五升，水一斗，煮汁二升服，當有宿肉出而愈。

柞木葉：　主治腫毒癰疽。柞木飲，治諸般癰腫發背，用乾柞木葉、乾荷葉中心、乾萱草根、甘草節、地榆各四兩，細剉，每用半兩，水二盌，煎一盌，早晚各一服。已成者，其膿血自漸乾涸；　未成者，其毒自消散也。忌一切飲食毒物。

清・吴其濬《植物名實圖考》卷三五　柞木　《嘉祐本草》始著録。江西、湖南皆有之。又有一種相類，而結黑實。

柞樹又一種　江西山坡有之。黑莖長刺，葉長而圓，秋結紫黑實，圓如大豆，俗呼為柞，以為藩籬。

清・劉善述、劉士季《草木便方》卷二木部　柞樹　紅檬皮根味苦平，黄疸燒服不留停。難產催生横逆順，胎死腹中下安寧。利竅鼠瘻沖汁飲，葉敷癰疽發背靈。

蔡木

清・吴其濬《植物名實圖考》卷三七　蔡木　生山西五臺山。志書載之。枝葉全類槲櫟，疑即橡栗之屬。考段氏《説文解字注》，蔡，草丰也。丰讀若介，丰字本無，今補。四篇曰：　丰草蔡也。此曰蔡草丰也，是為轉注。丰草生之散亂也。丰，蔡疊韻，此木葉密枝杈，或以此得名為蔡歟？《集韻》有㯁字，云木名，梓屬。蔡與㯁或音形相近而訛，但此木殊不類梓。又古人作字，或訓為柞櫟，或祇訓柞木，橡醜實繁，多供薪槱，柞蔡一聲之轉，西音呼蔡為詫，柞亦為槎之假借，殆作志者就土音書為蔡，而不知其即柞木耳。《霍州志》：　柞新葉生故葉落，堅忍之木，可為車軸，則柞亦晉材。

黄楊木

宋・王介《履巉巖本草》卷下　山黄楊　性凉，無毒。子入藥，善治暑中伏熱，面上生癤，可取子擣爛貼之，其癤立差。

明・李時珍《本草綱目》卷三六木部・灌木類　黄楊木《綱目》

【集解】時珍曰：　黄楊生諸山野中，人家多栽種之。枝葉攢簇上聳，葉似初生槐芽而青厚，不花不實，四時不凋。其性難長，俗説歲長一寸，遇閏則退。今試之，但閏年不長耳。其木堅膩，作梳剜印最良。按段成式《酉陽雜俎》云：　世重黄楊，以其無火也。用水試之，沉則無火。凡取此木，必以陰晦，夜無一星，伐之則不裂。

葉　【氣味】苦，平，無毒。　【主治】婦人難産，入達生散中用。又主暑月生癤，擣爛塗之時珍。

不凋木《拾遺》　【集解】藏器曰：　生太白山巖谷。樹高二三尺，葉似槐，莖赤有毛如棠梨，四時不凋。

【氣味】苦，温，無毒。　【主治】調中補衰，治腰脚，去風氣，却老變白藏器。

明・倪朱謨《本草彙言》卷一〇　黄楊木　味苦，氣平，無毒。　李氏曰：　黄楊木，生諸山野中，人家多栽種之。枝葉攢簇上聳，葉似初生槐芽，緑而厚，不花不實，四時不凋。其性難長，俗説歲長一寸。其木堅膩，作梳掠、刻印，最佳。按《酉陽雜俎》云：　世重黄楊，以其無火也。用水試之，沉則無火。凡取此木，必以陰晦夜無一星者，伐之，作器皿則不裂。

黄楊木葉：　主難産，李時珍善催生之藥也。詹潤寰抄入達生散中屢效。又治暑月癤毒，擣末，水調敷之即消。

清・郭章宜《本草匯》卷一六　黄楊葉　苦，平。主婦人有功難産，治暑月生癤擣塗。

按：　黄楊，堅膩青厚，四時不凋。為世所重者，以其無火也。難産者，入達生散中最妙。

清・张璐《本經逢原》卷三　黄楊　苦，平，無毒。　發明：　黄楊性斂而降，婦人難産，入達生散中服之，則痛陣便緊。又擣葉塗瘡癤，以其性斂也。

清・王道純《本草品彙精要續集》卷一〇　黄楊木無毒

黄楊葉：　主婦人難産，入達生散中用，又主暑月生癤，擣爛塗之《本草綱目》。

【地】李時珍曰：　黄楊生諸山野，人家多栽插之，枝葉攢簇上聳，葉似初出槐芽而青厚，不花不實，四時不凋。其性難長，俗説歲長一寸，遇閏則退，今試之，但閏年不長耳。其木堅膩，作梳剜印最良。按段成式《酉陽雜俎》云：　世重黄楊，以其無火也。用水試之，沉則無火。凡取此木，必以陰晦夜無一星，伐之則不裂。　【味】苦。　【性】平。

清・莫樹蕃《草藥圖經》　檬梓木樹即黄楊樹。　味溫，無毒。治驚風要藥。

清·吳其濬《植物名實圖考》卷三五　黃楊木　《酉陽雜俎》云：世重黃楊，以其無火。《本草綱目》始收入灌木，治婦人難産及暑癤。又有一種水黃楊，山坡甚多。

千年矮

明·張四維《醫門秘旨》卷一五《藥性拾遺》　千年矮　其本不過尺，其梗似銀皮包，八月開小花，白色五瓣，葉對丫，如小杏葉樣，生深山幽僻之處。味辛、苦，氣寒，平，性涼。陰中之陽，無毒。辛能散火，苦能涼血。治瘀血止吐衄，愈血崩。疾人服之屢有神驗，乃血疾中聖藥也。長者為滿天星，其形相類，不可入藥也。根治癥瘕，久服下完塊。

楊櫨

宋·唐慎微《證類本草》卷一四木部下品〔唐·蘇敬《唐本草》〕　楊櫨木　味苦，寒，有毒。主疽瘻惡瘡，水煮葉汁洗瘡，立差。生籬垣間。一名空疏。所在皆有。《唐本》先附。

宋·鄭樵《通志》卷七六《昆蟲草木略》　楊櫨　曰空疏。良材也。

明·劉文泰《本草品彙精要》卷二一　楊櫨木有毒　植生。

楊櫨木：主疽瘻，惡瘡。水煮葉汁，洗瘡，立瘥。名醫所錄。〔名〕空疏。〔苗〕謹按：木高丈餘，皮褐木黃，春生葉似榆葉而尖，夏開黃花，秋結實似大棗而青紅。今染黃色用者是也。〔地〕《圖經》曰：生籬間，所在皆有之。〔時〕生：春生葉。採：無時。〔收〕陰乾。〔用〕木。〔質〕類桑木。〔色〕黃。〔味〕苦。〔性〕寒。〔氣〕氣薄味厚，陰也。〔臭〕朽。〔製〕剉碎用。

明·王文潔《太乙仙製本草藥性大全》卷三《仙製藥性》　楊櫨木　味苦，氣寒，有毒。生籬垣間。一名空疏。在處有之。　主治：主癰疽瘻疥惡瘡，煮汁洗之大效。

清·吳其濬《植物名實圖考》卷二七　半邊月　生廬山。小樹枝，攢生梢頭，葉似繡毬花葉而窄，粗紋極類。春開五瓣短筩子花，外白內紅，似杏花而尖多蕊。

接骨木

宋·唐慎微《證類本草》卷一四木部下品〔唐·蘇敬《唐本草》〕　接骨木　味甘、苦，平，無毒。主折傷，續筋骨，除風癢，齲齒，可作浴湯。

〔唐·蘇敬《唐本草》〕注云：葉如陸英，花亦相似。但作樹高一二丈許，木輕虛無心。斫枝插便生，人家亦種之。一名木蒴藋。所在皆有之。《唐本》先附。

〔宋·掌禹錫《嘉祐本草》〕按：陳藏器云：接骨木，有小毒。根皮主痰飲，下水腫及痰瘧。煮服之，當痢下及吐，不可多服。葉主瘧。小兒服三葉，大人服七葉，並生擣絞汁服，得吐爲度。《本經》云：無毒誤也。

〔宋·蘇頌《本草圖經》〕曰：接骨木，舊不載所出州土，今近京皆有之。木高一二丈許。花、葉都類陸英、水芹輩，故一名木蒴藋。其木輕虛無心。斫枝插土便生，人家亦種之。葉主瘧，研絞其汁飲之，得吐乃差。大人七葉，小兒三葉，不可過多也。又上有枳椇條云：其木徑尺，木名白石，葉如桑柘，其子作房似珊瑚，核在其端，人多食之。即《詩·小雅》所謂南山有枸是也。陸璣云：枸，枝枸也。木似白楊，所在山中皆有，枝枸不直，噉之甘美如飴。八九月熟，謂之木蜜。本從南方來。能敗酒。若以爲屋柱，則一屋之酒皆薄。

〔宋·唐慎微《證類本草》〕《産書》云：治産後心悶，手脚煩熱，氣力欲絕，血運連心頭硬，及寒熱不禁。接骨木破之如筭子一握，以水一升，煎取半升，分溫兩服。或小便數，惡血不止，服之即差。此木煮之三徧，其力一般。此是起死人方。

宋·劉明之《圖經本草藥性總論》卷下　接骨木　味甘、苦，平，無毒。主折傷，續筋骨，除風痒，齲齒。陳藏器云：有小毒。根皮，主痰飲，下水腫及痰瘧，煮服當痢吐，不可多服。葉，主瘧，小兒服三葉，大人服七葉。並生擣，絞汁服，得吐為度。《産書》云：治産後心悶，手腳煩熱，氣力欲絕，血暈連心頭硬，及寒熱不禁。

明·劉文泰《本草品彙精要》卷二一　接骨木無毒。陳藏器云：有小毒。　植生。

接骨木：主折傷，續筋骨，除風癢，齲齒，可作浴湯。名醫所錄。〔名〕木蒴藋。〔苗〕《圖經》曰：木高一二丈，花葉都類陸英、水芹輩，但樹高大爾。其木輕虛無心，斫枝插土易活，人家亦種之。〔地〕《圖經》曰：舊不著所出州土，今近京皆有之。〔時〕生：春生葉。採：無時。〔收〕日乾。〔用〕木、葉、根、皮。〔質〕類陸英。〔色〕青白。〔味〕苦。〔性〕平，泄。〔氣〕味厚于氣，陰中之陽。〔臭〕朽。〔主〕折傷，續筋骨。〔製〕剉碎用。〔治〕療：陳藏器云：根皮消痰飲，下水腫，及痰瘧，煮服當下，及吐立瘥。《別錄》云：治産後心悶，手腳煩熱，氣力欲絕，血暈連心頭硬，及寒熱不禁，或小便數，惡血不止。〔禁〕多服令人吐。

明·陳嘉謨《本草蒙筌》卷四　接骨木　味甘、苦，氣平。有小毒。《本經》云無毒，誤也。木高一二丈許，輕虛無心；砍枝插土即生，近京多植。花葉並類陸英水芹，故又名木蒴藋也。專續筋接骨，易起死回生。折傷頻漬酒吞，風癢堪作湯浴。任煮三次，功力一般。產後諸血疾亦毆，女科方藥中屢用。葉主瘧生搗汁飲，大人七葉，小兒三葉。惟得吐寒熱竟除。根皮採收，亦堪煎服。痰瘧痰飲吐去，水腫水脹利消。見効即停，切勿終劑。〇又種折傷木，多產資州山屬四川。係藤繞大樹引長，其葉如茴草圓厚。八九月內，採莖日乾。主折傷筋骨殊功，散產傷血痢立効。酒水煮飲，並與前同。

明·王文潔《太乙仙製本草藥性大全》卷三《本草精義》 接骨木 一名木蒴藋。舊不載所出州土，今在處有之。木高一二丈許，輕虛無心，斫枝插土即生。近京多種植之，花葉多類陸英、水芹。採無時。

明·王文潔《太乙仙製本草藥性大全》卷三《仙製藥性》 接骨木 味甘、苦，氣平，有小毒。 主治：主痰飲，下水腫。治痰瘧宜煮服。痢下及吐不可多服。專續筋接骨，易起死回生。折傷頻漬酒吞。風癢齲齒堪作湯浴，任煮三次，功力一般。產後諸血疾亦毆，女科方藥中屢用。葉主瘧，生搗汁飲，大人七葉，小人三〔葉〕。惟得吐，寒熱竟除。根皮收採，亦堪煎服。痰瘧痰飲吐去，水腫水脹利消。見效即停，切勿終劑。 補註：治產後心悶，手脚煩熱，氣力欲絕，血暈連心頭硬，及寒熱不禁。接骨木破之如筭子一握，以水一升，煎取半升，分溫兩服。或小便數，惡血不止，服之即差。此木煮之三遍，其力一般。此是起死人方。

明·皇甫嵩《本草發明》卷四 接骨木氣平，味甘、苦，有小毒。下品。 專續筋骨折傷，漬酒服。作湯浴，可除風癢。又療產後諸血。產科中常用。產書云：產後心悶，手脚煩熱，氣力欲絕，血暈連心頭硬及寒熱不禁，接骨木破之如筭子，一握，以水一升，煎半升，分溫兩服。或小便數，惡血不止，服之即差。此木煮之三遍，此是起死人方。〇根皮，主吐痰瘧痰飲，下水腫，利水脹。又名木蒴藋。

明·李時珍《本草綱目》卷三六木部·灌木類 接骨木《唐本草》

〔釋名〕續骨木《綱目》 木蒴藋頌曰：接骨以功而名。花、葉都類蒴藋、陸英、水芹輩，故一名木蒴藋。 〔集解〕恭曰：所在皆有之。葉如陸英，花亦相似。但作樹高一二丈許，木體輕虛無心。斫枝插之便生，人家亦種之。

〔氣味〕甘，苦，平，無毒。藏器曰：擣汁亦吐人，有小毒。 〔主治〕折傷，續筋骨，除風痹齲齒，可作浴湯《唐本》。根皮，主痰飲，下水腫及痰瘧，煮汁服之。當利下及吐出。不可多服藏器。打傷瘀血及產婦惡血，一切血不行或不止，並煮汁服。時珍。〇出《千金》。

〔附方〕舊一，新一。 折傷筋骨：接骨木半兩，乳香半錢，芍藥、當歸、芎藭、自然銅各一兩，爲末。化黃蠟四兩，投藥攪勻，衆手丸如芡子大。若止傷損，酒化一丸。若碎折筋骨，先用此傅貼，乃服。《衛生易簡》。 產後血運：五心煩熱，氣力欲絕，及寒熱不禁。以接骨木破如算子一握，用水一升，煎取半升，分服。或小便頻數，惡血不止，服之即瘥。此木煮之三次，其力一般。乃起死妙方也。《產書》。

葉 〔主治〕痰瘧，大人七葉，小兒三葉，生擣汁服，取吐藏器。

明·鮑山《野菜博錄》卷三 接骨木 一名木蒴藋。生深谷中。樹高大丈餘，葉似水芹葉，開花似陸英樹花。其味甘苦，性平，無毒。 食法：採嫩葉煠熟，油鹽調食。

明·繆希雍《本草經疏》卷一四 接骨木 味甘、苦，平，無毒。主折傷，續筋骨，除風癢齲齒。可作浴湯。

〔疏〕接骨木稟土氣以生，故其味甘苦，氣平無毒。甘能入脾養血，故主折傷，續筋骨。苦涼能除風濕浮熱，故主風癢齲齒也。《千金方》打傷瘀血及產婦惡血，一切血不行，或行不止，竝煮汁服。 〔主治參互〕《易簡方》治折傷筋骨，接骨木半兩，乳香半錢，芍藥、當歸、川芎、自然銅各一兩，為末。化黃蠟四兩，投藥攪勻，眾手丸如芡實大。若止損傷，酒化一丸，若碎折筋骨，先用此敷貼，乃服。 無別用，故不著簡誤。

明·顧逢柏《分部本草妙用》卷八雜藥部 接骨木 甘、苦，平，無毒。主治：折傷，續筋骨，除風痺，可作浴湯。根皮，主痰飲水腫，及痰瘧，煮汁服之。打傷瘀血，產婦惡血，一切血不行，或不止，竝煮汁服之。服多當吐下，忌之。

清·陳士鐸《本草新編》卷四 接骨木 味甘、苦，氣平，有小毒，入骨節，專續筋接骨，易起死回生。折傷酒吞，風癢湯浴。止用之以接續骨節，產前、產後皆不用。存之以備折傷之需。接骨木獨用之，接骨固奇。然用之生血、活血藥中，其接骨尤奇。但宜生用為佳，至乾木用之，其力減半，炒用又減半也。蓋取其生氣則神耳。

清·李熙和《醫經允中》卷二一 接骨木 即插插活。多服即吐下。又名苦丈姆，敷小兒痘毒甚效。 甘、苦，平，無毒。主治折傷，續(經)〔筋〕骨，除風痺，可作浴湯。

清·馮兆張《馮氏錦囊秘錄·雜症痘疹藥性主治合參》卷四　接骨木稟土氣以生，故味甘苦，氣平，無毒。甘能入脾養血，故主折傷筋骨。苦涼能除風熱，故可作風癢浴湯也。《千金方》治打傷瘀血，及產婦惡血，一切血不行，或行不止，竝煮汁服，以味甘養血，續絕之中復有苦洩，下行之義耳。

接骨木，又名木蒴藋。專續筋接骨，易起死回生。折傷頻漬酒吞，風癢堪作湯浴。任煮三次，功力一般。產後諸血疾亦敺，女科方藥中屢用。葉，主瘧，惟得吐，寒熱竟除。生搗汁飲，大人七葉，小兒三葉。根皮收採，亦堪煎服，痰瘧痰飲吐去，水脹水腫利消。見效即停，切勿終劑。又種折傷木，主折傷筋骨殊功，散產傷血痢立效。酒水煎飲，竝與前同。

清·张璐《本經逢原》卷三　接骨木一名續骨木，又名木蒴，俗名扦扦活。甘、苦，平，無毒。　發明：此木專主折傷，續筋骨，除風痹，齲齒，可作浴湯。根皮主痰飲水氣痰瘧，打傷瘀血，一切血不行，并煮汁服之，不可多服，以氣腥傷伐胃氣也。

清·趙學敏《本草綱目拾遺》卷四草部中　七葉黄荊　一名豬臥草、地五爪、珠子草、烏食草、烏蛇草、七絃琴。亦名七葉黄荊，藤生土牆脚下陰地，葉尖長，相對三四行成一瓣，莖上起稜一凹，間紫色，白露後抽心，高三五尺，開細白花成簇，結子亦細碎，霜後紅如珊瑚細珠，根長而白，入藥。《百草鏡》云：此種有木本者，名擺擺活。治跌撲癰腫。

味甘，生服能令人吐。治勞力傷跌打，魚口漆瘡，煎湯洗。治便毒：擣汁，將肥皂一個煅存性，調酒服，渣傅患處罨之。治跌撲損傷，閃腰挫氣痛。《集聽》云：此秘方也，用烏蛇草曬乾為末，砂糖酒調服，最凶者加童便，須端午日午時收者更效。若急用，不拘時日，取鮮者搗爛服，發汗愈。此草有五名，一曰烏蛇草，一曰烏龍草，一曰豬臥草，一曰七葉黄荊，因其葉七片一枝，或五片，大者九片，其根名千秋藤，九十月間頂上結紅子，曬乾吞之，可治疝氣。

汪連仕《草藥方》：七葉黄荊，俗呼擺擺活，又名放棍行，又名珊瑚配，與烏蛇草別。行血敗毒，洗一切瘡疥鬼箭風。

清·吴其濬《植物名實圖考》卷三五　接骨木　《唐本草》始著錄。花葉都類蒴藋，但作樹高一二丈，木體輕虛，無心，斫枝扦之便生云。

清·劉善述、劉士季《草木便方》卷二木部　接骨木　接骨丹苦療折傷，續筋接骨除風湯。產瘀內傷血行止，皮葉痰瘧水腫方。

野繡球

清·吴其濬《植物名實圖考》卷二六　野繡毬　如繡毬花，葉小有毛，開五瓣小白花，攢簇極密而不圓。

土欒樹

明·朱橚《救荒本草》卷下之前　土欒樹　生汜水西茶店山谷中。其木高大堅勁，人常採斫以為秤榦音稈，葉似木葛葉，微狹而厚，背頗白，微毛，又似青楊葉，亦窄，開淡黄花，結子小如豌豆而匾，生則青色，熟則紫黑色，味甘。

救飢：摘取其實紫熟者，食之。

臭竹樹

明·朱橚《救荒本草》卷下之前　堅莢樹　生輝縣太行山山谷中。其樹枝幹堅勁，可以作棒，皮色烏黑，對分枝叉，葉亦對生，葉似拐棗葉而大，微薄，其色淡綠，又似土欒樹葉，極大而光潤，開黄花，結小紅子。其葉味苦。

救飢：採嫩葉煠熟，水浸去苦味，淘洗淨，油鹽調食。

金石榴

附：琉球·吴繼志《質問本草》外篇卷四　金石榴　辛丑清舶漂到，採此種問之。　金石榴。陳宜春。

繡球

清·吴其濬《植物名實圖考》卷二六　繡毬　《群芳譜》：繡毬木本，皺體葉青，微帶黑，春開花五瓣，百花成一朵，團圞如毬滿樹。有紅、白二種。《武林舊事》：禁中賞花非一，鍾美堂花為極盛，堂前三面，皆以花石為臺三層，臺後分植玉繡毬數百株，儼如鏤玉屏。

八仙花

附：琉球·吴繼志《質問本草》外篇卷四　車萼樹聚八仙　辛丑之冬清舶漂到，採此種問之。　車萼樹。鄭茂慶。

清·吴其濬《植物名實圖考》卷二六　八仙花　《花鏡》：八仙花即繡毬之類也。因其一蒂八蕊，簇成一朵，故名八仙。其花白，瓣薄而不香。蜀中紫繡毬即八仙花。如欲過貼，將八仙移就粉團樹畔，經年性定，離根七八寸許，如法貼縛水澆，至十月，候皮生截斷，次年開花必盛。昔日瓊花至元時已朽，後人遂將八仙花補之，亦八仙之幸也。

錦團團

清・吳其濬《植物名實圖考》卷二六　錦團團　花如丁香，數百朵成簇如繡毬。

按《廣西通志》：繡毬花獨梧郡色猩紅如錦，團簇整齊，瓣落而絳趵如珠，尚可觀。疑即此。

粉團

清・吳其濬《植物名實圖考》卷二六　粉團　《花鏡》：粉團一名繡毬。樹皮體皴，葉青而微黑，有大小二種。麻葉小花，一蒂而眾花攢簇，圓白如流蘇，初青後白，儼然一毬，其花邊有紫暈者為最。俗以大者為粉團，小者為繡球。閩中有一種紅繡毬，但與粉團之名不相侔耳。麻毬、海桐俱可接繡毬。按粉團出於閩，故俗呼洋繡毬。其花初青後粉紅，又有變為碧藍色者，末復變青，一花可經數月，見日即萎，遇麝即殞，置陰濕穢溷，則花大且久。登之盆盎，違其性矣。

錦帶

清・吳其濬《植物名實圖考》卷二六　錦帶　《益部方物記》：　苒苒其條，若不自持，綠葉丹英，蔓衍分垂。右錦帶花，蜀山中處處有之。長蔓柔纖，花葉間側如藻帶然，因象作名。花開者形似飛鳥，里人亦號鬢邊嬌。《澠水燕談錄》：　朐山有花類海棠而枝長，花尤密，惜其不香，無子，既開繁麗，裊裊如曳錦帶，故淮南人以錦帶目之。王元之以其名俚，命之曰海仙。

珍珠繡球

清・吳其濬《植物名實圖考》卷二六　珍珠繡毬　黑莖瘦硬，葉有歧，似魚兒牡丹葉而小，開五瓣小白花，攢簇如毬。

玉繡球

清・趙其光《本草求原》卷三隰草部　玉繡球　苦，溫。散腫，消癰疽、瘰癧諸瘡。破血消濕用花瓣。

雞公柴

清・吳其濬《植物名實圖考》卷九　雞公柴　江西山中皆有之。叢生赭莖，大根深赭色，葉似鳳仙花葉而寬，深齒對生，梢結紅實如天竹子而大。建昌俚醫以根治白濁，和酒煎服。

羊屎條

清・劉善述、劉士季《草木便方》卷二木部　羊屎條　羊屎子根除濕風，通關利節筋骨中。腰脇脹痛內傷用，跌損瘀積清利鬆。

丟了棒

清・何諫《生草藥性備要》卷下　丟了棒　味甘，性平。祛風濕腳痛、酒頂，用葉七片，擂酒服。敷跌打，消腫痛，其根浸酒更妙。一名追風棍，一名趕風債。

清・趙其光《本草求原》卷一山草部　丟了棒即追風棍，趕風柴。　葉苦、辛，微溫。治一切風濕，酒風、酒頂，擂酒飲。敷跌打，消腫，去瘀。根功同，浸酒妙。

黑面神

清・何諫《生草藥性備要》卷上　黑面神　味甘，性寒。散瘡，消毒，洗爛口、膝瘡，解牛毒。偶見諸毒，食此必見香甜。一名膝大治，一名鍾馗草，又名狗腳刺。其根，浸酒飲最妙。

清・趙其光《本草求原》卷一山草部　山猛草亦名黑面神。　其子如穀，人山行即粘衣裙襠，俗呼無姐仔。取根煎肉食，治小腸氣經驗。

清・趙其光《本草求原》卷一山草部　黑面神　一名鍾馗草，言其葉黑也。苦、甘，微寒。散瘡，消毒，洗腐爛，治漆瘡，解牛毒。根浸酒，祛風，壯筋骨。

雞骨香

清・何諫《生草藥性備要》卷下　雞骨香　味辛、苦，性溫。治咽喉腫痛，心氣痛。一名山豆根，一名土沉香。

清・趙其光《本草求原》卷二芳草部　土沉香即雞骨香，俗名山豆根。　辛溫，祛風，壯筋骨，浸酒妙。消癧，治咽喉腫痛，心氣冷痛。功與蔓草部山豆根略殊。

火秧簕

清・何諫《生草藥性備要》卷下　火秧簕　味苦，難食。治無名腫毒、大瘡，劏開兩邊，用火焙熱貼之，其瘡毒自消。蕊，亦解毒。葉，能去毒，治熱滯瀉。其蕊和雞蛋煎食，治中蠱脹食，能消腫。

清・趙其光《本草求原》卷三隰草部　火秧簕　澀，溫。葉解毒，洗骨痛，貼無名腫毒。焙熱。其汁膠治大小便閉。調白蜜服。二便通，即食精肉湯以解其毒，否則削腸腐骨。其蕊，治虛蠱。煎雞蛋包好，用八角茶送吞。

白飯葉

清·何諫《生草藥性備要》卷上　白飯葉　殺㾊，拔膿，治黃膿白泡瘡。倘鐵釘入肉不出，宜搗爛敷口，即出。

清·趙其光《本草求原》卷三隰草部　白飯葉　殺㾊，治黃膿白泡，敷瘡拔膿，洗爛頭瘡，又治鐵銹。

崗油麻

清·何諫《生草藥性備要》卷上　岡油麻　催瘡去毒，止血埋口，又能潤大腸，食多必便快。

紫薇花

明·蘭茂撰，清·管暄校補《滇南本草》卷下　紫薇花　性寒，味酸。治産後血崩不止，血隔癥瘕，崩中帶下，淋瀝，疥癩癬瘡。

明·蘭茂《滇南本草》（叢本）卷中　紫薇花　味酸，性寒。治産後血奔，不通不定，血隔癥瘕，崩中帶下，淋瀝，洗疥癩癬瘡。

清·吴其濬《植物名實圖考》卷二六　紫薇　《曲洧舊聞》：　紅薇花，或曰便是不耐癢樹也，其花夏開，秋猶不落，世呼百日紅。

拘那花

清·吴其濬《植物名實圖考》卷三八　拘那花　《桂海虞衡志》：　拘那花葉瘦長，略似楊柳。夏開淡紅花一朵數十萼，至秋深猶有之。《嶺外代答》：　拘那花葉瘦長，略似楊柳。夏開淡紅花一朵數十萼，繁如紫薇，花瓣有鋸，紋如翦金，至秋深猶有之。

按：　此花江西、湖南山岡多有之。花葉莖俱同紫薇，唯色淡紅，叢生小科，高不過二三尺，山中小兒取其花苞食之。味淡微苦有清香，故名苞飯花。俚醫以為敗毒散淤之藥。

桃金娘

清·何諫《生草藥性備要》卷下　山棯葉　味甘，性辛。止痛，散熱毒，止血拔膿，生肌。其根，治心痛。子，亦可食，健大腸，亦治蛇傷。

清·趙學敏《本草綱目拾遺》卷七花部　桃金孃　《粵志》：　草花之以孃名者，有桃金孃，叢生野間，似梅而末微銳，似桃而色倍赬，中莖純紫，絲綴深黃如金粟，名金桃孃，八九月實熟，青紺若牛乳狀，産桂林，今廣州亦多有之。粵歌云：　攜手南山陽，采花香滿筐，妾愛留求子，郎愛桃金孃。《花鏡》：　金絲桃一名桃金孃，出桂林郡，花似桃而大，其色更赬，中莖純紫，心吐黃鬚，鋪散花外，儼似金絲，八九月實熟。青紺若牛乳狀，味甘，可入藥用。如分種，當從根下劈開，仍以土覆之，至來年移植便活。

花：　行血。

子：　味甘入脾，養血明目。

清·趙其光《本草求原》卷一山草部　山菍葉　花如桃花，六七月子熟，紅黑色；　葉對生。澀，平。止血、止痢、生肌，治疳積，消瘡，洗疳痔、熱毒、㾊疥、爛腳，理蛇傷。

其子，甘，平。生采曬乾。止痢，赤白帶，生肌、止血。根，治心氣痛。

血沙葉

清·何諫《生草藥性備要》卷上　血沙葉　治生血沙，煲水洗，神藥也；其症遍身紅點痕，癢難當。其葉紅色，照見有沙點，形似猪乸惹。

地茄

明·佚名氏《醫方藥性·草藥便覽》　地茄　其性涼。去淋之血，去飛瘍，生臀。

明·佚名氏《醫方藥性·草藥便覽》　地茄根　其性涼。治飛瘍，止淋濁。

清·何諫《生草藥性備要》卷上　山地荵　味甜，酸，性平、溫。洗疳痔、熱毒、㾊疥、爛腳。乃葉對面生，鋪地處。六七月花如桃花；　子熟紅黑，可食。理蛇傷用葉。

清·吴其濬《植物名實圖考》卷九　地茄　生江西山岡。鋪地生，葉如杏葉而小，柔厚有直紋三道；　葉中開粉紫花團，瓣如杏花，中有小缺。土醫以治勞損。根大如指，長數寸，煎酒服之。

天香爐

清·何諫《生草藥性備要》卷下　天香爐　味淡、辛，性溫。治痢，去痰。牙痛，煲水含。通經，搥汁開酒服。

張天剛

清·吴其濬《植物名實圖考》卷九　張天剛　生南安。叢生，硬莖有節，紅黃色；葉似水蘇葉；實如小罌，褐色；莖葉實俱有細刺如毛；根淡紅色有鬚。氣味甘溫。俚醫以治下部虛軟，補陰分。

豺狗唎

清·何諫《生草藥性備要》卷下　豺狗唎　味劫，性平。散瘀血，理跌打，炒；撲傷，酒〔煮〕服，渣敷患處。

地膽

清·吴其濬《植物名實圖考》卷一六　地膽　產大庾嶺。或呼為錄段草。高三寸許，葉如水竹子葉而寬厚，面綠有直紋，紫白圓點相間；背紫，光滑可愛。或云治婦科五心熱症。

按《南越筆記》有還魂草，一名地膽。葉如芥，花如地茶。以蛤試之，能取死回生。產陽江山中。未知即此否。

老鼠簕

清·何諫《生草藥性備要》卷下　老鼠簕　味淡，性寒。治痄腮，頸癧，洗疳疔。治白濁，煲肉食。其蘵，火存性，開油搽，罨癧更妙。一名老鼠怕。

清·趙其光《本草求原》卷三隰草部　老鼠簕即老鼠怕，貓兒刺。甘、淡、微苦，寒。取根皮浸酒，補肝腎，壯腰腳。煎服治白濁，理夾陰傷寒入裏，同榕樹吊鬚，露兜簕根，觀音柳，米一杯炒，淬水飽飲。白濁，煲肉食。窄腮，熱癧，洗疳瘡。葉，名八角茶，止津、止渴、祛風。枝葉，燒灰淋汁或煎膏，塗白癜風。

此樹產江、浙者佳。不如女貞，肌理甚白，如狗之骨，故又名狗骨。《詩》曰南山有枸是也。葉長二三寸，有五刺，四時不凋，五月開小白花。結實如女貞，九月熟，色緋紅。

鴨子花

清·吴其濬《植物名實圖考》卷三〇　鴨子花　產廣東。似蓼而大，葉長數尺，以其花如小鴨，故名。

接骨草

宋·王介《履巉巖本草》卷下　接骨草　性溫，有毒。治打撲傷損及閃肭骨節，每用取葉，不以多少，搗爛鋪罨患處，立有神驗。

明·蘭茂原撰，范洪等抄補《滇南本草圖說》卷四　接骨草　氣味溫辛平。此草行十二經絡，治跌打損傷，骨碎筋斷，酒下如神。或左癱右瘓，四肢不仁，服之則愈。此乃仙草中之將軍，其功不能盡述。滇中之人，多不識者。

清·何諫《生草藥性備要》卷下　接骨草　味辛，性溫。治風邪，理跌打，調酒服。一名駁骨丹。

清·趙學敏《本草綱目拾遺》卷三草部上　接骨草　苗如竹節，出廣西。《粵語》：此草叢生，高二三尺，葉大如柳而厚，莖有節，色綠而圓，花白，午開，自三月至九月不絕。《群芳譜》：四季花，一名接骨草。葉細，花小色白，自三月開至九月，午開子落，枝葉搗汁。可治跌打損傷，九月內剖根分種。《肇慶志》：接骨草出封川陽江，一名四季花，生園林中，莖綠而圓，葉長如指而尖，花白，跌傷骨節，搗爛敷之，可以接骨。而本草不載。《李氏草秘》：羊耳草又名接骨草。生牆崖上，葉如羊耳，專治接骨。性平，治折傷，續斷骨，擣罨即愈。

清·趙其光《本草求原》卷三隰草部　駁骨丹　辛，平。治風邪，理跌折，續筋骨。

救命王

清·趙學敏《本草綱目拾遺》卷四草部中　救命王金不換。一名死裏逃生。治小兒感冒，風寒欬嗽，大人傷力損傷吐血，諸風疼痛，無名腫毒。

清·趙其光《本草求原》卷三隰草部　鴨仔花即逼柏樹。苦、甘，平。專治乳癰，功勝於蒲公英，同黃糖、酒糟搗敷。

鐵樹

附：琉球·吴繼志《質問本草》外篇卷二　鐵樹　辛丑清舶漂到，指此問之。鐵樹。陳宜春。

清·趙學敏《本草綱目拾遺》卷五草部下　鐵樹葉　出東洋舶上帶來，葉如篦箕，生兩旁，作細尖瓣，嗅之有清氣，似梅花香。

按：《群芳譜》：鐵樹出海南，閩廣多有之，其花狀如鐵絲燈籠，廣張千瓣，瓣各一花。程扶搖《花鏡》：鐵樹葉類石楠，質理細厚，榦葉皆紫黑色，花紫白如瑞香，四瓣較少團，一開累月不彫，嗅之乃有草氣。海南人言：此樹黎州極多，有一二尺長者，葉密而花紅，樹儼類鐵，其枝椏穿結，甚有畫意。入盆玩最佳。但人罕見，故稱奇耳。橫州馴象衛殷指揮貫家有鐵樹，每遇丁卯年開花，而出五臺山者，定以六月十九日開花。楊萬里詩注：鐵樹葉似蒻而紫，榦如密節菖蒲。似此諸說，同一鐵樹，而開花與枝葉又不同如此。今洋中帶來及世俗所用入藥之鐵樹，葉形如篦箕。據云：其樹須壅以鐵屑乃盛，則番蕉葉也。以其食鐵，故亦名鐵樹。其性亦平肝，取其相制為用，亦頗驗。謝肇(浙)〔淛〕《五雜俎》：番蕉能辟火患。將枯時，以鐵屑糞之，或以鐵釘釘其根，則復活。蓋金能生水也。種盆中不甚長，一年纔落下一葉，計長不能以寸，亦不甚作花，三十年僅見兩度花耳。花亦似芭蕉，而色黃不實。

《群芳譜》：鳳尾蕉，一名番蕉。產於鐵山，如少萎，以鐵燒紅穿之，即活。平常以鐵屑和泥壅之則茂，而生子分種易活。江西塗州有之。《花鏡》：鳳尾蕉，一名番蕉。產於鐵山，江西福建皆有。葉長二三尺，每葉出細尖瓣，如鳳尾之狀，色深青，冬亦不彫。如少萎黃，以鐵燒紅釘其本上，則依然生活。平常不澆壅，以生鐵屑和泥壅之自茂，且能生子分種易活。極能辟火患。人多盆種庭中，以為奇玩。友人唐振聲在東甌見鳳尾蕉，土人皆呼為鐵樹。則知今人所用及洋舶帶來之葉，皆番蕉葉。而非真正鐵樹葉也。瀕湖於隰草部祇列甘蕉蘘荷，而於虎頭鳳尾等蕉概不及焉，或當時未有知其性者，今錄之以補其缺。

平肝，統治一切肝氣痛。

難產：鐵樹葉三片，煎水一盌服之，即下《指南》。

清·吳其濬《植物名實圖考》卷三〇　鐵樹　《嶺南雜記》：鐵樹高數尺，葉紫如老少年，開花如桂而不香。《南越筆記》：朱蕉，葉芭蕉而幹棕竹，亦名朱竹。以枝柔不甚直挺，故以為蕉，葉紺色，生於幹上，幹有節，自根至杪，一寸三四節，或六七節甚密，然多一幹獨出，無傍枝者。通體鐵色微朱，以其難長，故又名鐵樹。

按鐵樹治痢證有神效，廣西土醫用之。

清·趙其光《本草求原》卷三隰草部　鐵樹葉　淡，微寒。散瘀止血，活筋骨中血，治下血、吐血，煎肉食。跌打腫痛。同原酒糟敷之。加葱頭、醋敷之，拔一切毒風，酒風。

鐵連草

清·趙學敏《本草綱目拾遺》卷五草部下　鐵樹　《家寶真傳》云：亦名鐵連草，生於鐵山銅壁之上，又鐵石之上亦生，並非草本，形如屏風。狀如孔雀尾分張，黑色細枝，刀砍不斷，斧之乃折。治一切心胃及氣痛，煎湯服，立愈。《藥性考》：鐵樹黑色，葉類石楠，逢丁卯年開花四瓣，紫白色，形如瑞香，圓小不馣，樹高數尺。止血下痰，其花人採以治痰水。《留青日札》：鐵樹花海南出，樹高一二尺，葉密而紅，枝皆鐵色，生於海底。諺云：鐵樹開花，喻難得也。

雜錄

靈壽木

宋·唐慎微《證類本草》卷一二木部上品〔唐·陳藏器《本草拾遺》〕　靈壽木根皮　味苦，平。止水。作杖，令人延年益壽。生劍南山谷，圓長，皮紫。《漢書》孔光年老賜靈杖，顏注曰：木似竹有節，長不過八九尺，圍可三四寸，自然有合杖之制，不須削理也。

宋·鄭樵《通志》卷七六昆蟲草木略　靈壽木　《漢書》：孔光年老，賜靈壽杖。顏注曰：木似竹，有節，長不過八九尺，圍可三四寸，自然有合杖之制，不須削治也。

明·王文潔《太乙仙製本草藥性大全》卷三《本草精義》　靈壽木　生劍南山谷。其木似竹有節，長不過八九尺，圍可三四寸，圓長皮紫，自然有合杖之制，不必削理也。《漢書》：孔光年老，帝賜靈壽木杖。

明·王文潔《太乙仙製本草藥性大全》卷三《仙製藥性》　靈壽木根皮　味苦，氣平。主治：又能止水作杖，令人延年益壽。

明·李時珍《本草綱目》卷三六木部·灌木類　靈壽木《拾遺》

【釋名】扶老杖《孟康》　椐　【集解】藏器曰：生劍南山谷，圓長皮紫。《漢書》：孔光年老，賜靈壽杖。顏師古注云：木似竹有節，長不過八九尺，圍三四寸，自然有合杖制，不須削理。作杖，令人延年益壽。時珍曰：陸氏《詩疏》云：椐即樻也。節中腫，似扶老，即今靈壽也。人以作杖及馬鞭。弘農郡北山有之。

根皮　【氣味】苦，平。　【主治】止水藏器。

木麻

宋·唐慎微《證類本草》卷一二木部上品〔唐·陳藏器《本草拾遺》〕　木麻　味甘，無毒。主老血，婦人月閉，風氣羸瘦，癥瘕。久服令人有子。生江南山谷林澤。葉似胡麻相對，山人取以用釀酒也。

大空

宋・唐慎微《證類本草》卷一四木部下品〔唐・蘇敬《唐本草》〕 大空 味辛、苦，平，有小毒。主三蟲，殺蟣蝨。生山谷中。取根皮作末，油和塗，蟣蝨皆死。

〔唐・蘇敬《唐本草》〕注云：根皮赤。葉似楮，小圓厚。作小樹，抽條高六七尺。出襄州山谷，所在亦有，秦隴人名爲獨空。《唐本》先附。

明・劉文泰《本草品彙精要》卷二一 大空有小毒 植生。

大空：主三蟲殺蟣虱。○根皮作末，油和塗，蟣虱皆死。名醫所録。

【名】獨空。【苗】《唐本》注云：木高六七尺，葉似楮葉，小而圓厚，根皮赤色，秦隴人名獨空也。【地】《圖經》曰：生山谷中。《唐本》注云：出襄州山谷，所在亦有。【時】生：春生葉。採：無時。【收】暴乾。【用】根、皮。【色】赤。【味】辛、苦。【性】平，散。【氣】氣厚于味，陽中之陰。【臭】朽。【主】三蟲。【製】剉碎或搗末用。

明・王文潔《太乙仙製本草藥性大全》卷三《本草精義》 大空 出襄州山谷，在處亦有。今秦隴人名爲獨空。其木作小樹，抽條高六七尺，根皮俱赤，葉似楮小而圓厚。採無時。

明・王文潔《太乙仙製本草藥性大全》卷三《仙製藥性》 大空 味辛、苦，氣平，有小毒。 主治：主三蟲之有準，殺蟻蝨之如神。 補註：主三蟲蟻蝨，取根皮爲汁洗之大效。末油和塗蟻蝨皆死。服之令人肥。

明・李時珍《本草綱目》卷三六木部・灌木類 大空《唐本草》

【集解】恭曰：大空生襄州，所在山谷中亦有之。秦隴人名獨空。作小樹，抽條高六七尺。葉似楮，小圓厚。根皮赤色。時珍曰：小樹大葉，似桐葉而不尖，深緑而皺文。根皮虚軟，山人采，殺虱極妙。搗葉篩疏圃中，殺蟲。

根皮 【氣味】苦，平，有小毒。 【主治】殺三蟲。作末和油塗髮，蟣虱皆死藏器。

清・吴其濬《植物名實圖考》卷三五 大空 《唐本草》始著録。生襄州，所在山谷亦有之。小樹，大葉似桐而不尖。主殺蟲蝨。

老婆布鞊

明・朱橚《救荒本草》卷下之前 老婆布鞊 生鈞州風谷頂山野間。科條淡蒼黄色，葉似匙頭様，色嫩緑而光俊，又似山格刺葉，却小。味甘性。救飢：採葉煠熟，水浸作過，淘淨，油鹽調食。

藩籬枝

明・鮑山《野菜博録》卷三 藩籬枝 一名軟枝鬚。其木不甚高大，枝梗俱帶軟葉，似枸杞葉。性平，（味）寒，稍有毒。 食法：採嫩葉煠熟，油鹽調食。

美人嬌

清・吴其濬《植物名實圖考》卷一〇 美人嬌 生長沙山阜。叢生，小木，赭莖細勁，參差生葉，葉如榆葉，深齒如鋸。俚醫以為散瘀血、治無名腫毒之藥。其名不可究詰。《本草綱目》九仙子亦名仙女嬌，俗語固多如是。

岸芽栢粹

清・莫樹蕃《草藥圖經》 岸芽栢粹 岸芽栢粹能通腎經，治目疾耳聾。味淡，無毒。

敷秧樹

清・莫樹蕃《草藥圖經》 敷秧樹 敷秧樹根即烏龍鬚。味溫，無毒。能止痛筋骨要藥。根黑有鬚。

不死草

明・蘭茂原撰，范洪等抄補《滇南本草圖説》卷五 不死草：形與打不死草異，硬枝小葉，開黄花，根直如釘，今日將葉打落，次日照舊有葉開花。味甘，寒，無毒。主治：跌打損傷，筋骨疼痛，包敷刑傷。

查克木

清・趙學敏《本草綱目拾遺》卷六木部 查克木 《宦遊筆記》：塞外有查克木，叢生，樹高五尺許，無皮，枝幹清翠可愛，葉似三春之柳，然質甚堅，並無柔條垂絲，頗耐霜雪。若伐以為薪，著火即燃，形似炭，有紅焰而無烟，置徑寸於爐中，歷一二日乃燼。惟生於瀚海沙磧之地，遇大風根株即拔，因入土未深，是以夭扎，無經久者。《西北域記》：查克木產推河，似絲柳而不垂，無皮，耐霜雪，色青時，入爐即燃，數日乃燼，然大者拱，高者尋，風斯拔之，何者？地沙且鹹，根難據而易朽也。

治產難，臨蓐之時，握其木易產。心痛，燒灰服之。

金剛纂

清·趙學敏《本草綱目拾遺》卷六木部　金剛纂　《滇志》：金剛纂，花黃而細，土人植以為籬，又一種形類雞冠。《湧幢小品》：金剛纂，生天目，其樹長不滿三四尺，多屈曲，雖春夏亦無葉，每觸其枝，曳裾不前，夷緬國有是種，相傳剉其末漬水，水必毒，飲者立死，曰人瘴，又能借之為誘淫之法。張洪《使緬錄》：緬地有木曰金剛纂，狀如椶櫚，枝幹屈曲，無葉，剉以漬水，暴牛馬令渴極而飲之，食其肉必死。劉魁若《程賦統會》：雲南大侯州出金剛纂，青色如刺桐，最毒。《滇記》云：金剛纂，碧幹而蝟芒，孔雀食之，其漿殺人，以為草者誤，今曲江、建水、石屏處處有之。性有大毒，入丹術家用。《丹房本草》：金剛纂純陽草也，伏硫，與柳葉藤同用，其功最神。

椆七樹

清·趙學敏《本草綱目拾遺》卷六木部　椆七樹　治腹中蚘痛：《救生苦海》用椆七樹柴內，取之燒灰，研細酒下，或滾水下三錢，且能除根。破傷風：《百草鏡》：椆七樹，刮去外面粗皮，取內白皮，搗爛酒煎服，渣和白麪，搗敷患處自愈。

寓木分部

綜述

琥珀

宋·唐慎微《證類本草》卷一二木部上品〔《別錄》〕　琥珀　味甘，平，無毒。主安五藏，定魂魄，殺精魅邪鬼，消瘀血，通五淋。生永昌。

〔梁·陶弘景《本草經集注》〕云：舊說云：是松脂淪入地，千年所化，今燒之亦作松氣。俗有琥珀中有一蜂，形色如生。《博物志》又云：燒蜂窠所作。恐非實，此或當蜂爲松脂所粘，因墜地淪沒爾。亦有煑毈雞子及青魚枕作者。並非真。惟以拾芥爲驗。今並俗中多帶之辟惡。刮屑服，療瘀血至驗。仙經無正用，惟曲晨丹所須，以赤者爲勝。今並從外國來，而出茯苓處永無。不知出琥珀處復有茯苓以否？

〔宋·馬志《開寶本草》〕按：陳藏器《本草》云：琥珀，止血生肌，合金瘡。和大黃、鼈甲，作散子，酒下方寸匕，下惡血，婦人腹內血盡即止。宋高祖時，寧州貢琥珀枕，碎以賜軍士傅金瘡。《漢書》云：出罽賓國，初如桃膠，凝乃成焉。

〔宋·掌禹錫《嘉祐本草》〕按：《蜀本》注云：又據一說，楓脂入地千年，變爲琥珀，乃知非因燒蜂窠成也。蜂窠既燒，安有蜂形在其間？不獨自松脂變也，松脂獨變，安有楓脂所成者。覈其事而言：則琥珀之爲物，乃是木脂入地，千年者所化也。但餘木不及楓、松有脂而多經年歲，故不自其下掘得也。《藥性論》云：琥珀，君。治百邪，産後血疹痛。日華子云：療蠱毒，壯心，明目，摩瞖，止心痛，癲邪，破結癥。

〔宋·唐慎微《證類本草》〕《圖經》曰：文具茯苓條下。《海藥》：是海松木中津液，初若桃膠，後乃凝結。溫，主止血生肌，鎮心明目，破癥瘕氣塊，産後血暈悶絕，兒枕痛等，並宜餌此方。琥珀一兩，鱉甲一兩，京三稜一兩，延胡索半兩，沒藥半兩，大黃六銖，熬擣爲散。空心酒服三錢匕，日再服校量，神驗莫及。産後即減大黃。凡驗真假，於手心熟磨，吸得芥爲真。復有南珀，不及舶上來者。雷公云：凡用，紅松脂、石珀、水珀、花珀、物象珀、瑿珀、琥珀。紅松脂如琥珀，只是濁，太脆，文橫。水珀多無紅，色如淺黃，多麄皮皺。石珀如石重，色黃不堪用。花珀文似新馬尾松心文，一路赤，一路黃。物象珀其內自有物命，動此使有神妙。瑿珀，其珀是衆珀之長，故號曰瑿珀。琥珀如血色，熟於布上拭，吸得芥子者，真也。夫入藥中，用水調側柏子末，安於甆鍋子中，安琥珀於末中了，下火煮，從巳至申，別有異光，別擣如粉重篩用。《外臺秘要》：治魚骾骨擯喉中，六七日不出。琥珀珠一物，貫串着繩，推令前，入至骾所，又復推以牽引出矣。若水晶珠亦得，更無堅物磨令滑用之。又方：療從高墜下，若爲重物所頓笮得瘀血。刮琥珀屑，酒服方寸匕。取蒲黃二三匕服，日四五服，差。《鬼遺方》：治金瘡，弓弩箭中，悶絕無所識。琥珀研如粉，以童子小便調一錢，三服差。《通典》：南蠻、海南、林邑國、秦象郡、林邑縣，多出琥珀。松脂淪入地下，及傍不生草木，深八九尺，大如斛，削去皮成焉，初如桃膠，凝成乃堅瓊，光彩甚麗。

〔宋·陳承《重廣補注神農本草並圖經》〕謹按：諸家所說，茯苓、琥珀，雖小有異同，皆云松脂入地所化，但今産茯苓處，未嘗有琥珀。採茯苓時，當尋大松摧折或因斫伐，而根瘢不朽，斫之津潤如生者，則附近掘取之，蓋松木折，不再抽芽，其根不死，津液下流，故生茯苓、茯神。因用治心腎，通津液也。若琥珀，即是松樹枝節榮盛時，爲炎日所灼，流脂出樹身外，日漸厚大，因墜土中，其津潤歲久，乃爲土所滲泄，而光瑩之體獨存。今可拾芥，尚有粘性。故其中有蚊蟲之類，此未入土時所粘着者。二物皆自松出，而所禀各異。茯苓生成於陰者也，琥珀生於陽而成於陰，故皆治榮而安心，利水也。觀下條松脂所圖之形，則可悉其理矣。

宋・寇宗奭《本草衍義》卷一三　琥珀　今西戎亦有之，其色差淡而明澈，南方者色深而重濁，彼土人多碾爲物形。若謂千年茯苓所化，則其間有沾著蜾蠃蜂蟻宛然完具者，是極不然也。《地理志》云：林邑多琥珀，實松脂所化耳。此說爲勝。但土地有所宜不宜，故有能化有不能化者。張茂先又爲燒蜂窠所作，不知得於何處？以手摩熱，可以拾芥。餘如《經》。

宋・鄭樵《通志》卷七六《昆蟲草木略》　琥珀　《漢書》云：出罽賓國。舊云：松脂入地千年化成。又云：茯苓千年為琥珀。又云：松脂內溢入地而為茯苓，外溢入地而為琥珀。今之所得，其中則有蚊蟲、蜂蠆之類如生，此皆是未入地所著者。又云：楓脂千年為琥珀。大體中土不生，來從外國。皆云初得之如桃膠，便可啖，須臾則堅凝。今人有煮鰕雞及青魚枕偽為之者。

金・張元素《潔古珍珠囊》〔見元・杜思敬《濟生拔粹》卷五〕　琥珀甘：純陽。利小便，清肺，又消瘀血，安魂魄。

宋・劉明之《圖經本草藥性總論》卷下　琥珀　味甘，平，無毒。主安五臟，定魂魄，殺精魅邪鬼，消瘀血，通五淋。《藥性論》云：君。治百邪，產後血疹痛。日華子云：療蠱毒，壯心，明目摩翳，止心痛癲邪，破結癥。

宋・陳衍《寶慶本草折衷》卷一二　琥珀君。　淺黃皮皺者名水珀。其文似松心，文赤黃者，名花珀。其內有物動者，名物象珀。其如石重，色黃者名石珀。石珀亦有紅者，多碾為玩具。其濁脆者，名紅松脂。○又云：一名江珠。○《南史》云：一名武魄。○《文選》云：一名丹珀。○魄，亦作珀。生永昌及林邑即秦象。及罽、賓、西戎、南蠻、海南，及寧、益州。亦從舶上來。　味甘，平，溫，無毒。○主安五藏，定魂魄，消瘀血，通五淋。○陳藏器云：止血生肌，合金瘡。○《藥性論》云：治百邪，產後血瘀痛。○日華子云：療蠱毒，壯心，明目，摩瞖，止心痛，顛邪，破結癥。○《海藥》云：主鎮心，產後血暈悶。凡驗真假，於手心熟摩，吸得芥為真。○《瑣碎錄》云：荊芥子也。○《通典》云：琥珀大如斛，削去皮，狀如桃膠凝成乃堅，光彩甚麗。○《別說》云：松脂入地所化。松樹枝節榮盛時為炎日所灼，流脂出外，日漸厚大，因墮土中，津潤歲久，為土滲泄而光瑩之，體獨存。今可拾芥，尚有粘性。其中有蚊蟲之類，此未入土時粘着者也。生於陽謂松木也而成於陰謂土中也，故治榮，安心，利水也。○寇氏曰：西戎亦有，其色差淡而明澈。西方者，色深而重濁。

續說云：婦人因經血不調，及產後瘀血停滯，不循故道，流注四肢，腐而為水，身面腫痛，或發暈悶，非琥珀為君，莫能治療。艾氏□□服，至驗，亦須他藥佐之。然西方者力劣，南方者力壯。《圖經》曰：□□言：燒之亦微作松氣，蓋埋伏年□□真終不全，或又□製青魚枕為琥珀者，燒之最腥。亦有松脂做成者，見火則氣□是松，皆不可入藥矣。

元・王好古《湯液本草》卷五　琥珀　氣平，味甘，陽也。《珍》云：利小便，清肺。《本草》云：安五臟，定魂魄，消瘀血，通五淋。杵細用。《藥性論》云：君。治產後血疹痛。日華子云：療蠱毒，壯心，明目磨翳，止心痛，癲邪，破癥結。

元・尚從善《本草元命苞》卷六　琥珀　為君。甘，平，無毒。安五臟，定魂魄，殺鬼魅，祛百邪。消瘀血，通五淋。下蠱毒，破癥結。止心痛癲疾，摩雲翳明目。定產後血痔之痛，傅金瘡不合之血。出罽賓國。松木津液，若桃膠，久乃凝結。與茯苓皆自松出，其所稟亦各有異，生於陰，成於陰者。茯苓成於陰，生於陽者。琥珀故皆治榮安心，通經利水者也。凡辨真偽，手中熟磨，拾芥為上，不爾弗堪。古來相傳云：松脂千年為茯苓，茯苓千年為琥珀，琥珀千年又為瑿。烏兮切。瑿之為秀，黑潤體輕，破血辟惡，補心安神。

元・朱震亨《本草衍義補遺》　琥珀　屬陽。今古方用為利小便，以燥脾土有功。脾能運化，肺氣下降，故小便可通。若血少不利者，反致其燥急之苦。○茯苓、琥珀二物，皆自松出，而所稟各異。茯苓生成於陰者也，琥珀生於陽而成於陰。故皆治榮而安心利水也云。

元・徐彥純《本草發揮》卷三　琥珀　潔古云：屬陽。利小便，清肺。東垣云：琥珀，味甘，平，純陽。安五藏，定魂魄，殺精魅，消瘀血，通五淋，利小便。丹溪云：屬陽金。古方利小便，以燥脾土有功。蓋脾能運化，肺自下降，故小便可通。若因血少不利者，用之反致燥急之苦。又云：能長肌肉。

明・王綸《本草集要》卷四　琥珀君　味甘，氣平。屬陽。無毒。松脂所化，手摩熱，可拾芥者為真。　安五藏，定魂魄，殺精魅邪鬼，療蠱毒，利小便，通五淋，明目摩翳。止心痛，破結癥瘀血，產後血暈，止血生肌，合金瘡。丹溪云：能利小便，以燥脾土有功。若血少而小便不利者，反致燥急之苦。〇茯苓、琥珀二物，皆自松出，而所禀各異。茯苓生成於陰者也，琥珀生於陽而成於陰，故皆治滎而安心利水也。

明·滕弘《神農本經會通》卷二 琥珀 君也。松脂所化，如血，以手摩熱，可以拾芥者真。

味甘，氣平，無毒。《湯》云：陽也。東云：安神，散血。《珍》云：消瘀血而治五淋，利小便而安五臟，兼定魂魄，又殺精魅。《疌》云：安魄，消瘀，辟鬼妖，明睛去翳，除心痛，消膨，治狂，又療蠱毒。

《本經》云：主安五臟，定魂魄，殺精魅邪鬼，消瘀血，通五淋。陳藏器云：止血生肌，合金瘡。《藥性論》云：君。治百邪，產後血(疾)〔疹〕痛。日華子云：療蠱毒，壯心，明目，摩翳，止心痛癲邪，破結癥。《海藥》云：是松木中津液，初若挑膠，後若凝結。溫。主止血生肌，鎮心，明目，破癥瘕氣塊，產後血暈悶絕，兒枕痛等，並宜餌此方。琥珀一兩，鼈甲一兩，京三稜一兩，延胡索半兩，沒藥半兩，大黃六銖，熬擣為散，空心酒服三錢，巳日再服，神驗。若及產後，即減大黃。丹溪云：能利小便，以燥脾土有功。若血少而小便不利者，反致燥急之苦。茯苓、琥珀二物，皆自松出，而所禀各異。茯苓生成於陰者也，琥珀生於陽而成於陰，故皆治滎，而安心利水也。劊云：琥珀元來是木脂，千年入地化而為。鎮心定魄仍消血，若治諸淋効更奇。即《局方》琥珀，鎮心定魄，淋病偏宜。

明·劉文泰《本草品彙精要》卷一六 琥珀無毒。

琥珀：主安五臟，定魂魄，殺精魅邪鬼，消瘀血，通五淋。名醫所錄。

【名】石珀、水珀、花珀、物象珀。【苗】《圖經》曰：松脂入地千年所化而成也。其產之地傍無草木，入土淺者五六尺，深者八九尺。大者如斛，削去其皮，初如桃膠，久乃堅凝，光彩甚麗。是由松樹枝節榮盛時，爲炎熱所灼，流脂出外，日漸厚大，淪入土中，津潤歲久，乃爲土所滲泄，而光瑩之體獨存，中有蚊蟲、蜂蟆之形，恐未入土之時粘著物耶。其類有水珀，多無紅色，淺黃，多粗皮皺；石珀如石重，色黃，不堪用；花珀文似新馬尾松心，文一路赤，一路黃；物象珀其內自有物命動，此使有神妙。然琥珀，其色如血，蓋生於陽而成于陰故也。欲驗其真，以手摩熱能拾芥者是矣。【地】《圖經》曰：生永昌、益州。陳藏器云：出罽賓國。《別錄》云：出南蠻、海南、林邑國，秦象郡林邑縣皆有之。【時】生：無時。採：無時。【用】色紅潤而拾芥者爲好。【質】類紅瑪瑙。【色】紅黃。【味】甘。【性】平，緩。【氣】氣厚于味，陽也。【主】安心，利水，明目，磨翳。【製】《雷公》曰：夫入藥，用水調側柏子末，安於瓷鍋子中，安琥珀於末中了，下火煮，從巳至申，別有異光，別擣如粉，重篩用。【治】療：《藥性論》云：除百邪，產後血枕痛。日華子云：消蠱毒，壯心，明目，磨翳，止心痛及癲邪，破癥結。【合治】以一兩合鼈甲、京三稜各一兩，延胡索、沒藥各半兩，大黃二錢五分，熬擣爲散，空心溫酒服三錢匕，日再服，能止血生肌，鎮心明目，破癥結氣塊，產後血暈悶絕，兒枕痛並效，若產即減大黃。〇爲末，合童便調一錢匕，療金瘡，弓弩箭中，悶絕無所識。【贋】煮鰕大亂切雞子及青魚枕作者爲僞。

明·葉文齡《醫學統旨》卷八 琥珀 氣平，味甘。純陽。無毒。松脂所化，以手摩熱可拾芥者為真。 治五淋，利小便，安五臟，定魂魄，殺精魅邪鬼蠱毒；明目摩翳，止心痛，破結癥，消瘀血，產後血暈，止血生肌，合金瘡。若血少而小便不利者勿用。

明·鄭寧《藥性要略大全》卷八 琥珀君 安精神，定魂魄，明目，去內障翳。止心痛，通五淋，散破瘀血癥結，安五臟，治百邪，及產後血疹痛，利小便，去翳。 味甘，氣平，無毒。陽也。松脂所化。以手摩熱，可拾芥者為真。紋似馬尾，或松心紋，赤黃相間者名花珀。內有物象者，此有神妙，名物象珀，佳。一種名瑿珀，為諸珀之長，安神破血尤良。

明·陳嘉謨《本草蒙筌》卷四 琥珀 味甘，氣平。屬金，陽也。無毒。

出自松脂所化，入土千歲纔成。初如桃膠，久漸堅硬。西戎多產，色淡澈光。南郡亦生，色深重濁。嵌首飾澈光為奇，入藥劑重濁不計。手摩熱可拾草芥，湯煮軟儼若餳糖。遇物即粘，如是方妙。今市家多煮雞蛋及青魚枕造成，不可不細察爾。入藥研末，用湯調吞。利水道，通五淋，定魂魄，安五臟。破癥結瘀血，殺鬼魅精邪。止血生肌，明目摩瞖。治產後血暈及兒枕疼，療延爛金瘡併胃脘痛。又種瑿者，名異產同。狀似玄玉而輕，質亦松脂化出。歷二千載，方得成形。安神補心益佳，生肌破血尤善。不堪造器，見風拆開。小兒帶之，謂能辟惡。

謨按：丹溪云：古方用琥珀利小便，以燥脾土有功。蓋脾能運化，肺得下降，故小便可通也。若血少而小便不利者用之，反致燥急之患，不可不謹。《別說》又云：茯苓、琥珀皆自松出，而所稟各異，茯苓生成俱陰，琥珀生於陽而成於陰，故皆治榮而安心利水，其効同也。

明·方穀《本草纂要》卷四　琥珀　味甘，氣平，陽也，無毒。入少陰心經，能寧心定志；入太陽膀胱，能化膀胱之氣，乃爲血中氣藥也。善能安魂魄，鎮驚悸，殺邪魅，除蠱毒，通五淋，去翳膜，破結氣，止血暈，生肌肉，合金瘡，利小水，安五臟者也。吾見用治之法：茯苓琥珀二物所治不同，而所生亦異，茯苓生於陰而成於陰，琥珀生於陰而成於陽；茯苓所生日淺，但可治氣而安心利水；琥珀所稟日深，蓋可治血而鎮心化氣也。

明·王文潔《太乙仙製本草藥性大全》卷三《本草精義》　琥珀　是千年茯苓所化，一名江珠。張茂先云：今益州、永昌出琥珀而無茯苓。又云燒蜂窠所作。三說張皆不能辨。按南蠻地心云林邑多琥珀，云是松脂所化。地中有琥珀則傍無草木，入于淺者五尺，深者或八、九尺，大者如斛，削去皮，初如桃膠，久乃堅凝，其方人以爲枕。宋高祖時，寧州貢琥珀枕，碎以賜軍士傅金瘡。《漢書》云：出罽賓國，初如桃膠，凝乃成焉。臣禹錫等謹按《蜀本註》云：又據一說，楓脂入地，千年變爲琥珀，乃知非因燒蜂窠成也。蜂窠既燒，安有蜂形在其間？不獨自松脂變也，松脂獨變，安有楓脂所成者？覈其事而言，則琥珀之爲物，乃是木脂入地千年者之所化也。但餘木不及楓、松有脂而多歷年歲，故不自其下掘得也。西戎多產，色淡徹光，南郡亦生，色深重濁。嵌首飾徹光爲奇，入藥劑重濁不許。手摩熱可拾草芥，湯煮軟儼若餳糖，遇物即粘，如是方妙。今市家多煮雞蛋及青魚枕造成，不可不細察爾。　按：丹溪云：古方用琥珀利小便，以燥脾土有功，蓋脾能運化，肺得下降，故小便可通也。若血少而小便不利者，用之反致燥急之患，不可不謹。《別說》又云：茯苓、琥珀皆自松出，而所稟各異，茯苓生成俱陰，琥珀生於陽而成於陰，故皆治榮而安心利水，其效同也。

明·王文潔《太乙仙製本草藥性大全》卷三《仙製藥性》　琥珀　味甘，氣平，屬金，陽也，無毒。主治：利水道，通五淋，定魂魄，安五臟。破癥結瘀血，殺鬼魅精邪。止血生肌，明目摩翳。治產後血暈及兒枕疼，療延爛金瘡併胃脘痛。　補註：治魚骾骨橫喉中，六七日不出，琥珀珠一物貫串着繩，推令前入至骾所，又復推以牽引出矣。若水晶珠亦得，更近堅物磨令滑用之。療從高墜下，若爲重物所頓笮得瘀血，刮琥珀屑，酒服方寸匕，取蒲黃二、三匕服，日四五服差。治金瘡弓弩箭中悶絕無所識，琥珀研如粉，以童子小便調一錢，三服差。《通典》云：南蠻、海南、林邑國、泰象郡，林邑縣多出琥珀。松脂淪入地下，及傍不生草木，深八九尺，大如斛，削去皮成焉。初如桃膠，凝成乃堅矣，瓊光彩甚麗。　太乙曰：凡用紅松脂、石珀、水珀、花珀、物象珀、瑿珀、琥珀。紅松脂如琥珀，只是濁，大脆文橫。水珀多無紅，色如淺黃，多麄皮皺。石珀如石重，色黃，不堪用。花珀文似新馬尾松新文，一路赤一路黃。物象珀，其內自有物命動，此使有神妙。瑿珀其珀是衆珀之長，故號曰瑿珀。琥珀如血色，熟於布上拭吸得芥子者，真也。夫入藥中用水調側柏子末，安於甆鍋子中，安琥珀於末中了，下火煮，從巳至申，別有異光，別搗如粉，重篩用。

明·皇甫嵩《本草發明》卷四　琥珀上品，君。氣平，味甘，無毒。屬金，陽也。

發明曰：琥珀，治榮而安神利水，故《本草》云安五藏，定魂魄，殺精魅邪鬼。又療蠱毒，止心痛癲邪，壯心，皆安神之用也。消瘀血，治產後血暈，止血，明目磨翳，破癥結，療延爛金瘡，此皆治榮之用也。通五淋，利小便，以燥脾土而清肺，皆利水之功也。按：古方用之利小便，以燥脾土，蓋脾能運化，肺氣下降，故小便通。若血少，小便不利用之，反致燥急之患。〇茯苓、琥珀皆自松出，而所稟氣不同。茯苓生成俱稟陰氣，琥珀生於陽而成於陰，故皆治榮，而安心利水，其效略同。松脂入土千年成琥珀，如桃膠，久漸堅硬。產西戎者，色淡澈光。產南郡者，色深重，(濁)〔觸〕手既熱，可拾芥。湯煮軟如餳糖，粘物。今市家多煮雞子及青魚枕造成，摩呵亦粘芥，宜辨。

明·李時珍《本草綱目》卷三七木部·寓木類　琥珀《別録》上品

【釋名】江珠時珍曰：虎死則精魄入地化爲石，此物狀似之，故謂之虎魄。俗文從玉，以其類玉也。梵書謂之阿濕摩揭婆。　【集解】《別録》曰：琥珀生永昌。　弘景曰：舊說松脂淪入地千年所化。今燒之亦作松氣。亦有中有一蜂，形色如生者。《博物志》乃云燒蜂巢所作，恐非實也。此或蜂爲松脂所沾，因墜地淪沒爾。亦有煮䱀雞子及青魚魫作者，並非真。惟以手心摩熱拾芥爲真。今並從外國來，而出茯苓處並無，不知出琥珀處復有茯苓否也？　珣曰：琥珀是海松木中津液，初若桃膠，後乃凝結。復有南珀，不及舶上來者。　保昇曰：楓脂入地千年變爲琥珀，不獨松脂變也。大抵木脂入地千年皆化，但不及楓、松有脂而多經年歲爾。蜂巢既燒，安有蜂形尚在其間？　宗奭曰：今西戎亦有，其色差，淡而明澈。南方者色深而重濁，彼土人多碾爲物形。若謂千年茯苓所化，則其粘着蜂、蟻宛然具在，極不然也。《地理志》云：海南林邑多出琥珀，松脂淪入地所化。有琥珀則旁無草木。入土淺者五尺，深者八九尺。大者如斛，削去皮乃成。此説爲勝。但土地有所宜、不宜，故有能化、不化。燒蜂之説，不知何據。承曰：諸家所説茯苓、琥珀，雖有小異同，皆云松脂所化。但茯苓、茯神，乃大松摧折或斫伐，而根瘢不朽，津液下流而結成，故治心腎，通津液也。若琥珀乃是松樹枝節榮盛時，爲炎日所灼，流脂出樹身外，日漸厚大，因墮土中，津潤歲久，爲土所滲泄，而光瑩之體獨存。今可拾芥，尚有粘性。故其蟲蟻之類，乃未入土時所粘者。二物皆自松出，而所禀各異。茯苓生于陰而成于陽，琥珀生于陽而成于陰，故皆治營安心而利水也。斆曰：凡用須分紅松脂、石珀、水珀、花珀、物象珀、瑿珀、琥珀。其紅松脂如琥珀，只是濁，太脆，文橫。水珀多無紅，色如淺黃，多皺文。石珀如石重，色黃不堪用。花珀文似新馬尾松心文，一路赤，一路黃。物象珀，其内自有物命，入用神妙。瑿珀是(象)〔衆〕珀之長。琥珀如血色，以布拭熱，吸得芥子者，真也。時珍曰：琥珀拾芥，乃草芥，即禾草也。雷氏言拾芥子，誤矣。《唐書》載西域康干河松木，入水一二年化爲石，正與松、楓諸木瀋入土化珀，同一理也。今金齒、麗江亦有之。其茯苓千年化琥珀之説，亦誤傳也。按曹昭《格古論》云：琥珀出西番、南番，乃楓木津液多年所化。色黃而明瑩者名蠟珀，色若松香紅而且黃者名明珀，有香者名香珀，出高麗、倭國者色深紅。有蜂、蟻、松枝者尤好。

〔修治〕斆曰：入藥，用水調側柏子末，安瓷鍋中，置琥珀于内煮之，從巳至申，當有異光，搗粉篩用。

〔氣味〕甘，平，無毒。〔主治〕安五臟，定魂魄，殺精魅邪鬼，消瘀血，通五淋《别録》。壯心，明目磨翳，止心痛顛邪，療蠱毒，破結瘕，治産後血枕痛大明。止血生肌，合金瘡藏器。清肺，利小腸元素。

〔發明〕震亨曰：古方用爲利小便，以燥脾土有功，脾能運化，肺氣下降，故小便可通。若血少不利者，反致其燥急之苦。弘景曰：俗中多帶之辟惡。刮(削)〔屑〕服，療瘀血至驗。仙經無正用。藏器曰：和大黃、鼈甲作散，酒下方寸匕，下惡血、婦人腹内血，盡即止。宋高祖時，寧州貢琥珀枕，碎以賜軍士，傅金瘡。

〔附方〕舊四，新五。琥珀散：止血生肌，鎮心明目，破癥瘕氣塊，産後血運悶絶，兒枕痛，並宜餌此方。琥珀一兩，鼈甲一兩，京三稜一兩，延胡索半兩，沒藥半兩，大黃六銖，熬搗爲散。空心酒服三錢匕，日再服。神驗莫及。産後即減大黃。《海藥本草》。小兒胎驚：琥珀、防風各一錢，朱砂半錢，爲末。猪乳調一字，入口中，最妙。《直指方》。小兒胎癇：琥珀、朱砂各少許，全蝎一枚，爲末。麥門冬湯調一字服。《直指方》。小便轉胞：真琥珀一兩，爲末。用水四升，葱白十莖，煮汁三升，入珀末二錢，温服。沙石諸淋，三服皆效。《聖惠方》。小便淋瀝：琥珀爲末二錢，麝香少許，白湯服之，或萱草煎湯服。老人、虚人以人參湯下。亦可蜜丸，以赤茯苓湯下。《普濟方》。小便尿血：琥珀爲末。每服二錢，燈心湯下。《直指方》。從高墜下：有瘀血在内。刮琥珀屑，酒服方寸匕。或入蒲黃三二匕，日服四五次。《外臺秘要》。金瘡悶絶：不識人。琥珀研粉，童子小便調一錢。三服瘥。《鬼遺方》。魚骨哽咽：六七日不出。用琥珀珠一串，推入哽所，牽引之即出。《外臺秘要》。

題明・薛己《本草約言》卷二《藥性本草》　琥珀　味甘、辛，氣平，無毒。陽也，降也。破瘀血之癥結，利小便之淋癃，定心志而神驚者可療，燥脾濕而血少者難同。〇琥珀治榮，而安神利水，其消瘀血，破癥結，即治榮也。〇琥珀屬陽與金，古方用為利小便以燥脾土有功，蓋脾能運化，肺自下降，故小便可通。若因血少不利者，用之反致燥急之苦。

明・梅得春《藥性會元》卷中　琥珀　味甘，氣平。純陽。無毒。主治五淋，利小便，安五臟，定魂魄，殺鬼精蠱毒，明目磨翳，止心痛，破癥結，消瘀血。又治産後血迷血暈，合金瘡，生肌止血。若血少而小便癃閉者勿用。乃松脂所化。以手摩熱，可拾芥者為真。

明・李中立《本草原始》卷四　琥珀：氣味：甘，平，無毒。主治：安五臟，定魂魄，殺精魅邪鬼，消瘀血，通五淋。〇壯心，明目磨翳，止心痛顛邪。療蠱毒，破癥瘕，治産後血枕痛。〇止血生肌，合金瘡。〇清肺，利小腸。

按：曹昭《格古論》云：琥珀出西番、南番，乃楓木津液多年所化。色黃而明瑩者，名蠟珀；色若松香，紅而且黃者，名明珀；有香者名香珀。出高麗、倭國者，色深紅，有蜂蟻松枝者尤好。

松，《别錄》上品。松脂，松之津液也。茯苓、茯神乃假松氣而生者。琥珀乃松脂入地所化。【圖略】　陶隱居云：松脂以桑灰汁、或酒煮軟，挼内寒水中數十遍，白滑，則可用。使。修治：茯苓，去皮及筋，剉用。茯苓有有筋者，有無筋者。無筋者佳。茯苓，雲、貴者皮紅，他處者皮黑，有小如雞鵝卵，大如匏瓜者，惟(以堅如)無石者為勝。

元素曰：茯苓，性濫，味甘而淡，氣味俱薄，浮而升，陽也。之才曰：馬間為之使。得甘草、防風、芍藥、紫石英、麥門冬，共療五臟，惡白斂，畏牡蒙、地榆、雄黃、秦艽、龜甲，忌米醋及酸物。痔漏神方：赤白茯苓去皮、沒藥各二兩，破故紙四兩，石臼搗成一塊，春秋酒浸三日，夏二日，冬五日，取出，木籠蒸熟，晒乾為末，酒糊為丸梧子大，每酒服二十丸，漸至五十丸，空心三錢。茯苓，臣。修治：茯神去皮及心内木，切用。忌惡同茯苓。

茯神，君。　修治：　琥珀用水調側柏子末，安瓷鍋中，置琥珀于內煮之，從巳至申，當有異光，搗粉篩用。

《直指方》：治小兒胎驚，琥珀、防風各一錢，朱砂半錢，為末，豬乳調一字入口中最妙。　琥珀，君。

明·張懋辰《本草便》卷二　琥珀君　味甘，氣平，屬陽，無毒。　安五臟，定魂魄，殺精魅邪鬼，療蠱毒，利小便，通五淋，明目摩翳，止心痛，破結癥瘀血，產後血暈，止血生肌，合金瘡。

明·李中梓《藥性解》卷五　琥珀　味甘，性平，無毒，入心、脾、小腸三經。主辟百邪，安五臟，定魂魄，止心痛，消瘀血，利水道，通五淋，破癥結，去目翳，傅金瘡。　按：琥珀乃松脂入地千載化成，得土既久，宜入脾家。松之有脂，猶人之有血與水也。且成珀者，有下注之義，又宜入心與小腸。《內經》曰：主不明則十二官危，便道閉塞而不通。服琥珀則神室得令，五臟安，魂魄定，邪何所附？病何自生邪？於是便道通，而瘀血諸症靡弗去矣！夫目得血而能視，心寧則營和，而翳何足虞！金瘡者，惟患其血逆於腠爾，能止之和之，未有不瘳者也！丹溪曰：古方用以燥脾土有功，脾能運化，則肺氣下降，故小便可通。若血少不利者，反致其燥急之苦。《別說》云：茯苓生成於陰者也。琥珀生於陽而成於陰者也，故皆主安心利水而治榮。

明·繆希雍《本草經疏》卷一二　琥珀　味甘，平，無毒。主安五藏，定魂魄，殺精魅邪鬼，消瘀血，通五淋。

【疏】琥珀感土木之氣而兼火化，故其味甘平，無毒而色赤。陽中微陰，降也。入手少陰、太陽，亦入足厥陰經。專入血分。五臟有所感觸則不安，能殺精魅邪鬼，則五臟自安，而魂魄自定。心主血，肝藏血，入心入肝，故能消瘀血也。《藥性論》云：琥珀君，治百邪，產後血瘀作痛。日華子云：療蠱毒，壯心，明目磨翳，止心痛癲邪，破結癥。正以其陽明之物，又消瘀血，故主上來諸病也。若作傅藥，能止血生肌，合金瘡。宋高祖時，寧州貢琥珀枕，碎以賜軍士傅金瘡，其一證也。出罽賓國。初如桃膠，凝乃成焉。《海藥》云：是海松木中津液，初如桃膠，後乃凝結，性溫，主止血，生肌，鎮心，明目，破癥瘕氣塊，產後血暈悶絕，兒枕痛等，竝宜餌此。以拾草通明而堅輕、色赤者良。　【主治參互】得沒藥、乳香、延胡索、乾漆、鼈甲，為散，治產後血暈有神。佐以人參、益母草、澤蘭、生地、牛膝、當歸、蘇木，作湯，送前藥，則治兒枕痛，惡露下不盡，腹痛，少腹痛，寒熱等證，極效。　和大黃、鼈甲作散子，酒下方寸匕，下婦人腹內惡血。　同鼈甲、京三稜各一兩，沒藥、延胡索各半兩，大黃六銖，熬搗為散，空心酒服三錢。治婦人癥瘕氣塊，及產後血暈悶絕，兒枕痛甚。　虛極者，減大黃。　同丹砂、滑石、竹葉、麥冬、木通，治心家有熱，小腸受之，因之小水不利，立效。

同人爪、珍珠、瑪瑙、珊瑚，除目翳赤障。　得丹砂、犀角、羚羊角、天竺黃、遠志、茯神，鎮驚主諸癇。　《直指方》治小兒胎驚，琥珀、防風各一錢，丹砂半錢，為末，豬乳調一字，入口中，最妙。　又方，治小兒胎癇，琥珀、丹砂各少許，全蝎一枚，為末。　麥門冬湯調一字服。　《聖惠方》治小兒轉胞，真琥珀一兩，為末。　用水四升，葱白十莖，煮汁三升，入琥珀末二錢，溫服，砂石諸淋，三服皆效。　《普濟方》小便淋瀝：　琥珀為末二錢，麝香少許，白湯服之，或萱草煎湯服。　老人虛人，以人參湯下。　亦可蜜丸，以赤茯苓湯下。　《外臺秘要》治從高墜下，有瘀血在內。　刮琥珀屑，酒服方寸匕。或入蒲黃二三匙，日服四五次。　《鬼遺方》治金瘡悶絕不識人：　琥珀研粉，童子小便調一錢，三服瘥。　【簡誤】此藥畢竟是消磨滲利之性，不利虛人。　大都從辛溫藥則行血破血，從淡滲藥則利竅行水，從金石鎮墜藥則鎮心安神。　凡陰虛內熱，火炎水涸，小便因少而不利者，勿服琥珀以強利之利之則愈損其陰。

明·倪朱謨《本草彙言》卷一一　琥珀　味甘，氣平，無毒。陽中之陰，降也。入手少陰，太陽，足厥陰經。　《別錄》曰：　琥珀，生永昌舶上。　寇氏曰：　今西戎、高麗、海南、諸倭國皆有。　即松木榮盛時，脂流入土，千歲淪結所成也。　中有蜂蠅蟻蟲之類，形色如生，此因炎日所灼，脂流出時，諸蟲粘住，漸流漸結，內裹而成。　雷氏曰：　珀不一種，有象物珀，內有物形，即前蜂蠅之類；　有血珀，深紅如血色；　有赤松珀，濁大而脆，文理皆橫；　有水珀，淺黃色，多皺文；　有石珀，深黃色，重如石；　有花珀，文如新馬之尾，松心而黃白相間。　凡諸木有脂者，入土千歲，皆能化珀。　研末燒之，即有木氣自知也。別有一種蜜蠟珀，臭之有蜜蠟香，色黃白，即深山野蜂蜜，入土所化。　今閩南山中獨多。　又一種楓脂珀，燒之有楓木氣，即楓木脂所化也。　入藥惟取松脂血珀，體輕者良。　江元之云：　薛立齋入禁內視疾，穆宗賜桃珀簪，色紅如霞，可知年久桃脂入土亦能成珀。縱使樹雖枯，脂入地，自能成珀。惟東南海外諸木脂化珀者有之。西北方無有也。今市中有僞者，以雞蛋黄煮煉成，或青魚枕骨造成，皆僞珀也。宜細辨之。

琥珀：鎮定心神，澄清濁氣，《别錄》行逐瘀之藥也。方吉人稿此得松木清氣所結，精英所聚，質堅如石，體輕如桴，原其清明瑩潔之相。故大氏方治心氣浮越，躁亂不寧，以致失神喪志，魂魄不定，或驚悸怔忡，癲癎昏塞，或睡寐陰邪，鬼魅憑附。他如瘀血敗穢，留滯經絡，或目珠翳障，或腹胃瘕蟲，或小便淋閉，結塞不通。此藥如神明在躬，奠安神室，故驚狂可定。如曉霞秋露，清淨無滓，故瘀血、蟲瘕、目翳、淋閉諸證可退矣。但體質輕清而性多燥，如血燥陰虚，腎虧髓乏，以致水涸火炎，小便不通者，服之反滋燥急之苦，用者審之。

李士材先生曰：琥珀，感土木之氣，而兼火化者也。色赤味甘，有艮止之義，故能安神而斂魂魄；體輕滲利，有下注之象，故能行血而利小便。

許繼心先生曰：琥珀與茯苓皆自松出，而所禀所治各異。茯苓生于陰而成于陽；琥珀生于陽而成于陰。茯苓所生日淺，但可治氣而安神；琥珀所禀日深，兼可治血，而又鎮心神，化小腸氣也。

集方：都督毛鎮南傳王經略治心虚有熱，神志不寧，若癲若癎，如癡如醉，或似神鬼憑附，或似妖邪牽絆，此藥并能治之。用血色琥珀三錢，以厚布包裹，以重斧錘擊碎，布損，再易新布，再擊成碎小塊，用滚水泡蒸一時，入鐵碾內，研爲細末；茯苓、石菖蒲、川貝母、甘草、膽星、天竺黄各三錢，珍珠一錢，俱炒黄，緩緩研爲細末；丹砂研細一錢五分，真牛黄七分，真冰片五分，俱研細，通共十一味，總和以乳鉢內再研二千轉，入淨磁瓶內收貯。每有是患，五更早晚，一日三次，每次用一分，以燈心、生薑泡湯調服。或人參、生薑泡湯亦可。○陳蓋齋方治産後惡血，內阻不行，胸腹脹滿，危在旦夕。用琥珀一兩，製法同前。火硝、硫黄各一兩二錢。此二味俱研細，用米醋一碗，將硝、硫二味，入磁瓶內，隔湯蒸，以醋乾爲度，和琥珀末，再總研極細；五靈脂酒浸，淘去砂石，淨脂曬乾二兩，乳香、沒藥各八錢，瓦上焙出油，同五靈脂共研細。恐粘乳鉢，和火酒一鍾共研則不粘。研勻，和入琥珀、硝、硫末子，再研勻，圓成丸藥，如彈子大。每遇此患，用淡薑湯化服一丸，重者不過三丸即愈。此方不惟治産後瘀血，凡癥瘕蟲脹，及跌打損傷，內有瘀血者，亦并服。○《外臺秘要》治跌撲損傷，及從高墜下，有瘀血在內。用琥珀末二錢，大黄末一錢，和勻，酒調服。○《鬼遺方》治金瘡出血不止，悶絶不知人事。用琥珀末一錢，童便調服。外以琥珀末和赤石脂末，各等分，敷之血即止。○《直指方》治小兒胎驚。用琥珀末五分，丹砂二分五釐，共和勻，用乳汁調數匙，入口中。○《直指方》治小兒胎癎。用琥珀末、丹砂末，研極細，各五分，全蝎一個，研極細，和勻，麥門冬湯調服數匙，入口中。○姚氏《三因方》治目中生翳。以琥珀末、珍珠末、嫩滑石各等分，研極細末，點眼數日，翳退。○《聖惠方》治小便砂石諸淋，并小便不通，轉胞脹墜而痛者。用真琥珀六錢，製法如前。爲末，葱白廿莖，水五碗，煎二碗，取葱湯調珀末二錢服之。重者不過三服，效。○《海藥本草》治産後血暈悶絶，或惡血凝脹，并癥瘕氣塊，及兒枕痛，并宜服之。用真血琥珀，製法如前。鱉甲火燒，酒淬，京三稜、玄胡索，俱酒洗炒，各一兩；真沒藥、真乳香，俱瓦上焙出油，各八錢；大黄酒煮六錢，俱研細爲末。每服三錢，空心好酒調下。間日再服，神驗莫及。一方不用大黄。○陳氏方宋高祖時，寧州貢琥珀枕，碎之，賜軍士敷金瘡，立時止血生肌。

明・姚可成《食物本草》卷二〇木部・寓木類 琥珀李時珍曰：虎死則精魄入地化為石，此物狀似之，故謂之虎魄。俗文從玉，以其類玉也。梵書謂之阿濕摩揭婆，是海松木中津液，初若桃膠，後乃凝結。復有楓脂入地，千年變為琥珀，不獨松脂變也。大抵木脂入地于千年皆化，但不及楓、松有脂而經年歲耳。

琥珀，味甘，平，無毒。安五臟，定魂魄，殺精魅邪鬼。消瘀血，通五淋。壯心，明目磨翳，止心痛顛邪，療蠱毒，破結癥，治産後血枕痛。止血止肌，合金瘡，清肺利小腸。○陳藏器曰：和大黄、鼈甲作散，酒下方寸匕，下惡血，婦人腹內血盡即止。宋高祖時，寧州貢琥珀枕，碎以賜軍士，傅金瘡。

附方：治魚骨鯁咽，六七日不出。用琥珀珠一串，推入鯁所，牽引之即出。

明・顧逢柏《分部本草妙用》卷七兼經部・性平 琥珀 甘，平，無毒。入心、脾、小腸三經。側栢水煮半日，有異光，取搗粉用。 主治：安五臟，定魂魄，殺精魅，消瘀血，通五淋，明目摩瞖，止心痛顛邪，産後血枕痛，止血生肌，合金瘡。 按：琥珀有下注之象，得艮止之義，故用以燥脾土有功。脾運化而肺金降，利小便而瘀血下也。若血少者，反致燥急之苦，未可遽用。

明・李中梓《醫宗必讀・本草徵要下》 琥珀味甘，平，無毒。入心、肺、脾、小腸四經。　安神而鬼魅不侵，清肺而小便自利，新血止而瘀血消，翳障除而光明復。感土木之氣而兼火化，味甘色赤，有艮止之義，故能安神；　有下注之象，故利小便而行血。丹溪曰：　燥脾土有功。脾能運化，肺金下降，小便自通。若因血少而小便不利者，反致燥急之苦。按：　滲利之性，不利虛人。凡陰虛內熱，火炎水涸者勿服。

明・鄭二陽《仁壽堂藥鏡》卷二　琥珀　禹錫云：　楓脂入地，千載變成琥珀。　氣平，味甘，陽也。　入心、脾、小腸三經。　《珍》云：　利小便，清肺。　《本草》云：　安五臟，定魂魄，消瘀血，通於五淋。杵細用。　《藥性論》云：　君。治產後血疹痛。　日華子云：　療蠱毒，壯心，明目磨翳。止心痛，癲邪，破癥結。　藏器曰：　止血生肌，合金瘡。　丹溪云：　古方用以燥脾土有功。脾能運化，肺金下降，故小便可通。若血少不利者，反致燥急之苦。按：　珀有下注之象，且得艮止之義，故得安神下血，物理昭然。琥珀以手摩熱，可拾芥者為真。茯苓、琥珀，皆自松出，而所稟各異。茯苓生成於陰，琥珀生於陽而成於陰，故皆治榮而安心利水也。　雷公云：　製用水調側柏子末，安於磁鍋中，安琥珀於末中煮，從巳至申，取出搗如粉，重篩用。

明・蔣儀《藥鏡》卷三平部　琥珀　安魂魄，殺鬼祟。利淋瀝，速產胎。散血暈而目翳摩，破癥結而心痛息。與防風、丹砂是佐，胎驚者猪乳調吞。同葱白煮汁清芬，轉胞者二錢溫服。倘金瘡悶絕，童便調服細研。若傳藥其傷，使血立停，新肌驟起。血少便難，用之反燥。古人有云：　茯苓生于陰而成于陽，琥珀生于陽而成于陰。茯苓稟淺，可治氣而安心利水。琥珀年深，能治血而鎮心化氣也。

明・李中梓《頤生微論》卷三　琥珀　味甘，性平，無毒。入心、肺、脾、小腸四經。主安神殺鬼，消瘀血，通五淋，明目去翳，止血生肌，合金瘡。按：　琥珀感木土之氣，而兼火化，故有功于脾土，脾能運化，肺金下降，小便自通。若因血少而小便不利者悞用之，反致燥急之苦。

明・張景岳《景岳全書》卷四九《本草正》　琥珀　味甘、淡，性平。安五藏，清心肺，定魂魄，鎮癲癇，殺邪鬼精魅，消瘀血痰涎，解蠱毒，破癥結，通五淋，利小便，明目磨翳，止血生肌，亦合金瘡傷損。

明・徐樹丕《識小錄》卷一　琥珀　琥珀出哀牢夷，生地中，其上及傍不生草。深者八九尺，大如斛，削去皮尖，琥珀大如斗。初如凝脂，見風乃堅。【略】哀牢即今雲南，琥珀亦作虎魄。

明・盧之頤《本草乘雅半偈》帙八　琥珀《別錄》上品　氣味：　甘，平，無毒。　主治：　主安五藏，定魂魄，殺精魅邪鬼，消瘀血，通五淋。

覈曰：　出永昌、舶上、西戎、高麗、倭國者良。即松樹榮盛時，流脂入土，千歲後，淪結所成也。一種象物珀，內有物形；　一種血珀，殷紅如血色；　一種赤松脂，形如琥珀，濁大而脆，文理皆橫；　一種水珀，淺黃色，多皺文；　一種石珀，深黃色，重如砂石；　一種花珀，文如馬尾松，而黃白相間者次之；　別有一種蜜蠟珀，臭之作蜜蠟香，色黃白，即蜂蜜所化；　一種楓脂珀，燒之不作松脂臭，即楓脂所化也。入藥唯松脂血珀最良。　修治：　用水調側柏子末，安瓷鍋中，置琥珀于內煮之，從巳至申，當有異光，研粉篩用。

參曰：　虎魄入土化石，松脂入土化珀，同成堅固，因名琥珀。況膏釋脂凝，則松脂原具堅固相矣。入土淪結，自然瑩光特異。雖與松脂偕安五藏，不若琥珀之能奠安神室也。魂遊于天，對待治之；　魄降于地，想更親切。故定魂魄之功，昭著特甚。瘀血五淋，腐穢所成。松脂琥珀，精英所聚，殺精魅邪鬼者，以異光璧炤，則鬼魅遁形，如神明在躬，死陰自當潛消默化矣。猛虎非壽獸，其魄入土化石者，嗔業所致也。松木耐歲寒，其脂入土化珀者，淨業所成也。

明・李中梓《本草通玄》卷下　琥珀　甘，平。　消瘀血，利小腸，通五淋，安魂魄，辟鬼邪，去目翳。　丹溪曰：　琥珀能燥脾土，脾能運化，則肺氣下降，故小便可通。若因血少而小便不利者，反致燥急之苦。

清・顧元交《本草彙箋》卷五　琥珀　定魄消瘀，故能辟百邪，安五臟，破結瘕，治產後血枕。其能清肺者，肺藏魄也。利小腸者，以其爲茯苓之同屬，且魄有下注之義也。夫松之有脂，猶人之有血，與水是本，爲血所凝，而味主辛散，故能化血。然得土既久，亦宜入脾。蓋茯苓、琥珀，皆松脂所化。但茯苓、茯神廼大松摧折，或斫伐而根瘢不朽，津液下流結成，故治心腎，通津液。若琥珀，乃松樹枝節榮茂時，爲炎日所灼，流脂出樹身外，日漸厚大，因墮土中，津潤歲久，爲土所滲洩，而光瑩之體獨存，今可拾芥，尚有粘性，其蟲蟻之類，乃未入土時所粘者。二物皆自松出，而所稟各異。茯苓生於陰而成于陽，琥珀生於陽而成于陰，其治營安心而利水則一也。

清・穆石鉋《本草洞詮》卷一一　琥珀　虎之精魄入地化為石，此物似之，故名。從玉，以其類玉也。此係松脂入地所化，燒之仍作松氣，亦有中含一蜂，形色如生，此為松脂所沾墜地者也。楓脂入地亦變琥珀。大抵木脂入地，千年皆化，但不及松、楓脂也。茯苓、琥珀皆松脂所化，但茯苓乃大松摧折或斫伐，而根瘢不朽，津液結成。琥珀是松樹榮盛時，為炎日所灼，流脂出於身外，日漸厚大，因墮土中，津潤日久，為土所滲泄，而光瑩之體獨存，用可拾芥，尚有粘性，故其蟲蟻之類，乃未入土時所粘者。二物皆自松出，而所稟各異。茯苓生於陰而成於陽，琥珀生於陽而成於陰也。琥珀味甘，氣平，無毒。主安五臟，定魂魄，殺精魅邪鬼，明目磨翳，消瘀血，通五淋，療金瘡。古方用為利小便，以燥脾土有功。脾能運化，肺氣下降，故小便可通。若血少不利者，反致其燥急之苦也。宋太祖時，寧州貢琥珀枕，碎以賜軍士傅金瘡。近時所尚，蜜蠟金亦琥珀類也。貴異物而賤用物，去古遠矣。

清·劉雲密《本草述》卷二五　琥珀　是即松樹榮盛時流脂入土，千歲後淪結所成也。一種象物珀，內有物形；一種血珀，殷紅如血。一種赤松脂，形如琥珀，濁大而脆，紋理皆橫；一種水珀，淺黃色，多皺紋；一種石珀，深黃色，重如砂石；一種花珀，紋如馬尾松，而黃白相間者次之。別有一種蜜蠟珀，臭之作蜜蠟香，色黃白，即蜂蜜所化；一種楓脂珀，燒之不作松脂臭，即楓脂所化也。入藥唯松脂血珀最良。

氣味：甘，平，無毒。　潔古曰：屬陽。　東垣曰：琥珀甘平，純陽。丹溪曰：屬陽金。

主治：安五臟，定魂魄，化瘀血《別錄》。療心痛顛邪日華子。清肺利小腸潔古。明目磨翳，治產後血枕痛日華子。止血生肌，合金瘡藏器。希雍曰：琥珀感土木之氣，而兼火化，故其味甘平無毒，而色赤，陽中微陰，降也，入手少陰、少陽，亦入足厥陰經。專入血分，從辛溫藥則行血破血，從淡滲藥則利竅行水，從金石鎮墜藥則鎮心安神。

得乳香、沒藥、延胡索、乾漆、鼈甲，為散，治產後血暈有神。佐以人參、益母草、澤蘭、生地、牛膝、當歸、蘇木，作湯，送前藥，則治兒枕痛，惡露不盡，腹痛，少腹痛，寒熱等證極效。同丹砂、滑石、竹葉、麥冬、木通，治心家有熱，小腸受之，因之小水不利，立效。同人爪、珍珠、瑪瑙、珊瑚，除目翳赤障。得丹砂、犀角、羚羊角、天竺黃、遠志、茯神、鎮驚，主諸癎。小兒轉胞，真琥珀一兩，為末，用水四升，葱白十莖，煮汁三升，入珀末二錢，溫服。沙石諸淋，三服皆效。

愚按：松脂入地千年，化為琥珀。夫松節、松心，耐久不朽，松脂則又樹之津液精華也，在土不朽，化為茲物。昔哲曰楓脂入地千年變為琥珀，不獨松脂也。若然，何以獨取松脂之所化者哉？蓋松秉真陽之性，不為陰寒變易，即入地至深，而真陽之氣，猶能吸陰以成茯苓。入地至久，而真陽之液，更能化陰以成琥珀。是陽吸陰以成，與陽化陰以成者，殊有不同也。彼楓脂所變，非真陽堅貞之氣化。松脂為道家服食，而楓脂則否，以諸服食多取煉真陽故爾。即松脂所化，不至於殷紅血色，并不大瑩徹者，猶屬陰未盡化，不發真陽之光也。故琥珀類知治營，不知其由陽能化營，化營還以達陽，所以潔古、東垣皆曰陽也，《別錄》所云安五臟、定魂魄者，即就陽化營、營還陽者以言功也。療心痛癲邪，乃真陽虛而血不化，還結乎氣以為痛，或血不化而痰聚心竅以為癲邪，此實對治。利小腸者，心固主血，小腸行君火之氣化，為血為水，其原非二。明目磨翳，《經》曰諸脈者皆屬於目也。此致陽之精以化血，其何不治？其治產後血枕痛，并止血生肌，莫非此義。蓋其所謂化瘀血者，原非以破泄為功，故能化即能止也。大抵琥珀所治，治陽虛而血不能化者，為中的之劑。若陰虛而血不生以致不化者，則不宜也。丹溪燥脾之說，猶覺未切。

丹溪曰：古方利小便，以燥脾降肺而行水，若血少不利者用之，反致燥急之苦。此說誠然。　希雍曰：凡陰虛內熱，火炎水涸，小便因少而不利者，勿服琥珀以強利之，利之則愈損其陰。

修治　用細布包，內豆腐鍋中煮之，然後灰火略煨過。入目製用，安心神生用。

清·郭章宜《本草匯》卷一六　琥珀　甘，平，陽中微陰，降也，入手少陰、太陽，亦入足太陰、厥陰血分。安神而定魂魄，清肺而利小腸。磨翳障而光明，破結瘕而消瘀。療金瘡蠱毒，止心痛顛邪。

按：琥珀，乃松脂之精液，入地千年而凝結成者，屬陽與金。治榮而入血分，味甘色赤，有艮止之義。故能安神定魄，乃心與小腸表裏部藥也。有下注之象。丹溪言古方用為利小便，而燥脾土有功。脾能運化，則肺氣下降，而小便可通。《別說》云：茯苓，生成于陰者也。琥珀，生于陽而成于陰者也。故皆主安心利水而治榮。若因血少而小便不利者，反致燥急之苦。金瘡者，惟患其血逆于腠耳，能止之和之，則未有不瘳者也。然滲利之性，大不利于虛人。凡陰虛內熱，火炎水涸者，勿服。

用水調側栢子末，安瓷鍋中，同珀煑之，擣粉篩用。今市家多煑鷄蛋及青魚枕造成，不可不細察也。秘傳烏龍消癖膏：琥珀、麝香、氷片、牛黃各八錢，硼砂、雄黃、沉香、藥珠各一兩，阿魏、蘆會各四兩，龍骨煅、乳香、沒藥、木香、丁香各二兩，先將生地、熟地、白茯苓、赤芍、肉蓯容、地骨皮、黑白二丑、牡丹皮、肉蔻、破故紙、牛蒡子、吳茱萸、生卷栢、骨碎補、威靈仙、馬鞭草、凌霄花、枸杞子、玄胡索、金銀花、大茴香、天花粉、側栢葉、蓽澄茄、萊菔子、黃連、柴胡、何首烏、五加皮、過山龍、草果仁、牛膝、木鱉子、草蔻、白术、乾山藥、車前子、蒲公英、五靈脂、山梔仁、水紅花子、檳榔、蓬术、桃仁、紅花、澤瀉、枳殻、枳實、青皮、百部、玄參、朴硝、前胡、貫仲、地榆、貝母、半夏、黃芩、續斷、川烏、川椒、蒼术、良薑、虎骨、當歸、厚朴、肉桂、陳皮、甘草、防風、藿香、川芎、薑黃、仙茅、秦艽、杜仲、麻仁、黃芪、天麻、石斛、沙參、南星、三稜、遠志、木通、砂仁、蘇子、大黃、蟾酥、皮硝、烏藥、甘遂、桔梗、香附、乾薑、白芷、連翹、蘇木、皂角各一兩，俱切片，合一處，用麻油二十六斤，浸，春夏六日，秋冬十日，桑柴慢煎，俟藥枯黑，濾查再煎，手執桃、柳、榆、槐枝，不住手攪，徐徐投下東丹，如油十斤，丹五斤，煎至滴水成珠，去火俟溫，徐投前藥，收貯用。攤紅紵上，臨貼少加鱉甲灰，先服後方，然後貼膏。人參三分、當歸、黃連、沙參、黃芪、白术各一錢，陳皮八分，甘草五分，柴胡四分，水二鍾，生薑一片，大黑棗三個，同煎。患在中加貝母、半夏各五分，竹瀝一小鍾；在右加山查、萊菔子、神麯、麥芽各五分；在左加赤芍、紅花、桃仁各五分；有痰加半夏；大便燥加黃芩、桃仁、熟大黃；心下夯悶，加白芍；腹脹加砂仁、五味、白芍；天寒加乾薑、桂心；中寒加附子；嘔吐加陳皮、生薑；冬月加丁香、藿香；能食而心下痞，加枳實、青皮各五分。神驗。

清・蔣居祉《本草擇要綱目・寒性藥品》 琥珀凡用須分紅松脂、石珀、水珀、花珀、物象珀、瑿珀、琥珀。其紅松脂，如琥珀，只是濁大脆文橫。水珀，多無紅色，如淺黃多皺文。石珀，如石重，色黃，不堪用。花珀，文似新馬尾松心，文一路赤，一路黃。物象珀，其內自有物命，入用神妙。瑿珀之象珀之長。琥珀如血色，以布拭熱，吸得芥子者真也。琥珀拾芥，乃草芥即禾草也，言云芥子誤矣。入藥用水調側柏子末，安瓷鍋中，置琥珀于內煮之，從巳至申，當有異光。擣粉篩用。　氣味：甘，平，無毒。　主治：安五臟，定魂魄，殺精魅邪鬼。消瘀血，通五淋，壯心明目。磨翳止心痛顛邪，療蠱毒，破結瘕。治產後（血）〔兒〕枕痛，止血生肌，合金瘡。清肺，利小腸。古方用為利小便，以燥脾土有功。脾能運化，肺氣下降，故小便可通。若血少不利者，反致其燥急之苦。

清・王翃《握靈本草》卷八 琥珀松脂所化。生永昌。　主治：琥珀，甘，平，無毒。主安五臟，定魂魄，殺邪魅，消瘀血，通五淋。

清・汪昂《本草備要》卷三 琥珀通，行水，散瘀，安神。　甘，平。以脂入土而成寶，故能通塞以寧心。定魂魄，療癲邪。從鎮墜藥則安心神。色赤入手少陰、足厥陰心肝血分，故能消瘀血，破癥瘕，生肌肉，合金瘡。從辛溫藥則破血生肌。其味甘淡上行，能使肺氣下降而通膀胱，《經》曰：飲食入胃，游溢精氣，上輸于脾，脾氣散精，上歸于肺，通調水道，下輸膀胱。凡滲藥皆上行而後下降。故能治五淋，利小便，燥脾土。從淡滲藥則利竅行水。然石藥終燥，若血少而小便不利者，反致燥急之苦。又能明目磨翳。　松脂入土，年久結成，或云楓脂結成。以摩熱拾芥者真。市人多煮鷄子及青魚枕僞之，摩呵亦能拾芥，宜辨。用柏子仁末，入瓦鍋同煮半日，擣末用。

清・顧靖遠《顧氏醫鏡》卷八 琥珀甘，平。入心肝小腸三經。用水調側柏子末，置磁鍋中，置琥珀於內，煮之，擣粉用。　鎮心安神，重可以鎮心，明可以安神。殺鬼魅，治顛癇，退翳明目。消瘀血，通五淋。從辛溫藥則行血破瘀，從淡滲藥則利竅行水，從金石鎮墜藥則鎮心安神。用敷金瘡，則止血生肌。消磨滲利之性，不宜虛人。凡陰虛內熱，水涸火炎者，勿服。

清・李熙和《醫經允中》卷二〇 琥珀　入心、脾、小腸三經血分。甘，平，無毒。主治安五臟，定魂魄，殺精魅，消瘀血，通五淋，利小便，摩目瞖。血少者未可用，反致燥急。

清・馮兆張《馮氏錦囊秘錄・雜症痘疹藥性主治合參》卷四 琥珀感土木之氣而兼火化，故味甘，平，無毒。而色赤，陽中微陰，降也。入手少陰、太陽，亦入足厥陰經。專入血分，故破癥消瘀，利水通淋。其能安五臟，定魂魄者，蓋五臟藏神，有所感觸，則神不安。珀能殺精魅鬼邪，故五臟安而魂魄定，況所稟原有安神之性哉！

琥珀入藥，研末，用湯調吞，利水道，通五淋，定魂魄，安五臟。破癥結瘀血，殺鬼魅精邪。止血生肌，明目摩瞖。治產後血暈，併兒枕疼。療延爛金瘡及胃脘痛。茯苓生於陰而成於陽，所生日淺，只可治氣，而安心利水。琥珀生於陽而成於陰，所稟日深，故能治血而鎮心化氣，燥性過於茯苓。火炎水涸者禁之。從辛溫藥，則行血破血；從淡滲藥，則利竅行水；從鎮墜藥，則鎮心安神。然終是消磨滲利之性，不利虛人，內熱陰虛，小便不利者，服此以強利之，則真陰愈耗。

主治痘疹合參：治痘後驚風，及小便不利，寧神鎮驚。

按：琥珀感木土之氣，而兼火化，故有功於脾土，脾能運化，肺金下降，小便自通。若因血少而小便不利者，誤用之，反致燥急之苦。

清・张璐《本經逢原》卷三 琥珀 甘，平，無毒。出番禺，楓木脂膏所化，俗云茯苓千年化琥珀，此誤傳也。 發明：古方有琥珀利小便，以燥脾土有功，脾能運化，肺氣下降，故小便可通。若陰虛内熱，火炎水涸，血少不利者，反致燥結之苦，其消磨滲利之性，非血結膀胱者，不可誤投。和大黃、鱉甲作散，酒下方寸匕。治婦人腹内惡血，血盡則止。血結腫脹，腹大如鼓，而小便不通者，須兼沉香輩破氣藥用之。又研細傅金瘡則無瘢痕，亦散血消瘀之驗。凡陰虛内熱、火炎水涸、小便不利者勿服，服之愈損其陰，滋害彌甚。

清・浦士貞《夕庵讀本草快編》卷五 琥珀《別錄》 虎死則精魄入地化為石，此物狀似之，故名。 琥珀甘平，燥土清金之藥也。其脂乃松樹榮盛之時，被炎日所灼，液流皮外，日漸厚大，因墮土中，津潤歲久，為土滲泄。光瑩之體獨存，故可拾芥，尚有粘性。其中間有虫蟻者，乃未入土時所粘，非若茯苓、茯神，乃大松摧折，或被斫伐，而根癡不朽，津液下流而結成。二者皆出于松，秉受各異，蓋茯苓生于陰而成于陽，故能治心腎而通津液也。琥珀生于陽而成于陰，故治營安心而利水也，殺精邪消瘀血，亦從其類乎？

清・劉漢基《藥性通考》卷六 琥珀 味甘，氣平，無毒。色赤，入手少陰心經，足厥陰肝經。寧心，定魂魄，療癲邪。乃脂入土而成也，故能通塞，又消瘀血，破瘕癥，生肌肉，合金瘡。其味甘淡上行，使肺氣下降而通膀胱，治五淋，利小便，燥脾土。又能明目，磨翳。松脂入土年久結成，或云楓脂結成，以摩熱拾芥者真。用栢子仁末，入瓦鍋同煮半日，搗末用。

清・姚球《本草經解要》卷三 琥珀 氣平，味甘，無毒。主安五藏，定魂魄，殺精魅邪氣，消瘀血，通五淋。 琥珀氣平，稟天秋平之金氣，入手太陰肺經。味甘無毒，得地中正之土味，入足太陰脾經。氣味降多於升，陰也。琥珀甘平色赤，專入血分。五藏，藏陰者也。血有所凝，則五藏為之不安。琥珀甘平和血，故安五藏也。隨神往來者謂之魂，並精出入者謂之魄。魄陰而魂陽也。琥珀氣平入肺，肺主氣，味甘入脾，脾統血。質堅有鎮定之功，所以入肺脾而定魂魄也。魂魄定，則神氣内守，而精魅邪鬼不得犯之，所以云能殺鬼魅也。氣平則通利，味甘則緩中，所以能消瘀血也。氣平入肺，肺通水道，所以治五淋也。 製方：琥珀同乳香、沒藥、延胡索、乾漆、鼈甲，為末，治產後血暈。同丹砂、滑石、竹葉、木通、麥冬，治心火小便閉。

清・王子接《得宜本草・中品藥》 琥珀 味甘，淡。功專消瘀通淋。得黑穞豆治產後神昏，得麝香治小便淋瀝。

清・黃元御《玉楸藥解》卷二 琥珀 味辛，甘，氣平。入手太陰肺，足厥陰肝經。明目去翳，安魂定魄。琥珀涼肺，清肝磨障，止驚悸，除遺精，白濁，下死胎胞衣。塗面益色，敷疔拔毒，止渴除煩，滑胎催生。乳浸三日，煮軟搗碎。

清・吴儀洛《本草從新》卷三 琥珀〔通，行水，散瘀，安神。〕以下寓木類。 甘，平。以脂入土而成寶，故能通塞以寧心，定魂魄，療癲邪。從鎮墜藥則安心神。色赤，入手少陰、足厥陰血分心、肝，故能消瘀血，破癥瘕，生肌肉，合金瘡。從辛溫藥則破血生肌。其味甘淡上行，能使肺氣下降而通膀胱。《經》曰：飲食入胃，游溢精氣，上輸於脾，脾氣散精，上歸於肺，通調水道，下輸膀胱。凡滲藥皆上行而後下降。故能治五淋，利小便，燥脾土。從淡滲藥則利竅行水。又能明目磨翳。淡滲傷陰，凡陰虛内熱，火炎水虧者勿服。若血少而小便不利者，服之反致燥急之苦。松脂入土，年久結成。韓保昇〔韓保昇《蜀本草》〕曰：楓脂入地亦能結成。以手心磨熱，拾芥者真。以柏子仁入瓦鍋同煮半日，搗末。

清・汪紱《醫林纂要探源》卷三 琥珀 甘，平。赤色為貴。蜜黃色者，曰蜜蠟。人云松脂入土千年而化。又云楓脂所化。其凝萃精華，則亦玉類。以手摩令熱，能引芥。體至堅，擊之難碎，刻之不入，須煮半日，乃可搗用。贋者，煮松脂、雞子及青魚枕等，以偽託之。 鎮心甯神，安魂定魄，破癥散瘀，平補五臟。氣味甘淡，上行能降泄肺間邪水，以通行三焦，而下達膀胱。形體沉重，下行能降泄邪熱，破逐積血，又能生肌肉，合金瘡，明目退翳。然大要色赤入心，兼入肝經血分，故小兒科、外科多用之。

清・嚴潔等《得配本草》卷七 琥珀 甘，平。入手少陰、足厥陰經氣分。達命門，利水道。散瘀破堅，寧神定魄。得朱砂，治胎驚。配朱砂、全蠍，治胎癇。佐大黃、鱉甲，下惡血。和鹿蔥，治淋瀝。拭久吸得芥子子起者真。研粉，滾水泡，候冷，凝如石花，衝藥用。腎虛溲不利者禁用。

題清・徐大椿《藥性切用》卷五 明琥珀 味甘淡平，入心肝血分。安神散瘀，利水通淋。陰虛血少忌。

清・黃宮繡《本草求真》卷五 琥珀清肝腎熱邪，利水消瘀。 琥珀耑入心肝，兼入小腸、腎。甘淡性平，承曰：茯苓生於陰而成於陽，琥珀生於陽而成於陰。按書雖曰脂入土而成寶，合以鎮墜等藥，則能安魂定魄。色赤能入心、肝二經血分，合以辛溫等藥，則能消瘀破瘕，生肌合口，其味甘淡上行，合以滲利等藥，則能治淋通便，燥脾補土。《經》曰：飲食入胃，遊溢精氣，上輸於脾，脾氣散精，上歸於肺，通調水道，下輸膀胱，凡滲藥皆上行而後下降。且能明目退翳，即退翳之效，逐鬼殺魅。即安魂魄之效。謂是水去熱除安鎮之意。但此性屬消磨，則於真氣無補，氣屬滲利，則于本源有耗，此惟水盛火衰者，用之得宜。若使火盛水涸，用之不能無慮。血瘀而小便不利者宜用，血少而小便利者，反致燥急之苦。松脂入土，年久結成，或楓脂結成，以摩熱拾芥者真。市人多煮雞子及青魚膽偽之，摩熱亦能拾芥，宜辨，芥即禾草。用柏子仁末，入瓦鍋同煮半日，搗末用。

清・羅國綱《羅氏會約醫鏡》卷一七竹木部 琥珀味甘平，入心、肺、脾、小腸四經。松脂入土，千年而成，寶也。甯心定魄，成於坤象。消瘀血，破癥瘕，色赤入血，同辛溫藥用。生肌肉，斂瀒。利小水，味淡清肺。治五淋，淡滲也。燥脾土，甘能補土。明目磨翳。以摩熱拾芥者真。市人以青魚枕偽之，亦能拾芥，宜辨。用柏子仁末入瓦鍋同煮，搗末用。

清・陳修園《神農本草經讀》附録 琥珀 氣味甘，平，無毒。主安五臟，定魂魄，殺精魅邪氣，消瘀血，通五淋《別録》。

清・黃凱鈞《藥籠小品》 琥珀 色赤，入手少陰、足厥陰血分心肝，能寧心定魄，消瘀血，破癥瘕，生肌合瘡，治五淋，利小便。淡滲之品，凡陰虛水虧者勿服。

清・王龍《本草纂要稿・木部》 琥珀 氣味甘平。安五臟而定魂魄，利水道而通五淋。破癥結瘀血，殺鬼魅精邪。止血生肌，明目磨翳。治產後血暈及兒枕疼，療延爛金瘡並胃脘痛。

清・張德裕《本草正義》卷上 琥珀 苦，淡，性平。能清心肺之神魄，鎮癲癇，殺鬼精邪魅，消瘀血痰涎，亦能利小便，明目磨障，生肌止血。

清・楊時泰《本草述鉤元》卷二五 琥珀 松樹榮盛時，流脂入土，千歲後淪結所成。一種象物，珀內有物形；一種血珀，殷紅如血。一種赤松脂，形如琥珀，濁大而脆，紋理皆橫；一種水珀，淺黃色，多波紋；一種石珀，深黃色，重如砂石；一種花珀，紋如馬尾松，而黃白相間者次之；別有一種蜜蠟珀，臭之作蜜蠟香，色黃白，即蜂蜜所化；一種楓脂珀，燒之不作松脂臭，即楓脂所化也。入藥惟松脂血珀最良。

氣味甘平。純陽色赤，陽中微陰，降也。入手少陰、少陽，亦入足厥陰經，專走血分。主安五臟，定魂魄，化瘀血，療心痛顛邪，清肺利小腸，明目磨瞖，治產後血枕痛，止血生肌合金瘡。琥珀屬陽金丹溪。感土木之氣而兼火化，從辛溫藥則行血破血，從淡滲藥則利竅行水，從金石鎮墜藥則鎮心安神仲淳。得乳香、沒藥、延胡、乾漆、鼈甲為散，治產後血暈有神。佐以人參、益母草、澤蘭、生地、牛膝、當歸、蘇木，作湯送前藥，治兒枕痛、惡露不盡腹痛、少腹痛寒熱等證，極效。同丹砂、滑石、竹葉、麥冬、木通，治心有熱而小腸受之，因之小水不利，立效。同人爪、珍珠、瑪瑙、珊瑚，除目瞖、赤障。得丹砂、犀角、羚羊角、天竺黃、遠志、茯神，鎮驚，主諸癇。小兒轉胞，琥珀一兩為末，用水四升，葱白十莖，煮汁三升，入珀末二錢，溫服，沙石諸淋三服效。

論：松秉真陽之性，不為陰寒變易，即入地至深，而真陽之氣猶能吸陰以成茯苓，入地至久，而真陽之液更能化陰以成琥珀，故琥珀非殷紅血色，不大瑩徹者，猶屬陰未盡化，不發真陽之光也。其入血分治營，而潔古、東垣皆曰純陽者，由陽能化營，化營還以達陽也。陽化營，營還陽，則功能安五臟定魂魄矣。其或真陽虛而血不化，還結乎氣以為心痛，或血不化而痰聚心竅以為癲邪，此味皆其對治。夫心主血，而小腸行君火之氣化，為血為水，其原非二，琥珀既能致陽之精以化血，則利小腸及明目磨瞖等治，皆當一以貫之。至於瘀血之化，如產後血枕痛。本非以破泄為功，故能化即能止，其效并著於止血生肌也。大抵琥珀所治，惟陽虛而血不能化者為中的之劑，若陰虛而血不生以致不化者，固非所宜。

凡血少而小便利者，用之反致燥急之苦丹溪。凡陰虛內熱，火炎水涸者，服琥珀以強利小便，則愈損其陰仲淳。

修治：用細布包，內豆腐鍋中煮之，再入灰火略煨過用。入目製用，安心神生用。

清・葉桂《本草再新》卷四 琥珀味甘、辛，性平，無毒。入心、肝、腎三經。定心益智，鎮邪養陰，能定腎經之邪火，故可養陰。理血分，安魂魄，潤肺氣，寬腸，分治五淋，利小便。能安胎，能墮胎。

清・趙其光《本草求原》卷一〇寓木部 琥珀 松秉真陽，其脂入地，久而成珀。色如火赤，是陽入陰，而仍還於陽。氣平，降肺；味甘，燥脾，故利小便，脾運而肺通調也。為陽虛而血不化之專藥。治腹內膀胱惡血，和大黃、鱉甲作散，酒下。產後血暈，同乳、沒、延胡、乾漆、鱉甲為散。兒枕痛，同參、地、歸、蘇、牛膝、澤蘭。血結膀胱、腹脹如鼓而尿閉，須同沉香破氣及淡滲藥用。心痛，血不化而氣結。癲癇，血不化而痰聚心竅。同羚、犀、茯神、遠志、竹黃及丹砂等鎮墜藥，則鎮驚安神。利小腸，小腸為心血之府，心熱移於小腸，宜同丹砂、滑石、竹葉、木通、麥冬利竅行水。除目翳赤障，同人指甲、珍珠、珊瑚、瑪瑙，明目磨翳。小兒轉胞，沙石諸淋。為末煎濃，葱湯下。止血生肌，合金瘡，研敷，則無瘢痕。能化自能止，與破散者不同，同辛溫則破血。破癥瘕，同鱉甲、三稜、大黃、沒藥、延胡為散，酒下。治小兒胎驚，防風等分，丹砂減半，豬乳調下。胎癇，同全蠍末，麥冬湯下。小便淋漓，和麝，白湯下；參湯下更利虛人。金瘡悶絕。為末，童便下。血少及陰虛而血不生，以致不化。又水涸而尿不利者，勿用。安心神。生用，或以柏子仁末同煮半日用。入目，布包入豆腐煮過，再入灰火煨過，水同研，飛用。

黑如漆，照之內紅亮者良；摩熱拾芥者真。楓脂亦成珀，但少真陽之氣化，燒之無松香臭。

清・文晟《新編六書》卷六《藥性摘錄》　琥珀　甘，淡，性平。入心肝，兼入小腸。清肝腎熱邪，利水消瘀，治淋通便，燥脾，且能明目退翳，安魂定魄，逐鬼殺魅。〇惟火盛水涸者宜用。若火盛水涸者，忌之。〇以手摩熱，拾芥者真。同柏子末，入瓦罐煮半日，搗末用。

清・張仁錫《藥性蒙求・木部》　琥珀五分、八分　琥珀甘平，安魂定魄。行水消瘀，治淋通塞。入心、肝二經。利小便，通膀胱，甯心神，磨目翳。陰虛內熱者勿服。

清・戴葆元《本草綱目易知錄》卷四　琥珀　甘，平。以脂入土而成寶，故能通竅甯心，清肺躁脾，明目磨翳。安五臟，定魂魄，止心痛，療癲邪。殺精魅邪鬼。其色赤，入手少陰、足厥陰血分。又能消瘀血，破癥結。治產後血枕痛，療蠱毒，合金瘡，止血生肌。其味淡上行，能使肺氣下降而通膀胱，利小便，通五淋。

清・黃光霽《本草衍句》　琥珀　入土而成寶，通塞以甯心。定魂魄以安五臟，燥脾土而清肺金。肺氣下降，小便自通。能止癲邪心痛，最消瘀血通淋。磨翳明目，止血生新。傅金瘡良。得黑(櫓)〔穭〕豆治產後神昏，得麝香治淋瀝。下惡血，和大黃、鱉甲作散，酒下方寸匕，婦人腹內血盡，即止。　小兒胎驚，琥珀、防風、硃砂，共為末，豬乳調一字。　小兒胎癇，琥珀、硃砂、全蝎，為末，麥冬湯調服。

清・陳其瑞《本草撮要》卷二　琥珀　味甘淡，入手少陰少陽、足厥陰經血分，功專消瘀通淋。得黑穭豆治產後神昏，得麝香治小便淋瀝。用柏子仁末，入瓦鍋同煮半日，搗末用。

清・李桂庭《藥性詩解》　賦得琥珀安神而散血得神字。田春芳。　質貴功尤重，誰知琥珀純。通淋能散血，定魄且安神。按：琥珀性本甘平，治功甚重。療顛定魄，寧心安神，乃皆消瘀散血之力也。至其通淋行水，明目磨翳，乃是降利肺氣之能也。其生肌肉，合金瘡，破癥瘕三者，亦實消瘀散血之功，誠為心肝血分之藥。性本甘平淡滲，傷陰，凡陰虛內熱，火炎水虧者少用。

前題李慶霖　琥珀甘平淡，其功用最純。安魂兼散血，定魄且寧神。

清・鄭奮揚著，曹炳章注《增訂偽藥條辨》卷三　琥珀　出西番、南番，及松樹、楓木津液墜地，多年所化。色黃而明瑩者，名蠟珀。色若松香，紅而且黃者，名明珀。有香者，名香珀。出高麗、日本者，色深紅。凡中有蜂、蟻、松枝，形色如生者尤好。當以手心摩熱，拾芥為真。氣味甘，平，無毒。能安五臟，定魂魄，消瘀血，通五淋。近有以松脂偽造混售，松脂氣味苦溫，性不同則功自別。　炳章按：《南蠻記》云：寧州有折腰峰，岸崩則蜂出，土人燒治以為琥珀。常見琥珀中有物如蜂形，此說亦難憑信。《列仙傳》云：松柏脂入地，千年成為茯苓，茯苓化為琥珀。今泰山出茯苓，而無琥珀。益州永昌出琥珀，而無茯苓。亦無實據。或言龍血入地為琥珀，或言虎死時目光淪入地生琥珀，故又名虎魄。此屬無稽神話，更無價值可言。《元中記》言松脂入地為琥珀，《廣志》云哀牢縣生有琥珀，生地中，其土及旁不草，深者八九尺，大者如斛，削去外皮，中藏琥珀，初如桃膠凝結成也。《滇志》云雲南麗江出者，其產地旁不生草木，深八九尺，大者如斗，削去外皮，中藏琥珀。紅大明透者為血珀，最佳；黃嫩者力薄為金珀，次之。今蠻地莫對江猛拱地產此，夷民皆鑿山而得，與開礦無異。《滇南雜誌》云：琥珀產緬甸諸西夷地，以火珀及杏紅血珀為上，金珀次之，蠟珀最下，供藥餌而已。又云珀根有黑有白，有如雀腦。據諸家所說，是屬礦物質無疑。琥珀以藥用者之鑒別，以深紅明透、質鬆脆者為血珀，最佳。廣西產者，色紅明亮為西珀，亦佳。黃嫩者次之，金珀更次。廈門產者，色淡黃，有松香氣，為洋珀，更次。他如雲、貴邊省，人死以松香襯墊材底，伏土深久，松香由黃轉黑，土人名曰老材香，以充琥珀，年久古墓中往往發見之。然色黑無神光，仍含松香氣，為最次，不入藥用。欲辨真僞，試將琥珀摩擦之，能拾芥者真。僞者放樟腦臭，置酒精中最易浸入，以刀削之，不能粉末而為小片，其硬度比天然產為高，皆為僞品。真者刀刮鬆脆成粉。凡安心神，定魂魄，宜生用。與燈芯同研，去燈芯。眼科宜入豆腐內煮用。

瑿

宋・唐慎微《證類本草》卷一二木部上品〔唐・蘇敬《唐本草》注，《嘉祐本草》新分條〕 瑿烏兮切 味甘，平，無毒。古來相傳云：松脂千年爲茯苓，又千年爲琥珀，又千年爲瑿。然二物燒之皆有松氣，爲用與琥珀同。補心安神，破血尤善。狀似玄玉而輕。出西戎來，而有茯苓處見無此物。今西州南三百里磧中得者，大則方尺，黑潤而輕，燒之腥臭。高昌人名爲木瑿，謂玄玉爲石瑿。洪州土石間得者，燒作松氣，破血生肌與琥珀同，見風拆破，不堪爲器。量此二種及琥珀，或非松脂所爲也。有此差舛，今略論也。新見《唐本》。

〔宋・唐慎微《證類本草》〕陳藏器： 蘇於琥珀注後出瑿功狀，按瑿本功處，小兒帶之辟惡，磨滴目瞖赤障等。《太平廣記・梁四公子傳》曰： 交河之間平磧中，掘深一丈，下有瑿珀，黑逾純漆，或大如車輪。末服之，攻婦人小腸癥瘕諸疾。

宋・鄭樵《通志》卷七六《昆蟲草木略》 瑿 曰瑿珀。舊云： 琥珀千年為瑿。然不生中國，不可知也。

明・劉文泰《本草品彙精要》卷一六 瑿無毒。

瑿烏兮切。 主補心，安神，破血尤善。名醫所錄。 〔名〕木瑿、瑿珀。 〔地〕《圖經》曰： 古來相傳云： 松脂入地千年爲茯苓，又千年爲琥珀，又千年爲瑿。然二物燒之皆有松氣，爲用與琥珀同，狀似玄玉而輕，是衆珀之長，故號曰瑿珀。出西戎，而有茯苓處無此物，今西州南三百里磧中得者，大則方尺，黑潤而輕，燒之腥臭，高昌人名爲木瑿，謂玄玉爲石瑿。洪州土石間得者，燒作松氣。破血生肌，亦與琥珀同。見風折破，不堪爲器。量此二種及琥珀，或非松脂所爲也。有此差舛，今略論也。 謹按： 《本經》云： 瑿乃琥珀千年所化。《衍義》云： 琥珀，謂千年茯苓所化，則其間有粘著蜾、蠃、蜂、蟻，宛然完具者，是極不然也。《地里志》云： 林邑多琥珀，實松脂所化耳。此說爲勝，但土地有所宜，不宜，故有能化、有不能化者。觀琥珀如是，則瑿可知爲一物而成者也。 〔時〕生： 無時。 採： 無時。 〔用〕黑色光潤者爲好。 〔質〕類玄玉而輕。 〔色〕黑。 〔味〕甘。 〔性〕平，緩。 〔氣〕氣厚于味，陽也。 〔臭〕朽。 〔主〕安神，破血。 〔治〕療： 《藥性論》云： 小兒帶之辟惡，磨滴目中除翳，去赤障。《別錄》云： 爲末服之，攻婦人小腸癥瘕諸疾。

明・王文潔《太乙仙製本草藥性大全》卷三《本草精義》 瑿珀 古相傳云： 松栢千年爲茯苓，又千年爲琥珀，又千年爲瑿珀。然二物燒之皆有松氣，爲用〔與琥珀同〕。出西戎來，而有茯苓處見無此物。今西州南三百里磧中得者，大則方尺，黑潤而輕，燒之腥臭。高昌人名爲木瑿，謂玄玉爲石瑿。洪州土石間得者，燒作松氣，破血生肌，與琥珀同，見風折破，不堪爲器。量此二種及琥珀，或非松脂所爲也。有此差舛，今略論也。

明・王文潔《太乙仙製本草藥性大全》卷三《仙製藥性》 瑿珀 味甘，平，無毒。與琥珀名異產同，狀如玄玉而輕。 主治： 安神補心益佳，生肌破血尤善。不堪造器，見風折開。小兒帶之，謂能辟惡。磨滴目瞖赤瘴等病。 補註： 《太平廣記・梁四公子》曰： 交河之間平磧中，掘深一丈，下有瑿珀，黑逾純漆，或大如車輪。末服之，攻婦人小腸癥瘕諸疾。

明・皇甫嵩《本草發明》卷四 瑿松脂二千年結成，其狀似玄玉而質輕。 味甘，平，無毒。 主安神，補心，生肌，破血。不堪造器，見風折開。小兒帶之能辟惡。

明・李時珍《本草綱目》卷三七木部・寓木類 瑿音黟。○宋《嘉祐》。

〔釋名〕瑿珀斅曰： 瑿是衆珀之長，故號瑿珀。時珍曰： 亦作瑿。其色黳黑，故名。

〔集解〕恭曰： 古來相傳松脂千年爲茯苓，又千年爲琥珀，又千年爲瑿。二物燒之，皆有松氣，狀似玄玉而輕。出西戎，而有茯苓處無此物。今西州南三百里磧中得者，大則方尺，黑潤而輕，燒之腥臭。高昌人名爲木瑿，謂玄玉爲石瑿。洪州土石間得者，燒作松氣，功同琥珀，見風拆破，不堪爲器。恐此二種及琥珀，或非松脂所爲也。慎微曰： 梁〔四〕公記： 杰公云： 交河之間平磧中，掘深一丈，下有瑿珀，黑逾純漆，或大如車輪。末服，攻婦人小腸癥瘕諸疾。時珍曰： 瑿即琥珀之黑色者，或因土色薰染，或是一種木瀋結成，未必是千年琥珀復化也。《玉策經》言： 松脂千年作茯苓，茯苓千年作琥珀，琥珀千年作石膽，石膽千年作威喜。大抵皆是神異之説，未可深憑。雷斆琥珀下所説諸珀可據。

〖氣味〗甘，平，無毒。〖主治〗補心安神，破血生肌，治婦人癥瘕《唐本》。小兒帶之辟惡，磨滴目翳赤障藏器。

楓柳

宋・唐慎微《證類本草》卷一四木部下品〔唐・蘇敬《唐本草》〕 楓音風柳皮 味辛，大熱，有毒。主風，齲齒痛。出原州。

〔唐・蘇敬《唐本草》〕注云：葉似槐，莖赤根黄。子六月熟，緑色而細。剝取莖皮用之。《唐本》先附。

〔宋・唐慎微《證類本草》〕陳藏器云：性澁。止水痢。蘇云：下水腫，腫非澁藥所治有殊，蘇爲誤矣。又云：有毒。轉明其謬，水煎止痢爲最。《梅師方》：治中熱遊及火燒，除外痛。以柳白皮，燒爲末傳之。兼治炙瘡亦同，妙。《斗門方》：治白虎風，所患不以，積年久治無效。痛不可忍者。用腦、麝不限多少，細剉焙乾。浸酒常服，以醉爲度，即差。今之寄生楓樹上者方堪用，其葉亦可制砒霜粉，尤妙矣。

明・劉文泰《本草品彙精要》卷二一 楓柳皮有毒 植生。楓柳皮：主風，齲齒痛。名醫所録。〖苗〗《唐本》注云：葉似槐，莖赤根黄，六月子熟，緑色而細。〖地〗《圖經》曰：出原州。〖時〗生：春生葉。採：無時。〖收〗日乾。〖用〗莖、皮。〖色〗赤白。〖味〗辛。〖性〗大熱，散。〖氣〗氣之厚者，陽也。〖臭〗腥。〖主〗止痢，齒痛。〖製〗剉碎用。〖治〗療：陳藏器云：止水痢。《別録》云：治中熱遊及火燒外痛，燒末傅，兼治炙瘡。

明・王文潔《太乙仙製本草藥性大全》卷三《仙製藥性》 楓柳皮 味辛，氣大熱，有毒。其葉似柳，莖赤，根黄，子六月熟，緑色而細，刮取莖皮用之。寄生楓樹上者方堪用。主治：主風齲齒痛殊功，止水痢水腫要藥。補註：治中熱遊及火燒，除外痛，以柳白皮燒爲末傅之，兼治灸瘡亦同妙。〇治白虎風所患不以，積年久治無效，痛不可忍者，用腦麝不限多少，細剉，焙乾浸酒，常服以醉爲度即差。今之寄生楓樹上者方堪用，其葉亦可制霜粉尤妙矣。

明・李時珍《本草綱目》卷三七木部・寓木類 楓柳《唐本草》

〖集解〗恭曰：楓柳出原州。葉似槐，莖赤根黄。子六月熟，緑色而細。剥取莖皮用。時珍曰：蘇恭言楓柳有毒，出原州。陳藏器駁之，以爲楓柳皮即今楓樹皮，性濇能止水痢。按《斗門方》言即今楓樹上寄生，其葉亦可制粉霜，此説是也。若是楓樹，則處處甚多，何必專出原州耶？陳説誤矣。楓皮見前楓香脂下。

皮 〖氣味〗辛，大熱，有毒。〖主治〗風齲齒痛《唐本》。積年痛風不可忍，久治無效者，細剉焙，不限多少，入腦、麝浸酒常服，以醉爲度《斗門方》。

清・劉善述、劉士季《草木便方》卷二木部 麻柳 麻柳皮苦寒解毒，頭顱腹痛斷痢速。葉塗爛瘡湯火灼，花治風水黄疸服。止血除濕肢痹痛，子塗潰瘡逐膿出。

化香樹

清・吴其濬《植物名實圖考》卷三八 化香樹 湖南處處有之。高丈餘，葉微似椿，有圓齒，如橡葉而薄柔；結實如松毬刺，扁亦薄；子在刺中，似蜀葵子。破其毬，香氣芬烈，土人取其實以染黑色。按《本草拾遺》，必栗香味辛溫無毒，主鬼氣。煮服之。并燒為香，殺蠹魚。葉擣碎置上流水，魚悉暴鰓。一名化木香，詹香也。葉如椿，生高山，堪為書軸，白魚不損書也。又《海藥本草》主鬼疰心氣，斷一切惡氣。葉落水中，魚當暴死。核其形狀，頗相彷彿，名亦近是。惟此樹之用在毬，染肆浸曬，盈筐累甕，而《拾遺》不及之，以此為疑。俚醫以為順氣散痰之藥。

桑寄生

宋・唐慎微《證類本草》卷一二木部上品〔《本經・別録》〕 桑上寄生 味苦、甘，平，無毒。**主腰痛，小兒背强**巨兩切，**癰腫，安胎，充肌膚，堅髮齒，長鬚眉，**主金瘡，去痹，女子崩中，内傷不足，産後餘疾，下乳汁。**其實明目，輕身通神。一名寄屑。一名寓木，一名宛童，**一名蔦音鳥，又音弔。生弘農川谷桑樹上。三月三日採莖、葉，陰乾。

〔梁・陶弘景《本草經集注》〕云：桑上者，名桑上寄生爾。詩人云：施音異於松上，方家亦有用楊上、楓上者，則各隨其樹名之，形類猶是一般，但根津所因處爲異，法生樹枝間，寄根在皮節之内。葉圓青赤，厚澤易折。傍自生枝節。冬夏生，四月花白。五月實赤，大如小豆。今處處皆有，以出彭城爲勝。俗呼爲續斷用之，按《本經》續斷别在上品藥，主療不同，豈只是一物，市人混雜無識者。服食方是桑檽，與此又不同。

〔唐・蘇敬《唐本草》〕注云：此多生槲、櫸、柳、水楊、楓等樹上。子黄，大如小棗子。惟虢州有桑上者，子汁甚黏，核大似小豆，葉無陰陽，如細柳葉而厚。晚莖麁短。江南人相承用爲續斷，殊不相關。且寄生實九月始熟而黄。今稱五月實赤，大如小豆，蓋陶未見也。

〔宋・掌禹錫《嘉祐本草》〕按：《蜀本》注云：按諸樹多有寄生，莖、葉並相似，云是烏鳥食一物，子、糞落樹上，感氣而生。葉如橘而厚軟，莖如槐而肥脆。今處處有，方家惟須桑上者。然非自採，即難以別。可斷莖而視之，以色深黃者爲驗。《圖經》葉似龍膽而厚闊。莖短似雞脚，作樹形。三月、四月花，黃赤色。六月、七月結子，黃緑色，如小豆，以汁稠粘者良也。《藥性論》云：桑寄生，臣。能令胎牢固，主懷姙漏血不止。日華子云：助筋骨，益血脉。採人多在欅樹上收，呼爲桑寄生。在桑上者極少，縱有，形與欅樹上者亦不同，次即楓樹上，力同欅樹上者，黃色。七月、八月採。

〔宋・蘇頌《本草圖經》〕曰：桑寄生，出弘農山谷桑上，今處處有之。云是烏鳥食物，子落枝節間，感氣而生。葉似橘而厚軟，莖似槐枝而肥脆。三四月生花，黃白色。六月、七月結實，黃色，如小豆大。三月三日採莖，葉陰乾。凡槲、欅、柳、水楊、楓等上，皆有寄生，惟桑上者堪用。然殊難辨別，醫家非自採不敢用。或云斷其莖而視之，其色深黃并實中有汁稠粘者爲真。謹按《爾雅》：寓木，宛童。郭璞云：寄生一名蔦。《詩・頍弁》云：蔦與女蘿。陸璣疏云：葉似當盧子如覆盆，赤黑，甜美。而中品有松蘿條，即女蘿也。《詩》所謂蔦與女蘿，施于松上是也。舊云生熊耳川谷松上。五月採，陰乾。古方入吐腷藥。今醫家鮮用，亦不復採之。但附於此。

〔宋・唐慎微《證類本草》〕雷公曰：凡使，在樹上自然生獨枝樹是也。採得後，用銅刀和根、枝、莖細剉，陰乾了任用。勿令見火。

宋・寇宗奭《本草衍義》卷一三 桑寄生 新舊書云：今處處有之。從宦南北，實處處難得。豈歲歲窠斫摘踐之，苦而不能生邪？抑方宜不同也？若以爲鳥食物子落枝節間，感氣而生，則麥當生麥，穀當生穀，不當但生此一物也。又有於柔滑細枝上生者，如何得子落枝節間？由是言之，自是感造化之氣，別是一物。古人當日惟取桑上者，實假其氣耳。又云：今醫家鮮用，此極誤矣。今醫家非不用也，第以難得真桑上者。嘗得真桑寄生，下嚥必驗如神。向承乏吳山，有求藥于諸邑者，乃遍令人搜摘，卒不可得，遂以實告，甚不樂。蓋不敢以僞藥罔人。鄰邑有人，僞以他木寄生送之，服之逾月而死，哀哉！

宋・鄭樵《通志》卷七六《昆蟲草木略》 寄生 生于木上。有兩種，一種大者，葉如石榴；一種小者，葉如麻黃。其實皆相似。云是鳥糞感木而生。入藥以桑上者良。一名宛童，一名寄屑，一名寓木。《爾雅》云：寓木，宛童。《詩》云：蔦與女蘿，施于松上。大者曰蔦，小者曰女蘿。生松上者，曰松蘿。

宋・劉明之《圖經本草藥性總論》卷下 桑寄生 味苦、甘，平，無毒。主腰痛，小兒背強，癰腫，安胎，充肌膚，主金瘡，去痺，女子崩中，內傷不足，產後餘疾，下乳汁。《藥性論》云：臣。能令胎牢固，主懷孕漏血不止。日華子云：助筋骨，益血脈。採人多在欅樹上取收，呼為桑寄生。在桑樹上者極少。次即楓樹上者，力同。

宋・陳衍《寶慶本草折衷》卷一二 桑上寄生臣。一名桑寄生，一名寄屑，一名寓木，一名宛童，一名蔦，一名續斷。○蔦，音鳥。生洪農川谷桑木上，及彭城、虢州、江寧府。今處處桑枝節間有之。○三月採莖、葉，陰乾。○忌鐵，不見火。

味苦、甘，平，無毒。○主腰痛，小兒背強巨兩切，癰腫，安胎，充肌膚，堅髮齒，主金瘡，去痹。女子崩中內傷，產後餘疾，下乳汁。○《藥性論》云：能令胎牢固，主懷妊漏血。○日華子云：助筋骨，益血脉。○《圖經》曰：桑寄生葉似橘而厚軟，莖似槐枝而肥脆。凡槲、欅、柳、楊、楓等上皆有。寄生惟桑上者堪用。殊難辨別，非自採不敢用。斷其莖，色深黃，并實中有汁，稠粘者為真。○雷公云：用銅刀剉，勿令見火。○寇氏曰：感造化之氣，別是一物。惟取桑上者，假其氣耳。

續說云：桑上寄生，佐以他藥，施於胎前諸疾，及產後蓐勞寒熱之證，最有驗也。

元・尚從善《本草元命苞》卷六 桑上寄生 為臣。味苦、甘，平，無毒。主腰痛，小兒背強，治懷姙漏血不休。充肌膚，堅齒。消癰腫，安胎。療金瘡，去痛痺。益血脈，長鬚眉。止女子崩中，內傷不足，除產後餘疾，乳汁不行。生弘農川谷，桑樹上宜。三月三日採，陰乾。葉似橘，厚軟，形若槐，脆肥。三四月生花黃白，六七月結實金色，槲、欅、柳、水楊、楓，其樹皆有，惟虢州今所在桑上堪宜醫，非自採用不可輕。

元・朱震亨《本草衍義補遺》 桑寄生 藥之要品也。自《圖經》以下失之，而醫人不諳其的，惜哉！以於近海州邑及海外，其地暖，其地不蠶，由是桑木得氣厚，生意濃，而無採(將)〔捋〕之苦，但葉上自然生出。且所生處皆是光燥皮膚之上，何曾有所為節間可容(化)〔他〕樹子也。此說得之於海南北道憲僉老的公云。○《衍義》云：以難得真者。若得真桑寄生，下嚥必驗如神。向承(之)〔乏〕吳山，有求藥於諸邑，乃遍令人搜摘，卒不得，遂以實告。甚不樂，蓋不敢以偽藥罔人。鄰邑有人偽以他木寄生送之，服之逾月而死。（衰）〔哀〕哉！

元・徐彦純《本草發揮》卷三　桑上寄生　丹溪云：桑寄生，藥之要品也。自《圖經》已下失之。而俗醫又不識其的，惜哉！以其生於近海州邑及海外，其地暖不蠶，從事卉服，由是桑木得氣之厚，生意郁郁，而無採捋之苦。但桑上自然生出，且所生處皆是光澤皮膚之上，何曾所謂節間可容他樹子耶？此説得之海南北道憲僉老的公云。

明・蘭茂撰，清・管暄校補《滇南本草》卷下　寄生草　性微溫，味苦、甘。生槐樹，治大腸下血，腸風帶血，痔漏。生桑樹者，治筋骨疼痛，走經絡，風寒濕痺效。生花椒樹者，治脾胃寒冷，嘔吐惡心，翻胃。又有用者，解梅瘡毒。又婦人下元虚寒，崩漏。生水馬桑樹者，治小兒中蠱，用寄生草一寸二分，釘於頭上戴，可避蠱。

明・蘭茂《滇南本草》〔叢本〕卷中　寄生草　味苦、甘，性微溫。生槐樹者，主治大腸下血，腸風近血，痔漏。生桑樹者，治筋骨疼痛，筋絡風寒濕痺。生花椒樹者，治脾胃寒冷，嘔吐惡心，翻胃；解梅瘡毒，婦人下元虚寒，或崩漏。生桑樹者，治小兒中蠱，用寄生草一寸二分，帶頭上，可治蠱。

明・王綸《本草集要》卷四　桑上寄生臣　味苦甘，氣平，無毒。桑木氣厚，生意濃，無採將者自然生出。採莖葉，陰乾。凡槲、櫸、柳、楓等上皆有寄生，唯桑上者佳，假桑之氣耳。　主腰痛，小兒背強癰腫，安胎，充肌膚，堅髮齒，長鬚眉。主金瘡，去痹。女子崩中不足，懷姙漏血不止，産後餘疾，下乳汁。其實明目，輕身通神。

明・滕弘《神農本經會通》卷二　桑上寄生　臣也。桑木氣厚，生意濃而無採戕者，自然生出。三月三日採莖葉，陰乾。凡槲、櫸、柳木、楊、楓等樹上皆有寄生，惟桑上者佳，假桑之氣耳。生樹枝間，寄根在皮節之內。然非自採，即難以別。可斷莖而視，以色深黄者為驗。七九月結子黄綠色，如小豆，以汁稠粘者，真也。

味苦、甘，氣平，無毒。東云：益血安胎，止腰痛。《疌》云：治腰痛背寒，并麻頑癰腫，助筋骨，下乳，及金瘡，益血安胎。

《本經》云：主腰痛，小兒背強，癰腫，安胎，充肌膚，堅髮齒，長鬚眉，主金瘡，去痺，女子崩中，内傷不足，産後餘疾，下乳汁。其實明目，輕身通神。《藥性論》：臣。能令胎牢固。日華子云：助筋骨，益血脉。次即楓樹上力同。《圖經》云：是烏鳥食物子，落枝節間，感氣而生。惟桑上者堪用。丹溪云：藥之要品也。自《圖經》以下失之，而醫人不諳其的，惜哉！以於近海州邑及海外，其地暖不蠶，由是桑木得氣厚，生意濃，而無採戕之苦，但樹上自然生出，且所生處，皆是光燥皮膚之上，何曾有所為節，可容化樹子也。此説得之於海南北道僉憲公云。又《衍義》云：以難得真者，若得真桑寄生，下嚥必驗如神。有人偽以他木寄生送之，服之，逾年而死。哀哉！《局》云：桑上寄生名寓木，主除腰痛及金瘡，胎前産後皆宜用，并治崩中補内傷。桑寄生，治風，斂金瘡，除腰痛。

明・劉文泰《本草品彙精要》卷一七　桑上寄生無毒　寄生。

桑上寄生出《神農本經》：**主腰痛，小兒背強**巨兩切，**癰腫，安胎，充肌膚，堅髮齒，長鬚眉。**〇**實，明目，輕身，通神。**以上朱字《神農本經》。桑上寄生，主金瘡，去痹，女子崩中，内傷不足，産後餘疾，下乳汁。以上黑字名醫所録。

〔名〕寄屑、寓木、宛童、蔦音鳥，又音吊。　〔苗〕《圖經》曰：是烏鳥食物，子落枝節間，感氣而生也。其葉似橘而厚軟，莖似槐枝而肥脆。三四月生花，黄白色，六月、七月結實，黄色如小豆大。凡槲、櫸、柳、水楊、楓等上皆有寄生，惟桑上者堪用。然殊難辨別，醫家非自採不敢用。或云：斷其莖而視之，其色深黄並實中有汁稠黏者爲真。《衍義》曰：若以爲鳥食物，子落枝節間，感氣而生，則麥當生麥，穀當生穀，不當但生此一物也。又有於柔滑細枝上生者，如何得子落枝節間？由是言之，自是感造化之氣，别是一物，古人當日惟取桑上者，寔假其氣爾。朱丹溪云：近海州邑及海外，其地不蠶，由是桑木得氣厚生意濃而無採捋之苦，但葉上自然生出，且所生處皆是光澤皮膚之上，何曾有所爲節間可容化樹子也。　〔地〕《圖經》曰：出弘農川谷桑樹上，今處處有之。〔道地〕江寧府。　〔時〕生：春生葉。採：三月三日取莖葉。　〔收〕陰乾。　〔用〕莖、葉。　〔質〕葉如橘而厚軟，莖似槐而肥脆。　〔色〕青黄。　〔味〕苦、甘。　〔性〕平，緩。　〔氣〕氣之薄者，陽中之陰。　〔臭〕香。　〔主〕安胎孕，止漏血。　〔製〕《雷公》云：凡使，在樹上自然生，獨枝樹是也。採得後，用銅刀和根枝莖細剉，陰乾了，任用，勿令見火。　〔治〕療：《藥性論》云：能令胎牢固，及懷姙漏血不止。補：日華子云：助筋骨，益血脈。　〔禁〕他木寄生者，服之殺人。

明・葉文齡《醫學統旨》卷八　桑寄生　氣平，味苦、甘。無毒。　治腰腿遍身筋骨疼痛，祛風去痺，安胎，癰腫金瘡；　充肌膚，堅髮齒，長鬚眉；女子崩中不足，懷姙漏血不止，產後餘疾，下乳汁；　小兒背強。其實明目通神。

明・許希周《藥性粗評》卷二　桑上寄生，職尤高於內補。

桑寄生，桑上寄生木也，一名蔦，一名寓木。葉如橘而厚軟，莖如槐而肥脆，三四月生花黃白色，六七月結實如小豆大，黃色。江南處處有之，他樹亦有寄生，惟桑上者入藥。三月三日採莖葉，陰乾，以斷其莖，深黃色，并中實有汁稠沾者為真。所使并所畏惡，《本草》不載。味苦、甘，性平，無毒。主治腰痛背強，癰腫頑痺，金瘡，婦女崩中內傷，胎前產後諸疾，助筋骨，益血脉，充肌膚，堅齒髮，長鬚眉，蓋內補要藥也。

明・鄭寧《藥性要略大全》卷四　桑寄生臣　《十書》云：治背強腰痛，風痹，療癰疽，充肌膚，堅齒、黑髮、長鬚眉。安胎，下乳汁。治崩中勞傷，及產後餘疾。又能益血。　味苦、甘，性平，無毒。桑木氣厚，生意濃，無採捋者，自然而生出。採莖葉陰乾。諸木皆有，惟桑木上生者佳。　寄生子：明目，輕身通神。凡採得，用銅刀連根枝莖，砍取之，陰乾任用。勿見火。

明・王文潔《太乙仙製本草藥性大全》卷三《本草精義》　桑寄生　出弘農山谷桑上，今處處有之。云是烏鳥食物，子落枝節間，感氣而生。葉厚軟如橘葉，莖肥脆，類槐枝。別樹雖有不靈，獨桑氣厚甚妙。儻求主治，須認精詳。或云碎其實，有汁稠粘者真。又曰折其莖，以色深黃者是。固當宗此辨別，仍貴纏附桑枝。三四月生花，黃白色，六月、七月結實，黃色，如小豆大。三月三日採莖葉，陰乾用。

按：　木部之中，惟桑寄生最難得，其真者必須近海桑樹，生意鬱濃，地暖不蠶，葉無採捋，節間自然生出，纏附桑枝，採得陰乾，乃可入藥。其諸桃、梅、榆、柳、櫸、檞、松、楓等上，間或亦有寄生，不似桑木氣厚，假桑之氣以爲佳爾。故凡風濕作痛之證，古方每用獨活寄生湯，煎調百發百中。惟人服之杳無奏其功者，豈非藥不得真之故歟？　望下明醫用藥立方，必以主病者爲君，所用川獨活、桑寄生根，能去風勝濕，以爲主藥，誠爲合宜。奈今賣藥之家因難得真，往往收採雜木寄生，指爲桑寄生謀利。種雖同類，氣味大殊。且川獨活亦未辨認分明，每用土當歸假代，兩俱燥性，耗衛敗榮，無益有虧，寧不增劇？　近幸芟山吳氏辨認獨活，原本羌活一種，以節密輕虛者爲羌，節疏重實者爲獨。川續斷與桑寄生氣味俱異，主治頗同，不得寄生即加續斷，便立名曰羌活續斷湯，使醫者不泥於專名，病家勿誤其假藥。仁恩普濟，何其淵哉！

明・王文潔《太乙仙製本草藥性大全》卷三《仙製藥性》　桑寄生臣　味苦、甘，性平，無毒。桑木氣厚，生意濃，無採捋者，自然而生。採莖葉陰乾。諸木皆有，惟桑木上生者佳。　主治：　外科散瘡瘍，追風濕，却背強腰篤疾；　女科安胎孕，下乳汁，止崩中漏血沉疴。健筋骨，充肌膚，愈金瘡，益血脉，長鬚長髮，堅齒堅牙。　實：　服通神，輕身明目。　太乙曰：　凡使在樹上自然生獨枝樹是也。採得後用鋼刀和根枝莖細剉，陰乾了任用。勿令見犬。

明・皇甫嵩《本草發明》卷四　桑寄生上品。味苦、甘，氣平，無毒。　此除風濕，益血脉之劑。故《本草》主腰痛，去風痺，健筋骨，充肌膚，愈金瘡，長鬚髮，堅齒，女人安胎，下乳汁，崩中內傷不足，產後餘疾。小兒背強癰腫。大略除風濕，以益血脉可見矣。寄生取海桑樹，地暖不蠶，葉無捋採，桑上自然生出，節間葉厚嫩如橘葉，莖肥脆，色深黃者，是真桑寄生也。別樹生者，不如桑味氣厚。忌見火。

明・李時珍《本草綱目》卷三七木部・寓木類　桑上寄生《本經》上品

【釋名】寄屑《本經》　寓木《本經》　宛童《本經》　蔦鳥、弔二音。時珍曰：　此物寄寓他木而生，如鳥立于上，故曰寄生、寓木、蔦木。俗呼爲寄生草。《東方朔傳》云：　在樹爲寄生，在地爲窶藪。

【集解】《別録》曰：　桑上寄生，生弘農川谷桑樹上。三月三日采莖葉，陰乾。弘景曰：　寄生松上、楊上、楓上皆有，形類是一般，但根津所因處爲異，則各隨其樹名之。生樹枝間，根在枝節之內。葉圓青赤，厚澤易折。旁自生枝節。冬夏生，四月花白。五月實赤，大如小豆。處處皆有，以出彭城者爲勝。俗呼爲續斷用之，而《本經》續斷別在上品，主療不同，市人混雜無識者。恭曰：　此多生楓、檞、櫸柳、水楊等樹上。葉無陰陽，如細柳葉而厚脆。莖粗短。子黃色，大如小棗。惟虢州有桑上者，子汁甚黏，核大似小豆，九月始熟，黃色。陶言五月實赤，大如小豆，蓋未見也。江南人相承用其莖爲續斷，殊不相關。保昇曰：　諸樹多有寄生，莖、葉並相似，云是(烏)〔鳥〕鳥食一物子，糞落樹上，感氣而生。葉如橘而厚軟，莖如槐而肥脆。處處雖有，須桑上者佳。然非自采，即難以別。可斷莖視之，色深黃者爲驗。又《圖經》云：　葉似龍膽而厚闊。莖短似雞脚，作樹形。三月、四月花，黃白色。六月、七月結子，黃綠色，如小豆，以汁稠粘者良也。大明曰：　人多收櫸樹上者爲桑寄生。桑上極少，(從)〔縱〕有，形與櫸上者亦不同。次即楓樹上者，力與櫸樹上者相同，黃色。七月、八月采。宗奭曰：　桑寄生皆言處處有之。從宦南北，處處難得。豈歲歲斫踐之，苦不能生耶？　抑方宜不同耶？　若以爲鳥食物子落枝節間感氣而生，則麥當生麥，穀當生穀，不當生此一物也。自是感造化之氣，别是一物。古人惟取桑上者，是假其氣爾。第以難得真者，真者下咽，必驗如神。向有求此于吴中諸邑者。予遍搜不可得，遂以實告之。鄰邑以他木寄生送上，服之逾月而死，可不慎哉？震亨曰：桑寄生藥之要品，而人不諳其的，惜哉。近海州邑及海外之境，其地暖而不蠶，桑無採捋之苦，氣厚意濃，自然生出也。何嘗節間可容他子耶？時珍曰：寄生高者二三尺。其葉圓而微尖，厚而柔，面青而光澤，背淡紫而有茸。人言川蜀桑多，時有生者。他處鮮得。須自采或連桑采者乃可用。世俗多以雜樹上者充之，氣性不同，恐反有害也。按鄭樵《通志》云：寄生有兩種：一種大者，葉如石榴葉；一種小者，葉如麻黄葉。其子皆相似。大者曰蔦，小者曰女蘿。今觀蜀本韓氏所説亦是兩種，與鄭説同。

【修治】斅曰：采得，銅刀和根、枝、莖、葉細剉，陰乾用。勿見火。

【氣味】苦，平，無毒。《别録》曰：甘，無毒。【主治】腰痛，小兒背强，癰腫，充肌膚，堅髮齒，長鬚眉，安胎《本經》。去女子崩中，内傷不足，産後餘疾，下乳汁，主金瘡，去痹《别録》。助筋骨，益血脉大明。主懷妊漏血不止，令胎牢固甄權。

實　【氣味】甘，平，無毒。【主治】明目，輕身，通神《本經》。

【附方】新四。膈氣：生桑寄生搗汁一盞，服之。《集簡方》。胎動腹痛：桑寄生一兩半，阿膠炒半兩，艾葉半兩，水一盞半，煎一盞，去滓温服。或去艾葉。〇《聖惠方》。毒痢膿血：六脉微小，並無寒熱。宜以桑寄生二兩，防風、大芎二錢半，炙甘草三銖，爲末。每服二錢，水一盞，煎八分，和滓服。楊子建《護命方》。下血後虚：下血止後，但覺丹田元氣虚乏，腰膝沉重少力。桑寄生爲末。每服一錢，非時白湯點服。楊子建《護命方》。

題明・薛己《本草約言》卷二《藥性本草》　桑寄生　除風濕　益血脉之劑。《本草》言其味苦、甘，平，無毒。故主腰痛，去風痹，健筋骨，充肌膚，女人崩中，内傷不足，産後餘疾，下乳汁，小兒背強，癰腫。大略去風濕，以益血脉可見矣。其實明目輕身通神，然卒難得真者，斷其莖而視之，其色深黄者為辨。若真下嚥必神驗。忌見火。

明・佚名氏《醫方藥性・草藥便覽》　桑寄生　其性溫。治諸風之領袖。

明・梅得春《藥性會元》卷中　桑寄生　味苦、甘，平，無毒。　主治腰腿、遍身筋骨疼痛，療内傷風氣，癰腫金瘡，充肌膚，黑髮固齒，長鬚眉，補漏安胎。又能益血，並治女人崩中不足，懷妊漏血不止，胎前産後諸疾。下乳汁，小兒背強。　其實：明目通神。難得真者，其功力如神。　桑椹：味甘，氣寒，無毒。主治消渴，金石發熱，補虚生血，黑鬚髮，久服不飢。　桑葉：主除寒熱、出汗。汁：解蜈蚣毒。　桑耳：味甘，有毒。黑者主治女子漏下，赤白癥瘕積聚，陰痛，陰陽寒熱，無子。療月水不調。其黄熟陳白者止久瀉，益氣不飢；其金色者治癖飲積聚，腹痛，金瘡。一名桑菌。　桑花：暖，無毒。即桑樹上白蘚。主健脾澁腸，止鼻紅吐血，腸風，崩中帶下。用刀削取，微炒入藥。

明・李中立《本草原始》卷四　桑上寄生　氣味：苦，平，無毒。　主治：腰痛，小兒背強，癰腫，充肌膚，堅髮齒，長鬚眉，安胎。〇去女子崩中，内傷不足，産後餘疾，下乳汁，主金瘡，去痹。〇助筋骨，益血脉。〇主懷妊漏血不止，令胎牢固。　桑根白皮，《本經》中品。《種樹書》云：桑以構接則桑大，桑根下埋龜甲，則茂盛不蛀。

桑上寄生，《本經》上品。【圖略】按鄭樵《通志》云：寄生有兩種，一種大者，葉如石榴葉；一種小者，葉如麻葉，黄色。　修治：桑根白皮，采十年以上向東畔嫩根，銅刀刮去黄皮，取裏白皮，切，焙乾用。其皮中涎勿去之，藥力俱在其上也。忌鐵及鉛。

杲曰：甘、辛，寒，可升可降，陽中陰也。好古曰：甘厚而辛薄，入手太陰經。之才曰：續斷、桂心、麻子為之使。《聖惠方》：治髮鬢墮落，桑白皮剉二升，以水淹浸，煮五六沸，去滓，頻頻洗沐，自不落。　桑白皮，使。　時珍曰：寄生高者二三尺，其葉圓而微尖，厚而柔，面青而光澤，背淡紫而有茸。人言川蜀桑多，時有生者，他處鮮得，須自采或連桑采者乃可用。世俗多以雜樹上者充之，氣性不同，恐反有害也。　修治：桑寄生以銅刀和根枝莖葉細剉，陰乾用，勿見火。　桑寄生，臣。

明・張懋辰《本草便》卷二　桑上寄生臣　味苦、甘，氣平，無毒。主腰痛，小兒背強癰腫，安胎，充肌膚，堅髮齒，長鬚眉，主金瘡，去痹；女子崩中不足，懷妊漏血不止，産後餘疾，下乳汁；其實明目輕身。

明・繆希雍《本草經疏》卷一二　桑上寄生　味苦、甘，平，無毒。主腰痛，小兒背強，癰腫，安胎，充肌膚，堅髮齒，長鬚眉，主金瘡，去痹，女子崩中，内傷不足，産後餘疾，下乳汁。其實：主明目，輕身通神。

【疏】桑寄生感桑之精氣而生，其味苦甘，其氣平和，不寒不熱，固應無毒。

詳其主治，一本於桑，抽其精英，故功用比桑尤勝。腰痛及小兒背強，皆血不足之候。癰腫多由於榮氣熱。肌膚不充由於血虛。齒者骨之餘也，髮者血之餘也，益血則髮華，腎氣足則齒堅而鬚眉長，血盛則胎自安。女子崩中及內傷不足，皆血虛內熱之故。產後餘疾，皆由血分，乳汁不下，亦由血虛。金瘡則全傷於血。上來種種疾病，莫不悉由血虛有熱所發，此藥性能益血，故並主之也。兼能祛濕，故亦療痹。　實：味甘，平，亦益血之藥，故主治如經所云也。　【主治參互】同枸杞子、地黃、胡麻、川續斷、何首烏、當歸、牛膝，治血虛手臂骨節疼痛。　入獨活寄生湯，療一切風濕痹。　《聖惠方》療胎動腹痛：桑寄生一兩五錢，阿膠炒五錢，艾葉五錢，水一盞半，煎一盞，去滓溫服。或去艾葉，以其熱也。

明・倪朱謨《本草彙言》卷一一　桑上寄生　味苦，微甘，氣溫，無毒。陽中之陰，可升，可降。通行手足陰陽十二經。《別錄》曰：桑上寄生，生弘農山谷桑樹上。其他木，如松、楓、榆、柳、櫸、槲、桃、梅等樹上，間或亦有寄生。形類相似，氣性不同，服之反有毒。求此藥，須得自行親督人采，或買取惟根間連桑木者，方真。　朱氏曰：近海州邑及海外之境，地暖不蠶，桑無采剪之虞，氣厚意濃，乘氣而生。葉如橘而軟厚，莖如槐而肥脆。三四月作黃白花，六七月結黃綠實，大如小豆，汁稠粘。或斷莖視之，色深黃者佳。秋終采。　雷氏曰：修治：根、莖、枝、葉，一攬用。用銅刀切細，陰乾，不可見火。此藥難得真者，若以他木寄生者充之，不惟氣性不同，且反生毒害。○或一說：此藥是鳥食他草子木實，零落桑上而生，而寇氏非之曰：如此則麥當生麥，穀當生穀，草子木實，當生草與木矣，不當生此一物也。　又按鄭樵云：桑上寄生有二種。一種大者，葉如石榴葉；一種小者，葉如麻黃葉。其莖與子皆相似。

桑上寄生：益血脈，日華子養筋骨，《本經》安胎娠，《別錄》去痹痛之藥也。桂谷山稿此得桑木清英之氣，附結而生，故功用比桑尤勝。桑能清氣，而此藥能養氣之精；桑能益血，而此藥能養血之精；桑能去風，潤筋骨，而此藥能蘇風濕，健筋骨而利機關，補骨髓之精也。故《別錄》主婦人崩中下血，脹滿淋帶，及產後一切腹內諸疾。治男子臂膊腰膝，流注疼痛，及一切痿痹不用諸疾。又小兒背強，難以俯仰；娠婦腹痛，坐臥不寧，統能治之。而薛氏詮註曰：桑寄生，益血脈，潤經絡，安胎娠，去風濕，不寒不燥，不滯不利，有和營衛，安內外之功焉。如他書又云：消癰腫，堅齒牙，潤皮膚，長鬚髮等語。此又是益血脈，潤筋骨之餘力耳。合滋補血氣藥用，取效最神。

繆仲淳先生曰：此藥寄生桑上，故專主形骸寄生之胞胎，寄生之癰腫，寄生之齒牙鬚髮。能安之、消之、堅之、長之，其功獨著。若治腰痛，治背強，治臂膝上下筋骨流痛者，以形類薜蘿，纏絆桑木，相似筋脈之循行連絡，以類相應，故痛可止，強可柔。筋骨上下屈伸不利者，可療之也。

集方：西醫荀濟川傳治血脈衰槁，骨髓虛乏，後感風濕，乘虛侵于腠理；或先感風濕，以致留滯血脈，耗涸骨髓，漸成痿痹，手足不遂，臂膊、腰膝疼痛。用真桑上寄生、牛膝、木瓜各四兩，俱酒炒；羌活、防風、川萆薢、川石斛、川芎、秦艽、蒼朮，各一兩，俱鹽水炒；白朮、黃耆、當歸各二兩，俱酒炒；肉桂、黃柏、薑黃各一兩五錢，海桐皮、石楠葉、五加皮各一兩八錢，俱醋炒；虎骨二兩，酒炙酥，香附子一兩五錢，童便炒，白花蛇二條，乾者，切碎，酒炒，依方製炒，俱研為末，煉蜜丸，梧子大。每早服五錢，晚服三錢，俱白湯下。一方加全蝎十五個，酒洗，炒，研入。○台僧明徵方治婦人崩中下血，脹滿淋帶，及產後一切腹內諸疾。用真桑上寄生、懷熟地、丹參各三錢，當歸身二錢，川芎、白芍藥各一錢五分，真阿膠一錢，水二碗，煎八分，不拘時服，十劑愈。○《集簡方》治男子風濕流注，臂膊、腰膝疼痛，及一切手足痿痹不用諸疾。用真桑上寄生四兩，牛膝三兩，俱酒洗，蒼朮米泔水浸一夜，炒，當歸酒炒各二兩，肉桂一兩焙，川烏五錢，童便製過，草烏三錢，酒浸一夜，炒黃，共為末。每早飯後服二錢，白湯調服。○嵇氏方治小兒背強，難以俯仰，無他疾者。用真桑上寄生二兩，白朮、當歸各三兩，鱉甲一斤。用滾湯泡洗淨，用水一斗，四味共煎至一升，其渣再用水七升，煎至七合。二次汁，總和一處，入砂鍋內，慢火熬如飴，加煉蜜二兩收之。每日不拘時，用米湯調服數茶匙。如兼有熱疳者，加胡黃連五錢。○《產寶方》治妊娠腹痛，坐臥不寧。用真桑上寄生二錢，當歸一錢五分，川芎、阿膠、杜仲、川續斷、白芍藥各一錢二分，砂仁殼、白朮各一錢，黑棗三個，生薑三片。水煎服。

明・李中梓《醫宗必讀・本草徵要下》　桑寄生味苦，平，無毒。入肝經。忌火。　和血脈，充肌膚，而齒髮堅長；舒筋絡，利關節，而痹痛捐除。安胎簡用，崩漏徵醫。本能益血，兼能去濕，故功效如右。海外深山，地暖不蠶，桑無採捋之苦，氣化濃密，自然生出。言鳥啣他子，遺樹而生者，非〔也〕。

明・蔣儀《藥鏡》卷三平部　桑寄生　善益血，能令腎氣足而腰痛除，牙齒堅而鬚髮長。兼祛濕，能令風痺散而頑麻止，筋骨健而內傷復。同當歸、續斷，治血虛骨痛，并背強之兒。同阿膠、艾葉，治胎動腹疼及産後餘疾。

明・張景岳《景岳全書》卷四九《本草正》　桑寄生　味苦，性涼。主女子血熱崩中胎漏，固血安胎，及産後血熱諸疾，去風熱濕痹，腰膝疼痛，長鬚眉，堅髮齒，涼小兒熱毒，癰疽瘡癩。

明・盧之頤《本草乘雅半偈》帙二　桑上寄生《本經》上品　氣味：苦，平，無毒。　主治：主腰痛，小兒背強，癰腫，充肌膚，堅齒髮，長鬚眉，安胎。其實主明目，輕身通神。

覈曰：近海州邑，及海外之境，地暖不蠶，桑無采剪之苦，氣厚意濃，兼之鳥食榕實，糞落桑上，乘氣而生。葉如橘而軟厚，莖如槐而肥脆。三四月作黄白花，六七月結黄綠實，大如小豆汁稠粘，或斷莖視之色深黄者良。世俗多以寄生他木上者充之，不惟氣性不同，且反生災害矣。修治：根莖枝葉，並銅刀剉細，陰乾，不可見火。繆仲淳先生云：感桑木精氣而寄生，故其主治，一本于桑，更抽拔其英粹，功用尤勝於桑矣。

參曰：木性之易生者榕桑稱最，桑雖曲直仆偃，靡不怒生，榕附水土沙木，莫不勃發。更異者，鳥啖榕實，遺出桑上，遂爾寄生。故主形骸寄生之齒髮鬚眉，及胞胎癰腫。堅之、長之、安之、療之，其功獨著。若主腰痛，治背強，充肌膚，及明目輕身通神者，此屬形骸親相分，特易易耳。先人云：寄生桑木身半，大似腰呂之象，則凡腰呂之疾為宜。一名寓木，寓木者，如膽寄肝，當治膽病。胎亦寄，髮齒鬚眉亦寄也。實之通神，當切于魂，斷決，疑斯釋矣。又云：人世如寄，此復寄寄，取彼寄寄，以益其寄。易生速計之流，得有着脚處，隨計就計矣。然木性之易生者，榕桑稱最，真真兩得其計矣。

明・李中梓《本草通玄》卷下　桑寄生　甘，平。和血脉，助筋骨，充肌膚，堅髮齒，安胎止崩。　丹溪曰：海外地暖不蠶，桑無採捋之苦，則生意濃，自然生出。何嘗節間可容他子耶？連桑枝採者乃可用之，僞者損人。忌鐵忌火。

清・顧元交《本草彙箋》卷五　桑寄生　益血其本能也，去濕其兼長也。大真者下咽必驗。市人多以他木寄生者，不惟無功，往往致害，諸說多端。近海州邑及海外之境，其地暖而不蠶，桑無採捋之苦，得氣厚而生意濃，自然生出，何嘗節間可容他子耶？高者二三尺，葉圓微尖，厚而柔，面青而光澤，背淡紫有茸。此須自採或連桑木者乃可信，不然姑缺之。

用須陰乾，不得見火。

清・穆石皰《本草洞詮》卷一一　桑寄生　此種寄寓他樹而生，如鳥立於上，故一名蔦木。生樹枝間，根在枝節之內。松上、楊上、楓上，皆有，古人惟取桑上者。若非自采，即難辨也。味苦甘，氣平，無毒。固筋骨，益血脉，安胎，主金瘡，去痺，明目輕身通神。寇宗奭云：桑寄生皆言處處有之，從宦南北，處處難得，俗謂鳥食物，子落節間而生，則麥當生麥，穀當生穀矣。自是造化之氣，生此一種，真者下咽，必驗如神。向有求此於吳中諸邑者，予遍搜不得，以實告之，鄰邑以他木寄生送去，服之逾月而死，可不慎哉？惟近海州邑及海外，其地暖而不蠶桑，無採捋之苦，氣厚意濃，自然生出，何嘗節間可容他子耶？

清・張志聰《侶山堂類辯》卷下　桑上寄生　桑寄生生于近海州野及海外之境，地暖不蠶，桑無剪採之苦，氣厚意濃，兼之鳥食榕實，糞落桑上，乘氣而生。榕乃易生之木，枝葉下垂即生根作本，故其樹極大，多生于海山中，是以子附于桑，則為桑上寄生。蓋感桑之精氣，故其功力，一本於桑。若寄生他木上者，不惟氣性不同，且反生災害矣。今市肆者，乃柴枝也。有一種色黄脆，狀如金釵石斛者，庶幾可用。寇宗奭曰：予從宦南北，偏搜不可得，故非親採，難以別真僞，要知市賣者皆僞也。予故以依附桑上之藤，葉如三角楓者，取之安胎甚效，蓋亦得桑之精氣者也。

清・劉雲密《本草述》卷二五　桑寄生　氣味：苦，平，無毒。

《別錄》曰：甘，無毒。

主治：腰痛，小兒背強，癰腫《本經》。去女子崩中，內傷不足，産後餘疾《別錄》。主妊娠漏血不止，令胎牢固甄權。其功不分男婦大小，益血脉，助筋骨日華子。療腰背腿脚偏身骨節疼痛，祛風痹頑麻方書。《類明》曰：桑寄生所治腰痛，是血脉虛衰不能通行者也。桑寄生味甘平，能益血脉，古方獨活寄生湯以治虛弱腰痛是也。丹溪亦嘗用之，以治風溼腳腿疼痛，故曰桑上寄生，藥之要品也。考之《本草》桑葉、桑枝，皆能治血，桑寄生是寄生桑上，得其氣也。

附方　毒痢膿血，六脈微小，並無寒熱，宜以桑寄生二兩，防風、大芎二錢半，炙甘草三銖，為末，每服二錢，水一盞，煎八分，和滓服。　下血止後，但覺丹田元氣虛乏，腰膝沉重少力，桑寄生為末，每服一錢，非時白湯點服。

希雍曰：　桑寄生感桑之精氣而生，其味苦甘，其氣平和，不寒不熱，固應無毒，詳其主治，本於桑之抽其精英，故功用比桑尤勝。　其所治之證，皆由血虛有熱所發。　此藥性能益血，故並主之也。　兼能祛溼，故亦療痹。

同枸杞子、地黃、胡麻、川續斷、何首烏、當歸、牛膝，治血虛手臂骨節疼痛。

入獨活寄生湯，療一切風溼痹。　《聖惠方》療胎動腹痛，桑寄生一兩五錢，阿膠炒五錢，艾葉五錢，水一盞半，煎一盞，去滓溫服，或去艾葉，以其熱也。

愚按：　桑之寄生，益血脈，助筋骨，類知為桑精英之氣所成也。　第氣味甘寒者屬桑，而所寄生之物，其功用尤勝，抑又何歟？　蓋熱能傷血，不曰寒泣血乎？　此之轉化為寄生者，即以轉化為優，而功懋於血脈，誠如繆氏所云，其味苦甘，其氣平和，不寒不熱，可以療虛，其功勝乎桑者也，故不獨治風，而并療風溼，為脚腿疼痛者，此丹溪所以第為藥之要品也。　繆氏血熱之治，殊未然，此說但可以言桑耳。

保昇曰：　諸樹多有寄生，莖葉並相似，云是烏鳥食一物子，糞落樹上，感氣而生，但須桑上者佳。　然非自采即難以別，可斷莖視之，色深黃者為驗。

嘉謨曰：　桑寄生最難得真者，其他桃、梅、榆、柳、櫸、檞、松、楓等上間有寄生，皆不如寄於桑者，假桑之氣乃佳爾。　故凡風溼作痛之證，古方每用獨活寄生湯，蓋以主病者為君，所用川獨活、桑寄生，俱能去風勝溼，以為主藥，故能中病而奏功。　若收采雜木寄生，指為桑寄生，種雖同類，氣味大殊。且川獨活亦未辨認分明，每用土當歸假代。　兩俱燥性，耗衛敗榮，無益有虧，寧止不得取效而已。　近茭山吳氏辨認獨活原本羌活一種，以節密輕虛者為羌，節疎重實者為獨。　川續斷與桑寄生氣味略異，主治頗同。　不得寄生，即加續斷，便立名曰羌活續斷湯，使醫者不泥於專名，病家勿誤於偽藥，其意固甚善哉。

修治　忌火忌鐵。

附錄：　《準繩》用桑寄生治溲血。　治小便頻數，卒然下血不止，並不疼痛，此緣心中積惡，機謀艱險，長懷嫉妒，多積忿氣，傷損肝心正氣，又因色傷，小腸氣虛，血乘虛妄行，故有此疾。　宜服此方，桑寄生一兩，熟地黃、茯苓各半兩，人參、川芎、獨活、蒲黃各二錢半，甘松、沉香各八分四釐，右為細末，每服三錢匕，水一盞，煎一二沸，便瀉出，去滓，非時喫，服此藥後其血已安，校覺丹田元氣之虛，腰膝沉重，多困少力者，宜用桑寄生為細末，每服一二錢，非時點服補之。

又附錄：　丹溪曰：　桑寄生，藥之要品，而人不諳其的，惜哉！　近海州邑及海外之境，其地暖而不蠶，桑無采捋之苦，氣厚意濃，自然生出也，何嘗節間可容他子耶？

愚閱諸方書，悉謂難得真者。　如寇氏所云，有誤服他木寄生，其人逾月而斃。　若然，是則海上雖有真者，何得親為采取，而不蹈其覆轍耶？　不如慎用之為是也。

清・郭章宜《本草匯》卷一六　桑寄生　甘，平，入足厥陰經。　治懷妊漏血，理膈氣生桑寄生，擣汁服之。崩中。　助筋骨，除風濕。

按：　桑寄生，感桑之精氣而成，不寒不熱，比桑尤勝。　除風濕，益血脉之劑也。　故《本草》稱其主腰痛，去風痺，健筋骨，固胎氣，小兒背強癰腫之證。　或言烏啣他子遺樹而生者，非也。

真者極難，必連桑枝採者，乃為可用。　別樹生者，殺人。　然吳中諸邑不可得，必海外深山，地暖不蠶，桑無捋採之苦，故多可取。　其葉圓而微尖，厚而柔，面青而光澤，背淡紫而有茸，斷其莖，色深黃者，為真。

清・蔣居祉《本草擇要綱目・平性藥品》　桑寄生　氣味：　苦，平，無毒。　主治：　腰痛，小兒背強癰腫。　去女子崩中不足，安胎及產後餘疾。下乳汁，助筋骨，益血脈。

清・王翃《握靈本草》卷八　桑寄生桑上寄生，葉青赤，花白，實赤，大如小豆，處處皆有。　以彭城者為勝。　但諸樹皆有寄生，難得真者，真者下咽，必驗如神。　主治：桑寄生，苦，平，無毒。　主腰痛背強，充肌膚，堅齒髮，長鬚眉，安胎。

清・汪昂《本草備要》卷三　桑寄生補筋骨，散風濕。　苦堅腎，助筋骨而固齒，長髮。齒者骨之餘，髮者血之餘。　甘益血，主崩漏而下乳，安胎。三症皆由血虛。　外科散瘡瘍，追風濕。　他樹多寄生，以桑上採者爲真，雜樹恐反有害。莖、葉并用。　忌火。

清・吳楚《寶命真詮》卷三　桑寄生　【略】和血脉，助筋骨，舒筋絡，充肌膚，利關節，除痺濕，堅齒長髮，安胎止崩。

清·李熙和《醫經允中》卷一七　桑寄生　難得真者。　甘，平，無毒。
主治和血脉，利關節，健筋骨，去風濕，却背強腰疼篤疾。

清·张璐《本經逢原》卷三　桑寄生　苦甘，平，無毒。　發明：　《本經》主腰痛，小兒背強，癰腫，充肌膚，堅髮齒，長鬚眉，安胎。　寄生得桑之餘氣而生，性專祛風、逐濕，通調血脈。故《本經》取治婦人腰痛、小兒背強等病，血脉通調而肌膚眉髮皆受其蔭，即有癰腫，亦得消散矣。古聖觸物取象，以其寓形榕木，與子受母氣無異，故為安胎聖藥。《別錄》言去女子崩中產後餘疾，亦是去風除濕益血補陰之驗。惟西蜀、南粵不經飼蠶之地始有，故真者絕少，今世皆榕樹枝贋充，慎勿誤用，其真者絕不易得。故古方此味之下有云，如無以續斷代之，於此可以想象其功用也。

清·張志聰、高世栻《本草崇原》卷上　桑上寄生　氣味苦，平，無毒。主腰痛，小兒背強，癰腫，充肌膚，堅髮齒，長鬚眉，安胎。　桑寄生始出弘農川谷及近海州邑海外之境，其地暖而不蠶。桑無剪伐之苦，氣厚力充，故枝節間有小木生焉，是為桑上寄生。寄生之葉如橘而厚軟。寄生之莖，如槐而肥脆。四月開黃白花，五月結黃赤實，大如小豆，有汁稠粘，斷莖視之色深黃者良。寄生木楓槲櫸柳水楊等樹上皆有之。須桑上生者可用。世俗多以寄生他樹者偽充，不知氣性不同，用之非徒無益，而反有害。一種黃寄生，形如石斛，一種如柴，不黃色者，皆偽也。寄生感桑氣而寄生枝節間，生長無時，不假土力，奪天地造化之神功。主治腰痛者，腰乃腎之外候，男子以藏精，女子以繫胞。寄生得桑精之氣，虛繫而生，故治腰痛。小兒腎形未足，似無腰痛之證，應有背強癰腫之疾。寄生治腰痛，則小兒背強，癰腫，亦能治之。充肌膚，精氣外達也。堅髮齒，精氣內足也。精氣外達而充肌膚，則鬚眉亦長。精氣內足而堅髮齒，則胎亦安。蓋肌膚者，皮肉之餘。齒者，骨之餘。髮與鬚眉者，血之餘。胎者，身之餘。以餘氣寄生之物，而治餘氣之病，同類相感如此。　寄生實　氣味甘，平，無毒。主明目，輕身，通神。

清·何諫《生草藥性備要》卷下　桑寄生　味辛，性溫。安胎養血，散熱，作茶飲。舒筋絡，浸酒祛風。

清·劉漢基《藥性通考》卷五　桑寄生　味苦、甘，氣寒。可昇可降，無經不達。能堅腎，助筋骨，散風濕，固齒長髮，益血止崩漏，下乳安胎。外科散瘡瘍，追風濕。他樹多寄生，以桑上採者為真，雜樹恐反有害。莖葉並用，忌火。然單用則無功效，必須加入補氣血藥中方妙也。

清·徐大椿《神農本草經百種錄》上品　桑上寄生　味苦，平。主腰痛，得桑之氣，亦能助筋骨也。小兒背強，驅脊間風。癰腫，和血脈。安胎，胎亦寄母腹者也。充肌膚，養皮毛之血脈。堅髮齒，長鬚眉。其實主明目，桑性驅風，肝為風藏，而開竅于目，風去則目明也。輕身通神。寄生乃感風露之氣以生，故服之亦有清虛之妙應。　寄生乃桑之精氣所結，復生小樹于枝間，有子之象焉，故能安胎。其性與桑相近，故亦能驅風養血。其生不著土，資天氣而不資地氣，故能滋養血脈于空虛之地，而取效更神也。

清·黃元御《玉楸藥解》卷二　桑寄生　味苦，氣平。入足少陰腎、足厥陰肝經。壯骨榮筋，止血通乳。桑寄生通達經絡，驅逐濕痹。治腰痛背強，筋痿骨弱，血崩乳閉，胎動腹痛，痢疾，金瘡癰疽。堅髮齒，長眉鬚。

清·吳儀洛《本草從新》卷三　桑寄生補筋骨，散風濕。　苦堅腎，助筋骨而固齒長髮。甘益血，止崩漏而下乳安胎。舒筋絡而利關節，和血脈而除痺痛。外科散瘡瘍，追風濕。海外深山地暖，不蠶桑，無採捋之苦，氣化濃密，自然生出。有言鳥啣他子，遺樹而生者，非也。他樹多寄生，恐反有害。莖葉并用。忌火。

清·嚴潔等《得配本草》卷七　桑上寄生　忌火。　苦，平。入足厥陰經。去風濕，益血脈。主崩漏，散瘡瘍，安胎下乳，兼治胎產餘疾。配阿膠，治胎動腹痛。配芎、防，治下痢膿血。　桑上節間生出，纏附桑枝者，名寄生。折斷有深黃色者真。　雜樹上生者多害人。

題清·徐大椿《藥性切用》卷五　桑寄生　苦甘性平，入肝腎而除風理濕，壯骨強筋，為腰膝痛痺耑藥。

清·黃宮繡《本草求真》卷一　桑寄生補肝腎，除風濕，強筋骨。　桑寄生耑入肝腎。感桑精氣而生，味苦而甘，性平而和，不寒不熱，號為補腎、補血要劑。緣腎主骨、髮，主血，苦入腎，腎得補則筋骨有力，不致痿痺而酸痛矣。甘補血，血得補則髮受其灌蔭，而不枯脫落矣。故凡內而腰痛筋骨篤疾胎墮，外而金瘡肌膚風濕，何一不藉此以為主治乎？第出桑樹生者真。須自採，或連桑葉者乃可用。　和莖葉細剉陰乾，忌火，服則其效如神。若雜樹所出，性氣不同，恐反有害。

清・許豫和《許氏幼科七種・怡堂散記》卷下 桑寄生 草木生乎土，皆以土為母。寄生生於桑，則以桑為母矣。桑乃箕星之精，故能治風。寄生得桑之全力，其功倍於桑枝，能利關節，堅筋骨，關節利則風去，風去則血脉通，而筋骨堅矣。但苦難得真者，故世俗以桑枝代之。

清・羅國綱《羅氏會約醫鏡》卷一七竹木部 桑寄生味苦甘，入肝經。忌火。 苦堅腎，助筋骨，固齒，長髮；齒者骨之餘，髮者血之餘。甘益血，主崩漏，下乳，安胎。三者皆由血虛。利關節，療痹痛，苦以燥濕。及產後血熱諸疾。他樹寄生不堪用，惟桑上者良。

清・陳修園《神農本草經讀》卷二上品 桑上寄生 氣味苦，平，無毒。主腰痛，小兒背強，癰腫。充肌膚，堅髮齒，長鬚眉，安胎。

張隱庵曰：寄生感桑氣而寄生枝節間，生長無時，不假土力，奪天地造化之神功，故能資養血脉於空虛之地，而取效倍於他藥也。主治腰痛者，腰乃腎之外候，男子以藏精，女子以繫胞。寄生得桑精之氣，虛繫而生，故治腰痛。小兒腎形未足，似無腰痛之證，應有背強癰腫之疾，寄生治腰痛，則小兒背強癰腫亦能治之。充肌膚，精氣外達也；堅髮齒，精氣內足也。精氣外達而充肌膚，則鬚眉亦長；精氣內足而堅髮齒，則胎亦安。蓋肌膚者，皮肉之餘；齒者，骨之餘；髮與鬚眉者，血之餘；胎者，身之餘。以餘氣寄生之物，而治餘氣之病，同類相感如此。

清・黃凱鈞《藥籠小品》 桑寄生 舒筋絡，利關節，除風濕痹痛之要藥，同他藥浸酒服良。

清・王龍《本草纂要稿・木部》 桑寄生 散瘡瘍，尤追風濕。却背強，更止腰疼。安胎孕，能下乳汁。健筋骨，尤充肌膚。益血脉而療金瘡，止崩漏而堅牙齒。

清・張德裕《本草正義》卷上 桑寄生 苦，涼。去風熱濕痹，腰膝痛疼，涼血安胎，血熱胎漏。

清・楊時泰《本草述鉤元》卷二五 桑寄生 此是烏鳥食一物子，糞落樹上，感氣而生。諸樹多有寄生，莖葉並相似，但須桑上者，方合用。非自采即難以別，可斷莖視之，色深黃者為驗保昇。近海州邑及海外境土，其地暖而不蠶，桑無采捋之苦，氣厚意濃，自然生出，何嘗節間可容他子耶丹溪？ 氣味苦甘平。益血脈，助筋骨，治腰痛，是血脈虛衰不能通行者。主妊娠漏血不止，令胎牢固，愈崩中內傷不足，產後餘疾，小兒背強癰腫，療腰背腿脚偏身骨節疼痛，祛風痺頑麻。《本草》桑葉、桑枝皆能治血，寄生得其氣，故能益血脉《類明》。

本於桑而抽其精英，功用比桑尤勝，所治諸證，皆由血虛有熱致然。此藥性能益血，兼能祛濕仲淳。凡風濕作痛之證，古方用獨活寄生湯，蓋以主病者為君，二味俱能去風勝濕也。若辨認未明，以雜木寄生為桑寄生，又用土當歸假代川獨活，兩性俱燥，耗衛敗營，無益有損。近茭山吳氏，辨認獨活，原本羌活一種，以節密輕虛者為羌，節疎重實者為獨。川續斷與桑寄生氣味略異，主治頗同，不得寄生，即加續斷，便名羌活續斷湯，使醫者不泥於專名，病家勿誤於偽藥，其意殊善嘉謨。同枸杞、當歸、牛膝、續斷、地黃、胡麻、首烏，治血虛手臂骨節疼痛。胎動腹痛，桑寄生一兩半，阿膠炒半兩，艾葉半兩，水煎溫服。或去艾葉，以其熱也。毒痢膿血，六脈微小，並無寒熱，宜以桑寄生二兩，芎、防各三錢半，炙甘草三銖，為散，每用二錢，水煎八分，和渣服。下血止後，但覺丹田元氣虛乏，腰膝沉重少力，桑寄生為末，每用一錢，非時白湯點服。小便頻數，猝然溲血不止，並不疼痛，此緣心中機謀積惡，奸險嫉妬，多積忿氣，傷損肝心，又因色傷，小腸氣虛，其血乘虛妄行故也。宜用桑寄生一兩，熟地、茯苓各半兩，人參、川芎、獨活、蒲黃各二錢半，甘松、沉香各八分四釐，為細末，每用三錢匕，水一盞，煎一二沸，便傾出，去渣，不時服。服後其血已安，惟覺丹田元氣之虛，腰膝沉困少力，宜再取桑寄生細末一二錢，非時點服補之。

論：桑之氣味甘寒，其所寄生之物，何以功用尤勝？蓋熱能傷血，寒復泣血，此之轉化為寄生者，即以其轉化為優，而功懋於血脈，誠如繆氏所云：不寒不熱，可以療虛也。至於血熱之治，殊未然，但可以言桑耳。

不得真者不用，寇氏言有誤服他木寄生，其人逾月而斃者，慎之。忌火，忌鐵。

清・鄒澍《本經續疏》卷三 桑上寄生 【略】寄生必假桑之餘氣而成耶，何他樹亦有寄生，枝葉狀態如一也。凡樹皆有寄生，枝葉狀態如一，則應自有種，然未見有不寄他樹能自獨生者，此蓋猶人婉孌柔媚而特操不能自立者，故《爾雅》載其別字曰宛童。然托身得地，亦能有所作為，故張隱庵謂餘氣寄生之物，善治餘氣寄生之病，若肌膚為皮肉之餘，齒為骨之餘，髮眉鬚為血之餘，胎為身之餘，而能充之、堅之、長之、安之，是亦最善體會矣。予則更有說焉，果木截接不能兩生，此則既有寄生，復不礙樹，蓋截接者，出於人力之勉強，寄生者，出於天地之自然。勉強者原欲竭滋液，以奉所接；自然者僅分餘波，以資所寓。然其力出於本根則一也。人身本根非腎而何，以能滋贅疣之物而主腰痛及小兒背強，是又可知此腰痛背強，非因乎虛，非因乎痹，乃腎中滋液不敷布，以潤所當潤，資所當資，而留於中反礙氣之流行矣。得此婉孌柔媚之物，本專為寄豭者引其氣，使潤所當潤，資所當資，豈不兩俱安善哉。然何以必欲得在桑上者？夫桑本柔涼潤澤，其氣上及巔頂，旁抵四肢，觀《圖經》述桑枝本主上氣眼運，肺家欬嗽，偏體風癢乾燥，水氣脚氣風氣，四肢拘攣，再以其上所寄生者而推之，是必尤能發其餘澤，以溉其所贅矣。托滋液而團結於上者，非目而何？其實主明目，毋容詳釋也。

清・葉桂《本草再新》卷四　桑寄生味苦，甘，性溫，無毒。入心、腎二經。補氣溫中，治陰虛，壯陽道，利骨節，通經水，補血和血，安胎定痛。補而不走，故能安胎。

清・吳其濬《植物名實圖考》卷三三　桑上寄生　《別錄》中品。葉圓微尖，厚而柔，面青光澤，背淡紫有茸，子黃色如小棗，汁甚黏，核如小豆。諸書悉同。惟《圖經》云，三四月花黃白色。余所見冬開花，色黃紅，殘則淺黃耳。後人執蔦女蘿之說，強為糾紛，若如《陸疏》所云，乃是蔓生，何能併合？南方毛葦、石斛、風蘭寄生，亦非一種。《本草衍義》謂有服他木寄生而死者，用寄生者，烏可不慎？廣西所產多榕寄生，或云桑寄生於榕；又謂有桑寄桑者，尤謬，吾未見有服此藥而效者，緣少真者耳。

雩婁農曰：蔦與女蘿，傳曰：蔦，寄生也。《陸疏》以為子如覆盆子，赤黑甜美。今寄生子既不可食，形亦不類；或云鳥銜樹子遺樹上而生。余以十月後莅贛南，群木多隕，有鬱葱者如花、如果，遣人折枝視之，皆寄生也。所托樹非一，而葉厚毛背，紅花黃子，無異形，信乎。感氣而生，別是一物也。桑寄生以去風保產，見重於世。桂椒生者，土人云性與桂椒同。桃柳所生，俗方亦取用之。蓋皆盜本木之精華，而奪其雨露之施，假而不歸。如借叢者，久而叢枯而亡矣。讀《郁離子》伐桑寄生賦序云：如瘡痍脫身，大奸去國。有會余心者焉。其賦有曰：農植嘉穀，惡草是芟，物猶如此，人何以堪？獨不聞三桓競爽，魯君如寄；田氏厚施，姜陳易位；大賈入秦，伯翳以亡；園謀既售，芈化為黃。蠹憑木以槁木，姦憑國以盜國，鬼居肓而人隕，梟寄巢而母食。故曰：非其種者，鋤而去之，信斯言之可則。

清・趙其光《本草求原》卷一〇寓木部　桑寄生　感桑精之餘氣而轉化虛系以生。味苦、甘而氣平，不寒不熱，故能活血，益血脈於空虛之地，以治餘氣之病。以餘氣治餘氣，同類相感也。主腰痛，小兒背強癰腫，皆血脈不通行也。充肌膚，精氣外達於皮內之餘。堅髮齒，長鬚眉，精氣內充，則骨之餘、血之餘皆受蔭。安胎，子寄母氣而生，亦身之餘也，故為安胎聖藥。舒筋絡，去風濕痹痛，血虛轉化之病，同獨活用。止崩中漏下，產後餘疾，下乳，皆由血虛。毒痢膿血，六脈微小而無寒熱，以二兩，同防風、川芎、炙草各三錢為末，水煎服八分。下血止後，腰膝無力。為末，滾水下。但不飼蠶之地始有，故真者絕少，宜以續斷代之。莖、葉並用，忌火。

同杞、地、歸、牛膝、胡麻、續斷、首烏，治血虛、筋骨痛。同阿膠，治胎動腹痛，或加艾葉。同參、芎、地、苓、獨活、蒲黃、甘松、沉香，治忿傷肝心，色傷小腸，小便下血而不痛。浸酒，去風。

清・葉志詵《神農本草經贊》卷一　桑上寄生　味苦，平。主腰痛，小兒背強癰腫，安胎充肌膚，堅髮齒，長鬚眉。其實明目輕身，通神。一名寄屑，一名寓木，一名宛童。生山谷。

瞻彼菀柔，賁緣苞繫。共氣分形，緣根附蒂。柳紫稽疑，苕青殊裔。豆實香稠，蒼梧酒劑。

《詩》：菀彼桑柔。《唐書・傳贊》：蘿蔦賁緣。《易》：繫於苞桑。梁元帝書：分形共氣。梅堯臣賦：緣根兮附蒂。《群芳譜》：柳寄生亦紫藤。《書》：七稽疑。《詩》：苕之華，其葉青青。《魏志・紀》：包舉殊裔。蘇頌曰：結子黃綠色，如小豆，汁稠者良。《潯梧雜佩》：桑寄生酒，出梧州。張正見詩浮蟻擅蒼梧謂此。

清・文晟《新編六書》卷六《藥性摘錄》　桑寄生　味苦而甘，性平和。補肝腎，除風濕，強筋骨，治腰腳痛。細剉，陰乾。忌火。必採桑樹生者真，若雜樹恐有害。

清・張仁錫《藥性蒙求・木部》　桑寄生二錢　桑寄生苦，筋絡能舒。安胎堅腎，風濕亦祛。助筋骨而和血脈，止崩漏而除痺痛。〇難得真者，真者下咽必驗。若用他木寄生，未必效，且恐害也。

清·劉善述、劉士季《草木便方》卷二木部　桑寄生　桑寄生苦除濕風，腸風下血崩漏功。固齒堅腎助筋骨，安胎下乳瘡瘍宗。

清·戴葆元《本草綱目易知錄》卷四　桑寄生　甘，平。助筋骨，充肌膚，益血脉，堅髮齒，去痹安胎。治男婦人腰痛，小兒背強，女子崩中，内傷不足，胎動腹痛，漏血不止，令胎牢固。療産後餘疾，下乳汁。主金瘡，散癰腫。【略】

實：甘，平。【略】葆按：辛巳冬，承蕭山任堯階司馬，送桑寄生膏一罐，云産廣西梧州潯州，曾經由其處，有小市詢之，居民云近地三四十里内，植桑俱生寄生，其外值者不産，是以市人采办熬膏出售，以酒和服，補益功大。

清·黄光霽《本草衍句》　桑寄生　苦堅腎，助筋骨而固齒長髮。甘益血，主崩漏而下乳安胎。懷妊漏血不止，令胎牢固。風攣濕痺，腰痛背強。産後餘疾，女子内傷。毒痢膿血，六脈微小，並無寒熱。寄生二兩，防風、川芎二錢半，炙，少煎服。　胎動腹痛，寄生一兩半，阿膠炒半兩，煎服。

清·陳其瑞《本草撮要》卷二　桑寄生　味甘苦，入足少陰經，功專堅腎，助筋骨，固齒長髮，益血止崩，下乳安胎，和血除痹，外科散瘡瘍，追風濕。得阿膠、艾葉治胎動腹痛。以之搗汁服，治膈氣。忌火。

清·李桂庭《藥性詩解》　賦得桑寄生益血安胎且止腰疼得胎字。李慶霖。　寄生甘亦苦，能治腎腰灾。止痛兼和血，調榮且穩胎。　按：桑寄生性平，甘苦。益血止崩，下乳治漏。助筋骨，利關節，充肌膚，长鬚眉，主腰疼，治癰腫。及女子懷胎漏血，能令胎牢固。除産後餘疾，以及風濕痺痛，外科瘡瘍。生老桑樹上，葉似橘而厚軟，莖似槐枝而肥脆。三四月開花黄白色，六七月結實黄色，如小豆大。他木上皆有寄生，俗名凍青，惟桑上者入藥。

清·仲昴庭《本草崇原集説》卷一　桑上寄生　【略】仲氏曰：鳥食榕實，糞落葉上，乘風而生。榕乃易生之木，枝葉下垂，即生根作本，樹極大，多生於海山中，子附於桑，則為桑上寄生。蓋感桑之精氣，其功力一本於桑。寇宗奭嘗官南北，因寄生難覓，而以依附桑上之藤，葉如三角楓者，取之安胎，是亦得桑之精氣者也。詳見《類辨》。

柳寄生

明·李時珍《本草綱目》卷三七木部·寓木類　柳寄生《綱目》

【集解】時珍曰：此即寄生之生柳上者。

【氣味】苦，平，無毒。【主治】膈氣刺痛，搗汁服一盃時珍。

清·王道純《本草品彙精要續集》卷一〇　柳寄生無毒　柳寄生：主膈氣刺痛，搗汁服一杯《本草綱目》。【味】苦。【性】平。

清·嚴潔等《得配本草》卷七　柳上寄生　苦，平。搗汁服，治膈氣刺痛。

清·劉善述、劉士季《草木便方》卷二木部　柳寄生　柳寄生苦平祛風，膈氣刺痛服汁通。風水氣疸消熱毒，遍身瘙痒洗塗鬆。

桃寄生

明·李時珍《本草綱目》卷三七木部·寓木類　桃寄生《綱目》

【氣味】苦、辛，無毒。【主治】小兒中蠱毒，腹内堅痛，面目青黄，淋露骨立。取二兩爲末，如茶點服，日四五服時珍《聖惠方》。

清·王道純《本草品彙精要續集》卷一〇　桃寄生無毒　桃寄生《本草綱目》：主小兒中蠱毒，腹内堅痛，面目青黄，淋露骨立，取二兩爲末，如茶點服，日四五服。出《聖惠方》。【味】苦，辛。

清·劉善述、劉士季《草木便方》卷二木部　桃寄生　桃寄生辛苦性平，小兒蠱毒腹堅疼。面目青黄淋露骨，磨服二兩點茶清。

寄母

清·吴其濬《植物名實圖考》卷三六　寄母　寄母寄生各樹上，長葉，秋結紅實如珠，鳥食其實，遺於樹上即生。

楓寄生

明·鄭寧《藥性要略大全》卷四　楓寄生楓樹上菌不可食，食之令人笑不止，用地漿解之。　去風。可泡湯洗浴身軀，出穢氣風毒。其子及莖葉俱不堪食，功力劣於桑寄生。

清·何諫《生草藥性備要》卷下　楓香寄生　味苦、辛，性溫、平，無毒。

清·趙學敏《本草綱目拾遺》卷七藤部　楓上寄生　汪連仕云：吊殺猢猻，一名上樹猢猻，又名鐵角猻兒，乃楓樹上風木藤，至年遠，結成連珠傀儡。能追風，不換時刻，酒蒸服，加金雀根土、當歸、石𤬪花根，石蠶，治癱瘓勾急之要藥。　味辛，性平。祛風去濕，洗瘡、疥、癩、風毒爛並酒風。

清·劉善述、劉士季《草木便方》卷二木部 楓寄生 楓寄生辛性大熱，積年痛風無休歇。焙磨片麝酒飲醉，風齲齒痛功效烈。菌耳略同。

柚樹寄生

清·何諫《生草藥性備要》卷下 柚樹寄生 味辛，性平。治風濕，洗腫腳。牙痛，煲水含。

柑寄生

清·劉善述、劉士季《草木便方》卷二木部 柑寄生 柑寄生辛平理氣，止咳化痰除瀉痢。心腹痞滿疝氣痛，寬中快膈消積易。

松寄生

清·何諫《生草藥性備要》卷下 松寄生 味香，性平。洗癍癩，止癢。

清·趙學敏《本草綱目拾遺》卷七藤部 松上寄生 利水導痰，除胸中熱。

清·劉善述、劉士季《草木便方》卷二木部 松寄生 松寄生苦甘微平，其節浸酒，祛風濕。頭風虛汗邪怒嗔。女陰腫痛温熱瘧，寒蟄胸中客熱清。

柏寄生

清·何諫《生草藥性備要》卷下 柏樹寄生 味腥，性平。治吐血、吐白痰，煲肉食。

清·吴其濬《植物名實圖考》卷三六 柏寄生 生滇南柏樹上。葉小而厚，主舒筋骨。蓋寄生雖别一種，必因其所寄之木而奪其性。滇多寄生，皆連其本。木折取本，木瘁則寄生亦瘁，足知其性體聯屬；如人有瘿瘤頰毫非由外致。倘不知木之性而用之，其誤多矣！

清·劉善述、劉士季《草木便方》卷二木部 柏寄生 柏寄生甘能益人，安魂定魄心神靈。驚悸夢洩健忘病，瀉痢崩帶除遺精。

桂寄生

清·吴其濬《植物名實圖考》卷三三 桂寄生 一名骨牌草。生杭州三百年老桂上。大致如車前草，而葉厚如桂，三十二色骨牌，無一不具，奇偶相對，巧非意想所及。點子黄圓，生於葉背，皆一一突出似金星草，蓋其子也。余至杭會取玩之。或云治吐血有殊功。

雩婁農曰：古者烏曹作博。《說文》：博局戲六箸十二棋。《方言》：博或謂之棋，所以投博謂之枰，或謂之廣平。所以行棋謂之局，或謂之曲道。《顔氏家訓》：古為大博則六箸，小博則二煢，今無曉者。鮑宏《博經》博局之戲，各投六箸行六棋，故曰六博。用十二棋，六白六黑。所擲骰謂之瓊，瓊有五采：刻一畫者曰塞；刻二畫者曰白；刻三畫者曰黑；一邊不刻在五塞之間謂之五塞。博戲之法，今皆不傳。曰棋。曰枰，則與奕類。《廣韻》：博撓一曰投子，則瓊也，煢也，骰也，投也，一物也。蓋今骰子所自昉也。然其采有梟盧雉犢為勝負，其法用骰子五枚，分上為黑，下為白。黑者刻二為犢，白者刻二為雉，全黑為盧，采十六；二雉三黑為雉，采十四；二犢三白為犢，采十；全白為白，采八；尚黑而下白，非今采也。潘氏《紀聞》始有重四賜緋之說。南唐劉信，一擲六骰皆赤；宋王昭遠一擲六齒皆赤。其製與今骰子微相類。然古骰子唯刻木，故名五木。後世用石、用玉，漸用象、用骨，故骰字從骨。骨牌者蓋自骰子出，而三十二具之采色，究不知始於何時。《歸田錄》載葉子戲，或謂即今以紙為牌所由昉。然游戲之具與世推移，執今證古，多不相師。彼桂樹之寄生，必不始生於近世，豈此三十二具之奇偶，乃造物機械，偶露於小草，而為人所窺尋耶？抑人世既有此戲，而草木乃賦形而維肖耶？夫寄生多種，何獨異於桂？嶺南北之桂寄生與他木同，何獨異於餘杭之桂？豈小說家所謂浙江為月路所經，故月桂之子，獨落於靈隱、天竺；其所產之桂特鍾神奇耶？夫草木之異，非祥則妖。合朔連理，以符聖世；而戈甲人物之象，為兵禍先兆。彼牧猪奴之戲，何關休咎，而乃刻畫點染，瑣瑣焉而不憚煩耶？抑又聞之，人心所屬，物即應之。鄭氏書帶之草，應著述之勞也；田氏復生之荊，應友于之義也；湘妃之竹，有淚哀之極也；男子樹蘭，不芳情之異也。《易》道闡幽，而蓍草獨盛於太皞之墟；象教盛行，而木理始有菩薩之像。金石之堅，能昭誠格；卉木無知，尤徵蓄變。然則寄生之有骨牌也，非以示摴蒱投瓊之易其術，即人事游戲，沉溺忘返，而小草乃為之效尤而極巧也。滇之夷，重女而賤男，永昌之裔有低頭草焉，見婦人則低其頭，婦以饋夫即制其夫。人之所忌，其氣燄足以取之。妖由人興，不從其所好，即伺其所畏，理固然也。彼竹葉之符、艾葉之人，徒以意造想象者，又非此類矣。

又按宋《圖經》，樗葉脱處有痕，如摴蒱子，又似眼目。則古骰子亦不似今之骰子，形方而點正圓也。

老虎刺寄生

明・蘭茂撰，清・管暄校補《滇南本草》卷下　老虎刺尖　性寒，味苦。治咽喉痛，乳蛾。搗汁，點水酒或同白酒汁服。

清・吴其濬《植物名實圖考》卷三六　老虎刺寄生　老虎刺生雲南山中。樹高丈許，細葉如夜合而光潤密勁，開花作白綠絨毬，通體針刺。土醫以治瘡毒。寄生葉長圓背紅，與他寄生微異，亦治腫毒。

栗寄生

清・吴其濬《植物名實圖考》卷三六　栗寄生　雲南栗樹上有之。長條下垂，扁莖密節，一平一側，參差互生，極類雕刻。每節左右，嵌以圓珠，與諸木寄生不同，而狀頗奇巧。

樟寄生

清・劉善述、劉士季《草木便方》卷二木部　樟寄生　樟寄生苦性溫經，癰疽惡瘡解狼毒，經閉無子瘀血癥。邪氣濕痹消水積，小兒躄疾不能行。手足水爛止腹疼。

紅花寄生

清・何諫《生草藥性備要》卷下　紅花寄生　味烈。專門破血，敷瘡散毒。亦理跌打。

花椒寄生

清・劉善述、劉士季《草木便方》卷二木部　花椒寄生　花椒寄生辛大溫，癥瘕積聚水氣停。祛風除濕消痞滿，崩中瀉痢咳嗽靈。

黄荆寄生

清・劉善述、劉士季《草木便方》卷二木部　黄荆寄生　黄荆寄生苦溫平，祛風化痰積聚行。筋骨寒濕通關節，頭目風淚痔痢靈。

艾子寄生

清・劉善述、劉士季《草木便方》卷二木部　艾子寄生　吳萸寄生辛苦溫，行氣化痰止血崩。瀉痢咳嗽通利竅，內外瞖鈎腹痛輕。藙子即家生。

夜合寄生

清・劉善述、劉士季《草木便方》卷二木部　夜合寄生　夜合寄生甘辛平，和血消脹安心神，安利五臟除風濕，葉解蟲毒金瘡靈。

占斯

宋・唐慎微《證類本草》卷三〇有名未用〔《別録》〕　占斯　味苦，溫，無毒。主邪氣濕痹，寒熱疽瘡，除水堅積血癥，月閉無子，小兒躄不能行，諸惡瘡癰腫，止腹痛，令女人有子。一名炭皮。生太山山谷。採無時。

〔梁・陶弘景《本草經集注》〕云：解狼毒。李云：是樟樹上寄生，樹大銜枝在肌肉，今人皆以胡桃皮當之，非是真也。按《桐君録》云：生上洛，是木皮，狀如厚朴，色似桂白，其理一縱一横。今市人皆削，乃似厚朴，而無正縱横理，不知此復是何物，莫測真假，何者爲是也。

〔宋・掌禹錫《嘉祐本草》〕按：《藥性論》云：占斯，臣。味辛，平，無毒。能治血癥，通利月水，主脾熱。茱萸爲之使。主洗手足水爛瘡。

宋・李昉《太平御覽》卷第九九一　占斯　《本草經》曰：占斯，一名虞及。味苦。

明・李時珍《本草綱目》卷三七木部・寓木類　占斯《別録》下品

〔釋名〕炭皮《別録》　良無極《綱目》　時珍曰：占斯，《范汪方》謂之良無極，《劉涓子鬼遺方》謂之木占斯，盛稱其功，而《別録》一名炭皮，殊不可曉。　〔集解〕《別録》曰：占斯生太山山谷。采無時。弘景曰：李當之云：是樟樹上寄生，樹大銜枝在肌肉。今人皆以胡桃皮爲之，非是真也。按桐君《采藥録》云：生上洛。是木皮，狀如厚朴，色似桂白，其理一縱一横。今市人皆削，乃似厚朴，而無正縱横理。不知此復是何物，莫測真假也。

〔氣味〕苦，溫，無毒。權曰：辛，平，無毒。茱萸爲之使。　〔主治〕邪氣濕痹，寒熱疽瘡，除水堅積血癥，月閉無子。小兒躄不能行，諸惡瘡癰腫，止腹痛，令女人有子《別録》。主脾熱，洗手足水爛傷甄權。解狼毒毒藏器。

〔附方〕新一。　木占斯散：治發背腸癰疽痔，婦人乳癰，諸産癥瘕，無有不療。服之腫去痛止膿消，已潰者便早愈也。木占斯、甘草炙、厚朴炙、細辛、栝樓、防風、乾薑、人參、桔梗、敗醬各一兩，爲散。酒服方寸匕，晝七夜四，以多爲善。此藥入咽，當覺流入瘡中，令化爲水也。癰疽灸不發敗壞者，尤可服之。內癰在上者，當吐膿血；在下者，當下膿血。其瘡未壞及長服者，去敗醬。一方加桂心。《劉涓子鬼遺方》。

火秧簕寄生

清・趙其光《本草求原》卷三隰草部　火秧簕寄生　甘、辛、澀，微溫。治風濕，壯筋續骨，止咳嗽，化痰，理內傷、痰火、跌折，明目，浸酒佳。其火秧茄香，行氣止痛，辟疫而無耗氣、燥氣之患。

烏桕寄生

清・何諫《生草藥性備要》卷下　烏桕寄生　味腥，性平。治吐白痰，煲肉食；吐血，煲鷄食。

沙梨寄生：味甘，劫，性寒。散血去瘀，治跌打，解熱積。

石刺木

宋・唐慎微《證類本草》卷一三木部中品〔唐・陳藏器《本草拾遺》〕　石刺木根皮　味苦，平，無毒。主破血，因産血不盡結瘕者。煮汁服。此木上寄生，破血神驗，不可得。生南方林筤間，江西人呼爲靳刺。亦種爲籬院，樹似棘而大，枝上有逆鈎也。

明・李時珍《本草綱目》卷三七木部・寓木類　石刺木《拾遺》

【集解】藏器曰：石刺木乃木上寄生也。生南方林（莨）〔筤〕間。其樹江西人呼爲靳刺，亦種爲籬院，樹似棘而大，枝上有逆鈎。

根皮【氣味】苦，平，無毒。【主治】破血，産後餘血結瘕，煮汁服，神驗不可言藏器。

清・吴其濬《植物名實圖考》卷三五　石刺木　一名勒樹，葉圓如杏而大，有光澤，枝莖多刺。《本草拾遺》生南方林筤間，江西呼為勒刺，亦種為籬院，樹似棘而大枝，上有逆鉤，即此。然謂木上寄生，則未之見。

諸木寄生

清・浦士貞《夕庵讀本草快編》卷五　諸木寄生　易生之木，惟桑與榕。鳥食榕子，糞於桑上，秉氣而生，葉如橘而軟厚，莖如槐而肥脆。味苦氣平，壯筋骨，益血脉，止腰痛，堅齒髮，女子胎漏崩中，令胎牢固，小兒背強，老人膈噎者，宜之。寄於松者蔓延生枝，名曰松蘿，平肝邪，去寒熱，治嗔怒，止虚汗，令人得眠。《千金方》治胸膈痰癖，同瓜蒂、恒山吐之。寄於楓者名曰楓柳，辛熱有毒，漱齲齒，逐積年痛風。寄於桃者，療小兒腹痛骨立。寄於柳者，治膈氣刺痛。大抵寄生之物，得木本之氣居多，且抽拔其英粹，功用更勝也。

清・趙其光《本草求原》卷一〇寓木部　各寄生　楓香寄：一名蝦蚶草。辛，平。祛風，散濕，治腫痛，洗爛腳、疥癩。浸酒良。

柚寄：洗風弦濕爛眼。

紅花寄：辛，寒。止陰虚失血，散瘀，理跌打，消瘡腫，散毒。

烏桕寄：腥，甘，平。治白痰，煎肉食。止吐血，同鷄食。浸酒，祛風，壯筋骨。

松樹寄：辛，溫。浸酒，去風，散濕，洗瘙疥癩。

沙梨寄：澀甘，微寒。散血，去跌打瘀腫，解熱積。

竹分部

綜述

竹

宋・李昉《太平御覽》卷九百六十二　《説文》曰：竹冬生草也。

晉・嵇含《南方草木狀》卷下竹類　雲邱竹　一節為船。出扶南。然今交、廣有竹，節長二丈，其圍一二丈者，往往有之。

篥簩竹：皮薄而空多，大者徑不過二寸，皮麄澁，以鎊犀、象，利勝於鐵。出大秦。

石林竹：似桂竹，勁而利，削為刀，割象皮如切芋。出九真、交趾。

思摩竹：如竹大而筍生其節，筍既成竹，春而筍復生節焉。交、廣所在有之。

箪竹：葉踈而大，一節相去五六尺，出九真。彼人取嫩者搥浸，紡績為布，謂之竹踈布。

越王竹：根生石上，若細荻，高尺餘。南海有之。南人愛其青色，用為酒籌。云越王棄餘筭而竹生。

宋・李昉《太平御覽》卷九六二　竹　《本草》曰：竹花，一名華草。

宋・沈括《夢溪筆談》卷二六《藥議》　淡竹對苦竹為文，除苦竹外，悉謂之淡竹，不應別有一品謂之淡竹。後人不曉，於本草內別疏淡竹為一物。今南人食筍，有苦筍、淡筍兩色。淡筍即淡竹也。

宋・沈括《夢溪筆談》卷三《補筆談》　嶺南深山中有大竹，有水甚清澈。溪澗中水皆有毒，唯此水無毒。土人陸行多飲之。至深冬則凝結如玉，乃天竹黃也。王彥祖知雷州日,盛夏之官,山溪间水皆不可飲,唯剖竹取水,烹飪飲啜,皆用竹水。次年,被召赴闕,冬行,求竹水不可復得。問土人,乃知至冬則凝結,不復成水。遇夜野火燒林木為煨燼,而竹黃不灰,如火燒獸骨而輕。土人多於火後採拾,以供藥品。不若生得者為善。

宋・唐慎微《證類本草》卷一三木部中品〔《本經・別錄》〕 竹葉、篁音謹**竹葉 味苦,平、大寒,無毒。主欬逆上氣,溢筋,急惡瘍,殺小蟲,**除煩熱,風痓,喉痹,嘔吐。

根:作湯,益氣止渴,補虛下氣,消毒。汁主風痓。

實:通神明,輕身益氣。生益州。

淡竹葉:味辛,平,大寒。主胸中痰熱,欬逆上氣。

瀝:大寒。療暴中風,風痹,胸中大熱,止煩悶。

皮筎:微寒。主嘔啘,溫氣,寒熱,吐血,崩中,溢筋。

苦竹葉及瀝:療口瘡,目痛,明目,利九竅。

竹筍《蜀本》作諸筍:味甘,無毒。主消渴,利水道,益氣。可久食。

〔梁・陶弘景《本草經集注》〕云:竹類甚多,此前一條云:是篁竹,次用淡、苦爾。又一種薄殼者,名甘竹葉,最勝。又有實中竹、篁竹,並以筍爲佳,於藥無用。凡取竹瀝,惟用淡、苦、篁竹爾。竹實出藍田,江東乃有花而無實,而頃來斑斑有實,狀如小麥,堪可爲飯。

〔宋・馬志《開寶本草》〕按:《陳藏器本草》云:苦竹筍,主不睡,去面目并舌上熱黃,消渴,明目,解酒毒,除熱氣,健人。諸筍皆發冷血及氣。淡竹根煮取汁,主丹石發熱渴,除煩熱。

〔宋・掌禹錫《嘉祐本草》〕按:《藥性論》云:淡竹葉,味甘,無毒。主吐血,熱毒風,壓丹石毒,止消渴。竹燒瀝治卒中風,失音不語,苦者治眼赤。又云:青竹茹,使,味甘。能止肺痿唾血,鼻衄,治五痔。日華子云:淡竹并根,味甘,冷,無毒。消痰,治熱狂煩悶,中風失音不語,壯熱頭痛,頭風,并懷姙人頭旋倒地,止驚悸,溫疫迷悶,小兒驚癇天弔。莖葉同用。又云:苦竹,味苦,冷,無毒。治不睡,止消渴,解酒毒,除煩熱,發汗,治中風失音。作瀝功用與淡竹同。孟詵云:筍,寒。主逆氣,除煩熱,動氣發冷癥,不可多食。越有蘆及箭筍,新者稍可食,陳者不可食。其淡竹及中母筍雖美,然發背悶脚氣。又云:慈竹瀝療熱風。和食飲服之,良。《蜀本圖經》云:竹節間黃白者,味甘。名竹黃。尤制石藥毒發熱。

〔宋・蘇頌《本草圖經》〕曰:篁竹、淡竹、苦竹,《本經》並不載所出州土,今處處有之。竹之類甚多,而入藥者惟此三種,人多不能盡別,謹按《竹譜》:篁字音斤,其竹堅而促節,體圓而質勁,皮白如霜,大者宜刺船,細者可爲笛。苦竹有白有紫。甘竹似篁而茂,即淡竹也。然今之刺船者多用桂竹。作笛者有一種,亦不名篁竹。苦竹亦有二種:一種出江西及閩中,本極麄大,筍味殊苦,不可噉;一種出江浙,近地亦時有,肉厚而葉長闊,筍微有苦味,俗呼甜苦筍,食品所最貴者,亦不聞入藥用。淡竹肉薄,節間有粉,南人以燒竹瀝者,醫家只用此一品,與《竹譜》所說大同小異也。竹實今不復用,亦稀有之。

〔宋・唐慎微《證類本草》〕陳藏器序:久渴心煩服竹瀝。《食療》:淡竹上,甘竹次。主欬逆,消渴,痰飲,喉痹,鬼疰,惡氣,殺小蟲,除煩熱。苦竹葉,主口瘡,目熱,瘖啞。苦竹茹,主下熱壅。苦竹根,細剉一斤,水五升,煮取汁一升。分三服。大下心肺五藏熱毒氣。苦筍不發痰,淡竹瀝大寒。主中風,大熱,煩悶,勞復。淡竹茹主噎膈,鼻衄。竹實通神明,輕身益氣。篁、淡、苦、甘外,餘皆不堪,不宜人。《外臺秘要》:療凡脫折折骨諸瘡腫者,慎不可當風及多自扇,若中風則發痓口噤,殺人。若已中風,覺頸項强,身中急速者,急服此方,竹瀝飲二三升。若已口噤,以物强發内之。忌冷飲食及酒。竹瀝卒煩難得,可合十許束併燒中央承取,投之可活。《千金方》:凡飲酒頭痛。以竹茹三兩,水五升,煮取三升去滓,令冷。内破雞子三枚攪調更煮三沸,飲之。又方:治齒齗間津液血出不止。苦竹茹四兩,以酢漬一宿,含之。又方:治齒間血出。以竹葉濃煮,與鹽少許,寒溫得所含之。又方:齒血不止。刮生竹皮酢漬之,令其人解衣,乃别令一人含噀其背上三過,并取茗草濃煮汁,適寒溫,含嗽之差。又方:治時氣五六日,心神煩躁不解。用竹瀝半盞,新水半盞,相和令匀。非時服。《肘後方》:治霍亂轉筋,心腹脹痛。濃煮竹葉湯五六升,令灼已轉筋處。又方:傷寒五六日已上者。作青竹瀝小煎,分減數數飲之,厚覆取汗。又方:卒失聲,聲噎不出。濃煮苦竹葉服之。又方:小兒身中惡瘡。煮取竹汁,日澡洗。《葛氏方》:卒消渴,小便多。作竹瀝恣飲,數日愈。《孫真人食忌》:卒得惡瘡不識者,燒苦竹葉和雞子黃傅。《梅師方》:治產後身或强直,口噤面青,手足强反張。飲竹瀝一二升醒。又方:主姙娠恒若煩悶,此名子煩。竹瀝湯:茯苓三兩,竹瀝一升,水四升,合竹瀝煎取二升。分三服,不差重作,亦時時服竹瀝。又方:治目赤眥痛如刺,不得開,肝實熱所致,或生障瞖。苦竹瀝五合,黃連二分,綿裹入竹瀝内浸一宿,以點目中數度,令熱淚出。《食醫心鏡》:理心煩悶,益氣力,止渴。苦筍熟煮,任性食之。又苦竹筍主消渴,利水道,下氣,理風熱,脚氣。取蒸煮食之。又篁竹筍,主消渴,風熱,益氣力,發氣脹,蒸煮炒任食。《簡要濟衆》:頭瘡。大筍,竹葉燒爲灰,量瘡大小,用灰調生油傅,入少膩粉佳。《兵部手集》:治發背,頭未成瘡及諸熱腫痛。以青竹筒角之,及掘地作坑貯水。卧以腫處,就坑子上角之,如菉豆大，戢戢然出，不止，遍匝腰肋。又方：治瘡。慈竹笋攃灰油和塗之妙。又方：治中風口噤，服淡竹瀝一升。又方：治湯火灼爛，竹中蟲蚛末傅之良。又方：小兒口噤體熱者。竹瀝二合暖之，分三四服。兒新生慎不可逆加鍼灸，忍痛動其五脉，因之成癇。是以田舍小兒任其自然皆無此疾，可審之。又方：治小兒、大人欬逆短氣，胸中吸吸，欬出涕唾，嗽出臭膿，涕粘。淡竹瀝一合服，日三五服，大人一升。《廣利方》：治金瘡，中風口噤欲死。竹瀝半大升，微微暖服之。《姚氏方》：卒齒痛。取苦竹燒一頭，一頭得汁，多揩齒上，差。《傷寒類要》：治交接勞復，卵腫，腹中絞痛，便欲死。刮竹皮一升，以水三升，煮五沸，絞去滓。頓服。《梅師方》同。《子母秘録》：治胎動，取甘竹根煮汁服。又方：安胎，取竹瀝服之。又方：治姙娠八月、九月，若墮樹或牛馬驚傷，得心痛。青竹茹五兩切，以酒一升，煎取五合頓服，不差，再服之。又方：小兒癇。刮青竹茹三兩，醋三升，煎一升去滓，服一合。兼治小兒口噤體熱病。又方：小兒頭瘡，耳上生瘡。竹葉燒末和猪脂塗上。又以雞子白傅之亦妙。《産書》：治姙娠悞有失墜，忽推築著疼痛。新青竹茹二合，以好酒一升，煮茹三五沸，分作三度服。《産寶》：治妊娠因夫所動，困絕。以竹瀝飲一升，立愈。又方：治産後血氣，暴虚汗出。淡竹瀝三合，微暖服之，須臾再服。《楊氏産乳》：療瘡疥。燒竹葉爲末，以雞子白和之塗上，不過三四次，立差。又方：姙娠苦煩，此子煩故也。竹瀝不限多少，細細服之。又方：療胎動。安胎方：甜竹根煮取濃汁飲之。姚和衆：小孩夜後狂語。竹瀝每一歲兒連夜二合，服令盡之。《李畋該聞集》云：爆竹辟妖氣，鄰人有仲叟家爲山魈所祟，擲瓦石，開戶牖，不自安。叟求禱之以佛經報謝，而妖祟彌盛。畋謂其叟曰：翁旦夜於庭落中，若除夕爆竹數十竿。叟然其言，爆竹至曉，寂然安帖，遂止。

〔宋·陳承《重廣補注神農本草並圖經》〕別說云：謹按：舊稱竹實，鸞鳳所食。今近道竹間，時見開花，小白如棗花，亦結實如小麥子，無氣味而澁。江浙人號爲竹米，以爲荒年之兆，及其竹即死，信非鸞鳳之所食也。近有江南餘(千)〔干〕人來言：彼有竹實，大如雞子，竹葉層層包裹，味甘勝蜜，食之令人心膈清凉。生深竹林茂盛蒙密處。頃因得之，但日久汁枯乾而味尚存爾。因知鸞鳳之食必非常物也。

宋·寇宗奭《本草衍義》卷一四 竹葉 凡諸竹與笋，性皆微寒，故知葉其用一致。《本經》不言笋及苦竹性苦，取瀝作油，亦不必强擇也。張仲景竹葉湯，用淡竹，笋難化，不益脾。鄰家一小兒，方二歲，偶失照管壯熱，喘麤、不食、多睡、仰頭、呻吟、微嘔噦、瞑目、多驚，凡三五日，醫作慢驚治之；治不對病，不愈。忽然其母誤將有巴豆食藥作驚藥，化五丸如麻子大，灌之。良久，大吐。有物噎於喉中，乳媼以指摘出之，約長三寸，麤如小指，乃三日前臨堦曝者乾筍笋。是夜諸證皆定，次日但以和氣藥調治，遂安。其難化也如此。《經》曰：問而知之者謂之工。小兒不能問，故爲難治，醫者當審慎也。

宋·鄭樵《通志》卷七六《昆蟲草木略》 竹之類不一。《爾雅》云：桃枝，四寸有節。今桃枝竹也。唐人有桃竹杖詩，以其宜為杖也。又云：粼，堅中。此竹類而中實者，今人謂之木竹也。又云：簢，箈中。此竹類而中虛薄者。又云：仲，無笐。今之貿簹竹也。又云：篙，箭萌。此箭筍。凡筍類，惟箭筍為美，故會稽竹箭有聞焉。又云：篠，箭。今箭竹小而希節者。然竹之良者，惟有簹竹。謝靈運所游之澗，今在雁蕩，其自死筍則謂之仙人杖。

金·張元素《潔古珍珠囊》〔見元·杜思敬《濟生拔粹》卷五〕 竹葉苦陰中微陽。涼心經。

宋·劉明之《圖經本草藥性總論》卷下 竹葉 菫竹葉，味苦，平、大寒，無毒。主欬逆上氣，溢筋急，惡瘍，殺小蟲，除煩熱，風痙喉痺，嘔吐。根，作湯，益氣止渴，補虚下氣，消毒。汁，主風痓。實，通神明。淡竹葉，味辛，平、大寒。主胸中痰熱，欬逆上氣。瀝，大寒。療暴中風，風痺，胸中大熱，止煩悶。皮茹，微寒。主嘔啘，溫氣寒熱，吐血崩中，溢筋。苦竹葉及瀝，療口瘡，目痛，明目，利九竅。竹笋，《蜀本》作諸笋，味甘，無毒。主消渴，利水道，益氣。可久食。《藥性論》云：淡竹葉，主吐血，熱毒風，壓丹石毒，止消渴。又云：青竹茹，使。止肺痿唾血，鼻衄，治五痔。日華子云：淡竹并根，消痰，治熱狂煩悶，中風失音不語，壯熱頭痛頭風，懷孕婦人頭旋倒地，止驚悸，溫疫迷悶，小兒驚癇天吊。莖葉同用。又云：苦竹，止消渴，解酒毒，除煩熱，發汗，治中風失音。《食醫心鏡》：苦竹笋，主消渴，利水道，下氣，理風熱脚氣，取蒸煮食之。

宋·王介《履巉巖本草》卷下 淡竹葉 味苦、甘，微寒，無毒。消痰，治熱狂煩悶，中風失音不語，壯熱頭痛，頭風，并懷妊人頭旋倒地。止驚悸，溫疫迷悶，小兒驚癇天弔，莖葉同用。治中風煩熱等疾多用。

宋·陳衍《寶慶本草折衷》卷一三 篁音斤。竹葉苦竹附。○蒻葉續附。一名竹葉。生益州。附：苦竹生閩中及江浙。○續附：蒻葉，一名箬，今並處處有之。○蒻，一作箬。

味苦，平，大寒，無毒。○主欬逆上氣，溢筋，急惡瘍。殺小蟲，除煩熱風痙，喉痹嘔吐。

附：苦竹葉及瀝熏瀝法註後條。○味苦，冷，無毒。療口瘡目痛，明目，利九竅。

續說云：有一種細竹而生大葉，謂之蒻葉，其性寒。《指迷方》□□散，治心經蘊熱，小便赤澀，用裹茶蒻壹兩燒灰，入滑石末半兩，沸湯點貳錢服。亦單取此灰，米飲量酌調下，療小兒大便出血。及以熟水和服，療諸淋疾。又《是齋方》治湯火瘡，使包煮酒瓶，蒻燒灰而傅，悉有其效。但乾蒻葉，皆可燒用。不必以裹茶、煮酒為拘也。

宋·陳衍《寶慶本草折衷》卷一三 新分淡竹葉淡竹茹及瀝附。○別種淡竹葉續附。 此條後諸笋所出並與篁竹同。○附：淡竹茹，以新竹洗淨，刮取外青薄皮也。○又附：瀝，一名竹瀝，用竹段碎破，燒熏煙，以瓦器承取汁液也。○續附：別種淡竹葉，生處處野地有之。○茹，音如。

味辛，甘，平，大寒，無毒。○主胸中痰熱，欬逆上氣。自前條分。○《藥性論》云：主吐血，熱毒風，壓丹石毒，止消渴。○日華子云：治熱狂煩悶，中風失音，壯熱頭痛，頭風，懷妊頭旋，止驚悸，溫疫迷悶，小兒驚癎、天吊。○《圖經》曰：淡竹肉薄，節間有粉。醫家只用此品。

附：淡竹茹。使。○味甘，微寒。主嘔啘，溫氣寒熱，吐血，崩中，溢筋，止肺痿唾血，鼻衄。治五痔。

附：淡竹瀝。○大寒。療暴中風，風痹，胸中大熱煩悶，及卒中風失音。

續說云：《圖經》載諸竹，謂醫家只用淡竹一品，故《局方》紅雪通中散及《活人書》諸方，以至入患淋、中暑之劑，皆須淡竹葉也。然此竹不問大小，其幹莖瘦直，其稜節平正，白粉凝於節中。其葉淺綠而細薄者是矣。沈存中又云：苦竹之外，餘竹悉為淡竹。近世多從其說。別更有一種淡竹，夏開青花如婦人環子之樣，葉似竹葉。張松雖謂此種尤佳，而未嘗見用。或云即草部之鴨跖草此草刪訖。又恐易地而所稱不同。今不詳及。

元·王好古《湯液本草》卷五 竹葉 氣平，味辛。又苦大寒，辛，平，無毒。《本草》云：主欬逆上氣，溢筋，急惡瘍，殺小蟲。除煩熱，風痙，喉痹，嘔吐。仲景竹葉湯用淡竹葉。《心》云：除煩熱，緩皮而益氣。《珍》云：陰中微陽，涼心經。

竹茹 氣微寒，味苦。《本草》云：主嘔噦，溫氣寒熱，吐血，崩中。溢筋。

淡竹葉 氣寒，味辛、平。《本草》云：主胸中痰熱，欬逆上氣。《藥性論》云：淡竹葉主吐血，熱毒風，壓丹石藥毒，止渴。日華子云：淡竹及根，消痰，治熱狂煩悶，中風失音不語，壯熱頭痛，頭風，並懷孕婦人頭旋倒地，止驚悸，溫疫迷悶，小兒驚癎天吊。莖葉同用。見《局方本草》。今録附於此。

元·尚從善《本草元命苞》卷六 竹葉 苦，平、大寒，無毒。主欬逆嘔吐，除胸中熱煩。治風瘧筋急，殺小蟲惡瘍。淡竹葉，甘平。主胸中痰熱，止消渴證，壓丹石毒。竹瀝，性大寒。苦者治眼赤，主中風失音不語，療胸中大熱虛煩。竹茹，微寒。嘔啘聖藥，止肺痿，唾血鼻衄。療寒熱崩中，益筋。竹筍，味甘，寒，無毒。治消渴，利水，能除煩熱。不可多食。舊不載所產，今處處有之。

元·吳瑞《日用本草》卷七 竹實 出藍田，江東乃有花無實，頃來斑斑有實，如小麥。 主通神明，輕身益氣，可為飯充飢。

元·朱震亨《本草衍義補遺》 竹瀝 《本草》大寒。泛觀其意，以與石膏、芩、連等同類。而諸方治產後、胎前諸病，及金瘡、口噤，與血虛自汗、消渴尿多，皆陰虛之病無不用，縮手待盡，(衰)〔哀〕哉！《內經》曰陰虛發熱；大寒而能補，正與病對。薯蕷寒而能補，世或用之，惟竹瀝因大寒寘疑，是猶因盜嫂受金而棄陳平之國士也。竹瀝味甘性緩，能除陰虛之有大熱者。大寒者言其功也，非以氣言。幸相與可否？若曰不然，世人喫笋，自幼至老者，(可)〔何〕無一人因笋寒而有病？瀝即笋之液也，況假於火而成者，何寒如此之甚？

元·佚名氏《珍珠囊·諸品藥性主治指掌》〔見《醫要集覽》〕 竹葉 味辛、苦，平，性寒，無毒。可升可降，陽中陰也。其用有二：除新舊風邪之煩熱，止喘促氣勝之上沖。

元·徐彥純《本草發揮》卷三 淡竹葉、竹瀝 潔古云：竹葉苦，陰中微陽。涼心經。 東垣云：竹葉辛，平。除熱緩脾，而益元氣。 丹溪云：竹瀝，《本草》言大寒。泛觀其意，以與石膏、黄芩、黄連等同類。而諸方治胎前產後諸病，及金瘡口噤，與血虛自汗，消渴，尿多，皆是陰虛之病，無不用之，產後不得虛，胎前不損子。夫何世俗因大寒二字，棄而不用，縮手待盡，豈不哀哉？《内經》云：陰虛則發熱。大寒而能補，正與病對，薯蕷寒而能補，世或用之，惟竹瀝因大寒而寘疑，是猶因盜嫂受金，而棄陳平之國士也。殊不知竹瀝味甘性緩，能降陰虛之有大熱者。大寒言其功也，非以氣言也。辛相與評其可否，若曰不然，世人食笋，自細至老，何無一人因笋之寒而病？瀝，即笋之液也，況假於火而成者，何寒如此之甚？又云：竹瀝，滑痰，非佐以薑汁，不行經絡。痰在四肢，非竹瀝不開。痰在皮裏膜外，非竹瀝、薑汁不可除。痰在膈間，使人顛狂，宜用竹瀝。風痰亦宜用。其功又能養血。

明·蘭茂原撰，范洪等抄補《滇南本草圖說》卷九　毛竹葉　一名淡竹葉。氣味甘淡。主治：男婦虛熱之症，或小便熱結，服此竹葉，能分陰陽，而退骨蒸勞熱。按：《本草綱目》竹類甚多，入藥惟用篁竹、淡竹、苦竹之種。篁竹，即毛竹。淡竹，味甘，可燒竹瀝，非毛竹也。今俗咸以淡竹葉為竹葉之總名，此又以淡竹葉為毛竹葉矣。

明·蘭茂撰，清·管暄校補《滇南本草》卷中　青竹葉　性微寒，味苦。入肺。瀉肺火，止肺氣上逆喘促，降肺氣，止渴，寬中消熱。同燈草煎服。

明·蘭茂撰，清·管暄校補《滇南本草》卷中　淡竹葉　性寒，味苦。治肺熱咳嗽，肺氣上逆。治虛煩發熱不眠，退虛熱，止煩熱。煎，點童便服。

明·蘭茂《滇南本草》〔叢本〕卷下　青竹葉　味苦，性寒。入心肺瀉火，治肺氣上逆喘(呢)〔促〕，降肺氣止咳，寬中消熱。

明·蘭茂《滇南本草》〔叢本〕卷下　淡竹葉　味苦，性寒。治肺熱咳嗽，肺氣上逆。治虛寒發熱，退虛燒，口煩熱，煎點童便服。

明·王綸《本草集要》卷四　竹葉　味苦甘，氣平，寒。陰中微陽。無毒。篁竹、淡竹為上，苦竹次之，餘不入藥。主咳逆上氣，理筋急惡瘍，殺小蟲。涼心經，除煩熱風痙，喉瘡嘔吐。根作湯，益氣止渴，補虛下氣，消毒。汁，主風痓。實，通神明，輕身益氣。《別說》云：竹實大如雞子，密密層層包裹，味甘勝似蜜。〇此鳳凰所食者。光亮，結實如小麥子者，非。

淡竹葉：味辛甘，氣(寬)〔寒〕。主胸中痰熱，咳逆(土)〔上〕氣吐血，熱毒(鬼)〔風〕，壓嘔吐，每止消渴。〇燒瀝，味甘，性緩。治卒中風，失音不語，風痹，胸中熱狂煩悶，壯熱頭痛，婦人有懷妊人頭旋倒地，安胎，治子煩，除陰虛陽狂大熱。消虛痰，痰盛人氣虛，少食者宜用之。若痰在四肢，非此不能開。止驚悸，溫疫(述開)〔迷悶〕，小兒驚癇天吊。莖葉同用。

竹皮茹，味苦，氣微寒。主嘔啘噎膈，溫氣寒熱，吐血衄血，崩血溢筋。

苦竹葉及瀝，療口瘡，目赤痛，明目，利九竅。治不睡，解酒毒，下熱壅。作瀝，功用與淡竹同。齒間血出，苦竹茹四兩，醋漬一宿，含之。又云：以竹葉濃煮，與鹽少許含之。卒得惡瘡，不識，燒苦竹葉如雞子黃，傅之。妊娠失墜，胎動或痛，取淡竹瀝服之，或取竹茹四五兩，酒煎服。竹根煮汁，亦佳。爆竹，辟妖氣。有人家為山魈所祟，擲瓦(不)〔石〕，開戶牖。不安，諸禱禳不效。後有人教以旦夜於庭落中，若除夕爆竹數十竿，至曉寂然遂止。

明·滕弘《神農本經會通》卷二　竹葉　篁竹葉、篁竹為上，淡竹、苦竹次之。竹之類甚多，而入藥者惟此三種，餘不入。

味苦，氣平，大寒，無毒。《湯》云：氣平，味辛又苦，大寒，辛，平，無毒。東云：可升可降，陽中陰也。除新舊風邪之煩熱，止喘促氣勝之上衝。《珍》云：涼心除熱，止渴緩脾，益元，治狂，兼壓金石毒。《圭》云：除煩止渴，療痰熱喉風，消毒清便，除欬逆風痺，兼殺小蟲。

《本經》云：止欬逆上氣，溢筋急惡瘍，殺小蟲，除煩熱，風痙喉痺，嘔吐。仲景竹葉湯用淡竹葉。《心》云：除煩熱，緩皮而益氣。《珍》云：陰中微陽。涼心經。劊云：竹葉性寒其味苦，風邪煩熱服能除。上衝氣勝令人喘，進此安寧氣自舒。《局》云：竹葉解煩除欬逆，胸中痰熱更能消。若還止嘔皮堪刮，如欲攻風瀝可燒。竹皮，刮下，止吐嘔。葉，解煩躁。燒瀝，禦風伊。

竹根　《本經》云：作湯益气，止渴補虛，下气消毒。汁，主風痓。實，通神明，輕身益氣。陳藏器云：淡竹根，煑取汁，主丹石發熱渴，除煩熱。《別說》云：竹間時見開花，小白如棗花，結實如小麥子，無氣味而澁，號為竹米，以為荒年之兆。乃其竹即死，信非鸞皇鳳之所食也。彼有竹實大如鷄子，竹葉層層包裹，味甘勝蜜，食之令人發汗清涼。生深竹林，茂盛蒙蜜。《食療》云：苦竹根，細剉一斤，水五升，煑取汁一升，分三服，大下心肺五臟熱毒氣。

淡竹葉：一云味甘。一云甘，冷。一云今方中用淡竹葉，又是一種。叢小葉柔，微有毛，其根生子如麥門冬子。　味辛，氣平，大寒。《湯》云：氣寒，味辛，平。東云：療傷寒，解虛煩。《本經》云：主胸中痰熱，欬逆上氣。《藥性論》云：淡竹葉，味甘，無毒。主吐血，熱毒風，壓丹石毒，止消渴，止肺痿唾血，鼻衄，治五痔。日華子云：淡竹并根，味甘，冷，無毒。消痰，治熱狂煩悶，中風失音不語，壯熱頭痛，頭風，并懷姙人頭旋倒地，止驚悸，瘟疫迷悶，小兒驚癇天吊。莖葉同用。

竹瀝：惟用三種竹燒。一云今人取竹作瀝者，又謂之淡竹。　氣大寒。東云：治中風聲音之失。丹云：味甘，性緩。《本經》云：療暴中風，風痺，胸中大熱，止煩悶。《藥性論》云：淡竹瀝治卒中風，失音不語。苦者治眼赤。孟詵云：慈竹瀝，療熱風，和食飲服之良。《食療》云：淡竹瀝，大寒，主中風，大熱煩悶，勞復。丹溪云：《本草》言大寒。泛觀其意，以與石膏、芩、連等同類。而諸方治胎前產後諸病，及金瘡口噤，與血虛自汗，消渴(屎)〔尿〕多，皆陰虛之病，無不用。《內經》曰：陰虛發熱，大寒而能補，正與病對。薯蕷寒而能補，世或用之。惟竹瀝因大寒，實疑。竹瀝，味甘性緩，能除陰虛之有大熱者，大寒者言其功也，非以氣言也。若曰不然，世人喫筍，自幼至老，可無一人因筍而病，瀝則筍之液也，況假於火而成者，何寒如此之甚？《集》云：安胎，治子煩，除陰虛發大熱，消虛痰，痰盛人、氣虛少食者，宜用之。又痰在四肢，非此不能開。

竹皮茹：使也。一云味甘。一云竹皮多種，取皮止嘔吐者，南人呼為江南竹。　味辛，平，甘，寒，無毒。肉薄。氣微寒。《湯》云：氣微寒，味苦。東云：治虛煩，除嘔噦。《疌》云：止嘔，咳逆，除寒熱吐血，崩中，利小便，兼治五般熱病。《本經》云：主嘔啘，溫氣寒熱，吐血，崩中，溢筋。《藥性論》云：青竹茹，使。味甘。止肺痿唾血，鼻衄，治五痔。《食療》云：苦竹茹，主下熱壅。淡竹茹，主噎膈，鼻衄。

苦竹葉及瀝　日華云：味苦，冷，無毒。《本經》云：療口瘡目痛，明目，利九竅。日華子云：苦竹，味苦，冷，無毒。治不睡，止消渴，解酒毒，除煩熱，發汗，治中風失音。作瀝，功用與淡竹同。《食療》云：淡竹上，甘竹次。主欬逆，消渴，痰飲，喉痺，鬼疰惡氣，殺小蟲，除煩熱。苦竹葉，主口瘡，目熱，瘖啞。

竹筍：作諸筍。　味甘，無毒。一云：寒。《本經》云：主消渴，利水道，益氣，可久食。陳藏器云：苦竹筍，主不睡，去面目并舌下熱黃，消渴，明目，解酒毒，除熱氣，健人。諸筍皆發，冷血及氣。孟詵云：筍，寒。主逆氣，除煩熱，又動氣，發冷癥，不可多食。越有蘆及箭筍，新者稍可食，陳者不可食。其淡竹及中母筍，雖美，然發背，悶脚氣。《食療》云：苦筍不發痰。《蜀圖經》云：竹節間黃白者，味甘，名竹黃，尤制石藥毒發熱。

明・劉文泰《本草品彙精要》卷一八　竹葉無毒。附根、汁、實、皮、茹、筍。

叢生。

竹葉出《神農本經》：**主欬逆上氣，益筋急，惡瘍，殺小蟲。○根作湯，益氣，止渴，補虛，下氣。○汁，主風痓。○實，通神明，輕身益氣。**以上朱字《神農本經》。篁竹葉，大寒，無毒。除煩熱，風痙，喉痹，嘔吐。○根，消毒。○淡竹葉，味辛，平，大寒，主胸中痰熱，欬逆上氣。○瀝，大寒，療暴中風，風痹，胸中大熱，止煩悶。○皮茹，微寒，主嘔啘，溫氣寒熱，吐血，崩中，溢筋。○苦竹葉及瀝，療口瘡，目痛，明目，利九竅。○竹筍《蜀本》注作諸筍味甘，無毒。主消渴，利水道，益氣，可久食。以上黑字名醫所錄。〔名〕妒母草言筍，旬有六日而齊母，故俗呼云。〔苗〕謹按：竹之爲物，其根叢緻而多筋節者也。其萌曰筍，經旬日餘高四五尺，解籜成竿，漸至丈餘，放稍生葉。葉似蒻而狹短，體圓，質勁，虛心，直節，淩冬不凋，故以歲寒名之。然其類甚多，而堪入藥者，不過三四種而已。《竹譜》云：篁竹堅而促節，皮白如霜。苦竹有白，有紫。甘竹叢生如篁而茂，即淡竹也。一種肉薄，節間有粉，與諸竹相等者，亦謂之淡竹，醫家所貴，炙其汁曰竹瀝，刮其皮曰竹茹。穗於枝曰竹實。雖出一體，其療疾之功則各有所尚也。抑考竹實，大如雞子，竹葉層層包裹，味甘勝蜜，傳稱鸞鳳食之，必非常物也。今近道竹間開白花，實似小麥，南人號爲竹米。諸竹有此即死。《稽聖賦》云：竹布實而根枯是也。鸞鳳所食者，豈謂是哉。〔地〕《圖經》曰：處處有之。〔時〕生：春生苗。採：不拘時取。〔用〕葉、根、實、筍、茹、瀝。〔色〕青綠。〔味〕苦。〔性〕平，大寒，泄。〔氣〕氣味俱薄，陰中微陽。〔臭〕朽。〔主〕止煩解渴，清熱消風。〔製〕剉碎用。凡用茹，以刀刮青皮上膜，竹瀝以青嫩竹火炙之，汁出爲瀝矣。〔治〕療：《藥性論》云：淡竹葉，主吐血，熱毒風，壓丹石毒，止消渴。其竹燒瀝，治卒中風，失音不語，苦者及去眼赤。○青竹茹，止肺痿，唾血，鼻衄，消五痔。日華子云：淡竹並根，消痰，去熱狂，煩悶，中風，失音不語，壯熱，頭痛，頭風，並懷妊婦人頭旋倒地，止驚悸，瘟疫，迷悶，小兒驚癇天吊。枝葉同用。○苦竹，止渴，解酒。除煩熱，發汗並治中風失音。作瀝功用與淡竹同。陳藏器云：苦竹筍，主不睡，去面目並舌上熱黄，止渴，明目，解酒毒，除熱氣，健人，除煩熱。孟詵云：筍，除逆氣，煩熱。○慈竹瀝，療熱風，和食飲服之，良。《蜀本圖經》曰：竹節間黄白者名竹黄，制丹石藥毒，發熱。《別錄》云：淡竹上，甘竹次，主欬逆，消渴，痰飲，喉痹，鬼疰，惡氣，殺小蟲，除煩熱。○苦竹葉，主口瘡，目熱，喑啞。○苦竹茹，主下熱壅。○苦竹根一斤，水五升，煮取一升服，治五臟熱毒氣。○淡竹瀝，大寒，主中風，大熱，煩悶，勞復。○淡竹茹，主噎膈，鼻衄。《湯液本草》云：竹葉，除煩熱，緩皮而益氣，陰中微陽，凉心經。丹溪云：竹瀝，《本草》云大寒，泛觀其意，以與石膏、芩、連等同類。而諸方治產後胎前諸病，及金瘡口噤，與血虚自汗，消渴，尿多，皆陰虚之病，無不縮手待盡，哀哉。《内經》曰：陰虚發熱，大寒而能補，正與病對。薯蕷寒而能補，世或用之。惟竹瀝因大寒置疑，是猶因盜嫂受金而棄陳平之國士也。竹瀝味甘，性緩，能除陰虚之有大熱者。大寒者，言其功也，非以氣言也，幸相與可否。若曰不然，世人吃筍自幼至老者，可無一人因筍寒而病。瀝則筍之液也，況假火而成者，何寒如此之甚。【合治】竹茹三兩，水五升，煮取三升，去滓令冷，内破雞子三枚，攪調更煮三沸，飲之，治飲酒頭痛。○苦竹茹四兩，合醋漬一宿含之，治齒斷間津液血出不止。○青竹茹五兩，合酒一升，煎取五合，頓服，治妊娠八月、九月若墮仆，或牛馬驚傷，得心痛。○竹葉濃煮，合鹽少許，寒溫得所，含之，治齒間血出。○苦竹葉，燒灰和雞子黄，傅卒得惡瘡不識者。○竹瀝半盞，合新汲水半盞調服，治時氣五六日心神煩躁不解。○竹瀝一升，合茯苓三兩，水四升同煎至二升，分三服，治妊娠恒若煩悶，此名子煩。○苦竹瀝五合，黄連二分，綿裹入竹瀝内浸一宿，點目中數度，令熱淚出，治目赤眥痛如刺不得開，肝經實熱致生障翳。○竹葉燒末和豬脂塗上，或雞子白傅之，治小兒頭瘡並耳上生瘡。○新青竹茹二合，好酒一升，煮三五沸，分作三服，治妊娠誤有失墜，忽推築著疼痛。【禁】諸筍發氣。○苦竹筍動氣，發癥不可多食。【解】淡竹根壓丹石發熱渴。

明·葉文齡《醫學統旨》卷八　竹葉　氣平、寒，味苦、甘。無毒。陰中微陽。篁竹、淡竹為上，苦竹次之，餘不入藥。治欬逆上氣，益筋急惡瘍；殺小蟲，凉心經，除煩熱，風痙喉痺嘔吐。根作湯益氣止渴，補虚下氣消毒。

淡竹葉：氣寒，味辛、甘。無毒。治胸中痰熱，欬逆上氣，吐血熱毒風，壓丹石毒；止消渴，利小水，通淋閉。

竹瀝：氣味甘，無毒。用刀劈開，火燒，其瀝不得入灰塵，用時薑汁佐之。治卒中風失音不語，風痺，胸中熱狂，煩悶壯熱，頭痛頭風；并懷妊人頭旋倒地，安胎，治子煩；除陰虚人發大熱，消虚痰，痰盛人、氣虚少食者宜用之；又痰在四肢及皮裏膜外胸膈間，非此不能開；止驚悸，小兒驚癇天弔。

竹茹：氣微寒，味苦。無毒。刮去面青皮用。治嘔噦噎膈溫氣，寒熱吐血衄，崩中，益筋，虚煩不眠。

明·許希周《藥性粗評》卷一　遺竹瀝以搜痰，奏七縱七擒之凱。荊澄附，竹葉、竹實另有本條。

竹瀝，竹汁也。其法不拘，淡竹、苦竹、篁竹，截作短段，去絲劈破，以磚石兩頭承之，中以炭火逼出其汁，用碗裝盛，入薑汁調用。取荊汁法同此。荊，牡荊也。竹笋家堪作茹，内寒人不可多食，以其難化故也。故瀝非薑汁不行。味苦、甘，性大寒，無毒。主治中風大熱，消渴煩悶，痰厥上氣，狂躁驚癇，降火養血，清心解毒，寒而有補，蓋祛痰之聖藥也。丹溪云：世俗因大寒二字，棄而不用，是猶因盜嫂受金而棄陳平之國士也，不知竹瀝味甘性緩，能降陰虚之有大熱者，況假於火而成，何寒如此之甚。又云：竹瀝滑痰，非佐以薑汁不行經絡；痰在四肢，非竹瀝不開；痰在皮裏膜外，非薑汁竹瀝不可除；痰在膈間，使人顛狂，宜用竹瀝；風痰亦宜用之。由是可見，竹瀝之搜痰，殆諸葛之擒孟獲七縱而七擒焉。荊瀝之寒，減於竹瀝，老弱之有痰者宜用之。

單方：發熱心煩：竹瀝調新汲水各半盞，服之，不拘傷寒時氣皆可。目赤眥痛：黄連，剉，用綿裹入竹瀝内浸一宿，點之殊效。產後發痓：多以竹瀝灌之即甦。金瘡中風：治法同上。

明·許希周《藥性粗評》卷三　淡陳竹葉之青，效撲火涼心之用。竹瀝另有本條。

淡竹葉，生笋可食者，淡竹也。竹類甚多，而入藥者淡竹、苦竹、篁竹三者而已。淡竹似篁而茂；苦竹有白有紫，其節長闊；篁竹體堅節促，皮白如霜；皆春夏生笋。江南處處有之，醫家多取淡竹，其皮為茹，其汁為瀝，不特葉可入藥而已也。江南處處有之。採無時。餘説《本草》不載。味辛，性平、大寒，無毒。入手太陰肺、少陰心經。主治痰熱欬逆，上氣吐血，消渴熱狂，煩悶散火，涼心消痰，止嗽。東垣云：除熱緩脾，而益元氣。

單方：齒間出血：淡竹葉一束，水一二碗，濃煎，入鹽少許，待溫啜而含之，良久唾去，復含，或刮苦竹茹三四兩，以醋浸一宿，如前含之亦妙。胎動不安：淡竹根剉，濃煎汁飲之，須臾妙。失聲：卒失聲，聲噎不出者，取苦竹葉，濃煎湯，稍稍服之。霍亂：凡患霍亂轉筋，心腹絞痛者，淡竹葉一把，水五六升，濃煮湯一盆，乘其稍溫，盪洗腰腹并轉筋之處，甚效。飲酒頭痛：亂取竹茹三兩，水五升，煮至三升，取出，待冷入雞子清黃三枚，在內攪勻，再煮五六沸，飲之妙。諸疥瘡疼：燒竹葉為末，以雞子清和入調勻，塗上，不過三四次，立差。

明·許希周《藥性粗評》卷三 鳳糧以竹實充飢。

竹實，竹無花實，但密而失土，則結實如小麥大。江南處處有之。味甘，性平，無毒。為飯充飢，益氣輕身，通神明。所謂鳳凰非竹實不食者是也。

明·鄭寧《藥性要略大全》卷七 竹瀝 治中風不語及失音，止胸中大熱，煩悶風痹。伊訓云：治傷寒勞復，安胎，治妊婦子煩，消痰除熱，止消渴，及產後身痓，角弓反張，口噤面青者，飲此一二升。味甘，性大寒，無毒。〇燒法：以箽竹或苗竹，截作短段，約二尺許，兩頭以磚石架竹於火上燒之，每頭以磁盆張瀝。

竹青一名竹茹。療傷寒熱症。治嘔逆吐血，崩中溢筋，溫氣，治寒熱，除實熱，去內熱。《十書》云：治虛煩，除噦嘔，吐血，衄血，崩中及傷寒勞復發熱。味苦，平、性寒，無毒。取苦竹刮取皮用，餘竹次之，炒枯入藥。

苦竹 治不眠，止消渴，解酒毒煩熱。餘與淡竹同功。味苦，寒，無毒。

箽竹 治咳逆上氣，溢筋，除煩熱，風痓，喉痹，嘔吐。

淡竹併根 消痰，去熱狂悶，中風失音不語，壯熱頭疼風及孕婦頭旋倒地。止驚悸、瘟疫，小兒驚癇天吊。莖、葉同用。《賦》曰：除煩熱，喉痹，涼心。味甘，氣寒，無毒。

明·鄭寧《藥性要略大全》卷七 淡竹葉 除新舊風邪之煩熱，止喘促氣勝之上沖。《經》云：除胸中痰熱咳逆，吐血熱毒等症。治消渴，敺煩熱，喉痹，涼心經。《賦》曰：療傷寒、解虛煩，功倍於諸藥。味辛、苦，平，性寒，無毒。可升可降，陽中陰也。箽竹、淡竹為上，苦竹次之。餘不入藥。

明·陳嘉謨《本草蒙筌》卷四 淡竹葉 味甘、淡，氣平、寒。陰中微陽。無毒。竹類頗多，難指何是。惟嘗笋味，淡者為然。箽竹、雷竹、水竹，味淡兼甜，治病第一。筀竹、貓竹，味皆純淡，採用亦宜；苦竹、紫竹，苦辣而羶，不堪入藥。東坡蘇公云：淡竹者對苦竹為文，除苦竹之外，皆淡竹也。迹此觀之，足可徵矣。逐上氣欬逆喘促，退虛熱煩躁不眠。專涼心經，尤卻風痓。一種草類如鐵線，莖似嫩稷，葉長尺餘，亦名淡竹葉，俗多採，利小水，治喉痹等證並神効。根止消渴，散毒補虛。實通神明，輕身益氣。皮茹削去青色，惟取向裏黃皮。主胃熱呃逆殊功，療噎膈嘔噦神効。〇敗船茹原亦竹皮刮下，大艑艑用程漏處極多。取乾煮之，亦止諸血。〇燒取竹瀝，與荊瀝同。橫鋸截尺餘，直劈作數塊。兩磚架起，緊火中烘。瀝從兩頭流來，少加薑汁調服。每瀝一盃，加生薑自然汁二匙。卻陰虛發熱，理中風噤牙。小兒天吊驚癇，入口便定；婦人胎產悶暈，下咽即甦。《衍義》云：胎前不損子，產後不得虛。止驚悸，卻痰涎。痰在手足四肢，非此不達；痰在皮裏膜外，有此可敺。但世俗反以大寒，置疑不用。殊不知係火煅出，又佐薑汁，有何寒乎？〇竹肉狀如肉臠，每生苦竹枝上。鷄蛋般大，生啖毒多。戟人喉顙來紅，且令爪甲變黑。須灰汁煮鍊三度，然後依常菜食之。殺三蟲，破老血。別有功効，人未盡知。〇竹蓐惟盛夏間，狀類鹿角色白。係慈竹逢雨滋潤，每滴汁着地發生。同薑醬煮嘗，痢赤白治驗。〇節內黃粉，即天竺黃。俗云天竺國生，非也。旋飛塵沙結成，老竹間或可得。形類黃土，一名竹膏。治小兒急慢驚抽，療肥人卒暴風中。鎮心明目，解熱敺邪。〇竹笋發氣托痘瘡，更止消渴利小水。〇桃竹笋苦有毒，賴笋不成竹者，俗謂頑笋是也。用搗成膏；六畜皮肉生蛆，納入盡出。灰汁煮纔可食，不爾亦戟人喉。〇更有僊人杖味鹹，是笋成竹時立死。色黑如漆，收宜夏初。惟苦筀竹多生，專生噦氣嘔逆。大人翻胃反食，以水煮嘗；小兒驚癇夜啼，安身伴睡。痔漏去血，燒末湯吞。〇舊篦齒亦載醫方，治活蝨入腹為病。狀如癥瘕，煮服即除。

明·王文潔《太乙仙製本草藥性大全》卷三《本草精義》 竹肉 一名竹實。生苦竹枝上如鷄子，似肉臠。遇前疾採取灰汁，煮三度，煉熟訖，然後依常菜茹食之，煉不熟者戟人喉出血，手爪盡脫。應別有功，未盡識之也。

淡竹葉　《本經》並不載所出州土，今處處有之。竹類頗多，難指何是，惟嘗竹味淡者爲然。箽竹、雷竹、水竹，味淡兼甜，治病第一。筀竹笛、竹味皆純淡，採用亦宜；苦竹、紫竹苦辣而羶，不堪入藥。東坡蘇公云：淡竹者對苦竹爲文，除苦竹之外皆淡竹也。及此觀之，足可徵矣。更有一種草類，形如鐵線，莖似嫩稷，葉長尺餘，亦名淡竹葉，俗多採利小水，治喉痹等證並神效。謹按《竹譜》：箽字音斤，其竹堅而促節，體圓而質勁，皮白如霜，大者宜刺船，細者可爲笛。苦竹有白有紫。甘竹似篁而茂，即淡者也。然今之刺船者多用桂竹，作笛者有一種，亦不名箽竹。苦竹亦有二種，一種出江西及閩中，本極麄大，笋味殊苦不可噉；一種出江浙，近地亦時有，肉厚而葉長闊，笋微有苦味，俗呼甜苦笋，笋食品所最貴者，亦不聞入藥用。淡竹肉薄節間有粉，南人以燒竹瀝者，醫家只用此一品，與《竹譜》所説大同而小異也。竹實今不復用，亦稀有之。

按：《衍義》云：凡諸竹葉與笋，性皆微寒。故知葉其用一致。《本經》不言笋及苦〔竹性苦〕，取瀝作油，亦不必強擇也。張仲景竹葉湯用淡竹。笋難化，不益脾。鄰家一小兒，方二歲，偶失照管，壯熱，喘麄，不食，多睡，仰頭，呻吟，微嘔逆，瞑目，多驚，凡三五日，醫作慢驚治之，治不對病，不愈，忽然其母誤將有巴豆丸藥作驚藥，化五丸如麻子大灌之，良久大吐，有物噎於喉中，乳媼以指摘出之，約長三寸，麄如小指，乃三日前臨堦曝者乾煎笋是也，諸證皆定，次日但以和氣藥調治遂安。其難化也如此。《經》曰：問而知之者謂之工。小兒不能問，故爲難治，醫者當審慎也。

明・王文潔《太乙仙製本草藥性大全》卷三《仙製藥性》　淡竹葉　味辛、苦，平，性寒，無毒。可升可降，陽中陰也。箽竹、淡竹爲上，苦竹次之，餘不入藥。　主治：除新舊風邪之煩熱，止喘促氣勝之上衝。療傷寒，解虛煩，殺小蟲、惡瘍。治消渴，療喉痹，溢筋急、嘔吐。止欬逆痰熱，退煩燥不眠。專涼心經，尤却風痙。　箽竹葉：味苦平，大寒，無毒。治證同上。苦竹葉：味苦，寒，無毒。治不眠，止消渴，解酒毒、煩熱。餘與淡竹同功。

補註：療瘡疥，燒竹葉爲末，以雞子白和之塗上，不過三四次立差。治小兒頭瘡，耳上生瘡，以葉燒末，和猪脂塗上。又以雞子白拌之妙。治齒間血出，以葉濃煮，與鹽少許，寒溫得所含之。治頭瘡，用大笋、竹葉，燒爲灰，量瘡大小，用灰調生油傅，入少膩粉佳。〇卒得惡瘡不識者，燒苦竹葉，和雞子黄傅。治霍亂轉筋，心腹脹痛，濃煮竹葉湯五六升，合灼已轉筋處。〇卒失聲，聲噎不出者，濃煮苦竹葉服之。　竹根：作湯益氣止渴，補虛下氣消毒。　實：通神明，輕身益氣。出〔益〕州。　補註：療胎動，安胎方：甜竹根，煮取濃汁飲之。甘竹根亦可。〇小兒身中惡瘡，煮取竹汁，日澡洗。〇謹按：舊稱竹實鸞鳳所食，今近道竹間時見開花，小白如棗花，亦結如小麥子，無氣味而澁，江浙人號爲竹米，以爲荒年之兆，及其竹即死，信非鸞鳳之所食也。近有江南餘千人來言，彼有竹實，大如雞子，竹葉層層包裹，味甘勝蜜，食之令人心膈清凉，生深竹林茂盛蒙密處。頃因得之，但日久汁枯乾而味尚存爾。因知鸞鳳之食，已非常物也。　竹皮茹一名竹青：味苦平，性寒，無毒。取苦竹削去青色，惟取向裏黄皮。餘竹次之，炒枯入藥。　主治：療傷寒勞復發熱，治嘔逆、吐衄、崩中。益筋溫氣，去熱除煩。主胃熱呃逆殊功，療噎膈嘔噦神效。　散船茹：原亦竹皮刮下大艑艑，用補漏處，極多，取乾煮之，亦止諸血。　補註：凡飲酒頭痛，以竹茹三兩，以水五升，煮取三升，去滓，令冷，内破雞子三枚，攪投更煮三沸，飲之。治齒齦間津液血出不止，苦竹茹四兩，以醋漬一宿含之。治妊娠悞有失墜，忽推築著疼痛，新青竹茹二合，以好酒一升，煮茹三五沸，分作三度服。治妊娠八月、九月，若墮樹或牛馬，驚傷得心痛，青竹茹五兩，切，以酒一升，煎取五合，頓服，不差再服。治交接勞復，卵腫，腹中絞痛，便欲死。刮竹皮一升，以水三升，煮五沸，絞去滓，頓服。《梅師方》治齒血不止，刮生竹皮，醋漬之，令其人解衣，乃別令一人含噀其背上三過，并取茗草濃煮汁，適寒溫令漱之，差。治小兒癇痢，以竹青茹三兩，醋三升，煎取一升，去滓溫服二合，兼治小兒口噤體熱病。　燒取竹瀝：味甘，性大寒，無毒。燒法與荊瀝同：横鋸截尺餘，直劈作數塊，兩磚架起，緊火中焙，瀝從兩頭流來，少加薑汁調服。每瀝一盃，加薑汁二匙。　主治：却陰虛發熱，理中風噤牙。小兒天吊驚癇，入口便定。婦人胎産悶暈，下咽即甦。《衍義》云：胎前不損子，産後不得虛。止驚悸，却痰涎。痰在手足四肢，非此不達；痰在皮裏膜外，有此可敺。但世俗反以大寒置疑不用，殊不知係火煅出，又佐薑汁，有何寒乎？　補註：傷寒五六日已上者，作青竹瀝小煎，分減數數飲之，厚覆取汗。〇卒消渴，小便多，作竹瀝恣飲，數日愈。治時氣五六日，心神煩燥不解，用竹瀝半盞，新水半盞，令勻，非時服。治中風口噤，服淡竹瀝一升。治産後身或強直，口噤面青，手作強反張，飲竹瀝一二升，醒。○小兒夜後狂語，竹瀝每一歲兒連夜二合，服令盡之。治目赤眦痛如刺，不得開，肝實熱所致，或生障翳，苦竹瀝五合，黄連二分，綿裹入竹瀝内浸一宿，以點目中數度，令熱淚出。治妊娠常若煩悶，此名子煩，竹瀝湯：茯苓三兩，竹瀝一升，水四升，合竹瀝煎取二升，分三服，不差重作，亦時時服竹瀝。治金瘡中風，口噤欲呃，竹瀝半大升，微微暖服之。治妊娠因夫所動困絕，以竹瀝飲一升立愈。○卒齒痛，取苦竹燒一頭，一頭得汁，多揩齒上差。治產後血氣暴虛汗出，淡竹瀝三合，微暖服之，須臾再服。治小兒大人欬逆短氣，胸中吸吸，欬出涕唾，欬出臭膿涕粘，淡竹瀝一合服，日三五服，大人一升。

明・皇甫嵩《本草發明》卷四　竹實　通神明，輕身益氣。○竹笋，味甘。主消渴，利水道，益氣托痘瘡。○竹肉，生苦笋枝上，如雞子大，生啖戟人喉血出，令爪甲黑，須灰汁煮三度，依常菜食之，殺三蟲，破老血。此亦難得，不用也罷。○竹蓐，盛夏間係慈竹逢雨滋潤，每滴汁着地發生，狀如鹿角，色白。同薑汁煮食，治赤白痢。

淡竹葉中品，臣。氣平、寒，味甘，淡。微陽。無毒。惟葦竹、雷竹、水竹，味淡兼甜，治病為最。篁竹、貓竹次之，餘不堪用。　發明曰：淡竹葉，凉心肝之要藥。故《本草》主胸中痰熱欬逆，上氣喘促，療傷寒，解虛煩。又主吐血熱毒風，壓丹石毒，止消渴，大略凉心肺之功多。一種草亦名淡竹葉，利小水，沾喉痺等症並效。葦竹，味微苦，平，大寒。治療與前大同。又除煩熱，風痙筋急，惡瘡，喉痺嘔吐。○葦竹根作湯，止消渴，散毒，補虛。汁，止風痓。又云：淡竹及根，治狂煩悶，中風失音，壯熱，頭風頭疼，並孕婦頭旋倒地上驚悸，溫疫迷悶，小兒驚癇天弔。莖葉同力。

苦竹葉及瀝，療口瘡，目痛明目，利九竅。又云：苦竹笋，主不睡，去面目并舌熱黄，消渴，明目，解酒毒，除熱氣。　竹茹，氣微寒，味苦。主胃熱噎膈，呃逆噦嘔，濕氣寒熱，吐血鼻衄，崩中，溢筋。苦竹茹，主下熱壅。溫膽湯中用竹茹，能寧神豁痰。　淡竹瀝，氣寒。理暴中風口噤不語，風痺，胸中大熱煩悶，陰虛發熱，小兒天弔驚癇，婦人胎產悶暈，却痰涎，痰在經絡及四肢，皮裏膜外，非此不達。《衍義》云：胎前不損子，產後不得虛，佐以薑汁服之不寒。苦竹瀝功用亦同。

明・李時珍《本草綱目》卷三七木部・苞木類　竹《本經》中品

【釋名】時珍曰：竹字象形。許慎《說文》云：竹，冬生艸也。故字從倒艸。戴凱之《竹譜》云：植物之中，有名曰竹。不剛不柔，非草非木。小異實虛，大同節目。　【集解】弘景曰：竹類甚多，入藥用篁竹，次用淡、苦〔竹〕。又一種薄殼者，名甘竹，葉最勝。又有實中竹、篁竹，並以筍爲佳，于藥無用。頌曰：竹處處有之。其類甚多，而入藥惟用篁竹、淡竹、苦竹三種，人多不能盡別。按《竹譜》：篁竹堅而促節，體圓而質勁，皮白如霜，大者宜刺船，細者可爲笛。苦竹有白有紫。甘竹似篁而茂，即淡竹也。然今之刺船者，多用桂竹。作笛自有一種，亦不名篁竹。苦竹亦有二種：一出江西、閩中，本極粗大，筍味殊苦，不可噉；一出江浙，肉厚而葉長闊，筍微有苦味，俗呼甜苦笋是也。今南人入藥燒瀝，惟用淡竹一品，肉薄，節間有粉者。時珍曰：竹惟江河之南甚多，故曰九河鮮有，五嶺寔繁。大抵皆土中苞筍，各以時而出，旬日落籜而成竹也。莖有節，節有枝；枝有節，節有葉。葉必三之，枝必兩之。根下之枝，一爲雄，一爲雌，雌者生筍。其根鞭喜行東南，而宜死猫，畏皂刺、油麻。以五月十三日爲醉日。六十年一花，花結實，其竹則枯。竹枯曰箹，竹實曰復，小曰篠，大曰簜。其中皆虛，而有實心竹出滇廣；其外皆圓，而有方竹出川蜀。其節或暴或無，或促或踈。暴節竹出蜀中，高節磥砢，即筇竹也。無節竹出溱州，空心直上，即通竹也。篃竹一尺數節，出荆南。笛竹一節尺餘，出吴楚。篔簹竹一節近丈，出南廣。其幹或長或短，或巨或細。交廣由吾竹長三四丈，其肉薄，可作屋柱。簹竹大至數圍，其肉厚，可爲梁棟。永昌漢竹可爲桶斛，篣竹可爲舟船。嚴州越王竹高止尺餘。辰州龍絲竹細僅如鍼，高不盈尺。其葉或細或大。鳳尾竹葉細三分，龍公竹葉若芭蕉，百葉竹一枝百葉。其性或柔或勁，或滑或澁。澁者可以錯甲，謂之篾簩。滑者可以爲席，謂之桃枝。勁者可以爲戈刀箭矢，謂之矛竹、箭竹、筋竹、石麻。柔者可爲繩索，謂之蔓竹、弓竹、苦竹、把髮。其色有青有黄，有白有赤，有烏有紫。有斑斑者駁文點染，紫者黯色黝然，烏者黑而害母，赤者厚而直，白者薄而曲，黄者如金，青者如玉。其別種有棘竹，一名笏竹，芒刺森然，大者圍二尺，可禦盗賊。棕竹一名實竹，其葉似棕，可爲柱杖。慈竹一名義竹，叢生不散，人栽爲玩。廣人以筋竹絲爲竹布，甚脆。

篁竹葉　【氣味】苦，平，無毒。《別録》曰：大寒。　【主治】欬逆上氣，溢筋，急惡瘍，殺小蟲《本經》。除煩熱風痙，喉痹嘔吐《別録》。煎湯，熨霍亂轉筋時珍。

淡竹葉　【氣味】辛，平，大寒，無毒。權曰：甘，寒。　【主治】胸中痰熱，欬逆上氣《別録》。吐血，熱毒風，止消渴，壓丹石毒甄權。消痰，治熱狂煩悶，中風失音不語，壯熱頭痛頭風，止驚悸，温疫迷悶，妊婦頭旋倒地，小兒驚癇天弔大明。喉痹，鬼疰惡氣，煩熱，殺小蟲孟詵。凉心經，益元氣，除熱緩脾元素。煎濃汁，漱齒中出血，洗脱肛不收時珍。

苦竹葉　【氣味】苦，冷，無毒。　【主治】口瘡目痛，明目利九竅《別録》。治不睡，止消渴，解酒毒，除煩熱，發汗，療中風瘖瘂大明。殺蟲。燒末，和猪膽，塗小兒頭瘡耳瘡疥癬；和雞子白，塗一切惡瘡，頻用取效時珍。【發明】弘景曰：甘竹葉最勝。詵曰：竹葉，篁、苦、淡、甘之外，餘皆不堪入藥，不宜人。淡竹爲上，甘竹次之。宗奭曰：諸竹筍性皆寒，故知其葉一致也。張仲景竹葉湯，惟用淡竹。元素曰：竹葉苦平，陰中微陽。杲曰：竹葉，辛、苦，寒，可升可降，陽中陰也。其用有二：除新久風邪之煩熱，止喘促氣勝之上衝。

【附方】新二。上氣發熱：因奔趁走馬後，飲冷水所致者。竹葉三斤，橘皮三兩，水一斗煎五升，細服。三日一劑。〇《肘後方》。時行發黃：竹葉五升切，小麥七升，石膏三兩，水一斗半，煮取七升，細服，盡劑愈。《肘後方》。

篁竹根　【主治】作湯，益氣止渴，補虛下氣《本經》。消毒《別録》。

淡竹根　【主治】除煩熱，解丹石發熱渴，煮汁服藏器。消痰去風熱，驚悸迷悶，小兒驚癇大明。同葉煎湯，洗婦人子宮下脱時珍。

甘竹根　【主治】煮汁服，安胎，止産後煩熱時珍。

苦竹根　【主治】下心肺五臟熱毒氣。剉一斤，水五升，煮汁一升，分三服孟詵。

【附方】新一。産後煩熱：逆氣。用甘(草)〔竹〕根切一斗五升，煮取七升，去滓，入小麥二升，大棗二十枚，煮三四沸，入甘草一兩，麥門冬一升，再煎至二升。每服五合。《婦人良方》。

淡竹茹　【氣味】甘，微寒，無毒。【主治】嘔啘，温氣寒熱，吐血崩中《別録》。止肺痿唾血鼻衄，治五痔甄權。噎膈孟詵。傷寒勞復，小兒熱癇，婦人胎動時珍。

苦竹茹　【主治】下熱壅孟詵。水煎服，止尿血時珍。

筀竹茹　【主治】勞熱大明。

【附方】舊五，新五。傷寒勞復：傷寒後交接勞復，卵腫腹痛。竹皮一升，水三升，煮五沸，服汁。朱肱《南陽活人書》。婦人勞復：病初愈，有所勞動，致熱氣衝胸，手足搐搦拘急，如中風狀。淡竹青茹半斤，栝樓二兩，水二升，煎一升，分二服。《活人書》。産後煩熱：內虛短氣。甘竹茹湯：用甘竹茹一升，人參、茯苓、甘草各二兩，黄芩二兩，水六升，煎二升，分服，日三服。《婦人良方》。婦人損胎：孕八九月，或墜傷，牛馬驚傷，心痛。用青竹茹五兩，酒一升，煎五合服。《子母秘録》。月水不斷：青竹茹微炙，爲末。每服三錢，水一盞，煎服。《普濟方》。小兒熱痛：口噤體熱。竹青茹三兩，醋三升，煎一升，服一合。《子母秘録》。齒血不止：生竹皮，醋浸，令人含之，噀其背上三過。以茗汁漱之。《千金方》。牙齒宣露：黄竹葉、當歸尾，研末，煎湯。入鹽含漱。《永類方》。飲酒頭痛：竹茹二兩，水五升，煮三升，納雞子三枚，煮三沸，食之。《千金方》。傷損內痛：兵杖所加，木石所迮，血在胸、背、脇中刺痛。用青竹茹、亂髮各一團，炭火炙(煎)〔焦〕，爲末。酒一升，煮三沸，服之。三服愈。《千金方》。

淡竹瀝　【修治】機曰：將竹截作二尺長，劈開。以磚兩片對立，架竹于上。以火炙出其瀝，以盤承取。時珍曰：一法：以竹截長五六寸，以瓶盛，倒懸，下用一器承之，周圍以炭火逼之，其油瀝于器下也。

【氣味】甘，大寒，無毒。時珍曰：薑汁爲之使。【主治】暴中風、風痹，胸中大熱，止煩悶，消渴，勞復《別録》。中風失音不語，養血清痰，風痰虛痰在胸膈，使人癲狂，痰在經絡四肢及皮裏膜外，非此不達不行震亨。治子冒風痓，解射罔毒時珍。

篁竹瀝　【主治】風痓《別録》。

苦竹瀝　【主治】口瘡目痛，明目，利九竅《別録》。同功淡竹大明。治齒疼時珍。

慈竹瀝　【主治】療熱風，和粥飲服孟詵。

【發明】弘景曰：凡取竹瀝，惟用淡、苦、篁竹者。雷曰：久渴心煩，宜投竹瀝。震亨曰：竹瀝滑痰，非助以薑汁不能行。諸方治胎産金瘡口噤，與血虛自汗，消渴小便多，皆是陰虛之病，無不用之。産後不碍虛，胎前不損子。《本草》言其大寒，似與石膏、黄芩同類。而世俗因大寒二字，棄而不用。《經》云：陰虛則發熱。竹瀝味甘性緩，能除陰虛之有大熱者。寒而能補，與薯蕷寒補義同。大寒言其功，非獨言其氣也。世人食筍，自幼至老，未有因其寒而病者。瀝即筍之液也。又假於火而成，何寒如此之甚耶？但能食者用荆瀝，不能食者用竹瀝。時珍曰：竹瀝性寒而滑，大抵因風火燥熱而有痰者宜之。若寒濕胃虛腸滑之人服之，則反傷腸胃。筍性滑利，多食瀉人，僧家謂之刮腸篦，即此義也。丹溪朱氏謂大寒言其功不言其氣，殊悖于理。謂大寒爲氣，何害于功。《淮南子》云：槁竹有火，不鑽不然。今猫獠人以乾竹片相戛取火，則竹性雖寒，亦未必大寒也。《神仙傳》云：(姜)〔離婁〕公服竹汁餌桂，得長生。蓋竹汁性寒，以桂濟之，亦與用薑汁佐竹瀝之意相同。淡竹今人呼爲水竹，有大小二種，此竹汁多而甘。沈存中言苦竹之外皆爲淡竹，誤矣。

【附方】舊十二，新九。中風口噤：竹瀝、薑汁等分，日日飲之。《千金方》。小兒口噤：體熱。用竹瀝二合，暖飲，分三四服。《兵部手集》。産後中風：口噤，身直面青，手足反張。竹瀝飲一二升，即甦。《梅師方》。破傷中風：凡閃脱折骨諸瘡，慎不可當風用扇，中風則發痓，口噤項急，殺人。急飲竹瀝二三升。忌冷飲食及酒。竹瀝卒難得，可合十許束併燒取之。《外臺秘要》。　金瘡中風：口噤欲死。竹瀝半升，微微暖服。《廣利方》。　大人喉風：筆竹油頻飲之。《集簡方》。　小兒重舌：竹瀝漬黃蘗，時時點之。《簡便方》。　小兒傷寒：淡竹瀝、葛根汁各六合，細細與服。《千金方》。　小兒狂語：夜後便發。竹瀝夜服二合。姚和衆《至寶方》。　婦人胎動：妊娠因夫所動，困絶。以竹瀝飲一升，立愈。《産寶》。　孕婦子煩：竹瀝，頻頻飲之。○《梅師方》茯苓二兩，竹瀝一升，水四升，煎二升，分三服。不瘥，更作之。　時氣煩燥：五六日不解。青竹瀝半盞，煎熱，數數飲之，厚覆取汗。《千金方》。　消渴尿多：竹瀝恣飲，數日愈。《肘後方》。　欬嗽肺痿：大人小兒欬逆短氣，胸中吸吸，欬出涕(吐)[唾]，嗽出臭膿。用淡竹瀝一合，服之，日三五次，以愈爲度。李絳《兵部手集》。　産後虚汗：淡竹瀝三合，暖服，須臾再服。昝殷《産寶》。　小兒吻瘡：竹瀝和黃連、黃蘗、黃丹傅之。《全幼心鑒》。　小兒赤目：淡竹瀝點之。或入人乳。《古今録驗》。　赤目眦痛：不得開者，肝經實熱所致，或生障翳。用苦竹瀝五合，黃連二分，綿裹浸一宿。頻點之，令熱淚出。《梅師方》。　卒牙齒痛：苦竹燒一頭，其一頭汁出，熱揩之。姚僧坦《集驗方》。　丹石毒發：頭眩耳鳴，恐懼不安。淡竹瀝頻服二三升。《古今録驗》。

竹筍見菜部

慈竹籜　[主治]小兒頭身惡瘡，燒散和油塗之。或入輕粉少許時珍。

竹實　[主治]通神明，輕身益氣。《本經》。

[發明]《别録》曰：竹實出益州。弘景曰：竹實出藍田。江東乃有花而無實，頃來斑斑有實，狀如小麥，可爲飯食。承曰：舊有竹實，鸞鳳所食。今近道竹間，時見開花小白如棗花，亦結實如小麥子，無氣味而澀。江浙人號爲竹米，以爲荒年之兆。其竹即死，必非鸞鳳所食者。近有餘干人言：竹實大如雞子，竹葉層層包裹，味甘勝蜜，食之令人心膈清凉，生深竹林茂盛蒙密處。頃因得之，但日久汁枯乾而味尚存爾，乃知鸞鳳所食，非常物也。時珍曰：按陳藏器《本草》云：竹肉一名竹實，生苦竹枝上，大如雞子，似肉臠，有大毒。須以灰汁煮二度，煉訖，乃依常菜茹食。煉不熟，則戟人喉出血，手爪盡脱也。此説與陳承所説竹實相似，恐即一物，但苦竹上者有毒爾，與竹米之竹實不同。

山白竹　即山間小白竹也。　[主治]燒灰，入腐爛癰疽藥時珍。

爆竹　[主治]辟妖氣山魈。慎微曰：李畋《該聞集》云：仲叟者，家爲山魈所祟，擲石開户。畋令旦夜于庭中爆竹數十竿，若除夕然。其祟遂止。

題明・薛己《本草約言》卷二《藥性本草》　竹茹　味苦，氣微寒，無毒。陰也，可升可降。除胃熱之嘔噦，止邪熱之血衄。○竹茹即竹皮。皮茹削去青色，惟取向裏黃皮。　主胃熱飽逆殊功，療噎膈嘔噦神效。　江云：治心煩之嘔噦，卵腫疼而倍加。

篁竹　味苦，甘，氣平，寒，無毒。陰中微陽，可升可降。療心經之煩熱，止氣逆之嘔吐。《本草》云：篁竹、淡竹為上，苦竹次之，餘不入藥。或云苦竹、紫竹，苦辛而羶，不堪入藥。東坡云：淡竹者，對苦竹為文，除苦竹之外，皆淡竹也。逐上氣咳逆喘促，退虚熱煩燥不眠。專涼心經，尤却風痙。《發明》云：惟篁竹、水竹，味淡兼甜，治病為最。筆竹、貓竹次之，餘不堪用。　日華子云：淡竹及根，消痰治熱狂煩悶，中風失音，并孕婦頭旋倒地，小兒驚癇天吊，莖葉同用。根主消渴，散毒補虚。實通神明，輕身益氣。

竹瀝　味甘，氣寒，無毒。陽中之陰，可升可降，入手太陰肺、足少陰腎太陰脾。但潤用頗緩，欲行經絡，須以薑汁傳送。滌臟腑之煩熱，化内外之虚痰。痰在四肢者，非此不去；痰迷心竅者，用之能安。中風失音能治，痰盛氣虚可用。○竹瀝味甘性緩，能除陰虚之有大熱者。《本草》云：大寒者，言其功也，非以氣言，不然人喫笋自幼至老，可無一人因笋寒而有病，瀝即笋之液，況假火而成，何寒之有？○竹瀝燒取與荊瀝同，横鋸截尺餘，直劈作數塊，兩磚架起，緊火中烘，瀝從兩頭流出，每瀝一杯，加生薑自然汁二匙。却陰虚發熱，理中風噤牙。小兒天弔驚癇，入口便定。婦人胎産悶暈，下咽即甦。止驚悸，破痰涎。痰在手足四肢，非此不達；痰在皮裏膜外，有此可敺。但俗反以大寒置疑不用，不知係火煅出，又佐薑汁，有何寒乎？　丹溪云：虚痰用竹瀝，實痰用荊瀝，二味開經絡、行血氣要藥也。　俱加薑汁傳送。

明・梅得春《藥性會元》卷中　竹葉　味苦、甘、平，氣寒。陰中之微陽。無毒。篁竹、淡竹為上，苦竹次之，餘竹不入藥。　主涼心火，除新舊之煩熱；止喘促，去氣勝之上沖。　篁竹葉：能除咳逆，急筋瘡惡。亦能醫喉閉風痓兼嘔吐，并殺小蟲。其根可作湯，益氣止渴，補虚下氣，消毒。　瀝：主治風痓。　實：通神明，輕身益氣。　淡竹葉：味辛、平，大寒。主治胸中之痰熱，下咳逆之氣。　竹茹：微寒。主治嘔逆寒熱，吐血崩中，溢筋噎膈，衄血，並虚煩不眠。　苦竹葉、瀝：均療口瘡，止目痛，利九竅。　笋：味甘，無毒。主治消渴，利水道，益氣。可久食。

竹瀝　味甘，氣寒，無毒。淡竹：《圖經》云：謂肉薄、節間有粉者是也。俗名水竹，以其水濕處生，故名之。其篁竹，即今筋竹也。《本草》入藥，但其味薟難服，故不多用。主治卒中風，失音不語，風痹，胸中大熱，顛狂煩悶，頭痛頭風，皆因熱及痰症，並姙婦頭旋倒地；能安胎，治子煩；除陰虛大熱痰盛，氣虛少食。且消虛痰風火痰。又治痰在四肢及皮裏膜外，胸膈之間，非此不能開達。治小兒驚癇天吊，大人顛狂或健忘，且能養血。雖《本草》不言，然丹溪多用之。大抵笋可食者即可用矣，何寒之有？取瀝法：將竹截作短股，兩頭去節，中間留節劈開，置磚二片，將竹架之，下生炭火，炙逼瀝出，兩頭用磁器接之。

明・杜文燮《藥鑒》卷二　竹瀝　氣寒，味苦、辛，平。痰家之要藥也。必用薑汁佐之，方行經絡。故痰在四肢者，非竹瀝不能開。痰在皮裡膜外者，非加薑汁不能除。痰在胸間者，當用竹瀝。風痰亦用，能治熱痰，又能養血清熱，有痰厥不省人事幾死者，得竹瀝灌之立醒。

明・王肯堂《傷寒證治準繩》卷八　竹葉　氣寒，味甘，無毒。淡竹為上，甘竹次之。主胸中痰熱，欬逆上氣。寇：諸笋性皆寒，故知其葉一致也。張仲景竹葉湯，惟用淡竹。潔：竹葉，苦平，陰中微陽。垣：竹葉，辛苦，寒，可升可降，陽中陰也。其用有二：除新久風邪之煩熱，止喘促氣勝之上衝。

明・李中立《本草原始》卷四　竹　處處有之。其類甚多，入藥者惟三種，人多不能別。謹按《竹譜》：篁竹堅而節促，體圓而質勁，皮白如霜，即水白竹也；淡竹似篁而茂，即甘竹也；苦竹有白有紫。李時珍《綱目》云：竹字象形。許慎《說文》云：竹，冬生草也。故字從倒草。

篁竹葉：氣味：苦，平，無毒。主治：欬逆上氣，溢筋，急惡瘍。殺小蟲。除煩熱風痙，喉痹嘔吐。根：作湯，益氣止渴，補虛下氣。消毒。主風痓。【圖略】

淡竹葉：氣味：辛，平，大寒，無毒。主治：胸中痰熱，欬逆上氣。○治吐血熱毒，止消渴，壓丹石毒。○消痰，治熱狂煩悶，中風失音不語，壯熱頭痛頭風，止驚悸，溫疫迷悶，姙婦頭旋倒地，小兒驚癇天吊。○喉痹，鬼疰惡氣，煩熱，殺小蟲。○涼心經，益元氣，除熱緩脾。【圖略】

竹瀝：大寒。療暴中風風痹，胸中大熱，止煩悶。

竹茹：微寒。主嘔啘，溫氣寒熱，吐血崩中，溢筋。

苦竹葉　氣味：苦，冷，無毒。主治：口瘡目痛，明目，利九竅。○治不睡，止消渴，解酒毒，除煩熱，發汗，療中風瘖瘂。○殺蟲，治諸瘡疥癬。【圖略】

竹根鞭，喜行東南。宜死猫，畏皂刺、油麻。

笋主治消渴，利水道，益氣。宜食。

草中一種，莖如鐵線而長，葉小如竹。一種莖青而短，葉大如竹，俗皆呼淡竹葉，利小水，治喉痹等證立效。

《肘後方》：治時行發黃，竹葉五升切，小麥七升，石膏三兩，水一斗半，煮取七升，細服盡劑而愈。

天竹黃：志曰：生天竺國。大明曰：此是南海邊竹內塵沙結成者。宗奭曰：此是竹內所生，如黃土，着竹成片者，故名竹黃。按吳僧贊寧云：竹黃生南海鏞竹中。此竹極大，又名天竹，其內有黃，可以療疾，《本經》作天竺者，非矣。

竹黃：氣味：甘，寒，無毒。主治：小兒驚風天弔，去諸風熱，鎮心明目，療金瘡，滋養五臟。治中風痰壅，卒失音不語，小兒客忤癇疾。制藥毒發熱。竹黃，形塊大小散碎不同，體輕，有黑、白、牙色之異。味甘。牙色者善，白者次，黑者下。人多燒龍蛟諸骨，蛤粉雜之，宜辨。

明・羅周彥《醫宗粹言》卷四　取竹瀝、荊瀝法　用取新鮮金竹，鋸尺許，中留節，兩頭去節，劈兩開，不拘多少，用磚二塊架定竹兩頭出磚二寸許，各以磁盤置於下，候其瀝滴其中，用烈火薰逼，則兩頭濈濈滴瀝於盤中，竹將自然瀝則盡矣，就將滴過瀝竹為薪，又架新竹於磚上，如前燒逼，任取多少。

荊瀝法如竹瀝法同，但荊條要大者，去枝，用大條截作一樣長，排架磚上，下亦烈火，兩頭滴瀝。

明・張懋辰《本草便》卷二　竹葉　味苦、甘，氣平，寒，陰中微陽，無毒。篁竹、淡竹爲上，苦竹次之，餘不入藥。主欬逆上氣，益筋急惡瘍，殺小蟲，涼心經，除煩熱，風痓喉痹，嘔吐，止消渴毒。淡竹葉味辛、甘，氣寒。主胸中痰熱，欬逆上氣，吐血，熱毒風，壓丹石毒，止消渴。○燒瀝，味甘性緩，治卒中風，失音不語，風痹，胸中熱狂煩悶，壯熱，頭痛頭風，并懷妊人頭旋倒地，安胎，治子煩；除陰虛人發大熱，消虛痰；又盛人氣虛少食者宜用之；又痰在四肢，非此不能開，止驚悸，溫疫迷悶，小兒驚癇天吊。莖葉同用。○竹皮茹味苦，氣微寒，主嘔啘噎膈，溫氣寒熱，吐血崩中溢筋。○苦竹葉及瀝療口瘡，目赤痛，明目，利九竅，治不睡，解酒毒，下熱壅。作瀝，功用與淡竹同。

明・李中梓《藥性解》卷五 竹葉 味甘、淡，性平，無毒，入心、肺、胃三經。主新舊風邪之煩熱，喘促氣勝之上沖，療傷寒，解虛煩，治消渴，療喉痹，止嘔吐，除咳逆。有一種苦竹葉，主舌瘡目痛，去青刮取為竹茹，主胃熱嘔呃，除煩解渴，療吐衄崩中，噎膈氣溢，筋及五痔。火燒竹瀝，主陰虛發熱，中風口噤，除自汗，解消渴，止驚悸，清煩躁，痰在手足四肢，非此不達，痰在皮裹膜外，有此可敺；又主小兒天吊驚癇，婦人懷姙悶暈。胎前不損子，產後不得虛。笋，補氣止渴，久食益人。 按：竹葉生于中半以上，故主治多在上焦，心肺胃，皆臟腑之居上者也，宜並入之。味苦者耑瀉南方，竹茹者其除土鬱，故主用小殊。竹瀝者竹之液也，猶人身之血也，極能補陰，況陰之不足，由于火爍，竹瀝長于清火，則血得其養，《本經》已載其功，丹溪又詳其效，而世俗不能常用者。蓋泥《證類》之大寒爾，不知竹即笋之老者也。今人自幼食笋，至老不撤，曾無中其寒涼之害者。瀝則假火而成，何寒之有？《證類》之所大寒者，蓋表其功，非論其氣也。幸高明者准之以理，斯藥無遺用矣。

明・繆希雍《本草經疏》卷一三 竹葉 味辛，平、大寒，無毒。主胸中痰熱，欬逆上氣。

【疏】竹葉稟陰氣以生，《本經》味辛平，氣大寒，無毒。甄權言甘寒。氣薄味厚，陰中微陽，降也。入足陽明，手少陰經。陽明客熱則胸中生痰，痰熱壅滯則欬逆上氣，辛寒能解陽明之熱結，則痰自消，氣自下，而欬逆止矣。仲景治傷寒發熱大渴，有竹葉石膏湯，無非假其辛寒散陽明之邪熱也。

【主治參互】煎湯調酸棗仁炒熟末五錢，臨卧服，治心虛不得眠。 同麥門冬、酸棗仁、遠志、丹參、茯神、丹砂、犀角，治心經蘊熱，虛煩不眠。 入白虎湯治傷寒煩熱，大渴引飲。 《肘後方》治時行發黃，竹葉五升，小麥七升，石膏三兩，水一斗半，煮取七升，細服，盡劑愈。

淡竹茹： 味甘，微寒，無毒。主嘔啘，溫氣寒熱，吐血，崩中。

【疏】竹茹雖與竹葉同本，然竹茹得土氣多，故味帶甘，氣微寒無毒。入足陽明經。《經》曰： 諸嘔吐酸水，皆屬於熱。 陽明有熱則為嘔啘，溫氣寒熱，亦邪客陽明所致，甘寒解陽明之熱則邪氣退而嘔啘止矣。 甘寒又能涼血清熱，故主吐血崩中及女勞復也。 【主治參互】同木瓜、橘皮、麥門冬、枇杷葉、人參、蘆根汁、石斛，治胃虛有熱，嘔啘不止。 《活人書》治傷寒愈後交接，女勞復，頭痛身熱，耳鳴口渴，腰骨痛，男子卵腫股痛。竹皮一升，水三升，煮五沸，服汁。 又方，治婦人大病初愈，有所動勞，致熱氣衝胸，手足搐搦拘急，如中風狀。淡竹青茹半斤，栝樓二兩，水二升，煎一升，分二服。 【簡誤】胃寒嘔吐及感寒挾食作吐，忌用。

淡竹瀝： 味甘，大寒，無毒。療暴中風痹，胸中大熱，止煩悶，消渴，勞復。

【疏】竹瀝，竹之津液也。 經云大寒，亦言其本性耳。 得火之後，寒氣應減，性滑流利，走竅逐痰，故為中風家要藥。 凡中風之證，莫不由於陰虛火旺，煎熬津液，結而為痰，壅塞氣道，不得升降，熱極生風，以致猝然僵仆，或偏痹不仁。 此藥能遍走經絡，搜剔一切痰結，兼之甘寒能益陰而除熱，痰熱既祛則氣道能利，經脈流轉，外證自除矣。 其主胸中大熱，止煩悶者，取其甘寒清熱益陰之功耳。 觀古人以竹瀝治中風，則知中風未有不因陰虛痰熱所致。 不然，如果外來風邪，安得復用此甘寒滑利之藥治之哉？ 【主治參互】同貝母、栝樓仁、霞天膏、白芥子、蘇子、橘紅、鬱金、童便、麥門冬，治似中風口眼喎斜，語言蹇澀，或半身不遂等證。《千金方》治中風口噤，竹瀝加薑汁，日日飲之。 《梅師方》治產後中風口噤，身直面青，手足反張： 以竹瀝飲一二升，即甦。 《外臺秘要》治破傷中風，凡閃脫折骨諸瘡，慎不可當風用扇，中風則發痓口噤項急，殺人。 亟飲竹瀝二三升。 忌飲食及酒。 《千金方》小兒傷寒，淡竹瀝、葛根汁各六合，細細與服。 《全寶方》小兒狂語，夜後便發，竹瀝夜服二合。 《產寶方》婦人胎動，妊娠因夫所動，困絕。 以竹瀝飲一升，立愈。 《梅師方》孕婦子煩，茯苓二兩，竹瀝一升，水四升，煎二升，分三服。 《千金方》時氣煩躁，五六日不解。 青竹瀝半盞，煎熱，數數飲之。 覆取微汗。 李絳《兵部手集》欬嗽肺瘻，大人小兒欬逆短氣，胸中吸吸，欬出涕唾，嗽出臭膿。 用淡竹瀝一合，服之日三五次，以愈為度。 【簡誤】寒痰，濕痰及飲食生痰，不宜用。

明・倪朱謨《本草彙言》卷一一 竹茹 味甘，氣寒，無毒。入足陽明胃經。

陳氏曰： 取大竹削去面上青色皮，取向裏黃皮是也。 竹茹： 清熱化痰，張仲景下氣止呃之藥也。費五星稿 如前古治肺胃熱甚，欬逆上氣，嘔噦寒熱，及血溢崩中諸證，此藥甘寒而降，善除陽明一切火熱、痰氣爲疾。 緣嘔噦寒熱，吐血崩中，皆火熱客于陽明所致。用之立安。如諸病非因胃熱者勿用。

竹葉　類不一種。味有苦、有甘、有辛，氣有溫、有寒，俱無毒。　陶隱居曰：竹類繁多，入藥僅用篁竹，次用淡、苦二竹。又一種薄殼者，名甘竹，其葉最勝。　蘇氏曰：按《竹譜》篁竹堅而促節，體圓質勁，皮白如霜。大者宜刻船，細者可爲笛。苦竹有白有紫。甘竹似篁而茂，亦名淡竹也。　李氏曰：竹惟江河之南甚多。故曰：九河鮮有，五嶺實繁。大抵皆土中苞笋，各以時出。旬日落籜成竹也。莖有節，節有枝，枝又有節，節有葉。葉必三之，枝必兩之。枝下之枝，一爲雄，二爲雌。雌者孕笋成竹。根鞭喜行東南。六十年一花，花實則枯，枯曰葤，實曰簑，小曰筱，大曰簜。按戴凱之《竹譜》云：植物之中，有名曰竹。不剛不柔，非草非木。小異實虛，大同節目。蓋種類甚繁。

倪朱謨曰：按休寧方鏡水、錢唐盧不遠兩先生集竹類，有名有用，與有名未用，及一切奇異筍竹，搜之海內外各書，共得一百二十種。曰鐘龍竹，昔黃帝使伶倫伐于昆崙之墟，吹以應律者。曰員丘帝俊竹，節可爲船。曰䉠竹，肌薄而勁。曰篁竹，節促而堅。曰棘竹，十數莖叢生，大者有二尺圍，肉至厚，中實，生交州諸郡，夷人破以爲弓，其笋食之，落鬚髮。曰箄竹，大者如腓，虛細長爽，南人取其笋未成竹者，灰煮，績以爲布。曰弓竹，出東垂諸山中，長十餘丈，既長且軟，不能挺直。曰蘇麻竹，斑駁如玳瑁，長數丈，葉大如履，莖可以爲弓，竹中可愛者，五嶺左右徧有之。曰箖箊竹，葉薄而廣。《吳都賦》所謂竹則篔簹、箖箊，即越女試劍竹是也。桃枝是其中最細者。曰籌竹，生崑崙之北，南嶽之山。長百丈，斷節可爲大船。曰服傷竹，大者五六寸，其中實滿。曰𥰭摩竹，大若茶碗，厚而空小，見桂、廣皆有，見《嶺表錄》。曰筯竹，又名簱竹，長三丈許，圍數寸，至堅利，可以爲矛，可作彈弓弦。其笋未成竹時，堪爲糾。曰簩竹，又名百葉竹，一枝百葉，生南垂界，甚有毒，觸其鋒，刺傷人必死。曰𥳑節竹，爲莖叢生，見《吳郡賦》。曰䉠竹，一豐二種，似苦竹而細軟，肌薄。曰蓋竹，甚大，肌薄色白，生江南深谷中。曰篔簹竹，節疏而笋可食。曰雞脛竹，似脛，大者不過如指，葉疏皮黃。曰蘆竹，似蘆，出揚州東垂，肌理勻淨，可以爲篾。曰箭竹，高者不過一丈，節間三尺，堅勁中矢。曰箘簬一竹，亦皆中矢。曰篃竹，一尺數節，亦可作矢。葉大如扇，俗謂之箹笴，可以作篷。曰細竹，若箭，可作箭。曰篺竹，節疏。曰鄰竹，中堅。

曰簢竹，中空。曰仲竹，無笐。俱見《爾雅》。曰桃枝竹，皮滑而黃，可以爲席。曰簹竹，實厚脆，孔小，幾于實中。安成以南有之。曰桃竹，生江心磻石間，中實如木，可以爲杖。曰利竹，蔓生若藤，中實而堅韌。曰漢竹，大者，一節容一斛，小者容數斗。曰菡簩竹，大如脚指頭，筍皮未落，往往有細蟲嚙之，籜隕成赤文，似綉畫可愛。曰木竹，出靈隱山，中堅，微通節脉。曰菰築竹，生于海南，內實外澤。曰龍芽竹，其竹長四五尺，稀節。人取必有大風雨雷霆，人下山則止，出永嘉大羅山。曰芀竹，有刺圍繞之，芒刺華然，一豚不能入，出新州石城，宋紹興中州守覓于某處，植之。曰澀勒竹，有芒，可以剉瓜，見《老學庵筆記》。曰𥳑梧竹，長三四丈，圍一尺八九寸，可作屋柱，出交趾。曰萁竹，頭有文。曰狗竹，毛在竹間，見《臨海異物志》。曰無筋竹，色如黃金，堅貞疏節，出嶺南，見竺法真《羅山疏》。曰石麻竹，勁利可爲刀，見裴淵《廣州記》。曰苞竹，堪作布，見顧微《廣州記》。曰實心竹，文彩斑駁，可爲器物。曰垂絲竹，枝弱下垂，見《雲南記》。曰對青竹，黃而兼青。咸都所出，今兩浙亦有之，惟會稽頗多，呼爲黃金間碧。曰籜竹，如苦竹，長節而薄，可作屋椽。曰篡竹，皮青，內肉白如雪，軟紉可爲索。曰三稜竹，狀若棕櫚，葉、莖柄三脊。曰玉泉竹，葉有符，葉葉不同，佩之可以避患，出硤州玉泉鬼谷子洞前，見宋陳日華《瑣碎錄》。曰匾竹，出廬山，善辟蛇，行者常持此竹，笋出亦匾。曰相迷竹，內空生黃，堪作藥。曰鏞竹，內空，可容米三升，亦生黃。俱出廣州。曰新婦竹，圓而直，可作篚，出武林。曰疏節竹，五六尺一節，出高潘州，見《通志》。曰通竹，空心直上，無節，出溱州，見《北戶錄》。曰筌竹，大者圍二尺，出桂陽縣。曰篥竹，中實，有毒以刺虎，中之即死，出交阯，見《山海經注》。曰龍絲竹，高盈尺，細如針，出辰州。曰野竹，葉糾結如蟲狀，又名蚱蜢竹，見《語異錄》。曰簫管竹，圓緻異于他處，篁堅而促節，皮白如雪粉，出當塗縣慈姥山。曰產月竹，每月生笋，出蜀嘉定。曰雲母竹，出扶南。曰舜林竹，見《山海經》。此二竹頗大，每一節皆可爲船。曰羅陽竹，若芭蕉狀。曰黎母竹，每丈一節。曰人面竹，有節，一覆一仰，如畫人面。曰雪竹，斑極大，紅而有暈，出廣西。曰相思竹，對抽幷胤，出蜀涪州。曰苦竹，出安思縣，有青白紫黃四色。曰天親竹，末皆兩歧，出浙中。曰龍頭竹，生若龍頭，出成都府彭縣大隋山。曰雙梢竹，又名合歡竹，初生枝葉，即分兩梢，出九嶷山。曰荻蘆竹，其竹似蘆荻，冬天不凋。曰鶴膝竹，節下大小似鶴膝，閩人又呼爲槌竹。曰石籧竹，似石竹而小，生閩中。曰古散竹，節似馬鞭，葉似桐樹而小，皮似棕櫚。曰篨竹，長七十丈，只梢上有葉，出襄州臥龍山諸葛亮祠中。曰笫竹，長百丈，圍二丈五尺，厚一尺，可以爲船，出南方荒中，見《神異經》。曰篩竹，又名太極竹，可以爲船。曰觀音竹，如藤，長一丈七八尺，色黑如鐵，出占城國。曰公孫竹，高不盈尺，出會稽縣。曰越王竹，狀若荻枝，可代酒籌，產越州。次有沙箸竹，欲採者輕步從之，聞人聲則縮入沙中。曰龍公竹，大徑七八尺，常有異鳥栖宿，出羅浮山。曰娑羅竹，圍三四尺，性堅可爲弓，產增城縣倪山。曰奉化縣新嶺山生竹，高僅五寸，葉皆白色。曰清江縣瑞筠山有竹，色如爛銀。二說俱出《齊民要術》。曰蕪竹，皮黑有文，莖節紫色，子如大珠。曰桂竹，上合防露，下疏來風，每日出，羅紈金翠，望若花闌。郭璞云：出始興小桂縣。又《山海經》云：雲山有一種桂竹，狀若甘竹而皮赤，甚毒，傷人必死。曰方竹，形方，葛仙植于定海靈峰者，見《寧波府志》。又方竹，體如削成，勁挺，堪爲杖，產澄州，見《北戸錄》。又《益部方物志》有《方竹贊》。又澧州西游川鐵冶辰山，產方竹。又隔州亦出方竹，長者數丈。曰黑竹，長二尺許，如指大，純墨色，葉玄碧。出西山，見文徵明太史《墨竹銘》。又蘄水縣鳳棲山下，有墨色小竹，俗云王羲之洗筆池崖畔出也。曰丹竹，每節一丈，或八尺，莖不大，裊裊搖空，粉節，上似有赤色。產道州瀧中，見《筍譜》。又紅竹，大不過寸許，鮮明可愛，生宜都縣飛魚口。曰赤竹，產黔陽縣赤竹岡岡壟，糾盤而叢生者。曰凝波竹，紫枝綠葉，花如石榴，實如蓮子，出區吳山。他如《廣志》有種龍竹、樆竹，《吳越春秋》有晉竹，《齊民要術》有笻竹，杜臺卿《淮賦》有檳榔竹，身毒國有笻竹，《漢書》張騫至大宛得狹竹，《南方草木狀》載漢陽有䉖箤竹。又《異物志》云：南方思勞國，有篔簩竹；又某處岡巒，有䉝竹；玄倭國，有篠簳竹；少室山有爨器竹；又篷山有浮筠竹；又梧竹，可作屋柱。以山十四竹，搜之名山書集中，其形色未詳。姑存此，以便博物學士採擇用之。又有似竹非竹而異名者，曰楝、曰椶櫚、曰夾竹桃等，蓋別類也。

篁竹葉，淡竹葉，甘竹葉，苦竹葉：四種，味雖不同，氣皆寒平，俱氣薄味厚，陰中微陽，降也。俱入手少陰，足陽明經。

竹葉：肅清氣分，孫思邈涼心胃邪熱之藥也。桂汝薪稿 故仲景入白虎湯中，解傷寒內熱，津液乾枯，定虛熱凌心，煩燥不寐，導膀胱火鬱，淋閉赤澀。入藥惟取甘竹、淡竹之葉。假此寒堅清肅之性，使熱可降，液可生，痰可消，而大火煩渴之病可自已也。如胃寒有冷飲者、停食者，俱忌用之。

竹瀝 味甘，氣寒，無毒。可升，可降，通手足陰陽十二經，并奇經別絡。

陳氏曰：取大竹，對劈開，留節居中。按無節處，橫截段，竹片仰放，兩頭用磚石架起，中節間用猛火烘逼，瀝從兩頭流出，以磁碗盛接，或沖入藥內服，或純用瀝，少加生薑汁一二匙服，無寒胃之弊。

竹瀝：利竅滑痰，朱丹溪通經走絡之藥也。門國士稿 故古方主暴中風疾，猝然僵仆，人事昏塞，偏痹不仁，及傷寒大熱，津液乾枯，煩渴昏悶，或產後陰虛發熱，口噤失音，并小兒驚風天吊，四肢搐搦，并皆治之。此藥甘寒而潤，性滑而利，開關竅，走經絡，搜剔一切痰結、火結、氣結爲病，下咽即甦。如服用，必加薑汁數匙。凡諸病果屬風火燥熱者宜用之。若寒痰濕痰，及一切飲食停滯生痰，非所宜也。

《本草衍義》云：竹瀝行痰，通達上下百骸毛竅諸處。如痰在巔頂，可降；痰在胸膈，可開；痰在四肢，可散；痰在藏府經絡，可利；痰在皮裏膜外，可行；又如癲癇狂亂，風熱發痓者可定，痰厥失音，人事昏迷者可省，爲痰家之聖劑也。

盧子繇先生曰：冬半而孕，春半而生，夏半代葉，秋半引根。枝必偶，葉必三，中空直上，具木火之象，故筍可發瘡，瀝通經脈，茹主嘔噦，葉清煩熱，皆透達木火之所不及者也。

集方：仲景方治傷寒陽明內熱煩燥不寐，枯渴引飲。用竹葉五十片，石膏三錢，知母二錢，甘草一錢。水煎服。○《丹溪心法》治膀胱火鬱，小便不通，及淋閉便濁。用竹葉五十片，甘草一錢，滑石一錢五分，車前子三錢，白茯苓二錢，小薊根四錢，水煎服。○仲景方治傷寒陽明少陽，傳邪熱病，身熱煩渴，自汗，作嘔、或作呃者。用竹茹三錢，川黃連一錢，黃芩、知母、半夏各一錢五分，天花粉二錢。有食，加枳實；腹脹，加厚朴；泄瀉，加猪苓、茯苓；元虛，加人參。俱各一錢，水煎服。○《經驗良方》治暴中風痰，卒然僵仆，人事昏塞，偏痹不仁。用竹瀝一鍾，加生薑汁五匙，再用陳皮、半夏、茯苓各一錢，甘草五分、石菖蒲一錢五分，肉桂、膽星各二錢。水煎，沖入竹瀝內服。○《五法方》治傷寒大熱，津液乾枯，煩渴昏悶。用竹瀝一鍾，加生薑汁五匙，再用柴胡、知母、天花粉、川黃連、白芥子、川貝母各一錢，甘草五分，水煎，沖入竹瀝內服。〇《婦人良方》治產後陰虛發熱，口噤失音。用竹瀝一鍾，加生薑汁五匙，再用當歸身，炮薑各三錢，川芎一錢五分，白芍藥酒炒一錢二分，黑荊芥、益母葉各二錢，膽星一錢，茯苓八分。水煎，沖入竹瀝內服。〇《全幼心鑒》治小兒驚風天吊，四肢搐搦。用竹瀝一盞，加生薑汁三匙，膽星末五分，牛黃二釐，調服。〇《外臺秘要》治破傷風，如發痓狀，項强口噤，殺人甚速。急取竹瀝二三升灌之。如卒難得，可取十數塊，幷燒取之。〇《千金方》治小兒傷寒熱病，發狂譫語。用竹瀝半升，徐徐灌之。《肘後方》治消渴尿多。用竹瀝恣飲，數日愈。〇李緯手集治肺痿咳嗽，胸中吸吸，欬出涕唾痰涎，臭穢如膿。用竹瀝日服一合，日三五次。〇《古今錄驗》治丹石毒發，頭眩，耳鳴，恐懼不安。用竹瀝二三升，頻頻飲之。

明·姚可成《食物本草》卷二〇木部·苞木類 竹竹類甚多，竹笋已載菜部，今有竹實，附錄于此。

竹實 主通神明，輕身益氣。〇陶弘景曰：竹實出藍田。江東乃有花而無實。近見班班有實，狀如小麥，可為飯食。〇舊有竹實，鸞鳳所食。今近道竹間，時見開花，小白如棗花。亦結實，如小麥子，無氣味而澀，江浙人號為竹米，以為荒年之兆，其竹即死，必非鸞鳳所食者。近有餘干人言，竹實大如雞子，竹葉層層包裹，味甘勝蜜，食之令人心膈清涼，生深竹林茂盛蒙密處。頃因得之，但日久汁枯乾而味尚存爾。乃知鸞鳳所食非常物也。〇李時珍曰：按陳藏器《本草》云：竹肉一名竹實，生苦竹枝上，大如雞子，似肉臠，有大毒。須以灰汁煮二度煉訖，乃依常菜茹食；煉不熟則戟人喉出血，手爪盡脫也。此說與前人所說竹實相似，恐即一物，但苦竹上者有毒爾。與竹米之竹實不同。

右木類，若松栢後凋，貞堅比操；梧桐勁潔，鸞鳳高栖。神仙來往其間，雲氣蟠結其際。雖曰木質凡姿，誠天地之英華挺萃也。今或摘實以當果，或採葉以作蔬，使日用常行之外，更能按方服食，不難立地成仙，況於延年却疾者乎。

明·顧逢柏《分部本草妙用》卷八雜藥部 竹葉 辛，平、大寒，無毒。主治：胸中痰熱，欬逆上氣，吐血，止消渴，壓丹石毒，風邪煩熱狂悶，中風失音，小兒驚癇天吊，涼心經，緩脾。煎汁漱齒中出血，洗脫肛不收。竹葉性皆同，仲景惟用淡竹，其功倍于他竹也。竹茹 甘，微寒，無毒。主治：嘔啘，溫氣寒熱，吐血崩中，止肺痿唾血，鼻衄，傷寒勞復，小兒熱癇，婦人胎動。竹瀝 甘，大寒，無毒。薑汁為使。主治：暴中風，風痺，胸熱煩悶，消渴，勞復養血，清痰。風痰虛痰在膈，使人癲狂，在經絡四肢，皮膚膜外，非此不達不行。又治子胃風痓，解岡毒。大凡陰虛風火燥熱之痰，宜用竹瀝。然非佐薑汁不行。倘風熱實痰，寒濕胃虛腸滑之人，服之反傷胃氣，不可用也。

明·黃承昊《折肱漫録》卷三 竹葉、竹瀝皆取淡竹者為佳，世多不辨，混取雜竹而用之，安能對症療疾。又淡竹草開翠花者，俗亦名淡竹葉，鄉人不識藥性，有妄認以為是者，益謬矣。

明·李中梓《醫宗必讀·本草徵要下》 竹葉味苦、甘，寒，無毒。入心、胃二經。 清心滌煩熱，止嗽化痰涎。竹茹刮去青皮，用第二層。疏氣逆而嘔呃與噎膈皆平，清血熱而吐衄與崩中咸療。竹瀝薑汁為使。痰在皮裏膜外者，直達以宣通；痰在經絡四肢者，屈曲而搜剔；失音不語偏宜，肢體攣踡決用。竹種最多，惟大而味甘者為勝，必生長甫及一年者，嫩而有力。竹能損氣，故古人以笋為刮腸篦。竹瀝滑腸，脾虛泄瀉者勿用。惟痰在皮裏、膜外、經絡、肢節者相宜，若寒痰、濕痰與食積痰勿用。

明·鄭二陽《仁壽堂藥鏡》卷一 竹瀝 丹溪云：竹瀝：《本草》言大寒。泛觀其意，以與石膏、黃芩、黃連等同類。而諸方治胎前產後諸病，及金瘡口噤，與血虛自汗、消渴尿多，皆是陰虛之病，無不用之。產後不得虛，胎前不損子。夫何世俗因大寒二字，棄而不用，縮手待盡，豈不哀哉？《內經》云：陰虛則發熱。夫寒而能補，正與病對。薯蕷寒而能補，世或用之。惟竹瀝因大寒而置疑，是猶因盜嫂受金，而棄陳平之國士也。殊不知竹瀝味甘、性緩，能降陰虛之有大熱者。大寒言其功也，非以氣言也。幸相與評其可否。若曰不然，世人食笋，自幼至老，何無一人因笋之寒而病？瀝即笋之液也，況假於火而成者，何寒如此之甚？又云：竹瀝滑痰，非佐以薑汁，不行經絡。痰在四肢，非竹瀝不開；痰在皮裏膜外，非竹瀝、薑汁不可除；痰在膈間，使人顛狂，宜用竹瀝。風痰亦宜用。其功又能養血。

明·鄭二陽《仁壽堂藥鏡》卷二 淡竹 葉氣寒，味辛，平。《本草》云：主胸中痰熱，欬逆上氣。《藥性論》云：淡竹葉，主吐血，熱毒風。壓丹石藥毒，止渴。日華子云：淡竹及根，消痰，止熱狂煩悶，中風失音不語，壯熱頭痛，頭風，并懷孕婦人頭旋倒地，止驚悸，溫疫迷悶，小兒驚癇、天吊。莖、葉同用。見《局方本草》。

明·蔣儀《藥鏡》卷三平部　竹瀝　寒而經火，能緩陰虛之大熱。清火養血，兼宜產後與胎前。血虛不食者宜加，痰涎最下。三陽閉結者始服，脾胃易傷。小兒天吊能平，妊娠頭旋扶起。解傷寒而挾痰見祟之病，醒中風而失音不語之人。凡手足四肢，皮裏膜外之痰，加以薑汁，無微不達。自汗煩熱，消渴為良。若夫笋者，雖有利氣止渴之功，實不宜於瘡餘毒後也。

明·蔣儀《藥鏡》卷四寒部　竹茹　鮮〔熱〕煩，除嘔噦。流利胸中痰熱，扶持病後懊濃。

竹葉：療風邪之煩熱，而消渴喉癰俱平。定喘促之上衝，而痰壅嘔吐咸止。

明·李中梓《頤生微論》卷三　竹葉　味苦，甘，寒，無毒。入心、胃二經。清心滌熱，止嗽化痰。竹茹即竹之刮去青皮，用第二層者，主逆氣嘔呃，噎膈，吐衄，血熱，崩中痰氣。

竹瀝味甘，薑汁為使。主中風痰涎壅盛，神氣昏冒。凡痰在皮裏膜外經絡四肢者，非此不能達。

按：竹有多種，惟取大而味甘者為勝。生長年許，嫩而有力。竹能損氣，故古人以笋為刮腸篦，竹瀝久服滑腸，脾虛泄瀉者勿用。寒痰濕痰，食積痰，並非竹瀝所能治。

明·張景岳《景岳全書》卷四九《本草正》　竹瀝　味甘，性微涼。陰也，降也。治暴中風痰，失音不語，胸中煩熱，止煩悶消渴。丹溪曰：凡風痰、虛痰在胸膈，使人癲狂。及痰在經絡四肢皮裏膜外者，非此不達不行。

淡竹葉　味甘，淡，氣平，微涼。陰中微陽，氣味俱輕。清上氣咳逆喘促，消痰涎，解熱狂，退虛熱煩躁不眠，壯熱頭痛，止吐血。專涼心經，亦清脾氣。卻風熱，止煩渴，生津液，利小水，解喉痹，并小兒風熱驚癇。

淡竹茹　味甘，微涼。治肺痿唾痰，唾血吐血衄血尿血。胃熱嘔噦噎膈，婦人血熱崩淋胎動，及小兒風熱癲癇，痰氣喘欬，小水熱澁。

明·賈九如《藥品化義》卷四心藥　竹葉　屬陽中有陰，體潤，色青，氣清香，味泡汁甘淡，嚼之微苦，性涼，能升能降，力清熱，性氣與味俱輕薄，入心肺膽三經。竹葉清香透心，微苦涼熱，氣味俱清。《經》曰治溫以清，專清心氣。葉銳能散，味淡利竅，使心經熱血分解。主治暑熱消渴，胸中熱痰，傷寒虛煩咳逆喘促，皆用為良劑也。又取色青入膽，氣清入肺，是以清氣分之熱，非竹葉不能；涼血分之熱，除柏葉不效。竹種類甚多，須擇味淡者佳，洗淨入藥，苦重者不堪用。

明·賈九如《藥品化義》卷八腎藥　竹茹　屬陽，體輕，色淡清白略去外青，氣和，味苦，性涼，能升能降，力降熱痰，性氣與味俱輕，入膽胃二經。竹茹體輕，輕可去實；性涼，涼能去熱；味苦，苦能降下。專清熱痰，為寧神開鬱佳品。主治胃熱噎膈，胃虛乾嘔，熱呃咳逆，痰熱惡心，酒傷嘔吐，痰涎酸水，驚悸怔忡，心煩燥亂，睡臥不寧，此皆膽胃熱痰之症，悉能奏效。此一味名竹皮湯，療陰陽易，古人已驗之奇方。

竹瀝　屬陽中有陰，體滑，色白，氣和，味甘淡，性涼云寒非，能降，力行熱痰，性氣與味俱清，入肺胃二經。竹瀝假火而成，謂之火泉。體滑，滑以利竅，滲灌經絡中，為搜解熱痰聖藥。令胸中胸上，四肢百脈，皮裏膜外，靡不周到。主治中風癱瘓，語言蹇澀，手足麻木，及顛癇驚狂，經年痰火，非此不能成功。必藉辛以佐之，須加薑汁為功，其力更勝。又因其性涼，長於清火，極能補陰，用療虛血自汗，消渴尿多，及金瘡口噤，胎前產後，凡陰虛之病，由於火燥，以此滋之潤之，則血得其養矣。竹種類甚多，取味淡者為佳，嘗其笋可辨。北方荆瀝，功用俱同，其力倍勝。梨汁亦能開痰潤燥止嗽，若陰虛火盛，令人五液乾涸，梨漿亦可救急。生用涼五火，熟用滋五臟，解酒病彌佳。丹溪治中風語澀不清，熱傷於絡，及喉痛等症，並風痰已深者，多服亦能開爽，味酸勿用。

明·盧之頤《本草乘雅半偈》帙四　竹葉《本經》中品　氣味：苦，平，無毒。主治：主欬逆上氣，血溢，筋急，惡瘍，殺小蟲。根作湯，益氣，止渴，補虛，下氣。實，通神明，輕身，益氣。

覈曰：土中苞笋，各以時出，旬日落籜成竹也。莖有節，節有枝，枝有節，節有葉。葉必三之，枝必兩之。枝下之枝，一為雄，一為雌，雌者孕笋成竹。根鞭喜行東南，六十年一花，花實則枯。枯曰䈙，實曰篗，小曰篠。大曰蕩。按戴凱之《竹譜》云：植物之中，有名曰竹，不剛不柔，非草非木，小異實虛，大同節目，蓋種類六十有一焉。今略考之，亦不止此。曰籦籠竹，黃帝使伶倫伐之于崑崙之墟，吹以應律者；曰員丘帝俊竹，節可為船；曰篃竹，薄肌而勁；　曰篁竹，堅而促節；　曰棘竹，生交州諸郡，叢生，有十數莖，大者二尺圍，肉至厚，實中，夷人破以為弓，其笋食之，落人鬚髮，一名笆竹；　曰篳竹，大者如腓，虛細長爽，南人取其笋未及竹者，灰煮，績以為布；　曰弓竹，出東垂諸山中，長數十丈，既長且軟，不能自立。　薛翊《異物志》云：　斑駁如玳瑁，曰蘇麻竹，一名沙麻竹，長數丈，葉大如履，竹中可愛者，可以為弓，五嶺左右徧有之；　曰箖箊竹，葉薄而廣，《吳都賦》所謂竹則篔簹箖箊，即越女試劍竹是也，桃枝，是其中最細者；　曰篔竹，生崑崙之北南嶽之山，長千丈，斷節為大船；　曰般腸竹，生東郡，緣海諸山中，其形未詳；　曰服傷竹，大者五六寸，其中實滿；　曰斖摩竹，桂廣皆植，大若茶盌，竹厚而空小，一人正擘一竿，見《嶺表錄》；　曰筋竹，長三丈許，圍數寸，至堅利，土人以為矛，可作彈弓弦，其笋未成竹時，堪為糾，又名史葉竹，又名籦竹；　曰百葉竹，生南垂界，甚有毒，傷人必死，一枝百葉，因為名，一名篣竹；　曰繇簩竹，為物叢生，見《吳都賦》；　曰䈁竹，一豐二種，至似苦竹而細軟肌薄；　曰蓋竹，亦大，肌薄色白，生江南深谷山；　曰簡簣竹，竹節疎而笋可食；　曰䈻筒竹，見《吳都賦》，筍可食；　曰雞脛竹，似脛，大者不過如指，疎葉黃皮；　曰籚竹，似蘆，出揚州東垂，肌理勻淨，可以為篾；　曰箭竹，高者不過一丈，節間三尺，堅勁中矢箘簵二竹，亦皆中矢；　篃竹，一尺數節，葉大如扇，俗謂之篛笥，可以作篷，亦可作矢；　篣篠竹，中掃；　細竹，若箭竹可作箭；　莽竹，疎節；　鄰竹，堅中；　簢竹，中空；　仲竹，無笐，俱見《爾雅》；　種龍竹、籬竹，見《廣志》；　桃枝竹，皮滑而黃，可以為席；　簹竹，實厚脆，孔小，幾于實中，安成以南有之；　又桃竹，江心磻石上出，可為杖，《竹譜》云：　竹皆中空，此竹獨實如木；　利竹，蔓生若藤，實中而堅韌；　漢竹，大者一節受一斛，小者受數斗；　菡䕁竹，大如脚指，笋皮未落，往往有細蟲齧之，籜隕成赤文，似綉畫可愛；　木竹，出靈隱山，中堅，亦通節脈；　菰篥竹，生于海南，內實外澤；　晉竹，吳王賜越，見《吳越春秋》；　永嘉大羅山，有龍牙竹，其竹長四五尺，稀節，人取，必有大風雨雷電，人下山則止；　《齊民要術》：篛竹，笋無味；　杜臺卿《淮賦》，有檳榔竹；　身毒國，出笻竹，可為杖，一名狹竹，張騫西至大宛所得，見《漢書》，一名芀竹，《廣志》：　新州石城陜隘，宋紹興中，州守黃濟，植芀竹，圍繞之，竹有刺，芒棘華然，一豚不能入；　澁勒竹，有芒，可以剉爪，見《老學庵筆記》；　繇梧竹，長三四丈，圍一尺八九寸，可作屋柱，出交趾，見《南方草木狀》：　葺竹，頭有文，文見《字林》；　狗竹，毛在竹間，見《臨海異物志》；　無筋竹，色如黃金，堅貞疎節，出嶺南，見竺法真《羅山疏》；　石麻竹，勁利可為刀，見裴淵《廣州記》；　苞竹，堪作布，見顧微《廣州記》；　實心竹，文彩斑駮，可為器物；　又垂絲竹，枝弱下垂，見《雲南記》；　咸都有對青竹，黃而溝青，浙亦有之，惟會稽頗多，呼為黃金間碧；　玉竹，見《養疴漫(志)〔筆〕》；　護居竹，見《無錫縣志》；　䉲竹，如苦竹，長節而薄，可作屋椽；　篗竹，青皮，內白如雪，軟韌可為索；　三稜竹，狀若椶櫚，葉莖柄三脊；　射竹，可為箭；　峽州玉泉，《鬼谷子》洞前竹，竹葉有文成符，葉葉不同，佩之可以避患，見宋陳日華《瑣碎錄》；　有匾竹，出廬山，釋惠遠能役使鬼神，善辟蛇，行者嘗持此竹，笋出亦匾；　建安篔簹竹，一名箪竹，節中有人，長尺許，頭足皆具，大者中甑，笋亦中射，見《異苑》；　雷州有雹斑竹，見《地理志》；　相迷竹，內空生黃，堪作丸；　鏞竹，內空，容三升米，亦生黃，俱出廣州；　新婦竹，出武林，竹圓，直可作篦；　高潘州有疎節竹，五六尺一節。《通志》，竹之良者有篁竹；　又溱州通竹，直上無節，空心，見《北戶錄》；　桂陽縣出筌竹，大者圍二尺；　又交趾有篥竹，實中有毒，以刺虎，中之則死，見《山海經注》；　辰州有龍絲竹，高盈尺，細如針；　江湖中一種野竹，其葉糾結如蟲狀，名蝦蛸竹，見《語異錄》；　當塗縣慈姥山，有簫管竹，圓緻異于他處，篁堅而促節，皮白如霜粉；　蜀嘉定，產月竹，每月生笋；　漢陽出籦箤竹，《南方草木狀》：　扶南有雲母竹，一節為船；　《山海經》舜林竹，一節可為船；　羅陽竹，若芭蕉；　黎母竹，每丈一節；　臨賀竹，其大十抱；　人面竹，有節，一覆一仰，如畫人面；　廣西出雪竹，斑極大，紅而有暈；　蜀涪州有相思竹，對抽並胤；　䈞簩竹，《異物志》南方思勞國所產，可礪指甲，李商隱《射魚曲》：　䈞簩弩箭磨青石，綉額蠻渠三虎力。　字又作澁勒，東坡詩倦看澁勒暗蠻村；　合歡竹，出南嶽下渚州，安思縣多苦竹，有青白紫黃四色；　浙中有天親竹，末皆兩歧；　成都府彭縣大隋山，生竹若龍頭，俗呼龍頭竹；　九嶷山有雙梢竹，初生枝葉即分兩梢，亦名合歡竹、荻蘆竹，冬天不凋，其竹似蘆荻；　鶴膝竹，節下大小似苦竹，閩中人呼為槌竹；　《北戶錄》貞元五年，番禺有海戶犯盜禁，避罪羅浮山，入至第十三嶺，遇巨竹百丈，圍二十一尺，有二十九，節長二丈，海戶因破之為筏，後獻于刺史李復，陸可為圖而記之。　石篴竹，生閩中，竹似石竹而小；　古散竹，節似馬鞭，葉似桐樹而小，皮似椶櫚；　箖竹，出襄州臥龍山諸葛亮祠中，長百尺，只梢上有葉；《雪峰語錄》雪峰為刹，與經蔣諸山相甲乙，岡巒百里間，有籛竹；玄倭國有篠幹竹；少室山有爨器竹；又繇《廣志》，永昌有漢竹，圍三尺餘，大者，一節受一斛；《神異經》，南方荒中，有箒竹，長百丈，圍二丈五六尺，厚八九寸，可以為船；有篩竹，一名太極竹，可以為船；占城國，出觀音竹，如藤，長丈八尺許，色黑如鐵；會稽縣有公孫竹，高不盈尺；越州產越王竹，狀若荻枝，可代酒籌。次有沙筋竹，欲採者，輕步從之，聞人聲，則縮入沙中；羅浮山有龍公竹，大徑七尺，常有鳳凰棲宿；增城縣倪山，產娑羅竹，圍三四尺，性堅，可為弓；篷山有浮筠竹，葉青；梧竹，可作屋柱；奉化新嶺山生竹，高僅五寸，葉皆白色；清江縣瑞筠山有竹，色如爛銀；《齊民要術》，蕪竹，黑皮，竹汗有文，莖紫；子如大珠。郭璞云：桂竹出始興小桂縣，上合防露，下疎來風，每日出羅紈金翠，望若花開；《山經》雲山有桂竹，甚毒，傷人必死，一曰狀如甘竹而皮赤；方竹，見《寧波志》，葛仙植于定海靈峰者；《益部方物志》，有方竹贊，《笋譜》方竹出澧州、西游川、鐵冶辰山之陽，《北戶錄》澄州產方竹，體如削成，勁挺，堪為杖，隔州亦出，大者數丈；又黑竹，出西山，長二尺許，如指大，純墨色，葉玄碧，見《文太史墨竹銘》。蘄水縣鳳棲山下，有王羲之洗筆池，崖邊小竹，俱成墨色；《笋譜》，道州瀧中多丹竹，每節一丈，或八尺，莖不大，梟梟搖空，粉節，上似有丹色；《竹譜》，宜都縣，飛魚口有紅竹，大者不過寸許，鮮明可愛；黔陽縣亦竹岡，岡龍糾盤，叢生赤竹；《雲窗雜志》凝波竹，出區吳山，紫枝綠葉，花如石榴，實如蓮子，服之體輕，趙飛燕舞于掌上，服此實也；《暘谷漫錄》張堂云：同邑安福西鄉，周俊叔家，有十二時竹，繞節凸生子丑寅卯十二辰字，點畫可數；《清異錄》，荊南判官劉或，棄官秦隴，篋中收大竹十餘顆，每有客，則斫取少許煎飲，共辛香如雞舌，人堅叩其名，謂之丁香竹，非中國所產也；《睽車志》，紹興中，四明有巨商泛海，阻風，抵一山下，因攀躡而登絕頂，有梵宮焉，窗外竹數個，枝葉如丹，商堅求一二竿，截之為杖，每以刀鍥削，輒隨刃有光，心異之，至一國，有老叟曰：君親至補陀落伽山，此觀音坐後旃檀林紫竹也，商驚悔，取削棄餘札寶藏之，有久病無藥可愈者，煎湯飲之即愈。又有似竹而異名者曰棟，曰椶，蓋別類也；品類雖繁，入藥宜用篁竹，次用淡苦二種，又有一種薄殼者，曰甘竹，其葉最良。觀其節候，則策數刻，定無盈虧。青白之交曰茹，可稱部署之少陽分形層之層，脇所□。

先人《博議》云：易生易長，虛中有節，性質疎暢，映芘幽獨，歲寒不凋，春榮自若，真隱君子，真林下友。

又云：秋深引根，冬半孕笋，然以偶生，略分先後發也。春分出土成竹枝必偶，葉必三，空中直上，具木中有火之象。故笋可發瘡，瀝通經脈，茹主嘔噦，葉清煩熱，皆透達木火之所不及者也。

又云：去外皮一重，取青白之交曰茹，此竹氣通上徹下，透表及裏之所，用之可通上下，而使氣清，達表裏，而不致驟急者也。

又云：直達中空，抽水土之力迅捷，瀝即竹中之水，顧理文如腠，而界節似經，則通中之節，固非往而不返者矣。如病久渴，即節而不通；心煩，為通而不節。竹瀝之力，通節交互，故渴可解，而煩可息。但竹瀝行中有節，直達之力居多，須佐以薑汁，便可橫徧，且得盡木火之體用也。通中有節，界節似經，顧如環無端者奇之，八偶之十二可默會矣。

条曰：竹者，物之有筋節者也。故筋節字皆從竹，又竹從兩個，枝必二，葉必三，即火二木三之象也。性喜東南，故九河鮮有，以卦推之，《爾雅翼》云巽為竹。合天之文併合地之理矣，陰陽者數之可十，推之可百，數之可千，推之可萬，天地之陰陽不以數推，以象之謂也。每見種竹人，三歲者盡刪之，併鋤前根之老夙者，此唯更歷六期之半，超出一元之外。《易繫》云：震為蒼筤竹，蒼筤，幼竹也。可見方以類聚矣。莖有節，節有枝，枝必三枝復有節，若三候成節也。故主候失符節，致令氣逆氣溢，或若霜露不下，則菀藁不榮，致令筋急焦渴也。實通神明，輕身益氣者，竹六十歲始華，窮歷支干變化故也。客曰：吾見竹葉一歲成，二歲茂，三歲密，至四歲則細，五歲疎，六歲瘁矣。未見有至六十歲而華者。頤曰：古人蓋指疎理得宜，根歷一元而言，不但舉一莖之榮枯已也。客曰：竹節生時已具，安見其與四時合耶。頤曰：冬半而孕，春半而生，夏半而代葉，秋半而引根，四氣歷然，非獨以出土之時為生也。《述異記》云：衛有淇園出竹，在淇水之上。《埤雅》傳云：淇園箘簬，下淇園之竹以為楗，伐淇園之竹以為矢，淇園，殷紂竹箭園也。蓋淇之產竹，土地所宜，故風人以此美衛武之德也。謝莊云：直而不介，弱而不虧，香裊人圃，簫瑟雲岩，推名楚潭，美質良池。江逌云：有嘉生之美竹，挺純姿于自然，含虛中而象道，體圓質而儀天，托宗爽塏，列族圃田。劉寬夫云：堅可以配松柏，勁可以凌霜雪，密可以泊晴烟，疎可以漏梢月，嬋娟可玩，勁拔不回，擅攣風生，韻合宮徵。

白居易云：竹似賢，何哉？竹本固，固以樹德，君子見其本，則思善建不拔者。竹性直，直以立身，君子見其性，則思中立不倚者。竹性空，空以體道，君子見其思則思應用虛受者。竹節貞，貞以立志，君子見其節，則思砥礪名行夷險一致者。夫如是故君子多樹之為庭實焉。竹，植物也。于人何有哉？以其有似于賢，而人猶愛惜之封植之。竹其真賢者乎，然則竹之于草木，猶賢之于衆庶。竹不能自異，惟人異之。賢不能自異，惟用賢者異之。故作記以聞于今日用賢者云。　陽明子云：竹有君子之道四焉，中虛而靜，通而有間，有君子之德，外節而直，貫四時而葉無所改。有君子之操，應蟄而出，遇伏而隱，雨雪晦明無所不宜。有君子之時，清風時至，玉磬珊然。中采齊而協肆夏，揖遜俯仰，若洙泗群賢之交集。風止籟靜，挺然獨立，不撓不屈，恍虞廷群后，端冕正笏，而列于堂陛之側，有君子之容，竹有是四者，而以君子名，不愧於其名。

明・李中梓《本草通玄》卷下

竹葉　甘，寒。清心熱，降肺氣，止欬逆，解狂煩。　竹茹：降火止嘔，清肌膚熱，理吐衄血。療傷寒勞復，小兒熱癇，婦人胎動。　竹瀝：主中風痰湧不語，癲狂胸痺。凡痰在經絡四肢及皮裏膜外，非此不能達。　丹溪曰：世俗食笋，自幼至老，未有因其寒而病者。瀝即笋之液也，又假火而成，何寒之有。　時珍曰：竹瀝宜風火燥熱之痰。　胃虛腸滑者，何可餌也。

清・顧元交《本草彙箋》卷五

竹葉合竹茹、竹瀝。　竹，以淡竹爲上，甘竹次之，苦竹不可用。嘗其笋可辨。其葉之用有二，除新久風邪之煩熱，止喘促氣勝之上衝。茹與葉雖一本，而茹得土氣多，故入足陽明，疏氣逆，而蠲邪熱，以療嘔啘等症。溫膽湯用之，以引膽火下行。瀝則假火而成，謂之火泉，體滑利竅，滲灌經絡，爲搜解熱痰之聖藥。令胸中膈上，四肢百脈，皮裏膜外，靡不周到。以清風火燥熱之痰，又必佐以薑汁之辛竄，而豁痰之功更倍。乃若寒痰濕痰，胃虛腸滑者，自不宜再進寒滑。慎之！

清・穆石匏《本草洞詮》卷一一

竹淡竹葉、苦竹葉、淡竹茹、淡竹瀝、天竹黃、竹實　竹字，象形也。不剛不柔，非草非木，小曰篠，大曰簜。江河之南甚多，皆土中苞筍，旬日間籜落而成竹。莖有節，節有枝，枝復有節，節有葉，葉必三之，枝必兩之，根鞭喜行東南，根下之枝，一為雄，二為雌，雌者生筍。以五月十三日為竹醉日，六十年一花，花結實，竹則枯矣。其中皆虛，而滇廣有實心竹。其外皆圓，而川蜀有方竹。其節或暴、或無、或促、或疎，蜀中出暴節竹，高節磥砢，即笻竹也。溱州出無心竹，空心直上，即通竹也。荊南出筲竹，一尺數節。吳楚出笛竹，一節尺餘。南廣出篔簹竹，一節近丈。其幹或長、或短、或巨、或細。交廣由吾竹長三四丈，可作屋柱。笛竹大至數圍，可為梁棟。永昌漢竹可為桶斛，篔竹可為舟舩。嚴州越王竹高止尺餘。辰州龍絲竹細僅如鍼，高不盈尺。其葉或細，或大，鳳尾竹葉細三分，龍公竹葉若芭蕉，百葉竹一枝百葉。其性或柔、或勁、或滑、或濇，濇者可以錯甲，滑者可以為席，勁者可為戈刀、箭矢，柔者可為繩索，其色亦有青、黃、赤、白、烏、紫、斑之異焉。更有棘竹，芒棘森然，可禦盜賊。椶竹其葉似椶，可為柱杖。慈竹一名義竹，叢生不散，可栽為玩。此皆方土所紀，約略可考者也。古方藥惟用䈽竹、淡竹、苦竹三種。䈽竹堅而促節，皮白如霜；　苦竹有白有紫；甘竹似篁而茂，即淡竹也。今人入藥燒瀝，惟淡竹一品耳。淡竹葉味辛甘，氣寒，無毒。治胸中痰熱，欬逆上氣，頭痛頭風，涼心經，益元氣。煎濃汁漱齒中出血，洗脫肛不收。苦竹葉味苦，氣寒，無毒。治口瘡目痛，解酒毒，殺蟲。燒末和豬膽，塗小兒頭瘡，耳瘡，疥癬。和雞子白塗一切惡瘡。淡竹茹味甘，氣微寒，無毒。止肺痿吐血鼻衄，傷寒勞復，小兒熱癇，婦人胎動。淡竹瀝味甘，氣寒，無毒。治暴中風，風痺，養血，清痰，風痰虛痰在胸膈，使人癲狂，痰在經絡四肢及皮裏膜外，非此不達。諸方治胎產，金瘡，口噤，與血虛自汗，消渴，小便多，皆是陰虛之病，無不用之。產後不礙虛，胎前不損子。《本草》言其大寒，世俗因而不用。《經》云：陰虛則發熱，竹瀝甘緩，能除陰虛之有大熱者，寒而能補，與薯蕷寒補義同。世人食筍，自幼至老，未有因其寒而病者。瀝即筍之液也，又假於火而成，何大寒之有？《淮南子》云：槁竹有火，不鑽不然。今猫獠人以乾竹片相戛取火，則竹性雖寒，亦未必大寒也。但其性滑，凡風火燥熱而有痰者宜之。若寒濕，胃虛腸滑之人，非所宜也。《神仙傳》云：姜公服竹汁餌桂得長生。蓋竹汁性寒，以桂濟之，亦與用薑汁佐竹瀝之意同也。竹黃生南海鏞竹中，此竹極大，亦名天竹，其內有黃，係竹之津氣結成者，《本草》作天竺，非也。味甘，氣寒，無毒。治小兒驚風，去諸風熱，鎮心明目，療金瘡，滋養五臟。其氣味功用與竹瀝同，而無寒滑之害，作小兒藥尤宜，和緩故也。竹實舊稱鳳食，近代竹間亦有，開花結實，形如小麥，全無氣味，江浙號為竹米，以為荒年之兆，似非鸞鳳所食者。宋陳承云：竹實大如雞子，竹葉層層包裹，味甘勝蜜，食之令人心膈清涼。生深竹茂林蒙密處，頃因得之，但日久汁枯乾，而味尚存爾。然則鸞鳳所食，自非常物也。

清·劉雲密《本草述》卷二六　竹　張仲景竹葉湯惟用淡竹。　頌曰：今南人入藥燒瀝，唯用淡竹一品，肉薄，節間有粉者。　時珍曰：淡竹，今人呼為水竹。有大小二種，此竹汁多而甘。沈存中言苦竹之外，皆為淡竹，誤矣。

淡竹葉：　氣味：　辛，平，大寒，無毒。　權曰：　甘，寒。涼心肺要藥。先哲曰：竹葉味苦寒，所以能清心熱。

主治：　熱狂煩悶，壯熱，頭痛頭風，并胸中痰熱，咳逆上氣，更除虛煩，清心益氣，散吐血熱毒風，療消渴，利小水，通淋閉。　潔古曰：　竹葉陰中微陽，涼心經。　東垣曰：　竹葉辛平，除熱緩脾，而益元氣。　又曰：　可升可降，陽中陰也。其用有二：除新久風邪之煩熱，止喘促氣勝之上衝。　希雍曰：　入足陽明、手少陰經。

煎湯調酸棗仁炒熟末五錢，臨臥服，治心虛不得眠。　同麥門冬、酸棗仁、遠志、丹參、茯神、丹砂、犀角，治心經蘊熱，虛煩不眠。　入白虎湯治傷寒煩熱，大渴引飲。　《肘後方》治時行發黃，竹葉五升，小麥七升，石膏三兩，水一斗半，煮取七升，細服盡劑愈。小麥，心之穀也。

愚按：　熱狂煩悶與虛煩不同，如入白虎湯治傷寒煩熱，大渴引飲，是熱狂煩悶之類也。如竹葉湯止用竹葉、麥冬、小麥、甘草、生薑、大棗，虛悸加參，少氣力加糯米，以治產後短氣欲絕，心中煩悶，是亦虛煩之類也。然虛煩有氣血之異，如妊婦傷寒汗下後，熱不除者，虛也，加味竹葉湯以阿膠、生地易知母、石膏，是虛在血分也。如產後胃氣虛熱，口乾作渴，惡冷飲食，有竹葉歸耆湯，參、耆、朮並用，而止以竹葉、麥冬清之，是虛在氣分也。繹此義，即如消渴之用，不可以類推乎？所謂壯熱頭風，固熱淫也。吐血熱毒風，又血熱之化風。凡此皆陽中無陰，而陽僭也。所謂益元氣者，陽中有陰耳。

嘉謨曰：　一種草類如鐵線，莖似嫩稷，葉長尺餘，亦名淡竹葉。俗多采利小水，治喉痹等證，並神效。

淡竹茹：　氣味：　甘，微寒，無毒。

主治：　止胃熱嘔吐呃逆，通胃熱噎膈，除胃煩不眠，吐血及崩中，而清陽氣。傷寒女勞復，而解虛熱。療妊娠煩燥，小兒熱癇。　希雍曰：　入足陽明經，甘寒能解陽明之熱。

同木瓜、橘皮、麥門冬、枇杷葉、人參、蘆根汁、石斛，治胃虛有熱，嘔啘不止。　温膽湯中用之，能寧神豁痰。

愚按：　《經》曰：　身半以上，天之陽也。陽中有陰，然後陽不上僭。竹，陽中陰也。故葉則清心肺之陽，竹皮去青，惟取近裏黃皮，是又稍近於裏，故又清胃脘之陽，為胃熱嘔吐呃逆要藥。其療吐血崩中者，血固生化於胃也。如產後煩熱，小兒熱癇，皆不離心胃以為主治。至於傷寒女勞復而亦治者，《經》所謂臍下三結交者陽明太陰也，臍下三寸關元也。觀此，何莫非治陽明之虛熱乎？故先哲曰：　女勞復有熱者用之。胃之三脘由於任，解胃之虛熱以和任，故治女勞復而有熱者。

附方　傷寒勞復，傷寒後交接勞復，卵腫股痛，竹皮一升，水三升，煮五沸，服汁。　產後煩熱，內虛短氣，甘竹茹湯用甘竹茹一升，人參、茯苓、甘草各二兩，黃芩二兩，水六升，煎二升，分服，日三服。　小兒熱癇，口噤體熱，竹青茹三兩，醋三升，煎一升，服一合。

希雍曰：　胃寒嘔吐，及感寒挾食作吐，忌用。

修治　取極鮮竹，刮皮，磋去外硬青，止用向裏黃皮。

淡竹瀝：　氣味：　甘，大寒，無毒。薑汁為之使。

主治：　陰虛生熱，熱化風，療胸膈痰熱，止煩悶消渴，小兒天弔驚癇，婦人胎產悶暈，療類中風，或因氣虛，或因血虛，養陰滑痰，滲經絡之壅，潤燥急之火。　雷曰：　久渴心煩，宜投竹瀝。　丹溪曰：　竹瀝之用見於諸方者，其治胎產，金瘡口噤，與血虛自汗，消渴，小便多，皆是陰虛之病也。夫產後不得虛，胎前不損子，昔人有言之者，乃《本草》言其大寒，似與石膏、黃芩同類，而世俗因大寒二字，棄而不用。《經》云：　陰虛則發熱。竹瀝味甘性緩，能除陰虛之有大熱者，寒而能補，與薯蕷寒補義同，大寒言其功，非獨言其氣也。世人食笋自幼至老，未有因其寒而病者。瀝即笋之液也，又假於火而成，何寒如此之甚耶？但能食者用荊瀝，不能食者用竹瀝。　又曰：　竹瀝滑痰，非佐以薑汁不行經絡。痰在四肢，非竹瀝不開。痰在皮裏膜外，非竹瀝、薑汁不可除。痰在膈間，使人顛狂，宜用竹瀝。風痰亦宜用，其功又能養血。　述曰：　竹瀝大治熱痰，能養血清熱，有痰厥不省人事，幾死者，將竹瀝灌之即甦，誠起死回生藥也。　又云：　荊瀝清火化痰，功勝竹瀝，但不補耳。　三錫曰：竹瀝乃陰虛有大熱者仙品，中年痰火，舍此必不能成功，特為拈出。能食而氣稍實者，荊瀝妙。　希雍曰：竹瀝，竹之津液也。《經》云大寒亦言其本性耳。得火之後，寒氣應減，性滑流利，走竅逐痰，故為中風家要藥。凡中風之證，莫不由於陰虛火旺，煎熬津液，結而為痰，壅塞氣道，不得升降，熱極生風，以致猝然殭仆，或偏痹不仁，此藥能偏走經絡，撈剔一切痰結，兼之甘寒，能益陰而除熱，痰熱既祛，則氣道通利，經脈流轉，外證自除矣。其主胸中大熱，止煩悶者，取其甘寒清熱益陰之功耳。觀古人以竹瀝治中風，則知中風未有不因陰虛痰熱所致。不然，如果外來風邪，安得復用此甘寒滑利之藥治之哉？

同貝母、栝樓仁、霞天膏、白芥子、蘇子、橘紅、鬱金、童便、麥門冬，治似中風，口眼喎斜，語言蹇濇，或半身不遂等證。

愚按：竹瀝之用，在《別錄》云主暴中風，風痹，胸中大熱。而近代諸賢言於類中風為要劑。不啻如竹葉之療狂熱風也。蓋瀝能療痰火之風，而真陰太虛者，以其陽中有陰，陰為陽之守，使陽和而不化風，故熱風皆治，而痰火之類中風者，尤為中的耳。然則類中風證，槩由於陰虛歟？曰：病之所因，豈盡由陰，如七情傷其營氣者，固為陰虛，即如外淫之病乎衛，衛病而營亦病，或化火而因以結痰，或凝痰而因以熾火，真陰不亦為之日虛乎？五臟之陰氣，出於隧道，由此達表徹裏者，多為阻絕，而孤陽自焚之風，甚有奄然於頃刻者，如此品投之，使為主為輔者無不咸宜，豈不功等仙丹哉？夫人身後天之陰生於陽，竹乃陽中之陰，有其生陰之陽，即有其和陽之陰，既稟清和性味，而瀝猶人身真陰之化醇，原與他味之養陰者有別，故最能除亢陽之傷陰，最能和營氣以入脈，最能利經絡以滲痰。以此思其功，舉宜於痰火諸證，而類中風尤所亟須，故丹溪誠為精察物理。即三錫希雍所指述，亦有微中者矣。

附方　中風口噤，竹瀝、薑汁等分，日日飲之。　產後中風口噤，身直面青，手足反張，竹瀝飲一二升。　時氣煩燥，五六日不解，青竹瀝半盞，煎熱數數飲之，厚覆取汗。　產後虛汗，淡竹瀝三合，暖服，須臾再服。

希雍曰：寒痰，溼痰，及飲食生痰，不宜用。

修治　用取新鮮竹，鋸尺許，中留節，兩頭去節，劈兩開，不拘多少，用磚二塊架定，竹兩頭出磚二寸許，各以磁盤置於下，候瀝滴其中，用烈火薰逼，則兩頭溅溅滴瀝於盤中，竹將自燃，瀝便盡矣。就將滴過瀝竹為薪，又架新竹於磚上，如前燒逼，任取多少。

總論

愚按：《易·繫》云：震為蒼筤音郎竹，蓋指竹之青色，屬東方震也。《爾雅翼》云：巽為竹。先哲云江河之南甚多，故曰九河鮮有。五嶺實繁，且其根鞭喜行東南。若然，則竹之生成，是在木火乎，而何以竹葉及茹並瀝皆言寒也？曰：竹引根於秋深，孕筍於冬半，是氣稟清寒以生，合於金水之陰以在下也。新筍春半出土而成竹，舊竹夏半落葉而易新，是氣隨溫熱以成，合於木火之陽以在上也。夫人物之生，莫不始於在地之陰而成，於出地之陽。謂竹所稟之生氣不為寒哉？雖然，當秋冬之時，草木零落，唯竹能挺翠，不獨此也，正於斯時乃引根孕筍，豈非陰中有陽，陽反因陰而以萌以育乎？即此推之，則竹之生長於春夏者，實為陽中有陰，陰不因陽而以敷以和乎？在秋冬不與眾類同其枯瘁，是在春夏雖與眾類同其發榮，而實有不同者，蓋有清潤之氣貫乎其中也。若止與眾類同其發榮，亦即與眾類同其枯瘁矣。所謂貫四時而不改者，義正在此，故《易·繫》以之象震，象其同於四時之首，而氣得其清和為最也。豈得以大寒言哉？故潔古謂為陰中微陽，本其生氣而言。東垣謂為陽中陰者，就其成氣而言。夫用其葉與茹、瀝，是取其既成之竹以為用矣。不皆為陽中之陰乎？唯是人身天表屬心肺，而竹葉取象於表，以清心肺之煩熱。人身氣交屬脾胃，而竹茹取象於近表之裏，以清胃脘之逆熱。人身營氣為血液，而竹瀝取象於營，以清血液熱結之痰。蓋同是陽中之陰，就其形層所分，已分陰陽之厚薄矣。朱丹溪先生謂瀝能除陰虛之有大熱者，此也。宗奭謂其一致，固未精察，而執《本草》大寒一語，用之輒為疑忌。詎知茲物性稟清和，正如人身至陽之分，非清陰無以握其樞，無以和其氣，正合於《經》所云，至陰虛天氣絕，乃此品適可取材，特由葉而茹，由皮而液者，見其清寒之差甚耳。彼夢夢視以為大寒也，豈不誤哉？

問：諸藥屬陽中之陰者多矣，而竹之功用，何以頓異歟？曰：竹之生氣陰中有陽，而成氣陽中有陰，生者具陽之始，成者厚陰之終，他物鮮及之，此竹所以比君子，而功有獨異也乎。

清·郭章宜《本草匯》卷一六　竹葉　味淡甘，寒，陰中微陽，可升可降，入足陽明、手太陰、少陰經。滌心經之煩熱，止氣逆之嘔吐。降肺氣，解熱狂。

按：竹葉，禀陰氣以生。種類甚多，惟味甘者為勝。必生長甫及一年者，嫩而有力。然損氣之物也，所以古人以笋為刮腸篦，脾虚洩泄者勿用。其用有二，除新久風邪之煩熱，止喘促氣勝之上衝。因竹葉生中半以上，故主治多在上焦。其味苦者，專瀉南方。上氣發熱，因奔走趂馬後，飲冷水所致者，竹葉為君，同橘皮煎服。

入藥惟用篁竹為上，堅而促節，體圓而質勁，皮白如霜。次用苦竹、淡竹，肉薄，節間有粉，今人呼為水竹者是也。又有薄殼者，名甘竹。餘不入藥。又一種草類，亦名淡竹葉，利小水，治喉痺，亦効。見草部。

竹茹　味甘，微寒，陰也，可升可降，入足陽明經。降氣逆，而嘔啘音訣與噎膈皆平。下熱壅，而勞復與血衄皆治。《本經》主溫氣寒熱者，邪氣客陽明所致，甘寒解陽明之熱，則邪氣退，而嘔啘止矣。

按：竹茹，雖與竹葉同本，然其得土氣俱多，故能除土鬱。味帶甘，能降火清肌，主胃熱飽逆。《經》曰：諸嘔吐酸水，皆屬于熱。陽明有熱，則為嘔啘。同木瓜、橘皮、麥冬、枇杷葉、人參、蘆根汁、石斛，則嘔啘可止。胃寒嘔吐，及感寒挾食作吐，忌用。

刮去青皮，用第二層。

竹瀝　味甘，氣寒，陽中之陰，可升可降，入手太陰、足少陰、太陰經。痰在皮裏膜外者，直達以宣通。痰在經絡四肢者，屈曲而搜剔。滌藏府之煩熱，除陰虚之大熱。失音不語偏宜，癲狂風痓決用。

按：竹瀝，即竹之津液也。性滑流利，走竅逐痰，故為中風家要藥。凡中風之證，莫不由于陰虚火旺，煎熬精液而為痰。壅塞氣道，熱極生風，以致猝然僵仆。此藥能搜剔經絡痰結，氣道通利，則經脉流轉矣。觀古人以此治中風，則知中風未有不因陰虚痰熱所致。不然，如果外來風邪，安得復用此甘寒滑利之品？世人泥《本草》大寒二字，棄而不用。《經》云：陰虚則發熱。竹瀝甘緩，故能除陰虚之有大熱。雷曰：久渴心煩，宜投竹瀝。震亨曰：人然非助以薑汁不能行，既經火煆，又助薑汁，何寒之有哉？震亨曰：人自幼食筍，以至衰年，未見有因其寒而病者，豈瀝非筍之液乎？《淮南子》云：槁竹有火，不鑽不然。則竹性雖寒，亦未必大寒也。但實痰而能食者，用荊瀝。虚痰而不食者，用竹瀝。更玩丹溪產後不礙虚、胎前不損子二語，益知陰虚之病，古方中無不用也。大抵風火燥熱而有痰者，宜之。竹瀝，即竹液，猶人身之血也。極能補陰，長于清火。況陰之不足，猶于火爍，血得其養，而火有不寧靜哉？朱氏謂大寒，言其功不言其氣，殊謬。謂大寒為氣，何害于功？昔姜公服竹汁餌桂，得長生。蓋竹汁性寒，以桂濟之，亦與用薑汁佐竹瀝之意相同。胃虚腸滑之人，及寒痰、濕痰，及食積生痰者，不宜餌也。

將竹截尺許，劈開，架空，下以火炙，其瀝自出，盛器用。

清・蔣居祉《本草擇要綱目・寒性藥品》　竹瀝　氣味：甘，大寒，無毒。薑汁為之使。凡取竹瀝，宜用淡苦竹者佳。以竹截長五六寸，以瓶盛倒懸，下用一器承之，週圍以火逼之，其瀝滴流于器內。　主治：風痺，胸中大熱，止煩悶，消渴勞復，養血清痰。風痰虚痰在膈胸，令人癲狂。痰在經絡四肢及皮裏膜外，非此不能達。治子冒風痓，解射罔毒。凡陰虚則發熱，竹瀝味甘性緩，能除陰虚之有大熱者。寒而能補，與山藥寒補義同。大寒言其功，非獨言其氣也。其性滑痰，非助以薑汁不能行。諸方治胎產、金瘡、口噤，與血虚自汗，消渴小便多，皆是陰虚之病，無不用之。然寒濕胃虚滑腸之人，服之則反傷腸胃。

清・閔鉞《本草詳節》卷六　淡竹瀝　味甘，氣寒。凡使，法同牡荊瀝。主風痰、虚痰在胃膈，使人癲狂。痰在經絡四肢及皮裏膜外，非此不達不行。

按：竹瀝性滑流利，走竅逐痰，故為中風家要藥。凡中風之症，莫不由于陰虚火旺，煎熬津液，結而為痰，壅塞氣道，不得升降，熱極生風，以致猝然僵仆，或偏痺不仁。竹瀝遍走經絡，有搜剔之能，甘寒能益陰除熱，所以中風藥中不可少。凡屬熱痰為病，不可缺，其功既可去痰，又能養血。而陰虚之有大熱者，尤宜也。

清・王翃《握靈本草》卷八　淡竹葉南人入藥多用淡竹，肉薄節稀，質小，不可刺船，節間有粉者是。吳人謂之白眼淡，可剖作篾者是。草本，開藍花，名淡竹者，誤也。　主治：淡竹葉，辛，平，大寒，無毒。主胸中痰熱，欬逆上氣，止消渴，解酒毒，中風舌瘖。

竹茹淡竹者入藥。去青括用。　主治：竹茹，甘，微寒，無毒。主嘔啘，溫氣寒熱，吐衄崩中，傷寒勞復，小兒熱癇，婦人胎動。

竹瀝淡竹者入藥。將竹截作二尺長，劈開，以磚兩片對立，架竹於上，以火炙出其瀝，以盤承取。　主治：竹瀝，甘，大寒，無毒。主暴中風，風痺失音不語，痰在胸膈，及在經絡、四肢、皮裏膜外，非此不達不行。

竹黃生南海。今竹內所生如黃土着竹成片者，往往有之。 主治：天竹黃，甘，寒，無毒。主小兒驚風天弔，諸風熱。

清・汪昂《本草備要》卷三 竹茹瀉上焦煩熱，涼血。 甘而微寒。開胃土之鬱，清肺金之燥，涼血除熱。治上焦煩熱。皮入肺，主上焦。〇溫膽湯用之。溫氣寒熱，膈噎嘔啘，胃熱。吐血衄血，清肺涼胃。齒血不止，浸醋含之。肺痿驚癇，散肝火。崩中胎動。涼胎氣。

清・汪昂《本草備要》卷三 竹瀝瀉火，滑痰，潤燥。 甘寒而滑。消風降火，潤燥行痰，養血益陰，竹之有瀝，猶人之有血也。故能補陰清火。利竅明目。治中風口噤，痰迷大熱，風痙癲狂，煩悶《產乳方》：妊娠苦煩名子煩，竹瀝不限多少，細服。《梅師》加茯苓煎。消渴，血虛自汗。然寒胃滑腸，有寒濕者勿服。《經疏》云：中風要藥。凡中風未有不因陰虛火旺、痰熱壅結所致。如果外來風邪，安得復用此寒滑之藥治之哉！丹溪曰：痰在經絡四肢、皮裏膜外者，非此不能達行。又曰：味甘性緩，能除陰虛之有大熱者。寒而能補，胎後不礙虛，胎前不損子。世人因《本草》大寒二字，棄而不用。然人食筍至老，未有因寒而病者。瀝，即筍之液也，又假火而成，何寒如此之甚耶？《治法》云：竹瀝和米煮粥，能治反胃。 竹類甚多：淡竹肉薄，節間有粉，多汁而甘，最良；篁竹堅而節促，皮白如霜；苦竹本粗葉大，筍味苦。入藥惟此三種，功用略同。竹茹即刮取青皮。竹瀝如取荊瀝法。薑汁爲使。薑能除痰，且濟其寒。 筍尖發痘瘡。《本草》未載。昂按：筍、蕨多食，皆能燥血，故筍有刮腸篦之名。惟同肉煮食，則無害也。

清・汪昂《本草備要》卷三 淡竹葉瀉上焦煩熱。 辛淡甘寒。涼心緩脾，消痰止渴。除上焦風邪煩熱，葉生竹上，故治上焦。仲景治傷寒發熱大渴，有竹葉石膏湯，乃假其辛寒，以散陽明之邪熱也。咳逆喘促，嘔噦吐血，中風失音，小兒驚癇。 竹生一年以上者，嫩而有力。

清・陳士鐸《本草新編》卷四 淡竹葉竹茹、竹瀝 淡竹葉：味甘、淡，氣平、寒，陰中微陽，無毒，入心、脾、肺、胃。逐上氣咳喘，散陽明之邪熱，亦退虛熱煩燥不眠，專涼心經，尤祛風痙。

竹茹，主胃熱呃逆，療噎膈嘔噦，尤止心煩。

竹瀝，却陰虛發熱，理中風噤牙。小兒天吊驚癇，入口便定。婦人胎產悶暈，下喉即甦。止驚怪却痰。痰在手足四肢，非此不達；痰在皮裏膜外，非此不却。世俗以大寒置之。不知竹瀝係火燒出瀝，佐之薑汁，水火相宜，又何寒哉。以上三味，總皆清痰瀉火之藥，因其氣味甘寒，不傷元氣，可多用，以佐參、苓、芪、术健脾開胃也。

或疑竹葉、竹茹、竹瀝，同一物也，何必強分其功效？不知有不可不分者在也。竹葉輕于竹茹，雖涼心而清肺；竹茹輕于竹瀝，雖清心而清胃；若竹瀝則重于竹葉、竹茹，雖清心而兼補陰也。

或問：古人以竹瀝治中風，似乎中風皆痰也，痰生于風乎？曰：中風未有不成于痰者也，非痰成之于風也。使果成于風，似外邪之中矣，古人何以復用此甘寒滑利之竹瀝，以消化其痰哉。

或問：淡竹葉世疑是草本，是耶非耶？曰：即竹葉耳，但不可用苗竹、紫竹之葉。蓋二葉之味多苦，不堪入藥，其餘諸竹之葉，味皆淡者也，故以淡名之，非草本之葉也。若草本之葉，非是竹葉，乃俗名(暢)〔鴨〕脚青也，其性雖寒，能止咳嗽，然而終不能入心以消痰也。

清・顧靖遠《顧氏醫鏡》卷七 淡竹葉淡，寒。入心、小腸二經。 專通小便，淡味五藏無歸，但入太陽，利小便。能解心煩。小便利，心火因而清之也。有走無守，孕婦禁之。

清・顧靖遠《顧氏醫鏡》卷八 竹葉辛甘，寒。入心胃二經。 清心胃而滌煩熱，麥冬、棗仁之屬，同治虛煩不眠，清心之功。入白虎湯中，治煩熱大渴，清胃之效。治痰熱而止咳逆。胸中痰熱壅滯，則咳逆上氣，辛寒能解熱結，則痰消氣降，而咳止矣。

竹茹甘，微寒。入胃經。刮去青皮，用第二層。 疏氣逆，而嘔呃與噎膈皆平。胃熱嘔呃者宜之。 清虛熱，而吐衄與崩中咸療。甘寒能涼血清熱，故又治女勞復。

竹瀝甘，寒。 痰在皮裏膜外者，直達以宣通。痰在經絡四肢者，屈曲而搜剔。失音不語偏宜，肢體攣蹺決用。性滑流利，走竅逐痰，兼之甘寒益陰除熱，痰熱既祛，則氣逆通利，經脉流轉，而諸症自除。竹種最多，惟大而味甘者為勝。 竹茹，若感寒挾食而嘔吐者，勿用。竹瀝滑腸，脾虛洩瀉者，勿用。寒痰，濕痰，食積痰，均忌。

清・李熙和《醫經允中》卷二〇 竹瀝 薑汁為使。入肺脾腎三經。 甘，大寒，無毒。主治中風口噤，痰迷癲狂，小兒天吊驚癇，婦人胎產血暈，痰在經絡四肢，皮裏膜外，非此不達，以薑汁佐之。然寒胃滑腸，不可過服。

清・李熙和《醫經允中》卷二一 竹葉 入心經。 辛，平，大寒，無毒。

主治胸中痰熱，欬逆上氣，吐血，止消渴，壓丹石毒，風邪煩熱狂悶，中風失音，小兒驚癇，天吊。涼心經，煎汁漱齒中出血。 附： 淡竹葉，入手太陽經，甘，寒，無毒，主治退煩熱，利小便。根能墮胎催生。初成竹時即死者名仙人杖，治大人嘔逆翻胃，小兒驚癇夜啼。用者甚少。舊篦齒治活虱入腹，為病如癥瘕，煮服即除。

竹茹： 即竹青。 甘，微寒，無毒。 主治瘟氣寒熱，吐血崩中，止肺痿吐血，鼻衄傷寒勞復，小兒熱癇，婦人胎動。

清・馮兆張《馮氏錦囊秘錄・雜症痘疹藥性主治合參》卷四 淡竹葉稟陰氣以生，故味甘，寒，無毒。入足陽明、手少陰經。

淡竹葉，逐上氣咳逆喘促，胸中痰熱作嗽，退虛熱，煩燥不眠，陽明客熱發渴。專涼心經，并清肺胃。利水消痰，有走無守。不能益人，孕婦忌服。其竹刮去青色，向裏黃皮，名竹茹，主胃熱呃逆，噎膈嘔噦，胎前惡阻嘔吐，用之神效。雖與竹葉同本，然得土氣居多，故味甘，微寒，專入足陽明經也。

主治痘疹合參： 涼心除熱，解煩止渴，喘咳痰熱，驚悸不語，胸中煩熱通用，但不宜於初起灌漿之時。且竹能損氣，故古人以笋為刮腸篦，宜暫不宜久也。

蛀竹屑，即年久枯竹中蠹屑也。竹之餘氣尚存，氣味甘，平，無毒。甘能解毒，平則兼散。竹性最涼，故為蝕膿長肉之神藥。同象牙、真珠、白礬等藥，能消漏管。【略】

竹瀝竹種最多，惟大而味甘者為勝。必生長一年者，嫩而有力，取用方佳。

竹瀝，係燒竹而兩頭流出之汁，每瀝一杯，加生薑汁二匙，用卻陰虛發熱，中風噤牙，小兒天吊驚癇，婦人胎產悶暈，胎前不損子，產後不凝虛。止驚悸，卻痰癇。痰在經絡四肢，屈曲而搜剔。痰在皮裏膜外，直達以宣通。但世以為大寒，殊不知係火煅出，又佐薑汁，有何寒乎！況瀝之出於竹，猶人身之血也，極能補陰，長於清火，性滑流利，走竅逐痰，故為中風之要藥。以中風莫不由於陰虛火旺，煎熬津液成痰，壅塞氣道，不能升降，仗此流利經絡，使痰熱去，氣道通，而外證愈矣。故火燥熱者宜之。若胃虛腸滑，寒痰濕痰，食積生痰，不可用也。至於荊瀝，性味相近，但氣實寒多用荊，氣虛熱多用竹。

主治痘疹合參： 養陰退陽，善開熱痰。胃強肺熱者相宜，脾虛腸滑者切禁。

清・张璐《本經逢原》卷三 竹葉 甘，微寒，小毒。《本經》主欬逆上氣，療筋急惡瘍，殺小蟲。 發明： 諸竹與筍皆甘寒無毒，惟竹葉受陰風烈日氣多，故不無小毒。《本經》主欬逆上氣者，以其能清肺胃之熱也。療筋急惡瘍者，以其能化身中之氣也。氣化則百骸條暢，何有小蟲之患乎。仲景治傷寒解後虛羸少氣氣逆，有竹葉石膏湯。《金匱》治中風發熱，面赤頭痛，有竹葉湯。總取清肺胃虛熱之義。 竹茹 甘，寒，無毒。取竹茹法，選大青竹，磁片刮去外膜，取第二層如麻縷者，除去屑末用之。 發明： 竹茹專清胃府之熱，為虛煩煩渴、胃虛嘔逆之要藥。欬逆唾血，產後虛煩，無不宜之。《金匱》治產後虛煩嘔逆，有竹皮大丸。《千金》治產後內虛煩熱短氣，有甘竹茹湯。產後虛煩，頭痛短氣，悶亂不解，有淡竹茹湯。內虛用甘以安中，悶亂用淡以清胃，各有至理存焉。其性雖寒而滑，能利竅，可無鬱遏客邪之慮。 竹瀝 甘，寒，無毒。取竹瀝法： 以青竹斷二尺許，劈開，火炙兩頭盛取用之。如欲多取，以罈埋土中，濕泥糊好，量罈口大小，用篾箍二道，豎入罈口，多著炭火於竹頂上炙之。 發明： 竹葉兼行肌表，故能療瘡殺蟲。竹茹專清胃府，故能止嘔除煩。竹瀝善透經絡，能治筋脈拘攣，痰在皮裏膜外筋絡四肢，非竹瀝不能化也。純陰之性，雖假火逼，然須薑汁鼓動其勢，方得應手取效。《千金》治風痱，身無痛四肢不收，志亂不甚，有竹瀝飲子，詳《本經》療筋急，專取竹瀝之潤以濡之也。《千金》治四肢不收，則兼附、桂、羚羊之雄以振之也。一以舒急，一以收緩，妙用不可思議。或言竹瀝性寒，僅可施之熱痰，不知入於附、桂劑中，未嘗不開發濕痰寒飲也。惟胃虛腸滑及氣阻便閟者誤投，每致呃逆不食、脫瀉不止而斃。陰柔之性不發則已，發則必暴，率難挽回也。 筍 甘，微寒，小毒。 發明： 諸筍多食，皆動氣發冷癥令人心痛。與羊肝食之損目。脾胃虛弱、大腸滑瀉皆不宜食。俗醫治痘往往勸啜筍湯，及加入湯藥，不知痘瘡不宜大腸滑利，而筍有刮腸篦之名，若腸胃不實尤忌。惟血熱毒盛者為宜。其乾筍淡片利水豁痰，水腫，葶藶丸用之。

清・浦士貞《夕庵讀本草快編》卷五 竹《本經》 附： 天竺黃 竹，冬生艸也，故字從倒艸。 竹產不同，名亦各別。入藥以淡竹為上，甜竹次之。其葉則味苦而寒，陰中微陽，可升可降者也。能除新久風邪之煩熱，止喘促逆氣之上衝，故仲景治傷寒用竹葉湯以清肺胃之實是爾。若竹瀝，則假于火而成，性雖寒而氣自溫，味甘淡而性頗緩，不但治風火熱疾有功，即血虛自汗，消渴便多，以及胎產口噤，陰虛而有熱者，無不宜之。所謂產後不礙虛，胎前不損子。丹溪言其大寒而棄之，僻矣！淮南有云：槁竹有火，不鑽亦然。則知竹性雖寒，非石膏、芩、連之比。況今施治，必佐以薑汁，是與《神仙傳》載姜公服竹汁、餌桂而得長生，一寒一熱，相濟之理同也。若竹茹則寒微而甘，專治嘔噦噎膈，肺痿吐衄，是以橘皮竹茹湯治傷寒呃逆，朱肱栝樓竹茹湯治婦人勞復，餘可推矣。若竹黄生天竺國，乃大竹之津氣結成，善涼心經而去風熱，小兒驚疳藥內猶宜，取其和緩而與竹瀝同功，更無寒滑之害也。

清・張志聰、高世栻《本草崇原》卷中　篁竹葉　氣味苦，寒，無毒。主治咳逆上氣，溢筋急，消惡瘍，殺小蟲。　竹產處唯江河之南甚多，故戴凱之《竹譜》曰：九河鮮有，五嶺實繁，莖直中通，四時青翠，莖有節，節有枝，枝有節，節有葉，葉必三之，枝必兩之，六十年一花，其花結實，其竹則枯。竹之種類最多，《本經》用篁竹，後人兼用淡竹、苦竹。一種薄殼者，名甘竹，亦佳。竹稟冬令之水精，其根硬，喜行東南，是氣稟西北，而體尚向東南也。　冬時孕笋，春時抽篁，夏時解籜，秋日成竿，得天地四時之氣。　竹葉淩冬不落，四季常青。　淩冬不落者，稟太陽標陽之氣也。太陽標陽本寒，故氣味苦寒。四季常青者，稟厥陰風木之氣也，木主春生，上行外達，故主治咳逆上氣。溢筋急者，肝主筋，竹葉稟風木之精，能滋肝臟之虛急也。消惡瘍者，惡瘍主熱，竹葉稟水寒之氣，能清心臟之火熱也。蟲為陰類，竹葉得太陽之標陽，而小蟲自殺矣。　竹瀝附　氣味甘，大寒，無毒。主治暴中風，風痹，胸中大熱，止煩悶，消渴，勞復《別録》附。　篁竹、淡竹、苦竹皆可取瀝，將竹截取二尺許劈開，以磚兩片對立架竹於上，兩頭各出五七寸，以火炙出其瀝，以盤承取。朱震亨曰：竹瀝滑痰，非助以薑汁不能行。　竹茹附　氣味甘，微寒，無毒。主治嘔啘溫氣，寒熱，吐血，崩中。《別錄》附。　用刀輕輕刮去竹皮上粉青，取青內之皮，謂之竹茹。今人用竹瀝、竹茹，皆取大竹，不知淡竹、苦竹、篁竹皆細小不大，俱係野生，非家種也。　嘔啘，吐逆也。溫氣，熱氣也。竹茹，竹之脈絡也。人身脈絡不和，則吐逆而為熱矣。脈絡不和，則或寒或熱矣。充膚熱肉，淡滲皮毛之血，不循行於脈絡，則上吐血而下崩中矣。凡此諸病，竹茹皆能治之，乃以竹之脈絡而通人之脈絡也。

清・何諫《生草藥性備要》卷下　竹針　治火傷聖藥。取竹捲裏未開之葉，存性，開油搽。

清・劉漢基《藥性通考》卷六　竹瀝　味甘，寒而滑。消風降火，潤燥行痰，養血益陰，利竅明目，治中風口噤，痰迷大熱，風痙癲狂，煩悶消渴，血虛自汗。然寒胃滑腸，有寒濕者勿服。竹類甚多，淡竹肉薄，節間有粉，多汁而甘，最良。篁竹堅而節促，皮白如霜。苦竹本粗葉大，笋味苦。入藥惟此三種，功用略同。竹茹即刮取青皮，竹瀝如取荊瀝法。薑汁為使。笋尖發痘瘡，多食燥血刮腸，不養人之物也。惟同猪肉煮食，則無害也。

竹茹　味甘而微寒。開胃土之鬱，清肺金之燥，涼血除熱，治上焦煩熱，溫氣寒熱膈，噎嘔啘胃熱，吐血衄血，清肺涼胃。齒血不止，醋浸含之即止。又治肺痿，驚癇，崩中胎動，能涼胎氣也。

淡竹葉　味辛，淡，甘，寒。涼心緩脾，消痰止渴，除上焦風邪，煩熱咳逆喘促，嘔噦，吐血，中風失音，小兒驚癇。竹生一年以上者，嫩而有力，可用。

清・姚球《本草經解要》卷三　竹葉　氣大寒，味甘平，無毒。主胸中痰熱，欬逆上氣。　淡竹葉氣大寒，稟天冬寒之水氣，入足少陰腎經。味甘平無毒，得地中央燥土之味，入足陽明燥金胃土。氣味俱降，陰也。　足少陰之脈，其支者注胸，少陰腎主五液，水泛成痰，痰滯胸中則熱。其主之者，寒可清也。陽明胃氣本下行，氣逆而上，則薰肺而欬。竹葉寒可清胃，甘平可以下氣也。　製方：竹葉同陳皮，治上氣發熱。同石膏、知母、甘草、麥冬，名竹葉石膏湯，治壯熱口渴。

竹茹　氣微寒，味甘，無毒。主嘔啘溫氣寒熱，吐血崩中。竹茹氣微寒，稟天初冬寒水之氣，入足太陽寒水膀胱經。味甘無毒，得地中正之土味，入足太陰脾經。氣味降多於升，陰也。太陽者，寒水經也。　冬日燥熱，則太陽陰精不藏，感天燥熱之氣，至春木令則為病溫，火性炎上，故多嘔啘。病在太陽，故發寒熱。竹茹氣寒，可以祛溫火，味甘可以緩火炎，所以主之也。脾統血，血熱妄行，非吐即崩。其主之者，甘寒可以清熱也。　製方：竹茹同麥冬、半夏、甘草、生薑，治嘔噦。同木瓜、陳皮、麥冬、枇杷葉、人參、蘆根汁、石斛，治胃熱嘔啘。同花粉，治病後大熱搐。

竹瀝：氣大寒，味甘，無毒。療暴中風，風痹，胸中大熱，止煩悶，消渴勞復。　竹瀝氣大寒，稟天冬寒之水氣，入足少陰腎經。味甘無毒，得地中正之土味，入足太陰脾經。氣味降多於升，陰也。暴病皆屬於火，火熾風生，以致僵仆或偏痹不仁。竹瀝甘寒，可以清熱緩急，所以主之。胸中者，太陰脾經行之地，脾陰虛，則胸中大熱矣。甘寒清熱，所以主之。腎者，水也。心者，火也。水不制火，則心中煩悶而消渴矣。其主之者，甘寒可以壯水而清火也。勞復者，傷寒熱病愈後，勞碌而復熱也。其主之者，亦以甘寒能更清耳。製方：竹瀝同薑汁，治中風及小兒狂語。同生地、麥冬、花粉、石斛、蘇梗、北味，治暴中風。同桔梗、甘草、麥冬，治肺痿欬嗽。

清・楊友敬《本草經解要附餘・考證》 竹葉 竹類極繁。《本草》陶、蘇二家云：入藥宜箽竹、淡竹，又謂甘竹，似篁而茂，即淡竹也。六地多竹，此所指似俗呼水黃連者。余庭前舊植數十竿，鄰近每採用。今醫家好言淡竹葉，傖父謬以鴨跖草當之。《本草》草部另載淡竹葉，云苗高數寸，似竹米落地所生，甘寒無毒，葉去煩熱，利小便，清心。今六之西山有一種草，高不盈尺，莖中空，有節，葉亦全肖竹而稍薄，生叢棘間，淩冬不凋。僅一痘醫識之，云其師江右人也，指授此為真淡竹，用之已數十年，嘗貽余合他藥浸酒，未知是否？《湯液本草》竹、淡竹俱載木部，於淡竹引日華子並用根莖，所主痰熱、驚癇等症也。按：《詩》綠竹。鄭箋：綠為王芻，竹為篇竹。郭璞云：篇亦作扁，似小藜。陸璣云：綠竹乃一草，高數尺，可磨治器物，俗呼木賊。以上皆指草。惟班彪《志》云：淇園，殷紂竹箭園也。朱子云：淇上多竹，漢世猶然。此則實指今竹。蓋竹既多種難辨，又有草本混之，故迄無定論，記此質諸博雅君子。

清・王子接《得宜本草・中品藥》 竹葉 味甘、苦。入手少陰、足陽明經。得橘皮治上氣發熱，得小麥、石膏治時行發黃。

竹茹：二層竹皮也。味甘。功專清熱利氣。得栝樓治傷寒勞復，得參、苓、芩、草治產後煩熱。

竹瀝：味甘。功專豁痰下氣。得薑汁治中風口噤，得葛根汁治小兒傷寒。

清・黃元御《長沙藥解》卷三 竹葉 味甘，微寒。入手太陰肺經。清肺除煩，涼金泄熱。《金匱》竹葉湯，竹葉一把，桔梗一兩，生薑五兩，附子一枚，葛根三兩，桂枝一兩，防風一兩，甘草一兩，人參一兩，大棗十五枚。治產後中風，發熱面赤，喘而頭痛。以產後中氣虛弱，陰陽不能交濟，肝脾易陷，肺胃易逆，陷則下寒，逆則上熱。風傷衛氣，衛斂而遏營血，上熱彌增。肺胃愈逆，故發熱面赤，喘而頭痛。肺胃愈逆，而熱愈增，則肝脾益陷，而寒益甚。竹葉、桔梗涼肺而除煩，葛根、生薑清肺而降逆，附子溫寒而暖水，桂、防燥濕而達木，甘、棗、人參補中而培土也。竹葉石膏湯，竹葉二把，石膏一兩，麥冬一斤，粳米半升，人參三兩，甘草二兩，半夏半升。治大病差後，虛羸少氣，氣逆欲吐者。以病後中虛，胃逆欲吐，三陽不降，燥熱鬱發。竹葉、石膏、麥冬清金瀉熱而除煩，粳米、參、甘補中化氣而生津，半夏降逆而止嘔也。竹葉甘寒涼金，降逆除煩，泄熱清上之佳品也。其諸主治，降氣逆，止頭痛，除吐血，療發黃，潤消渴，清熱痰，漱齒衄，洗脱肛。竹茹 味甘，微寒。入手太陰肺、足陽明胃經。降逆止嘔，清熱除煩。《金匱》竹皮大丸，竹茹二分，石膏二分，白薇一分、有熱二分，甘草七分，桂枝一分，棗肉和丸。治產婦乳子中虛，煩亂嘔逆。以乳婦產子未久，中氣尚虛，遇土鬱木賊之時，胃逆作嘔，爰生煩亂。竹茹降濁而止嘔，石膏、白薇清金而除煩，甘草、桂枝培土而達木也。橘皮竹茹湯方在橘皮用之治噦逆，以其降逆而驅濁也。竹茹甘寒之性，善掃瘀濁而除嘔噦，清金斂肺，更其所長。其諸主治，除吐衄，止崩漏，治膈噎，療肺痿。

清・黃元御《玉楸藥解》卷二 竹瀝 味甘，性寒。入手太陰肺經。清肺行痰。竹瀝甘寒疏利，清胸膈煩渴，開痰涎膠粘。治中風心肺鬱熱，孔竅迷塞之證。鮮竹去節，火烘瀝下，磁器接之。其性雖寒，不至滑泄腸胃，清上之藥，最為佳品。

清・吳儀洛《本草從新》卷三 荊瀝宣，通經絡，滑痰。 甘，平。除風熱，化痰涎，開經絡，行氣血。治中風失音，驚癇痰迷，眩運煩悶，消渴熱痢。為去風化痰妙藥。《延年秘録》云：熱多用竹瀝，寒多用荊瀝。丹溪云：虛痰用竹瀝，實痰用荊瀝，並宜薑汁助送則不凝滯。氣虛食少者切戒。牡荊，俗名黃荊。截取尺餘，架磚上，中間火炙，兩頭承取瀝。 竹瀝〔瀉火，滑痰，潤燥。〕以下苞木類。 甘寒而滑。消閃降火，利竅行痰，明目潤燥。竹之有瀝猶人之有血也。治中風口噤，《經疏》云：中風要藥。凡中風未有不因陰虛火旺，痰熱壅結所致，如果外來風邪，安得復用此寒滑之藥治之哉？痰迷大熱，丹溪曰：痰在經絡四肢、皮裏膜外者，非此不能達行。又曰：味甘性緩能除陰虛之有大熱者。寒而能補，產後不礙虛，胎前不損子，世人因本草大寒二字棄而不用，然人食筍至老，未有因寒而病者。瀝即筍之液也，又假火而成，何寒如此之甚耶？風痓癲狂，自汗煩悶，消渴反胃。和米煮粥服。寒胃滑腸，有寒濕者勿用。竹能損氣，故古人以笋為刮腸篦。竹類甚多，淡竹肉薄，節間有粉，多汁而甘，最良；　篁竹堅而節促，皮白如霜；　苦竹本粗大，葉長闊，笋味苦，入藥唯此三種。取竹瀝如取荊瀝法。薑汁為使。薑能除痰，且濟其寒，故每兼用。竹茹〔瀉上焦煩熱，涼血。〕甘而微寒，開胃土之鬱，清肺金之燥，涼血除熱。治上焦煩熱，溫氣寒熱，膈噎嘔噦，胃熱。吐血衄血，清肺涼胃。齒血不止，浸醋含之。肺痿驚癇，清肝火。崩中胎動。涼胎氣。刮去青皮，用第二層。竹葉〔瀉上焦煩熱。〕辛，淡，甘，寒。涼心緩脾，消痰止渴。除上焦風邪煩熱，葉在上，故治上焦。仲景治傷寒發熱大渴，有竹葉石膏湯，乃假其辛寒以散邪熱也。咳逆喘促，嘔噦吐血，中風失音，小兒驚癇。凡用竹瀝、竹茹、竹葉，須生長甫及一年者為嫩而有力。

清·汪紱《醫林纂要探源》卷二　竹　中虛有節，上行直達，震木之氣。

竹瀝：甘，寒，滑。能行肝膽之陽氣陰汁，以達於經絡，而通其阻滯之邪。肝木膽火，當熱而反寒者，猶膽汁之性亦寒，而其用則以行相火之令也。以陽在陰上也。竹有節而中通上喬，故瀝上行，無所不達，能驅風散火，去濕行痰，透筋節而發之，正迅雷之發，則陰翳鬱熱暴風皆止而爽然矣。是以治中風中痰，風痙癲癇，消渴諸急病，而利竅明目，止汗，清熱除煩，皆宣達肝膽之陽氣故也。宜和薑汁以助肝陽。今人視為險藥霸道，失之矣。

竹茹：甘，寒。竹之青皮。能開氣化之陰鬱，以達之膻中，而舒其君相之火。心君火，膽相火，合而鬱於思慮，則陰氣鬱於膻中而虛煩不寐，相火不得舒，是膽冷也。心火不傳木，則溫溫欲灰而已。竹茹挹輕虛之肝氣，而達之以上行，心膽之鬱開，則膽遂其溫，而心有所決，思慮安矣。故能治煩熱不眠，除吐衄驚癇，肺不受灼，肝不受抑，氣化平也。

竹葉：甘，淡，寒。用淡竹之葉。其竹薄，而節間有粉。能開外鬱之陰翳，以達之肌膚四末之表，而舒其肺胃之陽。最輕而在上，故達陽氣於上焦及手足肌膚之表，而去其外邪之陰翳，使陽氣宣達，是以能除陽明發熱，退肌膚熱，去心煩，治喘咳，止嘔噦，止渴，保肺。此皆宣達陽氣之功。或以其寒而不敢用，惑之甚矣。

清·嚴潔等《得配本草》卷七　淡竹葉淡竹茹、淡竹瀝、竹根、竹衣。　畏皂刺、油麻。甘，淡，微涼。入手太陰少陰、足陽明經。清咳氣上衝，除風邪煩熱，止吐血，利小水。得芍藥，清肝膽之火。得橘皮，治上氣發熱。佐小麥、石膏，治時行發黃。苦竹不入藥。　淡竹茹　畏皂刺、油麻。甘，微寒。入足少陽、陽明經。清上焦之火，消虛熱之痰。療驚悸、止胎動、嘔啘噎膈、吐血崩中、因內火致者，非此不治。得雞子，治飲酒頭痛。配蔞仁，治婦女勞復如中風狀。肉薄，節間起白霜者。刮去青皮，用第二層。　淡竹瀝　薑汁為之使。畏皂刺、油麻。甘，寒。治狂悶，利九竅。療破傷中風，止因觸胎動，養血明目。凡痰在經絡四肢胸膈及皮裏膜外，非此不達不行。和薑汁，治中風熱鬱之痰。合地黃，治時症陰虛之熱。腸胃寒濕者禁用。　竹根　苦，寒。能下五臟熱毒氣。氣虛者禁用。　竹衣　清肺火，通肺氣。虛火傷金，失音不出者，用此治之。竹內白衣如紙者。

題清·徐大椿《藥性切用》卷五　甜竹瀝　性味甘寒，降陰虛之火，清經絡之痰。薑汁為佐，治痰行經甚捷。

甜竹茹：味甘微寒，入肺胃而清燥解鬱。薑汁拌炒，為開鬱止嘔耑藥。去青，刮皮用。

卷心竹葉：辛淡甘寒，涼心止嘔，解鬱除煩。

清·黃宮繡《本草求真》卷五　竹瀝清皮裏膜外燥痰。　竹瀝耑入經絡皮裏膜外。甘寒而滑，治耑消風降火，潤燥行痰，養血益陰。凡小兒天吊驚癇，陰虛發熱口噤，胎產血暈，痰在經絡四肢皮裏膜外者，服之立能見效。蓋瀝之出於竹，由血之出於人也。極能補陰，長於清火。補陰亦由火清而致。性滑流利，走竅逐痰，故為中風要藥，以中風莫不由於陰虛火旺，煎熬津液成痰，壅塞氣道，不得升降，服此流利經絡，使痰熱去，氣道通，而外症愈矣，故火燥熱者宜之。時珍曰：竹瀝性寒而滑，大抵因火爍熱而有痰者宜之，苦寒濕，胃虛腸滑之人服之，則反傷腸胃。笋性滑利，多食瀉人，僧家謂之刮腸篦，即此義。朱氏謂大寒，言其功不言其氣，殊悖於理，謂大寒為氣，何害於功。若脾胃腸滑，寒痰濕痰，食積生痰，不可用也。荊瀝性味相近，但氣寒多用荊，氣虛熱多用竹。丹溪止言虛痰用竹，似欠分明。薑汁為使，姜公服竹瀝餌桂，得長生。蓋竹瀝性寒，以桂濟之，亦與用薑汁佐竹瀝之意相同。但竹類甚多，惟取竹肉薄節用。機曰：將竹截作二尺長，劈開。以磚兩片對立，架竹於上，以火炙出其瀝，以盤承取。笋尖發痘瘡。

清·黃宮繡《本草求真》卷六　竹茹清肺涼胃，解煩除嘔。　竹茹耑入肺胃。味甘而淡，氣寒而滑。凡因邪熱客肺，肺金失養，而致煩渴不寧。膈噎嘔逆，惡阻嘔吐，吐血、衄血等症者，皆當服此。諸症皆就肺胃熱論。蓋味甘則中可安而煩不生，味寒則熱得解而氣悉寧。又皮入肺上焦，溫膽湯用之。所以《金匱》之治產後虛煩嘔逆，則有竹皮大丸。《千金》之治產後內虛煩熱短氣，則有甘竹茹湯。竹茹一升，甘草、茯苓、黃芩各二兩，水煎服。產後虛煩頭痛，短氣悶亂不解，則有淡竹茹湯，皆有至理內存，不可不知，取竹刮去外膜，取二層如麻縷者良。

淡竹葉清脾胃，涼心止渴除煩。　竹葉耑入胃心。　體輕氣薄，味甘而淡，氣寒微毒，據書皆載涼心緩脾，清痰止渴，為治上焦風邪煩熱，咳逆喘促，嘔噦吐血，一切中風驚癇等症。杲曰：　除新久風邪之煩熱，止喘逆氣勝之上衝。　無非因其輕能解上，辛能散鬱，甘能緩脾，涼能入心，寒能療熱故耳。然大要總屬清利之品，合以石膏同治，則能解除胃熱，而不致煩渴不止也。葉生竹上，故治上焦。仲景治傷寒發熱大渴，有竹葉石膏湯，乃假其辛寒以散陽明之熱邪也！　竹生一年。　嫩而有力者良。　心尤妙。

清・楊璿《傷寒溫疫條辨》卷六潤劑類　竹瀝　味甘，氣平。療陰虛發熱，理中風禁牙。小兒天吊驚搐，入口便定；　婦人胎產悶暈，下嚥即甦。《衍義》云：　胎前不損子，產後不礙虛。却老痰，除涎飲，止驚悸，祛癲癇。痰在手足四末，非此不達；　痰在皮裏膜外，有此可歐。竹瀝達痰丸，酌用六君子湯合滾痰丸為末，以竹瀝三浸三晒，竹瀝打麯糊為丸。每服二錢，竹瀝入薑汁送下，前證皆驗。世人反以為寒，疑置不用。殊不知竹之有瀝，猶人之有血也。氣味甘平，經火煅出，何寒之有？

附：琉球・吳繼志《質問本草》附錄　蔞竹　高八九尺，身如箭幹而堅實，葉長一尺六七寸，濶五六寸，生笋，自春至秋，然三四月之交，為最盛矣。性良味美，可以充饌，葉可以作帆，是箭竹之大葉者也。

清・羅國綱《羅氏會約醫鏡》卷一七竹木部　淡竹葉味甘淡，微寒，無毒，入心脾二經。　氣味輕清。除上焦煩熱，葉生竹上，故治上焦。療咳逆喘促，消痰止渴，涼心經，清肺胃。解熱狂喉痹、虛煩不眠，止吐血，利小水，寒涼之效。心熱退，故小水亦清。中風失音，小兒驚癇痰熱。竹能損人，中病即止，多服壞胃。

竹茹：　味甘，微寒，入胃經。雖與竹葉同本，然得土氣居多。治噎膈嘔逆、胎前惡阻，因胃熱者宜用。療吐衄崩中血熱、肺痿唾膿、小兒癲癇清火、胎動不安涼胎氣。

按：　皮入肺，主治上焦。刮去青皮，用第二層。

竹瀝：　味甘，性寒而滑。養血補陰，消風降火。竹之有瀝，猶人之有血也，故補陰清火。治中風口噤、小兒驚癇、由陰虛火旺，煎熬津液成痰，壅塞氣道經絡，以致拘攣。仗此流利清涼，則熱痰去，而諸證自痊。為中風要藥。胸中煩悶口渴、孕婦不安。姙娠苦煩名子煩，服竹瀝或加茯苓。若胃虛腸滑、寒痰、濕痰，不可用；　即用，加薑汁佐之。

清・陳修園《神農本草經讀》附錄　竹茹　氣味甘，微寒，無毒。主嘔啘，溫氣，寒熱，吐血，崩中《別錄》。

張隱庵曰：　此以竹之脈絡，而通人之脈絡也。人身脈絡不和，則吐逆為熱矣。脈絡不和，則或寒或熱矣。充膚熱肉，淡滲皮毛之血，不循行於脈絡，則上吐血而下崩中矣，竹茹通脈絡，皆能治之。

竹瀝：　氣味甘，大寒，無毒。療暴中風，風痹，胸中大熱，止煩悶，消渴，勞復《別錄》。

清・趙學敏《本草綱目拾遺》卷八諸穀部　竹米　《物理小識》：　竹結實，斑文兩兩相比，謂之竹米。

下積如神。

清・趙學敏《本草綱目拾遺》卷六木部　淡竹殼　此乃淡竹嫩時所苞籜解下者是。《綱目》竹條，止載慈竹籜，而淡竹略焉，不知其性能去目瞖，功同熊膽，故為補之。此君丹治瞖。《一草亭眼科》方：　用淡竹殼不拘多寡，以布拭去毛，燒灰存性，每藥一錢，加麝香三五釐，同擂細末，點在瞖上，最妙。

桃絲竹二黃　《李氏草秘》：　諸癰瘡痘疔爛久不愈，用桃絲竹刮取二黃為末，敷之。〇降痰火，煎服，功勝淡竹茹。〇治蛇咬天蛇毒。　王安《採藥方》：　治發背不長肉，取桃竹茹作餅貼之。〇血崩，取竹青炒末，水調服。

桃竹筍：　治六畜瘡癰內蛆，煎湯洗之即絕《草秘》。〇白濁，煎服即愈《草秘》。

桃竹筍殼：　治楊梅瘡，煅灰，酒調服王安。

竹衣　此乃金竹內衣膜，劈竹取鮮者入藥。

治喉啞勞嗽：　張景岳《古方因陣》：　治一切勞瘵痰嗽，聲啞不出，難治者，服之神效。用鮮竹衣一錢，竹茹彈子大一丸，即金竹青皮也，刮取之，竹瀝，即取金竹燒取。麥冬二錢，甘草、橘紅各五分，白茯苓、桔梗各一錢，杏仁七粒去皮尖研，水一鍾半，加竹葉十四片，煎七分，入竹瀝一盃，和勻服。

清・王學權《重慶堂隨筆》卷下　竹類甚多，其名不一，但驗其節起雙線者，皆可入藥。以壯嫩者為良。若節間單線者，名毛竹。所謂刮腸篦者，即毛竹之笋也。其籜有毛，故名毛竹，勿入藥用。凡種竹向西北，其根無不向東南行者，盧氏謂其稟木火之氣信矣。然既傲雪淩霜，亦能忘炎敵暑，四時不改其操，性極平和，號為君子。且植物之本，無不由小而漸大，惟竹出土之後，雖干青雲而直上，能不改其本體之恒，故節字從竹，表其無毫髮之放溢也。其皮最韌而緊，名之曰筠，塞舟不漏。以鮮者入藥曰茹，清五志之火，袪穢濁之邪，調氣養營，可塞血竇，胎前產後，無所不宜。葉則内息肝膽之風，外清溫暑之熱，故有安神止痙之功。瀝則其液也，故能補血養經絡，達四肢而起廢疾。凡病人久不理髮，結而難梳者，用竹瀝少加麻油和勻潤之，即可梳通。故一切憂思鬱結之病，無不治之。世人但用以開痰結，陋矣。

清・黃凱鈞《藥籠小品》 竹葉 清肺胃風熱。竹卷心清心火，竹瀝同老薑汁能消游行之痰，竹茹和胃止嘔，須炒。 淡竹葉極消暑毒，能令從小便出。

清・黃凱鈞《橘旁雜論》卷下 淡竹回生 吉祥橋南畔沈嫗子，年十六七，賣果度日。深秋病熱，乏資醫治，延至匝月將殆。有戚識予，為延診之。脈細欲絕，目珠翻上，脣齒間血迹乾焦，呼吸莫續。予曰：熱久五液俱涸，甘露飲冀回萬一。但母老子孤，設難轉關，不敢任其咎，育嬰堂華真人每著靈驗，曷勿誠懇一方。其戚旋往，得淡竹葉十片，煎湯服下，目轉能視；再服，能言思粥，駸駸向生矣。按：淡竹葉解暑毒，利小便而已，何有如是之神哉！真仙方也。

清・王龍《本草纂要稿・木部》 淡竹葉 味甘淡，氣平，寒，無毒。逐上氣咳逆喘促，退虛熱煩躁不眠。涼心經，尤却風痙。止煩渴，散毒補虛。通暢神明，輕身益氣。

竹茹：主胃熱呃逆殊功，療噎膈嘔噦神效。

竹瀝：氣味苦寒。却陰虛發熱，理中風噤牙。小兒天吊驚癇，婦人胎產悶暈。胎前不損子，產後不凝虛。止驚悸，却痰涎。痰在手足四肢，非此莫達。痰在皮裏膜外，有此可驅。

清・張德裕《本草正義》卷上 竹茹 甘，涼。治肺痿唾膿血，胃熱嘔噦，肺熱喘欬，小兒風熱驚癇。

竹瀝 甘，涼。治暴中風痰，失音語澁，阻逆胸膈，癲癇等疾。

竹葉 甘，淡，微涼。清心熱，消痰涎，清肺氣，解熱除煩，生津止渴。亦療喉痺，風熱驚癇。

清・楊時泰《本草述鉤元》卷二六 淡竹葉 入藥燒瀝，惟用淡竹一品，其肉薄，節間有粉頌。淡竹今呼水竹，有大小二種，汁多而甘，存中言苦竹之外皆淡竹，誤瀕湖。一種草類，莖如鐵線，葉似嫩稷，長尺餘，亦名淡竹葉，俗多采利小水，治喉痺等證，神效，卻與此殊嘉謨。

氣味辛平甘寒。可升可降，陽中陰也。入足陽明、手少陰經。主治熱狂煩悶，壯熱頭痛，頭風，并胸中痰熱，咳逆上氣，更除虛煩，清心益氣，散吐血熱毒風，療消渴，利小水，通淋閉。葉味苦寒，所以能清心熱。涼肺清心，袪暑解毒，治小兒煩熱，壯男子胃氣能。竹葉陰中微陽，辛平除熱緩脾而益元氣潔古、東垣。除新久風邪之煩熱，止喘促氣勝之上衝東垣。煎湯，調熟棗仁末五錢，臨臥服，治心虛不得眠。同麥冬、棗仁、遠志、丹參、茯神、丹砂、犀角，治心經蘊熱，虛煩，不眠。入白虎湯，治傷寒煩熱，大渴引飲。時行發黃，竹葉五升、小麥七升、石膏三兩，水斗半，煮七升服，盡劑愈。按熱狂煩悶，與虛煩不同。如入白虎治傷寒煩熱大渴引飲，是熱狂煩悶之類也。如竹葉湯止用竹葉、麥冬、甘、麥、薑、棗，虛悸加參，少氣力加糯，以治產後短氣煩悶，是虛煩之類也。虛煩又有氣血之異，如加味竹葉湯，以阿、地易知、膏，治妊娠傷寒汗下後熱不除者，是虛在血分也。如竹葉歸芪湯，參、芪、朮並用，止取竹葉、麥冬以清產後虛熱，口乾作渴，惡冷飲食者，是虛在氣分也。繹此即知消渴之用及壯熱頭風，吐血、熱毒風之用，皆由陽中無陰而陽僭，所謂益元氣者，陽中有陰耳。

淡竹茹 味甘，氣微寒。入足陽明經。主胃熱嘔吐呃逆，通胃熱噎膈，除胃煩不眠，清陽氣，止吐血及崩中，解虛熱，愈傷寒，女勞復，療妊娠煩燥小兒熱癇。同橘皮、木瓜、麥冬、人參、枇杷葉、蘆根汁、石斛，治胃虛有熱，嘔呃不止。入溫膽湯，能寧神豁痰。傷寒後交接勞復，卵腫股痛，竹皮一升，水三升，煮五沸，服汁。產後煩熱短氣，甘竹茹湯，甘竹茹一升，人參、茯苓、甘草各二兩，黃芩二兩，水六升，煎二升，分服，日三。小兒熱癇口噤，青竹茹三兩，醋三升，煎一升，服一合。

論：人身半以上，為天之陽，陽中有陰，然後陽不上僭。竹，陽中陰也，故葉則清心肺之陽，竹茹去青取黃皮，是稍近於裏，故又清胃脘之陽，為胃熱嘔吐、呃逆要藥。其療吐血、崩中者，血固生化於胃也。他如產後煩熱，小兒熱癇，皆不離心胃以為主治。至傷寒女勞復而亦治者，以臍下三結交，乃陽明太陰也，臍下三寸，關元也，且胃之三脘由於任，竹茹能解胃之虛熱以和任，故女勞復有熱者用之。

凡胃寒嘔吐及感寒挾食作吐者，忌用仲淳。

修治：　須取鮮竹刮之，磋去在外硬青，止用向裏黃皮。

淡竹瀝　氣味甘寒。薑汁為之使。主陰虛生熱，熱化風，治胸膈痰熱，止煩悶消渴，療類中風，或因氣虛，或因血虛，養陰滑痰，滲經絡之壅，潤燥急之火及小兒天弔驚癇，婦人胎產悶暈。

久渴心煩，宜投竹瀝雷公。竹瀝所治胎產金瘡口噤，與血虛自汗，消渴，小便多，皆陰虛之病。夫陰虛則發熱，此味味甘性緩，能除陰虛之有大熱者，寒而能補，與薯蕷義同丹溪。能食者用荊瀝，不能食者用竹瀝。三錫云：能食而氣稍實者荊瀝妙。荊瀝清火化痰，功勝竹瀝，但不補耳述。竹瀝滑痰，非佐以薑汁不行經絡。痰在四肢，非竹瀝不開。痰在皮裏膜外，非竹瀝、薑汁不可除。痰在隔間，使人顛狂，宜用竹瀝。風痰亦宜用，其功又能養血丹溪。有痰厥不省人事幾死者，將竹瀝灌之即甦，誠起死回生藥也述。竹瀝乃陰虛有大熱者僊品，中年痰火，舍此必不能成功，特為拈出三錫。瀝，竹之津液，得火之後，寒性應減，滑利走竅，清熱逐痰，故為中風要藥。凡中風之證，莫不由陰虛火旺，煎熬津液，結而為痰，壅塞氣道，不得升降，熱極生風，以致猝然僵仆，或偏痺不仁。此藥徧走經絡，搜剔一切痰結，兼之甘寒益陰而除熱，痰熱既祛，則氣道通利，經絡流轉，外證自除矣。同貝母、栝蔞仁、霞天膏、白芥子、蘇子、橘紅、鬱金、童便、麥冬，治似中風口眼喎斜，語言蹇澀，或半身不遂等證。中風口噤，竹瀝、薑汁等分，日日飲之。產後中風口噤，身直面青，手足反張，竹瀝飲一二升。時氣煩燥，五六日不解，青竹瀝半盞，煎熱，數數飲之，厚覆取汗。產後虛汗，淡竹瀝三合，暖服，須臾再服。

論：　淡竹瀝能療痰火之風，於類中風為要劑。蓋此味陽中有陰，陰為陽之守，使陽和而不化風，故熱風皆治，而痰火之類中者，尤為中的。夫類中一證，如七情傷其營氣者，固為陰虛，即外淫之病乎衛，衛病而營亦病，或化火而因以結痰，或凝痰而因以熾火，痰火熾，則五臟陰氣出於隧道，以達表徹裏者多為阻絕，而孤陽自焚之風，甚有奄然於頃刻者，豈不悉係於真陰之虛哉？人身後天之陰生於陽，竹乃陽中之陰，性味既稟清和，而瀝則更猶真陰之化醇，與他味之養陰者有別，故最能除亢陽之傷陰，最能和營氣以入脈，最能利經絡以滲痰也。

繆氏：　寒痰濕痰及飲食生痰，不宜用。

修事：　取新鮮竹，鋸尺許，中留節，兩頭去節。劈開，用磚二塊，架定，兩頭出磚二寸許，各置磁盤於下。烈火熏逼，則兩頭瀝濈濈滴盤中，竹將自燃便盡，就將滴過瀝竹為薪。又架新竹於磚上，如前燒逼，任取多少。

總論：　《易·繫》震為蒼筤竹，《爾雅翼》云：巽為竹，其根鞭喜行東南。然則竹之生成在木火，而何以葉與茹與瀝所稟皆寒？蓋竹引根於秋深，孕筍於冬半，氣稟清寒以生，是合於金水之陰以在下也。新筍春半出土而成竹，舊竹夏半落葉而易新，氣隨溫熱以成，是合於木火之陽以在上也。人物之生，莫不始於在地之陰，而成於出地之陽，竹之生固稟寒氣，第當草木零落而引根孕筍，則陰中有陽，陽反因陰而以萌以育，即知其生長於春夏，實為陽中有陰，陰更因陽而以敷以和，在秋冬既不與眾類同其枯瘁，是春夏雖與眾類同其發榮，而實有不同者，以有清潤之氣貫乎其中也。潔古謂為陰中微陽，本其生氣而言，東垣謂為陽中陰，就其成氣而言。夫用其葉與茹瀝，是已取於既成之竹矣，不皆為陽中之陰乎？惟人身天表屬心肺，而竹葉取象於表，以清心肺之煩熱。人身氣交屬脾胃，而竹茹取象於近表之裏，以清胃脘之逆熱。人身營氣為血液，而竹瀝取象於營，以清血液熱結之痰。蓋同是陽中之陰，就其表裏所分，已有陰陽之厚薄矣。丹溪謂瀝能除陰虛之有大熱者，此也。世醫執《本草》大寒一語，用之輒為疑忌，詎知性稟清和，正如人身至陽之分，非清陰無以握其樞而和其氣，正合於《經》所云至陰虛天氣絕之義，特由葉而茹，由皮而液，見其清和之差甚耳。竹之生氣，陰中有陽，而成氣陽中有陰，生者具陽之始，成者厚陰之終，他物鮮及之。

清·葉桂《本草再新》卷四　竹瀝味甘、苦，性寒，無毒。入心、肝、肺三經。清心火，降肝火，化痰止渴，解熱除煩肝火。治牙痛，明眼目。

竹心：　味苦，性寒，無毒。入心、肝二經。清心瀉火，解毒除煩，消暑利濕，止渴生津。

竹茹：　味甘、辛，性微寒，無毒。入心、肺二經。瀉火除煩，潤肺開鬱，化痰涼血，止吐血，化瘀血，消癰瘻腫毒。

竹葉：　味甘，淡，性微寒，無毒。入心、肝、肺三經。涼心健脾，化痰止欬，解熱除煩，生津止渴，喘促氣短，吐血鼻血，聰耳明目。

清・趙其光《本草求原》卷一一苞木部 竹葉　味辛、甘，氣平、寒，清心肺，緩脾胃之虛熱。諸竹與笋皆甘寒，惟葉受風日多，故陰中微陽。無毒。主上焦胸中風邪煩熱，上焦之陽無陰則僭，葉生竹上，故清上焦。內熱則化風。消痰，止咳逆上氣，陽得陰則降。止渴，入白虎湯治傷寒發熱，大渴狂煩而悶，是假其辛寒以散陽明邪熱也。若病後虛熱煩悶，則同麥冬、小麥、甘草、薑、棗。血虛，去知、膏，加阿膠、生地、歸。氣虛，加參、芪、朮；悸，倍參；氣短，加糯米。益氣，火不食氣即益。中風發熱，面赤頭痛失音，小兒驚癇，皆熱淫之化風。吐衄血，利水，通淋，祛暑，解毒，除頭風，心虛不眠，煎湯調，炒棗仁末。兼熱煩者，加犀、遠、冬、丹參、丹砂、茯苓。時行發黃，同小麥、石膏濃煎。療喉痹、筋急，熱清則氣化，而百骸條暢。殺小蟲，聰耳明目。淡竹生一年以上者，嫩而有力。按葉兼行肌表。卷心，清心除煩利水，治火傷，開油搽。涼肌。消暑。

淡竹茹：味甘，氣微寒，無毒。主清胃熱，以通脈絡而平膽木，胃之大絡隧管領周身經絡，竹之脈絡似之。為胃虛熱煩渴、嘔吐呃逆要藥。皆脈絡不和所致。化痰、涼血，去瘀，治溫氣寒熱，肉熱，則皮毛之血不行於脈絡而為寒熱。吐血崩中，血生於胃汁，陽絡傷則吐，陰絡傷則崩。衄血，齒衄，以醋浸含之。膈噎，開胃鬱。傷寒勞復卵腫，一味水煮服。產後煩熱短氣，同參、苓、甘、芩。肺痿驚癇，一味醋煮，以去肝火。妊娠煩躁，胃之三脘由於任，任起於臍下關元，解胃熱，即以和任，故亦治女勞復。消癰腫。

竹類甚多，淡竹，肉薄，節間有粉，多汁而甘，最良。篁竹，堅而節促，白皮如霜。取茹、瀝惟此二種。一種草類，莖如鐵線，葉長尺餘，亦名淡竹，止用葉以利水，治喉痹。竹茹，是去青皮，取近裏黃皮，故清胃絡。苦竹，本粗、葉大，笋味苦；其茹、瀝兼入心。但大寒，虛熱忌用。

同參、冬、斛、木瓜、陳皮、枇杷葉、蘆根汁，治胃虛熱，呃嘔。溫膽湯用之，能寧神豁痰。

淡竹瀝：甘，寒，滑利，養血益陰，竹之津液，能補入陰液。和營入脈，舒筋透絡，竹中經絡之液故也。為陰虛生熱、化風生痰之要藥。陰虛火旺，灼液成痰，壅塞經絡，則偏痹拘攣；壅塞氣道，則熱極生風，為中風猝倒。得此益陰走絡，以除熱痰，則氣道通，而風火自熄。故中年痰火舍此不能收功，中風痰厥灌此立甦。凡中風不語，中風莫不由於陰虛火旺。半身不遂，痰在胸膈而癲狂，痰在皮裏膜外、經絡四肢非此不行不達。但純陰之性，雖經火逼，亦須佐薑汁以鼓之，方能行熱。《千金》治風痱，身無痛、四肢不收，則兼桂、附、羚羊以振之。古方治中風口噤，則合薑汁，日日飲以行之；治胎前產後中風身直，手足筋急反張，但則用竹瀝之潤以濡之。他如時氣煩躁，及產後血虛自汗，煩悶大渴，惟以竹瀝熱飲。一收緩，一舒急，一清熱，其用不同。今人畏其寒，僅於熱痰取用，不知配以薑、附即可開發濕痰寒飲也。惟胃虛腸滑及食痰氣阻者，投之必呃逆脫瀉。至勞復用之，即竹茹清胃和任之義也。

鮮竹，截尺許，中留節，劈兩開，磚架兩頭，火炙中間，候瀝滴，加烈火逼之，兩頭承取汁用。一法以壇埋土中，濕泥糊好，量口大小，用篾箍二道，竪竹於壇口，多用炭火於竹頂上，其汁更多。

竹笋：秋深引根於東南，冬半孕笋而繁於五嶺。九河鮮有。陰中有陽，甘而微寒，清熱除痰。同肉多煮，益陰血。或言多食動氣、發冷癥心痛者，謬。痘症，血熱毒盛不起發者，笋尖煮湯及入藥俱佳。其乾笋淡片，利水豁痰。水腫葶藶丸用之。但滑利，有刮腸篦之名。同肉則不削。胃虛腸滑者忌之。與羊肝同食，損目。

清・趙其光《本草求原》卷一一苞木部 蛀竹屑　得竹之餘氣，甘，平，解毒，兼散。主蝕脹膿長肉。同象牙、珍珠、白礬消瘻管。同五穀蟲、黃柏搽濕毒臁瘡。同胭脂、麝吹耳，出臭膿。

清・葉志詵《神農本草經贊》卷二 竹葉　味苦，平。主欬逆上氣，溢筋急，惡瘍，殺小蟲。根，作湯益氣止渴，補虛下氣。汁，主風痓。實，通神明，輕身益氣。

縹節黃苞，露凝寒濕。綠助秋聲，粉含瀝汁。繃錦龍獰，蔬珠鳳粒。千畝胸中，森森玉立。

韓愈詩：縹節已儲霜，黃苞猶揜翠。方千詩：露凝寒色濕遮門。李白詩：綠竹助秋聲。王維詩：綠竹含新粉。蘇軾詩：槁竹欲瀝汁。楊萬里詩：錦繃半脫娟娟玉。朱子詩：縛得獰龍并寄我。陳造詩：密砌玉粒綴旒珠。《韓詩外傳》：鳳皇食竹實。蘇軾詩：渭川千畝在胸中。白居易詩：玉立竹森森。

清・文晟《新編六書》卷六《藥性摘錄》 竹茹　味甘而淡，氣寒而滑。清肺涼胃，解煩渴。○治膈噎嘔逆，衄血嘔血，及婦人惡阻嘔吐，並產後虛煩頭痛，短氣悶亂不解等症。○取竹，刮去外層，用第二層。

淡竹葉：體輕

氣薄，味甘而淡，微寒。○清脾胃，涼心，止渴除煩，療熱，治上焦風邪煩熱，咳逆喘促，嘔噦吐血，一切中風驚癇等症。○竹生一年，嫩而有力者良。

竹瀝　甘寒而滑。入經絡，清皮裡膜外燥痰，治小兒天吊驚癇，陰虛發熱口噤。○胎產血暈。○又為中風要藥，佐以薑汁。○若脾虛腸滑，寒痰濕痰，食積生痰，不可用也。○荊瀝，性味相近，但氣寒多用荊瀝，虛熱多用竹瀝。○筍尖，發痘瘡。

清・張仁錫《藥性蒙求・木部》　竹瀝十小匙　竹瀝甘寒，大豁虛痰。失音不語，右瘓左癱。苦、甘，寒。清痰降火，痰在經絡四肢，及皮裏膜外者，非此不除。胎前不損子，產後不害虛。治中風之口噤痰迷，以薑汁為使，因薑汁除痰，且濟其寒，故每兼用。○有寒濕者勿用。　竹茹八分、錢半：　竹茹止嘔，和胃清金。上焦煩熱，噎膈為能。甘而微寒。開胃土之鬱，清肺金之燥。○刮去青皮，用第二層。　竹葉廿片：　竹葉甘寒，清心反胃。止渴除煩，熱邪最對。入心、胃二經。涼心緩脾，除上焦風邪煩熱。凡用竹瀝、竹茹、竹葉，須生〔長〕甫及一年者為嫩而有力也。

清・劉善述、劉士季《草木便方》卷二木部　篁竺　金竹葉苦平風熱，霍亂轉筋但吐捷。欬逆上氣療喉痹，筋急惡瘍殺蟲烈。根補虛氣消渴毒，油治中風痙痓邪。

竹瀝　竹油甘寒療子煩，中風失音除頑痰。養血益陰利九竅，臟腑筋骨肢節痓。

苦竺　苦竹根苦五臟熱，茹治尿血除熱邪。油治口瘡明耳目，通利九竅牙痛捷。　苦竹葉療口舌瘡，解酒消渴煩熱湯。中風音啞睡不眠，頭耳疥癬惡瘡方。

麻巴　竹茹甘寒清肺邪，肺痿嘔唾鼻衄血。崩中五痔噎膈症，小兒驚癇安胎熱。

清・戴葆元《本草綱目易知錄》卷四　淡竹葉苗竹葉　辛，平，甘，寒。涼心經，益元氣，止驚悸，殺小蟲，緩脾除熱，止消渴。壓丹石毒，鬼疰惡氣。治胸中痰熱，欬逆上氣，吐血，熱毒風，中風失音不語，壯熱頭痛，頭風喉痹，溫疫迷悶，熱狂昏憒。妊婦頭旋倒地，小兒驚癇天弔。煎汁，漱齒中出血。洗脫肛不收。【略】

根：　煎服，消痰，去風熱，除煩熱。治驚悸迷悶，小兒驚癇，解丹石毒，發熱渴。同葉煎湯，洗婦人子宮下脫。

竹茹：　甘，微寒。開胃土之鬱，清肺金之躁。治嘔啘噎膈，溫邪寒熱，傷寒勞復，吐血崩中，止肺痿唾血，鼻衄五痔，小兒驚癇，婦人胎動。【略】

竹瀝：　甘寒而滑。消風降火，養血清痰，治暴中風，風痹，胸中大熱，止煩悶消渴。治傷寒勞復，欬嗽肺痿，中風失音不語，風痰虛痰在胸膈，使人癲狂，痰在經絡四肢及皮裏膜外，非此不達不行。療婦人胎動，子冒風痙，止產後虛汗，解射罔毒。凡因風火躁熱有痰者宜之。和薑汁服。若寒濕及胃虛腸滑者，忌用。【略】

苦竹葉：　苦，冷。除新久風邪之煩熱，止喘促氣勝之上衝。【略】

竹瀝苦竹：　明目，利九竅，功同淡竹，治牙痛，口瘡，目痛。【略】葆按：淡竹，今俗名苗竹也。取竹瀝法：　將竹截尺許，中間留節，兩頭去節，洗，以磚兩片對立，安竹於上，以火炙中間，瀝滴兩頭，用盌承取，又或劈開，以火炙亦可。一法以竹截長五六寸，以瓶盛，倒懸，下用一器承之，周圍以炭火逼之，其瀝滴於器中，用時，俱用白紙拖去上浮油。

清・黃光霽《本草衍句》　竹葉　體輕氣薄，甘淡性寒。氣薄能達陽氣於上焦，開外鬱之陰翳。涼心清胃，止渴消痰。除新久風邪之煩熱，止喘促氣勝之上冲。嘔噦吐血，驚癇中風。上氣發熱，因走馬後飲冷水所致者，竹葉橘皮煎服。　時行發黃，竹葉、小麥、石(羔)〔膏〕，煎服。　竹茹：　開胃土之鬱，清肺金之燥。涼血除熱，清胃解煩。上焦煩熱不眠。　止肺痿吐衄而不住，吐血鼻衄，齒血牙宣。　除胃熱呃噎而難堪。呃逆，噎膈。　胎動惡阻，勞復驚癇。得人參、茯苓、甘草、黃芩，治產後煩，內虛短氣。　傷寒勞復，傷寒後交接勞復，卵腫腹痛，竹茹煎服。　婦人勞復，病初愈，有所勞動，至熱氣冲胸，手足搐搦拘急，如中風狀，竹茹、栝蔞，煎服。　竹瀝：　甘寒滑利，降火消風。養血潤燥，故兼益陰。　豁痰崇功。痰在經絡四肢，屈曲而搜剔；　痰在皮裏膜外，直達以宣通。故治大熱陰虛，中風口噤。中風由陰虛火旺，煎熬津液成痰，壅塞氣道，不得升降也。風痙破傷，癲狂煩悶。小兒驚癇，胎產血暈。產後中風虛汗，妊婦胎動子煩，故云胎前不損子，產後不礙虛。胃虛腸滑，寒濕，不宜服。得薑汁治中風口噤，得葛根治小兒傷寒。

破傷中風，凡閃脫折骨，諸瘡，慎不可當風用扇，中風即發痓，口噤項急，殺人。　急飲竹瀝。忌冷飲食及酒。　婦人胎動，姙娠因夫所動困絕，以竹瀝飲之愈。　妊婦子煩，竹瀝、茯苓煎服。　產後中風，口噤身直，面青，手足反張，竹瀝飲之愈。　竹黃：　清心火，去風熱。豁痰利竅，明目鎮肝。大人中風不語，小兒客忤急驚。

清・陳其瑞《本草撮要》卷二　竹瀝　味甘，入手少陰、足陽明經，功專豁痰下氣。得薑汁治中風口噤，得葛根汁治小兒傷寒。和黃連、黃柏、黃丹敷小兒吻瘡效。得茯苓治子煩。薑汁為使。　竹茹：味甘，入足陽明經，功專清熱利氣。得栝蔞治傷寒勞復，得參、苓、芩、草治產後煩熱。剖去青皮，用第二層。　竹葉：味甘寒辛淡，入手少陰、足陽明經，功專清心消渴。得石膏治傷寒發熱大渴。得陳皮治上氣發熱，得小麥、石膏治時行發黃。竹根同葉煎湯，洗婦人子宮下脫。　淡竹葉：味甘，寒，入手少陰、厥陰經，功專清心，得麥冬去煩熱，利小便。

清・李桂庭《藥性詩解》　賦得竹瀝治中風聲音之失田春芳　竹瀝甘寒滑，消風潤燥深。補陰能瀉火，開噤治失音。　按：竹瀝甘寒而滑，消風降火，潤燥行痰。並治中風口噤，風痙顛狂。竹類甚多，惟淡竹最良。以薑汁為使。寒胃滑腸，有寒濕者戒服。

清・仲昴庭《本草崇原集説》卷中　篁竹葉　【略】〔批〕篁、淡等竹，皆野生，非家種。詳後竹茹注，第入藥宜遵《本經》。【略】

仲氏曰：竹葉稟厥陰風木之氣，與太陽水寒之氣，能治風熱夾虛。故經方於婦人產後中風發熱，有竹葉湯；傷寒解後有竹葉石膏湯。

清・仲昴庭《本草崇原集説》卷中　竹瀝　【略】〔批〕竹瀝助以薑汁，柔潤辛涼，息風化痰甚效。

竹茹：【略】仲氏曰：《金匱》以橘皮竹茹湯治噦逆，竹皮大丸治婦人乳中虛煩亂嘔逆，二方之用竹茹，諸家皆未解到脈絡，得《崇原》而後病情藥性餘蘊不留。

清・周巖《本草思辨錄》卷四　竹茹　竹青而中空，與膽為清淨之府，無出無入相似。竹茹甘而微寒，又與膽喜溫和相宜。故黃芩為少陽經熱之藥，竹茹為少陽腑熱之藥。古方療膽熱多用竹茹，而後人無知其為膽藥者。

噦逆之因不一，胃虛而膽熱乘之，亦作噦逆。橘皮竹茹湯，以參、棗、甘草補胃養陰，橘皮、生薑和胃散逆，竹茹除膽火則為清噦之源。橘皮湯無竹茹者，以手足厥為肝逆也。婦人乳子之時，中虛膽熱，膽熱必犯其胃，嘔逆而至煩亂，熱亦甚矣。竹皮大丸，以石膏、白薇除胃熱而斂浮陽，竹茹涼膽而清其源，恐中虛難任寒藥，故加桂枝之辛甘以導之，藥兼陰陽，故加甘草以和之。喘則以柏實輯肝氣，又所以輔竹茹之不逮也。

仙人杖

宋・唐慎微《證類本草》卷一三木部中品〔宋・掌禹錫《嘉祐本草》〕　仙人杖　味鹹，平。一云冷。無毒。主噦氣嘔逆，辟痁，小兒吐乳，大人吐食，並水煮服，小兒驚癇及夜啼，安身伴睡良。又主痔病，燒爲末，服方寸匕。此是笋欲成竹時立死者，色黑如漆，五六月收之。苦桂竹多生此。又別一種仙人杖，味甘，小溫，無毒。久服長生，堅筋骨，令人不老。作茹食之，去痰癖，除風冷，生劍南平澤。葉似苦苣，叢生。陳子昂《觀玉篇》序云：夏四月，次于張掖，河州草木無他異者，皆仙人杖，往往叢生。予家世代服食者，昔嘗餌之。及此行也，息意茲味，戍人有薦嘉蔬者，此物存焉，豈非將欲扶吾壽也。新補。見陳藏器、日華子。

〔宋・唐慎微《證類本草》〕《圖經》曰：文具枸杞條下。

明・王綸《本草集要》卷四　仙人杖　味鹹，氣平，無毒。此是笋欲成竹時立死者，色黑如漆，五六月收之。　主噦氣嘔逆，辟痁，小兒吐乳，大人吐食，並水煮服。小兒驚癇及夜啼，安身伴睡良。又痔病，燒為末，服方寸匕。

明・滕弘《神農本經會通》卷二　仙人杖　此是笋欲成竹時立死者，色黑如漆。五六月收之。苦桂多生此。味鹹，氣平，無毒。一云：冷。

《本經》云：主噦氣嘔逆，辟痞，小兒吐乳，大人吐食，並水煑服。小兒驚癇及夜啼，安身伴睡，良久。主痔病，燒為末，服方寸匕。又成一種仙人杖，味甘，小溫，無毒。久服長生，堅筋骨，令人不老。作茹食之，去痰癖，除風冷。生劍南平澤。

明・劉文泰《本草品彙精要》卷一九　仙人杖無毒　叢生。

仙人杖：主噦氣，嘔逆，辟痁，小兒吐乳，大人吐食，並水煮服，小兒驚癇及夜啼，安身伴睡良。又主痔病，燒爲末，服方寸匕。名醫所錄。【苗】《圖經》曰：此是笋將成竹時立死者，色黑如漆，惟苦筆竹多生此也。又別一種仙人杖，生劍南平澤，葉似苦苣，叢生，味甘，小溫，無毒。食之能堅筋骨，令人不老。及作茹食之，去痰癖，除風冷。陳子昂《觀玉篇》序云：夏四月，次於張掖，河洲草木無他異者，皆仙人杖，往往叢生。予家世代服食者，昔嘗餌之。及此行也，息意茲味。戍人有薦嘉蔬者，此物存焉，豈非將欲扶吾壽也。【地】《圖經》曰：處處有之。【時】生：春生苗。採：五月、六月取。【用】笋自立死者佳。【色】黑。【味】鹹。【性】平，冷。【氣】味厚于氣，陰中之陽。【臭】朽。【主】嘔吐，驚癇。【製】剉碎用。

明·王文潔《太乙仙製本草藥性大全》卷三《本草精義》 仙人杖 味鹹，是笋成竹時立死，色黑如漆。收宜夏初，惟苦筀竹多生。專主噦氣嘔逆，大人翻胃反食，以水煮嘗。小兒驚癇夜啼，安身伴睡。嘔衄去血，燒末吞湯。又一種仙人杖，味甘，小溫，無毒。久服長生，堅筋骨，令人不老，作茹食之，去痰癖，除風冷。生劒南平澤，葉似苦苣，叢生。陳子昂《觀玉篇》序云：夏四月，次於張液河洲，草木無他異者，皆仙人杖，往往叢生，予家世代服食者，昔嘗餌之。及此行也，息意茲味，戍人有薦嘉蔬者，此物存焉，豈非將欲扶吾壽也。新補見陳藏器、日華子。

竹肉：狀如肉臠，每生苦竹枝上，雞蛋般大，生啖毒多，戟人喉顙來紅，且令爪甲變黑，須灰汁煮鍊三度，然後依常菜食之。殺三蟲，破老血，自有功效，人未盡知。

竹蓐：惟盛夏間，狀類鹿角，色白，係慈竹逢雨滋潤，每滴汁著地發生，同安醬者嘗痢赤白，治驗。

舊篦：齒亦載醫方，治活蝨入腹爲病，狀如癥瘕，煮服即除。

明·皇甫嵩《本草發明》卷四 仙人杖笋成竹時立〔死者〕(之)，多色黑，味鹹。惟(舌)〔苦〕簟多主。主噦氣嘔逆反胃，水煮服。小兒驚癇夜啼，安身伴睡。燒末，調止痔血。五六月採。

明·李時珍《本草綱目》卷三七木部·苞木類 仙人杖宋《嘉祐》

〔集解〕藏器曰：此是筍欲成竹時立死者，色黑如漆，五六月收之。苦竹、桂竹多生此。別有仙人杖草，見草部。又枸杞亦名仙人杖，與此同名。

〔氣味〕鹹，平，無毒。大明曰：冷。〔主治〕噦氣嘔逆，小兒吐乳，大人吐食反胃，辟痁，并水煮服之藏器。小兒驚癇及夜啼，置身伴睡良。又燒爲末，水服方寸匕，主痔病。忌牛肉大明。煮汁服，下魚骨鯁時珍。

明·梅得春《藥性會元》卷中 仙人杖 味鹹，氣平，無毒。此是笋欲成竹時立死者，黑如漆，五六月採收之。苦桂竹多生此。主療噦氣嘔逆，辟痁，小兒吐乳，大人吐食，并水煮服。小兒驚癇及夜啼，安身伴睡良。又治痔病，燒為末，水調方寸匕服。

明·繆希雍《本草經疏》卷一三 仙人杖 味鹹，平，一云冷。無毒。主噦氣嘔逆，辟痁，小兒吐乳，大人吐食，竝水煮服。小兒驚癇及夜啼，安身伴睡良。又主痔病，燒為末，服方寸匕。

〔疏〕仙人杖，此筍之將成竹時立死者。得筍之氣已過，稟竹之性未全。故味鹹氣平無毒。其功用在竹茹、竹黃之間。所主噦氣嘔逆，小兒吐乳，辟痁，大人吐食，痔瘡者，竹茹之用也。療小兒驚癇及夜啼者，竹黃之用也。雖其形已瘻，而其性尚存，故能療諸證也。又秘方：用此蘸麻油於空室中燃之，取滴下油塗癰疽已潰，長肉如神。他用甚稀，故無主治、簡誤。

鬼齒

宋·唐慎微《證類本草》卷一三木部中品〔唐·陳藏器《本草拾遺》〕 鬼齒 無毒。主中惡注忤，心腹痛。此腐竹根先入地者，煮服之。亦名鬼針。爲其賊惡，隱其名爾。

明·王文潔《太乙仙製本草藥性大全》卷三《仙製藥性》 鬼齒 無毒。腐竹根先入地者。亦名鬼針，爲其賊惡，隱其名爾。主治：主中惡注忤，心腹疼痛。採之煮汁服良。

明·李時珍《本草綱目》卷三七木部·苞木類 鬼齒《拾遺》

〔釋名〕鬼鍼藏器曰：此腐竹根先入地者。爲其賊惡，故隱其名。草部亦有鬼鍼。

〔氣味〕苦，平，無毒。〔主治〕中惡注忤，心腹痛，煮汁服之藏器。煮汁服，下骨鯁。燒存性，入輕粉少許，油調，塗小兒頭瘡時珍。

〔附方〕新二。魚骨鯁咽：籬脚朽竹，去泥研末，蜜丸芡子大。綿裹含之，其骨自消也。王璆《百一選方》。小便尿血：籬下竹根，入土多年者，不拘多少，洗浄煎湯，併服數盌，立止。《救急良方》。

慈竹

清·劉善述、劉士季《草木便方》卷二木部 簝竺 簝竹油甘療熱風，葉治熱淋尿血通。氣筍煅搽腎風痒，小兒頭身惡瘡封。

斑竹

清·劉善述、劉士季《草木便方》卷二木部 (班)〔斑〕竺 (般)〔斑〕竹根淡去肺寒，氣喘痰咳治不難。四肢筋骨頑痹痛，祛風除濕自安然。

紫竹

明·吴文炳《藥性全備食物本草》卷一 甜笋 味甘淡，性微寒，無毒。開胃清痰，止渴，利小水。多食難化動脾，小兒食多成瘕。煮爛熟良。同羊肝食令人目盲。

苦笋：味苦，性寒，無毒。解酒，清熱，消痰，止汗，明目，利九竅，治中風失音，面目舌黃病。

篁笋：味薟，難食。止渴下氣。多食動氣，發風作脹。

淡笋：味甘，性寒，無毒。消痰除熱，治熱病迷悶，及姙娠頭旋，顛仆驚悸，小兒驚癇。

箭笋：味甘，可作笋乾，性硬難化，小兒勿食。

青笋：味甘，性寒，治肺痿唾血，鼻衄，五痔。

冬笋：即冬月未出黃者，味甘，平，無毒。

雜竹笋：性味不一，不宜多食。世俗用笋湯發痘，豈知痘瘡不宜大腸滑利，而笋有刮腸之名，〔不〕可輕用也。治痰火宜用者，以其清痰清熱，有竹瀝之功。

地笋：即澤蘭根，味甘，溫，無毒，利九竅，通血脉，止吐血衄血，治産後心腹痛，一切血症。食之肥白人。

蒲笋：即棕笋也，味甘，寒，無毒，去熱燥，利小便。昔小兒食乾笋噎喉中，喘急瞑目似慢驚，以巴豆藥吐出乃愈。《食治》云：煮笋少入薄荷，食鹽味不歛，或以灰湯煮過，次用五味煮食良。食笋傷，用香油、生薑治之。

清・劉善述、劉士季《草木便方》卷二木部　紫竺　黑竹根辛平肝風，能除風濕關節通。腰脚筋骨疼輭痛，風癲狗咬大有功。

地竹

明・蘭茂原撰，范洪等抄補《滇南本草圖説》卷八　地竹　氣味苦，無毒。主治：骨蒸勞燒，虚勞發熱。服之能退五經之熱，兼利小便。

明・蘭茂撰，清・管暄校補《滇南本草》卷上　地竹　味苦，無毒。生野地。無花，就地生小軟枝，高一二寸，葉似家竹，亦非淡竹，乃地竹也。又名土餘竹。採取為末，治一切眼科，不拘遠年近日，男婦老幼，眼目昏花，或雲翳遮睛，或疳疾傷眼，服之其效如神。

清・劉善述、劉士季《草木便方》卷二木部　水竹　水竹根甘除煩熱，祛風化痰消渴烈。小兒驚癇昏迷悶，子宮下脫須用葉。

龍竹草

明・蘭茂原撰，范洪等抄補《滇南本草圖説》卷五　龍竹草　形似竹葉，軟棉枝，根肥。根，味鹹、辛，無毒。無嗣服之，神奇。況此草壯陽生精，亦治男子陽縮，婦人宫冷。忌用春方。

明・蘭茂撰，清・管暄校補《滇南本草》卷上　龍竹草　味酸，無毒。此草生石上，或大山中有水處。形似竹，軟枝黃葉。治一切腎虚腰疼，大興陽事。炙用延年。取汁，服之還童返少。

藤天竹

明・佚名氏《醫方藥性・草藥便覽》　藤天竹　其性涼。去利後熱，去住，退燒，止渴。

獨天竹

明・佚名氏《醫方藥性・草藥便覽》　獨天竹　其性涼。散五心火。治眼目血熱，去風。

江南竹

明・佚名氏《醫方藥性・草藥便覽》　江南竹　其性涼。散心火，止渴。治五心煩悶。

筍

唐・孫思邈《千金要方》卷二六《食治・菜蔬》　竹笋　味甘，微寒，無毒。主消渴，利水道，益氣力，可久食。患冷人，食之心痛。

宋・唐慎微《證類本草》卷一四木部下品〔唐・陳藏器《本草拾遺》〕　桃竹笋　味苦，有小毒。主六畜瘡中蛆，擣碎内之，蛆盡出，亦如皂李。葉能殺蛆蟲，南人謂之黃笋，灰汁煮可食，不爾戟人喉，其竹叢生，醜類非一。張鼎《食療》云：慈竹，夏月逢雨，滴汁著地生，蓐似鹿角，色白，取洗之和薑、醬食之，主一切赤白痢，極驗。

附：日・丹波康賴《醫心方》卷三〇　竹笋　《本草》云：味甘，無毒。主消渴，利水道，益氣，可久食。崔禹〔錫〕云：味甘，少冷。主利水道，止消渴、五痔。孟詵云：笋，動氣，能發冷癥，不可多食。

宋・陳衍《寶慶本草折衷》卷一三　新分諸竹笋今從《蜀本》，加以諸字。《爾雅》云：一名竹萌。〇其細者名箭笋。〇《宜春志》云：大者名貓頭笋。

味甘、苦，寒，有毒見續說。〇主消渴，利水道。同前分。〇陳藏器云：去熱黃，明目，解酒毒，發冷血氣。〇孟詵云：動氣，發冷癥，發背悶脚氣。〇寇氏曰：諸笋皆難化，不益脾。一小兒壯熱喘麄，不食瞑目，多驚，醫作慢驚治之，不愈。忽其母誤將有巴豆食藥作驚藥，化伍丸如麻子大，灌之良久，大吐，有物噎於喉中。乳媼以指摘出，約長三寸，如小指，乃三日前臨階曝乾箭笋，是夜諸證皆定，次日以和氣藥調治遂安，其難化也如此。續說云：竹類繁矣，故笋之類，亦不一矣。本條雖云味甘，然瘢火占切苦者更多也。老杜詩遂有味苦夏蟲避之句。蒸煮雖久，秖柔軟而不糜爛。寇氏備言其難化，則性之毒也，明矣。凡風血冷氣、瀉痢、瘡癬諸疾。食之必致發動。產婦、小兒尤當忌焉。

元・忽思慧《飲膳正要》卷三　竹筍　味甘，無毒。主消渴，利水道，益氣。多食發病。

元・吴瑞《日用本草》卷七　䈽笋音斤　味甘，寒，無毒。久食發動諸氣及冷血，蒸煮彌熟為佳。　主消渴，利水道，去風熱，益氣力。　淡笋：即中母笋。　味辛，平，大寒，無毒。　竹根：療丹毒，解熱，濃煮汁飲之。　葉：主胸中痰熱，嗽逆上氣。　瀝：大寒，無毒。主中風風痹，胸中大熱，止煩悶，勞復。　茹：主嘔啘，溫氣寒熱，衄血，吐血，崩中下血。　苦笋：有二種，一種出江西，閩中，麄大味苦，不堪啖；一種出江浙近地，肉厚，味微苦，俗呼為甜苦笋，食茹中最貴者。　味苦，寒，無毒。不發病，多食動氣，發冷癥，令人腹痛。同羊肝食，令人患青盲。　主不睡，去面目舌下熱，止消渴，明目，解酒毒，利水道，下氣，理風熱脚氣，蒸煮食之。　根：主心肺五臟熱毒氣，煮汁服之即瘥。　葉：主口瘡，目痛。齒間出〔血〕，濃煮汁，入鹽少許，含之。燒灰，以雞子黃調治一切無名惡瘡。　茹：主下熱壅，傷寒熱毒。　甘笋、鞭笋、冬笋，皆可久食。　味甘，寒，無毒。彌熟為佳。　主消渴，利水道，益氣。

諸笋新者，不可多食；陳者尤忌食之。其餘雜色竹笋，本草失載，性味不敢妄述，姑存此以待智者。

明・朱橚《救荒本草》卷下之前　竹笋　《本草》竹葉有䈽竹葉、苦竹葉、淡竹葉。《本經》並不載所出州土，今處處有之。竹之類甚多，而入藥者，惟此三種，人多不能盡別。䈽竹堅而促節，體圓而質勁，成白如霜，作笛者有一種，亦不名䈽竹。苦竹亦有二種，一種出江西及閩中，本極麄大，笋味甚苦，不可啖；一種出江浙，近地亦時有之，肉厚而葉長闊，笋微苦味，俗呼甜苦笋，食所最貴者，亦不聞人藥用。淡竹肉薄，節間有粉，南人以燒竹瀝者，醫家只用此一品。又有一種薄殼者名甘竹，葉最勝。又有實中竹、篁竹，並以笋為佳，於藥無用。凡取竹瀝，惟用淡竹、苦竹、䈽竹爾。陶隱居云：竹實出藍田，江東，乃有花而無實，而頃來斑斑有實，狀如小麥，堪可為飯。《圖經》云：竹笋味甘，無毒。又云寒。　救飢：採竹笋嫩煠熟，油鹽調食；焯過晒乾，煠食尤好。　治病：文具《本草》木部竹葉條下。

明・王綸《本草集要》卷四　桃竹笋　味苦，有小毒。　主六畜瘡中蛆，擣碎納之，蛆盡出。

明・盧和、汪穎《食物本草》卷一菜類　筍　味甘，微寒，無毒。主消渴，利水道，下氣，除煩熱，理風熱脚氣。多食動氣，發冷氣冷癥。蒸煮，彌熟彌佳。苦筍，味苦，寒。治不睡，去面目并舌上黃，利九竅消渴，明目，解酒毒，不發痰，除煩熱出汗，治中風失音。此筍有二種，一出江西、福建，麄大味苦不堪食；一出浙江，味微苦，呼為甜苦筍，食品所貴。䈽筍，味蘞難食。主消渴，益氣力，補虛，下氣。多食發氣脹。淡筍，即中母筍，味甘。主消痰，除熱狂壯熱，頭痛頭風，并妊人頭旋倒地，驚悸，溫疫迷悶，小兒驚癇天吊等症。多食發背悶脚氣。箭筍，新可食，作筍乾佳，但硬難化，不可與小兒食。青筍，味甘。止肺痿唾血，鼻衄，治五痔并妊娠。猫筍，味甘，溫，生於冬，不出土者，曰冬筍。小兒豆疹不出，煮粥食解毒，有發生之意。笙筍，味亦然。大抵筍類甚多，滋味甚爽，人喜食之。但性冷且難化，不益脾胃，是宜少食也。又嘗有一醫說，有人素患痰食筍而愈。

明・寧源《食鑒本草》卷下　竹笋　味甘，寒，無毒。利膈化熱，下氣消痰，爽胃氣。

明・王文潔《太乙仙製本草藥性大全》卷三《本草精義》　桃竹笋　俗名黃昏笋。舊本俱不具文。南人謂之黃笋。灰汁煮過可食，不爾戟人喉。其葉亦如皂李葉，其竹叢生，醜類非一。張鼎《食療》云：慈竹，夏月逢雨滴汁着地生，蓐似鹿角白，洗凈和薑、醬食，治痢疾極驗。

明・王文潔《太乙仙製本草藥性大全》卷三《仙製藥性》　竹笋　味甘，無毒。主消渴。　主治：發氣托痘瘡，更止消渴，利小水，益氣，可久食。　桃竹笋：苦，有毒。賴笋不成竹者，俗謂頑笋是也。用搗成膏，六畜皮肉生蛆，納入盡出。灰汁煮纔可食，不爾亦戟人喉。　補註：理心煩悶，益氣力，止渴，苦笋熟煮，任性食之。又苦竹笋主消渴，利水道，下氣，理風熱脚氣，取蒸煮食之。水䈽竹笋主消渴，風熱，益氣力，發氣脹，蒸煮炒任食。〇治瘡，慈竹笋籜灰，油和塗之妙。

桃竹笋　味苦，有小毒。　主治：　殺蛆蟲，主六畜瘡中蛆。蓐，主赤白痢疾極驗。　補註：　六畜瘡中蛆，取搗碎，納瘡中，其蛆盡出。○赤白痢，取蓐似鹿角，取之洗净，和薑醬食之極效。

明・李時珍《本草綱目》卷二七菜部・柔滑類　竹筍《蜀本草》。校正：　併入木部《拾遺》桃竹筍。

【釋名】竹萌《爾雅》　竹芽《筍譜》　竹胎《説文》　竹子《神異經》時珍曰：　筍從竹、旬，諧聲也。陸佃云：　旬内爲筍，旬外爲竹，故字從旬。今謂竹爲妒母草，謂筍生旬有六日而齊母也。僧贊寧《筍譜》云：　筍一名萌，一名篛，一名蘿，一名茁，一名初篁。皆會意也。俗作笋者，非。　【集解】弘景曰：　竹類甚多。筍以實中竹、篁竹者爲佳。於藥無用。　頌曰：　竹筍，諸家惟以苦竹筍爲最貴。然苦竹有二種：　一種出江西者，本極粗大，筍味殊苦，不可啖；　一種出江浙及近道者，肉厚而葉長闊，筍味微苦，俗呼甜苦筍，食品所宜，亦不聞入藥用也。　時珍曰：　晉武昌戴凱之、宋僧贊寧皆著《竹譜》，凡六十餘種。其所産之地，發筍之時，各各不同。詳見木部竹下。其筍亦有可食、不可食者。大抵北土鮮竹，惟秦、蜀、吳、楚以南則多有之。竹有雌雄，但看根上第一枝雙生者，必雌也，乃有筍。土人於竹根行鞭時掘取嫩者，謂之鞭筍。江南、湖南人冬月掘大竹根下未出土者爲冬筍，《東觀漢記》謂之苞筍。並可鮮食，爲珍品。其他則南人淡乾者爲玉版筍、明筍、火筍，鹽曝者爲鹽筍，並可爲蔬食也。按贊寧云：　凡食筍者譬如治藥，得法則益人，反是則有損。採之宜避風日，見風則本堅，入水則内硬，脱殼煮則失味，生着刃則失柔。煮之宜久，生必損人。苦筍宜久煮，乾筍宜取汁爲羹茹。蒸之最美，煨之亦佳。味薟者戟人咽，先以灰湯煮過，再煮乃良。或以薄荷數片同煮，亦去薟味。《詩》云：　其蔌伊何，惟筍及蒲。《禮》云：　加豆之實，筍菹魚醢。則筍之爲蔬，尚之久矣。

諸竹筍　【氣味】甘，微寒，無毒。　藏器曰：　諸筍皆發冷血及氣。　瑞曰：　筍同羊肝食，令人目盲。　【主治】消渴，利水道，益氣，可久食《别録》。　利膈下氣，化熱消痰爽胃甯原。

苦竹筍　【氣味】苦，甘，寒。　【主治】不睡，去面目並舌上熱黄，消渴，明目，解酒毒，除熱氣，健人藏器。　理心煩悶，益氣力，利水道，下氣化痰，理風熱脚氣，並蒸煮食之《心鏡》。　治出汗中風失音汪穎。　乾者燒研入鹽，擦牙疳時珍。

【發明】時珍曰：　四川叙州、宜賓、長寧所出苦筍，彼人重之。宋黄山谷有《苦筍賦》云：　僰道苦筍，冠冕兩川。甘脆愜當，小苦而成味；　温潤縝密，多啖而不痟。食肴以之啓迪，酒客爲之流涎。其許之也如此。

篁竹筍　【主治】消渴風熱，益氣力，（發氣）〔消腹〕脹，蒸、煮、炒食皆宜甯原。

淡竹筍　【氣味】甘，寒。　【主治】消痰，除熱狂壯熱，頭痛頭風，並妊婦頭旋，顛仆驚悸，温疫迷悶，小兒驚癇天弔汪穎。

冬筍、筆筍　【氣味】甘，寒。　【主治】小兒痘疹不出，煮粥食之，解毒，有發生之義汪穎。

【發明】詵曰：　淡竹筍及中母筍雖美，然發背悶脚氣。箭竹筍新者可食，陳者不宜。諸竹筍多食皆動氣發冷癥，惟苦竹筍主逆氣，不發疾。　穎曰：　筍與竹瀝功近。有人素患痰病，食筍而愈也。　瑞曰：　淡筍、甘筍、苦筍、冬筍、鞭筍皆可久食。其他雜竹筍性味不一，不宜多食。　宗奭曰：　筍難化，不益人，脾病不宜食之。一小兒食乾筍二寸許，噎於喉中，壯熱喘粗如驚。服驚藥不效，後吐出筍，諸證乃定。其難化也如此。　時珍曰：　贊寧《筍譜》云：　筍雖甘美，而滑利大腸，無益於脾，俗謂之刮腸篦。惟生薑及麻油能殺其毒。人以麻滓沃竹叢，則次年凋疏，可驗矣。其蘄州叢竹、毛斑竹、匡廬扁竹、（澧）〔灃〕州方竹、嶺南篻竹、篣竹、月竹諸筍，皆苦韌不堪食也。時珍常見俗醫治痘，往往勸飲筍湯，云能發痘。蓋不知痘瘡不宜大腸滑利，而筍有刮腸之名，則暗受其害者，不知若干人也。戒之哉，戒之哉。

桃竹筍《拾遺》藏器曰：　南人謂之黄筍。灰汁煮之可食，不爾戟人喉。其竹叢生，醜類非一。　時珍曰：　桃枝竹出川、廣中。皮滑而黄，犀紋瘦骨，四寸有節，可以爲席。　【氣味】苦，有小毒。　【主治】六畜瘡中蛆，搗碎納之，蛆盡出藏器。

刺竹筍時珍曰：　生交廣中。叢生，大者圍二尺，枝節皆有刺。夷人種以爲城，伐竹爲弓。根大如車輻。一名芭竹。　【氣味】甘，苦，有小毒。食之落人髮《竹譜》。

明・穆世錫《食物輯要》卷三　笋　甜笋味甘、淡，性微寒，無毒。開胃，清痰，止渴，利小水。多食難化，動脾。小兒食多，成瘕，煮彌熟，良。同羊肝食，令人目盲。苦笋味苦，性寒，無毒。解酒清熱，消痰止汗，明目，利九竅。治中風失音，面目舌黄病。篁笋味薟難食，止渴下氣。多食發風，動氣作脹。淡笋味甘，性寒，無毒。消痰除熱，治疫病迷悶，及姙婦頭旋，顛仆驚悸，小兒驚癇。箭笋味甘。可作笋乾，性硬難化，小兒勿食。青笋味甘，性寒。治肺瘻唾血，鼻衄五痔。冬月未出黄者，曰冬笋。味甘，平，無毒。堪食。《雜竹》云：　雜竹笋性味不一，不宜多食。世俗用笋湯發痘，豈知痘瘡不宜大腸滑利，而笋有刮腸之名，不可輕用也。治痰火宜用者，以其消痰清熱，有竹瀝之功。《食治》云：　煮笋，少入薄荷、食鹽，味不薟；　或以灰湯煮過，次用五味煮食，良。食笋傷，用香油、生薑治之。

明·趙南星《上醫本草》卷三 竹筍 一名竹萌，一名竹芽。

諸竹筍：甘，微寒，無毒。主治：利膈下氣，化熱消痰爽胃，消渴，利水道，益氣，可久食。藏器曰：諸筍皆發冷血及氣。瑞曰：筍同羊肝食，令人目盲。贊寧《筍譜》云：筍雖甘美，而滑利大腸，無益于脾，俗謂之刮腸篦。惟生薑及蔴油能殺其毒，人以蔴滓沃竹叢，則次年凋疎，可驗矣。

明·應慶《食治廣要》卷三 竹筍 氣味：甘，微寒，無毒。主治：消渴，利水道，下氣，化熱，消痰爽胃。吴瑞曰：同羊肝食，令人目盲。

苦竹筍：氣味：苦、甘，寒。主治：不睡，去面目並舌上熱黄，消渴，明目，解酒毒，除熱氣，理心煩悶，下氣化痰。

淡竹筍：氣味：甘，寒。主消痰，除熱狂壯熱，頭痛頭風，驚悸迷悶，驚癇天瘹。

冬筍：氣味：甘，寒。主治：小兒痘疹不出，煮粥食之，解毒，有發生之義。〔寇〕宗奭曰：筍難化，不益人，脾病不宜食。曾有一小兒食乾筍三寸許，噎于喉中，壯熱喘促，諸藥不効。後吐出其筍，其症即平。嬰孺宜慎與之。

明·姚可成《食物本草》卷七菜部·柔滑類 竹筍筍，從竹、從筍，諧聲也。旬内為筍，筍外為竹，故字從旬。俗作笋者，非。○諸家惟以苦竹筍為最貴。然苦竹有二種：一種出江西者，本極粗大，筍味殊苦，不可啖；一種出江浙及近道者，肉厚而葉長闊，筍味微苦，俗呼甜苦筍，食品所宜。宋僧贊寧云：竹筍凡六十餘種，其所產之地，發筍之時，各各不同。其筍亦有可食、不可食者。大抵北土鮮竹，惟秦、蜀、吴、楚以南則多有之。竹有雌雄，但看根上第一枝雙生者，必雌也，乃有筍。土人於竹根行鞭時掘取嫩者，謂之鞭筍。江南、湖南人冬月掘大竹根下未出土者為冬筍，又謂之苞筍。竝可鮮食，為珍品。其他則南人淡乾者為玉版筍，鹽曝者為鹽筍，竝可為蔬食也。凡食筍者譬如治藥，得法則益人，反是則有損。采之宜避風日，見風則本堅，入水則肉硬，脫殼煮則失味，生着刃則失柔。煮之宜久，生必損人。苦筍宜久煮，乾筍宜取汁為羹茹。蒸之最美，煨之亦佳。味蔹者戟人咽，先以灰湯煮過，再煮乃良。或以薄荷數片同煮，亦去蔹味。《詩》云：其蔌伊何，惟筍及蒲。《禮》云：加豆之實，筍菹魚醢。則筍之為蔬，尚之久矣。○贊寧《筍譜》云：筍雖甘美，而滑利大腸，無益於脾，俗謂之刮腸篦。惟生薑及蔴油能解其毒。人以蔴滓沃竹叢，則次年凋疎，可驗矣。其蘄州叢竹、毛斑竹，匡廬扁竹、（澧）〔澧〕州方竹、嶺南篤竹、簩竹、月竹諸筍，皆苦韌不堪食也。○淡筍、甘筍、苦筍、冬筍、鞭筍皆可久食。其他雜竹筍，性味不一，不宜多食。

諸竹筍，味甘，微寒，無毒。治消渴，利水道，益氣，可久食。利膈下氣，化熱消痰，爽胃。

苦竹筍 味苦、甘，寒。治不睡，去面目并舌上熱黄，消渴，明目，解酒毒，除熱氣，健人。理心煩悶，益氣力，利水道，下氣化痰，理風熱脚氣，治出汗中風失音。乾者燒研入鹽，擦牙疳。

篁竹筍 治消渴風熱，益氣力，發氣脹。

淡竹筍 味甘，寒。主消痰，除熱狂壯熱，頭痛頭風，并妊婦頭旋，顛仆驚悸，溫疫迷悶，小兒驚癇天弔。

冬筍、筀筍 味甘，寒。治小兒痘疹不出，煮粥食之，解毒。加筍尖於發痘藥煎，有發生之義。○淡竹筍及中母筍雖美，然發胸悶脚氣。

箭竹筍 新者可食，陳者不宜。諸竹筍多食皆動氣發冷癥，惟苦竹筍主逆氣，不發疾。汪穎曰：筍與竹瀝功近。有人素患痰病，食筍而愈也。吴瑞曰：淡筍、甘筍、苦筍、冬筍、鞭筍皆可久食，其他雜竹筍，性味不一，不宜多食。寇宗奭曰：筍難化，不益人，脾病不宜食之。一小兒食乾筍二寸許，噎于喉中，壯熱喘粗如驚。服驚藥不效，後吐出筍，諸症乃定。其難化也如此。時珍曰：常見俗醫治（病）〔痘〕，往往勸飲筍湯，云能發痘。蓋不知痘瘡不宜滑利，而筍有刮腸之名，而暗受其害者，不知若干人也。戒之哉！戒之哉！

潭筍 即冬筍。治例見上。

青筍 味甘。止肺痿，吐血鼻衄。治五痔，并妊娠。

猫筍 味甘，溫。色黄，味帶蔹澁，不及白者。不宜多食，滑腸胃。

鋼鐵頭筍出蘇州吴江縣界。筍殼如鐵色，肉焦黄色，味亦劣，不堪多食。

桃竹筍南人謂之黄筍。灰汁煮之可食，不爾戟人喉。其竹始生，醜類非一。皮滑而黄，犀紋瘦骨。四寸有節，可以為席。 味苦，有小毒。六畜瘡中蛆，擣碎納之，蛆盡出。

蘆筍諸處有之。惟浙江天目山所產為佳品。春月彼人掘土取之，俗呼泥黄。肉厚而嫩，絕勝他種。

蘆筍，味甘，無毒。涼心經，止吐衄血，抑火除煩，利大小腸，通調臟腑。

蒲筍生下濕地，處處有之。產秦、隴中者，肥白而美，名擅宇內。

蒲筍，味甘，平，無毒。主補五臟，和胃氣，止消渴不止，下痢，欬嗽，肺氣喘息，不眠。

明·顧逢柏《分部本草妙用》卷九菜部 竹筍 甘，微寒，無毒。同羊肝食，目盲。主治：消渴，利水道，益氣。可久食，利膈下氣，化熱消痰，爽胃。

明·孟筌《養生要括·菜部》 竹笋 味微寒，無毒。消渴，利水道，益氣，可久食。利膈，下氣，化熱，消痰，爽胃。

苦竹笋：明目，解酒毒，除熱氣，健人。治出汗，中風失音。

淡竹笋：除頭痛頭風，并妊婦頭旋，顛仆驚悸，溫疫迷悶，小兒驚癇天吊。餘功皆同。〔老竹乾者，燒研入鹽，擦牙疳。〕

明·施永圖《本草醫旨·食物類》卷二 竹笋 諸竹筍：味：甘，微寒，無毒。諸筍皆發冷血及氣。〇筍同羊肝食，令人目盲。治：消渴，利水道，益氣，可久食。利膈下氣，化熱，消痰，爽胃。苦竹筍：氣味：苦、甘，寒。治：不睡，去面目并舌上熱黃，消渴，明目，解酒毒，除熱氣，健人，理心煩悶，益氣力，利水道，下氣化痰，理風熱脚氣，并蒸煮食之，治出汗，中風失音。乾者燒研，入鹽，擦牙疳。篁竹筍：治：消渴，風熱，益氣力，發氣脹。蒸、煮、炒食皆宜。淡竹筍：即中母筍。味：甘，寒。治：消痰，除熱狂壯熱，頭痛頭風，並妊婦頭旋顛仆，驚悸，瘟疫迷悶，小兒驚癇天弔。多食令人發迷悶脚氣。箭筍：新可食，作筍乾佳。但硬而難化，不可與小兒食。猫筍：味：甘，溫。生於冬，不出土者曰冬筍，又名潭筍。利九竅，通血脉，治吐血衄血及產後心腹痛，一切血症。食之肥白人。小兒痘疹不出，煮粥食，即有發生之意。筀筍味亦然。大抵筍類滋味爽人，然性冷難化，不益脾胃，是宜少食。唯素患痰疾之人，最宜多食。

青筍：味：甘。止肺痿，吐血，鼻衄，治五痔，并妊娠。桃竹筍：味：苦，有小毒。主治：六畜瘡中蛆，擣碎納之，蛆盡出。刺竹筍：味：甘、苦，有小毒。食之落人髮。酸筍：味：酸，涼，無毒。治：作湯食，止渴，解醒，利膈。蘆筍：味：甘，寒，無毒。治：隔寒客熱，止渴，利小便，解諸毒。其根療五噎膈氣，煩悶吐逆，不納飲食，日日煎濃湯飲，甚效。又解河豚毒。蒲筍：去熱燥，利小便。

清·穆石匏《本草洞詮》卷七 竹筍 旬內為筍，旬外為竹，故字從旬。氣味甘微寒，無毒。主利膈下氣，化熱消痰，爽胃。其功近於竹瀝。有人素患痰病，食筍而愈也。贊寧《筍譜》云：筍雖甘美，而滑利大腸，無益於脾，俗謂之刮腸篦。惟生薑及麻油能解其毒。以麻滓沃竹，則次年凋疎矣。以薄荷數片同煮，亦去薟味。俗醫治痘，往往勸飲筍湯，云能發痘，不知痘瘡不宜大腸滑利，而筍有刮腸之名，則暗受其害者多矣。

清·丁其譽《壽世秘典》卷三 竹筍俗作笋者非。冬月，掘大竹根下未出土者，為冬筍。其他，則淡乾者為玉版筍、明筍、火筍，鹽曝者為鹽筍，並可為蔬食。贊寧《笋譜》云：凡食笋者，譬如治藥，得法則益人，反是則有損。採笋宜避風日，見風則本堅，入水則肉硬，脫殼煮則失味，生着刀則失柔，煮之宜久，生必損人。笋蒸食最美，味全。白樂天詩，置之炊甑中，與飯同時熟。味薟者戟人咽，先以灰湯煮過，再煮乃良。或以薄荷數片同煮，亦去薟味。

諸竹筍：氣味：苦、甘，微寒，無毒。主利膈下氣，化熱消痰，爽胃，解酒毒。

發明汪穎曰：筍與竹瀝功近，有人素患痰病食筍而愈。多食動氣發冷症，同羊肝食令人目盲。李時珍曰：筍雖甘美而滑利大腸，無益于脾，俗謂之刮腸篦。惟生薑及麻油能殺其毒。人以麻滓沃竹叢，則次年凋疎，可驗矣。俗醫治痘，往往勸飲筍湯，云能發痘。蓋不知痘瘡不宜大腸滑利，而筍有刮腸之名，則暗受其害者多矣，宜知戒之。

清·尤乘《食鑒本草·菜類》 諸竹笋 消痰利膈，發冷氣。苦竹笋治不睡，去面目并舌口黃，解酒毒。多食令人嘈雜。

猫竹笋：生於冬，不出土者，曰冬笋。小兒痘疹不出，煮粥食。

清·朱本中《飲食須知·菜類》 竹筍諸筍、蘆筍、乾筍。味甘，性微寒。諸筍皆發冷血及氣，多食難化困脾，小兒食多成瘕。同羊肝食，令人目盲。勿同沙糖食。篁筍，味薟難食，多食發風動氣作脹。淡竹筍，多食發背悶脚氣。刺竹筍，有小毒，食之落人髮。箭竹筍，性硬難化，小兒勿食。桃竹筍，味苦，有小毒，南人謂之黃筍，灰汁煮之可食，不爾戟人喉。酸筍，出粵南，用沸湯泡去苦水，投冷井水中浸二三日取出，縷如絲繩，醋煮可食。凡煮筍少入薄荷、食鹽，則味不薟，或以灰湯煮過，再煮乃佳。蘆筍，忌巴豆。乾筍，忌沙糖、鱘魚、羊心肝。食筍傷，用香油、生薑解之。

清·何其言《養生食鑒》卷上 甜筍 味甘、淡，性微寒，無毒。開胃，清痰，止渴，利小水。多食難化也，動脾。小兒食多（瘕）〔成〕瘕。煮彌熟良。同羊肝食，令人目盲。

苦筍 味苦，性寒，無毒。解酒，清熱，消痰，止汗，明目，利九竅，治中風失音，面目舌黃病。

篁筍　味歛，難食，止渴，下氣。多食，發動氣，作脹。

淡筍　味甘，性寒，無毒。消痰，除熱，治疫病迷悶及妊婦頭旋顛仆、驚悸，小兒驚癇。

箭筍　味甘，可作筍乾。性硬難化，小兒勿食。

青筍　味甘，性寒。治肺痿吐血、鼻衄、五痔。

冬月未出黃者，曰冬筍，味甘，平，無毒。堪食。

雜竹筍，性味不一，不宜多食。世俗用筍湯發痘，豈知痘瘡不宜大腸滑利，而筍有刮腸之名，可輕用耶？治痰火宜用者，以其清痰清熱，有竹瀝之功。

淡乾者，為玉版筍、明筍、火筍；鹽曝者，鹽筍，並可為蔬食也。用水浸酸，為酸筍，作湯食，止渴，解醒，利膈。久年者，治痢症。水煮，洗豆疹結毒膚痛良。

《食治》云：煮筍少入薄荷、食鹽，味不蘞。或以灰湯煮過，次用五味煮食良。

謹按：諸筍，滋味爽口，人喜食之，但性冷難化，不益人。脾病不宜，小兒尤當少食也。食筍傷，用香油、生薑治之，否則必令吐出乃可。

清·閔鉞《本草詳節》卷七　竹筍　【略】按：筍雖甘美，而滑利大腸，無益於脾，俗謂之刮腸篦。惟生薑、蔴油能殺其毒。嘗見世醫發痘，多取筍湯，不知痘瘡不宜大腸滑利，人暗受其害而不察者多矣。

清·李熙和《醫經允中》卷二二　竹筍　同羊肝食目盲。　甘，微寒，無毒。主利水道，可久食，利膈下氣，消痰爽胃，托痘瘡。多食動氣，發冷癥。蒲筍補中益氣，和血脈。

清·浦士貞《夕庵讀本草快編》卷四　竹筍《蜀本草》　陸佃云：旬內為筍，旬外為竹，俗作笋者非。又名篁筍，種既多，地產各異，資生之士不可不審也。夫掘根之嫩者謂之鞭筍，搜土之肥者謂之冬筍。《東觀漢記》所謂苞筍是已。淡乾者名玉版，鹽曝者為鹹筍，皆充食饌之珍，可藏可久者也。治病之功以苦者為勝，夫苦則性寒，故能理心煩而下痰氣，止消渴而解酒毒。熱生面目舌黃，風中失音不語，水道不利，夜睡不寧者宜之。黃山谷賦云：僰道苦筍，冠冕兩川。甘脆愜當，小苦而成味。溫而不蘞，多啖而不痻，食肴以之啟迪，酒客為之流涎。淡竹者味甘而平，除痰熱發狂，溫疫迷悶，妊婦頭旋僵仆，小兒驚癇天吊，頭痛頭風者宜之。贊寧《譜》云：筍萌之味，或苦或甘，甘則脾藏食，苦則肝藏食，原其本性實酸，蓋從木也。食甘多則損脾而逆胃，何耶？竹實少陽之氣，終剋於脾土也；食苦多則補肝而助膽，何耶？與肝同類木也。二說觀之，損益冰判矣。況采食有法，知則益人，反則有損，見風則木堅，入水則肉硬，脫殼煮則失味，生著刃則失柔，煮之宜久，生必損人，蒸之固美，煨之亦佳。味蘞者恐戟喉，加薄荷數斤則去蘞味。若慮有毒則少加生薑、麻油以解之。雖有刮腸篦之稱，亦不妨矣。《詩》云：其蔌伊何？惟筍及蒲。《禮》云：加豆之實，筍菹魚醢。則知筍之為蔬尚矣。

附：

世人治痘往往勸飲筍湯，云能發痘。殊不知痘瘡不宜大便滑利，而筍雖有解毒發生之功，然冷滑而能刮腸，則暗受其害者，不知覺也。拈出以為戒。

清·吳儀洛《本草從新》卷四　竹笋〔通，爽胃消痰。〕　甘，微寒。利膈下氣，化熱爽胃，消痰。笋與竹瀝功近，有人素患痰病，食笋而愈。竹能損氣。古人以笋為刮腸篦。常見俗醫治痘，往往勸飲笋尖湯，不知痘瘡不宜大腸滑利，陰受其害者不知其若干人矣。小兒尤不宜食，最難化。乾笋尤甚。

清·汪紱《醫林纂要探源》卷二　笋　甘，寒。竹萌也。大竹曰毛竹笋。小者箭竹曰水笋。又有玉笋、琅玕笋、紫竹笋、斑竹笋、桂竹笋，惟苦笋為良。不從竹，入木部，並笋入蔬部者，以竹固非草非木，而笋供日食為多也。陽動陰下，震木之氣，而陰方盛，則其發急。然味甘能緩，緩肝，開胃。不利大腸。古謂為刮腸篦。然不及於肺，以猶在下也。木盛則陵金。發痘瘡。含陽氣而欲舒也。今多以其尖托痘。　苦笋：苦，寒。甯心，解鬱熱。苦瀉心火。

清·嚴潔等《得配本草》卷五　竹笋　甘，寒。入手陽明經。利膈下氣，消熱痰，通二便。　煎湯煮藥。　脾胃弱者不宜食。同羊肝食，令人目盲。

題清·徐大椿《藥性切用》卷六　竹筍　味甘微寒，爽胃利膈，化熱消痰。冬筍，味勝。然竹能損氣，虛人不宜多食，苦竹尤甚。乾筍尤能消痰化水，不得蔬飱。

清·黃宮繡《本草求真》卷九　諸筍諸筍解腸胃熱毒，及化皮裏膜外痰。　諸筍耑入腸胃。味甘微寒無毒，按筍雖載品類甚多，如篁竹筍即中母筍。能治消渴風熱等症。淡竹筍氣味甘寒，能除痰熱狂燥，頭痛頭風，顛仆驚悸等症。桃竹筍有小毒。出廣中，皮滑而黃，犀紋瘦骨，四寸骨節，可以為席。能治六畜瘡中蛆等症。刺竹筍時珍曰：生交廣中，叢生，大者圍二尺，枝節皆有刺，夷人種以為城，伐竹為弓，根大如車輻。一名芭竹。氣味甘苦，微有小毒，食之令人落髮。酸筍出粵南，筍大如臂，摘至，用沸湯泡去苦水，投冷井水中浸二三日，取出，縷如絲繩，醋煮可食，好事者提入中州，成罕物云。氣味苦涼無毒，食之令人止渴解醒，利膈。蘆筍氣味甘溫，能治噎膈煩悶不食等症。然總多食助冷動氣，以甘則氣壅，而寒則發人冷症，惟素患有痰疾在於皮裏膜外者，得此則愈。如竹瀝同薑，可以治人痰疾之意。他筍其味皆甘，惟苦竹筍則苦，食之可以治人氣逆而不作壅。以苦主於下氣故也，況筍初食難化，而脾虛尤甚。有小兒食乾筍三寸許，噎於喉中，壯熱喘粗如驚，服驚藥不效。後吐出筍，諸症乃定，其難化也如此。久食則腸受刮。時珍曰：贊寧《筍譜》云：筍雖甘美，而滑利人腸，無益於脾，俗謂之刮腸蓖。惟用生薑、麻油，始可以解，蘄州等處竹筍氣味苦韌，食尤不美。如蘄州叢竹、匡廬扁竹、澧州方竹、嶺南蕙竹、簩竹、月竹之類。但世猥用竹筍以發痘瘡，其害匪輕，筍味多簽，最戟人喉，服須先以灰湯煮過，再煮乃良。或以薄荷數片同煮，亦去簽味，惟有冬筍中冬而上不出，陽氣未泄，故食則能通脉利竅，凡吐血、衄血、血滯不通之症，皆可授服。痘瘡不出，取尖同米煮粥食之良，泄瀉者忌。筀筍性味亦然，乾筍淡片，利水豁痰消腫。

清·李文培《食物小錄》卷上

苦竹筍　甘、苦，寒，無毒。止消渴，明目，解酒毒，理心煩，益氣。

諸竹筍　甘，微寒，無毒。筍同羊肝食，令人目盲。益氣化痰，清熱爽胃。

冬筍附筀筍　甘、辛，平，無毒。利九竅，通血脈，滋味爽人，性堅難化，不益脾胃。性涼，患痰疾者宜服，不宜小兒。筀筍，味亦然。

清·趙學敏《本草綱目拾遺》卷八諸蔬部

諸筍乾筍　《綱目》竹入苞木類，以筍附菜部，所載亦只苦竹、箽竹、淡竹、冬竹諸筍，且於義類多未詳盡。不知春、冬所出，性皆各別，鮮乾諸品，味亦迴殊，則入經絡主治，自不能合一。陳芝山《食品真一》《筍譜》及《食纂》所載較詳，頗近時尚，即取以補之。

春筍：《筍譜》：其佳者曰豬蹄紅，冬月即生，埋頭土中，以鋤掘之，可三寸許，其味極鮮，甲於他筍，未出土名豬蹄紅；若長尺許，則其籜圓，故人名圓筍，亦名蚤筍，蓋冠諸筍而先出者。味甘、辛，微寒，下氣養血，利膈消痰，化熱爽胃，解渴利水，療風邪，止喘嗽。

毛筍：即茅竹筍，筍之大者。《筍譜》：毛筍為諸筍之王，其籜有毛，故名。俗呼為貓筍者，非也。大者重幾二十餘觔，猶未出土，肉白如霜，墮地即碎，以指掐之，其軟嫩如腐，嗅之作蘭花香。毛筍大者，清明後方有，其出於臘月及正月者，形短小，籜亦有毛，土人名貓兒頭，食之多嘈心，然消痰之力，較勝他筍。味甘性平，利九竅，通血脈，化痰涎，消食脹，多食令人易飢。

鞭筍：即發於竹邊者，夏秋有之。其生於四月者，曰梅邊，蓋感梅雨溼蒸之氣，而生頗早，味淡肉硬，不如秋生者。《筍譜》：邊筍，即毛筍之旁出者。方筍盛時，生氣上升，筍皆豎；生氣既衰，根既橫生，盡其力可橫亘十餘丈，至地之邊際，與竹之長短相稱，謂之竹邊，故名邊筍。其狀類鞭，亦名鞭筍。地肥者軟嫩，長尺許，其籜紫色而兼白，其味恬淡而鮮，其氣醞而有蘊藉，不類毛筍之精英盡發洩於外也。味甘，性寒，開胃利腸，消痰渴。

冬筍：即潭筍。沈雲將《食纂》：貓竹冬生筍，不出土者名冬筍，又名潭筍。味甘，溫，陳芝山《宜忌》云：味甘，性寒。利九竅，通血脈，治吐血、衄血，及產後心腹痛，一切血症，食之肥白人《食纂》。消痰滑腸，透毒解醒，發痘疹。中諸筍毒者，生薑、麻油解。小兒及脾虛者，多食難化《食物宜忌》。痘疹不出，採未出土冬筍煮粥食，即有生發之意《不藥良方》。

青筍：即青竹筍。竹細小，故出筍色青。山間遍地有之，係野竹所生筍也，即時下俗呼水竹者是也。胡承謀《湖州府志》：天目出筍乾，其色綠，聞其煮法：旋湯使急轉下筍，再不犯器，即綠矣。味甘，止肺痿吐血鼻衄，治五痔并妊娠《食纂》。

青筍乾：即青竹筍鹽湯煮曬乾者。出杭臨安天目者最佳，色如鸚哥綠，有尖上、尖毬子、二尖等名。味鹹、甘，性平，爽胃消痰。

鹽筍乾：以春筍鹽湯煮曬而成，有泥黃、烏尖、直腳等名。味鹹、甘，性平，行氣清痰。

衢筍乾：以筍用鹽湯煮熟，熏乾而成。味鹹、甘，性平，利膈化痰。

羊尾筍乾：主治同。

處筍片：俗名素火腿，以毛筍微醃湯煮，熏乾而成。味甘、微鹹，性平，利血消痰。

清·章穆《調疾飲食辯》卷三

竹筍　《爾雅》曰：竹萌。《說文》曰：竹胎。《筍譜》曰：竹芽。《神異經》曰：竹子。《埤雅》曰：旬內為筍，旬外為竹，故從旬。旬有六日而齊母也，俗作笋，非。《綱目》曰：從旬，諧聲也。顧愷之、僧贊寧皆有《筍譜》。贊寧《譜》曰：江南、湖南人於竹行鞭時，掘取嫩者為鞭筍，冬月取未出土者為冬筍。《東觀漢記》謂之苞筍。並可鮮食，為珍味。其次則曝乾者，為玉版筍、明筍、火筍，鹽曝者為鹽筍，並可為蔬食。採宜避風日，見風則本堅。入水則肉硬，脫殼煮則失味，生著刃則失柔。煮宜久，生必損人。病人尤宜久煮。味薟者戟人咽，先以灰湯煮過，再煮。《詩》曰：其蔌伊何，維筍及蒲。《禮》曰：加豆之實，筍菹魚醢。則筍之充食久矣。

按：諸筍，《別錄》謂其益氣利水，可久食。《吳氏本草》謂淡竹、甘竹、苦竹筍，冬筍、鞭筍皆可久食，均不可信。蓋筍味雖鮮脆，而銳上之性耗氣損神。滑腸敗胃，平人可以暫食，病人則斷不宜，況可久乎？冬筍稍平，春筍更劣。故《食物本草》用以發痘，《綱目》極訾之，目為刮腸篦，不為無見。筍性銳上，痘症必下身漿滿，上身不起者宜之。又傷中氣，令人作泄，必脾胃索強、大便燥結者始可用之。俗醫一例混施，及至貽誤，猶不解其故也。至於明筍、鹽筍，病人反可食。蓋鹽筍經湯煮，加以久浸，又得鹹味相制，銳上之性，化為平和，明筍亦經煮浸，再用白礬代鹽醃藏，用時又須久浸去礬，始柔軟可食，名雖為筍，筍之性味全無，加以調和，反無大礙。《日用本草》曰：筍同羊肝食，令人目盲。又凡食筍，用麻油調和，其害略減。觀榨麻油枯滓撒竹林，竹死，可知其性所畏矣。又《海槎錄》曰：交廣人用沸湯泡筍，冷水浸二三日，縷如絲，醋煮，曝乾，味美可食，且能止渴解(醒)〔酲〕，豁痰利氣。又小竹筍為簑。《爾雅》曰：簑，筍萌。郭注云：筍屬也。《周禮》曰：簑菹雁醢。又市肆一種青乾筍，青如旋掘，庖人用配燕窩，云性大補，亦屬謬談。

清·葉桂《本草再新》卷六 竹筍 味甘，辛，性寒，無毒。入肝、肺二經。 利膈下氣，化熱消痰。治痘疹，發斑毒，化血破積。

清·趙其光《本草求原》卷一五菜部 竹笋 甘，淡，微寒，無毒。利膈、開胃，清痰止渴，利水，痰火宜用，以其清熱、清痰，有竹瀝之功也。多煮為良。若痘瘡不起，非因血熱毒盛，不可輕用，恐滑腸也。發熱疹、瘢毒，化血破積。又治疫病迷悶，妊婦頭旋，顛撲，驚悸，小兒驚癇。

苦笋：苦，寒，無毒。解酒，清熱，消痰，止汗，明目，利竅，治中風失音，面舌目黃。

青笋：甘，寒。治肺萎吐血，鼻衄，五痔。

淡乾者，有光笋、火笋等，功亦略同淡鮮笋。用水浸酸為酸笋，煮湯食，止渴，醒酒，利膈，止痢。水煮，洗痘疹結毒良。但諸笋性冷難化，不宜多食。惟冬笋甘平無毒，堪食無患。傷笋食，香油、生薑治之。另詳苞木類。

清·文晟《新編六書》卷六《藥性摘錄》 諸筍 甘，淡，微寒。入腸胃。○簞竹筍，即中母筍，治消渴風熱。多食動氣作脹。○淡竹筍，除痰熱狂燥，頭痛頭風，顛僕驚悸驚癇。○箭竹筍，味甘，可作筍乾。性硬難化，小兒勿食。○青筍，甘，寒。治肺痿吐血，鼻衄，五痔。○苦竹筍，治人氣逆，而不作壅。○酸筍，用水浸酸，止渴解酲，利膈。久年者治痢症。水煮，活痘疹，結毒腫痛良。○冬筍，冬月未出黃者。味甘，平。堪食。○雜竹筍，性味不一，不宜多食。○煮筍少入薄荷、食鹽，味不薟。或以灰湯煮過，次用五味良。○按：諸筍滋味爽口，但性冷難化，不益人，脾病不宜食，小兒尤當少食也。○食筍傷，用香油、生薑治之。否則必令吐出乃可。○竹茹、竹葉、竹瀝，並詳藥部。

清·王孟英《隨息居飲食譜·蔬食類》 筍 竹萌也。 甘，涼。舒鬱，降濁升清，開膈消痰。味冠素食。種類不一，以深泥未出土，而肉厚色白，味重耎稉，純甘者良。可入葷肴，亦可鹽煑，烘乾為腊，久藏致遠。出處甚夥，以天目早園為勝。小兒勿食，恐其咀嚼不細，最難剋化也。毛竹筍味尤重，必現掘，而肥大極嫩，墮地即碎者佳。葷素皆宜。但能發病，諸病後、產後均忌之。閩人造為漉筍，以貨遠方，極嫩者勝。煑去劣味，始可入饌。產處州者較優。惟山中盛夏之鞭筍，嚴寒之冬筍，味雖鮮美，與病無妨。

清·田綿淮《本草省常·菜性類》 竹筍 桃竹筍、刺竹筍 一名竹萌，一名竹胎，俗作笋。性寒。瀉熱利膈，下氣消痰，止渴爽胃，清頭目，通水道。多食，發冷癥，背悶，腳氣。同羊肉食，傷人；同羊肝食，令人目盲；同沙糖、鱘魚食，成瘕症。小兒忌之。 桃竹筍，有毒，食之戟人喉。 刺竹筍，有毒，食之落人髮。 苦筍，性寒。去面目熱，咽喉熱，舌上熱，解酒毒。多食逆氣。

清·田綿淮《本草省常·菜性類》 青筍 性寒。除煩醒酒，益氣明目。冬筍，性寒。清熱化痰，止渴醒酒。

清·華壎《痧麻明辨》 笋宜忌辨 壎按：竹笋甘寒，方春即茁，得發生之氣最早，故能消疫除熱，解毒利腸，為痧疹之要食。以其易於外達也。《幼幼集成》言：瀕湖云出痧痘者戒食笋湯，並忌為引，此物能發汗，傷真氣，以痧痘不宜發汗，故戒之。嘗考《本草》並無是語，惟《發明》下載時珍云嘗見俗醫治痘，往往勸食笋湯，云能發痘。蓋不知痘瘡不宜大腸消利，而笋有利腸之名，則暗受其害者，不知若干人也。殊不知此特為痘瘡家言，與痧無涉也。緣痘瘡最忌泄瀉，故戒食之，恐其滑也。且閱全文，並無發汗之說，豈孟氏未嘗細讀耶？如痘稟陰毒而生，喜溫托不宜涼發，即不因滑，戒之亦可。痧則由陽毒所致，正欲此等甘平善走之品，以透其熱。若再並斯亦禁，尚有何物以發之哉？故亟辨於此，俾不致掣用者之肘，而多一番饒舌也。

清・戴葆元《本草綱目易知錄》卷三　苗竹筍淡竹筍　甘，寒。消痰，除熱狂壯熱，頭痛頭風，顛仆驚悸，濕痰迷悶，妊婦頭旋目眩。小兒驚癇天弔。冬筍良。

苦竹筍：甘，苦，寒。下氣化痰，明目除熱，止消渴，解酒毒，理心煩，益氣力。治中風失音，不睡出汗。去面目并舌上熱黃，理風熱脚氣，并煮食。乾者燒末，入鹽，勻搽牙疳。此統言，未分冬春也。葆按：食者，惟冬筍良。

冬筍：甘，寒。治小兒痘疹不出。煮粥食之，解毒，有發生之義。【略】

葆按：冬筍，味甘體嫩，得土氣覆，未見風受水，能開胃化痰，有暢快脾陽之功，無凝滯刮腸之患。故痘瘡起脹時煎食，取其發生之義。然亦勿多食。而春筍已出土，而經風受水，性發體堅，內含濕熱，食之難化，損脾胃，刮膏脂，動脚氣，發瘡癰，成積滯，結癥塊。毋貪嗜食，致病。

清・陳其瑞《本草撮要》卷四　竹筍　味甘，微寒，入手太陰、足陽明經，功專利膈下氣化熱，爽胃消痰。虛人及小兒不宜多吃，因其滑腸，痘症尤宜忌之。

清・吳汝紀《每日食物却病考》卷上　竹笋　種類不同，大概味甘，微寒，無毒。消渴，利水道，下氣，除煩熱，消痰。多食，動氣發冷癥，不益脾胃。雖甚爽口，宜少食也。煮之宜久，生則損人。味薟者，先以灰湯煮過，再煮乃良。或以薄荷數片同煮，亦去薟味。又云：苦竹笋，利九竅，消渴，解酒毒。篁竹笋，味薟。淡竹笋，即中母笋，味甘，消痰除熱，多食發脚氣。箭竹笋，可作笋乾，但硬，難化，忌小兒食。青笋，味甘，止肺痿唾血、鼻衄。貓竹笋，甘溫。生於冬，不出土者曰冬笋，治小兒痘疹不出。然痘瘡不宜，大腸滑利，而笋有刮腸篦之名，則暗受其害者多矣，戒之戒之。惟生薑及麻油能解笋毒，故以麻滓沃竹，則次年疎敗也。

酸筍

明・李時珍《本草綱目》卷二七菜部・柔滑類　酸筍《綱目》

【集解】時珍曰：酸筍出粵南。顧玠《海槎録》云：筍大如臂。摘至用沸湯泡去苦水，投冷井水中，浸二三日取出，縷如絲繩，醋煮可食。好事者攜入中州，成罕物云。

【氣味】酸，涼，無毒。【主治】作湯食，止渴解醒，利膈時珍。

明・趙南星《上醫本草》卷三　酸筍　時珍曰：酸筍出粵南。顧玠《海槎錄》云：筍大如臂，摘至用沸湯泡去苦水，投冷井水中，浸二三日取出，縷如絲繩，醋煮可食，好事者攜入中州，成罕物云。酸，涼，無毒。主治：作湯食止渴，解醒利膈。

清・王道純《本草品彙精要續集》卷八　酸筍無毒

酸筍：主作湯食，止渴，解醒利膈《本草綱目》。【地】李時珍曰：酸筍，出粵南。顧玠《海槎錄》云：筍大如臂，摘至用沸湯泡去苦水，投冷井水中，浸二三日，取出縷如絲繩，醋煮可食。好事者攜入中州，成罕物云。【味】酸。【性】涼。

清・田綿淮《本草省常・菜性類》　酸筍　性涼。解醒止渴，除熱痰、熱狂。多食發冷氣。

刺竹筍

清・劉善述、劉士季《草木便方》卷二木部　茨竺　茨竹根甘平胎安，妊娠煩滿煮汁餐。產後服之除煩熱，筍油同性功效全。甜竹。

土升麻

清・吳其濬《植物名實圖考》卷一〇　土升麻　湖北武昌有之。綠莖如竹，高四五尺，無葉無枝，僅有小叉。俚醫治痘疹用之，以為升提之藥，故名。按李衎《竹譜》筍草出湖北田野間。叢生。亦有籜葉，一如竹筍，漸長成竿，高三五尺，亦如竹，但無枝葉，至秋乃死。《莊子》所謂不筍者是也。江淮之間亦有之。核其形狀，即此草也。

天竹黃

宋・唐慎微《證類本草》卷一三木部中品〔宋・馬志《開寶本草》〕　天竺黃　味甘，寒，無毒。主小兒驚風，天弔，鎮心明目，去諸風熱，療金瘡，止血，滋養五藏。一名竹膏。人多燒諸骨及葛粉等雜之。按《臨海志》云：生天竺國，今諸竹内，往往得之。今附。

〔宋·掌禹錫《嘉祐本草》〕按：日華子云：平。治中風痰壅，卒失音不語，小兒客忤及癇痰。此是南海邊竹内塵沙結成者耳。

宋·寇宗奭《本草衍義》卷一四 天竹黄 自是竹内所生，如黄土。着竹成片。涼心經，去風熱，作小兒藥尤宜，和緩故也。

宋·劉明之《圖經本草藥性總論》卷下 天竹黄 味甘，寒，無毒。主小兒驚風天弔，鎮心明目，去諸風熱。療金瘡止血，滋養五藏。日華子云：平。治中風痰壅，卒失音不語，小兒客忤及癇疾。生天竺國。

宋·陳衍《寶慶本草折衷》卷一三 天竺一作竹。黄 一名竹膏。生天竺國及南海邊竹内塵沙結成。

味甘，平，寒，無毒。〇主小兒驚風天弔，鎮心明目，去諸風熱瘡，金瘡止血，滋五藏。人多燒諸骨及葛粉等雜之。〇日華子云：治中風痰壅失音，小兒客忤，癇痰。〇寇氏曰：如黄土着竹成片。涼心經。

元·尚從善《本草元命苞》卷六 天竺黄 味甘，寒。治小兒天吊驚風及癇痓，痰涎壅塞，鎮心神，明目。療金瘡止血，滋養五臟，去諸風熱。按《臨海志》多生天竺。乃諸竹内塵沙結成，僞者多燒諸骨、葛粉等物相雜。

明·王綸《本草集要》卷四 天竺黄 味甘，氣寒，無毒。此竹内所生，如黄土着竹成片者，一名竹膏。 主小兒驚風，天弔客忤，痰壅失音，鎮心明目。去諸風熱，療金瘡止血，滋養五臟，小兒藥最宜，和緩故也。

明·滕弘《神農本經會通》卷二 天竺黄 一名竹膏。人多燒諸骨及葛粉等雜之。生天竺國。今諸竹内徃徃得之，乃竹内所生，如黄土，着竹成片者，入藥須用真的。

味甘，氣寒，無毒。

《本經》云：主小兒驚風天吊，鎮心明目，去諸風(熟)〔熱〕。療金瘡，止血，滋養五臟。日華子云：平。治中風壅痰，卒失音不語，小兒客忤及癇痰。此是南海邊竹内塵沙結成者。《集》云：小兒藥最宜，和緩故也。《局》云：天竺黄生天竺國，今諸竹内亦生黄。小兒天弔驚風候，明目清心，療刃瘡。天竺黄，理天吊，止驚風，清心明目。

明·劉文泰《本草品彙精要》卷一九 天竺黄無毒 植生。

天竺黄：主小兒驚風，天吊，鎮心明目，去諸風熱，療金瘡，止血，滋養五臟。名醫所錄。〔苗〕《圖經》曰：按《臨海志》云：生天竺國，今諸竹内往往得之。《衍義》曰：天竺黄自是竹内所生，如黄土。着竹成片，人剖而得之乃真也。〔地〕《圖經》曰：生天竺國。〔道地〕閩中。〔時〕生：無時。採：無時。〔收〕陰乾。〔用〕竹中黄。〔色〕青白。〔味〕甘。〔性〕寒，緩。〔氣〕氣之薄者，陽中之陰。〔臭〕香。〔主〕袪風，鎮驚。〔製〕搗細用。〔治〕療：日華子云：治中風痰壅，卒失音不語，小兒客忤及癇痰。《衍義》曰：涼心經，去風熱，作小兒藥尤宜，和緩故也。〔贗〕人多燒諸骨及葛粉等雜之，爲僞。

明·葉文齡《醫學統旨》卷八 天竺黄 氣寒，味甘。無毒。此竹内所生，如黄土着竹成片者。 治小兒驚風，天弔客忤，痰壅失音，鎮心明目；去諸風熱；療金瘡止血，滋養五臟，小兒藥最宜和緩，故也。

明·許希周《藥性粗評》卷三 如行天弔，奔天竺以求黄。

天竺黄，一名竹膏，乃竹内所生，如黄土，着竹成片。本生天竺國，今竹内往往有之。或曰海邊竹内塵沙結成者耳。採無時。 味甘，性寒，無毒。主治小兒驚風天弔，鎮心明目，滋養五臟。

明·鄭寧《藥性要略大全》卷七 竺黄 理天吊，止驚風，清心明目。尤制石藥毒發熱。 味甘，氣寒，無毒。間有黄白。產天竺國，因名焉。

明·王文潔《太乙仙製本草藥性大全》卷三《仙製藥性》 天竹黄即竹節内黄粉。 旋飛塵沙，結成老竹間或可得，形類黄土。一名竹膏。 主治：治小兒急慢驚抽天吊，療肥人卒暴風中痰壅。鎮心明目，解熱驅邪。療金瘡止血，能滋養五臟。《臨海志》云生天竺國。今諸竹内往往得之。 補註：《衍義》云：天竹黄自是竹内所生，如黄土着竹成片，涼心。《經》云風熱作小兒藥尤宜，和緩故也。

明·皇甫嵩《本草發明》卷四 天竺黄味甘，寒，無毒。 主小兒驚風，天弔抽搐，痰壅失音。療肥人卒暴中風，痰涎不語，鎮心明目，解諸風熱。療金瘡止血，滋養五藏。小兒藥最宜，和緩故也。生天竺國，今諸竹内往往得之。旋飛砂結成老竹間，形類黄土。市者多燒諸骨及葛粉等雜之，或青黑色，不可不辨。

明·李時珍《本草綱目》卷三七木部·苞木類 竹黄宋《開寶》

〔釋名〕竹膏志曰：天竺黄生天竺國。今諸竹内往往得之。人多燒諸骨及葛粉等雜之。大明曰：此是南海邊竹內塵沙結成者。宗奭曰：此是竹內所生，如黃土着竹成片者。時珍曰：按吳僧贊寧云：竹黃生南海鏞竹中。此竹極大，又名天竹，其內有黃，可以療疾。《本草》作天竺者，非矣。篔竹亦有黃。此說得之。

【氣味】甘，寒，無毒。大明曰：平。伏粉霜。　【主治】小兒驚風天弔，去諸風熱，鎮心明目，療金瘡，滋養五臟《開寶》。治中風痰(墜)〔壅〕卒失音不語，小兒客忤癇疾大明。制藥毒發熱保昇。

【發明】宗奭曰：天竹黃涼心經，去風熱。作小兒藥尤宜，和緩故也。時珍曰：竹黃出于大竹之津氣結成，其氣味功用與竹瀝同，而無寒滑之害。

【附方】新一。　小兒驚熱：天竹黃二錢，雄黃、牽牛末各一錢，研勻，麪糊丸粟米大。每服三五丸，薄荷湯下。錢乙方。

題明・薛己《本草約言》卷二《藥性本草》　天竹黃　味甘，寒，無毒。主小兒驚風天吊，療虛人卒暴中風，鎮心明目，解熱敺邪。〇竹黃係節內黃粉，旋飛塵沙結成，老竹間或可得，形類黃土，一名竹膏，人多燒諸骨及葛粉等雜之。入足少陽、手少陰經。除驚解煩，小兒方多用之。須辨其片片若竹節者為妙。竹笋益氣托痘瘡，止渴利小水。

明・梅得春《藥性會元》卷中　天竺黃　味甘，氣寒，無毒。此竹內所生，如黃土着竹成片者。主治小兒驚風，天吊客忤，痰壅失音，鎮心明目，去諸風熱，療金瘡，止血，滋養五臟。小兒藥最宜，和緩故也。

明・張懋辰《本草便》卷二　天竺黃　味甘，氣寒，無毒。主小兒驚風，天吊客忤痰，失音，鎮心明目，去諸風熱，療金瘡止血，滋養五臟。小兒藥最宜，和緩故也。

明・李中梓《藥性解》卷五　天竺黃　味甘，性寒，無毒，入心經。主清心明目，除驚解煩，敺邪逐痰，及小兒驚癇天吊風熱諸症。按：竺黃之寒，耑瀉少陰之火，火去而驚邪諸症靡不療矣。產天竺國，即竹節內黃粉，然多有偽者，須辨其片片如竹節者真。

明・繆希雍《本草經疏》卷一三　天竺黃　味甘，寒，無毒。主小兒驚風天吊，鎮心，明目，去諸風熱，療金瘡，止血，滋養五藏。

【疏】天竺黃，竹之津氣結成。其氣味功用，與竹瀝大同小異。第竹黃氣微寒而性亦稍緩，故為小兒家要藥。入手少陰經。小兒驚風天吊，諸風熱者，亦猶大人熱極生風之候也。此藥能除熱養心，豁痰利竅，心家熱清而驚自平，主君安而五臟咸得滋養，故諸證悉除也。明目療金瘡者，總取其甘寒涼血清熱之功耳。【主治參互】同牛黃、犀角、丹砂、茯神、琥珀、酸棗仁、遠志、釣藤鉤，治小兒驚癇癲疾。有痰者加牛膽、南星、貝母、竹瀝。屬虛者去南星，加人參。　錢乙方：小兒驚熱，天竺黃二錢，雄黃、牽牛末各一錢，研勻，麪糊丸粟米大，每服三五丸，薄荷湯下。　除小兒驚癇痰熱外，無他用，故不著簡誤。

明・倪朱謨《本草彙言》卷一一　天竹黃　味甘，氣寒，無毒。入手少陰經。　李氏曰：按吳僧贊寧云：天竹黃，生天竺國及南海鏞竹中。此竹極大，其肉有黃，如青土，着竹成片，係竹之津氣結成。今廣州篔竹、相述竹，亦有之。常見海南大竹內，往往多有。今市家取諸骨燒，僞造亂真，故宜細辨之。

天竹黃：豁痰利竅，日華子鎮驚安神之藥也。魯潤之抄李氏曰：其氣味功用，與竹瀝大同小異。第竹瀝性速，直通經絡而有寒滑之功；竹黃性緩，清空解熱，而更有定驚安神之妙。故前古治小兒驚風天吊，夜啼不眠，客忤痢瘧，及傷風痰閉，發熱氣促，入抱龍丸。治嬰科驚痰要劑。如大人中風，失音不語，入風痰藥中，亦屢奏效，此錢月坡獨得之見也。

盧不遠先生曰：植物之靈，凝結在中，故可入藏以治其結。性本空達，風火自平。

集方：錢乙《老人方》治小兒驚癇癲疾有痰者。用真天竹黃五錢，膽星、鈎藤各一兩，川貝母、茯苓、犀角、琥珀、丹砂各三錢，甘草一錢，牛黃一分。俱研極細末，每服三分。用竹瀝半盞和薑汁一匙，調服。虛者，可用人參五分，泡湯同竹瀝用。〇同上治小兒驚熱內實者。用天竹黃二錢，雄黃、牽牛末各一錢，川黃連五分，共研極細，神麯打糊丸，粟米大。每服三五丸，薄荷湯下。

明・顧逢柏《分部本草妙用》卷六兼經部・溫瀉　天竺黃　辛、淡，溫，無毒。入心肝二經。　主治：清心鎮驚，祛風消痰，搜肝膽驚風癇症。小兒鎮心，用之如神。　按：天竺黃，俗醫少用，而鎮驚消痰，助膽星、丹砂之力。小兒科用之為臣，佐其驅心肝膽驚風神效。

明・李中梓《醫宗必讀・本草徵要下》　天竺黃味甘，寒，無毒。入心經。祛痰解風熱，鎮心安五臟。大人中風不語，小兒天吊驚癇。竹之津氣結成，與竹瀝功用相倣，故清熱養心，豁痰利竅。久用亦能寒中。產於天竺國。

明·蔣儀《藥鏡》卷四寒部　天竺黃　同犀角、丹砂，以養心除熱，熱清而驚悸頓平。同膽星、貝母，以利竅豁痰，痰消而癲癇立止。

明·張景岳《景岳全書》卷四九《本草正》　天竹黃　味甘、辛，性涼。降也，陰中有陽。善開風痰，降熱痰。治中風失音，痰滯胸膈，煩悶癲癇。清心火，鎮心氣，醒脾疏肝。明眼目，安驚悸。療小兒風痰急驚客忤，其性和緩，最所宜用。亦治金瘡，并內熱藥毒。

明·盧之頤《本草乘雅半偈》帙一〇　竹黃宋《開寶》　氣味：甘，寒，無毒。　主治：　主小兒驚風天吊，去諸風熱，鎮心明目，療金瘡〔止血〕，滋養五藏。

覈曰：竹黃，生天竺國，及南海鏞竹中。一名天竹，其內有黃，如黃土，着竹成片。篛竹亦有之，今大竹內往往亦得之矣。今人多燒諸骨，及葛粉偽造者宜辨也。

先人云：　植物之靈，凝結在中，故可入藏以治其結。性本空達，風火自平。

条曰：　竹具奇偶候節，已言乎篛竹矣。六年而成瞳，周甲而再易。若天以六為節，因名曰天竹。天竹者，巨竹也。津氣鍾而黃中作，復若地以五為制，五六相感，太過不及，于斯見矣。故主風木太過，致諸風熱熾，驚風天吊，邪薄癲狂；風木不及，致肝竅盲瞽，失音不語，客忤癇痓。黃中廢矣，竹黃功力，使氣適至而陽生，適應而揚聲，揆度節制，無過不及矣。

明·李中梓《本草通玄》卷下　天竺黃　甘，寒。　清心化痰，主中風痰湧失音。小兒驚癇天吊。氣性中和，故小兒宜之。

清·顧元交《本草彙箋》卷五　天竺黃　竺黃之寒，専瀉少陰之火，火去而驚邪諸症，靡不療矣。產天竺國。即竹節內黃粉。然多偽者，須辨其片片如竹節者真。其氣味功用，與竹瀝同。而無寒滑之患，故爲小兒家要藥。

清·劉雲密《本草述》卷二六　天竹黃　宗奭曰：　此是竹內所生，如黃土着竹成片者。　時珍曰：　按吳僧贊寧云，竹黃生南海鏞竹中。此竹極大，又名天竹，其內有黃，可以療疾。《本草》作天竺者，非矣。篛竹亦有黃。此說得之。

氣味：甘，寒，無毒。　日華子曰：平。伏粉霜。

主治：　中風痰壅，失音不語日華子。小兒驚風天弔《開寶》。客忤癇疾日華子。去諸風熱，鎮心明目，療金瘡，滋養五臟《開寶》。　宗奭曰：　天竹黃涼心經，去風熱，作小兒藥尤宜，和緩故也。　時珍曰：　竹黃出於大竹之津氣結成，其氣味功用與竹瀝同，而無寒滑之害。　希雍曰：　竹黃較竹瀝，其主治同而氣味稍緩，故為小兒家要藥。人手少陰經。《準繩》治卒中不语多證，有至寶丹中用之，謂為要藥。不得專屬小兒之治也。小兒驚風天弔，諸風熱者，亦猶大人熱極生風之候也。此藥能除熱養心，豁痰利竅。心家熱清而驚自平，主君安，而五臟咸得滋養，故諸證悉除也。　明目，療金瘡者，總取其甘寒凉血清熱之功耳。

同牛黃、犀角、丹砂、茯神、琥珀、酸棗仁、遠志、鈎藤鈎，治小兒驚癇癲疾。有痰者加牛膽、南星、貝母、竹瀝。屬虚者去南星，加人參。

愚按：　熱生於心，風屬於肝。希雍謂心經熱清而驚自平，與寇氏凉心經之說合，第痰生於脾者也。竹之有黃似入脾，而豁痰為切，與竹瀝之走經絡而利痰熱，微有不同，不止以其氣味稍緩也，用者審之。

附方：　《錢乙方》小兒驚熱，天竹黃二錢，雄黃、牽牛末各一錢，研勻，麪糊丸粟米大，每服三五丸，薄荷湯下。

清·郭章宜《本草匯》卷一六　天竹黃　味甘，氣寒，人足少陽、手少陰經。祛痰解風熱，鎮心除驚癇。中風失音不語，天弔客忤皆敺。

按：　天竹黃，乃竹之津氣結成。今諸竹內往往有之，即竹內所生，如黃土着竹成片者。善能凉心經，去風熱，豁痰利竅。氣味功用，與竹瀝相倣。除小兒驚癇痰熱外，無別用，久用亦能寒中。

生南海鏞竹中。此竹極大，又名天竹。《本草》作天竺，生天竺國者，非。今人多燒諸骨及葛粉雜之，須辨。附秘授止痢膏：天竹黃一兩五錢，木香、乳香、沒藥、砂仁、膽星各二兩，蘆會五錢，麝香三錢，沉香五錢，先將茯苓、杏仁、赤石脂、罌粟殼蜜炙，訶子麪包煨，乾薑炒，肉果麪煨，黃連薑汁炒，黃芩酒炒，枳殼麩炒，白芍酒炒，乾山藥蒸，米仁炒，草果、蒼术米泔浸炒，厚朴薑汁炒，陳皮、山查肉、鳳仙子、車前子、猪苓、木通、澤瀉酒炒，白术炒，砂仁炒，神麯炒，麥芽炒去殼，肉桂、當歸酒炒，益智、蘇木、蒲黃炒，黑白丑炒，甘松、三柰、柴胡、罌粟子炒，各二兩，晒乾，用麻油三十五斤浸，春夏六，秋冬十日，藥乾加油，煎藥至枯黑，去查再煎濃，徐徐下東丹十七斤，桃、榆、柳、槐枝不住手攪，至滴水成珠，去火俟溫，方下前細藥，同收。

清·蔣居祉《本草擇要綱目·寒性藥品》　天竹黄　氣味：甘，寒，無毒。　主治：小兒驚風天弔，去諸風熱，鎮心明目，滋養五臟。治中風卒墜，失音不語。大抵涼心經，去風熱，其氣味功用與竹瀝同，而無寒滑之害也。

清·汪昂《本草備要》卷三　天竹黄瀉熱，豁痰，涼心。甘而微寒。涼心經，去風熱，利竅豁痰，鎮肝明目。功同竹瀝，而性和緩，無寒滑之患。治大人中風不語，小兒客忤驚癇爲尤宜。　出南海。大竹之津氣結成。即竹內黄粉。片片如竹節者真。

清·吴楚《寶命真詮》卷三　天竺黄　【略】祛痰解風熱，鎮心安五臟。大人中風不語，小兒驚癇天弔。

清·顧靖遠《顧氏醫鏡》卷八　天竺黄苦，寒。入心經。輕者真。　治中風不語，熱痰壅塞上竅之故。理幼穉驚癇。總取其涼心除熱，豁痰利竅之功。　竹之津氣結成，産於天竺國，與竹瀝功用相倣，而無滑腸之患。

清·李熙和《醫經允中》卷二〇　天竹黄　入心肝二經。　辛、淡，溫，無毒。主治清心鎮驚，祛風消痰，大人中風不語，小兒客忤驚癇。

清·馮兆張《馮氏錦囊秘錄·雜症痘疹藥性主治合參》卷四　天竺黄一名竹膏。産於天竺國。乃竹之精氣結成。其氣味、功用與竹瀝相倣，但竺黄氣微寒，性亦稍緩，故為小兒要藥。入手少陰經。專為清熱養心、化痰安驚之需。久用亦能寒中。

天竺黄，治小兒天吊驚癇，大人中風不語。鎮心明目，解熱毆邪，豁痰利竅，除熱養心。滋養五臟，金瘡風熱。

主治痘疹合參：　主痰壅失音明目，去風濕驚悸鎮心。滋養五臟，小兒最宜，和緩故也。

清·张璐《本經逢原》卷三　竹黄　甘，寒，無毒。　發明：竹黄出大竹之中，津氣結成。其味功用與竹瀝同，而無寒滑之害。涼心經，去風熱，為小兒驚癇，風熱痰湧失音，治痰清熱之要藥。以其生天竺國，故名天竺黄。今藥肆多燒諸骨及葛粉雜入，不可不辨。

清·劉漢基《藥性通考》卷六　天竹黄　味甘，氣微寒。涼心經，去風熱，利竅豁痰，鎮肝明目，功同竹瀝而性和緩，無寒滑之患。治大人中風不語，小兒客忤驚癇最宜。然出南海大竹之津氣結成，即竹內黄粉片片如竹節者真也。

清·黄元御《玉楸藥解》卷二　天竺黄　味甘，性寒。入手少陰心、足少陽膽經。泄熱甯神，止驚除痰。天竺黄清君相火邪，治驚悸癲癇，中風痰迷，失音不語，明目安心，清熱解毒。

清·吴儀洛《本草從新》卷三　天竹黄（瀉熱，豁痰，涼驚。）　甘而微寒。涼心經，去風熱，利竅豁痰，鎮肝明目。功同竹瀝而性和緩，無寒滑之患。治大人中風不語，小兒客忤驚癇為尤宜。久用亦能寒中。出南海。大竹之津氣結成。即竹內黄粉。片片如竹節者真。

清·汪紱《醫林纂要探源》卷二　天竹黄　甘，淡，寒。老竹節中黄粉，乃津液所凝結，不必海外。功同竹瀝而稍緩。久而凝成，故性和緩。然功不及瀝之速，而瀝亦不及黄之和。須審其緩急用之。寧心治癇。小兒客忤急驚，尤宜。

清·嚴潔等《得配本草》卷七　天竹黄　伏粉霜。　甘，涼。入手少陰經。涼心熱，鎮肝風，利關竅，辟邪惡。除昏昧譫妄，病後痰鬱。生南海鏞竹中。此竹極大，又名天竹，其內有黄，結成如竹節片者真。　其氣味功用與竹瀝同，而無寒滑之害。

題清·徐大椿《藥性切用》卷五　天竹黄　性味甘寒，清心利竅，豁痰定驚。乃竹之津氣結成，片片如竹節者真。

清·黄宫繡《本草求真》卷六　天竺黄瀉心熱。　天竺黄耑入心。係天竺國之竹精氣結成。其粉形如竹節，味甘氣寒，與竹瀝功用略同，皆能逐痰利竅。但此涼心去風除熱，為小兒驚癇風熱，痰湧失音，較之竹瀝，其性和緩，而無寒滑之患也。味甘故緩。　今市肆多骨灰、葛粉雜入，不可不辨。

清·羅國綱《羅氏會約醫鏡》卷一七竹木部　天竹黄味甘，微寒，入心肝經。　涼心經，去風熱。治中風不語、客忤驚癇，化風痰熱痰。　養心明目。寒除虛火。　功用與竹瀝相倣，但性稍緩，無寒滑之患。出海南，大竹之津氣結成。即竹內黄粉，片片如竹節者真。

清·趙學敏《本草綱目拾遺》正誤　天竹黄　《綱目》於本條下止載釋名，而無集解。瀕湖於釋名下附註，取贊甯《(草)〔筍〕譜》所說，云鏞竹一名天竹，內有黄，可療疾。篔竹亦有黄云，而出産采取一切形狀，蓋未之及。按沈存中《筆談補》云：嶺南深山中有大竹，有水甚清澈，溪澗中水皆有毒，惟此水無毒，土人陸行多飲之，至深冬則凝結如玉，乃天竹黄也。王彥祖知雷州日，盛夏之官，山溪澗水皆不可飲，唯剖竹取水，烹飪飲啜，皆用竹水。次車被召赴闕，冬行求竹水，不可復得。問土人，乃知至冬則凝結，不復成水。遇夜野火，燒林木為煨燼，而竹黃不灰，如火燒獸骨而輕。土人多於火後采拾，以供藥品，不若生得者為善。此說正可補瀕湖之所未備。

清・趙學敏《本草綱目拾遺》卷一水部　竹精　汪東藩《醫奧》云：毛竹內剖之，新竹多有水，乃竹精也。以不臭色清者入藥佳。

治汗斑：以雞毛蘸水刷上，立退。

五月五日雨，剖竹得水，名神水。

清・王學權《重慶堂隨筆》卷下　天竹黃　《綱目》止載釋名而無集解，出產採取，一切形狀皆未之及。按《筆談補》云：嶺南深山中有大竹，竹中有水甚清澈，溪澗之水皆有毒，惟此水無毒，土人陸行多飲之。至深冬則凝結如玉，乃天竹黃也。王彥祖知雷州日，盛夏之官，山溪澗水皆不可飲，惟剖竹取水，烹飪飲啜皆用竹水。次年被召赴闕，冬行求竹水不可復得。問土人，乃知至冬則凝結，不復成水，遇夜野火，燒林木為煨燼，惟竹黃不灰，如火燒獸骨而輕。土人多於火後采拾，以供藥品，不若生得者為善，此說可補瀕湖之未備。

清・黃凱鈞《藥籠小品》　天竹黃　甘，微寒，涼心去風熱，利竅豁痰，治大人中風不語，小兒客忤驚癇。出南海，大竹之精氣結成，片片如竹節者真。

清・王龍《本草纂要稿・木部》　天竺黃　治小兒急慢驚抽，療肥人卒暴中風。鎮心明目，解熱驅煩。

清・張德裕《本草正義》卷上　天竹黃　甘辛，涼降。開風痰，降熱痰，清心火，鎮心氣，療癲癇，安驚悸，小兒風痰客忤。

清・葉桂《本草再新》卷四　天竺黃味甘、苦，性微寒，無毒。入心、肝二經。平肝火，清心熱，利竅化痰，明目去風。

清・趙其光《本草求原》卷一一苞木部　天竺黃　甘，寒，無毒。涼心經，去風熱，豁痰利竅，功同竹瀝。性和緩，而無寒滑之患。鎮肝明目，治熱極生風，涼血之功。中風不語，小兒驚癇，天吊癲疾。同牛黃、犀角、丹砂、茯神、膽星、貝母、棗、遠、藤鉤、竹瀝，虛者去膽星，加參。又治金瘡。

出天竺國，竹之津氣結於竹內，片片如竹節者真。今人多以燒諸骨及葛粉亂之。

清・文晟《新編六書》卷六《藥性摘錄》　天竺黃　味甘，氣寒。瀉心熱，與竹瀝畧同。逐痰利竅。〇但此涼心，祛風除熱，兼治小兒風熱急驚，痰湧失音，較竹瀝性和緩。

清・張仁錫《藥性蒙求・木部》　天竺黃二錢　天竺黃寒，鎮肝風熱。利竅豁痰，功同竹瀝。甘而微寒。鎮肝，涼心經，去風熱。治大人中風不語，小兒客忤驚癇為尤宜。〇功同竹瀝，無寒滑之患，而性稍和緩也。

清・戴葆元《本草綱目易知錄》卷四　竹黃　甘，寒。涼心經，去諸風熱，滋養五臟，利竅豁痰，鎮心明目，功同竹瀝，而性和緩，無寒滑之患。治中風痰壅，失音不語，小兒客忤癇疾，驚風天弔。療金瘡，制藥毒發熱。

清・陳其瑞《本草撮要》卷二　天竹黃　味甘，微寒，入手厥陰經，功專涼心去風熱，利竅豁痰，鎮肝明目。功同竹瀝而和緩，惟真者難得。即竹中黃粉，須出南海者。

清・鄭奮揚著，曹炳章注《增訂偽藥條辨》卷三　天竹黃　天竹黃生南海鏞竹中，此竹極大，又名天竹。故宗奭云：是竹內所生如黃土，著竹成片者。今剖諸竹內，往往得之。按李時珍有言竹黃乃大竹之精氣結成，其氣味功用與竹瀝同，而無寒滑之害，氣味甘寒，涼心經，去風熱，清痰火。真者難得，故肆中有偽品。或云即土石所造，色雜不可辨，用者不可不慎也。炳章按：李時珍《本草綱目》釋名條下採註吳僧贊寧《筍譜》云：天竺黃生南海鏞竹中，又名天竹。此竹極大，其內生黃，可以療疾。本草作天竺之竺，非矣。李息齋《竹譜》詳錄云：鏞竹出廣南，絕大內空，節可容二升，交廣人持以此量出納。竹中有水甚清潔，溪澗四月後，水皆有毒，惟此竹水無毒，土人陸行皆飲用之。至深冬則凝結竹內如玉，即天竹黃也。可療風癇疾。又如相迷竹，生黃州，狀與鏞竹大同小異，中亦有黃，堪作丸治病，然力不及鏞竹云。沈存中《筆談補》云：嶺南深山中有大竹即鏞竹，內有水甚清潔，溪澗中水皆有毒，惟此水無毒，土人陸行多飲之。至深冬則凝結如玉，即天竹黃也。昔王彥祖知雷州時，盛夏至官山，溪澗水皆不可飲，惟剖竹取水，烹飪飲啜，皆用竹水。次年被召赴闕東行，求竹水不可復得，問土人，乃知至冬則凝結，不復成水。適是夜野火燒林，木為煅燼，惟竹黃不灰，如火燒獸骨，色灰而輕，土人多以火後採集，以供藥品，不若生得者為善，因生時與竹節貼牢，不易取鑿耳。沈、李二公所說竹黃，確是近今天生之老式竹黃。又考日本《竹譜》云：竹實酥，竹膏，皆漢之天竹黃也。因竹枯筒中之露水，由濕熱凝結如麪粉者，名天竹黃。田中方男云此物係生於竹節間凝結物，大抵由純粹玻石而成。於東印度、中國，以供藥劑之用，價甚貴。用於膽液性之嘔吐、痰癇血痢痔疾，及其他相類之症。林氏《本草》云：竹條中之黃，乃竹所含有乳汁液，乾而凝結者。性與新竹之甘味液相同。至於老竹則色液俱變，結為堅塊，恰如一種浮石，有異味，而收斂異常，儼如已燒之象牙，印度名之曰竹糖，漢醫名曰竹黃。《植物字彙》云：若竹幹過於堅密，則其節中以得太陽之溫度而次第凝結之故，自然滴液如蜜，即古來所傳竹實酥也。《法大字書》云：竹節間，有名他伯希尹爾者，為玻石質，而雜以灰石質少許，及有機性之物質，是昔所最珍奇者也。由是觀之，則老竹節間，所潴留之甘液，次第凝結為砂石狀者也。其性為玻石質。玻石質者，木賊、麥稗等之堅質所具之質也。本邦九州，竹中有液者甚多，特薩州竹中，出有砂石狀之物，迄七八月劏之則出水，十月十一月則成砂塊，灰黃色。綜觀東西洋諸學說，其名雖有竹實酥、竹膏等之異，辨其生成形態，與沈、李之發明，亦相吻合，然亦足資參考，以補我中華舊有本草之所未詳，此較現行老式片天竹黃，一一符合。餘如大明云此是南海邊竹塵砂結成者，宗奭曰此竹內所生，如黃土着竹成片者，馬志曰天竹黃生天竹國，今諸竹內往往得之，多燒諸骨灰及蛤粉等雜之者云云，大抵如近人云人造者，依據此說也。近時作偽者，不獨以蛤粉等製造，甚至有用水門汀偽造者，可謂天良傷盡者也。然偽造形態，易於鑒別，與天然生成者，形色不同耳。

竹花

清・吳其濬《植物名實圖考》卷三五　竹花　湖南圃中細竹。秋時矮笋，不能成竹，梢頭葉卷成長苞，層層密抱，從葉隙出一長鬚，端有黃點，大如粟米而長，纍纍下垂，每歲為常。乃知開花之竹，自有一種，非盡老瘁。昔人議竹華實，所見皆殊，別為《竹實考》，雜緝各說焉。

簝竺

清・劉善述、劉士季《草木便方》卷二木部　簝竺　簝葉甘寒治諸血，男女嘔吐衄血滅。通便利肺消喉痹，尿血下血消腫捷。

白甲竺

清・劉善述、劉士季《草木便方》卷二木部　白甲竺　山白甲竹味甘平，痞滿逆氣咳嗽靈。煅塗爛瘡生肌妙，葉療煩渴止崩淋。

綠筍片

清・趙學敏《本草綱目拾遺》卷八諸蔬部　綠筍片　即玉版筍，以毛筍淡煮曬乾者。浙、閩、江西多有，有草鞋底、蝴蝶尖、玉版等名。《湖州府志》：蕿筍大者，謂之闊綠，有名泥裏黃者尤美。味甘性平，治實喘消痰。張石頑云：乾筍淡片，利水豁痰，水腫葶藶丸用之。

清・劉善述、劉士季《草木便方》卷二木部　綠竺　綠竹根筍苦大涼，風火蟲牙疼痛良。虛勞骨蒸除潮熱，頭昏目赤火毒強。

雜木分部

綜述

帝休

宋・唐慎微《證類本草》卷一二木部上品〔唐・陳藏器《本草拾遺》〕　帝休　主不愁，帶之愁自銷矣。生少室嵩高山。

〔宋・唐慎微《證類本草》〕《山海經》曰：少室山有木名帝休，其枝五衢，黃花黑實。服之不愁。今嵩山應有此木，人未識，固可求之，亦如萱草之忘憂也。

城東腐木

宋・唐慎微《證類本草》卷三〇有名未用・草木〔《別錄》〕　城東腐木　味鹹，溫。主心腹痛，止洩，便膿血。

〔宋・掌禹錫《嘉祐本草》〕按：陳藏器云：城東腐木，即今之城東古木，木在土中。一名地至。主心腹痛，鬼氣。城東者，猶取東牆之土也。杜正倫方云：古城任木煮湯服，主難產。此即其類也。

宋・唐慎微《證類本草》卷一三木部中品〔唐・陳藏器《本草拾遺》〕　地主　平，無毒。主鬼氣心痛。酒煮服一合。此土中古木腐爛者也。

宋・唐慎微《證類本草》卷一三木部中品〔唐・陳藏器《本草拾遺》〕　腐木　主蜈蚣咬。末和醋傅之。亦漬取汁傅咬處良。

明・李時珍《本草綱目》卷三七木部・雜木類 城東腐木《别録》有名未用。校正：併入《拾遺》腐木、地主二條。

【釋名】地主藏器曰：城東腐木，即城東古木在土中腐爛者，一名地主。城東者，猶東墻土之義也。杜正倫方：用古城柱木煮湯服，治難産。即其類也。

【氣味】鹹，温，無毒。藏器曰：平。【主治】心腹痛，止洩、便膿血《别録》。主鬼氣心痛，酒煮一合服。蜈蚣咬者，取腐木漬汁塗之，亦可研末和醋傅之藏器。凡手足掣痛，不仁不隨者，朽木煮湯，熱漬痛處，甚良時珍。

淮木

宋・唐慎微《證類本草》卷三〇有名未用〔《本經・別錄》〕 淮木 味苦，平，無毒。主久欬上氣，傷中虚羸，補中益氣，女子陰蝕，漏下，赤白沃。一名百歲城中木。生晉陽平澤。

宋・唐慎微《證類本草》卷三〇有名未用・草木〔《别錄》〕 城裏赤柱 〔梁・陶弘景《本草經集注》〕云：方藥亦不復用。味辛，平，療婦人漏血，白沃，陰蝕，濕痹，邪氣，補中益氣。生晉平陽。

宋・李昉《太平御覽》卷第九九三 淮木 《吴氏本草》曰：淮木，神農、雷公：無毒。生晉平陽，河東平澤。治久欬上氣，傷中羸虚，補中益氣。

明・李時珍《本草綱目》卷三七木部・雜木類 淮木《本經》下品。校正：併入《别録》有名未用城裏赤柱。

【釋名】百歲城中木《本經》 城裏赤柱《别録》曰：淮木生晉陽平澤。又云：城裏赤柱生晉平陽。時珍曰：按《吴普本草》：淮木生晉平陽、河東平澤，與《别録》城裏赤柱出處及主治相同，乃一物也。即古城中之木，晉人用之，故云生晉平陽及河東。今併爲一，但淮木字恐有差（譌）〔訛〕耳。

【氣味】苦，平，無毒。《别録》曰：辛。普曰：神農、雷公：無毒。【主治】久欬上氣，傷中虚羸《本經》。女子陰蝕漏下，赤白沃。〇城裏赤柱：療婦人漏血，白沃陰蝕，濕痹邪氣，補中益氣並《别録》。煮湯服，主難産杜正倫。

清・葉志詵《神農本草經贊》卷一 淮木 味苦，平。主久欬上氣，腸中虚羸，女子陰蝕，漏下赤白沃。一名百歲城中木。生山谷。

城中百歲，樟上長生。枝銜肌肉，理具縱横。雲封索異，赤柱標名。似朴似桂，藥味傳精。

李當之曰：是樟樹上寄生，樹大銜枝在肌肉。桐君曰：狀如厚朴，色似桂白。其理一縱一横。名醫曰：生太山。《史記・傳》：天子封太山，有白雲起封中。于邵序：搜奇索異。李時珍曰：一名赤桂。《後漢書》：標名為證。陸龜蒙詩：僧傳藥味精。

東家雞棲木

宋・唐慎微《證類本草》卷一四木部下品〔唐・陳藏器《本草拾遺》〕 東家雞棲木 無毒。主失音不語。雜方云：作灰服一升，立效也。

明・李時珍《本草綱目》卷三七木部・雜木類 東家雞棲木《拾遺》

【釋名】時珍曰：《酉陽雜俎》作東門雞棲木。

【主治】無毒。主失音不語，燒灰，水服，盡一升效藏器。

古廁木

宋・唐慎微《證類本草》卷一三木部中品〔唐・陳藏器《本草拾遺》〕 古廁木 主鬼魅，傳尸，溫疫，魍魎，神等。取木以太歲所在日時，當戶燒薰之。又薰杖瘡冷風不入，以木於瘡上薰之。廁籌主難産及霍亂，身冷轉筋，於床下燒取熱氣徹上，亦主中惡鬼氣，此物雖微，其功可録。

明・王文潔《太乙仙製本草藥性大全》卷三《仙製藥性》 古廁板 主鬼魅傳尸杖瘡即效，治瘟疫魍魎等神立逐。補註：傳尸，瘟疫等神，取木以太歲所在日時，當戶燒熏之，雙熏之。杖瘡，冷氣不入，以木於瘡上熏之效。

明・倪朱謨《本草彙言》卷一一 古厠木 味鹹，氣寒，無毒。此係糞窖中腐爛板木也。

李氏曰：古厠木，主治金瘡杖瘡，跌磕撲損瘡。取此木燒烟床下熏之，可令風邪不入。

清・趙學敏《本草綱目拾遺》卷九器用部 廁上椽木尿板 此即毛坑上椽子。多年為糞熏漬，其解毒之功，不下糞清也。

治紅絲疔：《敬信錄》：紅絲疔先將鍼挑斷其絲，將多年糞坑上碎木椽子，煅灰研細，用飴糖拌塗留頭，疔即拔出。

尿板：治手足瘡無力不能收口。《家寶方》用多年尿浸爛白色木板，煅存性為細末，加冰片摻之，立時收口。

古櫬板

宋・唐慎微《證類本草》卷一三木部中品〔唐・陳藏器《本草拾遺》〕 古櫬板 無毒。主鬼氣注忤中惡，心腹痛，背急，氣喘，惡夢悸，常爲鬼神所祟撓者。水及酒和東引桃枝煎服，當得吐下。古塚中棺木也。彌古者佳。杉材最良。千歲者通神，作琴底。《爾雅》注云：杉生江南，作棺埋之不腐。

明・王文潔《太乙仙製本草藥性大全》卷三《本草精義》　古櫬板　一名棺板，即古塚中之棺木也。彌古者尤佳。杉木作材者最良。千歲者通神，可作琴底。《爾雅》云：杉生江南，作棺埋之不腐。

明・王文潔《太乙仙製本草藥性大全》卷三《仙製藥性》　古櫬板即古塚內棺木也。　無毒。　主治：　主鬼氣注忤邪氣，祛中惡心腹急疼。背急氣喘，惡夢悸惕。　補註：　治常鬼神所祟撓者，及惡瘡邪氣所染，取以和東引桃枝同酒，空心煎服，當得吐下惡物。

明・李時珍《本草綱目》卷三七木部・雜木類　古櫬板《拾遺》

【集解】藏器曰：此古塚中棺木也。彌古者佳，杉材最良。千歲者通神，宜作琴底。《爾雅注》云：杉木作棺，埋之不腐。

【主治】無毒。主鬼氣注忤中惡，心腹痛，背急氣喘，惡夢悸，常爲鬼神所祟撓者。水及酒，和東引桃枝煎服，當得吐下藏器。

【附方】新一。　小兒夜啼：死人朽棺木，燒明照之，即止。《聖惠方》。

明・倪朱謨《本草彙言》卷一一　古櫬板　味辛、苦，氣寒，無毒。此係古冢中棺板也。得杉材最良。千歲者通神，可做琴底。　陳氏曰：古櫬板，治中惡鬼氣，疰忤，心腹痛，并多惡夢魘悸，及爲鬼神作祟者。用數寸，劈薄片，和桃柳枝各三寸，水煮飲，當即吐下，愈。以鬼物而治鬼邪之病，此同類相應也。又《聖惠方》治小兒夜啼不止，用杉板棺木，燃燈照之即止。

清・郭章宜《本草匯》卷一六　古櫬板　主鬼氣中惡腹痛，療夢悸邪祟所撓。

按：古櫬板，即古塚棺木也。小兒夜啼，以朽者燒明照之，即止。若患前症，以水酒和東引桃枝煎服，當得吐止。

彌古者佳，杉材最妙。

清・趙學敏《本草綱目拾遺》卷九器用部　老材香　山陝等省無漆，民間棺殮，俱用松香、黃蠟塗於棺內，數十年後有遷葬者，棺朽另易新棺，其朽棺內之香蠟，名曰老材香，土人用合金瘡藥。按：脂蠟乃先天流液之精，又得土以固其力，藉血肉餘氣以凝其神，是一物合三才之用，故入藥功效倍於他草木也。《藥性考》：北地古棺中松脂，合金瘡藥止血極效。　治跌打損骨，止金瘡血出，生肌定疼，神效。　《盧氏仙方》：金瘡鐵扇散中用之。

河邊木

宋・唐慎微《證類本草》卷一二木部上品〔唐・陳藏器《本草拾遺》〕　河邊木　令飲酒不醉。五月五日取七寸，投酒中二偏飲之，必能飲也。

明・許希周《藥性粗評》卷三　木取河邊開酒量。

河邊木，木之生於河邊者是也。不拘諸木皆可用。主治酒量不足。五月五日自往河邊截取七寸，歸投酒中二遍，飲之其量遂開。

震燒木

宋・唐慎微《證類本草》卷一二木部上品〔唐・陳藏器《本草拾遺》〕　震燒木　主火驚失心，煮服之。又取掛門戶間，大厭火災，此霹靂木也。

明・王文潔《太乙仙製本草藥性大全》卷三《仙製藥性》　(霹)〔震〕燒木又名霹靂木。即雷擊樹。　主治：　主火驚失心，服之鎮心。取掛門戶間，大壓火災。

明・李時珍《本草綱目》卷三七木部・雜木類　震燒木《拾遺》

【釋名】霹靂木時珍曰：此雷所擊之木也。方士取刻符印，以召鬼神。周日用注《博物志》云：用擊鳥影，其鳥必自墮也。

【主治】火驚失心，煮汁服之。又掛門户，大厭火灾藏器。

明・倪朱謨《本草彙言》卷一一　雷震木此係經雷所擊之木也。方士取刻符印，以召鬼神，有驗。又《博物志》云：用此木擊鳥影，其鳥必自墮也。　陳氏曰：雷震木，治暴驚失心，煮汁飲之立定。又掛門戶，大厭火災。

清・郭章宜《本草匯》卷一六　震燒木　掛門戶火災能壓，煮汁服治火驚心。

按：震燒木，即雷所擊之木也。方士取刻符印，以召鬼神，甚奇。《博物志》云：用擊鳥影，其鳥自墮。

清・张璐《本經逢原》卷三　震燒木　發明：　雷氣通於心，故可治失心驚悸之病。又掛門戶大壓火災。

樹包

明・蘭茂原撰，范洪等抄補《滇南本草圖說》卷六　樹包　諸樹生包，包內有水，乃天地水，樹之津液。採取染髮，久服輕身延年。氣味甘甜，無毒，平。主治：五勞七傷，諸虛百損，肺癰熱毒。亦治中風，口眼歪斜，偏枯之症，服之如神。又取包燒灰，治惡瘡疔毒，敷之即散。此水用瓷器盛之，黄蠟封口，遇之危病，將終服之，可延一月。如常常服之，可延壽一紀。總之，此物難於多得，如常川有之，豈有起死回生之功。此水《列仙傳》載之。

新雉木

宋・唐慎微《證類本草》卷三〇有名未用・草木〔《別錄》〕 新雉木 味苦，香，溫，無毒。主風眩痛，可作沐藥。七月採，陰乾，實如桃。

合新木

宋・唐慎微《證類本草》卷三〇有名未用・草木〔《別錄》〕 合新木 味辛，平，無毒。解心煩，止瘡痛。生遼東。

俳蒲木

宋・唐慎微《證類本草》卷三〇有名未用・草木〔《別錄》〕 俳蒲木 味甘，平，無毒。主少氣，止煩。生陵谷。葉如柰，實赤，三核。

遂陽木

宋・唐慎微《證類本草》卷三〇有名未用・草木〔《別錄》〕 遂陽木 味甘，無毒。主益氣。生山中，如白楊葉，三月實，十月熟赤，可食。

學木核

宋・唐慎微《證類本草》卷三〇有名未用・草木〔《別錄》〕 學木核 味甘，寒，無毒。主脇下留飲，胃氣不平，除熱。如蕤核，五月採，陰乾。

栒核

宋・唐慎微《證類本草》卷三〇有名未用・草木〔《別錄》〕 栒音荀核 味苦。療水，身面癰腫。五月採。

木核

宋・唐慎微《證類本草》卷三〇有名未用・草木〔《別錄》〕 木核 療腸澼。○華：療不足。○子：療傷中。○根：療心腹逆氣，止渴。十月採。

荻皮

宋・唐慎微《證類本草》卷三〇有名未用・草木〔《別錄》〕 荻皮 味苦，止消渴。去白蟲，益氣。生江南。如松葉有別刺，實赤黄。十月採。

柵木皮

宋・唐慎微《證類本草》卷一二木部上品〔**前蜀・李珣《海藥本草》**〕 柵木皮 謹按《廣志》云：生廣南山野郊漢。《爾雅》注云：柵木如桑樹，味苦，溫，無毒。主霍亂吐瀉，小兒吐乳，暖胃正氣。並宜煎服。

乾陀木皮

宋・唐慎微《證類本草》卷一二木部上品〔**唐・陳藏器《本草拾遺》**〕 乾陀木皮 味平，無毒。主破宿血，婦人血閉，腹内血塊，酒煎服之。生安南。皮厚堪染者，葉如櫻桃。

〔宋・唐慎微《證類本草》〕《海藥》云：按《西域記》云：生西國。彼人用染僧褐，故名乾陀，褐色也。樹大皮厚。味平，溫。主癥瘕氣塊，溫腹暖胃，止嘔逆，並良也。

馬瘍木根皮

宋・唐慎微《證類本草》卷一四木部下品〔**唐・陳藏器《本草拾遺》**〕 馬瘍木根皮 有小毒。主惡瘡疥癬有蟲者，爲末，和油塗之。出江南山谷，樹如櫪也。

角落木皮

宋・唐慎微《證類本草》卷一三木部中品〔**唐・陳藏器《本草拾遺》**〕 角落木皮 味苦，溫，無毒。主赤白痢。皮煮汁服之。生江西山谷。似茱萸獨莖也。

芺樹

宋・唐慎微《證類本草》卷一四木部下品〔**唐・陳藏器《本草拾遺》**〕 芺音夭樹 有大毒。主風痹偏枯，筋骨攣縮，癱緩，皮膚不仁，疼冷等。取枝、葉擣碎，大甑中蒸令熱，鋪著床上。展卧其中，冷更易，骨節間風盡出，當得大汗，補藥及羹粥食之，慎風冷勞復。生江南深山，葉長厚，冬月不凋，山人總識之。

慈母枝葉

宋・唐慎微《證類本草》卷一三木部中品〔**唐・陳藏器《本草拾遺》**〕 慈母 無毒。取枝、葉炙黄香，作飯，下氣止渴，令人不睡，主小兒痰痞。生山林間。葉如櫻桃而小，樹高丈餘，山人並識之。

黄屑

宋・唐慎微《證類本草》卷一二木部上品〔**唐・陳藏器《本草拾遺》**〕 黄屑 味苦，寒，無毒。主心腹痛，霍亂，破血，酒煎服之。主酒疸目黄及野雞病，熱痢下血，水煮服之。從西南來者，並作屑，染黄用之，樹如檀。

那耆悉

宋・唐慎微《證類本草》卷一二木部上品〔唐・陳藏器《本草拾遺》〕　那耆悉　味苦，寒，無毒。主結熱，熱黄，大小便澁，赤疥毒諸熱，明目，取汁洗目，主赤爛熱障。生西南諸國。一名龍花也。

大木皮

宋・唐慎微《證類本草》卷三〇外木蔓類〔宋・蘇頌《本草圖經》〕　大木皮　生施州。其高下、大小不定，四時有葉，無花。其皮味苦、澀，性溫，無毒。採無時。彼土人與苦桃皮、櫻桃皮三味，各去麄皮，淨洗焙乾，等分擣羅，酒調服一錢匕，療一切熱毒氣。服食無忌。

明・劉文泰《本草品彙精要》卷四一　大木皮無毒　植生。

大木皮：與苦桃皮、櫻桃皮三味去麤皮，淨洗焙乾，等分擣羅，酒調服一錢匕，療一切熱毒氣，服食無忌。出《圖經》。〔苗〕《圖經》曰：其高下、大小不定，四時有葉，無花。〔地〕《圖經》曰：生施州。〔時〕生：春生苗。採：無時取皮。〔用〕皮。〔味〕苦，澀。〔性〕溫，洩。〔氣〕味厚於氣，陰中之陽。

清・吴其濬《植物名實圖考》卷二〇　大木皮　宋《圖經》外類。生施州。主療一切熱毒氣。

諸木有毒

宋・唐慎微《證類本草》卷一四木部下品〔唐・陳藏器《本草拾遺》〕　諸木有毒。合口椒有毒。椒白色有毒。木耳，惡蛇蟲從下過有毒，生楓木上者，令人笑不止，採歸色變者有毒，夜中視光有毒，欲爛不生蟲者有毒，並生擣冬瓜蔓主之也。

雜録

優曇花

清・吴其濬《植物名實圖考》卷三六　優曇花　生雲南，大樹蒼鬱，幹如木犀；葉似枇杷，光澤無毛，附幹四面錯生；春開花如蓮，有十二瓣，閏月則增一瓣；色白，亦有紅者，一開即斂，故名。按《滇志》所紀，大率相同；或有謂花開七瓣者。撫衙東偏有一樹，百餘年物也，枝葉皆類辛夷花，祗六瓣，似玉蘭而有黄蕊；外有苞，與花俱放如瓣三，色緑，人皆呼波羅花。考《白香山集》，木蓮生巴峽山谷，花如蓮，色香豔膩皆同，獨房蕊異。四月始開，二十日即謝，不結實；其形狀、氣候皆相類，此豈即木蓮耶？滇近西藏，花果名多西方語，紀載從而飾之，遂近夸誕。許纘曾《東還紀程》謂優曇和山娑羅皆一物，而云花葉無異載乘。今此花祗及一歲之半，又園圃分植，輒生鄉間，摘葉以為雨笠，非復靈光巋存，豈曇花終非可移，而姑以木蓮冒之耶？抑此花本六瓣，閏月增一為七，而《紀乘》誤耶？否則和山等同為一種，以肥瘠、靈俗而有千層、單瓣耶？又滇花瓣數，一樹之上，多寡常殊；應月之瓣，或偶值之耶？余以所見繪之圖，而録《東還紀程》於後，以備考。其餘耳食之談，皆不具。

《東還紀程》：大理府山為靈鷲，水為西洱。靈鷲之旁為和山，樹生和山之麓。高六七丈，其幹似桂，其花白，每花十二瓣，遇閏則多一瓣。佛日盛開，異香芬馥，非凡臭味；中出一蕊如稗穗，俗以為仙人遺種，主僧惡人剝啄，佯置火樹下成灰燼。《雲南府志》：優曇花在城中土主廟内，高二十丈，枝葉扶茂。每歲四月花開如蓮，有十二瓣，閏歲則多一瓣，亦名娑羅樹。昔蒙氏樂誠魁時，有神僧菩提巴波自天竺至，以所攜念珠分其一手植之，久沒兵燹中。謝肇淛《滇略》：安寧過泉西岸有寺，曰曹溪，其中有曇花樹一株，相傳自西域來者。緑葉白花，移蘖他種，終不復活。余謂安寧之優曇，大理之和山，土主廟之娑羅，其花同，其色同，其枝幹亦同，特異地而異名耳。壬子夏，曇花盛開，州守馳使折一枝以贈，其花葉枝幹，合之載乘，果無異也。太守乃採柔條，徧插於大樹之旁。三月後報曰：一枝已萌蘖矣。余喜甚，乃移置盆盎，碧葉爛然，一根五幹。土人驚詡，以為奇瑞。

又《雲南通志》稿載郎中阮福《木蓮花說》，與鄙見合。惟雲南督署舊有紅優曇，說中以為皆是白花。余訪之，信。偶買花擔上，折枝得紫苞者，疑為紅花也。及苞坼則緑白瓣，無少異。豈制府中之殷紅者亦此類耶？李時珍以木蓮初作紫苞，似辛夷，尤相吻合。而又以真木蘭即此。然則虬幹婆娑者，其即征帆送遠之花身耶？阮說尚未之及。昔人有謂木蘭與桂為一種者。此樹葉皮味皆辛，微似桂。

緬樹

清·吴其濬《植物名實圖考》卷三六　緬樹　緬樹，生昆明人家。樹高逾人，春時發葉，先茁紅苞長數寸，苞坼葉見，俱似優曇。苞不遽脱，裊裊紛披，如曳丹羽，遙望者皆誤認朱英倒垂也。此樹未訪得真名，滇人以物之罕尠者，皆呼曰緬，言其來從異域耳。有採藥者曰：此紅優曇也。花紅瓣多，居人畏攀折，故匿其名。省城亦止此一樹。按《滇志》，督署有紅優曇一株，形諸紀詠，然第苞紅耳，花固白色。市中折以售，不為異也。此花既未早知名，瓜期已屆，忽忽不復索觀，略記數語，以示東土好事者，不免為優曇添一重疑案。

龍女花

清·吴其濬《植物名實圖考》卷三六　龍女花　《雲南志》：龍女花，太和縣感通寺一株，樹高數丈，花類白茶，相傳為龍女所種。余訪得繪本，其花正白八出，黄蕊中有緑心一縷，俗謂緑如意花。謝時收弆，可以催生云。又《徐霞客遊記》：感通寺龍女花樹，從根分挺，三四大株，各高三四丈，葉長二寸半，闊半之，緑潤有光。花白，大於玉蘭。亦木蓮之類，而異其名。

蝴蝶戲珠花

清·吴其濬《植物名實圖考》卷三六　蝴蝶戲珠花　蝴蝶戲珠即繡毬之別種。桂馥《札樸》：繡毬花周圍先開，其瓣五出，酷似小白蝶，俗呼蝴蝶花。中心別有數十蕊，小如粟米。按此花五瓣，三大兩小，形微似蝶。中心緑蓓蕾，圓如碧珠，開不成瓣，白英點點，非蕊也。

雪柳

清·吴其濬《植物名實圖考》卷三六　雪柳　生雲南山阜。小木紫幹，全似水柳，而葉小柔韌，黄花作穗。老則為絮，羃樹浮波，吹風落毴。滇南有柳少花，得此矮柯，但見糝徑鋪氈，不能漫天作雪矣。

清·吴其濬《植物名實圖考》卷三六　雪柳　昆明縣採訪，會城城隍廟雪柳，已數百年物。

按：樹已半枯，葉如冬青，大小疏密無定。春深開花，一枝數朵，長筒長瓣，似素興而色白，雪柳之名或以此。插枝、就接皆不生。

皮袋提

清·吴其濬《植物名實圖考》卷三六　皮袋香　一名山梔子。生雲南山中。樹高數尺，葉長半寸許，本小末奓，深緑厚硬；春發紫苞，苞坼膏葖，潔白如玉，微似玉蘭而小；開花五出，細膩有光，黄蕊茸茸，中吐緑鬚一縷；質既縞潔，香尤清馝；薝蔔對此，色香俱粗。山人擔以入市，以為瓶供。俗以花苞久含，故有皮袋之目。檀萃《滇海虞衡志》：含笑花俗名羊皮袋，花如山梔子，開時滿樹，香滿一院。即此。但含笑以花不甚開放，故名。此花瓣少，全坼，非大小含笑也。

珍珠花

清·吴其濬《植物名實圖考》卷三六　珍珠花　一名米飯花。生雲南山坡。叢生，高三二尺，長葉攢莖勁垂，無偏反之態。春初梢端白筩子花，本大末收，一一下懸，儼如貫珠；又似糯米。一條百數，映日生光。土人折賣，擔頭千琲可稱富潔。此樹大致如南燭，而花極繁，葉少光潤。土人云未見結實，未審一種否。

滇桂

清·吴其濬《植物名實圖考》卷三六　滇桂　生雲南人家。樹高近丈，赭幹緑枝，春生葉如初發小橘葉；葉間對茁長柄膏葖，圓如菉豆，開四團瓣白緑花，瓣厚多罅，中央緑蒂，大如小錢；有蕊五點，外瓣附之如排棋子，狀頗俶詭。

野李花

清·吴其濬《植物名實圖考》卷三六　野李花　一名山末利。生雲南山中。樹高五六尺，赭幹如桃枝；葉本小末團有尖，柔厚不澤，深紋微齒，淡緑色；春開五瓣小白花，如李花而更小，蕊繁如毬，清香淡遠，故有末利之目。

象牙樹

清·吴其濬《植物名實圖考》卷三六　象牙樹　生元江州。樹高丈餘，竟體黯白，微似紫薇，細枝竦上；葉似烏臼樹葉而薄；木色似象牙而質重。《新平志》：出魯魁山，可代象牙作筯云。

山海棠

清·吴其濬《植物名實圖考》卷三六　山海棠　生雲南山中，園圃亦植之。樹如山桃，葉似櫻桃而長；冬初開五瓣桃紅花，瓣長而圓，中有一缺，繁蕊中突出緑心一縷，與海棠、櫻桃諸花皆不相類。春結紅實長圓，大如小指，極酸，不可食。阮儀徵相國有《咏山海棠詩》，序謂花似梅棠，蒂亦垂絲者，則土人謂為山櫻桃，以其樹可接櫻桃，故名。若以花名，則此當曰山櫻，彼當曰山棠也。

山海棠又一種　山海棠生雲南山中。樹莖葉俱似海棠，春開尖瓣白花，似桃花而白膩有光，瓣或五或六，長柄綠蒂，裊裊下垂，繁雪壓枝，清香溢谷。花開足則上翹，金粟團簇，玉線一絲，第其姿格，則海棠饒粉，梨雲無香，未可儕也。幽谷自賞，筠籃折贈，偶獲於賣菜之傭，遂以登列瓶之史。

炭栗樹

清・吳其濬《植物名實圖考》卷三六　炭栗樹　生雲南荒山。高七八尺，葉似橘葉而闊短，柔滑嫩潤；春開四長瓣白花，細如翦紙類紙，末花而稀疎；秋時黃葉彌谷，伐薪為炭，輕而耐火，山農利之。

野春桂

清・吳其濬《植物名實圖考》卷三六　野春桂　花猓玀持售於市。見其折枝，紅幹獨勁，綠葉未生，擎來圓紫苞，迸出金粟。滇俗佞佛，供養無虛，但有新萼，俱作天花也。

衣白皮

清・吳其濬《植物名實圖考》卷三六　衣白皮　生昆明。矮木，葉如桃葉小而勁，花亦如桃五瓣，外赤內白，簇簇枝頭，其大者材中弓幹。

昆明烏木

清・吳其濬《植物名實圖考》卷三六　昆明烏木　烏木舊傳出海南、雲南，葉似椶櫚，偽者多是槧木染成。《滇海虞衡志》謂恐是櫨木。今昆明土人所謂烏木，葉似槐而厚勁，大如指頂，極光潤，嫩條色紫，與舊說異。其即槧木或櫨木歟？

山梔子

清・吳其濬《植物名實圖考》卷三六　山梔子　滇山梔子生雲南山中。小木硬葉，結綠實成串，形似小桃，大如豆，三棱。

紅木

清・吳其濬《植物名實圖考》卷三六　紅木　雲南有之。質堅色紅，開白花五瓣微赭。

蠟樹

清・吳其濬《植物名實圖考》卷三六　蠟樹　貴州貴定縣種之為林。放蠟取利，髡其枝葉，叢條萌芽，屢翦益茂，道傍伍列，儼如宮柳；葉稍團，秋結細角，似椿莢而薄小，懸於葉際。《癸辛雜識》載放蠟法，用盆桎樹，葉似茱萸葉。或即此。

⿰木回樹

清・吳其濬《植物名實圖考》卷三六　⿰木回樹　滇黔有之。湖南辰沅山中尤多。木性堅重，造船者取以為柁；葉如檀，秋時梢端結實，如紅姑孃而長，三棱，中凹有縐，色殷紅，內含子數粒如橘核，絳霞燭天，丹纈照岫，先於霜葉，可增秋譜，惟字書無⿰木回字。

刺綠皮

清・吳其濬《植物名實圖考》卷三六　刺綠皮　生雲南。樹高丈餘，長條短枝，枝梢作刺；細葉蒙密，結小青黑實，簇簇滿枝；樹皮綠厚，土人以染綠。

椆

清・吳其濬《植物名實圖考》卷三七　椆　《新化縣志》：椆，《山經》：虎首山多椆。《說文》：木也。《類篇》：寒而不凋。今俗名粱山樹，多枝葉，亭亭如蓋，葉青黑，冬榮。《邵陽縣志》：椆有紅、白二種，紅為上，白次之。質堅而性柔，作器須浸水，經歲方堅實；否則移時即裂而翹。《辰谿縣志》：檮有紅、白二種：白者呼蒿荊檮，紅者為巖檮。性直而堅，可扛輿，大者可作油榨。

按江西之樟，湖南之椆，所為什器，幾徧遐邇。然樟木江南多有，惟不逾嶺而南；椆木則湖南而外無聞焉。字或作檮。《新化縣志》據《山經》作椆，較為確晰。其木質重而堅，耐久不蛀。葉亦似樟稍小，亦似山茶。枝幹皮光而灰黑，木紋似栗而斜。《邵陽縣志》謂必浸水經歲而後堅實，不知凡竹木作器，皆宜浸之以水，使其生氣盡而汁液洩，然後可任斧鑿；否則風燥而生蝕，濕蒸而生菌，植物皆然，不獨椆也。

《永順府志》：土紙，四縣皆出，檮樹皮為之。佳者稍白，然粗澀不中書。則檮亦可為紙。

蚊子樹

清・吴其濬《植物名實圖考》卷三七　蚊子樹　生南安，與《廣西志》葉似冬青微相類，而色黃綠不光潤。余再至南安，時已冬深，未得見其結實，如枇杷生蚊，樵薪所餘，嫩葉復萌。土人皆呼為門子樹。蚊門土音無別，湘南亦然。

梀樹

清・吴其濬《植物名實圖考》卷三七　梀樹　生山西霍州。大樹亭亭，斜紋糾錯，枝柯柔軟，葉如人舌駢生，長柄裊裊下垂，寺院陰清，與風搖蕩，可謂嘉植。

按《詩》隰有杞梀。《陸疏》：梀葉如柞，皮薄而白。其木理赤者為赤梀，一名梀；白者為梀。其木皆堅韌，今人以為車轂。《爾雅》：梀，赤梀；白者，梀。郭注：赤梀樹葉細而歧鋭，皮理錯戾，好叢生山中；中為車輞。白梀葉圓而歧，為大木。按其形狀不甚合，或別一木。

酒藥子樹

清・吴其濬《植物名實圖考》卷三八　酒藥子樹　生湖南岡阜。高丈餘，皮紫微似桃樹；葉如初生油桐葉而有長尖，面青背白，皆有柔毛；葉心亦白茸茸如燈心草；五月間梢開小黃白花，如粟粒成穗，長五六寸。葉微香，土人以製酒麴，故名。

賭博賴

清・吴其濬《植物名實圖考》卷三八　賭博賴　江西、湖南水濱多有之。叢生，樹高六七尺，與水柳叢廁；就莖結赭實，熟時小兒食之，味淡多子。葉如柳而勁，無鋸齒，頗似翦成，有毛而光，能粘人衣，故南安土呼賭博賴云。

萬年紅

清・吴其濬《植物名實圖考》卷三八　萬年紅　江西處處有之。大可合抱，葉如橘柚，冬時實紅如豆，纍纍滿枝。俗以新年插置瓶中為吉，故名。

寶碗花

清・吴其濬《植物名實圖考》卷三八　寶碗花　寶碗花樹生長沙岡阜。高丈許，紫莖長條，柔直似木槿，附莖生葉如海棠，葉面青背淡，光潤柔膩。二月間開大紫花。

野紅花

清・吴其濬《植物名實圖考》卷三八　野紅花　生廬山。赭莖綠枝，對葉紅花，與朱藤相類，唯葉短微團，有微毛，花皆倒垂為異。春時長條朱蒻，映發叢薄。惟牧豎樵子，攀枝賞歎耳。

小銀茶匙

清・吴其濬《植物名實圖考》卷三八　小銀茶匙　贛南田塍上多有之。葉本細，末大如勺。土人以其形呼之。供樵蘇。

水蔓子

清・吴其濬《植物名實圖考》卷三八　水蔓子　生湖南山阜。赭莖直細，葉薄如桑而無光澤，密齒赭紋，梢端開五尖瓣小白花成簇。

製釀部

題解

明・應麐《食治廣要》卷八　神農氏出，嘗草別穀，教民耕藝。軒轅氏出，乃教以烹飪。而後世因為釀造，以極其巧。噫！陰之所生，本在五味；陰之五官，傷在五味。天賦人為之分致疾，養生之道，相去一間耳。有志尊生者，宜於此謹節焉。

綜述

神麴

金・張元素《潔古珍珠囊》〔見元・杜思敬《濟生拔粹》卷五〕　神麴辛純陽。益胃氣。

元・王好古《醫壘元戎》　三奇六神麯法　白虎白麪一百斤，青龍青蒿自然汁三升，勾陳蒼耳汁二升，騰蛇野蓼子汁四升，玄武杏仁四升，去皮尖，看麵乾濕用水。朱雀赤小荳三升。煮軟，去湯，研。

右一處拌勻，稍乾為妙，用大盆罨一宿，于伏內上寅日踏極實為度，甲寅、戊寅、庚寅乃三奇也，臥鋪如麴法。

宋・陳衍《寶慶本草折衷》卷一九 新分神麴使。所出亦與小麥同。〇新本《歲時廣記》論造神麴云：以六月六日取河水和麪作堅塊，如甎樣，紙裹，挂於風勁處，經月可用。或作小團，不裹，或以紅印印其上。而今諸處亦以七月七日依此法造之者。

味甘，大暖，無毒。〇療藏腑風氣，調中下氣，開胃，主霍亂，心膈氣，痰逆。除煩補虛，去冷氣，除腸胃中塞，入藥炒香，又化水穀宿食、癥氣，建脾暖胃。自前條分。〇《千金方》：治產後運絕，末，水服方寸匕。〇《蜀本》云：止痢，平胃，主小兒癇，消食痔。

續說云：古傳六月六為神日，世用此日造麴，因以神稱也。舊以一字麴為條，而神麴并陳於內，主治之言，舛互尤甚。繒雲但分其條，而未能訂其舛互。按《局方》用神麴甚廣，得許洪逐一隨證箋註，悉符治法，茲集許洪註說，參對以正之。

元・王好古《湯液本草》卷六 神麴 氣暖，味甘。入足陽明經。《象》云：消食，治脾胃食不化，須於脾胃藥中少加之。微炒黃用。《珍》云：益胃氣。《本草》云：療臟腑中風氣，調中下氣，開胃消宿食。主霍亂，心膈氣痰逆。除煩，破癥結及補虛，去冷氣，除腸胃中塞，不下食。令人好顏色。落胎，下鬼胎。又能治小兒腹堅大如盤，胸中滿，胎動不安。或腰痛搶心，下血不止。火炒以助天五之氣，入足陽明。

元・朱震亨《本草衍義補遺》 神麯 性溫，入胃。麸皮麯性涼，入大腸，俱消食積。紅麯活血消食。〇健脾暖胃，赤白痢下水穀。陳久者良。

元・徐彥純《本草發揮》卷三 神麴 潔古云：味甘，純陽。暖益胃氣，消食，治食不化。須用於脾胃藥中，少加之。海藏云：能治小兒腹堅大如盤，胸中滿。妊娠卒胎動不安，或腰痛胎動，搶心下血不止。火炒以助天五之氣。入足陽明經。丹溪云：神麯，性氣入胃。麸皮麯性涼，入大腸。俱消食積。紅麯活血消食。

明・蘭茂撰，清・管暄校補《滇南本草》卷中 神麯 性平，味甘。寬中，扶脾胃以進飲食，消隔宿停留胃內之食。止瀉。氣虛者能令出汗。

附方：治大人小兒泄瀉，肚腹疼痛，或大瀉不止。神麯，二錢，炒。麥芽，二錢，炒。杏仁，一錢五分，去皮尖。引用真菜油一二茶匙，先入罐底，後放藥在內，入水煨服。

明・蘭茂《滇南本草》〔叢本〕卷中 神麯 單方：治大人小兒泄瀉不止，腹中疼痛，或久瀉不止。神麯，二錢，炒。麥芽，二錢，炒。杏仁，錢半，去皮尖。引用真菜油一二茶匙，入罐底，煨服。

明・王綸《本草集要》卷五 神麴 味甘，氣溫。六月作，陳久者良。入藥炒令香。調中下氣，開胃，化水穀，消宿食，主霍亂，心膈氣痰逆，破癥結，去冷氣。治赤白痢下水穀，治小兒腹堅大如盤，落胎，下鬼胎。六畜食米，脹欲死者，煮汁灌之。

明・葉文齡《醫學統旨》卷八 神麯 氣溫，味甘。純陽。陳久者良。入藥炒令香。六月六日合者佳。治食不化，心膈氣滿，痰逆霍亂，赤白痢；下水穀，破癥結，去冷氣；小兒腹堅大如盤；落胎，下鬼胎；能調中下氣，開胃消食。

明・許希周《藥性粗評》卷一 停食即消，神麯擅仇香之勸化。神麯，小麥六月中所作，蓋造酒之本，以其陳久而可入藥，凡用炒香。所使并所畏惡，《本草》不載。味甘，性大溫，無毒。入足陽明胃經。主治停食不消，胸膈煩滿，癥瘕積塞，霍亂痰逆，健脾暖胃，調中下氣，補養消導，令人有顏色，比之仇香勸導鄉閭，使不孝為梗者，皆化而善焉。丹溪云：神麯性溫，入胃，麸皮麯性涼，入大腸，俱消食積。

單方：傷寒飲食勞復：麥麯一餅，煮取汁，常啜飲之。小腹堅如盤：常以神麯水浸絞汁，溫煮飲之。產後暈昏：神麯為細末，溫水調下一錢，不差再服。停食成痢：不拘赤白痢下，水穀不消者，以麯末和粟米煮粥食之，日三四而止。

明・鄭寧《藥性要略大全》卷四 神麯 調中下氣，健脾溫胃，化水穀，進飲食，治赤白瀉痢。《經》云：療臟腑中風氣。除腸胃中塞不下食，消宿食，開胃補虛，去冷氣霍亂，心膈氣痰逆，令人好顏色。能落胎，下鬼胎，及治小兒腹堅大如盤，胸中滿，及女人胎動不安，或腰痛搶心，下血不止。火炒以助天五之氣。味甘，性溫、平，無毒。入足陽明胃。六月間作，陳久者良。炒令香用。

明・陳嘉謨《本草蒙筌》卷五 神麯 味甘，氣平。無毒。六月六日，製造方宜。曝乾仍積月深，入藥須炒黃色。助人之真氣，走陽明胃經。下氣調中，止瀉開胃。化水穀，消宿食。破癥結，逐積痰。療婦人胎動不安，治小兒胸腹堅滿。○酒麴係諸藥合造，味辛而性氣大溫。落胎兼下鬼胎，下氣併驅冷氣。酒痰尤劫，宿食竟消。六畜悮食米多，脹滿欲死；急研煎汁灌下，即解回生。麸麯性涼，消食亦用。紅麴色赤，滑血須知。

謨按：六月六日造神麴者，謂諸神集會此日故也。所用藥料，各肖神名。當此之日造成，纔可以名神麴。儻或過此，匪但無靈，抑不得以神名也。其方用白麵一佰斤，以象白虎；蒼耳草自然汁三升，以象勾陳；野蓼自然汁四升，以象騰蛇；青蒿自然汁三升，以象青龍；杏仁去皮尖四升，以象玄武；赤小豆煮軟熟，去皮三升，以象朱雀。一如造麴法式，造備曬乾，收貯待用。今之賣家，只蓼麵為之，既不依方，又不按日，何得以取効乎？醫者見其不真，每以酒麴代用，亦失原造之意矣。

明·王文潔《太乙仙製本草藥性大全》卷四《本草精義》　神麴　六月六日製造方宜，曝乾，仍積月深，入藥須炒黃色。按六月六日造神麴者，謂諸神集會此日故也。所用藥料各肖神名，當此之日造成纔可以名神麴。儻或過此，匪但無靈，抑不得以神名也。

造神麴酒：白麪一百斤以象白虎，蒼耳草自然汁三升以象勾陳，野蓼自然汁四升以象騰蛇，青蒿自然汁三升以象青龍，杏仁去皮尖四升以象玄武，赤小豆煮軟熟去皮三升以象朱雀，一如造麴法式，造備曬乾，收貯待用。

明·王文潔《太乙仙製本草藥性大全》卷四《仙製藥性》　神麴使　味甘，氣平，無毒。　主治：助人之真氣，走陽明胃經。下氣調中，止瀉開胃。化水穀，消宿食，破癥結，逐積痰。療婦人胎動不安，治小兒胸腹堅滿。

明·皇甫嵩《本草發明》卷五　神麯中品。氣平。一云暖，味甘，無毒。入足陽明經。　發明曰：神麯，性味甘溫，火炒以助天五真氣，而入足陽明經。故《本草》主調中下氣，開胃暖胃，化水穀，消宿食。又主霍亂，心膈氣，逐積痰，破癥結。療婦人胎動不安，小兒胸腹堅滿。皆主於陽明胃經也。要之，健脾之功在是矣。

明·李時珍《本草綱目》卷二五穀部·造釀類　神麴《藥性論》

【釋名】【集解】時珍曰：昔人用麴，多是造酒之麴。後醫乃造神麴，專以供藥，力更勝之。蓋取諸神聚會之日造之，故得神名。賈思勰《齊民要術》雖有造神麴古法，繁瑣不便。近時造法，更簡易也。《葉氏水雲録》云：五月五日，或六月六日，或三伏日，用白麵百斤，青蒿自然汁三升，赤小豆末、杏仁泥各三升，蒼耳自然汁、野蓼自然汁各三升，以配白虎、青龍、朱雀、玄武、勾陳、螣蛇六神，用汁和麪、豆、杏仁作餅，麻葉或楮葉包罯，如造醬黃法，待生黃衣，曬收之。

【氣味】甘，辛，温，無毒。元素曰：陽中之陽也，入足陽明經。凡用須火炒黃，以助土氣。陳久者良。　【主治】化水穀宿食，癥結積滯，健脾暖胃《藥性》。養胃氣，治赤白痢元素。消食下氣，除痰逆霍亂，泄痢脹滿諸疾，其功與麴同。閃挫腰痛者，煅過淬酒温服有效。婦人産後欲回乳者，炒研，酒服二錢，日二即止，甚驗時珍。

【發明】時珍曰：按倪維德《啓微集》云：神麴治目病，生用能發其生氣，熟用能斂其暴氣也。

【附方】舊一，新六。　胃虛不克：神麴半斤，麥芽五升，杏仁一升，各炒爲末，煉蜜丸彈子大。每食後嚼化一丸。《普濟方》。　壯脾進食：療痞滿暑泄。麴朮丸：用神麴炒，蒼朮泔制炒，等分爲末，糊丸梧子大。每米飲服五十丸。冷者加乾薑或吴茱萸。《肘後百一選方》。　健胃思食：（養）〔消〕食丸：治脾胃俱虛，不能消化水穀，胸膈痞悶，腹脇膨脹，連年累月，食減嗜卧，口〔苦〕無味。神麴六兩，麥蘖炒三兩，乾薑炮四兩，烏梅肉焙四兩，爲末，蜜丸梧子大。每米飲服五十丸，日三服。《和劑局方》。　虛寒反胃：方同上。　暴泄不止：神麴炒二兩，茱萸湯泡炒半兩，爲末，醋糊丸梧子大，每服五十丸，米飲下。《百一選方》。　産後運絶：神麴炒爲末，水服方寸匕。《千金方》。　食積心痛：陳神麴一塊燒紅，淬酒二大碗服之。《摘玄方》。

題明·薛己《本草約言》卷二《藥性本草》　神麯　味甘，氣溫，無毒。陽也，可升可降。消食化滯，與麥蘖同；益胃調中，優于麥蘖。入足太陰、陽明經。止瀉化水穀，破癥逐積痰，療婦人胎動不安，治小兒腹大胸滿。入藥須炒黃色。少助天五真氣。酒麯味辛，性大溫，能驅冷氣，尤消宿食，健脾之藥也。陳久者良，炒令香用。○酒麯，指麸麯也。

明·梅得春《藥性會元》卷中　神麯　味甘，氣溫，大暖。純陽。無毒。陳久者良，孕婦忌。入藥須炒過令香。六月六日，六神品全者佳。　主治宿食不化，心膈氣滿，痰逆霍亂，赤白痢下，消水穀，破癥結，去冷氣，小兒腹堅大如盤，落胎，下鬼胎，調中下氣，開胃消食，使胃氣有餘，蕩胃中滯氣，能進食。與山查、麥芽，同治食積痰。性溫，入胃養脾。　麸皮麪：性涼，俱入大腸，消食積。　紅麯：主治血，消食，止赤白痢，下水穀，陳久良。

明・杜文燮《藥鑒》卷二 神麯 氣平，味甘，溫，無毒。助天五真氣，走陽明胃經。下氣調中，止瀉開胃，消宿食，健脾胃，進飲食，下滯氣，破癥結，逐積痰。療婦人胎動不安，治小兒胸腹堅滿。不製性溫，入胃中能消宿食。微炒性涼，入大腸能除深積。作糊丸痰藥，治諸痰氣如神。作糊丸嗽藥，理諸咳嗽最妙。何也？蓋痰與嗽，俱因氣動上逆而致也，今用此劑為佐使，則氣順而脾胃之津液為之四布矣。氣順而不上逆逼肺，何嗽之有？脾胃之津液四布，而榮脉脉，何疾之有？

明・李中立《本草原始》卷五 神麴 按六月六日造者，謂諸神集會此日故也。所用藥料，各肖神名。其方用白麵一百斤，以象白虎；蒼耳草自然汁三升，以象勾陳；野蓼(草)自然汁四升，以象螣蛇；青蒿自然汁三升，以象青龍；杏仁去皮尖四升，以象玄武；赤小豆煮熟去皮三升，以象朱雀。一如造酒麴法式，用麻葉或楮葉包罨，待生黃衣，晒收之。《本草綱目》曰：麴以米麥包罨而成，故字從麥，從米，從包，省文會意也。劉熙《釋名》云：麴，朽也。鬱之，使生衣敗朽也。神麴：氣味：甘、辛，溫，無毒。主治：化水穀、宿食，癥結積滯，健脾暖胃。〇養胃氣，治赤白痢。〇消食下氣，除痰逆，霍亂泄痢，脹滿諸疾，其功與麴同。閃挫腰痛者，煆過，淬酒，溫服有效。婦人產後欲回乳者，炒研，服二錢，日二即止，甚驗。元素曰：陽中之陽也，入足陽明經。

修治：神麴須火炒黃，以助土氣。陳久者良。

《摘玄方》：治食積心痛，陳神麴一塊，燒紅淬酒二大椀服之。

明・羅周彥《醫宗粹言》卷四 造神麯法六神麯 六月六日為諸神集會之晨，故名神麯。如過此日造者，非神麯也。法用白虎白麵一百斤，勾陳蒼耳自然汁三升，螣蛇野蓼自然汁四升，青龍青蒿自然汁三升，玄武杏仁，四升，泡去皮、尖，搗爛入麵。朱雀赤小豆，三升，煮熟去皮湯，搗爛和麵一處勻。一如造酒麯法，又三伏中甲寅、戊寅、庚寅乃三奇也。

明・張懋辰《本草便》卷二 神麯 味甘，氣溫。調中下氣，開胃，化水穀，消宿食，霍亂，心膈氣，痰逆，破癥結，去冷氣，治赤白痢，下水穀，治小兒腹堅大如盤，落胎，下鬼胎。

明・吳文炳《藥性全備食物本草》卷一 神麯 味甘，氣平，無毒。助天五真氣，走陽明胃經，下氣調中，止瀉開胃，化水穀，消宿食，破癥結，逐積痰，療婦人胎動不安，治小兒胸腹堅滿。造神麯法：白麵一百斤，以象白虎；蒼耳草自然汁三升，以象勾陳；野蓼自然汁四升，以象螣蛇；青蒿自然汁三升，以象青龍；杏仁去皮尖四升，以象玄武；赤小豆煮軟熟，去皮三升，以象朱雀。一如造麯法，六月六日製造方宜，晒乾收貯聽用。六月上寅者製亦可。

明・趙南星《上醫本草》卷一 神麯 時珍曰：昔人用麯，多是造酒之麯。後醫乃造神麯，專以供藥，力更勝之。蓋取諸神聚會之日造之，故得神名其麯。陽中之陽也，入足陽明經。凡用，須火炒黃，以助土氣。生用能發其生氣，熟用能斂其暴氣也。陳久者良，方具於後。五月五日，或六月六日，或三伏時，用白麵百斤，青蒿自然汁三升，赤小豆末、杏仁泥各三升，蒼耳自然汁、野蓼自然汁各三升，以配白虎、青龍、朱雀、玄武、勾陳、螣蛇六神，用汁和麵、豆、杏仁，作餅，麻葉或楮葉包，罯如造醬黃法，待生黃衣，晒收之。甘、辛，溫，無毒。主治：健脾暖胃，養胃氣，化水穀宿食，癥結積滯，消食下氣，除痰逆、霍亂泄痢、脹滿。

附方 閃挫腰痛〔者〕：用神麯煆過，淬酒溫服，有効。婦人產後欲回乳者：神麯炒研，酒服二錢，日二，即止，甚驗。食積心痛：用陳神麯一塊燒紅，淬酒三大碗，服。

明・李中梓《藥性解》卷一 神麴 味甘，性溫，無毒，入脾、胃二經，主調中止瀉，開胃消食，破癥結，逐積痰，除脹滿，又主胎上搶心，血流不止，亦能下鬼胎。按：神麯甘溫，為脾胃所喜，故兩入之，本小麥麵造成，須得六神氣者良，不爾，與面餅何異？其法于六月六日用麵五斤，象白虎；蒼耳草、自然汁一碗，象勾陳；野(藜)〔蓼〕自然汁一碗，象螣蛇；青蒿自然汁一碗，象青龍；杏仁去皮尖五兩，及北方河水，象玄武；赤小豆煮熟去皮四兩，象朱雀。一如造麴法。懸風处經年用。

明・繆希雍《本草經疏》卷二五 神麴 使，無毒。能化水穀宿食、癥氣。健脾暖胃。

〔疏〕古人用麴，即造酒之麴。其氣味甘溫，性專消導，行脾胃滯氣，散臟腑風冷，故主療如諸家所言也。神麴，乃後人專造以供藥用，力倍於酒麴。蓋取諸神聚會之日造之，又取各藥物以象六神之用，故得神名。陳久者良。入藥炒令香用。六畜食米多脹欲死者，煮麴汁灌之立消。造神麴法：用五月五日，或六月六日，以白麵百斤，青蒿自然汁三升，赤小豆末、杏仁泥各三升，蒼耳自然汁、野蓼自然汁各三升，以配白虎、青龍、朱雀、玄武、勾陳、騰蛇六神，用汁和麵、豆、杏仁作餅，麻葉或楮葉包罯，如造醬黃法，待生黃衣，曬乾收之。【主治參互】神麴，開胃健脾，消食止泄，同山查、麥蘖、穀蘖、縮砂、陳皮、草果、藿香、白朮、乾葛、蓮肉等用，效。《百一選方》療痞滿暑泄，麴朮丸，用神麴炒，蒼朮泔製炒，等分為末，糊丸梧子大。每米飲下五十丸。《和劑局方》健胃思食，治脾胃俱虛，不能消化水穀，胸膈痞悶，腹脇膨脹，連年累月，食減嗜臥，口無味。神麴六兩，麥蘖炒三兩，乾薑炮四兩，烏梅肉焙四兩，為末，蜜丸梧子大。每米飲下五十丸，日三服。《摘玄方》食積心痛，陳神麴一塊燒紅，淬酒二大碗，服之。

【簡誤】脾陰虛，胃火盛者，不宜用。能落胎，孕婦宜少食。

明·倪朱謨《本草彙言》卷一四 神麴 味甘、辛，氣溫，無毒。李氏曰：按：葉氏《水雲録》云：凡五月五日，六月六日，或三伏日，用白麴百觔，青蒿汁、蒼耳汁、野蓼汁各三觔，赤小豆末、杏仁泥各三升，用汁和麵、豆、杏末作餅，麻葉、楮葉包罯如造醬黃法，布帛密覆，俟冷，黃衣生，取出日晒燥，以陳久者良。

神麴：健脾消食之藥也。方氏龍潭曰：此藥藉小麥麵爲之，麥得木火之先機，佐以五色、五香、五味以和之，鬱之成麴，黰之生黃，鼓中土之生陽，發未萌之宿滯。今被五穀之所傷者，用麴入煎，能化糟粕，行大腸，鬱鬯伸舒，善消善運者也。故元素方：治病脾胃虛乏，不能消化水穀，以致胸膈痞悶，腹脇膨脹，經年累月，嗜臥食減，口中無味，及老弱久瀉，虛人久瀉，產後食少作瀉，小兒疳積泄瀉等病，并宜用之。此消運之物，而又能開胃進食，有補益之妙也。

集方：《方脉正宗》治脾虛不能磨食。用神麴四兩，白朮三兩，人參一兩，俱炒，枳實麩拌炒五錢，砂仁炒四錢，共爲末，飴糖爲丸梧子大。每早晚各服三錢，白湯下。○《和劑局方》治脾腎俱虛，不能消化水穀，胸膈痞悶，腹脇膨脹，經年累月，嗜臥食減，口中無味。用神麴六兩，大麥蘖五兩，乾薑三兩，俱炒，用大烏梅肉二十個，滾湯泡去核，搗爛爲丸梧子大。每早晚各食前服三錢，砂仁湯下。○治暴泄不止。用神麴二兩，吳茱萸湯泡六錢，甘草四錢，俱炒燥研爲末，醋調麵糊爲丸，梧子大。每服三錢，烏梅五個，泡湯下。○婁氏方治產後瘀血不運，肚腹脹悶，漸成臌脹。用陳久神麴一觔，搗碎微炒，磨爲末。每早晚各服三錢，食前砂仁湯調服。亦可治小兒食臌脹。

明·顧逢柏《分部本草妙用》卷三脾部·溫瀉 神麴 甘、辛，溫，無毒。凡用須炒黃，以助土氣。陳久者佳。造法：伏天用白麪為主，赤豆、杏仁研泥，青蒿、蒼耳、野蓼自然汁，以配青龍、白虎六神，鍊和作餅，麻葉包罯黃色，晒乾用。主治：化水穀宿食積滯，健脾暖胃。神麴專消穀食，不消菓肉等食。《啟微集》云：治目病，生用生其氣，熟用斂其暴。欲消菓肉食積，須用山查。欲消胃家宿食積，非炒黃連、木香、豆蔻不可，議消食者辨之。

明·孟笨《養生要括·穀部》 神麯 味甘、辛，溫，無毒。化水穀宿食，癥結積滯。健脾暖胃，治赤白痢。其功與麯同。閃挫腰痛者，煅過淬酒，溫服有效。婦人產後欲回乳者，炒研酒服二錢，日二，即止。

明·黃承昊《折肱漫録》卷三 神麯能消麪穀等宿食，人皆視為和易之藥，殊不知性亦尅伐，能墜胎。予常悮服，中氣頓虛，故知亦不宜輕用者。

明·李中梓《醫宗必讀·本草徵要下》 神麴味甘、辛，溫，無毒。入胃經。研細炒黃，陳久者良。健脾消穀，食停腹痛無虞；下氣行痰，泄痢胃翻有藉。五月五日，或六月六日，以白麴百斤，青蒿、蒼耳、野蓼各取自然汁六大碗，赤小豆、杏仁泥各三升，以配白虎、青龍、朱雀、玄武、勾陳、騰蛇，用諸汁和麵、豆、杏仁，布包作餅，楮葉包罯，如造醬黃法，待生黃衣，曝乾收之。按：脾陰虛胃火盛者勿用，能損胎孕。

明·鄭二陽《仁壽堂藥鏡》卷三 神麯 氣溫，味甘。入足陽明經。《珍》云：消食，治脾胃食不化，須於脾胃藥中少加之，微炒黃用。《象》云：益胃氣。六月六日造，名神麯者，諸神集會此日故也。《本草》云：療臟腑中風氣，調中下氣，開胃，消宿食。主霍亂，心膈氣，痰逆。除煩，破癥結，及補虛，去冷氣，除腸胃中塞，不下食。令人好顏色。落胎，下鬼胎。又能治小兒腹堅大如盤，胸中滿。胎動不安，或腰痛搶心，下血不止。火炒以助天五之氣。入足陽明。按：神麴消食，勝於麥芽。第須修造如法，炒用為善。五月五日，麪五斤，象白虎；蒼耳葉汁一碗，象勾陳；野蓼汁一碗，象騰蛇；青蒿汁一碗，象青龍；杏仁五兩及北方河水，象玄武；赤小豆煮熟去皮四兩，象朱雀。一如造麴法。罯黃，懸風處，經年用。《傷寒類要》云：傷寒飲食勞復，以麯一兩，煮水飲之。

明·蔣儀《藥鏡》卷一温部　神麯　脾胃健，穀食消，蒼朮相均。治痞滿水泄，燒紅淬酒，治食積心疼。作糊丸痰藥，氣和痰化。作糊丸嗽藥，咳止嗽停。蓋痰與嗽，俱因氣動上逆所致，神麯能順氣而使肺寧，則脾胃之津液四布而榮筋脉，何嗽之有。

明·李中梓《頤生微論》卷三　神麯　味甘、苦，性溫，無毒。入脾、胃二經。陳久者良。研細炒至褐色用。消穀健脾胃，治赤白痢，閃挫腰痛，產後回乳。

按：神麯消穀，勝于麥芽。第須修造如法，收藏陳久，炒令焦色為善。造法擇五月五日，或六月六日，白麪五觔象白虎，蒼耳草汁一碗象勾陳，野蓼汁一碗象騰蛇，青蒿汁一碗象青龍，杏仁五兩及北方河水象玄武，赤小豆煮熟去皮四兩象朱雀，一如造麯法，罨黃，懸風處經年用。

明·張景岳《景岳全書》卷四九《本草正》　神麯　味甘，氣平。炒黃入藥。善助中焦土臟，健脾暖胃，消食下氣，化滯調中，逐痰積，破癥瘕，運化水穀，除霍亂脹滿嘔吐。其氣腐，故能除濕熱。其性澁，故又止瀉痢。療女人胎動因滯，治小兒腹堅因積。若婦人產後欲回乳者，炒研酒服二錢，日二即止，甚驗。若閃挫腰痛者，淬酒溫服最良。

明·賈九如《藥品化義》卷五脾藥　神麴　屬陽，體乾，色白炒微黃，氣炒香，味微甘，性溫，能升能降，力消米穀，性氣與味俱厚，入脾胃二經。神麴味甘，炒香，香能醒脾，甘能治胃，以此平胃氣，理中焦，用治脾虛難運，霍亂吐逆，寒濕泄瀉，孕婦胎動，搶心下血不止。若生用力勝，主消米穀食積，痰滯癥結，胸滿瘧痞，小兒腹堅，皆能奏績。造神麴法：取六月六日為諸神聚會之辰，故名神麴。一曰白虎，白麪十斤；一曰勾陳，蒼耳草自然汁三合；一曰騰蛇，野蓼草自然汁四合；一曰青龍，青蒿草自然汁三合；一曰元武，杏仁四合泡去皮尖，搗爛入麪；一曰朱雀，赤小豆三合，煮熟去皮，搗爛和麪，一處勻作餅。

明·施永圖《本草醫旨·食物類》卷二　神麴取諸神會聚之日造之，故名神麴。　味：甘、辛，溫，無毒。陽中之陽也。入足陽明經。凡用須火炒黃，以助土氣，陳久者良。　治：化水穀宿食，癥結積滯，健脾暖胃，養胃氣。治赤白痢，消食下氣，除痰逆、霍亂、瀉痢、脹滿諸疾。其功與麴同。閃挫腰痛者，煅過淬酒，溫服有效。婦人產後欲回乳者，炒研，酒服二錢，日二，即止甚驗。五月五日，或六月六日，或三伏日，用白麪百斤，青蒿自然汁三升，赤小豆末、杏仁泥各三升，蒼耳自然汁、野蓼自然汁各三升，以配白虎、青龍、朱雀、玄武、勾陳、螣蛇六神，用汁和麪、豆、杏仁作餅，麻葉或楮葉包罯，如造醬黃法，待生黃衣，晒收之。〇神麴，治目病。生用，能發其生氣；熟用，能斂其暴氣也。

明·盧之頤《本草乘雅半偈》帙九　神麴《藥性論》　氣味：甘、辛，溫，無毒。

主治：主化水穀宿食，癥結積滯，健脾暖胃。

覈曰：葉氏《水雲錄》云：五月五日，或六月六日，或三伏日，用白麪百觔，青蒿汁三觔，蒼耳草汁、野蓼汁各三觔，赤豆末、杏仁泥各三升，用汁和麪、豆、杏末作餅，麻葉、楮葉包罯，如造醬黃法，布帛密覆俟冷，黃衣生，取出日晒燥之。陳久者良。

条曰：候八神置會之期，集七神司生之物，鬱之造麴，使衣生朽敗，塵華青黃色也。《周禮》所謂麴衣，《月令》所謂衣麴桑黃之服也。《易通卦驗》云：八神者，樹杙于地，四維四中，引繩以正之。故欲置八神者，冬至陽生之日，樹八尺之表于地中。蓋以陽為神，陰為鬼，亦氣之伸者為神，氣之屈者為鬼也。人身五藏有七神，藉中黃生陽之氣為奠安，乃得神與形俱。七情發而皆中節，斯陰屈遁藏，根塵洞徹，濟弱扶傾，運迭樞機，如環之無端耳。設生陽少息，不惟神失奠安，且變生不測矣。神麴藉神木所司之穀曰麥，謂木即生陽之首兆，麥即五氣之先機，佐以七神司生之物，鬱之成甾，伸之暢之，鼓中黃之生陽，安五藏之七神。正所以成其始，即所以成其終，其所以成其始，即所以成其終者。以一神而會七神，一藏而葉五藏，乃得成其始，復得成其終，否則偏廢而離敗矣。諸家陳列功力，即藉中黃生陽之氣，敷布化育，宣五穀味，開發上焦，成陽出陰入之為體為用耳。倪維德以之主療目疾，即洞徹六根六塵之一塵一根耳。又云：生用能發其生氣者，即肝得水而沉；熟用能斂其暴氣者，即肝得煮而浮。以麥即肝藏之主穀，肝主開竅于目故也。顧浮沉互用之樞機，即生殺敵應之關鍵耳。貽我麳麰，帝命率育，繼絕續乏之穀也。必候八神置會，集七神司生，誠濟弱扶傾，運迭樞機之良劑也。

明·李中梓《本草通玄》卷上　神麯　乃伏天用白麪百觔，青蒿汁三碗，赤小豆末、杏仁泥各三升，蒼耳汁、野蓼汁各三碗，以配白虎、青龍、朱雀、玄武、勾陳、螣蛇六神，揉和作餅，楮葉包罯，如造醬黃法，待生黃〔衣〕，晒乾，臨用炒之。消食下氣，健脾暖胃，除吐止瀉，破癥結，理痢疾。　按：神麯與穀麥二芽，脾胃虛人，常宜服之，以助戊己；　熟腐五穀，須與參、术、香、砂同用為佳。

清・顧元交《本草彙箋》卷七　神麯　味甘，炒香則醒脾治胃，生用力勝。主消米穀食積，痰滯癥瘕，胸滿瘧痞，小兒腹堅，皆能奏績。　造神麯：於五月五日，或六月六日，或三伏日，以白麵百觔，按白虎；　青蒿自然汁三升，按青龍；　赤小豆末三升，按朱雀；　杏仁泥三升，按玄武；　蒼耳草自然汁三升，按勾陳；　野蓼自然汁三升，按螣蛇。右搜和作餅，麻葉或楮葉包，罯如造醬黃法，待生黃衣，晒乾收之。

清・穆石鉋《本草洞詮》卷五　神麯　取諸神聚會之日造成者，或五月五日，或六月六日，或三伏日，用白麪同青蒿汁、赤豆末、杏仁泥、蒼耳汁、野蓼汁，以配白虎、青龍、朱雀、玄武、勾陳、螣蛇六神也，待生黃衣，晒收之，以陳久者為良。味甘辛，氣溫，無毒。主化宿食，癥結積滯，健脾暖胃，兼治目病。生用能發其生氣，熟用能斂其暴氣也。婦人產後欲回乳者，炒研，酒服二錢，日二，即止。

清・劉雲密《本草述》卷一四　神麴　造神麴法：　於六月六日用麪五斤，象白虎；　蒼耳草自然汁一碗，象勾陳；　野蓼自然汁一碗，象螣蛇；　青蒿自然汁一碗，象青龍；　杏仁去皮尖五兩，及北方河水，象玄武；　赤小豆煮熟，去皮四兩，象朱雀；　用汁和麪、豆、杏仁作餅，麻葉或楮葉包罯，如造麴法，待生黃衣，取懸風處，經年用。

氣味：　甘、辛，溫，無毒。

諸本草主治：　健脾暖胃，化水穀，下氣消積滯，除痰逆，霍亂，泄痢脹滿諸疾，其功與麴同。　方書主治：　傷暑，傷飲食，傷勞倦，瘧氣證痞，水腫脹滿積聚，痰飲咳嗽，嘔吐反胃，霍亂下血，畜血心痛，胃脘痛，脇痛，腰痛痹，著痹痿，眩暈，身重不能食，黃疸，泄瀉滯下，大便不通，疝。　潔古曰：　陽中之陽也，入足陽明經。　凡用須火炒黃，以助土氣。　陳久者良。　時珍曰：　按倪維德《啟微集》云：　神麴治目病生用，能發其生氣，熟用能斂其暴氣也。

希雍曰：　神麴蓋取諸神聚會之日造之，取各藥物以象六神之用，此其異於酒麴者也。於胃及脾大有利益。　同山查、麥蘗、穀蘗、縮砂、陳皮、草果、藿香、白术、乾葛、蓮肉等用效。

附方　養食丸治脾胃俱虛，不能消化水穀，胸膈痞悶，腹脇膨脹，連年累月食減嗜臥，口無味，神麴六兩，麥蘗炒三兩，乾薑炮四兩，烏梅肉焙四兩，為末，蜜丸梧子大，每米飲服五十丸，日三服。

愚按：　時珍曰：　昔人用麴多是造酒之麴，後醫乃造神麴，專以供藥，力更勝之。蓋取諸神會聚之日造之，故得神名。又《藥性賦》云：　神麴養脾進食，使胃氣有餘。　嘉謨曰：　入藥須炒黃，助人之真氣走陽明胃經，即二說，以造神麴之義合之，如用白麪象白虎為君，取人身真氣盡統於肺也。即用蒼耳汁象勾陳，取人身戊土屬於胃也。又用野蓼汁象螣蛇，取人身己土屬於脾也。是人身真氣并於穀氣，出於胃之陽，根於脾之陰，以上統於肺之陽中陰者，盡取象於此矣。更用青蒿升象青龍，取人身水火合化之氣，得以中致於脾胃，而上達於肺者，屬於肝也。又更用杏仁及北方河水象玄武，用赤小豆象朱雀，取人身水火所屬之心腎也。如是人身真氣具足於六象，然必歸胃為氣之充，由肺為氣之主，於六象中君以白麪，而脾胃陰陽並列者職此之故耳。若然，則張潔古先生謂為陽中之陽者，不的有見哉？蓋較於酒麴之蓄陽而達陰，是則洋洋乎已暢其發育之用矣。所云能使胃氣有餘，及助人真氣者，不洵然歟。謂之力勝酒麴，義固在斯，即方書種種主治，亦不外斯義耳。蓋胃能行氣於三陰三陽，未有人身疾疹不藉胃氣之充，以為治療者也。特為主為輔，時有輕重也。明此義則用之消導，豈曰無功？若止以消導盡之，是猶然粗工之耳，食也可乎哉？

希雍曰：　脾陰虛，胃火盛者，不宜用。能落胎，孕婦宜少食。

清・郭章宜《本草匯》卷一三　神麯　味甘、辛，溫，可升可降，陽中之陽也，入足陽明經。健脾消穀，食停腹痛無虞。下氣行痰，泄痢胃翻有藉。

按：　神麯，功用與酒麯相同。但酒麯健脾驅冷，此則壯胃消食。脾胃虛人，與穀、麥二芽，常宜服之，以助戊己。熟腐五穀，須與參、术、香、砂同用為佳。

造麯法：　伏天用白麪百觔，青蒿汁三椀，赤小豆末、杏仁泥各三升，蒼耳汁、野蓼汁各三椀，以配白虎、青龍、朱雀、玄武、勾陳、螣蛇六神，搜和作餅，楮葉包裹，如造醬黃法，待黃衣晒收。臨用炒之，陳久者良。

清・蔣居祉《本草擇要綱目・平性藥品》　神麯凡用炒黃，以助土氣。陳久者良。　氣味：　甘、辛，溫，無毒。陽中之陽也。入足陽明經。　主治：　化水穀宿食，癥結宿滯，健脾暖胃，霍亂泄痢。炒研酒服，回產婦乳。

清・閔鉞《本草詳節》卷七 神麯 【略】按：神麯功勝酒麯。酒麯行脾胃滯氣，收臟腑風冷。若神麯，乃專造以供藥用，生用能發生氣，熟用能歛暴氣不止消導而已也。脾陰虛，胃火盛，與孕婦俱不宜。

清・王翃《握靈本草》卷六 神麴陳久者良。造麴以六月六日，用白麪一百斤，蒼耳草汁三升，野蓼汁四升，青蒿汁三升，杏仁去皮尖四升，赤小豆煮軟去皮三升，一如造麴法。今人惟用蓼汁，不效。 主治：神麴，甘、辛，溫，無毒。主化水穀宿食，癥結積滯健脾，暖胃。

清・汪昂《本草備要》卷四 神麯宣，行氣，化痰，消食。 辛散氣，甘調中，溫開胃。化水穀，消積滯。《醫餘》云：有傷粽子成積，用麯末少加木香，鹽湯下，數日口中聞酒香，積遂散。治痰逆癥結，瀉痢脹滿。回乳炒研，酒服二錢，日二。下胎，產後血暈，末服亦良。亦治目病。《啓微集》云：生用能發其生氣，熟用能歛其暴氣。 造麯法：以五月五日、六月六日，用白麵百斤，赤豆末、杏仁泥、青蒿、蒼耳、紅蓼汁各三升，以配青龍、白虎、朱雀、玄武、螣蛇、勾陳六神，通和作餅，罨生黃衣，曬收。陳者良。炒用。

清・吳楚《寶命真詮》卷三 神麯 【略】健脾消食，暖胃止瀉，下氣行痰；療食停腹痛，破癥結，理痢疾。脾虛火盛勿用。

清・陳士鐸《本草新編》卷四 神麯 味甘，氣平，無毒。入脾、胃二經。下氣調中。止瀉，開胃，化水穀，消宿食，破癥結，逐積痰，療婦人胎動不安，治小兒胸腹堅滿。行而不損，與健脾胃之藥同用，多寡勿忌。但世人所造神麯之法欠妙。予師傳製法：擇六月六日，用白麵三觔，蒼耳草搗爛取汁一合，以井水調勻，又桑葉十觔，搗研爛，取布瀝出汁，再用赤小豆一升磨末，拌麵勻，以前二汁拌之成餅，以野蓼蓋之，十四日取出，紙包之，懸于風處陰乾。臨時用最佳。由二三分用至二錢，其效如響。

或疑製法異于前人，不可為訓。不知前人之方過于刻削，惟此方和平，可為攻補之佐使也。

清・顧靖遠《顧氏醫鏡》卷八 神麯辛、苦，溫。入脾胃二經。炒黃，研。古人惟用酒麯，後人以五月五日，或六月六日，用白麵百斤，青蒿、蒼耳、野蓼自然汁，赤小豆、杏仁泥各三升，以配六神，和勻作餅，麻葉包窨，待生黃衣，晒乾收之，陳久者良。 健脾消宿食，下氣除痰逆。指食積之痰言。 腹痛能止，脹滿可除。消食下氣之功。 治瀉殊良，亦指停食所致者。 回乳甚驗。產後無子食乳，乳脹發熱惡寒者，炒研，酒服二錢，日二服，驗。麥芽亦效。 脾陰虛，胃火盛者，不宜服。能墮胎，孕婦不得已而應用，亦少服。

清・李熙和《醫經允中》卷一八 神麯 凡用須炒黃，以助土氣。用陳久者佳。 甘、辛，溫，無毒。主治化水穀，消宿食，健脾暖胃，下氣調中。專消穀食，不消菓肉等物。消菓肉積用山查，欲消胃家宿積，非木香、荳蔻、炒黃連不可。酒麯即白酒，藥味辛，氣大溫，小毒。主治下鬼胎，驅冷氣，利酒痰，消宿食。麩麯即伏麯，性冷。亦堪消食。紅麯甘溫，無毒。主治消食活血，燥胃健脾，產後惡露不盡。

清・馮兆張《馮氏錦囊秘錄・雜症痘疹藥性主治合參》卷六 神麯古人所用，即造酒之麯。味甘、辛，氣溫。性專消導，行脾胃滯氣，散臟腑風冷，開胃消宿食，消痰破癥結，健脾暖胃，調中下氣，此其功也。後人取六神聚會之日，又取各藥以象六神之用，故得神名。陳久更效，其功更勝於酒麯，蓋更有消痰利水，暖胃下氣之藥耳。宜炒香方用。孕婦少服，蓋既能破結，便能落胎也。及脾陰不足，胃火旺者勿用，義與麥芽同也。

神麯，下氣調中，止瀉開胃，消食消痰，胸腹堅滿，赤白痢疾。婦人胎動，產後回乳。用六神者，以脾主中州，一有所傷，則六淫之氣，皆可襲之而成病。六神之義，意深遠矣。

主治痘疹合參：須陳年者，炒黃用。開胃進食，調中下氣，消食健脾。凡泄瀉及中焦停滿，皆可用。惟因痘毒而脹滿者，忌之。

清・张璐《本經逢原》卷三 神麴酒麴，紅麴，女麴。 甘、微苦、辛，平，無毒。造神麴法：夏日用白麪五觔，入青蒿、蒼耳、野蓼自然汁各一碗，杏仁泥四兩，赤小豆二兩，煮研拌麪作麴，風乾，陳久者良，炒香用。舉世以相思子作小豆，大謬。 發明：神麴入陽明胃經，其功專于消化穀麥酒積。陳久者良。但有積者能消化，無積而久服，則消人元氣。故脾陰虛，胃火盛，當禁也。酒麴亦能消食去滯氣，行藥力，但力峻傷胃。〇紅麴乃粳米所造，然必福建製者為良。活血消食，有治脾胃營血之功。女人經血阻滯，赤痢下重，宜加用之。〇女麴是女人以完麥罨成黃子，消食下氣，止瀉痢，破冷血，《千金方》恒用之。

清・姚球《本草經解要》卷四 神麴 氣溫，味辛、甘，無毒。主化水穀宿食，癥結積聚，健脾暖胃。炒黃。 神麴氣溫，稟天春升之木氣，入足厥陰肝經。味辛甘，無毒，得地中西土金之味，入足陽明燥金胃土。氣味俱升，陽也。飲食入胃，散精於肝，肝不散精，則水穀宿積矣。積之既久，則有形可徵者結於內。神麴氣溫散肝，肝氣疎散，則宿者銷，而積者化也。肝氣既疎暢，則脾土自健。陽者，胃脘之陽。辛溫益陽，所以又暖胃也。　製方：神麴同茅术丸，健脾燥濕。專炒研末，酒服二錢，能回乳。

清·楊友敬《本草經解要附餘·考證》　神麴、紅麴　神麴出《藥性本草》，用白麪合藥汁，取配六神，於諸神聚會日作之，故名。紅麴出《丹溪補遺》，用粳米造，以入酢醢，鮮紅可愛。二麴製法，俱載《綱目》。

清·王子接《得宜本草·下品藥》　神麯　味甘、辛。功專化水穀，運積滯。得麥芽、杏仁治胃虛不剋，得蒼朮能壯脾進飲食，得茱萸治暴泄不止。

清·黃元御《長沙藥解》卷一　神麯　味辛、甘，入足太陰脾經。化穀消痰，泄滿除癥。《金匱》薯蕷丸方在薯蕷治虛勞百病，以其調中而消滯也。

神麯辛烈之性，化宿穀停痰，磨鞕塊堅積，療脹滿泄利，化產後瘀血。炒，研用。

清·吳儀洛《本草從新》卷四　神麯（宣，行氣，化痰，消食。）　辛散氣，甘調中，溫開胃。化水穀，消積滯。《醫餘》云：有傷粽子成積，用麯末少加木香，鹽湯下，數日鼻中聞酒香，積遂散而愈。治痰逆癥結，腹痛瀉痢，脹滿翻胃。回乳炒研，酒服二錢，日二。下胎。產後血運，末服亦良。亦治目病。《原機啓微集》（倪惟德《原機啓微集》）云：生用能發其生氣，熟用能斂其暴氣。脾陰虛，胃火盛者勿用。能損胎。造麯法：以五月五日或六月六日，以白麵百斤，青蒿、蒼耳、野蓼各取自然汁三升，杏仁泥、赤小豆末各三升，以配白虎、青龍、朱雀、玄武、勾陳、螣蛇六神，通和作餅，麻葉或楮葉包罨，如造醬黃法，待生黃衣，曬乾收之。陳久者良。研細炒黃。酒藥麯，近今各地有入諸藥草及毒藥者，其性酷烈，傷人臟腑，斷不可服。

清·汪紱《醫林纂要探源》卷二　神麯　甘，辛，溫。白麪百斤，赤小豆、杏仁、青蒿汁、蒼耳子、辣蓼汁各三升，和作餅，罨以荊，俟生黃黴，晒乾，陳久良。炒用，或煨。和中開胃，消滯去脹，破結行痰，回乳下胎。甘則能和，辛則能行能散。以經變化而成，故長於消滯化堅也。蓋青蒿之苦辛以行肝散鬱，赤小豆之甘酸以收散行水，杏仁之辛苦以降逆行痰，蒼耳之甘苦以燥濕堅水，紅蓼之辛苦以溫中和脾，白麪之甘辛以補中益氣，加之以變化，是以能宣能達，能消能伐，而正氣不傷。借六神為名耳，不必惑於神也。　酒麯：功用略同，但性猛不和。

清·嚴潔等《得配本草》卷五　六神麯　甘、辛，溫。入足陽明經。調中和胃，化水穀，消積滯。治痰逆，霍亂腹痛，泄痢脹滿，癥結，及產後回乳。得吳萸，治暴泄不止。　孕婦忌用。　造麯法：五月五日，或六月六日，或三伏日，以白麵百斤，青蒿、蒼耳、野蓼各取自然汁三升，杏仁搗泥、赤小豆為末各三升，以配白虎、青龍、朱雀、玄武、勾陳、螣蛇六神。通和作餅，麻葉或楮葉包罯，如造醬黃法，待生黃衣曬收之。陳久者良。炒黃研用。

題清·徐大椿《藥性切用》卷六　六神麯　辛甘性溫，溫中消食，化滯寬脹。陳久者良。建麯，功勝，散滯生用，消食炒研，炒黑則不損胃氣。二麯皆然，俱能墮胎斷乳，孕婦忌之。酒麯，性烈，尤不宜用。惟糯食停滯，可暫需之。

清·黃宮繡《本草求真》卷四　神麯散氣調中，溫胃化痰，逐水消滯。　神麯耑入脾胃。辛甘氣溫，其物本於白麵、杏仁、赤小豆、青蒿、蒼耳、紅蓼六味作餅蒸鬱而成。造麯法：以五月五日、六月六日，用白麵百觔，赤豆末、杏仁泥、青蒿、蒼耳、紅蓼汁各三升，以配青龍、白虎、朱雀、玄武、騰蛇、勾陳六神，通和作餅，罯生黃衣，晒收陳久，炒用。其性六味為一。故能散氣調中，溫胃化痰，逐水消滯，小兒補脾，輕平等藥，醫多用此以為調治。養胃丸治脾胃俱虛，用神麯六兩，麥芽三兩，炮乾薑四兩，烏梅肉焙四兩，為末水下。又《啟微集》云：神麯治目病，生用能發其生氣，熟用能斂其暴氣也。蓋取辛不甚散，甘不甚壅，溫不見燥也。然必合以補脾等藥並施則佳。若孕婦無積，及脾陰不足胃火旺者，並勿用耳。義與麥芽同也。

清·楊璿《傷寒溫疫條辨》卷六消劑類　六神麯　味甘，氣平。生發脾氣，熟斂暴氣。走脾、胃二經，助中焦土氣。逐痰消積，化滯調中，運化水穀，開胃破癥。其氣腐，故除食熱，其性濇，故止瀉痢。療婦人胎動因滯，治小兒腹堅因積。化生丹：神麯半生半炒五兩，香附三兩，陳香櫞二兩，蔔子半生半炒，三稜、莪术、橘紅、茯苓、澤瀉一兩，山查、青皮五錢，為末，蜜丸，米飲下。治氣蠱、血蠱、食蠱、水蠱。

附造神麯法：白麵五觔，杏仁炒研五兩，赤小豆四兩煮熟搗爛，外用蒼耳草、野蓼、青蒿，俱取自然汁，及河水各一小碗，於六月六日合一拌勻，乾濕得所，握團以楮葉裹之，懸風處，經年用。

清·羅國綱《羅氏會約醫鏡》卷一七穀部　神麯味甘辛，溫，入胃經。研細炒黃。陳者良。　健脾暖胃，消宿食，心腹脹痛，逐痰積，破癥瘕，性專消導。除霍亂調中瀉痢性濇。化小兒腹堅因積、婦人產後欲回乳者。炒研，酒服二錢，日二次即止。○製神麯法：五月五日或六月六日，用白麪百斤，以象白虎；蒼耳汁三斤，以象勾陳；野蓼汁四斤，以象騰蛇；青蒿汁三斤，以象青龍；杏仁去皮尖，搗爛四斤及北方河水，以象元武；赤小豆煮爛三斤，以象朱雀。六味合勻，再加蘷薟汁尤妙，作餅，如造醬法，待生黃衣，晒乾收之。古用酒麯如此，更加消痰利水、暖胃下氣之藥，得效較神。

按：脾陰虛、胃火盛者勿用。能墜胎孕。

清・陳修園《神農本草經讀》附録 神麯 氣味辛、甘，溫，無毒。主化水穀宿食，癥結積聚，健脾暖胃《藥性》。

陳修園曰：凡麯櫱皆主化穀，穀積服此便消。或鼻中如聞酒香，藥性所言主治，亦不外此。癥結積聚者，水穀之積久而成也。健脾暖胃者，化水穀之效也。除化水穀之外，並無他長。今人以之常服，且云祛百病，怪甚！考造麯之法：六月六日，是六神聚會之日，用白麵百斤，青蒿、蒼耳、野蓼自然汁各三升，杏仁研泥、赤小豆為末各三升，以配青龍、白虎、朱雀、玄武、勾陳、螣蛇六神，通和作餅，麻葉或楮葉包罯，如造醬黃法，待生黃衣，曬乾收之。陳久者良。藥有六種，以配六神聚會之日，罯發黃衣作麯，故名六神麯。今人除去六字，只名神麯，任意加至數十味，無非克破之藥，大傷元氣，且有百草神麯，害人更甚！近日通行福建神麯，其方於六神本方中，去赤小豆，惡其易蛀，加五苓散料，平胃散料及麥芽、穀芽、使君子、榧子、大黃、黃芩、大腹皮、砂仁、白蔻、丁香、木香、藿香、香附、良薑、芍藥、防風、秦艽、羌活、獨活、川芎、蘇葉、荊芥、防己、黨參、茯苓、萊菔子、苡米、木通、茶葉、乾薑、乾葛、枳椇、山楂、檳榔、青皮、木瓜、薄荷、蟬蛻、桃仁、紅花、三稜、莪朮、鬱金、菖蒲、柴胡、菊花等為末，製為方塊，以草罯發黃衣曬乾。此方雜亂無序，誤人匪淺，而竟盛行一時者，皆誤信招牌上誇張等語。而慣以肥甘自奉之輩，單服此克化之品，未嘗不通快一時，而損傷元氣，人自不覺。若以入方，則古人之方，立法不苟，豈堪此雜亂之藥礙此礙彼乎？且以藥末合五穀，罯造發黃而為麯，只取其速於釀化，除消導之外，並無他長，何以統治百病？且表散之品，因罯發而失其辛香之氣；攻堅之品，以罯發而失其雄入之權。補養之藥，氣味中和，以罯發而變為臭腐穢濁之物，傷脾妨胃，更不待言，明者自知。余臨症二十年，而泉州一帶先救誤服神麯之害者，十居其七。如感冒病，宜審經以發散，若服神麯，則裏氣以攻伐而虛，表邪隨虛而入裏矣。傷食新病，宜助胃以克化；傷食頗久，宜承氣以攻下。若服神麯，則釀成甜酸穢腐之味，滯於中焦，漫無出路，則為惡心脹痛矣。吐瀉是陰陽不交，泄瀉是水穀不分，赤白痢是濕熱下注，噎隔是賁門乾槁，翻胃是命門火衰，痰飲是水氣泛溢，與神麯更無干涉。若誤服之，輕則致重，重則致死，可不慎哉！唯范志字號藥品精，製法妙，余與吳先生名條光同年，因知其詳。可恨市中多假其字號，宜細辨之。

清・趙學敏《本草綱目拾遺》卷五草部下 建神麴范志麴、白酒藥麴附。

出福建泉州府，開元寺造者佳。此麴採百草罨成，故又名百草麴。以黑青色，煎之成塊不散，作清香氣者真。色帶黃淡者曰貢麴。力和平，不及青黑者力大，此麴愈陳愈妙。《藥性考》：泉州神麴，微苦香甘，搜風解表，調胃行痰，止嗽瘧痢，吐瀉能安。溫疫嵐瘴，散疹消斑，感冒頭痛，食滯心煩。薑煎溫服，或二三錢。造云百草，法秘不傳，得名范志，塊造方端。用之應效，饋遠人歡。蔡氏《藥帖》云：治風寒暑溼，頭眩發熱，表汗立愈。能消積，開胸理膈，調胃健脾，及四時未定之氣。兼能止瀉消脹，及飲食不進等症。又能止霍亂吐瀉、咳嗽、赤白痢疾、小兒傷飢失飽一切症。倘外出四方，不服水土，瘴氣肚痛，皆取效如神。

范志齋、蔡協德住泉州府城西街東塔前，向造百草神麴，即今建麴。每個重半觔或四兩。乾隆辛卯五月蔡氏正造麴，忽有一客至，視百草而歎曰：當今男婦老幼秉氣衰薄，百草恐傷元氣。予有奇方，共藥九十六味，配合君臣佐使，另加十二味青草紫蘇薄荷等物，搗爛煎湯，合共一百零八味。製為小方塊，每塊一兩，按端午及六月六日諸神會聚，皆可依法製造。藥性平和，氣味甘香，遠行者宜備。可以代茶常服，大人每服三錢，水一盌，煎七分。小兒每服一錢五分，水一茶鍾，煎六分半，飢飽時服，忌生菜。惟孕婦不可服。此藥切片煎湯，藥渣不散，須認形色淡黃者為真。

福建泉州府城內范志吳亦飛馳名萬應神麴，氣味中和，清香甘淡，能搜風解表，開胸快膈，調胃健脾，消積進食，和中解酒，止瀉利水，治四時不正之氣，感冒發熱，頭眩咳嗽，及傷食腹痛，痞滿氣痛，嘔吐瀉泄痢疾，飲食不進等症。痘疹初發，用托邪毒。

又治不服水土，瘴氣瘧痢，外出遠行，尤宜常服。大人每服三錢，水一湯盌，煎七分。小兒每服一錢半，或一錢，水一大茶鍾，煎七分，每錢破作五六塊，外感發熱，頭眩咳嗽，瘧疾嘔吐，俱加生薑同煎。泄瀉加烏梅同煎。惟痢疾一症，須加倍用。大人每用五錢，小兒二三錢，加好箬茶心同煎。每觔價銀一兩六錢。若用匣裝，每個五文。店住學院考棚邊桂檀巷內，觀音亭頂南畔第三間，范志吳氏牌匾為記。

白酒藥麴：《藥性考》曰：白酒藥麴，松江得名。良薑四兩，草烏半觔，吳萸、白芷、黃柏、桂心、乾薑、香附、辣蓼、苦參、秦椒九味，一兩等分，菊花、薄荷，二兩齊稱，丁皮、益智，五錢杏仁，共為細末，滑石五觔，米粉斗八，河沙拌勻，造丸乾用，釀酒芳馨，炒焦拌食，滯積消靈。

清・黃凱鈞《藥籠小品》 神麯 調中和胃，治痰逆，消積滯。同香附、黑山梔能開鬱氣。附造麯法：以白麯百斤，青蒿、蒼耳、野蓼各取自然汁三升，杏仁泥、赤小豆末各三升，以配六神，通和作餅，楮葉包罯，待生黃衣，晒乾炒。

清・章穆《調疾飲食辯》卷二 神麴 古無此藥。《綱目》曰：昔人用麴，即造酒之麴。至宋賈思勰《齊民要術》始刱造此，其法繁瑣。葉氏《水雲錄》、甄權《藥性論》，群相附和，云以五月五日、六月六日，或三伏日，用白麪、青蒿汁、赤小豆末、杏仁泥、蒼耳汁、蓼汁，和合作餅，罨生黃衣，爆炒用，名六神麪。蓋以此配青龍、白虎、朱雀、元武、勾陳、騰蛇六神也。至倪維德《啟微集》乃云：生用能發生氣，炒熟能斂暴氣，百病皆治。張元素云：能養胃氣。夫醫非巫覡，安用六神醫方治病，不過取溫涼補瀉之藥，勝寒熱虛實之病。乃牽扯六神，已極無理可笑。況青蒿、赤豆等物，何以即能配合六神。想刱始者亦如青烏家，扯河圖、洛書等說，輒自以為深入理窟乎。今藥肆所造，僅以麥麩少和麴，水調作餅，炒黃色。云蘇州出者名吳麴，四川出者名峽麴。價比白麴數倍，醫者受其欺而不悟，更不值一笑矣。

清・王龍《本草纂要稿・穀部》 神麯 氣味甘平。消宿食，開胃止瀉。化水穀，下氣調中。破癥結，逐積聚。療婦人胎動不安，治小兒胸腹堅滿。入足陽明經。

清・吳鋼《類經證治本草・足陽明胃腑藥類》 神麯 【略】誠齋曰：神麯乃消積之藥，凡脾胃虛弱，飲食易於停滯者，當補脾元，少佐資健之品，挾寒者溫之，挾熱清之。又有火不生土，食易停者，又當壯下焦之火，釜底加薪，皆非神麯所宜。而小兒脾元未固，飲食不節，更易積滯，當以四君為主，佐以陳皮、五穀蟲、麥芽，寒則溫之以木香，熱則清之以連翹，無不愈者。譬如物之初生，嫩質小芽，不兢兢培植，安能望其長成？譬之小兒，元氣未長，凡有諸病，當以根本為要，或病實未可補，又當於病去後急調之。此時若虧其真元，則長大必有一藏之不足，雖補之亦難□。今之粗醫，不識此理，以麯為常行無關要之物，一遇小兒食滯者，輙用之，不愈加而用之，復佐以山查、肫皮等物，消食丸、保和丸繼而用之，此等藥皆為小兒大忌，服之不可救藥者，不但積滯不行，而脾腎衰敗，五疳洩瀉之症，作不旋踵而告變。間有遇良醫而救愈者，十中不過三四，則又暗損其紀算矣。如此等類醫殺之也。作酒麯，專治糯米之積如神。尤不可為用消食。峽水麯性微寒，福建麯療瘴氣，百草麯解風寒滯氣也。

清・張德裕《本草正義》卷下 神麯 苦，平，微甘。能助土健脾，消食化滯，除濕止瀉。產後欲回乳者，可炒研酒服。閃挫腰疼，亦可酒服。

清・楊時泰《本草述鉤元》卷一四 神麴 造法：於六月六日，用麪五斤象白虎，蒼耳草自然汁一碗象勾陳，野蓼自然汁一碗象螣蛇，青蒿自然汁一碗象青龍，杏仁去皮尖五兩及北方河水象元武，赤小豆煮熟去皮四兩象朱雀，用汁和麪、豆、杏仁作餅，麻葉或楮葉包罯如造麴法，待生黃衣，取懸風處，經年用。

味甘辛，氣溫。陽中之陽。入足陽明經。健脾暖胃，下氣，化水穀，消積滯，除痰逆，療霍亂泄痢脹滿諸疾，其功與麴同。治目病，生用能發其生氣，熟用能斂其暴氣。方書治傷暑勞倦，瘧氣痞眩，水腫積聚，痰飲欬嗽，嘔吐反胃，下血畜血，心胃脘脇腰痛，痿痺着痺，身重不能食，黃疸，滯下，大便不通，疝。取諸神聚會之日造之，又取各藥以象六神之用，此其異於酒麴者也，於胃及脾，大有利益仲淳。養食丸，治脾胃俱虛，不能消化水穀，胸痞腹膨，食減嗜臥，口久無味。神麴六兩，麥芽炒三兩，炮薑、烏梅肉焙各四兩，為末，蜜丸梧子大，每米飲服五十丸，日三服。

論：神麴用白麪象白虎為君，取人身真氣盡統於肺也。用蒼耳汁象勾陳，取戊土屬胃也。用野蓼汁象螣蛇，取己土屬脾也。人身真氣，并於穀氣，出於胃之陽，根於脾之陰，以上統於肺之陽中陰，盡象於此矣。更用青蒿之升象青龍，取水火合化之氣，得以中致於脾胃，而上達於肺者，屬於肝也。又用杏仁及河水象元武，赤小豆象朱雀，取水火所屬之心腎也。人身真氣，具足於六象，然必歸胃為氣之充，肺為氣之主，故於六象中君以白麪，而脾胃陰陽並列，以胃能行氣於三陰三陽，未有人身疾疢，不藉胃氣之充以為治療者。

然則潔古以神麴為陽中之陽，較於酒麴之蓄陽而達陰，是則洋洋乎暢其發育之用矣。所云能使胃氣有餘及助人真氣，不洵然歟。

修治：凡用須炒黃以助土氣，陳久者良。

凡人脾陰虛，胃火盛者，不宜用。能落胎，孕婦宜少食仲淳。

清・葉桂《本草再新》卷七 神麴味辛，性溫，平，無毒。入心、脾二經。溫中開胃，消食破積，化痰理氣。止瀉痢瘧疾，消瘰癧疽瘤，兼能墮胎。

清・趙其光《本草求原》卷一四穀部 神麯 辛散氣，甘調中，溫開胃。專消化水穀諸積滯。除消化外，並無他長。治痰逆、霍亂、癥結，瀉痢瘧、脹滿、大便秘疝，皆消化之效。回乳，炒研酒服二錢，日二。墮胎，產後血暈，末服亦良。消瘰癧，亦治目病。精裨於穀，消化則精易成，而目乃明。生用，能發生氣；熟用，能斂暴氣。故磁珠丸生、熟並用。昔有傷粽成積者，佐些木香，鹽湯下數口，口中聞酒香，積遂散。同麥芽、乾薑、烏梅蜜丸，米飲下，治脾胃虛食不化；或加草果、白朮、蓮肉。胃能行氣於三陰三陽，人有病，多藉胃氣之充以治。每於主劑中佐之，甚妙。但無積而久服，則消人元氣，故脾陰虛而胃火盛者勿用。傷食亦宜助胃，不得專事克削。

造麯法：五月五日、六月六日，六神聚會之日，此日辦藥料，至上寅日踏麯，或甲、戊、庚三寅日為三奇，在於三伏內修合亦可。用白麵百斤，象白虎，配肺。赤豆末、象朱雀，配心，四兩。杏仁泥、象玄武，配腎，五兩。青蒿、象青龍，配肝。蒼耳、象勾陳，配胃。野蓼象螣蛇，配脾。各汁三升，三升當今一中碗。通和作餅，麻葉包窨，俟生黃，曬乾收之。陳久者良。人身水火合化之真氣，升於肝之生氣，並於穀氣，出於胃陽，根於脾陰，以上統於肺。必六象具足，而真氣乃全。然肺為氣之主，脾胃為氣之充，故以白麵為君。而脾胃兩土全列，以宣陽中之陽，故力勝酒麯之蓄陽而達陰也。原名六神麯，今人除卻六字，只名神麯，任意加之數十味，如五苓散、平胃散，及麥芽、穀芽、使君、腹皮、砂仁、白蔻、丁香、木香、大黃、黃芩、藿香、香附、良薑與發散、補氣、破滯、消積、破血等雜投，其克破太過，大損元氣。今人喜其香而用之，其自奉肥甘者，雖取快一時，而遺害不淺。夫赤豆、白麵屬五穀，合諸味以發之，則速於消化。若辛散補養及雄烈攻堅之藥，一經窨發，失其本性，變為腐臭穢濁之物，傷脾防胃所不待言也。

清・文晟《新編六書》卷六《藥性摘錄》 神麯 辛甘，氣溫。入脾胃，散氣調中，溫胃化痰，逐水消滯。然必合以補脾等藥並施則佳。〇若孕婦無積，及脾陰不足，胃火旺者，並勿用。義與麥芽同也。陳久者，須炒過，或劈開煨用。

清・張仁錫《藥性蒙求・穀部》 神粬范志粬、建粬三錢，寒食粬、酒粬 神粬 辛甘，最消積滯。開胃調中，氣行痛止。陳久者良。治痰逆，癥結腹痛，瀉痢。〇脾陰虛，胃火盛者勿用。又能下胎，胎前亦勿用。〇此俗名六神粬，青蒿、蒼耳、野蓼各取自然汁三升，杏仁泥、赤小豆末各三升，白粬百斤，以五月五日，或六月六日，通和作餅，麻葉或楮葉包罯，如造醬黃法，待生黃衣，晒乾收之。炒黃用。〇范志神粬：即今建粬，採百草罨成，又名百草粬，共藥九十六味。平和配合，君臣佐使，另加十二味，亦五月五日、六月六日製造。氣味平和，清香甘淡。能收風解表，調氣消積，又治不服水土，四時不正之氣，尤宜外出遠出。常服忌生菜。孕婦亦忌。此藥切片煎湯，藥渣不散。須認形色淡黃者為真。〇寒食粬：能破積行氣。〇酒粬：亦能消食，去滯氣，行藥力，但力竣傷胃。

清・戴葆元《本草綱目易知錄》卷二 神麴 甘、辛，溫。入足陽明經。健脾暖胃，消食下氣，化水穀宿食，癥結積滯，除痰逆霍亂，瀉痢脹滿諸疾，其功同小麥諸麴。閃挫腰痛，煅，淬酒服。產後欲回乳者，炒研，酒服二錢，日二，即止。

清・黃光霽《本草衍句》 神粬 辛甘散氣，調中溫暖。健脾開胃，能宣能達；脹滿鬱結，停痰能伐。能消回乳，下胎宿滯。功耑化水穀，運積滯。得麥芽、杏仁治胃虛不尅，得蒼朮能壯脾進飲食，得茱萸治暴泄不止。閃挫腰痛者，煅過，淬酒，溫服有效。婦人產後欲回乳者，炒研，酒服二錢即止，甚驗。健胃思食養食丸，治脾胃俱虛，不能消化水穀，胸膈痞悶，腹脇膨脹，連年累月，食減嗜臥，口無味。神粬六兩，麥芽炒三兩，乾薑炮四兩，烏梅肉焙四兩，為末，蜜丸梧子大，每米飲下。

清・陳其瑞《本草撮要》卷五 神麴 味甘辛，入手足太陰、陽明經，功專化水穀，運積滯。得麥芽、杏仁治胃虛不尅，得蒼朮能壯脾進飲食，得茱萸治暴泄不止，得木香消糕粿積。脾陰虛，胃火盛，及有孕者忌服。

草麴

晉・嵇含《南方草木狀》卷上草類 草麴 南海多矣。酒不用麴櫱，但杵米粉，雜以眾草葉，冶葛汁，滫溲之，大如卵，置蓬蒿中蔭蔽之，經月而成。用此合糯為酒，故劇飲之，既醒，猶頭熱涔涔，以其有毒草故也。南人有女，數歲即大釀酒，既漉，候冬陂池竭時，置酒罌中，密固其上，瘞陂中，至春瀦水滿，亦不復發矣。女將嫁，乃發陂取酒，以供賓客，謂之女酒，其味絕美。

半夏麴

清・趙學敏《本草綱目拾遺》卷五草部下 各種半夏麴 《綱目》半夏修治條引韓飛霞醫通造半夏麴，云能專治各病，又不載其製法，特為補之。

生薑麴：薑汁浸造，治淺近諸痰。礬麴：礬水煮透，兼薑和造，最能却水，治清水痰也。皂角麴：煮皂角汁煉膏，和半夏末為麴，或加南星，稍加麝香，治風痰，開經絡。竹瀝麴：用白芥子等分，或三分之一，竹瀝和成，略加麴和，治皮裏膜外結核隱顯之痰。麻油麴：麻油浸半夏，浸五日，炒乾為末，麴和造成，油以潤燥，治虛欬內熱之痰。牛膽麴：臘月黃牛膽汁略加熟蜜和造，治癲癇風痰。開鬱麴：香附、蒼朮、撫芎等分，熬膏。和半夏末造成，治鬱痰。消黃麴：用芒硝十分之三，同麴煮透，為末，煎大黃膏和成，治中風卒厥，傷寒宜下，由於痰者。海粉麴：海粉雄黃居半夏之半，煉蜜和造，治積痰沈痼。

霞天麴：用黃牛肉煎汁煉膏，名霞天膏。將膏和半夏末為麴，治沈疴痼痰。以上諸麴，並照造麴法，草盦七日，待生黃衣，懸掛風處，愈久愈佳。

龜鹿二仙膠

清・鄭奮揚著，曹炳章注《增訂偽藥條辨》卷四 龜鹿二仙膠 龜鹿二仙膠，用龜版、鹿角、枸杞、人參四味，煎熬為膠。乃峻補氣血，不寒不燥，又能益髓固精，為補方中妙品。聞有以牛皮膠，及他藥偽造混售，服之無益有害，良可慨耳。 炳章按：龜鹿二仙膠，即鄭氏所謂龜、鹿，加枸杞子、黨參，煎汁去渣，如前法收膠切塊，毋容再詳矣。云偽者以牛皮偽充云云，牛皮膠甚臭，不堪入口，亦難混用耳。

黃蒸

明・王文潔《太乙仙製本草藥性大全》卷四《本草精義》 黃麥 一名女麴，一名黃蒸，又名黃衣，一名麰子。按：麰子、黃蒸不殊，皆以小麥爲之。又云：南人以小麥，北人以秔米，皆六七月作之。蘇云磨破之，謂當完作之，亦呼爲黃衣，塵綠者佳。

按：《衍義》云：小麥暴淋煎湯飲，爲麵作糊，入藥水調，治人中暑，馬病肺卒熱，亦以水調灌愈。生嚼成筋可以粘禽蟲。養肝氣煮飲服之良。又云，麫有熱毒者，多是陳黦之色，又爲磨中石末在內，所以有毒，但杵食之即良。又宜作粉食之，補中益氣，和五臟，調經絡，續氣脉。

明・李時珍《本草綱目》卷二五穀部・造釀類 黃蒸《拾遺》。校正：原附小麥下，今分出。【釋名】黃衣蘇恭 麥黃時珍曰：此乃以米、麥粉和罨，待其熏蒸成黃，故有諸名。【集解】恭曰：黃蒸，磨小麥粉拌水和成餅，麻葉裹，待上黃衣，取曬。藏器曰：黃蒸與麰子不殊。北人以小麥，南人以粳米，六七月作之，生綠塵者佳。時珍曰：女麴蒸麥飯罨成，黃蒸磨米、麥粉罨成，稍有不同也。【氣味】【主治】並同女麴蘇恭。溫補，能消諸生物藏器。溫中下氣，消食除煩《日華》。治食黃、黃汗時珍。

【附方】新一。癊黃疸疾：或黃汗染衣，涕唾皆黃。用好黃蒸二升，每夜以水二升，浸微暖，於銅器中，平旦絞汁半升，極效。《必效方》。

明・施永圖《本草醫旨・食物類》卷二 黃蒸磨米麥粉，罨成，待其薰蒸成黃，又名麥黃。 味治：並同女麴。溫補，能消諸生物，溫中下氣，消食除煩，治食黃汗。

附方 癊黃疸疾：或黃汗染衣，涕唾皆黃，用好黃蒸二升，每夜以水二升，浸微暖，於銅器中，平旦絞汁半升，極效。

清・章穆《調疾飲食辯》卷二 黃蒸 用小麥麫水調作餅，罨生黃衣，曝乾收藏。用時，水浸濕，加鹽蒸熟。不蒸則帶窨氣。可調和諸饌。即是作醬之法，此取其便也。

女麴

明・李時珍《本草綱目》卷二五穀部・造釀類 女麴《拾遺》。校正：原附小麥下，今分出。

【釋名】麰子音桓 黃子時珍曰：此乃女人以完麥罨成黃子，故有諸名。【集解】恭曰：女麴，完小麥爲飯，和成罨之，待上黃衣，取曬。

【氣味】甘，温，無毒。【主治】消食下氣，止泄痢，下胎，破冷血蘇頌。

明・孟筌《養生要括・穀部》 小麥麴 味甘，溫，無毒。消穀止痢，平胃氣，消食痔，治小兒食癎。調中下氣，開胃，療臟腑中風寒。主霍亂，心膈氣，痰逆，除煩，破癥結。補虛，去冷氣，除腸胃中寒，不下食，令人有顏色。落胎，并下鬼胎。

大麥麴：味甘，溫，無毒。消食和中，下生胎，破血。

麵麯、米麯：味同前。消食積、酒積、糯米積，研末酒服，立愈。餘功同小麥麯。

明・施永圖《本草醫旨・食物類》卷二 女麴蒸小麥為飯，和成罨之，待上黃衣取晒。 味：甘，溫，無毒。治：消食下氣，止洩痢，下胎，破冷血。

清・郭章宜《本草匯》補遺 小麥麴 味甘，氣溫，入手陽明經。止河魚之疾，除腸胃中塞。消穀止痢，破結落胎。

按：古人用麴，即造酒之麴也。酒非麴不生，故名之曰酒母。其性專消導，行脾胃滯氣，散藏府風冷，故主療如上所云。神麴，乃後人專造以供藥用，力倍酒麴。蓋取諸神聚會之日造之，又取各藥物以象六神之用，故得神名。又有大麥麴，下生胎，破凝血。麪麴、米麴，消食積、酒積、糯米積如神。惟此數種，皆可入藥。其各地有入諸藥草及毒藥者，皆有毒，惟可造酒，不可入藥也。孕婦勿服。

陳久者良，炒香用。

清・嚴潔等《得配本草》卷五 小麥麯 甘，平。調中下氣，消食開胃。通膈氣，消痰逆，除煩破結，下鬼胎。 炒用。

清・章穆《調疾飲食辯》卷二 女麪 以完全小麥蒸罨生黃，曝而收之。用時搗碎，加鹽蒸食，以備缺醬時之用。有旨畜御冬之意，故名女麴。《拾遺》名麲子。亦即作醬之法。此二物藏過冬者，能消食止泄。出《圖經》。為末米飲下，又治黃痺、黃汗，水煎絞汁服。出《必效方》。

麴

宋・李昉《太平御覽》卷八五三 麴蘖 《書》曰：若作酒醴爾，惟麴蘖。《説文》曰：麴，酒母也。⿰酉蒙，生衣也。⿰酉甚，熟麴也。蘖，芽米也。《釋名》曰：麴，朽也。欝之使生衣朽敗也。蘖，缺也。漬麥覆之，使生牙開缺也。

宋・唐慎微《證類本草》卷二五米穀部中品〔宋・掌禹錫《嘉祐本草》〕

麴 味甘，大暖。療藏腑中風氣，調中下氣，開胃消宿食。主霍亂，心膈氣，痰逆，除煩，破癥結及補虛，去冷氣，除腸胃中塞，不下食，令人有顏色，六月作者良。陳久者入藥，用之當炒令香，六畜食米脹欲死者，煮麴汁灌之立消，落胎并下鬼胎。又，神麴，使，無毒。能化水穀宿食癥氣，建脾暖胃。新補。見陳藏器、孟詵、蕭炳、陳士良、日華子。

〔宋・唐慎微《證類本草》〕雷公云：麴，凡使，擣作末後，掘地坑，深二尺，用物裹，内坑中至一宿，明出，焙乾用。《千金方》：治産後運絶。麴末，水服方寸匕。不差，更服即差。又方：小腹堅大如盤，胸中滿，能食而不消。麴末服方寸匕，日三。《肘後方》：治赤白痢下，水穀食不消。以麴熬粟米粥，服方寸匕，日四五止。又方：姙娠卒胎動不安，或腰痛，胎轉搶心，下血不止。生麴半餅碎末，水和絞取汁，服三升。《古今録驗》：治狐刺。取麴末和獨頭蒜，杵如帽簪頭，内瘡孔中，蟲出愈。《子母秘録》：姙娠胎動上迫，心痛如折。以生麴半餅碎，水和絞取汁服。《傷寒類要》：治傷寒飲食勞復，以麴一餅，煮取汁飲之。《楊氏産乳》：療胎上迫，心痛兼下血。取麴半餅，擣碎，水和絞取汁。梁簡文帝《勸醫文》：麥麴，止河魚之腹疾。賈相公進過牛經，牛生衣不下。取六月六麴末三合，酒一升，灌，便下。《蜀本》云：溫，消穀，止痢，平胃。主小兒癎，消食痔。

宋・王繼先《紹興本草》卷一二 麴 紹興校定：麴入方療疾，惟六月上寅日，清水和白麵為神麴可用矣。大率消穀嗜食，諸方多用之。陳久者良。蓋謂有消化之性，故云落胎，即非毒利之藥可比也，當云味苦甘、溫、無毒是矣。

宋・劉明之《圖經本草藥性總論》卷下 麴 味甘，大暖。療藏府中風氣，調中下氣，開胃，消宿食，主霍亂，心膈氣痰逆，除煩，破癥結，及補虛去冷氣，除腸胃中塞不下食，又落胎。《千金方》治産後運絶。《肘後方》治姙娠卒胎動不安，或腰痛胎轉搶心下血不止。又治赤白痢下，水穀食不消。《傷寒類要》治傷寒飲食勞復。神麴，使。無毒。能化水穀宿食癥氣，健脾胃。

宋・陳衍《寶慶本草折衷》卷一九 麴粳紅麴續附。 又云：一名麪麴。○所出與小麥同。○今諸處以清水或加蓼汁和麪擣壓為麪。凡酒家製麴各按土俗，其用料及名稱多不同。○續附：粳紅麴，炊粳米入蓼汁挼製成。

味甘，大暖，無毒。○消宿食，破癥結，去冷氣。陳久者入藥，炒令香。落胎，并下鬼胎。

續說云：麴法非一，當循寇宗奭，謂以清水或以蓼汁和麪所造為正也。至張松治挫着腰痛，轉動不利，以麴壹塊燒紅，淬酒飲之，卧少頃即差。又《究原方》炒粳紅麴碾末，謂之紅玉散，亦治腰疼。每服貳錢，熱酒調下。

元・忽思慧《飲膳正要》卷三 麴 味甘，大暖。療藏府中風氣，調中益氣，開胃消食，補虛冷。陳久者良。

元・尚從善《本草元命苞》卷九 麯 味甘，大暖，為使藥。無毒。助天五之氣，入陽明之經。療臟腑風氣，除心膈痰涎。開胃滿宿食，除煩破癥結。止霍亂，調中，補虛羸下氣。入藥炒香，陳久者妙。神麴能化水穀，消食暖胃，健脾。

明・滕弘《神農本經會通》卷四　麴　神麴。使也。六月作者良。陳久者入藥，用之當炒令香。今看麴者，米麥糵之總名。麴音曲，若紅麴，今之白酒麴，麪麴之類是也。神麴，專指麪造者言也。觀丹溪之論可證。　味甘，氣大暖。《湯》云：　神麴，氣暖，味甘。入足陽明經。東云：　神麴，健脾胃，進飲食。

《本經》云：　療臟腑中風氣，調中下氣，開胃消食。　主霍亂，心膈氣痰逆，除煩，破癥結，及補虛，去冷氣。　除腸胃中塞，不下食。　令人有顏色。　六畜食米脹欲死者，煮麴汁灌之，立消。　落胎，并下鬼胎。　又神麴，使。　無毒。能化水穀宿食，癥氣，健脾暖胃。《湯》云：　又治小兒腹堅大如盤，胸中滿，能食而不消，麴末服方寸匕，日三。　姙娠卒胎動不安，或腰痛，胎轉搶心，下血不止，火炒，以助天五之氣。　入足陽明。　丹溪云：　性溫，入胃。　麩皮性涼，入大腸。　俱消食積。　又云：　健脾暖胃，治赤白痢，下水，穀食不消。　又，紅麴活血，消食。　神麯，養脾進食，使胃氣有餘。

明・劉文泰《本草品彙精要》卷三六　麴無毒。

麴：　療臟腑中風氣，調中，下氣，開胃，消宿食，主霍亂，心膈氣，痰逆，除煩，破癥結及補虛，去冷氣，除腸胃中塞，不下食，令人有顏色。　六畜食米脹欲死者，煮麴汁灌之，立消。　落胎并下鬼胎。　又神麴，使，無毒，能化水穀宿食癥氣，健脾暖胃。名醫所錄。

〔地〕謹按：　丹溪修造神麴之法：　以六月六日或六月上寅日五更，旋取清水和白麪作餅如拳大，每餅中內生薑一塊如指大，外用紙裹，懸於梁間，待隔年用之。　造時切勿言語，亦不可使人知，方有驗矣。今人以淮地酒麴入藥，殊不及神麴爲勝。《本經》所云落胎，蓋謂有消化之性，非毒利之藥可比也。　〔收〕風乾。　〔用〕陳久者良。　〔色〕白。　〔味〕甘。　〔性〕溫。　〔氣〕氣之厚者，陽也。　〔臭〕香。　〔主〕健脾胃，消宿食。　〔行〕足陽明經。　〔製〕《雷公》云：　凡使，作末後，掘地坑深二尺，用物裹內坑中至一宿，取出焙乾用，或炒令香用。　〔治〕療：《圖經》曰：　平胃，止痢。《別錄》云：　麴，治產後運絕，水服方寸匕，不差，更服。　亦治小兒腹堅大如盤，胸中滿，能食而不消。　止河魚之腹疾，能消穀及小兒癇，消食痔。○生麴末，治妊娠卒胎動不安，或腰痛，胎轉搶心，下血不止，及胎動上迫，心痛如折，並和水絞取汁服之。　傷寒飲食勞復，麴一餅煮取汁服之。　〔合治〕合粟米粥服方寸匕，療赤白痢下，水穀食不消。○合獨頭蒜治狐刺，杵如帽簪頭，內瘡孔中，蟲出，愈。　〔禁〕妊娠不可服。

明・盧和、汪穎《食物本草》卷四味類　麯　味甘，溫，調中下氣，開胃，化水穀，消宿食，主霍亂，心膈氣痰，破癥結，去冷氣，治赤白痢，治小兒腹堅大如盤，落胎，下鬼胎。　六畜脹者，煮汁灌之愈。　人反胃悶滿，効神於藥。

明・王文潔《太乙仙製本草藥性大全》卷四《本草精義》　酒麯　係諸藥合成，或粘米粉，或小麥麵及草藥馬蓼、鐵掃箒杵汁調匀，搓成米粿様，茶盤盛貯，上下草薦罯，令出汗，揭開掀攤曝乾聽用。　六月作者良。　陳久者入藥，用之當炒令香。

明・王文潔《太乙仙製本草藥性大全》卷四《仙製藥性》　酒麯　味辛而氣溫，無毒。　主治：　落胎兼下鬼胎，下氣併驅冷氣。　酒痰尤劫，宿食立消。　六畜悮食米多，脹滿欲死，急研煎汁灌下即解回生。　麩麯：　性涼，消食亦用。　紅麯：　色赤，滑血須知。　補註：　產後暈絕，麯末水服即差。○小腸堅，大如盤，胸中滿，能食而不能消，麯末服方寸〔匕〕。○赤白痢下，水穀食不消，以麯熬粟米粥服方寸〔匕〕。○妊娠卒胎動不安，或腰痛胎轉，搶心下血不止，生麯半餅，研末水和，絞取汁服。○狐刺，取麯末和獨頭蒜杵如帽簪頭，納瘡孔中，蟲出愈。○妊娠胎動上迫，心痛如折，以生麯半餅碎，水和絞取汁服。○傷寒飲食勞復，以麯一餅，煮取汁飲之。○療胎上迫，心痛兼下血，取麯半餅，搗研水和，絞取汁服。○進過《牛經》，牛生衣不下，取六月六麯末三合，酒一升，灌便下。　太乙曰：　麯，凡使搗作末後，掘地坑深二尺，用物裹納坑中，至一宿明出，焙乾用。

明・皇甫嵩《本草發明》卷五　酒麯性氣大溫，味辛。　故大暖，療藏府中風氣，調中下氣，補虛，去冷氣，消宿食，主霍亂痰逆，破癥結，除腸胃中（塞）〔塞〕不下食。　六畜食米多脹欲死，煮麯汁灌之立消。　又落胎，下鬼胎。

麩麯，性涼。　消食。

明・李時珍《本草綱目》卷二五穀部・造釀類　麴宋《嘉祐》

〔釋名〕酒母時珍曰：　麴以米、麥包罨而成，故字從麥、從米、從包省文，會意也。　酒非麴不生，故曰酒母。《書》云：　若作酒醴，爾惟麴糵。是矣。　劉熙《釋名》云：　麴，朽也，鬱使生衣敗朽也。

〔集解〕藏器曰：　麴，六月作者良。　入藥須陳久者，炒香用。　時珍曰：　麴有麥、麪、米造者不一，皆酒醋所須，俱能消導，功不甚遠。　造大小麥麴法：　用大麥米或小麥連皮，井水淘淨，曬乾。　六月六日磨碎，以淘麥水和作塊，楮葉包紮，懸風處，七十日可用矣。造麫麴法：三伏時，用白麵五斤，緑豆五升，以蓼汁煮爛。辣蓼末五兩，杏仁泥十兩，和踏成餅，楮葉裹懸風處，候生黄收之。造白麴法：用麫五斤，糯米粉一斗，水拌微濕，篩過踏餅，楮葉包掛風處，五十日成矣。又米麴法：用糯米粉一斗，自然蓼汁和作圓丸，楮葉包掛風處，七七日曬收。此數十麴皆可入藥。其各地有入諸藥草及毒藥者，皆有毒，惟可造酒，不可入藥也。

小麥麴 【氣味】甘，温，無毒。震亨曰：麩皮麴：凉，入大腸經。【主治】消穀止痢《别録》。平胃氣，消食痔，治小兒食癇蘇恭。調中下氣，開胃，療臟腑中風寒藏器。主霍亂、心膈氣、痰逆，除煩，破癥結孟詵。補虚，去冷氣，除腸胃中塞，不下食，令人有顔色吴瑞。落胎，並下鬼胎《日華》。止河魚之疾梁(閆)〔簡文〕帝《勸醫文》。

大麥麴 【氣味】同前。【主治】消食和中，下生胎，破血。取五升，以水一斗煮三沸，分五服，其子如糜，令母肥盛時珍。

麫麴、米麴 【氣味】同前。【主治】消食積、酒積、糯米積，研末酒服立愈。餘功同小麥麴。時珍。○出《千金》。

【附方】舊五，新四。米穀食積：炒麴末，白湯調服二錢，日三服。三焦滯氣：陳麴炒、萊菔子炒等分。每用三錢，水煎，入麝香少許服。《普濟》。小腹堅大如盤，胸滿，食不能消化。用麴末，湯服方寸匕，日三。《千金》。水痢百起：六月六日麴炒黄、馬藺子等分，爲末，米飲服方寸匕。無馬藺子，用牛骨灰代之。《普濟方》。赤白痢下：水穀不消。以麴熬粟米粥，服方寸匕，日四五服。《肘後方》。酒毒便血：麴一塊，濕紙包煨，爲末。空心米飲服二錢，神效。傷寒食復：麴一餅，煮汁飲之，良。《類要方》。胎動不安：或上搶心，下血者。生麴餅研末，水和絞汁，服三升。《肘後》。狐刺尿瘡：麴末和獨頭蒜，杵如麥粒，納瘡孔中，蟲出愈。《古今録驗》。

明·穆世錫《食物輯要》卷八 小麥麯 味甘，平，無毒。消食散結氣，治霍亂，痰逆，瀉痢，下鬼胎。

大麥麯：味甘，平，無毒。和中消食，破宿血，下鬼胎。

明·吴文炳《藥性全備食物本草》卷一 酒麯 味辛，氣溫，無毒。係諸藥合成，或粘米粉，或小麥麫及草藥馬蓼、鐵掃箒，杵汁調勻，搓成米粿樣，苶盤盛貯，上下草薦罯令出汗，揭開掀攤曝乾。六月作者良，陳久者入藥用之，當炒令香。妊娠卒胎動不安，或腰痛胎轉搶心，下血不止，生麯半餅研末，水和絞汁服。產後暈絕，麯末水調服即差。小腸堅大如盤，胸中滿能食而不能消，麯末服方寸效。赤白痢下水穀，食不消，以麯熬粟米粥服方寸即止。

按：麥者，接絶續乏之穀也。方夏之初，舊穀已絶，新穀未登，民於斯時，正乃乏食，當麥先熟，接續無憂，故《春秋》於他穀不書，至無麥禾則書之，可見聖人於五穀中亦惟重麥與禾也，非因民命所係，安足以動筆耶。

明·繆希雍《本草經疏》卷二五 麴 味甘，大暖。療藏腑中風氣，調中下氣，開胃，消宿食，主霍亂，心膈氣，痰逆，除煩，破癥結，補虚，去冷氣，除腸胃中塞，不下食，令人有顔色。六月作者良。

明·倪朱謨《本草彙言》卷一四 麴 味甘，氣溫，無毒。李氏曰：麴有米、麥、豆三種，皆爲酒醋所須，故《書》云若作酒醴，爾惟麴糵，是矣。造大小麥麴法：用大麥或小麥，用井水帶皮淘淨，晒乾，六月六日磨爲末，水和成塊，用楮葉包扎，懸當風處，七十日可用矣。造麵麴法：三伏時用綠豆五升，以辣蓼草汁煮爛；又取乾辣蓼葉爲末五兩，杏仁爲末十兩，小麥麵五觔，和踏成餅，用楮葉包懸當風處五十日，生黄衣成矣。造白麴法：用小麥麵五觔，糯米粉一斗，和勻，水拌濕，踏餅，用楮葉包，懸當風處五十日成矣。造米麴法：用糯米粉一斗，取辣蓼草，搗汁，和作圓丸，楮葉包懸當風處，五十日成矣。已上諸麴，俱要好日色晒乾，再收，懸當風無雨濕處，藏之聽用。入酒、入藥俱可。又他處造麴，有用諸味辛烈草藥拌入者，皆有毒，僅可造酒，不可入藥。姚氏曰：凡諸造麴，惟三伏中作者良，入藥用，須陳久者方妙。

小麥麴：《別錄》消穀食，止痢疾，孟詵利胸膈，化痰逆，藏器調中開胃，前古止河魚腹疾之藥也。

大麥麴：《別錄》消穀食，止痢疾，孟詵利胸膈，化痰逆，藏器調中開胃，時珍下胎氣脹滿之藥也。

麵麴、米麴：《千金》俱消食積、酒積之藥也。沈志所稿三麴主治，俱健脾消積，利痰開胃，功用相同。稍有分別，亦不甚相遠。如有辣蓼草，幷有他辛烈有毒藥者，惟胎前諸病不宜用也。

明·姚可成《食物本草》卷五穀部·醃造類 酒麴一名酒母。有麥、麫、米造者不一，皆酒、醋所須。俱能消導，功不甚遠。造大小麥麴法：用大麥或小麥連皮，井水淘淨，晒乾，六月六日磨碎，以淘麥水和作塊，楮葉包紮懸風處，七十日可用矣。造麫麴法：三伏時，用白麫五斤，綠豆五升，以蓼汁煮爛，辣蓼末五兩，杏仁泥十兩，和踏成餅，楮葉裹懸風處，候生黃收之。造白麴法：用麪五斤，糯米粉一斗，水拌微溼，篩過踏餅，楮葉包掛風處，五十日成矣。造米麴法：用糯米粉一斗，自然蓼汁和作圓丸，楮葉包掛風處，七七日晒收。已上諸麴造酒，性醇和而養脾胃，各地有入毒草而成者，不及焉。

小麥麴，味甘，溫，無毒。消穀止痢，平胃氣，消食痔。治小兒食癇，霍亂，心膈氣痰逆。除煩，破癥結，除腸胃中塞，不下食。落胎，并下鬼胎。止河魚之疾。

大麥麴　味之溫，無毒。消食和中，下生胎，破血。取五升，以水一斗煮三沸，分五服。其子如糜，令母肥盛。

麪麴、米麴　味甘，溫，無毒。消食積、酒積、糯米積，研末酒服立愈。餘功同小麥麴。

明・施永圖《本草醫旨・食物類》卷二　麴名酒母，以米麥麪，包罨而成者，陳者炒香，入藥更佳。　小麥麴：味：甘，溫，無毒。麩皮麴涼，入大腸經。治：消穀止痢，平胃氣，消食痔。治小兒食癇，調中下氣，開胃，療臟腑中風寒，主霍亂，心膈氣，痰逆，除煩，破癥結，補虛，去冷氣，除腸胃中塞，不下食。令人有顏色，落胎，并下鬼胎，止河魚之疾。　大麥麴：味：同前。治：消食和中。下生胎破血，取五升，以水一斗，煮三沸，分五服，其子如糜，令母肥盛。　麪麴、米麴：味：同前。治：消食積、酒積、糯米積，研末，酒服立愈。其功同小麥麴。

附方　米穀食積：炒麴末，白湯調服二錢，日三服。三焦滯氣：陳麴炒，萊菔子炒，等分。每用三錢，水煎，入麝香少許，服。小腹堅大：如盤，胸滿不能消化，用麴末湯服方寸匕，日三。水痢百起：六月六日，麴炒黃，馬藺子等分，為末，米湯服方寸匕。無馬藺子用牛骨灰代之。赤白痢下：水穀不消，以麴熬粟米粥，服方寸匕，日四五服。酒毒便血：麴一塊，濕紙包煨，為末，空心米飲服二錢，神效。傷寒食復：麴一餅，煮汁飲之良。胎動不安：或上搶心，下血者，生麴餅研末，水和絞汁服三升。狐刺尿瘡：麴末和獨頭蒜，杵如麥粒，納瘡孔中，蟲出愈。

清・劉雲密《本草述》卷一四　麴　時珍曰：麴有麥、麪、米造者不一，或小麥連皮，井水淘淨，曬乾，六月六日磨碎，以淘麥水和作塊，楮葉包紮，懸風處七十日，可用矣。造麪麴法：三伏時用白麪五斤，綠豆五斤，以蓼汁煮爛，辣蓼末五兩，杏仁泥十兩，和踏成餅，楮葉裹，懸風處，候生黃收之。造白麴法：用麪五斤，糯米粉一斗，水拌微溼，篩過，踏餅，楮葉包，挂風處五十日，成矣。又米麴法：用糯米粉一斗，自然蓼汁和作圓丸，楮葉包，挂風處七七日，曬收。此數十麴皆可入藥，其各地有入諸藥草及毒藥者，皆有毒，惟可造酒，不可入藥也。

用須陳久者良。

小麥麴：氣味：甘，温，無毒。丹溪曰：麩皮麴涼，入大腸經。

主治：調中，下氣開胃，療臟腑中風寒藏器。補虛，去冷氣，除腸胃中塞，不下食吳瑞。主霍亂，心膈氣痰逆，除煩，破癥結孟詵。止痢《別録》。

麪麴、米麴：氣味同前。

《本草》主治：消食積、酒積、糯米積，研末，酒服立愈。餘功同小麥麴時珍。

方書主治：積聚腹痛，脇痛痹，泄瀉滞下，脚氣，前陰疾及耳卒氣閉。

愚按：麴有麥、麪、米之殊，即瀕湖言其俱能消導，功不甚遠也。第以消導盡其功，似有遺議。蓋天地人物，不外於陰陽二氣。然陰陽之氣，有絪蘊而後有變化，有變化而後有生成。如造麴者，固亦竊取斯義耳。然即取五穀之養以造之，由脾胃利益之物而還行其變化之氣，謂其即於脾胃推陳以致新。詎曰不然。第就是絪蘊而變化者，似得乎蓄陽以達陰，故於消積導滞之外，煞有運旋，如小麥麴藏器謂其開胃，療臟腑中風寒，而吳瑞亦云補虛，去冷氣，即瀕湖以麪麴、米麴與小麥麴等功，固亦於消導滞積之外有所取爾矣。愚閱方書諸證治療，於此味之或主或輔，徵其蓄陽達陰之氣化，大都不爽。第與風寒冷氣之治，更覺渾成耳。試舉療前陰之疾，如補肝湯且逐隊於諸味中，為溼熱之對待，安得止以外受風寒盡之乎？雖然，前陰此證亦由於陽虛而陰不化，致病於溼，溼鬱乃化熱，故行補肝之劑耳。推斯義以盡其功，即執寒冷之治，猶未悉也，況執於消積導滞，以求之者哉？

清・蔣居祉《本草擇要綱目・溫性藥品》　麴　小麥麴氣味：甘，溫，無毒。　主治：消穀止痢，平胃氣，消食痔，治小兒食癇，調中下氣，開胃。療臟腑中風寒，主霍亂心膈氣痰逆，除煩破癥結，補虛去冷氣。除腸胃中塞不下食，令人有顏色。落胎并下鬼胎，止河魚之疾。　大麥麴氣味：同前。主治：消食和中，下生胎，破血。取五升，以水一斗，煮三沸，分五服，其子如糜，令母肥盛。　麪麴、米麴氣味：同前。　主治：消食積、酒積、糯米積，研末，酒服立愈。餘功同小麥麴。

清·章穆《調疾飲食辯》卷二 麴米 始見《別錄》。《衍義》曰：粟麴也。《唐本草》曰：《食經》用稻(蘖)〔蘗〕，稻乃諸穀之總名。《綱目》曰：凡穀以水浸濕，候芽生去殼，炒研入藥，皆主消導。而麥(蘖)〔蘗〕性猛，中州實滯者可暫用。穀(蘖)〔蘗〕性稍平，能快脾開胃，下氣和中。小兒飲食不節，可和白术、山藥、扁豆、蓮肉、砂仁，加餹霜作餅餌食。《澹寮方》有穀神丸，用穀(蘖)〔蘗〕米四兩，入薑汁、鹽少許，作餅焙乾，同甘草、白术各一兩，砂仁三錢為末，白湯服。

清·楊時泰《本草述鉤元》卷一四 麴 麴有麥麪米，造者不一，或小麥連皮，井水淘淨，曬乾，六月六日磨碎，以淘麥水和作塊，楮葉包紮，懸風處七十日，可用矣。麪麴造法：三伏時用白麪五斤，綠豆五斤，以蓼汁煮爛，辣蓼末五兩，杏仁泥十兩，和踏成餅，楮葉裹，懸風處，候生黃，收之。造白麴法：用麪五斤，糯米粉一斗，水拌微濕，篩過踏餅，楮葉包，挂風處五十日，曬收。又米麴法：用糯米粉一斗，自然蓼汁和作圓丸，楮葉包，挂風處七七日，曬收。此數十麴，皆可入藥。其各地有入諸藥草及毒藥者，皆有毒，惟可造酒，不可入藥。陳久者良。

小麥麴：氣味甘溫。麩皮麴涼。入大腸經丹溪。調中下氣開胃，療臟腑中風寒藏器。補虛去冷氣，除腸胃中塞，不下食吳瑞。主霍亂心膈氣痰逆，除煩破癥結孟詵。止痢。

麪麴、米麴：氣味同前。主消食積酒積糯米積。研末酒服立愈。餘功同小麥麴。方書治積聚腹痛，脇痛痺，泄瀉、滯下，脚氣前陰疾及耳猝氣閉。

論：麴有麥麪米之殊，其性消導，不甚相遠，卻不可以消導之功盡之。蓋天地人物，不外於陰陽二氣。陰陽之氣，有絪緼而後有變化，有變化而後有生成，合麴者巧竊斯義，即取五穀之養以造之，由脾胃利益之物，還行其變化之氣，謂於脾胃推陳以致新，詎曰不然。第就其絪緼而變化者，似能蓄陽以達陰，故於消積導滯之外，煞有運旋也。試參療前陰之疾，逐隊於補肝湯中，為濕熱之對待，非以前陰此證，由於陽虛而陰不化，致病於濕，濕鬱乃化熱，故行補肝之劑乎。

清·劉善述、劉士季《草木便方》卷二穀糧豆菜部 大酒麴 大酒麴甘溫和中，消食調胃諸積鬆。赤白瀉痢磨酒服，痰嗽喘逆癥結通。

清·戴葆元《本草綱目易知錄》卷二 小麥麴酒母 甘，溫。消穀止痢，平胃氣，消食痔，治小兒食癇。調中下氣開胃，療臟腑中風寒。主霍亂心煩，膈氣痰逆，米穀食積、酒積、糯米積，傷寒食復，小(復)〔腹〕堅大，酒毒便血，除煩破癥結，補虛去冷氣，化腸胃塞不下食，落生胎，下鬼胎，止河魚之疾。

清·吳汝紀《每日食物却病考》卷下 麯 又名酒母，謂酒非此不生也。《書》曰：若作酒醴，爾惟麯蘖。其來久矣。味甘，溫，無毒。消食，平胃，破癥結痰逆。惟大、小麥麪造者良。有入諸藥草者，不入藥造酒，亦不宜人，妊娠忌之。

醬

宋·李昉《太平御覽》卷八六五 醬 《禮記》曰：膾炙處外，醯醬處內。

《論衡》曰：作豆醬，惡聞雷。此欲使人急作，不欲積久。

附：日·丹波康賴《醫心方》卷三〇 醬 《本草》云：味鹹、酸，冷利。主除熱，止煩滿，殺藥及火毒。陶〔弘〕景注云：醬多以豆作，純麥者少。今此當是豆者。又有肉醬、魚醬，皆呼為醢，不入藥用也。

宋·唐慎微《證類本草》卷二六米穀部下品〔《別錄》〕 醬 味鹹、酸，冷利。主除熱，止煩滿，殺百藥，熱湯及火毒。

〔梁·陶弘景《本草經集注》〕云：醬多以豆作，純麥者少。今此當是豆者，亦以久久者彌好。又有肉醬、魚醬，皆呼爲醢，不入藥用。

〔唐·蘇敬《唐本草》〕注云：又有榆人醬，亦辛美，利大小便。蕪荑醬大美，殺三蟲，雖有少臭，亦辛好也。

〔宋·掌禹錫《嘉祐本草》〕按：日華子云：醬，無毒。殺一切魚、肉、菜蔬、蕈毒。并治蛇、蟲、蜂、蠆等毒。

〔宋·唐慎微《證類本草》〕《食療》：主火毒，殺百藥。發小兒無辜，小麥醬，不如豆。又，榆人醬，亦辛美，殺諸蟲，利大小便，心腹惡氣。不宜多食。又，蕪荑醬，功力强於榆人醬。多食落髮。麞、雉、兔及鱧魚醬，皆不可多食。爲陳久故也。《聖惠方》：治飛蛾入耳，醬汁灌入耳即出。又，擊銅器於耳傍。《千金方》：治指掣痛。以醬清和蜜，任多少，溫傅之愈。《肘後方》：湯火燒灼未成瘡，豆醬汁傅之。《楊氏產乳》：妊娠，不得豆醬合雀肉食之，令兒面黑。

宋·寇宗奭《本草衍義》卷二〇 醬 聖人以謂不得即不食，意欲五味和、五藏悅而受之。此亦安樂之一端。

宋・陳衍《寶慶本草折衷》卷一九　豆醬榆人等醬附。○今從陶隱居加以豆字。所出與大豆及諸米麥等物同。○今諸處以豆等和鹽合成。○妊婦忌醬與雀肉食之。

味鹹、酸，平《圖經》冷，無毒。○主除熱，止煩滿，殺百藥、湯火毒。○陶隱居云：醬是豆者，以久彌妙。○日華子云：殺魚、肉、菜蔬、蕈毒，并蛇、蟲、蜂、蠆毒。○《食療》云：麥醬不如豆。○《千金方》：治指掣痛，以醬清和蜜傅。○《楊氏產乳》云：妊娠不得豆醬合雀肉食，令兒面黑。○寇氏曰：聖人謂不得即不食，意欲五味和五藏，悅而受之。

附：榆人醬。○味辛，美。殺諸蟲，利大小便，心腹惡氣。又助肺下氣，塗諸瘡、癬。塵者尤良。兼括榆皮說。

附：蕪荑醬。○味辛，少臭。殺三蟲，多食落髮。又有肉醬、魚醬皆呼為醢，及麞、雉、兔、鱧魚醬皆不入藥用。○醢，音海。

元・忽思慧《飲膳正要》卷三　醬　味鹹、酸，冷，無毒。除熱止煩，殺百藥熱湯火毒，殺一切魚肉菜蔬毒。豆醬，主治勝麵醬。陳久者尤良。

元・尚從善《本草元命苞》卷九　醬　味鹹、酸，冷利，無毒。止煩滿，除熱。療湯火灼瘡。投魚肉蔬菜毒，治蛇、蟲、蜂、蠆患。榆仁醬利大小便，蕪荑醬殺諸般蟲。

元・吴瑞《日用本草》卷八　醬　味鹹，冷利。小麥醬同鯽魚食，令人咽喉瘡。主除熱，止煩滿，殺百藥、魚肉、菜蕈毒，及火毒、蛇、蜂、蠆等毒。魚肉為醬曰醢，不入藥。飛蛾入耳，醬汁滴入耳即出。湯火瘡，以醬傅之。

明・王綸《本草集要》卷五　醬　味鹹酸，氣冷利。以豆作，陳久者良。主除熱，止煩滿，殺百藥熱瘡及火毒，并治蛇蟲、蜂蠆等毒。

明・滕弘《神農本經會通》卷四　醬　多以豆作，純麥者少。今此當是豆者，亦以陳久者彌妙。又有肉醬、魚醬，皆呼為醢，不入藥用。

味鹹，酸，氣冷利。

《本經》云：主除熱，止煩滿，殺百藥、熱湯及火毒。《唐本》注云：又有榆仁醬，亦辛美，利大小便。蕪荑醬，大美，殺三蟲，雖有少臭，亦辛好也。日華子云：醬，無毒。殺一切魚肉、菜(疏)〔蔬〕、蕈毒，并治蛇蟲蜂蠆等毒。《食療》云：主火毒，殺百毒，發小兒無辜。小麥醬不如豆，又榆仁醬，亦辛美，殺諸蟲，利大小便，心腹惡氣。不宜多食。又蕪荑醬，功力強於榆仁醬，多食落髮。麞、兔及鱧魚醬，皆不可多食，為陳久故也。

明・劉文泰《本草品彙精要》卷三七　醬無毒。名醫所錄。

醬：主除熱，止煩滿，殺百藥，熱湯及火毒。【地】陶隱居云：醬多以大豆與麪罯作而成，但純麥者少，今此當是豆者，亦以久久彌妙。又有肉醬、魚醬，皆呼爲醢，不入藥用。《唐本》注云榆仁醬辛美，蕪荑醬大美，雖有少臭，亦辛好也。其豆麪作者，乃世之常用，今處處有之，而入藥以陳久者爲良。【用】豆、麪作者良。【色】赤。【味】鹹、酸。【性】冷利。【氣】氣薄味厚，陰也。【臭】香。【治】療：《唐本》注云：榆仁醬，利小便。○蕪荑醬，殺三蟲。日華子云：醬，傅蛇、蟲、蜂、蠆等毒。《食療》云：醬，治小兒無辜。○榆仁醬，殺諸蟲并心腹惡氣。《別錄》云：醬汁，主飛蛾入耳，滴入耳即出。【禁】榆仁醬，不宜多食，多食落髮。妊娠不可以豆醬合雀肉同食，令兒面黑。【解】殺百藥、一切魚、肉、菜蔬、蕈毒。

明・盧和、汪穎《食物本草》〔一樂堂本〕卷四味類　醬　味酸、鹹，氣汁利，除熱，止煩滿，殺百藥、魚肉、菜蕈及湯火、蛇蟲等毒。純豆者佳，豆麵合作及純麵者俱不及。麵醬，不宜煮鯽魚，食之令人生喉瘡。

明・盧和、汪穎《食物本草》〔胡文焕本〕　醬　【略】麵醬，亦無毒，但不能殺諸毒。又有榆仁醬，亦辛美，利大小便，不宜多食。蕪荑醬，大美，殺三蟲，雖少臭，亦辛好。多食落髮。肉醬、魚醬，通呼為醢，聖人不得即不食，意欲以五味和五臟，此亦養生之一端也，豈專務窮口腹者哉？

明・陳嘉謨《本草蒙筌》卷五　醬　味鹹，酸，氣冷利。無毒。所造弗一，其用亦殊。魚肉造者，呼為醢，充庖廚妙；豆麵造者，名曰醬，入藥劑靈。勿取新鮮，惟尚陳久。殺諸蟲蛇蠍蜂毒立効，解百藥蔬菜蕈毒殊功。疥癬略塗，瘙癢如劫。聖人謂不得其醬不食，意欲五味調和，五臟悅受，斯亦安樂之一端也。○榆仁醬味甚辛，食下通便，除心腹惡氣。○蕪荑醬氣略臭，食多落髮，發小兒無辜。

明・方穀《本草纂要》卷六　醬　味鹹、微酸，氣冷利。主狂熱，除煩躁，下腦滿，解腹脹，去疥癬，殺蟲毒，軟堅積，散熱瘡，療湯火，利大腸之聖藥也。又醬油益脾養胃，殺百物毒。醬薑開胃止嘔，去山嵐障氣；醬瓜除鬱煩，解暑毒；醬茄溫中暖胃，雖發百毒，而亦解諸毒。大抵醬味鹹，鹹能軟堅；鹹生寒，寒則氣冷而利下。所以殺百物之毒，而化毒爲水也，故人以飲食之。

中烹醬而食之。孔子曰不得其醬不食者，此也。論在人亦不可多食。《內經》曰：鹹走血，血病毋多食鹹。又曰：多食鹹則脉凝泣而色變。

明・寧源《食鑒本草》卷下 醬 味鹹、甘，平，無毒。除熱，止煩滿，殺一切蛇蟲、蜂蠆、魚肉、蔬菌之毒。古方：治湯盪火燒毒，敷之，效。

明・王文潔《太乙仙製本草藥性大全》卷四《本草精義》 豆醬 陶隱居云：醬多以豆作，純麥者少。今此當是豆者，亦以久晒者彌良。又有肉醬、魚醬，皆呼爲醢，不入藥用。《唐本》注云：主火毒，殺百藥，發小兒無辜。小麥醬不如豆。又榆仁醬亦辛美，殺諸蟲，利大小便。心腹惡氣，不宜多食。又蕪荑醬功力強於榆仁醬，多食落髮。麞、雉、兔及鱧魚醬皆不可多食，爲陳久故也。

明・王文潔《太乙仙製本草藥性大全》卷四《仙製藥性》 豆醬 味鹹、酸，氣冷，無毒。 主治：主除熱良方，止煩滿妙藥。殺百藥熱湯火毒尤良，祛魚肉菜蔬蕈毒最驗。治蛇蟲咬神效，敷蜂蠆毒絕奇。 補註：治飛蛾入耳，醬汁灌入即出，又擊銅器於耳傍。〇治指掣痛，以醬清和蜜，任多少溫傅之良。〇湯火燒灼，未成瘡，豆醬汁傅之。〇妊娠不得豆醬合雀肉，令兒面黑。 按：《衍義》云：醬，聖人以謂不得即不食，意欲五味和，五臟悅而受之，此亦安樂之一端。

明・皇甫嵩《本草發明》卷五 醬下品。氣冷利，味，鹹酸。 醬鹹寒，殺諸蟲蛇蝎蜂毒，解百藥、熱湯及火毒、蔬菜蕈毒，塗疥癬瘙癢。用陳久者。 榆仁醬味辛。通便，除心腹惡氣。〇純麪陳甜醬，又甘溫而補益脾胃也。 寒食飯，主滅瘢痕，有舊瘢及雜瘡，並細研傅之。 飯灰，主病後食療。

明・李時珍《本草綱目》卷二五穀部・造釀類 醬《別録》下品

【釋名】時珍曰：按劉熙《釋名》云：醬者，將也。能制食物之毒，如將之平暴惡也。

【集解】時珍曰：麪醬有大麥、小麥、甜醬、麩醬之屬，豆醬有大豆、小豆、豌豆及豆油之屬。豆油法：用大豆三斗，水煮糜，以麪二十四斤，拌罨成黃。每十斤，入鹽八斤，井水四十斤，攪曬成油收取之。大豆醬法：用豆炒磨成粉，一斗入麪三斗和勻，切片罨黃，曬之。每十斤入鹽五斤，井水淹過，曬成收之。小豆醬法：用豆磨淨，和麪罨黃，次年再磨。每十斤入鹽五斤，以臘水淹過，曬成收之。豌豆醬法：用豆水浸，蒸軟曬乾去皮。每一斗入小麥一斗，磨麪和切，蒸過盦黃，曬乾。每十斤入鹽五斤，水二十斤，曬成收之。麩醬法：用小麥麩蒸熟罨黃，曬乾磨碎。每十斤入鹽三斤，熟湯二十斤，曬成收之。甜麪醬：用小麥麪和劑，切片蒸熟，盦黃曬簸。每十斤入鹽三斤，熟水二十斤，曬成收之。小麥麪醬：用生麪水和，布包踏餅，罨黃曬鬆。每十斤入鹽五斤，水二十斤，曬成收之。大麥醬用黑豆一斗炒熟，水浸半日，同煮爛，以大麥麪二十斤拌勻，篩下麪，用煮豆汁和劑，切片蒸熟，罨黃曬擣。每一斗入鹽二斤，井水八斤，曬成黑甜而汁清。又有麻滓醬：用麻枯餅擣蒸，以麪和勻罨黃如常，用鹽水曬成，色味甘美也。

【氣味】鹹，冷利，無毒。時珍曰：麪醬：鹹。豆醬、甜醬、豆油、大麥醬、麩醬：皆鹹，甘。詵曰：多食發小兒無辜，生痰動氣。妊娠合雀肉食之，令兒面黑。頌曰：麥醬和鯉魚食，生口瘡。

【主治】除熱，止煩滿，殺百藥及熱湯火毒《別録》。殺一切魚、肉、菜蔬、蕈毒，並治蛇、蟲、蜂、蠆等毒《日華》。醬汁灌入下部，治大便不通。灌耳中，治飛蛾、蟲、蟻入耳。塗猘犬咬及湯、火傷灼未成瘡者，有效。又中砒毒，調水服即解出《時珍方》。

【發明】弘景曰：醬多以豆作，純麥者少。入藥當以豆醬，陳久者彌好也。又有魚醬、肉醬，皆呼爲醢，不入藥用。詵曰：小麥醬殺藥力不如豆醬。又有獐、鹿、兔、雉及鱧魚醬，皆不可久食也。宗奭曰：聖人不得醬不食，意欲五味和，五臟悅而受之，此亦安樂之一端也。時珍曰：不得醬不食，亦兼取其殺飲食百藥之毒也。

【附方】舊六。 手指掣痛：醬清和蜜，溫熱浸之，愈乃止。《千金》。 癧瘍風駁：醬清和石硫黃細末，日日揩之。《外臺秘要》。 妊娠下血：豆醬二升，去汁取豆，炒研。酒服方寸匕，日三。《古今録驗》。 妊娠尿血：豆醬一大盞熬乾，生地黃二兩，爲末。每服一錢，米飲下。《普濟方》。 浸淫瘡癬：醬瓣和人尿，塗之。《千金翼》。 解輕粉毒：服輕粉口破者。以三年陳醬化水，頻漱之。《瀕湖集簡方》。

明・梅得春《藥性會元》卷中 醬 味鹹、酸，無毒。為調和之主。 主治冷痢，除熱，止煩滿，殺百藥、熱湯及火毒。

明・穆世錫《食物輯要》卷八 醬 味鹹、甘，性冷，無毒。殺魚肉、菜蕈、百藥毒，調五味，和臟腑，除煩熱。多用，發瘡助濕。同鯉魚食，發喉瘡。患腫脹、五疸、咳嗽者，勿食。

明・張懋辰《本草便》卷二 醬 味鹹、酸，氣冷利。 主除熱，止煩滿，殺百藥熱瘡及火毒，并治蛇、蟲、蜂、蠆等毒。

明・吳文炳《藥性全備食物本草》卷四 醬 將也。將和五味以安五臟，故聖人不得不食。以豆作陳久者良。味鹹、酸，無毒。殺魚肉菜蕈百藥毒，除熱止煩滿，及湯火灼傷，一切蛇蟲蜂蠆螫，並用塗之甚奇。發小兒無辜。同鯉魚食發喉瘡。患腫脹、五疸、咳嗽者勿食。小麥醬不如豆醬。又榆仁醬辛美，殺諸蟲，利大小便，心腹惡氣，不宜多食。又蕪荑醬，功力強於榆仁醬，多食落髮。肉醬、魚醬皆呼為醢，不入藥用。孕婦合雀肉食，令兒面黑。

明・趙南星《上醫本草》卷一　醬　時珍曰：醬者，將也。麵醬有大麥、小麥、甜醬、麩醬之屬，豆醬有大豆、小豆、豌豆及豆油之屬。醬多以豆作，純麥者少。當以豆醬入藥，陳久者彌好也。宗奭曰：聖人不得醬不食，意欲五味和，五臟悅而受之，此亦安樂之一端也。鹹，冷利，無毒。主治：除熱，止煩滿，殺百藥毒及一切魚肉、菜蔬、蕈毒，并治蛇、蟲、蜂、蠆等毒，塗猘犬咬，皆効。同鯉魚食，主口瘡。妊娠，合雀肉食之，令兒面黑。小兒多食，發無辜，生痰動氣。

附方　大便不通：醬汁灌入下部，効。中砒毒：新汲水調醬服，即解。飛蛾蟲蟻入耳：醬汁灌之，即出。湯火傷灼未成瘡者：醬〔汁〕塗之，効。

明・繆希雍《本草經疏》卷二六　醬　味鹹，酸，冷利。主除熱，止煩滿，殺百藥，熱湯及火毒。

〔疏〕按醬之品不一，惟豆醬陳久者入藥。其味鹹酸冷利，故主除熱，止煩滿及湯火傷毒也。能殺一切魚肉菜蔬蕈毒。本經云：殺百藥毒者，誤也。聖人不得其醬不食。朱子云：食肉用醬，各有所宜。玩一宜字，則不宜者必有傷害於人，非特悅口而已。如食蟹用橙醬，或薑醬，煮魚用茱萸醬，取其能殺毒之義耳。又有榆仁醬，味辛美，殺諸蟲，利大小便，心腹惡氣。蕪荑醬主療相同。茱萸醬作法不用麵，豆、鹽，只以河水，量茱萸多少，稍稍加石灰摻入拌勻，甕藏。殺一切魚腥毒。用時洗去石灰，擂爛，烹水族入之，良。

明・倪朱謨《本草彙言》卷一四　醬　味鹹，氣寒，無毒。李氏曰：麪醬有大麥、小麥之屬。豆醬有大豆、小豆、豌豆、赤豆之屬。南北風土俗性不同。製造：今江浙閩淮皆用黃豆一斗，煮極爛，拌小麥麪十五包，用竹扁鋪均，用布帛蓋好，三日發蒸，至七八日熱退，取出日下晒燥，每稱黃子十觔，入鹽七觔，井水四十觔，攪晒，一月成矣。取面上汁濾出，名醬油。每油十斤，加飴糖十二兩，入鍋煎百餘沸，收入淨磁罈內，入厨中，調諸腥食甚鮮美。取醬亦入磁罈內，封藏一月，取出入厨充用。

醬：解百藥，百蟲《別錄》百獸諸毒。海藏又袪時行暑熱，癘毒瘴氣之藥也。陶氏隱居曰：用醬入藥，當以黃大豆，小麥麪合作者良，善解一切飲食諸毒。故聖人不得其醬不食，亦取其去飲食百味中之毒可知矣。

集方：《方脉正宗》治百藥百蟲百獸毒損人者。以豆醬水洗去汁，取豆瓣搗爛一盞，白湯調服。再取豆瓣搗爛，傅傷損處。○治天行暑熱，瘴癘疫氣，大熱不解。以豆醬瓣水淘洗去鹹味，取一盞搗爛，白湯調服。○《古今錄驗》治妊娠大便下血。用豆醬瓣洗去鹹味，取一盞煎湯飲。○《千金方》治手損掣痛。以豆醬汁一碗，去豆瓣，和蜜半鍾，溫熱浸手指即愈。○治人卒中烟火毒。用黃豆醬一塊，調溫湯一碗灌之，即甦。○治人遭火燒，身爛垂死者。用臭醬一兩，取水白酒一二甕，將酒頓溫，不可過熱，調醬於中，令患者浸酒中，燒極重不死。天啓甲子秋八月，教場火藥發，燒死藥匠數百人，內十餘人遍體赤爛未死者，襄城伯令行此方，浸活如數。

明・應廖《食治廣要》卷八　醬　氣味：鹹，甘，冷，無毒。殺一切魚肉、菜蔬、蕈毒。頌曰：麥醬和鯉魚食，生口瘡。寇宗奭曰：聖人不得其醬不食。意欲五味和，五藏悅而受之，此亦安樂之一端也。李時珍曰：不得醬不食，亦兼取其殺飲食百藥之毒也。此說良是。

明・姚可成《食物本草》卷一五味部・造釀類【略】醬，味鹹，冷，無毒。除熱止煩滿，殺百藥及熱湯、火毒，殺一切魚肉、菜蔬、蕈毒，并治蛇、蟲、蜂、蠆等毒。醬汁灌入下部，治大便不通，灌耳中，治飛蛾、蟲、蟻入耳。塗猘犬咬及湯、火傷灼未成瘡者，有效。又中砒毒，調水服即解。多食發小兒無辜生痰動氣。妊娠合雀肉食之，令兒面黑。麥醬和鯉魚食，生口瘡。【略】

榆仁醬李時珍曰：造法：取榆仁水浸一伏時，袋盛，揉洗去涎，以蓼汁拌晒。如此七次，同發過麪麴，如造醬法，下鹽晒之。每一升，麴四斤，鹽一斤，水五斤。

榆仁醬，味辛美，溫，無毒。主利大小便，心腹惡氣，殺諸蟲。不宜多食。

蕪荑醬造法與榆仁醬同。

蕪荑醬，味辛美，微臭，無毒。主殺三蟲，功力強於榆仁醬。○張從正曰：北人亦多食乳酪酥脯甘美之物，皆生蟲之萌也。而不生蟲者，蓋食中多胡荽、蕪荑、鹵汁，殺九蟲之物也。

明・顧逢柏《分部本草妙用》卷九穀部　醬　鹹，冷利，無毒。主治：除熱，止煩滿，殺百藥及火傷毒，殺一切蛇蟲及魚、菜、諸肉毒。中砒，調水服即解。

明・孟笨《養生要括・穀部》 醬麪醬鹹，豆醬甜，用能制食物之毒，多食生痰動氣。妊娠合雀食之，兒面黑。麥醬和鯉魚食，生口瘡。 味鹹，冷利，無毒。除熱止煩滿，殺百藥及熱湯火毒。殺一切魚肉、菜蔬、蕈毒，并治蛇蟲蜂蠆等毒。醬汁灌入下部，治大便不通。灌耳中，治飛蛾蟲蟻入耳。塗猘犬嗷及湯火傷灼，未成瘡者有效。又中砒毒，調水服即解。

明・施永圖《本草醫旨・食物類》卷二 醬麪醬，鹹。豆醬、甜醬、豆油、大麥醬、麸醬，皆鹹甘。 味：鹹，冷，無毒。治：除熱，止煩滿，殺百藥及熱湯火毒，殺一切魚肉、菜蔬、蕈毒，并治蛇蟲蜂蠆等毒。醬汁灌入下部，治大便不通。灌耳中，治飛蛾、蟲蟻入耳。塗猘犬咬及湯火傷灼未成瘡者，有效。又中砒毒，調水服即解。

附方 手指掣痛：醬清和蜜，溫熱浸之愈，乃止。癧瘍風駁：醬清和石硫黃細末，日日揩之。妊娠下血：豆醬二升，去汁取豆，炒研，酒服方寸匕，日三。妊娠尿血：豆醬一大盞，熬乾，生地黃二兩，為末，每服一錢，米飲下。浸淫瘡癬：醬瓣和人尿塗之。解輕粉毒：服輕粉口破者，以三年陳醬化水，頻漱之。〇當以豆醬陳久者佳，小麥醬殺藥力，不如豆醬。

清・穆石匏《本草洞詮》卷五 醬 劉熙《釋名》云：醬者，將也。能制食物之毒，如將之平暴惡也。麪醬鹹，豆醬甜，大麥醬、麸醬皆鹹甘，並冷利，無毒。主除熱，殺魚肉菜蔬百藥毒，並蛇蟲蜂蠆等毒。

清・丁其譽《壽世秘典》卷四 醬麪醬有大麥、小麥麸醬之屬，豆醬有大豆、豌豆、豆油之屬。大麥醬用黑豆一斗炒熟，水浸半日，同煮爛，以大麥麪二十觔拌匀，篩下麸，用煮豆汁和劑，切片，蒸熟罨黃，晒搗，每一斗入鹽二觔，井水八觔，晒成黑甜而汁清。小麥麪醬，用面和麪切片，蒸熟，罨黃，晒簸，每十觔入鹽三觔，熟水二十觔，晒成伏之。麸醬用小麥麸蒸熟，罨黃，晒乾磨碎，每十觔入鹽三觔，熟水二十觔，晒成收之。大豆醬用豆炒，磨成粉，一斗入麪三斗，和匀切片，罨黃，晒之，每十觔入鹽五觔，井水淹過，晒成收之。豌豆醬用豆水浸，蒸軟，晒乾去皮，每一斗入小麥一斗，磨麪，和，切，蒸過，罨黃，晒乾，每十觔入鹽五觔，水二十觔，晒成收之。豆油法，用大豆三斗，水煮糜，以麪二十四觔拌，罨成黃，每十觔入鹽八觔，井水四十觔，攪晒成油收取之。純豆者佳，豆麪合作者次之，純麪者又次之，以不能殺諸毒也。《論衡》云：作豆醬，惡聞雷。

氣味：鹹、甘，冷利，無毒。主除熱，止煩滿，殺一切魚肉、菜蕈及湯火、蛇蟲、蜂蠆等毒。又中砒毒，調水服，即解。

清・尤乘《食鑒本草・五味類》 醬 味甘、鹹，寒，無毒。除熱湯火毒，殺百藥毒，殺一切魚肉、菜蔬園毒，并治蛇蟲蜂蠆等毒。醬汁灌入下部，治大便不通；灌耳中，治飛蛾蟲蟻入耳；塗狂犬咬中，研毒水調服即愈。

清・朱本中《飲食須知・味類》 醬 味鹹、甘，性冷。殺魚肉、菜蕈、百藥毒。多食助濕發瘡，發小兒無辜，生痰動氣。妊婦合雀肉食，令兒面黑。同葵、藿食，能墮胎。麥醬同鯉魚及魚鮓食，生口瘡。患腫脹、五疸、咳嗽者，勿食豆醬乃佳。患瘡癤者食之，令瘢黑。服甘遂者忌之。

清・何其言《養生食鑒》卷下 醬荳同麵製者佳，米製者次之。 味鹹、甘，性平，無毒。殺魚肉、菜蕈、百藥毒，調五味，和臟腑，除煩熱。多用發瘡，動濕。勿與鯉魚同煮。患腫脹、五疸、咳嗽者，勿食。

醬油 性味功同。調飲食尤佳。

清・李熙和《醫經允中》卷二二 醬 中砒毒，水調服即解。鹹，冷利，無毒。主治：殺百藥與湯火傷，及魚菜諸肉毒，併殺蟲蛇、蜂、蝎毒。豆醬合藿食墮胎，胎衣不下，沖湯服之即下。

清・馮兆張《馮氏錦囊秘錄・雜症痘疹藥性主治合參》卷六 醬醬，惟豆醬陳久者入藥。其味鹹酸，冷利。故除熱止煩滿及療湯火傷毒。并殺一切魚肉、菜蔬、蕈毒也。

醬係豆盦麵者，入藥惟尚陳久，殺諸蟲、蛇蝎蜂毒，解百藥、蔬菜、蕈毒。疥癬略塗，瘙癢即劫。

清・汪啟賢等《食物須知・諸米》 醬 味鹹、酸，氣冷利，無毒。所造不一，其用亦殊。魚肉造者，呼為醢，充庖廚妙。豆麵造者，名曰醬，殺諸蟲、蛇、蝎、蜂毒立效，解百藥、蔬菜、蕈毒殊功。聖人謂：不得其醬不食。意欲五味調和，五臟悅受，斯亦安樂之一端也。

清・浦士貞《夕庵讀本草快編》卷三 醬《別錄》 《禮》云：天子執醬而饋，則知醬之為重於食品，尚矣。如神仙之香醬，晉武致山濤魚醬，劉孝標之蝦醬，枚乘之芍藥醬。而粵之蒟醬，《白虎通》之榆莢醬，皆醬之尤者也。豈今人獨以豆為哉？ 醬，將也，能制食物之毒，如將軍之平暴惡也。入藥之功，陳久彌良。其味鹹，其氣冷，專主潤利，故大便不通，客熱煩滿，用之多驗。若餚饌之中須得。五味和而五藏悅，亦養生之一端，聖人不得其醬不食之意也。若痰喘哮响，當為省之，蠱毒水脹，猶宜拒絕。

清・葉盛《古今治驗食物單方》 醬 人家狗咬，以其家醬罨之，即不痛，亦不爛。食輕粉口破者，以陳醬化水飲之。

清・吳儀洛《本草從新》卷四 醬解毒。 鹹，冷，利。殺百藥及熱湯火毒，并一切魚肉菜蔬蕈毒。入藥當用豆醬，陳久彌佳。

清・汪紱《醫林纂要探源》卷二 醬 鹹，平。稉米、麥麪皆可作塊煮熟，以牡荊罨之，俟生黴，篩去黃衣，磨細，用熟水加鹽浸之，朝朝攬晒，久乃成。此非古人醢醢之醬也，然其用亦同矣。 甯心解煩。鹹補心。 多食生痰。以其鬱濕。 醬油： 甘，鹹，平。 功用同。作豆豉如作醬法，而取其精液也。

題清・徐大椿《藥性切用》卷六 甜醬 甘鹹微溫，解葷腥、湯火熱毒。陳久彌佳。

清・黃宮繡《本草求真》卷九 豆醬解腎熱邪及諸食物毒氣。 豆醬耑入腎。本豆與麪蒸罨，加鹽與水晒成。雖曰： 經火經日煎熬，然味鹹性冷，火不勝水，仍為解熱解毒瀉火之劑耳。 是以書載一切魚肉、菜蔬、蕈毒，皆當用此以調，蛇蟲蜂蠆犬咬，湯火砒霜蠱毒，皆當用此以解。 與夫手指掣痛，用醬清和蜜溫熱，浸之。 癧瘍風駁，用醬清和石硫黃細末，日日指之。 大便不通，用醬汁灌入孔中。 飛蟲入耳，用醬滴灌耳中即出。 浸淫瘡癬。用醬瓣和人尿以塗。 輕粉毒蟲。用三年陳醬，化水以灌。 身上乾燥，用豆醬入藥以塗。 妊娠下血、尿血等症。下血用豆醬二升，去汁，取豆炒研，服方寸匙。尿血用豆醬煎乾，生地二兩為末，每服一錢，米湯以下。 無不當用此以治，但此氣鹹性冷，小兒過服，則恐生痰動氣，妊娠合雀肉以食，則恐令兒面黑，所當避也，取豆醬陳久者佳。小麥醬殺藥力不如豆醬。

清・李文培《食物小錄》卷下 醬 甘、鹹，冷，微酸，有小毒。 殺一切魚肉、菜蔬毒，解砒毒、輕粉毒，調水服之。

清・趙學敏《本草綱目拾遺》卷八諸穀部 醬油糟油 以麪豆拌罨成黃，鹽水漬成之。 伏造者味厚，秋油則味薄，陳久者入藥良。 味鹹性冷，殺一切魚肉菜蔬蕈毒，塗湯火傷，多食發嗽作渴。

解食茘作脹，以陳年醬油飲少許，即消。 中輕粉毒，以三年陳醬油化水頻漱之《集簡方》。

糟油 《藥性考》： 摩風瘙腰膝痛，開胃暖臟，止嘔噦，解蔬菜毒。

清・章穆《調疾飲食辯》卷二 醬 此亦諸穀皆可作，且有用魚、肉作者。 調和諸饌，雖無大益，亦絲毫無損。《爾雅》釋名曰： 醬，將也。 制飲食之毒，如將之平禍亂也。《魯論》曰： 不得其醬不食。 其字所該者廣。 古人必有某醬如何造法，某物宜用某醬之方，不得其醬，則毒無所制，故聖人不食也。 今人用醬，取其鹹而且鮮，比鹽較美而已。 其制食毒之法及造法，一概失傳。 何故禁之？ 乃醫人亦必禁之，不知何意？ 至《內則》： 豕胾，芥醬； 濡雞，醢醬； 濡魚，卵醬； 濡鼈，醢醬； 魚膾，芥醬； 麋腥，醢醬； 桃諸、梅諸，卵鹽。 雖著諸醬之用，亦略而不全。 且觀桃、梅之用鹽，附於醬後，則用醬即與用鹽同理也。 故《儀禮》公食大夫三飯以湆醬。 又曰： 凡炙無醬。 蓋無鹹味者，必濡醬，炙有鹹味，故不復濡醬，其理亦同也。《綱目》曰： 調水服，解砒毒。 又，用榨去油脂麻枯滓，和麪蒸罨作醬，味更鮮美。惟榆仁、茱萸、花椒等醬，不免熱毒，不宜輕食。

醬油： 《毛詩》曰醢。 用黑豆如作豉法，蒸罨生黃，入水加鹽，曝。 氣味芳鮮，能引胃氣。 俗醫謂其作嗽，禁人勿食，不知何本，不必信之。

附： 醬藏諸物

醬之藏物，比鹽較鮮美，為胃氣之所愛。 天下土產可以醬藏者，不能悉數。 病人愛食，即是漸進飲食之機。 且鹹物不能多食，些微不合，亦無大礙。 惟醬越瓜性冷難化，極不益人，今之醫者，專教病人食此。 百病忌之。 醬薑性熱，熱病忌之。

清・葉桂《本草再新》卷七 醬味甘、鹹，性涼，無毒。 入脾、肺、腎三經。 除一切熱毒，殺蟲消腫。

清・趙其光《本草求原》卷一四穀部 豆醬 甘、鹹，平，無毒。 殺魚、肉、菜、菌、百藥毒。 調五味，和臟腑，殺蟲，除煩熱。 但發瘡動濕，腫脹、五疸、咳嗽人忌。 勿同鯉魚煮食。 豆同麪製良，米製次之。

醬油： 性味尤美，而功用俱同。

芝麻油： 經火炒熟，而後榨油。 世說以為性冷，謂芝麻得火愈涼，故殺五黃諸蟲，下三焦熱毒，吾恐未必。 今調物食每生用，若以之煎物，味焦而熱，可知煎煉必熱。 惟久蒸則性平，久貯不蒸則反生而冷，如棗仁炒，越宿而復生，此物性使然。

清・文晟《新編六書》卷六《藥性摘錄》 豆醬 味鹹，性冷。 解腎熱邪，及諸食物毒氣。 治蛇、蟲、蜂、蠆、犬咬，湯火諸傷，與大手指掣痛，用醬和蜜，溫熱浸之。砒霜、蠱毒，亦可灌救。大便不通，用醬汁灌入孔中。飛蟲入耳，滴入耳中，俱効。小兒多食生痰動氣。陳久者佳。

清・文晟《新編六書》卷六《藥性摘錄》 醬 鹹，平。殺魚肉、菜蕈、百藥毒，調五味，和臟腑，除煩熱。多用發瘡動濕。勿與鯉魚同煮。患腫脹，五疸，咳嗽者，勿食。醬油，性味功同，調飲食尤佳。豆醬為佳。

清・王孟英《隨息居飲食譜・調和類》 醬 純以白麪造者鹹甘而平，調饌最勝。豆醬以金華、蘭谿造者佳。鹹，平。篘油則豆醬為宜，日曬三伏，晴則夜露，深秋第一，篘者勝，名秋油，即母油。調和食味，葷素皆宜。痘痂新脫時，食之則瘢黑。嘉興造者鹹寒，以少日曬之功也，油亦質薄，味淡，不耐久藏。 猘犬齩及湯火傷未成瘡者，以醬塗之。 中砒毒，豆醬調水服。胎氣上衝及虛逆嘔吐，好醬油開水調服。亦解亞片毒。

清・田綿淮《本草省常・氣味類》 醬 性平。除濕熱，消脹滿，殺百藥毒、湯火毒及一切魚肉菜菌毒。陳者良。 醬油，性平。開胃進食，除濕散滿，解一切魚肉、瓜菜、菌蕈毒。

清・戴葆元《本草綱目易知錄》卷二 醬 鹹，冷，利。和五味，悅五臟，亦取其能殺食飲毒，除熱止煩滿。醬汁灌肛內，治大便不通。灌耳中，治飛蛾，蟲蟻入耳。塗猘犬咬及湯火灼傷，未成瘡者效。中砒毒，洋煙毒，調水頻服，即解。殺百藥及一切魚肉、菜蕈毒，并蛇蟲、蜂蠆等毒。多食生疾動氣，小兒發無辜疳。入藥豆醬佳，陳者良。

清・陳其瑞《本草撮要》卷五 醬 味鹹，冷利，入手足太陰、陽明、少陰經，功專殺百藥及熱湯火毒，並一切魚肉蔬菜蕈毒，入藥當用豆醬，陳者佳。

清・吳汝紀《每日食物却病考》卷下 醬 冷，利，無毒。除熱，止煩滿，殺百藥及魚、肉、菜、蕈毒，并治蛇、蟲、蜂、蠆等毒。造法不一，有純豆者，有純麪者。入藥當以豆醬，陳者更好。

蝦油

清・李文培《食物小錄》卷下 鰕油 甘、鹹，腥，有小毒。味雖美，不可多食。多食令人生痰，發癢。

蕪荑醬

明・李時珍《本草綱目》卷二五穀部・造釀類 蕪荑醬《食療》。校正：原附醬下，今分出。

【集解】時珍曰：造法與榆仁醬同。

【氣味】辛美微臭，溫，無毒多食落髮。 【主治】殺三蟲，功力强於榆仁醬孟詵。

【發明】張從正曰：北人亦多食乳酪酥脯甘美之物，皆生蟲之萌也。而不生蟲者，蓋食中多胡荽、蕪荑、鹵汁，殺九蟲之物也。

明・施永圖《本草醫旨・食物類》卷二 蕪荑醬造法與榆仁醬同。 味：辛美，微臭，溫，無毒。多食落髮。殺三蟲，功力强於榆仁醬。北人亦多食乳酪酥脯甘美之物，皆生蟲之萌也。而不生蟲者，蓋食中多胡荽、蕪荑鹵汁，殺九蟲之物也。

榆仁醬

明・李時珍《本草綱目》卷二五穀部・造釀類 榆仁醬《食療》。校正：原附醬下，今分出。

【集解】時珍曰：造法：取榆仁水浸一伏時，袋盛，揉洗去涎，以蓼汁拌曬，如此七次，同發過麪麴，如造醬法下鹽曬之。每一升，麴四斤，鹽一斤，水五斤。崔寔《月令》謂之醔䤖，是也。音牟偷。

【氣味】辛美，溫，無毒。 【主治】利大小便、心腹惡氣，殺諸蟲。不宜多食孟詵。

明・施永圖《本草醫旨・食物類》卷二 榆仁醬取榆仁，水浸一伏時，袋盛，揉洗去涎，以蓼汁拌晒，如此七次，同發過麪麴，如造醬法下鹽晒之，每一升，麴四斤，鹽一斤，水五升。 味：辛美，溫，無毒。治：利大小便，心腹惡氣，殺諸蟲。不宜多食。

腐乳

明・應麐《食治廣要》卷八 乳腐 氣味：甘，微寒，無毒。主治：潤五藏，利大小便，益十二經脉，治赤白痢。

按乳腐，諸乳皆可造，今惟以牛乳者為勝爾。其法以牛乳一斗，絹濾入釜，煎四五沸，水解之。用醋點入，如豆腐法，漸漸結成，漉出以帛裹之。用石壓成，入鹽甕底收之。

明・應麐《食治廣要》卷八 脂麻腐脂麻擂爛去滓，和綠豆粉合成者。其性平潤，最益老人。

清・趙學敏《本草綱目拾遺》卷八諸穀部 腐漿、沫、渣、皮、乳、鍋巴、泔水、麻腐 瀕湖《綱目》於豆腐集解註：腐皮堪入饌，而漿乳皆遺之。又胡麻亦可作腐，《綱目》胡麻條亦遺之。今悉為補，概名曰腐。

腐漿：　味甘，微鹹，性平，清咽祛膩，解鹽鹵毒。　《藥性考》云：　味甘，微苦，性涼，清熱下氣，利便通腸，能止淋濁，銀杏研漿。

傷寒十日不汗：　張卿子妙方：　用未點豆腐漿一大盌，調好白蜜熱服，即出汗愈，神效。　脚氣腫痛難走者，熱豆腐漿加松香末搗勻敷，過夜即好行走，永無後患。　大便下血：　《古今良方》：　荸薺一觔或半觔，豆腐漿不沖水者一大盌，將腐漿頓極熱，搗荸薺汁，乘熱沖入飲之。　鹽哮：　《救生苦海》：　用豆腐漿點糖少許，日日早服一盌，不間斷，過百日自愈。　治黃疸：　劉羽儀《驗方》：　每日空心冷喫生豆腐漿一盌，喫四五次自愈，忌食生蘿蔔。　痰火吼喘：　《經驗廣集》：　飴糖二兩，豆腐漿一盌，煮化頓服愈。

治勞及自汗：　《回生集方》：　用黑豆掏淨，磨成腐漿，鍋內熬熟，結成皮，每食一張，用熱黑豆漿送下，即效。○凡人每日清晨喫黑豆腐漿，大有補益，可以免勞病之患。　肺癰肺痿：　用芥菜滷陳年者，每日將半酒杯沖豆腐漿服，服後胸中一塊必塞上塞下，塞至數次，方能吐出惡膿，日服至愈。　血崩：　《不藥良方》：　生豆腐漿一盌，生韭菜汁半盌，入漿內，空心服一二次。五妙湯治產後并弱症：　郁文虎《傳方》：　用頭鍋腐漿一盌，腐皮一張，生雞蛋一個打碎，沖入漿內，再加圓眼肉十四枚、白糖一兩，入漿內滾服，五更空心食。

陳廷慶云：　豆腐漿入陰分，瀉火通淋濁，凡淋症用六一散沖腐漿食，最妙。五更沖雞蛋、白糖點服，甯嗽補血。粵人以腐漿煮粥食，名甜漿粥，大能補虛羸。

腐沫：　即豆腐泔水上結沫是也。　治鵝掌癬生手掌及足掌，層層剝皮，血肉外露，此沫熱洗即愈。

腐渣：　此造豆腐所剩之渣，人以飼豬，入藥須用生腐渣。　治一切惡瘡、無名腫毒，神效。《不藥良方》：　用豆腐渣在砂鍋內焙熱，看紅腫處大小，量作餅子貼上，冷即更換，以愈為度。

大便下血：　《古今良方》：　用不見水豆腐渣炒黃，清茶調服，即愈。治臁瘡、裙邊瘡，爛臭起沿。《養素園方》：　生豆腐渣捏成餅，如瘡大小，先用清茶洗淨，絹帛拭乾，然後貼上，以帛纏之，一日一換，其瘡漸小，肉漸平，此費啟彰親試有效之方也，又可敷脚蛀。　脚上皮蛀生水孔而皮溼爛者：《不藥良方》：　豆腐渣貼三日即愈，不要落生水。　腸風下血：　《慈航活人書》：　雪花菜即豆腐渣，用未曾濾出漿者，帶水鍋內炒燥，為末，每服三錢。紫血塊者，白糖湯下；　紅血塊者，砂糖湯下，日三次，雖遠年垂危者，服之神效。

腐皮：　味甘性平，養胃、滑胎、解毒。

小兒遍身起羅網蜘蛛瘡，瘙癢難忍：　《仁惠編》：　用豆腐皮燒存性，香油調搽，自愈。　落頭疽：　《慈惠小編》：　用壁上蟢子五六隻，腐皮包好，喫完即愈。　冷嗽：　劉羽儀《驗方》：　乾豆腐衣燒灰存性，為末，熱陳酒調下，喫四五十張即愈。　水臌脹：　《種福堂方》：　陳芭蕉扇去筋、燒灰存性五分，千金子去油殼二分五釐，滑石二分，共為細末，以腐衣包，滾水送下，十服愈。

腐乳：　一名菽乳，以豆腐醃過，加酒糟或醬製者。　味鹹、甘，性平，養胃調中。

腐巴：　此即腐漿鍋底所結焦巴也。　入藥曬焙研末，或生搗作丸，皆可用。《藥性考》名鍋炙，開胃消滯逐積。

治淋濁、補血：　《慈航活人書》有五效丸：　用豆腐鍋巴一兩，加川連一錢，同搗丸如桐子大，每服五錢，赤帶，蜜糖滾水吞下；　白帶，砂糖湯下；熱淋尿血，白湯下；　腸風下血，陳酒下。　血風瘡，先將豆腐泔浸洗去靨；以布拭乾，用前末藥，即川連、腐巴粉末丸時留一半。　真麻油調搽，乾則再塗，三四次自愈。　翻胃：　《神方珍記》用豆腐鍋巴，黃色者佳，炒研末，每服三錢，沙糖湯調服，白湯下。　痢疾：　《神方珍記》：　陳冬米炒、豆腐鍋巴二味，各等分，為細末，空心白湯調服二三錢，服後宜餓半日，自愈。

腐泔：　即豆腐所瀝下之水也。《藥性考》云：　豆腐有鹽滷點者，有石膏點者，俱能清熱。　性清涼，能通便下痰，通癃閉，洗衣去垢膩。

麻腐：　乃胡麻小粉所造者，味甘性平，潤肌滑腸。

解毒：　蔣儀《藥鏡・滋生賦》云：　麻腐豆粉，清腸清胃。

虀

宋・李昉《太平御覽》卷八五五　虀《魏志》曰：　華佗嘗見病咽塞者，語之曰：　向来道隅有賣餅人，蓱虀甚酸，可取三升飲之。　如言，立吐一蛇。王隱《晉書》曰：　袁甫曰：　美莫過稻，不可以為虀。　《嶺表異録》曰：

容南土風，好食水牛肉，言其脆美，則柔毛肥彘不足比也。每軍衙有局筵，必先此物，或炮或炙，盡此一牛。既飽，即以聖齏銷之。聖齏，如有松，雲是牛腸胃中已化草。既至，即以鹽、酪、薑、桂，調而啜之，腹遂不脹。北客到彼，多赴此筵，但能食肉，罔有啜齏者。

醋

唐·孫思邈《千金要方》卷二六《食治·穀米》 酢　味酸，溫，濇，無毒。消癰腫，散水氣，殺邪毒血運。扁鵲云：多食酢，損人骨。能理諸藥消毒。

宋·孫光憲《北夢瑣言·逸文》卷二　醋泥醫火燒瘡甚驗：火燒瘡無出醋泥，甚驗。孫光憲嘗家人作煎餅，一婢抱玄子擁爐，不覺落火炭之上。遽以醋泥敷之，至曉不痛，亦無瘢痕。是知俗說不厭多聞。

附：日·丹波康賴《醫心方》卷三〇　酢酒　《本草》云：味酸，溫，無毒。主消癰腫，散水氣，殺邪毒。陶〔弘〕景注云：酢酒為用，無所不入。《拾遺》云：酢，破血止運，除癥塊堅積，消宿食，殺惡毒，破結氣。心中酢水痰飲，多食損筋骨，殺藥。孟詵云：多食損人胃，消諸毒，殺邪毒，婦人產後血運含之即愈。

宋·唐慎微《證類本草》卷二六米穀部下品〔《別錄》〕　醋　味酸，溫，無毒。主消癰腫，散水氣，殺邪毒。

〔梁·陶弘景《本草經集注》〕云：醋酒爲用，無所不入，逾久逾良，亦謂之醯，以有苦味，俗呼爲苦酒。丹家又加餘物，謂爲華池左味，但不可多食之，損人肌藏。

〔唐·蘇敬《唐本草》〕注云：醋有數種，此言米醋。若蜜醋、麥醋、麴醋、桃醋，葡萄、大棗、蘡薁音燠等諸雜果醋及糠糟等醋，會意者亦極酸烈。止可噉之，不可入藥也。

〔宋·掌禹錫《嘉祐本草》〕按：陳藏器云：醋，破血運，除癥塊堅積，消食，殺惡毒，破結氣，心中酸水，痰飲。多食損筋骨。然藥中用之，當取二三年米酢良。蘇云：葡萄、大棗皆堪作酢，緣渠是荆楚人，土地儉嗇，果敗猶取以釀醋，糟醋猶不入藥，況於果乎。孟詵云：醋，多食損人胃。消諸毒氣，能治婦人產後血氣運。取美清醋，熱煎，稍稍含之即愈。又，人口有瘡，以黃蘗皮醋漬，含之即愈。又，牛馬疫病，和灌之。服諸藥，不可多食。不可與蛤肉同食，相反。又，江外人多爲米醋，北人多爲糟醋。發諸藥，不可同食。研青木香服之，止卒心痛、血氣等。又，大黃塗腫，米醋飛丹用之。日華子云：醋，治產後婦人并傷損及金瘡血運，下氣，除煩，破癥結。治婦人心痛，助諸藥力，殺一切魚、肉、菜毒。又云：米醋功用同醋，多食不益男子，損人顏色。

〔宋·唐慎微《證類本草》〕《食療》：治痃癖，醋煎大黃，生者甚效。用米醋佳，小麥醋不及，糟多妨忌。大麥醋，微寒。餘如小麥也。氣滯風壅，手臂、脚膝痛。炒醋糟裹之，三兩易，當差。人食多，損腰肌藏。《外臺秘要》：治轉筋。取故綿以釅醋浸，甑中蒸及熱用，裹病人脚，冷更易，勿停，差止。又方：治風毒腫，白虎病。以三年釅醋五升，熱煎三五沸，切葱白二三升，煮一沸許漉出，布帛熱裹，當病上熨之，差爲度。又方：主狐臭，以三年釅醋和石灰傅之。《千金方》：治瀝瘍風，酢磨硫黃傅之止。又方：治耳聾。以醇酢微火煎附子，削令尖塞耳效。又方：治鼻血出不止，以酢和胡粉半棗許服。又方：治舌腫。以酢和釜底墨，厚傅舌上下，脫皮更傅，須臾即消。若洗決出血汁，竟知彌佳。又方：蠼螋尿，以酢和粉傅之。又方：治霍亂，心腹脹痛，煩滿短氣，未得吐下。飲好苦酒三升，小、老、羸者可飲一二升。又方：治身體手足卒腫大，醋和蚯蚓屎傅之。又方：治單服硫黃發爲癰。以醋和豉研如膏，傅癰上，燥則易之。《肘後方》：治癰已有膿當壞。以苦酒和雀屎，傅癰頭上如小豆大，即穿。又方：齒痛漱方：大醋一升煮枸杞白皮一升，取半升，含之即差。又方：治面多皯䵳或似雀卵色者。苦酒漬术，常以拭面，即漸漸除之。《經驗後方》：治汗不溜，瘦却腰脚并耳聾。米醋浸荆三稜，夏浸四日，冬浸六日，杵爲末。醋湯調下三錢匕。《食醫心鏡》：醋，主消癰腫，散水氣，殺邪氣。扁鵲云：多食醋損人骨，能理諸藥毒熱。又方：治蠍螫人，以醋磨附子傅之。錢相公《篋中方》：治百節、蚰蜒并蟻入耳。以苦醋注之，起行即出。又方：治蜈蚣、蜘蛛毒，以醋磨生鐵傅之。《北夢瑣言》云：有少年眼中常見一鏡子。趙卿診之曰：來晨以魚鱠奉候。及期延於閫內，從容久飢，候客退方得攀接，俄而臺上施一甌芥醋，更無他味，少年飢甚，聞芥醋香，輕啜之，逡巡再啜，遂覺胸中豁然，眼花不見。卿云：君喫魚鱠，鱠太多，芥醋不快，故權誑而愈其疾也。又云：孫光憲家婢抱小兒，不覺落炭火上，便以醋泥傅之，無痕。《子母秘録》：治妊娠月未足，胎死不出。醋煮大豆，服三升，死兒立便分解。如未下再服。又云：醋二升，格口灌之。《丹房鏡源》：米醋煮四黃，化諸藥丹砂、膽礬味。《蜀本》：酢、酒有數種，此米酢也。

宋·寇宗奭《本草衍義》卷二〇　醋　酒糟爲之，乞鄰者是此物。然有米醋、麥醋、棗醋。米醋最釅，入藥多用。穀氣全也，故勝糟醋。產婦房中常得醋氣則爲佳。酸益血也。磨雄黃塗蜂蠆，亦取其收而不散也。今人食酸則齒軟，謂其水生木，水氣弱，木氣盛，故如是。造靴皮須得此而紋皺，故知其性收斂，不負酸收之說。

宋·劉明之《圖經本草藥性總論》卷下　醋　味酸，溫，無毒。主消癰腫，散水氣，殺邪毒。日華子云：治產後婦人，并傷損及金瘡血運，下氣除煩，破癥結，婦人心痛，助諸藥力，殺一切魚肉菜毒。米醋功用同。俗呼為苦酒，亦謂之醯。

宋・陳衍《寶慶本草折衷》卷一九 米醋諸醋在內。○糟附。○今從《唐本》註加以米字。 一名苦酒，一名醋，一名釅醋，一名苦醋，一名醯，一名酢，一名醇酢。○又云：一名醇醋。○所出與粳米及諸米等物同。○今諸處用米入粳紅等麴，或酒糟造成。○釅，兼欠切；醯，呼西切；酢，音笮。

味酸、苦，溫，無毒。○主消癰腫，散水氣，殺邪毒。○陶隱居云：逾久逾良。○《唐本》註云：醋有數種，此言米醋。若蜜醋、麥醋、麴醋、桃醋，葡萄、大棗、蘡薁諸雜果醋及糖糟等醋，亦酸烈，止可噉，不可入藥。○陳藏器云：破血運，除癥塊，堅積，消食，殺惡毒，破結氣，心中酸水，痰飲，多食損筋骨。○孟詵云：多食損胃，治口有瘡。以黃蘗皮醋漬含愈。又研青木香服，止心痛，血氣等。○日華子云：治產婦并傷損及金瘡血運，下氣，除煩，治婦人心痛，助藥力，殺魚肉菜毒。○又云：多食不益男子，損顏色。○《外臺秘要》：治轉筋。取故綿以醋浸蒸熱，覆病人脚，冷更易。○又方：治風毒腫，白虎病。以醋煎沸，切葱白煮，漉出，布帛熱裹熨之。○又方：歷瘍風。酢磨硫黃傅之。○又方：主狐臭。以醋和石灰傅。○《千金方》：治鼻血。以酢和胡粉半棗許服。○又方：治舌腫。以酢和釜底墨，厚傅舌上下，脫皮更傅，即消。○又方：蠼螋尿，以酢和粉傅之。○《肘後方》：治面皯䵳，雀卵色。苦酒漬朮，常拭面，即漸除。○《食醫心鏡》：治蝎螫人。以醋磨附子傅。○《錢相公方》：治百節、蚰蜒并蟻入耳，以醋注之，起行即出。○又方：治蜈蚣、蜘蛛毒，以醋磨生鐵傅。○《北夢瑣言》云：有少年眼中常見一鏡子。趙卿診之曰：來晨以魚膾奉候，及期延於閣內。從容久飢餓，而臺上施一甌芥醋，少年飢甚，聞芥醋香，輕啜之，逡巡再啜，遂覺胸中豁然，眼花不見。卿云：君喫魚膾太多，芥醋不快，故權誑而愈其疾也。○又方：小兒落火上。便以醋泥傅之，無痕。○《子母秘錄》：治妊娠月未足，胎死不出。醋煮大豆服壹升，如未下，再服。○壹，舊作叁。○《丹房鏡源》：米醋煮四黃，雄黃、雌黃、硫黃等也。化諸藥、丹砂、膽礬味。○寇氏曰：米醋入藥，穀氣全也。產婦房中常得醋氣為佳，酸益血也。磨雄黃，塗蜂蠆。

附：米醋糟。○治氣滯風壅，手臂脚膝痛，炒裹之。食多損腰。續說云：米醋可入熟艾同熬，令膠粘，去艾，再熬，成稠膏，以元婦人血氣虛冷諸藥，遠勝醋煮米麪為糊也。

元・王好古《湯液本草》卷六 苦酒一名醋，一名醯。 氣溫，味酸，無毒。《液》云：斂咽瘡，主消癰腫，散水氣，殺邪毒。余初錄《本草》苦酒條。《本經》一名醯，又一名苦酒，如為一物也。及讀《金匱》，治黃疸，有麻黃醇酒湯：右以美清酒五升，煮二升，苦酒也。前治黃汗，有黃芪芍藥桂枝苦酒湯。

元・忽思慧《飲膳正要》卷三 醋 味酸，溫，無毒。消癰腫，散水氣，殺邪毒，破血運，除癥塊堅積。醋有數種。酒醋、桃醋、麥醋、葡萄醋、棗醋。米醋為上，入藥用。

元・尚從善《本草元命苞》卷九 醋 味酸，溫。又云苦酒。愈久愈良，無所不入。消癰腫，散水氣風毒。破血運，削癥堅積塊。助諸藥行經，殺魚菜毒惡。多餌傷肌臟，久食損顏色。舌腫調釜墨塗之，鼻衄和胡粉噏餌，醋泥挼炭火燒瘡，醋汁灌蚰蜒入耳。

元・吳瑞《日用本草》卷八 醋 有米醋、麥醋、棗醋、糟醋。多年米醋良，可入藥用，蓋其穀味全也。大麥醋微寒，不益男子。 味酸，溫，無毒。有苦味者，俗呼為苦酒。多食損人胃，不可與蛤肉同食。 主消癰腫，散諸結氣，破癥塊堅積，消食化痰，飲殺諸邪氣。除煩助藥力。殺一切魚肉菜毒，療婦人產後血運，取清醋煎，稍稍服之。房內常以醋淬炭，使時聞醋氣為妙。又方，以草烏磨釅醋，塗瘡癤腫，立消。治妊娠月數未足，胎死不出，醋煮大豆服之，立下。未下再服。

元・朱震亨《本草衍義補遺》 醋 酸漿。世以之調和，儘可適口。若〔和〕魚肉，其致病以漸，人故不知酸收也，人能遠之。○醋亦謂之醯，俗呼為苦酒，即米醋也。可入藥，能消癰腫，散水氣。

元・徐彥純《本草發揮》卷三 醋 成聊攝云：苦酒之酸，以斂咽瘡。丹溪云：醋，酸漿。甘以之調和諸藥，儘可適口。若和魚肉，其致疾以漸，人所不知。酸收也，甘滯也，人能遠之，亦却疾之一端也。

明・王綸《本草集要》卷五 醋 味酸，氣溫，無毒。米造者入藥，陳者良。主消癰腫，斂咽瘡，散水氣，殺邪毒，治產後并傷損，金瘡血暈，下氣除煩，破癥塊堅積，婦人心痛血氣。多食損齒，損筋骨。治口瘡，以醋漬黃蘗皮，含之愈。

明・滕弘《神農本經會通》卷四 醋 一名苦酒，又名醯。米造者入藥，逾久良。但不可多，損人肌臟。糟醋不入藥。味酸，氣溫，無毒。《湯》同。東云：消腫益血，須米醋。《疌》云：斂咽瘡，消腫毒，治黃疸，破堅癥，產後血暈，薰鼻收神。

《本經》云：主消癰腫，散水氣，殺邪毒。陳藏器云：破血運，除癥塊堅積，消食，殺惡毒，破結氣，心中酸水，痰飲。多食損筋骨。然藥中用之，當取二三年米醋良。孟詵云：多食損人胃。消諸毒氣，能治婦人產後血氣運，取美清醋煎，稍稍含之，即愈。又人口有瘡，以黃蘗皮醋漬，含之即愈。日華子云：治產後婦人，并傷損及金瘡血運，下氣，除煩，破癥結，治婦人心痛。助藥力，殺一切魚肉菜毒。多食不益男子，損人顏色。丹溪云：酸醋漿，世以之調和，儘可適口。若魚肉其致病以漸，人故不知酸收也。人不能遠之。可入藥，消癰腫，散水氣。《湯》云：余初録《本草》苦酒條，《本經》一名醯，又一名苦酒，知為一物也。及讀《金匱》，治黃疸有麻黃醇酒湯，右以美清酒五升，煮二升。苦酒也，前治黃，有黃芪芍藥桂枝苦酒湯。劍云：醋斂咽瘡消腫毒，治黃疸病破堅癥。婦人產後血虚暈，薰鼻收神保十全。《局》云：醋本俗呼為苦酒，主消癰腫殺諸邪。婦人產後尤多用，治癖除癥更破瘕。醋，主調理產婦，去瘀生新。《衍義》云：今人食酸則齒軟，謂其水生木，水氣弱，木氣盛，故如是。

明・劉文泰《本草品彙精要》卷三七 醋無毒。

醋：主消癰腫，散水氣，殺邪毒。名醫所錄。【名】醯、苦酒。陶隱居云：醋酒爲用，無所不入，逾久逾良，亦謂之醯。以有苦味，俗呼爲苦酒。《衍義》曰：醋，酒糟爲之，乞鄰者是此物。然有米醋、麥醋、棗醋之類，皆不及。米醋最釅，入藥多用，其穀氣全也，故勝於糟醋耳。然今人食酸則齒軟，謂其水生木，水氣弱，木氣盛，故如是也。造靴皮須得此而紋皺，故知其性收斂，不負酸收之說。【收】煮過，磁器貯之。【用】米造者良。【色】黑。【味】酸。【性】溫，收。【氣】氣薄味厚，陰中之陽。【臭】香。【主】消腫解毒。【治】療：日華子云：婦人產後并傷損，及金瘡血運，下氣，除煩，破癥結并婦人心痛。陳藏器云：除癥塊堅積，消食，殺惡毒，破結氣，心中酸水，痰飲。孟詵云：產後血氣運，取美清醋煎，稍稍含之，愈。《食療》云：醋糟，主氣滯風壅，手臂、脚膝痛，炒裹之，三兩易當差。《湯液本草》云：斂咽瘡。《別錄》云：轉筋，取故綿以釅醋浸，甑中蒸及熱，用裹病人脚，冷更易，勿停。又霍亂心腹脹痛，煩滿短氣，未得吐下者，飲醋三盞，老小羸者可飲一二盞，即差。【合治】合黃蘗皮漬含之，療口瘡。○合青木香研服之，止卒心痛，血氣等病。○合生大黃煎服，治痃癖。○合大黃、飛丹，塗腫。○三年釅醋五升，熱煎三五沸，合切葱白二三升，煮一沸許，漉出，用布帛熱裹，熨患風毒腫，白虎病當痛上，以差爲度。○合硫黃磨，傅癧瘍風即止。○三年釅醋合石灰，傅狐臭。○醇醋合附子，微火煎削，令尖，塞耳內，治耳聾，效。○合胡粉半棗許服，療鼻血出不止者。○合蚯蚓屎，傅身體手足卒腫。○合雀屎，傅癰已有膿當壞，癰頭上如小豆大即穿。○合豉研如膏，傅因單服硫黃發爲癰瘡，上乾則易之。○醋一升，合枸杞白皮一升，煮取半升，含漱齒痛即差。○合蒼朮漬，常以拭面，療面上多皯黵或似雀卵色者，漸漸除之。○合附子磨，傅蠍螫。○合生鐵磨，傅蜈蚣、蜘蛛咬毒。○合泥傅火瘡，愈後無痕。○合大豆三升，煮服，治妊娠月未足，胎死不出者，服訖死兒即分解。如未下，再服。○合芥共一甌，療目中常見鏡子，因喫魚鱠太多所致。令病人飢時啜之，遂愈。【禁】不可多食，損人肌臟并腰及胃，又損筋骨，不益男子，損顏色，服諸藥不可多食。【解】消諸毒，殺一切魚、肉、菜毒。【忌】不可與蛤肉同食。

明・盧和、汪穎《食物本草》卷四味類 醋 味酸，溫，無毒。主消癰腫，斂咽瘡，殺邪毒、一切魚肉菜毒，治產後并金瘡傷損血暈，下氣除煩，破癥塊堅積，婦人心痛血氣。酸，益血也。米造者良，穀氣全也。多食，損牙齒、筋骨、胃臟、顏色。治口瘡，以醋漬黃蘗皮含之，愈。此酸收之物，致病以漸。不宜和蛤食，不可不知。

明・盧和、汪穎《食物本草》卷下〔胡文煥本〕 醋 味酸，溫，無毒。消癰腫，散水氣，殺邪毒，治婦人產後運及人口瘡。酒醋為上，以有苦味，俗呼為苦酒。米醋次之，皆可入藥，當取二三年者為良。又有蜜醋、糖醋、麥醋、麴醋、桃醋、葡萄、大棗、蘡薁等雜果及糟糠諸物，會意皆可為醋，亦極酸烈，止可取之，不可入藥。大抵醋不可多食，積久成病。凡氣痛而食之，愈是大禍也。

明·葉文齡《醫學統旨》卷八　醋　氣溫，味酸。無毒。米造者入藥，陳者良。

消癰腫，歛咽瘡，散水氣，殺邪毒；治產後并傷損金瘡血暈，下氣除煩，破癥塊堅積，婦人心痛，血氣。多食損齒，損筋骨。治口瘡以醋漬黃栢皮含之愈。

明·許希周《藥性粗評》卷三　腫積難堪，醋副斂收之托。

醋，一名苦酒，古人謂之醯。此有數種略見，居家必用。但以米造釀而年久者入藥。日用雖不可闕，多食亦損人腸胃。餘說《本草》不載。味酸、淡，性溫，無毒。其性主收，入足厥陰肝經。主治癰腫䵟瘢，瘕塊堅積，結氣腹痛，鼻衄血暈，痃癖口瘡，瘰核，卒心痛，除煩破結，消食下氣，斂熱消毒，殺惡氣。成聊攝云：苦酒之酸，以斂咽瘡。《衍義》云：人食酸則齒軟。陳藏器云：多食損筋骨。此又不可不知。

單方：狐臭：腋下有體氣狐臭者，三年米醋和石灰塗之，頻塗絕根。　耳聾：醋煮附子，削尖一頭，塞之。　面瘢：凡面多䵟黵，或如雀卵斑者，以好醋漬白朮，常以拭面，即漸漸除之。　舌腫：醋和釜底墨塗之。　無名腫毒：凡腫毒初起焮疼，不拘有名無名，但以醋調蚯蚓泥，或木灰，厚厚敷之，自消。　諸蟲螫傷：凡被蜈蚣、蠼螋、蠍子諸毒所傷者，以醋磨附子傅之，如無附子，磨生鐵取汁，傅之亦可。

明·鄭寧《藥性要略大全》卷四　醋一名醯　理產難，去瘀血，生新血，女科之藥也。又能治癥除癖，消癰腫，益血。斂咽瘡，散水氣，殺邪毒。　味酸，性溫、熱，無毒。米造者入藥，陳久良。

明·陳嘉謨《本草蒙筌》卷五　醋一名苦酒。　味酸、甘，氣溫。無毒。造有數種，因著諸名。米醋、麥醋、麴醋、桃醋、葡萄大棗蘡薁諸雜果醋及糠糟等醋。會意者，俱極酸烈。入藥沽米醋佳，餘者不入藥。取効得年久妙。散水氣，殺邪毒，消癰腫，斂咽瘡。毆胃脘氣疼併堅積癥塊氣疼；攙劑吞服，治產後血暈及傷損金瘡血暈。淬氣熏蒸，用石煅紅，澆醋淬之。漬黃蘗皮含之，口瘡堪愈；煮香附子丸服，鬱痛能除。煎大黃，劫痃癖如神；摩南星，敷瘤腫立効。又調雄黃細末，蜂蠆蛇嚙可塗。牛馬疫侵，灌之即愈。切忌蛤肉同食，造飲饌者須知。惟入肝經，宜為引使。不利男子，專益女人。

謨按：丹溪曰：醋味酸甘，調和魚肉蔬菜，儘可適口。但致疾以漸，人所不知。蓋酸收也，甘滯也。苟遠而不用，亦卻疾一端。然食多齒軟者，因水生木，水氣弱，木氣盛，故如是爾。齒屬腎水，酸助肝木，安得不然？

明·方穀《本草纂要》卷六　醋　味酸、辛，氣大溫，陰中之陽也。主歛真氣，伐肝氣，收神氣，散毒氣，開鬱氣，導痰氣，安胎氣，散滯氣，化積氣，通水氣，殺邪氣，定煩氣，破癥氣，和血氣，此酸收辛散之藥也。吾嘗於辛散之劑以之而醋製，血虛之人以之而收神，咽痛之症以之而驅痰，無不效者。又胎前與之安胎，產後與之調血；厥陰之症與之引經以治邪，亦得其效也。但不可多食，多食則損筋傷齒。

明·寧源《食鑒本草》卷下　醋　味酸，溫、平，無毒。消腫毒，散水氣，殺邪毒，消癖塊，破血迷。《救急方》：治產後血虛，眩運不醒。以剛炭同生鐵秤煨燒，令紅，以醋沃，近婦人口鼻熏之。只用炭火醋沃亦可。

明·王文潔《太乙仙製本草藥性大全》卷四《本草精義》　醋　陶〔隱居云〕醋酒爲用，無不入道，久逾良。亦謂之醯，以有苦味，俗呼爲苦酒。丹家又加餘物，謂爲華池左味，可不多食之，損人肌臟。唐云：醋有數種，此言米醋。若蜜醋、麴醋、麥醋、桃醋，葡萄、大棗、蘡薁等諸雜果醋，及糟糠等醋，會意者亦極酸烈，止可噉之，不可入藥也。米醋最釅，入藥多用，穀氣全也，故勝糟醋。產婦房中常得醋氣則爲佳，酸益血也。磨雄黃塗蜂蠆，亦取其收而不散也。今人食醋則齒軟，謂其水生木，水氣弱，木氣盛，故如是。造靴皮須得此而紋皺，故知其性收斂，不負酸收之說。

按：丹溪曰醋味酸，調和魚肉、蔬菜，儘可適口，但致疾以漸，人所不知。蓋酸收也，甘滯也，苟遠而不用，亦卻疾一端。然食多齒軟者，因水生木，水氣弱，木氣盛，故如是爾。齒屬腎水，酸助肝木，安得不然？

明·王文潔《太乙仙製本草藥性大全》卷四《仙製藥性》　醋一名苦酒。　味酸、甘，氣溫，無毒。　主治：散水氣，殺邪毒，消癰腫，斂咽瘡。毆胃脘氣疼，併堅積癥塊氣疼。攙劑吞服治產後血暈，及傷損金瘡血暈。淬氣熏蒸，用石煅紅，澆醋淬之。漬黃蘗皮含之，口瘡堪愈。煮香附子丸服，鬱痛能除。煎大黃刼痃癖如神；磨南星，敷瘤腫立效。又調雄黃細末，蜂蠆蛇嚙可塗。牛馬疫侵，灌之即愈。切忌蛤肉同食，造飲饌者須知。惟入肝經，宜爲引使。不利男子，專益女人。　補註：治轉筋，以故綿釅醋浸，甑中蒸及熱用，裹病人脚，冷即易勿停，差止。○治風毒腫白虎病，以三年釅醋五升，熱煎三五沸，切葱白二三升，煮一沸許，漉出，布帛熱裹脚，當病上熨之，差爲度。○治舌腫，以酢和釜底墨厚傅舌下，脫皮更傅，須臾即消。若洗決出血汁，竟知彌佳。蠼螋尿，以酢和粉傅之。○癧瘍風，酢磨硫黄傅之止。○主狐臭，以三年釅酢和石灰傅之。○治霍亂，心腹脹痛，煩滿，短氣，未得吐下，飲好苦酒三升，小老羸者可飲一二升。○治身體手足卒腫，大醋和蚯蚓屎傅之。○蝎螫人，以酢磨附子傅之。○治單服硫黄發爲癰，以酢和豉研如膏傅之，燥則易之。○治百節蚰蜒并蟻入耳，以苦酒注之，起行即出。○治癰已有膿當壞，以苦酒和雀屎傅癰頭上，如小豆大，即穿。○治耳聾，以醇醋微火炙附子，削令尖，塞耳效。○齒痛漱方：大醋一升，煮枸杞、白皮一升，取半升，含之即差。○治鼻血出不止，以酢和胡粉半棗許服。○治面多皯䵳，或似雀卵色者，苦酒漬水，常以拭面，即漸漸除之。治蜈蚣、蜘蛛毒，以酢磨生鐵傅之。○治汗不溜，瘦却腰脚，并耳聾，米醋浸京三稜，夏浸四日，冬浸六日，杵爲末，醋湯調下三錢。孫光憲家婢抱小兒，不覺落炭火上，便以酢泥傅之無痕。○治妊娠月未足，胎死不出，酢煮大豆，服三升，死兒立便分解，如未下，再服二升。格氣滯風壅，手臂脚膝痛，炒酢糟裹之二兩，易當差。

明·皇甫嵩《本草發明》卷五　醋下品。味酸，溫，無毒。一名苦酒，一名醯。

發明曰：醋味酸而收澁，故能散水氣，消癰腫，殺邪毒，斂咽瘡，除胃脘氣疼，并堅癥塊氣痛，攙劑服之。又主産後血暈，傷損金瘡血暈，炭火淬氣，熏蒸。漬黄柏含，治口瘡。煮香附子，尤除鬱痛。煮大黄，刼痃癖。摩南星，敷瘤腫。調雄黄末，塗蜂蛇毒。牛馬疫，調藥嚾之。入厥陰肝經，為引使。不利男子，益女人。然食多齒軟者，齒屬腎，酸助肝，木氣勝水氣弱耳。多食致疾，損筋骨顔色。切忌與蛤肉同食。

明·李時珍《本草綱目》卷二五穀部·造釀類　醋《别録》下品

【釋名】酢音醋　醯音兮　苦酒弘景曰：醋酒爲用，無所不入，愈久愈良，亦謂之醯。以有苦味，俗呼苦酒。丹家又加餘物，謂爲華池左味。時珍曰：劉熙《釋名》云：醋，措也。能措置食毒也。古方多用酢字也。

【集解】恭曰：醋有數種：有米醋、麥醋、麴醋、糠醋、糟醋、餳醋、桃醋，葡萄、大棗、蘡薁等諸雜果醋，會意者亦極酸烈。惟米醋二三年者入藥。餘止可啖，不可入藥也。詵曰：北人多爲糟醋，江河人多爲米醋，小麥醋不及。糟醋爲多妨忌也。大麥醋良。藏器曰：蘇言葡萄、大棗諸果堪作醋，緣渠是荆楚人，土地儉嗇，果敗則以釀酒也。糟醋猶不入藥，况於果乎？時珍曰：米醋：三伏時用倉米一斗，淘净蒸飯，攤冷盦黄，曬簸，水淋净。别以倉米二斗蒸飯，和勻入瓮，以水淹過，密封暖處，三七日成矣。糯米醋：秋社日，用糯米一斗淘蒸，用六月六日造成小麥大麴和勻，用水二斗，入瓮封釀，三七日成矣。粟米醋：用陳粟米一斗，淘浸七日，再蒸淘熟，入瓮密封，日夕攪之，七日成矣。小麥醋：用小麥水浸三日，蒸熟盦黄，入瓮水淹，七七日成矣。大麥醋：用大麥米一斗，水浸蒸飯，盦黄曬乾，水淋過，再以麥飯二斗和勻，入水封閉，三七日成矣。餳醋：用餳一斤，水三升煎化，入白麴末二兩，瓶封曬成。其餘糟、糠等醋，皆不入藥，不能盡紀也。

米醋　【氣味】酸，苦，温，無毒。詵曰：大麥醋：微寒。餘醋並同。弘景曰：多食損人肌臟。藏器曰：多食損筋骨，亦損胃。不益男子，損人顔色。醋發諸藥，不可同食。時珍曰：酸屬木，脾病毋多食酸。酸傷脾，肉膶而唇揭。○服茯苓、丹參人，不可食醋。《鏡源》曰：米醋煮制四黄、丹砂、膽礬、常山諸藥也。

【主治】消癰腫，散水氣，殺邪毒《别録》。理諸藥，消毒扁鵲。治産後血運，除癥塊堅積，消食，殺惡毒，破結氣、心中酸水痰飲藏器。下氣除煩，治婦人心痛血氣，並産後及傷損金瘡出血昏運，殺一切魚、肉、菜毒《日華》。（酸）〔醋〕磨青木香，止卒心痛、血氣痛。浸黄蘗含之，治口瘡。調大黄末，塗腫毒。煎生大黄服，治痃癖甚良孟詵。散瘀血，治黄疸、黄汗。好古曰：張仲景治黄汗，有黄芪芍藥桂枝苦酒湯；治黄疸，有麻黄醇酒湯，用苦酒、清酒。方見《金匱要略》。

【發明】宗奭曰：米醋比諸醋最釅，入藥多用之，穀氣全也，故勝糟醋。産婦房中，常以火炭沃醋氣爲佳，酸益血也。以磨雄黄，塗蜂蠆毒，亦取其收而不散之義。今人食酸則齒軟，謂其水生木，水氣弱，木氣强故如是。造靴皮者，須得醋而紋皺，故知其性收斂，不負酸收之意。時珍曰：按孫光憲《北夢瑣言》云：一婢抱兒落炭火上燒灼，以醋泥傅之，旋愈無痕。又一少年，眼中常見一鏡。趙卿謂之曰：來晨以魚鱠奉候。及期延至，從容久之。少年飢甚，見臺上一甌芥醋，旋旋啜之，遂覺胸中豁然，眼花不見。卿云：君吃魚鱠太多，魚畏芥醋，故權誑而愈其疾也。觀此二事，可證《别録》治癰腫、殺邪毒之驗也。大抵醋治諸瘡腫積塊，心腹疼痛，痰水血病，殺魚、肉、菜及諸蟲毒氣，無非取其酸收之義，而又有散瘀解毒之功。李（廷）〔鵬〕飛云：醋能少飲，辟寒勝酒。王戩自幼不食醋，年逾八十，猶能傳神也。

【附方】舊二十，新十三。

身體卒腫：醋和蚯蚓屎傅之。《千金》。

白虎風毒：以三年釅醋五升，煎五沸，切葱白三升，煎一沸漉出，以布染乘熱裹之，痛止乃已。《外臺秘要》。

霍亂吐利：鹽、醋煎服甚良。《如宜方》。

霍亂煩脹：未得吐下。以好苦酒三升飲之。《千金方》。

足上轉筋：以故綿浸醋中，甑蒸熱裹之，冷即易，勿停，取瘥止。《外臺》。

出汗不滴：瘦却腰脚，並耳聾者。米醋浸荆三稜，夏四日，冬六日，爲末。醋湯調下二錢，即瘥。《經驗後方》。

腋下胡臭：三年釅酢和石灰傅之。《外臺》。

癧瘍風病：酢和硫黄末傅之。《外臺秘要》。

癰疽不潰：苦酒和雀屎如小豆大，傅瘡頭上，即穿也。《肘後方》。

舌腫不消：以酢和釜底墨，厚傅舌之上下，脱則更傅，須臾即消。《千金方》。

木舌腫强：餹醋時時含漱。《普濟方》。

牙齒疼

痛：（大）〔米〕（醋）〔一升〕，煮枸杞白皮一升，取半升，含（嗽）〔漱〕即瘥。《肘後方》。　鼻中出血：酢和胡粉半棗許服。○又法：用醋和土，塗陰囊，乾即易之。《千金方》。　塞耳治聾：以醇酢微火炙附子，削尖塞之。《千金方》。　面䵟雀卵：苦酒漬术常常拭之。《肘後方》。　中砒石毒：飲釅醋，得吐即愈。不可飲水。《廣記》。　服硫發癰：酢和豉研膏傅之，燥則易。《千金方》。　食鷄子毒：飲醋少許即消。《廣記》。　渾身蝨出：方見石部（食）〔鹽〕（石）。　毒（殺）〔蜂〕傷螫：清醋急飲一二碗，令毒氣不散，然後用藥。《濟急方》。　蝎刺螫人：酢磨附子汁傅之。《醫學心鏡》。　蜈蚣咬毒：（酸）〔醋〕磨生鐵傅之。《篋中方》。　蜘蛛咬毒：同上方。　蠼螋尿瘡：以醋和胡粉傅之。《千金方》。　諸蟲入耳：凡百節、蚰蜒、蟻入耳，以苦酒注入，起行即出。錢相公《篋中方》。　湯火傷灼：即以酸醋淋洗，並以醋泥塗之甚妙，亦無瘢痕也。　狼烟入口：以醋少許飲之。《秘方》。　足上凍瘡：以醋洗足，研藕傅之。　胎死不下：月未足者。大豆煮醋服三升，立便分解。未下再服。《子母秘録》。　胞衣不下：腹滿則殺人。以水入醋少許，噀面，神效。《聖惠方》。　鬼擊卒死：吹醋少許入鼻中。《千金》。　乳癰堅硬：以罐（成）〔盛〕醋，燒熱石投之二次，温漬之。冷則更燒石投之，不過三次即愈。《千金》。　疔腫初起：用麪圍住，以針亂刺瘡上。銅器煎醋沸，傾入圍中，令容一盞。冷即易，三度根即出也。

題明·薛己《本草約言》卷二《藥性本草》　米醋　味酸，氣溫，無毒。陰中之陽，可升可降。消癰腫，斂咽喉之瘡；破積血，治血逆之暈。入藥惟米造者良，年久者更佳。忌食蛤肉。　多食損齒、損筋骨。○漬黄栢皮含之，愈口瘡。煮香附子丸服，除鬱痛。　煎大黄劫痃癖如神，摩南星敷瘤腫立效。毆胃脘氣痛，併堅積癥塊氣疼，攙劑吞服。　治産後血暈及損傷金瘡血暈，淬氣薰蒸。　《發明》云：醋味酸而收澁，故能散水氣，消癰腫，殺邪毒，斂咽瘡等證。用石煅紅，燒醋淬之。

明·梅得春《藥性會元》卷中　醋　味酸，氣溫，無毒。米醋入藥，糖醋不入藥。陳久者良。一名苦（醋）〔酒〕。　主消癰腫，斂咽瘡，散水氣，殺邪毒，治産後及傷損金瘡血暈，下氣除煩，破癥塊堅積，婦人心痛血氣。　多食損齒，損筋骨。　治口瘡，以醋漬黄柏含之愈，即醯。

明·王肯堂《傷寒證治準繩》卷八　苦酒醋　氣溫，味酸，無毒。　張仲景治黄汗，有黄芪芍藥桂枝苦酒湯。　治黄疸，有麻黄醇酒湯。　用苦酒、清酒，方見《金匱要略》，蓋取其酸收之義，而又有散瘀解毒之功。

明·穆世錫《食物輯要》卷八　醋　味酸、甘，性微溫，無毒。　解魚肉、瓜菜毒，殺邪氣，散瘀血堅塊癰腫，斂咽瘡，下氣除煩。　多食，損齒傷筋，減顔色。　餳糖、酒糟皆可作醋。　大麥醋，性凉。　米飯造者尤佳。《延壽書》云：諸醋皆能發毒。王戬自幼不食醋，八旬能傳神。

明·李中立《本草原始》卷五　醋　有數種：有米醋、麥醋、麴醋、糠醋、糟醋、餳醋、桃醋，葡萄、大棗、蘡薁諸雜果醋亦極酸烈，惟米醋陳久者入藥良，餘止可噉食。　古方多用酢字，俗呼苦酒，以其有苦味也。　劉熙《釋名》云：醋，措也，能措置食毒也。孔子曰或乞醯焉，即此也。　米醋：　氣味：酸、苦，溫，無毒。　主治：散癰腫，散水氣，殺邪毒。○理諸藥，消毒。○治産後血運，除癥塊堅積，消食，殺惡毒，破結氣，心中酸水，痰飲。○下氣除煩，治婦人心痛血氣，并産後及傷損金瘡，出血昏運，殺一切魚肉菜毒。○磨青木香止卒心痛，血氣痛。　浸黄蘗含之，治口瘡。　調大黄末，塗腫毒。　煎生大黄服，治痃癖甚良。○散瘀血，治黄疸、黄汗。

《綱目》云：酸屬木，脾病勿多食酸。　酸傷脾，肉䐢而唇揭。　《北夢瑣言》：一婢抱孩子擁爐，不覺落火爐上，遽以醋泥塗之，至晚不痛，亦無瘢痕。　又一少年，睛中常見一小鏡子，俾醫工趙卿診之。　與少年期來日以魚鱠奉候。　少年及期赴之，延於内，且從容俟客進方接。　俄而設臺子，施一甌芥醋，更無他味，卿亦未出，迨久候不至，少年飢甚，且聞醋香，不免輕啜之。逡巡竭甌啜之，覺胸中豁然，眼花不見。　卿出云：君食魚鱠太多，有魚鱗在胸中，所以眼花。　魚畏芥醋，故備芥醋，欲君因飢以啜之，果愈此疾。　烹鮮之會，乃權詐也。　服茯苓、丹參人，不可食醋。

明·張懋辰《本草便》卷二　醋　味酸，氣溫，無毒。米造者入藥，陳者良。　主消癰腫，斂咽瘡，散水氣，殺邪毒，治産後并傷損，金瘡血暈，下氣除煩，破癥塊堅積，婦人心痛血氣；　多食損齒、損筋骨。

明·吴文炳《藥性全備食物本草》卷四　醋　陶隱居云：醋，措也，能措五味以適中也。亦謂之醯，以有苦味，俗呼為苦酒。　人家又加餘物，謂為華池佐味，不可多食之，損人肌臟。　唐云醋有數種，此言米醋。　若蜜醋，麴醋，麥醋，桃醋，葡萄、大棗、（廮菌）〔蘡薁〕等諸雜果醋，及糟糠等醋會意者亦極酸烈，止可噉之，不可入藥也。　米醋最釅，入藥多用，穀氣全也，故勝糟醋。　産婦房中常得醋氣則為佳，酸益血也。　磨雄黄塗蜂蠆，亦取其收而不散也。

今人食醋則齒軟,謂其水生木,水氣弱,木氣盛,故如是。味酸、甘,性溫,無毒。散水氣,殺邪毒,消癰腫,斂咽瘡,敺胃脘氣疼併堅積癥塊氣疼,產後血暈及傷損金瘡,漬黄栢含治口瘡,煮香附凡治鬱痛,煎大黄刼痃癖,磨南星敷瘤腫。切忌與蛤肉閤食,茯苓亦忌。

按丹溪曰:醋味酸,調和魚肉、蔬菜,佀可適口,但致疾以漸,人所不知,蓋酸收也,甘滯也。苟遠而不用,亦卻疾一端。然食多齒軟者,因水生木,水氣弱,木氣盛,故如是爾。齒屬腎水,酸助肝木,安得不然。但南方炒米醋甚釅,入藥須以一分醋二分水和之方可。江北造醋用晚米一斗為飯,青蒿罯三日出黄,每飯一碗冷水二碗,燒酒麯四兩,入瓮封固,二七後,用柳木棍每早攪之,四十九日後去渣煮熟,其味不甚釅,初甚苦,故曰苦酒。

明·趙南星《上醫本草》卷一 醋一名酢,又名醯。酢音醋,醯音兮。時珍曰:醋,措也。能措置食毒也。有米醋、麥醋、麯醋、糠醋、糟醋、餳醋、桃醋,葡萄、大棗、蘡薁等諸雜果醋。惟米醋比諸醋最釅,二三年者入藥,以穀氣全也,故勝諸醋。餘止可噉,不可入藥也。大麥醋良,產婦房中常以火炭沃醋氣為佳,酸益血也。大抵用醋,無非取其酸收之義,而又有散瘀解毒之功。或云:醋能少飲,辟寒勝酒。

米醋:酸、苦,溫,無毒。主治:下氣除煩,消癰腫,散瘀血水氣,治黄疸黄汗。理諸藥,消毒,殺惡邪毒,及一切魚、肉、菜毒。治婦人心痛血氣,并產後血運。除癥塊堅積,消食破結氣,心中酸水痰飲,及傷損金瘡,出血昏運。醋磨青木香,止卒心痛、血氣痛。浸黄蘗含之,治口瘡。調大黄末,塗腫毒。煎生大黄服,治痃癖甚良。多食損胃,損筋骨肌臟,令人無顔色,傷脾,肉膶而唇揭。醋發諸藥,不可同食,服茯苓、丹參人不可食醋。王戬自幼不食醋,年逾八十猶能傳神也。

附方 霍亂吐利:鹽、醋煎服,甚良。 出汗不滴,瘦却腰脚,并耳聾者:米醋浸荊三稜,夏四日,冬六日,為末。醋湯調下二錢,即瘥。 舌腫不消:以醋和釜底墨,厚傅舌之上下,脫則更傅,須臾即消。 牙齒疼痛:米醋〔一升〕,煮枸杞白皮一升,取半升,含漱,即瘥。 癰疽不潰:醋和雀屎如小豆大,傅瘡頭上,即穿也。 諸蟲入耳:凡百節、蚰蜒、蟻入耳,以醋注入,起行即出。 食雞子毒:飲釅醋少許即消。 中砒石毒:飲釅醋,得吐即愈。不可飲水。 湯火傷灼:即以酸醋淋洗,并以醋泥塗之甚妙,亦無瘢痕也。 乳癰堅硬:以罐盛醋,燒熱石投之二次,溫漬之。冷則更燒石投之,不過三次即愈。 胎死不下,月未足者:大豆煮醋服三升,立便分解。未下再服。 胞衣不下,腹滿則殺人:以水入醋少許,噀面,神効。

明·李中梓《藥性解》卷一 醋 味酸,性溫,無毒,入肝經,主胃脘氣痰,癥瘕積聚,產後血暈,去瘀生新。同胡粉止鼻中血,同雄黄治蜂蝎蛇傷,漬黄栢可治口瘡,磨南星可敷瘤癧,調飛麪堪塗癰腫,和石灰除腋氣,反蛤肉。 按:《經》曰:東方之木,其味酸,醋之所以耑入肝也,能傷筋損齒,不宜多食。

明·繆希雍《本草經疏》卷二六 醋 味酸,溫,無毒。主消癰腫,散水氣,殺邪毒。一名苦酒。

〔疏〕醋惟米造者入藥,得溫熱之氣,故從木化,其味酸,氣溫,無毒。酸入肝,肝主血,血逆熱壅則生癰腫。酸能斂壅熱,溫能行逆血,故主消癰腫。其治產後血暈,癥塊血積,亦此意耳。散水氣者,水性泛濫,得收斂而寧謐也。殺邪毒者,酸苦湧瀉,能吐出一切邪氣毒物也。日華子主下氣除煩,婦人心痛血氣,并產後及傷損金瘡出血迷悶,殺一切魚肉菜毒。取其酸收,而又有散瘀解毒之功也。故外科傅藥中多資用。 〔主治參互〕仲景方少陰病,脈微細,但欲寐,咽中傷,生瘡,不能言語,聲不出者,苦酒湯主之。用半夏十四枚,雞子一枚去黄,以苦酒、半夏著雞子殼中,置刀鐶中,安火上,令三沸,去滓,少少含嚥之。不差,更作三劑。 仲景《金匱》方黄耆芍藥苦酒湯,治黄汗,汗出沾衣,正黄如藥汁。因汗出時入水中浴,水從汗孔入得之。用黄耆五兩,芍藥三兩,桂枝三兩,以苦酒一升,水七升,相和,煮取三升,溫服一升。當心煩,服至六七日乃解。 《衍義》云:產婦房中,常以火炭沃醋氣為佳,酸氣能斂血,使下也。 孟詵《食療》青木香,以醋磨汁服,止卒心痛。 浸黄檗,含之,治口瘡。 《千金方》身體卒腫,醋和蚯蚓屎傅之。 又方,舌腫不消,以酢和釜底墨,厚傅舌之上下,脫則更傅,須臾即消。 又方,湯火傷灼,即以酸酢淋洗,并以酢泥塗之良,亦無瘢痕。喉痹咽痛,以釅醋探吐之。 〔簡誤〕《經》曰:酸走筋,筋病毋多食酸。凡筋攣、偏痹、手足屈伸不便,皆忌之。又曰:味過於酸,肝氣以津,脾氣乃絕。多食酸則肉皺而唇揭,言能助肝賊脾。凡脾病者,亦不宜過食。

明・倪朱謨《本草彙言》卷一四 醋 味酸、辛，氣寒，無毒。 李氏曰： 造米醋以三伏時，用倉米一斗，淘淨蒸飯，攤冷，盦黃晒乾，用水淋過，再以倉米二斗蒸飯和勻，入甕內，以水淹過，密封暖處，二七日成矣。造糯米醋： 用糯米一斗，淘淨蒸飯，用六月六日造成小麥麴和勻，用水二斗，入甕封釀三七日成矣。造粟米醋： 用陳粟米一斗，淘淨，浸七日，蒸熟，入甕密封，日夕用竹箸攪之，七日成矣。造小麥醋： 用小麥水浸三日，蒸熟，盦黃入甕，水淹七七日成矣。造大麥醋： 用大麥米一斗，水浸，蒸飯，盦黃，晒乾，水淋過，再以麥米一斗，蒸飯和勻，入甕水淹封三七日成矣。造餳醋： 用餳一觔，水三升煎化，入白麴末二兩，瓶封晒成。已上諸醋，俱可入藥。其餘他方有糟糠諸菓作醋，止堪供食噉，不可入藥。

醋： 《別錄》解熱毒，消癰腫，日華化一切魚腥、水菜、諸積之藥也。林氏介伯曰： 酸主收，醋得酸味之正也，直入厥陰肝經，散邪斂正。故藏器方治產後血脹、血暈及一切中惡邪氣，卒時昏冒者。以大炭火入熨斗內，以釅米醋沃之，酸氣遍室中，血行、氣通，痰下而神自清矣。凡諸藥宜入肝者，須以醋拌炒製，應病如神。又仲景《金匱要略》治黃汗，有黃耆白芍桂枝苦酒湯。譚氏治風痰，有石膽散子，俱用米醋入劑，專取其斂正氣、散一切惡水血痰之玅用也。

集方： 《方脉正宗》治毒熱煩渴不寧。用真烏犀角磨數分，醋湯調服。○同前治癰疽初起。用生附子以米醋磨稠汁，圍四畔，一日上十餘次，次日即消。○《肘後方》治癰疽已成不潰。用米醋調麻雀屎如小豆大，敷瘡上即穿也。○日華子方治過食魚腥生冷、水菜果實成積者。以生薑搗爛和米醋調，食之即化。○林氏家抄治疝氣沖痛。用青皮、小茴香各五錢，以米醋一碗煮乾，加水二碗，煎八分，溫和服。○仲景《金匱要略》治黃汗身腫發熱，汗出而渴，狀如風水，汗沾衣，色正黃如蘗汁。用黃耆五兩，白芍藥、桂枝各三兩，米醋一升，水七升，共煎取三升，徐徐溫和作三日服。○《外臺》方治白虎風毒。用陳米醋三升煎熱，切葱頭一觔，入煎數沸，濾出葱渣，以舊布蘸醋乘熱熨之。○同前治霍亂，足上筋抽痛。用米醋煎熱，以舊布蘸醋乘熱熨之。○同前治一切毒蛇惡蟲物咬傷，以米醋調胡粉敷之。○《千金方》治魘死不省。用米醋少許，以口噙，用細竹管吹入鼻中即甦。○《子母秘錄》治胎死不下。用黃豆一升，以米醋煮食即落。○《聖惠方》治胞衣不下，腹脹痛，多致殺人。以米醋一碗，和熱湯一碗，噀産婦面上，胞衣立下。

續補方： 治鎖喉風，脹悶不通垂死者。用土牛膝搗汁半碗，加入真米醋半碗，用鵝毛翎尖挑少許入喉中，隨吐涎痰，連挑十餘次，吐痰碗許即通。

明・應麐《食治廣要》卷八 米醋 氣味： 酸、苦，溫，無毒。殺一切魚肉菜毒。孟詵曰： 大麥醋微寒，餘醋並同。弘景曰： 多食損人肌、藏、筋骨及胃，不益男子，損人顔色。又發諸藥，服藥者不可食。又曰： 脾病人毋多食酸，酸傷脾，令肉腸而唇揭也。服茯苓、丹參人，更忌。

明・姚可成《食物本草》卷一五味部・造釀類 醋一名酢，一名醯，一名苦酒。有十數種，米醋、麥醋、麴醋、糠醋、糟醋、餳醋、桃醋、葡萄、大棗、蘡薁等諸雜果醋，亦極酸烈。○李時珍曰： 米醋： 三伏時用倉米一斗，淘淨蒸飯，攤冷盦黃，晒簸，水淋淨。別以倉米二斗，蒸飯和勻入甕，以水淹過，密封暖處，三七日成矣。糯米醋： 秋社日，用糯米一斗，淘蒸，用六月六日造成小麥麴和勻，用水二斗，入甕封釀。三七日成矣。粟米醋： 用陳粟米一斗，淘浸七日，再蒸淘熟，入甕密封，日夕攪之，七日成矣。小麥醋： 用小麥水浸三日，蒸熟盦黃入甕，水淹七七日成矣。大麥醋： 用大麥一斗，水浸蒸飯盦黃，晒乾水淋過，再以麥飯二斗和勻，入水封密，三七日成矣。餳醋： 用餳十斤，水四十斤，和勻入甕，須在立夏後至處暑前釀之。每平旦日未升時，用楊枝漩攪四五十轉，以淨布漬水封閉甕口、數日後入糯米飯，乘熱傾入一大盎。四十日後，味當甘酸香烈成醋矣。其餘糟糠等皆可釀醋，不能盡紀也。

醋，味酸、苦，溫，無毒。主消癰腫，散水氣，殺邪毒，理諸藥。治産後血暈，除癥塊堅積，消食，殺惡毒，破結氣、心中酸水痰飲。下氣除煩，止金瘡出血，昏運，殺一切魚肉菜毒。磨青木香，止卒心痛、血氣痛； 浸黄蘗含之，治口瘡； 調大黃末，塗腫毒； 煎生大黃服，治痃癖甚良。散瘀血，治黃疸黃汗。 寇宗奭曰： 米醋最良，得穀氣全也。產婦房中，常以火炭沃醋氣為佳，酸益血也。 李時珍曰： 按孫光憲《北夢瑣言》云： 一婢抱兒落炭火上燒灼，以醋泥傅之，旋愈無痕。又一少年，眼中常見一鏡。趙卿謂之曰： 來晨以魚鱠奉候。及期延至，從容久之。少年飢甚，見几上一甌芥醋，旋旋啜之，遂覺胸中豁然，眼花不見。卿云： 君喫鱠太多，魚畏芥醋，故權誑而愈其疾也。觀此二事，可證其治癰殺邪毒之驗也。大抵醋治諸瘡腫積塊，心腹疼痛，痰水血病，殺魚、肉、菜及諸蟲毒氣，無非取其酸收消瘀之功。李(廷)(鵬)飛云： 醋能少飲，辟寒勝酒。王戩自幼不食醋，年踰八十，猶能傳神也。

附方：治轉筋疼痛。以故綿浸醋中，甑蒸熱裹之，冷即易，勿停，取瘥止。治腋下狐臭。用三年釅醋，和石灰傅之。治癰疽不潰。用苦酒和雀屎如小豆大，傅瘡頭上即穿也。治木舌腫強不消。以糖醋時時含漱；或用醋和釜底墨，厚傅舌之上下，脫則更傅，須臾即消。治中砒毒。飲釅醋得吐即愈，不可飲水。治湯火傷灼。即以酸醋淋洗，并以醋泥塗之，甚妙，亦無疤痕也。治死胎不下。大豆煮醋，服三升立便分解。治鬼擊卒死。吹醋少許入鼻中，大效。治乳癰堅硬。以瓦罐盛醋，燒熱石投之二次，待溫，以患處漬之。冷則更燒石投之，不過三次即愈。治疔腫初起時。用麪圍住，以針亂刺瘡上，銅器煎沸醋傾入圍中，令容一盞。冷即易，三度，疔根即出也。

明・顧逢柏《分部本草妙用》卷九穀部　醋　酸、苦，溫，無毒。主治：消癰腫，散水氣，殺邪毒，理諸藥，消毒。產後血運，及癥塊堅積，消食，破結，心中酸水，痰飲。殺一切魚肉菜毒。磨青木香，止卒心痛，血氣痛。浸黃栢含之，治口瘡。調大黃，塗腫毒。煎生大黃服，治痃癖甚良。散瘀血，治黃疸，黃汗。惟米醋為良。

明・孟笨《養生要括・穀部》　醋醋類甚多，惟米醋、糟醋為良。多食損筋骨，亦損胃，又損人顏色。酸屬木，脾病毋多食酸。服茯苓、丹參忌之。　味酸、苦，溫，無毒。消癰腫，散水氣，殺邪毒，理諸藥，消毒，治產後血運，除癥塊堅積，消食，殺惡毒，破結氣、心中酸水痰飲。下氣除煩，治婦人心痛血氣，并產後及損傷金瘡，出血昏運。殺一切魚、肉、菜毒。（酸）〔醋〕磨青木香止卒心痛、血氣痛。浸黃蘗含之，治口瘡。調大黃末，塗腫毒。煎生大黃服，治痃癖甚良。散瘀血，治黃疸黃汗。

明・李中梓《醫宗必讀・本草徵要下》　醋味酸，溫，無毒。入肝經。　澆紅炭而聞氣，產婦房中常起死；塗癰疽而外治，瘡科方內屢回生。消心腹之疼，癥積盡破；殺魚肉之毒，日用恒宜。藏器曰：多食損筋骨，損顏色。

明・鄭二陽《仁壽堂藥鏡》卷三　苦酒一名醋，一名醯。　氣溫，味酸，無毒。　《液》云：斂咽瘡，主消癰腫，散水氣，殺邪毒。　丹溪云：醋酸漿，甘。以之調和諸藥，儘可適口。若和魚肉，其致疾以漸，人所不知。酸，收也；甘，滯也。人能遠之，亦却疾之一端也。　陳藏器云：醋，治產後血暈，除堅積，破癥結，多食損筋骨。　清頭目而上行，散諸邪而發表。

明・蔣儀《藥鏡》卷一溫部　醋　酸斂壅熱，逆血溫行，故主胃脘氣疼。癥瘕積聚，產後血運，去瘀生新。血虛藉以收神，疼咽痰涎能逐。和蚯蚓屎，可傅驟腫于周身。磨青木香，可止猝爾之心痛。鼻中血，治同胡粉。蛇蝎咬，治伴雄黃。磨南星以塗瘤癧，漬黃蘗以療口瘡。飛麵調圍，是癰腫也。石灰和扶，非狐腑哉。酸能助肝賊脾，脾病筋病均忌。

明・施永圖《本草醫旨・食物類》卷二　醋醋有數種，如米醋、麥醋、麴醋之類，惟米醋陳久者，可入藥，穀氣全也。　米醋：　味：酸、苦，溫，無毒。大麥醋，微寒，餘醋並同。多食損人肌臟，多食損筋骨，亦損胃，不益男子，損人顏色。醋發諸藥，不可同食。酸屬木，脾病毋多食酸，酸傷脾，肉䐢而唇揭。䐢服茯苓、丹參人，不可食醋。　治：　消癰腫，散水氣，殺邪毒，理諸藥，消毒。治產後血暈，除癥塊堅積，消食，殺惡毒，破結氣、心中酸水痰飲，下氣除煩。治婦人心痛血氣，并產後及傷損金瘡出血昏暈，殺一切魚肉菜毒。酸磨青木香，止卒心痛、血氣痛。浸黃蘗含之，治口瘡。調大黃末，塗腫毒。煎生大黃服，治痃癖，甚良。散瘀血，治黃疸黃汗。

米醋：　三伏時用倉米一斗，淘淨蒸飯，攤冷，盦黃，晒簸，水淋淨，別以倉米二斗蒸飯，和勻入甕，以水淹過，密封暖處，三七日成矣。　糯米醋：　秋社日用糯米一斗，淘蒸，用六月六日造成小麥大麴和勻，用水一斗，入甕，封釀三七日成矣。　粟米醋：　用陳粟米一斗，淘浸七日，再蒸淘熟，入甕密封，日夕攪之，七日成矣。〇米醋比諸醋最釅，入藥多用，用之穀氣全也，故勝糟醋。產婦房中常以火炭沃醋氣為佳，酸益血也。以磨雄黃塗蜂蠆毒，亦取其收而不散之義。今人食酸則齒軟，謂其水生木，水氣弱木氣強，故如是。一婢抱兒，落炭火上燒灼，以醋泥傅之，旋愈無痕。

附方　身體卒腫：　醋和蚯蚓屎塗之。　白虎風毒：　以三年釅醋五升，煎五沸，切葱白三升，煎一沸，濾出，以布染乘熱裹之，痛止乃已。　霍亂吐痢：　鹽醋煎服，甚良。　霍亂煩脹：　未得吐下，以好苦酒三升，飲之。　足上轉筋：　以故綿浸醋中，甑蒸熱，裹之，冷即易，勿停，取瘥止。　出汗不滴：　瘦怯腰脚并耳聾者，米醋浸荊三稜，夏四日，冬六日，為末，醋湯調下二錢，即瘥。　腋下胡臭：　三年釅醋和石灰傅之。　癧瘍風病：　醋和硫黃末傅之。　癰疽不潰：　苦酒和雀屎如小豆大，傅瘡頭上，即穿也。　舌腫不消：　以醋和釜底墨，傅舌之上下，脫則更傅，須臾即消。　木舌腫強：　糖醋時時含漱。　牙齒疼痛：　米醋煮枸杞白皮一升，取半升，含漱即瘥。　鼻中出血：　醋和胡粉半棗許，服。又法，用醋和土塗陰囊，乾即易之。　塞耳治聾：　以醇醋微火炙附子，削尖塞之。　面黷雀卯：苦酒浸朮，常常拭之。中砒石毒：飲釅醋得吐即愈，不可飲水。服硫發癰：酢和豉研膏傅之，燥則易。食鷄子毒：飲醋少許即消。渾身虱出：方見石部鹽石。毒(殺)〔蜂〕傷螫：清醋急飲一二盌，令毒氣不散，然後用藥。蠍刺螫人：醋磨附子汁，傅之。蜈蚣咬毒：醋磨生鐵，傅之。蜘蛛咬毒：同上方。蠼螋尿瘡：以醋和胡粉，傅之。諸蟲入耳：凡百節、蚰蜒、蟻入耳，以苦酒注入，起行即出。湯火傷灼：即以酸醋淋洗，并以醋泥塗之，甚妙，亦無瘢痕也。狼煙入口：以醋少許飲之。足上凍瘡：以醋洗足，研藕傅之。胎死不下：月未足者，大豆煮醋服三升，立便分解，未下再服。胞衣不下：腹滿則殺人，以水入醋少許，噀面神效。鬼擊卒死：吹醋少許入鼻中。乳癰堅硬：以罐盛醋，燒熱石投之二次，溫漬之，冷則更燒石投之，不過三次即愈。疔腫初起：用麵圍住，以針亂刺瘡上，銅器煎醋沸，傾入圍中，令容一盞，冷即易，三度根即出也。

明・盧之頤《本草乘雅半偈》帙一一　醋《別錄》下品　氣味：酸、苦，溫，無毒。　主治：消癰腫，散水氣，殺邪毒。

覈曰：醋，一名酢，一名醯，一名苦酒。五穀及粃糟飴果，皆可造。入藥唯取晚秔者上，早秈者次，糯秫者又次。其法：三伏時，用陳倉米一斗，淘淨蒸飯，攤冷盦黃，晒簸，水淋淨。判以陳倉米二斗，淘淨蒸飯，和勻，氣歇入甕，遂注水淹過寸許，密封置暖處，三七日成。糯醋：秋社日，用糯米一斗，淘蒸，以六月六日造成，合小麴一分，和勻，同水二斗，注甕中封釀三七日成。粟醋：法用陳粟米一斗，淘浸七日，蒸之，再淘淋，倍水入甕密封，日夕開攪一次，一七日成。小麥醋：法用小麥二斗，水浸三日，蒸熟盦黃入甕，水淹過麥，密封，七七日成。大麥醋：法用大麥一斗，水浸三日，蒸熟盦黃，晒乾，水淋過，再以大麥二斗，蒸熟和勻，入甕，注水封閉，三七日成。飴餳醋：法用飴餳十觔，水三十觔，煎化，俟溫，入白麴末二十兩，入甕攪勻，封甕口，日中晒，三七日成。糟粃諸果者，不堪藥用，不盡紀也。

參曰：秔，溉穀也，釀之作酸。酸，木味也。是木本水為源矣，故法取秔造者良。蓋酸津肝木誠肝藏之體用物，《楞嚴》云：譚說酢梅，口中酸出，耳提面命，尚爾津津。至決癰消腫，膚受者猶得蠲除，飲之啖之，寧不聚津(豬)〔瀦〕水，澤及槁瘁乎。若目為肝家本有之物，忘源者在在皆然矣。主散水殺邪，潤濕者，仍歸水大，邪孽者，寧不降心退舍焉。佐膽作導，踈洩前後陰，亦取致津歛液，以潤枯腸，膽決乞醯，非無所自也。

清・顧元交《本草彙箋》卷七　醋　醋能散瘀解毒，不獨取其酸歛。故主胃脘氣痛，癥瘕積聚，産後血暈，去瘀生新。凡産婦房中常以火炭沃其酸氣，亦取酸能益血之意。但《經》云：酸走筋，筋病毋多食酸。凡筋攣偏痺，手足屈伸不便者，宜禁。又曰：味過於酸，肝氣以津，脾氣以絕，多食酸則肉皺而唇揭，言能助肝賊脾。凡脾病者，亦不宜過食。

醋有數種，唯米造者入藥。諸方中云酢、云苦酒者，即醋也。酢，本音醋。服茯苓、丹參者忌。

腋下狐臭，以三年釅酢，和石炭傅之。口瘡，以醋漬黃柏，含漱。

清・穆石匏《本草洞詮》卷五　醋　味酸苦，氣溫，無毒。消癰腫，散水氣，殺邪毒，治産後血運，癥塊堅積。産婦房中常以火炭沃醋，氣酸益血也。以磨雄黃，塗蜂蠆毒，取其收而不散之義。觀造靴皮者，得醋而紋皺，其收歛可知。所主諸證，皆取酸收之義，而又有散瘀解毒之功也。醋有諸種，惟米醋入藥，穀氣全也。

清・丁其譽《壽世秘典》卷四《類物》　醋一謂之醯，以有苦味俗呼苦酒。古方多用酢字，有米醋。麥醋米醋。三伏時用米一斗，淘淨，蒸飯，攤冷，盦黃，晒簸，水淋淨。別以倉米二斗，蒸飯和勻，入甕以水淹過，密封暖處，三七日成矣。大麥醋同。愈久愈良，米醋次之。又有桃、葡萄、大棗、蘡薁等雜果，及糟糠諸物，皆可為醋，止可調味，不堪入藥。

氣味：酸、苦，溫，無毒。主消癰腫，散水氣，殺惡毒及一切魚肉菜毒。又治産後血運，小兒口瘡。

發明陳藏器曰：多食傷筋骨，損顏色，亦損胃，不益男子，能發諸藥，不可同食。寇宗奭曰：米醋比諸醋最釅，入藥多用之，穀氣全也。産婦房中常以火炭沃醋氣為佳，醋益血也。以磨雄黃塗蜂蠆毒，亦取其收而不散之義，服茯苓、丹參人，不可食醋。

清・劉雲密《本草述》卷一四　醋唯米醋入藥，反蛤肉。　時珍曰：米醋，三伏時用倉米一斗，淘淨，蒸飯攤冷，盦黃，曬簸水淋淨，別以倉米二斗，蒸飯和勻，入甕，以水淹過，密封暖處三七日，成矣。　門曰：南方炒米為醋最釅，入藥須以一分醋，二分水和之方可。江北造醋用晚米一斗為飯，青蒿罯三日，出黃，每飯一椀冷水，二椀燒酒，麴四兩，入甕，封固一七後，用柳木棍每早攪之，四十九日後去渣，煮熟，其醋不甚釅，初甚苦，故謂苦酒。

氣味：酸、苦，温，無毒。

主治：理諸藥扁鵲。消癰腫，諸毒《別録》。除癥塊堅積，散結氣，心中酸水，痰飲藏器。治婦人心痛血氣，並產後血暈，傷損金瘡，血暈日華子。磨青木香，止卒心痛，血氣痛。煮香附子，除鬱痛。漬黃蘗，含之，愈口瘡。煎生大黃，療痃癖孟詵。磨南星，敷瘤腫。同胡粉，止鼻中血。調泥傅湯火傷；調雄黃細末，塗蜂蠆蛇嚙。好古曰：張仲景治黃汗有黃芪芍藥桂枝苦酒湯，治黃疸有麻黃醇酒湯。時珍曰：大抵醋治諸瘡腫積塊，心腹疼痛，痰水血病，殺魚肉菜及諸蟲毒氣，無非取其酸收之義，而又有散瘀解毒之功也。希雍曰：醋惟米造者入藥，得溫熱之氣，故從木化。其味酸，氣溫，無毒。酸入肝，肝主血。血逆熱壅，則生癰腫，酸能斂壅熱，溫能行逆血，故主消癰腫。其治產後金瘡傷損，血暈，亦此意耳。其他所主治，皆因其酸收而兼溫散也。

愚按：醋之用類，以為取於酸收耳。然於主治消癰腫，除癥塊諸證，不知酸收何以得當也？蓋《尚書》云：木曰曲直，曲直作酸。後賢釋之曰：木屬於陽，陽鬱而發散，故曲而又直。即此二語可以得作酸之義。夫出地風木，本陰中陽也，陽在陰中，猶之一陽陷於二陰，而欲奮決以出於地上，陽尚不能離於陰，是以酸也。是就陽蓄陰中，即有陰得陽舒之妙，蓋天地人物之出機也。然則時珍所謂米醋所治，無非取其酸收之義，而又有散瘀解毒之功，雖未及大暢微義，其亦近似之乎？《經》曰：以酸收之。又曰：酸苦涌泄為陰。其義可參。抑何以必用米醋？蓋所用粳米雖入手太陰、少陰經，然能大益胃氣，故凡味之酸者入肝，肝原血臟，但不如粳米益胃，益其生血化血之地，用以醞釀為醋，而合於曲直之肝臟，能收即能散，斂其陽之溼以歸於陰，還以奪其陰之壅，以舒其陽之用。蓋血者，本於心肺之能化，而後有脾胃之生，本於脾胃之能生，而後有肝腎之藏。若然，則諸味之醋，雖同是酸者，豈得幾幸其同功乎哉？

附方　喉痹咽痛，以釅醋探吐之。　產婦房中常以火炭沃醋氣為佳，酸氣能斂血使下也。　癰疽不潰，苦酒和雀屎如小豆大，傅瘡頭上，即穿也。

舌腫不消，以酢和釜底墨，厚傅舌之上下，脱則更傅，須臾即消。　湯火傷灼，即以酸酢淋洗，并以醋泥塗之良，亦無瘢痕。　乳癰堅硬，以罐盛醋，燒熱石投之二次，溫漬之，冷則更燒石投之，不過三次即愈。　疔腫初起，用麪圍住，以針亂刺瘡上，銅器煎醋沸，傾入圍中，令容一盞，冷即易，三度即出也。

希雍曰：《經》曰：酸走筋，筋病毋多食酸。凡筋攣偏痹，手足屈伸不便，皆忌之。又曰：味過於酸，肝氣以津，脾氣乃絕。多食酸則肉皺而唇揭。言能助肝賊脾，凡脾病者，亦不宜過食。

清·郭章宜《本草匯》卷一三　苦酒即米醋　甘、酸、苦，溫，陰中之陽，可升可降，入足厥陰經。主心腹之疼，除堅積之塊。澆紅炭而聞氣，產婦房中常起死。塗癰疽而外治，瘡科方內屢回生。浸黃蘗口瘡可愈，煮香附鬱痛開除。煎大黃劫痃癖如神，摩南星敷瘤腫立効。

按：醋種甚多，惟米造者入藥，得穀氣之全也。其性收濇，故能散水氣。《經》曰：東方之木，其味酸，醋之所以專入肝也。多食傷筋損齒，食醋齒軟者，因水生木，水氣弱，木氣盛，故如是爾。亦損胃，不益男子，脾病不可多食。服茯苓、丹參者，不可食醋。

清·尤乘《食鑒本草·五味類》　醋　多助肝損脾胃及入骨，壞人顏色。惟消癰腫調敷藥用。

清·朱本中《飲食須知·味類》　醋　味酸、甘、苦，性微溫。解魚肉、瓜菜毒，米醋乃良。多食損筋骨，傷胃氣，不益男子，損齒減顏，能發毒。不可同諸藥食，服茯苓、丹參、葶藶藥者忌之。凡風寒咳嗽及瀉痢脾病者，勿食。

清·何其言《養生食鑒》卷下　醋米糟釀者佳。一種糖醋損人，產後尤忌之。　味酸，性溫，無毒。解魚肉、瓜菜毒，殺邪氣，散瘀血堅塊，消腫，斂咽瘡，下氣，除煩。多食損齒，傷筋骨，減顏色，不益男子。婦人產後宜之，產婦房中，常以火炭沃醋氣為佳。生產血暈，嗅之即醒。

清·蔣居祉《本草擇要綱目·熱性藥品》　米醋惟米醋方可入藥，極陳者方妙。

氣味：酸、苦，溫，無毒。不宜多食，多食損筋骨。不益男子，損人顏色。醋發諸藥，不可同食。

主治：消癰腫，散水氣，殺邪毒。理諸藥消毒，治產後血運，除癥塊堅積，消食。殺惡毒，破結氣心中，酸水痰飲，下氣除煩。治婦人心痛血氣，并產後及傷損金瘡出血昏運。殺一切魚肉菜毒。醋磨青木香，止卒心痛，血氣痛。浸黃栢含之，治口瘡。調大黃末，塗腫毒。煎生大黃服，治痃癖甚良。散瘀血，治黃疸黃汗。產婦房中，常以火炭沃醋氣為佳，酸益血也。大抵醋治諸瘡腫積塊，心腹疼痛，痰水血病，殺魚肉菜及諸蟲毒氣，無非取其酸收之義，而又有散瘀解毒之功也。

清·王翃《握靈本草》補遺　醋即苦酒。有數種，惟米醋二三年者入藥。　主消癰腫，殺邪毒。

清·汪昂《本草備要》卷四　醋一名苦酒。濇，斂氣血，消癰腫。　酸，溫。散瘀解毒，下氣消食，食斂縮則消矣。開胃氣，令人嗜食，《本草》未載。散水氣。治心腹血氣痛，磨木香服。產後血暈，以火淬醋，使聞其氣。癥結痰癖，疸黃癰腫，外科敷藥多用之，取其斂壅熱、散瘀解毒。昂按：貝母性散而斂瘡口，蓋能散所以能斂。醋性酸收而散癰腫，蓋消則內散，潰則外散，收處即是散處，兩者一義也。口舌生瘡，含漱。損傷積血，麵和塗，能散之。殺魚、肉、菜、蕈、諸蟲毒。多食傷筋。收縮太過。酒、醋無所不入，故製藥多用之。　米造、陳久者良。寇宗奭曰：食酸則齒軟者，齒屬腎，酸屬肝，木氣强，水氣弱故也。

清·陳士鐸《本草新編》卷四　醋　味酸，寒，氣溫，無毒。入胃、脾大腸，尤走肝臟。散水氣，殺邪毒，消癰腫，斂咽瘡，祛胃脘氣疼併堅積癥塊，治產後血暈及傷損金瘡。按醋乃食物中必需，用之入藥絕少。然亦有不得不用之時，其功用必宜知也。故存之以備稽考。

或問：米醋可以入藥，不是米醋，亦可入藥否？夫醋必米造，始得溫熱之氣，否則，味過于酸，入肝不能收斂，反走筋而縮澁矣，故入藥必取米醋。凡吐血，與肢體肚臍出血，與毛孔摽血者，用醋二升煮滾，傾在盆內，以雙足心泡之，少頃即止血。此則不必米醋，凡醋皆可用，正取其過酸，易于斂澁而寧謐耳。

清·李熙和《醫經允中》卷二二　醋　忌與蛤肉、羊肉同食。酸寒收斂，病人少食。　酸、苦，溫，無毒。主治消腫毒，開胃氣，產後血暈及癥塊堅積，殺一切魚肉菜毒。磨木香，止卒心痛；浸黃栢含之，治口瘡。惟米醋陳久為良。牛馬瘦，嚾之即愈。多食損牙齒筋骨。

清·馮兆張《馮氏錦囊秘錄·雜症痘疹藥性主治合參》卷六　醋一名苦酒。得溫熱之氣，故從木氣。味酸，氣溫，無毒。酸能斂壅熱，溫能行逆血，故消癰腫及治產後血暈癥塊，血積心痛俱用之者，取其酸收而又有散瘀解毒之功。然味重於酸，斂多散少，且助肝賊脾，倘風寒感冒外邪不解及脾病者俱忌。

醋造有數種，惟陳年米醋為佳。入劑吞服，散水氣，殺邪毒。消癰腫，斂咽瘡，祛胃脘氣疼，澁腸滑虛瀉。堅積癥瘕，並能祛治。煆石澆醋淬氣，善熏產後血暈，及傷損金瘡血暈。漬黃栢皮含之，口瘡甚愈。煮香附子片服，鬱痛能除。煎大黃，劫痃癖如神。摩南星，敷瘤腫立效，調雄黃，蜂蠆蛇嚙可塗。切忌蛤肉同食。丹溪云：醋味酸甘，酸則斂，而甘則滯，致疾以漸，苟能戒此，亦卻疾一端。專益女人，不利男子。

清·张璐《本經逢原》卷三　醋即酢，一名苦酒。　酸，寒，無毒。凡製肝藥，用為引導。發明：醋名苦酒，專取米釀成者，味帶酸苦，若酒飴所造則兼酸甜矣。然酒之與飴總皆米製，但功力稍遜耳。宗奭曰，米醋比諸醋最釅，入藥多用，穀氣全也。仲景少陰病咽中傷生瘡，不能語言，聲不出者，苦酒湯主之。內有半夏之辛，以發聲音，雞子之甘以緩咽痛，苦酒之酸以斂咽瘡也。調敷藥則消癰腫，製藥味則斂毒性，諸惡狂妄，及產後血暈，燒炭淬醋，以辟惡氣也。北人感冒風寒，用酸湯胡椒雞麪熱食，汗之則愈，以北方素鮮生發之氣，但取以助方宜之不足，則邪自不能為虐耳。東南木氣用事，肝火易動，諸病皆當忌食，醋喜入肝，酸寒收斂，病邪得之，難於發泄耳。

清·汪啟賢等《食物須知·諸米》　醋一名苦酒　味酸、甘，氣溫，無毒。造有數種，因著諸名，米醋、麥醋、麵醋、桃醋、葡萄、大棗、蘡薁諸雜菓醋，及糟糠等醋，會意俱極酸烈。惟米醋佳，年久愈妙。散水氣，殺邪毒，消癰腫，斂咽瘡，驅胃脘氣疼，併堅積癥塊氣疼。攙藥吞服，治產後血暈及傷損。金瘡血暈，淬氣熏之。切忌同蛤肉同食，造飲饌者須知。惟入肝經，不利男子，專益女人。丹溪云：醋味酸、甘，調和魚肉蔬菜，儘可適口。但致疾以漸添，人所不知。蓋酸，收也；甘，滯也。苟遠而不用，亦卻疾一端。然食多齒軟者，因水生木，水氣弱，木氣盛，故如是爾。齒屬腎水，酸助肝木，安得不然。

清·浦士貞《夕庵讀本草快編》卷三　醋《別錄》、苦酒　醋，措也，能措諸物毒也。古人多用酢字，又名醯。丹家謂之華池左味。醋有數種，米釀為良，愈久愈陳，入藥神勝，取其穀氣之全也。且氣味酸溫，溫得收之本，酸乃本之化。故能解毒而消腫，益血而散癖，是以皮靴得醋而紋皺，產婦焚醋而血攝，皆謂其酸而能收，斂而不散之意。若仲景治黃汗有黃芪芍藥桂枝苦酒湯，蓋又喜其苦能勝濕，酸能達木耳。但脾病無多食之，恐肉膒而唇揭。

清·姚球《本草經解要》卷四　醋　氣溫，味酸，無毒。主消癰腫，散水氣，殺邪毒。　醋氣溫，稟天春和之木氣，入足少陽膽經。味酸無毒，得地東方之木味，入足厥陰肝經。氣味降多於升，陰也。肝藏血，少陽為相火，火逆血壅，則生癰腫。味酸收斂，氣溫行血，故外敷消癰腫也。水畏土剋，味酸斂木，木斂土伸，所以散水氣也。邪毒多屬發物，味酸收斂，所以殺邪毒也。

製方： 醋同半夏、雞蛋黄，治少陰病咽中生瘡。同黄耆、白芍、桂枝，治黄汗。火炭沃醋，治産婦昏暈。

清・葉盛《古今治驗食物單方》 醋 白虎歷節風毒，以三年陳醋五升，煎五沸，切葱白三升，煎一沸，漉出，以布染，乘熱裹之，痛止乃已。 足上轉筋，以故綿浸醋中，甑蒸熱裹之，冷即易，勿停，取瘥止。 狐臭，陳醋和石灰敷之。 舌腫，醋調釜底墨，厚敷舌之上下，脱則再敷，須臾即消。 耳聾，以醇醋微火炙附子，削尖塞之。 蝎螫，醋摩附子敷之。 蜈蚣咬，醋摩生鐵敷之。 諸蟲入耳，以醋滴之即出。 足上凍瘡，以醋洗足，研藕敷之。

清・王子接《得宜本草・上品藥》 苦酒 味酸、苦。功專殺毒益血。得耆、芍、桂枝治黄汗，得麻黄、清酒治黄疸，得木香治心痛，得黄柏治口瘡。

清・黄元御《長沙藥解》卷二 苦酒 味酸苦，性濇。入足厥陰肝經。理咽喉而消腫痛，泄風木而破凝鬱。《傷寒》苦酒湯，雞子一枚，去黄，半夏十四枚，苦酒浸，内雞子殼中，火上三沸，去滓，少少含嚥之，不差更作。治少陰病，咽中生瘡，聲不出者。以少陰之經，癸水與丁火同宫，彼此交濟。病則水下流而生寒，火上炎而生熱。手少陰之經挾咽，是以生瘡。金被火刑，故聲不出。苦酒破瘀而消腫，半夏降逆而驅濁，雞子白清肺而發聲也。 猪膽汁方方在猪膽用之治津亡便鞕，以其斂津液而潤燥也。烏梅丸方在烏梅用之治消渴，吐蚘，以其斂風木而泄肝也。《金匱》耆芍桂酒湯方在黄耆用之治黄汗身腫，以其行營瘀而泄熱也。 苦酒酸苦收濕，善泄乙木而斂風燥，破瘀結而消腫痛。其諸主治，破瘀血，化癥瘕，除痰涎，消癰腫，止心痛，平口瘡，傅舌腫，塗鼻衄。

清・吴儀洛《本草從新》卷四 醋〔斂氣血，散瘀，消癰腫。〕 酸，苦，溫。散瘀，治産後血運，燒紅炭投醋中，使聞其氣。除癥，療心腹諸痛，塗癰瘡腫，殺魚肉毒，愈黄疸黄汗。 多食損筋骨，損胃，損顔色。用米醋。

清・汪紱《醫林纂要探源》卷二 醋 酸，溫。用米作飯，以辣蓼罨之，使發熱，至七日，乃和水浸之，晒日中，梅條時攪之，久釀而成，所謂曲直作酸也。 瀉肝，故能散瘀血，止血暈，破癥結，消癰疽瘡腫。 收心，故能治卒昏，除心腹血氣痛，醒睡夢，醒酒。 補肺，故能開胃口，發音聲。 殺魚蟲諸毒，伏蛔。凡辛多生毒，金衰也。酸多殺毒，行金令也。 多食傷筋。收之過則筋縮也。〇酸，酒改造者不堪用。

清・嚴潔等《得配本草》卷五 醋一名苦酒。 酸、苦，溫。入足厥陰經。 散水下氣，散瘀解毒。 制四黄、丹砂、膽礬、常山。 塗消癰腫，療心腹痛。

磨青木香，治卒心痛。 磨南星，敷瘤癰。 調生大黄，塗腫毒。 調釜底墨，敷舌腫脹。 調雄黄，塗蛇齧。 漬川黄柏，含漱口瘡。 感冒外邪及脾病、手足屈伸不便者，禁用。 服茯苓、丹參者忌之。 怪症： 渾身虱出數升，血肉俱壞，痛癢異常，但吃冷水，號哭不止，身齒皆黑，舌尖流血不已，此濕熱傷於脾腎也。用鹽、醋常服之，自除。

題清・徐大椿《藥性切用》卷六 穀醋 味酸苦溫，歛血散瘀消腫，安神。 多食損齒，減顔。 胃虚多鬱之人宜戒。 麥醋，功用相近，性稍溫耳。 酒醋，少酸收之効，性熱，不堪入藥。

清・黄宫繡《本草求真》卷七 米醋散瘀解毒，下氣消食。 米醋耑入肝。本濕熱之氣而成，味則酸苦，氣溫，酸主斂，故書多載散瘀解毒，下氣消食，且同木香磨服，則治心腹血氣諸痛。以火淬醋入鼻，則治産後血暈，且合外科藥敷，則治癥結痰癖，疸黄癰腫。暨口嗽以治舌瘡，麪塗以散損傷積血，及殺魚肉菜蕈諸毒。時珍曰： 無非取其酸收之義，而又有散瘀解毒之功。 至醋既酸，又云能散癰腫，以消則内散，潰則外散，收處即是散處故耳的解。 且多食傷筋軟齒。收縮太過，則筋受傷。時珍曰： 酸屬木，脾病毋多食酸，酸傷脾，肉膒而唇揭。 以酸入筋，過斂則於筋有傷，過酸則木強水弱，而於齒多軟。宗奭曰： 食酸齒軟，猶造靴皮者，須得醋而紋皺，故知其性收斂，不負酸收之意。 米造，陳久者良。《鏡源》曰： 米醋煮制四黄、丹砂、膽礬、常山諸藥。

清・沈金鰲《要藥分劑》卷九 醋 【略】鰲按： 大能開胃氣，醒脾氣，不但收斂之功見長也。

清・李文培《食物小録》卷下 醋一名苦酒。 酸、苦，溫，無毒。 殺一切魚肉、菜蔬毒，解烟火毒，強筋骨，歛肝氣。 多食損顔色。 凡大小麥及餳皆可作醋，惟米醋最佳，今人謂之滴酢。

清・羅國綱《羅氏會約醫鏡》卷一七穀部 醋一名苦酒。味酸，入肝經。 酸能斂，又能散。 下氣消食。 治産後血暈、以火淬醋，使多聞其氣。 腸滑、瀉痢，散堅積癰腫、外科敷藥多用之，取其斂壅熱，散瘀解毒。 胃脘血氣作痛、磨木香服。 口舌生瘡含漱，傷損積血，和麪塗能散瘀。 開胃氣，令人嗜食。 殺魚肉菜蕈諸蟲毒。 多食傷筋、收縮太過。 軟齒。齒屬腎，酸屬肝，木氣強，水氣弱故也。

按： 醋酸斂多散少，助肝賊脾。 倘風寒外感及脾病者，俱忌之。 米造陳久者良。

清·章穆《調疾飲食辯》卷二 醋 亦作酢，即醋字。《魯論》曰醯，《傷寒論》《金匱》曰苦酒。諸穀粟皆可作，秈、粳米為上，小麥及糯米次之，餘皆下矣。作法，有蒸熟者，有用生米者。入藥宜米醋，陳者良。性能開胃進食，殺一切魚、肉、菌、菜毒，添滋味。又能制麪毒，凡麪食入醋些須，食之即不作渴，味亦倍佳，是相制而又相成也。世醫以其味酸，畏其收斂，嚴禁病人勿食。夫不宜酸斂者，惟外感宜散之症，慮其收住表邪，他病收住何物乎。且醋味雖酸，却能通竅。又最能散結氣，行滯血，雖表症猶必用之，況其他乎。此外尚多，不可枚舉。觀其消食積，攻氣痞，止血運，破產後淤血，以鐵或磚瓦燒紅，好醋淬之，令血運者聞其氣即醒，俗呼打醋炭。甚者醋煎荊芥，入酒壺中，以壺嘴對鼻，急合其蓋，令氣入鼻中尤妙。治血凝氣滯之痛。凡痛症藥，如陳皮、白芍、白芷、香附、元胡、靈脂之類，均須醋製，非醋不能開氣結也。斂乎？散乎？外用散癰疽腫毒。外科敷藥必用之物。久而不潰者，醋調雀屎，貼瘡頭即穿出。出《肘後方》。解蜘蛛、蜈蚣、蛇、蠍、瘋犬咬毒。並以醋磨生鐵塗之。出《篋中方》。蒸跌撲損傷。出《日華本草》。白虎風痛，足上轉筋，出《外臺》方。並以舊棉絮浸醋中，甑上蒸熱裹之。及各種風寒濕痹。出《近效方》。斂乎？散乎？《千金方》治鬼擊卒死，不省人事，吹少許入鼻中即甦。霍亂心煩腹脹，飲之即定。且炙附子塞耳，能開氣閉之聾。和釜底墨塗舌，可消卒急不消之腫。同葛根、葱白可療肌解表。至於孫光憲《北夢瑣言》云：一婢抱兒落炭火上燒灼，以醋和泥塗之，旋愈無痕。《洗冤錄》曰醋和大黃末更佳。均之其為斂乎？為散乎？又其散逆氣，能止百方不能止之嘔。見小麥下。治胞衣不下，血滿腹中，此死生呼吸之候，非散何以解救乎。用無名異一兩，研末，鴨卵白調勻。溫醋一盞吞之。其餘用也，猶能治蝨出怪病，見首卷。《外臺秘要》云：蠼螋尿瘡，繞身匝則死，以燕巢土醋和，猪脂調敷。《肘後方》云：螻蛄即土狗咬人痛甚，醋和石灰塗，立止。醋之為用如此，何者取其斂乎？即《爾雅》釋名亦祗云：醋，措也，能措置食毒也。未嘗言收斂病邪也。蓋醋成於釀造，與作酒、作豉同理，故味雖酸而性則散，比諸烏梅、五味生而酸者，迥不侔也。如果收斂，則虛汗、虛泄、陽脫、陰脫，百凡宜斂之症，何古今方書無一人用之。寇宗奭乃謂塗蜂蠆毒爲收，且引皺皮韡爲喻，可謂不知物理。雖然醋以酸而為散，奇矣。若夏秋暑熱、瘧、痢等病，汗出過多，其後病雖愈，而表虛漏汗或畏風者，久開難以驟闔也，任日服參、耆、燕窩、烏梅、五味，不如飲食調和，中略加以醋即安。海味尤佳，宜肉食者，海參、魚肚、蟶乾之類；宜素食者，海藻、昆布、海帶之類，取其益陰滋血，陽開陰闔之理也。杏雲蓋屢用之，無不效，且於注夏人，令其調和之中，常用此物，亦無不效。是醋也者，有邪則散邪，無邪則斂正，乃仙品也。獨其久食令人筋骨無力，此則耗之太過，故血不榮於筋，《內經》曰：酸走筋。凡物過中皆有之害，醋肯任其辜乎。

清·章穆《調疾飲食辯》卷三 醋藏 醋用於調和則佳，專食味過厚，病人即素性愛酸，亦宜少食。惟醋浸蒜瓣，味甘不酸，可以開胃下氣，令人思食。

清·王龍《本草纂要稿·穀部》 醋 氣味酸甘而溫。散水氣，能殺邪毒。消癰腫，更斂咽瘡。攙劑服，驅胃脘風疼並癥塊氣疼。淬氣熏，治產後血暈及金瘡血暈。浸黃栢愈口瘡，煮香附除欝痛。煎大黃刼痃癖如神，磨南星敷瘤腫立效。性益肝經，專益女子。

清·楊時泰《本草述鉤元》卷一四 醋 又名苦酒，惟米醋入藥。造法：三伏時用倉米一斗，淘淨蒸飯，攤冷盦黃，曬簸，水淋淨。別以倉米二斗蒸飯，和勻入甕，以水淹過，密封暖處，三七日成矣瀕湖。江北造醋，用晚米一斗為飯，青蒿罨三日，出黃，每飯一盌，冷水二盌，燒酒麴四兩，入甕封固，一七後用柳木棍每早攪之，四十九日後，去渣煮熟，其醋不甚釅，初甚苦，故謂苦酒門。

味酸、苦，氣溫。入厥陰肝經，反蛤肉。主消癰腫諸毒，除癥塊堅積，散結氣及心中酸水痰飲，治婦人心痛血氣，並產後血暈，常以火炭沃醋，氣能斂血使下。傷損金瘡血暈，理諸藥，殺魚肉菜及諸蟲毒。磨青木香，止猝心痛，血氣痛。煮香附子除鬱痛。漬黄檗含之，愈口瘡。煎生大黃，療痃癖。磨南星，敷瘤腫。同胡粉，止鼻中血。調泥，傅湯火傷。調雄黃細末，塗蜂蠆蛇嚙。醋主酸收，又有散瘀解毒之功，曲直之性也瀕湖。醋得溫熱之氣，故從木化，味酸入肝，氣溫兼散，能行逆血仲淳。仲景治黃汗，有芪芍桂酒湯，治黃疸，有麻黃醇酒湯。喉痺咽痛，以釅醋探吐之。癰疽不潰，苦酒和雀屎如小豆大，傅瘡頭上，即穿。舌腫不消，以醋和釜底墨，厚傅舌之上下，脫則更傅，須臾即消。湯火傷灼，用醋淋洗，并醋泥塗之良，亦無瘢痕。乳癰堅硬，以罐盛醋，燒熱石投之二次，溫漬之，冷則更燒石投之，不過三次即愈。疔腫初起，用麪圍住，以針孔刺瘡上，銅器煎醋沸，傾入圍中，令容一盞，冷即易，三度即出。

論：醋之用類取於酸收，何又主消癰腫，除癥塊？《書》云木曰曲直，曲直作酸，以木屬陽，陽鬱而發散，故曲而又直，即此可得作酸之義。夫出地風木，陰中之陽也，陽在陰中，欲奮決以出於地上，而尚不能離於陰，是就陽蓄陰中，即有陰得陽舒之妙，蓋天地人物之出機也，然則醋非酸收，而又有散解之功者乎。《經》曰：以酸收之。又曰：酸苦湧泄為陰。其義可參。其必用米醋者，以粳米益胃，益其生血化血之地，醖釀為醋，而合於曲直之肝臟，是斂其陽之淫，還以舒其陽之用，於血之生化有裨也。

《經》言酸走筋，筋病毋多食酸，故筋攣偏痺，手足屈伸不便者，忌之。又言味過於酸，肝氣以津，脾氣乃絕，肉皺而唇揭，故脾病亦不宜過食仲淳。

修治：南方炒米為醋，最釅，入藥須以一分水，半分醋和之，方可。

清・葉桂《本草再新》卷七　醋味酸，性溫，無毒。入肝經。　生用可以消諸毒，行濕熱。製用可宣陽，可平肝，斂氣鎮風，散邪發汗。

清・葉桂《本草再新》卷八　陳醋罈泥味苦、酸，性平，無毒。入肝、脾二經。　斂肝開胃，鎮邪散風，消濕利水。

清・趙其光《本草求原》卷一四穀部　醋即酢，一名苦酒。　米釀而出，入脾生血。苦泄，酸散，溫收。能斂肝陰以去熱，又能散肝陽以化瘀。收咽瘡，下氣消食，食斂縮則消。行濕，消毒，鎮虛風，發汗，開胃氣，木氣達，則土氣化。散水氣，治心腹血氣痛，磨青木香服。產後血暈，以火淬醋，使聞其氣。心中酸水痰飲，癖血堅塊。煮大黃。散結氣，鬱痛，煮香附。口瘡。漬黃柏含。敷瘤，磨南星。癰，調各藥湯火，皆取收壅熱、散瘀、解毒。塗蜂、蛇傷，調雄黃末。跌打積血。調麪。殺魚、肉、菜、蕈諸蟲毒。多食傷筋。收縮太過也。

調胡粉滴鼻，止衄。喉痹咽痛用之探吐。調雀屎，能穿瘡；調釜底墨，消舌腫；調泥，塗湯火傷。瘰腫初起，用麪圍瘡，以針亂刺瘡，取滾醋淋，圍內冷即易，三度愈。人知酸能收，不知能散。《書》曰：曲直作酸。言木初出地，曲而又直，陽氣方舒，未離於陰，是以酸也。《經》曰：以酸收之，又曰酸苦湧泄為陰。可知斂陽之淫以歸陰，即能散陰以舒陽者，皆酸之用也。

造醋法：晚米煮飯攤冷，窨三日，出黃曬簸，每飯一碗冷水二碗。另新飯二碗，酒麴四兩，入甕封。一七後，每日柳木攪之。四十九日去渣煮熟，其醋成矣。或用炒米為之更酸，初則苦，故曰苦酒，入藥。以米造、陳久者良。若酒飴所造，則酸甜，功薄。世有肝虛易感風寒者，醋煮椒雞蒜葱熱食，汗之即愈，此以助生發之氣也。若肝火易動人切忌，脾虛人亦忌。其助肝，多食損齒、傷筋。

清・文晟《新編六書》卷六《藥性摘錄》　米醋　酸苦，氣溫。入肝散瘀解毒，下氣消食，殺魚肉、菜蕈諸毒。〇同木香磨服，治心腹血氣諸痛。〇以火粹醋入磚，治產後血暈。〇且合外科藥敷，則治癥結痰澼，癰腫疸黃，暨口(嗽)〔漱〕，以治舌瘡，麪和，以散損傷積血。〇多食損筋軟齒。

清・文晟《新編六書》卷六《藥性摘錄》　醋　酸，溫。解魚肉、瓜菜毒，殺邪風，散瘀血堅塊癰腫，斂咽瘡，下氣除煩。多食損齒，傷筋骨。余詳方藥。

清・張仁錫《藥性蒙求・穀部》　醋　醋消癰腫，性味酸溫。能醫血暈，瘀散神清。治產後血暈，燒紅炭投醋中，使嗅其氣，以辟惡氣也。調敷藥，則消癰腫。凡蘊邪者，皆忌食，因收斂故也。

清・王孟英《隨息居飲食譜・調和類》　醋　酸，溫。開胃，養肝強筋，暖骨，醒酒消食，下氣辟邪，解魚蟹鱗介諸毒。陳久而味厚氣香者良。性主收斂，風寒欬嗽，外感，瘧痢初病，皆忌。《續文獻》云：獅子日食醋、酪各一缾，故俗調獅吼為喫醋云。　產後血運熱病，神昏，驚恐魂飛，客忤中惡，並用鐵器燒紅，更迭淬醋中，就病人之鼻以熏之。　湯火傷，醋淋洗。　諸腫毒，醋調大黃末，塗。

清・田綿淮《本草省常・氣味類》　醋　一名醯，一名苦酒。性溫。消食破瘀，開胃氣，散水氣，殺一切魚肉、瓜菜、菌蕈毒，並諸蟲毒。陳者良。多食傷筋，損顏色。同乳食，成血瘕。食乳小兒忌之。服丹參、萆薢、茯苓、茯神者，忌之。

清・戴葆元《本草綱目易知錄》卷二　醋酢、苦、酒。　酸，溫。少食，開胃下氣，消食除煩，癰腫，散水氣，殺惡毒，破結氣，除心下酸水痰飲，理諸藥消毒。治婦人心痛血氣，并產後及傷損金瘡出血昏運，除癥塊堅積，能散瘀，治黃疸黃汗。磨青木香服，止卒心痛、血氣痛。浸黃柏含之，治口瘡。調大黃末，塗腫毒。煎大黃服，治痃癖。殺一切魚、肉、菜毒。多食損筋骨及肌臟，亦損胃，斂邪。

清・陳其瑞《本草撮要》卷五 醋 味酸苦，溫，入足厥陰經，功專散瘀，治產後血逆。得耆、芍、桂枝治黃汗，得麻黃、清酒治黃疸，得木香治心痛，得黃柏治口瘡。調荔枝核末塗瘰癧結核。殺魚肉毒。多食損筋骨。米醋良。一名苦酒。衣沾藥汁，以醋洗之即去。

清・李桂庭《藥性詩解》 賦得消腫益血於米醋得消字。 米醒功惟大，塗癰令腫消。豈能醫血運，尤且使榮調。 按： 米醋酸苦性溫，散瘀除癥，療心腹諸痛，殺魚肉諸毒，塗癰散腫，功惟豈淺。然多食損筋伐胃，以酸走肝，過則為瀉故也。

前題田春芳 米醋酸微苦，其功大而昭。血傷能使益，癰腫更堪消。

按： 米醋功專散瘀消腫，除癥調氣，為瘡家、產後要藥。

清・吳汝紀《每日食物却病考》卷下 醋 溫，無毒。消癰腫，散水氣，殺邪毒，下氣除煩，療金瘡，治產後血暈，殺一切魚、肉、菜毒。磨青木香，止卒心痛。浸黃柏含之，治口瘡。調大黃末，塗腫毒。惟米醋宜入藥，其餘麥麪等造，俱不及也。多食損牙及筋骨、胃臟。不宜和蛤食。

酒

唐・孫思邈《千金要方》卷二六《食治・穀米》 酒 味苦、甘、辛，大熱，有毒。行藥勢，殺百邪惡氣。黃帝云： 暴下後飲酒者，膈上變為伏熱。食生菜飲酒，莫炙腹，令人腸結。扁鵲云： 久飲酒者腐腸爛胃，潰髓蒸筋，傷神損壽。醉當風臥，以扇自扇，成惡風。醉以冷水洗浴，成疼痹。大醉汗出，當以粉粉身。令其自乾，發成風痹。常日未沒食訖，即莫飲酒，終身不乾嘔。飽食訖，多飲水及酒，成痞僻。

宋・唐慎微《證類本草》卷二六米穀部下品〔唐・陳藏器《本草拾遺》〕 社酒 噴屋四壁去蚊子，內小兒口中令速語。此祭祀社餘者酒也。

宋・唐慎微《證類本草》卷二六米穀部下品〔唐・陳藏器《本草拾遺》〕 糟筍中酒 味鹹，平，無毒。主噦氣，嘔逆，小兒乳和少牛乳飲之，亦可單服。少許磨癧瘍風，此糟筍節中水也。

宋・李昉《太平御覽》卷八四三 酒上 《世本》曰： 儀狄作酒醪，變五味。少康作秫酒。 《春秋緯命》曰： 凡黍為酒陽，據陰乃能動，故以麴釀黍為酒，麴，陰也。是先漬麴，黍後入，故曰陽相感皆據陰也。相得而沸，是其動也。凡物陰陽相感，非唯作酒。 《釋名》曰： 酒，酉也，釀之米麴。酉，澤久而味美也。亦言踧也，能否皆强，相踧持也。又入口咽之，皆踧其面也。 《說文》曰： 酒，就也。所以就人性之善惡也。一曰造也，吉凶所起造也。 又曰： 酴音途，酒母也。醴，酒一宿熟也。醪，汁滓酒也。酎，三重之酒也。醨，薄酒也。醑，莤酒也。 《酒經》曰： 空乘穢飯，醞以稷黍，以成醇醪，酒之始也。烏梅、女𦵔、胡板反。甜醹音乳、九投，澄清百品，酒之終也。

宋・李昉《太平御覽》卷八四五 酒下 《抱朴子》曰： 鄭君酒釀〔酒，酒〕成，因以附子、甘草屑内酒中，暴令乾如雞子大一丸，投一斗水，立成美酒。 《神異經》曰： 西北海外有人長二千里，兩脚中間相去千里，腹圍一千六百里，但日飲天酒五升，不食五穀魚肉，唯飲天酒。忽有飢時，向天仍飲。好游山海間，不犯百姓，不干萬物，與天地同生。 又曰： 西北荒中有酒泉，此酒美如肉，清如鏡，其上有玉樽，取一樽，復一罇出，與天地同休，無乾時，飲此酒，人不死長生。 《論衡》曰： 東風至，酒湛溢。按，酒味酸，從東方木也。味酸，故酒湛溢也。 《博物志》曰： 西域有蒲桃酒，積年不敗。彼俗傳云： 可至十年，欲飲之醉，彌日乃解。 《古今記》曰： 烏孫國有青田核，得水則有酒味，甚淳美如好酒。飲盡隨更注水隨成。不可久，久則苦，不可飲。名曰青田酒。 《嶺表録異》曰： 南中醞酒，即先用諸藥别淘漉，粳米漉乾，旋旋入藥，和米擣熟，即緑粉矣。熱水溲而團之，形如餢飳，以指中心刺作一竅，布於簟席上，以枸杞搆葉罨之。其體候好弱，一如造麴法。既而以藤篾貫之，懸於烟火之上。每醞一年用幾箇餅子，固有恒準矣。南中地暖，春冬七日熟，秋夏五日熟。既熟，貯以瓦甕，用糞掃火燒之。亦有不燒者，為清酒也。大抵廣州人多好酒，晚市散，男兒女子倒載者，日有三二十輩。〔生〕〔坐〕酒行，即兩面羅列，皆是女人。招呼鄙夫，先令嘗酒。盎上白瓷甌謂之甋刮，一甋三文，不持一錢。來去嘗酒致醉者，當壚嫗但笑弄而已。蓋酒賤之故也。

附： 日・丹波康賴《醫心方》卷三〇 酒 《本草》云： 味苦，大熱，有毒。主行藥勢，殺邪惡氣。陶〔弘〕景注云： 大寒凝海，唯酒不冰。明其熱性，獨冠群物。人飲之使體蔽神昏，是其毒故也。昔三人晨行觸霧，一人健，一人病，一人死。健者飲酒，病者食粥，死者空腹，此酒勢辟惡勝於食。《拾遺》云： 酒殺百邪，去惡氣，通血脉，厚腸胃，潤皮膚，散死氣。愚人飲之則愚，智人飲之則智，消憂發怒，宣言暢意。《太素經》云： 醪醴者，賢人以適性，不可不飲，飲之令去病怡神，必此改性之毒也。《禮記》云：凡酒飲，養陽氣也，故有樂。《養生要集》云：酒者，五穀之華，味之至也。故能益人，亦能損人。節其分劑而飲之，宣和百脉，消邪却冷也。若升量轉久，飲之失度，體氣使弱，精神侵昏，物之交驗，無過於酒也。宜慎，無失節度。崔禹〔錫〕云：有大毒，行藥力，飲之忘憂為基食家所重。

宋・唐慎微《證類本草》卷二五米穀部中品〔《別錄》〕

酒　味苦、甘、辛，大熱，有毒。主行藥勢，殺百邪惡毒氣。

〔梁・陶弘景《本草經集注》〕云：大寒凝海，惟酒不冰，明其性熱獨冠群物。藥家多須以行其勢。人飲之，使體弊神惛，是其有毒故也。昔三人晨行觸霧，一人健，一人病，一人死。健者飲酒，病者食粥，死者空腹。此酒勢辟惡，勝於作食。

〔唐・蘇敬《唐本草》〕注云：酒，有葡萄、秫、黍、秔、粟、麴、蜜等。作酒醴以麴爲，而葡萄、蜜等，獨不用麴。飲葡萄酒能消痰破癖。諸酒醇醨不同，惟米酒入藥用。

〔宋・掌禹錫《嘉祐本草》〕按：陳藏器云：酒，本功外，殺百邪，去惡氣，通血脉，厚腸胃，潤皮膚，散石氣，消憂發怒，宣言暢意。《書》曰：若作酒醴，爾惟麴蘖。蘇恭乃廣引蒲萄、蜜等爲之。此乃以僞亂真，殊非酒本稱。至於入藥，更亦不堪。凡好酒欲熟，皆能候風潮而轉，此是合陰陽矣。又云：諸米酒有毒：酒漿照人無影，不可飲。酒不可合乳飲之，令人氣結。白酒食牛肉，令腹内生蟲。酒後不得卧黍穰，食猪肉，令人患大風。凡酒忌諸甜物。又云：甜糟，味鹹，溫，無毒。主溫中，冷氣，消食，殺腥，去草菜毒，藏物不敗，糅物能軟，潤皮膚，調腑藏，三歲已下有酒以物承之，堪磨風瘙，止嘔噦，及煎煮魚菜。取臘月酒糟，以黄衣和粥成之。孟詵云：酒，味苦。主百邪毒，行百藥。當酒卧，以扇扇，或中惡風。久飲傷神損壽。謹按：中惡疰忤，熱暖薑酒一椀，服即止。又，通脈，養脾氣，扶肝。陶隱居云：大寒凝海，惟酒不冰。量其熱性故也。久服之，厚腸胃，化筋。初服之時，甚動氣痢。與百藥相宜。秖服丹砂人飲之，即頭痛吐熱。又，服丹石人，胸背急悶熱者，可以大豆一升，熬令汗出，簸去灰塵，投二升酒中，久時頓服之，少頃即汗出，差。朝朝服之，甚去一切風。婦人產後諸風，亦可服之。又，熬雞屎如豆淋酒法作，名曰紫酒。卒不語口偏者，服之甚效。昔有人常服春酒，令人肥白矣。陳士良云：凡服食丹砂、北庭、石亭脂、鍾乳石、諸礜石、生薑，並不可長久以酒下，遂引石藥氣入四肢，滯血化爲癰疽。日華子云：酒，通血脉，厚腸胃，除風及下氣。又云：社壇餘胙酒，治孩兒語遲。以少許喫，吐酒噴屋四角，辟蚊子。又云：糟署撲損瘀血，浸洗凍瘡，及傅蛇、蜂，叮毒，又云：糟下酒，暖。開胃下食，暖水藏，溫腸胃，消宿食，禦風寒。殺一切蔬菜毒，多食微毒。

〔宋・唐慎微《證類本草》〕《食療》云：紫酒，治角弓風。薑酒，主偏風中惡。桑椹酒，補五藏，明耳目。葱豉酒，解煩熱，補虛勞。蜜酒，療風瘮。地黄、牛膝、虎骨、仙靈脾、通草、大豆、牛蒡、枸杞等，皆可和釀作酒，在別方。蒲桃子釀酒，益氣調中，耐飢强志，取藤汁釀酒亦佳，狗肉汁釀酒，大補。《外臺秘要》：治水下，或不下則滿溢，下之則虛竭，虛竭還腹，十無一活。以桑椹并心皮兩物細剉，重煮煎，取四斗以釀米，四升釀酒，一服一升。又方：治痔，下部䘌方：掘地作小坑，燒令赤，酒沃中，杵吳茱萸三升，内中極熱，板覆開小孔子，以下部坐上，冷乃下，不過三度良。又方：治牛馬六畜水穀疫病。酒和麝香少許，灌之。《千金方》：斷酒方：以酒七升，着瓶中，硃砂半兩，細研着酒中，緊閉塞瓶口。安猪圈中，任猪搖動，經七日，頓飲之。又方：正月一日酒五升，淋碓頭杵下，取飲。又方：治耳聾。酒三升，漬牡荆子一升，碎之，浸七日去滓，任性飲盡，三十年聾差。《肘後方》：鬼擊之病，得之無漸，卒着人，如刀刺狀，胸脇腹内疞結切痛，不可抑按，或吐血、鼻血出，或下血，一名鬼排。以淳酒吹兩鼻内。又方：中風，體角弓反張，四肢不隨，煩亂欲死。清酒五升，雞屎白一升杵末，合和之，擣千遍乃飲，大人服一升，日三，少小五合，差。又方：人體上先有瘡，因乘馬，馬汗、馬毛入瘡中，或爲馬氣所蒸，皆致腫痛煩熱，入腹則殺人。多飲醇酒，以醉即愈。《經驗後方》：孫真人：催產，以鐵器燒赤淬酒喫，便令分解。《梅師方》：治虎傷人瘡。但飲酒，常令大醉，當吐毛出。又方：治產後有血，心煩腹痛。清酒一升，生地黄汁和煎二十沸，分三服。孫真人：治空腹飲酒醉，必患嘔逆。又方：治風癬。暖酒以蜜中攪之，飲一杯即差。又方：治腰膝疼痛久不已。糟底酒摩腰脚及痛處、筋攣處。《廣利方》：治蛇咬瘡。暖酒淋洗瘡上，日三易。《兵部手集》：治蜘蛛遍身成瘡。取上好春酒飲醉，使人翻不得一向卧，恐酒毒腐人，須臾蟲於肉中小如米自出。《傷寒類要》：天行病毒攻手足，疼痛欲斷。作坑令深三尺，大小容足，燒令中熱，以酒灌坑中，著屐踞坑上，衣壅勿令泄氣。

宋・寇宗奭《本草衍義》卷二〇

酒　《呂氏春秋》曰：儀狄造酒。《戰國策》曰：帝女儀狄造酒，進之于禹。然《本草》中已著酒名，信非儀狄明矣。又讀《素問》首言以妄爲常，以酒爲漿，如此則酒自黄帝始，非儀狄也。古方用酒，有醇酒、春酒、社壇餘胙酒、糟下酒、白酒、清酒、好酒、美酒、葡萄酒、秫黍酒、秔酒、蜜酒、有灰酒、新熟無灰酒、地黄酒。今有糯酒、煮酒、小豆麴酒、香藥麴酒、鹿頭酒、羔兒等酒。今江浙、湖南北，又以糯米粉入衆藥，和合爲麴，曰餅子酒。至於官務中，亦用四夷酒，更別中國不可取以爲法。今醫家所用酒，正宜斟酌。但飲家惟取其味，不顧入藥如何爾。然久之未見不作疾者，蓋此物損益兼行，可不慎歟！　漢賜丞相上樽酒，糯爲上，稷爲中，粟爲下者。今入藥佐使，專以糯米，用清水白麵麴所造爲正。古人造麴，未見入諸藥合和者，如此則功力和厚，皆勝餘酒。今人又以麥蘖造者，蓋止是醴爾，非酒也。《書》曰：若作酒醴，爾惟麴蘖。酒則須用麴，醴故用蘖。蓋酒與醴，其氣味甚相遼，治療豈不殊也。

宋·劉明之《圖經本草藥性總論》卷下　酒　味甘、辛，大熱，有毒。主行藥勢，殺百邪惡毒氣。日華子云：通血脈，厚腸胃，除風及下氣，禦寒。

宋·張杲《醫說》卷六　中酒毒　飲酒中毒，經日不醒者，用黑豆一升，煮取汁，溫服一小盞，不過三服即愈。今人謂之中酒是也《服食反悮方》。

宋·陳衍《寶慶本草折衷》卷一九　酒六百九六。社胙酒在內。○紫酒及諸酒附。一名醇酒，一名春酒，一名清酒。○《毛詩》云：一名清酤。○《禮記》云：一名清酌。○衆方用者名法酒，一名煮酒，入蜜蠟蒸煮也。○所出與糯米及諸米等物同。○今諸處冬月炊飯米並麪麩釀成，或春初及秋杪亦可釀之。○四時常以粳紅麴□者名紅酒。《三因方》用者名米麴酒。○並以無灰為良。○並忌乳及牛肉、猪肉、甜物。○附：　紫酒，又云一名雞矢醴，乃熬雞屎淋酒作。○酤，音戶。

味苦、甘、辛，大熱，有毒。○主行藥勢，殺百邪惡毒氣。○陶隱居云：大寒凝海，惟酒不冰。昔三人晨行觸霧，一健一病一死。健者飲酒；病者食粥；死者空腹。酒勢辟惡，勝於作食。○陳藏器云：通血脉，厚腸胃。潤皮膚，消憂，發怒，宣言暢意。艾氏謂酒入肝則發怒，入心則宣言。○又云：酒漿照無影，不可飲。不可合乳飲，令人氣結。白酒食牛肉，令腹內生蟲。黍釀，食猪肉，令患大風。○釀，元作穰。○孟詵云：酒養脾，扶肝，化筋。○陳士良云：服丹砂、北庭石亭脂、鍾乳、礜音豫石、生薑，並不可長以酒下，引石氣入四肢，滯血，化為癰疽。○日華子云：除風下氣。○又云：社壇餘胙酒，治孩兒語遲，以少許喫。○寇氏曰：古方用醇酒，今又以糯米粉入衆藥，和合為麴，曰餅子酒。醫家所用，正宜斟酌，但飲家惟取其味爾。此物損益兼行。今入藥專以糯米用清水、白麪、麴所造為正，功力和厚。今又以麥蘖造者，止是醴，非酒也。氣味甚相遼，治療殊也。

附：　紫酒。○主卒不語、口偏、中風，角弓反張，四肢不隨。又心腹滿，旦食不能暮食，名為鼓脹。並治以雞矢醴。又主賊風，風痹，及破血。雞屎和黑豆炒，浸酒服。○兼括雞說。

附：　薑酒。○主偏風中惡，及中惡疰忤。熟暖服之。

附：　桑椹音甚酒。○補五藏，明耳目。

附：　葱豉酒。○解煩熱，補虛勞。

附：　蜜酒。○療風癬。

附：　蒲一作葡。桃一作萄。酒。○益氣調中，消痰破癖，至久不敗，作葡萄香。取藤汁釀酒亦佳。兼括葡萄說。○又有地黃、牛膝、仙靈脾、通草、大豆、牛蒡、枸杞等酒，及鹿頭、虎骨、狗肉、羔兒等酒。

續說云：經註謂酒能行藥勢，可辟霧惡。艾原甫又謂其調和筋骨，補益勞倦，未嘗無益於人也。然而沉湎於酒則腐腸胃、傷肌膚。至如揚億言：有人過飲則臍裂而卒。劉安世言：北人至嶺南，過飲則瘴黃而殞。嘗見乳媼酣酒踰量，致兒風熱壅毒者有之。煨酒乘熱而飲，致消渴、癰癤者有之。惟貯酒於銀、錫器中，用湯頓暖，隨性少飲，常欲食力勝酒，則天和不失矣。

元·王好古《湯液本草》卷六　酒　氣大熱，味苦、甘、辛，有毒。《本草》云：主行藥勢，殺百邪惡毒氣。能行諸經不止，與附子相同。味辛者能散，味苦者能下，味甘者居中而緩也。為導引，可以通行一身之表，至極高之分。若味淡者，則利小便而速下。大海或凝，惟酒不冰。三人晨行，遇大寒，一人食粥者病，一人腹空者死，一人飲酒者安。則知其大熱也。

元·忽思慧《飲膳正要》卷三　酒　味苦、甘、辣，大熱，有毒。主行藥勢，殺百邪，通血脉，厚腸胃，潤皮膚，消憂愁。多飲損壽傷神，易人本性。酒有數般，唯醞釀以隨其性。　虎骨酒：以酥炙虎骨搗碎，釀酒。治骨節疼痛，風疰冷痹痛。　枸杞酒：以甘州枸杞依法釀酒。補虛弱，長肌肉，益精氣，去冷風，壯陽道。　地黃酒：以地黃絞汁釀酒。治虛弱，壯筋骨，通血脉，治腹內痛。　松節酒：仙方以五月五日採松節，剉碎，煮水釀酒。治冷風虛，骨弱，腳不能履地。　茯苓酒：仙方依法茯苓釀酒，治虛勞，壯筋骨，延年益壽。　松根酒：以松樹下撅坑置瓮，取松根津液釀酒。治風，壯筋骨。　羊羔酒：依法作酒，大補益人。　五加皮酒：五加皮浸酒，或依法釀酒。治骨弱不能行走，久服壯筋骨，延年不老。　膃肭臍酒：治腎虛弱，壯腰膝，大補益人。　小黃米酒：性熱，不宜多飲，昏人五藏，煩熱多睡。

葡萄酒：　益氣調中，耐飢強志。酒有數等，有西番者，有哈剌火者，有平陽太原者，其味都不及哈剌火者。田地酒最佳。　阿剌吉酒：　味甘、辣，大熱，有大毒。主消冷堅積，去寒氣。用好酒蒸熬，取露成阿剌吉。　速兒麻酒：　又名撥糟。味微甘辣。主益氣，止渴。多飲令人膨脹生痰。

元・尚從善《本草元命苞》卷九　酒　苦、甘、辛，大熱，有毒。藥家多需以其行勢。辛能散，甘居中緩脾，苦能泄淡，利便速下。大海凝水，惟酒不凍，明其性熱，獨冠群物。通行一身之表，引至極高之分。殺百邪，去惡氣，通血脉，厚腸胃，潤皮膚。散石氣，消憂散怒，宣言暢意。薑酒治偏風中惡，紫酒療角弓反張，桑椹酒補五臟明目，葱豉酒解虛煩勞熱，葡萄酒益氣調中，地黃酒滋榮理衛，索酒醫失音不語，熬雞屎如豆淋酒法，名曰索酒。蜜酒除癮瘮瘙風。凡是諸酒，惟當療疾，久飲傷神，酷嗜損壽。

元・吴瑞《日用本草》卷八　酒　稉米者為上，稷為中，粟為下。入藥療病，當以清水白麴所造為正，或以麥糵造，名醴耳。　味苦、甘、辛，大熱，有毒。凡酒照人無影者，不可飲。合乳飲，令人氣結；同牛肉食，令人腹內生蟲。黍米釀同猪肉食，令人患大風。凡飲酒人，不可食甜物，醉後不可便臥。多飲損人，殺蔬菜毒。服丹石藥不可用酒服，逐引藥氣入四肢，滯血化為癰疽。主宣行藥力，殺百邪惡毒氣，通血脉，養脾胃，扶肝膽，軟皮膚，散石氣，消憂發怒，宣言暢意。可以祭天享地。〇炒雞屎以熱酒淋之，名紫酒，治角弓，卒中偏風，不能言者，服之甚妙。〇烏豆炒，以熱酒淋之，名豆淋酒，療男子、婦人諸風，產後一切惡疾。〇薑酒主偏風中惡。〇桑椹酒補五臟，明耳目。〇葡萄酒補氣調中。〇狗肉釀酒大補。〇催產以鐵器燒紅，淬酒，名霹靂酒，喫便能分娩。　紅酒：　以紅麴釀成者。　味苦、甘、辛，大熱，有毒。　主行藥勢，破血，殺毒，辟山嵐寒氣及治打撲傷損尤妙。

元・朱震亨《格致餘論》　醇酒宜冷飲論　醇酒之性，大熱大毒，清香美味，既適於口，行氣和血，亦宜於體，由是飲者不自覺其過於多也。不思肺屬金，性畏火，其體脆，其位高，為氣之主，腎之母，木之〔勝〕。夫酒下咽，膈肺先受之。若是醇者，理宜冷飲，過於肺，入於胃，然後漸溫，肺先得溫中之寒，可以補氣，一益也；次得寒中之溫，可以養胃，二益也；冷酒行遲，傳化以漸，不可恣飲，三益也。古人終日百拜，不過三爵，既無酒病，亦免酒禍。今余稽之於《禮》經，則曰：　飲齊視冬時。飲齊，酒也；視，猶比也；冬，時寒也。參之《內經》，則曰熱因寒用，厥旨深矣。今則不然，不顧受傷，只圖取快，蓋熱飲有三樂存焉。膈滯通快，喉舌辛美，蓋行可多，不知酒性喜升，升氣必隨之，痰鬱於上，溺澀於下，肺受賊邪，金體必燥，恣飲寒涼，其熱內鬱，肺氣得熱，必大傷耗其始也。病淺或嘔吐，或自汗，或瘡痍，或鼻查，或自泄，或心脾痛，尚可發散而去之。若其久也，為病深矣，為消、為渴、為內疸、為肺痿、為內痔、為鼓脹、為失明，或喘哮為勞嗽、為癲癇，亦為難明之病，倘非具眼，未易處治，可不謹乎？或曰：　人言一盞冷酒，須二盞血乃得行，酒不可冷飲明矣。余曰：　此齊東之語耳。今參之於經，證之以理，發之為規，戒子以為迂耶！

元・朱震亨《本草衍義補遺》　酒　《本草》止言其熱而有毒，不言其濕中發熱，近於相火。大醉後振寒戰慄者可見矣。又云：　酒性善升，氣必隨之。痰欝於上，溺澁於下，肺受賊邪，金體大燥。(恐)〔恣〕飲寒涼，其熱內欝，肺氣得熱，必大傷耗。其始也病淺，或嘔吐，或自汗，或(疼)〔瘡〕痒，或鼻皻，或自泄，或心脾痛，尚可散而出也。病深，或消渴，為內疸，為肺痿，為內痔，為鼓脹，為失明，為哮喘，為勞嗽，為癲癇，為難明之病，倘非具眼，未易處治，可不謹乎？〇陶云：　大寒凝海，惟酒不冰。大熱明矣。方藥所用，行藥勢故也。

元・徐彥純《本草發揮》卷三　酒　海藏云：　古人惟以麥造麴，釀黍已為辛熱，有毒。嚴戒如此，況今之醞者，加以烏頭、巴豆、薑、桂之類，大毒大熱之藥，以增其氣味，益加辛熱之餘烈，豈不傷沖和，損精神，涸榮衛，竭天癸，夭人壽耶？〇又云：　能行諸經而不止，與附子相同。味辛者能散，味苦者能下，味甘者居下而緩也。為導引，可以通行一身之表，至極高之分。若味淡者，則利小便而速下也。　丹溪云：　《本草》止言其熱而有毒，不言其濕熱，濕中發熱，近於相火。大醉後振寒戰慄者，可見矣。又云：　酒性喜升，氣必隨之，痰鬱於上，溺澁於下，肺受賊邪，金體大燥，恣飲寒涼，其熱內鬱，肺氣得熱，必大傷耗。其始也病淺，或嘔吐，或自汗，或瘡疥，或鼻皻，或自泄，或心脾痛，尚可散而出也。其久也病深，或為消渴，為內疽，為肺痿，為內痔，為膨脹，為失明，為哮喘，為勞嗽，為癲癇，為難名之病，倘非具眼，未易處治，可不謹乎？

明・王綸《本草集要》卷五　酒　味苦甘辛，氣大熱，有毒。糯米麪麴造者，入藥用。　主殺百邪惡毒氣，通血脈，厚腸胃，禦風寒霧氣，養脾扶肝。行藥勢，能行諸經不止，與附子同。味辛者能散，為導引，可以通行一身之表，至極高之分。味苦者能下，甘者居中而緩，淡者利小便。〇社酒，祭社餘者。噴屋四壁，去蚊子。內小兒口中，令速語。〇糟，署撲損瘀血，浸洗凍瘡，傅蛇蜂毒。　丹溪云：酒，濕中發熱，近天相火，性喜升。大傷肺氣，助火生痰，變為諸病，戒之。又云：醇酒宜冷飲，有三益焉。先經肺分，得溫中之寒，以養肺；次入胃中，得寒中之溫，以養脾；冷酒行遲，傳化以漸，令人不得恣飲。故云三益。愚謂熱飲則發散，傳化速而可多。冷飲則停凝而不能多。故以不可多飲為益。若好飲之人，及被苦勸而過飲，則不宜用冷也。

明・滕弘《神農本經會通》卷四　酒　糯米、麪麴造者，入藥用。《唐本》注云：惟米酒入藥。

味苦、甘、辛，氣大熱，有毒。《湯》同。東云：有行藥破血之用。《疌》云：通血脉，厚腸胃，消憂發怒，大扶肝，滋形，辟惡，壯脾氣。痛飲傷神，損壽元。劍同。

《本經》云：主行藥勢，殺百邪惡毒氣。陶隱居云：大寒凝海，惟酒不冰。明其性熱，獨冠群物。藥家多須以行其勢，人飲之，使體弊神惛，是有毒故也。昔三人晨行觸霧，一人健者飲酒，一人病者食粥，一人死者空腹。此酒勢辟惡，勝於作食。陳藏器云：酒本功外，殺百邪，去惡氣，通血脉，厚腸胃，潤皮膚，散石氣，消憂發怒，宣言暢意。又云：諸米酒有毒。凡酒，忌諸甜物。孟詵云：酒，味苦。主百邪毒，行百藥。當酒臥以扇扇，或中惡風，久飲傷神損壽。謹按：中惡疰忤，熱暖薑酒一椀服，即止。又通脉，養脾氣，扶肝。陶云惟酒不冰，量其熱性故也。久服之，厚腸胃筋。初服之時，甚動氣痢，與百藥相宜。祇服丹砂人飲之，即頭痛吐熱。又服丹石人，胸背急悶熱者，可以大豆一升，熬令汗出，簸去灰塵，投二升酒中，久時頓服之，少頃即汗出差。朝朝服之，甚去一切風。婦人產後諸風，亦可服之。陳士良云：凡服食丹砂、北庭、石亭脂、鍾乳石、諸礬石，生薑，并不可長久以酒下，遂引石藥氣入四肢，滯血，化為癰疽。日華子云：酒通血脉，厚腸胃，除風及下氣。又社壇餘胙酒，治孩兒語遲，以少許喫。社酒噴屋四角，辟蚊子。又糟下酒，暖，開胃下食，暖水藏，溫腸胃，消宿食，禦風寒，殺一切蔬菜毒。多食微毒。陳藏器云：甜糟，味鹹，溫，無毒。主溫中，冷氣，消食，殺腥，去草菜毒，藏物不敗，糅物能軟，潤皮膚，調腑臟。三歲者下有酒，以物承之，堪磨風瘙，止嘔噦，及煎煮魚菜。日華子云：糟，署撲損瘀血，浸洗凍瘡，及傅蛇蜂咬毒。《湯》云：能行諸經不止。與附子相同，味辛者能散，味苦者能下，味甘者居中而緩也。餘同陶云。丹溪云：《本草》止言其熱而有毒，不言其濕中發熱，近於相火。大醉後振寒戰慄者可見矣。又云：酒性善升，氣必隨之，痰鬱於上，溺澁於下，肺受賊邪，金體大燥，恐飲寒涼，其熱內鬱，肺氣得熱，必大傷耗。其始也病淺，或嘔吐，或自汗，或疼痒，或鼻皶，或自泄，或心脾痛，尚可散而出也；病深或消渴，為內疸，為肺痿，為內痔，為鼓脹，為失明，為哮喘，為勞嗽，為癲，為難名之病，倘非巨眼，未易遽治，可不謹乎！陶云：大寒凝海，惟酒不冰。大熱明矣。方藥所用，行藥勢故也。又云：性喜升，大傷肺氣，助火生痰，變為諸病。戒之！又云：醇酒宜冷飲，有三益焉。先經肺分，得寒中之寒以養肺。次入胃中，得寒中之溫以養脾。冷酒得遲，傳化以漸，令人不得恣飲。故云三益。《集》云：熱飲則發散，傳化速而可多，冷飲則停凝而不能多，故以不可多飲爲益。若好飲之人，及被苦勸而過飲，則不宜用冷也。《局》云：酒性最能行藥勢，大寒凝海此難冰。通人血脉溫脾胃，辟惡除邪破癖癥。酒，主通行血脉，助添藥勢。

明・滕弘《神農本經會通》卷四　糟笥中酒　陳又云：味鹹，平，無毒。主噦氣嘔逆，小兒乳少，和牛乳飲之。亦可單服少許。磨癧瘍風，此糟笥節中水也。

社酒　陳又云：噴屋四壁，去蚊蟲。內小兒口中，令速語。此祭祀社餘者酒也。

明・劉文泰《本草品彙精要》卷三六　酒有毒。

酒：　主行藥勢，殺百邪惡毒氣。名醫所錄。【名】長春酒、清酒、灰酒、地黃酒、糟下酒、白酒、苦酒、餅子酒、葡萄酒、秔酒、糯酒、四夷酒、秫黍酒、蜜酒、煮酒、桑椹酒、鹿頭酒、紫酒、豉酒、麻姑酒、羔兒酒、薑酒、金酒、東陽酒、社壇餘胙酒、小豆麴酒、醇酒、新熟無灰酒、豆酒、香藥麴酒、秋露白、醴甜酒也。〇牛膝、虎骨、仙靈脾、通草、大豆、牛蒡、枸杞等皆可釀浸作酒，今不悉載。

謹按：酒爲消憂發怒，宣言暢意之物也。品類甚多，飲家但尚其味適口，不顧入藥何如，多飲未有不作疾者。蓋此主行藥勢，損益兼行，用之最宜斟酌。所以入藥修製，惟糯米、白麵造者爲正也。按《湯液本草》云：辛者能散，苦者能下，甘者居中而緩。爲引導可以通行一身之表，至極高之分。味淡者僅利小便而已。考之陶隱居云：大寒凝海，惟酒不冰。昔三人晨行遇大寒，食粥者病，腹空者死，飲酒者安。明其性熱，獨冠群物也。雖然，餘月晨行亦宜飲之，蓋春月百毒蟄動，夏月暑熱外淩，秋月濕氣相搏，皆宜小飲以禦之。由其能壯氣，通血脈，俾裏充實而外邪不得以侮之也。【收】甆器盛貯。【用】白麵、糯米作者佳。【味】苦，甘，辛。【性】大熱。【氣】氣味俱厚，陽也。【臭】香。【行】諸經。【治】療：《唐本》注云：葡萄酒，消痰破癖。日華子云：酒，通血脈，厚腸胃，除風下氣。○社壇餘胙酒，治孩兒語遲，以少許喫。吐酒噴屋四角，辟蚊子。○糟，署撲損瘀血，浸洗凍瘡及傅蛇、蜂叮毒。○糟下酒，開胃下食，暖水臟，溫腸胃，消宿食，禦風寒。陳藏器云：酒，潤皮膚，散石氣。○甜糟，溫中，冷氣，消食，亦潤皮膚，調腑臟。三歲糟下有酒，以物承之，堪摩風瘙，止嘔噦。《別錄》云：紫酒，治角弓風。○薑酒，主偏風中惡。○葱、豉酒，解煩熱。○蜜酒，療風疹。補：《別錄》云：桑椹酒，補五臟，明耳目。○葱豉酒，補虛勞。○葡萄酒，益氣調中，耐飢強志。取藤汁釀酒亦佳。○狗肉汁釀酒，大補。○春酒，令人肥白。【合治】熱暖酒一椀合薑服，治中惡，疰忤，及通脈，養脾氣，扶肝。○大豆一升，熬令汗出，簸去灰塵，投入二升酒中，久時頓服，療食丹石人胸背急悶熱者。服後少頃汗出，差。朝朝服之，甚去一切風，及婦人產後諸風亦可服。【禁】酒漿照無影不可飲，醉臥扇之中惡風，久飲傷神損壽。【解】一切蔬菜毒。【忌】諸甜物與乳飲之，令人氣結。食猪肉醉臥黍穰中，令人患大風。白酒同牛肉食，令人腹內生蟲。

明・盧和、汪穎《食物本草》卷四味類　酒　大熱，有毒。主行藥勢，殺百邪惡毒氣，行諸經而不止，通血脉，厚腸胃，禦風寒霧氣，養脾扶肝。味辛者能散，為導引，可以通行一身之表至極高之分。苦者能下，甘者居中而緩，淡者利小便又速洩。清水白麯、白糯米，不犯藥物，無鹼潔水，冬月釀成，此真正酒也，少飲益人。廣西蛇酒，壜上有蛇數寸許，言能去風，其麯乃山中採草所造，良毒不能無慮。江西麻姑酒，以泉得名，今真泉亦少，其麯乃群藥所造。浙江等處亦造此酒，不入水者，味勝麻姑，以其米好也。然皆用百藥麯，均不足尚。淮安菉豆酒，麯有菉豆，乃解毒良物，固佳，但服藥飲之，藥無力，亦有灰不美。南京瓶酒，麯、米無嫌，以其水有鹼，亦着少灰，味太甜，多飲留中聚痰。山東秋露白，色純味洌。蘇州小瓶酒，麯有葱及川烏、紅豆之類，飲之頭痛口渴。處州有金盆露，清水入少薑汁造麯，以浮飯法造酒，醇美可尚，香色味俱劣於東陽，以其水不及也。東陽酒，其水最佳，稱之重於它水，其酒自古擅名。《事林廣記》所載釀法，麯亦入藥。今則絕無，惟用麩、麪、蓼汁拌造，假其辛辣之力。蓼性解毒，亦無甚碍。俗人因其水好，競造薄酒，味雖少酸，一種清香遠達，入門就聞，雖鄰邑所造，俱不然也。好事者清水和麩、麪造麯，米多水少造酒，其味辛而不厲，美而不甜，色復金黃，瑩徹天香，風味奇絕，飲醉并不頭痛口乾，此皆水土之美故也。紅麯酒，大熱有毒，發腳氣，腸風下血，痔瘻，哮喘欬嗽，痰飲諸疾。惟破血殺毒，辟山嵐寒氣，療打撲傷則尤妙也。暹羅酒，以燒酒復燒二次，入珍貴異香，每壜一箇，用檀香十數斤燒煙薰之如漆，然後入酒，蠟封埋土中二三年，絕去燒氣，取出用之。有帶至舶上者，能飲之人，三四盃即醉，價值比常數十倍。有積病者，飲一二盃即愈，且殺蟲。予親見二人飲此酒，打下活蟲，長二寸許，謂之鞋底魚蟲。枸杞酒，補虛損，去勞熱，長肌肉，益顏色，肥健人，止肝虛目淚。菊花酒，清頭風，明耳目，去痿痹，開胃健脾，暖陰起陽，消百病。葡萄酒，補氣調中，然性熱，北人宜，南人多不宜也。桑椹酒，補五臟，明耳目。狗肉酒，大補，然性大熱，若陰虛人及無冷病人飲之成病。豆淋酒，以黑豆炒熟，用熱酒淋之，療男婦諸風，產後一切惡疾。酒不可與乳同飲，令氣急。白酒同牛肉食，腹內生蟲。丹溪云：酒濕中，發熱，近於相火，喜升，大傷肺氣，助火生痰，變為諸病。又云：醇酒宜冷飲，先得溫中之寒以潤肺，一益也。次得寒中之溫以養胃，二益也。冷酒不可多飲，三益。愚謂：人只知不飲早酒，而不知夜飲更不宜，睡而就枕，熱擁傷心、傷目，夜氣收斂，酒以發之，傷其清明，既醉既飽，飲食聚中，傷勞脾胃，停濕生痰。酒能生火助欲，因而不謹致病。朱子曰：但以醉為節可也。

明・吳球《諸症辨疑》卷四　戒浩飲論　凡遇天寒冒霧，或入病家，則飲酒三五盞，壯精神，辟疫厲。閑暇則陶性情，養血脉。飲者不過量力而已，過則耗傷血氣也。古云飲酒無量不及亂。此言信矣。飲者未嘗得和於氣血，抑且有傷於脾胃。傷於形，亂於性，顛倒是非，皆此物也。早酒傷胃，宿酒傷脾，為嘔吐痰沫。醉以入房，以竭其精，令人死尚不知，雖知者亦迷而不戒。宜養浩然之氣，節色而養精神，戒飲食而益眉壽，此先聖之格言，實後人之龜鑒。

明・葉文齡《醫學統旨》卷八 酒 氣大熱，味苦、甘、辛。微有毒。殺百邪惡毒氣，通血脉，厚腸胃，禦風寒霧氣，養脾扶肝，行藥勢，能行諸經而不止。味辛者能散為導引，可以通行一身之表，至極高之分； 苦者能下，甘者居中而緩，淡者則利小便而速下也。丹溪云： 酒濕中發熱，近於相火，性喜升，大傷肺氣，助火生痰，變為諸病，可不謹乎？

明・許希周《藥性粗評》卷三 酒無羽翼，能資藥力高飛。酒，麯蘖所造，其名不一。然出自糯者為上，稷為中，粟為下。入藥須米造且新者得力。 味苦、甘、辛，性熱，多服有小毒。陶隱居云： 大寒凝海，惟酒不冰，以其性熱故也。餘說《本草》不載。 入手太陰肺、少陰心、厥陰肝經。 主治風寒濕痹，中惡中毒，邪氣時疫，嘔噦疰忤，昏憒倦憊，消憂壯志，寬言暢懷，溫中行氣，下食消癖，通血脉，厚腸胃，暖水藏，潤肌膚，駐顔色，養筋骨。能助藥力上行外行，以至高巔，凡病在頭頂極高之分，非酒不能到，故欲藥力上行，必以酒製者此也。海藏云： 能行諸經而不止，與附子同，味辛者能散，苦者能下，甘者居下而緩，淡者則利小便而速下。愚按： 酒為人生所不可闕，雖祭祀祈禱、宴享會盟，未有不資於酒者，所以謂之仙祿。而古之騷人俠士，每每以之遺懷不能忘焉。然過飲則亂性昏志，或至於傷生，所以謂之狂藥。大禹有儀狄之戒，文王有酒誥之作，皆以是爾。若曰： 古來賢達皆寂寞，惟有飲者留其名。此乃狂士之言，非愚生所敢知。

單方： 辟風寒： 凡早行，晨起霧氣沉重，寒氣侵人，及時疫流行恐染着者，常飲新酒數杯，令其醺醺，自然邪氣不侵。 暖腰膝： 凡患腰膝疼痛，日久不已，此乃血滯不行，風邪客之然也，以槽底酒脚，入瓦器燒熱，摩敷腰膝痛處，須臾筋骨平活。 催產： 凡婦人產難者，以鐵器燒紅，焠酒，與飲之，便下。 平傷： 凡被跌撲打傷，及虎蛇所咬，諸蟲所螫，及蠼螋尿毒等瘡，頻以酒洗瘡口，及劇飲數次，其毒自散。 耳聾： 不拘久近，取牡荊子一升，漬新酒三升，漬至七日，去滓，任意溫飲，酒盡而耳開矣。 畜疫： 凡牛馬六畜水穀疫病，但以溫酒一二升，入麝香少許，灌之便愈。

明・鄭寧《藥性要略大全》卷四 酒 東垣云： 酒，苦、辛、甘。味辛者能散，味苦者能下，甘者居中而緩也。以為引導，可以通行一身之表，至極高之分。若味淡者，則利小便而速下。大海〔或凝，惟酒不冰〕。《珠囊》云： 行藥力于諸經不止。功用與附子相同。又能殺百邪惡毒。 味苦、甘、辛，性大熱，有毒。糯米麯造者入藥。

明・陳嘉謨《本草蒙筌》卷五 酒 味苦、甘、辛，氣大熱。有毒。釀匪一等，糯米、粟米、秫米、黍米，並可釀造。名亦多般。醇酒、清酒、白酒、黄酒、臘八酒、清明酒、菉豆酒、羔兒酒，如此多名，不能盡述。惟糯米麵麴者為良，能引經行藥勢最捷。因走諸經不止，稱與附子同功。味辛甘苦相殊，治上中下分用。辛者能散，通行一身之表，直至極高頂頭，甘者能緩居中，苦者能下，淡則竟利小便而速下也。少飲有節，養脾扶肝。駐顔色，榮肌膚，通血脉，厚腸胃。禦霧露瘴氣，敵風雪寒威。諸惡立敺，百邪竟辟。消愁遣興，揚意宣言。雖然佳醞常稱，猶有狂藥別號。若恣飲助火，則亂性損身。爛胃腐腸，蒸筋潰髓。傷神減壽，為害匪輕。儻入藥共釀，凡主治又異。薑酒療厥逆客忤，紫酒即豆淋酒理癋瘲偏風。蔥豉酒解煩熱而散風寒，桑椹酒益五臟以明耳目。狗肉汁釀酒日飲，大補元陽； 葡萄肉浸酒時嘗，甚消痰癖。牛膝乾地黄酒更妙，漸滋陰衰； 枸杞僊靈脾酒尤佳，專扶陽痿。又等社酒，亦有小能。指納嬰兒口中，可令速語； 口含噴屋四壁，堪逐蚊蠅。醩詈跌傷，行瘀止痛。亦敺蛇毒，仍盦凍瘡。

謨按： 大寒凝海，惟酒不冰。因性熱多，獨異群物。丹溪亦曰： 酒乃濕中發熱，近於相火，醉後顫慄。即此可知，正所謂惡寒非寒，明是熱證然也。性卻喜升，氣必隨輔，痰壅上膈，溺澁下焦，肺受賊邪，金體大燥，寒涼恣飲，熱鬱于中，肺氣得之，尤大傷耗。其始也病淺，或嘔吐，或自汗，或瘡疥，或鼻皶，或瀉痢，或心脾痛，尚可散而出也。其久也病深，或為消渴，為內疸，為肺痿，為痔漏，為鼓脹，為黄疸，為失明，為哮喘，為勞嗽，為吐衄，為癲癇，為難治之病。儻非具眼，未易處治，可不謹乎！

明・方穀《本草纂要》卷六 酒 有辛，有苦，有甘，有淡，味雖不同，然性皆走，而氣皆升也。蓋辛主散，苦主下，甘主緩，酸主收，淡主利小便。入肝經而消憂發怒，入心經而壯志益神，入脾經而和脾健胃，入肺經而遍達肌膚，腎與膀胱、腸胃皆然，此遍行之藥也。秘用之法： 先經肺分得溫中之寒以養肺，次入胃中得寒中之溫以養脾。酒製之劑，借酒力而遍行諸經； 酒煎之劑，仗酒勢而通調血脉。好飲之人，多酒而得病者，用藥宜寒，酒生濕熱，故也。不飲之人，因酒而傷脾〔胃〕者，用藥宜溫，藥溫則脾濕行也。故曰：酒不可不飲，亦不可過飲，不飲則俗人，過飲則傷神。

明・寧源《食鑒本草》卷下 酒 味苦、甘、辛，溫、大熱，有毒。葛花、紅豆花解酒毒。殺百邪，敵寒氣，驅惡毒，通血脉，厚腸胃。孫真人云：散氣消憂，宣言發怒。多飲未嘗不致病。朱丹溪云：本草止言其大熱有毒，不言其溫中發熱近於相火。醉後惡寒戰慄者可見矣。其性善升，氣必隨之。痰鬱於上，溺澀於下。肺受賊邪，金體大燥，肺得熱傷耗真氣，必生一病。病之淺者，或嘔吐，或疼痒，或自汗，或衄血，或瀉利，或胃痛，或心脾痛，尚可散而出也。病之深者，為黄疸，為肺痿，為消渴，為哮喘，為鼓脹，為痰膈，為吐血，為勞嗽，尤有為難名之疾病。倘非靈心具眼未易處治，可不謹乎？陶隱居曰：大寒凝海，惟酒不冰。其大熱明矣。《奇效方》：治婦人遍身風疹作痒。蜂蜜不以多少，酒和服之，大效。《催生方》：孫真人云：若女人產難，以鐵器燒紅，投酒中飲之，即止。溫元帥：凡牛馬六畜水穀所傷，時行痰病，只以酒和麝得少許灌之，神效。古人煮酒藥 桑椹子：補五臟，明耳目，春收晒乾，冬用。五加皮：治脚膝軟弱不能行。天門冬：治肺氣虛勞，除欬逆寒熱。生地黄：補血生血，涼血補陰。烏龜：治諸風症，補陰氣。虎骨：治筋骨緩縱，風症。牛膝：壯筋骨，治腰膝疼痛。菉豆：治煩熱，解諸毒。金橘：寬中順氣，止嘔逆。砂仁：暖胃，消飲食，下氣。

明・王文潔《太乙仙製本草藥性大全》卷四《本草精義》 豆淋酒 一名紫酒。古方用以破血去風，除氣防熱，產後兩日尤宜服之。烏豆五升，選揀令净，清酒一升半，炒豆令煙向絕，投於酒中，看酒赤紫色乃去豆，量性服之，可日夜三盞，如中風口噤，即加雞屎白二升和熬，投酒中神驗。

明・王文潔《太乙仙製本草藥性大全》卷四《本草精義》 酒 《呂氏春秋》曰：儀狄造酒，進之於禹。《本草》中已著酒名，信非儀〔狄〕明矣。又讀《素問》首言以妄爲常，以酒爲漿，如此則酒自黄帝始，非儀狄也。陶隱居云：大寒凝海，惟酒不冰。明其性熱，獨冠群物。藥家多有以行其勢，人飲之使體獘神惛，是其有毒故也。昔三人晨行觸霧，一人健，一人病，一人死，健者飲酒，病者食粥，死者空腹，此酒勢辟惡勝於作食。古方用酒有醇酒、春酒、社壇餘胙酒、糟下酒、白酒、清酒、好酒、美酒、葡萄酒、秫黍酒、秔酒、蜜酒、有灰酒、新熟無灰酒、地黄酒、今有糯酒、煮酒、小豆麴酒、香藥麴酒、鹿頭酒、羔兒等酒。今江浙、湖南北又以糯米粉入衆藥和合爲麴，曰餅子酒。至於官務中亦用四夷酒，更別中國，不可取以爲法。今醫家所用酒正宜斟酌，但飲家惟取其味，不顧入藥如何爾！然久之未見不作疾者，蓋此物損益兼行，可不慎歟！惟糯米麴麴者爲良，能引經行藥勢最捷，因走諸經不止，稱與附子同功。味辛甘苦相殊，治上中下分用，辛者能散，通行一身之表，直至極高頂頭；甘者能緩，居中；苦者能下，淡則竟利小便而速下也。昔漢賜丞相上樽酒，糯爲上，稷爲中，粟爲下者。今入藥佐使專以糯米，用清水白麵麴所造爲正。古人造麴未見入諸藥，心和者如此則功力和厚，皆勝餘酒。今人又以麥蘗造者，蓋止是醴爾，非酒也。《書》曰：若作酒醴，爾惟麴蘖。酒則須用麴，醴故蘗，蓋酒與醴，其氣味甚相遠，治療豈不殊也？

明・王文潔《太乙仙製本草藥性大全》卷四《仙製藥性》 豆淋酒 炒黑，煙未斷，乘熱投淋酒中。主治：主癱瘓風痺噤牙，理產後風中抽搐。

明・王文潔《太乙仙製本草藥性大全》卷四《仙製藥性》 酒：味苦、甘、辛，氣大寒，無毒。主治：少飲有節，養脾扶肝。駐顏色，榮肌膚，通血脉，厚腸胃。禦霧露瘴氣，敵風雪寒威。諸惡立敺，百邪竟辟，消愁遣興，揚意宣言。雖然佳醞常稱，猶有狂藥別號。若恣飲助火，則亂性損身，爛胃腐腸，蒸筋潰髓，傷神減壽，爲害匪輕。儻入藥共釀丸，主治又異。補註：治水下，或不下則滿溢，下之則虛竭，虛竭還腹，十無一活，以桑椹并心皮，兩物細剉，重煮煎，取四斗以釀米，四升釀酒，一服一升。〇治痔，下部䘌，掘地作小坑，燒令赤，酒沃中，杵吳茱萸三升，内中極熱，板覆開小孔子，以下部坐上，冷乃下，不過三度良。〇催產，以鐵器燒赤，淬酒喫，便令分解。〇斷酒，以酒七升着瓶中，硃砂半兩細研，着酒中，緊閉塞瓶口，安猪圈中，任猪搖動，經七日頓飲之。〇鬼擊之病，得之無漸，卒着人如刀刺狀，胸脇腹內病結，切痛，不可抑按，或吐血、衄血、下血，一名鬼排。以醇酒吹兩鼻內。〇治耳聾，酒三升，漬牡荊子一升碎之，浸七日，去滓，飲盡聾差。〇中風體角弓反張，四肢不遂，煩亂欲死，清酒五升，雞屎白一升，杵末，合和之擣千遍乃飲，大人服一升，日三；少小五合，差。〇治產後有血，心煩腹痛，清酒一升，生地黄汁和煎二十沸，分三服。〇人體上先有瘡，因乘馬，馬汗、馬毛入瘡中，或爲馬氣所蒸，皆致腫痛煩熱，入腹則殺人。多飲醇酒，以醉即愈。〇治虎傷人瘡，但飲酒，常令大醉，當吐毛出。〇治風癬，暖酒入蜜中攪之，飲一杯即差。〇蜘蛛遍身成瘡，取上好春酒飲醉，使人翻不得一向卧，恐酒毒腐人，須臾蟲於肉中小如米自出。〇治腰膝疼痛久不已，糟底酒摩腰脚及痛處、筋攣處。〇治蛇咬瘡，暖酒淋洗瘡上，日三易。〇天行病毒，或手足疼痛欲斷，作坑，令深三尺，大小容足，燒令中熱，以酒灌坑中，着屐居坑上，衣擁勿令洩氣。〇治牛馬六畜水穀疫病，酒和麝香，少許灌之。　薑酒：主偏風中惡，療厥逆客忤。　紫酒：即豆淋酒。治角弓反張，理瘈瘲偏風。　蔥豉酒：解煩熱而散風寒。　桑椹酒：益五臟以明耳目。　狗肉汁釀酒：日飲大補元陽。　葡萄肉浸酒：時嘗甚消痰癖。　牛膝乾地黄酒：更妙，漸滋陰衰。　枸杞仙靈脾酒：尤佳，專扶陽痿。又(等)〔云〕：社壇餘胙酒：亦有小能，指納嬰兒口中，可令速語。口含噴屋四壁，堪逐蚊蠅。　主治：少許喫，治小兒語遲。辟蚊蟲，酒噴屋四角。　糟筍中酒：味鹹，氣平，無毒。糟筍，節中水也。　主治：主噦氣嘔逆大效，磨瀝瘍風疾奇捷。小兒乳和牛乳飲之，亦可單服。糟下酒：味鹹，氣暖，多食微毒。　主治：開胃下食，暖臟溫中。消宿食如神，禦風寒大效。殺一切蔬菜毒。

明・皇甫嵩《本草發明》卷五　酒中品。氣大熱，味苦、甘、辛，有毒。　發明曰：酒，性熱，能引經，行藥勢最捷，殺百邪惡毒氣，故稱與附子同功。辛者能散，通行一身之表，直至巔頂。甘者，能緩居中。苦者，能下。味淡者，利小便而速下。少飲則養脾扶肝，駐顔色，榮肌膚，通血脉，厚腸胃，旺神氣，禦霧露瘴氣，敵風雪寒威，辟諸惡百邪，消愁遣興，揚意宣言，因名佳醞。若恣飲則助火，昏志氣，亂性情，爛胃腐腸，蒸筋潰髓，傷神減壽，損身敗事，故名狂藥。造釀名多，惟糯米麪麴者良。〇薑酒，療厥客忤中惡，偏風。〇豆淋酒，解丹石熱悶，偏風不語瘈瘲及婦人産後諸風。又炒雞屎如豆淋酒法，名曰紫酒，諸風服之尤妙。〇蔥豉酒，解煩熱，散風寒。〇砂糖酒，散瘀血，止痛，産後惡血痛尤宜。少入薑汁更妙。打撲傷最宜飲之。〇狗肉汁釀酒，日飲，大助元陽。〇桑椹酒，益五臟，明目。〇葡萄肉浸酒，消痰癖。〇牛(漆)〔膝〕地黄酒，漸滋陰衰。〇枸杞子仙靈(皮)〔脾〕酒，專扶陽痿。〇葡萄子釀酒，益氣調中，耐飢強志。取藤汁釀酒，亦佳。〇社壇餘胙酒，入嬰兒口中，可令速語。噴屋，逐蚊蠅。〇糟筍中酒，即糟筍節中水也，味□鹹，平，無毒。主噦氣嘔逆，少和小兒乳飲之。亦可單服少許，磨瀝瘍風。〇酒糟，署跌損傷，行瘀止痛，敺蛇毒，罨凍瘡。〇又云：糟下酒，暖胃下食，暖水臟，溫腸胃，消宿食，禦風寒，殺一切蔬菜毒。多食微毒。

明・李時珍《本草綱目》卷二五穀部・造釀類　酒《别録》中品。校正：《拾遺》糟筍酒、社酒，今併爲一。

【釋名】時珍曰：按許氏《説文》云：酒，就也。所以就人之善惡也。一説：酒字篆文，象酒在卣中之狀。《飲膳標題》云：酒之清者曰釀，濁者曰盎；厚曰醇，薄曰醨；重釀曰酎，一宿曰醴；美曰醑，未榨曰醅；紅曰醍，緑曰醽，白曰醝。【集解】恭曰：酒有秫、黍、粳、糯、粟、麴、蜜、葡萄等色。凡作酒醴須麴，而葡萄、蜜等酒獨不用麴。諸酒醇醨不同，惟米酒入藥用。藏器曰：凡好酒欲熟時，皆能候風潮而轉，此是合陰陽也。詵曰：酒有紫酒、薑酒、桑椹酒、蔥豉酒、葡萄酒、蜜酒，及地黄、牛膝、虎骨、牛蒡、大豆、枸杞、通草、仙靈脾、狗肉等，皆可和釀作酒，俱各有方。宗奭曰：《戰國策》云：帝女儀狄造酒，進之於禹。《説文》云，少康造酒，即杜康也。然《本草》已著酒名，《素問》亦有酒漿，則酒自黄帝始，非儀狄矣。古方用酒，有醇酒、春酒、白酒、清酒、美酒、糟下酒、粳酒、秫黍酒、葡萄酒、地黄酒、蜜酒、有灰酒、新熟無灰酒、社壇餘胙酒。今人所用，有糯酒、煮酒、小豆麴酒、香藥麴酒、鹿頭酒、羔兒等酒。江浙、湖南北又以糯粉入衆藥，和爲麴，曰餅子酒。至於官務中，亦有四夷酒，中國不可取以爲法。今醫家所用，正宜斟酌。但飲家惟取其味，不顧入藥何如爾，然久之未見不作疾者。蓋此物損益兼行，可不慎歟？漢賜丞相上尊酒，糯爲上，稷爲中，粟爲下。今入藥佐使，專用糯米，以清水白麪麴所造爲正。古人造麴未見入諸藥，所以功力和厚，皆勝餘酒。今人又以蘖造者，蓋止是醴，非酒也。《書》云：若作酒醴，爾惟麴蘖。酒則用麴，醴則用蘖，氣味甚相遼，治療豈不殊也。穎曰：入藥用東陽酒最佳，其酒自古擅名。《事林廣記》所載釀法，其麴亦用藥。今則絶無，惟用麩麪、蓼汁拌造，假其辛辣之力，蓼亦解毒，清香遠達，色復金黄，飲之至醉，不頭痛，不口乾，不作瀉。其水秤之重於他水，鄰邑所造俱不然，皆水土之美也。處州金盆露，水和薑汁造麴，以浮飯造釀，醇美可尚，而色香劣於東陽，以其水不及也。江西麻姑酒，以泉得名，而麴有群藥。金陵瓶酒，麴米無嫌，而水有鹼。且用灰，味太甘，多能聚痰。山東秋露白，色純味烈。蘇州小瓶酒，麴有蔥及紅豆、川烏之類，飲之頭痛口渴。淮南緑豆酒，麴有緑豆，能解毒，然亦有灰不美。時珍曰：東陽酒即金華酒，古蘭陵也，李太白詩所謂蘭陵美酒鬱金香即此，常飲入藥俱良。山西襄陵酒、薊州薏苡酒皆清烈，但麴中亦有藥物。黄酒有灰。秦、蜀有咂嘛酒，用稻、麥、黍、秫、藥麴，小罌封釀而成，以筒吸飲。穀氣既雜，酒不清美，並不可入藥。

米酒　【氣味】苦，甘，辛，大熱，有毒。詵曰：久飲傷神損壽，軟筋骨，動氣痢。醉卧當風，則成癜風。醉浴冷水成痛痹。服丹砂人飲之，頭痛吐熱。士良曰：凡服丹砂、北庭石亭脂、鍾乳、諸〔礬〕石、生薑，並不可長用酒下，能引石藥氣入四肢，滯血化爲癰疽。藏器曰：凡酒忌諸甜物。酒漿照人無影，不可飲。祭酒自耗，不可飲。酒合乳飲，令人氣結。同牛肉食，令人生蟲。酒後卧黍穰，食猪肉，患大風。時珍曰：酒後食芥及辣物，緩人筋骨。酒後飲茶，傷腎臟，腰脚重墜，膀胱冷痛，兼患痰飲水腫、消渴攣痛之疾。一切毒藥，因酒得者難治。又酒得鹹而解者，水制火也，酒性上而鹹潤下也。又畏枳椇、葛花、赤豆花、緑豆粉者，寒勝熱也。

【主治】行藥勢，殺百邪惡毒氣《别録》。通血脈，厚腸胃，潤皮膚，散濕氣，消憂發怒，宣言暢意藏器。養脾氣，扶肝，除風下氣孟詵。解馬肉、桐油毒，丹石發動諸病，熱飲之甚良時珍。

糟底酒三年臘糟下取之。　開胃下食，暖水臟，温腸胃，消宿食，禦風寒，殺一切蔬菜毒《日華》。止嘔噦，摩風瘙、腰膝疼痛孫思邈。

老酒臘月釀造者，可經數十年不壞。　和血養氣，暖胃辟寒，發痰動火時珍。

春酒清明釀造者，亦可經久。　常服令人肥白孟詵。蠷螋尿瘡，飲之至醉，須臾蟲出如米也李絳《兵部手集》。

社壇餘胙酒《拾遺》　治小兒語遲，納口中佳。又以噴屋四角，辟蚊子藏器。飲之治聾。時珍曰：按《海録碎事》云：俗傳社酒治聾，故李濤有社翁今日没心情，爲寄治聾酒一瓶之句。

糟筍節中酒　【氣味】鹹，平，無毒。　【主治】飲之，主噦氣嘔逆，或加小兒乳及牛乳同服。又摩癧瘍風藏器。

東陽酒　【氣味】甘，辛，無毒。　【主治】用制諸藥良。　【發明】弘景曰：大寒凝海，惟酒不冰，明其性熱，獨冠群物。藥家多用以行其勢，人飲多則體弊神昏，是其有毒故也。《博物志》云：王肅、張衡、馬均三人，冒霧晨行。一人飲酒，一人飽食，一人空腹。空腹者死，飽食者病，飲酒者健。此酒勢辟惡，勝於作食之效也。好古曰：酒能引諸經不止，與附子相同。味之辛者能散，苦者能下，甘者能居中而緩。用爲導引，可以通行一身之表，至極高分。味淡者則利小便而速下也。古人惟以麥造麴釀黍，已爲辛熱有毒。今之醖者加以烏頭、巴豆、砒霜、薑、桂、石灰、竈灰之類大毒大熱之藥，以增其氣味。豈不傷冲和，損精神，涸榮衛，竭天癸，而夭夫人壽耶？震亨曰：《本草》止言酒熱而有毒，不言其濕中發熱，近於相火，醉後振寒戰慄可見矣。又性喜升，氣必隨之，痰鬱於上，溺澀於下，恣飲寒凉，其熱内鬱，肺氣大傷。其始也病淺，或嘔吐，或自汗，或瘡疥，或鼻齄，或泄利，或心脾痛，尚可散而去之。其久也病深，或消渴，或内疽，或肺痿，或鼓脹，或失明，或哮喘，或勞瘵，或癲癇，或痔漏，爲難名之病，非具眼未易處也。夫醇酒性大熱，飲者適口，不自覺也。理宜冷飲，有三益焉。過於肺，入於胃，然後微温，肺得温中之意，可以補氣。次得寒中之温，可以養胃。冷酒行遲，傳化以漸，人不得恣飲也。今則不然，圖取快喉舌焉爾。穎曰：人知戒早飲，而不知夜飲更甚。既醉既飽，睡而就枕，熱擁傷心傷目。夜氣收斂，酒以發之，亂其清明，勞其脾胃，停濕生瘡，動火助慾，因而致病者多矣。朱子云：以醉爲節可也。機曰：按扁鵲云：過飲腐腸爛胃，潰髓蒸筋，傷神損壽。昔有客訪周顗，出美酒二石。顗飲一石二斗，客飲八斗。次明，顗無所苦，客已脇穿而死矣。豈非犯扁鵲之戒乎。時珍曰：酒，天之美禄也。麪麴之酒，少飲則和血行氣，壯神禦寒，消愁遣興；痛飲則傷神耗血，損胃亡精，生痰動火。邵堯夫詩云：美酒飲教微醉後。此得飲酒之妙，所謂醉中趣、壺中天者也。若夫沉湎無度，醉以爲常者，輕則致疾敗行，甚則喪邦亡家而隕軀命，其害可勝言哉？此大禹所以疏儀狄，周公所以著《酒誥》，爲世範戒也。

【附方】舊十一，新六。

驚怖卒死：温酒灌之即醒。

鬼擊諸病：卒然着人，如刀刺狀，胸脇腹内切痛，不可抑按，或吐血、鼻血、下血，一名鬼排。以醇酒吹兩鼻内，良。《肘後》。

馬氣入瘡：或馬汗、馬毛入瘡，皆致腫痛煩熱，入腹則殺人。多飲醇酒，至醉即愈，妙。《肘後方》。

虎傷人瘡：但飲酒，常令大醉，當吐毛出。《梅師》。

蛇咬成瘡：暖酒淋洗瘡上，日三次。《廣利方》。

蜘蛛瘡毒：同上方。

毒蜂螫人：方同上。

咽傷聲破：酒一合，酥一匕，乾薑末二匕，和服，日二次。《十便良方》。

卅年耳聾：酒三升，漬牡荆子一升，七日去滓，任性飲之。《千金方》。

天行餘毒：手足腫痛欲斷。作坑深三尺，燒熱灌酒，着屐踞坑上，以衣壅之，勿令泄氣。《類要方》。

下部痔䘌：掘地作小坑，燒赤，以酒沃之，納吴茱萸在内坐之。不過三度良。《外臺》。

產後血悶：清酒一升，和生地黄汁煎服。《梅師》。

身面疣目：盗酸酒醅，洗而咒之曰：疣疣，不知羞。酸酒醅，洗你頭。急急如律令。咒七遍，自愈。《外臺》。

斷酒不飲：酒七升，朱砂半兩，瓶浸緊封，安猪圈内，任猪摇動，七日取出，頓飲。〇又方：正月一日酒五升，淋碓頭杵下，取飲之。《千金方》。

丈夫脚冷：不隨，不能行者。用淳酒三斗，水三斗，入瓮中，灰火温之，漬脚至膝。常着灰火，勿令冷，三日止。《千金方》。

海水傷裂：凡人爲海水鹹物所傷，及風吹裂，痛不可忍。用蜜半斤，水酒三十斤，防風、當歸、羌活、荆芥各二兩爲末，煎湯浴之。一夕即愈。《使琉球録》。

附諸酒方　時珍曰：《本草》及諸書，並有治病釀酒諸方。今輯其簡要者，以備參考。藥品多者，不能盡録。

愈瘧酒：治諸瘧疾，頻頻温飲之。四月八日，水一石，麴一斤爲末，俱酘水中。待酢煎之，一石取七斗。待冷，入麴四斤。一宿，上生白沫，起。炊秫一石，冷酘，三日酒成。賈思勰《齊民要術》。

屠蘇酒：陳延之《小品方》云：此華佗方也。元旦飲之，辟疫癘一切不正之氣。造法：用赤木桂心七錢五分，防風一兩，菝葜五錢，蜀椒、桔梗、大黄五錢七分，烏頭二錢五分，赤小豆十四枚，以三角絳囊盛之，除夜懸井底，元旦取出置酒中，煎數沸。舉家東向，從少至長，次第飲之。藥滓還投井中，歲飲此水，一世無病。時珍曰：蘇魁，鬼名。此藥屠割鬼爽，故名。或云，草庵名也。

逡巡酒：補虚益氣，去一切

風痹濕氣。久服益壽耐老，好顔色。造法：三月三日收桃花三兩三錢，五月五日收馬藺花五兩五錢，六月六日收脂麻花六兩六錢，九月九日收黄甘菊花九兩九錢，陰乾。十二月八日取臘水三斗。待春分，取桃仁四十九枚好者，去皮尖，白麵十斤正，同前花和作麴，紙包四十九日。用時，白水一瓶，麴一丸，麪一塊，封良久成矣。如淡，再加一丸。五加皮酒：去一切風濕痿痹，壯筋骨，填精髓。用五加皮洗刮去骨煎汁，和麴米釀成，飲之。或切碎袋盛，浸酒煮飲。或加當歸、牛膝、地榆諸藥。白楊皮酒：治風毒脚氣，腹中痰癖如石。以白楊皮切片，浸酒起飲。女貞皮酒：治風虚，補腰膝。女貞皮切片，浸酒煮飲之。仙靈脾酒：治偏風不遂，强筋堅骨。仙靈脾一斤，袋盛，浸無灰酒二斗，密封三日，飲之。《聖惠方》。薏苡仁酒：去風濕，强筋骨，健脾胃。用絶好薏苡仁粉，同麴、米釀酒，或袋盛煮酒飲之。天門冬酒：潤五臟，和血脈。久服除五勞七傷，癲癇惡疾。常令酒氣相接，勿令大醉，忌生冷。十日當出風疹毒氣，三十日乃已，五十日不知風吹也。冬月用天門冬去心煮汁，同麴、米釀成。初熟微酸，久乃味佳。《千金》。百靈藤酒：治諸風。百靈藤十斤，水一石，煎汁三斗，入糯米三斗，神麴九兩，如常釀成。三五日，更炊糯飯投之，即熟。澄清日飲，以汗出爲效。《聖惠方》。白石英酒：治風濕周痹，肢節濕痛，及腎虚耳聾。用白石英、磁石煅醋淬七次各五兩，絹袋盛，浸酒中，五六日，温飲。酒少更添之。《聖濟總録》。地黄酒：補虚弱，壯筋骨，通血脈，治腹痛，變白髮。用生肥地黄絞汁，同麴、米封密器中。五七日啓之，中有緑汁，真精英也，宜先飲之，乃濾汁藏貯。加牛膝汁效更速，亦有加群藥者。牛膝酒：壯筋骨，治痿痹，補虚損，除久瘧。用牛膝煎汁，和麴、米釀酒。或切碎袋盛浸酒，煮飲。當歸酒：和血脈，堅筋骨，止諸痛，調經水。當歸煎汁，或釀或浸，並如上法。菖蒲酒：治三十六風，一十二痹，通血脈，治骨痿，久服耳目聰明。石菖蒲煎汁，或釀或浸，並如上法。枸杞酒：補虚弱，益精氣，去冷風，壯陽道，止目淚，健腰脚。用甘州枸杞子煮爛搗汁，和麴、米釀酒。或以子同生地黄袋盛，浸酒煮飲。人參酒：補中益氣，通治諸虚。用人參末同麴、米釀酒。或袋盛浸酒煮飲。薯蕷酒：治諸風眩運，益精髓，壯脾胃。用薯蕷粉同麴、米釀酒。或同山茱萸、五味子、人參諸藥浸酒煮飲。茯苓酒：治頭風虚眩，暖腰膝，主五勞七傷。用茯苓粉同麴、米釀酒，飲之。菊花酒：治頭風，明耳目，去痿痹，消百病。用甘菊花煎汁，同麴、米釀酒。或加地黄、當歸、枸杞諸藥亦佳。黄精酒：壯筋骨，益精髓，變白髮，治百病。用黄精、蒼术各四斤，枸杞根、柏葉各五斤，天門冬三斤，煮汁一石，同麴十斤，糯米一石，如常釀酒飲。桑椹酒：補五臟，明耳目。治水腫，不下則滿，下之則虚，入腹則十無一活。用桑椹搗汁煎過，同麴、米如常釀酒飲。术酒：治一切風濕筋骨諸病，駐顔色，耐寒暑。用术三十斤，去皮搗，以東流水三石，漬三十日，取汁，露一夜，浸麴、米釀成飲。蜜酒：孫真人曰：治風疹風癬。用沙蜜一斤，糯飯一升，麪麴五兩，熟水五升，同入瓶内，封七日成酒。尋常以蜜入酒代之，亦良。蓼酒：久服聰明耳目，脾胃健壯。以蓼煎汁，和麴米釀酒飲。薑酒：詵曰：治偏風，中惡疰忤，心腹冷痛，以薑浸酒，暖服一碗即止。〇一法：用薑汁和麴，造酒如常，服之佳。葱豉酒：詵曰：解煩熱，補虚勞，治傷寒頭痛寒熱，及冷痢腸痛，解肌發汗。並以葱根、豆豉浸酒煮飲。茴香酒：治卒腎氣痛，偏墜牽引，及心腹痛。茴香浸酒，煮飲之。舶茴尤妙。縮砂酒：消食和中，下氣，止心腹痛。砂仁炒研，袋盛浸酒，煮飲。莎根酒：治心中客熱，膀胱脇下氣鬱，常憂不樂。以莎根一斤切，熬香，袋盛浸酒。日夜服之，常令酒氣相續。茵蔯酒：治風疾，筋骨攣急。用茵蔯蒿炙黄一斤，秫米一石，麴三斤，如常釀酒飲。青蒿酒：治虚勞久瘧。青蒿搗汁，煎過，如常釀酒飲。百部酒：治一切久近咳嗽。百部根切炒，袋盛浸酒，頻頻飲之。海藻酒：治癭氣。海藻一斤，洗浄浸酒，日夜細飲。黄藥酒：治諸癭氣。萬州黄藥切片，袋盛浸酒，煮飲。仙茆酒：治精氣虚寒，陽痿膝弱，腰痛痹緩，諸虚之病。用仙茆九蒸九曬，浸酒飲。通草酒：續五臟氣，通十二經脈，利三焦。通草子煎汁，同麴、米釀酒飲。南藤酒：治風虚，逐冷氣，除痹痛，强腰脚。石南藤煎汁，同麴、米釀酒飲。松液酒：治一切風痹脚氣。於大松下掘坑，置瓮承取其津液，一斤釀糯米五斗，取酒飲之。松節酒：治冷風虚弱，筋骨攣痛，脚氣緩痹。松節煮汁，同麴、米釀酒飲。松葉煎汁亦可。柏葉酒：治風痹歷節作痛。東向側柏葉煮汁，同麴、米釀酒飲。椒柏酒：元旦飲之，辟一切疫癘不正之氣。除夕以椒三七粒，東向側柏葉七枝，浸酒一瓶飲。竹葉酒：治諸風熱病，清心暢意。淡竹葉煎汁，如常釀酒飲。槐枝酒：治大麻痿痹。槐枝煮汁，如常釀酒飲。枳茹酒：治中風身直，口僻眼急。用枳殻刮茹，浸酒飲之。牛蒡酒：治諸風毒，利腰脚。用牛蒡根切片，浸酒飲之。巨勝酒：治風虚痹弱，腰膝疼痛。用巨勝子二升炒香，薏苡仁二升，生地黄半斤，袋盛浸酒飲之。麻仁酒：治骨髓風毒痛，不能動者。取大麻子中仁炒香，袋盛浸酒飲之。桃皮酒：治水腫，利小便。桃皮煎汁，同秫米釀酒飲。紅麴酒：治腹中及産後瘀血。紅麯浸酒煮飲。神麴酒：治閃肭腰痛。神麴燒赤，淬酒飲之。柘根酒：治耳聾。方具柘根下。磁石酒：治腎虚耳聾。用磁石、木通、菖蒲等分，袋盛酒浸日飲。蠶沙酒：治風緩頑痹，諸節不隨，腹内宿痛。用原蠶沙炒黄，袋盛浸酒飲。花蛇酒：治諸風，頑痹癱緩，攣急疼痛，惡瘡疥癩。用白花蛇肉一條，袋盛，同麴置於缸底，糯飯蓋之，三七日，取酒飲。又有群藥煮酒方甚多。烏蛇酒：治療、釀法同上。蚺蛇酒：治諸風痛痹，殺蟲辟瘴，治癩風疥癬惡瘡。用蚺蛇肉一斤，羌活一兩，袋盛，同麴置於缸底，糯飯蓋之，釀成酒飲。亦可浸酒。

詳見本條。穎曰：廣西蛇酒：壇上安蛇數寸，其麴則採山中草藥，不能無毒也。　蝮蛇酒：治惡瘡諸瘻，惡風頑痹癩疾。取活蝮蛇一條，同醇酒一斗，封埋馬溺處，周年取出，蛇已消化。每服數杯，當身體習習而愈也。　紫酒：治卒風，口偏不語，及角弓反張，煩亂欲死，及鼓脹不消。以鷄屎白一升炒焦，投酒中待紫色，去滓頻飲。　豆淋酒：破血去風，治男子中風口喎，陰毒腹痛，及小便尿血，婦人産後一切中風諸病。用黑豆炒焦，以酒淋之，温飲。　霹靂酒：治疝氣偏墜，婦人崩中下血，胎産不下。以鐵器燒赤，浸酒飲之。　龜肉酒：治十年咳嗽。釀法詳見龜條。　虎骨酒：治臂脛疼痛，歷節風，腎虛，膀胱寒痛。虎脛骨一具，炙黄捶碎，同麴、米如常釀酒飲。亦可浸酒。詳見虎條。　麋骨酒：治陰虛腎弱，久服令人肥白。麋骨煮汁，同麴、米如常釀酒飲之。　鹿頭酒：治虛勞不足，消渴，夜夢鬼物，補益精氣。鹿頭煮爛搗泥，連汁和麴、米釀酒飲。少入葱、椒。　鹿茸酒：治陽虛痿弱，小便頻數，勞損諸虛。用鹿茸、山藥浸酒服。詳見鹿茸下。　戊戌酒：詵曰：大補元陽。穎曰：其性大熱，陰虛無冷病人，不宜飲之。用黄狗肉一隻煮糜，連汁和麴、米釀酒飲之。　羊羔酒：大補元氣，健脾胃，益腰腎。宣和化成殿真方：用米一石，如常浸漿，嫩肥羊肉七斤，麴十四兩，杏仁一斤，同煮爛，連汁拌末，入木香一兩同釀，勿犯水，十日熟，亟甘滑。〇一法：羊肉五斤蒸爛，酒浸一宿，入消梨七個，同搗取汁，和麴、米釀酒飲之。　膃肭臍酒：助陽氣，益精髓，破癥結冷氣，大補益人。膃肭臍酒浸擂爛，同麴、米如常釀酒飲之。

題明·薛己《本草約言》卷二《藥性本草》　酒　味苦、甘、辛，氣大熱，有毒。主殺百邪惡毒氣，能行藥勢，走諸經。辛者能散，可以通行一身之表，至極高之分。苦者能下，甘者能緩而居中，淡則利小便而速下也。少飲則養脾扶肝，厚腸胃，禦風寒霧氣；恣飲則大傷肺氣，助火生痰，變為諸病。

明·吴文炳《藥性全備食物本草》卷四　酒　《呂氏春秋》曰：儀狄造酒，進之於禹。《本草》中已著酒名，信非儀狄明矣。又讀《素問》，首言以妄為常，以酒為漿。如此則酒自黄帝始，非儀狄也。陶隱居云：大寒凝海，惟酒不冰，其性熱，獨冠群物，藥家多有以行其勢，人飲之使體弊神昏，是其有毒故也。昔三人晨行觸霧，一人健，一人病，一人死，健者飲酒，病者食粥，空心者死，此酒勢辟惡，勝於作食。古方用酒有醇酒、春酒、社壇餘胙酒、糟下酒、白酒、清酒、好酒、美酒、葡萄酒、秫黍酒、秔酒、蜜酒、有灰酒、新熟無灰酒、地黄酒，今有糯酒，小豆麴酒，香藥麯酒，鹿頭酒，羔兒等酒。今江浙湖南北又以糯米粉入眾藥和合為麴，曰餅子酒。至於官霧中用四夷酒，更別中國，不可取以為法。今醫家所用酒正宜斟酌，但飲家惟取其味，不顧入藥如何爾。然久之未見不作疾者，蓋此物損益兼行，可不慎歟！惟糯米麪麯者為良，能引經，行藥勢最捷，因走諸經不止，稱與附子同功。味辛甘苦相殊。甘者能緩，居中，治上中下分用，辛者能散，通行一身之表，直至極高頂頭。苦者能下，淡則竟利小便而速下也。昔漢賜丞相上樽酒。糯為上，稷為中，粟為下者，今入藥佐使，專以糯米用清水白麪麯所造為正。古人造麯，未見入諸藥，中和者如此，則功力和厚皆勝餘酒。今人又以麥蘖造者，蓋止是醴爾，非酒也。《書》曰若作酒醴，爾為麯蘖。酒則須用麴，醴故蘖，蓋酒與醴，其氣味甚相遠，治療豈不殊也。酒類甚多，味有甘苦酸淡辛澀不一，其性皆熱，微毒，行藥勢，殺百邪惡毒，禦風寒霧露，通血脉，扶肝壯膽。多飲助火生痰，昏神軟體，傷脾胃，夭人壽。凡飲酒宜溫不宜熱，宜少不宜多。有火症目疾，失血痰嗽者並忌飲之。飲冷酒同牛肉食生蟲，同乳飲令氣結。酒後多食芥辣辛味等物，緩人筋骨。酒後多飲茶傷腎，聚痰成水腫及攣痛腰脚重，膀胱疝症。醉臥當風生癜風，醉後浴冷水成痛痺。凡用酒服丹砂、雄黄等藥，能引藥毒入四肢，滯血化為癰疽。中一切蠱砒等毒，從酒得者不治。大凡飲酒者喜鹹惡甘，鹹性潤下，能制其熱，令人多飲；甘性緩中，能滯其熱，令人少飲。酒畏枳椇、葛花、菉豆，寒勝熱也。酒漿照人無影者，祭酒自耗者並忌飲。

紅酒：少和紅麯煮熟。味甘，性溫，無毒。溫中散血去傷。有痰嗽失血，脚氣五痔者勿飲。

燒酒：味甘、辛，性大熱，有毒。辟瘴瘧，豁寒痰冷積。患陰毒寒症者暫用則可，有火熱症者忌飲，有房事者忌冷飲。同薑、蒜、犬肉食發五痔，發痼疾。多飲傷胃腐腸，潰髓蒸筋，傷神損壽。有中其毒，急服鹽、冷水、菉豆粉少解；又用大黑豆一升煮汁一二升，多服立吐即瘥。曾一人醉死，用樟樹子擂井水，服二三碗即醒，無子葉亦可。

豆淋酒：一名紫酒。烏豆五升，選揀令淨，清酒一升半，炒豆令煙自絕，投於酒中，看酒紫赤色，乃去豆。量性服之，治角弓反張，偏風瘓瘲，能破血去風，除氣防熱，産後兩日尤宜服之。如中風口噤，即加雞屎白二升和熬，投酒中去渣，服之神効。

葡萄酒：消痰癖。取肉浸酒中時嘗服之。

明・梅得春《藥性會元》卷中　酒　味苦、甘、辛，性大熱，微有毒。孫真人云：空腹飲酒醉，患嘔吐。主殺百邪惡毒氣，通血脉，厚腸胃，禦風寒霧氣，養脾扶肝，壯膽，行藥勢，能行諸經而不止。味辛辣者能散，為導引，可以通行一身之表，至極高之分；苦者能下，甘者緩中，淡者利小便而下速也。丹溪云：酒濕中發熱，近於相火，性喜升，大傷肺氣，助火生痰，變為諸病，可不慎歟？謹戒之歟！

明・穆世錫《食物輯要》卷八　酒　類甚多，味有甘、苦、酸、淡、辛、澀不一，其性皆熱，微毒。行藥勢，殺百邪惡毒，禦風寒霧露，通血脉，扶肝壯膽。多飲，助火生痰，昏神軟體，傷脾胃，夭人壽。凡飲酒，宜溫不宜熱，宜少不宜多。有火症目疾，失血痰嗽者，竝忌飲之。飲冷酒，同牛肉食，生蟲。同乳飲，令氣結。酒後多食芥辣辛味等物，緩人筋骨。酒後多飲茶，傷腎聚痰成水腫，及攣痛腰腳重，膀胱疝症。醉卧當風，生癜風。醉後浴冷水，成痛痹。凡用酒服丹砂、雄黄等藥，能引藥毒入四肢，滯血化為癰疽。中一切蠱、砒等毒，從酒得者，不治。大凡飲酒者，喜鹹惡甘，鹹性潤下，能制其熱，令人多飲；甘性緩中，能滯其熱，令人少飲。酒畏枳椇、葛花、菉豆者，寒勝熱也。酒漿照人無影者，祭酒自耗者，竝忌飲。

紅酒：少和紅麯煮熟，味甘，性溫，無毒。溫中散血去傷。有痰嗽失血、腳氣五痔者，勿飲。

明・李中立《本草原始》卷五　酒　秫、黍、粳、糯、麥、粟，並可釀造，惟糯米、黍米、麪麯造者為良。《飲膳》標題云：酒之清者曰釀，濁者曰盎；厚曰醇，薄曰醨，重釀曰酎，一宿曰醴，美曰醑，未榨曰醅，紅曰醍，綠曰醽，白曰醝。按許氏《說文》云：酒，就也。所以就人之善惡也。一說酒字，篆文象酒在卣中之狀。　酒：　氣味：苦、甘、辛，大熱，有毒。主治：行藥勢，殺百邪惡毒氣。○通血脉，厚腸胃，潤皮膚，散濕氣，消憂發怒，宣言暢意。○養脾氣，扶肝，除風下氣。○解馬肉、桐油毒，丹石發動諸病，熱飲之甚良。陶弘景曰：大寒凝海，惟酒不冰。明其性熱，獨冠群物。藥家多用，以行其勢。人飲多則體弊神昏，是其有毒故也。《博物志》云：王肅、張衡、馬均三人，冒霧晨行。一人飲酒，一人飽食，一人空腹。空腹者死，飽食者病，飲酒者健。此酒勢辟惡，勝於作食之效也。　詵曰：久飲傷神損壽，軟筋骨，動氣痢。醉卧當風，則成癜風。醉浴冷水成痛痹〔症〕。服丹砂人飲之，頭痛吐熱。　藏器曰：凡酒忌諸甜物。酒漿照人無影不可飲；酒合乳飲，令人氣結；同牛肉食，令人生蟲；酒後卧黍穰，食豬肉，患大風。　震亨曰：中酒毒者，枳椇、葛花、赤豆花、綠豆粉解之。寒勝熱也。本草止言酒熱有毒，不言其濕中發熱，近於相火。醉後振寒戰慄可見矣。又性喜升，氣必隨之。痰鬱於上，溺澀於下，恣飲寒涼，其熱內鬱，肺氣大傷。其始也病淺，或嘔吐，或自汗，或瘡疥，或鼻皶，或瀉痢，或心脾痛，尚可散而去之。其久也病深，或消渴，或內疸，或肺痿，或鼓脹，或失明，或哮喘，或勞瘵，或癲癇，或痔漏，為難名之病，非具眼未易處也。可不謹乎？　穎曰：人知戒早飲，而不知夜飲更甚。既醉既飽，睡而就枕，熱壅傷心傷目，夜氣收斂，酒以發之，亂其清明，勞其脾胃，停濕生痰，動火助慾，因而致病者多矣。朱子云：以醉為節可也。

時珍曰：酒，天之美祿也。麪麯之酒，少飲則和血行氣，壯神禦寒，消愁遣興；痛飲則生痰動火，耗血亡精，爛胃腐腸，蒸筋潰髓。邵堯夫詩云：美酒飲教微醉後。此得飲酒之妙，所謂醉中趣，壺中天者也。若夫沉湎無度，以醉為常者，輕則致疾，甚則喪國亡家而隕軀命，其害可勝言哉！此大禹所以疏儀狄，周公所以著《酒誥》，為世範戒也。　宗奭曰：《戰國策》云：帝女儀狄造酒，進之於禹。《說文》曰：少康造酒。然本草已著酒名，《素問》亦有酒漿，則酒自黄帝始，非儀狄矣。驚怖卒死，溫酒灌之即醒。

明・張懋辰《本草便》卷二　酒　味苦、甘、辛，氣大熱，有毒。主殺百邪惡毒氣，通血脉，厚腸胃，禦風寒霧氣，養脾扶肝，行藥勢，能行諸經不止。與附子同味辛者，能散爲導引，可以通行一身之表，至極高之分。味苦者能下，甘者居中而緩，淡者利小便。

明・吴文炳《藥性全備食物本草》卷四　《食療本草》云：酒味甘、苦、辛，大熱，有毒。行藥勢，殺百邪惡氣。久飲酒者，腐腸爛胃潰髓，蒸筋傷人損壽。飲酒過多血脾之疾。唯酒無量不及亂。食生菜飲酒，令人腸結。飽食訖，多飲水及酒成癖痞。勿飲濁酒食麪，使塞氣孔。酒漿臨上看之不見人影勿食。飲酒不欲寡多，多則逆吐之為佳。酒不可合乳飲，令人氣結。飲酒食紅柿，令人心痛至死，亦令人易醉。飲酒食蒼朮令人心痛。飲白酒食生韭令人病增。飲白酒以桑枝煮牛肉，多食生寸白蟲。凡飲酒忌諸甜物。酒後不可食芥辣，緩人筋骨。又不可〔食〕胡桃，令人嘔血。飲酒不可食羊、豕腦，大害人。飲酒之法，自溫至熱，若於會散時飲極熱酒一盃，則無中酒之患。麵後如飲酒，須以酒嗽去目漢椒三兩粒，即不為疾。銅瓶器不可久貯酒，能殺人，暫則無害。飲酒熱未解，以冷水洗面令人面發瘡，輕者皶皰。飲酒人飲水成酒癖嘔吐疾。沉湎於酒色者，將以萌虛憊黃疸腸澼痔漏之疾。醉當風臥，以扇自煽成惡風。醉以冷水洗浴成冷痺。大醉汗出當以粉傅之，令其自乾，發成風痺。醉不可當風向陽，令人發強。醉不可當風，發癰疽或生瘡。醉後不可走馬及跳躑。飲酒大醉濕地而臥，或令當風衝，廚下露坐，成癩病。酒癩者飲酒大醉，不覺臥糞穰中，經夜方起，遂成風疾，眉毛墮落。醉不可露臥，令人面發皶皰。酒之毒在齒，每飲酒一盃，即吸水漱滌，則不醉。欲醒酒食橄欖。宿醒未解，用密浸烏梅多啖，清醒乃已。

明・趙南星《上醫本草》卷一　酒　《戰國策》云：帝女儀狄造酒，進之于禹。《說文》云：少康造酒，即杜康也。然《本草》已著酒名。《素問》亦有酒漿，則酒自黃帝始，非儀狄矣。秫、黍、粳、糯、粟、蜜、葡萄等色皆可造之。凡好酒欲熟時，皆能候風潮而轉，此是合陰陽也。諸酒醇醨不同，惟米酒清美者入藥。時珍曰：酒，天之美祿也，又就也，所以就人之善惡也。少飲則和血行氣，壯神禦寒，消愁遣興。邵堯夫詩云美酒飲教微醉後，此得飲酒之妙，所謂醉中趣，壺中天者也。好古曰：酒能引諸經。味之辛者能散，苦者能下，淡者則利小便，甘者能居中而緩，用為導引，可以通行一身之表。醇酒理宜冷飲，有三益焉。過于肺，入于胃，然後微溫。肺得溫中之意可以補氣，次得寒中之溫可以養胃，冷酒行遲，傳化以漸，人不得恣飲也。大寒凝海，惟酒不冰，明其性熱，獨冠群物，藥家多用，以行其熱。《博物志》云：王肅、張衡、馬均三人冒霧晨行，一人飲酒，一人飽食，一人空腹。空腹者死，飽食者病，飲酒者健。此酒勢辟惡，勝于作食之効也。

米酒：苦、甘、辛，大熱，有毒。主治：通血脉，厚腸胃，潤皮膚，養脾氣，扶肝，除風下氣，散濕氣，消憂發怒，宣言暢意，行藥勢，殺百邪惡毒氣，解馬肉、桐油毒。丹石發動諸病，熱飲之甚良，不可過飲。

附方　驚怖卒死：溫酒灌之即醒。　鬼擊諸病：卒然著力，如刀刺狀，胸腹內切痛，不可抑按，或吐血、鼻血、下血，一名鬼排。以醇酒吹兩鼻內，良。　馬氣入瘡或馬汗、馬毛入瘡：皆致腫痛煩熱，入腹則殺人。多飲醇酒，至醉即愈，妙。

老酒：臘月釀造者，可經數十年不壞。主治：和血養氣，暖胃辟寒。發痰動火。

社壇餘胙酒：主治：小兒語遲，納口中，佳。又以噴屋四角，辟蚊子。又飲之治聾。時珍曰：俗傳社酒治聾，故李濤有社翁今日沒心情，為寄治聾酒一瓶之句。

薏苡仁酒：主治：去風濕，強筋骨，健脾胃。用絕好薏苡仁粉同麴米釀酒，或袋盛煮酒飲。

天門冬酒：主治：潤五臟，和血脉，久服除五勞七傷。癲癇惡疾，常令酒氣相接，勿令大醉。忌生冷，十日當出風疹毒氣，三十日乃已，五十日不知風吹也。冬月用天門冬去心煮汁，同麴米釀成，初熟微酸，久乃味佳。

菊花酒：主治：頭風，明耳目，去痿痺，消百病。用甘菊花煎汁，同麴米釀酒。或加地黃、當歸、枸杞諸藥，亦佳。

桑椹酒：主治：補五臟，明眼目。治水腫，不下則滿，下之即虛，入腹中則十無一活。用桑椹搗汁煎過，同麴米如常釀酒飲。

蜜酒：主治：風疹、風癬。用沙蜜一斤，糯飯一斤，麵麴五兩，熟水五升，同入瓶內，封七日成酒。尋常以蜜入酒代之亦良。

薑酒：主治：偏風，中惡疰忤，心腹冷痛，以薑浸酒，暖服一椀，即止。

縮砂酒：主治：消食和中下氣，止心腹痛，砂仁炒研，袋盛浸酒，煮飲。

椒柏酒：元旦飲之，辟一切疫癘不正之氣。除夕以椒三七粒，東向側柏葉七枝，浸酒一瓶，飲。

神麴酒：主治：閃肭腰痛，神麴燒赤，淬酒飲之。

鹿頭酒：主治：虛勞不足，消渴，夜夢鬼物，補益精氣。鹿頭煮爛，搗泥，連汁和麯米釀酒飲，少入葱、椒。

鹿茸酒：主治：陽虛痿弱，小便頻數，勞損諸虛，用鹿茸、山藥浸酒服。

羊羔酒：大補元氣，健脾胃，益腰腎。宣和化成殿真方：用米一石，如常浸漿，嫩肥羊肉七斤，麴十四兩，杏仁一斤，同煮爛，連汁拌末，入木香一兩同釀，勿犯水，十日熟，亟甘滑。〇又法：用羊肉五斤，蒸爛，酒浸一宿，入消梨七個，同搗取汁，和麴米釀酒飲之。

明・李中梓《藥性解》卷一　酒　味苦、甘辛，性大熱，有毒，入十二經。主毆邪氣，辟穢惡，禦霧露，解瘴癘，溫脾胃，破癥結，助藥力。厚腸胃，駐顔色，通行血脉，榮養肌膚，忌諸甜物及乳同食。按：酒之為用，無微不達，故諸經皆入之。主療雖宏，能發濕中之熱，過飲則相火昌炎，肺經受爍，輒致痰嗽。脾因火而困倦，胃因火而嘔吐，心因火而昏狂，肝因火而善怒，膽因火而忘懼，膀胱因火而精枯，甚者勞嗽吐衄，哮喘蟲脹，癲癎癰疽，流禍不小，倘非具眼，死亡立至，可不謹乎？

明・繆希雍《本草經疏》卷二五　酒　味苦、甘、辛，大熱，有毒。　主行藥勢，殺百邪惡毒氣。

【疏】酒，品類極多，醇醨不一，惟米造者入藥用。經云：酒者，熟穀之液，其氣悍。弘景云：大寒凝海，惟酒不冰。明其性熱，獨冠群物。製藥多用之，以藉其勢。人飲多則體弊神昏，是其有毒故也。《博物志》云：昔三人冒霧晨行，一人飲酒，一人飽食，一人空腹。空腹者死，飽食者病，飲酒者健。此酒勢辟邪惡毒氣之効，勝於他物也。藏器主通血脈，厚腸胃，潤皮膚，消憂發怒，宣言暢意。無非取其横行經絡，走散皮膚，開發宣通之功耳。【主治參互】諸藥可造酒者：五加皮、女貞實、仙靈脾、薏苡仁、天門冬、麥門冬、地黄、菖蒲、枸杞子、人參、何首烏、甘菊花、黄精、桑椹、术、蜜、仙茅、松節、栢葉、竹葉、胡麻、磁石、蠶沙、烏白蛇、鹿茸、羊羔、膃肭臍、黑豆之類。各視其所生之病，擇其所主之藥，入麴、米，如常釀酒法，釀成飲。或袋盛入酒内，浸數日，飲之。《肘後方》鬼擊諸病，卒然著人，如刀刺狀，胸脇腹内切痛，不可抑按，或吐血、鼻血、下血。以醇酒吹兩鼻内，良。又方，馬氣入瘡，或馬汗、馬毛入瘡，皆致腫痛煩熱，入腹則殺人。多飲醇酒，至醉即愈。《千金方》三十年耳聾，酒三升，漬牡荊子一升，七日去滓，任性飲之。《梅師方》産後血悶。清酒一升，和生地黄汁煎服。

【簡誤】王好古曰：酒能引諸經不止，與附子相同。味之辛者能散，苦者能下，甘者能居中而緩，用為導引，可以通行一身之表，至極高之分。古人惟以麥造麴釀黍，已為辛熱有毒。今之醞者，加以烏頭、巴豆、桂、薑之類大毒大熱之藥，以增其氣味。豈不傷沖和，損精神，涸榮衛，竭天癸，而夭夫人壽耶？　朱震亨云：《本草》止言酒熱而有毒，不言濕中發熱，近於相火。醉後振寒戰慄可見矣。又性喜升，氣必隨之。痰鬱於上，溺澀於下，恣飲寒涼，其熱内鬱於肺與大腸。其始也病淺，或嘔吐，或瘡疥，或鼻皶，或泄利，或心脾痛，尚可散而去之。其久也病深，或消渴，或内疽，或肺癰，或鼓脹，或喉啞，或哮喘，或勞瘵，或痔漏，為狀不一，非具眼未易處也。孟扁鵲云：過飲腐腸爛胃，潰髓蒸筋，生痰動火，亡精耗血，傷神損壽。孟詵云：輭筋骨，動氣痢，醉卧當風則成癜風，醉浴冷水成痛痹。陳士良云：凡服丹砂、鍾乳諸石藥，竝不可長用酒下，能引石藥氣入四肢，滯血化為癰疽。藏器云：凡飲酒，忌甜物。同牛肉食，令人生蟲。合乳飲，令人氣結。諸如此類，不可勝載。今人有喜以火逼極熱，恣飲為快。不知酒性既熱，又以火濟火，鮮有不為害者。曾見一人好飲火酒，不幾年患一惡證，吐膿血瘀肉而斃。蓋肺為火熱腐爛也。酒能合歡解憂，禦寒祛疾，自上古至今，循習為常用之物。然而如上等害，不可不曉。惟在樽節度量，寒溫適宜，不至沉湎荒亂，斯得酒中之趣者。古人終日飲，不及亂，用此道耳。震亨又云：醇酒冷飲有三益，予謂三益未必。然而傷肺生痰，動火損胃之害，可差免矣。

明・倪朱謨《本草彙言》卷一四　酒　味苦、甘、辛，氣大熱，有毒。　通入周身藏府經絡諸處。《說文》云：酒，就也，所以就人之善惡也。《戰國策》云：帝女儀狄造酒，進之于禹。《說文》又云：少康造酒。然《素問》亦有酒漿，則酒自黄帝始，非儀狄矣。古方造酒，品類極多，醇醨不一，惟糯米造者，入藥乃良。又必爲陳久者，醇緩無毒爲佳。觀陶氏云：大寒凝海，惟酒不冰。明其性熱，獨冠群物，製藥多用之，以藉其勢。人飲多則體疲神昏，言躁志亂，是其有毒故也。《食貨志》云：酒者，天之美禄。頤養天下，享祀祈福。扶衰療疾，非酒不可。故《月令・仲冬》，命大酋秫稻必齊，麴糵必時，湛(饎)〔熾〕必潔，水泉必香，陶器必良，火齊必得。兼用六物，大酋監之，(無)〔毋〕有差(忒)〔貣〕。又《白孔六帖》云：凡造酒以糯米爲上樽，稷米爲中樽，粟米爲下樽。《本草》云：葡萄、瓜、椹、杞、菊、芐、芑、林檎、橘、柚、李、梅、桃、杏、葱、豉、薑、椒、羊羔、鹿胎、虎脛、熊掌，凡生物果、穀、草、木之易釀者，皆可造酒，入藥惟秫酒之清者，稱爲上品。夫祭祀必有酒，奉養必有酒，燕享必有酒，是不容一日廢也。然甘酒有戒，湎酒有征，沉酒有誓，彝酒有誥，先王無不致儆于酒也。寇氏曰：造酒入藥佐使，專以糯米蒸飯，清水和白麪麴，所造爲正。古人造酒，不加藥味，所以氣力醇和。今人造酒，以藥肆中剩餘雜藥末搗細，和麴爲酒藥，其藥性酷烈，所以飲者多有頭痛口乾之弊。

酒：皇甫心如稿能升發陽氣，通行血脉，驅風雪之寒威，禦暑濕之瘴氣，遍行一身之表，至極高之分之藥也。李氏時珍曰：夫酒爲神仙美祿，少飲則和血行氣，壯神禦寒，消愁遣興；痛飲則傷神耗血，損胃亡精，生痰動火，有損有益之物也。邵堯夫詩云：美酒飲教微醉後。此得飲酒之玅，所謂醉中趣也。若沉湎無度，醉以爲常者，輕則致疾失體，重則敗行喪家而損傷身命，其害可勝言哉！此大禹所以疏儀狄，周公所以著《酒誥》爲世範戒也。扁鵲謂：過飲則腐腸爛胃，潰髓蒸筋，傷神損壽。王海藏謂：古人以小麥麪造麴，以爲發熱有毒。今之醞者，又加大熱大毒之藥，增其氣味，豈不傷沖和、耗精神、涸營衛、竭天癸而夭人壽耶？朱丹溪謂：本草止言性熱有毒，不言其能發濕中之熱，醉後振寒戰慄，可見矣。又性喜升，氣必隨之，痰鬱于上，溺澀于下，恣飲寒凉，其熱內鬱於肺與大腸二經，其始病淺，爲嘔吐，爲自汗，爲瘡疥，爲鼻皶，爲泄利及心脾痛等病，尚可散而去之。其久病深，爲消渴，爲內疸，爲肺痿，爲臌脹，爲失明，爲哮喘，爲勞瘵，爲癲癇，爲痔漏，爲諸難以名狀之病矣。汪穎謂：人戒晨飲，而不知戒夜飲，醉後就枕，熱擁傷心。夜氣收斂，酒以發之，擾亂其清明，激薄其營衛，因而致病者多矣。又酒後食芥、蒜及諸辣物，緩人筋骨，昏人頭目，醉卧當風成癜風，醉浴冷水成痛痹。好飲之人，多酒而得病者，用藥宜寒，酒生濕熱故也。不飲之人，强飲而傷脾者，用藥宜溫，溫則酒氣行也。

明・應麐《食治廣要》卷八 酒 氣味：苦、甘、辛，大熱，有毒。主行藥勢，殺百邪惡毒氣，通血脉，厚腸胃，潤皮膚，散濕氣，消憂發怒，宣言暢意，養脾扶肝，除風下氣。孟詵曰：久飲傷神損壽，軟筋骨，動氣痢。今東陽酒，即金華酒，古蘭陵地也。李太白詩云蘭陵美酒鬱金香即此。常飲、入藥，俱良。山西襄陵酒、薊州薏苡酒，皆清烈。但麴中亦有藥物，黃酒有灰。秦蜀有咂嘛酒，用稻、麥、黍、秫、藥麴，小罌封釀而成，以筒吸飲。穀氣既雜，酒不清美，並不可入藥。

汪穎曰：江西麻姑酒，以泉得名而麴有群藥。金陵瓶酒，麴米無嫌，而水有鹼，且有灰味，亦太甘，多能聚痰。山東秋露白，色純味烈。蘇州小瓶酒，麴有葱及紅豆、川烏之類，飲之頭痛口渴。淮南綠豆酒，麴有綠豆，雖能解毒，然亦有灰，不美。此又飲者所當知也。丹溪曰：醇酒宜冷飲，有三益焉。過於肺，入於胃，然後微溫。肺得溫中之寒，可以潤肺；次得寒中之溫，可以養胃。冷酒行遲，傳化以漸，人不得恣飲也。今則不然，惟所快喉舌焉耳。汪穎曰：人惟知戒早飲，而不知夜飲更甚。既醉既飽，睡而就枕，熱壅，傷心、傷目，夜氣收斂，酒以發之，亂其清明，擾其脾胃，停濕生痰，動火助慾，因而致病者多矣。朱子云：以醉為節可也。又酒後不可食芥及辣物，緩人筋骨。酒後飲茶，傷腎藏，令腰脚重墜，膀胱冷痛，兼患痰飲、水腫、消渴等疾。一切毒藥，得酒難治。又酒得鹹而解者，水制火也，酒性上而寒潤下也。又畏枳椇、葛花、赤豆花、綠豆粉者，寒勝熱也。

明・姚可成《食物本草》卷一五味部・造釀類 酒蘇恭曰：酒有秫、黍、粳、糯、粟、麴、蜜、葡萄等色。凡作酒醴須麴，而葡萄、蜜等酒獨不用麴。諸酒醇醨亦自不同。今之東陽酒天下著名，其酒極佳。釀法用麩麪、蓼汁拌造，假其辛辣之力，蓼亦解毒。清香遠達，色復金黃，飲之至醉，不頭痛，不口乾，不作瀉。其水秤之重於他水，鄰邑所造俱不然，皆水土之美也。處州金盤露，水和薑汁造麴，以浮飯造釀，醇美可尚，而色香劣於東陽，以其水不及也。江西麻姑酒，以泉得名，而麴有群藥。金陵瓶酒，麴米無嫌，而水有鹼，且用灰，味太甘，多能聚痰。山東秋露白，色純味烈。蘇州小瓶酒，麴有葱及紅豆、川烏之類，飲之頭痛口渴。淮南綠豆酒，麴有綠豆能解毒，然亦有灰不美。〇李時珍曰：東陽酒即金華酒，古蘭陵也。李太白詩所謂蘭陵美酒鬱金香即此，自古擅名者也。山西襄陵酒、薊州薏苡酒，皆清烈味美。秦、蜀有咂嘛酒，用稻、麥、黍、秫作麴，小罌封釀而成，以筒吸飲，穀氣既雜，酒不清美。今蘇州之大壜煮酒，以三年陳宿者為佳，氣香而味醇，大能助脾開胃，不損人。又有小瓶三白酒，蓋以白糯米為之，仍用細白麪為麴，下以惠山泉白水釀成，名滿天下，聲價最高，陳者味醇和，新者氣清烈。菊露酒，惟深秋可釀，自冬達春，其味清烈，至春氣暖時，則味變而不堪飲矣。白酒，色白，釀成酒母，以水隨下隨飲，初下水時，味嫩而甘，隔宿，味老而酢矣。苦黃酒，釀用黃蘗，色黃而味苦。三種皆酒之下劣者也。

酒，味苦、甘、辛，大熱，有毒。主行藥勢，殺百邪惡毒氣。通血脉，厚腸胃，潤皮膚，散溼氣，消憂發怒，宣言暢意。養脾氣，扶肝，除風下氣。解馬肉、桐油毒，丹石發動。

老酒臘月釀造者。可經數十年不壞。和血養氣，暖胃辟寒。

春酒清明釀造者。亦可經久，但不及冬月釀者。常服令人肥白。蠼螋尿瘡，飲之至醉，須臾蟲出如米也。

東陽酒即金華酒。味甘醇美，無毒。厚胃益脾，調血脉經絡，通利臟腑，健筋骨，去勞傷瘀血。用制諸藥更良。

三白酒出蘇州，白糯、白麴、白水釀成，價頗珍貴。　味甘，香烈。　益脾胃，調氣養榮，壯精神，通利經絡。陳者醇，新者烈。　多飲燥渴。

金盤露出處州，水和薑汁造麴，以浮飯釀成，醇美可尚，而色香劣於東陽，以其水不及也。　味甘，熱。　祛寒辟霧，開胃醒脾。

麻姑酒出江西，以泉得名，而麴有群藥。　味辛烈，飲之治百病。

秋露白出山東。　色純而味烈，多飲發熱口渴。

金陵瓶酒出南京。　麴米無嫌，而水有鹼，且用灰。　味雖甘，多飲生痰助火，令人欬嗽。

綠豆酒出淮南，麴有綠豆及灰。　能解毒。　以其有灰，亦不甚良。

蘇州小瓶酒麴有葱及紅豆、川烏之類。　飲之稍多，頭痛口渴。

襄陵酒出山西。　薏苡酒出薊州。　皆清烈，但麴中亦有藥物。

咂嘛酒出陝西及四川。用稻、麥、黍、秫、藥麴，小罌封釀而成，以筒吸飲。　此酒糓氣既雜，酒不清美，不宜多飲。

紅麴酒　大熱，有毒，發脚氣、腸風下血、痔漏、哮喘、欬嗽、痰飲諸疾。惟破血殺毒，辟山嵐寒氣，療打撲傷，乃妙也。

菊露酒出蘇州。自秋末至春初可釀，天令暄和，味便不佳矣。一名生酒，一名清酒。　味辛冽，亦有灰。　能發燥渴，動火生痰，發欬嗽，但以之禦寒可也。　釀本醨薄，多飲亦不大醉。

糟底酒三年臘糟下取之。　開胃下食，暖水臟，溫腸胃，消宿食，禦風寒，殺一切蔬菜毒。止嘔噦，摩風瘙、腰膝疼痛。

白酒處處有之，以蓼與麪為麴，釀糯米為酒母，以水隨下隨飲。　傷脾洩瀉。

社壇餘胙酒此即郊天及春秋祭社餘酒也。　治小兒語遲，納口中佳。又以噴屋四角，辟蚊子。　飲之治聾，故李濤有社翁今日沒心情，為寄治聾酒一瓶之句。○孟詵曰：　凡酒不可躭飲，能傷神損壽，軟筋骨。醉卧當風，則成癜風。醉浴冷水成痛痹。凡服丹砂鍾乳石藥，竝不可長用酒下，能引石藥氣入四肢，滯血化為癰疽。○陳藏器曰：　凡酒忌諸甜物。酒漿照人無影不可飲，祭酒自耗不可飲。酒合乳飲，令人氣結。同牛肉食，令人生蟲。酒後卧黍穰，食猪肉，患大風。○李時珍曰：　酒後食芥及辣物，緩人筋骨。酒後飲茶，傷腎臟，腰脚重墜，膀胱冷痛，兼患痰飲水腫、消渴攣痛之疾。一切毒藥因酒得者難治。又酒得鹹而解者，水制火也，酒上升而鹹潤下也。又畏枳椇、葛花、赤豆花、綠豆粉者，寒勝熱也。○陶弘景曰：　大寒凝海，惟酒不冰。明其性熱獨冠群物，藥家多用以行其勢。人飲多，則體弊神昏，是其有毒故也。○昔有三人冒霧晨行，一人飲酒，一人飽食，一人空腹。空腹者死，飽食者病，飲酒者健。此酒勢辟惡，勝於他物之效也。王好古曰：　酒能引諸經不止，與附子相同。味之辛者能散，苦者能下，甘者能居中而緩。用為導引，可以通行一身之表，至極高之分。味淡者，則利小便而速下也。古人惟以麥造麴釀黍，已為辛熱有毒。今之醞者加以烏頭、巴豆、砒霜、薑、桂、石灰、竈灰之類大毒大熱之藥，以增其氣味，豈不傷沖和、損精神、涸榮衛、竭天癸而夭夫人壽耶？○朱丹溪曰：　酒性溼中發熱，近於相火，醉後振寒戰慄可見矣。又喜上升，氣必隨之，痰鬱於上，溺澀於下，恣飲寒凉，其熱內鬱，肺氣大傷。其始也病淺，或嘔吐，或自汗，或瘡疥，或鼻皶，或泄利，或心脾痛，尚可散而去之。其久也病深，或消渴，或內疽，或肺痿，或鼓脹，或失明，或哮喘，或勞瘵，或癲癇，或痔漏，為難名之病，非具眼未易處也。夫醇酒性大熱，飲者適口，不自覺也。理宜冷飲，有三益焉。過於肺，入於胃，然後微溫。肺得溫中之寒，可以補氣；　次得寒中之溫，可以養胃；　冷酒行遲，傳化以漸，人不得恣飲也。今則不然，徒取快喉舌焉爾。人知戒蚤飲，而不知夜飲更甚。既醉既飽，睡而就枕，熱擁傷心傷目。夜氣收斂，酒以發之，亂其清明，傷其脾胃，停溼生瘡，助火動慾，因而致病者多矣。朱子云：　以醉為節可也。按扁鵲云：　過飲腐腸爛胃，潰髓蒸筋，傷神損壽。昔有客訪周顗，出美酒二石。顗飲一石二斗，客飲八斗。次晨顗無所苦，客已脇穿而死矣。豈非犯扁鵲之戒乎？○李時珍曰：　酒，天之美祿也。麪麴之酒，少飲則〔和〕血行氣，壯神禦寒，消愁遣興，敘情合歡；　痛飲則〔傷〕神耗血，損胃亡津，生痰助火。陶靖節先生有云：　讀書不求甚解，飲酒最喜微酡。邵康節亦有詩云：　美酒飲教微醉後，好花看到半開時。此得飲酒之妙，所謂醉中趣、壺中天者也，若夫沉湎無度，醉以為常者，輕則致疾敗行，甚則喪國亡家而隕軀命，其害可勝言哉？此大禹所以疏儀狄，周公所以著《酒誥》，為世範戒也。

附錄諸酒方

屠蘇酒　孫真人曰：　屠者，屠滅鬼氣；　蘇者，蘇醒人魂。元旦飲之，辟一歲疫癘之氣。造法：　用蒼朮、桂心七錢五分，防風一兩，菝〔葜五〕錢，蜀椒、桔梗、大黃五錢七分，烏頭二錢五分，赤小豆十四枚，以三角絳紗囊盛之，除夜懸井底，元旦取出置酒中，煎數沸。舉家東向，從少至長，次第飲之。藥滓還投井中，歲飲此水，則百邪退避，諸病不生。

逡巡酒　逡巡，速也。此酒片時可就，故名。仙家有解造逡巡酒，能開頃刻花之句。飲之補虛益氣，去一切風痹。久服好顏色，延年耐老。造法：三月三日收桃花三兩三錢，五月五日收馬藺花五兩五錢，六月六日收芝麻花六兩六錢，九月九日收黃甘菊花九兩九錢，俱陰乾。十二月八日取臘水三斗。待春分，取桃仁四十九粒去皮尖，白麪十斤，同前花和作麴，紙包四十九日。用時，白水一瓶，入麴一〔丸，麪〕一塊，良久成矣。如淡再加一丸。

椒柏酒　元旦飲之，辟一切疫癘不正之氣。其法：除夕以椒三七粒，東向側柏葉七枝，浸無灰酒內，元旦飲之。

五加酒　去一切風溼痿痹，壯筋骨，填精髓。其法：用五加皮洗刮去骨〔煎汁〕，和麴、米釀成，飲之。或剉碎袋盛，浸酒飲之。

〔女貞皮酒〕　治風虛，補腰膝。其法：用女貞皮切片浸酒飲之，甚良。

〔仙靈酒〕　治偏風不遂，強筋健骨。其法：用仙靈脾一斤，袋盛，浸無灰酒二斗，密封三日，飲之。

薏苡酒　去風溼，強筋骨，健脾胃。其法：用薏苡仁粉、同麴、米釀酒，或袋盛煮酒飲之。

地黃酒　補虛弱，壯筋骨，通血脉，變白還黑，治腹痛。其法：用生肥大地黃絞汁，同麴、米封密器中，五七日啟之，中有綠汁，真精英也。宜先飲之，乃濾汁藏貯，日逐服之。

牛膝酒　壯筋骨，治痿痹，補虛損，除久瘧。其法：用牛膝煎汁，和麴、米釀酒，或切碎袋盛，浸酒煮飲。

當歸酒　和血脉，堅筋骨，止諸痛，調經水。其法：用當歸煎汁，或釀或浸，竝如上法。

菖蒲酒　治三十六風，一十二痹，通血脉，治骨痿。久服耳目聰明，開心益智，延年益壽，返老還童。其法：用石菖蒲，或釀或浸，竝如上條。

枸杞酒　補虛弱，益精氣，去冷風，壯陽道，止目淚，健腰脚。其法：用甘州枸杞子煮爛搗汁，和麴、米釀酒，或袋盛浸酒煮飲。

人參酒　補中益氣，通治諸虛。其法：用人參末同麴、米釀酒，或袋盛浸酒飲之。

薯蕷酒　治諸風眩運，益精髓，壯脾胃。其法：用薯蕷粉同麴、米釀酒，或浸酒煮飲之。

茯苓酒　治頭風虛眩，暖腰膝，主五勞七傷。其法：用茯苓粉同麴、米釀酒飲之。

菊花酒　治頭風，明耳目，去痿痹，消百病。其法：用甘菊花煎汁，同麴、米釀酒飲之。

黃精酒　壯筋骨，益精髓，變白髮，治百病。其法：用黃精、蒼朮各四斤，枸杞根、柏葉各五斤，天門冬三斤，煮汁一石。同麴十斤、糯米一石，如常釀酒飲。

桑椹酒　補五臟，明耳目。治水腫不下則滿，下之則虛，入腹則十無一活。其法：用桑椹搗汁煎過，同麴、米如常釀酒飲之。

葱豉酒　解煩熱，補虛勞。治傷寒頭痛寒熱及冷痢腸痛，解肌發汗。其法：以葱、豉二物浸酒飲。

茴香酒　治卒腎氣痛，偏墜牽引及心腹痛。其法：用茴香浸酒煮飲之，舶茴尤妙。

縮砂酒　消食和中下氣，止心腹痛。其法：用砂仁炒研，袋盛浸酒煮飲。

松節酒　治冷風虛弱，筋骨攣痛，脚氣緩痹。其法：用松節煮汁，同麴、米釀酒飲之。

柏葉酒　治風痹歷節作痛。其法：用東向側柏葉煮汁，同麴、米釀酒飲，或浸酒飲之。

松液酒　治一切風痹脚氣。其法：於大松下掘坑，置甕承取其津液一斤，釀糯米五斗，取酒飲之。

南藤酒　治風虛，逐冷氣，除痹痛，強腰脚。其法：用石南藤煎汁，同麴、米釀酒飲。

竹葉酒　治諸風熱病，清心暢意。其法：用淡竹葉煎汁，如常釀酒飲之。

巨勝酒　治風虛痹弱，腰膝疼痛。其法：用巨勝子二升，即芝麻也，炒香薏苡仁二升，生地黃半斤，袋盛。浸無灰酒內飲之。

麻仁酒　治腸胃風毒及燥結不通。其法：用大麻子中仁，炒香，袋盛，浸酒飲之。

磁石酒　治腎虛耳聾。其法：用磁石、木通、菖蒲等分，袋盛浸酒，日飲之。

蠶沙酒　治風緩頑痹，諸節不隨，腹內結痛。其法：用原蠶沙炒黃，袋盛，浸酒飲之。

花蛇酒　治諸風頑痹，癱緩、攣急、疼痛，惡瘡疥癩。其法：用白花蛇一條，袋盛，同麴置於缸底，糯飯覆其上。三七日，取酒飲之，甚效。

烏蛇酒治療釀法同上。

蚺蛇酒　治諸風痛痹，殺蟲辟瘴，治癩風疥癬惡瘡。其法：用蚺蛇肉一斤，羌活一兩，袋盛。同麴置於缸底，糯飯蓋之，釀成酒飲。亦可浸酒。○廣西有蛇酒，壜上安蛇數寸，其麴則采山中草藥，不能無毒也。

蝮蛇酒　治惡瘡諸瘻，惡風頑痹癲疾。其法：取蝮蛇一條，帶活，同醇酒一斗，封埋馬溺處，周年取出，蛇已消化。每服數杯，當身體習習而愈也。

豆淋酒　破血去風。治男子中風口喎，陰毒腹痛及小便尿血；婦人產後一切中風諸病。其法：用黑豆炒焦，以酒淋之，溫飲。

霹靂酒　治疝氣偏墜，婦人崩中下血、胎產不下。其法：以鐵鎚或鐵錘、鐵斧之屬，燒赤，淬酒飲之。

虎骨酒　治臂脛疼痛，歷節風，腎虛膀胱寒痛。其法：用虎脛骨一具，炙黃槌碎，同麴、米如常釀酒飲，亦可浸酒服之。

麋骨酒　治陰虛腎弱，久服令人肥白。其法：用麋骨煮汁，同麴、米如常釀酒飲之。

鹿頭酒　治虛勞不足，消渴，夜夢鬼物，補益精氣。其法：用鹿頭煮爛，搗泥連汁，少入葱、椒，和麴、米釀酒飲之，甚效。

鹿茸酒　治陽虛痿弱，小便頻數，勞損諸虛。其法：用鹿茸、山藥各一兩，切片，絹袋裹置酒罈中，七日，飲之。

龜肉酒　治十年欬嗽，千方不效者。其法：用生龜三枚，治如食法，去腸。以水五升，煮取三升，浸麴，釀秫四升，如常飲之，令盡，永不舉發。

戊戌酒　大補元陽，陰虛人不宜飲之。其法：用黃狗肉，須要一隻全者，煮糜，連汁，和麴、米釀酒飲之。

羊羔酒　大補元氣，健脾胃，益腰腎，宣和

化成殿真方也。其法：用米一石，如常浸漿。用嫩肥羊肉七斤，麴十四兩，杏仁一斤，同煮爛，連汁拌末，入木香一兩同釀，勿得犯水，十日熟，極美。　腽肭臍酒　助陽氣，益精髓，破癥結冷氣，大補益人。其法：用腽肭臍酒浸擂爛，同麴、米如常釀酒飲之。

天門冬酒　潤五臟，和血脉，久服除五勞七傷，癲癇惡疾。常令酒氣相接，勿令大醉，忌生冷。十日當出風疹毒氣，三十日乃已，五十日不知風吹也。其法：於冬月用天門冬去心，煮汁，同麴、米釀酒。初熟微酸，久乃味佳。　白石英酒　治風濕周痹，肢節疼痛及腎虚耳聾。其法：用白石英、磁石各五兩，煅紅醋淬七次，絹袋盛浸酒中，五六日，溫飲，酒少更添之。　百靈藤酒　治諸風，百節疼痛。其法：用百靈藤十斤，水一石，煎汁三斗，入糯米三斗、神麴九斤，如常釀成。三五日更炊糯飯投之即熟，澄清，日飲，以汗出為效。　朮酒　治一切風溼筋骨諸病，駐顏色，耐寒暑。其法：用朮三十斤，去皮搗，以東流水三石，漬三十日，取汁露一宵，浸麴、米如常釀酒飲之。

蓼酒　久服耳目聰明，脾胃壯健。其法：以蓼煎汁，和麴、米如常釀酒飲。　蜜酒　治風疹風癬。其法：用沙蜜一斤，糯飯一升，麪麴五兩，熟水五升，同入瓶內，封七日成酒，飲之大效。

明・顧逢柏《分部本草妙用》卷九穀部　酒　甘、辛，大熱，微毒。主治：行藥勢，殺百邪惡毒氣，通血脉，厚腸胃，潤皮膚，散濕，消憂發怒，宣言暢意，養脾扶肝，除風下氣。解馬肉、桐油毒。　夫海可寒凝，惟酒不冰，非性熱而何？多飲則神昏體軟，非毒而何？但宜溫飲，可以養胃。不宜熱飲，反以傷肺。人知不宜飲空心酒，而不知夜飲太過，熱氣傷心，停於脾胃，留濕生瘡，助火動慾，因而致狂藥之害人也，可躭嗜哉？

明・孟笨《養生要括・穀部》　酒以陳為美。人知戒早飲，而不知夜飲更甚。既醉既飽，睡而就枕，熱擁傷心傷目，夜氣收斂，酒以發之，亂其清明，勞其脾胃，停濕生瘡，動火助慾，因而致病者多矣。扁鵲云：過飲腐腸爛胃，潰髓蒸筋，傷神損壽，戒之，戒之。酒後忌芥辣并茶，緩筋骨，傷腎藏。笨曰：今人赴席，茶酒相迫而來，非惟無益，而又害之矣。味苦、甘、辛，大熱，有毒。行藥勢，殺百邪、惡毒氣，通血脉，厚腸胃，潤皮膚，散濕氣，消憂發怒，宣言暢意。養脾氣扶肝，除風下氣，解馬肉、桐油毒，丹石發動諸病，熱飲之甚良。

明・李中梓《醫宗必讀・本草徵要下》　酒味苦、甘、辛，熱，有毒。入肺、胃二經。通血脉而破結，厚腸胃而潤肌；宣心氣以忘憂，助膽經以發怒。善行藥勢，可禦風寒。少飲則和血行氣，壯神消愁；過飲則損胃耗血，生痰動火。故夫沉湎無度，醉以為常者，輕則致疾，重則身亡。此大禹所以疎儀狄，周公所以著《酒誥》也。燒酒散寒破結，損人尤甚。

明・鄭二陽《仁壽堂藥鏡》卷三　酒　氣大熱，味苦、甘、辛。有毒。《本草》云：主行藥勢，殺百邪惡毒氣。能行諸經不止，與附子相同。味辛者能散，味苦者能下，味甘者居中而緩也。為導引，可以通行一身之表，至極高之分。若味淡者，則利小便而速下。大海或凝，惟酒不冰。三人晨行，遇大寒，一人食粥者病，一人腹空者死，一人飲酒者安。則知其大熱也。海藏云：古人惟以麥造麯釀黍，已為辛熱有毒，嚴戒如此。況今之醖者，加以烏頭、巴豆、薑、桂之類大毒大熱之藥，以增其氣味，益加辛熱之餘烈，豈不傷沖和、損精神、涸榮衛、竭天癸、夭人壽耶？　丹溪云：《本草》止言其熱而有毒，不言其濕熱。濕中發熱，近於相火。大醉後振寒戰慄者可見矣。又云，酒性喜升，氣必隨之。痰鬱於上，溺澁於下。肺受賊邪，金體大燥。恣飲寒涼，其熱內鬱。肺氣得熱，必大傷耗。其始也病淺，或嘔吐，或自汗，或瘡疥，或鼻皶，或自泄，或心脾痛，尚可散而出也。其久也病深，或為消渴，為內疽，為肺痿，為內痔，為鼓脹，為失明，為哮喘，為勞嗽，為癲癇，為難名之病。倘非具眼，未易處治，可不謹乎！　陳藏器云：諸酒有毒。酒漿照人無影者不可飲。酒不可合乳飲之，令人氣結。酒忌諸甜物。　日華子云：糟，治撲損瘀血，浸洗凍瘡。

明・蔣儀《藥鏡》卷二熱部　酒　領百藥之長，血脉通行。潤眾體之膚，邪氣辟易。醇酒吹兩鼻，治鬼擊如刺諸疼。任量飲至酣，解馬氣入瘡腫痛，瘴癘驅，癥結解，榮養功高。煩懣散，藥力幫，懌怡情玅。過飲則熾相火，濕中之熱叢生。肺因火而喘痰，脾因火而困倦，胃因火而嘔吐，心因火而昏狂，肝因火而怒加，膽因火而忘懼，膀胱因火而精枯，甚者癆嗽吐衄，流禍靡涯。要之嗜酒者，頻醉而生濕熱，宜寒藥以散之。量淺者偶飲，而脾受濕，宜溫藥以行之。

明・施永圖《本草醫旨・食物類》卷二　酒酒有秫、黍、粳、糯、粟、麴、蜜、葡萄等類種，惟米酒可以入藥。　米酒：味：苦、甘、辛，大熱，有毒。久飲傷神，損壽，軟筋骨，動氣痢。醉臥當風，則成癜風。醉浴冷水，成痛痹。服丹砂人，飲之頭痛吐熱。○凡酒，忌諸甜物。酒漿照人無影，不可飲。祭酒自耗，不可飲。酒合乳飲，令人氣結，同牛肉食，令人生蟲。酒後臥黍穰、食猪肉，患大風。酒後食芥及辣物，緩筋骨。酒後飲茶，傷腎臟，腰脚重墜，膀胱冷痛，兼患痰飲，水腫消渴，攣痛之疾。一切毒藥，因酒得者，難治。又酒得鹹而解者，水制火也，酒性上而鹹潤下也。又畏枳椇、葛花、赤豆花、綠豆粉者，寒勝熱也。　治：行藥勢，殺百邪惡毒氣，通血脉，厚腸胃皮膚，散濕氣，消憂發怒，宣言暢意，養脾氣，扶肝，除風，下氣，解馬肉、桐油毒，丹石發動諸病，熱飲之甚良。

糟底酒：三年臘糟下取之。　開胃下食，暖水臟，溫腸胃，消宿食，禦風寒，殺一切蔬菜毒，止嘔噦，摩風瘙、腰膝疼痛。　老酒：臘月釀造者，可經數十年不壞。　和血養氣，暖胃辟寒，發痰動火。　春酒：清明釀造者，亦可經久。　常服令人肥白。　蠼螋尿瘡飲之至醉，須臾蟲出如米也。　社壇餘(作)〔胙〕酒：　治小兒語遲，納口中佳。　又以噴屋四角，辟蚊子。　飲之治聾。　糟筍節中酒：　味：　鹹，平，無毒。　治：　飲之主噦氣嘔逆，或加小兒乳及牛乳同服。　又摩癧瘍風。　東陽酒：　味：　甘，辛，無毒。　治：　用制諸藥良。大寒凝海，惟酒不冰，明其性熱，獨冠群物，藥家多用以行其勢，人飲多則體疲神昏，是其有毒故也。三人冒霧晨行，一人飲酒，一人飽食，一人空腹。空腹者死，飽食者病，飲酒者健，此酒勢辟惡，勝於作食之效也。

明・裴一中《裴子言醫》卷二　酒之為人利也，禦霧疎風，祛寒敵暑，快氣舒脾，聚歡消悶。　其為害也，腐腸爛胃，潰髓蒸筋，傷神損壽，僨事招憂。　嗚呼！　酒固未嘗害人，人自害於酒耳。　胡勿思之甚也，民非水火不生活，何嘗有害於人。　然亦不能無，蹈水火而死者，遂歸過於水可乎？

明・盧之頤《本草乘雅半偈》帙一一　酒《別錄》中品　氣味：　苦、甘、辛，溫，有毒。　主治：　主行藥勢，殺百邪、惡鬼、毒氣。　藏器云：　通血脈，厚腸胃，潤皮膚，散濕氣，消憂發怒，宣言暢意。

覈曰：　《世本》云：　帝女儀狄始作酒醪，變五味，少康作秫酒。　《素問・上古天真論》以酒為漿。　《湯液醪醴論》：　黃帝問曰：　為五穀湯液及醪醴奈何？　岐伯對曰：　必以稻米，炊之稻薪，稻米者完，稻薪者堅。　帝曰：　何以然？　岐伯曰：　此得天地之和，高下之宜，故能至完，伐取得時，故能至堅也。　帝曰：　上古聖人之湯液醪醴為而不用，何也？　岐伯曰：　自古聖人之作湯液醪醴者，以為備耳，為而弗服也。　中古之世，道德將衰，邪氣時至，服之萬全，則酒自黃帝，業稱上古作始，非獨帝女儀狄造矣。《酒經》云：　空桑穢飲，醞以稷藜，以成醇醪，此酒之始。　烏梅女䴵，甜醹九(醹)〔酘〕(投)，澄酒百(種)〔品〕，此酒之終。《食貨志》云：　酒者，天之美祿，頤養天下，享祀祈福扶衰療疾，非酒不行，故《月令・仲冬》命大酋，秫稻必齊，麴櫱必時，湛(饎)〔熾〕必潔，水泉必香，陶器必良，火齊必得，兼用六物，大酋監之，無有差忒。《白孔六帖》云：　秫米一斗，得酒一斗，為上樽；　稷米一斗，得酒一斗，為中樽；　粟米一斗，得酒一斗，為下樽。《本草》云：　葡萄瓜椹，杞菊苄芑，林檎橘柚，李桃杏梅，葱豉薑椒，羊羔鹿胎，虎脛熊掌，凡生物果穀草木之易釀者，皆可造酒。入藥唯秫酒之清者，稱無上乘。若秬合鬱，釀之成鬯，此以陽據陰，則酒色香而黃，在器流動，《詩》所謂黃流在中者，是矣。　故周人尚臭，灌用鬯，陰達于九淵，陰徹于九天，條暢于上下，致氣于高遠，所以降神也。《酒正職》云：　既有米麴之數，又有功沽之巧。　功沽為善惡，是酒之善者為功，惡者為沽也。《詩疏》云：　一宿酒曰沽。　蓋酒以久為貴，故《周禮》有昔酒之名耳。《天官》酒政掌酒政令，以式法授酒材，辨五齊之名。一曰泛齊，言酒熟而泛泛然也；　二曰醴齊，酒成而上下一體，汁滓之相得也；　三曰盎齊，成而色葱白也；　四曰緹齊，昔而色紅赤也；　五曰沈齊，渣滓沉下，充然悅口也。　又辨三酒之物：　一曰事酒，二曰昔酒，三曰清酒。　再辨四飲之物：　一曰清，二曰醫，三曰漿，四曰酏。　蓋成周酒政嚴矣。　在《周書》則有《酒誥》之篇。　在《周禮》則有酒政之官。　夫祭祀必有酒，奉養必有酒，燕享必有酒，是不容一日廢也。　然甘酒有戒，湎酒有征，沉酒有誓，彝酒有誥，先王無不致儆于酒。　今周人以酒設官，是故五齊之酒，三酒四飲之物，厚薄之異，清濁之異，新舊之異，此固酒政之所必辨也。　祭酒之用，賓客之用，王后世子飲膳之用，耆老孤子庶子饗食之用，此正酒正所當共者也。　凡酒用于祭，飲酒用于燕，禮酒用于饗，陳酒用于賓客，秩酒用于養老，合而言之，曰公酒。　然而酒人以其酒，入酒府；　漿人以其飲，入酒府也。　是皆王之所得用，而酒正掌酒之政令，未嘗不致儆焉。　其酒材也以式，授其實樽也以法，共頒酒則有法以行之，秩酒則有書契以授之。　至于祭祀之酌有數，王者之燕飲亦有計也。　他官會計，唯以歲終，而酒正之出，日入其成，日計之也。　月入其要，月計之也。　則周人之致謹于酒，可知矣。　先王于飲之器，且有法存焉。　彝有舟，以示其過量，則有沉溺之禍。　尊有罍，以示其不節，則有浸淫之患。　六彝曰彝，所以示其祭酒之有嘗。　六尊曰尊，所以示其祭酒之有等，先王器皿之度，往往有戒，而況于酌用之際乎。《飲箴》曰：　酒之道，豈止于充口腹樂悲歡而已哉，甚則化上為淫溺，化下為訟禍。是以聖人節之以酬酢，諭之以誥訓，然尚有上為淫溺所化，化為亡國；下為訟禍所化，化為殺身，且不見前世之飲禍耶。路酆舒有五罪：其一嗜酒，為晉所殺；慶封易内而耽飲，則國朝遷；鄭伯室室而耽飲，終奔于駟氏之甲；欒高者酒而信内卒敗于陳鮑氏；衛侯飲于藉圃，卒為大夫所惡。嗚呼！吾不賢者性實嗜酒，尚懼為酆舒之戮過，此吾不為也，又焉能俾喧為靜乎，俾靜為喧乎，不為靜中淫溺乎，不為訟禍之波乎，既淫溺禍作于心，得不為慶封乎，鄭伯乎，欒高乎。為之箴曰：酒之所示，示其全真，寧能我醉，不醉于人。

糸曰：方書稱清酒，即四飲之一曰清，漿人之為醴清也。扶衰養疾非酒不行，但不及亂可耳。如陰之五宮，生在五味，陰之五宮，傷在五味，過量乃及亂耳。《說文》云：酒，酉也。釀之美麴酉燀而味美也。又就也，就人性之善惡也。故酒不冰，曷命曰丹，集秋霜之秔穀，醖春生之麥蘖，互交以金木，既濟以水火，乃得凍不冰而火可然，六陽之為用乎。隱居云：主行藥勢，若百川之潛渫，泱漭之澮濘，騰波之赴勢，動不可遏也。蓋行身之慓悍者衛，勺飲入口，百體徧周，酒落焦府，不勞彈指，走血脈，通關津，達四街，徹九竅，布三百六十五節，開八萬四千毛孔，亦猶衛氣之慓悍，即芍力之駢馳，桂使之先聘，迅速捷機，亦無出其右者。不觀立使怯者強，衰者壯，憂者躍，不怒者怒，不言者言，暢意力行矣。倘品行之不端，妍醜亦立見矣。就人性之善惡歟，誠莫之為而為，莫之致而致也。

清·顧元交《本草彙箋》卷七　酒　酒品更多，醇醨不一，亦唯米造者入藥。酒者，熱穀之液，其氣悍，大寒凝海，惟酒不冰，明其性熱，獨冠群物。製藥多用之，以藉其勢其流，引諸經不止與附子相同，味之辛者能散，苦者能下，甘者能居中，而緩用爲導使，可以通行一身之表，至極高之分。味淡者則又利小便而速下也。其主通血脈，厚腸胃，潤肌膚，消憂暢意，無非取其橫行經絡，走散皮膚，開發宣通之意。若夫爲害，不可勝言。過飲腐腸爛胃，潰髓蒸筋，生痰動火，亡精耗血，傷神損壽。若醉後當風，則成癜風，醉浴冷水，則成痛痺。凡服丹砂、鍾乳諸石藥，用酒下者，能引石藥氣入四肢，滯血化爲癰疽。至若酒合乳飲，令人氣結。同牛肉食，令人生蟲。酒後臥黍穰，食豬肉，令患大風。酒後食芥及辣物，緩人筋骨。酒後飲茶，則傷腎臟，腰腳重墜，膀胱冷痛，兼患痰飲水腫，消渴攣痛之疾。又如早飲，人知戒之，不知夜飲之爲患更甚。既醉既飽，睡而就枕，熱擁傷心傷目，夜氣收斂，酒以發之，亂其清明，勞其脾胃，停濕生瘡，動火助慾，因而致病，曷可勝窮。

凡酒漿炤人無影者，不可飲。祭酒自耗，不可飲。鹹能解酒，酒性上，而鹹潤下也。酒畏枳椇、葛花、赤豆花、綠豆粉，寒勝熱也。

清·穆石匏《本草洞詮》卷五　酒　味苦甘辛，氣大熱，有毒。行十二經絡。夫大寒凝海，惟酒不冰，其性之熱，獨冠群物。味之辛者能散，苦者能下，甘者能緩。藥家用為導引，可以通行一身之表，至極高分。味淡者則利小便而速下也。《博物志》云：有三人冒霧晨行，一飲酒，一飽食，一空腹，空腹者死，飽食者病，飲酒者無恙。亦可見其禦風寒，辟邪惡之功矣。扁鵲謂過飲則腐腸爛胃，潰髓蒸筋，傷神損壽。王海藏謂古以麥造麯，已為辛熱有毒，今之醖者，加大毒大熱之藥，以增其氣味，豈不傷沖和，損精神，涸榮衛，竭天癸，而夭人壽耶？朱丹溪謂《本草》止言酒熱而有毒，不言其濕中發熱近于相火，醉後振寒戰慄可見矣。又性喜升，氣必隨之，痰鬱于上，溺澀下，恣飲寒涼，其熱内鬱，肺氣大傷，其始病淺為嘔吐，自汗，瘡疥，鼻皶，泄利，心脾痛等病，尚可散而去之；其久病深為消渴，内疽，肺痿，鼓脹，失明，哮喘，勞瘵，癲癇，痔漏，難名之病矣。汪穎謂人戒晨飲，而不知戒夜飲，醉後就枕，熱擁傷心傷目，夜氣收斂，酒以發之，亂其清明，勞其脾胃，因而致病者多矣。夫酒為神仙美祿，而其害如此，然則酒可廢耶。《說文》云：酒，就也。所以就人之善惡也。麪麯之酒少飲則和血行氣，壯神禦寒，消愁遣興；痛飲則傷神耗血，損胃亡精，生痰動火。邵堯夫詩云：美酒飲教微醉後。此得飲酒之妙，所謂醉中趣，壺中天者也。但酒後食芥及辣物緩人筋骨，酒後飲茶傷腎臟，醉臥當風成癜風，醉浴冷水成痛痺。酒得鹹而解者，酒性上而鹹潤下也。燒酒，味辛甘，氣大熱，有大毒。得火即燃，同乎焰硝。辛甘能升揚發散，燥熱能勝濕祛寒，故開怫鬱而消沉積，通膈噎而散痰飲，治泄瘧而止冷痛也。和水飲之，則抑使下行，通調水道，而令小便長白。熱能燥金耗血，大腸受刑，故令大便燥結。與薑蒜同飲即生痔也。若大暑月飲之汗出，而膈快身涼，赤目洗之淚出而腫消赤散，此乃從治之法焉耳。過飲不節，殺人如劍，善攝生者戒之。

清·丁其譽《壽世秘典》卷四　酒酒名甚多，造法不一，糯為上，稷為中，粟為下。

惟專用糯米，以清水白麪麴所造為正。古人造麴未見入諸藥，所以功力和厚，皆勝餘酒。今人入群藥拌造為麴，假其辛辣之力，飲之頭痛口乾，未有不作疾者。惟綠豆酒麴有綠豆，能解毒。古稱東陽酒最佳，即金華酒，古蘭陵也。李太白詩，蘭陵美酒鬱金香即此。常飲、入藥，俱良。

氣味：苦、甘、辛，大熱，有毒。主行藥勢，殺百邪，惡毒氣《別錄》。通血脉，厚腸胃，潤皮膚，散濕氣，消憂發怒，宣言暢意《本草拾遺》。和血，養氣，暖胃，辟寒。發痰動火，解馬肉、桐油毒。丹石發動諸病，熱飲之甚良《綱目》。

發明陳藏器曰：凡酒忌諸甜物。合乳飲令人氣結，同牛肉食令人生蟲。酒後臥黍穰、食猪肉，患大風。凡服丹砂、鍾乳、諸石、生薑，並不可長用酒下，能引石藥氣入四肢，滯血化為癰疽。孟詵曰：久飲傷神損壽，軟筋骨。醉臥當風則成癜風，醉浴冷水成痛(脾)〔痹〕，服丹砂人飲之頭痛內熱。王好古曰：酒味之辛者能散，苦者能下，甘者能居中而緩，用為導引，可以通行一身之表至極高之分。味淡者，則利小便而速下也。古人惟以麥造麯釀黍米，已為辛熱有毒。今之醞者加以烏頭、砒霜、薑、桂、石灰、竈灰之類，以增其氣味，豈不傷沖和，涸榮衛，而夭夫人壽耶？〔酒〕後食芥及辣物，緩人筋骨；飲茶傷腎臟，腰腳重墜，膀胱冷痛，兼患痰飲水腫、攣痹諸疾。一切毒藥，因酒得者難治。

清・劉雲密《本草述》卷一四 酒 宗奭曰：漢賜丞相，上專酒糯為上，稷為中，粟為下。今入藥佐使，專用糯米，以清水白麪麴所造為正。古人造麴，未見入諸藥，所以功力和厚，皆勝餘酒。今人又以蘗造者，蓋止是醴，非酒也。《書》云：若作酒醴，爾惟麴蘗。酒則用麴，醴則用蘗，氣味甚相遼，治療豈不殊也？汪頴曰：入藥用金華酒最佳，其酒自古擅名。《事林廣記》所載釀法，其麴亦用藥。今則絕無，惟用麩、麪、蓼汁拌造，假其辛辣之力，蓼亦解毒，清香遠達，色復金黃，飲之至醉，不頭痛，不口乾，不作瀉。江西麻姑酒以泉得名，而麴有羣藥。金陵瓶酒，麴米無嫌，而水有鹼，且用灰味太甘，多能聚痰。山東秋露白，色純味烈。蘇州小瓶酒麴，有葱及紅豆、川烏之類，飲之頭痛口渴。淮南綠豆酒，麴有綠豆，能解毒，然亦有灰，不美。時珍曰：山西襄陵酒，薊州薏苡酒，皆清烈，但麴中亦有藥物。黃酒有灰，秦、蜀有咂嘛酒，用稻、麥、黍、秫藥麴，小罌封釀而成，以筒吸飲。穀氣既雜，酒不清美，並不可入藥。希雍曰：諸藥可造酒者，五加皮、女貞實、仙靈脾、薏苡仁、天門冬、麥門冬、地黃、菖蒲、枸杞子、人參、何首烏、甘菊花、黃(清)〔精〕、桑椹、朮、蜜、仙茅、松節、柏葉、竹葉、胡麻、磁石、蠶沙、烏、白蛇、鹿茸、羊羔、膃肭臍、黑豆之類，各視其所生之病，擇其所主之藥，入麴米如常釀酒法釀成飲，或袋盛入酒內浸數日飲之。

米酒 氣味：苦、甘、辛，大熱，有毒。

主治：行藥勢，散百邪惡毒氣，節飲養脾，扶肝，通行血脈，榮養肌膚，行氣壯神，禦寒消愁，禦霧露，辟瘴癘。痛飲不節，貽害不小，詳先哲論中。

弘景曰：大寒凝海，惟酒不冰。明其性熱，獨冠羣物。藥家多用以行其勢，人飲多則體弊神昏，是其有毒故也。《博物志》云：王肅、張衡、馬均三人，冒霧晨行，一人飲酒，一人飽食，一人空腹，空腹者死，飽食者病，飲酒者健。此酒勢辟惡，勝於他食之效也。好古曰：酒能引諸經不止，與附子相同味之。辛者能散，苦者能下，甘者能居中而緩，用為導引，可以通行一身之表，至極高分。味淡者則利小便而速下也。古人惟以麥造麴，釀黍已為辛熱有毒。今之飲者，更加以辛熱之藥，以增其氣味，豈不傷沖和，損精神，涸榮衛，竭天癸而夭人壽耶？丹溪曰：酒乃溼中發熱，近於相火，醉後顫慄，即此可知。然所謂惡寒非寒，明是熱證，然也。性卻喜升，氣必隨輔，痰壅上膈，溺濇下焦，肺受賊邪，金體大燥，寒涼恣飲，熱鬱於中，肺氣得之，尤大傷耗。其始也，病淺或嘔吐，或自汗，或瘡疥，或鼻皻，或瀉痢，或心脾痛，尚可散而出也；其久也病深，或為消渴，為內疽，為肺痿，為痔漏，為膨脹，為黃疸，為失明，為哮喘，為勞嗽，為吐衄，為癲癇，為難治之病，儻非具眼未易處治，可不謹乎？頴曰：人知戒早飲，而不知夜飲更甚。既醉即飽，睡而就枕，熱擁傷心傷目，夜氣收斂，酒以發之，亂其清明，勞其脾胃，傷溼生瘡，動火助慾，因而致病者多矣。朱子云：以醉為節可也。時珍曰：酒後食芥及辣物，緩人筋骨。酒後飲茶，傷腎臟，腰脚重墜，膀胱冷痛，兼患痰飲水腫，消渴，攣痛之疾。一切毒藥，因酒得者難治。又酒得鹹而解者，水制火也，酒性上而鹹潤下也。又畏枳椇、葛花、赤豆花、綠豆粉者，寒勝熱也。

燒酒 氣味：甘、辛，大熱，有大毒。

主治：消冷積寒氣，燥溼痰，開鬱結，止水泄，治霍亂瘧疾，噎膈，心腹冷痛，陰毒欲死，殺蟲辟瘴，利小便，堅大便，洗赤目腫痛有效時珍。

時珍曰：燒酒純陽，毒物也。面有細花者為真。與火同性，得火即燃，同乎焰消。北人四時飲之，南人止暑月飲之。其味辛甘，升揚發散。其氣燥熱，勝溼祛寒。故能開怫鬱而消沉積，通膈噎而散痰飲，治泄瘧而止冷痛也。辛先入肺，和水飲之則抑使下行，通調水道，而小便長白。熱能燥金耗血，大腸受刑，故令大便燥結。與薑、蒜同飲，即生痔也。若夫暑月飲之，汗出而膈快身涼。赤目洗之，淚出而腫消赤散。此乃從治之方焉。過飲不節，殺人頃刻。善攝生者，宜戒之。按劉克用《病機賦》云：有人病赤目，以烧酒入鹽飲之，而痛止腫消。蓋燒酒性走，引鹽通行經絡，使鬱結開而邪熱散，此亦反治劫劑也。時珍曰：過飲敗胃，傷膽喪心損壽，甚則黑腸腐胃而死。與薑、蒜同食，令人生痔。鹽、冷水、綠豆粉解其毒。

附録　愚按：燒酒如東璧氏謂為純陽，與火同性，得火即燃，蓋因茲味專取其氣，而氣之辛熱所化者，即此為酒，故此酒又即名之為火酒矣。第俗多飲之於夏，而不知其散嚴寒，有勝於米酒也。愚於三冬春初，製一湯，用甘菊湯一杯，米燒酒四杯半，蘇葉、陳皮湯三杯，飲之，寒散而不苦，其為害蓋以甘菊金水之相含者，可以散其熱毒，而蘇陳湯又專助之行氣散寒，不使其稍留滯於腸胃，以滋熱也。故漫録於此酒之後，俾用之寒月，雖瀕日飲此，亦無不可耳。

又按：用金水以合於火，則元氣有所始，更有所統，故甘菊湯入於火酒，更為行氣之一助也，不僅以解熱而已也。

清・郭章宜《本草匯》卷一三　酒　味苦、甘、辛，大熱，入十二經。通血脉而破結，厚腸胃而潤肌。宣心氣以忘憂，助膽經以發怒。善行藥勢，可禦風寒。

按：酒品甚多，惟米造者堪入藥用。其為用也，無微不達，無經不至。味之辛者能散，苦者能下，甘者能居中而緩，淡者則利小便而速下也。《本草》止言熱而有毒，不言其濕中發熱，過飲則相火昌熾，肺金受爍，輙致痰嗽，脾因火而困倦，胃因火而嘔吐，心因火而昏狂，肝因火而善怒，膽因火而忘懼，膀胱因火而精枯，甚至勞嗽吐血，哮喘蠱脹，流禍不小也。大寒凝海，惟酒不冰，可知其性之熱也。故冷飲有三益焉，過于肺，入于胃，然後微溫。肺得溫中之意，可以補氣，次得寒中之溫，可以養胃。冷酒行遲，傳化以漸，若徒取適口，甚無益也。夜氣收斂，酒以發之，亂其清明，勞其脾胃，停濕助火，因而致病者多矣。又人知戒早飲，而不知夜飲更甚，既醉既飽，睡而就枕，熱擁傷心損目。燒酒：大熱大毒。散寒破結，能燥金耗血，敗胃傷膽，鹽冷水綠豆粉能解其毒。赤目洗之，淚出腫消赤散。此乃從治之方也。

凡酒，忌諸甜物。酒漿照人無影，不可飲。祭酒自耗，不可飲。酒合乳飲，令人氣結。酒後食芥及辣物，緩人筋骨。酒後飲茶，傷腎臟。醉臥當風，則成癜風。醉浴冷水，成痛痺。一切藥，毒因酒得者難治。又飲酒得鹹而解者，水制火也。又畏葛花、赤豆花、綠豆粉者，寒勝熱也。

清・尤乘《食鑒本草・五味類》　酒　味辛，熱。飲之體軟神昏，是其有毒也。惟略飲三五杯禦風寒，通血脈，壯脾胃而已。若恒飲過多，則熏灼心肺，生痰動火，甚則損腸腐胃，潰髓軟筋，傷神損壽。酒漿照人無影不可飲，酒後食芥辣物多則緩人筋骨。凡中藥毒及一切毒從酒得者難治，蓋能引毒入經絡故也。

清・朱本中《飲食須知・味類》　酒　類甚多，其味有甘、苦、酸、淡、辛、澁不一，其性皆熱，有毒。多飲助火生痰，昏神軟體，損筋骨，傷脾胃，耗肺氣，夭人壽。飲冷酒同牛肉食，令人生蟲。同乳飲，令人氣結。同胡桃食，令咯血。酒醉臥黍穰，食猪肉，患大風。酒同芥食，及合辛辣等物，緩人筋骨。酒後飲茶多，傷腎聚痰，成水腫及攣痛，腰脚重墜，膀胱疝症，腹下冷痛，消渴痰飲。久飲過度，令人精薄無子。醉臥當風，成癜風、癱瘓。醉後浴冷水，成痛痺。凡用酒服丹砂、雄黄等藥，能引藥毒入四肢，滯血，化為癰疽。中一切砒、蠱等毒，從酒得者不治。凡飲酒，宜溫不宜熱，宜少不宜多。飲冷酒成手戰。有火症、目疾、失血、痰嗽、痔漏、瘡疥者，並宜忌之。飲酒者，喜鹹惡甘，勿同甜物食。枳椇、葛花、赤豆花、綠豆粉，皆能醒酒解毒。酒漿照人無影，及祭酒自耗者，勿飲。酒酸，以赤小豆一升，炒焦，入罈内，可變好。

清・何其言《養生食鑒》卷下　枸杞酒　補虛損，去勞熱，長肌肉，益顏色，健腰膝，壯陽道，止肝虛目淚。

菊花酒　清頭風，明耳目，去痿痺。

葡萄酒　補氣調中。然性熱，北人宜之，南人不宜也。

桑椹酒　補五臟，明耳目。

桑寄生酒　祛風濕，益筋骨，安胎，補血。

豆淋酒　以黑豆炒熱，用酒浸之，療男婦諸風，産後一切惡疾。

市上糯米酒　有灰，味甜，飲之聚痰傷脾。

燒酒　麯用良薑、紅豆，熱毒之藥，只以味辛為美，多飲頭暈口乾，腐腸敗胃。又一種糖燒及浸藥味以取辛辣者，切勿飲之。

丹溪云：大寒凝海，惟酒不冰，以其性大熱也。過飲則相火昌炎，肺金受爍，輒致痰嗽。脾因火而困倦，胃因火而嘔吐，心因火而昏狂，肝因火而善怒，膽因火而忘懼，膀胱因火而精枯。甚者勞嗽吐衄，哮喘，蠱脹，癲癇，癰疽，流禍不小。養生者其節之。邵堯夫詩云美酒飲教微醉後，此得飲酒之妙，所謂醉中趣，壺中天者也。

清・何其言《養生食鑒》卷下 酒品評甚多，略分于後。《書》稱儀狄作酒，又云杜康造酒，然《本草》已著酒名，《素問》亦有酒漿，則酒自黄帝始矣。燒酒自元時始創，其古法也。

味有甘、苦、辛、澁、酸、淡不一，其性皆熱，有微毒。行藥勢，殺百邪惡毒氣，通血脈，厚腸胃，禦風寒霧氣，養脾扶肝。味辛者，能散，為導引，可以通行一身之表至極高之分；苦者，能下；甘者，居中而暖；淡者，利小便而速洩清水。

白麵、白糯米，不犯藥物，無堿潔水冬月釀成，此真正酒也，少飲益人。

廣西蛇酒　壜上有蛇數寸，言能去風，其麯乃水中採草所造，其毒亦不能不慮。

江西麻姑酒　以泉得名，今真泉亦少，其麯乃群藥所造。浙江等處亦造此酒，不入水者，味勝麻姑，以其米好，然皆用百藥麯，均不足尚。

淮安菉豆酒　麯有菉豆，乃解毒良物，固佳，但服藥飲之，藥無力。亦有灰，不美。

南東瓶酒　麯、米無嫌，以其水有堿，亦着少灰，味太甜，多欲留中聚痰。

山東秋露白　色純味洌。

蘇州小瓶酒　亦有葱及川烏、紅豆之屬，飲之頭痛、口渴。

處州有金盤露　清水入小薑汁造麯，以浮飯法造酒，醇美可尚。香、味、色俱劣於東陽，以其水不及也。

東陽酒　即金華酒，古蘭陵也，其水最佳，稱之重於他水，其酒自古擅名。《事林廣記》所載釀法，麯亦入藥，今則絕無，惟用麵、麯、蓼汁拌造，假其辛辣之力。蓼性解毒，亦無甚碍。俗人因其水好，競（薄）〔造〕薄酒，味雖少酸，一種清香遠達，入門就聞，雖鄰邑所造，俱不及也。好事者清水和〔麩〕、麵、（麯）造麯，米多水少造酒，其味辛而不厲，美而不甜，色復金黄，瑩（做）〔徹〕天香，風味奇絕，飲醉並不頭痛口乾，此皆水土之美故也。

紅麯酒　大動，有毒。發脚氣、腸風下血、痔瘻、哮喘、咳嗽、痰飲諸疾，惟破血殺毒，辟山嵐寒氣，療跌打撲傷，則尤妙也。

暹羅酒　以燒酒復燒二次，入珍貴異香，每壜一個用檀香十數斤燒煙，薰之如漆，然後入酒，蠟封，埋土中二三年，絕去燒氣，取出用之。有帶至船上者，能飲之人，三四杯即醉，價值比常數十倍。有積病者，飲一二杯即愈。且殺蟲。曾見二人，飲此酒打下活蟲長二寸許，謂之鞋底蟲。

粵中無灰酒　家麯自釀，亦糯米、蟹、泉水，少飲甚益人，尤勝金華酒也。

清・蔣居祉《本草擇要綱目・熱性藥品》 米酒　氣味：苦、甘、辛，大熱，有毒。

主治：行藥勢。殺百邪惡毒氣，通血脈，厚腸胃，潤皮膚。養脾扶肝，止腰膝疼痛。但其味辛者能散，苦者能下，甘者能居中而緩。用為導引，可以通行一身，而能達極高之分。淡者則利小便而速下。然少飲則能和血氣，壯神禦寒，消愁遣興。痛飲則傷神耗血。北人嗜飲，生痰動火，醉臥當風，則成癜風。醉浴冷水，則成痛痹。服丹砂飲酒，則引藥氣入四肢，滯血化為癰疽。酒後食芥，緩人筋骨。酒後飲茶，傷腎臟，腰脚重墜，膀胱冷痛，兼患痰飲水腫，消渴攣痛之疾。一切毒藥，因酒得者難治。酒漿照人無影，不可飲。祭酒自耗，不可飲。酒得鹹而解者，以水制火，酒性上而鹹潤下也。得葛花、菉豆粉而解者，寒勝濕也。

清・王翃《握靈本草》補遺 酒酒有黍、秫、粳、糯、粟等，醇醨不同，惟米酒入藥用。

甘、辛，大熱，大毒。主行藥勢，殺百邪惡毒氣，通血脈，厚腸胃，消憂發怒，宣言暢意。

清・汪昂《本草備要》卷四 酒宣行藥勢。　辛者能散，苦者能降，甘者居中而緩，厚者熱而毒，淡者利小便。用爲嚮導，可以通行一身之表，引藥至極高之分。熱飲傷肺，溫飲和中。少飲則和血行氣，壯神禦寒，遣興消愁，辟邪逐穢，暖水藏，行藥勢。過飲則傷神耗血亦能亂血，故飲之身面俱赤。損胃爍精，動火生痰，發怒助慾，酒是色媒人。致生濕熱諸病。過飲則相火昌炎，肺金受爍，致生痰嗽。脾因火而困怠，胃因火而嘔吐，心因火而昏狂，肝因火而善怒，膽因火而忘懼，腎因火而精枯，以致吐血、消渴、勞傷、蠱膈、癰疽、失明，爲害無窮。汪穎曰：人知戒早飲，而不知夜飲更甚。醉飽就床，熱壅三焦，傷心損目。夜氣收斂，酒以發之，亂其清明，勞其脾胃，停濕動火，因而致病者多矣。朱子曰：以醉爲節可也。　醇而無灰，陳久者良。畏枳椇、葛花、赤豆花、綠豆粉、鹹鹵。得鹹則解，水制火也。

清・陳士鐸《本草新編》卷四 酒 味苦、甘、辛，氣大熱，有毒。無經不達，能引經藥，勢最捷速，通行一身之表，高中下皆可至也。少飲有節，養脾扶肝，駐顏色，榮肌膚，通血脉，厚腸胃，禦露霧瘴氣，敵風雪寒威，諸惡立毆，百邪竟辟，消愁遣興，揚意宣言，此酒之功也。若恣飲助火，則亂性損身，爛胃腐腸，蒸筋潰髓，傷生減壽，此酒過也。嗟乎！酒何過哉。知酒之功而受其益，知酒之過而防其損，何害于人。況酒又實能愈人之病乎。

或問：酒味甘者多熱，味苦者多寒。仲景張公用苦酒，以治咽喉之腫痛與黄汗之淋漓，似乎飲甘香，不若飲苦辣，不致燒腸腐胃耳。

清・顧靖遠《顧氏醫鏡》卷八 酒辛、甘、苦，熱，有毒。入肺胃二經。醇者為良。冷飲有益。宣通血脉，辟除邪惡。昔三人冒霧晨行，空腹者死，飽食者病，飲酒者健。此酒勢辟邪惡毒氣之效。善行藥勢，用為引導，可上至巔頂，外走皮膚，横行經絡。凡服石藥，不可長用酒下，能引四肢滯血，化為癰疽。故一切毒，因藥酒得者，難治。可禦風寒。少飲和血行氣，壯神消愁。過飲則爛胃腐腸，耗血損精，生痰動火。故夫醉以為常者，輕則致疾，重則亡身，可不畏歟。燒酒久飲爛肺，害人更甚。

清・李熙和《醫經允中》卷二二 酒 酒漿照人無影者，祭酒自耗者，皆不可飲。銅錫器不可久盛酒，能殺人。甘、辛，大熱，微毒。主行藥勢，殺百邪，通血脉，潤皮膚，消憂，發怒宣言暢意。解馬肉、桐油毒。夫海可寒凝，惟酒不冰，性熱也。少飲則養脾壯陽，厚腸胃，禦風寒霧氣；多飲則神昏體軟，悍毒也。過飲熱濕傷心肺及脾胃，留濕生瘡，助火動慾，狂藥之害人也。酒後飲茶傷腎藏。燒酒散寒破結，損人尤甚。糟，味鹹，溫中消食，殺魚腥，去菜毒。羅念菴誡弟邃夫曰：害身莫甚于色，其次莫如酒。色慾聖人豫戒，故曰不邇聲色。又曰：戒之在色，人之百病起于精血妄施，壽命短長，嗣續盛衰，皆係于此。酒易令人沉溺，其蕩情耗氣，肆言失容，為害不減于色。無是二者，則耳目聰明，血氣調暢矣。

清・馮兆張《馮氏錦囊秘錄・雜症痘疹藥性主治合參》卷六 酒釀品類極多，醇醨不一，惟米造者入藥。《經》云：酒者，(熱)〔熟〕穀之液，其氣悍，大寒凝海，惟酒不冰，明其性熱，獨冠群物。然製藥用之者，藉其行藥勢更捷。若病在四肢筋骨痛風之症，必仗酒力方能横行經絡開發宣通耳。若人飲多，則體弊神昏，其有毒故也。昔三人冒露遠行，一人飽食，一人飲酒，一人空腹，空腹者死，飽食者病，飲酒者健。此酒勢禦寒，辟邪惡毒氣之效。然少服，和暢血脉，辟邪禦寒有益，多服助火亂性為殃。若服丹砂、鍾乳諸石藥者，並不可長用，蓋酒能下引石氣，四肢滯血化為癰疽。

《靈樞》曰：酒者，水穀之精，熟穀之液也。其氣剽悍，入於胃中則胃脹，氣上逆滿於胸中，肝浮膽横，比於勇士，不知避之。然造非一等，名亦多般，惟糯米麵麯者為良，能引經，行藥勢最捷。辛者能散，通行一身之表，極至高巔頂之分，甘者能緩居中，苦者能降而下，淡者竟利小便而速下也。熱飲傷肺，溫飲和中。少飲有節，養脾扶肝，駐顏色，榮肌膚，通血脉，厚腸胃，禦霧露瘴氣，敵風雪寒威，和暢諸經，善助藥力。諸惡毆，百邪辟，消愁遣興，揚意宣言。若恣飲則助火亂性，脾因火而困怠，胃因火而嘔吐，心因火而昏狂，肝因火而善怒，膽因火而忘懼，腎因火而精枯。爛胃腐腸，蒸筋潰髓，發怒助慾，散精耗血，相火妄炎，肺金受爍，生痰咳嗽，吐血勞傷。且人之戒早飲，而不知夜飲更甚，醉飽就枕，熱擁三焦，損心傷目，且夜氣收斂，而酒復以發之，久則精滋耗竭，輕則癱瘓痼疾，甚至傷神減壽，為禍不小。倘入藥共釀，則主治各異。薑酒療厥逆客忤，紫酒理瘛瘲偏風，葱豉酒解煩熱而散風寒，桑椹酒益五臟以明耳目，狗肉汁釀酒大補元陽，葡萄肉浸酒甚消痰癖，牛膝乾地黄酒滋陰衰，枸杞仙靈脾酒扶陽痿。又(等)〔云〕：社酒，指納嬰兒口中，可令速語。口含噴屋四壁，堪逐蚊蠅。燒酒散寒破結。然燥金耗血，敗胃傷膽，損人尤甚。糟罨跌傷，行瘀止痛，亦毆蛇毒，仍龠凍瘡。

主治痘疹合參：通血脉，行諸經。凡痘瘡解毒藥，行表藥，行血藥，欲除潤下之性者，必借此浸洗炒，以通行一身之表，但多服發癢助火，戒之。

清・张璐《本經逢原》卷三 酒糟，燒酒。辛、甘，大熱。新者有毒，陳者無毒。味甜者曰無灰酒，方可入藥。發明：酒嚴冬不冰，其氣悍以侵明，其性熱而升走，醉後則體軟神昏，振寒戰慄。《本草》止云有毒，不知其溫中發熱近於相火也。酒類多種，醞釀各異，甘苦懸殊。甘者性醇，苦者性烈。然必陳久為勝。其色紅者，能通血脈，養脾胃。色白者，則升清氣，益肺胃。至於扶肝氣，悅顏色，行藥勢，辟寒氣，其助火邪、資痰濕之性則一。醉當風臥成惡風，醉浴冷水成痹痛，醉飽飲水成癖積，皆宜切慎。〇豆淋酒以黑豆炒焦，紅酒淋之，破血去風，治男子中風口喎，陰毒腹痛，及小便尿血，婦人產後一切諸證。〇燒酒，一名火酒，又名氣酒，與火同性，得火則然。其治陰寒腹痛最捷，然臭毒發沙，誤用立斃。又入鹽少許，治冷氣心痛，下咽則安。其性大熱，與薑蒜同飲，令人生痔。〇糟性最助濕熱，病水氣浮腫，勞嗽吐血人忌食。惟罨撲損，行瘀止痛，及浸水洗凍瘡，傳蛇咬、蜂叮毒有效。

清・汪啟賢等《食物須知・諸酒》 諸酒 蓋酒味苦、甘、辛，氣大熱，有微毒。釀非一等，糯米、粟米、秫米、黍米並可釀酒。名亦多般。醇酒、清酒、白酒、黃酒、臘八酒、清明酒、菉豆酒、羔兒酒，如此多名，不能盡述。惟糯米麵麯者為良，能引經行藥勢最捷。因走諸經不止，稱與附子同功。味辛、甘、苦相殊，治上、中、下分用。辛者能散，通行一身之表，直至極高頂頭。甘者能緩，居中。苦者能下。淡則竟利小便而速下也。少飲有節，養脾扶肝，駐顏色，榮肌膚，通血脈，厚腸胃，禦霧露瘴氣，敵風雪寒威，諸惡立驅，百邪竟辟，消愁遣興，揚意宣言。雖然佳醞常稱，猶有狂藥別號。若恣多飲，能助火，則亂性情，損身，爛胃腐腸，蒸筋潰髓，傷神減壽，為害匪輕。儻入藥共釀，凡主治又異。　薑酒，療厥逆客忤。　紫酒即豆淋酒，理瘓瘲偏風。　葱豉酒，解煩熱而散風寒。　桑椹酒，益五臟以明目黑鬚。　狗肉汁釀酒，日飲，大補元陽。　葡萄肉浸酒，時嘗，堪消痰癖。　牛膝地黃浸酒，更妙，漸滋陰扶衰。　枸杞仙靈脾酒，尤佳，扶陽。　社酒，亦有小能。指納嬰兒口中，可令速語。口含噴屋四壁，堪逐蚊蠅。按：大寒凝海，惟酒不冰。因性熱多，獨異群物。丹溪亦曰：酒乃濕中發熱，近於相火，醉後戰慄，即此可知。正所謂惡寒非寒，明是熱證然也。性卻喜升，氣必隨輔，痰壅上膈，溺澀下焦。肺受賊邪，金體大燥，寒涼恣飲，熱鬱。熱鬱於中，肺氣得之，尤大傷耗。其始也，病淺，或嘔吐，或自汗，或瘡疥，或鼻皶，或泄痢，或心脾痛，尚可散而出也。其久也，病深，或為消渴，為內疸，為肺痿，為痔漏，為鼓脹，為黃疸，為失明，為吼喘，為癆嗽，為吐衄，為癲癇，為難治之病。倘非具眼，未易處治，養生者可不謹乎！

清・浦士貞《夕庵讀本草快編》卷三　酒《別錄》　附：燒酒　酒，就也，所以就人之善惡也。穀麥諸物俱可釀造，入藥惟糯米醇清者佳。古云酒之清者為聖人，酒之濁者為賢。　酒雖天之美祿，其性暴烈，至寒不冰，明其熱也。況其味辛能散，苦能下，甘緩能和，而為群藥引經助勢之梟劑。若少飲冷飲，則溫中順肺，行氣和血，壯神禦寒，消愁遣興。邵堯夫所謂美酒飲教微醉後是也。若早晚無度，則傷神損壽，助火亡精，生痰致濕，潰髓腐腸。朱文公所謂以醉為節可也。至於沉湎酣歌，縱橫暴虐，輕則敗行延疾，甚則喪軀亡家，其害可勝言哉？　故大禹疏《旨酒》，周公著《酒誥》，為世規箴，信夫！至於燒酒蒸滴而成，得火即然，熱毒之甚者也。其味辛甘，升陽發散；其氣燥烈，勝濕祛寒。故能開怫鬱而消沉積，通膈噎而散痰飲，瘴瘧冷痛並可立愈。況辛先入肺，和水則抑使下行，通調水道而小便長白。盪熱則燥金耗血，大腸受刑而便圊閉結，是以少則和，多則損也。若夫暑月飲之，汗出而膈快身涼，赤目洗之，淚出而腫消紅退。此又從治之法，不可不知爾。

清・姚球《本草經解要》卷四　酒　氣大熱，味苦、辛、甘，有毒。主行藥勢，殺百邪惡毒氣。　酒氣大熱，稟天純陽之氣，入手少陽相火三焦經。味苦辛甘，有毒，得地火金土之味。燥烈之性，入足陽明燥金胃土、手陽明燥金大腸經。氣味升多於降，陽也。純陽之性，走而不守，故行藥勢。氣熱助陽，味辛甘則發散，所以殺百邪惡毒氣也。　製方：酒浸淫羊藿，治腰痛。浸牡荊子，治耳聾。

清・葉盛《古今治驗食物單方》　酒　蛇蟲毒蜂，酒淋洗咬處，良。　痔瘡，掘地作小坑，燒赤，以酒沃之，納吳茱萸在內，坐之，不過二度愈。　冷氣心痛，燒酒入飛鹽飲，即止。　嘔逆不止，乾燒酒一杯，新汲水一杯，和服即愈。　寒濕泄瀉，以乾燒酒飲之，即愈。　風牙蟲痛，燒酒浸花椒嗽之。

清・黃元御《長沙藥解》卷二　黃酒　味苦辛，性溫。入足厥陰肝、足少陽膽經。行經絡而通痺塞，溫血脈而散凝瘀。善解凝鬱，最益肝膽。《金匱》鱉甲煎丸方在鱉甲。治久瘧結為癥瘕。紅藍花酒，方在紅花。治婦人諸風，腹中血氣刺痛。並用之，以其通經而行血也。《傷寒》炙甘草湯方在甘草。當歸四逆加茱萸生薑湯方在茱萸。《金匱》腎氣丸方在地黃。赤丸方在烏頭。薯蕷丸方在薯蕷。大黃䗪蟲丸方在大黃。膠飴湯方在膠飴。當歸芍藥散方在當歸。白朮散方在白朮。下瘀血方在大黃。土瓜根散方在瓜根。諸方皆用之，取其溫行藥力，引達經絡也。　黃酒辛溫升發，溫血脈而消寒澀。陽虛火敗，營衛冷滯者宜之。尤宜女子，故胎產諸方多用黃酒。

清・黃元御《長沙藥解》卷三　白酒　味辛，氣溫。入手太陰肺經。開胸膈之痺塞，通經絡之凝瘀。《金匱》栝蔞薤白白酒湯，栝蔞薤白半夏湯二方在栝蔞。並用之以治胸痺心痛，以其開瘀而消滯也。　酒性辛溫宣達，黃者重濁而走血分，白者輕清而走氣分，善開閉塞而行經絡，暖寒滯而止痛楚，故能治胸痺。今之燒酒，與此證甚宜，用以代之，效更捷也。

清・吳儀洛《本草從新》卷四　酒（宣，行藥勢。）　大熱，有毒。辛者能散，苦者能降，甘者居中而緩，厚者尤熱而毒，淡者利小便。用為向導，可以通行一身之表，引藥至極高之分。熱飲傷肺，溫飲和中。少飲則和血行氣，壯神御寒，辟邪逐穢，暖水臟，行藥勢；　過飲則傷神耗血，最能亂血，故飲之身面俱赤。損胃爍精，動火生痰，發怒助欲，致生濕熱諸病。相火上炎，肺經受爍，致生痰嗽。脾因火而困怠，胃因火而嘔吐，心因火而昏狂，肝因火而善怒，膽因火而忘懼，腎因火而精枯，以致吐血、消渴、癆損、蠱膈、癰疽、失明，為害無窮。汪穎曰：　人知戒早飲，而不知夜飲更甚。醉飽就床。熱壅三焦，傷心損目。夜氣收斂，酒以發之，亂其清明，勞其脾胃，停濕動火，因而致病者多矣。景岳曰：　酒成於釀，其性則熱，而質化為水，其質則寒。陰虛者飲之則傷陰，陽虛者飲之則敗陽。故或致血不養筋則為中風，或致傷脾則為痰飲瀉痢，或濕熱上浮則為喘汗鼻淵，或流於筋骨則為瘛瘲疼痛，或致動血傷精則為勞損吐衄，或致傷肌腐肉則為爛瘡痔漏，其人積漸日久而成水鼓者則尤多也。燒酒，散寒破結。損人尤甚。醇而無灰，陳久者佳。畏枳椇、葛花、赤豆花、綠豆粉、鹹鹵。得鹹則解，水制火也。

清・汪紱《醫林纂要探源》卷二　酒　辛，熱。麯釀米化而成，所謂從革作辛也。凡穀皆可釀，南方多用粳稻，北方雜用之，惟秬黍酒為最。味有辛苦甘，敗則酸，辛者散，苦者燥，甘者緩，酸者不可飲。而要之皆有辛味。散則急，燥則烈，緩則守，酸則悖，而要之其氣皆熱。散水和血行氣，壯膽辟邪，辛以補肝之用。暖腎興陽，辛以潤腎。發汗，行藥勢，達肌表，禦寒氣。辛以瀉肺。多飲傷氣，瀉肺之過。助怒，損腸胃，補肝之過。助房慾，損精昏神，潤腎，補命火之過。積熱鬱濕，生痰，致病多端矣。凡吐血、反胃、痔漏、咳嗽、消渴、癰疽諸症，皆酒之為害也。況酗酒亂德而生禍乎？

清・嚴潔等《得配本草》卷五　酒即米酒。　畏枳椇、葛花、赤豆花、綠豆粉。忌諸甜物及乳同食。　辛、甘，大熱。行十二經絡。通血脈，利筋骨，溫腸胃，潤皮膚，引藥勢上行。少飲則和血行氣，壯神禦寒，辟邪逐穢。過飲則傷神耗血，損胃爍精。　配生地汁，治產後血秘。　怪症：　飲酒不醉，片刻不飲則叫號不已，弗與飲食，取辣酒一罎，就病人口邊打開酒罎，使酒氣衝入病人口中。病者欲飲，切不可與。須臾，吐出一物，直下罎底。用紙封好，火煨酒乾一半，開視之，如猪肝，四面有孔，棄之江中。

題清・徐大椿《藥性切用》卷六　米酒　酒溫中禦寒。紅酒，活血行經。白酒，化氣通絡。味有辛甘微苦，性皆溫熱，爍陰溫陰，少飲則活血壯神，禦寒辟穢。冷飲多飲則積濕傷神，生痰動火，至耗氣損陰，為害不可勝言，養生家宜慎之。

清・黃宮繡《本草求真》卷七　酒通經活脈辟穢。　酒耑入脾胃與表。　性種類極多，然總由水穀之精，熟穀之液醞釀而成，故其味有甘有辛，有苦有淡，而性皆主熱。弘景曰：　大寒凝海，惟酒不冰，明其性熱，惟冠群物。　入胃則氣逆，上壅滿胸，則肝浮膽橫，等於勇士，不可遏矣。若引經用為嚮導，則其勢最速，辛則通身達表，引入至高巔頂之分。火氣上炎者忌。　甘則緩中，熱鬱寒滯者忌。苦則降下，氣衰血弱者忌。　淡則通利小便而速下也，水衰血枯者忌。　熱酒傷中，溫飲和胃，怡神壯色，通經活脈。且霧露嵐瘴，風寒暑濕邪穢，得此亦可暫辟。《博物志》云：　王肅、張衡、馬均三人冒霧晨行。一人飲酒，一人飽食，一人空腹，空腹者死，飽食者病，飲酒者健。此酒勢辟惡，勝於作食之效也。若恣飲不節，則損胃爍精，動火生痰，發怒助慾，濕熱生病，殆不堪言。震亨曰：　本草止言酒熱，而有毒不言，其濕中發熱，近於相火，醉後振寒戰慄可見矣。又性喜升，氣必隨之。痰鬱於上，溺濇於下。恣飲寒涼，其熱內鬱，肺氣大傷，其始也病淺，或嘔吐，或自汗，或瘡疥，或鼻齄，或泄利，或心脾痛，尚可散而去之。其久也病深，或消渴，或內疸，或肺痿，或鼓脹，或失明，或哮喘，或癆瘵，或癲癎，或痔漏，為難名之病，非其眼未易處也。　至於夜飲，更屬不宜。蓋夜氣主收斂，氣密則固，若用酒宣發，醉飲就枕，熱壅三焦，傷心損目，亂其清明，勞其脾胃，停濕動火，致病甚多。至入藥共釀，合薑則療厥逆客忤，色紫則理瘛瘲偏風，葱豉則解煩熱而散風寒，桑椹則益五臟以明耳目，狗肉汁則大補元陽，葡萄肉則甚消痰癖，牛膝、乾地則滋陰，枸杞、仙靈皮則扶陽痿等。社酒指納嬰兒口中，可令速語。噴屋及壁，則逐蚊蠅。燒酒則散寒結。然燥金涸血，敗胃傷膽。水酒藉麯釀醞，其性則熱，酒藉水成，其質則寒。少飲未至有損。多飲自必見害。如陰虛酷好，其臟本熱，加以酒熱內助，其熱益增，不致逼血妄出不止。陽虛酷好，其臟本寒，加以酒寒內入，其害益甚，不致飽脹吞酸吐瀉不止。此旨歷無發明，惟景岳於《損傷篇》內極說。　糟罨跌傷，行瘀止痛，亦敺蛇毒，及盦凍瘡，醇而無灰、陳久者良。畏枳、葛花、赤豆花、綠豆粉、鹹鹵。得鹽則解，以水制火意。

清・李文培《食物小錄》卷下　黃酒　甘，溫，微酸，有小毒。性陽升，祛風寒，活血脈，助氣。腸風下血人不宜飲，助濕熱。多飲亦傷精氣。凡酒各處所產，味有厚薄，質有濃淡，如江浙會泉尋酒、百花木瓜、紹興玉蘭、江右之丁坊，名雖各異，功用略同，然有有灰、無灰之別耳。　白酒　甘，溫，性升散。助氣，和血脈，醒脾胃，補中氣，亦助濕熱。色白無灰，糯米之脂汁也，如江右之水酒、江左蜜酒、江蘇之三白、浙之水白酒是也。　豆〔淋〕酒　甘，溫，辛，酸，有小毒。　諸酒皆能亂性，養生者宜少飲。予嘗見嗜酒者醉後，或相爭鬥，或遭跌仆，輕則損折手足，重則傷生殞命。酒原不過陶情遣興而已，何必務醉而辱，願我同人節飲之為貴。《論語》云惟酒無量不及亂，斯言誠可味也。

清・楊璿《傷寒溫疫條辨》卷六熱劑類　米酒　味甘、辛、苦。大冰凝海，唯酒不凍。陽中之陽，過則傷人，少則養氣和血，大有補益。入口下嚥，上至天，下至泉，內藏府，外皮毛，無處不到，能引諸涼藥至熱所，敺逐邪氣外散，尤為溫病聖藥。《易》曰火就燥是也。

清・羅國綱《羅氏會約醫鏡》卷一七穀部　酒味苦、甘、辛，熱，有毒，入肺胃二經。　酒者水穀之精，其性烈，其氣悍，無所不至，暢和諸經，善助藥力。以之製藥，取其行捷。病在四肢筋骨，使能橫行。少飲和血益氣，壯神禦寒，辟邪逐穢，遣興消愁。過飲則傷神耗血，損胃爍金，發怒縱慾，生濕熱痰嗽，且成痰膈，助火亂性，諸病萌焉。脾因火而困倦，胃因火而嘔吐，心因火而昏狂，肝因火而善怒，膽因火而忘懼，腎因火而精枯，以致吐血、消渴、勞傷、癱疽、失明，甚則減壽夭喪，為害無窮，可不戒哉！　醇而陳者良。畏葛花、赤豆花、綠豆粉、鹹鹵。得鹹則解，水制火也。　燒酒雖能燥濕散寒，而耗精燥血，損人尤甚。

清・黃凱鈞《藥籠小品》　酒　溫熱經，甘者滿中，淡者利小便，用為向導，可以通行一身之表，引藥至極高之分。熱飲傷肺；冷飲傷胃；少飲和血壯神，禦寒辟邪；過飲亂神耗血，損胃生濕痰，助慾火，為病百端。無灰酒入藥，火酒燥烈尤甚，不可多飲。葛花、菉豆，能解酒毒。

清・章穆《調疾飲食辯》卷二　各種酒　凡酒皆活血，而蘆粟及稷、黍之酒反滯血。凡酒皆利氣，而莜麥及諸豆酒反壅氣。凡酒皆熱，而隔年酵酒尤熱。俗名酒娘，酒之未下水者。味雖甘美，性則酷烈，飲之令人喉舌乾燥，多飲則腹痛、溺血。若今時所尚各種老酒，大率醲厚，加以辛熱香竄之藥，助火刼陰，損神耗氣，倍於常酒。又紹興酒，最為時尚，其味酸不成酸，澀不成澀，飲之令人頭痛、口乾，麴性之毒烈可知矣。山西之汾酒，則又甚焉。又浙紹一種玉蘭酒，一種會泉酒，暨吾江右之丁坊酒，雖味俱甘美，而性皆酷烈。又有一種金華酒，又名東陽酒，味極甘美。酒乃淨酵，《食物本草》曰：入藥最佳。然口乾、頭痛，傷血之害，亦如吾鄉之隔年酵酒。金華，即古蘭陵也。李青蓮詩所謂蘭陵美酒鬱金香者，徒以其氣味耳，其性必不良也。入藥之言，為北方專飲燒酒，無水酒處言之也。至於射洪酒，擅名天下，云夏月飲之，可以解暑，明人詩曰：六月江干冰雪涼，射洪春酒鬱金香。自從筇竹通西夏，漢使年年出夜郎。蓋此酒造法，傳自西夷，漢武帝用事西南，而大宛、月氏、筇笮、康居，一時盡通中國，自博望侯始，故詩云爾也。然天下未有性涼之酒，或以夏月伏陰在內，少飲不至大醉，稍覺適然耳。今嗜燒酒者，亦有解暑之說，亦猶是也。又若秦、蜀之咂嘛酒，晉、趙之襄陵酒，山東之秋露白，淮南之綠豆酒，燕冀之薏苡酒，金陵之瓶酒，蘇州之小瓶酒，處州之金盆露，皆載籍所傳，均未之見。即如建昌之麻姑酒，近在跬步，亦未獲沾唇，一以生平未出戶庭，故見聞弇陋；一以量不勝蕉，故見如未見。總之，此物功過各半，損益兼行。造法雖多，均之熱毒。為病人謀，莫如倣漢賜丞相上樽酒法，糯為上，稷為中，粟為下。設地處偏方，病人嗜酒，而酒不宜病，則惟略和以熱水，使厚者薄，醇者醨，是調劑之良也。試觀隔年酵酒，少飲亦熱，倘以熱水洽為酒湯，即至醉亦無害，是可以得酒之理矣。然獲罪醉鄉主人不小矣。

醫書所載可以治病之酒，又有多種，摘錄於左。

五加皮酒：用五加皮煎濃汁釀酒，主一切風濕痿痹，壯筋骨，加懷牛膝更佳。　天門冬酒：造法同上。主陰虛勞損，老人痰嗽。　地黃酒：造法同。主補精血，壯筋骨。中滿者勿服。或用地黃石臼內搗爛浸酒，亦佳。　枸杞酒：造法同。主陽虛陰痿，精寒無子。或加地黃，或加桂。便溏忌用。　當歸酒：造法同。主補血虛，行一切血滯。便溏忌用。　黃精酒：搗爛煮汁釀酒，補益虛羸，調和血氣。性無所偏，百病不忌。　龍眼酒：主思慮傷脾，鬱怒傷肝。與龍眼粥不同。此有酒力，故補而兼行；彼加穀味，故一於補。氣滯痛脹者微加木香，肝脾有火忌用。　巨勝酒：即脂麻，每一升炒研，同生地黃三兩，搗爛煮酒。主血虛風癢，及老人津枯便閉，乾欬無痰。　柏子仁酒：炒研去油浸酒。主心脾血少，夜不安神，怔忡，盜汗，肌膚消削，眼倦無神。龍眼、麥冬、炒棗仁俱可隨症加用。　蜜酒：用沙蜜煉熟，和酒飲，主風瘮、風癬，肌膚枯燥。或加猪脂尤妙。肺熱忌用。　海藻酒：洗淨煮酒頻飲，勿令酒氣間斷，主益陰利血，散結消癭。凡人身上有結核者，不拘痛與不痛，潰與未潰，均宜飲之。　菊花酒：或煮酒，或煮汁釀酒。主去頭風眩運，明目，除痿痹。　松液酒：用嫩黃松香煮酒，頻飲，勿令酒氣間斷。主一切大風頑痹，脚氣不仁。松毛主眉髮脫落，松節主骨節痛風。　槐枝酒：用嫩槐枝，或根皮，或青葉煮酒熟，另以槐實炒香為末投之，頻飲。主遠年便血，大風痿痹。加地榆、生地黃、何首烏俱可。　木瓜酒：用木瓜蒸熟煮酒。主補肝脾，舒筋攣，利腰脚，治轉筋。病愈即止，不宜久服。　柏葉酒：主風痹，歷節疼痛加松節。又主遠年便血，加槐實、地黃。　茴香酒：主肝、脾、腎三經血凝氣滯，胸脇腰腹脹滿，刺痛，脚氣攻心，疝氣偏墜。　木香酒：主胸腹脹滿，一切氣滯不行，研末浸酒。　縮砂酒：用砂仁研粗末浸酒。主和胎氣，除心腹痛，消食積。此與木香均不宜煮。　椒酒：用川椒浸酒，不宜多，當使有椒氣而無椒味。主冷氣刺痛，胸腹脹滿。　橘紅酒：用廣陳皮浸酒，主一切氣病。此物與酒相宜，《墨娥小錄》曰：凡人家喜慶親友饋酒，其味酸甜不一。雜貯之則酒敗，以橘皮一二兩，煮熱浸之，俱變為甘美。　蓼酒：用蓼汁釀酒，不宜多。主中寒脾胃不健，飲食減少，胸腹刺痛。　金銀花酒：用連葉金銀花無花專用葉煮酒，鮮者尤佳。主一切奇瘍惡毒初起，服之則立消。已成膿，服之則易潰、易斂。古方同甘草煮酒，為外科起死回生之聖藥。宜多飲，令酒氣不斷，病愈為度。若用水煎，則力緩無濟。但其味太甘，病人不能多飲者，可略用鹽、醬、小菜下之。　冬菊花酒：此乃小朵菊花，非前之菊花也。有黃、白二色，俱可用，白者為勝。花開獨晚，至冬猶不絕，故名冬菊。山居者，用鹽醃可以點茶。性能治一切惡疔初起，濃煮酒，飲至盡醉，渣敷患處立消，外科救命仙丹也。無花用葉、用根俱驗。　豆淋酒：黑豆三升炒焦，以酒五升盪熱沃之。主中風困篤，口噤口喎，背強瘛瘲，目眩頭旋。又主產後瘀血。均須飲酒盡量，溫覆取微似汗，極效。　麻仁酒：用火麻子炒研煮酒，主藏燥便難。或加皂角子，炒研同煮。又主骨髓風毒痛不能動。　紅麴酒：研末煮酒，主腹中積血，及婦人產後淤血不行。加桂亦可。　花蛇酒：主諸風頑痹，疥癩惡瘡，癱瘓攣急。　蚺蛇酒：每蛇一斤，同羌活四兩煮酒。主諸風攣痹不仁，大風惡疾，歷節痛風。　虎脛骨酒：炙黃，研極細，絹包煮酒。主歷節風痛，膝脛無力。加故紙、肉桂，主腎虛，膀胱寒痛。平素肺熱者忌用。　羊羔酒：用嫩肥羊煮如糜，攪酒飲。主陽虛，脾胃不健，肌肉消減，又主婦人產後蓐勞。平素有風損、瘡疥人，切不可用，無徒羨黨家風味也。

右諸酒，古方所載，殆千百種。此書為病人飲食而作，故與前諸粥皆取氣味與飲食相近者錄之。如五加皮、地黃、天冬、黃精、龍眼、當歸、巨勝、枸杞、蜜酒之類，無病人飲之，亦有裨益。其辛酸苦劣諸物，雖各有治病之功，然是藥方，非飲食也，概不列。又凡可入粥者，均可入酒，入酒者，亦可入粥。大抵欲行須酒，欲守須粥，入血宜酒，入氣宜粥，因病而變通之可也。

清・章穆《調疾飲食辯》卷二　酒　北人呼為南酒，亦曰白酒。吾鄉則呼水酒。《綱目》曰：清者曰釀，濁者曰盎；厚者曰醇，薄者曰醨；重釀曰酎，一宿曰醴；美曰醑，未榨曰醅；色紅曰醍，綠曰醽，白曰醝。凡一切草木穀果之實無油者，均可釀酒。入藥暨病人飲，糯米為勝。能宣布藥力，通行經絡，活血和營，上行頭頂，外達皮膚，旁通四末。平時嗜飲，病時惡飲，病斯劇矣。若稍稍思飲，則劇者生矣。蓋酒人以酒為命，病中思飲，即如不飲者之思粥飦，切勿禁之，但宜節耳。又單飲醇酒取醉，能治馬汗入瘡。此症最惡，凡患瘡毒，一觸馬汗氣，立時腫痛倍加，或搐搦不省人事，不急救有死者。若猘犬傷，則最忌酒，《肘後方》云：能戒一年乃佳。若被蛇咬，宜以冷酒淋洗。出《廣利方》。若卒遇大驚而死，急以熱酒灌一二盃即甦。出《急救方》。

若其腐腸亂性，助濕生蟲，甚且敗國亡家，招尤起禍，則古人戒之屢矣。詩歌既醉，書謹德將，不俟醫家繁喙也。至若李氏《綱目》云天之美祿，濁俗俚言，見於何典。操觚著述之儒，乃掛諸齒。是猶孔北海之手薦，導人沉湎，烏可訓乎？

淡酒：酒人喜濃，而醫家有用淡之法。其性極利小便，凡小便不利，及腹中有積水者，以甘淡酒盪至極熱，乘熱儘量飲之。酸者慎不可用，不熱慎不可飲。初覺脹滿，少頃盡從小便而出。酒去，腹中之水亦隨以去，與啜熱稀粥無二理，均妙方也。此法杏雲屢用得效，及閱《東垣十書》，見王海藏云淡酒能利小便而速下，則已先得我心矣。然范汪《東陽方》治水腫，已有用薄酒之法，則海藏之言，蓋有所本也。但須下水本多，醞釀日期滿足。若臨時攙入生水，及下水纔一二日醞釀未到者，反能敗脾作泄，切不可用。

淡酒稀粥說：或問：淡酒、稀粥之利小便固已，設用稠粥、釅酒，亦有濟乎？曰：不能。《內經》曰：膀胱者，州都之官，津液藏焉，氣化則能出矣。凡飲食入腹，自咽喉以至大腸，皆有其入之之路，獨膀胱只有下口，可決而出，無上口不能受以入。設有上口，則清濁一齊傳入，水穀何自而分乎。故飲食初入胃中，傳至幽門胃之下口與小腸相接處，而下小腸，此二處水穀猶未分也。再傳而下至闌門小腸之下口與大腸相接處，其地前當臍，後當兩腎之中，人身陽氣發源於此，此處之熱過於釜甑，穀被蒸而腐化，入大腸為乾糞，水被蒸則化為升騰之氣透出小腸，而布於三焦。人身大腔子，包羅藏府之軀殼，統名三焦。氣既上騰胸脇間，如春夏時之地氣，溟濛翳塞，故曰上焦如霧也。至中焦，則積上、中兩焦之熱氣，其氣更熱、更濃，凡軀殼之內，藏府之外，受此熱氣，皆津津若汗珠，氣復化為水也，故曰中焦如漚。漚者，水面浮泡，即形容汗珠之狀也。至下焦，則積上、中、下三焦之熱氣，是又不僅如汗珠，而如汗之淋漓直下，故曰下焦如瀆。瀆者，江河之總名，水流之道也。此處正當膀胱之外，脂膜如絮，可以受如瀆之水，此脂膜即脂也，惟其能受水，故售猪、羊脂者，以水淋之則倍重。民火又蒸之，總一腎中，陽氣分立，心為君火，腎為相火，膀胱為民火。諸各色者，便於指稱耳。於是氣化之水，復化為氣，滲入膀胱，出前陰而為小便矣。然則小便不利，由民火不旺，故不蒸，不蒸故聚脂之水不能化氣，膀胱既無上口，溟濛之氣可蒸而入，如瀆之流何自而入乎。不入膀胱，何自而出乎是小便者。本由飲水入胃，傳至小腸，受腎火之蒸，化氣而出，復為軀殼所遏，如霧之氣不得洩，又化為如漚、如瀆之水，而聚於脂，再受民火之蒸，復化為氣，始透入膀胱而為小便。故曰：州都之官，州都者，三焦之水悉聚於脂，有通都總匯之象。津液藏焉，藏者，脂能盡受三焦之水，有包藏含蓄之象。氣化則能出矣。民火能蒸，聚脂之水則能復化為氣，入膀胱而出前陰也。今以淡酒、薄粥入胃則水多，水多則迫，以不得不歸小便之勢且也。穀氣助而胃氣驟長，熱氣助而火氣倍增，則無慮其迸入大腸而為泄瀉，是又迫以不得不蒸之勢，而膀胱之化，雖欲不速於平日，不可得矣。若稠粥，但益脾胃而果腹，且易飽不能多食；釅酒，但活血脈而通經，且易醉不能多飲。均之，水少與膀胱無涉，安望其氣化速而小便多也。此經文氣化能出精而又精之理。杏雲為中人以下說法，煞費苦心，學者幸毋渾圇讀過也。

清・王龍《本草纂要稿・穀部》 酒 味苦辛而熱。少飲有節，養脾扶肝，駐顏色，榮肌膚，通血脉，厚腸胃。禦霧露瘴氣，敵風雪寒威。諸惡立驅，百邪竟辟。雖然佳醞常稱，尤有狂藥別號。能引經行藥，(真)〔直〕走諸經。

清・熊叔陵《中風論》 夫人益衛氣之法，多主用酒。《靈樞》謂飲酒者，衛氣盛，先行脈絡，後行經絡，是以知有何脈之動。今驗之人事，凡飲酒者，懦夫有強毅之氣，愚夫有明決之氣，笨人有輕便之氣，靜者好動，嚅者多言，此皆緣衛氣先盛，則知覺運動迥異於常耳。是以扁鵲對齊桓侯有酒醪之語。然則欲益衛氣，正不必戒酒，但不可太過，太過反耗氣，不可太熱，太熱反生病。宜別圖浸酒之法。紹酒乃馬蓼麯所作，馬蓼麯性剋削，能蕩滌腸胃，非過食油膩者不能受。燒酒雖熱，然是水中之火，故為佳，但不宜多飲耳。蓋天地無全功，聖人無全能，是在養生者宜自為斟酌也。揚州有百花酒甚佳，京都史國公酒亦佳。

吳鞠堂曰：酒性入腦，且又辛熱，勿服為佳。中風症衛氣慓悍，以禁用為妥。史國公酒過於溫升，尤忌之。兼佐潤血藥浸酒則有益。

清・吳鋼《類經證治本草・足厥陰肝臟藥類》 醇酒 【略】誠齋曰：味辛者能散，苦者降，甘者和，厚者熱，淡者利小便，隨方取用。凡酒空心飲，必患嘔逆；醉入房，必患淋。陳者良。

清・楊時泰《本草述鉤元》卷一四 酒 入藥佐使，專用糯米，以清水白麪麴所造為正。以蘗造者，止是醴，非酒也。酒則用麴，醴則用蘗，氣味相殊，治療當異宗奭。古人造麴，未入諸藥，所以功力和厚，皆勝餘酒又。入藥用金華酒最佳，其麴惟用麩麪、蓼汁拌造，蓼亦解毒，清香遠達，假其辛辣之力也汪穎。江西麻姑酒，以泉得名，麴有群藥。金陵瓶酒，麴米無嫌而水有鹼，且用灰，味太甘，多能聚痰。山東秋露白，色純味烈。蘇州小瓶酒，麴有葱及紅豆、川烏之類。淮南綠豆酒，麴有綠豆，能解毒，然亦有灰，不美又。山西襄陵酒，薊州薏苡酒，皆清烈，但麴中亦有藥物。黃酒有灰，秦蜀咂嘛酒，用稻、麥、黍、秫、藥麴，小甖封釀而成，以筒吸飲，穀氣既雜，酒不清美，並不可入藥瀕湖。諸藥可造酒者，五加皮、女貞子、仙靈脾、薏仁、天冬、麥冬、地黃、菖蒲、枸杞子、人參、何首烏、甘菊花、黃精、白朮、桑椹、蜜、仙茅、松節、柏葉、竹葉、胡麻、磁石、蠶沙、烏白蛇、鹿茸、羊羔、膃肭臍、黑豆之類，各視其所生之病，擇其所主之藥，入麴米，如常釀法，成後飲之，或袋盛入酒內，浸數日飲之仲淳。

米酒，味苦、甘、辛，氣大熱，有毒。主行藥勢，散百邪惡毒氣。節飲，養脾扶肝，通行血脈，榮養肌膚，行氣壯神，勝寒消愁，禦霧露，辟癖癘。《博物志》載三人冒霧晨行，一人飲酒，一人飽食，一人空腹，空腹者死，飽食者病，飲酒者健，此辟惡之效也。能引諸經，不止與附子相同，緩用為導引，可以通行一身之表至極高分，味淡者利小便而速下好古。大寒凝海，惟酒不冰，性熱獨冠群物，人飲多則體弊神昏，是其有毒故也貞白。酒乃濕中發熱，醉後顫慄，所謂惡寒非寒，明是熱證也。性却喜升，氣必隨輔，痰壅上膈，溺濇下焦，肺受賊邪，金體大燥。寒涼恣飲，熱鬱於中，肺氣得之，尤大傷耗。其始也病淺，或嘔吐，或自汗，或瘡疥，或鼻皶，或瀉痢，或心脾痛，尚可散而出也。其久也病深，或為消渴，為內疽，為肺痿，為痔漏，為臌脹，為黃疸，為失明，為哮喘，為勞嗽，為吐衄，為癲癇，為難治之病，倘非具眼，未易處治，可不謹乎丹溪。人知戒早飲，而不知夜飲更甚，醉飽就枕，熱擁傷心傷目，夜氣收斂，酒以發之，亂其清明，勞其脾胃，傷濕生瘡，動火助慾，因而致病者多矣穎。酒後食芥及辣物，緩人筋骨。酒後飲茶，傷腎臟，腰脚重墜，膀胱冷痛，兼患痰飲水腫、消渴攣痛之疾。一切毒藥，因酒得者難治瀕湖。酒得鹹而解者，水制火也。又畏枳椇、葛花、赤豆花、緑豆粉者，寒勝熱也又。

燒酒，味甘、辛，氣大熱，有大毒。主消冷積寒氣，燥濕痰，開鬱結，止水瀉，治霍亂，瘧疾，噎膈心腹冷痛，陰毒欲死，殺蟲辟瘴，利小便，堅大便，洗赤目腫痛有效。和水飲之，則抑使下行，通調水道，而小便長白。暑月飲之，汗出而膈快身涼。赤目洗之，淚出而腫消赤散，乃從治之方也。有人病赤目，以燒酒入鹽飲之，痛止腫消。蓋燒酒性走，引鹽通行經絡，使鬱結開而邪熱散，亦反治劫劑也。以上瀕湖。能散嚴寒，勝於米酒。冬春寒月，用甘菊湯一盃，米燒酒四盃半，蘇葉、陳皮湯三盃合和，日頻飲之，亦不為害。蓋以甘菊金水之相含者散其熱毒，而陳、蘇助之行氣散寒，不使其留滯腸胃以滋熱也。又按用金水以合於火，則元氣有所始，更有所統，故甘菊入火酒，為行氣之助，不僅解熱而已。燒酒，純陽，毒物也。面有細花者為真，與火同性，得火即燃，同乎焰消。其味辛甘，升揚發散，其氣燥熱，勝濕祛寒，故能開怫鬱而消沉積，通膈噎而散痰飲，治泄、瘧而止冷痛也。辛先入肺，熱能燥金耗血，大腸受刑，故令大便燥結瀕湖。過飲敗胃傷膽，喪心損壽，甚則黑腸腐胃而死。與薑蒜同食，令人生痔。市沽加以砒石、草烏、辣灰、香藥，助而引之，是假盜以刃也，善攝生者戒之以上瀕湖。鹽、冷水、緑豆粉解其毒。

清・葉桂《本草再新》卷七　高糧酒味甘、辛，性熱而燥，無毒。入心、脾、肺三經。行濕消腫，暖胃化寒，破滯理氣，治瀉痢瘧疾，霍亂嘔吐。

木瓜酒：味甘，性溫，有小毒。入脾、肺二經。治血分，活經絡，利小便，走大腸，通經利濕。取其和而能行也。

清・趙其光《本草求原》卷一四穀部　酒　酒類多種，醞釀各異，味亦各殊。甘甜者醇而緩，曰無灰酒；方可入藥。辛苦者熱而散。新者毒，陳久無毒；紅者通血脈，白者升清氣；厚者熱滯，淡者利水，至其扶肝氣，悅顔色。少飲則和血行氣，壯神禦寒，辟邪穢，暖水臟，引藥力上行及走表；過飲則耗血爍精，動相火，傷肺金，生肝怒，長脾痰濕，則諸酒一也。醉當風臥，成惡風；醉浴冷水，成痹痛；醉飽飲水，成癖積；醉飽就床，熱壅三焦，傷心損目，夜氣收斂；醉飲以亂其清明，則濕停傷中，俱宜切戒。酒後食芥及辣物，緩人筋骨；酒後嗜茶，膀胱冷痛，脚氣水腫，攣痛痰飲。

畏枳椇、葛花、赤豆花、緑豆粉，寒勝熱也。得鹹即解。酒性上，鹹潤下，水制火也。按古人惟以麩麪和蓼汁造麯，假其辛辣之力，蓼本解毒，清香，色金黃，飲之至醉，不頭痛，不口乾，不作瀉。用糯米以清水合麪、麯而造，不入諸藥，所以功力和厚。今則麯用群藥，各有不同，故功力各異。

黑豆炒焦，淋酒飲，破血去風，治中風口渴，陰毒腹痛及尿血、產後各病。

焚酒：即火酒，得火則焚。甘、辛，大熱，有毒。勝濕祛寒，故開鬱，消冷積、冷痛，入鹽飲之。通膈噎，散痰飲，止瀉瘧，陰毒，殺蟲，辟瘴，皆勝濕之功。利小便，和水飲，使之下行。堅大便，熱能燥金耗血。目赤腫痛。入鹽飲之，能引鹽通行經絡，使鬱結開而邪熱散。而鹽又即抑之以下降，是先誘之，而後奪之也。兼洗之良。與薑、蒜同食，令人生痔。和甘菊、蘇葉、陳皮湯飲，則散寒兼行氣，濕熱不留於腸胃，是用金水以合於火，使元氣有所統也。妙！妙！高粱酒功同。又治霍亂嘔吐、止痢。

浙江紹酒：白麪、白糯米釀成。但有蜆灰，少益人，不若家釀糯米酒，不犯藥物，又無灰，溫中益氣。粵中客家黃酒：以家麴自釀，糯米尤佳，比金華酒更勝。木瓜酒：甘，溫。活血絡，利小便，走大腸，通經利濕。

金華酒：即東陽酒，用麪、麯、蓼汁拌造，假其辛辣之力、解毒之性為之。雖少酸，而清香遠達，色黃瑩徹，飲之並不頭痛口乾，因其水重於他水，得水土之美也。江西、浙江等處麻姑酒，用百藥制麯而造，殊不足尚。紅麴酒：大熱，有毒。破血，辟山嵐寒氣，治跌打。但發脚氣、腸風下血、痔瘻、哮喘、咳痰飲人均忌。暹羅酒：用檀香等三蒸而成，酒力極大，價極貴，去積殺蟲極驗。家浸緑豆酒：久則色清味純，升清解毒。但服溫補藥飲之則減力。惟和糯米釀成則暖胃扶脾。用黑豆釀成者，更能治產後百病，去風升陽。 杞子酒： 補虛損，去勞熱，健腰膝，止肝虛目淚。 菊花酒： 去頭風，明耳目，去痿痹。 葡萄酒： 補氣調中，而性熱。 桑椹酒： 補五臟，明耳目。 桑寄酒： 祛風濕，益筋骨，安胎補血。 凡酒甜而有灰者，皆能聚痰傷脾；味太辛者，皆令人頭痛口乾。過飲則相火妄動，肺金受灼，由是痰嗽、困倦、嘔吐、昏狂、善怒、喘衄、精枯，無所不至矣。

清·文晟《新編六書》卷六《藥性摘録》 酒 甘苦辛，濇。酸淡不一，其性皆熱，有微毒。行藥勢，殺百邪惡毒，通血脈，禦風寒霧氣。小飲良，過飲則有害。 餘詳藥性。〇酒糟，消食，除冷氣。有火熱病勿用。

清·文晟《新編六書》卷六《藥性摘録》 酒 種類甚多，性主熱，入脾胃與表。 通經活絡，辟穢。若引經，用為嚮（道）〔導〕，其熱最速。且霧露風寒，暑濕邪穢得此，亦可暫辟。 無灰，陳久者良。畏枳椇、葛花、鹹鹵、赤豆花、綠豆粉。 〇燒酒散寒結，然燥金涸血，敗胃傷膽。〇水酒，性熱質寒。〇少飲未見有損，多飲均必見害。〇酒糟罨跌傷，行瘀止痛，亦驅蛇虺，及瘡凍瘡。〇入藥共釀，合薑則療厥逆客忤； 蔥、豉則解煩熱，而療風寒； 桑椹則益五臟，以明耳目； 葡萄則消痰癖。〇牛膝、乾地則滋陰； 枸杞、菊花則滋（臂）〔腎〕明目。

清·張仁錫《藥性蒙求·穀部》 酒燒酒、糟 酒通血脈，引藥上升。風寒能收，表分通行。 性熱。 辛者能散，苦者能降，甘者居中，而緩淡者能利小便。 用為（响）〔嚮〕導，可以通行一身之表，引藥至極高之分。 然必陳久為勝。 其色紅者，能通血脈，養脾胃。 白者則升清氣，益肺胃。 熱飲傷肺，溫飲和中。少飲則和血行氣，壯神禦寒，辟邪逐穢。 過飲則傷神耗血，損胃傷精，動火生痰，生濕熱諸病。〇燒酒： 一名火酒。 治寒陰腹痛最捷。 其性大熱，損人尤甚。〇糟性助濕熱，病水氣浮腫，勞嗽吐血忌食。 惟罨撲損，行瘀止痛有效。

清·陸以湉《冷廬醫話》卷五 藥品 酒： 許元仲《三異筆談》謂蔡孝廉焜素不飲酒，公車北上，苦寒，飲燒春，甘之，遂非此不飲，如是者二十餘年。 一夕扃戶寢，嚮午猶不起，家人抉扉而入。 室中滃然，衾帳皆焦，半身燼矣，手猶握煙管，竟與本草所載倚馬焚身事同。 蓋煙火引綫，倏如爆竹之發耳。 又會稽陳端甫學博慶儒言，其同鄉某生，酒戶甚大，一夕飲燒酒滿罌，復吸水煙，忽火自腹發，骨肉半成焦炭。 嗜燒酒者，可以為戒。

清·王孟英《隨息居飲食譜·水飲類》 酒 大寒凝海而不冰，其性熱也。 甘苦辛酸皆不是，其味異也。 合歡成禮，祭祀宴賓，皆所必需。 壯膽辟寒，和血養氣，老人所宜。 行藥勢，劑諸肴，殺鳥獸鱗介諸腥。 陳久者良。 多飲必病。 故子弟幼時，總不令飲酒，到大來不戒而自不飲矣。 凡民日食不過一升，而尋常之量，輒飲斗酒，是一人之飲，足供數人之食。 至於盛肴饌多朋，從其費又不可勝計也。 酒之為物，勤儉多妨，故禁酒可以使民富。 貞潔之人，以酒亂性。 力學之人，以酒廢業。 盜賊之徒，以酒結夥。 剛暴之徒，以酒行兇。 凡世間敗德損行之事，無不由於酒者。 此《書》之所以作《酒誥》，漢時所以三人羣飲罰金四兩也。 酒之為物，志氣兩昏，故禁酒可以興民教，富之教之，誠富國坊民之善術。 今蕞爾小邑，歲費造酒之米，必以萬石計，不但米價日昂，徑至釀成大劫，此其一端也，可不鑒哉？ 解酒毒，大醉不醒。 枳椇子煎濃汁灌。 人乳和熱黃酒服，外以生熟湯浸其身，則湯化為酒，而人醒矣。 酒釀： 甘，溫。 補氣養血，助運化，充痘漿。 多飲亦助濕熱。 冬製者耐久藏。

清·田綿淮《本草省常·氣味類》 酒 性熱，有毒。 少飲行氣和血，壯神禦寒，辟邪逐穢，遣興消愁，暖水臟，行藥勢。 多飲傷神耗血，鑠精損胃，動火生痰，發怒助欲，致濕熱諸病。 服丹砂者忌之。 服藜蘆者，飲之立斃。

清·戴葆元《本草綱目易知録》卷二 米酒水酒 苦、甘、辛，大熱，有毒。 通血脈，厚腸胃，養脾氣，潤皮膚，散濕氣，行藥勢。 宣言暢意，扶肝助火，消憂動怒，除風下氣。 殺百邪惡毒氣，解馬肉、桐油毒及丹石發動諸病。 其味辛者能散，苦者能降，甘者居中而緩，厚者熱而毒，淡者利小便。 用為向導，可以通行一身之表，引藥至極高之分。 而熱飲傷肺，溫飲和中，少飲則和血行氣，壯神禦寒，遣興消愁，辟邪逐穢。 過飲則傷神耗血，損胃爍精，動火生痰，發怒動慾，輕則痼疾引年，甚則捐軀損壽，沉湎無度者，可不戒慎！ 畏枳椇、葛花、赤豆花、綠豆粉。 得鹹則解，以水制火，而寒勝熱也。

清·陳其瑞《本草撮要》卷五 酒 味甘苦淡，入手足太陰、陽明、厥陰經，功專升散，和藥煎服，用為向導，可以通行一身之表，引藥至極高之分。 熱飲傷肺，溫飲和中，少飲和血，行氣壯神禦寒，辟邪逐穢，暖水臟，行藥力，過飲傷神耗血，損胃爍精。 動火生痰，發怒助慾，及生濕熱諸症。 燒酒之損人尤烈，醇而無灰陳久者佳。 畏綠豆粉、枳椇子、葛花、鹹鹵。

清·吳汝紀《每日食物却病考》卷下 酒附燒酒 大熱，有毒。 主行藥勢，殺百邪惡毒，行諸經，通血脉，厚腸胃，禦風寒霧氣，養脾扶肝。味辛者，能散，為導引，可通行一身，至極高之分。甘者，居中而緩；苦者，能下；淡者，利小便。宜白麵、麯、糯米，不雜藥物，無鹼潔水，冬月釀者為佳。惟東陽酒，其水最佳，秤之重于他水，其酒自古擅名。《事林廣記》所載釀法，麯亦用藥。今則絶無，惟用麸、麵，蓼汁拌造，假其辛辣之力，蓼性亦解毒。清香遠達，雖醉不頭痛口乾，入藥最宜。此皆水土之美，鄰邑所造，即不如也。江西州金盤露，水和薑汁造麯，以浮飯造，醅美可尚，而色、香不若東陽也。處之麻姑，雖由水得名，然以群藥造麯者。浙江等處亦有醅酒，然皆用群藥麯，均不足尚。若蘇州之小鉼酒麴，有葱及烏頭、紅豆之類，飲之頭痛口渴。菉豆酒，麯有菉豆，取其解毒固良，但服藥飲之解藥力。廣西蛇酒，雖云去風，乃山中採藥所造，良毒不能無慮，慎之。其餘四方之酒，品味各異，惟不用藥、不入灰而水無鹼者良。至於枸杞、菊花諸補養之酒，亦然也。大抵少飲有益，多飲有損。不可同乳飲，令人氣結。同牛肉飲，生蟲。酒後不可食芥及辣物。酒後飲茶多傷腎。又酒得鹹而解，水制火也。燒酒，更有大熱毒，惟暑月可少飲之，以其發散勝濕，開鬱散痰而止冷痛也。溽暑飲之，汗出而膈快身涼。赤目洗之，淚出而腫消赤散。乃從治之方也。過飲殺人，慎之。

諸藥酒

明・穆世錫《食物輯要》卷八　屠蘇酒　用赤术、桂心各七錢半，防風一兩，菝葜五錢，川椒、桔梗、大黄各五錢七分，烏頭二錢半，赤小豆十四粒，以三角縫囊盛，除夕懸井底，元旦取起，置酒中煎數沸，闔家東向，從少至長，次第飲之。滓投井中，一年用此水，不染時症。華佗辟疫癘方也。

明・徐樹丕《識小録》卷三　屠蘇酒　屠蘇酒起于晉。昔有人居草庵，每歲除夕遺閭里藥一帖，令囊浸井中，至元日取水置酒尊，合家飲之，不病瘟疫，謂曰屠蘇酒。屠，割也；蘇，腐也，言割腐草為藥也。

清・趙學敏《本草綱目拾遺》卷八諸穀部　阿迷酒　出東洋，氣味香洌，頗釃厚，每服不過半盞，大能助元氣，驟長精神。估舶帶來，凡督撫大員，輒多備貯，為不時之需。或遇要事疲憊，一滴入口，精神百倍，較鴉片尤速。

《物理小識》：吉利重酎，以紅花、芐胡桃入麴釀者，醫溲數，效。

味甘辛竄達，能捷通百脈，益元生氣，每日少飲一二滴，理怯如神。

古刺水

清・趙學敏《本草綱目拾遺》卷一水部　古刺水　《帶經堂詩話》：左公蘿石手書一帖云：乙酉年五月，客燕之太醫院，從人有自市中買得古刺水者，上鐫永樂十八年熬造古刺水一罐，淨重八兩，罐重三斤，內府物也。按：左詩中，有再拜嘗此水，含之不忍咽句，則此水未嘗不可服食也。又云：瓶中古刺水，製自文皇年。製之扃天府，元石流清泉。列皇飲祖澤，旨之如羹然。繹詩意，又似常服所製，亦不止十八瓶也。

王阮亭《居易録》：有客自燕至，出其橐，有阿房宮磚瓦一，陸探微畫一，古刺水十餘罐。古刺水用錫罐貯之。上朱刻永樂二年熬造，罐重二斤，水八兩，香氣酷烈。據此，則古刺水又如是之多，罐面以錫，刻字塗朱，其曰二年，則又在前，或明時內府有此製耳。

何氏《辟寒録》云：古辣本賓横間墟名，以墟中之泉釀酒。埋之地中，日足取出，名古辣泉。色淺紅，味甘，不易敗，此或另一種也。按《輿地志》：賓横在廣西南甯界。

陳墨樵《苕水札記》云：姚履中坦為予言，餘杭一舊家，祖遺一錫瓶，製極精緻，面刻三楷字云古刺水。口封固極密，搖之有水聲，相傳數世，亦不知何用。

薛澱山洪云：嚴嵩抄家，籍上有此，其涼沁骨，蓋暑月以涼體者。

李觀王日記云：予館河東裴氏，其家有古刺水一罐。係銅製，高四寸，圍一拱，身圓面平，狀如花鼓，銅質青黄四圍牢鑄永樂二十一年十月鑄古刺水一罐，罐重三斤，水重八兩，共二十二字，字皆陰文。據云：世宦鄭氏舊物也。鑽銅取水，可療瞽疾。

朱退谷曾於陝西陳渭野處見古刺水一瓶，云是海壇鎮張傑家物，其製上大而下小，圓如瓶式，四圍無痕跡，搖之有水聲，面微有小鑽孔，言曾有富瞽持十金欲售之以治目，方取鑽鑽孔，天大霹靂，因懼而止，然此物亦神矣。

孫雍建云：古刺地名。古刺水乃三寶太監所求得之物，天下止有十八瓶。其瓶以五金重重包裹，其近水一層，乃真金也。水色如醬油而清，光可鑒，以火燃之如燒酒有焰者真。其性大熱，乃房中藥也。婦人飲之，香沁骨肉。

性涼，澤肌膚，明目，療青盲，開瞽，功同空青，治熱症有效。以茶匙滴汁入湯浴，能令香氣透骨不散。

按：古刺水據薛氏言性涼，可治熱疾。孫氏言性大熱，止可入湯沐，不可服。今是物世雖有之，但市充貢品，價值千金，不聞有服試之者，故並附孫說以俟考。

又葉東表言：古刺水手蘸少許，嗃入鼻中，能驟長精神，強骨力，其香氣蓋能和血通竅，昔未有鴉片烟以前，惟用此。後因呂宋有鴉片，而人遂不知用古刺水，緣水貴而鴉片賤，故人爭用賤者，其實功效相倣，房中術嗃法更勝於服。

燒酒

明·李時珍《本草綱目》卷二五穀部·造釀類　燒酒《綱目》

【釋名】火酒《綱目》　阿刺吉酒《飲膳正要》　【集解】時珍曰：燒酒非古法也。自元時始創其法，用濃酒和糟入甑，蒸令氣上，用器承取滴露。凡酸壞之酒，皆可蒸燒。近時惟以糯米或粳米或黍或秫或大麥蒸熟，和麴釀瓮中七日，以甑蒸取。其清如水，味極濃烈，蓋酒露也。穎曰：暹羅酒以燒酒復燒二次，入珍寶異香。其壜每個以檀香十數斤燒煙燻令如漆，然後入酒蠟封，埋土中二三年，絶去燒氣，取出用之。曾有人携至舶，能飲三四杯即醉，價值數倍也。有積病，若飲一二杯即愈，且殺蠱。予親見二人飲此，打下活蟲長二寸許，謂之魚蠱云。

【氣味】辛，甘，大熱，有大毒。時珍曰：過飲敗胃傷膽，喪心損壽，甚則黑腸腐胃而死。與薑、蒜同食，令人生痔。○鹽、冷水、綠豆粉解其毒。　【主治】消冷積寒氣，燥濕痰，開鬱結，止水泄，治霍亂瘧疾噎膈，心腹冷痛，陰毒欲死，殺蟲辟瘴，利小便，堅大便，洗赤目腫痛，有效時珍。

【發明】時珍曰：燒酒，純陽毒物也。面有細花者爲真。與火同性，得火即燃，同乎焰硝。北人四時飲之，南人止暑月飲之。其味辛甘，升揚發散；其氣燥熱，勝濕祛寒。故能開怫鬱而消沉積，通膈噎而散痰飲，治泄瘧而止冷痛也。辛先入肺，和水飲之，則抑使下行，通調水道，而小便長白。熱能燥金耗血，大腸受刑，故令大便燥結，與薑、蒜同飲即生痔也。若夫暑月飲之，汗出而膈快身涼；赤目洗之，淚出而腫消赤散，此乃從治之方焉。過飲不節，殺人頃刻。近之市沽，又加以砒石、草烏、辣灰、香藥，助而引之，是假盗以方矣。善攝生者宜戒之。按劉克用《病機賦》云：有人病赤目，以燒酒入鹽飲之，而痛止腫消。蓋燒酒性走，引鹽通行經絡，使鬱結開而邪熱散，此亦反治劫劑也。

【附方】新七。　冷氣心痛：燒酒入飛鹽飲，即止。　陰毒腹痛：燒酒溫飲，汗出即止。　嘔逆不止：真火酒一杯，新汲井水一杯，和服甚妙。瀕湖。　寒濕泄瀉：小便清者。以頭燒酒飲之，即止。　耳中有核：如棗核大，痛不可動者。以火酒滴入，仰之半時，即可鉗出。李樓《奇方》。　風蟲牙痛：燒酒浸花椒，頻頻漱之。　寒痰咳嗽：燒酒四兩，猪脂、蜜、香油、茶末各四兩，同浸酒內，煮成一處。每日挑食，以茶下之，取效。

明·穆世錫《食物輯要》卷八　燒酒　味甘、辛，性大熱，有毒。辟瘴瘧，豁寒痰冷積。患陰毒寒症者，暫用則可。有火熱症者，忌飲。同薑蒜、犬肉食，發五痔，發癎疾。多飲，傷胃腐腸，潰髓蒸筋，傷神損壽。有中其毒，急服鹽冷水、菉豆粉；少解，又用大黑豆一升，煮汁一二升，多服，立吐即瘥。

治酒酸，用赤小豆一升，炒焦入罈內，可變好。

明·趙南星《上醫本草》卷一　燒酒　一名火酒，又名阿刺吉酒。此酒純陽毒物也。面有細花者為真，與火同性，得火即燃，同乎焰硝。北人四時飲之，南人止暑月飲之。其味辛甘，升揚發散；其氣燥熱，勝濕祛寒。辛先入肺，和水飲之，則抑使下行，通調水道。暑月飲之，汗出而膈快身涼。辛、甘，大熱，有大毒。鹽冷水、綠豆粉解其毒。主治：消冷積寒氣，燥濕痰，開鬱結，止水泄霍亂、瘧疾、噎膈、心腹冷痛、陰毒欲死。殺蟲辟瘴，利小便，堅大便。洗赤目腫痛，有効。或云：有人病赤目以燒酒入鹽飲之，而痛止腫消。蓋燒酒性走，引鹽通行經絡，使鬱結開而邪熱散，此亦反治劫劑也。過飲敗胃傷膽，喪心損壽，甚則黑腸腐胃，殺人頃刻。與薑蒜同食，令人生痔。善攝生者，宜戒之。

附方　冷氣心痛：燒酒入飛鹽飲，即止。　陰毒腹痛：燒酒溫飲，汗出即止。　嘔逆不止：真火酒一盃，新汲(井)水一盃，和服，甚妙。　寒痰咳嗽：燒酒四兩，猪脂、蜜、香油、茶末各四兩，同浸酒內，煮成一處，每日挑食，以茶下之，取効。　寒濕泄瀉，小便清者：以頭燒酒飲之，即止。　耳中有核，如棗核大，痛不可動者：以火酒滴入，仰之半時，即可箝出。　風蟲牙痛：燒酒浸花椒，頻頻漱之。

明·倪朱謨《本草彙言》卷一四　燒酒　味甘、辣，氣大熱，有毒。李氏曰：燒酒非古法也，自元時始造之。用濃酒和糟入甑蒸，上用鍋底受氣，下用器具承接，滴取氣露。凡酸壞之酒，皆可蒸燒。近時以糯米，或粳米，或黍，或秫，或大麥，蒸熟和麴釀甕中七日，以甑蒸取，其清如水，味極濃烈，蓋酒露也。　汪氏曰：暹羅國以燒酒復燒二次，入珍寶異香，其罈以檀香十數勑，燒烟熏令如漆，然後入酒，以蠟封，埋土中二三年，絕去燒氣，取出用之。曾有人携至中國，有積病者，飲一二杯即愈。且能殺蟲。予親見二人飲此酒，打下活蟲長二寸許，謂之魚蟲云。如過飲致昏悶不醒，以濃茶或菉豆湯灌之即解。

燒酒：時珍消冷氣，化寒積，開鬱結，通噎膈，止久瘧，療陰毒腹痛欲死，逐瘟辟瘴，洗赤目腫痛之藥也。

明・應麐《食治廣要》卷八 燒酒 氣味：辛、甘，大熱，有大毒。消冷積寒氣，燥濕痰，開鬱結，止水泄，治霍亂瘧疾，心腹冷痛，陰毒欲死。又洗赤目腫痛，立消。

按燒酒非古法。自元時始創，過飲敗胃傷膽，喪心損壽。甚則黑腸腐胃而死。與薑、蒜同用，令人生痔，食鹽、冷水、綠豆粉能解其毒。《本草會編》云：扁鵲言過飲腐腸爛胃，潰髓蒸筋，傷神損壽。昔有客訪周顗，出美酒二石，顗飲一石二斗，客飲八斗。次明，顗無所苦，客已脇穿而死矣。豈非犯扁鵲之戒乎？

又按李時珍曰：酒，天之美祿也。麪麴之酒，少飲則和血行氣，壯神禦寒，消愁遣興。痛飲則傷神耗血，損胃亡精，生痰動火。邵堯夫詩云美酒飲教微醉後，此得飲酒之妙，所謂醉中趣、壺中天者也。若夫沉湎無度，醉以為常者，輕則致疾敗行，甚則喪邦亡家而隕軀命，其害可勝言哉？此大禹所以疏儀狄，周公所以著酒誥，為世範之戒也。

明・姚可成《食物本草》卷一五味部・造釀類 燒酒其酒始自元時創製。用釀酒和糟入甑，蒸令氣上，用器取滴露。凡酸壞之酒，皆可蒸燒。近時惟以糯米，或粳米，或黍米，或秫，或大麥蒸熟，和麴釀甕中七日，以甑蒸取。其清如水，味極濃烈，蓋酒露也。又有暹羅酒，以燒酒復燒二次，入珍寶異香。其壜每箇以檀香十數斤燒烟，薰令如漆，然後入酒，蠟封埋土中二三年，絕去燒氣，取出用之。曾有人携至舶，能飲三四杯即醉，價值數倍也。有積病，飲一二杯即愈，且殺蟲。予親見二人飲此，打下活蟲長二寸許，謂之魚蟲云。

燒酒，味辛、甘，大熱，有大毒。主消冷積寒氣，燥溼痰，開鬱結，止水泄。治霍亂瘧疾，噎膈心腹冷痛，陰毒欲死，殺蟲辟瘴，利小便，堅大便，洗赤目腫痛。過飲敗胃傷膽，喪心損壽，甚則爛腸腐肺而死。與薑、蒜同食，令人生痔。鹽、冷水、綠豆粉解其毒。○李時珍曰：燒酒，純陽毒物也，面有細花者為真。與火同性，得火即燃，同乎硝焰。北人四時飲之，南人止暑月嗜此。其味辛甘，升陽發散，其氣燥熱，勝溼祛寒。故能開〔佛〕鬱而消沉積，通膈噎而散痰飲，治泄瘧而止冷痛也。辛先入肺，和水飲之，則抑使下行，通調水道而小便長白。熱能燥金耗血，大腸受刑，故令大便燥結，與薑、蒜同飲，即生痔也。若夫暑月飲之，汗出而膈快身涼；赤目洗之，淚出而腫消赤散，此乃從治之方焉。過飲不節，殺人頃刻。近之市沽，又加以砒石、草烏、辣灰、香藥，助而飲之，是假盜以刃矣。善攝生者宜戒之。按劉克用《病機賦》云：有人病赤目，以燒酒入鹽飲之而痛止腫消。蓋燒酒性走，引鹽通行經絡，使鬱結開而邪熱散，此亦反治劫劑也。

暹羅酒以燒酒復燒二次，詳見前注中。 飲之，殺蟲治蠱。

附方：治冷氣心痛。燒酒入飛鹽，飲之即止。治陰毒腹痛。燒酒溫飲，汗出即止。治寒溼泄瀉，小便清者。燒酒飲之即止。

明・孟笨《養生要括・穀部》 燒酒過飲敗胃傷膽，喪心損壽，甚則黑腸腐胃而死。與薑、蒜同食，令人生痔。鹽冷水、綠豆粉解其毒。 味甘，大熱，有大毒。消冷積寒氣，燥濕痰，開鬱結，止水泄，治霍亂、瘧痢、噎膈、心腹冷痛、陰毒欲死，殺蟲辟瘴，利小便，堅大便，洗赤目腫痛，有效。

明・施永圖《本草醫旨・食物類》卷二 燒酒 味：辛、甘，大熱，有大毒。過飲敗胃，傷膽，喪心，損壽。甚則黑腸腐胃而死，與薑、蒜同食，令人生痔。○鹽、冷水、綠豆粉解其毒。治：消冷積寒氣，燥濕痰，開鬱結，止水泄，治霍亂吐疾、噎膈、心腹冷痛、陰毒欲死，殺蟲辟瘴，利小便，堅大便，洗赤目腫痛有效。燒酒純陽毒物也，面有細花者為真，與火同性，得火即燃，同乎焰硝。北人四時飲之，南人止暑月飲之。其味辛甘，升陽發散。其氣燥熱，勝濕祛寒。故能開怫鬱而消沉積，通膈噎而散痰飲，治泄瘧而止冷痛也。辛先入肺，和水飲之，則抑使下行，通調水道而小便長白。熱能燥金耗血，大腸受刑，故令大便燥結。與薑、蒜同飲，即生痔也。若夫暑月飲之，汗出而膈快身涼；赤目洗之，淚出而腫消赤散。此乃從治之方焉。過飲不節，能殺人頃刻。近來市沽又加以砒石、草烏、辣灰、香藥，助而引之，是假盜以刃矣。善攝生者宜戒之。有人病赤目，以燒酒入鹽飲之，而痛止腫消。蓋燒酒性走，引鹽通行經脉，使鬱結開而邪熱散，此反治劫劑也。暹羅酒：以燒酒復燒二次，入珍寶異香。其壜，每個以檀香十數斤燒烟薰如漆，然後入酒，蠟封置土中二三年，絕去燒氣，取出用之。曾有人携至舶，能飲三四盃即醉。有積病者，飲一二盃即愈，且殺蟲。予親見二人飲此，打下活蟲二寸許，謂之魚蟲云。

附方 冷氣心痛：燒酒入飛鹽飲即止。陰毒腹痛：燒酒溫飲，汗出即愈。耳中有核：如棗核大，痛不可忍者，以火酒滴入仰之半時，即可箝出。風蟲牙痛：燒酒浸花椒，頻頻嗽之。嘔逆不止：真火酒一盃，新汲井水一盃，和服，甚妙。寒濕泄瀉：小便清者，以頭燒酒飲之，即止。寒痰咳嗽：燒酒四兩，猪脂、蜜、香油、茶末各四兩，同浸酒內，煮成一處，每日挑食，以茶下之，取效。

清・丁其譽《壽世秘典》卷四 燒酒一名火酒，其法創自元時。用濃酒和糟入甑，蒸令氣上，用器承取滴露，凡酸壞之酒皆可蒸燒。近時惟以糯米、粳米，或黍，或秫，或大麥蒸熟，和麯釀甕中七日，以甑蒸取，其清如水，味極濃烈，蓋酒露也。

氣味：辛、甘，大熱，有大毒。主消冷積寒熱，燥濕痰，開鬱結，止水泄，治霍亂、瘧疾、噎膈、心腹冷痛、陰毒欲死，殺蟲辟瘴，利小便，堅大便，洗赤目腫痛，有效。

發明李時珍曰：燒酒純陽，毒物也，面有細花者為真。與火同性，得火即燃，同乎焰硝。其味辛甘，升陽發散；其氣燥熱，勝濕祛寒。故能開怫鬱而消沉積，通膈噎而散痰飲，治泄瘧而止冷痛也。辛先入肺，和水飲之，則抑使下行，通調水道而小便長白。熱能燥金耗血，大腸受形故令大便燥結。與薑、蒜同飲，即生痔也。過飲則爛腸腐胃，令人透腋而死，善攝生者宜戒之。中其毒者，鹽冷水、綠豆粉皆可解。飲燒酒後忌近火。成化中，崇真宮道士龔尚賢，飲燒酒過多，向臥吹燈，引火入喉燒死。

清・朱本中《飲食須知・味類》 燒酒 味甘、辛，性大熱，有毒。多飲敗胃傷膽，潰髓弱筋，傷神損壽。有火症者忌之。同薑、蒜、犬肉食，令人生痔，發痼疾。妊婦飲之，令子驚癇。過飲發燒者，以新汲冷水浸之，或浸髮，即醒。中其毒者，服鹽、冷水、綠豆粉少解。或用大黑豆一升，煮汁一二升，多飲，服之，取吐便解。

清・何其言《養生食鑒》卷下 燒酒 菉荳麯家釀，陳久者色青味純。升陽發散，暖胃扶脾，其功甚大。不宜過醉，浸各藥最妙。

清・蔣居祉《本草擇要綱目・熱性藥品》 燒酒 氣味 辛、甘，大熱，有大毒。主治：辛甘則能升揚發散，其氣燥烈，勝濕祛寒，則能開怫鬱而消沉積，通膈噎而散痰飲，治泄瘧而止腹痛。辛先入肺，則能調水道而通小便。熱能生火鑠金，大腸受刑，則令大腸燥結。暑月飲之，則膈快而胸暢。赤目洗之，則淚出而腫消赤散。此皆從治之法，蓋所以劫之之劑也。但性甚燥烈，若過飲不節，則敗胃傷膽焚心。嗜飲之人甚多，近之市沽，又加以砒石、草烏、辣灰，升陽熱燥助而引之，是在善於攝生者，謹而節之也。

清・閔鉞《本草詳節》卷七 燒酒 【略】按：燒酒，純陽，得火即燃，異乎他酒。其能開怫鬱而消沉積，通噎膈而散痰飲，皆其升揚發散，勝濕祛寒之力也。飲之日久，爍金耗血，大腸受刑，必致便燥。與薑、蒜同飲，必致痔生。過于醉飲者，以豆腐貼心，冷水浸髮，其毒為何如也。若夫暑月飲之，汗出而膈快身涼；赤目洗之，淚出而腫消赤散；亦從治之方耳。

清・王翃《握靈本草》補遺 燒酒面有細花者真。辛、甘，大熱，有大毒。主消冷積寒氣，止水泄，治霍亂，瘧疾，噎膈，心腹冷痛，陰毒欲死。

清・汪紱《醫林纂要探源》卷二 燒酒 辛，大熱。傷人尤甚。或以為寒，大謬。〇凡枳椇、葛花、橄欖、醋之類，皆解酒。

清・嚴潔等《得配本草》卷五 燒酒 辛、甘，大熱。開鬱消積，通膈除痰，祛寒截瘧，殺蟲驅瘴，辟邪逐穢。治水泄，止冷痛，滴耳中積垢結塊。半時辰即可鉗出。得飛鹽，治冷氣心痛。和井水，治吐逆不止。和豬脂、香油、蜂蜜，治寒痰咳嗽。同薑、蒜食，生痔。綠豆粉可解其毒。黃酒、燒酒，俱可治病，但最能發濕中之熱。若貪飲太過，相火上炎，肺因火而痰嗽，脾因火而困怠，胃因火而嘔吐，心因火而昏狂，肝因火而善怒，膽因火而發黃，腎因火而精枯，大腸因火而瀉痢，甚則失明，消渴嘔血，痰喘肺痿，癆瘵，反胃噎隔，鼓脹癥瘕，癰疽痔瘻，流禍不小，可不慎歟。老酒糟 甘，辛。溫中消食，除冷殺腥。罨跌傷，行瘀血，敷蛇咬諸毒。

清・李文培《食物小録》卷下 大麥燒酒 辛辣，有小毒。理氣寬中，祛寒暖胃，進食，辟惡氣，解水氣，解暑。傷脾肺。久窨者良，不可多飲。小麥燒酒 辛辣，有毒。功不及大麥之佳，其性烈，不可多飲，生痰動火，亦能傷脾肺。蘆粟燒酒 辛、烈，有毒。祛冷，消食，化肉積。不可多飲，傷筋骨，耗氣血，傷脾肺，動痰火，澀腸胃。米燒酒 辛辣，甘，溫，有小毒。燥大腸，暖胃消食。不可多飲，耗精氣，傷脾肺。小米燒酒 辛辣，有小毒。寬中利胃。多飲耗血。凡燒酒性味辛烈，養生者宜少飲。

清・章穆《調疾飲食辯》卷二 燒酒 又名火酒，《飲膳正要》曰阿剌吉，番語也。蓋此酒本非古法，元末，暹羅及荷蘭皆東洋之國，近福建。荷蘭即紅毛番。等處人，始傳其法於中土。凡水酒之害，燒酒均有之，而性之惡劣倍屣。耽飲太過，有七竅流血而死者，有二便出血而死者。或不即死而發為流注，疼痛過於刑夾。俗名流火，未有燒酒之前，世無其病。故古醫書無其治，并無其名。以諸痹、諸疰及痛風、歷節風法治之，皆不騐。必壯年能斷燒酒，或有愈者，老則必死於此。然酒人酷嗜，不可挽回也。其喪軀命、損精神、招愆尤、膺惡疾，皆所自取，極無足惜。獨其耗粒食，困民生，則為害於天下。古之所謂耕三餘一，耕九餘三者，今則絕無其事。偶有水旱偏灾，即煩有司之籲請，廑當寧之憂勤，而躅賑頻仍，害且及於天庾，蠹國傷農，莫此為甚。而其為用於病，能行冷氣，消水濕。凡澇歲民病身寒吐瀉，及脹滿腹中窄狹者，落水遇救腹中水吐之不盡者，頻飲火酒，均小便利而愈也。至其害則不可勝言。凡有血疾人，不戒火酒，藥必無功。風損及跌撲折傷筋骨，一飲火酒，必成廢疾。孕婦好飲火酒，子多痘亢及瘡瘍驚癎。男女俱嗜此者，其子女必凋零。若子孫又復嗜之，必至絕滅，無能飲三代不覆嗣者。杏雲蓋目擊數十百家，故苦口言之。彼沉溺者，曷不屈指自計其鄰里戚友存者、滅者奚若，當亦憬然悟、惕然思矣。至《耳剽集》所載：吳江知縣周偉酷嗜燒酒，終日昏昏，顛罔可笑，未幾醉死。設奠焚楮錢，棺中火發，亟救之，屍已燼矣。此殆天惡其昏德，故示罰於死後耶，固應得之罪也。

清·王孟英《隨息居飲食譜·水飲類》 燒酒一名汗酒。 性烈火熱，遇火即然。消冷積，禦風寒，辟陰濕之邪，解魚腥之氣。陰虚火體，切勿沾脣。孕婦飲之，能消胎氣。汾州造者最勝。凡大雨淋身，及多行濕路，或久浸水中，皆宜飲此，寒濕自解。如陡患泄瀉而小溲清者，亦寒濕病也，飲之即愈。風寒入腦，久患頭疼，及飲停寒積，脘腹久疼，或寒濕久痹，四肢痠痛，諸藥不效者，以滴花燒酒頻摩患處自愈。若三伏時將酒曬熱搨患處，效更捷。素患凍瘃者，亦於三伏時曬酒塗患處，至冬不作矣。霍亂轉筋而肢冷者，以燒酒摩搨患處效。

解燒酒毒： 蘆菔汁、青蔗漿隨灌。綠豆研水灌。或以枳椇子煎濃湯灌。大醉不醒，急以熱豆腐偏體貼之，冷即易，以醒為度。 外用井水浸其髮，併用故帛浸濕，貼於胸膈，仍細細灌之，至甦為度。凡燒酒醉後吸煙，則酒焰內燃而死。又有醉後內火如焚，而反惡寒者，厚覆衣被亦能致死。即口渴飲冷，止宜細細飲之，以引毒火外達，若連飲過多，熱毒反為驟冷所遏，無由外達，亦多閉伏不救也。

愈風酒方： 陳海蛇漂淨拭乾，晾極燥，十二兩。 黑大豆 嫩桑枝 松鍼杵爛各四兩。 陳酒七斤，封浸煮三炷香。

喇嘛酒方： 治半身不遂，風痹麻木。 胡桃肉 龍眼肉各四兩 杞子 首烏 熟地各一兩 白术 當歸 川芎 牛膝 杜仲 白芍 豨薟草 茯苓 丹皮各五錢 砂仁 烏藥各二錢五分 右十六味，絹袋盛之，入瓷缾內浸醋酒五斤，隔水煮濃，候冷，加滴花燒酒十五斤，密封七日。

健步酒方： 生羊腸一具洗淨晾燥。 龍眼肉 沙苑蒺藜隔紙微炒 生苡仁淘淨曬燥 仙靈脾以銅刀去邊毛 真仙茅各四兩 右六味，用滴花燒酒二十斤，浸三七日。下部虛寒者宜之。華亭董氏方也。見《三岡識略》。

熙春酒方： 生猪板油一斤 甘杞子 龍眼肉 女貞子冬至日采，九蒸九曬 直生地洗淨曬乾 仙靈脾去邊毛 生綠豆洗淨曬乾，各四兩。 右七味，滴花燒酒二十斤，封浸一月。茹素者，去猪油加耿柿餅一斤可也。此酒健步駐顏，培養心腎，衰年飲之甚妙。或但以猪脂、白蜜浸之，名玉液酒，溫潤補肺，澤肌膚，美毛髮，治老年久嗽極效，隨息自驗。

固春酒方： 治風寒濕襲入經絡，四肢痹痛不舒，俗呼風氣病。不論新久，歷治輒效。 鮮嫩桑枝 大豆黃卷或用黑大豆亦可。 生苡仁 極木子即十大功勞紅子也，黑者名極木子，亦可用。無則用葉，或用南天燭子亦可，各四兩。 金銀花 五加皮 木瓜 蠶砂各二兩 川黃檗 松子仁各一兩 右十味，絹袋盛而縫之，以好燒酒十斤，生白蜜四兩，其裝壜內，將口封固紮緊，水鍋內蒸三炷香，取起放，泥地上七日，即可飲矣。每日量飲一二杯，病淺者一二斤即愈。

定風酒方： 天冬 麥冬 生地 熟地 川芎 五加皮 牛膝 秦艽各五錢 川桂枝三錢 右九味，絹袋盛之，以滴花燒酒二十斤，淨白蜜、赤沙糖、陳米醋各一斤，攪勻，浸入瓷壜，豆腐皮封口，壓以巨甎，安水鍋內蒸三炷香，罈須寬大，則蒸時酒弗溢出也。 取起埋土中七日。

此內府方也，功能補血息風而健筋骨。且製法甚奇，凡患虛風病者，飲之輒愈。而藥味平和，衰年頻服，極有裨益，竝無流弊。按酒性皆熱，而燒酒更烈，韌如羊腸，潤如猪脂，並能消化，故不但耗穀麥，亦最損人，尤宜禁之。然治病養老之功亦不可沒。世傳藥酒，率以剛燥之品，助其猛烈，方名雖美，而遺患莫知。惟此七方，用藥深有精義，洵屬可傳。但飲貴微醺，不可過恣，始為合法。 虛寒衰老之人，寒宵長夜，苦難酣眠達曉，宜製小銀缾，略如鼻煙壺式，口用旋蓋，以煖酒灌入，佩於衷衣兜肚之間，酒可徹夜不涼，丁夜醒時飲而再睡，不煩人力，恬適自如，補益之功甚大。 若能此外勿飲，更可引年。凡飲酒並宜隔湯頓溫也。

清·戴葆元《本草綱目易知録》卷二 燒酒火酒、阿剌吉酒。 大熱，純陽，有毒。面有堆花，與火同性，得火則燃，又同焰硝。其味辛甘，升陽發散，其氣燥烈，勝濕祛寒。能開佛鬱而消沉積，通噎膈而散痰飲。治瘧瀉而止冷痛，療霍亂而辟瘴瘧。利小便，堅大便，殺蟲下積，洗赤目腫痛，消冷積寒氣，陰毒腹痛欲死。夏月少飲，膈快身涼，此皆屬從治之方也。然過飲不節，敗胃燥肺，傷心損壽，殺人頃刻，甚於米酒。忌薑、蒜同食，令人生痔下血。米酒自古有，燒酒創自元始。

清·李伯元《南亭筆記》卷一六 南皮嘗患痔，每坐起必血殷座上。曾延朱少伯廣文療治，云係受燒酒暖鍋之害。蓋南皮每飲必飲老白乾斤許，且佐以湯羊肉。北方風高地燥，南皮久居卑濕之區，不知其中弊病，以致一發難收矣。

葡萄酒

明·李時珍《本草綱目》卷二五穀部·造釀類 葡萄酒《綱目》

【集解】詵曰：葡萄可釀酒，藤汁亦佳。時珍曰：葡萄酒有二樣：釀成者味佳，有如燒酒法者有大毒。釀者，取汁同麴，如常釀糯米飯法。無汁，用乾葡萄末亦可。魏文帝所謂葡萄釀酒，甘於麴米，醉而易醒者也。燒者，取葡萄數十斤，同大麴釀酢，取入甑蒸之，以器承其滴露，紅色可愛。古者西域造之，唐時破高昌，始得其法。按《梁四公〔子〕記》云：高昌獻葡萄乾凍酒。杰公云：葡萄皮薄者味美，皮厚者味苦。八風穀凍成之酒，終年不壞。葉子奇《草木子》云：元朝於冀寧等路造葡萄酒，八月至太行山辨其真僞。真者下水即流，僞者得水即冰凍矣。久藏者，中有一塊，雖極寒，其餘皆冰，獨此不冰，乃酒之精液也，飲之令人透腋而死。酒至二三年，亦有大毒。《飲膳正要》云：酒有數等：出哈喇火者最烈，西番者次之，平陽、太原者又次之。或云：葡萄久貯，亦自成酒，芳甘酷烈，此真葡萄酒也。

釀酒 【氣味】甘，辛，熱，微毒。時珍曰：有熱疾、齒疾、瘡疹人，不可飲之。

【主治】暖腰腎，駐顔色，耐寒時珍。

燒酒 【氣味】辛，甘，大熱，有大毒。時珍曰：大熱大毒，甚於燒酒。北人習而不覺，南人切不可輕生飲之。 【主治】益氣調中，耐飢强志《正要》。消痰破癖汪穎。

明·姚可成《食物本草》卷一五味部·造釀類 葡萄酒釀成者味佳，有如燒酒法者有大毒。釀者取汁同麴，如常釀糯米飯法。無汁，用乾葡萄末亦可。魏文帝所謂葡萄釀酒，甘於麴、米，醉而易醒者也。燒者，取葡萄數十斤，同大麴釀酢，取入甑內蒸之，以器承其滴露，紅色可愛。古者西域造之，唐時破高昌，始得其法。《草木子》云：元朝於冀、寧等路造葡萄酒，八月至太行山辨其真偽。真者下水即流，偽者得水即冰凍矣。久藏者，中有一塊，雖極寒，其餘皆冰，獨此不冰，乃酒之精液也。飲之，令人透腋而死。酒至二三年，亦有大毒。《飲膳正要》云：酒有數等：出哈剌火者最烈，西番者次之，平陽、太原者又次之。或云，葡萄久貯，亦自成酒，芳甘酷烈，此真葡萄酒也。

葡萄酒，味甘、辛，熱，微毒。主暖腰腎，駐顔色，耐寒。

葡萄燒酒 味辛、甘，大熱，有大毒。主益氣調中，耐飢強志，消痰破癖。

〇李時珍曰：此酒大熱大毒，北人習而不覺，南人切不可輕生飲之。

明·施永圖《本草醫旨·食物類》卷二 葡萄酒 釀酒 味：甘、辛，熱，微毒。有熱疾、齒疾、瘡疹不可飲。治：暖腰腎，駐顔色，耐寒。 燒酒：味：辛、甘，大熱，有大毒。大熱大毒甚於燒酒，北人習而不覺，南人切不可輕生飲之。治：益氣調中，耐飢強志，消痰破癖。

清·章穆《調疾飲食辯》卷二 蒲萄酒：《綱目》曰：蒲萄及藤，汁皆可釀酒，西域造之。《梁四公子記》云：高昌獻蒲桃乾凍酒，入風谷凍成之，終年不壞。葉子奇《草木子》云：元朝於冀寧等路造蒲桃酒，久藏者中有一塊，雖極寒，其餘皆凍，此獨不冰，飲之令人透腋而死。又云：酒至二三年，皆有大毒。此說極是。微論蒲萄，凡諸穀所造，至隔年性必加烈，愈久愈烈。初飲不覺其醉，至出戶遇風，酒性一發，猛不可當。北風猶可，南風更甚。有醉死者，有成病者。病人切戒，不可犯之。至《史記·大宛列傳》云：烏孫以西，地近匈奴，俗嗜飲，以蒲陶為酒，富人藏至萬餘石，久者數十年不敗。此則何以不毒，殆水土使然，不可援以為例也。《飲膳正要》曰：蒲桃酒有數等，哈剌火者最烈，西番次之，平陽、太原又次之。總之，徒有麴櫱，而無穀味，不論新陳，病人概不可飲。又云：蒲桃久藏，不必加麴，亦自成酒，芳甘酷烈。《癸辛雜志》曰：梨久藏，亦不用麴自成美酒。《書》曰：若作酒醴，爾惟麴櫱。無麴櫱，何以成酒，又何以酷耶，理不可曉矣。又凡諸果，皆可為酒。元人詩曰：洞庭春色應無價，多種黃柑作酒材。又西域蒲萄燒酒，中國人飲之必醉死，《本草綱目》切戒之。

糟

宋·李昉《太平御覽》卷八五四 糟 《說文》曰：糟，酒滓也。糠，穀皮也。

宋·陳衍《寶慶本草折衷》卷一九 新分甜糟糟下酒附。 一名糟。

○《莊子》疏云：一名酒滓。○所出與酒同。○附：糟下酒，乃糟經三歲，其下有酒，以器承之。

味鹹，溫，無毒。○主溫中冷氣，消食殺腥，去草菜毒，藏物不敗。糅物，能軟潤皮膚，調腑藏。分前條藏器說。○日華子云：罯打撲損瘀血，浸洗凍瘡，及傳蛇蜂叮毒。

附：糟下酒。○暖，微毒。開胃下食，暖水藏，溫腸胃，消宿食，禦風寒，磨風瘙，殺蔬菜毒。

明・盧和、汪穎《食物本草》卷四味類　糟　味鹹，溫中，消食，殺魚腥，去菜毒，潤皮膚，調臟腑。

明・王文潔《太乙仙製本草藥性大全》卷四《仙製藥性》　甜糟　味鹹，氣溫，無毒。主治：治撲損跌傷，行瘀止血。能溫中祛冷，消食殺腥。去草菜毒，藏物不敗。潤澤皮膚，揉物能軟。調臟腑神方，止嘔噦捷妙。亦毆蛇毒。仍酓凍瘡。三歲已下，以物承堪磨風瘙。煎煮魚菜取臘月者良，以黃衣或粥成之。按：大寒凝海，惟酒不冰，因性熱多，獨異群物。丹溪亦曰：酒乃濕中發熱，近於相火，醉後顫慄。即此可知，正所謂惡寒非寒，明是熱證然也。性却喜升，氣必隨輔，痰壅上膈，溺澁下焦，肺收賊邪，金體大燥，寒涼恣飲，熱鬱於中，肺氣得之，尤大傷耗。其始也病淺，或嘔吐，或自汗，或瘡疥，或鼻皶，或瀉痢，或心脾痛，尚可散而出也。其久也病深，或爲消渴，爲內疸，爲肺痿，爲痔漏，爲鼓脹，爲黃疸，爲失明，爲哮喘，爲癆嗽，爲吐衄，爲癲癇，爲難治之病。儻非具眼未易處治，可不謹乎？又云：米酒有毒，酒漿照人無影，不可飲。酒不可合乳飲之，令人氣結。白酒食牛肉，令腹內生蟲。酒後不得臥黍穰，食猪肉令人患大風。凡酒忌諸甜物。

明・李時珍《本草綱目》卷二五穀部・造釀類　糟《綱目》

【釋名】粕《綱目》【集解】時珍曰：糯、秫、黍、麥，皆可蒸釀酒、醋，熬煎餳、飴，化成糟粕。酒糟須用臘月及清明、重陽造者，瀝乾，入少鹽收之。藏物不敗，揉物能軟。若榨乾者，無味矣。醋糟用三伏造者良。

酒糟　【氣味】甘，辛，無毒。【主治】溫中消食，除冷氣，殺腥，去草、菜毒，潤皮膚，調臟腑蘇恭。罯撲損瘀血，浸水洗凍瘡，搗傅蛇咬、蜂叮毒《日華》。

【發明】時珍曰：酒糟有麴蘖之性，能活血行經止痛，故治傷損有功。按許叔微《本事方》云：治踠折，傷筋骨，痛不可忍者。用生地黃一斤，藏瓜薑糟一斤，生薑四兩，都炒熱，布裹罨傷處，冷即易之。曾有人傷折，醫令捕一生龜，將殺用之。夜夢龜傳此方，用之而愈也。又《類編》所載，只用藏瓜薑糟一物，入赤小豆末和勻，罨於斷傷處，以杉片或白桐片夾之，云不過三日即痊可也。

【附方】新四。手足皸裂：紅糟、臘猪脂、薑汁、鹽等分，研爛，炒熱擦之，裂內甚痛，少頃即合，再擦數次即安。《神珍方》。鶴膝風病：酒醅糟四兩，肥皂一個去子，芒硝一兩，五味子一兩，砂糖一兩，薑汁半甌研勻，日日塗之。加入燒酒尤妙也。暴發紅腫：痛不可忍者。臘糟糟之。《談野翁試驗方》。杖瘡青腫：用濕綿紙鋪傷處，以燒過酒糟搗爛，厚鋪紙上。良久，痛處如蟻行，熱氣上升即散。《簡便方》。

大麥醋糟　【氣味】酸，微寒，無毒。【主治】氣滯風壅，手(背)〔臂〕脚膝痛，炒熱布裹熨之，三兩換當愈孟詵。

乾餳糟　【氣味】甘，溫，無毒。【主治】反胃吐食，暖脾胃，化飲食，益氣緩中時珍。

【發明】時珍曰：餳以蘖成，暖而消導，故其糟能化滯緩中，養脾止吐也。按繼洪《澹寮方》云：甘露湯：治反胃嘔吐不止，服此利胸膈，養脾胃，進飲食。用乾餳糟六兩，生薑四兩，二味同搗作餅，或焙或曬，入炙甘草末二兩，鹽少許，點湯服之。常熟一富人病反胃，往京口甘露寺設水陸，泊舟岸下。夢一僧持湯一杯與之，飲罷，便覺胸快。次早入寺，供湯者乃夢中所見僧，常以此湯待賓，故易名曰甘露湯。予在臨汀療一小吏旋愈，切勿忽之。

【附方】新一。脾胃虛弱：平胃散等分末一斤，入乾糖糟炒二斤半，生薑一斤半，紅棗三百個，煮取肉焙乾，通爲末。逐日點湯服。《摘玄》。

明・穆世錫《食物輯要》卷八　酒糟　味辛、甘，性溫，無毒。殺腥物、瓜菜毒，溫中，調臟腑，除冷氣，潤肌膚。有火熱病者，勿用。

明・應廩《食治廣要》卷八　酒糟　氣味：甘、辛，無毒。主治：傷中，消食，除冷氣，殺腥，去草菜毒。罯撲損瘀血，浸水洗凍瘡，搗傅蛇咬蜂叮毒。以臘月、清明、重陽造者，入鹽收之，藏物不敗。

明・姚可成《食物本草》卷一五味部・造釀類　糟糯、秫、黍、麥，皆可蒸釀酒，醋，熬煎餳、飴，化成糟粕。酒糟須用臘月及清明、重陽造者，瀝乾，入少鹽收之。藏物不敗，揉物能軟。若榨乾者，無味矣。醋糟用三伏造者良。

酒糟　味甘、辛，無毒。主溫中消食，除冷氣，殺腥，去草、菜毒，潤皮膚，調臟腑。罯撲損瘀血，浸水洗凍瘡，搗傅蛇咬、蜂叮毒。○李時珍曰：酒糟有麴蘖之性，能活血行經止痛，故治傷損有功。按許叔微《本事方》云：治踠折，傷筋骨，痛不可忍者，用生地黃一斤，藏瓜薑糟一斤，生薑四兩，都炒熱，布裹罨傷處，冷即易之。曾有人傷，醫令捕一生龜，將殺用之。夜夢龜傳此方，用之而愈也。

大麥醋糟　味酸，寒，無毒。氣滯風壅，手背脚膝痛，炒熱布裹熨之，三兩換當愈。

乾餳糟　味甘，溫，無毒。主反胃吐食，暖脾胃，化飲食，益氣緩中。○李時珍曰：餳以糱成，暖而消導，故其糟能化滯緩中，養脾止吐也。按繼洪《澹寮方》云：甘露湯治反胃嘔吐不止，服此利胸膈，養脾胃，進飲食。用乾餳糟六兩，生薑四兩，二味同搗作餅，或焙或晒，入炙甘草末二兩，鹽少許，點湯服之。常熟一富人病反胃，往京口甘露寺設水陸，泊舟岸下，夢一僧持湯一杯與之，飲罷便覺胸快。次早入寺，供湯者乃夢中所見僧，常以此湯待賓，故易名曰甘露湯。予在臨汀療一小吏旋愈，切勿忽之。

明·孟筌《養生要括·穀部》　酒糟　味甘、辛，無毒。溫中消食，除冷氣，殺腥，去草菜毒，潤皮膚，調臟腑。罯撲損瘀血，浸水洗凍瘡。搗傅蛇咬、蜂叮毒。

醋糟　味酸，微寒，無毒。治氣滯風壅，手背腳膝痛，炒熱布裹熨之，三兩換當愈。

乾餳糟　味甘，溫，無毒。治反胃吐食，暖脾胃，化飲食，益氣緩中。

明·施永圖《本草醫旨·食物類》卷二　糟　酒糟　味：甘、辛，無毒。治：溫中消食，除冷氣，殺腥，去草菜毒，潤皮膚，調臟腑。罯撲損瘀血，浸水洗凍瘡，擣傅蛇咬蜂叮毒。酒糟有麴糵之性，能活血行經止痛，故治傷損有功。治腕折傷筋骨痛不可忍者，用生地黄一斤，藏瓜薑糟一斤，生薑四兩，都炒熟，布裹罨傷處，冷即易之。又只用藏瓜薑糟一物，入赤小豆末，和勻，罨於斷傷處，以杉片或白桐片夾之，云不過三日即痊可也。

附方　手足皸裂：紅糟、臘猪脂、薑汁、鹽，等分，研爛，炒熱擦之，裂內甚痛，少頃即合，再擦數次即安。　鶴膝風病：酒醅糟四兩，肥皂一個去子，芒硝一兩，五味子一兩，砂糖一兩，薑汁半甌，研勻，日日塗之，如入燒酒尤妙也。　暴發紅腫：痛不可忍者，臘糟糟之。　杖瘡青腫：用濕綿紙鋪傷處，以燒過酒糟搗爛，厚鋪紙上，良久痛處如蟻行，熱氣上升即散。

大麥醋糟：味：酸，微寒，無毒。治：氣滯風壅。手背脚膝痛，炒熱布裹，熨之，三兩換當愈。

乾餳糟：味：甘，溫，無毒。治：反胃吐食，暖脾胃，化飲食，益氣緩中。餳以糵成，暖而消導，故其糟能化滯緩中，養脾止吐也。用乾餳六兩，生薑四兩，二味同搗，作餅，或焙，或晒，入炙甘草末二兩，鹽少許，點湯服之。

附方　脾胃虛弱：平胃散等分末一斤，入乾糖糟炒二斤半，紅棗三百個煮取肉，焙乾，通為末，逐日點湯服。

清·丁其譽《壽世秘典》卷四　糟糯、秫、黍、麥皆可蒸釀酒、醋，熬煎餳、飴，化成糟粕。酒糟須用臘月及清明、重陽造者，瀝乾，入少鹽收之。藏物不敗，揉物能軟。若醉乾者，無味矣。醋糟用三伏造者良。

酒糟：氣味：甘、辛，無毒。主溫中消食，殺魚腥，去(采)〔草、菜〕毒，潤皮膚，調臟腑蘇恭。罯撲損瘀血，浸水洗凍瘡，搗傅蛇咬蜂叮毒。

發明李時珍曰：酒糟有麴糵之性，能活血行經止痛，故治傷損有功。按許叔微《本草方》云：治踠折傷筋骨痛不可忍者，用生地黄一觔，藏瓜薑糟一觔、薑四兩，俱炒熱，布裹罨傷處，冷即易之。又《類編》所(藏)〔載〕，只用藏瓜薑糟一物，入赤小豆末和勻，罨于斷傷處，以杉片或白桐片夾之，候三日，即痊。

醋糟：氣味：酸，微寒，無毒。治氣滯風壅，手背腳膝痛，炒熱布裹熨之，三兩換當愈。

乾餳糟：氣味：甘，溫，無毒。治反胃吐食，暖脾胃，化飲食，益氣緩中。

發明李時珍曰：餳以糵成，暖而消導，故其糟能化滯緩中，利胸膈，養脾胃，進飲食也。

清·劉雲密《本草述》卷一四　乾餳糟

氣味：甘，溫，無毒。

主治：反胃吐食，暖脾胃，化飲食，益氣緩中時珍。

時珍曰：餳以糱成，暖而消導，故其糟能化滯緩中，養脾止吐也。按繼洪《澹寮方》云：甘露湯治反胃嘔吐不止，服此利胸膈，養脾胃，進飲食，用乾餳糟六兩，生薑四兩，二味同搗，作餅，或焙或曬，入炙甘草末二兩，鹽少許，點湯服之。常熟一富人病反胃，往京口甘露寺設水陸，泊舟岸下，夢一僧持湯一杯與之，飲罷便覺胸快。次早入寺，供湯者乃夢中所見僧，常以此湯待賓，故易名曰甘露湯。予在臨汀療一小吏旋愈，切勿忽之。

附方　脾胃虛弱，平胃散等分，末一斤入乾餹糟炒二斤半，生薑一斤半，紅棗三百個，煮取肉，焙乾，通為末，逐日點湯服。

清·朱本中《飲食須知·味類》　酒糟　味辛、甘，性溫。臘月者可久留。有火熱病及喘嗽者，勿食糟物。

清·何其言《養生食鑒》卷下 酒糟凡藏物，先用鹽拌，糟後如不酸。 味辛、甘，性溫，無毒。溫中消食，除冷氣，殺魚腥，去菜毒，潤皮膚，調臟腑。有火熱病者，勿用。

清·王翃《握靈本草》補遺 糟 主活血，行經，止痛。

清·葉盛《古今治驗食物單方》 糟 手足皸裂，陳糟、臘猪油、薑汁、鹽等分，研爛炒熱擦之，肉甚痛，少頃即合，再擦數次即安。 鶴膝風，糟四兩，肥皂一個去子，芒硝一兩，五味子、砂糖各一兩，薑汁半甌，研勻，日日塗之，加入燒酒更妙。 杖瘡青腫，用濕綿紙鋪傷處，以燒酒糟搗爛，厚鋪紙上，良久，痛處如蟻行，熱氣上升即散。

清·李文培《食物小錄》卷下 糟 甘，辛，無毒。溫中消食，除冷氣，殺腥，去草菜毒，洗凍瘡，敷蛇咬蜂叮毒。

清·章穆《調疾飲食辯》卷一 糟 一名粕，能溫中消食，開胃健脾。既榨去酒，麴中毒烈亦微，又加油、鹽，則酒毒全失。鹽最能淡酒。 又能醃藏魚、肉、瓜、薑等物，病人食之，無所不宜。且酒之害在多，糟則非能多食之物，故為用勝於酒也。獨糟薑性熱，糟蝦動風，各有所忌。其他一概不忌。淡糟和葱、韭、蒜、薤等煤食亦佳。外用罯跌撲損傷，風寒濕痹，蒸熱糟加薑、韭等，搗爛厚罨患處，取效如神。燒酒糟亦可。

清·趙其光《本草求原》卷一四穀部 酒糟 辛，熱。除冷而助濕。病水腫、勞嗽、吐血均忌。惟敷風寒撲損，行瘀止痛，及浸水洗凍瘡，敷蛇咬叮蜂毒效。

清·王孟英《隨息居飲食譜·調和類》 糟 甘、辛，溫。醒脾消食，調藏府，除冷氣，殺魚腥毒。以杭、紹白稉米所造，不榨酒而極香者勝。拌鹽糟藏諸食物，味皆美媆。惟發風動疾，痧痘，產後咽喉目疾、血證，瘡瘧，均忌之。以糟入油料製，為糟油，調饌香美，然亦發疾，非病人所宜。 撲損打傷及蛇蟲蜂螫，酒糟罨。

清·劉善述、劉士季《草木便方》卷二穀糧豆菜部 酒糟 酒糟甘辛解菜毒，風寒濕痹膚癬除。損撲瘀血罯凍瘡，蛇咬蜂叮搗爛塗。

清·戴葆元《本草綱目易知錄》卷二 酒糟 甘、辛。溫中消食，活血行經，散瘀止痛。潤皮膚，調臟腑，除冷氣。殺腥，去草菜毒。罯撲損瘀血。浸水洗凍瘡。擣傅蛇咬、蜂叮毒。

清·吴汝紀《每日食物却病考》卷下 糟 甘、辛，無毒。溫中消食，調臟腑，殺腥，去草菜毒。罨撲傷，瘀血即散。

酒釀

清·趙學敏《本草綱目拾遺》卷八諸穀部 酒釀酒曹 俗名酒窩，又名浮蛆，乃未放出酒之米酵也。味醲厚，多飲致腹瀉。性善升透，凡火上行者忌之。

味甘、辛，性溫，佐藥發痘漿、行血、益髓脈、生津液。

赤眼淹纏：《祝氏效方》：杜仲、厚朴、桑白皮、檳榔各一錢，取雄雞肝一個，忌見水，去紅筋。入白酒釀六兩，隔湯蒸熟，去渣，以湯肝食下，隔二日再服一次，全愈。 小兒鼻風，吹乳腫痛：劉起堂經驗方：用酒釀和菊花葉敷上，立愈。無葉用根，甘菊葉尤佳，搗汁沖和服，更效。 吹乳方：《周氏家寶》：用苧麻根嫩者炒，和白酒釀少許，共搗爛敷患處，一日夜即消。忌食發物。 頭風：用蒼耳子、白芷、穀精草各五錢，川芎三錢，甜酒釀四兩，老酒二盌，煎一盌服《妙淨方》。 夢遺白濁：酸梅草二錢，孩兒菊二錢，搗取汁，加不見水酒釀，空心量服《救世青囊》。 難產：用酒釀、麻油、蜂蜜、童便、雞子白各半盞，煎溫服，即下。 痘出不起：《不藥良方》：用狗蠅七枚冬日取蠅，在狗耳內。搗爛，和酒釀服，即日發起，紅潤可觀。 痘瘡不起：《良方集要》：荸薺搗汁，和白酒釀頓溫服之。但不可頓大熱，大熱則反不妙，慎之。 保元丹：《千金不易方》：此丹張氏家傳，已五世矣。黄精一觔、甘枸杞四兩、酒釀五觔、好黄酒五觔，入罐煮一炷香，每飲一茶杯。藥渣搗為丸，加胡桃肉八兩、大黑棗八兩、青州柿餅一觔。

墨

宋·唐慎微《證類本草》卷一三木部中品〔宋·馬志《開寶本草》〕 墨 味辛，無毒。止血生肌膚，合金瘡，主產後血運崩中，卒下血，醋摩服之。亦主眯目，物芒入目，摩點瞳子上。又止血痢及小兒客忤，擣篩和水溫服之。好墨入藥，麁者不堪。今附。

〔宋·掌禹錫《嘉祐本草》〕按：陳藏器云：墨，溫。

〔宋·唐慎微《證類本草》〕《外臺秘要》：治天行毒病，衄鼻是熱毒血下數升者。取好墨末之，雞子白丸如梧子。用生地黄汁下一二十丸，如人行五里再服。《千金方》：治物落眼中不出。好墨清水研，銅筯點之即出。《肘後方》：客忤者，中惡之類也，多於道間門外得之，令人心腹絞痛，脹滿，氣衝心胸，不即治亦殺人。擣墨水和服一錢匕。又方：崩中漏下清黄赤白，使人無子。好墨末一錢匕服。又方：難產。墨一寸末，水服之，立產。又方：治赤白痢。薑墨丸：乾薑、好墨各五兩篩，以醋漿和丸桐子大。服三十丸加至四五十丸，米飲下，日夜可六七服，如無醋漿，以醋入水解之，令其味如醋漿和之。七十病痢垂死服之愈。徐云：但嚼書墨一丸差。又方：治墜胎胞衣不出腹中，腹中疼痛，牽引腰脊痛。用好墨細研，每服非時溫酒調下二錢匕。《梅師方》：治鼻衄出血多，眩冒欲死。濃研香墨，點入鼻孔中。《子母秘録》：治產後血暈，心悶氣絕。以丈夫小便濃研墨，服一升。又方：姙娠胎死腹中，若胞衣不下，上迫心。墨三寸末，酒服。

宋・寇宗奭《本草衍義》卷一四　墨　松之煙也。世有以粟草灰僞爲者，不可用。須松煙墨方可入藥。然惟遠煙爲佳。今高麗國每貢墨於中國，不知用何物合和，不宜入藥；此蓋未達不敢嘗之義。又治大吐血，好墨細末二錢，以白湯化阿膠清調，稀稠得所，頓服，熱多者尤相宜。又鄜、延界内有石油，燃之煙甚濃，其煤可爲墨，黑光如漆，松煙不及。其識文曰：延川石液者，是不可入藥，當附於此。

宋・莊綽《雞肋編》卷下　吳幵正仲家蓄唐以來墨，諸李所製皆有之。云無出廷珪之右者，其堅利可以削木。渠書《華嚴經》一部，半用廷珪，才研一寸。其下四秩，用承宴墨，遂至二寸，則膠法可知矣。王彦若《墨說》云：趙韓王從太祖至洛，行故宫，見架間一篋，取視之，皆李氏父子所製墨也。因盡以賜王。後王之子婦蓐中血運危甚，醫求古墨為藥，因取一枚，投烈火中，研末酒服即愈。諸子欲各備產乳之用，乃盡取墨煆而分之。自是李氏墨世益少得云。余嘗和吳觀墨詩云：賴召陳玄典籍傳，肯教邊腹擅便便。竟誇削木真餘事，卻笑磨人得永年。三友不居毛穎後，五車仍在楮生前。祇愁公子從醫說，火煆生分不直錢！

宋・劉明之《圖經本草藥性總論》卷下　墨　味辛，無毒。止血生肌膚，合金瘡，主產後血暈，崩中卒下血，醋摩服之。亦主眯目物芒入目，摩點瞳子上。又止血痢，及小兒客忤，擣篩和水，溫服之。

宋・陳衍《寶慶本草折衷》卷一三　墨油煙墨及漆煙墨續附。一名松煙墨。《局方》用者名兗墨。○所出與松脂同。燒松木熏□構煙，惟遠而細者入汁製成。

味辛、澀見續說，溫，無毒。○止血生肌膚，合金瘡，或金瘡在面，皆不可用也。主產後血運，崩中，卒下血，醋摩服之。亦主眯□□切目，物芒入目，點瞳子上。又止血痢及小兒客杵○□□云：客杵者，中惡之類也。多於道間門外得之，令心腹絞痛脹滿，氣衝心胸，擣篩和水溫服之。好墨入藥，麤者不堪。○《外臺秘要》：治衄鼻熱毒血下，取墨末之，雞子白丸如梧子，生地黄汁下貳拾丸。○《肘後方》：難產，墨壹寸，末，水服之。○《子母秘錄》：姙娠胎死腹中，若胞衣不下，上迫心，墨叁寸，末，酒服。○寇氏曰：墨，松之煙，世有以粟草灰偽為者，不可用，須松遠煙為佳。治大吐血，好墨末貳錢，白湯化阿膠清，調稀稠得□所服。熱多者尤相宜。○又鄜、延川石油燃煙為墨，黑光如漆，不可入藥。

續說云：艾原甫論墨云：松木之精液，其性澀收。又血有見黑則止之意，故理血多效也。《局方》連翹元中皆用墨。許洪於墨下註謂：兼治心腹脹滿之疾，外有麻油及桐油熏煙為墨，濃摩汁，傅熱毒壅上。口生白胎，并痘瘡後餘毒上攻口齒，涎血腥穢等患，或噙亦無妨。又《新安志》載：歙人以漆滓燒煙造墨，每取入藥，治血氣積滯之疾也。

元・尚從善《本草元命苞》卷六　墨　味辛，性無毒。主產後血暈，止下血崩中。生肌肉，合金瘡，止鼻衄。醫難產。物眯眼中，水研點之，即出。胎死腹内，酒調服之，遂產。大人吐血，白湯化，阿膠調服。小兒客忤，搗羅，末和水溫飲。用松煙者為上，石油燃者不堪。

元・朱震亨《本草衍義補遺》　墨　屬金而有火。入藥甚助補性。○墨，當松煙為之者入藥。能止血，及產後血運崩中，卒下血，醋摩服之。又：主眯目，物芒入目，摩點瞳子。又：鄜延界内有石油，燃之煙甚濃，其煤可如墨，黑光如漆，松煙不及，其識文曰：延出石液者是，不可入藥，當附如此。

明・王綸《本草集要》卷四　松煙墨　味辛，無毒。粗者不堪。非松煙者不入藥。止血，生肌膚，合金瘡。主產後血暈，崩中卒下血，醋摩服之。亦主眯目，物芒入目，摩點瞳子上。又止血痢，及小兒客忤，搗篩，和水溫服之。赤白痢，乾薑、好墨各五兩，為末，醋漿和丸如桐子大，服三四十丸，米飲下，日夜可六七服，效。產後血暈。以丈夫小便，濃研墨，服一升。

明·滕弘《神農本經會通》卷二 墨　粗者不堪，非松煙者不入藥。

味辛，無毒。陳云：墨，溫。

《本經》云：止血，生肌膚，合金瘡，主產後血運，崩中，卒下血，醋摩服之。亦主眯目，物芒入目，摩點瞳子上。又止血痢，及小兒客忤，搗篩，和水溫服之。好墨入藥，粗者不堪。丹溪云：屬金而有火，入藥甚助補性。當松煙為之者入藥。能止血，及產後血運崩中，卒下血，醋摩服之。又主眯目，物芒入目，摩點童子，又鄜延界內有石油，燃之，煙甚濃，其煤可為墨，黑光如漆，松煙不及。其識文曰：延川石液者是，不可入藥，當附于此。

明·劉文泰《本草品彙精要》卷一八 墨無毒。

墨：止血，生肌膚，合金瘡，主產後血暈，崩中，卒下血。醋摩服之，亦主眯目，物芒入目，摩點瞳子上。又止血痢及小兒客忤，搗篩和水溫服之。名醫所錄。〔地〕《衍義》曰：墨，松之煙也。世有粟草灰偽爲者，不可用。須松煙墨方可入藥。然惟遠煙爲佳。今高麗貢者，不知用何物合和，不宜入藥。此蓋未達不敢嘗之義。又鄜延界內有石油，然之煙甚濃，其煤可爲墨，黑光如漆，松煙爲不及也。《識文》曰：延川石液者，是不可入藥。謹按：燒松油之法，先以砂堝竅其底，取松之老節者斫碎，豎於其中，盎器覆之。藉于瓷石盤上，其盤亦竅其底二寸許，下以瓷器承之。泥固其縫處，勿令氣泄。外用文武火煨，逼油自瀝，貯於所承之器。取油於瓷盞，以布作撚然於竈，其竈以銅鐵鍋腔爲之，上覆鍋釜之類，濕紙固封其縫，或以磚垍砌之。其內務令泥鏝光淨，使煙不耗而易掃，上覆瓷缶之器亦得。一法：用明淨松香貯鐵器上就，以木片點入前竈，候至煙盡，發覆器掃出製墨。其松香取煙與松油同理，但爲簡易耳。每煙一斤，以秦皮、訶梨勒、酸石榴皮、黃蘗各一兩，蘇木四兩，汲新水浸一宿，煎耗，十去其三，入錫罐。內投洗淨，廣膠七兩，阿膠三兩二錢，候熔化已盡，研入血竭一兩，龍腦減半，竹匙攪勻，濾滴煙內和之，更以杏仁去皮取油潤劑及擦模內成笏。置炭灰上滲乾，取出入藥用。嘗自經試，故詳載之。〔味〕辛。〔性〕溫，散。〔氣〕氣厚于味，陽中之陰。〔臭〕香。〔主〕止血，傅腫毒。〔治〕療：《別錄》云：治物落眼中不出，以好墨清水研，銅筯點之，即出。〇治客忤，病於道間門外得之，令人心腹絞痛，脹滿，氣衝心胸，不即治亦殺人。搗墨水和服一錢匕。〇療崩中、漏下青黃赤白，服好墨末一錢匕。〇治難產，以墨一寸爲末，水服之，立產。〇治鼻衄出血太多，眩冒欲死者，濃香墨點入鼻孔中。〔合治〕以好墨爲末，合雞子白丸如桐子大，用生地黃汁下一二十丸，如人行五里，再服之，治天行毒病，鼻衄數升者。〇好墨合乾薑各五兩，爲末，以醋漿和丸如桐子大，每服三十丸加至四五十丸，米飲下，日夜六七服，治赤白痢及諸痢垂死者，服之愈。〇以好墨細研，不拘時合溫酒調下二錢匕。〇以好墨二寸爲末，合酒服，治妊娠胎死腹中，及胞衣不下，上迫心者，服之立效。〇以好墨爲細末二錢，用白湯化阿膠清調，稀稠得所，頓服之，治大吐血。若熱多者，尤相宜。

明·許希周《藥性粗評》卷一 血汜鎮松煙之墨。

松煙墨，燒松薰煙所作之墨也。世所貨賣，為中下之品者，皆是以鼻嗅之可知油煙，則為上品與此不同，不可入藥。味辛，性溫，無毒。主治衄血吐血，崩中下血，赤白痢疾，產難血暈，墮胎腹痛，生肌散血，合金瘡。凡血汜濫妄行者，皆可治之。丹溪云：入藥甚助補性。

單方：止血：如口鼻出血，中惡出血，產難出血之類，欲其止者，以水研服之。行血：如崩中漏下，赤白痢疾，胎死腹中，胞衣不下之類，欲其行者，酒研溫而服之。涼血：如墜杖內傷，產後血暈之類，欲其涼者，童便研服之。小兒客忤：如中惡驚風，腹痛氣衝之類，為末，溫水調服之。目眯物芒：目被物芒，眯痛不出者，清水研汁，以銅筯點入。

明·陳嘉謨《本草蒙筌》卷四 墨　味辛。無毒。擇係松煙造成，摩入藥劑主治。煙細纔效，煙麁不靈。其桐油煙、石油煙併粟草灰偽為者，俱不可以治病也。止血果捷，因黑勝紅。故天行熱毒，鼻衂下血數升，水摩滴入；若產後血暈，崩中卒暴來紅，摩醋服之。遊絲纏眼中，摩鷄血速點；客忤中腹內，摩地漿頓吞。下死胎而逐胎衣，合金瘡以生膚肉。

明·王文潔《太乙仙製本草藥性大全》卷三《仙製藥性》 墨　味辛，無毒。擇係松煙造成，磨入藥劑主治。煙細纔效，煙粗不靈。其桐油煙、石油煙併粟草灰僞爲者，俱不可以治病也。主治：止血果捷，因黑勝紅。故天行熱毒、鼻衄下血數升，水摩滴入。若產後血暈，崩中卒暴來紅，摩醋服之。遊絲纏眼中，摩鷄血速點。客忤中腹內，摩地漿頓吞。下死胎而逐胎衣，合金瘡以生膚肉。

明·李時珍《本草綱目》卷七土部 墨宋《開寶》

【釋名】烏金《綱目》　陳玄《綱目》　玄香《綱目》　烏玉玦時珍曰：古者以黑土爲墨，故字從黑土。許慎《説文》云：墨，烟煤所成，土之類也，故從黑土。劉熙《釋名》云：墨者，晦也。

【集解】宗奭曰：墨，松之烟也。世有以粟草灰僞爲者，不可用，須松煙墨方可入藥。惟遠烟細者爲佳，粗者不可用。今高麗國每貢墨于中國，不知何物合，不宜入藥。鄜延有石油，其烟甚濃，其煤可爲墨，黑光如漆，不可入藥。時珍曰：上墨，以松烟用梣皮汁解膠和造，或加香藥等物。今人多以窑突中墨烟，再三以麻油入内，用火燒過造墨，謂之墨烟，墨光雖黑，而非松烟矣，用者詳之。石墨見石炭下。烏賊魚腹中有墨，馬之寶墨，各見本條。

【氣味】辛，温，無毒。　【主治】止血，生肌膚，合金瘡，治産後血運，崩中卒下血，醋磨服之，又止血痢，及小兒客忤，搗篩温服之。又眯目物芒入目，點摩瞳子上《開寶》。利小便，通月經，治癰腫時珍。

【發明】震亨曰：墨屬金而有火，入藥甚健，性又能止血。

【附方】舊十，新六。　吐血不止：金墨磨汁，同萊菔汁飲。或生地黄汁亦可。《集簡方》。　衄血不止：眩冒欲死。濃墨汁滴入鼻中。《梅師方》。　熱病衄血：出數升者，取好墨爲末，鷄子白丸梧子大。用生地黄汁下一二十丸，少頃再服。仍以葱汁磨墨，滴入鼻内，即止。《外臺秘要》。　大小便血：好墨細末二錢，阿膠化湯調服。熱多者尤相宜。寇氏《本草衍義》。　卒淋不通：好墨燒一兩，爲末。每服一字，温水服之。《普濟方》。　赤白下痢：薑墨丸：用乾薑、好墨各五兩，爲末，醋漿和丸梧子大。每服三四十丸，米飲下，日夜六七服愈。《肘後方》。　崩中漏下：青黄赤白，使人無子。好墨一錢，水服，日二服。《肘後方》。　墮胎血溢不止：墨三兩，火燒醋淬三次，出火毒，没藥一兩，爲末，每服二錢，醋湯下。《普濟方》。　婦人難産：墨一寸，末之，水服立産。《肘後方》。　胎死腹中：新汲水磨金墨服之。《普濟方》　胞衣不出：痛引腰脊。好墨，温酒服二錢。《肘後方》。　癰腫發背：醋磨濃墨塗四圍，中以猪膽汁塗之，乾又上，一夜即消。《趙氏方》。　客忤中惡：多於道間、門外得之，令人心腹絞痛，脹滿，氣冲心胸，不即治殺人。搗墨，水和服二錢。《肘後方》。　飛絲入目：磨濃墨點之，即出。《千金方》。　塵物入目：方同上。　産後血運：心悶氣絶。以丈夫小便研濃墨一升服。《子母秘録》。

題明・薛己《本草約言》卷二《藥性本草》　京墨　止吐血，水能制火。

明・梅得春《藥性會元》卷中　墨　味辛，無毒。上品好者入藥，粗臭者皆不堪用。松煙為之者。　主止血，生肌膚，合金瘡，及産後血暈，崩中，卒下血，醋磨服之。又療眯目物芒入目，磨點瞳人上。又止血痢及小兒客忤，搗篩溫水服。鄜延界內有石油，燃之烟甚濃，其煤可作墨，墨光如漆，松煙不及。其文識曰：延川石液者，是不可入藥，附此以別之。

明・李中立《本草原始》卷八　墨　古者以黑土為墨，故字從黑土。許慎《説文》曰：墨，煙煤所成，土之類也，故從黑土。　氣味：辛，溫，無毒。　主治：止血，生肌膚，合金瘡，治產後血運，崩中卒下血，醋磨服之。又止血痢，及小兒客忤，搗篩，溫水服之。又眯目，物芒入目，點摩瞳子上。〇利小便，通月經，治癰腫。　松煙墨方可入藥。《千金方》：治飛絲入目，磨濃墨點之即出。

明・倪朱謨《本草彙言》卷一三　京墨　味苦，氣溫，無毒。以松木燒烟，宜遠細者爲佳，粗者不可入藥。如以他物燒烟者，次之。

其治病與百草霜、釜臍煤大同。

明・顧逢柏《分部本草妙用》卷一〇土部　墨　辛，溫，無毒。　治吐血，生肌，合金瘡，血運崩中下血，醋磨服之。又止血崩。

明・李中梓《醫宗必讀・本草徵要下》　墨味辛，溫，無毒，燒紅研細。　止血以苦酒送下，消癰用豬膽調塗。　墨者，北方之色；　血者，南方之色，止血者，火見水而伏也。內有鹿角膠，非煅紅不可用。

明・鄭二陽《仁壽堂藥鏡》卷二　墨　丹溪云：墨屬金而有火與水。入藥甚助補性。《本草》云：味辛，無毒。止血，治產後血暈。《千金方》：治物落眼中不出，好墨清水研，點入即出。止血果捷，因黑勝紅，鼻衄吐血。摩，滴入。血暈崩中，醋摩服。

清・顧元交《本草彙箋》卷一〇　墨　屬金而有火。入藥能健性，又能止血。

墨用松煙者佳。發明松脂下。吐血不止，金墨磨汁，同萊菔汁飲，或生地汁。　產後血暈，心悶氣絕者，以丈夫小便，研濃墨一升，服。

清・穆石匏《本草洞詮》卷四　墨　味辛，氣溫，無毒。主通月經，治癰腫，利小便，又主止血痢，合金瘡，治產後血暈崩中。蓋墨屬金而有火，其性甚健，能行又能止也。惟松烟墨方可入藥。

清・劉雲密《本草述》卷三　墨《説文》曰：墨。乃烟煤所成土之類也，故從黑土。

宗奭曰：墨，松之烟也。入藥惟松烟墨可用，亦須年遠烟細者為佳，麤者不可用。　時珍曰：上墨以松烟用梣皮汁解膠和造，或加香藥等物。今人多以窑突中墨烟，再三以麻油入內，用火燒過造墨，謂之墨烟，墨光雖黑，而非松烟矣。用者詳之。

氣味：辛，溫，無毒。　丹溪曰：屬金而有火，入藥甚助補性。

主治：止血生肌，合金瘡，治產後血暈，崩中卒下血，醋磨服之。又止血痢及小兒客忤，搗篩溫水服之。又眯目、物芒入目，點摩瞳子上，即出。

愚按：墨之用，據方書在血證有專功，如《準繩》云：吐血急欲止之，用血餘灰二錢，以白湯化阿膠二錢，入童便、生藕汁、刺薊汁、生地黃汁，各一杯，仍用好墨磨濃黑，頓溫服。第余意《準繩》前段，用醋製大黃等味，入血分引血下行，使轉逆為順，此法極其穩妥，而功亦未常不捷。余少年失血，亦用炒黑大黃存性為主，輔以炒黑梔子、香附等味，其奏效固已不爽矣。且墨非的係松烟，難必其不以誤用為咎也。

修治　湯藥、磨劑、丸散，火煅細研，或水浸軟，紙包煨剉。不問徽墨、京墨、油烟，但光如漆，且香者勿用。

清・郭章宜《本草匯》補遺　墨　味辛，氣溫。生肌止血，膚合金瘡。治崩中血暈，療飛絲入目。磨濃墨，點之即出。塗癰腫，利小便。卒淋不通，好墨燒一兩，為末，每服一錢，水服。

按：墨，烟煤所成，土之類也。上古以松烟造成，方可入藥。今人多以窑突中墨烟造之，不可用也。年遠烟細者為佳，粗者勿用。若非松烟，其光雖黑，不可治病也。

清・王翃《握靈本草》卷一　墨墨乃煙煤所成，土之類也，故從黑土。　主治：墨辛，溫，無毒。主止血，生肌，物芒入目。

清・汪昂《本草備要》卷四　墨輕。　辛，溫。止血生肌。飛絲、塵芒入目，濃磨點之。點鼻止衄。猪膽汁磨，塗諸癰腫。醋磨亦可。酒磨服，治胞胎不下。

清・李熙和《醫經允中》卷二三　墨　辛，溫，無毒。主止血生肌，治金瘡血運，崩中下血，醋磨服之。物芒入目，遊絲纏眼，磨點即愈。

清・馮兆張《馮氏錦囊秘錄・雜症痘疹藥性主治合參》卷五　墨　味辛，止血果捷，因黑勝紅。天行熱毒，鼻衄下血數升，水磨滴入。產後血暈，崩中卒暴來紅，醋磨服之。遊絲纏眼中，磨雞血速點。客忤中腹內，磨地漿汁吞。下死胎，而逐胎衣，合金瘡，以生膚肉，止血。以苦酒，或韮汁送下，消癰，用猪膽，或釅醋調塗，內有鹿角膠，非煅紅不可用。

清・吳儀洛《本草從新》卷五　墨　辛，溫。止血震亨曰：墨屬金而有火，入藥甚健，性又能止血。生肌。飛絲塵芒入目，濃磨點之。點鼻止衄。猪膽汁磨，塗諸癰腫。醋磨亦可。酒磨服，治胞衣不下。宗奭曰：墨，松之烟也。世有以粟草灰偽為者，不可用，唯松烟墨方可入藥。唯遠烟細者為佳，粗者不可用。

清・汪紱《醫林纂要探源》卷三　墨　辛，苦，平。古用松煙，性近溫。今用桐油煙，性近寒。然氣味輕虛，俱不失為平。珍之者，加入珠、金、冰、麝。陳久為良。瀉心清肺，去妄熱，止妄血，下氣歸腎。止吐衄，傅腫毒，點飛絲入目。和酒服，催產下胞胎。療咽喉、口舌諸瘡尤效，以瀉火瀉心也。

清・嚴潔等《得配本草》卷一　墨　辛，溫。止血生肌。得酒磨服，治胞衣不下。得醋磨服，治血崩。得井水磨服，治鼻衄不已。得地漿送下，治客忤。入地黃汁下，治吐血不止。火煅研用，或磨用。

題清・徐大椿《藥性切用》卷七　松烟細墨　性味辛涼，止血解毒。吐血衄血，藕汁、茅根汁磨濃飲之。人乳磨，點飛塵入目。豬膽磨濃，消癰疽腫毒。

清・黃宮繡《本草求真》卷七　墨止血宣滯。　墨耑入肝腎。曷能以止血，以其色黑味辛氣溫而止之也。蓋黑能勝紅，紅見黑而即止，以火不勝水者故耳。辛能散血，血散則血歸經而不外溢，是以遇辛而即止也。溫能行血，血行則血周流經絡，而血不聚於所傷之處，是以得溫而即止也。揭出行血止血義蘊。故凡血熱過下，如瘟疫鼻衄，產後血暈，崩脫金瘡，並絲纏眼中，皆可以治。如止血則以苦酒送韮汁投，消腫則以猪膽汁、釅醋調，並眼有絲纏，則以墨磨雞血速點，客忤中腹，則磨地漿汁吞。各隨病症所用而治之耳。但瘟疫熱病初衄，遽用此以止血，則非所宜。

清・羅國綱《羅氏會約醫鏡》卷一八金石水土部　墨味辛，氣溫。　止一切血熱妄行、鼻衄和茶服、產後血暈、崩中暴來。淡醋磨服，或加韮汁。飛絲入目，濃磨點之，少頃絲黑成團，以燈心取出。下死胎，逐胞衣，酒磨多服。散癰腫，醋磨或猪膽汁磨，厚塗之。天行熱毒吐血。韭汁磨吞。不涼不熱，用之穩協。

清・王龍《本草纂要稿・木部》　墨　味辛，無毒。止血果捷，因黑勝紅。水磨，滴天行鼻衂時來。醋磨，治産後崩中卒暴。磨雞血，點游絲纏眼。磨地漿，療客忤中風。下死胎而逐胎衣，合金瘡以生膚肉。

清・楊時泰《本草述鉤元》卷三　墨　惟松煙墨入藥。燒取松煙，用梣皮汁解膠和造，或加香藥等物。亦須年遠為佳。麄者多以竈突中墨煙，再三入麻油，用火燒過造之。墨光雖黑，不可用。氣味辛溫。止血生肌，合金瘡，治産後血暈崩中，猝下血。醋磨服之。又止血痢，及小兒客忤。搗篩溫水服之。物芒入目，點摩瞳子上即出。屬金而有火，入藥甚助補性丹溪。吐血急欲止之，用血餘灰二錢，阿膠白湯化二錢，入童便、生藕汁、刺薊汁、生地汁各一盃，仍用好墨磨濃黑，頓溫服。按：《準繩》前段用醋製大黃等味，入血分，引血下行，使轉逆為順，此法極穩，而功亦未嘗不捷，或以炒黑大黃存性為主，輔以炒黑梔子、香附等味，奏效不爽。此方用墨，若非的係松煙，難必其不以誤用為咎也。辨治：不問徽墨、京墨、油煙，但光如漆且香者，勿用。湯藥磨服，丸散火煅細研，或水浸軟紙包煨剉。

清・葉桂《本草再新》卷八　墨味甘、辛，性涼，無毒。入肝、肺二經。平肝潤肺，除風熱，止欬嗽，生津解渴。

清・趙其光《本草求原》卷二三土部　松煙墨　燒灰，辛，溫。止衄、葱汁磨滴，又和雞子白服。吐血、生藕汁或萊服汁，或鮮地黃汁磨服。世用柏葉汁、甘蕉汁，每有瘀積之患。二便血、同阿膠服。卒淋、水下。赤白痢、同薑炭，醋和丸飲下。崩漏、墮胎、血溢、同乳香醋下。催生、下胞、酒下。癰腫、醋和塗四圍，豬膽汁和塗中。飛絲及塵物入目、燈心點墨汁卷之。血暈。童便下。止金瘡血、生肌、牛皮血癬。同寒水石、白礬、花椒研豬脂搽。取硝牛皮及瓦窑上松煙，別煙勿用。按吐血宜急止，《準繩》用血餘灰，以水煎阿膠，入童便、藕汁、薊汁、生地汁和好墨服。又法用醋炒黑大黃、梔炭、香附等引血下行，轉逆為順，其法捷而穩。若用墨，恐非松煙致誤。

清・文晟《新編六書》卷六《藥性摘錄》　墨　辛，溫。色黑，入肝腎。止血宣滯，如溫疫鼻衄，産後血暈崩脫，金瘡，皆治。〇絲纏眼中，磨雞血，連點即出。〇惟瘟疫熱病初衄，勿速用此止血。

清・張仁錫《藥性蒙求・土部》　墨　墨取松煙，苦溫之品。血逆上行，濃磨服之。止血，真松烟者佳，粗者不可用。

清・劉善述、劉士季《草木便方》卷二金石土火部　香墨　香墨生肌止衄血，赤白崩帶血痢滅。産後血暈末醋服，金瘡合口吐血捷。

清・陳其瑞《本草撮要》卷一〇　墨　味辛，溫，止血生肌。飛絲塵芒入目，濃磨點之。點塞鼻中，止鼻衂。猪膽汁或醋磨汁塗癰腫。酒磨服治胞胎不下。五月午日午時，以蝦蟆嘴内填墨一塊曬之，日西取出墨，將蝦蟆放去，此墨治血症極效。松煙墨良。

藥露

《舊五代史・梁書・太祖紀五》　廣州貢犀玉，獻船上薔薇水。

宋・樂史《太平寰宇記》卷一七九　占城國，周朝通焉。顯德五年，其王釋利因得漫遣其臣蒲訶散等來貢方物，中有灑衣薔薇水一十五琉璃瓶。言出自西域，凡鮮華之衣以此水灑之則不(點)〔黦〕，而復郁烈之香連歲不歇。

宋・王欽若《册府元龜》卷九七二　〔後周〕世宗顯德【略】五年九月，占城國王釋利因德漫遣其臣莆訶散等來貢方物，中有灑衣薔薇水一十五琉璃瓶，言出自西域。凡鮮華之衣，以此水灑之則不黦，而復郁烈之香連歲不歇。

《新五代史・四夷・附録》　顯德五年，其國王因德漫遣使者莆訶散來貢【略】薔薇水十五瓶。【略】薔薇水云得自西域，以灑衣，雖敝而香不滅。

宋・張邦基《墨莊漫錄》卷三　玫瑰油出北方，其色瑩白，其香芬馥，不可名狀。用為試香法，用衆香煎煉，北人貴重之。每報聘，禮物中祇一合奉使者，例獲一小罌，其法秘不傳也。宣和間，周武仲憲之使敵，過磁州時，葉著宣遠為守。祝周云：『回日願以此油分餉。』既反，命以油贈之。葉云：『今不須矣。近禁中厚賂敵使，遂得其法，煎成賜近臣，色香勝北來者。婦翁蔡京新寄數合。』且云：『公還朝必有取者，今反獻一合。』周亦不受也。

宋・蔡絛《鐵圍山叢談》卷六　舊説薔薇水乃外國採薔薇花上露，殆不然，實用白金為甑，採薔薇花蒸氣成水，則屢採屢蒸，積而為香，此所以不敗。但異域薔薇花氣馨烈非常，故大食國薔薇水雖貯琉璃缶中，蠟(蜜)〔密〕封其外，然香猶透徹聞數十步。洒著人衣袂，經十數日不歇也。至五羊效外國造香，則不能得薔薇。第取素馨、茉莉花為之，亦足襲人鼻觀。但視大食國真薔薇水，猶奴爾。

宋・趙汝适《諸蕃志》卷下　薔薇水，大食國花露也。五代時蕃使蒲訶散以十五缾效貢，厥後罕有至者。今多採花浸水，蒸取其液以代焉。其水多偽雜，以琉璃缾試之，翻搖數四，其泡周上下者為真。其花與中國薔薇不同。

宋・張世南《游宦紀聞》卷五　有一種名朱欒花，比柑橘其香絕勝。以棧香或降眞香作片，錫為小甑，實花一重，香骨一重，常使花多於香；竅甑之傍，以泄汗液。以器貯之。畢則徹甑，去花，以液漬香，明日再蒸，凡三四易花。暴乾，置磁器中密封，其香最佳。

胡榘等《寶慶四明志》卷六　外化蕃船，【略】薔薇水。

《宋史・列传・外国》　雍熙元年，［大食］國人花茶來獻花錦、越諾、揀香、白龍腦、白沙糖、薔薇水、琉璃器。

明・朱國禎《湧幢小品》卷二七　薔薇露出回回國，番名阿剌吉。此藥可療人心疾，不獨調粉婦人容飾而已。

清・趙學敏《本草綱目拾遺》卷一水部　各種藥露　凡物之有質者，皆可取露。露乃物質之精華。其法始於大西洋，傳入中國。大則用甑，小則用壺，皆可蒸取。其露即所蒸物之氣水，物雖有五色不齊，其所取之露無不白，祗以氣別，不能以色別也。時醫多有用藥露者，取其清冽之氣，可以疏瀹靈府，不似湯劑之膩滯腸膈也。名品甚多，今列其常為日用知其主治者數則於左，餘俟續考，以補其全。

金銀露：　乃忍冬藤花蒸取，鮮花蒸者香，乾花者少遜，氣芬鬱而味甘，能開胃寬中、解毒消火，暑月以之代茶，飼小兒無瘡毒，尤能散暑。　金燦然《藥帖》云：　金銀露專治胎毒，及諸瘡痘毒熱毒。　《廣和帖》云：　清火解毒，又能稀痘。

薄荷露：　鮮薄荷蒸取，氣烈而味辛，能涼膈發汗，虛人不宜多服。　金氏《藥帖》：　清涼解熱，發散風寒。　玫瑰露：　玫瑰花蒸取，氣香而味淡，能和血，平肝養胃，寬胸散鬱，點酒服。　金氏《藥帖》：　專治肝氣胃氣，立效。　佛手露：　佛手柑蒸取，氣香味淡，能疎膈氣。

金氏《藥帖》：　專治氣膈，解鬱，大能寬胸。

香橼露：　香橼蒸取，氣香味淡，消痰逐滯，與金橘橙露同功。

桂花露：　桂花蒸取，氣香，味微苦，明目疎肝，止口臭。　金氏《藥帖》：　專治齦脹牙痛，口燥咽乾。　《廣和帖》：　止牙痛而清氣。

茉莉露：　茉莉花蒸取，氣香味淡，其氣上能透頂，下至小腹，解胸中一切陳腐之氣，然止可點茶，不宜久服，令人腦漏。

薔薇露：　出大食、占城、爪哇、回回等國。番名阿剌吉。　灑衣，經歲其香不歇，能療心疾，以琉璃瓶盛之，翻搖數回，泡周上下者真，功同酴醾露。皆可以澤肌潤體，去髮膩，散胸膈鬱氣。　又一種內地薔薇露，係中土薔薇花所蒸，專治溫中達表，解散風邪。

蘭花露：　此乃建蘭花所蒸取者，氣薄味淡，食之明目舒鬱。

雞露：　《道聽集》云：　雞露能大補元氣，與人參同功。男用雌雞，女用雄雞，一年內者，名童子雞，可用。若兩年者，肉老質枯，不可蒸露，入藥須選童子雞。以繩縊死，竹刀破腹，醇酒洗去毛及腹中穢物，勿見水，蒸取露飲之，氣清色白，望之如有油。氣味甘，消痰益血，助脾長力，生津明目，為五損虛勞神藥。

米露：　以新鮮白米，勿用陳久者，蒸取，色白氣清，如蓮花者。　大補脾胃虧損，生肺金如神。一云：　米露用稻花蒸者更佳。　《廣和帖》：　鮮稻露和中納食，清肺開胃。

丁香露：　氣烈，味微辛，治寒澼胃痛。

椒露：　鮮椒蒸取，能明目開胃，運食健脾。

薑露：　辟寒，解中霜霧毒，驅瘴，消食化痰。

梅露：　鮮綠萼初放花，采取蒸露，能解先天胎毒。六月未出痘小兒，和金銀露食之，極佳。　周櫟園《閩小記》：　海澄人蒸梅及薔薇露，取如燒酒法，酒一壺，滴少許便芳香。

骨皮露：　地骨皮所蒸，解肌熱骨蒸《金帖》，一切虛火《許帖》。

藿香露：　清暑正氣。

白荷花露：　治喘嗽不已，痰中有血《金帖》。止血消瘀，清暑安肺《廣和帖》。

桑葉露：　治目疾紅筋，去風清熱《金帖》。

夏枯草露：　治瘰癧鼠瘻，目痛羞明《金帖》。

枇杷葉露：　清肺甯嗽，潤燥解渴《金帖》。　和胃《許帖》。

甘菊花露：　清心明目，去頭風眩暈《廣和帖》。

清・王孟英《隨息居飲食譜・水飲類》　諸露　凡穀菜果蓏，草木花葉諸品，具有水性之物，皆取其新鮮及時者，依法入甑，蒸餾得水，名之為露。用得其宜，遠勝諸藥。何者？　諸藥既乾既久，或失本性，譬用陳米用酒，酒力無多，若不堪久藏之物，尤宜蒸露密儲。如以諸藥煎作湯飲。　味故不全。

間有因煎失其本性者，惟質重味厚，滋補下焦，如地黄、枸杞之類，必須煎汁也。若作丸散，併其渣滓啖之，殊勞脾運。惟峻厲猛烈之藥，宜丸以緩之。冰麝忌火諸香，必丸而進之。五苓六一等劑，須散以行之。凡人飲食，蓋有三化：一曰火化，烹煮熟爛。二曰口化，細嚼緩嚥。三曰胃化，蒸變傳運。二化得力，不勞於胃，故食生冷，大嚼急嚥，則胃受傷也。胃化既畢，乃傳於脾，傳脾之物，悉成乳糜，次乃分散，達於周身。其上妙者化氣歸筋，其次妙者化血歸脈。用能滋益精髓，長養肌體，調和營衛。所云妙者，飲食之精華也。故能宣越流通，無處不到。所存糟粕，乃下於大腸。今世滋補丸劑，皆乾藥合成，精華已耗，又須受變於胃，傳送於脾，所沁入宣布能有幾何，不過徒勞脾胃，悉成糟粕下墜而已。朝吞暮餌，抑何愚耶？

汪謝城曰：諸露生津解熱，誠為妙品。但肆中貪多，而蒸之過久，以致味薄，或羼他物以取香，如枇杷葉露亦羼香物，正與嗽證相反。故必自蒸為佳。又中有飲濕者，諸露皆非所宜。

強水

清・趙學敏《本草綱目拾遺》卷一水部　強水　西洋人所造，性最猛烈，能蝕五金。王怡堂先生云：其水至強，五金八石皆能穿漏，惟玻璃可盛。西人造強水之法，藥止七味，入罐中熬煉，如今之取露法，旁合以玻璃瓶而封其隙，下以文武火疊次交煉，見有黑氣入玻璃瓶中，水亦隨氣滴入，黑氣盡，藥乃成矣。此水性猛烈，不可服食。西人凡畫洋畫，必須鏤板於銅上者，先以筆劃銅，或山水人物，以此水漬其間一晝夜，其漬處銅自爛，勝於雕刻。高低隱顯，無不各肖其妙，銅上有不欲爛處，先用黄蠟護之，然後再漬，俟一週時，看銅有爛痕，則以水洗去強水，拭淨蠟迹，其銅板上畫已成。絕勝鐫鏤，且易而速云，入藥取其氣用。

治癰疽拔疔：謝天士云：凡癰疽已潰或未潰，用強水可蝕惡肉，勝於硇砂，只須置強水於玻璃瓶内，以瓶口對癰疽上，掩少時，其藥氣自昇入患處，疽肉變白而腐，毒亦拔出，然後再敷他藥治之。疔有根，亦以此治法，則根自爛出。

《物理小識》：有礦水，翦銀塊投之，則旋而為水，傾之盂中，隨形而定，復取硇水歸瓶，其取硇水法，以琉璃窑燒一長管，以煉砂取其氣。

道朱公為余言之：崇禎庚辰進《坤輿格致》一書，言采礦分五金事，工省而利多。壬午，倪公鴻寶為大司農，亦議之。而政府不從，今日番硇甚少，但有氣硇，真番硇乃能乾汞。按此礦水即強水也，特古今異名耳。

刀創水

清・趙學敏《本草綱目拾遺》卷一水部　刀創水　出西洋，不知何物合成，番船帶來，粤澳門市之。

治金創，以此水塗傷口，即斂合如故。

鼻沖水

清・趙學敏《本草綱目拾遺》卷一水部　鼻沖水　出西洋，舶上帶來，不知其製。或云樹脂，或云草汁，合地溲露曬而成者。番舶貯以玻璃瓶，緊塞其口，勿使泄氣，則藥力不減，氣甚辛烈，觸人腦，非有病不可嗅。島夷遇頭風傷寒等症，不服藥，惟以此水瓶口對鼻吸其氣，即遍身麻顫，出汗而愈。虚弱者忌之。宜外用，勿服。治外感風寒等症，嗅之大能發汗。

日精油

附：泰西・石鐸琭《本草補》　日精油　泰西所製日精油，其藥料多非中邦所有，皆旅人攜至此也。專治一切刀鎗木石及馬踢犬咬等傷，止痛斂口，大有奇效。用法：先視傷口大小若何。其長闊而皮綻，先以酒洗，拭淨，隨用線縫合，大約一寸三縫，不可太密。傷口小者，無用縫矣。既縫，又以酒洗拭淨，將潔淨瓷器盛油，烘熱，以男人所穿舊綿布，拆取經緯，長短以傷口為度。逐縷蘸油，貼滿瘡口。又以男人所穿舊綿布包裹，忌女人所穿者。至三四日後解開，潤油少許，如前包固，數日即瘉。如傷久血乾，略爪破，或刀(銛)[刮]，俾令血出，以通藥氣，如前法包固。但血多則至流藥，無血固不可，多血亦不可也。傷處忌水與口涎，最宜防之。若傷已含膿及骨折者，此油無益，不必用矣。如心腹、耳、鼻、手足及各處骨節疼痛，果屬風寒，非關燥熱，則此油可治。向的痛之所，以油揉擦，極熱為度。然後以男人所穿舊布包裹。當用藥時，須坐密室，不可見風，并忌食寒冷等物，斯為驗矣。旅人九萬里攜至中邦，決非尋常淺效，勿輕視焉可也。

清・趙學敏《本草綱目拾遺》卷一水部　日精油　泰西所製，《本草補》云：其藥料多非中土所有，旅人九萬里攜至中邦，決非尋常淺效，勿輕視焉可也。治一切刀鎗木石及馬踢犬咬等傷，止痛斂口，大有奇效。

用法：先視傷口大小若何，其長闊而皮綻，先以酒洗拭淨，隨用線縫，大約一寸三，縫合不可太密。傷口小者，無用縫矣。既縫，以酒又洗拭淨，將潔淨瓷器盛油烘熱，以男人所穿舊綿布，取經緯長短，以傷口為度，逐縷蘸油，貼滿瘡口。又以男人所穿舊布包裹，忌用女人所穿者，至三四日後解開，潤油少許，如前包固，數日即愈。如傷久血乾，略爪破或刀刮，俾令血水以通藥氣，如前包固。但血多則至流藥，故無血不可，多血亦不可也。傷處忌水與口涎，最宜防之，若傷已含膿及骨折者，此油無益，不必用矣。如心腹耳鼻手足及各處骨節疼痛，果屬風寒，非關燥熱，則此油可治。問的痛之所，以油揉擦極熱為度，然後以男人所穿舊布包裹，當用藥，須坐密室，切勿見風，并忌食寒冷等物《本草補》。

孩兒茶

明・張四維《醫門秘旨》卷一五《藥性拾遺》　孩兒茶　出烏定國，乃烏定海之細泥也。味苦、甘，氣溫，平，性良，無毒。解酒熱，止煩渴，涼肌表，散客熱，行污濁之血，散瘡結之熱，生肌斂口散火之藥。

明・李時珍《本草綱目》卷七土部　烏爹泥《綱目》

【釋名】烏壘泥《綱目》　孩兒茶時珍曰：烏爹或作烏丁，皆番語，無正字。

【集解】時珍曰：烏爹泥，出南番爪哇、暹羅、〔老撾〕諸國，今雲南、老撾暮雲場地方造之，云是細茶末入竹筒中，緊塞兩頭，埋污泥溝中，日久取出，搗汁熬制而成。其塊小而潤澤者爲上，塊大而焦枯者次之

【氣味】苦、濇，平，無毒。　【主治】清上膈熱，化痰生津，塗金瘡、一切諸瘡，生肌定痛，止血收濕時珍。

【附方】新八。　鼻淵流水：孩兒茶末吹之，良。《本草權度》。　牙疳口瘡：孩兒茶、硼砂等分，爲末搽之。○《積德堂方》治走馬牙疳，用孩兒茶、雄黃、貝母等分，爲末，米泔漱净搽之。　下疳陰瘡：外科用孩兒茶末，米泔洗净，傅之神效。或加胡黄連等分。○《纂奇方》：孩兒茶一錢，真珠一分，片腦半分，爲末傅之。○唐氏用孩兒茶一錢，輕粉一分，片腦一字，爲末搽之。　痔瘡腫痛：孩兒茶、麝香爲末，唾津調傅。孫氏《集效方》。　脱肛氣熱：孩兒茶二分，熊膽五分，片腦一分，爲末，人乳搽肛上，熱汁自下而肛收也。亦治痔瘡。《董炳方》。

明・謝肇淛《五雜俎》卷一一　藥中有孩兒茶，醫者盡用之，而不知其所自出。歷考本草諸書，亦無載之者。一云：出南番中，係細茶末，入竹筒中，緊塞兩頭，投污泥溝中，日久取出，搗汁熬製而成。一云：即是井底泥，煉之以欺人耳。番人呼為烏爹泥，又呼為烏疊泥。俗因治小兒諸瘡，故名孩兒茶也。

明・繆希雍《本草經疏》卷三〇　烏爹泥　味苦、濇，平，無毒。主清上膈熱，化痰生津，塗金瘡、一切諸瘡，生肌定痛，止血收濕。一名孩兒茶。出南番爪哇暹羅諸國。今雲南、老撾、暮雲場地方造之。云是細茶末，入竹筒中，堅塞兩頭，埋烏泥溝中，日久取出，搗汁熬製而成。其塊小而潤澤者為上，大而焦枯者次之。

【疏】烏爹泥本是茶末，又得土中之陰氣，其味苦濇，氣應作寒，性無毒。其主清上膈熱，化痰生津者，茶之用也。得地中之陰氣，能涼血清熱，故主金瘡止血及一切諸瘡，生肌定痛也。苦能燥，濇能斂，故又主收濕氣。【主治參互】《積德堂方》牙疳口瘡，孩兒茶、硼砂等分，為末搽之。《纂奇方》下疳陰瘡，孩兒茶一錢，真珠一分，片腦半分，為末傅之。董炳方脱肛氣熱。孩兒茶二分，熊膽五分，片腦一分，為末，人乳調搽肛上，熱汁自下而肛收也。亦治痔瘡。今人多用外治，內服甚少，故不著簡誤。

明・倪朱謨《本草彙言》卷八　孩兒茶　味苦澀，氣平，無毒。李氏曰：孩兒茶，出南番爪哇、暹羅諸國。今雲南、老撾、暮雲場地方造之。云是細茶末，入竹筒中，堅塞兩頭，埋污泥溝中，日久取出，搗汁熬製而成。其塊小而潤澤者爲上，塊大而焦枯者次之。

孩兒茶：解山嵐瘴熱，斂瘡生肌之藥也。張相如曰：服食方鮮有用者，惟入外科收斂瘡口摻藥中用此。能定痛止血，收濕生肌。又兒科牙疳方中，配川黄連，共爲細末，摻牙根處，亦能斂潰收濕，定痛生肌。出李氏《綱目》。今吳門市中售香茶，以孩兒茶爲主，食之果香甜涼爽。移時藥味已過。轉增燥渴，次蚤更覺口乾苦澀，較前倍常，則前人所云解渴生津，未可深信。

明・蔣儀《藥鏡》卷四寒部　孩兒茶　化痰生津，而上膈之熱清。長肌定痛，而金瘡之血斂。與硼砂等分，牙疳瘡口堪搽。佐片腦、珍珠，陰〔瘡〕下疳宜傳。

明・張景岳《景岳全書》卷四九《本草正》　孩兒茶　味苦、微濇，性涼。能降火生津，清痰涎欬嗽，治口瘡喉痹煩熱，止消渴吐血衄血，便血尿血，濕熱痢血，及婦人崩淋，經血不止，小兒疳熱，口疳，熱瘡，濕爛諸瘡，斂肌長肉，亦殺諸蟲。

清・顧元交《本草彙箋》卷一〇　孩兒茶　主治清上膈熱，化痰生津，塗

金瘡及一切諸瘡，生肌定痛，止血收濕。

孩兒茶，本名烏爹泥，出南番、爪哇、暹羅諸國。今雲南、老撾暮雲場地方造之，云是細茶末入竹筒中，堅塞兩頭，埋污泥溝，日久取出，搗汁熬製而成。其塊小而潤澤爲上，塊大而焦枯者次之。

清・劉雲密《本草述》卷三 烏爹泥一名孩兒茶。 時珍曰：烏爹泥出南番、瓜哇、暹羅諸國，今雲南、老撾、暮雲場地方造之，云是細茶末入竹筒中，堅塞兩頭，埋污泥溝中，日久取出，搗汁熬製而成。其塊小而潤澤者為上，塊大而焦枯者次之。

氣味：苦、濇，平，無毒。

主治：清上膈熱，化痰生津，塗金瘡，一切諸瘡，生肌定痛，止血收澀。

希雍曰：烏爹泥本是茶末，又得土中之陰氣，其味苦濇，氣應作寒，性無毒。其主清上膈熱，化痰生津者，茶之用也。得污泥中至陰之氣，能涼血清熱，故主金瘡，止血，及一切諸瘡，生肌定痛也。苦能燥，濇能斂，故又主收澀氣。

附方　古方兒茶、薄荷葉、細茶為末，蜜丸，飯後含化三五粒，消痰。　下疳陰瘡，孩兒茶一錢，真珠一分，片腦半分，為末傅之。　諸腫毒，孩兒茶、蟬蛻各等分，為細末，將雄豬膽汁調傅之效。　脫肛氣熱，孩兒茶二分，熊膽五分，片腦一分，為末，人乳調搽肛上，熱汁自下，而肛收也。亦治痔瘡。

愚按：此味大抵用之內治者絕少。

清・汪昂《本草備要》卷四 孩兒茶瀉熱，生津；濇，收濕。 苦濇。清上膈熱，化痰生津，止血收濕，定痛生肌。塗金瘡口瘡，蓬砂等分。陰疳痔腫。出南番。云是細茶末，納竹筒，埋土中，日久取出，搗汁熬成。塊小潤澤者上，大而枯者次之。

清・李熙和《醫經允中》卷二〇 孩兒茶 苦，濇，無毒。主治清熱生津，止血收濕，定痛生肌，塗金瘡口瘡，陰疳痔腫。

清・馮兆張《馮氏錦囊秘錄・雜症痘疹藥性主治合參》卷三 烏爹泥一名孩兒茶。 出雲南暮雲場地方造之。本是細茶末，入竹筒中，埋烏泥溝中，日久取出，搗汁熬製而成。潤澤者為上，焦枯者次之。故味苦濇，氣寒，無毒。其主清上膈熱，化痰生津者，茶之用也。本是茶末，又得土中之陰氣，能涼血清熱，故主金瘡止血及一切諸瘡，生肌定痛也。且苦能燥，濇能斂，故又主滲濕收斂也。

清・王道純《本草品彙精要續集》卷一 烏爹泥無毒 烏爹泥：主清上膈熱，化痰生津，塗金瘡，一切諸瘡，生肌定痛，止血收濕《本草綱目》。 【名】烏疊泥、孩兒茶。李時珍云：烏爹或作烏丁，皆番語，無正字。 【地】出南番爪哇暹羅諸國。 【質】其塊小而潤澤者，爲上，塊大而焦枯者次之。 【色】紫黑。 【味】苦，澀。 【性】平。 【製】今雲南、老撾、暮雲場地方造之，云是細茶末，入竹筒中，堅塞兩頭，埋污泥溝中，日久，取出搗汁，熬製而成。 【治】《本草權度》方：鼻淵流水，孩兒茶末吹之，良。 【合治】《積德堂方》：治走馬牙疳，用孩兒茶、雄黃、貝母等分爲末，米泔漱淨搽之，效。〇又方治牙疳口瘡，孩兒茶、硼砂等分爲末搽之。〇外科方：治下疳陰瘡，用孩兒茶之末，米泔洗淨傅之，神效，或加胡黃連等分。〇《纂奇方》：孩兒茶一錢，珍珠一分，片腦半分爲末傅之。〇唐氏方：用孩兒茶一錢，輕粉一分，片腦一分，爲末搽之。〇孫氏《集效方》治瘡痔腫痛，孩兒茶、麝香爲末，唾津調傅。〇董炳方：治脫肛，氣熱，孩兒茶二分，熊膽五分，片腦一分，爲末，人乳搽肛上，熱汁自下，而肛收也。亦治痔瘡。

清・吳儀洛《本草從新》卷五 孩兒茶〔瀉熱，生津；澀，收濕。〕 苦，澀，微寒。清上膈熱，化痰生津，止血收濕，定痛生肌。塗金瘡口瘡，蓬砂等分。陰疳痔腫。出南番。以細茶末納竹筒，埋土中，日久取出，搗汁熬成，塊小潤澤者上，大而枯者次之。

清・汪紱《醫林纂要探源》卷三 孩兒茶 治口瘡，解渴。云是搗茶汁所成，然味過於苦濇，寒涼。

清・嚴潔等《得配本草》卷一 烏爹泥一名孩兒茶。 苦、澀，平。清上膈熱，化痰生津。塗一切瘡，生肌定痛，止血收濕。 得輕粉、冰片，搽下疳陰瘡。配雄黃、貝母，搽牙疳口瘡。

題清・徐大椿《藥性切用》卷七 孩兒茶 一名烏爹泥。苦濇微寒，清膈化痰，收澁止血，為咽喉口齒耑藥。

清・黃宮繡《本草求真》卷六 孩兒茶井清上膈熱痰。 孩兒茶耑入心肺。味苦微濇，性涼無毒，功耑清上膈熱，化痰生津，收濕涼血生肌。凡一切口瘡喉痹，時行瘟瘴，煩燥口渴，並一切吐血、衄血、便血、尿血、血痢，及婦人崩淋經血不止，陰疳痔腫者，服之立能見效。出南番，是細茶末入竹筒，埋土中，日久取出，搗汁熬成，塊小潤澤者上，大而枯者次之，真僞莫辨，氣質莫考，用宜慎之。

清・羅國綱《羅氏會約醫鏡》卷一六草部　孩兒茶味苦澀，氣寒，無毒。清膈上煩熱，化痰生津味苦。治金瘡流血，及一切諸瘡，生肌、定痛。茶苦本涼，又得土中之陰氣，能涼血清熱。又主滲濕收斂。苦能燥，澀能斂。用細茶末入竹筒中，埋烏泥溝中，日久取出，搗汁熬成，潤者良。雲南暮雲陽造之。

清・張德裕《本草正義》卷下　孩兒茶　苦，澁，涼。能降火，生津液，消痰止嗽，療口瘡喉痺，小兒疳熱，口疳濕爛諸瘡，斂肌長肉，止痛殺蟲。

清・楊時泰《本草述鉤元》卷三　烏爹泥　一名孩兒茶。出南番、爪哇、暹羅諸國，今雲南、老撾、暮雲場地方造之。取細茶末入竹筒中，堅塞兩頭，埋汙泥溝中，日久取出，搗汁熬製而成。其塊小而潤澤者為上，塊大而焦枯者次之瀕湖。按此味用之內治者絕少。

味苦、澀，氣平、寒。清上膈熱，化痰生津。塗金瘡一切諸瘡，生肌定痛，止血收濕。得汙泥中至陰之氣，而能涼血清熱。苦能燥，澀能斂，故主收濕氣仲淳。同薄荷葉、細茶為末蜜丸，飯後含化三五粒，能消痰。牙疳口瘡，孩兒茶、硼砂等分為末，搽之。下疳陰瘡，孩兒茶一錢，真珠一分，片腦半分，為末傅之。諸腫毒，孩兒茶、蟬蛻各等分，為細末，雄豬膽汁調傅，效。脫肛氣熱，孩兒茶二分，熊膽五分，片腦一分，為末，人乳調搽肛上，熱汁自下而肛收也，亦治痔瘡。

清・趙其光《本草求原》卷二三土部　孩兒茶即烏爹泥。　茶所製，故清上膈熱，化痰生津。得泥中陰氣，故定痛生肌，塗金瘡及諸瘡、痔腫，同麝、唾津個塗。疳瘡、同胡連，或珠、冰、輕粉摻搽。牙疳。同硼砂。苦，能燥澀，能斂。故止血、收濕，治氣熱脫肛，同熊膽、冰片搽，亦治痔。同薄荷、細茶、蜜丸含化，消痰。出南番雲南，以細茶末入竹筒埋土久，搗汁熬成塊。小、潤澤者上，大而枯者次之。

清・文晟《新編六書》卷六《藥性摘錄》　孩兒茶　味苦，微澀，性涼。入心、肺。清上膈熱，化痰。○治口瘡喉痹，時行瘟瘴，煩燥口渴，並吐血衄血，尿血便血，血痢，及婦人崩淋不止，陰疳痔腫諸症，服之有効。○出南番。塊小潤澤者良，大而枯者次之。然真僞莫辨，氣質莫考，用者慎之。

清・張仁錫《藥性蒙求・土部》　孩兒茶五分　孩兒茶苦，性澀生肌。金瘡止血，痰熱亦宜。一名烏爺泥。微寒。清上膈熱，化痰生津，止血收濕，定痛。○出南番。以細茶納竹筒，埋土中，日久取出，搗汁熬塊。

清・陳其瑞《本草撮要》卷一〇　孩兒茶　味苦澀，微寒，清上膈熱，化痰生津，止血收濕，定痛生肌，塗金瘡口瘡。陰疳痔腫，硼砂或冰片少許調塗。龜頭爛，合冰片塗之神效。

百藥煎

明・羅周彥《醫宗粹言》卷四　造百藥（箭）〔煎〕法　用文蛤不拘多少，為末，每一斤用糯米粉三合和勻，用溫水拌得所，捻作餅子，以黃荊葉罨之三日，退去涼一日，復罨，乾收用。止嗽生津，其功甚速。造時要六月為妙。又法：六月間用文蛤每五斤，芽茶二兩，磨細為末，不必羅，用新木桶一箇，將二味入其中，用涼水浸過一掌為度，上用木蓋固之，一七日水乾，面上長出白毛，用木杵搗爛，又蓋住數日後，用手捻為滓，方好捻作餅子，晒乾聽用。

火藥

明・李時珍《本草綱目》卷一一金石部・附錄諸石　火藥《綱目》時珍曰：味辛、酸，有小毒。主瘡癬，殺蟲，辟濕氣溫疫。乃焰消、硫黃、杉木炭所合，以爲烽燧銃機諸藥者。

香結

清・王遜《藥性纂要》卷一　香結東圃　爐內香煙熏蓋上，年久結成膠者，取鯽魚一尾，去腸，將香結兩許，研細，置魚腹中，連鱗鬣入麻油一杯，煎焦黑如炭，仍研細，搽秃瘡上，數次即生黑髮。

綫香

明・李時珍《本草綱目》卷一四草部・芳草類　綫香《綱目》

【集解】時珍曰：今人合香之法甚多，惟綫香可入瘡科用。其料加減不等。大抵多用白芷、芎藭、獨活、甘松、三柰、丁香、藿香、藁本、高良薑、角茴香、連翹、大黃、黃芩、柏木、兜婁香末之類，爲末，以榆皮麪作糊和劑，以唧筩笮成綫香，成條如綫也。亦或盤成物象字形，用鐵銅絲懸爇者，名龍掛香。

【氣味】辛，溫，無毒。　【主治】熏諸瘡癬時珍。

【附方】新一　楊梅毒瘡：龍掛香、孩兒茶、皂角子各一錢，銀朱二錢，爲末，紙卷作撚，點燈置桶中，以鼻吸烟。一日三次，三日止。內服解毒藥，瘡即乾。《集簡方》。

清・王道純《本草品彙精要續集》卷二　線香無毒

線香：　主熏諸瘡癬《本草綱目》。【質】李時珍曰：　今人合香之法甚多，惟線香可入瘡科，用其料加減不等，大抵多用白芷、芎藭、獨活、甘松、三柰、丁香、藿香、藁(木)〔本〕、高良薑、角茴香、連翹、大黄、黄芩、柏木、兜婁香末之類爲末，以榆皮麵作糊和劑，以唧筩成線香，成條如線也，亦或盤成物象字形，用鐵銅絲懸爇者，名龍掛香。　【味】辛。　【性】溫。　【臭】香。

【合治】楊梅毒瘡，龍掛香、孩兒茶、皂角子各一錢，銀硃二錢爲末，紙卷作撚點燈，置桶中，以鼻吸煙，一日三次，三日止，內服解毒藥數服，其瘡即乾。

藏香

清・趙學敏《本草綱目拾遺》卷二火部　藏香　出西藏，作團成餅者良，如香炷者次之。色紫黄色，氣甚猛烈，焚之香聞百步外者佳。僞者名京香，不入藥用。　有出打箭爐者，不及西藏出者第一。有紅藏、黄藏、紫藏之分。

蕭騰麟《西藏見聞録》云：　藏香有紫、黄二色，粗、細二種，各處皆有，惟產於巴塘者為最。　朱大駿云：　親見藏香有黑如墨者，燃之催生甚炒。宓元良云：　藏香有紫、黄二色，紫者內有瑣瑣葡萄汁合成，故色紫。而性開關竅，透發而上升，能發痘瘖。　黄者性下降，可催生，不可亂用。　聞人達遠云：　藏香有綠色者，云最貴，焚之嗅其烟，可清目，不知彼中何草合成。葉明齋云：　藏香中有一種白色小丸子，焚之氣頗幽爽，亦係番僧所貢，不知何名，其香氣嗅之，可治老人腸燥氣虛便秘。入廁時焚一二丸最妙。　亦可治痘。　馬少雲《衛藏圖識》：　藏香有紫、黄二種，真者焚時烟淩霄漢，蓋以珍寶屑成之。又有黑、白香，白香亦名吉吉香。　黑香亦名唵叭香。

敏按：　藏香祇有紫黄二色為正品，其所云紅綠黑白諸色，皆屬他香，近亦罕見，姑存其說以備考。　王景略曾為織造寅公製藏香，其方云得自拉藏，予求其法，附載於此：　速香二片，沉香、黄熟香、黄檀香、廣木香各四兩，春花、甘松、三柰、玫瑰瓣、母丁香、細辛、檜皮、生軍、排草、乳香、金顏香、唵叭欖油、蘇合油、伽倆、水安息各二兩，冰片一兩，右各為極細末，以頂好榆麵二觔，火消十兩，化水，加老醇酒，調和為香。

殺邪治祟，功同蒼朮。　痘瘡不發，點牀角上，令兒聞之，能透斑，甚妙。愈瘄、催生明目。

按：　痘乃先天胎毒，非火不結，因感而發，最忌燥烈，以香氣熏觸，不愈滋其枯裂乎。　透斑之說，予終未敢深信，蓋凡香皆作燥，爇者猶烈。　夫痘靨曰苗，痘發曰花。　既曰花，則性未有不喜潤者，安得以香燥助其毒，即能透斑，終恐乾紅而歸黑陷耳。

野馬豆

清・趙學敏《本草綱目拾遺》卷五草部下　野馬豆　出西藏，乃番僧撚草末合成如豆形，故名。

王怡堂云：　藏中出一種草，彼土人呼為野馬草。　番僧擇日採之，研為細末，置淨器中，供佛前。　更擇日合和為藥，其合藥之日，率彼土男婦皆於佛前誦咒，以所和草末研為丸，男丸者為雄，婦丸者為雌。　藥亦分雌雄形，雄者丸上有小圓凸，雌者作長凹，色有紅有黑，皆如菉豆大。　丸畢，仍置淨器中，必須雌雄合在一處，一二日能生出小豆如麻子屑，飼以藏紅花，間日視之，紅花漸少，則新生之豆漸大。　久則又生小豆，以此生生不息，亦一異也。　如攜帶遠方，無藏紅花，豆亦不死，惟不能化生小豆耳。　西甯人曾玉瀛言：　野馬豆，又呼嘛呢子。　如半粒菉豆大，藏中人得此豆，每日輒誦唵嘛呢叭咪吽六字數百遍，丸豆時，亦口念此六字，故名。　能治胃氣心痛，惟瘖痘瘄疾忌服。　以其善於長化顛倒陰陽也。

馬少雲《衛藏圖識》：　藏中有子母藥，大裁可菉豆，以哈達濛裹之，經時小粒漸增，有子母相生之義。　傳達嚹喇嘛默持佛咒，以糌粑搓成者，故以奇異著。　按：　此即野馬豆也。

朱排山《柑園小識》：　喇嗎嘗聚會，以米麥數粒置瓶中，四人守之，誦唵嘛瀰叭呢吽六字咒，飲食則代，無間晝夜，四十九日，有紅子滿瓶中，大如芥子，色似硃砂，謂之嘛瀰子。　佩之能辟邪致祥，小兒食之稀痘。

壬子，予從戚友處覓得嘛谜子數十粒，以玻璃盆貯之，形勻圓，儼似急性子而色紅。　據云：　初得時色不甚紅，苦無藏紅花，即市本地河南所產紅花，研屑拌之，久則色紅如硃砂。　平瑤海先生偶得西藏嘛谜子數十粒，一時無玻璃器，乃即置紙裏中供佛前，日誦文殊六字真言數百遍，其子能忽多忽少，又能透出紙裹外，變幻不常。　異之，以告客，客曰：　此物性成本得西僧咒力，其造子之法，今都中喇嘛亦能為之。　每四月八日，大小喇嘛輒群聚佛前，選高行持誦者數十人，鐃鈴法鼓，宣揚六字真言七晝夜，其丸即用乾麪手搓如粟米大，口念手丸，以金盆貯之，丸時得咒力，粒粒皆能自飛。或在窗槅，或在案格，堆結團聚，俟七晝夜滿後，其不能飛者去之，其飛者用箒掃下，以送諸王大臣，名嘛㖷子。可治諸疾，變幻多寡，蓋自其成性已然，無足異也。入藥以西藏合者佳。癸丑冬，在上虞署晤平司馬少君萊仲言：曾隨任中甸，其地係西藏要路，有喇嗎等。彼地呼野馬豆為舍利子，有草木佛三種，彼土富人死，必納一粒口中，云入冥生光，土人有病，亦輒服之。　金御乘言：慈谿有患耳聾者，其家有藏中帶來嘛㖷子，取服三粒，忽聞兩耳中大聲一震，轟然如掣去數百觔物者，嗣後耳更聰甚。其人一日忽眠食妓家，次日復聾如故，再服亦無效矣。

味微辛，性平，治百病。彼土無藥，有病即服此豆。

海石

明・俞弁《續醫說》卷一〇　海石　造海石法：用苦瓜蔞，連皮子搗爛如泥，和真蚌粉拌勻作餅，懸透風處，陰乾入藥用。去痰最勝，蓋鹹能軟堅。蛤生海中，凝結成殼，得鹹性多，故能破痰。而瓜蔞又去痰之聖藥，故用之相和，則攻凝結之老痰極有効。若以海浮石為海石者，非也。或云：　自有真海石，惟御藥房有，庶民之家則罕得也《濯纓亭筆記》。

質汗

宋・唐慎微《證類本草》卷一一草部下品〔宋・馬志《開寶本草》〕　質汗　味甘，溫，無毒。　主金瘡傷折，瘀血內損，補筋肉，消惡血，下血氣，婦人産後諸血結腹痛，內冷不下食。並酒消服之。亦傅病處。出西蕃，如凝血，蕃人煎甘草、松淚、檉乳、地黄并熱血成之。今附。

〔宋・唐慎微《證類本草》〕陳藏器云：　蕃人試藥，取兒斷一足，以藥内口中，以足蹋之，當時能走者，至良。

明・劉文泰《本草品彙精要》卷一五　質汗無毒。

質汗：　主金瘡，傷折，瘀血內損，補筋肉，消惡血，下血氣，婦人産後諸血結，腹痛，內冷不下食，並酒消服之，亦傅病處。名醫所錄。　【地】《圖經》曰：　出西蕃，如凝血，蕃人煎甘草、松淚、檉乳、地黄並熱血成之。陳藏器云：　蕃人試藥，取兒斷一足，內藥於口中，以足蹋之，當時能走者至良。謹按：　斷兒足以試藥，可謂神矣。考其藥味，不過甘草、松淚輩而已，豈能如是之速哉！　但恐後人說夢向癡，試之不驗，將何如邪？　設若誤傷，以此治之則可，欲試藥而斷人之足，其與文伯下二胎之意同也。仁人者可不慎歟。　【色】紫紅。　【味】甘。　【性】溫。　【氣】氣之厚者，陽也。【臭】香。

明・王文潔《太乙仙製本草藥性大全》卷二《仙製藥性》　質汗　味甘，氣溫，無毒。出西番，如凝血。番人煎甘草、松淚、檉乳、地黄并熱血，成即杉漆。　主治：　主金瘡傷折瘀血內損，治婦人産後血結腹疼。補筋肉消惡血尤良，調內冷下血氣絶妙。治不下食，並酒消之。　陳藏器曰：　番人試藥，取兒斷一足，以藥内口中，以足蹋之，當時能走者良。

明・李時珍《本草綱目》卷三四木部・香木類　質汗宋《開寶》

【釋名】時珍曰：　汗音寒，番語也。　【集解】藏器曰：　質汗出西番，煎檉乳、松淚、甘草、地黄并熱血成之。番人試藥，以小兒斷一足，以藥納口中，將足蹋之，當時能走者良。

【氣味】甘，溫，無毒。　【主治】金瘡傷折，瘀血內損，補筋肉，消惡血，下血氣，婦人産後諸血結，腹痛內冷不下食。並以酒消服之，亦傅病處藏器。

【附方】新一。　室女經閉：　血結成塊，心腹攻痛。質汗、薑黄、川大黄炒各半兩，爲末。每服一錢，温水下。《聖濟總録》。

胭脂

元・忽思慧《飲膳正要》卷三　胭脂　味辛，溫，無毒。主産後血運、心腹絞痛，可傅遊腫。

明・李時珍《本草綱目》卷一五草部・隰草類上　燕脂《綱目》

【釋名】䞓赦時珍曰：　按伏侯《中華古今注》云：　燕脂起自紂，以紅藍花汁凝作之。調脂飾女面，産於燕地，故曰燕脂。或作䞓赦。匈奴人名妻爲閼氏，音同燕脂，謂其顏色可愛如燕脂也。俗作臙肢、胭支者，並謬也。　【集解】時珍曰：　燕脂有四種：　一種以紅藍花汁染胡粉而成，乃蘇鶚《演義》所謂燕脂葉似薊，花似蒲，出西方，中國謂之紅藍，以染粉爲婦人面色者也。一種以山燕脂花汁染粉而成，乃段公路《北户録》所謂端州山間有花叢生，葉類藍，正月開花似蓼，土人採含苞者爲燕脂粉，亦可染帛，如紅藍者也。一種以山榴花汁作成者，鄭虔《胡本草》載之。一種以紫鉚染綿而成者，謂之胡燕脂，李珣《南海藥譜》載之，今南人多用紫鉚燕脂，俗呼紫梗是也。大抵皆可入血病藥用。又落葵子亦可取汁和粉飾面，亦謂之胡燕脂，見菜部。

【氣味】甘，平，無毒。　【主治】小兒聤耳，浸汁滴之《開寶》。　活血，解痘毒時珍。

【附方】新五　乳頭裂破：　燕脂、蛤粉爲末，傅之。《危氏得效方》。　嬰孩鵝口： 白厚如紙，用坯子燕脂，以乳汁調塗之，一宿效。男用女乳，女用男乳。《集简方》。 漏瘡腫痛： 猪膽七個，綿燕脂十個洗水，和勻，搽七次即可。《救急方》。 防痘入目： 燕脂嚼汁點之。《集簡方》。 痘瘡倒陷： 乾燕脂三錢，胡桃燒存性一個，研末，用胡荽煎酒服一錢，再服取效。《救急方》。

明・姚可成《食物本草》卷一七草部・隰草類 臙脂用紫礦染綿而成。今人以之點粉麪食品為雅觀者。

臙脂，味甘，平，無毒。活血解痘毒，小兒聤耳，浸汁滴之。

附方： 治瘡癤成漏。用綿臙脂洗水，和猪膽汁搽七次，即愈。 防痘入目。 臙脂嚼汁點之。 治小兒鵝口。用臙脂塗上，大效。

明・蔣儀《藥鏡》卷三平部 燕脂 浸汁滴聤耳，活血解痘毒。嚼點眼眦，痘乘肝竅，尚爾易位。 乳拌勻塗嬰孩鵞口，自轉清寧。 破裂見乎乳頭，同蛤粉而傳愈。 腫痛并乎漏瘡，勻猪膽而搽平。

清・蔣居祉《本草擇要綱目・平性藥品》 燕脂 氣味： 甘，平，無毒。 主治： 小兒聤耳，浸汁滴之。活血，解痘毒。

清・张璐《本經逢原》卷二 臙脂 甘，平，無毒。 臙脂有四種： 一種以紅藍花汁染胡粉而成，一種以山燕脂花汁染粉而成，一種以山榴花汁作成者，一種以紫鉚汁染綿而成。皆可入血病藥用。 又落葵子亦可取汁和粉而成，可作面脂，不入藥用。 紫鉚渣名火漆，匠工補水用之。 發明： 臙脂色紅，竝可為活血之藥。其治痘瘡肌肉結硬，用綿臙脂同紫草煎湯，乘熱頻將臙脂擦之，漸軟即能發出。 又痘瘡護眼，黄蘗膏用油臙脂調塗，則痘無入眼之患。

清・王道純《本草品彙精要續集》卷二 鷰脂無毒

鷰脂： 主小兒聤耳，浸汁滴之《開寶》所錄。 活血解痘毒《本草綱目》。

【名】𦎜赦。 李時珍曰： 按伏候《中華古今注》云： 鷰脂，起自紂。 【地】產于鷰地，故曰鷰脂，或作𦎜赦。 【色】鷰脂，以紅藍花汁凝作之，調脂飾女面。 匈奴人名妻爲閼氏，音同鷰脂，謂其顏色可愛如鷰脂也。 【用】入血病藥用。 【質】李時珍曰： 鷰脂，有四種，一種以紅藍花汁染胡粉而成，乃《蘇鶚演義》所謂鷰脂，葉似薊，花似蒲，出西方，中國謂之紅藍，以染粉爲婦人面色者也。 一種以山鷰脂花汁染粉而成，乃段公路《北戶錄》所謂端州山間有花叢生，葉類藍，正月開花似蓼，土人採含苞者爲鷰脂粉，亦可染帛，如紅藍者也，一種以山榴花汁作成者。 鄭虔胡《本草》中載之，一種以紫鉚染綿而成者，謂之胡鷰脂。 李珣《南海藥譜》載之，今南人多用紫鉚鷰脂，俗呼紫梗是也。 又落葵子，亦可取汁和粉勻面，亦謂之胡鷰脂。 【味】甘。 【性】平。 【治】防痘入目，鷰脂嚼汁點之。 【合治】乳頭破裂，鷰脂嚼汁點之。 ○嬰兒鵝口，白厚如紙，用坯子鷰脂，以乳汁調塗之，一宿效，男用女乳，女用男乳。 ○痘瘡倒陷，乾鷰脂三錢，胡桃燒存性一個，研末，用胡荽煎酒服一錢，再服取效。 ○漏瘡腫痛，豬膽七個，綿鷰脂十個，洗水，和勻，搽七次即可。

清・黃元御《玉楸藥解》卷一 胭脂 味甘，氣平。 入足厥陰肝經。 治血行瘀，消腫止疼。 此紅蘭花所作，活血與花同。

清・趙學敏《本草綱目拾遺》卷九器用部 油胭脂 《藥性考》： 油胭脂平，豕膏合就，潤膚吻裂，活血點痘。 西北風高，塗舒面皺，不龜手藥，古名非謬。 ○一名盌兒胭脂，用小錫盌盛，故名。 色紅潤如膏。 《百草鏡》： 製造油胭脂法： 紅花汁一杯，白蠟二兩，微火熔化，攪勻，傾於磁盤內，待成薄餅，用碾麪杖碾數百遍，則膠黏如膏藥矣，假者係胭脂脚所造，不入藥。 治血解毒，治痘疔，塗蜂咬，王氏《準繩》同珍珠末塗。

治痘瘡燕窩疔： 《救生苦海》： 痘初起時，預免壞眼，用臨清濟甯好油胭脂點眼大眥。 ○《普濟方》有四聖丹，治小兒痘中疔，或紫黑而大，或黑壞而臭，或中有黑綫，此痘十死八九，惟都御史得秘傳此方，點之最妙。 用豌豆四十九粒燒存性，頭髮灰三分，珍珠十四粒，炒研為末，以油胭脂同杵成膏，先以簪挑破，咂去惡血，以少許點之，即時變紅活也。 乳頭破裂： 油胭脂、蛤粉水飛敷之。不用蛤粉亦可。 治疹子眼： 《眼科要覽》用雞膽將油胭脂調勻，塗上，雖眼突出能好。 無雞膽，用田雞膽代之，亦可。

清・戴葆元《本草綱目易知錄》卷一 燕脂 甘，平。 活血，解痘毒，浸汁，滴小兒聤耳。 **【略】**葆按： 似今名洋紅類也，一種以紫鉚染綿而成，南人多用之。葆按： 則今名燕脂片也，大抵皆可入血病藥用。

神丹

宋・唐慎微《證類本草》卷三玉石部上品〔唐・陳藏器《本草拾遺》〕 神丹 味辛，溫，有小毒。 主萬病。 有寒溫飛金石及諸藥隨寒溫共成之，長生神仙。

煙藥

宋·唐慎微《證類本草》卷三玉石部上品〔唐·陳藏器《本草拾遺》〕 煙藥 味辛，溫，有毒。主瘰癧，五痔瘻，瘻瘤瘡根惡腫。石黃、空青、桂心并四兩，乾薑一兩爲末，取鐵片闊五寸，燒赤，以藥置鐵上，用瓷椀以猪脂塗椀底，藥飛上，待冷即開，如此五度，隨瘡孔大小，以藥如鼠屎内孔中，麪封之，三度根出也。無孔者鍼破内之。

明·張景岳《景岳全書》卷四八《本草正》 烟 味辛，氣溫，性微熱。升也，陽也。燒烟吸之，大能醉人，用時惟吸一口或二口，若多吸之，令人醉倒，久而後甦。甚者以冷水一口解之即醒。若見煩悶，但用白糖解之即安，亦奇物也。吸時須開喉，長吸嚥下，令其直達下焦。其氣上行，則能溫心肺，下行則能溫肝、脾、腎。服後能使通身溫暖微汗，元陽陡壯。用以治表，善逐一切陰邪寒毒，山嵐瘴氣，風濕邪閉腠理，筋骨疼痛，誠頃刻取效之神劑也。用以治裏，善壯胃氣，進飲食，祛陰濁寒滯，消膨脹宿食，止嘔噦霍亂，除積聚諸蟲，解鬱結，止疼痛，行氣停血瘀，舉下陷後墜，通達三焦，立刻見效。此物自古未聞也，近自我明萬曆時始出於閩廣之間，自後吳楚間皆種植之矣。然總不若閩中者，色微黄，質細，名為金絲烟者，力強氣勝為優也。求其習服之始，則向以征滇之役，師旅深入瘴地，無不染病，獨一營安然無恙，問其所以，則衆皆服烟，由是偏傳，而今則西南一方，無分老幼，朝夕不能間矣。予初得此物，亦甚疑貳，及習服數次，乃悉其功用之捷有如是者，因著性於此。然此物性屬純陽，善行善散，惟陰滯者用之如神，若陽盛氣越而多躁多火，及氣虚氣短而多汗者，皆不宜用。或疑其能頃刻醉人，性必有毒。今彼處習服既久，初未聞其妨人者，抑又何耶？蓋其陽氣強猛，人不能勝，故下咽即醉，既能散邪，亦必耗氣，理固然也。然烟氣易散，而人氣隨復，陽性留中，旋亦生氣，此其耗中有補，故人多喜服，而未見其損者以此。〇後檳榔條中有說，當與此參閱。

吸毒石

附：比利時·南懷仁《吸毒石原由用法》 吸毒石原由 小西洋有一種毒蛇，其頭内生一石，如扁豆仁大，能拔除各種毒氣。此生成之吸毒石也。土人將此石捶碎，同本蛇之肉及本地之土，搗末和勻，造成一石，式如圍棋子，乃造成之吸毒石也。 凡走獸及諸蟲，各有本性所喜之氣味，養其本體，猶草木各吸本體之所需以養其本體者然。夫毒蟲之類，本性喜食諸毒氣，以滋養其生，并為兵甲以護衛其身，免他物之害。如馬之有蹄，牛之有角，虎、狼、獅、象之有爪牙、長鼻以扞敵焉。若諸毒蟲無毒味養其體，猶牛、馬無芻粟養其身，則性命必不能保存矣。故毒味實為毒蟲本性所喜所需者。可用法以驗之：蓋土内雜入諸毒物料，又將毒蛇之肉，先以法去毒，後將此無毒之蛇肉入於毒料之土内，則蛇肉必盡吸本土諸毒，全萃于本肉之内。此明徵其為本性所喜所需者也。今吸毒石所以有吸毒之能力者，乃因石所由成之質，與毒蛇之性情相同故耳。夫毒蟲之類無算，各品形質，俱有本體之惡氣，故亦各有本蟲以消其惡氣。如禽獸有蟣虱，草木花卉有隨本體之蟲。土、水各有蛇、蝎、蜈蚣、蝦蟆等，氣行有蜘蛛、蝗、蚊等，皆為以除各物之毒氣，並養諸蟲之本體，總所以利益保存人類，愈顯造物主之愛人，節制調和各品之物，順其性情，以完全寰宇之美好云爾。 治理曆法南懷仁識

吸毒石用法 此石能治蛇、蝎、蜈蚣、毒蟲傷嚙，並治癰疽，一切腫毒惡瘡。其效甚速。若遇此患，即將吸毒石置于傷嚙處及癰疽惡瘡之上，此石便能吸拔其毒，緊粘不脱。俟將毒吸盡時，方自離解。是時急持吸毒石，浸于乳汁之内。浸至乳略變綠色為度。後將此石取出，以清水洗淨，抹乾收貯，以待後用。其所浸之乳汁，既有毒在内，須掘地傾掩，免傷人物。如傷毒及瘡毒或未盡，仍置吸毒石吸拔之。其法如前。若吸毒石離解不粘，是其毒已盡，患可徐痊。乳汁須預備半鍾為要。或人乳，或牛乳俱可。倘是時無乳汁可浸，或浸之稍遲，則此石受傷，後不堪用矣。 懷仁

附：泰西·石鐸琭《本草補》 吸毒石，又名蛇石。 吸毒石有兩種：小西洋有毒蛇，頭内生一石，如扁豆仁大，能拔除各種毒氣，此生成者也。土人將蛇石并本蛇之肉，與本地之土為末造成，如圍棋子，此造成者也。小西洋用蛇石，大西洋惟用藥製。凡遇蛇蝎蜈蚣等傷，及癰疽、一切腫毒惡瘡，用此石置患處，即緊黏不脱。其毒吸盡則解脱。須防墜損，以緜氈等盛之。吸時只可一二時，不脱亦當摘下，否則石碎。脱離時急用乳汁浸之。或人乳不便，牛羊乳亦可，浸至乳汁略變綠色，或黄、或黑，是其毒盡也。或各乳皆無，以溫水浸之亦可。浸之稍遲，石即受傷，不可再用矣。既浸之後，又以清水洗淨，抹乾收貯。但所浸乳汁，有毒在内，須掘地掩藏，免傷人物。或患處無血，用小刀刮損，微見血出，方能黏也。若人先服解毒湯藥，亦可用此石。或

毒氣緊急，既用石吸，更服解毒湯藥，尤為妙矣。試以此石置毒蛇之頭，蛇亦不敢動。然亦乳汁浸如前法。雖一試之頃，蛇毒亦在内矣。南敦伯先生云：凡走獸及諸蟲，各有本性所喜之氣味，以養其本體。猶草木各吸本體之所需以養其本體者。然毒蟲之類，本性喜食諸毒氣以滋養其生，并為兵甲以護衛其身，如馬之有蹏，牛之有角，虎、狼、獅、象之有爪牙，長鼻以扞敵焉。故若諸毒蟲無毒味養其體，猶牛、馬無芻粟養其身，則性命必不能保存矣。毒味實為毒蟲本性所喜所需者。可用法以驗之：蓋土内雜入諸毒物料，又將毒蛇之肉，先以法去毒，後將此無毒之蛇肉入於毒料之土内，則蛇肉必盡吸本土諸毒，全聚于本肉之内。此明徵其為本性所需者也。今吸毒石所以有吸毒之能力者，乃因石所由成之質，與毒蛇之性情相同故耳。夫毒蛇之類無算，各品形質，俱有本體之惡氣，故亦各有本蟲以消其惡氣。如禽獸有蟣蝨，草木華卉有隨本體之蟲。土、水各有蛇、蝎、蜈蚣、蝦蟆等，氣行有蜘蛛、蝗、蚊等，皆為以除各物之毒氣，并養諸蟲之本體，總所以利益保存人類，逾顯造物主之愛人，節制調和各品之物，順其性情，以全宇宙之美好云爾。

清・趙學敏《本草綱目拾遺》卷二石部　吸毒石　袁棟《書影叢説》云：吳江某姓有吸毒石，形如雲南黑圍棋。亦有白色者，有大腫毒者，以石觸之，即膠黏不脱，毒重者，一週時即落，輕者逾時即落，當候其自脱，不可強離也，強離則毒終未盡。俟其落時，預備人乳一大盌，分貯小盌，以石投乳中，乃百沸踴躍，再易乳，復沸如前，俟沸定，則其石無恙，以所吸之毒為乳所洗盡也。否則石必粉裂，云得之大西洋。《嶺南雜記》：出西洋島中，毒蛇腦中石也，大如扁豆，能吸一切腫毒，發背亦可治。今貨者乃土人捕此蛇，以土和肉舂成，如圍棋石子，可吸平常腫毒及蜈蚣毒蠍等傷。置患處黏吸不動，毒盡自落。浸以人乳，變緑色，即遠棄之，不浸即裂，下次不驗。真腦中石，置蛇頭不動者真。張緑漪言：吸毒石乃蛇蟄時口中所含泥，驚蟄後吐棄穴畔，人取貨之。

按：《庚辛玉冊》云：蛇入蟄時含土，起蟄時化作黃石，並無此事，如蓁漪所言：縱有之，亦蛇銜土耳，何能吸毒耶！〇泰西石振鐸《本草補》云：吸毒石又名蛇石，有兩種。小西洋有毒蛇頭内生一石，如扁豆仁大，能拔除各種毒氣，此生成者也。土人將蛇石并本蛇之肉與本地之土，為末造成，如圍棋子大，此造成者也。小西洋用蛇石，大西洋惟用藥製，凡遇蛇蠍蜈蚣等傷，及癰疽大毒，一切惡瘡，用此石置患處，則緊黏不脱，其毒吸盡則解脱。須防墜損，以緜氈等盛之，吸時只可一二時，不脱亦當摘下，否則石碎，脱離時，急用乳汁浸之，或人乳不便，牛羊乳亦可，浸至乳汁略變緑色，或黃或黑，是其毒盡也。或諸乳皆無，以溫水浸之亦可，浸之稍遲，石即受傷，不可再用矣。既浸之後，又以清水洗淨抹乾收貯，但所浸乳汁有毒，在内須掘地坑埋之，免傷人畜。或患處無血，用小刀刮損，微見血出，方能黏也。或預服解毒傷藥内攻，再用此石吸之，更妙。如試此石，置毒蛇頭上，蛇即不敢動，然亦必須乳汁浸如前法，則石不傷，蓋一試之頃，蛇毒亦在内也。紀曉嵐先生《灤陽消夏錄》云：小奴玉保，烏魯木齊流人子也，初隸特納格爾軍屯，嘗入谷追亡羊，見大蛇巨如柱，盤於高岡之頂，向日曬鱗，遍身五色爛然，如堆錦繡，頂一角，長尺許，有群雉飛過，張口吸之，相距四五丈，皆翩然而落，如矢投壺，知羊為所吞矣，乘其未見，循澗逃歸，恐怖幾失魂魄。軍吏鄔圖麟因言此蛇至毒，而其角能解毒，即所謂吸毒石也。見此蛇者，攜雄黃數斤於上風燒之，即委頓不能動，取其角鋸為塊，癰疽初起時，以一塊著瘡頂，即如磁吸鐵，相黏不可脱。待毒氣吸出，乃自落。置之乳中，浸出其毒，仍可再用。毒輕者乳變緑，稍重變青黯，極重者變黑紫。須吸四五次乃可盡。餘一二次愈矣。予從兄懋園家有吸毒石，治癰疽頗驗。其質非木非石，至是乃知為蛇角矣。

敏按：吸毒石，曉嵐先生以為即大蛇之角，蓁猗以為蛇含土，恐皆非是。瀕湖《綱目》蛇角一名骨咄犀，引《輟耕錄》及《松漠紀聞》、曹昭《格古論》諸書，止言能治癰毒，並無吸毒之説。《書影叢説》及《嶺南雜記》皆斷以為石，其説詳核可從，故列石部。兼采諸説備證，至蛇含土乃蛇黃也。與此更迥別，尤不辨自明。

治一切無名腫毒，及毒蟲傷，以石吸之，立愈。

清・徐士鑾《醫方叢話》卷七　吸毒石真偽　吸毒石，乃西洋島中毒蛇腦中石也。大如扁豆，能吸一切腫毒，即發背可治。今貨者，乃土人捕此蛇，以土和肉，舂成大如圍碁子，可吸平常腫毒，及蜈蚣蛇蝎等傷，置患處，粘吸不動，毒盡自落。其石即以人乳浸，乳變緑色，亟遠棄之，著人畜亦毒也。不用乳浸，石即裂矣。一石可用數次。真腦石置蛇頭不動為驗《嶺南雜記》。

避驚風石

附：泰西・石鐸琭《本草補》 避驚風石　以西把尼亞國，有一處土中産石，色黑而光嫩。取而琢之，或大或小。佩孩童胸前，遇邪氣而起慢驚、急驚，此石代受其患，邪氣盡收于石内，自然裂破，則孩童無恙。孩童亦有不受其害者，體有强弱故也。必須常佩，方可無虞。真可寶之物也。　此病由于邪風中于孩童之身，故有慢驚、急驚等症。西域人或眼帶毒者，視嬰兒則嬰兒即病，視馬匹則馬匹亦壞。中邦想少此人，故不常見。猶之手有毒者，栽華不活，釀事必敗；手無毒者則否。若婦人值月經時，種植遭之萎枯，酒醋逢之變味。所以痘疹家防外人入室。而製藥等項，不令婦人近前，皆慮觸污穢之氣，有所損也。　治急慢驚風，一切天釣尸症。

清・趙學敏《本草綱目拾遺》卷二石部　辟驚石　一名避驚風石。《本草補》云：西巴尼亞國有一處，土中産石，色黑而光嫩，取而琢之。或大或小，佩孩童胸前，遇邪風而起慢驚急驚，此石代受其患，邪氣盡收於石内，自然裂破，孩童無恙。必須常佩，永遠方可無虞，真可寶之物也。　治急慢驚風，一切天釣尸症。

奇功石

清・趙學敏《本草綱目拾遺》卷二石部　奇功石　出大西洋，形狀無可考。《本草補》云：此石能治婦人産難。凡遇産難者，用芝麻油一鍾，放此石在油内，浸一宿後，用此油擦婦人肚面，即無難産之患，或用此石綁在婦人大腿上，即産，産後隨時除去。凡遇發擺子，中華名瘧。身熱，或心中脹悶，或胃氣疼痛，或痰滯，及錯食毒物等患，將石或泡酒一盌，水一盌，浸一宿，取此酒石，用手擠一擠，令此石氣汁下酒水内，空心飲此酒水即愈。〇血熱瘡疥，飲此酒水，并塗抹患處即愈。患眼將此酒水或飲或洗皆妙。

保心石

附：泰西・石鐸琭《本草補》　保心石　鹿獸遇鎗箭蛇蝎諸毒，能覓解毒草。以會其精液積聚，日久結而為石。按《職方外紀》載勃泥島有獸，名把雜爾，其腹中生一石，能療百病。蓋泰西呼石為把雜爾，因以名獸，亦此石也。又按：宋撫軍牧仲先生《筠廊偶筆》載：徐亦史《吾丘集》云：甲申七月，偶至崇明，聞北門外季家馬生卵三枚，相傳以為怪，因同王韜生往觀之。大者如升，質色如雀卵，紅白相間，重三斤。二小者斤許。考之書，蓋凡獸皆有之，名曰厝荅。治奇疾難名者。生牛馬腹中者良。疑是石而非卵，故療治亦同。所謂鹿有玉，狗有寶者是也。然有兩種，一是鹿獸生成，一是泰西名醫至小西洋采珍藥製成。服之令毒氣不攻于心，故曰保心石，亦曰寶石。其用法：以刀刮如麥大者六粒為粉調服，多用亦無害。無病服之，亦增加精神。　大熱燥渴及小便不通，與泄瀉等，以水調保心石粉服之。　胸懷憂悶，無熱者，或酒或水調服。有熱者，則酒、水各半。　病後耎弱，以酒水各半調服，即康壯如初。常服此粉，酒水隨入腹中，不多生蛆蟲，能令體健而神旺，并杜後來諸病。　胸内有傷，或心痛，或風寒氣痛，或吐蛔蟲，或咯血，吐血，不拘各樣怪證，皆水調服。　毒蛇毒蟲所傷，不拘酒水，急服之，防毒氣上攻，保心無虞。　刀箭、瘋犬、毒物所傷，用粉敷瘡，外以布包即痛。

清・趙學敏《本草綱目拾遺》卷二石部　保心石　《本草補》：生鹿腹中，鹿食各種解毒之草，其精液久積，結而為石。亦名寶石。有二種：一是鹿獸生成，一是泰西名醫至小西洋采珍藥製成，服之令毒氣不攻於心，故曰保心石。用法：以刀刮如麥大者六粒，為粉調服。多用亦無害，更增加精神。常服此藥，酒水隨人，能令腹中不多生蛔蟲，體健神旺。　治大熱燥渴，小便不通，泄瀉俱水，調服；　胸傷憂悶，無熱者，或酒或水調服。有熱者，酒水各半調服。病後輭弱，酒水各半調服。　胸肉傷心痛，風寒氣痛，吐蛔，咯血吐血，皆水調服。　毒蛇毒蟲傷，不拘酒水服，刀箭瘋犬毒物傷，以粉敷瘡口，外以布包即愈。俱見《本草補》。

料絲

清・趙學敏《本草綱目拾遺》卷九器用部　料絲　《物理小識》：滇金齒衛用瑪瑙石英屑汁，以北方天花點之，乃凝練為絲，以作燈。近日丹陽、松江皆能作料絲。李西涯書作繚絲，大内青瑣即此物。　磨漿，能止血破血。

石鍤

清・趙學敏《本草綱目拾遺》卷九禽部　石鍤　《張氏日鈔》：乃大鵬之精也。鵬獨運無雌，海靜不波之日，見影在下，以為雌也，其精溢出，墮土上為土鍤，木上為木鍤。惟石上為不失本性，最佳。或墮水中，以婦女衵衣投水，自能躍出。

按：石鍤乃慎恤膠之類。　浸酒服，壯陽，令人有子。以薑酒解之。

先天一炁丹

清·王逊《藥性纂要》卷一 先天一炁丹 治遠年痰火，中風喘逆，癲癇譫語，驚悸怔忡，噎膈臌脹，癃淋，噤口痢疾，傷寒食結，肺風痰喘，中食中氣。疑難急症，及小兒吐瀉，驚疳積滯，米湯調服。危急痘疹，燈心湯調服。急慢驚風，肚疼，薑湯調服。東圃曰：龔雲林《萬病回春》集末卷通治門，有尹蓬頭祖師混元丹，混元衣即水中金，丑玄即牛黃，空箇玄即天竺黃，皆隱名耳。諸品俱係此方中藥，但分兩不同，水中金藥肆所無，俗醫未見，余家世傳，屢用有驗，今公諸世，以廣利濟。滑石，揀白淨質嫩者，研細水飛，六兩。牡丹皮三兩，煎水煮乾，仍晒研。粉甘草，一兩，熬膏。水中金，一錢，一名鉛中金，鎮心安神，墜痰降氣，質輕色紅兼黃薄者為上，重而色青為下。香附，童便浸一宿，煮晒研，一兩。甘松，芽去土，四錢。莪朮，醋煮三錢。砂仁，炒研三錢。益智仁，去殼，炒研，六錢。人參一兩，木香二錢，黃耆二錢，山藥二錢，桔梗二錢，茯苓二錢五分，茯神二錢五分，遠志一錢五分，西牛黃七分，麝香五分，天竺黃三分，朱砂，研飛，二兩。各取淨細末，共十四兩三錢，加煉蜜十兩，每丸重八分，赤金箔為衣。

阿婆、趙榮二藥

宋·唐慎微《證類本草》卷三玉石部上品〔唐·陳藏器《本草拾遺》〕 阿婆、趙榮二藥 有小毒。主丁腫惡瘡，出根蝕瘜肉、肉刺。齊人以白薑石、犬屎、緋帛、棘鍼鈎等合成如墨，硬土作丸。又有阿婆、趙榮藥，功狀相同。云：石灰和諸蟲及緋帛，棘鍼合成之，並出臨淄、齊州。

鼻煙

清·趙學敏《本草綱目拾遺》卷二火部 鼻烟 《廣大新書》有造鼻烟法：香白芷二分、北細辛八分，焙乾，豬牙皂角二分，焙乾研，薄荷二分、冰片三釐、乾烟絲為君，乾絲一錢，必配福烟六七分許，右藥各為細末，酌量配合，不必拘分兩，以色如櫻色者佳。○有內府造、洋造、廣造及土烟數種。鴨綠者最佳，玫瑰色者次之，醬色者為下，陳久而枯者，不堪用。出洋中者，能追風發汗。《香祖筆記》：近京師有製鼻烟者，可明目，尤有辟疫之功。以玻璃為瓶貯之，象牙為匙，就鼻嗅之，皆內府製造，民間不及。張玉叔云：近有廣東來者，較內府造者尤勝。有五色，以蘋果色為上。《澳門紀略》：西洋出鼻烟，上品曰飛烟，稍次則鴨頭綠色，厥味微酸，謂之豆烟，紅者為下。常中丞《筆記》：鼻烟或冒風寒，或受穢氣，以少許引之使嚏，則邪穢疏散，積滯亦解。若刻不少閒，反有致疾者。烟有多品，總以洋烟為最，取其滋潤不烈，所以為佳。

通關竅、治驚風、明目、定頭痛、辟疫尤驗。

器用部

題解

宋·李昉《太平御覽》卷七五六《器物部》 魏武《內誡令》曰：孤有逆氣病，常儲水卧頭。以銅器盛，臭惡。前以銀作小方器，人不解，謂孤喜銀物。令以木作。

明·李時珍《本草綱目》卷三八 服器部 李時珍曰：敝帷敝蓋，聖人不遺；木屑竹頭，賢者注意，無棄物也。中流之壺拯溺，雪窖之氈救危，無微賤也。服帛器物，雖屬尾瑣，而倉猝值用，亦奏奇功，豈可藐际而漫不經神耶？舊本散見草、木、玉石、蟲魚、人部。今集其可備醫用者，凡七十九種，爲服器部。分爲二部：曰服帛，曰器物。草部十六種，木部十九種，玉石部二種，蟲魚部五種，人部一種，共四十三種。

清·穆石䩄《本草洞詮》卷一二 服器部 敝帷敝蓋，聖人不遺。木屑竹頭，賢者注意。中流之壺救溺，雪窖之氈救危。蓋服帛器物，雖屬委瑣而倉猝值用，亦奏奇功，豈可藐际而不經意耶？

清·张璐《本經逢原》卷三 錦、新絳、黃絹、綿 發明：錦灰主失血、血崩、金瘡出血。新絳治婦人血崩。絲本主血，加以色絳，又用煅灰，所以取治失血有效。自然黃絲絹煮汁服，止消渴及產婦胞損，為補膀胱要藥。綿灰能止吐衄、崩中及大小便諸血。

綜述

錦

宋・唐慎微《證類本草》卷二二蟲魚部下品〔唐・陳藏器《本草拾遺》〕 故錦燒作灰 主小兒口中熱瘡，研灰爲末，傅口瘡上。煮汁服，療蠱毒。嶺南有食錦蟲，屈如指環，食故緋帛錦，如蠶之食葉。

明・王文潔《太乙仙製本草藥性大全》卷八《仙製藥性》 故錦 燒灰傅小兒口內熱瘡，煮汁療嶺南蠱毒。

明・李時珍《本草綱目》卷三八服器部・服帛類 錦《拾遺》

【釋名】時珍曰： 錦以五色絲織成文章，故字從帛從金，諧聲，且貴之也。《禹貢・兖州》厥篚織文是也。

【主治】故錦： 煮汁服，療蠱毒。燒灰，傅小兒口中熱瘡藏器。燒灰，主失血、下血、血崩，金瘡出血，小兒臍瘡濕腫時珍。

【附方】新二。 吐血不止： 紅錦三寸燒灰，水服。《聖惠方》。 上氣喘急： 故錦一寸燒灰，茶服神效。《普濟方》。

明・倪朱謨《本草彙言》卷一一 故錦 味苦、辛，氣溫，無毒。 李氏曰： 錦以五色絲織成，故字從帛，從金。《禹貢・兖州》厥篚織文，是也。

故錦： 燒灰，能止血滲濕，故《聖惠方》主失血、吐血、下血、血崩。取錦灰一錢，白湯調服，立止。又金瘡出血不止，取錦灰掩之，立住。又小兒臍濕生瘡，取錦灰敷之，即收。

清・嚴潔等《得配本草》卷七 故錦 治血症，敷口瘡臍毒。 配茶清，治上氣喘急。 燒灰研末。

清・嚴潔等《得配本草》卷七 絲錦 治吐衄崩中，赤白帶下，及金瘡出血不止。 燒灰研末。

絹

明・李時珍《本草綱目》卷三八服器部・服帛類 絹《綱目》

【釋名】時珍曰： 絹，疏帛也。生曰絹，熟曰練。入藥用黃絲絹，乃蠶吐黃絲所織，非染色也。

【主治】黃絲絹： 煮汁服，止消渴，產婦脬損，洗痘瘡潰爛。燒灰，止血痢、下血、吐血、血崩時珍。 緋絹： 燒灰，入瘧藥時珍。

【附方】新二。 婦人血崩： 黃絹灰五分，棕櫚灰一錢，貫衆灰、京(黑)〔墨〕灰、荷葉灰各五分，水、酒調服，即止。《集簡方》。 產婦脬損： 小便淋瀝不斷，黃絲絹三尺，以炭灰淋汁，煮至極爛，清水洗净。入黃蠟半兩，蜜一兩，茅根二錢，馬勃末二錢。水一升，煎一盞，空心頓服。服時勿作聲，作聲即不效。名固脬散。○又方： 產時傷脬，終日不小便，只淋濕不斷，用生絲黃絹一尺，白牡丹根皮末、白及末各一錢，水二盌，煮至絹爛如餳，服之。不宜作聲。《婦人良方》。

明・倪朱謨《本草彙言》卷一一 黃絲絹 味甘，氣溫，無毒。 李氏曰： 絹，疏帛也。生曰絹，熟曰練。入藥用黃絲絹，乃蠶吐黃絲織成，非染色也。

黃絲絹： 能解消渴，善止血痢。故瀕湖方治血虛消渴。 用黃絲絹一尺，大黑棗三十個，共煮汁飲。《集簡方》治血痢延久不愈，以黃絲絹一尺，燒灰研細，白湯調服。

清・王道純《本草品彙精要續集》卷四 絹無毒

黃絲絹： 主產婦脬損，小便不出，淋瀝不斷。○燒灰，止血痢，下血，吐血，血崩。○煮汁，止消渴，洗痘瘡潰爛《本草綱目》。 【名】李時珍云： 絹，疏帛也。生曰絹，熟曰練。 【地】處處有之。 【時】生： 織成無時。 採： 取用無時。 【用】入藥用。 黃絲絹，新者乃蠶所吐黃絲成繭，本色織成，非染色也。 【質】長短不齊，闊狹不等。 【色】黃。 【味】甘。 【性】溫。

【合治】《集簡方》： 治婦人血崩，用黃絹灰五分，棕櫚灰一錢，貫衆灰、京墨灰、荷葉灰各五分，水酒調服即止。○《婦人良方》治產後脬損，小便淋瀝不斷，用黃絲絹三尺，以炭灰淋汁，煮至極爛，清水洗淨，入黃蠟半兩，蜜一兩，茅根二錢，馬勃末二錢，水一升，煎一盞，空心頓服，服時勿作聲，作聲即不效，名固脬散。○又方： 治產時傷脬，終日不小便，只淋濕不斷，用生絲黃絹一尺，白牡丹根皮末、白及末各一錢，水二碗，煮至絹爛如餳服之，不宜作聲，即效。 緋絹，燒灰入瘧藥《綱目附錄》。

清・王子接《得宜本草・下品藥》 黃絲絹 得白及能接斷腸，得丹皮、白及治產婦脬損； 得棕櫚、貫眾、京墨、荷葉四灰，治婦人血崩。

清・嚴潔等《得配本草》卷七 黃絹 補脬損，洗頭瘡潰爛。 配棕櫚炭、京墨炭，治婦人血崩。 配丹皮、白及末，治產婦脬破。服之不可作聲。 止血，燒灰用。 蠶吐黃絲所織，非染色也。

清・張仁錫《藥性蒙求・蟲部》 黄絲絹五分 黄絲之絹，傷脬淋滴。爛痘亦醫，血行可截。燒灰用。

緋帛

宋・唐慎微《證類本草》卷二二蟲魚部下品〔唐・陳藏器《本草拾遺》〕 故緋帛 主惡瘡、丁腫、毒腫、諸瘡有根者，作膏用。帛如手大，取露蜂房彎頭棘刺、爛草節二七、亂髮，燒爲末，空腹服，飲下方寸匕，大主毒腫。緋帛亦入諸膏，主丁腫用爲上，又主兒初生臍未落時腫痛水出，燒爲末，細研傅之。又五色帛，主盜汗，拭訖棄五道頭。

宋・陳衍《寶慶本草折衷》卷一七 故緋帛灰在內。《博濟方》用者名真緋帛。一名絳帛。見衆方。○煎茜根及蘇木染之為正。亦有用紅花染者。惟陳久者良。

主惡瘡，丁腫，毒腫，諸瘡。又兒初生臍未落時，腫痛水出，燒為末，細研傅之。○《肘後方》：治血運，用緋帛煮汁服。○分蘇木條。

續說云：緋帛者，絳色而應於陽也，尤宜護藥勢以敵陰邪也。故錢乙方療小兒顖音信開鼻塞，用天南星微炮，去皮為末，淡醋調攤緋帛上，烘微暖，貼於顖中，仍炙手溫，頻頻輕摩。或吐瀉氣脫而顖陷者，亦宜施此。又有蘇合香元、八神屠蘇，一作酥。皆敵陰邪之劑，故悉盛以絳袋也。

元・王好古《湯液本草》卷六 緋帛 《液》云：主惡瘡丁腫，毒腫，諸瘡有根者。作膏：用帛如手大，取露蜂房、彎頭棘刺、爛草節二寸許、亂髮，燒末。主丁瘡腫。又主小兒初生臍未落時，腫痛水出，燒，為末，細研傅之。又，五色帛主盜汗，拭乾訖，棄五道頭。仲景治墜馬，及一切筋骨損方中用。

明・滕弘《神農本經會通》卷一〇 故緋帛 陳藏器云：主惡瘡，丁腫毒腫，諸瘡有根者，作膏，用帛如手大，取露蜂房，彎頭棘刺，爛草節二寸，亂髮，燒為末，空腹服飲下方寸匕，大主毒腫。緋帛亦入諸膏，主丁腫，用為上。又主兒初生，臍未落時，腫痛水出，燒為末，細研傅之。五色帛，主盜汗，拭訖，棄五道頭。《湯液》云：同。又云：仲景治墜馬，及一切筋骨損方中用。

明・王文潔《太乙仙製本草藥性大全》卷八《仙製藥性》 故緋帛錦 有食錦蠶，屈如指環，食故緋帛錦如蠶之食桑。 主治：主惡瘡諸瘡神效，療疔腫毒腫尤良。 補註：主惡瘡疔腫毒腫諸瘡有根者，作膏用帛如手大，用取露蜂房、彎頭棘刺、爛草節二七，亂髮，燒爲末，空心服方寸〔匕〕，大主毒腫。緋帛亦入諸膏，主疔腫用爲上。小兒初生，臍未落時，腫痛水出，燒爲末，細研傅之。 五色帛：主盜汗，拭訖棄五道頭。 五色帛：主盜汗不止，用拭訖而棄五道頭。

明・李時珍《本草綱目》卷三八服器部・服帛類 帛《拾遺》

【釋名】時珍曰：素絲所織，長狹如巾，故字從白巾。厚者曰繒，雙絲者曰縑。後人以染絲造之，有五色帛。

【主治】緋帛：燒研，傅初生兒臍未落時腫痛，又療惡瘡丁腫，諸瘡有根者，入膏用爲上。仍以掌大一片，同露蜂房、棘刺鉤、爛草節、亂髮等分燒研，空腹服方寸匕藏器。主墜馬及一切筋骨損好古。燒研，療血崩，金瘡出血，白駁風時珍。

五色帛：主盜汗，拭乾訖，棄道頭藏器。

【附方】新一。 肥脉癮癧：曹姓帛拭之愈。《千金方》。

明・鄭二陽《仁壽堂藥鏡》卷八 緋帛 《液》云：主惡瘡疔腫、毒腫，諸瘡有根者，作膏。用帛如手大，取露蜂房、彎頭棘刺、爛草節二寸許、亂髮燒末，主疔瘡腫。又主小兒初生臍未落時，腫痛水出，燒為末，細研敷之。又，五色帛：主盜汗，拭乾訖，棄五道頭。仲景治墜馬，及一切筋骨損方中用。

新絳

清・黄元御《長沙藥解》卷二 新絳 味平，入足厥陰肝經。行經脈而通瘀澀，斂血海而止崩漏。《金匱》旋覆花湯方在旋覆花用之治婦女半產漏下，以其斂血而止漏泄也。 新絳利水滲濕，濕去則木達，則血升，故能止崩漏。其諸主治，止崩漏、吐衄、泄痢諸血。諸血證皆緣土濕，以中氣濕鬱，故上溢而下泄也。除男子消渴。消渴，厥陰風木之病，亦緣太陰土濕。通產後淋瀝，止血，燒灰存性，研用。消渴淋瀝，煮湯溫服。

清・趙學敏《本草綱目拾遺》卷九器用部 紅絨 治秤勾瘡。此症小兒月內糞門上忽有瘡孔，即此症也。

《救生苦海》：用紅絨燒灰二錢，珍珠五分，輕粉五分，兒茶二錢，血竭一錢，乳香一錢，為末，乾摻。

清・葉桂《本草再新》卷一二 陳帽緯味甘苦，性溫，無毒。入肝、胃二經。治血分氣分，活絡通經，鎮肝風抽搐。

清・趙其光《本草求原》卷二七人部 陳帽緯 紅花所染，甘苦而溫，行血、活絡、通經。血行風滅，故鎮肝風抽搐。且以繭絲為之，補脾與膀胱之氣。得烏梅監製，通血脈之中，仍有收攝之妙。仲景之旋覆花湯用。

新絳：即紅絹。取新紅絹和血，青葱管利氣，旋覆開降肺氣，以治半產漏下，通因通用，實藉旋覆散結氣，佐葱去積冷以安胎也。如再加血氣之品，以治鬱結傷中，胸脇疼痛等症奇效。

清・陸以湉《冷廬醫話》卷五 藥品 新絳，《金匱》旋覆湯用之，治肝著，亦治婦人半產漏下。《本草綱目》獨遺之，黄坤載《長沙藥解》言之較詳，云：新絳味平，入足厥陰肝經，行經脉而通瘀濇，斂血海而止崩漏。又云：新絳利水滲濕，濕去則木達而血升，故能止崩漏。其諸主治止崩漏吐衄泄痢諸血，除男子消渴，通產後淋瀝。止血，燒灰存性研用。消渴淋瀝，煮湯溫服。其云諸症消渴，皆緣土濕而不及於火，蓋其生平深惡滋陰，故立言不免於偏也。

清・鄭奮揚著，曹炳章注《增訂僞藥條辨》卷四 絳緯 用洋紅染輕麻僞充。以指蘸水，略搓便見。按絳緯乃紅花所染，紅花苦溫入肝經血分，絲為蠶之精氣，可以熄内風，製為緯又取其通絡，故古方肝着湯用之輒驗。若以洋紅染造，則失之遠矣。況洋紅有毒乎？尤可恨者，近日醫家疏方，已經旁注洋紅染不用，而貪利之徒，偏以此欺騙病家，是太無天良者矣。炳章按：絳緯如係真紅花水染者，滚水泡之，永不變色。入罐煎過，則成黄色者真。若用洋紅水染者，水泡其水即紅。以此分辨，萬無一失。

布

明・李時珍《本草綱目》卷三八服器部・服帛類 布《拾遺》

【釋名】時珍曰：布有麻布、絲布、木綿布。字從手從巾，會意也。

【主治】新麻布：能逐淤血，婦人血閉腹痛、產後血痛。以數重包白鹽一合，煅研，溫酒服之。○舊麻布：同旱蓮草等分，瓶内泥固煅研。日用揩齒，能固牙烏鬚時珍。

白布：治口唇緊小，不能開合飲食。不治殺人。作大炷安刀斧上，燒令汗出，拭塗之，日三五度。仍以青布燒灰，酒服時珍。

青布：解諸物毒，天行煩毒，小兒寒熱丹毒，并水漬取汁飲之。浸汁和生薑汁服，止霍亂。燒灰，傅惡瘡經年不瘥者，及灸瘡止血，令不傷風水。燒烟，熏嗽，殺蟲，熏虎狼咬瘡，能出水毒。入諸膏藥，療丁腫、狐尿等惡瘡藏器。燒灰酒服，主唇裂生瘡口臭。仍和脂塗之，與藍靛同功時珍。

【附方】舊二，新六。 惡瘡防水：青布和蠟燒烟筒中熏之，入水不爛。陳藏器《本草》。 瘡傷風水：青布燒烟于器中，以器口熏瘡。得惡汁出，則痛痒瘥。陳藏器《本草》。 臁瘡潰爛：陳艾五錢，雄黄二錢，青布卷作大炷，點火熏之。熱水流數次愈。鄧筆峰《雜興方》。 交接違禮：女人血出不止。青布同髮燒灰，納之。僧坦《集驗方》。 傷寒陽毒：狂亂甚者。青布一尺，浸冷水，貼其胸前。《活人書》。 霍亂轉筋：入腹，無可奈何者。以酢煮青布，搽之。冷則易。《千金方》。 目痛磣濇：不得瞑。用青布炙熱，以時熨之。仍蒸大豆作枕。《聖惠方》。 病後目赤：有方同上。○《千金方》用冷水漬青布掩之，數易。

明・倪朱謨《本草彙言》卷一一 布 李氏曰：布有麻布、絲布、木綿布。字從手從巾，會意也。

新麻布：岑氏方能逐瘀血，治婦人血閉腹痛，產後一切敗血爲患。燒灰存性，爲末，好酒調服一錢。○陳氏方舊麻布，同旱蓮草俱切碎，各等分，入小砂鍋内填實，外用鹽鹵和泥，搪裹寸厚，陰乾，炭火内煅通紅，待冷取出，研末。日用擦齒，能堅固。○陳氏方青木綿布，治天行熱毒，小兒丹疹毒，寒熱頭痛，煮汁溫飲之；暑月絞腸沙腹痛，霍亂吐痢煩渴，煮汁冷飲之。又燒灰研末，敷一切惡瘡經年不收口，幷灸瘡潰爛，出血不收，敷之立痊。鄧筆峰方又臁瘡潰爛，臭穢難近者。用青布一塊，裹陳艾五錢，雄黄末二錢，捲作火炷，點火熏之。内有熱水從瘡内流出，數次漸愈。

清・王道純《本草品彙精要續集》卷四 布無毒

布：主血崩，金瘡，燒灰用《品彙續集》。【名】厚布、希布、紫花布。李時珍云：布有木綿布、麻布，字從手、從巾，會意也。【地】處處有之。【用】白布、青布、新麻布、舊麻布、諸布灰，青布漬汁。【質】厚希闊狹，長短不同。【色】本白、本紫，有染青、黄、赤、黑諸色。【味】甘。【性】溫。

【製】燒煙煅研，水漬取汁，酢煮青布。【治】陳藏器《本草》方：治瘡傷風水，用青布燒煙於器中，以器口熏瘡，得惡汁出，則痛癢瘥。○《千金方》：治霍亂轉筋入腹，無可奈何，以酢煮青布搽之，冷則易。○又方：治病後目赤，用冷水漬青布掩之，數易。○《活人書》云：治傷寒，陽毒狂亂，甚者用青布一尺，浸冷水貼其胸前。○《聖惠方》：治目痛磣澀不得瞑，用青布炙熱，以時熨之，又蒸大豆作枕。〔合治〕陳藏器《本草》方：治惡瘡防水，用青布和蠟燒煙，筒中熏之，入水不爛。○鄧筆峰《雜興方》治臁瘡潰爛，用陳艾五錢，雄黃二錢，青布同捲作大炷，點火熏之，熱水流數次，愈。○僧坦《集驗方》治交接違禮，女人血出不止，用青布同髮燒灰納之，二次即愈。〔解〕陳藏器云：青布解諸物毒，天行煩毒，小兒寒熱丹毒，並水漬取汁飲之。

新麻布：主逐瘀血，婦人血閉，腹痛，產後血痛，以數重包白鹽一合，煅研溫酒服之《綱目分錄》。

舊麻布：主同旱蓮草等分，瓶內泥固，煅研，日用揩齒，能固牙烏鬚《綱目分錄》。

白木綿布：主口脣緊小，不能開合飲食，不治殺人。作大炷安刀斧上，燒令汗出，拭塗之，日三五度，再用青木綿布燒灰酒服《綱目分錄》。

青木綿布，浸汁和生薑汁服，止霍亂。燒灰敷惡瘡經年不瘥者，及灸瘡止血，令不傷風水，燒煙熏嗽殺蟲，熏虎狼咬瘡，能出水毒。入諸膏藥，療疔腫，狐尿等惡瘡《本草拾遺》。燒灰酒服，主脣裂，生瘡，口臭，仍和脂塗之，與藍靛同功《綱目分錄》。

清・嚴潔等《得配本草》卷七 白布 甘，溫。主血崩金瘡。

清・嚴潔等《得配本草》卷七 青布 解諸物毒。治天行熱煩。配醋煮擦，治轉筋入腹。配薑汁，治霍亂。

清・趙學敏《本草綱目拾遺》卷九器用部 夏布舊蚊帳 江西麻布染藍，入夏作蚊帳，名夏布。今人以此舊帳作漆器坯，最佳。

治走游風：王化九《簡便方》：用青夏布舊蚊帳燒灰存性，麻油調傅，如再發再傳。陰奇癢難忍：《不藥良方》：用青夏布舊蚊帳燒灰存性，麻油調搽，即愈。

綿

宋・唐慎微《證類本草》卷一五人部（唐・陳藏器《本草拾遺》） 衣中故綿絮 主卒下血，及驚瘡出血不止。取一握，煮汁溫服之。新綿一兩，燒爲黑末，酒下，主五野雞病。

宋・陳衍《寶慶本草折衷》卷一七 〔新分〕寒蠶綿灰春夏綿通用。○入黑錫丹法及紅綿，故綿續附。所出亦與殭蠶、蠶蛾同。○續附：紅綿，以生綿用燕脂染成。

溫，無毒。○治婦人崩中，赤白帶下。治虛勞咯血，腸風臟毒下血，並用米飲調下。集張松說。

續說云：治上氣虛喘，米飲調綿灰，腹空嚥真方黑錫當作鉛丹，每服壹百元。及小兒臍瘡出血，以綿灰傅之。又小兒驚熱與傷風者，以紅綿或燒灰入藥，或生用同煎，悉從本方也。至於虛損瘵頓，及陰證傷寒，并產難之後，足膝厥冷，宜將故綿絮自腰圍裹至脛，少停，則和氣復生矣。

明・許希周《藥性粗評》卷四 衣內故綿，血收金刃。

衣內故綿，襖中舊綿絮也。味□，性寒，無毒。主治金瘡血湧不止，并卒下血，以一握水煮溫服，效。

明・王文潔《太乙仙製本草藥性大全》卷五《仙製藥性》 衣中故綿絮 主暴卒下血神方，治驚瘡妙劑。用取一握，煮汁服差。 補註：主五野雞病，取新綿一兩，燒爲黑末，酒調服。

明・皇甫嵩《本草發明》卷六 衣中故綿絮 主卒下血及驚瘡出血不止，取一握，煮汁溫服之。

明・李時珍《本草綱目》卷三八服器部・服帛類 綿《拾遺》

〔集解〕時珍曰：古之綿絮，乃繭絲纏延，不可紡織者。今之綿絮，則多木綿也。入藥仍用絲綿。

〔主治〕新綿：燒灰，治五野雞病，每服酒二錢。○衣中故綿絮：主下血，及金瘡出血不止，以一握煮汁服藏器。綿灰：主吐血衄血，下血崩中，赤白帶下，疳瘡臍瘡，聤耳時珍。

〔附方〕新十。 霍亂轉筋：腹痛。以苦酒煮絮裹之。《聖惠方》。 吐血咯血：新綿一兩，燒灰，白膠切片炙黃一兩，每服一錢，米飲下，《普濟方》。 吐血衄血：好綿燒灰，打麪糊，入清酒調服之。《普濟方》。 腸風瀉血：破絮燒灰、枳殼麩炒等分，麝香少許，爲末。每服一錢，米飲下。《聖惠方》。 血崩不止：好綿及婦人頭髮共燒存性，百草霜等分，爲末。每服三錢，溫酒下。或加棕灰。○東垣方：用白綿子、蓮花心、當歸、茅花、紅花各一兩，以白帋裹定，黃泥固濟，燒存性，爲末。每服一錢，入麝香少許，食前好酒服。○《乾坤秘韞》用舊綿絮去灰土一斤，新蠶絲一斤，陳蓮房十個，舊炊箄一枚，各燒存性。各取一錢，空心熱酒下，日三服。不過五日愈。 氣結淋病：不通。用好綿四兩，燒灰，麝香半分。每服二錢，溫葱酒連進三服。《聖惠方》。 臍瘡不乾：綿子燒灰，傅之。《傳氏活嬰方》。聤耳出汁：故綿燒灰，綿裹塞之。《聖惠方》。

明・倪朱謨《本草彙言》卷一一　綿　李氏曰：古之綿絮，乃繭絲纏延者。今之綿絮則多木綿也。入藥仍用絲綿。

新絲綿：李氏方燒灰，治五野雞病。酒調，每服二錢。○陳氏方衣中故絲綿絮：治吐血衄血，崩中下血，腸風瀉血。以二兩煮汁服。

清・趙學敏《本草綱目拾遺》卷九器用部　綿珠　綿有木棉、絲棉二種，惟絲綿製服則有珠，新製衣每每有絲珠透出衣外。周履靖《群物奇制》云：伏中裝綿布衣無綿珠，秋冬則有，以燈草少許置綿上，則無珠也。入藥用舊衣內綿珠，取其襲人氣既久。其新衣透出衣外綿珠無用也。

治蠍虎咬，香油調塗，神驗。

清・劉善述、劉士季《草木便方》卷二器物部　絲綿　綾緞紬綿煅止血，崩帶痢淋尿血捷。吐嘔下血止鼻衄，痘瘡破爛金瘡滅。

罾布

清・趙學敏《本草綱目拾遺》卷九器用部　罾布　《粵山錄》：出新安南，頭罾本苧麻所治，漁婦以其破敝者翦之為條，縷之為緯，以棉紗經之，煮以石灰，漂以溪水，去其舊染薯莨之色，使瑩然雪白，布成分為雙單，雙者表裏有大小絮頭，單者一面有之。絮頭以長者為貴，摩挲久之，葳蕤然若西氈，起絨更好，或染以薯莨，則其絲勁爽，可為夏服。不染則柔，以禦寒。粵人甚貴之，亦奇布也。

小兒服之，可辟邪魅。

棉紗

清・趙學敏《本草綱目拾遺》卷九器用部　棉紗　《養素園》方：此乃草棉花所紡線也，吳松人以之織布，名曰棉紗。本色者白，或染藍靛作青色，為婦人縫紉之用。古用木棉，今用草棉，《綱目》服器部有綿，乃絲綿，故從絲。

性平，能透斑疹。《傳信方》：風疹斑瘄出不透快，用白棉紗二兩、樫柳一兩，共煎湯浴之，避風，頃刻透發。無樫柳，以櫻桃核代之，亦可煎服。

藍棉紗：此乃經靛染者，煎湯解毒，與藍汁同功。

舊頭繩

清・趙學敏《本草綱目拾遺》卷九器用部　舊頭繩　《百草鏡》：俗名紮根，乃婦人以之紮髮。入藥取油透棄去者良。《綱目》有巾及繳脚布，而無此。

治紅絲疔、蛇傷，紮束肉上，能令毒氣不透。

小兒一切頭瘡：秦中用云：燒灰油塗，立愈。治難產：《經驗廣集》用婦人舊頭繩一條燒灰，加人參一兩，煎服。不論橫生逆生，服之順流而下矣。神奇不可思議。

褌襠

宋・唐慎微《證類本草》卷一五人部〔唐・陳藏器《本草拾遺》〕　婦人褌襠　主陰易病。當陰上割取，燒末服方寸匕。童女褌益佳。若女患陰易，即須男子褌也。陰易病者，人患時行病起後合陰陽，便即相著，甚於本病，其候小便赤澁，寒熱甚者是，服此便通利。不爾，灸陰二七壯。又婦人褌，主胞衣不出，覆井口立下，取本婦人者即佳。

宋・唐慎微《證類本草》卷一五人部〔宋・掌禹錫《嘉祐本草》〕　浣褌音昆汁　解毒箭，并女勞復亦善。扶南國舊有奇術，能令刀斫不入，惟以月水塗刀便死。此是污穢壞神氣也。人合藥，所以忌觸之。此既一種物，故從屎、溺之例。新補，見陶隱居。

宋・陳衍《寶慶本草折衷》卷一四　婦人褌或作褲襠灰及男褌在內。○月經衣附。　主陰易病，當陰上割取，燒末，服方寸匕。若女患陰易，諸方謂女病為陽易，即須男褌也。陰易病者，人患時行病起後合陰陽，便即相著，甚於本病。仲景嘗分陰陽兩易，註謂男子病新差，而婦人與之交接得病，名陽易；若婦人病新差，而男子與之交接得病，名陰易。蓋男女病相換易，故曰陰陽易也。其候小便赤澀寒熱甚者是，服此便通利。仲景□分兩易，今總稱陰易耳。

附：月經衣。婦人滲血經之衣也。○灰在內。○主驚，瘡血涌出，取衣熱炙，熨之。又虎狼傷瘡，箭鏃入腹，燒衣末傅，仍酒服末方寸匕，服三。又治丈夫熱病差後交接，復發卵縮腸痛。燒衣灰，熟水調方寸匕服。○分婦人月水條。

元・尚從善《本草元命苞》卷七　褌襠　主陰易病，燒末，以水飲和服。女患須男子褌襠，男病用女人隱處。又主胞衣不出，取之覆於井口，以本婦神效，其他者不堪。易病者，人患時行病，起後合陰陽，便即相著，甚於本病。其候小便赤澁寒熱，甚者服此便通利。不爾，灸陰二七壯，愈。

明・王綸《本草集要》卷六　浣褌汁、月經衣、婦人褌襠　解毒箭，并女勞復，傷寒陰陽易，燒經衣，熱水服方寸匕。交州夷人以焦銅為鏃，毒藥鏃鋒上，中之即死，月水汁解之。又褌襠主陰陽易，女患陰易，即須男子褌也。陰易病者，人患時行病起後，合陰陽便即相著，甚於本病，其候小便赤澀，寒熱甚者是服此便通利。

明・滕弘《神農本經會通》卷七　浣褲汁　《本經》云：解毒箭，并女勞復亦善。

明・滕弘《神農本經會通》卷七　婦人褌襠　當陰處割取，燒末用，男子陰易病，用女人褌襠，童女益佳。女人陽易，用男。

《本經》云：主陰易病，當陰上割取，燒末，服方寸匕，童女褌益佳。若女患陽易，即須男子褌也。陰易病者，人患時行病起後合，陰陽便即相著，甚於本病，其候小便赤澁，寒熱甚，宜服此，便通利，不爾，灸陰二七壯。《局》云：傷寒新瘥因房室，易病雖分陰與陽。小腹絞疼攣手足，褌襠燒末水調嘗。褌襠，救陰陽之易。

明・劉文泰《本草品彙精要》卷二二　浣褌汁

浣褌音昆汁：解毒箭，並女勞復，亦善。扶南國舊有奇術，能令刀斫不入，惟以月水塗刀便死。此是污穢壞神氣也。人合藥所以忌觸之，此既一種物，故從屎、溺之例。名醫所錄

明・葉文齡《醫學統旨》卷八　浣褌汁、月經衣、婦人褌襠　解毒箭，并女勞復，傷寒陰陽易，用此甚驗。

明・許希周《藥性粗評》卷四　夫婦褌襠，咲救陰陽之易。

褌襠，男婦所着褌襠，日久未易者，當前一塊，各有取用。味鹹，性溫，無毒。主治傷寒陰陽易病。張仲景曰：男子病將瘥，而婦人與之交，謂之陰易；婦人病將瘥，而男子與之交，謂之陽易。其證小便赤澁，寒熱復作，甚於前者是也。男用本婦，婦用本男，褌襠當前一塊，割取三四寸許，燒存性，為末，溫酒調服，立瘥。

明・鄭寧《藥性要略大全》卷九　褌襠、袴襠　救陰陽易病。〇即褌袴襠陰之處，取其經，精所遺之意也。凡用剪取方圓六七寸，燒存性為末。男病用女褌襠，女病用男袴襠。沸湯調服，鹽、酒亦可。大抵袴襠物，少女病用褌襠亦可。

明・陳嘉謨《本草蒙筌》卷一二　浣褲汁　亦為醫藥，解毒箭併治傷寒。女勞復當求，陰陽易亦効。婦人褲襠剪下，惟對陰處纔靈。得童男女力強，治陰陽易證効。速燒灰存性，研末湯調。女患陰易求男，男患陽易覓女。其候小便赤澀，服之便得利通。又月經布燒灰，解藥箭毒神驗。中傷幾死，服即回生。霍亂困篤，童女月經布；帶血燒灰，酒服方寸匕。月經水治女勞復，并解箭毒。

明・方穀《本草纂要》卷八　浣渾汁　即男女褌襠煎服也。蓋男子褌襠多陽，女子褌襠多陰。男有不足，以女補之，女有不足，以男補之。殆見無妻室之人，慾心妄動，致使遺精白濁，或自汗盜汗，日夜無度，精神衰弱，欬嗽無痰，陰虛火動，治與滋陰之藥未效，即將女人褌襠煎汁飲之。蓋陰治陽更美，而陽得陰亦可。又有傷寒陰陽易之症，陰有所虧，以陽易之；陽有所虧，以陰易之。此治陰陽易之藥也。

明・王文潔《太乙仙製本草藥性大全》卷五《仙製藥性》　浣褌汁　亦爲醫藥，解毒箭併治傷寒。女勞復當求，陰陽易亦效。　補註：扶南國舊有奇術，能令刀斫不入，惟以月水塗刀便死，此是污穢壞神氣也，人合藥所以忌觸之。此既一種，故從屎溺之例。　婦人褌襠：剪下惟對陰處纔靈，得童男女者力強。治陰陽易證效速，燒灰存性，研末湯調。女患陰易求男，男患陽易覓女。　補註：陰易病者，人患時病起後合陰陽，便即相著，甚於本病，其候小便赤澁，寒熱甚者是，服此便通利。不爾，灸陰二七壯。又婦人褌，主胞衣不出，覆井口立下，取本婦人者更佳。

明・皇甫嵩《本草發明》卷六　女人褌襠　剪下，取對陰處者纔需，童女者更強。燒灰存性，研末，湯調，治陰陽易症，女患求男者，男患求女者，其候小便赤澁，服之即通利。〇女人浣褌汁，解毒箭，併傷寒，女勞復，與陰陽易。

明・李時珍《本草綱目》卷三八服器部・服帛類　褌襠《拾遺》

【釋名】袴《綱目》　犢鼻《綱目》　觸衣《綱目》　小衣時珍曰：褌亦作裩，褻衣也。以複復爲之，故曰褌。其當隱處者爲襠，縫合者爲袴，短者爲犢鼻。犢鼻，穴名也，在膝下。

【主治】洗褌汁，解毒箭并女勞復《別録》。陰陽易病，燒灰服之。并取所交女人衣裳覆之藏器。主女勞疸，及中惡鬼忤時珍。

【發明】時珍曰：按張仲景云：陰陽易病，身體重，少氣，腹裏急，或引陰中拘急，熱上衝胸，頭重不欲舉，眼中生花，膝脛拘急者，燒裩散主之。取中裩近隱處燒灰，水服方寸匕，日三服。小便即利，陰頭微腫則愈。男用女，女用男。成無已解云：此以導陰氣也。童女者尤良。

【附方】新四。

金瘡傷重：被驚者。以女人中衣舊者，炙襠熨之。李筌《太白經註》。

胞衣不下：以本婦裩覆井上。或以所着衣籠灶上。《千金》。

房勞黃病：體重不眠，眼赤如朱，心下塊起若瘕，十死一生。宜烙舌下，灸心俞、關元二七壯。以婦人内衣燒灰，酒服二錢。《三十六黃方》。

中鬼昏厥：四肢拳冷，口鼻出血。用久污溺衣燒灰。每服二錢，沸湯下。男用女，女用男。趙原陽真人《濟急方》。

明・王肯堂《傷寒證治準繩》卷八　婦人褌襠　主陰易病。當陰上割，燒末，服方寸匕。若女患陽易，即男子褌也。陰陽易病者，人患時行病起後，合陰陽便相著，甚於本病，其候小便赤澁，寒熱甚者，是服此便通利，妙在復氣。

明・繆希雍《本草經疏》卷一五　浣褌汁　解箭毒，并女勞復亦善。婦人褌襠，主陰易病。當陰上割取，燒末服方寸匕。童女褌益佳。若女患陽易，即須男子褌也。陰易病者，人患時行，病起後交合，陰陽便即相著，甚於本病。其候小便赤濇，寒熱甚，頭痛，腰痛，耳鳴，眼花，服此便通利。

【疏】褌襠居下體，得陰氣勝，取其以類相從、氣相感，能導邪熱，故主陰陽易病也。　【主治參互】仲景方陰陽易病，身體重，少氣，腹裏急，或引陰中拘急，熱上衝胸，頭重不欲舉，眼中生花，膝脛拘急者，燒褌散主之。取中褌近陰處，燒灰，水服方寸匕，日三服，小便即利，陰頭微腫則愈。男用女，女用男。　《千金方》胞衣不下，以本婦褌，覆井上即下。

明・倪朱謨《本草彙言》卷一一　褌襠　李氏曰：褌，亦作裩，褻衣也。以渾複爲之，故曰褌。其當隱處者，爲襠；縫合者，爲袴。

褌襠：陳氏方治陰陽易病。取褌襠裏布近隱處，煮汁飲。男病用女，女病用男。李瀕湖曰：按張仲景云：陰陽易病，身重少氣，腹裏急痛，或引陰中拘急，熱氣衝胸，頭重不欲舉眼，開眼時見黑花，膝脛拘急，用燒裩散主之。取中裩對隱處，前後二寸，燒灰，白湯調服，作三次進，小便即利乃愈。男用女，女用男，成無已解云：此以導陰氣也。童女者尤良。

明・顧逢柏《分部本草妙用》卷八雜藥部　褌襠　主治：洗襠汁，解毒箭并女勞復。陰陽易病，燒灰服之，并取所交女人衣服覆之。主女勞疸及中惡鬼忤。　張仲景之陰陽易病，體重少氣，腹急，或陰中拘急，熱上冲胸，頭重不舉，眼花脚拘者，燒裩散主之。取近陰處者，燒灰，日三服，小便即利，陰頭微腫，則愈。男用女，女用男，此以導陰氣也。童女者尤良。

明・盧之頤《本草乘雅半偈》帙一一　褌襠《拾遺》　主治：煮汁，主解箭毒并女勞復。陳藏器曰：陰陽易病，燒灰服之。併取所交女人衣裳覆之。

覈曰：褌襠，小衣也。一名袴，一名犢鼻，一名觸衣，以褌複為之。剪取近男女二根隱處，衣舊者是。

条曰：褌，股衣也。襠，兩股跨縫之中也。一名袴。袴，跨同。一名犢鼻者，男之襠。一名觸衣者，女之襠，非短犢鼻，長觸衣也。顧犢鼻名穴，亦男可觸衣，女可犢鼻矣。蓋襠當息吹流液之的，此氣之所聚，即情之所鍾，意之所之，即心之所嚮，無情之于有情，互相感召耳。洗汁療箭毒，并女勞復；燒灰主陰陽易病。固火水之相射，成陰陽之合璧，匪此隱戶之衣，不足以當飛簇之中；匪此近陰之器，不足以挽頹陽之宇。雖具報身能所痛癢之差別，總不離觸塵與受愛憎之違順。閱觸衣、犢鼻之副名，遂可意料幻化，敵應之遊戲矣。

清・穆石匏《本草洞詮》卷一二　褌襠　陰陽易病，身體重，少氣，腹裏急，或引陰中拘急，熱上衝胸，頭重不欲舉，眼中生花，膝脛拘急者，燒裩散主之。取中裩近隱處，燒灰，水服方寸匕，日三服，小便即利，陰頭微腫則愈。男用女，女用男，此以導陰氣也。

清・郭章宜《本草匯》卷一八　褌襠　陰陽易病，燒灰服驗。女勞復疸，煑汁堪良。

按：褌，褻衣也。其當隱處者，為襠。張仲景云：陰陽易病，身體重，少氣，腹裏急，或引陰中拘急，熱上衝胸，頭重不欲舉，眼中生花，膝脛拘急者，燒裩散主之。服之小便利，陰頭微腫則愈。男用女，女用男。成無己云：此以導陰氣也。胞衣不下，以本婦裩覆井上，或以所着衣籠竈上。童女者尤良，只取近隱處一塊。

清・陳士鐸《本草新編》卷五　浣褌汁　解毒箭，並治傷寒，女勞、陰陽易俱效。男用女，女用男，剪下對陰處纔靈。童男女者，力強易效。月經布燒灰，解藥箭毒神驗。此等物不可存于藥籠，必致諸藥不效。然不可不知以救世病也。

陰陽易之病甚多，有男易男、女易女者，又不可不知，男則交男而易男，女同淨桶而交于女。又不可男用女，女用男之浣褌汁也。須男用男、女用女，治之可耳。要無不神效者也。

清・李熙和《醫經允中》卷二一　褲襠　主治：洗襠汁解毒箭；并女勞復陰陽易病，燒灰服之，并取所交女人衣服覆之；亦治女勞疸，陰陽易病，體重，少氣腹急，或陰中拘急，熱上沖胸，頭重不舉，眼花脚拘者，燒裩散主之，取陰處者燒灰，日三服，小便即利，陰頭微腫即愈。男用女，女用男，童女尤良。

清・张璐《本經逢原》卷三　褌襠　發明：仲景治陰陽易病，身重少氣，腹急引陰，膝脛拘急者，燒褌散主之。取褌中近隱處燒灰，水調方寸匙，日三服，小便即利，陰頭微腫則愈。男用女褌，女用男褌。

清・劉漢基《藥性通考》卷四　浣褌汁　解毒箭，並治傷寒女勞、陰陽易俱效。男用女，女用男，剪下對陰處纔靈。童男女者，力強易效。月經布燒灰，解藥箭毒神驗。然不可放之藥籠中，致諸藥不效，又不可不知。〇陰陽易之病甚多，有男易男、女易女者，男則交男而易男，女同淨桶而交於女，又不可男用女、女用男之浣褌汁也。須男用男，女用女，治之無不神效。

清・王子接《得宜本草・下品藥》　褌襠灰　燒灰治陰陽易。

清・黃元御《長沙藥解》卷四　裩襠灰　味苦，入足少陰腎、足太陽膀胱經。泄壬水之濕寒，療陰陽之交易。《傷寒》燒裩散，中裩近隱處，剪燒灰，陰陽水服方寸匕，日三服，小便即利，陰頭微腫則愈。男用女者，女用男者。　治傷寒陰陽易病，身體重，少氣，少腹滿，裏急，或陰中筋攣，熱上衝胸，頭重不能舉，眼中生花，膝脛拘急者。以傷寒之病，坎陽發泄，肌膚熱蒸，而陰精自寒，大病新愈，遽與人交，以其陰寒傳之於人，寒則内入，直走命門，水寒木枯，筋脈緊急。緣肝主筋，筋聚于前陰，而屬于關節，故陰器與膝脛皆攣。裩襠灰利水道，而泄陰邪也。裩襠受前陰之熏染，同類相招，善引陰邪，而通小便，故治陰陽易病，兼醫女勞黃疸之病。

清・嚴潔等《得配本草》卷七　褲襠　陰陽易病，可燒灰服之。并所交女人衣裳覆之。

清・吳鋼《類經證治本草・經外藥類》　褌襠　煮汁服，解毒箭。燒灰服，主陰陽易。誠齋曰：主男女房勞疸症，取褌襠近隱處掌大一塊，燒灰，水酒從便服。又治男女相思成病不能療者，取心念之人褌襠，烘燒研末，每空心米飲下方寸匕。

汗衫

明・李時珍《本草綱目》卷三八服器部・服帛類　汗衫《綱目》

【釋名】中單《綱目》裲襠　羞袒時珍曰：古者短襦爲衫，今謂長衣亦曰衫矣。王叡《炙轂子》云：漢王與項羽戰，汗透中單，改名汗衫。劉熙《釋名》云：汗衣，《詩》謂之澤衣，或曰鄙袒，或曰羞袒。用六尺裁，足覆胸背。言羞鄙于袒，故衣此爾。又前當胸，後當背，故曰裲襠。

【主治】卒中忤惡鬼氣，卒倒不知人，逆冷，口鼻出清血，或胸脇腹内絞急切痛，如鬼擊之狀，不可按摩，或吐血衄血。用久垢汗衫燒灰，百沸湯或酒服二錢。男用女，女用男。中襯衣亦可時珍。

【附方】新一。　小兒夜啼：用本兒初穿毛衫兒，放瓶内，自不哭也。《生生編》。

清・王道純《本草品彙精要續集》卷四　汗衫　主卒中忤惡鬼氣，卒倒不知人，逆冷，口鼻出清血，或胸脇腹内絞急切痛如鬼擊之狀，不可按摩；或吐血衄血，用久垢汗衫燒灰，百沸湯或酒服二錢，男用女，女用男，中襯衣亦可《本草綱目》。　【名】中單、裲襠、羞袒。李時珍云：古者短襦爲衫，今謂長衣，亦曰衫矣。王叡《炙轂子》云：漢王與項王戰，汗透中單，改名汗衫。劉熙《釋名》云：汗衣，《詩》謂之澤衣，或曰鄙袒，或曰羞袒，用六尺裁，足覆胸背，言羞鄙於袒，故衣此爾。又前當胸，後當背，故曰裲襠。【治】《生生編》云：小兒夜啼，用本兒初穿毛衫兒放瓶内，自不哭也。

月經衣

明・滕弘《神農本經會通》卷七　月經衣　《梅師方》云：治丈夫熱病差後交接，復發，忽卵縮入腸，腸中絞痛欲死，燒女人月經赤衣為灰，熱水調方寸匕，服。

明・許希周《藥性粗評》卷四　虎狼刀箭之傷，解經衣之半斤。

經衣，婦女月經衣布也。取用各有所宜。味苦，性寒，無毒。主治虎狼并鎗刀所傷，燒末傳之。或以一片炙熱，熨之再四，血止而愈。箭鏃入胸腹等處，燒末，以酒服一錢匕，并傳傷處，自出。縱中毒藥速治之，無善。此物穢氣甚厚，寒性有餘，故能破解諸毒。消壞神氣，凡合靈藥，忌婦人觸之者以此。如無經衣，取其褌浣汁用之亦可。

又方：　陰證卵縮：　凡男子新病瘥行房，有犯陰證，卵縮絞腸急痛者，燒經衣一片，為末，以熱水調服，愈。　霍亂困危：　經衣一片，燒末，以溫酒調服一錢匕。

明・王文潔《太乙仙製本草藥性大全》卷五《仙製藥性》　月經衣　治陰陽易及女勞復如神，傳虎狼傷霍亂驚瘡奇捷。　補註：　治丈夫熱病差後交接復發，忽卵縮入腸，腸中絞痛欲死。女人月經片，炙爲灰，熱水調服方寸〔匕〕。○治癆病，取室女經片，熱水調服效。○治癆瘵，舌上生苔厚膜將斃者，取童女經片燒灰，熱水調服方寸〔匕〕。○治陰陽易傷寒，燒婦人月經衣，熟水服方寸〔匕〕。○治霍亂困篤，取童女月經衣和血燒灰，酒服方寸〔匕〕。○治聚血兼箭鏃在胸、喉，燒婦人月經衣酒服。

明・皇甫嵩《本草發明》卷六　女人月經布　燒灰，解藥箭毒，毒中傷幾死，服即回生。又治男子陰陽易。

清・吳鋼《類經證治本草・經外藥類》　女經馬　主婦人月經不止，燒灰，水服方寸匕。　誠齋曰：　此婦人行經弔襠布也。治室女經閉，燒灰酒服方寸匕，立通。又主思慾成勞，取所欲婦人經馬，兩瓦合定，火煅脆，研末，空心酒服方寸匕，不知更作，服立差。又方：　金瘡未愈即交接而血出瘡中不止者，經馬燒灰，酒服，取所與交婦人者，立差，勝於褌帶。

清・趙其光《本草求原》卷二七人部　月經衣　燒灰，治熱病、勞復，卵縮入腸，腸痛欲死。女勞、黃疸，氣短聲沉。霍亂百藥不效，虎傷，俱水酒下。驚癇，同青黛，冰下。不忌月事行房，陰潰，油搽。箭鏃入腹，酒下。解藥箭毒。同屎汁飲。世有取女子初經為紅鉛，以治勞損者，無論腥穢，亦覺難取，故置不論。

清・戴葆元《本草綱目易知錄》卷七　月經衣　【略】時珍曰：　女人月水及月經衣，腥穢，故君子遠之，為其不潔。凡煎諸藥、出痘皆避忌。近有方士邪術皷弄愚人，以法取童女初行經水，多方配合，與參同服，謂之先天紅鉛。愚人信之，吞嚥穢滓，以為秘方，往往發出丹瘮廢疾，深為嘆息。葆誌之，令人醒悟。

病人衣

明・李時珍《本草綱目》卷三八服器部・服帛類　病人衣《綱目》

〔主治〕天行疫瘟。取初病人衣服，于甑上蒸過，則一家不染時珍。

清・郭章宜《本草匯》卷一八　病人衣　天行瘟疫，取初病人衣服，于甑上蒸過，則一家不染。又小兒夜啼，取本兒初穿汗衫，放瓶內，自不哭。

清・吳鋼《類經證治本草・經外藥類》　病人衣　主天行瘟疫。取初病人衣服，於甑上蒸過，則一家不染。　誠齋曰：　須晒乾與病人穿。

孝子衫

宋・唐慎微《證類本草》卷一〇草部下品〔唐・陳藏器《本草拾遺》〕　孝子衫襟灰　傅面䵟。

明・王文潔《太乙仙製本草藥性大全》卷二《仙製藥性》　孝子衫襟灰　傳面上黑䵟妙。

明・李時珍《本草綱目》卷三八服器部・服帛類　孝子衫《拾遺》

〔釋名〕時珍曰：　枲麻布所爲者。

〔主治〕面䵟，燒灰傅之藏器。

帽：　主鼻上生瘡，私竊拭之，勿令人知時珍。

衣帶

宋・唐慎微《證類本草》卷一五人部〔唐・陳藏器《本草拾遺》〕　夫衣帶：　主難產。臨時取五寸，燒爲末，酒下。褌帶最佳。孫真人：　治金瘡未愈而交接，血出不止。取與交婦人衣帶二寸，燒研末，水服之。

明・鄭寧《藥性要略大全》卷九　衣帶　治金瘡未愈而交接血出不止，取與交婦人衣帶二寸，燒存性為末，水調服。

明・王文潔《太乙仙製本草藥性大全》卷五《仙製藥性》　夫衣帶　主難產，臨時取五寸燒末，酒下，褌帶最佳。　補註：　治金瘡未愈而交接，血出不止，取與交婦人衣帶二寸燒研末，水服之。

明・李時珍《本草綱目》卷三八服器部・服帛類　衣帶《拾遺》。

〔主治〕婦人難産及日月未至而産。臨時取夫衣帶五寸，燒爲末，酒服之。褌帶最佳藏器。療小兒下痢客忤，妊婦下痢難産時珍。

【附方】新五。　小兒客忤：　卒中者。燒母衣帶三寸，并髮灰少許，乳汁灌之。《外臺秘要》。　小兒下痢：　腹大且堅。用多垢故衣帶切一升，水五升，煮一升，分三服。

《千金方》。　妊娠下痢：中衣帶三寸燒研，水服。《千金》。　金瘡犯內：血出不止。取所交婦人中衣帶三寸燒末，水服。《千金方》。　令病不復：取女中下裳帶一尺燒研，米飲服，即免勞復。《肘後方》。

清・穆石匏《本草洞詮》卷一二　衣帶　婦人難產，及日月未至而產，臨時取夫衣帶五寸，燒為末，酒服之，裩帶最佳。

清・趙學敏《本草綱目拾遺》卷九器用部　衣帶　治蛇纏：《救生苦海》用繫腰帶煅存性，研細和好醬塗，或加水龍骨和柿漆水塗。

清・葉桂《本草再新》卷一二　舊衣帶味鹹而濇，性溫，無毒。入肺、腎二經。補元氣，治虛癆欬嗽，吐血便血，益腎養陰，通經利水。取其人之精氣也，故可大補。〇女病用男子褌帶，男病用女褌帶。

清・趙其光《本草求原》卷二七人部　舊衣帶　鹹澀，溫，無毒。久受人之精氣，故補元氣。治虛勞咳嗽、吐血便血、益腎養陰、通經利水。男病用女褌帶，女病用男褌帶。

襆頭

明・李時珍《本草綱目》卷三八服器部・服帛類　襆頭《綱目》

【釋名】時珍曰：襆頭，朝服也。北周武帝始用漆紗製之，至唐又有紗帽之制，逮今用之。

【主治】燒烟，熏產後血運。燒灰水服，治血崩及婦人交腸病時珍。

【發明】時珍曰：按陳總領方，治暴崩下血。琥珀散：用漆紗帽灰，云取陽氣衝上之義。又夏子益《奇疾方》云：婦人因生產，陰陽易位，前陰出糞，名曰交腸病。取舊襆頭燒灰，酒服。仍間服五苓散分利之。如無襆頭，凡舊漆紗帽皆可代之。此皆取漆能行敗血之義耳。

清・王道純《本草品彙精要續集》卷四　襆頭　主燒煙熏產後血暈，燒灰水服，治血崩及婦人交腸病《本草綱目》。　【名】李時珍云：襆頭，朝冠也。北周武帝始用漆紗製之，至唐又有紗帽之制，逮今用之。　【合治】陳總領方：治暴崩下血，琥珀散用漆紗帽灰，云取陽氣冲上之義。〇夏子益《奇疾方》：治婦人因生產，陰陽易位，前陰出糞，名曰交腸病，取舊襆頭燒灰酒服，再間服五苓散，分利之。　【代】如無襆頭，凡舊漆紗帽，皆可代之，此皆取漆能行敗血之義耳。

清・趙學敏《本草綱目拾遺》卷九器用部　舊帽沿　治痔毒：《外科正宗》：下痔，用油透羅緞舊帽沿燒灰，杭粉瓦上煅黃色，等分，研極細，先用紅棗十五枚、甘草三錢，煎湯洗後摻之。

金瘡：《集驗方》：用舊氈帽油口沿燒灰摻之，愈。

清・吳鋼《類經證治本草・經外藥類》　襆頭　主婦人血崩交腸，燒灰酒服。誠齋曰：包頭額勒皆可用。

清・戴葆元《本草綱目易知錄》卷四　襆頭　【略】葆按：今戲班內舊紗帽亦可代。

皮巾子

明・李時珍《本草綱目》卷三八服器部・服帛類　皮巾子《綱目》

【主治】下血及大風癘瘡。燒灰入藥時珍。

【附方】新一。　積年腸風：瀉血，百藥不瘥。敗皮巾子燒灰、白礬燒各一兩，人指甲燒焦、麝香各一分，乾薑炮三兩，爲末。每服一錢，米飲下。《聖惠方》。

清・王道純《本草品彙精要續集》卷四　皮巾子　主下血及大風癘瘡，燒灰入藥《本草綱目》。　【合治】《聖惠方》：治積年腸風瀉血，百藥不瘥，用敗皮巾子燒灰，白礬煅過各一兩，人指甲燒焦、麝香各一分，乾薑炮三兩，爲末，每服一錢，米飲下。

頭巾

明・王文潔《太乙仙製本草藥性大全》卷五《仙製藥性》　頭巾、頭帣　主卒心痛，主食自死鳥獸肝中毒，取故頭巾垢一錢，熱湯中烊服之。三年頭帣，主卒心痛，沸湯取汁飲，以頭帣於閑處，椀覆之，同時開愈。頭帣即縛髻帛也。

明・李時珍《本草綱目》卷三八服器部・服帛類　頭巾《綱目》

【釋名】時珍曰：古以尺布裹頭爲巾。後世以紗、羅、布、葛縫合，方者曰巾，圓者曰帽，加以漆製曰冠。又束髮之帛曰帣，覆髮之巾曰幘，罩髮之絡曰網巾，近制也。

【主治】故頭巾：治天行勞復後渴。取多膩者浸汁，暖服一升時珍。〇《千金方》。

【附方】新四。　霍亂吐利：偷本人頭繒，以百沸湯泡汁，服一呷，勿令知之。《集玄方》。　卒忽心痛：三年頭帣，沸湯淋汁飲之。以盌覆帣于閑地。周時即愈。《聖惠方》。　惡氣心痛：破網巾燒灰一錢，猫屎燒灰五分，温酒服。《馬氏方》。　下蝕疳瘡：破絲網燒存性、孩兒茶各(五)〔等〕分，研末。以濃茶洗净，擫之，三五次效。忌生冷、房事、發物。《集簡方》。

清·王道純《本草品彙精要續集》卷四　頭巾

故頭巾：　主天行勞復後渴，取多膩者，浸汁暖服一升出《千金方》。

【名】李時珍云：　古以尺布裹頭爲巾，後世以紗羅布葛縫合，方者曰巾，圓者曰帽，加以漆製曰冠，又束髮之帛曰䌟，覆髮之巾曰幘，罩髮之絡曰網。巾，近制也。　【治】《集元方》治霍亂吐利，偷本人頭繒，以百沸湯泡汁，服一呷，勿令知之。《聖惠方》：　治卒忽心痛，用三年頭䌟沸湯淋汁飲之，以碗覆䌟於閑地，週時即愈。　【合治】馬氏方：　治惡氣心痛，用破網巾燒灰一錢，貓屎燒灰五分，溫酒用。《集簡方》：　治下蝕疳瘡，破絲網燒存性，孩兒茶各五分，研末，以濃茶洗淨，擨之三五次，效。　【忌】生冷、房事、發物。

敗天公

宋·唐慎微《證類本草》卷一一草部下品〔《别録》〕　敗天公　平。主鬼疰精魅。

〔梁·陶弘景《本草經集注》〕云：　此人所戴竹笠之敗者也。取上竹燒，酒服之。

明·劉文泰《本草品彙精要》卷一九　敗天公無毒。

敗天公：　主鬼疰，精魅，燒灰酒服之。名醫所錄。　【名】竹笠。　【苗】陶隱居云：　敗天公，乃人所戴舊竹笠也。　謹按：　南人織篾而成，襯以箬葉，冠首以避雨暘，名曰竹笠。物雖小而加於衆體之上，歲月既久，雨淋日炙，人氣所蒸，感受精華，故能逼祟，謂之敗天公者，所以重之也。　【用】篾。【性】平。　【製】燒灰酒服。

明·許希周《藥性粗評》卷三　休嗟鬼疰敗天公。

敗天公，人所戴舊笠也，取上層舊篾用之。　性味平，無毒。　主治鬼疰精魅，燒灰酒調，服之效。

明·王文潔《太乙仙製本草藥性大全》卷二《仙製藥性》　敗天公　氣平，無毒。　即人戴竹笠之敗爛者，取上竹燒灰，酒服之。　主治：　主邪惡鬼疰如神，殺精邪鬼魅絕跡。

明·李時珍《本草綱目》卷三八服器部·服帛類　敗天公《别録》下品

【釋名】笠弘景曰：　此乃人所戴竹笠之敗者。取竹燒灰用。　時珍曰：　笠乃賤者禦雨之具。以竹爲胎，以箬葉夾之。《穹天論》云：　天形如笠，而冒地之表，則天公之名，蓋取于此。近代又以牛馬尾、椶毛、皂羅漆製以蔽日者，亦名笠子，乃古所謂襏襫子者也。

【主治】平。主鬼疰精魅，燒灰酒服《别録》。

清·戴葆元《本草綱目易知録》卷四　敗天公　治鬼疰精魅，燒灰酒服，陳者佳。【略】葆按：　經驗方，敗草帽頂，亦名敗天公，治白濁白淫，小便淋閉，取久戴污垢中間帽頂，水洗，鹽酒水炒，每用五六寸和藥或燒炭服，未詳其性，葆故補述，要土造係麥稈所編，取其直入下焦達陽明衝任，內飽漬汗汁，外蓄日精，引陽氣上沖，濁陰自化，屢效。故載詳〔補〕，若外地來者，係草結，不用。

故蓑衣

宋·唐慎微《證類本草》卷一〇草部下品〔唐·陳藏器《本草拾遺》〕　故蓑衣結　燒爲灰，和油傅蠼螋溺瘡，佳。

明·王文潔《太乙仙製本草藥性大全》卷二《仙製藥性》　故蓑衣結　主蠼螋溺瘡，燒灰和油傅之良。

明·李時珍《本草綱目》卷三八服器部·服帛類　故蓑衣《拾遺》

【釋名】襏襫音潑適。　時珍曰：　蓑草結衣，禦雨之具。《管子》云農夫首戴茅蒲，身服襏襫即此也。

【主治】蠼螋溺瘡，取故蓑衣結燒灰，油和傅之藏器。

清·戴葆元《本草綱目易知録》卷四　故蓑衣　治蠼螋溺瘡，取舊蓑草結，燒灰，油調傅。　椶櫚皮結者，治吐衄腸紅，女人崩帶，燒灰服。　止金瘡血，研末傅。葆按：　蓑衣，古用蓑草結之，農人以禦雨具，今人用椶皮結草，與椶性别，治自異。草結者，與敗草同，治瘡。　椶結者，與敗椶同，治血，特補之。

繳脚布

宋·唐慎微《證類本草》卷九草部中品〔唐·陳藏器《本草拾遺》〕　故繳脚布　無毒。　主天行勞復，馬駿風黑汗。　洗汁飲，帶垢者佳。

明·王文潔《太乙仙製本草藥性大全》卷二《仙製藥性》　故繳脚布　無毒。　主治：　主天行勞復，馬駿風黑汗，洗汁飲。帶垢佳。

明·李時珍《本草綱目》卷三八服器部·服帛類　繳脚布《拾遺》。

【釋名】時珍曰：　即裹脚布也。李斯書云天下之士，裹足不入秦，是矣。古名行縢。

【主治】主天行勞復，馬駿風黑汗出者，洗汁服之。多垢者佳藏器。　婦人欲回乳，用男子裹足布勒住，經宿即止時珍。

清·张璐《本經逢原》卷三　裹腳布　發明：　男子裹腳布取纏軟者，遶其腹，則腹痛瀉痢便止。婦人欲回乳，以男子裹腳布勒住一宿即止，功效勝於服藥也。

皮腰袋

明・李時珍《本草綱目》卷三八服器部・服帛類　皮腰袋《綱目》

【主治】大風癘瘡。燒灰入藥時珍。

紅氊

清・趙學敏《本草綱目拾遺》卷九器用部　紅氊白褐　紅氊乃毛布，今名褐子。西人多以牛羊毳雜織而成，以茜草染則色紅。

治疳瘡：《醫便》用紅氊燒灰存性五錢，樹上自乾桃子燒灰存性五錢，爐甘石火煅黃色，童便淬七次二錢五分，共為細末，臨搽入片腦少許，其瘡先用椒、葱湯洗淨，再搽藥，三次即愈。　血崩：《醫便》六合散治血崩不止，諸藥不效，用此立止，此急則治其標也。杏仁皮燒存性，香附童便浸三日炒黑，舊紅氊子燒存性，地膚子炒，舊棕薦燒存性，壯血餘燒存性，蟹殼燒存性，陳蓮蓬燒存性，共為末，每服三錢，用酸漿草汁一鍾，沖上熱酒一鍾，空心熱服。

按：此方初服反覺多，以漸而少，由紫色而紅，以至於無，即止。既止之後，用十全大補湯二十劑調補，方斷根矣。

走馬牙疳：《祝氏效方》：黃蜆殼煅存性，研末一錢五分，黃連忌鐵器為末五錢，栝樓根、膽礬煅、五穀蟲要尾全者隹瓦上煅存性，紅氊燒存性，以上各五錢，為末，加冰片二分，和勻，先以米泔水漱口，連吹數次，即愈。吹後仍用泔水漱口淨去。　治臍血、臍溼：《救生苦海》：用紅氊燒灰油和傅，或用裁衣店中百家碎五色布燒灰摻之。　清香散：治癖疾生牙疳，潰爛臭穢。《萬病回春》：用乳香、沒藥、孩兒茶、輕粉炒、象皮炒灰、象牙焙黃、紅氊炒灰、珍珠焙黃、海巴焙乾各等分，為細末，搽患處，立時止痛，生肌如神。

白褐　治小兒牙疳：《集驗方》：銅綠水飛，雄黃水飛，五倍子炒焦，枯礬，白褐燒存性，烏梅肉炙乾，細辛去葉蘆炒焦，胡黃連炒焦，共八味，各等分，用老茶葉、葱根煎湯，以雞翎洗去腐肉，見鮮血，然後用此藥搽上。

故麻鞋底

宋・唐慎微《證類本草》卷一一草部下品〔唐・蘇敬《唐本草》〕　故麻鞋底　水煮汁服之。　解紫石英發毒，又主霍亂吐下不止，及解食牛馬肉毒，腹脹吐痢不止者。

〔宋・馬志《開寶本草》〕按：陳藏器《本草》云：故麻鞋底，主消渴。煮汁服之。鞋綱繩如棗大，婦人內衣有血者，手大鉤頭棘針二七枚，三物並燒作灰，以猪脂調傅狐刺瘡出蟲。《唐本》先附。

〔宋・掌禹錫《嘉祐本草》〕按：陳藏器云：破草鞋和人亂髮燒作灰，醋和傅小兒熱毒遊腫。

〔宋・唐慎微《證類本草》〕陳藏器云：取麻鞋尖頭二七爲灰，歲朝井華水服之，又主遺溺。又故麻鞋底燒令赤，投酒煮粟穀汁中服之，主霍亂轉筋。《外臺秘要》：近效尿床。取麻鞋綱帶及鼻根等，唯不用底，須七量，以水七升，煮取二升，分再服之。又方：治蜈蚣螫人。麻鞋履底炙以揩之，即差。《千金方》：肛脫出。以炙麻履底，令人頻按，永差。又故麻鞋底、鱉頭各一枚，燒鱉頭擣爲末，傅肛門，將履底按入，即不出也。《經驗方》：治鼻塞。燒麻鞋灰吹鼻中，立通。一名千里馬，麻鞋名也。《廣利方》：治鼻衄血。鞋韉作灰吹鼻孔中，立效。

明・劉文泰《本草品彙精要》卷一四　故麻鞋底　主霍亂，吐下不止。名醫所錄。　謹按：此乃今人捆麻而成，如足之方，穿以伐履輕捷可以致遠，故謂之千里馬也。壞則棄於道傍，人取其鼻煎湯飲之，以治難產，亦取其輕捷之義爾。未產欲先驗男女，得左者生男，得右者生女。蓋左陽右陰，以爲男女之先兆也。偶得覆者，其所產不免無虞矣。【名】千里馬。【用】鞋底、鞋綱繩、鞋尖頭、鞋韉、鞋綱帶，俱敗腐者良。【主】解毒，消渴。【製】燒灰或煮汁用。【治】療：陳藏器云：底，主消渴，煮汁服之。○鞋尖頭，二七爲灰，歲朝用井花水調服之，主遺溺。《別錄》云：治蜈蚣螫人，用故麻鞋底炙，以揩之，即瘥。○脫肛，以麻履底炙熱，令頻按，即入。○燒麻鞋灰吹鼻中，療鼻塞，立通。○治鼻衄血，鞋韉燒作灰，吹鼻孔中，效。【合治】取鞋綱繩如棗大，婦人內衣有血者手大，鉤頭棘針二七枚，三物並燒作灰，以豬脂調，傅狐刺瘡，出蟲。○鞋底，燒令赤，投酒煮粟穀汁中，服之，治霍亂轉筋。○破草鞋和人亂髮，燒作灰，醋調，傅小兒熱毒游腫。【解】煮汁服，解紫石英發毒，及解食牛馬肉毒，腹脹，吐痢不止者。

明・王文潔《太乙仙製本草藥性大全》卷二《仙製藥性》　故麻鞋底　水煮汁服之。　主治：主霍亂吐瀉不止，治腹脹吐痢難安。　解紫石英毒神效，解牛馬肉毒清和。　補註：《近效》尿床，取麻鞋綱帶及鼻根等，唯不用底，須七量，以水七升，煮取二升，分再服之。○治蜈蚣螫人，用麻鞋履底炙以揩之，即差。○肛脫出，以麻鞋履底，令人頻按，永差。又故麻鞋底、鱉頭各枚，洗鼈頭，搗爲末，傅肛門，將鞋底按入，即不出也。○治鼻塞，燒麻鞋灰，吹鼻中立通。一名千里馬，麻鞋名也。○治鼻衄血，鞋𩌦作灰，吹鼻孔立愈。○遺溺，取麻鞋尖頭二七爲灰，歲調井華水服之。○霍亂轉筋，取麻鞋底燒令赤，投酒煮，粟穀汁衝服之。○治消渴，取故麻鞋底煮汁服之。○狐刺瘡出蟲，以麻鞋綱繩如棗大，婦人內衣有血者，手大鈎頭棘針二七枚，三物並燒作灰，以猪脂調傅。

明・李時珍《本草綱目》卷三八服器部・服帛類　麻鞋《唐本草》

【釋名】履《綱目》　屝音費。𩊱音先立切。時珍曰：鞋，古作鞵，即履也。古者以草爲屨，以帛爲履。周人以麻爲鞋。劉熙《釋名》云：鞋者解也。縮其上，易舒解也。履者禮也，飾足爲禮也。𩊱者襲也，履頭深襲覆足也。皮底曰屝，屝者皮也。木底曰舄，乾腊不畏濕也。入藥當用黄麻、苧麻結者。

【主治】舊底洗净煮汁服，止霍亂吐下不止，及食牛馬肉毒，腹脹吐利不止，又解紫石英發毒蘇恭。煮汁服，止消渴藏器。

【附方】舊五，新(六)〔七〕。　霍亂轉筋：故麻鞋底燒赤，投酒中，煮取汁服。陳藏器《本草》。　瘧疾不止：故鞋底去兩頭燒灰，井華水服之。《千金方》。　鼻塞不通：麻鞋燒灰吹之，立通。《經驗方》。　鼻中衄血：鞋𩌦燒灰吹之，立效。《貞元廣利方》。　小便遺牀：麻鞋尖頭二七枚，燒灰，歲朝井華水服之。《近效方》。　大腸脱肛：炙麻鞋底，頻按入。仍以故麻鞋底、鼈頭各一枚，燒研傅之，按入，即不出也。《千金方》。　子死腹中：取本婦鞋底炙熱，熨腹上下，二七次即下。《集玄方》。　胎衣不下：方同上。　夜卧禁魘：凡卧時，以鞋一仰一覆，則無魘及惡夢。《起居雜忌》。　折傷接骨：市上乞兒破鞋底一隻燒灰、白麪等分，好醋調成糊，敷患處，以絹束之，杉片夾定。須臾痛止，骨節有聲，爲效。楊誠《經驗方》。　白駁癜風：麻鞋底燒灰，擦之。《聖惠》。　蜈蚣傷螫：麻履底炙熱揩之，即安。《外臺秘要》。

清・吴鋼《類經證治本草・經外藥類》　麻鞋　【略】誠齋曰：鼻衄不止者，取麻鞋底鼻尖，燒灰，酒服一半，餘吹鼻中，立愈。

麻繩

清・劉善述、劉士季《草木便方》卷二器物部　麻繩　舊麻繩灰破積血，跌打損傷腹痛歇。金瘡止血崩帶下，産後血痛産風滅。

皮鞾

明・李時珍《本草綱目》卷三八服器部・服帛類　皮鞾《綱目》

【釋名】靴時珍曰：鞾，皮履也，所以華足，故字從革、華。劉熙《釋名》云：鞾，跨也。便於跨馬也。本胡服，趙武靈王好着短靿鞾，後世乃作長靿鞾，入藥當用牛皮者。

【主治】癬瘡，取舊鞾底燒灰，同皂礬末摻之。先以葱椒湯洗净時珍。

【附方】新五。　牛皮癬瘡：舊皮鞋底燒灰，入輕粉少許，麻油調抹。《直指方》。　小兒頭瘡：《聖惠方》用皮鞋底洗净煮爛，洗訖傅之。○又方：舊皮鞋面燒灰，入輕粉少許，生油調傅。　瘰癧已潰：牛皮油鞾底燒灰，麻油調傅之。《集玄方》。　身項粉瘤：舊皮皮鞋底洗净，煮爛成凍子，常食之。瘤自破如豆腐，極臭。《直指方》。　腸風下血：皮鞋底、蠶𧍚蜕、核桃殼、紅鷄冠花等分，燒灰。每酒服一錢。《聖惠方》。

清・王道純《本草品彙精要續集》卷四　皮鞾　主癬瘡。取舊鞾底，燒灰同皂礬末摻之，先以葱椒湯洗淨《本草綱目》。　【名】靴。李時珍云：鞾，皮履也。所以華足，故字從革華。　【地】劉熙云：鞾，跨也，本胡服。趙武靈王好着短靿鞾，後世乃作長靿鞾。　【質】有牛皮、馬皮、驢皮、麂皮等靴。　【用】入藥惟用牛皮者。　【色】本色黄，染黑色。　【味】甘。　【性】溫。　【臭】膻。　【製】洗淨、煮爛或燒灰。　【治】《聖惠方》：治小兒頭瘡，用皮鞋底洗淨，煮爛成凍子，常食之，瘤自破如豆腐，極臭。○《直指方》治身項粉瘤，用舊皮鞋底洗淨，煮爛洗訖傅之。○《集元方》治瘰癧已潰，用牛皮油鞾底燒灰，麻油調傅之。　【合治】《直指方》治牛皮癬瘡，用牛皮鞋底燒灰，入輕粉少許，麻油調抹。○《聖惠方》：治腸風下血，用皮鞋、底蠶𧍚蜕、核桃殼、紅雞冠花等分，燒灰，每服一錢，酒送下。○又方：治小兒頭瘡，用舊皮鞋面，燒灰，入輕粉少許，生油調傅之。

氈屜

明・李時珍《本草綱目》卷三八服器部・服帛類　氈屜音替。《綱目》。

【釋名】屜音替。屧音燮。時珍曰：凡履中薦，襪下毡，皆曰屜，可以代替也。

【主治】瘰癧。燒灰五匕，酒一升和，平旦向日服，取吐良思邈。

【附方】新三。　痔瘡初起：痒痛不止。用氊襪烘熱熨之。冷又易。《集玄方》。　斷酒不飲：以酒漬毡屜一宿，平旦飲，得吐即止也。《千金方》。　一切心痛：氊襪後跟一對，燒灰酒服。男用女，女用男。《壽域方》。

清・王道純《本草品彙精要續集》卷四　氈屜音替

氈屜：主瘰癧，燒灰五匕，酒一升和，平旦向日服，取吐良《千金食治》。

【名】屜音替，屧音燮。李時珍云：凡履中薦襪下氈皆曰屜，可以代替也。

〔治〕《集要》方：治痔瘡初起，癢痛不止，用氈襪烘熱熨之，冷又易。○《壽域方》：治一切心痛，用氈襪後跟一對，燒灰酒服，男用女，女用男。○《千金方》：治斷酒不飲，以酒漬氈屜一宿，平旦飲，得吐即止也。

毡氈

清・劉善述、劉士季《草木便方》卷二器物部　毡氈　舊毡氈灰崩漏良，産後下血墜擴湯，舊鼓皮灰止便淋，油塗月蝕秀耳瘡。

草鞋

明・王文潔《太乙仙製本草藥性大全》卷二《仙製藥性》　破草鞋　和人亂髮燒作灰，醋和傅小兒熱毒，遊腫亦效。

明・李時珍《本草綱目》卷三八服器部・服帛類　草鞋《拾遺》

〔釋名〕草屨《綱目》　屩音蹻。不借《綱目》　千里馬時珍曰：世本言黃帝之臣始作屨，即今草鞋也。劉熙《釋名》云：屨者拘也，所以拘足也。屩者蹻也，着之蹻〔蹻輕〕便也。不借者，賤而易得，不假借人也。

〔主治〕破草鞋，和人亂髮燒灰，醋調，傅小兒熱毒遊腫藏器。　催生，治霍亂時珍。

〔附方〕新五。　産婦催生：路旁破草鞋一隻，洗浄燒灰，酒服二錢。如得左足生男，右足生女，覆者兒死，側者有驚，自然之理也。《胎産方》。　霍亂吐瀉：出路在家應急方：用路旁破草鞋，去兩頭，洗三四次，水煎湯一甌，滚服之，即愈。《事海文山》。　渾身骨痛：破草鞋燒灰，香油和，貼痛處，即止。《救急方》。　行路足腫：被石墊傷者。草鞋浸尿缸内半日，以磚一塊燒紅，置鞋于上，將足踏之，令熱氣入皮裏即消。《救急方》。　臁瘡潰爛：《海上方》詩云：左脚草鞋將棒挑，水中洗浄火中燒。細研爲末加輕粉，洗以鹽湯傅即消。

清・王道純《本草品彙精要續集》卷四　草鞋　主催生，療霍亂《本草綱目》。

〔名〕屩、草屨、不借、千里馬。李時珍云：《世本》言黃帝之臣始作屨，即今草鞋也。劉熙《釋名》云：屨名者，拘也，所以拘足也。屩者，蹻也，着之蹻便也。不借者，賤而易得，不假借人也。　〔地〕南方用稻草結成之。〔時〕採：無時，於路途中收之。　〔用〕有去兩頭用者，有全用者。〔質〕如履狀，口用繩結繫足背。　〔色〕黃。　〔味〕甘。　〔性〕溫。　〔製〕洗淨，燒灰或煎湯應用。　〔治〕《胎産方》治産婦催生，用路旁破草鞋一隻洗淨，燒灰，酒服二錢。如得左足，男胎，右足，女胎。覆者兒死，側者兒驚，自然之理也。○《事海文山》云：出路在家，《應急方》治霍亂吐瀉，用路旁破草鞋，去兩頭，洗三四次，水煎湯一碗，滾服之，即愈。　〔合治〕《救急方》：治渾身骨痛，用破草鞋燒灰，香油和逢痛處，即止。○又方：治行路足腫，被石墊傷者，用草鞋浸尿缸内半日，以磚一塊燒紅，置鞋於上，將足踏之，令熱氣入皮裏即消。○《海上方》治臁瘡潰爛。有詩云：左腳草鞋將捧挑，水中洗淨火中燒。細研爲末加輕粉，濯用鹽湯傳即消。

清・趙學敏《本草綱目拾遺》卷九器用部　小兒破鞋　接骨：《家寶方》用市鎮上乞小兒破鞋一隻，燒灰，白麪等分，好醋調成糊，傅患處，以絹束之，杉木板夾好，須臾，疼止骨接，有聲為妙。

清・葉桂《本草再新》卷一二　陳草鞋味辛，性溫，無毒。入肺、腎二經。　大補元氣，潤肺養陰。取人之氣力也。人之一身，惟脚力最大，用草鞋非取草之力也，係取人之氣力，並取地氣，故大補。

清・趙其光《本草求原》卷三隰草部　陳草鞋　辛，溫，無毒。得人足力之氣與地氣，故大補元氣，潤肺養陰。

清・劉善述、劉士季《草木便方》卷二器物部　千里馬　路邊草鞋燒灰服，産難催生下胎出。先左生男右生女，産後血運夫尿速。

屐屧鼻繩

晉・嵇含《南方草木狀》卷中木類　抱香履　抱木生於水松之旁，若寄生。然極柔弱，不勝刀鋸，乘濕時刳而為履，易如削瓜。既乾而韌，不可理也。履雖猥大，而輕者若通脫木，風至則隨飄而動。夏月納之，可禦蒸濕之氣。出扶南、大秦諸國。泰康六年，扶南貢百雙，帝深歎異，然哂其製作之陋，但置諸外府，以備方物而已。按東方朔《瑣語》曰：木履起於晉文公時，介之推逃祿自隱，抱樹而死。公撫木哀歎，遂以為履，每懷從亡之功，輒俯視其履，曰悲乎，足下！足下之稱，亦自此始也。

宋・唐慎微《證類本草》卷一一草部下品〔唐・蘇敬《唐本草》〕　屐音劇屧音燮鼻繩灰　水服主噎哽，心痛胸滿。

〔宋・馬志《開寶本草》〕按：別本注云：屐屧，江南有之，北人不識，以桐木爲屐及屧也。用蒲爲㯷，用麻穿其鼻也，久著脚者堪入藥用。《唐本》先附。

〔宋・掌禹錫《嘉祐本草》〕按：《蜀本圖經》云：取著經久遠欲爛斷者，水服之良。

明・劉文泰《本草品彙精要》卷一五　屐屧鼻繩灰

屐音劇屧音燮鼻繩灰：　水服，主噎哽，心痛，胸滿。名醫所錄。　【地】《別錄》云：　江南以桐木爲屐及屧，用蒲爲菼，用麻穿其鼻也。　入藥取以著脚經久而欲爛斷者爲良。　【用】著脚經久者佳。　【色】黑。　【製】燒灰用。

明・王文潔《太乙仙製本草藥性大全》卷二《仙製藥性》　屐屧即木屐鼻繩江南人以桐爲屐及屧也。用蒲爲屧，用麻穿其鼻，久着脚，經遠欲爛斷者，燒灰，水調服。

主治：　主哽咽心痛大效，治胸中滿悶尤良。

明・李時珍《本草綱目》卷三八服器部・服帛類　屐屧鼻繩《唐本草》

【釋名】木屐時珍曰：　屐乃木履之下有齒者，其施鐵者曰徫，音局。　劉熙《釋名》云：　屐者支也，支以踏泥也。　志曰：　別本注云：　履屧，江南以桐木爲底，用蒲爲鞵，麻穿其鼻，江北不識也。　久着斷爛者，乃堪入藥。

【主治】哽咽心痛，胸滿，燒灰水服《唐本》。

【附方】新七。　婦人難産：　路旁破草鞋鼻子，燒灰，酒服。《集玄方》。　睡中尿牀：　麻鞋綱帶及鼻根等，惟不用底，七(量)〔兩〕，以水七升，煮二升，分再服。《外臺秘要》。　户咽痛痒：　聲音不出。　履鼻繩燒灰，水服之。　葛洪《肘後方》。　燕口吻瘡：　木履尾，煻火中煨熱，取拄兩吻，各二七遍。《千金方》。　小兒頭瘡：　草鞋鼻子燒灰，香油調，傅之。《聖濟録》。　手足瘑瘡：　故履系燒灰，傅之。《千金方》。　狐尿刺瘡：　麻鞋綱繩如棗大，婦人内衣有血者手大一片，鈎頭棘針二七枚，并燒研。　以猪脂調傅，當有蟲出。　陳藏器《本草》。

清・趙學敏《本草綱目拾遺》卷九器用部　木套皮　古為屐，今名木套。

治血風瘡：　《救生苦海》：　用木套皮燒灰、東丹礬各一錢，為末，菜油和搽。

清・趙學敏《本草綱目拾遺》卷九器用部　草鞋鼻上布　《綱目》屐屧鼻繩下有草鞋鼻，無取布法，亦不知其有發瘄之功，今補之。

治兒患瘄疹不發，取破草鞋鼻上所衮之布七八條，煎湯服，立效如神周寶生《醫通》。

清・戴葆元《本草綱目易知錄》卷四木部　屐屜鼻繩木屐　治哽咽，心痛胸滿，燒灰水服。　葆按：　木屐無鼻繩，江南以銅木為底，麻穿其鼻。　附方，草鞋取鼻繩不用底，亦然。

靈床下鞋

宋・唐慎微《證類本草》卷一〇草部下品〔唐・陳藏器《本草拾遺》〕　靈床下鞋履　主脚氣。

死人枕席

宋・唐慎微《證類本草》卷一五人部〔唐・陳藏器《本草拾遺》〕　死人枕及蓆　患疣，拭之二七遍，令爛去疣。　嘗有嫗人患滯冷，積年不差。　徐嗣伯爲診曰：　此尸疰也，當以死人枕煮服之乃愈。　於是往古塚中取枕，枕已一邊腐缺，嫗服之即差。　張景年十五歲，患腹脹面黄，衆藥不能治。　以問徐嗣伯，嗣伯曰：　此石蚘耳，極難療，當取死人枕煮服之。　得大蚘蟲，頭堅如石者五六升，病即差。　沈僧翼患眼痛，又多見鬼物。　嗣伯曰：　邪氣入肝，可覓死人枕煮服之。　竟可埋枕於故處，如其言，又愈。　王晏問曰：　三病不同，皆用死人枕而俱差，何也？　答曰：　尸疰者，鬼氣也，伏而未起，故令人沉滯，得死人枕治之，魂氣飛越，不復附體，故尸疰自差。　石蚘者，醫療既癖，蚘蟲轉堅，世間藥不能遣，所以須鬼物馳之，然後乃散，故令煮死人枕服。　夫邪氣入肝，故使眼痛而見魍魎，須邪物以鈎之，故用死人枕之氣，因不去之，故令埋於塚間也。

明・王綸《本草集要》卷六　死人枕塚中取用，煮服之。　律有明刑，慎勿故犯。

主尸病，腹中石蚘，邪氣入肝，眼痛，多見鬼物。　或問：　三病不同，皆用死人枕而差，何也？　徐嗣伯曰：　尸疰者，鬼氣也，伏而未起，故令人沉滯，得死人枕治之，魂氣飛越，不復附體，故尸疰自差。　石蚘者，醫療既癖，蚘蟲轉堅，世間藥不能遣，所以須鬼物馳之，然後乃散，故令煮死人枕服。　夫邪氣入肝，故使眼痛而見魍魎，須邪物以鈎之，故用死人枕之氣，因而去之，故令埋於塚間也。

明・許希周《藥性粗評》卷四　塚中舊枕，疰免尸蟲。

塚中舊枕，壙内年久死人枕也。　味□，性寒，有小毒。　主治面黄腹脹，尸蟲内疰，及染惡邪見鬼等證，并煮水服之，大有功效。　煮畢仍還舊處為美。

明・陳嘉謨《本草蒙筌》卷一二　故屍枕　取自塚中，用水煮服。　能除三病，俱獲全功。　治屍疰沉滯身間，頓服則魂氣飛越。　療石蚘堅癖腹内，必須以鬼物遺馳。　仍理邪氣入肝經，故致眼疼見魍魎。　無他藥可卻，亦使此鈎除。

讃按：三病不同，皆用死人枕而差，何也？夫屍疰者鬼氣也。伏而未起，令人沉滯，得此治之，使魂氣飛越，不復附體，而自瘥矣。石蚘者，醫療既癖，蚘蟲轉堅，世間藥俱不能遣，所以須鬼物驅之，然後乃散。又邪氣入肝，故使眼痛見鬼，須即鬼物以鉤之，乃可除也。

明・王文潔《太乙仙製本草藥性大全》卷五《本草精義》 死人枕 即故屍枕及蓆。患疣拭之二七遍，令爛去疣。自墳塚壙中取回，用水煮之頓服，能除三病，而俱獲大效也。

按：三病不同，皆用死人枕而差，何也？夫屍疰者，鬼氣也，伏而未起，令人沉滯，得此治之使魂氣飛越，不復附體而自差矣。石蚘者，醫療既癖，蚘蟲轉堅，世間藥俱不能遣，所以須鬼物驅之，然後乃散。又邪氣入肝，故使眼痛見鬼，須即物以鉤之，乃可除也。

明・王文潔《太乙仙製本草藥性大全》卷五《仙製藥性》 死人枕 係故屍枕是。主治：治屍疰沉滯身間，頓服則魂氣飛越。療石蚘堅癖腹內，必須以鬼物遣馳。仍理邪氣入肝經，故致眼疼見魍魎。無他藥可却，亦仗此鉤除。補註：有嫗患滯冷積年不差，徐嗣伯爲診曰，此尸疰也，當以死人枕煮服之乃愈。於是往古塚中取枕，枕已一邊腐缺，嫗服之即差。〇張景年十五歲患腹脹面黃，衆藥莫治，以問徐嗣伯，嗣伯曰：此石蚘爾，極難療，(常)〔當〕取死人枕煮服之。得大蚘蟲，頭堅如石者五六升，病即差。沈僧翼患眼痛，又多見鬼物，嗣伯曰：邪氣入肝，可覓死人枕煮服之，竟可埋枕於故處。如其言又愈。

明・李時珍《本草綱目》卷三八服器部・服帛類 死人枕席《拾遺》

【主治】尸疰、石蚘。又治疣目，以枕及席拭之二七遍令爛，去疣藏器。療自汗盜汗，死人席緣燒灰，煮汁浴身，自愈。時珍。《聖惠方》。

【發明】藏器曰：有嫗人患冷滯，積年不瘥。宋徐嗣伯診之，曰：此尸疰也。當以死人枕煮服之，乃愈。于是往古塚中取枕，枕已一邊腐缺。嫗服之，即瘥。張景聲十五歲，患腹脹面黃，衆藥不能治，以問嗣伯。嗣伯曰：此石蚘爾，極難療，當取死人枕煮服之。得大蚘，頭堅如石者五六升，病即瘥。沈僧翼患眼痛，又多見鬼物。嗣伯曰：邪氣入肝，可覓死人枕煮服之，竟可埋枕於故處。如其言，又愈。王晏問曰：三病不同，皆用死人枕而俱瘥，何也？答曰：尸疰者，鬼氣也，伏而未起，故令人沉滯。得死人枕治之，魂氣飛越，不附體，故尸疰自瘥。石蚘者，醫療既僻，蚘蟲轉堅，世間藥不能遣，須以鬼物驅之，然後乃散，故用死人枕煮服之。邪氣入肝，則使人眼痛而見魍魎，須邪物以鉤之，故用死人枕之氣。因不去之，故令埋於故處也。時珍曰：按謝士泰《刪繁方》：治尸疰，或見尸，或聞哭聲者，取死人席，斬棺内餘棄路上者一虎口，長三寸，水三升，煮一升服，立效。此即用死人枕之意也，故附之。

明・李中梓《藥性解》卷六 死人枕 味鹹，性平，無毒，所入經絡，諸書不載。主傳屍鬼疰邪氣，石蚘。取之煎湯用，用畢送還原處。按：死人枕即腦後骨也，夫鬼邪乘人，非藥石可攻，用死人枕者，所謂引之以類也。石蚘者，久蚘也，醫療既癖，蚘蟲轉堅，藥劑不能療，所以需鬼物驅之。用畢即送還原處者，一則使邪疰之氣有所依歸，一則勿以療人而傷鬼也。古有神醫徐嗣伯劉大用者，用之輒驗。

清・穆石匏《本草洞詮》卷一二 死人枕 一人患冷滯，積年不瘥。徐嗣伯曰：此尸疰也。以死人枕煮服之，乃愈。于是往古塚中取枕，枕已一邊腐缺，服之即瘥。一人患腹脹面黃，醫不能治。嗣伯曰：此石蚘爾，極難療。當取死人枕，煮服之，得大蚘蟲，頭堅如石者五六升，病即瘥。一人患眼痛，多見鬼物。嗣伯曰：邪氣入肝，可覓死人枕煮服之，仍埋枕於故處。如其言又愈。王晏問曰：三病不同，皆用死人枕而俱瘥，何也？答曰：尸疰者，鬼氣也，伏而未起，故令人沉滯，得死人枕治之，魂氣飛越不附體，故自瘥。石蚘者，醫療既僻，蚘蟲轉堅，世間藥不能遣，須以鬼物驅之，故用死人枕，然後散。邪氣入肝，則使人眼痛，而見魍魎，須邪物以鉤之，故用死人枕之氣，因不去之故，令埋於故處也。

自經死繩

宋・唐慎微《證類本草》卷七草部上品〔唐・陳藏器《本草拾遺》〕 自經死繩 主卒發顛狂，燒爲末，服三指撮，三年陳蒲煮服之，亦佳。

明・李時珍《本草綱目》卷三八服器部・服帛類 自經死繩《拾遺》

【主治】卒發狂顛，燒末，水服三指撮。陳蒲煮汁服亦佳藏器。

【發明】時珍曰：按張來《明道雜志》云：蘄水一富家子，遊倡宅，驚走仆于刑人尸上，大駭發狂。明醫龐安常取絞死囚繩燒灰，和藥與服，遂愈。觀此則古書所載冷僻之物，無不可用者，在遇圓機之士耳。

紙

晉・嵇含《南方草木狀》卷中木類 蜜香紙 以蜜香樹皮葉作之。微褐色，有紋如魚，子極香而堅韌，水漬之不潰爛。泰康五年，大秦獻三萬幅，帝以萬幅賜鎮南大將軍當陽侯杜預，令寫所撰《春秋釋例》及《經傳集解》以進，未至而預卒，詔賜其家，令藏之。

明·李時珍《本草綱目》卷三八服器部·器物類 紙《綱目》

【釋名】時珍曰：古者編竹炙青書字，謂之汗青，故簡策字皆從竹。至秦漢間以繒帛書事，謂之幡紙，故紙字從系，或從巾也。從氏，諧聲也。劉熙《釋名》云：紙者砥也，其平如砥也。東漢和帝時，耒陽蔡倫始采樹皮、故帛、魚網、麻繒煮爛造紙，天下乃通用之。蘇易簡《紙譜》云：蜀人以麻，閩人以嫩竹，北人以桑皮，剡溪以藤，海人以苔，浙人以麥麴、稻稈，吴人以繭，楚人以楮爲紙。又云：凡燒藥，以墨塗紙裹藥，最能拒火。藥品中有閃刀紙，乃摺紙之際，一角疊在紙中，匠人不知漏裁者，醫人取入藥用。今方中未見用此，何歟。

【氣味】諸紙：甘，平，無毒。【主治】楮紙：燒灰，止吐血、衄血、血崩，金瘡出血時珍。

竹紙：包犬毛燒末，酒服，止瘧《聖惠》。

藤紙：燒灰，傅破傷出血，及大人小兒内熱，衄血不止，用故藤紙瓶中燒存性二錢，入麝香少許，酒服。仍以紙撚包麝香，燒烟熏鼻時珍。

草紙：作撚紝，癰疽，最拔膿。蘸油燃燈，照諸惡瘡浸淫濕爛者，出黄水，數次取效時珍。

麻紙：止諸失血，燒灰用時珍。

紙錢：主癰疽將潰，以筒燒之，乘熱吸患處。其灰止血。其烟久嗅，損人肺氣時珍。

【附方】新八。吐血不止：白薄紙五張燒灰，水服。效不可言。《普濟方》。衄血不止：屏風上故紙燒灰，酒服一錢，即止。《普濟方》。皮膚血濺：出者，以煮酒壜上紙，扯碎如楊花，(捏)〔攤〕在出血處，按之即止。王璆《百一選方》。血痢不止：白紙三張，裹鹽一匙，燒赤研末。分三服，米飲下。《聖惠方》。月經不絶：來無時者。案紙三十張燒灰，清酒半升和服，頓定。冬月用暖酒服之。劉禹錫《傳信方》。產後血運：上方服之立驗。已斃經一日者，去板齒灌之，亦活。諸蟲入耳：以紙塞耳鼻，留蟲入之耳不塞，閉口勿言，少頃蟲當出也。《集玄方》。老小尿牀：白紙一張鋪席下，待遺于上，取紙晒燒，酒服。《集簡方》。

清·穆石匏《本草洞詮》卷一二 紙 產後血運，案紙三十張，燒灰，酒調服，立驗。已斃經一日者，去板齒灌之，亦活。吐血不止，白薄紙五張，燒灰，水服，效不可言。

清·王逊《藥性纂要》卷三 紙《綱目》 東圃曰：楮紙治病，古或有之，今未曾用。余見一兒醫，子年八歲，病起寒熱，初清理，繼消導，後補益，諸藥皆無效。漸黄腫肚大，氣急嘔吐，不得倒卧，將至垂斃，不識其故。或投大黄下之，臨終吐出膠痰一大團，細視之，乃竹紙裹在内也。此館中戲吞，以致成疾。猶如竹筍條下，載小兒誤食乾筍三寸，噎於喉間，以驚藥治之不效，幸早吐出，得以不死。可見紙在胃中，經久不化，痰食相裹，藥又誤治，以致不救。近年兵圍海城，絶糧，煑皮革啖之猶活，嚼紙者皆脹死。乃知紙雖柔薄而難化，書此為後戒也。

清·王道純《本草品彙精要續集》卷四 紙無毒

紙：主吐血、衄血、血痢不止，月經不絕，產後血暈，老小尿牀，俱燒灰用《品彙續集》。【名】李時珍云：古者編竹炙青書字，謂之汗青，故簡、策字皆從竹。按文天祥詩云留取丹心照汗青，是也。至秦漢間，以繒帛書字謂之幡紙，故紙字從系，或從巾也，從氏諧聲也。劉熙《釋名》云：紙者，砥也。其平如砥也。【地】東漢和帝時，來陽蔡倫始採樹皮、故帛、魚網、麻繒煮爛造紙，天下乃通用之。蘇易簡《紙譜》云：蜀人以麻，閩人以嫩竹，北人以桑皮，剡溪以藤，海人以苔，浙人以麥䅌稻稈，吳人以繭，楚人以楮爲紙是也。【用】凡燒藥，以墨塗紙裹藥，最能拒火。藥品中有閃刀紙，乃折紙之際一角疊在紙中，匠人不知，漏裁者，醫人取入藥用。今方中未見用此，何歟。【質】有繭紙、竹紙、楮紙、藤紙、草紙、麻紙、苔紙、桑皮紙、麥麵稻稈紙，厚薄不同，大小不等。【色】有白、有黄、有蒼色，或染成青、黄、赤、黑諸色。【味】甘。【性】平。【製】燒灰煅研。【治】《普濟方》治吐血不止，用白薄紙五張，燒灰水服，效不可言。○又方用屏風上故紙，燒灰，酒服一錢即止。○王璆《百一選方》治皮膚血濺出者，以煮酒壇上紙，扯碎如楊花，捏在出血處，按之即止。○《聖惠方》：治血痢不止，用白紙三張，裹鹽一匙，燒赤研末，分三服，米飲下。○劉禹錫《傳信方》治月經不絕，來無時者，案紙三十張，燒灰，清酒半升和服，頓定。冬月用暖酒服之。○又治產後血暈，上方服之立驗，已斃經一日者，去板齒，灌之亦活。○《集元方》治諸蟲入耳，以紙塞耳鼻，留蟲入之耳不塞閉，口勿言，少頃蟲當出也。○《集簡方》：治老小尿牀，用白紙一張鋪席下，待遺於上，即取紙曬燒酒服。

楮紙燒灰，主吐血、衄血、血崩、金瘡出血《綱目分錄》。竹紙包犬毛，燒末酒服，止瘧《聖惠方》。　藤紙燒灰，傅破傷出血，及大人、小兒內熱，衄血不止，用故藤紙瓶中燒存性二錢，入麝香少許，酒服，仍以紙撚，包麝香燒煙熏鼻《綱目分錄》。　草紙作撚紝癰疽最拔膿，蘸油燃燈，照諸惡瘡，浸淫濕爛者，出黄水數次，取效《綱目分錄》。　麻紙止諸失血，燒灰用《綱目分錄》。　紙錢主癰疽將潰，以筒燒之，乘熱吸患處，其灰止血，其煙久嗅損人肺氣《綱目分錄》。

清・趙學敏《本草綱目拾遺》卷九器用部　烏金紙皮金紙　江浙造紙處多有兩面黝黑如漆，光滑脆薄，不中書畫，惟市舖用以裹珍寶及藥物作襯紙，又呼薰金紙，以其熏黑搥砑而光也。

《物理小識》：造金箔隔碎金以藥紙，揮巨斧捶之，金已箔而紙無損，紙初褐色，久則烏金色。　魏良宰云：烏金紙惟杭省有之。其造紙非城東滄佑橋左右之水不成，其法先造烏金水刷紙，俟黑如漆，再熏過，以搥石砑光。性最堅韌，凡打金箔，以包金片打之，金成箔而紙不損。以市遠方，價頗昂值，蓋天下惟浙省城人能造此紙故也。

治下疳：《集聽》：用烏金紙銅杓內炒末，加冰片少許塗。　復明散：　陳嘉木《眼科要覽》：　專治翳膜遮睛，瞽者亦可復明。用七八歲童子口中吐出蚘蟲一條，用竹刀剖開，清水洗淨，將新瓦以炭火焙乾，勿焦，研極細末，烏金紙包好。再用蓬砂四兩，將蚘蟲包藏其中，一七日取出，以骨簪蘸藥點眼，一日三次，後將骨簪脚撥去眼中翳膜，熱水洗之，少頃又點，點完此藥，無不重明。

皮金紙　又名羊皮金，出廣東，凡金箔店皆有售者，呼皮金紙。

治跌扑擦傷，釘鞋打傷足跟，病久陰瘡擦痛，并凍瘡足跟瘴爛流水。凡小擦傷刀傷，腫潰紅赤，皮光潮溼，皆效。看患處大小，以此翦取，將金面貼傷處，過宿即愈毛世洪《養生集》。

清・趙學敏《本草綱目拾遺》卷九器用部　粗草紙廁草紙　此乃稻草所造，南貨店以之包物，有厚、薄二種，厚者名銅板草紙，入藥用。

發疹瘄：　《百草鏡》：　折角草紙半張，南貨店包物厚者是也，煎服，較貍柳尤透發。　小兒臍瘡：　《不藥良方》：　急用大草紙燒灰傅之，則不致變瘋癇，或加枯礬，或再加龍骨燒灰等分，入麝香少許撒之。　腸風下血：《不藥良方》：　粗草紙燒灰，砂糖拌勻，開水服。　貝母團：　《經驗廣集》：治羊兒瘋，百發百中。用川貝母去心一兩，研粉，用羅篩過，鋪大草紙一百張，一層草紙篩一下，百張草紙篩百下，然後用線縫之，入四盌水煮乾。每清早取一張紙成團，煨過，滾湯泡汁飲之，服盡全愈，神妙無比。

廁草紙　此乃坑廁中拭過糞草紙棄於地者。

《同壽錄》云：　傷寒內有一症名咯蒂傷寒，非用此不能除也。覓此紙四十九張，燒灰為末，水二盌，煎一盌，去渣飲之，效。

清・葉桂《本草再新》卷一二　黄金錢味甘、辛，性溫，無毒。入脾、肺二經。治疥癬斑疹，去濕追風。即黄紙切成方塊是也。

清・劉善述、劉士季《草木便方》卷二器物部　構紙　構皮紙灰味甘平，吐血衄血崩漏淋。　跌打損傷燒灰止，刀刃金瘡血即停。

清・戴葆元《本草綱目易知錄》卷四　火紙　取紙七層，泉井水浸，貼顖門上，止鼻衄，乾即易，卷作挺子，頭上燒黑煤，水浸汁，塞鼻內，亦止。小兒頭上肥瘡，日用紙隔戴帽，日換自愈葆元。〇紙錢，治癰疽將潰，以紙燒入筒內，乘熱吸患處，能拔毒，其灰止血，其煙久嗅損人肺氣。葆按：近山居民，俟嫩竹發椏即斫倒，起絲水浸漂蒸，入小便、石灰，盦舂造而成，名火紙錢紙，即火紙所鏨，並附主治。

草紙：【略】鄉民用稻稈舂浸造。

曆日

明・李時珍《本草綱目》卷三八服器部・器物類　曆日《綱目》

【集解】時珍曰：太昊始作曆日，是有書。《禮記》：十二月天子頒朔于諸侯。

【主治】邪瘧。用隔年全曆，端午午時燒灰，糊丸梧子大，發日，早用無根水下五十丸。《衛生易簡方》。

清・穆石匏《本草洞詮》卷一二　曆日　邪瘧，用隔年全曆，端午時燒灰，糊丸梧子大，發日早用無根水下五十丸。

清・王道純《本草品彙精要續集》卷四　曆日　主邪瘧不止《本草綱目》。

【名】李時珍云：太昊始作曆日，是有書。《禮記》十二月天子頒朔于諸侯。

【治】《衛生易簡方》：治邪瘧，用隔年全曆，端午午時燒灰，糊丸如梧子大，發日早用無根水送下五十丸。

佛前舊供花

清・趙學敏《本草綱目拾遺》卷七花部　佛前舊供花　《雲谷醫抄》：

治臁瘡爛腿，用佛前多年陳久供花，取來用香油浸貼，即愈。

青紙

明・李時珍《本草綱目》卷三八服器部・器物類　青紙《綱目》

【主治】妬精瘡，以唾粘貼，數日即愈，且護痛也。彌久者良。上有青黛，殺蟲解毒時珍。

桐油傘紙

明・李時珍《本草綱目》卷三八服器部・器物類　桐油繖紙《綱目》

【主治】蛀乾陰瘡。燒灰，出火毒一夜，傅之，便結痂《時珍》。

【附方】新一。丁瘡發汗：千年石灰炒十分，舊黑傘紙燒灰一分。每用一小匙，先以薑水些少，次傾香油些少，入末攪勻。沸湯一盞，調下。厚被蓋之，一時大汗出也。《醫方捷徑》。

清・王道純《本草品彙精要續集》卷四　桐油傘紙　主蛀乾陰瘡。燒灰，出火毒一夜，傅之，便結痂《本草綱目》。【合治】《醫方捷徑》云：治疔瘡，發汗，用千年石灰炒十分，舊黑傘紙燒灰一分，每用一小匙，先以薑水些少，次傾香油些少，入末攪勻，沸湯一盞調下，厚被蓋之，一時大汗出也。

清・趙學敏《本草綱目拾遺》卷九器用部　舊繖紙　《綱目》有桐油繖紙，止言治蛀乾陰瘡及疔瘡疔汗而已，無他治法，今補之。

治纏腰丹：《急救方》：用舊繖紙燒存性為末，香油調傅。　對口瘡：《祝氏效方》：淡底白色者佳，一兩，陳繖紙燒灰五錢，將烏梅肉一兩先打爛入末，再加生桐油搗勻，傅患處漸愈。　發背立效方：《周氏家寶》：　千年石灰研為細末，鐵杓內炒紫色，傾出磚上，待略冷，微有熱氣，不可太冷太熱。三錢，大川芎研細末二錢，和勻，入真麻油五六點，用井水或河水調服，遍身大汗出即散矣。若遇惡瘡，可加黑繖紙灰三分，照前服。　臁瘡：　蔡毓晉方：　用人家蓋牆頭舊繖，須多年經霜雪者，取繖衣依瘡大小翦成一塊，上用木鍼刺洞，貼上三日，另換一張，每日翻貼，貼上三張即愈。《集聽》方：臁瘡，以輕粉、豬骨髓研勻，攤舊繖紙上貼之。《周氏家寶》：　諸瘡隔紙膏、臁瘡經驗膏、隔紙膏、脫身隔紙膏，俱用舊繖紙夾藥貼。

清・吳鋼《類經證治本草・經外藥類》　油紙　誠齋曰：　麻油繖紙解毒，貼瘡生肌收口。桐油繖紙有毒，燒灰，出火毒，敷蛀乾陰瘡，一夜便愈。

包烟紙

清・趙學敏《本草綱目拾遺》卷九器用部　包烟紙　此乃烟舖內包烟外一層厚白紙，係石灰槽浸造，灰氣未去，紙亦不韌，只可包烟用，名建紙。近人食烟，以其紙擦烟筒頭嘴，令銅潔白，可擦錫器。武原朱進士醒葊言：北方朝士多貯此紙，每日清晨盥類後，以之拭面，久之能轉黝為白，令光發如玉。

拭面，去黝黚汗斑，美容顏，發光豔。

酒罈上紙

清・趙學敏《本草綱目拾遺》卷九器用部　酒罈上紙　此乃蓋封酒罈口上紙，陳久者佳。以其得酒氣多，黴爛不堅韌，又脫去灰性也。　治皮膚間忽然血濺出。《同壽錄》用此紙碎扯如楊花，攤於血出處，即止。

印紙

宋・唐慎微《證類本草》卷三玉石部上品〔唐・陳藏器《本草拾遺》〕　印紙　無毒。主令婦人斷產無子。剪有印處燒灰，水服之一錢匕，神效。

桃符

明・李時珍《本草綱目》卷三八服器部・器物類　桃符《藥性》

【集解】時珍曰：《風俗通》云：　東海度朔山有大桃，蟠屈千里。其北有鬼門，二神守之，曰神荼、鬱壘，主領衆鬼。黃帝因立桃板于門，畫二神以禦兇鬼。《典術》云：　桃乃西方之木，五木之精，仙木也。味辛氣惡，故能厭伏邪氣，制百鬼。今人門上用桃符辟邪，以此也。

【主治】中惡，精魅邪氣，煮汁服甄權。

【發明】時珍曰：　錢乙《小兒方》有桃符，圓疎，取積熱及結胸，用巴豆霜、黃蘗、大黃各一錢一字，輕粉、硇砂各半錢，爲末，麪糊丸粟米大。量大小，用桃符湯下，無則以桃枝代之。蓋桃性快利大腸，兼取厭伏邪惡之義耳。

清・王道純《本草品彙精要續集》卷四　桃符　主中惡，精魅，邪氣，煮汁服《藥性本草》。【地】李時珍云：《風俗通》云東海度朔山有大桃，蟠屈千里，其北有鬼門，二神守之，名神荼、鬱壘，主領衆鬼，黃帝因立此板於門，畫二神，以禦凶鬼邪祟。【時】生：　無時。採：　無時，應用取之。【用】取桃樹向陽者。【質】《典術》云：　桃乃西方之木，五木之精，仙木也。削成大小木板用之。【色】黃白。【味】辛。【性】溫。【氣】惡。故能厭伏邪氣，制百鬼耳。【合治】錢乙《小兒方》有桃符圓，疏取積熱及結胸，用巴豆霜、黄蘗、大黄各一錢一字，輕粉、硇砂各半錢爲末，麪糊丸粟米大，量大小用桃符湯下，無則以桃枝代之，蓋桃性快利大腸，兼取厭伏邪惡之義耳。

【解】今人門上往往用桃符辟邪氣。

鍾馗

明·李時珍《本草綱目》卷三八服器部·器物類　鍾馗《綱目》

【集解】時珍曰：《逸史》云：唐高祖時，鍾馗應舉不第，觸階而死，後明皇夢有小鬼盜玉笛，一大鬼破帽藍袍捉鬼啖之。上問之。對曰：臣終南山進士鍾馗也。蒙賜袍帶之葬，誓除天下虚耗之鬼。乃命吴道子圖象，傳之天下。時珍謹按《爾雅》云：鍾馗，菌名也。《考工記》注云：終葵，椎名也，菌似椎形，椎似菌形，故得同稱。俗畫神執一椎擊鬼，故亦名鍾馗。好事者因作《鍾馗傳》，言是未第進士，能啖鬼。遂成故事，不知其訛矣。

【主治】辟邪止瘧時珍。

【附方】新二。婦人難産：鍾馗左脚燒灰，水服。楊起《簡便方》。鬼瘧來去：畫鍾馗紙燒灰二錢，阿魏、砒霜、丹砂各一皂子大爲末。寒食麪和，丸小豆大。每服一丸，發時冷水下。正月十五日、五月初五日修合。《聖濟録》。

清·王道純《本草品彙精要續集》卷四　鍾馗　主辟邪，止瘧《本草綱目》。【地】《逸史》云：唐高祖時，鍾馗應舉不第，觸階而死。後明皇夢有小鬼盜玉笛，一大鬼破帽藍袍，捉鬼啖之。上問之，對曰：臣終南山進士鍾馗也，蒙賜袍帶之葬，誓除天下虚耗之鬼。乃命吴道子圖像，傳之天下。【治】楊起《簡便方》：治婦人難生産，用鍾馗左脚燒灰水服。【合治】《聖濟録》云：治鬼瘧來去，畫鍾馗紙燒灰二錢，阿魏、砒霜、丹砂各一皂子大，爲末，寒食麪和丸小豆大，每服一丸，發時冷水下，用正月十五日、五月初五日修合。【贋】李時珍云：謹按《爾雅》言：中馗，菌名也。《考工記》注云：終葵，椎名也。菌似椎形，椎似菌形，故得同稱。俗畫神執一椎擊鬼，故亦名中馗。好事者因作鍾馗，傳言是未第進士，能啖鬼，遂成故事，不知其訛矣。

撥火杖

宋·唐慎微《證類本草》卷一三木部中品〔唐·陳藏器《本草拾遺》〕　火槽頭　主蠍螫，横井上立愈。上立炭，主金瘡。刮取傅瘡上，止血生肉。帶之辟邪惡鬼。帶火内水底，取得水銀著出。

明·王文潔《太乙仙製本草藥性大全》卷三《仙製藥性》　火槽頭　主蝎螫，横井上立愈。燒炭，主金瘡，刮取傅瘡上效。止血生肌，帶之辟邪鬼。帶火納水底，取得水銀著出。

明·李時珍《本草綱目》卷三八服器部·器物類　撥火杖《拾遺》

【釋名】火槽頭《拾遺》　火柴頭時珍曰：撥火之杖，燒殘之柴，同一理。

【主治】蝎螫，以横井上立愈。其上立炭，刮傅金瘡，止血生肉。帶之辟邪惡鬼。帶火納水底，取得水銀着出藏器。止小兒驚忤夜啼時珍。

【附方】新一。客忤夜啼：用本家厨下燒殘火柴頭一箇，削平焦處。向上朱砂書云：撥火杖，撥火杖，天上五雷公，差來作神將。捉住夜啼鬼，打殺不要放。急急如律令。書畢，勿令人知，安立牀前脚下，男左女右。《岣嶁神書》。

救月杖

宋·唐慎微《證類本草》卷一三木部中品〔唐·陳藏器《本草拾遺》〕　救月杖　主月蝕瘡及月割耳。燒爲灰，油和傅之。杖，即月蝕時，救月擊物木也。人亦取月桂子，碎，傅耳後月蝕瘡。今江東諸處，每至四五月後晦，多於衢路間得之，大如狸豆，破之辛香。古老相傳，是月中下也。山桂猶堪爲藥，況月桂乎？正應不的識其功耳。今江東處處有。不知北地何意獨無，爲當非月路耶，月感之矣。餘杭靈隱寺僧云：種得一株，近代詩人多所論述。《漢武洞冥記》云：有遠飛雞，朝往夕還，常銜桂實，歸於南土，所以北方無，南方月路，所以有也。

明·王文潔《太乙仙製本草藥性大全》卷三《仙製藥性》　救月杖　即月蝕時擊物木也。主治：主月蝕瘡極驗，療月割耳尤良。燒爲灰油和傅之。

明·李時珍《本草綱目》卷三八服器部·器物類　救月杖《拾遺》

【集解】藏器曰：即月食時，救月，擊物木也。

【主治】月蝕瘡及月割耳，燒爲灰，油和傅之藏器。乃治䘌之神藥思邈。

桃橛

宋·唐慎微《證類本草》卷一三木部中品〔唐·陳藏器《本草拾遺》〕　桃掘　無毒。主卒心腹痛。鬼疰，破血惡氣脹滿，煮服之。三載者良。桃性去惡，掘更辟邪，桃符與桃掘同功也。

明·王文潔《太乙仙製本草藥性大全》卷三《仙製藥性》　桃橛　無毒。桃性去惡，掘更辟邪，與桃符同功。取三載者良。主治：主鬼疰卒心腹痛，療破血惡氣脹滿，煮汁服效。

明·李時珍《本草綱目》卷三八服器部·器物類　桃橛《拾遺》

【釋名】桃杙時珍曰：橛音厥，即杙也，人多削桃木釘于地上，以鎮家宅。三載者尤良。許慎云：羿死於桃棓。棓，杖也。故鬼畏桃，而今人以桃梗作杙橛，以辟鬼也。《禮記》云：王弔則巫祝以桃茢前引，以辟不祥。茢者，桃枝作帚也。《博物志》云：桃根爲印，可以召鬼。《甄異傳》云：鬼但畏東南桃枝爾。觀諸説，則桃之辟鬼祟疰忤，其來有由矣。

【主治】卒心腹痛，鬼疰，破血，辟邪惡氣，脹滿，煮汁服之，與桃符同功藏器。風蟲牙痛，燒取汁，少少納孔中，以蠟錮之時珍。

銃楔

明·李時珍《本草綱目》卷三八服器部·器物類　銃楔《綱目》

【主治】難産，燒灰酒服，又辟忤惡邪氣時珍。

吹火筒

明·李時珍《本草綱目》卷三八服器部·器物類　吹火筒《綱目》

【主治】小兒陰被蚯蚓呵腫，令婦人以筒吹其腫處，即消時珍。

烟桿

清·趙學敏《本草綱目拾遺》卷二火部　烟桿　年久色黑毛竹，男子用者良。

《秋燈叢話》：新昌張姓，茹竹烟管五十餘年，色如漆而光可鑒，珍同拱璧，雖戚好不輕假也。母病無藥餌資，質錢二緡，典主子患損病，諸藥罔效，或謂非多年竹烟管不可治。遂取張物截之數寸，煎湯服之愈。後酬張以巨萬金。　陳毅齋云：烟桿雖受烟火熏漬之氣，然非藉人氣津液漸漬之，必不酥透，其桿經男子食者，光澤可鑒。一經婦人口，便色黯不鮮明，且多直裂紋，又最忌糞，凡多年好桿持以上廁，能令光澀。若象牙桿便裂開走油不堪用，物性之相忌如此。　殺蟲毒傳尸癆、塗惡瘡、劈取中心油透而酥者。擣如糊塗瘡即痂，或攤油紙上，貼治蟲膈。　《百草鏡》：毒蛇傷，先取婦人舊油頭繩紮住腫處，勿令腫上，再取耳垢封之止痛。隨用多年油黑竹烟筒桿，紫色者亦可，毛竹者佳。一段約長三寸，咀嚼噙汁，渣淡吐去，并取桿中之油搽患處，烟桿味辣，服之反甜，蛇毒亦隨解，痛止自愈。試效多人。凡蛇咬有蛇齒留肉内者，烟油塗之自出。　婦人血崩：劉怡軒云：凡血崩諸藥不效者，用多年舊烟桿，紫色油透者佳。截一寸燒灰，黄酒調服。下喉即止，屢試屢效。

鐵椎柄

宋·唐慎微《證類本草》卷一三木部中品〔唐·陳藏器《本草拾遺》〕　鐵椎柄　無毒。主鬼打及彊鬼排突人致惡者。和桃奴、鬼箭等，丸服之。

明·李時珍《本草綱目》卷三八服器部·器物類　鐵椎柄《拾遺》

【主治】鬼打，及强鬼排突人中惡者，和桃奴、鬼箭等，作丸服之藏器。時珍曰：務成子治瘟疾鬼病，螢火丸中亦用之。

鑿柄木

宋·唐慎微《證類本草》卷一三木部中品〔唐·陳藏器《本草拾遺》〕　鑿孔中木　主難産。取入鐵裹者，燒末酒服下，産也。

明·李時珍《本草綱目》卷三八服器部·器物類　鑿柄木《拾遺》

【釋名】千椎草《綱目》

【主治】難産。取入鐵孔中木，燒末酒服。刺在肉中，燒末，酒服二方寸匕思邈。

【發明】時珍曰：女科有千〔錐〕〔椎〕草散：用鑿柄承斧處打卷者，燒灰，淋汁飲，李魁甫言其有驗，此亦取下往之義耳。

【附方】新一。反胃吐食：千槌花一枚燒研，酒服。《衛生易簡方》。

清·张璐《本經逢原》卷三　鑿柄　發明：鑿柄治妊娠難産，燒灰酒服，取其開鑿孔竅也。銃楔燒灰服，取其迅發之疾也。

清·葉桂《本草再新》卷一二　鑿頭木味辛，性微寒，無毒。入肝、腎二經。平肝降火，壯陽益陰，墮胎破塊。

清·趙其光《本草求原》卷八喬木部　鑿頭木　辛，微寒。平肝降火，益陰、墮胎、破塊。

清·張仁錫《藥性蒙求·木部》　鑿柄木一錢　鑿柄木灰，産難酒服。止吐和中，用能把握。一名柞木。

刀鞘

宋·唐慎微《證類本草》卷一四木部下品〔唐·陳藏器《本草拾遺》〕　刀鞘　無毒。主鬼打卒得，取二三寸，燒末服。水下之，此是長刀鞘也，腰刀彌佳。

明·王文潔《太乙仙製本草藥性大全》卷三《仙製藥性》　刀鞘　無毒。即長刀鞘也，腰刀彌佳。　主治：主鬼打卒暴，取一二寸燒灰，水調服。

清·趙學敏《本草綱目拾遺》卷九器用部　刀鞘　治中惡腹痛：《救生苦海》用刀鞘燒灰水服。

弓弩弦

宋·唐慎微《證類本草》卷一一草部下品〔《別錄》〕　弓弩弦　主難産，胞衣不出。

〔梁·陶弘景《本草經集注》〕云：産難。取弓弩弦以縛腰，及燒弩牙令赤，内酒中飲之。皆取發放快速之義也。

〔宋·掌禹錫《嘉祐本草》〕按：《藥性論》云：弓弩弦，微寒。《藥對》云：平。

〔宋·唐慎微《證類本草》〕《聖惠方》：耳中有物不可出。用弓弩弦長三寸，打散一頭，塗好膠，柱著耳中物處，停之令相著，徐徐引出，但取葱管闘於耳門内，嗡之即出爲妙。《千金方》：治婦人始覺有孕，要轉女爲男。取弓弩弦一枚，縫袋盛帶婦人左臂。《續十全方》：弓弩弦燒灰爲末，用酒服二錢匕，主易生。《産寶論》云：滑胎易産，弓弩弦縛心下，立産。《房室經》：憂姙娠欲得男女，覺有孕未滿月。以弓弩弦爲帶縛腰中，滿三月解却，轉女爲男，宮中秘法不傳出。

明·劉文泰《本草品彙精要》卷一五　弓弩弦　主難産，胞不出。名醫所錄。

謹按：弓弩弦，舊本附於草部，蓋古者以麻爲之而然也。近世易之以絲、以筋之類，欲其堅且約耳。《内則》所謂男子生而桑弧蓬矢以射四方。射乃男子之事，況弦有捷速之義，故妊娠佩之以宜男，臨蓐而易産，物之所感，理或然也。〔性〕微寒，平。〔主〕易産。〔治〕療：《別錄》云：治婦人始覺有孕，取弦一條，袋盛繫于左臂，必成男胎。又臨蓐，取一條纏縛腰間，令易産。治耳中有物不可出者，以三寸打散，一頭塗膠，注耳中物處停之，令相著，其物即出。

明·王文潔《太乙仙製本草藥性大全》卷二《仙製藥性》　弓弩弦　氣微寒，無毒。　主治：主難産神方，下胎衣妙劑。　補註：産難，取弓弩弦以縛腰，及燒弩牙令赤投酒中飲之。取發放快速之義也。〇耳中有物不可出，取弓弩弦長三寸，打散頭，塗好膠，挂著耳中物處停之，令相著徐引出，但取葱管鬥於耳門内，翕之即出爲妙。〇治婦人始覺有孕，要轉女爲男，取弓弩弦一枚，縫袋盛，帶婦人左臂。弓弩弦燒灰爲末，用酒服二錢，主易生。〇滑胎易産，弓弩弦傅心下立差。憂妊娠欲得男，女覺有孕未滿月，以弓弩弦帶傅腰中滿三月，解却轉女爲男。宮中秘法。

明·李時珍《本草綱目》卷三八服器部·器物類　弓弩弦《別録》下品

〔釋名〕時珍曰：黃帝時始作弓，有臂者曰弩。以木爲幹，以絲爲弦。

〔氣味〕平，無毒。權曰：微寒。

〔主治〕難産，胞〔衣〕不出《別録》。鼻衄及口鼻大衄不止，取折弓弦燒灰，同枯礬等分吹之，即止時珍。

〔發明〕弘景曰：産難，取弓弩弦以縛腰，及燒弩牙納酒中飲之，皆取發放快速之義。時珍曰：弓弩弦催生，取其速離也。折弓弦止血，取其斷絶也。《禮》云：男子生，以桑弧、蓬矢射天地四方。示男子之事也。巢元方《論胎教》云：妊娠三月，欲生男，宜操弓矢，乘牡馬。孫思邈《千金方》云：婦人始覺有孕，取弓弩弦一枚，縫袋盛，帶左臂上，則轉女爲男。《房室經》云：凡覺有娠，取弓弩弦縛婦人腰下，滿百日解却。此乃紫宮玉女祕傳方也。

〔附方〕新四。

胎動上逼：弩弦繫帶之立下。《醫林集要》。

胎滑易産：弓弩弦燒末，酒服二錢。《續十全方》。

胞衣不出：水煮弓弩弦，飲汁五合。或燒灰酒服。《千金方》。

耳中有物：不出。用弓弩弦長三寸，打散一頭，塗好膠。拄着耳中，徐徐粘引出。《聖惠方》。

清·穆石匏《本草洞詮》卷一二　弓弩弦　《禮》云：男子生，以桑弧蓬矢射天地四方，示男子之事也。巢元方云：妊娠三月欲生男，宜操弓矢，乘牡馬。孫思邈云：婦人始覺有孕，取弓弩弦一枚，縫袋盛帶左臂上，則轉女為男。《房屋經》云：凡覺有娠，取弓弩弦縛腰下，滿百日解之。此紫宮玉女秘傳方也，亦治難産，胞不出。折弓弦燒灰，吹鼻衄立止。蓋弓弦催生取速離也。折弦止血取斷絶也。

清·张璐《本經逢原》卷三　弓弩弦　發明：難産取弓弩弦縛腰及燒弩牙，納酒中飲之，皆取發機快疾之義。時珍曰：弓弩弦催生，取其速疾也。折弓弦止血，取其斷絶也。

箭笴及鏃

宋·唐慎微《證類本草》卷一三木部中品〔唐·陳藏器《本草拾遺》〕　箭簳及鏃　主婦人産後腹中痒，安所卧蓆下勿令婦人知。

明·李時珍《本草綱目》卷三八服器部·器物類　箭笴及鏃《拾遺》

〔釋名〕時珍曰：揚雄《方言》云：自關而東謂之矢，自關而西謂之箭，江淮之間謂之鏃。劉熙《釋名》云：矢又謂之鏑。本曰足，末曰栝。體曰幹，旁曰羽。

〔主治〕婦人産後腹中痒，密安所卧席下，勿令婦知藏器。刺傷風水，刮箭下漆塗之。又主疔瘡惡腫，刮箭笴茹作炷，灸二七壯時珍。

【附方】新一。　婦人難産：《外臺秘要》用箭幹三寸，弓弦三寸，燒末，酒服，方出崔氏。○《小品方》治難産，飛生丸用故箭羽。方見禽部鼯鼠下。

花簪

清・趙學敏《本草綱目拾遺》卷九器用部　花簪　楊春涯《驗方》：治乳癰初起時，將女人頭帶花簪，對向日中打圈，口中默念：天上一朵黑烏雲，地下女子害乳疼，我今特授金簪上，金簪化去永不疼。如此七遍，將簪交付婦人圈患處，即好。

馬鞭

明・李時珍《本草綱目》卷三八服器部・器物類　馬鞭《綱目》

【釋名】馬策時珍曰：竹柄編革爲之。故鞭從革便，策從竹束，會意。

【主治】馬汗氣入瘡或馬毛入瘡，腫毒煩熱，入腹殺人，燒鞭皮末，和膏傅之。又治狐尿刺瘡腫痛，取鞭稍二寸，鼠屎二七枚，燒研，和膏傅之時珍。

番打馬

清・趙學敏《本草綱目拾遺》卷九器用部　番打馬　形長尺許，内藏油膏，外裹椶皮，可代火把，又可鞭馬，番舶上來，哈喇叭出。

《方輿勝覽》：做打麻乃樹脂結成，夜點有光，塗舟水不能入。《華夷考》曰：做打麻乃樹脂流落膠汁土内，掘出如松香瀝青狀，内有明淨好者，都似金珀一般，出滿刺加國。

性專殺蟲，不可服，有毒，入外科瘡瘍膏用。

治陰癬：《救生苦海》：用番打馬和鉛、水銀、雄硫、樟腦各等分，豬油和搽，效。　癩疥膿瘡：《積善堂良方》：麻黃膏中用之。　疥瘡：《救生苦海》：番打馬三錢，楓子肉五錢，水銀、杏仁、蛇牀子各一錢，川椒、樟腦、雄黄各二錢，用紅燭蓋油共研匀擦之，神效。　治疥瘡：《應驗良方》：用全蠍、乳香、枯礬、大楓子、蛇牀子、土木鱉、川椒、雄黃、水銀、番打馬、輕粉、樟腦為末，用燭油為丸，擦之即效。此方番打馬作番答木。　擦諸瘡并楊梅風毒經驗：《濟世良方》：黃蘗去皮一錢，黃連去蘆一錢，川大黃五分，三味另研；雄黃、膽礬、銅青、兒茶、青黛、輕粉、枯礬各二分，冰片一分半，另研；入大楓子七個，去殼去油，人言壯人七釐，弱者五釐；用番打馬，即番舶打火把之物，另為末，瘡毒盛而人壯健能食者，每分五分；毒盛而人弱者，每分用三分，不健不弱之人，每分用四分，和入前藥内研匀；水銀，壯健人每分用一兩，中等人用五錢，弱極人用三錢，不可多，藥須研極細，否則粒粗恐傷皮肉。右先將水銀一分，并前藥末一分入盞内，加真脂麻油少許，以指研開，逐漸添油，研至不見水銀為度，大約如稀糊可矣。於兩手、兩足掌後動脈處週圍擦之，每一分藥擦三日，每日早、晚各擦一次，每次以七八百擦為止，大率擦使熱透則住。擦時凡週身破傷處，俱用無麝香膏藥貼之，每日一換，不可經風，避帳幔内，冬月用暖牀厚被褥，即春夏秋暖時，亦不可見風。擦至七日，必口吐臭涎。若口齒破爛出血者，用黃蜂窩煎湯，候冷漱解，勿嚥下，輕則用花椒湯漱之。擦處多皮破，不可畏痛而少擦。忌魚腥、生冷、發風等物及醋、茶、醬一個月，尤忌房事；其牛肉、燒酒、團魚之類，忌二三年；若蕎麥麪與羊肉，則終身忌之。每次擦畢，以藍布尺許包裹所擦處。此治楊梅風毒法也。如楊梅瘡初發者，擦五六日全愈，所用藥皆同，惟水銀止用四五錢足矣，不必貼膏藥。○久遠臁瘡，應擦處如有破爛，可於脚手心擦之，其藥料照中等者，亦包布貼膏如前。　下疳及蛀幹重者，亦照中等藥擦治貼膏。　喉内瘡癬潰爛，不能進飲食者，亦照前中等藥擦。　遍身牛皮風癬，作癢作痛出水者，亦照前用中等藥擦。凡擦藥，仍須内服煎藥兼之。煎藥方：防風、荆芥、銀花、防已、白芷、連翹、苡仁、白鮮皮、桔梗、川芎、當歸、赤芍、生地、黃連、黃蘗、知母、牛膝、木通、陳皮、羌活、獨活、粉草、梔子各等分，加土茯苓乾者四兩、鮮者八兩，水六盌，煎至三盌，分三次，一日早、午、晚服完，自擦起之日，服至七日發口止，虛人加人參二三錢。　痔漏消管藥線：《妙靈方》：用藥先用燈心試其深淺，頂至極痛處為率，以藥條如式送入漏口，三日後又試，内根漸漸生肉，條漸漸短，用藥直至滿而止。玉簪花根白者佳，焙乾四兩，番打馬焙乾三兩，馬兜鈴炒乾二兩，慈石三錢，煅紅醋淬三次，共研極細末，以麪打條，或粗或細，候瘡管用之，通始化去始再插。　廣瘡：《仙遺拾珠》：用膽礬三錢，皂礬、石黃、青黛各二錢，番打馬二錢，硃砂五分，為末，豬脂一塊搗匀，夏布包擦手足心，候腹鳴即止，病自愈。　膿窠瘡：《慈航活人書》：斑蝥三個，麻黃二錢，番打馬三錢，樟冰五錢，臘豬油二兩。先熬化，次入斑蝥煎焦，撈起。再入麻黃煎焦，撈起。再加番打馬末，同樟冰調匀，掐破瘡頭，以藥點上，立時結痂，次日全愈。

烏龍翅

清·趙學敏《本草綱目拾遺》卷九器用部　烏龍翅　汪連仕《草藥方》：烏龍翅即焦火把零落泥土中，經霜雪者佳。治足爛至凶者，燒炭油搽，燒斑痧，淬神鬼箭，神效。

紡車弦

明·李時珍《本草綱目》卷三八服器部·器物類　紡車(絃)〔弦〕《綱目》

〔主治〕坐馬癰，燒灰傅之時珍。凡人逃走，取其髮於緯車上逆轉之，則迷亂不知所適藏器。

梭頭

宋·唐慎微《證類本草》卷一三木部中品〔唐·陳藏器《本草拾遺》〕　梭頭　主失音不語，吃病者，刺手心令痛，即語。男左女右。

楤擔尖

明·李時珍《本草綱目》卷三八服器部·器物類　楤擔尖《綱目》

〔主治〕腸癰已成，取少許燒灰，酒服，當作孔出膿思邈。

連枷關

明·李時珍《本草綱目》卷三八服器部·器物類　連枷關《綱目》

〔主治〕轉胞，小便不通。燒灰水服。時珍。《千金方》。

梳篦

宋·唐慎微《證類本草》卷一三木部中品〔唐·陳藏器《本草拾遺》〕　梳篦　無毒。主蝨病者。汁服。蝨病是活蝨入腹爲病如癥瘕者。又梳篦垢，主小兒惡氣，霍亂，水和飲之。

明·王文潔《太乙仙製本草藥性大全》卷三《仙製藥性》　梳篦　無毒。主治：主蝨病如癥瘕者效。治小兒惡氣霍亂良。　補註：蝨病是活蝨入腹，爲病如癥瘕者，煮汁服效。○小兒惡氣，霍亂，用梳篦垢，水和飲之即痊。

明·李時珍《本草綱目》卷三八服器部·器物類　梳篦《拾遺》

〔釋名〕櫛時珍曰：劉熙《釋名》云：梳，其齒疏通也。篦，其齒細密相比也。櫛，其齒連節也。赫連氏始作之。

〔主治〕虱病，煮汁服之，及活虱入腹爲病成癥瘕者藏器。主小便淋瀝，乳汁不通，霍亂轉筋，噎塞時珍。

〔附方〕新八。　嚙虱成癥：山野人好嚙虱，在腹生長爲虱癥。用敗梳、敗篦各一枚，各破作兩分。以一分燒研，以一分用水五升，煮取一升，調服，即下出。《千金方》。　霍亂轉筋：入腹痛。用敗木梳一枚燒灰，酒服，永瘥。《千金方》。　噎塞不通：寡婦木梳一枚燒灰，煎鍮匙湯調下二錢。《生生編》。　小便淋痛：多年木梳燒存性，空心冷水服。男用女，女用男。《救急方》。　髮哽咽中：舊木梳燒灰，酒服之。《集玄方》。　乳汁不行：內服通乳藥。外用木梳梳乳，周回百餘遍，即通。《儒門事親方》。　猘犬咬傷：故梳、韭根各二枚，水二升，煮一升，頓服。《外臺秘要》。　蜂蠆叮螫：油木梳炙熱，熨之。《救急方》。

清·穆石匏《本草洞詮》卷一二　梳篦　治小便淋瀝，乳汁不通，霍亂轉筋，噎塞。活虱入腹為痛，成癥瘕者，煮汁服之。

清·趙學敏《本草綱目拾遺》卷九器用部　油木梳　木梳以木製成，用以通髮。黃楊木者能清火，石楠木者理風，其器以此二木造者為最。餘雜木及駝骨、牛角等梳不入藥。或曰牙梳可辟邪，皂角木梳不膩髮，柏木鉛梳皆能烏髮，總不若常用黃楊、石楠二木為佳也。《綱目》梳、篦合一不分，所載治法亦夥，惟油梳尚遺其功用，因補之。

治肺痿：《救生苦海》：油木梳須二三十年者一個，燒存性，滾水和服，甜酒亦可。　治五淋：《同壽錄》：以多年木梳燒存性，空心冷水調下，男用男梳，女用女梳，神效。　拗頸：《海上名方》：此病俗呼落枕，乃頸項夜間偶落枕下，或偶被閃挫，血滯而強作酸疼。以舊油梳火上烘熱梳背，於疼處極力刮之，自愈。　誤食螞蝗：俞潛山云：曾誤食此，腹中作瀉，不時疼痛，瀉血，以黃土漿水他藥試之，多不效。有教以取多年舊油梳燒灰，酒調服，一夕蝗皆化水而下，真神方也。

針線袋

宋·唐慎微《證類本草》卷二二蟲魚部下品〔唐·陳藏器《本草拾遺》〕　針線袋　主婦人産後腸中痒不可忍。以袋安所卧褥下，無令知之。

宋·唐慎微《證類本草》卷二二蟲魚部下品〔唐·陳藏器《本草拾遺》〕　赦日線　主人在牢獄日，經赦得出。候赦日，於所被囚枷上合取，將爲囚縫衣，令犯罪經恩也。

明·李時珍《本草綱目》卷三八服器部·器物類　鍼線袋《拾遺》

〔主治〕痔瘡，用二十年者，取袋口燒灰，水服。又婦人産後腸中痒不可忍，密安所卧褥下，勿令知之。○凡人在牢獄日，經赦得出，就於(因)〔因〕枷上，取線爲囚縫衣，令人犯罪經恩也藏器。

蒲扇

宋・唐慎微《證類本草》卷一四木部下品〔唐・陳藏器《本草拾遺》〕 敗扇 主蚊子。新造屋柱下四隅埋之，蚊永不入，燒爲末和粉粉身上，主汗，彌敗者佳。

明・李時珍《本草綱目》卷三八服器部・器物類 蒲扇《拾遺》

〔釋名〕箑時珍曰：上古以羽爲扇，故字從羽。後人以竹及紙爲箑，故字從竹。揚雄《方言》云：自關而東謂之箑，自關而西謂之扇。東人多以蒲爲之，嶺南以蒲葵爲之。

〔主治〕敗蒲扇灰和粉，粉身止汗，彌敗者佳。新造屋柱下四隅埋之，蚊永不入藏器。燒灰酒服一錢，止盜汗，及婦人血崩，月水不斷時珍。

清・穆石匏《本草洞詮》卷一二 蒲扇 敗蒲扇灰和粉粉身，止汗。彌敗者佳。新造屋柱下四隅埋之，蚊永不入。燒灰，酒服一錢，止盜汗及婦人血崩，月水不斷。

清・张璐《本經逢原》卷三 敗蒲、扇蒲席 發明：蒲性本寒，加以為扇，至敗，汗漬日久，鹹寒相濟，故用以燒灰，和粉撲身，取扇動招風止汗之義。敗蒲席取久卧者，燒灰酒服二錢。治墜仆惡血，同蒲黄、當歸、赤芍、朴硝煎湯調服。汗乃血液，沾濡日久，用以燒灰，同氣相感之應也。

清・張仁錫《藥性蒙求・草部》 敗蒲扇五分、錢半 敗蒲扇灰，能止盜汗。血崩淋漓，服之皆斷。

清・劉善述、劉士季《草木便方》卷二器物部 蒲扇 舊蒲扇灰盜汗強，自汗不止對酒嘗。婦人血崩失血症，月經不斷末酒良。

清・戴葆元《本草綱目易知録》卷四 敗蒲扇 燒灰，酒服一錢，止盜汗及婦人血崩，月水不斷。和牡蠣粉粉身止汗，彌敗者佳。新造屋柱下四隅埋之，蚊永不入。葆按：治肋疼，或由痰阻氣塞者，葶藶大棗湯調服，若因跌折血阻，桃仁蘇木湯調服，俱用敗蒲扇燒灰，取義象形之意。

蒲席

宋・唐慎微《證類本草》卷七草部上品〔唐・陳藏器《本草拾遺》〕 寡婦薦 主小兒吐痢，霍亂。取二七莖，煮飲之。

宋・唐慎微《證類本草》卷一一草部下品〔《别録》〕 敗蒲席 平。主筋溢惡瘡。

〔梁・陶弘景《本草經集注》〕云：燒之蒲席，惟舡家用，狀如蒲帆爾。人家所用席，皆是莞音官草，而薦多是蒲，方家有用也。

〔唐・蘇敬《唐本草》〕注云：席、薦一也。皆人卧之，以得人氣爲佳也。青齊間人謂蒲薦爲蒲席，亦曰蒲蓋，音合，謂藁作者爲薦爾。山南、江左機上織者爲席，席下重厚者爲薦。如《經》所説：當以人卧久者爲佳。不論薦、席也。

〔宋・掌禹錫《嘉祐本草》〕按：《藥性論》云：敗蒲席亦可單用。主破血。從高墜下，損瘀在腹刺痛，此蒲合卧破敗者良。取以蒲黄、赤芍藥、當歸、大黄、朴消煎服，血當下。陳藏器云：編薦索，主霍亂轉筋。燒作黑灰。服二指撮，酒服佳。

〔宋・唐慎微《證類本草》〕《聖惠方》：治霍亂轉筋垂死。敗蒲席一握細切，漿水一盞煮汁，溫溫頓服。《外臺秘要》：治墜下，瘀血在腹肚。取蒲灰二錢，酒服。《千金方》：五色丹俗名遊腫，若犯多致死，不可輕之，蒲席燒灰，和雞子白塗之。《勝金方》：治婦人血奔。以舊敗蒲席燒灰，酒調下二錢匕。

元・王好古《湯液本草》卷四 敗蒲 氣平。《本草》云：主筋溢惡瘡。《藥性論》云：亦可單用，主破血。取蒲黄、赤芍藥、當歸、大黄、朴硝同服，治跌扑瘀血。陳藏器云：《聖惠方》治霍亂。

明・滕弘《神農本經會通》卷一 敗蒲席 當以人卧久者為佳。氣平。

《本經》云：主筋溢惡瘡。《藥性論》云：亦可單用。主破血，從高墜下，損瘀在腹刺痛。此蒲合破敗者良。取蒲黄、赤芍、當歸、大黄、朴硝，煎服，血當下。《聖惠方》治霍亂轉筋垂死，水煎溫服。

明・劉文泰《本草品彙精要》卷一四 敗蒲席無毒，附編薦索。

敗蒲席：主筋溢，惡瘡。名醫所録。〔用〕陶隱居云：蒲席，惟船家用，狀如蒲帆爾。人家所用席，皆是莞音官草，而薦多是蒲，方家有用也。《唐本》注云：席、薦，一也。皆人卧之，以得人氣爲佳。青齊間人謂蒲薦爲蒲席，亦曰蒲蓋音合，謂藁作者爲薦爾。山南江左，機上織者爲席，席下重厚爲薦。如《經》所説：當以人卧久破敗者爲佳，不論薦、席也。〔色〕黄褐。

〔性〕平。〔氣〕氣之薄者，陽中之陰。〔臭〕朽。〔主〕婦人血奔。

〔製〕燒灰或煮汁用。〔合治〕合蒲黄、赤芍藥、當歸、大黄、朴硝，治從高墜下，瘀血在腹刺痛，煎服之，下瘀血。○取一握細切，漿水一盞，煮汁頓服，治霍亂轉筋。○燒灰合雞子白，傅五色丹，俗名遊腫，若犯多致死，不可輕易。○編薦索，燒作黑灰，用二指撮酒調服，主霍亂轉筋。

明・王文潔《太乙仙製本草藥性大全》卷二《仙製藥性》 敗蒲薦 氣平，無毒。

主治： 主霍亂、筋溢惡瘡神效，療破血、蹼跌損瘀殊功。丹毒遊腫即散，婦人血奔堪除。 補註： 治霍亂轉筋垂死，敗蒲薦一握，細切，漿水一盞，煮汁，溫溫頓服。○墜下瘀血在腹肚，取蒲薦灰二錢，酒服。○五色丹，俗名遊腫，若犯多致死，不可輕之，蒲薦灰和雞子白塗之。○治婦人血奔，以舊敗蒲薦燒灰，酒調下二錢。○主破血，從高墜下，損瘀在腹刺痛，此蒲合臥破敗者良，取以蒲黃、赤芍藥、當歸、大黃、朴硝煎服，血當下。

明・王文潔《太乙仙製本草藥性大全》卷二《仙製藥性》 編薦索 主霍亂轉筋，燒作黑灰，酒服二指撮佳。

明・李時珍《本草綱目》卷三八服器部・器物類 蒲席《別録》中品

【釋名】薦弘景曰： 蒲席惟船家用之，狀如蒲帆。人家所用席，皆是菅草，而（席）〔薦〕多是蒲也。方家燒用。 恭曰： 席、薦皆人所卧，以得人氣爲佳，不論薦、席也。青齊間人謂蒲薦爲蒲席，亦曰蒲籃，音合，謂藁作者爲薦。山南、江左機上織者爲席，席下重厚者爲薦。時珍曰： 席、薦皆以蒲及稻藁爲之，有精粗之異。吴人以龍鬚草爲席。

【主治】敗蒲席： 平。 主筋溢惡瘡《別録》。 單用破血。從高墜下，損瘀在腹刺痛，取久卧者燒灰，酒服二錢。或以蒲黃、當歸、大黃、赤芍藥、朴硝，煎湯調服，血當下甄權。

編薦索： 燒研，酒服二指撮，治霍亂轉筋入腹藏器。

寡婦薦： 治小兒吐利霍亂，取二七莖煮汁服藏器。

【附方】舊三，新三。 霍亂轉筋： 垂死者。敗蒲席一握切，漿水一盞煮汁，溫服。《聖惠方》。 小便不利： 蒲席灰七分，滑石二分，爲散。飲服方寸匕，日三。《金匱要略》。 婦人血奔： 舊敗蒲席燒灰，酒服二錢。《勝金方》。 五色丹遊： 多致殺人。蒲席燒灰，和雞子白，塗之良。《千金方》。 癰疽不合： 破蒲席燒灰，臘月猪脂和，納孔中。《千金方》。 夜卧尿牀： 本人薦草燒灰，水服，立瘥。《千金方》。

清・趙學敏《本草綱目拾遺》正誤 《綱目》石龍芻下附敗席，燈心草下附燈爐。一有主治，一無主治，豈以敗席難列服器一門，而爐可入火部乎？未免體不一例矣。

簟

明・李時珍《本草綱目》卷三八服器部・器物類 簟《綱目》

【釋名】籧篨 笭箵 筍席時珍曰： 簟可延展，故字從竹、覃。覃，延長也

【主治】蜘蛛尿、蠼螋尿瘡，取舊者燒灰傅之時珍。

【附方】新一。 小兒初生： 吐不止者。用籧篨少許，同人乳二合，鹽二粟許，煎沸，入牛黃粟許，與服。此劉五娘方也。《外臺秘要》。

清・王道純《本草品彙精要續集》卷四 簟 主蜘蛛尿蠼螋尿瘡，取舊者，燒灰傅之《本草綱目》。 【名】籧篨、笭箵、筍席。 李時珍云： 簟，可延展，故字從竹覃，覃，延長也。 【地】出竹處有之。 【用】有蒲簟、藤簟、竹簟。入藥當用竹簟，必須睡舊者爲佳。 【質】細削竹爲篾，編織成之，長短闊狹不等。按《邶風》云： 籧篨不鮮。朱注云： 籧篨，本竹席之名。竹席，即簟也。簟，即簀也。 【色】新成者黃，睡舊者黑。 【味】甘，辛。 【性】溫，涼。 【合治】《外臺秘要》云： 治小兒初生吐不止者，用籧篨少許，同人乳二合，鹽二粟許，煎沸，入牛黃粟許，與服，此劉五娘方也。

簾箔

明・李時珍《本草綱目》卷三八服器部・器物類 簾箔宋《嘉祐》

【釋名】時珍曰： 其形方廉而薄，故曰簾，曰箔，以竹及葦芒編成。其帛幕曰幨。藏器曰： 今東人多以芒草爲箔，入藥用彌久着烟者佳。

敗芒箔 【主治】無毒。 主産婦血滿腹脹痛，血渴，惡露不盡，月閉，下惡血，止好血，去鬼氣疰痛癥結，酒煮服之。亦燒末，酒服藏器。

箔經繩 【主治】癰疽有膿不潰，燒研，和臘猪脂傅下畔，即潰，不須鍼灸時珍。○《千金方》。

廁屋户簾 【主治】小兒霍亂，燒灰，飲服一錢時珍。○《外臺秘要》。

清・王道純《本草品彙精要續集》卷四 簾箔

簾箔《嘉祐補注本草》： 廁屋戸簾，主小兒霍亂，燒灰飲服一錢《外臺秘要》。箔經繩，主癰疽有膿不潰，燒研和臘豬脂傅下畔，即潰，不須針灸《千金方》。 【名】李時珍云： 其形方廉而薄，故曰簾、曰箔。 【地】處處有之。 【用】廁戸簾及箔經繩並敗芒箔。 【質】以竹及葦芒編成，其帛幕曰幨。敗芒箔見草部下。

漆器

明・李時珍《本草綱目》卷三八服器部・器物類　漆器《綱目》

【主治】産後血運，燒烟熏之即甦。又殺諸蟲時珍。

【附方】新三。　血崩不止：漆器灰、椶灰各一錢，柏葉煎湯下。《集簡方》。　蠍蠆螫傷：（以漆）木盌合螫處，神驗不傳。《古今録驗方》。　白秃頭瘡：破朱紅漆器，剥取漆朱燒灰，油調傳之。《救急方》。

明・倪朱謨《本草彙言》卷一一　破漆器　李氏曰：乃故舊破損漆器，剥取用之。

明・顧逢柏《分部本草妙用》卷八雜藥部　漆器　主治：産後血運，燒烟熏之即甦。又殺諸蟲。

李氏方治産後血暈，燒烟熏之，即甦。又，勞病垂危，放氣之頃，床前取舊漆器，火缸内燒之，尸蟲不敢出竅，不出竅則勞病必不再傳人也。

清・张璐《本經逢原》卷三　漆器　發明：漆本散血。故用燒烟治産後血暈，熏之即甦。又殺諸蟲。

清・王道純《本草品彙精要續集》卷四　漆器　主産後血暈，燒煙熏之即蘇，又殺諸蟲《本草綱目》。　【名】漆碗、漆鍾、漆盤、漆盒。　【地】處處有之。　【用】朱紅漆、黑漆、金漆諸器。　【質】器有大小不等。　【色】赤、黑、黄、紫。　【味】辛。　【性】溫。　【治】《集簡方》：治血崩不止，用黑漆器燒灰，童便調服。《救急方》：治白秃頭瘡，用破朱紅漆器剝取漆朱，燒灰油調傅之。　【合治】《集簡方》：治血崩不止，用漆器灰、棕灰各一錢，柏葉煎湯下。　【解】《古今錄驗方》解蠍蠆螫傷，以漆木碗合螫處，神驗。

清・趙學敏《本草綱目拾遺》卷九器用部　漆盤上漆　治羊眼漏：《救生苦海》：此症生足脛骨上，生一孔，無膿無血，惟流清水，大痛。用多年漆盤刮下漆，燒灰摻之，愈。

清・劉善述、劉士季《草木便方》卷二器物部　乾漆　漆殼漆器煅辛平，破堅積塊瘀滯行。續筋接骨散血停，産運損傷殺蟲靈。子油殺蟲螬疳用，樹蟲療氣肝氣癆。

車脂

宋・唐慎微《證類本草》卷五玉石部下品〔宋・馬志《開寶本草》〕　車脂　主卒心痛，中惡氣，以溫酒調及熱攪服之。又主婦人妬乳，乳癰，取脂熬令熱塗之，亦和熱酒服。今附。

〔宋・掌禹錫《嘉祐本草》〕按：陳藏器云：車脂，味辛，無毒。主鬼氣，溫酒烊令熱服之。

〔宋・唐慎微《證類本草》〕《聖惠方》：治蝦蟇及蝌蚪蟲，得之心腹脹滿，口乾思水，不能食，悶亂，大喘而氣發。方用車轄脂半升已來，漸漸服之，其蟲既出。《外臺秘要》：治聤耳膿血出。取車轄脂，綿裹塞耳中。《千金方》：治小兒驚啼。車轄脂如小豆許，内口中又臍中，差。

〔宋・陳承《重廣補注神農本草並圖經》〕别説云：謹按：車脂塗衣，衣不可洗滌，唯以生油方可解，然後復以蜜湯洗則淨。

宋・唐慎微《證類本草》卷五玉石部下品〔宋・馬志《開寶本草》〕　釭音工中膏　主逆産，以膏晝兒脚底即正。又主中風，發狂。取膏如雞子大，以熱醋攪令消，服之。今附。

《千金方》：治姙娠婦熱病方：取車釭脂服之，大良，隨意服。又方：治姙娠腹中痛。燒車轄脂末，内酒中，隨意服之。《梅師方》：治諸蟲入耳。取車釭脂塗耳孔中，自出。《子母秘録》：治産後陰脫。燒車釭頭脂内酒中，分溫三服，亦治咳嗽。

宋・王繼先《紹興本草》卷一　車脂　紹興校定：車脂，即車轄口積久油塵脂也。在服餌則治中惡、心痛。在塗傅則療妒乳乳癰。《本經》不載性味、有無毒，然既【缺】是也。

釭中膏　紹興校定：釭中膏，此車釭内脂膏也，亦是油塵所化。以其與車脂内外稍别，故主療小異，本一物矣。《本經》不載性味、有無毒。在方塗傳或化服者，當同車脂，味辛、無毒也。

明・劉文泰《本草品彙精要》卷四　釭中膏

釭音工中膏：主逆産，以膏晝兒腳底即正。又主中風，發狂，取膏如雞子大，以熱醋攪令消，服之。名醫所録。　謹按：《周禮・考工記》曰：轂也者，以爲利轉也，轂非正不行。然車之用在轂，轂之用在釭，蓋釭乃轂中之鐵，其軸端鐵曰鐧，轂中鐵曰穿，鐧、穿之外有捎釘曰轄，穿即釭也。引重致遠，欲其滑利，故用油以潤之。鐧穿轄磨蕩日久，遂成脂膏，因其流行無滯，所以取治逆産而有轉正速下之功，前人立意，殊深切矣。　【用】脂垢。　【色】黑。　【臭】腥。　【主】中風，逆産。　【治】療：《别録》云：諸蟲入耳，取塗耳孔中，即出。　【合治】合酒服，治妊娠婦熱病。〇燒末合酒調服，療妊娠腹中痛。〇釭頭脂内酒中，温服，療産後陰脫，亦治欬嗽。

車脂無毒 車脂，主卒心痛，中惡氣，以温酒調及熱，攪服之。又主婦人妬乳，乳癰，取脂熬令熱，塗之，亦和熱酒服。名醫所錄。 【地】此即行使車穿上油脂是也，今北地多有之。 【收】瓷器貯之。 【用】脂。 【色】黑。 【味】辛。【性】散。 【氣】氣厚于味，陽也。 【臭】腥。 【主】瘡癰。 【治】療：陳藏器云：消蝦蟆及蝌蚪蠱，得之心腹脹滿，口乾思水，不能食，悶亂大喘而氣發者，以半升，漸漸服之，其蠱即出。並治小兒驚啼，取一豆許，内臍中，瘥。 【合治】合綿裹塞耳中，療聤耳，膿血出。

明・王文潔《太乙仙製本草藥性大全》卷六《仙製藥性》 車脂 味辛，無毒。 主治：主卒心痛神方，除中惡氣秘訣。若婦人妬乳乳癰，熬熱塗，亦和酒服。 補註：治蝦蟇及蝌蚪蠱，得之心腹脹滿，口乾思水，不能食，悶亂大喘而氣發，用車轄脂半升已來，漸漸服之，其蠱即出。〇鬼氣，温酒烊，冷熱服之。〇治聤耳膿血出，取脂綿裹塞耳中。〇小兒驚啼，車脂如小豆許，内口中及臍中差。〇車脂塗衣，不可洗滌，唯以生油方可解，然後復以蜜湯洗則浄。 釭音工中膏：主横生逆産，以膏畫兒脚底即正。又主中風發狂，取膏如鷄子大，以熱醋攪令消，服之。 補註：妊娠婦熱病，取車釭脂酒服大良，隨意服。〇治妊娠腹中痛，燒車釭脂塗耳孔中自出。〇産後陰脫，燒車釭頭脂，内酒中，分温一服，亦治欬嗽。

明・李時珍《本草綱目》卷三八服器部・器物類 車脂宋《開寶》。校正：併入釭中膏。

【釋名】車轂脂《綱目》 軸脂《綱目》 轄脂《綱目》 釭膏音公時珍曰：轂即軸也。轄即釭也，乃裹軸頭之鐵也，頻塗以油，則滑而不濇。《史記》齊人嘲淳于髡爲炙轂輠即此，今云油滑是矣。

【氣味】辛，無毒。 【主治】卒心痛，中惡氣，以熱酒服之。中風發狂，取膏如雞子大，熱醋攪消服。又主婦人妬乳、乳癰，取脂熬熱塗之，併和熱酒服《開寶》。去鬼氣，温酒烊熱服藏器。 治霍亂、中蠱、妊娠諸腹痛，催生，定驚，除瘧，消腫毒諸瘡時珍。

【附方】舊七，新十。 中惡蠱毒：車釭脂如鷄子大，酒化服。《千金方》。 蝦蟆蠱病：及蝌蚪蠱，心腹脹滿〔痛〕，口乾思水，不能食，悶亂大喘。用車轄脂半斤，漸漸服之，其蠱即出。《聖惠方》。 霍亂轉筋：入腹痛。車轂中脂塗足心。〇《千金方》。 少小腹脹：車轂中脂和輪下土，如彈丸，吞之立愈。《千金方》。 妊婦腹痛：燒車釭脂末，納酒中，隨意飲。《千金方》。 妊婦熱病：車轄脂隨意酒服，大良。《千金方》。 婦人難産：三日不出。車軸脂吞大豆許二丸。《千金方》。 婦人逆産：車釭膏畫兒脚底，即正。《開寶本草》。 産後陰脫：燒車釭頭脂，納酒中服。《子母秘録》。 小兒驚啼：車軸脂小豆許，納口中及臍中良。《千金方》。 兒臍不合：車轄脂燒灰，傅之。《外臺秘要》。 瘧疾不止：不拘久近。車軸垢，水洗，下麪和丸彈子大，作燒餅。未發時食一枚，發時又食一枚。《聖惠方》。 瘭疽已潰：車釭脂和梁上塵，傅之。《外臺秘要》。 灸瘡不瘥：車釭脂塗之，良。《千金方》。 聤耳膿血：綿裹車轄脂塞之。《外臺秘要》。 諸蟲入耳：車釭脂塗孔中，自出。《梅師方》。 鍼刺入肉：車脂攤紙上如錢大，貼上。二日一易，三五次即出。《集玄方》。

燈盞

宋・唐慎微《證類本草》卷四玉石部中品〔唐・陳藏器《本草拾遺》〕 正月十五日燈盞 令人有子，夫婦共於富家局會所盜之，勿令人知之，安卧牀下，當月有娠。

明・李時珍《本草綱目》卷三八服器部・器物類 燈盞《綱目》

【釋名】缺

【主治】上元盜取富家燈盞，置牀下，令人有子。時珍。〇《韻府》。

清・趙學敏《本草綱目拾遺》卷九器用部 陳年竹燈盞 治多年陰陽諸癬：《救生苦海》：用陳竹燈盞油透者，入尖底瓶内，瓶口安一鐵絲髻，將地挖一土坑，内安大盌一隻，將瓶倒覆盌上，瓶底朝天，週圍用礱糠填滿燒之，取滴下盌中之油搽之，效驗。 《文堂驗集方》治癬，多年油竹燈挂一個，火上烤出油汁如膠者良，另將五倍子去蟲炒研為末，二味和一處，用陳醋火上温熱，和勻搽之，甚效。 臘梨頭瘡：張子卿《秘方集驗》以酒飯店油透陳竹燈臺一個劈碎，裝於瓷瓶内，口上用舊髻鐵絲覆於瓶上，倒轉下。再用一空瓷瓶，以此瓶合於下瓶口上，用火煅之，其汁溜下，取汁搽瘡，其效如神。 腦漏：《百草鏡》：竹燈絡子十年者，須覓鄉村中有油垢者，勿淨，煅成炭，伏土存性，研細，每用一二錢，包豆腐皮清晨滚水吞下，陸續服盡，自愈。 腸癰肚癰神效方：《便易良方》云：右脚拘急是腸癰，左脚拘急是肚癰。取數十年舊油印竹燈臺，俗名善福，以一隻燒半過，不用水息悶，合成灰，研為細末，陳三白酒沖服二錢或三錢，即愈。 王站柱《不藥良方》云：此藥又治肺癰，極神方。

燈盞油

明・李時珍《本草綱目》卷三八服器部・器物類　燈盞油《綱目》

【釋名】燈窩油

【氣味】辛、苦，有毒。　【主治】一切急病，中風、喉痹、痰厥，用鵝翎掃入喉內，取吐即效。又塗一切惡瘡疥癬時珍。

【附方】新二。　乳上生癰：脂麻炒焦擣爛，以燈盞内油脚調傅，即散。《集玄方》。　走馬喉痹：詩云：急喉腫痹最堪憂，急取盛燈盞内油。甚者不過三五呷，此方原是至人留。

清・穆石匏《本草洞詮》卷一二　燈盞油　治一切急病，中風喉痺，痰厥。用鵝翎掃入喉內，取吐即效。

清・李熙和《醫經允中》卷二一　燈盞油　苦、辛，寒，小毒。油性熬之愈寒，燈油得火氣最深，故取以治卒中風不省，喉痺痰厥，用鵝翎蘸掃喉中，涌吐頑痰即醒。凡中一切毒，以香油飲之即無害。

清・张璐《本經逢原》卷三　燈盞油　苦、辛，寒，小毒。　發明：油性熬之愈寒，燈油得火氣最深，故取以治卒中風不省，喉痹痰厥，用鵝翎蘸掃喉中，涌吐頑痰，通其上逆，然後用藥。

清・王道純《本草品彙精要續集》卷四　燈盞油有毒

燈盞油：主一切急病，中風喉痹，痰厥，用鵝翎掃入喉內，取吐即效。又塗一切惡瘡，疥癬《本草綱目》。　【名】燈窩油。　【地】家家有之。　【味】辛，苦。　【性】溫。　【合治】《集元方》治乳上生癰，用芝麻炒焦擣爛，以燈盞内油腳調傅，即散。　【解】解釋走馬喉痹詩云：急喉痹腫最堪憂，速取點燈盞内油，甚者不過三五呷，此方原是至人留。

研朱石槌

宋・唐慎微《證類本草》卷三玉石部上品〔唐・陳藏器《本草拾遺》〕　研朱石槌　主妬乳。煮令熱，熨乳上，取二槌，更互用之，以巾覆乳上，令熱徹內，數十遍，取差爲度也。

敗船茹

宋・唐慎微《證類本草》卷一一草部下品〔《别録》〕　敗船茹音如　平。主婦人崩中，吐痢血不止。

〔梁・陶弘景《本草經集注》〕云：此是大輪步典切膾他盍切刮竹茹以捏直萌切漏處者。取乾煮之，亦燒作屑服之。

〔宋・唐慎微《證類本草》〕《千金方》：治婦人遺尿，不知出時。船故茹爲末，酒調服三錢。《子母秘録》：治無故遺血溺。船中故竹茹乾末，酒服三錢匕，日三服。

明・劉文泰《本草品彙精要》卷一五　敗舡茹

敗舡茹：主婦人崩中，吐痢，血不止。名醫所錄。　【地】陶隱居云：此是大輪步典切膾他盍切刮竹茹捏直萌切漏處者，今處處有之。　【收】日乾。　【用】茹。　【性】平。　【氣】氣之薄者，陽中之陰。　【臭】朽。　【製】煮之或燒作屑用。　【合治】舡故茹爲末，合酒調服，療婦人遺尿不知出。○舡中故竹茹乾末合酒調服三錢匕，日三服，療無故遺血溺。

明・皇甫嵩《本草發明》卷三　敗船茹下品下。　發明曰：此止血止溺之用，故主婦人崩中，吐痢血不止，婦人遺尿不知出時。船故茹末之，調酒服二三錢。亦治無故遺溺血。此是大輪艙，刮竹茹以捏漏處者，取乾煮，亦燒竹屑服之。

明・李時珍《本草綱目》卷三八服器部・器物類　敗船茹音如。○《别録》下品。

【集解】弘景曰：此是大艑(艙)〔艙〕，刮竹茹以補漏處者。時珍曰：古人以竹茹，今人只以麻筋和油石灰爲之。

【主治】平。療婦人崩中，吐血、痢血不止《别録》。治金瘡，刮敗船茹灰傅之，功同牛膽石灰蘇頌。

【附方】舊一，新二。　婦人遺尿：船故茹爲末，酒服三錢。《千金方》。　月水不斷：船茹一斤净洗，河水四升半，煮二升半，分二服。《千金方》。　婦人尿血：方同上。

清・劉善述、劉士季《草木便方》卷二器物部　麻巴　舊船茹灰塗爛瘡，久年頑臁瘻瘡方，崩中血痢吐不止，金瘡止血擦損傷。

清・戴葆元《本草綱目易知録》卷四　敗船茹　【略】聤耳出膿，葆驗。胭脂一張，燒，敗船茹、龍骨各一錢，枯礬三分，片腦一分，末，先以棉帋拭淨，吹之。船茹，今以麻及葛渣和油擣造船。

櫓箍

清・趙學敏《本草綱目拾遺》卷九器用部　櫓箍　治奶串：毛世洪《經驗集》：凡乳癰串爛年久不愈，洞見內腑，深陷不愈者，取搖船之櫓上首手捏之處舊藤箍，翦下，以陰陽瓦上熯末，竹管紮綳篩，日日摻之。如乾處以香油調搽，不過半月全愈。

故木砧

宋・唐慎微《證類本草》卷一三木部中品〔唐・陳藏器《本草拾遺》〕 故木砧 一名百味。無毒。主人病後食勞復。取發當時來參病人行止，脚下土如錢許，男病左，女病右，和砧上垢，及鼠頭一枚，無即以鼠屎三七，煮服之，神效。又卒心腹痛，取砧上垢，著人鞋履底悉穿，又椆几上屑，燒傅吻上嚵瘡。

明・王文潔《太乙仙製本草藥性大全》卷三《仙製藥性》 故木砧 一名百味。無毒。 主治： 主病後食復勞復神驗，治卒暴心腹疼痛奇勳。 補註： 主人病後食勞復，取發當時來用病人行止脚下土，如錢許，男病左，女病右，和砧上垢及鼠頭一枚，無即以鼠屎三七，煮服之效。〇卒心腹痛，取砧上垢，着人鞋履底悉穿，又椆几上屑燒，傅吻上嚵瘡。

明・李時珍《本草綱目》卷三八服器部・器物類 故木砧《拾遺》。

【釋名】百味《拾遺》 椆几。

几上屑 【主治】吻上嚵瘡，燒末傅之藏器。

砧上垢 【主治】卒心腹痛。又凡人病後食、勞復，取當時來叅病人行止脚下土一錢許，男左女右，和垢及鼠頭一枚，或鼠屎三七（枚）煮服，神效藏器。乾霍亂，不吐不利，煩脹欲死，或轉筋入腹，取屠兒几垢一雞子大，溫酒調服，得吐即愈。又主唇瘡、耳瘡、蟲牙時珍。

【附方】新二。 唇緊瘡裂： 屠几垢燒存性，傅之。《千金方》。 小兒耳瘡： 屠几上垢，傅之。《千金方》。

清・趙學敏《本草綱目拾遺》卷九器用部 肉臺上屑 《綱目》故木砧條，列几上屑，止言治嚵瘡、唇耳等瘡，乾霍亂、蟲牙等症。《急救方》言其治手毒如神，因急補之。

治手掌連虎口邊腫毒，用豬肉臺上刮下木屑如膏，作餅貼患處，即愈。

吐血： 《慈航活人書》： 醃腊肉店中切肉木墩上，刮取肉垢，火上燒枯，勿令成白色，存性研末，酒沖服。 狗咬： 楊春涯《驗方》： 刮取切肉墩上油垢，和沙糖拌傅，神效。

清・戴葆元《本草綱目易知錄》卷四 屠兒几垢 治乾霍亂不吐不利，煩脹欲死，或轉筋入腹，取垢如雞子大，溫酒服，得吐即愈。燒灰，傅唇瘡蟲牙，小兒耳瘡。

杓

宋・唐慎微《證類本草》卷一四木部下品〔唐・陳藏器《本草拾遺》〕 杓 打人身上結筋二下，筋散矣。

明・李時珍《本草綱目》卷三八服器部・器物類 杓音妁。《拾遺》。

【釋名】時珍曰： 木曰杓，瓠曰瓢。杓者勺也，瓢者漂也。

瓠瓢 見菜部。

【主治】人身上結筋，打之三下，自散藏器。

舊水筒

清・吳鋼《類經證治本草・經外藥類》 舊水筒 誠齋曰： 患消渴者，取煎水飲之。

甑帶灰

宋・唐慎微《證類本草》卷一一草部下品〔唐・蘇敬《唐本草》〕 甑帶灰 主腹脹痛，脱肛。煮汁服，主胃反，小便失禁，不通及淋，中惡尸疰，金瘡刃不出。

〔宋・馬志《開寶本草》〕按： 别本注云： 江南以蒲爲甑帶。取久用者燒灰入藥，味辛，溫，無毒。 甑帶久被蒸氣，故能散氣，通氣，以灰封金瘡，止血止痛，出刃。《唐本》先附。

〔宋・掌禹錫《嘉祐本草》〕按： 《蜀本》云： 取用久敗爛者也。

〔宋・唐慎微《證類本草》〕《外臺秘要》： 治眯目，水服灰一錢匕。又方： 小兒大便失血。 甑帶灰塗乳上與飲之，差。《肘後方》： 治草芒沙石類不出方： 甑帶灰調飲之即出。《子母秘録》： 治小兒夜啼，甑帶懸戶上。又方： 治小兒臍風瘡久不差，燒甑帶灰傅上。

宋・唐慎微《證類本草》卷一三木部中品〔唐・陳藏器《本草拾遺》〕 故甑蔽 無毒。 主石淋。燒灰末，服三指撮，用水下之。又主盜汗。書云： 止鹹味。

〔宋・唐慎微《證類本草》〕《聖惠方》： 治膀胱虚熱，下砂石，澁痛，利水道。燒灰研，食前溫酒調下一錢匕。

宋・唐慎微《證類本草》卷四玉石部中品〔唐・陳藏器《本草拾遺》〕 瓦

甑　主魘寐不寤，覆人面疾打破之，覺。好魘及無夢，取火燒死者，灰著枕中、履中即止。

明・劉文泰《本草品彙精要》卷一四　甑帶灰無毒。

甑帶灰：主腹脹痛，脫肛，煮汁服，主胃反，小便失禁不通及淋，中惡，尸疰，金瘡刃不出。名醫所錄。［苗］《別錄》云：江南以蒲爲甑帶，取久用者，燒灰入藥。蓋甑帶因久被蒸氣，故能散氣而通氣也。［地］《別錄》云：出江南。［用］久敗爛者爲佳。［色］黑黃。［味］辛。［性］溫，散。［氣］氣之厚者，陽也。［臭］朽。［製］燒灰或煮汁用。［治］療：《別錄》云：燒灰，封金瘡，止血，止痛，出刃。又治小兒大便失血，用灰塗乳上，與飲之，瘥。及小兒臍瘡久不瘥，燒灰傅之，如小兒夜啼，用甑帶懸戶上。並治草芒沙石眯目不出，燒灰水調服之。

明・王文潔《太乙仙製本草藥性大全》卷二《本草精義》　甑帶灰　今江南以蒲爲甑帶。取日久用多爛者，燒灰入藥療病。然甑帶久被蒸氣用之，故能散氣也。

明・王文潔《太乙仙製本草藥性大全》卷二《仙製藥性》　甑帶灰　味辛，氣溫，無毒。　主治：主腹脹疼痛，脫肛胃反。封金瘡止血止痛出刃。治遺溺不通及淋，祛中惡尸疰鬼氣。　補註：治眯目，水服灰一钱。治小兒夜啼，以甑帶懸戶上。〇小兒大便失血，甑帶灰塗乳上與食之差。〇小兒臍風瘡久不差，燒甑帶灰傅之。〇草芒沙石，眯目不出，用灰調水飲之即出。

明・王文潔《太乙仙製本草藥性大全》卷三《仙製藥性》　故甑蔽　無毒。　主治：主盜汗，石淋有效。治膀胱，虛熱殊功。　補註：膀胱虛熱，下砂石，澀痛，通利水道，用燒灰研末，食前溫酒調下一錢效。

明・皇甫嵩《本草發明》卷三　甑帶灰下品下。　發明曰：甑帶久被蒸氣，故能散氣通氣，主腹脹痛，脫肛，煮汁服。又主反胃，小便失禁不通及淋，中惡尸疰，金瘡刃不出，以灰封之。

明・李時珍《本草綱目》卷三八服器部・器物類　甑《唐本草》。校正：併入《拾遺》瓦甑、故甑蔽。

［集解］時珍曰：黄帝始作甑、釜。北人用瓦甑，南人用木甑，夷人用竹甑。術家云：凡甑鳴、釜鳴者，不得驚怖。但男作女拜，女作男拜，即止，亦無殃咎。類從《相感志》云：瓦甑之契，投梟自止。注云：取［故］甑書契字，置墻上，有梟鳴時投之，自止也。

瓦甑　［主治］魘寐不寤，取覆人面，疾打破之藏器。

甑垢一名陰膠。　［主治］口舌生瘡，刮傅之時珍。

［發明］時珍曰：雷氏《炮炙論・序》云：知瘡所在，口點陰膠。注云：取甑中氣垢少許於口中，即知臟腑所起，直徹至患處，知痛所在，可醫也。

甑帶　［氣味］辛，溫，無毒。　［主治］煮汁服，除腹脹痛，脫肛，胃反，小便失禁、不通及淋，中惡尸注。燒灰，封金瘡，止血，止痛，出刃蘇恭。　主大小便不通，瘧疾，婦人帶下，小兒臍瘡，重舌夜啼，癜風白駁時珍。　［發明］志曰：江南以蒲爲甑帶，取久用敗爛者用之。取其久被蒸氣，故能散氣也。

［附方］舊五，新六。　小便不通：以水四升，洗甑帶取汁，煮葵子二升半，分三服。《聖惠方》。　大小便閉：甑帶煮汁，和蒲灰末方寸匕服，日三次。《千金方》。　五色帶下：甑帶煮汁，溫服一盞，日二服。《千金方》。　小兒下血：甑帶灰塗乳上，飲之。《外臺秘要》。　小兒夜啼：甑帶懸户上，即止。《子母秘録》。　小兒重舌：甑帶燒灰，傅舌下。《聖惠方》。　小兒鵝口：方同上。　小兒臍瘡：甑帶燒灰傅之。《子母秘録》。　五色丹毒：甑帶燒灰，鷄子白和，塗之。《衛生易簡方》。　沙芒眯目：甑帶灰，水服一錢。《外臺秘要》。　草石在咽：不出。方同上。

故甑蔽《拾遺》或作閉　［主治］無毒。主石淋，燒研，水服三指撮。又主盜汗藏器。燒灰，水服三撮，治喉閉咽痛及食復，下死胎時珍。　［發明］時珍曰：甑蔽通氣，理似優於甑帶。雷氏《炮炙論・序》云：弊箅淡鹵。注云：常使舊甑中，箅能淡鹽味。此物理之相感也。

［附方］新二。　胎死腹中：及衣不下者。取炊蔽，户前燒末，水服即下。《千金方》。　骨疽出骨：愈而復發，骨從孔中出，宜瘡上灸之。以烏雌鷄一隻，去肉取骨，炒成炭，以三家甑蔽、三家砧木刮屑各一兩，皆燒存性，和導瘡中，碎骨當出盡而愈。《千金方》。

清・穆石鉋《本草洞詮》卷一二　甑　雷公云：知瘡所在，口點陰膠。註云：取甑中氣垢少許於口中，即知臟腑所起，直徹至患處，知痛所在，可醫也。術家云：凡甑鳴釜鳴者，不得驚怖，但男作女拜，女作男拜，即止，亦無殃咎。

清・趙其光《本草求原》卷三隰草部　蒸籠繩　甘、淡，溫，無毒。得水火久蒸之氣，大補元氣，興陽助陰。治虛勞失血，滋水調經。

筯

宋・唐慎微《證類本草》卷一四木部下品〔唐・陳藏器《本草拾遺》〕　百

家筯　主狂狗咬。乞取煎汁飲之，又燒筯頭爲灰，傅吻上鸗口瘡。

明·李時珍《本草綱目》卷三八服器部·器物類　筯《拾遺》

【釋名】箸時珍曰：古箸以竹，故字從竹。近人兼用諸木及象牙爲之矣。

【主治】吻上燕口瘡，取筯頭燒灰傅之。又狂狗咬者，乞取百家筯，煎汁飲藏器。咽喉痹塞，取漆筯燒烟，含嚥烟氣入腹，發欬即破時珍。

清·趙學敏《本草綱目拾遺》卷九器用部　舊竹筯　治蜈蚣傷：《救生苦海》：將小頭燒過伏土，取少許研細傅之，立愈。

炊單布

元·王好古《湯液本草》卷六　炊單布　《液》云：仲景治墜馬，及一切筋骨損方中用。《時習》補入。

明·李時珍《本草綱目》卷三八服器部·器物類　炊單布《綱目》

【主治】墜馬，及一切筋骨傷損，張仲景方中用之時珍。

【發明】時珍曰：按王璆《百一選方》云：一人因開甑，熱氣蒸面，即浮腫眼閉。一醫以意取久用炊布，爲末，隨傳隨消。蓋此物受湯上之氣多，故用此引出湯毒。亦猶鹽水取鹹味，以類相感也。

清·张璐《本經逢原》卷三　炊單布　發明：炊單布受甑熱氣最多，故用以治湯火薰蒸，面目浮腫。燒末敷之即消，以類相感也。《金匱》治墜馬，一切筋骨傷損，亦用之。青布燒灰蜜調，敷熱毒瘡效。

清·王子接《得宜本草·下品藥》　炊單布　受湯上之氣，用以引出上焦之傷。能治墜馬傷。

絹篩籮

清·趙學敏《本草綱目拾遺》卷九器用部　絹篩籮　今呼篩子，有馬鬃織作底者，有絲絹作底者，入藥以絲絹者良。治過月難産：《彙集》有急救過月難産仙方：用陳篩籮底一個，捲筒燒盌內，與産婦服，即下。如産生之兒身上皆有羅，其驗如神。

盛米栲栳

清·趙學敏《本草綱目拾遺》卷九器用部　盛米栲栳爛籮底　治血臌：楊春涯《驗方》：用二三十年盛米栲栳一隻，擊碎煎湯服，一二次即消。

爛籮底　此乃人家盛米竹器，浙人呼為淘籮，以竹絲織成，用以淅米者。舊者多用以貯柴灰淋水洗衣，年久則爛。截經：《同壽録》云：婦人行經不止，服此可截。用頭紅花、爛籮底、爛八搭草鞋鼻子、蓮房，此四味俱燒灰存性，共為末，每服一錢，黃酒送下，不過三服，其紅立止。

飯籮

宋·唐慎微《證類本草》卷一三木部中品〔唐·陳藏器《本草拾遺》〕　飯籮燒作灰　無毒。主時行病後食勞。取方寸匕服。南方人謂筐也。又籃耳，燒作灰末傅狗咬瘡。籃，竹器也。

明·李時珍《本草綱目》卷三八服器部·器物類　飯籮《拾遺》

【釋名】筐藏器曰：以竹爲之，南方人謂之筐。

【主治】時行病後食，勞復，燒取方寸匕，水服藏器。

鍋蓋

明·李時珍《本草綱目》卷三八服器部·器物類　鍋蓋《綱目》

【主治】牙疳、陰疳，取黑垢，同雞肶胵黄皮灰、蠶繭灰、枯礬等分爲末，米泔洗後頻傅之時珍。

清·趙學敏《本草綱目拾遺》卷九器用部　青龍背　龔廷賢《回春》云：鍋蓋面上垢膩名青龍背，可治瘰癧潰爛久不愈者。用此入烏龍膏治之。烏龍膏：木鱉帶殼燒存性，去殼，側柏葉焙，人中血，即亂髮也，燒灰，青龍背，紙錢灰、飛羅麪各一錢，俱為末，好陳米醋調成膏，塗瘡上，外用紙貼。

蒸籠

明·李時珍《本草綱目》卷三八服器部·器物類　蒸籠《拾遺》

【主治】取年久竹片，同弊帚紮縛草、舊麻鞋底繫及蛇蜕皮，燒灰，擦白癜風。時珍。○《聖惠方》。

清·葉桂《本草再新》卷一二　蒸籠繩味甘、淡，性溫，無毒。入心、腎二經。大補元氣，興陽助陰，治虚癆失血，滋腎水，調經。此取水火之元氣也。

弊帚

明·李時珍《本草綱目》卷三八服器部·器物類　弊帚《綱目》

【釋名】篲時珍曰：許慎《說文》云帚從手持巾，以掃除也。竹帚曰篲。凡竹枝、荆茎、黍秫、茭蒲、芒草、落帚之類，皆可爲帚也。

【主治】白駁癩風，燒灰入藥時珍。

【附方】新二。　白駁風：弊帚、弊帛、履底、甑帶、脯腊、蟬頸、蛇皮等分，以月食時合燒爲末。酒服方寸匕，日三服。仍以醇醋和塗之。忌食發風物。此乃徐王方也。《古今録驗》。　身面疣目：每月望子時，以禿帚掃疣目上，三七遍。《聖惠方》。

清・王道純《本草品彙精要續集》卷四　弊帚　主白駁癩風，燒灰入藥《本草綱目》。　【名】篲，許慎《說文》云：帚，從手持巾以掃除也，竹帚曰篲。

【地】處處有之，凡竹枝荊茢，黍秫茭蒲，芒草落帚之類，皆可爲帚也。

【治】《聖惠方》：治身面疣目，每月望子時以禿帚掃疣目三七遍，漸漸消去。

【合治】《古今録驗方》治白駁風，用弊帚、弊帛、履底、甑帶、脯臘、蟬頸、蛇皮等分，以月食時合燒爲末，酒服方寸匕，日三服，仍以醇醋和塗之，忌食發風物，此乃徐玉方也。

簸箕舌

明・李時珍《本草綱目》卷三八服器部・器物類　簸箕舌《綱目》

【釋名】時珍曰：簸揚之箕也。南人用竹，北人用杞柳爲之。

【主治】重舌出涎，燒研，酒服一錢。又主月水不斷。時珍。○《千金》《聖惠方》。

【附方】新一。　催生：簸箕淋水一盞，飲數口。《集玄方》。

清・王道純《本草品彙精要續集》卷四　簸箕舌

簸箕舌《本草綱目》：主重舌出涎，燒研酒服一錢，又主月水不斷《太平聖惠方》。　【名】竹簸箕，杞柳簸箕。李時珍云：簸，揚之箕也。【地】南人用竹，北人用杞柳爲之。　【治】《集元方》催生用簸箕淋水一盞，飲數口。

故炊帚

宋・唐慎微《證類本草》卷一〇草部下品〔唐・陳藏器《本草拾遺》〕　故炊箒　主人面生白駁，以月蝕夜和諸藥燒成灰，和苦酒合爲泥傅之。

草麻繩索

明・李時珍《本草綱目》卷三八服器部・器物類　草麻繩索《綱目》

【釋名】時珍曰：小曰索，大曰繩。

【主治】大腹水病，取三十枚去皮，研水三合，旦服，日中當吐下水汁。結囊若不盡，三日後再作。未盡更作。瘥後，禁水飲、鹹物時珍。

【附方】新二。　斷瘟不染：以繩度所住户中壁，屈繩結之，即不染也。《肘後方》。　消渴煩躁：取七家井索近餠口結處，燒灰。新汲水服二錢，不過三五服效。《聖惠方》。

清・趙學敏《本草綱目拾遺》卷九器用部　織機上草辮　楊春涯《驗方》治白蛇纏。此物以陳為好，燒灰存性，麻油調搽。紅蛇纏亦治。

魚笱

明・李時珍《本草綱目》卷三八服器部・器物類　魚笱《綱目》

【釋名】時珍曰：徐堅《初學記》云：取魚之器曰笱，音苟；曰䈰，音留；曰罛，音孤；曰篧，音罩；曰罺，音抄也。

【主治】舊笱鬚：療魚骨鯁，燒灰，粥飲服方寸匕。時珍。《肘後方》。

清・戴葆元《本草綱目易知録》卷四　魚笱　舊笱鬚，治魚骨鯁，燒灰，粥飲服一匙。葆按：鄉人竹絲編造取魚，名倒鬚。

魚網

宋・唐慎微《證類本草》卷九草部中品〔唐・陳藏器《本草拾遺》〕　故魚網　主鯁。以網覆鯁者頸，差。如煮汁飲之，骨當下矣。

明・李時珍《本草綱目》卷三八服器部・器物類　魚網《拾遺》

【釋名】罟時珍曰：《易》云：庖犧氏結繩而爲網罟，以(田)〔畋〕以漁，蓋取諸離。

【主治】魚骨鯁者，以網覆頸，或煮汁飲之，當自下藏器。亦可燒灰，水服，或乳香湯服，甚者併進三服時珍。

船篷箬

清・趙學敏《本草綱目拾遺》卷九器用部　船篷箬　治耳内腫爛脹痛：《救生苦海》：用多年船篷箬燒灰存性，加冰片少許，研細吹入。

竹籃

明・王文潔《太乙仙製本草藥性大全》卷三《仙製藥性》　籃耳籃竹器也。善療狗咬惡瘡，燒煮爲末傅效。

清・王道純《本草品彙精要續集》卷四　竹籃　主取耳燒灰，傅狗咬瘡《本草拾遺》。　【名】陳藏器云：做成竹器也。《國風》云：不盈頃筐。朱注云：筐，竹器，故又名筐。【地】出於南方甚多，無竹處罕有。

縛猪繩

明・李時珍《本草綱目》卷三八服器部・器物類　縛猪繩《綱目》

【主治】小兒驚啼，發歇不定，用臘月者燒灰，水服少許藏器。

馬絆繩

明・李時珍《本草綱目》卷三八服器部・器物類　馬絆繩《綱目》

【主治】煎水，洗小兒癇蘇恭。燒灰，摻鼻中瘡時珍。

牛鼻拳

明・李時珍《本草綱目》卷三八服器部・器物類　牛鼻拳音卷。○《綱目》。

【釋名】時珍曰：穿牛鼻繩木也。

【主治】木拳：主小兒癇。草拳：燒研，傅小兒鼻下瘡《別録》。草拳灰：吹喉風有效。木拳：煮汁或燒灰酒服，治消渴時珍。

【附方】新二。消渴飲水：牛鼻木二箇，男用牝牛，女用牡牛者，洗剉，人參、甘草各半兩，大白梅一箇，水四盌，煎三盌，熱服甚妙。《普濟方》。　冬月皸裂：牛鼻繩末，和五倍子末，填入薄紙，貼之。《救急方》。

清・吴鋼《類經證治本草・經外藥類》　牛鼻拳　主消渴飲水。誠齋曰：煮汁服，治噎膈反胃。木拳，治小兒癇。草拳，燒研，傅小兒鼻下瘡。

廁籌

明・王文潔《太乙仙製本草藥性大全》卷三《仙製藥性》　廁籌　主難産中惡鬼疰，及霍亂身冷轉筋，取積置於床下，燒熱氣徹上。此物雖微，其功可録。

明・王文潔《太乙仙製本草藥性大全》卷五《仙製藥性》　尿坑中竹木　主小兒齒不生，正旦刮塗之即生。

明・李時珍《本草綱目》卷三八服器部・器物類　廁籌《拾遺》

【主治】難産，及霍亂身冷轉筋，於牀下燒取熱氣徹上，亦主中惡鬼氣。此物最微，其功可録藏器。

【附方】新二。小兒驚竄：兩眼看地不上者。皂角燒灰，以童尿浸刮屎柴竹，用火烘乾，爲末，貼其顖門，即甦。《王氏小兒方》。　小兒齒遲：正旦，取尿坑中竹木刮塗之，即生。《聖惠方》。

尿桶

明・李時珍《本草綱目》卷三八服器部・器物類　尿桶《綱目》

舊板　【主治】霍亂吐利，煎水服。山村宜之。時珍。《如宜方》。

舊箍　【主治】脚縫搔痒，或瘡有竅，出血不止，燒灰傅之。年久者佳時珍。

七氣罌缻

清・王子接《得宜本草・下品藥》　罌瓶口　功專行傷消堅。

清・趙學敏《本草綱目拾遺》卷九器用部　七氣罌缻　此乃人家屋檐脊上用壓鎮不祥者，以七小罈橫疊相聚如七星狀，外以灰泥黏覆，入藥用年久者。王子接《絳雪園方》：罌，小口瓶也。七氣者，日、月、風、雨、露、霜、雪也。七罌，人家多置古屋上廣漢前上層，生缻年深者良。火土結成，堅剛性利，復藉天之七氣，能透骨入髓，理傷續絕。入藥取純鋼剉生剉末，研至無聲，水飛用。

《慈惠編》：接骨七釐散中用朝天寶，即人家屋上瓦將軍前小瓶也，愈久愈妙，必要取其朝天之得精華者，研末入藥用。　接骨丹：《絳雪園方》：七氣罌口剉末，水飛一錢，古文錢，有半兩五銖自秦漢鑄紅銅者佳，唐時開元錢亦可用，火煅醋淬七次，研至如塵粉無聲為妙，用五分與罌末和勻，每服七釐，先用甜瓜子仁去殼三錢，嚼爛吐出，拌藥再服下，清酒過口。此方用七氣罌口、古文錢，功專腐蝕壞肉。陳藏器云：能直入損處，銲人斷骨，甜瓜子仁開腸胃之壅遏、通筋骨之機關，因丹藥釐數微甚，助以入胃轉輸，為丹藥之嚮導也。

燒酒草

清・趙學敏《本草綱目拾遺》卷九器用部　燒酒草　此即燒酒罈頭泥中之草，《慈航活人書》有此一種入藥，故補之。　治翦刀風：《活人書》云：其症腰生紅瘰，如物纏緊作痛，用鍼挑出血，取此草加鹽擦出汗，即愈。